GÜNTHER RÜHLE   THEATER FÜR DIE REPUBLIK

GÜNTHER RÜHLE

THEATER FÜR DIE REPUBLIK

IM SPIEGEL DER KRITIK

1. BAND

1917–1925

HENSCHELVERLAG

KUNST UND GESELLSCHAFT

BERLIN 1988

ISBN 3-362-00240-4
ISBN 3-362-00241-2 (Band 1)
ISBN 3-362-00242-0 (Band 2)

Lizenzausgabe des Henschelverlages Kunst und Gesellschaft, DDR-Berlin
für die Deutsche Demokratische Republik und die anderen
sozialistischen Länder
© S. Fischer Verlag GmbH, Frankfurt am Main 1967
überarbeitete Nachauflage:
© S. Fischer Verlag GmbH, Frankfurt am Main 1988
Lizenz-Nr. 414.235/4/88
LSV-Nr. 8403
Schutzumschlag und Einband: Hans-Jürgen Willuhn
Fotomechanischer Nachdruck durch
Offizin Andersen Nexö Leipzig
625 843 7
04950 (Bände 1 und 2)

*Zur Erinnerung an die,
die das Theater für die Republik zu verwirklichen suchten*

Vorwort zur zweiten Auflage
Nach zwanzig Jahren

Dieses Buch war vor zwanzig Jahren der erste Versuch, zu erkunden, was das Theater der Weimarer Republik gewesen sei. Es hat im Laufe der Jahre größere Beständigkeit und Gültigkeit erwiesen, als bei den Schwierigkeiten der Text- und Datenermittlung damals anzunehmen war. Teilaspekte der Theaterarbeit in den zwanziger Jahren sind inzwischen intensiver dargestellt, unser Versuch wurde aber durch nichts Vergleichbares ersetzt. ›Theater für die Republik‹ ist zum begehrten Studierbuch geworden, seine Methode der Stoffanordnung und Präsentation wurde für andere Kritikensammlungen übernommen. Wünsche nach Ergänzung des Materials (etwa: Brechts ›Die Maßnahme‹, Horvaths ›Kasimir und Karoline‹) waren im Hinblick auf den Umfang nicht zu erfüllen; Vermißtes ist aber leicht mit dem hier gezeichneten Umfeld in Zusammenhang zu bringen. Nur wenig war an der Edition von 1967 zu korrigieren. – Sehr verändert hat sich aber inzwischen unser Verhältnis zum Theater jener Jahre. Das dramatische Werk des jungen Brecht, das Horvaths und der Marieluise Fleißer wurden der Bühne zurückgewonnen, Stücke wie ›Die Schwärmer‹ von Robert Musil überhaupt erst als Bühnentexte erkannt. Das Theater der Weimarer Republik war ein Gärfeld für viele Theaterentwürfe, die die szenische Arbeit unseres Jahrhunderts geprägt haben. Im Theater beider deutscher Staaten waren und sind Kräfte von damals als Erinnerung, Tradition oder als noch immer fortwährende Energie lebendig. Das Bewußtsein dafür zu stärken, war damals wie heute der Sinn dieses Buches.

April 1987   g. r.

Hinweis

Dieses Buch ist ein Versuch. Er leitet sich ab aus der Neugier auf ein Bild vom Theater der zwanziger Jahre, das nicht durch Erinnerung verschönt ist. – Aus der Bearbeitung des umfangreichen, aus verstreuten Archiven und Verstecken hervorzuholenden Materials ergab sich, daß sich das Theater dieser Zeit weder von den neuen Stücken, ihren Autoren noch von den großen Inszenierungen oder den besten schauspielerischen Leistungen allein her erkennen läßt. Wichtig wurde der Zusammenhang zwischen allem: das Gegeneinander von Altem und Neuem, von Berlin und Provinz, von Rechts und Links. Der Sensationserfolg zählte soviel wie das exemplarisch Mißlungene, die Begeisterung soviel wie das Unverständnis oder die Proteste. Es wurde auf Entwicklungen geachtet.
All das steht in diesem Band nebeneinander. Mit etwa eineinhalbhundert Inszenierungen wurde die unruhige Szene dieser Jahre nachzuzeichnen versucht, mit allen Stimmungen des Augenblicks. Vieles, was auf dem Theater geschieht, hat seine höchste Lebendigkeit in dem Moment, in dem es zum erstenmal auf die Öffentlichkeit trifft. Darum wurde in diesem Buch auf zusammenhängende historische Beschreibung verzichtet, darum wurde die originale Zeitungskritik (auch vor der der Zeitschriften) bevorzugt.
Kritik ist die reflektierte Antwort auf die Leistung der Bühne. Sie ist chorisch. Das heißt, sie umfaßt mehr, als mit jeder der bisher üblichen Rezensionssammlungen einzelner Kritiker dargestellt werden kann. Erst die Gesamtheit der schreibenden Kritiker spiegelt den Abend. Etwas vom chorischen Charakter der Kritik wurde hier zurückzugewinnen versucht. Die ausgewählten Inszenierungen werden als Objekt der Auseinandersetzung von mehreren Positionen her gespiegelt.
Für die Auswahl der Rezensionen war kein Schema zu rechtfertigen. Den Vorrang hatten die neuen Stücke und durchweg die Uraufführungen. Damals mehr als heute waren sie die Augenblicke der spontanen Aktionen und Reaktionen, Theater und Publikum hingen durch Provokation und Protest noch am ehesten zusammen. – In wichtigen Fällen wurden die Erstaufführungen in Berlin belegt, manchmal diese den Uraufführungen vorgezogen. Das am besten begründete Urteil, die anschaulichste Schilderung, manchmal die politische Haltung oder die Verbreitung des Blattes: das waren weitere Gesichtspunkte für die Auswahl des gesammelten Materials. – Nicht alles konnte beschafft werden. Wer eine gute Erinnerung hat, wird in dieser Sammlung noch manches Typische oder Besondere vermissen (Beispiele: Jeßners ›Faust‹, Fehlings ›Tell‹, Weicherts ›Macbeth‹, Engels ›Scherz, Satire . . .‹, Falckenbergs ›Don Gil‹, Saladin Schmitts Shakespearezyklus). Es mußte des Umfangs wegen ausgeschieden werden. Dafür wurde versucht, die frühen Brecht-Inszenierungen ausführlicher zu belegen. Sie akzentuieren für uns dieses Jahrzehnt. Hinter seinem Drang zur Novität gründeten sich viele der großen schauspielerischen Leistungen gerade auf die Rollen aus den alten Stücken. Im Strom des Neuen

lassen wir sie gelegentlich hervortreten. Es wird auffallen, daß sich mit den fortschreitenden Jahren der Inhalt des Buches gegen seinen Titel kehrt. Dieser Umschlag charakterisiert die Entwicklung in der Republik, als deren Abbild sich das Theater hier ausweist.

Dem Herausgeber lag nichts an einer Darstellung der Kritik als einer Kunst. Obwohl der Stil selber Wahrheit setzen kann, gilt unserm Interesse die Schreibkunst als etwas Sekundäres, als ein glückliches Appendix zur Kraft der Erkenntnis. Unsere Absicht ging auf Information und Überblick. Darum sind den Rezensionen Erläuterungen beigegeben, die den Zusammenhang der Aufführungen mit Zeitsituation und Biographie der Aufführenden darzustellen versuchen. Ob eine Wegskizze durch das Dickicht jener Jahre gelang, müssen die Leser entscheiden. Der Herausgeber kann, da er sich immer wieder der Ungenauigkeit des Materials ausgeliefert fand, für Korrektur nur dankbar sein. – Zufriedenheit gibt es mit keinem Buch über das Theater. Denn immer ist das Theater komplexer als das, was von ihm schreibend einzufangen ist.

g.r.

Die theaterwissenschaftlichen Institute und Sammlungen der Universitäten Berlin, Hamburg, Köln und Wien, das Theatermuseum München, die Archive der Akademie der Künste in West-Berlin, die Sammlung Manskopf in Frankfurt und das Friedrich-Wolf-Archiv in Berlin (DDR) haben diese Arbeit sehr hilfreich unterstützt. Knut Beck fertigte die Register.

Das Theater der Republik

Die deutsche Republik dauerte vierzehn Jahre und drei Monate. Die Geschichte des Theaters, das zu ihr gehört, ist um ein gutes Jahr länger. Noch war Krieg, noch hielten die Fronten, noch regierte der Kaiser, da kündigte sich auf der Szene die Veränderung, der Los- und Umbruch von 1918 schon an. Er kam so untergründig, daß selbst die Zensur, die doch ein ganzes Rudel älterer Stücke – auch solche von Wedekind und Sternheim – zurückhielt, ihn nicht mehr eindämmte.

Wir sehen heute den Zusammenhang zwischen dem Disparaten. – Wenige Wochen, nachdem in Zürich, am Rande des Krieges, die jungen DADAisten der bürgerlichen Kunst den Tod erklärt hatten, geisterte über das Dresdener Albert-Theater ein junger Schauspieler namens Ernst Deutsch. Er hatte verschattete, aber glühende Augen, angstvoll-verklemmte Bewegungen, sein Gehen war ein unheimliches Schleichen. Ein Zögling in einem Zuchthaus? Ein Sohn in seinem Vaterhaus. Er war der Vorbote einer Schar junger aufrührerischer Gestalten, die gegen die alte patriarchalische Welt der Väter zu gestikulieren und Sturm zu laufen begannen, um sie auszurangieren. Auszurangieren in wessen Namen?

Weimar und der Expressionismus

Das Ende des Schauspiels, das die kommende Ablösung in seinem Titel ›Der Sohn‹ schon ausdrückte, wirkt heute in einem fast fatalen Sinne symbolisch. Der Sohn hebt am Ende des Dramas den Revolver, und der martialische Vater stürzt angesichts der Mündung vom Schlag getroffen tot zusammen. An solchem Schlagfluß stirbt angesichts der Maschinengewehre im November 1918 auch die Monarchie. Hasenclevers ›Sohn‹ bricht in seine unverhofft errungene Freiheit mit hymnischen Versen auf:

> Denn dem Lebendigen mich zu verbünden,
> Hab ich die Macht des Todes nicht gescheut.
> Jetzt höchste Kraft in Menschen zu verkünden,
> Zur höchsten Freiheit, ist mein Herz erneut!

In diesem Aufbruch, in dem sich noch fern Fausts Weg widerspiegelt, klingen Goethesche Begriffe und Reime; man spürt Schillersche Entflammtheit. Die Erneuerung, die da verkündet wird, speist sich aus dem Geist von Weimar, aus dem zweieinhalb Jahre später (so sprechen die Geschehnisse) im Nationaltheater in Weimar die deutsche Republik, dieser deutsche Traum aller Geistigen, zu begründen versucht wird. Das neue Theater und der neue Staat: Sie kommen aus demselben Verlangen. Sie wollen und versuchen den gleichen Weg: aus dem Chaos zurück in die Kultur, in eine neue Ordnung von Kunst und Geist. Die jungen Dichter, die auf der Bühne erscheinen, wirkten wie Apostel und Propheten, wie die Verkörperungen der reinen Jünglingsgestalten, für die die deutsche Seele sich ihre eigene Mystik erfunden hat. Fritz von Unruh, Walter Hasenclever, Paul Kornfeld, der endlich entdeckte frühe Georg Kaiser, selbst noch Ernst Toller sind so betrachtet worden: als »dem Chaos Entstiegene«, wie es bald heißt: Wegführer, Lichtbringer, Verkünder, die die »Wandlung« sichtbar machten. Für einen Augenblick schien es, als werde die Bühne zum Ort, an dem die Erneuerung der Gesellschaft aus dem Geist und aus der Liebe ihre Kanzel fände.

Die Bühne als nationaler Ort, an dem die Gesellschaft sich ihrer bewußt wird: wenn das deutsche Theater eine Tradition hat, so keine des Stils und des Spiels, sondern der gesellschaftlichen Funktion. Seit den Tagen Lessings und der Weimaraner war die Bildung eines nationalen geistigen Zusammenhangs über die vielen hundert Ländergrenzen hinweg vor allem mittels der dramatischen Literatur, und das heißt: über das Theater hergestellt worden. Ohne diese politisch-gesellschaftliche Funktion hätte sich das Theater in Deutschland nie so tief einnisten können. Bühnensprache und -gestus haben sein gesellschaftliches Leben maßgebend geprägt. Seitdem ist die Bühne in Deutschland geistig und politisch so aktivierbar wie in keinem anderen Land.

Der Expressionismus ist eine solche Aktivierung des Theaters, das im höfischen Dienst benutzt und erstickt worden war. Die Jünglings- und Erneuererfiguren der jungen Dramatiker entstehen – von Sorges ›Bettler‹ bis zu dem jungen ›Dietrich‹ Fritz von Unruhs – inmitten der wilhelminischen Gesellschaft, aber sie kommen nicht mehr aus der aristokratischen Welt, sondern (soweit sie überhaupt sozial noch fixierbar sind) aus allen Ständen. Ihre Rechtfertigung ist die Spontaneität, die sich aus dem Widerspruch oder dem Leiden an der alten lieblos gewordenen Welt herleitet.

Die Väter und die Söhne

Diese alte Welt war vornehmlich repräsentiert von der wilhelminischen Männergesellschaft und dem in ihr herausgestellten Archetypus des Vaters. Er war politisiert in der Vaterimago der Landesmonarchen, vorab des Kaisers. Diese verband sich mit einer halb-feudalen Lenkungsstruktur über einer Gesellschaft, die längst zur Demokratie, zur Emanzipation und Selbstverantwortlichkeit hindrängte. Bis tief in die zwanziger Jahre hinein, vom ›Sohn‹ und der ›Antigone‹ Hasenclevers über Unruhs ›Platz‹ bis zu Jeßners ›Hamlet‹-Inszenierung von 1926 drängt sich darum der Vaterhaß auch als Herrschaftshaß durch die Aufführungen der Theater. Daß Hamlets Vater 1926 noch die Züge des Kaisers annimmt, macht vielleicht verständlich, warum Bronnens ›Vatermord‹ noch Jahre nach Hasenclevers Stück einen wichtigen Markierungspunkt in der Geschichte des republikanischen Theaters abgibt. Im Hintergrund der Stücke stehen politische Sachverhalte.

Das Theater tritt in den Dienst der Demokratie, indem es gegen die alten Herrschaftsstrukturen angeht. Seine Symbolfiguren sind psychologisch aus der gesellschaftlichen Situation erklärbar. Sie symbolisieren die Hoffnung auf die Erneuerung der Gesellschaft. ›Der Neue Mensch‹ ist das visionäre Geschöpf aus der chaotischen Situation des Krieges. In den Stücken, die um 1918 auf die Bühnen kommen, gibt es den visionären Entwurf einiger dieser absoluten Figuren. Georg Kaisers Eustache de Saint Pierre (›Die Bürger von Calais‹) und der Ingenieur (›Gas‹), Tollers Friedrich (in ›Die Wandlung‹) sind solche

Figuren. Die Frauen als die Gebärerinnen des neuen Menschen kommen zu einer neuen Rolle. Viele machen sich auf den Weg – Menschen, die wieder aus der Seele leben wollen, die die Welt als etwas neu zu Durchglühendes verstehen. Seele und Geist, das wird so identisch wie Liebe, Ekstase und Erneuerung; immer ist es ein Heraustreten aus dem Herkömmlichen, aus den alten Zwängen und Räumen. Die Dramatiker schreien schreibend nach der Aktivierung der Herzen, und manche – wie Hasenclever – dehnen den Bewegungsraum der Seele so aus, daß das Drama schon bis in die vierte Dimension parapsychologischer Kontakte hineintreibt.

Jüdische, christliche und auch areligiöse Dichter sind von diesem Vorgang gleichermaßen ergriffen. Der Expressionismus ist ihre gemeinsame Mystik; soziologisch gesagt: eine geistige Verschmelzung der so lange getrennten Gruppen. Das Theater dieser Jahre wird wie nie zuvor auch praktisch (bis in die Ensembles hinein) ihr gemeinsames Arbeitsfeld. Am Ende der Republik wird es gerade dadurch verwüstet, daß diese Gemeinsamkeit gewaltsam und reaktionär wieder zerschlagen wird.

Freilich: dieser sich aus weimarischen Quellen speisende, expressive Idealismus ist in dieser letzten Phase nur noch ein Idealismus des Rausches. Ein fast wütender Versuch, Wirklichkeit zu übertölpeln, die sich als härter erweist. Mit dem Rausch hat das expressionistische Stück auch das Verrauschen schon festgehalten. Wie viele von den Figuren, die in Georg Kaisers Stücken aufbrechen, scheitern. Glaube, Absicht und Realisation bleiben voneinander getrennt. Viele der Sucher enden im Selbstmord. Es ist ihre »sprechende Geste«: die Verzweiflung an der Wirklichkeit.

Diese Wirklichkeit, auf die die neuen Figuren treffen, wird von den Expressionisten wahrgenommen als der große Widerstand. So wird sie zum Gegenstand der Anklage, da sie ja das Scheitern der Hoffenden, Gutwilligen und Glutherzigen erzwingt. Es ist durchaus noch die ›alte‹ Welt, die sich schon in den naturalistischen Stücken als eine lastende, unveränderbare darstellte. Aber jetzt werden nicht mehr die Konflikte *in* ihr geschildert, jetzt werden die glühenden Figuren gegen sie gehetzt, damit sie abgeurteilt werden kann von einem ›höheren‹ Begriff des Menschen her. Noch Jeßners expressive ›Tell‹-Inszenierung behält, so revolutionär sie in den Mitteln ist, das Schema von Gut und Böse, von Neu und Alt bei. Geßler erscheint schwarz als die Macht, als Ausgeburt der Hölle und dagegen: Tell in Weiß, mit dem Aufbruchspathos einer Hodlerschen Gestalt.

Diese moralische Verurteilung des Wirklichen charakterisiert eine bestimmte, idealistische Spielart des deutschen Geistes. Ein Jahrhundert lang hatte er sich geweigert, die Marxsche Gesellschaftsphilosophie ins Denken aufzunehmen. Das Theater zwischen 1917 und 1933 ist von dieser deutschen Divergenz gekennzeichnet. Der Expressionismus ist der letzte, von den sozialen Problemen losgelöste Erneuerungsversuch des Idealismus. Insofern er auf die alte, im Kriege sich selbst umbringende, muffige bürgerliche Kultur antwortet, erscheint er jung, revolutionär, aber sein Gesellschaftsbild bleibt illusionär. Die Zeit seines Entstehens haftet ihm an: er überspringt das Kriegschaos mittels seiner Visionen; er wirkt auf dem Theater wie die Einleitung zur Revolution und entfaltet sich dort kraft der Freiheit, die die Revolution auch der Kunst gewinnt. Geist und Wirklichkeit: das wird das durchlittene Problem dieser Jahre.

Der Expressionismus erschöpft sich fast in demselben Tempo wie der geistige Impuls der Republik; nach dem Vorbild des Weimarer Hofstaates zieht sie ebenfalls Dichter (wie Fritz von Unruh und Gerhart Hauptmann) an sich, um sich Geist und Kunst zu inkorporieren. Der Expressionismus nimmt gerade die Kräfte noch nicht wahr, die die Revolution als gesellschaftliche Faktoren sichtbar gemacht hat: die Arbeiterschaft. Wo diese im Drama überhaupt auftaucht, wie in Kaisers ›Gas‹, bleibt sie sogar reaktionär. Künstlerisch wie politisch wird sie zunächst ›ausgespielt‹. Diesem Vorgang entspricht, daß das System und der Betrieb der deutschen Theater von der Revolution (Max Weber nennt sie einen »blutigen Karneval«) fast gar nicht getroffen wird. Einige Vorstellungen fallen aus, einige Hofintendanten (wie Hülsen in Berlin) werden abgelöst, einige Versuche, die sich in Staatstheater verwandelnden Hoftheater von demokratischen Bühnenräten verwalten zu lassen, scheitern schnell und kläglich.

Und doch: in der Hauptphase des Expressionismus bilden sich schon die ersten proletarischen Theater aus; aber noch bleiben sie wirkungslos. Erst gegen die Mitte des Jahrzehnts wird die neue Wirklichkeit zum umfassenden Problem: zur wirtschaftlichen Krise der Theater gesellt sich dann auch eine organisatorische und künstlerische. Es ist der Augenblick, in dem sich zum Beispiel Piscator und Brecht plötzlich entfalten können. Das Kunstdrama und die Szene selbst geraten um 1923 unter sozialen und soziologischen Aspekt. Wie die Republik spaltet sich dann auch das Theater. Das alte und nur zum Teil modifizierte Kunsttheater wird restauriert; dieses Theater und das neue sozialkritische laufen nebeneinander her und voneinander fort. Ja, das Unterhaltungstheater vom Boulevardstück bis zur Nacktrevue erhält speziell in Berlin einen so starken Auftrieb, daß es zu einem eigenen Phänomen der zwanziger Jahre wird.

Die Zerstörung des Dramas

Mit dem Erlöschen des Expressionismus um 1923 sind wohl seine Illusionen und sein Impetus historisch geworden, nicht aber seine Sprengkraft. Der Auflösung der geschlossenen bürgerlichen Gesellschaft nach 1918 entspricht die Zerstörung der geschlossenen dramatischen Form. So neu zwei Jahrzehnte früher die Themen und sozialen Beziehungspunkte Gerhart Hauptmanns gewesen waren, er hatte doch noch das Akt-Stück mit steigender und fallender Handlung beibehalten, er hatte die dramatischen Konflikte zwar in anderen sozialen Schichten gesucht als das Kunstdrama des neunzehnten Jahrhunderts, aber er hatte diese Konflikte doch als der Welt immanente und unaufhebbare immer objektiviert. Auch hat die Familie für ihn, wie für die ganze bürgerliche Kunst seit Lessing, noch ausgereicht als Spiel-, als Spiegelfeld der menschlichen Beziehungen. Fast noch: ein wenig mehr Lebenstrieb, und der junge Vockerat wäre schon ausgebrochen, ein Vorbote der expressionistischen Jünglinge, die nun im ersten Aufwallen mit der Familie auch das Familienstück zerschlagen. Die Jünglinge des Expressionismus machen sich frei, weil die Welt größer und wichtiger wird als die Familie. In ›1913‹ hat Sternheim sie als Staffage im neuen Industrialismus vorgestellt, in Hasenclevers ›Sohn‹, in Unruhs ›Ein Geschlecht‹, in Bronnens ›Vatermord‹ wird sie zertrümmert.

Literarisch war dieser nun losbrechenden Subjektivität Vorschub geleistet durch das Erlebnis der späten Strindbergschen Stücke, in denen der Zwang von Handlung und Aktgliederung von den Leiden einer Konventions- und formsprengenden Seele schon zerstört war. Die neuen Dramen der jungen Expressionisten entstanden alle in der stärksten Wirkungsphase Strindbergs auf den deutschen Theatern zwischen 1910 und 1919. (Auch diese Phase läuft 1923 aus, als in Frankfurt mit allen inzwischen erworbenen Mitteln des szenischen Expressionismus ›Die große Landstraße‹ urauf- und abgeführt wird.) Die Worte von Otto Zoff, der als Autor wie als Dramaturg eine wichtige Person in dieser expressiven Kunsterregung war, lassen Strindbergs Wirkung noch nachspüren: Strindbergs »Aufführungen machten einen so großen Eindruck auf uns, daß es unmöglich wäre, ihn zu schildern. Es kam ausschließlich auf die egozentrischen Ansprüche an, auf das dichterisch erzwungene Bekenntnis.« –
Diese Explosion der an der Wirklichkeit leidenden Seele hat auch in Deutschland das bis dahin geschlossene Drama in eine Vielzahl szenischer Strukturen zerfallen lassen. Es gibt dafür keinen besseren Nenner als den Bernhard Diebolds von der »Anarchie im Drama«. Das zerfetzte Stück: von Sorges ›Bettler‹ bis zu Ivan Golls ›Überdramen‹ bildet es subjektive Muster, so eigenwillig, daß die Visionen der Dichter auch die Szene und die Darstellungsmittel zu Veränderungen zwingen. Simultanszenerien, Herausleuchten aus dem Dunkel, Dramaturgie des Scheinwerfers: torkelnde Wände, von Angst durchsetzte Räume, das sind äußere Merkmale. Spielfiguren spalten sich, die lange verpönte Groteske taucht auf. Wirkliches und Traumhaftes durchdringen sich, Tier- und Menschenwelt, Doppelgänger und Geister kehren zurück. Der Raum wird negiert wie die Zeit. Die Wirklichkeit erscheint (wie bei Georg Kaiser) als gleitende Erlebnisfolie; die Puppen und Marionetten betreten wieder die Szene, Mimus und Maske erhalten neue Funktionen. Die Abstraktion wird versucht, um den Antirealismus dieser neuen ›Kunst‹ ganz durchzusetzen; als szenisches Material werden von den bildenden Künsten her neue Farben, werden Musik und Tanz wieder angeboten. Bei Kaiser erfolgt die Charakterisierung ganzer Menschengruppen durch Farbe und verschiedene plastische Körper. Die Allegorie (›Koralle‹) überwuchert das Reale; was als noch halbwegs logisches Szenengefüge erscheint, ist im Grunde nur die seelische Projektion eines Ichs (›Der Sohn‹). Bildvisionen jagen sich, die Folge szenischer Fetzen führt fast schon zum Film (Hasenclever: ›Menschen‹). Der dramatische Dialog verliert nicht nur den Charakter von Frage und Antwort, von Hören und Vergelten, er verliert Überlegung, Argument und die periodische Syntax, die Fülle der Worte. Um der Abgenutztheit der überlieferten Sprache zu entkommen, wird von Sternheim über Kaiser bis zu Hasenclever die Sprache verkürzt, auf Ausdrucksstummel reduziert. Selbst Alfred Kerr reiht sich als Verkürzer, als Kondensator von Sätzen, in einem Wort, als ›Expressionist‹ diesen Bestrebungen ein.
Gleichzeitig wird die als abgebraucht empfundene Sprache emotionell aufgeladen, wird ihr Richtung und Stoßkraft gegeben. Sie verkündet die Ekstase der Körper. Statt Wortrationalität nun Wortrhythmus, Tongebäude. Und wer sind noch die dramatischen Personen? Signaturen von Typen, Verhältnissen, Empfindungen: Personifikationen. Das heißt: es sind Erlöste; erlöst von der Psychologie, dem Labyrinth der Neigung, der Triebe, Wünsche und Gefühle.

»Des Menschseins erstes Merkmal ist die Beseeltheit und nicht die höhere Stufe mancher Instinkte. [...] Dem Menschen nachzumachen, genügt nicht, um den Menschen darzustellen. So befreie sich also der Schauspieler von der Wirklichkeit [...] und sei nichts als der Vertreter des Gedankens, Gefühls oder Schicksals! [...] er schäme sich nicht, daß er spielt, er verleugne das Theater nicht und soll nicht eine Wirklichkeit vorzutäuschen suchen...« — In seinem Aufsatz ›Der beseelte und der psychologische Mensch‹ hat Paul Kornfeld so die Theorie der neuen Kunst entwickelt. Er formulierte nicht nur die Absage an die nachzeichnende, sich einfühlende Wirklichkeitskunst des Naturalismus. Er verlangte schon nach jener Veränderung, die sich in diesem Jahrzehnt von Shaw über Pirandello bis zu Brecht vielfach variiert: Das Theater begann sich als Theater, als bewußte Schaustellung, als Spiel wieder zu verstehen. Das Verlangen nach einer solchen neuen szenischen und schauspielerischen Praxis macht unseren Zeitraum auch zu einem großen Jahrzehnt der Theorie.

Die neuen Schauspieler

›Das neue Drama‹, ›Die neue Dramaturgie‹, ›Die neue Regie‹, ›Die neue Schauspielkunst‹: die vier Grundaspekte werden mannigfach durchreflektiert. Sie verändern sich mehrmals im Lauf des Jahrzehnts. Die Verwandlung der Stücke um 1918 bedingt die Verwandlung der schauspielerischen Ausdrucksmittel. Der Schauspieler des Expressionismus kann sich nicht mehr auf die Psycho-Logik der Rollen verlassen, auf Entwicklungsströme der Figuren, er kann sich weder auf das Milieu stützen noch mit den Requisiten des Interieurs spielen. Das historisierende Kostüm wird ihm abgenommen; schauspielerisches Raffinement kann sich nicht mehr in Details und Nuancen entfalten, wie es im naturalistischen Stück möglich war und wie Bassermann und Else Lehmann es so musterhaft entwickelt hatten. Nun zählt das nackte Gesicht, das beseelt werden muß mit großen Ausdrucksbewegungen von Freude und Schmerz, Jammer und Glück. Der Grundhabitus ist nicht mehr Einfühlung in einen Charakter, sondern geistige Gespanntheit, Intensität, die ›gerichtete‹, symbolische Gebärde. Straffheit und Rhythmik des Schauspielers verbinden sich mit Straffheit und Rhythmik der Szene. Die moralische Wertung der Figuren wird sogar sichtbar gemacht durch Masken, durch weiß und rot überschminkte Gesichter, durch Überakzentuierung der kennzeichnenden Kostüme. Der Drang, weg von der Illusionskunst, führt oft direkt zur Groteske; diese regt sich selbst in den Inszenierungen klassischer Stücke (Jeßners ›Tell‹).
Wie immer man die Ausdrucksskala beschreibt: das Zentrum des Menschen wird nun als Energie erlebt, in seinen Äußerungen spürt man den inneren Schub. Auf diese Weise wird der Mensch als Akteur wieder hervorgehoben, oder doch als Zentrum aller Aufmerksamkeit. Überzeichnung durch Dynamik: der Ursprung dieser Ausdruckssprache heißt Frank Wedekind. Er war als Schauspieler in das realistische Milieu seiner Stücke eingetreten und hatte es durch die Glut seines Spiels entmaterialisiert. Siegfried Jacobsohn spricht von dem Schauspieler Wedekind als von einer »zermarterten, nächtigen, vorwärtsgepeitschten Existenz«, die mit »ungeheurer Ehrlichkeit die schwärenden Striemen herzeigt«, und Hugo Ball (der die DADA-Gruppe mit anführte)

beschrieb ihn so: »Ein Schauspiel grausam wie Harakiri (wird man sagen): Es schlitzte sich einer die Seele auf. Zerstörte die Wand zwischen Innen und Außen (Scham genannt), zwischen öffentlich und privat. Zerriß und zerfetzte sich selbst. Barbarismus, Flagellantentum. Und lud uns als Zuschauer ein, fluchte sadistisch, spie Witze und Hohn. Und immer der Verstand, der hinrichtende Verstand. Gotische Berserkerei in diesem sich selbst Entblößen. [...] Nicht, daß er immer ergriffen hätte. Er hypnotisiert. Er hat den Krampf im Gehirn, den Krampf im Körper, den Krampf in der Kehle, in den Beinen.«
Die Überleitung dieser Impulse in die Generation der jungen Schauspieler von 1920 erfolgte durch Werner Krauß. Krauß hatte mit Wedekind als junger Darsteller auf der Bühne gestanden, seine Glut, seine Wahrheitsbesessenheit in sich aufgenommen und mit seiner eigenen fast magischen Verwandlungskraft vereinigt. Krauß spielte mit einer unerhört geistigen Energie. Das machte ihn zum Prototyp des ›neuen Schauspielers‹. Als er 1918 in Berlin als der vierte Matrose in Reinhard Goerings ›Seeschlacht‹ auftrat, war dieser Typus sichtbar geworden. »Werner Krauß ist so besessen von seinen innern Erfahrungen, daß er mit vertauschten Sinnen spielt. Es ist, als ob er die Töne sähe und die Gebärden hörte. Brennende Intensität des Gestaltens läßt Klänge körperhaft und Bewegungen klingend werden. Die Phantasie hat letzte Stoßkraft: dämonische Gesichte werden formelhaft zusammengedrängt. [...] Glühende Visionen werden durch ihre eigenen Energien zusammengehalten. Phantasie wird Sachlichkeit und Intensität ist Plastik. Werner Krauß hat ohne Absicht und Programm aus seiner schauspielerischen Persönlichkeit heraus das Pathos und den Rhythmus der modernen Dichtung und Malerei [...] Er widerspricht der Regie und befruchtet sie, indem er das vollbringt, was sie nur fragmentarisch versucht hat: er verkürzt, anstatt zu vervollständigen. Wenn Expressionismus letzte Konzentration ist, gibt es eine expressionistische Schauspielkunst.« (H. Ihering, ›Die Weltbühne‹, 1918.)
Es ist faszinierend zu beobachten, wie plötzlich die junge Generation von Schauspielern in die neuen Texte eintritt, wie sie Rhythmus und Ausdruck der neuen Rollen erfaßt und diesen Rhythmus weiterträgt in die Darstellung klassischer Rollen. Zu Ernst Deutsch und Werner Krauß treten der monomanische, die Sprache neu formende Fritz Kortner, die elementare Agnes Straub, der voluminöse, pathetische Heinrich George, Alexander Granach und Theodor Loos, Gerda Müller und Fritz Odemar, Eugen Klöpfer und Walter Franck. – Es fasziniert zu sehen, wie plötzlich Regisseure bereit sind, diesen Rhythmus umzusetzen in szenische Figur: Richard Weichert und Erich Ziegel, Karl-Heinz Martin und Leopold Jeßner, der junge Berthold Viertel und Jürgen Fehling, Otto Falckenberg, Ludwig Berger und Gustav Hartung. Sie formulieren neu, was Regie heißt: Zusammenfassen des szenischen Ausdrucks, Unterstellen unter eine Vision. Dies unter gleichzeitiger Veränderung des Bühnenraums, der nach allen Seiten hin geöffnet wird, dessen Perspektiven sich nun verzerren, als sei die illusionistische Bühnenwelt ins Wanken geraten. Die neuen Bühnenbildner – Sievert, Pirchan, César Klein arbeiten mit den Mitteln der Verzerrung, die bald zur Mode werden, mit symbolischen Strukturen und fast ortlosen Spielflächen; die Rampe wird überschritten und damit die Illusion der vierten Wand gesprengt, die Podium-Bühne verwirklicht: am sinnfälligsten in Berlin mit K.-H. Martins neuerrichteter ›Tribüne‹ und, so scheint es, in Reinhardts Großem Schauspielhaus, das als das Theater der Mas-

sen mit dem Herausdrängen des Spielfeldes aus dem Guckkasten den Tendenzen der Zeit eine außerordentliche Dimension geben sollte. – Später treten hinzu: Caspar Neher, der die Brechtbühne, Traugott Müller, der die Szene für Piscator entwirft.
Neue Mittel: neue Methoden; aber eine Fülle neuer Probleme. Nicht nur im Spielplan überschneiden sich die alten mit den neuen Stücken, in den Ensembles treffen die alten auf die neuen Schauspieler. Eine Situation für alle: als 1920 Hauptmanns ›Einsame Menschen‹ im Deutschen Theater aufgeführt werden, stehen Schauspieler aus drei Generationen, aus drei Spielepochen auf der Bühne; aus der alten Schule Otto Brahms Else Lehmann, aus der Reinhardts Alexander Moissi und aus der neuen Werner Krauß und Agnes Straub. Die Besetzung stellt die Entwicklung des Theaters selber dar. Aber unter dieser allerorts üblichen Mischung der Stile werden viele expressionistische Aufführungen undeutlich; die Straffung der älteren Schauspieler ist so schwer wie das Sich-Einfügen in die neuen Tempi oder die dramaturgische Aktivierung des Bühnenbildes, das aus dem ruhenden Milieu in einen mitspielenden Raum verwandelt werden muß. Alfred Kerrs Satz: Der Expressionismus scheint von den Regisseuren erfunden, enthält eine halbe Wahrheit. Freilich mußten erst die Texte sich ihre Regisseure erfinden, danach aber verwendeten viele Regisseure die expressionistische Technik ohne die dazu gehörige Intensität. Deswegen gab es den Expressionismus als Mode und wahrscheinlich kaum mehr als ein Dutzend Inszenierungen, die den expressionistischen Geist und Elan rein zeigten.
Aber das spricht so wenig gegen ihn wie sein verhältnismäßig schnelles ›Erlöschen‹. Zwar gibt es noch spät in den zwanziger Jahren Inszenierungen seiner wichtigsten Stücke (charakteristischerweise sind es solche von Georg Kaiser, der am engsten mit dem Geist und den Stoffen der Zeit zusammenhing). Auf dem Theater haben sich diese expressiven Stücke schneller verbraucht als in unserer Erinnerung, denn so geistig und so appellativ sie auch entworfen waren, ihre wichtigste Funktion bestand darin, das alte Theater zu sprengen und einen neuen Begriff heranzuführen, der sich erst im Laufe des Jahrzehnts in vielen Spielarten deutlicher ausprägte: weg von der Illusion und hin zu einer neuen spontanen Aktualität.
Das neue Theater entwickelt ein zunehmendes Verlangen nach immer stärkerem Kontakt mit den geistigen und politischen Fragen der Zeit. Zusammenhang mit der Zeit: das ist das große Experiment, das der Expressionismus eingeleitet hat. Dieser Zug prägt sich bald vielseitig aus. Die Veränderungen in den Beziehungen der Theater zueinander gehören unbedingt dazu.

Die Provinz regt sich

So vielgliederig das deutsche Theatersystem der Hof- und Stadttheater war, seit der Zentrierung der Staatsgewalt auf Berlin hatte auch das Berliner Theater den Vorrang in der deutschen Theaterlandschaft übernommen. Das Königliche Schauspielhaus zog die ersten Schauspieler an; 1890 hatte dann Otto Brahm im Deutschen Theater den Naturalismus auf die Bühne geholt. Sein Nachfolger, Max Reinhardt, hatte die Regie als die zweite Kunst neben der Schauspielkunst begründet und mit ihrer Hilfe nicht nur realistisch-impressionistische Inszenierungen geschaffen, deren Atmosphäre das Publikum berauschte; Regie war hier zu dem Instrument geworden, mit dem die Ausarbeitung des jeweiligen Stückstils gelang: von der Schärfe Wedekinds und Sternheims bis zu der neuen ›offenen‹ Regie für die Stücke Shakespeares, der aus dem illusionistischen Hoftheaterpomp nur mühsam zurückgewonnen wurde. Dies von Reinhardt entwickelte Instrumentarium der Regie gab dem Berliner Theater die Überlegenheit auch über die Bühnen im Reich: sie erschöpften sich lange Zeit in der Nachahmung Reinhardts. Auch dieses Verhältnis änderte sich um 1917. Was vom Gesichtspunkt der Reichshauptstadt etwas hochmütig »Provinz« genannt wurde, gewann plötzlich vielerorts neue initiative Kraft. Daß der Expressionismus in der Provinz einen besseren Boden fand als in Berlin, hängt sicher damit zusammen, daß die Reste des deutschen Idealismus dort noch nicht so abgebaut waren wie in der von 1918 ab sich schnell verändernden Großstadt Berlin. Man erkennt das daran, daß es zum Beispiel von dem Dumont-Lindemannschen Theater in Düsseldorf mit seinem hohen Kunst- und Kulturbegriff sehr direkte Verbindungen zum Expressionismus gibt und daß das expressionistisch geführte Frankfurter Schauspielhaus unter Zeiß und Weichert (der bei der Dumont Theater ›gelernt‹ hat) sich beispielsweise den Düsseldorfer Begriff des gepflegten Kulturtheaters zulegt.

Natürlich ist die plötzliche Aktivität der Bühnen im Reich vorbereitet. Noch im halbfeudalen Wilhelminismus hatten einige Hoftheater den vom Königlichen Schauspielhaus in Berlin repräsentierten Traditionalismus aufgegeben; so das Königliche Schauspielhaus in Dresden oder das Darmstädter Hoftheater. Der erste Sammelpunkt der neuen Kräfte (neben dem Landestheater in Prag) war das Albert-Theater in Dresden geworden. Dort inszenierte der junge Kokoschka (mit dem jungen Heinrich George) seine ersten, kühnen Stücke; dort wurde ›Der Sohn‹ zum ersten Male in Deutschland aufgeführt, dort stellte sich auch der abstrakte Flügel des expressionistischen Theaters, die folgenlos bleibende Sturmbühne mit Herwarth Waldens Pantomime ›Die vier Toten der Fiametta‹ vor. Im Südwesten machte schon 1916 der junge Richard Weichert (unter Hagemanns Intendanz) das Mannheimer Hoftheater zu einem Vorort des Neuen.

Um 1917 gruppieren sich die wirklich bestimmenden Kräfte neu; in Frankfurt bekommt der Privattheaterdirektor Arthur Hellmer, der 1911 mit Max Reimann das Neue Theater gründete, Kontakt mit den neuen Schriftstellern. Seine Bühne wird die wichtigste für Georg Kaiser. 1917 wechselt Carl Zeiß von Dresden ans Frankfurter Theater und leitet dort in Schauspiel und Oper den ›Frankfurter Expressionismus‹ ein. Gustav Hartung ist sein Regisseur; von Mannheim stoßen Richard Weichert und der Bühnenbildner Sievert dazu. In Frankfurt sammeln sich die Autoren Hasenclever, Kornfeld, Fritz von Unruh, Otto Zoff, Döblin, Vischer und Bronnen: es wird ein Zentrum. Der von Dresden nach Frankfurt wechselnde Heinrich George bestätigte das, wenn er sagte: Ich möchte Frankfurt mein Mutterland nennen. Ernst Leopold Stahl stellte damals fest, es sei die unbestritten erste deutsche Theaterstadt. Als Zeiß 1920 Frankfurt verläßt und nach München geht, spalten sich die Frankfurter Impulse: Weichert übernimmt das Frankfurter Schauspiel, Hartung das Darmstädter Landestheater. Der nun beginnende Darmstädter Expressionismus wird durchglüht von Hartungs scharfem Pazifismus. Kasimir Edschmid hatte recht: »Die ersten Schritte der neuen Kunst geschehen abseits von Berlin.«

In München sammeln sich die jungen Kräfte an den Kammerspielen, die Erich

Ziegel seit 1913 geleitet hatte. 1917 übernahm sie Otto Falckenberg, der sich 1915 mit einem Schlag durch eine Inszenierung von Strindbergs ›Gespenstersonate‹ bekannt gemacht hatte. Auch er will modernes Theater, er setzt Georg Kaiser mit durch, spielt Stücke von Sorge, Kornfeld, Essig und Reinhard Goering, ein erstaunlich reiches Programm, das sich mit der ersten Uraufführung eines Stückes von Brecht krönt: ›Trommeln in der Nacht‹. Im Ensemble der Kammerspiele sind Erwin Faber, Gustav Waldau, Elisabeth Bergner, Therese Giehse, Leonard Steckel, Kurt Horwitz, Maria Koppenhöfer, Erwin Kalser, Adolf Wohlbrück, Heinz Rühmann; Erich Engel und Kurt Stieler führen Regie, Otto Zoff ist Dramaturg.

In Hamburg gibt es ein Gegenstück: Im August 1918 eröffnet Erich Ziegel seine Kammerspiele mit einer Huldigung an Wedekind. Auch dort das moderne Repertoire von Kaiser, Kornfeld bis zu Klaus Mann, Hanns Henny Jahnn und Barlach. Im Ensemble stehen der junge Kortner und Gründgens. – Leipzig sucht den Anschluß unter dem Intendanten Vieweg im Schauspielhaus und unter Kronacher im Alten Theater. In Stuttgart weist die Ära Kehm (1920–1933) allein fünfzig Uraufführungen aus. Das bestätigt nur die Intensität der Ausschau nach dem Neuen.

Nicht nur Kaiser, Kornfeld, Hasenclever, Unruh, auch die schweren Stücke Barlachs und die Brechts sind vom Theater in der ›Provinz‹ zuerst inszeniert worden. Carl Zeiß bringt in München Erich Engel mit Brecht zusammen, und Brecht wird, da Berlin ihn zunächst nicht aufnimmt, in München, in Leipzig, in Darmstadt gespielt und durchgesetzt. Ein Autor wie Friedrich Wolf wird neun Jahre lang von den Bühnen der Provinz gestützt, bis er 1930 plötzlich in Berlin zu den spektakulärsten Erfolgen kommt. Die Entdeckungsfreudigkeit, aber auch der Mut zum Risiko blieben in der Provinz bis zum Ende der Republik größer als in den Berliner Theatern.

Was in der Provinz an neuer Kraft entbunden wurde, geschah bewußt abseits von Berlin. Zoff bestätigt: man hat sich damals nicht mehr um Berlin gekümmert. Die Polemiken Weicherts wiederholen immer wieder, daß man los wollte von Berlin. Jeder Erfolg wurde als Beweis der Selbständigkeit angesehen, und die Berliner Kritik, Ihering vor allem, hat dem Berliner Theater mehr als zehn Jahre lang immer wieder diesen Kunsteifer der Provinz vorgehalten: als Muster für Verantwortung, für künstlerische Entwicklung, als Muster für den Ernst der Arbeit. –

Los von Berlin – Los von Reinhardt

Los von Berlin, das hieß damals, zwischen 1917 und 1919, los von Reinhardt. Auch Reinhardt hat sein Theater damals den neuen Stücken geöffnet, aber die Initiative dazu Heinz Herald und seinem Verein ›Das junge Deutschland‹ überlassen. So stark die Erfolge dieser Matinee-Bühne auch waren (ein großer Teil des expressionistischen Theaters spielte sich in Matinee-Vorstellungen ab), der Expressionismus an Reinhardts Theater blieb halb, das heißt, er blieb immer überschattet von der Reinhardtschen Differenzierungskunst. Der Expressionismus wurde erst nach Berlin gebracht, als Karl-Heinz Martin Tollers ›Wandlung‹ inszenierte.

Aber Martins Programm an der ›Tribüne‹ hatte keinen Bestand. Der idealistische Expressionismus blieb Berlin fremd. Die Kritiken gegen die Stücke, die ihn darstellen, fielen in Berlin viel härter aus als in der Provinz. Er wird akzeptiert nicht als Stil, nicht als Ausdrucksphänomen, nicht mit seinen Themen; was gilt, sind die großen schauspielerischen Leistungen, die sich mit ihm verbinden. Also die von Krauß, von Kortner, von Deutsch, der Straub und von Gerda Müller. Der angestammte Berliner Realismus verstärkte die Distanz. Er war die szenische Tradition der Stadt; er hatte sich in der naturalistischen Schule Otto Brahms auf der Bühne durchgeistigt, psychologisiert und vertieft. Es war jener Stil, den Berlin dreißig Jahre früher dem Burgtheater in Wien entgegengesetzt und es damit in seiner führenden Rolle abgelöst hatte. Der Berliner Realismus blieb der Grund des Berliner Theaters die ganze Republik hindurch. Auch Karl-Heinz Martin hat sich ihm angepaßt, als er Reinhardts Statthalter wurde – so expressiv er sich zwischendurch auch gebärdete. Heinz Hilpert hat ihn am Ende der Epoche wieder aufs höchste am Deutschen Theater kultiviert. Auch der Realist Brecht suchte die Berührung mit dieser Tradition, als er nach Berlin drängte. Gebändigt hat diesen Berliner Realismus nur einer für kurze Zeit.

Dieser Mann war Leopold Jeßner. Ein Mann aus der Provinz, und also einer, an dessen Weg noch einmal abzulesen ist, was das Theater im Reich als Vorbereitung der ›neuen‹ Bühnenkunst bedeutete. Jeßner hatte 1904 am Thalia-Theater in Hamburg mit Regie begonnen, sich über ›Peer Gynt‹ und ›Danton‹ aus dem realistischen Illusionismus herausgeführt und an Wedekind seinen Arbeitsstil entdeckt: »Wedekind, das heißt: nieder mit dem Naturalismus.« Er strich das Milieu und ersetzte es in ›König Nicolo‹ wie im ›Marquis von Keith‹ durch Symbolbilder oder Farbflächen, vor denen sich die Figuren wie Puppen, wie in einem jagenden Schattenspiel bewegten. Er inszenierte nicht mehr die Stufen einer Handlung, sondern das Grundmotiv; er begann vom motivischen Theater zu sprechen.

Alles, was auf der Szene Jeßners geschah, ist fortan Auswirkung des einen Motivs. Von 1915 ab führte er die Hamburger Versuche als Intendant in Königsberg weiter. An Wedekinds ›Hidalla‹ wurde mittels Beschleunigung (Jeßners berühmt gewordenes Tempo) Aggressivität gewonnen; der ›Don Carlos‹ wurde als die Tragödie Philipps konzipiert, und schon erprobte Jeßner jene Konzeption des ›Tell‹, mit der er dann 1920 die Berliner Szene schlagartig veränderte. Was er damals in Berlin inszenierte, ist seine alte Hamburger Idee: Der Tell als »Freiheitsschrei«.

Der politische Impuls, der sich in Jeßners Theater immer als republikanischer bemerkbar macht, kommt zusammen mit der radikalen Entrümpelung der Szene. Der wilhelminische Zierat ist auf dieser mit symbolischen Farben ausgeschlagenen Stufenbühne so weit weg wie die Monarchie selbst. Symbolisch wird das Licht verwendet. Auf der Stufenbühne, die einen reinen Raum abgibt, macht der Regisseur Beziehungen deutlich, personale Spannungen, Querverbindungen zwischen den Darstellern. Er wertet durch Hoch- und Tiefstellung die wechselnden Bedeutungen der Figuren im Spiel, die Spieler, ungedeckt im leeren Raum, werden zu dynamischem Sprachpathos, zu rhythmischer Gliederung der Perioden getrieben. Die Situation wird bis zur Explosion verdichtet. In ›Richard III.‹ wird nicht mehr Historie, nicht mehr ein Charakterstück inszeniert, sondern das Thema ›Karriere‹.

Es war Anti-Reinhardtsches Theater, was sich da auf der ersten Bühne der Republik im Staatstheater am Gendarmenmarkt, dem ehemaligen Königlichen

Schauspielhaus, darbot. In Königsberg hatte der eigenwillige Jeßner das ›Los von Berlin‹ zur Triebkraft seiner Arbeit gemacht. Als er 1919 als Intendant nach Berlin berufen wurde, zeigte sich, wie sehr dieses ›Los von Berlin‹ das ›Los von Reinhardt‹ war. Ein Einschnitt in die Berliner Tradition. Beim Betrachten von Jeßners ›Richard III.‹ faßte der Berliner Theaterdirektor Rudolf Bernauer, der mit Carl Meinhard das nach Reinhardt beste Theater Berlins, das Theater in der Königgrätzer Straße, führte, den Entschluß, »keine künstlerischen Inszenierungen mehr zu unternehmen« und die Liquidierung seiner Direktion vorzubereiten. Der Berliner Stil, für den er sich eingesetzt hatte, schien damals für alle Zukunft verloren.

Mit diesen Veränderungen hing es zusammen, daß ein Jahr nach dem Auftreten Jeßners Max Reinhardt die Direktion seiner Theater an seinen Adlatus Felix Hollaender übergab und nach Wien retirierte. Es war das nicht nur Resignation, nicht nur Enttäuschung über die immer kritischer betrachteten Inszenierungen in dem so hoffnungsvoll eröffneten Großen Schauspielhaus; der Wechsel von Berlin nach Wien war ein Positionswechsel, der den Veränderungen innerhalb der Kunst entsprach. Reinhardt führte nicht mehr. Darum ging er in die Opposition.

Berlin und Wien

Reinhardt ging nicht, weil die Szene nach neuen darstellerischen Mitteln verlangte. Er selber hatte in den Jahren seit 1910 mit vielen unkonventionellen Versuchen die Ausdrucksskala der im Illusionismus eingeschlossenen Bühnenkunst durchstoßen. Er hatte die Pantomime wieder belebt, Lichttheater versucht, vor schwarzen Wänden gespielt und die Comedia dell'arte wieder aufgegriffen. Was ihm Berlin nun verleidete, war der Sieg einer anderen Auffassung von Theater.

Für Max Reinhardt war das Theater die höchste Form des Spielens. An Berlin hatte ihn einst fasziniert, daß die Stadt seinen »Spieltrieb in eine wahrhaft dramatische Atmosphäre« riß. Erspielte Wahrheit, das war seine Wirklichkeit; es war die des Künstlers, der Kunst als gesteigertes Leben empfand. Von da aus gesehen, hatte Hofmannsthal recht, als er das, was 1918 in Berlin vor sich ging, als »die Auflösung der höheren deutschen Theaterkultur« bezeichnete, als »eine allgemeine krisenhafte Situation, in der alles seit 1770 Aufgebaute in Frage steht«. Darum bereitete Hofmannsthal den Rückzug Reinhardts nach Wien vor: »Es ist die letzte Möglichkeit für ihn, zu etwas noch einmal im Leben zu kommen – denn in Berlin ist das höhere Theaterwesen unmöglich – ein lang gefristeter Schein zergeht jetzt in nichts.« –

In Wien hatte das Theater die gesellschaftliche Veränderung von 1918, den Zusammenbruch der Monarchie nicht registriert; die künstlerische Opposition konnte sich nicht entwickeln, die Anstöße, endlich doch modernes Theater zu machen, blieben unter Albert Heine am Burgtheater und später unter Dr. Beer am Raimund- und am Volkstheater beiläufig. In Wien wurde gerade *das* theatralische Element nicht gebrochen, das Reinhardt einst nach Berlin gebracht hatte: das Schauspielertum mitsamt seiner Rollenlust und seiner Stimmungskunst. Obwohl es nicht gelang, Reinhardt als Direktor ans Burgtheater zu bringen, obwohl er den Umweg über Salzburg gehen mußte, um sein Genie wieder mit der österreichischen Theaterwelt zu verbinden: als er 1924 sein

Theater in der Wiener Josefsstadt eröffnete, hob er den Schauspieler als das führende Element des Theaters wieder gegen das Berliner Regie-Theater deutlich hervor. Was ihn vom deutschen Theater jetzt trennte, das war dessen Bindung an die Gegenwart, die Indienststellung für allerlei Außerkünstlerisches, im Grunde: der Abbau seiner Festlichkeit, seines Spielcharakters, seine Einfügung in die Wirklichkeit.

Reinhardt hat die nun so scharfe Trennung zwischen dem Wiener und dem deutschen, dem Berliner Theaterbegriff im Lauf der Jahre immer wieder erfahren. Immer, wenn er im kommenden Jahrzehnt nach Berlin zurückkehrte, blieb er der Antipode zu Jeßner. Er hat große Erfolge errungen, aber immer nur, insofern er Widerspruch gegen das aktuelle Theater erhob. Manche Stücke, die er in Wien inszenierte, brachte er wohlweislich nicht nach Berlin, manche von Berlin nicht nach Wien (z. B. Bruckners ›Kreatur‹); die Serienerfolge in beiden Städten waren immer dann nicht identisch, wenn der sozialkritische Berliner Impetus in einem Stück zu spüren war (z. B. in Shaws ›Kaiser von Amerika‹).

Wien und Berlin: das bleibt das ganze Jahrzehnt ein theatralisches Spannungsfeld. Zum Rückzug Reinhardts nach Wien von 1920 ist der Auszug junger, bald führender Kräfte von Wien nach Berlin das Pendant: der Auszug Kortners, Fehlings und Iherings. So wechselten die Positionen. Von Wien aus stieß der konservative Reinhardt einige Male wieder nach Berlin vor wie Karl-Heinz Martin von Berlin nach Wien. Auch die Schauspieler, vorab die des Reinhardt-Ensembles, wechselten zwischen den großen Städten. So blieb der Kontakt.

Daß sich mit dem Beginn der Republik diese künstlerischen Spannungsfelder zwischen den Bühnen im Reich und der Hauptstadt, zwischen den Hauptstädten Berlin und Wien herstellten, das war eine der wichtigsten Grundlegungen für die Lebendigkeit dieser Jahre. Die Spannungen wiederholten sich innerhalb Berlins: zwischen der Masse der kommerziellen und den wenigen ernsthaften, auf Kunst bedachten Bühnen, aber auch unter diesen selbst. Außer dem Staatstheater und den Reinhardt-Bühnen zählte dazu das Lessing-Theater, das Barnowsky 1913 als Nachfolger von Otto Brahm übernommen hatte, die Bühne von Bernauer und Meinhard in der Königgrätzer Straße (die letzteren rüsteten nach ihren großen Strindberg-Erfolgen zum Abbruch, Barnowsky schwankte zwischen Moderne und Startheater) und die Volksbühne am Bülowplatz. Die Rivalität war am deutlichsten zwischen dem ›Deutschen Theater‹ Reinhardts und Jeßners ›Staatstheater‹. Sie blieb auch unter den Nachfolgern Reinhardts als ein angestrengter Dialog. Es gab Inszenierungen, die so aufeinander bezogen waren, als wäre es Herausforderung und Antwort. Reinhardt inszenierte gegen Jeßners ›Motiv‹-Theater atmosphärisch dichte, schauspielerisch glänzende Gesellschaftsstücke, wie die von Galsworthy. Gegen die ›Dreigroschenoper‹ setzte Reinhardt schließlich ›Artisten‹. Je engagierter die anderen, desto spielerischer wurde er. Am Ende seiner Ära trumpfte er in seinem Großen Schauspielhaus in Berlin noch einmal auf mit ›Hoffmanns Erzählungen‹ (1931) und der ›Schönen Helena‹ (1932).

Berlin, das war ein Spannungsfeld in sich; dort war man den neuen Entwicklungen des Jahrhunderts am nächsten. In Berlin begann sich damals Mitteleuropa zu amerikanisieren. Eine hektische Atmosphäre von Geschäft, Sensation, Literatur und Ruhm; Berlin verlieh durch seine weit ins Reich wirkende

Presse die ausschlaggebende Publizität, es verlieh Öffentlichkeit. Die Berliner Kritiker zogen in die Provinz und reklamierten die Schauspielerentdeckungen gleich für die Hauptstadt. So erklärt sich der ständige Zuzug bedeutender Kräfte aus dem Reich nach Berlin. Aus Frankfurt gingen Gerda Müller und Carl Ebert, Heinrich George, Renée Stobrawa und Theo Lingen, aus Nürnberg kam Walter Franck, aus München Elisabeth Bergner und Heinz Rühmann, aus Dresden Erich Ponto, aus Hamburg Gustaf Gründgens. Das sind nur einige Namen. Im Lauf der Jahre verschmolzen die anfangs noch klar unterscheidbaren Ensembles zu einem großen Berliner Schauspielerarsenal. Die Unbarmherzigkeit des Betriebs war die Peitsche zum Ruhm. Hier wurde Elisabeth Bergner die Bergner, Jeßner zu Jeßner, Engel zu Engel, über Nacht rückte man hier in die erste Reihe. Kortner, die Dorsch und Gustaf Gründgens stehen dafür. Die Provinz lieh sich die berühmt Gewordenen dann wieder zu Gastspielen aus. Aber hier konnte man auch stürzen und scheitern. Manche Regisseure an Reinhardts Theater haben es so erfahren wie später Gustav Hartung, wie Arthur Hellmer und – nach seinem Abschied aus Frankfurt 1929 – auch Richard Weichert. Berlin akzeptierte nicht alle. Es hatte seinen eigenen Hochmut, seine eigenen Lieblinge, es bevorzugte seine eigenen Entdeckungen. Nicht durch seine literarische Kraft erhielt das Berliner Theater seinen Rang, sondern als ein imponierendes wirkungskräftiges Instrument. So stellte sich über den Kommerz und über die Publizität das alte Gefälle von Hauptstadt und ›Provinz‹ doch wieder her. Gerade weil in Berlin das Theater ein Teil der übrigen Geschäftigkeit und kein ›festlicher Überbau‹ mehr war, zog es auch die Kräfte an sich, die sich um eine Inkorporierung des Theaters in die Wirklichkeit bemühten.

Zersetzter Expressionismus

Um 1922, als der Expressionismus auch im Reich schon zu Ende geht, beginnen überall neue Entwicklungen. Brecht, dessen schon lange fertige Stücke bisher nirgends angenommen waren, findet plötzlich Aufnahme. Falckenberg nimmt ›Trommeln in der Nacht‹ für die Münchner Kammerspiele, Zeiß ›Im Dickicht der Städte‹ für das Münchner Schauspielhaus, in Berlin sammelt ein gewisser Moriz Seeler den jungen Brecht und Bronnen und den Kritiker Herbert Ihering um sich, um eine später sehr erfolgreiche ›Junge Bühne‹ zu eröffnen. Seeler sucht eine Plattform für die neuen jungen Autoren, die hinter den Expressionisten bereitstanden, Autoren, die die Ekstase des Expressionismus zwar noch im Blut hatten, aber nicht mehr dessen Idealismus. Seelers Bühne bringt Bronnen, Brecht, Ernst Weiß, auch den jungen Zuckmayer (›Pankraz erwacht‹), Seeler reklamiert noch den toten Hermann Essig; er greift aber nicht nach Hanns Henny Jahnn, der an einer anderen Berliner Neugründung, dem ›Theater‹ Jo Lhermanns, in einer aufsehenerregenden Weise ›zerspielt‹ und am Ende dieser Übergangsphase in Berlin von Fehling mit der ›Schwarzen Medea‹ so glänzend rehabilitiert wird.
Was der frühe Brecht, was Bronnen, Weiß und Jahnn in ihren Stücken betrieben, das war die Zerstörung des Idealismus, des Glaubens an den neuen Menschen, es war die Hervorkehrung seiner Triebe, seines Sadismus. Es waren Stücke, die überquollen vor Brunst und Sexualität, von Mordlust und Perversion: ein Theater der Brutalität, das den Menschen als ein Stück Natur

vorführte, heimgesucht vom Wahnsinn des Sexus, mit Lust und Greuel. Alles war hier ins Extreme verlängert: der lichte, ›geistige‹ Expressionismus war in den schwarzen Expressionismus umgeschlagen, der als Motiv- und Ausdrucksgruppe bisher kaum beschrieben ist. Er stellt sich dar in Berlin, aber auch in Frankfurt (mit den Stücken Bronnens) und in Leipzig und dort bezeichnenderweise durch die Vermittlung des Dramaturgen Hans Rothe, der seine Shakespeare-Übersetzungen begonnen hatte, um den dunkleren, rauheren, wahreren, entschönten elisabethanischen Grund in den romantisierten Texten des Briten wieder heraufzuholen. Es ist ein neuer Realismus, der sich hier anmeldet, so monströs er sich auch darstellt; es ist aber auch ein Sprengungsversuch, sowohl was das Drama angeht wie die bürgerliche Vorstellung von der Kunst und die Ästhetik des Theaters. Brecht notierte zu seinem ›Baal‹, er habe diesen Typus entworfen, weil er »in der Bourgeoisie einen Gegner gesucht« habe. Die Skandale, die die Aufführungen des »schwarzen Expressionismus« verursachten, sind der unmittelbare Ausdruck für die gelungene Aggression, die gelungene Sprengung des bürgerlichen Horizonts.

Die große Veränderung

Das angestammte Publikum der Theater wird damals durch vielerlei Vorgänge zerstört: durch die Inflation, die den Bildungsbürger verarmt und die Inflationsgewinnler in die Theater treibt, die sich ihrerseits (selbst das Deutsche Theater spielt ›Alt-Heidelberg‹ mit Werner Krauß) das Geldpublikum mit Trivialitäten, Reißern und Zoten anlocken. Selbst in der Provinz schwächt sich das literarische Interesse. Die Krise zeigt sich dort in den leeren Parketts, in Berlin in den Protestreaktionen der Schauspieler. In Berlin ist sie deswegen so anders, weil das Berliner Theater – von der öffentlichen Hand mit Ausnahme des Staatstheaters nicht unterstützt – die Krise am schärfsten durchlebt. Da die Geschäftstheater die Kunst hinter das Geschäft stellen, gründen Berthold Viertel ›Die Truppe‹, Heinrich George und Karl-Heinz Martin ›Das Schauspielertheater‹. Ihre Inszenierungen werden in dieser Phase des Übergangs in eine neue Ordnung die künstlerischen Ereignisse in Berlin. Seelers ›Junge Bühne‹ wird die langlebigste dieser Gründungen, weil sie sich nicht auf den Antrieb der Schauspieler, sondern auf die der neuen Autoren verläßt. 1924 ist ein merkwürdig reiches Jahr: daß der realistischer werdende Jeßner zum letztenmal die symbolische Treppe benutzt, ist nur ein Zeichen; daß Brecht sich auf der Bühne durchsetzt, ein anderes. Es gibt keinen bestimmenden Stil mehr. Neben Jeßner ist endgültig Fehling getreten mit seinem pathetischen und magischen Realismus, neben beide der in Berlin einkehrende, die Szene zergliedernde Erich Engel. Max Reinhardt errichtet seinen Hauptspielort in Wien und kehrt nach Berlin (als Dependance) mit einer Folge ausgefeilter Inszenierungen zurück. Die deutschen Theater öffnen sich nun mit einemmal für die neueren ausländischen Autoren, für O'Neill, für Pirandello, für Claudel, für O'Casey. Ein neuer Stücktyp entsteht: das Historienstück, das mit den Shawschen ironischen Brechungen und Spielarten der Distanzierung ausgerüstet ist. ›Die Heilige Johanna‹ wird Reinhardts ›moderner‹ Beitrag in dieser Veränderung. Es ist das anregendste Stück innerhalb der neuen literarischen Entwicklungen. – Der ahistorische Expressionismus hatte verdeckt, daß die Darstellung der Geschichte zum Problem geworden war. Das unreflektierte Geschichtsdrama des Wilhelminismus (Muster: Wildenbruchs ›Die Quitzows‹) war mit der Revolution zerstört. Geschichte konnte nach den Erfahrungen des Krieges, nach solcher Verwertung als nationale Propaganda, nicht mehr ohne Distanz und Kritik hingenommen werden. Die Schwierigkeit der Darstellung historischer Gegenstände wird nun diskutiert an Shakespeare und seinem Zeitgenossen Marlowe. Warum?

Die Erneuerungen der Bühne in diesem Jahrhundert hingen sehr wesentlich mit Shakespeare zusammen. Reinhardt hatte die shakespearesche Welt als erster aus der verklebenden Illusionskunst des Hoftheaters zurückgewonnen. Er hatte in Shakespeare den großen Spielmacher entdeckt: Rollen, Farben, Atmosphäre, Musik, Raum, Welt. Ludwig Berger hatte nach der Revolution in Reinhardts eigenem Theater Shakespeares Komödien – antireinhardtisch – auf die abgeräumte Podiumsbühne gebracht: aber auch bei ihm blieben Erlebnis und Genuß. Falckenberg wie Ziegel haben sich mit ›Wie es euch gefällt‹ gleich Reinhardt Triumphe ihrer Regiekunst geholt und mittels der Regie das Stück zurückgewonnen. Jeßner wie Ziegel hatten aber auch schon den Zwang gespürt, Shakespeare aus der vergangenen Zeit in die Gegenwart zurückzuholen. Jeßner tat es, indem er ›Richard III.‹, ›Macbeth‹ und ›Othello‹ ihre grandios vereinseitigten Themen entlockte und sie aus dem neuen expressiven Rhythmus inszenierte. Ziegel ging schon weiter: er begann eine Art der Aktualisierung, die bald um sich griff: Shakespeare im modernen Kostüm, in Wien sah man Hamlet im Frack. Indem man die Mode der Personen veränderte, entzog man sie für das Auge der Historie, aber brachte sie dadurch in Konflikt mit dem Text. Es war eine Aktualisierung von außen. Sie berührte nur die Oberfläche. Hans Rothe versuchte die Annäherung an die vom Klassischen sich immer mehr entfernende Gegenwart mit seinen ›Bearbeitungen‹ der Shakespeareschen Texte.

Wenn Musil niederschrieb, das Theater habe seit der Klassik für die Entwicklung des europäischen Geistes keine Rolle mehr gespielt, weil das Drama unserem Denken keine Bewegungsfreiheit lasse, so deutete er damit das Verlangen nach neuer Freiheit des Denkens der szenischen Schaustellung gegenüber an. Shakespeare wurde damals deswegen zum Katalysator für die Darstellung klassischer Stücke, weil aus der offenen Form seiner Stücke diese Freiheit am leichtesten zurückzugewinnen war. Der Rückgriff Brechts auf Shakespeare und darüber hinaus auf Marlowe ist aus diesem Verlangen zu verstehen: dem Verlangen, an der Historie nicht mehr staunend, emotionell, sondern kritisch teilzunehmen.

Brecht begann mit der Behandlung der entscheidenden Frage, wie kritische Teilnahme am Stoff möglich sei, im ›Leben Eduards II.‹. Er entwickelt nun stetig ein System distanzierender Mittel: Es gibt Vorsprüche und Zwischentitel, statt einer mitreißenden versucht er eine distanzierende, durch Umstellung verzerrte Sprache, er fügt Lieder in den Text ein, er sorgt für mechanische Auf- und Abgänge der Personen. Er gliederte und zergliederte als Regisseur die Emotion, kreidete seinen Soldaten die Gesichter weiß, er achtete auf eine neue ›sprechende‹, nämlich ›zeigende‹ Gebärde. Einfachheit des Ausdrucks geht zusammen mit Sachlichkeit der Darstellung. – Die Wirkung dieser Arbeit war bald zu verfolgen. Erich Engel überträgt die Prinzipien auf Shakespeares ›Coriolan‹, dem alles heldische Pathos, und das heißt auch die Bewunderung menschlicher Größe, entzogen wird. Kortners Coriolan ist, wie

Ihering schreibt, »ein erkennender Politiker«. Noch Jeßner wird von diesem darlegenden Stil so berührt, daß er, der bis dahin auf Tempo drängende Regisseur, seine Inszenierung des ›Ödipus‹ zum Gegenstück zu jener berühmten Aufführung des Stückes macht, die Max Reinhardt mit allen Mitteln der Suggestion im Großen Schauspielhaus inszeniert hatte. Nüchtern und gehirnlich, so nennt Felix Hollaender Jeßners Inszenierung: das heißt, die Motive der Handlung interessieren nun mehr als die Gefühle, die Reinhardt so mitreißend für das Publikum ihr abgewonnen hatte. Für den Schauspieler hieß das: Verzicht auf individuelle Steigerung der Figur, die er darstellte, und Bemühen um interpretierendes Zeigen; es heißt im Grunde: Eintreten in eine Funktion. Freilich sah Brecht, daß die damit entworfene neue Spielweise am Klassiker allein nicht deutlich zu exemplifizieren war. Von ›Mann ist Mann‹ über die ›Dreigroschenoper‹ bis zu der vom Theater der Republik nicht mehr aufgeführten ›Heiligen Johanna der Schlachthöfe‹ hat er dieses Theater des Zeigens dann systematisch vervollständigt: als Beispiele der kommenden, wissenschaftlich interessierten Dramaturgie.

Brecht und Piscator

Brechts Dramaturgie des Zeigens ist eine Antwort auf die gesellschaftlichen Erfahrungen jener Jahre. Brecht spürte nicht nur, daß das Emotionstheater in der versachlichten Welt keinen Platz mehr hatte, weil das Existenzproblem selber ein anderes geworden war. In ›Trommeln in der Nacht‹ und in ›Im Dickicht der Städte‹ hat er sich dieser Einsicht versichert. Dort, indem er seinen Helden von seiner Aufgabe in individuelles Glück fliehen läßt; – hier, indem er darstellte, daß kein Kampf mehr zustande kam, der zur Dramatisierung der eigenen Person, und das heißt zur Steigerung des Lebensbewußtseins hinreichte. Die Vergesellschaftung des Menschen trat durch die neuen Arbeitsprozesse, durch die neuen Großorganismen immer mehr zutage. Unbedingtheit war kein Maßstab für das Leben mehr, wie das alte Drama noch darlegte. Der Blick wandert auf die Situation des bedingten, des in den Realitäten gefangenen und von den sozialen Aufgaben beanspruchten Menschen, er legt sich auf die Abhängigkeiten, auf die Systeme, denen er in dem Maße ausgesetzt war, wie er sie selber am Leben erhält. Es gab nun alte und neue dramatische Figuren. Die Scheidelinie zwischen ihnen ist identisch mit der zwischen Georg Kaiser und Brecht. Bei Kaiser erlebt man den Stoff der neuen Zeit. Bei Brecht wird er zum Problem.
Das neue Interesse an der Realität, das sich 1924 zum erstenmal ganz stark zeigt, ist die Folge der Abhängigkeitserlebnisse der zurückliegenden Jahre. Was war diese Gesellschaft, was war die mit soviel Hoffnung gegründete Republik? Der Mord an Liebknecht und Rosa Luxemburg, der Mord an Rathenau, der Hitler-Putsch, die Inflation: darin zeigten sich die Gefährdungen. Die Besetzung der Westprovinzen durch die fremden Truppen, die anhaltende Ausbeutung durch die ›Reparationen‹ des sich neu bilden wollenden Deutschland schafft unausgleichbare politische Spannungen. Separatisten (›Rheinische Rebellen‹ von Arnolt Bronnen) und Widerstandskämpfer (›Schlageter‹ von Hanns Johst) werden die politischen Extreme. Diese nun nach der Entlastungsphase nach 1918 neu gespürte Wirklichkeit dringt von Jahr zu Jahr mehr und in den verschiedensten Ausprägungen auf die Bühne vor. Nun kommt der

junge Regisseur Piscator zur Geltung, der mit seinem ersten proletarischen Theater gescheitert war. Er verbindet sich mit Brecht; beide haben die gleichen Überlegungen: den Entwurf einer soziologischen Dramaturgie, die die gesellschaftlichen Verhältnisse darlegt und kritisiert. Piscators Inszenierungen an der Volksbühne in Berlin, die mit ihm nun zum dritten ›führenden‹ Theater Berlins aufrückt, werden so wie Brechts Versuche zum Entwurf des neuen Dramas von der Frage der Abbildbarkeit dieser Gesellschaft beherrscht. Beide kommen deswegen zur Ausarbeitung eines ›epischen‹ Dramas. Das dramatische Drama hatte die Verhältnisse nur zum Anlaß für die psychischen Konflikte der dramatischen Figuren genommen. Ihnen galt das ganze Interesse des Dramatikers, der ein ›Dramatisierer‹ war. Die sozialen Verhältnisse selbst waren konstant. Das epische Drama breitet nun diese Verhältnisse aus und führt den Menschen vor in seiner Abhängigkeit, aber auch in seiner Freiheit, auf sie zu antworten und sie zu verändern. Gezeigt wird der Mensch in seinem Verhältnis zu seinen Zwängen. Die Zusammenarbeit Brechts und Piscators erreicht den Höhepunkt in der Inszenierung des ›Schwejk‹: es war das Stück, in dem die Hauptfigur die Verhältnisse dadurch für sich aufhob, daß sie sie unterlief. Es war das erste Schauspiel von der Kunst des Überlebens. In diesem ›Schwejk‹ huldigt Piscator wie Brecht in ›Mann ist Mann‹ zum erstenmal dem neuen Genie des Films: Charles Chaplin, der die Verstrickung des kleinen Mannes in die Willkürlichkeiten der Welt zum Thema seiner Pantomimen gemacht hatte. (Chaplins Filme wirkten damals in Berlin wie sensationelle Ereignisse.)

So verwandt die Ausgangspunkte Piscators und Brechts waren: beide trennen sich bald ganz durch ihre Methoden. Brecht, indem er seine Erkenntnisse der Vorgänge in der Gesellschaft, die Ortung bestimmter Situationen und Verhaltensweisen ›beispielhaft‹ in fremde Milieus überträgt (Beispiel: ›Mann ist Mann‹ nach Indien), um sie so leichter durchschaubar zu machen, d. h., er befreit sie von den Emotionen, die jede direkte Abbildung der eigenen Gegenwart mit sich bringt. Piscator mobilisiert alle technischen Hilfsmittel, um direkt und ›unverfremdet‹ darzustellen.

›Mann ist Mann‹ wurde das thematisch wichtigste Stück der letzten Phase der Republik. Es hat Brecht, wie die Inszenierungen und Umarbeitungen zeigen, bis zu ihrem Ende beschäftigt. Was Brecht darin demonstrierte: daß der Mensch als intelligibles Wesen durch äußere Gewalt ummontierbar sei in ein nur emotionales, das wurde ja das Schicksal der Republik. – In ›Mann ist Mann‹ hat sich das Brecht-Theater zum erstenmal deutlich charakterisiert. Die ›Dreigroschenoper‹ vervollständigt das Arsenal der neuen darstellerischen Mittel und gibt die Vorlage zur ersten Formulierung der Theorie des epischen Theaters; sie bestätigte sogar die Unterhaltsamkeit dieses Verfahrens. Sie wurde Brechts populärster Erfolg.

Bei seinen Versuchen, in die komplizierten Zusammenhänge der Wirklichkeit, und das heißt, in die verdeckten Praktiken des kapitalistischen Wirtschaftssystems einzudringen, kam Brecht zwangsläufig zu Marx. Dessen gesellschaftliche und wirtschaftliche Analysen werden ihm Handhaben für die Interpretation der Wirklichkeit wie für die Darstellung des Abhängigkeitsverhältnisses des Einzelnen von den Gegebenheiten. Die als unwürdig empfundene Abhängigkeit wird zum Antrieb für die proklamierte Veränderung. So konnte Brecht später den neuen Charakter seines Entwurfs vom Theater so formulieren: »Das Theater wurde eine Angelegenheit für Philosophen, allerdings solcher Philosophen, die die Welt nicht nur zu erklären, sondern auch zu ändern wünschten.« Die politische Anziehungskraft des Marxschen Systems, das die seit 1921 anwachsende kommunistische Partei zu bewahren antrat, wurde für Brecht erst bestimmend, als er spürte, wie notwendig energischer Widerstand gegen den von Hitler geschürten, sich schnell verbreitenden Nationalismus wurde. Erst am Ende der zwanziger Jahre geht er in das Lager, in dem ihm die Maximen der Aufklärung mit dem Entwurf einer zu verändernden Gesellschaft bewahrt schienen. Damit traf sich Brecht abermals mit Piscator. Aber Piscators marxistische Neigungen und Parteinahmen waren weniger von ästhetischen Überlegungen bestimmt. Seine Bindung war spontaner. Ein weltverbessernder Zug kopulierte sich in dem feinen, später fast grandseigneurhaften Mann mit dem antibürgerlichen in ihm, der ihn zu DADA getrieben hatte als der ersten sichtbar gewordenen Aktion gegen die überkommene bürgerliche Kunst. Von den Erlebnissen des Weltkriegs schockiert, von Lenins und Trotzkis Manifesten für eine bessere Welt fasziniert, vertraute er auf die in der Revolution 1918 sichtbar gewordenen Proletarier als die kommenden Träger einer freien, aufgeklärten Gesellschaft. (»Der geistige Fixierpunkt ist und bleibt für mich das Proletariat und die soziale Revolution«, notierte er noch 1928.) Im Grunde aber ist Piscator den kommunistischen Ideen begegnet wie der Expressionist seinen Visionen vom neuen Menschen: hymnisch, ekstatisch, bekennerisch. Der Jubelton, mit dem er in seiner kommunistischen Revue ›Trotz alledem‹ im Großen Schauspielhaus einen Text Karl Liebknechts sprach, ist dafür ein unüberhörbares Zeugnis. Etwas von dem Schub der Expressionisten hat der 1919 ins proletarische Theater aufbrechende Piscator immer behalten. Die szenischen Formen jedoch, die er für sein Theater nun auszuarbeiten beginnt, werden deswegen so anders, weil er sich einer Gesellschaft gegenüberfindet, die nicht wahrnehmen wollte und will, was mit der russischen Revolution von 1917 eigentlich geschehen war: die Veränderung der Welt durch proletarische und außerkapitalistische Prinzipien, die Setzung einer Alternative. Solange und in welchen Formen Piscators Theater immer existierte, er hat diese Veränderung mit allen Mitteln hervorgehoben und ›demonstriert‹; von den kommunistischen Revuen für die Parteitage bis zu seiner letzten Inszenierung in Deutschland vor dem Exil: ›Tai Yang erwacht‹. Revolution, rote Fahnen, Trotzki und Lenin, das sind die Leitmotive und Leitfiguren. Er sammelt Zitate des Programms und der Historie in seinen Inszenierungen. Piscator hat den Zwang zur Abbildung und Aktivierung anders gelöst als Brecht: dieser entwickelte seine Theorie der Verfremdung, Piscator sein Theater der direkten Konfrontation.

Das Prinzip der Piscatorschen Inszenierungen ist soziologisch in dem Sinn, daß hier die Hintergründe der Stücke ausgeweitet sind, um die Figuren ›in ihre Zeit‹ zu stellen, das heißt in ihre sozialen Bedingungen und in ihre Kraftfelder. Darum ist der Ausgangspunkt seiner Arbeit die Verwendung von Lichtbildern, statischen und beweglichen: sie sind Wirklichkeitszitate. Sie werden auf vielfache Weise verwendet: um historische Abläufe (etwa die permanente Revolution in ›Gewitter über Gottland‹) zu zeigen, wie um Situationen zu beschreiben (den Hexenkessel Großstadt in ›Der Kaufmann von Berlin‹). Sie werden verwendet, um Vorgänge auf der Bühne zu kommentieren (wie in ›Rasputin‹). Daß sich Piscator immer mehr technischer Mittel bedient, ent-

spricht der Entwicklung der Gesellschaft zu einer technischen hin. Er bringt ihr Ausdrucksinstrumentarium auf seine neue Bühne; die bisherige hatte es noch hinter Pfeilern und Kulissen versteckt. Auch Brecht hebt dieses Versteck der Scheinwerfer und Züge auf, aber er bleibt im Rahmen des herkömmlichen Theaters. Er benutzt die Maschinerie nur als Mittel, die Illusion des Bühnenspiels zu verhindern. Er verstärkt aber gerade das Spiel in durchaus herkömmlichem Sinn, indem er den Schauspieler innerhalb seines kritisch arrangierten Szenariums auf eine fast artistische Weise aktiviert. – Piscator geht auch hier den anderen Weg, er aktiviert die Szene durch die technischen Mittel, die als Funktionen des Themas eingesetzt werden und so einen eigenen Ausdruckswert erhalten. Auch der Schauspieler wird in Piscators Theater auf seine Funktion für das Thema reduziert. Darum hat Piscator immer lieber mit Typen als mit großen Individuen gearbeitet. – So kommen Brecht und Piscator vom gleichen Ausgangspunkt und bei gleicher Zielrichtung zu ganz verschiedenen Formen von Theater. Brecht zum kritischen Schauspielertheater, Piscator zu einem Funktionstheater, das die verschiedensten Wirklichkeitselemente und Vorgänge zu einer szenischen, zweckhaft eingesetzten Kollage komponiert. Der Zweck hieß: die Veränderung der Gesellschaft.»Wir fassen das Theater nicht auf als einen Spiegel der Zeit, sondern als ein Mittel, die Zeit zu verändern«, sagt auch Piscator.
Stärker ist die alte ›Kunstanstalt‹ Theater nie in die Wirklichkeit eingegliedert worden als bei ihm. Mit fast propagandistischem Elan verkündet er das Theater als politische Anstalt, deren Zweck es nicht mehr ist, Kunst zu produzieren, so viele künstlerische Elemente die Inszenierungen auch enthalten oder sich aus dem experimentellen Charakter dieses Theaters zwangsläufig ergeben. Piscators Theater ist im ganzen mehr ein Entwurf als eine Vollendung, seine Inszenierungen verraten noch immer das Labor. Es wird in dem Augenblick überfordert, als die Experimente solchen Umfang annehmen, daß sie einmal mit dem Premierenzwang kollidieren, dem ein Theater unterliegt, zum anderen mit dem Funktionscharakter der technischen Mittel selbst. Als Piscator das Prinzip der Hebebühne ausdehnt, um die Menschen mit ihr in der vertikalen Schichtung der Gesellschaft (ihr entsprechen die drei Etagen der Bühne), von einer Schicht in die andere zu heben, da wird das technische Hilfsmittel Ersatz für gesellschaftliche Bewegung. Es ist ein ungewollter Effekt, daß es streikt, daß der große Versuch die größte Niederlage wird (›Kaufmann von Berlin‹).

Wirklichkeit! Wirklichkeit!

Nicht der Zusammenbruch seiner Theater entscheidet über Piscators Rang und Bedeutung, sondern das, was er auslöste. Die Willkür, mit der Piscator in vorliegende Stücke eingreift (ihm fehlten immer die Dichter), und die faszinierende Erweiterung der szenischen Ausdrucksmittel konnten den Eindruck erwecken, als werde die Anarchie im Drama hier noch einmal vergrößert. Durch das, was Brecht und Piscator einleiteten, wurde sie auf die Dauer überwunden. Was beide formulierten, wurde die neue Dramaturgie.
Die neuen Kategorien, die auch Brecht antreiben, sind in Piscators Theater am deutlichsten formuliert: Zeitbewußtsein und Gerechtigkeit. Sie beherrschen das Theater der Republik von der Mitte der zwanziger Jahre an. Nach dem

Verlöschen der idealistischen Impulse wird es mit ihrer Hilfe noch einmal gegründet. Es nimmt kämpferischen Charakter an. Auch die Klassikeraufführungen werden davon nicht verschont. Piscator gestaltet für seine Inszenierung Schillers ›Räuber‹ nach diesen Kategorien um. Sie öffnet eine Schleuse. Selbst der lavierende Intendant des Staatstheaters, Leopold Jeßner, verschließt sich diesem Strom des Zeittheaters nicht mehr. Sein ›Hamlet‹ wird das Siegel darauf.

Das Zeittheater ist keine plötzliche Geburt. Viele Stücke der Expressionisten haben schon den kritischen Impetus gegen fixierte Gesellschaft und Situationen enthalten. Aber wo bei ihnen Wirklichkeit auftrat, wurde sie als Widerstand diffamiert und angeklagt: aus Zorn, aus Verachtung, doch sie blieb unverändert. Es wandelten sich einzelne ›Ergriffene‹, ›die Gesellschaft‹ aber blieb träge.

Der Impuls individueller Erneuerung verebbte in dem Maße, wie erfahren wurde, daß in die Wirklichkeit eingegriffen werden muß, wenn die Abhängigkeit von ihr überwunden werden soll. Politisch ist das Zeittheater die Konsequenz dieser Einsicht. Darum entfaltet es seinen sozialen Aktivismus. Es bleibt nicht auf die Anhänger der KP beschränkt. Karl Kraus nimmt daran teil (›Die Unüberwindlichen‹), wie Peter Martin Lampel (›Revolte im Erziehungshaus‹, ›Pennäler‹, ›Giftgas über Berlin‹), Erich Mühsam (›Sacco und Vanzetti‹), Günther Weisenborn (›U-Boot S 4‹), der Arzt Dr. Credé (›§ 218‹) oder Friedrich Wolf mit ›Cyankali‹. Das sind Themen des Kampfes von der Bühne herab gegen Mißstände in der Gesellschaft: die Zustände der Fürsorgeerziehung, die Geschlechtsnot der Jugend, die sexuellen Tabus, das Verfügungsrecht der Frau über ihren eigenen Körper, die Todesstrafe, das Sterben von Soldaten mitten im Frieden. – Freilich sind diese Zeitstücke schon die fortgeschrittene Form des aktualisierten Theaters. Bis 1932 wächst seine Aggression.

Das Zeittheater ist nicht nur aus dem politischen und sozialkritischen Engagement bestimmter Autoren entstanden. Die neue Wirklichkeit selbst drängt Stoffe aufs Theater, die die gesellschaftlichen Kräfte und die neuen Machtballungen sichtbar machen. Das Theater von 1914 hat mit den bis dahin entstandenen Stücken nicht abgebildet, was diese neue Wirklichkeit war. Alfred Kerr hat um 1910 die Veränderung, die neue Aktualisierung der Bühne und damit ihre Tendenz zum Epischen geahnt, als er notierte: »Manches Drama wird künftig nur Vorspiegelung eines Dramas (im alten Sinn) sein können. ... de facto jedoch Zeitung ... mit verteilten Rollen.« – Nicht nur Piscator hat sich auf die Zeitung berufen, der Abbildungsdrang der Zeitdramatiker wuchs so schnell, daß wenige Monate nach dem Erscheinen der Zeitungsberichte die Meldungen schon zum Gegenstand von Stücken geworden waren. Dazu gehört ›U-Boot S 4‹, aber auch Duschinskys ›Stempelbrüder‹, das 1929 bereits die beginnende Arbeitslosigkeit referierte.

Die neuen Stoffe: Georg Kaiser hatte sie in ›Gas‹ angedeutet und Peter Martin Lampel in ›Giftgas über Berlin‹ einen Vorfall zur Vision eines Großstadtschicksals ausgeweitet. Leo Lania (›Konjunktur‹), Hans J. Rehfisch (›Skandal in Amerika‹), Lion Feuchtwanger (›Die Petroleuminseln‹) beschrieben die Macht des Öls, Bruckner schilderte die Sexualnot der Jugend und die Moral der Großstadt (›Verbrecher‹). Die Rolle der schwarzen Reichswehr in der Republik behandelte Horvath in ›Sladek‹, die Separatistenkämpfe verwertete

Bronnen in den ›Rheinischen Rebellen‹. Das war die Szene des Jahrzehnts, von der Musil sagte, man werde eine Psychopathologie des Theaters schreiben können. Hanns Henny Jahnn hat in das Brodeln der vielen zum Zeittheater drängenden Halb- und Vierteltalente hineingesehen, als er 1928 den Kleistpreis verlieh. Seine Rede gibt Zeugnis davon: »Die junge deutsche Literatur steht überwiegend links. Ist radikal (und sei es völkisch) [...] Die Gründe für die Aktivierung sind viele. Das Messer sitzt an der Kehle. Die Unsicherheit gegenüber sympathischen und antipathischen Strömen des Lebensnächsten ist gewachsen. Die neue Jugend ist nicht weiser als die voraufgegangene; aber mißtrauischer, darum roher, offener, unberechenbar [...] Sie fürchten die kommenden Giftgase.«

Für diese neuen Stoffe gibt es keine überlieferten Formen. Daß sie mit dem alten, vom Expressionismus schon zerstörten Dramenschema nicht mehr zu fassen sind, das ergibt sich schon aus der Trivialität der zum Teil verhaßten Gegenstände, die weder Poesie noch Erhöhung, noch Dramatisierung der Figuren zulassen. So wird das Zeitstück in der Form ein Beliebigkeitsstück: realistisch und der Realismus gesteigert bis in den Naturalismus von einst. Minnichs ›Schlafstelle‹ ist wohl das Äußerste: »Das Elendsdrama des jungen Naturalisten der 80er Jahre« kehre zurück, heißt es im ›Berliner Lokal-Anzeiger‹, und Kerr schreibt einige Male zu solchen Zeitstücken: »Das war kein Theater mehr.« Die Lebensechtheit, die dampfende Wirklichkeit: wenn man betrachtet, was Piscator mit den ihm übergebenen Texten im Sinn einer soziologischen Dramaturgie experimentell veranstaltet, was Brechts antiaristotelische Dramaturgie an neuer szenischer Form bis zur ›Heiligen Johanna der Schlachthöfe‹, bis zum Ende der Republik zustande bringt, so erscheint das späte Zeitstück, so direkt es auch nachweisbar auf die Gegenwart wirkte (siehe ›Cyankali‹ und ›Revolte im Erziehungshaus‹), als ein Rückfall.

Inhalt geht vor alles. Angeklagt sind die Zustände. Die Expressionisten sind nicht ohne Grund von 1923 ab, einer nach dem anderen, in die Komödie abgeschwenkt. Sie ist die Form, in der man sich abfindet mit der Realität. Erst ihre Nachfolger reden von der Veränderung der Gesellschaft als Ganzem, der sozialen Verhältnisse. Für sie mußte Kornfelds Satz von 1919 lächerlich wirken, der hieß: »Das einzige Mittel, das der Einzelne hat, um die Welt zu ändern, ist das, sich selbst zu ändern.« Von der Mitte des Jahrzehnts an wird immer mehr in Kollektiven gedacht. Darum zum Beispiel hatte der Sowjet-Film ›Panzerkreuzer Potemkin‹ eine solch einschneidende Wirkung in Deutschland gehabt. Eisensteins ›Panzerkreuzer‹ geistert durch viele Zeitstücke und Inszenierungen, als solle mit seiner Hilfe die Revolution noch einmal nachgeholt werden, die doch längst verspielt war. Aber er wird nun deren nachdrückliches Symbol in Deutschland. Nie hat die deutsche Bühne vom Film her einen stärkeren direkten Einfluß verspürt, auch nicht von den Filmen Chaplins. Der Panzerkreuzer Potemkin ist gegenwärtig in Piscators ›Räubern‹, in Jeßners ›Hamlet‹, in Piscators ›Gewitter über Gottland‹ und ›Hoppla, wir leben‹, in Weisenborns ›U-Boot S 4‹ und in Friedrich Wolfs ›Matrosen von Cattaro‹. Er wirkte noch nach in der politischen Panzerkreuzerdebatte im Jahre 1928. Seine Schatten liegen auch auf Tollers ›Feuer aus den Kesseln‹.

War das Zeitstück eine Mode? In seinen Auswüchsen und seinen Nachahmungen sicher; wie eng es aber mit den Entwicklungen des Bewußtseins jener Jahre zusammenhing, kann man an den Stücken Tollers ablesen, der am kon-

sequentesten den Übergang vom Expressionismus in das politische Drama vollzogen hat. Man erkennt den Zusammenhang zwischen Stücktypus und Gesellschaft aber auch an der Entwicklung des Kriegsstücks, das innerhalb dieses Zeittheaters einen eigenen und immer wichtiger werdenden Typus darstellt.
Die Erinnerung an den Krieg, die zunächst verdrängt war, wird um die Mitte des Jahrzehnts plötzlich lebendig. Die Kriegsstücke entstehen zusammen mit den Kriegsromanen von Barbusse, von der Vring, Arnold Zweig, Remarque und Renn. Was Bronnen noch symbolisch mit der ›Katalaunischen Schlacht‹ im Unterstand begann, endet realistisch in Hintze/Graffs ›Die endlose Straße‹. Da rückt die Kriegssituation auf der Bühne so nah und deutlich vor Augen, daß Kerr also schreibt: »Das ist nicht mehr Theater.« Was in Sheriffs ›Die andere Seite‹ pazifistisch gemeint war, das endet in Erstaunen über den heroischen Fatalismus, mit dem eine dezimierte Truppe sich zum Marsch in die vordere Linie wieder aufstellt (›Die endlose Straße‹). Mit Hilfe des Kriegsstücks erobern sich bald auch die konservativen und national gesinnten Autoren das Zeitdrama. Es fällt den Nationalsozialisten später nicht schwer, manche dieser Frontstücke in ihren Dienst zu stellen. ›Reims‹ von Friedrich Bethge, das 1932 noch erscheint, ist eines davon.

Hitler an der Rampe

Der Kampf der bürgerlichen, sozialistischen und nationalen Gruppen um das Theater, der die letzten Jahre der Republik kennzeichnet, ist nicht nur am Kriegsstück abzulesen. Er ist ablesbar auch an der Geschichte der Publikumsorganisationen. Die Berliner Volksbühne ist von Spaltung bedroht, denn in ihr wird der Kampf zwischen dem Kunsttheater und dem progressiven politischen Theater fast exemplarisch für die ganze Gesellschaft ausgefochten. Die progressiven, sich an Piscator anhängenden Sondergruppen drängen auf ein eigenes Theater und nach einem eigenen engagierten Spielplan. Aber neben der Volksbühne entsteht der bürgerlich-christliche Bühnenvolksbund, und die Nationalsozialisten antworten auf die starke Bedeutung dieser Theaterorganisationen und der links orientierten Zeitstücke mit der Gründung einer ›Großdeutschen Theatergemeinschaft‹ in Berlin; aber sie bringt nichts zustande als einige trivial-sentimentale Volksstücke und geht bald ein. Ihr fehlen die Dichter, die Schriftsteller und die Regisseure; es fehlt ihnen der künstlerische Impuls. Aber es wäre falsch, das als Kriterium für das Versagen der Theaterpolitik der immer stärker werdenden Nationalsozialisten zu nehmen. Gerade weil der Linken mehr Theaterleiter geneigt sind, weil sie die aufsehenerregenden Regisseure und Autoren hat, wird der Kampf von den Nationalsozialisten gegen diese Personen geführt, um über sie auf das Instrument Theater selber zu wirken. Der Kampf beginnt 1922 in München schon im ›Völkischen Beobachter‹ (s. die Rezension zu Brechts ›Im Dickicht‹) und weitet sich in der NS-Presse aus. Die nationalen und die NS-Kritiker (eine Weile gehen sie zusammen) schrecken vor keiner Drohung zurück. Fritz Kortner muß sich gegen die Diffamierung zur Wehr setzen, er habe ein deutsches Mädchen vergewaltigt, Leopold Jeßners beste Kräfte werden in politischen Auseinandersetzungen verzehrt, die Skandale vieler Aufführungen werden nicht mehr dadurch verursacht, daß die Grenzen der bürgerlichen Lebensvorstellungen aufgehoben, sondern daß nationale Gruppen in die Aufführungen gelenkt werden. Der Kampf wird aufgezogen als ein Kampf gegen die Verjudung des deutschen Theaters, und das heißt: gegen den größten Teil der maßgebenden Intendanten und Schauspieler. Von 1930 ab gehen überall die wichtigen Positionen auf dem Theater der Republik verloren. Leopold Jeßner kündigt seinen Vertrag im Berliner Staatstheater. Ernst Legal folgt ihm im Amt, geht bald, dann treibt die erste Bühne der Republik lange Zeit ohne Führung. Erwin Piscator, am Nollendorffplatz wie im Wallnertheater gescheitert und schließlich ganz im Parteitheater befangen, zieht noch mit einer Wandertruppe durch Deutschland, bevor er nach Moskau zu Filmarbeiten geht. Richard Weichert, in Frankfurt ausgeschieden, bleibt in Berlin ohne hinreichende Aufgaben. Max Reinhardt, seit 1929 wieder in Berlin, gibt seine Theater 1932 abermals ab und geht nach Österreich zurück. Der ›Völkische Beobachter‹ triumphiert. Über Reinhardt wie über den Zusammenbruch des finanzkräftigen Theaterkonzerns der Gebrüder Rotter. Die Wirtschaftskrise arbeitet ihnen auch im Theater in die Hand.

Hitlers Partei sieht die große Zeit des deutschen Theaters vor allem unter dem antisemitischen Aspekt. Sie zitiert Adolf Bartels' Wort vom »Deutschen Theater jüdischer Nation« und setzt nicht nur den Berliner Generalintendanten Tietjen unter Druck, daß er keine jüdischen Schauspieler mehr engagiere. Alfred Kerr schreibt: »Die Theaterleiter haben Angst.« Aus Angst streicht Jeßner, als er Paul Kornfelds ›Jud Süß‹ inszeniert, die aggressiven Massenszenen, in denen der Antisemitismus des Volkes angeprangert wird. Der Intendant des Münchner Residenztheaters läßt ein Schauspiel vom Theaterkritiker des ›Völkischen Beobachters‹, Josef Stolzing, in Szene gehen (›Friedrich Friesen‹), Erich Ziegel gibt aus Hamburg politisch gefährliche Stücke zurück, Friedrich Wolfs neue Schauspiele werden nur noch von proletarischen Spieltrupps in der Provinz gespielt. Nationalsozialistische Intendanten setzen sich in den deutschen Theatern fest. Im Nationaltheater in Weimar, in dem die Nationalversammlung einst feierlich zur Gründung der Republik zusammenkam, erscheint zum ersten Mal Hitler offiziell im Theater zu einem Stück, das den Faschisten Mussolini zum Autor hat. Der Weimarer Intendant Ulbrich wird der erste sein, der die vakante Intendanz am Staatstheater in Berlin nach der Berufung Hitlers zum Kanzler übernehmen wird.

Nationalismus: Auch das ist das Gesicht der ›Provinz‹, die zu Anfang des Jahrzehnts das neue Theater so ungestüm hervorgebracht hat, als der Kaiser noch in Berlin saß. Die letzten Jahre des republikanischen Theaters bleiben merkwürdig leer. Wichtiges und Charakteristisches geschieht nur noch an Außenseiterbühnen; Am Schiffbauerdamm unter Ernst Josef Aufricht, in der ›Gruppe junger Schauspieler‹, die die Nachfolge von Seelers ›Junger Bühne‹ antritt. Sie trägt die letzte, aktivistische Phase des Zeitstücks. Aber auch das Zeitstück wird nun schnell überholt. Im Grunde bleibt es ohne Erfolg. Es hat nichts verändert, es hat die Situation nur verschärft. Monty Jacobs schreibt schon nach dem Zusammenbruch der zweiten Piscator-Bühne: »Nun wollen wir dem Schwindel von der politischen, nichts als politischen Kampfbühne fröhlich pfeifend den Sarg zimmern«, und Kerr folgte mit dem Satz: Das Zeitstück »war eine Notwendigkeit und beginnt jetzt ein Irrtum zu werden«. Herbert Ihering schreibt schon 1929: »Alle Anzeichen deuten darauf hin, daß eine geistige Reaktion ohne Beispiel den Vorstoß, den das Theater versuchte,

beantworten wird.« Im Februar 1931 fährt er fort: »Das Theater stürzt heute in eine Leere.« Die Aktivitäten vereinzeln sich: noch gibt es örtliche Versuche, das Theater als freien Platz zu halten, wie in Stuttgart, wie in Osnabrück. Aber es gibt kaum noch Zusammenhang. Der Schauspieler Gustaf Gründgens kündigt am Reinhardt-Theater und fragt: »Wo ist das Theater, das dem Schauspieler planmäßige Arbeit ermöglicht?« Ihering notiert: »Karl-Heinz Martin ist fast der einzige, der heute noch inszeniert.« Das ist, denkt man an Fehling, an den mit Zuckmayer aufgestiegenen Hilpert, an Erich Engel zwar übertrieben. Aber auch Kerr schreibt 1932 angesichts der Regressionen eine Klageschrift: »Was wird aus Deutschlands Theater?« Sie beginnt so: »Deutschland, das sichtbarste Theater der Krise, hat zugleich die sichtbarste Krise des Theaters«... und er endet: »Dies insgesamt versinkt... wenn kein Wunder geschieht.« Wir wissen, daß das Wunder nicht geschah. Am 9. Februar 1932, beim Vor-Abgesang auf Max Reinhardt, der damals in Berlin die ›Komödie‹ und das Theater am Kurfürstendamm aufgibt, heißt es schon im ›Völkischen Beobachter‹: »Auch auf dem Gebiete des Theaters haben *wir* ja jetzt die Führung übernommen.« Das Dramaturgische Büro, die Deutsche Bühnenkorrespondenz der Nationalsozialisten beginnen zu wirken. Sie bereiten den »deutschen Spielplan« vor, der 1933 mit einer uns heute fast erschreckenden Schnelligkeit und auf Grund eines lange angekündigten und bereitgehaltenen ›Sofortprogrammes‹ in den deutschen Theatern verwirklicht wird: Ein Spielplan der deutschen Stärke. Dazu gehören Hintze/Graffs ›Endlose Straße‹, Lerbs' ›UB 116‹, Hermann Burtes schon zwanzig Jahre zuvor auf den deutschen Bühnen gespielter ›Katte‹, Otto Erlers ›Struensee‹. Zeitstück und historisches Stück: es gibt eine Linie, die durch die Spielpläne der zwanziger Jahre zu dem Punkt führt, an dem aus dem kritischen aktuellen Theater der Republik das alte Illusionstheater wieder her- und auch gleich politisch in Dienst gestellt wird: »als eine Erbauungsstätte, eine Kultstätte deutschen Wesens«. Der Weg Hanns Johsts, auch der Arnolt Bronnens gibt darüber Auskunft.
Es ist ein Rückschlag. Der ätzende Komödienschreiber Carl Sternheim hatte mit einem Eintreten für eine neue freie offene Gesellschaft nach dem Ende der fixierten wilhelminischen seinen Boden verloren und die liberale Republik mit zweitrangigen Komödien gespeist, Georg Kaiser, der unermüdliche Heros unter den Dramatikern dieser Jahre, hatte sich in seiner ungeheuerlichen Produktion erschöpft. Das Pendant in der Oper: die Schließung der Kroll-Oper 1931.

Der große Rest

Was blieb? Brecht ist, so scheint es, damals auf dem Weg gewesen, das Werk Hauptmanns abzulösen. Er war der einzige, der die neue Dramaturgie seiner Stücke auf der Bühne selbst entwickelte, sie war antipodisch zu der Gerhart Hauptmanns. Aber Brecht kommt nur bis zu den ersten Ausarbeitungen, bis zu den Lehrstücken und der nicht mehr aufgeführten ›Johanna‹. Dann geht er ins Exil. Zwischen Brecht und Hauptmann aber hat sich ein Autor eingefügt, der das Zeitstück mit dem Volksstück verbunden hat; sein ›Fröhlicher Weinberg‹ hat 1925 nach den Überanstrengungen des bald als krank ausgegebenen Expressionismus wie eine Erlösung gewirkt. Man »hat sich gesund gelacht«, hat damals Eloesser notiert. Mit dem ›Hauptmann von Köpenick‹ schreibt Carl Zuckmayer nun zwei Jahre vor dem Ende der Republik, Shaws ironischem Mu-

ster folgend, die große deutsche Zeitkomödie des Jahrzehnts: die Republik sieht in dieser Eulenspiegelei auf ihre wilhelminische Vergangenheit nicht mehr gereizt, sondern versöhnlich zurück. Doch in diesem Rückspiegel entdeckt man bereits die Warnung vor den kommenden Uniformen, vor den Leuten, die Georg Kaiser in den ›Lederköpfen‹ schon 1928 auf der Bühne des Frankfurter Neuen Theaters aufziehen ließ. Zuckmayers ›Hauptmann von Köpenick‹ wird der letzte große Stückerfolg auf dem republikanischen Theater. Und Hauptmann selbst? Das nun ist das Wunder der Republik. Unter der Oberfläche dieses ›aktualisierten Theaters‹ sind Hauptmanns realistische Schauspiele immer wieder Quellen der schauspielerischen Erholung gewesen; der Strom von Tradition, der durch das hektische Treiben dieser Theaterjahre geht, wenn auch alle seine neuen Stücke von 1916–1932 dem Verdikt der Kritiker und des Publikums verfielen. Das Ende der Epoche ist ein Hauptmann-Jahr. Die Theater feiern Hauptmanns siebzigsten Geburtstag, und sie feiern den Dichter als den geistigen Repräsentanten der Republik. Und er selbst gibt der Bühne mit ›Vor Sonnenuntergang‹ ein Pendant zu seinem erstaunlichen Anfang von 1889: wieder ein Menschenschicksal, anscheinend ein altes, unaktuelles Thema, aber den Schauspielern bietet er Rollen mit Differenzierung und Atmosphäre; ein Stück altes Theater wird wieder zum Ereignis. In Berlin, wie in Wien, wie in der Provinz.
Ein seltsamer Zusammenklang. Das Hauptmann-Jahr ist auch ein Goethe-Jahr. Das zerrissene, in Parteien gespaltene Publikum des ebenso zerrissenen Theaters sammelt sich unter ihrer beider Namen. Mit ›Faust II‹ endet im Berliner Staatstheater, also im ersten Theater des demokratischen Staates, die Republik. Es ist eine Aufführung, für die der Regisseur und das Konzept aus der Provinz geholt werden, weil sich in Berlin niemand mehr findet. Aber die Aufführung wird mit Berliner Kräften besetzt. Da ist noch einmal der demokratische Zusammenhang des dezentralisierten Theaters: Provinz und Hauptstadt. Wenige Tage später schon verlassen die führenden Kräfte des republikanischen Theaters angesichts des politischen Umsturzes das Land. Es ist wie ein abrupter Aktschluß nach einer langwierigen Agonie; nach vier Akten eines noch heute faszinierenden Experiments.
Als ein großes Experiment stellt das Theater der zwanziger Jahre sich uns heute dar. An die damals erarbeiteten szenischen Mittel knüpfte das deutsche Theater erst in den fünfziger Jahren wieder an. Das war und ist noch immer ein schwieriger Versuch, deswegen, weil in diesen Experimenten selbst kaum eine Ordnung gewesen ist, sondern nur Spontaneität und Wille. – Daß sich das neue Theater nach dem Zweiten Weltkrieg über Brecht in die zwanziger Jahre zurücktasten konnte, das ist ein Glücksfall. Er vor allem hielt die Kontinuität mit seiner Dramaturgie, er allein fast ein Leitseil. Zu dem anderen großen Theaterentwurf des Jahrzehnts, zu dem Erwin Piscators, hat sich erst in den sechziger Jahren über das neue politische Drama von Kipphardt, Weiß und Hochhuth die Verbindung wiederhergestellt. Doch das Theater der Republik hat noch mehr bereitgehalten, als diese beiden Entwürfe widerspiegeln.

Wieviel wert ist die Kritik?

Ist der Spiegel dieser Zeit aus den bewahrten Scherben wiederherstellbar? Scherben: nichts anderes sind die Kritiken dieser Zeit, von denen eine Auswahl hier vereinigt ist. Was bleibt von einem Theaterabend, wenn nicht die Kritik? Fotos, im besten Fall ein Film; aber beide sagen wenig über die Bedeutung der Aufführung in jenem historischen Augenblick, für jenes Publikum, für das sie inszeniert war. Noch immer hebt sich das Theater in der Kritik am deutlichsten auf; das Jahrzehnt der Republik ist auch in der Geschichte der Kritik ein einmaliger Zeitabschnitt. Das Ungestüm der Jahre und der Neuerungen, die Ungeduld wie das Zögern und der Kampf um das verjüngte, geistig geführte Theater haben sich in ihr festgehalten. Und doch, was ist sie wert? Nicht nur Sudermann hat sie der Verrohung bezichtigt, in den Kreisen Max Reinhardts wird bis heute der Kritik die Schuld am Scheitern der künstlerischen Arbeit im Großen Schauspielhaus zugeschoben. Von Hans Rothe stammt der die Kritiker jener Zeit treffende Satz, das elisabethanische Theater habe deswegen so geblüht, weil es keine Kritik gegeben habe. Von Max Reinhardt weiß man, wie er darunter litt, daß Kritiker wie Kerr und Ihering zu Jeßner übergingen und daß auch Jacobsohn ihn verließ. Auf vielen Berliner Bühnen standen die Schauspieler damals zitternd hinter dem Vorhang, um zu sehen, wer von den so leicht für ›allmächtig‹ gehaltenen Kritikern in den Saal kam. George hat dort einmal vor Erregung erbrochen, als er Ihering kommen sah. Hermine Körner ist vor der Kritik aus Berlin geflohen (bis Ihering sie zurückrufen half). In den Kneipen haben Schauspieler und Regisseure nach der Vorstellung auf das Erscheinen der Berliner Mitternachtsblätter gewartet, um die paar Zeilen Vorkritik noch zu erhaschen.

Bosheit und Macht: auf diese Vorwürfe trifft die Kritik seit dem Anfang des Jahrhunderts, und das heißt seit dem Anwachsen ihrer Bedeutung, seit der Zunahme ihres Börsenwertes; denn jede Kritik hat für die Stücke und die Akteure auch eine realistische Kurs- und Marktfunktion. Die Kritik in den zwanziger Jahren hat diese Funktion ohne Absicht entwickelt; sie hat Schauspieler über Nacht bekannt gemacht und manche Inszenierung von der Bühne gefegt. Viele haben drei Aufführungen nicht überlebt. Freilich hing diese Wirkung mit dem Theatersystem selber zusammen, das noch nicht so weitgehend subventioniert war und in den beiden großen wirtschaftlichen Krisen die Vorstellung durch große Abonnements noch nicht so sichern konnte wie das Theater heute. Freilich: die Kritik war hart und auch oft gnadenlos. Aber gegen die Macht der Kritik gibt es auch eine Fülle von Beispielen für die Ohnmacht der Kritik. Wieviel Erfolge hat das Theater gegen die Kritik gehabt! Zuckmayers ›Katharina Knie‹ ist nur ein Beispiel. Ja, im Grunde ist der größte Teil des Berliner Theaters trotz der und also gegen die Kritik veranstaltet worden und sogar mit Ausdauer und Gewinn, wie der lange Bestand des fast von allen Kritikern verfolgten Konzerns der Gebrüder Rotter mit ihrer rücksichtslosen Boulevard-Moral und ihrem Starsystem ausweist.

Die Klagen über den Verlust der ursprünglichen Position der Kritik ziehen sich freilich durch die ganze Republik. Wie sehr sie auch von dem latenten Ungenügen der Kritik an sich selbst und ihrer angeblich mangelnden Wirkung hervorgebracht sind, sie haben doch einen realen Kern. Seit Anfang des Jahrhunderts hat sich die Zahl der Kritiker und die Anzahl der Kritiker-Typen vervielfacht. Das hängt mit der zunehmenden Zahl der Zeitungen zusammen, die sich ebenfalls in ihrem Typ differenzierten. Das Tempo der Zeitungsherstellung, die Markt- und Konkurrenzbedingungen wirkten auf die Theaterkritik, beeinflußten nicht nur die Aufmachung und die Sprache der Rezensenten; der Produktionszwang, das wachsende Tempo der Information führte auch zur Einführung der Nachtkritik; sie ließ ein ausgeruhtes Schreiben nicht mehr zu. Selbst die Blätter, die sich für die Morgenausgabe mit einigen Zeilen ›Vorkritik‹ zur bloßen Information begnügten (wodurch der Premierenbericht zum Neuigkeitsfaktor herabgemindert wurde) mußten von ihren Rezensenten die fertige Arbeit um die nächste Mittagsstunde verlangen, denn die großen Rezensionen erschienen in den Abendausgaben der seriösen und halbseriösen Blätter. Das gilt vor allem für Berlin, aber auch für die Großstädte im Reich, soweit diese über mehrmals am Tag erscheinende Zeitungen verfügten (z. B. ›Frankfurter Zeitung‹). Aber nicht nur das ›verhetzte‹ die Kritik, sondern auch der Markt selbst. Die Berliner Boulevard-Presse zum Beispiel mußte eine Art der Kritik entwickeln, die im Stehen, im Bus und in der U-Bahn zu lesen war. Sie mußte sich Ver-lebendigen, den Aktualitätsreiz erhöhen (im Stil, in der Überschrift, durch Beigabe von Illustrationen). Das wiederum wirkte auf das Theater zurück. Das Hektische der Theaterarbeit in diesen Jahren hängt auch mit dem Wechselspiel zwischen Bühne und Großstadtpresse zusammen. Es gehört zu den imponierenden Leistungen der Presse, daß zahlreiche dieser Boulevard-Blätter sich trotzdem eine beachtenswerte Kritik und sachliche Kritiker erhalten konnten. So die ›B. Z. am Mittag‹ (›Berliner Zeitung‹), die die am weitesten wirkende Kritik in Berlin hatte, mit Paul Wiegler und Norbert Falk, das ›8-Uhr-Abendblatt‹ mit Felix Hollaender und Kurt Pinthus, das ›12-Uhr-Blatt‹ mit Walther Steinthal.

Alte und neue Grundsätze

Unter diesen Produktionsbedingungen war an eine gründliche Verarbeitung des Theatererlebnisses nicht zu denken. Was Gründlichkeit hieß, das war von der vorhergehenden Kritiker-Generation, von Fontane, Frenzel, Brahm und Schlenther dargelegt worden. Für sie bestand der ›natürliche Werdegang‹ der Kritik noch darin, sich dem Theaterabend mit der Voraussetzungslosigkeit des Publikums hinzugeben, dann nachträglich das Stück zu lesen, um durch das Buch die Bühne kontrollieren zu können. Die Kritik war das Ergebnis dieser Erlebniskontrolle: umfangreich, eingehend, detailliert und differenziert, oft über zwei Feuilletons ›unter dem Strich‹ sich erstreckend. »Kritiken nicht für den nächsten Morgen, sondern für die Dauer«, so nannte sie Paul Schlenther, als er 1915 seinen Aufsatz wider die Nachtkritik schrieb. Schlenther fragte noch: »Haben wir nur eine journalistische oder neben ihr noch eine literarisch dramaturgische Pflicht?« Das heißt, er fragte noch von der Aufgabenstellung her, die Lessing der Kritik mitgegeben hatte. Die Senioren der Berliner Kritik, Alfred Klaar und Julius Hart, die noch bis in die Mitte der zwanziger Jahre in Berlin schrieben, aber auch Ernst Heilborn kamen aus dieser Schule. »Bei Gott (hold Ephraim Lessing) . . .«, so rief auch Kerr gelegentlich, der von Fontane noch in den Sattel gehoben und unter dem Einfluß von Otto Brahm sich in das Theater eingefühlt hatte. – Es ist aber kein Zweifel, daß der Journalismus einen immer stärkeren Einfluß auf die Kritik erhielt.

Der aus der alten Schule kommende Siegfried Jacobsohn (der manchem als der beste Berliner Kritiker galt) versuchte, sich für seine Rezensionen in der ›Schaubühne‹ (›Weltbühne‹) dem zunehmenden journalistischen Sensationswert der Premiere dadurch zu entziehen, daß er erst spätere Vorstellungen besuchte und damit auch eine ›wahrere‹ Grundlage für seine kritische Arbeit zu finden hoffte. – Aber bei den Zeitungsmachern hatte die schnelle, sogar die unmittelbar nach der Premiere im Kampf mit den Minuten geschriebene Kritik ihre Freunde. Emil Faktor, der als Kritiker bis heute unterschätzte Chefredakteur des ›Berliner Börsen-Couriers‹, gehörte dazu, auch Monty Jacobs, Arthur Eloesser, Fritz Engel, Franz Servaes und Ludwig Sternaux, Kurt Pinthus und Bernhard Diebold: für sie war Kritik vor allem eine journalistische Aufgabe. Manchen von ihnen galt gerade die befehdete Nachtkritik als der unreflektierte, daher ehrliche Ausdruck des Theatererlebnisses. – Herbert Ihering wurde ein Sonderfall. Er war wie kein anderer mit einem Gespür für das Kommende und mit Vorstellungen von einem zu entwickelnden Theater begabt. Er kehrte – bis zur Monotonie – das Grundsätzliche jeder Aufführung hervor, er rief nach Systematik und Organisation, er entwickelte die Dramaturgie jedes Abends im Hinblick auf das Ganze und die Zukunft des Theaters. Ohne journalistische Gefälligkeit und Gewandtheit; sein Stil blieb immer starr, humorlos, aber seine Kenntnis des Theaters und die Erkenntnis seiner Probleme machten ihn zu einer unüberhörbaren Stimme in seinem Blatt. Er hatte engsten Kontakt mit den Akteuren und Dichtern, als Schreiber trat er auf wie ein Magister, der den ›Börsen-Courier‹ für seine analytischen Belehrungen benutzte wie Alfred Kerr den ›Tag‹ und später das ›Berliner Tageblatt‹ für seine Sprach-Balletts, die ihn als einen Zuchtmeister und Erneuerer der Sprache ausweisen. Gerade im Vergleich mit den Kritiken von Fritz Engel, der am ›Berliner Tageblatt‹ sein Vorgesetzter war, kann man heute noch spüren, daß Kerrs Sprach- und Schreibstil gegen das in der Kritik verbreitete und schwülstige Bildungs-Deutsch gerichtet war. Kerr war eine Instanz, sein Stil färbte auf viele seiner Kollegen ab, Ihering erschrieb sich das Ansehen einer solchen. Aber auch er klagt in der Mitte des Jahrzehnts in einem Aufsatz über die Vereinsamung der Theaterkritik.
Gegen diese ›journalistische‹ Entwicklung in der Theaterkritik wird seit einem halben Jahrhundert immer wieder das kritische Verfahren Theodor Fontanes als musterhaft herausgestellt. Bei ihm findet sich die besonnene literarische Erörterung, verbunden mit eingehender schauspielerischer Charakteristik, mit Beurteilung nicht nur der individuellen Spielleistung, sondern auch der Entwicklung des Schauspielers. Nun: Fontane schrieb für ein noch relativ ruhiges Theater, das kaum Stoffprobleme und noch einen festen Begriff vom Drama als einer Konfliktdarstellung zwischen Individuen hatte; er sah intakte Ensembles und über Jahre hinweg die Entwicklung von Schauspielern. Schlenthers Satz von 1915: »Die Charakteristik und die Analyse schauspielerischer Leistungen, sie steht vollends auf dem Aussterbeetat«, kennzeichnet schon die nachfontanesche Situation. Die Charakteristik der Darstellung verschwindet immer mehr, nicht nur weil die Rezensionen kürzer und schneller geschrieben werden, sondern weil sich die Gewichte auf dem Theater selber verschieben, weil sich das Theater selber verändert.
Mit der Neu-Romantik, aber vor allem mit dem Expressionismus wird das Theater in Deutschland stark literarisiert. Geht es noch um Kunst? Um blei-

bende Gebilde? Gegen die künstliche Welt der Phantasie treten die neuen Stoffe an, sie werden in allerlei literarischen Formen errafft und schnell verbraucht. Am schnellsten die, die die Bühne nun in die Tribüne verwandeln. Es war fast selbstverständlich, daß die Kritik von dieser literarischen Produktion sich literarisch angesprochen fühlte. Von den führenden Kritikern der Zeit kommen nur wenige aus dem praktischen Theater: Herbert Ihering, der in Wien Dramaturg und Regisseur gewesen ist, Arthur Eloesser und Felix Hollaender, die beide, der eine am Lessing-Theater, der andere am Deutschen Theater, Dramaturgen waren und in die Leitung der Bühne aufrückten. Bernhard Diebold war Schauspieler und Regisseur. Die meisten Kritiker jedoch waren auf der Universität zu Literaten geworden. Allein aus der Schule des Berliner Germanisten Erich Schmidt kamen Alfred Kerr, Max Osborn, Arthur Eloesser, Monty Jacobs und Paul Fechter in die Berliner Kritik. Manche von ihnen ziehen sich in die literarische Betrachtung zurück, wenn die szenischen Probleme zu schwierig werden. – Die Bühne, die sich damals dem literarischen Problem ausgesetzt sieht, wie die neue Wirklichkeit faßbar sei, wird von den Regisseuren immer stärker beherrscht. Die Regie muß sich an den neuen Stücken erst selber entwickeln, auf die neuen Probleme und ihre Darstellungsweise einstellen. Es wurde für die Kritiker ein Zwang, sich auf diese neue Kunst des Umsetzens der verschiedensten Stücke in das plastische Gebilde der Bühne zu konzentrieren, um zu erfassen, wie der Regisseur das Neue und das Überlieferte jetzt interpretierte. Darum rückt der Regisseur in der Kritik vor den Schauspieler. Der Schauspieler tritt auch deswegen in den Hintergrund, weil er nicht mehr die Problematik seiner Psyche zu entfalten hat, sondern das Stück oft nur noch transportiert. Der funktionalisierte Schauspieler rutscht aus der kritischen Aufmerksamkeit. Es gibt den Gegenbeweis: er tritt sofort in diese Aufmerksamkeit zurück, wenn er die alten differenzierten Rollen in den Stücken von Hauptmann, Ibsen, Hamsun oder Björnson spielt oder wenn er mit dem Stil der Aufführung eines neuen Stücks so identisch wurde, daß in seiner Darstellung das Regie- und literarische Problem zusammenfielen. Das etwa ist der Fall bei Kortner.
Die Flut des Neuen, dem sich die Kritiker damals ausgesetzt sehen, ist kaum zu überschätzen. Das Neue ist das Schwierige. Wie viele Kritiken gibt es, in denen zugegeben wird, daß man die Stücke nicht verstehe. Brechts ›Im Dikkicht‹ gehört dazu, wie fast alle Stücke von Ernst Barlach; und wie viele von anderen Autoren sind nicht richtig oder nur oberflächlich wiedergegeben worden. Wenn Monty Jacobs, der sich nicht gegen Brecht stellt, zu ›Mann ist Mann‹ schreibt, das »Drama« beginne erst, wo Mann nicht mehr Mann sei, sondern »wo das Private so reich wie möglich aufblüht«; wenn er schreibt: »Wer von der Szene her unmittelbar zu wirken vermag, braucht keine neuen, er braucht nur dramatische Menschen zu schaffen«, der spürt, wie hier ein neuartiges Stück von dem alten Begriff des Dramas her beurteilt wird, weil die dem neuen Stück immanenten, aus der Funktion zu entwickelnden Maße noch nicht erkannt sind. – Wahrscheinlich konnte die bürgerliche Kritik Brecht gar nicht anders als formal nehmen. Wer immer in das damals aktuelle Theater eindringt, spürt, daß der größte Teil der Kritiker die Veränderung der Maßstäbe nicht schnell genug mitvollzog. In den Briefen Tollers wird darüber manche Klage geführt.

Selbstverständnis und Auseinandersetzungen

Die Kritik mußte in dieser großen Veränderung des Theaters sich selber erst eine Einstellung zu diesem neuen Theater suchen. Was war ihre Rolle? Sollte das Theater seine eigenen Wege suchen und die Kritik über dieses Suchen nur referieren? Sollte die Kritik Autor und Regisseur durch Hinweise fördern, sollte sie herausfordern, am Kampf um das neue Theater aktiv teilnehmen? Sollte sie nur entscheiden, was Kunstwert hat, konnte sie ein Theater dulden und gar fördern, das durch seine ständig zunehmende Aktualisierung immer weniger Kunst und immer stärker soziale und soziologisch definierbare Werte produzierte? All das wurde damals diskutiert, besser: erfragt. Es gab keine verbindliche Antwort. Selbst die Leute vom Theater verlangten Gegensätzliches von der Kritik. Fehling rief »Die Kritik soll schlemmen«, und Brecht verlangte von der künftigen Kritik den wissenschaftlichen Aspekt. Jeder, der damals Kritiken schreibt, hat in dieser Krise seine Aufgabe anders definiert. Polgar und Eloesser benutzten gern das ›Feuilleton‹, die geistreiche Plauderei, sie reflektierten im Wortspiel die literarische Impression. Paul Fechter begriff sich als Reporter (»ich bin ein harmloser Zuschauer, verpflichtet zu berichten über meine Eindrücke«). Fritz Engel versuchte aus seinem Bildungsreservoir »hilfreiche Teilnahme zu schenken«. Monty Jacobs versteht seine Kritik als »niveauverbessernde, aufwärtstreibende, wachsame, unerbittliche Kraft«. Siegfried Jacobsohn fühlte sich als Vermittler des künstlerischen Erlebnisses, als Kontrollinstanz zum Schutz des Autors. Alfred Kerr, stets auf der Suche nach Kunst – und später auch nach politischen Werten im Drama, raffte die Ergebnisse seines Nach-Denkens in aphoristischen Satzfolgen zusammen, um mittels seiner sprachlichen Schöpferkraft die Kritik als selbständige Gattung der Wortkunst zu begründen. Für Herbert Ihering ist die Kritik damals ein taktisches Instrument im Kampf um das künftige Theater (»Theaterkritiker heißt heute, Taktiker sein«).
Ihering, der 1918 als der Jüngste in Berlin Kritiken zu schreiben begann, hatte die Veränderung der Kritik schon Jahre zuvor rigoros verlangt: »Die Kritik pendelt zwischen feuilletonistischer Weitherzigkeit und philologischer Pedanterie. Es ist das Hoffnungslose der Theaterzustände, daß heute die Erneuerung von der gewandelten und wandelnden Kritik ausgehen muß, diese Kritik aber ihre Aufgaben nicht sieht und nicht sehen kann, weil sie sie verleugnet.« – An die verwandelnde, produktive Entwicklungen einleitende und lenkende Kraft der Kritik hat Ihering wie kein anderer geglaubt. Obwohl die Verwandlung des Theaters durch die Autoren eingeleitet wurde, hat Ihering später mit der Durchsetzung Brechts, mit der Hervorhebung Bronnens, mit dem Werben für Barlach, mit dem Kampf um die Entbürgerlichung der Volksbühne, mit seiner Unterstützung der ›Jungen Bühne‹ Seelers, des Schiffbauerdamm-Theaters unter Aufricht und der ›Gruppe junger Schauspieler‹ die Entwicklungen mitgelenkt, gefördert und ein Beispiel für wirklich eingreifende Kritik gegeben. Dieses Engagement an die Entwicklung seiner Vorstellung vom Theater hat ihn nie blind gemacht gegen die heraufkommenden neuen Kräfte, wohl aber gegen die Dichter, die sich der alten Formen bedienten: Dazu gehörte Eugene O'Neill, Hugo von Hofmannsthal und der alle Zielsicherheit und jedes Entwicklungsdenken störende Luigi Pirandello. So konnte Alfred Kerr, der in Iherings Entschiedenheit sehr bald den Rivalen spürte, gegen

ihn polemisieren, indem er sich selbst definierte: »Ich suche das Drama. Das Neue der künftigen, der wahren Kritik ist, ein Jäger von Werten zu sein, nicht ein Jäger von Entwicklungsfaktoren. Die decken sich nicht unbedingt.« Es wirft ein Licht auf die Probleme der damaligen Kritik, daß Ihering gegen Kerr dadurch recht behielt, daß er Brecht gerade als einen Entwicklungsfaktor entdeckte.

Der sich steigernde Konflikt zwischen Ihering und Alfred Kerr ist nicht nur Ausdruck des Rivalitätskampfes um die Führung in Berlin. Ihering brachte die Fachwelt auf seine Seite, Kerr blieb mit seiner blitzenden Ironie der Star des intellektuellen Publikums und der Gesellschaft. In diesem Kritikerkampf spiegelt sich die Auseinandersetzung zwischen Individual- und Funktions-Kritik, zwischen solipsistischem Schreiben und einer Betrachtung, die nach Zusammenhang sucht. – Damals wird es zum Kriterium des guten Kritikers, ob er das Neue rechtzeitig erkennt. Die Kritiker machen sich zum Motor der von ihnen erwählten Autoren: Monty Jacobs setzt auf Barlach, Diebold auf Unruh und Georg Kaiser, Kerr auf Ernst Toller, Ihering auf Bronnen und Brecht. An Brecht scheidet sich der Typus Kerr von dem Typus Ihering. Kerr verdammt, Ihering preist und verkündet. Was Kerr das Werk Brechts so verkennen ließ, war nicht nur die Rivalität zum Brecht-Macher Ihering, Kerr verlangte vom Dramatiker als einem Künstler schöpferische Originalität. Brecht aber zitierte und montierte, was er vor- und brauchbar fand. Er erschien Kerr nicht originär, sondern sekundär. Deswegen führte Kerr seinen Kampf gegen Brecht anläßlich der ›Dreigroschenoper‹ mit dem Vorwurf des Plagiats. »Seine Eigenart ist... die Eigenart der anderen.« Kerr verlangte vom Dramatiker Gestaltung des Lebens: »Was Mensch und Leben ist, was das Wesen des Lebens ist.« Das war ihm das Wesentliche des Dramas. Wenn er sagte: »Brecht, werde wesentlich, und ich sag's morgen«, so heißt das, daß Brecht vom Drama, vom Wesentlichen, ins Konstruierte auswich. Anders gesagt: Kerr war nicht »für das gezeichnete, sondern für das gebaute Drama.« Darum polemisierte er zum Beispiel auch immer gegen Iherings Formel vom »Rhythmus der Zeit«. Das war ihm kein Qualitätskriterium, höchstens ein historisches Kennzeichen. Wenn er als Maßstab für einen Schauspieler dessen Fähigkeit zur »Schmerzbeseeltheit« angab, so schied ihn das abermals vom Maßstab für den nun heranreifenden Brecht-Schauspieler, doch erklärte es zugleich Kerrs Herkunft. Alfred Kerr war mit den frühen Werken Gerhart Hauptmanns groß geworden. Er war durchaus für die Verbindung sozialer Kritik mit dem Theater. Aber es wurde ihm nur zur Kunst, wenn es als Drama gestaltet, »erlitten« war. Das schloß nicht aus, daß er lange Zeit und fast am längsten von allen Kollegen den Regisseur Piscator pries. Im Gegensatz zu Brecht erschien ihm Piscator als ein originaler Erfinder. Er verteidigte auch die Politisierung des Schauspiels, weil die politische und gesellschaftliche Entwicklung der Gesellschaft die Bühne herausforderte. Wo er künstlerisch zu werten nicht mehr in der Lage war, suchte er den sozialen Wert. Sein Meßwort hieß dann »Ein Nützlichkeitsstück«.

Daß Kerr und Ihering trotz ihrer Polemik gegeneinander zusammen in den ersten Jahren für Piscator eintraten, charakterisiert nicht ihren Sonderfall; es sagt nur, daß die Zustimmung zu den Arbeiten Piscators zunächst breiter war als die zu Brecht. Sie umfaßte die ganze bürgerliche Kritik. Auch Diebold, der Kritiker der ›Frankfurter Zeitung‹, verteidigte mehr den Kommunisten Pisca-

tor als Brecht, der ihm zweideutig, unklar, »sekundär« erschien. Er erhoffte von Piscator mehr als von Brecht die Regeneration des dramatischen Stils.
Auf die Dauer war das ein Irrtum. Die Tragödie Piscators zeichnet sich auch in der Kritik ab. Aber es ist nicht nur seine Tragödie, sondern die des Zeitstücks überhaupt. Es verbrauchte sich zu schnell. Wenn Kerr 1928 schrieb »Ich will Propagandawerke heute«, so leitete er die Forderung aus den politischen Aufgaben der Bühne in der zerfallenden, »von Rückwärtserei bedrohten Republik« ab. Als er 1931 notierte »Ich zweifle noch immer, ob ein politisches Theater fähig sein wird, die politischen Zustände zu bessern«, so war das ein Abgesang. Ein Abgesang auf Piscator, der damals Deutschland verließ, weil ihn – außer der Parteikritik in der ›Roten Fahne‹ – auch die gesamte Kritik verlassen hatte; aber auch ein Abgesang auf das politische Zeittheater; und dies unabhängig davon, daß sich dieses Zeitstück vor allem durch die Aufführungen der ›Gruppe junger Schauspieler‹ und den formalen (piscatorfremden) Rückgriff auf das Illusionsstück noch bis zum Ende der Republik am Leben erhielt.
Daß die Kritik ihre anfänglich begeisterte Zustimmung zu Piscator aufgab, hat zwei Gründe. Der eine ergab sich praktisch aus der Arbeit Piscators, die immer mehr unter Überanstrengung litt und dazu führte, daß die Premieren immer mehr zu Hauptproben wurden. Der andere Grund lag in der politischen Verschärfung der Piscator-Bühne, die mit der gesellschaftlichen Entwicklung zusammenhing. Man unterschied bald das politische und parteipolitische Theater. Gerade an der Besprechung der Piscator-Premieren kann man aber auch die um 1926 einsetzende und schnell zunehmende nationale und nationalistische Gesinnung in einem Teil der Presse ablesen. Deutlich in den Kritiken des ›Lokal-Anzeigers‹, der mit dem Leitartikler Friedrich Hussong auf starken Rechtskurs ging. Bürgerliche Kritiker wie Monty Jacobs suchten Piscator für das Kunst-Theater zu retten, die Rechtspresse sagte ihm den Kampf an, von der ›Täglichen Rundschau‹ bis zur ›Deutschen Zeitung‹. In der zweiten Hälfte der Republik politisiert sich auch die Kritik in dem Maße, wie in der Gesellschaft die linken und rechten Gruppen an Bedeutung gewinnen und sich ihre eigene Parteipresse entwickeln. Dann wird mit außerkünstlerischen Maßstäben argumentiert, die hier dem Rassismus und dort der Klassenkampf-Ideologie entnommen sind. Das Theater wird berannt, weil es einen Wert als politische Tribüne hat. Das Wort von dem Theater als »moralischer Anstalt« wird nun mit den verschiedensten Inhalten gefüllt.
Freilich berühren wir damit schon die extremen Entwicklungen. Sie sind feststellbar in Berlin wie in der Provinz. Auch das Lager der bürgerlichen Kritiker hat sich im Zug dieser Entwicklung differenziert. Kerr und Diebold rückten nach links (und mußten deswegen schon 1933 das Land verlassen), Franz Servaes und Ludwig Sternaux und Paul Fechter nach rechts. Aber ganz rechts stehen Alfred Mühr, Richard Biedrzynski und die Kritiker der NS-Presse.
Diese Beispiele sollen nur andeuten, daß die Kritik nichts von der Gesellschaft Abgelöstes ist, der Kritiker kein isolierter Kunstrichter. Wie zwischen Bühne und Gesellschaft gibt es den Zusammenhang zwischen Gesellschaft und Kritik. Jede Generation von Kritikern definiert der zu ihr gehörenden Gruppe neu, was für sie Kunst ist und was sie von den Künstlern verlangt. Kunst: das heißt für die in den zwanziger Jahren antretenden Kritiker nicht mehr allein Ewigkeitswert, ist nicht mehr deutbar mit Worten wie »erhebend«, »weihe-

voll« (obwohl die älteren Kritiker, beispielsweise Fritz Engel, diese Worte noch gebrauchen). Die Kunst sozialisiert sich so, daß sie definierbar wird als die mit den künstlerischen Materialien von Wort, Farbe und Bewegung hervorgebrachten Kultur- und Diskussionswerte, deren Dauerhaftigkeit nicht voraussehbar ist. Kerr hat das mit jenem Terminus »Nützlichkeitsstück« anerkannt, Diebold mit dem Satz, daß ein Drama weit mehr Kultursinn als Kunstsinn enthalten könne. Bei Ihering finden sich die Belege für ein organisch entwickeltes progressives Gebrauchstheater auf Schritt und Tritt.

Die Macht und die Güte

Dieses Gemeinsame macht aus den Kritikern ›die Kritik‹. Es ist an vielen Beispielen zu belegen. Die scharfe Ablehnung der Hofmannsthalschen Komödien durch die Berliner Kritik der zwanziger Jahre hängt wahrscheinlich damit zusammen, daß inmitten dieses aktualisierten Theaters der Blick für die konservativen Gebilde verlorenging. Jacobsohns Satz, es gebe »nur Kritiker und keine Kritik«, ist nur zum Teil richtig. Denn inmitten solcher Gemeinsamkeit muß jeder für sich seine kritische Position suchen und behaupten, jeder muß als einzelner sprechen und als einzelner fühlen und denken. Nur so kann er sich verantwortlich verhalten. Das Theater aber sieht die Versammlung der Kritiker im Parkett immer als geschlossene Gruppe, im besten Fall als den kritischsten Teil des Publikums. Freilich haben die Kritiker mehr als einmal gezeigt, daß in ihnen auch ein Gruppengeist funktioniert. Als sie in Berlin fast geschlossen auf Angriffe Heinz Heralds reagierten, nachdem dieser die Einstellung der Kritiker zu seinem Unternehmen ›Das junge Deutschland‹ gerügt hatte, oder als sie gegen die Reinhardtbühnen einen Streik verhängten, haben sie ihre Macht ausgespielt, die darin besteht, daß sie für die Dauer ihres Engagements über die Publikationsmittel verfügen. Siegfried Jacobsohns Monitum gegen diesen Streik wurde damals die Ehrenrettung der Kritik: »Wer für sich die Erlaubnis zu schrankenloser Meinungsäußerung beansprucht, gewähre sie auch. Ich habe hundertmal geschrieben, wie bedrückend unritterlich mir das Handwerk erscheint, die – meistens noch unfreundliche – Wahrheit über einen Menschen zu sagen, der nicht den Mut oder die Fähigkeit hat, seine Wahrheit über uns Kritiker zu sagen.« Er widersprach dem inhumanen Zug, zu dem das Amt verführt und der ganz eng mit der kritischen Tätigkeit selbst verbunden ist, weil Mißbilligung in der Öffentlichkeit zur kritischen Äußerung selber gehört. Richard Weicherts Ruf an die Kritik »Mehr Güte!« hat damals eine Diskussion ausgelöst.
Was immer das Theater gegen die Kritiker einwendet, es gibt kein Theater, das auf Kritik verzichten kann. Sie ist das Echo der Gesprächspartner und die Kontrolle. Es ist schlimm für ein Theater, wenn es von der Kritik verlassen wird. Es ist ebenso schlimm, wenn es keine adäquate Kritik findet. Die Vergessenheit der Dumont-Lindemannschen Arbeit in Düsseldorf hängt sicher ursächlich damit zusammen, daß sie keine potente Kritik gegenüber hatte, die sie – rezensierend – für die Erinnerung aufhob. Es war das Glück des Berliner Theaters, daß es über eine aktive Kritik verfügte, und es war wiederum das Glück dieser Kritik, daß ihr publizistisches Instrument weit ins Reich hinauswirkte und so Kräfte nach Berlin zog, die ihrerseits nach dieser einmaligen Plattform des Ruhms verlangten. Ja, es war für viele dieser Kritiker selber ein

Glück, daß sie in Berlin rezensieren konnten. Man wird den Kritikern jener Jahre nämlich nicht gerecht, wenn man, wie es üblich geworden ist, nur von den Berliner Kritikern spricht. Es gab auch im Reich achtbare Schreiber. Hanns Braun, Richard Braungart, H. W. Fischer, Johannes Frerking, Carl Anton Piper, Ludwig Marcuse, Hermann Sinsheimer, Werner Deubel, Walter Dirks, Karl Bröger, Bernhard Diebold. Was aber hob die Berliner Kritik so weit über die der Provinz hinaus? Nichts anderes als die Bedingungen ihrer Arbeit. In Berlin gab es seit Fontane die kritische Tradition. Dort gab es das Gespräch zwischen den Generationen, vor allem aber waren die Berliner Kritiker am engsten mit der Entwicklung des Theaters selbst verbunden. Sie erlebten die Spitzenleistungen von Schauspielern und Regisseuren, sie konnten vergleichen, mehr und auf höhere Maßstäbe hin als die Kollegen in den Städten des Reiches, die nicht vierzig, sondern zwei Theater zum Vergleich hatten. Das Theater wirkte auf sie produktiver zurück. Nicht das ganze, aber ein wichtiger Teil des Welttheaters spielte sich in der Hauptstadt ab.

Dieser Theaterkritik, die von den Entwicklungen des Theaters auf die Suche nach neuen Maßstäben und Formen des kritischen Urteilens gesetzt wurde, widerfuhr aber das gleiche, was das Theater erlebte. Sie wurde unter den vielerlei Einflüssen diffus und teilweise sogar in fremden Dienst gestellt. Ihre besten und selbständigsten Kräfte blieben zwar bis zum Ende integer: Kerr, Diebold, Monty Jacobs, Kurt Pinthus, Ludwig Marcuse. Doch wurde der größte Teil auch von ihnen außer Landes gejagt, noch bevor eine Anordnung der neuen Machthaber die Kritik durch die Kunstbetrachtung ersetzte. Damit aber brach auch der fruchtbare und erregende Spannungszusammenhang zwischen der Bühne und der Kritik zusammen. Die Austreibung bedeutete das Ende der lebendigsten Phase des deutschen Theaters.

Von dem, was das Theater der Republik versuchte, lebt noch das deutsche Theater der Gegenwart.

1917

Drittes Weltkriegsjahr. Stellungskampf im Westen, Erklärung des uneingeschränkten U-Boot-Krieges. – Revolution in Rußland, Gefangennahme des Zaren Nikolaus II., Lenin nach Rußland, Friede von Brest-Litowsk. Erste Friedensversuche Wilsons. Das deutsche Theater verbuchte nach der Publikumskrise der ersten Kriegsjahre starken Besuch und gute Einnahmen. Mitte 1916 werden die ersten Zeichen einer Veränderung spürbar. Schickele zeichnet realistisch Kriegsschicksale an der Grenze. Hasenclevers ›Sohn‹ kündigt in Dresden das ›neue‹ Theater schon an. Es folgen schnell Kornfeld, Kokoschka, Johst, Sorge und als der bald Erfolgreichste Georg Kaiser. Verlangt wird vor allem ein entschiedeneres, geistigeres Theater, das den illusionären Realismus aufgibt zugunsten des Gedanken- und Gefühlsausdrucks und der aus den Figuren herausdrängenden, nach einer besseren Welt verlangenden Seelenkräfte. Der neue Wahrheitsbegriff enthält auch die Tendenz zur Lösung vom visuell betonten Theaterstil Max Reinhardts. – Reinhardt, Herr des führenden Deutschen Theaters und der Kammerspiele Berlin, gibt die Leitung der Berliner Volksbühne auf. Wichtigste Neugruppierung im Reich: Carl Zeiß (Dresden) übernimmt das Theater in Frankfurt und baut das moderne Frankfurter Ensemble auf, Erich Ziegel gründet die Hamburger Kammerspiele, Otto Falckenberg übernimmt die Kammerspiele in München. Erste Spielmöglichkeiten für die neuen Stücke: ›Das jüngste Deutschland‹ (München) und ›Das junge Deutschland‹ (Berlin). – Einige der später führenden Kräfte sind noch außerhalb Berlins: Jeßner in Königsberg, Kortner und der Kritiker Ihering in Wien.

René Schickele   Hans im Schnakenloch

Uraufführung: Neues Theater Frankfurt, 17. Dezember 1916
Regie Arthur Hellmer

Kleines Theater Berlin, 30. März 1917, Regie Georg Altmann

Schickeles Schauspiel war das erste dichterische Stück, das ein Problem aus dem Weltkrieg behandelte. Auf den Bühnen hatten bis dahin patriotische Hurra-Stücke vom Typ ›Immer feste druff‹ den Ton angegeben. Dies Hurra erlosch, als die Materialschlachten an der Westfront begannen. Der 1883 im Elsaß geborene Schickele hatte den Weg eines Mannes zwischen den Völkern beschrieben. Das Stück, 1914 entstanden, 1915 in den von Schickele redigierten ›Weißen Blättern‹ gedruckt, wurde 1916 zunächst nur für die Uraufführung in einer Matinee in Frankfurt von der Militärzensur freigegeben. Es wirkte frisch, erlösend und provozierend. Am 29. März 1917 wurde es im Kleinen Theater in Berlin (Direktion Georg Altmann) inszeniert, dann in Nürnberg, Leipzig, Köln, in Stuttgart, in Bern, in München (Kammerspiele: Regie und Hauptrolle Erich Ziegel). In Paris jedoch galt es als »bestellte Arbeit der deutschen Propaganda«, in Deutschland wurde es 1918 wieder durch die Oberste Heeresleitung Ludendorffs verboten, ebenso in Wien. Nach 99 Aufführungen verschwand es von der Bühne. Auch vom roten Soldatenrat wurde es 1919 zunächst nicht genehmigt. – Als 1929 inmitten der literarischen Auseinandersetzung mit dem Ersten Weltkrieg Walter Gynt ›Hans im Schnakenloch‹, atmosphärisch wenig geschlossen, noch einmal am Berliner Staatstheater inszenierte (Lothar Müthel spielte damals den Hans), schrieb Julius Bab: der »gräßliche Ausbruch des Krieges [...] (ist) hier mit unendlich viel mehr Wahrheit, Gegenwart, Anschauung gestaltet als in irgendeinem der schreienden Kriegsstücke des Expressionismus«. Für Schickele war das Stück zu diesem Zeitpunkt »in allerletzter Linie ein Kriegsstück, in erster ein Ehedrama in einer besonderen Landschaft« (Vorwort zur Neuausgabe 1927). 1917 war es so nicht zu verstehen.

Neues Theater Frankfurt
rb, Frankfurter Zeitung 19. 12. 1916

Das elsässische Problem ist durch den Krieg aufs neue und zugleich zum letzten Mal gestellt worden. [...] In jenen Sturmtagen nationalen Aufschwungs mag nicht jedem im Reich so recht bewußt geworden sein, aus welchen Wehen dieser neue Geist unserer Westmark geboren wurde, welche innern Konflikte erst zum Austrag gebracht werden mußten, bis die entschlossene Haltung gegenüber dem äußeren Streit gewonnen war. [...] Deutscher zu sein, ist eine stolze Gewißheit oder eine frohe Verheißung – elsässischer Deutscher zu sein, ein Schicksal, wenn man das Doppelgesicht zweier Kulturen hatte, wenn man unter dem deutschen Rock ein Band von ehrlicher Sympathie für Frankreich trug. So mußte der Krieg mit seinem Zwang zu klarer Entscheidung fast als Befreiung, ja als Erlösung kommen. [...] Man wird nicht viele Dramatiker nennen können, die einen geistig zugleich so beschwerten und so beschwingten Dialog schreiben können, einen Dialog, der deutsche Ernsthaftig-

keit mit dem geschilderten Milieu entsprechenden gallischen Esprit so fesselnd vereinigt und so absichtslos zu einfachen, aber doch wirksamen Szenen zusammenwächst. – Das Grenzlandschicksal des Elsaß ist mit aller typischen Deutlichkeit und doch ohne Schädigung der individual-dichterischen Gestaltung in einem gegensätzlichen Bruderpaar Hans und Balthasar symbolisiert, das mit der alten Mutter und Hansens deutscher Frau auf dem Familienhof ›im Schnakenloch‹ haust. Hans, der ältere und begabtere, steht in Geist und Temperament französischer Art nahe. [...] Eine schwebende Mittelstellung nimmt er auch im Hause ein, wo er die Wirtschaft mehr dem jüngeren derberen Bruder überläßt, während er sich in freier Liebhaberei den Künsten widmet. Auch die Ehe mit der blonden Klär hat sein flatterhafter Sinn schon in manchem Abenteuer geweitet, und so scheint denn dem Ruhelos-Unbeständigen verdientermaßen das Spottlied mit der Weise anzuhängen: »Der Hans im Schnakenloch hat alles, was er will, und was er will, das hat er nicht, und was er hat, das will er nicht, der Hans im Schnakenloch hat alles, was er will.« So will er denn wieder einmal mit einer Frau spielen, während Balthasar die verlassene Klär mit stiller Brackenburg-Liebe umwirbt, da wird der Jäger von seinem Wild gefangen: Frau Luise, die Gattin des Pariser Volkstribunen Cavrel, hält ihn fest. Fest auch, als der Weltkrieg ausbricht und jeden in dem stillen Grenzwinkel vor die klare Entscheidung stellt. Da fühlt Balthasar sein Deutschtum in sich aufschießen und weiß sofort seinen Weg. Aber Hans bleibt, wo er war, und als der Krieg mit Granaten und Feindbesuchen in das ›Schnakenloch‹ hineingreift, da quält und wühlt er sich in einen Weg, auf dem er bald pfeilschnell die Bahn hinabgleitet, vor der er Weib und Bruder zurückläßt, dem dunklen Ruf der Blutsgemeinschaft in Unglück und Tod zu folgen, dem Ideal der Freiheit nach, das ihm im Reich der Massenorganisation zu fehlen scheint. Kein Be-kenner, aber ein An-erkenner der deutschen Volksgemeinschaft und ihres sieghaften Weges. Der stärkere, wenn auch negative Teil des Bekenntnisses, das sich Schickele hier befreiend von der Seele geschrieben hat.
Der Übergang des Helden ins feindliche Lager hätte vielleicht noch ein Mehr an dialogischer Begründung vertragen, denn das richtende Theaterpublikum verlangt nach Indizien der Schuld, aber die Folgerichtigkeit der seelischen Linie bleibt davon unberührt. Auf festen Beinen stehen auch die Nebenfiguren, die mit dem ganzen Um und Auf anschaulicher Zustandsschilderung das eigenartige elsässische Milieu höchst charakteristisch aufzeigen. Dabei ist doch der Eindruck eines glatten Realismus durchaus vermieden, und in der Darstellung der seelischen Beziehungen zwischen Hans, Klär und Balthasar offenbart sich eine Zartheit und Feinfühligkeit, die das Spiel der drei zu einem eigentlichen Seelendrama im Zeitdrama machen.
Es war ein Verdienst der von Herrn Direktor Hellmer sehr sorgfältig vorbereiteten Aufführung im Neuen Theater, daß die Qualitäten der Dichtung trotz einiger Unvollkommenheit im großen ganzen zur Geltung kamen. Die Besetzung der Titelrolle mit Herrn Klöpfer war insofern nicht glücklich, als der Künstler mit seiner Naturanlage die romanische Wesensart des Hans nicht herausbringen konnte; dafür spielte er den Zerwühlten, Hin- und Hergeworfenen in der kriegsumbrausten zweiten Hälfte des Stückes recht eindringlich. Die Klär und Balthasar wurden von Frau Leiko und Herrn Wallburg mit fein schattierender Kunst vorzüglich dargestellt, und auch Frl. Lalsky gab die alte Mutter mit eindrucksvoller Innigkeit. In der Gruppe von Hansens Freun-

den fiel Herr Dechen-Eggers, ein neues Mitglied, als preußischer Leutnant durch sympathische Gehaltenheit recht vorteilhaft, Herr Graetz als elsässischer Oberlehrer recht unerfreulich auf; der sonst so gescheite Künstler war auf den absurden Einfall gekommen, sich mit den Manieren einer grotesken Schwanktype in ein ernstes Schauspiel zu stellen, und die Regie ließ ihn gewähren! Auf der Seite der »Welschen« zeichnete sich Frl. Fuchs, Hansens Pariser Freundin, durch sehr gewandtes Spiel und gute Sprechkunst aus, [...] namentlich konnte der schöne Vogesenprospekt erfreuen.

Das die öffentliche Aufführung dieses Elsaß-Dramas möglich war, darf man der verständigen Liberalität der Zensur, aber auch, und das wohl vor allem, dem Takt und Geschmack des Dichters danken, der das heikle Problem mit freimütiger Offenheit behandelt, und zugleich dem Schicksal beider Völker mit mitfühlendem Verständnis gerecht zu werden weiß. In Frankreich, dem gelobten Land der Freiheit, wäre ein solcher Beitrag zur Naturgeschichte des Elsässers weder geschrieben, noch von der Zensur erlaubt worden.

Kleines Theater Berlin
Alfred Kerr, Der Tag, Berlin, 31. 3. 1917

I

René Schickele; heimisch im Elsaß; der Sohn eines Deutschen und einer Französin; ein wohltuend wertvoller Mensch; mir bekannt seit Ewigkeiten; bei dem man bloß zu tippen braucht, um erfaßt zu sein; vor dem der Begriff ›Kamerad‹ frei von Brimborium wie selbstverständlich herausspringt; [...] Schickkele, René, wacht in einer Monatsschrift, ob er es weiß oder nicht weiß, mißtrauisch über solche, die tief im Weltenwirrwarr, und er haßt ihn mit Fug so wie ich, vaterländischer Wallungen hinreichend verdächtig sind.

Ich stehe dort in keinem guten Geruch, weil ich, als die überrumpelten Geister sich schieden, in dubio die Partei Deutschlands nahm. Deutschlands, das, von allen Botokuden geächtet, von allen Buschmännern sittlich verdammt, [...] zu schützen eine Wonne bleibt.

Mit tausend Liedchen – oder was der Einzelne sonst kann.

II

Im Frieden vaterländische Beteuerungen hinzubreiten ist unnütz. Im Frieden mag man sein Land bekämpfen; ihm zusetzen.

Aber wenn sie drüber herfallen: dann ist es Zeit, zu fühlen, daß man ein Deutscher ist.

Dann soll man, wenn es ihnen schlecht geht, das Bekenntnis ablegen. (Hierbei trotzdem die Schuldfrage nicht unerörtert lassen. Das alles kommt nachher. Es kommt!)

III

Wollte sagen: Schickele wacht über die Verdächtigen. Und nun steigt sein Stück. Ein Bekenntnis wird es werden. Da wird er ... sicherlich ein Werk verfaßt haben, das in Frankreich so gut gespielt werden kann wie an der Spree ... oder doch an der Isar.

Dies Werk ist ›Hans im Schnakenloch‹. Hier wird also Schickele Gestalt bekommen. Der Wächter wird leuchtend werden. Die Zweifelhaften kriegen eins ausgewischt? [...]

IV
Es kommt anders.
Schickele schillert weit stärker. Man sehe zu, wie er die Leute hinsetzt. Man sehe zu, wo eine sozusagen moderne Weltanschauung durchbricht. (Höchstens an ganz versteckten Punkten. So nebenher. Unauffällig. Er hütet sich, sie zu verkünden; sie hinunterschreien zu lassen in den Sperrsitz.)
V
[...] Es kommt alles zuletzt auf den Gustav-Nieritz-Standpunkt hinaus: Der brave Bruder ist deutsch; die brave Frau ist deutsch. Jedoch der unbrave Bruder ist fränkisch; die unbrave Frau ist fränkisch.
Keinerlei Vertuschungen helfen darüber weg. Keinerlei Gebärden.
[...]
Der Wächter Schickele macht jenen gallisch gesinnten Elsässer zum Halbschurken: der verführt nicht nur die Frau eines Anderen, sondern entehrt noch zwecklos ihren Mann. Der läßt nicht nur seine deutsche Frau im Stich, – sondern auf eine ungewöhnlich feige Art will er sich hintertückisch von ihr trollen. Eine Nora muß gegen diesen Schuft sich empören; ihre Röcke und ihr Recht zusammenraffen...
Dahingegen ist der jüngere Bruder, der deutschgesinnte, zuverlässig; stad; unaufheblich; wacker; blond; still.
(So sehn die Wächter aus.)
VI
Eine Zweideutigkeit ist mir das Ganze. Gar nicht übereinstimmend mit dem Gehab jener überwachenden Monatsschrift.
Schickele hat sein Letztes nicht offen herausgeholt. Das Menschlich-Tiefste streift er nirgends.
[...]
Er bringt überhaupt kein Opfer. Seine Zeitschrift ist niemals verboten worden. Alles dies scheint verfaßt von einem halb unwissentlich (ergo: halb wissentlich) Erliegenden.
VII
Das Werk bedeutet nicht Heimatkunst – die sich dümmer stellt als sie ist; und arglos tut.
Vielmehr lebt hier, bei Schickele, was wärmer Strömendes; das kommt von seinem Dichtergeblüt. Ein feinerer Ton des Erlebten schwingt mit. Sommerlich Poesiehaftes. (Daneben Zerfahrenes, Lässiges. Aber mit einem Hauch von schönen Dingen dieser Erde – von seiner Heimat nicht minder.)
[...]
Der Wächter bringt am Schluß eine Dramatik... etwan aus der Goethezeit. Belagerte Burg – und so. Götz von Berlichingen. Dazu jener Intrigantenzug: der ältere Bruder, der welsche, will sich davonschleichen, – aber der jüngere Bruder, der blonde, verrät es. Ha! (Nora rafft ihre Röcke). Zwittrig bleibt alles zusammen.
Und eine Frage steht am Schluß: Darum Räuber und Mörder?
Darum!
VIII
Die Aufführung war wohlgestuft. Nur wo die Gallier auftraten, klotzig. Panoptikumpuppen. Wächsernes. So wie es, auf meinen Diensteid, nicht ist.
Der Schauspieler Gustav Rodegg, welcher den älteren Bruder spielte, zeigte

sich sehr gewachsen. Mit einem Gesichtszug, der allerhand vom verzärtelten Jungen bot... und zum Märterich dennoch genug übrigbehielt. Ausgezeichnet.
Sein jüngerer Bruder, Herr Bildt, war nicht aus dem Elsaß. Zu sehr aus Norddeutschland. Ansonsten jedoch straff und wacker.
Mehr als wacker Lupu Pick, – welcher den Dimpfel, den Herzensdimpfel, den deutschen Oberlehrer, betrachtsam und überlegen in allem Durst, verleiblicht hat. Eine Erquickung.
IX
Die deutsche Frau war Leonore Ehn. Wundervoll. Ganz Weib und Liebe. Hier kam alles aus dem Herzen. Man sah ein Geschöpf, das umfangen will und weggestoßen wird. [...] Das Ganze bleibt erinnerungsvoll.

Siegfried Jacobsohn, Die Schaubühne, Berlin, 1917

[...]. Diese dramatische Dichtung ist beides: dramatisch und eine Dichtung. Für einen Anfänger ist die Bühnenkenntnis, die sich namentlich in der zweiten Hälfte erweist und sie steigert, erstaunlich. Hier waltet Instinkt. Es dürfte nicht errechenbar sein, zweier Brüder Blutsverwandtschaft nie über der Gegnerschaft ihrer Überzeugungen, ihrer Neigungen, ihres ganzen Zuschnitts vergessen zu machen, einen Mann zwischen zwei Frauen, eine Frau zwischen zwei Männer zu stellen, aus dieser Gruppierung die volle dramatische Wirkung zu holen und die vier Menschenkinder jedes für sich unantastbar in ihrem Recht sein zu lassen; für einen Stoff unserer Tage, den heißesten, nächsten, den einzigen, fieberhaft bebenden Anteil und überlegen geistige Distanz zu haben. Auf solchen Dramatiker soll man Hoffnungen setzen. Über allen Szenen aber liegt eins, was gewöhnlich nur die Undramatiker zu erzeugen wissen: Duft, Atmosphäre, Stimmung. Der Sommer spinnt seine Fäden, und es ist ein Sommer zwischen Vogesen und Schwarzwald, ein Sommer in der Umgebung des Rheins. Dem Dramatiker nützt, daß er von der Lyrik herkommt. Bei aller Haltung und Ruhe des Gesamttons geht hier und da eine süße Unruhe durch ein Gespräch, Unruhe aus Fülle. Bruchstücke des Dialogs muten manchmal wie kleine geschlossene Gedichte in Prosa an. Leutnant Starkfuß zieht in den Krieg und verabschiedet sich vom Abbé und vom Lehrer Dimpfel. Dimpfel: Salü! Starkfuß: Salü, Dimpfel. Abbé: Eine gesegnete Medaille würdest du von mir nicht annehmen? Starkfuß: Nein, aber dein Gebet. Abbé: Du hast recht. Komm wieder! Schluß der Szene. Das ist Musik. Die, begreiflicherweise, ihre schwellendsten Akkorde für die Liebe hat – ob nun Hans, halb jungenhaft, halb männlich verliebt, um Louise wirbt, oder Klär um Hans, mit dem sie zehn Jahre verheiratet ist, und den sie sich immer mit List und Leid von den andern ausborgen muß, um ihm doch mehr Mutter als Geliebte zu sein. Schickele sei bedankt. Nicht so sehr für das erste Drama des Krieges wie für die seltene dramatische Dichtung überhaupt voll Wagemut, Perspektive und Menschlichkeit.
Jahrelang werde ich Reinhardt innerlich nachtragen, daß er ›Hans im Schnakenloch‹ nicht gespielt hat und daß dieser deshalb auf Altmanns redlichen Willen angewiesen war. [...] Aber Altmanns zweite und dritte Schauspielgarnitur ist zu unzulänglich. Schickeles scharf gesehene, scharf umrissene,

scharf belichtete Nebenpersonen, die durchaus nicht alle Nebenpersonen sind, hatten ein falsches Gesicht oder gar keins. Das Fest bei der Gräfin Sulz gab einen Begriff von Parisertum, als hätte ein Mitglied der deutschen Chauvinistenpresse, gelbgrünen Gallierhaß im Herzen, es arrangiert. Louise Cavrel – so angezogen, so lachend, so plaudernd malt vielleicht Gleiwitz sich eine Pariserin aus. Über vier Darsteller läßt sich reden. Lupu Pick verschlug den Dimpfel aus der Nähe von Straßburg recht weit nach Osten und machte aus seiner Trinkfreudigkeit eine leichte Dauerbetrunkenheit; aber war's auch nicht völlig Schickeles Mensch, so war's doch ein Mensch. Bildts Balthasar: sauber, blond, tapfer und nur nicht unzusammengesetzt genug. Für den Hans hätte Abel wahrscheinlich besser gepaßt als der weniger liebenswürdige Rodegg, der dafür den Vorzug hatte, wirklich Balthasar Bildts Bruder zu scheinen. Klär: Leonore Ehn, nicht immer ausreichend voll im Ton, aber echt in jedem Gefühl und ein vornehmer Mensch.[...]

Georg Kaiser   Die Bürger von Calais

Uraufführung: Neues Theater Frankfurt, 29. Januar 1917
Regie Arthur Hellmer

Neue Wiener Bühne, 14. Oktober 1917, Regie John Gottowt

Georg Kaiser, der schon vor 1910 Dramen zu schreiben begonnen hatte, war 1917 als Autor noch nicht durchgesetzt. Als erstes Stück hatte die Neue Bühne (Wien) Kaisers ›Der Fall des Schülers Veghesack‹ uraufgeführt (11. 2. 1915). Aber Stücke wie ›Die jüdische Witwe‹, ›Rektor Kleist‹, ›König Hahnrei‹, ›Der Zentaur‹, ›Die Bürger von Calais‹, ›Europa‹, ›Von Morgens bis Mitternachts‹ warteten zum Teil seit Jahren auf ihre Uraufführung. Schriftsteller wie Julius Bab und Gustav Landauer machten in Aufsätzen auf ihn als einen kommenden Autor aufmerksam. Über die ›Bürger von Calais‹ hatte Landauer 1916 schon in der Frankfurter Zeitung (6. 2.) enthusiastisch geschrieben: »... ein gewaltig aufgebautes und durchgeführtes Bühnenspiel ... hebt in dieser Stadt nicht ein neuer Geist und eine neue Nation an? ... dieses Stück wird eindringlich und packend Tausende festhalten ...« Kaiser schlug hier das idealistisch-utopische Thema von der Wandlung des Menschen an, das sich seit 1912 als Ausdruck des Erneuerungsverlangens immer stärker ausprägte und literarisch dann als ›Expressionismus‹ manifestierte. Kaisers 1912/13 geschriebene ›Bürger von Calais‹ wurden ein Musterstück dieses Expressionismus. Seit der Frankfurter Uraufführung zählte Kaiser zu seinen wichtigen Autoren. – Mit ihr begann zugleich der szenische ›Frankfurter Expressionismus‹, der von Arthur Hellmers ›Neuem Theater‹ initiiert und bald von dem neuen Intendanten am Schauspielhaus Carl Zeiß weitergeführt und ergänzt wurde. Die Privattheater übernahmen auch für die Verbreitung des expressionistischen Dramas eine führende Rolle. In Wien wurden ›Die Bürger von Calais‹ Anfang Oktober 1917 an der Neuen Wiener Bühne inszeniert (s. Rezension A. Polgar). Die erste Berliner Aufführung fand erst am 27. 9. 1919 unter Legbands Regie an der Volksbühne statt. Wie in Wien spielte hier Stahl-Nachbaur den Eustache. Aber die Berliner Kritik packte Kaisers Stück härter an. Julius Hart schrieb von den »Homunkulusgebilden« der Kaiserschen »hypertrophen Gehirnkunst« (›Der Tag‹, 30. 9. 1919), Kerr: »Ganz Verschwommenes, Ungefähres dämmert hier in dem Hirn des Technikers, welcher das Innerliche von außen bearbeiten will ...« (›Berliner Tageblatt‹, 29. 9. 1919). – Als Gustav Lindemann 1928 zum 50. Geburtstag Kaisers die ›Bürger von Calais‹ in der wohl richtigsten, abstraktesten Inszenierung am Düsseldorfer Schauspielhaus herausbrachte, war das Erneuerungsverlangen der Kriegsgesellschaft längst erloschen.

Neues Theater Frankfurt
Kasimir Edschmid, Neue Zürcher Zeitung 4. 2. 1917

Die ersten Schritte der neuen Kunst geschehen abseits von Berlin. Aus der Provinz hebt sich immer deutlicher die Kraft und setzt sich, was viel erstaunlicher ist, in der Provinz selbst durch. Man hat Schickele, man hat Hasenclever nicht in Berlin zur Uraufführung gebracht. Frankfurt bringt nun die stärkste dramatische Begabung der jüngeren Generation im Neuen Theater. Georg Kaiser nimmt den Vorwurf der Historie einfach hin. Er legt keine Psychologie hinein, er seziert nicht den Einzelfall, er hat keinen historischen Rahmen. Das alles will er nicht. Ihm geht es um mehr. Da liegen die Schicksale ganz einfach aufgezeichnet in alter Chronik: Die Stadt Calais, mit den Waffen umworben von England und Frankreich, ist nah der Übergabe an den dritten Eduard von England. Er läßt sechs Bürger auffordern, mit Strick und Bußgewand in sein Lager zu kommen, damit er mit ihnen tue, was er wolle. Dann soll die Stadt unzerstört bleiben. Später begnadigt er sie. [...] Dieser legendäre Stoff ist einer der typischsten Ausdrücke der impressionistischen Kunst geworden [...] Rodin hat in jede dieser Figuren den Einzelfall des ergriffensten Schmerzes geballt. [...] Bei dem Drama Kaisers wächst alles fast tendenziös aus dem Einzelfall in den allgemeinen. Er konstruiert den Gegensatz zwischen der Tat, die ewigen Wert hat, und der zeitlich gebundenen Verwirrung des Gefühls. Einer der Bürger tritt auf, Eustache de St. Pierre, und nimmt dem französischen Offizier, der die Stadt verteidigen will, das Schwert aus der Hand, als der englische König die sechs Bürger fordert. Er weist das lächelnd zurück, was die anderen Ehre nennen, was England heißt und Frankreich. Er weist auf den Hafen, die Tat der Stadt seit Generationen. Auf ihn hinblickend sieht er den größeren Mut. Hier liegt ihm der größere Wert. Im Wirken, das sich verkettet von Ding zu Ding, den Einzelmenschen packt und mit der Gesinnung dieses Tuns den anderen verbindet. [...]: daraus entwickelt sich ihm die neue Tat und der neue Geist. Das innere Wollen dieses Stücks ist von bedeutender Größe. Im einzelnen biegt Kaiser den legendären Vorwurf etwas um. Es melden sich nicht freiwillig sechs, sondern sieben Bürger. Während das Volk den siebten sehen will, den das Los zum Lebenbleiben bestimmt, damit ihm sicher die sechs anderen bleiben, die es erlösen, währenddem gibt Eustache de St. Pierre ihnen die Lose. Aber er gibt allen sieben die Todeslose, damit ihre Seele, die schon abgeschlossen hat, als sie sich erboten, durch die neue Hoffnung sich nicht wieder verwirre. So bringt er sie zu tieferer Durchdringung ihrer Seele. Dann sagt er dem die Freiheit zu, der andern Tags zuletzt den Markt betrete, und ist selbst der letzte. Er kommt nicht. Als das Volk und die andern an ihm zweifeln, geleitet sein uralter Vater die Bahre auf den Platz;

Eustache wartete bis zuletzt und leerte den Giftbecher: um durch solche Standhaftigkeit, durch solches Vertrauen auf das Werk ihnen lächelnd Sicherheit zu geben und auf den ewigen Wert des Geistes gegen Tod und Willkür dieses Daseins hinzuweisen. Dies ist der neue Mensch, der die Tat heiligt.
Dem inneren Gespanntsein des Stücks entspricht die äußere: geraffteste Szenen. Sätze, gestrafft wie Bogensehnen. Alles auf letzten Ausdruck gebracht. Eine Sprache voll edelsten Stils und glänzender Härte. Der große starre Rahmen des Stücks bringt aber die Gefahr mit, daß die Linie des Stils verwischt wird, zurückgebildet förmlich in die Darstellung äußerer Effekte und großer schauspielerischer Gebärden. Statt Rede, Satz, Gedanken und Vorgang in einem zusammenklirren zu lassen, liegt die billigere Darstellung des Ritterstücks nahe, der durch die Schuld des Schauspielers Wendt einige Partien des Anfangs unterlagen. Sonst war die Regie Direktor Hellmers sehr bemüht, die mächtigen Energieströme des Geistes, die das Stück tragen, auch in jenem geistigen Sinne darzustellen, den sie verlangten. Der Schauspieler Klöpfer als Eustache war ausgezeichnet.

Heinrich Simon, Frankfurter Zeitung 30. 1. 1917

[...] Georg Kaiser verzichtete auf die dramatische Ausgestaltung des Vorganges. Ihm kam alles auf die Idee, den Sinn der Opfertat an. Er nahm die Tat sozusagen als das Gegebene und ließ die Empfindungen ihrer Träger und des zuschauenden Volkes um sie kreisen. [...] Man spürt das Sinnbildliche dieses Stadtschicksals, es stellen sich unbeabsichtigte, aber unabweisbare Beziehungen ein zu dem Sturme, der heute Europa umbraust. Man erwartet den Kampf zweier Welttendenzen auf dem Boden dieser kleinen mittelalterlichen Stadt. Doch diese Erwartung erweist sich als Irrtum [...]. Es war dem Dichter gar nicht um diesen Kampf zu tun. Er wollte die neue reine Tat nicht aus dem Chaos des Geschehens herauswachsen lassen, wie den Baum einer neuen Erkenntnis, sondern er brachte die neue Tat gleich fertig mit und... wollte sie nur predigen, nur immer reiner und schlackenloser verkünden. Das Drama ist also im Augenblick, wo sich die Führer des Volkes freiwillig melden, eigentlich vollendet, und was in zwei anderen Akten folgt, ist nur der Prozeß der Läuterung [...] Was folgt, die Gnadenbotschaft des Königs von England, wirkt wie eine überflüssige Konzession an die Historie und – an das alte Drama. Denn die tragische Ironie, mit der im Sinne des bisherigen Dramenstiles der Tod des Eustache umwittert wird, wirkt in bezug auf die nun endlich zum Opfer Geläuterten auf den Zuschauer wie ein für sie fast blamabler Zwischenfall. [...]
Es interessiert [...] nicht, ob jeder Einzelne den Opfertod so geläutert geht, wie es der tiefste Sinn desselben verlangt. Wir wünschen vielmehr zu wissen, wie stößt diese Wahrheit der neuen Tat mit der so anders orientierten Welt zusammen?
Und der von Georg Kaiser geschaute tiefste Sinn – bringt er eine *neue* Wahrheit – oder bescheidener – vielleicht eine alte in neuen Bildern und Symbolen? [...] Für die eigene Person darf bekannt werden: es waren keine neuen Wahrheiten zu vernehmen. Alte Wahrheiten, von einem feinen Geist wieder gedacht und in echtem Glauben an sie wieder gefühlt [...]. Neue Tafeln?

Die kommen wohl erst, wenn die alten einmal gründlich zerschlagen worden sind. Und das ist meistens eine sehr dramatische Angelegenheit und kein Bühnenweihespiel.
[...] Zwar ward die Aufführung zu sehr auf zwei verschiedene Tonarten gestellt. Der erste Akt wurde noch wie ein richtiges Theaterstück gespielt, wie Schiller mit neu unterlegtem Text. Herr Wendt war voll pathetischen Schmerzes um seine geliebte Stadt, Herr Ehrle aus Darmstadt sprach wohllautend und heldisch den zur Verteidigung anfeuernden Hauptmann, Herr Wallburg gab stolz und reserviert den die königliche Botschaft kündenden Engländer. – Herr Grüning erzählte dramatisch die Niederlage der französischen Armee, Herr Klöpfer als Eustache warnte eindringlich vor unbesonnenem Handeln und verkündete erfolgreich die Lehre vom Werke der stillen Tat. Unter dankenswerter und hingebender Mitwirkung der Frankfurter Studentenschaft ein bewegtes, nach berühmten Mustern durch Treppenaufbau gegliedertes Bild. Aber trotz (oder wegen?) dieser ›stillosen‹ Auffassung wirkte dieser erste Akt durch die Klarheit der Zeichnung und durch die Größe und Wucht des Gegenstandes stark und nachhaltig. Der zweite Akt, in dem zunächst jeder der sieben, einer nach dem anderen, deklamatorischen Abschied von seinen Angehörigen nahm [...] wirkte teils durch den Kontrast zum ersten Akt, teils durch die schematisch und recht verbraucht wirkende Gruppierung der Verwandtschaftsgrade [...] eintönig bei guten Schauspielleistungen [...] Die anschließende Beratung der sieben und das vergebliche Würfelspiel hatten einen gewissen Stimmungsreiz durch das hübsche Bühnenbild und die feierlich eindringlichen Worte Eustaches. Hie und da verfiel die Redeweise des Herrn Klöpfer etwas ins professionell Predigerhafte, wozu die wenig originelle und künstlerisch wenig geschmackvolle Symbolik des gemeinsamen Mahles allerdings verführen konnte. Der dritte Akt hatte neben guten Massenwirkungen (Herr Großmann war ein guter Sprecher der Zweifler) einen oratorischen Höhepunkt in einer visionären Rede des blinden Vaters (Herr Graetz) des Eustache an dessen Bahre. Der Dichter war anwesend und auf Wunsch eines der Dichtung teils beifällig, teils respektvoll folgenden Publikums mehrmals sichtbar.

Neue Wiener Bühne
Alfred Polgar, *Vossische Zeitung, Berlin, 15. 10. 1917*

Die Figuren – besser: die Erscheinungen – dieses aller theatralischen Gewöhnlichkeit entrückten Dramas sind überlebensgroß, durchaus monumental gesehen und gestaltet oder zu gestalten versucht. Sie sind wandelnde Statuen ihrer selbst, flächenbreit und schattentief. Ihre Sprache ist von steinerner Strenge, von feierlich-ernstem, für gottesdienstliche Übungen taugendem Prunk. Es ist eine sozusagen halbsteife Prosa, die schon das Metrum im Leibe hat. Die Sätze hallen glockenschwer und füllen die Luft mit einem dumpfen Brausen, aus Bedeutsamkeit, Musik, seherischer Deklamation und Echo seltsam gemischt. Die Poesie dieses Bühnenspiels ist eine über Grenzen hinauslangende und zu solchem Zweck krampfhaft hochgereckte Poesie; die ganze Atmosphäre des Dramas von seltsam harter und reiner Kälte. Dem Menschen friert der Hauch vorm Munde, und ihre Rede kristallisiert zu bizarren Formen. Gedanklich reicht das Werk in Höhen der Abstraktion, in denen das Atmen schon erheb-

lich Schwierigkeiten macht. Die einfache und in ihrer Einfachheit bezwingende historische Anekdote scheint von Tiefsinn unterkellert und von Philosophie überwölbt. Dennoch wirkt die vom Dichter hinzuerfundene Variante von dem überzähligen Siebenten wie ein geringes Ornament, kunstvoll in eine ragende Säule eingeschnitten, eingekratzt. Die aus dieser literarischen Zugabe herausgespulten Schraubenwindungen entbehren nicht der Mühseligkeit. Etwas spitz Spintisierendes steckt in der ganzen dichterischen Arbeit; das gedankliche Pathos ist bis zur Fistelstimme hinaufgetrieben.
Im Buch entfaltet sich der Reiz einer großen, bildhaft sehr starken Vision, deren Inhalt auszuschöpfen für den Leser nicht leicht ist. Das stilisierte Liniengeflecht des Werkes hat manchen Knoten, bei dessen Entwirrung man die höhere Literatur beseufzen lernt. Daß die Bühne da gar nicht helfen, nur erschweren kann, ist klar. Herr Gottowt, der Regisseur des Abends, hatte erstaunliche Arbeit an den ›Bürgern von Calais‹ geleistet, mit Licht und Farbe, Weihe und Stimmung, mit besseren Raffinements und feierlichen Primitivitäten der Szene nicht geknausert. Auch stand ihm für die Hauptrolle ein Schauspieler von Wert und Wucht des Herrn Stahl-Nachbaur zur Verfügung, dem man das Wichtigste glaubt: die geistige Potenz. Trotz allem dem, trotz Rhythmus und edler Massengeste und sicherer Chordressur, war das ganze eine Marter. Der erste Akt, in dem es noch sozusagen Ereignisse, Wechselreden und mancherlei dramatisches Hin und Wider gibt, wirkte mächtig. (Freilich waren die meisten schwierigen Textstellen einfach weggeschnitten.) Die Zelebrierung des zweiten und dritten Aktes aber ermüdete den Hörer aufs äußerste, machte ihn während des Spiels verlegen und im Zwischenakt verlogen. Das Hören war dem Begreifen immer um ein paar Meter Texte voraus, zum Ende resignierten beide und ließen sich von den Wogen der dunklen Diktion widerstandslos überspülen. Gerettet blieb das hochgestimmte Empfinden, einem Werk von Bedeutung auf Gnade und Ungnade ausgeliefert zu sein. Man empfahl sich durch Zeichen des Erschüttertseins der Gnade.

Georg Kaiser   Von Morgens bis Mitternachts
Uraufführung: Kammerspiele München, 28. April 1917
Regie Otto Falckenberg

Volksbühne Wien, 27. Dezember 1917

Fast zusammen mit dem Erfolg der ›Bürger von Calais‹ begann für Georg Kaiser die erste, bis 1920 anhaltende schöpferische Phase; in ihr entstanden die wichtigsten ›expressionistischen‹ Stücke. Gleichzeitig fand Kaiser auf den Bühnen mehr und mehr Beachtung. Otto Zoff brachte Kaiser als Autor vom S. Fischer Verlag mit zu Falckenberg, der die Direktion der Kammerspiele übernehmen sollte und deswegen Zoff als seinen Dramaturgen engagierte. Falckenbergs Inszenierung bestätigte Kaiser als modernen Autor und brachte ihm den ersten Publikumserfolg. – An der Volksbühne in Wien spielte Ende des Jahres Max Pallenberg die Rolle des Kassierers. Im Januar 1919 besetzte Felix Hollaender in seiner Inszenierung im Deutschen Theater in Berlin die Rolle ebenfalls mit Pallenberg. Am Frankfurter Neuen Theater (18. 3. 1918) spielte Eugen Klöpfer den Kassierer. – Das Stück wurde ein fast unbestrittener Erfolg und galt die ganzen zwanziger Jahre hindurch unter den Einwirkungen der Berliner Kritik als Kaisers bestes Stück. (»Dr. Faustus, in eine zerknitterte Seele gefahren, jagt nach dem Unendlichen... Wie dieses Gefühl in Wirbeln über die Szene braust, das ist Reiz und Lockung des Dramas... Wir haben nicht viele Könner, die solchermaßen typisieren, die ein Bürgerdasein in ein paar Worte pressen können«, schrieb Monty Jacobs in der ›Vossischen Zeitung‹ am 1. 2. 1919.) – Eine konsequente, expressionistische, durchgepeitschte Inszenierung fand am 14. April 1921 im Berliner Lessing-Theater unter der Regie von Viktor Barnowsky statt – Herbert Ihering und Emil Faktor galt sie als Korrekturpremiere zur Aufführung im ›Deutschen Theater‹. Sie wurde ein starker Erfolg für den aus München engagierten Alexander Granach. (»Ein Fanatiker des Abenteuers« nannte ihn Emil Faktor, »eine losgelassene Bestie« Alfred Klaar.) – Die Kammerspiele München wurden mit dieser Premiere neben dem Neuen Theater in Frankfurt (und dem Düsseldorfer Schauspielhaus) die Uraufführungsbühne für Georg Kaiser.

Kammerspiele München
Richard Elchinger, Münchner Neueste Nachrichten 30. 4. 1917

Das moderne Drama, soweit wir es als den dichterischen Ausdruck geistiger Zeitströmungen betrachten wollen, wird von Georg Kaiser manche Bereicherung erfahren.
Kaiser hat zahlreiche Stücke geschrieben, für deren Aktualität sicherer als für ihren Kunstwert das allgemeine Zensurverbot, das sie betroffen, einen Maßstab abgeben kann.
Das Drama ›Von Morgens bis Mitternachts‹ stellt sich als eine bunte Episodenreihe dar, deren Aufführung sich mancherlei szenische Schwierigkeiten in den Weg stellen. [...]
Durch einen Kunstgriff, den bereits Grabbe mit Erfolg angewendet hat, wird ein schlichter menschlicher Inhalt selbst in der äußeren Kurve zum Problem gesteigert, dieweil hier die karge Beschaulichkeit eines alltäglichen Kassierer-Lebens in Kontrast gebracht wird zu jedem lauten Lärm der großen Welt.
Der ergraute einsame Mensch sitzt zu Beginn des Stückes am Schalter wie alle Tage. Aber da kommt die fremde Dame, die eine Summe abheben will, für die noch keine Deckung vorhanden. Parfüm ist in der Luft. Der Kassierer mißversteht die Lockung der Welt: nimmt traumhaft bezwungen sechzigtausend Mark aus der Kasse und eilt ins Hotel damit zur Dame.
Hier bekommt er den ersten Keulenschlag.
Der Sohn ist Kunsthistoriker und die Mama keineswegs Hochstaplerin. Sie hat nichts zu schaffen mit ihm, sie will nicht begreifen, daß der Kassierer ihretwegen zum Defraudanten geworden. »Jetzt müssen Sie doch!« sagt der Ärmste.
Aber sie muß nicht. Auch die Welt muß nicht, muß dem armen Entwurzelten seine Tat nich abkaufen. Er fordert Tod und Schicksal in die Schranken; er kann bar bezahlen, mit sechzigtausend Mark. Aber es zeigt sich nichts in der ungeheuren Öde der Freudlosigkeit, was den Preis lohnte.
Der Kassierer geht nach Hause und nimmt Abschied von den Seinen. Mutter,

Frau, Töchter: kärgliches Milieu, Klaviergeklimper, alles eingestellt auf die Person des Vaters, der, heimkehrend mit der eisigen Abgekehrtheit eines Entschlusses, dem stummen Jammer der Familie als ein Wahnsinniger erscheint. Dieses Bild wirkt fast erschütternd, und die strenge Sachlichkeit, mit der es gezeichnet, gehört zu dem Stärksten, was man seit langem auf der Bühne gesehen.

Nur der Aktschluß ist fatal. Die Frau muß noch die Kinder beschimpfen und den Aktschluß dreifach unterstreichen. Der geprellte Kellner im Ballhaus sucht im übernächsten Aktschluß die gleiche Wirkung zu erzielen. Wie denn überhaupt durch Häufung von Lärm und äußerem Tumult der absteigenden Handlung der große Rhythmus gegeben werden soll.

Aber oft ist das nur überheizter Grabbe.

Im fünften Bild überschreit sich der Kassierer im Sportpalast eines Sechstagerennens als ungenannter Stifter unerhörter Prämien. Fünfzigtausend Mark setzt er für die neue Runde: er will etwas haben für sein Geld, die Menschen sollen toll werden. Aber schließlich behält er die Summe in der Tasche, weil eine Prinzenhuldigung ihn um die Pointe bringt.

Im Ballhaus muß er dann erkennen, daß er mit Geld nicht Schönheit kaufen kann, und im Lokal der Heilsarmee erlebt er schließlich die mitternächtliche Erkenntnis, daß mit Geld keine Sache von irgend welchem Werte zu erwerben ist. Er wirft die für ihn wertlosen Scheine in die Menge, die sich darum rauft, und erleichtert die Seele durch ein öffentliches Bekenntnis seiner Schuld und Fehle.

So gewinnt der Kassierer den Weg zur inneren Freiheit, die er vom Podium aus verkündet. Und der Autor besitzt dramaturgische Geschicklichkeit genug, ihm dort ein paar Pauken bereit zu stellen.

Das ist ein kühner Einfall, des Kassierers Epilog vom Selbstmörder in eigener Person mit schauerlichen Paukenwirbeln begleiten zu lassen. Im verlöschenden Kronleuchter erscheint das Totengerippe, und der Schutzmann, verräterisch vom Heilsarmeemädchen herbeigerufen, behält das Nachsehen als Vertreter der irdischen Gerechtigkeit.

Was diese sieben Bilder in ihrem Werte einschränkt, ist das Überwiegen der Technik über die ursprüngliche dichterische Kraft, mit der die Idee ersonnen ist.

Ein Kenner hat die Auswahl getroffen, aber aus einer Komposition, die von Grabbe bis zu Wedekind und Sternheim orientiert ist, keine *neue* stilistische Einheit geschaffen. Es ist ein Literaturdrama geworden, dessen Rezeptur sich bis in den wechselnden Gebrauch der Substantiva und Adjektiva nachweisen läßt. Und was genial erschiene, wenn Georg Kaiser, was er leider nicht mehr ist, ein siebzehnjähriger Stürmer wäre, erweist sich so als die geschickte Synthese eines Kundigen.

Für die Kammerspiele bleibt es eine mutige Tat, daß sie sich an das szenische Problem dieses Stücks gewagt haben. Otto Falckenbergs Regie, immer glücklich im phantastischen Drama, überwand, unterstützt von der nachdenklichen Stilisierung der Pasettischen Raumkunst, die großen Schwierigkeiten der Buchvorschriften und gelangte zu einer dramaturgischen Synthese, die den sieben Bildern die Plastik der Wahrscheinlichkeit sicherte.

Eine Gestalt, die besonders in den entscheidenden ersten Auftritten umwittert war von allen vorgeahnten Schrecken der kommenden Vernichtung, schuf Er-

win Kalser aus schlichtesten Kassiereranfängen. Später, da dieser Einzelne gegen das ganze Orchester des vom Autor entfesselten Tumultes anzukämpfen hat, kam der Darsteller an die Grenze, wo er wohl das Pathos, aber nicht mehr die Persönlichkeit steigern konnte.
Die übrigen Darsteller blieben zur Episode verurteilt, die, kaum aufgetaucht, wieder verschwanden. [...] Die Kapelle des 2. Inf.-Reg. machte sich stimmunggebend bemerkbar. Bisweilen auch das Publikum, in dem es nicht an kühnen Opponenten fehlte.
Als Ganzes muß trotz allem der Abend unter den positiven gebucht werden. Denn der Erfinder dieses Kassiererschicksales [...] schafft Nachdenklichkeiten mit seiner romantisierenden Tragikomödie des Geldes, und die vorübergehende Erscheinung seines Kassierers wird uns im Gedächtnis bleiben als eine schwermütige Randfigur zu Goethes Versen: Ihr führt ins Leben uns hinein, ihr laßt den Armen schuldig werden: dann überlaßt ihr ihn der Pein...

Richard Braungart, Münchener Zeitung 30. 4. 1917

Unter den Wenigen, die für die Entwicklung des deutschen Dramas ernsthaft in Frage kommen, wird der in Weimar lebende Magdeburger Georg Kaiser heute zumeist an erster Stelle genannt. Es ist noch gar nicht lange her, da kannte kaum irgend jemand den Namen [...] Kaisers, der ein König im Reiche der jüngsten Literatur zu werden beginnt [...] es scheint, daß auch für diesen Pfadsucher (oder sollen wir sagen: Pfad*finder*?) allmählich die Zeit reif wird. [...] Wer nach dem Lärm, der solche literarische Ereignisse zu begleiten pflegt, den Wert eines Werkes einzuschätzen gewohnt ist, der muß zu der Überzeugung gekommen sein, der Geburt eines der größten modernen Dramen beigewohnt zu haben. Hysterischen Beifallsausbrüchen suchte ein Teil des Premierenpublikums, dem jeder Anlaß zum Radau willkommen ist, brutal entgegenzuwirken. Droben aber, mitten im Kreuzfeuer des Für und Wider, stand der leidenschaftlich gerufene Dichter, umgeben von seinen treuesten Helfern, und seine ernste Miene schien alles eher als ein Beglücktsein über *diese* Wirkung seines Werkes zu verraten.
[...] Kaiser ringt noch immer mit den Elementen, aus denen die literarische »Moderne« zusammengesetzt ist. Aber es kann auch nicht einen Augenblick zweifelhaft sein, daß nur wenige unserer jüngsten »Ringer«, vielleicht sogar keiner außer Kaiser, soviel begründete Aussicht haben, von der analytischen Beschäftigung mit den Problemen der Gegenwart in absehbarer Zeit zur Synthese neuer, in die Zukunft weisender Werte zu gelangen. Denn überall, im Dialog wie in der Handlungsgestaltung, in der Problemstellung und -lösung und in der Durchdringung der dramatischen Form mit philosophischem Geist, zeigt sich die Klaue des Löwen. Und nicht zuletzt sind auch Dinge, mit denen er uns ärgert und quält, Beweise für die ungewöhnliche Potenz dieses Dichters von Profil und Richtung. [...]
Otto Falckenberg ist auch diesmal wieder als Sieger aus dem Kampf mit der widerstrebenden Materie hervorgegangen. Es war eine Leistung hohen Ranges, ebenbürtig dem Besten, was ihm bis jetzt gelungen. Auch Herr Kalser hat sich als Kassierer einige Superlative ehrlich verdient. Glänzend in der Maske und Auffassung, führte er die sehr anstrengende Rolle, die in einem Tageslauf

ein ganzes Menschenleben widerspiegelt, mit bewundernswerter Ausdauer bis zur großartigen Schlußsteigerung. Alle übrigen Gestalten um ihn, soviele es auch waren, sind nur Staffagen, wenn auch sehr farbige, bildgestaltende, gewesen. Und man bemerkte, neben den bekannten Kräften der Kammerspiele, auch einige neue – Hany Speidel z. B. und Claire Eckhoff –, die zu schönen Hoffnungen Mut machen. Die Dekorationen von Leo Pasetti paßten sich dem Charakter des Werkes, das halb Mysterium und halb Tragikomödie ist, mit gewohnter Schmiegsamkeit an. Alles in allem: es war ein Ehrenabend der Kammerspiele, auf dessen Glanz nur die traurige Haltung eines Teiles des Publikums einen häßlichen Schatten warf.

P. S., Frankfurter Zeitung 20. 5. 1917

Georg Kaiser [...] hat mit seinem [...] ›Stück in zwei Teilen‹ starke Bewegung verursacht.[...]
Es geschieht – genau wie in Heinrich Manns ›Madame Legros‹ – die Entbürgerlichung eines bürgerlichen Menschen; der Ausbruch des Ungewöhnlichen in einer scheinbar gewöhnlichen Seele [...]
Es ist ohne weiteres klar, daß hier eine neue Welt gegen eine vielleicht überholte, jedenfalls nicht mehr respektierte, steht. Aber kann die Genugtuung, alte Gesetzestafeln hingeschmissen zu sehen, wirklich darüber hinwegtäuschen, daß die verwegene Forderung der neuen: Tempo, Farbe, Intensität über alles! noch nicht mehr beweist als den Willen zur Kraft, ein Programm zur neuen Richtung zu geben?
Worauf kommt es an? Was wird in Dichtungen wie in dieser erreicht? Zerrissenheit durch Zerrissenheit wiederzugeben. Wir erleben nicht die Gestaltung gewordene Kompliziertheit des aus allen Zusammenhängen gerissenen Kassierers, sondern – immer wieder – die Kompliziertheit Georg Kaisers, die sich im Ringen nach Gestaltung einer zu tragischer Bedeutung emporverwirrten Bürgerseele selbst dichterisch verwirrt, indem sie sich *zersplittert*.
Wenn etwa der Kassierer im Anblick des gräßlichen Sechstagerennens monologisiert: »Das ist letzte Ballung des Tatsächlichen... aus siedender Auflösung des einzelnen geballter Kern: Leidenschaft!...«, so ist das allenfalls aus der konstruierten, nicht aus der wahren Kassiererseele empfunden – und wenn sie zehnmal die Seele eines subalternen Faust wäre –, aber es ist und bleibt programmatische Auslassung Georg Kaisers zum Thema: Wie kompliziere ich die Seele des Kassierers, um sie als die komplizierte Seele eines auch in der Erkenntnis unzulänglichen Menschen der Zeit vorzuführen?
Das alles – wenn eine starke Begabung wie Kaiser dichterisch Erlebtes unbekümmert von sich schleudert – ist natürlich gegenüber dem abgestorbenen Alten an sich ein Gewinn, weil es immerhin motorisch aufrüttelnd und in einzelnen Partien suggestiv erschütternd wirkt.
Worauf aber soll es ankommen und was wird in Dichtung wie in dieser nicht erreicht? Durch die Totalität eines von Blut und Wärme wie von Geist gleichmäßig Durchdrungenen, organisch Gewordenen einheitlich und harmonisch stark zu wirken, damit wir endlich einmal über das Programm hinaus – zur Dichtung kommen.
Georg Kaiser zeigt stärkste Begabung. Wenn er nur gestaltet hätte, wie der

Kassierer sich von seiner Familie loslöst, es wäre genug für ihn bewiesen. Da er aber mit einer Inbrunst, der sein künstlerischer Wille, nicht aber seine Kraft entspricht – weil die Kraft keines Lebenden ihr entspräche – »letzte Ballungen« häufen will, muß er im ganzen enttäuschen, so sehr er im einzelnen erschüttern kann. [...]
Nie waren wir so frei vom Konventionellen, als indem wir immer wieder mit Scherz, Satire, Ironie und tieferer Bedeutung zu demonstrieren trachten, daß wir vom Konventionellen frei sein müssen – um jeden Preis. Und sei es um den Preis einer großen Begabung, die sich möglicherweise in Feuerwerken versprüht, anstatt als Flamme hochzuschießen.
Die Aufführung in den Kammerspielen war mit einer energischen Begeisterung für den Dichter inszeniert. Wie schon so oft in neuerer Zeit bewies der Regisseur Falckenberg auch diesmal eine starke Fähigkeit, auch das Ungewöhnlichste zu bewältigen. Von den Darstellern braucht nur Herr Kalser als Kassierer genannt zu werden, da alle anderen Rollen belanglos sind. Herrn Kalser gelang es, die Figur des Kassierers mit stärkeren Mitteln, als man ihm zutrauen konnte, lebendig werden zu lassen [...] ein Erfolg, der nachhaltiger sein wird als irgendein Bühnenerfolg.

Volksbühne Wien
Richard Specht, Berliner Börsen-Courier 28. 12. 1917

Ein Werk, seltsam stark auch in seinen Verstiegenheiten; kühn in den verwegenen Abkürzungen der realen Vorgänge ebenso wie in der Abkürzung des zusammengeballten, fast stenographisch lakonischen, nur selten zum Satzgeschmeide gefügten Worts. Ein Monolog in Interjektionen; äußerlich undramatisch, weil hier nicht ein Mensch gegen andere steht, keine Schicksale verknüpft, keine Widerstreite entschieden werden. Und doch innerlich dramatisch in der ungeheuren seelischen Entwicklung dieses einen Menschen von Morgen bis Mitternacht; in einem dem Nichts und dem Ignorabimus Entgegenreifen des durch alle Phasen des Lebens jagenden, suchenden Geists. Der Zuschauer hat es nicht leicht, muß immerfort zwischen Verzerrtem und Tiefsinnigem sondern, den Sinn dieser Sternheimschen Sprachkomprimierungen ergänzen, durch die rücksichtslose, alle Äußerlichkeit geringachtende, aller Willkür bunter und schrecklicher Gedankensprünge des Moments folgende Form dieses dramatischen Expressionismus hindurch die starke, gedankenschwere, sinnbildreiche, empfindungsvolle Dichterkraft und Verdichterkraft aufspüren, die hier in jedem Wort und jeder Szene, oft abstoßend, oft frappierend, oft hinreißend explodiert. Das haben die wenigsten Zuschauer gern. [...] Es gab denn auch ein regelrechtes Konzert auf Hausschlüsseln. [...]
All dies trotz einer mustergiltigen, durchaus vereinfachten, auf Reliefwirkung gestellten und ganz außergewöhnlich bildhaft und eindringlich wirksamen Inszenesetzung, trotz höchst anständiger Episodenleistungen und trotz Pallenberg, der den Kassier mit einer Verbissenheit, einem traurigen Hohn, einem Grimm spielte, die oft etwas Grauenerweckendes, oft etwas unendlich Erbarmungswürdiges hatten. Der Extrakt eines Menschen. Ein Plakat der Gestalt; nicht sie selbst. Was vielleicht nur an einer monotonen, unschattierten Forcierung des Organs lag. Man denkt sich hier doch manches traumhaft, verson-

nen, nach innen gekehrt, leise. Pallenberg dröhnt. Von Anfang bis zum Ende. Seine stechende, grelle, provokant unverschämte Stimme wirkt in diesem unablässigen, modulationslosen Fortissimo grandios, wo sich die Ironie in Schmerz, die Angst in Ironie überschlägt; aber gar nicht in den Momenten, wo ein Mensch seine Seele sucht, die irgendwo versteckt in einem dunklen, schmutzigen Winkel sitzt und friert. Man spürt in jedem Augenblick den genialen Schauspieler, in der Brutalität des Griffs, in der geschmiedeten Einheit der Gestalt und sogar in dieser schrill bellenden, proletarisch befehlenden Stimme, die alle Schamhaftigkeiten des Gemüts niederschreit. Aber man hat doch das Gefühl: bei Reinhardt hätte er die Rolle nicht so spielen dürfen.

Oskar Kokoschka   Mörder, Hoffnung der Frauen – Hiob – Der brennende Dornbusch

Uraufführung: Albert-Theater, Dresden, 3. Juni 1917

Neues Theater Frankfurt, 11. April 1918

Deutsches Theater Berlin ›Das junge Deutschland‹, 25. Mai 1919

Oskar Kokoschka, der durch seine Aufsehen erregenden Porträts einer der führenden Maler der jungen Generation geworden war, hatte lange vor dem Beginn des szenischen Expressionismus ekstatische Bildträume zu Szenen zusammengefaßt. 1907 ›Mörder, Hoffnung der Frauen‹ und die erste Fassung des ›Hiob‹, 1911 den ›Brennenden Dornbusch‹. – 1917 kam er nach Dresden und fand dort eine Gruppe moderner junger Künstler, zu der Albert Ehrenstein, Walter Hasenclever und Paul Kornfeld gehörten. Am Albert-Theater hatte im Oktober 1916 Ernst Deutsch, ein aus Prag herübergekommener Schauspieler, zum erstenmal den ›Sohn‹ Hasenclevers gespielt und dabei für sich den expressiven Gestus entdeckt. Zu dieser Gruppe stieß Anfang 1917 auch der Schauspieler Heinz (Heinrich) George. Die schnelle und enge Freundschaft Kokoschkas mit George ermöglichte die Aufführung der drei Stücke Kokoschkas (Darsteller: Deutsch, George, Käte Richter, Hilma Schlüter). Auf Grund dieser Rolle wurde George vom Direktor des Dresdener Königlichen Schauspielhauses, Carl Zeiß, der 1917 die Intendanz am Frankfurter Schauspielhaus übernahm, nach Frankfurt verpflichtet. Mit George kam der junge Kokoschka-Enthusiasmus dorthin. George, damals ein vor Übermut berstendes Temperament, inszenierte am Neuen Theater ›Mörder, Hoffnung der Frauen‹ und ›Hiob‹ und später am Schauspielhaus die Uraufführung von Kokoschkas ›Orpheus und Eurydike‹ (2. 2. 1921: Orpheus: George, Eurydike: Gerda Müller, Psyche: Fritta Brod). – In dem ›expressionistischen‹ Frankfurt arbeiteten damals Max Beckmann und Paul Hindemith, der Kokoschkas ›Mörder, Hoffnung der Frauen‹ in Musik setzte (Uraufführung im Frankfurter Opernhaus 1922). – George wurde unterstützt von der Galerie Zingler und dem Kunstwissenschaftler Wilhelm Fraenger. – Er wurde neben Carl Ebert bald der Spitzenschauspieler am Schauspielhaus. (Er spielte u. a. den Christian Maske in ›1913‹, Teiresias in der ›Antigone‹, Schleich in Unruhs ›Platz‹, den Marquis von Keith und Hebbels Holofernes.) – In Berlin brachte Heinz Herald die Kokoschka-Stücke im ›Verein Junges Deutschland‹. Die Aufführung dort endete mit Skandal. Kokoschka nahm mit seinen Stücken Themen des kommenden Jahrzehnts vorweg: Eros, Trieb, Sexualität. Formal blieben sie ohne Nachwirkung: Sie waren Vorzeichen.

Albert-Theater, Dresden
Robert Breuer, Die Schaubühne, Berlin, 1917

Am dritten Juni sind im Dresdner Albert-Theater drei dramatische Versuche des Malers Oskar Kokoschka aufgeführt worden. Was hat man davon behalten? Einige Worte, durch die wir uns aber nicht sonderlich bereichert fühlen; Bilder, Kontraste, Rhythmen, farbige Strömungen, die uns noch heute, wenn wir sie aus unsrer Erinnerung heraus reproduzieren (Vorteil und Schicksal der bildenden Künste), stark ergreifen. Von dem Stück ›Mörder, Hoffnung der Frauen‹ blieben mir diese Eindrücke: Zwei Rudel streben auf einander zu, Männer auf Frauen, witternde Herden; der Mann reißt der Frau, die vor ihm aufgerichtet steht, mit hartem Eroberergriff den Schleier vom Gesicht; er läßt ihr sein Königszeichen ins rote Fleisch brennen; dann, nachdem das Weib sich an dem Mann gerächt hat, hebt sich der Leichnam des Erschlagenen, und sein bleiches Antlitz beginnt durch das eiserne Gitter, das ihn für immer festhalten sollte, hindurchzuleuchten; des Mannes strahlende Gewalt zerbricht das Gitter und macht es zerfließen; er schreitet durch den freien Raum. Vom ›Hiob‹ blieb: eine graue Alltagsstube mit der zermürbten Karikatur eines idiotischen Geschlechtsgefangenen; ein seltsames Federvieh, ein bunter Fleck, der, das Grau aufreizend, durch den Raum kobolzt; ein Abseitsraum, das Inventar komplett, aber parodistisch verzerrt und aus der Realität (nach einem übrigens nicht neuen Rezept) in die papierne Darstellung zurückgedrückt, ein Fenster und draußen Nacht, ein Mann, der in den Sturm hinaus poltert, um dann aus seiner kleinwelligen Erregung in eine lahme Geste zu verfallen, in die gebrochene Linie des Sklaven, der nur noch hier, unter dem Schutz der hygienischen Apparatur, zu sich selber kommen kann. Vom ›Brennenden Dornbusch‹ blieb: die Räumlichkeit eines Waldes, dichtes Föhrengemäuer, oben Rippengeäst, halb Kerker, halb Dom; das Auftauchen und Zusammensinken eines irrenden Weibes, Menschenschatten, Schreitende, Suchende, sich Begegnende, Linien, Massen, die sich überschneiden, die aneinander vorüberstreichen und sich verlieren; die Gruppe einer Pietà, das Weib als schmerzhafte Mutter, als Gekreuzigter der Mann, die Gruppe eingerahmt von Chören, deren Wortwellen den Bildraum umgrenzen.
Das etwa ist es, was geblieben ist. Optisches also, Pantomimisches; der Worte, die gleichzeitig gesprochen wurden, erinnert man sich nur so, wie der Unterschriften unter wirklich starken Bildern: man fühlt, daß sie hätten fortbleiben können, daß sie gegen andre eingetauscht werden könnten. Das Augensinnliche herrscht; es ist durch das Sprachliche bestenfalls ein wenig verdeutlicht, vielleicht aber getrübt worden.
Es läßt sich nicht leugnen, daß Kokoschka einen starken Sinn für Bühnenwirkungen hat; man braucht nur zu vergleichen, was auf den wenigen Seiten des Stückes ›Sphinx und Strohmann‹ (in der Ausgabe des Verlags Kurt Wolff) zu lesen ist, mit dem, was daraus in den Szenen, die jetzt ›Hiob‹ heißen, geworden ist. Der Prozeß einer Versinnlichung des abstrakt Empfangenen ist offen-

bar. Als Kokoschka, die Bühne vor Augen, über seine eigene Dichtung gelangte, machte er daraus eine Reihung von starken Bildern, machte seine Worte zur Nebensache und das, was er aus menschlichen Körpern, aus farbigen Stoffen, aus Lichtern und Schatten aufbaute, zum Entscheidenden. Mit solcher Beobachtung erschließt sich das Wesen und zugleich die Begrenztheit dieses Künstlers; er arbeitet aus malerischer Vorstellung heraus, und wenn er Prosa oder Verse schreibt, so wechselt er wohl das Mittel, aber nicht die Einstellung, die er zur Welt einnimmt.

Die Worte, die er seinen Gesichten beifügt, sind nicht von deren Ursprünglichkeit, nicht von deren Blutreine und Rassenstärke. Man darf gewiß nicht sagen, daß diese Worte aus zweiter Hand seien, das wäre wohl zu hart; aber sie sind parallel empfunden, sie sind schon von andern auch gesprochen worden. Wedekind, Strindberg. Maeterlinck und mittelalterliche Mysterienschreiber tauchen auf. Auch das eigentliche Thema aller dieser Worte ist nicht eine Bereicherung dessen, was wir von der Welt wissen oder von ihr wissen wollen; es geht um den Kampf zwischen Mann und Weib, bei dem der Mann als das geistige Prinzip entweder unterliegt oder überwindet, je nach dem. Was Kokoschka hierzu zu sagen hat, ist immerhin so, daß man es anzuhören vermag, aber es ist kein Aufreißen ungeahnter Tiefen, es ist keine neue Synthese, nicht einmal ein neues Zerbrechen. Etwa: »Ich hatte ein Weib, ich machte einen Gott aus ihr, da verließ sie mein Bett. Sagte zur schmerzlichen Kammerjungfrau: ›Knüpfe mir meinen Reiseschleier um‹ und verschwand mit einem gesunden Muskelmann.« Oder: »Furcht vor dem Ehebruch ist ein Gift, das todsicher wirkt.« Schließlich: »Erfindung der Perspektive ist optischer Schwindel der Kunstgelehrten.« Man möchte meinen, daß dieses alles vom Marquis Keith bereits in eine festere Form gebracht worden ist. Auch die Erinnerung an Mysteriensprüche, an die christianisierten Sehnsüchte der bräutlichen Seele ist deutlich [...].

Weitaus interessanter sind die Bemerkungen zum Szenarium, wie sie sich auch schon in dem Buch vorfinden: »Suchen im Wald, Frau im Hemd, krankes Gesicht, instinktmäßig eine bestimmte Richtung suchend, weißer Boden, Baumstämme schwarz, Himmel schwarz, kein Licht außer der Reflexion des weißen Bodens.« »Weißliches Licht, offene Tür, die jetzt Licht einwirft, Lichtstrahlen kreuzen sich und suchen sich aus den zwei Zimmern in der Mitte der Höhe; Lichtstrahlen heben sich und spielen und treffen sich wieder zur Ruhe.« Dergleichen liest sich, wie sich Stimmungsnotizen im Skizzenbuch des Malers lesen.

[...] – Kokoschka kommt, wenn er sich nun dazu treiben läßt, mit Worten zu gestalten, zur dramatisch bewegten Pantomime. [...] Wie er als Maler stark gestaltet, so ist er als Dichter ein blutrein Wollender geblieben. Das ändert aber letzten Endes doch nichts daran, daß durch die Vertauschung der künstlerischen Möglichkeit über allem, was er hervorbringt, eine Wolke hängt, ein Halbdämmer, aus dem vielleicht eine zeugungsstarke Ursprünglichkeit, vielleicht aber auch ein rhapsodierender Jongleur treten könnte. Findet Kokoschka den rechten Anschluß an die Natur und das Menschliche, so wird die Wolke, die ihn heute noch überschattet, versinken. Man möchte meinen, daß er, der die rauhen Realitäten des Krieges durchgemacht hat, diesen Weg finden müßte. Man möchte es ihm jedenfalls von ganzem Herzen wünschen, denn er ist einer von den Wenigen.

Neues Theater Frankfurt
Bernhard Diebold, Frankfurter Zeitung 12. 4. 1917

Das Wort wurde zur Nebensache; Schrei, Spiel und Bild überwogen. Der Maler-Dichter Kokoschka will als Szeniker genommen sein. Daher beachte man als wesentlich der Stimmung: daß etwa Adam aus dem Paradies mit Strohhut, Drehorgel und Mülleimer erscheint; daß sich Bühnenkünstler als erotisierte Papageien und Pudel produzieren; daß ein weiterer Mensch den leiblichen Kopf verliert; daß nacktbeinige Chöre in Brunstchorälen winseln. Es wird gestochen, gehupft wie gesprungen. Alles um das Ewig-Weibliche, das sich auszieht. Ein splitternacktes Fräulein lief auf die Szene. Immerhin mit einem Muff und ihrer Haut bekleidet. Die Anderen hatten auch nicht viel an. Dazu wurde einiges Symbolisches gesprochen, was den Maler Kokoschka nun als Dichter offenbart. Es war aber keine Dichtung, sondern eine Zumutung.
Erotik und Erotomanie sind nicht genau dasselbe. So wenig wie gesund und krank. Die Gleichung paßt nur für Leute, die zwischen Liebestrieb und Hysterie keine Unterschiede mehr machen. Die die Madonna, die verzückte heilige Therese und die Straßenhure Babylon für dasselbe liebwillige Schwein halten, das sie sich in ihre klebrigen Betten wünschen. Sonst nennten sie in frivoler Unbefangenheit die ehebrecherische Lustdirne nicht gleich Anima, was zu deutsch Seele heißt. Sondern ebenso lateinisch, aber ehrlich und ohne geistigen Snobismus: Vagina.
Ich muß ganz deutlich reden. Für kleine Kinder wird die Zeitung nicht geschrieben. Keusche Umschweife und Metaphern wären hier stumpfe Waffen und mit vieldeutigen Sprüchen bemalte Schilde. Unter keinen Umständen will ich zu denen gehören, die man in hundert Jahren dafür rühmen wird, daß sie in einer Zeit dunkelster Unkultur die Dichterleuchte Kokoschkas als Ahnung des wiedergefundenen Paradieses begrüßt hätten. Nein, ich schäme mich vor solcher Verirrung der »Kultur«. Nicht, daß sie in einem unfähigen Wortestammler ein Mischgefäß für hintersinniges Geschwätz und kümmerlichste Sinnbildnerei fand – denn für das krankhafte oder frevlerische Einzelgeschöpf kann die Gattung nicht verantwortlich gemacht werden. Aber ich schäme mich, daß solche Afterkunst bei der (anscheinend) größeren Hälfte des Theaterpublikums ein laut klatschendes »Herzlich willkommen« fand... Ich sah auch einen Kritiker, der klatschte.

Hochverehrtes Klatsch-Publikum! Frage dich und sage mir: Warum hast du geklatscht? Erkenne dich selbst! – wenn ich bitten darf – und spiegle deine Rechtfertigung nicht in den Worten des Kunstgelehrten Wilhelm Fraenger, der dir den Inhalt der beiden »tragischen Farcen« zuvor erzählen mußte; so daß du nun fähig bist, mir mit den Vokabeln »Tiefsinn«, »Geist«, »Seele« und erotischem »Ursprung« zu begegnen. [...] Denn nichts anderes habt ihr als neue Verkündigung gepriesen, als was seit Adams Zeiten der Stier mit der Kuh vollführt und der Bock mit der Ziege. Und daß es euch einigermaßen neu und »originell« erschien: daß sich nun endlich auch auf der Bühne die Menschen aus Brunst und polygamer Vielbedürftigkeit wie Stier und Bock benehmen – das will ich wahrlich glauben. Daß ihr aber wähnt, mit dem erotischen Seelen-Spektakel sei euch *Kunst* widerfahren, oder es sei euch gegen die unnatürliche Ideologie der Zeit endlich der Geist der *Erde* als Heilmittel dargebo-

ten worden – das ist ein böses Versagen aller Kunst- und Natur-Instinkte. Denn *Kunst* ist geistige Formung! und *Natur* spricht durch Naivetät! Wer aber wagt es, den »Dichter« Kokoschka einen geistigen *Former* oder einen *Naiven* zu nennen?
[...]
Daß aber die von Kokoschka formulierte Sexualität tatsächlich keinem primitiven *Natur*-Gefühl entspringt, beweisen Geist und Form der Fraengerschen Predigt. Ich sage: Predigt. Denn die Aufmachung forderte sakrale Andacht von der Gemeinde. Stefan George-Stimmung. Bei geweihter Kerze düsterem Dämmerschein sang der Prophet Kokoschkas in psalmodierenden Rhythmen (gleich der lutherischen Liturgie) den Kommentar – und zwar nicht vor dem Vorhang, sondern vom Seitenbalkon als »Stimme von oben«. Sprach von Geschlechterkampf und orphischem Ursinn; rühmte die dichterische Unabhängigkeit von aller Kulturüberlieferung (was wir gerne glauben wollen). Sprach vom Manne, dessen Geist im ersten Stück das begehrende Tierweib erst forme, und es in seiner Reinheit überwinde. Sprach von Hiob, der das Weib zu hoch in den Himmel versetzte: »erst da sie fällt, kannst du ihr auf den Boden sehen«. Sprach, was sich etwa auch bei Strindbergs oder Wedekinds Ehe- und Fleischkonflikten sagen läßt – nur daß bei jenen etwas Menschenähnliches gestaltet wurde, während sich hier nur hysterische Clowns von der Bedürftigkeit ihrer Leiber überzeugen.
Denn im Grunde ist ja das alles ganz einfach. Die Anbetung des Phallus wird hier Erscheinung – die »geistige« Tendenz des Textes mag deuten, wie sie will. Wo ist hier vorgeblicher Geist, der im ersten Stück das Fleisch überwinden soll? Denn die ganze Stoffwelt dieser Fleischwirtschaft beweist das innigste Vergnügen an der möglichst entgeisteten Materie. So wird zum sieghaften Symbol dieser Dramatik die Enthauptung des vom Weibe betrogenen Hiob. Ohne Kopf ist leichter ›lieben‹. »Der Gedanke im Augenblick macht die Liebe gerinnen.« So denkt wohl auch die geschlechtslustige Anima, Hiobs Weib und ›Seele‹, wenn sie Salome-gleich – frei nach dem anderen ästhetischeren Oskar den Kopf ihres gehörnten Gemahls betrachtet. Kopf ab! heißt die Losung dieser Bauchtänzer.
Von dem näheren Inhalt dieser Stücke zu sprechen, erübrigt sich. Man gehe in den Zoologischen! – da stören weder Dekorationen noch Priesterton. Und kein Tiger wird dort unter Wachslichtern Proselyten machen und symbolische Drehorgel spielen.

Auf diesem Wege weiter – und wir sind in Deutschland auch kulturell verloren. Auch der geistigen Hungersnot muß gesteuert werden. Der *geistigen!* Mit Fleisch stopft ihr nur die Mäuler der Snobs und der Athleten. Man schrecke mich nicht mit Wedekind! Erotische Literatur in Wedekinds Sinne wollte (mit mancherlei Irrung in seiner Beweisführung) den Kampf gegen Muckertum, Heuchelei und Prüderie. »Ehret die Frauen!« aber nicht nur, weil sie »flechten und weben«. Er wollte auf seine Art Wahrheit und Schönheit – ohne den Sinn des Menschen in seiner oberen Körperhälfte konsequent zu Ende zu denken. Hier aber wird nur artistisch ohne ethischen Zug mit Worten jongliert, mit fatalen Verwechslungen von Seele, Geist und Trieb – in unverständlicher Stammelei, die *jeder* Auslegung fähig ist.
Die obige ist die *meine*. Der klatschende Herr X-Mann im Parkett hat die

andere. Fraenger hat wieder eine andere ... vielleicht ist sie gar die Auffassung des »Dichters« selber. Doch wer kennt sich da aus! und was sagt uns die Auffassung von des Dichters Gnaden, wenn sein Werk in kunstlosem Dunkel bleibt. Der Autor selber kennt natürlich all die Übergänge und Geistesbrücken von Stammeln zu Lallen – aber wir wissen sie nicht. [...]

Kokoschka kann dem Schauspieler Heinrich George, dem Spielleiter und (im Verein mit ›Zinglers Kabinett‹) Manager der Aufführung, tiefen Dank abstatten. Ohne das geradezu vulkanische Temperament dieses hochbegabten – wenn auch noch allzu hemmungslosen – Künstlers, wäre die ganze Darbietung in ihrer dichterischen Schwäche, ihrer hysterisch-ästhetischen Problem-Tuerei und ihrer Naturlosigkeit entlarvt worden. George spielte einen Krieger und im zweiten Stück den aufs Weib dressierten Kautschukmann mit einer fanatischen Hingabe, zu der die meisten unserer verbürgerlichten Bildungsschauspieler nicht mehr fähig sind. Mit großer Zucht könnte George einer unserer großen Schauspieler werden. Sein Krieger drückt bei spärlichstem Text Elementarisches aus; sein mephistophelischer Kautschukmann sarkastische Dämonie. George ist so sehr expressionistischer Schauspieler, daß er bald – Shakespeare spielen kann. Nach Macbeth, Richard, Othello weist seine Richtung. Aber Disziplin! sonst verbrennt ihn die eigene Lava. Als Hiob spielte Herr Zistig wohl ganz im Sinne seiner wahnsinnigen Rolle. Es wird wohl richtig gewesen sein! Denn hier und bei den anderen Figuren kommt eigentliche Schauspielkunst nicht mehr in Frage. Wahnsinn zu spielen ist nicht schwer; jeder Theatermann weiß, daß da jede beliebige exzentrische Bewegung sich pathologisch interessant macht. So ähnlich ist es mit den Aufgaben Frau Swobodas als hexische Kammerjungfer und Herrn Kepichs als Papagei. Krächzen und Schreien erfordern keine Kunst, und die ›Auffassung‹ der Rolle liegt lediglich in der allegorischen Bedeutung, die einem vom Erklärer des Stückes beigebracht wird. Herr Kner machte den Adam mit all dem Überdruß eines so alten Mannes, der noch Komödie spielen muß. Fritta Brod aber spielte die aus Anima heraus entwickelte Eva mit all der entzückenden Spielfreude einer jungen Schauspielerin, die viel Komödie spielen darf. Und Gerda Müller verkrampfte sich leidenschaftlich als »die Frau«, die den Mörder zu ihrer Hoffnung macht. Es gab noch viele, die der Stimmung ihren Schrei liehen – unter anderem der ausgezeichnete Kräher des Hahns, der als der beste auf Deutschlands Bühnen gilt.

Wenn diese Art Dramatik aufkommen sollte, so finden die Tierstimmen-Imitatoren künftig ihr Brot auch bei der »Menschendarstellung« – wie Iffland seine geliebte Schauspielkunst nannte. Was Kokoschka den Hiob vom paradiesischen Sündenfall träumen läßt, sei hier in tiefer Beklommenheit noch in anderem Sinn zitiert:

> »Wenn man sich vorstellt, daß
> Die Nachwelt mit solchen nichtsnutzigen Späßen
> Gemacht wird,
> Muß einem der Glaube an
> Eine bessere Zukunft vergehen!«

Dies sei zum Schluß noch gleich eine Probe von dieses Dichters Kunst der Melodei.

Deutsches Theater Berlin ›Das junge Deutschland‹
Alfred Kerr, Der Tag, Berlin, 26. 5. 1919

I

Das erste Werk ist ein Mysto-Skätsch. Das zweite Werk ist gemalter E.T.A. Hoffmann.
Man betrachtet so ein Stück und fragt nach dem Inhalt. Die Antwort ist schwer. Das einzige, was in dem Stück mit Bestimmtheit vorkam, war der Verfasser am Schluß. Aber was, zum Donnerwetter, hat sich zuvor begeben? Die Dichtung hat sich zuvor der Verständlichkeit begeben.
Soweit ist alles klar ... Die Vorführung scheint maßgebend, der Verfasser hat sie geleitet, an ihr lag es nicht.
[...] Aber was haftet?

II

Bildwirkungen. Seelentupfen, gepinselte. Zwischendurch das Gefühl, daß man den stärksten aller heut lebenden Regisseure vor sich hat. Nicht etwa, Gott behüte, den stärksten Dichter. Denn eben, wo Begriffe fehlen, da stellt O. Kokoschka, Kunstmaler, zur rechten Zeit sich ein.
Alles zerschwimmt, entnebelt, verfliegt.
Manchmal denk' ich: das ist, als ob man eine Klingersche Radierung farbig gemacht und in einem zauberhaften, ganz langsam sich abwickelnden Kinemakolor auf die Planken gestellt hätte [...] man denkt bei Kokoschkas Bühnenbildern an Munch, an dessen gegriffelte Phantastonovelle vom Weib oder von den zwei Geschöpfen Alpha und Omega, die er auf Stein gezeichnet, in Kupfer gestichelt. Ja, Phantastonovellen, bloß noch wildere, zuckendere; etwas von verwitternden Altargemälden leuchtet zwischendurch; das Ganze wird schon von Kokoschka sein.

III

Ich stelle weiter fest. Bei dem Schläfernden, Lullenden, dann wieder Schreckenden, oft seitwärts Ablenkenden, bildhaft Berauschenden ist es schwer, mit dem Verstandeswerkzeug zu folgen. Schwer überhaupt zu folgen – es sei denn, schlürfend und genießerisch mit dem Auge, das sich so satt, wie niemals an irgendeiner Kulissenrampe, hier trinken kann; vielleicht nie, seit es ein Theater gibt; mein Auge hat solche Bilder szenisch noch nicht geschluckt. Wundervoll.
Was aber der Mysto-Skätsch an Wortmäßigem und, na, Gedankenähnlichem birgt, entzog sich meiner Kenntnis; bis auf den kleinen Rest, der als Denkspruch, als Wahrwort, als Lehre dem Sperrsitz eingebleut wird. Von solchen Denksprüchen (Inseln im tobenden Teich der Zusammenhanglosigkeit) haftet einer im Gehirn, der etwa bedauert, daß nicht alle Menschen sonder Arg und gütig sind ....

IV

Was jedoch daneben im einzelnen sich zugetragen hat, – das werdet's Ihr nie erfahren [...] Also: Feststellungen.
Ich sah (immer nur den Bühneneindruck betrachtet, diesen Eindruck durch nichts vorher oder hinterdrein ergänzt) – ich sah eine Person weiblichen Geschlechts, die wohl im Felde des Geschlechts etwas ausgefressen hat, offenbar auch in Richtung dieser Funktionen unzufrieden war (was in der dramatischen Literatur, wenn es auftritt, so oft mit gehobener Sprache verbunden ist ...)
In den Begriff des Ungestillten, Mißvergnügten an einer Frau, der durch häu-

figes Kommen, Gehen, Kauern, Haareschütteln, Mauzen hier auch den vermindert Zurechnungsfähigen in lehrreicher Form deutlich wird, mengt sich der Begriff einer Schuld... oder ich will ein schlechter Kerl sein. Ein Begriff der Schuld mengt sich dazwischen – stille! Eine Mannsperson naht sich der Frau bald so, bald so, ... dafür leg' ich die Hand ins Feuer. Bald erhaben ist er, bald (ei ei!) etwas leichtfertig.

Aussehn tut es, ernst gesprochen, unvergeßbar. In traumschweren Belichtungen. Leuchteglanz fließt um Mann und Frau. Ein Violett; ein Grün; ein Rot – der Scheinwerfer bedeutet in diesem Schauspiel keine Sinekure. Scheinwerfer, Büßertum, Spindler, Mystisches, Sühnendes, Feierliches treten an die Stelle genauen Inhalts. Und jetzt fällt mir ein...

V

Jetzt fällt mir ein, was Kokoschka gesagt hat, während er, es war vor der großen Zeit Europas, mein Bildnis machte. [...] Also er entwarf mündlich dramatische Pläne [...]. Kokoschka schilderte damals Plankenvorgänge, die mehr Schraffierung als Umriß bargen. Sein Verlangen ging auf Schaubares und Seelisches – doch zuerst wohl auf Schaubares. Ich hatte den Begriff einer halb japanischen Bühne.

VI

Hieran erinnerten jetzt, ganz von fern, die wundervoll geschnittenen und getönten Brückenbilder. Schräg vorschreitende Menschen darauf. Kokoschka schwärmte damals, wenn ich nicht irre, von einem Turmdrama. Oder von einem Stockwerkdrama. Jede Antwort, damals, schoß an jeder Frage jedesmal vorbei. Wenn ich gewissermaßen fragte: »Wie spät?«, war die Antwort: »Nach links«. Wenn ich fragte: »Wieso?«, war die Antwort: »Unterhalb«. Doch im rein Empfundenen, losgelöst vom Drama, begegnete man sich. Nur schwieg nicht ganz ein Mißtrauen: wo bei ihm planender Ernst, wo Verblüffungswillkür (unbewußt) anfing.

Wer das Schau-Spiel vom Dornbusch gesehen hat, zweifelt nicht an dem Ernst im Malerischen. Das Malerische ganz für die Bretter gedacht. Hier steht ein Inszenator, kurzweg ohnegleichen. Auch der gesprochene Klang wird musikalisch bei ihm bis ins Letzte gestuft – ja, auch in diesem Feilen des Sprachtons ist Kokoschka (allenfalls von dem zu früh gestrandeten William Wauer abgesehen) heut unerreicht. Er setzt gewissermaßen ein Oratorium ohne Musik und mit fast keinen Worten. (Oder mit nebensächlichen Worten. Denn man sieht die Leute reden und hört sie nicht.) Wunderbar. Ich erblickte gern Maeterlinck von ihm nachgestaltet.

VII

Und nun denkt an die deutsche Romantik. Um 1800. Hier seh ich Kokoschkas Vorgänger. Hier sitzen seines Vorgängers Maeterlinck Vorgänger. (Denn Kokoschka ist im Dösen fortgeschrittener Maeterlinck.) Es lassen sich, meint Novalis damals, – es lassen sich sogar Erzählungen ohne Zusammenhang, »jedoch mit Assoziation wie Träume«, denken: ebenso Gedichte, die »bloß wohlklingend und voll schöner Worte sind, aber auch ohne allen Sinn und Zusammenhang, höchstens einzelne Strophen verständlich wie Bruchstücke aus den verschiedenartigsten Dingen.« ... Novalis fand in solchen Gedichten die wahre Poesie: sie könne höchstens einen allegorischen Sinn im Großen und eine indirekte Wirkung wie Musik haben... Das gilt für Kokoschkas Bühnengebilde, Wort um Wort.

Einzelheiten, Sinn, dramatischer Zusammenhang haben aufgehört; statt ihrer gibt Kokoschka den bewegten Farbtraum mit fern anklingendem, vagem, nur allgemeinem, schwindendem, bloß ungefährem Begriffsinhalt. »Expressionismus«?

VIII

Ein sogenanntes expressionistisches Bild (um die blödsinnige Bezeichnung zu brauchen; jedes Kunstwerk ist ja eine Expression) entsteht oft, indem der Maler nicht einen Gegenstand abmalt; sondern indem er mit geschlossenen Augen an ihn denkt und hernach das Gedachte, so gut er kann, »ab«malt.

Also nicht die einzelnen Teile werden treu wiedergestaltet, – sondern ein schwebendes Erinnerungsbild wird untreu wiedergestaltet.

Die Kontrollmöglichkeit scheint mir schwach: ob einer auf die Leinwand setzt, was er innerlich gesehn hat, – oder was er äußerlich halt irgendwie hinzusetzen vermag; was er halt irgendwie zuwege bringt. Mangelndes Können steckt oft (nicht allemal, natürlich) dahinter. [...]

IX

Es sind aber, scheint mir, Kokoschkas Schau-Spiele so zu genießen. Wenn das Ganze vorbeigeflutet ist, stellt Euch vor, als hättet Ihr dies Ganze bei geschlossenen Lidern gesehn, solltet nur ein Erinnerungsbild (von den vielen Augenblicksbildern) wahren – und Euch an dies Erinnerungsbild hinterdrein halten. »Schließe mir die Augen beide...« sagt ein sicherer Theodor Storm.

Ob allerdings hier noch die Bezeichnung Drama... Aber was liegt an Bezeichnungen? Der Garten unseres Herrn, vielmehr der Garten unserer Seele, der Garten unserer Sehnsucht ist groß. Viel Platz darin. Laßt es Euch gefallen! Klettert nicht komisch aufs hohe Pferd im Verwerfen und Vorschreiben. Sondern glaubt, was die Dramaturgie dieser Zeit im Vorwort sagt: »Der criticus hält es für dumm, ein Gesetzgeber – doch für klug, ein Gesetzfinder zu sein.« (Ges. Schriften. I, VII.)

X

Hiernach wird sich das zweite Stück leichter verstehn lassen. (Lies: erahnen lassen). Als ein Lustspiel ist es ohnedies fast unverbindlich.

Nun fährt einem plötzlich die Frage durch den Kopf: Gab es darin überhaupt Worte? Doch. Man hat sie bloß nicht gehört. Es ist kein Scherz, daß nur ein einziges haftet – jenes rasch bekanntgewordene des Schauspielers Kühne: »Ich verstehe kein Wort« – da brach die Menge tobend aus: »Sehr richtig! Bravo!« Nur dies Wort haftet.

Aber sonst, genau besehn: Pantomime. Der sieche kahlköpfige Greis mit gesträubtem Schläfenhaar, äußerlich halb wie Schopenhauer, der an knechtender Leidenschaft für ein Wesen mit schöner Stimme sich wedekindisch den Hals bricht – indes ein Hundemensch (Kyniker) ihr weiches Fell gewinnt.

Etwas zu lang. Aber entzückend, wenn im Badezimmer mit Klosett Seelenzerreißendes und Gaukliges, Tragisches und Geisterndes, Brüllendes und Tänzeriges spielt. Wie schön die verzauberte Stimme hinter den Kulissen. Ein wahrer Dichter schuf alles das. Nämlich E. T. A. Hoffmann...

Ein wahrer Dichter schrieb es zum zweitenmal – mit dem Pinsel. Nämlich O. Kokoschka.

XI

Liegt hier etwa die Zukunft des Dramas? Aber nein. Der Kunstanger werde nicht zum Hottentottenland. Doch ein wildherrlicher Kral gelegentlich neben mancher festgefugten Tempelmajestät, manchem herrischen Glanz unseres gestrafften Hirns – zerschmeißt ihn nicht. Erregt Euch nicht. Das Endgefühl vor Derartigem ist kein stürmisches »Jawohl«, aber ein lächelndes »Warum nicht?« [...]

XII

[...]

... Von den Darstellern bei Kokoschka sei Maria Fein erwähnt – als ein Schulbeispiel. Sie machte mit Verstand: Ahnungslosigkeit. Mit Erfahrung: Triebhaftes. Mit Geschicklichkeit: Unbewußtes ...

Gerhart Hauptmann   Winterballade
Uraufführung: Deutsches Theater Berlin, 17. Oktober 1917
Regie Max Reinhardt

Was war mit Hauptmann? Nahm er die neuen Impulse der Zeit auf, wie er einst die des Naturalismus und bald darauf der Neuromantik in viel gespielte Dramen umgewandelt hatte? 1910 war sein letztes produktives Jahr gewesen. Die ›Ratten‹ waren entstanden und ›Der Bogen des Odysseus‹, um 1913 hatte er sich dann dem Theater wieder genähert. Um die dramatische Produktion wieder in Gang zu bringen, war er im Herbst 1913 – nach den Auseinandersetzungen um sein ›Festspiel in deutschen Reimen‹, das in der Breslauer Jahrhunderthalle das Mißfallen des Kronprinzen erregt hatte – in die Sozietät des Deutschen Künstler-Theaters in Berlin eingetreten. Sie hatte sich aus Schauspielern des Lessing-Theaters nach dem Tod Otto Brahms gebildet. Brahm hatte Hauptmanns frühe Stücke durchgesetzt. Mit dieser ›seiner‹ Welt suchte er nun wieder Berührung. Zur Eröffnung des Theaters inszenierte er selbst Schillers ›Wilhelm Tell‹ (16. 9. 1913), gleich darauf Kleists ›Zerbrochenen Krug‹ (2. 10. 1913), die Uraufführung seines eigenen Stücks ›Der Bogen des Odysseus‹ endete dort am 17. Januar 1914 mit einem Mißerfolg. Seitdem war kein neues Stück Hauptmanns erschienen. Seit 1913 arbeitete er nebeneinander an drei Schauspielen mit mythischem Hintergrund. Als erstes wurde 1916 nach Selma Lagerlöfs Novelle ›Herrn Arnes Schatz‹ die ›Winterballade‹ fertig. ›Der weiße Heiland‹ und ›Indipohdi‹ folgten. Die Stücke wirkten fremd in der literarischen Landschaft jener Jahre. Die Fabeln sind dunkel und schwer und drücken die Verzweiflung über die Greuel der Kriegsjahre aus. Man spürt ihnen die Schwierigkeiten Hauptmanns an, einen Stoff für dieses Geschehen zu finden. – Mit der Uraufführung der ›Winterballade‹ kehrte Hauptmann nach dreijähriger Pause auf die Bühne zurück. Wieder führte Max Reinhardt Regie, mit dem ihn enge Freundschaft verband, aber es war das letzte Mal bis 1926, daß Reinhardt ein Stück Hauptmanns inszenierte. Helene Thimig, Reinhardts spätere Frau – bis dahin am Königlichen Schauspielhaus engagiert –, spielte an diesem Abend zum erstenmal im Deutschen Theater. – Hauptmann erwog damals, zusammen mit Björn Björnson, dem Sohn des norwegischen Dichters, die Leitung des Deutschen Volkstheaters in Wien zu übernehmen. Darauf beziehen sich die Anspielungen in Jacobsohns Rezension. Der Plan zerschlug sich.

Siegfried Jacobsohn, Die Schaubühne, Berlin 1917

[...] Zu Hauptmanns Meisterwürfen zählt ›Elga‹, teils frei, teils unfrei nach Grillparzers ›Kloster von Sendomir‹. Kein Kunst- und Schaffensgesetz hätte zu hindern brauchen, daß zu diesem ›Nokturno‹ die ›Winterballade‹ ein Gegenstück wurde. ›Herrn Arnes Schatz‹ ist wie eine von Herders ›Stimmen der Völker‹. Ein Volkslied in Prosa. Von jener tiefen Schlichtheit, als hätte sich's selbst gedichtet. Ganz Skandinavien ist drin. Verdämmernde Schneegefilde mit bleichenden Knochen und fernher krächzenden Raben, mit Trollspuk, Gespensterbangnis und schauerlich abgerissener Musik in den Lüften. Aber auch enges und inniges Familienleben auf einsamen Pfarrhöfen; arme Mühsal tagelöhnernder Fischer an zugefrorenen Fjorden; die Verbundenheit gläubiger Demut mit Tier und Pflanze. In dieser Welt Gesichte zu haben, ist keineswegs übernatürlich. Hier ist natürlich, daß Menschen im Jenseits so lange keinen Frieden finden, bis ihre schnöde Ermordung im Diesseits gerächt ist. Zwischen der Pflicht zu solcher Rache und der Liebe zum Mörder wird ein blutjunges Ding zu Tode gedrückt. Wir erleben das mit in jeder Phase. Drei Schotten haben, verwildert vom Krieg, den neunzigjährigen Pfarrer Arne um seiner Geldtruhe willen samt Weib und Kind und Kegel geschlachtet. Entronnen ist einzig Elsabil, jene zarte Magd, der mit dem einen Mörder Sir Archie langsam geschieht, was Jeanne d'Arc mit dem Ritter Lyonel blitzartig. Und nun ist nicht möglich, ohne Erschütterung zu lesen, wie das Jungfräulein hin und her schwankt; wie sie den Mörder halb schützt, halb preisgibt; wie sie sich vor der Wirtin des Rathauskellers verschwatzt und gleich darauf spürt: sie hatte ihn wohl um ihrer lieben Milchschwester willen verraten, aber sie wünschte nichts sehnlicher, als daß er entfliehen möchte; wie sie zitternd an seiner Seite hockt, da die Lanzknechte über den Markt gezogen kommen; und wie sie, als er sie durch die Sperre hindurch vor sich her trägt, um sich zu retten, einen Speer gegen ihre Brust führt und ihre Qual beendet. Sofern Geister in diesen Verlauf eingreifen, sind sie von einer mehr denn märchenhaften Realität. Verdichtungskraft ist keine Zauberei. Man muß ›nur‹ das Auge haben. Die große Lagerlöf blickt den Erscheinungen derart fest und gütig auf Oberfläche und Grund, daß sie ihr diejenige Wahrheit enthüllen, die, unabhängig von Dogmen und Theorien, sei's des Naturalismus, sei's andrer ›Richtungen‹, immer in Geltung bleiben wird. Trotz allem Grauen entsteht eine Atmosphäre, die gelinde und weich umfängt. Sie vergeht nicht eher, als bis der Gerechtigkeitssinn der Schwedin, das Ethos, das in jedem hohen Künstler nachtwandlerisch sicher waltet, irdische Sünde irdisch gesühnt hat. Freilich mit überirdischer Hülfe. Die Lords von Mördern würden sich gern entschuldigen lassen, sie seien zu Schiff nach Schottland. Aber im Unterschied zu allen andern Schiffen wird das ihre von Eisblöcken eingekeilt; und erst, nachdem man sie heruntergeholt hat, gibt der Himmel auch diesem den Weg frei ins offene Meer. Es bleibt kein Rest. Menschen und Götter sind im Bunde wider Verbrecher, welche die Ordnung der Welt verletzen.
Hauptmann glaubte den Aufruhr der Elemente durch die Opferung des Hauptmörders zu besänftigen. Das heißt: bei ihm geraten die Elemente gar nicht in Aufruhr; und den beiden Spießgesellen wird kein Härchen gekrümmt. Das ist bezeichnend. Der Dichter hat sich diesmal mit einem Drittel seines ethischen, also auch seines künstlerischen Vermögens ausgeglichen. Zu-

gegeben: um in der Kunstform des Dramas ein Gebilde zu schaffen, wie ›Herrn Arnes Schatz‹ in der Schwesterform eines ist, müßte Gerhart Hauptmann Heinrich von Kleist sein. Zuviel verlangt. Aber Hauptmann könnte doch wenigstens Hauptmann sein. Hier ist er ein farbloser Epigone. »Schlimme Zeit. Solang das Korn nicht sprießt, ist Satan mächtig. Werwölfe gehen um. Die Sonne steht im Stier. Der blutige Saturn bedrängt sie.« Das ist wie aus ›König Lear‹. »Das Übel ist vererbt. Es stammt aus dem Geschlecht der Thans von Roß.« Das ist eine absichtliche Erinnerung an Macbeth, mit dem Sir Archie irgendwie Ähnlichkeit haben soll. Aber er ist sentimental schon bei der Ermordung des kleinen Wesens, dessen überlebende Milchschwester ihn nachher bis aufs Blut verfolgen und vampyrhaft aussaugen wird. Von unvergleichlicher Süßigkeit, wie bei der Lagerlöf die Liebe des Kindes zu dem Riesenkerl aufkeimt, von unwiderstehlicher Überredungskraft, wie diese Liebe tragisch wird und sich selber den Tod bereiten muß, trotzdem durch sie Archies Wildheit zur Mildheit geworden ist. Nichts hilft: der Ruf aus den Gräbern ist lauter. Für den Dramatiker von Instinkt war dieser Konflikt im Mittelpunkt unantastbar. Unbegreiflich, was Hauptmann, wenn er nun einmal die Geschichte dramatisierte, bestimmt hat, mit ›modernen‹, mit sozusagen psychologischen Linien das klare Hauptthema zu beunruhigen, zu verkritzeln und schließlich zu überdecken. Was davon bleibt, springt nicht in die Augen, sondern wird uns von Archie unter die Nase gerieben. »Sieh, du liebst mich mit wilder Glut, und doch nicht minder heiß sinnst du auf Rache. Haß und Liebe geben, Empuse, dir dein trügerisches Dasein.« Wär's nur eins! Aber Hauptmann erkannte wohl als erstes Erfordernis eines Dramas: Sinnfälligkeit; und vergaß dabei, daß es innere Sinne so gut wie äußere gibt. Dieser Irrtum geht durch das ganze Stück. Der Mord, an dem wichtig ist, daß er geschieht, nicht: wie er geschieht, und den deshalb die kunstweise Lagerlöf nicht eigentlich vorführt, sondern hinterher schildern läßt: hier füllt er grob und deutlich ein Bild. Umgekehrt: was wir im ersten Bild mit Händen gegriffen haben, nämlich die Vorbereitung zum Mord – das wird im Gerichtssaal des dritten Bildes sehr lang und sehr breit noch einmal erzählt. Am schlimmsten, und überraschend für den Schöpfer des ›Hannele‹ und der ›Pippa‹: daß den Mörder nicht seine Opfer jagen, sondern des neunzigjährigen Arne sechzigjähriger Sohn, den Hauptmann erfunden und bemerkenswert schlecht erfunden – nein, bloß völlig unzulänglich gestaltet hat. Er sollte die Verkörperung eines christlichen Heidentums sein, das Kirche und Kirchenstreiter nicht überwältigt haben, eines mächtigen Trumms Wikingertum im Priestertum. Geworden ist: ein unleidlicher Polterer. Daß er wider die Mörder seiner Eltern wutschnaubt, ist eine dichterische uninteressante Selbstverständlichkeit; daß er Sir Archie zum Zweikampf fordert, wirkt wie eine Schrulle von Hauptmann; und daß er, als sein Feind von einem Tollbiß Elsabils hingestreckt liegt, dreizehn Unglücksverse herunterbetet, worin er seine Friedfertigkeit bekundet – ja, soll er denn vor der Leiche weiter rasen? Ist das nun etwas, was man dem Hauptmann zur Ehre anrechnen darf, dem man sonst nichts an diesem Drama zu loben vermag? Es ist das erste von seinen Werken, in dem er nicht drin ist, einfach nicht drin ist. Sein Herzschlag ist nirgends zu vernehmen. Aber daß er bei dermaßen mattem Pulse, den einer doch selber fühlen muß, sich nicht aus der Wärme und dem Stahlgehalt der Lagerlöf Stärkung geholt hat! [...] Lieber ruft Mörder Archie emphatisch: »Magie! Die Welt ist voll Magie, wahrhaf-

tig!« Aber so wahrhaftig dieses »wahrhaftig« eins von den vielen Flickwörtern ist, durch die Hauptmanns erstaunlich schwunglose, unanschauliche, unmusikalische Verse mindestens ihre vorschriftsmäßige Länge erhalten: so wahrhaftig ist die Welt eines Dramas leer von Magie, wenn ausdrücklich festgestellt wird, daß sie voll Magie ist.
Es kostet gehörige Überwindung, dergleichen von Hauptmann niederzuschreiben. Man zögert, irgendwelche Schlüsse zu ziehen. Man weiß ja auch nicht, ob dies Fehlprodukt nicht am Ende von vorgestern, ob's nicht durch jüngere Leistungen überholt und gutgemacht ist. Man maßt sich am allerwenigsten an, einem Mann wie Hauptmann Ratschläge zu erteilen. Er muß spüren, ob's für ihn heilsam wäre, sein Feld ein paar Jahre in der Brache zu lassen oder immer weiter mit derselben Frucht zu bebauen. Schließlich schädigt eine kärgliche Ernte ihn schwerer als uns. Aber wenn man diese von 1917 geschmeckt hat, erachtet man's nicht mehr für einen Zufall, daß neuerdings wieder und wieder von einer Theaterdirektion Hauptmanns die Rede ist. Er spürt eben, was wir spüren. Daß solcher Plan gefördert wird, liegt im Interesse des Dramas wie der Bühne. Nicht einmal diese profitiert von der ›Winterballade‹, die Reinhardt leider nicht ihrem Namen gemäß herunterjagte, wie hinter Schneenebeln unheimlich aufleuchtend, sondern zu nahe, in zu stilecht massiven Dekorationen zu gewissenhaft umständlich zelebrierte. Dies allerdings so vollendet, wie möglich ist, wenn ein Stück keine ›Rollen‹ hat. Helene Thimig, die vom Königlichen zum Deutschen Theater übergegangen ist, um sich künstlerisch aufzufüttern, ist dort niemals so kümmerlich beköstigt worden wie hier. Die Männer vollends waren bemitleidenswert. Nur Diegelmann konnte sich aus dem neunzigjährigen Arne eine packende Bildwirkung holen. Alles in allem: eine Niete für Hauptmann wie für Reinhardt. Das fünfundzwanzigste Drama des besten deutschen Dichters ist tot: es lebe das achte!

Julius Hart, Der Tag, Berlin, 19. 10. 1917

»Ist dies nun eine Geschichte unserer Zeit oder ein Lied aus uralten grauen Vorvätertagen?« heißt es an einer Stelle so ungefähr in Gerhart Hauptmanns letztem Drama. Vielleicht doch eine bange Frage, aus seinem tiefsten künstlerischen Gewissen heraufgestiegen, die mit Geisterfingern auch ein Menetekel an die Wand schreibt, welches ihm keine Ruhe mehr gibt und ihn mehr wie einen Gequälten umherjagt, gleich seinem Winterballaden-Mörder. Zwei Gesichter kehrt uns auch der zu. [...]
Legt auch in diesem Drama Gerhart Hauptmann nicht wiederum Hand an sich selbst [...]? Untergräbt er nicht selber seine eigensten, stärksten und besten, tiefsten, künstlerischen Kräfte, das Kunstwerk unserer Zeit zu schreiben, was und wie er es konnte, um statt dessen Balladen uralter grauer Vortage zu dichten, mit Ödipus-Gespenstern sich herumzuschlagen und suggeriert nur von der Poesie anderer Zeiten und Völker, von Buch und Literatur und nochmals von Literatur und Buch beeinflußt, Schattengebilde zu malen, die zuletzt doch gar nicht seines Fleisches und Blutes sind?
[...] Was Gerhart Hauptmann aus eigenem zugab und veränderte, das verwirrt nur die klaren Linien der Lagerlöf, die für ihre Person wenigstens weiß, was sie will.

Wie steht Hauptmann zur Frage von Schuld und Sühne, von Verbrechen und Vergeltung? [...]

Lange Zeit ist man allerdings ganz in alten Balladenwelten daheim und glaubt fast, Hauptmann wolle selber wie der Pfarrer Arnesohn heidnisch, alttestamentarisch, äschyleisch ein christlich-verweichlichtes, waschlappiges Geschlecht zur alten heiligsten Rechtsordnung zurückrufen: Auge um Auge, Zahn um Zahn, Blut um Blut. Wie bei der Lagerlöf ist um des wilden Mordes im Pfarrhause willen gleich die ganze Natur in Auflösung und Aufruhr geraten, die Gespenster und Geister steigen aus den Erden herauf, die Elemente verbinden sich, die Mörder der Strafe zuzuführen. Wie Eumeniden, Lemuren, Vampyre schlingen die toten und gestörten Seelen der Elsabil und Berghilde ihre Kreise und Zauberringe um den gejagten Mörder.

[...]

Von den beiden Raubgesellen kann man schon sagen – es sind Kinder unserer Zeit. Sie denken modern. Sie lassen sich nicht mehr einschüchtern durch alte und neue Bibeln. Sie sind vollkommen moralinfrei.

Was hat Hauptmann diesen Enakskindern großartiger Gewissenlosigkeit auf ihre Rechtsauslegung zu antworten? Das wäre interessant gewesen, das wäre ein Drama unserer Zeit geworden, die nichts so dringend bedarf als neuer Gerechtigkeitsbegründungen.

Die inneren Schwankungen, Unruhen, Ungleichheiten und Verwirrungen der Dichtung erzeugten auch bei den Zuhörern recht zwiespältige Stimmungen, und wenn die äußeren Phantasiebilder die dichterischen Sinne beschäftigten, der innere geistig-seelische Mensch kam so recht nicht auf seine Kosten. Viele wilde Bilder, sinnenpeitschende Moritaten und Spökenkiekerei – doch mehr Augenwollust als in die Tiefen des Menschlichen hineinführende Kunst.

Die szenische Malerei besiegte fast den Dichter. Die Sternsche Dekoration des im Eis wie ein hoher Sarg aufragenden Schiffes, das im Schnee vergrabene Bauernhaus atmeten die stärkste Winterballadenluft. Paul Wegener steuerte zwischen den Szyllen und Charybden des Lord-Archie-Charakters sein Schiff mit recht sicheren Händen, und wenn auch er nicht die auseinanderspaltenden Teile der Gestalt zusammenbringen konnte, so gab er doch die Einzelheiten, aus Shakespeare-Erinnerungen hervorholend, was eben zu holen war – am größten und eindrucksvollsten im Ausbruch des Wahnsinns, in den verklärten und verzückten Visionen der Erlösung der Seele und im harten »Nein«, mit dem er tot zusammenfällt. Helene Thimig als Elsabil teilte Gespenstisches und Seelisches mit reichen Händen aus, doch die Liebende leuchtete noch stärker hervor als das Vampyrwesen. Der völlig getriebene Geist nur wurde durch die schöne Spröde ihrer Natur, durch die verhaltenen Laute ihres Spieles aufs trefflichste gekennzeichnet. Phantasiestark, wie ein Höllenhund, wie ein Wesen aus Dantischen Infernos wirkte Emil Jannings als der Menschenabschlächter Sir Douglas, und wenn die drei Blutgesellen Wegener, Jannings, Decarli zuerst auf die Bühne kommen, glaubt man allerdings nicht, daß man es mit ganz gewöhnlichen Straßenbanditen zu tun hat, sondern denkt, es müßten schon Übermenschen sein, etwa wie die drei Gewaltigen im ›Faust‹ oder sonstige Wesen aus dem Ideenreich der Mütter. Der starre, harte Pfarrer Arnesohn, mit dem Heiden- und Wikingerblut in den Adern, war bei Werner Krauß eine eiserne und gepanzerte Gestalt, die als göttliche Gerechtigkeit dem irdischen Richter gewaltig zusetzte.

Und es gab an dem Abend auch sonst noch prächtige Masken, schauspielerische Gebilde, aus bestem Holz geschnitzt: Winterstein als Torarin, Wilhelm Diegelmann, Elsa Wagner bescherten sie uns, und ganz wunderbar mit vielen, vielen Verheißungen leuchtete Maria Leiko in der nur allzu kleinen und unfertigen Rolle der Berghild auf.

Emil Faktor, Berliner Börsen-Courier 18. 10. 1917

So wurde denn nach Jahren wieder einmal ein neues Werk von Gerhart Hauptmann aus der Taufe gehoben. Es wurde trotz ungewöhnlichen Zudranges (mit Märchenpreisen der Agiotage) keine rauschvolle Festlichkeit. Zögernd gab sich das Publikum den zwischen scharfem Grusel und hitziger Anklagedramatik schwebenden Bildern hin. Groteske Schauer eines Vorspiels, in welchem drei schottische Söldner, die rauben und morden wollen, in der Maske von Possenreißern auftauchen, begegnete schwachem Verständnis. Der nachfolgende Überfall auf einen Pfarrhof, dessen Insassen bis auf ein Mädchen alle den Unholden zum Opfer fallen, schien in seiner von künstlerischen Eingebungen beherrschten Dramatik (die in der Inszenierung Reinhardts in bedachtsamer Gliederung des Unheimlichen im Raum nur zu weitläufig zur Geltung kam) lebhafter zu interessieren – ohne daß der Beifall dafür Zeugnis ablegte. Erst eine Szene zwischen dem in der Mordnacht entronnenen, nachtwandlerisch veranlagten Mädchen und jenem der drei Mörder, dessen Bewußtsein an Macbethstimmungen krankt, griff in ihren erregenden Momenten mit dem mystischen Einschlag doppelter Gesichte sichtbar durch. Hier wurde der anwesende Dichter mehrfach gerufen. Als sich die Situation in ähnlichen Linien, aber auf geistig reicherer Grundlage wiederholte, schien die Teilnahme wieder zu stocken. Erst nach dem Schlußbild kam es wieder (allerdings mit einigem Widerspruch) zu Hervorrufen des Dichters. Diesmal spielte die Szene (wie schon vorher einmal) auf vereister Bucht, in welcher ein lebensgroßes Frachtschiff stak, ein prachtvolles Schaustück mit Himmelsgewölbe und Nebelfernen und drei Mann hohen Leitern. [...]
Hauptmann kam zur Lagerlöf weder als Gönner, noch spielt sie die Rolle einer Erbtante. Es wäre zu sagen: aus einem Werke sind zwei geworden, die sich ähnlich und unähnlich wie Vettern verschiedenen Berufes sind. In ihrer epischen Form ist die Erzählung der Lagerlöf vollkommener als Hauptmanns Werk in seiner dramatischen. [...] Gewiß aber ist ihr poetischer Gehalt reicher, als es die laue Aufnahme der Zuhörer zugestand.
Ich glaube dem Dichter gern, daß die zähe Winterballade, in die wir alle Überlebenden eines Menschenglück verheerenden Zeitalters verstrickt sind, noch zuviel betäubendes Chaos hat, um aus ihrer abstumpfenden Wirklichkeit durch die Gnaden der Phantasie erlöst zu werden. Man begreift es sehr wohl, daß er sich lieber in romantische Regionen zurückzog. Aber es schien für ihn kein Entrinnen zu geben. Auch dort zog ihm eine die Augen umdunkelnde Winterballade durch den Sinn, und die Blutbrandung greller Ereignisse scholl ihm ins Ohr. Das Grausen über den Tod schuldlos Erschlagener ließ ihn nicht los, bis er sich davon in mitfühlenden, Schuld, Verhängnis und Aberwitz umtastenden Bildern befreite. Es sollte die Abrechnung mit entartetem Söldnergeist werden, der jenseits von Kriegsnot teuflische Wege wandelt. Es ist ein

Drama wilden Geblütes und mystischer Verkettungen geworden. Seinem künstlerischen Temperament liegt der Aufruhr und die Wildhatz von Kreatur auf Kreatur näher. Ich sprach schon von den Aufregungen der Mordnacht, die epische Bruchstücke in einem szenischen Höllenbreughel zusammenfaßt. 999 unter tausend Dichtern wären hier in dichteste Nähe des Kinos geraten oder der Gefahr durch romantische Verstiegenheit ausgewichen. Hauptmann gibt eine Mischung von so bunter Farbenphantastik, daß die grellen Farben in tragischer Hitze verdampfen und der naturalistische Schauer von Temperamentslaunen bezwungen wird. [...]

Eine nicht unwesentliche Bereicherung des Stoffes durch die Figur von Pfarrer Arnesohn erweist sich nicht als sehr glücklich. Man kann sie gelten lassen, wenn der sechzigjährige Sohn des Ermordeten schnaubend Wortkatarakte gegen die unbekannten Täter loslegt und gegen die Lahmheit irdischer Gesetze eifert. Aber je öfter er spricht, desto pastoraler wird sein Ton, die Aktschlüsse mit Predigergesten verflachend. Die Ballade, die unter dem Patronate Shakespeares einsetzt, mündet dadurch in den Wortdonnerbezirk Björnsons [...]

Die Inszenierung Reinhardts verdient viel Anerkennung schon durch das stattliche Aufgebot künstlerischer Individualitäten, die im abgewogenen, einander nicht drückenden Zusammenspiel einer balladesken Hauptlinie zustrebten. Das Bedachtsein wurde nur manchmal zu bedächtig, namentlich dort, wo es dunkle Vorschauer wie in der Szene bei Tisch im Pfarrhof zu unterstreichen begann.

Prächtig aufeinander abgestimmt war das Trifolium der Spitzbuben der Herren Jannings, Decarli und Wegener, von denen höchstens Herr Decarli sich ein wenig das Spitzbubentum abzwingen mußte. Hauptmann hat für die drei einen sehr eigenkräftigen Landsknechtston geschaffen, innerhalb dessen Konturen sich die Gemütsarten eigenhaft abheben. Und so bildete der skrupellos gierige Douglas ein saftiges Gegenstück zum Neurastheniker, den Wegener mit selten feiner, wählerischer Ausgestaltung des Interessanten spielte. Man begrüßte gestern zum erstenmal bei Reinhardt Frau Thimig, die das gebannte und gehemmte Geschöpf mit eindrucksvoller Unmittelbarkeit erfüllte und in tragischen Aufwallungen bedeutsam wurde. Sie schöpfte wieder einmal eine Rolle gründlich aus.

Für den geifernden Pfarrer setzte Herr Krauß seine fesselnde Persönlichkeit an, und so froh man seiner scharf spannenden Akzente wurde – die Rhetorik gedieh auch ihm nicht. Die gutmütige, traumselige, hündischtreue Beschränktheit des Toracin war von Wintersteins Menschenwärme erfüllt. Maria Leiko sollte eine Art Gegenbild der Thimig sein. Man nahm es nicht recht wahr. [...]

Georg Kaiser   Die Koralle

Uraufführung: Neues Theater Frankfurt, 27. Oktober 1917
Regie Arthur Hellmer

Münchener Kammerspiele, 27. Oktober 1917
Regie Otto Falckenberg

Kammerspiele des Deutschen Theaters Berlin, 17. Januar 1918
Regie Felix Hollaender

Georg Kaiser verblüffte bald durch die immer wieder überraschende Verschiedenheit seiner Stücke. Nach den ›Bürgern von Calais‹ erschien 1917 (6. 3.) noch die schwankhafte ›Sorina‹ im Lessing-Theater Berlin. Nach ›Von Morgens bis Mitternachts‹ seine Komödie ›Der Zentaur‹ im Frankfurter Schauspielhaus (Uraufführung 23. 10. 1917, Regie Gustav Hartung, Hauptrolle Toni Impekoven). ›Die Koralle‹ zeigte wieder einen anderen Kaiser: den Allegoriker. Sie ist das erste Stück der 1920 abgeschlossenen ›Gas‹-Trilogie. In München eröffnete Falckenberg (der seine Direktion am 1. Oktober mit Shakespeares ›Wintermärchen‹ begonnen hatte) mit der Uraufführung dieses Stücks seinen Zyklus für moderne Dramen ›Das jüngste Deutschland‹ (der die entsprechende Einrichtung des Deutschen Theaters in Berlin ›Das junge Deutschland‹ vorwegnahm). – ›Die Koralle‹ war das erste Stück des ›neuen‹ (expressionistischen) Georg Kaiser, das in Berlin gezeigt wurde (Januar 1918 mit Wegener, Krauß und dem inzwischen berühmt gewordenen Ernst Deutsch). – In der Wiener Volksbühne spielte der junge Fritz Kortner den Milliardär, »dumpf, gebunden und schwer, nur vielleicht ein wenig zu weich und wehleidig« (Z. in ›Neue Freie Presse‹, Wien 12. 9. 1918). Polgar schrieb über Kortners Leistung: »Komprimierte Leidenschaft ... am schönsten das sanfte Verströmen in der Schlußszene«, und nannte Kaisers Stück einen »Sketch mit spirituellem Hautausschlag, der manchmal bedeutsam konfluiert« (›Die Schaubühne‹, 1918, S. 313). Diebold resümierte nach der Frankfurter Uraufführung der ›Koralle‹, Kaiser sei »der Hauptdramatiker dieser Spielzeit, dessen Uraufführungen sich in gehetztem Hintereinander drängen« (›Frankfurter Zeitung‹, 28. 10. 1917). In Kaiser fand Diebold, der seit 1917 Theaterkritiker der ›Frankfurter Zeitung‹ war, den ersten Dramatiker, für den er sich engagierte. (Der andere war Fritz von Unruh.)

Neues Theater Frankfurt
Bernhard Diebold, Frankfurter Zeitung 29. 10. 1917

Millionenreichtum der Wenigen – Armut der Millionen: diese Antithese bedingt das neue Drama Georg Kaisers. [...] Statt im Schmutz der sozialen Masse verliert er sich in die reinliche Typik des Magiers – und verliert sich ... Symbole weisen geheimnisvoll tiefgründige Zeichen, eine Geistersprache redet. [...] Ovale Räumlichkeit in geschwungenem Rund ihrer Linien beherbergt Güte, wo allen Bedürftigen ein holder Strom aus mildtätigem Reichtum quillt. Eckig aber, im Quadrat, sind starr gefügt die Zwinger der Fabriktyrannen, der Richter, der Armesünderhof des Henkers. Farbenallegorien künden ahnungsvolle Verheißung und Drohung. Der Herr in Grau, der Mann in Blau. Es gibt hier keine Namen, die das Individuum abgrenzen als ein von eigenartigem Geschick gezeichnetes Geschöpf. Es gibt nur »Sohn« und »Tochter«, und der ihr Vater ist, heißt »Milliardär«. Namenlose, unermeßlich weite Menschheit waltet hier, zum Typus wird Geschöpf und Gegenstand, belebt mit weisem Hintersinn des Dichters. Märchen und Wahnbilder spinnen seine Netze um unsere Kindgläubigkeit an wilde Begebenheiten, Milliardenreichtum, Meerfahrt, Revolverschuß und Kriminalverfahren, Doppelgängertum und Amulett. Ein wirres Kino fliegender Phantasien und doch gebannt in strenge Zeichen, poetische Einflüsterungen zartester und schönster Sprache lullt unsere Sinne, wir träumen und leben in dieser Welt der absoluten Bildhaftigkeit, wir schlafwachen im Zauber und werden beinahe überwältigt von einer listigen Prophetie, zurückzufliehen in schuldlose Unbewußtheit heiterer Kindlichkeit – wie die *Koralle* pflanzlich dämmert an der Oberfläche des Wassers [...]. Die Koralle, ein Sinnbild fester Verbundenheit mit dem All der Natur, des Paradieses innerer Kindlichkeit. Und wer sie trägt, bekennt sich freudig zu seiner Vergangenheit, zu einer *Jugend*, die Anfang, Grund und Hort des ganzen Lebens, die das Beste ist, was Menschen frommt.

So ist der Sinn erfaßbar, der den Korallenschmuck zum Werkzeug des Schicksals deutet und eine andere Symbolik noch verdichtet: das Doppelgängertum des Milliardärs und seines Sekretärs, der die Koralle trägt, nur dadurch unterscheidbar von dem ihm völlig gleichenden Gebieter. Der Sekretär sieht auf eine gute Jugend zurück und lebt so in sich selbst gefestigt; der Geldkönig aber hat sich aus grauenvoller Proletarierkindheit hinaufgearbeitet [...] – so wähnen wir. Aber dem Herrn in Grau, dem fanatischen Theoretiker des Ausgleiches zwischen Arm und Reich, widerlegt der Nabob den vermeintlichen »Sieg« über die Schwächeren: sein Emporkommen ist *Flucht* vor den Schrecknissen der Armut, ist feigste Angst vor dem Abgrund [...]. »Nur nicht da hinab!« Die Gesellschaftsklassen sind mehr oder weniger weit vorgekommene Flüchtlinge. Das graue Dogma vom »Eigentum als Diebstahl« verweht vor der Erkenntnis vom Reichtum aus Verzweiflung, von der *Macht als Wahnsinn*. Der Haß des absoluten Sozialisten [...] seine Weltanschauung vom Massenelend stürzt zusammen vor dem – Elend der Milliardäre. [...]

Wie formt der Dichter aus dieser allegorischen Fülle bildliche Dramatik? Er sucht den tragischen Konflikt in märchenloser Wirklichkeit. Der Milliardär ist liebender Vater zweier Kinder; Sohn und Tochter sollen bewahrt werden an seligen Küsten unschuldiger Kindheit, dem Fluchtgedanken künstlich entrückt. In ihnen, namentlich im Sohn, lebt sein Ziel, seine Ruhe, seine Fortsetzung; in ihm, der ein Anfang ist, sein inneres Doppelgängertum. Aber das Furchtbare holt den Fliehenden ein; eben durch seine Kinder, die im Anblick der unseligen Weltgerechtigkeit durch Mitleid wissend werden, das Glück der Milliardäre nicht ertragen, als Helfer und Kämpfer gerade da hinab wollen, wovor der Vater wahnwitzig zurücktaumelt. Es geht um seine Lebensidee, um seinen einzigen Glauben; er fleht die Kinder erbarmungsvoll um Gnade. Wie soll er *sich* erlösen, wenn nicht im Jugendglück des Sohns? Der aber weist ihm den Revolver, mit dem er inmitten revoltierender Arbeiterhaufen nach dem Vater zielte, als er böse Drohungen des Kapitals gegen die Elenden diktierte. Er weiß ja nicht, daß es nur der äußere Doppelgänger ist, der für den flüchtigen Krösus im sichernden Schutz der Koralle sich vor die Armut wagt: sei es zur Gabenspende, sei es zur Niederstreckung der sich bäumenden Volkskanaille. Ein Doppelsinn – der Verständlichkeit des Dramas nicht dienlich und in der symbolischen Gestaltung künstlerisch unsicher – umspielt den Sekretär: bald ist er nur die äußere Notmaske, die vor der rauhen Welt der Milliardär dem angstverzerrten Flüchtlingsantlitz bergend vorhält; bald ist er geistiger Träger innerlichsten Glückes derer, die werden können wie die Kinder.

Bis dahin blieb es klar, das Menschheitsdrama. Jetzt folgt der Drehpunkt, jene Haupt- und Kleinszenen, die, obgleich am Schluß des dritten Aktes, aus Freude am Bild, aus Lust zum Fabulieren zuallererst als dichterische Vision entstanden sein mag: die scène à faire, von der aus sich vor- und rückwärts erst das Drama bildete: Ein Doppelgänger erschießt den andern, um ihm ein Korallen-Amulett zu rauben, und damit eine glücklichere Seele einzutauschen. Morgendländische Fabelluft! Nun aber ausgebaut zu abendländischer Problematik. Märchenwunder und wirkliche Menschennot durchdringen sich von hier ab: die Klarheit löst sich, der soziale Gedanke zerrinnt vor individuellem Geschick.

Die ersten Akte bauten sich mit meisterhaft sicherer Notwendigkeit aufeinander. In jenem oval gerundeten Raum, genannt »das heiße Herz der Erde« werden die Dame in Taffet, die ihren Leib verkauft, der vom »System« ruinierte Arbeiter, der sozialistische Doktrinär in Grau empfangen, alle die Aufschreienden aus der Tiefe: die soziale Frage ist ganz allgemein gestellt. Sie wird zur persönlichen Angelegenheit des Milliardärs im zweiten Akt, in dem der Sohn vom schwarzen Kohlenschlepper, wo er als Heizer die Leiden der Mühseligen teilte, auf die helle Milliardärs-Jacht tritt und das Manifest der unterdrückten Menschheit zum »Shocking« der weißgewandeten Gesellschaft verkündet. Der dritte Akt bringt im quadratisch strengen Arbeitsraum, umwölkt von lavaspeienden Höllenschloten (immerwährende Warner vor dem schluckenden Abgrund) die katastrophale Loslösung von den Kindern: den tragischen Fall, das Erliegen auf der Flucht. Hier hätten die Sozialdramatiker des Naturalismus ihr Finis tragoediae gesetzt. Tod oder soziale Bekehrung!

Nun aber folgt diese märchenhafte Flucht des Milliardärs aus sich selber, durch Mord und Korallenraub in den Doppelgänger; und damit zur heroischen Überwindung seiner selbst: denn als Träger der Koralle übergibt er sich als Mörder des Milliardärs der Guillotine. Aber wir harren auf größere Deutung, sonst bleibt der fabelhafte Vorgang romantische Poesie. Es hub sozial an, Menschheitsfragen wogten zwischen Typen namenloser Geltung, aber nur ein *Einzelschicksal* wird erfüllt [...]. Gewiß: Selbstüberwindung und Einkehr; doch alles nur *für sich allein*, weitab von der Tragik derer, die seine schlimme Jugend miterlebten, miterlitten.

[...]. Dieser ewige Flüchtling findet nicht in der Wirklichkeit sein Asyl, sondern im sich selber vorgespielten Märchen. Die Symbolik der Verwandlung ist nicht mehr rein gestaltet: der Held ruht aus im Hafen der Romantik. Und er hat kein inneres Recht, dem Priester, der ihm am Schluß den Trost zum Tode bietet, das Kreuz zurückzuweisen: denn es *betäube* nur den Schmerz – die Koralle aber *befreie* vom Leid! Nein, nur den, der sie von allem Anfang an besitze, der begnadet ist mit der gläubig starken Kindlichkeit, der sie erwirkt im Opfer für die menschliche Allheit, nicht wer sie raubt, sich mit dem

Raub betrügt, trotz aller Selbstbesiegung. Denn so wirkt die allegorische *Handlung*, mag ihr Tiefsinn vom Dichter noch so innerlich empfunden sein. Wohl kann der Sekretär auch einen verkörperten Teil der Milliardärsseele bedeuten: einen inneren Doppelgänger wie der Sohn, ein besseres Wunsch-Ich. Doch die Symbolik schwankt, ist künstlerisch-dramatisch nicht voll bewältigt; es herrscht hier eine Dämmerung, die nur im Märchen unerhellt bleiben darf, dem Aufwerfer der sozialen Frage jedoch nicht zugebilligt werden kann.

Man war überrascht, den Dramatiker der reinen Tat von Calais zum kosmischen Quietisten verwandelt zu sehen; aber sein verkündender Ruf zum Paradies der Kindlichkeit zurück, vom Ende zum Anfang, betäubt mit ernsten Worten edelster Formung den kritischen Geist, durch Schönheit des Spiels. Die Sühne des Opfers ist groß und befreit, doch seine Ethik darf der lebendigen Welt nicht gelten. Der Held triumphiert innerlich über den werktätigen Sohn; aber die Menschheit verdammt ihn, weil er sie bis in den Tod geflohen. Das Publikum stand unter der mächtigen poetischen Gewalt der Dichtung, den Gehalt unsicher als bedeutend ahnend, dem Problem gläubig hingegeben, von vornherein willig dem Dichter zugetan. [...]. Der Beifall steigerte sich von Akt zu Akt und auch nach dem letzten, der theatralisch abschwillt, rief man begeistert nach dem Dichter, dessen (trotz des von einem solchen Techniker vermeidbaren zweiten Aktes) formal so starkem Werk wir nicht mit so genauer Kritik begegneten, hätten wir seiner Begabung nicht höchste Ansprüche zu stellen. Die Spielleitung bemühte sich mit nicht in allem genügenden Kräften und oft etwas unsicher gehandhabten Stilmitteln um die Wiedergabe, und immerhin gelang Direktor Hellmer eine einprägsame Vorstellung, deren Hauptwirkung auf Herrn Klöpfers Milliardär beruht. [...]. Herr Klöpfer bestätigt das traditionelle Vätertalent der Deutschen. Die Ausdruckskraft und mimische Beweglichkeit des Künstlers, die Beseelung seines Tons zeigen eine Begabung, die nur der formalen Festigung noch bedarf. Sein Milliardär erschütterte ohne jedes sentimentale Mittel. Der doppelgängerische Sekretär fand würdige Verehrer in Herrn Grüning, dem die Rolle (die hierin einen Mangel zeigt) zwar keine Gelegenheit gab, den heiteren Nachhall seiner glücklichen Sekretär-Jugend irgendwie in seinem Wesen auszudrücken. Sohn und Tochter brachten Herr Wallburg und Frl. Sagan zu der im Zusammenhang erforderlichen Wirkung. Herr Brückner gab den Sozialisten im Pathos eines »sonderbaren Schwärmers« und verwandelte sich in seinem Auftreten im Kerkerakt verblüffend aus der Prosarolle in die des Lebenspraktikers, der aus der Fluchtlehre des tragisch Belasteten ein Rezept zum Kampf ums Dasein zieht. Sehr gut die Dickensschen Groteskfiguren der Richter der Herren Kner und Grätz und Herrn Großmanns vorzüglicher Geistlicher. In kleineren Rollen genannt seien die Herren Lobe und Schwartze, sowie Frl. Ruß als die Sängerin auf der Flucht nach Erfolgen.

Kasimir Edschmid, Vossische Zeitung, Berlin, 30. 10. 1917 und Neue Zürcher Zeitung 6. 11. 1917

[...] ein nachhaltiger Eindruck [...] zwischen buntgestaltigem Dichterischem steht, wie flüchtig hingeworfen, ein kühnes Bekenntnis. Es bedeutet nichts weniger als den völligen Bruch der ›neuen Leistung‹ mit der künstlerischen

Vergangenheit, den Georg Kaiser hier zum erstenmal so ganz unumwunden ausspricht [...]. Ein Werk von leuchtender Schönheit ist diese jüngste Dichtung [...]. Wie Kaiser die Farben mischt, wie er Wirkliches, Symbolisches, Märchenhaftes durcheinanderfließen läßt, ist bei allem Dunkel, das sich damit zuweilen über die Dichtung breitet, doch immer von eigenartigem Reiz und seltsam bewegend. Eine Gedankenwelt von Tiefe und dichterischer Kraft tut sich auf, sprachlich von wuchtig getriebener Schärfe [...].
Der letzte Akt ist groß, in ihm fließt alles zusammen und beweist wieder, daß dieser Dichter, wo er nicht sich auf Milieu, auf Gegebenes, auf Tendenziöses wirft, sondern nur die Macht einer geistigen Ausstrahlung formen will, zu großen kristallisch gewachsenen dramatischen Zielen kommt. Hier ist der Atem der ›Bürger von Calais‹ [...]. Hier zieht sich aus allen Akten die Idee zur Größe und geballten Wucht zusammen. Das Publikum nahm das Stück begeistert auf [...]. Den Milliardär spielte ausgezeichnet in den letzten Akten Herr Klöpfer, der anfangs schwankte, zuletzt stark ergriff.

Kammerspiele Berlin
Emil Faktor, Berliner Börsen-Courier 18. 1. 1918

[...] Kaiser hat viele Gesichter, die fast immer an irgendwen erinnern. Wer er selber ist, möchte man noch nicht entscheiden. Man weiß nur, daß er Talent hat, aber noch mehr Unruhe, den schaffenden Zeitgenossen ihre Griffe abzugucken, sie mit ihren Waffen zu schlagen, nichts zu versäumen, und der Problematik des Tages voranzustürmen. Ihr ganz zu entwachsen, durch äußerste Unabhängigkeit sich selbst zu finden, muß sein nächstes Ziel sein. In seinem Schauspiel ›Die Koralle‹ ist nichts so schwer zu entdecken, als der durchgreifende Wesenszug, der ihn von anderen unterscheidet. In seinem geistigen Format wirkt es wie ein Querschnitt durch fast alle Neuformungsbestrebungen letzter Jahrzehnte.
Das stofflich interessante, auf ersonnenen Schauplätzen angesiedelte Werk birgt Strukturen von allem Möglichen. Die Naturalistenzeit [...] Ibsen, [...] Sternheim, [...] und – was am stärksten auffällt – man begegnet auch jenem rebellischen Sohn, der hassen muß, was er lieben möchte [...]. Doch unterschätzt Kaiser, wer ihn durchsichtiger Spekulationen verdächtigen und von Nachmacherkunst reden wollte. Dazu ist der Fall zu kompliziert. Eher schon spürt man einen Wirbel des Wollens, in welchen allerlei Anflug hingerät. Der leidenschaftliche Antrieb ist da und zeugt Bewegung. Sie dreht sich nur zu oft im Kreise, anstatt ins Unerforschte zu stürmen. [...]
Dieser Weltpessimismus, dem phantastischen Lebenslauf eines modernen Nabob abgeschöpft, gestattet den Einwand, daß wir zu selten Milliardäre werden, um die innere Wahrheit nachzuprüfen. Unsereins traut selbst dem beklagenswerten Zustand unermeßlichen Reichtums gewisse Glücksmöglichkeiten zu, während Kaiser dem allerdings geistvoll drapierten Leitsatz zustrebt: »Am besten wäre es, überhaupt nicht geboren zu werden und im Schutze des dämmernden Korallenbaumes zu bleiben.« Die Idee des Doppelgängertums hat spannende Erfindungsreize, aber in ihrer theatertechnischen Ausbeutung bleibt sie nach den ersten Überraschungen ein barocker Einfall. [...]. Georg Kaiser kam ja auch in Märchennähe – doch seine Geisterwelt wird durch gesuchte

Wirklichkeit abgeschwächt. Die Sphären vermischen sich nicht und bleiben getrennt wie Öl und Wasser. Viel stärkerer Zauber weht in den Szenen des grauen Mannes. Hier wird das Werk reicher – an Stimmungen und geistiger Neuprägung.

Auch die satirischen Porträts der Untersuchungsrichter sind nicht Dutzendbilder. Wie es überhaupt bei Kaiser im einzelnen rieselt und rauscht. Doch das tragische Hauptproblem wälzt sich ins Leere. [...]

Im Vordergrunde der Aufführung stand der Nabobspieler Wegener. Er bot eine spannende Leistung: gemessener Amerikanismus mit verstörter Psyche; Züge vulgärer Abstammung von Besitzdünkel ausgeglichen; barsches Herrentum aus Zeitmangel; Menschenfreundlichkeit mit beleidigend kalter Selbstverständlichkeit; auch bei Zugeständnissen ein Abweisender: ein längst Erfrorener; dann aber ein Träumer in Sträflingskleidern; Milliardär noch auf dem Armensünderbänkchen. Alles zusammen: ein künstlerischer Eindruck von hoher Wahrhaftigkeit. Nun die Klippe des Doppelgängertums. Es fand sich Herr Goetzke, der so groß wie Wegener war und ihm auch halbwegs ähnelte. Die Stimme freilich! Man mußte sich entschließen, sich's einreden zu lassen. Und selbst wenn der Zufall auch darin geholfen hätte: während des Gespräches zwischen Sohn und Vater im Schlußbild, kicherte es im Zuschauer: Wie kann man Wegener und Goetzke verwechseln!

Ernst Deutsch hat bereits viel Übung im Darstellen unglücklicher Söhne. Es ist sein viertes Exemplar, rühmenswert als Jünglingserscheinung von ungequält bitterem Charakter. Aber ich wünsche nicht bloß den Darstellern, auch dem deutschen Drama, daß Sprößlinge mit Mordgedanken gegen die Aszendenz nicht ein Spezialfach werden. Den Vorgang vom frivolen Sportsgirl zur Samariterin vollzog Frau Eckersberg – in echten Gefühlsformen. Die erwartete Überraschung bot Werner Krauß: flammig, ein Würger des Widerspruches als proletarischer Weltverbesserer, Chamissos grauer Mann als schadenfroher, bizarr höhnischer Besucher auf dem Gefängnishof. [...]

Das Dekorative entwarf Herr Knina. Auf gemalte Phantastik und Meereszauber soll er sich nicht einlassen. Ihm liegt nur das realistische Bühnenbild.

Alfred Kerr, Der Tag, Berlin, 19. 1. 1918

I

Die Koralle bildet nicht nur den Titel dieses Stückes; sondern auch seine Lehre. [...]

Was Ibsen die große Stille nennt, am Ende des Daseins, das schwebt Herrn Kaiser als ein Wunschbild schon für das Dasein selber vor.

II

[...] Ich fand vor vierzehn Jahren, beim ersten Beklopfen Bernard Shaws: daß der Wille zur Macht etwas der Dummheit Verwandtes habe. Doch ich glaube nicht wie Kaiser, daß man korallenhaft hindämmern soll. Was tut hier der Held? Andre auszubeuten gewohnt, begeht er den merkwürdigen Schritt, seinen Sekretär (das ist durch einen äußeren Zufall sein vollkommenes Ebenbild, er wird mit ihm verwechselt) zu töten. Warum?

III

Um sich dessen helle, glückliche Jugenderinnerung anzueignen. Denn der Milliardär ist aus dem Elend aufgestiegen.

Es wird mir jedoch durchaus nicht klar, wieso er sich diese helle Jugend aneignet, indem er den Sekretär tötet. Er kann doch höchstens dann für ein Geschöpf mit glücklicher Jugend gelten. Nur gelten. Was hat er davon? Zumal er dann sogar als ein Mörder gilt...
Einen Augenblick. Er will also den Ruf eines Ausbeuters loswerden, indem er –. Indem er den Ruf eines Mörders erwirbt.
Weiter. Mag er schon fünfmal als ein Mörder mit hellen Jugenderinnerungen gelten (ohne daß er sie wirklich auch nur hätte) – was fang' ich damit an? Heißt das: »Die Vergangenheit läßt sich nicht auslöschen« –? wozu dann die Umstände? wozu die Zweideutigkeiten, die Unklarheiten, die Mühseligkeiten? wozu dann schwierige Rebusse, ... die überdies nicht klappen?
[...]
Heißt alles das: niemand kann in das Leben eines Andren hineinschlüpfen – auch für Geld nicht; auch durch Mord nicht? (Das hab' ich gewußt!)
Ist es die alte Verwechslungskomödie; der Doppelgängerschwank auf Vertiefung gedeichselt? So daß man etwa von ferne murmelt: »Aha – Peter Schlemihl«? Oder: Komödie der Irrungen mit Zimt? oder das Bildnis des Dorian Gray –? Kaiser und ich wissen es nicht.

IV
Wollte sagen: der Mörder gibt sich zuletzt fälschlich für den Sekretär aus. Aber wieso scheint ihm das Leben des Sekretärs heller als das eigne? Der Sekretär ist zwar nicht Ausbeuter, – doch eines Ausbeuters Helfershelfer. Also nicht einmal Ausbeuter; nur subaltern und höchst mitschuldig. Was hat's, zum Teufel, in dieser üblen Knechtsstellung zu sagen, das er auf eine muntere Jugend zurückschauen darf?
Was ist alles das für ein Zeug? Es wird Kaisern und mir nicht klar. Wie kommt Kuhdreck auf den Dachbalken?

V
Hierbei, welche gewundenen Künstlichkeiten! Sohn und Tochter sollen den Sekretär, auch nach langem Gespräch, vom Vater nicht unterscheiden können? Nun, es ist ein Märchen. Aber warum so faule Märchen?
[...]

VI
[...]
Ein Märchen ist's. Wie wird (o Dramatiker, Dramatiker) vieles an den Haaren herbeigezogen, um einen recht schlichten Gedanken wirr, großspurig, abendfüllend, breit, undeckend, schlackenschmutzig, ja widersinnig zu verbrettern. Wieviel Lärm um ein Eierspeislein?
[...]

VII
Aber dem Mann in Grau, dem Sozialisten und hernach Unternehmer, bekennt der Milliardär zuletzt, daß er der Milliardär ist. Dieser Mann in Grau ist eins von seinen Widerspielen.
Erstens der Sohn ist Widerspiel: in weicherer Gesinnung. Zweitens der Sekretär ist Widerspiel: in besserer Jugend. Drittens der Mann in Grau ist Widerspiel: in der Entwicklung zum Härteren.
Alles das bleibt jedoch ein mechanisches, recht äußerliches Arbeiten mit Tricks. Tricks, die wie tiefere Anspielungen klingen, ohne Sinn zu haben.
Nicht mit Gedanken oder Blut hergestellt, sondern mit Technik. Statt des Poe-

ten sieht man (in diesem nicht zweckhaften, sondern eher dürren Spiel) einen Gerüstmacher. Und sein Gerüst ist schief. Ob es schon Fernblicke – nein etwas Fernblicken Ähnliches – darbeut.
Herr Kaiser schrieb das Stück. Wer dichtet es?
VIII
[...]
IX
[...]
X
[...]
XI
Jedenfalls wurde das Korallenwerk mit dem ohngefähren Vertiefungskniff und antikapitalistischer Lehre vor den Dreißigmarkinhabern der Kammerspielsitze vollzogen.
Wie vollzogen?
Da der Verfasser den Bizarrathustra mimt, so fragt man sich: was soll der Grundton (oder: Stil) der Aufführung sein?
Groteske? Herr Kaiser sagt: Schauspiel. Also ein Schauspiel mit Linien.
Sie waren in der Leinwand. Minder in der Sprechform.
[...]
XII
Ernst Deutsch war der Sohn. Die Erinnerung des Abends.
Oft ist dieser Künstler, möcht' man sprechen, zu beweint. Hängebirke.
Dennoch, wenn er hernach in seinen tiefen Ernst gerät (welcher wohl den Grundton bildet), ein Besitz; eine Kraft. Er war hier eine Kraft im Unkräftigsein. Im Abebben. In dem Wunsch nach Weltbesserung.
Wegener machte den Milliardär. Gutes Gemisch von Alltag und Wahnsinn. Er war jedoch eher der Mann, der Fabriken gegründet; als der Mann, der Irrtümer abtrug.
Er umriß die Gestalt – und ging nirgends (was er ja hätte tun können) fortreißend ans Herz. Herzlich ans Herz.
Das Ganze – war es grotesk und voll perspektivischen Ungefährs?
Das alles war es. In der Leinwand.

Hanns Johst   Der Einsame, ein Menschenuntergang

Uraufführung: Düsseldorfer Schauspielhaus, 2. November 1917
Regie Gustav Lindemann

Münchner Kammerspiele, Regie Otto Falckenberg
Kleines Theater Berlin, 7. September 1918

Mit dem jungen, nach mancherlei Suchen in die Literatur drängenden Hanns Johst (geb. 1890) kam ein neues junges Talent zu der Gruppe der sich sammelnden expressionistischen Autoren. Johst hatte 1914 als erste dramatische Arbeit ›Die Stunde der Sterbenden‹ geschrieben, ein Szenarium vom Schlachtfeld, auf dem Verwundete nach dem Sinn des Sterbens fragten. Nach zwei Komödien, ›Der Ausländer‹ und ›Stroh‹, fand er plötzlich im Erlebnis des

Jungseins das Thema für die drei Stücke, mit denen er zum Expressionismus gehört. 1916 ›Der junge Mensch, ein ekstatisches Szenarium‹, der Weg eines Schwärmers, der »alle jungen Menschen bei den Händen nehmen möchte«. Das Stück, dessen Motto war »Es ist eine rasende Wollust: jung sein und um die Verzückung des Todes zu wissen...«, war der erste Teil einer Triologie, die mit dem Grabbestück ›Der Einsame‹ fortgesetzt wurde. (3. Teil ›Der König‹.) In ihm beschrieb Johst den Schaffensrausch des Dichters, der sich in das Wort rettet als einen Halt im Untergang. – Mit diesem Stück wurde Johst als Dramatiker von Luise Dumont und Gustav Lindemann entdeckt und uraufgeführt. Nach diesem Erfolg kommt ›Der Einsame‹ sehr schnell auf führende Bühnen: Neues Theater Frankfurt (mit Steinrück als Grabbe), Kammerspiele München (mit Erwin Kalser als Grabbe), Kleines Theater Berlin (mit Paul Bildt als Grabbe), Kammerspiele Hamburg (mit Kortner), an das Dresdener Hoftheater, das Leipziger Schauspielhaus. – Der ›Berliner Lokal-Anzeiger‹ schreibt nach der Berliner Aufführung: »ein junger Autor, über den vielleicht noch einmal zu sprechen sein wird und von dem ahnungsreiche Propheten heute schon verheißungsvoll murmeln« (8. 9. 1918).

Johsts Erfolg forderte Brecht zur Parodie des ›Einsamen‹ in ›Baal‹ heraus, als Widerspruch gegen das Untergangspathos und die irrationalen szenischen Mittel Johsts. Was Johst vom Drama verlangte, formuliert er 1924: »Ich fordere, daß der letzte Akt des kommenden Dramas nicht realistisch, nicht substantiell, nicht rechthaberisch sich bis zum letzten Ende abspielt, sondern ich sehe ein Drama, das die Kraft in sich birgt, die geistige und seelische Kraft, alle Beteiligten dergestalt zu überwältigen... daß dieses Drama sich wie ein Elixier in ihm aufzulösen beginnt. Daß er sich erlebnismäßig überschattet fühlt von der Begegnung mit etwas Metaphysischem, was zu ihm persönlich drängt...«

Düsseldorfer Schauspielhaus
Arthur Kutscher, Berliner Tageblatt 5. 11. 1917

Im Düsseldorfer Schauspielhaus hatte Hanns Johsts ›Der Einsame‹ einmütigen, rauschenden Erfolg [...] Grabbe ist durchaus Symbol des Genius, der voller Märchen und Wunder aus einem armseligen Leben zur ganz großen Kunst strebt. Um letzte Dinge handelt es sich ihm; im Dienst der übermächtigen Gewalten opfert er seine Erdentage hin, immer furchtlos und gerade, doch schwankend zwischen Kraft und Schwäche, blind tappend zwischen Rein und Unrein. Der mit dem Scheitel an die Sterne rührt, steht mit den Füßen im Dreck. In neun Bildern sehen wir seine Leidensstationen, wie er die Geliebte im Wochenbett verliert, Genossen und Freunde, Verleger, Amt, welch harten Kampf es kostet, daß ihn auch nur die Mutter versteht – ein grausames Ringen –, wie im Wirtshaus die Honoratioren seiner spotten, als er ihnen im Rausch aus seinen Manuskripten liest, wie er endlich einsam stirbt, während die Wirtin schon das Zimmer richtet für den neuen Mieter und dem Erkaltenden der getreue Musikus Waldmüller ein Beethoven-Ständchen bringt mit Hörnern und Klarinette.

Johst erinnert in seiner bühnenmäßigen Sinnlichkeit, in der Pracht seiner Leidenschaft, in dem ausgeprägten Sinn für Charakter und Situation an Lenz,

Grabbe und Büchner. Mit äußerster Energie weiß er das Wesenhafte und Geistige zu packen und dadurch besonders herauszuheben, daß alles Überflüssige, Epische, bloß Überleitende, Entwickelnde fortbleibt. So ist es kein Mangel, daß er keine Akte gibt, sondern Bilder; sie sind jugendgesättigt, rund, selbständig und doch eine fließende Folge.
Das Publikum saß gebannt und rief, nachdem es das Können und den zähen Willen des Dichters erkannt hatte, diesen immer wieder vor die Rampe trotz des strengen Hausgesetzes, das eigentlich keinen Beifall und kein Öffnen der Gardine kennt. Das Werk erzwang sich diese Freiheit.
Die Inszenierung durch Direktor Lindemann war mit bestem Erfolg bemüht, dem glühenden Werke Rahmen und Raum zu schaffen, was durch eine kurze Stufenbühne mit feststehenden Säulen geschah, die verschiedene Schauplätze reizvoll, jedoch ohne allen Naturalismus, andeuteten. Die strenge Stilisierung hielt ganz die Aufmerksamkeit auf die Darsteller und das Wort gebannt, die im armseligen, flachen Poetenstüblein wie in dem tiefen, massiven Ratskeller zu glücklichem Ausdruck kamen.
Die schwere Rolle des fiebernden Genius wurde von Carl Ernst packend und mit innerlichem Rhythmus dargestellt, den auch die meisten anderen Darsteller als Willen der Regie zum Ausdruck brachten. Zweifellos hat sich die Direktion hier ein großes Verdienst erworben.

M., Düsseldorfer Generalanzeiger 4. 11. 1917

[...]. Johsts dramatische Technik der Techniklosigkeit erinnert nicht wenig an Andrejews ›Leben des Menschen‹, das wir vor Jahren im Schauspielhaus sahen. [...]. Wieder kamen die Menschen aus dem dunklen Wesenlosen und verschwanden in das Nichts. Im übrigen spielte sich alles auf einem das Geschehen erhöhenden Podium inmitten einer Szenerie ab, die, schnelle Verwandlungen ermöglichend, sich auf charakteristische Andeutungen beschränkte und einen streng künstlerischen, stimmungskräftigen Rahmen bot. Das Drama erhielt einen Stil, der feierlich war, ohne sich ins Abstrakte zu verirren. Nicht alle Bilder wirkten gleich eindringlich, was teils am Dichter, teils an der Darstellung lag. Im ersten mangelte es dem Darsteller des Einsamen, Carl Ernst, etwas an dem göttlichen Funken des Besessenseins, an der Glaubhaftigkeit des: »Napoleon und ich«. Um so glänzender war er später allerdings auf den verschiedenen Etappen des Zerfalls, des in den vielfältigsten Lichtern sprühenden Niedergangs. Der bewußten Selbstzerstörung, aus der jedoch immer von neuem das übersteigerte Selbstgefühl mit genialischem Funken hervorspringt: Es gibt nur einen Grabbe! Der Höhepunkt wurde vom Standpunkt des Theaters aus zweifellos im siebenten Bild erreicht, wo Grabbe den versammelten Spießbürgern aus seinem Alexander-Drama vorliest und, von Hohn überschüttet, in die Dunkelheit und den Trost des Schnapses zurückflieht. Für die Mutter Grabbes war Alice Wenglor etwas zu jung. Das Ständchen, das dem soeben gestorbenen Grabbe von dem Biedermeier-Quartett gebracht wird, hätte szenisch vielleicht geschickter angeordnet sein können. Vorzüglich hielt sich Thea Grodtczinski als Grabbes Frau Anna, nicht minder Peter Esser als Freund Hans Eckhardt, Ruth von der Ohe als Isabella, Hansens Braut und Opfer Grabbes, und Paul Henckels als Waldmüller (der Norbert

Burgmüller in der Lebensgeschichte Grabbes). Weiter wären noch zu nennen Will Buschhoff (Uechtritz), Charlotte Krause (Schaffnerin), Eugen Dumont (Lohgerber). Die Aufnahme des Werkes entsprach dem tiefen, bedeutenden Eindruck, den es hinterließ, nach dem sechsten Bilde, dem die einzige längere Pause folgte, und zum Schluß wurde der anwesende junge blonde Dichter mit freudiger Ausdauer hervorgerufen.

Münchner Kammerspiele
Alfred Polgar, Die Schaubühne, Berlin, 1917

[...]. Das Stück, die ernste Arbeit eines jungen Dichters, lebt. Es hat Herz und Hirn. Es steckt voll Empfindung, die manchmal das gedankliche Niveau sturzwellenartig überflutet. Es ist sozusagen eine kraft-sentimentalische Dichtung. Ihr Held: Christian Dietrich Grabbe. Die Ideen, die diesem Namen assoziiert sind, gestatten dem Autor mancherlei dramatische Verkürzung. So gerieten neun straffe, stimmungsvolle Szenen, neun wie vom Scheinwerfer erfaßte Segmente eines dunklen Poeten-Schicksals. Dessen innere Logik bleibt allerdings unaufgeschlossen. Wir hören neun Mal den Schlag der Uhr: wir sehen nicht ein Mal ins Räderwerk. Aber der sonderbar heisere Donner ihres Schlages ist vortrefflich nachgetönt. Daß es in diesem ›Einsamen‹ gelungen scheint, ein Genie wirklich als Genie glaubhaft zu machen, bedeutet viel, wenn auch dieser Genie-Nachweis vorwiegend durch Kommentare erbracht wird, die Grabbe selbst zu seinem Wesen spricht. Er klappt die eigene Schädeldecke auf und läßt Genie-Dampf aus. Immerhin: es ist Genie-Dampf. Das Stück ist ganz auf einen Ton düsterer Schwermut gestimmt. Es sind Bilder in Dunkelgrau, von bläulichen Flämmchen des Alkohols gespenstisch umspielt. Schade, daß Herr Johst im Charakter des Scherz-Sartire-Ironie-Theaters die wilde Humor-Komponente völlig außer acht ließ, das Kernhafte, das Epatante, das Feuerwerkende, Grabbe als Auditeur, im Amt, hätte nicht fehlen dürfen. Grade in den Zersetzungsprodukten der Melancholie gibt es die interessanteste, die shakespearischste Gärung.
Die Münchner spielten das noble Stück, dem zuzuhören Anregung und Gewinn, recht sympathisch. Persönlichkeiten drängen sich nicht vor, aber es stört auch nirgends Falsches oder Dummes. Und die ganze szenische Arbeit (Otto Falckenberg) hat Sinn, Geschmack, Niveau. Grabbe, Herr Erwin Kalser. Er ist ein guter Schauspieler und, was in diesem Falle wichtiger, hat geistige Beziehung zur Sache. Das ist schon etwas, wenn einer einen Abend lang das Kainszeichen der Genialität auf der Stirne zu tragen weiß, ohne daß es zu einem Schminkfleck zerflösse.

Kleines Theater Berlin
Fritz Engel, Berliner Tageblatt 8. 9. 1918

[...]. Es war ein Abend voll gespanntestem Aufmerken [...], blieb doch immer das Bewußtsein lebendig, daß hier ein großes und inniges Gefühl am Werke war. [...].
Dieser ›Einsame‹ ist mehr durch Bilder als durch Verwicklungen bühnenkräf-

tig, und man spürt in kleinen Zügen, in raschen Charakterisierungen, in Knappheiten, im stürmischen Atem, in Doppelbeleuchtungen von Nebenfiguren den Sinn für plastische Menschengestaltung. Ein Drama ist es nicht, nur ein letzter Akt oder, wie es sich selbst nennt, ein ›Menschenuntergang‹. Es ist ein Porträtstück mit nebeneinandergelagerten Vorgängen. [...].
Ein Menschenbild wird gegeben – aber was für eines! Auch da ist wieder die Anknüpfung, die unsere Jugend mit den Stürmern und Drängern verbindet, diese Sehnsucht, aus der Menschenmasse die ungewöhnlichen und großen Erscheinungen hervorzuholen. Das ist inmitten einer demokratisch durchfluteten Zeit ein merkwürdiger Trieb geistigen Aristokratentums. Wie damals Danton zur gewaltigen dichterischen Erscheinung wurde, so ist es jetzt der junge oder der alte Fritz, ist es Kleist oder Prinz Louis Ferdinand. Gleich wie Grabbe seinen Napoleon, seinen Alexander und Hannibal schrieb, so wird er jetzt selber von der Sehnsucht eines jungen streitbaren Poeten erfaßt. Christian Dietrich Grabbe wird uns als der Kämpfer gegen alle irdischen Dinge gezeigt, als Kämpfer gegen seine Geburt und seine Umgebung, gegen seine Feinde, ja auch gegen die Freunde, gegen die Liebe, gegen das Leben, bis es ihn mit der gleichen Grausamkeit zertritt, deren er selber fähig war. Ein Einsamer! [...]. Bild eines Menschen, eines Übermenschen, den es gab, lange ehe das Wort ein neues Schlagwort geworden ist. Von Hanns Johst ganz mit der Seele bezwungen [...]. Johst empfindet als Dichter den Dichter, und er ahnt und gestaltet die furchtbaren Stürme einer Seele, die ihre Flügel über das Höchste und das Niedrigste gespannt hielt. [...] Die künstlerische Echtheit der Hauptgestalt ist groß. Wir sehen in das Himmelsantlitz, in die Teufelsfratze eines wirklichen Genies. Wir fühlen seine Größe, die gigantische Selbstsucht, die ihm Schaffensnotwendigkeit ist, die zerfließende Weichheit, wir fühlen darum, daß er ein Einsamer sein muß. Wir sehen diesen Grabbe mit der Menschheit zürnen, bereit, sie zu bespucken, an alle Räusche willenlos hingegeben, dem Paradiese herrlichster Ekstasen gewonnen, mißverstanden und verhöhnt. Dann kommt der Tod. [...] Eine Kanaille von Zimmervermieterin macht, während der Sterbende noch atmet, die Kammer schon für den nächsten Mieter zurecht. Es stirbt ein Dichter. Ein erschütternder Schluß; mit einem letzten milden Akkord, dem phantastisch gesponnenen Gruß der Jugend und der Unsterblichkeit. [...]
Die Aufführung war vortrefflich, das innere Wesen der Dichtung auch in den Szenerien mit einer dumpfen Unruhe des Lichtes festgehalten. Paul Bildt war Grabbe, in Spuren zu großartig-fahrig, aber da dieser Grabbe nicht frei vom Theatralischen ist, mag die Grenze schwer zu ziehen sein. Im ganzen war Bildt, was er sein sollte: der Ungewöhnliche, dem üblichen Maß Entwachsene, von Gott und Teufel Besessene, zum Tode Verurteilte, zur Unsterblichkeit Begnadete. Alice Torning war die Mutter, in Herbheit, Schmerz und Güte gleich einfach und stark. Leonore Ehn ist die Geliebte Anna; auch sie sagt weniges mit stiller Kraft. Lupu Pick gibt den vagierenden Musiker, dessen Freundschaft den sterbenden Dichter umfächelt. Wie ein magischer Schatten im Flakkerlicht, so kommt und versinkt er. [...]

Paul Kornfeld   Die Verführung

Uraufführung: Schauspielhaus Frankfurt, 8. Dezember 1917
Regie Gustav Hartung
Neue Wiener Bühne, 11. Februar 1918, Regie John Gottowt

Paul Kornfeld, 1889 geboren, gehörte zu den jungen Dichtern des literarischen Prag. 1916 übersiedelte er nach Frankfurt und fand dort engen Kontakt mit dem neuen Intendanten Carl Zeiß und später mit Richard Weichert, die beide mit Kornfeld, Bronnen, Hasenclever, Fritz v. Unruh und Otto Zoff eine Gruppe junger Autoren an das Frankfurter Schauspielhaus zu binden verstanden. Die Buchveröffentlichung des Dramas hatte Kornfeld als eine wichtige Kraft des dichterischen Expressionismus sichtbar gemacht. Albert Ehrenstein kündigte das Schauspiel 1916 so in der ›Neuen Rundschau‹ an: »... endlich eigene Gestaltung, eigener hypertrophischer Wuchs, ein sittlicher Prager, der nicht anempfindet, sondern Dichter.« – In seinem Aufsatz ›Der beseelte und der psychologische Mensch‹ gab Kornfeld die Theorie des (seines) neuen Dramas: Geist und Seele statt Charakter und kausaler Psychologie. Er verkündet eine Kunst »in der der wahre Mensch nicht von den Funktionen seiner geistigen und körperlichen Notdurft verschlungen wird, und er, auf eine eigentliche Form gebracht, sich seines tiefsten Wesens und seines Dämons bewußt wird: des Dämons des Menschseins, dessen eine Stimme die des Gewissens ist«. – Mit dieser Uraufführung beginnt die expressionistische Phase des Frankfurter Schauspielhauses. Gustav Hartung wird bis zu seinem Weggang nach Darmstadt 1920 ihr wichtigster Regisseur. – In Wien wurde Kornfelds ›Verführung‹ an der Neuen Wiener Bühne für eine »einmalige und geschlossene« Vorstellung inszeniert. (s. Rez. Alfred Polgar) –
An den Hamburger Kammerspielen inszenierte Erich Engel das Stück am 8. April 1920 mit Walter Gynt als Bitterlich (»Der Zuschauer hatte den Eindruck des ständig Traumhaften, den Eindruck, daß alles aus der Seele des Helden hervorwächst.« ›Hamburger Fremdenblatt‹, 10. 4. 1918). Im Juli 1921 inszenierte Engel wieder mit Gynt das Stück an den Münchner Kammerspielen, immer bemüht »Überschärfe und höchste Ekstase zu geben«.
Die Reaktion verschiedener Kritiker auf diese späten Aufführungen zeigt, wie schnell Wirkung und Reiz dieses Expressionismus verflogen. Der Hamburger Korrespondent des ›Berliner Tageblatts‹ sprach schon 1920 von »deutlichen Spuren der Verstaubung«, Hanns Braun notierte in München: »Armer Expressionismus! So also haste ausgesehen, wie de noch gelebt hast ... « (›Münchner Zeitung‹, 28. 7. 1921). Arthur Eloesser nach der ersten Berliner Aufführung 1923 (Deutsches Theater, Bitterlich: Alexander Granach, Regie Revy): »Kornfeld hat heute kein Glück, wenn man seinen Erstling noch verspätet bringt.« 1917 war er ein Ereignis.

Schauspielhaus Frankfurt
Bernhard Diebold, Frankfurter Zeitung 10. 12. 1917

Dieses Stück ist ein Monolog des Dichters Paul Kornfeld – als Dichtung genialisch, viel versprechend, als Drama noch jugendlich unfertig, bombastisch,

unbeherrscht. Man hat den Eindruck der Autobiographie, der seelischen natürlich, nicht der des äußeren Curriculums. [...] Was sein von allem Jammer der Welt gehetzter Held, der wahrlich nicht anders heißen kann als Bitterlich [...] in unaufhörlichen Selbstgesprächen, die wohl eine Hälfte des Stückes füllen, von sich gibt, immer und immer wieder die Liebeleere dieser bürgerlichen Welt beklagend, den Gott verfluchend, der ihm zufällig ein Jammerschicksal zum Gesetz seiner Seele beschied – das scheint uns geistige Biographie zu sein, zum großen Teil ungestaltetes Material von jugendlichem Weltschmerz. Gefühl unbürgerlicher Einsamkeit des »Originalgenies«, Sehnsucht nach absoluter Verwirklichung der Menschheitsideale, die dem völlig reifen Menschen eben so absolut unmöglich scheint, daß er daran nicht mehr verzweifelt. So ergreifen diese Probleme an sich eigentlich weder durch Eigenart und Allgültigkeit, noch durch ihr dramatisches Leben. Denn diese uferlose Melancholik drängt nicht zu einer inneren Entwicklung; Bitterlichs Lebensgesetz bestimmt ihn zur zuständlichen Verharrung in Jammer und Unheil, bis sich der Tod seiner erbarmt. Im Gefängnis fühlt er sich daher am sichersten vor der haßerfüllten Welt, in der Abgeschlossenheit ist seine geistig zuständige Lebensstätte – aber er wird inkonsequent: wohl widersteht er den Befreiungsversuchen der unwahrscheinlich erbarmungsvollen Richter, der Jugendfreundin Luise Veilchen, Lore und Leonore, ja selbst der Mutter, bis der Geliebten, Ruth Vogelfrei, die *Verführung* gelingt – die Verführung zur Welt, an der er zerschellen muß, weil sein Gesetz ihn nicht zum Leben in ihr bestimmte. Er schmachtete als Mann nach der Erlösung im *Geist*, Mutter und Geliebte wußten als Weiber aber nur vom Sinn der *Erde*.
Dies Drama wäre nicht beinahe *ein* einziger Monolog, wenn der Dichter außer der Verführungsszene nicht fast ausschließlich und unmittelbar von sich selber als Hauptperson spräche, wenn er die gegnerischen Kräfte seiner widerspruchsvollen Unglückswelt selbständiger von sich aus reden ließe. [...]
Dieser Bitterlich bestreitet aber auch außerhalb seiner eigentlichen Selbstgespräche im Umgang mit anderen Menschen die Unterhaltung fast allein, ja selbst seine Erzfeinde läßt er kaum zur dramatischen Gegenrede Atem holen. Hier zeigt sich ganz allgemein eine Gefahr für gewisse expressionistische Dramatiker: *Alleinherrschaft des* psycho-biographischen *Ich*, das sich im Haupthelden derart auslebt, daß die Mitspielenden nur noch als schattenhafte Gespenster, nur als Reflexe des Dichter-Doppelgängers Geltung finden. Notwendigerweise färbt sich diese subjektive Ausdrucksweise *lyrisch*, da es diesem Menschen mehr auf die »Expression« ihrer Leiden und Freuden, als auf den Willen zum Handeln und Kampf mit der schlechten Mitwelt ankommt. Ja, wäre der Dichter selbst ein dramatischer Mensch wie Schiller, wie Lenz, wie Grabbe, deren Leben Dramatiker zur Gestaltung reizte, dann könnten auch seine subjektivsten Äußerungen dramatische Fragmente ergeben. Ob Kornfeld aber *innerlich* dramatisch ist, läßt sich nach dieser einen Probe nicht entscheiden. In die dramatische Stille seines Lyrodrams sucht der moderne Bühnendichter mit allzu krassen Geschehnissen Wind zu blasen: er wird kriminell, es wird erwürgt, es wird erschossen, Giftfläschchen werden vertauscht, kein primitivstes Mittel der Revolverdramatik wird verabscheut – denn all' das ist ja so belanglos angesichts der Pathosszenen des unbeherrscht aufbrausenden Geistes, die sich zwanglos, überreichlich und trotz gewaltiger Striche des Buches in vierstündiger Vorstellung schließlich ermüdend, aneinander-

reihen. Von den vierzehn Schauplätzen könnten vielleicht durch rein dramaturgische Behandlung in fünfen die Hauptzüge der Handlung bühnlich durchgeführt werden: Mordszene; Ruths Verführung aus dem Kerker; Rückkehr zum Leben, die ganz famose Wirtshausszene, in der man mit Bitterlich endlich etwas aufatmet; die Katastrophe mit dem widerlichen Wilhelm Vogelfrei, der in bürgerlicher Rechtlichkeitswut seiner Schwester Unehre rächen will, und die zu einem phantastisch-grausamen Duell führt; allgemeiner Zusammenbruch und Tod.
Dies sind die stärksten Szenen: hier schwingt etwas von dramatischem Rhythmus, es geistert eine zweite Handlung hinter den Figuren; Ruth Vogelfrei wird zum Engel, die Mutter zur liebenden Erde, die wie ein guter Dämon den Unseligen zu seiner Qual bewahrend umschleicht. Visionen werden szenische Wirklichkeit. Die Rede des Alltags weicht der Melodie der höchstgesteigerten Rede; die Emphase der Liebenden wird in Klang und Gebärde zum Zwiegesang der Oper – nicht Menschen – *Seelen* jubeln auf: ein Dichter, ein wahrhaftiger Poet singt Hymnen auf die Liebe. Aber er läßt ein kaltsinniges Schicksal walten, das den Menschen zermalmt unter dem ihm eingeborenen Gesetz; es fehlt die Katharsis, die Möglichkeit, das Geschick im Geiste zu bezwingen, das Gesetz orakelt zu starr-antik; der Wahnsinn *eines* Menschen reißt seine Mitwelt in den Untergang: das lähmt. Dies Schicksal ist zu unerbittlich und Bitterlich ist zu unerlösbar, er ist ein (unerschossener) Werther trotz Lottens Besitz, er ist ein Hamlet ohne ungesühnten Vater und ohne die schlotterichte Königin zur Mutter, seine Tragik ist eine Verlegenheit für ihn selbst wie für den Dichter. Wir erhoffen aber von Kornfeld nach dieser Probe seiner starken dichterischen Intuition – trotz ›Faust‹-Anklängen – ein Drama mit einem innerlich sich entwickelnden Helden, der im fünften Akt mit irgendeinem geistigen »Ja!« rechtfertigt, warum er vier Akte lang bitterlich »Nein!« gejammert hat. Die Formkunst trauen wir dem Dichter zu – seiner Sprachkunst, seiner Leidenschaft und seinem musikalischen Rhythmus. Für seine innere Belebungskraft bürgte die tiefergreifende Gestalt der Mutter.
Der Regisseur, Herr Hartung, stand vor der schwierigen Aufgabe, eine neue Schauspielkunst in Fach und Rahmen zu setzen. Mit Unterstützung des vortrefflichen Herrn Delavilla, der mit den einfachsten Mitteln symbolische Bilder von stimmungsvoller Atmosphäre (mit Ausnahme der zu wenig geheimnisvollen Kerkerakte) stellte, gelang eine den Stil treffende, wenn auch nicht immer festhaltende Aufführung. Der neue Schauspieler hat sich ebensoweit von naturalistischer Prosa wie vom Jambenpathos zu halten; er soll aus der Seele unmittelbar sich selber ausgeben, ohne Verwandlungskunst, ohne charakteristische Imitation – denn was bedeutet Psychologie gegen den geistigen Ausdruck: seine Form ist nur die Melodie der Sprache, getrieben vom Rhythmus der geistigen Hochspannung. Der musikalische und gefühlsbegabte Dilettant wird hier Höheres leisten als der gewiegteste Hofschauspieler oder der raffinierteste Lebenskünstler der Brahm-Schule. Das wurde offenbar an der noch in Anfängerschaft befangenen und doch in der Erregung hinreißenden Leistung Fräulein Brods als Ruth, die mit ungewöhnlichem Stilempfinden für mimische und musikalische Rhythmik viel Schönheit gab: selten sieht man auf der Bühne ein so edles Sterben, hört man so hinwehend verhallende Verse. Die Hauptaufgabe des Abends aber fiel auf Herrn Feldhammer, der als Bitterlich wohl ein vollendetes Vorbild für die Art der expressionistischen Technik bot. Mit anliegenden Armen in Front zu den Zuschauern gestellt,

(gleichsam lyrisch in sein Ich gedrängt), bändigte er während sich mählich steigernder Rede die Gebärde bis zum schreiendsten Ausdruck von Ton und Bewegung zugleich: und ein mächtiges Pathos dröhnte, nicht immer ergreifend, stets aber fesselnd. Die Dreiheit der Protagonisten vollendete sich mit Frl. Einzig, welche die unglücklich ihrem Sohne nachgehetzte Mutter Bitterlichs mit einer Innigkeit und Wärme erfüllte, daß es tief erschütterte; und ihre spontanen Gebärden, die vor Unheil schützenden Arme, die in Kreuzform ausgereckte Erscheinung und ihre sterbende Erstarrung erhoben die Gestalt zur Heiligkeit einer Mater dolorosa. Die Familien Vogelfrei und Veilchen repräsentieren im Stück das Philisterium; in elterlichen Rollen bewährten die Herren Bauer, Ebelsbacher und Frau Klinkhammer ihre zuverlässigen Kräfte; die Töchter Veilchen fanden glaubhaftes Leben: die altjüngferlich verbissene Marie in Frl. Müller, die liebende, aber herzensträge Luise in Frl. Hofer. Dem Wilhelm Vogelfrei gab Herr Taube den bei ihm etwas zu oft gehörten intriganten Ton. Josef und Heinrich, die in ihrer Unpersönlichkeit ununterscheidbaren Schemen von Mariens Bräutigam, wurden von der klugen Spielleitung dem einen Herrn Impekoven zugeteilt, der sie beide trefflich mit der satten Impertinenz des gemeinen Geldbeutels versah. Von den Erscheinungen in Bitterlichs Kerker sei Frl. Karstens eindringlich sprechende Leonore erwähnt. [...] Im übrigen sei auch dem Publikum der seltene Dank dargebracht, daß es sich bei diesem verblüffend neuartigen Drama nicht von den dummen Lachern überwinden ließ und das anfängliche Zischen im Lauf des Abends immer sieghafter verdrängte, sondern mit dem Ernst der Dichtung begegnete, den sie unbedingt verdiente.

Kasimir Edschmid, Vossische Zeitung, Berlin, 12. 12. 1917

Dies Drama will über seitherige Ziele hinaus. Es will den reinen Menschen geben. Da gibt es nichts Sekundäres mehr, die Konflikte vergangener Zeit des bürgerlichen Gefühls sind vorüber. Keine Eheskandale mehr, kein Milieu, kein Charakterstück mehr, niemand ist eingeengt in die Schranke bürgerlicher Ansichten, Pflichten. Hier soll sich das Menschliche frei entfalten und nichts sein als das Kläglichste und Erhabenste: der Mensch.
Es redet das Herz allein. Das Überzeitliche erscheint: das reine Gefühl. Die Sprache wird reines Pathos. Jedoch noch weiter will das Stück über das Seitherige weg: es baut den Konflikt noch höher als andere, die ähnliches Ziel erstreben. Bei Hasenclevers ›Sohn‹ braust der ewige elementare Streit zwischen Vater und Erzeugtem. Georg Kaisers ›Menschen‹ entladen sich, indem sie menschlichen Zündstoff gegeneinander schleudern. Kornfelds Held aber entwickelt den Kampf gegen den ganzen Kosmos. Er ist der Mensch, der vom unsäglichen Leid dieser Welt getragen wird und der ahasverisch berufen ist, nur dies Leid zu sehen, in allen Bitternissen zu erfahren und zu durchleben, dessen Herz ein Mittelpunkt geworden ist für die Tragödie des gesamten Daseins.
So beginnt das Stück. Handlung kann für den Passiven, wenn auch gigantisch Leidenden nicht das Wichtige sein. Wichtig ist nur das Gefühl, das in vielen Zungen und verzückten Monologen aus ihm redet. [...] Dies alles ist dichterisch vom Anfang bis an das Ende.

Die Spannung war darauf gerichtet, wie das Leben des Stückes auf der Bühne sei. Hier zeigte sich aber die prinzipielle Gefahr all dieser Ziele. Da nur Gefühle sprachen, schwächte das Pathos sich selbst. Da kein Konfliktstoff vorlag als das passive Leid an der Welt, ging das wichtige Gegeneinandervorbrechen der Gefühle nicht dramatisch vor sich. Es wurde episch. Der Sprung vom Einzelfall ins allzuleidenschaftlich begehrte Allgemeine verschob jeweils die Handlung zu Monologen. Ja, es hätten in den drei ersten Akten, gleich Figuren mit Spruchbändern, die Menschen kommen und in Szenen großer Getragenheit ihre Gefühle hersagen können. So wurde die Aufführung auf der Bühne mehr Beweis für die kosmische, lyrische als für die dramatische Begabung Kornfelds.

Dies hat der Autor gespürt und hat darum manchmal dennoch die Handlung, den menschlichen Konflikt, den er doch überwinden will, hineingesetzt. Dann wurde es aber Kino oder Wedekind, und Strindberg war in der Stimmung und in den Bildern sehr häufig da. Dies letzte hat nichts zu sagen, denn er geht von Strindberg aus, er will ihn nur ins Kosmische erweitern, aber er hat nicht die wilde dramatische Kraft. Bei Strindberg schießen die Menschen aufeinander. Bei Kornfeld singen sie Arien in die Luft aneinander vorbei. Es sind keine Menschen mehr, es sind Gefühle. Grammophone hinter der Szene gäben den gleichen Effekt.

So kommt auch hier die Gefahr, daß das Suchen des Einfachen nur Schema gibt. Auch äußerlich gab es Ähnliches. Vier Stunden standen die Menschen mit der Pose von Gekreuzigten, nicht verzückt, sondern beladen von ihrem Gefühl. Dies Gefühl war wunderbar dichterisch. Einige Szenen waren einzigartig in ihrem Pathos. Doch war der Eindruck nicht befreiend. Er war quälend. Dies ist der schlimmste Vorwurf gegen ein Stück, das das schlackenlos Einfache, das Menschliche schlechthin geben will. Hier ist Dichtung und ein Dichter ohne Zweifel, aber noch nicht Drama.

Die Ruth spielte Fräulein Brod. Sie spielte mit Begeisterung, aber aus kühlstem Intellekt. Feldhammer sang seine ganze Rolle und ließ sie, Kornfeld übertreibend, statt das Pathos dem Sachlichen zuzuführen, noch mehr verblassen. Von Johanna Hofer in kleiner Rolle kam ein überraschender menschlicher Ton. M. Einzig als Mutter zeigte viel Stil. Hartungs im ganzen ausgezeichnete Regie machte den Fehler, den Dichter zu übertreiben, statt ihn zu dämpfen... Als Fazit bleibt eine große Begabung und eine große Hoffnung.

Neue Wiener Bühne
Alfred Polgar, Prager Tageblatt 15. 2. 1918 und Die Schaubühne, Berlin, 1918

Eine Folge von Angst- und Wunschträumen, starken Bildern und tiefen Gesichten, der Seele eines Mannes entquellend, der am Da-Sein leidet und es liebt und selbst noch, daß er an ihm leidet, liebt. Sozusagen: das Leben ein Trauma. Hans Ulrich Bitterlich, der Astral-Held dieser genialisch weit und hoch geschwungenen fünf Akte, ist Hamlets ergänzender Bruder. Ein Weltlüstler, unglücklich in die Prostituierte: Leben verliebt, von Sehnsucht und Ekel zerrissen. In des Wortes tiefem Sinn: ein Idealist. Sein Herz schwillt über von Güte, Liebe, Opfer- und Freude-Bereitschaft. Er ist fast ein Heiliger, und zwar ein heiliger Sebastian, die Brust zerfleischt vom Pfeile-Regen, ohne Ausweg zwischen das gemeine Hiersein und die Scheußlichkeit: Tod gestellt. Er ist voll Hingebung, Zartheit, Zärtlichkeit und voll Protest gegen Niedriges, Plattes, Häßliches.

In der ›Verführung‹ sind diese Zartheiten und Proteste, eben wie durch Traum-Magie, aller Hemmungen entbunden und zu ihren letzten Konsequenzen hinaufgetrieben. [...]

Von seinen großen Träumen wird Bitterlich durch Ruth Vogelfrei weggelockt. Ein Mädchen, hergeweht auch aus einem Jugendtraum: der plötzlich auftauchende, Wunder vollziehende Engel, Erlösung und Liebe aus seinen Schwingen schüttelnd. In einer Szene voll tief schneidender Seligkeit und Melancholie, Zwang und Freiheit der Seele aufspaltender Worte, verführt ihn Ruth zum Leben. Die Szene ist auch von hoher Musikalität. Daß die Stimmen nicht zum Duo ineinanderfließen, empfindet man fast als Zurückweichen vor einer letzten Stilnotwendigkeit. Vielleicht, à part bemerkt, wird der Chorus, die Wurzel der antiken Tragödie, dem neuen Drama dereinst als Blüte aufschießen. Es scheint mindestens, als strebe die Entwicklung nach einer vierten Dimension der Bühne, die das gleichzeitige Erfassen mehrerer geistiger Komplexe ermögliche. Es wirkt ja schon in dem Kornfeldschen Schattenspiel, dessen Figuren (vom Naturgesetz losgebunden, wie sie sind) einander bequem durchschreiten könnten, fast als altmodisch, daß, wenn der eine zu sprechen anfängt, der andere aufhört, statt seinen unendlichen Gedanken-Rosenkranz weiter aus dem Hirn abzuspulen und durch die Zähne zu ziehen. [...]

[...] eines der seltsamsten, formlos folgerichtigsten Schauspiele, aufschließend die Zweifel, Martyrien, Kämpfe, letzten Ahnungen einer reinheitsbangen, von der unendlich tiefen, den Himmel spiegelnden Kloake des Seins durchfluteten Seele. Es sprengt die alten Möglichkeiten des Theaters, ohne eigentlich neue zu erschließen. Sein Reichtum strömt, überströmt ins Uferlose. Es flockt um ihn von Worte-Schaum. Seine Begriffe setzen Fleisch an, seine Tatsachen sind luftig wie Abstraktionen. Es baut Luftschlösser auf Grundmauern und läßt Reales von Luftfundamenten tragen. Lautlose Maeterlinck-Stürme bringen Wedekind-Figuren ins Schwanken. Dieses Schauspiel steckt voller Phantasie des Herzens, voll hinreißender Gescheitheit, voll penetranter Gescheitheit. Es fordert das Schicksal: Mensch zu sein, in die Schranken, triumphiert nicht, unterliegt nicht, sondern gibt sich letzten Endes damit zufrieden, Fluch und Segen zu gießen über das, was lebt und sterben muß. Es ist eine sinnreiche Melodie, gesetzt für jene Posaune, vor deren Klang Mauern stürzen. Nur daß es ein Kunstwerk ist, möchte ich bezweifeln. Die Sprache flattert spruchbandartig: aber nicht von den Lippen, sondern aus dem hintersten Seelenhintergrund der Figuren. Sie hat hohen Klang, Fülle ohne Schwulst, Poesie ohne Süßigkeit. Die gedankliche Hyperämie ist beunruhigend. [...]

Die Vorstellung, von dem Reinhardt-Lehrling Gottowt geführt, wurde billigen Stilansprüchen gerecht. Das Spuk- und Traumhafte, die Tatsachen als Spiegelungen der Ideen, das kam nicht übel heraus. Die Schauspieler benahmen sich gedämpft hieratisch, versuchten eine Kreuzung von Theater und Gottesdienst und taten mit Geschick so, als ginge ihnen die Sache irgendwie nahe. Frau Neustädter, als Mutter Bitterlich, schlug ohne Rücksicht auf das allgemeine Vortrags-Portando kräftige Gemütstöne an. Fräulein Lach (Ruth) mit einiger Neigung zum ekstatischen Wimmern, hat gewiß Talent für Thea-

terspiel in dünnen Höhen-Luftschichten; und es war sehr schön, wie sie, als Sterbende, wachsig vertropfte. Herr Mendes bringt für den Bitterlich das Reine, Transparente, Zartbesaitete mit. Vier Stunden lang die straffe Spannung solcher zarter Saiten festzuhalten, hat er freilich nicht die Kraft. Das erlesene Publikum benahm sich erlesen. Ich glaube aber, es wäre nicht unangenehm berührt gewesen, wenn ihm, so etwa in der Mitte des Spiels, eine Autorität gesagt hätte: Also genug, ihr habt zwei Stunden lang brav durchgehalten, Schulter an Schulter. Jetzt aber sage ich euch: das ist ein Dreck und ihr dürft drüber herfallen.
Jedenfalls war es ein interessanter Abend; und die Bekanntschaft mit der Dichtung des Herrn Kornfeld sehr lohnend. Er ist gewiß einer der Auserwählten unter den unberufenen regsamen Berufenen des kombattanten Prag, die jetzt, furchtbar Talent grimassierend, das mürbe Wien belagern.

Reinhard Sorge   Der Bettler

Uraufführung: Deutsches Theater Berlin ›Das junge Deutschland‹, 23. Dezember 1917, Regie Max Reinhardt

Mit Reinhardts Inszenierung des ›Bettler‹ beginnt der lyrische Expressionismus in Berlin. Reinhard Sorge (geb. 1891) hatte das Stück 1912 veröffentlicht, Hofmannsthal hatte Stefan Großmann, der damals in Wien das Theater zu literarisieren versuchte, schon auf diese Szenenfolge des jungen Dichters Sorge hingewiesen, der 1916 mit vierundzwanzig Jahren im Ersten Weltkrieg fiel. 1912 hatte der ›Bettler‹ den Kleistpreis erhalten. Max Reinhardt hatte das Stück längere Zeit zuvor angenommen. Felix Hollaender nannte diese Dichtung das »erste bedeutende Werk, das die junge dramatische Dichtung hervorgebracht hat«, es wurde ein Musterstück der neuen expressiven Dichtung überhaupt. Als solches stellte es neue Aufgaben für die szenische, den Illusionismus kühn ausrangierende Darstellung. Heinz Herald, der enge Mitarbeiter Max Reinhardts, notierte zur Aufführung, das Theater müsse »der dichterischen Vision nachkommen ... Es wird auf der leeren Bühne gespielt. Nichts ist verstellt, kein Aufbau engt ein und verkleinert. Aus dem großen schwarzen Raum, der etwas Unberührtes, Nochnichterfülltes, Grenzenloses hat, reißt das Licht einen Teil: hier wird gespielt. Oder ein Mensch steht, allein, als Lichtfleck vor einer schwarzen Fläche. Ein Zimmer ist in diesem verdämmernden Raum nur durch ein paar Möbelstücke, Tür und Fensterrahmen, freihängende Bilder begrenzt, eine Birke im blauen Licht gibt einen Garten. Der Realität ist man durchaus fern, aber die Wirkung des Spukhaften, Geheimnisvollen wird gerade durch ein feines, überfeines Ausmalen des Wirklichkeitsbildes mit seinen tausend kleinen Differenzierungen erreicht. Alles huscht vorbei, aus dem Dunkel ins Licht, aus dem Licht ins Dunkel.« – Mit dieser Inszenierung, in der der Scheinwerfer die Figuren zitierte, wurde die von Heinz Herald initiierte Vorstellungsfolge des Vereins ›Das junge Deutschland‹ eröffnet, die ein zeitgenössisches (Matinee-)Einsprengsel in das Reinhardtsche Theater war. Bis zum August 1920 bot sie zehn Inszenierungen. Gleichzeitig gab Herald die Zeitschrift ›Das junge Deutschland, Blätter des

Deutschen Theaters‹ heraus. Ernst Deutsch, der in Dresden schon Hasenclevers ›Sohn‹ in der Uraufführung gespielt hatte, kommt mit der Rolle des jungen Dichters nach Berlin und macht sich damit zum Hauptdarsteller der neuen expressionistischen Jünglinge. (Erwin Kalser spielt den jungen Dichter im Februar 1920 an den Münchner Kammerspielen.)

Emil Faktor, Berliner Börsen-Courier 24. 12. 1917

›Das junge Deutschland‹, Reinhardts Vereinsgründung zur Förderung junger Talente, hat gestern zu wirken begonnen. Schicksale zu schmieden und neue Kunstwerke ins Bewußtsein zu bringen, wäre einer so großen und mit Publikumskredit gesegneten Bühne sicherlich auch im Normalbetrieb möglich gewesen. Die Form geschlossener Veranstaltungen hat immerhin den Vorteil, das hartnäckige Interesse der Zensur an Theaterdingen wohltuend abzuschwächen. [...]
Der Wille zur Gläubigkeit mit seiner stillen Andacht kam gestern dem Jugendwerk des früh verstorbenen Reinhard Sorge zu statten. [...] Im Grunde liegt hier eine ausgreifende Subjektivierung des Dramas vor, eine Durchlöcherung bisheriger Entwicklungsformen, ein Loslösungsversuch von logischen Zwangsgesetzen, ein Triumphierenwollen der Idee über die Körperlichkeit alles Seins in Wolkenwanderungen des Geistigen.
Sorges ›Bettler‹ ist bereits vor sechs Jahren erschienen, also Vorläufertum, das jedoch von den plastisch schärferen Begabungen Hasenclevers und Kornfelds überholt wurde. Wo er heute halten würde, läßt sich nur ahnen. Sein zweites Drama ›König David‹ zeigte ihn anders, ohne wesentliche Fortschritte. [...] Erregender und innerlich reicher bleibt schon das Gedicht des Neunzehnjährigen in all seiner Verschwommenheit und über die Grenzen des sinnlich Erfaßbaren sich hinwegsetzende Selbstanbetung. Der Dichter nennt den losen Zusammenhang von halb in Prosa, halb in Versen hingehauchten Erlebnisbildern eine »dramatische Sendung«. Das selbstbewußte Messiastum sucht die Dichterfigur des Stückes schwärmerisch zu rechtfertigen – in einer durchbrausten, von Willensschönheit trunkenen Ansprache des Kunstjüngers an den reichen Mäzen, der dem begabten Verfasser publikumsfremder Dichtungen eine Rente bewilligen will, während jener stürmisch und trotzig seine eigene Bühne verlangt. Der Mäzen sagt nein, aber auch der Dichter sagt nein, und was dieser Verzicht auf halbes Vertrauen zu bedeuten hat, sehen wir an den Schicksalsverirrungen des charakterstolzen Jünglings. In seiner armseligen Häuslichkeit ziehen ihn tragische Gewalten in den Abgrund: Der Vater wahnsinnig, die Mutter siech und bettelarm. In lichten Momenten phantasiert der Erzeuger von genialen Maschinenprojekten, die sein verwirrtes Auge dem Mars ablauschte, in noch lichterem Augenblick bittet er den Sohn um die Erlösung von irdischer Hoffnungslosigkeit. Da schüttet der Dichter, ein höheres Pflichtgesetz heranträumend, dem Vater Gift in einen Becher Weines. Auch die Mutter hat daran genippt. Laß dich, Leser, nicht von heftigem Entsetzen packen, als ob man dir ein Elterndrama erzählen würde. Nimm alles symbolisch! Sei versichert, daß auch diese Teilkulisse der Wirklichkeit von zartester Luftschicht übermenschlicher Phantasiespiele umflimmert ist. Nicht Mord wird gepredigt, sondern höchste Bereitschaft, schmerzlichste Entsagung.

Ein Erdgebundener wandelt zum höchsten Ziel der Selbstbefreiung. Mit ihm pilgert zur aufsteigenden Leuchte eine Seelenbraut, die ihr Kind vom Herzen reißt, das ein anderer ihr zeugte. Sie tut es ›mütterlich‹, ein Opfer am eigenen Blute – fürs künftige Müttertum.
Viel lyrische Wärme, in der kostbare Blumen der Innerlichkeit sprießen, ist der Dichtung eigen, aber ihre dramatischen Triebe sterben im unverankerten Ungefähr. Selbst die tragische Sendung des wahnsinnigen Vaters, der ein paar eindrucksvolle Aufblicke beherrscht, wird durch Symbole zurückgedrängt. Sohn und Vater werden in einer Szene, in der der Irre seine Gedanken in den Kopf des Sprößlings übergießt, zur immateriellen Einheit – »des Dichters Aug', in holdem Wahnsinn rollend«. Viel Interesse erregten visionäre Einleitungsszenen. Man sah ein Literatenkaffee, das Zeitungen fraß und drei Theaterkritiker umringte, die ästhetisch frisiertes Zeug sprachen. Dann tauchte eine wilde Kokottenschar auf, in scharfen Umrißlinien, wie die Gruppe der ihnen nachstürmenden Lebemänner erfaßt. Mitten durch diese Welt der Geschwätzigkeit und des Lasters schreitet die Priestererscheinung des jungen Dichters, dessen Gedanken auch durch ein Fliegerkorps, das um einen abgestürzten Genossen im Stile griechischer Chorstimmen wehklagt, allegorisiert werden.
Viel Poetentum, echt und im Ausdruck von zackiger Schönheit – wenig dramatische Substanz. Ihr Vorrat zerflattert schließlich in lyrische Abstraktionen. Man sah eine Aufführung, die den Dichterträumen mit schmiegsamstem Verständnis nachging. Reinhardts Regie hatte dem Werke alle szenischen Launen bewilligt und zur Steigerung des Visionären manchmal etwas Spuk hinzugedichtet. So blätterten die Leser im Kaffee ihre Zeitungen ruhlos und immer gleichzeitig um... Die Horde der Lebemänner ballte sich zu einem häßlichen Menschenklumpen, bevor sie auf die Opfer losstürzte. Ein schlichter Frühlingsgarten, der zur Bettlerfamilie gehört, stand in unheimlicher Weite da mit einem Hintergrund, der zur Unterwelt zu führen schien, und Mädchen, die dort Blumen pflückten, schwebten wie jenseitige Schatten herum. Ich stelle fest, ohne daran zu mäkeln. Ich fand das alles sehr reizvoll – Regieeingebungen, gegen die sich Sorge kaum gewehrt hätte.
Darsteller der Dichterfigur war der junge Ernst Deutsch, der ähnliche Rumorgeister schon bei Hasenclever und Wildgans mit Erfolg verkörpert hat. Für die anspruchsvollere Lyrik Sorges scheint mir seine Sprechkunst noch nicht entwickelt genug. Es keucht darin noch zuviel Mühsal der nicht abwechslungsreichen Stimmkraft. Auch spielt er vorwiegend bloß mit dem Kopfe. Das merkt man, wenn er dem Zuschauer abgewandt ist und die Stimme irgendwo anders herzukommen scheint. Ein paar starke Momente der Verzückung heiligten diese Leistung, die in aller Hemmung persönlich und interessant war.
Ins Ungwöhnliche steigerte Paul Wegener die Wahnsinnserscheinung des Vaters. Da war Farbe drin, Vielfältigkeit und Majestät verstörter Menschlichkeit. Die Mutter der Frau Eysoldt hielt sich an strenge Gebote der Schlichtheit und vergoß unaufdringlich viele Tränen. Helene Thimig verklärte das bräutliche Mädchen mit bedachtsam musizierender Lieblichkeit. Sie setzte nur zwischen die Worte zuviele Gedankenstriche. Einiges läßt sich auch ohne Interpunktion sprechen. Sehr anschaulich ließ Herr Jannings seinen Mäzen eine gute Zigarre rauchen. Einen warnenden Freund gab Decarli, still und nachdrücklich dabei.
Das Publikum bewunderte die Darstellung und betrachtete hingebungsvoll das Werk, ohne aber Begeisterung zu heucheln.

Fritz Engel, Berliner Tageblatt 24. 12. 1917

[...] Dieses Stück ist ein guter Prolog, wie es ja auch für Sorge selbst ein aus der Tiefe quellendes Vorwort zu einem auf Dauer und Wirkung berechneten Dichterleben gewesen ist. Ganz mit dem berechtigten Ichgefühl der Jugend ist Sorge nur mit sich selbst beschäftigt [...]. Wie jeder Jüngling hat er den faustischen Drang, für sich, ganz allein für sich, die Welt zu erobern [...]. Dieses Bedürfnis nach Selbstverkündigung teilt Reinhard Sorge mit vielen guten Dilettanten. Er aber ist, wenn kein ›Dramatiker‹, so doch ein Dichter, das heißt ein Mensch, der voll großer Leidenschaft ist und die Kraft besitzt, sie auszudrücken, ohne freilich schon ›Form‹ gefunden zu haben. Erdgebunden, phantasiert er sich in erdferne Räume hinauf. [...] In der Szene, die eine Anzahl todbewußter Flieger zusammenführt, fällt bereits das Wort: »Über schwankendem Troste der Glaube.« So haben wir auch in dem Neuromantiker Sorge den kathedralen Zug aller Romantik. Wie in Gedanken und Gefühl, ist nicht weniger in der Sprache diese Hinneigung zum unwerktäglich Klingenden. Er mischt Prosa und Vers, eine ausgezeichnet knappe, gebildete Prosa mit faltenschwerem Vers. Oder vielmehr, seine Prosa beginnt dort, wo höhere Stimmungen nach Ton verlangen, von selbst die Orgel zu meistern. [...]
Wir sind immer halb in einem Zauberreich. Auch die szenische Gestaltung, nicht nur mehr ein Objekt Reinhardtscher Regie, sondern schon ihr Ergebnis, hält uns mit rasch vorüberwandelnden Bildern, die aus allen Reizen der Beleuchtungskunst heraus gedacht sind, durchaus in dem Bezirk zwischen Traum und Wirklichkeit. Unendlich viel Gestalten wallen auf, wallen ab. Flieger und Kritiker, Zeitungsleser und Kokotten und visionäre Gestalten: es ist eben gleich die ganze Menschen- und Ideenwelt, die ein übervoller Neunzehnjähriger heraufbeschwören will. Aus allem aber schält sich das Einzelschicksal seiner eigenen Seele, formt sich die Gestalt des Dichters, der an der Welt zum Bettler wird, um dann doch, ein wahrer König, von der großen Liebe gekrönt zu werden.
Stark steht dieser Jüngling da, in einem Kreis von Leiden nur auf seinen sittlichen Willen gestellt. Er widersteht dem noch so gut gemeinten Zuflüstern von Freunden und Mäzenen. Er bringt das höchste Liebesopfer, indem er den Wunsch des wahnsinnigen Vaters erfüllt und ihm aus einem jämmerlichen Dasein zum Tode verhilft. [...] Die Hoffnung, die Reinhard Sorge war und die sich hätte erfüllen können, wird sonst nirgends durch die Besorgnis verringert, er wäre von der Theaterei bedroht gewesen. In all dem schwebenden, sonnenbeleuchteten Nebelglanz seiner zum Hochflug bereiten Kunst fühlen wir, wie er Menschen schaffen kann und wie er damit beim Anfangs- und Endpunkt aller dichtenden Leistung steht. Dieser größenwahnsinnige Vater, die in Güte aufgelöste, vollendet mütterliche Mutter, auch viele der satirisch gehaltenen Nebengestalten sind Prachtstücke der kunstgewordenen Beobachtung. Und mehr noch: hier ist die Leidenschaft der Liebe, wie sie nur ein großes und dabei ganz kindhaftes Herz empfinden kann. Ein unendliches Bedürfnis, Zärtlichkeit zu geben und zu empfangen, war in diesem Knaben Sorge. Ein rührendes Streben nach Reinheit, ein sich Vollendenwollen nach dem Vorbild des indischen Pilgers, eine große Verklärung. Wer fromm ist, könnte sagen: die Welt war dem Dichter zu schmutzig, darum ging er früh zu Gott.
Max Reinhardts Inszenierung, den szenischen Angaben Sorges innigst artver-

wandt, wäre vollkommen gewesen, wenn er nicht wie schon manchmal geglaubt hätte, die Fülle der Stimmung durch Dehnungen noch überbieten zu müssen. Was er aus Licht und Verdunkelung, aus Vordergründen und Hintergründen, aus Gruppenbildern schuf, war bezwingend schön. Ein großes Personal trat in Tätigkeit – die Protagonisten alle ganz an den Stil der Dichtung geklammert. Ernst Deutsch, aus Dresden wohlbekannt und nun bald bei uns, gibt den jungen Dichter des Stückes. Die Erscheinung und die Inbrunst des Tons schlossen sich hinreißend zusammen. Paul Wegener war mit dem künstlerisch beherrschten Reichtum seiner Mittel der wahnsinnige Vater; Gertrud Eysoldt die Mutter, ganz Qual und verlöschendes Duldertum. Helene Thimig gab des Dichters Mädchen. Sie streckte die Worte zu sehr, aber, was sie sprach, kam aus dem holdesten Madonnenherzen. Emil Jannings war stark, ohne ein Pünktchen zuviel, als Mäzen.

Im Publikum sah man ›ganz große Premiere‹. Die Stimmung im Zuschauerraum läßt sich kurz nicht zusammenfassen. Es fehlte nicht an denen, die das Neue immer nur aufsuchen, um darüber den Kopf zu schütteln. Es gab andere, die innerlich mit dem Unbekannten, das da an sie herantrat, so rasch nicht fertig wurden. Aber nicht wenige waren, die ergriffen spürten, daß eine Knospe höchster Begabung aufgekeimt war, um rasch zu verwelken.

Siegfried Jacobsohn, Die Schaubühne, Berlin, 1918

Heute werden den Jünglingen Ehrenpforten errichtet, vor denen die Kontrolle sich auf den Geburtsschein beschränkt. Zwanzig Jahre? Passiert. Alle sind berufen, keiner bleibt unausgewählt. Austausch der Rollen: nicht mehr rennt der fertige Autor die Theaterkanzleien ein, sondern dem Embryo werden die schönsten Stätten für seine Rampenniederkunft zur gefälligen Auswahl angeboten. Wozu da eine Sonntagsmittagsvereinigung? Aus Gründen der Organisation. Die gleichen Brüder sollen unter eine Kappe gebracht, mit ihrem Herzblut soll keine Kasse gefüllt, und von der Behörde soll keine Bevormundung ausgeübt werden. Funktionär: Max Reinhardt. Dessen Liebe gehört nicht eigentlich dem Theater als der ergänzenden Dimension der dramatischen Literatur. Er hat den Selbstzweck des Theaters – wo nicht entdeckt, so doch glanzvoll aufgerichtet. Kein Zufall, daß er den lebenden die toten Dichter vorzieht, die ihn nicht hindern können, in ihren Werken seine Visionen auszudrücken. So wäre Gefahr, daß uns die Zukunft des deutschen Dramas allzusehr im Bilde der Gegenwart des Deutschen Theaters erschiene, wenn dieses nicht aus Instinkt zu solchen Dramen griffe, die unter seinem Einfluß entstanden sind.

In Reinhard Sorges ›Bettler‹ stammt von Max Reinhardt die Behandlung des Lichts. Scheinwerfer erhellen einen Ausschnitt der Bühne, dann einen andern, dann einen dritten, während jeweils der Rest im Dunkel bleibt. Das ist bezeichnend für den blutjungen Sorge. So tastet sein seherisch begabtes Auge das Leben ab, ohne es doch mit einem Blick zu umfassen. Es wird von dem lastenden Jammer der elterlichen Behausung geredet: aber diese wirkt durchaus behaglich. Der Vater wird für verrückt erklärt: aber er spricht nicht verrückter als alle Erfinder und Poeten. Er bittet den Sohn um Gift: aber aus Versehen trinkt die gesunde, keineswegs todesbedürftige Mutter mit, geht dabei drauf, und der schuldige Sohn hat's in der nächsten Minute vergessen.

Soll man moralisieren und nach der Wahrscheinlichkeit fragen? »Des Dichters Aug' in holdem Wahnsinn rollend«: hier haben wir's vor uns. So will Sorge, so befiehlt er. Willkür ist alles. Am Anfang weiht uns der Sohn, der der Dichter selber ist, in die Entschlossenheit seiner künstlerischen Absichten ein, die er keiner Erfolgsmöglichkeit aufopfern wird: am Ende blättert er in der Handschrift des Opus, das uns soeben vorgespielt worden ist. Ein Rahmendrama voll romantischer Pathetik statt der romantischen Ironie, die zu erlangen dem Dichter die feindliche Kugel nicht erlaubt hat. Aber er hat ja vor dem Kriege Muße gehabt, seine Sehnsucht fiebernd herauszuschreien, ohne sich um die Gesetze der alten oder der neuen Ästhetik zu kümmern. Seine Prosa wirft sich auf einmal rhythmisch; im Literaten- und Huren-Café, wo der Geist sich ebenso unbedenklich prostituiert wie der Körper, sitzt plötzlich, atmend und monumental zugleich, ein Fähnlein Flieger, die von der schmutzigen Erde in den reinen Äther aufsteigen; und zuletzt erfährt man sogar, weshalb dieses Szenenbündel ›Der Bettler‹ heißt: weil der Dichter allmählich in die ärmlichste Dachkammer sich hinaufgedichtet hat und durch die Liebe dafür entschädigt werden muß, daß er nicht in einer Welt lebt, wo gänzlich undramatische Dramen aufgeführt werden, wenn der Verfasser tot ist.

Kein Zweifel: von dem lebengebliebenen Sorge hätte die Bühne nicht früher Kenntnis genommen, als bis auf diese Verheißung die Erfüllung gefolgt wäre. Was er hinterlassen hat, ist das Werk der Dichter, in denen das Gewichtsverhältnis der Mischung von Lyriker und Dramatiker sich umkehren müßte, um im Theater eine Wirkung zu tun. Seine Ekstase ist sichtbar: aber sie teilt sich nicht mit. Er stellt sich steil auf die Zehen und breitet die Arme aus: aber er kann nicht fliegen. Sein eigenes Herz schlägt stürmisch: aber nicht das Herz seiner namenlosen Typen. Der weltschmerzliche Weltfreund übertreibt nicht, wenn er um sich herum, an die beseelten Dinge und an die toten, die ihm nicht tot sind, mit glühender Innigkeit singt: »Ich höre euch ganz. Ihr seid die Sterne und Stimmen, mit denen ich immer lebe. Eure Zeichen habt ihr in mich gemeißelt, diese Zeichen reden nun immer zu mir. Wenn ihr sprecht, wird alles Ewigkeit und schöner Trost.« Aber nur für ihn – nicht für uns. Er singt – nicht: es singt. Er lebt mit den Sternen und Stimmen – nicht der Zuschauer. Oder doch für fünf Akte zu selten. Denn so ergreifend es ist, so ist es zuwenig – oder zuviel, weil's schließlich automatisch geschieht –: daß immer wieder die Decke sich öffnet und die himmlischen Lichter feierlich ruhig auf die irdische Wirrsal blicken und blinken; daß magische Chöre brausend den kleinen Lärm des tatsächlichen Vorgangs übertönen; daß der Alltag sich mystisch verklärt. [...] Es sollte wohl auch ein Weg betreten werden, auf dem es weiterhin vorwärts gehen wird. Und so gewiß beim ersten Schritt das Ziel noch nicht zu erkennen ist, so fragt man sich doch und möchte sich gerne antworten. Man würde in diesem Fall die Vermutung äußern, daß es auf eine Durchdringung des Naturalismus mit Symbolik hinausläuft, wenn das irgendwie neu wäre, wenn nicht der Dramenbaumeister Solness, unter anderem, in seinem Glashüttenmärchen *das* gekonnt hätte, wovon Reinhard Sorge wortreich geträumt hat.

Soweit's möglich ist, hat Max Reinhardt diesen Träumen Gestalt gegeben. Man begriff, daß er selbst sich in jede seiner Szenen verliebt hatte und jede zögernd von der nächsten ablösen ließ. Auf Kosten des Tempos und der Abwechslung. Zu gleichmäßig langsam gedieh die undramatische ›Dramatische

Sendung‹ zu einer noch weniger dramatischen von vier Stunden. Der Gewinn: ein Reichtum von kleinen und großen, heimlichen und unheimlichen Einfällen. Reinhardts Schüler Sorge schreibt einmal vor: »Die Stimmen der Kokotten kommen dem grellen und nackten Eindruck des Scheinwerfers zu Hilfe.« Man kann sich denken, wie der Meister ihm diese Gelehrigkeit dankte. Alle seine Wesen lebten an diesem Mittag vom Licht. Lebten und waren wie abgestorben: das lautlos lärmende Caféhaus bewies, wie beide Eindrücke zu vereinen sind. Aber es blieb nicht bei solchen verblüffenden Virtuosenstücken der neuen Regiekunst. Manchmal glaubte man in wahrhaft kosmische Räume gerissen zu sein. Der Hall von wenigen Akkorden: und es klang wie die tröstliche Sphärenmusik. Dann wieder breitete vages Grauen des Irrsinns beklemmend sich aus. Darin hätte unfruchtbare Stilspielerei die Personen zur Panoptikumsstarrheit gelähmt. Reinhardt empfand ganz richtig, daß eine so lymphatische Dichterei das nicht vertragen, das heißt: daß unser Anteil dann nicht durchhalten würde, und trieb seine Leute an, den Sorge als schauspielerisches Material nicht von Shakespeare zu unterscheiden. Die Losung war nicht: Linie, sondern, höchst unrebellisch: Körper. Ein Mäzen von Jannings: knirschendes Fleisch. Das Alter war durch die ungern alternde Eysoldt als vergrämte Mutter und den jugendlich-gesunden, vollblütigen Wegener als angeblich geistesgestörter Vater minder naturgetreu denn artistisch reizvoll vertreten. Ihr Sohn Ernst Deutsch glich mit der schwarzen Locke, die sich am Ohre ringelt, einem Widder – eine Tiergestalt, die ja auch jüdisch aussieht – und vertuscht durch keine Geistesinbrunst, daß sein Jünglingstum einen greisenhaften Zug hat. Gradezu anbetungswürdig: Helene Thimig als Jungfrau-Mutter. Wenn die Lehmann der üppige Herbst der deutschen Schauspielkunst ist und die Höflich der strahlende Sommer, so ist die Thimig nur darum nicht ein knospender Frühling, der wunderbare Blüte und prangende Frucht verspricht, weil beides schon da ist. Das ›Junge Deutschland‹ aber soll Vorfrühling sein. Es habe als Motto, was die drei Engel des Dramenbaumeisters Solness und seines Hannele singen. Und schwebe zu Höhen der ewigen Reiche.

1918

Wilsons Friedensbemühungen werden in 14 Punkten konkretisiert. Erfolglose, auf Kriegsentscheidung drängende deutsche Offensiven an der Westfront. Kapitulation Bulgariens, der Türkei, Auflösung der österreichisch-ungarischen Doppelmonarchie durch Verselbständigung der Tschechoslowakei, Ungarns und Jugoslawiens. Ende Oktober Beginn der Meuterei in der deutschen Hochseeflotte, Revolution in Kiel, München und am 9. November in Berlin. Abdankung und Emigration des Kaisers, Waffenstillstand (11. November), Gründung der Deutschen Republik, Beauftragung Eberts. Gerhart Hauptmann als Sprecher der Künstler und Dichter: »Es wird endlich Zeit, daß eine große Welle der Liebe die verheerende Woge des Hasses ablöse. [...] Heut hat das Volk sein Geschick in die Hand genommen. Keiner wird jetzt zurückstehen. [...]« Dezember Kongreß der Arbeiter- und Soldatenräte in Berlin, Gündung der KPD. Für die während der Revolution nur wenige Tage geschlossenen Theater bringt die Revolution die Abschaffung der Zensur und nur vorübergehende Ansätze zu einer Strukturveränderung: Versuche zur kollektiven Führung scheitern bald (München). Ablösung der Hoftheaterintendanten (z. B. Graf Hülsen am Königlichen Schauspielhaus Berlin), Übernahme der Hoftheater in Staats- und Landesbesitz (Neuer Terminus: Staats-, respektive Landestheater). Noch vor Kriegsschluß eröffnet Erich Ziegel die Hamburger Kammerspiele (31. August mit ›Hidalla‹ von Frank Wedekind, der am 9. März 1918 gestorben war). Reinhardt mietet (nach der Aufgabe der Volksbühne) das Kleine Schauspielhaus (in der Berliner Hochschule für Musik, erste Premiere 31. 10. ›Phädra‹), im Dezember 1918 wird Saladin Schmitt (36 Jahre alt, bis Oktober Leiter eines Soldatentheaters in Belgien) Intendant am Bochumer Schauspielhaus.
Kortner von Wien zu Ziegel nach Hamburg.
Max Epstein veröffentlicht sein Buch über (gegen) Reinhardt.
Tod von Girardi und Oscar Sauer.

Walter Hasenclever   Der Sohn
Hof- und Nationaltheater Mannheim, 18. Januar 1918, Regie Richard Weichert
Deutsches Theater Berlin ›Das junge Deutschland‹, 24. März 1918
Regie Felix Hollaender

Hasenclevers ›Sohn‹ wurde neben Sorges ›Bettler‹ und Kornfelds ›Verführung‹ das dritte Hauptwerk des szenischen Expressionismus. Hasenclever (geb. 1890) hatte es 1913/14 geschrieben. Am 30. September war es im Landestheater in Prag, am 8. Oktober 1916 schon mit dem jungen Ernst Deutsch als Sohn im Dresdener Albert-Theater vor geschlossenem Kreis uraufgeführt worden. Deutsch hatte die Züge des expressionistischen Jünglings spontan in der Rolle entdeckt, aber die Inszenierung hatte noch nicht den Rhythmus des Stücks. Es heißt in einer Dresdener Rezension »Licho, der Regisseur [...] wurzelt noch in der Brahmschule. Sturm und Drang preßte er in Ibsen-Tempo. Er inszenierte ein Familiendrama. – Ernst Deutsch schritt in Trance durch die Akte, Abbild des Ekstatikers, tiefäugig, glühend, gegängelt von höherem Willen. Um ihn Unzulängliches, Phantasiearmes, der Erfolg aber groß, weil man nicht bloß eines jungen Dichters heftigen Pulsschlag spürte, sondern neuer Jugend entschlossenen Schlag« (Camill Hoffmann). Hasenclever kommentierte das 1917 mit dem Kleistpreis ausgezeichnete Stück »Es ist die Welt der Zwanzigjährigen, aus der Seele des Einzigen gesehen.« – Richard Weichert, seit 1914 Oberregisseur in Mannheim, hatte an den Versuchen seines Intendanten Carl Hagemann, vor allem mit Stücken Wedekinds die Szene zu entrealisieren und zu rhythmisieren, teilgenommen. Kurt Pinthus hatte die egozentrische Form, die explosiven Kräfte dieses antirealistischen Stücks schon 1914 in der Schaubühne beschrieben. Weichert erfaßte Hasenclevers Stück als erster szenisch aus seinem inneren Rhythmus. Die Inszenierung machte durch ihre Lichtregie Epoche. Hasenclever sagte zu dieser Aufführung, die die erste öffentliche war: »Die Idee, der geistige Inhalt trat zutage. [...]. Mir war, als säße ich zum erstenmal im Theater. [...] Die restlose Übertragung des Wortes auf die Bühne war kein leerer Wahn. Ich spürte es: es gab ein absolutes Theater [...]«. (in: ›Mein Weg zur Komödie‹). Stefan Großmann notierte: »Die einzige expressionistische Inszenierung, die auf einem neuen Gedanken beruhte, hat Richard Weichert gebracht« (in: ›Das Theater‹). Auch Carl Zuckmayer sprach von der »bahnbrechenden Mannheimer Inszenierung«. – Weichert gehörte damit zu den jungen, führenden Regisseuren und wurde auf Grund dieser Inszenierung an das Frankfurter Schauspielhaus engagiert. – In Berlin inszenierte Felix Hollaender den ›Sohn‹ als drittes Stück im Zyklus ›Das junge Deutschland‹ mit dem nun von Dresden nach Berlin engagierten Ernst Deutsch, der der Haupt-Darsteller der jungen schmächtigen expressionistischen Jünglinge wurde. Die Berliner Aufführung bestätigte, wie schwer die Ablösung vom Berliner Realismus, der gerade an dieser Bühne entwickelt worden war, den Regisseuren fiel.

Hof- und Nationaltheater Mannheim
Fritz Droop, Mannheimer Tageblatt 20. 1. 1918

Der ewige Konflikt zwischen den Generationen, der durch die Morgenröte einer Zeit geschaffene Gegensatz zwischen dem Zeuger und dem Gezeugten. Das ist auf die kürzeste Formel gebracht der Inhalt des Dramas, das gestern im Mannheimer Hoftheater seine Erstaufführung hatte. Walter Hasenclever, dem das junge Deutschland diese lodernde Anklage gegen die egoistische Macht eines in alten Vorurteilen allzufest verwachsenen Vaters verdankt, will die Jugend aus dumpfer Enge in die leuchtende Welt der Schönheit führen, ein Idealist und Schwärmer, dessen Glaube durch die Gefahren des Lebens nur noch stärker wird. Intendant Dr. Carl Hagemann schickte der Aufführung eine kurze Einleitung voraus, in der er es als eine Ehrenpflicht bezeichnete, wenn ein Theater, das einst dem jungen Schiller seine Tore geöffnet habe, auch den anstürmenden Dichtern unserer Tage Einlaß gewähre. Der Wahlspruch der neuen Kunst sei »Los von der Natur, hin zum Gefühl, zur Seele, zur Persönlichkeit!« Künstlerisch schaffen, heiße ein Stück von sich selbst gewinnen [...], es gelte die Befreiung von allen Hemmnissen, ein sieghaftes Ringen gegen äußere und innere Zwangsgewalten. [...]
Hasenclevers Drama zeige den werdenden Menschen, von Wesen umringt, die als objektivistische Ausstrahlungen des eigenen Ich zu betrachten seien. Darum habe die Regie den Sohn in den grell belichteten Mittelpunkt der Szene gestellt, während die übrigen Gestalten des Stückes mehr oder weniger im Dämmerlicht auftauchen und verschwinden. Gleich hier darf gesagt werden, daß Richard Weichert, der das Werk inszenierte, eine außerordentlich wirksame Lösung der angedeuteten Aufgabe vollbrachte.
[...] Was sich in den zweieinhalb Stunden gestern abend vor dem ausverkauften Hause abspielte, war unendlich viel mehr als die abenteuerlichen Erlebnisse eines Knaben, der unter furchtbaren inneren Qualen seine Menschwerdung erlebt. »Der Vater ist das Schicksal für den Sohn!« So rast der Angstschrei seiner Seele hinaus in die Welt, und weise tönt es dem Verzweifelnden (aus dem Munde des Hauslehrers) entgegen: »Jeder von uns leidet Unrecht; jeder von uns tut Unrecht!« Aber der Sohn, den wir hier kennenlernen, ist kein Sohn, wie ihn Schulze und Müller in die Welt setzen, es ist der zu maßloser Ekstase gesteigerte Inbegriff des werdenden Menschen, der über das angeborene Maß hinaus will, den der Gesang des brausenden Lebens hinausreißt aus der Umklammerung enger Schulweisheit, der den Kampf mit der Gegenwart aufnimmt, weil sie ihm den Weg in die Zukunft versperrt. Hasenclevers Drama gipfelt in dem Kampf des erwachenden jungen Lebens gegen alle hemmenden Symbole; es ist ein heißes Ringen gegen dunkle Gewalten und metaphysische Kräfte, eine grandiose Vision: der Kampf gegen die überlebensgroßen Schatten, die die eigenen Lüste und Begierden auf den Vorhang werfen, der das Reale vor seinen verlangenden Sinnen verbirgt.
Solche elementaren Vorzüge lassen alle Mängel übersehen. Ein Jugendwerk soll seine Fehler haben! Da mag, wer Lust hat, Einzelheiten wägen. Richard Weichert ließ den stürmischen Atem des Dichters über die Bühne fluten, die Ludwig Sievert durch wuchtige Linien begrenzte. Es war eine Vorstellung vorbildlicher Stilkraft, die in den markanten Szenen des vierten und fünften Aktes gipfelte. Fritz Odemar gab dem Sohn Umrisse von geisterhafter Dämo-

nie, frei von allzu süßlicher Gebärde, in den Offenbarungen des Gefühls mannhaft und von Märtyrerstolz überstrahlt in den Szenen gegen seine Widersacher. Robert Garrison als Vater war aus härtestem Holz, ein Übermaß an Kälte, ein Tyrann, den Pharisäerglaube selig spricht und der nicht begreift, daß der Vater der beste Freund und Kamerad seines Sohnes sein soll. Max Grünberg als ›Freund‹ war ganz Symbol, ein Sinnbild aller treibenden Kräfte Luzifers. Die große Szene zwischen ihm und Odemar im vierten Aufzug war das Geschlossenste des ganzen Abends. Als schlicht gestaltete Erzieherin stand Thila Hummel dem Jüngling, der das Weib erleben will, verstehend zur Seite. [...]
Stürmischer Beifall rief mit dem anwesenden Dichter auch seine Helfer, voran Richard Weichert und die Hauptdarsteller, immer wieder vor die Rampe.

Ernst Leopold Stahl, Neue Badische Landeszeitung, Mannheim, 19. 1. 1918

Hasenclevers ›Sohn‹ ist von einer Art Literatur, die das Ablagern eigentlich nicht verträgt. Vor vier Jahren hätte man das Sturmstück spielen sollen, gleich als es gedruckt dalag. Damals hat leider die Zensur – kurzsichtig, wie sie vielerorts noch ist – teilweise seine Aufführung verhindert. Er ist noch heute in den Theaterstädten Dresden, München, Köln verboten, obwohl in der Dichtung weder der (in der Wirklichkeit längst über Bord geworfene) Burgfriede, wie in Schmarren vom Rang der ›Ehre‹ und des ›Flachsmann‹, noch sittliche Empfindungen verletzt werden. Wir haben es der selbstgefälligen Trägheit der Theaterdirektoren Berlins (wo das Stück nicht verboten ist) und der mangelnden Einsicht deutscher Großstadtzensoren, nicht zuletzt aber der hier seit Jahr und Tag, mindestens seit dem Weggang Schäfers, mit sicherem Gefühl – nach trefflicher Ortssitte von einem angesehenen Vertreter der *Bürgerschaft* – ausgeübten Stückeprüfung zu danken, wenn das Hoftheater in *Mannheim,* obwohl es ebenfalls lange genug damit zögerte, die erste *öffentliche* Aufführung in Reichsdeutschland am gestrigen Freitag veranstalten konnte. Und da die vorangegangenen Versuche – in Prag und an einer kleinen Wiener Bühne sowie die unzulängliche Aufführung vor geladenen Gästen an der Dresdener Privatbühne an Gründlichkeit der Vorbereitung anscheinend allerhand zu wünschen übrigließen, so konnte erst die hiesige Inszenierung den rechten Prüfstein für die Bühnenfähigkeit und den künstlerischen Eindruck abgeben, der von dem Werke auszugehen vermag. Ohne seinen Vorgängern Teweles und Licho zu nahe treten zu wollen, darf man annehmen, daß das Werk seine *geistige* Uraufführung erst in Mannheim erlebte, wo Herr *Weichert* in wochenlanger Arbeit, von der Leseprobe ab allmählich aufbauend, aus dem Stile der Dichtung seine Interpretation entwickelte und jene durch diese zum Siege führte. Was vor allem die Dresdener Aufführung des von den Berlinern so hochgepriesenen Herrn Licho völlig verfehlt zu haben scheint, gelang der hiesigen ausgezeichnet: Aufführung und Festhaltung des richtigen Grundakkords. In Dresden spielte man das Drama im Wesentlichen realistisch, unterstrich so notwendigerweise seine schwachen Seiten und verdeutlichte seine Abhängigkeit vom einen Vorbild: Wedekind. In Mannheim spielt man es rein symbolisch. Hasenclevers Grund-Idee [...] wurde auch die Grundidee der Inszenierung.

Das Drama gibt die innere Entwicklung des Jünglings zum Mann in der Form wieder, daß die Gestalten rund um den Sohn die Spiegelungen seines zerrissenen, vielgespaltenen Selbst sind. Herr Weichert zieht, gescheit, die Konsequenz hieraus und stellt den Sohn – als die eigentlich einzige körperliche Figur – auch auf der Szene räumlich in den Mittelpunkt des Spiels, der gleichzeitig zum Brennpunkt auch sinnlich wird, indem er auf ihn das Licht des Scheinwerfers sammelt. Um ihn herum die zum Leben erweckten Visionen, als halbe Schatten durch das Spiel gehend. Man erlebt also, wenn man so will, einen Monolog des Sohnes oder, wie schon im Vorberichte ausgedrückt, Zwiegespräche des Jünglings mit seinen Inwendigkeiten. – Poetisch-technisch kommt jener Monologcharakter auch dadurch zum Ausdruck, daß der Sohn den Schauplatz überhaupt *nicht verläßt* – mit Ausnahme des dritten (wo er ihn indes *indirekt* beherrscht), des kleinen Schlußmonologs der Erzieherin im zweiten und einer einzigen größeren Szene im fünften, dem eröffnenden Auftritt dort, dem Gespräch zwischen den Vätern. Dieses gehört zum Schönsten im Stück, aber ich möchte es mit seinem objektivierenden Standpunkt, der dem Werk sonst recht fremd ist, mit der Betonung, daß die Anarchie »nur gegen die unmoralischen Väter gerichtet« sei – auch abgesehen von seiner technischen Unterscheidung vom Übrigen –, für nachkomponiert halten.

Jener Grundgedanke der Dichtung nun ist mit großer Kunst, von der Dekoration des Herrn Sievert gehoben, zur szenischen Durchführung gekommen: die fünf Akte wiesen einige Striche allzu redseliger (daneben auch einiger deutlicher) Stellen auf, mit deren Weglassung man dem Dichter einen größeren Gefallen tat als etwa (falls er daran beteiligt war) dem Zensor. Die bei aller äußersten Strenge der Stilisierung nicht tote Bildgestaltung war bewußt unfarbig, in Schwarz-Weiß, gehalten und hat, Stanislawskis genialen Einfall aufgreifend, den durchweg moderne Zimmer verlangenden Spielraum nicht fest umgrenzt.

Besonders (wesentlich) war das Verdienst der Inszenierung um eine subtile Ausarbeitung von Wort und Geste. Die letztere war bei den Umwelterscheinungen, denen die Weite des Spielraums Zutritt wie aus dem Ungefähr ermöglichte, nahezu aufgehoben, das Wort, begleitet von ruckweise großen Bewegungen, dann um so markanter gestaltet; allerdings in Anbetracht der für die akustischen Verhältnisse des weiten Hauses nicht sonderlich günstigen ›offenen‹ Dekoration manchmal noch immer nicht markant genug. Stilistisch am besten vor allem in der ersten Hälfte erschien mir der in der Modulation vorzügliche Freund des Herrn Grünberg, (wie Hagemann sagte, die Personifikation der »Gegenargumente«); in der zweiten Hälfte war besonders der zunächst etwas zu merklich unter dem Zwang seiner Unfreiheit stehende Vater des Herrn Garrison eindrucksvoll, der zeigte, wie stark er wirken kann, wenn er (im wörtlichen Sinne) an sich hält. Ein paar allzu weichliche Töne, kleine Rückfälle in seine sonstige Art, sind ihm wohl gegen die Absicht der Regie entschlüpft; sie entwuchsen nicht organisch der Figur, wie sie der Dichter sieht. Frau Hummel, ein seltener Gast, war voller mädchen-mütterlicher Reinheit und Gefühlsschönheit als Erzieherin, wiewohl ein wenig zu viel »Lebewesen«. Von einfacher Eindringlichkeit in der Szene der beiden Väter, taktvoll überlegen, ist Herr Albertis Polizeikommissar (allerdings mehr Polizeidirektor!). Herrn Godecks Hauslehrer entsprach seinem Bilde. Das Dirnchen Adrienne einer jungen Dame zu geben, deren Ton uns noch neu ist, um sonst

naheliegende Ideenassoziationen mit anderen Rollen ähnlicher Art zu vermeiden, war verständig, und Fräulein Merbreier fand sich recht ordentlich mit der Aufgabe ab. Der Klubakt ist ironischer gespielt als geschrieben; besonders Herr Kupfer, doch auch die Herren Hoffmann und Schlettow (als der amüsant gezeichnete Fürst Scheitel) vertreten ihre Chargen gut.
Die Auffassung des Sohns ist kaum zu verfehlen: »Man lebt ja nur in der Ekstase«, steht als Vorzeichen darüber. Aber sie ausfüllen, ist eine unendlich schwerere Aufgabe. Herr Odemar, köstlich blond bubenhaft mit verträumtem gramvollem Blick, kommt mit seinen schönen Anlagen und fleißigster Arbeit des Dichters Intentionen sehr nahe; ein wenig mehr eingespielt, mag er sie ganz erschöpfen. Wie er die Gestalt beseelt, ist ihm schon bestätigt worden. Er rollt den inneren wie den äußeren Menschen auf. (Auch in einer ausgezeichnet durchgeführten, weitausladenden, ganze Kreise beschreibenden, Eckiges und Linkisches übertreibenden Bewegung.)
Der starke Eindruck wuchs nach dem schwächeren dritten und vierten Akt im fünften, nach welchem der bis dahin aufmerksam freundliche Beifall sich bis zum langanhaltenden, stürmischen und ganz unwidersprochen gebliebenen Dank der Gesamtheit des Publikums für den zur Premiere erschienenen jungen Dichter, seinen jungen Interpreten Odemar und den Regisseur gesteigert hat, die viele Male auf der Bühne erschienen. – [...]

Deutsches Theater Berlin ›Das junge Deutschland‹
Siegfried Jacobsohn, Die Weltbühne, Berlin, 1918

Vor diesem Drama schwankt man nicht, wie man den Autor bezeichnen soll. Ein überaus sympathischer Junge. Ein rebellierender Gymnasiast. ›Der‹ Primaner, der auf dem Tisch den ›Don Carlos‹ und unterm Tisch ›Hidalla‹ gelesen hat und deshalb so lange sitzengeblieben ist, bis Wedekind unmodern und Reinhard Sorge modern geworden. [...] Und nun gärt's in ihm. Und begabt ist er, selbstverständlich. Und nun will er sich gründlich entladen. [...] Und irgendwelche eigene oder freundesnahe Erlebnisse mögen ihn gegen die Väter aufgebracht haben. Und in seinen kindlichen Augen wird diese Gattung von Bedrückern nicht minder hassenswert als anno dazumal ein Kleinstaattyrannentum. Und so spannt er zugleich mit der Leier zarten Saiten des Bogens Kraft.
Der Sohn – das einzige Kind und mutterlos offenbar – fällt durch die Reifeprüfung, weil er sich mit denselben fremden, schulfremden Dingen befaßt hat wie der Pennäler Hasenclever. Der Vater fährt fort, das gefährliche Alter des Sohns, seine Existenz, sein Wesen und seine besondern, im gebildeten Hause nicht einmal allzu besonderen Neigungen als eine Reihe von verdammenswerten Verbrechen zu betrachten. Strafe: strenger Zimmerarrest. Folge: Selbstmordgelüste. Retter: Freund Posa und Gouvernante, die aus hoheitsvoller Elisabeth eine liebend geneigte Eboli wird. Flucht aus dem Fenster und in den Bund zur Propaganda des Lebens, der Freude, des Taumels, der Trunkenheit. Nach donnernden Agitationsreden eine wilde Nacht an einer Dirne Busen. Am Morgen im verrufenen Hotel die Hermandad König Philipps. Transport des gefesselten Sohns ins Sprechzimmer, vor den Thron. Zum letzten Male: Schicken Sie mich mit dem Heer nach Flandern! In der Faust des Vaters: die

Hundepeitsche; des Sohns – o jetzt umringt mich, gute Geister! –: ein Revolver. Aber früher als beide geht der Herzschlag los, der den Vater trifft. Über der Leiche reichen sich Gouvernante und Sohn zu aktivistischen Versen die Hände und zerstreuen sich feierlich nach verschiedenen Seiten.

Wäre man nicht darüber belehrt worden, daß ›Der Sohn‹ das erste Exemplar und bereits das Muster eines expressionistischen Dramas ist, so würde man diese Vorgänge einigermaßen blödsinnig finden. Man würde fragen: Sind so die Väter? Und würde antworten: Ganz im Gegenteil. [...] Soviel Freiheit verlangt der moderne Sohn gewöhnlich gar nicht, wie der altmodische Vater ihm zu lassen bereit ist. Kaum bei Berufswahl und Berufswechsel setzt's noch Kämpfe. Wenn ein Handlungslehrling, der den besten Commis verspricht, sich etwa als Kleist-Biograph etablieren will, so pflegt das reibungslos vonstatten zu gehen. [...]

Aber nun ist's ja eben kein gewöhnliches, sondern ein expressionistisches Drama oder will so was sein. Kein Vater an sich ist gut oder schlecht: erst der Blick des Sohnes macht ihn dazu. Und dieser hier ist, erklären die Ausrufer vor der Bude der letzten Mode, kein einmaliger Vater und kein abgezogener Typus, sondern ein Vater, wie jeder reifende Sohn ihn zu sehen glaubt. Jeder? Also doch ein Typus, wenn anders ich deutsch verstehe. Freilich keiner, der objektiv, für alle Arten von Erdenbewohnern, sondern einer, der nur für die Spezies Sohn seine Gültigkeit hat. Der Sohn steht im Mittelpunkt der Ereignisse – »schön ist es, immer wieder zu erleben, daß man das Wichtigste auf der Welt ist« –, und wie ihm, nicht uns die Ereignisse dieser Welt erscheinen, so hält Hasenclever sie angeblich fest. Ehemals nannte man das: Lyrik. Da war's ohne Belang, daß unser Vater uns nicht so vorkam; der Poet, der uns von der innern Wahrheit seiner Vision überzeugte, hatte gewonnen. So soll jetzt das Drama sein. Zwar ist die Form der Shakespeare, Goethe und Hauptmann noch leidlich erhalten, und wer was zu sagen und zu gestalten hätte, dem würde sie allenfalls genügen. Aber immerhin: experimentiert! [...] Vielleicht mußte zunächst das Schema eines expressionistischen Dramas hergestellt werden, bevor sich Dramatiker fanden, es auszufüllen.

Möglich, daß Walter Hasenclever einstmals zu diesen gehören wird. Der Dichter des ›Sohns‹ ist noch kein Besitz der deutschen Literatur. Sogar das Schema ist brüchig. Selbst zugestanden, wie die Ausleger wollen, daß alle Begebenheiten rund um den Sohn die Spiegelungen seines Ichs sind und keinerlei Eigendasein führen – wäre da nicht das erste Erfordernis, daß der Sohn die Bühne niemals verließe? In sechs Szenen fehlt er. Wie und von wem aus sind diese gesehen? Nach der Theorie der Expressionisten würden sie haltlos in der Luft schweben, wenn sie das nicht nach jeder und ohne jede Theorie auch täten. Weiter: die fünf Akte sollen ein einziger Notschrei der Jugend, ihr Kampfgesang wider das Alter sein, angestimmt von einem Repräsentanten der Jugend. Aber plötzlich sitzt bei dem Nußknacker ein vernünftiger, fühlender, zärtlicher Vater, durch den jener vollends unrecht bekommt. Von wem nun stammt diese Kontrastierung? Aus dem Glutofen subjektiver Ekstase sind wir mit einem Ruck in den kühlen Bereich des alten Dramas gerissen, nicht des guten, weil darin beide Gegenspieler recht haben müßten, sondern des dicken, indem der einsichtige Vater Kriminalkommissar, Scherge der rohen Gewalt, der uneinsichtige Vater Arzt, aber nicht der Seele und nicht seiner Brut ist. Und drittens und letztens: dies soll ja doch wohl ein Manifest der

nächsten Generation sein, deren Geistigkeit unsern Sensualismus zu überwinden gedenkt. Ein bißchen geistiger Inhalt ist da schwer zu entbehren. Und was ist der Inhalt? Gemeinplätze. Tonleitern einer mutierenden Knabenstimme. Die üblichen Idealismen, zeitgemäß abgewandelt. Pubertätsträume ohne persönlichen Stempel. Hasenclevers Apostel werden mich totschlagen – aber aus seinem Drama haftet nichts in mir als der Ausruf des Fürsten: »Wenn mein Vater tot ist, muß ich mich auf den Thron setzen, schon der Presse wegen.« Vielleicht steckt in der tragischen Puppe ein gesunder Komödienschmetterling.
War's eine kritische Regung von Reinhardt, daß er als Regisseur auf den ›Sohn‹ verzichtete, oder hat er vom ›Jungen Deutschland‹ bereits genug? Hollaender... »Ein großes Fenster mit Ausblick in den Park; fern die Silhouette der Stadt.« Das wurde durch eine graue Kalkwand dargestellt. Sie ist das Signet dieser Inszenierungskunst. Mag Hasenclevers Absicht geglückt oder nicht geglückt sein: man versucht doch irgendwie, sie auf der Bühne wiederzugeben. Auf dem Mannheimer Hoftheater wurde der Sohn in die Mitte, ins helle Licht gerückt, während die übrigen Figuren rechts, links und hinten im Schatten blieben. Das anspruchsvolle Deutsche Theater speist eine geschlossene Gesellschaft, die zwar dichte Rudel von Kriegslieferanten, aber zugleich alle Kenner Berlins umfaßt, mit dem hergebrachten naturalistischen Schauspiel ab. Genau so wurden vor fünfundzwanzig Jahren die ›Mütter‹ dieses ›Sohnes‹ gespielt, als ob er nicht einen Vater aus ganz andern Bezirken hätte. Wie Ernst Deutsch einen glühenden Jüngling macht, Paul Wegener einen Nußknacker, Else Heims eine mütterliche Geliebte: das ist zur Genüge bekannt. Kaum von Werner Krauß erwartet man eine Überraschung. Aber dann tritt er, als Freund, nicht auf, sondern in die Erscheinung, geht nicht ab, sondern ist verschwunden – und hat auf eigene Faust und kraft eigener Phantasie das Problem gelöst, das sein Regisseur nicht einmal geahnt hat.

Reinhard Goering Seeschlacht

Uraufführung: Königliches Schauspielhaus Dresden, 10. Februar 1918
Regie Ernst Lewinger / Adolf Linnebach

Deutsches Theater Berlin ›Das junge Deutschland‹, 3. März 1918
Regie Max Reinhardt

Mit Goerings zum Teil enthusiastisch aufgenommener ›Seeschlacht‹ kam das erste Schauspiel auf die Bühne, das noch im Krieg sich mit dem Krieg auseinandersetzte. Goering, 1887 geboren, ein Kriegsfreiwilliger von 1914, hatte es unter dem Eindruck der Schlacht am Skagerrak im Sanatorium in Davos geschrieben. Nicht als ein realistisches Szenarium von einer Schlacht, sondern als ein Schicksalsstück, ähnlich dem antiken Drama. (Kerr sah das als einer der wenigen: »Häufig wirkt Goering, als käme er von der Antike. In dem Empörergespräch ist Sokratisches...«) In der Situation der Uraufführung wurde es als ein Drama aus der Gegenwart verstanden. Die Dresdener Inszenierung wurde vorbereitet unter Hinzuziehung eines Marinefachmanns. »Die Signale, das Abfeuern des Riesengeschützes, die Einschläge, der Pulverdampf wirkten derart realistisch, der ausbrechende Wahnsinn, das grausige Sterben der Mannschaft wurden so erschütternd dargestellt, daß bei der Aufführung eine Frau in Schreikrämpfe verfiel, andere ohnmächtig wurden...« (Paul Adolf in: ›Vom Hoftheater zum Staatstheater‹). Die Inszenierung hatte der Intendant Graf Seebach veranlaßt, auf Anraten des militärischen Generalkommandos aber für eine geschlossene Gesellschaft (›Literarische Gesellschaft‹). Seebach verteidigte die Aufführung auch gegen alle politischen Anwürfe und Vorwürfe, die sagten, dies sei nicht der richtige Augenblick für dieses Stück: »Es ist die erste Pflicht eines Theaterleiters, Werke, in denen das innerste Einzelschicksal der Zeit einen starken Ausdruck [...] gefunden hat, dem Publikum zugänglich zu machen.« – Max Reinhardt inszenierte die mit dem Kleistpreis ausgezeichnete ›Seeschlacht‹ am 3. März 1918 im Deutschen Theater Berlin als zweite Veranstaltung des Vereins ›Das junge Deutschland‹. Die erste öffentliche Aufführung fand im August 1918 im Fürstlichen Schauspielhaus in Bad Pyrmont statt. – Goerings künftige Stücke: ›Der Erste‹, in den Kammerspielen des Deutschen Theaters mit Paul Wegener und Gertrud Eysoldt schon am 25. Oktober 1918 uraufgeführt, und das Stück ›Der Zweite‹ fanden von Mal zu Mal gedämpftere Zustimmung. Einen Theatererfolg konnte der nun umhergetriebene Goering erst 1928 wieder mit ›Scapa Flow‹ erzielen.

Königliches Schauspielhaus Dresden
Fritz Zimmermann, Dresdner Nachrichten 11. 2. 1918

[...] ein Stück Kriegspsychologie von unmittelbarster Erlebenskraft. Im Panzerturm eines deutschen Kriegschiffes fahren sieben Matrosen der Seeschlacht am Skagerrak entgegen und durchleben vor unseren Augen alle Hochspannungen und alle Depressionen des Zustandes furchtbarster Erwartung, den Rausch des Schlachtbeginns und die Entsetzlichkeiten ihres Verlaufs. Ein Dichter hat aus erschütterndster Zeitnähe *den* Tragödienstoff herauszugreifen gewagt, der uns heute als Mitlebende ohne ästhetische Distanz mit allen Mächten der Lebenstragik überwältigt; das Sterbenmüssen des einzelnen für das Ganze. Das dringt bis auf den letzten Grund der Seele und legt alle Gefühle bloß von Hüllen und Masken. [...] Der Mensch schreit, und sein Schrei kreist in dem stählernen Turm, den nur die Tat zu sprengen vermag. [...]
Was hier sieben Männer aus Millionen erleiden und erleben, ist das innerste Problem der Zeit. Es kann für jetzt nur mit einem Fragezeichen endigen. Das aber ist die gewaltige Dramatik dieser Szene im Panzerturm, daß der Dichter für *jede* Seite des Gefühls den vollen, unverfälschten Ausdruck wagt und zu formen vermag, daß Tod und Pflicht, Glaube an die oberen Mächte und letzte Zuflucht zu dem eigenen Ich, die unabänderliche Gegenwart und die Zukunftsforderung: »Gedenken dessen, was war und sein kann zwischen Mensch und Mensch« unerbittlich gegeneinander gesetzt sind. Stark und neu wie diese innere Dramatik des Vorgangs ist die Sprache und die Psychologie der Tragödie. So drückt sich Erleben aus, das neue Menschen formt, für die Tod ein leeres Wort ist. So kehrt sich Innerstes nach außen unbekümmert um naturalistische Möglichkeit des Sprachstils als eine neue Dichtersprache des Expressionismus, der noch nie Gesagtes in Worte fassen möchte. ›Der Mensch‹ im Matrosen redet in diesen Lauten, seine Ahnungen, Ängste und Qualen. Das Erstaunlichste war, daß diese ringende, von Bildern durchsetzte, oft aufs

höchste gespannte Sprache bald wie Natur im Munde der Matrosen klang. Die Vorgänge im Panzerturm während der Seeschlacht wirken mit erschütternder seelischer und stofflicher Wucht. Was ist daneben die Phantasietragödie in Ugolinos Hungerturm? Reinhard Goering – ein neuer Name – hat aus Erlebnis und Phantasie eins der kühnsten Dichterwerke des Weltkriegs geschaffen, dessen ästhetische Einschätzung wegen der Hitze seiner Erlebnisglut und der Nähe des stofflichen Gehaltes noch nicht abschließend gegeben werden kann. Die Aufführung war ergreifend. Wie die Herren Müller, Becker, Wierth, Meyer, Iltz, Martens, Schröder das gespielt haben, war unvergleichlich. Besonders Iltz trat mit einer aufwühlenden Seelendarstellung hervor. Mit zuverlässigster Genauigkeit waren die kriegerischen Dinge dargestellt, ein Meisterstück der Regie. Der furchtbare Ernst der Tragödie lastete auf allen, die sie sahen; [...]

Deutsches Theater, Berlin ›Das junge Deutschland‹
Emil Faktor, Berliner Börsen-Courier 4. 3. 1918

[...] ein bitteres, schwerblütig phantasierendes Gedicht, die einaktige Tragödie einer letzten Lebensstunde, die mit ihrer dämonischen Ungewißheit sieben Menschenhirne umkrallt. Man erlebt Stimmungschauer, man wird von Symbolen umkreist, die sturmgeübte Menschenart in der gesteigerten, rhythmisch beseelten Ausdrucksform eines Dichters spiegeln; man hört das Jauchzen der Lebensfreude, die dem Tod ins Gesicht lacht, man wird von der Frömmigkeit eines Zeichensuchers umsungen, während die düstern Gedanken eines Verschwörers nachtwandeln; dann tobt die Schlacht und reißt abweichende Gesinnungen in einen gemeinsamen Tumult der Erregung, bis ein Äußerstes geschieht, das Schicksal heißt und mit Rauchwolken und Donnerschlägen die Musik der Menschenworte ersticken macht.
Man hörte (will man zusammenfassen) eine minutiös verkettete Folge stilisierter Gespräche, die sich dramatischen Linien näherten. Schärfer aber als die dramatischen Momente ist der gespenstische Umwuchs des Gedachten, bedeutungsvoller als die Entwicklung tragischen Geschehens prägt sich das Totentanzgemälde ein, wenn mutigen Blaujacken bei Treffern in den Panzertum das Herz im Leibe sich umdreht, während einer unter ihnen, der bereits mit dem Gedanken der Meuterei umging, ans Geschütz springt und die Pflichttreue bis zum letzten Atemzuge triumphieren läßt. Halb wahnsinnig knien Männer, die vor dem Donner einschlagender Granaten den Geist der Schlacht umarmt hatten, auf dem Boden, und ihre Lippen stöhnen chorhaft anschwellende Akkorde der Verzweiflung. Heftiger aber als dieser Wirbel der Kontraste ist die Schallstärke des Schlachtorkans, der von außen heranbraust. Die äußere Technik der Zufälle hat die Übermacht und entreißt dem Dichter die Möglichkeit, die Gewalt des Schicksals auf den Schauplatz der Menschenseele so elementar zu projizieren, daß uns bloß die inneren Katastrophen bezwingen. »Ich habe gut geschossen, wie?« fragt in den Schlußworten der Dichtung der eine, dessen Nerven allein standhielten. »Ich hätte auch gut gemeutert!« fügt er hinzu. »Aber schießen lag uns wohl näher, wie?« Der Sinn dieser Fragen muß nicht erst gedeutet werden. Sie enthüllen den Kern des Problems, das die Impulse der Selbstüberwindung aus der Kenntnis der Menschennatur heraus motiviert.

Aber was fragen die Granaten danach? Im Grunde genommen hat die Haltung des bekehrten Aufrührers auf die Katastrophe des Untergangs nicht den geringsten Einfluß. Der explodierende Panzerturm begräbt sie alle. Wäre der Meuterer verstockt geblieben – es hätte nicht schlimmer kommen können. Die inneren Zusammenhänge der Tragödie verfinstert ein blind wütendes Fatum, und das Tragische wird verdrängt vom lähmend Traurigen. Der von dumpfem Grausen durchwühlte Leib der Tragödie gebiert eine Gedankenpointe. Ein vollwüchsiges Drama hätte wesentlich mehr zu fordern.
Als szenische Schöpfung gehemmt, hat die Dichtung Goerings dennoch den Antrieb und Seelendrang des Bedeutenden. Der Blutglanz freier Rhythmen (ein paar spröde, ein paar undurchsichtige Zeilen verderben nicht viel) zeugt für die Werte einer Persönlichkeit, der künstlerisches Schaffen einen Kampf um menschliche Gipfel bedeutet. Phantasiemensch und Weltbürger, Traumdeuter und Wahrheitsfanatiker suchte Goering in der gewissensbangen Stofflichkeit seines Seeschlachtgemäldes, nach dem erlösenden Gleichnis, nach der befreienden Menschlichkeitsformel, die uns mit Bürden und Qualen ins Gleichgewicht bringt.
Goerings mutiges Bekennertum will nicht an mißtrauisch herausgelesener Tendenz abgeschätzt werden. Es fiebert in Erweckungen des Bewußtseins, die die Luft wie mit Gesang erfüllen, es strebt aus irdischer Enge ins Weite. [. . .] Im Mittelpunkt der Tragödie steht die fesselnde Gestalt des Meuterers, der nachgrübelt, was zwischen Mensch und Mensch ist und das verdammte Fragen aus der Seele wegpeitscht, als ihm die Glutwellen der Kampfbegeisterung in den Kopf schießen. Wie wundervoll ist sein Gespräch mit dem Frömmler, wenn die Worte dem eindeutigen Sinne zustreben und erst Etappen der Vorsicht zurücklegen, wenn sie plötzlich sich zum Sprunge ducken und kein Zurück mehr kennen. Es ist ein wilder Zauber um diesen Menschen, dessen Gedanken immer wieder brennen, auch, wenn sie nach der entgegengesetzten Richtung umgeschaltet werden.
Trotz so hoher Merkmale einer ins geistig Visionäre gesteigerten Gefühlsdramatik, blieb der Gesamteindruck hinter Erwartungen zurück. Er schwankte hin und her zwischen den Reflexen der Wirklichkeit und ihrer symbolischen Umdeutung. Geist und Körper dieser Dichtung vermählen sich nicht. [. . .]
Im Zuschauerraum saß – fast möchte man sagen – ganz Berlin. Man hat soviel interessante Köpfe, soviel Berühmtheiten selten beisammen gesehen. Und im Hause herrschte, als der Vorhang in die Höhe ging, eine Spannung, die dem Drama einen empfänglichen Boden zu sichern schien. Einziger Schauplatz das Panzergewölbe, das Sterns Reproduktionskunst fast naturgetreu (bloß in den Dimensionen zu freigebig) auf die Bühne gestellt hatte. Freilich die vierte Stahlwand fehlte, obschon sie der Zuschauer nicht brauchen kann – aber die Illusion der Unheimlichkeit kommt durch diese Unmöglichkeit zu kurz und wurde nicht gefördert, wenn die Matrosenfigur des Herrn Wegener sich mit ihrem düster brütenden Träumerblick zu nahe ans Parkett ansiedelte. Wichtiger als diese Äußerlichkeit war, daß der Künstler den Zuhörer nicht locker ließ. Erst waren es geheimnisvoll suggestible Flüstertöne, dann jagte der Trotz hindurch, bis das Wunder kam und Flammenrosen um eine mächtig ausholende Heldengestalt aufschossen. Gut eingestellt auf Wegener war Herr Veidt, der Darsteller des anderen Nachtwandlers, den der Aufrührer in sein Lager zu ziehen sucht. Fehlende Persönlichkeit vermochte der Spieler des Got-

tesfürchtigen durch die Inbrunst des Tones zu ersetzen; man glaubte ihm freilich mehr die Heiligkeit als die Ausbrüche des Entsetzens und der Todesangst. Werner Krauß charakterisierte mit festen Strichen den biederen Maat, der kein Fackeln kennt und mit rauher Kehle für Zucht sorgt. Die Schilderung der Wahnsinnsszene war sein eigentliches Gebiet. Und es wurde stark, wie es werden sollte. Die beiden, im Charakter verwandten Sinnenmenschen gaben Jannings und Thimig. Jener das wildere Temperament und von einer Echtheit des Kolorits, die nach Matrosenkneipen roch, während in Thimigs Spiel die Jugend musizierte und in die Stahlhöhle eine Welle Frohsinn brachte. Als die beiden sich bei den Händen faßten und mit eingeknickten Beinen loswirbelten, dachte man lebhafter als bei irgendeinem anderen Moment an die Spielleitung Reinhardts. Sie war scharf genug durch den szenischen Apparat in Anspruch genommen. Man hörte den Schall der Wogen, das Atemgeräusch der Maschine, man sah eine wirksame Gruppe der Schläfer, und die Tumulte der Schlacht wurden mit allen Haupt- und Nebengeräuschen lebendig. Auch die Explosionen vollzogen sich im Sinne einer gewissen Naturtreue von Schallgewalt und Pulverdampf, ohne die Nerven des Zuschauers zu überängstigen. Und hätte man noch mehr Zurückhaltung geübt, wäre wahrscheinlich auch die Verzweiflung der Todgeweihten erschütternder zum Ausdruck gekommen. Das Auge hatte zuviel Arbeit.

Willi Handl, Berliner Lokal-Anzeiger 4. 3. 1918

[...] Es könnte sein, daß diese Mittagsstunde für die Entwicklung der deutschen Kunst denkwürdig wird – wie ähnliche Stunden in den vergangenen Jahrzehnten. Ein Werk von unbezweifelbarer Echtheit erschien, von bestem, deutschem Geblüt, straff in der Form, groß in der Bedeutung des Vorgangs. Es ist eine Schicksalstragödie, gewaltig und wahrhaftig, den großen attischen Dramen im Geiste verwandt. [...] Die Menschheit im runden gepanzerten Turm – ein Sinnbild des festen Zwanges, der uns mit seinem Gesetz umkreist und zusammenhält. Das sind starke, von tiefem Gefühl empfangene Zeichen, die in großem Geist und in voller Anschaulichkeit unser Dasein deuten. [...] War dieses Gelingen das Glück eines zufällig großen Wurfes? Ist es die erste Offenbarung einer ganz bedeutenden schöpferischen Kraft? Die Zukunft mag es zeigen. Einstweilen lockt die Hoffnung, daß dem deutschen Drama wieder ein Stil aufblüht, der Gestaltung und Gefühl in eins zusammenzwingt, der von den Schwächen gelehrter Rednerei und kurzsichtiger Strichelei eben so frei ist wie von dem romantisch ausfahrenden Gebrause, in dem seit Neuestem alles Heil der jungen Dichtung ersehen werden soll. Aber das große Drama will nur einen Stil, der sein Ungestüm in Würde ausgibt und seinen Reichtum zu runden Formen bringt: einen Stil, der wieder klassisch sinnt und schafft. Hier wäre ein Anfang. Er ist wert, daß sich gute Erwartung auf ihn gründet.
Die Aufführung, von Max Reinhardt geleitet, war wie das Werk: stark und ganz, von den großen Stimmen geführt und vom einheitlichen Rhythmus durchschüttert.

Siegfried Jacobsohn, Die Weltbühne, Berlin, 1918

Vor dreizehn Jahren sah ich im Grand Guignol den Bauch eines Unterseeboots. [...] Bei Reinhard Goering ist der Schauplatz der Panzerturm eines Kriegsschiffs, das in das Skagerrak fährt, und zählt heute sozusagen doppelt. Nach abermals dreizehn Jahren wird man, was man hier sieht und hört, durchaus in der ästhetischen Sphäre belassen (vorausgesetzt, daß die Tragödie so lange lebt). Heute mißt man's ununterbrochen an dem Inhalt des Tages, der Gegenwart. Man ist erstens als Zuschauer, zweitens als Teilnehmer darauf eingestellt. Und freut sich der Eingebung dieses jungen Dichters, die ihm ermöglicht, uns mit den Schrecken des Krieges nah, aber nicht allzu nah auf den Leib zu rücken, sie einzufangen, ohne uns darin zu ersticken. Eine Landschlacht hätte an sich dasselbe besagt: nur wär's durch den Blut- und Kotgeruch schwerlich zu uns gedrungen. Seeschlacht: das wirkt entmaterialisierend. Für Schauerlichkeiten ohne Maß ist dieser Panzerturm eines Kriegsschiffs die höchste, die reinlichste Zelle.
So erweist er sich der nachdenklich-abstrakten Debatten seiner Insassen würdig. Es sind Deutsche, also spinnen sie mehr noch als sonst Matrosen. [...] Aber wenn es soweit ist, dann vergißt auch der Zweifler seine Zweifel. Dann springt er zum Rohr und feuert unbedenklich drauf los. Dann ist der Hetzer und Meuterer ein Vorbild an Mut und Zuverlässigkeit. Dann liegt's ihm näher, zu schießen, als sich erschießen zu lassen. Und da ihn die Gegenwehr nicht davor schützt, den Tod zu erleiden – nun, so stirbt er eben. Mitsamt den Gefährten.
Ein Akt. Ein Bild. Ein Sinnbild. Ein zwiefaches Sinnbild diese deutsche Mannheit im stählernen Panzerturm. So ist der Soldat in den engsten Kreis der Pflicht gebannt, und so ist oder war sein Deutschland rings eingeschlossen. Das springt in die Augen; man braucht's kaum zu erklären. Desto unmittelbarer, möchte man meinen, wird es ergreifen, packen, aufrütteln. Die Vorstellung findet ein schweigendes Publikum. Ist's das Schweigen der Andacht oder der Kühle? Darüber würden viele Zuschauer sich nicht einmal Rechenschaft geben können. Was den einen betrifft, der hier Rechenschaft schuldig ist: mich hat vor der ›Seeschlacht‹ kühle Andacht erfüllt. Der Autor gewinnt durch die Lauterkeit seiner Absichten, durch die tiefe Ehrlichkeit seiner Selbstqälerei. Aber auf den Kampf, der in ihm selbst vorgeht, blicke ich angelegentlicher als auf den Kampf, den er zu gestalten versucht. Versucht. Hier nämlich hängt die menschliche Teilnahme von der sachlichen ab; statt daß sie frei von jeder Bedingtheit wäre. Das A und O auch der dramatischen Schöpfung ist der Mensch – und Goerings Menschen sind Projektionen auf die Leinewand: Krieg. Zieht ihnen diesen Hintergrund weg, und sie sind nicht.
[...]
[...] Was die Personen des Stückes so heftig in die Höhe und Hitze treibt, das berührt mich, weil es mich seit dem ersten August 1914 bei Tag und bei Nacht bewegt. Der Heeresbericht erweckt in mir ja immer wieder dieselben Bilder wie diese hundertundneunundzwanzig Seiten. Mit einem Wort: in Reinhard Goering, in dieser ganzen Generation von Dichtern ist des eigentlichen Dichtertums zu wenig. Sie empfinden das gar nicht als Vorwurf; und es müßte keineswegs einer sein. Sie nennen sich Aktivisten. Sie wollen in erster Linie die Welt nicht schildern, sondern verbessern, wollen uns aufstacheln,

länger nicht stillzuhalten, Hand anzulegen, tatkräftig strahlende Zeiten heraufzuführen. Was ursprünglich in Reinhard Goering geklungen, war offenbar ein Haßgesang gegen den Krieg. Wenn nicht alles trügt, so wollte er sagen, predigen, fanatisch uns in die Ohren schreien, daß es auf die Beziehung von Mensch zu Mensch ankommt, nicht von Mensch gegen Mensch. Aber er ist ein Deutscher, und das heißt: objektiv sein. [...] Das heißt: gewissenhaft abwägen, für und wider sein und den Haßgesang gegen den Krieg zu einer fesselnden Diskussion über den Krieg abschwächen.

Mehr ist mir die ›Seeschlacht‹ leider nicht. Reinhard Goering ist teils Dichter, teils Aktivist – aber weder dieses genug noch jenes genug. Als Aktivist reißt er mich nicht mit, weil sein Schwung durch Einsicht in die Begrenztheit der Erdenbewohner gebrochen ist [...]. Die Gefühlsspannung, die Verschwärmtheit, die Todesangst der Matrosen schüttelt sie selbst und ihren Schöpfer, zu selten mich. Jugend allein tut's am Ende doch nicht.

In der Schumann-Straße gab es die angenehme Überraschung, daß der eine Akt von anderthalb Stunden Spieldauer nicht durch eine Unterhaltungs- und Bierpause abend- oder matineefüllend gemacht worden war. Der Panzerturm mit dem ganzen Apparat von Lichtsignalen, Klingelzeichen, Leitern, Geschützen und Hebeln, dieses blitzblank exakte Getriebe bot eine Augenweide für sich und verkörperte gleichzeitig bis zur Vollkommenheit diese entgötterte Welt der gefräßigen Maschine. Ihre Opfer: soweit Goering deren Gesichter unterscheidet, hatte er Anlaß, den besten Männerspielern des Deutschen Theaters dankbar zu sein; soweit er ihre Stimmen zu einer Art von antikem Chor zusammenballt, dem Regisseur Reinhardt. Der scheint sich nach den Fehlschlägen seiner Repertoire-Aufführungen durch die Sondervorstellungen dieses ›Jungen Deutschland‹ immer wieder kunstehrlich pauken zu wollen. Das ist wenigstens etwas. Aber man begreift nicht recht, warum er an theatralische Gebilde, die vor kein zweites Publikum kommen, so sehr viel mehr Liebe wendet als an diejenigen, die vor hundert Parketts seinen Ruf untergraben können und müssen.

Fritz von Unruh Ein Geschlecht

Uraufführung: Schauspielhaus Frankfurt, 16. Juni 1918
Regie Gustav Hartung

Deutsches Theater Berlin ›Das junge Deutschland‹, 29. Dezember 1918
Regie Heinz Herald

Fritz von Unruh, 1885 geboren, hatte schon 1912 mit seinem Drama ›Offiziere‹ starke Beachtung gefunden. Sohn eines Generals, militärisch erzogen, hatte er seiner literarischen Neigung wegen den Dienst quittiert. 1913 war ›Prinz Louis Ferdinand‹ vollendet, ein an Kleists ›Prinz von Homburg‹ erinnerndes Schauspiel um Pflicht und Gehorsam. Unter dem Eindruck des Krieges war Unruh, der Offizier, ein Feind des Krieges geworden. Er hatte in seinem dramatischen Gedicht ›Vor der Entscheidung‹ das Entsetzen des Sterbens beschworen und stand vor dem Kriegsgericht. Das Chaos, das sich ihm als Folge des Kriegs darstellte, versuchte er 1916 in seiner ekstatischen Szene ›Ein Geschlecht‹ darzustellen, sie bildete den ersten Teil einer Trilogie, von der aber nur der zweite Teil ›Platz‹ noch vollendet und in Frankfurt aufgeführt wurde. (Der dritte Teil ›Dietrich‹ liegt in Unruhs Nachlaß.) Unruh galt damals vielen als der neue Kleist. In ihm sah man den jungen, aus dem Krieg hervorgegangenen, lange erwarteten Dichter. (»Es gibt nur ganz wenige junge deutsche Dichter, auf dessen Wort so viele wertvolle Menschen in Deutschland lauschen wie auf das Bekenntnis dieses jungen preußischen Offiziers«, schrieb Stefan Großmann.) – Unruhs ›Geschlecht‹ wurde in einer geschlossenen Vorstellung (›Verein Frankfurter Kammerspiele‹) noch vor Kriegsende aufgeführt und erhielt ein zum Teil enthusiastisches, aus der Zeitsituation zu erklärendes Echo. – Als dieses Stück am 29. Dezember 1918 im Verein ›Das junge Deutschland‹ in Berlin aufgeführt wurde, hatte sich diese Situation verändert. »Der Krieg ist jetzt schon eine Angelegenheit von gestern; heute bewegt die Revolution alle Gemüter in Deutschland. [...] Dieser Umschlag der Stimmung war bei den Mitgliedern der Gesellschaft ›Das junge Deutschland‹ zu spüren« (M. M. in der ›Neuen Zürcher Zeitung‹). – Gustav Hartung machte sich mit dieser Inszenierung zum Unruh-Regisseur (er inszenierte später die Uraufführungen von Unruhs ›Platz‹ [noch in Frankfurt], ›Louis Ferdinand‹, ›Stürme‹, ›Rosengarten‹, ›Bonaparte‹, ›Heinrich aus Andernach‹ unter seiner Intendanz in Darmstadt und Köln). Eine ähnlich mit Skandal endende erregende Aufführung brachte Karl-Heinz Martin im Thalia-Theater Hamburg (Febr. 1919). Auch das Burgtheater brachte das ihm wesensfremde Stück (19. 9. 1919) und offenbarte einen charakteristischen Unterschied der Stilarten: »Die Frankfurter Aufführung suchte die Tragödie des Menschengeschlechts, die Wiener ein Familiendrama aus dem ersten Weltkrieg. Die Frankfurter suchte das monumentale Maß, durch die Wucht der Anklage die große Geste zu finden, die Wiener, auch dem bürgerlichen Denken nahe zu kommen« (G. Hartung). – Der Frankfurter Erfolg wird getragen von dem angesichts der erfolglosen Offensiven im Westen wachsenden Verlangen nach Frieden.

Schauspielhaus Frankfurt
Bernhard Diebold, Frankfurter Zeitung 17. 6. 1918

Der unstillbare Jammer unserer Tage, das Todesstöhnen über den eitrigen Aasfeldern des Krieges, das klirrende Getöse von hunderttausend Morden zwischen geöffneten Gräberreihen ländergroßer Kirchhöfe und die Schreie aller, aller Mütter, die unser blutig gezeichnetes Geschlecht gebaren – dies schauervolle Gedröhn ließ die Erde erbeben. [...] Werke erstanden, die, ohne den Krieg auch nur zu nennen, die große Traurigkeit der Zeit anklagten. [...]
Gestern aber wurden wir eines gewahr, eines, der eine brennende Fackel hochhielt über alle Schwärze, so scharf die Dinge schauend, so schmerzlich tief zu Ende denkend, so wenig grüblerisch, in Ahnungen sich verträumend, daß seine Sprache mit schicksalhafter Härte jene unsicher gestammelten Bekenntnisse des Expressionismus nur überdeutlich, allgemein erfaßbar auszusprechen vermochte; der Ausdrucksform nach eher Klassiker als noch Romantiker, dem Wollen und dem Geiste nach moderner als alle Mode, ein grausamer Erleuchter und ein hoffender Seher: der deutsche Dichter des Krieges. Und darum sein

wirklicher Gestalter und stofflicher Bezwinger, weil er ihn *nicht* darstellt, weil er ihn als Geschehen nur symbolisch heranzieht, nicht zu Bildern und Handlungen benutzt, deren soldatische Farbigkeit jämmerlich erblaßte vor seiner Realität – der nur ein Instrument ist zum Ausdruck der tiefmenschlichsten Entfesselungen und Qualen, wie sie dieser Krieg im Bösen und im Guten mit besonderer Grausamkeit bloßlegte... Aber nach allen Verneinungen der Verzweiflung ertönt ein wunderbergendes Ja für das mächtigste Weibliche, für die Mutterschaft; es klingt wie Hymne für [...] die aus der Mutter ausgegossene Liebe [...].

Die Dichtung erhebt sich zum Mythus aller Tragik. Keine Exposition: das leidvolle Erleben der Gegenwart bestimmt – allerdings vielleicht nur für uns Zeitgenossen – jede Vorbedingung der Kriegstragödie. Eine Mutter steht am Grabe ihres in der Schlacht gefallenen Jüngsten. Noch einer, der Zweitjüngste, schlägt sich im Kampfe. Zwei andere Söhne sind lebende Opfer des Krieges; sind festgeschmiedet an der Kirchhofsmauer: der durch die Wut der martialischen Furie zum Schänder weiblicher Schwäche, zum Verächter aller menschlichen Gesetzlichkeit entfesselte älteste Sohn, und der schwachselige, überzarte Feigling, der dem Gebot der Not nicht standhielt. Beide Verbrecher: der erste ein Zuviel an chaotischer Natur, der zweite ein Zuwenig; beide von staatlicher Gewalt dem Tode überwiesen. Die Tochter, weiblich, passiv, nicht eigenkräftig, empfängt den Funken der brennenden Begierde des älteren Bruders; auch sie verzehrt sich im Brande ungebärdiger Geschlechtlichkeit. Und diese Kinder, *einem* Schoß entsprungen, erheben sich empörend gegen jene Macht, die sie zum Leben brachte, verfluchen die mütterlichen Brüste [...]. Hier bäumt sich das Geschlecht gegen die grausame Notwendigkeit des ewigen Flusses der Dinge, wenn es die Hände zur Erwürgung der Mutter ballt, die nur Vollzieherin der Weltentragik ist, selbst umgetrieben auf dem unendlichen Meere, dessen Ebbe und Flut Geburt und Grab heißen. So wird sie zum Symbol der sommerlich tragenden und winterlich begrabenden Mutter Erde, deren furchtbaren Wechselsinn die Menschheit nicht begreift.

Und gegen die rasenden Kinder hebt sie sich, die einstige Niobide, die ihrer Kinder Ehre vor der Gottheit des Staates überhob, in eine Sphäre der tiefsten Einsicht: sie weist die Klagen der Kinder zurück und fühlt sich schuldlos vor der höchsten Gesetzlichkeit, die durch sie zeugt und tötet und die sie anerkennt in ihrer Naturgewaltsamkeit. Schaudernd und klaglos sieht sie den selbstgewollten Todessturz des ältesten Sohnes von der Kirchhofsmauer, hindert die Tochter nicht, die im Grauen vor der tragischen Mutterschaft, sich zur Unfruchtbarkeit verstümmelt. Den Soldatenführern aber verwehrt sie ein weltlich kleinliches Strafgericht, die Schändung des Leichnams: sie entreißt den roten Stab der blutigen Gewalt dem Führer, schwingt ihn hoch überm Haupte, ein Geschlecht verkündend, das von der Liebe, die aus dem Mutterleib stärker als Haß und Laster in die Geschlechter eingeboren wurde, gewaltiger beherrscht wird als von Waffenmacht und Todesfurcht, und sie schleudert das verwandelte Szepter einer neuen Sonne entgegen.

Diese Dichtung, im Aufbau noch ohne jene unzweideutige Geradlinigkeit der dramatischen Architektur, ist innerlich reif wie von einem bewährten Meister; die wahnsinnigen Exzesse der Kinder gegen die Mutter, die Inzestgelüste von Schwester und Bruder wirken nur als elementare Naturhaftigkeit des Körperlichen. Das Geistige ist hier gezähmt wie die knappe und doch sinnengewaltige

Sprache des Gedichts. Kein matter Pazifismus, der auf die mystische Verwandlung der Menschen in geflügelte Engel in Rosahemden hofft, wird hier gepredigt. So spricht einer, der den Krieg als Krieger miterlebend kennenlernte und selber die Berechtigung zur heroischen Geste besäße. Der Schänder büßt mit tötender Verzweiflung, dem Feigen wird die Gnade des Todes von den Kriegern nicht zuteil: sein Anblick nagle alle fest, die vor der aufopfernden Tat für die Gesamtheit schwächlich desertieren. Wohl müssen die Soldaten des Staates noch die Mutter opfern, die um des neuen Gegenreiches willen wie die Gottesmutter tausend Schwerter in ihrer Brust zerschmelzt, doch folgen sie nicht alle ihrem schlachterprobten vierten Sohne, der die alte Ordnung katastrophal vernichten will. »Wir dürfen nicht wie Wachs im Feuer weichen, wenn dieser Menschheit Guß gedeihen soll.« Und wenn auch der rote Mantel von den Siegerschultern fällt: fester Wille und führender Blick leite das Tun eines jeden zum Ziele der Menschheit. Diese Überwindung fataler Schwärmerei beweist die Priesterwürdigkeit dieses männlichen Dichters.

Diese Tragödie [...] wurde nicht Theater, aber es wurde noch wuchtigeres Drama – die Rhythmen wogten über die Rampe.

Die Aufführung des Werkes [...] war der Ehrentag des Frankfurter Schauspielhauses, dem diese Tat rühmlichst anzurechnen sei. Nie hatte es sich so deutlich erwiesen, welch eine grundsätzliche Geisteswandlung dieses Instituts durch die neue Herrschaft des Intendanten Zeiß bewirkt wurde. Die Regie Herrn Hartungs versinnlichte die Intentionen des Dichters mit nicht gewöhnlicher Einfühlungskraft der Phantasie; es war eine Leistung, das einaktige, immer in Hochspannung des Pathos tönende Gedicht im Wellenschlage seiner Rhythmen immer weiter zu steigern bis zum Ritardando jenes balladenhaften Morgengrauens, wo Nebel steigen und dann neuer Atem aus Licht und Erde dampft. Der hochbegabte Maler A. Babberger umwitterte den kreuzübersäten Kirchhofhügel, aus dem der speiende Vulkan der Leidenschaften ausbrach, mit eigentümlichem Geheimnis; intuitiv erwählte Farben gaben Symbole, die gelben Gewänder der Verbrecher frevelten auf dem zauberischen Dämmergrün des Hügels, dem bösen Grau der kettentragenden Kirchhofsmauern. Im Mittelpunkt des Spieles stand als Gastin des Theaters Frau Rosa Bertens, nicht aber im Brennpunkt der Wirkungen. Erstaunlich bleibt die physische und technische Bewältigung der ungeheuren Rolle; doch wenn man auch sagen kann, daß durch die Darstellung nichts verlorenging, so steigerte sie doch nicht den heißen Impuls der Dichtung über ihre schon in der Phantasie des Lesers empfundene Wirkung hinaus ins Da-Sein der unmittelbaren Wirklichkeit, die eben der große Schauspieler dem großen Dichtwerk noch hinzuzugeben hat. Dem Pathos des Wissens um die Rolle mangelte das Pathos des Gefühls in der Gestalt. Durchaus an erster Stelle stand dagegen die unübertreffliche Schöpfung des ältesten Sohnes durch Herrn Ebert: alles Ausdruck, in jedem Muskel ein Sinn; kein Wort ohne Glut, im Leisen, im Lauten eine drohende Urkraft; Bewegungen bis zur Ausschweifung: tänzerische Formen; das rasende Wüten gegen die Friedhofskreuze, wenn er des Todes Heuchelei zerbricht, von grandioser Gespenstigkeit. Ihm sich nähernd, wenn auch Glieder und Sprache nicht so bemeisternd, gab Frl. Gerda Müller [...] der Tochter ihre intensive Leidenschaftlichkeit; vibrierend auch mit jedem Nerv und den Peitschenschlag des Schicksals in jeder Zuckung weisend: vielleicht ist einmal diese junge Künstlerin berufen, die Mutter des unseligen Geschlechts mit tieferer

Glut zu durchleiden, als man es gestern sah. Der feige Sohn verharrt in schmerzverkrampften Stellungen und bricht nur zweimal aus in tierische Schreie: es liegt ein tiefer Sinn in diesem Schweigen des Dichters, der für den Feigen selbst verstummt, strafend und verzeihend. Herr König bewährte eine nicht geringe Ausdrucksfähigkeit bei der durchaus nicht leichten Aufgabe. Zwei Soldatenführer: Herr Taube schroff bestimmt, militärisch; Herr Engels milder, weise, gütig. Wundervoll der Heros des zu ahnenden, neuen Menschentums: hell klingend die verheißende Stimme des Herrn Feldhammer, voll Herz für all das Leid, voll Eifer, voll Drang für die neue Tat.

Dem Dichter zollte das volle Haus seine tiefe Bewunderung [...] zunächst nur zagend im Beifall vor Erschütterung, dann stärker, getrieben von leidenschaftlichem Dank; denn man ahnte, man wußte: Deutschland hat seinen neuen Dichter gesehen. Fritz v. Unruh ist noch jung; er wird die Symbolik seines Schauens, den emphatischen Lyrismus noch dramatischer verdichten. Der Dichter des ›Louis Ferdinand‹ vermag Gestalten auch mit dem Zeichen der sinnlichen Einmaligkeit zu versehen, die sie noch zwingender in die Erdennähe der Szene rücken [...]. Er wird auch milder werden und uns nach der Zerknirschung vielleicht erheben, in die Wunschwelt der Zukunft. Dieser Preuße, hervorgegangen aus dem Preußentum, das heute von der ganzen Welt satanisch gehaßt wird – dieser Preuße weist uns allen vielleicht den Weg zur Überwindung des Hasses durch sein seherisches Gottesgnadentum.

Karl Vietor, Norddeutsche Allgemeine Zeitung, Berlin, 17. 6. 1918 und Münchener Zeitung 17. 6. 1918

Es kann kein Zweifel sein, daß man dieses Stück als das stärkste dramatische Werk der Kriegsjahre anzuerkennen hat. [...] Der Dichter steigt zu den Müttern und sucht im Urgrund des Seins nach einer Antwort auf die verzweifelten Schreie seiner Generation. [...] Die Vorgänge sind gering und schwerfällig, aber durch Konzentrierung auf engsten Raum doch voller Lebendigkeit. Was vorgeht, sind Auseinandersetzungen zwischen den Repräsentanten in Dialogen. Daß trotz dieser dialektischen Struktur das Stück in jedem Teil voll stärkster dramatischer Bewegung ist, daß alle Problematik, nur in Worten bewegt, nie blaß und spielerisch, sondern in jeder Minute den Seelengrund aufwühlend und voller Glut ist, diese im heutigen Drama unerreichte Vollendung bezeugt die dichterische Berufung Unruhs.[...] Das innerste menschliche Gefühl und seine durch diese Zeit verschuldete Verwirrung ist sein Thema. Ohne Befreiung, aber mit letzter Erschütterung, die das Symptom einer echten künstlerischen Wirkung ist, ging man aus dieser Aufführung hervor. [...]

Deutsches Theater Berlin ›Das junge Deutschland‹
Emil Faktor, Berliner Börsen-Courier 30. 12. 1918

Während das Millionenvolk Berlins auf die Straßen strömte, Flugblätter las und sich zu Haufen ballte, um sein Massenschicksal durch wandernde, dem Chaos entgegentrotzende Armeen zu symbolisieren, saß ›Das junge Deutschland‹ unentwegt und pflichtschuldigst im Theater und ließ sich von der wet-

ternden, brodelnden, grell ausschweifenden, brünstig singenden, verschwommen prophezeienden Phantastik Fritz v. Unruhs umschauern. Der unzeitgemäße Moment der Aufführung raubte dem Zuhörer trotzdem nichts von der inneren Bereitschaft. [...] Aber man wird doch nur mit Temperamentszügen des Dichters, mit seiner heroisch fordernden, lyrisch dampfenden, verzweiflungsvoll bohrenden Sehnsucht intim, das Wirrsal einer katastrophenreichen Epoche mit Hoffnungsstrahlen zu begnaden. [...] Unverführt von Unruhs visionärem Blick und dem Zauber seiner schürenden, zu äußersten Akzenten gereizten Sprache vermag ich seiner Tragödie doch nur den Charakter eines durch Handlung komplizierten Prologes zuzuerkennen. Eine Vielheit von Problemen, die das Antlitz der vom Kriegsgreuel heimgesuchten Erde im Reflexbild eines entarteten Geschlechtes spiegeln möchte, bleibt unversponnen und wird nebelhaftes Nacheinander von Situationen, unscharf eingestellten Wechselreden und frei schwebenden Symbolen. Nicht tragischen Verwicklungen entspringt die Seele des Gedichtes, sondern einem programmatischen Sprechbedürfnis. Der Dichter, der vor 1914 die Heldengestalt des Hohenzollernprinzen Louis Ferdinand eigenkräftig, im Bewegungsspiel sinnreich verzweigter Charakterisierungskunst verherrlichte, schildert den katastrophalen Umschwung seiner Gesinnungen und strebt von der Vergangenheit hinweg. Es hat aber Einbuße an Gestaltungskraft und Klarheit gekostet. Er kehre aus der dünnen Luft der Abstraktionen zu den plastischen Gestalten dieser Erde zurück. Hier ist er ein junger Meister.
Die Inszenierung des Gedichtes, um welche sich gemeinsam mit dem Dichter Herr Herald mühte, war von bemerkenswerter Eindringlichkeit. Zumindestens in der Zeichnung der Hauptgestalten. Frau Bertens ließ aus wohl bedachten Ansätzen mütterlicher Sanftheit das eindrucksvolle, heißatmende Pathos gesteigerter Menschlichkeit anschwellen, und die Idee der Dichtung rückte so hoch, als ihr die Klarheit des Wortes gestattete.
Ein interessantes Wechselspiel zwischen Sinnenlust und rhetorisch glänzender Geistigkeit wußte Herr Hartmann zu meistern; er hat, seitdem man ihn zuletzt sah, an farbigen Zwischentönen gewonnen. Glutvoll und feinnervig wurden die Ekstasen der Schwester von Frl. Leiko durchlebt, obschon ihr Ausdruck nicht immer sein fühlbares Ziel erreicht. Die Herren Brockmann, Czimek und Goetze boten Leistungen von mittlerem Wuchs. Die von Stern erdachte Szenerie machte den phantastischen Schauplatz sinnfällig.
Die Aufnahme des Werkes war zwiespältig. Der Dichter war stolz genug, sich dem Häuflein der Kämpfenden nicht zu zeigen.

Fritz Engel, Berliner Tageblatt 30. 12. 1918

Die Dichtung ist durchaus sinnbildhaft, mit der Erzeugung theatermäßiger Leidenschaften kommt man ihr nicht nahe. [...] In Frankfurt ging man schon ein wenig zu weit; erst recht am Deutschen Theater gab der Regisseur Heinz Herald, der bei Reinhardt gelernt hat, aus den Darstellern das Letzte an Spielkunst vorzuholen, gerade damit zu viel. Das Szenenbild Ernst Sterns war einfach und groß, die Darstellung war heftig und laut. Man muß für eine Rolle wie die der Mutter schon geboren sein gleich Rosa Bertens, um sie in Sprache und großem Gefühl so zu meistern, wie sie es damals in Frankfurt und gestern auch hier getan. Auch Hans Brockmann, der jüngste Sohn und das jüngste Talent des Deutschen Theaters, mit seinem hellen Tubenton war ganz der Knabe, der er sein soll. Paul Hartmann hat Prachtstellen künstlerischer Entladung. Manchmal taucht er ins Lyrische, aber bedenklicher ist, daß er die furchtbaren Erlebnisse der Gestalt hinausschreit, ohne daß wir dieses Erleben fühlen. Maria Leikos Kraft, beträchtlich genug, kam an die grenzenlose Gestalt der Tochter nicht ganz heran. [...]

Siegfried Jacobsohn, Die Weltbühne, Berlin 1919

Schiller begattet hier die Antike, und die Frucht ist ein neues Barock. Das wird nicht einmal so lange vorhalten wie die Erinnerung des kurzdenklichsten, oberflächlichsten Zeitgenossen an diesen Krieg. [...] Eine geblähte Wildheit, eine blutige Qualligkeit, eine stickige Qualmigkeit: ist das ›Das junge Deutschland‹? [...] In der Revolution versagt mancherlei. Da will das Theater nicht zurückbleiben.

Georg Kaiser   Gas

Uraufführung: Neues Theater Frankfurt, 28. November 1918
Regie Arthur Hellmer

Düsseldorfer Schauspielhaus, 28. November 1918, Regie Gustav Lindemann

Volksbühne Berlin, 25. Februar 1919

In Deutschland war nun Revolution. Da erschien Georg Kaiser mit zwei anscheinend ganz unterschiedlichen Stücken in den deutschen Theatern. Am 16. November hatte Erich Ziegel in seinen Hamburger Kammerspielen die Uraufführung von Kaisers Alkestis-Drama ›Brand im Opernhaus‹ inszeniert (Sylvette: Mirjam Horwitz; der Gatte: Fritz Kortner), am 26. November hatte Kaisers eigene Inszenierung dieses Stücks im Kleinen Schauspielhaus in Berlin Premiere (mit Johanna Terwin und Bruno Decarli). Die Kritiker, nach ›Von Morgens bis Mitternachts‹ in Kaiser einen Zeitdramatiker erwartend, sahen ihr Bild von Kaiser wieder verwirrt. Die Rezensionen auf diesen »literarischen Reißer« (K. Pinthus, ›Brand im Opernhaus‹), waren vorwiegend negativ. – Mit ›Gas‹ setzte Kaiser die Handlung aus der ›Koralle‹ fort. Wie in keinem anderen Stück näherte sich Kaiser hier sozialen Gegenwartsproblemen und vor allem: Gegenwartshoffnungen. ›Gas‹ wurde innerhalb eines Jahres an vielen Bühnen inszeniert. Die Aufführung an der Berliner Volksbühne (25. 2. 1919) brachte den von Kaiser lange gesuchten Publikumserfolg in Berlin. Im Münchner Schauspielhaus (9. 11. 1919) spielten Wilhelm Dieterle den Milliardärssohn, Lothar Müthel und Alexander Granach Arbeiter. Hermann Eßwein nannte das Stück »ein stolzes Geschenk an die Arbeiterschaft, die aber vorläufig nichts damit anzufangen wissen wird« (›Münchner Post‹, 11. 11. 1919). Erich Engel inszenierte ›Gas‹ im Januar 1920 an den Hamburger Kammerspielen. »Musterhaft durch [...] Anpassung der szenischen Bilder und der mimischen Haltung an die Abstraktion des Kaiserschen Sprachstils« (R. in

›Hamburger Fremdenblatt‹, 30. 1. 1920). Berthold Viertel inszenierte das Stück im Februar 1920 in Dresden. »Eine Darstellung, die hinter jeder Silbe etwas Verborgenes suchte. Ein expressionistischer Ibsenstil« (Fr. Kummer in: ›Dresdener Anzeiger‹, 27. 2. 1920) – Zu Georg Kaisers fünfzigstem Geburtstag 1928 wurde ›Gas‹ von Leopold Jeßner im Berliner Staatstheater in einer tempostarken Aufführung noch einmal gezeigt, mit Walter Franck als Milliardärssohn, Lothar Müthel als Ingenieur, Granach als Schreiber. Das war der kühnste dramatische Entwurf Georg Kaisers und der des neuen Dramas überhaupt. Die neue technische und soziale Welt erschien hier zum erstenmal auf dem Theater. (›Gas II. Teil‹, 1918/19 geschrieben, wurde am 29. 10. 1920 durch die Vereinigten Deutschen Theater in Brünn uraufgeführt.)

Neues Theater Frankfurt
Bernhard Diebold, Frankfurter Zeitung 29. 11. 1918

Zum zweiten Male spielt Georg Kaisers Kunst, mit dem Problem der notleidenden Massen. In seiner ›Koralle‹ stellte er die soziale Frage. In ›Gas‹ versucht er die soziale Antwort. Damals stockte mitten im Drama sein dramatischer Wille zur Erlösung einer geknechteten Menschheit: der berufene Löser, der Milliardär, entfloh dem Chaos der Qualen in das Asyl romantischer Seeleneinsiedelei, die im Symbol der Koralle lockte. Man erwartete Opfertat, und es gab nur Philosophie. Man erhoffte Karl Marx, aber es wurde Schopenhauer. Man trieb drei Akte im Drama und versank zum Schluß im Lyrismus einer subtilen Poesie aus Weisheit und Klang. Die sozialen Frager im Publikum wurden betäubt mit dem Haschisch einlullender Wortmusik – Vogel-Strauß-Poesie.
Erwachte Georg Kaisers Gewissen? Wurde er des falschen Zaubers sich bewußt? Erinnerte er sich nun der großen offenen Frage? Jedenfalls: ›Gas‹ wurde der ›Koralle‹ zweiter Teil. Der Sohn jenes Milliardärs tritt auf und leistet die vom Vater vergeblich erwartete Tat für alle. Die Millionen Arbeiter der Riesenwerke werden aus Lohnsklaven zu Teilhabern am Gewinn. Der sozialistische Gedanke triumphiert; aber nur im Sinne des Programms, der Formel. Denn diese ganze Masse dient ja nicht sich selber, ihrem wirklichen Glück – nein, sie setzt Leben und Leib und Seele wieder in den Dienst des mechanistischen Weltbetriebs: sie fabriziert das »Gas«.
Dieses Gas treibt alle Räder der Welt. Es ist der Hauch ihrer technischen Un-Seele. Es ist die motorische Kraft der ganzen Zivilisationsmaschine – treibt die Turbine aller Sklavenarbeit [...], es ist der Helfer aller Kriegsrüstung. Der Komplex seiner Symbolik umfaßt Militarismus, Kapitalismus, Industrialismus Mechanisierung – jegliche Organisation zur Entseelung der Menschen. Die Massen dienen ihm willig, getrieben vom atavistischen Instinkt der Arbeitstiere, betäubt vom äußeren Gewinn. Doch wenn es explodierte? Wenn der Atlas dieser Rechenmaschine von Welt zusammenbräche? Dann erscheint euch das »weiße Entsetzen« und erstickt euch.
Und das Gas explodiert. Stimmte die Formel nicht? Verrechnete sich der geniale Ingenieur? O nein, aber es gibt Gewalten, die unkontrollierbar hinter aller zahlenmäßigen Berechnung dräuen. Die Formel stimmt eben nur im Sinne der gerechteren Verteilung *materieller* Werte. Solange aber der Raserei

der »Arbeit um der Arbeit willen«, dem Wahnsinn der Überproduktion, dem Götzen des Rekords die *Seele* geopfert wird, in der Glück, Geist und Menschlichkeit bewahrt sind – so muß diese Mathematik an irrationalen Größen zerschellen. Der Fehler wird vom Jenseits diktiert.
Hier steigt das dramatische Problem auf. Der Milliardärssohn – gedrängt von Industrie, Regierung und Militär – soll die durch die Gasexplosion zerstörten Werke wieder aufbauen, und er weigert sich. Warum wieder für den eisernen Moloch? Er sieht andere Lösung. Das Glück idyllisch-bukolischen Lebens, eines wunschlosen Korallendaseins, in das sein Vater aus dem Massenelend entfloh, will er allen, *allen* ermöglichen. Er entwirft Pläne mit Heimstätten, Gärten und friedlichen Straßen; Ansiedlungen für die zur eigenen Seele Eingegangenen: das wiedergewonnene Paradies. Aber die Menge schweigt vor seiner Offenbarung, ihr graut noch vor dem ewigen Frieden.
Der Ingenieur aber stellt sich vor den Garten Eden wie der Engel mit dem Schwert. Er predigt vom Heroismus der Arbeit, von der Majestät des Werktums. Da packt es die ganze Masse am Ehrenpunkt ihres alten Systems. Das Gas ist Triumphator. Der Machtwille, der Betriebsteufel, der Dämon verstockten Verharrens in gewohnten Banden siegt. Schreiber bleibt Schreiber. Ingenieur bleibt Ingenieur, Arbeiter bleibt Arbeiter; ein Offizier erschießt sich, um als Offizier zu sterben: so sträubt sich alles gegen die reine Menschwerdung. Aber die Tochter des Milliardärssohns verspricht, den neuen Menschen zu gebären. Ist sie die Berufene?
Wer ist hier tragischer Held? Der Milliardärssohn erleidet zwar die katastrophale Enttäuschung, aber tragisch ist eigentlich nur das Volk der Arbeitenden. Wie alle Kaiserschen Figuren ist er mehr Typus als Individuum, mehr Ideenprediger als heldischer Täter, mehr weiser Beschauer und Künder der Dinge als ihr leidenschaftlicher Verfechter. So ist auch der Ingenieur, sein Gegensprecher, mehr Allegorie und Gespenst des Materialismus als ein lebender Materialist. Doch zwischen den beiden Gegnern – zwischen den Polen der Koralle und des Gases –, fluktuiert, zittert und schreit das Volk durch Mutter, Frau, Sohn und Kind in Reden voller Kunst und Künstlichkeit – und doch ergreifend. Es ist ein Zauber um die Wortkraft dieses Georg Kaiser. Man wittert den technischen Verstand des Konstrukteurs, man sieht die theatralische Geschicklichkeit im Fügen der Akte und Szenen, die diesmal wieder blendende Symmetrie ergab; man durchschaut die Schematik all der Schachfiguren im strategischen Spiel der dramatischen Konflikte. Und doch erweckt sein Pathos unsere Leidenschaft, sein Wortklang stimmungshaftes Gefühl, seine Geistigkeit Sehnsucht der Herzen. Und so ergreift auch dieses unrealistische, dieses redende Volk: das tragisch wird in seiner Unreife, in seiner Ablehnung des inneren Friedens; und das dem »weißen Entsetzen« zum Trotz mit eigener Hand die Knechtschaftsgeißel gegen sich selber wieder schwingt.
»Aber die tiefste Wahrheit – die findet immer nur ein einzelner. Dann ist sie so ungeheuer, daß sie ohnmächtig zu jeder Wirkung ist.« Dies Motto des Buches (bei S. Fischer, Berlin), das der ›Koralle‹ entnommen ist, entwertet von vornherein den sozialen Optimismus in ›Gas‹. Denn mit der Zukunftshoffnung auf ein neues Zeitalter allein ist es im »sozialen« Drama nicht getan. Es fehlen ideelle Garantien. Kaiser bleibt uns der ›Koralle‹ dritten Teil schuldig: wir wollen den neuen Menschen erleben – *sehen*. Eine lebendige Hoffnung wie Shakespeares Fortinbras, wie den jüngsten Sohn in Unruhs ›Geschlecht‹;

einen Bannerträger neuer Gesinnungen, Eroberer neuer Welten. Ein Held aber mit einer vitalen Schöpferkraft, die zwischen den Industriekasernen der Arbeitshetze und dem Schlaraffenland seelischer Quietisten das dritte Reich der Harmonie von Tat und Werk und Geist errichtete – ein solcher Genius erwächst nicht in Kaisers sozialem Versuchs-Laboratorium. Die Symbolik – der »weiße Herr«, die »Herren in Schwarz«, »quadratische« oder »ovale Räume« – hebt das gegenwärtige Problem des Dramas aus der heißen Unmittelbarkeit in eine weise Ewigkeit, wo namenlose Spieler die Typik ihrer Unpersönlichkeit mit kalter Poesie umhüllen. Aber auch kalte Poesie kann Kunst sein.

Die Aufführung unter Direktor Hellmers Leitung bemühte sich mit Sorgfalt und Geschick um die symbolische Gespenstigkeit der Kaiserschen Theaterkunst, glücklich unterstützt durch die mit primitiven Mitteln wirkenden Szenenbilder des Malers Reppach. Außerordentliche schauspielerische Leistungen sind nicht zu buchen. Der Stimmungswert beruhte durchaus auf gutem Zusammenspiel und wohlerwogener Besetzung, namentlich der kleineren Rollen, in denen von den Herren Großmann, Kner, Schwartze und Umminger, von den Damen Sagan, Michaelis und Wohlgemuth überaus viel zur Gesamtwirkung getan wurde. Dem Milliardärssohn des Herrn Franz Ebert, der vom Nassauischen Landestheater in Wiesbaden als Gast erschien, mangelte die Intensität eines Märtyrers; er verharrte in matter Philanthropie und wurde leicht überwunden von der überzeugenden Energie Herrn Schröders als Ingenieur. Frl. Wassermann als Tochter: schlicht und doch fein. Herrn Wallburg, der einen Offizier spielte, erlasse man doch militaristische Aufgaben, in denen er nicht glücklich werden kann.
Reiseschwierigkeiten hinderten den Dichter am Erscheinen, wie von der Rampe aus mitgeteilt wurde. Der starke Beifall hätte ihn zweifellos immer wieder gerufen. Denn alle witterten die ungeheure Zeitgemäßheit der Probleme. [...]

Düsseldorfer Schauspielhaus
M..., Düsseldorfer Generalanzeiger 29. 11. 1919

[...] dasselbe Problem wie H. W. Fischers ›Motor‹: Hie Arbeit – hie Mensch! Es ist nur phantastischer, und seine Diskussion baut sich auf breiterer Grundlage auf und setzt an Stelle des knappen, sachlichen Wortes, das dort die Lage beherrscht, das Pathos – das neue, nervös rhythmisierte Pathos, das keiner so virtuos handhabt als gerade Georg Kaiser. Wie der ›Motor‹ Fischers, so ist auch Kaisers ›Gas‹ ein Symbol für die ins Gigantische gesteigerte industrielle Technik, für die Hekatomben von Opfern fordernde Raserei der Arbeit. [...]
Als echter Georg Kaiser wieder reine Hirnarbeit, allerdings getragen von blühendster Sprachkultur, vermag es nicht einmal richtig warm zu machen.
Wenn das Stück gestern abend gleichwohl Erfolg hatte, so dankt es das in erheblichem Maße der Aufführung, die unter der gemeinschaftlichen Leitung von Gustav Lindemann und Knut Ström das Unwirkliche der Handlung in fabelhaft starken visionären Bildern einfing. Die Mittel waren dabei, was zunächst den szenischen Rahmen angeht, verschieden. Realistisch geschaut war

das flammen- und rußerfüllte Fabrikinferno im ersten Akt, ebenso die Betonhalle im vierten Akt, wo die Menschen, die Ansprachen hielten, auf Gitterträger kletterten. Imposant, ein technisches Meisterstück, vollzog sich die große Explosionskatastrophe. Höchst originell wurde andererseits der Eindruck der vierten Dimension im dritten und im letzten Akte mit Hilfe einer Art spanischer Wände erzielt. Übrigens entwickelte sich die Arbeiterversammlung nach dem gleichen Prinzip, das schon in den Massenszenen des Traumspiels von Strindberg angewandt worden ist, nämlich unter musikalischer Abstimmung des Tones, wodurch die Wucht erhöht wurde, ohne daß die Natürlichkeit gestört worden wäre. Die darstellerische Hauptlast lag auf den Schultern Peter Essers, der den Milliardärssohn gab. Es gilt hier, keine Gestalt von Fleisch und Blut zu schaffen, die Idee ist alles, und sie kam durch den Künstler eindringlich zur Geltung. Erik Baldermann konnte als Ingenieur in der Versammlung seinen Sieg nicht völlig glaubhaft erringen. Der weiße Herr zu Beginn (der weiße Schreck) erhielt von Walter Kosel gespenstische Züge. [...] Cornelia Gebühr (Frau) und Louise Dumont (Mutter) hatten Töne ursprünglichster, aufrührendster Art. Auch der Arbeiter Richard Dornseiffs und der Hauptmann Fritz Holls sind mit Lob zu nennen.
Der schließliche Beifall war stark genug, daß Direktor Lindemann für den abwesenden Dichter Dank sagen konnte.

Volksbühne Berlin
Herbert Ihering, Berliner Börsen-Courier 26. Februar 1919

Wer dieses Stück Georg Kaisers sieht, könnte sich verführen lassen, es für eine ekstatische Gestaltung des Kampfes zwischen Mensch und Maschine zu halten. [...] Der Mensch wird mechanisiert, und das Produkt, das der Menschheit dienen soll, vergewaltigt den Menschen, der es herstellt.
Der Milliardärssohn scheitert an seiner Absicht. Die Arbeiter wenden sich gegen ihn. Sie wollen nicht nach seinem Plane Siedler und Menschen auf freier, eigener Erde werden. Sie erzwingen den Aufbau der Fabrik, sie erzwingen ihr Sklaventum. Hat Georg Kaiser dieses Thema erlebt? Sind die Ideen so mächtig in ihm geworden, so intensiv, daß sie nach der Expression verlangten? Das Problem Georg Kaisers liegt in seiner Aufnahme- und in seiner Ausdrucksfähigkeit, aber nicht in der Notwendigkeit ihrer Verbindung. Seine nervöse Empfänglichkeit bemächtigt sich aller in der Zeit liegender Gedanken. Was ihn packt, ist nicht ihre Wahrheit, nicht ihre Richtung, ihr Wille, sondern ihre Farbe, ihr Glanz, ihre Sensation. Er sieht die Idee als Überschrift, als Formel, als Plakat. Die Konzentrierung ist keine Gestaltung, keine Übersetzung, keine Umschaltung, sie ist für ihn der Anfang. Er spürt die Zeit und ihre Tendenzen nur als szenische Pointe, als farbigen Punkt, als technischen Akzent. Nur aus diesem »ersten Blick« erklärt sich die Rapidität seiner Produktion. Die Ideen brauchen in ihm nicht zu wachsen, die Gestalten sich nicht zu bilden, um expressiv zu werden. Kaiser ist ein Ausdruckskünstler, der der bebenden, stemmenden, losreißenden Kraft des Erlebnisses nicht bedarf. Seine Dramen sind Dramen der fertigen Voraussetzung. Im ›Gas‹ setzt er alle Probleme der Gegenwart voraus – sie gehen durch ihn nicht als durch eine Persönlichkeit hindurch, sie bleiben unverändert, sozusagen stofflich, nur daß

ein – vorher schon feststehender – Ausdruck sie gliedert, teilt und wieder zusammensetzt. Kaisers Kunst ist die der geometrischen Zirkelung, der mathematischen Auslösung, der schematisierenden Berechnung. Nun wird alles leicht, frei, geistig. Nun erhält alles Farbe, Linie, Schwung, Tempo. Aber die Eleganz seiner Zeichnung kann – besonders im ›Gas‹ – nicht darüber hinwegbringen, daß die Voraussetzungen für ihn dichten und daß seine Handlung und seine Menschen zusammenfallen, wenn das Fundament dieser Voraussetzungen nicht ausreicht. So verliert sich Kaiser im letzten Akt von ›Gas‹ fast an eine aktuelle Wirklichkeit – es werden neue Voraussetzungen herangebracht, die Figuren können nicht zu ihrer letzten Konsequenz geführt werden, und eine peinliche Erlösergeste, die sich leicht als bequem-optimistischer Ausweg einstellt, muß ein Ende vortäuschen, das keins ist. Daß die Tochter des Milliardärssohns den Menschen zu gebären verspricht, an dessen Nichtdasein der Vater zugrunde geht, ist eine jener Verlegenheiten, mit denen uns Kaiser oft entläßt, weil er nicht unter dem Zwange seiner Gestalten steht. Kaiser hat einmal ein Stück zu Ende geschrieben und sich den Titel Expressionist verdient, weil er das Thema intensiviert hat: ›Von Morgens bis Mitternachts‹ – aber da blieb er beim Nihilismus ohne optimistische Ausblicke. Im ›Gas‹ weicht er aus und fürchtet sich vor seinen eigenen Folgerungen.

Die Aufführung der Volksbühne machte zum ersten Male in Berlin den Versuch, Georg Kaiser aus seinen Bedingungen heraus zu spielen. Sie überragte deshalb in der Absicht alle Darstellungen dieses Dichters an anderer Stelle. Aber der expressionistische Stil ist eine entlarvende Probe. Der unintensive Schauspieler enthüllt sich wie der technisch gehemmte. Mit dem Gelingen sah es deshalb in manchen Einzelleistungen böse aus. Die Verwahrlosung der Sprache, die Zuchtlosigkeit und Unentschiedenheit der Gebärden rächte sich. Herr Stahl-Nachbaur [...] hob sich von seiner Umgebung ab. Er versuchte eine gedrängte, gesammelte Charakteristik des Milliardärssohnes. Er wäre vortrefflich gewesen, wenn er die Rolle auf eine Szene hätte konzentrieren können. Bei der Verteilung auf fünf Akte verlor er die Spannkraft und – innerhalb der Geschlossenheit – die Variation. Er wiederholte seine Tonfälle, rezitierte zu oft und war merkwürdig unintensiv, wenn es galt, auf den Partner einzuwirken. Seine Sätze waren zu fertig, sie entwickelten sich nicht aus der Situation und ermangelten der psychologischen Wahrheit, die bei aller notwendigen Konzentrierung und Beherrschung nicht verlorengehen durfte. Fräulein Hofer, die gewiß ein Talent ist, brachte es sogar in dieser kleinen Rolle fertig, die Töne ihrer sämtlichen berühmten Fachkolleginnen wechselweise anzuwenden. Sie schien dann auch auszusehen wie die Thimig, wie die Lossen, wie die Höflich, wie die Heims. Herr Fehling hatte in seinem Körper etwas von der eruptiven Ekstase des Expressionismus. Aber er blieb – vor allem sprachlich – zu sehr an der Grenze der Karikatur.

Alfred Kerr, Der Tag, Berlin, 27. 2. 1919
I
Georg Kaiser (das Dramenkaninchen, dessen Würfe häufig Blüffungen sind; manchmal Versuche, mehrstens Trickversuche) macht hier einen energischflinken Vorstoß, im Geheg der Außenflächlichkeit.
Es ergibt sich etwa: der ›Volksfeind‹ für den Zirkus.

Die ›großen schlichten Linien‹ oder (wie es auch gefaßt werden kann) eine sehr veredelte Rummeldramatik.
Der haftend starke Gebärdenumriß oder (wie es auch gefaßt werden kann) die Vereinfältigung.
So die Vorgänge.
[...]
II
[...]
III
[...]
IV
[...]
V
Sie sind ausgedrückt in Tupfen, wie das die expressionistische Lyrik macht.
Die Sprache des Schauspiels ist ein entschlossener Versuch, die neulyrischen Mittel zu verpflanzen. Darin liegt Kaisers Vorstoß.
So reich ist seine Sprache nicht wie bei dem Kreis um Johannes R. Becher – doch sie betreibt abermals das Herausheben des Wichtigen.
Kaisers ernstliches Verdienst besteht somit in der Verpflanzung expressionistischer Lyrik auf die Rampe.
Was aber damit nichts zu tun hat, ist sein großmassiger Aufwand für ein gewisses Wenig an Gedanken. Er gibt keine Gliederung in der Debatte; nur Gipfel. Inhaltsarmut, hierbei jedoch Apparat. Kurz: Vereinfältigung.
Die Massenseele wird gezeigt? Keine Spur. Nichts gegliedert. Man ist noch nicht stark, wenn man unzerlegt ist. Man ist noch nicht mächtig, wenn man wuchtend-leer ist.
Das Ganze soll ein Sinnbild sein? Nu ja, ja, nu nee, nee. Es gibt auch gegliederte Sinnbilder, reiche Sinnbilder, gestufte Sinnbilder, inhaltsvolle Sinnbilder.
VI
Ich will ein Beispiel geben, wie Kaiser arbeitet. In dem Volksversammlungsakt, dem rummligsten, gibt es nur drei Gedanken; fast unzerlegt. Erstens: Fabrikarbeit bringt Leiden. Zweitens: es ist besser, Bauer zu werden. Drittens: es ist besser, Fabrikarbeiter zu bleiben.
Das wird, statt gegliedert zu werden, immerfort wiederholt. Die einen sagen immerfort: »Fabrikarbeit bringt Leiden. Fabrikarbeit bringt Leiden. Fabrikarbeit bringt Leiden. Fabr...«
Die zweite Stimme sagt: »Werdet Bauern. Werdet Bauern. Werdet Bauern. Werdet B...!«
Der dritte Begriff gellt immerfort: »Nein, bleibt Fabrikarbeiter! Bleibt Fabrikarbeiter! Bleibt Fabr...!«
Kurzum: symphonisch. Oder die Vereinfältigung. Oder: der tapfere Vorstoß zum Arenenkitsch. (Ich schrieb einmal: »Es ist recht schön, primitiv zu sein. Es ist aber noch viel schöner, sehr differenziert zu sein.« Und viel schwerer!)
VII
Kaiser läßt kalt bis ans Herz hinan. Er gibt Nervenwirkungen. Nicht mal technisch überraschende Geistigkeit. Sondern Gebumms: eine Explosion, zwei Revolver, aufgefahrenes Maschinengewehr. Chorwirkungen ohne viel Inhalt. Und (am Schicksal des einzelnen, zum Schluß) die Pose. Ja, der Verfasser ist reich an Einfällen, doch seine Einfälle sind nicht reich.

Was an Plus bleibt, ist jener Vorstoß. Das Dichterische des Vorstoßes darf ein andrer liefern.

VIII

Der Spielordner Legband war für diesen Anfang eines äußerlichen Pioniers ein Pionier und ein Anfang. Zu geben sind, alles in allem, nicht Menschen, sondern wilder Buchschmuck zu einem linienmenschlichen Vorgang. Das Kataleptische der Gebärden kam am besten heraus.

Die Betonhalle des vierten Aktes war nicht rund; ohne das Riesen-Dimensionale, das Kaisers Amerikanismus, aber natürlich, fordert; es war ein kleineres Versammlungslokal. Hier mußte jedoch eine Andeutung sein von den Begriffen: Mammut und leere Breite.

Stahl-Nachbaur, der Milliardär, sah bald Herrn Wilson, bald Herrn Björnson ähnlich. Ein Prediger, Fabrikant geworden. Die Tragik, die bei Kaiser fehlt, schuf er nicht.

[...]

1919

Januar: Wahlen zur Nationalversammlung. Generalstreiks in Berlin, Unruhen und bewaffnete Auseinandersetzungen im Reich (Spartakus), März–April: Räterepublik in München (unter Beteiligung von Ernst Toller, Erich Mühsam und Gustav Landauer), Eroberung der Stadt durch Regierungstruppen. Selbstversenkung der deutschen Kriegsflotte bei Scapa Flow, Unterzeichnung des Versailler Friedensvertrages (28. 6.). Inkraftsetzung der republikanischen (Weimarer) Verfassung.

Auf dem Theater Überwindung des Hoftheaterstils durch konsequenten Antiillusionismus und Beteiligung der Bühne an den Auseinandersetzungen der Zeit. Beginn der Politisierung des Theaters. (Entsprechende Entwicklung in Rußland: Meyerhold.) – Debüt Weicherts in Frankfurt mit der politisch verstandenen ›Antigone‹ Hasenclevers. Karl-Heinz Martin, von dem politischen Geschehen erregt, gründet die ›Tribüne‹ Berlin; Manifest der Tribüne: »Wir haben einen Standpunkt und eine Richtung. [...] Wir werden nicht spielen, sondern Ernst machen. [...]« (Dort Durchbruch Tollers als Theaterdichter.) – Leopold Jeßner, Intendant in Königsberg, übernimmt das Staatliche Schauspielhaus am Gendarmenmarkt in Berlin (vormals Königliches Schauspielhaus). Begründung des ›neuen Stils‹ mit ›Tell‹. Versuche zur Erneuerung der Reinhardtbühnen: Reinhardt verpflichtet Ludwig Berger von der Volksbühne (Berlin) ans Deutsche Theater, der einen neuen Shakespeare-Stil auf der Podiumsbühne entwickelt; Eröffnung des Großen Schauspielhauses als eines Theaters der Massen; größere Aktivität des ›Jungen Deutschland‹ unter Heinz Herald (Beispiel: Uraufführung ›Die Wupper‹ von Else Lasker-Schüler, 27. 4. 1919). – K.-H. Martin gründet mit Holitscher und Rubiner das ›Erste proletarische Theater‹. Piscator eröffnet in Königsberg die erste eigene Bühne: ›Das Tribunal‹.

Hermine Körner übernimmt die Direktion des Münchner Schauspielhauses (bis 1925). Kortner geht nach Berlin (von Hamburg), ebenso Tilla Durieux (von München) und Eugen Klöpfer (von Frankfurt). – Erste folgenlose Barlach-Premieren in Hamburg (›Der arme Vetter‹) und Leipzig (›Der tote Tag‹). Der Kritiker Alfred Kerr wechselt im Sommer vom Berliner ›Tag‹ zum ›Berliner Tageblatt‹. Brecht beginnt im Augsburger ›Volkswillen‹ mit Theaterkritiken und schreibt unter dem Eindruck des Spartakusaufstandes ›Trommeln in der Nacht‹.

Carl Sternheim 1913

Uraufführung: Schauspielhaus Frankfurt, 23. Januar 1919
Regie Gustav Hartung

Kleines Schauspielhaus Berlin, 9. April 1920, Regie Georg Altmann

Carl Sternheim war der einzig lebende Autor der Wilhelminischen Epoche, dessen Stücke sofort vom neuen revolutionären Theater als die seinen aufgenommen wurden. Er hatte auch am meisten unter der Zensur zu leiden gehabt. ›1913‹ gehörte zu den bis zur Revolution verbotenen Stücken. Es war das dritte in der ›Maske‹-Trilogie, dessen erste Teile, ›Die Hose‹ und ›Der Snob‹, Max Reinhardt schon 1912 und 1914 an den Kammerspielen des Deutschen Theaters uraufgeführt hatte. ›1913‹ (im Winter 1913/14 entstanden) war 1915 zum erstenmal veröffentlicht worden. Siegfried Jacobsohn hatte damals zum Entscheid der Zensur geschrieben: »Hier ist ein Fall, wo das Theater wirklich Spiegel und abgekürzte Chronik sein könnte [...]. Aber die scheußlichsten Kriegspossen wurden erlaubt, und das ist verboten? Warum? Weil bei uns der Ernst und die Wahrheit nur erkannt werden, wenn sie pompös, pathetisch und tendenziös einherwuchten – nicht, wenn sie lachen, schillern, unparteiisch sind. [...] in einer Situation von so balladenhafter Gedrängtheit und so dramatischer Bewegtheit liegt ein Stück Zukunft der deutschen Komödie« (›Schaubühne‹ XI 1915, S. 209 f.). – Als ›1913‹ nach dem Ende der Zensur 1919 auf der Bühne erschien, kommentierte Emil Faktor: »Damals vor fünf Jahren fühlte man bei der Lektüre des Schauspiels elektrische Berührungen, Hörreize und Spannungen. Der Explosivstoff hat an Zündkraft verloren. Die Apokalypse der Wirklichkeit ist weit über das prophetische Ahnungsbild hinausgewachsen. Erscheinungen wie die des revolutionären Sekretärs Wilhelm Krey sind im Schatten der Gegenwartsgestalten zu Schreibtischfiguren erblaßt« (›Börsen-Courier‹, 10. 4. 1920). – Im Zug der Aktivierung des Frankfurter Schauspielhauses war dort unter der Intendanz von Carl Zeiß, den Sternheim den »größten und zuverlässigsten Verwalter eines Theaters« nannte, schon Sternheims ›Perleberg‹ uraufgeführt worden (9. 9. 1917, Regie Gustav Hartung), das von der Kritik als eine Art anspruchsvoller Schwank aufgenommen worden war. Die Uraufführung von ›1913‹ ist eine der letzten des ›klassischen‹ Sternheim, dessen in der geöffneten Nachkriegsgesellschaft entstandenen Komödien die Konzentration und Durchschlagskraft fehlt. – In Frankfurt spielte der expressive Heinrich George, in Berlin der Naturalist

Bassermann (der auch den Snob in der Uraufführung 1914 gegeben hatte) die Rolle des Maske. – Am 18. 2. 1924 inszenierte Sternheim selber ›1913‹ mit Steinrück als Maske an den Kammerspielen in Berlin (s. Rez.).

Schauspielhaus Frankfurt
Bernhard Diebold, Frankfurter Zeitung 24. 1. 1919

Von der ›Hose‹ über den ›Snob‹ zu ›1913‹ – so vollzieht sich die neudeutsche Entwicklung nach Carl Sternheims (sagen wir zur Erheiterung) Bühnenweihfestspiel-Zyklus vom »bürgerlichen Heldenleben«. Kein Nibelungenlied. Kein Bayreuth. Die Genealogie der Heldenspieler – keineswegs die der Moral – ist diese: Theobald Maske – kleine deutsche Beamtenkreatur von bürokratisch nationalem Hämorrhoidealismus – Theobald Maske gelangt nach den entzückenden Verwirrungen um die ›Hose‹ seiner Frau Louise, geb. Seyffert und Schneidermeisterstochter, zur ehelich achtbaren Zeugung des Christian Maske, des ›Snob‹. Christian Maske, stählerner Streber mit obersten Zielen und niedersten Machenschaften, industrialisiert den Michel mit der funkelnagelneuen Kaiserkrone von 1871, entlaubt den ehelichen Stammbaum, verleugnet den Vater, schändet der Mutter Ehre im Grabe mit dem Verdacht der Möglichkeit adeliger Blutmischung. – Christian Maske gattet sich mit der verarmten Marianne, geb. Komtesse Palen; verdient schließlich hundertundzwanzig Millionen, wird folglich Exzellenz und betitelt sich: Freiherr Christian Maske von Buchow. Es wird immer adliger – nicht seelenadliger.
In ›1913‹ offenbaren sich die reifen Früchte seines Bettes (Jung Deutschland Heil!):
Philipp Ernst, ein Trottel mit charmanten Tricks für Frauen, mit der gräflichen Figur der Mutter. Noblesse oblige! er beherrscht das Lexikon der obersten dreihundert Gents: clean shaved ... cherry tooth ... Frisur à la tête carrée ... Aber die Vokabeln seines Vaters – Brutto, Netto, Saldo – versteht er nicht, die verwirren ihn wie ein flatternder Hühnerhof. Die gestrige Aufführung interpretierte ihn ins Tatsächliche: Herrn Schrecks ›Übermaß der Leiber‹ spielte die hagerste Degeneration, hoch über Menschliches hinaus; hielt aber mit seigneuralem Takt die Grenzen glaubhafter Blödsinnigkeit inne.
Sofie, Gräfin von Beeskow: Erbin der Energie des Snobs. Aber nicht brünnhildisch: »Wer ich bin, wär' ich dein Wille nicht.« Nein, Gegenwille, unkindlichste Strategie. Handhabt Brutto, Netto, Saldo mit genialer Strategie. Amerikanisierter Preußenwille. Frau Einzig gestern: geierhaft grausam, kalt und straff wie Stahl. Der Gatte, Otto, Graf von Beeskow, nur ihr Firmenschild, Name als Werkzeug größter Spekulationen – unfruchtbar: Christian nennt ihn Wallach. Trotz alledem: Herr Brügmann gab ihn einige Grade zu diskret zur völligen Verlächerlichung, deren er bedarf.
Ottilie – der Name klingt nach Goethes »gutem Kinde« der ›Wahlverwandtschaften‹. Hier dämmern Sympathien. Etwas klassisch deutsche Sentimentalität, etwas Romantik. Vielleicht die Seele von der Großmutter Luise, der geborenen Seyffert, erbt? (ihr Theobald nannte es Überspanntheit) – der Leib hingegen Nachlaß der adeligen Mutter Palen: Frl. Brod erwies es eklatant; unerhörte Exterikultur, die ›Gazette du bon ton‹ verlebendigt in Bewegung und Plastik; nur viel gescheiter. Das ganze Geschöpf, ohne eigent-

lich intellektuelle Problematik, schwankend zwischen Veräußerlichung und Verinnerlichung, zwischen Geschlecht und Charakter – ihr schwindelt ob Weiningers Eröffnungen. Aus Tango, Sel Morny-Bad, aus latest fashion-Kostümen und der Houbigand-Puder-Wolle blitzt eine Sehnsucht nach »seelischem Neuland«.

Dies unbekannte Land entdeckt ihr Wilhelm Krey, des Vaters Sekretär, den sie darum liebt. Im Palais der Maskes lernt er Haß gegen den Kapitalismus, gegen den verwaschenen Zeitgeist. »Heilige, allgemeine vaterländische Verbrüderung und allgemeine deutsche Ideen!« ist sein Programm. Der Jungnationale Verband in Berlin erhofft von ihm seinen Mirabeau; ruft ihn durch Friedrich Stadler, den Idealisten, zum tätigen Kampf. Die Namen bergen ahnende Symbolik. Die Genealogie der Kreys führt auf einen bourgeoisen Philister von früherer Sternheimscher Herkunft – die Rasse ist verdammt verdächtig. Herr Feldhammer ließ ihm gestern beinahe zu viel Überzeugung, fast zu viel Widerstandswille vor der mammonistischen Verlockung durch Ottiliens Liebe. Herr Ebert aber gab, feurig beredt, den Friedrich Stadler so, als wäre es der früh gefallene Ernst Stadler, der Dichter, dem das ganze Buch gewidmet ist (Kurt Wolff, Leipzig), als einem – wie Freund Sternheim von ihm schrieb – als einem »von der Rasse der Hölderlin und Novalis, die das Deutsche an sich über den Torheiten der Zeitgenossen rein bewahren«.

Dies ist das wohlgetroffene Personal des letzten Vorkriegsjahres 1913. In Sternheimscher Manier gestrichelt; nicht eigentlich anders lebendig als in den Körpern der Schauspieler. Redende Gehirne hinter Masken. Schlagkräftig im Wort, aufreizend im Akkord der Gegenstimmen. Jede ein Typus, keine ein Mensch. Und doch glaubhaft im Zusammenspiel. Fanget an!

Fanget an? Es geschieht nicht viel, was man so ›geschehen‹ nennt. Das Wichtige liegt in den Figuren. Die eigentlich führende Handlung ist die Wandlung Christian Maskes vom Snob zum – Heros. Das ist das Überraschende. Der rücksichtslose Streber hat Riesenformat gewonnen. Er ist siebzig, er ist todkrank; aber immer noch Flamme; will noch dreißig Jahre leben. Weltherrschaft! Die ungeheuren Summen, die das Publikum in der Hand weniger Bankgewaltigen läßt, sind ungeheure Macht. Sofie, die ebenbürtige Tochter, kämpft um sie gegen den Vater, will ihm die Autorität entreißen mit raffiniertesten Geschäftskniffen. Er haßt sie, verflucht sie als persönlichen Todfeind, und weiß in ihr doch die Einzige, die mit dem Millionenerbe weiterwuchern könnte, *wenn* ... Ja, wenn er nicht die Götterdämmerung der ganzen Zeit witterte: »Ist eines Systems Höhe erreicht, steht die Möglichkeit eines Wechsels stets vor der Tür.« Ist es ein *Krieg*? oder Revolution? Für sich will er noch sein Austerlitz schlagen oder krepieren. Die Nachkommenschaft aber wird überhaupt krepieren; siehe Philipp Ernsts Verblödung, Sofies Überspannung des alten Systems, Ottiliens Romantik. Und doch: auch er hat sich (sehr glaubhaft ist es nicht!) einige Sentiments aus dem Snob-Betrieb herausgerettet, und »von menschlichen Empfindungen mehr als von eigenen besessen«, wünscht er für die andern einen Erschütterer der schwindelhaften Zustände. Sollte es Krey sein? Ist er ein Führer mit Hirn, Selbstbewußtsein und Gewissen? mit reinem Herzen und sittlicher Forderung? Nein: der erheiratet sich Adel und Geld der seelisch ungefestigten Ottilie – ein neuer Snob. Den Friedrich Stadler, der den verpatzten Mirabeau darob moralisch ohrfeigt, erlebt Christian Maske nicht mehr als die Hoffnung neuer Zeit. In grausigem Triumph-Paroxysmus über die vereitelten Machinationen Sofies stürzt er tot hin. Wie Schemen erscheinen in der dunklen Bibliothek die Epigonen in ihren Robes de chambre avec le col Robespierre et des manches pagodes... Karneval! Die Fenstervorhänge wehen gespenstischen Aschermittwoch ins Todeszimmer. Nie sahen wir Sternheim so ernst, nie so stimmungshaft. Nie so problematisch: denn er scheint diesmal innerlich beteiligt und wird doch nie warm. Künstlerische Fehler des Dramas; die innerlich nicht überzeugende Wandlung des Helden; dann, daß die Typen wichtiger sind als die Handlung, und daß der Hauptkonflikt zwischen dem Vater und Sofie nicht beherrschender als Handlung in Szene gesetzt wurde: als die grandiose Abrechnung zweier sich scheidenden Zeitalter. Die ganze vorzügliche Aufführung schuf Bewegung und zeigte die subtile Regie Herrn Hartungs: bedacht auf unwirklichen Stil und überzeugende Dialektik. Komischer Glanzpunkt: die Probierszene mit dem gefürchteten Schneiderkönig Easton (Herr Ebelsbacher tadellos gebügelt!) und dem Tango phantastischer Schlafanzüge (Frl. Brod und Herr Keller). Dann aber der Träger des Stückes, Christian, der Alte, fand drastisches Dasein durch den jungen Herrn George. Sein starkes Temperament siegte über undeutliche Rede und eine gewisse Gleichförmigkeit in den ersten beiden Akten. Mehr Überlegenheit im Ton ergäbe noch mehr Persönlichkeit als die fortwährend hämmernde Energie, die allerdings für viel Talentmaterial zeugt. Der allgemeine Beifall klang etwas bestürzt – wie wenn man etwas nicht wahr haben wollte.

Zweifellos: Sternheim hatte die Witterung – schon damals 1913, als er das Stück schrieb. Daher verbot die superkluge Zensur die vor vier Jahren bei Reinhardt geplante Uraufführung und fühlte sich mit solcher Tat als weise Hagelwetterkanone. Aber die Revolution war doch die dickere Bertha und feuerte mächtig in die schönsten Transaktionen hinein. Wie weit der Mist von 1913 auf dem vom Krieg zerwühlten Acker Deutschland als Dünger noch ersprießliche Verwendung finden mag, das sage uns Sternheim einmal in einer Komödie des ungefähren Titels ›1920‹. Zum glorreichen Abschluß des ›bürgerlichen Heldenlebens‹.

Kleines Schauspielhaus Berlin
Emil Faktor, Berliner Börsen-Courier 10. 4. 1920

Carl Sternheims kriegsprophetisches Schauspiel, im Winter 1913 auf 1914 entstanden (im April 1914 bereits im engeren Kreis vorgelesen), [...], wurde gestern im Kleinen Schauspielhause, leider ein paar Jahre zu spät, zum ersten Mal aufgeführt. Die Wirkung dieser geheizten und gebeizten, vor allem aber straffen Studie eines mechanisierten, in kapitalistischer Wollust glühenden, von Untergangssymptomen bedrohten Zeitalters hatte zwei Akte lang eine recht lebhafte, wenn auch hauptsächlich von Anhängern anerkannte Wirkung. Der dritte allzu knappe, allzu konstruktive Akt stieß auf Widerstand. [...]
Auch darstellerisch war der Abend von mancherlei Mißgeschick verfolgt. Um so tragischer, daß man in ›1913‹ der charaktervollsten Dramenleistung Stern-

heims gegenübersteht. Hier stoßen die Elemente seiner Kondensier- und Konzentrierkunst über sich hinaus, hier sammelt er den Inbegriff seines Talentes, Übersichten zu bieten. Man erinnert sich mit Dankbarkeit des Eindrucks, den das Werk im Jahre 1915 auf den Leser machte. Ein halbes Jahr erster Betäubungen und dumpffesten Ahnens eines unabsehbaren Abwärts war verflossen –, da tauchte in dieser kunstfeindlichen, vom Zerstreuungsschund heimgesuchten Periode ein Werk auf, das Zusammenhang mit unserem Erleben hatte und doch nicht Konjunktur, doch nicht Abschaum, doch nicht Kehricht war. Ein volles Jahr vor Ausbruch der Katastrophe schilderte Sternheim, wie die Luft voll Spannungen war, wie sich das Machtgefühl Weniger über die Grenzen der Möglichkeiten hinaus überhob, wie der Höhenrausch des Kapitalismus aber nicht frei von Schwindelgefühlen war, wie es diesen schrankenlosen Herren der Welt oft aus nächster Nähe heiß und drohend entgegenbrauste, wie sie nach Macht und Schätzen weitergierten und zugleich das sich vorbereitende Unheil witterten. Der Hintergrund der Weltkatastrophe war hier entschleiert und die vor dem Kriege geschriebene Arbeit verkündete seinen Ablauf. Man gab sich der Dämonie gefangen, die eintreffende Prophezeiungen ausüben.
[...]
Damals vor fünf Jahren fühlte man bei der Lektüre des Schauspiels elektrische Berührungen, Hörreize und Spannungen. Der Explosivstoff hat an Zündkraft verloren. Die Apokalypse der Wirklichkeit ist weit über das prophetische Ahnungsbild hinausgewachsen. Erscheinungen wie die des revolutionären Sekretärs Wilhelm Krey sind im Schatten der Gegenwartsgestalten zu Schreibtischfiguren erblaßt. Und von solchen, gleichsam unverschuldeten Minderungen abgesehen, machte es sich bedenklich fühlbar, daß der Tod des Freiherrn von Maske zugleich auch den Zusammenbruch des Schauspiels herbeiführt. Es verliert seine Intensität, seine Mission, Spiegelung einer Ära zu sein. Es erstarrt zur Konstruktion, die einknickt.
Dieser Gefahr hätte eine der Hauptgestalt kongruente Darstellung entgegenarbeiten können. Albert Bassermann war nicht auf gewohnter Sternheim-Höhe. Er suchte den straff bewegten, hämmernden Rhythmus des Dialoges naturalistisch zu vermenschlichen, er sah ja als Erscheinung wundervoll aus, doch kreischte er den ganzen Abend wie ein unheimlicher Menschenvogel, er arbeitete mit den Armen und mit dem ganzen Körper, er ließ zuletzt einen langgezogenen Todespfiff hören, der an das Verlöschen einer Lokomotive erinnerte. Bei allem sonstigen Respekt vor Bassermann muß eingestanden werden, daß die von Sternheim erstrebte Illusion fast völlig ausblieb.
Noch empfindlicher wußte Frau Bassermann den Gesamteindruck zu schädigen. Im zweiten Akt verstand man sie überhaupt nicht. Die große Szene des dritten Aufzuges sprach sie halbwegs so gut, wie es sich ohne Zuschuß von Persönlichkeit bestreiten läßt.
Für die Tochter Ottilie hätte man Vollblut gebraucht. Roma Bahn-Martin bot Décadence und Halbtalent. Der Sekretär des Wilhelm Kaiser hatte achtenswerte Vorstellungen moderner Ausdruckskunst. Aber sie ist erst halb gereift.
Viel belacht wurde der imbezille Sohn des Georg Alexander. Sein idiotisches Lachen war eine herzquickende Spezialität. Es wird ihn berühmt machen.

Alfred Kerr, Berliner Tageblatt 10. 4. 1920

I

Zwei Gruppen malt Sternheim. Hier Volkshelfer; dort Volksausbeuter. Hier ein deutscher Tugendbund; dort verbündete Goldgier. Ideal gegen Kapital. Der Idealist, Wilhelm Krey, ist Privatsekretär bei dem Kapitalisten Baron Maske von Buchow. [...]

II

Der Idealist wird vom Kapital bezaubert. Und der Kapitalist? Er wird zeitweilig vom Ideal gelockt; er hält seine eigene Klasse für untergangsreif; er wendet sich fast jenem Weltverbesserer zu; er tut beinahe schon mit; alles hängt an einem Haar. Doch Wilhelm ist ihm eine zu schwache Nummer. Kein Zug! Daran scheitert es. Der Kampf geht fort.
So der Grundriß des Werkes. Es ist ein Gleichniswerk.
... Der Ausbau dieses Grundrisses zeigt kapitalistisches Rasen in Herrn v. Maskes Haushalt – (während jenes Erliegen des Reformers nur kurz behandelt wird.)
Kapitalistisches Rasen: der Vater kämpft gegen die Tochter – nicht nur einen Kampf um Geld; sondern um Geltung. Machthunger gegen Machthunger. Ein Todhaß tobt. Beider Mittel sind Gesinnungslosigkeiten.
[...]

III

[...]
Was also war sein Erfolg? Der Sohn ein Nichts? Die Tochter geht zum Feind? Die andere Tochter wird sein Feind? Krampf und Tod war der Erfolg. Es ist ein Gleichnisdrama.

IV

Schippel: der Prolet, welcher bürgerlich wird, sobald er kann. Genosse Wilhelm Ständer (aus ›Tabula rasa‹): der Sozialist, welcher Ungenosse wird, sobald er kann.
Schippel klomm aus dem vierten Stand in den dritten. Ständer klomm aus dem dritten Stand in den zweiten. Maske klomm aus dem zweiten Stand in den ersten. Wilhelm Krey klomm vom Ideal zum Kapital. Es ist eine Symphonie des Strebertums.
Geld wird nicht so sehr entscheidend; nicht nur entscheidend ... Gut beobachtet, wie der Apostel Wilhelm Krey durch Einflüsse der Kleidung, des Wohllebens, er wird sagen: der Schönheit oder Ästhetik angesteckt, langsam bestochen, heruntergebracht wird. Geschmäht in der freien Denkart; in dem Willen zum Aufwärts.
Also Geld ist nicht so sehr lockend für Gesinnungslosigkeit; weit stärker die gesellschaftliche Streberei. [...]

V

Sternheims Schaffen ist eine dünne, dennoch gedrängte Symphonie des Strebertums, von einem kaltherzigen Kopf erdacht – aber von einer Hand gezeichnet, die heut und hier nicht mehr tändelt. In den einzelnen Werken scheint er mehr Hänselei als Haß zu geben. Doch in allen Werken zusammen gibt er, eins ins andere gerechnet, doch mehr Haß als Hänselei.
Auch dieses halb prophetisch vor dem Kriege verfaßte Schauspiel eines Mannes, der sich links und rechts unbeliebt gemacht hat, was ihm hoch anzukreiden ist, – auch dieses bringt keine Lebensfülle; sondern ... Zeichnung. Der

Übertritt zum Katholizismus, sozusagen als Wendung im Dialog, ist unglaubhaft. Doch Sternheim schreibt Satiren, da braucht einer nicht lebenswahr zu sein. (Immerhin: besser wär's, wenn man auch lebenswahr bliebe.)
Hier ist also kein fülliges Kunstwerk: doch der Ausbruch einer Natur. Die Verkündung eines zwar kühlen Geistes, der sich aber nach dem Besseren sehnt. Er hat (und so ein Zug ist nicht ohne Herrlichkeit) in die Mitte dieser Kleinwelt voll Gier und Krampf und Gefauch und Gekrall Robert Schumanns unvergänglich dahinklingendes Lied gestellt: »Es war, als hätte der Himmel die Erde still geküßt.« Auch das muß ihm angekreidet sein.
In summa: das Werk ist nicht sehr bühnengerecht, nicht sehr voll, nicht im einzelnen glaubhaft. Aber es ist wesentlich.

VI

Bassermann hat schon damals den Snob sehr geschrien. Jetzt noch stärker. Der Baron Maske soll allerdings nach Sternheims Wunsch gelegentlich brüllen. Doch rein akustisch war es auf die Länge nicht ertragbar. Der Vollmensch, den Bassermann zu kennzeichnen suchte, läßt sich noch anders kennzeichnen. Auch dies Andre kam in einer gewissen Fülle heraus – jedoch von Lärm übertäubt. Stark war das Äußere des wundervoll wallungsflinken und pöbligen Siebzigers. Es haftet lange. Die Bewegungen wurden schon halb expressionistisch im Hinundher der Glieder.
Diesen Gliederexpressionismus traf der Schauspieler Hubert von Meyerinck, welcher einen hirnlosen Prinzen machte, noch stärker. Fahriges Dahinschießen eines halben Hämmlings mit Entartung, Denkschwäche, sichtbarem Spätlingstum und Umgangsformen.
Den Sohn stellte belustigend Herr Georg Alexander: indem er ein Kleidergeck war, dessen seltsam-blöder Kicherausbruch Waßmann beunruhigen könnte.
Der echte von den zwei Aposteln, Friedrich, wurde bei Herrn Rodegg ohne viel Krimskrams glaubhaft. Der unechte, Wilhelm, bei Herrn W. Kaiser insonders durch einen Zug im Äußeren: er schien für diese Gestalt wie von der Straße heraufgeholt.
Frau Bassermann, die harte Tochter, störte wenig. Frau Roma Bahn, die hinfällige Tochter, reichte zu.
(Nicht so ihr Kleid – dessen Kürze anno 1913, wenn ihr schon historisch sein wollt, unerfunden war.)

Kammerspiele Berlin, 18. Dezember 1924, Regie Carl Sternheim
Norbert Falk, BZ am Mittag, Berlin, 19. 12. 1924

[...] Was die von Sternheim angekündigte Götzendämmerung des schwerindustriellen Mammonismus plus äh – häh Hochadel betrifft, so befinden sich beide auch nach der sogenannten Revolution in blühendstem Ernährungszustand. [...]
[...] Sternheim, der sein eigener Regisseur ist und darum die Distanz zwischen Regie und Werk verkürzt, Mattheiten nicht aufhebt, Übertriebenes nicht abschwächt, hat darauf verzichtet, das »Historische« seiner Verfallswelt von ›1913‹ auch durch die Tracht zu betonen. In einem von Thea Sternheim noch zeitgerecht erdachten Bibliotheksraum trubelt ein Faschingsabend von heutigsten Modekleidern und Phantasiekostümen. Ein vorsintflutlich anzuschauen-

der Gehrock, präsentiert von einem korrekt 1924 angezogenen Londoner Schneider, ist das einzige 1913er Objekt.
Hubert von Meyerinck als Modeaffe sehr komisch in grotesker Trottligkeit, rückt ihn in der komödienhaft besten Szene des Stückes ins grellste Licht. Neben diesem Repräsentanten des Vorkriegs-Gents Walter Steinbeck, ein ostelbisch betonter Graf von nicht zu überbietender Herrenhausreife. Steinrück ist der große Industrie-Generalissimus, der gegen die ihm überlegene Tochter kämpft und im Kämpfen am Schlag stirbt. Wenn dieser 120 Millionen dicke Waffenfabrikant nicht 1913 zu seinen Vätern eingegangen wäre, er würde jetzt Zeitungen aufkaufen und deutschnationale Wahlkassen füllen. Steinrück gestaltet ihn breit, gewichtig, mit der Dämonie der bekannten Herrennaturen, doch auch beträchtlich heiser. Wodurch Text verlorengeht. Die Tochter, die ihn fällt, eine schwerindustrielle Goneril, ist Leontine Sagan; hart, scharf, bestimmt. Die zweite, die niedliche, die den Mann aus dem Volke liebt, Fräulein Mewes, ein Millionärspusselchen. Den Liebsten, der sich so gern »Mirabeau« nennt, hat man ihr vom Staatstheater entliehen: den schwerblütig hamletischen Herrn Kalser.

Carl Sternheim   Tabula rasa

Uraufführung: Kleines Theater Berlin, 25. Januar 1919, Regie Georg Altmann

Auch die 1916 nach dem ›Kandidaten‹ und dem ›Leidenden Weib‹ entstandene Komödie ›Tabula rasa‹ gehörte zu den Sternheimschen Stücken, die während des Krieges durch die Zensur nicht freigegeben wurden. Da Sternheim darin den Weg eines Sozialdemokraten in die selbstverordnete Bürgerlichkeit beschrieb, hielten es sowohl der Autor wie der Theaterdirektor Altmann für angebracht, darauf hinzuweisen, daß die Komödie schon drei Jahre alt und also nicht gegen die gegenwärtige Regierung gerichtet sein könne. (Am 19. Januar waren die Sozialdemokraten mit 163 von 421 Mandaten als die stärkste Partei aus den ersten demokratischen Wahlen zur Nationalversammlung hervorgegangen.) Die liberalen Kritiker betonen das noch einmal. Die Rezension des ›Vorwärts‹ läßt die politischen Momente dieser Aufführung erkennen. Sie zeigten sich auch bei Aufführungen im Reich. Nach der anscheinend sehr geschlossen wirkenden Inszenierung im Münchner Schauspielhaus notiert – h. e. in der sozialdemokratischen ›Münchner Post‹: »der auch bei offener Szene einsetzende Beifall ... war politisch demonstrativ –. Geht es nach dem Publikum dieses Theaterabends, so haben wir in einem Jahr die Monarchie wieder« (28. 6. 1919).

Fritz Engel, Berliner Tageblatt 26. 1. 1919

›Tabula rasa‹ fand nach dem zweiten Akt starken Beifall, nach dem dritten blieb sie nicht ohne Widerspruch. Es ist eine beinahe ausgezeichnete Komödie. Das Beinahe steckt darin, daß viel theoretisiert und besonders im letzten Akt eine Grund- und Weltanschauung zu einem großen Wortgefälle ausartet. Aber sie spiegelt unsere Zeit und wirft ihr Bild in die Zukunft. Ja, die Zu-

kunft wird ihr noch höhere Rechte zuerkennen; sie wird stärker als wir empfinden, daß sich unter einer zeitlich gebundenen Parteifirmierung Gegensätze von menschlicher Bedeutung ohne Zeitschranken abspielen. Genau wie in Molières Ärzten die Quacksalber aller Epochen und Völker getroffen sind.
›Tabula rasa‹ ist ein politisches Stück und setzt fort, was Sternheim von Anbeginn will: die Schichtungen des Volkes darstellen und den wirtschaftlichen und geistigen Daseinskampf besonders dort erfassen, wo in steter Wiederkehr das Untere nach oben drängt. [...] Obschon mit satirischen Mitteln, gibt Sternheim nichts als Zustände. Drang nach Wahrheit ist die Haupttriebkraft: in seinen von snobistischem Ausputz niemals freien Stücken ist eine kindhafte Wahrheitsliebe. Auch in dieser Sozialistenkomödie sagt er nicht, was sein soll, sondern nur, was ist. Er denkt nicht daran, Angreifer zu sein [...] Sternheims Sozialisten sitzen also nicht in der gegenwärtigen Regierung, und unsere Machthaber können nichts übelnehmen. Auch Spartakus wird das Kleine Theater nicht besetzen. Sternheims Männer und Männchen sind Abbilder von Tausenden; sie ließen sich mit einigen Änderungen in jede andere Partei übersetzen.
In der Mitte steht einer, der überall zu finden ist. Es ist der Mann, der auf dem Parteiwagen mitfährt, um abzuspringen, sobald er sein ganz persönliches Ziel erreicht hat. Hier ist es Herr Wilhelm Ständer, ein zur Rücksichtslosigkeit Geborener, der im Namen der Freiheit noch seine Magd zur Sklavin macht. In der großen Glasfabrik hat er es zu einer gehobenen Stellung gebracht. Was das für ein geheimnisvoller Posten ist, und wieso und warum er dazu gekommen ist, erfahren wir nicht. Das ist ein erheblicher Fehler in den Voraussetzungen. Auch daß er überintellektuell ist und wie Sternheim selbst spricht, gebildet und gezirkelt, könnte dem ehemaligen Glasbläser den Schein der Wirklichkeit nehmen. Das Innere aber ist gepackt, durch das Medium der Sternheimsprache sehen wir doch die Tatsachen einer Menschenseele.
Wilhelm Ständer fürchtet, daß bei dem hundertjährigen Jubelfest der Firma, bei der Überprüfung der Bücher, das Augenmerk sich gar zu sehr auf ihn selbst und sein dunkles Emporkommen richten könnte. Er schafft also Unruhe. Er lanciert die Idee, der Aufsichtsrat, der schon so viel für die soziale Wohlfahrt der Arbeiter getan, solle als Jubiläumsgabe eine Bücherei stiften, Kostenpunkt eine Million. Bald fördert er, bald hindert er den Plan mit gewitzter Diplomatie, je nach dem er hofft, sich selbst dabei in Sicherheit zu bringen. Er benutzt alle und jeden dazu, auch solche Leute, die sich einbilden, ihn zu lenken und ihre eigenen politischen Theorien verwirklichen zu können. Da ist nicht nur der Fabrikdirektor Schippel, der ganz zum geschmeidigen Unternehmer-Bourgeois gewordene ›Bürger Schippel‹. Da ist auch der ›Unabhängige‹, der Umstürzler, der Allesvernichter und gewaltige Phrasendreher Werner Sturm. Da ist der Entwicklungssozialist Arthur Flocke, Genosse mit volkswirtschaftlicher Basis, einem Kompromiß mit dem Bestehenden nicht abgeneigt. Zwei Männer voll Überzeugung und voll Selbstbetrug im Rausch ihrer eigenen Reden. Auch die Frauen, sehr bizarr, aber in diesem Stück besser gesehen und vielfältiger abgetönt als sonst bei Sternheim, werden von Wilhelm Ständer ins Spiel gesetzt. Seine Selbstsucht feierte großen Triumph. Man bietet ihn am Jubiläumstag an, Mitdirektor zu werden. Große Ehre, aber auch große Verantwortung. Er dankt ergebenst und läßt sich lieber pensionieren. Das Ruhegehalt zusammen mit dem, was er mit den Aktien des Werkes in heimlichem Börsen-

geschäft in die Tasche gesteckt hat, verbürgt ihm ein geruhiges und genießerisches Altern. Er verkündet das Recht auf Persönlichkeit. Schluß mit aller Arbeit! Schluß mit der Parteiüberzeugung! Reinen Tisch gemacht! ›Tabula rasa!‹ Er rüstet sich lächelnd zum ›Aufbruch‹, wie das Stück zuerst benannt war.

Das Kleine Theater traf den Sternheim-Ton, Groteske auf Philosophie montiert, sehr gut; auch das Heim des Herrn Ständer war Leben. Hermann Vallentin ist dieser Mann. Er hält die Grundzüge mit starkem Humor fest und sucht selbst dort, wo die Gestalt nichts als eine Sternheimsche Anrede ist, einen Menschen herauszuspielen. Er sprach auch gut, und die krause Diktion dieses Autors kann ja nicht pfleglich genug behandelt werden. Herr Klein-Rohden, der den Radikalissimus Werner Sturm gab, ließ das außer Betracht. Lupu Pick gibt einem alten Angstmeier sein lustiges Mäusestimmchen; Herr Rodegg, die sichere Karikaturistin Alice Torning, Johanna Zimmermann, Robert Forch waren das Gewimmel um die Hauptgestalt. Und Alfred Abel gibt seinen sehr avancierten Schippel. Ein höchst gütiger, höchst geschmeidiger Werksdirektor, beinahe Regierungsassessor. Die rote Tolle von dazumal ist gelichtet, aber feinst gescheitelt. Zehn Worte: eine Prachtfigur.

Alfred Kerr, Der Tag, Berlin, 26. 1. 1919

[...]
IV
Der Schriftsteller Sternheim [...] ist nicht bloß unpathetisch auf einem Felde, das kein Pathos verdient – sondern er ist immer unpathetisch (auch in Feldern, die es verdienen).
Er neigt zum Hänseln; zum Hämischen. Er ist, ganz allgemein, eine Eetsch-Potenz.
Mit köstlicher Komik.
Doch dieser Komik entspricht keine köstliche Fülle. Er ist ein glänzender Zeichner; kaltgeherzt; mit wenig Blut. Manchmal erscheint mir vor Carl Sternheims Dürftigkeit die Vorstellung: Carl der Kahle.
Nicht zuletzt in diesem als politisch betitelten Werk, das eine Hänselei bedeutet, wo es am stärksten ist.
Im Gedächtnis bleibt, bei vieler Dankbarkeit für herzliches Lachen, doch nur ein dünner Kram. Was ist Sternheim? Die Antwort hat hier drei Stufen.
Ein Dichter? Nein. Ein Satiriker? Vielleicht. Ein Komiker? Jaaaa! (Erste Antwort piano; zweite Antwort mezzoforte; dritte Antwort fortissimo.)
V
Er zeigt einen sozialistischen Glasbläser, der allmählich hohes Gehalt bezieht – so daß er aufhört Sozialist zu sein. Dies der Kern.
Er erinnert mich an einen Wirt in Holstein. Der Mann war vor dem Krieg Abgeordneter für den oldenburgischen Landtag. Auf meine Frage, wie das Wahlrecht dort sei, sprach er: »Gleich, direkt und geheim. Nur Leute über vierzig haben zwei Stimmen. Das ist gegen die Sozialdemokratie.« – »Wieso? Auch Sozialdemokraten werden doch über vierzig?« – »Jawohl; aber da sind sie keine Sozialdemokraten mehr! Da haben sie so viel verdient, daß sie keine mehr sind.« Wie dieser Wirt, so denkt Sternheim.
Es ist sehr anständig von ihm, sich nun auch links unbeliebt zu machen.

In dem Nachwort zu der Erzählung ›Ulrike‹ betont er: seine Arbeiten hätten bisher die Bürger gemahnt, die Welt nicht zu verbessern, was für sie lebensschwächend sei, sondern ihrer Natur zu folgen. Sonst käme der Proletarier ihnen zuvor, der mit umschreibend vertuschenden Redensarten »tabula rasa zu machen sich anschicke«.

Diesen Proletarier zeichnet er hier. Einst war sein Held Christian Maske: der Bürgerling, welcher, sobald er kann, aristokratisch reaktionär wird. Dann kam als Held Schippel: ein Prolet, welcher, sobald er kann, bürgerlich wird. Jetzt kommt Wilhelm Ständer: ein Sozialist, welcher, sobald er kann, Individualist und Sichauslebender wird. Und hierin liegt vermutlich die größte Banalheit... nicht des Herrn Ständer, sondern des Herrn Sternheim.

VI

Denn: beklagt Sternheim Herrn Ständers Entwicklung, oder billigt er sie?

Er billigt sie eher, als er sie beklagt. Er hat hier nicht einen Menschen abgemalt, sondern fast einen Vorbildmenschen hingemalt... Sternheim, nehmt alles nur in allem, macht sich's dabei leicht, Richtungen zu verhänseln: indem er zwei ihrer Anhänger als ziemliche Mißgeburten darstellt.

Er macht nämlich einen Trottel zum Evolutionär, einen Halbtrottel zum Revolutionär. Und er bringt nun die Entdeckung zuwege, daß ein heimlicher Sklavenhalter, der gern gut schmatzt und lebenslänglich mogelt, kein Herdentier... (sondern, wie ich glaube, weniger als ein Herdentier) ist.

Es wird aber doch allgemach kitschig zu rufen: »Ich bin Individualist! Ich bin ich!« Und wirklich ist es das an den Schuhsohlen Kleingelaufenste, schon für jeden Oberflächling – sofern er sich nicht folgestark entschließt, kein Telephon zu haben, keine Wasserleitung zu benutzen, seine Stiefel selbst zu nähen, seinen Keller selbst zu pflastern.

Der Held »lebt sein Leben«, o alter Ladenhüter! Hier ist mehr Phrase als bei den als Phrasenmacher Verspotteten... Die Schöpfung will, sagt er, »von jedem die anvertraute Person unverfälscht zurück«. Was ist das für Spießerschmus! Unverfälscht heißt hier: als Einbrecher, wenn er Lust zum Einbrechen hat; und als Verunreiniger des Bettes, wozu den Menschen, bevor er verfälscht wird, seine angeborene Neigung jagt. [...]

Hier steckt ein Mangel Sternheims. Doch Hauptmangel ist sein Mangel an pectus. Er kann widersprechen; nicht gestalten. Er bringt Linien; ohne jedoch ein Seelenlüfter zu sein.

Er ist eine klingende Schelle – denn er hat des Hasses nicht, sondern bloß der Abneigung. Und endet mit dem Gemeinplatz.

Wenn jemand mit dem Verstand arbeitet, ist nicht gesagt, daß er mit viel davon arbeitet... Der Verstand eines Dichters, lieber und begabter und köstlicher Komiker Sternheim, sitzt in der Mitte der Brust.

VII

Der stärkste Besetzungsfehler war Herr Klein-Rohden. Er gab den stürmenden Sozialisten, das Gegenstück zum Helden, mit wenig Sturm. Mit irgendwas Gealtertem in der Stimme. Der Wortlaut nicht scharf genug; der Atem nicht heiß genug.

Für den Helden jedoch reichte Herr Vallentin aus. Wenn er nur den Ton (in allen Rollen) dämpfte! Zuviel Unterstreichen und Auftragen. Als Kraftleistung schätzbar.

Am schönsten waren Lupu Pick, der einen alten Ängstling, einen Auchsozia-

listen, flockig-flirrend ... und die Schauspielerin Torning, die eine Magd vollendet im Ulk, an Klang und Umriß, bot.
Zeichnerisch deckend Rodegg als verschwommen sanfter Heinrich in der sozialen Bewegung. [...]

Conrad Schmidt, Vorwärts, Berlin, 27. 1. 1919

Die Ankündigung ›Politisches Schauspiel‹ auf dem Theaterzettel klingt sehr verheißungsvoll. In der Tat, nachdem die Revolution Tabula rasa, reinen Tisch mit den verstaubten Schnörkeleien des alten Regiments gemacht hat, dessen oberster Vertreter, die preußische Rangliste ins Himmlische verlängernd, sich ganz besonders naher Beziehungen zum lieben Gott rühmte, sind einer politischen Komödie jetzt freies Feld und dankbarste Aufgaben geboten. Aber es wird uns wohl wie mit so viel andern guten Dingen, auch damit nach dem berühmten Wort vom Reis und von den Pflaumen gehen, die man nur leider nicht bekommt. Jedenfalls auf Sternheim wird man kaum zu rechnen haben.
Daß seine satirische Laune in diesem 1915, also mitten in der Kriegszeit, geschriebenen Stück die Kreise der sozialistischen Arbeiterschaft zum Gegenstand der Persiflage nimmt, ist stark befremdend. Immerhin wäre es vollkommen schief, wollte man in einer solchen Wahl des Themas reaktionäre bourgeoise Neigungen des Autors wittern. Weiß man doch aus seinen früheren Komödien, daß die Gesinnungen, die er für den Bourgeois und Spießer hegt, etwa das Gegenteil bewundernden Respektes sind. Und auch in diesem Werke richtet sich sein Witz nicht gegen Ziele der Sozialdemokratie, sondern gegen philiströse Menschlichkeiten, die viele, welche sich zu ihr bekennen – wie könnte es anders sein! –, mit dem moralisch oft so laut verdonnerten Bürgertum teilen. Aber der Spott läßt kalt. Es fehlt ihm ein Fonds der Liebe, der neben dem Allzumenschlichen doch auch des Menschlichen nicht vergißt, und, wenn ein solcher Maßstab allzu hoch erscheint, die schlichte sinnlich komische Lebendigkeit.
[...] Sternheim verbindet die Vergewaltigung aller Wahrscheinlich- oder auch nur Möglichkeiten, die man ja dem ausgelassenen Possenübermut gerne nachsieht, mit einer Pose des pedantischen Ernstes, der die Verzerrung doppelt unerträglich macht. [...] Hermann Vallentin brachte in der Charakteristik das körperlich und geistig Vierschrötige, diese Strebernatur, gut heraus. [...]

Walter Hasenclever   Antigone

Schauspielhaus Frankfurt, 20. Februar 1919, Regie Richard Weichert
Großes Schauspielhaus Berlin, 18. April 1920, Regie Karl-Heinz Martin

Der junge Hasenclever war unter dem Eindruck des Krieges, auch unter dem Einfluß des Aktivisten Kurt Hiller ein ›politischer‹ Dichter geworden und galt nun bis 1920 als dessen Prototyp. Er hatte sein erstes Stück ›Der Sohn‹ schon politisch verstanden wissen wollen. Noch 1916/17 schrieb Hasenclever eine Neufassung der sophokleischen ›Antigone‹, mit der er »zur Irreführung der Zensur« im antiken Gewand »gegen Krieg und Vergewaltigung protestierte«. 1917 erhielt das als Buch veröffentlichte Stück den Kleist-Preis, wurde auch im Leipziger Stadttheater uraufgeführt (15. 12. 1917), doch von der Zensur verboten. Die große Wirkung fand es in der ersten Aufführung nach dem Kriege. Wenige Tage vor der Premiere war die parlamentarische Demokratie begründet, am 6. Februar die erste Nationalversammlung in Weimar eröffnet und Ebert zum ersten Reichspräsidenten gewählt worden. In dieser Situation wurde die ›Antigone‹ spontan als aktuelle Auseinandersetzung von Machtstaat und Demokratie begriffen und ihr Autor in nicht wenigen Rezensionen als ›Prophet‹ begrüßt. – Mit dem Regisseur dieser explosiven Aufführung, Richard Weichert, war Hasenclever seit der Mannheimer Aufführung des ›Sohn‹ eng verbunden. Weichert debütiert als Gastregisseur mit dieser Inszenierung in Frankfurt und wurde ab Herbst 1919 von dem Intendanten Carl Zeiß als Oberregisseur an das Frankfurter Schauspielhaus verpflichtet. Weichert ergänzte von da an, in harter Rivalität, die Arbeit Gustav Hartungs, der den Expressionismus in Frankfurt als Regisseur begründet hatte. In Berlin inszenierte Karl-Heinz Martin (der Anfang 1920 zu Reinhardt als Regisseur ging) Hasenclevers ›Antigone‹ am 18. April 1920 als einmalige Sonntagsmittags-Vorstellung (anstelle von Max Reinhardt) im Großen Schauspielhaus, für dessen Dimensionen sie wahrscheinlich entworfen war: der junge Hasenclever hatte einst als Statist bei Reinhardts Gastspiel mit ›König Ödipus‹ in einer Leipziger Arena mitgewirkt und sich davon einen starken Eindruck bewahrt.

Schauspielhaus Frankfurt
Oscar Quindt, Frankfurter Volksstimme 21. 2. 1919

Mit fliegenden Pulsen und klopfenden Herzen folgten gestern abend die Kopf an Kopf das Schauspielhaus füllenden Zuhörer diesem ›Prophetenwerk‹, und nach dem dritten Akt wie nach dem fünften brach ein frenetischer Beifallsjubel durch das Haus; man muß lange zurückblicken in der Frankfurter Theaterchronik, ehe man auf einen Erstlingsabend stößt, der sich des gleichen Ergebnisses rühmen könnte. [. . .]
Welche Sprache voll gesättigter Glut, welche Wortbilder voll stolzer Kühnheit, welcher wogende Rhythmus im Fortschreiten der Handlung, welche märchenhafte Phantasie! [. . .]
Ein ›Prophetenwerk‹ ist das neue Stück gewesen, denn als es erschien, war unser deutscher ›König Kreon‹ noch im Vollbesitze seiner Macht, seine Kriegerhorden strotzten von Gesundheit, Blutgier und roher Kraft, seine Spione und Bluthunde, seine Schutzleute und seine Hurrakanaille, alles war noch gut in Form.
[. . .] Hätte man damals schon den übermütigen Gottesgnadenphantasten in die Wälder gejagt, wie viel edles Blut hätte gespart werden können. Zu spät kommt heute der Warnungsruf gegen die Völkergier und Machtanbetung.
[. . .] das hätte man, wäre unsere Zensur nicht gewesen, vor zwei Jahren schon auf der Bühne sehen können.
Hasenclevers Stück ist kein Werk aus einem Guß, aber es ist ein Stück voll

heißen Sturmes und Dranges, geboren aus der Not der Zeit, aber mit der Anwartschaft auf die Unsterblichkeit.
[...] Die Schlußszene der ›Antigone‹ ist von solcher Wucht und Schönheit und Größe, daß man bei ihrem Anblick weinen und jubeln möchte zu gleicher Zeit.

Bernhard Diebold, Frankfurter Zeitung 21. 2. 1919

Antigone gegen Kreon! Das bedeutet: Menschlichkeit gegen Tyrannis. Gottesgerechtigkeit gegen Staatsrecht, Liebe gegen Militärgewalt! Nicht mitzuhassen – mitzulieben sind wir da! Also: unerhörte Aktualität und dementsprechender Theaterbeifall. Wem aber dankte er? Dem Dichter Hasenclever, oder dem vorzüglichen Regisseur Weichert, oder gar unbewußt dem – Sophokles? Jedenfalls: die szenische Regie wetteiferte mit der dramaturgischen des Dichters. So jung und schon so – effektsicher. Bewegte Massen, Volk genannt, auf alle Schlagworte revolutionärer Bedürfnisse dressiert: Hunger, Frieren, Kriegsverkrüppelung, Frauenemanzipation; zum Schluß gar so etwas wie Spartakus im Berliner Schloß. Alles vorausgeahnt wie vom Teiresias. Dazu aufregende Lichtspiele der Reflektoren über den zeitgemäß unterjochten Untertanen. Unsichtbare Musik: bald Grabesmelodie, bald preußisch-griechische Machtfanfaren. Scharfanklingend endlich geflügelte Kaiserzitate. Und folglich einmütiges Bravo des demokratisierten Publikums.
Und doch blieb man merkwürdig kalt. Unter der Wucht der szenischen Zaubereien vergaß man zuweilen nach der Dichtung zu fragen. Das Problem von Theater und Drama rumort. Laut gellendes Pathos und griechische Prachtgewande kommandierten unwidersprechlich: Große Tragödie! Ehrfurcht! Erschütterung! Stimmung! Zwei Akte, ja drei Akte lang gehorchte man – ausgerechnet so lange, als der alte Sophokles stark mitkomponiert hatte. Dann wurde es im wesentlichen reiner Hasenclever, und man erkannte leider: Theater! Theater! Theater!
Hasenclever hat die Aktualität des Sophokles entdeckt. Ein Verdienst. – Aber was tut er? [...] das tragische Geschehen blieb dasselbe. [...] Die Umtaufe der antiken Ethik zum Christentum und die eifrigere Schuldbelastung des staatlichen Machtvollstreckers verschieben die seelisch-tragischen Konflikte keineswegs.
Auf die Seelen aber kommt es an. Hier erweise sich das *neue* Drama. Doch sie verblieben, in die überkommenen Figuren verkleidet, als funktionelle Wesen ebenfalls dieselben; nur ohne die übermenschliche Borniertheit und einseitige Energie der antiken Typus-Charaktere: Kreon, zunächst Übertyrann, dann durch überraschend tiefe Reue plötzlich ein allzu edler Entsager. Antigone, der man schon im Original von jeher ahnendes Christentum zubilligte, jetzt noch christlicher und sozialistischer in gut gebauten Reden sich bekennend. [...]
So also kam Hasenclever (jedenfalls bis zum dritten Akt) vom großen Original, von dessen allgemeiner dramatischen Struktur mit Personal und Handlung, innerlich einfach nicht los. Der Fluch des Ödipus ergriff auch ihn. Gefährlich ist's, den Sophokles zu wecken!
Warum nun aber doch ›seine‹ Antigone. Hasenclever weist mit entrüstetem Finger auf die Personaltabelle seines Dramas, wo als Hauptagent an erster

Stelle verzeichnet steht: »Das *Volk* von Theben«. Aha! Der Chor [...] ist nun allem Anschein nach zum ersten Handlungsträger, das Volk ist zum aktiven Helden geworden. Das ist das Neue. Demokratie! Wir sind gespannt auf ihre Taten. Dieses Volk aus Hasenclever-Kadmos' Drachensaat hat alle Ursache, aus Hunger, Seuche, Krieg und Versklavung revolutionär zu werden – so gut wie das deutsche von 1918. Aber was tun sie, die zu Protagonisten aufgerufen wurden? Sie hungern, sie klagen, alles in talentvollen Versen, aber ohne jeden Ansatz zu einem Rütlischwur. Die einen bekennen sich militaristisch, die anderen pazifistisch oder revolutionär – aber wo bleibt der Überzeugungsstreit der Parteien? Sie schreien »steinigt sie«, lassen sich dann rasch belehren vom Liebesevangelium der heiligen Antigone – doch keine Hand rührt sich zu ihrer Befreiung (es steht ja nicht beim Sophokles!). Und endlich im letzten Akt lassen sie eine mitleidige Schicksalsgasse zum Abgang des geschlagenen Kreon, und brüllen dann wieder: »Nieder die Fürsten!«, obschon das keinen rechten Sinn mehr hat. Und dann verpöbeln und vertieren sie vollends, bis eine Stimme aus dem Grabe (vox ex machina) Demut vor Gott gebeut, worauf der Vorhang alle Weiterungen schleunigst der Verlegenheit entzieht.

Oder galt es eine *Satire*? Denn das war nicht ›das Volk‹ – das war Pöbel! Und um dieses miserablen Gesindels willen bedurfte es einer neuen ›Antigone‹? Denn daß die alte auch nicht schlecht war, erwies ja die im Prinzip unveränderte Übernahme der sophokleischen Komposition für die ersten drei Akte, die einzig und allein *dramatisch* wirksamen. Wohl werden textlich andere, modern gestimmte, gut gefügte Worte dem antiken Knochenbau entlang gedichtet, aktuell gefärbt, und an Stelle der alten Göttermahnungen tönen die christlichen: Liebe, Gnade, Reue. Statt der langsamen Chorschritte wimmelt es von beweglichem Volke; die dramatischen Pausen der Chorstellen sind mit Bühnengeschehnis ausgefüllt. Es geschieht etwas. Der szenische Anlauf wird spannender als bei dem Griechen und die Beschwörung des Warners Teiresias, die ein unselig kriegsverstümmeltes Totenvolk vor Kreons Augen aufsteigen läßt, wurde durch Hasenclevers und des Regisseurs Theaterphantasie zu einer Szene von visionärer Macht, deren *sichtbares* Menschenelend vielleicht bühnenmäßiger mitreißt als uns götterlose Moderne der rhetorische Fluch des antiken Sehers. Kreon bereut auch wirklich – und das Stück ist aus – schon nach dem dritten Akt. (Denn daß sich Hämon im vierten noch ums Leben bringt, ist nach dieser Vision fast unbeträchtlich.)

Es war keine weise Ökonomie Hasenclevers, die Hauptakzente der sophokleischen Schlußakte zur Konzentration seiner ersten Aufzüge zu mißbrauchen. [...] So wurden – von Gott und Sophokles verlassen – die Schlußakte ausgeleert. Nichts Wesentliches hinderte die sofortige Abdankung des Tyrannen. Aber Hasenclever will erweisen: das eben sei der Fluch der bösen Tat, daß sie fortzeugend Böses müsse gebären. Zu diesem Zwecke und aus völliger dramatischer Phantasielosigkeit erfindet er einen Brand von Theben, den der bereits bekehrte Kreon eigentlich gar nicht mehr gewollt hat, der aber von seinem noch auf altes System eingedrillten Ersten Generalquartiermeister eigenmächtig angestiftet wurde. Das ist der automatisch fortzeugende Militarismus, das ist Wilhelm und seine Generalität. Und es ermöglicht dieser dramatisch ganz unnötige Brand noch einmal eine unnötige Gespensterparade der Verbannten vor der dreimal unnötigen Eurydike. So bleiben die letzten Akte ge-

wichtslos, trotz dem aus der Botenerzählung in matte Bühnensichtbarkeit umgesetzten Selbstmord des Hämon.
Ja, wenn Hasenclever mit dem unseligen Bräutigam etwas angestellt hätte, was nicht im Sophokles geschrieben stand – dann hätten sich vielleicht *vier* Akte lohnen lassen. [...] wie lag es nahe, in einem jungen idealen Menschen den tragischen Erben der Antigone-Verheißung darzustellen! [...] statt das Volk in einer mächtigen Tatszene (nicht nur andeutungsweise) – mit oder ohne Erfolg – zur Empörung aufzurufen, ersticht er sich eilig wie irgendein armer Werther, der genug hat. Hier schrie es nach der Carlos-Philipp-Katastrophe vor dem toten Posa: hier hätte sich Antigones weibliche Klage in männliche Tat umsetzen lassen, nach einer gewaltigen Dialektik zwischen den Generationen; zwischen dem Vater des alten Systems und dem Sohne der expressionistischen Jugend. Wo, Walter Hasenclever, wo blieben Sie als Dichter des ›Sohnes‹? Man merkte nur die ekstatisch-nervöse Gehetztheit, die die Stimmen gellen und die klassischen Gewänder fliegen ließ. Aber im Seelischen?
Hasenclevers dramatischer Wille war ohne Zielbewußtsein für sein Volk als ›Held‹. Die verfehlte dramatische Geste hebt das Ethos der Tragödie beinahe auf, lähmt den ideellen Triumph der Antigone-Idee, zerbricht den inneren Rhythmus und damit auch die äußere Struktur des planlosen Schlusses. Diese ›Antigone‹ ist keine visionäre Dichtung, sie ist bei aller poetischen Aufwallung die Deklamation des geschicktesten Bühnenverstandes. Sie wird wohl ihr Theaterglück machen; und ihr sophokleischer Ewigkeitsgehalt in einer so vollendeten Erscheinung, wie sie das Frankfurter Schauspielhaus gewährte, rechtfertigt regsten Zulauf. Das Hauptverdienst fällt auf den Oberregisseur vom Mannheimer Hoftheater, Herrn Richard Weichert, der sich als Gast vorstellte. Technisch mit Licht, Geräusch, Musik und Massenbewegung bis zur Vollkommenheit ausgestattet, erweist er Bild- und Klangphantasie, schafft durch unsymmetrische Architektur der Burgtreppe (und andere bildszenische Einfälle, die durch die vornehme Stilgebung des Malers Sievert verwirklicht wurden) neue Möglichkeiten des Übereinander der Massenschichten; steigert die Aktschlüsse, taktiert die Gespensterchöre mit dirigentenhafter Rhythmik. Und meisterte er auch die Gesamt-Dynamik, da er am Anfang die Fortissimi verschwendete, nicht bis zum Schluß, wo ihn der mit Volksgewimmel sich wiederholende Dichter im Stich ließ, so erwies seine Kleinarbeit am einzelnen Schauspieler vielseitigste Wahrhaftigkeit. Man spreche nicht von Übertreibung bei solcher theatralischer Vorlage des Dichters. Mäßigung hätte zu früh ernüchtert.
Vorbedingung dieses Erfolges war aber das vom Intendanten Zeiß geschaffene Ensemble, was hier gerühmt werden muß. Aus der Masse tauchten Individualitäten auf: Brügmann, Kepich, Ebelsbacher, Hartung; die Damen Kaiser, Servos, König, Schott. Dies sind nur einige. Eindringlichste Typen: eine Mumie, die Toten speist, in Mathilde Einzigs grotesk-schauerlicher Zeichnung; der geißelnde Anführer Herrn Taubes; der furchtbebende Grabwächter: Herr Schreck. Als Herold mit einleitendem Signal seiner klingenden Melodie und zum Ende als Gottessprecher aus der Gruft: Herr Feldhammer, immer in bebender Erregung. Aus diesem Chorus eingestimmter Sprecher reckten sich in riesig fallenden Gewändern die Protagonisten auf: der Kreon Eberts, die Antigone Frl. Müllers. Ebert wuchs aus dem ›naiven‹ oder humorigen Helden seiner

sonstigen Rollensphäre in den heroischen Charakterspieler erster Größe auf. Aus wutverzerrten Cäsarenzügen geißelte es, der Leib wurde zum Tiger, der Mund hauchte Verdammung, gellte laut vor vermessener Hybris – es blieb doch fürstliche Rasse. Ein unerklärliches Maßhalten bei aller Exaltation erhielt die Hoheit.
Dies ist die technische Künstlerschaft, die Gerda Müller noch nicht besitzt. Doch was Talent und Leidenschaft allein vermögen, wurde von ihr voll geleistet. Rührung und Ausbruch bezwangen; es war Gewalt in ihr.
Der Dämon des Herrn George brach aus dem Teiresias, der mit Kothurnen zum riesigen Gespenst gebildet war: des Künstlers Elementarkraft überwand die komische Gefahr.

Großes Schauspielhaus Berlin
Emil Faktor, Berliner Börsen-Courier 19. 4. 1920

Das Theater der Dreitausend, als Neuerung im Sinne künstlerischen Fortschrittes noch umstritten, hat gestern mittag wenigstens seine Existenzberechtigung erwiesen. Zum ersten Male, seitdem der Spielleitung ihre Aufgaben durch ein Zuviel an Raum kompliziert werden, gelang die fast restlose Ablenkung des Zuschauers von störenden Äußerlichkeiten und die Eroberung der Sinne durch einen aus Geist, Ornament und Bewegung zusammengesetzten Gesamtklang. [...] Martin hat nicht so sehr *sich* dem Großen Schauspielhaus, als den dreiteiligen Arenaraum seinen Kunstanschauungen angepaßt, die mit realistischer und psychologischen Behelfen aufräumen und seelischen Inhalt in neue Stilformen von Ton und Gebärde zusammendrängen. [...]
Martin sucht das Werk, dem alles Elementare fehlt, möglichst dicht im Ideellen anzusiedeln. Sehr fein und sehr klar war die Scheidung zwischen Kriegsrausch, Militarismus und Lebenslaune und den nervöseren, düsteren Ausdrucksformen des Pazifismus, der Friedenssehnsucht, der gegen den Thron gärenden Volksnot. Die Heitern und die Dumpfen, die Tänzerischen und die Empörten, die Bogenspanner und die Witwen bildeten wundervoll verteilte Gruppen, die im ersten Augenblick freilich wie gelungene Reproduktionen von Reliefbildern griechischer Kulturgeschichten aussehen. Damit beruhigte sich Martin nicht. Seine Gruppenbilder waren weit mehr als Bilder – Exponenten von Gefühlskomplexen, die mit vielen Händen und vielen Köpfen jeweilig zu einer Einheit zusammenwuchsen. Und wenn diese Einheit ihren Gesamtwillen betätigte, kamen viele Beine zugleich in Bewegung, ohne daß die verschlungenen, in die Arme des Nachbarn verhakten, auf der Schulter des Vordermannes ruhenden Hände sich lösten. Der Begriff Volk setzte sich aus interessant geschwungenen Menschenlinien zusammen. Am reizvollsten lebenstrotzige Jünglinge, deren rhythmisch in eins gegliederte Gruppe sich in kühner Serpentine aufschwang.
Martin hat mit dieser Inszenierung wie bei der ›Tribüne‹ [...] auch hier den Tastsinn für die spezifischen Wirkungen. Recht gut beherrschte er auch die Raumverteilung der Stimmen, die durch wohl berechnete Pausen zur Konzentration gedrängt wurden. [...] Zum ersten Male war der Überfluß an Raum bewältigt. Auch der rotblaue Königspalast Ernst Sterns ordnete sich glücklicher als die andern Zirkusexperimente dieses Ausstattungskünstlers dem

künstlerischen Gesamtausdruck unter. Die Antigone wurde, was heute nicht mehr so ganz selbstverständlich ist wie vor ein paar Jahren noch, von Frau Eysoldt gespielt [...] um so erfreulicher, daß der Eindruck überraschend stark war. Man könnte es beinahe eine Eysoldt-Renaissance nennen, wenn es nicht letzten Endes zwar nicht bei Hasenclever aber doch bei Martin um Auslösungen anderer Art ginge. Frau Eysoldt ist sich selber innerhalb der Antigone-Gefühlssphäre Tradition geworden. Sie schuf ein Seitenbild ihrer Elektra. Eine richtigere Besetzung hätte an die nach neueren Gesetzen atmende Frau Straub gedacht.

Der König des Herrn Jannings bedeutete zunächst eine Erlösung vom Kreonismus des Josef Klein, woran der Schauspielzirkus sonst leidet. Man sah und hörte einen sehr wuchtigen Tyrannen, der mit sämtlichen Flüchen imperialistischer Maßlosigkeit behaftet war. Nur wurde es diesem feuerschnaubenden Klotz sehr schwer, ins menschliche Maß zurückzufinden. Raoul Lange wird seiner Erscheinung und dem Organe zuliebe häufiger verwendet, als es seiner Entwicklung gut tut. Wo war Ernst Deutsch, der zur Erholung vom Film auch wieder einmal Theater spielen könnte.

Rosa Bertens ist auch in einer kleinen Rolle (Eurydike) eine großartige Zirkussprecherin. Als Teiresias machte sich Fritz Jeßner wohltuend bemerkbar. Er gehörte zu den Stimmen, die Martin ganz genau verstanden.

Paul Wiegler, BZ am Mittag, Berlin, 19. 4. 1920

[...]
Martin arbeitet so kühn, wie der Meister [Reinhardt] gearbeitet haben würde. Gleichwohl, die Erstarrung dieser Zirkusinszenierungen wird sichtbar, wenn zum erstenmal der halbdunkle Raum beleuchtet liegt und vor der Burg das Volk steht, in bewegungslosen Gruppen: hier die Jünglinge, wie bei olympischen Spielen die Glieder verschnürt, dort mit gespannten Gebärden die Frauen, die Greise, hier einer, der wie ein Läufer ein Bein vorschiebt, dort andere anders. Diese Ästhetik des Wadenkrampfes beherrscht das szenische Bild noch durch den ganzen ersten Auftritt Kreons, bis sie sich endlich löst. Dann gilt, wie einst in Reinhardts ›Ödipus‹ und noch mehr, das Gegenteil, die Ästhetik der wild umhergejagten Volkshaufen und Trabanten. Wie im ›Ödipus‹ nackte männliche Oberkörper, dumpfe oder schrille Begleitmusik (hier von Herrn Pringsheim stammend), Nacht und Fackelglut. Der stärkste Moment von Martins Regie ist der Aufzug der Toten, die Kreons schuldbeladener Phantasie sich zeigen, und die wie Traumspuk die Wand der Vorderbühne umklammern. Dann, weniger Regie als Schönheit des Fortuna-Himmels, die Feuersbrunst um die Burg, mit dem Kontrast von Rosa und Blaßblau.

Frau Eysoldt ist Antigone, in schwarzem Kittel, unscheinbar wie ihre Elektra, rührend in ihrer Schwäche und durch ihren Drang zur Innerlichkeit. Kreon ist Herr Jannings, der den Tyrannen übertyrannt und, bis zum Gürtel nackt, ihn zu sehr ins Physisch-Brutale verlegt, zirkusmäßig mit seinem bunten Putz und seiner brandroten Perrücke (und manchmal Wedekinds Athlet Rodrigo); doch auch diese physische Ausdauer ist erstaunlich und für das gesamte Spiel eine Notwendigkeit, die nur Wegener ebenso hätte erfüllen können. [...]

Shakespeare Wie es euch gefällt
Deutsches Theater Berlin, 27. Februar 1919, Regie Max Reinhardt

›Wie es euch gefällt‹ zählte bis etwa 1916 zu den als schwer, als ›Buchdrama‹ betrachteten und selten gespielten Komödien. Die Einheit der Komödie ergibt sich kaum aus der Handlung, sondern aus dem musikalischen Zusammenhang der Szenen. Als man ihn mit der neuen musikalischen Sensibilität, die sich mit dem Expressionismus zusammen regte, wahrnahm, begann die Rückeroberung des Stücks für die Bühne. Zuerst in der Inszenierung von Alfred Reucker 1916 am Zürcher Stadttheater, in der die achtzehnjährige Elisabeth Bergner schon die Rosalinde spielte, »ein Wirbel an Jugend, unaufhörlich überrauscht von Einfällen, sprühend wie ein junger Hirt« nannte sie Kasimir Edschmid, der die Inszenierung auf Reuckers anschließender Deutschland-Tournee sah. – In Deutschland führte Otto Falckenberg das Stück mit seiner musikalisch empfundenen und tänzerisch belebten Inszenierung (21. 1. 1917) zu einem solchen Erfolg (180 Aufführungen), daß es auch für das Repertoire gewonnen war. Mit seinem poetischen Waldbild (Baumstämme, sonnendurchleuchtet) und einem Elfentanz war hier das Stück nahe an den ›Sommernachtstraum‹ gerückt. – Max Reinhardt vollendete diesen Rückgewinn. Seit dem großen Shakespeare-Zyklus von 1913/14 hatte er nur noch zwei Shakespeare-Stücke inszeniert, den ›Sturm‹ 1915 und ›Macbeth‹ 1916, beide an der Volksbühne, deren Direktorium er damals zusätzlich zum Deutschen Theater übernommen hatte. – Jetzt, in den Wochen des bürgerkriegsähnlichen Zustandes, inszenierte er das immer wieder verschobene Stück. Nach dem ›Sommernachtstraum‹ von 1905 wurde ›Wie es euch gefällt‹ der zweite Höhepunkt seiner Lustspielinszenierungen. »Hier schloß sich der mit dem ›Sommernachtstraum‹ anhebende Bogen. Vielleicht das Leichteste, Schwereloseste, Glückhafteste, das Reinhardt je gelungen ist«, schrieb Hans Rothe. Es war eine Inszenierung, die sich bewußt gegen die Zeit stellte. Wie sie auf der Seite des politischen Aktivismus empfunden wurde, sagte die Notiz Piscators: »Während draußen in den Straßen die Arbeiterschaft mit Maschinengewehren und Flammenwerfern zurückgetrieben wird, während die Häuser erzittern unter dem Dröhnen der von Potsdam und Jüterborg auf Berlin marschierenden Heereskolonnen und Panzerwagen, hebt sich vor schwach besetzten Parketts ... der Vorhang vor ›Wie es euch gefällt‹« (Piscator in: ›Politisches Theater‹). (Als 1923 Barnowsky am Berliner Lessing-Theater ein Erfolgsstück brauchte, griff er auf diese Komödie zurück und besetzte die Rolle der Rosalinde wieder mit Elisabeth Bergner.)

Emil Faktor, Berliner Börsen-Courier 28. 2. 1919

Mit den Klängen tänzerischer Zartheit im Ohr, mit bestrickenden Bildern einer im Taumel und Liebesglanz getauchten Welt vor dem Auge, mit der frohen Gesinnung, die ausgekostete, mit Geschmack und Laune erfüllte Stunden zurücklassen, ging man gestern aus dem Theater, unabgespannt, erleichtert und so guter Dinge, als Illusionen der Kunst allen Zeitgespenstern zum Trotz zu spenden vermögen. Diese Inszenierung war nach manchem Krampf und man-

cher Irrung des Spielplans eine glückhafte Fortsetzung der Reinhardtschen Shakespeare-Abende. [...] Über gelegentliche Mattigkeiten hinaus wuchs die Stimmung in eine beschwingte Atmosphäre, und man fühlte den innerlich gelösten Tumult einer leuchtkräftigen Stilschöpfung. Keine Gelegenheit zu Übertreibungen wurde mißbraucht. Reinhardt hat selten soviel Zucht gehalten. Es war ein wunderschöner Abend.
[...] Durch das Meisterspiel der Helene Thimig erblühten heitere Wunder der Schauspielkunst. Von der Zeichnung einer sehr zarten Frauenseele ausgehend, schlüpfte sie in Wams und Hose, um, ohne die Reize der Weiblichkeit preiszugeben, die Tonart des Übermutes losschießen zu lassen. Es geschah in der Temperamentsform innerster Wärme, und die sprudelnden Worte unterbrach häufig ein herzhaftes Lachen, als ob die Verstellungskunst sich durch Ventile Luft machen würde. Es war ein intensives Spiel schürfenden Humors, der bezwingend wechselvolle Ausdrucksformen hatte. Er tänzelte auf den Worten, er bog die Figur zur Seite, er erfand hundertfältige Bewegungen der Arme, des Kopfes, er füllte die Luft mit schaukelnden Ornamenten. Man hat bei einer Sprecherrolle, die so sehr in der Konversation verankert ist, selten soviel zu schauen gehabt, ohne daß diese Kunst des Ausmalens abstumpfte.
Der Name Thimig feierte noch in einer zweiten Gestalt Triumphe. Auch der Bruder Hermann war von einer kostbaren Hingabe an den Humor grenzenloser Verliebtheit. Er gab den Beweis, daß man einen Ton bis an die Grenzen der Übertreibung führen und dabei doch echt sein kann. Unwiderstehlich war Waßmann als Darsteller des Hofnarren, den er zunächst unterscheidbar von Clowngestalten intellektualisierte, dann aber mit der witzigen Behendigkeit seiner Schnörkelrede und mit heiterstem Körperfuchteln aus der barocken Anlage ins Lebendige umschuf. Frl. Pünkösdy war in den Liebesszenen seine drollige Partnerin.
Die Melancholie des Witzes repräsentierte Herr Moissi mit feinsten Präsizionen einer kritisch distanzierenden Natur. Frl. Terwin war die gutherzige Partnerin Rosalindes, und sie gab ihren Szenen das Wohlgefühl munterer Natürlichkeit. Angenehm überraschte Herr Deutsch mit der scharfen Energie, die seinen bösartigen Oliver auszeichnete. Nach dieser Leistung würde man ihm Franz Mohr zutrauen. Die Liebhaberfigur des Herrn Brockmann schien von der Regie aufgepeitscht. Aber was ihm an Schwung und Gefühlsenergie vorschwebt, schien vorläufig über seine Kräfte zu gehen. Die beiden Herzöge waren völlig unzulänglich. Diegelmann gab einen Preisringer in erschütterndem komischem Kostüm und auch in der Charakteristik massiv humoristisch.
Die Szenenbilder Sterns erreichten ihr stimmungsförderndes Ziel, und wo die rasche Szenenfolge die Ansprüche steigert, behalf man sich mit Auftritten vor dem Vorhang. [...]

Willi Handl, Berliner Lokal-Anzeiger 28. 2. 1919

[...] Das Ganze ein helles Barock von zierlich freiem Schwung. Und ein Stück für die Damen, wie kaum ein anderes in der shakespearischen Welt; denn wie kaum ein anderes macht dieses die Dame, die Frau von natürlicher Feinheit und gepflegter Haltung zur Herrin im Spiel. Die männlichen Figuren haben wohl Leidenschaft, Witz, Humor, aber nie die Überlegenheit des eingeborenen Zartsinnes, der auch die schwierigen und traurigen Dinge lächelnd bewältigt. Rosalinde, die kluge und hochgemute, Celia, die gütige und treue, Phöbe, die launisch verliebte: sie geben dieser Tändelei von längst versunkenem Geschmack noch immer den Reiz einer unvergänglich dauernden Anmut.

Auf die Lockung solcher Anmut stellt Reinhardt das ganze Spiel; es gerät ihm in schöner Vollkommenheit. Der Schmuck der Bühne und der Gewänder ist von heller Buntheit, ohne üppige Schwere. Kein Aufwand überraschender Schauplätze: ein kurzer Laubengang, ein Vorhang statt eines Zimmers, eine schimmernde Terrasse; und alles andere im tiefen Wald, auf der grünen Lichtung zwischen den Baumriesen. In ihrem vielfach getönten Schatten schweben die reizenden Bilder leicht und natürlich vorüber. In ungezwungener Bewegung fügen und lösen sich die Gruppen, suchen und finden sich die Paare, ordnet sich ein gefälliger Tanz. Alles ist freundliches Spiel, doch besonnen und von Bedeutung: das Shakespearische Lächeln, wie es uns heute noch freut und rührt. Dieses sanfte und kluge Lächeln mit seinem leise schmerzlichen Zug schimmert am hellsten auf dem Gesicht und über der ganzen Erscheinung der Rosalinde, die von Frau Thimig gegeben wird. So anmutige Heiterkeit, so seelenvoller Witz, so liebliche Haltung sind auf der deutschen Bühne ganz selten. Der ganze Abend gehört zu den Reinhardtschen Denkwürdigkeiten bester Art. Eine Erweckung Shakespeares, wie sie zu unserer Zeit doch eben nur von dieser Bühne auszugehen pflegt.

Siegfried Jacobsohn, Die Weltbühne, Berlin, 1919

[...] ›Wie es euch gefällt‹ predigt die Sinnlosigkeit des Getriebes und den Wert der Stille, ist gleichfalls ein Märchen und gleichfalls voll Aktualität. Das ist der unermeßliche Shakespeare ja immer und überall. Karl Kraus in seinem grandiosen ›Nachruf‹ auf den Krieg zitiert eins der Gespräche zwischen Tobias von Rülp und Christoph von Bleichenwang: und ohne daß eine einzige Silbe geändert zu werden brauchte, deckt dieses Gespräch bis in die unscheinbarsten Einzelheiten den heimlichen Dialog, den vor viereinhalb Jahren Deutschland und Österreich miteinander führten, bevor sie die Welt ins Unglück stürzten. Man höre mit Ohren, die Kraus geschärft hat, hinein, in ›Wie es euch gefällt‹, und man hat ein Konzert von ernst- und spaßhaften Anklängen. Für Charles den Ringer den General Ludendorff, für Orlando Wilson gesetzt, und erklärt ist der Ausgang eines Zweikampfs, in dem das Knallprotzentum der Muskeln wider den Geist stand. Der Proudhonismus, den Gustav Landauer als das Heil verkündet, ist in diesem Ardennerwald verwirklicht, und selbst Tyrannen werden gut in einer Sphäre, worin der Mensch von jedem Zweck genesen und nichts mehr wissen will als seine Triebe. [...] In diesem Reich und wider dies Reich ist Krieg unmöglich. Die Kanonen, die dagegen aufgefahren werden, machen bereits an der Grenze kehrt, und der herzogliche Brigadeführer geht in ein Kloster.

Aber es ist die Größe Shakespeares, daß man sich keineswegs solche Zusammenhänge herzustellen braucht, um seine helle Freude an dieser Dichtung zu haben. Ja, der Erfolg des Deutschen Theaters bestand grade darin, daß es dem Tage entrückte, nicht auf ihn hinlenkte. Das Berliner Leben ist augenblicklich

derartig grau und grauenhaft, daß ein bürgerliches Theater geborgen war, welches verstand, seinen Kunden für einen Abend das verlorene Paradies jener vorkriegerischen Zeit der Ahnungslosigkeit, Sattheit und Sicherheit vorzutäuschen. Ein reines Idyll herbeizuschäfern, war um so aussichtsvoller, als die Dramen aus der Gegenwart, deren Darstellung ängstlichen Bürgern ein seelisches Ventil für ihre Nöte sein könnte, vorläufig noch nicht zwingend genug sind. An dieses Idyll nun wendet Reinhardt seine ganze Künstlerverspieltheit. Dabei fängt seine Inszenierungsweise allmählich an, ein bißchen veraltet zu wirken. Man hat die Empfindung, als hätte in der Epoche des Cézanne einer unveränderlich wie Watteau gemalt. Vergleiche mit dieser Aufführung ›Maß für Maß‹ in der Volks-Bühne, und du hast den Unterschied zweier Zeitalter, aber freilich auch den Unterschied der sozialen Schichten, die diese beiden Theater frequentieren, und deren Wünsche beide Thespisse, ob sie es wollen oder nicht, schließlich doch zu erfüllen haben. Friedrich Kayßler setzt das Werk Otto Brahms fort, ein puritanisches, sachliches, dienstfreudiges Werk, das aus der Aera des kämpfenden Sozialismus in die Aera des siegreichen Sozialismus hinüberführt. Bezeichnend die Armut, daß in achtzehn Szenen der Schauplatz kein einziges Mal wechselt. Aber: in dieser Armut welche Fülle, welche Fülle des wahrhaft Shakespearischen Geistes! Max Reinhardt dekoriert und kostümiert immer noch wie in den üppigsten Tagen des Wilhelminischen Barock, und wenn man sich die Toiletten und Smokings, die Perlenketten und Hemdbrustbrillanten seiner Gönnerschaft ansieht, so befriedigt die Übereinstimmung zwischen Zuschauerraum und Bühne jeden Anspruch auf ästhetische Harmonie. Der Stil beider Inszenierungen wurzelt keineswegs in den beiden schwesterhaft ähnlichen Dichtungen, denn ›Wie es euch gefällt‹ kann genau so gut wie bei Kayßler, ›Maß für Maß‹ genau so gut wie bei Reinhardt gemacht werden: nein, er wurzelt ausschließlich in der Verschiedenartigkeit des Arbeiter- und des Luxus-Publikums. Selbstverständlich wäre das Arbeiter-Publikum auch von der Luxus-Inszenierung entzückt. Aber Reinhardts Gemeinde würde zu Kayßler niemals in Scharen strömen wie zu dem Menschenfänger der Schumann-Straße. Und so scheint es in Ordnung, daß der ist, wie er ist. Zu fragen bleibt jedesmal nur, ob er ganz und gar gibt, was er geben kann: ob er mit gesammelter Kraft der alte Hexenmeister ist, den wir so geliebt haben. Nun, dieses Mal ist er ein größerer als seit Jahren. Bis in den letzten Winkel durchleuchtet liegt das zauberhaft beschwingte Stück Dichtung vor uns und büßt diese Transparenz nicht, was so leicht der Fall ist, mit Magerkeit. Shakespeare prangt in vollem duftigen Fleische. Schmelzende Farben streicheln das Auge, und weil Musik der Liebe Nahrung ist, klingt sie zu diesem Fest der Liebe so, daß die Liebe keinen Hunger verspürt.
Von den einzelnen Rollen hat Reinhardt zwei der wichtigsten anders gesehen, als ich sie aus meinem Shakespeare lese. Für mich ist der Melancholiker Jacques kein echter Viertelsbruder des Hamlet, sondern ein leise versnobter, und Probstein kein Harlekin, sondern ein weiser Narr. Im Deutschen Theater schleppt Moissi, und Waßmann galoppiert. Wechselten beide das Tempo und blieben sie sonst unverändert komödienhaft bunt, so kämen ungefähr die richtigen Figuren heraus. An den übrigen Männern ist höchstens zu krittln; oder der Blüte zum Vorwurf zu machen, daß sie nicht reife Frucht ist. Von den Frauen sind leider drei ziemlich mittelmäßig. Aber dafür entschädigen zwei. Das Käthchen der Pünkösdy ist so körperhaft saftig und so zum Sonder-

beifall verführend, daß für die Leitung Gefahr besteht, eine Spezialität zu schaffen, ohne daß Einseitigkeit des Talents es erfordert. Rosalinde ist eine Dur-Gestalt. Die Sorma auf ihrem Höhepunkt wär' das Ideal gewesen. Die Thimig ist eine Moll-Schauspielerin. Aber das tut fast gar nichts; oder doch eben nur, daß Schwermut öfter und voller als bei Shakespeare durch alle strahlende Heiterkeit des verkleideten und des wahren Mädchens schattet. Und kurz und gut: man stimmte, endlich, endlich wieder einmal, den tobenden Klatschern zu, kehrte aus dieser lichten Phantasiewelt äußerst ungern in den pechschwarzen Alltag zurück und wird von der schönen Aufführung so viel erzählen, daß sie, schlecht gerechnet, fünfhundert Male stattfinden wird. Vorausgesetzt, daß wir nicht nächstens alle verhungern oder totgeschlagen werden.

Ernst Toller   Die Wandlung

Uraufführung: Die Tribüne Berlin, 30. September 1919
Regie Karl-Heinz Martin

Die Uraufführung der ›Wandlung‹ wurde (neben Weicherts Inszenierung des ›Sohn‹ und Jeßners ›Wilhelm Tell‹) eine der drei Schlüsselpremieren für das kommende Theaterjahrzehnt. Der 1893 geborene Ernst Toller, ein Kriegsfreiwilliger, der die Ernüchterung des Krieges durchlebt und sich 1918 an der Bildung der Räteregierung in München beteiligt hatte, saß damals nach der Niederwerfung der Räteregierung und dem sich anschließenden Hochverratsprozeß in Festungshaft: von vielen als ein Heiliger der Revolution betrachtet. Mit der Vollendung der 1917 entworfenen ›Wandlung‹ begann er die Reihe seiner teils ekstatischen, teils aktivistischen sozialen Stücke, die dem idealistischen Expressionismus, aber auch schon dem kommenden politischen Theater zugehören. Toller wurde mit der ›Wandlung‹ über Nacht bekannt. Die Bedeutung dieses Abends wurde durch die szenischen Elemente gesteigert. Die ›Tribüne‹, 1919 von Karl-Heinz Martin als eine Aktionsbühne begründet und mit Walter Hasenclevers Einaktern ›Der Retter‹ und ›Die Entscheidung‹ am 12. September 1919 eröffnet, traf hier auf das Stück, das ihrer geistig-politischen Konzeption entsprach. (Der expressionistisch-aktivistische Spielplanentwurf der ›Tribüne‹ wurde jedoch unter dem finanziellen Zwang des mangelnden Besuchs schon Ende des Jahres aufgegeben.) Martin, während des Ersten Weltkrieges noch Regisseur in Frankfurt, hatte sich an Erich Ziegels Kammerspielen in Hamburg mit seinen Inszenierungen durchgesetzt. Dort hatte er gemeinsam mit Fritz Kortner, der seit 1918 an den Kammerspielen war, die Idee der ›Tribüne‹ entwickelt. Beide kamen 1919 nach Berlin. So trat Kortner, damals siebenundzwanzig Jahre alt, an der ›Tribüne‹ zum erstenmal im Nachkriegsberlin auf (1911 war er einmal kurze Zeit an Reinhardts Deutschem Theater gewesen); er spielte sich mit dieser ersten Rolle sofort in die vorderste Reihe der Berliner Schauspieler. Zu dieser Zeit war er schon von Jeßner an das Staatstheater engagiert. Kortner schreibt über seine Rolle in der ›Wandlung‹: »Was ich damals spielte, war ich selber; ein junger deutscher Jude und Rebell, in Konflikt mit der Umwelt um sich herum.« Auch die Einrichtung auf der vorhanglosen Podiumsbühne wurde zum Ereignis. – Wenn man einen ›Berliner Expressionismus‹ konstruieren will, so war hier (nicht im ›Jungen Deutschland‹) seine Manifestation. – Die Kritik Kerrs über diese Uraufführung ist die erste fürs ›Berliner Tageblatt‹, Jacobsohn schrieb nach dieser Aufführung: »Hier ist Aktivismus, wie er uns nottut. Hier packt der Geist den Ungeist und kragelt ihn ab« (›Weltbühne‹ 1919, S. 452). Die Kritiker der nationalen Zeitungen, von Fechter (›Deutsche Allgemeine Zeitung‹, 1. 10.) bis zu Strecker (s. d.) blieben distanziert oder erhoben Widerspruch.

Herbert Ihering, Der Tag, Berlin, 2. 10. 1919

Für den reinsten Abend, den das Berliner Theater seit langem verschenken konnte, dankt man erschüttert einem Menschen. Die Dichtung – und besonders die Revolutionsdichtung – war so lange Literatur und Deklamation gewesen, daß die Begriffe sich zu verwirren begannen. Der Schriftsteller sagte: Umwälzung des Geistes, und meinte: Umwälzung des Stils. Er sagte: Revolutionierung des Herzens, und meinte: Revolutionierung der Form. Er sagte: Erhebung der Seele, und meinte: Erhebung der Metapher. Hier ist zum erstenmal wieder ein Dichter, der nichts anderes als ein Mensch ist. Dessen Künstlertum nichts anderes als Intensität des Persönlichen bedeutet.
Ernst Toller konnte es wagen, unter sein Werk zu setzen: Das Ringen eines Menschen. Denn er stellte damit nicht die Person vor das Werk, sondern das Werk selbst stellte die Person heraus. ›Die Wandlung‹ ist die Wandlung Ernst Tollers vom Kriegsfreiwilligen zum Revolutionär. Aber sie ist kein Rechtfertigungsdrama, das Handlungen vorbereiten und erklären soll. Sie ist keine Verteidigung und kein Angriff, kein Vorher und kein Nachher. Sie ist die Revolution des Menschlichen selbst, ohne Absicht und Tendenz. Sie ist innere Kraft, Gesetz und Notwendigkeit.
Dieses Drama bleibt Wirklichkeit, die in einen Menschen eingetreten ist. Sie ging durch Auge und Ohr und wurde Gefühl. Toller haßt nicht Menschen und Systeme. Nicht die zufälligen Äußerungen einer entarteten Welt. Ihn rütteln die Dämonen auf, die hinter den Erscheinungen stehen. Er ist nicht aktuell im Sinne der Stunde. Er ist aktuell im Sinne des Weltgeistes. Für das Grauen, das ihn umgibt, wird nicht nach Menschen gesucht, die es veranlaßt haben. Der Zeitwille selbst wird vor Gericht gezogen. Er wird verurteilt, indem die Ereignisse als seine Manifestationen erkannt werden. Er vernichtet sich selbst durch die Kraft, mit der er auf die Wandlung des Helden wirkt. Toller tötet den Krieg nicht dadurch, daß er ihn angreift, sondern dadurch, daß er ihn selbst zum Angreifer und damit zum Umstürzer, zum Umwandler macht. Sein Drama ist nicht das philiströse, kleinbürgerliche Spiel von Schuld und Sühne. Es ist das Schauspiel tragischer Notwendigkeiten: der Totentanz der Zeit. Und die Musik, die zu dem Gespensterreigen aufspielt, ist der Glaube an die Auferstehung.
Toller kann Gerippe tanzen, Verstümmelte rasen, Irre taumeln lassen, ohne verkrampft und gewalttätig zu werden. Er hält den Blick des Entsetzens aus, ohne sich von ihm durch Schnörkel und Bilder befreien zu müssen. Das Gewagteste ist einfach, das Grauenhafteste schlicht. Toller verschmäht die Originalität. Seine Sprache hat keine Gebärde, seine Gedanken sind kein Funken-

regen. Die Suggestionskraft der abgerissenen, zerfetzten Bilder, die vom Zimmer durch Transportzüge, Schlachtwüsten, Lazarette, Gefängnisse zu Volksversammlung und Erhebung jagen, ist anonym. Wenn die Groteske die Feierlichkeit ablöst und Pathetisches gegen Skurriles gestellt ist, so bedeutet das nicht Wechsel des Stils, nur Lichtbrechung der Intensität. [...]
›Die Wandlung‹ ist ein Volksstück, primitiv und karg auch da, wo es sich scheinbar verirrt. Der Held ist der jüdische Jüngling, der um Deutschland ringt. Es war billig, von Ahasver und Kreuzigung zu sprechen. Aber diese Banalität wird nicht verschmokt. Sie wird nicht wichtig und eitel. Sie wird – in einem guten Sinne – jünglings- und jungenhaft. Und da, wo das Drama politisch sein will, bricht die Menschlichkeit am freiesten durch. Den Phrasenhelden und Revolutionskommis wirft Friedrich (das ist Toller) entgegen: »Ich aber will, daß ihr den Glauben an den Menschen habt, ehe ihr marschiert.« Gewiß, Kleist und Büchner schleuderten das Zeiterlebnis in chaotischen Visionen heraus, die menschlich und künstlerisch motiviert waren. Aber auf dem Wege zur Kunst hält Toller da, wo die Literatur schon überwunden (allerdings die Dichtung noch nicht erreicht) ist.
[...] An Ernst Tollers Schauspiel wurde der Expressionismus des Theaters zum ersten Male nicht Experiment, sondern Erfüllung. Die Dekoration (von Robert Neppach) waren Versatzstücke der Andeutung. Transportzug – und vor dunklem Vorhang stand ein mittelhohes und mittelbreites Stück Wand mit Gitterfenster; Wüstenlager – und ein gemaltes Wachtfeuer war da; Drahtverhau – und ein kurzes Gestell; Lazarett – und ein getünchter Wandausschnitt wurden hingesetzt. Das lokale Motiv der Szene wurde angeschlagen, und die Motive wurden gebunden und aufgelöst durch dunkelnde und hellende Beleuchtung.
Vor diesen verkürzten, gedrängten Bildklängen spielten verkürzt und gedrängt die Schauspieler. Worte ballten sich rhythmisch und brachen auseinander. Schreie gingen auf und versanken. Bewegungen stießen vor und zurück. Man gab nicht Psychologie und Entwicklung, sondern Ballung und Moment. Nicht Zeichnung, sondern Punktierung. Nicht Gebärde, sondern Kraft. Die innere Richtung war festgelegt. Die Richtung des Falles und des Aufstiegs. Eine Volksversammlung wurde nicht durch Massen, sondern durch akzentuierte Gruppen bestimmt. An diesem Abend kam das Theater einen Schritt weiter. Die Tribüne erwarb sich das Recht auf ihre Absicht. Wie standen die einzelnen unter der Suggestion des Ganzen! Körper wurden ekstatisch, Stimmen explosiv. Eine Studentin (im Bild der Volksversammlung) hatte in Stirn und Kinn, in Auge und Hand eine solche Intensität des Zuhörens und Mitgehens, daß ihre Sprache zurückbleiben mußte. Herr Gottowt in den verschiedenen Gestalten des Todes hatte eine so scharfe, präzise, akzentuierte Plastik des Grotesken, daß er seine romantisierenden Reinhardtanfänge hinter sich ließ. Wenn Karl-Heinz Martin, der Spielleiter, für die Einteilung, Pausierung und Ladung der Szenen allein verantwortlich zu machen ist, so hat er eine außerordentliche Arbeit geleistet. Er hat die Dämonisierung des Sachlichen erreicht. Er schuf geballte Stille und harten Ausbruch. Er brachte niemals Stimmung, niemals Begleitung. Immer Wesen. Immer Expression. (Und weil er die innere Kraft entband, war es nicht mehr entscheidend, daß er die letzten Szenen umstellte und die Arbeitsstätte des Helden nicht mehr die Revolution, sondern die Überwindung der Revolution sein ließ.)

Herr Kortner spielte den Helden. Er ist der stärkste Schauspieler des Ensembles und durchbrach deshalb – aus der Fülle seines mimischen Temperaments – manchmal die Linie. Er griff über die Grenzen der Bühne und sprengte den Raum. Er ist ein ungewöhnlich begabter, phantasiebedrängter, glühender Schauspieler. Aber er kann nicht Gestalten spielen, die sich von ihrem Dichter noch nicht losgelöst haben. Er muß die Rolle schauspielerisch auffüllen dürfen. Deshalb war er am Anfang nicht frei und stützte sich auf Ersatztöne. Im Bestreben, der Farbigkeit, zu der ihn sein Gehör zwingt, auszuweichen, verfiel er ihr erst recht. Sein Blut rebellierte noch gegen Stück und Regie. Und mündete erst in den Strom der Rolle, als sich diese Rolle, immer noch von der Person des Dichters getragen, über sie hinausschwang: in den Revolutionsszenen des Schlusses. Kortner spielte nicht die Wandlung, sondern die Empörung. Aber diese mit einer von allen Kräften des Theaters genährten, aufsteigenden, breit sich entfaltenden, durchrüttelnden Kraft.

Emil Faktor, Berliner Börsen-Courier 1. 10. 1919

Das neue Prinzip, die über bisherige Formen des Theaters hinausgreifende, seines Vollständigkeitswahns übersättigte Jugend, hat gestern sich durchgesetzt. Zum ersten Male, seitdem an der Überwindung des Bisherigen herumexperimentiert wird, ist dem Kunstgefühl etwas sinnlich Wahrnehmbares greifbar geworden, und das Bewußtsein des Zuschauers fühlt sich durch reizvolle Erweiterungen des Ausdrucksvermögens erleuchtet. Was gestern die Spielleitung Karl-Heinz Martins und sein künstlerischer Beirat Robert Neppach auf der Podiumbühne [...] darboten, wurde als glücklicher Vorstoß über die Grenzen heutiger Theatralik hinaus empfunden.
Im Gegensatz zu all den anderen Regieehrgeizlingen, die ihren ganzen Verstand im Wettbewerb mit dem saturierten Reformator Reinhardt aufbrauchen, wird hier nicht bloß vereinfacht oder bloß verstärkt, sondern gründlich Revolution gemacht. Als unlängst mit den Werken Hasenclevers begonnen wurde, erhoben Darstellung und Regie noch Anspruch auf einen Vorschuß der Gläubigkeit, und dem Besucher der Vorstellung blieb es unbenommen, sich an der Hand programmatischer Leitsätze mit Hilfe der eigenen Intellektualität die Erweckung bisher ungekannter Seeleninstrumente hinzuzudichten. Gestern dachte man nicht mehr an graue Theorie und an puritanische Glaubensformeln und war doch erfüllt von der Eindruckskraft des bloß Angedeuteten, von der Suggestionsmacht zusammengerückter Bildflächen, von dem Konzentrierungswillen der über Willkürlichkeiten sich hinaushebenden Einzeldarstellung, von dem Zusammenklang gemeinsamer Erlebnisse, von der zauberhaften Leichtigkeit, mit der alles Grelle entmaterialisiert, alles Traumhafte durchsichtig wurde.
Haupterrungenschaft des neuen Wie war die Überwindung des Raumes, sofern er diesmal in Wohnstuben, in der Versinnlichung eines Transportzuges, in der Darstellung von Friedhöfen, Spitälern, Zuchthäusern, Versammlungsstätten usw. sich dem Auge darbieten sollte. Die in Aussicht gestellte Arabeske (man zweifelte an ihrer Zulänglichkeit) hat in anregenden Variationen den Sinn und das Verständnis der Dichtung Ernst Tollers gefördert. Nicht immer und überall. Als es in einer Szene galt, den Jammer einer Proletarier-

stube zu zeigen, wo sich die Tochter einer betrunkenen Mutter mit dem Schlafburschen auf dem armseligen Pfühl herumwälzt, sah der Blick ins dämmerige Ungefähre einer schwachen Illustration. Hier hätte das Bild naturalistischer Nachhilfe bedurft.

Wesentlicher Dekorationsbehelf war eine wandschirmartige Fläche, die bald ein farbiges Gegenüber, bald Fenstergitter, bald Straße, bald Friedhof sein wollte und doch irgendwie war. Zitternde Linien, unruhige Farbenreflexe – trotz Verschwommenheit und expressionistischer Willkür herrschten sie wie ein bannendes Strahlenbündel über dem Vordergrund. Wir sind überzeugt, daß sich in künftigen Fällen für manche Einzelheit glücklichere Lösungen finden werden und auch dieser Anfang einer Vervollkommung zustrebt. Manche Szenen aber möchte man sich überhaupt nicht anders wünschen. Tollers Werk gibt der Regie ein paar szenische Probleme anheim, mit denen die Normalbühne ihre liebe Not hätte. Es werden Gräber lebendig, Soldatenskelette steigen aus den Gräbern, halten Zwiesprache, tanzen und geistern in toll gespenstischer Unwirklichkeit. Neppachs Wandschirmarabesken mit gemaltem Stacheldraht waren eine zwingend phantastische Umrahmung, während Martin den skurrilen Dialog eines höhnenden, kreischenden Totensabbats meisterte. Man hatte den Klang klappernder Knochen im Ohr, man sah Rippenfiguren und Totengesichter, man hörte diabolische Fistelstimmen, ohne durch Grellheiten verletzt, von Absichtlichkeiten verstimmt, durch Übertreibungen aus der Stimmung gerissen zu werden.

Dieser neue Teil hat die besondere Tugend, sich von allen Mätzchen freizuhalten und niemals der selbstüberheblichen Freude an sich selber zu verfallen. Für die Darsteller bedeutet er einen weitgehenden Verzicht auf das Requisit, ein Wiedererwachen jenes Sinnes, der dem Geiste dient und aus ihm allein die vom Spieler zum Zuschauer schwingenden Werte zu vermitteln sucht. Worte werden groß, weil der Sprecher ihre nach Isolierung strebende Tragkraft erkennt, Gleichnisse werden durchleuchtet. Sätze rinnen in einen einheitlich akzentuierten Zusammenhang zusammen, Bewegungen bereiten vor oder erweitern durch einen Neuerwerb an Sinn die Wirkungssphäre. Auch manches Unisono hatte neuartigen Reiz. Es war die Vielstimmigkeit so scharf und knapp zusammengeballt, daß Rufe wie aus einer einzigen Kehle hervorgesprungen schienen.

Man wird sich wundern, daß ich so lange und so viel von Darstellung und Regie erzähle, ohne von dem Werke Tollers zu berichten. Das szenische Problem und seine erfreuliche Bewältigung waren mir wichtiger [...]. Vorgeführt wird das Seelendrama eines jungen Mannes, der als Künstler und Jude sich von der Gemeinschaft mit der übrigen Welt verstoßen fühlt. Er hadert mit der orthodoxen Mutter, er verschmäht die Teilnahme einer christlichen Geliebten, er versagt sich ihrem Bruder, der sein bester Freund ist. Als er von ihm hört, daß die Kriegstrommel gerührt wird und das Vaterland Kriegsfreiwillige heranrufe, packt ihn Begeisterungstaumel, und er stürmt davon, sich zu beweisen. Die Fortsetzung dieser Seelenbiographie zeigt in Traumgeweben alle Schrecken und Grausamkeiten des Krieges, sie erzählt, wie der todesmutige Jude sein Ahasvertum durch das Ehrenzeichen des Eisernen Kreuzes abstreift, wie er hartnäckig an die Sache des Vaterlandes glaubt, wie er dem Kriegsgedanken abtrünnig wird, wie er von Zweifel zu Zweifel taumelt, alle Schauer durchkostend in aufgereizte Atmosphäre gerät, mit falschen Volksführern zu-

sammenstößt, um von der Idee der Volksbefreiung gepeitscht in sich selber den Beruf eines Revolutionärs zu entdecken. Freilich sind es nicht Gewalttat und Mord, zu denen die stachelnden Ansprachen auffordern. Auch die Reichen will dieser Heerführer der Not und des Gegendruckes vom Standpunkt der Menschlichkeit gesehen wissen.
Nicht als Drama kann diese formschöne, von Traumkraft und Gefühlswärme durchströmte Dichtung gewertet werden. Sie gibt ein schwach gegliedertes Nacheinander von Erlebnis, Traum und Schilderung, das nur durch logische Begründung der Gesinnungen den Zusammenhang erhält. Trotz aller Phantastik ist für solche Kurbeltechnik der Grundton des Werks nicht mysteriös genug und Übergewicht haben Züge der Dialektik, die mitunter den Geist des literarisch gehobenen Leitartikels spiegeln. Stark und bezwingend ist die Kraft Tollers, die Ungeheuerlichkeit des Kriegsgeschehens in eine prachtvoll klare, das vielseitige Unglück bildhaft kennzeichnende Symbolik zusammenzufassen.
Und wenn auch mit der Vorführung des Werks kein Dokument eines Genies ins Bewußtsein trat, so fühlt man sich den Äußerungen einer weichen und reichen Dichterseele gegenübergestellt. In diesem Werke hat Ernst Toller die beste Verteidigungsschrift reiner Absichten niedergelegt, die durch ein grausam verstricktes Schicksal in der Beteiligung auf wüsten Revolutionsboden mündeten. Kein vorurteilsloser Hörer dürfte dem Dichter die Unterschrift verweigern, wenn es sich darum handeln sollte, für seine Amnestie sich einzusetzen. Er, der brutales Handeln verdammt, muß hart genug gelitten haben, als er nur fünf der Münchner Geiseln retten konnte. Eine härtere Strafe sollte es für Begabungsmenschen seiner Art nicht geben.
[...] *(Fortsetzung in der Abendausgabe)*
Auch am nächsten Morgen wirkten die angenehmen, erwärmenden Gefühle nach, die das Werk Ernst Tollers und seine Aufführung im Zuschauer wachriefen. Der Dichter gab seiner in fünf Stationen eingeteilten ›Wandlung‹ den Untertitel ›Das Ringen eines Menschen‹, und man kann befriedigt feststellen, daß der andauernde, auf jedem Passionsweg sich erneuernde Spannungszustand der jugendlichen Hauptfigur seine magischen Kreise zieht. [...] Man vermißt aber jene zwingende Gewalt, durch welche das an Symbolen, Gedanken und Empfindungen reiche Material der Dichtung zu einem objektivierten Gleichnis der Welt emporgehoben wird.
In den fragmentarischen Charakter des Werkes hat sich die ›Tribüne‹ außerordentlich eingefühlt. Es war wie eine gegenseitige Bestätigung der Daseinsberechtigung. [...] Meinen gestrigen Bericht möchte ich durch zwei Einzelheiten der Regie ergänzen [...]. Man sah ein Lazarettbild mit drei Krankenbetten, auf denen je zwei Opfer der Kriegsfurie lagen: siechendes, halb irres, verstümmeltes, gelähmtes, von schweren Körperqualen heimgesuchtes Menschentum. Jeder einzelne sprach von seinem Martyrium, alle schrieen sie nach Erlösung. Es war ein Meisterstück, wie sich Qual von Qual unterscheiden machte, wie Bett um Bett seine Tragödie preisgab und trotz aller Furchtbarkeiten nicht der Eindruck der Greuel überwog, sondern etwas Heiliges seinen Zauber darüber legte. Hier hat das Ohr des Spielleiters wundervoll abgetönt. Als dann alle sechs Gemarterten sich erhoben und ihre vom Tod gezeichneten Physiognomien in einer Front entgegenstauen ließen, am erschreckendsten jener, dessen Gelenke dauernd zitterten, war die Erschütterung des Zuschauers

groß. Die unfaßbare Tragödie des Weltkrieges brannte sich in heißer Symbolik ins Bewußtsein.

Reizvoll schlicht ist die Methode, wie Martin auf primitivem Wege Volksversammlungen zustande bringt, ohne die stumpfe Masse von Komparserie heranzuholen. Seitlich schweben Gestalten, noch bevor ihr Stichwort fällt, heran und gruppieren sich in Ecken, wo sie dem Auge wie naturhafte Statuen scheinen. Der Begriff der Außenwelt wird gleichsam durch Sendboten repräsentiert, die den Zuhörer auf bewegte Momente vorbereiten, und im entscheidenden Augenblick strömt aus den Ecken und Winkeln das Leben zur flutenden Linie. Es erscheint mir als eine sehr reine Form, im Drama den Geist der Bewegung zu erwecken. Sie rührt an die geheimnisvollen Beziehungen zwischen den latenten und aufbrechenden Kräften.

Die Hauptrolle des Bildhauers Friedrich spielte Herr Fritz Kortner, ein junger Darsteller, der sich in Wien und Hamburg den Ruf eines Könners erworben. Seine eindringliche Charakteristik einer zerrissenen Jünglingsseele, eines gefühlsbangen Schwärmertums, das sich zu fanatischer Energie emporrafft, hat die Bekanntschaft mit seiner Begabung wertvoll gemacht. Äußerlich erinnert er lebhaft an Rudolf Schildkraut, dessen Typus in verjüngter Form man wiederzusehen glaubt. Künstlerisch ist der Darsteller noch in einem Entwicklungsstadium begriffen, und seine Ausdrucksformen schwanken noch zwischen heiß entzündbarer Pathetik und nervös flackernder Sinnlichkeit. Jedenfalls ist er als Spieler von großer Lebendigkeit, und häufiger als Überschwang lockt ihn das Interessante. Er holt es aus fiebrigen Momenten, in denen seine Arme, wenn von den Kriegskrüppeln gesprochen wird, schwingende Bewegungen eines Mähers machen, individualisiert Erregungen durch eine leidenschaftliche Drehung um die eigene Achse, er hat Gebärden, die den Sinn des Wortes schürfen.

Ein wesentlicher Gewinn für die Tribüne ist Herr Gottowt, der schon bei Barnowsky über die Kleinarbeiten des Charakterspielers hinauswuchs und diesmal die wechselnden Gestalten des Todes denkwürdig akzentuierte. In den Grenzen zarter Schlichtheit wurde die Gestalt der Schwester von Frl. Burger gespielt, während die wesentliche Rolle der Geliebten mit der Gefühlswärme des Frl. Wojan ihr gutes Auskommen fand. Etwas mehr Bedeutsamkeit hätte auch manche andere Episode vertragen.

Den Grundton eines um Künstlerschmerz wissenden Weihespiels trafen sie alle.

Alfred Kerr, Berliner Tageblatt 1. 10. 1919 (Morgenausgabe)

Vorkritik

Es war ein starker Abend. Mit mancher Erschütterung – die nicht von außen kam. Als die Leute, deren Inneres oft genug berührt worden war, zuletzt in stürmischen Beifall ausbrachen: da war ihnen bewußt, daß sie einem Künstler dankten, der ein ganzer Mensch ist. Mag er zwischendurch halb Selbstverständliches auf seinem Weg streifen; mag er nicht geschmäcklerisch ihm ausbiegen: es kommt auf die Art an, wie einer noch alltägliche Dinge benennt; auf die Hand, mit der einer auch Naheliegendes anfaßt. Und diese Hand ist gut. Sie stellt in die Mitte des Werkes einen Erdwanderer, der alles ansieht –

als ob es einer zum erstenmal sähe. Ja, wie Bouvard und Pécuchet bei Flaubert sich den irdischen Tatbestand halb erstaunt begucken und über ihn ehrlich urteilen: so ruft hier ein edler Sohn unseres Sterns voll Güte, voll Kraft sein Urteil über das, was er vorfindet. Dieses Urteil wird ein Schrei. Durch alle die losen Szenen hallt er (und daß die Wirkung in keinem Punkt getrübt wurde, soll dem neuen Schlichtheitstheater angekreidet werden, das hier, ohne Vollkommenes zu erreichen, die Probe fraglos bestanden hat). Alles in allem: es ist einer mehr unter uns, von dem man fühlt, daß er nicht nur ein glühendes Herz hat, sondern oftmals, daß er ein Dichter ist; – und über Flüsse, Wälder, Ebenen hin sendet man ihm einen Gruß.

Alfred Kerr, Berliner Tageblatt 1. 10. 1919 (Abendausgabe)
I
[...]
II
[...] Wer nur handelt, wie der Held dieser losen Szenen, ist gefaßt, daß sein Tun verhallt... Er hat jene Genugtuung nicht einmal, etwas zu hinterlassen: Gestaltetes. Denn was er selbstlos schafft, bedeutet mehr ›Arbeit‹ als ›Schöpfung‹. Er ist sichtbar der Heldischere – und der Dümmere. Der Held von Tollers ›fünf Stationen‹ ist so dumm. So erschütternd. So umleuchtet. So unreif. So anmaßend. So kenntnislos. So ganz mit dem Blick des Beginners. So wundervoll. So heilig. Und so soll er gesegnet sein, für und für, heut und immerdar.
Toller zeigt einen jungen Menschen, der die Wandlung durchmacht [...] vom Groll zur Vaterlandsliebe, von der Vaterlandsliebe zur Arbeit für alle [...].
III
Es bleibt über dieses Stück nicht viel zu sagen. Höchstens, daß ein Dichter darinsteckt, der vieles Vorausgegangene zwar ebenso empfindet wie Viele – doch es kraft seiner inneren Musik stärker empfinden macht als seine Vorgänger. Das ist etwas.
IV
Das ganze Werk ist eine stärkste Anklage... nicht gegen den Krieg; sondern gegen eine Weltanschauung, gegen eine Lebensführung, auch im Frieden. In der Tongebung erinnert manches an Sturm und Drang, an Büchner. Das meiste kurz gehalten. Kein wahlloses Geschwafel.
Die Unübersichtlichkeit des Gesamtbaues ist kein Merkmal für die Ausdruckskraft einer vollen Seele. Daß jedoch Toller die besitzt, verrät sein Zugreifen. Er packt den Stier an den Hörnern. Er bringt alle Furchtbarkeiten des Krieges ... nicht in langem Lamento, sondern mit wuchtiger Schlagkraft wie niemand bisher auf die Bretter. [...] Der tapfere Toller forcht sich nit.
V
Spricht hier ein Demagoge? Das Gegenteil. Er wirft dem Volk verletzendste Wahrheiten ins Gesicht. So ehrlich wie gütig. Ob ein solcher Mensch Führer sein kann, steht dahin; die Ereignisse haben es nicht entschieden. Daß Toller jedoch unter die keimvollen Erdkräfte zu rechnen bleibt, welche die Welt vorwärts stoßen, daß er zu uns Besten gehört: das ist gewiß.
Und daß ein Dichter in ihm lebt, würde sich zeigen, wenn er nur jenes Dämmerbild hüpfender Gerippe im Drahtverhau gemalt hätte, das verweste Ge-

rüst eines kindhaften Mädels in ihrem Kreis, welche durch die Brunst vieler Helden starb ... »Mein Herr, wir wollen tanzen!« – musikhaft wie dieser Klang ist etliches in Tollers Jugendwerk der menschlichen Stationen und Etappen – das freilich diesen Stern Erde nur vom Standpunkt des Gewissens ansieht, kaum zwischendurch einmal vom Abendberg der Schönheit.
Immerhin: Schönheit ist auch im gehämmerten Ethos.
Das Leid der Welt fühlen, die Hoffnung demnach nicht zum Teufel jagen: darauf kommt es an. Als Losung ließe sich Folgendes über das Werk setzen:

>Mensch, raffe dich!
>Straffe dich!
>Entaffe dich!

VI

Die Andeutungsbühne hat an diesem Abend eine Schlacht gewonnen, Sparsamkeit in den Mitteln war nicht Kärglichkeit. Sondern Gesammeltsein. Herausheben des Wortes. Förderung der Innenkraft. Dung für Seelisches.
Andeutungsbühne? Mit wenig Winken, durch Herrn Neppachs Kunst auf wenig Leinwand gemalt, war sie, wo es darauf ankam, so stark wie eine ganz phantastische Augenbühne. Das Spiel der einzigen Geige zwischen den Vorhängen tat so viel wie ein halbes Orchester. Ob Skelette je auf einer Attrappenplanke so stark wirkten, noch für den vordersten Sperrsitz, bleibt fraglich. Herr Martin, mit dem freundlichen Vornamen Karl-Heinz, hat in der Theatergeschichte hier einen Schritt vorwärts getan.
Ihm half der Schauspieler Fritz Kortner vor allem. Das ist Sprachwucht; verschweißt mit Gefühl. Ein neuer Mann; ein neuer Wert. Weiter!

Karl Strecker, Tägliche Rundschau, Berlin, 1. 10. 1919

[...] Logik ist nicht die besondere Stärke Tollers, die vielmehr in der Kühnheit und Größe seiner Vision, in der Leidenschaftlichkeit und Energie seines Wollens liegt ... Die meisten dieser Stationen üben eine gewisse Anziehung durch die klug gehandhabten Mittel entschiedener Ausdruckskunst, einige, so besonders ein nahezu genialer Totentanz. [...]
Ebenso platt, wie es heute erscheint, und zu sagen, daß der Krieg voller Greuel ist, ebenso abgedroschen mutet es uns an, wenn Toller uns zu internationaler Menschenverbrüderung und ewigem Frieden ruft. Man merkt, wie der Rausch der Demagogie hier die Vernunft umnebelt. Diese literarischen Aktivisten sollten einmal darüber nachdenken, daß Beredsamkeit an sich ein höchst fragwürdiger Kulturfaktor ist, der das Urteil mißleitet, indem er einseitige Vorstellungen erweckt und blinde Leidenschaften erregt. Aber ganz davon abgesehen: wie kommt Ernst Toller dazu, uns Deutschen unser Vaterland zu bespeien? Wohin sein Wahn führt, hat München gezeigt, zeigt heute Rußland. Sollen wir noch elender werden? Soll Berlin sich in Petersburg verwandeln? [...]
Der Dichter stellt sein Werk zeitlich »vor Anbruch der Wiedergeburt«. Wir wollen ihn ernst nehmen, denn wir glauben, daß er es ehrlich meint. Aber auch wir meinen es ehrlich mit der Überzeugung, daß der Bolschewismus – darauf läuft die Tendenz des Stückes schließlich hinaus – das unverkennbare Gegenteil einer ›Wiedergeburt‹ ist.

Shakespeare   Cymbeline

Deutsches Theater Berlin, 10. Oktober 1919,
Regie Ludwig Berger

Unter den vielen Bemühungen um eine Revolutionierung der Szene wurde die Erneuerung des Shakespeare-Stils von besonderer Bedeutung. Shakespeare war im Laufe des letzten Jahrhunderts in einen Autor der Illusionsbühne verwandelt worden. Seine Figuren agierten in festen, umschlossenen Bühnenbildern. Zu den Re-Visionären dieses Stils gehört Ludwig Berger (1892 in Mainz geboren). Berger versuchte, Shakespeares Komödien von der Musik her wiederzugewinnen. Da er sie musikalisch empfand, störten ihn bald die in die illusionistischen Inszenierungen eingelegten Pausen als Gliederungsmittel der inzwischen vergangenen Zeit und die Verdeckungen der Szene durch den Vorhang. »Meine Wut auf den Vorhang wurde zum Beginn meiner Laufbahn«, schreibt Berger in seinen Memoiren. Auch er kam von seinen Überlegungen aus zur Podiumbühne (s. ›Tribüne‹: ›Die Wandlung‹), die eine sparsame, nur andeutende Bühneneinrichtung trägt und auf der er sich über Ort und Zeit hinwegsetzen konnte. Mit dieser Überwindung der Guckkastenbühne ermöglichte er zugleich einen rhythmisch ungestörten Ablauf der Szenen und kam zu einer viel stärkeren Beweglichkeit von Raum und Darsteller. »Entscheidend bei der Raumlösung durch Vorderbühne und Hinterwand ist die prinzipielle Absage an ›Milieu‹ und Stimmungskunst im äußeren Sinn. Hier greift die Raumlösung tief in das Wesen des Schauspielerischen ein: Dadurch, daß diese Vorderbühne nicht durch den fallenden Vorhang ein- und umgerichtet werden kann, fehlt auf dieser Podiumbühne alles, was der heutige Durchschnittsschauspieler zu seinem Wohlbehagen (scheinbar) ›braucht‹, in erster Linie: die Sitzgelegenheit ... Shakespeares Schauspieler steht im leeren Raum. Er hat keine Hilfsmittel als den eigenen Körper und die eigene Stimme. Aus Bewegung und Wort und ihrem beiderseitigen Zusammenhang ... wächst seine Kunst« (Berger in ›Das junge Deutschland‹, 1919, S. 262 f.). Berger hatte diese Einsichten 1918 zum erstenmal an der Volksbühne, an die ihn Friedrich Kayßler engagiert hatte, in Berlin vorgeführt. Er inszenierte dort Immermanns ›Merlin‹ und Shakespeares ›Maß für Maß‹. Daraufhin rief Reinhardt Berger ans Deutsche Theater, obwohl Reinhardt selbst ein großer Shakespeareregisseur war (s. ›Wie es euch gefällt‹). Berger debütierte mit der kaum gespielten ›Cymbeline‹ und galt sogleich wegen der spärlich eingerichteten Bühne als ›Anti-Reinhardt‹.

Siegfried Jacobsohn, Die Weltbühne, Berlin, 1919

Ein Werk, das bisher stets das schlimmste Theaterschicksal gehabt hat: den Respektserfolg. Nun ja, die Erfindung ist ›unwahrscheinlich‹, die Entwicklung zerfahren, und wie sich zum Schluß die Irrungen, Wirrungen lösen – führt das einmal dem Bretterbeherrscher Sudermann vor, und er wird lächeln. Die Königin meldet durch Boten vom Sterbebett, was ihre intrigante Eitelkeit angerichtet hat; Jachimo, dieser Jago in der Reisekiste, bekennt sich zu seinem gefährlichen Betrug; Posthumus zeiht sich des Mordes an seinem fälschlich

verleumdeten Eheweib; Imogen gibt schnell ein Zeichen, daß sie noch lebe; Belarius berichtet, daß einer seiner Pflegesöhne den Prinzen Cloten, der in den Kleidern des Posthumus stak, erschlagen habe, und daß beide Pflegesöhne rechte Söhne des Königs Cymbeline seien. Alle haben alle belogen und betrogen, sind dadurch nicht schlechter geworden und reichen jetzt einander verstehend und verzeihend die Stirn zum Kuß. Kein Krieg klang je so schön in Friede aus. Aber nicht auf den langwierigen Stellungskrieg kommt es an, sondern auf die Krieger und auf den Klang und den Ausklang. Gewiß: der König Cymbeline ist eine Verwinzigung des Lear für die Hintertreppe. Immerhin ist schon die schlaue, behende, heuchlerische Königin ohne Namen nicht ohne Farbe, und gar ein Quartett wie Cloten und Jachimo, Belarius und Imogen dürfte gut genug sein für die unumstrittensten Meisterwerke des Briten. Posthumus nicht? Die Gelehrten mäkeln an ihm herum. Meines laienhaften Erachtens macht ein Mensch mit seinem Widerspruch eine bessere Dramenfigur als ein Ideal von Mannestum; besonders in diesem Falle. Hebbels Kandaules hat von Posthumus ein paar Tropfen, und wie Rhodopen solch ein Relief am angemessensten ist, so wäre es schrecklich für das Tugendbündel Imogen, mit einem Tugendbündel gepaart zu sein. Aber noch größer als der Menschenkenner Shakespeare ist hier der milde Menschenverächter, der gütige Misanthrop, der resignierende Timon, der nicht Steine schmeißt, sondern bittend die Hände zur Abwehr hebt: Lasse, Welt, o laß mich sein, locke nicht ... Dieser Quietismus hat nichts von Grillparzers wienerischer Bequemlichkeit, die eine Dauereigenschaft, keine Alterserscheinung ist. Shakespeare zeigt nicht das Leben, bevor es bestanden ist, abschreckend im Traum: er rettet sich aus der Tat, der verrichteten Tat, in den spiegelnden Traum, aus der Stadt in den Wald, aus dem Sturm ins Idyll, aus der blutig-häßlichen Wirklichkeit ins zauberhaft romantische Märchen. Das Getümmel trennt, die Stille eint. Geschwister, die nichts von ihrer Geschwisterschaft wissen und draußen einander vielleicht erschlagen würden, gelangen im Schatten der Bäume zu derjenigen Übereinkunft der Pulse, die einer Bekräftigung durch Geburtsurkunden entraten kann. Herrlich diese Musik der ahnungslosen Bruder- und Schwesterliebe, die einfach christliche Nächstenliebe – nicht einmal: die das selbstverständliche Gemeinschaftsgefühl der klaren, keuschen, kulturentrückten Naturkinder ist. Das ist das Evangelium des reif und weise gewordenen Shakespeare: daß Hof und Staat, Getriebe und Krieg, Machtgier und andre Leidenschaften und überhaupt alle bunten und geräuschvollen Einrichtungen überwunden werden müssen, weil sie nur die Seele hindern, zu sich selber zu kommen. Es ist wohl kein Zufall, daß zwar das Theaterstück bereits vor siebenundzwanzig und dreizehn Jahren zu Experimenten hergehalten, daß man das Evangelium aber erst nach dem Untergang Europas zu predigen versucht hat.
Ich stelle mir vor, wie Max Reinhardt ›Cymbeline‹ angefaßt hätte. Er hätte, vermut' ich, in satten, saftigen, sehenswerten Kontrasten das Reich von dieser, das Reich von jener Welt aufgebaut. Der Teufel, zu der Wollust hinzugemalt, hätte nicht von ihr abgeschreckt. Bei Königs hätte sich's ebenso vergnüglich hausen lassen wie unter Lämmern und Rehen, und der Umgang mit diesen wäre höchstens eine Ferienerholung von der Haupttätigkeit im Dienste der goldenen Waffen und silbernen Kugeln gewesen. Ein Gleichnis, dessen Enträtselung nicht vielen Berlinern Mühe und den meisten Vergnügen bereitet

hätte. Zweihundert ausverkaufte Häuser. Um so lobenswerter von Reinhardt, daß er dem jungen Regisseur Ludwig Berger den Spielraum zu einer Inszenierung gegeben hat, die den Jahrestag der Revolution nicht erleben wird, weil ein konservatives Publikum von stumpfer Genußsucht nicht plötzlich auch vor der Rampe einer neuen Zeit ins schmallippige Antlitz blicken will. O wie geht's hier mit einem Male streng zu! Dieser Reformator duldet nicht länger, daß Shakespeare für die Bühne bearbeitet wird. Man bearbeite, umgekehrt, die Bühne für Shakespeare! Shakespeares Schauspieler aber steht im leeren Raum, ohne andre Hilfsmittel als den eignen Körper, die eigne Stimme. Nun, das sind Lehrsätze einer materiell verarmten Epoche, die sie durchdrücken wird, weil sie eben muß. So war Reinhardts Sendung vor zwanzig Jahren: die Bühne Otto Brahms, der nachträglich der bescheidenen, tiefanständigen, sauber-preußischen Sachlichkeit Wilhelms des Ersten – Wahlspruch: Ich dien' – entsprochen hatte, auf ästhetisch einwandfreie Art mit dem Glanz einer imperialistischen Ära zu erfüllen. Die Schwierigkeiten waren immer und bleiben dieselben: die Trägheit der Kunden, deren Humpelschritt den künstlerischen Exponenten einer Epoche gewöhnlich erst einholt, wenn er sich ausgegeben hat, und die Gewohnheit der Schauspieler, die als solche keinen Charakter hätten, wenn sie von gestern auf heute sich aus Klassizisten in Romantiker, aus Impressionisten in Expressionisten verwandeln könnten. Aber wie gestern Reinhardt, geht heute Berger unbekümmert um alle Widerstände vor wie auf der Bühne an sein Geschäft. Er verdeckt das kleine Orchester, um Platz zu gewinnen, und setzt in die Mitte des Hintergrunds einen halbhohen Torbogen, von dem nach rechts und nach links Gardinen sich spannen, und dessen Pfosten ein Vorhang, mal der, mal jener, verbindet. Hinter ihm liegt Imogens Schlafgemach oder die Höhle des Belarius. Darüber läuft eine Brücke, auf der personae dramatis angehuscht kommen. Die Szene bedeutet entweder England oder Italien, entweder Garten oder Hafen, entweder Thronsaal oder Schlachtfeld. Unsre Phantasie läßt sich willig belasten und wird doch durch den Dekorationsersatz wieder entlastet. Vermutlich wäre ohne diesen der Eindruck einheitlicher und stärker. Es braucht ganz und gar nicht der bemalten Leinewand oder Pappe, nicht des kleinsten Restes, um den Geist eines so gewaltigen Dichters wie Shakespeare leibhaft und dadurch wesenhaft zu machen. Aber unentbehrlich ist dreierlei. Erstens die souveräne Beherrschung des Lichts, das imstande ist, zu gliedern, zu jagen, zu bremsen, herauszuheben und einzuhüllen. Die Möglichkeiten des freundlichen Elements hat Berger diesmal schwerlich erschöpft. Der Wechsel von hell und dunkel war nicht entschlossen genug. Offenbar aus Angst vor Effekten hielt dieser erfreulich unrobuste Regisseur die ganze Dichtung in einer Dämmerung, durch die sie unnötig eintönig wurde. Unentbehrlich ist zweitens ein sicheres Gefühl für das Tempo des Dramas. Es erhöhte die Eintönigkeit, daß alles zu gleichmäßig über Stock und Stein ging. Wenn man in der Trösteinsamkeit des Flüchtlings-Trios zum Augenblick sagen wollte: Verweile doch, du bist so schön, dann war er schon wieder vorbei, und das war doppelt bedauerlich, weil ja der Antrieb des Dichters ist, die Abgeschiedenheit vor dem Gassenlärm, die Ruhe vor der Unrast zu preisen. Ein Regisseur, der sich der Veranschaulichung begibt, bei dem muß die Lautlosigkeit zum mindesten hörbar werden. Aber dazu ist drittens unentbehrlich ...
Bei Kayßler hatte Berger es leichter. Dort fand er eine frisch zusammengestellte

Truppe zum Teil von Anfängern vor, während hier eine Garde, die sich ein Meisterstratege der vorigen Generation zum Teil aus dieser geschaffen hat, nach einem andern Schlachtplan mit demselben Erfolg manövrieren soll. Es spräche gegen Reinhardt, wenn's völlig gelänge. Es spricht für Berger, bis zu welchem Grad es gelungen ist. Dem Regisseur, der dem Schauspieler eine volle Umwelt liefert, hat dieser weniger zu leisten als dem Regisseur, der ihn an eine Planke schnallt und ihm zuruft: Nun rede – für dich, für mich und für unsern Dichter! Daß der Augenmensch Reinhardt die Redekunst allenfalls vernachlässigen durfte, hat jetzt der Ohrenmensch Berger zu büßen. Wie wird es in Zukunft? Selbst angenommen, daß nicht daran gedacht wird, Berger nach seinen Intentionen allein regieren zu lassen, daß der Wunsch besteht, dieselben Schauspieler, kaum zum Heil der Entwicklung, abwechselnd dem Epikuräer und dem Asketen in die Hände zu geben – selbst dann ist's notwendig, für die Rhetorik des Personals zu sorgen, wohlverstanden: für eine Rhetorik von heute. Den Augenmenschen wird sie nicht hemmen, und für den Ohrenmenschen ist sie die conditio sine qua non. Es ist unerwünscht, daß man merkt, wie der Regisseur sich bei dem und jenem geplagt hat, ohne doch zu erreichen, daß nicht die meisten seiner Darsteller unverändert in eine Inszenierung von Reinhardt hineinspringen könnten. Zum Glück ist der meisten Kunst und Menschlichkeit so ausgeprägt, daß Stilfragen an die zweite Stelle rücken. Für den geistesschwachen und patriotischen Prinzen Cloten hat Waßmann nur die Großmäuligkeit und die Komik, nicht die Bestialität, die den Verlust des leeren Kopfes rechtfertigt. Aber Wegener ist, wie vor dreizehn Jahren, als Jachimo wuchtig und flackernd zugleich, Winterstein hat für Belarius die mannhafte Wärme seines Kent, Hartmanns Posthumus ist so wunderbar rein, daß meinetwegen erst der nächste Darsteller den Kandaules-Zug herausholen mag, Raoul Lange bestätigt meine hohen Erwartungen, Helene Thimig, der die Worte für das Sprachpflegers Berger Absichten öfters allzu sehr wegtropfen, ist im Knabenkleid von leuchtend fraulichem Adel, und durch Hermann Thimig wird der alte Pisanio ein Jüngling und ein so hingegeben treuer Diener seiner Herrin, daß brüderliche Zuneigung im prachtvoll schlichten, im ergreifend schamhaften Spiele sein muß. Wenn ›Cymbeline‹ wieder nicht mehr als einen Respekterfolg gehabt hat, so ist bewiesen, daß den Berlinern Schauspielkunst an sich ziemlich gleichgültig ist. Was von dem Evangelium, das Shakespeare predigt, gar nicht erst gesagt werden muß.

Emil Faktor, Berliner Börsen-Courier 11. 10. 1919

[...]
Der neue Mann in der Schumannstraße hat für die anspruchsvolle Dichtung mit Erfolg gekämpft. Er ist nicht bloß Liebhaber von Regieproblemen, wie sie heute zu Dutzenden herumlaufen. Man fühlt eine Natur, die in eigenen Anschauungen lebt. Einen Vorgeschmack bot seine selbständige Übersetzung von ›Cymbeline‹, in welcher er einleuchtende Erwägungen über den Sinn einzelner Stellen, über die Bedeutung vom stummen Spiel, über die innere Gesetzmäßigkeit weiblicher und männlicher Endsilben anstellt. Bemerkenswert fein ist auch sein Vorwort, das sich über das Wesen dramatischer Erlebnisse und des

Schauspielerischen auspricht. [...] Das alles wäre trotzdem ästhetische Theorie, wenn es Ludwig Berger nicht gelungen wäre, seine Glaubensbekenntnisse bei einzelnen Darstellern in seelische Schwingungen, in gesteigerte Akzente, in stilechte Mimik, in lebhaftes Gefühl für Bildkraft und Gliederung des Poetischen umzusetzen. Am willfährigsten schienen mir diesem Triebe die jugendlichen Darsteller der Königssöhne (Raoul Lange und Hans Schweikart) zu gehorchen, die Ungestüm und Begeisterung reiner und melodischer hochschwangen, als man es an Nebenstellen gewohnt ist. Auch die Darstellung der süßlich verlogenen Königin (durch Gitta Staub) war eine von Innengesetzen beherrschte Stilschöpfung, die auf den Rhythmiker Berger hinwies.

Das Außenbild der Aufführung arbeitete mit einem vorgestreckten Podium, während im Mittelrund der Bühne ein dreigliedriges Brückentor den raschen Ablauf der Szenen ermöglichen wollte. Es war nicht leicht, auf diesem Wege bald von Britannien nach Rom, von Rom in die Wildnis und wieder nach Britannien zu fliegen. [...] Bei dem vorgestreckten Podium denkt man unwillkürlich an die Absichten der Tribüne – jedenfalls sieht man sich einer Parallelerscheinung gegenüber, die ja nicht unter dem Einflusse der anderen entstanden zu sein braucht und bei Berger nur eine Art Zuwachs ist. Er benützt diese Erweiterung des Bühnenraumes, um Monologe und ähnliche Aussprachen des Einzelnen unmittelbar mit dem Zuschauer korrespondieren zu lassen. Es wird gleichsam in ein Gesamtohr des Parketts hineingesprochen, wodurch auch schon die technischen Ideen des großen Schauspielhauses sich ankündigen. Mag sein, daß diese Errungenschaft in einer Zeit der szenischen Übermüdung als willkommene Abwechslung sich bewähren wird. Nur die Frage bleibt offen, was als Kunstideal höher zu werten ist: ob jene Menschendarstellung, die sich mitten unter die Zuschauer, oder die andere, die sich unabhängig vom Parkett mitten in der Welt fühlt.

Als interessante Erweiterungen unserer Erfahrung wird man all diese Vereinfachungsversuche nicht gering achten, und sie ermöglichten, eine umfängliche Dichtung verhältnismäßig rasch vorwärts zu tragen. Nicht immer mußte (im Szenischen) der Illusion Kredit gewährt werden. Sehr einprägsam wurde die Schlachtszene vorgeführt, wobei die Torbrücke sich wundervoll bewährte. [...] Darstellerisch war die Vorstellung namentlich durch Frau Thimig auf ein ansehnliches Niveau gehoben; die aus der Imogen alle Wunder eines erkorenen Gemütes hervorholte. Am glücklichsten war die Darstellerin, wenn das Schicksal der Dulderin Heiterkeit gestattete. Ein temperamentvoller Partner war Herr Hartmann, der die Atmosphäre glühen machte. Die unsympathische Figur des Joachimo gewann durch die reife Meisterschaft Wegeners, mit der aus Fahlheit erwachenden Figur des Cymbeline setzte sich Bruno Decarli überzeugend auseinander. Der blöd freche Stiefsohn Cloten wurde von Hans Waßmann gespielt, dessen unwiderstehliche Eigenart schien mir gestern durch Theorie gehemmt. Die heftigen Zornesausbrüche waren zu scharf brutal, um auch Nebenwirkungen des Humors zu gestatten. Aber in einzelnen Augenblicken schoß der alte, undoktrinäre Waßmann auf und rüttelte das ganze Parkett auf. Er bleibe bei seinen Instinkten.

Auffällig war, daß der letzte Akt, der am glücklichsten komponiert ist, nicht ganz so farbig aufglühte, als man hätte erwarten können. Er soll sich zu einem Wellenberg der Überraschungen, durcheinanderwogender Erschüterungen und Freuden auftürmen. Das war er nicht. Nur ein bewegtes Nacheinander. Aber reich an starken Momenten.

Alles in allem ist der neue Spielleiter als eine Ergänzung Reinhardts begrüßenswert. Man lasse ihn neidlos sich entwickeln.

Eröffnung des Großen Schauspielhauses in Berlin
Aischylos   Orestie
28. November 1919, Regie Max Reinhardt

Die Eröffnung des Großen Schauspielhauses in Berlin wurde fast ein nationales Ereignis. Max Reinhardts Geltung war noch unbestritten (Jeßner, der neue Intendant am Staatstheater, war noch nicht sichtbar, er steckte eben in den Proben zu ›Wilhelm Tell‹). Das neue Theater der Fünftausend erschien als Reinhardts Beitrag zur künstlerischen Revolution. – Reinhardt hatte schon bald nach der Übernahme der Direktion des Deutschen Theaters (1905) sein Verlangen nach Spielstätten gezeigt, deren Dimension bestimmten Stücktypen entsprach. So waren 1906 die ›Kammerspiele‹ für das intime Stück gegründet worden, schon vor 1910 beschäftigte er sich mit dem Saal- und Arena-Theater, in dem das antike Drama wiederzubeleben sei. Reinhardt sprach damals von »bahnbrechenden wichtigen Dingen«. Der erste Versuch zu einem Theater der Massen war die Inszenierung des ›Ödipus‹ in der Ausstellungshalle der Münchner Theresienwiese 1910. In Berlin wurde der ›Ödipus‹ im Herbst 1910 für den runden Raum des leerstehenden Zirkus Schumann arrangiert. Sowohl die Einrichtung der Kammerspiele wie des Theaters im Zirkus wurden durch Überlegungen begründet, wie das Publikum näher mit dem Spielvorgang zu verbinden sei. Die Antwort für die ›Kammerspiele‹ hieß: durch Intimität; die für den Zirkus: durch Ausdehnung des Spiels in die Publikumszone; Ausbruch aus dem Guckkastentheater. (Schon in der Münchner Inszenierung war das Volk von Theben am Publikum vorbei zur Bühne gestürmt.) Die Zirkus-Inszenierung des ›Ödipus‹ hatte Reinhardts Ruhm durch ganz Europa getragen. Es folgten im Zirkus Schumann und im Zirkus Busch die Inszenierungen der ›Orestie‹, des ›Jedermann‹ und von Vollmoellers Pantomime ›Mirakel‹. – Um ein ständiges, festes Arenatheater zu haben, kaufte Reinhardt den Zirkus Schumann und ließ ihn von Hans Poelzig zum ›Großen Schauspielhaus‹ umbauen, das eine moderne, große Bühnenanlage erhielt. Reinhardt hoffte, er werde mit dieser neuen Bühne auch ein neues Drama anregen, das seine Stoffe aus der Gegenwart bezöge; und er habe hier der neuen Dramatikergeneration ihr Podium und dem neuen Publikum sein ›Volkstheater‹ geschaffen (es ist aber wohl nur Hasenclevers ›Antigone‹ mit diesen Versuchen Reinhardts in Verbindung zu bringen). – Die künftigen Premieren im Großen Schauspielhaus zählten zu den Ereignissen in Berlin. Hier wurde der erste Teil des nun einsetzenden Dialogs mit dem Jeßner-Theater geführt. – Die glanzvolle Eröffnung des Großen Schauspielhauses vollzog sich vor einer politisch düsteren Szene. Über Berlin war noch immer der Belagerungszustand verhängt.

Paul Fechter, Deutsche Allgemeine Zeitung, Berlin, 29.11.1919

Fanfaren: das langerwartete einst so aktuelle Theater der Fünftausend wird eröffnet. Nach fast zehnjähriger Pause zieht Max Reinhardt wieder in den Zirkus Schumann ein, in dem wir einst schon seine ›Orestie‹, den ›Ödipus‹, das alte Spiel von ›Jedermann‹ erlebten. Aber er kommt jetzt nicht mehr als Gast, sondern dauernd, als Herr im eigenen Haus. Stall und Manege sind gewichen – aus dem Zirkus ist das Große Schauspielhaus geworden. Und für ein paar Stunden taucht zum ersten Male wieder etwas von dem Gefühl der Sensation auf, mit dem man damals, vor dem Kriege, in die großen Premieren zog. Es bleibt bei Ansätzen: Stullen essende Besucher und Sensation passen schlecht zusammen. Aber immerhin: man spürt wieder einmal, daß etwas vorgeht – und schon dafür ist man dankbar.
[...]
Von der Karlstraße her kommt man in die alten Vorräume. Helle Farben, noch ein wenig frisch; die Eisenträger sind verschwunden unter Stuckbekleidung, die in der Form ineinander gesteckter gefalteter Kelche aufgebaut ist. Da, wo der obere aus dem unteren wächst, rund um den Fuß des oberen liegen die Beleuchtungskörper, scharf nach oben strahlend; infolgedessen wirkt der obere Kelch wie durchleuchtend, als Lichtquelle: das direkte Licht ist ausgeschaltet.
Von den Aufgängen bleibt der Eindruck rot, desgleichen von den Garderoberäumen oben. Wieder strahlt das Licht von den umkleideten Trägern ein seltsam phantastisches, unwirkliches Licht, das reizvoll zu der Stimmung des Abends paßt. Ein dunkles Grün schimmert durch eine Bogenöffnung herüber: das Foyer, in dem nun aus dem Beleuchtungsmotiv die Raumkonsequenzen gezogen sind. Zappelndes Hin und Her, bis die rechte Garderobe gefunden ist. (Hier müßte auch Farbensinn zu Hilfe genommen werden: Billetfarbe und bezeichnende Plakate der einzelnen Abteilungen aus dem gleichen Blau, Grün oder Rot.) Noch ein letztes Suchen nach dem zuständigen Eingang, ein letztes Warten: dann betritt man endlich den neuen Theaterraum.
Es ist viel über Poelzigs neues Haus geredet und geschrieben worden: so kommt man naturgemäß mit einiger Skepsis. Der erste Eindruck beim Betreten des Raums gibt ihm aber recht. Die Treppe steigt von unten hinauf zum Ring: bevor man das Ganze sieht, erblickt man hoch oben die Wölbung der neuen Kuppel. Sie hängt schwebend über dem Rund der Arena, ein Tropfsteingebilde aus Beton, ein Spiel von Stein und Licht, leicht elfenbeinfarben getönt, für den überraschten Blick zunächst wie ein Stück arabischer Märchenwelt wirkend. Aus einem ganz einfachen Motiv, dem romanischen Rundbogenfries, hat Poelzig schließlich nach mancherlei Versuchen auf anderen Wegen die Architektur des ganzen Raums entwickelt. Die kleinen Träger zwischen den einzelnen Bogen sind bald verselbständigt zu hängenden Gebilden, bald in der Urform belassen; der Bogen ist bald runder, bald spitzer: das Motiv selbst aber kehrt immer wieder. Es hat vor allem die ganze riesige Kuppel aufgelöst in eine Welt hängender Gotik. In zwölf Ringen, aus diesen Rundbogen steigt die Wölbung auf, oder vielmehr senkt sie sich herab, eine phantastische Grotte, die um so märchenhafter wirkt, als wieder jedes direkte Licht ausgeschaltet ist, nur von unsichtbaren Quellen und Scheinwerfern fast schattenlos ein mildes Licht das Ganze umspielt.

Poelzig hat mit demselben Motiv auch den übrigen Raum behandelt. Er hat mit ihm die Träger unter dem flachen Deckenring über den Zuschauersitzen zu theatralischen Bäumen entwickelt – und hat vor allem die der Bühne gegenüberliegende Musikloge zu einem schwingenden Gebilde von winterlicher Seltsamkeit umgeschaffen.
Hier liegen architektonisch die stärksten Wirkungen des Baues. Im Zug der Linien, im Schwingen der nirgends gradlinig geführten Kurven und Flächen klingt etwas van de Veldesches nach, das den Abend über dauert. Gegen den starken Anfangsreiz der Kuppel setzen bald Gegenströmungen ein: das harte balanzierende Aufsetzen auf der graden Bühnenwand (für das Poelzig nichts kann), die ständige Abwärtstendenz des Ganzen, die durch das Licht nicht völlig aufgehoben werden kann: hier an dieser Loge aber bleiben ein paar Dinge als Lösungen im Gedächtnis. Und zuletzt bejaht man das Ganze. Man sagt sich: was für Menschen sind wir, daß wir aus von ferne gotisch, d. h. steigend wirkenden Formen eine sinkende Welt bauen, die über einer leeren Schale schwebt – und überläßt sich zuletzt doch wieder willig dem im besten Sinne theatralisch märchenhaften Reiz, den das Ganze ausübt. Wie diese Betonstalaktiten im unwirklichen Licht über den dunklen Ringen der Tausende schweben – das bleibt im Gedächtnis über alle Einwände hinweg. Man denkt: geleistet in *dieser* Zeit – und denkt wieder wie vor dem Krieg: Was ist Paris gegen dies Berlin? Selbst die Butterstullen im Foyer kommen dagegen nicht an. [...]

Und dann die ›Orestie‹ unter Reinhardts Regie. In den Grundlinien die alte Aufführung von 1910, dem Neuen angepaßt; nur die Eumeniden, oder das, was von ihnen noch übrig geblieben ist, sind hinzugekommen. Ich will auch hier versuchen, ein paar Bilder zu geben.
Man sitzt auf seinem Platze, genießt das schon früher herrliche Bild dieses Runds mit den Tausenden von Menschen, unter denen so ziemlich alles vertreten ist, was einen Namen hat, geht die Lichtquellen suchen, zählt die zehn Stufen, die von der verkleinerten Arena dunkel in zwei Absätzen zu der stummen Bühnenwand aufsteigen, die breit und fast niedrig wirkend die Ringe abschließt. Dann beginnt auf einmal das Licht zu verebben. Langsam sinken die Schatten, Dunkelheit schließt die Massen der Hörer ein, die helle Bühnenwand drüben über den Stufen beginnt sich mit leichtem Summen zu teilen: nach rechts und links gleitet der eiserne Vorhang vor dem dunkeln Bühnenbild zur Seite. Zugleich aber flammen oben in der verdunkelten Kuppel Hunderte von glitzernden Sternen auf – und weiten den Raum auf einmal zur Nacht. Man denkt: Wintergarten – und empfindet zugleich ganz stark, was diese unsere Welt von der griechischen trotz aller wohlmeinenden Parallelen endgültig trennt. Die saß im Freien, war eins mit der Welt: Drinnen und Draußen war noch nicht getrennt: wir sitzen im Innenraum, dem Spiegel unserer Seelen, und hängen künstliche Sterne über uns, weil wir trotz allem und allem nach innen leben, die Welt in uns haben, die dort noch nicht in Natur und Geist zerfallen war.
Mit leisem Zischen glimmt oben in der Kuppel ein Licht auf: der Strahl eines Scheinwerfers schneidet durch das Dunkel, bestrahlt hell die Gestalt des Wächters oben auf den Vorderstufen, holt das Bühnenbild aus dem Dämmer. Zwischen sechs riesigen, nachtbraunen, viereckigen Pfeilern steigen dort noch ein-

mal vier Stufen auf, rechts und links stehen zwischen den Pfeilern je zwei riesige Götterstatuen, in der Mitte öffnet sich der Eingang in den Palast.
Und das Spiel beginnt. Ein zweiter Scheinwerfer unten aus der Loge mischt sich ein; der Wächter begrüßt das Licht, das Ilions Fall verkündet, der Chor der Alten kommt dunkel die Stufen seitlich bis zur Arena hinab, beginnt seine Rede, begleitet von ferner Musik aus dem Palast. Klytemnästra erscheint, ihr leuchtend roter Schleier bringt die erste Farbe in das nächtliche Bild, zu dem die Scheinwerfer die Massen zusammenfassen. Erst als Agamemnon, durch den alten Manegeneingang gegenüber der Bühne auftritt, zerfällt es: ein dritter Scheinwerfer, über der Mitte der Bühne, kreuzt die Strahlen der beiden anderen: was bisher doch im wesentlichen Fläche war, wird Raum; die beiden Parteien stehen sich nicht mehr im Bilde, sondern im Dreidimensionalen gegenüber.
Und das Schicksal geht seinen Lauf. Kassandras Prophezeiungen künden es an, dann hallt Agamemnons Todesschrei aus dem Palast: Ägisth und Klytemnästra triumphieren – und mit dem drohenden, immer wiederholten Ruf des Chors »Noch lebt Orest!« verklingt der erste Teil der Trilogie. Die Bühne schließt sich, Licht glänzt auf und Beifall rauscht in die hohe Kuppel hinauf, die schon jetzt ihre akustischen Vorzüge aufs glänzendste erwiesen hat: jedes Wort kommt klar und rein, selbst von Klytemnästras haßerfülltem Flüstern geht in dem weiten Raum, wie es scheint, kein Laut verloren.
Wieder verglimmt das Licht, leuchten oben die Sterne auf: Orests Rächertragödie setzt ein. Die oberste Stufe der Vortreppe ist, wie es hell wird, emporgestiegen, zu einer Art riesigem Altar, in der Orchestra erhebt sich, ein wenig klein, Agamemnons Grabhügel. Der Chor der Frauen, im Kreise herumstehend, beginnt halb singend, wie einst seine Totenklage. Orest schwört seinen Racheschwur; dann ein kurzer Szenenwechsel – der Altar ist wieder Treppenstufe geworden, das Grab verschwunden; Ägisths und Klytemnästras Schicksal vollendet sich – aber den Muttermörder ergreift das Grauen. Er stürzt von dannen, Dunkel senkt sich herab, und bei offener Szene wandelt die Drehbühne geheimnisvoll das Bühnenbild. Wenn das Licht wieder aufleuchtet, ist das Mittelstück des Palastes verschwunden, eine hohe, breite Treppe führt steil hinauf ins Unsichtbare – zu Apollons Reich. Orest liegt auf den Vorderstufen: in der Orchestra kauern fahl, wie dunkle Erdhaufen, die Eumeniden. Der Kampf um Orest beginnt, sie kriechen murrend langsam auf ihr Opfer zu, das stöhnend daliegt: aber Apollon bleibt Sieger. Sein Wort, von der Höhe der Treppe hallend (sichtbar wurde er nur für die Logengäste unten, schon die Mittelreihen mußten sich mit dem Anblick seiner Beine begnügen) erlöst ihn hier, ohne Athene und den Areopag, vom Fluch, die Eumeniden weichen, und mit dem Ausklang reinerer Menschlichkeit schließt die Tragödie.
Und nun setzte der Beifall, der Dank der Hörer ein. Mit Recht! Man mag zu Reinhardt stehen, wie man will: Hier ist, allein schon mit der Schöpfung dieses Hauses, etwas geleistet, das Dank und höchste Anerkennung verdient. Gerade heute, in diesen Tagen, ist diese Leistung etwas, woran man sich halten, woraus man wieder Glauben an uns bekommen kann. Einzelheiten hin, Einzelheiten her: hier ist etwas *getan*, ein Werk geschaffen; geht hin und tut desgleichen! Ob die Ideen, die man an dieses Haus knüpft, richtig, ob die Möglichkeiten, die man erhofft, zu verwirklichen sind, ist zunächst belanglos:

hier ist in jedem Fall etwas verwirklicht, das Achtung und mehr verdient. Dies Theater ist, vor allem auch nach außen hin, durch die Energie, mit der es in diesen grauen Zeiten geschaffen wurde, ein Sinnbild geworden: das ist's, was wir nicht vergessen, woran wir uns halten wollen.
Die Aufführung im einzelnen gelang so, als hätte man seit Monaten in dem neuen Hause gespielt. Von den Kräften der Uraufführung waren Moissi als Orest und Josef Klein als Ägisth geblieben. Moissi war in bester Stimmung: da er hauptsächlich als Stimme zu wirken hatte, war der Eindruck rein und stark wie lange nicht. Von den übrigen ist vor allem Agnes Straub als Klytemnästra zu nennen. Sie hat im Stimmlichen noch nicht ganz das Gefühl für den neuen Raum gewonnen; bildhaft wirkte sie sehr gut. Sehr Schönes gab Wüllner als Chorführer, zugleich groß und einfach; dazu Frau Heims als Kassandra, Werner Krauß als Agamemnon, Maria Fein als Elektra und die Stimme des Herrn Kühne unter den Erinnyen.

Fritz Engel, Berliner Tageblatt 29. 11. 1919

Nun ist es aufgetan worden, nach langem, hindernisreichem Harren, und das Chorspiel auf der Riesenbühne setzte sich in die Zuschauerschaft fort, die am Schlusse ohne Regieleitung sich in brausender Einmütigkeit zusammenfand. [...] Sie wogten und schwollen Max Reinhardt entgegen.
Als man dann den kleinen Mann im ungeheuren Raum sah, dachte man an mehr als an diesen einen Abend. Durch zwei Jahrzehnte rückwärts spielte das Licht dieser Minuten über der theatralischen Sendung Reinhardts, der dem deutschen Kunstleben, dem deutschen Namen so viel gegeben und noch heute, nach vielfach verschlungenem Wege, ein Strebender ist.
Ihn heute zu grüßen und manches zu vergessen, was ihm nicht selbst zur Last fällt, ihm zu danken und in den Chor der 3300 Besucher mit einzustimmen, ist erste Pflicht. Wir wissen nicht, was dereinst die Geschicke dieses Hauses sein werden; nichts ist ja wandelbarer als das Schicksal von Bühnenhäusern. [...] daß Reinhardt Hand in Hand mit Meister Poelzig diese Halle gebaut, mit zähem Willen hoffend in hoffnungsarmer Zeit [...] das ist schon eine Tat. Nur Richard Wagner hat, in anderen Verhältnissen, in Bayreuth ähnliches geschaffen. [...] Falls wir diese Jahre überstehen, falls wir alle, Menschen und Häuser, nicht vorher zugrunde gehen, wird das Große Schauspielhaus fernen Tagen ein Zeuge sein für planmäßige Unermüdlichkeit und für ungeminderten Schönheitsdrang in härtester Lage.
[...] Schon der Bau selber strahlt Geheimnis und kommende Wunder aus.
Im Halbdunkel der Straße fühlte man die erwartungsvolle Unruhe derer, die dem ersten Abend des größten deutschen Volkstheaters beiwohnen sollten. Lange vor Beginn der Vorstellung füllten sich die Räume. [...] Es war das erste große Stelldichein des nachkaiserlichen Berlin. Von unseren Ministern und Parlamentariern eine ganze Zahl, Dichter, Musiker, Direktoren anderer Bühnen, Schauspieler. Zugehörige der fremden Missionen, Vertreter der auswärtigen Presse, die nun vielleicht einen ›deutschen Sieg‹ hinaustelegraphieren werden. Auf allen Gesichtern das Staunen über das Haus, vor allem über die Kuppel, die sich wie eine Eisgrotte hochtürmt. Nord und Süden: denn in der Pause sahen wir die Wandelgänge, und es war ein Wandeln unter Palmen,

die rotes und blaues Licht milde ausstrahlen. Aus größter Einfachheit sind hier stärkste Kräfte geholt.
›Licht‹ heißt überhaupt eines der Zauberworte, die über Reinhardts Weg stehen. Das Haus wurde noch schöner, als es sich zum Beginn der Vorstellung in halbe Helle tauchte und das Publikum nur noch Masse war. Die Kuppel ward dann zum Himmel mit leuchtenden Gestirnen, wir saßen in Attikas ungedecktem Theater. Licht erzeugte auch mit die Wirkungen, die von Äschylos' Trilogie kamen. Licht, Sprache, Gebärde: auf diesem Dreistuhl ruht der Geist der neuen Bühne. Der Eindruck steigerte sich immer mehr. Nach ›Agamemnon‹ und dem ›Totenopfer‹ zeigten die ›Eumeniden‹ auch das technische Vermögen, das nichts bedeutete, wenn es nicht einer imposanten Kunstwirkung diente. Hier aber war sie erreicht; sie wird in unserer Erinnerung haften bleiben. [...]

Fritz Engel, Berliner Tageblatt 29. 11. 1919 (Abendausgabe)

[...]
[...] Wir sahen zum erstenmal die ganze Trilogie. Was vor acht Jahren nur eine ferne Schönheit gewesen, ist uns nun nähere Berührung. Ein Krieg der Weltteile ist vorbei, Europa hat, scheinbar nur um einer Dirne willen, mit Asien gefochten, ein Kämpfer kehrt nach Hause. In sein öffentliches Dasein mischt sich bestimmend und vernichtend sein bürgerliches, in vielfältigsten Abwandlungen erfahren wir das nun täglich. Die Frau hat ihn betrogen, sie hat ihn hassen gelernt, angeblich weil er seine Vaterpflicht verletzt, mehr noch, weil er sich mit anderen Weibern abgegeben hat. Ihr Willkommensgruß ist Tod. Der Sohn, den sie entfernt hatte, kommt nach Hause. Sein Gedanke, seine Tat sind Rache. Er begeht den Mord aller Morde. Er massakriert den Schoß, der ihn geboren hat. Dann bricht er zusammen. Angst vor Strafe jagt ihn durch die Lande, bis er sich geheilt glaubt.
Ein furchtbares Geschehen, auch in unseren Tagen möglich. [...] Athens Areopagiten entschließen sich zugunsten des Angeklagten. Mit Stimmengleichheit. Weiter wagt sich der Dichter nicht. Er fühlt die ungeheure Verantwortung und endet mit einem Spruch, der mehr einer Begnadigung gleichkommt. [...] Die Entscheidung wird denn auch der Pallas Athene, der Lady Oberrichterin, zugeschoben. Das findet sich in der Schlußszene, die gestern fortblieb. Ein kühner Schnitt in das Fleisch der Dichtung, aber ein notwendiger. [...]
Das Riesenhaus selbst, die Menschenmasse, die Neuheit, die Fülle der Aussichten, die sich an das Dasein und die Arbeit eines solchen Theaters knüpfen, strömen zu einer starken inneren Bewegtheit zusammen. Dies alles in sich selbst zu gliedern, wird Zeit kosten. Wir werden oft fragen müssen, wie weit unsere Dramatik einem solchen Hause, wie weit dieses Haus der Dramatik gewachsen sein wird. Es wird einige Zeit dauern, bis wir klar darüber sind, ob das Spiel in der Arena durchaus das Allheilmittel ist, das unsere szenischen Nöte beseitigen kann. Der Schauspieler soll nicht mehr *vor* dem Publikum, sondern *im* Publikum stehen. Nur dann wird der berühmte Kontakt hergestellt; auch für die Masse, für die Galerie? Nur dann wird Dichtung zur Tat und die Kunst zum Erleben. Erleben tritt aber nur aus Lebendigem, und

es wird, wie seit undenklichen Zeiten, immer die Dichtung selber sein, und nicht der Raum, der das letzte Wort spricht. Probleme des körperlichen Ausdrucks, des Kostüms, der Schminke, der Tongebung tauchen auf. Eine gewisse sprachliche Uniformierung der Darsteller kann der Persönlichkeit und ihrer Beseeltheit Gefahr bringen. Organe sind früher Abnutzung ausgesetzt. Die Gebärde kann hohl, das Pathos falsch werden.
Man sieht, daß wir erst in den Anfängen stecken, mitten im Experiment. Wir werden das noch mehr sehen, wenn Reinhardt Werke aufführt, die sich in minder einfacher Linie bewegen als Äschylos. Dann wird es darauf ankommen, ob auch das Zarte, das Lyrische, das unbedingt Leise zu hören und zu fühlen ist. Gestern wußte sich Reinhardt auf vertrautem Boden. Er hatte hellenische Theatergrundsätze, von ihm selbst bereits erprobt, nur von neuem anzuwenden. In manchem bescheidener als vor acht Jahren, nicht mehr stolz auf ›tausend‹ Choristen, auch in der Bewegung der Chöre sehr vorsichtig und fast immer nur auf geschlossene Bilder bedacht, konnte er doch die griechische Bühnenkunst erweitern. Ihre Deus-ex-machina-Apparatur ist weit überholt. Hinter der ungeheuren Wand, welche die eigentliche Bühne vom Zuschauerraum abschließt, baut sich in den ›Eumeniden‹ in raschem Ineinandergreifen, mit dem dumpfen Brausen eines fernen Gewitters, ein Weg bis zum Sitz der Gottheit auf. Dieser Apollo-Tempel wird nur durch eine unübersehbar hohe Treppe angedeutet, so wird die Erde mit der Überwelt verbunden. Oben steht der Gott, hier wirklich ein Gott, kein Schauspieler; wir empfinden Ähnliches, wie wenn wir zur *cupola* der Peterskirche aufblicken. Wo ist der deutsche Äschylos, nach dem wir alle uns sehnen, wo ist der Dramendombaumeister, der nun die Dichtung schafft, groß genug, einer so vollendeten Technik, einem so kühnen und großen Regiegefühl die Weihe der Kunst zu geben?
Die ersten beiden Teile der Trilogie vollziehen sich, mit einem Tempelaufbau als Rückfront, auf der Vorbühne und ihrem verschiebbaren Stufenbau und in dem Kreis der ehemaligen Manege, ›mitten im Publikum‹. Die besten Plätze sind die, welche zu diesen Schauplätzen quer liegen. Man hat dann zwar nicht das Glück des ›Dreidimensionalen‹, von dem die Ästhetiker der neuen Bühnenform etwas viel hermachen, aber man genießt sehr interessante Profilwirkungen. Der Lichtkegel, aus kleinen Öffnungen der herrlichen Kuppel bedient, folgt pudeltreu den Hauptsprechern. [...] Aber auch die Verdunkelung der Umgebungen hat großen Reiz. Wie schön war die graue, kaum durchspürbare Luft um die Erinnyen! Man sah sie kaum und empfand sie ganz.
Es bedarf starker und stärkster Spieler, um Ohr und Gemüt auf die Dichtung selbst zu sammeln. Sie waren da, von Hofmeister geschult, mit Abstufungen, verbunden durch die Hingabe einer opferdienstlichen Handlung und durch die rhetorische Aufgabe, die ihnen gestellt war. Agnes Straub ist Klytämnestra, im Sprechen manchmal künstlich, im Ausdruck gewaltig, in Scheußlichkeit groß, geprägteste Einzelzüge in mächtigem Schauspielerwillen geeint, ein schlimmes königliches Weib in Blutrot. Alexander Moissi ist Orest. Er wird vom Wort des Dichters, von der eigenen plötzlich wieder jungen Kraft nach und nach zur höchsten Höhe getragen. Werner Krauß als Agamemnon, in der Gebundenheit des Stils noch ein Empfinder, Else Heims Kassandra, das schöne Antlitz leider verschminkt, neu, aber stark im Ton der großen leidenden Heroine. Ihr Hall »Apollon!« war ausgezeichnet. Wie hallen aber diese Vokale auch schon von selber! Paul Hartmann ist der Herold, ein junger Genius

im Frühlingswind, Josef Klein ist Ägisthos, gut in der Selbstgefälligkeit, sehr gut im Hohn, Maria Fein, eine blutleer scheinende, gutsprechende Elektra. Gregori gibt als Wächter in der ersten Szene schon den sprachlichen Anschlag für den ganzen Abend. Raoul Lange ist Apoll, ist wirklich Apoll. Aus dem Chor ragt Ludwig Wüllner. Dieser Kopf, der keiner geklebten Perücke bedarf, diese Gestalt, die sich keine dicken Sohlen unterschieben muß, dieses Wort, das eine Orgel ist!

Stefan Großmann, Vossische Zeitung, Berlin, 29./30. 12. 1919

Ein Blick über das weite Amphitheater der Zuschauer – auf dieses Schauspiel vor dem Schauspiel hatte ich gewartet. Man war über die rotgrünen Treppen, durch gelbliche Gänge und rötliche Höhlen gekommen, die Runde war schon vollbesetzt von einem tausendköpfigen Gewimmel. Nun tat man den ersten, den großen Raum einheimsenden Blick, und er erquickte. Schön und ans Herz greifend dies Bild einer Gemeinschaft von Tausenden. Dem denkenden Deutschen vielleicht tiefer ans Herz greifend, weil hier eine räumliche Einheit der Masse die Sehnsucht nach einer inneren Zusammengehörigkeit lebendig macht. Sind wir denn ein Volk? Dort sitzt Herr Scheidemann, da drüben Herr Geheimrat Roethe, da taucht Hauptmanns Goetheschädel auf, dort winkt Dr. Cohn einem Genossen. Aber Scheidemann blickt an Roethe vorbei, und Cohn geht mit einem Achselzucken an Hauptmann vorüber. Auch am Feiertag kein Einheitsgefühl. Kein Volk der Erde ist so arm an Gemeinsamkeitsgefühl, und der Krieg hat uns noch tiefer zerfressen... So haben wir nun das größte Volkstheater ohne Volk. [...]
Vielleicht ist deshalb der gewaltige Eindruck der Runde ein wenig verkleinert worden. Licht liegt nur über den Rängen und Logen in der Mitte des Amphitheaters, die höheren Ränge der Menge verschwinden in der Dämmerung. Auch die Grottendekoration verhindert ein wenig den ersehnten Eindruck der wartenden Masse. Aber es liegt tiefere Bedeutung in diesem Verschwinden der Menge im Dunkel. Dieses größte Volkstheater der Deutschen ist ein Privatunternehmen, verdankt sein Entstehen allein dem Wunsche eines Einzigen. Das Volk ist Objekt seiner künstlerischen Fürsorge, nur Objekt. [...] Vor einem Jahr haben wir mit Handgranaten und roten Fahnen Revolution gespielt, und hier lassen sich hundertzwanzigtausend Abonnenten von einem einzigen Mann vorschreiben, an welchem Tage sie ins Theater gehen sollen, welche Dramen sie sehen müssen und sogar wie hohe Eintrittspreise sie zu zahlen haben. [...]
[...] Eduard Devrient hat in seiner unverwelkten Reformschrift verlangt, in der Leitung des Nationaltheaters müsse ein *Dichter* sitzen, er meinte: ein geistiger Schöpfer. Unser Theater ist ein Schauspieler- und Regisseurtheater geworden, die Idee ist entthront worden oder wurstelt armselig im unbeachteten Dramaturgenstübchen fort. Deshalb, auch deshalb, haben wir nun Volkstheater ohne Volksdichtungen.

Die ›Orestie‹, Vollmoellers Bearbeitung, ist bei Reinhardt nicht neu. Aber die Einfügung in den neuen Raum. Die Wallfahrten, die Chöre, die Zischrufe der kriegsgefangenen Frauen, der argivischen Greise, der Erinnyen sah man schon. Ausgezeichnet füllt Reinhardt den Raum von allen Seiten. Leere und Stille inmitten der Zuschauerrunde ist ebenso rasch erzeugt wie Bewegtheit und Aktion einer Menge. Das wuchtige Schloß der Atriden schließt die Bühne ab, Rollers alter Entwurf wirkt heute noch mit. Neu ist die Raumgestaltung des dritten Teils, der ›Eumeniden‹. Orestes, von den Erinnyen verfolgt, flieht zu Apollo empor. Wo ist Apollo? Auf der Drehbühne ist die Burg der Atriden weggerollt worden und an ihre Stelle ist eine steile, stufenreiche Treppe herangedreht worden, die in die höchste Höhe des Zirkus führt. Da oben steht Apoll in goldner Rüstung. Merkwürdigerweise ist der Weg zu den himmlischen Gefilden schlecht beleuchtet gewesen, man zitterte ein wenig für Moissi beim Aufstieg, und auch Apollo selbst stand nicht im himmlischen Licht, weil da droben offenbar ein Scheinwerfer nicht aufzustellen war. Aber eine so hohe Treppe imponiert gewaltig, und das bißchen Licht wird sich später schon finden.

[...] Am besten bestand Moissis silberne Posaune. Dann Wüllners selige Priesterrede, Paul Hartmanns starke, frohe Mannsstimme und die mächtig stilisierende Agnes Straub, die nur ein wenig zuviel theaterte. (Der allzu grellrote Mund war ein Symptom.) Ausgezeichnet die ruhige Kraft der Heims als Kassandra: technisch genügend, innerlich unbeteiligt die Elektra der Frau Fein. Auch der Agamemnon von Werner Krauß, in der starren Maske Erwartung erweckend, ging ohne tiefere Erschütterung an uns vorüber.

Tiefere Erschütterung? Ich müßte lügen, wenn ich sie vorgäbe. Die Mordgeschichte in der Familie Agamemnons ist in den letzten Jahren, mit und ohne Musik, zu oft erzählt worden. Diesmal interessierte, daß Moissi-Orestes mit der blutigen Hacke Klytemnestra-Straub über eine Treppe hinunter bis in die Mitte des alten Zirkus und wieder die Treppe hinauf verfolgen konnte. Das war früher nicht möglich. Aber es war doch mehr ein technischer Erfolg.

Ein großer technischer Sieg. Das bedeutete der gestrige Abend. Möge es auch ein geistiger werden!

August Strindberg   Advent

Kammerspiele des Deutschen Theaters, Berlin, 9. Dezember 1919,
Regie Ludwig Berger

Strindbergs Werk war damals auf den deutschen Bühnen noch sehr lebendig. Für Berlin hatte es zwei außerordentliche Inszenierungen der großen Stationenstücke gegeben, an die die Expressionisten anknüpften. 1914 hatte Barnowsky im Lessing-Theater ›Nach Damaskus‹ inszeniert, am 17. März 1916 Bernauer im Theater in der Königgrätzer Straße das ›Traumspiel‹. Die Erinnerung daran war noch so stark, daß jede intensive Strindbergaufführung wie eine Weiterführung dieser Inszenierungen erschien. Auch die Bergers, obwohl er ›Advent‹ aus eigenen Vorstellungen entwickelte. – Sein Erfolg als Regisseur in ›Cymbeline‹ war so eindrucksvoll, daß Berger der Auftrag Reinhardts zu dieser Inszenierung zunächst wie eine Zumutung erschien: »Ein furchtbares Stück, nur schwarz und weiß und gar nichts dazwischen.« – Der Schauspieler Paul Wegener wies Berger auf Andersen hin, und Berger projizierte Strindbergs Stück auf Andersens Märchen von der Mutter und dem Tod (»... und allmählich tauchten unter der Strindbergschen Finsternis geheimnisvoll Farbtöne auf« [Berger]). Er dehnte Strindberg ins Phantastische und gewann so den dämonischen Untergrund. Die Aufführung wurde eines der besten Beispiele dafür, daß die Inszenierungen des neuen Theaters keine absoluten ›Regisseur-Leistungen‹ waren, sondern daß wesentliche Intentionen (wie später auch im Verhältnis Kortner – Jeßner) von seinen neuen Darstellern kamen. (Im Falle ›Advent‹ z. B. von Wegener und Krauß; Berger schrieb über Werner Krauß in dieser Aufführung: »Solche Instinktsicherheit wurde mir zum Lehrbuch.«) – Berger, dem Strindberg fremd war, hatte die Teile des Stücks wie ein »Räderwerk zusammengesetzt« und wurde durch den Verlauf der Aufführung vor generelle Fragen der Regie geführt: »Schon während die Aufführung schattenhaft vorüberglitt, fühlte ich, daß diese kühle Mathematik der Inszenierung zum stärksten Erfolg meiner ganzen Theaterlaufbahn wurde. Die Presse überschüttete den Regisseur mit Lobesregen. Vor mir taten sich Abgründe auf. War kühle Arbeit wesentlicher als beseelte?« – Berger galt damals als der »Seelenregisseur«. – Diese Inszenierung, die Ihering »eine neue Station auf dem Weg zu geistiger Theaterkunst« nannte, wurde die Grundlage für Bergers Regie von Kornfelds ›Himmel und Hölle‹ (s. 1920).

Siegfried Jacobsohn, Die Weltbühne, Berlin, 1919

Strindberg hat volle Lungen und unermüdliche Stimmbänder. Aber was er auf seine alten Tage damit zu Gehör bringt – aufrichtig: fördert das unser Seelenheil oder unsre Einsicht in den Zusammenhang der Weltgeschehnisse? Seine beiden Totentänzer sind allmählich zu Enkelkindern gediehen. Das hindert sie nicht, einander weiter zu zerfleischen, und bewegt sie nicht, dem Nachwuchs zärtlicher entgegenzukommen. Außerdem sind sie Schwerverbrecher im bürgerlichen Sinne. Strafe muß sein für solch Übermaß von Unmenschlichkeit. Und so erhält das Gegenstück des bekannten gefallenen Engels: ein gestiegener Teufel, dem es höllisch zuwider ist, das Lied des Himmels zu singen, des Manna er ißt, den angenehmen Auftrag, die greisen Sünder bei lebendigem Leibe zu schinden, bis sie genügend mürbe sind. Was er bei ihnen erreicht, erreicht er auch bei uns. Nur daß wir nichts begangen haben, um so gezüchtigt zu werden: um diese pedantische, raffinierte, sadistische Quälerei von extra schwarz angestrichenen Scheusälern einer Jahrmarktsschreckenskammer Phase um Phase mitzumachen. Daß dem wüsten Menschenverächter Strindberg dies Schauspiel eine masochistische Wollust bereitet, das wäre seine Privatangelegenheit, wenn seine exorzistisch schwelgende Phantasie nicht für Freunde der Kunst um der Kunst willen ihre Früchte trüge. Giftige Früchte; aber Gift ist ein ganz besonderer Saft, solange es ungemischt bleibt. Schmachsund glüht auf, wie immer bei Strindberg. Und es ist Heiterbuch, das danebengekleckst wird, schon recht, daß aller Lack seiner Fahlheit nicht aufhilft. Schrecklich dieser kindisch-senile, unüberzeugte, leere und faule Weihnachtszauber. Hätte der Schwede je einen Herold gehabt wie der Bayreuther: es ist wahrscheinlich, daß ›Advent‹ ihm die Eingeweide umgedreht hätte wie dem Nietzsche der ›Parsifal‹. Der Empörer, der zu Kreuze kriecht und mit dem Stern von Bethlehem szenischen Hokuspokus treibt: ein peinlicher Anblick. Noch nachträglich wird der nächtliche Hexensabbat auf dem Blocksberg verdächtig. Aber das braucht er nicht zu werden. Auf das mauvais genre Mensch – Weib wie Mann – diese verbissene, verfolgungswahnsinnige, alttestamentarisch rachsüchtige Wut, die gar keine Nahrungszufuhr von außen her nötig hat, die sich aus sich immer neu gebiert: die ist echt. Und grauenerregend steril. Ein Theater, das als seine Mission empfände, dem niedergebrochenen Deutschland Stahl in die Adern einzuführen, sollte das lähmende Teil des großen Strindberg verschmähen.

Das Haus Reinhardt hat mit dem Regisseur Ludwig Berger eine Gewähr dafür gewonnen, daß die kunstzerrüttende Neigung des Seniorchefs zu dem Großen Schauspielhaus, das ja doch als Kino endet, für Deutsches Theater und Kammerspiele keinerlei üble Folgen haben wird. ›Advent‹ beschwor die makelloseste Friedensvergangenheit der Berliner Bühne herauf. Es war Einheit der Stimmung erzielt, die der Dichter angestrebt hatte. Und ohne Aufwand erzielt. Durch keine andern Mittel als lautlos gleitenden Wechsel von Licht und Schatten, von Grauheit und Farbigkeit. Auch wenn die Musik zu schweigen hatte, erklang Musik von der unbevölkerten wie der bevölkerten Bühne her. Die meisten Regisseure haben weder Auge noch Ohr; eine Anzahl hat Auge oder Ohr; die wenigsten haben Auge und Ohr. Berger gehört zu den wenigsten. Vielleicht wäre auf der edelmütigen Seite die Rosafarbe um eine Nuance mehr zu entkitschen. Aber schon in der Mitte der Himmelsagent wider Willen hatte an Werner Krauß den vorbestimmten Verkörperer von Spottgeburten aus Dreck und Feuer. Und gar das Galgengelichter, das ja für einen geniedurchblitzten Werwolf wie Strindberg doch immer das willkommenste Fressen ist! Die Bertens bewies einen Mut zur Phantastik, als wäre sie nicht von der vorigen Generation, und Wegener überfüllte förmlich die Bühne mit seiner sündig strotzenden Feistheit. Man schlang den Schwefel wie Götterspeise.

Fritz Engel, Berliner Tageblatt 10. 12. 1919

[...] Ein Spiel voll von schwersten Träumen, ein Alpdruck. Die Elemente, die Sonne, die Tierwelt, die Möbel spielen mit. Es flimmert, es raunt, es klappert, es spukt. Satan tritt auf, ein melancholischer Herr, der absichtsvoll *gegen* den witzigen Mephisto Goethes gedacht ist. Die Hölle zeigt ihr Vorgemach: eine gewaltige Phantasmagorie. Ungläubig gegenüber dieser mönchischen Naivität mögen wir bleiben, aber eine Gänsehaut läuft uns schon über den Rücken.
[...]
Das Werk Strindbergs, kommt dem neuen szenischen und darstellerischen Stil sehr entgegen. [...] dieser Stil hat erst aus dem Schaffen Strindbergs und Wedekinds geahnt und ausgebaut werden können. Ins ›Wirkliche‹ gestellt, sind Szenen solcher Art von vornherein um ihre einzige Glaubwürdigkeit gebracht, um die des Märchens. Man hat sich deshalb früher an ›Advent‹ nicht herangetraut; jetzt wagt man es, in Kopenhagen, in München und nun in Berlin. Dr. Ludwig Berger [...] greift nun für ›Advent‹ nach allem Rüstzeug einer Kunst, die mit früher nicht gekannten Mitteln andeutet und deutet. Wir begleiten ihn gern auf diesem Wege, der zu neuen Möglichkeiten führt, bleiben uns aber stets bewußt, daß wir uns noch im Zustand des Experimentie-

rens befinden. Das Lichtproblem, dieses gefährliche Lichtkegelspiel, ist noch nicht ganz gelöst. Man wird halt nie die Angst los, daß der Strahl einmal nicht aufmerkt und die Wirkung ganz verpatzt. Einiges gelingt dem neuen Stil vollkommen, wie die aus dem Mausoleum vorquellende Prozession der Unglücklichen, die der Richter auf seinem Gewissen hat – oder die Statisterie des ›Wartesaals‹. Hier werden wir zwanglos in eine andere, drübige Welt geleitet. Einige Gestalten wie der bucklige Prinz und der brave Schwiegersohn Adolf werden mit gezirkelten Bewegungen und halbmusikalischem Sprechton sehr glücklich am Ufer des Wundersamen gelandet.

Das Ganze schwankt aber noch zwischen Realität und Irrealität. Jene oft zu blank, diese übertreibend und verwirrend. Der Spuk der Requisiten ist nicht genügend okkult. Wenn das Richtschwert sich von selbst bewegt, fühlt man nichts anderes als Theaterbastelei. Wenn es klopfgeistert, weiß man den Theaterarbeiter hinter der Kulisse stehen und klopfen. Er klopft genauso wie in den Zwischenpausen, wenn er hinter verschlossenem Vorhang die neue Szene aufbaut. Hier muß man fordern: mehr Geheimnis! Wohl auch für dieses Stück eine größere Bühne! Aber das ist noch nicht die Hauptsache. Die Hauptsache ist, daß durch gesuchte Irrealität Entscheidendes verwischt werde. Durch Hüllen noch klar sein, den menschlichen Wert einer Dichtung, den Dichter selbst ohne Brimborium herausarbeiten: wenn der neue Stil das nicht vom Otto-Brahm-Stil lernt, dann führt er zu dem, was lange bekämpft worden ist und immer bekämpft werden muß, zur Hohlheit, zum Kulissenreißertum, zur Mimerei.

Drei Schauspieler standen gestern auf der Bühne, lebendige Beweise pro et contra. Rosa Bertens und Paul Wegener gaben Richterin und Richter. Es war Genuß, sie zu sehen und zu hören. Sie haben die gewisse musikalische Monumentalität des Stils in sich aufgenommen, sie verzetteln sich nicht in großen und kleinen ›Lebenszügen‹, aber sie bleiben Menschen, Strindbergsche Menschen. Schreckbilder in der Maske, grause Festlichkeit im Ton, knirschend in vollkommener Ungöttlichkeit, Mänade und gefräßiger Faun, zuletzt zerbrochene Gefäße irdischen Wollens – wie viel ist das, aber wie wenig wäre es, wenn wir nicht auch menschliche Herzen in ihren Verworrenheiten, wenn wir nicht den Dichter dieser Herzen dahinter gesehen hätten. Dann der dritte, Werner Krauß, als der ›Andere‹. Es ist natürlich Strindberg selbst, ein fromm gewordener Teufel, der sich selber quält, noch lieber aber seine Mitgeschöpfe. Krauß kann hier, was er will, aber er will Falsches. Er gibt eine Schaufensterfigur des neuen Stils. Welch ein Tänzeln und Scharwenzeln, plötzliches Schnellsprechen, plötzliches Retardieren, immer nur, um sich ›expressionistisch‹ auszutoben! Ich frage die verehrten Anwesenden, ob hier von einem Darsteller noch etwas ›dargestellt‹, ob nicht Absicht und Sinn einer Dichtung vollkommen eingenebelt wurden. [...]

Norbert Falk, BZ am Mittag, Berlin, 10. 12. 1919

[...] Da Strindberg auch in seiner frommen, swedenborgisch angehauchten Periode ein stärkerer Seher und Gestalter des Inferno als des Paradiso war, so ist auch in diesem, die Elemente des Kindermärchens, des Dickensschen Christmas Carol, des Volksstücks, des mittelalterlichen Mysteriums und des analytischen Dramas mischenden Spiel das Höllische dem kitschig geratenen Himmlischen riesenhaft überlegen. Echte Strindbergprägung und damit das Mal des selbstschöpferisch Großen tragen die von Unterweltsblitzen fahl durchleuchteten Bezirke der Dämonen; der ›Wartesaal‹ der Hölle ist eine Phantasmagorie von grauenvoller Großartigkeit. Es ist da gerade Ball; Elende, Mißgestaltete tanzen, ein Orchester von Schemen spielt auf; der ›Andere‹, es ist der Böse, der zum Schergen Gottes gewordene Satan, der gefallene Engel, leitet das Fest. Die Regie Ludwig Bergers hat das Pandämonium dieses Festes in einer wundersam bizarren Gespenstigkeit dargestellt und in dem Tanz der unhörbaren, aber seltsam fühlbaren Musik der lautlos geigenden Musikanten-Skelette etwas faszinierend Unheimliches geschaffen. Berger, der unter den Augen Reinhardts dessen Erbe antritt, bewältigt gerade das, was den meisterlich beobachtenden Regisseuren der Wirklichkeitsbanalität immer mißrät: die nur mit dem inneren Gesicht zu erschauende Jenseitigkeit der Dinge, das, was sich nie und nirgends hat begeben. So: wenn er den Spuk der von selbst aufgehenden Türen, der klopfenden Hämmer, des niederfallenden Richtbeils dirigiert, die Auktion, bei der der hartgesottene Sünder vergebens ausgeboten wird, mit halluzinatorischer Unheimlichkeit gestaltet, oder den Zug der Gespenster, den Sünder und Sünderin schaudernd sehen, phantomhaft durchsichtig, in durchhelltem Dunkel über die Bühne führt.

Mit solchen Gespensterzügen haben sich die Regisseure seit Raupachs ›Müller und sein Kind‹ herumgeplagt, ihre Inszenierung hat der Literatur der Theaterhumoresken seit je die komischsten Anekdoten zugeführt. Berger schlägt schon mit der echten Lichtgebung in den Bann seiner Vision. Die besondere Privat- und Familiengeschichte des bösen Richters, der immer nach dem Buchstaben des Gesetzes gnadlos verdammte und mit seinem noch böseren Weib ein freudloses Alter erleidet, dann, vom Teufel geholt, die Hölle verspürt und nach der Läuterung himmlischer Gnade teilhaftig wird, – diese sprunghaft geführte Geschichte ist aus herkömmlicher Bürgerlichkeit und Klischeemäßigkeit (die böse Großmutter sperrt die Kinder in den Keller, der Vater jagt den Sohn aus dem Hause), aus schwächlicher Typisierung in gehobenen Realismus umstilisiert; erst das Auftreten des ›Andern‹, des reuigen Teufels, der früher nichts Gutes tat und nun dazu verdammt ist, der Sache des Guten zu dienen, und die nun anhebende seelische Pferdekur, in die der Teufel das böse Ehepaar nimmt, rücken den Vorgang aus der Trivialität der Kalendergeschichte in die Region Strindbergscher Geistigkeit. Die Untaten der Menschen, so fällt nach der Höllenfahrt der Dichter sein Urteil, verfolgen die Täter über den Tod hinaus, und nur volle Reue erwirkt die Gnade. Es ist eine schlicht-einfältige Moral, und das üble Paar, das nach dem alten Schwarz-weiß-Verfahren: hier die Böcke, dort die Schafe, sich von den Lichtgestalten der beiden Enkelkinder, der Tochter, des Sohnes und eines himmlischen Sendlings dunkel abhebt, steht am Schluß in fromme Pilger gewandelt da und weidet sich am pfefferkuchenduftenden Weihnachtsglück der Enkel.

Dazu der Lärm? Dazu der Zug der Gespenster? Der Vorsaal der Hölle? Die gespenstische Auktion? Die schemenhafte Gerichtsverhandlung? Nun, der Anlaß, und wär' er noch nichtiger, mag mich nicht bekümmern, wenn er zu jenen Visionen Anlaß gibt, die – rein vom ›Theater‹ aus gesprochen – von Ludwig Berger, den wieder Ernst Stern (u. a. mit einem prachtvoll expressionistischen Himmel) unterstützt, so eigenartig transformiert werden. Paul Wegener und

Rosa Bertens sind das alte Sünderpaar; Wegener ein Bild verfetteten und verkalkten Egoismus, feig, schreckhaft, verlogen und innerlich so verhärtet, daß eine Besserung tatsächlich nur durch ein Weihnachtswunder glaubhaft wird. Rosa Bertens vermeidet es gut, in knusperhexenhafte Töne zu verfallen, wozu die Figur Anlaß genug geben könnte. Werner Krauß als der ›Andere‹ versucht mephistophelische Züge in das Porträt des büßenden Teufels zu mischen; es kommt eine lebhafte, in ihren Posen zwar schon etwas schematisch verkrümmte, zu keiner Überlebensgröße oder gar zur Übersinnlichkeit auswachsende Gestalt zustande; nur aus der Maske des Franziskaners wird ein Schwefelhauch Dämonie spürbar. Gertrud Eysoldt als himmlischer Abgeordneter hat in erster Linie als Mutter einen Erfolg: ihr kleiner Sohn Peter Eysoldt ist schon ein ganzer, resoluter, sachbewußter Schauspieler, der in der noch kleineren Gertrud v. Hoschek eine fast ebenso begabte Spielgefährtin besitzt.

Georg Kaiser   Hölle Weg Erde

Uraufführung: Neues Theater Frankfurt, 5. Dezember 1919
Regie Arthur Hellmer

Lessing-Theater Berlin, 20. Januar 1920, Regie Viktor Barnowsky

Im zweiten Teil seiner Erneuerungs-Tetralogie, in ›Gas I‹, hatte Georg Kaiser laut die Hoffnung auf den neuen Menschen verkündet. »Ich will ihn gebären«, hatte die Tochter am Ende des Dramas gerufen. Kaisers Haupt-Satz in dieser Phase seiner Arbeit hieß: »Es gibt nur eine Vision, die von der Erneuerung des Menschen.« Das Stationenstück ›Hölle Weg Erde‹, 1919 geschrieben, wurde der stärkste Ausdruck dieser Vision. Das Stück galt als der dritte Teil der mit der ›Koralle‹ begonnenen Tetralogie. In seiner Beschwörung der neuen (erneuerten) Welt und Menschengemeinschaft drückt ›Hölle Weg Erde‹ die Hoffnung der Zeit am deutlichsten aus, aber sie wirkt auch, als sei sie nur gewaltsam realisiert. Im folgenden ›Gas, Zweiter Teil‹ (Urauff. 29. 10. 1920 im Deutschen Theater Brünn) wurde schon verzweifelt das Ende der Vision von der Erneuerung des Menschen in der kriegerischen Selbstvernichtung verkündet. (»In der dunstgrauen Ferne sausen die Garben von Feuerbällen gegeneinander – deutlich in Selbstvernichtung.«) 1923 schrieb Kaiser noch eine schmerzlich-ironische Paraphrase zu ›Hölle Weg Erde‹. Sie hieß ›Nebeneinander‹ (s. d). – In vielen Rezensionen zu ›Hölle Weg Erde‹ ist nach diesem Ansturm seiner Stücke auf die deutschen Bühnen so etwas wie eine Kaiser-Dämmerung zu spüren: eine Reaktion auf die Überspanntheit der Kaiserschen Fabeln und Dialoge. – Da diese kritische Reaktion sich bei der unerschöpflichen Produktion Kaisers oft wieder revidieren mußte, blieb sie vor der stupenden Vielfalt dieses Talents im Grunde gegenstandslos. – Die Uraufführung von Kaisers ›Hölle Weg Erde‹ am Neuen Theater bestätigte abermals, wie gut Kaiser sich bei Hellmer aufgehoben fand. Die Inszenierung am Berliner Lessing-Theater (20. 1. 1920) wurde die wichtigste und ist wohl als Weiterführung von Barnowskys Strindberginszenierung ›Nach Damaskus‹ zu sehen. César Klein wurde mit der Ausstattung dieser Inszenierung der expressionistische Bühnenbildner im Lessing-Theater.

[Wenige Wochen später folgte mit der Uraufführung des ›Geretteten Alkibiades‹ am Münchner Residenztheater (28. 1. 1920) schon das Schlußstück auf diese erste ungestüme Schaffensphase Kaisers. Der ›Alkibiades‹ war der erste starke Ausdruck des platonischen Denkspiels, das Kaiser schon während der Arbeit an den expressionistischen ›Erneuerungsstücken‹ verkündete: »Wann schaute der Dramatiker kühnere Konfrontierung an? – Sokrates und Alkibiades... ins Denk-Spiel sind wir eingezogen und bereits erzogen aus karger Schau-Lust zu glückvoller Denk-Lust« (1918: ›Das Drama Platons‹). – (Regie der Uraufführung des ›Geretteten Alkibiades‹: Otto Liebscher, Sokrates: Kurt Stieler.)]

Neues Theater Frankfurt
Bernhard Diebold, Frankfurter Zeitung 6. 12. 1919

Dreimal stellte Georg Kaiser schon die soziale Frage: ›Die Koralle‹ – ›Gas‹ – und nun: ›Hölle Weg Erde‹. Du mußt es dreimal fragen! Eine Triologie – denn war ›Gas‹ der ›Koralle‹ zweiter Teil, so bildet das neueste Spielwerk wohl den dritten. Fehlt noch das Satyrspiel zur Komplettierung einer klassischen Tetralogie. Und Georg Kaiser, auch Meisterschaftskönner der Komödie, wird es uns schreiben. Er *kann* alles.
Die ›Koralle‹ wich der sozialen Frage philosophisch aus. Der Milliardär öffnete weltflüchtig vor all dem Elend der Niederungen seinen Schopenhauer, stieg hinein, klappte zu und verschwand selig hinter dem Schleier der Maja.
In ›Gas‹ organisierte der Sohn jenes Milliardärs ernstlich einen Produzenten-Kommunismus der Massen, der aber zerbrach an der seelenlosen Mechanik eines nur *materiell* auswirkenden Sozialismus. Zur Erlösung ins seelische Menschentum war die Menge noch nicht reif. Denn die »tiefste Wahrheit« – so hieß das der ›Koralle‹ entnommene Motto zu ›Gas‹ – »die findet immer nur ein Einzelner. Dann ist sie so ungeheuer, daß sie ohnmächtig zu jeder Wirkung ist«. So pessimistisch das klingen mag – die Milliardärstochter verkündete zum Aktschluß fromm: daß sie den neuen Menschen gebären werde... Und seitdem erwarten wir mit Spannung die Frucht dieser Schwangerschaft.
Sie ist nun geboren. Nicht nur als der *eine* Sohn, der als ›Spazierer‹ aus der Hölle den Weg zur neuen Erde findet, sondern als eine ganze, neue, bekehrbare Menschheit – bekehrbar durch des *Einen* »tiefste Wahrheit«, die nimmermehr »so ungeheuer ist, daß sie ohnmächtig zu jeder Wirkung wäre«. Ja – entgegen jenem doch wohl etwas voreiligen Motto – ist die Bekehrungs-Wirkung verblüffend, ungeheuer: *unglaubhaft* in Stoff und Kunst. Dies ist die Hauptschwäche von ›Hölle Weg Erde‹.
Wie es der Titel ahnen läßt, ist dieser dritte Teil der Trilogie wieder Trilogie. Hölle ist die Welt des Kapitalismus – nicht geahnt als Hölle von den Kapitalisten. Nur der ›Spazierer‹ – Künstler, Seher, Pilger, Gespenst, Prophet – nur der Spazierer entdeckt die Sündenflamme des liebetötenden Goldes. Ein armer Mensch begeht Selbstmord, weil ihm tausend Mark fehlen. Der Spazierer erbittet das Geld von den Mondänen Lili und Edith als lächerliche Kaufsumme für seine Kunstmappe. Aber Lili und Edith lehnen Kunst und Caritas harmlosen Herzens ab zu Gunsten der Perlenboutons für ihre rosa Öhr-

chen. Mag der Unbekannte sterben. Frevel? – Was kümmert uns die Hungersnot in Indien oder China!
Der Spazierer aber klagt auf *Mord* beim Hafthausleutnant. Aber der weiß nur: »Keiner tötet, der nicht Hand anlegt oder anstiftet.« – Der Spazierer geht zum Anwalt: es muß ein Gesetz für diesen Fall geben... »mein Gesetz!«, »das Liebesgesetz, das *die* Gesetze überflüssig macht. Aber der Anwalt ist nur der Automat vorhandener Gesetze. Und: nur wer Vorschuß zahlt, dem allein spielen sie Gerechtigkeit. Advocatus diaboli. – Der Spazierer eilt zum Juwelier. In der Auslage blitzt und sprüht das Gold, das Geld... Verführer aller zu Kampf und Mord. Hier ist der Anstifter, ›die Ursache‹. Sie will er beseitigen – dringt in den Laden, verwundet den Juwelier und trabt weg, flieht, jagt... der Spazierer.
Das war die ›Hölle‹, und damit das beste. Schlagende Dialektik der Gewalten. Überzeugender Idee-Sieg des Spazierers. Columbus-Entdeckung der kapitalen Zeitsünde. Der Spazierer stellt sich – unwissentlich – dumm vor Anwalt und Hafthausleutnant. Er fragt die im Zwange der Welt Befangenen wie ein Kind und fordert wie ein Narr: das Unpraktische, das Unerhörte, das – Unkapitalistische. Sokratische Frag-Methode – Hebammenkunst zur Herauslockung der Wahrheit. Dann folgt Tat. Spannung auf Kommendes, auf den ›Weg‹, der nun bereitet ist.
Der ›Weg‹ aber enttäuscht. Denn der eigentliche Weg liegt in der Theater-Pause *zwischen* Hölle und Weg, während Spazierer seine Strafzeit im Hafthaus büßt. Nicht in den Szenen des Weges, die weniger die Bekehrung, als eigentlich schon die mit wunderbarer Schnelle Halb-Bekehrten und auf kurzen Anruf des Spazierers Voll-Bekehrten vorstellen. Da wissen sich plötzlich alle schuldig: der Juwelier erklärt sich solidarisch mit dem Angreifer, der ihn niederstach; der Anwalt wittert den ›Fall der Fälle‹, ahnt sich selber unter den ›Dritten im Spiele‹; der Haftleutnant fahndet nach dem Haftleutnant – selbst Lili mit den Ohrgehängen fühlt tiefste Verantwortlichkeit in ihrem galanten Herzen. Und nun rasch Revolution!
Im Hafthaus – wo ihn nicht hungert, nicht dürstet, wo keine Leistung verlangt wurde, die ihn vernichtete wie im Kampfbetrieb des Daseins – in diesem Hafthaus hat der Spazierer das Symbol der von der Materie unabhängigen Freiheit vorausekannt: Hort der Seele, frei von Juweliers-Lockungen, fern vom Raubtiertum der ›lebenstüchtigen‹ Gesellschaft – geborgen wie in Kornfeld-Bitterlichs Gefängnis vor der ›Verführung‹ zur Welt. Georg Kaisers vom Spazierer bekehrte Sträflinge scheitern aber nicht am neuen Leben. Die Epoche der freiwilligen Geständnisse *aller* brach an. Verführt – *geführt* von der Dirne und vom entlaufenen Verbrecher schreiten sie den Weg zur *Erde* und mit ihnen Alle, Alle – Anwalt, Juwelier, Leutnant, Strafhausdirektor, Edith, Lili, Soldaten, Menschen, alle Menschen. In steiniger Ebene, im Graulicht noch, finden sie sich zusammen. Der Spazierer, Führer Aller, verschwindet in ihnen, wird zur Geistesstimme der Menschheit. Alles kommt zur Einung: »denn ihr seid die Erde!« Die Sonne bindet im Hochglanz weißer Strahlung alle Einzelwesen zur Totalität. Himmel auf der Erde.
Das ist auf großes Format hin erdacht, auf mächtiges Dichter-Format. Der Teil ›Erde‹ forderte Hymnen. Hier müßte Lyrik singen, brausen, dröhnen. Musik aller Orchester der Sprache. Hier, Georg Kaiser, hier Expression mit tausend Zungen! Hier Trilogie der Leidenschaften in Raserei und Ekstase. Sonst bleibt

alles Projekt, Programm, Erdachtes, Erspieltes, Gewolltes, Gekonntes. Aber Kaiser fand den Hymnus nicht, seine Kehle blieb trocken. Sie gab die stockenden, gläsernen, unheimlich verschweigenden Wortreihen für die Spannung des Anfangs; sie gab formulierte geballte Sätze; skelettierte die Dialoge zum Eisengerüst der äußersten Gedanken-Tragkraft. Kannte man schon bei Sternheim diesen Stil des Telegramms – Kaiser übertrug ihn vom Einzelsatz, von der Periode auf die Szenen. Das ganze Drama wird in dieser erstaunlichen Ingenieur-Technik zur Präzisionsmaschine symmetrischer Entwicklungen, zum Experimentierapparat für Zeittendenzen, Menschheitsströmungen, Philosophie, Soziologie usw. Außer von Sternheim ist von keinem wie von Kaiser (wenn auch diesmal die Steigerung versagte) Zucht, Klarheit, Architektur und Theatersymbolik abzulernen. – Sinnfälligkeit der Allegorie. Aber die Seele, die Glut, die den bloßen Stimmungsklang überschwebende Poesie – die tönt hier nicht. Auch ›Der dramatische Wille‹ – so heißt die Dramensammlung, der das Stück als Buch angehört –, der Muß-Wille der echten Dramatiker-Persönlichkeit ist lahm, und sein Mangel lähmt das Leben im Werke. Der Schrei erlischt und die Stille donnert nicht.

Für die kleine Bühne des Neuen Theaters war die Aufgabe groß. Sprech-Chöre der Gefangenen mußten bewältigt werden, Beleuchtungskünste hatten eine geheimnisvolle Atmosphäre zu zaubern, eine reiche Rollenzahl harrte der Erfüllung. Direktor Hellmer suchte als Spielleiter all diesen Anforderungen gerecht zu werden, und er verdient für das, was er mit wenig Mitteln erreichte, durchaus Anerkennung. Mit malerischen Mitteln wurde die Grundstimmung wesentlich getroffen. Entsprechend Kaisers kristallischer, unsinnlicher Härte waren Hintergrund und Einzelrequisit von einem kubistischen Rahmen-Bogen umspannt, der dreimal – je nach Hölle, Weg oder Erde – in seinen Form- und Farbmotiven wechselte. Prinzipiell wird aber der Kubist gegen die dekorativschmückende Verwertung der kubistischen Raumgestaltung protestieren müssen: man kann nimmermehr kubistisch einfach »rahmen« und das ›Bild‹ real geben, ohne Geist- und Stil-Widersprüche hervorzurufen. Sie wurden im Schlußbild ausgeglichen, für dessen Farbkraft dem Maler Delavilla gedankt sei. Eine schauspielerische Aufgabe ergab sich eigentlich nur für den Spazierer. Nur diese Figur hat Entwicklung und Auswirkung. Herr Zistig spielte sie mit Nerven und Aufwallung; aber eine gewisse Monotonie wird trotz aller Akzentschärfe, oft Überschärfe, nicht vermieden. Auch fehlt für den Schluß größere musikalische und stimmliche Kraft. Sonst spielt um den Spazierer fast alles nur als Episode. Herr Kner als Anwalt und Herr Weber als Juwelier traten hervor. Noch weniger geben die Rollen des Leutnants und des Strafhausdirektors, die die Herren Bettac und Schröder sprachen. Von den Damen seien Frau Sagan als Lili und Frl. Wall als Freudenmädchen genannt. Manche kleinere Rolle bewies sorgfältige Besetzung. Der Beifall blieb nicht ganz ungetrübt.
Die Theatralik Georg Kaisers wird im allgemeinen mehr mit Regie als mit gewohnter Schauspielkunst bewältigt werden müssen. Die Menschen seiner Stücke spenden wenig Lebenssaft für die Adern der Rolle. Es müssen ungewöhnlich begabte Spieler oder völlig hingerissene, gläubige, besessene – Dilettanten sein, um hier stark wirken zu können. Das tönt wohl Vielen kurios. Aber nur Ausbruch und Ekstase – stärkstes Talent oder selbstvergessenes

(wenn auch dilettantisches) Durchleben – machen diese Typen seelisch, und damit für den Zuschauer wirklich miterlebbar. Hier harrt die Aufgabe einer expressionistischen Schauspielkunst, die den Georg Kaiser an ihm selbst überwände.

Lessing-Theater Berlin
Herbert Ihering, Der Tag, Berlin, 22. 1. 1920

Mit den Schranken des Ichs fallen die Schranken des Individuums: Jeder ist jedem schuldig, wie er den gleichen Teil von jedes Unschuld trägt. Die Menschheit erlöst sich an sich selbst, indem sie in sich zusammenstürzt. »Euer Blut braust – denn ihr seid die Erde!«
Ein Drama des seelischen Kommunismus? Ein Drama der Weltanschauung? Ein Drama der Vokabeln. Kaisers Gehirn entreißt der Zeit ihre Schlagwörter, und diese Schlagwörter beginnen zu rotieren. Die Gestaltung ist Tempo. Die Geschwindigkeit der Szenendrehung schleudert Banalitäten wie Flammenzeichen hoch. Der Rhythmus der Wiederholung spritzt Tendenzen wie Farben ab. Der Takt der Zäsuren hämmert Zerrinnendes zu metallenen Blöcken. Stoffliches bleibt nicht zurück. Kaisers sausende Gehirnmaschinerie arbeitet restlos. Formel und Antithese bewältigen das Leben. Seelisches wird technisiert. Und Fanatismus schwebt auf als spiritueller Luftzug.
Ist dieser Expressionismus an sich noch Expressionismus? Wenn Kaiser in den Bildern der Hölle die Monotonie des Geschäftsmäßigen stanzt, wenn er den Automaten der Gewohnheit das Gefühl, den Motor des Gewinns den Geist zermalmen läßt, so entstehen technische Meisterstücke. Der Mechanismus einer Zeit hat den mechanischen Ausdruck gefunden.
Aber den Weg aus dem Materialismus findet Kaiser nicht. Der Expressionismus, der nicht nur Technik, sondern Weltgefühl ist, bleibt Fragment. Die Sehnsucht schleudert sich nicht heraus. Der Wille zur Überwindung steigt nicht hoch. Kaisers Expressionismus ist Funktion. Stoff und Realität werden überwunden, aber ebenso die Energie, die Intensität der Realität, die als treibende Kräfte zurückbleiben müssen. Gefühl soll als Schwere nur deshalb getilgt sein, um als Bewegung und Flamme befreit zu werden. Kaiser entfernt sich so weit vom Anlaß, daß die Ströme zwischen diesem und dem Ausdruck reißen. Daß nur noch Satzfetzen, Wortflecke, Bildspritzer rotieren. Daß logische Ketten rasen, Visionen taumeln. Und am Ende Phantasie und Verstand wie zwei Windhosen, die sich begegnen, ineinanderrennen und heulend über ein Trümmerfeld stürzen.
Am Schluß von ›Hölle Weg Erde‹ steht das Nichts. Das Nichts, weil ein Drama, das über das Mechanisch-Erstarrte das Weltgericht spricht, selbst mit erstarrtem Mechanismus arbeitet. Das Nichts, weil eine Weltanschauung, deren Sätze ohne Glauben, nur als logische Formeln ineinandergreifen, zerfällt. Das Nichts, weil die Idee der schrankenlosen Gemeinschaft keine Weltüberwindung, sondern Weltflucht ist. Kaisers Ethos ist unproduktiv, denn es bleibt stark nur da, wo es negiert.
Die Aufführung des Lessing-Theaters gab nicht das Stück, aber meisterhafte Illustrationen zu dem Stück. César Kleins Bühnenbilder waren Textbilder; sie stellten nicht den Schauspieler heraus, aber den Bildklang der Szene. Man

hörte nicht, aber man las mit ihnen das Drama. Klein hatte für ein Hotelzimmer den Mut zur grellen Farbe und für einen Brückenbogen den Mut zum Dunkel. Diese Dekoration war außerordentlich. Außerordentlich deshalb, weil eine plastische Brücke, die immer auf dem Theater kompakt und real wirkte, durch Wolkenvorhänge ins Grenzenlose, Ungegenständliche aufgelöst war. Diese Dekorationen gaben für Barnowskys Regie den Ton an. Sie suchte und fand im Anfang das Automatenhafte, die Monotonie, den starren Rhythmus. Aber sie gewann aus dieser Starrheit nicht die Konzentration zum Schrei. Wenn im Hafthaus Gefangene unisono ihre Unschuld riefen, so war das wehleidig statt revolutionär. Wenn der Schluß hymnenhaft anstieg, so wurde das behaglich deklamatorisch. Auch Barnowsky beschränkte sich auf die Technik des Expressionismus, die man lernen kann. Aber er hatte nicht die Intensität des Expressionismus, die man haben muß.
Diese Intensität hatten auch nicht die Darsteller, obwohl sie gut waren. Herr Loos brachte für den Spazierer nicht die Steigerung, aber die innere Anteilnahme auf. Er war menschlich und suchte realistische Zwischentöne, Bassermannsche Ansätze und Unterbrechungen, denen er sonst oft verfällt, mit Glück zu vermeiden. Herr Goetz als Anwalt vermied diese Zwischenlaute nicht. Er spielte mit stechendem, wippendem Riesenschnurrbart eine ausgezeichnete Charge. Und es war spaßhaft, wie seine auf Realismus eingestellte Stimme eine überrealistische Melodie zu fassen suchte und für diese Melodie immer Stützen in naturalistischen Krächzern finden mußte. Auch Herr Klöpfer gab den Juwelier jenseits des Stils. Er unterbrach sich, setzte ab und begann von neuem. Herr Klöpfer spielte Fragmente der Rolle. Diese Fragmente aber meistens wirksam, drohend und elementar.
Tilla Durieux hatte für die Dame, die die tausend Mark lieber für Perlen als für die Menschheit ausgibt, den Ansatz zum Stil. Aber alles blieb leer, ohne Schärfe, Kraft und Entwicklung. Das Publikum war – wie immer jetzt – aufgelegt zum Mitspielen. Es erwiderte die psalmodierenden Gegenrufe des Dramas: Schuldig – Unschuldig mit dem Gegengeräusch von Pfeifen und Beifall, von Hohn und Anerkennung. Und ein Herr in meiner Nähe rief immerfort im Tonfall Kaisers und mit sanfter Stimme, die einen Heiligenschein hatte: Ruhe – Pöbel, Ruhe – Pöbel.

Willi Handl, Berliner Lokal-Anzeiger 21. 1. 1920

Ohne größeren Radau scheint es wirklich nicht mehr zu gehen. Sie haben gestern, vom zweiten Akt an, wiederum getrommelt und gepfiffen, gegendemonstriert und zur Ruhe gebrüllt, aus Wut geklatscht und aus Lust gezischt, aufgeregt beschwichtigt und kalt gepöbelt. [...] hat diese Predigt in Aphorismen, dieses glitzrig verwirrende Weltanschauungs-Spiel die Aufregung überhaupt gelohnt?
Das ist eine Dichtung aus aufgewühlter Leidenschaft und ein Theaterstück aus kalter Berechnung; eine idealistische Schwärmerei und ein niederträchtiger Reißer; ein Ruf nach Güte, Bekenntnis, Gegenseitigkeit und eine Gewalttat ohne Herz. Es ist das vollendetste Beispiel expressionistischer Dramatik (Formel: Dostojewski, gebrochen durch allen Komfort der Neuzeit) und zugleich die höchste, klarste Entfaltung der erstaunlichen Kräfte und der betrüblichen

Mängel, die in dem zwiespältigen Talent dieses Dichters einander problematisch entgegenstehen. Das betäubende Spiel mit großen Begriffen, die entflammte Verkündigung des neuen Menschen – bei völliger Blindheit für alles wahrhaft Menschliche – geben hier ihr Äußerstes und Letztes. Wäre Kaiser nicht so unheimlich vielseitig, man müßte meinen, er käme nicht mehr weiter. Aber er hat ja gezeigt, daß er immer noch anders kann.
[...].
Menschheit und Freiheit, Recht und Unrecht, Tat, Hölle, Weg, Erde: das hat uns in diesen Jahren so oft und so gellend von den Bühnen her in die Ohren geklungen, daß wir fast verlernt haben, besonders darauf zu achten. Expressionistisches Urchristentum, gewaltsame Verkündigung des gewaltlosen Menschen: wir kennen das nun. Wir wissen, daß sich ein Zustand auf Erden denken läßt, der schöner, höher, lauterer ist als der unsrige; aber wir haben nachgerade Mitleid mit den Dichtern, die sich am Bau solcher Zukunft herzhaft abzumühen meinen und doch nur Begriffe statt der Bausteine türmen, kalte Allegorien statt warmer Lebendigkeit schreiend aus sich herausreißen. Verkündigungen allein tun es nicht, im Drama ganz gewiß nicht. Personen rasen gegeneinander, Massen schreiten einher, Fernen leuchten auf – und am Ende war das alles nur ein Spiel erfundener Gebärden, rhythmische Bewegung einer Kraft, die auch anders könnte. Hinreißend ist diese Bewegung, übermächtig ihr jagender, blitzender, auf knappste Knappheit gedrängter Ausdruck. Aber empörend verlogen ist, wie dabei manchmal die Sprache absichtlich gequält, verrenkt, wichtiger Glieder beraubt, auf falschen Ton gestellt, in ihrer zartesten Schönheit geschändet wird; da schaut der kühle Betrug unverschämt aus der erkünstelten Hitze. Auch diese Unverschämtheit, das läßt sich nicht leugnen, hat etwas Großes und Lockendes. Unter denen, die grausam an der deutschen Sprache herumquetschen, um ihr die Kräfte der Beseelung zu erpressen, die sie selber nicht haben, ist schon Georg Kaiser der weitaus Geschickteste; und unter seinen Dramen, die riesige Worte und Bilder bewegen, weil sie nicht imstande sind, Menschen menschlich aufzurühren, ist wohl dieses das stärkste und erregendste.
Sein besonderer Stil, die rhythmische Pressung der Worte, die zwingende Vereinfachung der Gebärden, kommt auf der Bühne, unter der Leitung von Barnowsky, außerordentlich stark und einheitlich heraus. Bisher war in Berlin kaum eine Aufführung dieser Art, die so ganz geschlossen, so fest im Takt, so sicher im Zeitmaß gewesen wäre. Für die knappen, schnellen Auftritte baut César Klein sehr gute Bilder, die in kräftigen Farben und großen, einfachen Linien nur das Nötigste andeuten. Außerordentlich ist Theodor Loos in der Gestalt des Mahners und Befreiers: rührend und aufreizend, wortgewaltig und tief beseelt, dabei so wunderbar einfach, daß manchmal gar nicht seine Kunst, sondern seine Unscheinbarkeit am meisten zu ergreifen scheint. Tilla Durieux, die Dame, hat gerade für den Stil, der hier verlangt wird, in Haltung, Ton und Sprache die glänzendsten Gaben. Klöpfer gibt der Figur des Juweliers seine charakteristische Schwere und Fülle, Emil Lind dem Gefängnisdirektor eine vornehme Geistigkeit, Curt Goetz, als Anwalt, schwankt ein wenig in die Karikatur hinüber. – Im ganzen ist die Leistung des Theaters so musterhaft, wie die Aufführung der Unbändigen im Saale ekelhaft war. [...]

Schiller Wilhelm Tell
Staatliches Schauspielhaus Berlin, 12. Dezember 1919,
Regie Leopold Jeßner

Die Ära Jeßner hatte mit einer im ganzen glücklichen Inszenierung der ›Maria Stuart‹ im Oktober 1919 begonnen (Regie: Reinhard Bruck, Lucie Höflich als Maria, Agnes Straub als Elisabeth, Fritz Kortner als Mortimer). – Mit dem ›Tell‹ zeigte sich der Intendant Jeßner zum erstenmal als Regisseur in Berlin. Die Aufführung brachte eine radikale Veränderung des in diesem Haus üblich gewesenen Theaterstils. Die Ablösung des Hoftheaters wurde mit jedem Gang, mit jedem Wort auf der Bühne demonstriert: durch die Entrümpelung der Bühne, durch die Anwendung des Jeßnerschen Regieprinzips: nicht eine Fabel, sondern ›die Idee der Fabel‹ zu inzenieren. Die in Jeßners Königsberger ›Tell‹-Inszenierung schon ausgearbeitete Idee wurde, nach Berlin übertragen, von den hier verfügbaren Schauspielern noch schärfer herausgetrieben. Jeßner inszenierte einen ›Freiheitsschrei‹: keine Details, keine Psychologie, sondern symbolische Gesten und Arrangements (auch symbolisches Licht und symbolische Farbe): ›Zeitausdruck‹. »Das Motiv«, sagte Jeßner, »absorbiert Detaildarstellung, in Konsequenz dessen auch die Details der Dekoration.« – Jeßner holte mit dieser stilbildenden Inszenierung nach, was unter dem Eindruck der Revolution 1918 erwartet, aber versäumt worden war. – Im November 1918 hatte Franz Servaes über die ›Tell‹-Inszenierung der Volksbühne (Tell: Friedrich Kayßler) geschrieben: »Kein Stück eines Modernen hat die Stimmung dieser Tage mit solch zündender Kraft ausgesprochen... Immer wieder schlagen Worte an unser Ohr, die das Innerste heutiger Seele in uns erzittern machen. Welch ein Auferstehungsfest hätte da eine wirklich wirksame Aufführung... werden können. Statt dessen kamen wir... über ziemlich frostige Wirkungen kaum hinweg.« Dieses »Auferstehungsfest« bedeutete Jeßners Inszenierung. Sie war aus republikanischem Geist, »revolutionär und antinationalistisch« (Kortner). – Die Tumulte während der Aufführung waren das Begleitgeräusch der Veränderung. Sie deuteten aber auch an, mit welchen politischen Kräften der Intendant Jeßner zu rechnen hatte. Der Oberspielleiter Albert Patry schrieb am 14. Dezember im ›Berliner Tageblatt‹ zu den Tumulten: »Wir waren schon ... wiederholt darauf aufmerksam gemacht worden, daß in antisemitischen Kreisen der heftigste Zorn darüber herrsche, daß mit der Übernahme der Leitung des Staatlichen Schauspielhauses durch Herrn Jeßner nunmehr die ›letzte christliche‹ Direktion aus Berlin verschwunden wäre, und daß man in gewissen Kreisen gesonnen sei, dagegen mit allen zu Gebote stehenden Mitteln öffentlich zu demonstrieren!« – Mit seiner Darstellung des Geßler wurde Fritz Kortner fast über Nacht der erste Schauspieler des Staatstheaters.

Herbert Ihering, Berliner Börsen-Courier 13. 12. 1919

Vorkritik
Geheiligte Güter der Nation pflegen von denen, die sie verschandelt haben, am lautesten in Schutz genommen zu werden. So demonstrierte gestern eine

lümmelhafte Clique, die den Dekorationsschund und die Opernregie der früheren Jahre vermißte, gegen die großflächige, lineare Inszenierung Leopold Jeßners. Aber wenn man den Demonstranten nur Dummheit zuspricht, tut man ihnen zu viel Ehre an. Je weiter die Vorstellung vorschritt, desto deutlicher wurden Plan und Anlage des Krakeels. Man wollte die Schauspieler durch Unterbrechungen irritieren, die Aufführung nicht zu Ende gelangen lassen und den Intendanten bei seiner ersten Regieleistung stürzen. [...] Durch diese Lieblichkeiten wurde die Vorstellung bis nach 11 Uhr hinausgezögert. Tolle Sitten haben sich in Berlin eingeschlichen. Nächstens wird jeder Straßenbengel die Dekoration anschreien, wenn sie ihm nicht gefällt, und den Schauspieler zur Rede setzen, wie er zu spielen habe. Gibt es keinen Schutz gegen das Pack? Keine Abwehr gegen die Verpöbelung? (Nur die Rotters sind ihres Publikums sicher.)
Aber wie man über diese Aufführung denken mag, die den ›Tell‹ auf der Guckkastenbühne, wie auf einer riesigen Tribüne, wie fürs Große Schauspielhaus inszeniert, das eine ist sicher: seit länger als einem Jahrzehnt hat man im Schauspielhaus keine so durchgearbeitete, gegliederte, gesteigerte Vorstellung gesehen.

Siegfried Jacobsohn, Die Weltbühne, Berlin, 1919

Von Goethen wissen wir, wie das Drama entstanden ist. Schiller klebte sich Karten der Schweiz an die Wände seines Zimmers, las Reisebeschreibungen, bis er mit Wegen und Stegen, und Chroniken, bis er mit der Geschichte des Schauplatzes eng vertraut war – und dann begann er den Guß, trank stachelnden schwarzen Kaffee und schlief jede zweite Nacht angezogen am Schreibtisch sitzend. Das Ergebnis ist einigermaßen bekannt. Dem Dichter, der nie in der Schweiz gewesen, dem rühmen die Schweizer nach, daß keiner lebendiger als er ihr Land, ihre Landschaft und deren Seele dargestellt habe. Wenn der Künstler mit innerm Auge gesehen hat, so tut's auch der Leser. Oder der Zuschauer. Leopold Jeßner nämlich hat, wie Schiller sich, so uns den Anblick der Schweiz geschenkt. Er hat sozusagen gleichfalls nur Karten der Schweiz an die Wände geklebt, statt Berge, Seen, Täler, Almen, Marktplätze, Rütli und Hohle Gasse plastisch zu formen. Das Ergebnis verdiente, weithin bekannt zu werden.
Jeßner kommt zu zwingender Wirkung. Eine mächtige grüne Freitreppe füllt die Bühne von links nach rechts und von unten nach oben aus. Auf beiden Seiten leiten kürzere und niedrigere Stufen zu vertikal gelegten Brücken empor, durch deren Torbogen man in Tells oder Stauffachers Haus, oder wohin man sonst will, gelangt. Der Phantasie sind keine Schranken gesetzt. Abgründe schließen rings uns ein, wenn sich im Hintergrund zwei dräuend schwarze Vorhänge spitzwinklig schneiden. Erreichen einander die Vorhänge nicht, so ist Platz für den Durchzug der Hochzeiter vor der Ermordung des Landvogts, der – und das ist kein Unglück – nicht vom Pferde sinken kann, sondern den streng gegliederten Abhang hinunter ins Jenseits kullert. Bei Attinghausen unterbrechen die Rückwand des Saales belebend zwei bunte Bogenfenster. Um Zwing-Uri vorzustellen, türmt Mauerwerk sich zyklopisch auf. Quer zieht sich ein Zaun, und der Eigenbrötler Tell ist mit seinem Anwesen von der Ge-

nossenschaft abgetrennt. Emil Pirchan hat offenbar das Zeug, der Ernst Stern des Regisseurs Jeßner zu werden.

Der gewinnt durch diese dekorative Vereinfachung auf einer Bühne, die keine Drehscheibe hat, die Möglichkeit, den Ablauf von fünfzehn Auftritten so zu beschleunigen, daß allein durch das Tempo für unsre Einbildungskraft die üblichen Illusionsmittel aufgewogen werden. Er gewinnt zweitens durch die Maße der großen, rechteckig in die Breite, Tiefe und Höhe ausgenutzten Bühne die Monumentalität der Umwelt für Schillers Gebirgsbauern, dieses Riesenspielzeug. Monumentalität muß nicht Farblosigkeit bedeuten. Schon das Licht – endlich wieder einmal nicht wanderndes, nicht scheinwerfendes, sondern stetiges Licht – schützt vor Eintönigkeit. Grau lastet der dumpfe Druck auf dem Volke, und golden bricht die Sonne, die immer um die Familie Tell gekringelt hat, in aller Hütten und Herzen. Von spontaner Gewalt der Schrei von Erlösung an Geßlers Leiche. Vorher hatten sich um den Hut auf der Stange die Älpler überaus eindrucksvoll gestaffelt, dann waren die stahlgeschienten Lanzenträger von oben herab wie Habichte auf sie und zwischen sie gestoßen, und auch der Fortgang dieser abgeklapperten oder wenigstens dafür geltenden Apfelschuß-Szene hatte in Bild und Wort zu ungeahnten Kontrasten, Einschnitten und Akzenten geführt. Dafür waren bewährte Abgänge, ehemals dröhnende Aktschlüsse so gehalten, als sei Applaus eine Schande.

Der Darstellungsstil? Als die drei Knaben des lyrischen Vorspiels feierlich aufgebaut, genauso feierlich von einem Gestade, das nicht vorhanden war, zu deklamieren begannen: da konnte einem schon angst und bange werden. Diese aufgesteifte Hieratik entsprach allenfalls der Freitreppe und – wäre nicht eine Viertelstunde zu ertragen gewesen. Nun, es dauerte keineswegs so lange, bis das Prinzip des Regisseurs sichtbar und hörbar wurde. Wer hat vor ihm hier überhaupt eins gehabt? Er bricht entschlossen mit der traditionellen Meiningerei und verlangt jedem einzelnen den äußersten Grad von Beseeltheit ab, unbekümmert darum, ob die Art ihres Ausdrucks zu der Freitreppe stimmt oder nicht. Daß viele selbst einen mäßigen Grad entweder vorläufig oder für immer schuldig bleiben, ist unvermeidlich. Solch ein Ensemble läßt sich beim eisernsten Willen nicht von heute auf morgen verjüngen. Um so bedauerlicher, weil gänzlich unnötig, daß Männer wie Patry, Sommerstorff, Tiedtke der Aufführung fehlen. Sie wären ihr kein geringerer Schmuck als die hysterisch-proletarische Armgart der Unda, die beinahe männlich kluge und feste Stauffacherin der Sussin, der ebenbürtige Stauffacher Wintersteins und der gradezu herrliche Attinghausen von Kraußneck, der unendlich ergreift, wenn er sich bei der Frage: »Was tu ich hier?«, kaum merkbar schaudernd, mit den knochigen Greisenfingern über der Brust das Gewand zusammenzieht. Einst war er Tell. Es ändert sich die Zeit.

Und neues Leben blüht aus den Ruinen. Blüht? Es wuchert, es schießt mit geiler tropischer Pracht über alle Grenzen, sobald Fritz Kortner den feigen Tyrannen zu einem gräßlich lachenden Kobold macht. Aus dem Krötenmaul dieser Märchenfigur zischt kein Satz, um den nicht schwefelige Flammen flackerten. Es lohnt sich, zu sehen, wie ihm die Reitgerte unter der Hand, in der Faust zu Dolchmesser, Degen, Peitsche wird. Dieser packende, auf Anhieb packende Komödiant ist das jüdische Gegenstück zu Krauß – aus der heißen wie der aus der kalten Hölle. Es ist keine Kleinigkeit, uns mit einem Theater-

bösewicht von Schiller Angst einzujagen. Kortner gelingt's, indem er Schiller in Shakespeare verwandelt. Unsere menschliche Angst wird zur künstlerischen Entzücktheit. Man möchte den Todespfeil auffangen, nur um den brennenden Dämon im grellroten Mantel immer weiter vor Augen zu haben. Ein ähnliches schauspielerisches Ereignis war vor einem Vierteljahrhundert der angetrunkene Geßler von Bassermann. Der hat seitdem Gesetze des Stils nicht anerkennen gelernt. Gegen sie und den Spielleiter stellt er seine Natur. Da sie reich ist, behält er glanzvoll recht. Seinem Tell ist vom übermäßigen Sentenzenfutter das Blut nicht trübe geworden: hell wie sein Haar und sein Kleid ist sein Wesen. Aber aufgestört, in seinem Kindergemüt getroffen, schreckt er einfach vor nichts zurück. Bassermanns Meisterschaft vereinigt den arglosen und den furchtbaren Tell.
Ein schöner, ein stärkender, ein belebender Abend. Man hofft plötzlich wieder. An Schauspielern herrschte ja freilich niemals ein Mangel. Sie zu zähmen aber hat Berlin allein auf einmal nicht weniger als drei Persönlichkeiten hinzubekommen: Berger, Jeßner und Karl-Heinz Martin. Solange keine Dramatiker großen Kalibers nachgewachsen sind, genügen über und über die alten. Wenn wir jetzt noch statt radaulustiger Schieber ein Publikum hätten: wir könnten trotz der traurigen Weltlage eine deutsche Theaterkunst haben.

Alfred Kerr, Berliner Tageblatt 13. 12. 1919
I
Und neues Leben blüht aus den Ruinen. Wir haben ein ernstes Theater mehr. Auch einen Theaterskandal mehr – denn dunkle Herrschaften waren erpicht, die Versammlung zu sprengen. Es müssen keine bezahlten Macher gewesen sein. Vielleicht Stammgäste des alten Hauses, kitschgewohnt... die wehrten sich gegen das Gute. (Monarchisten der Kunst.)
Die Parkettgäste riefen gegen sie hundertstimmig: »Raus!!!« Und Bassermann, obschon das Gute nicht immer von ihm kam, hatte recht, wenn er die planmäßige Störung derb zurückwies.
II
Sie wehrten sich gegen das Gute. Jeßner hat in dieses Haus einen neuen Geist, will sagen: einen menschlichen Ton gebracht – nach so kurzer Frist. Nicht zum Wiedererkennen! Zwar die Stufen, womit er seine Andeutungsbühne schmückt, rechts und links und in der Mitte, sind anfechtbar. Aber die Stufungen im gesprochenen Wort sind wertvoll.
Warum Treppen? Warum immer dieselben Treppen auch mitten in der Wohnung? So steingehauene Regelmäßigkeiten passen für die ›Braut von Messina‹. Hier wird ja das Rütli zum Kapitol. Hier erlebt man eine stilisierte Schweiz; eine naturlose Schweiz; eine begriffliche Schweiz; nicht eine greifbare Schweiz. Die Schiller-Schweiz ist aber greifbar.
Immerhin: die Leute reden jetzt wie Menschen. Früher war alles umgekehrt: die Landschaft war echt, und die Menschen unecht. Dann schon lieber so wie heut!
III
Im einzelnen wurden Kraußneck und Kortner der stärkste Gewinn des Abends. Dieser Attinghausen ging durch die Welt und aus der Welt mit dem Klang, dem Blick eines Erfahrenen, Gütig-Wissenden, Echten. Herrlich.

Kortner versetzte dem Landvogt Shakespeare-Züge. Das war ein Sadist. Ein anderer Richard. Ein Zukurzgekommener, der sich rächt. Mit Orgiasmus in der Grausamkeit. Bei alledem keine Filmgestalt: sondern eine medizinische. Wundervoll. Aus einem Stück.

IV

War Wilhelm Bassermann-Tell aus einem Stück? Er braucht es nicht zu sein. Auch ein Älpler ist zusammengesetzt... Bassermann war mehr ein sonniger Familienmensch. Mehr ein behender Mensch. Mehr ein zwischendurch bedächtiger Mensch. Auch läßt jenes Erregtsein, das die Folge des wüsten Lärms war, bloß Vermutungen über manches in seinen Absichten zu. Fest steht, daß der weißblonde Schopf ihm etwas ungewollt Greisenhaftes gab. Und daß er an den Stellen der stärksten Empfindung nicht einfach warmes Blut zeigte..., sondern allerhand Angelegtes, Vorgehabtes, klug Hergerichtetes.

Melchthal, nämlich Herr Theodor Becker, war ein romantischer, siedehitziger Gaißbub – wenn auch mit künstlich deutschem Haar.

Ich blieb nicht bis zum Schluß; Schiller selbst hat ja für Weimar die Parricida-Szene gestrichen, – (freilich tat es der ›Räuber‹-Poet aus Rücksicht auf die russische Großfürstin, die nicht an die Ermordung eines Zaren erinnert sein sollte).

Wichtiger als die Einzelgestalten sämtlich blieb die Hand, die sie zusammenhielt. Es gibt ein ernstes Theater mehr. Ihr könnt es nicht niederschreiben.

Paul Fechter, Deutsche Allgemeine Zeitung, Berlin, 13. 12. 1919

Man erlebt doch immer noch Neues. Was wohl niemand erwartet hatte, ist Herrn Jeßner gelungen: er hat mit seiner Neueinstudierung des alten ehrlichen ›Wilhelm Tell‹ einen ausgewachsenen Theaterskandal zustande gebracht, der sogar für Berlin, wo man doch so manches gewöhnt ist, in seinem Ablauf den Reiz der Neuheit hatte.

Hier zunächst der historische Bericht. Schon nach den ersten Bildern mischt sich in den Beifall deutlich wahrnehmbares Zischen aus den oberen Regionen des Hauses. Da man selbst bei ganz neuen Theaterbesuchern annehmen konnte, daß sie von der altbewährten Existenz des Dramas einmal gehört hatten, die akustische Kritik also unmöglich dem Text gelten konnte, so mußte sie sich auf die neue Inszenierung beziehen. Der weitere Verlauf bestätigt die Annahme. Es gibt schon im ersten Akt in einer Pause eine halblaute Diskussion in einem der oberen Ränge; als die Hutszene beginnt und Frießhardt und Leuthold in leuchtend grünen Gewändern am Fuß der Stange Wacht halten, ertönt von oben der Ruf: »Karikaturen!« Das Publikum verlangt energisch Ruhe, bekommt sie auch; das Spiel geht ungestört weiter, nur am Schluß fast jeder Szene entspinnt sich immer ein leiser Kampf zwischen Zischern und Klatschern.

Bis die hohle Gasse bei Küßnacht kommt, auf der Szene stilisiert dargestellt durch einen unten etwa zwei Meter breiten Spalt zwischen zwei schwarzen, steil in den Himmel ragenden Felswänden im Hintergrund. Tell-Bassermann kommt durch diesen Einschnitt, wandert über die Stufen abwärts nach vorn und beginnt, sich zurückwendend: »Durch diese hohle Gasse muß er kommen.« Darauf von oben Hohngelächter, und wenn ich mich recht entsinne, der Ruf: »Blödsinn.« Das Publikum begehrt entrüstet auf, klatscht, schreit: »Ruhe! Raus!« – Bassermann unterbricht sich und sagt dann, als der Tumult etwas abebbt, noch ziemlich ruhig: »Dann kann ich ja lieber gleich aufhören!« Der Erfolg ist neuer Tumult, oben wird erregter Wortwechsel laut, alles steht auf, schreit, ruft: »Schmeißt die Bande raus!« – Dazwischen tönt's irgendwo: »Ist das Freiheit?« Tells Ruhe ist auch dahin: er gibt mit lauter Stimme den Rat, die »Lausejungens« hinauszuwerfen, und geht ab. Der Vorhang schließt sich, das Theater ist an den Zuschauerraum übergegangen. Eine Weile wogt's hin und her, dann wird's wieder dunkel. Aber die Attentäter sind offenbar noch nicht hinaus, der Wortwechsel aber geht weiter. Man schreit: »Licht! Licht!« – es wird wieder hell, und Tell, die Armbrust in der Hand, erscheint im Spalt des Vorhangs und fordert nochmals drohend und erregt auf, die »bezahlte Bande hinauszuwerfen«. Stürmisches Bravo, neues Schreien, Klatschen, wieder Dunkel, wieder Rufe nach Licht. Dann scheint's, als ob man die Rechten erwischt und an die Luft gesetzt hat. Es wird ruhiger, die Erregung ebbt ab; nur von den Gängen her tönt noch die Diskussion der Streitenden – Türen fallen fernab donnernd zu: das Spiel geht weiter.

Daß eine Methode der Kunstkritik, die es darauf ablegt, die übrigen Hörer trotz der Höhe der Eintrittspreise um Eindruck und Genuß eines Werkes zu bringen, aufs schärfste abzulehnen ist, ist keine Frage. Pfeift hinterher, so viel ihr wollt; aber betragt euch wenigstens während des Spiels halbwegs wie Europäer: es gibt ja schon Institute, wo auch der geistig Arme in kurzer Zeit das Notwendige lernen kann.

Fraglicher bleibt, ob man aber, wie Herr Jeßner es getan hat, gerade den Tell und gerade in diesem Hause zu Experimenten benutzen soll. Wenn irgendein Werk, so ist dieses umschwebt von den Erinnerungen von Generationen; alle guten Geister von der Schmiere bis zum Hoftheater haben an seinem Vorstellungsbild gebaut. Wenn man das der Welt umwirft, so gilt es vorher, sich zu fragen, ob man auch reich genug, ihr Höheres zu bieten, wenn sie den Tand unwillig fahren läßt.

Umgeworfen hat Herr Jeßner das Bild des traditionellen Tell vollständig. Er hat ihn ins Ästhetische übertragen und in die sogenannte Monumentalität. Wenn der Vorhang aufgeht, sieht man in ein eckiges Hufeisengebilde von Stufen, etwa im Stil der ›Orestie‹, nur zum Unterschied gegen Reinhardt hier grün. Rechts und links führt durch diese Stufen unter einer Art von Brücke je ein Durchgang hindurch, der nach Bedarf Hohlweg, Hütte, Durchblick oder dergl. darstellt. Über diesem Unterbau, der durch sämtliche Szenen bleibt, steigen seitlich und im Hintergrund geradlinig begrenzte Trapezflächen von schwarzen Stoff auf, die die Berge symbolisieren. Vom Lächeln des Sees, von Sturm und Mondnacht, von dem ganzen Spiel der Natur gibt es im Bilde keine Andeutung mehr; aus Wort und Handlung soll der Hörer sich selbst das Bild erbauen.

Schön; wir sind Kummer und Elend gewöhnt und nehmen auch das hin. Aber wenn man uns einen stilisierten Tell vorsetzt, dann bitte einen einheitlichen. Dieser aber durchwanderte im Bildhaften, in Gestalten und Gruppenbau den weiten Bereich von Hodler oder eigentlich mehr Egger-Lienz (der abzulehnen ist) bis nach Düsseldorf, wo es am historischsten ist. Er begann streng stilisiert – und war beim Rütli schon wie ein Bild vom alten Lessing. Er war auf Monumentalität angelegt – und umfaßte schauspielerische Leistungen von sämtlichen Stilarten seit dreißig Jahren: Naturalismus, Hoftheater, Ekstase,

alles. Einheitlicher Hintergrund aber tut's wahrlich nicht allein, es muß auch ein wenig vom einheitlichen Geist dabei sein.
An dem aber fehlte es. Herr Jeßner schwankt zwischen dem monumentalen Tell und dem bewegten. Er sucht das Werk ins Gefühlte zurückzuführen, zuweilen mit Glück, zuweilen mit Mitteln, die zum Protest reizen. Wenn z. B. nach dem Mord Geßlers nicht nur die Mutter mit den Kindern rast, sondern die gesamte Weiblichkeit Tänze aufführt, trotz der Gewappneten – und am Schluß eines der Mädchen stolz mit einem Spieß erscheint, den sie revolutionsmäßig einem Söldner abgenommen hat. Solcher Überflüssigkeiten gab es mehr.
Eines dagegen war ihm voll gelungen: die Apfelschußszene. Da endlich bewährten sich die bis dahin nur störenden Stufen. Der Hintergrund verschwand, eine aufsteigende Mauer von Menschen und Lanzen ward zum (farbig allerdings zum Teil sehr harten) Bild. Bewegung, Aufbau, Gliederung gelangen übersichtlich und klar: man hat die Szene kaum je so lebendig und hinreißend gesehen.
Hier kam auch Bassermanns Tell zu stärkster Wirkung. Er war zum Unterschied von andern ein Tell in Weiß, sozusagen ein Wintersport-Tell mit Hodlerzügen. Für die ruhigen Szenen fehlt ihm die innere Einfachheit, die Wärme, die Matkowsky besaß; hier wachsen die Einzelzüge zu einem Menschenbild zusammen. Schon im Bildhaften gab er ein paar sehr schöne Momente; in dem Bekenntnis an Geßler brach etwas Inneres durch die Kühle des Ganzen. Über den Monolog kann man nichts sagen, da er naturgemäß unter dem Eindruck des Zwischenspiels im Zuschauerraum blieb.
Die Schußszene war auch der Höhepunkt Herrn Kortners, der den Geßler spielte. Ein Sadist mit Lust am Bösen, ein lachender Verbrecher mit dekorativer Haltung nahm hier einen inneren Kampf mit einfacher Menschlichkeit auf, der nicht aus Klügelei, sondern aus dem Sinn der Dichtung wuchs.
Neben diesen beiden hoben sich vor allem zwei Gestalten heraus: Kraußnecks Attinghausen und Wintersteins Stauffacher. Kraußneck ganz menschliches reifes Alter, herrlich in der Einsamkeit am Schluß seiner ersten Szene, Winterstein ganz männlich gebundene Kraft, besonders wuchtig neben dem explosiven Melchthal Herrn Beckers, dem man nur einmal die Taschen seiner Lederhose zunähen sollte. Melchthal hat so wenig Neigung, die Faust nur in der Tasche zu ballen, wie Karl Moor, den Herr Becker bereits mit dem gleichen Charakterzug ausstattete. Von den Frauen ist Mathilde Sussin zu nennen, die ihrer zarten Kraft als Stauffacherin abrang, was sie nur konnte.

Norbert Falk, BZ am Mittag, Berlin, 13. 12. 1919

Die stilisierte Szenerie gibt nichts von Schillers hohem Felsenufer am Vierwaldstädter See, zeigt nichts von einer Seebucht, von einer Hütte am Ufer, von einem Fischerknaben im Kahn; sie zeigt vielmehr ein terrassenartiges System von grünbespannten Treppen, die mit einem brückenartigen Aufbau, in offenem Rechteck einen freien Platz umgeben. [...] Dieses System von Treppen und Überbrückungen erhält jeweils einen die Szene markierenden Aufbau oder eine die Örtlichkeit charakterisierende Hinterwand, wodurch etwa Attinghausens gotischer Saal oder sein Sterberaum, Walter Fürsts Heim, das Rütli, der Hof vor Tells Haus, die Wiese bei Altdorf, wo der Geßlerhut auf einer Stange wippt, die hohle Gasse bei Küßnacht angedeutet werden. Das mag kühn, karg sein, mag die Absichten der Tribünen-Leute, der Reinhardtschen Zirkus-Inszenierungen auf die normale Bühne übertragen, in sie hineinzwingen [...] – aber der ganze Aufbau dieser Aufführung hat außerordentlichen Wurf, volle Kraft und Wucht und zeigt das Schauspielhaus zum *erstenmal* jenseits aller bisher geübten Meiningerei, Nach-Meiningerei, vollkommen auf dem Boden eigenen Planens. Jeßner hätte sich's leichter machen können, wenn er mit einem Kompromiß dem am Gendarmenmarkt herkömmlichen Dekorationsplunder opernhaften Schlages und seinen Absichten begonnen hätte. Er hatte den Mut, einer morsch gewordenen Tradition ins Gesicht zu schlagen, und hat dadurch mit einem einzigen Ruck das Schauspielhaus an die Stelle gestoßen, wo es hingehört.

Nach der ersten Befremdung [...] schlägt die im Wort rein herausgearbeitete Dichtung schon in dem ersten Auftritt zwischen dem prachtvoll mannhaften Stauffacher Wintersteins und der Stauffacherin der Sussin in den Bann ihres balladenhaften Lyrismus.

Von der Feste Zwing-Ury, vor der die Schweizer fronen müssen, ist ja allerdings das hohe Gerüst nicht zu sehen, von der ein Schieferdecker abstürzen könnte; man hat den Ausblick auf eine Mauer aus wuchtigen Steinklötzen, vor denen Männer karren, Steine tragen, unter Lasten ächzen. Die Szene hat etwas finster Lastendes, das den Druck, unter dem Volk und Land stöhnen, in einem düsteren Bilde zusammenballt. Emil Pirchan, der Maler, der Szenenbilder und Kostüme entworfen hat, ist an Hodler und Egger-Lienz geschult, und Hodlersch ganz und gar ist die Erscheinung des weißgekleideten Tell, dem ein weißblonder kurzer Vollbart das gesund gerötete Gesicht umgibt. Vielleicht, daß Tell durch das zu sehr betonte Weiß im Blond zuerst ein wenig alt erscheint. Aber die Gestalt bekommt etwas Mythisches, sie gibt den Tell der Ur-Sage mehr als den Schillerschen Helden; einfach, kindlich fast, arglos, grausam, im gegebenen Augenblick voll Feuer und hartem Manneszorn ist Bassermanns Armbrustschütz. Vielleicht etwas *zu* besonnen, im Gegensatz zu Tells Hinweis, daß er nicht der Tell hieße, wenn er besonnen wäre. Wenn er an seinem Hause zimmert und seine blonden Kinder juchzen – die Szene ist herrlich hell, ganz von Sonne und Bergluft durchströmt und ist nie so licht gesehen worden –, erschließt sich der einfache Sinn des kraftbewußten Mannes; dann in der Ungeheuerlichkeit der Apfelschußszene, wenn er niedersinkt, zittert, menschliches Erbarmen erwartet, offenbart sich eine erschütternde Gebrochenheit.

Von dieser Apfelschußszene ist aber zu bemerken, daß noch niemals in einer Berliner Tell-Aufführung der letzten zwei Jahrzehnte (über mehr kann ich nicht aussagen) dieser Vorgang so lebendig, so voll Gespanntheit, in solcher Bewegtheit und Steigerung, so hinreißend dargestellt worden ist. Überhaupt ist das Elementare dieser Freiheitsdichtung noch nie mit solcher Kraft zum Durchbruch gekommen. Das gilt von den meisten Volksauftritten und auch vom letzten Schluß. Wie starke Wirkungen aber mit szenischen Andeutungen sich ermöglichen lassen, erweist die Küßnachter hohle Gasse, wo zwei sich schneidende schwarze Riesentücher im Hintergrund einen Zusammenschluß von Felsen vortäuschen. Hier steht Bassermann hell vor dem düsteren Grund und gliedert gedankenklar den großen Monolog. Aber die Erregung über den

Skandal zittert in ihm, seine große Technik muß ersetzen, was an innerem Anteil jetzt gehemmt ist. Sein Gegenspieler, Kortners Geßler, in rotem Mantel, finster, mit verkniffenem Gesicht, ist ganz Teufel, ein krallenscharfer Vampyr der Tyrannei. Mit Wintersteins kraftvoll gemessenem Stauffacher, dem abgeklärten, wunderbar das Schillersche Wort nuancierenden Attinghausen Kraußnecks und dem eminent starken Melchthal Beckers, der die ›Arie‹ vermeidet, bei innerer Verhaltenheit vernehmlich bleibt, und nur im Affekt die Worte verschluckt, schließt sich eine Gruppe durchgebildetster Gestaltungen.

Die ersten »Proletarischen Theater«

1. Arthur Holitscher / Karl-Heinz Martin

Da die Volksbühne von der Revolution geistig unberührt geblieben war (s. Zitat ›Wilhelm Tell‹) und nicht zum sozialen Engagement ihres Ursprungs zurückgefunden hatte, gründeten mit der Arbeiterschaft verbundene Kräfte die ersten ›proletarischen Theater‹. Im Frühjahr 1919 proklamierten Arthur Holitscher, Ludwig Rubiner, Rudolf Leonhard, Alfons Beierle, Alfons Goldschmidt und andere als »erstes szenisches Instrument des Proletkults« die erste Aktions-Wanderbühne für Arbeiter in Berlin: »Proletarisches Theater«. Karl-Heinz Martin fand hier, da die ›Tribüne‹ nach kurzer Zeit von einer Kampfbühne (s. ›Die Wandlung‹) zum Unterhaltungstheater geworden war, eine neue Aufgabe. Er inszenierte von Herbert Cranz ›Freiheit‹. Obwohl der große Saal der Berliner Philharmonie, in dem die erste Inszenierung stattfand, am 14. Dezember 1919 von Besuchern überfüllt war, blieb es bei dieser einzigen Vorstellung. Szenisch wurde hier versucht, ein kollektivistisches Theater zu entwickeln: Anonymität auch der Schauspieler, aufwandlos, »auch das Requisit möglichst einfach, unaufdringlich, in sich selbst proletarisch«. Alfons Goldschmidt resümierte nach dem schnellen Ende dieses Versuchs: »So wie dieses Stück war auch die ganze Tendenz des Theaters noch halbproletarisch. Es war kein Zeittheater im Sinne der Forderungen des Proletariats.«

Herbert Cranz Freiheit

Manfred Georg, BZ am Mittag, Berlin, 15. 12. 1919

Nach den einleitenden Worten Holitschers, mit denen gestern im großen Saal der Philharmonie das ›Proletarische Theater‹ eröffnet wurde, unterscheidet sich diese Bühne von allen bestehenden dadurch, daß sie nicht ›Bildungsmittel und Kulturbesitz‹, sondern ›Kulturverband‹ sein will. Sie hat also zum Ziel, im Klassenkampf eines der vielen Aktionsmittel zu sein ›und der Masse‹ eigenste und naheste Übermittlerin ihrer Wünsche und Sehnsüchte. Damit zieht sich dies Theater von vornherein Grenzen, nicht unklug dabei, die Schwungkraft der Einseitigkeit benutzend. Stück und Zuschauer sind in ihm einlinig bestimmt: das ethisch-politische Drama und der Arbeiter, wenn möglich in den

geschlossenen Gruppen seines täglichen Beisammenseins. Somit ein Wandertheater für Fabrikräume und Vorstadtsäle, eine Propaganda des Sozialismus.
Das erste Stück, das Schauspiel ›Freiheit‹ von Herbert Cranz ist von allen Arbeiten ähnlicher Sprache und Tendenz, die wir seit einem Jahre sehen, das klarste und geformteste. Ein Rudel Menschen, sechs Soldaten und eine Frau, drängt sich im Turm eines Gefängnisses, in das sie geworfen wurden, weil der Wille zur Freiheit sie wider die Gewalt hatte meutern lassen. Trunken von der Güte ihrer Tat – der hat den Schiffskessel zur Schlachtfahrt nicht geheizt, jener das Gewehr von sich geworfen –, erhoffen sie Befreiung. Doch statt dessen wird ihnen das Todesurteil verkündet. Lebensgier flammt auf. Vergeblich versuchen sie, zwei Aufseher zu bestechen. Beim dritten gelingt's, er läßt ihnen die Schlüssel. Und nun erfolgt der beschämende Sturz in die Unfreiheit menschlicher Kleinheit. Wer soll zuerst, wer zuletzt entweichen? Bis in Ekel vor diesem Hader die Frau das Bund aus dem Fenster schleudert. Zorn tobt drohend gegen sie. Da führt ein achter Gefangener, unbeachtet bisher, sie mit den schlichten Worten von der Mission und dem Heldentum der Namenlosen zur Stille der inneren Freiheit und zum Wissen um die Einmaligkeit ihrer Tat und der darin vollendeten Erfüllung ihres Lebens zurück. So entschreiten sie brüderlich gefaßt im Geläut der Sterbeglocke ihrer Zelle.
In einfachen Linien baut sich die Dichtung auf, schlicht und gerade, auch dem Unvorbereitetsten zugänglich. Von den (auf keinem Zettel genannten) Spielern seien die Namen Fränze Roloff, Alfred Beierle und Bernhard Reichenbach wenigstens notiert, die unpathetisch und in tiefster Schlichtheit ihre Menschen lebten. Karl-Heinz Martins Regie meistert vor einem bunten Stück Gefängnispappwand mit magischer Kraft auch vor dieser Zuhörerschaft die magnetischen Ströme stärkster atmosphärischer Spannungen.

Alfred Kerr, Berliner Tageblatt 15. 12. 1919
I
Ein Widerspiel zu der ›Seeschlacht‹ von Goering. Die letzten Stunden Verurteilter. Hier nicht im Panzerschiff, sondern im Gefängnis.
(Ihre Sprechform hat zwischendurch Sokratisches, wie bei Goering.)
Die Verurteilten sind Aufsässige gegen die Viecherei des Krieges; Meuterer; menschliche Menschen.
II
»Tödlich graute mir der Morgen«, singt ein unsterbliches Lied von Hugo Wolf. Vor dem Morgen gibt ein junger Wärter ihnen die Schlüssel. Sie könnten jetzt fliehn; einzeln und verstohlen.
Da regt sich das Tier der Selbstsucht: niemand will der letzte sein. Und bis dahin ist alles recht eindrucksvoll. Aber nun... Also eine Frau unter ihnen schmäht und verschmäht solche Freiheit, – aus dem Türloch der Zelle wirft sie die Schlüssel.
Besiegeltes Geschick.
III
Die Rasenden zähmt am Schluß ein bisher stummer Genosse: was liegt an dem Einzelnen! alles liegt am Weiterwirken der Bewegung!
Das wäre für mein erzwungenes Ableben kein voller Trost. Bewegungen lebendigen Leibes zu fördern, macht mehr Spaß.

(Man könnte trotzdem erschüttert sein: wenn die Sprache dieses Schlußwortes hinreißender wäre; voll Musik. Und das Drama könnte mehr ein Werbedrama sein: wenn es mehr das Handeln predigte, nicht das Erleiden.)

IV
Wie steht es um Stücke mit politischer Weltanschauung? Nach welchem Grundsatz wird sie der Kritiker werten? Fragt er einfach, ob künstlerisch was drinsteckt... und pfeift auf ihre Predigt? auf ihre Verkündung? auf ihre Lehre?
Darf er einen andren Maßstab hissen als den der Kunst? Er darf es nie.
Jedoch, er soll es trotzdem, in drei Teufels Namen, wenn er kein Waschlappen ist.
Vieles kommt auf das Jahr an, in dem ein Kunstwerk erscheint. Vieles kommt auf die Zeit an, in der seine Hörerschaft lebt. Der wahre criticus müßte sich verachten, wenn er in dem unerhörtesten Heute, dessengleichen dieser Stern Erde nie gesehn hat..., wenn er entmannt, nach falschen und richtigen Monologen äugte; nach unbegründeten Abgängen; nach anfechtbarem Versklang.

V
Hat man die Wahl zwischen einem schlechten Stück mit einer guten Weltanschauung – und einem guten Stück mit einer schlechten Weltanschauung: dann entscheide sich der Kritiker heut bedenkenlos für...
Doch nicht für das schlechte Stück. Das ist unmöglich. Aber man könnte das Stück zerblättern – und seine Weltanschauung preisen.
Mir wäre so ein Drama wertvoller als ein mittelgutes Drama, das Entwicklungen in gar nichts vorwärtspeitscht.
Noch an einem Kerl wie Hebbel (der anno 48 für den Absolutismus focht) schmerzt es, daß er politisch ein Rückwärtser war... und ein Kampfhahn bloß in der Kunst.
Er besaß freilich ein Pflaster für seine schlechte Politik. Herr Cranz besitzt eine Weltanschauung für sein bloß mittleres Drama – (das Hoffnungen zuläßt).

VI
Die proletarische Bühne, die, ohne viel Aufmachens, Arbeitern sozusagen eine Gewissenrichtung in der Oblate der Kunst zu schlucken gibt, wirkt nicht umsonst.
Auch sie hilft zum erlösenden Zweck, daß die geistigen Menschen eines Tages das Heft wirklich in die Hand bekommen – nachdem man gemerkt: wie hart es ist, von Dümmeren und Rüderen in seinem Schicksal beeinflußt zu werden.

2. Erwin Piscator

Im Frühjahr 1919 gründete auch der damals sechsundzwanzigjährige Erwin Piscator zusammen mit Hermann Schüller in Berlin ein zweites ›Proletarisches Theater‹ (das jedoch erst 1920 seine Vorstellungen begann). Piscator, verwirrt und erschreckt aus dem Krieg zurückgekommen, hatte die Gedanken der russischen Revolution aufgenommen, war Anfang 1919 nach Berlin gegangen und hatte dort Verbindung mit der proletarischen Bewegung erhalten, auch mit der Berliner DADA-Gruppe, die mit Huelsenbeck, Walter Mehring, George

Grosz und Wieland Herzfelde das »Los von der Kunst« proklamierte. Im Winter 1919/20 ging er als Schauspieler nach Königsberg, eröffnete dort als erstes eigenes Theater ›Das Tribunal‹, das Strindberg-, Wedekind- und Sternheim-Stücke spielte, kehrte nach dessen Scheitern 1920 aber nach Berlin zurück. Unterstützt von den Bildungsausschüssen der USPD, KAP und KPD begann Piscator die Propaganda für sein ›Proletarisches Theater, Bühne der revolutionären Arbeiter Groß-Berlins‹, das das revolutionäre »Gefühl entzünden und wachhalten« sollte. – Piscators Intentionen gingen weit über die Holitschers und Martins hinaus. Er wollte kein Kunst-Theater für das Proletariat. »Wir verbannten das Wort ›Kunst‹ radikal aus unserem Programm, unsere ›Stücke‹ waren Aufrufe, mit denen wir in das aktuelle Geschehen eingreifen und ›Politik treiben‹ wollten.« Er versuchte eine Verbindung von Theater und Journalismus, Theater, das unmittelbar auf Tagesereignisse antwortete, versuchte mit Arbeiterschauspielern in Vereinssälen zu spielen. Aus der Absicht, zu belehren, aufzuklären, gab er in diesen frühen Darstellungen schon Ansätze zu einer kommentierenden Bühneneinrichtung (z. B. Landkarten), wie er sie später in der Volksbühne und den Piscatorbühnen verwirklichte. – Piscators ›Proletarisches Theater‹ bot in Kliems Festsälen, dem Versammlungslokal der Berliner Arbeiter, zur Eröffnung am 14. Oktober, dem 3. Jahrestag der Oktoberrevolution, drei Stücke: ›Der Krüppel‹ von Karl August Wittfogel, ›Vor dem Tore‹ von Andor Gabor und ›Rußlands Tag‹ von Lajos Barta, das sich gegen die westliche Intervention in Sowjetrußland wandte. Es war die erste Agit-Prop-Aufführung in der Weimarer Republik. – Bis zum 21. April 1921 wurden noch inszeniert: ›Die Feinde‹ von Maxim Gorki, ›Prinz Hagen‹ von Upton Sinclair, ›Wie lange noch, du Hure bürgerliche Gerechtigkeit‹ und ›Die Kanaker‹ von Franz Jung. Die bürgerlichen Theaterkritiker blieben von diesen Vorstellungen ausgeschlossen. So anders der Inhalt dieser Versuche war, in der psychologischen Wirkung berührten sie sich mit den gleichzeitigen Versuchen Max Reinhardts um die Einbeziehung des Publikums in das Spiel.
Die letzte Vorstellung fand am 21. 4. 1921 statt, das Theater wurde auf Anordnung des Berliner Polizeipräsidenten geschlossen.

Franz Jung Die Kanaker
Die Rote Fahne, Berlin, 12. 4. 1921

Das ist das grundlegende Neue an diesem Theater, daß Spiel und Wirklichkeit in einer ganz sonderbaren Weise ineinander übergehen. Du weißt oft nicht, ob du im Theater oder in einer Versammlung bist, du meinst, du müßtest eingreifen und helfen, du müßtest Zwischenrufe machen. Die Grenze zwischen Spiel und Wirklichkeit verwischt sich. [...] Das Publikum fühlt, daß es hier einen Blick in das wirkliche Leben getan hat, daß es Zuschauer nicht eines Theaterstücks, sondern eines Stückes wirklichen Lebens ist. [...] Daß der Zuschauer mit einbezogen wird in das Spiel, daß alles ihm gilt, was sich auf der Bühne abspielt.

1920

Inkrafttreten des Versailler Vertrages, Räumung der abgetretenen Reichsgebiete, Aussiedlung, Heimkehr der Kriegsgefangenen. – Kapp-Putsch in Berlin (März) zum Sturz der Regierung Bauer, Generalstreik in Berlin – Arbeiteraufstände im Ruhrgebiet und in Sachsen, Unruhe in Oberschlesien – Beginn der Geldentwertung, Besetzung des Maingaus durch die Franzosen.

Wichtigste Veränderungen im Theater: In Berlin starke Entfaltung Jeßners durch seine großen Anfangspremieren – Max Reinhardt zieht sich von Berlin auf sein Schloß Leopoldskron bei Salzburg zurück, bereitet die Eröffnung der Salzburger Festspiele vor und übergibt die Direktion seiner Berliner Theater Felix Hollaender (nachdem Gerhart Hauptmann die Nachfolge abgelehnt hat). Karl-Heinz Martin wird Regisseur am Deutschen Theater und führt Reinhardts Arbeit im Großen Schauspielhaus fort. – Wiedervereinigung der ›Freien‹ und ›Neuen freien Volksbühne‹ zur ›Volksbühne eV‹ in Berlin (Siegfried Nestriepke wird Generalsekretär). Piscator, von Königsberg zurückkehrend, beginnt in seinem »Proletarischen Theater«. –

Im Reich: Der Frankfurter Intendant Carl Zeiß wird Generalintendant der Bayerischen Staatstheater in München, Richard Weichert wird Intendant des Frankfurter Schauspiels, Gustav Hartung (bisher Frankfurt) Intendant des Darmstädter Landestheaters. – Eröffnung der Salzburger Festspiele mit ›Jedermann‹. Debut Carl Zuckmayers als Dramatiker, Entdeckung der Käthe Dorsch, Verhaftung Georg Kaisers in Berlin, Arretierung in München. – Brecht zieht von Augsburg nach München. – Gründgens' erstes Engagement in Halberstadt. Tod Richard Dehmels.

Romain Rolland   Danton

Uraufführung: Großes Schauspielhaus Berlin, 14. Februar 1920
Regie Max Reinhardt

Nach der Eröffnung des Großen Schauspielhauses konzentrierte sich Reinhardt zunächst ganz auf diesen neuen Raum. Der ›Orestie‹ folgte dort am 17. Januar 1920 in seiner Inszenierung Shakespeares ›Hamlet‹ (mit Moissi als Prinz, Paul Wegener als König, Agnes Straub als Königin, Helene Thimig als Ophelia und – beste Darstellung – Werner Krauß als Polonius). Reinhardt versuchte ein psychologisch höchst differenziertes Stück in die Arena zu übertragen. Diese Inszenierung scheiterte (trotz der großartigen Wirkung der Schauspielerszene und ihrem chaotischen Ende) am Raumproblem. In den Kritiken, die immer wieder auf dieses Raumproblem zurückkommen, heißt es: »In der ›Orestie‹ war das Problem, wie werde ich dem Raum gerecht, im ›Hamlet‹, wie überwinde ich ihn.« (Leo Greiner, ›Berliner Börsen-Courier‹, 18./19. 1.) »Eine vielfach widerstrebende Dichtung mußte sich den gebieterischen Forderungen des Raumes anbequemen, das Ganze vollzog sich wie unter einem auferlegten Zwang.« (F. Servaes, ›Berliner Lokal-Anzeiger, 19. 1.) »Statt den Spielraum für den ›Hamlet‹ zu verengen, zieht er ihn auseinander. Er unterliegt dem Problem ›Großes Haus‹, statt das Problem Podiumbühne zu beherrschen.« (H. Ihering, 20. 1.) – Für die dritte Inszenierung wählte sich Reinhardt den ›Danton‹, den Romain Rolland als Teilstück eines großen Revolutionszyklus um 1900 für ein erhofftes ›Theater des Volkes‹ geschrieben hatte. Diese Inszenierung wurde das Pendant zu Reinhardts Inszenierung von Büchners ›Dantons Tod‹ im Deutschen Theater (15. 12. 1916), die durch ihre Lichtregie bedeutend wurde. – In Rollands ›Danton‹ konnte er den großen Raum wieder mit Massen füllen und seine Versuche, das Publikum ganz in das Spiel einzubeziehen, weiterführen. Schauspieler, die von den Zuschauerplätzen aus mitagierten, stützten die Illusion: das Publikum sei das Volk von Paris. Es gab Augenblicke der aufgehobenen Distanz und wirklich ›Totales Theater‹ – aber auch sofort einsetzende Ernüchterung. – Nach dem halben Erfolg mit ›Hamlet‹ antwortete Reinhardt mit diesem ›Danton‹ auf Jeßners ›Tell‹.

Paul Wiegler, BZ am Mittag, Berlin, 16. 2. 1920

Es war ein Sieg Max Reinhardts. Der erste im Theater der Fünftausend. ›Orestie‹ und ›Hamlet‹ waren Neueinstudierungen. Der ›Danton‹ des Franzosen Romain Rolland gab seiner Phantasie Gelegenheit, von vorn zu beginnen. Unabhängig von der Lösung, die er im Deutschen Theater für Büchners Vision gefunden hat. Wohl hat diese mit dem ›Danton‹ von Rolland die äußeren Linien gemeinsam und sogar den großen Prozeßakt, in dem die schreiende Erregung der Masse die Dämme durchbricht. Aber das alles hat nun eine neue, ins Riesenhafte, ins Unermeßliche gedehnte Optik bekommen. Verschieden sind dort und hier die Szenen, in denen die inneren Schwerpunkte der beiden Dramen ruhen, und gewechselt haben die Schauspieler...
Das Herz dieses Geschichtsdramatikers ist bei Danton, dessen strotzende Na-

tur er bewundert und der für ihn noch im Fall der unsterbliche Achill der Revolution ist, sein Geist bei Camille Desmoulins, dem Literaten. Er zeigt diesen mit Frau und Kind während des ersten Aktes, der die Stimmungen der nahenden Gefahr, den Besuch Dantons und in zögerndem Fortgang durch das Auftreten Robespierres den Konflikt zwischen Robespierre und Danton bringt. Er will Dantons Feind im zweiten Akt vermenschlichen. Dieser Fanatiker der Tugend ist harmlos-bescheidener Mieter der Witwe Duplay, deren junge Tochter, in platonischer Neigung ihm zugetan, die Schwelle seines Zimmers hütet. Ein Robespierre, der seine Strenge mit dem Bedürfnis nach Wahrhaftigkeit erklärt, der, als er seinen Schulfreund Desmoulins preisgibt, hin und her schwankt, dessen Wille von dem lodernden Willen Saint-Justs beherrscht wird. Schwächer, weit schwächer als bei dem Deutschen Büchner sind diese Charaktere bei dem Franzosen Rolland gestaltet. Debattierende Rhetorik ersetzt das Nachtdunkel, in dem dort, bleiche Phantome, Robespierre und Saint-Just stehen; und wie fern ist der Poesie des Grauens um Büchners Lucile Rollands Empfindsamkeit! Dann jedoch folgt der wuchtende Aufbau des dritten Aktes, in dem die Historie für ihn dichtet, und der in der schamlos-herrlichen Selbstentblößung Dantons den Zug zur tragischen Gewalt hat.
Reinhardts Künstlertum hat sich hieran entflammt und ist so am Werke, wie er nur an den Festtagen seines Schaffens arbeitet. Im ersten und im zweiten Akt läßt er die nach rechts und links verschiebbare Rückwand der Treppenbühne zu einem hallenartigen Raum sich öffnen. Man sieht ein hohes Fenster mit blaßbeleuchtetem Himmel oder die geschlossene Wand von Robespierres Studiergemach. Im dritten verengt sich die Arena zum Parterre des Konvents. Droben auf der umgitterten Bühne sitzen, im gelben Licht von ›Dantons Tod‹, Danton und seine Mitangeklagten. Drunten, vor den zum Eingang der Arena hin ansteigenden Tischen des Tribunals drängen sich die Scharen der rotbemützten Sanskulotten, kaum noch sich abhebend vom Publikum. Die Szene wird hell, das Rund des Gebäudes finster. Hoch in der wieder offenen Rückwand transparente Scheiben mit jenem blassen Himmel, im Schattenriß erkennbar Volk auch dort. Die Angeklagten sprechen. Hetzende Stimmen von überall her, aus einem Guckloch fast unter dem Dach, von der verborgenen Musikempore. Die gesamte Menschenmenge im Theater ist, so kann sie wähnen, Komparserie. Und dann stürzt sich gegen Ende in die Arena, die schon verlassen scheint, von dem Fenster der Rückwand und durch hölzerne Lauben unter der Bühne, in roten und blauen Lumpen, mit wehenden Fahnen der Sanskulottenpöbel. Ein Orkan, von dem das Haus bebt, verstärkt durch den dumpfen Ton unsichtbarer Pauken, und jäh zerrinnend, wie er herangeflutet ist. Hier befreit sich die Spannung der Zuschauer in elementarem Nachhall. Aber sie entlädt sich schon vorher durch das Spiel Paul Wegeners. Sein Danton schreitet innerhalb des Holzgeländers, das er zuletzt niederrennt, umher wie ein Seefahrer auf der Schiffsbrücke, er stampft mit dem Fuß, er schleudert Lästerungen in die Runde, er reißt sich das Hemd auf; und es ist nichts Komödiantisches, was hier bezwingt, sondern die physische und seelische Nachbildung dessen, was mehr hat als gewöhnliches Menschenmaß. Dieser in Arglosigkeit oder im Zorn lachende, braunhaarige, breitbrüstige Bursche hat fürwahr den »wilden Stempel der Freiheit« auf seinem Gesicht; und noch in seinem Zynismus ist ungebändigte Größe.
Krauß, ein Robespierre mit fuchsigem Haar, schwarz gekleidet, mit roter Binde,

kann nicht so gespenstisch wirken, wie sein Saint-Just war; aber er macht den Fanatiker durch schneidende Schärfe des Wortes, automatenhafte Bewegung und Starrheit des Blicks jenem Dandy des Terrors ähnlich. Den Saint-Just hat nun *Deutsch*; und so wird aus ihm ein verzehrter, schmächtiger Ekstatiker. [...] Frau Bertens, in der Rolle der Witwe Duplay, gelingt das Kunststück, selbst in einem so ungeheuren Hause diese Genrefigur nicht verschwinden zu lassen.

Herbert Ihering, Der Tag, Berlin, 17. 2. 1920

Büchner schleuderte seinen ›Danton‹ als Sehnsucht seiner eigenen Gegenwart heraus. Er konnte historische Fakten ohne Veränderung übernehmen und schwemmte sie doch mit der brennenden Lava seines Gefühls fort. [...] Sein Drama war unmittelbar und deshalb Aufruf, Protest, Attacke.
Romain Rollands Revolutionsdrama ist der Wille, durch kritische Auseinandersetzung von der Vergangenheit Besitz zu ergreifen. Sie in sich hineinzuziehen, weil sie Problem ist. Bei ihm wird die Geschichte unter den Ventilator des Geistes gestellt, der die Realität einsaugt, bis der Gedanke freiliegt.
Romain Rolland führt die Handlung in Spiralen zur Höhe: zum Schluß des letzten Aktes. Als Danton und seine Freunde vom Revolutionstribunal dem Schafott hingeworfen sind, bleiben St. Just, Vadier, Billaud zurück, auch sie unversöhnlich gegeneinander: »Die Republik wird nicht eher frei, als bis die Diktatoren nicht mehr sind.« [...] Wie in diesem Drama das Milieu abfällt, damit der Mensch, und der Mensch abfällt, damit der Gedanke lebt, so wird das Thema: Republik und Revolution, sublimiert, bis es sich selbst verzehrt und einsam, kalt die Abstraktion, der Sinn, die Konsequenz zurückbleiben.
Aber: Indem Romain Rolland die Ideen bloßlegt und auf Robespierre, St. Just, Danton, Desmoulins verteilt, zeichnet sich, je nackter die thematische Disposition hervortritt, seine eigene innere Welt ab. Unter den Worten des Dramas wird eine zweite Schrift sichtbar: die Meinung des Dichters, die nicht Tendenz, sondern Begleitung ist. Ein wahrhaft freier Geist verteidigt die Freiheit gegen ihre Zeloten und Advokaten. So wird Robespierre klein, St. Just eng, nur Danton, der ungebundene Mensch, bleibt groß. In diesem Ideenstück schrumpfen die Besessenen zusammen (die bei Büchner wachsen), und die Nichtfanatiker leuchten. [...]
Es ist leicht aufzuzeigen, daß ›Danton‹ kein Drama ist. Daß trotz der gedanklichen Aufteilung stoffliche Reste zurückbleiben. Daß die ›Handlung‹ oft kein andres Motiv als die Voraussetzung des historischen Vorgangs kennt. Daß Rhetorik und Charakteristik unverbunden nebeneinanderher laufen. Aber wenn auch das Stück, technisch betrachtet, akademisch ist [...] es ist der Abglanz eines Menschen, der dem Schöpferischen nahe bleibt [...]
Wie muß der ›Danton‹ gespielt werden? Beredt. Nicht psychologisch, sondern rhetorisch, als geschwungene Tirade. Dann werden Primitivitäten der Ich-Charakteristik auf das französische Temperament zurückgeführt und pedantische Kontrastszenen in den Sturzbach der Rede gerissen. Reinhardts Arrangement unterstützte diese Darstellungsart: Die beiden Zimmerakte spielten auf erhöhter, vorgestreckter Tribüne. Die Stuhlreihen standen mit der Front zum Publikum. [...]

Gespannt spielten Ernst Deutsch und Werner Krauß. Doch Ernst Deutschs St. Just blieb oft überbetont, und Werner Krauß holte zwar den kleinlichen, zelotischen Floh Robespierre (als den ihn Rolland schildert) wieder aus der letzten Intensität seines Körpers, aber sprachlich näherte er sich der Gefahr, seinen grellen, harten Ton durch Wiederholung zu entwerten. Herr Aribert Wäscher als Philippeaux fiel diesmal durch Bestimmtheit, Herr Schweikart als Fabre d'Eglantine durch Diskretion des Ausdrucks auf.

Der dritte Akt: Das Revolutionstribunal war in der Gliederung des Raums, in der Verteilung des Lichts meisterhaft. Auf dem vorgestreckten Podium die Angeklagten. In der Arena Volk. Gegenüber in der Logenhöhe der Publikumsmitte Ankläger und Präsident. Auf der Hinterbühne abschließende Fenstergalerie. Die Zahl wurde produktiv, die Dimension schöpferisch: Publikum und Haus schufen den Eindruck aus sich. Ein Grenzfall.

Leider zerriß Reinhardt diesen Zusammenschluß unter der Suggestion einer falschen Ästhetik. Es ist das alte Unglück des Deutschen Theaters, daß Phantasieeingebungen des Direktors nachträglich vom Dramaturgen motiviert und verwirrt werden. Das widerfuhr auch der Idee der Podiumbühne. Statt sachlich die Intensitätssteigerung des Schauspielers durch die Freigabe an Publikum und Raum zu betonen, gingen diese Kommentatoren weiter und meinten: die Vermischung mit dem Publikum. Das ist Unsinn. Nicht körperliche Irreführung, sondern seelische Klarheit ist das Ziel. Aber diese Konfusion hat es dahin gebracht, daß man nicht mehr weiß, ob die Kommentare die Folge von Inszenierungen oder die Inszenierungen die Folge von Kommentaren sind. Reinhardt ließ, um alle Grenzen zwischen Aufführung und Zuschauer einzustoßen, hetzende und beschwichtigende Zwischenrufe aus Publikumshöhe ertönen und steigerte so zweifellos die Aufregung, aber nicht die Gesetzmäßigkeit der Handlung. Kunst ist nicht Täuschung. Außerdem wurden diese Schreie viel zu breit auf Deutlichkeit angelegt, statt scharf herunterzufahren. Löcher entstanden, die Bewegung stockte.

Ferner gab Reinhardt dem Bilde einen zwar malerischen aber dramatisch unmotivierten Abschluß, indem er hinter den Fenstern eine starre Volksmenge aufstellte. So leitete er den späteren Masseneinbruch von einem lebenden Bilde ab. (Wir wollen aber heute als Volksmenge nicht Masse, sondern Exponenten.)

Immerhin, man spürte, daß Reinhardt das große Haus technisch jetzt in die Hand bekommt. Und daß auch die Schauspieler frei werden. Paul Wegener war lange nicht so gelöst wie an diesem Abend. Wenn er als Danton im Anfang noch zu sehr seinen Körper betonte, ohne die dramatischen Akzente aus ihm abzuleiten, atmete er vor dem Tribunal frei und lässig in der Rolle. Ein privater, salopper Humor brach durch und beherrschte den Raum. Schamhaftigkeit verbarg sich hinter Auftrumpfen, und Burschikosität faszinierte. Eine sparsame, menschliche und doch getönte und gestufte Leistung.

Paul Fechter, Deutsche Allgemeine Zeitung, Berlin, 16. 2. 1920

[...] An Büchner auch nur von weitem zu denken, erschien wie Sakrileg: eine einzige seiner Szenen, wie das nächtliche Gespräch zwischen Danton und Julie, hebt diese ganze lederne Historie mühelos aus dem Sattel.

Zwei Akte lang sann man auf Flucht: zuletzt siegte die Neugier. Man wollte sehen, aus welchen Gründen Reinhardt sich gerade an dieses Drama gemacht hatte. Die Aktuellität einer Revolutionsdichtung konnte ihn kaum bestimmt haben; denn erstens ist die Revolution bei uns nicht mehr aktuell und zweitens hat die Französische Revolution mit ihren Idolen Vernunft und Tugend mit den heutigen Bewegungen, über denen seltsam vereint, die Ziele Chaos und Profit schweben, nicht das mindeste zu tun. Es mußte also noch etwas anderes sein. Und dieses andere war dann schließlich auch der dritte Akt: die Verhandlungen gegen Danton und Genossen vor dem Revolutionstribunal. Sie brachte den Höhepunkt des Abends, die Sensation – und entschied den Erfolg: das sanfte Zischen, das nach dem zweiten Akt einsetzte, kam gegen den Beifall am Schluß überhaupt nicht mehr in Frage.

Was die Dichtung angeht, so reihte sich dieser dritte Akt gleichwertig den beiden andern an: er ist aus dem gleichen historischen Geist geboren wie sie. Nur daß hier die Geschichte ihrem Nachdichter bereits dramatisiertes Material gab: den Kampf eines Menschen mit einer Rotte von Feinden um sein Leben – in die Form einer Gerichtsverhandlung gepreßt. Was Büchner in einer kurzen Szene aufleuchten läßt, füllt bei Rolland einen ganzen Akt: die Verteidigung Dantons vor dem Tribunal, sein wachsender Erfolg beim Volk, zuletzt der Beschluß des Gerichts, in Abwesenheit der Gefangenen zu verhandeln, und damit das Ende, die Verurteilung.

Was die Darstellung angeht, so wandelte sich jetzt mit einem Male alles: die Szene, bis dahin eng umgrenzt, ein Zimmer bei Desmoulins, bei Robespierre, ward zum Tribunal – und die sämtlichen dreitausend Zuhörer des Schauspiels zu Mitspielern, zu Zuschauern nicht mehr bei Rolland, sondern bei der Verhandlung gegen Danton. Bis dahin hatte Reinhardt aus dem Riesenraum ein Stück herausgeschnitten, mit allen Mitteln begrenzt. Er hatte nur ein Viertel der Bühne etwa geöffnet, so daß der Hintergrund mit dem einsamen Fenster (oder bei Robespierre dem Büchergestell) mehr hoch als breit wirkte; er hatte ein fast quadratisches Podium mit etwa 9 Stufen davor in die Arena geschoben und den Raum auch nach oben abgegrenzt, indem zu den Scheinwerfern aus der Kuppel, in halber Höhe des Hintergrundes etwa, drei von oben herabhängende Lichtkörper traten, die kegelförmig ihre Strahlen herabfallen ließen. Jetzt im dritten Akt ließ er auf einmal all diese Beschränkungen fallen und riß mit allen Mitteln den Gesamtraum in die Aktion hinein. Überall zwischen den Zuschauern saßen bis in die obersten Ringe hinauf Schauspieler und Schauspielerinnen. Die Zwischenrufe in die Verhandlung hinein kamen aus allen Winkeln und Ecken über die Köpfe der Gäste hinweg – der ganze Raum war Bühne und Zuschauerraum zugleich geworden.

War er es wirklich? Seien wir aufrichtig: es gab zwei oder drei Momente, wo plötzlich etwas Hinreißendes die Massen der Spieler und der Betrachter einte; diese Momente aber kamen nicht aus dem Einheitswillen des Regisseurs, sondern aus der Kraft eines großen Schauspielers. Wenn von oben aus den dunklen Ringen spitze Frauenstimmen »An die Laterne!« riefen oder was es sonst an freundlichen Randbemerkungen gab, so wandte man sich halb suchend um, spürte aber mehr als zuvor seine Sonderstellung als Betrachter dem ganzen Unternehmen gegenüber. Als aber Paul Wegener als Danton, hell bestrahlt an der Rampe des umgitterten Podiums, das jetzt die Angeklagten enthielt, erschien, hinter sich die nun breit geöffnete Wand des Gerichtssaals mit den hohen Fenstern, die das Volk von außen in Massen belagerte, darüber unter abendlichem Himmel die Türme von Paris – vor sich unten in der Arena das rotbemützte Volk und dicht dahinter im Halbdunkel an matt von Stehlampen beleuchteten Tischen den hohen Gerichtshof, eng umschlossen von den Reihen der Zuschauer – und als nun dieser Danton als Antwort auf die Anklage einfach ein Lachen anstimmt, ein dröhnendes, immer lauter werdendes Lachen: einen Augenblick ist Stille, dann lacht zuerst unten die rotbemützte Menge in der Arena mit, Wegener lacht weiter, schlägt sich die Schenkel rot vor Anstrengung und Vergnügen – und plötzlich lacht und klatscht auf einmal die ganze riesige Masse der Zuschauer mit, eine Woge von Zusammengehörigkeit reißt alles für Augenblicke hin – auf den einen überragenden Mann dort unten. Was die kluge Regie des klugen Regisseurs vergeblich zu erreichen versucht hatte, gelingt dem Einzelnen, der hinreißenden Kraft eines großen Künstlers. Aber um das zu erfahren, brauchten wir eigentlich keinen Zirkus, das wußten wir schon aus dem normalen Theater.

Es gab noch ein paar Momente ähnlicher Art: sie wuchsen alle aus Wegeners Leistung. Selbst der Einbruch der Massen, die, nachdem Danton abgeführt ist, plötzlich mit Fahnen und Gejohle zu Hunderten durch die Fenster klettern und die Schranken zerbrechend in den Saal stürmen, um ebenso schnell, wie sie gekommen, auf die Mitteilung, daß es Lebensmittel gibt, auf demselben Wege wieder zu verschwinden, wirkte, obwohl als Massenbeherrschung, als Zirkusleistung glänzend, nicht halb so stark. Wie denn das Interesse überhaupt in dem Augenblick abflaut, wo Danton fort ist. Der Schluß, das Todesurteil und Saint-Justs letzte Tirade, erzeugen schon sanfte Aufbruchsstimmung.

Und das Endergebnis? Man bewundert Energie und Phantasie Reinhardts – aber sozusagen platonisch. Man freut sich der Leistung Wegeners und bedauert ihn zugleich um der physischen Anstrengung willen, die er in diesem Raum den ganzen Abend über auf sich nehmen muß. Man denkt: Streicht wenigstens die beiden ersten Akte – von denen hat doch niemand etwas! Aber dann entsinnt man sich, daß Werner Krauß den Robespierre spielt – und sieht ihn wieder vor sich, wie er zuerst kommt, schwarz, mit roten Aufschlägen, schmal, zusammengepreßt, verkniffen, alles Wesentliche des Menschen konzentriert schon in der Erscheinung gebend: man sieht seine zusammengelegten Arme und die nervös spielenden Finger – und stellt auch ihn auf die positive Seite (so wenig von seinem Besten er sonst auch zu geben Gelegenheit bekommt). Noch weniger kommt Ernst Deutsch als Saint-Just zur Entfaltung: Sudermann hätte diesen »ans Hochkomische grenzenden« Revolutionshelden nicht schöner, eherner und theatermäßiger machen können.

Der Erfolg am Schluß war, wie gesagt, stark: Reinhardt und Wegener wurden immer wieder gerufen und erschienen dankend auf dem von Stühlen, Schrankentrümmern und Mützen bedeckten Schlachtfeld.

Frank Wedekind   Der Marquis von Keith

Staatliches Schauspielhaus Berlin, 12. März 1920, Regie Leopold Jeßner

Die Aufführung fand am Abend des Kapp-Putsches statt. Das Publikum geriet nach der Premiere zum Teil in Gewehrfeuer. Stück und Stunde kamen in einen fast grotesken Zusammenhang. Der ›Marquis‹ war die zweite Inszenierung Jeßners am Staatstheater und sein zweiter Regieerfolg. Kerr schrieb am nächsten Morgen in der Vorkritik: »Was dieser Jeßner aus dem Schauspielhaus in kurzer Zeit gemacht hat – hier ist ein Wunder, glaubet nur. Es war ein Abend, an den man lange denken wird« (›Berliner Tageblatt‹, 13. 3. 20). Durch forciertes Spieltempo, konsequente Durchrhythmisierung und Verpuppung der Figuren hatte Jeßner einen für Berlin neuen Wedekind-Stil gezeigt. Dieser Stil war von Jeßner während seiner Regisseur-Jahre am Thalia-Theater in Hamburg (1904–1915) entwickelt und in der Königsberger Intendanz (1915–1919) ausgebildet worden. Nach den ersten, Sujet und Darstellung dämpfenden ›realistischen‹ Inszenierungen von ›Erdgeist‹ und ›Frühlings Erwachen‹ (1907) hatte er 1911 mit der Inszenierung des ›König Nicolo‹ (den Jeßner am 25. 4. 1924 auch in Berlin wiederholte) eine Symbolisierung der Szene, eine Neutralisierung des Schauplatzes und eine Verschärfung der Figuren begonnen. Konsequent waren diese Versuche in Jeßners ›Keith‹-Inszenierung von 1914 entwickelt worden. Vor einheitlicher Farbfläche wurde eine Jagd von Schatten inszeniert. »Jeßner« (so schrieb I. K. im ›Hamburger Fremdenblatt‹ vom 27. 5. 1914) »hatte die stilistische Verwandtschaft des Autors mit Th. Th. Heine ... wirkungsvoll ausgebeutet. Aber es war eine höchst raffinierte Primitivität, die sich da auf der Bühne offenbarte ... die den Groteskstil Wedekinds zu treffen wußte.« Wedekind war mit diesem Keith und der Königsberger Inszenierung des ›Hetman‹ nicht mehr einverstanden. Er rügte das überschnelle Tempo und das Weglassen der vorgeschriebenen Dekorationen (Briefe II, Nr. 460 und 467) – aber Jeßner hat an Wedekinds Stücken seinen Stil entwickelt. Die Berliner Inszenierung war die Vollendung dieses Stils durch erstrangige Schauspieler. Das lange Nachwirken dieser Inszenierung bestätigte Monty Jacobs 1925 in seiner Rezension von K.-H. Martins Inszenierung der Wedekindschen ›Franziska‹ am Deutschen Volkstheater Wien: »Seit Jeßners ›Marquis von Keith‹ haben die Regisseure begriffen, daß Wedekind nicht in der gleichen Zimmerluft gespielt werden kann wie Blumenthal und Sardou: von diesem Jeßnerschen Versuch hat Martin das Tempo, den Trommelwirbel, die Courage zum phantastischen Schauplatz angenommen« (›Vossische Zeitung‹, 4. 4. 1925).

Emil Faktor, Berliner Börsen-Courier 13. 3. 1920

Es wehte Erfolgluft. Der auf drei voneinander unabhängigen Bühnen sich abspielende Wedekindzyklus dieser Woche erklomm einen Höhepunkt. [...] ein Durchbruch alles Steifgewordenen und Hergebrachten, [...] ein neuer Aufriß von Möglichkeiten. [...] Wedekind selber hätte vermutlich dieser Aufführung den Preis vor der eigenen zuerkannt. [...] wo der Grundgedanke der

gestrigen Aufführung sich durchsetzte, war er von erfrischender Kraft [...] dem Charakter des Werkes entsprossen.
Die gestrige Keith-Aufführung war unleugbar [...] originell. [...] Jeßners Inszenierung sucht und findet die Begründung in der Besonderheit des Werkes. Er sagte sich, als er Wedekind vornahm: sein Schauspiel ›Der Marquis von Keith‹ bewegt sich auf imaginärem Boden, seine Gestalten sind halb Menschen, halb Gespenster in Umrißlinien gesehen, seine Handlungen sind Übersichten über die Tollheit und Unwahrscheinlichkeit des Daseins.
Aus dieser literarischen Diagnose heraus schuf er sich das Bild der Vorstellung. Es wurde eine Komposition in Schwarz und Weiß, (im Gründungsfest des dritten Aufzuges zu Schwarz-Rot gesteigert): weiß die Wände, schwarz das Luftgewölbe darüber, schwarz auch die Mensch-Silhouetten, die heranhuschten und wegzappelten, die im heißen Tempo Reden loswirbelten, die aufeinander zusprangen und gar nicht Fleisch und Blut zu sein schienen, sondern etwas Drittes, das in ihnen geisterte, sie besessener, kurioser, heftiger, komischer und noch unberechenbarer machte, als es Geschöpfe eines Dichters zu sein pflegen. Ein paar plumpe Gestalten freilich, die drei wackeren Münchener mit Bierbäuchen, die der Marquis von Keith die Karyatiden seines Feenpalastes nennt, hatten auch bei Jeßner etwas Diesseitigeres und für sie wohl hauptsächlich waren die Bauernstühle aufgestellt, mit denen die von Emil Pirchan stammende Dekoration den unteren Bühnenprospekt abschloß, während oben auf der zweistufigen Oberbühne die Träger der dunklen Illusionskostüme auch mit dunklen und recht sparsamen Phantasiemöbeln auskamen.
Dieser Wedekind – sagte sich Jeßner weiter – hat seine Vergangenheit, die unter den elf Scharfrichtern kauerte, niemals ganz abgestreift. Und dieses Stückchen Bänkelsängertum haftet immer und überall seinen Werken an. Und so symbolisiert es Jeßner diesmal durch Trümpfe der Fixigkeit. Ist das ganze Schauspiel auf Tempo gestellt, wie erst das Kommen und der Abgang der Personen! Ihr Eintritt erfolgt unter Trommelwirbel und ähnlichen Sensationsgeräuschen. Und wenn beim Gründungsfest getanzt wird, sieht man eine wild gehexte Kombination der Tanzexotik. Jeßner will etwas und er kann es. Bewußt oder unbewußt ergeben sich neue, höchst willkommene Motivierungen all dessen, was man an Wedekind sprunghaft oder Aneinandervorbireden, nannte. Und um so schärfer heben sich die Situationen ab, die zusammenfassen und das scheinbar Regellose binden. Die Schärfegrade dieses Schauspiels sind niemals besser zum Vorschein gekommen.
Das Jeßnersche Regieproblem setzt sich nicht bei jedem Darsteller restlos um. Und selbst wenn es wie von dem Hauptdarsteller Kortner begriffen und oft ausgekostet wurde – es gab nicht wenig Augenblicke, wo dieser ausdrucksstarke Künstler von dem Tempo abkam und statt des schlagfertigen Großstadtabenteurers einen besorgt brütenden Bastard Shakespeareschen Stiles hinlegte. Eine so kecke Auffassung darf aber nur aufs Ganze gehen. Auch hätte Kortners Hochstapler ein paar Tropfen mehr Humor vertragen. Was er gab, war ganz gewiß eine starke persönliche Leistung, aber unsereins gerät immer wieder in die Erinnerung an Wedekind selber, der (freilich als der einzige seines Ensembles) vorzüglich zu der Jeßnerschen Inszenierung gepaßt hätte. Und dann noch eins: ein Hauptpartner des Marquis war der Ernst Schilz des Lothar Müthel, der sich der Silhouettenidee mit äußerst gespannten Nerven hingab. Man fühlte Kontraste, die zwischen dem jungen Darstel-

ler und seinem etwas älteren Kollegen beinahe wie Generationsunterschiede wirkten.
Im übrigen war auch Müthel nicht allzu gleichmäßig. Seine Hauptenergie schien sich im ersten Aufzuge aufzuzehren, um dann erst im Schlußakte wieder Feuer zu fangen. Während Müthel, als er noch bei Reinhardt war, sich an Moissi anlehnte, ist jetzt Werner Krauß sein Vorbild. Es kann diese Neuorientierung, wenn sie seine Entwicklung zur Selbständigkeit nicht hindert, sein Glück sein. Sehr viel wußte Frau Durieux mit den Anregungen der Hurtigkeitsbühne anzufangen. Sie trug ins Schwarz-Weiß den brennenden Glanz eines feuerroten Lockenhaarschopfes hinein, sie ordnete sich ein, wie wir es schon lange nicht mehr bei ihr sahen. Und selbstverständlich ging bei diesem Anpassungsverfahren nichts Individuelles verloren.
Prächtigste Stilerfüllung war auch der Kunstmaler des so wenig beschäftigten Jacob Tiedke. Er ist (schon weil er es nicht nötig hat) ein herrlicher Episodist. Auch mit Curt Vespermann wird Jeßner bei dem Neuaufbau des Ensembles keine Schwierigkeiten haben.
Die gelungene und sehr anregende Aufführung fand den lebhaftesten Beifall des Hauses. Die Stimmung blieb diesmal von alldeutschen Radaubrüdern unangefochten. Jeßner wurde oft gerufen. [...]

Alfred Kerr, Berliner Tageblatt 25. 3. 1920
I
Wo sehr viel Wedekind ist – so im ›Marquis von Keith‹ –, steht sein Recht in Vollkraft. Doch etwas Seltsames vollzog sich. Bei Jeßner, im Schauspielhaus, war Wedekind nicht mehr Wedekind.
Jeßner zeigte nicht einen Stil – sondern häufte Stilisiertheiten faustdick über, unter, neben das Ganze. Wie absonderliche Trachten! Der Genußmensch, Graf Trautenau, ohne Kragen, die Binde auf dem bloßen Hals, schemenhaftes Matrosenjackett, unwirkliche Nimmerleinshosen. Alles auf der Andeutungsbühne. Kargheitspodium. Nur spanische Wände. (Ein Diwan fehlt im Zimmer des Keith? Undenkbar!) Alles fett symbolisch. Das Symbol aufs Butterbrot geschmiert.
Vor dem Rahmenbild vier bayerische Bauernstühle, weißblau, wie bei Aschinger, das deutet an: Schauplatz ist München. Trommelwirbel statt Klingeln. Absicht über Absicht – bei genial tobendem Tempo.
II
In alledem steckt ein Grundfehler. Nicht Andeutungen der Unwirklichkeit, etwa durch gelegentliches Flimmern. Sondern: »Großer Flimmer- und Flitzabend«. Von sieben bis zehn echtester Cagliostro-Märchenstil in bisher nie dagewesenem Umfang. Ausstellung von schwirrendster Husch-Husch-Phantastik mit Benutzung einer Idee von Wedekind.
Alles verfehlt. Alles grundfalsch. Nur staunenswert als... losgelöste Leistung.
Warum verfehlt?
Weil hier kein Gegensatz mehr erfolgt. Und weil Wedekinds Humor doch auf einem Gegensatz ruht: auf gelegentlichem Durchbrechen der taghellen Wirklichkeit durch den phantastischen Seitensprung. So aber wird kein Durchbrechen und kein Seitensprung möglich, weil die ganze Aufmachung schon ein phantastischer Seitensprung ist – von vornherein... Deutlicher; das Abwei-

chen von der Wirklichkeit geschieht bei Jeßner in der Sekunde, wo der Vorhang aufgeht – und dauert bis zum Schluß. Da kann ja nichts durchbrochen werden! (Es besteht also kein Gegensatz mehr zwischen dem richtigen Alltag und einem Dazwischenblitzen. Denn es ist nie ein Alltag da – bei Jeßner. Ecco.) Völlig verfehlt – aber als Leistung stupend.

III
Nein: als Leistung stupend, aber völlig verfehlt. Jeßner verwechselt letzten Endes die Darstellung eines Stücks mit Glossen über ein Stück. Die soll der Zuschauer machen!! Die Darstellung hat nur die Grundlage zu liefern. (Greift aber die Darstellung dem Zuschauer alles vorweg, so ist es die Agonie von Wedekinds Humor.)
»Bei Wedekind müssen die Darsteller ernst sein. Damit man ... gewissermaßen unfreiwillig über die ernste Situation lacht. Nichts dürfen die Schauspieler vorwegnehmen – nicht etwa zwinkern: jetzt spielt eine ulkige Sache ... Sondern wir allein sollen es ulkig finden.« So schrieb ich es in dem Buche ›Das Mimenreich‹.
Der Regisseur soll auch nicht zwinkern: »Es ist phantastisch.« Sondern wir allein sollen es (zwischendurch) phantastisch finden.
Jeßner zwinkert nicht, sondern brüllt schon mehr: »Ha, wie phantastisch alles bei mir ist – von A bis Z!«
Jeßner braucht, in summa, das volle Geschütz des handwerklichen Expressionismus. Wedekind ist aber kein Expressionist gewesen. Sondern ein Gelegenheitsexpressionist. Hier Jeßners Irrtum ... Was er macht, ist falsch. Doch wie er's macht, ist glänzend.

IV
Fritz Kortner: ein Feuer, das sich verzehrt. Er durchseelte den Hochstapler Keith mit allem Furioso der Willensübertragung; mit aller Zerrüttung beim Zusammenbruch ... und allem Aufwärtsdrang zum Weiterschuften.
Ein Stehaufmensch, herrlich. Am stärksten war er – das spricht für ihn – im Niedersinken: mit einer großen funebren Einfachheit.
Glückstifter ... und glücklos. (Doch im siebenten Akt, im elften Akt wird er das Glück vergewaltigen.)
Die Durieux wirkte hier wundervoll. Im roten Haar. Mit vorgesträubtem Antlitz. Und mit Frauenzimmerhartheit zuletzt.
(Herr Müthel, welcher den Genußmenschen gab, hat geschrien und geheult. Statt arglos zu sein; statt hierdurch zu lächern ... und wie Gregers Werle, der Idealistenschlemihl, zu erschüttern.

Norbert Falk, BZ am Mittag, Berlin, 25. 3. 1920

[...]
Das Stück wurde bisher in Berlin mit den Mitteln des Naturalismus gespielt, nicht anders als etwa der ›Biberpelz‹. Jeßner erkennt nun nicht nur in Wedekinds Dramatik den grotesk abrupten Vorläufer des dramatischen Expressionismus, er zieht auch aus solcher Erkenntnis die dramaturgische Konsequenz. Er nimmt die Motive auf, entwickelt sie, steigert die trocken hinhuschende Szenenfolge zur schattenhaft gespensternden Hanswurstiade. Eine bizarre Schwarzweißredoute; schwarze Silhouetten von schnörkeligstem Schnitt zap-

peln sich vor grellweißen oder feuerroten Hintergründen ab; Smokings mit grotesken Samtkragen, breite Pantalons umschlottern Rumpf und Bein des Marquis und des Genußmenschen Scholz; ein schwarzer Tisch mit dünnbeinigen schwarzen Stühlchen ist das gesamte Mobiliar der fünf Akte; Böllerschüsse krachen; ein Gartenfest; Trommelwirbel kündigt Besuch an; Diener springen durch die Türen, das sind die Clowns. Hier stürmt Jeßner schon über die Parodie (ich habe sie schon 1905 bei der zweiten naturalistischen Inszenierung dieses antinaturalistischen Stücks gefordert) hinaus, sucht das Satanistische dieser gegenbürgerlichen, ›genialisches‹ Wildererturm glorifizierenden Apotheose mit ihren schwefelgelben Strahlenbündeln. Er faßt es am stärksten in einem kurzen Tanzrhythmus dieses Wirbels der Schattenrisse.

Er würde nur noch den großen dämonischen Schauspieler haben müssen. Den hat er nicht. Aber immerhin einen sehr nervösen, entzündeten: Kortner. Der ist voll Gespanntheit und unerschöpflich an Entladungen. Im ersten Akt schon heiser geschrien und in jedem der folgenden wieder im Besitz einer schneidenden, peitschenden Stimme, die alles antreibt, vor sich hintreibt; die Stimme des Stallmeisters, der in der Manege eine Quadrille von Rappen kommandiert. Der überlegene Witz fehlt ihm, das Lachen ist ihm versagt. Jeßner läßt auch die anderen Darsteller viel Organ geben, sucht in den Stimmen ein akustisches Gegenstück zu den grellen Paravents und zu der kraß verschnederten Tracht. Auch Lothar Müthel, ganz Nerv, kränkelnder Nerv, schreit als Scholz Empfindungen und Sentenzen aus aufgewühlten Tiefen eines verwirrten Gemüts heraus. Tilla Durieux (knallrot lodernde Perücke, zinnoberroter Mund im kalk geschminkten Kolombinengesicht) hat die Geistigkeit für eine Werdenfels, auch die Kühle, durch die eine stets wache Erotik flackert. In die Stilisiertheit des Ganzen setzt Jeßner grob-naturalistisch die Bierbäuche der Feenpalast-Aktionäre. Das gibt einen gewollten Stilbruch; die Trivialität reinen Spießertums ist noch niemals sinnfälliger von gesteigerten Menschen abgehoben worden.

Herbert Ihering, Der Tag, Berlin, 13. 3. 1920

Als die Tribüne Wedekinds ›Franziska‹ aufführte, erwartete man, daß [...] Wedekind auf seinen Bühnenstil zurückgeführt werden würde. Daß die letzte Steigerung der Sprache, die wollüstige Intensität der Rede, die Abstraktion des Geschehens kraß und nackt hervorfahren, daß der Text, an sich selbst wild geworden, dem Publikum an die Kehle springen, daß er ausschlagen und rasen müßte.

Diese Forderung erfüllte aber mit der ›Franziska‹ nicht die Tribüne (obwohl deren Bühnenform: das Podium, ihr entgegenkam), sondern das Staatliche Schauspielhaus mit dem ›Marquis von Keith‹. Leopold Jeßner gibt das Münchner Hochstaplerstück mit Tschingtara-Bumbum. Tempo ist alles. Trommelwirbel sprengen weiße oder rote Türen auf, die über sich, hinter sich schwarze Unendlichkeit haben, und werfen schwarzgekleidete Menschen auf schwarzes Podium und schwarze Stühle. Die Energie des Auftritts bleibt die Energie der Rede. Die Personen sprechen, donnern, rasen aneinander vorbei. Sie wühlen die Worte aus dem Körper und den Körper in die Worte. Das Gespräch hat die Glut der zelotischen Predigt und die Elektrizität der zynischen Pointe. Es

ist tragisch-geschwollen, sarkastisch-hart und witzig-scharf. Geräusche sind Schüsse, Paukenschläge und Orchestergetön. Ein Fest wird zum tobenden Cancan. »Das Leben ist eine Rutschbahn«, sagt der Marquis von Keith. Und auf dieses Wort hin war das Stück inszeniert.
Ist Jeßner seiner eigenen Idee immer gerecht geworden? Das Tempo hat er durchgesetzt, die Gliederung nicht immer. Gerade der Plakatstil erfordert präziseste Verteilung der sprachlichen Gewichte. Daß die alten Mitglieder des Staatstheaters ungenau waren, ist begreiflich. Aber auch die jüngeren blieben hinter dem Anlauf zurück. Man erhielt den Eindruck, daß der Regisseur zwar seinen Einfall durchsetzte, aber die letzte Konsequenz seines Einfalls selbst nicht kannte. Diese Konsequenz hätte geheißen: Herausschleuderung des Menschlichen gerade durch Plakatierung. Durch letzte Intensitätssteigerung wäre die Grellheit Mittel geworden, Seelisches hervorzustoßen. Gliederung hätte das Tempo zur Befreiung innerer Energien gebracht. Jeßners Regie aber revolutionierte nur die Form des Wedekind-Spiels. Sie wirkte manchmal als (überwältigender) Bluff. Und hätte diese Einseitigkeit der Wirkung nicht nötig gehabt. Denn die Überzeichnung braucht Menschliches nicht aufzuheben oder zu verflachen. Sie ist nur ein anderer Weg, es auszudrücken. Es zu konzentrieren, indem sie es über alle Grenzen hinaustreibt. Es aggresiv zu machen, indem sie es Körper und Geste werden läßt.
Wenn die Kraft verteilt, die Menschenstimmen kontrastiert, die Tonfolgen rhythmisiert wären, wäre man über andere Brüche in der Inszenierung hinweggekommen, wie darüber, daß die realistischen Münchner Volkstypen, die vor dem zweistufigen Podium spielten, auf dem die fanatisierten Figuren agierten, versagten. Die Anordnung war witzig und berechtigt. Aber Jeßner hatte für die tiefer gesetzte Philisterwelt nur die abgründigen Organschauspieler des alten Schauspielhauses. So entstand gegen seinen Gedanken das berühmte Allerweltschargenspiel, über das die Simba von Else Schreiber wenigstens durch Tempo hinwegkam.
Herr Kortner gab den Marquis. Sein außerordentliches Temperament brach prachtvoll auf. Sein üppiges Schauspielertum entfaltete sich ganz. Seine mimische Phantasie wurde Sprengstoff. Aber Kortner fehlte für die letzte Erfüllung die Beherrschung des Körpers. Seine Intensität ließ nach, weil die Sätze nicht aus der gestrafften Energie des Leibes kamen. Es gab Zufälliges und Beiläufiges. Herr Kortner sah (zum Beispiel) erst nach dem Stuhl hin, bevor er sich setzte, statt sich im Rhythmus des Wortes und der Gebärde auf ihn zu werfen. Er legte Spiel ein und wurde eindeutig tragisch, statt den Ernst mit Sarkasmus zu unterminieren. Herr Kortner müßte für Wedekind kürzer, schärfer werden. Er gab eine reiche, farbige, aber keine präzise, straffe Leistung. Diese gab Herr Müthel als düsterer tragikomischer Genußmensch Scholz. Er holte die Sätze aus der gespannten Energie seines Körpers. Jeder verstärkte, verdickte, übersteigerte Ton saß, weil die Spannung der Glieder ihn notwendig sprach. Herr Müthel gab mit seiner Leistung nicht nur ein Beispiel für die Möglichkeit dieser Wedekind-Inszenierung, sondern auch für die Möglichkeit der neuen Schauspielkunst überhaupt, für die es nur ein Kriterium gibt: Intensität.
Leopold Jeßner hat sich als Regisseur zum zweiten Male durchgesetzt. Er gab Außerordentliches, wenn man an die Wedekind-Aufführungen vor ihm denkt.

Gerhart Hauptmann   Der weiße Heiland
Uraufführung: Großes Schauspielhaus Berlin, 28. März 1920
Regie Karl-Heinz Martin

Als zweites der drei großen Dramen, die unter dem Eindruck des Ersten Weltkriegs entstanden, hatte Gerhart Hauptmann 1917 – nach der ›Winterballade‹ (s. d.) – den ›Weißen Heiland‹ beendet. Die historische Chronik über das verheerende Wirken des Spaniers Cortez in Mexiko wurde zu einer Passionsgeschichte des mexikanischen Kaisers Montezuma, die Hauptmanns »tiefe Verzweiflung an den Menschen und am Christentum zeigt« (A. Eloesser). Das 1912 als ein Anruf zum Verzicht auf Gewalt begonnene Stück vertiefte sich unter den Erlebnissen des Krieges zur Fabel eines großen politischen Verbrechens. 1920, unter dem Eindruck der politischen Ereignisse (Versailler Vertrag, Maingaubesetzung durch französische Truppen) wurde es auch als Sinnbild für den Verrat an dem gutgläubigen deutschen Volk ausgelegt, das im Vertrauen auf die Erklärungen Wilsons die Waffen niedergelegt habe. Die Zuschauer repolitisierten und aktualisierten so eine Handlung, die Hauptmann zum Sinnbild entrückt hatte. – Daß Max Reinhardt die Uraufführung ins Große Schauspielhaus verlegte, kam weder dem Stück noch den Möglichkeiten des Großen Hauses entgegen. Reinhardt bot die Regie Ludwig Berger an, der ablehnte – dann Karl-Heinz Martin, der nach dem Scheitern seiner Pläne an der ›Tribüne‹ und am ›Proletarischen Theater‹ in das Deutsche Theater als Regisseur eingetreten war. Die Inszenierung des ›Weißen Heilands‹ war seine erste Regie im Großen Schauspielhaus. Sie war der Beginn einer langen Reihe von Inszenierungen dort, mit denen Martin zum zweiten ›Massenregisseur‹ Berlins wurde. (Inszenierungen Martins am Großen Schauspielhaus: Hasenclevers ›Antigone‹, 18. 4. 1920; Georg Kaisers ›Europa‹, 5. 11. 1920 [Urauff.]; Hauptmanns ›Florian Geyer‹, 5. 1. 1921; Hauptmanns ›Die Weber‹, 20. 6. 1921; Schillers ›Die Räuber‹, 26. 9. 1921; Goethes › Götz von Berlichingen‹, 7. 11. 1921; Ernst Tollers ›Maschinenstürmer‹, 30. 6. 1922).

Alfred Kerr, Berliner Tageblatt 29. 3. 1920
I
In diesem Werk fand Hauptmann zu seiner großen Linie zurück. Aber es ist immer noch lässig gearbeitet. Dies der Grundeindruck.
Welche Welt! Welche Namen! Die Welt: Museum für Völkerkunde. Die Namen: so wie Popocatepetl.
Hüben: Indianer. Drüben: Kastilianer. Hier Wilde, dort Christen. Damit wäre die Schicht bezeichnet.
Tiefer Sinn, Idee, Unterklang: die Wilden sind Christen; die Christen sind Wilde. (Nicht ganz – doch praeter-propter.)
II
Auf der einen Seite steht also Montezuma. Kaiser von Mexiko und von Gottes Gnaden. Dieser Narr hofft auf die Wiederkunft und Niederkunft seiner Ahnengötter: der Messiasse, der Heilande.
Montezuma glaubt an eines Heilands Nahen, als ... wer landet? Als Ferdi-

nand Cortez landet. Cortez, der weißhäutige ›Heiland‹, rottet Montezumas Volk aus und quält ihn zu Tode.
Durch den Heilandsglauben ist einer getäuscht worden. Sogar bestraft. Nicht nur Sühne für Torheit liegt hierin, sondern das Trauerspiel reiner Gutgläubigkeit. Hoffender Einfalt. Harmlosen Freimuts. Williger Unschuld. Am letzten Ende: das Trauerspiel der schöneren Menschlichkeit.

III
Dem Montezuma gegenüber steht Cortez. Wer war dieser Kerl? Ein Musterbeispiel schmierigen Junkertums – er hat Amerika zwar nicht entdeckt, dafür ist er zu dumm; jedoch es geschröpft und drangsaliert, dazu reicht's. Der freche Schmierian (lies: geborene Herrennatur), die unproduktive Wanze, der plumpe Gewaltschmarotzer (lies: Verwaltungstalent)... wollte sagen: der Ritter Cortez, nachdem ein anderer Amerika gefunden, kommt, zertrampelt ausbeuterisch-roh eine Kultur (lies: Übermensch). Als treuer Monarchist will er den Montezuma seinem kaiserlichen Herrn ausgestopft überliefern (lies: Aristokrat).

IV
Montezuma ist offenmütig; arglos; ein Träumer. Er sieht Gutes in den Kömmlingen – welche doch Schädlinge sind. Er hat etwas von einem Pinguin. [...]
Montezuma war ein Esel, daß er sich Illusionen hingab. Er wird entwürdigt, seelisch bespieen, von Soldaten geohrfeigt, wie eine Puppe weggeschleppt. Hier schuf Hauptmann ein großes tragisches Sinnbild für die Macht des Brutalen in der Welt... Mag es nicht nur als platonisches Sinnbild nachdenklich stimmen, sondern als Warnung Taten zeitigen.

V
Ja, Montezuma, um den eine edle Trauer strömt, die Großmut der stilleren Menschen, die höhere Gutartigkeit: dieser Heide hier ist ein von Spaniern Gekreuzigter. [...]
Der Pinguin wird zur Strecke gebracht – das steht fest. Und ein einziger von den Spaniern fühlt allen Irrsinn menschlicher Raffgier, menschlichen Hastens, frommen Schwindelns... zugleich, hiervon jenseits, die große wunderbare Unschuldstragödie. Das Heilige daran. Dieser eine Spanier ist von Beruf Poet. Hauptmann, Gerhart, von Beruf dessengleichen.

VI
Hauptmann gab jetzt vierfüßige Trochäen wie Calderon. [...] Nur bisweilen ist hier die Sprache gedämmt und gesichert. Oft zufallsbreit. [...]
Das ganze Werk ist wieder nicht fertiggemacht. Doch fertiger als die letzten. Spreu und Weizen durcheinander. Hauptmannscher Weizen ist immer dabei. Ja, eine fast euripideische Tragik – welche die Menschen zum Menschlichwerden leitet. Und hoffentlich zum Widerstand. Hauptmann findet nach Abirrungen seine große Linie.

VII
Wenn von der möglichen Wirkung nur ein Viertel herauskam, trug der zersplitternde Raum den größten Teil der Schuld. Einfalt, treuherziges Erliegen und Versinken, arglose Tragik – die hier belangvollsten Punkte lassen sich in keinem Dreitausendmenschenhaus zum Bewußtsein bringen... mit irgendeinem zarteren Einzelzug.
Wiederholet kurz entschlossen das Werk im Deutschen Theater: so wird zwar

die Begegnung der Kastilier mit dem Rothäuten (die einen zur ebenen Erde, die andren wandartig getürmt) geringere Möglichkeiten des Hochbaus in der veredelten Zirkuspantomime zeigen – aber der Betrachter wird vom seelischen Vorgang in Montezuma, diesem reinen, verträumten Spätling, mehr erschüttert sein.

Herr K.-H. Martin beherrscht auch kleinere Räume sicherer als riesige.

Moissi gab nur den Spätling. Viel zu sehr trippelndes Hutzelweib, von einem Bein aufs andere hüpfend; viel zu sehr einen auffallenden »letzten Azteken« ... statt eines kindergleich gutartigen Traumgeschöpfes; statt eines abseitigen Märtyrers. [...]

Jannings, welcher den Cortez verleiblichen wollte, war in irgend etwas wie ein Magistratsbeamter. Vielleicht in der Stimme, worin Zimmerluft lag. (Nase ausbrennen! Die Öffnung reicht nicht für diesen Raum.) Und so eine Beobachtung tut seinem sonstigen Werte keinen Abtrag.

Frau Jannings gab anmutig das indianische Botenmädel Marina. Auch die kommt schon in Eduard Stuckens wertvollem Roman ›Die weißen Götter‹ vor, der Hauptmanns Gegenstand behandelt.

Die Musik von Max Marschalk fand ausgezeichnete, fremde Farbstimmungen. Auch Sterns Pinsel – der quoad Mexiko, in seinem Fahrwasser gewesen ist.

Norbert Falk, BZ am Mittag, Berlin, 29. 3. 1920

Diese ›dramatische Phantasie‹, fremdartigbunt, ist nicht recht dramatisch und weniger mit freier Phantasie gestaltet als dem historischen Bericht folgend, und zwar so genau folgend, daß die Bilderreihe ganz chronikalisch-episch wirkt; daran ändern die Theatralik einzelner Szenen und die zugespitzte Effektrede nichts. Erst im fünften Abschnitt (das ganze Werk ist in elf, auf der Bühne in acht Abschnitte geteilt), stellt sich die erste wirklich dramatische Aktion ein. Hier allerdings mit besonderer innerer Bewegtheit. Es ist der Moment, in welchem der mexikanische Heidenpriester den im Tempel des menschenopferheischenden Kriegsgottes vorstürmenden katholischen Spaniern ein aztekisches Kreuz entgegenhält und im Fackelschein das Kultbild des Cihua-Coatl, der mexikanischen Schmerzensmutter mit dem Kindlein im Arm sichtbar wird. »Wunder! Wunder!« rufen die Spanier und sinken in die Knie. Sie sind vom Wunder berührt, aber es wirkt bald nur wie Blendwerk auf sie; weder in dem kühlen Hernando Cortez, der als Karls V. abenteuernder General das friedliche Heidenland der alten Mexikaner zu unterwerfen kam, der nur erobern, Gold rauben, bekehren will, noch in seinen schwertgewandten Genossen dämmert auch nur der Schimmer einer Erkenntnis, daß zwischen dem mexikanischen Lichtgott, [...] und dem auf Golgatha [...] gestorbenen Erlöser eine geheimnisvolle Beziehung bestehen muß, die auf eine Weltversöhnung, ein Allmenschentum hinweist.

Der Gottsucher Hauptmann hat hier ein großes Gleichnis in einem starken Bilde ausgesprochen. Und um dieser Szene willen, der seltsamen Verwandtschaft mexikanischer Mythenmotive mit biblischen Geschehnissen und christlichen Symbolen wegen hat Hauptmann dieses in eine lockere Szenenreihe gegliederte Gedicht vom Untergang des alten Mexiko und seines letzten Kaisers geschrieben. Ganz verwühlt in Aztekensagen und mexikanische Kulte hat er sich und sein Werk so beschwert mit seinem Wissen um die Dinge, daß das Drama des Zusammenpralls zweier Kulturen nicht aufwuchs, daß das Spiel und Gegenspiel: Cortez-Montezuma einen schematischen Ablauf erhielt und das Schicksal des heilsgläubigen Kaisers in einer epischen Passionsgeschichte lyrisch-weich abgeschildert erscheint. Dem Seelendrama des leidschmelzenden Montezuma wie den Calderon-Grillparzerschen Trochäen erweist sich die weite Arena des Großen Schauspielhauses wenig fördersam, wenngleich die religiösen Tanzfeste, Kampfgewühl, die Zeremonien, klirrende Spanierauftritte sich im Zirkus ›raumfüllend‹ entfalten könnten und der Todeskampf eines vergewaltigten Volkes vieltöniger verröcheln müßte. Karl-Heinz Martin, der Regisseur des Werkes, hat, seinem Andeutungssystem treu, diese Möglichkeiten nicht genützt; er ist sehr sparsam, zumal in den letzten entscheidenden Szenen, die so zusammengepreßt sind, daß ihre schöne Klarheit leidet. Martin sammelt nicht das vom Dichter Zerstreute, er treibt es noch weiter auseinander.

Das Seelendrama Montezumas verhallt im weiten Raum, die Szenen der Masse, für die er eigens gebaut, entfalten sich nicht, kaum eine Idee für ihre Entfaltung wird erkennbar, – wozu dann dieses Gedicht im Zirkus statt auf der konzentrierenden Normalbühne? – Ernst Stern hat die mexikanischen Figurinen mit barbarischen Farben und grellen Zeichen, mit gezähnten Masken und wehenden Federbüschen bunt, seltsam, und wahrscheinlich archäologisch treu gemalt, also dann eigentlich naturalistisch [...]; mitten hinein dann eine mexikanische Landschaft mit expressionistischen Bäumen und einem expressionistisch gezackten Wasser.

[...] Erst wenn dem entmachteten Kaiser das geschändete Ornat des Sonnenreiches angezogen und er unter Mißhandlungen auf die Schanze geschleppt wird, um beruhigend auf sein Volk zu wirken und Montezuma sich opfert und stirbt, erhält des Dichters Idee plastische Prägung.
[...] Moissis Feinnervigkeit und lyrische Weichheit kommt der mild passiven Gestalt des mystisch ergebenen Montezuma wundersam entgegen. Im kranken Zappelschritt, zart und behend, wird des Blutes Entartung in der dekadenten Herrscherfigur deutlich. Traurig, fast erschütternd, wenn die Sterne in den Augen des verblendet Gewesenen erwachen, wenn er, betrogen um Land, um Gott, um sich selbst, sich todeswund fühlt, wie der »pfeildurchschossene Kondor kläglich hüpft, auf der Erde seine blutigen Flügel schleifend«. Ihm steht in Jannings' Cortez kein strahlender Lichtgott, wohl aber ein brutal auf sein Ziel losgehender, mitleidslos niedertretender Kriegsmann und Hidalgo gegenüber. [...] Die Spanier in glänzenden Harnischen lärmen kriegerisch [...]. Deutlich sprechen, das war die Absicht des Spielleiters; den Raumverhältnissen entsprechend, wurde zumeist Geschrei daraus. [...]

Herbert Ihering, Berliner Börsen-Courier 29. 3. 1920

Zeiten, die den Zusammenbruch alter und den Sieg neuer Kulturen heraufführten, sind dramatisch dankbar, weil das Menschenschicksal sich symbolisiert und das Symbol sich vermenschlicht. Bei Hebbel, der Gyges, Herodes und

die Nibelungen auf diese Scheibe stellte, war das geistige Erlebnis das erste. Bei Hauptmann, der im ›Florian Geyer‹, im ›Weißen Heiland‹ und – von der Zukunft her gesehen – auch in einigen modernen Dramen, auf diese Zeitfarbe stößt, das menschliche. Hebbel bohrte sich heftig, gewaltsam, glühend in die Schächte des Menschlichen hinab. Steigt Hauptmann im ›Weißen Heiland‹ ins Symbolisch-Geistige hinauf?
[...]
Die Überlieferung gab Hauptmann den Heilandsmythos der Azteken, den Glauben an die überwindende Heiligkeit des Leidens, an die Kreuzes- und Gottesmuttersage. In sich selbst trug der Dichter das Bild vom Kaiser Montezuma. Dessen Menschentum zu gestalten, und durch Gestaltung in der Probe der überlieferten Symbole zu bewähren, mußte sein Wille sein. Aber er hat diesen Willen nicht erkannt oder nicht ausreifen lassen. Denn er ist nicht bis zu Übersetzung in Sprache und Bild vorgedrungen.
Hauptmann hat selten den Zwang des Gesetzes gespürt, den Rhythmus und Versmaß in sich tragen. Er gibt (wie in seinem letzten Drama ›Indipohdi‹) das Ausstrahlen der Atmosphäre, die die Verse umhüllt und nicht freigibt. Im ›Weißen Heiland‹ aber hat er weder Rhythmus noch Atmosphäre. Der spanische Trochäus kann, wenn er beherrscht wird, tropische Pracht in das steife Gleichmaß höfischer Zeremonie bannen. Hauptmann skandiert, stolpert, überwindet den starrsten Vers nicht durch Gliederung, sondern durch Willkür. Es ist grausam, wie verantwortungslos sich ein deutscher Dichter der Sprache verschließt. Diese Verse sind leichtfertige Prosa, leichtfertig abgeteilt und abgeschnitten. Sie haben weder die Kraft zum Bild, noch zur Sachlichkeit. Ihre Bilder sind exotischer Schmuck, ihre Sachlichkeit ist Banalität.
Die Kraftlosigkeit der Diktion macht an dem dichterischen Erlebnis irre. Sollte weder der Mensch noch die Sage am Anfang dieses Schauspiels gestanden haben, sondern die Direktion des Deutschen Theaters? Sollte der Kaiser Montezuma aus dem Eindruck von Moissis Tolstoirollen, die Szenerie aus dem Gedanken an das Große Schauspielhaus geboren sein? Das Schema ist erkennbar, das Plakat deutlich, das Klischee verräterisch. ›Der weiße Heiland‹ ist keine dramatische Phantasie, sondern ein schwacher Operntext. Denn das Theater rächt sich (wie fast immer, wenn es mit einer edleren Begabung zusammenstößt). ›Der weiße Heiland‹ wurde keine Aufgabe für Schauspieler und Regisseure, sondern für Sänger und Komponisten. Er verlangt nicht nach Reinhardt, sondern nach Meyerbeer.
Deshalb ist Karl-Heinz Martin kein Vorwurf zu machen, wenn er resigniert und sich – auf den Grafen Hülsen verläßt. Seiner auf Knappheit und Stoßkraft, auf gedrängte, geladene Szenen, auf abgerissene Fragmente angewiesenen Begabung liegt die geschwungene, planlose, weitlaufende Linienführung dieser Bilderreihe nicht. Trotzdem war seine Intensität, seine Schärfe, an mancher zusammengerissenen Gruppierung, an manchem angezogenen Tempo zu erkennen. Das Menschliche konnte nicht herauskommen (für das Martin allerdings auch kein Regisseur gewesen wäre, wenn es die reine Wärme des früheren Hauptmann gehabt hätte).
Moissi gab den Kaiser. Er hatte aus sich selbst oder durch den Regisseur das äußere Bild der Gestalt. Er hüpfte wie ein kranker Vogel. Er fiel zusammen, schlug mit den Armen wie mit wunden Flügeln. Er sang, tanzte, zitterte und verlosch. Aber diese auf Feinheit und Naivität angelegte Gestaltung hätte nur

wirken können, wenn sie in sich naiv gewesen wäre. Moissi machte Kindlichkeit mit Mätzchen. Er gab Primitivität virtuos, und näherte die Figur, die in dieser Anlage von einem stilleren Schauspieler gespielt, ergreifen könnte, der Parodie. Moissi wurde albern, wo er simpel, lächerlich, wo er rührend und peinlich, wo er christushaft wirken sollte.

Jannings spielte die schablonenhafte Figur des Cortez. Es war interessant, ihn in einer Rolle zu sehen, die seinen Kreis nach dem höheren Drama erweiterte. Aber so knapp und sachlich er blieb, er hätte den Ton (auch für das große Haus) variieren müssen. So wiederholte er sich und gab einen spanischen Agrarier. Er spielte Ludendorff.

Raoul Lange war für einen jungen spanischen Granden von Martin auf schärferen sprachlichen und körperlichen Ausdruck gebracht. Nur in der Erregung verfiel er seinen phonetischen Künsten. Hans Schweikart ist nicht für deklamatorische jugendliche Helden wie den Sohn des Kaisers bestimmt. Er drückte nach und überspannte sich. Er soll stillere Rollen spielen. Denn es war der schönste Augenblick des Abends, als er ergriffen sagte: »Wie so süß sind unseres Stammes heiligste Erinnerungen.« Auch Fritz Jeßner war trotz körperlicher Mattheit in stillen Augenblicken am sichersten.

Wann wird man endlich aufhören, für das Große Schauspielhaus Organe wie Josef Martin und Fritz Richard zu beanspruchen? Wann wird man dies Theater von der Buntheit Ernst Sterns, von Massenaufzügen und Brimborium befreien? Wann wird man nicht mehr Monumentalität mit Massivität, Deutlichkeit mit Lautheit, Bewegung mit Unruhe verwechseln? Wann wird man sich auf Architektur und Gliederung besinnen? Wann wird man wirklich das Programm erfüllen: den Menschen im Raum, den Menschen als Flamme, den Menschen als Schatten, den Menschen als Energie? Wann wird man den Regisseuren nicht Aufgaben des Arrangements, sondern der Rhythmisierung geben?

Eröffnung der Salzburger Festspiele

Hugo von Hofmannsthal ›Jedermann‹
Salzburg, Domplatz, 22. August 1920, Regie Max Reinhardt

Mit der Einrichtung jährlicher Festspiele in Salzburg wurden Pläne verwirklicht, die seit der Zentenarfeier für Mozart 1887 bestanden. Nach 1912 hatte sich Hugo von Hofmannsthal in werbenden Aufrufen wiederholt für die Verwirklichung dieser Pläne verwendet. Auch Max Reinhardt, der vor Kriegsausbruch dem Kaiser noch die Einrichtung von Festspielen in Hellabrunn vorgeschlagen hatte, wandte sich Salzburg zu, zusammen mit dem Bühnenbildner Alfred Roller und dem Komponisten Richard Strauss. – Hofmannsthal, Reinhardt, Roller und Strauss – seit der Uraufführung von Hofmannsthal/Strauss' ›Rosenkavalier‹ in Dresden 1911 freundschaftlich eng verbunden – bildeten zusammen mit dem Dirigenten und Operndirektor Franz Schalk den ersten Kunstrat. – Für Max Reinhardt wurde der Beginn der Festspiele in Salzburg und deren Entwicklung mit ein Grund, sich aus seinen Berliner Theatern zurückzuziehen. Er hatte 1918 das Schloß Leopoldskron gekauft, 1919 dort schon mehrere Monate verbracht. Von Leopoldskron aus (und im Schloß selbst) begann er jetzt seine Regiearbeit in Österreich. Universelles, festliches Theater: das war das von Hofmannsthal gegen die Zeit entworfene Programm, das sowohl die barocke Idee des Welttheaters wie die mittelalterlichen Mysterien einbezog. Zur Eröffnung inszenierte Max Reinhardt auf dem Domplatz – ein eigenes Festspielhaus stand noch nicht zur Verfügung – Hofmannsthals ›Jedermann‹, den er 1911 schon im Berliner Zirkus Schumann inszeniert hatte, schon mit Moissi als Jedermann. Reinhardt hatte durchgesetzt, daß die Kirchenglocken nach Bedarf zum Spiel läuten und von den Kirchtürmen der Stadt das ›Jedermann‹ gerufen werden durfte. Die ganze Innenstadt wurde so in das Spiel einbezogen. – Die Festlichkeit der Uraufführung machte vergessen, daß in der Stadt eine Hungersnot herrschte, die zu Revolten führte. – Reinhardts Inszenierung, im Lauf der Jahre verschiedentlich umbesetzt, wurde zur traditionellen Darbietung der Festspiele. 1920 wurde sie viermal, bis zum Ausscheiden Max Reinhardts, das 1938 durch die deutsche Besetzung Österreichs erzwungen wurde, 107mal wiederholt. ›Jedermann‹ kam auch 1921 und von 1926 bis 1937 jedes Jahr in den Salzburger Festspielplan.

Joseph August Lux, München-Augsburger Abendzeitung 24. 8. 1920

In Salzburg ist die Vergangenheit stärker als die Gegenwart; glücklicherweise. Das Leben künstlerischer Jahrhunderte atmet in jedem Stein der alten Stadt. Drei Meister-Inszeneure, die Erzbischöfe Wolf Dietrich, Markus Sittichus und Paris Lodron gaben in der Hauptsache der Stadt ihre architektonische Schönheit. Die Ideen der großen italienischen Festdekorateure fanden hier ihren Niederschlag. Renaissance ist Raumkunst, Theater großen Stils; das Barock gibt die dekorative Note dazu, den Aufschwung ins Absolute. So ist die Stadt eigentlich ein Architekturtheater ersten Ranges, die engen Gassen sind Korridore, die Plätze Fürstensäle mit geschlossenen Wandungen, Konglomerate von solchen Prachtgemächern, deren künstlerisches Geheimnis in der wohlberechneten Schauvorbereitung, in der blendenden Raumentfaltung und vor allem in den wohlabgewogenen rhythmischen Verhältnissen nach dem Gesetz der göttlichen Proportion besteht, die Wandhöhe und Platzgröße auf ein menschlich faßliches Maß zurückführt, auf Abgrenzug, Ausruhepunkte und Harmonie aller Teile zum Raumganzen bedacht und auf diese Weise die Musik in der Architektur weckend. Brunnen, Plastik, Bäume werden der Raumidee unterstellt und orchestriert, so entstehen, im Geiste der alten Gartenkunst, Mirabell und Hellabrunn. Das Festtheater ist fertig, es fehlen die Menschen dazu [...] die heutigen Menschen passen schlecht in diesen stolzen Rahmen. Aber abends, wenn die Plätze menschenleer sind, in mondhellen Nächten, fangen die Steine zu leben an und atmen den Geist der großen Szenen aus Mozarts ›Don Juan‹; die süßen Schauer der Romantik wehen aus den Kulissen schmaler düstrer Gassen, wo die Gotik haust, Kulissen scheinen die Haus- und Palastfronten, kulissenhaft die Landschaft, die Mönchswand, die Hohenfeste, alles in allem eine Feerie.
Das Leben als Schauspiel ist dahin, nehmen wir das Schauspiel als Leben, um diese unvergleichliche architektonische Freilichtbühne theatralisch zu bevölkern! Es gibt kaum einen idealeren Rahmen in dieser an leeren Szenen so reichen Stadt als den Domplatz für dieses der flämischen Gotik entsprossene

altenglische Mysterium ›Jedermann‹, dieses auch für Kriegsgewinner so erbauliche Spiel vom Sterben des reichen Mannes, das wieder dorthin zurückverpflanzt ist, wo es hingehört, ins Freie vor die Kirche, wo es einst, wie vor der Westminster Abtei, von bedeutsamer geistlicher Hand geleitet, seine Wirkung aufs Volk als erziehliche Moralität tat... Hier spielen Dinge mit, die kein Theater gibt. Hier spielen die Kirchenglocken mit, die machtvollen Posaunenchöre, die kühlklare Domfassade, der Platz mit seinen wohl abgewogenen Raumverhältnissen, dieser sichtbaren Musik, der sanfte Orgelton; die künstlerischen Elemente des katholischen Glaubens, das Sakrale des architektonischen Rahmens und das unwägbare Element, das man Stimmung nennt. Das alles spielt mit und gibt die wohltuende Abstraktion von dem, was heute im schlechten Sinne Theater ist. Der Spuk eines wüsten Bacchanals vor den Pforten eines Gotteshauses hat alle Kühnheit, die in solcher Kontrastwirkung liegt, und einen hohen Anreiz für Reinhardts Regiekunst bietet, die in der malerischen Behandlung und Belebung von Massenszenen unbestrittene Triumphe feiert. In der Tat bildet dieses Bacchanal den szenischen Höhepunkt, ein farbenbuntes fröhliches Bild wie die Hochzeit von Kanaan. Der Aufzug der Buhlin – die schön anzusehende Frau Terwin – in einem grünweißen Kinderreigen, der ebenfalls reigenhaft aufziehende Chor der Gäste, die Spielleute, das waren Kabinettstücke. Nur manchmal erinnerte der trippelnde Marsch fatalerweise an Cakewalk. Dann kommen die großen Erschütterungen, die wieder Zeugnis von Reinhardts Meisterregie geben: die Stimme des Herrn, die von allen Türmen der Stadt und den fernsten Höhen »Jedermann« ruft, und ehrfürchtiges Grausen erweckt. Der alte okkulte Grundgedanke des Spiels, wonach die Werke jedermann nachfolgen, die guten, die auf schlechten Füßen stehen, von Frau Thimig mit fast zu herber Klarheit gesprochen, und die Werke Mammons, die Jedermanns Hölle sind, von Heinrich George grausig packend gestaltet, tritt mit eindringlicher Gewalt hervor und läßt in solchen Augenblicken der Höhe vollkommen ans Theater vergessen. Es gibt viele solcher Momente. Moissis ›Jedermann‹, anfangs peinlich berührend durch den östlichen Tonfall dieses großen Künstlers, findet schließlich die Töne der Rührung, die seiner weichen Linie entsprechen; die Mutter Jedermanns von Frieda Richard im Stile der Stifterbilder ergreifend gegeben; der Tod von Werner Krauß eindrucksvoll mit eiskalter Schärfe gesprochen; Frau Bleibtreu (Burgtheater) als Glaube, marienhaft schön, Ton und Sprache wie Gesang – eine Sprechkultur, die gerade hier besonders auffiel und schon zu den großen Seltenheiten gehört; die markerschütternden Anklagen der Frau Tini Senders (Burgtheater), die aus der kleinen Rolle von Schuldknechts Weib Großes gestaltet und wieder erkennen läßt, welche Urkraft hier aus Mangel an geeigneten Rollen brach liegt.

Die Aufführung am Sonntag, den 22. August, die an den nächsten vier Tagen wiederholt wird, ist zweifellos ein künstlerisches Ereignis und eine Problemlösung im Hinblick auf den Schauplatz und dessen besondere Bedingungen. Immerhin ergaben sich bei der Natur des Halbimprovisierten einige Regiemängel, die sich bei Wiederholung und Durchfeilung vermeiden lassen... Störend und abschwächend erwies sich vor allem das Zuviel an Kirchenmusik, die am Schluß von den Kirchenglocken ganz übertönt wurde. Orgel und ein A-capella-Chor hätten hier allein ungleich größere sakralere Wirkung getan; die Größe wäre hier, ganz prinzipiell gesprochen, nicht in dem Massenaufwand, sondern in der Schlichtheit zu finden gewesen. Die neuen musikalischen Anhängsel, Trauermarsch und Schlußmusik, erwiesen sich als schwächlich, bar jedes religiösen oder sakralen Gefühles; der Einsatz der Chöre war verschleppt, Dinge, für die der Kapellmeister verantwortlich zeichnet. Überhaupt machten sich gegen Ende des Spiels Längen bemerkbar, ein Abflauen der Spannungshöhe und ein leises Versagen gerade in diesem sakralen Teil des Spiels, der szenisch dürftig geriet, der Weihrauch fehlte, die Wirkung aufs Gemüt, das letzte Schöpferische; die im Trauermarsch (!) aufziehenden Engel mit gleichstilisierten Pappendeckelflügeln rückten in bedenkliche Nähe des Theater-Kitsches, beschämt von der steinernen Ekstase der barocken Heiligenfiguren im Hintergrund an dem Dom. Einer solchen künstlerischen Konkurrenz ist freilich schwer standzuhalten. Der dumme geprellte Teufel, über den man sich wieder froh und gesund lacht und altem Herkommen nach, durchaus fastnachtartig zu denken, war leider ganz verzeichnet und unerfreulich in der Maske eines jüdelnden Börsianers. Das sind Nebendinge, die besserungsfähig sind und der großen Linie der Inszenierung nicht allzu sehr Eintrag tun. [...]

Id., Neues Wiener Tagblatt 23. 8. 1920

Hofmannsthals ›Jedermann‹ war an sich nicht das Ereignis. Vom Dichter nach dem Vorwurf des altenglischen Moralstücks in klingende, fast Hans Sachsisch anmutende Verse umgossen, ist das Drama in der Inszenierung von Reinhardt wie in Berlin und Wien, so in den meisten Großstädten Europas gegeben worden. [...] Reinhardt mußte das Stück, das, in mittelalterlicher Mystik wurzelnd, die ganze Skala der menschlichen Schicksale und Empfindungen vom Himmelhochjauchzenden bis zum Zutodebetrübten umfaßt, zur szenischen Aufmachung im großen Stil reizen; die weitesten Zirkussäle und Arenen der Metropolen waren ihm für seine Absichten eben recht. In Salzburg aber, diesem Schmuckkasten barocker Stadtarchitektur, im einzigen Rahmen des Domplatzes, vor der imposanten, reichgegliederten Marmorfassade der Domkirche, konnte sich Reinhardt mit seiner Kunst und seinen Künsten förmlich ausleben. Und so wurde Hofmannsthals, richtiger Max Reinhardts ›Jedermann‹ das Ereignis, dessen teilnehmende Zeugen wir heute waren.
Das Wetter, gestern noch zweifelhaft, war heute das denkbar günstigste. In voller, fast könnte man sagen florentinischer Schönheit, lag der Domplatz, der Ort der Handlung. In seiner Geschlossenheit, mit der blühweißen Marmorfassade der Kirche, mit den drei das längliche Viereck formierenden Fronten des Residenzpalastes, dem Spielpodium, den bis zur Dreifaltigkeitssäule sich erstreckenden Zuschauertribünen, war der Domplatz vom frühen Morgen das Ziel und Sammelpunkt aller Salzburger und der Landbevölkerung, die aus der ganzen Umgebung, selbst aus Bayern, in Massen herbeigeströmt waren. Im weiten Kirchenchor, dessen Fenster gegen den Platz sehen, richtete sich das Orchester mit Sängern und Sängerinnen ein. Die schon bekannte ›Jedermann‹-Musik, die der die Begleitung führende Direktor des Mozarteums Dr. Paumgartner durch eigene Kompositionen ergänzt hatte, wurde vom Mozarteumorchester und den Salzburger Chorvereinigungen ausgeführt. Zuletzt wurde vom Haupteingang der Kirche eine Brücke nach dem Podium gelegt, die mit besonderer Erlaubnis des Fürstbischofs von einem Teil der Mitwirkenden be-

nützt werden durfte. Alle anderen Mitwirkenden erreichten durch die offenen Dombogen von beiden Seiten die Szene, die der üblichen Kulissen und des sonstigen theatralischen Zubehörs völlig entraten konnte.
Es wurde ¼6 Uhr, als schmetternde Fanfaren das Zeichen zur Vorstellung gaben. Das Spiel, an dem außer der Statisterie etwa 90 Personen beteiligt waren, konnte beginnen, vor den lückenlos mit einem beinahe internationalen Publikum besetzten Tribünen, vor den Tausenden, die zu beiden Seiten zwei Stunden in spannungsvoller Erwartung standen. Wie um das im Freien, auf Markt oder Wiese, errichtete Gerüst, auf dem sich die richtigen Volksstücke des deutschen Mittelalters, die englischen Moralities abgewickelt haben, so gruppierte sich die Bevölkerung Salzburgs um die Bretter, die Max Reinhardts Welt bedeuten.
Alexander Moissi in der Hauptrolle des durch die höchsten Lebensfreuden hastenden, von den schmerzlichsten Todesqualen gepeinigten und schließlich erlösten armen Mannes, sprach die akademisierten Verse und spielte mit einer Vollendung, die des grandiosen Milieus würdig war. Frau Bleibtreu als Glaube, vielleicht die beste Sprecherin in dem Berlin-Wiener Ensemble der Salzburger Jedermann-Aufführung, hat man schon im Burgtheater gehört; mit den Dimensionen ist sie hier gewachsen. Packend, erschütternd war Werner Krauß als Tod. Als Buhlschaft machte Johanna Terwin gute Figur. Den Mammon sprach grotesk Heinrich George. Die ›milde Werke‹, in ihrer Verzückung hinreißend, war Helene Thimig. Die Gastszenen mit den buntbewegten Schönbarttänzen machten der Regie Reinhardts und seines Gehilfen Metzl alle Ehre, und die Schlußapotheose der Heimkehr Jedermanns ins Himmelreich gemahnte an altdeutsche Gemälde der hervorragendsten Meister. Die Wirkungen von Wort und Ruf und Chor und Glockenklang waren auf dem Domplatz, dessen ideale Akustik an sich eine Überraschung war, geradezu wunderbar. Die Weihe des Ortes verbot profanen Applaus. Voll des Geschauten und Gehörten verließ das Publikum in tiefer Ergriffenheit langsam und still den Domplatz, über den sich alsbald die Schatten des Abends herabsenkten.

Oscar Bie, Münchener Zeitung 27. 8. 1920

Die Salzburger Festspielhaus-Gemeinde hat einen glücklichen Anfang gemacht. Das bekannte alte Spiel von ›Jedermann‹, in der Bearbeitung von Hofmannsthal, wurde auf dem Domplatz in Salzburg in tiefer Ergriffenheit der Spieler und des Publikums gegeben. Reinhardt hat es in Szene gesetzt, unterstützt von seinen Jüngern, besonders dem eifrigen und arbeitsamen Richard Metzl.
Wir sitzen auf schnell gezimmerten Tribünen gegenüber der Domfassade. Vor den drei Portalen ist ein Podium gebaut, auf dem in ganzer Breite der Tisch des Festmahls steht. Herr Jedermann tritt aus dem Publikum auf und nicht minder der Teufel. Der Glaube erscheint aus der Kirche selbst. Alle anderen Figuren kommen seitlich aus den Arkaden. Die geschlossene Architektur des Hofes umfängt uns einheitlich. Das leichte Barock der Domfassade gibt einen ernsten und doch nicht zu tragischen Hintergrund der Begebenheiten. Die Fenster des Hofes werden von selbst zu Proszeniumslogen, aus denen die Köpfe gespannter Zuhörer sich vordrängen.
Es ist ein wundervolles Gefühl, so im Freien, inmitten einer Stadt einem My-

sterium zuzuschauen, das uns und unsere Zeit so nahe angeht wie kein anderes. Schweigend sitzt die große Menge, schweigend ruht rings umher die Stadt. Nur fern rauscht ein Brunnen. Stumm ziehen Spaziergänger auf weiten Straßen vorüber. Die stolze Festung blickt von oben über die Arkaden auf das Schauspiel. Fern und klein flattert ihre Fahne im leisen Winde. Bisweilen fliegt ein Vogel, ein Himmelsbote, hoch auf die Turm-Ornamente und ist schon wieder davon. Es ist, als ob Natur und Stadt auf eine Stunde still geworden wären, das Schicksal des Menschen zu hören. Es ist, als ob die Erde eine Stunde stillstände, ihrem eigenen Puls zu horchen. Ich habe nie etwas Ähnliches gefühlt.

Die Kirche spielt mit. Beim ersten Todesahnen Jedermanns summen ihre Glocken unheimlich, bei seiner seligen Grablegung läuten sie froh im Umkreis. Orgelmusik dringt durch die offenen Pforten, Posaunen rufen uns. Chöre schwimmen in der Einleitung und waren wohl auch am Schluß gedacht. Der treffliche Bernhard Paumgartner hat einige Seiten Musik zu dieser Aufführung geschrieben in einem sehr rauschenden, modernen Stile, dessen phantasievolle Visionen weit über den naiven Charakter des Stückes hinausgehen – mit großem Orchester, das gegen die Glocken kämpft. Diese himmlische Musik quillt aus der Kirche heraus, die irdische spielt offen zum Festmahl. Es ist die alte, schlichte Musik von Nilson. Prachtvoll schwingt die Akustik, man schlürft die Worte, sie stehen klar gegen die Luft. Und weithin von den Zinnen und Dächern ertönen, wie im Echo der Stadt, die Rufe »Jedermann«, die ihm zuerst sein Gewissen wachrufen.

Reinhardts Regie löst die neue, schwere Aufgabe spielend leicht und doch in einer ewigen Größe. Sie entfaltet. Sie dynamisiert. Sie erfüllt den Rahmen. In durchsichtiger Feinheit und elementarer Gewalt läuft die Kurve des Stückes über Realität zum Symbol, über Lust zur Todesahnung und seligem Ende. Das Festmahl mit der Buhlschaft steht in aufgeregter, wirbelnder Mitte, ein Anblick in Prestissimo, eine Wirklichkeit voll tiefer, schlummernder, ausbrechender, versteckter, toller, verlegener, galgenhumoriger Nüancen. Dann senkt sich die Linie zur tiefsten Einsamkeit und Stille. Dann hebt sie sich zur verklärten Glorie. Dies ist so einzig in Linie, Bewegung und Rhythmus der Gruppen von Armen und Säufern, Engeln und Menschen, Irdischen und Himmlischen gezeigt, daß es in vollendeter Ruhe und Sicherheit vor uns steht, wie der blaue Himmel, der sich göttlich darüber wölbt. Die Sonne begnadete diese Regie. Sie stellte sich pünktlich zum Anfang ein, ging lächelnd über das Festmahl, trübte sich bei den Todesahnungen und goß noch einmal ihr reines Licht über die Perspektive der Stadt bei der Glorie des Grabes. Es war ein Wunder. Es war Vollendung außen und innen.

Große Leute waren am Werk. Moissi sprach und fühlte den Jedermann. Werner Krauß meißelte den Tod in harten, holzschnittalten Zügen und mimte den Teufel in überlegener Resignation. Sein Organ steigt zum Himmel. Raoul Lange ist ausersehen zur weithintönenden Stimme des Herrn. Frieda Richard rührende Mutter. Dieterle lustiger Geselle, Diegelmann dicker Vetter. Fritz Richard dünner Vetter. Johanna Terwin lockt köstlich als Buhlschaft, Heinrich George dröhnt den Mammon, Helene Thimig zittert und lächelt als die rührenden Werke, und stark und groß, mit versöhnender, mütterlicher Stimme spielt Hedwig Bleibtreu den ›Glauben‹. Kostüm-Musik, verwirrende Fülle irdischer Kleider, seliges Blau des Glaubens und reines Weiß der guten Werke. Klang im Auge, Klang im Ohr.

Ein Bauernmütterchen sagte am Tage vorher: Ist's ein gottgefälliges Werk, wird der Himmel heiter sein. Sonst aber regnet es. Es war gottgefällig – in Salzburg! Ich liebe das Stück, es ist rein und echt und gut. Ich spürte eine Erschütterung und Erhebung zugleich, ganz anderer Art als im Theater. Wie ein Kind der Erde. Wie ein neu Erwachsen. Es ging mir nahe. Ich habe ein wenig geweint. Und war sehr glücklich und dankbar. Irgend etwas war hier erreicht worden ohne Problematik, ohne Literatur, gradlinig, unmittelbar, genial. Es wird mich nie verlassen.

Paul Kornfeld   Himmel und Hölle

Uraufführung: Deutsches Theater Berlin ›Das junge Deutschland‹, 21. April 1920, Regie Ludwig Berger

Paul Kornfeld hatte von Frankfurt aus früh Kontakt mit Heinz Herald, dem Initiator des ›Jungen Deutschland‹. Sein für die expressionistische Schauspielkunst grundlegender Aufsatz ›Der beseelte und der psychologische Mensch‹ hatte 1918 das erste Heft des ›Jungen Deutschland‹ eingeleitet, das Herald als Programmzeitschrift seiner in das Deutsche Theater inkorporierten Matinee-Bühne herausgab. Kornfeld hatte darin die Theorie einer ekstatischen Schauspielkunst entwickelt, die statt Psychologie seelische Energien zeigt, den Menschen in der Ekstasis vorführt, in dem Heraustreten aus allen Bedingtheiten: »Aus dem Dickicht des Irdischen treten sie, ekstatisch und wahnsinnig, hervor, doch sind sie erst mit den wirklichen Merkmalen des Menschen begabt. [...] Denn befreit von den Launen des Charakters und den Zufälligkeiten einer Individualität, unabhängig von ihrem Körper und ungestört von allem, was nicht ihres wahren Wesens ist, sind sie, die ihren Weg ungehemmt dahinstürmen, sind sie, diese Rasenden, diese Nur-Beseelten, abseits von aller Entwicklung des Unprinzipiellen, sind sie die Urmenschen und die reine Schöpfung Gottes.« – Kornfelds ›Himmel und Hölle‹ war die szenische Umsetzung dieser als Vision entworfenen Schauspielkunst; in Handlung und Figuren eine Steigerung über die Personen der ›Verführung‹ (s. 1918) hinaus. »Ein Ungeheuer selber ist dieses Werk, auf dem Besessene reiten. [...] Diese Sprache gehört zu den stärksten, die das neue Deutschland auf der Zunge hat«, schrieb Bernhard Diebold. Wahrscheinlich gab es im damaligen Berlin keinen geeigneteren Regisseur für dieses Stück als Ludwig Berger. Mit dem Erfolg von ›Advent‹ (9. 12. 1919) war Berger von der Erneuerung der Shakespeare-Komödien in den Expressionismus abgelenkt worden, in dem er seine auf Beseelung gerichtete Regie ekstatisch variierte. Die Kornfeld-Inszenierung wurde ein Höhepunkt des expressionistischen Theaters und brachte, wenigstens in Agnes Straub, ein hervorragendes Beispiel ›expressiven‹ Darstellens. – Als Richard Weichert am 12. Januar 1922 ›Himmel und Hölle‹ in Frankfurt inszenierte, war diese Aufführung eine der letzten Darstellungen des Frankfurter Expressionisten-Ensembles (Gerda Müller, Carl Ebert, Fritta Brod, Fritz Odemar). Die Aufführung von 1922 zeigte, wie lange das 1917 in Frankfurt begonnene expressionistische Theater dort schöpferisch blieb.

Emil Faktor, Berliner Börsen-Courier 22. 4. 1920

Von den Winden der Opposition umpfiffen, von den Wellen, die Sympathie für den Dichter oder Begeisterung für einzelne Schauspieler aufregten, mehr geschaukelt als getragen, hatte Paul Kornfelds Tragödie eine stürmische Fahrt. Sie war besonders durch Klippen des Hohns gefährdet. Aber Kornfelds tief schattender Ernst und sein lyrisch ausströmender Schwärmergeist versöhnen vielfach mit einer Gestaltenwelt, die in greller Unwirklichkeit aus Gefühls- und Gedankenempfinden zusammengesetzt ist.
Unter den Neueren und Neuesten, die das deutsche Drama durch den Durchbruch aller bisherigen Grenzen aus der naturalistischen Enge und realistischen Beschränktheit erlösen wollen, steht der Name des Jung-Pragers Kornfeld obenan, und ihm hätte vielleicht nur noch der früh verstorbene Reinhard Sorge den Vorrang streitig gemacht. Bei dieser Gegenüberstellung lege ich nicht allein das Hauptgewicht auf die Kühnheit der Experimente – auch die besondere Fähigkeit zur poetischen Diktion, auch entzündetes Bewußtsein, ein gegen das Weltschicksal grollendes Dichtertum hebt die beiden aus der Schar der Mit- und Nachläufer des Expressionismus heraus. Als ich vor mehr als vier Jahren Kornfelds dramatischen Erstling ›Die Verführung‹ las, kostete ich ein seltsames Doppelgefühl durch. Ich war hoch erfreut über unbedingte Kennzeichen eines vorstoßenden, schon durch den seelischen Rhythmus überzeugenden Talentes, ich war aber zugleich entsetzt über die unfruchtbar grausliche Stofflichkeit des Werkes. [...]
Ich war über dieses hochbegabte Werk tagelang unglücklich. Rauschende Melodien drangen ans Ohr und am Horizont brannten Feuerzeichen; ging man den Spuren nach, starrte ein gespenstisches Blutgerüst und eine schale Schädelstätte entgegen. Unerbittlich mag die Jugend sein. Es ist ihre Mission. Aber unfruchtbar grausam? Und zwecklos fanatisch losdonnernd ins Leere? Es ist das Recht der künstlerischen Revolutionäre, die Welt zu zertrümmern. Es ist aber ihre Pflicht, sie mit eigenem Material aufzubauen. War es neue Kunst, bloß weil sie Psychologie, Zusammenhang und alle Technik der Wahrscheinlichkeit abschaffte? War es Fortschritt oder eigentlich mehr Reaktion, auf Gift und Dolch und all die anderen Gewaltrequisiten zurückzugreifen, bloß um die Luft tragisch anzuschüren?
All diese Zweifel und Fragen lassen sich aber bei der Betrachtung von Kornfelds ›Himmel und Hölle‹ wiederholen, obschon man nicht verkennen darf, daß der Grundklang der Dichtung religiöser, die Gesamtsphäre romantisch einheitlicher geworden ist. Zwar protestiert die Stimme des Dichters noch immer gegen alle bestehenden Weltgesetze der Wirklichkeit, aber er leiht sie nurmehr der Nebenfigur eines geheimnisvoll auftauchenden Jakobs, der hinter den Menschen einherschleicht und sie zuletzt zum Massenmord auffordert. ›Menschen‹ freilich ist (auch im Sinne einer poetisch luftigsten Gestaltung) viel zu viel gesagt. Es sind Symbole von Lebewesen, mit denen sich nichts anderes ereignet, als daß sie von den Wundern, Versuchungen und Flüchen der Liebe heimgesucht werden, daß sie aus hitzigstem Bedürfnis danach sich zu den tollsten Unwahrscheinlichkeiten hinreißen lassen. So der Graf Ungeheuer, der seiner unglücklich geliebten Gattin ein Freudenmädchen entgegenführt, so die Gräfin selber, die ihre Tochter erdrosselt, weil sie ihr das Kindsgefühl weigert, so die Dirne Maria, die den Mord der Gräfin auf sich nimmt, so ihre

Freundin Johanna, die eine alte Marquise ersticht, um mit der über alles geliebten Maria aufs Schafott steigen zu können. All diese Schauer des Stofflichen sind durch die meilenweite Entfernung von der Wirklichkeit wohltuend abgeschwächt. Für den Dichter bedeutet das Werk den Versuch, das Riesenmaß seiner Skepsis durch Mahnungen zur Güte, zur Selbsterleuchtung, zur Befreiung des Göttlichen im Menschen zu überwinden. Und es wird ein weiterer Fortschritt sein, wenn diese Erkenntnis nicht mehr einer Auflösung der ethischen und künstlerischen Begriffswelt bedürftig sein wird. Ermuntert zu diesem Glauben an Kornfelds Entwicklung wird man durch die Wahrnehmung, daß in ihm ein Chaos brennt. Es will von jenem anderen Zustand unterschieden sein, der bloß die Nebel der Unklarheit wallen läßt.

Wie sich das Werk durch unzulänglichen Vortrag entstellen läßt, hat der Dichter vor zwei Jahren selbst bewiesen. Der Regisseur Berger stand vor einer ungemein schwierigen Aufgabe, die er mit viel Feinheit, wenn auch nicht in jeder Einzelheit plausibel löste. Es war diesmal schon die Besetzung der Rollen ein Wesentliches der Regieleistung. Ich denke dabei an die besonders glückliche Wahl, für die unbegreifliche Sünderin eine Kraft wie Lina Lossen heranzuziehen. Damit war die Peinlichkeit überwunden, eine Tochtermörderin mit den feinsten Seelenklängen zu verschwistern. Etwas sonst Unerträgliches wurde möglich und die gewagteste Gestalt tauchte in Verklärungsschimmer.

Ausnehmend stark war die Gestaltung der Dirne durch Frau Straub. Sie hatte die Häßlichkeit einer Mißbrauchten dem vornehmen Glanz der Weltdame anzufreunden. Die Künstlerin machte jeden Satz, den sie sprach, zu einem so starken inneren Erlebnis, daß die Stimme und die Augensprache einer Verkommenen hundertfältig wurde. [...]

Nicht mehr Besetzungsverdienst, sondern zwingende Selbstverständlichkeit war die Darstellung des Grafen durch Werner Krauß. Wer denn sonst? Und über das Selbstverständliche einer gespannten, umgeisterten Leistung hinaus erlebte man das bei Krauß Ungewohnte, seine scharfe, diabolische Natur in einer mild zarten Gefühlsverträumtheit gelöst zu sehen. Der Drang zu mildern und durch stille Akzente zu poetisieren ging manchmal sogar sehr weit, Stellen, die unweigerliche Ironie hatten (wie die Worte an der Bahre der Tochter), wurden durch zuviel Zartheit nüchtern. Hier hat (wie bei mancher anderen Gelegenheit) Berger zu viel oder zu wenig Regie getrieben. [...]

Herberg Ihering, Der Tag, Berlin, 23. 4. 1920

Zwischen Hölle und Himmel schweben die Menschenschatten Paul Kornfelds, aber nicht über die Erde. Sie haben kein andres Gewicht als ihr Gefühl. Sie schwingen im Raum, und der Raum schwingt durch sie. Sie verströmen sich, und ihr Blut singt.

Die Melodien des Herzens sind die Schritte der Handlung. Die Seele ist geöffnet, und ihr entstürzen Taten, die Gleichnisse sind. [...]

Tod und Auferstehung aus der Allmacht des Gefühls, strahlendes Dunkel und nächtliches Licht. Weit öffnen sich die Tore aus der Tiefe der Hölle und stoßen an den Himmel. Durch die Landschaft ihrer Seele wandeln die Menschen. Die Wirklichkeit ist Schatten des Inneren. Nur der glaubende, nur der religiöse Mensch kann diese Lieder singen.

Ist Kornfeld im künstlerischen Sinne gläubig? Er ist nur talentiert. Das Blut, das in seinen Menschen singt, ist nicht sein eigenes. Kornfeld rückversichert sich intellektuell, um chaotisch zu sein. Er wird geistig neben dem Gefühl. Und dieser Geist ist nicht von ihm. Das Weltbild, das hinter seinem Drama aufsteigt, war bei Dostojewskij dämonischer. Kornfeld hat die Schlagwörter einer schon gestalteten Menschheitsdichtung in seine lyrischen Melodien geschwemmt. Aber Religion, die nicht aus dem Schöpfer selbst kommt, bleibt tot. So wird die Weltanschauung Plakat. Um den Kampf zwischen dem Nihilismus der Gottesleugnung und dem Schöpferischen der Gottesbejahung sichtbar zu machen, hat Kornfeld eine die Handlung begleitende Figur nötig: Jacob, den metaphysischen Räsoneur. Aber die Empörersprache dieses Ahasvers ist banal, weil sie nicht die Erschütterung des Dichters trägt.

Dieses Schauspiel steht auf der Grenze zwischen aktivistischer Revolutionsliteratur (die Revolution geht nicht gegen Menschen, sondern gegen den Himmel) und in sich selbst schwingender Dichtung. Sie zeigt den Weg, den eine neue Kunst gehen kann. Aber sie geht ihn nicht selbst. Und ihr Dichter wird ihn nicht gehen. Denn erschreckender fast als das Versagen der Tragödie ist ihr Gelingen. Wenn Maria und Beate lyrisch aufblühen und auf leuchtenden Worten zum Himmel steigen, so gehört das zum Schönsten, was zuletzt gedichtet wurde. Man entsetzt sich vor der zaubernden Kraft des Talents, das für Heiligstes, Reinstes Worte und Symbole findet, ohne naiv, ohne gläubig, ohne kindlich zu sein. Aus dem Gehirn eines intellektuellen Prager Literaten steigen zauberhafte Melancholien, Schmerzensgesänge und Auferstehungslieder, aber ihr Schöpfer hat die Seele nicht, die sie haben. Ist es bei Kornfeld Scharlatanerie wie bei Hasenclever? Ich glaube es nicht. Aber ich glaube, daß der Überbewußte doch wieder unbewußt im Dienste einer Sache steht. Daß er dem kommenden Dichter das Instrument, die Sprache schafft, die dessen elementare Sehnsucht, dessen elementaren Glauben zum letzten Klingen bringt. Der Fluch des heute Literarischen kann der Segen des zukünftigen Genies werden.

Das schwierigste Problem der Aufführung ist, das äußere Geschehen im Symbolisch-Rhythmischen zu verankern, das Sichtbare nur als Notbehelf des Seelischen darzustellen. Daß Beate die Komtesse umbringt, ist Tat nur, weil das Gefühl sich noch nicht selbst als Handlung darstellen kann. (Ein andrer Dichter als Kornfeld findet vielleicht auch hierfür neue Gleichnisse.) Ludwig Bergers Regie erreichte die Beseelung der Geschehnisse und die Übersetzung des Gefühls durch Rhythmus und Akzent. Die Melodie war gefunden, nur setzte sie sich nicht bei allen Schauspielern durch. Es ist ein Gewinn, daß Berger kein technischer, sondern ein seelischer Regisseur ist. Es ist ein Gewinn, daß er zentral arbeitet und nicht verbreitert, sondern zusammendrängt. Es ist ein Gewinn, daß er vom Geistig-Dramaturgischen kommt. Gerade um die Geistigkeit aber den Schauspielern gegenüber restlos durchzusetzen, hat er einen Techniker neben sich nötig, der die Schwächeren in den Willen des Regisseurs zwingt. In dieser Aufführung war neben den schöpferischen Leistungen außerordentlicher Schauspieler Bergers bester Helfer sein Bruder, der Maler Rudolf Bamberger. Die phantastisch lautlosen Zimmerdekorationen waren die Erlösung von der Manier Ernst Sterns. Rudolf Bamberger ist kein Routinier der Raumbeherrschung und deshalb in den Schlußdekorationen noch unfrei und bühnenunsicher, aber die künstlerische Andacht überzeugt mehr als die sicherste Technik.

Den Stil des Stückes und der Figur gab aus eigener körperlicher Notwendigkeit wieder: Agnes Straub als Maria. Niemals war diese schöpferische, diese gestaltende Darstellerin so frei, so ganz dem Willen ihres inneren Bildes und dem Zwang ihres Ausdrucks hingegeben wie diesmal. Sie holte die Figur aus den Visionen des Bluts. Sie war Dirne und himmelfahrende Verklärte. Sie war Clown und Ekstatikerin. Brände brachen aus ihr hervor. Sie war rhythmisch besessen. Sie gab die Erfüllung neuer Schauspielkunst. (Denselben Akzent hatten präzise und phantastisch Elsa Wagner in der Seitenrolle einer alten Marquise und Hellmuth Krüger in der kleinen Partie eines Verbrechers.) Lina Lossen spielte die Beate adlig, umschattet, dämmernd. Aber diese seelische Künstlerin konnte sich rhythmisch nicht durchsetzen. Sie gab Ibsen, wie Auguste Pünkösdy Anzengruber gab. Auguste Pünkösdy brachte mit ihrer ungebrochenen Kraft eine Gerichtsszene zu starker szenischer Wirkung. (Daß die hektische, kleine Dirne Johanna ihren physischen Bedingungen entgegengesetzt ist, soll man ihr nicht zum Vorwurf machen.)
Was ist's mit Werner Krauß? Dieser aufwühlende Künstler, auf dessen Intensität sich die Hoffnungen einer ganzen Theatergeneration gründen, war als Graf matt und unausgesprochen. War er irritiert? War er übermüdet? Oder hatte er zuviel Respekt vor der Lyrik des Dramas? Er war nicht gespenstisch, sondern wirklich. Er, der Dämonische, wirkte bürgerlich, pastoral. Er tremolierte und arbeitete zum erstenmal mit dem Organ ohne den Körper. Nur manches beiseite gesprochene Wort hatte die Doppeldeutigkeit Kornfelds. Werner Krauß lasse sich nicht durch Achtung vor der Literatur hemmen und besinne sich wieder auf die unterminierende Kraft seiner Phantasie.

Norbert Falk, BZ am Mittag, Berlin, 22. 4. 1920

Auch mit diesem szenisch hingestreuten Vortrag einer lyrischen Klage wird der junge, von echter Dichterflamme durchglühte Kornfeld die Bühne sich nicht erzwingen. Von Gnad und Ungnad des Regisseurs muß solche, dem Wesen des Dramas entgegengesetzte, nach der Bühne strebende, der Bühne sich widersetzende Kunst der Worte, die alte Formen durchbrechen möchte, aber keine neuen zu bauen vermag, immer abhängen; die romantische Zerlöstheit der in realistisch-banale Vorgänge und symbolische Gleichnisse zerfallenden Dichtung, die nicht neu, fast trivial im Gedanklichen ist, aber durchseelt von einem starken Leid-Seligkeitsgefühl, empfindungsschwer, lyrisch ganz und gar, wird durch die feine und starke Hand des geistig und künstlerisch dem Objekt überlegenen Regisseurs Ludwig Berger zusammengefaßt. [...] Kunst und Mühe gelten einer echten und rechten Schicksalstragödie, die der Dichter im Bezirk der Einbildungen, der Gedanken und Stimmungen sich abspielen läßt, in einem seltsamen Reflex des von aller Wirklichkeit fernen Lebens. [...] Seine stärkste Bildhaftigkeit und Eigenheit erweist der Dichter in der großen Gerichtsszene, im Opfertod der Frauen, in der Leidensbereitschaft. [...] Der Regisseur Berger hebt die halluzinatorischen Erscheinungen ganz ins Übergroße, Traumhafte und gibt auch der platten Trivialität einen feierlichen Zug. Wenn der Dichter eine seiner Gestalten sagen läßt: Dies Haus steht nicht in der Sonne, jedes Gesicht ist bedeckt wie von einer trüben Seele und wird täglich finsterer, [...] so ist das dem Regisseur Berger Thema für einen düster-dunklen, schwarz ausgeschlagenen Raum, dessen Mittelwand von einer sehr schmalen, unendlich hohen, ganz verhängten Glastür durchschnitten ist, durch deren Ritzen ein wenig goldiges Tageslicht dringt; lautlosen, gespensternden Schritt haben die in gestorbene Moden gekleideten Gestalten, ihre Sätze sind abgerissen, ihre Stimmen stumpf, hart oder krankhaft weich. Die Vision des Regisseurs schlägt aus den Seelen der Spieler magische Blitze. Agnes Straub, die büßende Sünderin, erscheint zu übersinnlicher Monumentalität gereckt, von heiligen Feuern entflammt, hingerissen von rasenden Gewalten, die zum Paradies des Schmerzes hinziehen. Sünderin, Märtyrerin, Heilige. Vom Brand der Verzweiflung und Liebe ergriffen ist auch die Johanna der Pündösky. Das liebliche Gesicht der Lina Lossen, die das Lessing-Theater herlieh, bildhaft, anmutsüß und edelmild, verklärt die grause Untat. Werner Krauß gibt dem undeutlich konturierten Grafen phantastisch-putzige Züge; seine Schärfe ist zu seltsamen Weichheiten gemildert, die leere Stellen durchseelen, aber wieder anderes, das diabolische Spitzen und Stacheln will, matter machen. Ein zweiter Krauß wäre für den Schicksale-Sammler, den ewigen Protest gegen Gott nötig gewesen. Aber wo ist noch einer?

Fritz Engel, Berliner Tageblatt 22. 4. 1919

Die Ereignisse sind nur die Leine, auf der er (Kornfeld) seine tränenfeuchten Taschentücher zum Trocknen aufhängt. Er stöhnt in Weltschmerz, er jubelt in Erlösungsgedanken. [...] Er stammelt Strindberg nach, um zum Goethe-Faust, Teil II aufzusteigen. Aber Faust II ist eine Fibel an Klarheit, des Jünglings Kornfeld Intellekt ist übersenil. [...] Er rudert nur im Nebel des Empfindungszustandes umher, in den Denkzustand kommt er nicht. [...] Das Stück kann den Begriff ›Expressionismus‹ nur noch mehr verwirren.

Ernst Heilborn, Frankfurter Zeitung 28. 4. 1920

In Kornfelds ›Himmel und Hölle‹ hat der Expressionismus im Drama bühnenmäßig zum erstenmal überzeugenden Ausdruck gefunden. [...] Die Aufführung hatte ein Höchstes für die Tragödie geleistet. Das Bühnenbild hatte in jeder Verwandlung die Magie eines Traumbildes. Wie aus alten Gemälden waren die Gestalten herausgestiegen. [...]

Hanns Johst   Der König

Uraufführung: Schauspielhaus Dresden, 22. Mai 1920
Regie Paul Wiecke

Münchner Kammerspiele, 11. Oktober 1920
Regie Otto Falckenberg

Nach dem Erfolg mit seinem Grabbe-Szenarium ›Der Einsame‹ war Johst für viele eine der großen Hoffnungen unter den jungen Autoren. Seine früheren Stücke kamen auf die Bühnen: die Kriegskomödie ›Stroh‹, das ekstatische Szenarium ›Der junge Mensch‹, das als erster Teil der Johstschen Trilogie galt. Als ›Der junge Mensch‹ im April 1920 an der Berliner Tribüne aufgeführt wurde, schrieb Ihering eine harte Kritik: »Wer sich mit Hanns Johst auseinandersetzt, lehnt ihn als Gefahr ab. Als Gefahr, die dieser für eine Kunst bedeutet, von der er die Technik nimmt, ohne ihren Zwang zu erkennen. [...] Herr Johst leidet nicht, um auszudrücken, er drückt aus, um zu leiden« (26. 4. 1920). Aber diese harten Einwände wurden vom Erfolg des neuen Stücks ›Der König‹ bald überdeckt. Es war der dritte Teil der Trilogie. Johsts ›Grabbe‹ genügte noch das Wort, um sich selbst darzustellen. Sein ›König‹ ist ein junger Monarch, der die Konventionen mißachtend auf Erneuerung drängt, der »das Wort verwirklichen« will. »Er leidet nicht mehr wie der junge Mensch und der Einsame am Wort, am Gleichnis, er leidet als Gleichnis. [...] Es gilt allein das Bekenntnis zur Tat. Die Verklärung findet der König im Dienst am Leben; sein Dienst, seine Opferung«, schrieb Johst als Kommentar. Das Stück stand durchaus noch im Bann der expressionistischen Erneuerung. Er zeigte ein Volk, das sich gegen seinen Lenker wandte. Er umgab diesen König mit dem Eros eines Führenden. In einem Text zur Uraufführung betonte Johst den deutschen Charakter seiner Kunst: »Ich bin Deutscher! Somit weiß ich deutlich, daß sich das Leben nicht vergewaltigen läßt. [...] Wir Deutschen haben noch keine nationale Kunst. Die Bildung stand unseren Größten immer im Wege: die Antike, die Romanen, der Orient. Mit aller Leidenschaft meines Wesens erstrebe ich eine Kunst, die Ausdruck meines Volkes wird. [...]« – ›Der König‹ wurde der zweite große Erfolg Johsts. Es wurde schnell nachgespielt: in München (s. d. Rezension Lion Feuchtwangers), in Frankfurt, in Mainz ... Nach der Münchner Aufführung schrieb die Münchner Post: »Ein Erfolg, wie ihn München seit Jahr und Tag nicht gesehen hat«, die ›Münchener Zeitung‹ sprach von »Beifallssturmfluten«.

Schauspielhaus Dresden
Oskar Walzel, Deutsche Allgemeine Zeitung, Berlin, 28. 5. 1920
(Morgenausgabe)

Ein unbestrittener Sieg. Ein Sieg des Dichters, des Spielleiters und der Darsteller. Walter Iltz hat als Träger des Stücks einen entscheidenden Schritt vorwärts getan. Fortan darf er nach dem Höchsten greifen. Alice Verden in der Rolle einer Dirne, die von einem königlichen Idealisten zur Gräfin erhoben wird und Dirne bleibt, bewährte ihre Kunst temperamentvoller Menschengestaltung [...]. Alles übrige (mit einziger Ausnahme Pontos, dessen ungewöhnliches Können nicht länger an für ihn untauglichen Episodenrollen verzettelt werden sollte) verriet die feste und feinfühlige Hand des Spielleiters Paul Wiecke. Wer zu dieser Aufführung nach Dresden gekommen war und die jüngste Entwicklung der Bühne unter Wieckes Leitung noch nicht kannte, war erstaunt über das Geschlossene und Einheitliche der Leistung. Auch die Bühnenbilder von Poelzig und Linnebach erwiesen, daß das Dresdner Schauspielhaus heute an erster Stelle berufen ist, das neueste deutsche Drama zu bühnengemäßer Verwirklichung zu geleiten. Von den Absichten, die den jüngsten Dramatikern innewohnen, hat Johst und hat besonders sein ›König‹ viel erfüllt, mehr als dieser ›König‹ dem bloßen Leser verrät. Denn vor allem zeigte die Aufführung, daß in diesem Ausdrucksdrama [...] ein ununterbrochener Aufstieg des Gefühls erreicht ist, wie ihn neue Kunst ersehnt. Und wenn die Schlichtheit der Mittel, die von Johst verwertet werden, auch noch den Leser befremdet, der weiß, wie viel von den Gebärden des Dramas einer jungen Vergangenheit die Ausdrucksdramatiker aus guten Gründen und durchaus im Sinn ihrer eigentlichen Ziele aufgeben, so bezeugte die Aufführung, daß jeder Zug dieses Stücks dramatisch gedacht und erfühlt, daher auch dramatisch wirksam ist. Es war, als hätte dieser ›König‹ auch nicht eine einzige tote Stelle. Ein junger König, eben auf den Thron gelangt, will die Welt aus seinem Gefühl erneuern und rücksichtslos alles vernichten, was wie alter, vermoderter Überrest einer überwundenen Welt erscheint. Mensch, nicht ängstlicher Schützer des Überkommenen möchte er sein. Menschen im höchsten Sinne des Wortes will er in seinen Untertanen erziehen, immerhin durchdrungen von dem Gottesgnadentum eines Fürsten, der sein Volk beschenkt. Man jubelt ihm zu, aber man mißversteht ihn auch. Widerstand, den er wachruft, wird mächtiger als er. Was er aus seelischem Schwung verfehlt hat, kehrt sich gegen ihn. Die eigene Mutter nennt ihn einen Geisteskranken. Seiner königlichen Macht beraubt, geht er freiwillig in den Tod, ehe ihn das aufgewühlte Volk erreicht. Es kann nur noch einen treuen Diener erschießen, den es versehentlich für den König hält. Der Vorgang ist auf die notwendigsten Linien eingeschränkt. Vermieden ist alles seelische Begründen und Zergliedern. Leidenschaft prallt auf Leidenschaft. Nur Mißverständnis der Strebungen Johsts wie der ganzen neuen Tragik kann bemängeln, daß die Gestalten, die sich um den König bewegen, bloß angedeutet, nicht ausgeführt sind. Ist doch an der Hauptgestalt selbst, so sehr sie beherrschend im Vordergrund steht, kein Versuch gemacht, eigentümliche und ungewöhnliche Züge des Charakters zu entwickeln und deren Voraussetzungen aufzudecken. Ein übermächtiger sittlicher Drang stürmt in dem König auf das Leben los und vernichtet sich. Die Zuhörer gaben sich willig diesem Ansturm hin und erlebten daher auch stark den jähen Zusammenbruch eines Aufschwungs, den sie stark mitgefühlt hatten. Psychologische Zutat hätte bloß den Beweis erbracht, wie wenig zu echt tragischer Wirkung tiefgrabende Seelenkunst beizutragen vermag. Statt zu fördern, hemmt sie, die an anderer Stelle ein hoher künstlerischer Wert sein kann, auf der Bühne. Das ist, nach langen Jahren mehr und mehr versagender seelischer Dramatik, heute endlich erkannt. Es bewährte sich auch an Johsts ›König‹.

Julius Ferdinand Wolff, Dresdner Neueste Nachrichten 24. 5. 1920

[...] Ein Seelenkaleidoskop... Schattenbilder eines glühenden Herzens. [...] Dieses dramatische Gedicht wuchs aus den schmerzlich tief gerissenen Furchen, in die alle Schmerzen dieser Zeit gesät sind und jede ihrer Sehnsüchte. Es geht nicht um Probleme der Staatsform. Nicht einmal um den vielumstrittenen Staat an sich. Hanns Johst ist kein hurtiger Gegenwarts-Spekulant. Es könnte sein König, hier der letzte eines Geschlechts, ebensowohl der erste eines neuen sein, das mit dem tragischen Ende des Einzelfalles nicht ausstirbt. Sein König könnte von da unten kommen, zur gleichen Höhe aufsteigen, dort oben scheitern, seine ewige Nachfolge finden in der begrenzten Elite-Truppe, die nach Ibsens Wort »nicht kapabel ist, das Leben ohne Ideale zu leben«, aber bereit – ihr monarchisches Grundgesetz! – als treuer Gefolgsmann sich für diese Ideale zu verbluten. Der tragische Widerstreit mit dem Herkömmlichen, Ewiggestrigen wird hier bezeichnet.
[...] dieser König will: »Vorwärts zur Natur!« Irgendwohin, wo Menschheit seit Urzeiten und Paradiesgartenschluß nie gewesen ist. Dieses Königs ›Menschenrechte‹ werden zwar auch – leider! – irgendwie formuliert, weil seine Ethik immerhin früher war als das dichterische Erlebnis, aber... Aber der *Opfergang* des Königs, nicht seine Dekrete, bezwingen [...] Auf der letzten Leidensstation begegnet ihm der einzige, der sein Herz ertastete. Ein Diener. Ein Revolutionär voller Königstreue. Dem König gab der Arzt auf diesem Passionsweg den bitteren Trank: »Wer an das Volk glaubt, den züchtigt das Volk, wer das Volk aber züchtigt, an den glaubt es.« Aber dieser Diener *ist* ›Volk‹. Dieser Mensch, der freiwillig für den König stirbt, opfert nicht der Idee. Ihn führt das sichere Gefühl. Mensch zu Mensch. Die Steigerung erreicht hier den Höhepunkt. Im letzten Wort der letzten Szene. Und es steht ein einzelner Mensch da. Der König zum Tode emporgestiegen, der anstürmende Pöbel unsichtbar draußen, der Diener hinabsteigend ins Dunkel. Dennoch Begegnung. Dies vermag nur ein Begnadeter. Hanns Johst ist einer.
[...] Die Eigenart dieses reizvoll flüchtigen, dennoch sich tief einprägenden Bilderreigens liegt weniger in der Idee als in der Mischung von dichterischer Vision und leidenschaftlicher ethischer Forderung. Dadurch ist auch die Sprache Johsts bedingt. Bald reich, von bildhafter Schönheit, dann überraschend epigrammatisch. Tiefe, aus sieghaft-schmerzlichem Ringen gewonnene Erkenntnis. [...] Dicht dabei echte Dramatik, von der Musik der Worte, von lyrischer Schönheit durchflutet.
Paul Wiecke hat das Werk mit einem wesensverwandten Idealismus szenisch gestaltet. Er fand [...] den Rhythmus dafür und den Stil. [...] Hans Poelzig schuf mit Linnebach Bühnenbilder von ganz eigenartigem Reiz. Ein aus dem Gefüge geratenes Rokoko, zierliche Ornamente einer traditionellen Königspracht, vom Sturm zerpflückt und verbogen, Perspektiven, in die sich die Menschen bildhaft völlig einfügten.
Iltz gab dem König am Anfang strahlende Jugend. Schmerzhafte Erkenntnis ließ ihn früh altern, ließ ihm zugleich wehmütige Reize eines, der in der Blüte die Illusion verliert. Das Geistige war nach Möglichkeit zugunsten des Gefühls zurückgedrängt. Eine starke, eindringliche Gestaltung. Prachtvoll wieder die Verden als Anna Leiser. Ohne falsche Scham und doch von einem eingeborenen Takt, der hier durch nichts zu ersetzen wäre. Die Dirne mit ihrem be-

sonderen Stolz. Verliebt in ihr schönes Spiegelbild, bereit, sich durch Verrat zu retten, dennoch nie widerwärtig. Ergreifend, wenn sie stockend sagt, wie sie werden müßte, was sie ist. Dann zwei Menschen, gemalt, gemeißelt, gelebt von Wierth und Meyer. Ein alter Höfling und [...] jener Diener, der fünf Minuten König spielen darf, um zu sterben, und der doch ein heimlicher Revolutionär ist. Spötter und Getreuer zugleich. Zwei Menschen. Zwei Künstlertaten. [...]

Münchner Kammerspiele
Lion Feuchtwanger, Münchner Montagszeitung 11. 10. 1920

[...] Dies ist das Drama vom König, der das Gute will und das Böse schafft. Der nicht verstanden wird. [...] Der weh tut, wo er lieben, lindern, wohltun möchte. [...]
Es geht etwas Akademisches, Theoretisch-Nüchternes von dem Werk aus. [...] Das Problem des Stückes, den ehrlichen und nur Unheil stiftenden Menschheitsbeglücker, haben ja in der letzten Zeit viele zu gestalten versucht. Gewöhnlich von der anderen Seite her, vom Revolutionär her. Johsts Weg ist eigenwilliger, minder banal. Aber er scheitert, wo auch die anderen scheiterten; an der wohlfeilen Typisierung. [...] Die Abstraktion des Dichters nimmt seiner Welt die Farbe, die Luft, seinen Menschen das Blut, die Wärme. Die Güte des Königs ist nichts Gewachsenes, sie hat etwas Hysterisches. [...] Mein Maßstab ist nur erlaubt an einem Werk, das bei alledem Wuchs, Atem, Intensität, Leben hat. Der Dichter gibt nicht Farbe und Duft, aber er gibt Zeichnung, Linie. [...] Die einzelne Szene hat kein Licht aus sich selbst, ihr Licht gewinnt sie aus der Idee des Ganzen, ihre Kraft aus der Stelle, an der sie steht. Das ganze Stück hat statt Farbe und Duft: Dynamik und (zwingendes) Tempo. Das Werk hat kein Fleisch, aber ein prachtvolles Skelett. Es ist kein Drama, nur die erspürte, erschaute Skizze eines (aus Mangel an Können nicht gewollten?) Dramas. Nach dem ›Einsamen‹ fragte man sich: Wie nun, wenn Johst nicht von den Assoziationen des Namens Grabbe zehrt, wenn er ein Eigenschicksal von seinen Gnaden gestaltet, wird er das können? Er ist der Probe wiederum ausgebogen. Er gibt ein (meinethalb gefühltes) Problem statt eines Schicksals, einen (meinethalb gespürten) Typus statt eines Menschen. Aber vieles Einzelne drängt zum Leben. Man hat das Gefühl: Gerät er einmal an den gemäßen Stoff, hält er sich einmal von seinem (falsch verstandenen) Büchner fern, dann zwingt er wohl, wo er jetzt nur interessiert.
Nach der Aufführung. Im Theater war man schon diesmal ergriffen. [...] Daß die Typisierung nicht kahl und schal wirkte, daß man nicht mehr hörte, was an dem Stück geschraubt und glatt ist, daß sein Tempo, sein Atem, seine Dynamik über das Unechte und Lähmende so eindeutig triumphierte, das ist ein Meisterstück der Regie Falckenbergs. [...] Und mögen aus allen Sümpfen Münchens sämtliche Unken mich anquaken, eine Meister-, Meister-, Meisterleistung. Wie waren aus dürrem Fels Quellen geschlagen! Gerade aus den Schwächen des Stücks Wirkungen herausgeholt. Die Zeitlosigkeit, die Typisierung, sonst immer tötend von der Bühne her – Reinhardt hat es zuletzt im Zirkus-Hamlet spüren müssen – wie war sie hier genützt, in eine flirrende Umwelt gewandelt, die fehlende Luft des Stückes zu ersetzen! Dekorationen

und Kostüme von Reigbert, wie schlicht und reich zugleich, und wie das Leben in ihren simpel diskreten Kontrasten und Anachronismen! Wie stach die fast russisch-studentische einfache moderne Tracht des Königs ab von den Perücken der Hofwelt, von der kalten Pracht der Königin-Mutter, von der modern willkürlichen, eklektischen Eleganz des Boudoirs der arrivierten Dirne! Wie artig hingesetzt die Biedermeierluft des Wirtsgartens! Wie rundete sich alles, wie war die ›Kurve‹ sichtbar gemacht, wie beschwingt das Tempo, wie sicher der Faden gesponnen, daß er nie abriß, wie behutsam die Farbe, das Licht der Szenen gegeneinander abgetupft! (Dynamik! Atem! Fingerspitze!) Und wie war Leben gespritzt in jeden Winkel! – Die Besetzungsmöglichkeiten der Kammerspiele für dieses Stück waren außerordentlich günstig: aus beinahe all den Puppen des Buchs wurden Menschen. Kalser, immer stärker in Linie, Zeichnung und Ton als in Farbe, gibt hier zehnmal mehr als das Buch: das Allgemeine wirkt hier einmalig in seinem Mund, und er wandelt selbst Verblasenes in Menschlichkeit, Triviales in Bedeutung. Die Unda als Königin-Mutter, Staat und Mensch zugleich, kalt gleißend, kein falscher Ton, jedes leere Pathos abgestreift. Die Binder machte aus dem Nichts der Rolle der Prinzessin einen klagenden, verwehenden, gebrochenen Klang, der lange nachhallt. Aus der Fülle der ›Menschen und Leute‹, Marlé, ein Diener, ein Niemand, den sein Schicksal zum Jemand macht, nichts verwischt, jedes Fältchen belichtet, und Schreck als Oberzeremonienmeister, lang, ausgetrocknet, eine gespenstisch mumienhafte Mischung aus Komik und Gefahr, die zweibeinige Reaktion, das ewig lebendige Gestrige, grotesk und unheimlich durch das Stück wandelnd. Alles in allem ein sehr starker, sehr ehrlicher Erfolg. [...]

Shakespeare   Julius Caesar

Großes Schauspielhaus Berlin, 28. Mai 1920, Regie Max Reinhardt

Nach der Inszenierung der Hasencleverschen ›Antigone‹ durch Karl-Heinz Martin (18. 4. 1920, s. d.) versuchte Reinhardt mit ›Julius Caesar‹ Shakespeare doch für das Große Schauspielhaus zu gewinnen. (Im ersten Versuch zeigte sich ›Hamlet‹ [17. 1. 1920] dafür nur wenig geeignet.) ›Caesar‹ enthielt einige Szenen, die den Anforderungen des großen Raumes an das Stück entgegenkamen. Um diesen Raum zu füllen, sah Reinhardt sich immer mehr darauf angewiesen, klassische Stücke aufzublähen. Immer ging die Vergrößerung der Massenszenen auf Kosten des dramatischen Vorgangs. Reinhardt versuchte zwar, wie sein Dramaturg Arthur Kahane berichtet, »den Akzent auf die große Streitszene (Zeltszene) zwischen Brutus und Cassius zu legen, das Männliche und Sachliche einer starken und tiefen, echten Männerbeziehung innerhalb eines Männerstücks bloßlegend« – zum großen Eindruck wurde aber doch die Forumszene, in der zum erstenmal die ganze Technik des Hauses mit den verstellbaren Böden eingesetzt wurde. Die ›Caesar‹-Inszenierung wurde die beste Demonstration der Möglichkeiten und Schwierigkeiten der neuen Bühne, die Aufführung ein großer Erfolg für Werner Krauß. Zugleich war sie die letzte Inszenierung Reinhardts als Direktor. Er ging anschließend nach Wien und Salzburg, um dort die Festspiele vorzubereiten.

Hans Flemming, Berliner Tageblatt 29. 5. 1920

Am Schlusse einer überreifen Saison peitscht Reinhardt den müdegehetzten Gaul des Berliner Theaterinteresses noch einmal empor. Ja wirklich, er bringt ihn zum Galoppieren, und nach der Forumszene wird das Amphitheater von einem Orkan des Beifalls erschüttert. Der wilde, symphonisch gesteigerte Ruf der Bürger Roms: Das Testament! setzt sich fort in den donnernden Schrei der Berliner Quiriten: Reinhardt, Reinhardt!
Der Wucht dieses elementaren Eindrucks kann sich auch das kritischer gestimmte Gemüt nicht entziehen. Kein Zweifel: der Shakespeare, dessen loderndes Auge sich, nach außen gekehrt, der lärmenden und streitenden Welt zuwendet, der Shakespeare des Marktes und der Straße, der Versammlungshalle und des Schlachtfeldes –, der Volksredner, der Pathetiker Shakespeare ist gestern zur Geltung gekommen wie nie zuvor. Bis an die Grenze des Möglichen ist jene eine Seite seines Wesens erfüllt worden, die seine Phantasie bis zum Platzen füllte und mit Gigantenschultern gegen die allzu engen Wände der Bühne stieß. Wann war für ›Julius Caesar‹ ein Theater weit genug! Das alte Paradestück der Massenregie mußte sich schließlich in einer ungeheuerlichen Explosion entladen und einmal so die entfesselte Masse selbst werden, wie es gestern geschehen ist.
[...] Reinhardt, der echte Sohn der Zeit, konnte nicht in Verlegenheit sein. Volksversammlungen, Agitation auf offener Straße, Redner für die Tausende und für die Dutzende, Masse, wie sie marschiert, sich zusammenballt und löst, wie sie liebt, haßt, in Rührung zerfließt oder in Raserei gerät – ach ja, er brauchte nur zuzugreifen –, und für das Bild der Verschwörungen und Putsche fand er ja auch noch ein paar Farbenflecke irgendwo.
So aus dem Vollen schöpfend, haut er mit seinem breitesten Pinsel die großen Volksszenen zusammen. Gleich der Anfang meisterhaft. Der dunkle Abgrund der Arena füllt sich mit einer dumpf brausenden, unsichtbaren Menge. Stimmen schwellen zum Fortissimo, mischen sich mit einem metallischen Dröhnen, das von der Kuppel herabschwingt. Das aufspringende Licht zeigt ein unerhörtes Menschenaufgebot, ein Meer von Händen und Köpfen, das gegen den Säulenhintergrund des Theaters anspritzt. Dies bleibt die eigentliche große Konzeption des Abends: das nie ganz zu enträtselnde mystische Tier der Masse, das tausendfüßig aus dem Dunkel emporquillt, um elementar wie die Natur selbst schicksalbildende Macht zu werden.
In diesem tobenden und brüllenden Menschenmeer gewinnen Gevatter Schuster und Zimmermann, zu denen die Tribunen treten, eine Bedeutung, die wir jetzt würdigen gelernt haben. Caesar schreitet durch eine Straße der Begeisterung zum Kapitol. Wenn er von seinem hoch oben errichteten goldenen Sessel herab unter den Stichen der Mörder flieht und schließlich auf der letzten Stufe liegt, so ist das der Fall eines Götzen. Und die Forumszene selbst beansprucht die ganz dröhnende Zirkusgemeinde als Mitwirkung. Distanz hin oder her – hier war eine künstlerische Tat, die zur Bewunderung zwingt. Ebenso deutlich muß jedoch gesagt werden, daß in diesem Taumel alles Individuelle, soweit es nicht inmitten der Menge war, glatt an die Wand gedrückt wurde. Das Seelendrama des Brutus, der Schmerz Portias, das Geheimnis des Zeltes kamen nicht zu ihrem Recht. Der Kontakt blieb aus. Unvermeidlichkeit. Die Nerven der Zuhörer waren durch Überreizung stumpf geworden.

Freilich – Brutus war völlig unzureichend besetzt. Herr Wilhelm Dieterle spielte ihn und er brachte außer dem Bildhaften, das gewiß im Amphitheater nicht unterschätzt werden soll, kaum etwas anderes für seine Aufgabe mit. Der Kampf einer großen Seele fiel billiger Theatralik zum Opfer. Zwei andere trugen darstellerisch die Aufführung. Moissi war Antonius, glatt, jünglingshaft, südländisch in Gebärde und Sprache – gegen alle altrömische Würde – aber von höchster Lebendigkeit und leuchtend in fanfarenhaftem Glanz der Sprache. Meister der Sprachkunst auch Werner Krauß-Caesar, jede Silbe diesen schallverschlingenden Raum füllend, feist, glattköpfig, ein Imperator von einer alten Münze her genommen. Gehetzt von sich und den vielen. Das Leid, die Einsamkeit der genialen Menschen im Auge. Er allein packt den innersten Nero der Tragödie.
[...]

Norbert Falk, BZ am Mittag, Berlin, 29. 5. 1920

So ist denn die Caesar-Aufführung unter Max Reinhardt, seit Jahren ein immer erwogenes und immer wieder zurückgestelltes Unternehmen, Wirklichkeit geworden. Ich hätte gewünscht, das wäre vor dem Bau und der Eröffnung des Großen Schauspielhauses geschehen, denn dann würde wahrscheinlich das Caesar-*Drama* lebendig geworden sein, das die Tragödie des Brutus oder die Aktion des Marcus Antonius und doch wieder das Caesar-Spiel ist, von der Geschichte selbst diktiert, von ihrem größten Seher gestaltet. In dem als Großes Schauspielhaus verkleideten Zirkus mußte das Drama erschlagen und die *Masse* zum ersten Protagonisten werden. Sicherlich: Kein zweites Werk Shakespeares weist so in die Arena wie der Caesar, wenn man an die Entfaltungsmöglichkeiten der Masse in den zwei großen Szenen denkt. So gesehen heißt Caesar im Großen Schauspielhaus: Senatssitzung auf dem Kapitol, dreiundzwanzig Dolchstöße gegen Caesars Brust und Rücken und Marc Antonius' Massenaufwiegelung auf dem Forum. Was nachher folgt, vom Erschlaffen des dramatischen Neros ganz abgesehen, gibt dem Regisseur der großen Bewegungen nur noch das Schlachtfeld von Philippi mit einem Kriegeraufzug, wie er vorher nur etwa Caesars feierlichen Gang zum Wettlauf des Antonius in der ersten Szene des Dramas hatte.

Im Grunde waren das auch die Hauptmotive der Meininger, und ihr Schüler Grube hat nachher im Schauspielhaus in vollster Nutzung aller gegebenen szenischen Möglichkeiten der jetzt (wohl nicht mehr lange!) für überwunden gehaltenen Guckkastenbühne sehr starke theatralische Effekte erreicht. Allerdings mit Adalbert Matkowskys Marcus Antonius, der allein drei große Schauspielhäuser und hundert Massenaufzüge mit zehntausend Statisten aufwog. Reinhardt, der keinen Matkowsky für den Marc Anton hat, fühlt sich durch die Forderungen des Arena-Theaters an schauspielerische Einzelleistungen gar nicht gebunden, denn der Caesar bedeutet ihm in diesem Raum: Höchstentfaltung der Masse, Fortissimo. Er hat auf dem Rieseninstrument dieses Theaters schon starke Töne angeschlagen, aber im Caesar ist die Wucht überwuchtet; fast unüberschaulich ist dem Auge diese ungeheure Menge des Volks von Rom, und das Ohr faßt kaum den Lärm der vielen, die jubeln oder

drohen, auf dem Forum wüten wie eine brandende See und des Marcus Antonius-Moissi zuhöchst angestrengte Stimme überdröhnen. Reinhardt benutzt das Surren, Murren, Gurren der Stimmen auch in den Pausen im verdunkelten Theater, wenn die zeitlichen Zwischenräume zwischen den szenischen Verwandlungen so überbrückt werden sollen, daß die Stimmung nicht reiße. Es gibt aber Grenzen der Aufnahmefähigkeit [. . .]. Niemals vorher sind die ersten drei, bei Shakespeare ungemein straffen Akte so breit, so ausladend, so übermüdend gespielt worden, denn die Masse will Platz, braucht Spiel, braucht Zeit für Auf- und Abgänge, für Anfluten und Zurückebben.
Reinhardt schöpft die besten Möglichkeiten des Raumes aus und baut die Szene eigenartig und wirksam auf. Die Arena (überbrückte Unterbühne), Mittel- und Hauptbühne und die breite Hoch- und Hinterbühne sind von unten ansteigend nach oben in einen einzigen Schauplatz gegliedert, der oben von einer Säulenhalle abgeschlossen wird. Von unten tief strömen die Volksmassen gleich in den ersten Szenen empor, bilden zu beiden Seiten des Straßenzuges zwei lebendige Menschenmauern, die den mit Antonius, Calpurnia, Portia, Decius, Cicero, Brutus, Cassius und Casca kommenden, von Gewaffneten gefolgten Caesar mit hochgeschleuderten Armen grell bejubeln. Reinhardt entfaltet hier, in den ersten Szenen des Stückes bereits die ganze Masse der Spielerschaft und nimmt die Hauptwirkung der Szenen des dritten Aktes vorweg. Es müßte nun eine intensive schauspielerische Durchbildung der kleineren, aber dramatischen Szenen das Interesse konzentrieren. Aber trotz des echtesten Donners der Gewitternacht und trotz des herrlich funkelnden Sternenhimmels des Kuppelhorizonts wirken die Verschwörerszenen matt. Hier wird jede Nuancierung durch die Weitläufigkeit des Raumes, das Hallen der angespannten Stimmen unmöglich gemacht. Die Szenen auf dem Kapitol erst wieder, mit dem bleichen Caesar-Krauß auf dem goldglänzenden Thronsessel hoch oben in erhabener Einsamkeit, die Verschworenen, nach unten hin in Abständen gegliedert, das Heranschleichen unter gesuchtem Vorwand, die Bedrängung des stutzig werdenden Caesar, Cascas erster Stich in den Rücken, Caesars Aufspringen und Hinuntertaumeln, hierauf der mörderische Überfall der andern, – dieser ganze Aufbau, die Fortbewegung und Auflösung der Szene zeigt Reinhardts virtuose Meisterschaft in der Führung großer Aktionen. Hier ist alles stark, hinreißend und eminent malerisch. Auf dem Forum dann, wo eine rollende Flut von Köpfen und Armen die hoch hingesetzte Rednerbühne mit Marc Anton umdrängt, spielt Reinhardt den Haupttrumpf seiner Massenregie aus, mit ihr den Ankläger, Verteidiger, Aufwiegler und Rächer Marcus Antonius übergellend und überschwemmend. Was nun folgt, das Drama des Brutus und der Sieg des toten Caesar, geht in der Weiträumigkeit und durch ermüdete Schauspieler verloren. Wirkungsärmer ist selten Caesars Geist gezeigt worden; das die ganze gewaltige Breite der Hinterbühne einnehmende Schlachtfeld von Philippi, ein Riesenbild mit weißem, wandelndem Gewölk auf blauem und wieder rötlichem Himmel überrascht einen Augenblick durch die Größe der Dimensionen.

Wenn nun auch Reinhardt den Caesar als römisches Massenstück für große Schau nutzt, so hat ihm der Zufall einen Trumpf in die Hand gespielt, durch den er einfach dadurch, daß Krauß den Caesar und Moissi den Marc Anton spielt, den Sinn der Dichtung stark betont. Denn nicht Marc Anton, nicht Brutus, wie schon manche Regisseure auslegten, sind die Helden des Werkes; Caesar war immer, wie sehr sein Riesenmaß und nach seinem Tode noch sein Werk und sein unerloschener Geist die anderen beherrscht, in die zweite, wohl auch durch Brutus in die dritte Reihe gerückt. Werner Krauß' persönliche und künstlerische Überlegenheit stellt von selbst die Reihenfolge her. Krauß-Caesar mit dem weißen, fettigen Imperatorengesicht, dem kahlen Schädel mit dem goldenen Lorbeerkranz, der ruhig feste, gesättigte, ruhmüberglänzte Feldherr, Staatsmann, oberster Richter beherrscht als der wahre dictator perpetuus das Werk, und die große, rhetorisch gut gegliederte Forumrede Moissi-Marc Antons, die in ihrer gedehnten Skandierung komödiantisch wirkt, vermag daran nichts zu ändern. Caesar, auch tot, bleibt Hauptperson. Krauß, der immer über die darzustellende Gestalt hinaus ein Symbol gibt, erscheint als der große Typus des Imperators, der in Gesicht und Wesen, in einzigem Abbild die ganze Folge der Caesaren Roms, der Helden wie der Schwelger in wundersamen Zügen spiegelt.

Neben diesem Caesar hätte Marc Anton als Repräsentant des genialen Sinnen- und Phantasiemenschen stehen müssen und ihm entgegen die Verfleischlichung des unbeugsam harten, wachsamen Republikanismus, die da Brutus heißt. Moissi war nicht mehr als der Techniker der Rhetorik des Marc Anton, ein knabenhafter Schwärmer, nicht der leuchtende, flammende Mann. Und Brutus ist in der stattlichen Erscheinung des Herrn Dieterle ein etwas steifer Fraktionsführer, der sein Parteiprogramm konsequent durchführt. Von einem inneren Zwiespalt zwischen Überzeugung und Liebe zum großen Caesar kaum ein Hauch. Cassius und Casca (Janssen und Emil Jannings) haben ein paar Intrigantenfurchen zu viel; Jannings, ein verschlagener Rotkopf mit Stiernakken ist bildhaft vorzüglich. Verloren geht in der Turbulenz des Auftritts die Bedeutung der Episode des Poeten Cinna (Thimig), in Albert Heines Darstellung ein unvergeßlicher Eindruck. Und nun gebe Reinhardt den Caesar im Deutschen Theater, damit man auch wieder einmal das *Drama* zu sehen bekomme.

Emil Faktor, Berliner Börsen-Courier 28./29. 5. 1920

[...] Ein so lautes Rom haben die Ohren noch nie getrunken – es war ein brandender Ozean von Geräuschen, aus welchem dann auch noch – wenn auch vielleicht erst in zweiter Linie – die Dichtung in ihren Einzelgestalten auftauchte.
[...] Man schwankte sehr zwischen hochgespannten Momenten, und solchen, die ungewöhnlich breitspurig waren. Prachtvoll war die Aufrollung erster Szenen, in denen ein sieggewohntes, bekränztes, mit hochgeschwungenen Armen jubelndes Römertum Illusionen an ein Ehemals erweckte, und etwas ungemein schwer zu Treffendes wie Straße und breiteste Öffentlichkeit zum Erlebnis machte. Dieses Gefühl erstmaligen Eindruckes von längst Bekanntem hatte man auch von der Ermordungsszene auf dem Kapitol. Wenn sich sonst die Dolche in den Leib des Caesar einbohren, kommt man vor technischen Kniffen kaum dazu, bei dem schaurigen Vorgang irgendwelches Unbehagen zu haben. Reinhardt hat den grausigen Vorgang so meisterhaft gegliedert, daß der Vernichtungswille jedes einzelnen Verschwörers zur Geltung kommt, und

man stirbt mit dem Ermordeten ein Dutzend Tode. Auch in der Forumszene ist ein vielfacher Auftrieb in Wirkung, der das sich heranwälzende Volk vielmals zu einem Massenklang zusammenschließt. Eigentlich sollen die Zuhörer des Brutus und des Antonius bloß eine Resonanz für die Meisterspieler der Rhetorik bilden, aber das Echo macht sich gleichsam selbständig, ja es wird geradezu tyrannisch und zwingt einen Glanzsprecher wie Alexander Moissi immer wieder neu anzukurbeln. Nicht er, noch weniger der Dichter konnte den Umfang einer Wirkungswelle auslösen. Diese Masse da unten hatte ihre eigenen Gesetze, nach welchen sie ihre Applausfreude, ihre Leidenschaft, ihre Lust am Zuhören oder Widersprechen sich auswirken ließ. Das ergab neben den sonstigen Sprechpausen anspruchsvolle Unterbrechungen, die dem Gesamtwillen der Dichtung keineswegs förderlich waren. Des Dramas Sendung ist, an einem edlen Überzeugungsmenschen wie Brutus schwere Konflikte zwischen Gefühl und Gesinnung zu zeigen und innerhalb dieser persönlichsten Kampfzone weltgeschichtliche Energie aufzuspannen und nach heftigen Strahlungen wieder einzurollen. Reinhardt verfiel in den Fehler früherer Jahre, sich mit den phantasievollen Einzelheiten seiner Regie neben Shakespeare zu stellen und dort, wo Ausdrucksmöglichkeiten waren, große Schaubilder der Bewegung hineinzudichten. [...] Die Sorge um den tausendköpfigen Körper Roms ließ die Idee des Dramas und seine Nervenspannungen zurücktreten. Es war zugleich die Sorge um den Raum, der gestern für Momente wenigstens von Reinhardt sieghaft unterjocht wurde und besonders beim ersten Erscheinen Caesars ein Meisterstück der Gliederung ermöglichte, indem auf einer dreiteilig gestuften, riesenhaften Längsbühne die Volksmassen unten in der Arena und die Volksmassen hoch oben auf der Drehbühne plötzlich mit einem Ruck eingeordnet waren in einen äußerst intimen Zusammenhang mit der Mittelbühne, wo der große Julius seinen Kahlschädel bedeutungsvoll in die Zeichen und Vorbedeutungen von Zeit und Umwelt hinaushorchen ließ. Hier entstand (der Sprecher war auch Werner Krauß) ein Kontakt zwischen Podiumbühne und dem Dreitausend-Rund der Zuschauer, wie ihn das Große Schauspielhaus vorher kaum gefühlt hat. Wären nachfolgende Situationen, besonders aber die Verschwörerszenen nur halb so intensiv hervorgehaucht, nur halb so elastisch modelliert worden, diese offenkundig ehrgeizige Inszenierung hätte ein restloser Triumph Reinhardts über die Hindernisse und Hemmschuhe seiner trotz halbjährigen Bestandes noch immer problematischen Zirkusidee werden können. [...] Immerhin war es ein interessanter und scharf hervorspringender Gesichtspunkt, daß die Inszenierung die Gestalt des Julius Caesar schärfer und bewußter in den Vordergrund rückte, als man es sonst zu sehen gewohnt ist. Und diese dankenswerte Auffassung war durch die Darstellung des Werner Krauß wesentlich und wesenhaft bestätigt. Man sah etwas Erlauchtes, das sich seiner Würde überbewußt war, einen satten und schon vielleicht etwas trägen Leib, der von Purpurgefühlen trotzdem durchbogen war, einen Caesarenblick, dessen Majestät nicht frei von Wahn und Ängstlichkeit war, dazu eine hoheitliche Art der Rede, die ebenfalls sich aus Gottesgnadentum und lauernder Angst vor den Ungewißheiten der nächsten Stunde (also überbetonter Festigkeit) zusammensetzte. Dies alles bedeutete ein Hochrücken des Sinnes über die Materie, und in dieser Erhebung des Geistes über die Stofflichkeit kam dem modernsten Spieler Reinhardts nur noch Agnes Straub nahe, die Caesars Gattin Calpurnia darstellte, die Knappheit ihrer Rolle mit Persönlichkeitsakzenten durchglühend, ob sie nun wie eine treue Menschhündin hinter dem Triumphator schweigend einherzog, ob sie Befürchtungen in einen schwarzen Ton wie in ein Bahrtuch hüllte oder das Gefühl durch ein dunkelrotes Flüstern hindurchdampfen ließ.

Eine gefährliche, weil für den Darsteller ungünstige Kontrastwirkung zwischen gestraffter und zerdehnender Kunst konnte man an Moissis Antonius wahrnehmen. Neben dem symbolisch starken Herrschertum des Werner Krauß wandelte Marc Anton wie ein melancholischer Page einher und hatte doch sehr viel Natur, ungemein viel Schlauheit und jäh ausbrechendes Temperament zu repräsentieren. Eigentlich hat mir Moissi diesmal nur in den wenigen Momenten gefallen, wo er dem Schatten des gemordeten Caesar ganz intern, abseits von den Ohren der Zuhörer opfert. Hier war er starkes, unkomödiantisch gelöstes Gefühl. Anderen Momenten kann ich nur Hochachtung vor der breit ausladenden Linie entgegenbringen. Der Künstler war diesmal von einer merkwürdig kühlen Sachlichkeit, die jeden Satz auf die Stichhaltigkeit der Argumente zu untersuchen schien, wobei alle köstlichen Beiklänge von Ironie und Sarkasmus verlorengingen. [...]

Trotzdem war Moissi immerhin Moissi, und wieviel das bedeutet, konnte man an der völlig uninteressanten Gestaltung des Brutus ermessen, wo stimmlich ansehnliches Material (Herr Dieterle sprach auf dem Forum Donnerkeile) und blendende Erscheinung kaum ein Drittel dessen ergab, was Brutus zu leisten hatte. [...]

Fritz von Unruh   Platz

Uraufführung: Schauspielhaus Frankfurt, 3. Juni 1920
Regie Gustav Hartung

Mit ›Platz‹ setzte Unruh die Trilogie fort, deren erster Teil ›Ein Geschlecht‹ schon mitten im Krieg gegen den Krieg gerichtet war. Der junge Sohn aus ›Ein Geschlecht‹ führt nun die Revolution gegen den Götzen auf dem Platz, der die alte Macht repräsentiert. Das Thema von der Erneuerung des Menschen und der Welt durch die uneigennützige Liebe fand hier die idealistischste und pathetischste Darstellung im ganzen expressionistischen Drama. Der junge Sohn Dietrich wird als ein neuer Parzival gesehen. Gegen die reine Welt des jüngsten Sohnes setzte Unruh eine alte, die grotesk dargestellt ist (auch in der Inszenierung so dargestellt wurde) und schon eine Parodie der expressionistischen Sprache enthält. (Sprache des Schleich. Groteske Kostüme und grüne Gesichter für die Vertreter des Alten.) ›Platz‹ ist das an Stilelementen reichste und zugleich verworrenste Drama des Expressionismus. Es fand eine überwiegend enthusiastische Aufnahme. Die Erregung des Abends ist spürbar in den Rezensionen (»Glücklich nenne ich die Zeit, die diesen Dichter gebar. Verheißender jene, in deren Weißglut er reifte. Ist solches Geben möglich, sind wir besserer Zukunft gewiß« [›Frankfurter Theaterzeitung‹ Nr. 11, E. F. Werner]). – Der ›Schleich‹ Heinrich Georges war eine der wirkungsvollsten Darstellungen im Frankfurter Expressionismus; wild, brutal, auf größte Wirkung aus, ohne Übergänge. Der Widerspruch gegen die Aufführung begründete sich meist aus den erotischen Szenen. Da ein Skandal auszubrechen drohte, wurde noch während der Aufführung der Sturz des Kruzifixes vom Intendanten verhindert. – Der Intendant Carl Zeiß schied nach dieser Aufführung aus seinem Frankfurter Amt und ging als Generalintendant nach München. – Der Regisseur Gustav Hartung wurde im August 1920 Intendant am Darmstädter Landestheater. ›Platz‹ war seine letzte Inszenierung in Frankfurt. Obwohl Hartung einige wichtige Kräfte von Frankfurt mit nach Darmstadt nahm (v. Unruh, der sein Schwager wurde, als Autor, Paul Kornfeld als Dramaturg) und dort ein zeitnahes Theater zu entwickeln begann, war der Frankfurter Expressionismus damit nicht zu Ende. Er wurde die nächsten Jahre allein von Richard Weichert getragen, der vom Oberregisseur zum Intendanten avancierte und den expressiven Inszenierungsstil auf die Klassiker ausdehnte (›Judith‹, ›Macbeth‹, ›Penthesilea‹ usf.). Die Rezensionen Diebolds und Geisenheyners sind in der Reichsausgabe und dem lokalen ›Mittagsblatt‹ der ›Frankfurter Zeitung‹ gedruckt. Sie machen bewußt, was es für einen Autor bedeutete, eine Zeitung hinter sich zu haben. Unruh galt bald als ein Autor der ›Frankfurter Zeitung‹, deren Leiter, Heinrich Simon, sehr für ihn eintrat. Weitere Aufführung: Altes Theater Leipzig 1. 10. 1920.

Bernhard Diebold, Frankfurter Zeitung 5. 6. 1920

Dem Dichter Fritz v. Unruh dankte ein unendlicher Jubel. Die tausend Zuschauer wußten: er hat zu Millionen gesprochen. Gesprochen! Nicht gemimt! Aus dem Gewühl der pantomimischen Theatraliker, die ihre Stimme nur zum Schrei verbrauchen, tönt sein *Wort*. Dichtung ist bei ihm wieder Kunst durch Sprache; nicht unartikuliertes Seelen-Theater mit Beleuchtungseffekten und Harmonium als Poesie-Beweis. Eine mächtige Leistung ist getan: die in der Atmosphäre der Gegenwart ungewiß wehenden Gefühle sind hier in sichere Ausdrucksformen eingefangen. Eine Sprache aus Schillers Musik und von Kleists Rasse; ein unerbittliches Pathos brausend. Kein Pathos aber schwänge so hoch und würfe die metallenen Verse in so weitem Bogen ohne ein ethisches Feuer. Solche Sprache entsteht nicht als das Kunststück eines geschmackvollen Stil-Taktikers. So selbstherrlich sie ausschweift und sich im Fluß der Ergießung gar nicht erschöpfen mag – sie dient. [...] Sie ist Kundgebung eines Willens zur Änderung der Welt.
Diese Welt ist der ›Platz‹, Hort der brutalen Macht, geschmückt mit den Bildsäulen des Kriegsmolochs und einer harten Gerechtigkeit, die nicht von Liebe weiß und das Unwägbare am Menschen immer nur wägt, in stumpfsinniger Wippe wägt; als wäre die Seele Krämerware. In dieser Liebesöde wirkt das Kreuz des Liebesheilands wie schändlicher Hohn von Kreaturen, die mit der Linken milde damit winken, während ihre Rechte die blutige Knute schwingt. Wahrlich, sie wissen nicht, was sie tun, wenn sie mit heuchelnder Verheißung eines besseren Jenseits die Schlechtigkeit des Diesseits gründlich anerkennen. Heraus aus dieser lügnerischen Zweiheit! Heraus aus dem ›Du sollst!‹ der Entmenschung zu dem ›Ich will!‹ in der Liebe Namen! Ein ›Ich will!‹, das keineswegs sich zügellos vertun darf – so will ich's verstehen! –, das unter neuer, selbstgegebener Pflicht sich loskämpft von den alten Götzen, sich abwendet vom gemachten Krieger-Pomp, vom Flitter buhlender Ballerinen-Weibheit.

Das ganze ›alte System‹ der politischen und seelischen Verfassung lebt nur noch in Formeln; mordet in gespenstischen Erscheinungen. Nicht Männer und Weiber mehr; nur Uniformen, Zylinder, Hermeline, Tändelröckchen und Schnürleiber – darunter Gerippe, haltloser Unsinn, Fäulnis und bestenfalls noch rohes, entgeistetes Fleisch. Das Furchtbare aber ist: diese Gespenster spuken nicht nur *um* uns, sondern *in* uns. Sie sind das grauenvolle hohläugige Gestern, das uns im Modersumpf der gestorbenen Vergangenheit schlammig umklebt; während die Dämonen Walpurgis-Orgien tanzen um den ringenden Selbst-Erlöser.

Dietrich ist der jüngste Sohn aus jenem Riesengeschlecht, das im ersten Teil von Unruhs Trilogie den Krieg anklagte und zugleich die Mutter, die mit dem Leben ihrer Kinder nach mythischem Zwang auch ihren Tod gebären muß und mit den Leidenschaften des Blutes auch die Mordlust, die Gier des Schänders und der Dirne. Doch diese Mutter barg in sich zugleich ein Herz, das, von Schwertern durchstochen, aus wundem Munde liebendes Blut über die Erde goß. So sie befruchtend, daß die Lilie, die weiße Blume der Reinheit und des Friedens, sich mit dem roten Saft zur Feuerlilie verwandelte. Symbol der Natur *und* des Geistes, des Lebens *und* der Liebe. Das Signum, in dem der neue Kämpfer siegen will gegen die einseitig Verkümmerten. Gegen die nur Weißen, die in unnatürlicher Sterilität verdorren, und gegen die nur Roten in ihrer raubtierischen Ich-Sucht. Totalität des Menschen wird gesucht.
Wer sind die Geister um uns und in uns?
Der Oberherr ist Staat und Staatskirche, Gerechtigkeit und Gnadenlosigkeit, ist militaristischer Pflicht-Befehl. Er zeugte Töchter, Irene und Hyazinte, Geschöpfe nur seiner keuchenden Lust entsprossen, nicht jenem gottesatmenden Hauch, dem H, mit dem in Adam einst die Seele aus dem Mund des Schöpfers einwehte in den erdenen Leib. Das Fresko Michelangelos mit der Belebung Adams wird in der grandiosen Szene Unruhs nun dichterisches Phantom, wenn Dietrich den Oberherrn der Auslöschung der Seele furchtbar anklagt; mit Worten, als ob Gottvater selber durch ihn spräche. Doch wie sein unvermeidlicher Schatten folgt dem Lebenskämpfer der Popanz der bösen Macht; stellt sich tot; liegt im Sarg; scheint besiegt; und lebt doch immer wieder auf im Egoismus der faulen Seele.
Denn faul ist die Gewohnheit, die Angst vor der Tat, das Zaudern vor dem absoluten Willen. Der Feige Sohn aus dem Geschlecht ist Hinderer der unbedingten Neuwerdung; er irrt gehetzt als Schreckwild der Militaristen und Schambild aller Willenshemmung im Helden. Er schweigt; nur selten stößt die angstverschnürte Kehle stammelnde Worte aus und die Schreie des in unsagbarem Elend Umgetriebenen; haltlos in der Welt der durch Relativität entwerteten Werte, mit denen die Geistes-Spekulanten jonglieren.
In Christlieb Schleich ersteht ein moderner Mephisto, der Feind des Unbedingten, der Schleier der Gewissen, der Handelsmann mit zeitgenössischen Idealen. Revolution hat gute Börse! Er bläst die Leitmotive Dietrichs auf seiner Jahrmarktstrompete. Kein Wort vom Kriege mehr! Liebe! Bergpredigt! Dostojewski! Neutönerische Fanfaren in der Grammatik der Telegramm-Stilisten aus der bekannten Kaffeehaus-Ecke. Liebe! Liebe!! Wie herrlich bequem der Doppelsinn des Worts. Schleich sagt's als Christlieb; aber meint's als Lust. Mit Hyazinte, seiner Braut, erprobt er's. Mißbraucht's auch mit Bianca, der

ältlichen Haushofdame, mit qualvoll behüteter Jungfräulichkeit; die Tugend nennt, was nur Entbehrung war; die zur Erfüllung den grausigsten Foxtrott tanzen muß mit Schleichs Fleische. Totentanz! denn ohne das H ist selbst das Leben Tod. Ein Totentanz auch mit Graf Gutundblut, Kommandanten des Platzes, einst Eitelkeit und Ehrenstolz und Bräutigam Irenens. Nun nur noch eine Uniform, die das vor seinem eigenen Nichts verrückt gewordene Skelett umschlottert.

Das sind die Lemuren, gegen die Dietrich streitet und denen er ein anderes Leben noch entreißen muß, das seine Mannheit erst mit der Weibheit ergänzt: Irene. Sie ist vom Oberherrn bestimmt, als Sklavin eines Gutundblut die Pflichtehe einzugehen, wie Hyazinte, Irenens sinnenteuflisches Doppel-Ich, mit Schleich. In die Hochzeitsglocken dröhnt der Lärm der Revolution. Die bräutlichen Schwestern sehen Dietrich und ahnen den Befreier. Lassen ihre Galane fahren und eifern um den neuen Mann. Noch sind sie Lust, wie Dietrich. Zwar sah er in Irenens Blick das Auge der Mutter leuchten. Doch die Feuerlilie, die er ihr bot, reißt Hyazintens niedere Sucht ihr aus den Haaren. Noch ist sie nicht rein, und zieht in enge Liebesbande den Mann, der die Welt befreien will. Er schließt Kompromisse mit dem Herrn vom ›Platz‹, bis er den Doppelfrevel erkennt: begangen am Weibe, das er zur Dirne machte, und an der Menschheit, die er verriet. Schleich triumphiert, und hebt die Feigheit des Zauderns und des Schwindels auf den Schild.

Dietrich aber findet sich mit Irene über musikalisch aufschwingende Schluß-Rhythmen (lyrisch-sprachlich jedoch nicht Unruhs Höchstes) zur Idee der Mutter. [...]

> Ich aber will Euch durch der Jungfrau Stern
> den ganzen Tierkreis von der Seele reißen!

Die Feuerlilie blüht wieder. Keine madonnenblasse Erlösungsfrau, in deren Heiligkeit man Romantik lügt; kein feiger Liebestod vom Kampf der Erde hinweg. Nein: Leben in Liebe.

Im dritten Teil der Trilogie muß uns Fritz v. Unruh sagen, wie seine neue Zweisamkeit von Mann und Weib sich in der Menschengemeinschaft auswirkt. Wie weit das Leben in Liebe mit Kampf gegen die noch nicht erstorbenen Dämonen verteidigt wird. Wie aus dem wunderbaren unirdischen Spiel mit der Erdkugel irdischer Ernst wird. Wie sein Ehe-Ethos zum Menschheits-Ethos sich erweitert. Erst dieser dritte Teil der Trilogie kann letzte Antwort geben. Wir stehen in tiefer Dankbarkeit vor dieser dichterischen Sendung, in der ein Junger aus der Wirrnis der Zeit endlich ein volles Ja zur Erde spricht, ohne dem Tier zu opfern. Unruh ist der einzige vielleicht von den ›Modernen‹, der sich entscheidend über Strindbergs sexuelle Verkettung und romantische Transzendenz hinausschwang. Und damit auch der einzige von ihnen, der seiner Dichtung den Anstrich der Mode vom Gestern nahm. Strindberg ist ja schon das Gestern! Unruh ist freudiges, kampfwilliges Heute!

Wie mag es kommen, daß dieses im Wortgesang klingende Ethos während der Vorstellung mit Rufen der Empörung geschmäht wurde. Worauf zielten die Pfui-Rufe, und der gelehrte Ausspruch: *Psychopathia sexualis!*, den eine Baßstimme aus der Tiefe des Theatrums sang? Es gibt ja Leute, die sich unter allen Umständen für ihren Schöpfer genieren, daß er die Beziehung zwischen den Geschlechtern erfunden hat; und die aus oft sehr braven Erziehungs-Absichten heraus der Jugend als süß verschleiertes Geheimnis erhalten möchten, was sie in ihres Frühlings-Erwachen doch eben einmal deutlich spürt. Diese Pädagogen mögen gegen ihre Vogel-Strauß-Methodik täglich einen Band Wedekind zum Frühstück verschlingen. [...]

Oder handelte es sich bei jenen Interpellanten um Mißverständnisse? Kamen sie im Laufe der Handlung nicht zurecht und witterten voreilig den Triumph des Bösen im allgemeinen Chaos aller Unbegreiflichkeit? In diesem Falle darf man ihnen nicht so gram sein; denn der Dichter hat es ihnen auch nicht leicht gemacht (wenn auch der ethische Grundzug doch nicht zu verkennen war). Seine Szenenfolge zeigt nur bis zur Mitte des ersten Aktes ein klares Fortschreiten; dann folgen sich die Schönheiten oft scheinbar ohne Verbindung und mit einer Willkür, die auch den aufmerksamen Leser verwirren kann. Unruh mag über den Wert der Fabel denken, wie er auch will: er braucht jedenfalls in diesem Stück die Fabel; er läßt handlungsmäßige Dinge geschehen. Gibt ihnen jedoch nicht die nötige Prägnanz, damit sie eindrucksmäßig als Gerüst dieser chaotischen Szenenmasse dienen. Ein Dokument wird unterschrieben, und alles im Theater denkt angestrengt darüber nach, welche Aussagen Dietrichs oder des Senatspräsidenten mit diesem Schriftstück in Verbindung stehen könnten. [...]
Und dann noch eines: diese Menschen Unruhs sind Typen, die gleich denen Schillers von der Leuchtkraft ihrer Idee, nicht von ›lebenswahrer‹ Charakteristik das Leben erhalten. Was aber Schillers Figuren die unbedingte Anteilnahme an ihrer Person – also nicht allein an ihrer im Schauspieler verkörperten Idee – namentlich sichert, ist die starke Anteilnahme an einem menschenähnlichen Konflikt, in dem wir mit Sympathien oder Antipathien mithassen oder mitlieben. Auch Unruh hat ja den Konflikt! Doch warum verarbeitet er ihn nicht in seiner Gestaltung als organisch durchgerührtes Symbol-Geschehen? Er scheut ja auch nicht die Gegenständlichkeit mit Globus und Lilie, mit Nachttopf und Kerze? Einem Dichter vom Range Unruhs möchte ich bei meinen kritischen Bedenken in aller Ehrerbietung nur in der Frageform begegnen. Vielleicht kennt er eine geheime Kontrapunktik seines Spiels, die mit Bachscher Sonnenklarheit vor ihm selber sich wogend aufbaut mit festgefügten Stimmen? Da aber dieser Dichter nicht nur als guter Musikant, sondern als Prediger seines Ethos an die Menschheit wirken will, so wünschte man um der Sendung willen, daß sich die wundervolle Klarheit seiner Einzelsätze und Perioden auch im Gefüge und Gelenke seiner Szenen und Akte zeigte. Dies heißt doch nicht, von Unruh etwas Un-Unruhisches verlangen? Wer so viel Melodien in sich singen hört, den müßte doch auch die Symphonie verlocken!

Im Szenischen zeigt sich jedenfalls des Dichters Wille zu ausgesprochener Symmetrie und architektonischer Szene! Zu beiden Seiten des Platzes stehen strenge Staatsgebäude; der Hintergrund ist Fabrik-Kaserne. Vorne führen – rechts und links – zwei Treppen durch die Palastflügel auf eine Galerie, die sich quer über die Bühne spannt, und unter der ein Vorhang jeweilen zur Abgrenzung einer Vorderbühne gezogen wird. So hat der Schauplatz auf leichte Art sein Oben und Unten, eine Nähe und eine Tiefe zur geographischen

Gruppierung der Typen. Dazu schneidet der Scheinwerfer oft einen grellen Lichtkegel in die Dunkelheit, in dem sich gespenstisch Begegnungen mit einem anderen Ich ermöglichen. Dieser einzige Schauplatz des Abends genügte weder der inneren Weite noch dem szenischen Bedürfnis der Dichtung. Die Größe des Wortgestus wurde beengt durch zu kleine Dimensionen. Die Odem-Szene spielte in einem châletartigen hölzernen Treppenaufgang wie im Käfig. Der Auftritt der Zylinder- Grandezza des Oberherrn oder bei sonstigen vielfigurigen Szenen führte nicht zu wirklicher Spielentfaltung. Die seitliche Aufstellung des Platzgötzen und der Steinjustitia – statt sie etwa an rückwärtigen Pfeilern frontal anzubringen – war gar nicht glücklich. Ein entschiedener Mangel und Verlust an symbolischer Wirkung bedeutete das Fehlen eines Ausblicks in den Garten der Feuerlilie. Wie weit der als Maler sonst so bedeutende August Babberger hier als Szeniker ganz aus eigenem schuf oder durch Spielangaben gebunden war, bleibe dahingestellt. Jedenfalls wurde durch Farbe und Beleuchtung manches retouchiert; ausgezeichnete Kostüm-Einfälle, groteske und graziöse, halfen zum Guten. – Diese Aufführung war auch Gustav Hartungs letzte Regie-Leistung in Frankfurt [...]. Es ist von ihm – in Anbetracht der schweren Dichtung und der verhältnismäßig kurzen Probezeit – mächtige Arbeit geleistet worden. Nicht alles gelang. Das Geisterhuschen blieb zu materiell; es polterte; und die durch den Bau des Stückes bedingten allzu vielen Abgänge und Auftritte im selben Hetztempo über Treppen und Galerie führten statt zu gruseligem Schauer beinahe zu gelinden Heiterkeiten. Das müßte in einem Stück vermieden werden, das durch seine ungewohnte Form sowieso schon auf der Lachkippe des Publikums steht. Hartungs wesentlichste Leistung ist die wörtliche und gestische Interpretation – seine Diregententätigkeit.

Die Schauspieler zeigten gute Gesamthöhe. Bis auf Heinrich George als Schleich aber nicht jene Höchstleistungen, die man bei Carl Ebert, Fridda Brod und Gerda Müller erleben kann. Ihre Rollen sind zunächst vielmehr sprecherische als spielerische Aufgaben. Herr Ebert als Dietrich bewältigte wie immer geistig und auch lyrisch seinen Part, spielte und sprach das Pathos einprägsam, wurde leidenschaftlich; aber die ganze musikalische Spannung packte er diesmal nicht. Von Frau Brods Irene gilt ähnliches: es unterblieb nichts Erwartetes, aber es verblüffte auch nicht ein Unerwartetes. Gerda Müller tobte sich aus in Hyazintens Liebesrasen; man hätte ihr mit einigen Strichen die Gefahr der Übersteigerung ersparen können; die Rolle ist schwer zu runden. Ganz falsch schien mir die Rolle der lüsternen Jungfer Bianka mit Frau Einzig besetzt. Oder sollte hier etwa keine grelle Komik herrschen, die im Stil zu des sicheren Herrn Impekovens unheimlich-lächerlichen Gutundblut paßte? Das und schon die leichteren Rollen, die ins Individualistische oder Chargierte übergehen. Herr Taube als Oberherr pointierte ausgezeichnet, hatte das Tempo; doch nicht die Macht und das Geheimnis, das in der Mumie atmet. Herr Engels gab mit hartem Greisenton, kalkig, starr den Senior des Senats, Herr Feldhammer mit mimischer Beredsamkeit erschütternd den Feigen. Die Kraft aber lag diesmal bei Herrn Georges Schleich; ein Tausendmann von Teufel und Tier; Lügner und Prophet; ein Elementargeist als Clown; ein dämonisch gewordener Exzentrik; dann plötzlich aus frivolster Komik heraus eine kalte Teufelei grimmassierend. Der Totentanz mit Bianka – starres Grausen erregt noch die Erinnerung.

Fritz v. Unruh hat in Frankfurt zum zweiten Mal gesiegt. Geringer Widerstand wurde zum Schluß vollkommen überdonnert von Salven der Begeisterten. Sein dritter Teil der Trilogie soll ›Taumel‹ heißen. So leitet der Jubel der von ihm Beglückten als Echo der Menschen hinüber in sein Finale!

Max Geisenheyner, Mittagsblatt der Frankfurter Zeitung
I
Rückschauend ist es mir, als hätte ich am Bett eines genialen Fieberkranken gesessen, dessen Phantasien mein Hirn umnebelten. Phantasien, durch die ein Schrei tausender morbider Seelen stieß, gesammelt in der Qual eines Dichters, der sagen kann, was tausend leiden und der an dieser Pein erstickt.
Ja, es war ein Spiel, dieses geniale Jonglieren mit Wahnsinn, Spuk, Gemeinheit und Zote. Und darüber zuerst der feine Hauch einer reichen Dichterseele, aus der Adler zu neuen Himmeln aufbrachen. Zuerst! Denn da rollten die Worte wie bunte Kugeln, gewichtig klirrend, zielbewußt. Da glühte Dietrich-Eberts Stimme, da jubelte Naivität, da war Jungsein, Dreinschlagen, Zungenbläken, Lachgewitter und wirklicher Aufbruch zu neuem heiß ersehnten Menschheitsziel. Ja, man konnte glauben, das Naive solle triumphieren, der Ritter Parzival, der tumbe Knecht, der innerlich Frohe, Unbekümmerte. Denn spannte da nicht eine ganz starke Seele ihre Flügel aus, um aus dumpfer Tiefe seeligen Himmeln zuzufliegen? Ach ja, sie spannte – aber sie blieb am Boden. Ihr Flügelschlagen wurde immer ängstlicher, immer verwirrter, wenn auch grandios in der Ohnmacht. Die Schattenwelt triumphierte mit dunklem Gewölk, der Glaube an den Messias ward von Teufeln niedergetrampelt, die als reine Höhe und reine Luft endlich erreicht waren und die Sphären von neuer Musik erdonnern sollten, auch hier Höllengestank verbreiteten, darin die Stimme des Helden, so hoffnungsfroh sie aufschrie, erstickte. Nein, nein, noch ist Unruh kein Dietrich. Noch brüllt in ihm die Hölle, und wie einer, der sich vor sich selber fürchtet, leimt er Hoffnungsworte an die Ausgangspforte seiner Höllen-Dichtung. Er hat den Himmel noch nicht, den er verheißt, er ahnt ihn vielleicht und schließt daher wie ein Chronist seiner eigenen Seelengeschichte mit dem letzten Qualenhof der Hölle ab. Das ist ehrlich, aber nicht die Gebärde eines Messias. Und der will er sein, das blitzt aus hundert Worten, ist der Antrieb der Handlung und ihr ersehnter Ausklang.

Kurz der Hergang der Dichtung. Dietrich, der jüngste Sohn, den im ›Geschlecht‹ die Krieger schulterten, um sich unter seiner Führung auf die Kasernen der Gewalt zu stürzen, stürmt auf den Platz, auf dem, umgeben von den Staatsgebäuden, der Machtgötze steht. Hier hausen, gerade noch ein gespenstisches Leben führend, die alten Machthaber: Oberherr, Platzkommandant, Reichsherren, der Greis und der Zeitgenosse Christlieb Schleich, der ungekrönte König jeglichen Schiebens. Der Oberherr hat seine Töchter verkuppelt, Irene an den Platzherrn, Hyazinte an Schleich. Da brausen in die Hochzeitsglocken die Sturmzeichen der Volkserhebung. Dietrich kommt. Die Machthaber empfangen ihn, er aber sieht nur Irene. Dieser erste Blick, der von Auge zu Auge brennt, wird schicksalbestimmend für Dietrich, ja unter der Glut dieses ersten Liebesfunkens springt die Urzelle des neuen Liebesethos auf, das Unruh als Wahrzeichen auf dem von ihm noch unbetretenen Weg ins Neuland seines

Menschenglückes aufstellen möchte. Doch die Schatten der Umwelt wollen noch nicht zum Hades. Sie hängen sich an Dietrichs Seele wie Blutegel an einen warmen Körper, der in ihr kaltes Bereich taucht. Sie wollen ihn zu Fall bringen. Und die Gespenster erkennen den richtigen Augenblick. Als Dietrich, von Liebe trunken, all sein Gefühl über Irene strömen läßt und die Liebe zum Weibe als das neue große Gesetz preist, da wittern die Halbverwesten Morgenluft und blasen seine Reinheit mit Hurenatem an, um selbst weiter vegetieren zu können. Der greiseste der Greise ruft triumphierend aus:

> Daß keinem Zeit zum Denken übrig bleibe,
> soll alle Stadt jetzt trinken. Sei betrunken!
> Erwacht er, wird Musik und Tanz, ja Tanz
> in jeder kleinsten Wirtschaft Orgien feiern.
> Bordelle auf, jagt ihnen Weiberherden
> auf allen Straßen zu. Ihr Bengels, kommt nur!
> Beim Balzen knall' ich euch wie Auerhähne.

Auch Dietrich muß durch die Feuer der Sinnlichkeit (die im zweiten Teil ungezügelt widerlich emporzüngeln und die Szene zu frechster Orgie in Wort und Geste erleuchten). Dietrich wird innerlich krank. Seine reine Liebe zu Irene verdunkelt sich, er sieht nur das Tierchen in ihr, will sie opfern, um wieder unter die Brüder zurückzukehren und gemeinsam mit ihnen um Macht zu kämpfen. Irene aber wirft sich ihm in den Weg. Der ›Macht‹ hält sie die ›Liebe‹ entgegen. Das ist knapp der Hergang. Nun zu einzelnem.

Die Dichtung läßt die Schatten einer vergangenen Zeit verzerrt in das Chaos der heutigen fallen. Ein tief Ergriffener setzt sich mit seiner Zeit auseinander. Einer, der von ihr nicht los kann, so gern er auch möchte, denn Dietrich, der Held, bläst die Gespenster-Ratsherrn und -Befehlshaber an; sie fahren wohl wie Spreu auseinander, aber sie bleiben im Umkreis wie Marionetten, deren Fäden in des Dichters Seele verknotet sind. Dietrich setzt sich mit der ›Es war einmal‹-Zeit auseinander. Warum aber nur mit ihren Zerrbildern? Warum fordert er nicht *den* Heerführer vor die Schranke, der, ohne Popanz zu sein, eine Weltanschauung verkörperte und vor dem Glanz der neuen Jugend sein Schwert hätte zerbrechen, oder kämpfend fallen müssen? War in Unruh nicht die Kraft zu solchem geistigen Zweikampf, oder hat er mit genialer Geste einfach alles Gewesene in seine Gespensterwelt einbezogen? Das wäre keine Tapferkeit. Siegfried zerschlägt Wotans Speer. Die Alben tötet er durch Lachen.

Die Gespensterwelt triumphiert aber nicht nur äußerlich. Sie ist auch am stärksten gestaltet. In Schleich wird eine Welt gespiegelt, vor der jeder Anständige schon den großen Ekel bekommen hat. Die Stilform ist hier von einer Kühnheit ohne gleichen. Schleich ist Karikatur geistigen Schiebertums und spricht die Sprache modern stammelnden Sturm und Drangs. Schleichs Narrenblick äugt überall hin, wo sich Gehirn verrenkt, Intellekt wie Selterswasser sprudelt, um Herzblut vorzutäuschen. Wie sagt Dietrich zu Schleich: »Ihre Grammatik, Herr! Ihre Grammatik. Ich weiß, ich weiß:

> Ausstießt Ihr mich und Pegasus, bedeutend,
> hinäpfelnd Poesie, verscharrte mich.
> Ich kenne mich noch nicht in dem Rhythmus aus.«

Das ist alles köstlich. Aber hätte nur diese Welt ihre Grenzen! Wäre sie aufgerufen worden, um totgeschlagen zu werden und reinere Atmosphäre zu schaffen. Aber sie hat keine Grenzen, sie drängt über die Ufer und überschwemmt das neue Gartenland. Und das große Dichterische? Wer kann außer Unruh Verse schaffen, wie sie im ersten und auch im zweiten Akt gesprochen werden? Verse, um die alle Rätsel des Daseins schauern und die Reinheit eines großen Künstlers leuchtet. Kann man aber um dieser Schönheiten willen das Ganze lieben? Wer es vermag, an Unruh zu glauben als an einen Messias, der neues Heil bringt, der mag es tun. Andere werden ihr Haupt verhüllen und weinen, daß wieder einmal der Vampyr unserer Zeit über der Seele eines genialen Menschen liegt und sich von seinem Blute nährt.

Kann es auf diesem Wege ein Weiter geben? Diese Frage ist nicht durch Theaterbeifall zu entscheiden, Beifall von Menschen, die, von einem Massenrausch gepackt, kaum ein Drittel des Gehörten verstanden haben konnten. Diese Frage kann nur durch Werke entschieden werden, Werke, die nach der Hölle den Himmel bringen. Sollte Unruh ihn bringen können, so müßte er vorher dazu ›begnadet‹ werden. Noch aber ist er im Fegefeuer.

Alles gegen das Stück Gesagte mag mehr gefühlsmäßige Behauptung sein, als Bewiesenes. Aber es ist nicht so, daß hier geistige Behaglichkeit gegen ein geniales Monstrum verteidigt werden soll, sondern es gilt, eine eigene, persönliche Welt zu verteidigen, die sich nicht damit abtun läßt, daß man sie milde lächelnd unter den gewesenen Plunder rollt oder ihr einen Platz weit von der Sonne Unruh zuweist, die alles verbrennt, was in ihre Nähe kommt, ohne die Gewißheit auszustrahlen, sie werde neues Leben aus Trümmern erwecken. Gewaltig ist das Unruhsche Zerrbild als solches. Künstlerisch ohne Zweifel das Bedeutendste, was die Bühne seit dem ›Geschlecht‹ gesehen. Es geht aber nicht an, dem Dichter als Wegbereiter in erster Linie zu huldigen, während Widerstand gegen ihn als den neuen Messias in der Seele brennt. Es ist Unruhs Angelegenheit, diesen Widerstand durch den letzten Teil der Trilogie zu besiegen. Kann er das, nun – so wollen wir »Fanfare blasen lassen«.
[...]

II

Dieses Werk war ohne einen ›heißhungrigen‹ Regisseur nicht möglich. Es mußte sich jemand finden, der mehr als Einrichter und Spielleiter war, denn es galt aus einer Szenenreihe, die allen Gesetzen des Dramas widersprach, ein Ganzes zu schmieden. Hier setzte Hartung ein. Von der Fülle der Arbeit sei weniger geredet denn von dem Erfolg, der sich in so reichem Maße einstellte, daß Hartung bei der zweiten Aufführung am Schluß wiederholt gerufen wurde.

Das ständige Auf und Ab der Szenen, die oft ohne jede Übergänge aneinander hängen, machte Hartung durch Beleuchtungseffekte geräuschloser. Die Spukszenen traumhafter zu spielen, war wegen ihrer Vordergrundsprache und weil sie das Stück beherrschen nicht möglich. Schade übrigens, daß man die Brücke nicht ein wenig tiefer anlegen konnte, denn auf der Stehgalerie (ich war bei der zweiten Aufführung da oben, um den Dingen entfernter und *Menschen* näher zu sein), sah man die Brückenszene nur mit halbierten Schauspielern. Auf der Galerie standen nämlich mehr *Menschen*, als im Parkett saßen. Da ja der Schauspieler jetzt in der Tat für die Galerie spielt, so möge auf die Galeriebesucher auch Rücksicht genommen werden, denn von den eingefrorenen Gesichtern im Parkett kommt ihm ja kein Widerschein. Die stärkste Arbeit hat Hartung ohne Zweifel als Ausdeuter geleistet. Jeder Satz war durcharbeitet, der »Gespensterkampf verwester Phantasien« oft von einer Eindruckskraft, die erschauern machte.

Carl Ebert spielte den Dietrich, den Blondling, den Sonnenmenschen. Es scheint mir ein großer Irrtum zu sein, die Ausstellungen an seinem Spiel auf ihn abzuschieben. Die Gründe für die Diskrepanzen liegen tiefer. Unruh wollte den Sonnenmenschen schaffen, aber er ließ ihn nicht ausschreiten ins Helle, sondern warf ihn im Gespensterkampf hin und her, ließ Finsternis und Licht unmittelbar nacheinander und durcheinander durch seine Seele gehen, ihn vor plötzlichen Abgründen nervös erzittern und gleich darauf ekstatisch aufjubeln: das ist nicht der Stil für den Sonnenmenschen, der die große ›Freude‹ bringen soll. Aber es war ein geschickter Schachzug, gerade Herrn Ebert für diese Rolle zu nehmen, denn so wurde wenigstens in der Stimme der Anschein des Gesunden, Ursprünglichen erweckt – mir war's, als spielte man wilde Kriegsmusik auf einer Geige. Das körperlich Gehetzte, Nervöse, ist nicht die Domäne dieses genialen Schauspielers, der das Grauen und alle Schrecken der Seele spielen kann, wenn sie in der Seele eines Helden liegen, der gleich dem Ritter von Dürer durch Tod und Teufel unbekümmert seinen Weg reitet. Der schnell Erschreckte, der Nerven-Ekstatiker mit der Revolutionsgebärde und dem Schrei verletzter Massen auf den Lippen, ist ihm wesensfremd. Er ist eine deutsch-faustische Natur – aber Dietrich ist kein Faust dieser Art. Wie viel aber kam trotz alledem bei Eberts Spiel heraus. Er hatte die Rolle bis in alle Fasern durchdacht, gab ihr die wohltuende Wärme seiner Stimme, in der immer Hoffnungsglocken läuten, sprach die Worte: »Wo hast du meinen Menschen« und das »Schuldig« mit einer Tiefe ganz großer Kunst und trug die rote Feuerlilie mit einer Gläubigkeit der Geste, daß die Erkenntnis wie eine Erleuchtung kam: das ist der Dietrich des dritten Teiles, der Dietrich, auf den wir hoffen, von dem Unruh im ›Platz‹ aber noch weit entfernt ist – seelenmeilenweit. So ward uns Eberts Spiel eine Verheißung. Der Dichter muß sie einlösen.

Den ganzen Glanz unseres Schauspielhauses ließ die Aufführung erstrahlen: Ebert, George. Von einer Höllenbombe emporgeschleudert, tollerte Heinrich George, eine befrackte Ausgeburt unseliger Gefilde, durch die Dichtung, giftige Dämpfe versprühend. Er warf seine Worte rasiermesserscharf, nadelspitz, dann wieder ebenso behäbig wie gefühllos ins Parkett. Er schien unmittelbare Beziehungen zu den Bereichen Gut, Böse und jenseits davon zu haben, je nachdem ihn der Dichter ausschickte, Profite zu machen. Nur eine groß angelegte Natur, der das Chaos im Blut sitzt, konnte dieses Chaos so gewitterwolkig spiegeln. Von Eberts Stirn brennt immer ein Widerschein des Himmels, um Georges Mund und Augen zuckt Höllenfeuer, und das Bedeutende an beiden ist, daß sie diese Glut nicht von einem Theaterhimmel und einer Theaterhölle borgen.

Die Frauen spielten Gertrud Müller und Fritta Brod, beides ähnliche Gegensätze wie Ebert und George und beide auch so verwendet. Gertrud Müller, groß in ihrer Erdgebundenheit, Fritta Brod erglühend und verglühend in opfernder reiner Flamme. Aus der Gespensterwelt bekamen der Greis durch

Alexander Engels und der König durch Robert Taubes Spiel Form und Auswirkung. Jakob Feldhammer gab dem Feigen Sohn die große Linie seiner mimischen Kunst und sprach seine Verse nach dem großen Liebes-Duett Dietrich-Irene mit einer ergreifenden Schlichtheit, die diese Figur fast zentral erscheinen ließ. Mathilde Einzig, die soviel Sinn für das Groteske hat (wer kennt nicht ihre rührenden alten Jungfern aus so manchen Stücken), wurde von der Regie gänzlich ungrotesk, ja uncharakterisiert, eingesetzt, so daß die Spezial-Erotika ihrer Bianka unverdeckter klangen und wesensloser sein mußten als in einer typischen Maske. Herr Impekoven war natürlich ein herrlicher Graf Gutundblut.

Die Bühnenbilder hatte Babberger gemalt. [...] Meiner Meinung nach war alles zu spielerisch, zu bunt. Es fehlte ein großer, alle Teile verbindender malerischer Gedanke, der diese Spuk- und Zauberwelt ernst und feierlich umschlossen hätte.

Max Fleischer, Kölnische Zeitung, Juni 1920

Wenn nach einem Menschenalter oder deren zwei Fritz v. Unruhs Spiel in zwei Teilen ›Platz‹, der zweite Teil der Trilogie: ›Ein Geschlecht‹, vor einem Kreis literargeschichtlich Interessierter wieder einmal aufgeführt werden sollte, da wird man vielleicht sagen: Wie krank und innerlich zerrissen war doch die Menschheit um die Zeit des Weltkrieges herum. In der Tat offenbart sich hier der Dichter einer Sturm- und Drangzeit. Daß Unruh ein Dichter ist, wurde hier schon nach der Uraufführung des Spiels ›Ein Geschlecht‹ im Frankfurter Schauspielhause gesagt. Während aber da die tiefen Empfindungen einer dichterischen Seele über den Krieg sich in einem Drama von einheitlichem Guß und von erschütternder Kraft entluden, sind hier Gedanken über Staat (›Platz‹) und Freiheit, über Staatsgesetze und Naturrechte, über Leben und Liebe miteinander zu einem oftmals chaotischen Bild verwoben, das ebensosehr Stellen von hohem lyrischen Gehalt wie von ekelerregender Eindeutigkeit schlimmster Art und schlüpfrigster Erotik enthält. Dazu kommt der sprunghafte Wechsel im Stil des Stückes, das in den nahezu 70 Szenen seiner beiden Teile wohl im ganzen genommen nur symbolisch genommen werden will, aber dennoch bald eine reale Handlung in dramatisch eindringlichster Weise wiedergibt, bald durch die Karikaturen der sogenannten ›Symbole von Erscheinungen‹ (wie ein Erklärer auf dem Theaterzettel auseinandersetzt) die Handlung zur Groteske werden läßt. Denn daß dies Geisterspuk sein soll, was ein Teil der Darsteller treibt, kommt dem Zuschauer nur schwer zum Bewußtsein, wenn auch diese Gruppe durch die Leichenfarbe ihrer Gesichter und die Attribute ihrer Gattung kenntlich gemacht werden sollen. Es fällt jedenfalls dem vorurteilsfreien Durchschnittsbesucher schwer, zum Beispiel in dem Kommandanten des ›Platzes‹, Graf Gutundblut, mit Gardeuniform und Stutzflügelchen statt Achselstücken und halbmeterbreiter Schärpe um den Leib, sowie Pappdeckelhelm mit drei Reiherfedern ein ›Symbol‹ und nicht eine komische Figur zu sehen. Es ist übrigens wohl anzunehmen, daß alle diese freilich nur äußerlichen Dinge mehr dem Gehirn des Spielleiters als des theaterunerfahrenen Dichters entsprungen sind. Es liegt wenigstens dies ganz im Sinne des »eignen Stils«, den der Oberspielleiter Hartung hier pflegte, der mit dieser

Uraufführung seine mehrjährige Tätigkeit am Frankfurter Schauspielhause abschloß. Man hat nach dem Lesen des Textes auch den Eindruck, als ob Spielleitung und manche Darsteller nicht nur das Groteske, worüber sich streiten ließe, sondern bedauerlicherweise besonders auch das Erotische *unterstrichen* hätten. So kam es während des zweiten Teils bei offener Bühne zu einem Theaterskandal, bei dem Pfiffe ertönten und erregte Zwischenrufe von den Gegnern und den Freunden des Dichters ausgestoßen wurden. Namentlich richtete sich die Entrüstung gegen ein großes Kruzifix, das vorher auffällig auf die Bühne gestellt worden war und in dessen Nähe sich allerdings recht wüste Handlungen abspielten und schließlich ein ›Foxtrott‹ getanzt wurde, der zwar als Totentanz gedacht ist, aber nicht ohne weiteres als solcher in Erscheinung tritt. Daß ein – zwar nur vermeintlich – Toter einer späten Jungfrau dann noch Gelegenheit gibt, ihrer Brunst in Worten und Bewegungen Ausdruck zu geben, war wohl der Gipfel des Widerwärtigen. Und das Groteske bei allem dem aber war, daß gleich neben solchen Szenen andre von so hoher dichterischer Schönheit, so großer ethischer Reinheit standen, daß man dem Verfasser vieles wieder verzeiht. Das Ringen des ›jüngsten Sohnes‹ aus dem ›Geschlecht‹ um ein Leben in Liebe und Gerechtigkeit hat etwas Faustisches, wie überhaupt trotz allem ein genialischer Zug in dem Werk steckt, der sich immer und immer aus den vielen Niederungen emporreckte. Der große Gedanke der Revolutionierung der Gewissen im engsten Kreis zwischen Mann und Weib als Vorstufe zur Reinigung des ganzen menschlichen Gemeinschaftslebens durchweht die Szenen, ohne zwar zu einer Lösung hinaufzusteigen. Und was Unruh Erotisches schildert, soll nur abschreckend auf die hinter ihm liegende Welt deuten, die er neu aufzurichten sich unterfängt. Das muß dem Dichter zugestanden werden, auch wenn man die Form, in der es tat und in der es in der Darstellung noch vergröbert wurde, nicht billigen kann. Ob Unruh freilich dieses kühne Unterfangen des Weltenneubaus gelingen wird, das muß erst der dritte Teil des ›Geschlechts‹ erweisen. Die begeisterten Huldigungen, die er jetzt schon bei der Uraufführung dieses vielszenischen Bühnenchaos fand, und deren Überschwang sogar die anwesenden Gegner verstummen ließ, erwecken zwar den Anschein, als stünde der neue Messias bereits leibhaftig unter uns. Man muß jedoch das Publikum der Frankfurter Uraufführungen beider Schauspielbühnen kennen, das durch die ihm nach und nach zugeführte Kost mehr als das andrer Städte auf szenische Gestaltungen dieser Art vorbereitet ist. v. Unruh aber sei besonders gedankt, daß er gegen eine gewisse Art von Kaffeehausliteraten, Konjunkturpolitikern und geistigen Schiebern gar wacker vom Leder zog und deren Wesen und grammatiklose Sprache in der Figur des ›Zeitgenossen Schleich‹ glänzend karikierte. Dasselbe Publikum aber hat noch vor kurzem Bühnenwerken in dieser selben Sprache, die den Unruhschen Helden Dietrich fragen läßt: »Welche Sprache redet man hier? Können Sie mir zu einer neuen Grammatik verhelfen?« zugejubelt! Das festzustellen als Zeiterscheinung erschien mir nicht ganz unwesentlich.

Entdeckung der Käthe Dorsch
Hans Müller-Einingen Die Flamme

Uraufführung Lessing-Theater Berlin, 23. Oktober 1920

Mit einer einzigen Rolle konnten Schauspieler in Berlin über Nacht berühmt werden. Voraussetzung war (neben der schauspielerischen Leistung), daß die wichtigen Kritiker im Hause waren. Diese Entdeckung geschah der damals dreißigjährigen Käthe Dorsch in dieser Rolle (ein Jahr zuvor war Fritz Kortner dasselbe in der Premiere der ›Wandlung‹ widerfahren). – Käthe Dorsch war über das Stadttheater Nürnberg und die Operettenensembles am Stadttheater Mainz und des Neuen Operettentheaters in Berlin ans Residenztheater gekommen, wo sie ab und zu schon Sprechrollen spielte. 1919 hatte sie an der Rotter-Bühne das Evchen Humbrecht in H. L. Wagners Sturm-und-Drang-Stück ›Die Kindsmörderin‹ gespielt, sonst war sie nur in einigen Boulevardstücken (Salten, Molnar) aufgetreten. Barnowsky, der Direktor des Lessing-Theaters, engagierte sie für diese Rolle einer Dirne, die sich in einen Musiker verliebt, aber immer wieder auf die Straße ausbricht. – Hans Müller-Einingen war ein damals viel gespielter und bekannter Autor, den Karl Kraus in ›Die letzten Tage der Menschheit‹ sehr ironisch behandelt. – Vier Jahre später war die Dorsch neben Elisabeth Bergner die populärste Schauspielerin in Berlin. (Die Entdeckung der Dorsch steht hier als Beispiel für ähnlich plötzliche ›Durchbrüche‹.)

Alfred Kerr, Berliner Tageblatt 24. 10. 1920

I
Der Abend hieß: Dorsch.
Deutschlands Bühne hat einen Menschen mehr. Eine Kraft mehr. Eine Wucht mehr. Eine Pflanze mehr. Eine dufte Nummer mehr. Eine Seele mehr.
Wir sind nicht arm. Die Fortsetzung der Sorma heißt: Lossen. Die Fortsetzung der Lehmann heißt: Höflich.
Aber die andere Fortsetzung der Lehmann heißt: Dorsch (Käthe). – Das ist die süddeutsche Fortsetzung.

II
Ich sah sie zum erstenmal. Sie scheint aus der Erde gewachsen. Eine Volksgestalt. Von der Tiefe kommt sie. Kennt keine Furcht vor der Roheit; keinen Mangel an Blut; keine Not an Lieblichem und Wildem und Mädelstarkem. Sie hat einen Schrei und ein Antlitz.
In diesem Stück macht sie ein Straßenfrauenzimmer, das ein junger Musikus, vernarrt und erfahrungslos, für sich retten, für sich bergen, für sich hegen will. Sie scheint lieb und gutartig von Hause her – bloß mit einem haltlosen und zum Krachen prallen Geblüt. Sie kann's halt nicht lassen. Bricht aus ... und fällt zurück.
Die Schauspielerin Käthe Dorsch gibt hier ein blond-blutjunges, herrliches, springsaftiges Ungeheuer. Mit aller frischen Arglosigkeit im Dreck. Mit Dirnengeschrei; mit Ausbruchshysterie. Auch mit Weibrufen; und mit Menschenblicken. Wunderbar.
Wir sind nicht arm: wenn so was nachwächst.

III

Über Herrn Hans Müllers Stück, welches immerhin der Anlaß war, kein böses Wort. Es ist der äußerste Kitsch.
(Zumal er geschmackvoll im Kitschigen waltet.)
Die Grüning, Pröckl, Götz fanden eine Menge Beifall. Der Autor kam – das Haus rief: »Dorsch – !«

Herbert Ihering, Der Tag, Berlin, 26. 10. 1920

Als Wiener Straßendirne steigerte, charakterisierte sie. Sie mischte die Töne, und diese Mischung war elementar. Empfindungen stürzten zusammen. Sinnlichkeit brach hervor, Bürgerlichkeit und Dirnentum zitterten, weinten, kreischten, gellten in ihrer Stimme. Sehnsucht und Gemeinheit schwangen und erstarrten auf ihren Zügen. Herrlich, wenn der Fetzen eines Gassenhauers nicht nur in ihrer Kehle, sondern auch in ihrem Gesicht aufstieg. Herrlich, wenn sie Triebe von sich abtat und ihnen unterlag. Und wenn Käthe Dorsch dennoch retardierte, so wurde sie gleich darauf von einem Ausbruch zerrissen, der erschütterte und niederwarf. Käthe Dorsch erweiterte nicht die Gestaltungsformen der Schauspielkunst, aber die alte Form erfüllte sie mit neuer Kraft, mit neuer Vollendung.

Norbert Falk, BZ am Mittag, Berlin, 25. 10. 1920

Was ist das für eine wundersame Verhaltenheit: für ein Zurückzagen vor dem Gestehen: daß sie, die Dirne, ein Kind in sich trägt und daß sie das Gefäß ihres Leibes nicht für rein genug hält für solchen Kern. Und dann die Rebellion des Geblüts. Dieses innere Aufbrodeln eines Gelüsts, die Neugier auf die Schilderung einer gekauften Stunde, dieses Verlangen nach ihren Brutalitäten. Effekt prallt in greller Musterkarte von Theaterfarben auf Effekt. Die da oben aber, dieses füllige Leben, das da Käthe Dorsch heißt, blendet die grellen Lichter ab, bindet die unvermittelt nebeneinandergesetzten Töne und spinnt in einen Wunderglauben an die Wahrheit des Erlebnisses ein. Seitdem in der Aufführung eines längst verschollenen Wiener Stücks im Neuen Theater am Schiffbauerdamm ein junges Mädel aufleuchtete, von dem der Zettel aussagte, daß es Lucie Höflich genannt werde, hat die deutsche Bühne keine glücklichere Stunde gehabt als vorgestern, da ihr Käthe Dorsch geboren wurde. Barnowsky, Sie haben einen Schatz gefunden, hüten Sie ihn!

Shakespeare   Richard III.
Staatliches Schauspielhaus Berlin, 5. November 1920, Regie Leopold Jeßner

Diese dritte Inszenierung Jeßners am Staatstheater (nach ›Wilhelm Tell‹ und ›Marquis von Keith‹, s. 1919) war durch keine frühere Inszenierung Jeßners vorgeprägt. Sie übertrug die aus den Wedekind-Inszenierungen und dem

›Tell‹ gewonnenen Erfahrungen auf ein Stück Shakespeares und wurde die deutlichste Ausprägung für Jeßners Stil in der ersten Phase seiner Berliner Arbeit. Inszeniert wurde nicht mehr der psychologisch-psychopathische Fall ›Richard‹, die Biographie eines von der Natur Benachteiligten, sondern das Motiv ›Karriere‹. Nach Kortner (der den Richard spielte) baute die Inszenierung auf seiner Grundvorstellung auf, daß sich »Karriere immer als Aufstieg über viele Treppen hinauf bis in schwindelnde Höhen« vollziehe. »Im rasenden Tempo, im Sprach-Galopp mit verhängten Zügeln, Gewissensbisse, Menschen, Hindernisse niederreitend, tobte Richard zur Macht empor. In jedem Satz war dieses Fernziel. Die Kostüme gaben kein Zeitbild. [. . .] Alles war der Machtbegierde unterstellt, Satzbögen rollten ohne Verzögerung, ohne Verästelung die Einbahnstraße entlang. Was sich im Stück dem widersetzte, wurde gestrichen«, schreibt Kortner (›Aller Tage Abend‹, S. 369). Kortner, der als Schauspieler immer stärkeren Einfluß auf die Regie nahm, macht in seinen Memoiren auch den Aufbau der Treppe als seine Bildidee geltend. – Die Bühne war auch in die Höhe gegliedert, um die ›Bedeutung‹ von Bewegungen und Gruppen darstellbar zu machen. Symbolische und expressive Regie fielen hier zusammen. Mit dieser Inszenierung wurde Jeßner stilbildend. Die Inszenierung erscheint als Antwort Jeßners auf Max Reinhardts ›Caesar‹-Inszenierung vom Mai 1920 (s. d.) im Großen Schauspielhaus; darin war der Sturz Caesars als Sturz über eine große Treppe hinab dargestellt. Jeßners Treppe war jedoch als zentrales dramaturgisches Mittel, als räumlicher Ausdruck der inszenierten Idee angeboten, die Reinhardts als illustratives Element. – Seit dieser Inszenierung sprach und spricht man von der ›Jeßner-Treppe‹, obwohl sie in dieser Ausprägung nicht mehr wiederkehrte. Jeßner gebrauchte die Stufen-Bühne, um sein Verlangen nach vertikaler Gliederung und vertikalen Bewegungen verwirklichen zu können (s. a. ›Don Carlos‹, 1922). – Im Dezember zeigte Jeßner diese Inszenierung im Raimund-Theater in Wien, wo man bis dahin nur »das Expressionistentheater aus zweiter Hand, den Abklatsch Berlins, zu sehen bekam (›Neue Freie Presse‹, Wien, 23. 2. 1921). Die Aufnahme in Wien war interessiert, aber in Beifall und Opposition gespalten. Auch die Rezensionen der konservativen Berliner Presse waren zurückhaltend bis ablehnend (›Monotonie und Langeweile‹, ›Deutsche Tageszeitung‹, Berlin, 8. 11. 1921). – Wie ›neu‹ diese Inszenierung war, geht aus der sonst ungewohnten Detailbeschreibung in den Rezensionen hervor.

Alfred Kerr, Berliner Tageblatt 6. 11. 1920
I
Was gibt Jeßner? Statt der Vorgänge des Richard-Stückes gibt er ... einen Abglanz ihres Inhalts. Statt aller Wirklichkeiten gibt er ... ihren Widerschein. Statt vieles Tatsächlichen gibt er ... seinen Extrakt. Statt einer Außenwelt gibt er ... eine hypnotische Welt des Wortes. Statt einer Bilderfolge gibt er ... eine Ballung. Statt einer Farbenreihe gibt er ... eine Wucht. Statt einer Aufzählung gibt er ... ein Symbol. Statt eines Umrisses gibt er ... den Kern; den Kern; den Kern.
Sein Ganzes bleibt eine große Kühnheit. Das Gesammeltste, was die neuere Bühne gezeigt. Nicht Limonade: sondern Quintessenz. Die Guten grüßen ihn. (Nein: er grüßt die Guten.)

II
Nach der Vorstellung erschien alles wie ein expressionistisches Märchen. Was bedeutet hier expressionistisch? Das Exprimieren, das Herausdrücken des Gehalts ... Dieser Begriff lebt jenseits von der Unfähigkeit so vieler Expressionisten, der Mitläufer, – die schlaffen Sinnes niederschreiben, was ihnen grade durch den Kopf zieht. Zu denen etwa Hasenclever neuerdings hinschwankt, während allein der Toller im Drama von der ›Wandlung‹ den wahren Sinn des Expressionismus, das Herausdrücken eines Kerns, begriffen hat. Auch Jeßner hat ihn begriffen.
Seine Art, Richards Aufstieg, Herrschversuch, Tod zusammenzudrängen, ist nicht die einzig mögliche: doch ein zukunftsträchtiges Prinzip; etwas höchst Kennenswertes; ein Novum der Bretter.
Ja, die Linie von Richards Werden und Vergehn bekommt ein bisher nie vorhandenes Licht. Und Einzelheiten ins Auge gefaßt, begibt sich das folgendermaßen.
III
Er benutzt eine Kargheitsbühne. Eine Andeutungsbühne. Eine Puritanerbühne. Eine kasteiliche Bühne. Kurz: eine Bühne, welche der shakespearischen aus der Shakespearezeit verhältnismäßig nahekommt.
Was ist hier das Ergebnis? Das Wort rückt in den Vordergrund. Man erinnert sich wieder, daß William Shakespeare nicht zuletzt ein Sprachkünstler war. Ein Wortherrscher. Ein Mann des Prägens. Ein Literat.
Was liegt uns an diesem Schlächterstück, mit seinen unverwickelten Charakteren? mit dem arglos knotigen Bösewicht – der offenherzig seine Pläne dem Parkett enthüllt? Was geht uns dieser heuchlerische Metzger an, mit klobig dikken Moritaten, ... dem alles fehlt, was heute einen Menschen zur Macht bringt; der für eine rüde Vorwelt, für ein Blutkino mit wenig Seelenkunde von Belang scheint. Hand aufs Herz. Er fesselt unsereinen höchstens als Mensch mit »ressentiments«, wie der deutschpolnische Schriftsteller Friedrich Wilhelm Nietzsche (alias Niesky) mit einem französischen Ausdruck zu sagen liebt. Der Krüppel ergiert als Entschädigung für Krüppeltum die Krone. Wilder Antrieb zur Macht – wegen eines körperlichen Minus, Genugtuung des Zukurzgekommenen. Aber sonst? Kein gestufter Charakter.
Nein, die Tatsachen seines Emporstiegs und Untergangs locken nicht – der Sprachreiz überlebt sie. Die Sprachkraft lockt. Die Worte bleiben, unsterblich. Die Sätze des zur Nachtzeit kritzelnden Kaffeehausbesuchers W. Sh.
IV
Das Wort wird von Jeßner geehrt, beflügelt, in allerhand rauhes Leuchtgewand versetzt. Wunderbares Tempo ... in jedem Augenblick, flitzend und blitzend, alle Umrisse des Worts aufstrahlend – man will sie fassen, sie rasen vorbei, doch sie sind gewesen, gewesen, in ihrer unverkürzten, unabgelenkten, unverminderten Hoheit. (Nicht Kritiker danken hier, sondern ... Schriftsteller.)
Ja, die Bretter sind schmucklos. Mauern. Tore. Rechtwinkeligkeiten. Der Tower ist ein Kellergeschoß; ein paar Stufen. Die Prologe (er läßt altertümelnde ›prologi‹ auftreten) stehn vorn auf dem Sockel – auch wenn es im Buch heißt: »Eine Straße«. Mittendrin, gegen den Schluß, ein Treppengestell. Darauf spielt sich alles ab. Das Treppengestell ist die Ebene bei Tamworth. Dieselbe Treppe war das Thronzimmer. Die gleiche Treppe wird zum Zelt. Die Treppe bleibt Schlachtgefild.

Manchmal stehen die Gestalten bloß davor wie Figuren aus einer Chronik. Aber sie bringen das Wort! Wieviel gute Sprecher stampft da ein Kerl, ein ganzer Kerl aus dem Dung des alten Hoftheaters. Hier ist ein Wunder, glaubet nur. Um alles wird zwar mit jener Kargheit, aber doch mit ahnend schweifendem Sinn ein Blutrahmen gespannt; blutfarbener Streif. Auf der roten Treppe liegen die Niedergesunkenen. Die des Kampfes; zuvor die Niedergeduckten der Untertänigkeit... Hier wird Jeßners Gleichnisgier gar zu vignettenhaft. Das steht nicht im Shakespeare. Das ist eine Randleiste zu seinen Schriften. Das ist nicht mehr ›Richard der Dritte‹, sondern eine Phantasie über ihn. Ein Gleichnis zu ›Richard dem Dritten‹. Ein Ornament für ›Richard den Dritten‹. Zuviel! Dennoch wird es eine Vision, die haftet, haftet, haftet.

V

Auch die Geister haften – obschon man sie nicht schaut. Nur ein Raunen. Ein Geschwirr. Ein Geflüster, schwellend, verebbend, bedräuend, albschwer. Erschütterndes, allein durch das Ohr; keine Gefahr läuft man, für das Mißlingen der Scheinwerfer zu fürchten; für zeitiges Verschwinden zu sorgen; eine Gespensterkomik zu erleben. Sondern unsichtbar nisten schrecklichste Mahnungen, Erinnerungen, Vergeltungen; kriechen in das Herz eines,... der auf der Treppe liegt. Die Geisterszene hat nie so menschenernst, so heutig, so sehr wie ein traumhaftes Dies irae gewirkt.

VI

Wie oft ist Richard gespielt worden; von wievielen! Otto Brahm, der große Reformator unserer Bühne (dessen posthum gehaßte Bedeutung als Pfadbrecher oder als Eckstein heute nicht mehr vertuscht wird – mag schon die alternde Schwindelkraft von Neidharden einen aufkratzenden Versuch in dieser Richtung unternehmen; ach, abgetakelte Meinungsschieber sollten dem Geheg des Echten, der Kunst fernbleiben – sie wendeten ihre Tätigkeit besser an das Zergliedern linksradikaler merkwürdiger Sinnesverehrer; dies unter der Hand) ... wollte sagen: der Ahnherr des modernen Seelenspiels, Brahm, gab in seinem Beginn den Richard an Kainz. Mit Recht. So gewiß Kainz das wuchtende Scheusal nicht war, – so gewiß fuhr unvergeßlich die blitzende Geisteskraft eines erbitterten, wildgewordenen Siebenmonatskindes funkenloh über die Planken. Elektrizität schien zu knistern, wenn er die Hand eines Gegners, eines Moriturus, kosend umtätschelte... Mitterwurzer war das wühlende Schwein. Überlegen. Von zynischer Gleichgültigkeit – und Macht. Mitterwurzer blieb wuchtend und lässig in einem Atem.

Wegener kam als der brennend verzehrte Zivilist; ein kränklicher Privatmann, der sich lastend hinaufbugsiert. Als Kortner den Landvogt gab, schrieb ich »Ein anderer Richard«. Jetzt war er es... ein Geier saß im Beginn auf dem Sockel. Einer, bei dem andren das Blut gefriert. Aber doch ein menschlicher, ein besessener Mensch. Wenn er zu der Anna spricht, scheint er sie wirklich zu begehren. Wenn er von der Mutter spricht, wird er um eines Schattens Schatten gedämpfter.

Kein bloßes Monstrum – sondern eine leidenschaftliche Kreatur, zu kurz gekommen; von großem Schnitt. Nicht nur ein Zynisch-Überlegener. Sondern ein Opfertier... (ein hackendes Opfertier.)

Wenn er Amen ruft, als die Macht sein ist, wird es ein fast schmerzvoller Schrei der Erfüllung.

Wenn er am Schluß mit nacktem Oberleib nach einem Pferd brüllt, ist es ein

Verzweiflungsraseakt. Ein Pferd – ein Irrsinnstakt. Ein Pferd – ein Rettungsgelall. Ein Pferd – ein letzter Wesensruf. Ein Pferd – das Bewußtsein eines Verlorenen. Furchtbar.
Bei alledem stand hier ein Sprecher hohen Ranges.

VII

Frau Hofer gab die Anna (nach der Triesch, welche die Dummheit dieses Weibwesens teuflisch mit großen blöden Augen betont hat). Die Darstellerin jetzt gab Schönheit, Witwenschmerz. Sie war ein Gegenstand für den Anteil, nicht für das Schmunzeln.
Die Bertens, alte Mutter der Gemordeten wie des Mörders, zeigte Blutsverwandtschaft und Fremdheit – mit einem haftenden Schimmer fernen Stumpfseins, wie das Alter es der Geschlagenen bringt.
Frau Emilie Unda strich um die Menschen herum; als Schatten. Müthel sprach den Richmond korrekt und edel und taktvoll. Winterstein war ein wackerer breiter Hastings. Er hätte noch erstaunter sein können vor der jähen Hinrichtung. Einzelheiten hin, Einzelheiten her. Statt bloßer Vorgänge gab es einen Abglanz. Statt aller Wirklichkeiten einen Widerschein. Statt vieles Tatsächlichen einen Extrakt. Statt einer Bilderfolge die Ballung. Statt einer Farbenreihe die Wucht. Statt eines Umrisses den Kern. Und über allem das Wort.
Eine Kunst des Zusammendrängens. Die Fortsetzung ... nicht der Meininger; sondern der innerlichen Brahm-Kunst. Mit dem Blick ins Kommende.

Siegfried Jacobsohn, Die Weltbühne, Berlin, 1920

Welch eine Atmosphäre! Was für ein Brodem von Verrat und Tücke, Machtbrunst und wüster Grausamkeit! Dieser betäubende Geruch von Sümpfen schwarzen Bluts! Wie das zusammenhockt und ächzt und flucht und offen mordet und Meuchler dingt für Könige, Prinzen, Brüder, Frauen, Freunde und seine Hauer, seine Pranken nützt, von frühster Kindheit auf damit bewehrt, und über alle Leichen immer weiter stürmt, schreckend und heillos, Höllenhund und Mann! Wie das erjagte Wild gespensterhaft lebendig wird; wie's rachewütig seinen Jäger einkreist; wie's ihn durch fürchterlichen Albdruck für den harten Tag des Kampfes schwächt; wie Richards Unterwelt zusammenkracht und lichte Grüße besserer Zeit am Firmament erscheinen!
[...] Die Welt ist aus den Fugen. Klüfte gähnen. Sie schlucken Menschen ohne Wahl und Zahl und speien sie als ›Geister‹ wieder aus. Einzig um dieses Chaos, um diese grausig rot gefärbte Stimmung eines Unterganges von Epochen und Geschlechtern, um diese Götterdämmerung handelt sich's für uns. Sie muß die Bühne uns lebendig machen.
Jeßners Bühne tut's. Kein früherer Versuch ist von Belang. [...] Zu Jeßners mannigfachen hohen Verdiensten kommt also das Verdienst der Selbständigkeit. Er fußt nicht auf Tradition – er wird sie schaffen. Er hat beide Probleme: das bühnentechnische und das künstlerische erfaßt und auf Anhieb gelöst. Wie waren die fünf Akte auf einen normalen Theaterabend zu bringen? Wie waren die geschichtlichen Tatsächlichkeiten, soweit sie unentbehrlich sind, in den Hintergrund zu drängen, um den Vordergrund für die Höllenfahrt eines geharnischten Bluthunds und seiner ganzen bluttriefenden Epoche frei zu lassen?

Jeßner weiß, was Tempo bedeutet, äußeres und inneres Tempo. Das äußere erreicht er durch eine Einheitsdekoration. Eine graue Mauer zieht sich mitten über die Bühne. Ein Portal der Mauer leitet entweder in den Tower oder in den Palast oder anderswohin. Ist das Portal statt mit einer Portiere mit einer runden Wand geschlossen, so ist's eine Nische, in der Clarence kauernd den Tod erwartet. Vor der Mauer hat man sich Straße, Palastzimmer und was Shakespeare sonst will zu denken; und denkt sich's. Einmal steht ein Thronsessel, einmal ein Tisch da; aber gewöhnlich gar nichts. Auf der Mauer erscheint der heuchlerisch betende Richard, der gefesselte Buckingham, der verlorene Richard. Über der Mauer wölbt sich nicht, sondern klebt rechtwinklig blutrotes Himmelsdach, blutroter Horizont. Im vierten und fünften Akt führt meist eine blutrote Treppe zur Mauer empor. Sie ist nicht allein der Aufgang zu Glosters Krönungsstuhl: sie ist auch mal dieser, mal jener Abschnitt des Schlachtfelds und das nächtliche Zelt des träumenden Massenmörders. Vor, in und auf der Mauer und auf der Treppe: das sind vier Schauplätze, die abwechselnd zu benutzen ohne den mindesten Aufenthalt möglich ist. Ein fünfter ist vor dem Vorhang an und auf dem breit verdeckten Souffleurkasten. Da werden, außer ein paar Übergangsszenen, Prolog und Epilog gesprochen: der Vorhang ist schwarz, wenn der schwarze und schwarz gekleidete Richard verkündet, daß er gewillt sei, ein Bösewicht zu werden; der Vorhang ist weiß, wenn der weiße und weiß gekleidete Richmond ohne Unterstreichung der Aktualität dem gnädigen Gott die Bitte vorträgt, denjenigen Bösewichtern die Waffe zu zerbrechen, die diese Schreckensperiode verewigen möchten, und den neuen, schwer errungenen Frieden mit lachendem Gedeihen zu segnen.

Zwischen Prolog und Epilog rast Richard auf seinen Gipfel und vom Gipfel jäh in die Grube. Diesen Aufstieg und Absturz aus dem Wust von Namen und Zahlen des kleinen Plötz zu befreien, ihn aber nicht astralhaft, sondern essenzhaft wirken zu lassen, dazu hat Jeßner drei Mittel: Farbe; Bewegung; Musik des Wortes und nicht nur des Wortes. Ihm genügt nicht, die Aufführung auf die Grundtöne: schwarz, weiß, rot zu stellen (was im alten Hoftheater ein Zeichen von Servilität gewesen wäre) – er ist erst recht in seiner Einheitsdekoration, um der Gefahr der Eintönigkeit zu entrinnen, überall auf bunte Belebung aus. Von links unten läuft schräg in die Mitte hoch eine Gruppe: blau, grün, gelb, schwarz. Neben schwarz steht lila, und daran schließt sich schräg nach rechts unten: violett, braun und wieder blau, aber um eine Nuance anders als das korrespondierende Blau auf der Gegenseite. Das ist keine Spielerei mit den acht Farben: das ist von zweckvoller Einprägsamkeit. Die beiden Mörder des Clarence: einer klein, einer groß, einer schwarz-, einer rothaarig, in lila und schwarz gestreiften Hosen mit ausgeschnittenen grünlichen Blusen. Eine Symphonie in Rot: Richards Krönung. In rotem Prunkmantel, mit einer roten Krone bedeckt, hinkt er die rote Treppe hinan, deren Stufen rechts und links und von unten bis oben seine rot gewandeten Sklaven bäuchlings säumen. Vom Auge her dringt immer wieder in unser Hirn, was Shakespeare gewollt hat, oder zum mindesten, was Jeßner geglaubt hat, daß der Brite gewollt habe, und, wenn er's schon nicht gewollt hat, was unsre Ära aus ihm herausliest.

Die Bewegung aber dient zwiefach: jene durchweg angestrebte Bildhaftigkeit erzielen zu helfen; und das jagende Tempo positiv zu erzielen, das durch die Ersparung von Verwandlungen negativ erzielt wird. Richard, der's eilig hat, weil sein Dasein nicht lange währen wird, springt meist auf die Bühne. Selbst der prachtvolle alte Kraußneck muß angelaufen kommen. Wo die atemlosen Boten ihre Meldung zu machen haben: das ist symmetrisch eingeteilt. Buckingham schmeißt seine Gliedmaßen wie Nijinski; manchmal zuviel. Die Mörder schießen hinter der Portiere hervor und krümmen Figuren in den Raum. Margareta wankt Circumflexe durch die Gruppe der acht hindurch. Die gesamte Bürgerschaft, die Richard die Herrschaft anträgt, steht erwartungsvoll mit gebeugtem Knie. Zum Endkampf setzt sich seine Truppe in Marsch, als ob sie ritte. Es hat seinen Sinn, wo die Klageweiber postiert sind. Es ist ein Unterschied, ob sich einer aus Helle in Dunkel oder aus Dunkel in Helle schiebt. Mit wenigen Ausnahmen, wo mir die Motivierung nicht aufging, werden Gesten nirgends verschwendet. Im Gegenteil: da sie keine Wirklichkeit nachahmen, sondern Bedeutung heraushämmern sollen, waltet fast durchweg die strengste Sparsamkeit. Des Darstellers Unwillkürlichkeit ist ausgeschaltet zugunsten der Willkür, des Stilwillens seines Regisseurs. Dieser Zwang kann gewaltige Eindrücke wirken. Bei Shakespeare stirbt Richard hinter der Szene. Jeßner schickt ihn mit nacktem Oberkörper – sei es, daß er entwaffnet worden ist, sei es, daß er sich, mente captus, selber entkleidet hat – auf die Mauer und langsam die rote Treppe hinunter in die Speere der weißen Feinde.

Bei diesem Abstieg stößt er drei-, viermal den berühmten Schrei nach dem Pferde aus. Er singt ihn eigentlich. Immer anders. Nicht immer greller, sondern immer hoffnungsloser, immer schicksalsergebener. Man erbebt bis ins Mark. Und hier liegt Jeßners stärkstes Verdienst. Was Bewegung, was Farbe! Weder diese noch jene allein hätt's gemacht. Auch nicht die virtuose Beherrschung, nämlich asketische Beschränkung des Lichts, das zuletzt zu stolz geworden war. Auch nicht die erstaunlich sichere Verwendung einer erstaunlich packenden, stampfenden, befeuernden Kriegsmusik von Pauken und Trommeln. Das alles kam ja nur darum zu so ungeheurer Geltung, weil hier einer für Shakespeares Wortmusik die Ohren gehabt hatte und die Fähigkeit dazu, sie durch seine Schauspieler uns zu übermitteln. Keine Tragödie ist sprachlich so reich an Balladenelementen. Und diese Chöre, diese Leitmotive, diese hartnäckigen Wiederholungen, die sich einhaken, diese Stichomythien und Interjektionen: selbst wenn man sie im Buche beachtet hat – gehört hat man sie zum ersten Male. Unisoni erneuern verwaschene Partien. Andre straffen sich wie unter einem magnetischen Stabe. Ja, Jeßner vertraut dem Wortklang zu sehr, so sehr, daß es ihn eine – und eine entscheidende Szene kostet. Richards Opfer steigen nächtens zwischen seinem und Richmonds Zelt zu grauenvollen Flüchen für ihren Schlächter, zu spornenden Segenswünschen für ihren Rächer empor. Zelte gibt es nicht; schön. König Richard schläft lang und bloß auf der Treppe; schön. Erscheinungen sind weit und breit nicht zu sehen; schön. Aber nicht schön, daß man ein vages Geseufz und Geklage vernimmt. Ohne Kenntnis des Buches weiß ich nicht, was es bedeuten soll. Hier müßten meines Erachtens die Worte derart herausgemeißelt werden, daß uns Zelte und Situation und Zukunft der beiden Lager vor Augen stünden. Daß Jeßner es kann, beweisen ungefähr alle übrigen Szenen. Spricht man nicht von dem Euphuismus des großen Shakespeare? Hier ist er gering. Aber auch wo er wuchert: Jeßner würde, das ist nach dieser Probe klar, die Krankheit lindern oder beheben. Ein Dialog bei ihm ist Knochengerüst mit festem Fleische umkleidet. Der Inhalt geht in uns ein, ohne daß unsre Freude an der Schönheit der Form ver-

kürzt wird. Versteht sich, daß er nicht unabhängig von seinen Schauspielern ist. Einer ist auserwählt, ein paar sind berufen, viele wären aus eigener Kraft nie bemerkbar geworden. Um so bewundernswerter, was Jeßner zustande gebracht hat.
Von Shakespeare auf die Herzogin von York »wurden achtzig Leidensjahre gehäuft«: auf die Bertens fünfzig Jahre ohne allzu viel Leid; aber sie ist eine Mustersprecherin. Die Unda als Margareta, wie sie in ihrer weißen Mähne die Leute gemächlich umflatterte, glich einer Fledermaus und einer alten, solange nicht ihre frische Stimme erscholl. Von der Elisabeth der Sussin hätt' ich ein schärferes Profil erwartet. Der Schmerz Johanna Hofers, der Witwe von Ephesus, tönte voll Emphase: sollte durch seine Lautheit erklärt werden, warum das Gebackene vom Leichenschmaus für Hochzeitsschüsseln herhält, oder kam es Jeßner an dieser Stelle nicht so sehr auf die Psychologie als auf ein wundervolles Deklamationsstück an? Von den Männern ist Theodor Becker so vorgestrig, daß Veteranen der Ära Hochberg modern neben ihm berühren. Gegen Rudolf Forsters Buckingham gewendet, hätte Wintersteins Hastings was von punischer Falschheit trotz Blauäugigkeit und Blondheit murmeln können, bevor er mit einem ergreifenden Ausdruck männlicher Gefaßtheit seinen Abschied von der Welt nahm, einer Welt, die milder und reiner zu machen Lothar Müthel mit Zuversicht weckendem Vortrag und Anstand verspricht. Genug von der Umgebung des Helden. Das Wesen einer Figur nicht getroffen haben, heißt in dieser Aufführung noch keineswegs: ihr geschadet haben. Hier wäre möglich gewesen, durch eine schauspielerisch untadlige Gestaltung Jeßners Vision von ›König Richard dem Dritten‹ nicht zu fördern. Namenlose Mitspieler, weil sie dem Regisseur gleichgesinnt oder gefügig waren, haben ihr einfach dadurch genützt. Aber selbstverständlich wäre seine Vision ohne einen congenialen Richard den Dritten sein Geheimnis geblieben.
Kortner hat uns – bevor er zum ersten Male den Mund auftut. Seine Häßlichkeit ist so überwältigend charakteristisch, daß man jeden Sieg über jede Frau begreift. Mit breiter Fresse und plattgedrückter Nase gleicht er einem geschwollenen Molch, mit seiner gedrungenen Gestalt und den ausgreifenden Bewegungen einer bauchigen Spinne, die alle Fliegen in ihr Netz kriegt und frißt, bis sie selber gefressen wird. Dieser Schauspieler ist von heute; oder nicht mehr von heute, sondern von morgen. Aber er ist so saftig, temperamentvoll und phantasiereich, daß ihn die Produktion von heute nicht sättigt. Hoffentlich sättigt ihn die von morgen. Um heute satt zu werden, braucht er die Produktion der frühern Jahrhunderte. Schon wenn er über eine dankbare Theaterepisode wie den Geßler kommt, lebt ein fast ausgestorbenes Komödiantentum wieder auf. In dessen sämtlichen Prächten gar funkelt ein Fabelkerl wie Richard der Dritte. Das Rätsel ist nur, daß dieser Kortner sich durchaus nicht geniert, ein Plakatscheusal hinzupflanzen, die Zähne zu fletschen, teuflische Blicke zu schießen und diabolisch zu lachen – und daß er trotzdem in jedem Ton und in jedem Zug unser Bruder, unser Leidensgefährte ist. Die artistische Leistung ist leichter erklärbar als die künstlerisch-menschliche Wirkung. Wir sind gebannt allein von der Körpersprache. Wenn Kortner einen Arm lang am Leibe herunterfallen läßt und mit der geballten Faust in die andre Hand schlägt; wenn er den rechten Daumen hochspreizt und die linke Hand von oben her in die Hüfte stützt; wenn er sich jählings herumwirft oder bückt: so hat er die zusammenreißende, Extrakte erpressende Energie, die kaum noch des Kommentars

der Worte bedarf. Aber es ist doch gut, daß er diese auch hat. Wie den Blick, so kann man das Ohr nicht von ihm wenden. Eine Tempo-Verlangsamung bei ihm streichelt, eine Tempo-Beschleunigung peitscht die Nerven des Hörers. Als ob er damit besonders erregen wollte, stürmt er über alle Sätze, die man auswendig weiß, hinweg und rückt dafür unbeachtete in ein ungeahntes Licht. Der Moment, da Richard endlich am Ziel, ist wahrscheinlich nie so ausgekostet worden – wohlgemerkt: nicht umständlich, sondern blitzartig. Es ist ein Genieblitz, der den ganzen zurückgelegten Weg beleuchtet. Es ist nicht der einzige. Sie alle dienen dazu, für den verkrüppelten Menschenzerstampfer, der meistens durch seine Brutalität entsetzt und allenfalls durch eine infernalische Ironie belustigt, um Verständnis und um Anteil zu werben. Da einem bei seinem Tode ein bißchen das Herz stockt, wird es gelungen sein. Kortners Richard der Dritte hat die Wildheit, die Unheimlichkeit und die Flamme. Jeßners ›Richard der Dritte‹ hat den Unband, die nächtige Glut und die erzene Kriegsmusik. Kortner, eine Kreuzung von Schildkraut und Moissi mit einem Schuß Mitterwurzer, ist der vorläufig letzte in der Reihe der ursprünglichen Farceure, der ungebrochenen Brettereroberer und dennoch in jede Faser ein Stück der Zukunft. Mit Jeßner, den die Vergangenheit genährt hat, beginnt vielleicht ein neues Kapitel der Theatergeschichte.

Artur Michel, Deutsche Allgemeine Zeitung, Berlin, 7. 11. 1920

[...] Bestimmend für den optischen Gesamteindruck ist zunächst die Idee, das Bühnenbild nach dem Muster frühmittelalterlicher italienischer Freskobilder zu gestalten. Den Hintergrund bildet eine zweimannshohe, graugrün beworfene, ungegliederte Mauer mit einer einzigen rundgewölbten, bald hochgetriebenen, bald niedrigen Türöffnung in der Mitte. Unmittelbar hinter ihr der ebenfalls graugrüne Hintergrund, umgrenzt von einem breiten, brennend roten Band als Rahmen des Blickfeldes. Vor der Mauer gruppieren sich die Herren und Damen des Königsdramas in langfältigen, schweren Gewändern, deren in mattem Lichte stehende, in den Farben und Valeurs der Mauerbilder gehaltene, zu breiten Flächen erstarrende Form sie nicht wie Angehörige der englischen Renaissancewelt, sondern wie Heilige und Apostel der frühen Gotik erscheinen lassen. Noch in der heftigsten Rede bändigen sie die Sprache ihrer Gebärden zu herber Größe; und selbst wenn eine Fülle von Gestalten auf die Bühne tritt, wird das Nebeneinander der roten, blauen, violetten, braunen, gelben, grauen Gestalten zu einer Konfiguration von Heiligen und Betern gegliedert. Zu Bewußtsein kommt dem Zuschauer diese kunstvolle Ordnung erst, wenn ein Darsteller, den Stil sprengend, hastig durch die Reihen tritt, wie etwa eine der ersten Szenen der alten Königin Margarethe. Wie jede naturalistische Szenerie, so fehlt jedes Requisit. Zweimal steht ein breiter Stuhl da, rechts von der Mittelöffnung. Erst sitzt auf ihm König Eduard, als er die Nachricht von der Ermordung des Clarence empfängt, in der nächsten Szene die alte Herzogin von York, zu ihren Füßen symmetrisch kniend die beiden Kinder des toten Clarence. Der Spielleiter erzwingt hier wie sonst durch den Wechsel der menschlichen Staffage – erst der scharlachrot bekleidete König, rechts und links von ihm die lilafarbenen Königinnen, der schwarze Gloster und edle Herren; dann die schwarze Gruppe der alten Frauen mit ihren Enkeln – für die Phantasie den Wechsel des Schauplatzes. So ist es Stilprinzip, daß die großgesehene menschliche Gestalt in ihrer schweren, farbensatten, Atmosphäre schaffenden Gewandung szenenbildend wirkt. Und wie der Wille des Spielleiters das Optische des Eindrucks formt, so auch das Akustische: die Stimmen werden für ganze Szenen auf einen bestimmten Ton, wie die Gebärden auf feste Tempi und Richtungen – abgestimmt. In Einklang mit diesen Prinzipien steht die Durchführung der Reliefhaftigkeit, der Zweidimensionalität des Bühnenraums und der körperlichen Bewegung in ihm. Um Tiefenwirkung zu vermeiden, wird an Stelle des Hintereinander das Übereinander gesetzt. Die Mauer ist so beschaffen, daß sie beschritten werden kann. Auf ihr erscheint, zwischen zwei Geistlichen fromm betend, Richard, während unten an der Rampe Buckingham steht. So wird der weite Raum für das verlogen-pathetische für die Ohren der zuhörenden Londoner Bürger berechnete Zwiegespräch geschaffen, in dem Richard heuchlerisch sich sträubt, die Königskrone anzunehmen. Die so ermöglichte übergroße Linienführung der abwehrenden und überredenden Gebärden war von überraschender Großartigkeit des szenischen Humors. Die Strenge und Einfachheit wird abgebrochen mit der Thronbesteigung Richards. Plötzlich wird die festgehaltene Einheit der Linienführung verlassen. Die Mauer wird zurückgeschoben und zu ihr von der Rampe her eine sich verjüngende Treppe hinaufgeführt. Auf ihr steigt Richard empor, während links und rechts auf den Stufen in allzu orientalischer Unterwürfigkeit die Edlen seines Reiches mit dem Gesicht auf dem Boden sich ducken. Dort oben stehend spricht er die Worte an Buckingham herunter: So hoch durch seinen Rat und Beistand sitzt nun König Richard. Wozu dieser Aufbau, der hier so wenig wie in den späteren Szenen, wo er erscheint, gerechtfertigt ist? Prachtvoll freilich, daß die Treppe und alle Gestalten jetzt mit blutigem Rot bekleidet sind, voran Richard in rotem Mantel und roter pomphaft aufgeblähter Krone. Hell heben sich dann von ihnen die blendend weißen Mäntel ab, die Richmond und seine Gottesstreiter tragen. Nachdem die Treppe wieder für eine Weile verschwunden ist, bleibt sie dauernd stehen während der Schlachtszenen. Abwechselnd befeuern auf ihr Richmond und Richard ihre die Stufen heraufdrängenden Mannen. Auf ihr liegt Richard, als im Schlaf ihm die Ermordeten erscheinen. Von ihrer Höhe taumelt er zum Schluß den Feinden in die Arme. Dieser Schlußeffekt ist es, um dessentwillen die Treppe eingeführt worden und während der voraufgehenden Szenen unbeseitigt geblieben ist, weil die schnelle Folge der Ereignisse Szenenwechsel verbietet. Sie ist ein unglücklicher Einfall. Statt zu lenken, zu binden, beengt, bedrängt, quält sie die Phantasie. Ich verlange auch hier keinen Realismus, kein Schlachtfeld. Aber ich weiß nicht, warum nicht die grau-grüne, zu einem so lebendigen Faktor der Darstellung gewordene Mauer der früheren Szenen auch hier unverstellt geblieben ist. Wenn so schon das Ganze zerbrochen war, so wurden immer wieder die Einzeleindrücke schroff zerrissen. Ich spreche nicht ausführlicher von der Mörderszene, die nicht frühmittelalterlich-italienisch, sondern spätmittelalterlich-deutsch, nicht großmenschlich, sondern naturalistisch gestaltet war. Den entscheidenden Riß in das Ganze brachte der Gegensatz zwischen der geschilderten Darstellungsidee der ersten großen Hälfte des Stückes und den, kurz gesprochen: expressionistischen Einschlägen. Hierbei ist in erster Linie das meist von der Bühne gerückte niedrige Piedestal zu rechnen, auf dem Richard vor dem schwarzen Tuch seinen Eingangsmonolog als wunderlichen

Vorspruch, Richmond vor dem weißen Vorhang seinen Schlußmonolog als festlichen Nachspruch sprach, und auf dem noch mehrere kleinere Szenen gespielt wurden. Dieser barocke Ausfall war für Gefühl und Phantasie mit der Reliefgebundenheit des Übrigen nicht in Einklang zu bringen. Zum Stilprinzip erhoben, würde er gerade – ich wiederhole das Beiwort – barockes Spielen auch mit Tiefendimensionen verlangen, nicht einen starren, geschlossenen, hart ansteigenden, sondern einen elastischen, im Ungreifbaren sich auflösenden Hintergrund fordern. [...] Eins ist sicher: Über diese Aufführung führt der Weg zur idealen Shakespeare-Darstellung, die wir in unseren Träumen schauen. Aber die heutige Schauspielkunst ist so problematisch und verworren wie das Leben selbst. Darum kann sie sich zu einer solchen Verirrung, einer so unerhörten Vergewaltigung Shakespeares verleiten lassen, die auch durch expressionistisches Stilbedürfnis nicht entschuldigt wird, wie am Schluß der Aufführung, da Richard mit nacktem Oberkörper, zwischen den Händen die rote Königskrone, als ein Wahnsinniger aus der Schlacht kommt, hemmungslos immer wieder stammelnd: Ein Pferd, ein Pferd... Wie denn diese letzten Szenen überhaupt die angreifbarsten der ganzen Aufführung waren.

Walter Hasenclever Jenseits

Uraufführung: Schauspielhaus Dresden, 28. Oktober 1920
Regie Berthold Viertel

Münchner Kammerspiele, 3. Februar 1921, Regie Berthold Viertel
Kammerspiele Berlin, 24. Februar 1921, Regie Stefan Großmann
Schauspielhaus Frankfurt, 26. Februar 1921, Regie Richard Weichert

Nach der ›Antigone‹ hatte sich Hasenclever dramatischen Versuchen zugewandt, die seine Erfahrungen im Mystizismus und der indischen Philosophie zur Grundlage hatten. Schon sein erster dramatischer Versuch von 1918 war ›Nirwana, eine Kritik des Lebens in Dramaform‹ betitelt. Auch die damals nur politisch verstandene ›Antigone‹ führte verdeckt diese Neigung weiter. Sie schloß mit einer ›Stimme aus dem Grabe‹: »Betet, schuldige Menschen in der Vergänglichkeit.« Die Abwendung von der zeitweise für möglich gehaltenen politischen Dichtung hatte sich schon 1917 vollzogen. Szenisch stellte er sie in der dramatischen Szene ›Die Umkehr‹ von 1919 dar. Die folgenden Stücke ›Menschen‹ und ›Jenseits‹ sind durchaus als Experimente anzusehen, »neue Dimensionen auf der Bühne herzustellen«, sachlicher: »die Welt der Lebenden und Toten zu verbinden«. Er sah die Menschen umgeben von Vergänglichkeit, untereinander und mit den Toten durch Schuldzusammenhänge verbunden, umgeben von Geistern. Er zeigte, daß das Leben weiter reichte als die sichtbare Existenz der Körper. In ›Die Menschen‹ (Uraufführung Deutsches Landestheater Prag, Kammerspiele, 15. 5. 1920) kehrt ein Ermordeter auf die Welt zurück und geht, vom Mörder beladen mit seinem Haupt »zur Sühne an des Mörders Stelle durch die Welt«. Es war ein Szenarium, das unter äußerster Verknappung des Textes eine Bewegungssprache versuchte, die Hasenclever 1920 auch in seinem Film ›Die Pest‹ (vergeblich) erprobte. »Der Zuschauer, der im Theater sitzt, versuche, sich in das Stück zu verwandeln. Er empfinde am eigenen Leibe die magische Kette von Blut und Wahnsinn, Liebe, Haß, Gewalt und Hunger, Herrschaft, Geld und Verlogenheit. Er ahne im Anblick dieser Leiden den Fluch der Geburt, die Verzweiflung des Todes; er verliere die Logik seines Jahrhunderts; er sehe ins Herz der Menschen«, schrieb er 1920 in ›Die Aufgabe des Dramas‹ (›Der Zwinger‹ 1920, S. 494). Das Drama ›Jenseits‹, das mit Strindbergs und Maeterlincks ähnlichen dramatischen Versuchen zusammen gesehen werden muß, behandelt die magische Macht eines Toten. Die Kritik betrachtete das Stück als beispielhafte Leistung des mißverstandenen Expressionismus; bei den Theatern, die nach neuen szenischen Formen suchten, fand es mehr Interesse. Auf die Dresdner Uraufführung (mit Alice Verden und Friedrich Lindner) folgten Aufführungen in den Münchner Kammerspielen (3. 2. 1921 ebenfalls unter Viertels Regie), in Berlin und Frankfurt (24. 2. und 26. 2. 1921). – Der mystizistische Zug im Expressionismus hatte hier seine stärkste szenische Ausprägung. Polgar schrieb schon nach einer Aufführung von Kornfelds ›Verführung‹: »Es scheint, als strebe die Entwicklung nach einer vierten Dimension der Bühne.« Für Hasenclever war diese ›vierte Dimension‹ ein Hauptbegriff.

Münchner Kammerspiele
Hanns Braun, Münchener Zeitung 5. 2. 1921

Es ist nicht angenehm, von einem Stück sagen zu müssen, man habe es nicht verstanden. Sage es aber rundheraus: Hasenclevers ›Jenseits‹ – habe es nicht verstanden. [...]
Jeane, die Frau eines Bergwerksdirektors und dessen Freund Raul. Raul kommt, durch eine Vision gelenkt, zum erstenmal ins Haus seines Freundes. Er findet dort dessen junge Frau. Wartet mit ihr auf des Gatten Heimkehr. Das Telephon meldet: der sei bei einem Grubenunglück soeben umgekommen. Das ist die Erfüllung der Vision! Die junge Frau, aus anfänglicher Ohnmacht erwachend, nimmt den Lebendigen für den Toten, und zwar in jedem Sinne. (Am nächsten Morgen sagt sie: »Ich war von Sinnen. Ich war irr vor Schmerz. Ich schäme mich.« Ein wenig später sagt sie: »Ich warf mich an deine Brust, weil du lebtest. Ich glaubte, du seist er.«) Trotz dieser Erkenntnis liebt sie nun Raul, als wäre er wirklich ›er‹, oder, wie er selbst, in einer Art Mystik, von sich aussagt: des Toten Schatten. (Ein wenig später freilich ruft er ins Jenseits hinüber: »Ich hasse dich. Du hast sie geliebt.« Und drohender: »Bleibe drüben an deinem Gestade! Wage dich nicht ans Ufer zurück. Hörst du, Toter? Sie ist für mich.«)
Trotzdem, scheint es, wagt er sich. Die Liebenden werden von allerhand Geräuschen, Klängen, Schreien, Gespenstigkeiten gestört. Raul fragt: Sind wir schuldig, weil wir uns lieben? Jeane antwortet: Oder liebst du mich nicht genug? Raul bekennt sich eifersüchtig auf Jeanes Träume. Auf alles, was er an ihr nicht besitzen kann. Auf den Toten, versteht sich. Eben darum zwingt er diesen nun, erkennenwollend, in den Kreis der Lebendigen. Raul sagt: »Sein Schatten verfolgt mich. Ich breche den Zauber.« Und ein wenig später: »Ich werde mit ihm kämpfen. Ich liebe dich. Ich bin stärker als er.«
Aber der Tote ist offenbar doch stärker. Obschon er, als Gespenst, vor Rauls Revolverschüssen zurückweicht, ja, nach Jeanes sehr weiblicher Meinung, davon

getötet wird, regt er sich schon im nächsten Augenblick in Jeanes Leib; als werdendes Kind. Er hat gesiegt. Raul, in Haß, geht aus dem Haus, da Jeane das Kind nicht töten will. Aber nach einer Nacht des bösen Schweifens kehrt er zurück und tötet die mutterwerdende Jeane in einem Kusse. Während von unsichtbaren Händen das Haus abgetragen wird, schließt Raul den fünften Akt mit den Worten: Ich sehe ins Licht. Ich sehe ins Leben. Ich sehe ins Reich der Vergänglichkeit. Ich bin zum letztenmal Mensch gewesen. Ich bin erleuchtet. Ich bin bereit.

Ach wären wir doch auch erst so weit! (Ich bin nicht bereit. Ich bin nicht erleuchtet. Ich habe nichts verstanden.) Immerhin, mögen hier die Stellen folgen, in denen der Sinn des Dramas ausspürbar schien, am Rande der Wahrscheinlichkeit. Raul sagt, kurz bevor er Jeane tötet: War dieser Tote nicht ein Gleichnis; nur die Gewißheit deiner Schuld? Der Schuld, von der du noch nichts wußtest und die trotzdem in dir war? Jeane antwortet, mit uns, darauf: Was soll ich wissen! Was soll ich sagen! Lüge? Wahrheit?

Daß ich's gestehe: ich war vom ersten Akt an auf der Suche nach dieser ›Schuld‹. Sie durfte sehr sublim sein. Ich habe sie nicht gefunden. Aber an der zitierten Stelle kam erste blitzartige Erleuchtung: ist (wenn schon der Tote nur ein Gleichnis) vielleicht Raul, der Geliebte selber, auch nur ein Gleichnis: die Personifikation des treulosen Triebs in Jeane? Ist das Kind nur ein Gleichnis? Ist Jeane, ist am Ende Hasenclever selber nur ein Gleichnis? (Jeane sagt: Ich bin die Ruhe deines Herzens. Wenn ich das nicht bin, dann bin ich nichts.)

Alle dichterischen Figuren sind Gleichnisse, versteht sich. Aber sie sind auch Wirklichkeiten. Muß man also noch *fragen*, ob etwa...? vielleicht...? Mir wankt der Boden unter Hasenclevers Füßen. Ich habe das einfach nicht verstanden. Ich weiß, daß Banquos Gespenst Gleichnis von Macbeths bösem Gewissen, aber Shakespeare läßt uns keinen Augenblick daran zweifeln, daß wir es mit einem *wirklichen* Gespenst zu tun haben. Sollte des Rätsels Lösung darin liegen, daß Hasenclever Gespenster mitspielen läßt, aber nicht an Gespenster glaubt? [...]

[...] Fixieren wir eine sublime Schuld: Jeane hat beim ersten Anblick Raul begehrt, Raul Jeane. Der Mann war auf Reisen. Wir haben ein hübsches Ehebruchsdrama. Bemühen wir keine Geister. Nennen wir das Stück getrost: Diesseits.

Aber es gibt noch eine andere Perspektive, von der aus wir das Stück doch Jenseits nennen müssen: aus der Perspektive der Regie. Hasenclever hat einmal für Reinhardts Zirkus eine ›Antigone‹ geschrieben. Diesmal lautete die Frage: Wie mache ich das Jenseits regiefähig?

[...] Die ganze Suggestion der Filmromantik-Kurzszenen, Raumverwandeln, Unwirklichmachen der Gegenstände, Gespensterzauber – davon lebt sein Jenseits! Vom Film flossen Wirkungen hierher zurück; Wirkung ist alles! (Darum ist, was geredet wird, ganz gleichgültig. Nüchtern überlegt, ist es meist purer Unsinn.)

Berthold Viertel vom Dresdener Landestheater, der Gastregisseur dieses Abends, ist allerdings ein Meister in der Bewältigung der Szene. Statt vieler Beispiele eines: wie er durch stufenweises Zusammenziehen der Vorhänge den Raum um das arme Opfer Jeane verengerte und dann durch gleichzeitiges Aufgehen all dieser Wände dem Schlußgerede Rauls einen monumentalen Rahmen verlieh. Das war vorbildlich, gültig, musterhaft!

Erwin Kalser und Sybille Binder hatten die schwere Aufgabe, dem nur im Kopfe Hasenclevers existierenden Geschehen Wirklichkeit, Wärme, Körper zu leihen; sie taten es mit wechselndem Glück. Es wäre beispielsweise schauspielerisch möglich gewesen, die intellektuelle Gefühllosigkeit Hasenclevers (der nach den schauerlichsten Erlebnissen seine Figuren gleich wieder, als wäre nichts gewesen, schwärmen läßt) zu korrigieren und die Erregung fortvibrieren zu lassen, aber man mußte froh sein, wenn die innere Unwahrhaftigkeit dieser Personen nicht allzu kraß zum Vorschein kam. (Szene: Jeane liegt in Ohnmacht und Raul – deklamiert! Was ist Hasenclever eine Ohnmacht!) Was ist uns Hasenclever? Antwort: ein sehr geschickter, ein allzu geschickter Herr! Daß am Schlusse, neben den Darstellern, der eigentliche Held des Abends, Berthold Viertel, immer wieder gerufen wurde, war eine sehr zu billigende Anerkennung der Tatsache: Regie heiligt die (Hasencleversch dünnen) Mittel. Selbst im Jenseits!

Kammerspiele Berlin
Herbert Ihering, Berliner Börsen-Courier 25. 2. 1921

Wenn ein modernes Drama ›Jenseits‹ heißt, so erwartet man, daß das Gefühl: Jenseits als geistiges Element in den Szenen aufgegangen ist. Wenn ein Stück den seelisch-körperlichen Magnetismus zwischen einer Frau und dem Freunde des Mannes dadurch steigert und schwächt, daß dieser Mann als Toter hineinspielt und mit seiner stummen Kraft zwischen den Menschen Gesang und Gedicht werden soll.
Überwindet Hasenclever das Stoffliche durch Rhythmus? Setzt er das Geschehen in Klang um? Hasenclever ist ein Psychologe, der nur deshalb nicht mit der Technik Ibsens schreibt, weil er dann als Hans Müller entlarvt würde. Die Lyrik Hasenclevers ist Vertuschung, der Rhythmus ist Maske. Denn die Substanz, die die Szenen bildet, ist psychologisch. Psychologisch die Einstellung der Menschen aufeinander. Psychologisch ist der Konflikt. (Einmal sagt der Mann zur Frau auf ibsenisch: »Du verheimlichst mir etwas«, und sie antwortet ebensogut ibsenisch: »Hab doch Vertrauen!«)
Hasenclevers Psychologie ist bürgerlich, ohne den Mut zu ihrer Bürgerlichkeit zu haben. Denn wie sie Klang vortäuscht, wenn sie sich menschlich auflöst, so wird sie Effekt, wenn sie sich tragisch verdichtet. Die Bestandteile des Dramas liegen getrennt: der psychologische Kern, der sich nicht organisch ausstrahlt, die rhythmische Bildtechnik, die das Seelische nicht in sich aufnimmt, der Vorgang als Sketch, der von keiner inneren Energie getragen wird. Hasenclever ist nicht der Revolutionär des Dramas (wenn auch ›Der Sohn‹ eine gewisse historische Bedeutung hat). Hasenclever setzt die Linie Kotzebue fort. Er schreibt abgerissen, aber rhythmischer Szenenwechsel kann nur durch die Harmonie innerer Zusammenhänge motiviert werden. Er schreibt jäh, aber die Vehemenz ist nicht Ausdruck, sondern Bluff. Hasenclever überrascht, weil er sich vor seiner eigenen Leere fürchtet. Er knallt, weil er seine eigene Monotonie übertönen will.
Denn nicht der Kitsch ist das Erschreckende an diesem Drama, sondern die Sterilität. Die Szenen sind ohne innere Zwangsfolge und beliebig umzustellen. Sie sind Improvisationen künstlerischer Impotenz.

Vor dieses Drama hätte ein Regisseur gehört, der zu ihm kritische Distanz hat, nicht einer, der darin verliebt ist, wie Stefan Großmann (obwohl es sonst umgekehrt sein muß). Dieser Regisseur hätte zusammengerissen, gesteigert und versucht, selbst im Szenenwechsel den Rhythmus durchzuhalten, den der Spielleiter statt des Stückes haben mußte. Allerdings wurde Großmann vom Maler Jan Julius Hahlo nicht unterstützt. Verkürzte Dekoration, das bedeutet nicht unvollständige, sondern konzentrierte Dekoration. Fenster, Möbel, Bett, Treppe, das war ebenso angedeutet, wie es ›wirklich‹ war. Licht hätte aus schwarzem Hintergrund Möbel und Requisit herausgreifen müssen, aber nicht durften realistische Winkel und Treppen da sein, die beleuchtet wurden. Das Licht mußte magischer Schöpfer werden (wie bei Bruno Taut in der ›Jungfrau von Orleans‹), nicht szenischer Apparat.

›Jenseits‹ wurde getragen von Agnes Straub und Wilhelm Dieterle. Agnes Straub stand unter dem visionären Zwang der inneren Verwandlung, die sie bis zum letzten in eine neue Körperlichkeit, in eine neue Tonmelodie aufzulösen schien. Dieser Zwang war so elementar, daß er den inneren Weg der Rolle bis zum Ende abschnitt. Die Jeane war spiritualisiert. Sie war klingend und schwebend gemacht bis zu einer Grenze, wo der Gehalt der Rolle zu schwach war, um diese Melodien tragen zu können. So war es bezeichnend, daß am lautersten, am ergreifendsten die Momente gelangen, die die Substanz einer inneren Situation hatten: die ersten Muttergefühle der Jeane und wundervoll das Schlaflied. In anderen Szenen hätte eine sparsamere Verwendung der hohen Töne, eine Lockerung des angeschlagenen Rhythmus über die Nichtigkeit mancher Worte leichter hinweggetäuscht.

So entstand manchmal ein Mißverhältnis zwischen der seelischen Intensität der Schauspielerin und der Inhaltslosigkeit des Stückes.

Wilhelm Dieterles Begabung war in den Anfangsauftritten konzentriert. Er hatte dort zum erstenmal wieder (auch technisch) greifbaren Ausdruck und bestimmte Haltung. Aber seiner unzweifelhaften Begabung fehlt die Überleitung von der Ruhe in die Bewegung. Er muß sich körperlich und tonlich so intensivieren, daß er diese aus jener ableiten kann.

Schauspielhaus Frankfurt
Bernhard Diebold, Frankfurter Zeitung 28. 2. 1921

Die Inszenierung des Frankfurter Schauspielhauses unter Weicherts Leitung und mit Sieverts Bildgebung stellt wohl das Vollendetste dar, was seit Hartungs Inszenierung des ›Geschlechts‹ von Unruh in den letzten Jahren in Frankfurt geboten wurde. War Weicherts Temperament oft zur Hypertrophie des Ausdrucks mit äußeren Mitteln geneigt, so galt ihm diesmal nur die Erregung innerer Spannung. Die *extensive Regie* mit Dekoration und Menschenmasse ist heute die Gefahr des Theaters und des Dramas. Die *intensive Regie* des Wortes und der Zentralstellung des Einzelschauspielers muß wieder zur Verinnerlichung und Selbstverantwortung des Dramas führen. Weichert war diesmal ganz Intensität.

Dies machte ihm Hasenclever insofern leicht, indem nur zwei Personen auftreten, deren Handlung minimal ist. Dagegen verführen des Dichters Bühnenanweisungen allzuleicht zu spiritistischen Experimenten, wie sie im Zeitalter falscher Mystik und Jenseits-Getues ja reichlich beliebt sind. In der Berliner Aufführung scheint es ja auch wesentlich gruseliger gespukt zu haben: auf den leeren Stuhl des toten Gastes fiel die Andeutung eines materialisierten Geistes. Hasenclevers Bühnenvorschriften lassen Klopfzeichen am Fenster vernehmen, die Möbel nehmen Gesichter an, der Schatten einer Gestalt (doch zweifellos des Toten) wird sichtbar. Dazu spielt sich das ganze Repertoire der Meteorologie ab: Regenbogen, Donner, Blitz, Wolke, Sternschnuppe, Sturm, Regen, Fata Morgana. Hasenclever dekoriert sein in den ersten drei Akten durchaus psychologisches Drama mit der Symbolik des Himmels. Um das All literarisch einzufangen.

Weichert aber dekoriert nicht und spintisiert nicht mit spirits. Er führt das Thema dieses vorgeblichen ›Jenseits‹ so diesseitig durch, daß man in ihm einen wundervollen Interpreten der letzten Ibsenstücke vermuten dürfte. Er hat alles Drum und Dran den Seelen dienstbar gemacht – nicht (wie nach neueren Regierezepten) die Seelen dem Drum und Dran geopfert. Denn er löste alle ›Umgebung‹ in *Dekorationslosigkeit* auf.

Daß diese aber nicht einfach ein *Nichts* wurde – etwa die nachgerade banal gewordene edle Einfalt und Phantasiearmut der Stil-Vorhänge – das ist die große Leistung des Malers Sievert. Die Formel: Farbe, Licht und Gaze-Gardinen sagt hier so wenig wie die Beschreibung des Klangcharakters einer Debussyschen Instrumentation, oder der Luft in einer Corot-Landschaft. Hier entscheidet die sinnliche Nüance; und es ist nur zu sagen: Gaze, Scheinwerfer und die Farbstrahlung der Requisiten wurden nicht mehr Einzelwirkung, sondern lösten sich auf in auf der Bühne ganz seltener Weise in einem Grundton auf, so daß im Sinne der Malerei (und *nicht* der *Bühnen*malerei) ein Bildeindruck entstand; eine dichte Nebelluft, die auch die Figuren in sich einsog. Bis auf die Sonnenstrahlen des Schlußbilds wäre es kaum möglich, bestimmte ›Effekte‹ und ›Einfälle‹ irgendwie herauszuheben – so sehr war die lange Szenenfolge ein Ganzes, *eine* Vision.

Solcher Führung und solchem Rahmen konnten nur außerordentliche Schauspieler entsprechen. Denn hier wurde die Szenik nicht von vornherein zur Helferin der Spieler. Echte Theaterkunst zeigte sich auch darin, daß die Sprecher wesentlich blieben, daß nur einmal Musik ihre Worte unterstimmte, daß unheimliche Geräusche und Lichtbewegungen nur ganz selten ihrem Spiel äußere Aufreizung boten. Nur der naturalistische Schluß verlangte Dämpfung. Carl Ebert und Gerda Müller gaben ein Letztes an Durchdringung ihrer auf die Dauer durchaus spröden Rollen, die schwächere Talente zu steter Wiederholung im Mimischen und Dynamischen gezwungen hätten. Es ist eine enorme Aufgabe, zwei Stunden lang zu zweien auf das eine Thema Variationen zu spielen.

Eberts Gebärden führte Dämonie. Er riß die schwarzen Vorhänge vor das Leben der Geliebten wie der Todesengel selber. Im Straßenanzug! Und ohne Geschrei und hysterisches Zucken! Eine Leistung höchster schauspielerischer Kultur.

Gerda Müller überwuchs die Rolle der Jeane ins impulsiv Menschliche und hielt sich trotz aller Wärme im Bezirk des Symbols. Das Resultat dieses merkwürdigen Vorgangs – in den Formen der Natur doch Kunst zu schaffen – ist eben das Wunder des Stils. Was noch vor drei Jahren für diese Künstlerin Schule und Gelerntes war, ist ihr heute selbstverständliche Form geworden,

die sogar in solch wenig selbstverständlichen Stücken bei ihr nicht Linie und Melodie verliert.
Doch was sagt nun Hasenclever? Sein Stück ist wohl in symbolischer Gestalt verblieben, aber sein ›Jenseits‹ ist mit diesseitiger Psychologie interpretiert. Sein ganzes Spiel ist in die reale Möglichkeit versetzt und macht alle telepathischen Mätzchen wie die Übereinstimmung von Zeiten (3 Uhr) oder das schicksaldonnernde Torzuschlagen zu Unbeträchtlichkeiten, die in der Sphäre der Frankfurter Aufführung dichterisch weniger zu bedeuten schienen als etwa der Spuk in Maeterlincks (›Eindringling‹) oder Strindbergs (›Advent‹) szenischer Geheimnistuerei. Wäre das tatsächlich im wahren Sinne hasencleverisch gespielt, dann *wäre* dem Dichter der ›Menschen‹ und der ›Pest‹ zu seiner guten Besserung aufrichtig zu gratulieren. Aber leider macht uns dies der Dichter nur etwa für die ersten drei Akte glaublich. Denn zum Schluß kokettiert sein ›Jenseits‹ mit östlicher Weisheit und Wiedergeburt, wozu seine beiden Helden so wenig vorbereitet sind wie unser ganzes Kulturpublikum. Wenn einer um irdischer Leidenschaften willen ins Nichtsein flieht, so ist seine Seele nicht frei geworden – sein Körper hängt ihr an bis in den Tod. Und kein leichtes Vöglein übernimmt solch eine erdenschwere Seele zum Flug in die Unendlichkeit. Diese psychophysiologische Angelegenheit zwischen Raoul und Jeane gerät ins Schwindelhafte, sowie sie vom Diesseits absieht. Denn der Kern dieses hochtalentierten Hasenclever ist durchaus irdisch und nicht mystisch. Es genügt nicht, einfach sein Bett ins Nirwana zu stellen.

Carl Zuckmayer   Kreuzweg

Uraufführung: Staatliches Schauspielhaus Berlin, 10. Dezember 1920
Regie Ludwig Berger

Der junge Heidelberger Student Carl Zuckmayer, »Kriegsveteran mit 24 Jahren«, schickte im Sommer 1920 an Ludwig Berger, der in Berlin schnell einer der beachtetsten jungen Regisseure geworden war, ein Manuskript, »das in völliger Theaterferne und Theaterfremdheit geschrieben war«. Er hatte einige Gedichte in der ›Aktion‹ veröffentlicht. Berger kannte er aus Mainz. – Der Regisseur hatte inzwischen ein Angebot Max Reinhardts, am Deutschen Theater zu bleiben, ausgeschlagen und war ans Staatstheater gegangen. Dort las er Jeßner und seinen Dramaturgen das Manuskript vor und konnte die Aufführung durchsetzen. »Es war ein gepeitschtes, dunkles expressionistisches Stück voller Schrecknisse und wirrer Schicksale [...] Ein neuer Sturm und Drang kündete sich an« (Eckart von Naso, ›Memoiren‹, S. 414). Zuckmayer kommentierte später: »Was ihn (Jeßner) zur Annahme bestimmte, war nichts anderes als ein Klang, ein persönlicher Ton, ein bestimmter Rhythmus in manchen Sätzen oder Szenen, der ihn aufhorchen ließ und der ihm das Gefühl gab, daß hier etwas zur Entwicklung zu bringen sei.« – Zuckmayer nahm an den Proben teil, fand sein Stück »täglich unmöglicher«, blieb nach dem halben Erfolg der Premiere in Berlin »und lernte auf Proben bei Berger, Jeßner, Fehling und später Reinhardt, zum Teil in der Statisterie, was Theater überhaupt ist«. – ›Kreuzweg‹ erreichte trotz der zum Teil freundlichen Kritiken nur drei Vorstellungen. – Zuckmayers Name war nach dieser Aufführung ein Begriff. Der große Erfolg kam aber erst 1925. Für Berger und seinen Bruder, den Bühnenbildner Rudolf Bamberger, war die Inszenierung ein neuer Triumph. Paul Fechter, der zum Stück schrieb: »Dieses Drama [...] ist überhaupt keines [...] Die Leute sagen den ganzen Abend über Gedichte auf«, beschrieb die Szene so: »Die Bühne war ziemlich flach und sehr hoch gehalten: ständige Dekoration vier hohe graue Säulen, die zugleich wie Baumstämme wirken konnten. Zwischen ihnen bald die Seufzerbrücke ohne den Brückenmann, bald mit hohem roten Spitzbogen das Schloß auf dem Berg, bald mit weiteren hohen Stämmen ein Wald; einmal ein unregelmäßig treppenartiger Aufbau aus Kuben dazwischen, davor wenig Volk, darauf die Redner – mit wenig Mitteln ausgezeichnet eine Volksversammlung gegeben [...] Die Raumwirkungen, die vor allem mit der Höhendimension arbeiteten, waren sehr geschickt vom Licht unterstützt: es gab Bilder, über deren eigentümlicher Schönheit man fast das sog. Drama vergaß [...] straffer, harter Rhythmus des Sprechens« (›Deutsche Allgemeine Zeitung‹, Berlin 12. 12. 1920).

Emil Faktor, Berliner Börsen-Courier 11. 12. 1920

Ein wundervoller Abend... der Verwirrung. Wundervoll war dieser Abend durch die zahlreichen, ja zahllosen Strahlungen einer Verskunst, die wie die Lampe Aladins die Dunkelkammer der Innerlichkeit durchblitzte. Der Name des Dichters: Carl Zuckmayer. Er ist in Mainz geboren und nennt seine Heimat jenes leidzerwühlte, kampfgeprüfte, friedensdurstige, in aller Sehnsucht revolutionäre Europa, dessen Fieberkrämpfe seinen Traum bedrängen. Empört er sich wider die Gemeinheit und Raubgier der Mächtigen wie etwa der junge Schiller? Flucht er der Menschheit, oder segnet er sie? Leugnet er Gott oder glaubt er an ihn? Will uns dieser dreiundzwanzigjährige Sänger mit einer neuen Allheitsmelodie durch die Welt führen oder die Ohren bloß mit vieldeutigem Zauberklang füllen? [...] Der Abend ward an solcher Gabe reich und immer reicher! Aber wußte der Zuhörer damit auch das Richtige zu beginnen? Hat der Dichter selber all jenes begonnen, das man beim Schreiten und Schweben über die Bühne zu erwarten pflegt? Oder hat ihn das andächtige, im ganzen sehr respektvolle, auch beifallsfreudige Publikum nicht genügend verstanden? Lag es etwa an uns?...
Gebt mir das Buch her! Ich habe aufmerksam zugehört und mich hundertmal gefreut über Horizont und Gefühlsrhythmus einer Dichterseele. Aber sicher bin ich nicht, daß die Dinge so zusammenhängen, wie sie sich in meinem Bewußtsein spiegelten. Ich sah gedrückte, verzweifelte, lustgehetzte, schmerzgetriebene Talbewohner sich gegen ein Zwinguri empören, auf dem ein teuflischer Lenhart vom Joch residiert. Ihr Wilhelm Tell war bald Schmied, bald ein Sohn der Wildnis, bald ein symbolischer Bauer namens Morgenstern. Die Gattin des Jochherrn, vom Gemahl mißhandelt, dem glühenden Verehrer sich verweigernd, sendet ihn, wie Berta von Bruneck ihren Verlobten, ins Kampfgewühle. Aber wurde denn gekämpft? Durch das Grausen und Brausen lüsterner Tyrannei und kochenden Sklaventums traumwandelt eine reine Jungfrau namens Christa, Tochter des Schmiedes und angetraute, noch unberührte Frau seines Gesellen, die ihm zweimal davonläuft, mit einem gespenstisch sein Po-

stament verlassenden Brückenmann Umgang pflegt, im Tale und auf der Ritterburg geheimnisvolle Wirkungen ausstrahlt, ihre Liebe einem das Kreuzsymbol überwindenden Bauernchristus oder einem armseligen Gebein von Spinnenfresser schenkt und zuletzt doch nur dem Brückenmann gehört... Ideal der Hingabe an das außergewöhnliche Gefühl, seelische Schwester jener Rittersfrau, die um die Erhöhung des Menschentums der Sphäre unerlöster Geheimnisse weiß. Gewissensweckerin auch jener Mägde, die als Buhldirnen und Magdalenenfiguren rings um sie stöhnen und aufheulen.
Habe ich als Zuhörer richtig funktioniert? Gebt mir das Buch her! Ich würde mich dann bei so quellender Schönheit des Verses gerne bemühen, jeder Gestalt eine möglichst eindeutige Auslegung zu verschaffen. Aber soll man überhaupt auslegen müssen? Ist es nicht Aufgabe eines Bühnendichters, auch wenn er jung und der melodischen Richtung ergeben ist, nach Klarheit und unverschwommener Gestaltung zu streben? Hat ihm denn nicht die außerordentlich feine, jedes Wort nachfühlende, jede Szene gliedernde, in vierundzwanzig Bildern beziehungsreich musizierende Regie Ludwig Bergers alles Denken und Fühlen hochgespannt? War nicht unglaublich stark alles lyrische Empfinden des Werkes ins Ohr getragen? Und von wie steilen, unverwischbar scharfen Akzenten waren die Szenen des Aufruhrs beherrscht! Dann das Bühnenbild Rudolf Bambergers, hochgereckte Waldbäume architektonisch mannigfaltig mit Burg und Tal verbindend – wie unvertändelt sinnvoll schmiegte es sich an Geist und Musik des Werkes an! Trotzdem Verschwommenheit des Gesamteindrucks... und Verwirrung? Lag es an uns?
[...] Seine Dichtung ist Wilhelm-Tell-Gefühl, durchkreuzt vom irdisch erneuerten Christus-Mythus. Er will zeigen, daß es Gewalt, aber auch Güte, Haß, aber auch Liebe, Not, aber auch Entsagung, grelle Wirklichkeit, aber auch süßen, gottnahen Traum gibt. Er ist nicht Ankläger und Richter. Er glaubt die Gesetze der Bühne, die es auch für ein gelöstes, der Psychologie und Situationslogik entrücktes Neudrama gibt, vorläufig ignorieren zu dürfen – nicht in der Form etwa, sondern mehr noch gedanklich. Seine Empörer toben sich nicht aus, seine Sünder werden durch Hinweis auf die Fraglichkeit von Menschenschuld überhaupt entdramatisiert, Gewalttaten beschönigt die (auch von Werfel propagierte) Idee: Schuld hat der Ermordete. Lauter interessante Akzente, die das Drama unterminieren und den Gestalten die Bühnenplastik rauben. Unser ›Kreuzweg‹dichter wird sich ein nächstes Mal entscheiden müssen, ob er nur als Lyriker oder Dirigent menschlicher Vielstimmigkeit sich behaupten will. Doch... gebt mir, ehe ich auf das eigene Wort schwöre, das Buch her!
Trotz aller Verwirrung ein wundervoller Abend – auch wenn man an darstellerische Einzelheiten denkt. Wie poesiehaft das Spiel der Annemarie Seidel, deren Körper auch nichts anderes als von der Existenz eines zarten, reinen Mädchens wußte. Stimmungsreich die Auftritte Bruno Decarlis (Schmied) oder des Frl. Hofer, auch wo ihr Ausdruck blässer wurde. Und Beziehungen zu einem klangbeseelten Gesamtstil konnte man bei Darstellern älterer und junger Richtung wie Kraußneck oder Müthel, bei stärkerer und schwächerer Begabung wie Heinrich Witte, Kurt Katsch, Emilie Unda, Carl de Vogt feststellen. Wie ausdrucksvoll interessant geriet Ernst Legal die Figur des Jens Morgenstern!
Ein verwirrter Abend... doch reich an Kunst.

Alfred Kerr, Berliner Tageblatt 11. 12. 1920

I

Soll der Dramatiker dichten ... oder die Zuschauer? Zuckmayers Stück müssen die Zuschauer dichten.
Er gab drei Stunden lang nur Geharftes, Weichexpressionistisches, Zufälliges, Hingereihtes, Ballungsloses, Ungestaltetes, Willkürliches, zu rasch Wechselndes, Verschwommenes (nicht Verschwimmendes, das könnte schön sein; Verschwommenes), allgemein Blühendes, Fragen der Welt Bedichtendes.
Inkonsequent, daß dies gegen viertel Elf aufhört – das könnte monatelang so weiter gereimt, so weiter gerhythmet werden ... und gäbe noch immer kein Drama.

II

Der junge Zuckmayer ist also kaum ein Einzelgeschöpf: sondern wie eine Münze des modischen Münzkastens. Dieselben Züge stets. Einer wie der andre.
Um das Gleichnis zu wechseln: die kreißende Welt unsrer Tage lockt leider jedermann, die letzten Menschheitsdinge zu reimen, zu skandieren, zu verbrettern.
Nur diese. Bei Zuckmayer kommt alles Allgemein-Menschliche vor. Alles Ethische, Psychische, Politische, Erotische, Soziale, Volkswirtschaftliche, Sommerliche, Religiöse, Naturwissenschaftliche, Dräuende, Schaffende, Revolutionäre, Versöhnende, Liebliche, Sittliche, Werdende, Lenzliche, Leidende, Verlangende, Wechselnde, Symbolische. (Nur die Orgesch kommt zufällig nicht vor.)
Und alles zusammen ergibt keine Spur von einem Drama.

III

Es bleibt somit ein Werk aus der großen Fabrik für Erlösungsliteratur. Einer wie der andre ... Kunst ist aber nicht bedeutend, wenn ihr Gegenstand bedeutend ist. Kunst kommt selbst in kreißender Zeit von Können. Was wollen Erlöser voll schlaffen Sinns, voll Unmacht, voll Sammlungsmangel, voll Bequemlichkeit? auch wenn sie gleich dem wohlbedachten jungen Zuckmayer sind, welchem ein Bronn oben, unten, an der Seite, vorn, hinten ständig fließt, fließt, fließt.
Talbauern empören sich wider das Bergjoch. Ein Scheusal mit Peitsche. Fliehende Gattin. Ein Schmied. Verschollene Tochter. Brückenmann. Bauerngott. Buhlerei. Arbeit. Irrsinn. Liebesschmerz. Gewalt. Gewaltlosigkeit. Ich will die Zusammenhänge Kornfelds nicht. Und die Steindorffs nicht. Ist kein zweiter Ernst Toller da? Stets die Irrenden, die bloß ›Geblüte‹ sind – nicht Künstler? Seid nicht Ziegel – seid Turm! Wann wird der Retter kommen diesem Chaos? In der Reformationszeit war es auch so: eine Pest von Dramen, und Schriften – gemacht zum Vergessensein.

IV

Nicht zum Vergessensein gemacht ist, was Ludwig Berger an diesen holdern Massenartikeln aus der Weltbesserungs-Stegreif-Industrie beim Einüben an Straffheit gewendet hat. Warum die Wahl? Lockt es ihn justament, Straffheit an Schlaffheit zu tätigen? Nicht wie Jeßner an einem fertigen Ding: an Tell, an Keith, an Richard?
Gleichviel: sie ziehn am selben Strang. Manches, was unsereins immer gefordert hat, scheint erfüllt: Einfachheit – (womit man, nach Beerbohms Hamletvorhängen, endlich begann); und Herrschaft des Worts.

Daß vier Urbäume zu Säulen werden, zum Rahmen, fällt als Mode nicht ins Gewicht. Eher der große Zuschnitt in den Linien alles Geschehens. Etliches erinnert zu treu an Hodler. Etliches, in schwindenden Augenblicken, an Rodin; an allerhand Bürger von Calais – sekundenlang.
Alles ist sozusagen dicht. Kaum etwas dem Zufall überlassen. Keine Sucht nach dem Auftragen einer Stimmung. Kein Raum für das Zerstören einer Stimmung. Feinheit und Kraft für den Schutz des Halblächerlichen. Vertiefter Ernst. Vollkommener Ernst.
Allzu sehr herrscht manchmal Symbolisches in Bewegungen. Wenn ein Mensch zertrampelt wird, gibt es nur einen Ruck des Zertrampelns. Bloß eine Gebärde, nicht ein Vorgang. Die Wirklichkeit ist Nebensache. Sie kann es nicht immer sein.

V

Die Sprechkunst scheint auf eine wundervolle Höhe gebracht. Was ist binnen kurzer Frist geleistet worden in diesem Hause – nach aller Unfähigkeit eines verschwundenen Regiments!
Wie viele Sprecher sind hier aus dem Nichts erstanden. Wie hat geschlossene Kraft sie zurechtgeknetet. Ein ganzes Personal spricht nun jeßnerisch – wo es nicht bergerisch redet. Sie sprechen so sicher getönt, daß bei Berger die Einzelnen hinterher kaum unterschiedlich sind.
Höchstens bei der Frau Unda (sie gab ein Buhlweib) gelang es ihm nicht. So bleibt sie die Unterschiedliche. Noch einer, welcher den wuchtenden Jochherrn gab, Herr Katsch, tritt vielleicht mit einem Schimmer von polnischem Akzent neben ihr heraus. Die andren sind ... Berger. (Ihre Namen waren Decarli, Müthel, Legal – und der ganze Zettel.)
Wobei die Schauspielerin Annemarie Seidel dennoch Eignes an mädelhaft Innerlichem, die Servaes ihr Feuergeblüt hindurchahnen ließ.
... Alle redeten in Zungen. Es war ein Oratorium. Voll Menschenmusik. Und mit vieler Hoffnung.

Herbert Ihering, Der Tag, Berlin, 12. 12. 1920

Als Ernst Toller in Berlin aufgeführt wurde, war man hingerissen von der Wahrheit eines Menschen (die nicht Kunst wurde). Als Paul Kornfeld zur Darstellung kam, war man überwältigt von den zauberischen Visionen eines Talents (das, scheinbar vom Menschlichen losgelöst, intellektuell durchsetzt blieb). Als Carl Zuckmayer gestern zum erstenmal auf die Bühne gelangte, wurde man ergriffen von einem Dichtertum (das menschlich begründet und gehirnlich unverfälscht schien).
Kornfelds ›Himmel und Hölle‹ ist in den seelischen Situationen, in der Bannkraft der Frauengestalten, im Weltbild (soweit es nicht geredet wird, sondern anonym bleibt) gewaltiger, zwingender, einheitlicher als Zuckmayers Drama. Aber ›Kreuzweg‹ ist reiner, ungetrübter, verschwiegener. ›Kreuzweg‹ ist dichterisch, ohne literarisch zu sein.
Carl Zuckmayer ist heute dreiundzwanzig Jahre alt. Er ist der jüngste einer süddeutschen Dichtergeneration, die immer leidenschaftlicher im deutschen Kunstleben um Geltung ringt. [...] Heute dringt Süddeutschland in der Kunst

vor. Melodie und Klang schwingen. Aber der Klang ist wesentlich, und die Melodie ist rhythmisch gestrafft.
So ist Carl Zuckmayers Drama wesentlich, obgleich es im einzelnen verströmt. Es ist wesentlich, weil es musisch, weil es Kunst ist. Es ist wesentlich, weil es vom Gefühlsinhalt einer Zeit getragen wird. Es ist wesentlich, weil es sich an ein gewandeltes Aufnahmevermögen wendet.
[...] Der logische Zusammenhang (durch Ibsen auch für das Drama festgelegt) verdrängte den Zusammenhang der seelischen Intensität. Diese seelische Intensität hat das Drama Carl Zuckmayers. Es hieß früher ›Kreuzweg zu Ende‹. Und zu Ende gehen die Personen ihren Weg: ihren Weg der Roheit und der Empfindlichkeit, der Gewalt und des Leidens.
›Kreuzweg‹ führt durch Hölle zum Himmel. Aber er könnte trotzdem nicht »Himmel und Hölle« heißen, sondern im ergreifendsten, im letzten Sinne: »Erde«. Erde als Kraft, die die Menschen bindet. Erde als Kraft, die die Menschen erhöht. In Körper sind die Menschen ›eingesponnen‹. Diese Körpergrenze macht Michael Heul, den Verlobten der entkörperten Christa, dumpf und schwer. Diese Körperhaftigkeit macht Lenhart vom Joch blutig und gemein. Diese Körperhaftigkeit macht seinen Halbbruder Hilario leuchtend und frei. Die Erde singt, das Blut dröhnt, die Natur posaunt. Die Vielfalt der Stimmen ist nicht Begleitung, nicht Umschreibung, sie ist Ausdruck strömender Kräfte, die die Menschen trennen und verbinden, die sie schöpferisch machen. Das ist das Zukünftige an dieser scheinbar schemenhaften Dichtung, daß sie über das Schemenhafte hinauswill. Daß das Körperliche sich auflöst und das Irdische triumphiert. Christa, deren Seele klingendes Gefäß für die Schmerzen der anderen ist, schwindet in sphärischen Klängen dahin. Der Gottmensch, in Gestalt eines Hannes Böheim, wird erschlagen. Aber der Gesang der Erde braust schöpferisch. Das Lied der Tiere, der Pflanzen, der Menschen singt. Gott ist nicht Deklamation, nicht Begriff neben dem Menschlichen, ist nicht Anklage, nicht Zustimmung. Gott ist nicht etwas Zweites. Gott ist Element, ist Tier, ist Pflanze, ist Mensch. Gott ist die Schöpfung. Gott ist das Werk. Aus der Ferne leuchten in diese Dichtung die Bilder Franz Marcs hinein. In ihren Seelenklang, in ihre Liebe, in ihre Andacht, in ihre Stille.
Daß die Dichtung trotz allem manchmal auch im Gefühlsstrom verstrudelt erscheint, liegt nicht an ihrer gedanklichen Zerstreutheit, sondern an dem Durcheinanderschießen verschiedener Gestaltungselemente. Außer der seelischen Handlung hat der ›Kreuzweg‹ eine äußere, eine sichtbare: die Bauernrevolution gegen den Tyrannen vom Bergjoch. Und diese Handlung ist stofflich und konventionell geblieben. Sie ist gewaltsame Anspannung. Sie nimmt den lyrischen Strom nicht auf, sie stemmt sich gegen ihn. Sie ist Abenteuer, Wildheit. Sie ist flach, knabenhaft. Aber gerade, daß sie knabenhaft, daß sie schillerisch empfunden ist, spricht wieder für Zuckmayer. Auch hier, wo er unpersönlich wird, bleibt er naiv, unliterarisch. Daß er selbst im Pathos sich nicht mit einer Gebärde neben das Stück stellt, macht auch das Epigonenhafte wahr. Dieses Drama ist nicht immer ›originell‹. Man kann auch in seinen wesentlichen, in seinen lyrischen Teilen mannigfache Anklänge finden. Aber wichtiger, als wenn alles ›neu‹ wäre, ist, daß auch das Banale, das ›Reflexive‹, das Nachempfundene echt bleibt.
Die Aufführung war eine Erfüllung. Die Erfüllung des Ensemblegedankens, die Erfüllung musischer Regie. Wenige dieser Schauspieler hätten für Shake-

speare gereicht, aber daß sie hier, auch wo sie zurückbleiben, den Grundton des Stückes, den Rhythmus des Spielleiters hatten, war hinreißend. Die Inszenierung des ›Kreuzwegs‹ wurde die reinste, geschlossenste Regieleistung Ludwig Bergers. Er hat sich außerordentlich entwickelt. Diese Aufführung hatte straffste Präzision und schwingende Musik. Sie war harmonisch und entbunden, organisch und fessellos frei. Sie war von absoluter Einheit des körperlichen und sprachlichen Rhythmus. Sie war strömend, leuchtend, singend. (Und wurde architektonisch gestützt und gehoben, angeschlagen und weitergeleitet durch die ebenso strenge wie leichte, ebenso karge wie schwingende Szenengliederung Rudolf Bambergers.)
Schauspieler herauszuheben ist schwer, weil fast allen das persönliche Geheimnis fehlt, in sich selbst den Klang des Spielleiters noch einmal zu schaffen und schöpferisch zu steigern. Oder: den inneren Vorgang auch individuell umzuschmelzen. (Nur daher kam die gelegentliche Ermüdung der Vorstellung.) Aber Annemarie Seidel hatte für die Christa eine Intensität der Monotonie, die ergriff. Sie war nur Spannung, und diese Spannung übertrug sich. Sie litt und verlosch. Ihr Körper, im Gang von seltenem Reiz, verblühte und versank.
Lothar Müthel faszinierte durch eine bebende Sprechmelodie, die aus seiner Stimme, von seinen Gliedern strahlte. Nur, wo die Rolle konventionell wurde, wurde auch er konventionell. Und prachtvoll in seiner Beherrschtheit, in seiner nach innen gekehrten Kraft war Bruno Decarli als Bauer. (Die früher bei ihm störenden sprachlichen Drücker wurden seltener.)
Daß die meisten Schauspieler von allen Nebengeräuschen der Technik befreit waren, ist eine ungewöhnliche Leistung Bergers, der sich hier zum erstenmal als durchdringender Beherrscher des schauspielerischen Materials zeigte. Widerspruchsvolle und oft irritierte Begabungen wie Dagny Servaes, Johanna Hofer, Heinrich Witte klangen zusammen. Dazu kam als Neuling Otto Laubinger. [...]
Dieser Abend war nicht der Abend einer Inszenierung. Er war der Abend eines Theaters. Jeßners ›Richard III.‹ und Bergers ›Kreuzweg‹ gehören zusammen. Jeßner leitet augenblicklich das einzige organische Theater Berlins. (Organisch sogar bis in die Bühnenmusik.) [...]

Arthur Schnitzler Der Reigen

Uraufführung: Kleines Schauspielhaus Berlin, 23. Dezember 1920
Regie Hubert Reusch

Von den großen, literarisch wichtigen Stücken Schnitzlers war bis 1920 nur noch ›Der Reigen‹ unaufgeführt. Schnitzler hatte darin in einer Szenenreihe von zehn Bildern das amouröse Leben mit seinem ständigen Partnertausch dargestellt und die einzelnen Bilder so aneinander gebunden, daß die jeweils neue Figur eines Bildes im nächsten mit einem neuen Partner noch einmal wiederkehrte. Gleichzeitig durchlief diese mit Wiener Anmut aufgestellte Szenerie die verschiedenen sozialen Milieus vom Dienstmädchen bis zum Grafen. – An die Buchveröffentlichung im Jahre 1900 hatten sich heftige Auseinandersetzungen angeschlossen, Schnitzler verbot die Aufführung des ›Reigen‹. Erst am 25. Juni 1903 wurde vom akademisch-dramatischen Verein im Kaim-

Saal in München der vierte, fünfte und sechste Dialog einmal aufgeführt. Die Inszenierung im Kleinen Schauspielhaus Berlin stellte 1920 zum erstenmal die ganze Szenenfolge auf die Bühne. Wieder gab es heftige Proteste wegen der ›Unsittlichkeit‹ des Stücks. Vor der Premiere wurde vom Landgericht III in Berlin ein Aufführungsverbot erlassen, da die Staatliche Hochschule für Musik, deren Untermieterin die Direktion des Theaters, Gertrud Eysoldt und Maximilian Sladek, war, das Stück (auf Betreiben des Kultusministeriums?) für unzüchtig erklären ließ. Trotz Androhung einer sechswöchigen Haftstrafe fand die Premiere unter persönlicher Verantwortung der Direktorin statt, die vor der Aufführung auf Wedekinds ›Büchse der Pandora‹, die bei der ersten öffentlichen Berliner Aufführung in diesem Saal ohne Beanstandung gelaufen sei, hinwies. Die dezente Regie beseitigte die Einwände. Die Inszenierung wurde am 3. Januar 1921 freigegeben, eine neue Anklage im Sommer 1921 führte zu dem ›Reigenprozeß‹ gegen die Direktion. Eine eigene Gutachteraufführung wurde für den 6. November 1921 (Lokaltermin) mit den Schauspielern der inzwischen ausgelaufenen Inszenierung eingerichtet. Die Anklage erstreckte sich auch auf die »unzüchtige Musik«. – Diese Inszenierung (letzte Aufführung 30. 6. 1922) ist die wichtigste Schnitzler-Uraufführung unseres Zeitraums. Bis 1932 werden noch eine kleine Zahl von Dramen Schnitzlers uraufgeführt: ›Die Schwestern oder Casanova in Spa‹ am 26. März 1920, ›Komödie der Verführung‹ am 11. Oktober 1924, beide am Burgtheater. ›Im Spiel der Sommerlüfte‹ am 21. Dezember 1929 am Deutschen Volkstheater Wien, ›Der Gang zum Weiher‹ 14. Februar 1931 an der Burg und ›Halbzwei‹ und ›Die überspannte Person‹ am 29. März 1932 am Deutschen Volkstheater in Wien. Sie blieben ohne Nachwirkung. Nach den Auseinandersetzungen im Anschluß an die Wiener Aufführung (1. 2. 1921, Kammerspiele in der Rotenturmstraße) verbot Schnitzler endgültig jede Bühnenaufführung.

Alfred Kerr, Berliner Tageblatt 24. 12. 1920
I
Darf man Stücke verbieten? – Nicht mal, wenn sie schlecht geschrieben sind und schlecht gespielt werden; (was ein Standpunkt sein könnte).
Hier aber ist ein reizendes Werk – und es wird annehmbar gespielt.
Der Erfolg war gut; die Hörerschaft wurde nicht schlechter davon. Und die Welt ist, zum Donnerwetter, kein Kindergarten.
Schnitzler schrieb das Buch vor vierundzwanzig Jahren. Er hat's damals nur den Freunden geschenkt. Im Deutschen Reich war es nicht druckbar – unter einer Regierung, die für aller Wohl so sehr sorgte, daß es allen heute so gut ergeht.
Einen Augenblick Rast und Besinnung! Es wird auf die Dauer zu fad, vor allen wichtigsten Begleitumständen der menschlichen Fortpflanzung sich tot zu stellen; sich dumm zu stellen. Eine langdauernde Hypnose. Die Einteilung ›Altertum‹, ›Mittelalter‹, ›Neuzeit‹ ist im Grunde verfrüht.
II
Reigen heißt hier Liebesreigen. Und Liebe heißt hier nicht platonische, sondern ... Also: angewandte Liebe.
Sie wird angewandt (ohne Gröbliches, Lüsternes, Schmieriges) zwischen zehn Menschenpaaren. Und zwischen allen Gesellschaftsklassen.

Stets das Hinübergreifen von einer Schicht zur andren. Folgendermaßen. Dirne, Soldat. Soldat, Stubenmädel. Stubenmädel, junger Herr. Junger Herr, junge Frau. Junge Frau, ihr Mann. Ihr Mann, süßes Mädel. Süßes Mädel, Poet. Poet, Schauspielerin. Schauspielerin, Graf. Graf, Dirne... Der Reigen ist geschlossen. Voltaire hat im ›Candide‹ Ähnliches vorgemacht. [...] Die Welt steht immer noch.

III

Schnitzler ist mehr launig als faunig. Er gibt mit nachdenklichem Lächeln den irdischen Humor der unterirdischen Welt.

Nicht Schmutzereien: sondern Lebensaspekte. Auch das Vergängliche des Taumels; das komisch-trübe Schwinden des Trugs. Alles umhaucht von leisem, witzigem Reiz.

Herr Hubert Reusch, der Spielwart, hat es nicht ganz ohne Glück nachgestaltet. Der Erfolg ließe sich verstärken, wenn man die Musik streicht – und einen Teil der Darsteller auf die Höhe der Ausstattung bringt...

(Sie war von Stern; manchmal zu üppig – so im Zimmerl des Poeten.) Alles müßte leiser, leichter, ironisch-zarter im gesprochenen Wort sein. Aber alles war, o Polizei, dezent.

Der Gewinn des Abends hieß Poldi Müller. Das ist niemand, der Leopold heißt. Sondern jemand, der offenbar Leopoldine heißt. Sie war das süße Mädel. Ja, sie war es...

Von der Schauspielerin, die es mit dem Dichter und dem Grafen hat, holte Fräulein Dergan (Blanche mit Vornamen) bloß Einiges heraus. Die Rolle schreit, brüllt nach der Sandrock, – wo die noch keine grauen Herzoginnen gab. Fräulein Dergan war liebenswürdig – aber die Gestalt braucht noch mehr Feierliches, Unzusammenhängendes, Erhaben-Hundeschnäuziges, Unbeirrbar-Ruhevolles – daß man vom Stuhl fällt.

Das köstliche Abschiedswort an den Offizier, »Adieu, Steinamanger!« verkitschte sie durch eine Weglassung.

Wie auch der Schauspieler Curt Goetz Ersatzwirkungen durch freiwilliges Sichbegießen mit Wasser beitat. Er war nicht recht ein wienerischer junger Herr. Seine junge Frau, Fräulein Magda Mohr (neulich Magda Madeleine), hatte den Namen geändert. Jetzt, wenn sie noch Einiges ändern möchte...

Herr Etlinger kam als Poet in der Maske Schnitzlers; wodurch er ihm zu nahe trat. Undankbar gegen einen Autor. Doch im Phlegma blieb er ganz ulkig.

IV

Zum Beginn und zum Schluß erschien die Prinzipalin, Frau Eysoldt. Sie trug mit Recht ihre Klage wider die Polizei vor die Anwesenden.

Die Aufführung ist bei sechs Wochen Haft verboten worden, – dabei hat die hineingreifende Stelle das Werk nur gelesen, nie gesehn.

Das alles geht vom Kultusministerium aus? Bestimmt nicht von Haenisch.

Herbert Ihering, Berliner Börsen-Courier 24. 12. 1920

›Reigen‹ ist eine der reizendsten Dichtungen Schnitzlers, weil seine Dialoge aus diesem erotischen Nervengefühl geboren sind. Das nur noch um einen Grad sublimiert zu werden brauchte, um Klang, um Ton zu werden. ›Reigen‹ ist auch eine der reinlichsten Dichtungen Schnitzlers, weil seine sinnlichen Schwebungen, seine erotischen Frivolitäten und Melancholien nicht feuilleto-

nistisch umschmust, nicht mit Tiefsinn drapiert, nicht unter Anspielungen versteckt werden, weil sie sich darbieten als das, was sie sind: graziöse Liebesspiele ohne geistige Verfälschung. Die Nachdenklichkeit ist das erotische Erlebnis selbst. Seine Ausstrahlungen, seine Schwingungen, seine Spannungen, seine Ermattungen.
›Reigen‹ ist Wien, ist der betäubende, lockende, verführerische Schimmer dieser herrlichen, fauligen, sinkenden, versunkenen Stadt. ›Anatol‹ ist heute kaum noch zu ertragen, weil Schnitzler hier eine geistige Distanz zu den Abenteuern seines Charmeurs vorspielt, die er nicht hat. Daß Schnitzler im ›Anatol‹ charmiert, verniedlicht, kokettiert, ironisiert, tändelt und darauf hinweist, daß er tändelt, macht diese Einakterreihe zu einem Abbild auch jenes ›geistigen‹ Wien, dessen verlogene Süßlichkeit aufreizt. ›Reigen‹ aber ist das Spiel, die Leichtigkeit selbst. Wenn mit der Dirne über den Soldaten und das Stubenmädchen und den jungen Herrn und die junge Frau und den Ehemann und das süße Mädel und den Dichter und die Schauspielerin und den Grafen alle verknüpft sind, so ist dieser Reigen von einer schwebenden Freiheit, die künstlerisch entzückt und deshalb menschlich erheitert.
Viele Dramen von Schnitzler sind veraltet, weil sie Probleme stellten und die Probleme entweder zu leicht waren oder von der Zeit zerfressen wurden. ›Reigen‹ ist unproblematisch und wird in der deutschen erotischen Literatur, die arm ist, bleiben. Es ist sicher, daß ein neuer Dichter ein Stück, das allein den Geschlechtsakt umspielt, heute nicht schreiben würde. Ebenso sicher aber ist, daß, wenn er es schriebe, er es plumper schreiben würde.
Gertrud Eysoldt hatte recht, als sie sich vor der Vorstellung hinter die Dichtung und die Darstellung stellte. Daß sie in ihrer Rede den Kampf gegen das Kultusministerium auf sich nahm. (Das, wie sie sagte, schon längst ein Interesse daran habe, ihre Direktion an die Luft zu setzen, weil es den Theatersaal für seine eigenen Zwecke benutzen wolle.) Sie ließ sich durch die Aufführung bestätigen. Diese zerfiel in zwei Hälften. In eine langweilige (die die Sittlichkeit nicht beunruhigte) und eine amüsante (die die Sittlichkeit nicht beunruhigte). Die Schauspielkunst pflegt sich in erotischen Stücken auf die Seite der Männer zu schlagen, weil die Frau die erotische Phantasie direkter und auf der Bühne auch ohne Übersetzung in Kunst auszudrücken vermag. Hier wurde sie mit Takt und Laune (allerdings nicht immer mit Talent) gegeben. Und wo schauspielerische Routine, wie bei Poldi Müller, mitsprach, wurde sie leicht kitschig.
Wenn man bedenkt, mit welch knalliger Aufdringlichkeit in der Residenz-Theater-Darstellung von Sudermanns ›Raschoffs‹ Olga Limburg eine Dirne spielte, erscheint die Diskretion des Kleinen Schauspielhauses vorbildlich. Die Schauspielkunst blieb bei Curt Goetz, der ironisch und elegisch den jungen Herrn spielte, bei Robert Forster-Larrinaga, der den Grafen mit persönlicher Gepflegtheit gab, und bei Karl Etlinger als Dichter, Karl Etlinger ist ein improvisierender Schauspieler. Er ist der letzte aus der langen Reihe der Wiener Volkskomiker: saftig, verspielt und schrullig. Er ist ein Original, eine Persönlichkeit – aber mit Schnitzler kam er nicht immer zusammen. Etlinger ist kein Schauspieler für Dialoge. Er muß mimisch phantasieren können. Dann leuchtet er auf, dann steht er im Kontakt mit dem Publikum.
Die Dekorationen waren von Ernst Stern. In der Verspieltheit kam er zu seinem Recht.

Ludwig Sternaux, Berliner Lokal-Anzeiger 24. 12. 1920

Bildchen aus dem Leben, wie es Schnitzler sah: Wien um 1900, leichtsinnig, spielerisch, frivol, und immer etwas müde. All die Lieblingsgestalten des ›Anatol‹-Dichters treten auf. [...] Das ist mit jenem tändelnden Esprit erzählt, der nur Schnitzler eignet. Eine Komödie der Worte, ein Zwischenspiel, eine Liebelei in zehn aparten hingehauchten Szenen. Kunst, so leicht, so flüchtig, so prickelnd wie Sektschaum. Erinnerung an ferne Abenteuer. Nur ab und zu mischt sich strengeres Parfüm ein, wenn aus dem Spiel der Worte Taten werden, das Bett in Aktion tritt... Darauf sind ja diese schillernden Szenen alle zugespitzt. Das ist es, was sie verbindet und die Menschen dieser Szenen zum Reigen ordnet. Aber selbst das Gewagteste dämpft die schmerzliche Melancholie, die über das Ganze gebreitet ist, die leise Tragik, in die all diese Menschen unbewußt verstrickt sind. [...] Es ist nicht eingetreten, was... man befürchten konnte: daß die Bühne diese Szenen vergröbern, ihnen ihren Duft und Schmelz nehmen würde. Sie hat ihnen beides bewahrt. Selbst da, wo dann der Vorhang fiel. [...] Die Worte, leicht wie Bälle von Mund zu Mund geworfen, funkelten, der Wiener Dialekt [...] tat ein übriges, und wirkliche Musik, von Robert Forster-Larringa sehr hübsch aus bekannten Motiven zusammengestellt, schuf das Gefühlsklima, aus dem heraus Schnitzler den ›Reigen‹ gedichtet. Dazu der etwas kokette Rahmen, den Ernst Stern mit seinen graziösen Dekorationen um das Ganze gespannt.
Die Darstellung ungleich. Immerhin: eine Menge hübscher Frauen, von denen die Schauspielerin der Blanche Dergan, die junge Frau der Magda Mohr sogar mehr als nur hübsch waren. Und von den Herren hatten eigene Note der junge Herr des Curt Goetz, der Dichter des Karl Etlinger, der Graf Robert Forster-Larringas. Alle aber sehr fein und diskret von Hubert Reusch, dem Spielleiter, auf das spezifisch schnitzlerische eingestellt.

Paul Wiegler, BZ am Mittag, Berlin, 24. 12. 1920

In diesen zehn Gesprächen ist alle Tierheit der Menschennatur, all ihre Tragikomik, von einem schwermütigen Beobachter gesehen, ist die danse macabre des Geschlechtlichen. [...]
Gespielt wird ohne Pause, mit einer festen Dekoration, [...] einem hellgrünen Rahmen mit Blattornamenten, weißlich leuchtende Laternen links und rechts; und immer geht bei der Verdunkelung ein zarter grüner Zwischenvorhang hernieder. [...] Es ist Takt in der Nuancierung; und was sich irgend verbergen läßt, wird der Bühnenoptik entzogen. Dabei gereicht den Szenen die Folge im Buch zum Vorteil: daß die zweite Hälfte geistiger in der Ironie und schauspielerisch dankbarer als die erste ist. [...] In der zweiten Hälfte bietet auch die Vorstellung [...] ihr Bestes.

1921

Verpflichtung Deutschlands zu hohen Reparationsleistungen. Anwachsen der politischen Unruhen. Aufstände in Mitteldeutschland und Hamburg. Besetzung rheinischer Städte durch alliierte Truppen. Abstimmung in Oberschlesien, danach bewaffnete Auseinandersetzungen zwischen Polen und deutschem Selbstschutz (Mai). Ermordung Erzbergers durch rechtsradikale Kräfte (26. 8.), Verkündung des Ausnahmezustands im Reich.

Max Reinhardt, seiner Bühnen ledig, inszeniert in Kopenhagen ›Orpheus in der Unterwelt‹ und beendet im Dezember seine Berliner Regiearbeit mit zwei großen Inszenierungen: ›Traumspiel‹ und – als vorerst letzte Inszenierung im Großen Schauspielhaus – ›Orpheus in der Unterwelt‹. – Pläne, ihn zum Direktor des Burgtheaters in Wien zu berufen, zerschlagen sich. Anton Wildgans wird neuer Direktor der Burg. –

In Berlin schließt Piscator im April sein ›Proletarisches Theater‹. Am 12. Mai eröffnete das Schloßparktheater unter der Direktion Paul Henckels, Dr. Hans Lebede, mit Shakespeares ›Timon‹ – Der Operettenregisseur Heinz Saltenburg übernimmt das ›Lustspielhaus‹, um dort eine Spielstätte für die ›gute Komödie‹ zu schaffen. – Im Theater in der Kommandantenstraße eröffnet das ›Jüdische Künstlertheater‹. – Die erfolgreichste Neugründung wird das von dem Architekten Kaufmann neuerbaute Theater am Kurfürstendamm, das unter der Direktion von Dr. Eugen Robert (›Tribüne‹) am 8. Oktober mit der Uraufführung von Curt Goetz' ›Ingeborg‹ zu spielen beginnt.

Im November – Dezember gastiert das Moskauer Künstlertheater in Berlin (Theater in der Königgrätzer Straße) und zeigt Tschechows ›Drei Schwestern‹, Hamsuns ›An des Reiches Pforten‹ und Surgutschews ›Herbstgeigen‹. – Jeßner, durch wichtige Inszenierungen als der führende Regisseur bestätigt, dreht seinen ersten Film ›Hintertreppe‹.

Carl Zuckmayer beginnt seine ›Volontärzeit‹ an den Berliner Theatern, Bert Brecht versucht in Berlin Fuß zu fassen. In Rom: Weltpremiere von Pirandellos ›Sechs Personen suchen einen Autor‹.

Fritz von Unruh   Louis Ferdinand, Prinz von Preußen

Uraufführung: Hessisches Landestheater Darmstadt, 22. März 1921
Regie Gustav Hartung
Deutsches Theater Berlin, 21. Oktober 1921, Regie Gustav Hartung

Mit der Uraufführung des ›Louis Ferdinand‹ wurde ein Stück aufs Theater geholt, das vor Beginn des Weltkriegs, 1913, schon vollendet war. Der siebenundzwanzigjährige Unruh stand, als er daran schrieb, schon im Ruhm des jungen Dramatikers. Die Uraufführung seines Dramas ›Offiziere‹ 1911 bei Max Reinhardt hatte ihn schnell bekannt gemacht. Mit ›Louis Ferdinand‹ schrieb er, Kleist folgend, noch einmal ein Drama um Pflicht und Preußentum. Aber ein hohenzollernsches Hausgesetz verbot auf der Bühne die Darstellung von Mitgliedern der königlichen Familie. So begründete sich die verspätete Uraufführung. Unruh hatte 1921 nach den Premieren von ›Ein Geschlecht‹ und ›Platz‹ längst eine führende Stellung im Expressionismus eingenommen. Der ›Louis Ferdinand‹ wirkte nun doppelt: sowohl durch seine Nähe zu den Jünglingsfiguren des Expressionismus wie durch die preußische Staatswelt. Die Uraufführung wurde der erste Höhepunkt der Ära Hartung am Darmstädter Landestheater. Mit Hartung, der im August 1920 zum Intendanten des Landestheaters berufen wurde, kam ein Teil des Frankfurter Expressionismus nach Darmstadt. Kurz zuvor hatte der Expressionismus mit Hasenclevers ›Antigone‹ (9. 9. 1919), Julius Maria Beckers ›Das letzte Gericht‹ (10. 1. 1920) und Kaisers ›Gas‹ (16. 6. 1920) dort schon Einzug gehalten. Hartung konnte daran anknüpfen. Er begann mit einer stilisierten ›Jungfrau von Orleans‹ (5. 9. 1920), seine erste große Uraufführung (14. 12. 1920) wurde die ›Königin Tamara‹ von Knut Hamsun (mit Gerda Müller in der Titelrolle). In Frankfurt hatte Hartung noch zwei Sternheim-Komödien uraufgeführt: ›Perleberg‹ und ›1913‹, in Darmstadt folgte als dritte Sternheim-Uraufführung ›Der entfesselte Zeitgenosse‹ (17. 2. 1921) und nach dem ›Louis Ferdinand‹ die im Skandal endende Uraufführung von Kasimir Edschmids ›Kean‹ (25. 5. 1921). Damit gab Hartung dem Darmstädter Theater innerhalb einer Spielzeit ein so charakteristisches Gesicht, daß Max Krell schreiben konnte: »In den deutschen Städten gab es kaum eine Parallele...« – Für die Rolle des Louis Ferdinand hatte Hartung seinen Frankfurter Star Heinrich George verpflichtet, der mit dieser Rolle in Frankfurt kontraktbrüchig wurde und zwei Jahre Spielverbot erhielt. – Unruhs Stück wurde viel nachgespielt. Am 21. Oktober inszenierte es Hartung am Deutschen Theater, Berlin (mit Paul Hartmann), Falckenberg gab es im Dezember 1923 an den Münchner Kammerspielen, Weichert im März 1925 in Frankfurt, Jeßner (mit Rudolf Forster) am 13. März 1928 am Staatstheater in Berlin. Es blieb Unruhs »spielbarstes Stück« (Diebold).

Hessisches Landestheater Darmstadt
Bernhard Diebold, Frankfurter Zeitung 23. 3. 1921

Wer erschrickt vor der titanischen Verzweiflung in Unruhs ›Geschlecht‹ und ›Platz‹, wer nur die Paroxysmen eines vom Kriege Zerrütteten zu spüren glaubt, wer diese dichterische Revolution nur als die aktuelle, die ›expressioni-

stische‹ Psychose wertet – der vergegenwärtige sich den jungen Unruh in seinen ›Offizieren‹, in seinem ›Louis Ferdinand‹. Und er erfährt: Hier ist der Grund gelegt zu all den Problemen, die erst in dem grauenvollen Weltmord so krasse Formulierung finden konnten. Unruh ist kein Revolutionär ad hoc wie die Dutzende seiner dramatischen Parteikollegen. Der Konflikt von Soldatenehre und Menschgefühl, von Pflicht zur Wirklichkeit und Flug zum Himmel der Ideale, von Töten-Müssen und Lieben-Wollen – das alles ist vorbereitet. Der adelige Junker reißt sich von den Traditionen los; zerschlägt die Knochenhände, die sein blühendes Fleisch in den Sarg der Finsternis ziehen wollen. Unruh suchte nicht Stoffe. Er erdenkt, er ›dichtet‹ sich nicht wie etwa Georg Kaiser Motive, die er mit artistischer Denklust und phantastischer Eleganz poetisiert. Die Gegenstände seiner Dramatik liegen in ihm bereit. Ein tief durchfühltes Erlebnis wird Form – als ›Gesellschaftsstück‹ wie die ›Offiziere‹ – als gigantischer Mythus wie die unbehauenen Blöcke der Trilogie – oder als ›historisches Drama‹ wie dieser herrliche ›Louis Ferdinand, Prinz von Preußen‹. Historisches Drama? Ja, mit dem Atem von heute. Jeder große Dichter atmet Gegenwart – und auch Zukunft. Wohl, Friedrich Wilhelm der Dritte, der wohlmeinende aber schwache; Königin Luise; der Prinz; die Hofkamarilla; die Namen von Generälen, Diplomaten und historischen Stätten, Berliner Schloß, Saalfeld – das ist Geschichte. Das liefert die dem Drama unumgängliche Stofflichkeit, die des Wunders der Begeisterung harrt. Wie wäre Begeisterung ohne Stoff je künstlerisch sichtbar? Harte Dinge sind im wirklichen Raum. Nun Dichter! komm an. Gieß dich aus in die Formen, die nur du wieder für deine Ströme bereiten konntest. Nun schaffe, schöpfe, gib!
Louis Ferdinand muß Mensch werden. Kunst, Musik, Beethoven ist seine Luft. Weib ist seine Erde. Er liebt die sinnlich tolle Pauline Wiesel. Er betet an die Königin Luise. Venus und Madonna. Jugendliche Pole der erotischen Welt. Das eine gegen das andere. Hier Leben, Gier und Spiel – dort Niedersinken in Andacht vor der Reinheit. Die eine nimmt nur, indem sie sich gibt – die andere gibt, indem sie Entsagung spricht. Beides zusammen nicht faßbar in dem jungen Herzen, bis es Mann wird. Vor riesengroßem Schicksal wächst die Pflicht innerer Bestimmung auf. Er vergißt die Wiesel, und Luise wird die heilige Preußin, mit dem Emblem des sittlichen Gesetzes.
Soll Frieden sein, soll Krieg? Napoleon löscht Preußen aus, beleidigt jedes deutsche Leben. Der Mensch – auch der friedlichste – empört sich gegen Unmenschheit. Der bedenkliche König, fein, aber schwermütig überschattet von des großen Friedrichs Bild, will Frieden trotz all und jeder Schmach. Alte Überbleibsel aus Friedrichs Heer – Hohenlohe, Braunschweig – sind unfähig zur Initiative. Die diplomatischen Pfuscher Lombard und Haugwitz suchen immer nur mit alten seifigen Mätzchen die Staatsmaschine neu zu schmieren. Kein Geist ist da. Die jungen Pagen spielen die Komödie des Kronrats in Karikatur. Nur einer könnte retten, nur einem blüht noch ein Herz, nur einen liebt alles – Volk, Künstler, Pagen, Offiziere –: Louis Ferdinand.
Zwei Gesichter umspielen ihn sichtbar. Prinz Oranien geht um durch das Berliner Schloß wie das Gespenst des Untergangs. Spricht wenig; aber hat so viel innere Gestalt, daß er tief eindringt in alles Geschehen mit dunkel seherischem Blick. Er sieht auch die Romantik aus Musik und gipsernen Dorer-Säulen, auf der auch Louis Ferdinands junger Genius an der Wirklichkeit vorbeifliegt. Der andere Geist ist der Kriegsrat Wiesel. Das Gespenst der Hoff-

nung. Paradox. Er ist so superklug, daß er das Gras wachsen hört. Daß er im Prinzen schon den neuen König wachsen sieht, bevor der alte König aufgehört hat. Er ahnt des Prinzen Genie. Er hat ihm zwar die eigene Frau genommen. Aber er ist der einzig mögliche Retter Preußens! Das gilt.
Und noch ein drittes Gespenst erhebt sich *unsichtbar* hinter dem ganzen Menschengetriebe: der drohende Schatten Bonapartes. Für dieses Preußen unausweichliches Schicksal. Ein Scheinkrieg wird begonnen. Aber es endet ernst. Bankette werden sorglos gefeiert; der Becher des Alten Fritz wird an der Tafel umgereicht; dann kommt unheimliche Erregung, als der Feind laut wird. Louis Ferdinand – das wäre der König. Es ist zu spät. Er kann noch tragischer Repräsentant des heiligen Preußentums werden. Pflicht bis in den Tod. Die Affäre ist von vornherein verpfuscht. Fridericus rex ist tot und tot. Kein Leben gestattet solches Schicksal dem Einzelnen, der geborener Verantwortlicher – der geborener König ist. Louis Ferdinand zieht todahnend in das Gefecht bei Saalfeld und stirbt ... Damit stirbt Unruhs heiliges Preußen. Dann wird er Revolutionär.

Wir haben in unserer neuesten Literatur kaum ein Stück von solchem Ansich-Halten der Leidenschaften und der Worte. Man merkt hier: Dichten ist nicht immer nur Schrei, sondern Verdichtung des Seelischen. Die Aufführung bestätigt: dies Stück ist Unruhs Kammerspiel. Die Szenen folgen sich wie schattenhafte Bilder, getaucht in unendliche Melancholie. Diese Historie ist nie laut, wenn auch ein Ausbruch oder ein Witz oder ein Pagenlachen die Dämmerung stören will. Trotz Tafelrunden, politischen Aktionen, Kommandos und Hohenfriedbergermarsch – niemals Hurrahgetue. Es geistert nur heroisch. Die Wirklichen auf dieser Bühne sind ganz wirklich, jamben- und kothurnlos. Ihre Prosa ist nur in der Schwingung von Satz zu Satz Poesie. Nicht lyrisch. Aber musikalisch und männlich sparsam mit den weiter gespannten Rhythmen, die erst gegen den Schluß vollen Ton ausschwingen. Ein keuscher Patriotismus beherrscht dies wunderfeine Werk. Reinheit, erst spät, viele Jahre nach dem Kriege, wieder unseren Jungen erreichbar. Hier hat auch Unruh die Distanz des wahren Dramatikers. Noch ist es nicht sein expressionistisches Ich, das später aus seinem Dietrich kämpferische Lyrik ausströmt. Noch gestaltet er gegenständlicher die Menschen, die er zum Wort- und Tatstreit gegeneinanderstellt. Und da weiß ich: Unruh wird auf dem ihm notwendigen Weg zum allgemeinen Typus, den er jetzt beschreitet, wieder zum Individuum gelangen. ›Platz‹ führte ihn schon wieder näher als ›Geschlecht‹. Ein Dichter von solchen Gnaden findet immer wieder auf der Erde die Vorbilder seiner Menschgestaltung, sowie er sein Ich aus der Herrscherrolle im »Drama von den Menschen« (Plural!) zurückdrängt. ›Louis Ferdinand‹ ist ein herrliches Versprechen auf die neue Dramatik. An sich ist er schon heimliche Erfüllung.

Die vom Intendanten Gustav Hartung geleitete Aufführung traf die Stimmung ungeheurer Schwermut, die über dieser feinen und leisen Tragödie wie ein Nebel schwelt. Ja, sie war im Gesamtton ausgezeichnet zu nennen – und nicht nur im Hinblick der mäßigen schauspielerischen Mittel. Hartung gab mit subtilster Abtönung ein einheitliches Bild, aus dem auch die sarkastischen Humore und Grotesken der Herren vom ancien regime nicht grob herausfielen. Die feine Nuancierung brachte zwar hin und wieder die Gefahr der Verschleppung; wie immer, wenn mit allen Bühnenmitteln eindringlich auf die seelische Situation hingearbeitet wird. Die mit vollem Recht nicht sehr farbig gehaltenen Bilder von Th. C. Pilartz halfen mit ihrer sicheren und preußisch-harten Zeichnung die Atmosphäre vor allzu gefühlsseligem Duft freizuhalten. Einige Striche und an vielen Stellen beschwingtere Zeitmaße würden der Bühnenwirkung sicher zustatten kommen. Aber Hartung darf doch auf seine Leistung stolz sein. Es ist die weitaus beste seiner bisherigen Darmstädter Taten. Er verwertete die Schauspieler nach *ihren* – nicht nach *seinen*, des Regisseurs, Möglichkeiten. Er vermied beinahe ganz die zackige, zuckende, maschinenhafte Marionetten-Manier seiner vorigen Arbeiten und ermöglichte damit seinen Spielern, auch schwache Kräfte von eigenen Impulsen regen zu lassen. Von den Einheimischen stellten Herr Michels als König und Frl. Sterler als Königin die rundesten Figuren. Die Verhaltenheit des ganzen Stils ward von ihnen würdig beherrscht. Als Pauline Wiesel zeigte Elisabeth Horn Temperament und geistige Beweglichkeit. Der Kriegsrat Wiesel war von Herrn Schneider wenigstens im Kontur erfaßt – was bei der ersten Kreierung dieses überaus schweren Charakters durchaus schon als Leistung angesprochen werden darf. Besonders zu nennen ist Herr Kulisch als der greise Hohenlohe und Herr Bischoffs gespensterstarrer Oranien. Den allgemeinen Spielton überschwingend aber stand Herr George (vom Frankfurter Schauspielhaus) inmitten der Tragödie. Seine ungeheure Leidenschaftlichkeit brach lodernd aus als die einzige Fackel im Halbdunkel des Spiels. Sein starkes Talent half befeuern und ergab die Schwungkraft des Dichters. Aber dennoch: ein Louis Ferdinand, Prinz von Preußen, war er nicht. Schon sein Äußeres widerspricht dem Adel der Figur, und die Art seiner Erregung und Gelöstheit im Ausbruch ist nicht die reine Leidenschaft, die nach den Sternen treibt, sondern wirkt ungebärdig, schrankenlos, vulkanisch. Doch sein heißer Atem hauchte Leben. Und Leben bezwingt immer und reißt hin.

Nach zehnjährigem Buchdasein ist diese starke Dichtung nun endlich Spiel für Ohr und Auge geworden. Heute braucht kein preußischer Zensor mehr das defaitistische Wort der Königin zu fürchten: »Es gibt keine Preußen mehr!« Eher daß uns die Entente dieses Kleinod nähme, das den wehmütigsten Zauber birgt, den je ein ›historisches‹ Drama ausgestrahlt. Ein Memento aus dem blaß erleuchteten Hintergrunde der Vergangenheit, vor dem sich unsere heutigen Tage schattenhaft und traurig abheben. Doch über allem der Stern eines Genius, der immerzu hoffen läßt. Ein leuchtender wie Unruhs Louis Ferdinand erlischt nie. Es bleibt nach diesem Spiel ein Schatz im Herz bewahrt. Das unvergeßliche Bild von schönster Menschheit. Diese Art Kunst muß sein. Ohne sie ist nicht zu leben.

Deutsches Theater Berlin
Franz Servaes, Berliner Lokal-Anzeiger 22. 10. 1921

Acht Jahre haben wir warten müssen, um dieses Drama zu sehen. Acht schicksalsschwere Jahre, die dreifach wiegen und die uns fast mit den Augen eines neuen Geschlechts vor diese Dichtung treten lassen, die das einzige wirklich große Drama ist, das unserem jüngeren Dichtergeschlechte gelang. Es kam jetzt in einem Zeitpunkt, wo es stärker und erschütternder auf uns wirkte als jemals vor oder nach dem Kriege, mit einer unheimlichen Aktualität, die in unser tiefstes Seelengewoge griff. Vierundeinhalb Stunden hielt das Publikum aus, ohne jede Spur von Ermüdung, durch Dichtung, Darstellung und Spielleitung gleichmäßig gefesselt. Es war ein denkwürdiger Abend und endete mit rauschendem Beifall.

[...] Ein Stück vergangener Geschichte, ein Stück nächstes Leben. Und was der Dichter, rückblickend-prophetisch, geschaut hatte, das machte der Spielleiter, Gustav Hartung, ein Gast aus Darmstadt, mit genialer Formerhand zu Bild und Gestaltung. Welch ein Meister der Szenen! Welch sicherer Nachfühler dichterischer Intentionen! Welch Kenner schauspielerischer Fähigkeiten und welch sicherer Verwalter reicher Ideen! Ein Mann, den Berlin braucht, und der hier mit seinem ersten Auftreten entscheidend siegte. In T. C. Pilartz stand ihm ein Bühnenarchitekt von gleichfalls ungewöhnlichen Fähigkeiten zur Seite, ein kühner Behandler des Raumes. Die aus dem Zuschauerraum, mittels überraschender Treppenaufgänge, heraufwachsenden Auftritte bleiben unvergeßlich. Alles war glänzend überlegt, kam glänzend zur Ausführung. Die Besetzung wundervoll. Hartmann als Prinz Louis Ferdinand, die Lossen als Königin Luise: kann man sich Überzeugenderes, Ebenbürtigeres denken! Hier deckten sich von Natur bereits die Persönlichkeiten. Man sah sie und glaubte an sie. Dann Werner Krauß als Kriegsrat Wiesel: ibsenhaft bebrillt, voll lauernder Beherrschtheit und aufgespeicherter innerer Energie, in seiner Ruhe voll drohender Beunruhigung. Recht gut auch Ferdinand von Alten als König, grade weil er über den Schwächling den König nicht vergaß. Köstlich Diegelmann als trottelhaft-genialer Feldmarschall Braunschweig, eindrucksvoll Dieterle als kranker, greiser, innerlich gespannter Feldmarschall Hohenlohe. Auch die Hofchargen, Prinzen, Pagen usw., lauter Physiognomien. Zweifeln konnte man einzig bei Helene Thimig, die die Pauline Wiesel gab, dieses Urbild eines Weibchens, »ganz Fleisch« (wie sie selbst von sich sagt). Die Thimig aber war ganz Nerv. Sie sollte die Rolle an Johanna Terwin abgeben.

Emil Faktor, Berliner Börsen-Courier 22. 10. 1921

[...] Unruhs Preußenstück [...] ›Louis Ferdinand‹ ist – unter dem Gesichtswinkel des Talents gesehn – ein bemerkenswertes, wie auch überschätztes Stück, bei welchem mich vorwiegend Unruhs Fähigkeiten interessieren, durcheinanderwirrende, mit Figuren nicht sparsame Stofflichkeit halbwegs scharf auf die Bühne zu projizieren, während es der Leser viel schwerer hat. Es ist eigentlich ein Regisseurstück, das Nüsse zu knacken gibt und auch bei ihm viel Talent herausfordert.

Die günstige Aufführungszeit für dieses Werk lag vor dem Kriege. Damals durfte der Hauptakzent der Dichtung auf den heroischen Gesinnungen des gegen Napoleon erbitterten Prinzen liegen, während die pazifistischen Ratgeber des Königs im Konvexspiegel gesehen waren. [...]

Durcheinandersprudelnd, nach Symbolen auslugend, die Dichtungen der Gestalten unabhängig in Taktgrenzen vorschiebend – also Vorläuferin expressionistischer Ausschweifungen, ist schon die Louis-Ferdinand-Dichtung bei all ihren Vorzügen in Konzentration und lebhafter Gefühlsrhythmik. Die Regie hat zu lichten und Verschobenes wie Verschrobenes zurechtzurücken. An diesem Werke kann ein Spielleiter sein Format bekunden. Dieses Werk beweist oder entlarvt ihn.

Gustav Hartung wurde – ich kann nichts dafür – mehr entlarvt als bewiesen. Alle Zweifel, die seine nicht temperamentarme, auf Darsteller nicht einflußlose Kean-Regie noch offenließ, fanden die deprimierende Bestätigung, daß in seiner Person sich ein Reinhardtepigone zeigt – beunruhigt durch Jeßner. Jenem eifert er in allen unwesentlichen Elementen des Arrangements nach, ohne ihn in der Fixierung der szenischen Hauptmomente zu erreichen – diesen sucht er im Tempo zu übertreffen oder durch öd gewordene Treppenwitze aus dem Felde zu schlagen. Die Schloßbesucher stürmen aus dem Orchesterraum hervor; sie stürzen über Stiegen in die Tiefe hinunter, alles so furios, daß mitunter einer auf die Nase purzelt. Eidschwüre werden so fabelhaft hastig abgelegt, daß selbst der Kurbeldreher nicht nachkäme. Nicht unwichtige Gestalten wie Staatskanzler Haugwitz und Kabinettchef Lombard ermatten, weil sie von Ironie umschwebt sind, zu Kabarettfiguren. Das Königtum ist, weil es Gegenspiel, wie säuerliche Limonade zum Champagner kontrastiert. Feldmarschall Braunschweig trägt – so saftig auch Diegelmann sein mag – in dem seriösen Moment zu dick auf, während sein Partner Hohenlohe säuselt. Wie schwer mag das einem explosiven Darsteller wie Dieterle geworden sein. Sehr vergriffen leider auch die Pauline Wiesel der Helene Thimig. Das einzig mögliche wäre, diese für Geschmacksmomente und ethischen Zusammenhang des Werkes sehr gefährliche Figur nur soubrettenhaft zu spielen. Frau Thimig gab eine eckige Ophelia.

Einiges und nicht das Nebensächliche an Gestaltung stieg über Darmstadt weit hinaus. Schon Paul Hartmann hatte für den Louis Ferdinand mitreißenden Schwung und erheblich disziplinierte Energie. Voll innerer Schönheit war die Luise der Lina Lossen. Um sie floß Würde und Weihe. Und nun als Kriegsrat Wiesel Herr Werner Krauß. Das war wieder einmal, wie es bei einem Künstler seines Grades sein soll. Das war Königmachertum mit doppeltem Boden, mit Hintergründen, mit verschwörendem Fanatikerblick, mit geistiger Sternenperipherie. Man dachte sich: auch die Begeisterung hat ihren Höllensendling.

Es gibt eine Stelle, wo Exzellenz Wiesel Louis Ferdinand Vorwürfe machte, daß er sein auf der Schloßterrasse stehendes Schachspiel durch Wegnahme des Turmes durcheinanderbringe. Sie war gestrichen, – aber das Schachbrett stand. Und wißt ihr wo? Ganz vorn auf dem Souffleurkasten, mitten ins Publikum hinein.

Ernst Barlach Die echten Sedemunds

Uraufführung: Kammerspiele Hamburg, 23. März 1921, Regie Erich Ziegel

Staatliches Schauspielhaus Berlin, 1. April 1921, Regie Leopold Jeßner

Der Bildhauer Ernst Barlach (geb. 1870) hatte zwischen 1912 und 1920 drei Dramen geschrieben, deren Darstellung eine der schwierigsten Aufgaben für die damalige Bühne wurde. Als eines der frühesten expressionistischen Stücke war 1912 der mythisch-archaische ›Tote Tag‹ entstanden, 1918 ›Der arme Vetter‹ und 1920 ›Die echten Sedemunds‹. Als Barlach als Dramatiker auf der Bühne erschien, war er fünfzig Jahre alt. Mit seinen Plastiken war er längst bekannt und berühmt; seine Dramen, deren Figuren seinen Plastiken in ihrer Verschlossenheit ähneln, stießen jedoch von Anfang an auf Schwierigkeiten des Verständnisses. Als erster hatte sich Erich Ziegel an den Hamburger Kammerspielen an eine Aufführung gewagt. Im März 1919 hatte er den ›Armen Vetter‹ uraufgeführt, am 22. November 1919 war das Schauspielhaus Leipzig mit dem ›Toten Tag‹ gefolgt (s. unter 1923). Ziegel, später Kehm in Stuttgart, zuletzt das Schauspiel in Gera wurden die Bühnen für die Uraufführungen Barlachs. In Berlin wurde das Staatstheater zur wichtigsten Barlachbühne. Jeßners Inszenierung der ›Echten Sedemunds‹ war der erste Versuch, Barlach in Berlin durchzusetzen. Jeßner hatte mit Barlach in Güstrow das Stück besprochen und ging in der Entwicklung der Figuren von Barlachs Plastiken aus. Auf der Stufenbühne (sie entsprach der der ›Tell‹-Inszenierung) inszenierte er einen visionären Spuk. »Anlaß zu diesem ins Gigantische, Michelangeleske gehenden Drama gab die Rachsucht, der Neid, das Leben und Treiben in einem kleinen Städtchen ... Das ist der Barlach treibende Gedanke« (Jeßner). – Barlach wollte jedoch – er sagte es nach der Premiere zu Jeßner – eine realistische Inszenierung. Der starke äußere Erfolg der Inszenierung konnte nicht darüber hinwegtäuschen, daß Jeßner die Barlach-Welt fremd war. Die folgenden Barlach-Inszenierungen am Staatstheater, ›Der arme Vetter‹, ›Die Sündflut‹ und ›Der blaue Boll‹, übernahm Jürgen Fehling (s. 1923, 1925, 1930). – Die Schwierigkeit, Barlach zu verstehen, die zum Problem aller Barlach-Inszenierungen wurde, zeigt sich in den Kritiken, die oft nur offene oder versteckte Kapitulationen sind. Im ›Lokal-Anzeiger‹ schrieb Ludwig Sternaux: »Die echten Sedemunds? Warum? Ich weiß es nicht« (2. 4. 1921).

Kammerspiele Hamburg
Carl Anton Piper, Hamburger Nachrichten 25. 3. 1921

Mich überläuft's! Träum' ich oder wach' ich? Sind diese Gesichter, die auf mich eindrängen, Wesen von Fleisch und Blut oder Larven, Fratzen, herausgeboren aus Alpdruck und Fieberschauer? Horch! In der Ferne klagt eine Glocke. Ist sie geborsten, daß sie so unreinen Ton gibt? Nein, nein, es ist ja die ordinäre Klingel des Ausrufers, die die bunte Menge zum Königsschuß auf dem Schützenhaus einlädt. Aber halt, dort schwankt der Leichenwagen durch die Straße! – Wahn, nichts als Wahn! Ein Reklametrick vom Volksfest, und auf den schwarzen Vorhängen schreien Riesenbuchstaben: »Rupfe den Tag, der Nutzen regiert die Welt!« Lachen die Menschen eigentlich rings umher oder weinen sie? Was will ihre gutbürgerliche Kleidung besagen? Ist es Trauerkleid, ist es Festgewand? Aber still, jetzt klingt der Choral; Irrtum: es ist der Gassenhauer eines Leiermanns, dazwischen knallen die ersten Schüsse vom Festplatz, und jetzt, wahrhaftig, jetzt wieder der Choral! Rings bunte Buden und schreiende Bilder; zwischen der flüchtigen Zeltstadt irrt ein Sarg, der den Weg zur dauernden Wohnstatt verloren hat. Was verschlägt's? Vor dem letzten Abschied schnell noch einen Schluck hinter die Binde; Gram und

Rausch, sie beide haben einen schwankenden Gang. Leben und Tod, Leid und Lust: alles einerlei! Der Gestank der Menagerie mischt sich mit dem Geruch der Verwesung vom nahen Kirchhof... die Kreuze sind wie betrunken... Fast hätte man auch dem Cruzifixus in der Kapelle eine Narrenkappe aufgesetzt. Von der nahen Irrenanstalt aber schallt ein wirres Lachen, und horch, jetzt ein Gestöhn', ein Geäch', ein Gebrüll, langsam ersterbend. Tiefe Stille! Alles erbleicht. Der Löwe, wo ist der Löwe? Sein Platz ist leer; er ist nicht mehr hinter den eisernen Stäben, und plötzlich ist er da und da, und überall! Die wilde Jagd beginnt, die Jagd, die zugleich eine Flucht ist, Flucht vor dem Löwen, Flucht vor sich selbst.

Aus der Menge aber taucht das zufrieden lächelnde Gesicht des einzigen Weltweisen in dieser Narrenwelt auf; er ist – wie könnte es auch anders sein? – aus der nahen Irrenanstalt entwichen, und auf dem schwanken Seil zwischen Wahn und Wahrheit führt er, ein Löwenbändiger und Rattenfänger zugleich, die ewigen Kinder und Sünder zur Pforte der Erkenntnis.

> »Und sollt's gescheh'n, daß aus der ew'gen Bahn
> Einmal die alte Erde könnt' entgleisen,
> So würd' ein Narr in seinem dunklen Wahn
> Sie wieder auf den rechten Weg verweisen.«

Also hussa, Löwe, pack an! Mit dem Wüsten-Cäsar (sprich: Schesar) steht unser närrischer Weiser nämlich auf bestem Fuß. Er kennt ihn ganz genau, er weiß, daß er am selbigen Tage schon still und friedlich verreckt ist. Von seiner ganzen Majestät ist nichts übriggeblieben als die Haut, und in der Mähne nisten auch die schon Motten. Aber er weiß auch, daß der wahre Löwe gar nicht sterben kann, daß er immer *in uns* steckt, aus dem ganz einfachen Grunde, weil wir gegebenenfalls *in ihm* stecken könnten. Und so schwingt er die leere Löwenhaut, und Heulen und Zähneklappern erfaßt die Kreatur.

Soweit ist dem Dichter und Bildner Ernst Barlach, der einsam in Güstrow im Mecklemburgischen sich mit Gestalten und Gesichten herumschlägt, sein satanischer Spaß trefflich gelungen. Das Narrenfest der Menschheit, mit glänzender Beobachtungsgabe hineingestellt in den Rahmen einer norddeutschen Kleinstadt – sogar das Hotel zum Erbgroßherzog am Markt hat nunmehr auch seinen Platz in der Literatur –, und wie im ›Armen Vetter‹ die tote Puppe unterm Bodengerümpel die Mittlerrolle übernimmt zwischen dem Diesseits und dem Jenseits beim letzten Aufflackern des Lebenslichts, so ist hier in der Demaskierungskomödie die leere Löwenlarve das Symbol des Gewissens. Hier hat sich ein ganz Einsamer den Menschenhaß, die herzliche Verachtung für das Gewimmel um ihn her von der Seele geschrieben, er, der in der Welt der Formen sich zu weiser Beschränkung, zu monumentaler Ruhe zwingt, läßt dem Teufel in seiner Natur einmal freien Lauf, und klirrend geht die ganze Welt in Scherben.

Aber Zerschlagen ist leichter als Zusammenkitten. Will uns der Dichter nicht bloß mit einem gellenden Hohngelächter entlassen, so müssen wir uns auf der Höllenfahrt doch nicht mit der Masse allein abgeben; es gilt beim Schein dieses flackernden Fegefeuers auch dem Einzelnen ins Gesicht und ins Herz zu leuchten. Ans Kreuz schlägt er jeden – sogar mit allzu bildhafter Symbolik – aber während auf Golgatha sogar noch unter den beiden Schächern *ein* Gerechter ist, besteht auf diesem Scherbenberg überhaupt kein Unterschied. Alle sind allzumal Sünder, und in diesem Wirrwarr, in diesem Irrgarten des Bösen verliert auch der gläubigste Zuschauer schließlich den Weg. Den Wahn der Masse fühlt er, aber was ist ihm schließlich der häusliche Zwist zwischen dem alten Sedemund und seiner verstorbenen Frau. Bedeutet der Unterschied zwischen der Profitgier und Utilitätspolitik des Onkels Waldemar und dem ›Adamismus‹ des jungen Sedemund für ihn mehr als eine Kuriosität? Was sagt ihm die lahme Sabine, die Hexe und Engelein zugleich sein sollte und nichts weiter als ein Schemen, ein Schatten ist? Gierhahn und Ehrbahn vollends sind putzige Episodenfiguren, sie stehen gut in der Masse, aber wenn dem einen, der sein eigenes Kind verschachert, schließlich die eigene Mutter – die nota bene in dem Stück gar nicht vorkommt – eine Moralpredigt aus dem Grabe heraus hält –, so heißt das mit dicken Kanonen – »dicke Kanonen sind zeitgemäß in dieser mäßigen Zeit« – nicht nach lebendigen Spatzen, sondern nach toten Löwen schießen. Das Drum und Dran wächst über die Menschen hinaus, und zum Schlusse bleibt nur die Sensation der Situation! Der Friedhof ist der Rendezvousplatz der modernsten Dichter. Armer Hamlet! Deine Nachfolge hat der literarische Anscharverein in General-Entreprise angetreten. Das aber macht dies Stück so verhängnisvoll für das Theater sowohl wie für das Publikum. Das Feine und Tiefe verklingt in dem Tohuwabohu der Bühne, und die Rotte Korah, die sich jetzt in die Theater drängt – ich meine in diesem Falle die literarische –, sie schlürft das Mißverstanden-Morbide, das Leichenparfüm mit gierigen Nüstern und bewegt die Beine heimlich schon im Rhythmus des neuesten Schiebetanzes, wenn zum Schlusse das Paar über die Gräber dahinwirbelt. Darum fort mit diesen Stücken von der Bühne; sie sind zu fein dafür, eben weil sie, das mag paradox klingen – die Dinge zu grob sagen. Wenn die Theaterdirektoren schon ihr »Kafferngewissen« nicht beißt, wenn sie den Schnitzlerschen ›Reigen‹ aufführen, so sollten sie doch den »Affenlöwen« in sich bemeistern, wenn es sich um einen Mann wie Ernst Barlach handelt.

Die Inszenierung unter der Leitung von Erich Ziegel stellt das Stück in einen stark expressionistisch gehaltenen Rahmen. Mit gutem Gelingen. Einige Szenenbilder, namentlich die Zeltstadt, mit dem gemalten Löwen im Vordergrunde, wirken ausgezeichnet. Der Kirchhof mit dem ins Architektonische gesteigerten Totenkopf erscheint dagegen zu aufdringlich und fällt aus der ganzen künstlerischen Haltung des Stücks heraus. Die Massenregie ist gut. Über die schauspielerischen Leistungen im einzelnen läßt sich dagegen nur wenig sagen: Unindividuelles kann man eben kaum individuell gestalten. Herr Ziegel spielt den närrischen Weisen mit guter Charakteristik und seiner bekannten sicheren, aber etwas sprunghaften Geste. Die beiden Frauenrollen (Mirjam Horwitz und Anni Mewes) bleiben völlig im Unklaren. Auch von dem alten Sedemund des Herrn Benekendorff wüßte ich kaum zu berichten, ob er ein echter Sedemund ist oder nicht; er steht mir nur noch als Erscheinung, nicht als Erlebnis im Gedächtnis. Eindringlicher sind die Gestalten des Onkel Waldemar (Nicol Albrecht) und des Orgelspielers (Hans Herrmann), namentlich der letztere beherrschte zuzeiten die Szene völlig und nicht nur durch sein Instrument. Wir schließen mit der Zweifelsfrage, die schon der Dichter aufwirft: »Was hat's denn nun mit der Echtheit auf sich?« Die echten Sedemunds sind ohne Zweifel die schlechten Sedemunds, aber ein echter Barlach sollte ein echter Barlach sein.

Staatliches Schauspielhaus Berlin
Herbert Ihering, Der Tag, Berlin, 3. 4. 1921

Ernst Barlachs Drama entflieht, wenn man es geistig betrachtet. Es bannt, wenn man es figural sieht.
Sein geistiger Wille heißt: das Gewissen zu wecken und brüllend umgehen zu lassen. Es verschlingt die echten Sedemunds. Das sind nicht nur Vater und Sohn und Onkel, das ist eine Familie, das sind alle, die in Laster verstrickt, in Konvention erstarrt, von Gier gepeitscht, von Unglauben umdunkelt bleiben. Das sind Schneider und Leichenkutscher, Polizisten und Schaubudenbesitzer, banale Schützen und verschrobene Narren, die der panische Schrecken aus sich herausjagt. Die echten Sedemunds – das ist eine satte, verfaulte, geschwollene Zeit, gegen die Grude, ein Gregers Werle wie von Strindberg, ein Hamlet wie von Wedekind, den Löwen der Selbstqual losläßt. Der Löwe des Schaubudenbesitzers ist krepiert. Daß er ausgebrochen sei, braucht nur unter die Menge geworfen zu werden, um sie auf der Flucht vor sich selbst durch Hölle, Selbstbezichtigung und Buße zu peitschen. Wenn Barlach diese Vision gedanklich formuliert, wird er banal. [...] Daß Grude die neue Zeit heraufführt, eine Zeit, die nicht kleingläubig und flach bleibt, eine Zeit nicht der echten Sedemunds, sondern der echten Grudes – das wird schwächlich gesagt. Wenn Barlach deutet und erklärt, wenn er zusammenfaßt und Fazit zieht, stockt das innere Leben, bricht sich der Strom, verwirrt sich der Kreislauf des Dramas.
Das innere Leben dieser Szenen gestaltet sich nicht im Geistig-Gelösten, sondern im Sinnlich-Befangenen der Sprache. Nicht daß das Drama dunkel ist, hemmt seine Wirkung, sondern daß seine Helle und sein Dunkel entgegengesetzten Ursprung haben. Daß sein Dunkel die Atmosphäre ist, die die Gestalten umschließt. Daß seine Helle die Zeitphraseologie bleibt, die sie nicht durchdringt. Barlach ist Bildhauer, ist Holzschnitzer. Seine Sprache ist nicht das Urelement, aus dem sich das Drama gestaltet. Seine Sprache ist ein Zweites, das zu etwas schon aus anderem Material Geformten hinzukommt. Barlachs Figuren waren da, bevor die Worte über sie kamen. Sie hockten und brüteten, stumpfe, schwere, breite Holzfiguren, unerlöst, aber mit Erlebnis angefüllt, daß ihre Konturen fast platzten. Diese Geladenheit mit Schicksal, dieses Bersten von Träumen fühlte der Bildhauer und gab seinen modellierten Geschöpfen Worte. Er wollte den Druck von ihnen nehmen und lagerte einen neuen Druck über sie hin.
Man muß vor Barlachs Dramen – vor dem ›Armen Vetter‹ wie vor den ›Echten Sedemunds‹ – empfinden, daß sie den umgekehrten Weg gegangen sind als andere Dichtungen: nicht von der Sprache zur Plastik, sondern von der Plastik zur Sprache, um für ihr Verborgenstes aufgeschlossen zu werden. Für jene wirre, schwerfällige und wieder schnörkelige Zeichensetzung der Worte, die bald sinnlich, bald naturalistisch, bald in halben Andeutungen, bald in starren Wiederholungen weniger von Mensch zu Mensch gehen als zwischen ihnen steckenbleiben. Das ist das Gespenstertum der ›Echten Sedemunds‹, daß zwischen den Körpern der Figuren wieder Körper von Worten hocken. Daß die Sätze, die die Figuren erlösen sollten, selbst unerlöst bleiben.
Für dieses Drama sind literarische Wertungen falsch. Man darf es nicht stillos nennen, obwohl bald Dialekt gesprochen, bald pathetisch deklamiert wird. Man darf es nicht unbewegt nennen, obwohl die Gestalten ihre Atmosphäre

nicht durchstoßen können. Man darf es nicht unklar nennen, obwohl seine Sprache nicht fest wird. Denn die Primitivität der Verständigung, das Stocken der Bewegung, das Eingetauchtsein in Dunkel ist der phantastisch-wolkige Reiz des Stückes. Ob ›Die echten Sedemunds‹ von einem Dichter geschrieben sind, weiß ich nicht. Daß sie von einem Künstler geschrieben sind, ist sicher. Aus gestoßenen Worten und gehemmten Gebärden, aus vergrabenen Blicken und gepreßten Schreien, aus verkrochenen Ängsten und skurrilem Humor bäumt sich ein Drang zur Erlösung, ein Drang zum Kreuz und zur Befreiung vom Kreuz, ein Drang zur Weltqual und zur Überwindung der Qual, der bannt und bezwingt.
Leopold Jeßner ging als Regisseur den umgekehrten Weg wie Barlach: er wollte vom Wort zur Plastik. So wesentlich und notwendig das ist, es stellte im Anfang falsch ein. Schärfe und Prägnanz, sonst Forderung und Gesetz, können Barlachs Sätze nicht ertragen. Wedekindsche Sachlichkeit entlarvt ihre Ungeistigkeit. Den Anfang denke ich mir stockender, lastender, mühseliger. Es fehlte die Distanz zwischen den Figuren, es fehlte die Ferne, die Heimlichkeit. Aber je weiter der Abend fortschritt, je spukhafter die Figuren zu einem Gespensterreigen antraten, desto gelöster und phantasievoller wurde die Inszenierung. Um so bezwingender, als sie ohne Mittel der Chargierung und stilistischen Verzerrung auskam und aus Licht und Schatten, aus Weiß und Schwarz nur eine Phantastik der Linien, der Bewegungen, der Tonfälle gab. Um so zukunftsreicher, als diese Inszenierung durch ihre blutvolle Kraft alle Einwände, die gegen das neue Theater als gegen eine Erstarrung des Theaters gerichtet werden, niederschlug.
Zwei Rollen, der junge Sedemund und Grude, wurden von guten Schauspielern schwach gespielt. Lothar Müthel hat sich zwischen dem Liebhaber und Charakterspieler immer noch nicht gefunden. Er wechselt zwischen Glätte und Schärfe. Rudolf Forster hat wieder den Elan des Einsatzes. Aber die Energie des Moments wird nicht fruchtbar für die Spannung der Variation. – Die Barlach-Figuren, die schwerfälligen oder humoristischen Narren ihres Schicksals, wurden sicher umrissen und in Bewegung umgesetzt, soweit sie von Ernst Legal, Martin Wolfgang, Julius Brandt und Fritz Hirsch gegeben wurden. Sie wurden vergröbert oder verblasen, soweit sie Herr Heinz, Herr Mannstädt und Herr Florath spielten.
Zusammengesetzt wurde das Drama von Fritz Kortner als altem Sedemund. Hier rang sich aus Stocken und Schwerfälligkeit der Ton des Stückes los. Hier wurde das Figurale und Geistige des Dramas organisch ineinandergeschlossen.

Fritz Engel, Berliner Tageblatt 2. 4. 1921

Eine Ideendichtung? [...] Eine bürgerliche Dichtung mit Konflikt von Mensch zu Mensch? Eine Travestie irdischer Unzulänglichkeit, Gemeinheit und Angst? Ansätze sind da. [...]
Es ist eine Zusammenwirbelung, eine Trombe, die in schmerzende Augen sticht. [...] Es sind Gesichte ohne Verdichtung. Es sind Ahnungen, die trunken taumeln und nicht auf die Füße kommen. Es sind echte, aber lallende Leidenschaften. Ernst Barlach, als Bildhauer hochgeschätzt, [...] findet in der weiten Fülle der Möglichkeiten, die sich einem Schreibenden zum Ausdruck

darbieten, nicht zurecht und zerrt uns hinter sich her ins Labyrinth. Wir fühlen wohl, daß er fühlt. Funken seiner inneren Erregtheit sprühen uns an. Wir haben Ohr für seinen abgründigen Pessimismus und für seine Güte: wenn er den Leuten zurufen läßt, sie möchten mehr ans Gebeglück als ans Habeglück glauben lernen. Wir erfahren seine malerische Phantasie: wenn eine Mutter werdende Frau zum Gekreuzigten aufblickt. Er hat eine künstlerische Seele, eine poetische Seele. Aber ein schaffender Poet ist er nicht.
[...] Es ist ein Totentanz der Lebenden. Sie tauchen auf, sie tauchen unter, ein Leierkasten grölt Musike dazu. Überall wölkt der Sterbegedanke über diesen Atmenden. [...]
Am Grabe der Frau spitzt sich der Vater-Sohn-Konflikt, der nun einmal dazugehört, in heftigen Aussprachen zu. Der Vater erkennt sich selbst in seiner Gräßlichkeit. Aber ist er allein schuldig? Ist irgendeiner aus der bürgerlichen Gesellschaft, die sich da mit ihm aus Angst vor dem Löwen in die Christuskapelle geflüchtet hat, um ein Haar besser? Der Selbstbezichtiger streut grimmige Anklagen aus. Er formiert den Zug dieser zur Hölle Vorbestimmten. Das ist die eine wuchtende, in Herz und Hirn dringende Szene. Nur um ihretwillen ist das andere zu ertragen. Der Sohn aber geht freiwillig ins Irrenhaus. Ihm graut davor, ein echter Sedemund zu sein. Es stinkt zum Himmel von Sedemunds wie ein Haufen Unrat. Das ist beinahe der Schluß. Ein gallenbitterer Seufzer. Aber ein Hoffnungsruf folgt hinterdrein. Auf Grüften tanzt die Zukunft, die Erwartung eines besseres Geschlechts. Es wird aus den Lenden der Irrsinnig-Klugen entstehen. Ähnlich sagen es alle unsere Jungen in ihrer harten Verzweiflung über die zerborstene Gegenwart. Und mögen ihre Dichtungen nicht standhalten: diese Schmerzenshoffnung wird einer kommenden Zeit einmal Nachricht von uns geben.
Jeßners Regiearbeit zeigt wieder zwingende Kraft im ganzen, überlegende Feinheit im einzelnen. Zu klären vermag auch er den Nebel nicht. Aber er erhält und verstärkt die besondere, mehr aufs Keuchen als aufs Sprechen gestellte Redeweise dieses auch dichtenden Bildhauers. Er gibt Überreiztheit und ein von Gestalt zu Gestalt springendes Flugfeuer. Wir sind hypnotisch betäubt und in einem seltsamen scheinwirklichen Traum. Wenn überhaupt, kann Barlachs Stück nur in diesem düsteren Bacchantismus gebracht werden.
Kortner gibt den alten Sedemund; quälfroh, gequält, den Knirchsen, ein Stöhnen, ein Geducktsein, ein kralliges Zufassen, halb Tier, halb Totenrichter: prachtvoll. Sehr viel Gutes neben ihm die fast stumme Brunst Annemarie Seidels: sie spielt das gelähmte Mädchen, das in gerader Linie von Dostojewski stammt. [...] Legal als Wachtmeister. Ein sprechender Bleisoldat. Er zeigt vorbildlich, daß diese Schauspielkunst typisieren und nicht mehr individualisieren will.

Siegfried Jacobsohn, Die Weltbühne, Berlin, 1921

[...] Hier herrscht ein Kampf zwischen den Geschlechtern, darin die Erotik nicht die Hauptrolle spielt. Dieser Dichter hat von Strindberg die Lebensangst eines Edelmenschen, nicht die Rachsucht des Männchens.
Seine Geisterschlacht könnte in den Lüften stattfinden; gleich jener über den Katalaunischen Gefilden. Sie findet in Güstrow statt; und eine rechtschaffene

Sorte von Gespenstern flüstert nicht aus den Wolken herab, sondern aus der mecklenburgischen Erde herauf, also durch sie hindurch. Wenn das hier Expressionismus ist, so ist es der seltene Fall eines landschaftlich bestimmten Expressionismus, ein schwächeres Gegenstück zur ›Wupper‹ der Else Lasker-Schüler, versetzt mit einem Schuß Gustav Wied. [...]
[...] Barlach läßt die echten Sedemunds, die mehr als sich selbst bedeuten, die nämlich Repräsentanten und Symbole dumpfer Selbstgenügsamkeit, verknöcherten Geizes, krähwinkliger Verlogenheit, kurz: des satten und dennoch unersättlichen Spießertums sind, erbarmungslos abstinken [...]. In den sieben Bildern ist niemand, mit dem als Einzelperson man Mitleid zu haben hätte. Das Mitleid sammelt sich auf den Dichter, weil der – zur Selbstgeißelung und Selbstbefreiung – gezwungen war, einen Haufen Personen mit den Wesenszügen zu versehen, die er in sich und seinen Mitmenschen verabscheut und mit der Wurzel ausroden möchte.
Entsteht auf diese Art eine dramatische Wirkung? Ohne Zweifel im sechsten Bild. Da ist die Situation reif geworden, reif zur Entladung. Der alte Sedemund rechnet ab. Er treibt unterm Kruzifix Himmelslästerung und vereinigt, als guter Höllenbruder, sein Gefolge zu einer Höllenfahrt wie von Grabbe. Um dieses Bild herum kommen die Eindrücke selten von selbst. Man muß sich ihnen weit und freudig entgegenbringen. Man muß sich in das Gestammel eines Künstlers hineinhören, der nicht seine Muttersprache spricht. Man muß zufrieden sein, daß es immerhin Holzfiguren eines Ernst Barlach sind, die sich da auf fremdem Terrain bewegen und es auch dann nicht beherrschen, wenn sie Geschwindmarsch machen. Eben das, eben diese Ungeschicklichkeit, diese Verhaltenheit, diese knappe Steifheit, ist bei einiger Bereitwilligkeit des Zuschauers allerdings ein Wert. Aber darf man das Publikum von gestern, das Publikum des Naturalismus, das keinen andern Maßstab als die Lebensähnlichkeit hat, und das Publikum von heute, das überhaupt noch keinen Maßstab hat, weil dem neuen Drama bis jetzt der Erfüller fehlt – darf man dieses Publikum ob seiner Unzugänglichkeit schmähen? Höchstens ob seiner Unerzogenheit. Solche Zisch- und Pfeifkonzerte sollte ein dreifacher Respekt verbieten: der Respekt vor dem seltsam großen Plastiker, vor dem Experimentiermut des Staatstheaters und vor der Aufführung.

Die echten Sedemunds hausen so animalisch wie möglich in Güstrow; die ›Echten Sedemunds‹ hocken brütend in einer unheimlichen Traumwelt, aus der sie emporgeschleudert werden und werden müssen, weil ihr Schöpfer ja sonst mit der ruhenden Holzplastik ausgekommen und keinesfalls der bewegten Kunstform des Dramas bedürftig gewesen wäre. Für den Regisseur gab es da drei Möglichkeiten. Er konnte erstens an Mecklenburg sein Genüge haben [...]. Kurz: naturalistische Heimatkunst; Rückkehr zu Halbe; aber unbegrenztes Vertrauen zu der Symbolik [...]. Der Regisseur konnte zweitens annehmen, daß sein Barlach ziemlich weit in die Wolken gelangt sei, jedenfalls bis in die Regionen, wo neue und besondere, willkürlich expressionistisch genannte Gesetze zu gelten beginnen. Er konnte drittens bewußt [...] von würziger Obotritenscholle in die Unterwelt dringen und im Zweibeiner auch das Tier und den Gott zu zeigen versuchen.
Die erste Möglichkeit hat Jeßner vermutlich kaum mit sich erwogen. Warum eigentlich nicht? Wär' das Verrat an heiligen Prinzipien? Er scheint so sehr

saftiger Theatermensch, daß ich ihn gerne einmal unbedenklich ins volle Menschenleben hineingreifen sähe. Die dritte Möglichkeit zu verwirklichen, war am dichtungsgemäßesten, am reizvollsten und – am schwersten. So blieb die zweite. Sie wurde in sich untadelig ausgeführt. Aber weil's nicht die richtige – oder zum mindesten nicht die richtigste – war, verarmte das Drama dabei. Sinnfälligen Kontrasten brachen die Spitzen ab. In einer spirituellen Luft gefroren die Körper zu Linien. Was sich mit niederdeutscher Gemächlichkeit vorwärtsbewegen sollte und wollte, ward angetrieben. Statt daß sich im kleinsten Raume die größte Kraft sammelte, floß sie über die schrankenlos ausgenutzte Riesenbühne. Die Skala des Regenbogens wich den preußischen Farben und die lustigste Dialektspielerei einer hochdeutschen Monotonie. So erlag das Mark des Werkes der Auszehrung, und sein Astralleib, der fahle Schein über seinem Haupte, seine Gespenstigkeit gedieh. Die Schauspieler standen folgsam im Dienst dieser Auffassung. Eine eigenwillige Persönlichkeit hatten nicht annähernd alle zu unterdrücken. Zwei werden haften: Legal als Polizei-Automat von bizarrer Exaktheit; und Kortner, der echteste Sedemund, geschüttelt von Lüsten und gierig nach der Entsühnung, mit einem Gesicht wie von dem Bildhauer Barlach und heisern Löwentönen wie von dem Dichter.

Sophokles   Antigone
Volksbühne am Bülowplatz Berlin, 9. April 1921, Regie Jürgen Fehling

Sechsunddreißig Jahre war Jürgen Fehling alt, als er sich mit dieser Inszenierung auch als Tragödien-Regisseur auszeichnete. Es war das Jahr, in dem der Schauspieler Fehling seinen Ruf als einer der führenden Regisseure Berlins fest begründete. Fehling hatte als Schauspieler in den ersten Engagements im Berliner Neuen Schauspielhaus, im Märkischen Wandertheater, ab 1913 an der Volksbühne in Wien gespielt. 1918 ging er zurück an die Volksbühne Berlin, als Friedrich Kayßler (Nachfolger Max Reinhardts an der Volksbühne) sich dort ein neues Ensemble zusammenstellte. Fehling war (wie Heinz Hilpert, der 1919 in das Ensemble eintrat) Kayßlers Schauspielschüler gewesen. Er hatte schon früh Neigung zur Regie, die Kayßler ihm aber so lange verweigerte, bis Kayßlers Amtsführung selber durch die Ereignisse der Zeit, die andere Anforderungen an die Bühnen stellte, in eine Krise geriet. Der Vierunddreißigjährige debütierte dann im März 1919 mit einer Inszenierung von Gogols ›Heirat‹. (Hauptrolle Lucie Mannheim, die die erste große Darstellerin der kommenden Fehlingschen Inszenierungen wurde.) – Herbert Ihering, der als Dramaturg der Wiener Volksbühne Fehling aus Wien gut kannte, deutete mit seiner Vermutung, daß Fehling eher ein Lustspiel- als ein Tragödienregisseur sei, den nächsten Weg Fehlings an. Seinen Durchbruch in die Reihe der führenden Berliner Regisseure hatte Fehling mit einer Inszenierung von Shakespeares ›Komödie der Irrungen‹ 1920 erzielt. 1921 inszenierte er an Komödien: ›Kapitän Brassbounds Bekehrung‹ von Shaw (26. 2.) und Raimunds ›Der Bauer als Millionär‹ (14. 5.). Die erste Tragödie, ›Antigone‹, fiel auf durch die Unabhängigkeit von Reinhardts Vorbild, durch eine eigenwillige, starke musikalische Effekte benutzende Führung des Chores. Der

Erfolg dieser Inszenierung brachte ihm schon für den November 1921 die Regie für den ›Lear‹ ein (der freilich mißlang). – Am Ende dieses Erfolgsjahres überraschte er mit einer Inszenierung von Tiecks ›Gestiefeltem Kater‹ (30. 12.). Dazu schrieb Siegfried Jacobsohn: Fehling verbinde »auf eine ungewöhnlich reizvolle Weise Exaktheit mit Phantastik«, er sei »in der Komödie – in der Komödie! – aller Tugenden Max Reinhardts teilhaftig«, übertreffe ihn »aber an Bildung und Fingerspitzenkultur«. Auf Fehlings Regiearbeit anspielend, schloß er: »Es wäre keineswegs unzeitgemäß, wenn die Volksbühne von entscheidender Bedeutung für die Entwicklung unserer stockenden Theaterkunst würde« (›Weltbühne‹ 1922 I, S. 46).

Herbert Ihering, Berliner Börsen-Courier 10. 4. 1921

›Antigone‹ ist in ihrer erschütternden Menschlichkeit ein Ruf in die Zeit, in ihrer dramatischen Form eine Forderung an den Erneuerungswillen des Theaters. Die Erhabenheit der Gefühlswelt ist gestaltet durch einen dramatischen Aufbau, der durch seine architektonische Gliederung und Konsequenz wieder seelisches Klangbild geworden ist. Wie für das Menschheitsevangelium der Liebe kaum eine Zeit so weit geöffnet gewesen ist als diese, so sind auch die Ausdrucksmittel der Szene wieder für dieses Drama bereitet. ›Antigone‹ möchte ich wie von Jeßner inszeniert sehen: alle Personen zueinander und gegeneinander in Beziehung gesetzt und alle zusammengefaßt zu einem Kampf gegen das über ihnen lastende Schicksal. Alle Personen wie auf Tonstufen über sich hinaussteigend und alle eingeordnet in ein rhythmisches Gesamtbild. Alle Personen sich hymnisch ausschwingend und alle gebunden in strenge Gesetzmäßigkeit.

Daß Jürgen Fehling ein Regisseur ist, der ebenso von der Dichtung wie vom Schauspieler ausgeht, sah man auch hier. Drama und Darsteller waren aneinander ausgeglichen. Es war eine ungewöhnliche Leistung, wie schwache Schauspieler allein dadurch belebt waren, daß sie sich – im Gegensatz zu früheren Aufführungen der Volksbühne – in ihrer Beziehung zum Partner, in ihrer Beziehung zur Totalität der Dichtung auskannten, daß sie aufeinander reagierten und an sinngemäßen, raumentsprechenden Stellungen Stützpunkte und Steigerungsmöglichkeiten fanden. Aber ich glaube, daß Fehling mehr ein Lustspiel- als ein Tragödienregisseur ist, und daß er, wenn er sich zum Drama in Beziehung setzt, von der Psychologie ausgeht. In der ›Antigone‹ gab er oft Bühnenmusik statt seelischen Klang. Oder besser: er hätte zu der Bühnenmusik erst das Recht gehabt, wenn die handelnden Personen und die Chöre sich rhythmisch gesteigert hätten. Sie retardierten aber psychologisch, die Bühnenmusik (von Heinz Tiessen) war deshalb verurteilt: entweder melodramatische Untermalung oder effektvolle Verstärkung zu sein. Wenn ein Chor durch aufpeitschende Revolutionsmusik außerordentlich rhythmisiert und jäh hinaufgetrieben wurde, was wesentlich war, so wurde der Abschied der Antigone sentimental umklungen.

Oder lag es an den Schauspielern? Es war Fehling gelungen, Mary Dietrich von mancher zittrigen Manieriertheit zu befreien – was ein Erfolg ist. Durch die Zurückhaltung aber wurde sie so stumpf, daß nichts Seelisches aus ihr mehr herausschlug. Es war schmerzhaft, wie sie scheinbar ohne Tonfallgehör auf

Chor und Partner einsetzte. Sie nahm nicht den Ton der Umgebung auf, und diese widersprach dem Ton der Antigone.

Herr Stahl-Nachbaur als Kreon war gut in der Ruhe. Als er zum erstenmal Antigone begegnete, hatte er den Ausdruck der Szene. In den Momenten der Bewegung übernahm er sich. Er drückte den Ton, statt ihn aus sich herauszulassen. Er berserkerte und verstellte sich statt zu charakterisieren. Herr Stahl-Nachbaur ist weder ein Schauspieler für Verse, noch für die große Tragödie. Es ist ein Schauspieler für gedämpfte bürgerliche Rollen. So spann auch er nicht einen Satz aus dem andern. So steigerte er nicht und baute nicht auf, sondern widerrief durch den zweiten Vers jedesmal den vorhergehenden. Dieser Kreon hatte keinen Klang und gab am Schluß statt der erschütternden Lyrik einer lösenden, befreienden Totenklage engen, prosaischen Ibsen. Gerade die letzten Strophen des Kreon mußten mit dem Chor zu einer Tonkuppel zusammenklingen, die als Gewölbe über dem ganzen Drama schwingt. Vielleicht fehlt Fehling hierfür die zusammenfassende Kraft. Bestimmt aber hat Stahl-Nachbaur für diese Steigerung, die nicht in der Stärke, sondern in der seelischen Leuchtkraft des Tons liegt, weder die Sprachtechnik noch das produktive Gestaltungsmaß.

Daß die Aufführung bis in jeden Winkel durchgearbeitet war, ist das Verdienst der Regie. *Wie* sie durchgearbeitet war, führte zu schwankenden Eindrücken. Sie war untertrieben, wenn die Schauspieler diskret spielten, wie Lucie Mannheim als Ismene und Eduard Rothauser als Teiresias. Sie war grell, wenn gegen die (falsche) Diskretion musikalische Verstärkungen gesetzt wurden wie eben in der Teiresias-Szene. Sie war im Chorischen diszipliniert, aber ohne Mut zum ausschwingenden Klang, so daß der Chor oft durch die Musik nicht intensiver gemacht, sondern zur Überstürzung verleitet wurde.

Günther Hadank als Haimon war für Momente vom Regisseur zu einer ekstatischen Innerlichkeit getrieben, die wirkte, aber den ganzen Auftritt erst dann durchgehalten hätte, wenn sie variationsfähig gewesen wäre.

Paul Fechter, Deutsche Allgemeine Zeitung, Berlin, 11. 4. 1921

[...]
Die Volksbühne errang am Sonnabend mit ›Antigone‹ einen starken Erfolg – obwohl gerade diese Dichtung der Aufführung mehr Klippen entgegenbaut als etwa der Ödipus. Die Wendung nach innen dämpft die laute Dramatik: das Schicksal, das drohend auch über diesem stillsten Werk des Sophokles schwebt, ist ins Seelische hinabgestiegen und wirkt und straft dort. Damit aber ergibt sich zwischen Chor und Dialog eine engere Beziehung als in den anderen Dramen – und das Gliederungsproblem wird noch beschwerlicher, indem der Chor nun hier zur Vermittlung zwischen den beiden Welten des Draußen und des Drinnen als halb aktive Figur berufen ist.

Der Leiter der Aufführung in der Volksbühne, Herr Jürgen Fehling, hatte diese Schwierigkeiten auch durchaus gesehen, und hatte sich redlich Mühe gegeben, zwischen Pathos und Einsicht, Lyrik und Erkenntnis einen Ausgleich zu finden. Er brachte so ziemlich alle Methoden zur Anwendung, mit denen man dem Problem der Chöre in den letzten Jahren beizukommen versucht hat: er ließ sie unisono in Masse sprechen, mit und ohne Musikbegleitung, er gliederte sie in Halbchöre, gab einzelne Strophen einzelnen Greisen, und nur auf das ganz Fugierte nach Reinhardts Vorbild verzichtete er. Er brachte mit seinen fünfzehn Männern, die er bildhaft geschickt auf ansteigenden Treppenstufen verteilte, allerhand gute Wirkungen; eine reine Lösung brachte auch er nicht. Sie wird wohl nie zu finden sein; Skeptiker meinen ja, auch die Griechen selbst hätten sie wahrscheinlich nicht ganz gefunden.

Ein bißchen von der Gleichförmigkeit, die den Vortrag der Chöre umwehte, kam wohl auf Rechnung der Übersetzung. Die Volksbühne spielte eine Übertragung von Walter Amelung. Sie wirkte glatt, flüssig, im Dialog klar und verdeutlichend; in den Chören aber allzu sehr vereinfachend. Man braucht ja den komplizierten Bau der Antike nicht sklavisch nachzuformen (obwohl auch das geht, wie man in Hölderlins Übersetzung nachlesen kann); die Umwandlung in gereimte, rhythmisch möglichst gleichlaufende Verse wirkt auf die Dauer aber erheblich ermüdend. Und nimmt dem Regisseur zugleich viele Abwandlungsmöglichkeiten im Sprechen.

Antigone war Mary Dietrich. Sie sah sehr gut aus, und gab, ihre Neigung zum Pathos bändigend, eine Leistung von schöner Geschlossenheit. Man fühlte die Arbeit mit dem Regisseur und freute sich des Erfolges. Ihr Gegenspieler Kreon, Herr Stahl-Nachbaur, hielt sich ebenfalls an die große Linie; er blieb König in Geste und Haltung auch in den Gefühlsszenen des Schlusses. Stärker auf Empfindung stellte Herr Hadank den Haimon; sehr zart wirkte Fräulein Mannheim als Ismene. Bloß daß die Schwestern unbedingt noch immer schwarz und blond sein müssen, wie auf dem schrecklichen Bild, das durch unsere Kindertage ging (hieß der Maler nicht Teschendorff?) – das finde ich wirklich nicht hübsch. Ganz geschickt brach aus dem klassischen Stil Herr Klitsch als Wächter.

Das Bühnenbild von Hans Strohbach zeigte vorne die übliche Stufenanlage, in der Mitte eine leichte Plattform; oben im Hintergrund eine braune Mauer, mit Torbogen in der Mitte als Eingang zum Palast; links daneben ein stilisierter einsamer Blütenbaum vor einem ebenen, dunkelblauvioletten Himmel. Sehr schön wirkte das Verhältnis der Menschengröße zu dem ganz hoch geöffneten Bühnenbild. Das unsichtbare Schicksal war hier lediglich durch eine stumme Raumwirkung fühlbar gemacht.

Paul Wiegler, BZ am Mittag, Berlin, 11. 4. 1921

Fehling ... drängt die Gruppen auf der Vorderbühne zusammen. [...] Nahezu dunkel ist die Szene; kaum, daß manchmal die Gesichter beleuchtet werden. In dieser Ungewißheit des Lichts stehen gegeneinander die Farben der Kostüme, deren schleppende, den Rhythmus der Arme hindernde Weite auffällt. Ein Verdienst jedoch hat diese Regie: die individuelle Behandlung der Chöre. Sie sondert nicht schulgerecht ersten und zweiten Chor, sie teilt das Wort den Sprechern zu, ohne daß der Übergang schematisch wirkt, und sie läßt, mit Hilfe einer szenischen Musik von Tiessen, die größten dieser Gesänge zu aller klanglichen Schönheit anschwellen. Nicht oft hat der Eros-Hymnus so gestrahlt und so feierlich bewegt wie mit diesen jubelnden Posaunen.

Franz Servaes, Berliner Lokal-Anzeiger 10. 4. 1921

Ein Ehrenabend für die Volksbühne! Sehr viel Sorgfalt und fein abwägendes Kunstgefühl war hier an eine edle Sache gewendet. Ein Bühnenbild von zwingender Einfachheit, nur durch einen (hier sehr angebrachten) Treppenaufbau und vor dunkler Palastmauer durch einen prangenden Blütenbaum belebt: eine malerische Schöpfung von Hans Strohbach. Auch Musik fehlte nicht und hätte, wie das Ganze angelegt war, keineswegs fehlen dürfen. In echt antiker Weise hatte Fehling den Chor zum Grund- und Eckpfeiler der ganzen Darstellung gemacht. In dessen reichen dynamische Schattierungen, die bald flüsternd, bald brausend einhergingen, bald mit dröhnenden Massenklängen, bald mit kontrastierend verteilten Einzelstimmen die Hörer packten, griff an den markanten Punkten, hinter der Szene her, Orchestermusik ein und begleitete manchmal ganze Chorrezitationen. Heinz Tiessen hat es hier verstanden, der »aus der Musik geborenen« Tragödie nun auch durch die Musik einen stärkeren Aufschwung zu geben und die idealische Sphäre, in der sie webt, durch das Ohr unserer gesamten Sinnenwelt fühlbar zu machen. Starke Posaunenklänge wirkten, zumal zu Anfang und am Schluß, wie durchdringende Schicksalsrufe, während auch die leiseren, schwellenderen Empfindungen an anderen Stellen die entsprechende Begleitung fanden.

Vielleicht zum ersten Male wurde so einer modernen Zuhörerschaft die Bedeutung des antiken Chores in sinnlicher Kunstwirkung fühlbar gemacht. Darin besteht für mich die Bedeutung dieses Abends.

August Stramm   Kräfte

Uraufführung: Kammerspiele Berlin, 12. April 1921, Regie Max Reinhardt

Der ehemalige Postinspektor August Stramm besaß einen stupenden Sinn für Sprachverkürzung und neues rhythmisches Empfinden. Er gehörte zu jenen Dichtern, die Herwarth Walden in seine ›Sturm-Gruppe‹ eingefügt hatte. Es waren Formulierer eines extremen Expressionismus, die durch Verkürzungen und Zusammenballungen von Sätzen neue Wortenergien und Bedeutungskonzentrationen gewinnen wollten. Stramm war mit seinen Gedichten schon bekannt geworden, als er 1915, neununddreißig Jahre alt, als Hauptmann an der russischen Front fiel. Er hinterließ sechs dramatische Texte, die seinen Weg vom Naturalismus (›Die Unfruchtbaren‹, ›Rudimentär‹) über eine erotisch-mystische (maeterlincksche) Phase bis in den konsequenten Expressionismus anzeigte (›Erwachen‹, ›Kräfte‹, ›Geschehen‹). In ›Kräfte‹ versuchte Stramm, die Motorik des seelischen Empfindens und Reagierens sichtbar zu machen, und schickte dazu seine Figuren gegeneinander, verkürzte ihre Dialoge auf einzelne Worte, expressiv hervorgestoßene Situationsbenennungen, die sofort Gebärden auslösen. [»Sie: (horcht, die Hände gekrampft, zur Tür:) komm! kommen! (schüttelt in Schluchzen) lieb, lieben! (kauert auf den Divan) komm! kommen! komme! (schweigt und spannt) fühlen! fühlen!«] – Die Aufführungen seiner Stücke gehören eigentlich in den experimentellen Expressionismus (andere Beispiele: Kokoschkas ›Mörder Hoffnung der Frau-

en‹, Hasenclevers ›Die Menschen‹) – aber keine der Stramm-Inszenierungen war konsequent. Die Sturm-Bühne hatte ›Sancta Susanna‹ versucht (die Geschichte von der Brunst einer Nonne), am 27. Januar 1924 wurde ›Rudimentär‹ in einer Matinee der Volksbühne Berlin eine »Stilmanscherei« (Kerr). Den größten Erfolg für Stramm errang Max Reinhardt mit der Inszenierung der ›Kräfte‹. Sie war Reinhardts letzter Beitrag zum Expressionismus; besser: sein letzter Versuch, expressive Texte durch Anwendung realistischer Stilmittel wieder zu vermenschlichen, Schall- und Bewegungsrhythmik in lebendige Darstellung zu überführen. – Reinhardt entfaltete in jenen Monaten nach der Abgabe der Theater an Felix Hollaender noch einmal eine starke Aktivität in Berlin.
Der Uraufführung der ›Kräfte‹ gingen voraus Reinhardts Inszenierung des ›Urfaust‹ mit Paul Hartmann (Faust), Ernst Deutsch (Mephisto), Helene Thimig (Gretchen) am 22. Oktober 1920, des ›Kaufmanns von Venedig‹ (12. 3. 21) mit dem vielbewunderten Shylock von Werner Krauß im Großen Schauspielhaus und Büchners ›Woyzeck‹ mit Eugen Klöpfer am Deutschen Theater (5. 4. 21). Am 19. April folgte im Großen Schauspielhaus schon der ›Sommernachtstraum‹. – Die Aufführung der ›Kräfte‹ brachte einen Triumph für Agnes Straub, die bei Reinhardt zu einer großen, elementaren Schauspielerin heranwuchs und in Berlin lange als »die erste Expressionistin« galt.

Alfred Kerr, Berliner Tageblatt 13. 4. 1921
I
›August Stramm‹ heißt ein merkwürdiges Geschick. Der Weltlauf gab ihm den Ruf eines Dichters; den Beruf eines Postbeamten; den Tod eines Kriegers; die Bitternis eines Zwangshelden.
Als ich dem ›Jungen Deutschland‹ vorwarf, daß es diesen Kerl darzustellen vergessen hat, standen vor dem Auge die echten, die eigentlichen, die besonderlichen Stramm-Dramen. Reinhardt hat ein mittleres gewählt; nicht völlig kennzeichnend für Stramm; nur ein Kompromißwerk.
Er wollte nicht zurückstehn. So hat er zwar August Stramm *gespielt* ... aber nicht August *Stramm* gespielt (möcht' man sprechen).
II
Stramm wird am verständlichsten als Lyriker: ein Peitschenlyriker. Sein Expressionismus dort heißt: Weglassen des Unwesentlichen. Er hämmert Hauptsachen ins Hirn. (Etwas blitzt, wie beim Hieb aufs geschlossene Auge.)
Nur manches in der Lyrik ist gedämmt. Anderes zergleitet ... Auch der berserkernde Derwisch soll aber die Schaffensmacht nicht verlieren.
[...] Er gestaltet nicht mehr Gestalten: sondern bloß Regungen irgendeiner Dimension. Nicht Menschen: sondern Stimmungsteile. Nicht Umrisse: sondern Hauche.
Er wird sozusagen ein Es-Dichter. Ein Sach-Poet, innengewendet. Jenseits von fast allem Sehbaren.
Kurz: Luftregungsgebilde.
III
Was begibt sich in dem vorgeführten Halbheitswerk? In der Mitte steht eine ungestillte Frau – die leidet, weil ihr Mann hinter anderen Frauen her ist. (Jetzt hinter ihrer Freundin.) Aus Wut lügt sie, sein Freund habe sie »ange-

faßt«. Duell; der Mann wird erschossen. Sie ersticht oder verstümmelt hernach die Freundin ... und nimmt ein Giftpulver.
[...]
In summa: der Kern ist in diesem Stück etwas Technisches. Die Vorgänge werden fast wortlos ausgedrückt. Also nicht mit Sätzen, sondern mit Stichworten, mit Andeutungsrufen. Ein Taubstummendrama. Mindestens ein Stenodrama.
Schön; man taste nun schärfer hin. Belangvoll ist zwar die Technik, womit hier etwas (wortkarg) ausgedrückt wird. Nicht belangvoll ist, was durch diese Technik hier ausgedrückt wird. Ecco.
Eine äußerst ungewöhnliche Dramentechnik ... für ein äußerst gewöhnliches Drama. So liegt der Fall.

IV

[...]
Bewundernswert bleibt allenfalls, wie die Tatsache des Selbstbetrugs, der Selbstbelügung, des eigenen Wirrschwankens zwischen Schwindel und Wahrheit in der ungestillten Frau so wortarm durchbricht.
Ja, es ist sehr schön, daß man mit solcher Technik ganz sparsam so vieles ausdrücken kann. Seelisch ist aber dieser Punkt in dem Skätsch der einzige Pluswert. Der Kern bleibt: matte Dagewesenheit und Bums. (Es wird halt nicht genug durchschaut ...)

V

Und was gibt Stramm, der Expressionist, vom Expressionismus hier? Nur etwas. Man kommt auf die Vermutung, daß er nicht Postbeamter war, sondern Telegraphenbeamter.
Wesenszüge des Expressionismus sind: eindringliche Glut; Abwendung von der Wirklichkeit; Revolution; Telegrammstil. Davon hier bloß Telegrammstil (und etwas Glut).
An die Stelle der Unwirklichkeit schiebt sich ... die Unlogik: in dem wenig glaubhaften Duell usw.
Im Grunde wird eine Spannung nur äußerlich gezeitigt: der Kunstgast muß viel schärfer die Augen spitzen, weil er bei Wortlosigkeit folgen soll. Seht genauer hin. Dies Werk hat streckenweise fraglos den Vorzug des Kinos, weil nicht gesprochen wird, – also weniger Falsches gesprochen wird. – Folglich wird man weniger aus der Täuschung gerissen. Gewiß. Aber die falsch geordneten Tatsachen, die reißen aus der Täuschung! aus der Versunkenheit! Hiernach sagt man sich, mit innerem Schmunzeln: »Wie schlecht muß der Dialog sein, den er nicht geschrieben hat ...« (Expressionismus heißt: Weglassung des Unwesentlichen. Manchmal auch: Weglassung des Wesentlichen.)

VI

Wo ist Stramm kompromißlos? In einem Werk etwa (lies: Luftregungsgebilde) mit dem Titel ›Geschehen‹. In diesem Es-Drama (das Wort scheint mir die Sache zu treffen) wirkt Stramm-August so unpersönlich, vielmehr so unpersonenhaft, daß nicht alle Gestalten mehr im Nominativ auftreten. Eine Gestalt (aber es ist keine Gestalt) heißt vielmehr im Akkusativ »Mich«.
Mich ist zunächst »verschlafen«. Jedoch erwacht es und sagt zu »Er«, mit der Regiebezeichnung »zärtlich«, unter anderem die zunächst etwas irreführenden Worte: »Du Mich!« (statt zu sagen, was ein Erwachen des Bewußtseins andeuten könnte: »Ich Mich!«) [...]

VII

Im Ernst – der Leser sieht: es kommt auf die Worte nicht an. Die Worte sind nur Hindeutungskern... über den eine Frucht erst schwellen muß. Andres Gleichnis: das Wort bei Stramm ist ein in Papier gewickelter Feuerwerkskörper; die Wirkung hat es erst, angezündet, im Sonnenrad, im Raketenschweif, im Kugelglanz. Item: alles ist auf das Entzünden durch die Spieler gestellt.
Darum justament ergeben sich für ein Strammsches Drama hundertfach mehr Möglichkeiten verschiedener Darstellung (Auffassung) als für ein wortreiches, also genauer bestimmtes Drama.
Um die Sachlage durch ein letztes Gleichnis zu erleuchten: Stramm liefert nur, was die alten Musiker einen »bezifferten Baß« nennen. Fest steht der Baß mit Akkorden – aber die Melodie kann hundertfach verschieden dazu gesetzt werden. Wie es jedem liegt.
Wie lag es Reinhardt?

VIII

Reinhardt ist ein Pausenregisseur. Ihm hätte somit ein Werk zunächst sehr getaugt, das aus Pausen besteht... Also die Rückkehr zur commedia dell'arte, zum Kasperl, wo nur die Gerüstlinien der Handlung feststanden – und es dem Stegreifkönnen überlassen blieb, es zu füllen.
Jetzt kommt es auf die Füllung an. Sie war vortrefflich, aber...
Reinhardt gab Fleisch – wo Stramm Linien gewünscht hätte. Reinhardt wurde rund – wo dem Stramm das Spitze geschwant hat.
Und er gab zwei Stile durcheinander. Erstens: realistisches Drama (nur: von Taubstummen gespielt). Zweitens: expressionistisches Drama: dies jedoch allein in der Straub. Stramms Stildurcheinander hat mit Reinhardts Stildurcheinander nichts zu tun.
Das schuf den Riß. Zumal die Straub abhebliche Schärfe zu Beginn mit Theatralik verwechselt. Zu dickes Unterstreichen, auch durch die Glieder. Absichtlichkeiten. Ganz zwischendurch, doch nur einmal, das süßliche Singgezerr dieser starken Darstellerin, – die am stärksten halt eben doch dann ist, wenn sie tobt. Mänadisch sein muß sie. Ein Ungetüm werden. Nicht lieblich, in ihrer Machtgestalt. (Als Porzia war sie neulich eine Unproporzia.) Sie hat aber das Zeug zu einer deutschen Wölfin gleich der Mimi Aguglia. Größer als die. Im sanftesten Fall mit allen reglosen Härten mancher Mona Lisa.
Bei Stramm war sie am Schluß Entfesselung, zuvor kalte Gewohnheit.

IX

Dahingegen floß die Thimig in einem Lauf hin. In einem schönen schmalen liebwerten Lauf. Nicht unterbrochen von störender Stauung. Sie haftet im Herzen. Die Straub im Nervensystem.
Zwei Männer des Stückes, Klöpfer und Thimig, bleiben belanglos. Das blieben sie jedoch in guter Art.
... Und für innerliche Gesichte des Expressionismus, für ihre Stufungen vorbildlich bleibt heute Jeßner (nicht nur in den ›Sedemunds‹): wo Schärfe des Tags wunderbar mit Unwirklichem zusammenfällt. Klares wunderbar mit Verschwebendem. Logisches wunderbar mit Phantastischem. Das Wort wunderbar mit dem Traum.

Emil Faktor, Berliner Börsen-Courier 13. 4. 1921

Die sprach-scheue, grammatik-ferne, mit kompletten Hauptsätzen ungeheuer sparsame, von einem Relativsatz nie, nie, nie berührte Tragödie August Stramms, des im Kriege gefallenen Expressionisten, kam bei der gestrigen Inszenierung durch Max Reinhardt zu künstlerisch hohen Ehren – obschon das äußere Bühnenbild durch seine ungeheimnisvolle Deutlichkeit der Mystik des Dramas im Wege stand und gerade dadurch etwas Verwirrung stiftete. Das Publikum war trotz alledem sehr gespannt, doch am Schlusse ratlos. Statt des zumindest der Darstellung gebührenden brausenden Beifalls herrschte lautlose Verlegenheit. Und die Zuhörer hatten es wirklich leicht, selbst bei innerer Ablehnung der Strammschen ›Kräfte‹ sich zu der Kraft der Hauptdarstellerin Agnes Straub zu bekennen. Ein reiferes Frauengemüt, eine wilder aufrauschende Energie des Dämonischen hätte sich dieser Dichter von Ejektionen nicht träumen lassen können. Was war, dagegen gehalten, die von den Sturmleuten pompös-exotisch bewerkstelligte Stramm-Inzenierung von ›Sancta Susanna‹ damals für ein lachhafter Dilettantismus. Reinhardt lasse sich durch das Stillschweigen der Zuhörer nicht irreführen. Dieser Abend erhöhte ihn – indem er sich für ein ebenso interessantes als undankbares Werk spürhaft für Kunstmöglichkeiten einsetzte.

Von der künstlerischen Beschaffenheit August Stramms gibt sein Dramolet ›Kräfte‹ keineswegs ein vollständiges Bild. Er war, wie es von ihm heißt, ein völlig anderer, als er noch naturalistische Zustandsschilderungen Vorbildern nachformte, doch auch in jenen anderen Szenenbildern, die in die Entstehungszeit der ›Kräfte‹ fallen, sind seine Züge von dem hier gewonnenen Eindruck ziemlich abweichend. Psychologie und Logik sind dort restlos zum alten Eisen geworfen, schon um das unmotiviert impulsive Auftreten kosmischer Herrschaften wie des Weltraums und der Sterne zu ermöglichen. Und gar erst die Lyrik, in welcher ein Klangtitan bald Hauptworte bald Verba heißmächtig emporschleudert oder in einen Wiederholungswirbel eindreht – als wollte er darlegen: Nimm der Poesie die Verständlichkeit, zertrümmere alle Formgesetze und sie wird (in einem höheren Sinn) erst recht sie selbst. Laß ihr nur die Allgewalt des Rhythmus!

Etliches von alledem steckt auch in der Szenenreihe ›Kräfte‹ – doch vorwiegend im Hinblick auf die lakonische, in alleinsamen Worten und zahlreichen Stummspielen sich auslebende Technik des Werkes. [...] Bei August Stramm wird der Seelenroman einer dem Gatten durch eine Freundin entfremdeten Frau in jene Richtung verfeinert, wo die Schuld des Ehebruches wie etwa in Hauptmanns ›Einsamen Menschen‹ noch gar nicht begangen wurde, aber die hellsichtige Wächterin der Gattenehre arbeitet mit billigeren Gegenzügen, wenn sie den Freund des Mannes und Verehrer der Freundin zur Revanche herbeiwinkt, wird südländisch, sizilianisch diabolisch, wenn sie Freund und Mann mit der intriganten Denunziation »Er hat mich angefaßt« zum Duell gegeneinanderhetzt.

Mag auch für die wortkarge, stofflich vielleicht nur durch Wortkargheit erhöhte Tragödie der Expressionismus keine naturnotwendige Form sein – er zeugt ein paar aufwühlende Momente allerstärkster Dramatik. Strahlungen absoluten Dichtertums sind es, wie die Frau das tändelnde Paar immer wieder durch ein unheimliches Lachen aufschreckt, feinste poetische Komplikationen, wie sich in ihr der Widerspruch mit ihren eigenen Handlungen regt. Ein ganz besonderer Augenblick, wenn sie die besiegte Freundin zur Leiche des Gatten heranschleift und brutal zum Kusse auf Totenlippen zwingt – ein zugleich abstoßender und großartiger Impuls, der an die Grausamkeiten der großen Epen und Volksballaden des Mittelalters erinnert. Schade, daß dieser leidenschaftszerfressene Heroismus mit dem veraltet konventionellen Giftbecher abschließt, der allerdings im Drama unserer Expressionisten ebenso beliebt ist wie der Tod durch Dolchstöße.

Aufführungsproblem war, nicht bloß das gesprochene, sondern auch das in den Regieanmerkungen, zwischen den Klammern gespensternde Drama zu inszenieren. Die Aufgabe wurde mit starker Wirkung gelöst. Am einheitlichsten war Frau Straub, schon darum besonders einheitlich, weil bei ihr das Wort die Fortsetzung des stummen Spiels und das stumme Spiel die Fortsetzung des Wortes war, ohne daß man es wie sonst als stummes Spiel empfunden hätte. Der bedeutungsvoll erregte Gang dieser Künstlerin, ihr von Spannungen durchbogener Körper beim Sitzen, ihre Plötzlichkeiten, die sie wie auf einem Schwungrade in die Flut der Erregung hineinwarfen, die aufgequollenen, langstieligen Augen, diese Steigerungsmacht vom Ruheton bis zur schärfsten Ekstase – all das gegliedert und immer wieder zum Ausdruckswillen der Persönlichkeit gerundet, wurde zugleich ein lebhaft mitreißendes Zeugnis für den Dichter. Innerhalb eines von Ekstase durchhallten Leerraumes ließe sich auch von der besten Schauspielerin nicht soviel Energie entfalten.

Die große, große Kunst der Straub hatte gute und sehr gute Nachbarschaft. Die Gattenrolle wurde von Eugen Klöpfer mit einer zarten, ruhigen Bestimmtheit erfüllt. Er war bisweilen zu realistisch, doch man durfte für ein paar fein eingestreute Lustspielakzente dankbar sein. Sie leuchteten echt und kontrastierten. Sehr gelöst war die Freundin der Helene Thimig – eigenartig und diskret. Und wie anmutig der Bruder Hermann Thimig, der mit seiner Jugendlichkeit die Tragödie angenehm entlastete.

Siegfried Jacobsohn, Die Weltbühne, Berlin, 1921

Wie ich mir ausmale, daß wir zu ›Kräften‹ gelangt sind? August Stramm hatte das Manuskript dieses Dramas verloren und beeilte sich, seinem Verleger den Inhalt zu depeschieren. Wenn sonst der Mensch in seiner Qual verstummt: dem gab ein Gott zu drahten, wie er leide. Oder sollen etwa die feierlichen Absichten eines Dichters, der siebzig Gefechte mitgemacht hat, nur deshalb vor unsrer Heiterkeit sicher sein, weil er im letzten gefallen ist? Er hielt es bei Lebzeiten für dramatische Konzentration, den Dialog anstatt aus Sätzen aus Wörtern zu bauen. Das Wort kann auch »Nee« lauten. Eine Gattin ruft ihren Gatten: »Männe!« [...] Was haben wir am Ende verstanden? Daß zwischen zwei Herren und zwei Damen unschwer Liebe über Kreuz und daraus Haß und Abmurkserei entsteht. Was unten fehlt, wird oben aufgetragen: für den Mangel an Begründung soll die besondere Blutrünstigkeit entschädigen [...].

Ich für mein Teil bin entweder so amusisch oder so altmodisch, daß ich vor August Stramm allenfalls ähnliche Erschütterungen verspüre wie vor einem Groschenschauerroman in Fortsetzungsheften. Nun heißt es freilich: Dies ist das schwächste von seinen Dramen. Da bin ich mißtrauisch. Bei dem später verblichenen Hermann Essig, den dieselbe Gemeinde stürmisch preist, hat's Jahre lang, ein Jahrzehnt lang genau so geheißen. [...] Reinhardt, der ein mal beweisen wollte, daß er auch Expressionismus kann, und wie leicht Expressionismus ist, bewies es schlagend, indem er, der alte Meister-Impressionist, den Expressionismus einfach in Impressionismus verwandelte. So hatte letzthin Jeßner, der neue Meister-Expressionist, die ›Echten Sedemunds‹ nicht aus ihrer, sondern aus seiner Art entwickelt. Nach der Absicht August Stramms hätten ›Kräfte‹ in scharfen Linien gegen uns losspringen müssen. Auf der Bühne der Kammerspiele schmeichelten sie sich langsam und farbig bei uns ein. Herr Haas-Heye hatte Lampen, Leuchter, Hölzer, Vitrinen, Vorhänge, eine Terrasse und einen Park in Violett, einen hellern und einen dunklern, in Rötlich, in Schwarz, in Altgold, in allen möglichen Tönungen beigesteuert – das Milieu der Aristokratenkomödie, die gar nicht mehr existiert. Köstliche Kleider für die Welt, in der man sich langweilt. Pikfeine Manieren: Jeder küßt jeder beim Auftritt und Wegtritt und zwischendurch mit tiefer Verbeugung die Hand – shocking, da plötzlich zu hauen, zu stechen, zu massakrieren, sadistisch sich auszurasen! In solcher Pailleron-Sphäre versetzt Reinhardt einen unbekümmerten Naturalismus – wer den Tabak einer Zigarette auf die Lippen bekommt, entfernt ihn sorgsam von diesen, bevor sie ihm abgesäbelt werden – schandenhalber mit kleinen expressionistischen Spritzern: man bildet starre Gruppen und spricht im Kanon. Drei Stile – also eine einzige Stillosigkeit? Darum nicht, weil sie zu einer höheren Einheit zusammengefaßt werden in Reinhardts blutvoller und phantasiekräftiger Persönlichkeit. Drei von den vier Schauspielern helfen ihm; am meisten Helene Thimig, die jemand »unbeschreiblich anmutig« nennt, und die es hier ist. Agnes Straub aber legt einen Birch-Pfeiffer-Zyklus hin, der durch einen kühnen Vorstoß in die zeichnerischen Anfänge der Eysoldt und Durieux modernisiert wird. Wie sie aus einer tragischen Bedeutungsschwere, die für den zweiten Teil des ›Faust‹ reichen würde, unvermittelt in kalte Ekstase oder in forciertes Gebrüll fällt, wie sie sich von einem wilden Schmerzensausbruch jählings wieder beruhigt, und wie nichts in ihr nachzittert: all das zeigt, wohin ein großes Talent gerät, das unsinnig angespannt, wahllos beschäftigt und unbegreiflich überschätzt wird.

Friedrich Schiller Die Verschwörung des Fiesco zu Genua
Staatliches Schauspielhaus Berlin, 6. Mai 1921, Regie Leopold Jeßner

Am Ende seines zweiten Jahres als Staatstheater-Intendant kam Jeßner noch einmal zu einem großen Erfolg. Max Reinhardt hatte drei Wochen früher mit der Verlegung des ›Sommernachtstraums‹ ins Große Schauspielhaus (19. 4. 1921) seinen ruhmreichen Beginn von 1905, seine sich an dem Stück immer wieder erneuernde Künstlerschaft und die alle Gegenwartsproblematik überdauernde Gegenwärtigkeit des Zaubertheaters noch einmal beschworen (Gertrud Eysoldt spielte noch immer den Puck). Ihering schrieb: »Das Große Schauspielhaus führte den ›Sommernachtstraum‹ zur Hofbühnentradition zurück, indem es die alte Inszenierung ohne die Motivierung des Dichterischen zeigte« (21. 4. 1921). – Jeßner setzte im Staatstheater dagegen den ›Fiesco‹, den Reinhardt nie inszeniert hatte, mit einem stark gestrafften Text und durchsichtig für die politischen Auseinandersetzungen des Tages. Zum erstenmal versuchte er mit der über eine Brücke gespannten Treppe auch den Raum in die Tiefe zu gliedern. Ernst Deutsch, bisher an Reinhardts Deutschem Theater, zuletzt als Mephisto in ›Urfaust‹ und St. Just in Rollands ›Danton‹ trat in das Ensemble des Staatstheaters ein. Fiesco war dort seine erste Rolle, Kortners Verrina die große schauspielerische Leistung dieser Aufführung.

Emil Faktor, Berliner Börsen-Courier 7. 5. 1921

Diese Neuinszenierung eines ›republikanischen Trauerspiels‹, das den Aktualitätsnerv der Gegenwart mannigfach streift, wurde im Zuge einer straffen, mitunter spartanisch strengen, abstraktes Phrasengestrüppe wegsäbelnden, den Schlußakt herrlich gliedernden Aufführung ein Riesenerfolg, wie ihn das im Grunde weniger geliebte Jugendwerk Schillers bislang kaum errungen hat. Diese reine und starke Kraft einer sehr unruhigen, ihre Wirkung vielfach durchkreuzenden Dichtung entlockt zu haben, ist das Verdienst Leopold Jeßners, der diesmal höchst unauffällig seines Amtes zu walten schien, der sich streckenweise beinahe in den Verdacht karger Korrektheit brachte und doch, und doch zur Höhe trieb.
Der Gesamteindruck dieses für die Theaterkunst denkwürdigen Abends nimmt das möglichst weit zu deutende Wort: »Ende gut, alles gut!« in Anspruch. Unter dem Ende ist hier der Aufbau eines Schlußaktes zu verstehen, wie er als Bild nicht bezwingender, als Ton nicht schwungvoller, als Seelenmelodie nicht berauschender, kurzum, wie er nicht *stilgewaltiger* gedacht werden kann. Nach diesem Aufzuge überbrauste Darsteller und Regisseur ein Beifall, der weit, weit von jener Gemachtheit des Erfolges entfernt war, die hierzulande besonders den Theaterprinzipalen zu blühen pflegt. Es war ehrliche, wirkliche Begeisterung.
Das Geheimnis der Jeßnerschen Erfolge ist nicht bloß die Energie zum Auftrieb, sondern auch die Energie zum Verzicht. Jene kostbaren Augenblicke, in denen er das Werk zur stärksten sinnlichen Macht magnetisiert, sind ihm so heilig, daß er sie nicht mißbraucht. [...]
Denkt euch die Bühne (vorne tiefgehende Stufen ins Meer) von zwei harmonisch distanzierten Steinbrückenbogen überwölbt, die der Darstellung Tief- und Hochebene, Vorder- und Hintergrund schaffen und von dem Aufruhr umwühlt sind. Im Hintergrunde (durch den Halbkreis der Brücke sichtbar) abenddunkle Stadt und Genueservolk, vorne Kämpfe der Dorias, trabendes Mohrengesindel, Hetzjagden der Leidenschaft; oben auf der Vorderbrücke tragischestes Geschehen wie die unbewußte Ermordung Leonores durch ihren Gatten Fiesco, ebendaselbst aber auch die Majestät des Erfolges. Er türmt sich um die blendende Mittelpunktsgestalt des neuen Herzogs Fiesco, dem von links und rechts siegreiche Fahnenträger zuströmen und in ihrer seitlich ansteigenden Gruppierung einen glorreich flatternden Farbentriumph symbolisch vor die Augen rücken. Diesem Bannergewoge, so großartig dieser Effekt auch nach Glanz ausgehungerte Augen berührt – es wird ihm keine Sekunde länger als nötig bewilligt, keine Sekunde wird überflüssig in der Wirkung geschwelgt. Um so dumpfer und künstlerisch wahrer ist Fiescos Schmerz, als er in der ver-

meintlichen Leiche des Tyrannen Sianettione nun die eigene Gattin erkennt. Düster geballte Momente der Erfolgsdämpfung. Auch sie nicht übertrieben und dadurch keine Hemmung für feierliche Inthronisation des Triumphators. Der Fahnenzug ordnet sich und schreitet, halb hochgemute Festlichkeit, halb umflorte Todesfeier bei doppeltem Klangwirbel in Dur und Moll die rechte Brückentreppe hinab. Auch diese rhythmisch gleitende Bewegung, das Auge und Ohr wundervoll erfüllend, hat ihre klug gemessene Frist. Keine Sekunde zuviel. Auch hier, wo das Gefühl am seltsamsten berührt wird, kein Schwelgen in Wirkungen. Es ist ein hoher, letzter Ernst darin.
Dieser außerordentliche Schlußakt, eigenhaft auch in der Art, wie Fiesco ganz vorne, gleichsam unter der konzentriertesten Kontrolle des Publikums von Verrina in den Tod gestürzt wird, dieses künstlerisch gute Ende mit dem für Jeßner so charakteristischen Doppelaktzent schmerzwehen Triumphes und jubelnder Traurigkeit wirft auf die ganze Aufführung, auf die vier Akte vorher sein wärmendes Licht. Denn vor dem phänomenalen Ausklang war man, so schön es immer wieder blitzte, nicht selten nachdenklich und besorgt. Sollte – so dachte man – dieser kühne Neuerer Jeßner seine Streitaxt schon vergraben und sich den Vorsichtsmaßregeln einer unproblematischen Sauberkeit der Wiedergabe unterworfen haben? – auch in dieser Sphäre freilich um Zucht und Klangdisziplin des Einzelnen sehr beflissen. Doch Radikalismus der Selbständigkeit nur fühlbar – im Dramaturgischen. Hier aber gründlich, über Bedarf sogar, bis zur Vernichtung ganzer, nicht gern zu entbehrender Auftritte schreitend. So war z. B. die Begegnung zwischen Leonore und Julia aus dem Wege geräumt, was ich auf wahrscheinlich nicht unbegründete Angstgefühle vor Mattigkeiten des Spieles zurückführe.
[...]
Schillers ›Fiesco‹ mag ja noch so sehr als die im Verhältnis zu den ›Räubern‹ kühlere, in ihren Gefühls- und Phantasiehorizonten beschränktere Dichtung verschrieen sein – sie bleibt in ihrer Unvollkommenheit, [...] in ihrer ungewollt schwankenden Tendenz etwas prachtvoll Chaotisches. Hauptbedingung einer Inszenierung mag es bleiben, zu vereinheitlichen, zu ordnen, zu klären, Verworrenes zu durchdringen. Ob man durch Abstutzungen alles erreicht? Ob es nicht unschillerisch ist, das Chaos fast vollständig wegzubannen? Ich führe auf eine zu zielbewußte Dramaturgie manche Ernüchterung zurück. Nicht bloß auf die spartanisch strengen Säulen- und Schloßstiegenvorräume der Pirchanschen Dekoration der ersten vier Aufzüge.
Aus der vielseitig fühlbaren Gesamtdisziplin der Darstellung ragten Einzelne – nicht allzu viele durch Persönlichkeit hervor. Am eindrucksvollsten Fritz Kortner in der leidenschaftlich gedrungenen, hoheitsvoll energischen Zeichnung des Gegenspielers Verrina. Es mag in der Natur der Rolle liegen, daß ich sie bisher von allen Darstellern hauptsächlich nasal sprechen hörte.
Sehr sympathisch Jeßners Tendenz, die dreiundzwanzigjährige Fiesco-Figur des zwanzigjährigen Schiller von einem Künstler spielen zu lassen, der wie Ernst Deutsch auch erst in den 20er Jahren steckt. Das gab der Gestalt schon von vornherein viel Naturfarbe. Dazu kam (von schwächeren Momenten abgesehen) ein gespannter, kraftvoll bewegter Entfaltungswille, der in großen Augenblicken den erwünschten Überschuß an akzentuiertem Gefühl hatte.
Schwächer als alles Männliche waren die Frauen dieses Abends. Immerhin hat Jeßner die Julia der Servaes bemerkenswert ins Dämonische konzentriert, wenn

sie auch in der letzten Szene wieder bürgerlich wurde. Aber in seiner Schule könnte sie sich entwickeln.
Hervorhebenswert noch der Gianettino Rudolf Forsters. Großartige Maske und sehr wirksame Rufzeichen-Technik, die sich bloß ein nächstes Mal, wenn der Darsteller Kredit behalten will, wird wandeln müssen. Zweimal dasselbe genügt.

Alfred Kerr, Berliner Tageblatt 7. 5. 1921
I
Es ist verdammt schwer, heute dies Werk auf die Bretter zu bringen. Spielt man es unverkürzt mit allem Knabenhaften, so quillt nichtgewollte Heiterkeit zu häufig über den Ernst.
Jeßner gibt entschlossen einen starken Auszug. Wucherungen sind fortgestemmt. Zwei Beispiele nur. Allzu Kindliches – da auch die Bertha sich als Mann verkleidet und von ihrem feurigen Bräutigam nicht erkannt wird – hat er mit Bedacht getilgt. Vieles in dem Auftritt nach Leonorens Tötung abermals: wo der überlegene Held aus Versehen seine Gattin erstach. Doch justament hier...
Justament hier zeigt sich am gewissesten Jeßners Kraft zum großen Inszenator. Da, beim Übertuschen einer dichterischen Schwäche, wächst ihm die tragischste Seelenwirkung; etwas Feierlich-Menschliches. Wenn in dunkler Luft alle die Siegesfahnen sich heben, irgendein unbestimmtes Grauen zwischen den Dingen irrt, ein Abstieg dämmert... und eine Fermate seltsam hereinbricht: das haftet im Herzen. So wie auf der Netzhaut.
Niemals wird es nur Außenreiz.
Eine machtvolle Hochzeit von Bild und Beseelung überall. Der Glanz nach innen verlegt – aber der Glanz ist da.
Was man zu schauen kriegt, wirkt also nicht kasteilich; sondern wesensvoll. Nicht etwa kahl: sondern gedrungen. Voll schmuckloser Gewalt – weil Jeßner den Weg mit herrlichem Tastgefühl findet.
Ja, die rembrandtisch gedämpften Umrisse bleiben ein Bestand des Innerlichen. Aus der halbtheatralischen Schiller-Szene steigt eine stumme Schicksalsmusik. Incipit tragoedia. In alledem steckt ein Trauermarsch um Leonore. Grandios. Eine Trauer um Fiesco. Und in keiner Sekunde war es ein Schaustück.
II
Man könnte diese Zusammendrängung expressionistisch heißen – wofern das nicht eine ganz schwache Benennung für olle Kamellen wäre. [...]
Zwei Punkte springen hier noch Theoretastern in die Augen. Erstens: daß die komische Behauptung, Klassiker könnten heute nur expressionistisch gespielt werden, inhaltslos ist. Zweitens: daß dieser Jeßner der symbolistischen (lies: expressionistischen) Regie nicht bedarf, um ein großer Regisseur zu sein.
Eins ins andere gerechnet: so verwendet er jene Methode höchstens noch bei einem dunklen Zusammentreffen Fiescos mit Gianettino, vor fahl-verdächtig belichtetem Hintergrund. Symbolhaftes Begegnen zweier sich messender Kräfte. Fast ein Traumgesicht.
III
Aber sonst?
Keinen Symbolismus hat er gespielt – sondern Schiller.

Eine Verschwörung: nicht nur den Widerschein einer solchen. Den Aufstieg Fiescos: nicht nur den Abglanz irgendeines Aufstiegs.
Er bändigt Schillers gehobenen Sprachschwung mit Herausarbeitung von Gegensätzen: doch seine Treppen, Brücken, Bastionen werden in keinem Fall etwa mit jäh-starrem Ruck zu Gruppenpuppenkuppen ...
Der Klassiker war weit vom Symbolismus – und nah bei seiner törichten, herrlichen Jugend.
Mit ›psychologischem‹ (entschuldigen schon!) Ausheben der Grundzüge.

IV

Jeßner hat in seiner Leuteschar brüchigen Stoff zu kneten. Doch er schmilzt seinen besonderlichen Kitt hinein – und sie halten stand.
Am wenigsten diesmal die Verschworenen. Aus ihrem Dunst floß ein gewisses Maß an Ungefährlichkeit. Sie sollen von dem Fiesker abstechen – doch es geschah zu sehr. (Nicht aus Abstand in Genua..., sondern aus Abstand in Berlin. Ecco.)
Weit gefährlicher als ihr kleiner Schwarm war Bourgognino nebst seiner Bertha: doch nicht für die Tyrannen, sondern für die Vorstellung.
...Gianettino hält sich auf der Grenze; Herr Forster. Er deklamiert – statt zu wuchten. Nun, bei Schiller muß er halt auch deklamieren.
Hart am Grenzstein wiederum der Mohr des Herrn Legal. Er ist ein guter Behelf (Schildkraut gab hier wunderbar Überschüssiges).
Guter Behelf ist mancher noch, manche noch. (Dagny Servaes kommt hierüber hinaus: wenn die Gräfin Imperiali duldendes Liebesweib wird.)

V

Ernst Deutsch, in lichter Seide, schmales Antlitz, patrizisch-geistig, im Blick Feuer ... und Erliegen vor der Versuchung. In der Tierfabel stark als Sprachbeherrscher. Alles in allem bleibt er für innerlichere Seelen gemacht als für den Fiesco. Ein Hort schmeidigen Wachstums.
Der Verrina wurde Kortnern offenbar anno siebzehnhundertsoundsoviel auf den Leib geschrieben. Sammlung; lastende Gehaltenheit.
Das Feinste: daß er nicht schemenhaft ein »starrer Republikaner« ist: sondern ein redlich-fester Mensch.
... Deutsch und Kortner schritten die schwarzumschlagene Treppe zum Orchester hinab – bis der Mantel und der Herzog fällt. Ein symbolischer Zug ... zugleich ungezwungen ein ganz wirklicher Lebenszug.
Ein glühendes, von der Zeit beknabbertes, halb fragliches Werk war zu etwas Bewegendem, Erschütterndem geworden.

Siegfried Jacobsohn, Die Weltbühne, Berlin, 1921

Seltsam, daß Reinhardt in zwanzig Jahren grade an dieses Drama niemals gelangt ist. Wie hätt' er, auf seinem Gipfel, es angepackt? [...] Er hätte dem Bilde den Hintergrund gegeben, den Schiller ausdrücklich vorschreibt: Genua in der Morgenröte; die Sonne über der majestätischen Stadt, über die Fiesco emporzuflammen sich sehnt; das Thomas-Tor; den Hafen mit Schiffen, von Fackeln erhellt. Er hätte Dorias, Fiescos, Verrinas Behausungen, als Stimmung schaffende Faktoren, deutlich voneinander geschieden. Er hätte in das Fest bei

Fiesco die Lebenslust eines ganzen südländischen Volkes zusammengedrängt. Er hätte ... Nun, er hat eben nicht.
Inzwischen hat die Theaterkunst sich gewandelt und – Deutschlands Staatsform. Das Revolutionsstück ist durch eine Revolution aktuell geworden. So sehr, daß man eine Aufführung, die ich seit zweieinhalb Jahren begehre, vielleicht um des peinlichen Zusammenklanges von Dichtung und Wahrheit willen bis heute hinausgeschoben hat. [...]
Da Jeßner kein alter und kein neuer Meininger ist, so war meine Hoffnung, daß er aus dieser barocken Haupt- und Staatsaktion des jungen Schiller dessen und unser revolutionäres Feuer herausschlagen würde. Sein negatives Verdienst ist groß. Nichts müßte das Feuer hindern, in Garben emporzulodern. Der Regisseur als sein eigner Dramaturg hat sich die fünf überladenen Akte schlank gestrichen. Von den drei Weiber-Affären sind grade die unentbehrlichen Grundlinien stehengeblieben. Der Prunk des Hoftheaters hat keinen Raum. Gedämpfte Farben: grau; mattgelb; stumpfdunkelrot. Kaum die Andeutung einer Ballmusik. Zwölf Szenen. Eine spielt im Dogenpalast, zwischen hohen Säulen eines schmalen Gemachs. Für die andern elf genügt eine Laufbrücke, die zwei schräge Treppen verbindet. Der ganze Komplex wird einmal so, einmal so verkleidet. Oben der Ausgang nach hinten verändert Gestalt und Umfang je nach dem, wohin er zu führen hat. Unten der Durchgang ist: Vorzimmer bei Lavagna; Zimmer Verrinas; Furchtbare Wildnis; Schloßhof; Straße zum Hafen. Alle Vorbedingungen für Konzentration und Tempo wären erfüllt. Leider fällt nach jeder Szene der Vorhang und zerreißt den Zusammenhang. Aber auch innerhalb einer Szene wirken manchmal die einzelnen Auftritte allzu hart gegeneinander abgesetzt, nicht selbstverständlich miteinander verknüpft. Der innere Schwung trägt diesmal nicht über die Lücken des Textes noch des Ensembles hinweg. Lärm ist keine Entschädigung dafür. Sicher, intelligent und geschmackvoll ist wiederholt, was in ›Richard dem Dritten‹ geworden, gewachsen schien. Die Gruppen fließen schon automatisch von einem Mittelpunkt fort und auf ihn zurück, ›jäh‹ wechselt schwarze Verschwörung zur Beseitigung des künftigen Usurpators mit dessen schmetternd hellem Bekenntnis zu seiner wahren antirepublikanischen Absicht, und wer an diesem Abend Art und Ursprung seines Eindrucks zu deuten versucht, ertappt sich, statt auf künstlerisch erregtem Gefühl, auf artistischem Mitgefühl mit einem heiß bemühten Regisseur, der nicht früher zu sich selber gelangt, als bis die unzulänglichen Solisten der gefügigen Masse zu weichen haben. Da – wo die befreiten Genueser rhythmisch heranstampfen, ihre Standarten auf Fiesco zuflattern lassen, machtvoll und stumm um ihn verharren und sein Glück und Ende durch eine winzige Spanne geschieden sind: da wäre der stärkste Moment zugleich bezwingend stark, wenn man auf ihn besser vorbereitet wäre, wenn er eine gegliederte Folge ähnlicher Momente organisch krönte, wenn er nicht nach ermüdender Belanglosigkeit überrumpelte.
Kein Zweifel, daß freundlicher urteilen wird, wer vor dieser keine Aufführung des ›Fiesco‹ gesehen hat. Mein Pech ist, daß ich hundert gesehen habe. Ich wüßte auch sonst, daß die Bühne der Schauspielkunst gehört. Aber wie ist es mir hier bestätigt worden! Wegeners Wüstling Doria, die Imperiali der Durieux, Schildkrauts und Heines Muley Hassan, ja, der Dreiminuten-Romano des wunderbaren Ernst Hartmann: jede dieser Gestalten haftet fester in mir, als Jeßners Regieleistung haften wird. Und gar Matkowskys und Kain-

zens Fiesco! Mit solchen Heroen dürfe man das junge Geschlecht nicht zermalmen? Richtig. Aber ich will, umgekehrt, grade sagen, daß keineswegs eine Schande ist, diesem Maßstab, dessen ich mich nun einmal unmöglich entäußern kann, vorderhand nicht gewachsen zu sein. Weshalb dann Jeßners ›Richard der Dritte‹ mit denselben Darstellern überwältigt hat? Erstens, weil die Methode uns minder vertraut und ihrem Verwerter minder geläufig war; zweitens, weil ›Fiesco‹ doch wohl zu viele Berührungspunkte mit ›Rigoletto‹ hat, um in unpersönliche Mimen den Lebenssaft zu strömen, von dem William Shakespeare überquillt; drittens, weil jene Vorstellung ganz und gar beherrscht war von einem Künstler, den nach menschlichem Ermessen unsre Kinder ebenfalls zu den Heroen der Schauspielkunst zählen werden. Schade, daß Jeßner sich darüber nicht beizeiten selbst Rechenschaft gegeben hat. Das hätte ihn vielleicht bewogen, mit dieser Einstudierung nicht bis nach dem Abgang von Bassermann zu warten, der für Fiesco, Verrina, Andreas, Gianettino und den Mohren so tauglich ist, daß man in jedem Fall sich die andern vier Rollen von ihm hinzugewünscht hätte. Vorbei. Sind aber Pohl und Sommerstorff, Patry und Winterstein nicht mehr am Staatstheater? Hat dessen Frauenpersonal wirklich nur diese Leonore und diese Bertha zu versenden? Für beide Figuren ist Dagny Servaes geeigneter als für die Gräfin Julia, deren Schönheit bei ihr nicht »durch Bizarrerie verdorben« ist, deren Gesicht sie den »bösen mokanten Charakter« vorenthält, deren Weltdamentum durch eine Maskenballperücke allein nicht zu treffen ist. Ihren Giovanni Luigi d'Fieschi darf man ebensowenig auf Schillers Vorschriften hin betrachten. Löwe? Tiger? Majestätischer Schritt, den die Blinden Genuas kennen? Nichts. Dafür klingt der Ton Ernst Deutschs »in hohles Beben hinabgefallen« auch dort, wo er »in stillem Schmerz geschmolzen« sein soll. Ich gehe zum Andreas: zu Kraußneck, der, wie seinerzeit Sonnenthal neben Kainz, sich neben Kortner behauptet, weil auf der Bühne – und fast allenthalben – über Generationsfremdheit Qualitätsverwandtschaft hinweghilft (was nicht heißt, daß von Kraußneck unsre Kinder noch sprechen werden). Kortners Verrina hat mit Fug den Vornamen Josef: dieser eisgraue Römer ist in seiner überschwenglichen, lyrisch überschwingenden Zärtlichkeit ein jüdischer Vater. Als Politiker kennt er keine sentimentalen Regungen. Mit Elektrizität geladen wuchtet er dräuend zwischen den fipsigen Verschwörern einher. Sein Anblick, sein Wort, sein Schrei: davor bleibt schwerlich einer kalt. Ceterum censeo: Die Bühne gehört der Schauspielkunst.

Friedrich Schiller   Die Räuber

Großes Schauspielhaus Berlin, 26. September 1921,
Regie Karl-Heinz Martin

Karl-Heinz Martin machte sich in diesem Jahr zum Hauptregisseur im Großen Schauspielhaus. Am 5. Januar 1921 begann er einen Zyklus deutscher revolutionärer Dramen mit einer Inszenierung von Gerhart Hauptmanns ›Florian Geyer‹, Eugen Klöpfer in der Titelrolle. Am 20. Juni 1921 folgten Hauptmanns ›Weber‹ mit dem erschütternden alten Hilse des Werner Krauß. – In der Inszenierung des ›Florian Geyer‹ hatte sich wieder gezeigt, wie gefährlich ein für die Guckkastenbühne geschriebenes Stück durch die Dimensionen des Arena-Theaters verändert wurde. Für die ›Weber‹ wurde das Große Schauspielhaus durch Bestuhlung der Arena in ein Guckkastentheater zurückverwandelt. Die Inszenierung war ein politisches Ereignis. Die Diskussionen um die Abtrennung Oberschlesiens vom Reich standen auf dem Höhepunkt, überall fanden Kundgebungen statt, an denen auch Hauptmann teilnahm. Er besuchte auch die Premiere der ›Weber‹, die mit demonstrativen Beifallsstürmen endete. – Für ›Die Räuber‹ wurde die Arena wiederhergestellt. Martin preßte das Stück in große Dimensionen und hob die Massenszenen stark heraus. Daß er rote Fahnen entrollte, entsprach den politischen Kämpfen des Jahres, war aber auch eine schaustellerische Erinnerung an das Engagement, mit dem er 1919 die ›Tribüne‹ als politisches Kampftheater gegründet hatte. Werner Krauß, der kurz zuvor im Deutschen Theater eine »geniale Vision« des halb wahnsinnigen, ausgebrannten Königs in Hebbels ›Herodes und Mariamne‹ gegeben hatte (19.9.1921, Inszenierung Otto Falckenberg, Mariamne: Agnes Straub) spielte virtuos einen tragikomischen Franz. – Daß Martin in der Arena eine Felsengegend aufbaute, bestätigte abermals, daß hier in einem illusionsfremden Raum ein total-illusionistisches Theater versucht wurde. – Martins Zyklus schloß am 7. November mit einer Inszenierung von Goethes ›Goetz von Berlichingen‹ (Titelrolle: Eugen Klöpfer).

Emil Faktor, Berliner Börsen-Courier 27. 9. 1921

Der lebhafte Erfolg, den in vorausgegangenen Jahren Max Reinhardt dem Schillerschen Jünglingswerk mit starken und in ihrer Tönung originellen Mitteln erkämpft hatte, ist auch einem seiner Nachfolger, dem gewiß begabten, wenn auch bedenklich vielseitigen Karl-Heinz Martin treu geblieben. Derselbe Erfolg freilich war es doch nicht. Jener, den damals Reinhardt davon trug, kam von innen, aus dem Herzen der Dichtung, war Reflex und Wiederspiel ihres gärenden, weltbedrohenden Blutes. Die gestrige Hauptwirkung in der Arena kam von außen, wurde durch großen Aufwand, durch Schaugepränge kostspieligster Art, durch Aufrisse des Raumes, durch riesenhafte Kulissen, durch Effekte herbeigeführt, bei welchen bald der mit Lubitsch berühmt gewordene Maler Kurt Richter, bald die Wucht größerer und ganz großer Statistenansammlungen, bald die herzustellende Phantastik lebender Bilder von entscheidender Bedeutung war. Man sah eine Monstrevorstellung. Sie hatte gelegentlich ihre großen Ehren und könnte in ihren Prunkmomenten nicht gedeihen, wenn sie nicht den Beistand eines Könners wie Martin hätte. Aber dieser Regiekünstler wird bei einer derartigen Aufgabe doch in 80 Prozent seiner Leistung nicht viel anderes als ein Organisator, der die Wirkungen sich durch die Bereitstellung, Abzählung, Vervielfachung aller Elemente heranrafft. Diese Abdrängung des Regiemeisters von der Kunst zur Generalstabsarbeit ist diesmal in der Arena begründet. Die Arena an und für sich muß nicht immer schuld sein, und gerade Martin hat ihre Riesenflächen schon wiederholt zusammenzurücken verstanden, nicht aber bei den ›Räubern‹, die irrtümlich und völlig mißverständlich für besonders geeignet gehalten werden, den Zwecken des Großen Schauspielhauses zu dienen.

Schillers drangvolle, vom Über- und Unmaß durchtobte Dichtung ist ein Geniewerk innerer Dimensionen. Es hat immer wiederum nur seelisch einen ungewöhnlichen Flächeninhalt. Es langt in Höhen, die kein Dach kennen, es rollt in die Tiefen des Abgrundes, es stößt die Gefühle ins Ungemessene – lauter Wertmomente, die sich durch starke Konzentration – niemals aber durch Massenhaftigkeit des Raumes oder der Statisten veranschaulichen lassen. Trotz aller Waldesromantik ist der Boden des Großen Schauspielhauses für das Werk der uneigentlichste Schauplatz. Reinhardts unvergeßliche Wiedergabe preßte zusammen und setzte Stimmungen mit Seelenklang, den Schauer der Handlung mit dem Gewicht und der Eigenart persönlicher Naturelle in ein distanziertes und zugleich vorwärts treibendes Verhältnis. Was macht Karl-Heinz Martin? Er kämpft und kämpft mit dem Raume. Gewiß hat man noch selten imposantere Schloßperspektiven gesehen als gestern, aber von den Szenen zwischen Franz Moor und seinem Vater, zwischen Amalia und Franz war man durch ein riesenhaftes, die Menschenstimmen verschlingendes Rundloch so weit getrennt, daß selbst das tragende, farbig sich durchsetzende Organ des Franz-Spielers Werner Krauß zwar nicht die dämonischen Akzente, aber den unmittelbarsten Einfluß auf den Zuschauer verlor. Man hörte und schaute Ungewöhnliches, ohne davon durch Mitgefühl benommen zu sein.

Dann wieder wurde die Arena ausgenützt und von erhöhtem, romantisch verdecktem Hintergrund bis in die äußerste Tiefe des Hauses ein sehr massives Räuberlager errichtet. Was war geschehen? Es regierte der vielleicht unbewußte, aber unverkennbare Geist des Naturtheaters. Man sah rechts was, man sah links was, man sah überall etwas recht Interessantes und farbig Hingezaubertes. Aber die Dichtung, auf die es schließlich doch auch ein wenig ankommt, schrumpfte zum Rahmen von allerhand Großstadttheatralik zusammen.

[...]

Ich werde niemals leugnen, daß der temperamentvolle Aufmarsch eines halben Tausends (von Ali Hubert) nett kostümierter Statisten etlichen Eindruck hinterläßt, daß Fahnenschwenken im Verein mit geheimnisvollen Tonschwebungen, systematisches Johlen und malerisches Durcheinander die Sinne irgendwie gefangennehmen. Ich lasse sämtlichen Schluchten und Waldhöhlen Kurt Richters ihren Ruhm, auch wenn sie aus einem verhältnismäßig wüsten Durcheinander verschiedener Stilarten entstanden sind. Ich bestreite nicht, daß die mit finsterem Männergesang dicht gefüllte Arena und die Gewitternacht oben auf der Normalbühne wirksame Kontraste ergaben, auch wenn es mir weniger gut gefiel, daß die Windmaschine der Bühne unten in der Arena von den Lippen der Räuber unterstützt wurde. Sah man auf die hochgelegene, ach, wie ferne Hintergrundsbühne, so fragte man sich willkürlich, wo bleibt bei solchen den Ton verwischenden Distanzen der vielgerühmte unmittelbare Kontakt zwischen Darsteller und Publikum? Hatte man aber diesen Kontakt und wälzten sich so effektvolle Patrone, wie es sonst Roller und Schweizer zu sein pflegen, auf Praktikabeln, ganz nahe unseren Augen, so wurde man davon nicht glücklicher. Selbst so stimmgewaltige Sprecher wie Dieterle drangen durch das künstlich aufgewirbelte Chaos nicht hindurch, und man mußte immerfort die Blicke auf die Suche nach der jeweiligen Mittelpunktsfigur ausschicken.

Mag man mich immerzu einen Pedanten schelten! Ich habe es trotzdem nicht gern, wenn jemand behauptet, daß der Hauptmann Karl Moor ganz rot geworden sei und er ihn mit seinem Rücken gar nicht beobachtet haben kann, und wenn nicht einmal das Publikum die Kontrolle auszuüben vermag, da Karl Moor in der naturtheaterhaften, wichtigste Konzentrations- und Isolierungsgesetze mißachtenden Anordnung von dem jeweiligen Sprecher und sonstigen Volk verdeckt ist, und höchstens von ein paar Seitenplätzen aus fixiert werden kann.

Was gilt dem Geiste einer derartigen Inszenierung, die dem einstigen Tribünenregisseur Martin seltsam widerspricht, was gilt solchen Massivitätstendenzen der einzelne Darsteller? Der Spieler des Franz Moor heißt freilich Werner Krauß. Und sämtliche Entfernungsschwierigkeiten vermochten nicht wesenhaft neue Reize des Persönlichen umzubringen. Dieser Künstler hat sich, wie alle bedeutenden Franz-Spieler mit seiner Ungetümrolle in dem Sinne auseinandergesetzt, daß er sie auf ihr Verhältnis zu unserem Gegenwartsgefühl abtastet. Es kam etwas phantastisch Groteskes zum Vorschein, das mit eingeknickten Beinen, tänzelndem Schritt und flughaft erhobenen Armen die Opfer seiner Gier umkreiste. Schienen sich andere Franz-Spieler zu sagen: »Ich bin Auswurf der Hölle, ich bin Ausgeburt entarteter Leidenschaft«, so hatte Werner Krauß die Intuition, im besten Falle ein Gleichnis zu sein, und das wild gewordene Privatschicksal mit den Gewalten und Gesinnungen der Gesamtwelt in einen heftigen, in seiner Gewaltsamkeit letzten Endes tragikomischen Kontrast zu setzen. Diese innere Loslösung der Figur vom stofflich Rohen ließ den Künstler virtuos Franzens verschiedene Physiognomien auseinanderhalten. Man hat das selten so gesehen, daß die Kanaille Franz, wenn sie Gefühl und Anstand heuchelt, auch in der Tat ohne Mephistophelie Gefühl und Anstand zur Schau trägt. Hochinteressant, wie dann der geniale Darsteller den Übergang grimassierte, und wie an seinem gedanklichen Ausbau nichts so sehr fesselte als jenes Gehader mit den Urfluten des allgemeinen Menschenschicksals. Schade, daß diese kostbarsten Flammen nicht mit ihrer letzten Hitze bis zum Zuschauer hinüberbrannten. Mitten im wildesten Geflacker traten Erkältungsprozesse ein, an denen der Raum, aber auch die durch Ansprüche des Raumes bedingten Erschöpfungen des Künstlers mitschuldig sein mögen. Man bewunderte Krauß – aber man blieb kühl und konnte nicht anders.

Hartmanns Karl Moor schien einen Akt lang der Aufgabe gewachsen. Sein Temperament loderte in prachtvollen Impulsen. Der Zirkus aber nahm ihm davon immer mehr ungenossen ab. Die Amalia des Fräuleins Christians hatte das Schicksal aller Amalien. Sie wurde krampfig, und die Arena scheint diesen Zustand keineswegs zu mindern. Der alte Moor des Herrn Kühne sah noch bedauernswerter als sonst aus. Er ließ sich alles antun, was ihm der Sprechfilm seiner nächtlichen Hauptszene nur gewähren konnte.

In einer einzigen Szene bot das gestrige Naturtheater hauptsächlich Vorteile. Es war der Auftritt des Pfaffen mit der komisch winkenden weißen Fahne. Hier erhielt die heißblütige und humoristische Romantik der Szene ein starkes, willkommenes Echo, und Herr Diegelmann hatte es als unübertriebener Sprecher der Kirche nicht zu bedauern, daß seine Situation zehnmal so gefährlich als sonst bei Räuberaufführungen war.

Ludwig Sternaux, Berliner Lokal-Anzeiger 27. 9. 1921

Also wir haben sie wieder, die Arena! Karl-Heinz Martin, reuig zum Wirklichkeit täuschenden Naturalismus zurückgekehrt, hat sie mit Felsen, Steinblöcken, Baumstümpfen aus Pappe ausstaffiert, zwischen denen echte Tannen und sonstiges Grünzeug wuchern, und mit den roten Samtlogen ringsherum wirkt sie zuerst wie ein riesiges Terrarium, in dem sich Krokodile, Schlangen und derartiges Viehzeug produzieren sollen. Aber wie man später sieht, bleibt sie den p. p. Räubern reserviert. Immerhin muß es für die Logeninsassen sehr neckisch sein, stets diesen Keller mit seinem staubigen Gerümpel vor Augen und... Nase zu haben. [...]
Dies zum Thema Arena ... die sich (wie man später sah) teilweise bewährt, wenn aus ihr herauf zur wirklichen Bühne über Schluchten und Felsen hinweg die Räuber toben; die aber in den stilleren Szenen immer als totes, schwarzes Loch heraufgähnt, mit dem die Phantasie nichts anzufangen weiß. Und besagtes Loch zu übersehen, ist nicht gut möglich, da man nun doch einmal rund herum sitzt und keine Scheuklappen trägt, die den Blick allein auf die Bühne zwingen. (In einer der späteren Räuberszenen wirkt sie, die Arena, dunkel, wie es leider ständig ist, wie ein Napf voll krabbelnden Gewürms ... scheußlich!)
Sonst hat Herr Martin mit Hilfe von Kurt Richter, dem Mann der Dekorationen, hübsche Bilder aufgebaut. Das Innere des Moorschen Schlosses ist mit den fünf steilen Fenstern und ein paar steifen goldenen Sesseln ein stilisiertes Rokoko, das nicht schlecht wirkt. Nur geht das Intime mancher Szene vor dieser Riesenkulisse verloren ... es muß verlorengehen, so große Mühe sich die Beleuchtung auch gibt, mit ihren Scheinwerfern Schattenrahmen für Menschen und Dinge zu schaffen. Ganz unmöglich sind die Ahnenbilder im 4. Akt vor den früheren Fenstern, mehr ein Lachkabinett als die Ahnengalerie, die Karl, den Heimgekehrten, in Melancholie versinken läßt. Ja, ganz ohne Stilgefühl geht so etwas nicht! Dagegen sind die ›Böhmischen Wälder‹ mit ihren grotesken Felsformationen und den wandernden Wolken in der Tat täuschend Natur, über der ähnlich aufgebauten ›Gegend an der Donau‹ liegt hübsch der Duft des reifen Herbstes, das Nachtbild mit der Ruine hat romantisches Klima. Derlei in solchem Umfange zu geben, erlaubt allerdings nur diese Bühne mit ihren großen Maßen. Fände man noch eine Möglichkeit, die Verwandlungen geräuschloser und vor allem unsichtbar vorzunehmen, so wäre die Illusion oft vollkommen. Daß man das alles, wenn auch bei verdunkeltem Hause, miterleben muß, daß man, ob man will oder nicht, sieht, wie die Drehbühne sich dreht, wie die Kulissen von oben herabsinken, Schatten die Versatzstücke heran- oder wegschleppen, die Bäume eine Weile ohne Wipfel sind, bis auch die freundlichst von oben 'runterrutschen ... das zerstört jede Illusion. Da hilft es auch nichts, wenn währenddessen schon Sturm und Gewitter toben, Hörner und Trommeln erschallen, Schüsse knallen, Leute singen, pfeifen, johlen. Das wirkt nur komisch. Das wenigstens sollte man endlich lassen. Wir sind doch keine Kinder!
Höhepunkt des Ganzen: die Räuber in den ›Böhmischen Wäldern‹. Da leistet Martin in der Beherrschung der Masse, in ihrer Zusammenballung, in ihrer Auflösung, in kleinen Einzelepisoden Fabelhaftes ... ein gelehriger Schüler Reinhardts, der ähnliches zuerst gemacht. Neu also ist das nicht. Aber es ist

überwältigend und fordert ein immerhin nicht alltägliches Regietalent, das man bewundern muß. Sonderbeifall lohnt's. Nur erscheint das alles doch sehr auf den Geschmack der großen Menge zugeschnitten, die ... nun, getrost heraus damit: Radau und Rummel verlangt, verwöhnt und verbildet durch das Kino mit seinen Übertreibungen. So etwas macht Lubitsch auch, nur ohne den Radau (wenigstens nachher, wenn der Film rollt). Es ist wilde, ungezügelte Romantik, und Karl May hätte seine helle Freude dran gehabt. Was gleichzeitig besagt, daß wir weniger freudig erregt waren. Hier spukt der alte Zirkus wieder.

Die ganze Aufführung brüchig. Bis zu jener großen Räuberszene spürt man die straffe Hand des Regisseurs, auch in den leiseren Bildern. Wenn der alte Moor stirbt, haucht geheimnisvoll erregende Stimmung über die Bühne, die in bösem Zwielicht liegt: ein Gespenst in grünem Seidenfrack Franz Moor, phantastisch schillernd wie fauliges Holz im dunklen Walde. Nachher versickert alles in stumpfem Auf und Ab, es ist, als ob der Aufführung die Puste ausgegangen. [...]

Franz ist, zum ersten Mal, Werner Krauß. Zuerst ein hämischer, tänzelnder Dümmling in grasgrünem Seidenfrack, puppenhaft, und dies wohl mit Absicht. In der Anlage der Figur also geistreich und nicht ohne phantastischen Reiz. Das Böse, die Kanaille ist cachiert. Aber er hält nicht durch. Da er der Herr geworden und in rotem Staatskleid stolziert, wirkt er blaß und konventionell, nachher im Nachtgewand, da er seine Angst vor dem nahenden Strafgericht in wimmerndem Wortschwall zu ersticken sucht, sogar leise komisch. Die ganze Sterbeszene verpufft dadurch.

Hartmann ist der Räuber Karl: pathetisch wie immer, aber in der Linie nobel und sympathisch. Eine echte Schillergestalt. Gut auch der alte Moor Friedrich Kühnes, der echte, zu Herzen gehende Töne hat. Ganz unzulänglich Margarethe Christians als Amalia: ein Püppchen ohne Seele und ohne Stimme, viel zu zart, als daß sie in dem Riesenraume wirken könnte. Die Lyrik Schillers biegt sie in süßliche Sentimentalität um. Unter den Räubern fallen Luis Rainer als Spiegelberg, ein brandfuchsroter Lump, der nur zu sehr in Stimme und Gebärden Moissi kopiert, und Dieterle als Schweizer auf, zumal letzterer hat eine kraftvolle Beweglichkeit, die erfrischend und belebend ist. Hoffentlich ist ihm die Hühnerkeule gut bekommen, die er mit so hübschem Heißhunger verschlungen hat ... so weit nämlich geht der ›Naturalismus‹ Martins! Er verliert sich neuerdings mit offensichtlichem Behagen in derartige Kleinmalerei. Nur verliert er darüber auch die große Linie. Sein Anlauf ist grandios, aber er ermattet vor dem Ziel. Schade! Seine ›Räuber‹ sind so, alles in allem, nur ein Bruchstück.

Paul Fechter, Deutsche Allgemeine Zeitung, Berlin, 27. 9. 1921

[...] Diese Räuberaufführung zerfällt automatisch in zwei Hälften, die nicht in Beziehung zueinander zu bringen sind.

Die eine gehört der besagten Arena und den Räubern, umfaßt die Szenen in den böhmischen Wäldern, die Gegend an der Donau, den Wald beim Schlosse des alten Moor, die gesamten Gelegenheiten zur Massenentfaltung. Eine Art Auftakt dazu bildet der zweite Auftritt des ersten Aktes mit der Schenke an den Grenzen von Sachsen, den man aus dem Innern ins Freie verlegt, aber auf die eigentliche Bühne beschränkt hat: dann kommen als erster Schlager ›die böhmischen Wälder‹. Der Schauplatz reicht von der Hinterbühne, die inmitten hochstämmiger Bäume eine hoch ansteigende Felsgruppe mit Wegen zu einem oberen Mitteldurchgang trägt, bis zum Arenaausgang, dem die erwähnte Steinkuppe vorgelagert ist. Über die Felsgruppe strömen von hinten her aus der Tiefe die Räuber, strömen rhythmisch johlend hinab in die Arena, fluten wieder hinauf, als Moor kommt, gruppieren sich dann unten um den befreiten Roller, der die kleine Gipfelbühne vor dem Arenaausgang für sich als Kanzel in Besitz nimmt – um am Ende wieder durch den Felsendurchgang im Hintergrund zurückzuströmen. Ob es genau 79 waren, wie Karl Moor angibt, hab ich nicht gezählt: es waren jedenfalls eine Masse, in ihrem Auf und Ab auf dem schwierigen Wege filmhaft gedrillt, mit dem berühmten Rhythmus flutend, zugleich aber auch brüllend, daß alles in diesem Gebrüll unterging. Es war bewunderswert, wie Herr Martin, der Regisseur des Abends, die Vielheit visuell geordnet hatte; sobald Ruhe eingetreten war, faßte man diese Leistung vor allem in der holländisch bildhaften Gruppenverteilung der Lagernden auf dem ansteigenden Felshang des Hintergrundes durchaus als starke Wirkung auf. Aber die davor in der Tiefe wogende Masse war in einen Kessel gesperrt, die Linie Roller–Moor, die von der Felskuppe vorn senkrecht zur Bühne ging, wurde nur im Dialog fühlbar, versank, sobald die Räuber tobten. Akustisches und Visuelles wirkten nicht im gleichen Sinne, sondern störten sich gegenseitig. Wäre die Bande halb so groß gewesen und dafür weniger laut, auch in dem Arenakessel gegliedert und nicht nur heulendes Chaos – die Wirkung wäre viel stärker gewesen.

Man erlebte es sehr deutlich bei der ›Donaugegend‹. Die Wand des Hintergrundes war um einen kleinen Winkel schräg gedreht, der Vordergrund leer, die Kuppe entfernt – das Ganze lediglich Weg für Kosinsky. Die Räuber verhielten sich sanfter, weniger brüllbereit. Da kam etwas von Weite und von der Macht des Raumes heraus, das im ersten Bild ertrank – und in der Turmszene ebenfalls. Da gehörte die Bühne oben den Protagonisten – und die Räuber saßen im Kessel und wirkten als wogende, kreisende, jede fühlbare Gliederung verschlingende Masse. Herr Martin hatte mit ihnen exerziert, daß sicher jeder Unteroffizier seine Freude gehabt hätte: alles lief ohne Verwicklung wie am Schnürchen; aber es wurde nicht sichtbare Ordnung, nicht Ornament, gefügtes Ineinander. Die ›böhmischen Wälder‹ waren ideales Indianergeheul mit Schießerei, beglückend für jedes Tertianerherz – und das Publikum jubelte denn auch dementsprechend: als Form war es im Material, in der Masse stekkengeblieben, trotz starker und sehr wirksamer Einzelmomente. Nur einmal waren die Stimmen gefügt und bezwungen, bei dem Räuberlied. Nach Reinhardts Vorbild, nur noch freier und mit Pfeifen und Trompeten gegliedert, war es ein sehr starkes Beispiel, wie man naturalistische Wirkungen in Rhythmus zwingen kann: das gelang, weil die Masse hier bewegungslos in Ruhe war.

Die andere Hälfte der Aufführung gehörte Franz Moor. Herr Krauß spielte ihn – in der Larve von Sanftmut und Tugend. Ein dicker, hellblonder, noch fast knabenhafter Franz, in laubfroschgrünem Habit, beweglich, hurtig, statt zu gehen oft hüpfend, von einer geölten, pastoralen Betulichkeit, durch die nur zuweilen die Gier, das Ungeformte haltlos durchbricht. Anfangs macht er fast zu viel, übersteigert ebenfalls das Akustische: er weint nicht nur mit dem Vater, sondern heult, daß es nur so dröhnt. Er gibt den Bösewicht und zugleich einen leisen Zusatz Selbstparodie, einen ebenso komischen wie grausigen Franz. Er kennt keine Heimlichkeit, schreit seine bösesten Pläne dröhnend in die Welt, kein Schleicher, sondern ein halb naives, gänzlich bedenkenloses, mit allen Mitteln vom Pathos bis zur letzten Gemeinheit seine Vitalität auswirkendes dickes tierhaftes Wesen, zuweilen wie aus einem Blatt von Hogarth, zuweilen wie irgendein Daumier wirkend. Eine ungeheure malende Kolportagephantasie steckt in ihm; er zeichnet, wenn er redet, mit großen, weiten Armbewegungen seine Visionen – und bringt wieder als einziger für Momente den Raum zum Klingen, weil er die Gestalt übernaturalistisch ins große Bildhafte stellt (obwohl er zuweilen, wie gesagt, fast zuviel bewegte Einzelheit gibt). Ganz stark zuweilen Momente des Dastehens, die Hände in den Taschen des Rockes, wenn er ein Opfer quält: dies vor allem im zweiten Teil, wenn er in Zinnoberrot und Weiß mit weißer Perücke regierender Graf ist. Höhepunkt war hier die Szene mit Daniel – mit dem halblauten, unausweichbaren »Ja oder Nein?« und dem leisen Beifallsklatschen hinterher. Dies alles aber verblaßte vor der Traumerzählung. Herr Krauß kam ganz weiß, im langen wallenden Nachtgewand, wirrem blondem Haar – und gab die Vision des Jüngsten Gerichts, als wäre er selbst schon ein Gespenst. Die dynamische Gliederung dieser Szene war ein Meisterstück, und man bedauerte nur, daß man den Dialog mit Pastor Moser gestrichen hatte. Man würde dafür gerne auf einige Räuberromantik verzichtet haben.

Karl war Herr Hartmann. Klar, hell, schillerisch jung, mit schmetternder, anfangs fast zu schmetternder Stimme stellte er den idealen Räuberhauptmann hin, wie man ihn sich nur bei der ersten Lektüre des Dramas so rein vorstellen kann. Herrn Kühnes alter Moor gehört aufs Theater, nicht in den Zirkus, auch Fräulein Christians, die als Amalia an sich sehr Hübsches brachte, mußte sich übersteigern, um sich zu halten. Mühelos überstrahlte selbst das Räubergebrüll nur eine Stimme – Herr Dieterle als Schweizer. Er war noch viel, viel jünger als Karl Moor – so hingegeben an das Indianerspielen, daß es eine Freude war, zuzusehen, und schwer, nicht selber mitzumachen.

Das Publikum jubelte nach dem zweiten Akt und am Schluß und war begeistert.

Ernst Toller   Masse Mensch

Uraufführung: Stadttheater Nürnberg, 15. November 1920
Regie Friedrich Neubauer

1. Öffentliche Aufführung
Volksbühne am Bülowplatz Berlin, 29. September 1921, Regie Jürgen Fehling

Seit der Uraufführung der ›Wandlung‹ war der siebenundzwanzigjährige Ernst Toller für viele ein Märtyrer der Revolution. Während die Kapp-Putschisten amnestiert, die Mörder Liebknechts und Gustav Landauers frei blieben, saß er auf der Festung Niederschönenfeld. Man bot ihm wegen des großen Erfolgs der ›Wandlung‹ Begnadigung an. Er lehnte sie mit dem Hinweis auf die weiterdauernde Haft harmloser Mitläufer und Rotarmisten ab. Die Achtung vor dieser moralischen Haltung Tollers ist in vielen Rezensionen wiederzufinden. ›Masse Mensch‹ war noch 1919 nach zwei, von dämonischen Gesichten geplagten Nächten von Toller niedergeschrieben worden, »eine visionäre Schau, die in zweieinhalb Tagen förmlich aus mir ›brach‹«. – Der Titel enthielt eine Antithese, aber er wurde immer wieder im Sinn von ›Vermassung‹ mißverstanden. Der Uraufführung am Nürnberger Stadttheater gingen heftige politische Auseinandersetzungen voraus. In einer Sitzung des Polizeisenats einigte man sich auf zwei geschlossene Vorstellungen, eine für die Gewerkschaft, die andere für Kunstausschuß und Presse. Die Bayerische Nationalzeitung sprach von einer »Zangengeburt des Talmi-Lassalle«. »Die Ereignisse der Münchener Räterepublik bilden den Hintergrund des Stücks. Damit erledigt sich die Frage einer öffentlichen Aufführung.« – Die erste öffentliche Aufführung an der Berliner Volksbühne war ein Versuch dieses unter Kayßlers Leitung vollends verbürgerlichten Theaters, Anschluß an die Zeitdramatik zu finden. Fehling bestätigte sich damit als der führende Regisseur der Volksbühne. Die Inszenierung blieb sein einziger Beitrag zum politischen Zeittheater; sie zeigte schon die sich entwickelnde visionäre Fehlingsszene. Toller rechtfertigte in einem Brief diesen (kritisierten) Stil der Inszenierung. »Sie haben in meinem Sinn gehandelt... Was kann in einem Drama wie ›Masse Mensch‹ real sein? Nur der seelische, der geistige Atem.« – Die Rezensionen enttäuschten Toller sehr: »Wie wenig Kritiker haben das Werk erfaßt.« (Brief an Tessa, 4. 10. 1921) – Zur Stunde der Berliner Premiere saß Toller den vierten Abend im Hungerstreik in Einzelhaft.

Stadttheater Nürnberg
Karl Bröger (Zeitung?), 19. 11. 1920

Ein mächtiger Lorbeerkranz mit roter Schleife flog am Schluß auf die Bühne und blieb dort liegen, weil der Dichter, dem er zugedacht war, in der ehemaligen Zwangserziehungs-Anstalt Niederschönenfeld auf Festung sitzt. Ernst Toller hätte für einen sehr starken äußeren Erfolg danken müssen, wenn er dagewesen wäre. Aber es war nur sein neues Stück ›Masse Mensch‹ da, und ich weiß nicht recht, ob dem Werk der Lorbeer oder die rote Schleife zugedacht war. ›Masse Mensch‹ ist ein Gesinnungsstück, eine Thesensache, und wer die Welt anders herum sieht, wird leicht schreien dürfen: »Tendenz!« [...]
Eine intellektuelle Frau steht bei der revolutionären Masse. Sie ist einem Ruf ihres empörten Herzens gefolgt, hat Gesellschaft und Familie zurückgelassen und lebt ganz der Sendung, aus der Masse den Menschen zu locken, der die neue Gemeinschaft aufrichten wird. Als sich aber die Masse personifiziert, in der Figur des ›Namenlosen‹, springt ihr das uralt rohe Wesen ins Gesicht, das »Gewalt und wieder Gewalt« schreien muß, weil es kein anderes Mittel zur Erlösung vom Übel weiß. Mit dem ›Namenlosen‹ ringt die Frau um den Geist der Masse. Sie will diesen Geist pazifistisch demokratisch richten, der ›Namenlose‹ verkündet seine terroristisch-diktatorische Heilslehre. Zwischen den Programm-Vertretern entsteht eine heftige Reibung. Zunächst gibt die Frau nach um der Sache willen. Sie tut es aber nur widerwillig und gegen ihre bessere Meinung. Der Konflikt bricht aus, als immer neue Opfer dem Moloch der Ge-

walt zugeworfen werden. Die Pazifistin lehnt sich gegen den Irrsinn auf, wird aber vom ›Namenlosen‹ überwältigt. Reichswehr dringt ein und verhaftet die Frau, während der ›Namenlose‹ in der Masse untertaucht. In den zwei letzten Szenen rechnet die Frau mit sich und der Welt ab, weist das Anerbieten ihrer Befreiung zurück, weil dadurch ein Gefängniswärter zu Schaden kommt, und fällt unter den Kugeln eines Pelotons. Zwei weibliche Gefangene, eben im Begriff, den Nachlaß der Gestandrechteten zu plündern, werfen die geraubten Sachen von sich mit der schmerzlichen Frage: »Schwester, warum tun wir das?« Die Frau hat ihren ersten vollen Sieg über die Masse errungen. Zwei Menschen fragen und forschen nach ihrem Handeln.

Toller schrieb dieses Stück sichtlich unter dem Eindruck eigener Erlebnisse und Erinnerungen. Schatten aus der Münchener Räterepublik laufen durch die Bilder. Aber noch ist das Holz zu frisch, um daraus den Stab zu schneiden, der den Wanderer in das gelobte Land der neuen Gemeinschaft stützen soll. ›Die Wandlung‹ war darum stärker und hat mehr überzeugt, weil sich Toller in seinem Erstlingswerk von menschlicher Not freischreiben mußte. In ›Masse Mensch‹ schreit diese Not nicht unmittelbar genug. Ihre Stimme kommt wie aus einem Trichter oder wie durch das Telephon. Du hörst eine bekannte Stimme, weißt auch, daß ein Mensch dahinter steckt, doch das Gesicht des Menschen bleibt dir entzogen. Toller mag sich hüten, daß er nicht seine eigene Kopie wird. Das Leben ist reicher, als er vorerst noch weiß. Es läßt sich nicht teilen in ein Hüben und Drüben und ist auch nicht so gesinnungstüchtig, wie es sich ausnimmt, abgezogen auf Thesen und Programme. Geschaut hat Toller in seinem Stück zwei Bilder: ein Tanz der Börsenleute über eine vielversprechende Schiebung ist voll eines schauerlich phantastischen Humors, und die nächtliche Szene im hochummauerten Hof mit den bluttollen Rotgardisten und der sich vor ihre Gewehrläufe stellenden Heldin packt menschlich und künstlerisch gleich stark. Sonst ›denkt‹ Toller zuviel über Schuld und Sühne, zerfasert dadurch seine ohnehin nicht stark geknüpfte Handlung und bringt ins Schlußbild eine Stauung, die mehr lähmt als beflügelt.

Spricht er in dem Stück pro domo? Er tut es wie jeder Dichter. Dann beweist ›Masse Mensch‹ erneut, daß sich eine Umkehr anbahnt in den Kreisen unserer Geistigen. Sie revidieren ihr Verhältnis zur Revolution. Toller dreht hamletisch die beiden Phänomene ›Masse‹ und ›Mensch‹ zwischen den Händen und weiß noch nicht recht, für welches er sich entscheiden soll. Sein Herz ist mit dem Menschen, sein bewußter Wille, scheint es, mit der Masse. Geht sein Weg nach Damaskus über Moskau? Das ist nicht klar und könnte auch weiter nicht ins Gewicht fallen, wenn Toller nicht selbst in seinem Stück auf Klarheit dringen würde. Eine Frage der Kunst ist die Entscheidung für oder gegen Moskau nur dort, wo die Kunst bewußt in den Dienst der Politik gestellt wird. Dazu entschließt sich aber Toller auch nicht, denn gerade die künstlerisch stärksten Augenblicke des Stückes sind rein von Politik.

In Nürnberg war es nicht einfach, sich nur an den Künstler Toller zu halten. Durch die plumpe und ungeschickte Art reaktionärer Gruppen haben Dichter und Stück eine politische Bedeutung erhalten, die immer wieder in das Ergebnis der Uraufführung hereingespielt hat. Der Protest des ›Deutschvölkischen Bundes‹ hat bewirkt, daß die Vorstellung von den Gewerkschaften geschlossen übernommen wurde. Arbeiter haben Tollers neues Stück auf seinem ersten Gang begleitet. Das war ihm sicher eine Freude und Genugtuung. Doch daß ein Konflikt, der ausgefochten wird in der Brust einer bürgerlichen Frau, nicht vor Menschen dieser Lebenskreise ablaufen kann, ist auch ein Zeichen, wie sich heute der bürgerliche Geist drückt um die Konflikte, die niemand mehr angehen als ihn selbst. Eine sorgsame Aufführung hat dem Stück alle Hemmnisse aus dem Weg geräumt. Die im szenischen Ausdruck hervorragende Leistung des Regisseurs Friedrich Neubauer zusammen mit der Darstellung Marg. Hannens und Fischer-Streitmanns ließ keinen Wunsch unerfüllt.

Volksbühne am Bülowplatz Berlin
Alfred Kerr, Berliner Tageblatt 30. 9. 1921
I
Ein Märtyrerstück. Das freiwillige Todesopfer der Sonja Irene L.: Führerin einer Aufstandsbewegung; verhaftet von den Häschern des alten (pfäffisch-militaristischen) Staats – nach dem Scheitern jenes gewaltsamen Aufruhrs.
Sonja könnte durch Tötung eines Wärters befreit werden. Sie lehnt es ab: weil sie Gewalttat ablehnt.
Weil sie schon begangene Gewalttaten, widerstrebend mitgemacht, jetzt bereut. Sie wird erschossen.
Der Anblick ihres Beispiels, ihres Opfers, mag die gewaltlose Weltverbesserung in Zukunft fördern.
II
Ja? Auf jeden Fall etwas langsam. Es ist ein sehr christliches Drama ... Über seine Lehren läßt sich streiten.
Exempelshalber auf der folgenden Grundlage. Tollers Märtyrerin setzt Befreiergewalttat praeter-propter gleich mit Unterdrückergewalttat. Sie verwirft zwar Kriegsmörder – doch einem zur Gewalt entschlossenen Massenführer hält sie entgegen: »Sie glaubten gleich wie du an ihre Sendung.« Sonja sieht da »keine Unterscheidung«.
Das eben ist ihr Mangel.
[...]
III
[...]
IV
[...]
V
[...]
VI
In Tollers ›Wandlung‹ trat seine Friedsamkeit so scharf und lehrhaft nicht hervor wie jetzt in dem Traumspiel. Auch blieb der Vorgang dort mehr bildkräftig.
Bisher war Toller der einzige Dramenexpressionist, an dem sich merken ließ: er ist ein Könner. Er ist es auch jetzt. Aber das Greifbare schrumpft hier manchmal bis in die Nähe der bloßen Allegorie. Expressionismus bietet im Grunde ja wenig anderes als ein zusammengedrängtes Symbol. (Weshalb man ihn auch Symbolismus taufen könnte. Oder Kernkunst.) Aber es gibt verschiedene Arten von Symbolen: straffe und schlaffe. Bei Toller sind sie am straffsten in dieser Zeit. Nicht am straffsten in diesem Werk. So liegt der Fall.

VII

Und wenn man dennoch tiefbewegt ist; wenn eine fast religiöse Stimmung über die Menschen kommt; wenn politisches Erörtern, Abwägen, Meinungsaustausch fast zum Oratorium wird, so läßt sich kein anderer Grund hierfür feststellen, als daß ein Mensch mit einem ... unfeststellbaren Fluidum, nämlich ein Dichter, dies schuf.
[...]
Jedenfalls: man vergißt Minuten im Theater nicht wie diese seltenen – wenn der Ruf nach der Erde hundertstimmig von den Ärmsten erschallt; wenn Verurteilte vom Harmonikaspiel dieser Ärmsten schemenhaft umklungen sind; wenn die Internationale, die Arbeitermarseillaise blutaufpeitschend, sehnsuchtsvoll, zukunftsträchtig aus den Kehlen vorläufig Besiegter zum Himmel, nein, zu den Menschen braust. Das ist kein Theater mehr.
Dichtung ist es. (Mag auch ein Politicus dahinter stehen, der mit vierundzwanzig Jahren schon eine Iphigenie ward.)
... Man hat ihn zur Festung verurteilt – läßt ihn aber in Wirklichkeit eine Gefängnisstrafe büßen. Er ist lungenleidend – und bekam nie Urlaub. Seine Mutter lag sterbenskrank – er bekam nie Urlaub.
Er darf nicht vier Monate 'rumreisen, denn er schoß nicht auf Erzberger. Er darf nicht auf einem Schloß hausen – denn er ist kein meineid-verdächtiger Standesherr.
Seltsames Gefühl, wenn man den Wert dieses Dichters mit dem Wert seiner Schergen vergleicht ... Und er predigt Sanftmut.

VIII

Die Volksbühne besann sich nun, wer sie ist. Jürgen Fehling half ihr, jenseits vom Stoff und seinem Volksbelang, zu starken, zu künstlerischen Werten.
Toller scheidet zwar zwischen realen Szenen und verschwimmenden Traumszenen – und am Bülowplatz war der Traum nicht recht abheblich vom Alltag.
Das Ganze trotzdem hohen Ranges.
Alles zusammengepackt, zusammengefugt. Fehling läßt Menschen mitunter nicht ›hineinhuschen‹, wie Toller will, sondern irgendwo auftauchen. Die Ferne bekommt gewissermaßen einen Klang bei ihm. Die Stimmen verdämmern. Oder sie wittern empor. Der Bau ist gegliedert – wie bei Toller selbst.
Im einzelnen: Lichtkegel! von oben. (Manchmal blicken dann die Gestalten augenlos und lemurenhaft, auch wider Willen.)
Natürlich die Treppe der Expressionisten. Symbolisch wirkt sie falsch. Die Menschen der Tiefe müßten ja rechtens aus der Tiefe steigen; während sie hier weit eher von oben nach unten gravitieren.
Gleichviel. Fehling ist als Regisseur mitschöpferisch ohne Mätzchen. Das Beste, was man von dieser Berufsklasse sagen kann.
(Was hätte sein Großvater Geibel für Augen gemacht! Ihn enterbt; vielleicht bloß verflucht.)
Mary Dietrich stand ihm zur Seite mit einer gewissen schlichten Seelenkraft, – neben allen sonst, die hier ergreifend Masse Mensch wurden.

Siegfried Jacobsohn, Die Weltbühne, Berlin, 1921

... erhält sich das Getriebe ... Erstens durch Hunger. Daß dieser sich gerechter verteile und das Getriebe friedvoller erhalte, hat Toller gehandelt. Seine Handlungen haben ihn auf die Festung gebracht. Aus der Festung blickt er mit gewandelten Augen in das Getriebe. Der Bolschewik ist ein Pazifist von der bedingungslosen Gattung geworden. Er verwirft jede Gestalt, weil sie unweigerlich neue erzeugt und des Kampfes kein Ende würde. Moskau wird diesen verlorenen Sohn verachten, der bei der Wahl zwischen Masse und Mensch den Menschen gewählt hat – und trotzdem sein Stück der Masse, »den Proletariern«, widmet. Tollers Güte, über alle Enttäuschungen hinaus, währet ewiglich. Aber: ist dieses gütige Stück zugleich ein gutes geworden? Seine Personen sind mehr charaktervoll als charakterisiert. Sie haben von ihrem »Standpunkt«, den sie nacheinander »vertreten«, nacheinander recht, wie gewöhnlich die Diskussionsredner einer öffentlichen Versammlung. Nur ist zwischen der und einem Drama von Shakespeare, bei dem ebenfalls keiner unrecht hat, der Unterschied, daß, zum Beispiel, Brutus, Cassius, Cäsar oder Coriolan, Aufidius, Menenius außer einer rein sachlichen Beziehung zum »Thema« eine menschliche zueinander haben und daß diese dazu da ist, seelische Tiefenprodukte zutage zu fördern, ohne die das Leben so wenig wert ist wie seine Spiegelung auf dem Theater. Dem Täter Toller konnte, ja, mußte die Welt eine Fläche sein. Seltsam, daß sie für den Betrachter Toller genauso gradlinig, vegetationsarm und abgrundlos ist. Oder wo nicht für den Betrachter, so sicherlich für den Gestalter Toller. Seine blecherne politische Rüstung schnürt ihm ausgreifende dramatische Gebärden ab. Das Visier läßt die Reden selten anders als asthmatisch und welk heraus. [...]: der Wortkünstler Toller ist preiszugeben. Und der Bildkünstler? Ihm mißlingt, Traumbilder von Wirklichkeitsbildern abzuheben, weil er letzten Endes weder Traum noch Wirklichkeit trifft, weil er für den Traum nicht genug Poesie, für die Wirklichkeit nicht genug Humus hat. Was er hat, sind Eigenschaften, die auch dieser bedenkenlos tapfere Agitator nicht aus seiner gefahrvollen Praxis als fruchtbare Elemente in die Dichtung hinübergerettet hat: Liberalität, Wärme, Ehrlichkeit, Edelmut, Schmerz über die Unbilligkeit der Glücksgüterverteilung und Sehnsucht nach einer helleren Zukunft. [...]
In der Volksbühne überträgt sich nichts. Den ganzen Abend kein Satz, der zündet. Die Leute sitzen gleichgültig da, rühren am Schluß mechanisch die Hände und trollen sich heim. Das zeugt wider dieses Kleinbürgertum, das mit sich und seinem Lose zufrieden ist. Es zeugt wider Toller, dem, leider, das Ingenium, der Funke fehlt. Es zeugt nicht wider den Regisseur, dessen Leistung für sich von den braven Mitgliedern der Vereinigten Volksbühnen kaum zu würdigen ist. Da Toller Traum und Wirklichkeit nicht zu trennen vermocht hat, versucht es Jürgen Fehling erst gar nicht. Er schenkt sich das ›Hinterzimmer einer Arbeiterkneipe‹, den ›Großen Saal‹, die ›Gefängniszelle‹ und rückt alles in die visionäre Traumsphäre. In dieser ununterbrochen Auge und Ohr zu beköstigen, verlangt einen Phantasiereichtum, der um so erstaunlicher ist, je weniger er die Möglichkeit hat, sich aus der Vorlage aufzufüllen. Nur Heinz Tiessens Musik hilft Tollers prosaische Härte erweichen. Die Szene wird rings von hohen, nachtfarbenen Vorhängen eingeschlossen. Die Personen tauchen aus dem Dunkel hervor, werden scharf belichtet und verschwin-

den wieder im Dunkel. Die Börse, vor der sich ein Vorhang in hämmernd regelmäßigen Abständen öffnet und schließt, ist ohne Dekorationen auf Silhouettenwirkung der schwarzen Schreiber und Makler gestellt. Die Masse wird wuchtig emporgegliedert und vermittelt, indem sie langsam und stumpf deklamiert, durch Tempo und Ton die Einförmigkeit ihres schweren Daseins. Wenn ein Hetzer mit wild verzerrter Stimme aus ihrer Mitte bricht, so fällt auf ihn ein schreiender Schein. »Antlitzlose« wandeln als Riesenschatten im Hintergrund. Eine Frau jault aus hohler Brust, daß einem selber die Rippen schmerzen. Bei der automatischen Lache kalter Gefangenenwärter erstarrt man. Die zum Tode verurteilt sind, klappern einen schaurig-skurrilen Tanz herunter. Kreischende Stimmen rücken in einem unheilschwangern Rhythmus aus der Ferne heran. Welches unerschöpfliche Lager von Rhythmen hat dieser musikalische Regisseur! Der Höhepunkt: wie die Masse dem Gewehrgeknatter ihr Schlachtlied entgegensingt – ehern, rasend, fanatisch, aufgepeitscht, über sich hinausgetrieben, in Weißglut erhitzt. Man bebt. Der Autor fragt: Ohne mein Verdienst? Ja – denn man versteht keine Silbe, braucht keine zu verstehen; und der alltäglichen Situation hat er nichts geraubt und erst recht nichts hinzugefügt.

Hermann Kienzl, Steglitzer Anzeiger

[...] Hier wurde die Dichtung ... durch eine wundervolle Inszenierung überholt; eine fast selbständige poetische Kraftquelle blendete die Gemüter der Zuschauer. Dem Regisseur Jürgen Fehling, der aus der Sintflut der Berliner Experimentierer wie ein Ararat ragt, ist der Löwenanteil des rauschenden Erfolgs aufs Kerbholz zu schreiben, nicht dem politischen Parteigeist [...]. Es mögen immerhin gar manche von den kriegerischen Klängen der Marseillaise zur Begeisterung hingerissen worden sein und nicht einmal wahrgenommen haben, daß Toller aus seiner Seele Not die Blutopfer der Revolutionen nicht minder verwirft als die der Kriege [...]. Aber ein Drittes steigerte bei allen die Empfänglichkeit und fachte den Beifall zum Sturm an: die Anteilnahme an der Person des Verfassers. [...] Fehlings Expressionismus, dieser ganz lyrischen Bühnendichtung innerlich angemessen, belehrte eindringlich über den Mißbrauch, den andere mit diesem Begriffe treiben. Eine unendliche Mühe war für die wundervoll bildhaften und gegliederten Massenszenen aufgewendet. Mary Dietrich lieh dem Gedankengespinst Tollers milde Erscheinung und gutes Wort. [...]

Gerhart Hauptmann   Peter Brauer

Uraufführung: Lustspielhaus Berlin, 1. November 1921
Regie Heinz Saltenburg

Zwischen den Uraufführungen der großen, im Weltkrieg gereiften Tragödien ›Der Weiße Heiland‹ und ›Indipohdi‹ gab Hauptmann seine seit elf Jahren zurückgehaltene Tragikomödie zur Aufführung frei. Sie war 1910 fast zusammen mit den ›Ratten‹ beendet worden, beides Berliner Stücke. ›Peter Brauer‹ wirkt wie ein Nachklang zu den Künstlertragödien ›College Crampton‹ und ›Michael Kramer‹. Die Hauptrolle hatte Hauptmann seit langem Jacob Tiedtke zugesagt, der schon einmal den ›Collegen Crampton‹ gespielt hatte. Tiedtke gastierte damals frei in Berlin, nachdem er 1918 aus dem Ensemble des Burgtheaters ausgeschieden war. ›Peter Brauer‹ wurde (neben den Sternheim-Rollen) seine bedeutendste Leistung. Daß Hauptmann ein selbst als Nebenwerk erkanntes Stück freigab zu einer Zeit, in der der Expressionismus auf der Bühne noch maßgebend war, überraschte. Der Erfolg Tiedtkes und Saltenburgs (der der Direktor des Lustspielhauses war) deutete jedoch schon an, daß die Ermüdung an der expressionistischen Szene zu einer Revision des Verhältnisses zu den realistischen Stücken zu führen begann. Der Musterfall für diese Revision wurde das mit dem ›Peter Brauer‹ zusammen entstandene Stück ›Die Ratten‹ (1922, s. d.). Hauptmann nahm an der Uraufführung teil, die das Stück freilich nicht durchsetzte.

Alfred Kerr, Berliner Tageblatt 2. 11. 1921
I
Nein, nein: zwischen Crampton und Brauer ist nicht viel Verwandtes. Zwar haben beide Maler den Willensknacks; beide verlassen die Familie; beide leben bei einem Kneipwirt in gewollter Verbannung...
Aber Crampton steigt aus der höheren Welt hinab – wenn Brauer aus der Tiefschicht sich (beinah) hinaufmogelt. Crampton hat was gekonnt, Brauer schwerlich. Für den Crampton heißt es am Schluß gewissermaßen: er ist gerettet. Für den Brauer: er ist gerichtet.
Also zwei ganz verschiedne Stücke. Das eine handelt von dem versoffenen Genie; das andere vom Pfuscher, ... der sich Künstler nennt. (Daß Brauer, wie Crampton, gern einen kippt, – so was haben nicht nur diese zwo gemein.)
II
Brauer vervielfältigt mit dem Pinsel Öldrucke von Fürstenbildern; reinigt Bilder in Kneipen. Eine Kruke von Maler. Er kann Geld nicht verdienen noch es halten. Er liefert »sechsmal den alten Kaiser Wilhelm, zwei Stück Kaiser Friedrich, zwölf Stück Kaiser Wilhelm II. in Öl«. Ein unterer Palettenfalstaff. Ein Luftikus – der aber niemandem weh tut. Mit Künstlerwürde; daß die Kleinbevölkerung, und erst gar das bessere Publikum womöglich, sagen soll, was zur Gaudi eines österreichischen Malers in Berlin die Wirtin sprach: »Künstlehr, da liecht was drin!«
Der Alternde, Fragwürdige, der als Höchstes Zwerge mit roter Zipfelmütze malt, wird von den Seinen mit Härte behandelt; von Tochter und Frau als lästig empfunden; vom Sohn bedauert. Hierbei sein Erbärmlichkeitshochmut; sein Schaufenstern... Er hat aber mit liebenswerter, arm-großartiger Humorschaft menschliche Neigungen für sich: wenn er einmal, einmal, einmal auf den etwas grüneren Zweig zu kommen glaubt, durch ein Mißverständnis; wenn er in diesem Vorstadium in einem Örtchen Schlesiens friedsam seine schäbig-behagliche Krätzerbowle mit Farinzucker schlückert. Er hat sich – einmal – »wie der Hase in den Salat gesetzt«. Es dauert kurz.
Den erwischten Auftrag, die Wand eines Kapellchens zu schmücken, löst er durch Getränk und seinen Gnom mit der roten Zipfelmütze.

Aus. Er bricht, als er die halberrungene Achtung verliert, am Schluß ... nicht zusammen, sondern starrt vor sich hin. (Auf den Brettern macht man es rührseliger.)

III

Hauptmann malt hier nicht bloß einen Menschen. Vielmehr eine Schicht. Seelisch. Zweitens: wirtschaftlich.

Wirtschaftlich den untersten Mittelstand. Seelisch die Beinahekünstler; die nicht Hinaufgelangten; die auf halbem Weg Verpfuschten; die auch sozial Gehemmten. Denn vom Wirtschaftlichen hängt hier das Seelische (teilweise) ab.

In dieser dramatischen Novelle steckt somit ein Kern, der was von einer kleinen Schicksalstragikomödie hat: die Laufbahn der armen Luder; die aus nischt kommen und es zu nischt bringen – aber gern möchten; und so gern den Anschein hätten!

Wundervoll ist von Hauptmann dies Brodemhaltige wiedergemalt. Der peinlich-taktlose Scheelneid aus der gleichen wirtschaftlichen Kleinklasse.

Nur einem großen Dichter kam der Gedanke, zwei Stück von dieser Gattung widereinander zu hetzen – als mißgünstige Wettbuhler um ihr bissel Armseligkeit.

Zwei Hähne, gerupft stolzend, im Kampf um einen Dreck.

IV

Also nicht nur Brauers Tragikomödie. Die Tragikomödie der subalternen Wirtschaftswelten. Ein Photograph ist der Gegenspieler, der Ergänzerich; Atelier Preziosa in Liegnitz. Einer der mit dem Kasten herumzieht; Reklamekarten verschickt; zuvor Inhaber einer Hühnerzucht; auch Verschleißer von Medizin gegen die Kälberruhr. Jetzt Angteriörphotograph.

Der giftet sich, daß der Kaiser-Wilhelm-Maler Fettlebe machen, eine Stufe steigen soll; die Galle läuft ihm über. Das Klebrige ihres Hasses erst – dann ihr schofles Sichvertragen. (Tragikomödie der subalternen Wirtschaftswelt.)

V

In diesem saftigen und leichten Werk ist alles zum Packen gesehen. Ein Stück Leben aus dem Bauch von Deutschland. Wie gut, daß Hauptmann heute, wo er in gehobener Stellung lebt, so viel untere Typen leibhaft auswendig kann. Es wird eine Freude, festzustellen, daß er die Wurzeln nicht verlor.

Prachtvoll deckend ist hier die Peinlichkeit im Gasthaus erfühlt. Köstlich die Gesellschaft beim Schoppen tief in der Provinz, wo die Edelgäste, der Major, der Kreistierarzt, der Herrschaftsbesitzer den Berliner Öldruckmann als Boten aus dem Kunstreich ansehn. Hundert meisterhaft sitzende Züge rings, noch bis auf die Erholungsreise nach Bromberg, von Tochter und Frau geplant. Alles voll ruppiger Miekrigkeit in einer gedrückten Welt von spärlichen Unterbürgern ... durchstrahlt vom lachenden Mitleid eines Dichters.

Das Ganze, fast ein Jahrdutzend alt, jetzt wohl durchgeknetet, zeigt einen Hauch von erneuter Jugend.

VI

Diese echt gesehenen Menschen laufen unter Saltenburgs Battuta nicht so echt herum. Er muß in seinem Schwarm drei Arten von Dilettantismus scheiden (und kappen).

[...]

VII

Also die Angehörigen spielten das ›Friedensfest‹. Der Gesamtton nicht alltags-

dicht. Hauptmanns Leute wachsen aus der Erde, diese wohl aus dem Bühnenverband.
Biensfeldt auch, welcher den Photographen verfehlt: mit betontem, unwirklichem Schauspielergang; Mischdialekt; Mißdialekt (erst berlinisch – zwischendurch schlesisch »Tummheet« und sonst was) ... Vallentin diesmal nicht; in einem den Nasenschleim hochziehenden Möbelschieber.

VIII
Ein Regisseur von gutem Tongefühl müßte den Schlesier in der Mitte nicht das deutschgebliebene Ratibor wildfremd »Rahtiborr« aussprechen lassen lassen, sondern wie es gesprochen wird, nämlich »Rattibohr«. Das nebenbei.
Tiedtke, nicht aus Schlesien, doch aus einem Guß (möcht' man sprechen), ist mild wie Schmalz; gutmütig wie ein Verantwortungsloser; mit dem lieben Aussehn bald eines alten Badeengels, bald eines Seehunds. Putzig und ergreifend.
Wenn seine Füße ... nicht schwanken (aus Glück über den Auftrag), sondern sich verirren – und fast nach getrennten Richtungen gehn: dann packt er ans Herz. Es ist, in seiner Laufbahn, bis heut, der stärkste Augenblick.
Hauptmanns ... Schuld.

Emil Faktor, Berliner Börsen-Courier 2. 11. 1921

Gerhart Hauptmann, der Dichter, der Dramatiker, Deutschlands bester Dramatiker, wie wir zu singen und sagen nicht müde werden, hat in seiner Produktion – warum denn nicht? – auch Fehlschläge. Einen davon hat er vor elf Jahren in richtiger Erkenntnis ausgeschaltet und der Öffentlichkeit vorenthalten. Aber gestern wurde in weniger richtiger Erkenntnis das vor elf Jahren verheimlichte Opus denn doch auf die Bretter gebracht – die dreiaktige Tragikomödie ›Peter Brauer‹, eine recht verwischte Charakterstudie eines armseligen Gelumpe von malendem Nichtskönner – – – und es hatte den Anschein, als könnte, sollte, wollte und möchte sich ein Heiterkeitserfolg herausstellen. Auch der Hauptdarsteller Jacob Tiedtke setzte etliche Energie seiner wohlbeleibten Komik darein, dem bittern Humor des Kollegen Crampton ein niederländisch derbes Genrebild gegenüberzustellen. Teilweise gelang es – besonders in Momenten, die frei von Gewaltsamkeit waren. Der anwesende Dichter wurde mit Tiedtke oft gerufen. Es war – wenn man es ganz richtig nimmt – ein schöner Erfolg der Anerkanntheit.
[...]
Festzustellen ist, daß Hauptmann mit seinem, im Grunde verächtlichen Helden, der nur als konsequenter Gauner Anspruch auf Interesse hätte, etliches Mitgefühl hatte. Tragik und Humor sind nicht ausbalanciert, Mitleid und Lächerlichkeit sind nicht künstlerisch korrekt dosiert.
Statt des schwebenden Gleichgewichtes der tragischen und heiteren Zustände, durch welches allein Lustgefühle im Zuschauer entstehen könnten, erlebt man nach Ablauf der Situationen peinliche Momente. Schlußakte verebben hilflos, Einfälle versanden, Figuren werden physiognomielos. Besonders verwunderlich, wieso Hauptmann dazu kommt, ein so schäbiges Menschenpack wie Frau und Tochter des Peter Brauer, der Glaubwürdigkeit zu empfehlen. Diese denaturierten Rohgestalten entstammen nicht seinem Blute. Auch der viel bra-

vere Sohn des armen Peter hat mit dramatischer Gestaltung nichts zu schaffen – einem Apfel vergleichbar, der weder süß noch sauer schmeckt.
Peter Brauer ist eine Schwankfigur. Sie hätte auch ein paar Runen haben dürfen, ohne ihre Leichtigkeit zu verlieren. Hauptmann jedoch begnügte sich nicht damit. Er machte sie außerdem schleppfüßig. Er banalisierte die Bewegung wie er auch das Gefühl durch Sentimentalität schwächte. Und all das hatte dieser klecksende Taugenichts nicht nötig. Ein Schuß Eichendorffscher Romantik hätte ihm wohler getan.
Jacob Tiedtke spielte zweierlei: den tragischen Menschen und den komischen Lumpen. Beides gab er sehr gut – für sich genommen. Es wollte nur nicht zusammenwachsen. Auch wünsche ich heitere Korpulenz nicht gar so echt zu sehen. Und der Ton könnte, da Tiedtke Phantasie hat, viel mannigfaltiger sein, wenn er nicht von Natur aus zu schartig wäre. Immerhin: es gab köstliche Augenblicke.
Biensfeldt trat als Photograph sehr aus sich heraus. Man hat ihn schon lange nicht so zielbewußt lebhaft gesehen. Die Rolle aber schnappte ab, so oft ihr der Darsteller uns Richtiges entlocken wollte.
Alle andere Darstellung war ziemlich belanglos. Man könnte aus Höflichkeit Namen wie Erika Unruh und Rose Veldtkirch nennen. Meinetwegen auch Vallentin. Nur nicht Arthur Bergen, der machte Schiefes noch schiefer.
Geist des Lustspielhauses, wie es Direktor Saltenburg auffaßt. Man dekoriert sich zur Abwechslung mit Gerhart Hauptmann.
Cui bono? Wem zum Heile?

Norbert Falk, BZ am Mittag, Berlin, 2. 11. 1921

Eine richtige Hauptmann-Premiere im Lustspielhaus, das hätte sich Bolten-Bäckers vor einem Jahr kaum träumen lassen. Mobilisierung des »janzen tout Berlin«; von noch wirkenden und gewesenen Ministern bis zu Herrn Auchdabei und Frau Mitmachowsky, – alles da. Das ganze kleine Theater mit Stühlen vollgepropft, untergrundbahnhafte Fülle. Und nach dem zweiten Akt, der sehr applaudiert wird, können alle den Dichter auf der Bühne sehen, Hand in Hand mit Jacob Tiedtke, der ihm das sehr verletzliche Stück auf fettem Rücken über hundert Gefahren hinwegträgt.

Diese Tragikomödie des jammervollen Kitschmalers Peter Brauer erweist sich als ein sehr schwaches Nebenwerk des Crampton-Dichters und wird niemals in der Reihe der Werke stehen, die Hauptmanns uns allen teuren Namen fernen Generationen noch wert machen werden.
So fertig und ausgeführt alles ist, die drei Akte behalten das magere Gesicht der Skizze, das grob Materielle ist kaum andeutungsmäßig formuliert, und doch sind Anlage und Struktur des Ganzen derart endgültig, daß kaum eine Nacharbeit etwas bessern könnte. Der meisterliche Menschenbildner Hauptmann hat die ihm aus Crampton- und Kramer-Nachstimmungen, vielleicht aus einem Erlebnis der Breslauer Kunstschulzeit her erwachsene Gestalt des Schmierpinslers Brauer, der Kaiser Friedrich-Bilder zu 4 Mark das Stück malt, mit rechter Dichterliebe gesehen, lebensvoll mit Herzgang und Atem gebildet. Aber was um die vortreffliche Menschenstudie, diesem verlodderten und ta-

lentlosen Gegenstück des verbummelten und genialen Crampton herumsteht, auf Rollen und Rädern mühsam herumgeschoben wird, sind doch herzlich minderwertige und leblose Gebilde. Ansätze zu lebenswahrscheinlicheren Existenzen zeigen im Anfang Weib und Tochter des armen Teufels; es wird verständlich, daß sie den Nichtverdiener und Faulpelz nicht leiden mögen, aber ihr harter, unsympathisch mitleidloser Haß gerät dem Dichter fühlbar gegen die Absicht gar zu abstoßend, die Figuren erstarren bald in gleichförmiger, umwandelbarer Härte. Die Luft, die im Hause Brauer durch sie rauh und kaum atembar wird; ist athmosphärisch verwandt mit der des Hauses Scholz im Friedensfest. Von da herüber weht's in die Konzeption, der viel später entstandenen Tragikomödie, die nun auch schon zehn Jahre fertig in der Schreibtischlade des Dichters gelegen hat.

[...] Mit Jacob Tiedtkes liebenswürdig versumpftem, geruhsamem, herzlichem Peter, über den man gelegentlich lachen kann, niemals weinen möchte, kann schon jedes Theater, also auch das des Direktors und Spielleiters Saltenburg, den Gang wagen. Tiedtkes Peter ist eine runde, lebenssaftstrotzende Gestalt. Sie strömt in der Pose des Velasquez-Anbeters, in den Rennomagen am Wirtshaustisch, in der Verprügeltheit des nur geduldeten Ehemanns so viel Laune aus, daß Rosa Veldtkirchs und Erika Unruhs spinöse Säuerlichkeit nicht gar zu unangenehm empfunden wird. Arthur Bergen legt die Gestalt des Sohnes ein bißchen süß, aber doch auch wieder frisch aus; daß er sie nicht weiter zu entwickeln vermag, liegt am Fragmentarischen der Rolle. Den ›Episoden‹ der ohne Zwang der Notwendigkeit dem Stück eingeschalteten Figuren geben Biensfeldt als possenhaft quirliger Photograph, Hermann Vallentin als brutal zupackender Klein-Schieber, und Alfred Haase als polternder Garderittmeister ein paar schillernde Facetten.

Hugo von Hofmannsthal Der Schwierige

Uraufführung: Residenztheater München, 8. November 1921
Regie Kurt Stieler

Kammerspiele Berlin, 30. November 1921, Regie Bernhard Reich

Mit dem Rückzug Max Reinhardts von Berlin nach Wien hatte der ideenreiche und radikale Direktor des Burgtheaters, Albert Heine, erwogen, Reinhardt zu Inszenierungen am Burgtheater zu gewinnen. Zu den dafür projektierten Stücken gehörte die Uraufführung der neuen Komödie Hofmannsthals, die, während des Krieges niedergeschrieben, noch einmal die Adelsgesellschaft des untergehenden Österreich in sehr subtilen Bildern einfing. Dieser Plan wurde nicht verwirklicht. Heine verließ das Burgtheater, und sein Nachfolger Anton Wildgans erneuerte die Einladung an Reinhardt nicht. – In einem Kommentar zur Uraufführung in München nannte Raoul Auernheimer den Wienern den ›Schwierigen‹ »ein heiteres Stück beseelter Menschlichkeit«, das die Lustspielliteratur für dauernd bereichere, »österreichischstes Österreich, im reinen Spiritus einer ungemein geistreichen Darstellung für kommende Zeiten aufbewahrt« (›Neue Freie Presse‹, Wien, 16. 10. 1921). – Die Münchner Uraufführung wurde von Kurt Stieler inszeniert (der 1928 auch für die Uraufführung von Hofmannsthals ›Turm‹ die Regie hat). Gustav Waldau fand in dieser Aufführung als Graf Bühl die Rolle seines Lebens (Reinhardt engagierte ihn 1924 für dieselbe Rolle nach Wien an das Theater in der Josefsstadt). Die damals vierundzwanzigjährige Elisabeth Bergner – sie gehörte seit 1920 zum Ensemble des Staatstheaters in München und hatte sich dort mit ihren Glanzrollen Rosalinde, Puck und Nestroys Christopherl schnell an die Spitze gespielt – war die erste Helene Altenwyl. Die Aufnahme der Komödie in München war weitaus besser als in Berlin, wo Bernhard Reich, einer der Utilité-Regisseure der Direktion Hollaender, das Stück in den Kammerspielen inszenierte. Das Lustspiel erhielt in Berlin durchweg eine so ablehnende, zum Teil vernichtende Kritik (die sich nicht aus der Aufführung begründet), daß die Analyse dieses Mißverständnisses Einblicke in die Zusammenhänge von Kritik und Zeit gibt (s. Einleitung). Ähnliches wiederholte sich 1923 bei der Berliner Erstaufführung des ›Unbestechlichen‹ von Hofmannsthal. – Die gültigste Inszenierung des ›Schwierigen‹ machte Max Reinhardt 1924 im Wiener Josefsstädter Theater (s. 1924).

Residenztheater München
Wolf, München-Augsburger Abendzeitung 9. 11. 1921

Lustspiel – nein, das ist nicht der richtige Titel für dieses Stück. Es ist eine dramatisierte Charakterstudie, eine in Dialog übersetzte, feine, stille Novelle. Der heiße Impuls des Theaters fehlt. Es fehlt eine große Handlung von zwingender Folgerichtigkeit, es fehlt die theatralische Spannung, es fehlt alles Wirksame im sensationellen Sinn. An seiner Statt wird uns viel, viel Stimmung gegeben, ein breit angelegtes, liebevoll und treu koloriertes Zustandsbild des österreichischen Adels und seiner Welt im Winter 1918 oder Vorfrühling 1919, es wird uns das Porträt zuteil eines Menschen, für den die Bezeichnung ›Der Schwierige‹ gewählt ist. Vielleicht hieße es besser ›Der Überzüchtete‹ oder ›Der Edelmann mit den zu vielen Hemmungen‹. Der Weltfremde aus Vornehmheit oder auch ganz einfach der Schüchterne, oder der Unberechenbare. Das Stück steht auf den Augen dieses Schwierigen, des liebenswürdigen Grafen Hans Karl Bühl, der in seiner Weichheit freilich kein Mann im Idealsinn einer harten Zeit ist, aber so unendlich sympathisch, wie es nur ein mit allen Gütern alter Kultur gesegneter österreichischer Hochadeliger sein kann.
Hofmannsthal hat mit diesem Stück seine Bahn verlassen und das Steuer seiner Produktion herumgeworfen. Nicht mehr die pathetischen Menschen der Renaissance [...], nicht mehr die tänzelnde Geziertheit des Rokoko [...], sondern da geschah ein Griff ins Leben der Gegenwart, ein Abriß wurde gegeben der großen Wiener Gesellschaft, gruppiert um diesen Grafen Bühl, von dem gesagt wurde, er sei eine ›Persönlichkeit‹ und der auf seine Weise ganz gewiß eine ›Original‹ ist, keines der komischen freilich, ja kaum eines in lustspielmäßigem Sinn.
Auf diesen Bühl kommt alles an. Einmal heißt es von ihm: »Du redest wenig, bist so zerstreut und wirkst so stark.« Dann wieder, daß viel Kindliches und zugleich Würde in ihm sei. Man nennt ihn einen wunderbaren Mann in einer

absichtsvollen Welt, sagt ihm nach, er sei ein absolutes, anmaßendes Nichts, sei zynisch, egoistisch. Und er behauptet von sich selbst: »Ich hab einen unmöglichen Charakter – ich bin ein Mensch, der nichts als Mißverständnisse auf dem Gewissen hat – ich bin ein maßloser Egoist.« Ein solchermaßen seltsam schillernder Charakter muß interessieren, auch wenn er passiv ist wie dieser Bühl, wenn er nicht Träger der Handlung ist, sondern in seinen Handlungen vom Zufall geleitet wird und von den Umständen abhängig ist. So etwa: Bühl steht zwischen zwei Frauen. Ein neununddreißigjähriger Mann, der er ist, muß zu Entschlüssen kommen. Die fallen dermaßen aus, daß Bühl seine frühere Geliebte mit ihrem Mann versöhnen will, während er auf die schöne, schmissige Helene, die er uneingestanden liebt und begehrt, zugunsten seines Neffen verzichtet, ja sogar den Freiwerber für den etwas dalketen Stani machen will. Aber diese Helene ist ein weniger weltfremder Mensch als Bühl, sie erkennt, was vorgeht im Innern dieses Menschen, der nicht für sich sprechen kann und lieber sein Glück hingibt, als daß er einmal von der Leber weg redet, und ergreift ihrerseits die Initiative. Um diese knappe Begebenheit gruppieren sich einige Episoden, die zu kleinen witzigen Einaktern ausgebaut sind. An gut gesehenen und klar gezeichneten Gestalten fehlt es im übrigen nicht. Auf Konversation ist viel Wert gelegt, dergestalt, daß der Dialog etwas redselig und breit ausfiel: kräftige Striche waren deshalb nötig, man hat durch sie an Tempo gewonnen, was durch sie an breite Fundierung und von weit hergeleitetem Witz preisgegeben werden mußte.

Als Versuch Hofmannsthals auf einem neuen Felde ist die Arbeit höchst beachtenswert, auch wenn sie nicht in allem gelang, und wenn zuweilen auch dem Autor die Fäden entglitten. Mag sein, daß einer sagt: »Was geht mich die vermorschte Welt des zeitgenössischen österreichischen Hochadels an?« Dem wird man erwidern: ebensoviel als die Zustände am Hof von Guastalla in ›Emilia Galotti‹ und an einer kleinen deutschen Residenz in ›Kabale und Liebe‹, das heißt sehr viel, wenn dahinter echtes Dichtertum steht, oder gar nichts...

◆

Der Spielleitung ist hier viel in die Hand gegeben. Dessen war sich ein so intelligenter Regisseur wie Stieler natürlich bewußt, und er hielt, ohne zu sehr in Einzelheiten zu gehen und Feinarbeit bis ins letzte zu leisten, daraufhin die Stimmung zu sichern, echtes Milieu und kulturelle Atmosphäre zu schaffen. Dabei kam es nicht darauf an, krampfhaft Lustspieltum aus einem Lustspiel, das keines ist, herauszuholen. Seine Absicht gelang Stieler, und das ist uns wertvoller, als wenn Tempo und Einzelheiten der tonlichen und gebärdlichen Zusammenstimmung noch besser getroffen worden wären. Den Schauspielern ließ der Spielleiter innerhalb des einmal umzeichneten Rahmens jede mögliche Freiheit.

Seine Erlaucht Graf Karl Bühl war natürlich Gustav Waldau. Was war das für eine tiefgefühlte, intellektuell erkannte und mit technischer Überlegenheit geformte Leistung! Da vergaß man, daß ein Schauspieler sprach und agierte, daß der Dichter sich eines Interpreten bedienen mußte: Waldau wirkte so unmittelbar, daß, ganz geheimnisvoll und zugleich selbstverständlich, Spiel und Leben ineinanderflossen, daß dieser Bühl lebte, Waldau hieß und Waldau war. In ausgezeichneter Maske, seine technischen Mittel beherrschend, blendend in der Erscheinung: mit diesen äußeren Voraussetzungen trat er an die Rolle und erfüllte sie, ohne gewaltsam ins Komische zu gehen, sondern die

Töne leiser Ironie anschlagend, mit der Lieblichkeit eines zarten, feinnervigen, im Grunde melancholischen Menschen. Er addierte ihr viel aus eigener Künstlerschaft, machte sie reich und farbig, gab von seinem Besten. Das Gespräch mit Helene (II, 14), dieses sich selbst unter Schmerzen abgerungene Geständnis einer wehen Liebe, war ein Meisterstück, das heute auf der deutschen Bühne keiner diesem Künstler nachspielt.

Um ihn die Frauen: Hertha von Hagen als Bühls Schwester, so liebenswert und temperamentvoll in der Unbefangenheit und Ahnungslosigkeit, die von der Rolle gefordert wird, als sich der Autor nur wünschen konnte, mit herzlichen, echten Tönen erwärmend. Hilde Herterich als die abgedankte Geliebte, die bühnenwirksamste Gestalt, zuweilen wohl leise karikierend und in der Dosierung der Komik splendider, als es im Interesse der Ensemblewirkung liegen konnte, indessen in ihrer Frische packend, lustig und das Stück fördernd. Elisabeth Bergner war ihr Widerpart als die innige, entschlossene Helene: ganz im Bild der Rolle, der sie im Rahmen dieses Hauses wohl noch viele folgen lassen wird. Der junge Gast, Herr Karlweis, ergab sich in der Rolle des Stani etwas zu unkontrolliert, zu tollpatschig, aber mit guten Ansätzen, die allerdings nach anderen Aufgaben wiesen. Graumann war als Graf Hechingen so etwas wie ein ins Noble gesteigerter Jürgen Tesmann. Ein neues Mitglied Otto Wernicke zeigte sich plastisch in holsteinischer Schärfe und Klarheit als Kontrastfigur zur weichen Wienerin. [...]

Nach den Akten und zum Schluß gab es starken Beifall, obwohl das breit angelegte Stück, besonders der allzu weit ausholende Expositionsakt, an die Geduld des Publikums allerlei Anforderungen stellte. Ein bißchen Zischen zuletzt konnte den Erfolg nicht in Frage stellen.

Kammerspiele Berlin
Herbert Ihering, Berliner Börsen-Courier 1. 12. 1921

Wenn Hugo von Hofmannsthal eine Komödie des Wiener Hochadels schreibt, so schreibt er sie, weil Wien die Tradition des vornehmen Konversationsstücks bewahrt hat. Hugo von Hofmannsthal erlebt nicht die Lebensform von Aristokraten, sondern die Kunstform des aristokratischen Lustspiels. Als Hofmannsthal ›Cristinas Heimreise‹ schrieb, erlebte er das Deutsche Theater Reinhardts. Als er den ›Schwierigen‹ schrieb, erlebte er das Burgtheater Laubes.

Wenn man sich mit dem neuen Stück Hofmannsthals auseinandersetzt, muß man sich mit der Theatergeschichte auseinandersetzen, muß man eine Kritik über Bauernfeld und über die Schauspieler des alten Burgtheaters schreiben.

In der Rolle des ›Schwierigen‹ des Grafen Hans Karl Bühl alternierten Sonnenthal und Hartmann. Sonnenthal gab mehr die Weichheit, Hartmann mehr die Sieghaftigkeit des melancholisch verschlossenen Aristokraten. Sonnenthal schwankt zwischen den beiden Frauen der Komödie, zwischen der Gräfin Hechingen und der Gräfin Altenwyl, aus inniger Hingegebenheit an das Gefühl, Hartmann aus spielerischer Freude. Beide meisterten die Konversation vortrefflich, diesen mit französischen Brocken durchsetzten, dünnen, gezogenen, unaufgeregten, immer auf Haltung bedachten Dialog. Bei vielen Stellen applaudierten die Aristokraten in den Logen, einmal die auf der rechten Seite, wenn sie eine Anspielung auf die Familiengeheimnisse der linken vermuteten. Das andere Mal die auf der linken Seite, wenn sie die Gegenpartei hineingezogen glaubten. Als die Verwicklungen glücklich gelöst waren, als der Schwierige, der für seinen Neffen bei der Gräfin Altenwyl werben sollte, selbst der Bräutigam wurde, als Auguste Wilbrandt-Baudins auf Gabillon zueilte und ihn unnachahmlich umarmte, da stand das ganze vom Hochadel gefüllte Haus auf, war enthusiasmiert, wie bei einer Familienfeier – und man war wieder in den Kammerspielen.

Hier konnte Herr Edthofer zwar die Rolle Sonnenthals nicht füllen. Er ist schauspielerisch zu unergiebig für eine Gestalt, die den ganzen Abend beherrscht. Er wird matt, statt diskret zu sein. Er verwischt in dem Bemühen, über seine gewohnten Akzentuierungen hinwegzukommen. Und Frau Reisenhofer hat kein schauspielerisches Niveau.

Aber reizend ist Hermann Thimig in der Selbstverständlichkeit, mit der er sich wichtig nimmt. In der Naivität, mit der er blasiert ist. Und eine schauspielerische Überraschung ist Margarethe Christians insofern, als sie zum ersten Male zeigt, daß sie einen Dialog lockern und färben kann. (Die falschen Töne kommen dann wieder, wenn sie heftig wird.)

Helene Thimig hatte – seit langem wieder – stille Momente, die wundervoll waren. Wenn sie sich abwendet, wenn sie zögert, wenn sie wenige Worte einwirft, war der Zauber ihrer früheren Rollen da. Wenn sie Perioden zu gliedern hat, schleichen sich Reste der Manier ein, in denen sie an ihre Kopistin Denera erinnert.

Manchen mittleren Schauspielern kam der Dialekt zugute. Max Gülstorff war komisch aus eigener Phantasie.

Alfred Kerr, Berliner Tageblatt 1. 12. 1921
I
Zu Beginn des Weltkrieges schrieb Hofmannsthal ein Gedicht mit dem refrainartigen Vers: »Gott erhalte...«, nämlich Franz Joseph, den Kaiser. Also für die geschichtliche Stunde schlankweg das erlösende Wort.
Jetzt, nach Schluß des Weltkrieges, findet er das erlösende Drama: ein Verlobungslustspiel aus der Komtessenschicht.
Kurz: was die Zeit halt braucht.
II
Eine Verlobungsgeschichte. Ganz liebenswürdig. Das ›feine‹ Lustspiel älterer Ordnung. Beinah lauschig-plauschig; oder soll man schreiben: vornehm-behaglich? oder soll man schreiben: langwei...
Was ich sagen wollte: schade, daß die Leute nicht fesselnd genug sind.
Einiges Ebner-Eschenbach-Gemüt ist auch drin. »Ohne Liebe« heißt, glaub' ich, bei ihr so ein Akt. Hier sind es drei... Hach; drei Akte Gesellschaftsstück. In österreichisch-pikfeiner Luft. Aristokra›z‹ie, na! wo sich alles beim Vornamen ruft, weißte.
Sogar der Diener (beim Grafen Bühl, Erlaucht) ist ein Talleyrand. Der andre Diener versteht's noch nicht. Ohne Takt; wird aber auch entlassen.
Graf Bühl, ein nicht mehr junger Mann, der viel erlebt hat, selten was von sich hergibt, aber doch in einem halb versteckten Winkel seines Herzens usw., verlobt sich mit der Komteß Helen, – um die er für seinen Neffen werben sollte.

Der willensweichen, ungeistigen Österreicherwelt ist ein gestelzter, geistzapfender Baron aus dem nördlicheren Norddeutschland entgegengesetzt; falsch wie Galgenholz (und falsch wie Theater). Der holt sich aber auch überall eine Abfuhr. Helen gibt es ihm. Gräfin Antoinette ebenfalls. Der verstorbene Oskar Blumenthal...

III

Was ich sagen wollte: für einen literarischen bourgeois gentilhomme, den es zum Gehab' des Edelmanns mächtig zieht, werden Diener, Wagen, Umgangsformen, Redefloskeln sehr betonte Dinge – die man kennerisch fast als Eigentum in wehmütiger Vertrautheit beansprucht, wenn man sie (aufgeklärt) humorisiert. Selbstverständlich humorisiert man sie aufgeklärt.
Der literarische bourgeois gentilhomme unterscheidet sich von dem Starken – der selbst ein Kommandojunker wird. (Vom »verjunkerten Kaufmannssohn« sprach Eduard Bernstein, als er eine Biographie gegen Lassalle schrieb.) Item: Der Starke wird ein Junker, ... befaßt sich aber nicht humorzart mit ihren abzulegenden Kleidungsstücken.
(Die Grafen fallen bei diesen Schriftstellern meist viel gräflicher aus, als sie sind. Pschsch!)

IV

Die genannte Helen bei der Thimig ist ein innerlicher Mensch. (Schwach, wenn die singpiepst; stark, wenn sie ganz leise spricht.)
Ihr Bruder, als jener Neffe, belustigt. Kühne verdickt (einen Professor). Schwanneke verpreußt – aber sehr anziehend – einen Wiener Halbtrottel. Fräulein Christians betont falsch (statt »damit hast du mich herumgekriegt« sagt sie rätselhaft: »damit hast *du* mich herumgekriegt«). Die Reisenhofer wäre des Grafen Bühl, Erlaucht, Schwester auch ohne Erkältung nicht. Und Edthofer macht aus dem Grafen Bühl mehr den Weltschmeidigen... als den halben Sonderling. Das soll er sein.
(Und wenn!)
... Die Hörer waren bald in freundlicher, bald in lauer Stimmung.

Siegfried Jacobsohn, Die Weltbühne, Berlin, 1921

Ein weiter Weg: vom ›Tod des Tizian‹ und seiner Sprachmeisterschaft bis zu dem ›Schwierigen‹ und seiner Meisterschaftssprecherei, -plauderei, -schwätzerei. Dieser Weg des Hugo von Hofmannsthal führt den Literaturkenner in ihm über Marivaux, den Österreicher über Bauernfeld, den Theaterpraktiker über Moser. Wenn das Publikum weiß, daß der neue Diener morgen früh fliegen wird, erklärt er: »Hier gefällt's mir ganz gut – hier bleib ich«; und solch ein Monolog ist bei dem Prototyp der Erlesenheit, der Abhandlungen für die Diskretion und gegen jede Direktheit in den Dialog schiebt, wahrhaftig ein Aktschluß. Die Salonpute schwärmt zwischen zwei Tänzen von dem weltberühmten Gelehrten, dem sie unbedingt vorgestellt sein will. Das bereitet sich vor mit einer altväterischen Gemächlichkeit – wetten, daß sie ihm für die Bücher seines gehaßten Rivalen danken wird? Gewonnen. Und wie pflegte die Ära Lindau einen Trottel zu charakterisieren? Indem sie ihn sagen ließ: »Für mich ist das Leben ohne Nachdenken gar kein Leben«. Unsern klugen Großeltern durfte er das nur einmal, uns muß er's dreimal sagen. Wer abzugehen hat, kehrt, damit wir lachen, immer wieder zurück. Und zuletzt empfehlen sich als Verlobte ...

Dieses wienerische Aristokratentum von gestern gleicht Shaws Jugend von heute darin, daß der Mann nicht heiratet, sondern geheiratet wird. Der ›Schwierige‹ von der Comtesse Helen, die er dem eigenen Neffen hat freien sollen, und gegen die eine leichte Antoinette nicht aufkommt. Da drei Akte gestreckt sein wollen und Patriotismus auch den Ästheten ziert, läuft als Kontrastfigur ein norddeutscher Schwadroneur herum – mit der Bestimmung, bei diesen wählerischen Wienerinnen, den ledigen wie den ehebrechenden, abzufallen. Dabei könnte alles so hübsch sein. Wie eine zarte Puderschicht liegt die Schwermut der Hilflosigkeit auf dem Repräsentanten einer gutgekleideten Kaste, die sich der Rauheit muskulöserer Läufte durchaus nicht gewachsen zeigen wird. Doch das Futurum ist inzwischen Perfektum geworden – und das ist das Pech des Gesellschaftskritikers Hofmannsthal. Paillerons Welt, in der man sich langweilt, hatte für ihren Abschilderer eine Gegenwart, die seine Zuhörer jahrelang unterhielt. Hofmannsthals Welt ist eine, mit der er langweilt – nicht durchweg, aber streckenweis, szenenweis langweilt –, weil ihre Zeit schon unter der Erde ist, und weil er ihr dorthin mit einer uneingestandenen Wehmut nachblickt, die seine humoristischen Anwandlungen wider seinen Willen beschattet. Daß das Schöne stirbt – nicht die eherne Brust rührt es des stygischen Zeus. Gar der Totentanz wohlparfümierter Drohnen verlangt von seinem komödiedichtenden Beobachter Fassung, Distanz, souveräne Heiterkeit.

Das Libretto also ist dürftig. Trotzdem oder unabhängig davon: im ersten Spieljahrdrittel hat mich dieser Abend der Kammerspiele am tiefsten bewegt. Ich bin ja von jeher den Wundern der Schauspielkunst rettungslos verfallen gewesen: aber selten habe ich eine Verzauberung erfahren wie von Helene Thimigs Comtesse Helen. Das ist seit der jungen Sorma nicht dagewesen: dieser entmaterialisierte Ton, diese schwebende Anmut, diese verhaltene Innigkeit. Wie sie – nicht im Selbstgespräch, sondern im Zwiegespräch versunken in sich hineinspricht! Der Abschied von einem Diener, der sie als vierjähriges Kind gekannt hat! Ihre Liebeserklärung, die schamhafte, zitternde, jauchzende Liebeserklärung des Mädchens aus einer Region, wo solche Durchbrechung der Regeln beispiellos ist! Diese adlige, stolze, herbe Unnahbarkeit für jeden außer dem schwierigen Mann ihrer tapferen Wahl! Ein himmlisches Geschöpf. Hätte Hofmannsthal es vor Augen gehabt: er hätte gewiß den Umfang der Rolle vervierfacht und wär' hinter diesem Schilde keinem Pfeil erreichbar gewesen.

Shakespeare   Othello

Staatliches Schauspielhaus Berlin, 11. November 1921,
Regie Leopold Jeßner

›Othello‹ war die vierte Klassiker-Inszenierung Jeßners in Berlin. Damit war sein neuer Stil ausgebildet. Der Text, von allen Details und Abschweifungen befreit, duldete auch keine ablenkenden Details mehr im Bühnenbild. Der entmaterialisierten Bühne entsprach die geistige Zucht der Inszenierung, die den

Gedanken des Stücks herausarbeitete und die Schauspieler »wie ins Transzendentale wirkende Skulpturen« (Jeßner) zeigen wollte. Das Wort bekam ein neues Gewicht. ›Othello‹ war wahrscheinlich Jeßners geschlossenste Inszenierung. Sie variierte abermals das Prinzip der Stufenbühne. Es gab fünf rundum laufende Stufen, die Auftritte von hinten unten ermöglichten. – Jeßner ging mit dieser Inszenierung in seine dritte Spielzeit. Albert Steinrück stellte sich mit der Rolle des ›Jago‹ als neues Mitglied des Jeßner-Ensembles vor. Für Kortner begann mit dem ›Othello‹ ein neuer Abschnitt seiner Entwicklung: »Im Zeichen meiner Abkehr vom Expressionismus und im Verfolg meiner begonnenen Entwicklung stand mein Othello. Ich gewann auch Jeßner für eine bewegende und nicht überrumpelnde Spielart.« Kortner wurde leiser, er differenzierte seine Gesten, er begann seine Rollen nicht mehr aus der Eindruckskraft seiner schneidenden Stimme zu entwickeln. Nach dem Caliban in Bergers Inszenierung des ›Sturm‹ (18. 2. 1921), nach dem alten Sedemund in Barlachs Stück (1. 4. 1921), nach dem Verrina in ›Fiesco‹ (6. 5. 1921) war Kortner neben Krauß der intensivste und sicherste Schauspieler Berlins geworden. – In späteren Aufführungen übernahm Rudolf Forster die Rolle des Jago und spielte diesen als einen verschmitzt-durchtriebenen Lausbuben. Damit wurden Vorbehalte gegen die zu schwere Darstellung dieses Jago durch Steinrück beseitigt. (1932 inszenierte Jeßner den ›Othello‹ noch einmal – aus einem dieser Aufführung ganz konträren Prinzip [s. 1932]. – Kortner spielte die Rolle des Othello noch einmal in der Inszenierung Paul Bildts am Deutschen Theater [14. 11. 1924]. Dort waren neben ihm Walter Franck als Jago und Franziska Kinz als Desdemona. Auch da beherrschte er die Aufführung, aber diese selbst hatte keine Gestalt.)

Emil Faktor, Berliner Börsen-Courier 12. 11. 1921

Unerschrocken und mit bewundernswerter Konsequenz setzt Intendant Jeßner seinen Weg fort. Immer klarer und unnachgiebiger tritt ins Bewußtsein, was dem wachen, erstaunlich disziplinierten Manne vorschwebt: er will Befreiung heutiger Bühnenkunst von allem, was szenisch Ballast, geistig Krücke, klanglich energieschwächende Verschleppung ist.
Er strebt statt der Bilder ihre Visionen an. Am Anfang ist die alles einhüllende, vorbestimmte, von Tradition völlig freie Atmosphäre. [...] Dieses Venedig hat seine tausendmal reproduzierte Lagunenhaftigkeit verloren, von den Gäßchen, Gondeln und Brücken siehst du [...] nichts als die alle Schauplätze der Welt einander angleichende Stufenterrasse, um welche herum hohe Rückenlehnbänke eine Senatssitzung ermöglichen, die im zweiten Akte zu Cyperns freudebebendem Gestade wird, auf der sich Cassios Trunkenheit herumwälzt, auf der sogar das Sterbelager Desdemonas einwandfrei untergebracht ist, nachdem im Bilde vorher gelagerte Polster, in der Farbe sinnvoll gegliedert, ein Frauengemach vortäuschten.
Im Anfang aller Jeßner-Regie ist die substanzlose, nur von den Mysterien der Körperlichkeit erfüllte Atmosphäre. Venedig hat nur einen Erker und die Stühle der Senatoren, Cypern gibt durch ein magisch buntes Tor nur den Hauch seiner meerumschäumten Fröhlichkeit oder durch einen riesenhaften Baumstamm die Gespenstigkeit einer nächtlichen Mordstätte wieder – Stimmen hal-

len aus der Tiefe, Gestalten tauchen aus Hintergründen auf (abgeschafft Türen und Tore), Wände fließen mit dunklen oder farbigen Firmamenten zusammen, die Luft um die Menschen ist heiteres oder düsteres Lichtgewebe: um den Schurken Jago fließen bei bösartigen Schlußaktakzenten die Feuerfarben der Hölle.
So formt und transformiert nicht kalte Berechnung und phantasieloser Ehrgeiz. Es wäre auch flach, zu sagen, daß in Jeßners Inszenierung System sei. Sie ist mehr, um wesentliche Dinge mehr. Es ist der schöpferische Protest gegen die Irrmeinung, daß reproduktive Kunst sich für Jahrzehnte irgendwie festlegen ließe und nur Abklatsch zu sein braucht. Es bedeutet den interessanten, vielfach gewinnenden, auch in Verirrungen bemerkenswerten Versuch, die Welt des Theaters völlig zu entmaterialisieren, Tragödien durch das lineare Gleichnis zu bannen, das Ungeheure durch die Schwingungen eines denkwürdig bildhaften Eindruckes zu bändigen.
Othello empfängt Lodovico sitzend auf dem Totenbette der erdrosselten Desdemona, die er, ihr Mörder, liebreich auf seinem Schoße umschlungen hält, bis er sich selbst den Dolch in den Leib bohrt. Der gebogene Körper der Toten zieht das Leben des Mohren mit sich – ein unweigerlich haftender Eindruck.
Von großer Besonderheit Othellos Botschaft an die Cyprier, sich der Feststimmung hinzugeben, zu der Sieg und Hochzeit den Akkord anschlagen. Man könnte die Herausarbeitung dieses Momentes in Variation eines Heyseschen Wortes den Falken der Jeßner-Regie nennen. Und warum? Durch ein Harlekinstor kommt ein Trommler mit zwei Fastnachtsgestalten und wirbelt den Feldherrngruß an die Bevölkerung. Das Äußere dieser drei Gestalten ist Fasching und Frohsinn. Aber seht nur ihre traurigen Grimassen. Paßt auf den scharfen Rhythmus ihres Kommens und Wegstelzens auf. Soll das Jubel sein?! Es ist Krampf und Schrecken darin. Jeßners Regiefalke.
[...]
Man darf ruhig sagen, daß es ein Erfolg wurde, auch wenn es nicht allzu stürmisch herging, auch wenn der Abend sich nicht ohne gelegentliche Schwankungen zusammensetzte. Zunächst mußte das Publikum (wozu es leugnen?) innerlich einen Entwöhnungsprozeß durchmachen. Das leibhaftige Venedig Reinhardts, die realistischen Akzente früherer Othello-Spieler mußte man vergessen. Auch war man zwischendurch nicht immer bei diesem Umstellungsverfahren glücklicher.
Die gestrige Aufführung war unbestreitbar eine Darbietung unaufhaltsam geschärfter Energien – doch keineswegs frei von Überschärfungen.
Daß Jeßner den ›Othello‹ inszenierte, mag eine Konzession an seinen stärksten Schauspieler Fritz Kortner sein. Es bleibt ja fraglich, ob diesem künstlerisch hochentwickelten Darsteller nicht viel besser der Jago gelegen hätte. Unfraglich ist nur, daß für den abgefeimten Bösewicht nicht Steinrück der richtige Mann war. Jago ist einer der gemeinsten, aber auch einer der lustigsten Schurken. Man hatte sehr wenig Gelegenheit, über ihn zu lächeln. Auch seine Bösartigkeit hatte nicht den überzeugendsten Farbstrich, obschon Steinrück hier im Bilde sein müßte. Doch er spielte anders, als ihm von Natur aus gegeben ist. Statt zu sprechen, was auch der expressionistische Stil verlangt, schleuderte er Sätze hervor, schrie er Rufzeichen in die Luft. Es gab Momente, wo er ganz genau wie Othello spielte. Es war ein sehr dumpfer, sehr lauter Jago. Und sah aus nicht wie ein Fähnrich – eher wie ein kostümierter Bademeister.

Der berufene Jago Kortner gab den Othello. Eine Reihe schöner und bedeutender Momente motivierten es. So die Innigkeit, mit der die fremde Rasse die weißen Lebenslichter Desdemonas anbetete, so der im Gefühlsklang immense Schmerz der Nachtrauer. Zwischendurch Überschärfungen und ein Gellen des Organes, Serpentintöne durch die Nase. Mitunter kletterte die Stimme Stockwerke höher über den Kehlkopf, während der ganze Typus beinahe einem gütigen Philantropen glich.
Stille Freuden hatte man an der zarten, gefühlsschönen Desdemona des Frl. Hofer. [...]

Fritz Engel, Berliner Tageblatt 12. 11. 1921

[...] Leopold Jeßner bringt kaum mehr das Drama. Er gibt die Essenz. Reinhardt verbreitete schaffensfiebernd die Basis, ließ daraus einzelne Pyramiden herrlich aufsteigen, setzte lieber hinzu, als daß er strich, durchblutete Nebenszenen, erzeugte einen Großorganismus. Jeßner will nur den Herzschlag des Dramas geben, so, wie er ihn empfindet. Er baut auf schmaler Grundfläche. Er stellt das Stück wie einen Urweltbaum, wie eine einzelne Säule hin; es ist Sinnbild und nicht Zufall, daß man Säule und Riesenbaum zu sehen bekommt. Das Nebenbei interessiert ihn höchstens, wenn es Licht auf die Hauptsache wirft. Indem er den Stamm zur Idee versteint, fällt freilich grünes Laub und manche Saftfrucht ab. So wird das Gegenspiel Emilia – Cassio sehr kurz abgetan und von jeglicher Heiterkeit entblößt.
So paßt es zu Jeßners Idee, so zu dem Herzschlag, den er heraushorcht. Was hört er? Eine schicksalhafte Melancholie; deshalb läßt er aus allen Heiterkeiten auch nur die nachdenkliche, von Desdemona und Emilia mit Angst belachte des Narren gelten. Über Othello und seine Desdemona senkt sich ein Verhängnis. Ein wüster Troll, der Teufel selbst, das brutale Element der Verneinung und Vernichtung, mit Namen Jago, wälzt sich über sie. Steinrück hat keinerlei verschmitzt frohe Laune, höchstens Freude am rohen, handgreiflichen Spaß. Gegen seinen anarchistischen Willen gibt es keine Gegenwehr. Reines Leben, reines Lieben stürzt ins Chaos. Wohl spricht dieser Othello von der ›Ehre‹, er ruft: »Die Sache will's!« Er sprüht auch Funken gräßlichen Zorns. Aber die Sache heißt Schicksal, sie ist die Moira der Alten, und der Ehrenmann ist dunkler Mächte Spielzeug, das zerbrechen wird, indem es zermalmend auf ein anderes Spielzeug, auf Desdemona, fällt. Kortner, von dem man fürchten konnte, er würde nur ein Rasender sein, macht das wundervoll. Als Liebender, als naturgütig Vertrauender gehört er noch sich selber; wie zart ist er da! Dann bläst ihm der Unhold Gift ins Ohr. Vorbei. Er hört auf, ein Selbst zu sein, und verfällt dem vorbestimmten Geschick. Tief schmiegt er sich in den Gedanken ein, mehr Objekt als Subjekt zu bedeuten. Die Belastung, die ihm aufgezwungen wird, seine Verdüsterung und Angst, das In-sich-Hineinwühlen: alles Passive noch stärker als das Aktive.
Es ist das Lied vom Untergehenmüssen, das uns gesungen wird. Ein Lied aus Nebelland. Ja, es wird gesungen, wenn auch nur gesprochen wird. Wenn Desdemona (Johanna Hofer) das Gedicht von der Weide spricht, tönt es in Jeßners Takt mit düster-großartiger Eintönigkeit gleich Parzengesang. Über den Trinkszenen, die bei Reinhardt wie Sekt schäumten, liegen Wetterwolken. Die Stadt-

pfeifer sind tieftrauernde Masken des Todes. Das eigentlich Dramatische, das sich sonst in Gegensätzen immer neu beleben will, versinkt in einen einheitlichen, darum manchmal auch gleichförmigen Dunst. Eine Ballade mit verteilten Rollen. Und die Bühne? Überhaupt noch ›Bühne‹? Ein Sprechpodium. Ein fünfstufiger Podest. Jeßners scala santa, hingestellt in ein Nichts, aufgebaut in einen leeren Raum, in das ungeheure Dunkel, in dem irgendwo neidische Gottheiten sitzen, um über menschliche Tragik zu feixen. Nichts von Zypern, nichts von Venedig. Die Sitzung im Dogenpalast wird stiefmütterlich behandelt; das Gefühl der Senatoren, dem Publikum zugewandt, so daß die Hauptpersonen, was gut ist, nach vorn sprechen, von letzter Dürftigkeit. Kostüme: kaum vorhanden. Nur Farbenflecke, von Pirchan fein abgetönt; Othello in gelber Leinwand, Jago im grünen Kittel und Desdemona, die Liebliche, in einem rosa Morgenröckchen, waschbar. Auf diesem Podium spielt alles und alles. Man springt von vorn, man stürmt von hinten hinauf. Den besonderen Schauplatz bezeugt eine Bank oder ein Triumphbogen aus Fahnentüchern oder die Säule, oder der Riesenbaum, an dem die Tötung Cassios und Rodrigos sich im Schattenriß vollzieht. Auch das Sterbelager Desdemonas, zweischläfrig breit, steht hier. Es sieht wie ein Lazarettbett aus.
Diese erhabene und wunschlose Einfachheit soll die Ablenkung durch Theatralisches vermeiden. Sie soll bezeugen: wir geben nur Kern, nicht Hülle. Wir geben Rahmen, kaum Rahmen für die Ballade. Sie wird vom Schauspieler selbst illustriert, alles setzt sich in Bild um. Manchmal wird das Bild dann Selbstzweck. Es gerinnt zur Starre. Was flüssig sein und bleiben soll, gefriert. Man sieht ›lebendes Bild‹, eine Gattung, die so heißt, weil sie leblos ist. Hier liegt eine Gefahr. Jeßner, der eigene Wege geht, um vom ›Theater‹ fortzuführen, der auch diesmal sich im ganzen als hohe Kraft erwiesen, darf ihr nicht unterliegen.

Paul Fechter, Deutsche Allgemeine Zeitung, Berlin, 12. 11. 1921

Wenn der Vorhang aufgeht, sieht man vorne keine Treppe, sondern einen niedrigen Aufbau von vier Stufen, oval, langgestreckt, weiß. Dahinter erhebt sich in der Bühnenmitte, mit einer Ecke gegen das Publikum gestellt, eine Andeutung einer weißen gotischen Palastecke mit Altan. Den Hintergrund bildet der verdunkelte Horizont, der wie eine ferne Wandfläche wirkt.
Aus diesem Andeutungsprinzip wird alles entwickelt. Der Dogensaal besteht aus zwei weißen Säulen, rechts und links von dem Stufenaufbau, in etwas über Mannshöhe, sind sie von einem Lichterkranz umgeben. Die Bänke der Senatoren stehen vorne, mit dem Rücken gegen das Publikum; zwischen ihnen sieht man die Stufen und den fernen dunklen Grund des Horizonts. Cypern ist gegeben mit zwei hellen, kaum mannshohen Hügelandeutungen rechts und links hinter dem Stufenbau, die die Bucht einfassen: der Himmel leuchtet diesmal in festlichem Rosagelb.
Dann erhebt sich ein spitzer Zelttorbogen auf dem Stufenbau, als Szene für die Trunkenheit Cassios; eine rötliche, an den Seiten vorgebogene und in eine Art Säule zusammengerollte Wand hinter den Stufen, mit einem spitzbogig, kreuzblumenähnlich ausgeschnittenen Durchgang der Mitte gibt Desdemonas Zimmer. Eine einsame, nach unten sich verjüngende Säule mitten auf dem Un-

terbau deutet die Galerie an – eine andere Szene gibt sich ohne jede Dekoration nur mit den Stufen. Dann tauchen noch einmal zwei Säulen auf; in der Mordszene Cassio – Rodrigo steht in der Mitte ein riesenhaft breiter, nur als Silhouette wirkender Baumstamm vor dem halb hell gebliebenen Horizont – und schließlich Desdemonas Schlafzimmer: auf den Stufen ein breites weißes Bett, dahinter eine flache, hoch aufragende Bettwand, faltig tüllverspannt, den Himmel andeutend.

Es herrscht somit die Tendenz zur Vereinfachung, vielleicht sogar ein bißchen zur Abkehr, wenigstens vom dekorativen Expressionismus. Im Spiel merkt man von Expressionismus auch nicht mehr allzuviel. Die Darsteller hätten alle genau so gut vor naturalistischen Dekorationen spielen können; sie gaben im Grunde richtiges Theater in etwas ungewohnten Kostümen, vor etwas ungewöhnlichen Dekorationen. Zuweilen sogar so, daß sich ein gewisser Widerspruch ergab zwischen der Simplizität der szenischen Anlage und der Vielfältigkeit der Rollengestaltung. Den Willen zur Einheit, den der Spielleiter Jeßner mitgebracht hatte, spürte man schon; die Einheit selbst wollte zuweilen sich nicht ergeben. Am stärksten wirkte die musikalische Gliederung und Zusammenfassung: nicht nur durch die begleitende Musik selbst, sondern durch die Tönung des Ganzen. Die äußere Steigerung auf die Ankunft hin, dann die innere auf den Schluß unter Verhallen der äußeren wirkte sehr angenehm.

Othello war Herr Kortner, nicht schwarz, sondern braun, nicht Mohr, sondern Maure. Er faßte die Gestalt vom Schluß her, gab »einen, der nicht klug, doch zu sehr liebte, nicht leicht argwöhnte, doch einmal erregt unendlich raste«. Sein Othello war zunächst ganz Sanftheit und Liebe, lächelnd aus dem Glück des Gefundenhabens heraus; ein Alternder, der noch einmal gläubige Knabenseligkeit mit Zartheit empfindet. Er hob diese Seite so sehr heraus, daß sie noch durch die Raserei des Mohren immer wieder hindurchbricht. Er milderte den Helden zu einem liebend Leidenden, damit milderte er die peinigende Wirkung der überlebensgroßen Dummheit, die sonst Emilia mit Recht Othello vorwirft. Er war im ersten Teil fast lyrisch, rang seinem Organ Klangwirkungen ab, die nicht nur aus dem klugen Wechsel der Melodie und der Dynamik, dem Steigen und Fallen der Tonhöhe und der Klangkraft, sondern rein aus dem Schweben und gefühlten Tönen der Stimme wuchsen. Sein Othello, im gelben Mantel, über dem weißen Untergewand, im graumelierten, dunkeln Haar, war im Grunde ganz weich; die Tat erwuchs aus beleidigtem Gefühl, nicht aus afrikanischem Temperament. Herr Kortner gab auch dieses; am schönsten aber wirkte die sprachliche Gliederung, der Auf- und Abstieg des Melos, den das gefühlte Ganze zusammenband. Man hätte sich manches härter, schärfer von ihm erwartet; indem er es dem Gesamtbild einordnete, führte er mit Recht diese Vorstellungen ad absurdum. Es war ein Othello von eigenem Format; sehr einheitlich – und die Höhepunkte waren die Momente des stilleren Gefühls, nicht des Affekts, die noch immer am leichtesten sind.

Neben ihm Herr Steinrück als Jago. Farbig auf Grün und Schwarz gestimmt – darstellerisch mehr auf Shakespeare. Herr Steinrück ist oft sehr stark in Gestalten von heute; Sir George Crofts, Veit Kunz waren Beispiele. Hier schwankt der Stil. Vom Kabarett bis zur Tragödie nimmt er, was er brauchen kann; so entsteht oft sehr wirksames Schauspiel, aber kein Mensch. Es gab Bildmomente von starkem Reiz – vor allem in dem Silhouettenbild des An-

schlags auf Cassio, das überhaupt sehr viel Reize im Malerischen brachte, es gab zynische Überlegenheiten sehr moderner Art: das Einzelne aber wollte nicht verschmelzen, und vieles blieb reines Theater.
Desdemona Frau Hofer. Blaß und zart, sehr fein in einzelnen Gefühlsklängen – am schönsten in den Glücksmomenten des Anfangs. Neben ihr als Emilia Frau Wagner, mit diskretem Humor neben Jago Herr Förster als Cassio, der sich langsam ebenfalls aus dem pressionistisch sein sollenden Schema zu lösen scheint, Herr Pohl als Vater, Herr Kraußneck als nobler Lodovico und in der kleineren Rolle des Narren Herr Ettlinger. Alte und neue verschmolzen ohne viel Widersprüche: der Stil scheint sich auch hier zu lösen. Das Publikum war sehr befriedigt und rief laut nach Herrn Jeßner.

August Strindberg   Traumspiel
Deutsches Theater Berlin, 13. Dezember 1921, Regie Max Reinhardt

Mit zwei in Sujet und Stil konträren Inszenierungen schloß Max Reinhardt seine Arbeit in Berlin ab, bevor er sich für zwei Jahre nach Wien und Salzburg zurückzog. Beide Inszenierungen, innerhalb von drei Wochen nebeneinandergestellt, zeigten noch einmal die Spannweite seiner Regie. Indem er sie so deutlich herausstellte, wirkten die Premieren wie ein Hinweis darauf, was Jeßner nicht hatte und konnte; auf Strindbergs ›Traumspiel‹ folgte an Silvester im Großen Schauspielhaus die Inszenierung von Offenbachs ›Orpheus in der Unterwelt‹, die ein triumphaler Erfolg für Max Reinhardt und Max Pallenberg wurde. – Die Inszenierung des ›Traumspiels‹ hatte Reinhardt im Sommer in Salzburg vorzubereiten begonnen. Mit Strindberg, von dem Reinhardt im ganzen siebzehn Stücke inszeniert hat, hatte er sich neu beschäftigt, als er im Winter 1920/21 auf seiner Skandinavien-Tournee ›Totentanz‹, ›Scheiterhaufen‹ und ›Wetterleuchten‹ zeigte. Das ›Traumspiel‹ hatte er bis dahin noch nicht inszeniert. 1916 hatte Bernauer in seinem Theater in der Königgrätzer Straße bereits eine Modell-Inszenierung des ›Traumspiels‹ für Berlin gemacht, deren starke Nachwirkung man noch in allen Rezensionen über Reinhardts Aufführung spürt. Immer wird Reinhardts auf Bernauers Inszenierung zurückbezogen. Reinhardt hatte gegenüber Bernauer die realistischen Konturen verstärkt, Bernauer hatte alles als ein Traumgespinst inszeniert. Die Vergleiche beider Inszenierungen fielen dort zuungunsten Reinhardts aus, wo sich der Rezensent der Bernauerschen Auffassung anschloß (z. B. Emil Faktor im ›Berliner Börsen-Courier‹, 14. 12. 21). Für Reinhardt wurde die Inszenierung des ›Traumspiel‹ noch einmal ein Muster seines persönlichen Stils, den er in einer Notiz zu einem Aufsatz über Regiebücher beschrieb: »Persönlich am liebsten: An der Grenze zwischen Wirklichkeit und Phantasie. Hintergründe Perspektiven« (s. Faksimile in G. Adler, ›Max Reinhardt‹).

Norbert Falk, BZ am Mittag, Berlin, 14.12.1921

Der ungemachte, nicht verfälschte Jubel, der Reinhardt umtoste, als er gestern, seinen Schauspielern immer wieder den Vortritt lassend, schließlich allein die Bühne betrat, mag ihm zeigen, wie sehr er gesiegt hat. Es war nicht leicht. Rudolf Bernauers stärkste Regie-Dokumentation war Strindbergs Traumdichtung; er machte nicht nur zur Not das Spuke-Spiel der abrupten Bildvisionen bühnenfähig, er gab dieser bis dahin szenisch schwer formulierbaren kausalitätslosen Dramatik den darstellerischen und szenischen Stil. Mit Svend Gade schuf er Bilder von unvergeßbar bizarrer Traumrealität; der Theaterkorridor, die Türhüterin mit dem Tuch der Leiden, das seltene weitläufige Advokatenbüro, die beschneite Sommerlandschaft mit den tanzenden Badegästen, die Fingalgrotte mit dem anschwellenden Meer und dem hinschwebenden Christus. Der gigantische Pessimismus Strindbergs, der dumpfe Druck der Phantasmagorie war gelindert durch die Leichtigkeit der Hand, die die Szenen auflockerte, und durch den raschen Puls der ganzen Aufführung.
[...] Zwischen Bernauers und Reinhardts Inszenierung liegen fünf Jahre Theaterentwicklung und Stilumbildung. Reinhardt ist nun im Besitz des neuen Zaubermittels des Lichtes und der expressionistischen Technik der Verkürzung; beide hat er schon vorgeübt und sie folgerichtig für dieses Schattenspiel spukhafter Erscheinungen in einer zeit- und raumlosen Welt angewandt. Nachtdunkle Schwärze ist das düstere Grundmotiv; der Traum ist zur Fieberphantasie gesteigert, die Nachtmahr lastet albdruckschwer. Aus chaotischem Dunkel lösen sich Gestalten und Gruppen, physiognomienstarr, maskenhaft, jeweils belichtet vom Schlagschein des Vorder- und Hintergrundbeleuchters, matt oder grell, leichenfahl oder glutig. Alles Heitere ist abgestumpft; die leichte Bizarrerie, in die Bernauer die helleren Partien der Dichtung tauchte, ist in ganz fröhlichkeitslose, totentanzhafte Gespensterunheimlichkeit gewandelt; selbst der groteske Zank der Universitätsfakultäten vermeidet den komischen Effekt, der Tanz der Badegäste trottet schwer, rhythmisch dumpf. Reinhardt betont so den pessimistischen Urgrund der Dichtung, den bitteren Strindberg. Viele werden seine Auffassung darum strindbergischer finden, konsequenter, in der Idee ›Strindberg‹ durchgeführter. Bernauer vergaß den anderen Strindberg nicht, der gelegentlich recht lustig sein konnte und dessen Witz gerade im ›Traumspiel‹ so helle Funken sprüht, wie etwa im Motiv der verschlossenen Tür. Der Auffassung des Werkes und der Anlage des Grundtons mußte die darstellerische Auslegung entsprechen. Sie ist vollkommen auf bittere Anklage und hoffnungslose Wehmut gestellt; düster umleuchtet sind alle von den Flammen des irdischen Inferno. Dennoch ist dabei die soziale Verdammungsklage gegen die ungerechte Rollenverteilung in dieser Welt zu kurz gekommen. Wie grotesk war bei Bernauer die Kontrastierung der Überfütterten, die sich durch Spazierengehen und Turnen Appetit machen, und den in Qualen der Not und der Arbeit Stöhnenden.
Helene Thimig, Indras Tochter, nicht wie Irene Triesch als goldenstrahlendes Medaillon im Vorspiel erscheinend, leuchtet blaugewandet im Gewölk und tritt im schwarzen Kleid unter die Menschen. Im Ausdruck junger gotischer Madonnen hat sie etwas sehr Rührendes; ihre tiefe Anteilnahme am Geschick der Menschen macht die Göttertochter doch wieder allzu weich. Die scharfe Geistigkeit der Triesch gab der Indratochter eine Überlegenheit, die ihr irdi-

sches Erleiden als gewollt, als Episode erscheinen ließ. Helene Thimig vergißt, daß die Indratochter auch Zuschauerin ist; wie sie aber das Erlebnis schmerzvoll durchleidet, ist ein zartes seelisches Verbluten.
Dem unheimlich nachtwandlerischen Elendsankläger Kayßlers steht jetzt Klöpfers zu proletarisch geratener Advokat gegenüber. Allerdings, wenn er sich an den Pfahl lehnt, die langen, mageren Arme ausbreitet und eine Dornenkrone auf dem Kopfe trägt, ersteht eine erschütternde Golgatha-Vision. Hartau hatte seine oft bestrittene Wandlungsfähigkeit niemals entschiedener bewiesen denn als tänzerisch froher, in unbrechbarem Optimismus dahinhüpfender Offizier. Hermann Thimig ist in seiner Wesenheit zu gesund, zu glückhaft irdisch für diesen gespenstischen Amoroso mit dem vertrocknenden Blumenstrauß. Einmal aber wirkt er stark, und seltsamerweise im Augenblick des Gealtertseins. Werner Krauß' Gestaltungsgabe versucht sich an fünf Rollen. [...] Objekte rascher Verkleidung. Reinhardt, früher der Meisterer der Masse, ist jetzt der Künstler der Gruppe; die gesichtervergrinsenden Menschenknäuel, wenn sie aus dunkeln Hintergründen starren, haben die unheimliche Fratzenhaftigkeit halluzinatorischer Gebilde, und in ihnen prägt sich der Nachtspuk beklemmender aus als in den geringer suggestibeln Unheimlichkeiten der Einzelgespenster.

Ludwig Sternaux, Berliner Lokal-Anzeiger 14. 12. 1921

Man kennt das Werk [...] aus den vielen, vielen Aufführungen die es im Theater in der Königgrätzer Straße erlebt. Oder glaubte es zu kennen. Denn erst Reinhardt hat ihm nun, und darin fast mehr von Gottes Gnaden Dichter als Strindberg selbst, das Klima des Unwirklichen, Traumhaften, Verschwebenden gegeben, das die verworrenen Szenen unserer Seele nahebringt. Damals bei Meinhard und Bernauer [...] war alles zu sehr in Licht getaucht, alles zu stark Farbe und Kontur, als daß man sich in Traumland hätte versetzt fühlen können. Die zarten Übergänge von Alltag zu Traum waren nicht gefunden, und statt gebannt zu werden, statt mitzuträumen, starrte man entsetzten Auges in eine Welt, deren grelle Dissonanzen quälten ... so faszinierend die dunkeläugige Indratochter der Triesch war, so bestürzend echt auch Hartau als der Offizier den Strindbergton traf, was dankbar auch jetzt noch zugestanden sei.
Ja, das Wunder, die Strindberg-Szenen, die bei der bloßen Lektüre oft nur abgeschmackt wirken, zumindest in ihrer spröden Wortprägung dem Gefühl wenig zugänglich sind, in seelische Ekstasen verwandelt zu haben, ist, wie gesagt, erst Reinhardt, dem Zauberer, gelungen. Er hat mit tiefem Blicke für das Wunderbare, das ewig Rätselvolle des Traums, das hier so beispiellos kühn Triviales und Erhabenes mengt, die einzig mögliche Form gefunden: das halbe Licht, die huschenden Schatten, den Glanz, der versprüht, die Bilder, die in erregender Magie Spiegelung irdischen Geschehens sind und doch irgendwie Abgründe überirdischen Fühlens entschleiern. Die Bühne wird bei ihm tatsächlich zu jener geheimnisvollen Welt, die unser träumendes Auge, dem ruhlos pochenden Blut gehorchend, nächtens manchmal in das Dunkel baut... zu jener Welt, die jenseits von Gut und Böse liegt und doch so wunderlich abhängig ist von den wirren Erlebnissen unseres Hirns und unseres Herzens auf allen Irrwegen zwischen Gut und Böse.

[...] Reinhardt dämpft das Doktrinäre bis auf ein Minimum und betont um so stärker das symbolisch Schicksalhafte, das Mein und Dein in diesen Szenen. Er dichtet sie um in Schicksalslied, er gibt ihnen in einem Tempo, das man bisher nur dem Film zutraute, Leben und Bewegung, und er hüllt sie in ein Helldunkel, das wie der Traum mit Licht und Schatten spielt. Und so wird das Strindberg-Werk, das einst nur Qual, nun tiefstes Erlebnis, wird Rausch, wird faustische Legende und Gleichnis, das in immer neuen Symbolen sich verkleidet.

Erlebnis auch in der Darstellung. Indras Tochter, die Gütige, Mitleidsvolle, ist Helene Thimig. Das enge schwarze Gewand läßt ihre Blondheit noch stärker hervortreten. Zuweilen erscheinen ihre weichen Gesichtszüge im Scheinwerferlicht allerdings fast hart, wie aus Holz geschnitzt. Das stört. Aber wenn sie spielt, vergißt man das: noch nie empfand ich diese Stimme, die sonst so leicht in übertriebene Empfindung umbricht, so sehr als Musik, zumal in dem neuen sonoren Ton, der jetzt darin schwingt. Und wie wundervoll das horchende Auge, mit dem dieser sanfte Engel, diese Madonna, verstört in das Leben blickt, um es ganz, in allen seinen Schattierungen, kennenzulernen! Das packt am meisten in den Szenen mit Eugen Klöpfer, der jener arme, erdenwunde Winkeladvokat ist. Und wie dieser Mensch, verkümmert und verkrüppelt, im Rock der Armut erst eine wahrhafte Kubin-Gestalt ist, das schwankende Gespenst seiner eigenen Not, so wird er nachher mit brechendem Auge, den Dornenkranz auf der Stirn, Christus am Kreuz. Hier klingt, auch in der gebrochenen Stimme, Ewiges auf, das Tränen weckt. – Gut in allen Verwandlungen der Offizier Hermann Thimigs, der Liebhaber, der unermüdlich seine Viktoria sucht und sie nie findet; vielleicht (denkt man an Hartau zurück) etwas zu frisch, zu jugendlich für diese Rolle. Nur Virtuosenkunststücke gibt, will mir scheinen, Werner Krauß als Polizist, Quarantänemeister, Magister, Dekan und Kohlenträger ... so eindrucksvoll er auch zumal als letzterer in der vertierten Maske ist. Nebenbei die köstlich bewegte Streitszene der vier Dekane und die wilde Anklage der Kohlenträger sind Höhepunkte realistischer Regie. Und so bleibt uns aus der Fülle von Gestalten, in denen man endlich einmal wieder ein harmonisch in sich abgestimmtes Ensemble sieht, Raoul Lange als der Dichter, der zwar der Thimig in der letzten Szene ein guter Partner ist, aber, besonders im Anfang als Indras Stimme, zu bewußt im Deklamatorischen zu brillieren sucht.

Ganz Traumstimmung die Dekorationen Dworskys. Wie da leise Bild in Bild fließt, Bild sich aus Bild entwickelt, das ist meisterhaft empfunden. Auch hier spürt man Reinhardts sublime Kunst, mit Lichteffekten zu arbeiten. Besonders schön die immer wiederkehrende Theaterfassade mit den halbhellen Fenstern und der geheimnisvollen Kleeblattür, beklemmend in dem Armeleuteklima die Wohnstube des Advokaten, in der die Thimig wie eine Mater dolorosa neben der Wiege des Kindes steht. Musik rahmt das Ganze. Sie stammt von P. Wladigeroff und vereint in tiefer Schwermut je nach den Vorgängen grelle Dissonanzen mit Sphärenklängen, die alles Gute in unserer Brust freimachen. Ein unvergeßlicher Abend! Der tosende Beifall, der Reinhardt dafür dankt, reißt auch kühler Empfindende mit sich fort.

Paul Fechter, Deutsche Allgemeine Zeitung, Berlin, 15. 12. 1921

[...] Jetzt endlich hat er nach der Dichtung gegriffen. [...] Und das Ergebnis ist eigentlich anders, als man sich's von ihm erwartet hätte. Karger, strenger, sozusagen moderner als er selbst es in jüngeren Jahren angelegt hätte. Er hat freiwillig auf die ganze bunte Farbigkeit verzichtet, die das ›Traumspiel‹, wenn auch nicht gerade fordert, so doch ohne Mühe verträgt: er hat sogar manche der szenisch-dichterischen Einfälle Strindbergs, wie das Grünen und Herbstlichwerden der Linde gestrichen. Er legt das Ganze auf den Traum hin an: baut eine unwirkliche wirkliche Welt nur mit Licht von nächtigem Dunkel auf, aus dem er Bild um Bild herauswachsen läßt. Es ist ein schwerer farbloser Schwarzweißtraum geworden. Munchsche Graphik ins Theatralische übertragen. Das Märchenhafte, Spielerische des Traums hat er beiseite geschoben – und damit ein gut Stück der ›Theaterpoesie‹: das Menschliche hat er mit festem Griff gesteigert in den Vordergrund gestellt.

Die Dichtung rechtfertigt beide Formen der Darstellung. Sie ist Märchen und Traum für das Theater, und zugleich ein Strindbergtraum, Spiegel seiner selbst – in der ersten Hälfte von einer transparenten Überwirklichkeit, wie Strindberg sie nur selten wieder erreicht hat. Wie Indras Tochter auf die Erde hinabsteigt, um mit den Menschen zu leben und ihr Los kennen zu lernen – wie das Leben spukhaft aus den Bindungen von Zeit und Raum entlassen an ihr vorüberhuscht, bis sie selbst sich liebend dem Spuk verbindet, das Weib des Armenadvokaten wird, das ist so rein von innen her durchleuchtet, wie kaum eine zweite Dichtung Strindbergs. In der zweiten Hälfte verschiebt sich der Blickpunkt: der Dichter stellt sich selbst in die Handlung, begleitet das Geschehen mit Deutung von außen: die Traumtransparenz entschwindet und wird durch Strindbergsche Lyrik ersetzt. Reinhardt hat diesen Widerspruch zu mildern gesucht, kräftig gestrichen und den Dichter ebenfalls energisch in die Reihen der Schatten zurückgestellt. Das Ergebnis war eine viel größere Einheitlichkeit des Ganzen, die durch die Askese des Szenischen noch verstärkt wurde.

Die reinsten Wirkungen brachte der mittlere Teil, die Szenen vor dem Theater mit dem wartenden Offizier, die Promotion, dann der Auftritt in Heiterbucht. Hier kam auch das Bildhafte sehr schön zur Geltung – und die Massenbeherrschung vor allem im Akustischen. Die Szene vor dem Theater ganz flach, dunkel, eine hohe finstere Wand mit matt erleuchteten Fenstern oben, in der Mitte unten ein finsterer Durchgang, vom Licht nur eben die Gruppe der Redenden herausgehoben. Beste Reinhardtsche Arbeit die Abtönung des Stöhnens der Menge – wie ein einziger großer lastender Seufzer die Worte der Protagonisten begleitend. Sehr geschickt auch die Gliederung des Saals, in den die Szene in Heiterbucht verlegt war. Eine Wand von hohen Bogenglastüren, dahinter und davor die Tanzenden: nachher stehen sie vorne, selbst eine geschlossene Wand, teilen sich – und auf einmal mitten im Saal die Schulstube mit dem Offizier und dem Schulmeister, von den anderen zu beiden Seiten regungslos umstanden. Neben diesen Hauptszenen war das übrige stark zurückgedrängt; das wachsende Schloß anfangs nur ganz schattenhaft angedeutet, am Schluß diskret, ohne das Chrysanthemenwunder von leichtem Feuerzauber umwoben; ebenso die Fingalshöhle nur dunkel verdämmernd und ohne die Schiffsstrandung. Fast als ob Reinhardt zeigen wollte, daß er auch ohne Farben und szenische Hilfe rein aus dem Dichterischen gestalten kann. Der Erfolg gab ihm recht.

Indras Tochter war Frau Thimig. Ganz schlicht; nach dem Vorspiel nur noch in Schwarz, bald mit einem schwarzen, bald mit einem weißen Tuch um die Schultern. Sie nahm die Gestalt von vornherein beschattet: diese Tochter Indras brauchte das Leiden der Menschen eigentlich gar nicht mehr kennen zu lernen. Sie sank nicht aus dem Götterhimmel in das Irdische: sie war von Anbeginn ein leidender Mensch, zum mindesten ein mitleidender, wie die anderen. Das Ergebnis war eine leise Eintönigkeit, zumal sie die Melodie des Sprachlichen von Anfang an sehr hoch einsetzte. So ward sie blasser als notwendig – trotz ein paar sehr schöner, menschlich feinen Momenten (am schönsten der, wenn sie sagt: Was habt Ihr aus Eurem Leben gemacht?).

Ihr Bruder Hermann Thimig hatte als Offizier mit der Erinnerung an Ludwig Hartau zu kämpfen, der wie der Schatten aller männlichen Sehnsucht nach der Frau durch die beiden ersten Akte geisterte. Herr Thimig ist von dieser Welt: seiner schönen Frische liegt Strindbergsches Gespensterdasein sehr fern. Er gab, was er nur vermochte: das Beste merkwürdigerweise in den alten Szenen; die der Jugend glitten zuweilen fast in leise Komik.

Die eigentlichen Zentralgestalten aber wurden zwei andere: der Advokat des Herrn Klöpfer und der Quarantänemeister und der Lehrer des Herrn Krauß. Klöpfer im langen, faltigen Rock des Armenadvokaten, in die Stirn gestrichenem Haar, sein Grünewaldgesicht, unten von dünnem, kurzem, blondem, magerem Bart umrahmt – eine Christusgestalt aus dem Reich der Ärmsten, mit kraftlosen, riesenhaften Händen, die weit aus den zu kurzen Ärmeln heraushingen. Er hatte etwas vom Alb, Mitleid und Grauen zugleich erregend – mit Tönen die Gestalt hinstellend, die zuweilen unerhört waren, wenn er ganz tief: »O, nein, o, nein!« sagt – daß die Worte schon klingen wie die Glocken, die gleich danach einsetzen. Die Mischung vom Menschen der Tiefe und vom Gespenst war von einer Energie, die alles andere daneben schwer überdunkelte – bis auf Herrn Krauß. Zuerst kam er als Polizist, überlebensgroß, ein Traumpolizist, mit den wenigen Worten, die er hat, alles bannend und lähmend. Dann als Quarantänemeister, blond, jung, rundlich, nur mit schwarzer Augenmaske, die eigene seelische Konsistenz auflösend in etwas Leichtes, Lachendes, Tänzelndes – doppelt Unheimliches. Wenn er mit leisem Hackenzusammenschlagen, ruckweise, leicht vorgebeugt, langsam seinen Kreis um Indras Tochter zieht, erwartet man irgendein Mirakel, so phantastisch wirkt er. Und schließlich als Schulmeister: massig, schwer, mit weißem, wirrem Haar, der leibhaftige Angsttraum, trotz der halben Besinnung am Schluß. Reinhardt ließ ihn nicht hinter der Tafel in den Quarantänemeister verwandeln: das Traumhafte beider Gestalten ward damit noch vermindert.

Der Erfolg war sehr stark. Schon nach dem zweiten Akt wurde Reinhardt mit den Seinen immer wieder gerufen.

1922

Deutschland und Sowjetrußland schließen den Vertrag von Rapallo und nähern sich einander. – Ermordung des Außenministers Walther Rathenau (24. Juni). Verordnung zum Schutz der Republik. Anfang der Inflation (August) –

Auf dem Theater beginnt die neue, nachexpressionistische Phase, in der der idealistische Zug des Anfangs umschlägt in extrem brutales Theater. Als wichtigste Autoren treten Brecht, Bronnen und Hanns Henny Jahnn hervor. Brecht erhält für ›Trommeln in der Nacht‹ von Ihering den Kleistpreis. – Zusammen mit den neuen Bestrebungen im Drama und als Protest gegen den Berliner Theaterbetrieb gründet und eröffnet Moriz Seeler in Berlin die ›Junge Bühne‹ für neue Autoren. – Wichtigste Veränderungen: Berthold Viertel wechselt als Regisseur von Dresden nach Berlin und eröffnet die ›Junge Bühne‹ mit ›Vatermord‹. – Fehling geht von der Volksbühne an Jeßners Staatstheater als Regisseur. Sein Ensemble verstärkt Jeßner durch die Gruppe Frankfurter Schauspieler: Gerda Müller, Carl Ebert, Robert Taube, Helene Weigel. Mit Fehling kommt Lucie Mannheim ans Staatstheater. – Elisabeth Bergner kehrt von München nach Berlin zurück (Deutsches Theater und Lessing-Theater) und erlebt ihren Durchbruch. Theodor Tagger eröffnet das ›Renaissancetheater‹ (mit Ludwig Bergers Inszenierung der ›Miß Sarah Sampson‹ (18. 10.) Piscator/Rehfisch eröffnen ihre ›Proletarische Volksbühne‹ im Berliner Centraltheater. – Gastspiel Stanislawskis in Berlin; es bezeugt nur, wie weit man sich von seinem realistischen Stil entfernt hat. Die expressionistischen Autoren wenden sich der Komödie zu (als erster Paul Kornfeld: ›Der ewige Traum‹). – In München (Staatstheater) eröffnet sich Erich Engel durch eine Inszenierung von Grabbes ›Scherz, Satire, Ironie...‹ den Weg nach Berlin. – Max Reinhardt inszeniert in Wien im Redoutensaal der Hofburg (›Clavigo‹, ›Stella‹ ...). Das deutsche Theater feiert Hauptmanns sechzigsten Geburtstag (Hauptmann inszeniert in Dresden selbst ›Und Pippa tanzt‹). –

Unter der Last der wachsenden Inflation schließt das Düsseldorfer Schauspielhaus, anderen Theatern (z. B. dem Frankfurter Schauspielhaus) droht die Schließung. Ende des Jahres: Schauspielerstreik in Berlin gegen alle Privattheater (nur Jeßner spielt). Zuckmayer als Dramaturg in Kiel.

Hanns Henny Jahnn   Die Krönung Richards III.
Uraufführung: Schauspielhaus Leipzig, 5. Februar 1922, Regie Hans Rothe
Junge Bühne im Theater am Schiffbauerdamm, Berlin, 12. Dezember 1926
Regie Martin Kerb

Hanns Henny Jahnn (geb. 1894) war 1920 zu einem sensationellen Ruhm gekommen, als Oskar Loerke ihm für sein erstes als Buch erschienenes Drama ›Pastor Ephraim Magnus‹ (s. 1923) den Kleistpreis zusprach. Die darauf einsetzende, zum Teil wilde Polemik war eine Antwort auf die Provokation, die dieses (und jedes spätere) Werk Jahnns bedeutete. Jahnn war eine eruptive, ins Übermaß drängende und auch leidende Natur, die sich in vielen Dramenentwürfen (über zwanzig vor dem ›Pastor Ephraim Magnus‹) schon in seinen letzten Schuljahren entlud, als »ein verzweifeltes wahnsinniges Aufbäumen gegen Gott und Menschen – und gegen mich selbst«. Im Frühjahr 1916 begann er die Arbeit an der ›Krönung Richards III.‹, 1920 – (nach dem ›Ephraim Magnus‹) wurde sie abgeschlossen. – Die Häufung erotischer, sexueller und sadistisch-masochistischer Züge, die mit der Anlage der Fabel schon beginnende Übersteigerung der szenischen Vorgänge mußte jede konventionsgewöhnte Gesinnung aufbrechen und mit Hilfe des Abnormen jede vordergründige Wirklichkeitsschicht durchstoßen. Jahnn versuchte den Wirklichkeitsbegriff von den Urtrieben her neu zu formulieren. Sprachlich führte die Übersteigerung zu Wortorgien, die unter dem Einfluß von Jahnns Musikalität sich oft verselbständigen und das atavistische Handlungsgefüge als Wortoper zugleich ästhetisieren. – Jahnn wurde mit Bronnen und Brecht der wichtigste Autor des brutal-extremen Theaters, das – eine besondere Spielart des Expressionismus – nach 1921 gegen dessen idealistische Strömung auftrat. ›Die Krönung Richards III.‹ war das erste aufgeführte Drama Jahnns. Der junge Shakespeareübersetzer Hans Rothe (damals Dramaturg in Leipzig) war von Moritz Heimann auf den ›Pastor Ephraim Magnus‹ hingewiesen worden, eine Begegnung Rothes mit Jahnn im Sommer 1921 machte jenen auf die ›Krönung‹ aufmerksam. Rothe (wie Jahnn 1894 geboren) versuchte damals, die Entfernung der romantischen Shakespeare-Übersetzung von der eigenen Zeit spürend, ein rauheres, klareres Shakespearebild zu gewinnen. Seine erste Übersetzung: ›Troilus und Cressida‹ war am 6. Mai 1920 unter Kronachers Regie im Alten Theater Leipzig uraufgeführt worden, ›Wie es euch gefällt‹ hatte Rothe im Herbst 1921 selbst am Leipziger Schauspielhaus zum erstenmal inszeniert. In Jahnn sah er den ersten neuen Autor, der Shakespeare ebenso unkonventionell begegnete. – Berlin nahm Jahnns ›Krönung‹ erst 1926 nach Fehlings Inszenierung von Jahnns ›Schwarzer Medea‹ auf (s. Rez.).

Schauspielhaus Leipzig
Hans Natonek, Berliner Börsen-Zeitung 11. 2. 1922

Wer sich vermißt, ein Drama Richard III. zu schreiben, muß es sich gefallen lassen, mit dem großen Vorgänger gemessen zu werden. Shakespeares wortgewaltiger Richard wirbt an der Bahre des ermordeten Gatten um Anna. Hanns Henny Jahnns redseliger Richard hat etwas Apartes für sich: er wirbt um die Königinwitwe Elisabeth, dieweil ein Page in ihrem Bette liegt, der durch ein Aphrodisiacum der Königin gefügig gemacht und nachher von ihr, die auf Jünglingsfleisch in jedem Sinne begierig ist, verspeist werden soll. Und unter ihrem Bette liegt heimlich ein zweiter Page, der der Geliebte jenes andern ist. Ward je vor solchem Bett ein Weib gefreit?
Daß Richard III. niemals Gatte der Königinwitwe Elisabeth war, sondern nur um die Hand ihrer Tochter, seiner Nichte Elisabeth, angehalten hat, aber durch den Tod auf dem Felde von Bosworth geschichtsnotorisch verhindert war – das sei dem Autor gern verziehen. In Geschichte mag er durchfallen, wenn er nur durchs dramatische Examen steigt.
Aber was bezweckt der Verfasser mit der Verheiratung Richards und der Elisabeth? Wohl, daß sie sich wechselseitig apostrophieren: Du bist grauenhaft – Du bist ein Teufel – Du die Teufelinne. Nicht eine groß gestaltete Szene ist zwischen diesen zwei Menschen, die grauenhafte Teufel sind: nichts als endlose Wortergüsse. Vermutlich brauchte der Verfasser die Königin nur zu dem Zweck, daß sie einen Pagen nach dem andern konsumiere.
Jahnns Richard hat vor dem Shakespeareschen die konstruktive, nicht die lebendige Fülle voraus; bei ihm ist Richard gar kein Bösewicht, er ist eigentlich ein verhinderter Tugendbold, ein Frömmler, der willig seinen Leib hinhält, daß Gott das Böse hineingieße. Du liebe Zeit, was soll ein Autor tun, der einen Richard III. schreibt? Daß er schlechtweg einen graden saftigen Schurken hinstellt, wie Shakespeare, ist nicht zu verlangen; es würde auch gar nichts nützen, es zu verlangen, da der Nachfahre es doch nicht schaffen würde. Also rettet man sich in die komplizierte Hintergründigkeit des ›Eigentlich‹. Der arme Richard ist ein Opfer der bösen Elisabeth. Er leidet furchtbar an sich und will durch Blut zu Gott. Er mordet nur, was er liebt, um so sich selbst zu quälen und die geliebten Wesen vor der argen Zeit zu retten. Um etwas ganz zu besitzen, muß man es vernichten. Er ist Sadist und Flagellant in einer Person. Indem er andere peinigt, peinigt er sich selbst. Das ist immerhin ein artiger, wenn auch krummer Ausweg eines Autors, der von einer bereits vorhandenen, gradgewachsenen, gültigen Gestalt bedrängt wird. Man hat aber das Gefühl, daß der Verfasser seinen philosophisch zurechtgegrübelten Richard erlebt hat, und das sichert seiner Figur einige Sympathie.
Die politische Aktion und Gegenaktion um Richard ist gänzlich uninteressant; eine weitschweifige, gestaltlose Szenenreihe ohne Höhepunkte und Spannungen. Eindruckslos ist auch das Sterben der Königin Elisabeth in Kindesnöten. Man hat das Gefühl, daß der Autor zäh, aber direktionslos in der ungebändigten Materie schwimmt. Die Szene, in der Richard den Auftrag zur Tötung der beiden Prinzen erteilt, ist ein Lichtpunkt. Die Vorführung dieses Mordes – Erstickung der Prinzen in einem Sarg – weckt noch einmal die Erinnerung an Shakespeare. Bei ihm spiegelt sich die Ermordung nur in der unsagbar erschütternden Wechselrede der drei Frauen, Elisabeth, Anna und der

Herzogin von York. Aber um wieviel heftiger wirkt der Greuel im Reflex der Klage, als vorgeführt auf der Jahnnschen Szene! Hans Rothe, der diese unförmige Bluthistorie ein- und angerichtet hat, hat sich jeden Strich nur widerstrebend abgerungen, als ging's um Köstlichkeiten. Weiß nicht, was er daran findet. Fritz Reiff war ein kluger, aber etwas eintöniger Gestalter des Jahnnschen Worts. Die Sprache des Verfassers fällt vom Shakespearischen in Hebbelschen Gedankenkrampf und von da in Gymnasiastenjamben. Ein großer, kranker Vogel, stelzte dieser Richard über die Szene und schlug krächzend mit den müden Schwingen des Gewissens. Was dem Verfasser an Gefühl für dramatische Architektur abgeht, hätte die Regie durch noch energischere Streichung, Zusammenfassung und sogar Umarbeitung wettmachen müssen.

Junge Bühne im Theater am Schiffbauerdamm, Berlin
Herbert Ihering, Berliner Börsen-Courier 13. 12. 1926

Wenn Hanns Henny Jahnn vor Jahren seine ›Krönung Richards des Dritten‹ auf einer maßgeblichen Bühne gesehen hätte, wäre die Aufführung für ihn vielleicht zu einem entscheidenden Anstoß geworden. Theater, die dem Drama ebenbürtig hätten begegnen können, gaben die Uraufführung an das Leipziger Schauspielhaus ab, das auf einen anderen Spielplan eingestellt ist. Jahnn mußte warten.
Es ist ein Unterschied, ob eine Komposition für Orgel oder für Singstimmen geschrieben ist. Jahnns ›Richard III.‹ scheint für Instrumente, nicht für Sprechstimmen gedichtet zu sein. Er hat eine Atemführung, die das menschliche Organ kaum durchhalten kann. Eine Ausdruckssteigerung, die nur Instrumente nachzeichnen können. Das ist kein Problem der dramaturgischen Einrichtung, der Striche, der Zusammenfassung. Die Rede in sich ist instrumental, nicht stimmlich angelegt. Greuel werden kaum tatsächlich, inhaltlich empfunden, sondern als dunkle oder schrille, klagend gezogene oder schroff abbrechende Dissonanzen gehört. Dann wieder breite, melodische Tonführung. Dann wieder jäh entflammende Mißklänge.
Dieses Tonwerk ›Die Krönung Richards des Dritten‹ gibt den König anders als Shakespeare. Richard geht durch Blut und Mord aus Weltangst. Seine Nerven empfinden jede Regung der Lust. Er atmet ein die Geister der Ermordeten und tötet weiter. Ein Schlächter für den endlichen Frieden. Ein Gequälter. Ein Hellsichtiger. Hysterisch und gewaltig, krampfgeschüttelt und planvoll überlegend.
Grandios die Ständeversammlung. Logik geht bis an die Grenzen des Wahnsinns. Verstand wirft phantastische Brände. Angst wird gigantische Staatskunst. Hysterie wird präziseste Menschenbehandlung. So entledigt sich Richard aller Feinde. So hetzt er sie gegeneinander: als kühner Diplomat, menschlicher Schwächling, religiöser Zweifler und Fanatiker.
Es ist die Kernszene des Stückes. Da sie in der Aufführung gestrichen wurde, blieb Richards politische Phantasie unbemerkt. Man sah nur die Krankheit, nur die Greuel, nur die Morde, aber nicht das Reich, dem diese Morde galten, nicht die Idee, die diesen schwächlich Gewaltigen, blutig Friedenssehnsüchtigen unterjocht hatte. Man muß streichen, man muß viel streichen. Aber ge-

rade den wesentlichen Auftritt kann man nicht tilgen. Auch dann nicht, wenn dieses Bild wieder andere, wie die Buckingham-Szene, im Gefolge hat.
Es wurde eine Aufführung, die für das Werk zu spät kam. Das mindert ihr Verdienst nicht. Es ist noch viel aufzuarbeiten, was das reguläre Theater versäumt hat. Jahnn ist ein großer Dichter gegen die Zeit (wie Barlach). Darum müssen seine Kräfte befreit werden bis zur Entscheidung. Jahnn ist einer der wenigen, die noch *tragische Gesinnung* haben. Seine Entwicklung wird zeigen, wie weit alte tragische Stoffe noch keimfähig sind, wie weit die Zeit reif ist für neue Stoffe.
Die Aufführung unter der Regie von Martin Kerb war konventionell. Sie spielt oft ein klassizistisches Element, das neben dem dichterischen auch am Rande des ›Richard‹ zu finden ist. Sie spielte den ›Herrn König‹ und das ›Fürbaß‹, das sprachlich nicht immer überwunden ist.
In den Hauptrollen Walter Franck und Agnes Straub. Walter Franck als Richard: aufgerissen, stark, im Besitz seiner Möglichkeiten, echt, straff, nur etwas eintönig und überstürzt. Agnes Straub als Elisabeth: vor keiner Konsequenz zurückschreckend, großartig, wo ihre Phantasie berührt wird, wie in der ersten Szene mit dem Arzt. Fast ausgelöscht von Brunst und doch groß. (Manchmal zog sie die Sätze ineinander, was die Deutlichkeit hinderte.) Trotzdem eine dominierende Gestaltung. Die Prinzen spielten Sybille Binder und Roma Bahn. Eine hingegebene Arbeit aller, aber etwas im Konventionellen befangen. Wir erwarten von der Jungen Bühne neue Leistungen.

Friedrich Schiller   Don Carlos

Staatliches Schauspielhaus Berlin, 13. Februar 1922, Regie Leopold Jeßner

Für seine dritte Schiller-Premiere am Staatstheater griff Jeßner auf den ›Don Carlos‹ zurück, den er am 13. November 1915 bereits einmal in Königsberg inszeniert und dramaturgisch durchgearbeitet hatte. Schon der Königsberger ›Carlos‹ ging von Schillers Hinweis aus: »Wenn das Trauerspiel schmelzen soll, so muß es durch die Situation und den Charakter König Philipps geschehen. Auf der Wendung, die man diesem gibt, ruht vielleicht das ganze Gewicht der Tragödie.« Jeßner inszenierte aber nicht die Tragödie eines Königs, sondern die Tragödie des Menschen Philipp. Die Carlos-Posa-Handlung trat zurück, das Komplott Alba, Domingo, Eboli wurde stärker herausgearbeitet. Das war auch die Konzeption der Berliner, im Text sehr gestrafften Aufführung. Szenisch wurde sie verwirklicht mit einer neuen Variation der Stufenbühne, die dem ersten Bild schon eine starke Wirkung gab: Jeßners Dramaturg Eckart von Naso notierte dazu: »Es war ein guter Einfall, den König mit seinem Hofstaat im ersten Akt von einer schwarz-goldenen Riesentreppe her und gleichsam aus dem gläsernen Himmel der Monarchien zur Erde herabsteigen zu lassen, wo ihn, klein und verängstigt, die Königin erwartet.« (›Ich liebe das Leben‹, S. 429). – Die Inszenierung hatte Jeßner für Kortner als König entworfen, dessen Name noch auf dem Programmzettel der Premiere stand. Er mußte kurzfristig ersetzt werden durch Decarli, der nur darlegen konnte, wie Jeßners Regie auf Kortner hin angelegt und angewiesen war. Ohne Kortner als Zentrum verschoben sich die Proportionen, und man sah die Durchschnittsqualität des Jeßner-Ensembles noch deutlicher. Jeßner begriff damals schon, daß der Bund mit Kortner auf die Dauer nicht bestehen werde und daß er allein den inzwischen erworbenen Rang des Staatstheaters nicht halten könne. Er war dabei, Kerrs Mahnung »Kräfte mieten« zu verwirklichen. Er engagierte damals die Spitzenkräfte aus dem Frankfurter Ensemble: Gerda Müller und Carl Ebert und den inzwischen aufgestiegenen Regisseur Jürgen Fehling von der Berliner Volksbühne für die neue Spielzeit. – Am Ende seiner Intendanz inszenierte Jeßner den ›Don Carlos‹ am Staatstheater noch einmal (3. 11. 1929), jetzt mit Fritz Kortner als König, Norbert Schiller als Carlos und Lothar Müthel als Posa, der 1922 den Don Carlos spielte. – Gerade an einer schauspielerisch wenig erfüllten Inszenierung wie dieser zeigte sich die konsequente Dramaturgie als Grund aller Jeßnerschen Wirkungen.

Emil Faktor, Berliner Börsen-Courier 14. 2. 1922

So hat denn Jeßner, dem der Winter bei künstlerischer Enthaltsamkeit offenbar zu langsam verstreicht, sich zu einer neuen Inszenierung entschlossen. [...] ›Don Carlos‹ wurde unter seiner Hand eine der allerkürzesten ›Don Carlos‹-Aufführungen, worüber ich während der ersten Hälfte des Abends mitunter etwas entsetzt war; die zielbewußte Gliederung des überflutenden Werkes, seine Steigerung der Liebestragödie zum politischen Drama, des politischen Dramas zur kirchlich mysteriösen Großinquisitor-Dämonie hat die große Eile über rhetorische Gefilde und dialektische Prunkstücke hinweg gerechtfertigt. Auch wenn mancher Verzicht weh tat.
Dem Radikalismus der Dramaturgie entsprach auch der Charakter der Inszenierung. Sie war wieder mit Jeßnerschem Fanatismus ein Bruch mit aller Tradition, die bisher für den Garten von Aranjuez einen gartenähnlichen Prospekt und für die Gemächer im königlichen Schloß realistisch stilisierten Aufwand benötigte. [...] Ich will gestehen, daß ich beim Aufgehen des Vorhangs einen Schreck bekam, als statt der Bäume und Beete, die zum Teil abgepflückt werden sollen, nichts als Treppen zu sehen waren mit zwei schluchtartigen Zugängen. Freilich es waren besondere, diesmal rot-goldene Treppen – ausgedehnt bis an den Horizont und drüben wieder in die unsichtbare Ebene hinabsteigend. Die Zweifel schwanden auch schon in Aranjuez, als sich die angenehme Notwendigkeit ergab, gewisse Motivbehelfe des Kommens und Gehens der Personen wegzustutzen. Nicht mehr muß die Königin ihr Gefolge absichtsvoll durch einen Auftrag entfernen. Die Treppe, auf der keine Blumen wachsen, macht auch die dramatischen Schnörkel überflüssig. Man hat ihr somit die Emanzipation von dem zu danken, was ich das geistige Bühnenrequisit nennen möchte ... wie ja auch der dramatische Expressionismus (nicht bloß der der Regie) mit der mühsamen Konstruktion der Szene auf peinlich motivierter Grundlage aufgeräumt hat.
Also schon in Aranjuez, nein gerade dort am besten, bewährt sich die Treppe. Am allerüberzeugendsten beim Einzug des Königs mit seinem Hofstaat. So wirkungsvoll feierlich hat man das noch nicht gesehen. Hoch oben an der Treppenwölbung, die sich mit dem Horizont berührt, schreitet das Spanien Philipps II. heran. Es ist schwarz von Granden, schwarz von Kutten. Links

starrt in schweigender Starre die Etikette, rechts verfinstert sich vom düsteren Beichtvaterdunkel der Himmel. In der Mitte wandelt der einsame Herrscher des Riesenreiches. Die Treppe hilft der Regie zu einer ungewöhnlichen Steigerung des Symbolischen.
Sie hat auch noch andere Eigenschaften. Sie ermöglicht, daß auf ihr die Bühne merkwürdig nach den Gesetzen der Weite und Nähe ausgenutzt werden kann. Wenn in einem geschlossenen Raum der Darsteller bei einer sehr intensiven Szene sich zur Publikumsnähe drängt, ist man irgendwie unangenehm berührt. Auf der tiefsten schon ganz nahen Stufe besteht noch immer eine Distanz zum Parkett. Und man empfindet ein derartiges Näherkommen bloß als Heraushebung (aber auch den Emporstieg zu einer höheren Fläche). Kurzum: die Gliederung durch die Jeßnertreppe gibt ganz interessante Aufschlüsse über den Charakter dramatischer Situationen. Man erkennt aus einem neuen Gesichtswinkel heraus, daß es Mittelgrund, Vorder- und Hintergrundszenen gibt – – doch nicht aus lokalen Erwägungen heraus. Man könnte vielleicht von einer neu erkannten Weit- und Engmaschigkeit der Situationen sprechen.
Wie nahm sich nun das rote, mit Goldleisten gezierte Stufengebäude innerhalb des königlichen Schlosses aus? Im großen und ganzen ausgezeichnet. Ab und zu vielleicht war es etwas quälend und öfters verwirrend, daß die Gemächer und Zugänge sich schwer unterscheiden ließen. Um die Situation im Schlosse klar zu begreifen, war die Kenntnis der Dichtung wohl Voraussetzung. Maurisch gewundene Riesensäulen (als Bild wie ein phantastischer Elephantenfuß) waren von dem Wiener Dr. Strnad ausgedacht, den Raum zu deklinieren. Auch Vorhänge mußten heran. Manchmal meldete sich ein komisches Bedenken. So wurde ich, als man in jener schlaflosen Nacht auf der letzten Stufe Philipps Bett erblickte, von der Vorstellung geplagt, daß ein so reicher Monarch auf der Treppe schläft ...
Auch das Boudoir der Eboli überzeugte nicht. Ein modisches Sopha dünkte nicht als der richtige Expressionismus. Sehr gelungen war alles Symbolische in den Königsgemächern und von seltenem Aufriß der Empfang im großen Audienzsaal. Hier triumphierte wieder einmal die weite und breite Höhengliederung der Treppe. Sie wurde ausgezeichnet bei der Aufstellung des Hofstaates genutzt. Ob aber Jeßner hier nicht zuviel tat? Ob nicht zu der wirkungsvollen Gruppensymbolik der billigere Reiz lebender Bilder hinzukam? Jedenfalls war's ein Augenblick, auf den von Rechts wegen Lubitsch neidisch werden müßte.
Künstlerisch am höchsten stand die Schlußszene, in welcher der König vorn niederkniete und rückwärts auf erhöhtem Piedestal der blinde Großinquisitor auf zwei stumme Mönche gestützt (brennendes Rot düster geflankt) seine tyrannische Gesinnung wie Orakelsprüche eines Flammenreiches herüberhauchte.
Ich sprach sehr viel von der Inszenierungsart und sagte bisher noch nichts über die Darstellung. Es drängt mich nicht dazu. Käme es auf sie allein an, so wäre es eine in mancherlei Punkten achtenswerte, nicht selten unzulängliche Mittelstandsaufführung geworden. Gewiß stand hinter jedem Einzelnen Jeßner, und er hat sicherlich Auffassungen und ihren Zugriff verschärft. Aber straffe Führung wird nicht für jedermann eine Wohltat. Während der Darsteller des Don Carlos Herr Müthel mitgerissen wurde und über sein Temperament hinaus (bei zahlreichen Fehlbetonungen in der ersten Eboli-Szene) ins

Feuer geriet, war das Jeßner-Prinzip schon weit geringerer Segen für den Spieler des Königs Philipp.
Ihn gab statt des erkrankten oder verzankten (man las das eine und hörte das andere) Fritz Kortner Herr Decarli. Dieser angenehme und sympathische Konversationsschauspieler, der in der klassischen Tragödie immer schleppt, verträgt nichts schlechter als die expressionistische Tempopeitsche. Statt der Gespanntheit des Gesamtausdrucks schmeißt er Energien in die Endsilben, er kreischt, wo er Wucht hervorstoßen soll, er betont Macht und gewisse Akzente so stark, daß ihm die Würde, die Überlegenheit verloren geht. Dieser Philipp müßte vor der Zeit an Gallensteinen zugrunde gehen.
Nun der Marquis Posa des Ernst Deutsch. Er gefiel mir sehr gut in den ersten Szenen, er sah als Erscheinung und Gegenbild von Don Carlos ausgezeichnet aus. Aber die große Szene mit Philipp? Nein, die ist noch nicht geboren. Hier fehlte allzuviel von dem, was ich bei Moissi, als er aus der Gefangenschaft zurückkam, auferweckten Sinn für politische Zusammenhänge genannt habe. Wo soll sie auch heutigen Posadarstellern herkommen? Sie beherrschen wahrscheinlich besser die Politik des Films gegen die Bühnenproben.
Gar nicht schön, man könnte auch katastrophal sagen, war die Eboli einer hierorts unbekannten Margarete Anton. Vor allem stimmte ihre hagere Erscheinung nicht mit den vollblütigen Liebhaberintendenzen dieser Rolle überein. Dann ist auch noch alles andere, was Wort und Bewegung in Übereinstimmung bringen soll, unbeherrscht. Mag sein, daß trotzdem etliches Talent da ist. Es schlägt aber vorläufig komisch aus.
Ein bezwingender Anblick diesmal die Königin des Frl. Hofer. Außerdem spielt sie fein. Den Großinquisitor gab Herr Forster. Er machte es gut.
Das Publikum war oftmals beifallslustig, im ganzen nicht ohne Sprödigkeit.

Alfred Kerr, Berliner Tageblatt 14. 2. 1922
I
Von aller Puppenstarre der ganz expressionistischen Darstellung ist Jeßner abgerückt.
Es gibt nur gelegentlich Symmetrien. Sonst jene herrliche Straffung, die keiner ihm nachmacht. (Obschon mehrere sie ihm nachmachen.)
... Die Symmetrie wird hier ein Gleichnis für Spaniens Abgezirktheit. Immerhin: Carlos und Alba stehn, jeder, in einem Türrahmen. Carlos links. Alba rechts. Der König in der Mitten. Fast eine Vignette – statt eines Spiels. Fast eine Glosse – statt einer Darstellung.
Gar so symmetrisch war nicht einmal Velasquez in Spanien. So symmetrisch sind eher Präraffaeliten [...].
II
Jeßners eindrucksvollste, ja wundervollste Bildwirkung: wenn der König aufsteigend am Horizont naht, die ritterlichen Böcke zur Rechten, die priesterlichen Schafe zur Linken. Philipps ganzes Spanien in Auswahl. Diese zusammenfassende Bildwirkung ist von sehr ... gemilderter Symmetrie. (Kaum noch rechtgläubiger Expressionismus.)
Auch könnte das Schlußbild: Saul weitab unten; Samuel dito weitab oben; da der tiefgeneigte Thronfolger, da der uralt-aufrechte Pfaff' – das Bild könnte von einem Nichtexpressionisten gestellt sein. Und die diesmalige Treppe ...

III
Die diesmalige Treppe (der Verfasser davon ist Professor Dr. Strnad in Wien; der auch die Gewandung schuf und vielerlei in rot-mit-gold, oder in schwarz-mit-gold, und entzückend goldenen Wendelsäulen; er verdient ein hohes Lob) – die diesmalige Treppe erweist sich nicht rohgezimmert: sondern höfisch-glatt; ausgebuchtet ... Drüber Horizont; oder Wölbungen; nichts wird vermißt. Man denkt hier kaum noch an die Bühnenmode des Expressionismus. Bloß an die Möglichkeit, das Wort zu vereinsamen – also zu heben. Jeßner hat gut getan.
Expressionismus? Zwar Lothar Müthel kroch auf dem Erdboden eine Weile herum. (Als F. Schillers etikettefreier Mensch; wer ein solcher ist, darf auch in Spanien herumkriechen – denkt wohl der Szenator.) Einmal sogar kroch er mit einem Hupf oder Dreh dort im Staube zu der Geliebten lang. Eben als vom Zeremoniell gelöster, menschlich-selbständiger Akrobat. Es war jedoch nur kurz. (Er hatte sonst edle Stellungen im guten Sinn.)
Expressionismus? Ein Zuviel wenn bei Posas Wort: »Königin!« plötzlich ex machina der Himmelsäther hell sichtbar wird, – damit jener nun erst sagen kann: »O Gott, das Leben ist doch schön!«
Nein, Jeßner. Keinen Apparat. Das muß nur so wirken wie beim Hebbel, – wenn ein für den Tod Bestimmter ein Glas Wasser sieht und fragt: »Soll ich nie mehr trinken?« Ein zusammengefaßtes Dasein. Ecco.
(Die Klügelei jedoch mit dem Äther machte kein Expressionist.)
IV
Kommen die Kürzungen. Den ›Don Carlos‹ hat jeder Spielwart sozusagen auf dem Strich. Auch Jeßner läßt diesen walten. Mit Recht – noch mehr. Manchmal zu viel ... Hartbeherzt schnitt er dem Prinzen das letzte Beisammensein mit der Königin ab; hartgeherzt sein allerspätestes, endgültig-tragisches und bereits todumwittertes G'spusi. Zehnfach hartgeherzt, zumal sie »im Nachtkleide« vor ihm gepflanzt sein soll und »mit stiller Wehmut auf seinem Anblick verweilend«, wie der edle Volksdichter bemerkt.
Alles das tilgt Jeßner Leopold. Auch Karls »letzten Betrug«, und so. Nur als der König mit dem anheimelnden Großinquisitor seinen Plausch hat, setzt Philipp das berühmteste Wort eines übersprungenen Abschieds der Vollständigkeit halber an den Schluß: »Kardinal, ich habe das Meinige getan. Tun Sie das Ihre.« Scharf betrachtet, geht es auch so.
V
Die Seele des Abends ist: Ernst Deutsch – unter den Einzelnen. Ein seltener Sprecher. Dennoch kein tönendes Erz im Artikulieren ... sondern durchglutet von Menschlichem. Nie vernahm ich das Wort von der Gedankenfreiheit, innerste Forderung eines Menschen, so heilig ernst.
Man beleuchtet ihn immer noch schief. Diese infamen Scheinwerfer sind eine Zerr-Störung. Auch der Schauspieler hat sozusagen das Recht am eignen Bild. Neulich mit der Lossen war's nicht anders. Der Unsegen kommt von oben.
VI
Den Carlos stellt Lothar Mittel; genauer: Müthel; und ist (wie Frau Hofer) edler Durchschnitt.
Er hat Wohlanständiges. In aller Glut eine ziemende Zurechtgekämmtheit. Dabei geht er diesmal über sich hinaus; er gibt oft Vortreffliches. Der Funke fehlt. (Kein Kubik-Jeßner kann ihn schaffen. Den schafft bloß Urzeugung.)

Ein Alba ohne Schrecken. Ein Inquisiterich ohne Schauer. Eine Königin ohne Musik. Ein Philipp frei von Neurose des Zweifelns. Dies wären also: Stahl-Nachbaur; R. Forster; Johanna Hofer; Decarli (statt Kortner) ... Verfeinertes Hoftheater – von einem Überlegenen gelenkt. (Die Schauspielerin Margarete Anton, der Stolz Leipzigs, versetzte der Eboli neben höherer Beherrschung einiges wilde Losgehen – das versprechend scheint.)

VII

Jeßner muß Kräfte mieten – er hat Beamte.
Verfeinte Beamte, durchgeknetete Beamte, sublimierte Beamte – doch Beamte. Bürgerlichkeiten.
Früher sagte man sich: »Seine Schauspieler sind Mittelgut – doch prachtvoll knetet er sie zurecht.« Auf die Länge sagt man: »Er knetet zwar seine Schauspieler prachtvoll – aber sie sind Mittelgut.«
[...]
Denn ... nehmt alles nur in allem: Jeßner hat aus dem früheren ›Königlichen‹ Theater bei diesen Mängeln doch erst ein königliches Theater gemacht. (Kräfte mieten!)

Paul Fechter, Deutsche Allgemeine Zeitung, Berlin, 14. 2. 1922

Der Intendant des Staatstheaters, Herr Leopold Jeßner, hat seit seinem Amtsantritt vier oder fünf klassische Dramen inszeniert. Den ›Tell‹, den ›Fiesco‹, ›Othello‹, ›Richard den Dritten‹. Das Resultat dieser Leistungen war, daß man zur Hälfte ja, zur Hälfte nein sagte. Man bejahte die Arbeit, den Willen, und stand dem Gesamtergebnis, und vor allem den inneren Tendenzen doch erheblich skeptisch oder zum mindesten abwartend gegenüber.
Jetzt bringt Herr Jeßner wieder ein neues Stück, den ›Don Carlos‹, und man muß das Abwarten langsam aufgeben. Man muß Positives und Negatives allmählich wertend scheiden – und kann nicht hindern, daß die Schale mit dem Nein bei dieser Arbeit sichtbar tiefer und tiefer sinkt.
Als das Schauspielhaus seinerzeit die Jahrhundertfeier seiner Existenz in dem Schinkelbau beging, wurde hier gegen das Unfestliche, Nüchterne protestiert, das dieser Feier oder vielmehr Nichtfeier anhaftete. Diese Unfestlichkeit konnte Prinzip sein, Willenssache: ein Mann konnte hinter ihr stehen, der ohne alles Pathos rein aus strenger Sachlichkeit seinen Weg gehen wollte. Dann wäre jener Protest ungerecht gewesen, und man hätte ihn zurücknehmen müssen. Es konnte aber auch sein, daß diese Nüchternheit aus innerer Armut kam, aus einem Herzen, das für den gehöhten Gang festlicher Stunden kein Empfinden hatte. Dann blieb der Einwand bestehen – und wäre noch zu unterstreichen gewesen. Die Entscheidung mußten die Leistungen bringen.
Der gestrige ›Don Carlos‹ spricht für das Recht des Protestes. Er war nüchtern bis zum Mageren, er war ohne alles Hinreißende, das gerade diese Tragödie der Jugend haben muß; er war alt und unbewegt, zerbrochen durch ein Prinzip, das nicht aus herbem Kunstgefühl, sondern aus innerer Stromlosigkeit gewachsen ist. Es war eine Aufführung ohne Phantasie und, was schlimmer ist, ohne Stil, den sie durch Stilisierung und ein Nebeneinander von allen Stilmöglichkeiten zu ersetzen suchte. Die innere Spannung, die dem Ganzen Bewegtheit geben muß, fehlte – es gab lebende Bilder mit Deklamation, nichts weiter.

Daß Herr Jeßner auch den ›Carlos‹ auf eine Treppe brachte, darüber kann man nichts mehr sagen; denn seine Treppen sind bereits so billig verulkt worden, daß man da nicht mehr mitkann. Überdies ließe sich darüber reden [...] Die Menschen auf dieser Anlage unter dem Horizont stehen sehr schön im Raum [...]
Es bleibt aber nicht bei der Treppe und dem Licht und dem Raum – es kommt für die Innenräume nun auch ›Architektur‹. Natürlich ebenso mager; das wäre erträgbar – aber sie kommt zugleich ›dekorativ‹. Farbig, malerisch. Auf abgeschrägten, graugrünen Wänden, die rechts und links Philipps Gemächer andeuten, wälzen sich oben blendend goldene, dicke Voluten – in ihrer Isoliertheit doppelt lächerlich. Und neben die Architektur treten Vorhänge, das Raumordnungsprinzip wird vom Bildhaften abgelöst. Und auf einmal taucht in den Gemächern der Königin eine mannsdicke Riesensäule – aus gedrehtem Golde auf. Weil immer von Flandern die Rede ist, wahrscheinlich. Sie ist so komisch, weil sie mit Bild- und Raumprinzip zugleich streitet und eigentlich ein Rest Ausstattungsrevue ist, daß man es versteht, wenn ihr Pendant auf der rechten Bühnenseite meist schamhaft verborgen bleibt.
Immerhin – auch diese Dekorationen nähme man hin, ließe sie als belanglos stehen, wenn das Spiel mitrisse. Aber es reißt nicht. Die strömende Gewalt dieses Gedichts ist bewußt abgeteilt, im Flusse aufgehalten – und damit des Lebens beraubt. Jeder der Sprecher ist isoliert, deklamiert die ihm zugeteilte Rolle fast ohne Bezug auf den andern. Das ist natürlich Prinzip, aber ein falsches. Auch in diesen Versen redet nicht bloß Schiller, sondern immerhin auch Posa, Carlos, die Königin. Es geht nicht, daß jeder nur Monologe hält, den andren gar nicht ansieht, unverbunden wartend neben ihm steht, bis er wieder reden darf. Auch hier ist Dialog, sehr innerer sogar: der Strom geht zwischen den Menschen: sperrt man ihn, so nimmt man dem Werk das Leben und erzeugt jene gähnende Langeweile, mit der man gestern seit dem zweiten Akt heroisch kämpfen mußte.
Man komme nicht und sage Ballade – Herauslösung des inneren Geschehens wie im ›Fiesco‹ oder ›Othello‹. ›Don Carlos‹ ist keine Ballade, sondern ein Theaterstück eines jungen sehr theatralisch lebenden und fühlenden Menschen: also her mit dem Theater! Es geht nicht, daß man ihn auf Kargheit stilisiert, um die eigene Kargheit zuzudecken. Man darf Posa nicht die großen Reden streichen, darf die Eboliszenen nicht derart kürzen, daß kaum so viel Weiblichkeit übrig bleibt wie im ›Fiesco‹. Man darf den Aufruhr Madrids in der Kerkerszene nicht einfach fortlassen, wenn man nicht den inneren Sinn der Königswandlung umbringen will – man darf sich überhaupt bei Schiller nicht vor dem Theater fürchten. Sonst mordet man wie gestern beides, Schillern sowohl wie das Theater.
Dies alles mag ungerecht erscheinen, nachdem man bisher ›Fiesco‹, ›Othello‹ usw. ohne große Einwände hinnahm. Es wächst zum Teil doch von dort – aus dem nämlich, was an Erinnerung an jene Aufführung bleibt. Das ist etwas Skeletthaftes und etwas Ruhendes. Keine Bewegtheit – und kein Blühen. Bei diesem Carlos sieht man das von vornherein. Es fehlt die lebendige Vitalität dahinter, der Lebensstrom eines starken Menschen: man erlebt bestenfalls sprechende Bilder, aber kein Leben. Und das geht bei Schiller nicht.
Von den Schauspielern ist wenig zu sagen. Kortner hatte abgesagt, Philipp war Herr Decarli, anständig, etwas unbewegt, bildhaft am besten. Ein paar

Momente der Frau Hofer ganz fein: aber ihr Ton beginnt sich vom Gefühl abzulösen – wird Deklamation mit Schwebung, wozu freilich dieser Aufführungsstil verführt. Carlos war Herr Müthel. Er bringt manches bewegt und wie mit Leidenschaft, für mich wächst es nie zu einer Gestalt zusammen, bleibt ästhetisch. Und dasselbe ist bei Herrn Deutsch der Fall. Zuletzt fehlt auch bei ihm, was hinter der ganzen Aufführung fehlt, die innere Konsistenz. Die Worte hängen in der Luft – und überzeugen nicht. Von der Eboli des neuen Fräulein Anton kann man nur sagen, daß sie offenbar ganz falsch verwendet war. Sie hat in ruhigen Momenten ein paar ganz feine Töne; man hatte sie auf hektisches Temperament eingestellt, was sie und das Rollenbild bis ins Komische verzerrte.

Gerhart Hauptmann   Indipohdi (Das Opfer)

Uraufführung: Schauspielhaus Dresden, 23. Februar 1922
Regie Gerhart Hauptmann

Lessing-Theater Berlin, 17. Februar 1925, Regie Oskar Kanehl

1919 hatte Hauptmann das im Frühjahr 1913 begonnene Schauspiel beendet. Als drittes der durch die Furchtbarkeiten des Weltkrieges geprägten Dramen brachte es noch einmal einen in eine ferne Welt verlegten Konflikt: Haß, Vertreibung, Menschenopfer, aber auch die Entsühnung. (Die Trias ›Winterballade‹, ›Der weiße Heiland‹ und ›Indipohdi‹ ist nur vergleichbar mit dem während des Zweiten Weltkriegs entstandenen Atriden-Zyklus). – Hauptmann inszenierte das viele literarische Assoziationen weckende Stück selbst im Dresdener Schauspielhaus (mit Unterstützung des Schauspieldirektors Wiecke), Hauptmanns Sohn Ivo hatte die Bühnenbilder entworfen. Noch stärker als nach dem ›Weißen Heiland‹ (s. 1920) wurden die Vorbehalte der Kritik. Arthur Eloesser faßte (in der Fortführung der Schlentherschen Hauptmannbiographie) die Erfahrungen der Dresdener Uraufführung so zusammen: »In Dresden [...] konnte sich die Aufmerksamkeit auf das Bekentnis, auf den stillen Gang des inneren Dramas nur schwer gegen die Tomahawks und Kriegsrufe der Indianer behaupten, die für Prospero oder für seinen Sohn fechten, gegen das Sichtbare des Kampfes um die Krone, die von dem Vater verächtlich hingeworfen, von dem Sohne begierig aufgenommen wird. Gegen Spiele und Tänze der Indianer, gegen die Kultverrichtungen ihres Opferdienstes, die sich in ihrer erfinderischen Buntheit doch nicht mit der Würde beglaubigen können, die im alten, dichtbelaubten heiligen Hain von Kolchis gebietet.« – Die Huldigung am Ende der Aufführung galt dem Dichter Hauptmann allgemein, der damals in vielen Veranstaltungen als ein Mahner zu politischer Vernunft und nationaler Würde auftrat. Die Aufführung leitete zugleich die lange Reihe der Feiern zu Hauptmanns sechzigstem Geburtstag ein. – In Berlin wurde ›Indipohdi‹ erst am 17. Februar 1925 aufgeführt (Regie Oskar Kanehl), zwar im ehemaligen Theater Otto Brahms, dem Lessing-Theater, aber das war damals schon an die Gebrüder Rotter übergegangen, die das Berliner Publikum jahrelang mit Boudoirstücken unterhalten hatten. Ihering nannte die Berliner Aufführung kurz: »antiquiertes Hoftheater«.

Schauspielhaus Dresden
R. Elb, (Zeitung?)

Der weißhaarige Poet unserer Jugend, dessen Eintritt in ein neues Lebensjahrzehnt das Dresdener Schauspielhaus zuerst und in sehr bedeutsamer Weise feierte, scheint unter dem Ernst der auf uns einstürmenden Gegenwart das Lachen verlernt zu haben. Mehr noch als im ›Weißen Heiland‹, dem ersten Werk seiner religionsphilosophischen Epoche, tritt er in dem ›Opfer‹ (Indipohdi) als Prediger in der Wüste auf. Er zeichnet in bewußter Anlehnung an Shakespeare einen leidgeprüften Menschen namens Prospero, der auf eine Insel verschlagen und dort, als eine Art Heiland verehrt, auf dem Wege der Selbstüberwindung die Insel der Seligen findet, die er mit aller Inbrunst von Anbeginn sucht. Hand in Hand mit diesem Über-sich-selbst-Hinausgehobenwerden geht die etwas unklare, aber als Idee schöne und einprägsame Läuterung des Sohnes. Er, der schon in früher Jugend Unglück über das väterliche Haus gebracht, tritt, ebenfalls zu den Indianern verschlagen, wiederum, jetzt aber unwissend, dem Vater als Feind gegenüber. Prospero aber begibt sich der ihm vom Volke unter starkem theatralischem Gepränge aufgesetzten Krone und besteigt, halbenwegs von seinem jungen Weibe, der priesterlichen Tehura, begleitet, den rauchenden Feuerberg, sich selbst als Opfer dem indianischen Volke darzubringen. Ormanns Innerstes aber ist aufgewühlt; übermächtig ist sein Sohnesgefühl erwacht, und mit dem Rufe »Vater, Vater«, den das Echo hinauf auf den Berg, aber an den Sinnen des opferbereiten Alten vorbeiträgt, stürzt er – wohl ein symbolisch zu nehmender Vorgang – hinaus in die Welt.

Innerhalb dieser kurzen Umrisse spielt sich also eine *Menschheitstragödie* ab, wie sie in verwandter Form schon bei ›Faust‹, bei ›Peer Gynt‹ erlebt wurde. Es fragt sich, ob Hauptmann, der mit diesem Sicheinspinnen in Weltflucht- und Welterlösungsideen sicher keine bloße dichterische Modeströmung mitmacht, das rein Geistige dieser *Kulturlegende* bühnenfähig auszudrücken verstand. Bei der Uraufführung, die schon deswegen eine Ehrung für den Dichter war, weil das dunkle Werk sich nie die Bühne erobern wird, zeigte sich die leichtere Befriedbarkeit des Auges als des Ohres. Man sah Tomahawks, Indianerbüsche, exotische Farben und Formen; man berauschte sich an Huldigungen, Umzügen und kriegerischen Weisen. Und dazwischen, während langsam der Kampf zwischen Vater und Sohn, ursprünglich nur ein Kampf um die Krone, heraustritt, wird tropfenweise aus einem Meer oft erkünstelter, vielfach schöner, gedankentiefer Verse die an Höchstes rührende Idee des Werkes fühlbar. Am Süden hingen von je Hauptmanns Träume. Der Weitgereiste hat zuviel zu künden, was sich nicht in eine Schale pressen läßt. Die Motive überstürzen und durchdringen sich, brechen jäh ab, aber aus dem kunstvoll gedrehten Fadenwerk ergibt sich kein maschenloses, wohl aber, was sich auf der Bühne durch Striche vermeiden läßt, viel zu weit gespanntes Netz.

Es erhöhte zweifellos den künstlerischen und gesellschaftlichen Reiz des Abends, der neben der Anteilnahme der gespannten Dresdener durch viel Zuzug von außerhalb ein besonderes festliches Gepräge erhielt, daß der theaterliebende Dichter selbst die Inszenierung leitete. Wiecke stand ihm dabei doppelt zur Seite: Als Schauspielleiter, durch Hingabe des ganzen wohldisziplinierten Dresdener Apparates, und als Darsteller der großen Rolle des Prospero.

Eher Hauptmann als Tagore ähnlich, wie man besser erwarten durfte, konnte Wiecke trotz ernstester Hingabe diese handlungsarme Figur und damit das Ganze nicht vor einer gewissen Monotonie bewahren. Von allen nämlich, die auf das Wunder warten, ist Prospero am meisten Passivist und Pazifist; keiner tritt handelnd auf, innerhalb einer gewissen fesselnden Handlung »sind es nur Worte, die sie gesprochen«, und darum fehlt uns ein wenig der Glaube an des Dichters Botschaft aus indianischen Landen. [...]
Äußerlich war es natürlich ein starker, Hauptmanns ganzer Persönlichkeit geltender Erfolg. [...]

reb...

[...] Er nennt seine indianische Opferlegende bezeichnend genug selbst »ein dramatisches Gedicht«. Im Widerspruch hierzu wollte es mich bedünken, als ob das Theaterhafte in Umzügen und indianischem Kriegsgeschrei, das des Dichters eigene Massenregie gut veranschaulichte, das allein Wirksame bei der Uraufführung war, während des Dichters eigentliche Absicht, das faustische Sehnen nach Nirwana in seinem vom Schicksal gezeichneten Prospero und endlich des verlorenen Sohnes Läuterung lebendig zu machen, teils durch Monologe von ermüdender epischer Breite, teils durch den Gedankenballast der von gereimten Plattheiten keineswegs freien Sprache in den Hintergrund gedrängt wurde. Erst das motivische Teildrama *Vater und Sohn* rückt das Ganze in eine eigenartige Beleuchtung und steigert unsere Teilnahme, um sie vor dem quälenden Ende, wo beide opferbereit den rauchenden Kalvarienberg ersteigen – das Bild läßt sich anschaulicher als in Dresden denken – wieder erkalten zu lassen.
Prospero, der Priesterkönig, hat kein Glück mit seinen Kindern; aber er ist zu seinem größten Fehler in Wahrheit das, was die Tochter Pyrrha weniger ehrerbietig als treffend von ihm sagt, »ein Schwächling, der in Träumen lebt«. Wiecke, der ihn von Anfang an mit einer unsichtbaren Gloriole als Leidenden gab – die wohl notweise Übernahme der Rolle durch den selten noch spielenden Schauspielleiter war allein schon Hingabe – entging der Gefahr pathetischer Monotonie nicht ganz; fast noch stärker als Hauptmann dankte man ihm mit Recht für seine rein schauspielerisch nicht große, aber ernste und dabei starke physische Kraft erfordernde Durchdringung dieser tragenden Rolle. Tehura, des Oberpriesters junge Tochter, die der alte Mann zum zweiten Ehgemahl nimmt, bleibt, abgesehen von der Psychologie des Vorgangs, schatten- und schemenhaft. Ihr lieh Antonia Dietrich den Sattklang ihres vollen Organs und dazu die hübsche Miene, soweit sie inmitten der gebräunten Indianerhaut zur Geltung kommen konnte. Auch Melitta Leithner hatte als Pyrrha nur eine Note, nämlich die einer gewissen katzenartigen Wildheit anzuschlagen, was ihr, der Heroine, überraschend gut gelang. Bleibt neben Oro, als welcher sich Adolf Müller, neben dem kriegerischen Amaru, als welcher sich Kleinoschegg bewährte, allein Ormann, der Sohn zu erwähnen. Auch ihn, auf den er viel Liebe verwendet, zieht Hauptmann schließlich in den Strom gedankentiefer, Menschen, Welt und Ende umspannender Betrachtungen hinein; Aber dieser Läuterungsprozeß erfolgt stufenweise; er allein wurde mir in der Legende, wenigstens bei der abgewogenen Klarheit, mit der Herbert Dirmoser

die Figur zeichnete, zum Erlebnis. Vieles klingt in diesem vom Dichter selbst Shakespeares ›Sturm‹ angenäherten Stücke auf und wieder ab. Um die große Haupt- und Staatsaktion des Kampfes um die Krone gruppiert sich die Liebe der sich nicht erkennenden Geschwister und vorher besonders jene naturalistische, aus Hauptmanns Frühzeit entlehnte Szene in dem ärmlichen Felsenlager der Schiffbrüchigen, Ormanns Schilderung des Eilands samt seinem Abschied vom sterbenden Freunde, zwei entscheidende Offenbarungen seiner Seele.

Kann ein solches Werk, das selbst dem Wissenden [...] tausend bunte Rätsel aufgibt, zur lauten Begeisterung fortreißen? Darum die anfängliche Zurückhaltung des in seiner Einstellung unsicheren, festlich gestimmten Hauses. Dann aber, da man doch zu einer Hauptmann-*Feier* gekommen war, brausende Huldigungen, die mit Hauptmann nicht nur den Künstler, sondern auch dem an den Bühnenbildern, etwas das an der Dresdner Bühne sehr gepflegt wird, mitbeteiligten Ivo Hauptmann galten... Und morgen an derselben Stätte ›Biberpelz‹ und übermorgen ›Schluck und Jau‹! Drei Stationen Hauptmannschen Schaffens, als Pole eines ausgefüllten Lebens, das uns ohne jede Wertung im einzelnen jenen Dank abzwingt, wie er sich bei der Dresdner Uraufführung dieses an der Schwelle eines neuen Jahrzehnts stehenden Alterswerkes soeben kundgab.

Lessing-Theater Berlin
Fritz Engel, Berliner Tageblatt 18. 2. 1925

›Indipohdi‹, ›Der weiße Heiland‹ und das Epos ›Die Insel der großen Mutter‹ sind Geschwister. Wenn man wagen darf zu prophezeien, wird das Epos, lieblich oasenhaft trotz einiger Trockenheit an der Peripherie, am längsten Reiz und Duft ausströmen. Allen gemeinsam ist ihr Entstehen und Vollendetwerden in einer Zeit schwerster Erschütterungen. Der Dichter flieht; drehte er sich um, würde er zur Salzsäure erstarren. In den Mantel der Sehnsucht gehüllt, entflieht er der Schlacht, die erst recht zermalmt, nachdem sie beendet ist. Er versinkt in fremde Gottvorstellungen, in entlegene Riten, in ferne Kulturen. Im ›Weißen Heiland‹ lockt ihn das Ethnologische, sinnend bleibt er auf der kreuzgeschmückten Brücke stehen, die unwirtliche Meere geheimnisvoll überquert. In der ›Insel der Großen Mutter‹ befreit er sich lächelnd von seinen Ängsten. In ›Indipohdi‹ liegt die Stirn ihm in Falten. Die ›Insel‹ ist ein Blütenzweig in Sonnenglanz. Saftloser steht ›Indipohdi‹ daneben, im Nebel der Zweifelsucht, im Schatten des Verzichts. Trotz allem äußeren Glanze, aus Freude an Schönheit geboren, ist ›Indipohdi‹ dennoch eine Dämmerpflanze.

Der Verlauf der Handlung: indianische Küste, Urzustand, grauenvoll erhabener Kult mit Menschenopfern. Der Magier Prospero weilt dort seit Jahren, auch er wie Shakespeares milder Sturm-Weiser vom Thron der Heimat verstoßen und ihm so ähnlich, wie schon Wann es gewesen. Zögernd, weil des nahen Verlöschens gewiß sein Sinn auf Ruhe steht, läßt er sich zum Priesterkönig wählen, läßt sich die junge Priesterin antrauen, damit er mit ihr den kommenden Gott erzeuge. Rebellengeschrei, Kriegslärm, Klirren der Schilde. Ein Jüngling ist gelandet, fast der Phaon der ›Insel‹, Gold der Sonne im Haar, der in den heiligen Büchern der Mexikaner ersehnte Heiland. Parteien bilden sich. Ormann, der Jüngling, stürmt das Heiligtum Prosperos. Die beiden Auge in Auge: Vater und Sohn. Der Sohn, der den Vater einst vertrieben, scheucht ihn wiederum auf. Aber er bricht zusammen. Der Sohn, nun reifer als damals und nicht mehr so hemmungslos. Er soll geopfert werden; nicht zur Strafe; noch immer umkränzt mit dem Schimmer des Heilands, der leidend zur Gottheit sich wandelt, »mit eurer Sünden Überlast beschwert«. Doch der Vater befreit ihn zum Leben, er opfert sich selbst, er steigt zur Höhe des schneeigen, gluthauchenden Vulkans, um zu sterben, in den Flammen, die von unten heraufkochen.

An diesem Schluß drückt sich vollends Hauptmanns Verzichtstimmung aus. Nicht mehr, wie es im Epos heißt, »schwellen Böen der Freiheit sein Segel«. Zwar, der sterbende Prospero spricht noch vom »Stern der Liebe«, der versöhnend ins Dasein leuchte, aber er geht mit vielen Fragen in das Nichts, das ihm darum kein Nirwana bedeuten kann. Zweifelnd, verzweifelnd steht er vor dem Schicksal alles Lebenden, wie es von der Natur bestimmt wird, die so widerspruchsvoll ist, »so heiß und kalt, so grausam und so liebreich«, die alle Kreatur bewaffnet und die schwächere der stärkeren unterliegen läßt. Wohin geht der Weg? Ist das ›Nichts‹, in dem wir enden, das ›Alles‹? Ist es nichts als das Nichts? Niemand weiß es. So pflegte auf diese Frage aller Fragen vor Jahrtausenden ein König an jenem Ufer zu antworten, und er ward ›Indipohdi‹ genannt, König ›Niemand weiß es‹.

Dies alles wird in herrlichen Worten gesagt, köstlich für den Leser des Buches, wie es überhaupt ein Glück ist, an dem edel rauschenden Strom dieser Jamben träumend zu verweilen und sich die Szenerie auszumalen. Sie stand dem Dichter reicher vor Augen, als je ein Regisseur sie auf der Bühne aufzaubern kann: schreckhaftes und heroisches Gelände, Finsteres und Gigantisches aus Werdetagen der Menschheit, und darüber der Dämon der Landschaft, Bedränger und Befreier, der feuerspeiende Berg, der die Erde zucken läßt.

Als dramatisches Gespinst ist die Dichtung zu locker, als dramatische Charaktere sind die Hauptgestalten zu sehr im Schwebezustand. Kleine Nebenfiguren stehen auf festerem Fuß. Autobiographisches klingt an, und wir lieben Hauptmann genug, um dankbar für jedes Wort zu sein, in dem sein persönliches Ich sich enthüllt. Wir sehen ihn, der älter wird, mit dem Gedanken ringen, die jeden Denkenden erfüllen, wenn das Haar sich lichtet. Wir spüren, wie die Probleme der Zeit ihn bewegen: ihr Ruf nach einer neuen Humanität, seitdem die alte, vielgerühmte sich selbst im Kriege zerstört hat; der Gegensatz zwischen den Generationen, zwischen Vater und Sohn, der von der jüngsten Literatur über die Wirklichkeit hinaus zum Schlagwort gemacht worden ist. Auch das Thema der Geschwisterliebe steigt in dieser Literatur aus dem Dunkel der ältesten Tragiker wieder auf, und Hauptmann greift danach. So laufen viele Fäden nebeneinander, durcheinander. Das Werk ist nicht in feste Haut eingespannt, es ist nicht gesammelt, und insofern und sicherlich ungewollt ist dieses ›dramatische Gedicht‹ durch sich selbst ein Symbol der Zeit.

›Indipohdi‹ braucht Kommentare. Das Lessing-Theater, mit Oskar Kanehl als Regisseur, kommentiert es seinerseits ganz logisch, nämlich mit dem Blick auf die Wirkung im Theater. Manches nur Ideelle wird dann im Wetteifer mit dem musikalisch stilisierten Gepolter des Vulkans zu laut gebracht. In der Aufführung gibt es im Gegensatz zur Dichtung zu wenig Ruhepausen des Be-

sinnlichen. Aber eine starke Sinnenwirkung wird erzeugt, schon durch die in Dresden bereits erprobten, feierlich wuchtenden Bühnenbilder von Georg Linnebach und Ivo Hauptmann, durch die Rothäute im Buntfederschmuck, durch großartig Zeremonielles [...]
Den weisen Prospero gibt Theodor Loos, durchscheinig blaß und verklärt, mit Blick nicht mehr von dieser Erde, sehr sprachschön. Wenn er am Schluß im goldenen Mantel der Frühsonne entgegenflammt, ist es ein erhabenes Bild. Nicht bei allen ist diese Sprachkultur, auf die es hier wesentlich ankommt. Rose Liechtenstein hat sie als Tehura, Raoul Lange hat sie als Amaru. Er gibt einen riesigen Sohn der Wildnis, die Damen im Parkett empfinden die angenehmste Gänsehaut. Paul Mederow (Oberpriester Oro) ist konzentrierte Kraft, Otto Bresin, der Jüngling und Sohn, schnellt in schöner Glut auf, Margarete Schlegel, reizendes Modell einer jungen Diana, hat sich nicht fest genug im Zaum. Kleinere Rollen: Ferdinand Bonn; Ernst Bringolf; Otto Weber.

Gerhart Hauptmann   Die Ratten

Volksbühne am Bülowplatz Berlin, 10. März 1922
Regie Jürgen Fehling

Der Aufstieg Jürgen Fehlings zu einem der führenden Regisseure Berlins wurde mit dieser Inszenierung der ›Ratten‹ bestätigt. Sie gilt als stärkste Regieleistung in seiner ersten Regiephase, der an der Volksbühne. – Hauptmanns Schauspiel war noch nicht lange der Bühne zurückgewonnen. Bei der Uraufführung 1911 durchgefallen, wurde es von Felix Hollaender 1916 an der Volksbühne rehabilitiert, also unter der Direktion Max Reinhardts. Damals widerrief auch Siegfried Jacobsohn seine ablehnende Rezension von 1911. Jetzt rückte Fehling ›Die Ratten‹ in eine größere Dimension. Man spürte den antikischen Zwang, der durch das Komische nur verstärkt wurde. Mit Kayßler und Helene Fehdmer hatte er jene Schauspieler in den wichtigsten Rollen, die ihn, Fehling, selbst in den Realismus eingeführt hatten, den Fehling bald ins Magische erweiterte. Die seit der Revolution von 1918 neu und dämonisch erlebte Großstadt gab hier einen bedrängenden Hintergrund. Mit Fehlings Inszenierung kamen die ›Ratten‹ ins Repertoire der deutschen Bühnen. – ›Die Ratten‹ wurden Fehlings erste, Raimunds ›Verschwender‹ seine zweite Abschiedsinszenierung an der Volksbühne. Im Herbst 1922 begann er als Regisseur in Jeßners Staatstheater.

Franz Servaes, Berliner Lokal-Anzeiger 11. 3. 1922

Schon einmal gab's in der Volksbühne, Dezember 1916, eine Premiere der ›Ratten‹. Damals unter Reinhardts Direktion und unter Hollaenders Regie. Die Höflich spielte die Frau John, die Pünkösdy die Piperkarcka, die Körner die verrückte Sidonie Knobbe. Heute stehen an ihrer Stelle: Helene Fehdmer, Lucie Mannheim, Mary Dietrich. Statt Wintersteins John sehen wir Kayßler, statt Bonns urkomödiantischem Hassenreuter Georg August Koch,

statt Werner Kraußens Bruno Mechelke, dieser genialischen Studie aus dem Verbrecherkeller, Heinz Hilpert. Und die Regie führt Jürgen Fehling.
Neue Besetzungen, neue Zeiten. In fünf Jahren, wieviel hat sich verändert! Warum sollte nicht auch Hauptmanns mit einer Komödie mit der Narrheiten seltsam verquickte Tragödie des Elends ein neues Gesicht aufgesetzt haben! Das Neue war, daß die Komödie schärfer hervortrat, ohne indes das Tragische zu beeinträchtigen. Daß diese kühne Kontrastmischung gelang, ist vor allem das Verdienst von Fehlings Regie. Man darf diese Arbeit als eine ganz hervorragende bezeichnen. Der ganze Graus, die ganze Widersinnigkeit und die ganze Lächerlichkeit eines von der Natur abgesperrten Hinterhauslebens in einer engverbauten Großstadt kam zu Gefühl. Man spürte hier gleichsam mit allen Sinnen, wie diese Menschen wahrhaft ein Rattendasein führen, wie sie in Löchern und Halbdunkel stecken, hin und her huschen, nie allein, stets beobachtet, also unfrei im schärfsten und eigentlichsten Sinne. Alle ihre Gefühle verwirren sich dadurch, sie tappen aneinander vorbei, bespucken und begeifern und vor allem mißverstehen einander, und hierdurch kommen der Unverstand und das Verhängnis über sie. Fehling unterließ es nicht, auch durch die Geräusche, die von außen tönen, ferne Männerchöre, Hoforgelmusik und dergleichen, das Aufeinanderhocken vieler Menschen uns fühlen zu lassen und die unheimlichen Pausen kritischster Momente damit auszufüllen. Dadurch kam in das Ganze und Einzelne eine Stimmung, der sich niemand entziehen konnte und unter deren Einfluß auch jede schauspielerische Einzelleistung wuchs.
Die Fehdmer hob, stärker als ihre Vorgängerinnen, das Halbirre, das in der kindessüchtigen und hierdurch kinderräuberischen Frau John steckt, heraus. Dieses Bestreben hat viel für sich, und wenn es auch nicht völlig gelang, es zu reimen und zu selbstverständigem Ausdruck zu bringen, so darf man eben erwarten, daß die Leistung noch weiter wachsen wird. Lucie Mannheims Piperkarcka zeigte, im Gegensatz zu dem robust-fanatischen Geschöpf der Pünkösdy, ein armes, verhetztes und fahriges Wesen, und recht gut, zumal im bald stieren, bald unruhigen Blick, charakterisierte Frau Dietrich ihre Morphinistin. Kayßler als derb und gerade, die einzige gesunde Person in diesem wilden Wirrwarr, und selbst er wie zeitweilig davon angesteckt. Sein Schwager Bruno Mechelke in Hilperts Darstellung ein total verlottertes und verlorenes Individuum, wie innerlich erstarrt und völlig abgestumpft. Auch Koch wußte dem Schmierendirektor die rechte Physiognomie des unverbesserlichen Phrasenhelden zu geben, und im scharfen Kontrast hierzu war Haldens Theologie-Kandidat Erich Spitta herausgearbeitet, diese vielleicht wunderlichste Figur des Stückes, in der Hauptmann in halb karikaturistischer, halb selbstkennerischer Laune manche Eigenzüge preisgegeben hat.

E. M., BZ am Mittag, Berlin, 11. 3. 1922

Was für eine schöne und weihevolle Vorfeier zum sechzigsten Geburtstag Gerhart Hauptmanns hat die Kayßler-Volksbühne mit dieser von reinster Hingabe an das Werk durch und durch erfüllten Aufführung ausgerichtet! In den fünf Akten keine leere Stelle, keine Mattheit, kein Nachlassen, keine Fehl- oder Notbesetzung. Eine Künstlerschar, die Mann für Mann und Frau für

Frau treu zu ihrem Dichter, zu ihrem trefflichen Regisseur Jürgen Fehling, zu ihrem Direktor Friedrich Kayßler steht und das vielumstrittene Drama wieder so klar und überzeugend nachschaffen hilft, daß seine Bedeutung, seine Lauterkeit, sein Wert von neuem besiegelt werden.

Kayßler, der den Maurerpolier John gibt, den anständigen, ehrenfesten Arbeiter, dessen argloses Gemüt durch die Tragödie in seinem sauberen, gutgescheuerten Heim aus den Fugen geht, und Helene Fehdmer als Frau John, die kinderlose Mater Dolorosa, führen diese Schar an. Das Proletarierpaar (wie verständlich wird hier die Ableitung von proles – Nachkommenschaft), das an dem Fluch der Unfruchtbarkeit zugrunde geht, kann nicht blut- und lebensvoller auf der Bühne stehen als in der Verkörperung durch diese beiden. Er, der von Gedanken unbeschwerte Mann aus dem Volke, der sich ein bescheidenes Glück erarbeitet hat, schwer gefügt, kraftvoll und täppisch-zärtlich, sie, die mütterlichste Frau, eine feste, zähe, entschlossene, aber doch im Zentrum ihres Wesens kranke, aus einer angefaulten Familie stammende Verbrecherin aus verhinderter Mutterliebe. Ihre Schreie, ihr Schluchzen, ihr Wimmern, ihre Ängste stürzen den Hörer von Erschütterung zu Erschütterung. Lucie Mannheim, die gehetzte schwangere Dienstmagd, der man ihr Kind abgelistet hat, gibt eine ebenso ergreifende Leistung wie Mary Dietrich als die verkommene Morphinistin und Straßendirne Frau Knobbe. Und Dora Gerson, die Tochter der Gesunkenen, das frühreife, lasterhafte, freche Balg, Heinz Hilpert mit der bleichen Gedunsenheit der sinnlichen Fratze und dem fauligen Mund des geborenen Verbrechers als Frau Johns Bruder Bruno, der Hausmeister Quaquaro, den Edgar Klitsch mit der unsagbar gemeinen heiseren Stimme krächzen läßt – all das krabbelnde, nagende Rattengesindel der Mietkaserne, das da auf dunklen Wegen durcheinanderläuft und sich anfrißt und umkommt, ist mit unheimlicher Echtheit in seinem unterirdischen Treiben belauscht.

Und die Personen der lustspielmäßigen Nebenhandlung: Hat man schon einmal bemerkt, daß der Theaterdirektor Harro Hassenreuter, der tragikomische Held, der Gebieter über die plundrigen Schätze des verstaubten Bodenverlieses, eigentlich der Zwillingsbruder des Theaterdirektors Striese ist? Georg August Koch gibt der aufgeblähten Hohlheit des prahlerischen Komödianten die prunkende Außenseite des schönen Bühnenhelden. Mit welchem Enthusiasmus mag ein Schauspieler diesen Schauspieler spielen! Cläre Kollmann ist seine eingeschüchterte tapfere Tochter Walburga, die so treu zu ihrem sonderbaren Liebsten hält, dem Hungerkandidaten und später wahrscheinlich literarischen Umstürzler Spitta. Hans Halden nimmt diesen lächerlichen Schwärmer aus der Werkstatt von Werner Krauß, aber es entsteht da eine bebrillte Jünglingsgestalt, die man liebgewinnen kann.

Dankbarer Jubel, der sich nicht erschöpfen wollte, rief die Hauptdarsteller immer und immer wieder heraus. Er galt auch dem Dichter und bescheinigte außerdem einer totgesagten Richtung, daß sie vorläufig noch in ungebrochener Lebensfülle prangt.

Leo Greiner, Berliner Börsen-Courier 11. 3. 1922

Hauptmanns Stück mit dem, was darin groß, und dem, was darin schwach ist, vorzuführen, erübrigt sich, denn jenes, wie dieses ist längst notorisch und sozusagen unveränderlich geworden. [...] Dies fällt, hervorstechend, immer wieder als unvergängliche Klugheit auf [...]: daß dieses Mutterdrama, Mütterdrama nirgends auch nur einen Ansatz dazu macht, diese Tatsache ›Mutter‹, dieses Verhängnis ›Mütter‹ zu literarisieren und durch sentimentale Heiligsprechungen zu einer Angelegenheit des Tränensacks zu machen. Sondern es, mit einer weit tieferen Heiligkeit, aus dem Dumpfen seiner Tierheit abzuleiten, ihm kräftige Zähne und gekrallte Fingernägel zumutet und, ungeachtet seines himmlischen Anteils, nichts von seinem Erbe an der Finsternis vorenthält. Man braucht die ›Ratten‹ darin nur mit Hirschfelds ›Müttern‹ zu vergleichen, die wir jüngst auf der Bühne sahen, um zu erkennen, wo die bloße soziale Zeremonie, wo das unverstellte, das schöpferische Erlebnis steckt.

Die Wirkung der sehr hochwertigen Aufführung in der Volksbühne, die damit die ansteigende Reihe ihrer Leistungen um eine bedeutsame vermehrt, war tief, wenn auch abschwächend in den beiden letzten Akten, in denen die Spielleitung Jürgen Fehlings nicht mehr so kräftig zusammenhielt, so sicher abgrenzte wie in den Anfangsakten. Der vierte Aufzug mit der Enthüllung des Mordes an der Pauline Piperkarcka, der fünfte mit der großen Gesamtaufklärung verlangen, der erstere eine mehr psychologische, der andere eine dynamische Diskretion. Heinz Hilpert als Bruno, fast clownhaft grotesk maskiert, schielte nach expressionistischer Phantomwirkung (freilich, ohne sich trotzdem zu ihr zu bekennen) und erschien so als ein Mischgeschöpf zwischen Wirklich und Unwirklich, dem das Geständnis des Mordes, mit schief gezogener Harlekinslippe, nicht gut bekam. Im fünften Akt vollends ließ Jürgen Fehling den sich überstürzenden Ereignissen freien Lauf, ohne zu versuchen, gegen den versandenden Strom, vom Darsteller her, Widerstände aufzurichten, das ausfließende Wasser langsam zu stauen und erst, wenn es zum Durchbruch reif ist, herausbrechen zu lassen. Auffallend, wie in diesem Akt die Darsteller zu ›Trägern der Handlung‹ abblaßten und die Eindringlichkeit ihres Menschseins in den sich überwirbelnden Situationen verloren: während es mir gerade dort, wo der Dichter Gefahr läuft, sein Stück leer, ›situationell‹ auslaufen zu lassen, Aufgabe einer geistigen, am Seelischen orientierten Regie zu sein scheint, Gegenmaßregeln zu treffen und einen Widerstand der Seele gegen die Übermacht der Handlung zu organisieren.

Gerade dies aber war, wo immer Gefahr bestand, in der ersten Hälfte des Stückes Jürgen Fehlings beste Tugend: Arbeit und immer wieder Arbeit, die die Person auch des minder bedeutenden Darstellers so einsetzt, daß sie, durch die richtige Nähe und Ferne zu ihrem Partner, durch feinste Kleinwirkung sich nicht mehr verlieren und durch alles, was von außen kommen mag, nur gewinnen und sich verschärfen kann, solche Arbeit war überall am Werke, faßte zusammen, beschleunigte, dämpfte, ließ aufleuchten, Schatten sinken und schuf, indem sie mehr den großen Zug des Ganzen als das Requisit im Auge hatte, den tragischen Urlaut: Ihr laßt den Armen schuldig werden, dann überlaßt ihr ihn der Pein, die Freiheit, aus seiner Tiefe heraufzusteigen. Meisterhaft war die Kindsunterschiebungssache im dritten Akt, deren Gefährlichkeit unter dem Zugriff einer Hand, die keine Gefahr *will*, dahinschwand und scharf zum Erlebnis anwuchs. Freilich nicht zum mindesten auch durch Mary Dietrichs Sidonie, in der die Mischung von Wirklich und Unwirklich, die Heinz Hilpert mißlang, zu lemurischem Grauen gebannt war, und Lucie Mannheims Pauline, die, zwischen böser Kälte und böser Glut geschüttelt, ohne naturalistische Chargierung, geradeaus auf den Kern dieses Menschenwesens vordrang.

Die Aufführung zeigte auch sonst eine Reihe bedeutender, eine zweite präzis eingefügter Leistungen. Kayßler spielte den John mit einer Freiheit, die ich bei diesem Schauspieler, der gern einem inneren Bilde der Gestalt gebunden nachspielt, seit langem nicht mehr wahrgenommen habe. Helene Fehdmer war Frau John: wenn sie auch um vieles nicht herumkam, ohne ihre Technik in Bewegung zu setzen, so glitt doch aus dem, als was wir sie sonst kennen, mancher stille, verborgene Zug und Blick in die nicht endgültig erlebte Gestalt hinüber. Georg August Kochs Hassenreuter erfreute, mit leisen Zügen einer durchblitzenden Selbstironie ausgestattet. [...]

Christian Dietrich Grabbe Napoleon oder die Hundert Tage

Staatliches Schauspielhaus Berlin, 5. Mai 1922, Regie Leopold Jeßner

Mit ›Napoleon‹ wagte sich Jeßner an ein Stück, das als unaufführbar galt. Wenn überhaupt, war es als historisches Schauspiel inszeniert worden. Die Fülle der kurzen, aber ins Große drängenden Szenen, die episch breite Anlage des Bilder-Stücks widersprachen Jeßners bisher gezeigtem konzentrierendem Stil. Durch starke dramaturgische Bearbeitung faßte Jeßner Szenen zusammen, ordnete sie neu und band das Ganze zum erstenmal durch akustisch-musikalische Elemente aneinander, die zugleich rhythmisierten. In den Schlachtszenen des zweiten Teils entwickelte er eine starke Bewegunsregie, mit schwenkenden Gruppen. Er verzichtete auf große Statisterie, wie Reinhardt sie für Massenauftritte brauchte, und versuchte, ›konzentrierte Masse‹ mit kleinen, aus Individualitäten zusammengesetzten Gruppen. Statt Schau-Bewegung setzte er Bild-Duelle. Wieder zeigte sich, wie Jeßners Regie optische Dramaturgie war. Schauspielerisch blieb die Erfüllung wieder aus. Die ursprünglich Kortner zugedachte Rolle Napoleons mußte mit Ludwig Hartau besetzt werden. Kortner verzichtete. Ihm schien die Verherrlichung Blüchers zu sehr »im Gegensatz zu den antimilitaristischen Bemühungen der Mitte und der Linken zu stehen«. Damit fehlte der Inszenierung das Zentrum. Siegfried Jacobsohn schloß seine Rezension in der ›Weltbühne‹ mit dem Hinweis darauf: »Wem nach ›Richard III.‹ und ›Othello‹ noch zweifelhaft war, daß das Herz dieser Aufführungen in Fritz Kortner schlug, der hat die negative Bestätigung durch ›Don Carlos‹ und ›Napoleon‹ empfangen. Schade um die peinlich saubere Inszenierung des Regisseurs« (›Weltbühne‹ 1922 I, S. 507). – So wuchs Kortners Ansehen im damaligen Berlin selbst durch die Rollen, die er – nicht spielte. Kortner berichtet, daß Jeßner am Abend der Ermordung Walther Rathenaus durch Nationalisten die Blücherszene tatsächlich gestrichen habe. Jeßner war durch Kortners Absage selbst sehr getroffen. Er, dem

Eckart von Naso in seinen Memoiren eine innere Verwandtschaft zu Grabbe bestätigt – »Lebensangst mit großartigen Wunschträumen betäubend« – versuchte Grabbe für das neue Theater zu gewinnen. ›Napoleon‹ war der erste Schritt. – Am 10. Januar 1926 inszenierte er den ›Napoleon‹ in Hamburg-Altona noch einmal; kurz nachdem er am Staatstheater Grabbes ›Hannibal‹ (mit Werner Krauß) auf die Bühne gebracht hatte (17. 10. 1925).

Emil Faktor, Berliner Börsen-Courier 6. 5. 1922

Nach abermals längerer Pause besann sich der Schauspielintendant Leopold Jeßner auf die Tatsache, daß er bei seiner Umorganisation der ehemaligen Hofbühne den wertvollsten Helfer bei szenischen Erneuerungen in seiner eigenen Person besitzt. Voll selbständiger Anschauung wie bei seinem ›Don Carlos‹, in der Kraft zum dramatischen Sinnbild sich gelegentlich übertreffend, brachte Jeßner gestern abend Grabbes breitgezogene, mit historischem Detail beladene, in ruheloser Bewegung überstürzende ›Napoleon‹-Tragödie sehr eigenartig auf die Bühne. Es prägte sich in steilen Kurven mit ihrer erschütternd plötzlichen Senkung in den Abgrund eindrucksvoller das Schicksal eines niedergehenden Genies aus als die Bildhaftigkeit einer zum Weltgericht aufgeschwollenen Völkerbataille. Hier konnte der kunstvoll gestraffte Umriß das Gefühl mit dem Widerhall rasenden Geschehens nicht dicht genug auffüllen, hier war die Wortführung nur in der Idee, nicht im Tone lapidar genug, hier war der wundervolle Rhythmus der Schlachtmusik stärker als die an ihm entzündeten Akzente.
Aber unbefriedigt war der Zuschauer durchaus nicht, und man darf den lebhaften Hervorrufen von Darstellern und Spielleiter innerlich zustimmen. Um die ermüdeten, vom unfruchtbaren Hin und Her der Saison verhetzten Nerven wehte Theaterluft, wie sie nur selbstgetreue, Kompromisse abschüttelnde Energie erzeugen kann. Einen Bundesgenossen, der Grabbes zahllose Schauplätze mit zauberhafter Einfachheit der Bühne gewann, ohne Illusionen preiszugeben, fand Jeßner in César Klein, diesem einzigartig mitdenkenden Alleskönner.
Wie diese ›Napoleon‹-Aufführung gedacht war, wird Jeßner vielleicht später einmal voll zum Ausdruck bringen können, bis er sein Ensemble völlig aufgebaut hat. Vorläufig wird noch vielfach der Unterschied zwischen seinen Intentionen und ihrer Versinnlichung fühlbar. Zunächst schon bei der Darstellung des Napoleon selber, wenn auch der kunstfreudige Hartau sich dankenswert zusammenrafft. Doch die Epigrammatik, hier Temperamentsverschärfung durch den Geist, ist nicht sein Feld. Er versuchte (bisweilen noch unsicher) ehrenvolle Annäherung, während Herr Kortner, der sich mit seiner Sprechkunst in Grabbes Napoleon mehr denn je gefunden hatte, mit Primadonna-Launen spazierengeht. Fern von allem Theaterklatsch soll dieser Mangel an Hingebung für konzentrische Arbeit verzeichnet werden, weil er charakteristisch ist für das Gebaren heutiger Stars, wie sie nach zweieinhalb Erfolgen nervös werden und mehr an sich, an die Vorherrschaft ihrer Person, als an die Gesamtaufgabe einer künstlerisch orientierten Bühne denken.
[...]
Dramaturgische Vorarbeit ist [...] durch Tradition heute weniger denn je zu

ersetzende Vorbedingung. Bei einer Inszenierung von Grabbes ›Napoleon‹ bedeutet sie Umgliederung, Zusammenfassung und Nachschöpfung im Geiste [...], aber das vorausschöpfende Ideengebäude ist so einheitlich und geschlossen, daß man es hindurchfühlt, auch wenn es durch Mäßigkeit und halbe Erfüllung verdunkelt wird.
Man kann Jeßner somit ganz vorbehaltlos dort beipflichten und seine Komposition bewundern, wo er Chaos durchsiebt und in dramaturgisch strafferer Vorausformung über Klüfte Bogen spannte, das Übermaß durch rhythmischen Zusammenschluß von der Verwirrung befreite. Man hat gegen das langsame Tempo dieses Reformators oft gemurrt, und die zögernde Technik seiner Arbeit als Ängstlichkeit gedeutet. Ohne alles zu beschönigen, fühlt man sich entwaffnet durch die Wahrnehmung, wie weit Jeßner im Einzelfalle ausholt, mit welcher Besessenheit er seinem Prinzipe dient, für jede von ihm in Angriff genommene Dichtung nur jenen Ausdruck zu ermitteln, der sich mit dem innerlicher, gläubiger, prunklos musischer gewordenen Zeitgefühl berührt. [...]
Das Problem einer die Napoleon-Tragödie und das Blücher-Wellington-Drama ineinanderrückenden Regie, von Jeßner mit seltener Schärfe erkannt, besteht in dem Ausgleich jener Wortdramatik, durch die Weltgeschichte hindurchrollt, mit der stofflichen, in Schauplätze zersprengten Schlachtendichtung, bei der das Wort von der Fülle des Geschehens unterjocht und beinahe erdrückt wird.
Es war hohe, symbolisch trächtige, durch Spannkraft des Geistes bezwingende Kunst, wie Jeßner die Dichtung rings um Napoleon durchseelte. Der Schauplatz Paris isolierte in der geheimnisvoll weitläufigen Raumarchitektur César Kleins die markanten, von Ideen überschatteten Episoden und gab ihnen in der Loslösung von realistischem Nebenbei vorauswirkende Schwungweite. Von Jeßners verlästertem Treppensystem diente ein bescheidener Rest der ihm so wichtigen Gliederung und Neutralisierung der Bühne. Man hätte selbst diese drei Stufen hinweggewünscht, als das Vorortsgesindel seine wilden Tänze (hier an Reinhardts ›Danton‹-Inszenierung erinnernd) durch Sprünge komplizieren mußte. Man gedenkt der gespenstischen Magie der rotglühenden Laterne, mit deren schauervoller Einsamkeit César Klein das Zeitalter Robespierres symbolisiert. Wundervolle Übereinstimmung zwischen ihm und Jeßner in der Szene auf Elba, wo vor dem zackigen Halbdunkel der Zinnen die Figuren von Napoleon und seiner Getreuen in mysteriöse Silhouetten übergleiten und die Leuchtkraft des Wortes merkwürdig steigern.
Gegenbilder sind die Szenen am Hofe der Bourbonen, wo im Geiste Grabbes die unbelehrbare Verstocktheit degenerierter Erben lächerlich wird. Schade nur, daß die Ausführung der Idee durch die Spieler, die Herren von Ledebur, Loeffle und Legal sich durch Annäherung an die Operette abschwächte. Statt Symbol zu sein, verfiel die Darstellung in die Charge. Um so erfreulicher hob sich die gefühlsklare, seelisch beschwingte Verkörperung der Herzogin von Angoulême in dem disziplinierten Aktivismus der Dagny Servaes ab.
Der erkannten und gestrafften Intellektualität des Napoleondramas wurde die Schlachtentragödie durch den sinnvollen Versuch angegliedert, auch hier die unruhevolle Materialmasse zu spiritualisieren. Es gelang vorzüglich, soweit sich das Getümmel durch konzentrische Zusammenfassung in symbolhafte Bedeutung umsetzen ließ. Das Grauen zahlloser Schlachten wurde von César

Klein in mystisch leuchtende Prospekte hineinphantasiert. Die Bewegung fand ihre wirksamen Exponenten in Energiegruppen, die für Lärm und Schlachtengedonner einprägsames Gleichnis wurden, besonders einprägsam in den malerisch lebensvollen Gegengruppen der Feldherrnhügel.
Dieser Rhythmus der Symbole hätte sich voll ausgelebt, wenn ihn auch die Kehlen der Sprecher überall beherrscht hätten. Vieles aber werden Wiederholungen ausgleichen, da man manchen Akzent auch aus der verschwommenen Wiedergabe herausfühlte.
Ich sprach schon von der ehrenhaften Form, in welcher sich Ludwig Hartau mit der für ihn zu intellektuellen Figur Napoleons ausglich. Zu den besten Erinnerungen des Abends gehören die Episodenrollen des begabten Fritz Hirsch. Unvergleichlich fein als Savoyarde, recht komisch, wenn auch nicht berlinisch genug als Kriegsfreiwilliger. Auch Lothar Müthel und Wolfgang Heinz hatten Physiognomie. Ebenso drang Jeßner im Wellington des Rudolf Forster, in der Putzmacherin der Elsa Wagner, ja, sogar im Advokaten Duchesne des Max Pohl durch. Hier war die alte Garde stärkere Bestätigung der Kunstreformation als in der Leistung von Arthur Kraußneck, der dem Blücher zu wenig Kraft anheimzugeben hatte.
Letzter Ausklang der Kritik ist Freude.

Norbert Falk, BZ am Mittag, Berlin, 6. 5. 1922

Was Reinhardt plante, dann fallen ließ, vollführt nun Jeßner und stellt an den Schluß der Spielzeit die stärkste Leistung des ganzen Theaterwinters. Er preßt das grandiose Zeitbild des letzten Adlerflugs in den Rahmen seiner Stilbühne, errafft sich, ohne das Nebengeräusch des Spekulativen, wieder zum großen Symbol und spannt den Grabbeschen Riesenbogen von Elba nach Waterloo in wirksamster Verkürzung nach, ohne Wesentliches zu opfern.
Was die beispiellos kühne Komposition des Dichters an Zeitinhalt und weltenstürzendem Geschehen wild-genial heraufbeschwört, ist in den Bogen eingebaut: der Lärm von Paris, schmerzlich stürmisches Hoffen von Napoleons mißhandelten Kämpfern, der äffische Bourbonenhof des appetitstarken Ludwig XVIII., mit der Betschwester Angoulême, das neue Aufflammen des Geistes von 1789, Schrecken und Jubel, die Bonapartes Wiederkehr auslösen, die Flucht des Lilienhofes vor dem Adler, die gespenstisch unheimliche Auferstehung der Großen Armee, der unhemmbare Anmarsch der blauen Preußen Blüchers, das stiernackig zähe Ausharren Wellingtons und seiner Rotröcke und dann Napoleons rettungsloser Sturz mit dem Heldentod der Granitkolonne von Marengo.
Jeßner, befeuert von Einzelbild-Ideen, einen ganz bestimmten Rhythmus im Gefühl, der sich im Zug der Auftritte, in Ton und Tempo der Schlachtmusik einheitlich offenbart, sichtet kühl die verwirrende Folge der Szenen, läßt die wiederholenden Motive fallen, stößt alles Beschwerende aus dem Weg, und legt die flammende innere Linie des Werkes frei. Dicht an den Anlauf des Dramas ist der Absturz gesetzt, es gibt kein Verweilen auf erflogener Höhe, denn die Zentralfigur, der Held des Dramas, offenbart kein inneres Leben, er ist ein zum Begriff gewordener Riesenschemen, von dem der Donner eines gewaltigen Namens und einer magischen Vorstellung ausgehn. Nach den kurz

gestrafften ersten Pariser Szenen, in denen Jeßner, auf Masseneffekte verzichtend, in kleine Gruppen den Extrakt zusammenpreßt, gibt er das erste sinnbildhaft starke Bild in der suggestiven Silhouette von Elba: Napoleon und die wenigen Getreuen auf hohem Plateau. Schwarz drohen die Schatten nach Frankreich hin, wo in den Tuilerien die fettleibige Königsmajestät sich nichts Böses träumen läßt. Auch hier bleibt der Regisseur, dem César Klein die Farben der Hintergründe und die Konturen der Bilder gibt, noch sparsam; das höfische Getue ist auf ein Minimum zusammengedrängt, dann aber im großen Tumult auf dem weiten, kahlen Grève-Platz, wo in Nachtdunkelheit die große rote Laterne auf dem unheimlichen Gerüst leuchtet, holt der Regisseur zum ersten großen Schlag aus. Aus dem Trubel der Vorstädter von St. Antoine steigt die Vision der Carmagnoletänze um die Guillotine, und die Furien und Mänaden von 1793 werden in wilden Sprüngen wieder lebendig. Im Bluttaumel der Ça-ira-Sänger und mordentflammten Tänzer wütet ein fabelhafter Rhythmus, nachdem vorher noch Auftritt nicht aus Auftritt organisch wuchs, sondern einer an den andern gefügt war, und jeder einzeln mit einer Kadenz abriß.

Das Erscheinen Napoleons und der Seinen in den Tuilerien ist noch etwas spielerisch, trotz allen energischen Kontrastierens mit dem schlappen Königshof, aber das erste große Kaisergardebild vor Ligny, mit dem an einer Kanone schlafenden Napoleon, hoch oben die ragenden Rohre der Geschütze, ist in Aufbau und Umriß bezwingend stark. Wie hier Napoleons Welt eingefangen ist in einer statuarischen Monumentalgruppe, so hat die große Lagerszene der deutschen Gegner mit der volkstümlichen Szene des Berliners und Schlesiers, mit Blüchers kurzem Auftritt altpreußische Form und Geist.

Von da an tobt sich Grabbe in genialischen Schlachtenszenen aus und fordert eine Bühne von den Dimensionen eines gigantischen Freilichttheaters. Jeßner, von César Kleins Malerauge geleitet, läßt die Gruppen der Franzosen, Preußen, Engländer abwechselnd auf demselben Unterbau von Schanzen erscheinen, vermeidet alles fatale Kampfgetümmel zwischen wackelnden Kulissen, und wenn auch die Schlachtmusik nur im Rhythmus kampferregter Herzschläge paukt und die Artilleriesalven wie Kinderflinten knallen, es ergibt sich doch die beklemmende Vorstellung eines tragischen Endkampfes mit dem erschütternden Sturz ins Nichts. Da ist längst vergessen, daß vorher der Ball dem Engländer zum lächerlichen Tänzchen zweier Paare geschmolzen ist.

Für die Darstellung bleibt, von Napoleons großer Tiradenpartie abgesehen, alles nur Episode, Begleitung und Staffage der Hauptgestalt. Hartau, äußerlich dem Bild Napoleons sehr nahe kommend, bemüht sich um Vereinfachung des für Bonaparte traditionellen Gestus und strebt zu geistiger Schärfe, das Pathos der rollenden Perioden mildernd. Er wird mit der Prosadeklamation gut fertig, drückt aber sein Organ tief herab und wird in wesentlichen Äußerungen nicht verständlich genug. Den Dämon in Napoleon, den Gott und den Teufel – wer könnte den wohl jetzt lebendig machen?

Von den Napoleonischen Treuen hat Lothar Müthels Vitry enthusiastischen Schwung, Leo Reuß' Cambronne plastische Kontur, Wolfgang Heinz' Chassecœur lauten Eifer. Am Königshof imponiert die Bourbonennase von Ledeburs dickbäuchigem König Ludwig, und Dagny Servaes' Herzogin von Angoulême hat wunderschöne Haltung und das Feuer blinden Fanatismus. Forster als Wellington erscheint zu jugendlich rosig, Kraußnecks Blücher um einige

Grade zu gemütlich. Als Teile aber sind sie alle einer großen Komposition in wirksamster Abtönung eingefügt.

Hans Flemming, Berliner Tageblatt 6. 5. 1922

Mit drei Griffen bemächtigt sich Jeßner des genialischen Rohstoffes. Wie ein Mann, den ein wildgewordener Titan mit einem ungeheuerlichen Hagel von Felsbrocken überschüttet. Er soll auffangen, räumen, beseitigen, mit dem Wertvollen, Köstlichen das Haus bauen.

Über der geliebten Treppe, die der ruhende Pol des Abends bleibt, haftet zunächst das Bild des revolutionär gestimmten Paris. Eine rotglühende Straßenlaterne in Pyramidenform vor nächtlich dämmerndem Himmel auf dem Gréveplatz, überlebensgroßes Symbol der Volksleidenschaft beherrscht die Szene. Schlafend zu ihren Füßen die alten Veteranen des Gefangenen auf Elba. Vorüberschleichend die zitternden Bürger des achtzehnten Ludwig. Dann heranstürmend aus der Unterwelt die Vorstädter von St. Antoine, sich auftürmend in einer prachtvoll roten Gruppe mit Jouve, dem Kopfabhacker von Versailles als Mittelpunkt.

Rein ornamental sind die Hofszenen aufgebaut. Die zitternden Schranzen zappeln marionettenhaft. Der König genau in die Mitte gesetzt, wie eine kreidig fette, ohnmächtige Puppe, deren schwammiger Bauch vom goldenen Lehnsessel herabhängt. Zuletzt Waterloo –, Napoleon: schlafend auf der Lafette vor wolkenzerwühltem Himmel, der mählich sich in Blut taucht. Um diese Kompressionen gruppiert sich, Bildfetzen an Bildfetzen gesetzt, der Abend: die grellbunte, bestechende Eingangsszene – Leichtsinnsstimmung der fröhlichsten Stadt, die nur eines Funkens bedarf, um Jahrmarktstrubel im wilden Rausch aufbrennen zu lassen. Man lacht, man küßt, verachtet, betet an, liebt, kreischt, mordet. Später die Vision des Trommlers Tod, der giftgrün seinen Kampfruf auf die Truppen herabgellt. Mit diesem Bildhaften hat Jeßner Akustisch-musikalisches noch niemals in solchem Reichtum verbunden wie gestern. Paris summt und quinkeliert. Das ça ira, ça ira, ça ira steigt in prachtvoll tanzendem Rhythmus steil empor. Melancholisch süß, unvergeßlich, ganz in Grabbestimmung, klingt immer wieder die Dudelsackmelodie des Savoyardenknaben.

> La marmotte, la marmotte
> Avec si, avec là!

Eine Stunde lang dröhnt, pfeift, heult die Schlacht. Hier setzt Ermüdung ein. (Wir Jetzigen haben von dieser Musik ein wenig zu reichlich gehabt.) Aber hier ist ganz Starkes: die ›Granitkolonne von Marengo‹ stirbt wirklich vor unseren Augen, jede heranpfeifende Kugel ist eine Sense, die Menschenhalme ummäht. Das hart herausgestöhnte Lied von Lützows wilder verwegener Jagd war freilich ein Mißgriff. Hatten Soldaten selbst in Todesnot im Felde jemals so gesungen?

Bleibt ein Rest, der nicht der Regie aufs Konto gesetzt werden kann. Was hohl, pathetisch, was billig und matt in diesem Napoleon-Drama ist, läßt sich auf keine Weise retten. Dieser Blücher spricht manchmal wie aus einem patriotischen Lesebuch heraus, und Napoleon ist zum Teil Öldruck. Aber das sind Bagatellen. Diese Bonaparte-Phantasie, die eigentlich eine Phantasie alles

Revolutionären ist, aus dem schmerzvollsten Jahre des Schmerzensreichen, im wilden Jammer verschmähter Liebe gezeugt, – bleibt hinreißend. Durch diese Massenszenen weht eine Geburtsstimmung, der wir näher als je stehen. Diese Sprache ist in ihren besten Stellen von einer Kraft und Süßigkeit, die in einer literarisch armen Zeit etwas Erschütterndes hat.
Hartau taucht wie ein neuer Stern überraschend am Himmel der Staatsbühne auf und spielt den Napoleon. Ein Zerrissener, schon mit dem Stigma des Unterganges gezeichneter Imperator. Der Befehlston klingt nicht ganz echt von dieser zerquälten Lippe. Lina Lossen ist Hortense, in den wenigen Worten, die sie zu sprechen hat, ganz beseelt. Auge und Stimme singen das Lied der Zertretenen.
[...]
Der Beifall war stark. Jeßner wurde gerufen.

Arnolt Bronnen Vatermord

Uraufführung: Schauspielhaus Frankfurt, 22. April 1922
Regie Wolfgang Hoffmann-Harnisch

Wichtigste Aufführung:
Deutsches Theater Berlin, ›Die Junge Bühne‹, 14. Mai 1922
Regie Berthold Viertel

Schon Bronnens erste Premiere erregte Aufsehen. Er war ein Stürmer, ein Exaltierter. Seit seiner Schulzeit schleppte er (er war 1895 in Wien geboren) sein Thema mit sich herum: ›Das Recht auf Jugend‹. Der vitale Widerspruch gegen die Väterwelt verstärkte sich ideologisch: »Das war meine Aufgabe: das Recht auf Jugend zu erkämpfen, für mich, für meine Mitschüler, für die Jugend der ganzen Welt« (Bronnen). Sie beschäftigte den Soldat Bronnen in Krieg und Gefangenschaft, 1915 setzte er den Widerspruch in Stücke um: ›Geburt der Jugend‹ und ›Vatermord‹. Im Februar 1920 ging er nach Berlin. In den literarischen Zirkeln um Alfred Wolfenstein und Otto Zarek lernte er den noch unbekannten Brecht und Moriz Seeler kennen. Seeler wollte seit langem mit einer geplanten ›Jungen Bühne‹ gegen den Berliner Theaterbetrieb Dramen junger Autoren durchsetzen. Er nahm ›Vatermord‹ an, um damit sein Programm, das einmalige Matinee-Vorstellungen in wechselnden Berliner Theatern mit ersten Schauspielern vorsah, zu verwirklichen. Brecht (der immer noch auf die erste Aufführung seiner Stücke wartete) bot sich als Regisseur an, begann die Proben mit Twardowski, Agnes Straub und Heinrich George, der von Frankfurt über Wien nach Berlin gekommen war (wo Felix Hollaender das Spielverbot für ihn aufheben konnte). Für Brecht war Bronnen (wie Bronnen sagt) »nichts als ein Rohstoff [...] er gedachte aus der Regiearbeit am ›Vatermord‹ Wesentliches für die Umarbeitung seiner ›Trommeln in der Nacht‹ zu lernen«. – Brechts Proben scheiterten an Stilkontroversen mit George und Agnes Straub. (Bronnen: »Brecht zerhackte unerbittlich jedes nur expressiv herausgeschleuderte Wort.«) – Seeler berief dann den in Dresden bekannt gewordenen Berthold Viertel als Regisseur, der Anfang des Jahres nach Berlin gekommen und am Deutschen Theater Romain Rollands ›Die

Wölfe‹ (mit Werner Krauß, Klöpfer, Dieterle) und Hebbels ›Judith‹ (mit Agnes Straub und Heinrich George) inszeniert hatte. Viertel brachte neben Granach die junge Elisabeth Bergner mit (die an den Münchner Kammerspielen kräftig reüssiert hatte). Die Eröffnungsvorstellung der ›Jungen Bühne‹, die nun die Nachfolge des ›Jungen Deutschland‹ antrat, wurde ihre erste Skandalpremiere. Ihering schrieb: »Diese Vorstellung rettet die Ehre der Theaterstadt Berlin« gegenüber der Provinz. Franz Servaes (der Bronnen bei der Ankunft in Berlin unterstützt hatte) sprach von einem »Markstein neuer Bühnenkunst« (›Lokal-Anzeiger‹, 15. 5. 22). – Die Aufführung wurde anschließend in den Abendspielplan der Kammerspiele übernommen. Bronnen nannte die Berliner Inszenierung »gebändigt real«, die der Hamburger Kammerspiele »ungebändigt irreal«; in Frankfurt »wurden Stuhlbeine, nicht Seelen gequält« (›Tage mit Brecht‹, S. 65). In der Frankfurter Aufführung wurde Brecht auf die realistisch spielende Helene Weigel aufmerksam.

Schauspielhaus Frankfurt
Carl Zuckmayer, Die neue Schaubühne, Dresden, Mai/Juni 1922

[...] erlebt, echt und wahrhaftig ist das ganze Stück. Darum wirkt es, weil es auch ohne Pose geschrieben ist. Gekonnt ist es nicht immer [...]. Was am meisten *für* die Begabung des Dichters spricht, ist der sehr eigenwillige und feste Rhythmus seiner Sprache.
Seine Sprache kommt vom naturalistischen Dialog, bewegt sich zum großen Teil in Alltagswendungen, vermeidet schmückende Beiwörter, geht auf Sachlichkeit, nicht ohne Charakteristik. Daß es ihm gelingt, bei solcher Grundeinstellung szenenlang eine fast musikalisch gebaute rhythmische Sprachform zu bilden und mit Leben zu füllen – das ist für mich der positivste Eindruck dieses Abends. Nachdem ich also dem Dichter aus diesem Gefühl heraus eine positive Kritik geschrieben habe, sehe ich mich gezwungen, das Stück abzulehnen. Es läßt durchaus unbefriedigt, und das ist kein Zufall. Es packt – aber es zwingt nicht zur Hingabe noch zum Haß. Warum das?
Es ist eine natürliche Reaktion nicht auf die letzten zehn, sondern auf die letzten achtzig Jahre deutscher Literatur. Die Einseitigkeit des Tendenz- oder Ideenwerks kann selbst bei guter persönlicher Potenz des Autors nicht mehr befriedigen. Es ist keine Theorie und keine gedankliche Forderung, sondern es ist Hunger und Durst, wenn sie vom Kunstwerk heute Totalität verlangen! Ein Stück Welt, gleichgültig welchen Formats, aber lebendig nach allen Seiten, daß man es wirklich packen, in sich reißen, lieben oder hassen kann. Ein unbeschnittenes Stück Welt, im Gehalt maßlos, in der Form bezwungen. Das ist Bronnens ›Vatermord‹ nicht. Das braucht es nicht zu sein, denn es ist ein Erstling, den man nur aufführt, um einem zweifellos hochbegabten Dichter Gelegenheit zur Selbstkritik zu geben. Sein nächstes Stück wird seine Bestätigung oder seine Abfuhr sein. Man hat zu viel Enttäuschungen gehabt, um nicht zu wissen, daß Jugend, Erlebnis und Begabtheit keine Freibriefe für die Unsterblichkeit sind [...]
Ich vermute, daß Bronnen das alles selber weiß, und heute bereits einige starke Bootslängen über seinen ›Vatermord‹ hinausgeschwommen ist [...]
Das Frankfurter Schauspielhaus widmet diesem Stück [...] einen glänzend

besetzten, sorgfältig gearbeiteten Theaterabend. Das ist anständig und vornehm. Der Gastregisseur Dr. Harnisch schuf Atmosphäre. Aber er hatte kein Ohr für den Sprachrhythmus des Werkes. Dadurch ging vieles verloren. Die Szene mit dem Freund, beim Dichter stark, war in Auffassung und Ausführung völlig verfehlt. Vater und Mutter wurden [...] gespielt [...] von Herrn Taube und Frau Gerda Müller. Taube ein kluger, sicherer Charakterspieler, – Gerda Müller ein Phänomen. Der Sohn war eine Überraschung: Hans Baumann. Eine erstaunliche Talentprobe. Erstaunlich vor allem durch die Zucht und Beherrschung, mit der dieser junge Schauspieler bei allem Temperament und Empfindungsaufwand diese Rolle anpackte. Auf der Galerie entbrannte heftiger Gesinnungskampf zwischen den zahlreich erschienenen Jugendlichen. Ich sah Fünfzehnjährige, die in Begeisterung schäumten, daß man für ihre Väter fürchten mußte. Und sah Vierzehn-, Fünfzehn- Achtzehnjährige, die wütend zischten, pfiffen und vor sittlicher Entrüstung dampften. So tobte der berühmte ›Generationenkampf‹ zwischen Gegnern, von denen unmöglich einer den andren im Verdacht der Vaterschaft haben konnte.

Deutsches Theater Berlin, ›Die Junge Bühne‹
Emil Faktor, Berliner Börsen-Courier 15. 5. 1922

Eine denkwürdig alarmierende Sonntagsvorstellung, die das Zeug in sich hat, historisch zu werden. [...]
Nach ein paar Stunden der Abkühlung ist man weit davon entfernt, die gestrigen Ereignisse bloß für einen bei literarischen Experimenten landesüblichen Theaterskandal zu halten. Es war wesentlich mehr – eine Scheidung der Geister innerhalb einer gemeinsam aufgewirbelten, gemeinsam gepackten und zu persönlicher Stellungnahme aufgereizten Menschenmasse. [...] Mehr noch als der donnernde Beifall bestätigte dem jungen Österreicher Arnolt Bronnen die Schärfe der Entrüstung ein Hauptmerkmal seiner Begabung, die Ungewöhnlichkeit seines Temperaments. Es jagt, springt, tobt und schäumt in ihm wie eine losgehetzte Meute.
Der Sinn dieses schonungslos radikalen Jugendwerkes steht in wohltuender Unterscheidung von zeitgenössischen Verschwommenheiten dicht vor den Augen: Empörung der lebens- und liebeshungrigen Jugend gegen das verrostende, gewalttätig duckende Alter. Durch die Wildheit rauschen Hymnen auf, die den Schoß der Erde umarmen. Es wäre zwecklos, wegzuleugnen, daß die Vorgänge des Stückes von äußerst krasser, wenn es darauf allein ankäme, mit Peinlichkeit überlasteter Natur sind. Schauervolle Reflexe des Daseins, wenn ein roher, trunksüchtiger, tückisch herrischer Vater seinen fürs Studium lustlosen Sohn mit moralischen Peitschenhieben, mit Schlägen und Stuhlbeinen mißhandelt und in ihm Totschlaggedanken aufschreckt. Nebenschauer der Erotik, als der Abiturient von einem perversen Mitschüler zu dunstigem Gebalge am Bettrand verführt wird. Klimax der Schauer, so oft der mit dem Fluche einer grenzenlos gepeinigten Jugend Beladene die Gier darbender Sinne auf die eigene Mutter richtet. Schauer über Schauer, wenn dieser blutschänderische Trieb (halb aus Mitleid, halb aus Widerwillen gegen den brutalen Gatten) der Erfüllung nahe kommt. Er, der Vater, merkt, was vorgeht, zückt das Küchenmesser und jagt tollwütig hinter dem Sohne her. Vatermord aus

Notwehr, auch wenn das Gefühl dieser gräßlichen Tat nicht ferne stand [...].
Vor dem Zeugen der Vorgänge spricht sich der tragische Sohn selber frei. Er
schüttelt die in den Frevel tief verstrickte Mutter ab. (»Geh deinen Mann begraben, du bist alt«) und sein der Wirklichkeit entrollendes Gefühl schwebt
auf einer Wolke Feuerdampf: Schlußwort: »Ich – ich blühe.«
[...]
Die ungeheuerlichen Gespenster eines solchen Problemes flüchten nur vor der
Musik des Geistes. Sie tönt im Sohn, vielleicht auch noch in der Mutter, so
lange sie bloß Mutter ist. Je wilder das Sexualtier aus ihr hervorbricht, desto
peinlicher wuchs um sie das Grauen. Die Tragik dieser Gestalt bleibt unerlöst.
Apage Satanas.
Vorbehaltlose Zustimmung ist für die Anerkennung einer so wild jungen,
aufregend stürmischen Begabung nicht erforderlich. Mag sie nur in einem unheimlichen frühen Erstling aufreizend exzentrisch sein. Wirkliches Kunstgefühl nimmt den Zauber mehr, wie das verfurchte und vergreiste Antlitz der
Tragödie wieder neu wird, wie sich erwachende Persönlichkeit von Bedräng-
nissen und Spannungen befreit hat. Anders als Hasenclever, der mit seiner
Vatertragödie auch von mir überschätzt wurde, kommt Bronnen ohne meta-
phorisches Geschwebe aus. Jedenfalls stand nicht er, eher noch Strindberg diesem Erstling Bronnens Pate. Seine Form hält sich vorläufig noch in der Mitte
zwischen Naturalismus und Illusionsdrama, vielleicht auch darum, weil es für
durchdringende Dramatik kein absolutes Loskommen von Naturnähe gibt.
Die künstlerische Technik Bronnens ist noch schmal, seine Phantasie vom inneren Erlebnis eingekerkert. Voll Überschuß jedoch das Temperament, das ein
monomanes Hin und Her durch mitreißenden Rhythmus, durch entschlossene
Steigerung immer wieder erneuert. Hier, hauptsächlich hier, entströmt die
Wirkung auf den Zuhörer. Sie macht ihn den Einflüssen der Szene, fast möchte man sagen, hysterisch untertan. Mehr als dieses Zuviel wäre der Zustand
ungepeitschter Ergriffenheit. Erst dieses kostbare Ziel wird den Tragiker Bronnen bestätigen. Warum sollte auch sein brennender Trotz nicht Entwicklung
verheißen? Beobachtete man die sympathische Frechheit, wie der junge Mann
bei den Hervorrufen, statt über den Beifallstumult beglückt zu sein, dem Publikum stolz musternde Blicke zuwarf? Ich las heraus:
»Pah, mein Erstling. Was wißt Ihr denn von mir??!«
Die Aufführung des ›Vatermord‹ war ein Ereignis ersten Ranges. Sie ist der
Vereinigung ›Junge Bühne‹ zu danken, die [...] bloß Zusammenschluß von
ein paar Wollenden ist, die den literaturfremden Zustand des heutigen Theaters nicht mehr ertragen können. Sie seien gepriesen, auch wenn ihnen nicht
jedes Mal eine so starke Begabung wie Arnolt Bronnen in die Hände kommt.
Künstlerische Energiezufuhr bedeutete die Bundesgenossenschaft einer allerersten Schauspielerin wie Agnes Straub, die unserer verwahrlosten Zeit die
vorbildliche Gesinnung bekundet, nicht wie andere Berühmtheiten ihres Standes der Rolle nachzujagen, sondern um das Schicksal neuer Dichtung besorgt
zu sein. Ihr Wagemut übernahm die unendlich schwierige Partie der Mutter,
deren Gestalt erst naturalistische Skizze, dann überernährte Ekstase ist. Die
Kunst der Straub füllte auf und setzte Grellheiten des Geschehens in gedrängte Spannung und jagende Impulse um. Man verlor zum Widerspruch den
Atem. In ihrer Umgebung wuchsen auch dem jugendlichen Hans von Twardowski die Flügel. Mittleres, im Ausdruck erst noch halb starkes Können raffte

sich durch Zusammenfassung der Elemente, durch volle Hingabe an den Geist zu wesenhafter Verkörperung des Sohnes auf. Es war in aller Unauffälligkeit ein Gedeihen in der Rolle.

Für den Vater setzte sich Herr Granach ein. Er griff erfolgreich über seine bisherige Peripherie hinaus, ohne daß man übersehen mußte, wie er das Dämonische der Gestalt durch psychologische Behelfe umschrieb. Auch in dieser vereinfachten Ausdrucksform drangen lebhafte Akzente durch und der zu einer bemerkenswerten Disziplin fortgeschrittene Künstler wich mancher im Werk begründeten Heftigkeit vielleicht nur aus, weil bei der Regie die Tendenz der Milderung waltete. Ich empfand es in den Szenen des Vaters als Abschwächung, wohltuend jedoch im erotischen Auftritt der Jünglinge, wo Hans Blum anerkennenswert dezent den Partner gab. Ein kleines Ferkel von Schuljungen spielt Elisabeth Bergner mit erwärmender Leichtigkeit.

Spielleiter war Berthold Viertel, für Bronnen der richtige Mann, aber nicht bloß für Bronnen, wenn es mit dem geistigen Neubau des Dramas vorwärts gehen soll.

Monty Jacobs, Vossische Zeitung, Berlin, 15. 5. 1922

Als letzte Gäste dieser denkwürdigen Mittagsvorstellung erschienen zwölf Mann der grünen Polizei, mit einem Leutnant an der Spitze. Sie kamen im Sturmschritt herbei, alarmiert von ihren Kameraden, denen es nicht gelungen war, nach Schluß der Vorstellung ein erregtes Publikum aus Haus und Vorplatz des Deutschen Theaters zu vertreiben. Man hatte geklatscht, gezischt, Diskussionen im Parkett entfesselt, den mahnenden Schutzmann als Kasperle in diesem Theater nach dem Theater begrüßt. Alles war in fröhlicher Laune, und der ungeheuren Majorität der Applaudierenden blitzte die Seligkeit aus den jungen Augen, endlich einmal einen Berliner Theaterskandal auszuschlürfen. Wer so viel Freude am Spektakel entwickelt, soll mir nicht einreden, daß er sich eben erst von aufwühlender Kunst ehrlich erschüttern ließ. Im lauten Beifall, der Dichter, Regisseur, Darsteller noch aus dem Eisenvorhang herausjauchzte, schwamm sichtlich viel von jenem gräßlichen Zeitentypus mit, von der Damenangst, den Anschluß an die neueste literarische Hutmode zu verpassen. Ernst und sachlich waren in diesem Tumult eigentlich nur die spärlich vertretenen Flötenbläser der Opposition.

Ich bin also gegen Arnolt Bronnens Anhänger und für Arnolt Bronnen.

Als das Schauspiel dieses jungen Dichters in Frankfurt aufgeführt worden war, stand im entrüsteten Bericht eines Berliner Blattes eine Aufzählung aller Paragraphen des Strafgesetzbuches, gegen die das Drama verstößt. Eine lange Liste. [...]

Die Wahl solcher Motive kennzeichnet zumeist die Schwächlinge unter den Dichtern in ihrer Kraftmeierei. Hier aber, dies Gefühl steigert sich von Szene zu Szene, spricht ein Starker.

Sein Erstlingsdrama ist freilich noch ›ungekonnt‹. [...] Denn Bronnens Vision bleibt in der Situation stecken. Zwei von den drei Menschen des Dramas, Vater und Sohn, stehen von Anfang bis zum Schluß auf demselben Fleck einander gegenüber. Das gibt tote Strecken, Wiederkehr des gleichen, Ermüdung. Eingehämmert soll die Situation werden. [...] Können ist lernbar. Arnolt Bronnen aber *ist* etwas, und so rechne ich dieses Temperament von den Neulingen des Winters, neben Alfred Brust und Paul Baudisch zu den Hoffnungen unseres Theaters.

Wenn der Vorhang aufgeht, glaubt man zunächst ein Milieustück auf Arno Holz' Spuren zu sehen: muffiges Wiener Kleinbürgerheim während des Krieges. Der jetzt so verachtete Naturalismus, von seinen einsichtigen Propheten stets nur als ein Übergang betrachtet, trägt nun in neuen Generationen seine Früchte. Denn weil Arnolt Bronnen seine Menschen durch dieses Land schreiten ließ, sind sie an Wärme und Frische den Figuren der Pathetiker so unendlich überlegen. Man vergleiche den ›Vatermord‹ mit Hasenclevers nur stofflich verwandtem ›Sohn‹, und sofort wird der Unterschied klar. Bei Hasenclever bedrohen Vater und Sohn einander mit Revolver und Hundepeitsche, bei Bronnen mit Waschgestell und Stuhlbein. Im ›Sohn‹ aber baumelt die Leitung von der Bühne zum Publikum waschlappig, wehleidig. Im ›Vatermord‹ hingegen scheint der Riemen bis zum Reißen gespannt, scheint der Kessel bis zum Bersten geheizt.

Dieses Sättigen mit inneren Kräften der Eindringlichkeit, dieses Loslösen seelischer Gewalten aus der Verschlossenheit, das Ziel eines neuen Geschlechts von Malern wie Dichtern, soll ihre Kunst in neue Höhen heben, weit über den Ehrgeiz der Naturalisten hinaus. Könnte Bronnen schon aussprechen, was ihm auf dem Herzen brennt, so wäre das neue Drama geboren. Aber sein Stammeln ist mir lieber als der Redefluß seiner Altersgenossen aus den Tagen der Menschheitsdramen.

Später einmal wird ein Philologe den Doktorhut mit einer Dissertation gewinnen: Sigmund Freuds Einfluß auf die moderne Literatur. [...]
Im ›Vatermord‹ vollziehen sich die Dinge mit jener Gesetzmäßigkeit, wie sie der Forscher feststellen möchte. Ein Pubertätsfieber befällt den Sohn und läßt ihn das Kindheitserlebnis der Menschheit zu Ende denken, den Konflikt mit dem Vater bis zur Todfeindschaft, die Zuflucht bei der säugenden Mutter bis zur erotischen Leidenschaft. Wie die Menschen in diesen Szenen einander in die geballten Fäuste oder in die geöffneten Arme taumeln, das ist von Schicksalsgewalt gezeichnet. Vielleicht gerade, weil das Drama ein Reifender geschrieben hat, der selbst noch keine innere Distanz zu jenem Fieber gewinnen konnte.

Diese Macht seiner inneren Vision hebt Bronnen ohne weiteres über den Verdacht hinaus, daß er mit krassen Motiven nach Sensation trachte. [...]
[...] der künstlerische Ernst seiner Jugend sei im Kampf gegen die Verlotterung unserer Bühne willkommen!

[...]
Läßt das Theater Bronnens Ehrgeiz im Milieustück stecken, so ist er verloren. Berthold Viertels Spielleitung war geschickt genug, den Ausweg zu finden, wenn sie auch nicht Phantasie genug aufbrachte, die Monotonie zu beflügeln. Man muß wohl von Strindberg und nicht von Arno Holz ausgehen, um diesem Drama gerecht zu werden.

Was indessen Viertels Regie an Kleinarbeit zu leisten vermag, das bewies Alexander Granachs Vater. So frei hat dieser Darsteller noch nie gespielt wie gestern. Er möge darauf verzichten, durch das Krallen der Hände nach rückwärts Wirkungen Werner Krauß' zu suchen. Aber sein Tyrann schlurfte durch das Stück, ein Tragiker aus Pallenbergs Blut, von dem die Gewalt eines ganzen Ahnengeschlechtes von unterdrückten Unterdrückern ausging. Hysterie, innerer Trotz und äußere Demut des Verprügelten, diese Illusion der Sohnesrolle erfüllte Hans Heinrich von Twardowski. Das Herz des Dramas aber schlug in Agnes Straubs Kunst. Anfänglich schien ihre Mutter bewußter und unfreier im Betonen des Kleinbürgerlichen, als es sonst Straubsche Art ist. Sollte, dachte man, diese gefährliche Rolle am Ende beim Typus Lina Lossen besser aufgehoben sein? Aber am Schlusse, wenn die Flamme herausschlägt, wenn ein Mensch sich in der Qual seiner Triebe die Brust aufreißen möchte, da kann doch nur das Daimonion einer Kunst helfen, die sich so ernst und streng in den Dienst einer neuen Jugend stellt.

Herbert Ihering, Der Tag, Berlin, 16. 4. 1922

Einen der stärksten Theatereindrücke der Spielzeit hat man dem Idealismus einiger Schauspieler, der Arbeitsleidenschaft eines Regisseurs, der eruptiven Kraft eines jungen Dichters zu danken. Von der Vorstellung ging eine solche Bannkraft aus, daß das Publikum sich während des Spiels musterhaft ruhig verhielt und das Pfeifen am Schluß von orkanartigem Beifall niedergefegt wurde. Es war eine Mittagsaufführung. Aber vielleicht wird sie die Repertoirepolitik der Direktoren von Grund aus ändern. Diese Vorstellung hätte im Winter in den Kammerspielen einen Serienerfolg haben und den Beweis führen können, daß der finanzielle Erfolg, den die Theater brauchen, nicht nur das abgelegte Kulissenstück, sondern auch die gärenden Wagnisse Unbekannter belohnt – wenn diese Wagnisse Kraft haben.
Arnolt Bronnens Drama ›Vatermord‹, während des Krieges geschrieben, also in einer Zeit, in der die Deklamationsdramen und ›Oh Mensch‹-Tragödien grassierten, hat Kraft. Diese Kraft liegt nicht in der stofflichen Brutalität des Stückes, sondern in dem kalten Fanatismus, mit dem Bronnen den Stoff in die letzten Konsequenzen stößt. Indem Bronnen den Sohn gegen den Vater hetzt, indem er Mutter und Sohn in blutschänderischer Liebe zusammenführt, scheint er mit grausamer Energie sich gleichzeitig von diesem Stoffkreis zu befreien. Bronnen hat ihn mit der Suggestionskraft des bösen Blicks gesehen. Er hat sich von einem Alpdruck gelöst. Es war sein Weg zur dichterischen Freiheit.
Aber selbst wenn Bronnen diese Freiheit nicht finden sollte: sein dunkelgreller Einakter ist die Explosion eines Talents. Dieser Talentausbruch wird mißverstanden werden. Aus formalen und aus stofflichen Gründen. Aus formalen Gründen: weil das Stück im Ausdruck scheinbar naturalistisch, die ›Lebenswärme‹ des Naturalismus vermissen läßt. Aus stofflichen Gründen: weil man die Kraßheit der Vorgänge für rohe Effekte halten wird. Aber der Ausdruck ist nur im Sprachbild, nicht im Sprachvorgange naturalistisch. Wenn man die Sprachlaute liest, die Bronnen als Zwischentöne schreibt: die Konsonanten oder gehäuften Vokale, wird man sie als zufällige Naturlaute auslegen wollen. Gerade sie aber sind nur Zeichen dafür, wie eruptiv, wie berstend, wie sprengend Bronnens Sprache, wie körperlich sie empfunden ist. Daß Bronnen natu-

ralistische Satzzeichen gebraucht, um die Sprache zu akzentuieren, ist die erste Verwirrung (für den, der nur lesen, aber nicht hören kann). Daß er ein scheinbar realistisches ›Milieu‹ gibt, ist die zweite. Denn nun weckt er die Erinnerung an die psychologischen Dramen: Wer auf alte dramaturgische Vorstellungen eingeschworen ist, vermißt die Psychologie und merkt nicht, daß dieses Drama ›Kräfte‹ heißen könnte. Man sucht bei Bronnen ›Seele‹, meint aber ›Psychologie‹ und übersieht die stoßende Energie, das schleudernde Temperament des Dramas. Man sucht bei Bronnen Umwelt und erlebt deshalb nicht das Raumproblem. Im ›Vatermord‹ ist aber für die Bedingtheit durch das Milieu der Schrecken des Raumes getreten. Wie gleichlaufend mit dem Rhythmus der Menschen sich drei Räume bekämpfen, in denen die Familie haust, das ist das dramaturgische Erlebnis des Stückes. Denn diese Räume haben nicht, wie bei Strindberg, melodramatische Gespenstigkeit, sie sind nicht, wie im naturalistischen Stück, verschiedene Schauplätze – sie sind Energien, in die sich die dramatischen Ereignisse übertragen. Sie werden vom Menschen, nicht der Mensch durch sie bestimmt.

In der ausgezeichneten Ensembleaufführung unter Berthold Viertels Regie wurde gerade dieses Problem unwichtig genommen. Das tiefer gelegene Zimmer war nicht nur von der Mehrzahl der Plätze aus überhaupt nicht zu sehen, es fehlte auch die Gliederung der Zimmer. Die Räume hatten nur die zufällige Beziehung des Vorhandenseins, aber keine kompositorische Beziehung zueinander. Vielleicht hing es auch hiermit zusammen, daß der Vorstellung im Anfang die sprengende Kraft fehlte. Hans Heinrich von Twardowski, der seit seinen Anfängen am Lessing-Theater an Disziplin des Ausdrucks zugenommen hat, der in manchen Filmen gespannt war und bei Sternheim Stilgefühl hatte, hielt hier die Steigerungen noch nicht durch. Er verwischte die Einschnitte. Er unterbrach den Strom. Scharfe, spitze, ironische Rollen liegen ihm besser als gefühlsgeladene.

Alexander Granach als Vater war – von seiner eigenen Entwicklung aus gesehen – außerordentlich. Niemals war er so gelöst. Niemals hatte er so den Übergang von seinen grellen zu seinen weichen, von seinen lauten zu seinen leisen Tönen. Von der Rolle aus gesehen fehlte ihm etwas das Drohende, Gefährliche, Lastende. Agnes Straub als Mutter riß den gefährlichen Schluß mit einer Ausdruckskraft ohnegleichen über alle Gefahren hinweg. Wie hier eine Kleinbürgerin in shakespeareschem Maße wuchs, wie aus einer Luise Fessel eine Lady Macbeth wurde, das gehörte zu den ungewöhnlichsten Leistungen selbst dieser wahrhaft produktiven, zu einer neuen Entwicklung aufbrechenden Künstlerin.

Daß die Junge Bühne mit dem leidenschaftlichen Willen des im Sprachlichen vortrefflichen Regisseurs Viertel, mit dem Idealismus der Schauspieler endlich einmal der Verkommenheit der Berliner Theaterverhältnisse eine Tat entgegengestellt hat, die einem neuen Dichter galt, das ist ein Ereignis, das nicht ohne Folgen bleiben kann.

Ernst Toller   Die Maschinenstürmer

Uraufführung: Großes Schauspielhaus Berlin, 30. Juni 1922
Regie Karl-Heinz Martin

Toller saß noch immer auf der Festung Niederschönenfeld in Haft. Notizen aus seinem Festungstagebuch: »Ich fasse das Leid nicht, das der Mensch dem Menschen zufügt [...] Das Klischeebild, das ich mir vom Proletarier gemacht hatte, zerfällt.« Toller sah in ihm den »historischen Träger einer Idee, des Sozialismus«, aber er sah auch, daß die »aufgeklärten Massen des zwanzigsten Jahrhunderts« nicht gefestigter sind »als die unwissenden des neunzehnten«. »Wie leicht wird es großen Volksrednern, sie zu Handlungen blinder Leidenschaft hinzureißen. Ich habe den sozialen Boden sehen gelernt, der die seelischen Schwankungen bedingt, die große Not des Tages, die die Kraft lähmt, die Abhängigkeit des Menschen vom Arbeitsmarkt, von der Maschine. »Die Macht der Vernunft, glaubte ich, sei so stark, daß, wer einmal das Vernünftige erkannt hat, ihm folgen muß ... nicht der Gegner schlägt ihm die Wunden, er schlägt sie sich selbst.« Die Notizen waren Folgerungen aus den Beobachtungen der politischen Vorgänge, ›Die Maschinenstürmer‹ das literarische Ergebnis dieser Erfahrungen. Die Uraufführung wurde ein spektakuläres Ereignis. Sie hatte weniger Bedeutung für das Theater, aber sie demonstrierte die Situation, in der damals Theater gespielt wurde: im engsten Zusammenhang mit den politischen Ereignissen. Sechs Tage nach der Ermordung Rathenaus durch völkische Studenten wurde damit das Theater zur Stätte einer politischen Demonstration, die Martin durch seine Inszenierung noch verschärft hatte. Die Wechselwirkung zwischen Situation, Stück und Aufführung gab der sonst überlegt und zurückhaltend berichtende Hermann Kienzl am eindringlichsten wieder (s. Rez). Karl-Heinz Martin inszenierte damit das Pendant zu seiner Aufführung der ›Weber‹ (20. 6. 1921) im Großen Schauspielhaus und wiederholte diese Inszenierung schon im Juli 1923 noch einmal im Wiener Komödienhaus (wieder mit Dieterle als Ingenieur). – Die Rezensionen der Uraufführung erschienen wegen des Druckerstreiks in Berlin vierzehn Tage später.

Hermann Kienzl, Steglitzer Anzeiger 1. 7. 1922

30. Juni! Das ist nicht die Jahreszeit der künstlerischen Offenbarungen. (Gab es solche im Winter ...?) Wenn aber das Fieberthermometer ein Kunstmesser wäre, dann hätte der 30. Juni alle Tage des Jahres geschlagen. Kopf an Kopf viertausend Menschen im ›Zirkus Reinhardt‹. Ein Publikum? Schon eigentlich ein Volk! Bevölkerung aller Stände und Klassen. ›Die Maschinenstürmer‹ heißt das Stück – und bläst schon mit dieser Devise Sturm in die schwärende Glut unserer Tage. Ernst Toller ist sein Verfasser, der Jüngling, den vor drei Jahren fanatische Verblendung in die Blutorgien der Münchener Räteregierung verstrickte – ihn, den pazifistischen Schwärmer, den Propheten wider das Blutvergießen. Er weilt in einer bayerischen ›Festung‹, indessen die Massen hier zusammenströmen, sein in der Gefangenschaft geborenes Werk zu erleben. Bedurfte es noch irgendeines Motors, den Erfolg in reißende Bewegung zu

setzen? Nein, *nicht einmal* eines dichterischen oder doch einigermaßen tüchtigen Stückes, – wie das Erlebnis lehrte. Erfolg? Das Wort sagt in diesem Falle zu wenig und zu viel. Es war ein Orkan! Eine elementare Massendemonstration. Immer wieder Beifallssalven bei offener Szene. In den Zwischenakten Volksreden gegen die bayerische Regierung, denen sich nach dem Schlußakt eine nichts weniger als kunstgesinnte, kunstbedachte, kunstbegrenzte Ansprache des – Regisseurs anschloß, der vollends die Szene zur Tribüne machte. Es hätte keinen guten Sinn, und hieße die Zeitgeschichte fälschen, wolle man diese Vorgänge geringschätzig abtun. Ihresgleichen hat sich in einem *deutschen* Schauspielhaus kaum jemals zugetragen. In den ersten Jahren der großen Französischen Revolution ging es in den Theatern von Paris ähnlich her. [...] Ernst Toller aber hat ein Weltanschauungsdrama, ein Drama mit *versöhnlicher* Weltanschauung schreiben wollen.

Ein ernster Woller, ein schlechter Könner ... Aber die Massen im Kolosseum – Massen von überwiegend gebildet aussehenden Menschen! – schienen diesmal weder nach dem Können noch nach dem Wollen Ernst Tollers zu fragen! So blitzgeladen war die Atmosphäre. Schon vor Jahr und Tag hatten wir es an derselben Stätte mitgemacht, wie Gerhart Hauptmanns ›Weber‹, die ein Standard-Kunstwerk sind, von den aufgewühlten Zuschauern – aber freilich auch von der künstlerisch unzulänglichen Inszenierung Karl-Heinz Martins – politisiert, d. h. zu einem bloßen politischen Experiment gemacht wurden. [...]

Gewiß, auch der Verfasser der ›Maschinenstürmer‹ wollte gleich dem Dichter der ›Weber‹ die Ausschlachtung und den Hunger der Arbeiter vor das Mitleid der Menschheit stellen. In seiner Rhetorik und dem unglücklichen Mißverhältnis zwischen unersättlicher Rhetorik und kaum embryonaler Gestaltung spricht sich Leidenschaft der Tendenz aus. So bedingungslos gaben sich die Zuschauer der Tendenz hin, daß sie nicht wahrzunehmen schienen, wie schwer doch der Verfasser wieder nach tendenzfreier Wahrheit rang.

Tollers englische Arbeiter von 1815 sind Elendsbrüder von Hauptmanns schlesischen Webern. Es ist nicht ihre Schuld, vielmehr ihr trauriges Schicksal und fremde Schuld, daß sie, die Kämpfer der Ludittenbewegung, als Feinde von Licht und Fortschritt handeln. In jenem geschichtlichen Zeitpunkt, in dem die Maschine die Handarbeit zu verdrängen begann, revoltierten die Arbeiter gegen die umwälzenden Errungenschaften. Sie blickten über die Nöte des Übergangszustandes nicht hinaus. Ihr Haß gegen die Maschine, die doch gerade dazu bestimmt war, die Arbeiterklasse zum künftigen Herrn des universalen Radwerks zu machen, war der Blindheit russischer Bauern zu vergleichen, die die Cholera-Baracken anzünden und die Ärzte erschlagen. In rabiater Unwissenheit stürmen Tollers Arbeiter das Maschinenhaus, den Tempel des ›Teufels‹. Freilich – die Arbeitgeber Tollers beuten auch die Maschine zu ihrem alleinigen Vorteil aus, treiben mit rücksichtslosen Entlassungen die Verhungernden in Verzweiflung ... Außerdem wollte Toller, frei und unbefangen, neben dem Jammer auch die Jämmerlichkeit der Masse bekennen – nicht eine proletarische, nein, eine allmenschliche Jämmerlichkeit. Verhetzt von einem Bösewicht, verlassen, verraten und töten die Arbeiter ihren einzigen uneigennützigen Freund. Wiederum machte sie blinde, dumpfe Not einigermaßen schuldlos. Mir scheint noch eine andere Entschuldigung nahezuliegen: Jener junge Messias redet und redet und tut rein gar nichts. Alles, was Toller in Einsamkeit gedacht oder – das vor allem! – *gelesen* hat, läßt seine Idealiste

rinnen. Nun denn, hungernde Menschen haben reizbare Nerven; begreiflich, daß sie den Schwätzer erledigen.
So glatt über der Sache standen die politisierten Zuschauer schwerlich, daß sie daran denken mochten, ihre Zustimmung auch zu den *Anklagen* zu geben, die Toller gegen den Widersinn und die Untreue der im Dunkel irrenden Armen erhebt. Vielmehr scheint man, trunken von geläufigen Redewendungen, dem höheren Willen Tollers zeitweilig Gewalt angetan und *alle* seine Äußerungen, ohne zu unterscheiden, der sozialrevolutionären Demonstration unterworfen zu haben ... Später einmal wird ohne Zweifel eine gewisse Ernüchterung eintreten. Man wird erkennen, daß die halbe Dichtung auch nur ein halbes politisches Tendenzdrama ist. Nicht einmal die schlimmsten Anachronismen und der Einsatz neuester geflügelter Worte in das historische Drama von 1815 helfen darüber weg, daß der halbe Dichter schon bei der Wahl des Stoffes (als er die Arbeiter in den Kampf gegen die Maschine stellte und trotzdem ihre Sache führte ...) nach *beiden* Richtungen den Weg verfehlte.
Die Urteilslosigkeit des Premierenpublikums erklärt sich aus warmherzigem Vorurteil für den geistigen Mann, den menschlich fühlenden, der in Festungshaft sitzt – und aus außergewöhnlichen Umständen. Die deutsche Welt und nicht am wenigsten Berlin ist seit der Ermordung Rathenaus in heftigster Erregung. Sechs Tage nach der blutigen Tat kam das revolutionäre Schauspiel zur Aufführung. Und außerdem: über gewisse Erscheinungen in Bayern herrscht Erbitterung. Nun hat die bayerische Regierung das Gesuch Gerhart Hauptmanns und anderer Intellektueller abgelehnt und Toller den Hafturlaub verweigert. Das Riesenmaß der Kundgebungen war demnach selbstverständlich. An ihrer Bedeutung kann auch der Kritiker nicht vorübergehen; zumal ihm die bittere Aufrichtigkeit obliegt, dem schwatzhaft vorgreifenden Regisseur zu widersprechen und Toller vor dem Glauben zu warnen, es hätte sein Werk einen künstlerischen Erfolg erzielt. Wahrheit ist man einem ethischen Charakter schuldig.
Nach Kunstwissen und -gefühl ist Tollers Drama ›Die Maschinenstürmer‹ nicht zu retten. Ein epigonenhaftes Wirrsal, eine lebensunfähige Lesefrucht. Mit entwaffnender Naivität hat Toller die Hauptmannschen ›Weber‹ übertragen, fast Szene für Szene, Episode für Episode. Der Stoff verdarb bei dieser Appretur. Auch Schiller stand Pate. Verkleidet als Fabrikherr und Arbeiterführer, sprechen sich König Philipp und Marquis Posa aus, und ein Bösewicht krümmt sich spiegelbergisch, als ihm der ideale Held die Führung der Arbeiter entwindet. Von dramatischem Aufbau weiß Toller nichts, und seine Linien zerfließen in Worte, Worte, Worte.
Manch einer hat aus seinen Lebensscherben *einen* Roman oder *ein* Theaterstück geleimt – und später ging's nicht mehr über jenes bißchen Erleben hinaus. Tollers erstes Drama ›Die Wandlung‹ ließ einen Dichter erwarten. In ›Masse Mensch‹ sprach nur noch der Ethiker; der aber immerhin klarer als nun der Verfasser der ›Maschinenstürmer‹.
Bei der Aufführung verdiente der von Heartfield und Dworsky mit verblüffendem Realismus aufgebaute Maschinensaal (die Räder im Betrieb!) die allgemeine Bewunderung. In vollem Gegensatz zu dieser Wirklichkeit standen im übrigen die szenischen, mimischen und akustischen Mystifaxen Karl-Heinz Martins, des Regisseurs. Aus den auf Groteske abgerichteten Schauspielern ragte nichts Persönliches hervor.

Max Osborn, Berliner Morgenpost 13. 7. 1922

Zum zweiten Male schickt Ernst Toller aus der Festungshaft ein Werk auf die Bühne, deren Verhalten zu seinen dramatischen Dichtungen der seit Jahren Gefangene noch niemals studieren konnte.
Diesmal spiegelt er gegenwärtiges Ringen in einer geschichtlichen Episode. In der ›Zeit der Luditten-Bewegung‹ spielt das Stück: das ist die Revolte der englischen Weber, die sich 1815 gegen die Einführung der Maschinen empörten, und die man nach ihrem Führer Ned Lud nannte. In der Schilderung ihrer Not, ihres Hungerdaseins, in der Kontrastierung ihrer Bettelarmut mit dem gesicherten Leben der Reichen liegt nicht die Stärke des Dramas. Die Verwandtschaft mit der Stoffwelt der ›Weber‹ brachte Gefahr. Was Toller hier gibt, ist schwächere Nachbildung Gerhart Hauptmanns, der bis in Einzelheiten mancher Szenen das Vorbild lieferte. Von der Unselbständigkeit abgesehen: es gibt auch banale Stellen, wo Tendenziöses im Rohzustand künstlerisch ungestaltet bleibt. Aber dann kommt der letzte Akt und bringt eine großartige Steigerung.
Der Vorhang hebt sich, und vor uns steht ein riesenhaftes Maschinenungetüm. Mit Eisengliedern, Schwungrädern, Kolben, Stangen, Kugeln, Treibriemen, Dampfmäulern, Gittern. Zur Seite rechts und links die von dem Koloß bewegten Webstühle, von jämmerlichen Kindern bedient. Von John Heartfield, dem Entwerfer der Bühnenbilder, und dem Regisseur Karl-Heinz Martin ist dieser Anblick außerordentlich hergerichtet. Grandiose Wahrheit des Alltags, und dennoch unreal, in ein überwältigendes Symbol emporgehoben. Wie ein drohendes Schicksal für Generationen in Jahrhunderten glotzt das Ungeheuer aus dem mächtigen Fabrikkuppelraum. Die Weber rücken an, mit Hakken und Beilen, Hämmern und Spaten. Sie stutzen. Einer wagt sich vor, wird von dem großen Rade erfaßt, zermalmt. Sie stehen entsetzt. Von der Galerie der Maschine weist ihnen der Ingenieur die Gewalt, die Präzision, das Wunder der neuen Erfindung. Sie staunen. Dann ergreift sie Raserei, und in sinnloser Wut zerstören sie den kunstreich ersonnenen Bau. Aber was ist das? Aus den Trümmern gellt gräßliches Lachen. Den Webern graust es. Lacht die gemordete Maschine? Lebt sie noch? Der Ingenieur klettert hervor, wahnsinnig geworden vor Schreck, und kündet in fieberhafter Verzückung den Stürmern, die sich Sieger glauben, den unaufhaltsamen Triumph des Maschinentums, die über alle Widerstände hinwegbrausende Zeit des erbarmungslosen, alles zerstampfenden, im Technischen erstarrten, die Seele mordenden ›Mechanismus‹, wie Walther Rathenau sie getauft. Einer aber ist unter den Aufständischen, der so ohnmächtiger Zornestat wehren wollte: Jimmy Cobbet. Das ist die immer wiederkehrende Gestalt Tollers, die das Werk der Befreiung vor roher und dumpfer Gewaltaktion behüten, es zur Begründung eines helleren, neueren Daseins, eines Reiches der Brüderlichkeit und Menschengüte, einer neuen Gesittung machen möchte – und die jedesmal scheitert, wie Toller einst selbst scheiterte, als er die Münchner ›zweite Revolution‹ heraufbeschwor und sie zu seinem Entsetzen in Blut und Wust und Gewalttat stürzen sah. Jimmy Cobbet hat seine Genossen gewarnt. Er versuchte, ihnen den geistigen Sinn der Maschine und den Quell der Befreiung zu deuten, der trotz ihrer Furchtbarkeit dereinst auch für die Arbeiterschaft daraus entspringen könnte. Er weist den Weg: das Maschinentum durch es selbst zu überwinden,

seine Herrschaft durch eine heilige Gemeinschaft werktätiger, schaffender Arbeit zu verklären und dadurch seinen finsteren Mechanismus zu beseelen. Nun tadelt er die Übereiligen – und wird von ihnen erschlagen. »Was habt ihr gemacht?« ruft ein irrer Greis, der shakespearisierend durch das Stück taumelt. »Einen Mann habt ihr getötet, der für euer Bestes kämpfen wollte. Einen, der Mutter und Bruder und eine bequeme Pfründe verließ, um für euch zu arbeiten.« Da tönte es von den Bänken des Riesenhauses: »Rathenau!« Aber der Rufer wußte vielleicht gar nicht, wie sehr nicht nur äußerlich, in Anknüpfung an jenen Satz, sondern auch im tieferen Sinne sein Ruf zutraf. Denn Jimmys Arbeiterethos ist wie eine Paraphrase zu Walter Rathenaus Gedankensystem. Sonderbarer Zufall, daß sich dies alles so zusammenballte!
Die Aufführung bot ein seltenes Beispiel der Hingabe an ein Dichterwerk. Martin, der gerade vorm Jahre an derselben Stelle Hauptmanns schlesische Webertragödie zu neuem Leben weckte, bringt auch die zerlumpten Weber von Nottingham zu erschütterndem Leben. Das gelingt um so eher, als die stilisierende Art Tollers dem Arenatheater entgegenkommt – es ist einer der wenigen Fälle, welche die Berechtigung und Mission des Großen Schauspielhauses erweisen. Dieterle gibt mit überzeugender Männlichkeit den Jimmy Cobbet. Wallauer ist sein Antipode, der Fabrikant; einfach, ohne übertreibende Striche. Beide treten sich schon im Vorspiel gegenüber, das die historische Sitzung des englischen Parlaments über die Kinderarbeit in den Maschinenfabriken knapp umreißt. Hier ist Wallauer der Lord Castlereagh, der Wortführer der kaufmännisch kalkulierenden Majorität, Dieterle Lord Byron, der als einziger der Menschlichkeit Stimme leiht. Für die jüngeren Schauspieler des Deutschen Theaters war es ein Ehrentag. Gerhard Ritter, der Ned Lud – Loni Duval, sein robustes, aufrührerisches Weib – Hans Rodenberg, der verräterische John – Esther Hagan, seine blonde Frau, die ihre Schönheit in doppelten Jammer wirft – Paul Günther, der Ingenieur – und andere mit ihnen: eine ganze Folge charakteristischer Figuren. Martins anfeuernde Regiekunst zeigte sich rühmlich. Alexander Granach gibt, mit rührender phantastischer Einfühlung, den närrischen Alten, den armseligen Gottsucher, der das letzte Wort hat, das wie eine Frage, eine Klage und Anklage über dieses Trauerspiel von menschlicher Sehnsucht und Ohnmacht hinklingt.

Artur Michel, Vossische Zeitung, Berlin, 13. 7. 1922

Die Uraufführung der ›Maschinenstürmer‹, des neuen Dramas von Ernst Toller, geriet in den Aufruhr der politischen Leidenschaft. Das Große Schauspielhaus wurde zur Volksversammlung, in der die Parteien zu den Reden und Debatten des Stücks mit Beifallstoben und Zischen Stellung nahmen. In der Pause erinnerten sich wenigstens einige des Autors, feierten ihn oder verwünschten die Regierung, die ihn eingesperrt hatte. Ganze Gruppen aber beschäftigten sich mit den Tagesereignissen und stimmten in Rufe ein, wie: »Nieder die Mörderzentrale!« Der Endbeifall drang zögernd vor und prasselte erst los, als Karl-Heinz Martin, der Spielleiter, vorgetreten war und die Begeisterung des Publikums dem Dichter zu übermitteln versprach.
Von außen gesehen, hat Toller ein zweites ›Weber‹-Drama geschrieben. Aber

bei Hauptmann treibt die Verzweiflung ein verhungerndes Volk zu Aufruhr und Zerstörung; die Hilflosigkeit dieser Masse ist ihre Tragik. Bei Toller tritt ein vom Elend in Massenwahnsinn gestürztes, von allen Greueln der Hemmungslosigkeit verwüstetes Proletariat als ›Held‹ des Dramas auf. Sein Verlangen nach menschenwürdigen Verhältnissen richtet seine Stoßkraft nicht gegen die Personen der Fabrikherren, sondern gegen den Feind, den es als den schlimmsten Vernichter fürchtet, die Dampfmaschine. Sie hat in der Phantasie der seelisch ausgemergelten Proletarier sich zu einem Dämon, zum Teufel, zu Gott selbst gesteigert, und der Kampf gegen dieses mythische Ungeheuer ist es, wohin das Drama drängt (Tollers Stoff ist der Aufstand jener englischen Weber, die vor hundert Jahren mit ihrem Blut den Webstuhl gegen die Webemaschine, das Handwerk gegen den Handgriff verteidigten).

Aber den Stoff fand nicht ein Dramatiker, sondern ein Ideolog, ein Apostel, ein Agitator. Der Gegensatz Werkvolk – Maschine bleibt eine Folge von Bühnenbildern. Die dumpfgereizte Masse der Streikenden, daherziehend, den Webermarsch singend. Die Männer, heimlich versammelt, die Maschine verfluchend. Der Zug der zerlumpten Weiber vor die Villa des Fabrikanten und ihr Heulen: »Nieder die Maschinen!« Ihr wildes Eindringen bei den Männern mit den Broten aus den geplünderten Läden und ihr Schrei nach Taten. Der Sturm des rasenden Haufens gegen die Maschine, ihre Zertrümmerung und die Einschließung der Aufrührer durch das Militär.

Diese Bühnenbilder sind Anlaß, Mittel und Unterbrechung einer einzigen, großen Propagandarede. Jimmy, der Webersohn, hält sie. Er predigt Abkehr vom Kampf gegen die Maschine, in der er unentrinnbares Schicksal der Arbeiter sieht. Er predigt Geduld und Gewaltlosigkeit als die Wege zu seinem Ideal der »Weltgemeinschaft allen Werkvolkes«, verlegt so den Schwerpunkt des Stückes in den Streit über die Frage: Maschinensturm oder nicht? Revolution oder Evolution? und wird schließlich von dem Werkvolk ermordet. Er tritt auch vor den Fabrikherrn, um, wie weiland Posa ein Abgeordneter der Menschheit, das Ideal des kommenden, vom Klassengegensatz erlösten Zeiten zu predigen.

Was Toller dichten wollte, war vielleicht die Tragödie des stadtgebundenen Proletariats. Es wachsen, so wird am Schluß »visionär« verkündet, mit der Maschine »die steinernen Wüsten, die kindermordenden«. Zustande gekommen aber ist ein historisch-mystisch verkleidetes Tendenzdrama, in einer Sprache, die modernes Parteibroschürendeutsch mit Hilfe von Schiller, Wagner, Georg Kaiser und Werfel zu stilisieren und zu steigern sucht.

Mit der Ideologie des Werks ist der stoffliche Inhalt dramatisch nicht zusammengewachsen. Einzelgestalten wie Masse sind nicht nach dramatischer, sondern nach ideeller Zweckmäßigkeit geformt. Auch der Dämon Maschine, die dichterische Kernvorstellung, ist Idee geblieben, nicht Gestalt geworden. Nichts dagegen ist in den Kampf gegen die Maschine von jenem religiösen, urchristlichen Element hineingeflossen, das dem Ludditenaufstand historisch innewohnte; nur in einer Nebenstimme wird es verzerrt wach, in dem Stammeln eines eschatologisch gestimmten Greises, der freilich dem alten Hilse aus den ›Webern‹ nahe genug steht. Kein dramatischer Strom trägt und tränkt dieses Werk. Nur gelegentlich ballen sich Rhetorik und Sentimentalität zu gewaltsamen Ausbrüchen und Zusammenstößen zusammen.

Karl-Heinz Martin übersetzte den rhetorisch-demagogischen Charakter des

Stücks, noch über die Ansprüche des Großen Schauspielhauses hinaus, ins Opernhaft-Theatralische. Er ließ aus der Tiefe, die Arena hinauf, den Arbeiterzug schweigend-langsam nach der Bühne sich vorschieben, als gelte es eine Demonstration zum Schutze der Republik. Dort warfen sie zur Deklamation der Führer die Arme und Stimmen im Reinhardtschen Takt empor und sangen bald gellend, bald flüsternd ihr Weberlied. Von dort verteilten sie sich singend, verklingend, wie ein Opernchor, nach den Seiten. Von dort stürmten sie nach der Hinterbühne, um die himmelragende Dampfmaschine zu zertrümmern. Den stoßend-stöhnenden Marschrhythmus des Weberliedes benutzte Martin zugleich als Refrain zur Gliederung. Außer dem stramm eingedrillten allgemeinen Stimmaufwand ist an der Darstellung im einzelnen wenig Besonderes zu rühmen. Nur Alexander Granach, mächtig wachsend, schuf als jener Narr in Gott eine persönlich starke Leistung.

Hugo von Hofmannsthal Das Salzburger Große Welttheater

Uraufführung: Festspiele Salzburg, Kollegienkirche, 12. August 1922
Regie Max Reinhardt

Max Reinhardt, immer auf der Suche nach neuen Schauplätzen für seine Inszenierungen, hatte seit langem den Plan, in einem Kirchenraum zu inszenieren und so die ›christliche Schaustellung‹, die er mit ›Mirakel‹ und ›Jedermann‹ in Berlin begonnen hatte, in die Kirche hineinzutragen. Da sich die Absicht, ein Weihnachtsspiel zu inszenieren, nicht verwirklichen ließ, verband er seine Neigung, Calderóns ›Großes Welttheater‹ zu inszenieren, mit jener. Er gewann Hofmannsthal für eine Neufassung des Calderónschen Textes. Hofmannsthal hatte nach der Salzburger Aufführung des ›Jedermann‹ 1920 erlebt, wie stark hier das ländliche und landstädtische Publikum von seinem Text beeindruckt wurde. Er erkannte daran, daß hier noch eine traditionelle Verbindung zum alten Volkstheater bestand, die in der Großstadt schon verloren, hier aber für ein Spiel noch zu nutzen war, das für den noch landstädtischen Ort Salzburg eingerichtet wurde. Das führte »zu dem zweiten Versuch: jenem alten traditionellen Stoff: das Welttheater, auf welchem die Menschen vor Gott ihr Lebensspiel aufführen, einen neuen Gehalt zu geben, worin der Zeitgeist zum Ausdruck käme, ohne von dem volksmäßigen, in sinnfälligen Bildern sich auswirkenden Stil abzugehen. Dem so entstandenen Spiel für immer den Namen des ›Salzburger Welttheaters‹ beizulegen, war eine Regung der Dankbarkeit für das durch ein Zusammentreffen unschätzbarer Umstände hier erfahrene Gute« (Hofmannsthal, ›Das Salzburger Große Welttheater‹). – Das Stück entstand in enger Zusammenarbeit mit Max Reinhardt. Hermann Bahr vermittelte die Zustimmung des Erzbischofs für das Spiel in der Kollegienkirche Fischer von Erlachs. Einige Rollen wurden gemäß der Hofmannsthalschen Intention mit Volksschauspielern besetzt (Pflanzl und Anton Meth), die zwischen Salzburg und Reichenhall bekannt waren. Reinhardt inszenierte in der Kirche sehr zurückhaltend und verstärkte die dramatischen Akzente und die Realistik der Figuren erst, als er das Stück 1925 auf die mit einer gotisch strengen Fassade versehene Mysterienbühne im Salzburger Festspielhaus übertrug. (Es wurde 1925 dort zusammen mit Vollmöllers ›Mirakel‹ gespielt.)

Raoul Auernheimer, Neue Freie Presse, Wien, 17. 8. 1922

Max Reinhardt wäre nicht der große Bühnenmeister, der er ist, wenn er nicht dasjenige im höchsten Ausmaße besäße, was dem alten Fontane nach einem berühmten Wort so gänzlich fehlte: der Sinn für Feierlichkeit. Dieser Sinn für Feierlichkeit, das brennende Verlangen, den Zustand des Theaters über die Sphäre der Gewöhnlichkeit hinaus zu erhöhen [...] trieb ihn, vor Jahren schon, aus unserem regelmäßigen, ach! nur zu regelmäßigen Schauspielhäusern in den Zirkus und ließ ihn später ins Große Schauspielhaus, noch später nach Salzburg flüchten, wo er vor zwei Jahren in seiner sommerlichen ›Jedermann‹-Aufführung auf dem Domplatz Wirkungen in der Breite und Tiefe erzielte, die tatsächlich dem antiken Theater des Dionysos in Athen einen festlichen Augenblick lang gleichzukommen schienen. Wie jenes an den Olymp, die griechische Götterwelt, den antiken Mythos geknüpft war, so verband und verschwisterte sich auch jener Salzburger ›Jedermann‹ mit der Religion. Aber in dem ›Großen Welttheater‹, diesem anderen, kunstvoller gebauten und – um dies vorwegzunehmen – auch dramatisch bewegteren ›Jedermann‹ ging Reinhardt und mit ihm Hofmannsthal noch einen Schritt weiter. Er machte nicht an den Kirchenstufen halt, sondern überschritt die Schwelle, die den Bereich der Frommen von den Tummelplätzen verirrter Seelen scheidet. ›Das Salzburger Große Welttheater‹ wird nicht, wie der ›Jedermann‹, *vor* der Kirche, sondern in der Kirche, der Salzburger Kollegienkirche, an den Stufen des Altares aufgeführt. Ist das erlaubt? fragen viele. [...]
Hofmannsthals [...] Belesenheit hat ihn in Berührung mit einem herrlichen Stoff gebracht, dessen wunderbare Möglichkeiten den aufs Wunderbare gerichteten Wünschen Max Reinhardts auf halbem Weg entgegenkamen. So entstand aus einer äußeren und inneren Anregung das ›Große Welttheater‹, dessen Grundgedanke – oder, mit Hofmannsthal zu reden, dessen, »das ganze tragende Metapher« – dem gleichnamigen Calderónschen Werk entlehnt ist. Diese tragende Metapher ist, volkstümlich ausgedrückt, die dem Österreicher geläufige Erkenntnis: daß »die Welt Theater ist«. [...] Beide Dichter gehen dabei von einem sinnreichen Einfall aus [...]: Gott der Herr verlangt nach einer theatralischen Unterhaltung. Er läßt sich die ›Welt‹ kommen und beauftragt diese Dame, [...] ein seiner würdiges Schauspiel zu veranstalten. Die Welt ruft die Seelen auf und teilt einer jeden ihre Rolle zu: die eine ist der König, eine andere der Bettler, die wird die Schönheit spielen, jene die Weisheit, der Landmann fehlt nicht in dem sinnig verflochtenen Reigen, aus dem unversehens ein Totentanz wird, da sich der Tod hineinmischt und die einzelnen Darsteller von der Bühne abberuft. Jeder muß nun das Kleid, das ihm die kleiderreiche Welt aus ihren Schätzen geliehen hat, zurückerstatten und wird nun je nach Verdienst an »den Tisch des Herrn« gerufen. Aber nicht die irdische Rangordnung bestimmt die Berufung, und nicht die Rolle, sondern lediglich die Art, wie man sie gespielt hat, entscheidet. Auch diesen ›moralischen‹ Grundgedanken, der mit dem Stoff gegeben ist, hat Hofmannsthal sich

zu eigen gemacht. Im übrigen geht er durchaus seine eigenen dichterischen Wege, die weit über den älteren Dichter hinausführen. [...] Am deutlichsten wird dies in der Figur des Bettlers, die bei Hofmannsthal nicht nur ein ungleich milderes und unheimlicheres Gesicht bekommt, sondern auch eine andere dramatische Gebärde.

Calderóns Bettler bettelt, Hofmannsthals Bettler aber bettelt nicht mehr, er verschmäht die Gabe, und das ist der Punkt, wo der Bettler anfängt, fürchterlich zu werden. Die Gestalt ist bei Hofmannsthal aus dem ungeheuren Erlebnis der letzten Jahre gebildet, sein Bettler ist, um es mit einem Wort zu sagen, der Kommunismus. Der König und der Bauer, der Reiche und die Schönheit bilden zusammen mit der abseits stehenden Weisheit eine im ganzen zufriedene Gesellschaft. Da tritt er, in Hadern gehüllt, ein richtiger Haderlump im Wortsinne, unter sie und bedroht das von den herrschenden Gewalten zusammengeschmiedete Reich, das »wie ein Ring gerundet«, mit der schrecklichsten Klage und Anklage. Er kommt von der Grenze, wo er mit den Seinigen friedlich gehaust hat, bis ihm der Krieg die Frau, die nachfolgende Seuche seine Kinder eines nach dem andern geraubt und ihn zu einem armen Abbrandeler, Hungerleider und Bettelstrolch gemacht hat. Warum gerade ihn und nicht seine reicheren Nachbarn, die, dank ihrem Reichtum, ein Pferd oder eine andere Möglichkeit sich zu retten besaßen? Der König lehnt die Verantwortung ab. [...]

Der Bettler ist mit der bestehenden Ordnung nichts weniger als zufrieden, er wünscht einen neuen ›Weltstand‹ herbei und schickt sich an, seinen Wunsch auf grauenhafte Art zu verwirklichen, indem er, mit der dem Bauern entrissenen Axt, die ganze Gesellschaft tätlich bedroht, da sie ihm auf die Frage aller Fragen: Warum dies so sein müsse? die Antwort schuldig bleibt. [...]

Vergleicht man die manierliche Sprache [Calderóns] mit den Versen Hofmannsthals, die ins Blut schneiden, so gewinnt man einen Maßstab dafür, um wieviel der neuere Dichter den älteren im gegebenen Falle überragt. Freilich, eine restlos befriedigende Antwort vermag auch Hofmannsthal uns nicht zu geben, zumindest keine, die den Verstand befriedigt. Der dramatisch herausgearbeitete Gegensatz zwischen reich und arm, man kann auch sagen zwischen Kapitalismus und Sozialismus, mündet bei ihm in ein sogenanntes ›Streitgespräch‹, eine uralte und urdeutsche dramatische Form, die das jedem Drama innewohnende Element der dialektischen Auseinandersetzung zur Kraftquelle der dramatischen Spannung macht.

Der Reiche, der hierbei, ganz wie im Leben, dem König als Fürsprache dient, läßt es an den geistreichsten und verständigsten Argumenten nicht fehlen, aber das verstockte Schweigen, das der vom Schicksal ausgeraubte Bettler ihnen entgegensetzt, macht sie doch schließlich alle zunichte, und auch die milde Weisheit weiß da keinen Rat. Ja, sie beendet ihrerseits gar nicht milde, eher hart, die Diskussion, indem sie auf die bohrende Hilfe mit einem Blick nach oben erwidert:

> ... Trotzigem Warum
> Bleibt der saphirene Gerichtshof stumm.

Das ist herrlich ausgedrückt und überdies wahr. Trotzdem werden viele finden, daß die soziale Frage mit dieser ausweichenden Antwort nicht gelöst ist – werden es mit vollem Rechte finden. Indessen ist es nicht die Aufgabe des

Dichters und kann seine Aufgabe nicht sein, die ewigen Probleme zu lösen. Es genügt, wenn er sie in Schönheit aufzulösen vermag. Das tut Hofmannsthal und er tut noch mehr. Indem die Handlung in Versen von beglückender Schönheit weiterschreitet, – es sind welche darunter, die den Diamantglanz euripideischer und sophokleischer Sentenzen an der Stirne tragen, und andere, die voll köstlicher Weisheit sind, wie die des reifen Grillparzer – entwickelt sie sich doch auch einer versöhnlichen Lösung entgegen, allerdings nur für jene, die da glauben, der Bettler, der schon die Axt gegen die Weisheit schwingt [...] sieht ein, daß, was er tun will, keinen neuen Wohlstand begründen, sondern höchstens den vorhandenen auf den Kopf stellen würde, wodurch kein wesentlicher Fortschritt erzielt würde, denn auch dann wieder säße »Hans Wurst zu Thron«. Der neue Wohlstand kann nur innerlich begründet werden, indem ein jeder seine Pflicht tut – auch der Reiche –, und zu dieser Erkenntnis dringt sich der Bettler, die Hauptfigur in Hofmannsthals weltlichem Passionsspiel, schließlich durch. Er nimmt die Axt und geht in den Wald – Holz fällen. Alles übrige bringt die Zeit und ihr großer Helfer, der Tod, in Ordnung. Er steht, als Spielwart, die ganze Zeit hinter und über dem Spiele, bis er, in einem gegebenen Augenblick, auf die Bühne springt und die plötzlich gealterten Spieler einen nach dem andern abberuft. Jeder geht ungern, nur der Bettler meldet sich freiwillig, und so ist er, da er sich die Todesangst erspart, nun doch auch auf eine irdische Weise für alle Benachteiligungen des Lebens nachträglich belohnt. Er stirbt am leichtesten, während der Reiche um keinen Preis von der Bühne will und sich mit Händen und Füßen sträubt. Auch wird der Bettler nach Beendigung des Spiels von dem Engel als erster an den Tisch des Herrn geladen, der überhebliche Reiche aber bleibt verstoßen, und nur der Fürbitte der frommen Weisheit (die eigentlich die gute ist) verdankt er, daß er nicht ganz hoffnungslos verstoßen und sozusagen mit Wartegebühr für die Hölle beurlaubt wird. Hofmannsthals tiefsinniges Spiel, dessen größter Vorzug es ist, daß es der Zeit beherzt zu Leibe rückt, endigt, wie man sieht, auch in diesem Punkte sehr zeitgemäß. [...]
Ein weltliches Passionsspiel – faßt man die von Einar Nilson musikalisch untermalte Dichtung in diesem ihr innerlich wie äußerlich vorgeschriebenen Sinne auf, so ergibt sich mit der Zulässigkeit des Schauplatzes auch die Möglichkeit einer Inszenierung mit Reinhardtschen Mitteln. Reinhardt macht von ihr den schönsten und wie es seiner Art entspricht auch den reichsten Gebrauch. Er bettet das Gedicht zwischen üppige Aufzüge und Gesänge, die zumal den frommen Schluß ins Frömmliche abzubiegen drohen. Auch der Anfang entwickelt sich infolge einer gewissen Überladenheit mit Musik und anderen Zutaten, die die Dichtung nicht zu Wort kommen lassen, nur allzu schwerflüssig. Außerordentlich gelungen ist jedoch, auch an hohen Reinhardtschen Maßstäben gemessen, das Mittelstück, das Moissis Bettler schauspielerisch beherrscht. Schon in der ersten Szene, in der sich die noch ungeborene Seele weigert, die ihr zugedachte traurige Rolle zu übernehmen, wozu sie der Engel mit wunderbaren Worten – »Schmiege dich in das Kleid, das dir zugeteilt ist« – schließlich überredet, ist der Künstler auf seiner Höhe. In den folgenden wächst er bedeutend über sich hinaus. Man kann die äußerste mögliche Herabgekommenheit eines Menschen nicht wahrer, die Auflehnung nicht blutiger, die schließliche Läuterung nicht überzeugender malen, als es Moissi in den verschiedenen Phasen seiner Rolle tut, die geschaffen zu haben freilich des

Dichters großes Verdienst bleibt. Den himmlischen Gegenspieler des Bettlers, den das verworrene Spiel aus reiner Höhe überblickenden Engel, gab Else Wohlgemuth in edelster Haltung und mit einer am Geiste des Burgtheaters ausgebildeten, geläuterten Sprachkunst, die am Ende nichts anderes ist als der sonore Ausdruck innerer Vornehmheit und seelischen Adels. Helene Thimigs nervige Zartheit gipfelte in dem zum Himmel steigenden Stoßgebet, das den Bettler umstimmt, man hatte, wenn Helene Thimig den Mund auftat, den Eindruck, ein Bild von Holbein reden zu hören. Auch die michangeleske Gebärde der Frau Bahr-Mildenburg kam dem Spiel in jedem Augenblick zustatten. Frau Bahr-Mildenburg gibt die Welt – die böse Welt zuweilen, immer aber die große Welt – nicht gerade liebenswürdig, aber durchaus dämonisch, Luis Rainer den Tod durchaus gespenstisch.

Es ist diesmal kein deutscher Tod wie im ›Jedermann‹, sondern einer, der in spanischer Kavalierstracht auftritt und der seine Opfer mit eleganter Grausamkeit fällt. Übrigens versteht es der Künstler, seine traurige Aufgabe auf die geistreichste Art zu variieren. Die ›Schönheit‹ – von Sybille Binder mit wissender Anmut ungemein reizend dargestellt – küßt er auf den Mund, den ›Reichen‹ – von Raoul Aslan meisterlich im besten Burgtheaterton gesprochen und gespielt – ringt er nieder, den ›Bauer‹ – Anton Meth war in dieser humoristischen Rolle von bezwingender Echtheit – schlägt er aufs Herz. Alle zusammen aber läßt er zum Tanz antreten, den er, mit zwei weißen Knöchelchen schauerlich den Takt angebend, und seine schwarzen Spinnenbeine grausig schlenkernd, als Vortänzer anführt. In dieser Einlage erreicht die bildhafte Wirkung der Vorstellung ihren Höhepunkt, an der mitgewirkt zu haben allen zur Ehre gereicht. [...] So wunderbar auch der von Reinhardt gewählte Schauplatz zu ihr paßt, so ist sie doch keineswegs auf diesen angewiesen. Sie wird ihren menschlichen und sittlichen Gehalt auch auf jedem anderen bewähren, und aus jedem Theater eine Kirche machen.

Alfred Polgar

Max Reinhardt schlägt gerne in der Kirche seine Bühne auf. Er sucht das Dekorative dort, wo es organisch wächst. Kirche ist ihm sozusagen: Naturtheater. Das Festliche, Feierliche, Entrückte versteht sich in ihr von selbst. Der Spielleiter kann sich ›die Atmosphäre‹ sparen: sie ist da. Ohne ihn, für ihn. Hofmannsthals ›Großem Welttheater‹ gibt die Salzburger Kollegienkirche Quartier. Den Niedersitzenden greift die kühle Weite, die hallende Dämmerigkeit des Raums: er fühlt sich seiner Einzelschaft entledigt. Er wird, schon dadurch, daß er da ist, Teil einer Gemeinde. Die barocke Pracht der Chöre und Altäre, die aus Halbdunkel uns Dunkel der hohen Wölbung droben aufschwebenden Skulpturen, Würde und Harmonie des Raums »stimmen jede Nerve« wenn auch nicht zur Andacht, so doch zur Bereitschaft für Andächtiges. Hebt das Spiel an, so sitzt eine wenn auch nicht sterilisierte, so doch gedämpfte Zuschauergemeinde da.

Die in den Chor (von Alfred Roller) eingebaute Bühne ist ein schlichtes, rot verkleidetes Podium. Über diesem, ein paar Stufen erhöht, das zweite Podium; Vorhänge schließen seinen Hintergrund ab. Sie teilen sich, um die Engel und den Engel-Sprecher herauszulassen. Daß die himmlischen Boten wie-

der verschwinden, sich umdrehen oder, tastend, rückwärts schreiten müssen, stört ein wenig. Es wäre vielleicht schöner gewesen, sie einfach in der Öffnung des auseinanderschwebenden Tuchs erscheinen und über den Erscheinungen die Vorhänge wieder niedergleiten zu lassen.
Für nötige Verhüllung des Hintergrunds sorgen rote Paravents, rechts und links zur Bühnenmitte gezogen. Es ist ein Notbehelf. Von zwei hohen Galerien – später Standort der ins Spiel zwischenrufenden Engel – fluten rote Teppiche herab zum Kirchenboden. Das Dom-Innere wahrt gegenüber diesem Gerüst und diesem Rot seine Distanz. Es duldet kühl, ohne mitzutun. Es hat zu dem, was sich da in seine Bogen eingenistet hat, so wenig Beziehung wie zu dem Schwalbennest in seinen Giebel-Ecken.
Als Stil der Darstellung hat Reinhardt den eines mechanischen Spielwerks gewählt. Die Figuren (des eigentlichen Welttheaters) stehen steif in halbkreisförmig aufgestellten Nischen (geformt und bemalt nach dem Geschmack bäurischen Zierrats); wenn sie sich bewegen, tun sie's mit dem sakkadierten Schritt aufgezogener Automaten. Alle Gebärden sind auf eine einfachste Formel gebracht. Dieses Stilgesetz wird durchbrochen, wenn die Schauspieler in dramatische Hitze kommen, es ist dann, als ob das Uhrwerk, das ihren Schritt und ihre Geste regelt, ins Laufen geriete.
An den Kostümen dürfte kein Künstler mitgeschneidert haben. Geruch der österreichischen Valuta hängt an diesen Kleidern. Prunkvoll tritt ›die Welt‹ auf, barbarisch angetan wie die Patronin eines östlichen Freudenhauses; oder auch wie die große babylonische Hure. Aber so ist sie wahrscheinlich, die Welt. Sehr apart, nach des Dichters Vorschrift, geht der Tod einher: Prinz Hamlet mit einem weißen Hut auf dem Totenschädel. Er bleibt, ein kräftiges Symbol, während des ganzen Spiels auf erhöhtem Platz anwesend. Über der Situation, ihr Herr. Er ist es, der auch dem Auftritt der Figuren, ihrem Ins-Leben-Treten, das Zeichen gibt, mit einem Glöckchen. Der Einfall hat seine Grazie: Tod als Starter. In seine Gasse kommt ja auch alles Lebende mit der ersten Sekunde Lebens.
Bemerkenswert ist der spanische Tritt, der diesem eleganten, pretiösen Tod eignet. Er geht Hohe Schule. Eine glänzende Schaunummer: der Totentanz, der die Figuren durcheinanderwirbelt. Sausend schnurrt das Uhrwerk ab! Der Schluß des Werkes wollte dem Regisseur nicht reicher geraten als dem Dichter. »Bereitet euch auf ungeheures Licht!« ruft der Engel den emporwandelnden Seligen zu, weiß und weißer glänzt der Hochaltar, rechts und links von ihm senken sich mit gelben Lämpchen besteckte Lüster nieder. Es wirkt nicht gerade celest. Die Schauspieler nehmen »ungeheures Licht« materiell: sie schützen mit der Hand das geblendete Auge. Sehr sonderbar muten, geschauspielert in der Kirche, die liturgischen Worte an, der ortszuständige Text. Wie ein Gesicht, das sich selbst als Larve trägt. Wie wenn die Unkomödie Komödie spielte.
Moissi als Bettler ist die große Nummer des ›Welttheaters‹. Kraft und Manier geben seinem Spiel die starke persönliche Note, sein Aufruhr ist wild, sein Schmerz schneidet messerscharf. Nach der Wandlung interessiert ihn die Rolle, mit Recht, nicht mehr. Die Einkehr in sich vollzieht er – Befehl ist Befehl – gehorsamst, ohne, gleich uns, zu wissen warum. Immerhin bewährt sich Moissis Kunst, Seele zu sprechen, auch in den unbeseelten Augenblicken seines Spiels, und sogar das Öl tropft musikalisch von dieser Lippe. Rainer

macht den Tod. Man kann nicht graziöser unheimlich sein. ›Die Welt‹ der Frau Mildenburg hat Format und Aussehen der Klytämnestra. Ein Einschlag von Gemütlichkeit entgiftet die Dämonie der Figur. ›Weisheit‹: Frau Helene Thimig. Ihre Rede ist Wort gewordener seelenvoller Augenaufschlag. Wortaufschlag sozusagen. Ihre schöne Sanftmut wandelt hart an der Grenze des Larmoyanten. Ich glaube: begrenzte, bürgerlich-konkrete Schicksale liegen ihr besser als Symbole und Gestalten, deren Linien im Abstrakten verschwimmen. Des Spielleiters Theater-Atem hat die Schemen-Dichtung kräftig aufgeblasen. Es ist schon bewundernswert, wie Reinhardt Gottesdienst spielt und Theater zelebriert, daß die Grenzen beider ineinanderfließen! Gewollte Schlichtheit und literarische Tiefen-Absicht weigern sich allerdings, zu diffundieren. Auf der Bühne wie im Buch. Ungerufen von ›der Welt‹, von ›Widersacher‹ und ›Vorwitz‹ nicht bemerkt, mischt sich als stumme Figur die Langeweile ins Spiel. Reinhardt dürfte sie bemerkt, aber für eine dem Dichter attachierte und also leider nicht wegzuweisende Person gehalten haben.

Ein paar Kilometer von dem glühenden Salzburg ist See, Berg, Waldeinsamkeit. Ohne Aufwand und Zwang wird dem Zuschauer Erbauung, Friede, Versöhnung mit dem Leben, mit dem Tod. Von jeder Bergspitze predigen die Engel, Schönheit und Weisheit sind eins, und so »ungeheures Licht« stürzt gnadenvoll hernieder, daß man eine grüne Brille aufsetzen muß.

Frank Wedekind   Simson
Deutsches Theater Berlin, 26. September 1922, Regie Richard Revy

Frank Wedekind   Hidalla
Staatliches Schauspielhaus Berlin, 8. Dezember 1922, Regie Karl-Heinz Martin

Die Veränderung, die Jeßners Inszenierung von Wedekinds ›Marquis von Keith‹ (s. 1920) für den Wedekindstil bedeutet hat, war an diesen beiden Aufführungen abzulesen. Beide waren ohne jene Aufführung nicht zu denken, beide Regisseure suchten die Stücke durch groteske Verschärfung neu zu fassen. Revy trieb im ›Simson‹ den »Orgiasmus und die tragische Groteske stärker heraus, als es vordem geschah«, Martin versuchte ›Hidalla‹ »hinaufzutreiben in Expression und Exaltation« (Paul Wiegler). Beide, vor allem Karl-Heinz Martin, demonstrierten aber auch schon die Grenzen dieses Stils, der nicht endgültig war, aber noch in der Über-Treibung darstellte, welche Grundlage Wedekind für den szenischen Expressionismus gegeben hat. Beide in Berlin rivalisierenden Theater stellten noch einmal ihre expressiven Schauspieler heraus: das Deutsche Theater Agnes Straub und Heinrich George, das Staatstheater Fritz Kortner und (die aus Frankfurt neu verpflichtete) Gerda Müller. Beide Inszenierungen lebten von der elementaren Kraft ihrer Schauspieler. Der Dialog zwischen den beiden wichtigsten Berliner Theatern hielt damit auch nach Reinhardts Weggang unter der neuen Direktion Felix Hollaenders an. Auf die Shakespeare-Abende bei Jeßner (›Macbeth‹, 10. 11. 22) folgten solche im Deutschen Theater (›Richard II.‹, Regie Berthold Viertel, 14. 11. 1922), auf ›Genoveva‹ (Staatstheater, Regie Ludwig Berger, 10. 3. 1922), Hebbels ›Judith‹ (Deutsches Theater, Regie Berthold Viertel, 11. 3. 1922, mit Agnes Straub und Heinrich George). – Paul Fechter, der sich als Kritiker gegen den fortreißenden Zeit-Stil stellte und mehr auf das Gefüge der Dichtungen achtet, notierte nach ›Hidalla‹: »Der Stil des Theaters für Wedekind ist immer noch nicht gefunden.. [...] Vielleicht sollte man es ruhig einmal von der Schmiere her versuchen [...]« (›Deutsche Allgemeine Zeitung‹, 9. 12. 1922).

Frank Wedekind ›Simson‹

Emil Faktor, Berliner Börsen-Courier 27. 9. 1922

Man hat für Frank Wedekinds sinnreiche, eine Stück Mythos wundersam abrollende, rhythmisch gehobene ›Simson‹-Tragödie schon immer etwas übrig gehabt. Zum dritten Male (in ganz verschiedenen Zeitläuften) mußte sich das trotz mancherlei Wedekind-Exzesse seltsam runde Werk gegen unbegründeten Widerspruch durchkämpfen. Auch gestern wieder sah es momentweise so aus, als ob ein Teil der Zuschauer störrisch würde. [...]
Bleibt nur die Frage übrig, ob die (vom Beifall zurückgeschlagenen) Zeichen des Mißfallens dem Umstande galten, daß die Schauspielkunst dieses Abends in neue, aus Phantasiequellen schöpfende Bezirke vorstieß. Agnes Straub, die Delila der denkwürdigen Vorstellung, übertraf sich an kühnen Formungen der ihr in Klang, Bewegung und Idee einheitlich vorschwebenden Gestalt. Der Simsonspieler George gab, seitdem er in Berlin auftritt, seine geschlossenste, von Absichtlichkeit freieste Leistung.
Dazu kam eine [...] sehr gekonnte Regie des hier glückhaften Spielleiters Richard Revy [...] farbig, witzhaft, wedekindisch, doppelköpfig [...] lauter Gründe also für zwei Dutzend Zuschauer, um einen Ehrenabend der Kunst flau zu machen. Es gelang nicht. Die Begeisterung verfügte über stärkere Truppenmassen. Selbst der Kritiker fühlte sich gegen sonstige Gewohnheit veranlaßt, Handflächen gegeneinander zu schlagen. Aus Freude, wieder einmal Höhenluft zu atmen [...].
Die Direktion Felix Hollaender beginnt ihr *eigenes* Gesicht zu bekommen. [...] Man schaffte und gestaltete aus dem Geiste Wedekinds. Schade nur, daß der Schlußakt szenisch noch nicht zur Frische und Lebhaftigkeit der vorausgegangenen Aufzüge durchgereift war. Er irritierte durch seine Stockungen die Hauptdarsteller und verleitet sie hie und da zu Übertreibungen. [...]
Agnes Straub reift und wächst, wächst und reift. Über die Mannigfaltigkeit ihres magisch ausgreifenden Wesens ließen sich diesmal ganze Seiten schreiben. Ihre Dalila war interessantes, aus entgegengesetzten Richtungen gespanntes Gegenstück zur Judith, jener schwerblütig opfernden Buhlerin eines Bethulien, während hier das Dirnentum (um seiner selbst willen) ein unheimliches Raffinement an girrenden, schwebenden, kichernd schaukelnden Lustschauern entfaltet. Schon die äußere Erscheinung war eine erotische Farbenorgie. Frau Straubs Dalila ging über Wedekind hinaus ins Mythologische und machte uns das Zeitalter Judäas und Simsons begreiflich. Ihre Dalila ging über den Mythus hinaus und drang im Geheimnistiefen vor, die als die Über-

macht des Weibes anzusprechen wären. Körper und Stimme (wundervoll korrespondierend) lockten, warben, bettelten, betäubten, warfen sich weg, triumphierten, erlagen und ersannen immer neuen Sieg und Niedertracht. Es war das Weib in hundertfacher Variation – voll Symbolik.
Diese symbolische Erhöhung war besonders wirksam in Momenten, die in Realismus abzugleiten schienen. Jede Verneinung, jede animalische Gebärde verschwebte (eben noch naturalistisch haftbar) zur bildhaften Vision. Sie leuchtete von Geist, und Humor durchwärmte sie. Wedekind hätte gejauchzt. (Aber der Schlußakt ist noch nicht zu Ende geknetet. Die Trunkenheit der Dalila ist noch im Banne naturalistischer Nuancen.)
Dieser spannenden Eigenschöpfung eiferte der Simson Heinrich Georges nach. Der Künstler hatte in der phantastischen Wiedergabe der Kraftnatur fast keinen toten Moment. Auch er dichtete zu den Worten Wedekinds mit ungewöhnlich reichem Körperspiel hinzu. Der gesunde Simson strotzte und protzte, der geblendete war unermüdlicher Neubilder der Bewegung. Er dachte sich zehnerlei Eigenarten an Schritt aus. Der Sänger Simson hatte intensiven Atem. Erst im Schlußakt drohten Gefahren der Deklamation.
Gute und beste Arbeit drang im Kleinwerk der Fürstenrollen durch.
Sie waren bizarre Wedekindglossen zum Kapitel ›Philister‹. Und irrten nicht im Raume, sondern gehörten zueinander wie der glitzernde Staubwirbel eines Sonnenstrahls.

Rolf Brandt, Berliner Lokal-Anzeiger 28. 9. 1922

Vor zehn Jahren etwa lernte Berlin Wedekinds seltsam rhythmisch bewegtes Simsondrama kennen. Tilly Wedekind, eine Dalila, wie Wedekind selbst sich solche Rollen gespielt vorstellte. Ein Abend, in dem Zischen mit Beifall rang, eine kleine Theaterschlacht. Wie ist das alles lange her ... [...]
Eine glühende Darstellung hob den Abend hoch über die ›historische‹ Erinnerung. Agnes Straub als Dalila schritt vom ersten Augenblick bis zum Tod in Angst und Taumel auf dem Gang großer Höhen menschenreifer Schauspielkunst. Wie in ihre Liebe zuerst der Haß fällt, wie ihre Erotik mit Helden und Narren spielt, wie in den Augen Wonnen und Höllen leben, das hebt das Unbewußte zur hellen Erkenntnis, reißt mit, wenn der Verstand auch ihr folgen will. Dazu dies äußere Bild toller Blondheit. Die seidenen orientalischen Hosen lassen Hüften und Leib frei; die Brüste scheinen die dünne Seide des schmalen Mieders zu sprengen. Darüber ein freier Kopf in wildem Haargewirr, Augen, die vor nichts schrecken, Stimme, die vom gurrenden Schmeichelton zu stahlhartem Haßgesang übergehen kann.
Heinrich George meisterte den Simson. Stellte den strahlenden jungen, gutmütigen, störrischen Helden zu einem Bild mit dem Gebrochenen, erschütterte in der großen Frage Wedekinds: Warum wurde ich geschaffen? Warum ist die Welt, in der so gelitten wird? Ein paar zu stolze Sentimentalitäten im zweiten Akt vergingen in der großen Figur der Anlage.
Die Regie ließ nur im letzten Akt, da sie das Gelage nicht voll gegen den geblendeten, alten Helden abstimmte, Tempo und Bildkunst vermissen. Richard Revy gab sonst sehr vollen Klang und Zusammenklang. Bühnenbilder, wie der Schluß des ersten Aktes, da Dalila über dem gefesselten Simson das

verräterische: »Philister über dir, Simson!« ruft, sind selten in Berlin, seit Reinhardt ging. Der schwer und stampfend einhergehende zweite Akt im Gefängnis wurde durch diese Regie ein starker Erfolg.
Am Schluß ein rasender Beifall. Ich weiß nicht, ob die Straub oder George zwanzig oder dreißig Mal erscheinen mußte. Zweifellos, sie hatten einen großen, verdienten Sieg für die Schauspielkunst erfochten.

Frank Wedekind ›Hidalla‹

Franz Servaes, Berliner Lokal-Anzeiger 9. 12. 1922

Langsam avanciert jetzt Wedekind [...]. Die Zeiten, wo derlei aufzuführen ein Wagnis war, und wo man es nur tat, wenn der Dichter selbst durch persönliches Auftreten für eine bescheidene Sensation sorgte, diese Zeiten sind vorüber. Es gibt bessere Schauspieler als Wedekind, die seinen Zwergriesen Karl Hetmann mit vieler Wonne spielen – Fritz Kortner ist ein solcher –, und dennoch wird niemand uns je diese Figur so unvergeßlich, so überzeugend, so ins tiefste menschlich vor die Sonne rücken, wie ihr Erdichter es tat, obwohl er, mit Fachaugen betrachtet, vielleicht ein Stümper war.
Wedekind gab etwas, was kaum je ein Schauspieler in dieser Rolle geben wird; einen kindlich naiven, tief von der Wahrheit seiner paradoxen Lehre durchdrungenen, dabei im tiefsten Innern bescheidenen und demütigen Menschen. Wie er die Lehre von der Heiligkeit der Schönheit gegenüber der Moral, von der Pflicht des Sichverschenkens in erotischer Zuchtwahl vortrug, mit leiser, bebender Stimme, fast schüchtern und stockend, aber wundersam durchglüht, das wurde jedem zum Erlebnis. Mochte man diesen Menschen für einen Narren erklären, man *fühlte* mit ihm! Und wenn man sah, wie er ausgebeutet, betrogen, beschimpft, besudelt, eingesperrt und in Selbstmord getrieben wurde, dann weinte das Herz blutige Tränen. Und wenn man ihn mit Liebe beschenkt sah, dann jauchzte man unter wehmütigem Lächeln. Das gab uns Wedekind in dieser Rolle. Das wird uns keiner je wiedergeben.
Einem Kortner liegt derlei schon gar nicht. Kortner kindlich, Kortner naiv? Gut, daß er es nicht einmal versuchte! Aber damit fiel, wenigstens für mich, dieser Gestalt Ergreifendstes und Bannendstes. Kortner arbeitete den Fanatiker heraus. Das liegt ihm, und somit hat er subjektiv recht. Und gewiß ist ja Hetmann auch ein Fanatiker, einer, der für seine Lehre durch dick und dünn geht; der jegliches Opfer für sie bringt; der sich sozusagen für sie kreuzigen läßt. Mit jenem starken Aufwand schauspielerischer Mittel, der diesem Darsteller eignet, und mit der gellenden und grellen Intensität, deren er fähig ist, arbeitete Kortner diese Seite der Figur heraus und erzielte damit starke Wirkung. Folgte man anfangs nur widerstrebend, so vermochte man sich doch allmählich an die Erscheinung dieses japanisch grinsenden Götzen irgendwie zu gewöhnen und ließ sich von besonders starken Momenten, zumal in den späteren Akten, bezwingen.
Die Frau, die als Verkörperung menschlicher Schönheit und Vollkommenheit diesem häßlichen Schönheitsanbeter gegenübersteht und die sich liebend zu ihm hinneigt, dieses eigentümliche Wedekindsche Idealbild hatte Johanna Hofer zu verkörpern. Daß es ihr nicht ganz gelang, darf niemand ihr verdenken:

dies könnte nur Naturgeschenk sein. Aber sie gab, wenigstens manchmal, die leidenschaftlich Ergriffene, die seelisch Geschüttelte und Überwältigte, und wenn sie nicht an anderen Stellen von einer erfröstelnden einstudierten Manieriertheit gewesen wäre, so hätten wir uns gern und willig mit ihr abgefunden. Johanna Hofer gebe acht auf sich, daß sie sich nicht an einen hohlen Stilismus verliere. Es wäre schade um sie.

Ihr Gegenbild im Stück ist die häßliche Berta Launhart – eine sehr schwere Rolle, die man nur der besten Schauspielerin geben darf. Darum wurde sie mit Recht von Gerda Müller gespielt. Dieses große Talent von erstaunlicher Verwandlungsfähigkeit stellte das gedrückte, geduckte, käsig-bleiche Weibswesen mit voller Überzeugungskraft vor uns hin. Ganz groß war der Moment, als knirschende Eifersucht sie zu Boden warf und mit gekrampften Händen die Erde schlagen ließ. Diese Schauspielerin schöpft aus dem Innersten. Aber sie findet dafür auch die äußere Gebärde und Gestalt.
[...]
Die Regie führte Karl-Heinz Martin. Er traf sehr gut den schneidenden Ton Wedekindscher Prägnanz und Ironie, ohne sich in puppenhafte Stilisiertheit zu verlieren. Man spürte überall die Hand des verstehenden Lenkers. [...]

Emil Faktor, Berliner Börsen-Courier 9. 12. 1922

Man könnte, um ein Bild aus dem politischen Leben zu gebrauchen, Wedekinds Thesenstücke als vor dem Forum der Bühne eingebrachte Dringlichkeitsanträge bezeichnen. Sie haben die Hitze, den Nerv, die Tendenz des Aufweckens, auch das häufige Schicksal derartiger Protestformen. Ein solcher Fanatiker der Dringlichkeit ist der Zwergriese Hetmann, der keinen Augenblick länger dulden möchte, daß die menschliche Gesellschaft ihren erotischen Urtrieb durch die Joche der Ehemoral entarten läßt. Um den radikalen Idealisten sammelt sich beutegieriges Gesindel und wild gewordenes Spießertum. Er brennt und verbrennt. Eine Donquichotterie im tragischen Zwielicht, bei schmerzlichem Gelächter grinsender Ironie. Am Schlusse Wedekindscher Thematik klafft das Dilemma. Der erbitterte Oppositionsgeist gesteht die Ohnmacht ein, die Schäden der Weltordnung auszurotten. Darin unterscheidet sich die satyrische Natur Wedekinds von der Unerbittlichkeit des Tragikers.

Den Dringlichkeitsphantasten Hetmann spielt Fritz Kortner mit einer aufgestachelten Leidenschaftlichkeit, die das Werk über seine Peripherie fast hinausbringt. Es bedarf nur einer gewissen Mäßigung in den aufbauenden Szenen, um diese schöpferische, durchlebte, künderische Leistung schlackenlos, frei von Schrillheit zu empfinden. Gerade jene Stellen, die nach Schönheitskolleg schmecken, hatten in der Wiedergabe Kortners unerhörten Auftrieb. Aus Wedekinds sprödem, sich verwickelndem Satzbau schossen Flammen. Und die Erscheinung des höckerigen Schönheitsphantasten war durch charakteristisch andauernde Korrespondenz von Wort, Gebärde und Körperhaltung ein visuelles Erlebnis ersten Ranges. Der Eindruck zusammengefaßter Kraft ging auch durch die ruhigen Momente hindurch. [...]

Wieviel konzentrischer Einfluß der Spielleitung vermag, sah man an der Wiedergabe des Hochstaplers Launhart durch Ernst Legal. Dieser Schauspieler schlug, wie verwandelt, ein Tempo witzhafter Schleunigkeit an, das ihm immer wieder neue Wirkungen ermittelte. Ein paar Rückfälle in breitspuriger Ausbeutung des Humors ließen merken, wie er die Rolle ohne Martin gespielt hätte oder, es waren Kennzeichen, daß sich Naturen durch Regie nicht völlig umkrempeln lassen, daß für sie die mittlere Linie vielleicht ratsamer wäre. Zur völligen Einheitlichkeit der Aufführung fehlte auch bei andern Darstellern die Möglichkeit, sich der angestrebten Richtung ganz hinzugeben. Bei dem Versuch, Robert Taube aus der Gemächlichkeit herauszutreiben, ging es nicht ohne Banalität ab. Gerda Müller opferte sich zur Charakteristik weiblicher Häßlichkeit, die trotzdem ums Lebensglück kämpft. Die Exaltation ging nicht völlig in Physiognomie auf. Es blieb der Eindruck der Überreiztheit – bei allem Respekt vor Temperamentszügen. Das Märtyrium der Schönheit vertrat äußerlich reizvoll Johanna Hofer; in dramatisch wesentlichen Hauptmomenten versagte sie. In Nebenrollen wurde Wedekind bald (wie von Herrn Forster) begriffen, bald (wie von Ledebur) als billiger Jahrmarktsspaß mißverstanden.

Auch der szenische Rahmen stammte von Martin. Er bestand in der Hauptsache aus weißer Kalkfarbe mit dämonisch blauen Feuchtigkeitsflecken.

Bertolt Brecht   Trommeln in der Nacht

Uraufführung: Münchner Kammerspiele, 29. September 1922
Regie Otto Falckenberg

Deutsches Theater Berlin, 20. Dezember 1922, Regie Otto Falckenberg

Brechts Ruhm begann mit der Uraufführung der ›Trommeln‹. Sie war seine erste Premiere überhaupt. Brecht schrieb damals schon an seinem dritten Stück (›Im Dickicht‹). Der Erstling ›Baal‹ war 1918, die ›Trommeln in der Nacht‹ 1919 in Augsburg entstanden. 1920 war Brecht nach München übergesiedelt, war einige Zeit Dramaturg an Falckenbergs Kammerspielen gewesen und hatte sich dann zu immer längeren Besuchen nach Berlin begeben, um dort Fuß zu fassen. Er saß dort bei den Proben in den Theatern, schloß Freundschaft mit Arnolt Bronnen, Moriz Seeler und führte selbst die ersten Proben zur Uraufführung von Bronnens ›Vatermord‹ (s. d.). Er schickte die Manuskripte seiner Stücke an die führenden Kritiker (Kerr, Ihering) und Schauspieler (Wegener), konnte aber weder bei Felix Hollaender (Direktor des Deutschen Theaters) noch bei Dr. Lipmann, dem zweiten Dramaturgen Jeßners, eine Aufführung erreichen. So gab er, wohl durch Vermittlung Lion Feuchtwangers – mit dem er seit Jahren befreundet war – das Stück an Falckenberg, der mit der Uraufführung seine Spielzeit begann. Der Erfolg in München wirkte sofort weiter. Die entscheidende Kritik schrieb Herbert Ihering, der durch den Umgang mit Brecht den besten Einblick in seine bisherigen und gegenwärtigen Arbeiten hatte und nach München gefahren war (5. Oktober im ›Börsen-Courier‹). Ihering, damals der Vertrauensmann zur Verleihung des Kleistpreises, erkannte den Preis für 1922 dem Stück Brechts zu. Es war das erste neue Stück, das dichterisch ein Schicksal in den Wirren der Nachkriegszeit zu fassen versuchte. Es war damit realistischer und aktueller als die Stücke der Expressionisten, die zum Teil vor dem, aber spätestens im Weltkrieg entworfen oder geschrieben waren (einschließlich Bronnens ›Vatermord‹). Der ursprüngliche Titel des Stücks, ›Spartakus‹, rückte diesen Hintergrund deutlich heraus. Im Weg des Heimkehrers Kragler hat Brecht zugleich das Schicksal des Spartakus-Aufstandes interpretiert. (Brecht nahm dann den von Feuchtwanger vorgeschlagenen neuen Titel für das Stück.) – Die zweite Aufführung fand schon am 20. Dezember 1922 am Deutschen Theater statt, wieder unter Falckenbergs Regie, die Brecht während der Proben noch zu härten und zu verschärfen suchte. Der Münchner Erfolg wiederholte sich in Berlin. Siegfried Jacobsohn, der in der begeistert angekündigten Aufführung »nicht schmolz«, notierte zu Brecht: »Dieses Dichters Besonderheit ist die allmähliche Ästhetisierung eines blutvollen Naturalismus« (›Weltbühne‹ 1922 II, S. 680). Brecht geriet mit der Berliner Aufführung zugleich in die Auseinandersetzung der Kritiker Kerr und Ihering, die nun als eine sachliche und persönliche Rivalität öffentlich ausbrach (s. Rez. Iherings und die Kerrs zu ›Königin Christine‹, 15. 12. 1922).

Münchner Kammerspiele
Hermann Sinsheimer, Münchner Neueste Nachrichten 30. 9. 1922

Ein Dramatiker ist gestern abend auf der Bühne der Kammerspiele angelangt. Das heißt: ein Mensch, dem sich Wort, Gestalt und Idee in einem Griff und Bild ergeben. Einer, der seine Welt nicht nur aufwühlt und herzeigt, sondern sie auch zugleich in jener Dreieinigkeit ihrer Elemente bindet und bildet. Und mehr noch: die zwischen sich und seiner Welt eine pathetische Identität herstellt, vermöge deren er selbst immer auf der Bühne und an der Rampe steht und tönt und wirkt. In der Tat: Bertolt Brecht ist ein Dramatiker. Und seine ›Trommeln in der Nacht‹ sind ein theatralisch empfundenes, bühnenecht, aufschwingendes Gewirk von Wort, Gestalt und Idee.
Vorläufig ist Wort und Gestalt noch stärker als die Idee, also das Theatralische stärker als das Dichterische. Das soll schon deshalb zum Lob gesagt sein, weil sonst die Jungen und Jüngsten – Brecht gehört zu den letzteren – mit Ideen mehr gesegnet sind als mit Anschauungskraft, aus der das starke Wort und die runde Gestalt erwächst.
Brecht stößt im ersten Bild seiner Komödie in das Milieu der Familie Balicke vor. Nach zehn Sätzen steht sie leibhaftig vor uns und lebt: Vater, Mutter und Tochter. Anna Balicke wartet vergebens auf die Rückkehr ihres im Krieg vermißten Verlobten. Sie soll den mäßig emporgekommenen Schieber Murk heiraten. [...]
Während Murk die Verlobungsrunde, zu der noch als Ein- und Aufpeitscher der Journalist Babusch gehört, in die Picadilly-Bar zu führen im Begriff ist, kehrt Andreas zurück. In der Bar kommt es zum Wiedersehen und Kampf. [...] Eine unerhört dramatische, mit fast großartiger Energie geladene Situation entlädt sich in stürmischer Bewegung. Vor dem fahlen Hintergrund einer Revolutionsnacht stehen die Figuren in dunkler Schwere. Das Wort ist wie Geschoß, wie Trommelklang in der Nacht.
Nun aber ermattet der Dramatiker. Im dritten Bild sind Anna und Murk, der Journalist und ein Barkellner auf der Flucht. Der Kellner wird lyrisch, der Schieber fast auch. Das Drama ist vom Weg abgeirrt, sieht kein Ziel, sinkt

müde in sich zusammen. Wir fragen mit fliegendem Atem nach Andreas und seinem Schicksal; der Dichter aber enthält ihn uns vor. Eine schmerzliche Lükke! Das vierte Bild versucht, eine Parallele zum zweiten zu geben. In einer Schnapskneipe [...] schneit Andreas herein. Diese Parallele könnte eine Steigerung des zweiten Bildes ergeben. Aber die dramatische Idee fehlt. Es wird ein Durcheinander von Schnaps, schönen Worten, Zoten und Schwärmerei, das sich, genährt aus russischen Vorbildern, ins Revolutionäre hinaufsteigert. Soviel Phantasie auch hier am Werk ist, der Effekt riecht nach Literatur. Der Geist des Spartakus schreit aus den Leuten, in deren Antlitz die Weheseligkeit verdächtig schimmert, aber der Schrei hat keine Wahrheit und Notwendigkeit in sich. Wenn sie alle, von mächtigem Trommelschlag begleitet, zum revolutionären Sturm fortziehen, denkt man mehr an den Auszug der sieben Schwaben als der Sklaven, die zu den Scharen des Spartakus eilen.

Das letzte Bild endlich bringt die Wiederbegegnung von Andreas und Anna [...] Der Heimkehrer kehrt der Revolution den Rücken und zieht mit seinem Mädchen seinen beglückten Weg – in ein großes, weißes Bett. Man weiß nur nicht recht, wo es stehen soll...

Dieses hingewirbelte Stück ist so ehrlich gedacht und gestaltet, daß es nicht imstande ist, ein Erlebnis des Dichters vorzutäuschen, das er nicht oder nur schwach gehabt hat. Die Revolution versagt in ihm, so wie sie in der Wirklichkeit versagt hat. Sie ist eine schwankende Kulisse. Man sieht sie nicht, man erlebt sie nicht, sie bleibt dekorativ. Wohingegen die Not eines Menschen, der am Krieg gelitten hat, wie rotes Blut in das Stück strömt, Spiel und Gegenspiel weckt und sich in überlebendigen Gestalten auslebt. Diese Mischung von Erlebtem und Dekorativem, vom Dichter mit Inbrunst und Kraft vollzogen, gibt dem Stück seinen Charakter. Wo die tragende Idee versagt, verstärkt und verdickt sich der szenische und sprachliche Vortrag, wird die Szene zum Panorama, und die Stimmen klingen wie durch ein Megaphon.

Die Kammerspiele haben diesem Erstlingswerk eine hinreißend wirksame Darstellung zuteil werden lassen. Herr Falckenberg hat die pathetische Spannung des Dialogs und der Handlung wundervoll wiedergegeben, das Figürliche und Szenische sicher und kräftig hingesetzt und die Milieus und ihre Hintergründe leibhaftig erschaffen. Eine meisterliche Regieleistung. Reigberts Szenenbilder gaben der Bühne ihren futuristisch hinstürzenden Rhythmus. Man sah in ihnen die dichterischen Elemente des Stückes bildhaft geworden.

Die Darsteller waren zu ihrer letztmöglichen Leistungsfähigkeit getrieben. Herr Faber vom Staatstheater spielte den Andreas mit erschütternder Innerlichkeit und überzeugender Phantasie. Frl. They zeigte als Anna eine trockene Nervosität, die auf ein starkes Charakterisierungsvermögen schließen läßt. Man hat selten bürgerliche Aufgewühltheit so echt dargestellt gesehen. [...] Ausgezeichnet Herr Stoeckel als Journalist. Gespenstisch Herr Schreck als Destillateur. Desgleichen Frl. Nérac als Carmen. Herr Horwitz versagte der effektvollen Rolle als Kellner keine Wirkung. [...] Man kann ein Stück auf der Bühne nicht lebendiger machen, als es hier geschehen war.

[...] ein Dramatiker zeigte seine Klaue, ein Regisseur seine Kunst, ein Dutzend Darsteller ihr Talent. Wir sind froher Hoffnung!

Deutsches Theater Berlin
Julius Bab, Hannoversches Tageblatt 23. 12. 1922

Von Bertolt Brecht, dem Mann des diesjährigen Kleistpreises, gelangte im Berliner Deutschen Theater zur Erstaufführung das Drama ›Trommeln in der Nacht‹. Otto Falckenberg, der an seinen Münchener Kammerspielen die Uraufführung des Werkes gehabt hatte, leitete auch die übrigens ausgezeichnete Berliner Aufführung. Er flößte den Schauspielern eine Energie ein, die auch über matte Strecken des Stückes hinwegtrug. Trotzdem war der Beifall nur nach dem zweiten Akt elementar und stark, während er zum Schluß nur langsam sich zur Höhe einer achtungsvollen Demonstration erhob. Der Grund liegt in der Dichtung selber; aber als ein Talentbeweis von ernster Bedeutung muß das Ganze doch gelten. – Auf dem Zettel hatte Brecht seinem Stück den Untertitel gegeben: ›oder Anna, die Soldatenbraut‹. Mit dieser faustdicken Banalität wollte der Autor (ein alter Trick!) offenbar durch Übertreibung die Banalität seiner eigentlichen Handlung unschädlich machen. Das hätte er nun nicht nötig gehabt. Allerdings, es handelt sich mal wieder um den totgeglaubten Soldaten, der während der Revolution zurückkehrt, gerade um seine Braut bei der Verlobungsfeier zu stören. Aber an sich ist überhaupt nichts banal – und das Dichten macht es in diesem Falle nicht dazu. In Brechts Dialog ist eine packende und beflügelnde Energie und bei allem sichtbaren Einfluß von Strindberg, Wedekind und Georg Kaiser doch auch ein eigener Ton – ein rauher Schrei aus blutverschleierter Kehle. Sein wüst karikierender Philisterhaß ist nicht kalt wie der Sternheims, und seine Erlösungen sind nicht errechnet wie die Georg Kaisers. Der aus der Reihe der Lebendigen geschleuderte Soldat, die unselige, von vier Jahren im Schützengraben und afrikanischer Gefangenschaft verschlammte und verdorrte Kreatur, ist wahrhaft gefühlt und gestaltet. Wie er stammelt und tastet, ganz langsam erst Gedanken und Worte für sein Gefühl wiederfindet, wie eine Seele allmählich aus der Erstarrung erwacht und dann in allem Schmutz des Kleides sehnsüchtig und rein dasteht zwischen den eleganten Toiletten der bodenlos gemeinen Kriegsgewinnler, das ist gelebt und wirklich gedichtet. – Die beiden ersten Akte in ihrem vehementen Theatertempo könnten nahezu noch ganz von einem ungewöhnlich begabten Naturalisten der achtziger Jahre stammen. Der Expressionismus macht sich erst später wieder als Lähmung der theatralischen Kraft geltend, im dritten und vierten Bild wird ausschließlich und im fünften noch viel zu viel geredet. Lyrisches, Ekstatisches, Wüst-Satirisches – zuweilen mit einem starken Ton origineller Wildheit, aber doch nur geredet. Die dramatische Bewegung stockt. Nach der furchtbar enttäuschenden Aussprache mit der Braut, die den starken Schluß des zweiten Aktes bildet, soll der Heimkehrer in diesen Szenen in eine nihilistische Revolutionsstimmung gleiten. Aber es dauert zu lange für den kleinen Schritt vorwärts auf dem dramatischen Wege, und auch der letzte Akt müßte weit stärker zusammengerafft sein, um die bedeutende neue Wendung, die er tatsächlich bringt, voll wirken zu lassen. Die Braut ist nämlich ihrer gemeinen Philisterfamilie entlaufen. Sie findet den alten Geliebten wieder, sie will zu ihm zurück. Und da fällt der Zerstörungsrausch von dem Mann ab: »Jeder ist der beste Mann in seiner Haut«, spricht er. Er läßt die wilden Genossen im Stich. »Mein Fleisch soll im Rinnstein verwesen, daß euere Ideen in den Himmel kommen?« Er wendet sich ab von allem weiteren Kampf, nimmt »seine Frau« wieder zu sich und geht. – Dieser Schluß ist von einer phrasenlosen Kraft und Stärke, die mehr als alles andere für den Autor spricht. Unfertig, unselbständig ist dieses Stück, doch der Erstling eines starken, zukunftsträchtigen Talents.

Siegfried Jacobsohn, Die Weltbühne, Berlin, 1922

[...] Ein Revolutionsstück ohne politische Tendenz, sogar ohne die Tendenz seiner Tendenzlosigkeit, ohne Akzentuierung jener »Moral« am Schlusse: daß die Politik den Charakter oder doch wenigstens die Liebesbeziehungen verdirbt. Ein berlinisches Lokalstück, das sich leisten darf, von einem Bayern zu stammen. Ein naturalistisches Stück, das sich unmerklich höher und höher über den Erdboden hebt. Ein Volksstück, das von der Ballade den Kunstgriff übernommen hat, Tatsachen aneinander zu reihen, so schlicht und scheinbar zweckfrei wie möglich, also nicht mit ihnen auf Rührung auszugehen, sondern jedem Betrachter zu überlassen, ob er schmelzen will oder nicht.
Aber warum gehöre ich, der ich alle diese Tugenden erkenne und mit dem Verstande anerkenne, zu denen, die keinen Augenblick schmelzen? Vielleicht weil das Drama oder doch seine Aufführung um vier Jahre zu spät kommt: weil die Zeitereignisse, die es Bertolt Brecht entrissen haben, uns heute nicht annähernd mehr so brennen wie damals ihn. Vielleicht, weil z...schen 1918 und 1922 eine Anzahl schwächerer Arbeiten uns für dieselben Wirkungen selbst einer stärkeren Faust abgestumpft haben; weil eine Art Vorläufer, der sein Manuskript so lange zurückhält, bis seine Nachzügler sämtlich drangewesen sind, durch eigne Schuld nicht mehr allzu sehr überrascht. Vielleicht, weil ›Trommeln in der Nacht‹ mit einer Begeisterung angekündigt worden sind, die meine Erwartungen überspannt hat. [...] Vielleicht, zu guter Letzt, schmolz ich nicht, weil Regie und Darstellung mir nicht heiß machten.
Bertolt Brecht erlaubt ausdrücklich dem Regisseur, den dritten Akt, »wenn er nicht fliegend und musikalisch wirkt und das Tempo beschwingt«, auszulassen. Otto Falckenberg traute sich offenbar die Fähigkeit zu, diese Bedingung zu erfüllen. Das war ein Irrtum, da der Sinn der Anweisung ja doch wohl der ist, daß nicht von Anfang an auf ein Prestissimo ohne Atempause ausgegangen wird. Es fehlte, immer wieder, die Ruhe mitten im Sturm, bei der einem das Herz ein bißchen stillsteht. Dieses Dichters Besonderheit ist die allmähliche Ätherisierung eines blutvollen Naturalismus. Im Deutschen Theater war Brecht zuerst ein Naturalist und zuletzt ein Expressionist und grade niemals beides ineinander. Freilich: was soll man mit einer Anna beginnen, die erstarrte Cabaretallüren auf die Bühne überträgt! An Blandinen Ebinger erlahmte manchmal auch Alexander Granach, des zum Zeichen er regelmäßig lauter schrie, als er bei seiner Eindringlichkeit nötig hat. Um die Hauptpersonen herum bewältigten das Problem, wie Bertolt Brecht zu spielen ist, am besten, der Reihe nach: Werner Hollmann als Schieber mit Zügen von naiver Wedekindlichkeit und frechem Sudermannstum; Heinrich George als erdhafter Schnapswirt von flimmernder Phantastik; Margarete Kupfer als Dirne sowohl von der Straße wie aus dem Märchenbuch. Und am allerbesten: Paul Graetz als der Journalist, in der Maske Alwill Raeders und mit einer Leisheit, die er gut tun würde sich zu erhalten.

Emil Faktor, Berliner Börsen-Courier 21.12.1922

Es herrschte Hochspannung. Man gab das exaltiert gegenständliche, aus seiner Stofflichkeit zum Symbol empordrängende Revolutionsdrama des Augsburgers Bert Brecht.
[...]
Man spürte in diesem Jugendwerke Kraft und Bewegungsfrische, auch wenn in einzelnen Partien noch etwas Nebel lagert, auch wenn das letzte Bild sich vom Chaos erster Produktionsstadien nicht abzulösen vermag. Die Wirkung des spiritualisierten Volksstückes, als welches man die ›Trommeln in der Nacht‹ mit seinem popularisierten Untertitel ›Anna, die Soldatenbraut‹ ansprechen darf, setzte sich mannigfach durch. Die interessanten Eindrücke des Abends begegneten einem sehr lebhaften Beifallsecho, das die Darsteller, den Dichter und den Spielleiter oftmals auf die Szene rief. Daß sich in den Schlußapplaus auch ein wenig Opposition mengte, soll nicht verschwiegen werden. Wahrscheinlich war die Aufnahme des Werkes in München noch freudiger als auf dem, mit Recht oder Unrecht, skeptischen Boden Berlins. Jedenfalls war die Inszenierung eine dankenswerte Leistung der Hollaenderbühnen, eine liebenswerte Willensäußerung, der produktiven Jugend die Tore zu öffnen. Jedenfalls hat auch hier Otto Falckenberg [...] den sympathischen Beweis erbracht, daß Lust und Hingabe in gelockerten Zeiten auch mit vorwiegend mittleren Kräften jenen oft vermißten Prozeß herbeizuführen vermögen, den wir als Ensemblekunst begrüßen. Jedenfalls drang im Zusammenspiel die Sonderbegabung eines Hauptdarstellers durch. Es war Alexander Granach, der in der Gestaltung eines aus Afrika heimgekehrten Kriegsgefangenen aufblühte, der trotz gelegentlich leichter Anklänge an Moissi Individualität hergab wie noch nie vorher. In seiner Verhaltenheit stak die dicht geballte Finsternis von vier Schreckensjahren, aus seinem Temperament schossen Hitzflammen fanatisierten Gefühls auf. Seine Energie half auch über dunklere Momente, über gelegentliche Erschlaffungen des Tempos hinweg. Er überbrückte auch die durch ein technisches Mißgeschick heraufbeschworene Stimmungseinbuße vor dem Schlußakt.
Der Name Bert Brecht wird nach dieser Feuerprobe nicht bloß wegen seiner einschmeichelnden Alliteration im Bewußtsein der Zuhörer haften bleiben. Um diesen jungen Menschen kreisen Sphären von Licht und Wirrnis, in seinem Gefühle wurzeln ursprunghafte Klänge, seine Hände wühlen ein Stück Gegenwart auf, um das Allzumenschliche an der Menschlichkeit, die Fatalität des Irdischen am Geiste auszugleichen. Er hat wildjunges Talent, das der Ermunterung durch einen Preis durchaus nicht unwürdig erscheint, wenn man daran nicht die unbillige Vorstellung knüpft, daß ein Zwanzigjähriger bereits mit einer ausgereiften Entwicklung anfing. Er schrieb die dramatische Ballade, wie ein aus Negerbezirken entflohenes, von unsäglichen Qualen heimgesuchtes Soldatengespenst wieder Mensch wird. Die Heimat wurde inzwischen zur Wildnis. [...]
Der Gestalter dieses Dramas schöpft aus dem Leben und schafft es mit einprägsam schlichter Physiognomik nach. Durch seinen Hang zum Volkstümlichen unberuhigt, strebt Bert Brecht nach der symbolischen Erhöhung. Dieser Verschmelzungstrieb von Stoff und Geist zeugt dem Werke seine innere Melodie. Sie setzt aus, wo sich das naturalistische Element gegen das Gleichnis

auflehnt. Hier und dort spürt man Undurchsichtigkeit und Sprödigkeit der Materie. Besonders im letzten Bilde kommt keine einleuchtende Proportion von äußerem und innerem Geschehen zustande.
Das Übergewicht impulsiver Kräfte entscheidet. Sie bestätigen den Ausdruckswillen einer Begabung, die sich stark genug ankündigt, um Hoffnung zu wecken. Man wünscht ihr jene Ausdauer und Disziplin, durch welche allein eine produktive Natur ihre Schaffensbezirke zu ganz unzweifelhafter Bedeutsamkeit erweitert.
Es wäre über diesen Abend der Jugend noch manches zu sagen. Ich verlasse mich auf ein Nachwort Iherings, das ich ihm in unversippter Kameradschaft gerne zugestehe. Als verantwortlicher Förderer Bert Brechts hat er Anspruch darauf.

Alfred Kerr, Berliner Tageblatt 21. 12. 1922
I
Als der Verfasser mir vor bald fünf Jahren das Manuskript des Schauspiels ›Baal‹ schickte (beiläufig: das Durchlesen von Manuskripten bleibt manchmal, die Zurücksendung nie möglich – man ist kein Speditionsgeschäft; Herr Brecht bekam seins zurück) .. waren das allerhand Szenen mit Dämmer, Licht, Stuben, freiem Himmel – ungefähr in Büchners Art; oder wie wenn's bei Goethe heißt: »Nacht. Offen Feld.« (Kein Schauspiel; ein Chaos mit Möglichkeiten.)
Sein späteres Stück, ›Trommeln in der Nacht‹, hatte vor Monaten an der Isar einen Erfolg – und war jetzt, ohne Flausen und Fisematenten, was halb Enttäuschendes. Bei kenntlicher Begabung ist es ein, trotz Brechts Naturfrischheit, wenig selbständiges Becken. Bestimmt minder schlecht als die meisten expressionistischen Dramen, doch bestimmt schlechter als das Beste dieser Gattung. (Dabei nicht ›expressionistisch‹-expressionistisch –, sondern Schule Georg Kaiser.) Im Bau manchmal wie die schlechteren.
II
Im Bau. Fünf Akte. Erster Akt: Annas Verlobungsfeier mit einem Pachulke – da, just, aus vierjähriger Gefangenschaft, Eintritt des früheren Bräutigams in das Zimmer der Familie Sternheim. Zweiter Akt: Piccadilly-Bar; die Familie Georg Kaiser setzt sich mit dem Soldaten auseinander. (Der beste Akt; der einzig wertvolle; Kontrast zwischen Kriegsgewinnlern und Kriegsopfer; Dräuend-Gespanntes; Explosiv-Menschliches; zwischendurch billiger Eingriff eines Kellners und einer Dirne; billig auch, wie bei A. Bronnen, daß ein ›peinlicher‹ Auftritt möglichst lang hingezogen wird; doch kein bloßes Chaos, nichts Gelalltes; ein Keim zu dem, was man Drama nennt.) Aber dann ...
III
Es ist ein altes Recht der dramatischen Dichter, daß ihnen im fünften Akt nichts einfällt. Hier schon im drittletzten. (Der dritte darf, nach Brechts Angabe, wegfallen: Suche der Braut nach dem Heimkehrer auf den Straßen.) Vierter Akt: der Heimkehrer im Schnapsladen; Wiederholungen, Lärm. Kein Vorwärts.
Fünfter Akt: Begegnung mit der Braut. Er vernimmt jetzt, daß sie von dem andern im dritten Monat ist (das bedeutet keinen Gipfel, sondern es gibt hier immerfort gleiche Klamaukgipfel); ganz kurz nennt er sie Hure, ganz kurz,

fast ohne Abtönung, eint er sich mit ihr; ganz kurz, ohne daß nennenswerter Widerstand zu überwinden war, daß ernstes Schwanken des Entschlusses vorlag, schwört er den Spartakismus ab. Ganz kurz; fast ohne Kraftunterschied ... Das könnte bis Weihnachten beliebig fortgehen; so dies an das geleimt.
Ein betrübend schlechter Bau. (Die Linie vom Graus zum Abebben schafft nicht Brecht; sondern der gutmütige Zuschauer denkt sie.)

IV

Mit dem Rhythmusbluff (dem Anlaß für minder kontrollierbares Gerede) hat man großes Pech. Denn Zuckmayer wurde für ›rhythmisch‹ erklärt; nach Ulrich Steindorff der wabbligste. Justament in diesen Zerrinn-Stücken sämtlich (Toller ausgenommen!) ist ja nicht halb so viel Rhythmus wie in einem einzigen Sardou. Heillose Phrasenmacher drücken sich noch um diese Beichte. Von Ibsens rhythmischem Bau nicht zu reden. Der zählt nicht. Rhythmus heißt offenbar: Leim.

V

Ich sehe Brecht, nach jenem ›Baal‹, mit mildem Blick an – ohne doch in ihn durchaus hineinzutun, was nicht drin steckt. Er ist kein Mürbekuchen wie Kornfeld; nicht so schiech wie tutti quanti ... doch weder so selbständig im Expressionismus wie Toller, noch so leuchtbeseelt. Aber frisch; aber frisch. Wer mit Gewalt Dramatiker ›grüßen‹ will, auch wenn sie nicht da sind, ist wie ein in Badeorte gesandter Feuilletonist, der beim Mangel an fesselnden Gestalten bißl nachhilft ... Oder wenn jemand, der durchaus eine Wohltätigkeit veranstalten will, mit Macht einen Bedürftigen sucht.

VI

Brecht hat bei leerem Bau jene Einfalt, welche durch Selbstironie (Untertitel: ›Oder Anna, die Soldatenbraut‹) nicht aus der Welt geht ... Brecht, im Vergleich zu Toller, denkt etwa, daß der »Abglanz einer Zeit« heute durch sinnloses Gebrüll, Suff, Durcheinander zu machen ist! Zurückschraubung.
Brecht hat, noch mit Toller verglichen, mehr Flüchederbes ... nebst etwas zwischen Wildheit und Wurstruhe – während Toller Willenswucht, Leidglanz, Leuchtkraft hat.
Ja, Toller ist zehnfach fortgeschrittener im Expressionismus. Mehr selbständig. Brecht nur ein Georg Kaiser, verbessert; mit Safthuberei. Er hat wohl mehr Naturalismus und Blut. (Brecht ist der umgekehrte ›Grenadier‹: er reitet dem Kaiser übers Grab.)

VII

Noch hat das Expressionistenchaos nur den einen Stern geboren.
Expressionismus ... Ich schrieb vor Jahr und Tag: »Mir bleibt er wertvoll: Ziegel für einen Bau – der nicht da ist.« Brecht muß eine Hoffnung bleiben.
Aber der – Raum? Die ›Raum‹-Komik findet sich in den Rezensionen, auch wenn sie in den Stücken fehlt. Jemand, der schon öfter Anlaß zu ungebundener Fröhlichkeit gab, plauschte freundlich aus, daß »der Raum« hier »die Menschen überwächst«. Nun, sollen vielleicht die Menschen den Raum überwachsen? Er ist halt größer.

VIII

Brecht und Bronnen stehen dem sogenannten Naturalismus nah' – und machen im Grunde gar nicht Expressionismus. (Brecht nur bis zur Kaiser-Schule.) Brecht hat hierbei (unexpressionistische) Vorzüge, –: wie gut ist in Anna die Mischung von Mädelernst und Falschheit, zu Beginn. Er hat, zu Beginn, auch die Gabe kurzen Kennzeichnens. Sie wird früh gröblich verschmiert. Wie hübsch verwendet er das Mittel: Menschen im erregten Augenblick wenig sagen zu lassen. (Nachher alles um so wirrer.) Brecht arbeitet emsig mit Nacht, Luft, Mond. Wie zur Büchnerzeit; zur Sturm- und Drangzeit. Manchmal zum eigenen Überdruß mechanisch.

IX

Die Sprache wird bei diesem begabten Ragoutkoch ein Sammelsur. Im dritten Akt (nach Sternheim; nach Kaiser) plötzlich Töne wie von der Bibel. Im vierten Shakespiralen und Büchnereien. Ein Tohuwabohu; mitten in Berlin spricht Anna, nicht gegen seinen Willen, aufgeklebt-poetisch von Wiese, Wäschetrog, Ahorn... Ist er sprachlich Expressionist? Hat er von Johannes R. Becher Neutöne gelernt? Man hört noch in seinem Balladenlied ältere Kunst – (den Becher nicht zugleich).

Und der Ausgang des Stücks: »Jeder ist sich selbst der Nächste! bloß keine Romantik!« ist ein Schluß, dem die Schieberfamilie Balicke zustimmen wird. Holdrio! Juhuuu!

X

... Pilartz gab Räume mit (unerhört!) Requisiten. Das darf man also doch? Spaß muß sein... Der parodistische Mond (das ist: vertuschte Sentimentalität; damit die Zuschauer nicht die Parodie machen) scheint in Wohnungen ohne Dach. Obschon das Werk etwas zu realistisch dafür – im November – ist.

Falckenberg, Spielwart, brachte das Stück zu gutem Abebben nach dem Graus. (Nicht als Komödie.) Doch mit Gekreisch dreier Schlußakte bleibt nicht viel anzufangen; dies hat er getan.

XI

Er bändigte den Ton des Vaters freilich kaum – als welcher mit Hustlachen schauspielerisch seine Verlegenheit barg. Auch nicht Herrn Hollmanns Ton – beim Übergang von Realstimmung zu Suffekstase.

Er brauchte nicht die treffliche Kupfer, hier eine gute Dirne, zu zähmen. Auch Grätz nicht zu belehren – der einen Zeitungsmann zerknautscht und gelind so gab, als ob kein Parkett wäre.

XII

Die Ebinger hat im Phantastischen Absichtlichkeit. Unbewältigte Bewegungen ad hoc.

Ihr Gleiten von der Alltagspflanze zur Bilderbuchgestalt war fein – (wenn sie auch nicht mehr gab, als Brecht zuließ).

Granach endlich, der Heimkehrer: metallener Schrei. (In mir war ein zufälliges Gedenken an die Stimme Rittners.) Granach hat im Schmerz mehr zusammengebissene Wut als Schmerz. Dennoch...

Er war mehr als ein Schreier, weil er weniger war als ein Schreier. (Brecht meistens mehr.)

Herberg Ihering, Berliner Börsen-Courier 22. 12. 1922

Wenn eine unproduktive Zeit ein produktiver, aber chaotischer Dichter durchbricht, so ist das ein aufrüttelnderes Ereignis, als wenn eine produktive Zeit in einem harmonischen Dichter zur Vollendung kommt. Wenn dieser Dichter

aber in einer Novelle, in Gedichten, Balladen und, wie fast einstimmig zugegeben wird, in mindestens zwei Dramenakten seine ordnende, gliedernde, gestaltende Kraft beweist, so wird dieses Erlebnis bestärkt. Man sollte also meinen, daß ein Kritiker, der, wie Alfred Kerr, in jeder Rezension den Expressionismus und die dichterische Jugend begräbt, hier zum erstenmal was sähe? Eine Überwindung des von ihm bekämpften ›Expressionismus‹. Was aber geschieht? Herr Dr. Kerr klopft dem Autor gewiß wohlwollend auf die Schulter und konstatiert Begabung und Hoffnung. Herr Dr. Kerr ist gewiß nicht ohne Anerkennung für den jungen Mann. Aber – Brecht ist »weder so selbstständig im Expressionismus wie Toller, noch so leuchtbeseelt«. Ganz abgesehen davon, daß »selbständig im Expressionismus« die Zensur des Klassenlehrers zu sein scheint, der den Schüler mit dem Prädikat »selbständig im Schulaufsatz« zu Ostern versetzt – ganz abgesehen davon dachte ich, daß der Expressionismus ein Irrweg sei. Und jetzt ist er mit einem Male das Maß, mit dem gemessen wird? Aber doch: der Expressionismus ist »Ziegel für einen Bau – der nicht da ist«. Oder vielleicht nur in Toller da ist. Aber wenn Herr Dr. Kerr Toller für einen Repräsentanten des Expressionismus hält, so nimmt er ja gerade das deklamierende, das redende Drama für expressionistisch (was niemals gemeint war). Er lobt also an Toller, was er Brechts letzten Akten vorwirft. Wenn er bei Toller »Leidglanz und Leuchtkraft« findet, bei Toller, dessen Sprache holpert, dessen Verse zerfallen, dessen Bilder unplastisch, dessen Worte epigonenhaft sind, so wird er bei Brecht doch gerade die sprachliche Schlagkraft anerkennen? Im Gegenteil: Brecht ist ihm ein »Ragoutkoch«. Nun ist es das Leichteste von der Welt, bei einem Dichter Anklänge, formale Beeinflussung festzustellen. (Die sind bei jedem Dichter zu finden.) Das Maß ist aber, ob das Temperament produktiv genug ist, die Sprache in einen persönlichen Rhythmus, in eine individuelle Melodie hineinzuzwingen. Diese Melodie hat Brecht. (Herr Dr. Kerr findet bei Toller vielleicht deshalb weniger Anklänge an Dichter, weil Toller nur Anklänge an Leitartikel hat. Wobei es mir weh tut, gerade Toller, von dessen Ehrlichkeit ich überzeugt bin, dessen ›Wandlung‹ ein Zeiterlebnis war, heranzuziehen. Aber der Verwirrung muß gesteuert werden.)
Dieser Kampf geht nicht um private Meinungen. (Wenn Herr Dr. Kerr es auch für nötig hält, seiner Beunruhigung darüber, daß vielleicht doch etwas im Werden ist, in jeder Kritik dadurch Luft zu machen, daß er weniger den Theaterabend als mich bespricht.) Dieser Kampf geht um die Möglichkeiten des Theaters überhaupt. Es ist gleichgültig, ob Herr Dr. Kerr mich zu treffen glaubt, wenn er hervorhebt, daß es nicht angehe, bei einer Hauptrolle in einer »Tonstimmung zu werkeln«. Ich habe gerade die Monotonie bekämpft. Es ist gleichgültig, ob Herr Dr. Kerr Nuancen und Variationen in der Schauspielkunst verwechselt. Ich habe gerade die Variationen, d. h. die organische Vielfältigkeit der Gestalt gefordert – im Gegensatz zu aufgesetzten Nuancen. Nicht gleichgültig aber ist, wenn der Lobpreiser des ›Hühnerhofs‹ und von ›Pottasch und Perlmutter‹ zur Dominante seiner Kritik den fehlenden Aufbau macht, den er mit Bühnentechnik verwechselt, und die Theater geradezu abschreckt, neue Dichter aufzuführen. Lohnt es sich, einen Dichter darzustellen, wenn man an ihm – bei vielem Lob zwischendurch – die technische Vollendung vermißt, die man bei einem französischen Handgelenkschwank, bei einer Jargonposse begeistert preist? Es ist billig, Witze über eine beispiellos schwer kämpfende schriftstellerische Jugend zu machen – wenn man sich zu

Schwänken freudig bekennt. Es ist billig, den Bau zu vermissen, wenn dieser durch die Aufführung am Schluß verdeckt wurde.

Bert Brechts ›Trommeln in der Nacht‹ sind nicht deshalb gegen das Ende hin unsicherer, weil Brecht die Gestaltungskraft fehlt, sondern deshalb, weil Brecht hier immer mehr sich selbst findet, aber seiner individuellen Mittel noch nicht ständig gewiß ist. Darum war es ein Fehler der Aufführung, daß sie in naturalistische Nuancen und stilisiertes Pathos zerfiel, statt von Beginn an die Situation aus der Spannung des Worts zu entwickeln. Weil man teils Zustandschilderung, teils Handlung gab, statt die eine aus der anderen zu entwickeln, weil man teils mit falschem Realismus die Sätze zergrölte, teils mit falscher Ekstase betonte, schien das Drama ein Ragout zu sein. Es war der Fehler der Aufführung – und hieran ist Brecht mitschuldig –, daß die Besetzung vom *Typus* des Schauspielers und nicht von der Gestaltungsfähigkeit aus orientiert war. Blandine Ebinger deckt sich gewiß mit dem Bilde, das sich der Dichter von der Rolle gemacht hatte, spielen konnte sie die Anna in keiner Szene. Nur Margarete Kupfer vereinigte den Typus mit dem Spiel, nur Paul Graetz und Heinrich George hatten Ansätze zum Ton des Stückes. Selbst Alexander Granach verletzte oft die Sprache, um den Typus der Rolle zu treffen. Granach war außerordentlich in stockenden, tastenden, verwirrten Momenten. Aber die Ausbrüche setzte er oft dagegen ab, statt den inneren Vorgang im Ausbruch weiterzuleiten.

Die Aufführung war eine Tat der Hollaenderbühnen, ein Ereignis der Spielzeit – schade daß – unter Brechts Mitschuld – nicht immer der Ausdruck den Bedingungen des Werts entsprach. Wenn man die ›Trommeln‹ aus der ebenso gespannten wie elastischen Sprache herausgespielt hätte, wären auch die letzten Akte, besonders der vierte, nicht als »sinnloses Gebrüll«, sondern als grelle und dämmrige, auf- und abschwellende szenische Visionen erschienen.

Shakespeare   Macbeth

Staatliches Schauspielhaus Berlin, 10. November 1922, Regie Leopold Jeßner

Jeßner inszenierte, an ›Richard III.‹ anknüpfend, Macbeth als eine dunkle Ballade, wieder gekürzt und gestrafft im Text, »eine große Linie herausgehoben und die ganze Dichtung, alles Beiwerk kappend, auf diese eine Linie gebracht [...], eine Art Schicksalslied vom Aufstieg und Sündenfall des Helden Macbeth« (Paul Fechter, ›Deutsche Allgemeine Zeitung‹, 11. 11. 22). Wieder gab es eine niedrige Stufenbühne, aber der Aufbau der Türme und Mauern erinnerte an die Hamletszene, die Gordon Craig entwarf; »die Krieger auf den Stufen, die Lanzenwirkungen, die ganzen bildhaften Anlagen weisen auf ihn hin« (Fechter). Das Bühnenbild wurde weniger symbolisch überanstrengt (in der folgenden Inszenierung Jeßners, dem ›Wilhelm Tell‹ von 1923 lag sogar wieder grüner Theaterrasen auf der Bühne); auf Wahrscheinlichkeit im Spiel wurde aber noch immer so wenig Rücksicht genommen wie in den ersten Inszenierungen. (Die Macbeths schrien ihre Mordpläne laut heraus.) Kortner, der einstige Richard III., spielte den Macbeth, ohne daß er die Ausdruckskraft seines Richard wieder erreichen konnte. Die Wirkung der Inszenierung muß stärker gewesen sein, als die Rezension Iherings zugibt, die das Urteil über diese Inszenierung später geprägt hat. Für Kortner brachte gerade diese Rolle entscheidende Einsichten. »Mir ging nach und nach auf, daß, worüber der Expressionismus hinwegfegte, im ›Macbeth‹ da sein mußte: daß hinter den Sätzen dieses Stückes, im Halblicht, Dinge liegen, die erfaßt werden müssen.« Er sah, daß diese Figur nicht die ›rasante Vorwärtsbewegung‹ Richards oder Keiths hat, sondern ›ein Verfangener und Gefangener‹ war und daß diese Rolle nicht aus der Sprache allein zu gewinnen war. Das waren Erfahrungen, die über Jeßners ›Mitreißer-Regie‹ weit hinausgingen. Auch für Jeßner selbst kam der Wendepunkt nun nahe. Ein Jahr später inszenierte er zum erstenmal wieder Stücke von Ibsen und Hebbel. – Für Gerda Müller war die Lady (nach der Elisabeth in ›Maria Stuart‹ am 13. 9.) die zweite große Rolle in Berlin.

Alfred Kerr, Berliner Tageblatt 11. 11. 1922
I
Hier ist ein Beispiel dafür, was Jeßners Jünger von ihm zu lernen haben (wenn's zu lernen ist). Eine Darstellung, die bei allem straffsten Tempo nicht etwa Drill bedeutet: sondern Gedrängtheit und Erfülltheit. Mit Sprachmeisterschaft. Mit unaufhaltsamer Steigerung. Mit etwas von innen Dringlichem. Das kann bloß ein Inszenator ersten Ranges.
Sein Werk hinterläßt noch manchmal den Eindruck statuarischer Starrheit. Ja, trotz vielfältiger Bewegung (die aber eine zu deutlich gewollte Bewegungsform ist). Wobei der Ton weniger auf Starrheit als auf statuarisch liegt... Man könnte sagen: leidenschaftliche Gemessenheit. Oder: wildestes Gebändigtsein.
II
Ein Beispiel dessen, was zu lernen ist – und was nicht zu lernen ist. Denn mitunter wird es einprägsame Kälte.
Sie strömt nicht aus einem Mangel. Nicht aus der Veranlagung dieses Könners: sondern aus dem noch manchmal gewählten, bereits halb abgestorbenen Darstellungsmittel – das so drollig reaktionär war.
III
Die Treppe scheint mir, wie Macbeth selbst, reif zum Untergang. Nebst allem, was mit ihr zusammenhängt. (Jeßner bedarf keiner Stufen mehr als unterscheidliches Merkmal.)
Zwar, diese Treppe schrumpfte nun. Er zeigt sich nur als Freund eines guten Treppchens. Kaum zwo Ellen schmal blieb sie. Aber noch dieser Vorzustand der Abschaffung wird gelegentlich ein Hindernis; ein Unterbrechen des Gefühls; ein Zurückrufen aus der Seelenwelt in die Gerüstwelt.
IV
Was, in drei Teufels Namen, verschlägt es ihm, wo Hexen, Himmel, Heide sprechen sollen (und sprechen!), vier Meter grüngrauer Leinwand über das Gestell zu schmeißen, hä? ... Warum nicht?
Wie Schicksalsfrösche sitzen die Hexen im Erdpfuhl; hinten, dämmerig, erscheinen die Schicksalsopfer: der künftige Mörder, der künftig Gemordete, von dunkler Macht geschoben, umhext, nächtens, in Allwildnis; ... sobald hier der erste Schein auf ein Trepperl fällt, ist es aus.
Sobald bringt einem dieser Zivilisationsgegenstand was Beruhigendes: und

ein Lächeln. Wo man baut, sei sorglos, unberufen, – böse Geister haben keine Stufen.

V

[...]

VI

[...]

VII

Was lebt in Jeßners neuer Arbeit an Starkem, was noch an üblem Rest? Ganz kurz:
Banquos Geist blickt fleischlich, gesund; hat frischere Farben als der Mörder. Wundervoll, Nebenklänge; Sphärisches; durch Lüfte Sirenengesumm; Schicksalsgewucht und Geratter; Paukenpiano; Höllenstimmen, klagend, lachend.
Dann gelegentlich ein Abklingen, prachtvoll, wenn ein alter Mann, ja, wenn ein alter Mann nach dem Entsetzlichen mit gefaßt-wissender Stimme (war es Herr Gronau?) in die Welt hinein spricht, mit einem Klang wie: »Es ist schade um die Menschen.«
Blutluft, nachts.
Ein Mittel Jeßners, um etwas hervorzuheben, um den Zuschauer zu wecken: die Nichtredenden starren still – bis ein wichtiges Wort des Redenden fällt. Da zuerst, machen sie eine Bewegung. Sehr gut: weil sinnfällig und seelenfällig.
Rückstände jedoch sind: etwa, daß zwei gemietete Mörder mit rotem Haar kommen. Ballade? Ja. Es ist aber schon Tuschkastenstil.

VIII

Duldbarer die ewig vorhandene Brücke; bald Zugbrücke vor dem Schottenschloß; bald Londoner Brücke; bald sonstwo; stets dieselbe Brücke; die Grundbrücke; man will sie zuletzt nicht mehr seeeehn. Auch damit weg.
Oder: Macbeth liegt vor dem letzten Kampf so auf der Erde, daß der Gegner nur einen Griff braucht, ihn alle zu machen. Staunen... Dann erst (obschon er im Text sich weigert, den Staub zu küssen – den er bei Jeßner küßt) Beginn des Zweikampfes.
Die Stellungen werden ja (auch das ist ein Wirrwarr von konfusen Theoretikern) justament beim bankrotten Expressionismus fast immer ohne Grund gewechselt...
Ich sage nichts, wenn der Bote jener Nachricht, welche dem Macduff Tod von Frau und Kindern meldet, ihm den Rücken, dem Sperrsitz die Front kehrt; laßt es. Aber warum schreien (allemal, nicht bloß bei Jeßner) Macbeth und Macbethin ihren geheimsten Vorsatz derart, daß noch der betrunkenste Knappe des Schlosses aufwachen muß? (Nicht nur der Pförtner, der leider verfehlt, in Stilisierung, statt in Saftnatur vorging – er ist ja der gewollt komplette Gegensatz zur Moritat.)

IX

Mit alledem wird Jeßner hier wiederum durch den tiefsten Kern des Ganzen erprobt als ein Hirn und eine Faust von seltenem Belang für die Bühne. Gehämmertes gibt er. Lächelt allmählich über Unhaltbarkeiten – und er half diese Gerda Müller beseelen.
Sie bedeutet, was es an der Spree kaum in dieser Art gibt: eine wilde Kraft, die aber zugleich eine Frau ist. Ein Intellekt – aber sie hat auch eine Pratze. Ja, eine Frauenpratze... die Macbethin spricht nicht zwecklos von ihrer kleinen Hand.

In Schleiern kommt sie; fast eine Schicksalsschwester; fast ein Urwesen – mit Urlauten (neben dem sogenannten Verständnis, das ihr nicht zu sehr als Laster angekreidet werden darf).
Behend. Katzlsicher. Sinnlich packt sie ihren Ehekerl. Ein Dämonen-Duo bricht an. Kortner ...
x
Kortner, ihr Unter-Than, geängsteter Psychopath, fast Epileptiker, zwischen König Claudius und Richard, früh wahnsinnsnahe, geht für mein Gefühl nicht genug vom graden, unverwickelten Heldentum aus, was einen Teil seiner Dummheit erklären könnte.
Kortner bezeugt eindringlichste Kraft. Wundervoll als gehetzter Hetzender ...
Doch er suche Wandelhaftigkeit: auf dem Wege der schärfsten Charakteristik; nicht nur auf dem Wege des ›Akkords‹. Herrlich bleibt er.
... Das Stück selber, noch als Ballade, hat für uns eine Oberflächenpsychologie. Seid offen. Wir genießen es historisch. Raskolnikoff hat es erledigt. Trotzdem ist Shakespeare größer als Dostojewski, – (Dostojewski war nur weiter).

Ludwig Sternaux, Berliner Lokal-Anzeiger 11. 11. 1922

Ein ›Macbeth‹ Jeßners. Also fehlt die Treppe nicht. Gleich in der »dürren Heide« der ersten Szene führt sie in das Felsgetrümmer hinauf. Aber es ist nur eine kleine Treppe. Und sie bleibt klein, wo sie in der Folge auch erscheint. Selbst zu Beginn des fünften Aufzugs im Schloß zu Dunsinan, wo Reinhardt einst die Körner – ein unvergeßliches Bild! – jene Riesentreppe hinunter wandeln ließ: Jeßner verlegt diese Szene in ein dumpfes, kellerartiges Gewölbe. Und wie Kortner, ein Macbeth von erschreckender Häßlichkeit, der häßlichste Macbeth, den eine deutsche Bühne je gesehen, auf einer solchen Treppe in das Spiel hinabsteigt, so stirbt er auch: scheußlich hängt der Mongolenkopf mit offenem Munde über die Stufen ... über die Stufen, die bei Jeßner nun einmal statt der sonst üblichen Bretter die Welt bedeuten.
Und mit diesen Stufen, die mal zu den Hexenfelsen, mal über eine Brücke zu geheimnisvollem Tore, mal zu Festestafel und blutigem Thron, mal zu phantastisch stilisierter Schloßterrasse und mal zu Burgzinnen führen – mit diesen Stufen stuft Jeßner das Ganze von Bild zu Bild: Historie, die Mythos wird, eine Traumwelt, die schwarzer Rahmen umspannt. Sparsam die Lichteffekte. Nur jene Parkszene in England, wo Macduff und Malcolm sich einen zur Befreiung der geknechteten Heimat, überflutet Sonne. Alles übrige ist schwer in Schatten getaucht, und die Mauern von Inverneß, die schwalbenreichen, strafen in ihrem düsteren Gefüge König Duncan Lügen, der, als er sie begrüßt, die »angenehme Lage« des Schlosses rühmt, die stickige Luft »frisch, rein, erquickend« preist ...
Nein, auch Inverneß ist von Anfang an die finstere Mordburg und wird es ganz, wenn Nacht dann schnell die steil ragenden Mauern mit Dunkel behängt und böse roter Lichtschein aus dem Schloßtor quillt; Blutweg für Duncan, der ihn zu letzter Ruhe, Blutweg für Macbeth, der ihn zu fürchterlichem Mord, Blutweg für die Lady, der sie zu dem Toten führt, die grausige Tat umzulügen.
Und so ist alles symbolisch auf Rot und Schwarz gestimmt, die Farben von Blut und Tod: eine grauenvolle Phantasmagorie in der Thronszene, wo König

und Königin Macbeth zu Fores in ihrem Usurpatorenpurpur dem Staatsrat präsidieren und Macbeth nachher die Mörder dingt für Banquo. Da sitzen sie vor blutroter Wand, und ihre Mäntel, die auf dem Boden schleifen, scheinen Blutlachen.

So einen sich bezwingend die traumbeschwingte Kunst Walter Reimanns, der diese Bühnenbilder schuf, und die Regiekunst Jeßners, der sie mit Gestalten bevölkert. Der, darin einzigartig, alles Geschehen in Schattenspiel auflöst, in mythisch dunkle Begebenheit, um es gleichzeitig in Szenen von packender Wucht zusammenzuballen. Und da gewährt ihm die ominöse Treppe, diskreter als früher angewandt, Möglichkeiten bildhafter Gruppierung, die Reinhardt nicht gekannt, der allein mit Stimmung arbeitete und viel stärker Theaterprunk entfalten mußte, um ähnliche Wirkungen zu erzielen. Sein ›Macbeth‹ war vielleicht, so will es jedenfalls die Erinnerung, unserem Fühlen näher: der Jeßnersche hat mehr Stil, ist im Aufbau der Szenen und Figuren die strenge Welt Hodlers. Ein gotisch empfindender Geist hat diesen neuen ›Macbeth‹ geformt.

Diesem Stilwillen ordnet sich auch die Darstellung unter. Das geht bei Fritz Kortner, der dem Macbeth seine ungeschlachte Figur, seinen fremdartigen und durch das falsche blonde Haar noch fremdartiger als sonst erscheinenden Kopf gibt, bis zu einer gewissen Monotonie. Er steht nicht, er geht nicht, er scheint immer gestellt – bis auf Momente, wo dies wilde Temperament allen Stils spottet und brüllend aus sich herausbricht. Nebenbei: ein kranker Träumer, dem der Ekel vor sich selbst die Züge verzerrt zu gräßlicher Grimasse, und Teufel zu sehr auch da noch, wo dieser Mund Shakespeares milde Weisheit spendet. Und wieder muß man feststellen: im Leisen zu leise, im Lauten zu laut. Und so geht viel an Worten verloren zugunsten der Geste.

Gerda Müller ist die Lady. Stark, wo sie dem Manne Verführung, ihn ehrgeizig reißt zur scheußlichen Tat. Da sprühen die dunklen Augen Feuer, da wird das herbgeformte Gesicht starre Maske, der ganze Leib ein einziger Wille. Und Größe hat es, wie sie nach dem Mord auf der Brücke erschöpft hinschlägt: ein Schatten, den der rote Lichtschein mit Blut überspült. Nachher, da sie, eine Kranke, nachtwandelt und die Geheimnisse ihres Herzens ausstöhnt, fehlt ihr der bannende Tonfall.

Neu in Jeßners Regie, neben manchem anderen, vor allem die Erscheinung Banquos. Reinhardt begnügte sich noch mit dem blutigen Kopf; Jeßner läßt den Toten in ganzer Gestalt auftreten. So wird das Entsetzen des Schwächlings Macbeth deutlicher, die Szene bewegter. Aber sie ist zu wenig geisterhaft, bleibt zu sehr Materie. Dieser Banquo ist Rudolf Forster mit milden blonden Lockenhaupt, und seine verschleierte Stimme schenkt den Shakespeareworten wundersamen Zauber.

In Nebenrollen gut und plastisch der alte Duncan Kraußnecks, der Macduff des sehr behutsam modellierenden Karl Ebert, der mädchenhaft schlanke Malcolm Lothar Müthels. Johanna Hofer gibt als Lady Macduff im Verein mit dem kleinen Rolf Müller der Szene ihrer Ermordung schlichte Wahrheit.

Den ersten lauten Beifall findet die Szene zwischen Macduff und Malcolm: die Klage um das arme, geknechtete, in bitterer Not schmachtende Schottland mag vielen wie Klage aus eigenem Mund geklungen haben. Zum Schluß ruft dankbare Begeisterung Jeßner hervor. Und da er sich zwischen Kortner und Gerda Müller zeigt, will der Jubel kein Ende nehmen.

Norbert Falk, BZ am Mittag, Berlin, 11. 11. 1922

Niemand hat vor Jeßner den schwarzen Ton der düsteren Ballade so beklemmend dunkel durchgehalten. Lichtlos schwebt ein schwerer Himmel über Macbeths Burg, und die Wolken spannen sich wie Fledermausflügel und Drachenschwingen. Ohne frohen Klang ist die Luft, eine Luft für das Geflüster schleichender Mörder, für den Takt einer aus geheimnisvoller Ferne dumpf dröhnenden Musik. Niemals scheint die Sonne auf dieses Schottland nieder; sie bleibt verborgen hinter dem drachenflüglien Gewölk. Nur rote Reflexe, wie der Widerschein vergossenen Blutes, überzucken die dunkeln Gründe.

Die düstere Stimmung bleibt einheitlich, ohne daß Jeßner diesmal an der starren Form eines einmaligen Bühnenaufbaus festgehalten hätte; denn gerade diese Inszenierung zeigt den konsequenten Regisseur gelöster vom Prinzip, das ihm die schroffe Physiognomie gegeben hat. Der Schauplatz wechselt über das karg Andeutende hinaus, ohne ins Herkömmliche ausgeführt zu werden. Die herben und schweren Architekturformen des Bankettsaals fassen den Stimmungsgehalt des Vorgangs in barbarisch-frühmittelalterlichem Rahmen zusammen, und Lady Macbeth nachtwandelt durch eine Halle mit phantastisch durchsichtigen Pfeilern. Nur in den Freiluftszenen ist der Jeßner der ersten Berliner Periode, und wie ein das Gestern mit dem Heute verbindendes Übergangsstück steht noch ein kleiner Stufenaufbau da, über den das Mörderpaar in der Nacht des Grauens hinschleicht, hineilt, hinkriecht, hinjagt, auf dem es sich brünstig umklammert, auf dem der in die Enge getriebene Macbeth mit Schild und Schlachtbeil sich brüstet, ehe er Macduffs Schwertstreich erliegt.

Nicht jeder Spuk dieses schwarzen Traums ist geglückt, nicht jeder Absicht ward Erfüllung; es ist manches nicht recht fertig geworden, steckt im Entwurf, und ich würde an Jeßners Stelle das mißratene Banquogespenst im sonst so wuchtig hingehauenen Bankett durch ein neues ersetzen, durch ein weniger leibhaftig und nüchtern stehendes und schreitendes. Hier wollte er von der herkömmlichen Vision abweichen, aber der Erscheinung fehlt alles Grauenhafte, durch das erst Macbeths Erschütterung so selbstverräterisch wird. Auch die Hexen, von denen auf dunkler Heide nur die fahl belichteten Köpfe sichtbar werden, erhalten nicht die notwendige Wirkenskraft; sie klagen in weinerlich langgezogenen Tönen, während grade ein hämisch Lockendes, verwirrend Antreibendes ihr Wesen ist. Macbeth müßte durch die zitternde Klage der gespenstischen Weiber eher weichmütig und furchtsam werden, als daß die Kronengier, der Machthunger in ihm aufschießt. Kortner, für den Jeßner diesmal mehr getan hat, als jener für diesen, trägt als Macbeth kein besonderes Gesicht. Nicht das des liebeshörigen Ehebettknechts, nicht das des thronlüsternen Vasallen, in dem nach Schlegels Wort ein tapferer Wille mit einem feigen Gewissen ringt. Der untersetzte Kriegsmann, dessen Mulattenkopf blondes Straffhaar umflattert, bleibt ›Rolle‹, ohne Ansatz zu einer besonderen Natur. Je mehr Kortners Stimme sich in die ganz hohen Lagen schwingt, desto mehr Boden verliert die Gestalt unter den Füßen. Ein rabiates Temperament schäumt so über, daß alle Kontur verwischt wird.

Jeßner will offensichtlich in den entscheidenden Momenten vor dem Morde das Sexual-Motiv anschlagen, aus erotischer Versklavtheit Macbeths die rasche Willfährigkeit zur Tat ableiten. Die Lady umklammert bei der ersten Begegnung den heimkehrenden Macbeth mit dem Willen, den in ihre Arme hineinstürzenden Mann erotisch zu betäuben und in seiner aufgepeitschten Lust zur Tat zu kirren. Die Umklammerung wird sehr eng, die Körper verwühlen sich ineinander, aber trotzdem flammt aus der Vereinigung kein echter Rausch. Kortners Macbeth bleibt so unerotisch, wie bei aller Leidenschaftlichkeit auch sein Othello war. In dieser ersten Szene setzt bereits ein Sturm ein, der sich bei Macbeth wie bei der bildhaften, verstandesklaren, aber unsinnlichen Lady Gerda Müllers in der Entfaltung der Stimmen austobt; sie sind nicht Organe eines wahrhaft aufgerührten Gefühls. Hier sind auch die nachfolgenden Übersteigerungen begründet, die den sonst so einheitlichen Ton der beklemmend dunklen Ballade schrill zerreißen. Gerda Müller ist eine schlanke Lady, deren bleiches, nervös durchzucktes Stumpfnasengesicht von gescheiteltem Braunhaar gerahmt wird. Eine mädchenhafte, nicht frauliche Lady, die sich zur lüsternen Lockung erst recken muß, deren Tatentschlossenheit und lenkender Wille aber fühlbar werden. Die Nachtwandlerin wächst über die Mordstifterin weit hinaus, wenn sie, die schmalen, mageren Hände vor sich hinhaltend, den unabwaschbaren Blutfleck reibt und die Augen weitend, starr durch die Halle schwebt. Wie immer bei Jeßner, erscheinen die Gestalten durch keine ragenden Hintergründe verkleinert, sind in großen Formaten herausgehoben und plastisch gemacht. So der gemessene Duncan Kraußnecks, Eberts edelgehaltener Macduff, der beschwingte Malcolm Müthels und die gedungenen Mörder, die den Banquo in einer Szene mit der Axt erschlagen.

Herbert Ihering, Berliner Börsen-Courier 11. 11. 1922

›Macbeth‹ konnte die Erfüllung des raumgliedernden, sprachlich gereinigten Ausdruckstheaters werden und wurde – das Verzagen Jeßners. In dem richtigen Gefühl, daß ›Macbeth‹ nicht mit dem Kommandoton des ›Napoleon‹ und nicht mit der unbedenklichen Dynamik ›Richard des Dritten‹ gespielt werden kann, kam Jeßner dazu, statt seinen Ausdruck von innen heraus zu bereichern, ihn von außen her durch Konzessionen zu verwirren.
Lockerung der Form, das hätte für die Inszenierung des ›Macbeth‹ bedeutet: das harte Staccato übereinander getürmter Einzelauftritte in das ansteigende Legato einer ausschwingenden Aktkomposition aufgehen zu lassen. ›Macbeth‹ ist das größte Wunderwerk eines symphonischen Aufbaus. ›Macbeth‹ ist Shakespeares besessenstes und geklärtestes, Shakespeares jagendstes und gemessenstes Drama. Sein tiefstes Geheimnis ist, daß sein Tempo Ruhe und seine Ruhe Bewegung ist. ›Macbeth‹ reicht in die atmosphärischen Bezirke hinauf, wo der Sturm wieder Stille wird und die Stille wie Orkan klingt.
Die Worte stehen im sphärischen Licht und werfen schwarze Schatten. Die Menschen sind Verbrecher und um sie ist Adel und heroische Trauer. Sind sie es, die die Natur aufrühren oder rührt die Natur sie auf? Geheimnisvoll taucht ›Macbeth‹ noch in die Dunkelheit des dichterischen Schaffensprozesses zurück. ›Macbeth‹ hat sich scheinbar noch nicht von seinem Schöpfer gelöst und ist doch leuchtend gestaltet.
Wer ›Macbeth‹ inszeniert, muß die Ruhe zum steigenden Tempo, die Gemessenheit zum drängenden Aufbau haben. Wer ›Macbeth‹ sprachlich gliedert, muß im bewegten Vorgang die Lyrik, und im Abklingen die innere Aktion weiterleiten. Wer ›Macbeth‹ auf die Bühne überträgt, muß – mehr als bei je-

dem andern Drama, – die Sprache raumhaft und die Bewegung akustisch empfinden.
Die Inszenierung des Staatstheaters mußte an den räumlichen Problemen vorbeigehen, weil sie an den sprachlichen vorbeiging. Wenn Jeßner den ›Macbeth‹ gehört hätte, hätte er die szenische Lösung Walter Reimanns nicht durchgehen lassen. Jeßner wollte sein architektonisches Treppensystem gliedern – und pfropfte ihm bald plastische Felsenschauplätze, bald malerische Andeutungsdekorationen, bald stilisierte Landschaftsansichtskarten auf. Fast jede Szene war nach einem neuen unorganischen Einfall geordnet. Einmal dachte man an Cesar Klein, dann an Svend Gade, dann an Pirchan und immer an den Film. Das Entscheidende nämlich war, daß diese Verbindung von gemaltem Prospekt und plastischer Dekoration auf die Photographie berechnet war. Die Szenen waren perspektivisch so geordnet, daß sie erst – aus einer bestimmten Entfernung aufgenommen – im reproduzierten Bilde einheitlich zusammengegangen wären.
Niemals hat man bei Jeßner so uneinheitlich gesprochen wie an diesem Abend. Wenn man die Verse ausbreitete, lastete man auf ihnen und trieb die Handlung nicht weiter. Wenn man die Verse straffte, ging die Lyrik verloren: Man sprach entweder tonmalerisch oder realistisch zersetzend wie früher bei Reinhardt.
Für beide Irrtümer war – was für mich unbegreiflich ist – Kortner als Macbeth das entscheidende Beispiel. Kortner, der sonst drängend, aufbauend sprach und gerade in diesem Aufbau die Variation hatte, zerlegte die Verse in einen logischen und einen stimmungsvollen Teil. Niemals – weder in Wien noch in Berlin –, habe ich Kortner innerlich so indisponiert, so stromlos gesehen wie an diesem Abend. Weil man Kortner durch das Gehör sieht, und seine Spache gestern unsuggestiv war, blieb Kortner auch für den Gesichtseindruck matt. Eine sprachlich und körperlich spannungslose, unsichere Leistung. Macbeth ist adelig, kraft der Worte, die er spricht. Kortner gab einen Verbrecher, der den Schatten seiner Tat nicht in der Vision, sondern in der Realität sieht. Deshalb dieses häufige Sichdrücken, dieses Zu-Boden-Fallen. Dieser Macbeth spürte nicht im Rücken, nicht räumlich, nicht körperlich das Verhängnis, er sah sich kleinlich nach ihm um – wie der Einbrecher, ob Sherlock Holmes kommt.
Durch dieses zersplitternde und bei einem großzügigen Gestalter wie Kortner unbegreifliche Spiel – Kortner gebrauchte seelische Requisiten wie der frühere Schauspieler greifbare Requisiten brauchte –, wurde die Raumvision des ›Macbeth‹ noch einmal aufgehoben. Auch Gerda Müller als Lady Macbeth stellte sie nicht wieder her. Ihre Leistung war formal gebundener, einheitlicher, disziplinierter als Kortners. Aber wieder hatte man das Gefühl: Gerda Müller stilisiert, um die Gestaltung zu umgehen. Der *Klang* ihrer Sprache ist oft wundervoll. Und doch hat Gerda Müller keine starke Tonphantasie. Sie spricht oft phonetisch, sie wechselt zwischen breit hingesetzten und hastigen Staccatotönen (und hat wie als Elisabeth nur zwei Tonebenen). Sie hat oft eine hinreißende Stimmfarbe, aber nicht immer motivierten Tonfall. Gerda Müller spielt nicht innere Vorgänge nach außen, sondern stilisiert – wie in ihrer besten Szene: der Nachwandlung – Stimmungen. Sie hätte eine Klytämnestra von Hofmannsthal gespielt, wenn sie nicht eher in der Schauspielkunst das ist, was in der Literatur etwa die Epoche von Hasenclever bis Unruh bedeutet:

Klangliches, formales, dekoratives, rhetorisches Theater. Gerda Müller muß das Kunstgewerbliche, das auch dem schwächeren Frankfurter anhaftet, überwinden und vom formalen Stil zur gestalteten Ausdrucksform kommen.
Und sonst? Eine durchgehende Bewegungs- und Tonlinie hatte nur die Bankettszene, während darstellerisch diesmal am gehaltensten der Banquo Forsters und der Bote Legals wirkten. Merkwürdige Umkehrung: wo man gehofft hatte, wurde man enttäuscht, wo man nicht glaubte, wurde man überrascht.

August Strindberg   Königin Christine

Lessing-Theater Berlin, 14. Dezember 1922, Regie Fritz Wendhausen

In dieser Aufführung ging der Stern Elisabeth Bergners auch für das Berliner Publikum auf. »Die Bergner« – das war unter den Eingeweihten, seit Polgar ihr Talent entdeckt hatte (»Es wetterleuchtet von Zukunft um diese Elisabeth«), längst ein Begriff. 1918 war sie, von Zürich kommend, kurz bei Barnowsky am Lessing-Theater, sie spielte im ›Marquis von Keith‹ eine ihrer vielen Hosenrollen: den Hermann Casimir, ging dann abrupt aus dem Engagement weg an die Neue Wiener Bühne und 1920 nach München, wo sie an den Kammerspielen und am Staatstheater in ihre Rollen fand: Rosalinde (in ›Wie es euch gefällt‹), Puck (im ›Sommernachtstraum‹), die Lady (in Maughams ›Kreis‹) und den Christopherl (in Nestroys ›Einen Jux will er sich machen‹). In der Uraufführung von Hofmannsthals ›Schwierigem‹ (s. 1921) hatte sie die Komtesse Helene gespielt. Dann versuchte sie nach Berlin zu kommen. Barnowsky engagierte sie 1921 für die Uraufführung von Julius Berstls Komödie ›Der lasterhafte Herr Tschu‹. Als die Chinesin Yin-Ying entzückte sie die Kritiker, aber sie spielte nur drei Vorstellungen, weil München sie nicht freigab. Berthold Viertel holte sie im Sommer 1922 endgültig nach Berlin. In ›Vatermord‹ kam sie, wieder in einer Hosenrolle, als der junge Sohn, gleich darauf (17. 5. 1922) in Ludwig Fuldas Komödie ›Des Esels Schatten‹ (zusammen mit Heinrich George) auf die Bühne, im Oktober war sie das widerspenstige Käthchen Shakespeares im Großen Schauspielhaus (Regie Iwan Schmith, 2. 10), am 14. November die Königin in ›Richard II.‹, den Berthold Viertel mit Moissi als Richard und Heinrich George als Bolingbroke im Deutschen Theater inszenierte. Man hatte sie immer beachtet: als Königin Christine erlebte man sie an Barnowskys Lessing-Theater nun in der ersten ihrer großen Berliner Rollen. Ihr Zauber schlug sich in manchen Kritiken als holdflirtender Stil nieder. Kerr avisierte sie in seiner Vorkritik mit dem Satz: »Strindberg hat aus der Gruft vermutlich seinen Dank an die Schauspielerin Elisabeth Bergner gekabelt.« – Er sprach nun von ›der‹ Bergner. – Kerrs lange Kritik reichte über den Anlaß weit hinaus. Sie wird nach schon längerem Geplänkel zur offenen Kampfansage an den jungen Kritiker Herbert Ihering. Formulierungen wie: Abrakadabrakritik, Hokus-Pokus-Ausdrücke, Konfusionär usf. kehren von da an in vielen Rezensionen Kerrs als versteckte Angriffe auf Ihering wieder. – Die Antwort Iherings kam wenige Tage später in seiner Rezension zu Brechts ›Trommeln in der Nacht‹ (s. d.).

Norbert Falk, BZ am Mittag, Berlin, 15.12.1922

Und auf Irene Triesch folgte Fräulein Orska und auf das Fräulein Orska folgte Elisabeth Bergner. Die kleine magere Bergner mit den dunkeln Leuchtaugen im gemmenhaften Medusengesicht, um das die schwärzlich-kupfrigen Haarschlangen der koketten Perücke züngeln. Schleppenden Schritts, mit hängenden Dekadenzschultern, gesenktem, wie rückgratlosem Rücken, kindhaft zart, zerbrechlich, und wieder rauh im Befehlston des Zornaffekts. Hier ein Amazönchen in roten Seiden-Reithöschen mit einer fuchtelnden Reitpeitsche in den nervösen Fingern. Strindbergs grazilste Weiberpuppe, nicht tendenziös verschminkt, aus weiter Perspektive menschlich erschaut. Die Tochter Gustav Adolfs, die an ein halb Dutzend Liebhaber und noch mehr Bilderhändler die fünf Millionen Kriegsentschädigung aus dem Westfälischen Frieden vergeudet, den Staat aus den Fugen bringt, dann die Krone wegwirft und in der Innsbrucker Hofkirche katholisch wird.

Ein Stoff für Wedekind, der die Schwedenkönigin in die Lulu-Klasse eingereiht hätte. Strindberg lockt es zuerst auch zur historischen Farce: das für Manns-Geschäfte untaugliche Weib ohne Verantwortlichkeitsgefühl, ganz Geschlecht. Dem Dichter wandelt sich aber die Satire rasch zum Charakterbild. Aus dem Schutt der Geschichte, aus dem Wust der Pamphlete, aus dem Gespinst verleumderischer Anekdoten schält er das Wahrscheinliche. Und verdichtet es zum Symbol. Das Naiv-Verbrecherische im gekrönten Weib, dem gar nicht zum Bewußtsein kommt, was es verdirbt, erhält in Elisabeth Bergners instinktiv sicherer Nachbildung süß-giftige Anmut und fast harmlose Verworfenheit. Ein gefährliches Kind, das nach verbrochenem Unheil einfach davonläuft.

In der schönsten Szene des dramatisch verkomponierten Werkes eröffnet Oxenstjerna der Königin, es gebe Krieg. – »Krieg?« fragt Christine-Bergner erschrocken und sieht den Kanzler überrascht und furchtsam an. »Mit wem?« Sie fragt, als ob man erzählt, es sei irgendwo Feuer ausgebrochen, das man doch um Gotteswillen bald löschen wird. Wozu hat man denn eine Feuerwehr. »Mit der freien Reichsstadt Bremen«, sagt Oxenstjerna mit leicht strafendem Ton. Christine-Bergner wird verlegen, blickt seitwärts und wiederholt stockend: »Mit Bremen?« Oxenstjerna sieht sie an. »Weiß die Königin gar nichts von der Sache?« – »Nein«, antwortet Christine, fast weinerlich, denn sie fühlt, daß sie wahrscheinlich etwas sehr Schlimmes angerichtet hat. Sehr hübsch, wenn die Bergner jetzt, halb erläuternd, halb entschuldigend hinzusetzt: »... Das heißt, Königsmarck schrieb einen Brief und beklagte sich über die Bremer ... und da« ... (ängstlich, mit eintrocknender Kehle): ... »da antwortete ich natürlich. Ich antworte *immer* auf Briefe!« – Sie sagt's, als bewiese sie damit, wie sehr sie sich ihrer Regentenpflichten bewußt sei. Aber Oxenstjerna ist so ungalant, weiter zu fragen, *was* denn eigentlich die Königin geantwortet habe. Da zittert sie ein wenig, und ein bißchen zögernd, aber doch schon so, als sei ihr jetzt die Sache ebenso fatal wie lästig: »Ich sagte natürlich ... er solle ... sie schlagen, oder wie die Generale das nennen!« Und nun bittet sie, der alte gute Oxenstjerna solle das doch wieder in Ordnung bringen; sie schmeichelt und spricht von sich als dem »Klein Christel«, in das sie sich immer katzenhaft wandelt, wenn sie sich recht niedlich machen will. Die Verstrickung der innerlich Kalten, die die Männer nimmt wie ein Glas

Wein, in eine wahrhafte Liebe, kommt auch bei Elisabeth Bergner über das Betonen einer heftiger fiebernden Erotik nicht hinaus. Hier hat Strindberg seine Absicht nicht zu gestalten vermocht, und Leutnant Tott, der Christinens wahre, einzige Liebe sein soll, wie sie seine einzige ist, läßt sie (dürftig motiviert) fallen, gerade in dem Augenblick, in dem sie die Krone weggeworfen hat, um ganz frei, ganz Weib, ganz sein eigen sein zu können. Auch Herr Karchow vermag diesen Sprung von Leidenschaft zur Verachtung nicht zu machen. Theodor Loos als de la Gardie gibt sich ganz beherrscht, mit sparsamen Durchblicken auf gekränkten Günstlingsstolz. Hermann Vallentin ist der dickbäuchige, unrasierte, nach Schnaps riechende Karl Gustav, Christinens behäbiger Nachfolger. Matt die Zeichnung der anderen, unter Wendhausens Regie, die Strindbergs dramaturgische Fehler durch unstraffe Führung noch deutlicher macht.

Arthur Eloesser, Das blaue Heft, Dezember 1922

Von dem ganzen Strindberg würde nichts fehlen, wenn er die historischen Dramen nicht geschrieben hätte. [...] In Wahrheit gab es für Strindberg nur eine Geschichte, die seine eigene war. [...] Es bleibt die Rolle, die in sehr legitimem Erbgang von Irene Triesch auf Elisabeth Bergner übergegangen ist. [...]. Wer Elisabeth Bergner ist, weiß man. Eine Puppe, in der ein Dämon steckt, auch der der Liebenswürdigkeit. Ein zierliches Persönchen, das sich nicht einmal vom Riesenrachen des Großen Schauspielhauses einschlucken ließ. Sie hat eine Seele – wie alle Frauen. Sie hat Geist – wie wenige Frauen. Sie hat einen Humor, der spielen kann. Man gebe ihr das Beste von Shakespeare, die liebliche Viola und die kecke Rosalinde; denn dieses Mädchen hat vor allem auch eine Zunge, die herrschen kann. Und dann ein Auge! Als ob Gustav Adolfs entartete Tochter schon mit Atropin und Cocain und sonstigen teuflischen Erfindungen umgegangen wäre. Daß die kleine Hexe oder Dirne oder die Reine – Cocotte, wie die Franzosen sagen würden, mit Männern wie mit Puppen spielt, das glaubt man ihr. Warum sie obendrein katholisch wird, konnte sie uns nicht klarmachen; das hat ja Strindberg auch nur aus der Geschichte, die er nach Belieben geändert, aber nicht vertieft hat. Im übrigen wird jeder Regisseur streng verpflichtet, auf diese gefährliche Begabung aufzupassen. Der Bergner wird das Theaterspielen so leicht, daß man sie von einem allzu direkten Verfahren, einem Hinlegen der Rolle nur zurückhalten muß. Sie trägt sich heute schon etwas vor, wenn auch die Musik gut ist. Was mir daran aber nicht gut, sondern höchstens schmeichlerisch scheint, das ist ein Ton aus der Wiener Schule, aus der Schule der Verwöhnung und Selbstverwöhnung.

Alfred Kerr, Berliner Tageblatt 15. 12. 1922
I
Ist dieses Werk nur schwedengeschichtlich – oder ist es allmenschlich. Fesselt es also jemanden, dem Historisches wurst wäre?
Es ist vorwiegend schwedengeschichtlich... Außerdem dämmert Menschliches in einem Strindbergweibchen.

Gekrönte Lulu – die mit Mannsbildern Paarungskünste treibt, das Land auspreßt oder auspraßt ... und abdankt. Jener Übergang der schwedischen Krone von M. 1,30 zu 2014 – was sag' ich! ... der schwedischen Krone von Christine zu Carl Gustav ist uns Hekuba.
Auch daß am Schluß eine tote Schwedin nicht lutherisch, sondern katholisch wird: was läge Menschlich-Allgemeines hierin?
II
Eher was in Folgendem. Der Einzige, den sie liebt, schert sich weg. Abgetrumpft wird sie.
Der Weibhasser Strindberg ruft hier mit erwachender Schadenfreude: »Eetsch!« Auch mit erwachender ... Billigkeit: »Armes Ding!«
Vorwiegend schwedengeschichtlich. Nennt man (zur Probe!) die Hauptgestalt Mieze Werner, statt ›Christine von Schweden‹: so bleibt nur Tonloses; Mittelmäßiges.
Das Stück zählt zu solchen, wo man zuletzt fragt: »Nun, und –? Zugegeben, daß dem so ist, – ...? Als wahr unterstellt ... Hm?«
(Aber es birgt eine Rolle.)
III
Der Abend hieß demnach: Bergner. Mit Vornamen Elisabeth.
Denn das gleichgültige Stück verblaßt hierneben. Die Triesch hat vor einem Jahrzehnt mehr die Tragik herausgeholt; Fräulein Bergner (man hat nun zu sagen: die Bergner) hundert Mannigfaltigkeiten.
Das ist ein zartknochiges, ganz durchfeintes Geschöpf. Sie bringt die wechselnd vielen Unterschiedlichkeiten menschlicher Seelenwallung ... im Angesicht; in Haltung; in der Stimme.
Was für eine Schmeichelstimme; was für eine sacht gliedernde Stimme, was für eine unwillige Stimme; was für eine befehlende Stimme; was für eine eigensinnige Stimme; was für eine furchtsame Stimme ... Doch sie gibt kein Glockenzeichen: alles kommt aus einer – Versenktheit.
Ja, versenkerisch ist sie (statt Virtuosin zu sein; was die Jenny Groß war, der sie ähnelt; – sie steht zur Jenny Groß wie Strindberg zum Scribe; das nebenbei).
Sie zieht nicht Register: sondern hat Zustände.
(Bloß einmal, wenn sie von stibitzten fünf Millionen spricht, unterstreicht sie mit den Augen. Bloß einmal.)
IV
Gesicht spielt; Haltung spielt; Stimme spielt ... Nicht gewissenlos – nur gewissensfrei. Leichtgeherzt – und bange. Gefährlich – und furchtsam. Selbstverliebt – und zag. Hundert Nüancen (namenloser Quatsch, einer von vielen, daß der Schauspieler auf die Nüancen verzichten soll; sie sind erstes Bedürfnis).
Neulich gab diese Schauspielerin Bergner Richards des Zweiten Frau. Sie machte das in einem etwas gleichbleibenden, Armen-Vögelchen-Ton. Sie gab, was ich den Grundakkord einer Gestalt oder eines Auftritts nenne – und wofür Abrakadabrakritik, umschreibend, die Spur verwischend, Hokus-Pokus-Ausdrücke wählt. (Was als gelegentliches Mittel 1905 empfohlen wurde, wird von freundlichen, doch hilflosen Theoretastern als Dauer- und Hauptprinzip angefaselt.)
Also dort, in einer Beigestalt, ging das: in einer Tonstimmung zu werkeln.

Jetzt hat sie, von Natur begabt, sich zu der Annahme erfrecht, eine Dramengestalt habe viele Charakterseiten; viele Seeleninhalte – statt einer gediegenen Opernbanalität.
Die Vielfalt macht es. Was not tut, ist nicht ein Gefühl, das aus technischen Künsten erzeugt wird, – sondern unendlich viele Züge glitzernden Einzelreichtums, hinter denen ein (nie loszulösendes) Grundgefühl steckt: ein Ich. So hieß es. Das scheint alles bei ihr dazusein. (Bloß Haltungen von der Seite wirken etwas verbuckelt: Kopf hoch!!)

V

So Bergner. Strindberg hat beinah jede Veränderung in der Gebärde vorgeschrieben. (Beinah wie Shaw.) Er machte eine Mimen-Partitur.
Für den Regisseur liegt nun – eine Erleichterung in der Vorschrift; eine Schwierigkeit in der Erfüllung ...
Folgendes scheint mir möglich für historische Dramen. Z'erscht amal: ist ein Stück historisch treu; will es das vorwiegend sein: so spielt man es lebenswirklich. Zweitens; ist aber Geschichtliches nur Anlaß für abweichend geschaftete Vorgänge: so mag man 's feierlich spielen oder wedekind-spukhaft oder maeterlinck-träufelnd oder shaw-witzig oder plautus-derb oder dumas-spitz oder hebbel-brütend oder toller-betont oder strindberg-trüb oder scribe-glatt oder sonstwie. Der Tiergarten unseres Sterns ist groß.

VI

Bei Unruh (›Ein Geschlecht‹) wird ganz gelegentlich auch jener 1903 empfohlene Seitenweg der Darstellung angebracht sein – »symbolisch« genannt, jetzt falsch »expressionistisch« –: wo was Ornamenthaft-Symmetrisches hineinkommt. Nur ganz zwischendurch. Dies jedoch als allgemeine Richtung oder »Lösung« vertuschend hinzustellen, ist Merkmal einer anheimelnden, geistigen Schlichtheit.

VII

Strindberg wird hier nur einmal, im Schlußakt, phantastisch; in einem fast wedekindschen Maskenauftritt. So bleibt für den Regisseur als Grundton: das Komitragische.
Herr Wendhausen (dem die wirkliche Kahlheit der Riddarholm-Kirche wohl unbekannt ist – obzwar sie hier in Strindbergs Bewußtsein mitspricht; denn die Königin flieht jenes Land) – Wendhausen bringt, in einem oft vorzüglich durchgearbeiteten Ineinander den Ton gedämpft und wenig gestillt. Also nicht lebenswirklich, sondern ... halb dramenwirklich.
Dann sehr gut leichterer Ton zwischen Kanzler und Schatzmeister.
Am Schluß, mit etwas Recht nur dort: eine Symmetrie der zwei Gesandten, die sich geisterhaft-geometrisch (wider Strindbergs ausdrücklichen Befehl!) als zwei Ornamente hinsetzen – bloß, um gleichzeitig aufzustehen ... und abzuwandeln. Man lacht. (Weil das in dem phantastischen ›Dybuk‹ begründet, hier ganz unbegründet ist.)

VIII

Sonst hat er Herrn Decarli (wertvolle Provinzgediegenheit), Herrn Karchow (betont mit den Augen, zieht Register, gibt Glockenzeichen) und den Theodor Loos, abweichend von ihnen, als eine von innen leuchtende Kraft, recht wohl eingegliedert.
Gegen den matten Schluß (starrendes Volk; grundloser Abgang des Hähnchens; der Kalk des Dichters tickt) kann kein Regisseur an.

Bloß den letzten Schluß kann er kappen: jenen wurstigen Übertritt zum Papsttum.
Er versäumte dies. Aber das Stück ist wirklich nicht viel wert.
IX
Die Arbeit hat, für Stockholmer, einen Sachinhalt. Kommt es bei Dramen auf Sachinhalt niemals an?
Hekuba.
Doch. Richard III. (was neulich ein Konfusionär zu entstellen versuchte) sagt heutigen Menschen »bloß« als dichterisches Werk etwas: nämlich durch die Sprache. Kaum etwas durch die (überholten) Tatsachen. (Etwa: klobige Metzgerei; dicke Verstellung eines hanebüchenen, leicht durchschaubaren Scheusals; – das ist überholt).
Bei Shaw jedoch, am Caesar, sieht man (weil er heutig ist) nicht überholte Feinheiten: wie etwa jemand es macht, Herrscher zu werden, oder zu bleiben. (Das wird erst in etlicher Zeit überholt sein.)
Richard III. wirkt also »bloß« als dichterisches Werk hinreißend: durch die Sprache. Wie hinreißend erst, wenn er auch durch Tatsachen wirkte!... Die Wirkung wäre natürlich gesteigert, ihr Köpfchen.
Bloß wer zu sehr an die Dunkelphrase des Nachsprechens gewöhnt ist, sieht es nicht.
X
Nein, ganz gleichgültig für ein Kunstwerk ist auch der Sachinhalt nicht. Ganz gleichgültig ist für ein Kunstwerk der »richtige« Inhalt gar nicht; so gewiß der richtige Inhalt allein kein Kunstwerk macht. Und justament ihr merkt es nicht, die ihr schematisch mühsam aus dem Verstande schwitzt.
Das ließ sich, als man Hofmannsthals ›Elektra‹ gab, vor einem blutigen Werk mit Schlächterdurst, so prägen und satzen: »Dieses Stück von vorn bis hinten ist: die Erfüllung eines Gefühls. Wir haben keinen Schlächterdurst; wir sehen daher einen Menschen, dessen Gefühle wir nicht teilen; der aber in einem riesenhaften Gefühl ganz aufgeht und untergeht. Und dies ist das Fortreißende... Wenn es gleich mehr wäre, falls er in *unseren* Gefühlen auf- und unterginge.«
(Verstanden?)
XI
Schreibt nicht länger ab – manchmal mit umgekehrten Vorzeichen. Alles Winden hilft nichts. Übt immer Treu und Redlichkeit. Es ist hier (vor ihrem Bankrott) festgestellt worden: was an abgetanen, reaktionärsten Dingen verschollener Zeit ratlose Theoretasterei ausscharrt und als neu vor... legt.
Auch wenn so eine Kraft jetzt den Rückzug antritt und schon ›Mißverständnisse‹ hervorhebt.

1923

Besetzung des Ruhrgebietes durch die Franzosen, Ruhrkämpfe, passiver Widerstand (Hinrichtung Schlageters), Ausrufung einer Rheinischen Republik, Separatistenkämpfe im Rheinland, Höhepunkt der Inflation, Stresemann Reichskanzler, ab Herbst Außenminister. Abbruch der Ruhrkämpfe im September. Aufstände von Arbeitern und Bauern in Sachsen und Thüringen. 9. November: Putsch Hitlers in München, Marsch auf die Feldherrnhalle. Verhaftung Hitlers und Festungshaft. Verbot der NSDAP und KPD. Ende der Inflation (15. 11.), Stabilisierung der Mark.

Im Theater hält die Krise an: starker Publikumsschwund, Umschichtung durch Verarmung des Bildungspublikums und Auftreten starker neureicher Gruppen. Geistig: Ende des idealistischen Expressionismus, Umschlag in den extremen brutalen ›schwarzen‹ Expressionismus (Essig, Jahnn, Brecht, Bronnen, Weiß). – Gründung freier, aber kurzlebiger Schauspielergemeinschaften in Berlin: ›Schauspielertheater‹ durch Heinrich George, ›Die Truppe‹ durch Berthold Viertel und Ernst Josef Aufricht (auch ›Das Theater‹ durch Jo Lhermann) als künstlerischer Widerspruch gegen das spannungslos gewordene arrivierte Theater (Ihering: »Das Zentrum ist theatralisch Vorstadt geworden.«). Auffallender Rückgriff der großen Bühnen auf Ibsen und die realistischen Stücke Hauptmanns.

Veränderung an den Bühnen: Felix Hollaender gibt die Direktion der Reinhardt-Theater an Karl Rosen ab und wird Kritiker, das Große Schauspielhaus wird Operettentheater (letzte Schauspielinszenierung ›König Lear‹ mit Werner Krauß 20. 4. 1923). An der Volksbühne Ende des Direktoriums Friedrich Kayßler, neuer Intendant Fritz Holl; Erwin Piscator und Hans José Rehfisch übernehmen in Berlin das Centraltheater und versuchen damit, eine proletarische Volksbühne aufzubauen (Eröffnung am 29. 9. mit Gorkis ›Die Kleinbürger‹). Leopold Jeßner übernimmt als zweite Bühne das verstaatlichte Schillertheater. Kortner und Gerda Müller verlassen das Jeßner-Ensemble, Kortner wechselt zu den Reinhardt-Bühnen. Erfolgsjahr für die Bergner. Erich Engel debütierte in Berlin (mit ›Scherz, Satire, Ironie‹ von Grabbe, 22. 12). Zuckmayer geht (nach dem Terenz-Skandal mit ›Der Eunuch‹ in Kiel) als Dramaturg ans Münchner Schauspielhaus. Gastspiel Tairows in Berlin (April 1923) mit Oscar Wildes ›Salome‹, ›Prinzessin Brambilla‹ und Racines ›Phaedra‹.

Heinrich von Kleist   Das Käthchen von Heilbronn
Staatliches Schauspielhaus Berlin, 1. Februar 1923, Regie Jürgen Fehling

Im Herbst 1922 war Fehling – wohl durch Vermittlung Kortners – zum Staatstheater hinübergewechselt, Jeßner verstärkte mit Fehling (und mit dem Engagement Ludwig Bergers) die Potenz seines Theaters. Die Entwicklung der Moderne, die Jeßner allein nicht mehr führen konnte, verlangte Unterstützung. Für Jeßner selbst stellte sich damals als neue Regieaufgabe: die Variation seines eigenen Stils. Mit der Aufnahme der neuen ›führenden‹ Regisseure variierte und konstrastierte er auch den bisher von ihm allein geprägten Stil des Staatstheaters. Fehling war künstlerisch der Antipode Jeßners.
Jeßners Strenge setzte er Heiterkeit, Jeßners Vorliebe für Weltuntergänge Possen und Ironien, Jeßners Suche nach dem Motiv setzte er das Heraustreiben der Wahrheit entgegen. – Fehling begann am Staatstheater noch als der bekannte Regisseur von Komödien: mit Molière (›Arzt wider Willen‹ und ›George Dandin‹). Es folgte ›Hanneles Himmelfahrt‹, dessen Traumatmosphäre gerühmt wurde (mit Lucie Mannheim, 25. 11. 1922). Zu Silvester überraschte er mit Alt-Berliner Lokalpossen (›Das Fest der Handwerker‹ und ›Polterabend‹), und Fritz Engel schrieb, man erkenne die Jugend des Staatstheaters daran, wie es die alten Stücke aufgreife. Es mache sich nicht darüber lustig (›Berliner Tageblatt‹, 2. 1. 1923). Der Satz, mit dem Paul Wiegler seine Rezension zu ›Das Käthchen von Heilbronn‹ begann (s. d.), bestätigt, was man damals an belebender Heiterkeit, an Sinn für romantisches Spiel von Fehling erwarten konnte. Mit dieser Inszenierung fügte Fehling so viel leichte Ironie und Travestie in ein Stück, das bisher als Ritterstück gespielt und in den Veränderungen der damaligen Darstellungstechnik kaum noch für spielbar gehalten wurde, daß es ein Vergnügen wurde. Fehling entrückte es ins Verspielte, ins Märchenhafte, aber die Figuren selbst erhielten scharfen Umriß. Ein Schild über der Bühne verkündete, was gespielt wurde. Die Ironie wurde auf diese Weise versachlicht. Ein Stück, aus dem historischen Vorrat ›zitiert‹, wurde neu geprägt.

Paul Wiegler, BZ am Mittag, Berlin, 2. 2. 1923

Der Regisseur: Jürgen Fehling. Schon das verrät, daß Kleists ›großes historisches Ritterschauspiel‹ nicht tragisch beleuchtet wird, und daß das Wesen dieser Inszenierung nicht stilisierende Ästhetik ist, sondern romantische Phantasie. Fehlings Mitarbeiter ist der Maler Neher. Ein Rahmen mit Motiven aus dem Märchenbuch grenzt die Bühne ab. Deutsche Stimmungen von Schwind bis zu Thoma werden in den Dekorationen angeschlagen. Das führt nur einmal zum Kitsch: um den Holunderstrauch, vor dem das schlummernde Käthchen liegt, schwebt ein Kranz von Engeln. Wie viel poetischer würde dieser Holunderstrauch ohne die Engel sein! Aber ruhig und schön ist die Bildhaftigkeit der Szenen gehalten: die Waldlandschaft im letzten Abendlicht, in der sich der Graf von Strahl auf den Boden wirft, zu weinen, die Bergnatur mit der Tür der Einsiedelei, die Burg Thurneck im rosenroten Feuerwerk des Brandes, den, ganz Schwind, der Nachtwächter mit seinem Horn verkündet, die mystische Badegrotte. Eine Gardine schließt den Raum, wenn er ein Gemach von Schloß Wetterstrahl ist, das von Kerzen erhellte Zimmer auf Thurneck oder das Zimmer in der Wormser Kaiserpfalz. Buntester Romantik: der Kaiserthron und der Hochzeitszug unter dem Baldachin.

Das eigentliche Problem, vor das ›Käthchen‹ einen jeden Regisseur stellen wird, ist: dieses im Blechharnisch klirrende deutsche Mittelalter, das Mittelalter der Feme, des Weiberraubes, des Gottesurteils aus der grimmigen Theatralik der Vorstadt zu erlösen. Ihm das zu geben, was in ihm märchenhafte Groteske ist. Denn Kleist selbst persifliert ja, mag er auch seine Eisenfresser noch ernst nehmen, zum mindesten das unholde Fräulein von Thurneck, das sie durch den Tann hetzt; sie ist die Teufelin, das zusammengeflickte, fürchterliche Scheusal. Fehling wagt bei der Kunigunde nicht mehr als andere. Er streicht sogar – der einzige Strich von Belang, den er in einer Aufführung von über vier Stunden Dauer macht – die Szene im fünften Akt, in der das Fräulein, noch ungeschminkt, bei der Toilette vom Grafen überrascht wird. Diese Kunigunde, die wir sehen, ist die böse, heuchelnde Märchenfee. Aber die romantische Schnurre dringt bis in die große Szene der Feuersbrunst ein, mit dem Gewimmel der in lächerlichen Nachthauben flüchtenden Tanten. Sie ist am naivsten, am spielerischsten im Auftritt des Rheingrafen vor der Herberge des Jakob Pech. In Tieck, Raimund und der Komödie Shakespeares hat Fehling, als er in Berlin sich durchsetzte, sein Talent gezeigt. Shakespearesche Rüpelspäße begeht er auch mit dem Schlagetot von Rheingrafen und dessen Freunden und Gesinde. Sie torkeln in schläfrigem Weinrausch, der mit der Mistgabel schlenkernd, der zum Misthaufen hinsteuernd; und Eginhard von der Wart ist ein mondscheinblonder Bleichenwang. Lustig wird travestiert, was sonst immer ungewollt komisch war: der schicksalsvolle Eingriff der kaiserlichen Majestät. Bei Fehling wird aus dem erhabenen Herrscher so etwas wie ein romantischer Kaiser aus der Welt Raimunds, der, gelinde vertrottelt, sich zu einer Sünde von damals bekennt.

Spricht inmitten solcher Kurzweil die Seele des ›Käthchens‹, das, wodurch es ewig ist? Sie spricht, da ungestört der Zauber in den Szenen des Gefühls schwingt. Sie spricht dank Fehling und dank dem Grafen Eberts. Freier noch als bisher gibt der neue Held des Staatstheaters sich aus. Er hat, so wie er im Glanz der Rüstung vor den Femerichtern steht, die äußeren Mittel. Der längliche Kopf ein Siegfriedkopf, männlich herb das Profil, geweitete Augen. Doch dann folgt Strahls schwermütiger Waldmonolog; und Herr Ebert gestaltet ihn mit innerer Melodie, mit Parsifal-Verträumtheit. Er bleibt in der Empfindung stark und echt, unverbraucht, ohne zu girren und zu schmachten. Kraftvoll kehrt er aus allem Lärm des Ritterspektakels zu ihr zurück. Das fünfzehnjährige Mädchen wird von Fräulein Mannheim dargestellt. Also hat es den kindlichsten Wuchs, die kindlichsten Züge. Doch diese halberschlossene Anmut versagt, wo es gilt, die Dumpfheit der Somnambulen, das Drängen des Unterbewußten zu erfassen. Und so müßte man beinahe bedauern, daß dem ›Käthchen von Heilbronn‹ das Käthchen fehlte, wäre nicht doch dieser sanfte, stille Liebreiz da.

Die übrige Besetzung: die Kunigunde von Gerda Müller, wild und hart, das Scheusal mit dem falschen Haar, den falschen Zähnen, dem falschen Busen nur durch eine dicke Schicht von Puder andeutend, durchaus Heroine mit ihrem schweren Elisabeth- und Lady-Macbeth-Ton. Der gedrungene Friedeborn des Herrn Klitsch, dessen rauher, murrender Baß heiser aus einem abnormen Kehlsack kommt, und der, bürgerlich-vierschrötig, zur heldenväterlichen Bewaffnung des Gottesgerichts gar nicht passen will. Der Gottschalk Kraußnecks, in mildem Altershumor. Der Kaiser des Herrn Schreck, ein Kaiser Franz mit Habsburgernase, possenhaft verschmitzt. Der Rheingraf Ledeburs, ein ungeschlachter Don Quichotte, und, von seinen Kumpanen, der fahle Eginhard des Herrn Greid, wie ein Vetter der Dümmlinge Waßmanns. Begeisterte Rufe nach Fehling, Ebert und Gerda Müller, die nicht mehr hervorkam.

Emil Faktor, Berliner Börsen-Courier 2. 2. 1923

Der Intendant Jeßner konnte sich gestern als der verantwortliche Leiter des Schauspielhauses einen ansehnlichen, mit sehr viel Beifallsfreude anerkannten Erfolg gutschreiben. Der Regisseur des Abends, der aus der Märchenatmosphäre der Kleistschen Dichtung sehr viel Zartheit und noch mehr Humor hervorlockte, hieß zwar Jürgen Fehling. Wertvollen Mitarbeitern freie Bahn schaffen, ist aber auch Verdienst der Oberleitung.

Der Titel meiner Besprechung rückt die Tatsache in den Vordergrund, daß Kleists ›großes historisches Ritterschauspiel‹ entschlossener als bei allen früheren Inszenierungen zu einem poetisch verklärten Lustspiel verwandelt wurde. Ich beabsichtige keine Polemik. Dieser Trieb der Abdämpfung des Tragischen zugunsten innerer Erheiterung ist nicht bloß im Naturell Jürgen Fehlings begründet. Auch das Werk selber erschließt sich zwanglos der humorhaften Gesinnung, selbst wenn sie in mancher Szene die Kennzeichen mittelalterlichen Rittertums parodistisch verschnörkelt. Mag sein, daß Fehling mitunter zu weit ging, wenn er z. B. den Auftritt des Rheingrafen vom Stein durch die denkbar komischste Interpretation idiotisierte. Dieser Ritter, über den schon immer gelacht wurde, verfiel mit seiner Umgebung in einen schrägen Zustand menschlicher Belämmerung. Eine Zwischenszene wurde breite, den Fortgang der Dinge ein wenig verschleppende Travestie auf die gepanzerte Ritterfaust. Trotzdem kann man sich zu keinerlei Groll entschließen, weil die komische Kraft der Szene etwas Absolutes hatte. Schon hier will betont sein, wie erstaunlich gut Herr Fehling selbst jenes Material beherrscht, das aus den Zeiten des ehemaligen Hoftheaters stammt. Dafür zeugten die grotesken Rittererscheinungen von Ledebur und Leffler, deren Gehaben vom Einfall belebt, aber auch vom Geschmack diszipliniert war.

Diesen Einfluß einer ermittelnden, erneuernden, hinzufärbenden, die Möglichkeiten scharf und fein abgrenzenden Führung konnte man bei einer ganzen

Reihe von Nebengestalten beobachten. Wie märchenhaft drollig gebärdete sich die völlig geräuschlose Furchtsamkeit des Gastwirts Jakob Pech (Ernst Gronau), welche neuen Psychognomien gewann der Knecht Gottschalk, sonst ein devot zärtlicher Biedermeier. Arthur Kraußneck gestaltete aus ihm einen humorlichtumflossenen Knecht Ruprecht, dessen Treue einen prickelnden Beisatz von Kritik merken läßt. Was muß das ehemalige Hoftheater an einem Künstler von soviel Präzisionsfähigkeit gesündigt haben. Es war wie die Neugeburt eines Bejahrten.

Die Liste der Errungenschaften in kleinem Bezirk ist noch nicht zu Ende. Selbst die spröde Figur des Kaisers, dem sonst immer der Übergang von der Majestät zur Menschlichkeit schwerfällt, war gestern vom Hauch der Selbstverständlichkeit gelöst. Der Humorist Max Schreck gab ihn und machte ihn doch nicht lächerlich. An diesem Abend künstlerischer Disziplin wuchs auch die Gestaltungskraft Edgar Klitschs, obschon er von Natur für den Vater Theobald nicht geschaffen ist. Sein gegen Satansgewalt erbost eifernder Waffenschmied schien bisweilen der ritterlichen Kundschaft an Ton und Haltung nachzueifern. Bemerkenswert jedoch die Umrißenergie seiner Situation. Auch in Ernst Legal und Hermann Greid lebte der Geist der Aufführung.

Es ist bezeichnend für die Dichtung, daß die Kleistphilologie niemals das Bedürfnis hatte, für das klirrende Recht der Historie an diesem Ritterschauspiel einzutreten. Schon sie beugte sich vor seinem, der Jahreszahl entschlüpfenden romantischen Zauber, schon sie stellte die Unkontrollierbarkeit der innern Quellen fest und ließ ihm alle Vorrechte einer freischwebenden, von ästhetischen und ethischen Dogmen unabhängigen Komposition. Jeder nachschaffende Bühnenkünstler hat mehr als sonst gerade dieser durch Imagination gehobenen Mischung von Shakespeare, Goethe und Kleist gegenüber Anspruch, über Tradition hinweg das Werk nach den Gesetzen des eigenen Blutes zu erleben. Fehlings Komödiennaturell sah ein quellendes, aus dem Ritterromandickicht hervorsprudelndes Lustspiel. Er nahm ihm nicht die vierte Dimension des Wunderbaren. Er hatte nur wenig Neigung, auch das Schwertgeklirr und Schlachtgedröhne allzu tragisch zu nehmen. Der Burggraf von Freiburg erlitt dadurch im Walddunkel einen allzu nebensächlichen Tod. Aber die kompositorische Kraft des Dichters erlitt keinen wesentlichen Schaden. Das von Lust und Schimmer erfüllte Gefühl des Zuschauers gab der Regie Fehlings recht. Der Eindruck des Abends wäre noch voller gewesen, wenn die Staatsbühne ein Käthchen hätte. Lucie Mannheim ist achtbarer, in dem Willen zur Romantik anerkennenswerter Behelf. Sie glaubte, alles Somnambule hauchen und lispeln zu müssen. Die gelöstere Musik der Liebe machte sie freier. Sie war ein Käthchen fürs Auge. Überraschend gut brachte sich Carl Ebert als Wetter vom Strahl zur Geltung. Es war eine gespannte, das Wort innerlich auffüllende Leistung, der die Regie Fehlings Neigungen des Darstellers zum fransigen Zierat weggeschoren hatte. Auch die Lyrik des erwachenden Liebhabers fand ihre Melodie. Gedrückter waren die Auftritte vor und bei dem Schloßbrand. Hier vermißte man den Humor des Widerspenstigen und die Energie des nur durch Zufall verhinderten Retters. Wenig Korrespondenz ergab sich auch in den Begegnungen mit Kunigunde, die von Frau Gerda Müller in auffallend konventionellen Linien des Heroischen hervorakzentuiert wurde.

Die szenische Herrichtung, die von dem Maler Neher stammte, betonte Naivität. Diese betonte Naivität aber bestand aus zahlreichen Kompromissen, die zwischen Tuchwand, Vollplastik und gemalter Kulisse schwankten. Man war von diesem Wo und Wie selten überzeugt.

Siegfried Jacobsohn, Die Weltbühne, Berlin, 1923

Ästhetenhafte Ästhetiker, und als solche antipreußisch gesonnen, haben ihre Abneigung gegen den Junker Heinrich v. Kleist auch daraus genährt, daß der Graf vom Strahl auf das Käthchen von Heilbronn mit der Peitsche losgehe. Aber tut er das denn? Er holt die Peitsche ja nur von der Wand. Und so war richtig, daß der Regisseur Jürgen Fehling nicht ›Ein großes historisches Ritterschauspiel‹ gab, sondern das Lustspiel, das in dem eisernen Panzer steckt. Diese seine Entschälungsarbeit wird ihren Platz in der Bühnengeschichte des Werkes bekommen. Franz von Holbein hatte es kurz und klein redigiert. Laube hatte sich dem Original wieder genähert. Den Meiningern war das Dichterwort heilig: sie strichen fast nichts als Kunigunde vor ihrer Grotte. Daran hielten sich ungefähr Hülsen und Hochberg, L'Arronge und Brahm. Erst Reinhardt kehrte zu Holbein zurück. Er nahm, weil er Zeit brauchte, um seine ›echten‹ Requisiten aufzubauen, der Feuerprobe die zweite Hälfte, dem Käthchen die poetisch schönste Szene (am Bach) und dem Kaiser die leise und weise Heiterkeit seines Monologs. Bei diesen Regisseuren waren zwischen einem schweren, prachtvoll verzierten Goldrahmen und einem gradlinigen, deutschen, Dürerschen Holzrahmen so ziemlich alle Arten vertreten. Manche versuchten, die Umgebung von Heilbronn ins Bühnenbild einzufangen, manche siedelten diese Gärten und Wälder, diese Höhlen und Schlösser irgendwo zwischen Frankreich und dem Böhmerwald an. Die Hauptsache war schließlich doch immer, ob Kleists Geist durchdrang.

Am Gendarmenmarkt ist die Bühne von Caspar Neher in einen primitiv bemalten Karton gefaßt. Überm Souffleurkasten hängt ein kleines Gasthausschild mit dem Titel des Stückes. Der Holunderbusch ist lustig mit roten und blauen Putten umsäumt. In freier Gegend wird hinten von einem Baum zum andern eine halbhohe Gardine gezogen, und wir erfahren das Geheimnis, das jemand »hier den vier Wänden anvertraut«. Fehling will als Nachdichter eines dramatischen Erzeugnisses, das ihn vielleicht mehr an ›Viel Lärm um nichts‹ denn an die ›Jungfrau von Orleans‹ erinnert, keinen Sinn für Feierlichkeit haben; also schwebt auch über dem Hof ein Hauch Ironie. Er hebt die verschiedenen Menschengruppen, Gefühlsgattungen und ästhetischen Kategorien, aus denen Kleists besondere Welt sich zusammensetzt: Raubrittertum und anständiger Adel, das Bürgertum und seine Gefolgschaft, Herzensreinheit und Herzensschwärze, Märchenromantik und volkstümliche Naivität, Phantastik und Groteske, Balladenstimmung und dramatischer Impetus – die hebt er voneinander ab und läßt sie doch immer wieder in einander greifen. Ihm droht nie die Gefahr, dem Äußerlichkeitswesen zu verfallen, weil er weiß, daß für uns, die wir auf allen Gebieten des Seelenlebens den heimlichen Zauber der Unbewußtheit kennen gelernt haben, in der kindlichen Unbewußtheit der ›Heldin‹ ein ganz neuer Reiz liegt, und daß man zu diesem nicht mit plastischen Büschen und täuschendem Vogelgezwitscher gelangt.

Fehling hat für Kleists Welt ein pathosfreies und trotzdem gerührtes Lächeln. Daß es jemals überlegentuerisch wird, davor schützt ihn seine literarische Bil-

dung. Mit der Sicherheit künstlerischen Geschmacks sieht und hört er jede Komödienwirkung heraus. Der Rheingraf vom Stein mit seinen Leuten bei Jakob Pech: das wird ein Idyll der Betrunkenheit, dem man um seiner Neuheit willen sogar die Umständlichkeit, eben den Charakter des Idylls innerhalb der Aktion des geborenen Dramatikers, nicht verübelt. Der Kaiser, sich in die Erinnerung an seinen ›Fehltritt‹ mit Käthchens Mutter vertiefend: welche artistische Leistung des Regisseurs, den Schatten Gustav Marans heraufzubeschwören und dabei mit unverbrüchlicher Stiltreue kleistisch zu bleiben! Gottschalk wird – guter Kraußneck! – zu einem leibhaftigen Schalk Gottes. Fehlings Ausgangspunkt, Motto, Leitmotiv, Endzweck: Dies alles ist ein Scherz, den sich der Schöpfer macht! Fehlings Verdienst: daß der Scherz nie sein spezifisches Gewicht, nie seine klare Süße verliert. Fehlings einziger Fehler: daß er die Szenenfolge beseitigt hat, wo Strahl Kunigundens Toilettenkünste entdeckt. Wie hätt' er da schmunzelnd austuschen können! Nachdem man vier volle Stunden im Staatstheater gesessen hatte, war man nicht etwa übersättigt, sondern noch auf diesen einen unterschlagenen Gang hungrig.
Und das ist um so höher zu bewerten, als Fehling eigentlich ohne Käthchen hatte auskommen müssen. Fast ihrer ganzen Umgebung hatte seine Intelligenz und Energie, sein Reichtum an Einfällen, seine Fähigkeit, der eignen Auffassung sich und das Ensemble zu unterwerfen, eine Fülle von runden Gestalten abgerungen. Je anspruchsloser die Rollen, desto vollkommener die Verkörperung. Drei Sätze der Gräfin-Mutter Sussin: eine Erlesenheit. Wie Gerda Müller aus der Grotte: »Rosalie!« ruft – man brauchte das Rabenaas gar nicht zu sehen. Ihr taumelnder Bräutigam Ledebur mit seinen zwei wieder anders angesäuselten Freunden: wer sich vor diese Kumpanei setzt, der findet sich mindestens für den Abend mit der Verkürzung der Polizeistunde ab. Carl Ebert ist nicht grade der strahlendste, nicht grade der hinreißendste Friedrich Wetter. Aber er steht fest auf dem Boden und birgt in der rechten rauhen Schale den rechten weichen Kern. Wenn die Schale schmilzt, ist er noch immer Mannskerl genug, um selbst in der Liebesgirrerei keinen Augenblick weibisch zu wirken. Man hätte ihm und sich eine ebenbürtige Partnerin gewünscht. Käthchen soll ihrer Liebe nachtwandlerisch sicher und dann wieder zu Tode verzagt sein; sie soll Visionen erleben und Landsknechtsmärsche zu Fuß machen können; sie soll ein starkes Herz und die zartesten Nerven, mehr noch: sie soll eine Tag- und eine Nachtseele haben. Um das alles in einem zu treffen, ist Genie nötig. Fräulein Lucie Mannheim ist ein angenehmes Durchschnittstalent. Erfreulich, daß sie es nirgends forciert. Aber sie ist hier einfach bis zur Tonlosigkeit. Und da Käthchen auch schon bei Kleist Humor hat, so blieb Fräulein Mannheim, die keinen hat, in dieser humorgetränkten Aufführung allzu weit hinter den Erfordernissen zurück.

August Strindberg   Fräulein Julie
Kammerspiele Berlin, 22. Februar 1923, Regie Bernhard Reich

Innerhalb weniger Monate hatte sich Elisabeth Bergner zu einer der ersten, sicher aber zur beliebtesten Berliner Schauspielerin hinaufgespielt. Nach ihrer ›Königin Christine‹ (s. d.) wurde sie in den Kammerspielen die Elisabeth in

Somerset Maughams Komödie ›Der Kreis‹ (24. 1. 1923, Regie Bernhard Reich). Monty Jacobs schrieb darüber: »Wenn Elisabeth Bergner in der Ratlosigkeit der Jugend einem Kinderherzen den Entschluß einer Frau abringt, so bebt noch in ihrem Lächeln ein Schluchzen, ein seltsam mitreißender Ton, wie Hilfeschrei aus den Tiefen« (›Vossische Zeitung‹, 25. 1. 1923). Mit ihrer zweiten Strindberg-Rolle, ›Fräulein Julie‹, kam sie über die Wirkung von Gestalt, knabenhaftem Liebreiz und Charme, die die Kritiker immer wieder hervorheben, hinaus zu einem ernsthaften, künstlerischen Erfolg. Franz Servaes war einer der ganz wenigen, die in den Jubel nicht einstimmten. Er fragte, ob »diese Begabung (als Julie) noch richtig verwandt« werde. »Sie wußte sich nicht anders zu helfen, als indem sie eine Irrenhausstudie draus machte« (›Lokal-Anzeiger‹, 23. 2. 1923), und er leitete seine Rezension ein: »Wir haben jetzt eine Bergner-Saison. Sie wird weidlich ausgenützt – und dieser unserem Theaterchaos entstiegene zuckende Stern darf von allen Seiten erschillern [...] sie ist die große Mode dieses Theaterwinters.« – Das warf ein Licht auf den Verschleißprozeß in den Berliner Theatern. Die Inszenierung warf auch ein Licht auf die Verhältnisse am Deutschen Theater nach Reinhardts Weggang. Felix Hollaender, Reinhardts Statthalter, standen nur noch Regisseure zur Verfügung, die Reinhardts Erbe nicht mehr verwalten konnten, die selbst nicht mehr schöpferisch waren. Auch Berthold Viertel und Karl-Heinz Martin verließen 1923 das Deutsche Theater und inszenierten am Staats- und dem neueröffneten Renaissance-Theater in Berlin. Reinhardts Bühnen lebten nun von ihren großen Starschauspielern wie Moissi, Krauß und dem wachsenden Heinrich George. George und die Bergner: das war damals mehr als eine bloße Kombination auf dem Theater. Der Abend wurde ergänzt durch die flämische Legende ›Lanzelot und Sanderein‹. – Die Bergner spielte »allerliebst« die Sanderein.

Alfred Kerr, Berliner Tageblatt 23. 2. 1923

I

Ein wundervoller, ein denkwürdiger Abend. Hauptschuld hat Elisabeth Bergner. Und selbst wenn man wünscht, sich mit der Regie auseinanderzusetzen...
Wer Strindbergs Auftritte der Gräfin mit dem Diener lenken und renken soll – welche Möglichkeiten öffnen sich dem? Ich glaube, ich glaube: heut am ehesten die eines schaurigen Halblustspiels. (Heut!)
Denn daß eine Person weiblichen Geschlechts wegen des unwillkommenen, doch sehr natürlichen Erlebnisses der Julie sich kurzhin den Hals abschneidet: ist das noch tragisch?
Dringt nicht heut ein Lächeln hinein: weil hienieden alles nur eine bestimmte Zeit läuft, auch solche Tragik (wie eine Metallfadenbirne bloß tausend Brennstunden hat). Was empfindet jetzt ein Hirn im Sperrsitz?

II

Tragisch ist ihm – nicht der Zustand dieser Person: sondern der Zustand einer Zeit, wo dieser Zustand tragisch ist...
Denkbar, daß man der freiwillig sterbenden Komteß ein »Hab' dich nicht!« entgegenschmunzelt.
Indem die Gemeinschaft mit strafferen Säften Jeans eine Blutauffrischung erhoffen läßt. (Hab' dich nicht!)

III
Dies alles bleibt wahr. Doch was sind Hoffnungen, was sind Entwürfe? Bei der Schauspielerin Bergner vergißt man den Zustand einer Zeit – und fühlt halt nur den Schmerz eines Menschen.
Sie stellt ein widerstandsmattes, belastetes, fallreifes Wesen auf zwo schwanke, schlanke Beine. Unsicheres Gestell! Zart wie die leis knackenden Knöchel gebackener Froschkeulen – möcht' man sprechen. Dies Wesen duckt und sinkt auf den Stuhl ... und herrscht. Platonisch!
Die Bergner macht ihre Julie durchfeint. Überfein. Aber vom Schicksal gelähmt.
Hemmungslos kommt im Beginn der Zug heraus, daß Julie (jede Julie) nicht nur Opfer, sondern Verlockerin ist.
Sie redet in Wiederholungen; in Zusätzen – fast wie Pallenberg ...
IV
Der Hauptpunkt bleibt: etwas von unbekannten Flügeln Getroffenes. Etwas Umtürmtes; Umzingeltes; Eingeschlossenes. (Was für eine Maeterlinck-Spielerin wäre sie!)
Die Bergner ist von versenkerischer Kraft, wie kaum eine andere bei uns.
Etwas bleiern Insichgekehrtes. Stets allein spielt sie, ohne Parkett. Stets für sich. Versunken in jenen Schlaf – welcher die Pforte für bohrendes Eindringen ist.
Mit – Stillegung des Ablenkenden. Mit Sonderschärfungen. Mit Gesammeltheit auf den glänzenden Punkt. Wo das Hellsehen beginnt. Jeder wahre Künstler kennt es.
(Dabei hundert herrliche Tönungen, Nuancen, Schattungen. Die seelische Vielfalt – letztes Erfordernis aller großen Kunst.)
Man denkt: »Hier steht eine deutsche Bühnen-Russin« ... Aber vielleicht ist sie mehr.
V
Herr George macht den steigenden Diener. Der braucht neben dem Dienertum Rechtfertigungen des Steigens.
Herr George schießt ihm das Aussehen eines Hoteliers vor. Etwas reif. Etwas behäbig. Etwas zu gepatzte Tonart.
Auch Dienerinstinkte? Ja. Nur Dienerinstinkte? Nein.
Denn Jean bleibt als Daseinskämpfer aufrecht – nicht nur weil er niedrig (bedenkenlos): sondern weil er stark ist.
Weil er vielleicht, letzten Grundes, der Adligere von beiden ist ... Die Julien sind nicht gewissenhafter, nur scheuklappiger.
Schief an dem Stück scheint mir: daß Julie nicht Mittel zum Aufstieg für Jean ist. Der Steigende setzt sich gar nicht an die Stelle der Fallenden ... So wär' aber der Gleichnisfall viel größer. Viel weiter gültig. Monumenthafter.
[...]
VI
[...]
Die Leute gingen sehr mit. Eine Huldigung an diese große deutsche Schauspielerin fand statt ... wie das Haus kaum eine gesehen.

Herbert Ihering, Berliner Börsen-Courier 23. 2. 1923

Es hat seit langem keinen Theaterabend gegeben, der im Guten und Bösen so erschreckend die innere und äußere Theatersituation beleuchtete, wie dieser. Der auch da, wo er stark war, die Ziellosigkeit des Theaters enthüllte, und dort, wo er schwach blieb, immer noch ein Drängen zu neuen Ausdrucksformen offenbarte. Der die Führungslosigkeit des Deutschen Theaters von neuem aufwies – obwohl der Regisseur, Herr Reich, den verheerenden Dilettanten Schmith und Révy immer noch vorzuziehen ist.
Was erlebte man? Man erlebte, daß eine intuitive Schauspielerin wie Elisabeth Bergner Strindberg momentweise geniehaft aufhellte, um sich im nächsten Augenblick in ein isoliertes Privatisieren zu verlieren. Man erlebte dieselbe Intuition sowohl als produktives wie als zerstörendes Element. Wieweit daran die unsichere Regie schuld hatte, wieweit diese durch die Vernachlässigung einprägsamer Stellungen (die den Dialog hätten stützen und gliedern können) den improvisatorischen Neigungen der Bergner vorarbeitete, wird schwer festzustellen sein. Der Eindruck war der, daß Elisabeth Bergner, sobald sie durch einen Blick, durch einen verlorenen, hilflosen Ton visionär die innere Situation der Rolle gestaltet, dann denselben Einfall sofort ins Private hinübernahm und mit ihm nicht mehr Fräulein Julie, sondern Fräulein Bergner spielte. Es ist ein außerordentlicher Augenblick, wenn sie ängstlich vor den Folgen der Liebesnacht an ihrem Leibe hinuntersieht und hinuntertastet. Die Wiederholung dieser Bewegung aber scheint nicht mehr der Empfindung, sondern einem Fleck an ihrem Kleide zu gelten. Es kann ergreifen, wenn Elisabeth Bergner verloren stammelt und wimmert. Aber die Ergriffenheit hört auf, wenn die halben Töne immer und immer wiederholt werden. Diese Schauspielerin, mit der Leisheit ihrer Mittel zur Ensemblespielerin im herrlichsten Sinne geboren, spielt oft gegen jedes Ensemblegefühl. Sie legt Text ein. Sie zerstört die letzte Auseinandersetzung zwischen Jean und Christine, indem sie deren Worte durch einen selbständigen ›Schuld-Unschuldig‹-Monolog übertönt. Manchmal hat man bei ihr das Gefühl des ›Reiters über den Bodensee‹ – als ob sie plötzlich fühlte, daß sie über verwirrte Textstellen hinweggekommen sei und nachher traumwandlerisch erschrecke. Aber Elisabeth Bergner, die als ›Königin Christine‹ und vor allem im ›Kreis‹ bezauberte, dichtete in solchem Moment nicht die Rolle weiter, sondern improvisierte über ihre Einschnitte hinweg. Ja, sie schien manchmal Text vorwegzunehmen und damit die innere Entwicklung der Gestalt beliebig umzustellen. (Aus diesem Hinwegspielen erkläre ich mir auch das Abfallenlassen mancher Sätze in Monotonie.) Nichts ist für die Situation des gegenwärtigen Theaters schmerzlicher, als daß eine Schauspielerin, mit ihrem Künstlertum geschaffen, das Ensemblespiel produktiv zu erneuern, sogar die Diskretion gegen das Ensemble, gegen das Zusammenspiel kehrt und mit ihren Herrlichkeiten zerstörend und auflösend wirkt.
Heinrich George spielte den Jean als vortrefflicher, sicherer Schauspieler. Aber zu sehr den Diener, zu sehr den ehemaligen Kellner. Zu sehr die äußere Gestalt, zu wenig die innere Situation. So fielen Momente, wie das rhythmische Streichen des Rasiermessers, wie das rhythmische Stiefelputzen – die Höhepunkte hätten sein können – als unmotivierte Einlage heraus. Dagegen kommt Renée Stobrawa, die in klassischen Rollen wie als Luise leicht matt wird, in schlichten gesammelten Charakterfiguren (wie hier als Köchin Christine) zu sich selbst.

Arthur Eloesser, Das blaue Heft, 1. 4. 1923

[...] Man kann sich auf nichts verlassen. So unvollständig jedesmal und doch tot gespielt wir Fräulein Julie schon sahen, wir haben ihre Tragödie zum ersten Male so recht de profundis erlebt. Es ist Elisabeth Bergners Verdienst, daß sie an einem denkwürdigen Abend [...] den Naturalisten Strindberg schon so gegeben hat, als ob er der Mystiker wäre. Fräulein Julie wurde seine ›Gespenster‹ in einem tieferen Sinne, als es die von Ibsen werden konnten [...]. Wenn diese Julie von dem Tanz mit den Leuten und von der Johannisnacht in die Küche hineinfegt, ist sie zunächst kaum mehr als ein hochmütiges, nichtsnutziges kleines Ding, gegen einen Jean gestellt, der wie fast alle seine Vorgänger schon zu viel männliche Reife und Stämmigkeit hat, um die unendliche Variation eines tragischen Menuetts und Totentanzes mit der nötigen Elastizität exerzieren zu können. Jean muß in seinem Wesen jünger als Heinrich George sein, um nicht nur exerzieren zu müssen. Die Julie fand sich ziemlich allein, allein gelassen auch von einem Regisseur, der hier ebenso allgegenwärtig wie unbemerkbar sein muß. Man hat der Bergner vorgeworfen, daß sie nach ihrem Erlebnis mit Jean, nach ihrer Abfertigung durch Christine, vor allem aber nach vier oder fünf Glas Rotwein ins Improvisieren kam, indem sie an den Herd gekauert in den Dialog der beiden anderen mit einem: »Mein Vater, meine Mutter!« hineinplärrte. Das hätte nicht geschehen dürfen und nicht geschehen können, wenn ein Regisseur sie fest in den Strängen hielt, zwischen denen ihre Empfindung, vor dem Ausbrechen gehütet, losgehen durfte. [...] Geben wir also zu, daß die Rolle einmal mit der Bergner durchgegangen ist. Aber die Bergner ist auch von der Rolle in einem Maße besessen worden, wie wir es selten erlebt haben, und wie sie selbst es uns wohl nicht jeden Abend erleben lassen kann. Von einer solchen Leistung kann wenig wiederholt, kann das Wesentliche durch einen Akt der Transsubstantiation oder Autosuggestion nur neu reproduziert werden. Die Bergner hat gegen alle ihre Vorgängerinnen den Vorzug der fast kindhaften Schlankheit, Knappheit, Gebrechlichkeit, der dünnwandigen physischen Einrichtung, die ihr wie einer kostbaren Geige die äußerste Möglichkeit des Vibrierens und zugleich des sonoren, des aus den letzten Fugen quellenden Vollklangs gibt. Das Dutzend Motive, auf das Strindberg dringt, wird sie schwerlich in ihrem wenn auch noch so gescheiten Kopf gehabt haben; aber sie war die Widerstandslosigkeit, mit der alle Triebe spielen, oder um mit dem späteren Strindberg zu sprechen, alle die Teufel, die gemeinen, die lüsternen, auch die in Unschuld verstellten, die uns in diesem Inferno mit Zangen kneipen oder mit Schmutz werfen. Der Mensch, der arme Mensch ist schlecht, weil er schlecht gemacht ist. Wenn ich an der Bergnerschen Leistung einen Höhepunkt suche, so war es etwa die Klage: Habe ich denn ein Selbst? Die Seele dieses Weibchens, dieser Degenerierten gehört nicht dem Fräulein, das Julie heißt, es ist der blutige, schleimige, dreckige Kampfplatz, auf dem die beiden Geschlechter sich gegenseitig martern, verhöhnen und vor allem einander pervertieren. Der Mann grinst einmal weibisch, das Weib grinst einmal männisch; der Wahnsinn des Hasses verkehrt die Rollen, übt die gemeinsten Kriegslisten. [...]
Die Genialität der Bergnerschen Leistung ist einfach dahin zu benennen, daß sie einen Menschen gibt, ›in dem es umgeht‹. Daß sie nicht bald hochmütig, bald demütig, bald aufrichtig, bald verlegen, bald gefühlvoll, bald lüstern ist,

sondern daß sie ihr ganzes Unterbewußtsein künstlerisch aus sich herausstellt, so wie ein Höllenbreughel oder Hieronymus Bosch die ganze Hölle mit allen widrigen Fratzen und Mißgeburten auf *eine* Leinwand brachte. Die Bergner schuf eine Vision und wurde eine Vision, und sie war wiederum Mensch, weil sie der elendeste der Menschen wurde. Es war doch wohl die erste Julie, die nicht aus Gründen der Ehre stirbt, sondern weil Auflösung ihre einzige Hoffnung ist. Die erste Julie auch, die weder durch ihren Wunsch noch durch Jeans Zureden, sondern schließlich von Vater und Mutter unter sein Rasiermesser gebracht wird. Es war etwas über und in ihr, als ob in schmählich verkleinerter Form immer noch Atriden umgingen. Allein mit der Julie hat Strindberg die ganze Psycho-Analyse vorweggenommen und die halbe im voraus bestätigt. Jean der Kammerdiener, und das macht seine dramatische Schwäche, vertritt ja hier schon zum Teil den verhörenden Arzt, der die verdrängten Komplexe aus der Patientin herausholt. Heilung kann hier nur der Tod sein. Indem die kleine Bergner als ein so zartes und darum starkes Instrument des Dichters uns dieses Erlösungsbedürfnis ohne alle Empfindelei ans Herz legte, erfüllt sie den Willen des Dichters, der sich und uns von diesem Kammerspiel wohl eine tragische, aber keine grausame Wirkung versprach. Die Bergner hat das Glück gehabt, von einer Rolle heimgesucht zu werden, die alles, was sie an gefährlicher oder perverser Triebhaftigkeit hat, von ihr beanspruchte. Also eine Individualitätsbesetzung, die sich zugleich für den Typus verbürgte. Aber die Bergner hat auch das Verdienst, daß sie nicht Farben oder Züge aufeinanderlegte, daß sie ihre Figur als Ganzes hielt und sie durch eine künstlerische, durch eine geschliffene Form zum Funkeln brachte. Die Farbe war innen wie im Wasser des Diamanten.

Hugo von Hofmannsthal   Der Unbestechliche

Uraufführung: Raimund-Theater, Wien, 16. März 1923
Regie Dr. Rudolf Beer

Lessing-Theater Berlin, 21. September 1923, Regie Dr. Rudolf Beer

Im Sommer 1922, während der Arbeit an seinem letzten Trauerspiel, ›Der Turm‹, hatte Hofmannsthal seine zweite ›österreichische‹ Komödie geschrieben. Wie im ›Schwierigen‹ hatte er darin noch einmal die alte Gesellschaft von 1912 betrachtet, jetzt aber konfrontiert mit einer Figur aus der sozial niedrigeren Schicht eines Dieners. Im Winter las er (»um einer trüben Stimmung ein Ende zu machen«) in Garmisch Max Pallenberg das Lustspiel vor, der gleich die Rolle zu lernen begann: »einen Diener, es ist eine Comödie, die eigentlich geradewegs vom Terenz descendiert über den Gil Blas und Figaro« (Brief an Borchardt v. 21. 3. 23). Der Besuch bei Pallenberg läßt vermuten, daß die Rolle für ihn entworfen war. Pallenberg verkörperte in diesen Jahren, in denen die Vergeistigung des Theaters das Ziel ebenso vieler Anstrengungen war wie seine neue Komödiantisierung, den Typ des Wiener Wurstls. Alfred Polgar hatte Pallenberg entdeckt; seine erste Glanzrolle war der Nepomuk Zavadil (in ›Familie Schimek‹) gewesen. Er hatte in Wien, in München am Volkstheater, während des Weltkrieges auch in Berlin, unter anderem bei Reinhardt, gespielt; sehr oft in Eintagsstücken, die er mit seiner Improvisationskunst erfüllte, oft machte er aus festgefügten komischen Rollen (wie Hauptmanns Wehrhahn im ›Biberpelz‹) virtuose komische Soloeinlagen. Pallenberg, der gerade eben als Liliom sehr gefeiert worden war, wurde der erste Darsteller des Unbestechlichen, als Dr. Rudolf Beer, damals »der jüngste, tätigste und wohl auch begabteste Theaterdirektor Wiens«, die Komödie in seinem Theater uraufführte, »wie es scheint mit sehr großem Erfolg« (Hofmannsthal an Borchardt). Der Erfolg blieb auf Wien beschränkt. In Berlin, wo Beer seine Inszenierung mit Pallenberg wiederholte, steigerte sich die Ablehnung der Kunst des späten Hofmannsthal, die nach der Aufführung des ›Schwierigen‹ schon deutlich war (s. d.), bis zu rüden, verletzenden Tönen. Diese Reaktion traf Hofmannsthal um so mehr, als für ihn der Weg zur Komödie ein Weg aus der ästhetischen Isolation in die Gesellschaft war: »Der Weg zum Sozialen als Weg zu sich selbst ... Das erreichte Soziale: die Komödien«, notierte er zu seiner Biographie in ›Ad me ipsum‹. Im ›Berliner Tageblatt‹ hieß es nach der Berliner Premiere ablehnend: »Das ist ein Hofmannsthal, der höchstens ins Mittelalter des deutschen Lustspiels zurückgreift ...« (Fritz Engel, 22. 9. 1923).

Raimund-Theater, Wien
R. H – r, Wiener Zeitung 17. 3. 1923

Es ist einigermaßen lange her, daß ein Lustspiel von der gepflegten, lautlosen Heiterkeit des Geistes und – Herzens auf der deutschen Bühne erschienen ist, wie Hofmannsthals ›Schwieriger‹ und gestern im Raimund-Theater ›Der Unbestechliche‹. Das erstere Stück hat, was denn doch bezeichnend ist für die Verwilderung des Geschmackes, selbst bei Hofmannsthals mächtigen Beziehungen und suggestiven Einflüssen auf Direktoren in Wien keine Bühne bisher erobert; vielleicht wäre auch der ›Unbestechliche‹ bei uns nicht aufgetaucht, wäre das Lustspiel nicht ein Rollenstück für Max Pallenberg. Im Grunde ist nicht viel davon zu sagen: Hofmannsthal mit allen seinen Vorzügen und Gaben – die zu erfassen jedermanns Organe künstlerisch nicht reif und kultiviert genug sind – lebt in dem Stücke. Es lebt in den zwei Stücken aus der letzten Zeit ein künstlerischer Konservatismus, den sich Klassiker erlaubten. Der ›Unbestechliche‹ atmet die Seele einer reinen, hohen Menschlichkeit; eine Ethik, die 1914 unzeitgemäß geworden ist, bildet den seelischen Hinter- und Untergrund. Was unterfängt es, dem von einem Meer von innerem und äußerem Schmutz revolutionierender Chaosliteratur herabgestimmten Theatergenießenden positiver Art, bei Hofmannsthal kein bewegtes dramatisches Leben, auch keine starke Erfindung anzutreffen, wohl aber ein ›Drama‹ mit innerer Entwicklung seelischer Entwicklungsvorgänge, statt äußerer Bumbumhandlung. Hofmannsthal ist auch diesmal sich selbst getreu, der österreichischen Seele getreu, den österreichischen Ahnen getreu: von Bauernfeld über Hermann Bahr führt der Weg zu ›Cristinas Heimreise‹, ›Rosenkavalier‹, dem ›Schwierigen‹ und jetzt zum ›Unbestechlichen‹. Die fünf Akte haben Stil, Charakter, Physiognomie. Man kann einwenden, daß sie nicht sehr profiliert, markant sind, aber das hat weniger mit dem Werke zu schaffen als mit Hofmannsthals Begabung für das Theater überhaupt. Unbestreitbar ist die Lustspielmäßigkeit des getreuen Dieners, der vom ›Domestiken‹ zum freien, seinem Herrn moralisch überlegenen Menschen wird; der durch seine innere Wertigkeit die moralische Laxheit seines Herrn zum Besseren wendet, der durch eine fanatische sittliche Kraft zum Werkzeug göttlicher Schicksalsfügung, zum »guten Engel« der in Not geratenden jungen Frau, ihrer zwei herzigen Kinder wird. – Man setzt den Dichter ins Unrecht, rechnet man dem nachschaffenden Schauspieler dann die ganze Schlagkraft der Rolle zum Verdienste an. Der Dichter gibt schließlich dem Schauspieler den weiten Bewegungsraum des Charakters, gibt ihm die Tiefe und Höhe der Gestalt. Herr Pallenberg geht freilich bis an die äußersten Grenzen, ist genialisch-schöpferisch, zeichnet durch zahllose Nuancen, die komisch wirken, doch erfüllt sind mit dem ernsten Geheimnis einer Induvidualität, das Körperliche eines Charakters. – Das Raimund-Theater spielte das Lustspiel mit Rhythmus, mit österreichischer Melodie. Neben Pallenberg entzückend und in jeder Sekunde anregend durch eine bemerkenswerte Lebendigkeit des Geistes war Fr. Busch vom Deutschen Volkstheater; diesmal stärker in der Zeichnung, lebendiger durch Äußerung des Gefühles Frl. Gregor. Die Damen Förster, Schleinitz und Regler, Herr Neugebauer schlossen sich zu einem feinabgetönten Spiel zusammen. Dr. Beer hat mit sichtlicher Liebe an der Regie gearbeitet. Die Aufnahme des Lustspieles, das überhaupt zum ersten Male gespielt wurde, war eine überaus herzliche.

Lessing-Theater Berlin
Emil Faktor, Berliner Börsen-Courier 22. 9. 1923

Man könnte sich denken, daß Hugo von Hofmannsthal zwei bis drei Abende mit Pallenberg beisammensaß und das Stück bei dieser Gelegenheit nach den Wünschen und Bedürfnissen dieses ungewöhnlichen Humorkünstlers gleich fertig schrieb. Nun ist Pallenberg zwar ein schlagfertiger Improvisator, aber kein Dichter, und Hofmannsthal ist weder ein Molière, an den Tartuffe-Züge der neuen Pallenbergrolle gemahnen, noch ein Beaumarchais, dessen Figaro-Protestgesinnung hineintropft. Jedenfalls blieb Pallenberg bei dieser Kompanie der Stärkere. Er diktierte einen szenischen Vorbau, dessen sämtliche Gespräche auf sein Erscheinen vorbereiten. Erst als das Maß der Neugierde bis zum Überlaufen voll ist, tritt er auf, um von diesem Augenblicke an restlos zu regieren, zu dirigieren und in allen drei Aufzügen bloß für jene Augenblicke von der Szene zu verschwinden, in denen die andern Personen nur darum allein bleiben, damit sie unbelauscht immer wieder unter der Fuchtel seines plötzlichen Wiedererscheinens stehen. Diese übermächtige Position nimmt er als schmollender, um Wiederaufnahme des Dienstes angeflehter, Bedingungen der Souveränität diktierender, moralisch gegen das Liebesleben des verheirateten Haussohns entrüsteter, ihm verdächtig erscheinenden Damenbesuch wegekelnder Kammerdiener eines Adelsschlosses ein und spricht dazu ein von Jargonschlagern durchsetztes Polnisch-Deutsch, das mit seinen Zawadil-Bravouren in der ›Familie Schimmek‹ wetteifert.
Vielleicht ist meine Annahme von der Kompagnie Pallenberg-Hofmannsthal ein widerlegbarer Verdacht. Es bliebe zu bedauern. Die Richtigkeit dieser Voraussetzung würde immerhin begreiflich machen, daß ein gesiebter Formenkünstler wie Hofmannsthal sich diesmal ans Klischee preisgab, sich selber in der Vorliebe für Bauernfeld-Milieu und im Satzperiodenbau bis zur Unsprech-

barkeit parodierte, daß er Gefühlsromantik im Schwanktempo erledigen zu müssen glaubt, daß er Geschmack und Takt einer Kammerdienermoral unterordnet, die sich erzieherisch und zugleich drahtzieherisch austobt. Ärmlichstes Klischee die Figur der alten Baronin, die vor dem unentbehrlichen Theodor kapituliert, deren welker Erscheinung noch immer ein bloß durch Uniform gekennzeichneter General den Hof macht (Emmy Foerster hätte hier selbst mit der Begabung einer Ilka Grüning nichts ausgerichtet). Ein Hampelmännchen von Don Juan der schriftstellernde junge Baron, der sich nach Dialogfragmentchen der Verführung zwei Liebschaften von dem ›Unbestechlichen‹ wegschwindeln und, gerührt von ein paar nicht zu früh verschluckten Tränchen, der eigenen Gattin zuschieben läßt. (Auf Draht gezogen spielt ihn auch Ernst Karchow.) Dramatische Aussteuer bewilligt Hofmannsthal, wenn auch kärglich, dem Liebesreigen der drei jungen Damen. Um die Frau Melanie, die vor Indiskretion des Liebhaberromanciers zittert, webt Mondänität. (Auch um die Erscheinung der Kitty Aschenbach); dem unglücklichen Fräulein Marie der Liselotte Denera spendet das Stück ein paar Tönchen kleidsamer Verzagtheit. Am lieblichsten gerät die Figur der Gattin. Der Hauch menschlicher Noblesse wird hier von Nora Gregor, einer für Berlin neuen Schauspielerin, gewahrt.
Alles zusammen wäre blutwenig ohne die geraffte, alles Interesse, alle Wirkungsmöglichkeiten zusammenhamsternde Eindringlichkeitskomik Max Pallenbergs. Seine Darstellung des Kammerdieners, von dessen Launen und Gesinnungsfaxen die Herrschaft abhängt, ist ein Potenzierungsprozeß, in dem er die Merkmale der Figur zur äußersten Charakteristik treibt und dieses scharf Charakteristische in Humordimensionen aufreckt. Es fehlt nicht das geringste Kennzeichen, durch welches Schauspielerei dem Gehaben und Gebaren einer Bedientenseele beizukommen pflegt. Über das Verfahren, wie er bei Dienstantritt den Überrock mit dem grauen Sonntagshütchen in ein Stuhleckchen zusammenrollt und als Häufchen Privatmenschentum lagern läßt, könnte man minutenlang vor sich hin lachen. Der eigentliche Pallenberg rumort und exediert erst hinter diesen Dingen. Eine unwiderstehlich sich steigernde Lustbarkeit sein erstes Erscheinen, wie er dünkelhaft verkniffen ein Marmorbild ohne Gnade posiert, die Komödie durch proletarische Unnahbarkeitsgrimassen durchbricht und die Worte aus der Unterlippe wie mit einem Stoßzahn hervorbeißt. Dieses Hochmutsspiel subalterner Arroganz peitscht er mit an- und abschwellendem Klamauk den ganzen Abend hindurch. Für die Herrschaft in der Wölbung des Brustkorbes, in der steilen Gespanntheit des Schädels ein Unabschaffbarer, für das Gesinde ein rigoroser Peitschenknaller. Am arrogantesten sind seine Schritte, die sich bis zur Bewußtlosigkeit gravitätisch verkrümmen. Zwischendurch spielt er ein Stückchen fanatischen Figaro, der die Requisiten einer Weltdame aus den Koffern an die Wand schleudert. Hier und dort denkt man in aller Heiterkeit, daß er doch etwas zu viel schreit.
Er spielt keine Figur von Hofmannsthal, er faßt sein Repertoire zusammen und verschafft dem Stücke so viel Erfolg, daß der Spielleiter Dr. Beer sich berechtigt fühlt, auch für den abwesenden Autor den Dank auszusprechen.

Ludwig Sternaux, Berliner Lokal-Anzeiger 22. 9. 1923

»Viele Geschicke weben neben dem meinen, durcheinander spielt sie alle das Dasein...«, heißt es in einem der tiefsten Gedichte Hugo von Hofmannsthals. Und in einem anderen, dem Prologe zu einem ›Anatol‹-Buch: »Wir geben kleine Fetzen unseres Selbst für Puppenkleider...«
Was ist hier, in diesem Lustspiel, davon? Nichts.
Nein, man braucht wirklich nicht der Dichter Hofmannsthal zu sein, um derlei zu verfertigen. Diese fünf kurzen (und auch immerhin kurzweiligen) Akte wären für manchen anderen Autor eine durchaus achtbare Arbeit. [...]
Aber für Hofmannsthal, [...] der in vielem über jeder Kritik steht, ist [...] es fast, so hart das klingen mag, Selbstverrat.
Noch der ›Schwierige‹ [...] wahrt mit seinem Altwiener Kulturklima das Niveau. Wo aber ist hier, im ›Unbestechlichen‹, sieht man von der gepflegten Behandlung des Wortes ab, noch Niveau? Was an Erotik darin schwingt, stammt in seiner leicht prickelnden Frivolität von Schnitzler. Alles übrige, der etwas krampfige Witz vor allem, ist... Kotzebue.
[...]
Und es wäre noch weniger, Herr von Hofmannsthal, der Sie diesmal auch nicht das kleinste Fetzchen Ihres Selbst für diese bunten Puppenkleider hergeben, wenn nicht Max Pallenberg, der Unersetzliche, der unersetzliche Theodor wäre. Er macht aus der schmalen Rolle ein Stück, aus vagem Schattenspiel Leben. [...]
Hauptfehler der Regie Dr. Rudolf Beers: es fehlt die spezifisch wienerische Atmosphäre, sie ist nur um Pallenberg herum, und schafft Kontraste, die der Aufführung schaden. Der Beifall gleichwohl mehr als freundlich, doch feiert er mehr den zurückgekehrten Pallenberg als den Autor Hofmannsthal.

Norbert Falk, BZ am Mittag, Berlin, 22. 9. 1923

Ich weiß nicht, ob Hofmannsthal dieses sogenannte Lustspiel im Hinblick auf Pallenberg geschrieben hat; sollte er das nicht getan haben, dann mag er dem Gott, zu dem er in schwachen Stunden betet, auf seinen beiden Knien danken, daß er diesen Pallenberg in die Welt gesetzt hat. Nur der allein macht diese fünf lahmen Akte Flisterei und selbstgefälligen Schöngeredes erträglich. Ein hilfloser Kitsch ist selten prätentiöser (so mit ›kultivierter‹ Gelassenheit, altösterreichischer Schloßluft) serviert worden. [...]
Alter Komödientyp, aber eine gar nicht übel intentionierte Figur, wenn der Erbauer des Stückes nur genügend Einfälle für sie hätte. Wenn Theodor im ersten Akt augenzwinkernd verspricht, die beiden fremden Damen auf besonders feine Manier abzuschieben, so werden raffinierte Witzigkeiten erwartet; aber Theodor ekelt die Damen mit ganz simpeln Tricks hinaus.
Was ihm nun an Ideen fehlt, das ersetzt Pallenberg durch unsäglich komische Spieleinfälle. Die Figur wird von ihm umgeformt, geschliffen, mit Zutaten farbig gemacht, so daß einer der köstlichsten Käuze die Bühne belebt. Sogar der fatale Beaumarchais-Figaro-Nachklang, wenn der Kammerdiener gegen seine wohllebige Umwelt polemisch ist, wird unspürbar, weil Pallenberg auch das in einer kuriosen Mischung von anklägerischer Wildheit und komödianti-

scher Grimasse bringt. Was ist das für ein eingefrorener Dünkel, wenn Pallenberg-Theodor im ersten Akt aus Gründen verletzter Lakaieneitelkeit seinen Abschied nehmen will. Im zugeknöpften Überrock, von einem Schnitt und einer Farbe, wie sie nur die Phantasie dieses bizarren Erzkomikers ersinnt. Diese klobigen, aber sehr blanken Stiefel, diese unten extrabreiten Pantalons, dieses trutzig vorgeschobene Kinn, diese Servilität in aller überspannten Selbstbewußtheit von Haltung und Gebärde, diese zugekniffenen, in verheimlichten Leidenschaften schwelenden Augen. »Euer Gnaden, ich bin nicht eine käufliche Seele!« Er hat sich etwas sehr ulkig Polnisches zurechtgemacht und rühmt sich in grotesk verrenktem Deutsch seiner Delikatesse – »wenn ich begehe eine liebende Handlung«. Und dieser Stolz auf unfehlbares Intrigantentum, wenn er die Methode andeutet, mit der er die beiden Damen aus dem Schloß herausbugsieren will. »Die eine werde ich direkt anspielen, die andere von der Bande!« Er nimmt die Vergleiche aus der Technik des Billardspiels. Und er spielt so glänzend, daß er seinem Dichter und seinen Mitspielern gut 95 Points bei einer Carambolpartie von 100 vorgeben kann.
Allerdings ist mit den Staffage-Röllchen der anderen nicht viel anzufangen. Kitty Aschenbach ist die ganz mondäne Melanie, Lieselotte Denera das schwärmerische junge Mädchen mit Tagebuch. Sie machen ihre Sache nett und gefällig. Aber Herrn Karchows Trockenheit ist der Faddesse des aristokratischen Don Juan-Schriftstellers keine Hilfe. Das Monokel allein schafft's nicht. Eine alte kluge Lustspielbaronin ist Emmy Förster. Immerhin erstaunlich, wie geschickt sie einmal mit einem Riesenbandwurm von Satz fertig wird. Die Herrschaften sprechen nämlich meist in langen Perioden. Das ist wahrscheinlich sehr vornehm, und Herr v. Hofmannsthal muß das wissen. Nur, bei der Courths-Mahler ist's genau so.

Ernst Weiß Olympia

Uraufführung: Die Junge Bühne Berlin (Renaissancetheater), 18. März 1923
Regie Karl-Heinz Martin

Nach der im Skandal geendeten Premiere von Bronnens ›Vatermord‹ war ›Die Junge Bühne‹ Moriz Seelers ein Begriff geworden. Zu dieser zweiten Inszenierung war das ganze literarische Berlin versammelt. Herbert Ihering hatte bei der Verleihung des Kleist-Preises an Brechts ›Trommeln in der Nacht‹ 1922 auf dieses Stück des Wiener Arztes Ernst Weiß lobend hingewiesen. Es war *sein* Stück, und wie sehr er sich engagierte, zeigt seine Kritik. Sie ging nicht nur aus von einer vorzüglichen Aufführung, in der die expressive Darstellergruppe des Deutschen Theaters: Straub, George, Twardowski wieder hervortrat, sondern auch vom Willen, neue Autoren durchzusetzen. Iherings These vom ›Kampf ums Theater‹ fand hier einen Gegenstand der Auseinandersetzung. Ihering kämpfte nicht nur für neue Autoren, sondern auch für ›Die Junge Bühne‹, die sich jener neuen Literatur annahm, deren Wortführer er nun immer prononcierter wurde. Die Premiere geriet damit aber auch in die Auseinandersetzung zwischen Ihering und Kerr. Kerrs Mystifikation ›Herbert Spärlich‹ zielt auf Ihering. – ›Olympia‹ war als Drama nur ein Symptom für die aus Wedekinds Werk weiterwirkenden Energien (die der Expressionismus aufnahm) und für die Verdickung seiner Themen durch die Sexualproblematik der frühen zwanziger Jahre. – Für Karl-Heinz Martin war die Inszenierung nicht nur ein neuer künstlerischer Erfolg, nicht nur ein Anknüpfen an seine exzessive Inszenierung von Wedekinds ›Hidalla‹ am Staatstheater (8. 12. 1922), sondern auch eine Betonung der ›modernen‹ Rolle des neueröffneten Renaissancetheaters, das Martin zu seinen wichtigsten Regisseuren zählte.

Herbert Ihering, Berliner Börsen-Courier 19. 3. 1923

Die zweite Aufführung der ›Jungen Bühne‹, der zweite Erfolg. Wieder kam eine Vorstellung zustande – die im regulären Theaterbetrieb heute unmöglich geworden ist: dem Werk hingegeben, vom Werk ergriffen, am Werk wachsend, das Risiko der Erfolglosigkeit tragend und eben deshalb den Erfolg erzwingend.
Die Tragikomödie ›Olympia‹, wie die Bezeichnung im Buch, das Drama ›Olympia‹, wie sie auf dem Theaterzettel lautet, erhellt ebenso den Weg des Dichters Ernst Weiß wie den Weg des Dramas. Ernst Weiß wurde bekannt durch seinen Roman ›Die Galeere‹. In ihm sind die Elemente des Dichters vorgebildet: die Literaturkonvention der Zeit und das persönliche Künstlertum, das sie einschmelzen will. Die Literaturkonvention in der ›Galeere‹ ist der schildernde, ausmalende Teil. Wie weit Ernst Weiß ihn innerlich überwunden hat, zeigt, daß er in diesen Partien nichtssagender bleibt als viele Routiniers, die die stimmungsvolle Schilderung noch im Blute haben. Wo Weiß vom Thema ergriffen wird, wird er in Wahrheit ›ergriffen‹, fortgerissen, über sich hinausgesteigert. Landschaft ist die Seele des Menschen. Die Umwelt verbrennt in der Empfindung. Hier steht der Dirnenroman ›Tiere in Ketten‹. Der ›Expressionismus‹ wurde für eine *unepische* Kunstform erklärt – obwohl Dostojewskis Romane schon in der tiefsten Bedeutung expressionistische Epen sind. Ernst Weiß ist in keinem Schulsinne, doch von inner her ›Expressionist‹ des Romans. Aber nun geschieht das Merkwürdige, daß Ernst Weiß, dessen epische Visionen ungeheuer, dessen Phantasie ebenso ausschweifend wie bändigend ist, mit dem persönlichen Erlebnis gleichzeitig die *literarische* Sprache der Zeit gestaltet. Oder: daß er, in eine literarische Zeit gestellt, sein individuelles Künstlertum wie zur Auseinandersetzung mit dem dichterischen Thema zur Auseinandersetzung mit der literarischen Vokabular der Zeit zwingt.
Das Dirnenthema gewinnt bei ihm weitere Perspektiven als bei irgendeinem andern Dichter der Gegenwart – aber es verleitet auch zu einer literarischen Betonung der Kontraste: Dirne – Heilige, Dämon – Bürger. Wo Weiß diese in der Zeit liegenden Akzentuierungen überwindet, glühen schöpferische Ekstasen. Und es wäre Weiß überwältigend gelungen, die Gestalt der Dirne Olga-Olympia in den außerordentlichen Tigerroman ›Nahar‹ aufgehen zu lassen, wenn er den Übergang vom Mensch zum Tier überhaupt nicht betont hätte.
Ernst Weiß kämpft in sich den Kampf der gegenwärtigen Dichtung aus: den Kampf zwischen Literatur und Kunst. Wenn er die Gestalten des Romans ›Tiere in Ketten‹ im Drama ›Olympia‹ wieder aufleben läßt, so ist diese Neugestaltung weit von jeder ›Bearbeitung‹ entfernt. Weiß wird von neuem vom Stoff, vom Thema, von den Gestalten ergriffen – und dieser Epiker schafft ein

Drama, das in sich dramatischer ist als viele Dramen abgestempelter Dramatiker. Denn die vier Figuren des Romans: die besessene, von der Liebe zum Zuhälter Michal besessene Dirne Olga-Olympia, dieser Zuhälter, die Dirne Maja, die Olga verdrängt, der Doktor Kühn, der Olga zu sich nimmt, dem sie wieder entflieht – ordnen sich von selbst zu dramatischen Gegenspielern. Sie sind Gegensätze untereinander: schematisch ausgedrückt ›Bürger und Dämonen‹, wie das Stück zuerst hieß. Sie sind Gegensätze in sich: der Bordellwirt Michal war früher Offizier, die Dirne Olga ist gleichzeitig die religiös besessene Olympia, die Dirne Maja ist die bürgerliche Hauswirtin, der Bürger Kühn verteidigt vor sich selbst seine ›Ordnung‹ gegen die fessellose Olympia. Wie diese Personen außer sich geraten und in sich zurückgeschleudert werden, wie sie sich gegenseitig in ihre brennenden Kreise ziehen und sich wieder abstoßen, das ist in einem rhythmisch gesteigerten Tempo gestaltet, das hinreißt. Hier ist das Stoffliche (das Milieu) nur Anlaß, um die Personen seelisch aus sich herauszuschleudern, hier ist es oft restlos in seelische Spannungen übertragen.

Dieses Drama ist auf Töne gesetzt. Man muß die Worte nicht für sich, sondern in der Bewegung hören. Wenn man sie einzeln aufnimmt, findet man Überbetonungen (die wieder banal wirken). Die Worte: Höllensturz und dämonisch dürften nicht fallen. Ebenso ist der Aufschwung, die Ekstase reiner, wo sie aus dem Tierisch-Menschlichen hervordrängt und die Personen hinaufschleudert, als wo sie sich in reineren Sphären bewegt: der Kirchenakt ist blaß und unpersönlich.

Weiß hat szenische Phantasie und szenische Bewegung. Er hat nicht immer (wie in den Romanen) sprachliche Bildkraft. Die Szenen sind *gesehen*. Die Worte sind *gehört*. Sie türmen sich auf. Sie haben die unendliche Melodie. Dieses Auftürmende hatte die außerordentliche Vorstellung (im Renaissancetheater) – die beste, die man seit langem in Berlin sah. Karl-Heinz Martin hat seit der ›Wandlung‹ keine so elementare, hinaufgegipfelte Aufführung geleitet wie diese. Sie war ebenso fern vom Geschmäcklerischen wie vom Stilisierten. Und war in den Gipfelszenen hinaufgebaut. Diese Szenen wurden von Agnes Straub und Heinrich George getragen. Agnes Straub, phänomenal in den Steigerungen, ergriffen von der Gestalt, ergriffen vom Stück und über ihre früheren Rollen noch weit hinauswachsend. Heinrich George, darstellerisch freier als seit langem (nur manchmal auch brutal als Schauspieler), Wort und Körpersprache zu vollkommener Einheit zusammenschmelzend. Eine Aufführung vom Willen zur Sache getragen, der in den kleinen Rollen Franziska Kinz und Hans Heinrich von Twardowski (dieser nur zu sehr auf Ekstase, statt auf Ruhe gestellt) ebenso erfüllte wie die Hauptdarsteller. Daß der Erfolg den die ›Junge Bühne‹ mit ›Vatermord‹ hatte, sich bei der ›Olympia‹ wiederholte, ist ein Zeichen, daß der erste Erfolg kein Zufall war. Die ›Junge Bühne‹ (unter der Leitung von Moriz Seeler) hat den stehenden Bühnen, die aus sich heraus die Kraft zum Ensemblespiel nicht mehr aufbringen, gezeigt, daß immer noch Idealismus, immer noch Werktreue das schöpferische Element des Theaterspiels ist. So bleibt nur zu hoffen, daß die ›Olympia‹ wenigstens jetzt in den Spielplan eines stehenden Theaters aufgenommen wird. Der Beifall für den Dichter, für die Aufführung, für Agnes Straub war ungewöhnlich.

Alfred Kerr, Berliner Tageblatt 20. 3. 1923

I

Ein Griff in die Taschen Wedekinds – und auf den Brettern steht der Bordelldirektor, Herrenmensch mit Peitsche, Mädchen-Manager, welcher die Heldin einst als Erster ... In dieser Art. Sie heißt Olympia. (Eigentum!)
Ein Griff in den Schrank Henrik Ibsens – und über die Bretter socken verplumpte, verlärmte, verwässerte, verschwächlichte Schemata des Hedda-Gabler-Bezirks.
Also: links zwo Triebstarke, Wilde (der Manager, Olympia), rechts zwo Bürgerliche, Zahme (ein Rechtsanwalt, eine gewisse Maja ... Nur stammt auch Maja selbstverständlich aus dem Bordell; ille mihi praeter omnes angulus ridet; der Ausdruck »Ort der Handlung« kann wegfallen. (Kitschdämonisch.)

II

Der Bordelldirektor will Olympia los sein. Er heiratet Maja. Olympia will den Rechtsanwalt los sein. Er steht vor der Heirat mit Olympia. Der Griff in allerlei Taschen beginnt fruchtlos zu werden.
Hedda Gabler und Lövborg passen zueinander. Sie paßt nicht zu Teßman; er paßt nicht zu Thea. Der Direktor und Olympia passen zueinander. Sie paßt nicht zum Rechtsanwalt; er paßt nicht zu Maja. Der Anwalt sagt erläuternd, er sei Geist; die Gegenpartei (sagt er) sei Fleisch ... Feiner Zustand von einer Symbolik.
Daß Leerheit Leerheit sei, Schlappheit Schlappheit, Epigonentum Epigonentum, Lärm Lärm, Nichtkönnen Nichtkönnen, – sagt er nirgends. Seltsam.

III

Unsere Geduld ist bald zu Ende. Dies miserable, stramm gespielte, trotzdem belächelte, mit Fug bepfiffene, komplett ohnmächtige Zeug, wo die Kitschdirne zu dem Kitschmann zurückkehrt, wo er plötzlich sie berauben will, wo sie plötzlich den Anwalt totschießt, wo sie zehn Minuten den Revolver zückt, sich selber totschießt, wo der Direktor voll kitschigen Wahnsinns über die Leichname Salven pufft, ... dies ganz schablonige, dagewesene Tschingdrabumm, mit lauter forte's und einem kitschbilligen Kirchengegensatz; mit Dauergebrüll ohne jede Stufung (rhythmenloser als Karlchen Mießnicks Schubladenstücke) – dieser Tiefstand muß noch auf Versuchsbühnen ein Ende haben.

IV

Von einer Stiftung aus hat der Preisrichter des laufenden Jahres und Nachfolger Julius Babs, Herr Herbert Spärlich, das ›Werk‹ in der Bedrängnis ehrenvoll erwähnt – obschon ihn der Erwähnte zuvor in einer Monatsschrift lobend besprochen hatte ... so daß ein unbewußter, menschlich gewinnender Zug aus dem Vereinsleben in den entschlossenen Satz ausklang: die ›Melodie‹ des Stückes sei, was soll man sagen, »organischer Handlungsfaktor geworden«.

V

George, die Straub, Twardowski ...
Herr Martin hat sie (bei Pringsheims hier glänzend bemeisterter Musik) in ein Gebrüll mit Tempo gebracht. Bei der Kirchenruhe versagt er.
Von der minderen, der zweiten bis vierten Russen-Garnitur werdet ihr noch mehr grundsätzliche ›Besessenheit‹ seh'n; sie machen ja die Mode seit Jahren vor.
Ich glaube fast: wenn grundsätzlich nach dem Rezept ›wilder Mann‹ gespielt wird, so ist das nicht absolut kunstfördernd ...

Es scheint nicht der einzige Weg. Man könnte, wie nach dem grundlos wilden Prinzip, mal nach dem ebenso grundlos milden Prinzip spielen. (System Schlummerkopp.) Ich schlage den Anbruch des regiehaften Depressionismus vor.
Etwa so:
Die Gestalten müssen dauernd voneinander wegwanken; sich fern mit dem Rücken gegenüberstehen; und (statt der Spannung ohne Grund) möglichst eine tiefe Mattheit ohne Grund halblaut und sehr dösig an den Tag legen; auch allgemeines Mießbefinden, – wie es dem nachdenklichen Teil des Weltwesens entspricht.
Begründet wird es schon werden – wenn der Regisseur nur wünscht.
Die Straub war diesmal einheitlicher: weil tobender. Sie überzeugt, solange sie schreit. George dauernd stark, im Bramsigen... und Malerischen. Twardowski haftend in der Haltung; dann im behutsamen Ausbiegen vor Sprechirrungen.

VI

Die Gesellschaft ›Junge Bühne‹ hat ein Recht zum Atmen, wenn sie künftig auf Können, statt auf Richtungen geht.
Das ist es.
Kein Wunder sonst, wenn der offizielle Altheidelberger Kitsch hochkommt – weil der inoffizielle Kitsch, der Kitsch mit Richtung, Unternehmer wie Besucher abschreckt.
Das bleibt von Kunst so getrennt, wie ein Tümpel vom Ebro – den ich nun bald fließen sehe.

Franz Servaes, Berliner Lokal-Anzeiger 19. 3. 1923

Das ganze literarische Berlin war versammelt. Geräuschvolle Spannung in allen Reihen. Unverdiente Ehre! Das aufgeführte Stück des ehemaligen Wiener Arztes Ernst Weiß eröffnet nicht neue Bahnen. Er ist ein Nachzügler. Hoffentlich der letzte dieses Genres.
Bordell-Atmosphäre. Sie schlägt uns gleich dick entgegen. Gekreisch, Getrampel, Geräkel und Juchhe. Daraus entwickelt sich dann eine Tragödie des privatesten Unfriedens. [...] Zwei Leichen und zwei vor Schreck fast Entseelte starren uns zum bösen Schlusse an.
Dem Drama liegt ein Roman desselben Verfassers ›Tiere in Ketten‹ zugrunde, und es ist kein Zweifel, daß dieser Roman, der die psychologischen Entwicklungen deutlicher und eindringlicher gibt, das bessere Kunstwerk ist. Er überläßt überdies all das Abstoßende und Widerwärtige, das die Bühnenaufführung in grellster Realität uns vor Augen rückt, der Phantasie des Lesers. Gewiß hätte dies in der Darstellung die Karl-Heinz Martin leitete, im Detail vielfach gemildert, und dafür die seelische Linie, die das einzelne verbindet, verstärkt werden können. Doch auch so wäre dem Stück kaum wesentlich zu helfen gewesen. Das an extreme Darbietungen jeglicher Art gewöhnte und danach lüsterne Berliner Premierenpublikum fühlte sich zwar zum Schluß zu demonstrativem Beifall bewogen, aber irgendeine tiefergehende Kunstwirkung oder gar einen seelischen Nachklang wird niemand mit nach Hause genommen haben.

Unter den Darstellern ragte vor allem George hervor. Sein Bordellinhaber bot ein grausigstes Bild menschlicher Zerrüttung. Rein schauspielerisch war das eine stupende Leistung, wenn einen dabei auch der Ekel im Halse würgen konnte. Sein Gegenpart, der keusche Jüngling, fand in Twardowski den richtigen Ausdruck und Kontrast. Die Olympia der Agnes Straub bot gleichfalls Ergreifendes, ja Aufwühlendes. Und doch griff sie einem nicht ans Herz. Die Rolle ließ es nicht zu, die von einem Extrem ins andere gepeitscht wird.

Bertolt Brecht   Im Dickicht

Uraufführung: Residenztheater München, 9. Mai 1923
Regie Erich Engel

Als Brecht an seinem dritten Stück zu arbeiten begann, schwebte ihm vor, einen »Kampf an sich« ohne andere Ursache als den »Spaß am Kampf« darzustellen. In einer Vorstellung der Schillerschen ›Räuber‹ hatte ihn die unbürgerliche Wildheit des Bruderkampfes um ein bürgerliches Erbe interessiert, er selbst war vom Boxsport als einem der »großen mythischen Vergnügen der Riesenstädte von jenseits des großen Teiches« fasziniert. Er las Jensens Chikagoroman ›Das Rad‹ und Rimbauds ›Sommer in der Hölle‹, aus Jeßners ›Othello‹-Inszenierung blieb ihm das diffuse Licht im Sinn, »das die Figuren mächtig hervortreten ließ«. Unter diesen Einflüssen begann er sein ›Kampfstück‹ und sah über der Arbeit, daß es »mehr und mehr ein Stück über die Schwierigkeit wurde, einen solchen Kampf herbeizuführen«. Die Figuren gerieten ins Dickicht, wo sie einander nicht mehr trafen. Brecht kam damit nicht so sehr in die Nähe des Klassenkampfes, wie er später vermutete (»Bei Durchsicht meiner Stücke«), sondern an einen Stoff, in dem die Veränderung der dramatischen Auseinandersetzung selber zum Thema geworden war. Bereit zur Auseinandersetzung, verlieren sich die Möglichkeiten. Er kam damit fast an den Punkt, an dem die Reflexion einsetzen mußte über die Form des neuen Dramas. Das Ungewöhnliche empfand das Publikum als das Ungewohnte. Nur wenige wurde mit dem ›unklaren‹ Stück fertig, das der Intendant Carl Zeiß, der ehemals in Frankfurt den Expressionismus mit entfacht hatte und seit 1920 das Münchner Staatstheater durch schwierige Verhältnisse lavierte, auf Empfehlung seines Regisseurs Erich Engel und auf Betreiben von Brechts Freund Jakob Geis angenommen hatte. Caspar Neher, der Jugendfreund Brechts aus Augsburg, machte das erste Bühnenbild, und Erich Engel fand hier die erste und dauernde Bindung an Brecht. Engel war 1922 von den Hamburger Kammerspielen ans Münchner Staatstheater gekommen, hatte dort ›Hamlet‹, ›Julius Caesar‹, ›Macbeth‹, ›Maß für Maß‹ und Sternheims ›Snob‹ inszeniert. Als er am 5. Juli 1922 in einer außerordentlichen Aufführung Grabbes ›Scherz Satire Ironie‹ auf die Bühne brachte, begann Ihering seinen Ruhm in Berlin zu verkünden. Die Verwirrung nach seiner Münchner Brecht-Inszenierung war groß; sie zeigte sich in der Kritik und den Fronten, die sich nun bildeten. Die Premiere fand sechs Monate vor Hitlers Marsch auf die Feldherrnhalle statt. Das künftige Verhältnis der Nationalsozialisten zu Brecht deutete sich schon in der Rezension des ›Völkischen Beobachters‹ zum ›Dickicht‹ an (s. d.).

Als Engel 1924 Brechts ›Dickicht‹ in Berlin wiederholte (s. d.), hatte sich die Position Brechts schon verändert.

Herbert Ihering, Berliner Börsen-Courier 12. 5. 1923

›Im Dickicht‹ ist Bertolt Brechts drittes und reichstes Drama. Ein Polizeibericht aus dem Chinesenviertel Chikagos ist Vision, ein Kolportagestoff apokalyptisches Gleichnis geworden. Brecht ›deutet‹ weder einen Kriminalfall, was ›beobachtende‹ und psychologisierende Dichter, noch gibt er die Effekte, was Sensationsdramatiker getan hätten. Brecht taucht hinter den Vorfall. Er stößt ihn ins Chaos zurück. Er gibt nicht das Ende, das analysierende Dramatiker auch dann geben, wenn sie ›Erklärungen‹ für ein Ereignis suchen: jede Erklärung geht vom Resultat aus und führt es schrittweise an den Anfang zurück. Brecht gibt nicht den Anfang, den Effektschriftsteller bringen, wenn sie Voraussetzungen für spannende Vorgänge schaffen: die Ereignisse entwickeln sich dann aus einem einmaligen Vorfall zu einer fortlaufenden Handlungsreihe. Brecht gibt die Atmosphäre, in der Unerhörtes, die Luft, in der Undeutbares geschehen muß. Er gibt mit den ersten Worten eine dritte Welt, in der der Kampf zwischen Menschen auf einer anderen Ebene, ›in den Lüften‹, sich abrollen muß.
Hier kann man nur ja oder nein sagen. Man spürt sofort die Suggestionskraft der Sprache, oder man bleibt dem ganzen Drama gegenüber unempfänglich. Man spürt den Strom zwischen den Menschen, oder man findet alles ›unklar‹. Wie der Kampf zwischen dem malaiischen Holzhändler Shlink und dem Leihbibliotheksangestellten George Garga mit vertauschten Waffen ausgefochten wird, wie der Zerstörer: der Malaie, mit Selbstäußerung und Liebe, der Verteidiger, der Weiße, mit Haß und Empörung vorgeht, das ist eine der kühnsten dichterischen Visionen. Die Gestalten fließen ineinander über. Sie sinken unter und tauchen auf aus der fauligen, flimmernden Atmosphäre des ›Dickichts‹ (des Chikagoer Chinesenviertels), sie vertauschen sich im halben Licht, sie zerfleischen sich und suchen Beziehungen zueinander. Aber je enger sich ihre Kreise ziehen, desto ferner werden sie sich, und nicht einmal im Haß kommen Shlink und Garga zueinander.
Die dramatische Aufgabe diesem Drama gegenüber ist nicht die: ›Klarheit‹ zu schaffen. ›Klarheit‹ würde das Beste: die Atmosphäre des Stückes, zerstören. Sie ist eher: ein rhythmisches Gleichgewicht zwischen den Szenen herzustellen. Denn Brecht wird oft so weit fortgetrieben, daß die Bühnenzeitverhältnisse der Szenen ins Schwanken geraten. Daß er breit ausgespielte Szenen auf kurze setzt, ohne daß dieser Wechsel rhythmischen Zwang hat. Der Regisseur Erich Engel hat in der inneren Konzentration des Kampfes zwischen Shlink und Garga oft Hervorragendes geleistet. Er hat überall das Atmosphärische, das Dämmernde, das Visionäre gelassen. Gegen den Schluß hin wären aber manche Szenen in ihren Zeit- und Tempobeziehungen zueinander noch auszugleichen gewesen. Das hätte die Übersichtlichkeit der dynamischen Personenbeziehungen gefördert, ohne daß Ansprüche an ›logische‹ Klarheit aufgekommen wären. Nicht Gliederung nach schulmäßigen Akten, nach ›Verständlichkeit‹, nach Abgrenzung der Personen, nach Bühnentechnik, nur Auswiegung der kurzen und langen Szenen, des dynamischen Wechsels, ist die dra-

maturgische Forderung, die man an Brecht stellen muß. Die Forderung, die sich nicht aus einem dramaturgischen Dogma, aus einer szenischen Regel, sondern aus seinen Dramen selbst ergibt: aus ihrem Balladencharakter, aus ihrer Strophengliederung, aus ihrer sprachlichen Suggestionskraft. Die rhythmisch-bildhafte Suggestion der Sprache auf die Suggestion der rhythmischen Szenenfolge übertragen – und Brecht ist nicht nur die stärkste visionäre Kraft, sondern auch der größte Szenenbeherrscher des jüngeren deutschen Dramas. Mit allen Rätseln und allem Chaos, mit allem Dunkel und allem Licht einer verwesenden und aus der Verwesung wieder aufsteigenden Zeit – das Chaos durch Gestaltung und Form überwindend.

Es ist ein großes Verdienst des Generalintendanten Zeiß, unter den gegebenen Verhältnissen in München die Aufführung des ›Dickicht‹ gewagt zu haben. Brecht ist zwar Augsburger, und in dem Stück kommt keine einzige politisch ausbeutbare Bemerkung vor, aber der Kampf, der heute, wo man hinsieht, in Deutschland geführt wird, hat kaum noch etwas mit politischen Einstellungen zu tun. Es ist ein Kampf gegen das Unbequeme, Unkonventionelle, gegen das Unphiliströse, Irrationale auf allen Gebieten. Die rücklaufende Welle ist so gewaltig, daß sie die geistige und seelische Produktivität überhaupt wegschwemmen möchte, weil alle Selbstzufriedenen unbewußt merken, daß die Produktivität an sich gegen Genügsamkeit und Genießen gerichtet ist und Ausdruck eines kommenden, alle rationale Vernunft überbrandenden Weltgefühls wird. Und Brechts dämonisch nihilistisches, über die Ränder quellendes, chaotisch reiches, wucherndes Drama, in dem die Menschen vampirhaft einander aussaugen, in dem Wohltaten zerstören, in dem man vor der Einkreisung des Guten ins Gefängnis flieht, in dem der Sumpf Licht ausstrahlt und die Gestalten mit schwankenden Umrissen in die Dämmerung zurücktauchen, aus der sie kommen – Brechts flackerndes Drama, in dem auch vereinzelte Banalitäten einen unheimlichen Unterton haben, mußte die Ruhe eines Staatstheaters jäh durchbrechen. Aber was Jeßner kaum gewagt hätte und Hollaender nicht gewagt hat, Zeiß hat sich für die Aufführung auf dem nicht ungefährlichen Münchener Boden eingesetzt und Erich Engel die Regie gegeben.
Das ›Dickicht‹ ist im Grunde nur mit faszinierenden, bannenden Persönlichkeiten zu spielen. Dann kann man George Garga in der Einleitungsszene langsam, mit gespenstischer Ruhe einkreisen lassen, dann kann man den Kampf zwischen Shlink, dem Malaien, und Garga, dem Weißen, in immer wildere Temposätze hineinsteigern. Engel mußte zu scharf, zu stürmisch, zu fortissimo einsetzen – weil der Kampfcharakter mit unpersönlichen Schauspielern nur durch Lebhaftigkeit und Agilität auszudrücken war. Besonders der Gegenspieler Shlink – eine Krauß-Rolle wie wenige – konnte bei dem guten, aber nicht intensiven Schauspieler Otto Wernicke nur schwer Träger der dramatischen Spannung werden. Und Herr Karl Graumann stand der visionären Welt Brechts so fremd gegenüber, daß er aus Verlegenheit zum Spiel mit Wäscheleinen griff und eher den stelzenden Invaliden aus dem ›Goldenen Kreuz‹ (»Je nun, man trägt, was man nicht ändern kann«) gab, als einen verkommenden, verfaulenden Bewohner des ›Dickichts‹. Trotz mancher Darsteller aber, die zogen und schleppten, riß Engel die Vorstellung zusammen und erreichte mit den suggestiven Dekorationen von Caspar Neher (die seine Büh-

nenbilder zum ›Käthchen von Heilbronn‹ im Berliner Staatstheater weit übertrafen) unheimliche Konzentration. Erich Engel ist heute eine der stärksten, ehrlichsten, persönlichsten Regiebegabungen. Er ist – nach ›Scherz, Satire...‹ und dem ›Dickicht‹ – in seinen Ausdrucksmitteln gelöst und variabel. Er ist dramaturgisch überlegen. Man gebe ihm Schauspieler, die den Ausdruck in der Ruhe durchhalten und nicht – wie hier manchmal – Spannungslöcher entstehen lassen, und seine ›Dickicht‹-Inszenierung wird meisterhaft. Aber Engel hatte für den Garga Erwin Faber, der mit seiner flackernden Inbrunst, mit seiner jähen Wildheit der bannende Brecht-Spieler ist. Er hatte für die Schwester Maria Koppenhöfer, die über tote Punkte (sie leitete den Ausdruck nicht in den stummen, abseitigen Momenten weiter) immer wieder durch starke, persönliche, aus der Tiefe kommende Ausbrüche hinwegbrachte. Er hatte für die Mutter Luise Hohorst, die die Rolle zwar wie viele an diesem Abend in einen stillen und einen aufgesetzt-visionären Teil zerfallen ließ. Er hatte für die Geliebte des George Garga eine junge Anfängerin, Charlotte Krüger, die, vor allem sprachlich noch unfertig und mit ihrer Unintensität die Vorstellung manchmal fast gefährdend, dennoch begabt zu sein scheint.

Georg Jacob Wolf, Münchner Zeitung 11. 5. 1923

[...] Nach seinem Erstling ›Trommeln in der Nacht‹, den die Münchener Kammerspiele mit viel Glück herausbrachten, durfte man von Brecht mehr erwarten. Dieses Stück hat enttäuscht, und der mehr laute als wahre Beifall am Schluß des Stückes, den Brecht quittierte, kann darüber nicht hinweghelfen. Es war ein künstlerischer Mißerfolg, den das Theater dem Autor hätte ersparen müssen. Die künstlerische Arbeit vieler Wochen, von Regie und Ensemble in Proben von unendlicher Länge und hitzigster Intensität geleistet, hätte Besserem zugewandt werden können; in der Arbeitsökonomie des Betriebs unserer Staatsbühnen sollte man für die umständliche Einstudierung einer verworrenen (ich rede gar nicht von ethischen Momenten!), unerfreulichen und künstlerisch unergiebigen dramatischen Leistung wie dieser keinen Platz und keine Zeit haben. Dieses ›Dickicht‹ ist ein großer Schutthaufen.
Zwischen Moritat und Sketch schwankt die Szenenfolge dahin. Anklänge vernimmt man. Einmal Wedekind, öfter Kaiser, sogar an Strindberg ist gerührt. Ohne Entwicklung schleppt sich George Gargas Geschichte dahin. Was soll's? Nur eine dramatisierte Lebensgeschichte eines allmählich Untergehenden? Oder etwas wie Gegensatz von weißer und gelber Rasse, denn George Gargas Gegenspieler ist der malaiische Holzhändler Shlink? Oder – strindbergisch – ein Abbild des stillen, leidenschaftlichen Kampfes, des Sich-Zerfleischens der Menschheit? Oder, was namentlich im zweiten Teil des sogenannten Dramas stärker hervortritt, die Stellungnahme zum homosexuellen Problem? Denn wieder ist da dieser Shlink, der sinnlos alles diesem George Garga aufopfert, um ihm zuletzt in größter Not, zwei Minuten vor seinem Selbstmord, auf dem Dache eines Hauses in Chicago sagen zu können: »Ich liebe Sie.« Auf alle Fälle: ein Wirrsal, über das man eine Meinung haben kann, das sich aber jeder Erkenntnis verschließt.
So wollte es auch die Regie des Herrn Erich Engel haben: nur keine Klarheit: um Gottes willen kein Licht! Nie auch ein heiteres Aufleuchten, nicht einmal

im Sinn des Tragikomischen, wozu sich Gelegenheit geboten hätte. Alles so breit, gequält, getragen und – so langweilig wie möglich. Als sich der Vorhang zum erstenmal hob, ließ man die Drehbühne halb verdüstert laufen, Schreie ertönten wie von Zeitungsausrufern, die Blätter mit Sensationsnachrichten feilzubieten haben. Gleichviel: in diesem Stil waren auch die Dekorationen gehalten, die Caspar Neher entworfen hatte und die, zwischen Naturalismus und neuer Ausdruckskunst eine praktische Mitte haltend, das Chicagoer Arme-Leute-Milieu schlecht trafen. Auch die Geschmacklosigkeit des Musikautomaten, der an den unpassendsten Stellen Gounods ›Ave Maria‹ und Chopins Trauermarsch spielte, paßte in diesen Sketch. Und dazu um das tragische Getue, das falsche Pathos, das Marcia-Funebre-Tempo, die Deklamationen der Aufführung!

Nicht als ob es an guten darstellerischen Leistungen gefehlt hätte. Aber ihre Qualität und ihre Wirkung beruhten sozusagen auf einem Trotzdem. Die Regie hatte sie nicht herausgelockt, sondern nicht verschütten können. Obenan Faber: Temperament, Erscheinung und auch erstarkte Kultur des Sprechens. Nur etwas Monotonie der Entwicklung, doch dies nicht aus seiner Schuld, sondern vom Stück her. Am besten war er im ersten Bild, in der Leihbibliothek, dann wieder in der Schnapsschenkenszene, die vielleicht das Beste an Stück, Inszenierung und Darstellung gab. Wernicke sein Gegenspieler: der alternde Asiate, ein Mann voll Zucht und Haltung, äußerlich gleichsam gefroren, innerlich desto stärker durchfurcht von Leidenschaften; zum Schluß explosiv und zu laut, sonst von fast spukhafter Verhaltenheit. Ganz falsch angelegt und vergriffen, auch schauspielerisch nicht auf der Höhe war Graumanns Vater Garga, dagegen rührend in ihrer müden Entsagung Luise Hohorsts Mutter. Die leichte Dirne Jane, später George Gargas Weib, war Fräulein Krügers Verkörperung nicht gleichmäßig gelungen; da, wo sich ihr Schicksal ins Tragische wendet, brachte sie nicht genug seelisches Gewicht auf. Maria Garga, eine der unklarsten und unverständlichsten Gestalten des Stückes, stellte ein Gast, Fräulein Koppenhöfer, dar: sie führte sich vielversprechend ein, und man möchte sie auf diese Leistung hin vor einer gesünderen Aufgabe wiederfinden. Gut, zum Teil ausgezeichnet, waren einige Chargen besetzt, obenan ›der Pavian‹ mit Nadler, der in Maske, Erscheinung und in dem mit einigen sparsamen, aber unendlich ausdrucksvollen Gebärden auskommenden stummen Spiel starken Eindruck machte; neben ihm besonders Gura, der sich trefflich in die ihm fernerliegende Aufgabe schickte, Stettner, Barthels, Delcroix u. a. Um der Darsteller willen, die in vielwöchiger Beschäftigung mit dem Stück, jeder für sich, wenn auch nicht in eigentlicher Ensemblewirkung, etwas zu geben hatten, war der Abend doch nicht ganz verloren.

Horst Wolfram Geißler, München-Augsburger Abendzeitung 11. 5. 1923

Da sagt jemand auf der Bühne: »Mir ist, als hätte ich Zimt geschluckt!« Ich gestehe, daß mir ebenfalls zumute ist, als hätte ich Zimt geschluckt. Das ist ein wenig angenehmes Gefühl.

Wenn der Vorhang aufgeht, erkennt man einen witzigen Einfall des Spielleiters: Auf der Drehbühne ist Chicago aufgebaut, und die Drehbühne dreht sich, Chicago fährt Karussell, und man sieht sich veranlaßt, über das Karus-

sell des Lebens nachzudenken. Hier schon geht das Symbolische, das Symbolizistische, das Meschuggene an, und es dauert drei Stunden.
Immerhin hat der Leser ein Anrecht, Näheres über den Inhalt des Stückes zu erfahren. Diesen Inhalt anzugeben, ist nicht leicht, denn es macht sich bei der Menschengestaltung allenthalben eine derartige Impotenz des Verfassers bemerkbar, daß schon ein sehr guter Wille dazu gehört, irgend etwas deutlich zu erkennen [...]
Die Karussellfahrt geht [...] elliptisch um zwei Brennpunkte: hier Leben als überindividualistisches Material, dort Individuum. Das Tragische ist, daß das Individuum infolge seines Eigenbewußtseins und seines Stolzes es stets ablehnen wird, mit dem Leben zu paktieren.
[...] Ich muß gestehen, daß ich mir durchaus unklar darüber bin, ob mein Deutungsversuch richtig ist. Möglicherweise handelt das Stück von nichts weiter als von der Methode, wie man am besten Essiggurken einlegt. So vollkommen verworren ist es, und so kläglich versagt der Verfasser bei dem Versuche, Ideen deutlich zu machen oder gar Menschen zu gestalten. Ein umfassenderes Fiasko dürfte selten auf der Bühne gemacht worden sein. [...]
Die Aufführung *als solche* stand auf einer auch in den Staatstheatern selten erreichten Höhe.
Die Dekorationen Caspar Nehers sind eine unübertreffliche, im besten Sinne moderne Lösung schwieriger Raumprobleme, mit prachtvoller Sicherheit in der Komposition und einem raffinierten Geschmack in der Abtönung der Farben gegeneinander. Engels Spielleitung hielt die Notizzettel in gemäßigter Bewegung und überwand tote Punkte nicht ohne Anstrengung.
Die Darsteller gaben sich die erdenklichste Mühe. Herr Wernicke (Shlink) brachte mit seiner bedeutenden Fähigkeit zu scharfer Charakterisierung und eingehender verstandesmäßiger Durchdringung sogar einen Menschen zuwege – eine Leistung, die gar nicht hoch genug eingeschätzt werden kann; denn auf der Bühne *müssen* Menschen sein, keine personifizierten, unausgereiften Ideen, wie Brecht sie – nicht bewältigen konnte. Erwin Faber (Garga) schien die Rolle als eine Gelegenheit zu begrüßen, das liebe Ich spazieren zu führen; gleichwohl blieb er eine Notiz. Als Vater Garga war Graumann an den falschen Platz gestellt.
Die Frauenrollen hingegen waren aufs glücklichste besetzt. Luise Hohorst gab tiefste, stille Menschlichkeit. Frl. Krüger zeigte sich neuerdings als die Hoffnung des Staatstheaters. Daß man Maria Koppenhöfer für diesen Abend von den Kammerspielen (wo ihre Begabung völlig verkümmert) losgeeist hatte, ist ein Verdienst, das sich in kommenden Zeiten lohnen könnte.

Der Schauplatz der Begebenheit ist, wie gesagt, Chicago. Dicht daneben scheint der Urwald zu liegen. Schnapsbuden. Chinesenhotels. Mansardenzimmer. Alkohol. Menschenhandel. Und immer wieder Alkohol.
So sieht die deutsche dramatische Kunst der Gegenwart aus.
Es ist eine Schande.

Das Publikum verhielt sich zunächst still und abwartend. Als der Unfug aber nach der Pause unverdrossen weiterging, wurde das Haus unruhig und war mehrere Male nahe am Explodieren.
Zum Schluß wurde gepfiffen und gezischt, wodurch sich für die brünette Mehr-

heit der Erschienenen der Anlaß ergab, die Unzufriedenheit ostentativ niederzuklatschen, und dies wiederum war für Herrn Brecht der Anlaß, sich seinem Volke zu zeigen.

Josef Stolzing, Völkischer Beobachter (Münchener Ausgabe) 12. 5. 1923

»Im Chinesenviertel Chikagos versinken und verkommen in der Stille eines metaphysischen Duells Menschenleben unerhört und nie gesehen. Aus dem Kampf Shlink – Garga, dem heldischen Widerstand des versponnenen Garga gegen die *nackte* und zynische *Lebensenttäuschung* des malaiischen Holzhändlers Shlink ergibt sich die gewiß unbequeme Erkenntnis, daß eine Bindung zwischen Menschen nicht denkbar und selbst durch Feindschaft nicht herzustellen ist. Das Drama des neuen Wirklichkeitsgefühls gibt vom Leben die essentielle Begebenheit: vieles geschieht, viel geht entzwei, der Kampf endet mit Gargas kläglichem Sieg.« So werden wir von der ihm Thespis-Verlag herausgegebenen Theaterzeitung über das Drama ›Im Dickicht‹ von Bert Brecht belehrt, das am vergangenen Mittwoch im Residenztheater seine Uraufführung erlebte.
Nachdem ich mir vergeblich klarzumachen gesucht, wie man sich metaphysisch duelliert und wie eine angekleidete Lebensenttäuschung im Gegensatz zu einer nackten wohl aussehen mag, und ob man einen abstrakten Begriff überhaupt ausziehen kann, und mich dann weiter durch das Gestrüpp des schauderhaften Deutsch des ganzen Aufsatzes durchgeschlagen habe, dachte ich mir: wenn der Kommentar schon so blödsinnig unverständlich ist, wie muß es erst das Stück selbst sein. Mir schwante Fürchterliches, als das entzückende Rokoko des Theatersaales in Finsternis verschwand, bevor es auf der Bühne hell wurde. Aber meine Ahnungen wurden weit, weit übertroffen.
Ich bin noch nie in einem Chinesenviertel gewesen, weiß auch nicht, ob dort jiddisch gesprochen wird, in welchem Jargon Bert Brecht seine Geschöpfe reden läßt. Aber daß es dort so verrückt zugeht wie an der Börse bei plötzlich eintretender Baisse oder Hausse, das bezweifle ich unbedingt. In Berlin wohnte ich einmal in einem Fremdenheim mit Chinesen zusammen, und das waren außerordentlich stille und liebenswürdige Menschen. Wenn man mich mit schwerster Strafe bedrohte, etwa der Ebermayer selbst nach München komme, um mich eigenhändig nach Leipzig zu schleppen, oder der Oberrabbi das Steinmesser schon gegen mich zückte, ich schwöre es bei Abraham und allen Erzgaunern, daß ich keine Inhaltsangabe liefern kann, weil ich keine blasse Ahnung von dem bekam, was eigentlich auf der Bühne vorging. Ich sah nur immer dieselben Gestalten kommen und gehen, teils nüchtern, teils besoffen, hörte Otto Wernickes schnarrende Stimme, die wie das Drehen eines schon lange nicht mehr geölten Türflügels klang, sah, wie sich Faber im 1. Bild Jacke und Stiefel auszog, und wunderte mich, daß den Straßendirnen in Chikago ihr Handwerk nicht einmal so viel abwirft, daß sie sich Strümpfe kaufen können.
Erst gegen Schluß ging mir ein Licht über den tollen Spektakel hinter den Kulissen auf, denn die Drehbühne zeigte uns für eine Minute eine Mauer, auf der ein großes Plakat klebte: Achtung! Aufstand im Chinesenviertel! Aha, es war also ein Versehen von seiten der Spielleitung, die vergessen hatte,

jedem der zehn Bilder einen Anschlag mit einigen Worten der Erklärung aufzupappen, wie im Kino, wo der Brief des Urgroßvaters an seinen Enkel in Riesenbuchstaben auf der Flimmerwand erscheint, damit jedermann, der ein Analphabet ist, den Fortgang der Handlung versteht.
Genug des Scherzes, meine Zeit ist zu kostbar, als daß ich Lust hätte, mich noch länger mit Schmierereien heutiger Literatur auseinanderzusetzen, die, um mit Grabbe zu reden, mit der Aftermuse des Dramas Mondkälber erzeugen, die so abscheulich sind, daß man den Hund bedauern muß, der sie anpißt. In seinen ›Trommeln in der Nacht‹ ist es Bert Brecht wenigstens gelungen, das Irrsinnige der Novemberrevolution einigermaßen zu treffen – irrsinnig nur für die dummen Werkzeuge der höchst gescheiten Drahtzieher –, aber in seinem Stück ›Im Dickicht‹ zeigt sich seine Impotenz als Dichter in höchster Potenz; es ist nicht nur unsäglich albern, sondern auch grauenhaft langweilig.
Im Theater roch es nach Foetor judaicus, denn München hatte die ganze Intelligenz seiner Judengemeinde aufgeboten, um über den glatten Durchfall durch Beifallsraserei hinwegzutäuschen. Nach dem Ablauf des sechsten Bildes, womit die Pause eintrat, rührte sich keine Hand, und während der folgenden Bilder hörte das bedenkliche Scharren, Husten und Lachen nicht auf. Aber nach dem letzten Fallen des Vorhangs klatschten die Söhne und Töchter Zions wie besessen, so daß bald der rettende ›Engel‹ erschien, der den sich scheinbar heftig dagegen sträubenden Bert Brecht aus der Kulisse hervorholte.

Ernst Barlach   Der arme Vetter

Staatliches Schauspielhaus Berlin, 23. Mai 1923, Regie Jürgen Fehling

Nicht Erich Ziegel, nicht Leopold Jeßner, die die ersten Regisseure für Barlach waren, haben seine schweren Phantasien auf der Bühne nachwirkend abgebildet, sondern Jürgen Fehling. Fehling und Barlach: der Lübecker und der Güstrower: das war eine spontane Verwandtschaft von der Landschaft her. In Barlach fand Fehling seinen Autor, Fehling hatte das Verständnis für das Halbdunkel, die magischen Vorgänge, für die harte und klare Wahrheit von Barlachs Figuren und die Einmaligkeit seiner Rollen. Fehling hat das Prinzip seiner Regie einmal so definiert: »Ich hole aus dem von sich selbst noch nicht erkannten [...] Schauspieler M. mit allen seinen Zufälligkeiten [...] die ewige Persönlichkeit M heraus. Dasselbe versuche ich an der Rolle. Ich enthülle ihre Einmaligkeit, ihre Unverlierbarkeit im Reiche der geistigen Schöpfung.« Diese Sätze wirken, als seien sie Ergebnisse aus seinen drei Barlach-Inszenierungen. Fehling wollte nicht entscheiden, wer von den Dramatikern nach Wedekind der größere sei: die Lasker-Schüler oder Barlach. Beide aber waren Autoren, die Fehling zu seinen vollendetsten Inszenierungen anspornten. Er nannte den ›Armen Vetter‹ die beste seiner Barlach-Inszenierungen, obwohl die Theaterkritiker den ›Blauen Boll‹ (1930) dafür ausgaben. Fehling traf in dieser Inszenierung auf den Schauspieler, der seiner Vorstellung von Menschendarstellung mit den Jahren am besten entsprach: ein Mann mit einem starken Körper, ein Stück Natur, der Ahnungen beschreiben, der Gesichte haben und die Seele leuchten lassen konnte: Heinrich George. Von hier ab verbinden sich beider Wege. George sagte später: »Mich schmiß die erste Begegnung mit ihm zehn Jahre in meiner Entwicklung voraus.« Für Fehling begann nun (nach dem ›Käthchen von Heilbronn‹) sein Ruhm als Regisseur über Berlin hinaus zu dringen. War er ein ›Eroberer‹ Barlachs? Erich Ziegel war Fehling vorausgegangen. Er hatte als erster mit dem ›Armen Vetter‹ ein Stück Barlachs auf die Bühne gebracht (Hamburger Kammerspiele, 20. 3. 1919). Arthur Sackheim rühmte an Ziegels Inszenierung die »Hingabe an das Ahnungsvolle, Phantastische, In-sich-Gekehrte, Uranfängliche« (›Frankfurter Zeitung‹, 28. 3. 1919), und H. W. Fischer resümierte in der ›Vossischen Zeitung‹ vom 26. März 1919: »Der Erfolg blieb geteilt. Dieses Werk gehört unstreitig zu denen, die erst erobert werden müssen; aber es ist ganz gewiß eins, dessen Eroberung lohnt.« Fehlings Inszenierung war eine Eroberung: aber eine, die kaum nachvollzogen werden kann. – Die Kapitulation vieler Kritiker vor Barlachs Stücken in Hamburg wie in Berlin deutete nicht nur auf das Fehlen von Maßstäben, sondern auf eine grundsätzliche Verschlossenheit. Für Fehling war Barlachs Welt weit geöffnet. – Für Ihering wurde Barlach – nach Brecht – der Autor, für den er sich am stärksten engagierte. Siegfried Jacobsohn schrieb in der ›Weltbühne‹ über diese Aufführung: »Es werden einem Schauer übers Gebein gejagt... Ein tiefbeglückender Abend« (›Weltbühne‹ 1923 I, S. 641).

Paul Fechter, Deutsche Allgemeine Zeitung, Berlin, 24. 5. 1923

[...] Ich will versuchen, ein Bild vom Wesen dieser Dichtung zu geben: denn das Werk ist in einem sehr reinen Wortsinn Dichtung, nämlich Formulierung der persönlichen Auseinandersetzung mit der Welt. In zwölf Bildern zieht ein Ostertag vorüber, am Ufer der Elbe unterhalb Hamburgs. Ein Brautpaar, Herr Siebenmark und Fräulein Isenbarn, sind ins Freie gewandert: sie genießen den Tag – sie strahlend, gelöst, ganz Gefühl, er männlich, mit der Uhr in der Hand, einen Tag auf Urlaub. Draußen kreuzt ihren Weg Hans Iver, ein junger Mensch, aus dem bürgerlichen Leben herausgefallen von einer halb wirklichen, halb von ihm selbst übersteigerten Schuld gepeinigt, ein Schiffbrüchiger, den schließlich ein halber Zufall dazu bringt, die Pistole gegen die eigene Brust zu richten. Man bringt ihn verwundet ins Wirtshaus; das Brautpaar, alle möglichen anderen Gäste finden sich auch dort ein, auf den Dampfer wartend, der sie heimbringen soll – und nun greift dieses fremde Schicksal plötzlich in das bisherige Gefüge der Beziehungen zwischen Herrn Siebenmark und Fräulein Isenbarn ein. Vor diesem armen, vom Leben halb zerbrochenen Menschen, der seinem Wesen, seiner Seele folgt, erkennt das Mädchen, wohin sie wirklich gehört, wo ihre Sehnsucht zu Hause ist – und dem bürgerlichen Mann, der nur Mann ist, dämmert seine Unzulänglichkeit gegenüber der Frau auf. Er ringt mit sich, macht alle möglichen Versuche, auch in sich das Wesentliche, das Menschliche im Sinn der Frau heraufzuholen: er bekämpft den bloßen Mann in sich – und bleibt doch Mann und Bürger. Er ringt mit dem andern, und mit sich, schlägt ihn und sich – und bleibt doch, der er war, Trieb, Körper, irdische Vernunft, nichts weiter. Der andere verhöhnt von den Gästen, geprügelt von dem Stärkeren, bleibt Sieger – und stirbt. Das

Mädchen aber, das kaum drei Worte mit ihm gesprochen hat, löst sich von dem Starken, Irdischen, Gewöhnlichen – und verbindet sich dem Toten, weil er und sie im Innersten von Anbeginn zusammengehörten.

Das zieht in einer lockeren Szenenfolge vorüber – umrahmt von Bildern und Gestalten des bürgerlichen Lebens, umspielt von Barlachs norddeutsch skurrilem Humor. Da sind Schiffer und Zollwächter, Kapitän und Wirt, Frau Keferstein, die am Sonntag auf bedenkenlose Abenteuer ausgeht, und der alte Engholm, der sich draußen die Sorge um sein krankes Kind verlaufen soll. Inmitten dieser halb behaglichen, halb unheimlichen, halb lächerlichen und halb gespenstischen Welt aber wird die Auseinandersetzung zwischen den drei Hauptgestalten ganz von selbst immer überwirklicher; sie löst sich unmerklich aus der Realität und gleitet in die Seele des Dichters zurück, wird Selbstgespräch, Dialog zwischen den Kräften des männlichen Ich – über das alte Thema der Liebe. Siebenmark ist nicht mehr nur der bürgerliche Mensch, der der Frau mit der Überheblichkeit und Selbstsicherheit der sogenannten Vernünftigkeit gegenübertritt: in ihm verdichtet sich, was im Mann an allzu Irdischem, Primitivem, an Trieb und eingeborener Roheit dem tiefsten Suchen der Frau, sofern sie eine Seele hat, gegenübersteht. Er ist all das im Mann, was anders ist als die Frau, all das, was wohl ahnt und zuweilen näher zu kommen versucht, aber immer wieder sich auflehnt gegen die Empfängnis im Seelischen, die von der Frau zu ihm kommt und als gegen das eingeborene Haben- und Herrschenwollen abgelehnt wird. Der andere aber ist das, was Siebenmark vergeblich sucht, das, was erst die alten Seelen bekommen – das Wissen um das Wesen der Frauen, das Nahekommen und Ergreifen von innen her. In ihm ist erfüllt, wogegen sich der andere wehrt, obwohl er es ersehnt: in diesen beiden Gestalten stehen die beiden Pole der männlichen Art, Wesen und Sehnsucht, Anfang und Ziel sichtbar auseinandergetreten sich gegenüber. Und die Frau zwischen ihnen neigt sich dem, dem sie sich allein schicksalhaft verbunden zu fühlen vermag – weil sie ein Leben lang nur durch ihn gebunden zu werden vermag.

Die Diskussion dieses alten Themas vom Eros und vom Sexus ist wohl der innerste Sinn des Dramas. Barlach hat sich nicht auf seine Herausarbeitung beschränkt: er hat mit Breite und Bosheit allerhand Lebensbilder und Lebenszüge herumgestellt, ist auch zuweilen wieder aus dem Inneren ins Äußere zurückgeglitten. Aber in den Szenen, die sich um diese Auseinandersetzung drehen, gibt er nur Wesentliches. In den Volksszenen, wenn man so sagen darf, horcht er zuweilen mit Spott, zuweilen voll Haß auf die Menschen und was sie sagen: in den andern spricht er rein aus sich. Gestaltet mit ganz Unmittelbarem, Erlebtem, ohne literarische Zutaten. Und gibt namentlich im ersten Teil damit ganz starke Wirkungen, weil er das Seelische nie direkt ausspricht, sondern nur seine Tatsächlichkeit an einem Bild, einem vielleicht ganz abgelegenen Wort aufzeigt. Nur einmal versucht er direkt zu berichten, in der Szene, da der verwundete Selbstmörder seine Schuld bekennt, und da verblaßt die Wirkung. Vielleicht hat Barlach das auch empfunden – weil er den Jüngling später selbst sein Bekenntnis halb zurücknehmen läßt. Man kann dies Zurücknehmen mit Scham, sogar mit Rücksicht auf das Mädchen motivieren: es bleibt eine leise Unsicherheit, und von ferne überlegt man sogar ein bißchen, ob Barlach am Ende selbst nicht recht an das Reich seines ›armen Vetters‹ glaubt. Die Möglichkeit eines inneren Knicks liegt hier jedenfalls vor.

Technisch genommen leidet das Drama an seiner Länge. Über vier Stunden hält man kein Publikum fest, zumal die zweite Hälfte nur Abstieg, Ausklang der inneren Diskussion ohne Erholung im Irdischen ist. Dazu bleiben die Menschen auch zu sehr im Zeichnerischen stecken, ohne plastisch, dreidimensional zu werden – und dazu fehlt vor allem, besonders in der zweiten Hälfte, die Spannung, nicht nur im äußeren, sondern auch im innern Sinne. Das Interesse an dem Dramatiker Barlach hält mit dem an den Menschen nicht ganz Schritt, wobei allerdings zu sagen ist, daß hier wie überall der Mensch erheblich wichtiger ist.

Der Regisseur des Abends, Herr Fehling, hatte ausgezeichnete Arbeit geleistet. Er hatte durch Herrn Rochus Gliese auf graublau gestimmte Prospekte malen lassen – die landschaftlichen perspektivisch etwas im alten Stil und als Szenen etwas leer, die Innenräume von starker Stimmungskraft –, und er hatte die einzelnen Auftritte ganz auf eine Mischung von Realität und Spukhaftigkeit, von Traum und Wirklichkeit gestimmt, die sehr stark wirkte. Die Szenen im Oberstock des Wirtshauses, dann die Verspottung Ivers durch die Dampfergäste waren beste Fehlingsche Regiearbeit und ebenso die Stimmung der Schlußbilder. Vergriffen waren für mein Gefühl die Szenen im zweiten Teil zwischen Iver und Siebenmark, mit dem dauernden Spazierrennen im Galopp: das Gewaltsame übertönte hier das Richtige. Ausgezeichnet waren die Einordnung aller Nebengestalten in das Ganze: auch die Gestaltungsenergien der einzelnen Schauspieler schienen auf den gleichen Grad gebracht, so daß alles nur Schatten und Umwelt war.

Siebenmark war Herr George. Er brachte im ersten Teil starke Wirkungen, sprach wie aus eigener Erfahrung heraus. Im zweiten wurde er zuweilen laut, statt stark – wobei man allerdings die Hemmungen des Textes (wie die sehr schwierige Hundeszene) in Rechnung ziehen muß. Sein Gegenspieler Iver, Herr Kalser. Sehr diskret und anständig, wenn auch im Gefühl zuweilen ein bißchen blaß, mehr Klang als Leben, was gerade für diese Rolle etwas gefährlich ist. Zwischen beiden Frau Hofer, schlank, blond, mit Gefühl – mit Bewegungen wie von Hodlerschen Bildern. Den dritten männlichen Seelenbestandteil, den Zyniker Voß, machte Herr Legal – und der Zuhörer stellte wieder einmal fast verwundert fest, wie weit im heutigen Menschen alle einzelnen seelischen Energien selbständig auseinander getreten sind. Es ist hohe Zeit, daß ein neuer ›Faust‹ geschrieben wird.

Am Schluß gab es starken Beifall, aber auch einiges Zischen. Es hatte von 7 bis 11 Uhr gedauert – aber dafür hatte man auch wieder einmal ein Stück Dichtung erlebt. Und da soll auch ein normales Theaterpublikum nicht zischen.

Alfred Klaar, Vossische Zeitung, Berlin, 24. 3. 1923

Das Staatstheater, das sich unter der eigenwilligen Leitung von heute so spröde gegen unsere lebenden Dramatiker verhält, erschloß sich gestern zum zweiten Male einem Nichtdramatiker, dem bildenden Künstler: Ernst Barlach; auf sein von der Szene verschwundenes, aber noch unvergessenes Drama dunklen Angedenkens: ›Die echten Sedemunds‹ folgte die in noch tieferes Dunkel getauchte Bilderfolge ›Der arme Vetter‹, die von 7 bis nach 11 Uhr nachts schat-

tenhaft an uns vorüberzog und von einem verwunderten Publikum ebensoviel Geduld wie Aufmerksamkeit verlangte. Wenn ich den Autor dieser phantastischen Dialogskizzen, die in ihrem malerischen Rahmen einen gewissen Stimmungszauber ausüben, ohne jemals die Teilnahme der Gemüter zu erwecken, kurzweg einen Nichtdramatiker nenne, so geschieht es nicht, weil ihr Autor auf einem anderen Boden sich den Ruhm des Künstlers erwarb, sondern weil er das Recht dieses Bodens auf die Szene mitbringt und trotzig gegen das Gesetz der Bühne behauptet. Nicht im Nacheinander, nicht in einer Folge von motivierten, gesteigerten und gelösten Vorgängen, die uns fesseln und mit sich ziehen, sondern im Nebeneinander von Gruppenbildern, die uns eine einmal geschaffene Lage von verschiedenen Seiten zeigen, wirkt sich der phantastische Drang in dem ›Armen Vetter‹ aus. Ein Maler, ein Bildner, ein mit Ausnahmeorganen begabter Belauscher von Menschen und Landschaften hat da das Erlebnis einer schaurigen Nacht in allen Zuckungen des Stimmungswechsels festgehalten und füllt die Bühne dramatisch sorglos mit den Skizzen seiner Künstlermappe. Ausbreitend, nicht vorschreitend, entfaltend, nicht entwickelnd. Die Sinne werden gereizt, der Sinn wird nicht faßbar in Worten. Wir sehen und staunen. Den Schlüssel zum innerlich gegründeten Zusammenhang hält dieses Maler- oder Bildhauerstück als sein Geheimnis zurück...
[...] Das große Abenteuer in all dem Gewirre ist der mystische Einfluß, den der sterbende Jüngling, der ›arme Vetter‹, auf die romantische Braut und ihren Verlobten ausübt. Das Mädchen, das um ein zweites Selbst ringt, sieht in dem Todgeweihten und Toten die Erfüllung ihrer Sehnsucht. Der Philister möchte den unbewußten Nebenbuhler und der Braut in ihre transzendente Sphäre folgen und vermag es nicht. Darüber scheinen alle zugrunde zu gehen. Eine kurze Schlußszene deutet auf diese Auflösung der Dissonanz...
Das Schauspielhaus ist diesem malerischen Phantasiespiel nichts schuldig geblieben. Regisseur Fehling hat sich offenbar in die Gesichte Barlachs eingelebt. Die Dünenlandschaft ist schauerlich genug in ihrer mystischen Eintönigkeit, aus der angedeutete wilde Gestalten hervorschimmern. Die erste Gasthausszene mit den verschiedenen Gruppen, die aneinander vorbeireden und von denen doch jede zu ihrem Rechte gelangt, ist ein Meisterstück szenischer Durchbildung; die Interieurs des Wirtshauses mit den kläglichen Stuben, dem Schornstein, der, bloßgelegt, durch das Obergeschoß ragt, sind ungemein charakteristisch; alle Episoden haben scharfe Umrisse – einige dieser Nebengestalten, ein besorgter Vater, eilig, nervös, hilfreich – eine natürliche Gestalt, von Gronau natürlich dargestellt – das männersüchtige Weib, an dem Elsa Wagner ihre Verwegenheit im Satirisch-Mystischen übt, ein Zollwächter, für dessen schlichte, pflichtschuldige Korrektheit Walter Werner aufkommt, sorgen bezeichnenderweise für die dramatisch klarsten Eindrücke des Abends.
Und die Hauptdarsteller? Alle Ehre ihrer ruchlosen Anstrengung, uns in das Innere, in den Kern des Stückes hineinzuziehen. Erwin Kalser war geradezu opferwillig in dem Bemühen, das flackernde Leben, die ironische Überlegenheit des Sterbenden festzuhalten, Johanna Hofer traf Ton und Miene einer metaphysischen Sehnsucht. Heinrich George hetzte sich und die Hörer in das Fieber des Halbphilisters hinein. Man sah vielsagende und zuletzt doch geistig stumme Bilder...
Ein Häuflein Enthusiasten nahm den Willen einer Künstlernatur für die Tat. Dünnen, anhaltenden Beifall gab es zum Schluß. Die Unbefriedigung war

wohl trotzdem allgemein. In solchen Experimenten darf das Leben des Staatstheaters nicht gipfeln. Es wird selbst zum armen Vetter, wenn es die große Erbschaft unserer Nationaldichtungen in wunderlichen Entstellungen bringt und bizarre Phantasien ohne feste Gestalt für das dramatische Leben unserer Tage ausgibt.

Herbert Ihering, Berliner Börsen-Courier 24. 5. 1923

Ernst Barlachs Drama ›Der arme Vetter‹ hat die entscheidende Probe bestanden: es ist mit der Zeit gewachsen. Als es 1918 erschien, ergriff es wie das Drama eines Menschen, der lange stumm war und die Sprache erst fand, als er schon zu viel erlebt hatte. Die Sprache, die für den seelischen Ausdruck erst am Ende einer langen Entwicklung befähigt ist, schien ihre ersten Laute sofort für die letzten seelischen Erfahrungen hergeben zu sollen. Barlachs Werk hatte den Augenaufschlag eines Urmenschen, der in halbwachen Träumen das göttliche Geheimnis der Seele ahnt und sich und der Welt von dieser Ahnung Rechenschaft abzulegen beginnt. Oder es wirkte, als ob die Sprache nicht das Gestaltungsmittel sei, sondern zu etwas Gestaltetem hinzuerfunden wäre; als ob Barlach Figuren, die er vor seinem inneren Auge schon als Bildwerk vollendet sah, nachträglich reden machte. Oder: als ob holzgeschnitzte Einzelfiguren und Gruppen wechselnd zusammengestellt und verschiedenen Lichtwirkungen ausgesetzt wurden, als ob das Licht sie belebte und veränderte, als ob der Raum (der Schauplatz) von Einfluß sei, nicht das Geschehen.
Aber dieses atmosphärische und scheinbar unerlöste Drama hat produktive, weiterwirkende Kräfte in sich. Sein geheimer Seelenklang schwang der Zeit entgegen. Sein Gleichnis wurde durch die Jahre tiefer. Sein menschlicher Adel in der Trübung der Tage reiner.
Dieses Drama hat das Geheimnis der produktiven Umlagerung. Es wächst durch alle Schichten hindurch. Und wenn Hans Iver, der arme Vetter, am Strande der sich ins Meer verlierenden Nordelbe, auf der Heide und im Wirtshaus unter den Nebeln eines fröstelnden Osterabends mit platten, grausam banalen, tierisch brutalen Durchschnittsmenschen zusammentrifft, die alle auf denselben Dampfer warten, wenn sie an ihm sich enthüllen und tiefer in ihre Dumpfheit hinabgestoßen oder heller erleuchtet werden, so wird aus diesem Kampf zwischen Höhe und Tiefe, zwischen dem Abglanz des Jenseits absichtslos ein Gleichnis des ewigen Kampfes zwischen Licht und Dunkel. Die Menschen, Ausdruck der brauenden Atmosphäre einer Flußniederung und diese Atmosphäre wieder schaffend, real im Boden der Landschaft wurzelnd und an die Sterne reichend, sich stemmend gegen alles Überwirkliche und sich auflösend in die Unendlichkeit, verweben sich, durchdringen sich und finden ihr geheimnistiefes Ziel in der Beziehung, die zwischen Siebenmark, dem festen, anständigen, aber von der Höhe wieder hinabsinkenden Durchschnittsmenschen, seiner Braut, Fräulein Isenbarn, und Hans Iver schwebt, einer Beziehung, die ein erotisches Spiel in das letzte Gleichnis hinaufhebt, wo der eine Mensch nur noch Sinnbild, nur noch seelischer Akzent des anderen ist, wo Irdisches sich am Himmlischen sublimiert und Himmlisches am Irdischen erst sichtbar wird.
›Der arme Vetter‹ ist das adligste und männlichste Drama unserer Tage. Die

Aufführung muß durch alle Schichten dringen: von den platten Banausen bis hinauf in die Welt, wo Siebenmark und Iver fast in den Lüften kämpfen, wo die Menschen, wenn sie sich mit anderen schlagen, Schlachten mit ihrem eigenen Dämon ausfechten. Jürgen Fehling führte sie durch diese Schichten. Und wenn zu Beginn manche Figur vielleicht zu isoliert schien, wenn in der ersten Wirtshausszene noch einige Details ablenkten, am Schluß der Höhenkampf manchmal zu monoton geriet und zuletzt die konzentrierenden Striche fehlten, so ändert das nichts an der Fülle und Geschlossenheit, an der Gegenständlichkeit und Phantastik der ganzen Aufführung. Ein vorwärtstreibender, ein bereichernder Abend. Schauspieler, die sonst in sich selbst verschlossen blieben, wie Erwin Kalser, waren gelöst. Dieser Darsteller, kunstnäher, geistnäher als viele andere, ist ein tragischer Fall: er kann sich nicht ausdrücken. Diesmal hatte er nicht nur den vornehmen menschlichen Ton (der oft ans Langweilige grenzte), diesmal hatte er mit Variationen der Sprache körperliche Variationen, diesmal hatte er Phantastik und seelische Beredsamkeit. Ebenso schien Johanna Hofer bereichert. Sie fand an der Situation Stützen für ihren Ton, sie hatte echte Ausbrüche und fiel nur in den Höhenszenen etwas in blassen Singsang zurück.

Heinrich George gab den Siebenmark. In allen Szenen der Diesseitigkeit prachtvoll knapp und geschlossen, fest und menschlich umgrenzt. In allen Szenen, wo er sich mit seinem anderen Selbst schlägt, wo er über sich hinausdrängen will, körperlich suggestiv, sprachlich gewaltsam. George fehlt zum letzten sprachliche Phantasie. Er preßt dann den Ton. Er arbeitet mit quantitativer, nicht mit seelischer Steigerung.

Die kleineren Rollen, wie fast immer bei Fehling, vollendet: Elsa Wagner eine diskret-phantastische mannstolle Frau Keferstein, Albert Florath ein derb-vergnüglicher Schiffer, Ernst Gronau ein skurril verzerrter Herr Engholm, Ernst Legal ein beizender Herr Voß. Eine ebenso reiche wie bescheidene Aufführung, die auch im Bühnenbild wesentlicher gestaltet war, als es dem sonst oft ins Oberflächliche abgleitenden Rochus Gliese jemals glückte.

Die Rolle der Johanna Hofer übernahm später Agnes Straub. Dazu schrieb Ihering:

»Was es bedeutet, die Rolle nicht zu umgehen, sondern darzustellen, sie barlachisch aufzureißen, das zeigte erst Agnes Straub. Wenn sie den Auseinandersetzungen zwischen Iver und Siebenmark zuhörte, so waren es *ihre* Auseinandersetzungen mit Siebenmark. Wenn es auf ihrem Antlitz fremd wurde oder sich aufhellte, so war es die Verdunkelung oder Erleuchtung in Siebenmark. Und am Schluß brach alles aus ihr heraus: Erwartung, Ekel, Entrücktheit. Entflammte das Gesicht, durchbebte die Stimme.

Das ist der Weg der Dichtung, der beschattete oder belichtete Weg des Göttlichen durch den Menschen. Es gibt eine Dichtung aus der Zeit. Es gibt eine Dichtung gegen die Zeit. Barlach ist der große Künstler gegen die Zeit. Auch sein Drama zeigt immer wieder ein neues Gesicht. Im Gestaltlosen erschütternd nach der Gestalt ringend; adlig und einsam. Weltzufern und weltzunah. Deutsch in einem tragischen, ergreifenden Sinne.«

Ernst Barlach   Der tote Tag

Neues Volkstheater Berlin, 24. Mai 1923, Regie Paul Günther

Der Zufall der Disposition hob auf einmal hervor, was für ein Autor mit dem Bildhauer Barlach auf das Theater wollte. Einen Tag nach Fehlings Inszenierung des ›Armen Vetters‹ kam Barlachs erstes Drama, der dunkle ›Tote Tag‹, nach Berlin. Das Stück aus dem Jahre 1912 war der Versuch eines mythischen Dramas, mit dem Barlach im gleichen Jahr, in dem Reinhard Sorge den ›Bettler‹ schrieb, für sich dartat, daß das neue Drama die Wirklichkeit hinter der sichtbaren Wirklichkeit hervorzuholen begann. Ein Mythos vom Kampf der Mutter um den Sohn. Ein Stück ohne Glück – auch auf der Bühne. Das Leipziger Schauspielhaus hatte schon am 21. November 1919 (1919 war das erste Bühnenjahr Barlachs) in der Regie Friedrich Märkers die Uraufführung gebracht. Den Sohn spielte in Leipzig Hans Steiner, die Mutter Mea Viertel-Scheuermann. Die Rezensenten sprachen nur von Gewaltsamkeit und Unverständlichkeit der Symbolik. Sie registrierten »trotz poetischer Schönheiten der Sprache« Langeweile und »eisiges Schweigen des Publikums«. Eine Anstrengung ohne Echo. – Noch vor Leipzig hatten jugendliche Laiendarsteller im Lyzeums-Club in Berlin sich an eine Aufführung gewagt, und Monty Jacobs hatte danach in der ›Vossischen Zeitung‹ vom 7. April 1919 für den Autor und sein Stück geworben. Aber die Vorurteile, die sagten, daß die Dramen eine sekundäre künstlerische Äußerung des Plastikers Barlach seien, hielten sich lange. Fehling versuchte von 1923 ab damit aufzuräumen. Erst damals begann man zu sehen, daß auch Barlach aus dem Leiden der Gegenwart, aus dem Leiden an der Entgöttlichung der Welt, zum Drama kam. Im Januar 1924 nannte Fritz Strich, der Literaturwissenschaftler, den ›Toten Tag‹ schon »eine der größten Schöpfungen unserer Zeit, denn all ihr Schmerz, ihre Schuld und ihre Sehnsucht ist darin«. – Nicht der idealistische Expressionismus war Barlachs Stunde, sondern seine Umkehrung: in der die Unerlöstheiten, die Abhängigkeiten, die mythischen und erotischen Gefangenschaften entdeckt wurden, die Gnadenlosigkeiten, in denen nicht das Erleben, sondern nur die Sprache, die es auslöste, als Schönheit zu verbuchen war. – Das Neue Volkstheater, das den ›Toten Tag‹ nun inszenierte, hatte Siegfried Nestripke, Herr der Volksbühne, als deren zweites Theater gegründet. Die Barlach-Inszenierung war eine seiner besten Taten. Die Inszenierung des ›Toten Tages‹ an den Münchner Kammerspielen in der Regie Otto Falckenbergs im Februar 1924 scheint glücklicher gewesen zu sein (Mutter: Maria Koppenhöfer, Sohn: Hans Schweikart). Aber auch sie hat das Stück der Bühne nicht gewonnen.

Monty Jacobs, Vossische Zeitung, Berlin, 25. 5. 1923

Es war keine ›Uraufführung‹, dem Zettel zum Trotz. Denn schon vor vier Jahren spielten blutjunge Studenten auf der Zwergbühne des Lyceum-Clubs Ernst Barlachs dramatisches Erstlingswerk. Als ich ihnen an dieser Stelle für ihren Wagemut applaudierte, habe ich dem Dichter Barlach einen schöpferischen Regisseur und starke Schauspieler als Helfer gewünscht. Die beiden letzten Tage mit ihren schweren Gaben haben diesen Wunsch erfüllt. Staatstheater und Volkstheater wetteiferten im Dienst eines Würdigen, und es muß anerkannt werden, daß die Volksbühne den Vergleich nicht zu scheuen braucht. Sie hat im richtigen Instinkt den ›Toten Tag‹ gewählt, ein Kunstwerk, aus dem Geiste des Märchens geboren und deshalb dem Volk zugänglich.

Aus dem Märchen steigt der Bildhauer und der Dichter Ernst Barlach hervor. Wie seine moskowitisch schweren Leiber kauern, das Kinn zum Sternenhimmel hochgereckt, so weht nordische Luft, Traumluft um sie. Wer niemals nachts an der glucksenden Ostsee entlangwanderte, neben einem pommerschen Geisterseher, mit willigem Ohr für sein Fabulieren, hat dem phantastischen Niederdeutschland noch nicht hinter den Schleier geblickt.

Ein Schöpfer, so steht und wandelt Ernst Barlach in diesem Reich. An überkommenem Gut der Phantasie zehren so viele. Er hat es, von inneren Gesichten bis zur Qual bedrängt, gleich in seinem ersten Wurf gemehrt. Nur einen lebenden Künstler kenne ich, der gleich ihm die Kraft spüren läßt, einen Mythos aus eigenem zu bilden: Selma Lagerlöf. Daher der unerhörte Reiz, den jedes Bühnenwerk Barlachs auf den Empfänglichen auslöst. Nicht neue Spiele mit alten Würfeln verheißen sie. Neue Substanz, Substanz der Poesie und der Zukunft, das ist ihr Geheimnis.

Seitdem Heinrich Heine den Pariser Feinschmeckern die Kreaturen der deutschen Romantik vorführte, ist keine Gesellschaft auf unserer Szene zusammengekommen wie im ›Toten Tag‹. Ein unsichtbarer Gnom, Steißbart geheißen, spukt durch das Bauernhaus. Besenbein, der Hausgeist, fegt auf seinen Borstenfüßen über die Dielen, und wenn seine Nachtwanderung durch Flur und Kammer vorbei ist, so braucht niemand mehr den Fußboden zu säubern. Mit ihm zugleich schlüpft der Alb leibhaftig in die Tür, fällt über die Schläfer her und möchte sich doch gern von der Qual der eigenen Friedlosigkeit, von der Qual seines Lebens befreien lassen. Steine seufzen und Pilgerstäbe laufen aus eigener Kraft über die Landstraße, blinden Wanderern als Führer.

Dunkel und schwer, wie die Mäntel auf Barlachs Holzbildern, lastet seine Sprache zumeist. Aber kein Pedant braucht sie allegorisch zu deuten. Wen jemals das Märchen gesegnet hat, der sieht und hört den Sinn jeder Szene. Was ist denn auch viel Geheimnis an diesem Göttersohn, den seine Menschenmutter nicht loslassen will! Er breitet, weil Jugend in ihm rumort, die Arme aus, aus Sehnsucht nach der Welt mit ihrer unermeßlichen Weite. Die Mutter aber, vom Gotte genarrt, weil er nur im Traum zu ihr wiederkehrt, sieht voll Angst das Zauberschloß, das er dem Sohn zum Ritt in die Welt schickt. Sie schlachtet es, sie setzt dem Jungen, in der Raserei ihrer Eifersucht, das Fleisch des Pferdes als Braten vor. Aber sobald das Tier von ihrem Messer gefällt ist, steht die Erdenuhr still. Die Sonne erbleicht, fahl lastet ein toter Tag auf den Menschen, bis Mutter und Sohn sich töten. Erst Steißbart, der Gnom, verrät, was der Sohn, im Fahnden nach seinem Vater, nicht sehen will: daß jedes Menschen Vater Gott ist.

Aus Bitterkeit, Argwohn, Wahnwitz richten sich die Blicke der Barlachschen Menschen stets auf den Sternenhimmel, der sich über ihr Märchen spannt. Im ›Armen Vetter‹ gleitet ihr Blick zu Wesen, denen die Menschen so ekel sind wie uns die Ratten. An solchen Seitenblicken und Stoßseufzern fehlt es schon im ›Toten Tag‹ nicht. So wölbt sich die Kuppel eines neuen Mythos über neue poetische Substanz, auch wenn die Musik der deutschen Romantik dazu ge-

blasen wird. Denn aus ›Des Knaben Wunderhorn‹ stammt die Melodie, und wenn das tote Roß vom Hausgeist Besenbein in den Keller geschleppt wird, so scheint die Gänsemagd aus Grimms Märchenbuch es anzusprechen: »O du Falada, der du hangest!«
Was sich so stark entlädt, wirkt von der Szene gewaltig, auch wenn die dramatischen Regelbücher um eines neuen Geistes willen getrost ein wenig revidiert werden sollten. Überpersönliches schwebt um eine Kunst, die [...] von Stimmen des Märchens umflüstert und der Gottheit aufwärts gerichtet wird. Nur ein einsiedlerischer Geist wie Ernst Barlach freilich kann das Wort so unbekümmert sausen und brausen lassen.
Es ist bereits im Vorbericht gerühmt worden, welche ehrliche, in Berlin selten gewordene Arbeit aus der Vorstellung des Neuen Volkstheaters sprach. Die Spielleitung des jungen Schauspielers Paul Günther hatte Ohr und Auge für Barlachs Märchen. Sogar die gefährlichste Hemmung, das Auftreten eines unsichtbar sprechenden Gnoms wurde mit glücklichem Wagnis, dank Fränze Roloffs Sprechkunst überwunden. Der böse Alb (Leonard Steckel) war seines Namens würdig, und Carl Achaz braucht nur einen Tropfen Süßigkeit aus seinem Blut zu verlieren, um einen Barlachschen Sohn spielen zu können. Nur der Blinde des Herrn Wäscher störte, im Irrtum, daß ein Besinnlicher larmoyant sprechen müsse, den Ton. Wie Agnes Straub, die Mutter, diesen Ton eines elementaren, ungebrochenen Frauentums anklingen und ausschwingen läßt, das wußten wir, das hörten wir gestern aufs neue, am stärksten in den stillen Momenten des Schlußaktes erschüttert, da am Tische nicht mehr die Rebellin gegen Gott und Schicksal, sondern die Leidende, die Verstummte, die Mutter saß.
Schiller –? Wenn ich über einen Schillerpreis zu verfügen hätte, niemand anders von Deutschlands Dramatikern sollte ihn bekommen als Ernst Barlach. Bildhauer und Poet dazu.

Emil Faktor, Berliner Börsen-Courier 25. 5. 1923

Die Dramatik Barlachs stellt den Beurteiler vor genußreich schwierige Probleme, mit denen er weder durch unbedingte Bejahung noch durch skeptische Feststellung von Verschwommenheitszonen fertig wird. Das literarische Schaffen des genialen Bildhauers bedeutet (vom Standpunkt der Bühne gesehen) nicht die Auswirkung schöpferischer Kräfte in einem völlig neuen Bezirk. Es setzt die Produktion visuell fort, wo Meißel und Zeichenstift aufhören. Der Bildhauer Barlach ist selber schon Dramatiker, und der Dichter überleitet Bewegung und Schwung, Gefühl und Gebärde, Lebensausdruck und Leidenschaft, Sinnenqual und Seelenrausch aus ihrer Verhaftung ins Starre in den brausenden Strom der Sprache. Das Drama ist ihm Entfaltung zusammengepreßter, durch die Materie gebundener Linien.
Eine Abschätzung der Barlachschen Bühnenwerke an dem Begriffe des Dramatischen, wie es in der Schulvorstellung lebt, hat dem Geist und Gefühlskomplex seiner Dichtung gegenüber eine völlig untergeordnete Bedeutung. Ihr Ausdruck treibt Elemente des Unterbewußtseins zu strahlender Erkennbarkeit, philosophischer Witz wetteifert mit Shakespearischen Impulsen, Seelenfülle wandelt den Sinn des Daseins zwischen lichtester Erkenntnis und dunkelster

Ahnung. Dieses Reichtums wird man auch in seinem Märchenspiel ›Der tote Tag‹ inne, wo der Gegensatz von männlichen und weiblichen Wesen anders als bei Strindberg durchdacht, umsungen und ins urweltlich Triebhafte zurückgestoßen wird. Welche Macht der Magie dieser Visionsdramatiker besitzt, wird nirgendwo so fühlbar wie in der Gestaltung eines Unsichtbaren. Es ist der boshaft lärmende, das Gewissen der Mutter peitschende Hausgeist Steißbart, ein zottiger Gnom, Springteufel, Nagetier und Luftgespenst. Man muß sich etwa an Tagores ›König der dunklen Kammer‹ erinnern, wo Unsichtbarkeit durch noch so lange Reden nicht in anschauliche Vorstellung umgesetzt wird. Die Stimmführung Barlachs treibt das Wesen Steißbarts aus den Worten hervor. Man sieht ihn mit den Ohren, man glaubt ihn zu riechen, man hat den lebendigsten Eindruck von ihm. Ein anderes Zauberwesen, wie der Aufwärter Besenbein schleicht in Vollgestalt über die Bühne. Er ist stumm und redet mit seinen glotzig-heiteren, schreckvoll starrenden Augen, mit seinen hin- und herschürfenden Extremitäten. Hier wird Sprachlosigkeit zur Beredsamkeit und Phantastik wächst aus dem Kontraste. Schöpferische Magie auch in der Gestalt des blinden Kule, der weiter sieht als Mutter und Sohn, der auf greisen Schultern die unabschaffbare Last von Menschenleid trägt und sich noch immer mehr aufladen möchte – ein verleugneter, von einem mystischen Gott verscheuchter Vater mit unverdrängbarer Väterlichkeit. Alle Gestalten jedoch haben ihre Entwicklung, ihren Seelenbrand, ihren aufs Ziel gerichteten Kampfprozeß schon in der Vision des Bildhauers vorausgeboren, auch wenn im Spiel rumort und gebohrt wird und die Verklammerung von Mutter- und Sohngefühlen mit zweifachem Selbstmord endet. Das Drama hatte seine Entscheidung vorausbestimmt, die Gestalten gleiten in ihren Ursprungssinn zurück, die Dichtung fängt an ihrem Ende an und rollt die Erscheinungen bloß um ihre Achse.

Nicht der Mangel des landläufig Dramatischen ist es, der für die Grenzbestimmung beim Schaffen Barlachs bestimmend wird. Sein hervorstechender Zug der Intellektualität wirft die Frage nach dem letzten Sinn der Kunst auf. Er beruht im Ausgleich von Stoff und Geist, im Drange nach Entscheidungen zwischen Menschenwillen und unkontrollierbarer Übermacht gestirnter Welthöhen. Der Weg der Kunst ist Unruhe, ihr Ziel Beruhigung, die auch der tragischste Ausgang in sich birgt. Barlachs geistiges Werk gipfelt in der Überspannung. Es schwingt weit hinaus und erschließt keine Pforten. Es erwächst aus Gaben und Gnaden ungewöhnlicher, phantastisch-sinnvoller Differenziertheit.

Der Dichter Barlach bleibt in seinem verschwenderischen Reichtum ein Phänomen. Die Dramen besitzen einen hohen dokumentarischen Wert für die Wechselbeziehungen von Bild und Wort. In ihnen leuchtet ein Phantast und lächelt eine Philosophennatur. Sie gehören in dürftigen Zeiten erst recht auf die Bühne – als kostbarer Stachel für den Produktionstrieb.

Man soll an die Inszenierung des Neuen Volkstheaters nicht so hohe Ansprüche wie an die Leistungen des Staatstheaters stellen. Die Möglichkeiten sind wesentlich geringer. Immerhin stand der Regie Paul Günthers eine Könnerin wie Agnes Straub zur Verfügung. Ihre Muttergestalt wäre unter stärkeren Einflüssen wohl einheitlicher geworden, während man diesmal wechselnde Momente mehr naturalistischer und mehr illusionistischer Auffassung wahrnahm. Sinn und Bedeutung der Szenen kamen in einer bezaubernden Wiegenszene und in leidenschaftlich starken Erregungsakzenten zum Durchbruch. Ein bedauerlicher Unfall der Künstlerin hat dem Schlußbild die eruptive Gewalt vielleicht beeinträchtigt. Man wurde sich dessen – offen gestanden – nicht bewußt, weil der aufwühlende Eindruck ohnedies stark war. Mit dieser Leistung korrespondiert zu wenig das Sohnspiel des Herrn Achaz, der über gleichmäßig sprudelnde Feurigkeit nicht hinauskommt und im Glühglanz den Worten die Deutlichkeit ruiniert. Gehobenheit allein macht es nicht. Auch nicht bei Aribert Wäscher, der immer emphatisch war und langweilig blieb. Die starke Albvision des Herrn Steckel war ein schürender, nicht locker lassender Konzentrationserfolg. Für die Stimme des Steißbarts bringt Fränze Roloff alle möglichen Tugenden deutlicher Phrasierung mit. Bloß Dämonie hatte sie nicht, und das war leider das Wichtigste.

Das Bühnenbild Leo Dahls arbeitete nach Entwürfen Barlachs. Trotzdem machte die allzu komplette, völlig unmystische Bauernstube den Zuschauer streitlustig.

Ludwig Sternaux, Berliner Lokal-Anzeiger 25. 5. 1923

In weiser Voraussicht dessen, daß diese grause (und krause) Mär kein Mensch verstehen dürfte, erklärt das Stück Herr Julius Bab im Programm für zwohundert Papiermark »preisend mit viel schönen Reden«.
Das ist gut. Denn auch ich bin ein Mensch. Und so erfahre ich außerdem wenigstens durch ihn, daß die Mutter dem Sohn im 5. Akt Pferdefleisch vorsetzt, und daß sie sich aus Verzweiflung darüber (daß es kein Wiener Schnitzel vom Kalbe ist?) selbstmordet, und er, der Sohn, nicht minder.
Denn, unter uns, nach dem 4. Akt verspürte ich ein unbezwingbares Verlangen nach frischer Luft und ging.
Auch hatte ich sowieso genug.
Sowieso. Nur dachte ich, daß der Sohn die Mutter ... dachte ich. Und dachte nicht, daß der Mensch zwar denkt, Barlach aber lenkt.
[...]
Agnes Straub aber setzte ihrem Sohne Carl Ludwig Achaz, der trotz seiner Jugend schon eine Perücke trug, Pferdefleisch vor, damit der 5. Akt doch der letzte würde. Und sie redeten noch alle ein Weilchen durcheinander (nehme ich an), und Steißbart alias Fränze Roloff krächzte und mauzte auch noch ein Weilchen neckisch an allen Ecken und Winkeln des düsteren Balkenflurs, den da Leo Dahl nach Zeichnungen von Barlach aufgebaut, und ... na, und dann selbstmordeten sie sich, sowohl die Mutter Agnes Straub als auch der Sohn Carl Ludwig Achaz.
Die beide das, was sie sein konnten, waren: beredte Schemen, Symbole, zu Puppen erstarrt, aber keine Menschen, so menschlich sie sich auch gebärdeten.
[...]
Die Regie Paul Günthers gut in der dumpfen Stimmung. Gut auch in der Modellierung der Figuren. Alles halb Mär, halb mehr (um ein Raabe-Wort zu gebrauchen). Aber alles eben nur ... halb. Und so fehlt zum Ganzen nach Adam Riese die Hälfte. Und das ist zuviel, um Barlach zu folgen, der anscheinend mit Gewalt Mode werden soll.
Oder ist er's schon?

Paul Wiegler, BZ am Mittag, Berlin, 25. 5. 1923

[...] Auf den Menschensinn kommt es an. Nur von ihm empfängt dieses Undrama trotz seiner Schwere und gewollten Begrifflichkeit das Vermögen, bis zur Seele zu dringen. Der Menschensinn aber ist: der verzweifelte Kampf der Mutter um den Sohn, in zitternder Liebe, mit Fluch und Roheit. Das sind die Szenen, die gestern den ›Toten Tag‹ retteten, und in denen, überlebensgroß, die Darstellung der Mutter durch Agnes Straub triumphiert. Unglaublich, wie sie (der es eine Wonne ist, primitiv zu spielen) die bäuerische Herbheit der Kontur gibt, hager im braunen Rock, ein Weib von nordischer Ackererde, das wirre, blonde Haar hineinhangend in ein fahles Stutengesicht, wie sie schreitet und mit den Armen um sich fährt; wie sie kriecht und starr das Messer vor sich hält; und in dem mißtönenden Organ aller Jammer des Mutterschmerzes. Das Neue Volkstheater, dessen Wert zunimmt, je näher sein Ende rückt, bietet wiederum etwas, was jetzt an Berliner Bühnen kaum noch zu finden ist: eine Aufführung von Geschlossenheit und Reinheit. Paul Günther (von Hollaender) hat die Regie. Er leistet sogar das Schwierigste: den Spuk zu versinnlichen, was am besten bei dem Steißbart von Fränze Roloff (die zwar nur hüpfende Stimme ist) und fast bei dem grauen Alb des Herrn Steckel gelingt. Den Sohn singt jünglingshaft Herr Achaz. Das Publikum des Neuen Volkstheaters, befremdet, folgte mit Ernst.

Theater in Schloß Leopoldskron
Molière, ›Der eingebildete Kranke‹, 20. August 1923, Regie Max Reinhardt

Max Reinhardt mied nun schon im zweiten Jahr die deutsche Szene. Er widmete sich seiner privatesten Inszenierung: der Einrichtung seines Schlosses Leopoldskron, und als er im August 1922 aus Salzburg vom ›Salzburger Großen Welttheater‹ zurückgekehrt war, erfüllte er, der zum Burgtheater keinen Zutritt erhielt, sich den Spaß einer kleinen Konkurrenz. Er übersiedelte in die Wiener Hofburg und inszenierte im Redoutensaal mit Alexander Moissi und Helene Thimig seinen herrlichen ›Clavigo‹ (13. 9. 22), Hofmannsthals Bearbeitung von Calderóns ›Dame Kobold‹ (mit Dagny Servaes als Donna Angela, 16. 9. 22). Goethes ›Stella‹ (mit Helene Thimig, 29. 9. 22) und das Lustspiel ›Schöne Frauen‹, im Dezember im Wiener Volkstheater Lenormands Schauspielerstück ›Die Namenlosen‹. Es war klassisches Theater der kleinen Form, abseits von den und fast gegen die neuen Tendenzen auf der deutschen Bühne, die von Reinhardts »festlichem Theater« nichts mehr an sich trugen. Reinhardt war aus der führenden Position in die eines Verteidigers gekommen. In Wien, im Anti-Berlin, machte er sich daran, die Lust am alten Glanz zu erwecken. Als er im Sommer 1923 das Theater in der Josefstadt mietete und ihm der italienische Finanzier Castiglione das Geld für den Umbau gab, fuhr er nach Venedig und kaufte dort selber Requisiten für die Ausstattung von Foyer und Zuschauerraum. Als die Salzburger Festspiele in diesem Jahr ausfielen, verwirklichte er seinen lange gehegten Plan und inszenierte sich ein Stück Molières in seinem Schloß: ein kleines höfisches Fest, mit einem erwählten Publikum: englischer Adel, amerikanische Geschäftswelt, österreichische Honoratioren (einen Abend später wurde die Inszenierung im Salzburger Stadttheater wiederholt). Es spielten Max Pallenberg den Argand, Egon Friedell den Dr. Diafoirus, und beide verwickelten sich in ausladende Stegreifdialoge, Hans Thimig war der tumbe Arztsohn und der immer strahlende Hans Brausewetter der Liebhaber Cleant. Theater im Schloß: stärker konnte man den Widerspruch nicht zum Ausdruck bringen.

Raoul Auernheimer, Neue Freie Presse, Wien, 26. 8. 1923

Max Reinhardts Vorliebe für die ungewöhnlichen Schauplätze ist bekannt, und oberflächliche Betrachter haben diesen Wesenszug längst schon seinem Charakterbilde einverleibt, ohne sich allzuviel dabei zu denken. Desto mehr Kopfzerbrechen verursacht er denjenigen, die, im Glauben an die innere Einheit einer Persönlichkeit, sich nicht damit zufriedengeben, ihre Eigenschaften festzustellen, sondern diese auch auf ihren Ursprung zurückführen wollen. Warum begnügt sich dieser zweifellos große Theatermann nicht, Theater zu spielen im Theater? Warum schlägt er das Schaugerüst für seine Darbietungen einmal im Zirkus auf, ein andermal in der Kirche, ein drittes Mal in einem kaiserlichen Ballsaale? Warum erweitert er die Bühne heute zur Arena, um sie morgen zwischen ein paar seidenen Wandschirmen kunstvoll einzuengen? Warum macht er, wie im ›Jedermann‹, eine ganze Stadt zum Schauplatz seiner Kunst, um dann wieder, wie eben jetzt mit dem ›Eingebildeten Kranken‹, eine schaulustige Menge in sein Schloß zu laden, um ihr dort im Rahmen eines allerdings illustren Haustheaters Molière vorspielen zu lassen, wie man ihn etwa zur Zeit Ludwigs XVI. auf den Schlössern gespielt haben mag? Sensationsbedürfnis sagen die einen, Genäschigkeit sagen die anderen, die Sucht, etwas Neues zu bieten um jeden Preis, sogar um den der Unzweckmäßigkeit, meinen die nicht eben wohlwollenden Dritten. Alle drei mögen sie nicht ganz unrecht haben, aber ganz recht haben sie sicher noch viel weniger, wenn sie sich und uns das in Betracht kommende Phänomen auf eine so naheliegende Weise zu erklären suchen. Seine Entstehung ist verwickelter und wurzelt tiefer; nicht der praktische Theatermann, der nicht nur ein Stück, sondern auch einen Erfolg zu inszenieren versteht, ist seine letzte Ursache, sondern der Künstler, der auf der Suche nach immer neuen Ausdrucksmitteln die abgebrauchten des Routiniers manchmal eigensinnig, manchmal hochmütig, aber immer aus einem unverkennbaren Streben nach künstlerischer Stilisierung verschmäht. Was Max Reinhardt auf so weit auseinanderliegenden Wegen immer wieder anstrebt, ist das ihm vorschwebende Ideal, das Theater von aller Gewerbsmäßigkeit zu befreien, ihm gleichsam seine erste Unschuld wiederzugeben. Und er tut dies, indem er es auf seinen Ursprung zurückführt. Der Ursprung des Theaters ist, das vergessen die zünftigen Bühnenleiter zuweilen, nicht das Schauspielhaus, sondern das Leben. Daran auf eine geistreiche Weise immer wieder zu erinnern, ist vielleicht die Sendung und sicher das Verdienst Reinhardts. Daher der Markt, die Arena, die Kirche und das Schloß; was ihn diese ungewöhnlichen Schauplätze bevorzugen läßt, ist nicht nur jene Abneigung gegen die Gewöhnlichkeit, in der sich der Künstler zuweilen mit dem Snob begegnet. Es ist vor allem das auch künstlerisch zu rechtfertigende Verlangen, das theatralische Kunstwerk aus seinen lebendigen Voraussetzungen abzuleiten. Seine Inszenierungen aus den letzten Jahren haben, so gegensätzlich und grundverschieden sie sich auf den ersten Blick ausnehmen, doch das Gemeinsame, daß sie, ähnlich wie Rodins Bildwerke, aus dem Block herausgearbeitet sind und daß wir die Gestalt so gleichsam aus der ungestalteten Masse herausblühen sehen. Das Ungestaltete ist im Theater das Publikum, dennoch gestaltet sich nur aus ihm heraus und unter seiner tätigen Mithilfe das theatralische Kunstwerk. Indem er bis an den Ausgangspunkt zurückgeht, läßt Reinhardt dieses aus seinen lebensvollen Voraussetzungen unter unseren Augen noch einmal neu erstehen.

Zumal in dieser Schloßinszenierung des ›Eingebildeten Kranken‹ ist dies ein unverkennbares Bestreben, und anschaulicher noch als in früheren Fällen wird hier, der sich schrittweise vollziehende Übergang aus der Wirklichkeit in die Illusion. In der zu ebener Erde gelegenen Halle des schönen Schlosses findet sich die schaulustige Menge der Geladenen – als »Freunde und Gäste« des Hausherrn bezeichnete sie die Einladung – erwartungsvoll zusammen. Ein Herr tritt unter sie und bittet die Anwesenden in gesellschaftlichem Tone, ihm in den Theatersaal zu folgen. Der Herr ist im Abendanzug und macht auch sonst einen durchaus zeitgenössischen Eindruck. Aber schon an der Eingangstür des kleinen Salons, in welchem im Vorübergehen Tee gereicht wird, stehen zwei Lakaien in Kniestrümpfen und mit der in zwei Teilen über die Schulter fallenden Allongeperücke des Zeitalters Ludwig XVI. angetan. Und schon mischt sich in den durchrauschenden Schwarm zeitgemäß gekleideter Herren und Damen eine phantastisch angezogene lustige Figur – Max Pallenberg, der, im Kostüm des ›Eingebildeten Kranken‹, den pelzbesetzten schweren Brokatschlafrock locker umgehängt und eine pfannkuchenartige Schlafmütze mit erdbeerroten Vorstößen in die Stirn gedrückt – mit freundlicher Miene die Eintretenden willkommen heißt. So tritt man in den anstoßenden großen Saal, dessen heitere Majestät einen nun wirklich leibhaftig in das achtzehnte Jahrhundert zurückversetzt. In dem großen Kamin brennt ein lustiges Feuer, rötlich strahlende Kerzen beleuchten – nicht allzu hell – die rosenroten Wandpilaster, die herrlichen Stuckbekleidungen der Wände und das mächtige Bild über der Feuerstelle, auf welchem der Fürstbischof Firmian seinem vor ihm knienden Sohne die Schenkungsurkunde des Schlosses feierlich einhändigt. Rechts und links von dem Kamin stehen ein paar hochlehnige Stühle, deren abgezirkelte Aufstellung die Bühne andeutet, ein paar niedrige Sitzgelegenheiten, auf deren einer die vom Harlekin eingeführte Einsagerin Platz nimmt, grenzt diese nach vorne hin gegen das Publikum ab. Ein Krankensessel und ein Tisch mit Arzneiflaschen bilden die ganze sichtbare Ausstattung des auf die Andeutung beschränkten Bühnenbildes. Ein Vorhang ist nicht vorhanden. Musikklänge, die von der Galerie herniederschweben, kündigen den Anfang der Vorstellung an. Ein Maskenzug – es sind die Masken der italienischen Commedia dell'arte – springt mit gedämpfter Heiterkeit vorüber – die Tänzerin Maria Ley erfreut durch ihre federleichte Anmut als Colombine ein paar Augenblicke lang das Publikum – und schon tritt auch der Darsteller des Argan, Max Pallenberg, mit eingeknickten Knien und hochgerafften grünseidenen Schlafrock seitlich ein, nimmt in dem ans Fenster gerückten Krankenstuhl Platz und entrollt nach einem vorausgeschickten: »Mit Ihrer gütigen Erlaubnis« die ellenlange Apothekerrechnung, womit das, ein im Grunde trauriger

Zustand, so übermütig, heiter verspottende Spiel seinen vergnügten Anfang nimmt.

Der ›Eingebildete Kranke‹, dieses überlebensgroße Gemälde einer ins Groteske schillernden Hypochondrie, ist ein Musterbeispiel desjenigen, was man in der Kunstsprache das »Große Komische« nennt. Ein Salonstück, am Kamin zu spielen, selbst an einem Renaissancekamin ist es eigentlich nicht, und Molière selbst hätte, wenn es sich um die Vorführung in einem königlichen Schloß – und ein solches ist Schloß Leopoldskron seinen Maßen und seiner Ausstattung nach – gehandelt hätte, wahrscheinlich seinen ›Misanthrop‹ oder den ›George Dandin‹ vorgezogen. Auch eine der zärtlichen Komödien von Marivaux oder Musset sähe man gern in die belebende Wärme eines solchen Kaminfeuers gerückt oder – wozu in die Fremde gehen – eines der für eine derartige Schloßatmosphäre geschaffenen aristokratischen Lustspiele Hofmannsthals. Übrigens mag es weniger das »große Komische« gewesen sein, das Max Reinhardts Wahl in diesem Falle und für diesen Zweck bestimmt hat, als vielmehr der große Komiker, der ihm in der Person Max Pallenbergs zur Verfügung stand. Die volkstümliche Breitspurigkeit der Molièreschen Posse – ›Der eingebildete Kranke‹ ist nur eine Posse, allerdings eine geniale – nahm man, obwohl sie für den Festsaal von Leopoldskron eher ein Hindernis bedeutet, mit in den Kauf. Man wollte Molière einladen, und Molière heißt heute, ins Schauspielerische übersetzt, Max Pallenberg.

Auf die innere Verwandtschaft Molières mit Pallenberg ist oft verwiesen worden. Sie beruht nicht nur darin, daß sie beide eigentlich Melancholiker sind, daß bei beiden der komische Ausbruch die tragische Veranlagung und eine schmerzhaft gesteigerte Leidensfähigkeit voraussetzt. Sie zeigt sich vor allem auch darin, daß in beiden Fällen der volkstümlichen Komik ein aristokratisches Element beigemengt ist, die jene erst schmackhaft macht. Dieses Aristokratische äußert sich bei Pallenberg in einer gewissen Annehmlichkeit des äußeren und inneren Formats, in der Flüssigkeit seiner Bewegungen, die bei aller Derbheit eine gewisse Anmut festhalten, und vielleicht am nachdrücklichsten, in dem seine ganze Leistung durchdringenden guten Geschmack, dank welchem er es zuwege bringt, auch die zuweilen unappetitlichen Späße der Komödie verhältnismäßig appetitlich zu machen. Aber er tut noch mehr für die auf dem Theater vielfach mißbrauchte Figur seines Herrn Argan, und er tut es durchaus im Geiste Molières. Er setzt der Possengestalt ein Herz ein, und macht sie dadurch erst recht lebensfähig. Die Handhabe dazu bieten Pallenberg die beiden Szenen, in denen Molière uns seinen ›Eingebildeten Kranken‹ ein paar Augenblicke lang außerhalb der Sphäre seiner manischen Besessenheit zeigt: Die Szene mit der kleinen Louison, die schon ganz wie eine Große tut, und der Auftritt am Schluß, in dem Herr Argan sich tot stellt, um die Wirkung des Ereignisses auf die Seinen zu erproben. In beiden Momenten der Komödie spielt Pallenberg einen flüchtigen Augenblick lang als Eingebildeter Kranker den König Lear und keineswegs spaßhaft, sondern bitter ernst, so daß man sich von der Äußerung seines Vaterschmerzes und seiner Vaterfreude wahrhaft erschüttert fühlt, und an beiden Stellen findet er dann doch wieder mit einer Wendung elementarer Komik zu seinem Eingebildeten Kranken zurück. Die Manie triumphiert über den Charakter, wenn er beispielsweise, nach der erschütternden Szene mit der Louison allein geblieben, seine Zunge argwöhnisch im Spiegel besieht, und so lachen wir auch gleich wieder über seine Narrheit. Aber wir

lachen doch anders diesmal als zuvor: wir haben nämlich mittlerweile den Narren liebgewonnen, und daß wir ihn liebgewonnen haben, ist das entscheidende Verdienst Max Pallenbergs in dieser Rolle. Er bringt das Kunststück zuwege, uns den alten, nur mit sich beschäftigten Ekel geradezu sympathisch zu machen. Er heiligt seine Lächerlichkeit durch das Mitleid und er macht ihn – eine Lehre für jene, die da glauben, daß Lächerlichkeit nur im Verlachen bestehe – gerade dadurch nur desto lächerlicher.
Neben der Meisterleistung Pallenbergs sind die andern Mitwirkenden nur in einem gewissen Abstand zu nennen, auch Frau Niese, deren Humor übrigens auf dem regelmäßigen Theater – die auf den Eröffnungsabend folgenden Vorstellungen finden im Salzburger Stadttheater statt – besser zur Geltung kam als am Kamin. Sie teilt in dieser Hinsicht nur das Schicksal der Komödie, die am Ende doch für die Bühne geschrieben ist. Reinhardts Bemühungen, das Theater zu enttheatralisieren, verdienen die dankbarste Anerkennung, die ernsthafteste Beachtung. Aber gerade die Lachstürme, die sein ›Eingebildeter Kranker‹ ganz ohne Kaminfeuer, Ahnenbilder und Maskenumzüge im Salzburger Stadttheater allabendlich hervorruft, scheinen zu beweisen, daß das Theater, und wäre es auch nur eine sogenannte Guckkastenbühne, doch eine im Grunde hübsche und zweckmäßige Erfindung ist, die als solche durch nichts ersetzt werden kann, nicht einmal durch ein Schloß.

Hans Henny Jahnn   Pastor Ephraim Magnus

Uraufführung
›Das Theater‹ Berlin (Schwechtensaal), Lützowstr., 24. August 1923,
Regie Arnolt Bronnen

Mitten in den Monaten politischer Unruhe (Ruhrbesetzung, Widerstand, Sabotage und Vorbereitung des Hitlerputsches) brachte eine fast zufällige Konstellation das Drama auf die Bühne, das 1920, seit seiner Auszeichnung mit dem Kleistpreis durch Loerke den Umsturz in der Literatur schon angekündigt hatte. Jahnns ›Pastor Ephraim Magnus‹ – 1917 entstanden – war mit der Häufung von sadistischen, masochistischen Motiven, von Menschenschlachtung und Kreuzigung eine Monstrosität, ein schreckliches Bild vom Versinken des Menschen in den Trieben des Körpers und seinen Perversionen. Von dem vielen, was darüber geschrieben wurde, erkannte Jahnn fast nur die Argumentation Julius Babs an, und Bab schrieb: »Hier liegt ein Dokument der Menschengeschichte vor, das schwerlich seinesgleichen hat [...] Es ist die Negation alles Sinnes [...] das tragische Problem dieser grauenvollen Diskussion ist die Verselbständigung des Körpers [...] die ganze vieltausendjährige Kulturarbeit [...] beruht auf einer fundamentalen Hypothese: der menschliche Körper ist nichts Absolutes. [...] Es gibt etwas außer und über ihm. [...] In dem Augenblick, wo wir sie aufgeben, und mit dem Materialismus wirklich ernst machen [...] fällt unsere ganze Kulturwelt in einen Haufen greulich grinsender Verwesung auseinander. [...] ›Pastor Ephraim Magnus‹ erbringt den Beweis.«
Der Lyriker Oskar Loerke, der Jahnn den Weg bereitete, antwortete in der ›Weltbühne‹ (1921, Nr. 25), aber Bab riet, das Stück, das den negativen, anti-

idealistischen Expressionismus im Extrem darstellt, gehöre in den Giftschrank. – In diesen Monaten kam aber von Jena ein intellektueller Flagellant nach Berlin, Dr. Jo Lhermann, der darauf versessen war, Berlin endlich »wahrhaftiges Theater« zu geben. ›Das Theater‹ nannte er seine Bühne, und er gewann den jungen Arnolt Bronnen, der eben (fasziniert und verwirrt von der Suggestion Hitlers) seine Absagerede an das Theater hatte drucken lassen, für die erste Regie. Bronnen griff nach Jahnns Stück. In Bronnens Gefolge war der in Berlin noch immer nicht aufgeführte Brecht, beide strichen Jahnns Stück um zwei Drittel zu einer schnellen Szenenfolge zusammen, Bronnen inszenierte mit Hilfe Brechts, der auf die Uraufführung seines ›Baal‹ wartete. Die Autoren eines neuen ›Brutalismus‹ fanden und vermischten sich: »Was das Publikum hörte und sah, war weder ein Drama von Jahnn noch von Brecht – und von Bronnen war es auch nicht«, schrieb Jahnn zu dieser Aufführung. Er versuchte die Aufführung zu verbieten. Aber Lhermanns Unternehmen brach nach wenigen Tagen durch den Einspruch des Bühnenvereins zusammen. Für Bronnen begann mit dieser Regie der Rückweg zum Theater, für Jahnn gab die Fehde, die sich an diese Aufführung anschloß, das Modell für seine zukünftige Mißachtung.

Emil Faktor, Berliner Börsen-Courier 25. 8. 1923

Es ist ein Glück, daß sich unser politisches Leben denn doch in festeren, nicht so heillos geklüfteten Formen abspielt wie der Kunstbetrieb in der Theateratmosphäre. Sonst könnte es sich begeben, daß in den verschiedensten Ecken der Stadt lauter neue Staatsformen ausgerufen würden, daß wir eine Menge Führer und keine Führung hätten. Gestern marschierte ein Eroberer von Jena in die Lützowstraße und verkündete die Diktatur seines direktorialen Ehrgeizes. Die Möglichkeit, in Bälde rotterhaft über eine Vielheit von Bühnen zu herrschen, schließt seine, Dr. Jo Lhermanns Proklamation nicht aus. Aber er ist auch nötigenfalls entschlossen, für Untergang einzutreten – für den die Theaterkunst Berlins offenbar reif ist, wenn die Gemeinde vor dem neuen Prediger nicht gläubig niederkniet. Vorläufig ist der Erlösungspathetiker von Talenterscheinungen wie Arnolt Bronnen und Bert Brecht bei seinem Einzug in Berlin flankiert. Von dem Dichter des ›Vatermord‹ kann man es sogar mit Bestimmtheit behaupten, da er gestern Regie führte und den matten Eindruck einer Uraufführung auf seine Kappe nahm.
Gespielt wurde das kleistpreisgekrönte Mysterienspiel ›Pastor Ephraim Magnus‹ des Harburger Orgelbauers Hans Henny Jahnn. Es ist ein aufreizend begabtes, aber noch aufreizender geschmackverwildertes und seelisch wirres Werk. Ich weiß nicht, wie Loerke zu Jahnns neuem Richard-Drama steht, das Berichten zufolge die Unmäßigkeit und die Diffusion zwischen körperlichen und geistigen Blutmächten nicht abgeschworen hat, ich kann es aber durchaus verstehen, daß er die Aufmerksamkeit auf die eruptive Natur Jahnns erstmalig lenkte. Preiskrönungen dürfen ja nie den Sinn bekommen, jugendliche Talente sofort zu verpäpstlichen und zur Generalvertretung der neuen Generation (ein heutzutage wirbelnder Begriff) aufzufordern. Preiskrönung muß auch nicht die unbedingte Voraussetzung zur Bühnenfähigkeit in sich schließen. Man kann sie dem Mysterium Jahnns keineswegs nachrühmen. Es ist ein unförmi-

ges, szenisch zerbröckeltes, rhetorisch gedehntes Symbolwerk von verschwommenster Physiognomie: zugleich äußerst brutal und bis zur Unfaßbarkeit sensibel, äußerst primitiv und differenziert, exhibitionistisch und zugleich himmelwerbend keusch, fanatisch und christushaft, voll irdischen Schlamms, aus Abgründen der Erotik herausgepumpt und nichtsdestoweniger nach seraphischen Klängen und Lichtmagie des Erlösertums dürstend. Dieses doppelseitige Vermögen, maßlos zu exzedieren und Schauer der Religiosität heranzuwehen, übt auf das urteilende Hirn, obschon das Gefühl der Befriedigung ausbleibt, eine gewisse Suggestion aus. Die Bestätigung kann nur aus der Kraft und Entwicklung des Dichters kommen. Er erringe sie. Er mache sich los.
Ursprung und Sinn des Jahnnschen Dramas ist ein Leiden an der Menschheit, an ihrer Gebundenheit durch Körperlüste und ihre Verleugnung, ihre Beschönigung durch verschwendete Gefühle, durch erstarrte Formen des Beisammenseins. Der anarchische Sinn des Dichters antwortet darauf mit Exzessen, mit Faustschlägen gegen Sitte und Herkommen, mit letzten Entblößungen der Jugend, mit Apologien von Lustmord, der durch Wahrheitsbesessenheit und Erforschungsgier motiviert wird, mit Rasereien gegen den eigenen Körper, um alles grauenvolle Geschehen durch seelische Verbundenheit mit Toten und heiligen Märtyrern zu überglänzen. In dieses Gestürme von Taten und Stimmungen sind drei Geschwister verstrickt. Die Hypnose des radikalen Jakob wirkt fort und setzt erst recht ein, als er am Schafott als Lustmörder zur Ruhe kommt. Sein Bruder, Pastor Ephraim, dreht Jakobs hemmungslose Gesinnung in sich zum Fanatismus des Eigenmartyriums um. Schwester Johanna wird überredet, den nicht bloß als Bruder geliebten Ephraim zur Erlösung Jakobs zu verstümmeln. Sie muß ihn kreuzigen, auf die Folter spannen, ihn blenden und entmannen. Sie tut's. Verstümmelt mit glühender Zange auch sich selber. Wird vom Bruder erwürgt, während Ephraim selbst blind und verkrüppelt, den Dom um eine neue Kapelle erweitert – ein völlig mystischer Höhenmensch mit Erlösermiene. Vorher opfert noch junges Volk in obskurster Perversion dem Sexus ... Dies alles symbolisch zu nehmen, voll nebelschwadiger Erlauchtheit.
Versöhnlich wirkt die immer wieder spürbare Qual des Dichters, seine Unberuhigung über das Schicksal Mensch. Sie ist bei allem Aufwirbelungstalent unfruchtbar. Sie treibt nicht vorwärts. Es ist eine andere, bloß wüstere Form von Weltschmerz, den sich nur eine fugenstarke, in ihren Daseinsformen gefestete Welt erlauben dürfte. Unsere Zerfahrenheit, unsere maßlose Differenziertheit in allen äußeren Dingen braucht für Seele und Geist ordnende, aufbauende, durchreißende Kräfte. Nur sie können uns zur Bedeutung werden. Jugend, verschlucke den Dunst, ehe du ausatmest, vereinfache dich, um stark und schöpferisch zu werden.
Die Aufführung versuchte das Werk zu gliedern und dramatischer Spannung anzugleichen. Sie kürzte radikal und bot ein Exzerpt, das dramaturgisch auch fast ein Lustmord war. Das Ziel schärferer Konzentration und eindringlicher Wirkung wurde nicht erreicht. Der Gesamteindruck blieb flau und so merkwürdig zahm, daß selbst ein paar Spötter im Saale ruhig wurden. Ob Arnolt Bronnen Regiebegabung hat, was die Heranziehung von Dramatikern zu diesem Geschäft allein legitimieren würde, läßt sich noch nicht mit Sicherheit feststellen. Man glaubt es dann, so oft man den Robert Taube als Darsteller des Ephraim entbanalisiert sah, man zweifelte, wenn er expressionistische Rundläufe vornahm und kontrollierbar akzentuierte. Ähnliche Wahrnehmungen an

Sonja Bogs, die alles in allem den Drill durch Schwächlichkeit der Mittel bloßstellte. Guter Einfluß der Regie auf Christian Bummerstedt, der den alten Pastor bildhaft verröcheln ließ. Große Unzulänglichkeit im Auftritte der Toten, schwache Suggestionen im Bühnenbilde der Mathilde Rosenthal. Am meisten interessierte mich Walter Fried, der den Fanatismus des Jakob noch sehr ungepflegt, aber eindringlich, unbehindert durch falsches Arrangement der Gerichtsszenen ins Ohr trieb.

Franz Servaes, Berliner Lokal-Anzeiger 25. 8. 1923

[...] Für so weitherzig man sich sonst auch halten mochte: Vor dieser Ausburt geschlechtlich-krankhafter Verkehrtheit, die dadurch nicht gelinder wurden, daß sie in religiös-fanatische Verzückungen endeten, glaubten auch die Aufgeklärtesten haltmachen zu müssen. Solch ein Stück ganz ohne Lieblichkeit, dumpf, düster, geschmacklos, barbarisch, ging allen Großstadtmenschen direkt auf die Nerven. Es kam wie aus dem finstersten Mittelalter heraus und wollte, mit gewaltigem Tigersatz, mitten in die Zukunft einer neuen Menschheit hinein! Alles Tierische im Menschen als Heiliges empfindend, auch das Perverseste, Blutrünstigste, Mörderischste, kam dieses allerwunderlichste Pastorendrama zu Aspekten von unerhörter Grausamkeit, Korruptheit, Verbrecherhaftigkeit. Die untersten Qualen des physischen Menschen mit unmittelbarer Vehemenz ins Seelische übertragen und mit grotesker Mystik ins Religiös-Visionäre gesteigert, das war allerdings ein dichterischer Anblick, wie er noch nicht geboten worden war.
Nur aus der tiefen Enttäuschung unserer ganzen Zeit heraus und aus der erlebten Verbitterung eines an sich zartgearteten Gemütes ist dieser Verzweiflungsschrei eines modernen Dichtermenschen zu verstehen. Wühlte nicht solch ein tiefer, strenger Ernst darin, solch ein verzweifeltes Ringen ums Seelenheil, wir würden uns ohne weiteres abwenden. So aber stehen wir, ob auch vielleicht wider Willen, ergriffen da vor dem Schauspiel einer grandiosen und rücksichtslosen Seelenentblößung. Und beklommen fragen wir uns, ob wir die Nerven behalten werden, derlei auf dem Theater zu sehen.
Wir behielten die Nerven. Die gestern, Freitagabend, in knapp anderthalb Stunden heruntergehaspelte Vorstellung verging merkwürdig eindruckslos. Nur zum geringeren Teile trägt daran die undramatische Fügung des Dichterwerkes selbst die Schuld. Den weitaus größeren Teil vielmehr, das allzu deutliche Streben, es dramatisch zu machen. Wobei man aber leider Drama mit Kino verwechselte. Infolgedessen wurde dem schwerflüssigen, stöhnend langsam sich fortarbeitenden Stück eine ihm völlig fremde zerrissene Hast aufgepfropft, die seinem innersten Wesen und Stil geradezu widersprach. Soll das heißen, den Dichter zu Ehren bringen? Im Gegenteil: vielleicht noch nie ist einem Dichter derart respektlos mitgespielt worden. Einige losgerissene, kaum noch verbundene Fetzen von Jahnn wurden zu einem Stück zusammengeflickt, das seiner Struktur nach von Brecht oder Bronnen hätte sein können. Nur ein von eigenen Tendenzen fortgerissener Dichter vermag so grausam mit einem fremden Dichter umzuspringen. Gewiß in aller Unschuld und Naivität: und mit dem Bestreben, es besser zu machen. Dies hindert aber nicht, daß die Einstudierung gänzlich verfehlt war, indem sie von der Jahnnschen Dichtung gerade

dasjenige unterschlug, was sie hätte sympathisch machen und retten können: ihre Innerlichkeit. Nur die groben Dinge blieben stehen, und eine Gerichtsszene wurde sogar in ungehöriger Weise dazu benutzt, das Publikum durch eine aufdringlich organisierte Claque mitspielen zu lassen.
Die Schauspieler konnten unter diesen Umständen wenig leisten. Nichts entwickelte sich von innen heraus. Und das war der Hauptfehler dieser ganzen Regie Arnolt Bronnens contra Hans Henny Jahnn.

Fred Hildenbrandt, Berliner Tageblatt 25. 8. 1923

Wenn diese jungen Menschen, die hier zusammen ein neues Theater machen wollen, und mit denen man gerne durch dick und dünn gehen möchte, wenn sie die Zeit begriffen hätten, das, was ist, und das, was notwendig ist und dem alle Wege bereitet sind – sie hätten uns gestern abend nicht hundemüde gemacht mit diesem verschollenen, vage jammernden, belanglosen Dramenfetzen.
Wir wissen nun allmählich, wie das Chaos aussieht im Menschen und in der Zeit, wie die Wüsten dämmern, wir wissen von den starrenden Träumen hinter dem Gehirn, den giftigen Stacheln, den Gespenstern des Sexus, wir sind angefüllt von den Verworrenheiten der Welt bis unter die Schädeldecke. Und wenn einer kommt und wiederholt uns diese ungeheure Wüste noch einmal hinter der Rampe, und ist einer mit der schwingenden Fackel in der Faust: dann wandern wir, unter dem Mantel dieses Genius, widerwillig, aber mit schlagendem Blut, durch dieses Inferno, von dem wir wissen, wie sehr und wieweit es unser eigenes ist und das dieser Zeit. Der Macher dieses Schmarrens aber sitzt eitel und lärmend in der literarischen Kinderstube der vergangenen Jahre, wir glaubten, sie stünde leer und verstaubt, baut aus einem dramatischen Baukasten nach allerlei Vorlagen dünne Phantasien und brüllt bei jedem Steinchen: welch ein Inferno!
[...]
Wir sehen hinter dieser lyrischen Spielerei, wenn wir wollen, die schweren dramatischen Schatten wehen, die gemeint sind; aus dem plärrenden Rosenkranz der Worte könnten wir uns das Gesetz ertasten. Aber wir sind eines solchen Theaters müde. Wir sind solcher Dichter müde. Wir machen uns nicht mehr viel daraus, wenn einer brüllt, wie schwer das Leben sei. Ich glaube, es wäre an der Zeit, daß diese Kameraden der gleichen Generation sich abschminkten und mit ihren Fühlern auf die Suche nun gingen, in welchem Winkel dieser Zeit, in welchem Gebüsch dieser Menschen das Leben noch schön und des Atmens wert, dann macht uns eine Welt, wenn ihr Dichter seid, dann baut uns ein Land hinter der Rampe, dann erzeugt uns Menschen: groß, schön, Gottes Gesicht nahe, damit wieder ein Beispiel ist in der Welt und eine Sehnsucht und eine Helle! Wollt ihr unsere Brüder sein und euch mit uns aufstellen wider diese Zeit, dann bringt uns Menschlichkeit und Güte und das reine Angesicht, das unser Heimweh ist.
[...] Es ist keine Größe und kein Mut und nicht einmal Anmut, Dr. Jo Lhermann, mit dem Untergang zu kokettieren. Wer mitten auf der Rutschbahn saust, hat leicht zu sagen, es sei ein Fressen für ihn, unten anzukommen. [...] Gehen Sie auf die Suche, machen Sie einen großen Bogen um lite-

rarische Preise, schieben Sie die Neinsager von der Bahn und spielen Sie ein Theater wider diese Zeit.

Niemals war die Straße freier, niemals die Zuhörer geduldiger, niemals die Welt so schön: bereit zur Güte, zur Menschlichkeit, zur Wanderung auf die Höhen. Es lebt in diesem Chaos der Zeit eine zersprengte Gemeinde, ob Sie der sind, der sie sieht, weiß ich nicht. Aber diese Zersprengten warten auf den Ruf, und sie werden zusammenhalten wie die Kletten und die Zeit niederschlagen, so stark sind sie und so angefüllt von Entschlossenheit – wenn der Ruf nur kommt.

Hermann Essig   Überteufel

Uraufführung
›Die Junge Bühne‹, Berlin (Staatliches Schauspielhaus), 23. September 1923
Regie Leopold Jeßner

Daß Moriz Seeler für seine ›Junge Bühne‹ Essigs ›Überteufel‹ wählte, war eine konsequente Fortsetzung der mit Bronnens ›Vatermord‹ und Ernst Weiß' ›Olympia‹ (18. 3. 1923) eingeschlagenen Linie zum extremen Theater. ›Überteufel‹ wirkte wie eine Entsprechung zu dem dunklen, mit Blut und Greueln gefüllten Stück Hans Henny Jahnns. Hermann Essig, ein exzentrischer, unberechenbarer, immer ins Übermaß drängender, sehr begabter Autor, war 1918, »verzweifelnd, warum die Berliner Theater die mir tief innen bewußten Stücke nicht sofort ergriffen«, im Alter von vierzig Jahren gestorben. Der ›Überteufel‹ (schon 1912 geschrieben) stand wie Weiß' ›Olympia‹ in der Nachfolge Wedekinds, aber Essig war höllischer als Wedekind, weil er Perversionen summierte, um das Irrenhaus des Triebs darzustellen: Er bildete hier wüste Erfahrungen seiner Jugend ab. Er fühlte sich so sehr als Realist, wie Bronnen sich im ›Vatermord‹ als Realist fühlte. Daß dieses Stück erst jetzt auf die Bühne kam, daß es zudem eine der geschlossensten Inszenierungen der zwanziger Jahre bewirkte, lag in der Konstellation des Augenblicks begründet, die die Dämonien bevorzugte und nach dem expressionistischen Aufruf zur leuchtenden Liebe die höllische Liebe und ihre Greuel dagegenstellte. Schwarzer Expressionismus. Für kurze Zeit hatte auch Jeßner Zugang zu ihm. Am 13. April 1923 hatte er Goethes ›Faust I‹ als ein dämonisches Bild zu inszenieren versucht vor schwarzem Rundhorizont, in grünem und rotem Licht, in leeren Räumen, übertreibenden Perspektiven, dem Fledermausmephisto Klöpfers, die Szenen durchtönt von Aufschlag und Donner, die schnell aufeinander folgten. Es wurde ein von den Kritikern in Grund und Boden geschlagener Premierenerfolg. ›Überteufel‹ schloß sich daran an. Hatte sich beim ›Faust‹ die Regie schon vom Stück isoliert, hier wurde sie absolut. Sie führte dem extremen Theater ein Stück zu, das ihm inhaltlich entsprach. Die politische Wirkung ließ nicht auf sich warten. Es gab Anfragen, und das heißt Proteste im Landtag, daß öffentliche Gelder für solche Stücke verwendet würden.

Herbert Ihering, Berliner Börsen-Courier 24. 9. 1923

Greuel, Verbrechen und Schrecken sind in der großen Tragödie der Durchgang für Gleichnisse. Sie sollen nicht stoffliche Roheiten sein, aber sie sollen auch nichts bedeuten (im moralischen, im rationalistischen Sinne). Sie schaffen den magischen Raum, in dem die Menschen phosphoreszieren. Sie schaffen die Atmosphäre, in der sich materielle Grenzen verwischen und der Mensch in heroische Sinnbilder hineinwächst. Der nächtliche Königsmord im ›Macbeth‹, die Schrecken im ›Lear‹ und ›Richard III.‹ – sie stehen im Mißklang oder im Einklang mit den elementaren Kräften der Natur. Aber die Natur ist nicht stimmungsvolle Begleitung oder schrille Kulisse. Die Natur ist das Maß der Taten. Die Elemente gehen in die Sprache, in die Visionen der Menschen ein, die sich richten oder gerichtet werden, weil sie die metaphysischen Folgen ihrer Verbrechen in den Stürmen und Flammen des Alls sehen. In apokalyptischen Gleichnissen werden die stofflichen und moralischen Wertungen verbrannt.

Bei Hermann Essig sind Greuel und Verbrechen Roheiten. Aber nicht Roheiten aus Berechnung, nicht Roheiten aus Absicht, sondern Roheiten aus Schwäche. Die Untaten im ›Überteufel‹ sind umgekehrte Sentimentalitäten. Ein naiver Dichter ist sich des Entsetzens nicht bewußt und häuft Untat auf Untat, wie ein anderer Philiströsitäten. Aber im Umgang mit Dämonen (von deren Dämonie er im Anfang nichts weiß) wird er plötzlich über sich selbst hinausgerissen, und die entfesselten Verbrechen begehren – wieder scheint der Dichter nichts davon zu wissen – ihr eigenes szenisches Klima. Das Grauen wird selbstherrlich, tritt neben den Dichter und schafft sich einen Ausweg, wie die gespenstische Hochzeit, in der alle Elemente einer späteren Dramatik lagern, (ohne daß Essig den sprachlichen Ausdruck für diesen Nachtspuk schon besäße). Essigs ›Überteufel‹, dieses Drama, in dem alle Verbrechen übereinandergetürmt werden, in dem eine Frau ihren ersten Mann ins Zuchthaus bringt, ihm einen Ehebruch unterschiebt, ihn wegen Blutschande verleumdet, in der der zweite Mann sich auf der Hochzeit erschießt, in dem über alle geschlechtlichen Grenzen hinaus die Triebe entfesselt sind, birgt in sich nicht nur alle Themen, sondern auch alle Ausdrucksmöglichkeiten der letzten Dramatik. Aber alles ist noch nebeneinander gelagert, nichts wirkt sich aus, kein Motiv kommt zur organischen Entfaltung. Und wie Essig von einem Stoffkomplex beherrscht wird, dessen Ausmaße er innerlich nicht sieht, so schwankt er zwischen allen Dramenarten. Komödie liegt neben Tragödie, bürgerliches Schauspiel neben Groteske, Ätzendes neben Lyrischem. Selten kommt eine Szene zu ihrer eigenen Farbe. Fast niemals schwingt sich ein Vorgang aus und schafft sich sein sprachliches Gleichnis, seinen sinnbildlichen Raum. Und doch ist der ›Überteufel‹ nicht nur deshalb ›interessant‹, weil er zeigt, wieviel die Dichtung seitdem an sprachlicher Ausdruckskraft, an Wortsuggestion hinzugewonnen hat. Er ist auch das Zeugnis für einen tragischen deutschen Dichter, der sich, wie andere Träumen und Verworrenheiten, Greueln hingibt. Der ›Überteufel‹ ist verspielt im Entsetzen, harmlos im Verbrechen, naiv in der Krampfhaftigkeit – und bei allem (wie in den letzten Bildern) visionär (ohne letzte sprachliche Sensibilität).

Aber dieses starke und schwache Chaos ist eine hinreißende Unterlage für einen dramaturgisch gliedernden und bauenden, für einen straffenden und zusammenfassenden Regisseur. Leopold Jeßner bewältigte die Schwierigkeit in einer hervorragenden Aufführung. Hier gelang Jeßner, was er oft versuchte: straff und gelöst, präzise und mannigfaltig, knapp und reich zu sein. Zum ersten Male fand er wieder den Ausgleich zwischen den Senkungen und den Hebungen der Szene, zwischen dem Rhythmischen und Melodischen. Und wenn er für die *szenischen* Visionen bei Essig Unterlagen fand, die sprachliche Vereinheitlichung war fast allein sein und der Schauspieler Werk. Die Prägnanz war nicht starr. Die Variationen nicht ausschweifend. Wie er Lachen, Husten einsetzte (und niemals Einfälle illustrierend wiederholte, sondern alles weitergehen ließ und im Fluß hielt) – das war meisterhaft. Jede Gestalt hatte ihr Gesicht und trieb die Aktion weiter.

Ernst Gronau spielte den zweiten Mann der Frau Weber, des Überteufels. Außerordentlich, wie diese behutsame, schwankende Figur szenisch einsetzt und verankert wurde, wie hier ein dramatisches Gegengewicht leise, fast lautlos zur gespenstischen Bedeutung kam. Agnes Straub spielte den Überteufel mit einer Sicherheit, die unfehlbar auf der Grenze zwischen Komödie und Tragödie ging. Sie hielt die stilistische Einheit, die Essig nicht erreicht hat. Eine Gestaltung, gleich suggestiv im Visuellen wie im Akustischen. Die blecherne Stimme, der peitschende Tonfall wiederholte das Bild des gespenstisch schwankenden, unruhig dahinfahrenden Körpers. Die Gestalt hatte die Realität der Phantastik.

Eine vortrefflich besetzte Vorstellung. Gerda Müller habe ich niemals so unmittelbar gesehen, wie in den sinnlich überrumpelnden Auftritten der Kellnerin Johanna. Hans Heinrich von Twardowski sprach den Sohn fester als sonst. Und wenn auch Wilhelm Dieterle zu sehr mit seinen Mitteln prunkte, und Eugen Klöpfer sich in Gefühlsrollen vor dem Schleppen der oft allzu tiefen Töne in acht nehmen muß – es war eine ausgeglichene Ensemble-Vorstellung. Der Beginn der Spielzeit nimmt das gute Ende der vorigen auf.

Monty Jacobs, Vossische Zeitung, Berlin, 24. 9. 1923

Am Sonntag, mittags, wenn eine freie Bühne uns zur ungewohnten Stunde ins Theater lockt, sind wir schlechterdings auf alles gefaßt...
Die ›Junge Bühne‹ rief uns zu einer Totenfeier, und drei hinreißende Stunden steigerten das Anrecht auf Dankbarkeit, das sich ihr vorbildlich zurückhaltender, niemals sichtbarer, niemals genannter Leiter Dr. Seeler erworben hat. Hinreißend, trotzdem er ein völlig unmögliches Jugendwerk aus der großen Mappe unaufgeführter Dramen spielen ließ, um deren Auferstehung der arme schwäbische Teufel Hermann Essig bis an seinen frühen Tod so bitter kämpfen mußte.
Eine Szene der ›Überteufel‹ zeigt dieses Bild: ein ergrauter Mann soll in seinem Schlafzimmer von einem halbnackten Mädchen, man kann nur sagen, genotzüchtigt werden, und seine Standhaftigkeit ringt eine ganze Nacht hindurch mit dem Eindringen. Ein Lacherfolg? Nein, in uns allen vibrierte nur Eugen Klöpfers Herzensnot und Gerda Müllers Temperament. Es kann schließlich nicht bloß an der szenischen Meisterleistung gelegen haben, wenn das Schicksal der unfreiwilligen Komik den ›Überteufeln‹ erspart blieb. Diesem unseligen Hermann Essig gab nun einmal kein Gott zu sagen, wie er leide. Aber

er litt, und sein Leid erschüttert als Klang, wenn es auch nicht zur Form wird. Der Künstler Essig ist nämlich von dem deutschen Schicksal heimgesucht, daß ihm nicht die Vision, aber die Faust fehlt, um die Vision zu bändigen. An inneren Gesichtern überreich, erstickt sein Werk an der Fülle, deren es nicht Herr wird.

In den ›Überteufeln‹ ist es die Fülle des Hasses [...] das Chaos ist in Essigs Tragik Selbstzweck. Aus seinem Krater speit es eine Menschengruppe, ineinander verkrallt, nach der anderen aus, und weil es sich vom Gesetz der Form befreit, so huscht alles nur an den Sinnen vorbei wie ein Spuk auf der Grenzscheide des Wahns, haarscharf an der Komik vorbei.

Spuk, das war das Stichwort für Leopold Jeßner, den Spielleiter. Seit langer Zeit hat er nicht so glücklich zugegriffen, wie in dieser Leistung voll unerhörter Eindringlichkeit. Ist Essig schlaff, so wirkt Jeßner desto straffer. Seine Faust packt, was die Hand des Dichters gleiten läßt, und er ist, was der Regisseur sein soll, kein Erdrücker, sondern ein Helfer und Vollender, ein Erfüller des Gesetzes, das Essigs Ohnmacht nur ahnt. Deshalb reißt er die brutalen Effekte der Tragödie aus der Wirklichkeit heraus, indem er kühn Essigs eigene Benommenheit auf die Bühne überträgt. Ein Alpdruck, ein Fiebertraum, so jagen, ohne Pause, die Bilder des Grauens vorüber, in einem Tempo, das die Aufmerksamkeit beim ersten Wort einfängt, um sie nicht wieder freizugeben. Die Hochzeit des weiblichen Überteufels ist der Gipfelpunkt. Seit Strindberg zur Theatermode geworden ist, gehört das Unwirkliche zwar zur eisernen Ration der Regie. Jeßners Phantasie findet indessen neue Farben für sein Gespenstermahl, neue Melodien für seine Totentanzmusik und ein blechernes Klirren für das Lachen des Chors.

Vor allem stellt sie auf die gefährlichsten Posten die rettenden Kräfte. Wer kann als Braut beim Hochzeitsmahl den weißen Schleier wie eine satanische Flamme in die Höhe zucken lassen, im Taumel des Hexentanzes? Wer kann dem schwankenden Sohn mit dem unentrinnbaren Schritt des Fatums entgegengleiten, wer läßt in einem schnellen Blick das Einverständnis mit dem Werben einer glühenden Frau leuchten? Agnes Straub, ohne deren Gefühlssturm die ›Junge Bühne‹ undenkbar wäre, taumelt als Teufelin in einem wahren Rausch über die Szene, als habe sie von einem Becher flüssigen Höllenfeuers genippt. Eugen Klöpfer als ihr Eheherr – das ist die Verlorenheit des Grams und die Inbrunst der Hoffnung in Person –. Gerda Müller steht neben der überschlank gewordenen Agnes Straub wie die Sünde neben der Verdammnis. Ernst Gronaus Körpersprache als Liebhaber fällt grotesk in den Takt des Kommis am Ladentisch, und gleich ihm findet Rudolf Forster im Fiebertraum den Rhythmus, der sein Können befreit. Twardowski läßt den Sohn im Wirbel der Jugend schwanken, und überall, in den kleinsten Rollen, helfen Künstler wie Dieterle, Paula Eberty, Liselotte Denera, Lucie Mannheim, ein neues Fräulein Paudler die Illusion bis ins letzte verdichten. Um dieser Werte willen wird hoffentlich die Vorstellung in den Spielplan des Staatstheaters übernommen, dessen Lenker nach der neuen Probe seines Könnens nun wohl nicht mehr lange auf die Bestätigung in seinem Amt zu warten braucht.

Die ›Junge Bühne‹ aber zeigt hoffentlich bald, daß sie nicht aus Verzweiflung am Schaffen einer neuen Generation zum fragwürdigen Werke eines Toten helfen mußte.

Alfred Kerr, Berliner Tageblatt 25. 9. 1923

I

Dieser Mittag der ›Jungen Bühne‹ war historisch – im Doppelsinn.
Nach hinten gesehen: weil ein geschichtlicher verstorbener Ahnherr des Expressionismus erschien. Nach vorn gesehen: weil Jeßners Darstellung in der Bühnengeschichte bleiben wird.
Ein haftend hinklingender Eindruck schattenbunter Scheuel – von Spielmeisters Gnaden, statt von Dichters Gnaden. Trächtig ist mehr der Einüber als der Dramatiker.
Hat jedoch der Einüber wirklich diesen Dramatiker gespielt? Er gab eine Tragödienwirkung. Ist das geschriebene Werk eine Tragödie? Man sehe zu.

II

Es beginnt mit dem sinnlichen Angebot einer Schwester an den Bruder. Die verheiratete Mutter hält es mit dem Kaufmann Hecht. Vater sitzt. Onkel versucht's, um zu prüfen, bei einer Nichte. Der Sohn schwingt eine Peitsche gegen die ältere Schwester. Mißhandelt Mutter. Die Schwester verfällt einem Manager, namens Lüstling. Der Sohn verlobt sich mit einer Dirne.
Der Zuchthäusler liebt seine Frau immer noch. Sie und ihr Freund schicken ihm, damit Scheidung möglich wird, die mit dem Sohn verlobte Dirne-Kellnerin in das Mansardenstübchen, wo der Greis, aus dem Zuchthaus entlassen, hockt. Er will die Dirne zwar erst mit Petroleum begießen und anzünden; läßt es aber dann. Der Sohn trifft sie (nachts) bei Vater. Er »gibt Johanna einen Fußtritt«. Umsonst beteuert der unschuldige Greis... Wo nebenan das dreizehnjährige Schulkind Marie unschuldig schläft. Dies Kind; das Frauenzimmer; im Bruder regen sich Beziehungen jetzt zu der jüngeren schulpflichtigen Schwester.
Der Meineid wirkt. Vater kommt zu der Hochzeit seiner früheren Frau. Bei dieser Hochzeit erschießt sich der neue Mann.
Auf das Gehetz der Kellnerin-Dirne spaltet Sohn Karl seinem Vater den Kopf. Die Mutter und die Kellnerin, welche zuvor den Selbstmörder ausgeplündert haben, treten zueinander in ungewöhnliche Beziehungen. Hiernach zeigt sich im Bordell der Geist des getöteten Vaters. Der Sohn verabredet ein leidenschaftliches Stelldichein mit Muttern. Die Dirne tut, ihrerseits, Gift in den Kaffee. Die Mutter wirft nun der jüngeren Tochter vor, mit Vater »etwas gehabt« zu haben. Eine andere Braut des Sohnes Karl, namens Brigitte, stirbt an dem Kaffeekannengift. Als er darum klagt, äußert die Mutter: »Karl, du hältst das Maul hier!« Karl ersticht sich. Jener. Der Manager der älteren Schwester nimmt hierauf vor den Kaffeegästen die jüngere Schwester hin. Die Dirne selbst wird verhaftet. Die jüngere Schwester folgt jenem prüfenden Onkel. Mutter bleibt mit dem früheren Manager der zwei Töchter. Sie nimmt eine Schnapsflasche. Schluß.

III

Es klingt roh. Doch der Gesamtumriß entroht es. Der Mensch ist meistens ein Überteufel – (heißt das). Strindbergpessimismus. Zwischendurch zweifelhaft gute Verse, nein, zweifellos schlechte, wie bei Wedekind.
Oft ein dumm-aberwitziges Zeug: Seitenfüllsel. Das D... Dr... Drama hört zufällig auf – indes wochenlang so fortgedichtet werden könnte bis Neujahr.
Bilderbogen: Begebnisse voll Grauen draufgezeichnet, aber mittelmäßig gezeichnet. Dämonisch, doch bequem.

IV
Also Leichen in Fülle; wie vormals bei Shakespeare; und heut bei Sekundanern. Ist das ein Rückfall ins Frühstufige?
Nein: ein Symbol... Denn Shakespeare mordet arglos, weil seine Gäste das verlangen. Essig mordet absichtsvoll: damit ein Gleichnis für die Greuel der Welt herauskommt. Weißte. Ich verpflichte mich, alles damit immer zu bemänteln.
Man darf somit sagen: Essig gibt kein Abbild – sondern ein Sinnbild. Er gibt kein Ebenbild – sondern ein Merkbild... (Zumal ihm die Fähigkeit, die gestufteren, heutigen, uns angehenden Schattungen der Seele zu erreichen, aus Mangel an Gaben versperrt ist... Er steht für viele Expressionistenbrüder – die meistens Dramatik per Symbol machen.)
V
Eine Tat Jeßners ist es, aus alledem das Trauerspiel so herauszuheben: daß die wuchtende Wirkung erwächst. Daß sie nicht unterbrochen wird.
Jeßner hat das Stück ganz falsch gespielt; aber ganz wunderbar. Wieso? Ein Wede-Enkel spricht ja in Essig – der Schwankungen zwischen Komik und Ernst will.
Doch aus oft blödem Stegreifgeschwätz ein Trauerspiel zu machen, mit so hinreißender Wirkung: das bleibt große Kunst.
Bis ins letzte gefeilt. Gedämmt, wo alles doch sickert und leckt.
Neben der Kunst ein Kunststück: aus Nichts diesen Eindruck zu holen. Ein Kunststück, wie wenn Garrick mit einem Blatt Papier ›totes Kind‹ spielt.
VI
Jeßner hat den Humor nicht ganz verhehlt – doch nur durch was Bannend-Sinistres ihn erzeugt... das immer noch real bleibt.
Kaum faßbare Märchenstimmung. Fern von Aufgetragenem. Ein Wirklichkeitsstück: nur umwittert; nur durchwittert.
Ja, er hat ein ganz anderes Stück wunderbar gespielt. In zeitlosen Zimmern, fahl beschattet, die doch aus der Gegenwart sind. In ruhig-unheilvollen Örtlichkeiten. Und das Wort herausgeholt. Die Aufdringlichkeit eines bestimmten Stils gekappt. Also nichts dumm Ablenkendes. Ein Meisterstück.
Das in einer Zeit, wo fast jedes Theater zum ›Schauspielertheater‹ wird.
VII
Twardowski, der Sohn; in Gebärden und Klang eingefügt; von hastender Menschlichkeit. Wie seine Schwestern, Paudler und, sacht, Lucie Mannheim.
Wie Klöpfer: der fast zur ›Erscheinung‹ wird, auch ohne Magie-Umschweif.
Die Straub, schlankgeworden, langbeinig, wie damals, als sie eine spinnige Spätjungfer gab: jetzt gut mit einem Stich ins Vettelhafte. Was Andersen-Wirkliches. Und ohne Gewolltheiten.
Gronau, mit dem an Wedekinds Sprechart selber merkwürdig erinnernden Ton. Gerda Müller mit tollen Fluoreszenzen der Sinnlichkeit und Kraft; herrlich.
Selbst Herr Forster, aus der Vorjeßnerzeit ein Überbleibsel, und, ob noch so zurechtgeknetet, schwer zu verdauen, dämmte den Theaternasenton.
VIII
Alles blich ober schmolz in ein Etwas, wie von Munch, nein von Goya, durch den entwirrten Wirrwarr seltsamer Worte – zu einer großen Phantasie.

Neue Gründungen: Auswege aus der Krise?

Georg Kaiser   Nebeneinander

Uraufführung: Die ›Truppe‹ Berlin (Lustspielhaus), 3. November 1923
Regie Berthold Viertel

Die Klagen über die Stagnation in den großen Berliner Theatern wurde seit Monaten immer lauter. Man sprach vom »richtungslos gewordenen Berlin« (Fritz Engel), vom »verfallenden Theater« und schrieb »Das Gesicht der Berliner Kunstgebarung ist verwüstet von nicht mehr geheimer Krankheit« (›Berliner Tageblatt‹, 17. 7. 1923). Pinthus rief, daß die augenblickliche Form des Theaters nicht mehr lebensfähig, nicht mehr belebend sein könne, daß das lieblose Geschäftstheater unserer Epoche die Zerstörung der Dichtung und der Schauspielkunst bewirke (› 8 Uhr Abendblatt‹, 17. 7. 1923). Nicht nur von den Direktionen blieben die Initiativen aus, das Theater trivialisierte sich. ›Die Luxusfrau‹, ›Die Frühlingsfee‹, die ›Tugendprinzessin‹, ›Liebesstreik‹, ›Die Dame mit dem Monokel‹, ›Mädi‹, ›Süße Susi‹, diese Titel zählte Fritz Engel vom Sommerspielplan der Berliner Theater auf, die nicht nur von der Inflation, nicht nur vom Geldmachen her ausgehöhlt wurden, sondern auch vom Film, der die Ensembles auflöste und das ruhige konzentrierte Arbeiten unmöglich machte. Im Sommer und Herbst 1923 schien es, als gingen alle Initiativen in Berlin an Vereinigungen von Schauspielern über, die sich aus Verdruß an der Situation und zur Erhaltung des künstlerischen Theaters bildeten. ›Das Schauspielertheater‹ nannte sich eine um Heinrich George versammelte Gruppe aus dem Ensemble der Reinhardt-Bühnen. Gegen »22 Operetten und 10 Schwänke« in den Berliner Theatern trat es am 16. Juli 1923 mit einer stürmischen, wilden und lauten Aufführung von Schillers ›Räubern‹ an: George als Karl, Granach als Franz: eine entfesselte Inszenierung, die im tosenden Beifall endete, der mehr der Gesinnung, dem mitreißenden Impuls als der Geschlossenheit der Kunstleistung dankte. – Am 18. September trat im Lustspielhaus die von Berthold Viertel und E. J. Aufricht gegründete ›Truppe‹ mit Viertels Inszenierung des ›Kaufmanns von Venedig‹ hervor. Kortner, der aus dem Staatstheater ausgeschieden war, spielte einen Rache-Shylock, der der einzige Mensch in einer total karnevalisierten Welt war. Ein problematischer Versuch. Die Inszenierung stand, wie die Kostüme zeigten, ganz unter dem Einfluß des Gastspiels von Tairoff. Die beste Leistung, Jeßners ›Überteufel‹, war nicht im Staatstheater, sondern an Seelers Matineebühne zu sehen. Nimmt man dazu die Provokation an der Außenseiterbühne ›Das Theater‹ mit Jahnns ›Ephraim Magnus‹, die durch zwei Autoren betrieben war, die die wichtigsten der nächsten Jahre wurden, so war das so etwas wie der Ausbruch der Verantwortlichen aus dem arrivierten Theater. Er stand »im Gegensatz zu der Starwirtschaft der Privattheater, zu der Verschlampung der Spielpläne, zu der Zuchtlosigkeit der Repertoirevorstellungen, ein Protesttheater des Ensembles, des Spielplans, der Disziplin«, wie Ihering schrieb. Diese Bühnen waren, so kurz ihre Lebensdauer war – Die ›Truppe‹ brachte in dem halben Jahr ihres Bestehens acht Inszenierungen – doch unmittelbar Ausdruck der Berliner Situation. ›Das Schauspielertheater‹ spielte unter Karl-Heinz Martins Regie Marlowes grausamen lü-

sternen ›Eduard II.‹ (mit Deutsch, George, Elisabeth Bergner, 2. 11. 1923). Es spielte mit der Bergner und George ›Hanneles Himmelfahrt‹ und ›Elga‹, es stellte Helene Weigel heraus (in: ›Sonkin und der Haupttreffer‹). Berthold Viertels ›Truppe‹ brachte am 6. Oktober Hamsuns ›Vom Teufel geholt‹ unter Viertels Regie mit Walter Franck als Blumenschön, ein giftiges Stück, das die Triebwelt unter den Masken aufdeckte. Summiert man dazu ›Olympia‹ von Ernst Weiß, Essigs ›Überteufel‹, Brechts ›Baal‹ und Bronnens Triebstücke, so ergibt sich eine Perspektive, aus der sich dieser plötzliche Zustrom von Monomanien, Sadismen, pathologischen Sexualismen als Umschlag der Krise selbst ansieht. Es war die vor der Neuformierung des Dramas.
Als die ›Truppe‹ am 3. November Georg Kaisers ›Nebeneinander‹ uraufführte, zeigte sie nicht nur das Stück, in dem Kaiser sein utopisch-idealistisches ›Hölle Weg Erde‹ versteckt parodierte, sondern schon die Ansätze der neuen Entwicklung zum Zeitstück. Diese Uraufführung brachte für Kaiser den ersten populären Erfolg in Berlin. Die Stadt sah sich abgebildet. – Als Karl-Heinz Martin im September 1931 das Stück mit Peter Lorre und Luise Ullrich noch einmal in der Volksbühne inszenierte, wirkte es schon historisch, so sehr war es an das Jahr seiner Entstehung gebunden.

Emil Faktor, Berliner Börsen-Courier 5. 11. 1923

Ein hübscher, das Schicksal des Abends belebender Erfolg. Nichts Alltägliches, wenn man bedenkt, daß ihn das Werk eines deutschen Dramatikers erstritt...
Daß Georg Kaiser diesmal durchgriff, ist nicht etwa auf eine besondere Erhebung seines Schaffens zurückzuführen. Man sah von ihm in Tempo, in der Struktur, im Probleme, in der Akzentuierung verwandte Arbeiten, die reicher waren – wie etwa die im Querschnitt zirkulierende Gegenwartszenerie ›Von Morgens bis Mitternachts‹. Es gibt außerdem eine noch nie aufgeführte Komödie Kaisers ›Die jüdische Witwe‹, vor der sich die Bühnen dauernd zu ängstigen scheinen, obschon sie den bei Kaiser zumeist vermißten Vorzug der Dichtigkeit hat. Sein neues Spiel ›Nebeneinander‹ wird von ihm als Volksstück 1923 gekennzeichnet, und vielleicht hat die für breitestes Verständnis berechnete Thematik der günstigen Aufnahme Voraussetzungen geschaffen. Zu bestreiten ist, daß es die Entschlossenheit zu Konzessionen war, die gutes Wetter machte. Gerade dort, wo Kaiser dem primitiveren Geschmack entgegenzukommen glaubte, indem er das Hebbelproblem, ob ein Mann über die Vergangenheit der Erkorenen hinwegkönne, mit Hausbackenheit zusammenschirrte, wurde man merklich kühler. Die menschliche Atmosphäre bleibt leer, während der sprachliche Ausdruck unentwegt Konzentration treibt. Der Gegensatz von Ton und Inhalt schwächte ab.
Entscheidender für die Wirkung war Kaisers mehrfach gelungener Versuch, seine Art zur Gegenständlichkeit aufzulockern, die Motive zu gliedern, die in Schwung gebrachten Räder zu Ende laufen zu lassen. Das Ergebnis: kein Ineinander mit krampfiger Überspannungszone, sondern ein Nebeneinander dreier Kontrastsphären. Sie tangieren sich hinlänglich, um nicht in ihrer rhythmischen Folge auseinander zu streben, oder für den Blick sich zum Durcheinander zu verwirren. Der vertrauteste Kaiser bietet sich in jener Sze-

nenschicht, die einen Pfandleiher mit dem Fanatismus eines Menschlichkeitsapostels ausstattet. Bis zu einem gewissen Tage dieses Jahres, bis zu einer gewissen Stunde dieses Tages hat er Darbenden die Leihsumme möglichst tief heruntergedrückt. Die Lektüre eines Briefes, der im versetzten Frack stecken blieb und eine Selbstmörderin beruhigen sollte, krempelt den Wucherer um. Er macht sich mit der buckeligen Tochter auf den Weg, um Mann oder Mädchen ausfindig zu machen. Es wird ein ihn selbst verstrickendes Abenteuer, das bei dem geöffneten Gashahn endigt. Seelischer Schiffbruch eines Mysteriösen, der sich »für einen Fremden auf den Weg macht«. Schön gedacht, mit ethischer Peripherie, aber suggestionsschwach in seiner Zufallskonstruktion. Im übrigen soll es nicht allzu viele Pfandleiher geben, die ihr Geschäft auffliegen lassen, um eine arme Seele zu retten. Der Wahrscheinlichkeitseinwand ist immer dann berechtigt, wenn das für den Fanatiker gewählte Metier ebenso gut, d. h. viel besser ein ganz anderes sein könnte.

Ernüchternd für die Zone des Dämonischen wirkt der Tatbestand, daß die zu rettende Luise von ihrem sie abwimmelnden Liebhaber eine Abschrift erhalten hat, und sich nach Erkenntnis seiner menschlichen Wertlosigkeit in den Armen eines ihr verzeihenden Ingenieurs tröstet. Es ist die andere bereits gekennzeichnete Häuslichkeitsschicht mit allzu gewolltem Einschlag des Spießertums. Sie würde natürlicher mit einer verulkten als mit einer tragisch genommenen Besessenheit jenes irrtümlich außer sich geratenden Pfandleihers korrespondieren.

Ursprung der dritten Schicht ist der versetzte Frack, der einer Zufallsexistenz namens Neumann aus der Patsche hilft. Seine szenischen Situationen repräsentieren die Geschichte, wie man Generaldirektor einer Kinogesellschaft wird. Ihre Witzigkeit besteht in der Abbreviatur, wie sie sich als das Gegenwartsmärchen zweier Klubfauteuils und mehrerer Schnapsgläser vor Augen rückt. In den Pointen schmeckt etliches nach Billigkeit. Die Linien sind scharf und präzis.

Auch im ›Nebeneinander‹ wird man Georg Kaisers Fülligkeit seiner Motive gewahr. Er ist unser Aktualitätsgenie. Die Gestaltung, der innere Ausbau des Dramatischen bleibt hinter der Interessantheit der Probleme immer wieder zurück. Die meisten Werke Kaisers sind ein hervorstechendes Beispiel für die Wahrnehmung, daß Konzentration des Stils noch nicht gleichbedeutend ist mit der Intensität des Schaffens. Aber die Neigung besteht noch immer, diesem vielseitig anregenden Problematiker auch den höheren Grad zuzutrauen.

Die Inszenierung Berthold Viertels war hitzig bis zur Überhitzung. Sie strebte nach Lebendigkeit, und verfiel in einem rastlosen Schürungsprozeß der Lautheit. Fast jede Figur trieb Stimmaufwand und versäumte dabei die gerade Kaisers gedrängtem Stil nottuende Entfaltung ins Breitere. Keine Zwischenbemerkung, kein Nebenbei von Dialog ließ es ohne besondere Akzentuierung abgehen. Auch die Gutartigkeit und das schlichte Gefühl, wie sie Mea Scheuermann zu bieten hatte, drängte zum Vordergrund. Ihr Partner Karl Hannemann schlug in der Gewichtigkeit seines Spießertums (mit aufdringlicher Maske) hundert Prozent drauf, während Kurt Martens in diesem Kreise in aller Schärfe Disziplin wahrte. Recht bedauerlich war das Übertreibungsmoment bei Leonard Steckel, der den Pfandleiher geschmackssicher in Sphären hob, aber durch ein Zuviel an Spannung Merkmale verwischte. Glückhaft abgegrenzt war die Leistung Rudolf Forsters: Schiebertum in elegant geschwun-

gener Façon, mit Affektionen des Wohlklangs. Am ungezwungensten gab sich Lyda Salmonova als Filmdiva. Sie ist keine sonderliche Sprecherin, aber sie schafft's durch bemerkenswert suggestives Körperspiel.
Bühnenbilder stammten von George Grosz. Sie waren schärfer, als es Kaiser nötig hätte. Sie begegneten sich mit ihm im Prospekt der Pfandleihanstalt. Sie übertrafen ihn in der Frechheit eines Salonbildes, in der Raumerweiterung einer Polizeistube, an deren Peripherie ein liebenswürdiger Galgen errötete. Das Jüngste Gericht blieb noch ungemalt.

Ludwig Sternaux, Berliner Lokal-Anzeiger 5. 11. 1923

Hier (glaubt man) explodiert die Gegenwart. Aber das ethisch halb verzwickte, halb unendlich primitive Stück endet nur mit einer Apotheose des Schiebers. Und einem kessen Witz...
Doch immerhin: es quirlt der Stunde trübe Luft darin. Zeit spiegelt sich in krassen, gallig verzerrten Bildern...: so leben Menschen in deutscher Stadt, so hungert, so praßt verlorenes Volk, so ist man ›nebeneinander‹ verpfercht, so sieht deutsche Hölle aus.
Die Hölle.
So siehst du aus, o Mensch – in dieser Hölle.
In diesen dreizehn Bildern, die der Dichter Kaiser mit bösem Lachen, das nervöses Schluchzen verbirgt, der Zeit gestohlen hat, uns in Mitleid, in Groll, in gleiches böses Lachen zu werfen.
Ein Molière? Ein Hogarth? Geißel der Zeit? Ach nein. Nur ein Kinooperateur, der flinke Bilder kurbelt, photographisch getreu, bis zum Grotesken minutiös in den Details. Wie eben die Glaslinse sieht und ob Gosse oder Polizei, das traute deutsche Bürgerheim oder das Lebeweltlokal, Elend, das verzweifelt wimmert, oder Luxus, der sich halbseiden spreizt – der Ton stets verblüffend echt. Das muß Kaiser der Neid lassen: er hat tief in den verworrenen Spuk des Heute (auch wenn das Heute nicht mehr ganz aktuell ist, rasch, wie wir mit der Mark purzeln) hineingehorcht, Auge und Ohr gleich scharf eingestellt. Wenn auch dem Ton der immer etwas papierenen, in seiner Prägnanz absolut barock-schwülstigen Kaiserschen Sprache erst der Regisseur Viertel wahrscheinlich die Musik gegeben hat...

Dreimal wird ein Brief vorgelesen – den da ein ekelhafter Lümmel an ein Mädchen geschrieben hat, des Inhalts: Vorbei! Und laß mich gefälligst jetzt in Ruhe, alberne Gans! »Dein Entschluß, Dir das Leben zu nehmen, falls Du nicht eine Nachricht von mir erhältst, wird sich hiermit bestens erledigen.« In diesem Stil.
Dreimal wird uns das vorgelesen...

Dieser Brief die Handlung. Das Mädchen heiratet, bräutlich errötend, einen andern; der meschuggene Pfandleiher, verstrickt in Schicksal, das er ebensowenig begreift, wie wir es begreifen, selbstmördert sich mit Gas; der Jüngling Otto, ein Jüngling mit Ellenbogen und beneidenswerter Skrupellosigkeit (»Das ist der Typ, der durchkommt«), schiebt sich in Kinohöhen.

Bilder also um einen Brief herum. Kontrastreich gruppiert, immer mit der Tendenz: so ist das Leben nebeneinander.
Und bunt ausgeputzt mit Wortkarikaturen, die Schlagkraft haben. Und denen jedes Mittel recht ist, um zum Zweck zu gelangen.
Der skurrile Rahmen dafür von George Grosz. Sehr bunt, sehr nett – bissige Bilderbuchphantasien, die der Geschichte Stil geben sollen. So die Pfandleihe, so der Polizeihof mit dem roten Galgen. Aber doch weniger originell, als man von Grosz eigentlich erwartet hätte.
Viertel zerschlägt den Rahmen, indem er völlig realistisch modellierte Puppen hineinstellt: wenn schon Karikatur, wenn schon ›Stil‹, dann ganze Arbeit.
Die Divergenz zwischen Milieu und Kostüm stört. Verzerrt das Bild.
Und das Tempo?
Das Kaiser-Tempo hat eigentlich nur Forster. Er ist jener kaltschnäuzig-kesse Asphalt-Jüngeling, der groß wird. Fad die Visage mit den leeren Augen, den dünnen Lippen entfallen zerhackt die Worte. Grotesk die Linie der Figur. Auch er absolute Kopie der Wirklichkeit, aber mit eigenem Stil.
Ihm ebenbürtig nur Leonard Steckel als Pfandleiher. Eine echt Kaisersche Gestalt: zerquält, zermürbt, elendeste Kreatur. Lumpen um einen Menschen, dem Seele aus den Augen glüht. Ethischer Furor verzehrt ihn. Ein Geschöpf Kokoschkas – wirr in der Kontur, die inneren Adel bloßlegt. Und von letzter Tragik umwittert, als der arme Junge sich mit der buckligen Tochter zusammen dem Gastod entgegenkrümmt.
Alles übrige nicht mehr als Durchschnitt (wo ist ›Die Truppe‹?). Die meisten nur Typenmalerei. Überflüssig, da Namen zu nennen. Nur der Filmtrottel Erhard Siedels interessiert flüchtig, Lyda Salmonova stellt ihren wunderbaren Körper als Filmstar etwas zu sehr zur Schau, und die Schwestern, Greta Schröder und Mea Scheuermann, die erstere Luise, das verführte Mädchen, wirken zwar lebenswahr, finden sich aber in das krause Klima des Stücks nicht hinein.

Das Publikum tobt vor Wonne.
Vor Wonne über die frechen Schnoddrigkeiten Forsters, der nur »Mo – ment!« zu sagen braucht, um wieherndes Lachen zu entfesseln.
Berlin erkennt sich ...
Während es kalt bleibt, wo der Dichter Kaiser um Mitleid bettelt: bei der Pfandleiher-Tragödie.
Also ein großer äußerer Erfolg. [...]

Siegfried Jacobssohn, Die Weltbühne, Berlin, 1923

Wenn je, so hat diesmal Georg Kaiser Tempo und Ton der Zeit, die Nationalhelden einsetzt und wieder entthront und von neuem ernst nimmt, mit Macht versieht, ächtet, fängt und augenzwinkernd zu frischen Taten freigibt – und nur auf eine Gattung ohne so lustige Abwechslung hetzt: die ihrem Lande nützen will, unbedenklich die Wahrheit sagt, voraussagt und recht behält. Der Pfandleiher, den in diesem ›Volksstück 1923‹ der Menschheit ganzer Jammer anfaßt und keinen Augenblick losläßt, den es vorwärtsjagt, ein einziges fremdes Leben zu retten, wie er jedes zu retten suchen würde: der wird zur Strecke gebracht und muß sich wegräumen. Jenes fremde Leben ist in Gefahr, die zweite von den Leichen zu werden, über die Otto Neumann geht, der Schieber von heute, der Typ, der durchkommt, der Kerl mit den Ellenbogen, gestern Stammgast eines Versatzamts und morgen Generaldirektor der Filmbranche. Aber es bleibt bei der Gefahr. Der Dichter, dessen Starrheit diese lächerlichen Läufte gelöst haben, braucht auf seinem dramatischen Triptychon zwischen einer Tragödie, der Tragödie des Zukunftsmenschen, und der Farce des Gegenwartsmenschen das Idyll des Vergangenheitsmenschen. Luise vom Lande, die in Berlin Lu geworden war, kehrt zu Schleuseninspektors, ihrem Haussegen und ihren Blumentöpfen zurück, beichtet tapfer Krügern den kleinen Fehltritt und wird von ihm mit dem Myrtenkränzlein belohnt, um dessen Weihen sie sich von Neumann für immer betrogen glaubte.

Ein Wurf. Georg Kaiser ist aus der Wolke, die ihn bisher umnebelte, mit beiden Füßen auf die Erde gestiegen. Da hat er schnell entdeckt, daß sie eben nicht nur Geschöpfe trägt, die den Himmel erstreben, sondern daß manche, ja, daß die meisten auch mit ihr schon im höchsten Grade zufrieden sind. Früher bestand seine Welt aus Wesen, die vermöge ihrer Hysterie jedem Ereignis wie einer Katastrophe wehrlos ausgeliefert waren, die, besessen und unbedingt, wenn sie A gesagt hatten, von B bis Z das ganze Alphabet herbeteten. Das wurde schließlich zwar nicht von Morgens bis Mitternachts, aber im dritten Drittel des Tages ein bißchen eintönig. Zum Glück ist dem Dichter noch rechtzeitig das Geheimnis des Gegensatzes aufgegangen. Die Spannweite des Verhältnisses gibt den Ausschlag. Solche Wesen bewegen uns stärker als bei einem Verhältnis von 10 zu 5 bei einem von 1 zu 25. Der Prophet gilt nichts in seinem Vaterlande. Hier umzingelt ihn ein Viertelhundert von Exemplaren, die das Vaterland des Propheten repräsentieren und beider Schicksal erklären. Ohne Pathos; das ist der große Fortschritt dieses Dramatikers. Seine Sprache ist ebenso kurzatmig, wie sie stets war. Aber man kann auch Schwulst und Schwammigkeit asthmatisch herausstoßen. Was davon da war, ist einer Nervigkeit gewichen, die Kaisers endlich errungener kalter und heiterer Überlegenheit über den turbulenten Irrsinn unsrer Tage durchaus angemessen ist. Die ›Truppe‹ hatte den Schmiß wenigstens innerhalb der Szenen. Scharf, hart und dabei doch blutvoll waren die Ausgeburten der Hölle gegen den einen armen Himmelsaspiranten abgegrenzt und zum tollen Schiebetanz um ihn gruppiert. Diese Fülle von Gesichtern der Zeit! Obenan die Pensionswirtin Frigga Braut vom Schlage der Grüning. Der schäbig-rothaarige Gent Erhard Siedel mit den drei einzigen Geschäftsutensilien: Klubsessel, Telephon und Notizbuch. Sein Schwesterlein Lyda Salmonova, dem es bei diesem Körper an Karriere nicht fehlen kann. Und noch ein Dutzend grauenhaft echter Vertreter dieser hübschen Epoche; am erschreckendsten Aribert Wäscher. Nur Forster ist zu aristokratisch und zu wenig Berliner für den berlinischen Plebejer im Mittelpunkt der Groteske, die der ›Truppe‹ zu dem ersten künstlerischen Sieg einen Kassenerfolg verschafft hätte, wenn sich Viertel darüber klargeworden wäre, daß diese fünfzehn Bilder ein Prestissimo wie des Einzel-, so des Gesamtablaufs nötig haben. Eine Drehbühne war nicht da. So hätte ich lieber auf undekorierter Bühne gespielt als in vierzehn stimmungsmordenden Pausen George Grosz aufgebaut, trotzdem er herzabdrückend malt, was Kaiser gesehen hat: die Fratze einer entgötterten Ära.

Ernst Toller   Hinkemann

Uraufführung: Altes Theater Leipzig, 19. September 1923
Regie Paul Wiecke

Bertolt Brecht   Baal

Uraufführung: Altes Theater Leipzig, 8. Dezember 1923
Regie Alwin Kronacher

Dem noch immer inhaftierten Ernst Toller widerfuhr in diesem Jahr dasselbe wie Brecht. Brecht hatte seinen ›Baal‹ seit Jahren herumgereicht. Toller bekam sein neues Stück vom Leiter der Berliner Volksbühne, Friedrich Kayßler, mit der Bemerkung zurück, das Publikum werde den ganzen Abend »an die heikle Verstümmelung Hinkemanns denken«. Im Sommer nahm Alwin Kronacher beide Stücke an. Brechts Erstling und Tollers erstes Stück, das eine die Zeit symbolisierende Fabel hatte, »geschrieben in einer Zeit, in der ich schmerzhaft die tragische Grenze aller Glücksmöglichkeiten sozialer Revolutionen erkannte«. Dieses Nebeneinander von Toller und Brecht forderte zu grundsätzlichen Vergleichen heraus (s. die Rezensionen von Ihering und Kerr). – Die Skandale, die sich an die Aufführungen anschlossen, beleuchteten die Situation des Theaters vom Publikum her. Das Leipziger Publikum war, mit Ausnahme der wenigen, die H. H. Jahnns ›Krönung Richards III.‹ gesehen hatten, nur mit dem idealistischen Expressionismus in Berührung gekommen, der dem bürgerlichen Publikum kaum Schwierigkeiten bereitete. Brecht hatte in ›Baal‹ ein Erfolgsstück dieses Expressionismus parodiert: Hanns Johsts ›Der Einsame‹ (s. d.). Aber sein ›Baal‹ war mehr geworden als eine parodisierende Gegenfigur: ein tierisches Wesen, fressend, saufend, hurend, mordend, das schließlich im Gebüsch verreckte. Das Stück war zynisch, voll Unflat, verkleidet mit einer Liebe »zum Kosmischen«, wie es in der Ankündigung zur Uraufführung hieß. 1918/19 von dem gegen alle Konventionen angehenden Brecht geschrieben, gehörte auch dieses Stück zum anti-idealistischen, sich umkehrenden Expressionismus, der damals in Berlin neue Entwicklungen einleitete. In Leipzig – an der Peripherie – blieb ›Baal‹ ohne Wirkung (erst 1926 kam das Stück, zu spät, durch Moriz Seeler, nach Berlin). An der Reaktion auf Tollers ›Hinkemann‹ zeigte sich zum erstenmal, von welcher Bedeutung das Jahr 1923 für die Sammlung und Festigung der nationalistischen Gruppen gerade im Reich war. Während noch am 19. April 1924 die Berliner Inszenierung des ›Hinkemann‹ durch Emil Lind am Residenztheater (mit Heinrich George) mit spontanem Beifall für Toller aufgenommen wurde, brach schon am 17. Januar 1924 bei der Aufführung im Dresdener Schauspielhaus der erste von nationalistischen Gruppen angelegte Skandal los, der im Februar 1924 noch die Wiener Polizei und Arbeiterwehr veranlaßte, das Raimund-Theater bei der Wiener Erstaufführung abzusperren. Die ›Frankfurter Zeitung‹ berichtete über diesen Dresdener Skandal, der ein Auftakt zu vielen anderen war:

»Noch ehe sich die Gardine vor der ersten Szene geteilt hatte, begann ein wüstes Hustenkonzert. Das war sozusagen die Befehlsdurchgabe zum Avancieren für eine im ganzen Zuschauerraum ausgeschwärmte Kompanie von Hakenkreuz-Jünglingen, die alsbald mit gewaltigem Entrüstungslärm an der Vorstellung ›Anstoß nahmen‹, wobei es ihnen, da sie das Stück nicht kannten, zuweilen passierte, daß ihnen ihr ›Pfui Deubel‹ bei Dialogstellen entfuhr, die eigentlich jeden sozialistischen oder kommunistischen Parteifunktionär mit Entrüstung füllen müßten. Ein Berliner Bankier brach, inmitten des Tumults vom Schlage getroffen, tot zusammen. Als man ihn hinaustrug, entflammten die Worte: ›Na, es ist ja bloß 'ne Hakennase‹, die von dem Vorfall doch etwas zerknautschten Gemüter der Jünglinge zu neuen ruhmvollen Taten. Zwischendurch sang man auch das ›Deutschlandlied‹ und die ›Wacht am Rhein‹. Man überbrüllte den Direktor und Regisseur Wiecke, der zu sprechen versuchte; man überbrüllte den Darsteller des Hinkemann, Herrn Decarli, weil er es wagte, an die Tobsüchtigen als an ›Gentlemen‹ zu appellieren. Man war kindisch aufgebläht von der Bedeutung dieser glorreichen historischen Stunde, und labte sich an dem stolzen Gefühl, auf gefahrlose Weise alle Feinde Deutschlands zu zerschmettern ... Schon nach der ersten Szene verließ der deutschnationale Landtagsabgeordnete Ziller das Theater, und noch vor Schluß der Aufführung hatte er eine kleine Anfrage an den Kultusminister Dr. Kaiser fabriziert. Er fragte die Regierung, ob sie bereit sei, dieses ›Schmutzstück‹, berechnet, ›die gemeinsten Instinkte Tiefstehender zu wecken‹, sofort zu verbieten. [...]« Toller beschrieb den Skandal in seinem Buch ›Quer durch‹.

Herbert Ihering, Berliner Börsen-Courier 9., 10. und 11. 12. 1923

Brechts genialische, szenische Ballade vom Baal wurde gestern bei der Uraufführung im Alten Theater in Leipzig mit dröhnendem, endlosem Beifall aufgenommen, der die Unruhe, die während der Vorstellung im Publikum einsetzte, und das Pfeifen am Schluß niederkämpfte. Die Aufführung war unzulänglich. Herr Lothar Körner arbeitete mit falschen Wegener-Tönen. Als er eine der herrlichsten lyrischen Stellen des Dramas in Grund und Boden sprach, rief eine Stimme auf sächsisch von der Galerie: »Erklären Sie mal das Gedicht!« Aber das Mißlingen der Vorstellung fällt viel mehr Berlin als Leipzig zur Last. Leipzig wagte mit schwachen Mitteln, was Berlin mit starken zum Siege geführt hätte. Denn der Eindruck war auch hier ungewöhnlich und zum Schluß überwältigend.

Der Zufall, daß das Alte Theater in Leipzig am Abend vor der Brecht-Uraufführung Ernst Tollers Tragödie ›Hinkemann‹ gab, belichtete blitzhaft die dramatische Situation. Nicht nur, weil beide Dramen durch den Gegensatz der Motive verwandt sind (›Hinkemann‹ hat durch einen Schuß im Kriege seine Männlichkeit verloren, ›Baal‹ ist übermännlich), sondern auch, weil Brecht und Toller an die Wurzel künstlerischer Produktivität und Unproduktivität führen.
Das dichterische Erlebnis ist kein Erlebnis aus Mitgefühl. Mitgefühl ist eine Privatempfindung. Mitleid ist eine Zuschauerempfindung. Es war der dramaturgische Irrtum der letzten Jahrzehnte, die Seele des Dramatikers daran zu erkennen, wie er mit seinen Figuren leidet. Die Erschütterung des Dramatikers ist eine elementarere. Shakespeare hatte nicht Mitleid mit Macbeth oder Lear, als er sie schuf. Er wurde ergriffen, im wörtlichen Sinne ›ergriffen‹, ›er-

faßt‹ von dem Schicksalskomplex, der sich auftat, von dem Weltgleichnis. Mitleid allein stellt sich dem dramatischen Organismus (weil es mit einzelnen Figuren fühlt, aber nicht eine Welt aus sich herausstellt) entgegen.
Ernst Toller bleibt nur der mitfühlende (oder mithandelnde) Zuschauer. Er empfindet echt – aber als unter der Welt leidender Privatmann oder Agitator (der im künstlerischen Sinn auch wieder ein Privatmann: ein aktiv teilnehmender Mann aus dem Publikum bleibt). So erlebt Toller niemals ein organisches dramatisches Zentrum. Und dieser Mangel an dramatischer Erlebnisfähigkeit, diese Unfähigkeit, einen tragischen Komplex zu erleben, macht ihn auch menschlich taktlos. Im ›Hinkemann‹ werden mit peinlichster Deutlichkeit die Leiden des seines Geschlechts beraubten Mannes beredet. Da der Ausgleich in einer höheren, künstlerischen Welt fehlt, da keine neue, dichterische Wahrheit geschaffen wird, bleibt alles in rationaler Banalität und wird gerade durch die nur menschliche Echtheit, durch die nur mitfühlende Liebe unecht und geschmacklos.
Toller, vom dramatischen Motiv nicht ergriffen, den Fall ›Hinkemann‹ nur herausgreifend aus den Klagen über die allgemeine Ungerechtigkeit der Welt – Toller hat weder den großen Zorn, der das Drama im agitatorischen Sinne parteiisch, aber grandios parteiisch und ungerecht hätte machen können, noch die bindende Kraft, die einer höheren Gerechtigkeit dient. Toller hält für dramatische ›Gerechtigkeit‹, wenn er nach allen Seiten gleichmäßig Urteile fällt. Toller ist gerecht, weil er gerecht Stellung nimmt. Der Dramatiker aber ist nur gerecht, wenn er im dramatischen Organismus die Gewichte richtig verteilt. Bei Toller geht alles durcheinander. Wenn er in der ›Hinkemann‹-Tragödie nicht weiter weiß, wird über Pazifismus geredet, wenn das zu Ende ist, über Parteipolitik. Alle Leitartikel der letzten Jahre finden sich im ›Hinkemann‹ wieder. Ein ohnmächtiges, aufreizendes Geschwätz.
Toller ist typisch für den unproduktiven Dramatiker. Brecht ist typisch für den produktiven. Tollers Stück geht über die Ufer, weil ihm nichts einfällt, Brechts ›Baal‹ schwillt an, weil ihm zu viel einfällt. [...]

Es kann unmöglich der Sinn des ›expressionistischen‹ Dramas gewesen sein, auf dem Umweg über stilistische Experimente wieder zum naturalistischen Mitleidsdrama zurückzukehren. Oder bedeutete tatsächlich manche ekstatische Deklamation nichts anderes als das Grundgefühl des Naturalismus: soziales Mitleid – in eine neue Form gestreckt? Wenn man Tollers ›Hinkemann‹ und Werfels ›Schweiger‹ sieht, wenn man auf die innere Vorstellungswelt, auf die Erlebnisschicht stoßen will, die hinter diesen wieder zu einer Handlung zurückkehrenden Dramen steht, so erkennt man, daß die Wendung zu kontrollierbaren Gestalten die Wendung zum Drama des Mitleids bei Toller, zum psychologischen Problemdrama bei Werfel bedeutete. Beide trugen den ›Expressionismus‹ wie eine Mode, hinter der sie ihr überaltetes Empfinden verbargen. Toller wurde in der ›Wandlung‹ durch das Zeiterlebnis zum agitatorisch-ekstatischen Ausdruck getrieben. Aber bereits in seinen nächsten Stücken stand die Ausdrucksform nicht unter dem Zwang der inneren Vorstellung. Und Werfel übernahm sich schon im ›Spiegelmensch‹. Wie es sich rächt, wenn ein Künstler das Gefühl für seine Form verliert, so noch mehr, wenn Halbkünstler über ihre Maße hinausgehen. Als Toller und Werfel sich auf ihren Empfindungskreis einschränken wollten, fanden sie nicht mehr zurück.

Das Drama des um sein Geschlecht gebrachten ›Hinkemann‹ ist unecht wie das Drama des aus seiner geistigen Sicherheit geschleuderten ›Schweiger‹. Roheit tritt an Stelle der Kraft, Konstruktion an Stelle der Spannung, Verlegenheitsgerede und Vollständigkeitsdrang an Stelle der organischen Entwicklung.

Die Produktivität eines Dichters erkennt man an seinem Verhältnis zu alten Stoffen. Werfel erfindet im ›Schweiger‹ eine »nie dagewesene« Fabel – und ist doch in jedem Zug epigonenhaft. Brecht entzündet sich an Marlowes ›Eduard II.‹ – und ist doch in jedem Zug schöpferisch. Daran, wie ein Dichter Vorgänger übernimmt, wie er fremde Bestandteile einschmilzt, ja geradezu wie er die Probe der Anlehnung besteht, sieht man seine Selbständigkeit. Man kann im ›Baal‹ oft an Büchner denken, man kann an deutsche Lyriker wie etwa Georg Heym erinnert werden – immer tragen die Sätze, die Gedichte, die Szenen das unverwechselbare Zeichen Brechts. Die suggestive Nacktheit der Sprache, die visionäre Kraft – sie gehören ihm. Und sosehr der ›Baal‹ in einem Übermaß von Szenen wuchert – im Entscheidenden wächst er zusammen: im Motiv und sprachlichen Bild. Der unheilbare Bruch in Tollers ›Hinkemann‹ ist, daß realistischen Motiven eine bildhafte Szenenform aufgezwungen wird. Im ›Baal‹ ergibt sich das Sinnbildliche unmittelbar aus dem Motiv. ›Baal‹ wächst von selbst in die Natur: in die Wälder, in die Wiesen, in den Himmel, in die Erde. Fruchtbarkeit und Verwesung. Genießen und Verfall. Bei Toller gibt es nirgends eine Entwicklung aus dem tragischen Motiv. Toller weicht ihm aus, um gewaltsam wieder zu ihm zurückzubiegen. Brecht wird von seinen Gesichten oft entführt – aber immer spürt man die unsichtbare Macht, die ihn zum Ursprung zurückzieht. Das Motiv kann versickern, aber plötzlich bricht es unterirdisch wieder hervor. Gerade dieser Strom unterhalb des Dramas spricht nicht nur für seine dichterische, sondern auch für seine dramatische Produktivität. ›Baal‹ ist noch ganz auf das Sichergießen einer Gestalt gestellt. Aber wie diese Gestalt doch auf die Vielfalt von Nebenfiguren bezogen wird, das deutet schon vor, daß Brecht auch den dramatischen Komplex erlebt. Im ›Dikkicht‹ erlebt er gerade den Komplex: Garga lebt nur durch Shlink und Shlink nur durch Garga. Und wie Brecht im ›Leben Eduards II.‹ aus dem Tragödienbündel von Marlowe die eine Tragödie gewinnt, wie er aus dem einen Motiv, der Liebe Eduards zu Gaveston, das Schicksal des Königs sich erfüllen läßt, wie der Kampf immer weitere Kreise zieht, wie er »in den Lüften weitergeht«, wie aus der Gaveston-Handlung Mortimer und die Königin als Hauptgestalten zurückgetrieben werden – das zeugt von einer wachsenden dramaturgischen Einsicht, die nur auf Grund des zentralen dramatischen Erlebnisses gewonnen werden konnte. Brecht erlebt den dramatischen Komplex, den dramatischen Organismus. Darum gibt es hier auch keine selbständige, eingesprengte Lyrik mehr (wie im ›Baal‹), darum spannt sich der Bogen über ganze Akte. [...]

Toller schreibt als letztes Werk die Komödie ›Der entfesselte Wotan‹. Eine Zeitsatire und doch antiquiert, modern und doch epigonenhaft, gegenwärtig und doch steril. Brecht schreibt als letztes Werk ›Eduard II.‹ nach dem alten Marlowe und doch von gegenwärtigster, wildester Kraft. Nach stärksten Schauspielern verlangend, deren Suggestionskraft, von der Sprache ausgehend, die ganze Gestalt durchdringt. Denn Brecht verlangt wesentliche Schauspieler. Daß er sie für ›Baal‹ nicht hatte, schädigte die Wirkung in Leipzig.

Alfred Kerr, Berliner Tageblatt 11. 12. 1923

I

Das Alte Stadttheater (welches der mutige Dr. Alwin Kronacher leitet) bot an zwei aufeinanderfolgenden Tagen Tollers verzweifeltes Trauerspiel ›Der deutsche Hinkemann‹ und Brechts naturschlemmenden Bilderbogen ›Baal‹.
Tollers Werk war an zwanzig Abenden schon gespielt. Brechts hatte wenig Glück: Skandal, Pfiffe, Gelächter, Trampeln, halbstündige Ulkrufe – so daß am folgenden Morgen der Obmann des gelesensten Blattes schrieb: »Ich habe die Leipziger nie so völlig außer sich gesehen.«

II

Dabei lag die Stadt am Tage friedlich (in einer Art von Erholungsglück über den schrumpfenden Wucher), aufregungslos, beherrscht, fleißig, ohne Sucht nach Exzessen in der Wintersonne.
Leipzig macht jetzt einen vorzüglichen Eindruck. Soviel emsige Regsamkeit muß das Bewußtsein stärken: wir gehn nicht unter.
Was aber nun ›Baal‹ betrifft...

III

Herr Baal ist ein sinnlich-rücksichtsloser Mensch, der sich, wohl nach der Universitätszeit, auslebt. Sein Ausleben beruht nicht im Denkversuch. Sondern im G'fühl. Neben dem Naturgenuß: in Schnaps, Schnaps, Schnaps – und nackten, nackten Mädchen. Er ist somit ein Kämpfer gegen seine Zeit. Das Naturchenie, so nicht mit dem Hirn, sondern mit Muskeln und sonstwas arbeitet. Kurz und gut: das Wort All-Verbundenheit wird fällig.

IV

Er nimmt seinem Freunde die Braut weg, verstößt die Frau eines Fabrikanten, rafft zwei junge Schwestern gemeinsam übers Lager (weshalb ihm die Wirtin aber auch kündigt), hält sich hernach an einen männlichen Begleiter, lebt mit ihm und einer geschwängerten Sophie, verläßt diese samt ihrem Kind im Leib nachts auf der Landstraße, mordet jenen Genossen, trinkt als ausgemachter Naturfreund einmal an elf Glas Schnaps bei offenem Vorhang, stiehlt zwischendurch einem Leichnam den Branntwein – und stirbt als ein solcher Kämpfer gegen seine Zeit verkannt in einem Bretterbau. So Baal.

V

Er ist äußerlich ein Gorilla und hat, als Urgeschöpf, den Beruf eines Kabarettdichters.
Jenes alt-brahminisch-buddhistische Wort, das aus den indischen Veden zuletzt eine feierliche Umprägung in Lhasa durch den Dalai-Lama von Tibet erfuhr, »Die Liebe und der Suff, die reiben den Menschen uff«, gehört auf ›Baals‹ Urnendeckel, als einer deutlichen Begabung.
Ist es ein Zeitstück? Aus unsrer, unsrer, unsrer Gegenwart? – Etwas, das uns angeht, könnte man sagen, wofern Grabbe, Büchner, Sturm und Drang an einem post-festum-Beispiel repetiert werden sollen...
Der begabte Brecht ist ein schäumender Epigone.

VI

Begabt im Lyrischen. Als ich sein Schreibmaschinenheft, ›Baal‹, 1918 am Starnberger See las, troff schon damals ein dampfender Dämmer aus dem Bruch-Stück. Waldfeuchtes; auch Schummriges verschollener Stuben; Schein umbuschter Schänken; Hauch vergessener Lichtungen. Oder so.
Brecht ist neben der Krafthuberei ein Poet... und ›Baal‹ mir lieber als das

unvermochte Gellwerk ›Trommeln in der Nacht‹ – (das mit dem Tiefsten der Zeit soviel Ähnlichkeit hat, wie ich mit Hitler).
Manches aus dem Manuskript blieb im Gedächtnis. Dunkelnde Fenster, witternde Luft; etwas wie der Spessart.

VII

Jetzt, bei der Aufführung, zog mir ein Studentenvers durch den Kopf: – »Als er nun, auf Universitäten, in die Kneipen sank so tief, wurden wütend seine Eltern, schrieb'n ihm einen groben Brief: Komm zurück aus Erlangen ... auf der Eltern Verrrlangen!«
Das Balladige, der Bilderbogenzug, das Bänkelhafte trat hervor.
Was bedeutet letzten Endes dies; wenn ein Autor sein Werk in halb spaßiges Licht setzt?
Was Doppeltes. Er bemängelt, wen er eigentlich bewundert. Und er bemäntelt, was er eigentlich nicht kann.
(Ist es ein Kunstmittel? oder eine Ausflucht? – Es ist ein Kunsthimmel als Ausflucht.)

VIII

Das Naturhafte fluscht in dem Stück. Allmählich etwas zu viel. Darf ich sagen, wie ein berlinisches Unter-Ich das roh ausdrücken würde? –
Wetterfabrik; Ätherzimmt; Horizontkiste; Frühlingsmechanik; Sterngefinger; systematischer Duft; Wolkenfeez; grundsätzlicher Ruch – mit Schwadenrezept und planmäßig quellendem Himmelsdach.
Alles in allem: ein Elefantenidyll.
Man spielt es heut: als Merkmal, was in der Zeit geschaffen wird; nicht, was aus der Zeit geschaffen ist ...
Rein literarischer Fall.
Ach, so eine Baalade hat nur als posthumes Fragment wirkliche Aussichten ...

IX

Wer schafft aber die prähumen Stücke des jetzigen Tags? Wer ist ... nicht ein Enkel wie Brecht; sondern ein Ahn? Wer gibt, statt Stimmung, Zufall und Sprechdelirium, ein Drama? Wer statt des Steinbruchs ein Haus? Wer unsre zerlegten Inhalte – statt das Zurück-zum-Viechsgefühl?
Ich will ihn salben, wenn er kommt.

X

Toller für den ›Hinkemann‹ schwerlich. Von dem, was die Zeit bewegt, ist er tief erfüllt – aber zum erstenmal auch von Kitschigem. Er scheint in diesem Werk ungewiß; wo er in drei anderen gewiß war. Der Übergang zum Halbnaturalismus ist nicht leicht ...
Was bildet hier den Kern? Die Tragik eines zeugungsunfähig gemachten Kriegers. Eines athletischen Mannes. Dank dieser Verletzung sinkt ihm die Welt. Toller schöpft zwei Dinge daraus. Ein Symbol: den äußerlich Strotzenden vergleicht er mit ... Deutschland. Wie es vor dem Weltkrieg war. Etwas peinlich für mein Empfinden. Und er faßt, Nummer zwei, einen Zorn wider Priapus, den Gott der Geilheit. (Brecht weniger.)
Halbkomisches kommt hinzu. Schwer faßbar. Als hätte die Courths-Mahler sich des Naturalismus bemächtigt. Ja, ja, ja. Walter Mehring, vielleicht Barlach, zeigen dann ihre Spuren. Wedekind im unvermeidlichen Budenbesitzer. (Sogar Hauptmann borgte sich den – er las ihn mir, in einem ursprünglichen Entwurf zur ›Pippa‹, vor.)

Greuliche Längen am Schluß. Wiederholungen – bis zur Erkrankung. Und dennoch...
XII
Mit alledem ist Ernst Toller dennoch... nicht nur ein Zeitgenosse – sondern ein Genosse dieser Zeit. Der Unterschied zwischen den zwei Begriffen war an Brecht zu sehen.
Man lebt nicht im Heut, weil man heute schreibt. Doch Toller schreibt, wie man heute lebt.
Diesmal schlampet, weich, finster. Allerdings: Mitte Zwanzig – und an der Kette. Nicht gegen kleines Ehrenwort auf dem Gut.

> Wenig heiter guckt sich's in die Welt
> Aus der Festung Niederschönenfeld.

Wenn er raus ist, soll er andre Stücke schreiben.
XIII
Doch er schreibt schon andre Stücke – hier im Verhältnis zu seinen früheren. Ob den Parteien schwebt er. Wichtiger als politische Not ist ihm heut menschliche Not. Wer hilft (ist seine Frage) der Seele des Einzelnen?
Jedermann sich selbst, Lieber... dünkt mich.
XIV
Toller gibt ein erziehliches Stück. Ein Volksstück – neuer Art. Er will nicht literarisch sein – obschon er papieren ist. Das reißt, letzten Endes, den Betrachter hin.
Toller spricht Zeitung. Doch saget nichts dawider. Es kommt drauf an: wer. Ich stellte schon bei Shaw fest: daß auf den Planken gewisse Dinge heut... erörtert werden müssen. Daß sie eben durch ein »dichterisches Gefühl« nicht mehr auszudrücken sind. Warum? Weil wir zu vielfältig geworden sind; zu verfeint; zu abgeschattet; zu erwägungshaltig. »So daß also«, schrieb ich, »manches Drama künftig nur Vorspiegelung eines Dramas (im alten Sinn) wird sein können; de facto jedoch Zeitung... mit verteilten Rollen.«
Ich wiederhole das. Toller hat ganz recht. Das bloße G'fühl ist alte Schule.
XV
Was Kindlich-Ungesammeltes liegt in der Behandlung des absonderlichen Themas. Ein herzhaft-reines Bis-ans-Ende-Gehn. Bei etlich Abgedroschenem eine gültige Kühnheit. Das ist es. Etwas zittert nach. Selbst als Volksstück ist alles das unter der Kanone, wenn ein Spielordner nicht rasend streicht... doch es zittert vieles, vieles, vieles nach. Hier predigt ein Dichter-Johannes dieser Zeit. Er sei gerüffelt... und bedankt.
XVI
Mein Leipzig lob' ich mir... Es hat zwar den ›Hinkemann‹ mit Provinzpathos dargestellt (wenn auch redlich in dem Schauspieler Engst – fesselnd nur in Hans Zeise-Gött). Aber schön ist, daß überhaupt vor ernsten Hörern solcherlei gemacht wird.
›Baal‹ dagegen war, nicht nur relativ, eine Leistung. Voll eingehender Liebe. Klappend. Furchtlos. Mit Luft und Duft in schattenhaften Bildern von Friedrich Thiersch.
Wieder mit Zeise-Gött... neben Lothar Körner, der kein ›Elefant‹ als Baal sein kann, wie nötigenfalls Klöpfer – der aber vier, fünf Register sprachlich zieht.

Margarete Anton nebst zwanzig Namenlosen gut eingeordnet.
Alles in allem: der Kritiker schwärmt nicht – hebt aber den Hut ... Beide Poeten schließlich auch: der Nachfahr wie der Landsucher.

Robert Musil Vinzenz oder die Freundin bedeutender Männer

Uraufführung: Die ›Truppe‹ Berlin (Lustspielhaus), 4. Dezember 1923
Regie Berthold Viertel

Die aufmerksame Beobachtung der Literatur, deren Entfernung von seinen eigenen literarischen Vorstellungen brachten Musil den Stoff zu einer Posse, in der die zu Ende gehende Phase des Nachkriegsdramas parodiert war. Musil, mit seinem Roman ›Die Verwirrung des Zöglings Törleß‹ bekannt geworden, war 1923 von Alfred Döblin für sein Drama ›Die Schwärmer‹ mit dem Kleistpreis ausgezeichnet worden, an das sich (bis 1929) keine Bühne heranwagte. Hier im ›Vinzenz‹ hatte er eine Hochstaplerkomödie geschrieben, die er nicht in Verbindung mit Wedekind gebracht wissen wollte. Wedekind, schrieb Musil in einem Vorwort-Entwurf, bediene sich dieser (Hochstapler)-Figuren »in einem ganz anderen Geist. Sehr ernst. Eher kommt die Linie über Morgenstern, DADA, bis Ringelnatz und in gewissem Sinn die Lausbübereien von Brecht und Bronnen. Natürlich, wenn ich sage, Neuer Humor, so will ich damit nicht sagen, besser als ältere, sondern nur das Recht auf eine Ausdrucksweise verteidigen« (Tagebücher, S. 270). Musils Stichwort »Der neue Humor« war die Reaktion auf die expressionistische Literatur, die das Lachen verlernt hatte. Es war seine Form der Distanzierung. Kurz vorher hatte Musil in seinem Tagebuch zu Heinz Heralds expressionistischem Verein ›Das Junge Deutschland‹ notiert: »Ist es nicht einfach eine Ansteckung an dem Prinzip der Kaufleute, effektvolle Aufmachung mit schlechtem Inhalt zu verbinden?« – Mit seiner parodistischen Posse berührte Musil eine Entwicklung, die schon ihre erste Frucht getragen hatte: die Verwandlung der expressionistischen Sucher und Bettler im Komödienschreiber. Paul Kornfeld war der erste, der mit seiner Komödie ›Palme oder der Gekränkte‹ die Wandlung vollzog. Daß Musil auf Brecht und Bronnen Bezug nahm, zeigt, daß er sich als Widerspruch, als Ablösung verstanden wissen wollte. – Und daß auch diese Komödie abseits der regulären Bühnen uraufgeführt wurde, bestätigte abermals, wohin sich die literarische Auseinandersetzung verlagert hatte.

Alfred Kerr, Berliner Tageblatt 5. 12. 1923
I
Dies Stück (das kein ›Stück‹ ist – vielmehr ein Bündel oft spaßiger Vorgänge) bedeutet eine Parodierung nicht nur des Expressionismus; sondern des Zeitalters, wo er Mode zu werden schien.
Nicht nur eine Satire gegen das Kurfürstendammcafé. Sondern auch gegen einen (imaginären!) Kurfürstendamm.
Aber mit einer sonderlichen Bewandtnis.

Der Humor nährt sich hier von Auswüchsen ... sagt jedoch im selben Atem: vielleicht sind solche Auswüchse begreiflich, als Entwicklung.
Musil zwinkert mit dem einen Aug' ruhevoll: so sind ›wir‹. Mit dem andren Aug' humoristisch: so sind ›sie‹ ... Beides zugleich.
Zugleich versteht er; zugleich lacht er.
(Das Parkett versteht gottseidank nicht – aber lacht.)

II

Der Untertitel könnte sein: ›Verkehrte Welt‹. Alles ist umgedreht. In der Nacht um drei beginnt's.
Alpha (die Heldin heißt so; die Frau als Anfang aller Dinge: Symbol) ... Alpha kommt in ihre Wohnung mit einem machtvollen Unternehmer und Großkaufmann – verwandt mit Wedekinds Dr. Schön. Sie verschmäht ihn; er droht; ein Revolverschuß ...
Da taucht hinter dem Wedekindschen Wandschirm der Jugendfreund auf; der Erste. Der vor elf Jahren. Er bringt gefällig und ruhig-feig (weil er nicht liebt), alles in Ordnung. Auch als fünf Stück zu so ungewohnter Zeit bestellte Freier nah'n.
Da Alpha verheiratet ist, besucht sogar ihr Mann sie nachts. »Wie kommen Sie grade auf den?«, ließe sich fragen.

III

Nachher sieht man den Jugendfreund, wie er mit ihr ... lebt? Nein, bloß wohnt. Der Großkaufmann schießt nochmals; scheint sich getötet zu haben; steht wieder auf. Der Jugendfreund plant ein System für Monte Carlo, Betriebskapital von den Freiern.
Hernach erkennt sie ihn als Schwindler. Sie soll schlimmstenfalls ihren Mann heiraten (der als Kunstkritiker Lobartikel über seine eigenen Ankäufe schreibt und Alpha bestens veräußern will).
Der Jugendfreund wird zuletzt irgendwo Bedienter. Sie vielleicht Ähnliches? ... In dieser Art.

IV

Also: Wedekindscher Tanz um die Frau. Welt voll abgebrühter Lumpen. Sexualtrottel. Hochstapler. Gründer. Zuhälter. Feiglinge. Cocain. Entgötterung.
Heiraten, die keine Ehen sind. Verhältnisse, die keine Liebschaften sind. Schüsse, die fauler Zauber sind. Selbstmorde, die Komödien sind. Freundinnen, die Raubtiere sind.
Liebe ist Quatsch. Die Möglichkeit des Zusammenstimmens zweier Leute beginnt erst, wenn sie einander erotisch satt haben ...
Das ist ›unsre‹ Welt, sagt Musil verstehend. Das ist ›ihre‹ Welt, sagt er humoristisch.

V

Es ließe sich aber gedämmt und gestaltet und geballt sagen; er sagt es hinfließend und im Stegreif ... Warum? – weil er ja nicht nur das Stück einer gewissen Welt schreiben, sondern auch die Welt gewisser Stücke höhnen will.
Solcher Stücke, wo man monatelang beliebig weiterdichten kann. Die statt eines Grundrisses eine Willkür haben. Statt des Baues ein Geratewohl. Statt des Plans heitere Gedankenflucht. Statt der Entwicklung ein Anleimen. Statt des Fortführens das Fortwursteln.
Dies alles macht er, geistreich. Bald schlagend, bald halb schlagend ...

VI
Musils große Novelle ›Die Verwirrungen des Zöglings Törleß‹ (bei der ich einst Hebamme war) ist gebändigter. Das war nämlich nicht eine Anlehnung, sondern eine Schöpfung. Aber auch Anlehnungen (vielmehr: widerlegende Beispiele!) können gebändigt sein.
Auch, exempli causa, kürzer ...
Musil bleibt eine wertvolle Kraft. Und, nach der Erfüllung, eine Hoffnung.
VII
Berthold Viertel, Spielwart, ist nicht nur glücklich im Ausknipsen des Lichts, ehe der Vorhang fällt – was recht gut einen abrupten, ausschnitthaften Eindruck macht. Sondern auch glücklich in parodistisch-tänzerhaften Bewegungen seiner Künstler. In wohl-angebrachten Spitzgebärden; in Huschtempi.
Davon hatte namentlich Forster was Losgelöstes, Phantastisch-Zwangsfreies – neben den wirksamen, chargenphantastischen Schauspielern: Wäscher, Wolfgang, Hannemann, Martens, Siedel, Domin, samt H. Schlichter, der falschen Freundin ... und Leonard Steckel, einem Börsen-Wuchtsymbol.
VIII
Nicht nur das Alpha, sondern das Omega des Werks ist Sybille Binder. Mit geschwungenen Brauen. Mit wohlgezirkt halbtiefem Sprechton. Mit Darlegungen, die Einfälle sind. Mit einem Gefühl, das gleitet und weht. Mit einer Flut von Sekundenbildern. Bald kauert sie. Bald liegt sie. Bald schrumpft sie. Bald in goldgelben Pyjamas. Bald in was Erdbeerigem. Bald knabenschwarz. ... Schönheit und Klugheit. Höchst fesselnd.

Ludwig Sternaux, Berliner Lokal-Anzeiger 5. 12. 1923

Dunkel. In ein Zimmer springen zwei Menschen. Dann läßt halbes Licht, an einem Toilettentisch aufblitzend, erkennen: ein Boudoir, üppig-bizarr möbliert. Das Boudoir Alphas. Diese selbst vor dem Spiegel im Ballkleid: schmal, rassig, Bubenkopf. Nackte Schultern, nackte Arme. Auch der Mann im Abenddreß.
»Du mußt mich heiraten, Alpha!«
»Wie banal ...«
»Oder ich töte dich!«
Worauf der vierschrötige Kerl, dem zwei feurige Glutaugen im feisten Genießergesicht brennen, sie auf den Boden schmeißt, fesselt, auf einen Diwan schleppt, küßt und erschießen will.
In diesem Augenblick taucht hinter einem Paravent, eine Art Hampelmann mit bärtigem Greisenkopf, der Kayserling (falsch geschrieben: Kayserlinck!) vorstellen soll, Vinzenz auf.
So ungefähr ...

Und ist, an sich, halb von Wedekind, halb von Kaiser ... in dessen ›Nebeneinander‹, an gleicher Stätte erst neulich aufgeführt, dies eine Szene sein könnte.
Aber das barocke Wortgefüge ist Musil. Musil?
Aus den ›Verwirrungen des Zöglings Törleß‹ hob einst Franz Blei »preisend mit viel schönen Worten« den blutjungen Klagenfurter in die Literatur. Ave

Poeta! Na ja. Der von diesem frühen Ruhm dann in der Stille zehrte, hinter den Kulissen der Fischerschen Neuen Rundschau wirkte und auf die Quittung für den Vorschußlorbeer warten ließ.
Denn auch zwei Bücher Lyrik und Prosa, die ›Vereinigungen‹ und der ›Schwärmer‹, blieben... Versprechen.
Ist der ›Vinzenz‹ nun endliche Erfüllung?

Es scheint nur so.
Der erste Akt in seiner aparten Geistigkeit verspricht, bei allen nur allzu deutlichen Anlehnungen, allerhand. Wie lange hat man eine so feingeschliffene Sprache von der Bühne herab nicht gehört! Jedes Wort, und gerade, weil es so paradox geformt, ein Genuß.
Aber schon der zweite Akt fällt ab: die Paradoxe häufen sich, die Handlung veralbert, man hört Worte, Worte, Worte.
Und im letzten nur noch... Schmus.

Das Ganze eine intellektuelle Harlekinade. Sehr à la Wedekind.
Dieser Vinzenz düpiert sie alle mit fixen Redensarten. Und fleddert sie dabei. Er ist der skrupellose Tagedieb, der nimmt, was er kriegen kann, die Liebe und noch lieber das Geld.
Ist er wirklich, wie er sagt, Versicherungsmathematiker?
Gründet er wirklich die ›Gesellschaft zur Verhinderung unmoralischer Glücksspiele‹?
Die Filmgesellschaft ›Licht und Liebe‹?
Man weiß es nicht. Man weiß schließlich überhaupt nichts mehr. Alles überpurzelt sich, alles wird... Scherz, Satire, Ironie, aber ohne die tiefere Bedeutung Grabbes.
Es ist eine intellektuelle Harlekinade, die mit Pointen blendet, in Anspielungen brilliert, blasierte Romantik mit dem kranken Tempo unserer Zeit. Ein literarischer Bluff.

Viertel, der Regisseur, gibt den drei Akten das überhitzte Film-Klima, das sie fordern, unterstreicht wirksam das Groteske, baut Komödie auf.
Stil ohne Stil, aber immer dekorativ.
Das kunterbunte Milieu von Franz Singer und Frieda Dicker. Rahmen für Marionetten. Aber von den Darstellern sind das, bei aller Realistik, nur Sybille Binder und Forster.
Die Binderin (aus München, aber mit neuem, fremdem Akzent) ist die Dame Alpha. Sehr schmal, sehr schlank. Ganz Linie. Modernster Frauentyp. Kalt und frech und sinnlich. Sie hat von Lulu und der Orska gelernt.
Forster wiederholt den blasierten Lump aus ›Nebeneinander‹. Und wirkt schon, so sehr seine kalte Schnoddrigkeit einfängt, etwas stereotyp. Die blasse Stimme jongliert genießerische Beweglichkeit in Geste und Mimik, die dazu paßt. Er ist doch der ›Truppe‹ stärkster Teil.
Zeitspiegelung der protzig-brutale Schieber Leonard Steckels, sehr amüsant der Schönling Aribert Wäschers.
Alles übrige fader Durchschnitt.
Immerhin: ein Abend nicht ohne Reize. Kein großer Gewinn. Auch literarisch nicht. Aber im tollen Wirbel von Wort und Bild ein Stück Lebenskarneval.

Herbert Ihering, Berliner Börsen-Courier 5. 12. 1923

Die großen Erfolge, die manche Berliner Theater zuletzt mit guten alten Stücken hatten, sind unwesentlicher für die Entwicklung als der halbe Erfolg, den die ›Truppe‹ mit Robert Musils brüchiger neuer Komödie ›Vinzenz oder Die Freundin bedeutender Männer‹ erzielte. Auch Fehlschläge können produktiv werden. Und – gerade, wenn sich ein Werk als überflüssig herausstellt, das noch vor kurzem auf mittlerem Niveau etwas bedeutet hätte, zeigt sich der künstlerische Wendepunkt.

Diese Wende ist, daß das Literatenstück selbst dort keine Bedeutung mehr hat, wo es sich – gegen das Literatenstück wendet. Robert Musil ist ein dichterisch empfindender Mensch, aber seine dichterische Empfindung setzt sich auf dem Wege zum Ausdruck oft in zwar feinsinniges, vielleicht auch feinfühliges, aber doch literatennahes Geschmäcklertum um. Zum mindesten in seinen Bühnenwerken. Robert Musil entlarvt das Wort: das Wort als Klang, das Wort als sprachliches Bild, das Wort in der Wortfolge. Aber er selbst entwickelt seine Szene nur aus dem Wort. Nicht aus der Sprache als Ausdruck einer inneren Vorstellung, sondern aus dem Wort als Vokabel, als Ersatz für eine innere Vorstellung. Musil läßt z. B. in dieser Komödie sagen: »Sie sind eine Sphinx« – um aus dem Wort ›Sphinx‹ eine lange Szene von Fragen und Antworten zu gewinnen. So ist es im ›Vinzenz‹ fast immer. Musils Handlung kommt nur an der Krücke von Stichwörtern vorwärts. An abgebrauchten sprachlichen Bildern, an Pointen – um damit das abgebrauchte Bild, die Pointe zu töten. Musil hat in seinem ersten Stück, den ›Schwärmern‹, manchmal einen seelischen Klang zwischen den Worten, eine Atmosphäre des Unausgesprochenen. Aber auch dort kommt er nicht in die Tiefe, nicht an das Wesen, weil das Wort selbst von ihm nicht unmittelbar, nicht ursprünglich erlebt, sondern auf dem Umwege über die Literatur entweder als Phrase vorausgesetzt und deshalb ironisiert, oder als Vokabel anerkannt und deshalb überschätzt wird.

Der ›Vinzenz‹ ist ausschließlich auf diese Wortspielerei gestellt. Vinzenz der Schieber und Alpha, die Dirne im Kreis bedeutender Männer, erscheinen manchmal wie Wedekind in die Vorstellungswelt Fuldas übersetzt. (Sogar eine falsche Geschwitz ist da.) Manchmal wie Sternheim in der Sprache Wiens erweicht, manchmal wie ein ›Nebeneinander‹ von Georg Kaiser, ohne daß dafür eine neue Ausdruckswelt gefunden wäre. Musils Vornehmheit wird Schwäche. Die Worte, die er enthüllen will, richten sich gegen ihn. Das Feuilleton wird selbständig. Und die Welt, der er absagen will, fängt ihn ein.

Die Aufführung wollte der Satire szenische Form geben. Viertel wollte die zerfließende Welt Musils sternheimisch verschärfen. Aber die Zerbrechlichkeit der Szenen, die Billigkeit der Auftritte wurde dadurch nur mehr offenbar. So entstand oft eine zweite Auflage der Georg-Kaiser-Inszenierung. Rudolf Forster als Vinzenz wiederholte seinen Neumann – aber man erkannte, daß er ein Schauspieler wie Musil ein Dramatiker ist. Auch er spielt Randbemerkungen, nicht Gestalten. Sybille Binder als Freundin bedeutender Männer hat zu wenig Wandlungsfähigkeit, um den Kurven der Dialoge und Szenen gerecht zu werden. Sie kann nicht eine Konversation von innen heraus variieren. Sie forciert deshalb abrupt Ton- und Bewegungswechsel – um damit auf ihre Monotonie erst recht hinzuweisen.

Leonard Steckel wird von Viertel nicht immer richtig geführt. Er muß auf

Ruhe, nicht auf Ausbruch gestellt werden. Hier, als wedekindisch auftretender Kraftliebhaber, war er nur lärmend. Aribert Wäscher wird an der ›Truppe‹ charakteristischer beschäftigt als am Deutschen Theater: entweder in derben Rollen, die seine Geziertheit abstoßen, oder in gespreizten Rollen, die mit seiner Geziertheit sich zufällig decken. Hier hatte er eine gezierte Rolle, den süßlichen Ehemann Alphas, aber die Gestalt wurde nur körperlich, nicht sprachlich abgewandelt. [...]
Dieser Abend war trotz seiner Halbheit ein erfreulicheres Zeichen für die ›Truppe‹ und die Stoßkraft der Berliner Theater als ›sichere‹ Aufführungen. Wenn auch nur deshalb, weil er das Erlebnis bestärkte: die ›Literatur‹ im übertragenen Sinne wird überflüssig. Das Dichterische, das Künstlerische, das Unmittelbare, das Wesentliche wird als Sehnsucht gefühlt. Es ist die Halbheit Musils als Dichter und Viertels als Regisseur, daß sie gegen die übertragene Kunst mit übertragenen Mitteln angehen: fern von der Unmittelbarkeit, gegen das Kunstgewerbe *mit* dem Kunstgewerbe.

Menschenkunst

Fritz Kortner (Ibsen, ›John Gabriel Borkmann‹ – Strindberg, ›Rausch‹)
Eugen Klöpfer (Ibsen, ›Ein Volksfeind‹ – Hauptmann, ›Michael Kramer‹)
Käthe Dorsch (Ibsen, ›Nora‹) – Werner Krauß (Shaw, ›Pygmalion‹)
Elisabeth Bergner (Shakespeare, ›Wie es euch gefällt‹ – ›Was ihr wollt‹)

Während die neuen Stücke außerhalb der arrivierten Berliner Theater dargestellt wurden, griffen diese auf die alten Stücke (»die alten Ladenhüter«, sagte Ihering) zurück. Sie führten weiter, was sich mit Fehlings Inszenierung der ›Ratten‹ (s. d.) angekündigt hatte: Rückkehr zur Menschenkunst, zu Ibsen, zu Hauptmann, zum frühen Strindberg, das heißt: Rückkehr zum Realismus. Fritz Kortner: bis dahin der expressive ›Mitreißer‹ an Jeßners Staatstheater, trat aus dessen Ensemble aus, spielte aber dort unter Berthold Viertels Regie (24. 4. 1923) als letzte Rolle Ibsens ›Borkmann‹; im Herbst bei Barnowsky im Lessing-Theater war er der Maurice in Strindbergs ›Rausch‹ (21. 10. 1923): Er betrieb damit die mit dem ›Othello‹ einsetzende Differenzierung seiner darstellerischen Mittel. – Auch Jeßner vollzog die Rückgliederung des expressiven Theaters in die Tradition mit. Mit der Übernahme des Berliner Schiller-Theaters als zweites Haus hatte er für ein neues, weniger intellektuelles Publikum zu spielen. Er nahm das als Anlaß, um an seine eigene ›realistische‹ Arbeit wieder anzuknüpfen, die er als Leiter der Hamburger Volksschauspiele im August 1914 mit Ibsens ›Volksfeind‹ beendet hatte. Er inszenierte wieder ›Ein Volksfeind‹ mit dem nach Berlin zurückgekehrten und in seiner ›Faust‹- und ›Überteufel‹-Inszenierung schon herausgestellten Eugen Klöpfer (19. 10. 1923). Klöpfer steigerte seine realistische Darstellungskunst noch einmal als Michael Kramer im Lessing-Theater (30. 11. 1923, Regie: Emil Lind), dessen schauspielerische Tradition in dieser Zwischenphase neu aufblühte. Barnowsky hielt dort das Erbe Otto Brahms und Max Reinhardts. Er bestätigte diese Rolle, als er mit seinen beiden farbigen, aus musikalischem Geist quellenden Shakespeare-Inszenierungen von ›Wie es euch gefällt‹ (24. 4. 1923) und ›Was ihr wollt‹ (27. 12. 1923) rauschende Erfolge hatte. Erfolge, die Einzelerfolge Elisabeth Bergners als Rosalinde und Viola waren (s. d.). Der Beitrag des Deutschen Theaters zu dieser Regeneration des ›alten Theaters‹ war Shaws ›Pygmalion‹ (18. 9. 23) und Ibsens ›Nora‹ (16. 11. 1923) mit einem Sondererfolg der Käthe Dorsch. – Vom Standpunkt einer ›progressiven Kritik‹ waren das reaktionäre Unternehmen, Kerr dagegen resümierte: »eins ins andere gesehen: das Theater Deutschlands ist nicht tot« (›Berliner Tageblatt‹, 1. 12. 1923). Im Rückblick war es ein Übergang, eine Rückbesinnung: vor den neuen Aufgaben. – Werner Krauß spielte zu dieser Zeit virtuoses Solotheater: ›Cyrano von Bergerac‹, ›König Lear‹ (in der letzten Schauspielinszenierung im Großen Schauspielhaus, 20. 4. 1923) und Professor Higgins in Shaws ›Pygmalion‹ (18. 9. 1923).

Staatliches Schauspielhaus Berlin
Fritz Kortner (Ibsen, ›John Gabriel Borkmann‹)

Emil Faktor, Berliner Börsen-Courier 25. 4. 1923

[...] Die eigentliche und überzeugendste Neugestaltung Ibsens vollzog sich im ungewöhnlich konzentrierten Darstellungsstil Fritz Kortners. Die erste Szene mit Foldal noch unpräzis bagatellisierend, wuchs er bei der Begegnung mit Ella Rentheim zur Bedeutung und ließ den Zuschauer mit dem unheimlichen Griff einer Gespenstnatur nicht mehr los. Er eroberte der Gestalt Borkmanns ein seltenes Maß von Dämonie, in Kontrasten von scheinbarer Gleichgültigkeit und losbrennendem Fanatismus, von Verkrochenheit und höhnisch loderndem Wahn. Symbolträchtig schon als verwüstete Erscheinung trat er wie hinter Barrikaden des mißhandelten, zur Eigenmacht berechtigten Genies auf. In ihm, um ihn brannte das Feuer. Ein Verlorener führte den Kampf der Selbstvernichtung. Und starb taumelnd und seiner Gebrochenheit nicht achtend in Größe. Die vielen Worte Borkmanns schlossen sich weitab von Rhetorik zur phantastischen Melodie. Borkmanns Untergang war wie Auflösung in der Landschaft. Eine Höchstleistung. [...]

Deutsches Theater Berlin
Werner Krauß / Käthe Dorsch (Shaw, ›Pygmalion‹)

Norbert Falk, BZ am Mittag, Berlin, 19. 9. 1923

[...] Krauß und Dorsch in völlig entfesselter Laune [...]
Krauß ist Higgins, jener Professor, der für seine Erforschung der Dialekte ein phonetisches System erfindet, aus einem sehr vulgären Blumenmädchen eine Lady macht und das Produkt seiner Erziehung heiratet. Ein blonder, etwas dicklicher, aber köstlich jungenhafter Wissenschaftler, erfrischend natürlich, gleich fern von Karikatur wie von pedantischer Realistik. Krauß ist schon darum ein so unvergleichlicher Komödienspieler, weil er zwar immer an sich und an die Geltendmachung seiner Rolle denkt, aber niemals über die spezifische Stimmung des Stückes hinausgeht und dessen Farbe und Klang annimmt.

Er wird sich nicht mit jener Frommheit, die der vorigen Generation eigen war, an die einzelne Regieanweisung des Dichters halten, wird aus Eigenem zugeben und doch niemals etwas tun, was nicht aus Laune des Ganzen wachsen würde. In ihm ist der ewige Lausbub wach, und er wird immer am echtesten sein, wenn er das tun kann, was andere ärgert.

Käthe Dorsch, mit ihm zusammen ein verteufeltes Paar, ist in angeborenem Besitz jener inneren Freudigkeit und jenes überschießenden Temperaments, die zur heiteren Verkörperung von Blumenmädeln aus der Art der Elize Doolittle Voraussetzung sind. Sie hätte zwar im Regenguß vor dem Kirchenportal von ihrem eigenwüchsigen bayrischen Dialekt entschiedeneren Gebrauch machen dürfen, aber wenn sie in der steifen Teegesellschaft aus der Rolle fällt und »Dreck« sagt, da kommt das schon aus einem kecken Herzen, das sich bedenkenlos Luft macht. Wertvoller als die kleinen amüsierlichen Charakteristiken des Mädels aus dem Volk ist die reizvoll offenbarte Seelenbedrängnis, dieses verliebte Erzittern eines plötzlich Weib werdenden Mädels. Hier ist das Wort nichts, Haltung, erregte Geste, zag aus den Augen brechendes Feuer, verschwimmender Blick, Brechen des Tons, Stocken des Atems alles. Das ist zwar erzeugt, aber nichts daran gemacht. Und im Zusammentreffen dieses plötzlich vom Eros gepackten Weibes mit dem tumben Brillenträger, durch dessen dickes Fell allmählich die Funken hindurchsengen, wird naturhaft, was nur als Witz gedacht ist.

Schiller-Theater Berlin
Eugen Klöpfer (Ibsen, ›Ein Volksfeind‹)

Franz Servaes, Berliner Lokal-Anzeiger 20. 10. 1923

Man spürte in dem Ganzen eine sehr sichere Hand. [...] Ein Beifallssturm durchbrauste das Haus, von einer Frische und Gewalt, die deutlich beweisen, wie sehr es sich verlohnt, in diese erregt aufhorchenden Kreise das Evangelium wahrer Kunst zu tragen.
Die besten Schauspieler unseres Staatstheaters hat Jeßner aufgeboten, um Ibsen in Charlottenburg zu Ehren zu bringen. Drei ragen besonders hervor: Klöpfer, Taube und Hirsch.
Eugen Klöpfers Doktor Thomas Stockmann, wiewohl mitunter reichlich laut, ist eine Prachtleistung. Er nimmt den rebellischen Badearzt und Wahrheitsfanatiker als naiven Naturburschen von ursprünglichem Optimismus. Nie kann diesem Menschen der Gedanke kommen, daß er mit der Entdeckung vergifteter Heilquellen etwa was anderes sich verdienen könne als lautersten Dank. Das die Aktionäre und Lokalinteressenten sich demgegenüber geschädigt fühlen und auf die Hinterbeine setzen, will in seinen Kopf gar nicht hinein. Wie er mit starken Schritten umhergeht, seinen Spazierstock in der Hand wirbelnd, mit einem arglos-frohen Jungenlachen, ist er ein Bild heiterer Sorglosigkeit und temperamentvoller Selbsterfülltheit. So wie er aber die Gemeinheit merkt, die sich ihm entgegenstellt, ist überhaupt nicht mehr mit ihm zu reden. Da kriegt er einen puterroten Kopf, da haut er wie ein Berserker um sich, da wird er ganz der Mann, der sich am stärksten fühlt, wenn er allein steht! Aus einem Urborn von Menschlichkeit hat Klöpfer dies gestaltet.

Lessing-Theater Berlin
Fritz Kortner (Strindberg, ›Rausch‹)

Herbert Ihering, Berliner Börsen-Courier 22. 10. 1923

Das Atmosphärische von Strindbergs Drama: den Rausch zwischen den Menschen, den Rausch von Paris ohne Stimmungsbetonung, ohne melodramatisches Dehnen aus der Tonführung des Dialogs, aus der Gliederung der Auftritte herausbeschworen zu haben, ist das Verdienst dieser Aufführung. Wie Fritz Kortner den Maurice anlegte, wie er ihn durchführte und mit den Schattierungen der Rolle auch die Szenen schattierte, gegeneinander absetzte und ineinanderfließen ließ, das war schauspielerische und dramaturgische Gestaltung zugleich. Was Kortner in der letzten Zeit oft zu auffällig zeigte: die Akzentuierung der szenischen Einschnitte, die Betonung der Architektur, die Verteilung der Gewichte, hier hatte sich der dramaturgische Instinkt wieder von aller Absicht befreit und war schöpferisches Element geworden. Hier war die Akzentuierung als Hilfsmittel verschwunden (die Akzentuierung als Merkmal für das schauspielerische Gedächtnis, als Kennzeichen für einen zurückgelegten Rollenabschnitt, als Haltestelle für den Ansatz eines neuen Szenenkomplexes). Die Gestalt war so ›gehört‹, daß man sie auch wieder ›sah‹ (und nur an starken Stellen den Körper noch als Widerspruch und Hemmung spürte). Aus leisen Übergängen, aus zarten Lautverschiebungen baute sich eine von Liebe, Leben und Kunst berauschte Gestalt auf, die sich in der szenischen Bewegung entwickelte und zu ihrer seelischen Bestimmung im Ablauf des Dramas kam. Wie Kortner am Schluß sich befreite und die Szene in Heiterkeit auflöste, wie die Figuren gruppiert waren (selten hat man im Lessing-Theater so gute Stellungen gesehen), da war mit der Rolle gleichzeitig das Stück, da war mit dem Seelischen gleichzeitig die Form gegeben. Und man sah, daß das, was bei Strindberg moralisch oder kirchlich zu sein schien, eine Schicht tiefer als heitere (fast ist man versucht zu sagen: als mozartische) Auflösung in Dur-Tonart erscheint. [...]

Deutsches Theater Berlin
Käthe Dorsch (Ibsen, ›Nora‹)

Paul Wiegler, BZ am Mittag 17. 11. 1923

Ein Abend mit der Dorsch. Spielfroh und tapfer ist sie dabei, sich ein Repertoire zu machen.
Die meisten Noras waren dunkel. Auch die unvergeßliche der Sorma, die, wenn sie die Tarantella tanzte, eine Neapolitanerin mit Madonnenaugen war. Die Dorsch ist die blondeste Nora. Und, wenn sie im Kostüm die Etage von Helmers wieder betritt, mit weißen Ärmeln und roter Schürze, sieht sie aus wie eine junge Bäuerin vom Dalef. Sie ist nicht Frau Nora (oder Norchen). Ein süddeutsches Lorle aus ›Dorf und Stadt‹. Hold und weich, mit sanftem Geschwätz und großem Geschau und dicker, goldner Mähne, die in die Stirn rutscht, und die sie mit der Handbewegung eines Kindes wegschiebt. Aber man beobachte sie in den Gefühlsszenen, die am ehesten zur Sentimentalität ver-

leiten. Da ist sie, genau wie sie damals, zu Beginn war: ganz einfach, still, schamhaft, verlorenen Blicks, von naiver Kraft und Wahrheit und einer Herzenswärme, die überströmt. Und damit bezwingt sie.
Keine Nora, die Natur hat, wird mit diesem deklamatorischen, pedantischen Schluß fertig; auch nicht Selbstverständliches zu sagen. Es bleibt, die Dorsch nicht. Dieser Schluß ist das einzige unwiderruflich Veraltete in diesem niederträchtig spannenden Theaterstück. [...]

Lessing-Theater Berlin
Eugen Klöpfer (Hauptmann, ›Michael Kramer‹)

Alfred Kerr, Berliner Tageblatt 1. 12. 1923
I
Dies heilige Werk eines großen Menschenschöpfers ist nicht im Gedanken bedeutend: sondern im innersten Gefühl.
Was Kramer (Michael) an Worten äußert, kommt im einzelnen der Selbstverständlichkeit nahe: weil dieser unsterbliche »Lehrer an einer kgl. Kunstschule« kein Genie des Vollbringens ist. Kein Seliger: sondern ein Suchender.
Sondern ein kämpfender, durch Leid erhöhter Gewissensmensch. Michael Kramer ist ein Bild des fragenden, sehnenden Schmerzes hinieden. In den Erfahrungen des hiesigen Zustandes ein Gipfelfall. Ein hoher Nachbar des irdischen Wehs. Darin, in Schmerz und Festigung, ein Genius.
(Aber nicht er ist das Genie: sondern Hauptmann ist es.)
II
Klöpfer hat ihn so wunderbar, so tief erfüllt, daß nur der teure Name Oskar Sauers, der ihn einst geformt hat (und Hartaus, der ihn hätte formen können) in seiner Region zu nennen bleibt.
Im Außenbild halb Lehrer, halb Kunstmensch – mit einer Umwehtheit im grauen Haar; mit was Ringendem im verurteilten, kategorischen Schritt; mit Einsamkeit und Güte. Das ist es: mit Einsamkeit und strenger, großer Güte.
Dies lebt heute nicht zum zweitenmal bei uns.
Noch ein so angefochtenes Wort wie »Der Tod ist die mildeste Form des Lebens«, – wie blüht es herzzerreißend auf in Klöpfers wehem, raunzendem, schlichtem Allumfangen. Wie ist er fern von Weichheit ... und nah der letzten Erhebung. Wenn er in die Glocken hineinruft, hineinknarrt. Wenn er zum Schluß, fragend, an dem schmalen Sarg-Ende sitzt.
Dies lebt heute nicht zum zweitenmal bei uns.
III
Von Loos dachte man: wird er nur mild sein? Wird er auch böse Verstocktheit haben?
... Er war jedoch ein Menschenstiefsohn. Einer mit dem Blick. Scheel und schiech – dennoch überlegen! Einer ohne Zugeständnis. Ein Verdammter ... mit dem Funken. Ein uneinnehmbarer Teufel – als armes, schächerhaftes, grauenvolles Opfer.
Er ist, mit seiner Brille, seiner Kurzsicht, seiner hinabgeschlossenen Verzweiflung, seinem scheuen Gang, seinem stieren Festbleiben ... etwa das, was Lenau ein Gegenschöpfer heißt.
Ja: ein Mythos, ein Symbol ... [...]

Lessing-Theater Berlin
Elisabeth Bergner (Shakespeare, ›Wie es euch gefällt‹)

Herbert Ihering, Berliner Börsen-Courier 25. 4. 1923

Die Wirkung der Vorstellung war ungewöhnlich. Barnowsky, der immer ein Komödienregisseur war, hat selten so sicher gearbeitet. [...]
Elisabeth Bergner sah ich schon in Wien als Rosalinde. Sie ist seitdem noch reicher und freier geworden. Ihre geniehafte improvisatorische Begabung, die in festgefügten Stücken manchmal zerstörerisch wird, entzündete sich an der aufgelösten Form zu einem Reichtum ohnegleichen. Beglückend, wie die Worte durch die gelösten Glieder strömten. Bezaubernd, wie alles in schöpferischem Fluß blieb. Elisabeth Bergner ließ Scham und Jubel, Knabenhaftigkeit und Mädchentum durcheinandertaumeln. Sie schwankte in den Knien – und ein Gefühl leuchtete auf. Sie tastete mit den Händen – und ein Witz wurde greifbar. Sie brach die Stimme, und man erlebte die doppelte Verwandlung: des Mädchens in den Knaben und des Knaben in ein gespieltes Mädchen. Ein beschwingendes Erlebnis.
[...]

Lessing-Theater Berlin
Elisabeth Bergner (Shakespeare, ›Was ihr wollt‹)

Max Osborn, Berliner Morgenpost 29. 12. 1923

Elisabeth Bergner hat schon in ›Wie es euch gefällt‹ bewiesen, mit welch entzückender Anmut sie diese verkleideten Shakespeareschen Mädchen zu spielen weiß. Auf Rosalinde folgte nun Viola. Sie ist wieder ganz und gar, mit Haut und Haaren, in das Erlebnis ihrer Figur hineingewachsen, besessen von ihrer Rolle. Was man am tiefsten bewundert, ist wie stets die unmittelbare Vermenschlichung der märchenhaften Theatergestalt. Ihr scherzhaft ausholender Männerschritt, ihre zierliche Maskerade, ihre drollige Angst bei dem erzwungenen Duell (das Sternheim in seinem ›Bürger Schippel‹ nachbildete), wird im Ausdruck dadurch so kostbar, weil leise und rührend der schmerzliche Unterton der Seele eines jungen, einsamen, vom Schicksal umhergeworfenen, anscheinend aussichtslos verliebten Geschöpfs mitschwingt. Wenn sich zum guten Ende die Nebel des fröhlichen Durcheinanders teilen, bricht diese Viola nicht in lauten Jubel aus, sondern aus ihren braunen Augen quellen heimliche Tränen. Kaum eine andere Künstlerin weiß die Wehmut, die sich mit allem menschlichen Glück paart, so ergriffen und so ergreifend fühlen zu lassen.

1924

Spürbare Stabilisierung der Weimarer Republik – Festlegung der deutschen Reparationszahlungen im Dawesplan. – Fortdauer der Ruhrbesetzung. Auffallend schwankende Mehrheiten bei den beiden Reichstagswahlen im Mai und Dezember zeigen die anhaltende politische Labilität der Wähler. Hitler schreibt auf der Festung Landsberg ›Mein Kampf‹ und wird aus der Haft entlassen. Auf dem Theater kommen neue Entwicklungen in Gang. Auslaufen des ›schwarzen‹ Expressionismus, Öffnung der Bühne für wichtige ausländische Autoren (Claudel, O'Neill, Synge und Pirandello). – Max Reinhardt eröffnet im April in Wien unter seiner Leitung das Theater in der Josefstadt und kehrt im Oktober nach Berlin zurück, inszeniert am Deutschen Theater und eröffnet am Kurfürstendamm die neue ›Komödie‹ als Gesellschafts- und Unterhaltungstheater. – Brecht übersiedelt nach Berlin und wird zusammen mit Carl Zuckmayer (der nach Berlin kommt) Dramaturg bei den Reinhardt-Bühnen. –
Erich Engel wird neben Jeßner und Fehling der dritte führende Regisseur Berlins. Barnowsky gibt das traditionsreiche Lessing-Theater (Otto Brahm) an den Theaterkonzern der Gebrüder Rotter. Im Herbst übernehmen die Rotters in Berlin auch das von Piscator und Rehfisch wieder aufgegebene Central-Theater. Elisabeth Bergner geht vom Lessing-Theater an die Reinhardt-Bühnen. Krauß spielt bei Jeßner. Piscator stößt zur Volksbühne und beginnt mit der Inszenierung von Paquets ›Fahnen‹ die Ausbildung seines Bühnenstils. Wilhelm Dieterle gründet sein kurzlebiges Dramatisches Theater in Berlin (mit der Uraufführung von Georg Kaisers ›Gilles und Jeanne‹ am 29. August 1924, letzte Premiere: Ivan Goll, ›Methusalem oder der ewige Bürger‹ am 13. Oktober 1924). Brecht setzt sich als Autor durch. Entlassung Ernst Tollers aus der Festungshaft (Juli), Ende der Intendanz Gustav Hartungs am Darmstädter Landestheater, neue Intendanz in Köln, Ernst Legal wird Intendant in Darmstadt. In Düsseldorf wird das Schauspielhaus unter der Führung Dumont/Lindemann wieder eröffnet (27. 9.). Eleonore Duse stirbt in Pittsburgh. Tod von Carl Zeiß, Generalintendant in München.

Bertolt Brecht   Leben Eduards des Zweiten von England

Uraufführung: Kammerspiele München, 18. März 1924
Regie Bert Brecht

In die Diskussion um die künftige Gestalt von Drama und Bühne führte Brecht seine Bearbeitung von Marlowes ›Eduard II.‹ ein; Marlowes Stück war im Herbst 1923 in Berlin wieder gezeigt worden. Es war extrem, roh und wüst. Es widersprach von Thema und Form her schon jedem Versuch, es in dem Klassikerstil aufzuführen, den Brecht »gipsig« nannte (»und der dem Spießbürger so teuer ist« – Brecht). Brecht war damals Dramaturg an den Münchner Kammerspielen, die ihm zur ersten Aufführung eines seiner Stücke verholfen hatten. Er sollte dort den ›Macbeth‹ inszenieren, scheute aber davor zurück. Er hatte die Jeßnerschen Shakespeare-Inszenierungen und auch Berthold Viertels ›Richard II.‹ im Deutschen Theater gesehen. In der Auseinandersetzung mit diesen Aufführungen (Jeßner gehörte für Brecht zu den »schätzenswerten Vandalen«, die im Traditionsgut nur den Materialwert sehen), begann er seine Überlegungen, wie alte klassische Stoffe vor ein Publikum dieser Zeit zu bringen seien. Das Illusionstheater, aber auch Jeßner und die expressionistischen Regisseure hatten den Zuschauer mitzureißen versucht. In seiner Marlowe-Bearbeitung führte Brecht nun weiter, was mit ›Baal‹ und ›Im Dikkicht‹ begonnen war: die Distanzierung des Publikums von der Handlung. Was Brecht vorfand, war die offene dramatische Form. Er griff in Marlowes szenisches Gefüge ein und zeigte ein Schicksal als einen historischen Ablauf, dessen einzelne Phasen durch Ankündigung beschrieben wurden. Unter dem Einfluß Lion Feuchtwangers rauhte er seine Verse auf, fand er den Tonfall seiner späteren Stücke. Die Mittel des künftigen ›epischen‹ Theaters traten hier zum erstenmal deutlicher hervor. – Brecht führte in diesem Stück zum erstenmal selbständig Regie (der Regieversuch mit Bronnens ›Vatermord‹ war 1923 gescheitert). Er drängte auf präzisen Ausdruck. Um auch dem Schauspieler (wie dem Publikum) die Einfühlung, das heißt die Gestaltung der Rolle aus dem Gefühl zu verwehren, betonte er Gesten, die etwas zeigten, die auf Sachverhalte aufmerksam machten. Den Soldaten färbte er die Gesichter, um ihre Angst anzuzeigen, weiß. Das waren Ansätze zu verfremdender Regie. Das Neue, das damit auf die Bühne kam, wurde von größten Teil der Kritiker nicht wahrgenommen (s. d. Münchner Rezensionen). Ihering, der das Stück seit langem kannte (und wohl Brechts Überlegungen dazu), beschrieb es in seiner Rezension aus München.

Hanns Braun, Münchener Zeitung 20. 3. 1924

Die Tragödie vom unruhvollen Regieren und traurigen Sterben Eduards II. von England hat Shakespeares wichtigster Vorläufer, Christopher Marlowe, zuerst gedichtet. Sein Drama hat eine Besonderheit: im ersten Teil, da wo Eduard um seinen Geliebten Gaveston sich mit den Großen des Reiches verfeindet und befehdet, verläuft die Handlung knapp, im Gefühl zurückhaltend, geschwinde und in dieser Geschwindigkeit (der Kriegszufälle und Meinungsänderungen) von einem Stich grausig trocknen Humors überblitzt. Im zweiten

Teil, wo Eduard auf Mortimers Veranlassung dem schmählichsten Tod entgegensieht, hat der Dichter die chronische Kühle hinter sich gelassen, er kann sich kaum genug tun, des langsam zutodegeschundenen Königs Untergang mit allen Farben des Worts und der Szene zu malen.
Es ist interessant zu bedenken, warum und wo Brecht bei Marlowe anknüpft. Fürs erste: das Dramatische (des modern knappen ersten Teils) war Brecht offenbar kein Hauptanreiz; in seiner Neudichtung überwiegen (gleichwie in früheren Werken) die balladesken Triebe die dramatischen durchaus. Um den dramatischen Aufbau hat er sich wenig gekümmert, dafür eifrig Balladenszenen (wie etwa die von Gavestons Testament) ins Marlowesche Gerüst eingezwängt – eine Unbekümmertheit, die sich gerade an einer Historie rächen mußte: das Stück wurde überlang und ermüdend. Der Hauptanreiz dürfte für Brecht vielmehr in der prekären Tatsache gelegen haben: daß hier ein König geschildert wird, der um eines männlichen Geliebten willen seine Familie, sein Reich und sein eigenes Leben zerrüttet – was zum Anlaß werden konnte, der Menschen Triebverbundenheit und Würdelosigkeit in grausig-humorigen Moritaten vor Augen zu führen.
Dies jedenfalls ist das Neue: Brechts Historie ist nicht nur vom Drama zur Ballade zurückverwandelt, seine Ballade spielt, mit allen Tönungen der Moritat, nicht in einer Königs-, sondern in einer Luki-Atmosphäre, was auch in allem Äußeren (Szene, Kostüm, Gestus) konsequent zum Ausdruck kam.
Daß ich es vorweg gestehe: dieses Schnuppern im Menschlich-Trüben, dieses Umwühlen und Bodensatz-Schnüffeln, dieses... Dichten mit der Nase ist mein Geschmack und meine Freude nicht; doch verkenne ich nicht, daß menschliche Witterung szenenweis unerhört auftrieb: in zwielichte Bezirke von Gemeinheit und Trieb und Tierheit geschah manch erschreckend tiefer Blick, und Brecht hat, als sein eigner Regisseur, seinen Moritatenstil in außerordentlichem Maße zu realisieren vermocht.
Den Eduard spielte als Gast Herr Faber vom Staatstheater. Wie er den Weg dieses unheilvoll gebundenen Königs, der erst nach des Freundes vermuteter Ermordung sich zu Taten aufrafft, nun jahrzehntelang in Kriegen sich verbraucht, gefangen und geschunden und schließlich ermordet wird, nachdem kein Elend ihn zur Abdankung bringen konnte (bei Marlowe dankte er vorher ab), wie er diesen Weg voll Leidenschaft und Qual ausschritt, das war eine bedeutende Leistung bis zum letzten Augenblick. Den Gaveston, der bei Brecht kein zierer Junge, sondern ein hilflos aussehender Bursch aus dem Volk ist, der nicht weiß, wie er da hinein geriet, und erst recht sich nicht draus zu retten weiß, spielte Herr Riewe mit einer gewissermaßen rührenden Naivität, gleichfalls sehr treffend. Die Königin Anna, die, von ihrem Gatten mit Gaveston unaufhörlich gekränkt, schließlich ihre Liebe vergißt und dem ehrgeizigen Mortimer sich in die Arme wirft, dergestalt, daß sie in Eduards Ermordung miteinwilligt – dies entmenschte Weib wurde von Fräulein Koppenhöfer mit selbstversengender Leidenschaftlichkeit dargestellt, deren letzter Ausdruck Bitternis und Ekel an sich und am Leben ist. Ebenfalls eine sehr gelungene Leistung bot Herr Schweikart als Baldock, der, um sich selbst zu retten, seinen Herrn verrät – die schmerzliche Selbstverachtung des Judas war mit feinen Mitteln lebendig dargestellt.
Den Mortimer, der bei Brecht vom Studium der Antike weg zur Politik erst geholt wird, spielte Herr Homolka. Herr Homolka, der ein junger und begab-

ter Darsteller ist, war gleichwohl drauf und dran, die Aufführung zu ›schmeißen‹. Wenn Shakespeare ihn an diesem Abend hätte spielen sehen, würde er seinen Hamlet nicht nur haben angeben lassen: Sägt auch nicht mit den Händen!, sondern noch dazu: Sägt auch nicht mit dem Kopf! In der Tat, Herr Homolka trieb es so, daß man schlechterdings nicht mehr hinschauen mochte auf dieses Mätzchenmachen und Wegenerveräußerlichen, Schreien und Unverständlichflüstern – seine Entschuldigung für das letzte ist lediglich eine ihn offenbar überfallende Heiserkeit, der er nicht Herr werden konnte. Jedenfalls hier und bei der unzulänglichen Besetzung des Thronfolgers Eduard versagte die Regie gewaltig, wodurch die an sich schon ermüdenden letzten Szenen hart an die Kante des Komischen gerieten und das gefürchtete Publikumsmitspielen jeden Augenblick losgehen konnte.

Die übrigen Darsteller, Kayßler (Kent), Donath (Lancaster), Horwitz (Lightborn), Eichheim, Verhoeven, Kronburger, Becker-Noller, Hoffmann und Alva trugen zum Gelingen der Darstellung und ihres besonderen Stils nach Kräften bei; ebenso war das Bühnenbild von Caspar Neher durchaus echt im Sinne der Moritat, eine Reihe glücklicher Verwendungsmöglichkeiten erschließend. Der Versuch, das Moritatige auch im vorherigen Ansagen jeder Szene lebendig werden zu lassen, scheiterte in der Witzlosigkeit, mit der trockene Daten vorgetragen wurden, als handle es sich um ein Kolleg und ein pedantisches Rückgängigmachen aller (Ver-)Dichtung.

Das Publikum dankte nach vielen Szenen mit starkem Beifall, ebenso am Schluß, wo jedoch auch lebhaftes Zischen sich darein melierte. Das hatte etliche Publikumsintermezzi zur Folge; inzwischen konnte sich Herr Brecht oftmals verneigen; der auf dem Programm genannte Mitarbeiter Lion Feuchtwanger trat nicht an die Rampe, sein Anteil am Stück war natürlich von außen nicht abzuschätzen.

Walter Behrend, Münchner Neueste Nachrichten 20. 3. 1924

[...] Brecht und Feuchtwanger [...] versuchten in freier Umdichtung Symmetrie in seine ungeschlachte Fassade zu bringen, putzten nach Möglichkeit die unfertigen dramatischen Charakteristiken aus und stanzten ein wenig mehr Tiefe in die seelischen Bilder der Hauptfiguren. Auseinandergerissen ward das Original, alte Szenen entfielen, neue wurden, in besserer Motivierung des lockeren Szenengefüges, zur tragischen Erhöhung der Gestalten hinzugetan, und so fügt sich das zerschlagene Trauerspiel aus dem barbarischen Freskenstil Marlowes, des Genies naiver, roher Zeit, wieder zu strafferem, eindringlicherem Gebild zusammen. Deutlich aber schimmert durch dessen Nähte das Urbild der Tragödie hindurch, der auch das neue Gewand einer formvollendeten dramatischen Sprache angelegt wurde.

Vorüber zieht die Moritat, die begangen wurde an Eduard dem Zweiten, Herrscher von England, dem weibischen Schattenkönig.

Über Bänkelsang-Geschick klingt in der neuen Aufführung diese Historie von eines Königs vermaledeitem Ausgang, dem Fatum seiner Widernatur nirgends hinaus. Er wankt einher am Schluß als Lear der Gosse, und tragische Furcht geistert nicht auf im starren Rampenlicht, nicht regt sich Mitleid mehr, wenn dieses Königs Unnatur aus den Verhüllungen, in denen Marlowe sie noch schildert, gerissen und in Vergröberungen des Dialogs gezerrt wird. Das geschieht in der Brechtschen Neufassung des Eduard-Trauerspiels. Als endlose Bilderreihe, die sich bis in die zwölfte Nachtstunde häuft, zieht das Stück vorüber. Besonderen Wert gewinnt aber wieder Brechts literarhistorischer Exkurs durch die Aufführung. In dieser offenbarte sich Brecht als hervorragender Spielleiter. Er zeigte – unterstützt von dem Bühnenmaler Caspar Neher – die Schauerhistorie als eine Folge geschichtsnaturalistischer Zustandsbilder, die das Mittelalter fern von jeder opernhaften Auffassung, fern in der Darstellung auch von jedwedem Pathos des Bühnenschrittes, als primitive, barbarische Vision in den Bühnenrahmen bannten. Und doch wuchs dieser Naturalismus in sorgfältiger Stilisierung des Gesamtbildes in phantastischen Schimmer, der zum Beispiel das London dieser Szene überspielte, ein London aus gelben Lehmhütten, mit grüner Laterne, leeren Fensterhöhlen, aus denen dann Fratzen des Elends, des Hungers grinsten. In geisterhaftem Schein sah man auch das Schlachtfeld, über dem eine fahle Sonne schwebte, nachts eine phantastische blaue Mondsichel, sowie die roh gemalten Gemächer.

Geschlossen im Stil erschien dergestalt diese Vorstellung. König Eduard war Herr Faber vom Staatstheater. Er gab ihn mit weibischem Antlitz, weibischen Gebärden und gestaltete die Rolle mitunter aus Tiefen der Erschütterung heraus. Ein Gaveston völlig naturalistischer Tendenz, der in Lumpen gehüllt war, und ein blasses, lasterhaftes Gesicht hatte, war Herr Riewe. Herrn Homolkas feister Mortimer hatte einen tückischen, verschlagenen Brutuskopf. Der Darsteller gab diesem Rebellen das Tigerherz, zerrte die Figur aber durch Manieriertheit zu sehr aus ihren ursprünglichen Umrissen, um sie – am Schluße sprach Herr Homolka nicht mehr, er säuselte nur noch mit Lippen – in Formlosigkeit untergehen zu lassen. Ausgezeichnet, Urbild eines Verräters war Herr Schweikart in seiner Judasepisode. In rotem Gewand, mit schwarzem Kreuz auf der Brust erschienen der Erzbischof des Herrn Hoffmann sowie der Erzabt Herrn Becker-Nollers. Beide Darsteller waren vorzüglich in ihren Chargen. Vorzüglich schließlich spielte Fräulein Koppenhöfer, eine Darstellerin von herbem Naturell, die Königin. [...]

Herbert Ihering, Berliner Börsen-Courier 22. 3. 1924

Nichts scheint schwieriger zu sein, als in der erregten Atmosphäre des Theaters das Tatsächliche zu erkennen. Brechts ›Eduard II.‹ hatte in München unwidersprochenen Erfolg. Da aber in irgendeiner Ecke, als der größte Teil des Publikums längst draußen war, eine Dame einen Herrn ohrfeigte, kann man in einem Berliner Bericht lesen: »Das Publikum in seiner Mehrzahl lehnte Werk wie Aufführung ab.« Eine Episode wird zum Theaterskandal aufgebauscht, der echte Beifall unterschlagen, und der Erfolg der Dichtung – Erfolg trotz betrunkenen Hauptdarstellers – zum »Spektakel um Brecht«.

Man ist durch die Literarisierung des Dramas, durch Psychologie, Problem und Stil dem Theater so entfremdet, daß man auch dann ein Drama als Literatenstück in Gegensatz zum Publikum bringen möchte, wenn dieses Drama eben aus dem intuitiven Instinkt für das Publikum geschaffen ist. [...] Brecht spürt das Publikum der Straße, der Sportpaläste, der Sechstagerennen, der Boxkämpfe. Er erlebt seine Feindschaft, seine Vorliebe, seine Erregung, seine Erschlaf-

fung produktiv mit. Er überwindet das Publikum durch Gestaltung. Er läßt unbewußt die Energien der Masse in seine Arbeit einströmen.
Brecht schafft Publikum. Sosehr er die entfesselten Instinkte der Masse kennt, sowenig wäre damit getan: auf wilde Wirkungen auszugehen. [...]
Die Begabung des wahren Dramatikers ist es, den Punkt zu finden, in dem die Gegensätze der Publikumsseele sich berühren. Man findet ihn nicht durch Nachgeben vor ›niedrigen‹ Instinkten. Man hat ihn, wenn die individuelle Begabung sich mit der überindividuellen Masse berührt. Das Drama taumelte zuletzt ziellos zwischen Massenkonzession und Massenverachtung. Der Dichter war esoterisch. Der Schriftsteller liebedienerisch. Jetzt ist die Zeit reif für Dichter, die als organischen Bestandteil ihres Talents das Erlebnis des Publikums haben. Die Skandale um Brechts ›Baal‹ und ›Dickicht‹ waren Skandale gegen Unwahrscheinlichkeit und Überwahrscheinlichkeit. Skandale gegen mißverstandene ›Literatur‹, aber auch Abwehr gegen den Griff, den das Publikum an der Kehle spürte. Der Erfolg von ›Eduard II.‹ ist – wie der von ›Trommeln in der Nacht‹ – der Erfolg des Zeiterlebnisses. Nicht im Sinne der Aktualität, sondern im Sinn von Erkenntnis der anonymen Publikumsleidenschaften.
Zu diesem Publikumsgefühl steht es nur scheinbar in Widerspruch, wenn Brecht sein Drama ›Historie‹ nennt. Historie bedeutet nicht ›historisches‹ Schauspiel, nicht Geschichte im zeitlichen Sinn, sondern Geschichte als Mitteilungsform. Historie wie Ballade, wie Moritat. Der Stoff ist kolportagehaft, jahrmarktsmäßig gesehen: ›Leben Eduards des Zweiten von England‹ – und doch gestaltete Form. Der Stoff ist weder durch Stil ausgetrieben (wie bei Hofmannsthal, wenn er alte Dramen bearbeitet), noch Rohmaterial (wie fast immer zuletzt, wenn ein Drama überhaupt einen Stoff hatte). Brecht hat Marlowe nicht ›bearbeitet‹. Das alte englische Drama ›Eduard II.‹ ist wieder als Stoff, als Urmaterial erlebt und von neuem Gestalt geworden.
Wenn ein Dramatiker vor zwanzig oder noch vor zehn Jahren an Marlowe gekommen wäre, hätte er die Homosexualität des Königs als ›Problem‹ behandelt. Brecht interessiert sich für die Homosexualität Eduards überhaupt nicht. Die Liebe des Königs zu dem proletarischen Günstling Gaveston ist nur der Folgen wegen da. Verwirrung, Krieg, Verbannung, Flucht, Mißhandlung, Rebellion, Erniedrigung des Königs und doch nicht Thronentsagung, seine Ermordung und Sühne – das alles wird Anlaß zu grandiosen, balladenhaft dunklen, wilden, suggestiven Bildern – der erste Ansatz zu einem großen Drama, obwohl äußerlich die Form der Moritat gewahrt wird. Der berufene Dramatiker zeigt sich darin, daß – obwohl das Nacheinander über Jahrzehnte scheinbar willkürlich verteilter Auftritte durch Szenenüberschriften wie »Königin Anna lacht ob der Leere der Welt« noch besonders betont wird – die Figuren der Gegenhandlung, die Königin Anna und besonders Mortimer immer stärker, einheitlich führender, verbindender herausgearbeitet werden. Über die Akte, besonders über den phänomenalen Schlachtakt, sind Bogen gespannt. Über das ganze Drama ist der Bogen gespannt.
Während aber die Gegenfigur des diplomatisch-tückischen Mortimer, genannt »Der Aal«, immer schärfer hervortritt, wirkt der König zuletzt mehr durch die balladenhaften Situationen, durch die er geführt wird, als durch den eigenen Reichtum. So großartig die Szenen sind, in denen er zur Abdankung vergeblich gezwungen wird, so ergreifend die Szene ist, als ihn sein Begleiter Baldock verrät, Eduard selbst fehlt die letzte schmerzliche Tiefe des Ausdrucks. Er

ist zum Schluß weniger als Gestalt denn als Anlaß zu einzelnen Balladen erlebt: »Der König Eduard geht von einer Hand in die andere.« Hier, für das Erlebnis der tragischen Gestalt, müssen Brecht noch innere Erfahrungen zuwachsen. Sonst könnte er dahin kommen, die tragische Situation eher zu haben als den tragischen Menschen.

Dies scheint auch das Problem des Regisseurs Brecht zu sein. Ob Brecht große, ungebrochene, durchkomponierte Szenen zwischen wenigen, isolierten Gestalten als Spielleiter anlegen und durchhalten kann, darauf gab die Aufführung keine Antwort. Daß er aber als Regisseur unmittelbares Theatergefühl hat, eine Bretterbeherrschung, die den letzten Winkel der Bühne durchdringt, das ist nach den balladenhaften Szenen sicher. Hier hat er eine primitive Eindringlichkeit, eine gelöste Selbstverständlichkeit, eine Prägnanz und Elastizität, die verblüfft. Wie die Ensembleszenen – und gerade diese – aufeinander abgestimmt sind, wie Reden gegliedert, die Personen zueinander in Beziehung gesetzt werden, wie ein Grundton angeschlagen und abgewandelt wird – das ist ebenso persönlich wie zwingend. Maria Koppenhöfer als Königin zwar war nicht aus ihren eigenen Bedingungen entwickelt, sondern auf den Brechtton festgelegt, der ihr nicht lag (wie überhaupt Brecht kein Regisseur für Frauen zu sein scheint, sonst hätte er die katastrophale Schauspielerin für den jungen Eduard nicht durchgehen lassen. Ein ähnlicher Fall wie die Ebinger in den ›Trommeln in der Nacht‹). Als Verräter Baldock aber war Hans Schweikart weit über seine Berliner Rollen hinaus zu einer menschlich legitimierten Gestaltung getrieben. Im Mörder Lightborn war die ungewöhnlich präzise Begabung von Kurt Horwitz, im Balladenverkäufer der persönliche Ton von Josef Eichheim zur starken Geltung gebracht.

Den Gaveston spielte Erich Riewe mit einer Diskretion und richtigen Verteilung der Akzente, daß man den Eindruck einer reinen, innere Vorgänge klar gliedernden Begabung erhielt. Ob das Talent des Herrn Riewe umfassend ist, kann man erst nach Rollen sagen, die erkennen lassen, ob seine Diskretion innere Entscheidung (also intensiv) ist. Den Eduard gab Erwin Faber in der Schlacht- und Fluchtszene mit herrlicher Elastizität und Spannkraft. Wie er den Fluch aufbaute, wie er die Töne spannte und losschnellte – prachtvoll. Herr Faber gehört nach Berlin. Dort wird er auch von Ansätzen zu Undeutlichkeit und Überhastung befreit werden, dort wird er die Schlußszenen des Eduard nicht mit Abgleiten in die Ersatzschauspielkunst des Mitleids (mit der Gestalt) und des physischen (statt seelischen) Alters spielen.

Vielleicht war diese Senkung zum Schluß aber nur durch die Sabotage des Partners Oskar Homolka zu erklären. Herr Homolka ist gewiß eine Begabung. Sie zeigte sich auch hier an der Mischung von Pfiffigkeit und Brutalität, mit der (sichtbar unter dem Einfluß von Brecht) die Gestalt angelegt war. Aber Begabung verpflichtet. Und so elementar scheint sie nicht zu sein, daß sie diese Exzesse der körperlichen Betrunkenheit rechtfertigte. Herr Homolka taumelte auf offener Bühne, wenn er nicht einzuschlafen schien. Der Text entglitt ihm. Er säuselte oder brüllte. Es war das Dreisteste, was ich jemals auf der Bühne gesehen habe. (Dabei kam nicht Phantastik, sondern seelische Trägheit zum Vorschein.) Herr Homolka kann vorläufig noch nichts. Vom Sprechen hat er keine Ahnung. (Der Erfolg als Kaiser Jones ist zum größten Teil auf das unkontrollierbare Niggerdeutsch zurückzuführen.) Es ist skandalös, wenn ein solcher Anfänger nicht Verantwortungsgefühl dem Dichter, seinen Mitspielern gegenüber hat. In jedem anderen Beruf würde eine solche Disziplinlosigkeit mit Disqualifikation geahndet werden. Herr Homolka hätte es fast fertiggebracht, das Erlebnis des Abends zu zerstören: das Erlebnis eines produktiven Menschen, das Erlebnis des Dramatikers und Theatermenschen Bert Brecht.

Georg Kaiser Kolportage
Uraufführung: Lessing-Theater Berlin, 27. März 1924
Regie Emil Lind

Nach Musils ›Vinzenz‹ brachte Kaiser mit seinem neuen Stück ›Kolportage‹ die zweite Literaturkomödie der Spielzeit; eine Persiflage der Unterhaltungsliteratur, des Publikumsgeschmacks und der darin verborgenen Gesinnungen. Er übertraf damit seinen Erfolg mit ›Nebeneinander‹. Kerr nannte ›Kolportage‹ Kaisers »unterhaltsamstes Stück«. Es wurde der Erfolg dieses und der nächsten Jahre und auch das Kaisersche Stück, über dessen Inszenierungsstil man sich am meisten stritt. Es gab Aufführungen, die das Stück sanft, ernst und infam brachten (wie Emil Lind) – Erich Engel inszenierte sie am 19. September 1929 in der Berliner ›Komödie‹ parodierend, marionettenhaft. Noch 1929 stritt man sich über den Wert dieser Parodie. Lutz Weltmann nannte sie »das beste deutsche Lustspiel seiner Zeit« und Willy Haas »eine kleine talentierte Gaunerei, eine ganz gewöhnliche Posse«. – Kaiser hatte die Parodie und seine Kritik am Geschmack seines Publikums so geschickt mit seinen Einfällen verschränkt, daß das Doppelgesicht der Komödie auch eine der Ursachen ihres Erfolges wurde. Hanns Braun reflektierte über dessen mutmaßliche Gründe: »So unnaiv ist alle Welt, daß sie nicht mehr wagt, zu dem Kitsch, nach dem sie sich sehnt, offen und unliterarisch sich zu bekennen. Da kommt Kaiser famos zu Hilfe. Indem er Kitsch vorsetzt mit der Aufforderung, sich darüber lustig zu machen, welch doppelter Genuß: den Kitsch entbehren und das Selbstgefühl noch daran steigern dürfen« (›Münchener Zeitung‹, 14. 1. 1926). Im Grunde war damit beschrieben, wo Kaiser aufhörte, ein Kritiker der Zeit zu sein. Er war nur an sich selbst engagiert. Er suchte sich keine Ziele für seine Stücke, sie trugen sich selbst. Er hatte sich aus Instinkt an das neue Verhältnis von Bühne und Publikum herangetastet, das von Brecht nun gedanklich entwickelt und zur Grundlage seiner neuen Dramaturgie gemacht wurde. Brecht sah in Kaiser einen Weggenossen. Nach der Uraufführung von ›Kolportage‹ richtete er an ihn einen offenen Brief. Auf dies neu zu gründende Verhältnis von Bühne und Publikum anspielend, schrieb Brecht: »Wir sind jetzt etwas verstimmt über Sie, weil Sie wieder der Originellste gewesen sind und uns zu blamieren versucht haben, indem Sie taten, als seien Sie von anno dazumal und hätten die ›Kolportage‹ geschrieben aus Unkenntnis darüber, wo Gott wohnt.«

Ludwig Sternaux, Berliner Lokal-Anzeiger 28. 3. 1924

»Kolportage«, bemerkt kurz und bündig der alte Holzhändler Knut Bratt aus Kansas, als ihm seine Nichte, Karin Gräfin Stjernenhö, im Vorspiel zu den drei Akten dieses Stückes die Geschichte ihrer Ehe erzählt . . . »Kolportage!«
Ja, das Ganze ist fast, in geistreicher Selbstironie, eine Glorifizierung des Kitsches: daß auch verbrauchtestes Klischee in Diktion und Stoff, wird es nur entsprechend geätzt, Wirkungen erzielen kann, wie . . . und wie?
Wie ein Edelstück von Schiller.
Darum also erzählt Kaiser zunächst im Stil der Courths-Mahler, will sagen: in abgedroschensten Phrasen, die Vorgeschichte. Da hat es einmal irgendwo in Schweden einen reichen Holzhändler Bratt mit einer Tochter Karin gegeben, und die hat ein sanierungsbedürftiger Graf, James Stjernenhö, geheiratet. Als der Alte stirbt, ist aber weder Karin noch ihr Mann, der Graf, Erbe des Vermögens, sondern, der Sicherheit wegen, beider Kind Erik. Das Resultat: das Gräflein zeigt sein wahres Gesicht, enthüllt sich als gewalttätiger Lump, die Ehe wird geschieden. Sich wenigstens Nutznießung des Erbes zu verschaffen, sucht der Graf der Mutter das Kind zu stehlen. Ein falsches Kind, ein Kind der Gosse, wird ihm in die Hände gespielt, und mit dem richtigen Erik flieht die Mutter, nun wieder schlicht Karin Bratt, auf der Jacht des Onkels Holzhändler nach Kansas.
»Du ahnst es nicht!« sagt Mama Karin hier einmal, gefühlvoll verschwärmt im Sonnenuntergang am Fenster stehend. Es geht auf ihren lieben Mann, dies »Du ahnst es nicht!« Wir sind natürlich um Etzliches gerissener und ahnen, da der Mutter des verschobenen Kindes gegen hohe Jahresrente aufgegeben wird, sich ihren Sohn nach zwanzig Jahren beim Grafen Stjernenhö abzuholen, alles – ahnen, wie gesagt, alles.
Und so wird denn in der Tat Kolportage, was als Kolportage so spannend wie wirkungsvoll begonnen – jede Woche ein Heft durch die Hintertür, das Heft 'nen Groschen.
Der Graf Stjernenhö erzieht auf Schloß Stjernenhö den falschen Erik als echten Sproß zu standesbewußtem Kavalier und verludert dabei das Erbe, und in Kansas, Missouri USA, wächst derweilen der richtige, bei Mama und Großonkel als smarter Businessman und halber Cowboy auf. Die zwanzig Jahre fliegen, fliegen pfeilgeschwind, würde Kaiser sagen, der sogar Goethe-Zitate travestiert, um den Spießer zu bluffen: an Erik hängt, nach Erik drängt doch alles! Und als sie um, die zwanzig Jahre, kommt Mama Karin mit dem echten Erik, um den falschen zu entlarven und dieses Eriks »lieben Papa« zu strafen. Die Situation zu verschärfen, erhält der falsche Erik, ein reizender Junge übrigens, der in nichts seine ominöse Herkunft verrät, von Tante Jutta, Erlaucht Erbgräfin Stjernenhö, gerade die letzten Adelsweihen und verlobt sich mit einer Baronesse Barrenkrona. Da werden Vater und »Sohn«, Tante, Schwiegerpapa und Braut unsanft aus diesem Traum gerissen: der richtige Erik erscheint und behauptet sich mit amerikanischer Herzlichkeit, der falsche wird, von der eigenen, nun auch eintreffenden Mama rekognosziert, ein simpler Acke Appeblom. Tableau!
Dies alles in der wappengeschmückten Halle von Schloß Stjernenhö, wo Stammbaum und Ahnenbilder auf das Spektakel blicken: das Milieu als bester Witz im Witz. Wie denn auch der echte Erik aus Kansas nicht mit Spott

darüber kargt und sehr drastisch sich über das Schloß seiner Väter äußert, diese Katakombe, diese Bahnhofshalle, dies Lachkabinett.
Kaiser ist ein Spötter. Er ist ein so feiner Spötter, daß man ihn in manchem sogar mißverstehen kann, weil er unvermutet Ernst in Scherz vermengt. Man müßte schon sehr stumpf sein, wollte man nicht merken, daß hier alles Absicht ist. Das verstimmt allerdings, zumal bei gelegentlichen ethischen Anwandlungen. Das Bonmot »Füttert die Kreatur nur und hätschelt sie ein bißchen, und sie lebt im Paradies!«, in dem das Ganze emphatisch gipfelt, ist zu schwer, zu tiefsinnig für das leichte Spiel. Aber daneben funkelt allerhand Witz, unromantisch im Romantischsten, und auch der Humor des Alltags kommt zu seinem Recht. Das versöhnt, das erwirkt dem krausen Stück Erfolg, wie ihn kein anderes dieser Spielzeit gehabt. Mit ›Nebeneinander‹ und dieser ›Kolportage‹ beherrscht Kaiser als talentiertester Bühnenautor absolut das Feld.
Die Darstellung, von Emil Lind pointensicher und geschmackvoll geleitet, ist glänzend. Dem echten Erik gibt Rudolf Klein-Rogge belustigend amerikanische Allüren, wenn er auch um eine Nuance zu reif für die Rolle ist; seine Mutter ist mit schöner und ergreifender Natürlichkeit Else Heims, eine prachtvolle Frau, die Leid gestählt. Bildhübsch der falsche Erik eines mir unbekannten André Mattoni: bei aller Fatzkigkeit ein guter Junge. Seine blonde Braut Änne Röttgen. Ausgezeichnet in soignierter Lebemannsmaske Walter Steinbeck als der Graf. Hans Junkermann hat wieder eine seiner feinen und sorgfältig modellierten Kavalierstypen, und Ilka Grüning ist wieder einmal mit zittriger Betulichkeit eine uralte Gräfin vom Schlage der Metternich: ein Kabinettstück intimer Schauspielkunst. Martha Hartmann und Ellen Plessow sehr ergötzlich in sehr verschiedenen Rollen: die eine die Frau aus dem Volke, die andere eine bigotte englische Miss.
Das Bühnenbild Krehans fast zu schön, zu echt: die Halle von Schloß Stjernenhö wirkt so seriös, daß sie die Täuschung unterstützt, der Autor meine es etwa ernst. Aber auch das ist wohl Absicht. Ist mit – Kolportage!

Herbert Ihering, Berliner Börsen-Courier 28. 3. 1924

Unser geistreicher Dichter hat hier endlich einmal einen Stoff aus dem Leben gegriffen und deshalb ans Herz gerührt. Dem erschütternden Schicksal einer Bürgerstochter sind mit keckem Blut humoristische Lichter aufgesetzt. Der Gegensatz der bürgerlich-amerikanischen und feudalistisch-schwedischen Welt ist mit sicheren Strichen gezeichnet. [...]
Die Handlung ist mit feiner Beobachtung des Wirklichen ersonnen, und mit einer an Fulda, dem Klassiker des modernen deutschen Lustspiels, und an Sudermann, dem Klassiker des Vorder- und Hinterhausdramas, geschulten Technik durchgeführt. Der Dichter ist somit von allen Verstiegenheiten zur Natur zurückgekehrt, und man merkt es ihm an, wie er sich in dieser Taufrische fühlt. Die Darsteller hatten endlich einmal nicht Schemen, sondern wahrhafte Menschen zu verkörpern. Sie hatten sich in die Rollen so hineingelebt, daß sie aus den angedeuteten Naturells fast Charaktere machten. Sie griffen ans Gemüt und ans Zwerchfell und entsprachen so den Intentionen des Dichters. Der Regisseur hatte für eine angemessene Ausstattung gesorgt.
In dieser klaren *kritischen* Kolportage zu schreiben ist schwerer, als für Georg

Kaiser die dichterische Kolportage zu persiflieren. Georg Kaiser ist ein phänomenaler Stichwortdichter. Sein Verhältnis zum Stoff ist sein Verhältnis zur Sprache. Georg Kaiser empfängt ein Thema wie eine Vokabel, und sofort entzündet sich seine lebhafte Theaterphantasie. Er hörte das Vokabularium der »O Mensch!«-Zeit voraus und türmte aus dieser Vokabulatur Drama auf Drama. Jetzt hörte er die Vokabulatur der Schieberzeit, bestritt mit ihr ›Nebeneinander‹, und die Vokabulatur der Schunddichtung und schrieb ›Kolportage‹. Kaiser, einer der stärksten Szeniker des gegenwärtigen Theaters, baut diese Szenen fast nur aus Schlagworten auf. In ›Kolportage‹ gibt es eine Liebesszene zwischen dem vermeintlichen jungen Grafen Stjernenhö und der Komtesse Alice Barrenkrona. Er: »Ich wollte – mit sechs Treffern – mir Mut schießen – –« Sie: »Ich brauche Ihnen den sechsten Treffer nicht zu schenken –«, »Ich hätte getroffen!«, »Die Kugel sitzt«, »Noch in der Flinte –«, »Schon in meinem Herz«. So kommt die Handlung an der Zuspitzung des sprachlichen Bildes weiter. Das sprachliche Bild ist nicht neu geschaffen, nur szenisch aufgeteilt.

Hier liegt die Wurzel von Kaisers Begabung. Georg Kaiser ist so hellhörig für das Formelhafte der Sprache, daß er in ihre schöpferischen Tiefen nicht dringt. Er übersetzt in sich so schnell Zeitgedanken, daß er ihr Ende – das Schlagwort – schon empfindet, bevor ihr Anfang – die Idee – sichtbar und hörbar geworden ist. Er spürt die literarische Prägung vor dem Erlebnis. Er spürt den Elan des Wortes, seine isolierte Stoßkraft, seine isolierte Dynamik, bevor es sich in den Zusammenhängen ausgelebt hat. Er hat das Produkt vor der Zeugung. Die Konsequenz vor dem Anlaß.

Diese unheimliche Übertragungsfähigkeit, dieses rasende Zuendedenken (ohne Anfang und Mitte) ist in Deutschland so selten, daß Georg Kaiser aus Magdeburg mehr aus dem Charakter der französischen als der deutschen Sprache zu dichten scheint. Den Typus des großen Literaten im Gegensatz zum Dichter gab es in Deutschland kaum. Georg Kaiser ist der große Literat, der die Worte der Zeit hört und mit fortreißendem Temperament antithetisch in Figuren, Szenen und Dramen auseinanderlegt. So läuft ein innerer Weg von ›Gas‹ zu ›Nebeneinander‹, von der ›Flucht nach Venedig‹ zur ›Kolportage‹. Wer das geprägte Wort hört, will sich ihm auch entziehen und geht offensiv dagegen vor (deshalb Kaisers Satzkonstruktionen in seinen ernsten Dramen: Schlagworte gegen das Klischee der geistigen Sprache) und unterhöhlt das abgebrauchte Wort (Schlagworte gegen das Kolportageklischee). So wird Georg Kaiser zu einem fruchtbaren Komödiendichter, indem er – gegen die Possen – und gegen das Tränenklischee schreibt. So würde er der größte Revuedichter Deutschlands werden. Er empfindet nach der Aktualität der Redensart die Aktualität des Stoffes und die Aktualität der Szenenform. Wenn ich die Komische Oper hätte, ich würde Georg Kaiser zum nächsten ›Drunter und Drüber‹ auffordern.

Die Aufführung des Lessing-Theaters war – unter der Regie von Emil Lind – vortrefflich, solange Ilka Grüning als Erbgräfin alle Mittel einer chargierenden Komik sublimierte. Hans Junkermann spielte das Kolportageklischee eines verkalkten Barons und war deshalb wirksam. Rudolf Klein-Rogge blieb unentschieden, ob er einen echten oder einen parodistischen Amerikaner geben sollte. Else Heims muß sich vor dem Registerwechsel hüten. Sie kippt unmotiviert in hohe Lagen hinauf (ohne die Linie der Rede dorthin zu führen). André Mattoni gab das ähnliche Bild eines Aristokraten (der Mädchenträume). Aufschluß über sein Talent müssen andere Rollen geben. Ebenso gab Ellen Plessow das humoristisch-ähnliche Bild einer englischen Bibelvorleserin mit starker Wirkung. Aber man muß andere Rollen abwarten, die Gestaltung verlangen. Durchschlagend Martha Hartmann als Frau Appeblom, die proletarische Mutter.

Die Rückkehr Max Reinhardts

Eröffnung des Theaters in der Josefstadt Wien, 1. April 1924,
Eröffnung der ›Komödie‹ Berlin, 1. November 1924

Carlo Goldoni Der Diener zweier Herren

Regie Max Reinhardt

Zwei Jahre lang war Max Reinhardt in Wien bemüht, sich gegen Widerstände und Intrigen eine eigene Position aufzubauen. Die Aufführungen im Redoutensaal 1923 (›Clavigo‹, ›Dame Kobold‹, ›Stella‹, ›Schöne Frauen‹) kündigten seine Rückkehr in die Stadt an, von der er einst nach Berlin gegangen war. Anfang des Jahres war der Umbau des verwahrlosten Josefstädter Theaters vollendet. Die Eröffnung am 1. April war ein Ereignis für die Wiener Gesellschaft. Reinhardt übernahm damit die Direktion eines Hauses, dessen komödiantische schauspielerische Tradition ihn mit geprägt hatte. Es wurde (bis 1937) das Zentrum der künftigen Arbeit, wie es bis 1920 das Deutsche Theater in Berlin gewesen war. Er gründete dieses Haus aus der Wiener Schauspielertradition. Er nannte es »Die Schauspieler in der Josefstadt unter der Führung von Max Reinhardt«. Das war zugleich eine Erklärung gegen das nun stark ausgeprägte deutsche Regisseurtheater (das er einst selbst mit heraufgeführt hatte). Er entsprach damit aber auch einer Tendenz innerhalb des Theaters im Reich, wo Schauspieler sich (vorübergehend) in selbständigen Gruppen neu zu formieren suchten. Um den Vorrang der Schauspieler zu betonen, begann Reinhardt mit einem Schauspielerstück, dem ›Diener zweier Herren‹. – Von der Wiener Josefstadt aus kehrte Reinhardt dann im Herbst auch nach Berlin zurück. Er ließ am Kurfürstendamm von Oscar Kaufmann die ›Komödie‹ als ein Logentheater bauen und eröffnete sie am 1. November ebenfalls mit Goldonis Comedia in einer festlichen Vorstellung, zu deren Publikum der Reichskanzler wie der Außenminister (Marx und Stresemann) zählten. Wie die Josefstadt, so hatte die ›Komödie‹ die zeitentrückende Atmosphäre eines festlichen Hoftheaters; beide Theater waren konträr zu den Theorien der Zeit, die aus soziologischen Gründen das Logentheater für eine demokratische Gesellschaft ablehnten, entworfen. Die Räume, aber auch die Wahl des Stücks und die Art der Inszenierung wirkten also wie ein bewußter künstlerischer Widerspruch gegen die Verkrampfung der extremen Stücke, gegen die beginnende Politisierung des Theaters (s. Hinkemann). Reinhardt erklärte: »Das Heil kann nur vom Schauspieler kommen, denn ihm und keinem anderen gehört das Theater«, und schickte Truffaldino und mit ihm die antiillusionistische Spieltradition der Comedia dell'arte auf die Bühne zurück. Daß er lösend und befreiend wirkte, zeigt die Berliner Kritik. Im ›Berliner Tageblatt‹ notierte Fritz Engel (2. 11. 1924): »Spiel, Spielerei, nichts als Spielerei, aber entzükkend.«

Theater in der Josefstadt
Moritz Scheyer, Neues Wiener Tagblatt 4. 4. 1924

Sie spielen »unter der Führung Max Reinhardts«, und auch hier in Wien hat es dieser erstaunliche, aus vielfachen Widersprüchen zusammengesetzte Mann, dieser geschäftstüchtigste Idealist verstanden, sich sein Fabelland: das alte neue Josefstädter Theater, zu schaffen.
Er ist ein Regisseur mit genialen Visionen und zugleich mit einem untrüglichen Blick für die Wirklichkeiten des ›Betriebes‹. Er ist voll origineller Ideen, ein Schöpfer und zugleich der kühnsten Macher einer; einer, der den anderen, aber nie sich selbst etwas vormacht; er verblüfft so lange, bis er verblufft hat [...].
Als Sieger hat Reinhardt auch vorgestern in der Josefstadt begonnen.
[...] Des alten Venezianers Stück konnte man vor Jahren im Burgtheater sehen, und der alte Thimig spielte damals herrlich die Rolle, die heute nicht minder herrlich sein Sohn gibt; aber was man im Burgtheater nicht sehen konnte, ist diese Seifenblase von Frühling, Farbe und Licht, wie sie Reinhardt vor den Gästen in seinem Salon aufsteigen läßt, dieses köstliche Fest voll buntem Reiz, milder Heiterkeit und graziös gaukelndem Spott. Es beginnt schon vor der eigentlichen Aufführung, wenn sich die Schauspieler Reinhardts, kostümierte und nichtkostümierte, auf der als Fortsetzung des Zuschauerraumes adaptierten Bühne versammeln: Pantalone und der dicke Brighella, Truffaldino, der Dottore und Rosaura und dazwischen Herren im Frack und Damen in Soireetoiletten, ein fröhliches, pittoreskes Vorspiel auf dem Theater, und nun beratschlagen sie aufgeregt, wie am besten der Sprecher Truffaldino in seinem (von Hugo von Hofmannsthal verfaßten) Prolog das Publikum begrüßen könnte. In diesem reizend improvisierten Scherzo steckt der ganze Reinhardt: mit grandseigneuraler Ironie sagt er dem Publikum Wahrheiten ins Gesicht, um gleich darauf unter devoten Bücklingen die Gewogenheit der Zuschauer zu erbitten.
Und nun kommt Musik, ein Stückchen Oper, süße, unbeschwerte Mozartmelodien, die wie Leuchtkugeln aufschweben, Pantalone, Brighella und Dottore stellen ein paar entzückend primitive Prospekte auf der Bühne auf, dann beginnt die alte Commedia dell'arte von dem tölpelhaft schlauen Diener, der sich zwei Herren zugleich verdingt, und von den beiden Liebespaaren, die sich nach allen Verwechslungen und Fährlichkeiten schließlich doch selig in die Arme sinken werden. Aber das alles ist Nebensache, ist bloßer Vorwand, möchte man auch zuweilen sehnlich etliche Kürzungen wünschen.
Hauptsache ist der frohe, selbstvergessene Unsinn, der da oben auf der Bühne getrieben wird, die hinreißende Laune, der paradiesisch glückliche Übermut, in dem dies alles leuchtet und schwirrt, zu einem smaragdenen italienischen Nachthimmel aufzusprühen scheint, Sterne dort anzündet und wieder ver-

löscht. Hauptsache ist dieses wirklichkeitsferne, süße Ineinanderklingen von Farbtönen, die gleich Schätzen unter Flammen glühen, von kindlichen und grotesken Masken, von edlen Stoffen und schlanken, schönen Frauengliedern und Serenaderhythmen, diese ganze, auf eine andre, traumhaft ferne Tonart gestimmte Märchenwelt, wo alles leuchtet und hell und freundlich ist, ohne Angst und Gewöhnlichkeit, ohne Erinnerung an das Gestern und an das Morgen. Und dazwischen glaubt man immer wieder, wie eine Duftwelle, die leiser Wind plötzlich aufspült, jene unvergeßliche Atmosphäre Venedigs zu spüren: das Gemurmel und Geklirre dieser Stadt, draußen das wollüstig rufende Meer, große, dunkle Frauenaugen und den bittersüß auf den Lippen schmelzenden Kuß der Erinnerungen.

Aber Reinhardt wäre nicht Reinhardt, würde er nicht daneben noch besondere Pikanterien vorbereiten. Für das Wiener Publikum hat es in letzter Zeit einen besonderen Reiz, ernste Tragöden und feierliche Heroinen in Operetten auftreten zu sehen. Reinhardt macht natürlich keine Operette, aber er läßt seine Leute zu Mozartmusik und andern alten Weisen Rezitative und kleine Arien singen. Der junge Thimig und Herr Janssen, selbst Fräulein Servaes treffen das noch ganz nett, aber bei der herben, kantigen Helene Thimig wirkt es eher unangenehm und schrill. Immerhin, die Leute hören es gern, und als Helene Thimig mit ihrem Bruder tanzte, gab es einen Beifall, der fast nach Wiederholung der ›Nummer‹ schmeckte.

Das neue Theater könnte eigentlich: ›Die Thimigs im Theater in der Josefstadt‹ heißen; alle drei sind sie da, Vater, Tochter und Sohn. Der alte Thimig, ein alter, aber nicht alt gewordener Komödiant im besten Sinne des Wortes, spielt breit und behaglich den Pantalone, Helene Thimig zwingt sich als Smeraldina zu soubrettenhafter Grazie und Leichtigkeit, und der junge Thimig macht, sprudelt, springt, purzelt, turnt, singt, tanzt, schnellt den Truffaldino, den Diener zweier Herren. Er hat eine naive, runde, pausbackige und dabei unglaublich elastische Komik, er streut mit vollen Händen glückliche Jugend und Gesundheit und unverbrauchte Freude um sich, strahlt von Frische und Lebendigkeit, immer liebenswürdig, immer geschmackvoll, niemals herausfordernd, niemals outriert. Der Sohn seines Vaters und zugleich eine eigene, starke Persönlichkeit. Noch einen dritten, wirklichen Komiker führte Reinhardt in seinem Ensemble: Herrn Waldau. Er ist als Dottore das, was die Franzosen einen Pince-sans-rire nennen: ohne selbst eine Miene zu verziehen, kneift und kitzelt er die Leute mit seinen lautlosen Einfällen, ein ebenbürtiges Gegenstück zu der wirbelnden Lustigkeit Hermann Thimigs. Eine sozusagen allgemeingültige Figur, eine Figur, wie man sie sich anders gar nicht vorstellen könnte, stellt auch der jüngere Danegger hin, der einen Aufwärter spielt. Auch die übrigen Rollen sind mit tüchtigen Kräften besetzt: dem scharmanten Fräulein Binder, Fräulein Servaes, den Herren Janssen, Hartmann, Voelcker. Die um den Text geschlungenen musikalischen Girlanden werden von Bernhard Paumgartner sehr hübsch arrangiert. Die geistreichen Figurinen und Bühnenentwürfe haben Oskar Laske und Professor Witzmann ausgearbeitet.

Aber die schönste Überraschung des Abends bleibt das Theater selbst. Es ist ein Haus, in dem man sich wie zu Hause fühlt. Es ist das neueste, modernste Wiener Theater und hat doch nichts ›Modernes‹ an sich: wie alles, was Kultur und Erziehung in sich trägt. Wir sind arm und klein und furchtbar demokratisch geworden, aber durch das neue alte Josefstädter Theater [...] schwingt

unzerstört und unzerstörbar ein [...] aristokratisches, geistiges Etwas, das: Wiener Tradition heißt.
[...]

Komödie Berlin
Emil Faktor, Berliner Börsen-Courier 3. 11. 1924

[...] Hinter der sprühenden Leichtigkeit dieser Goldoni-Inszenierung atmete Reinhardts auflebende Theaterleidenschaft. Seit Jahren hat er nicht so lustvoll schöpferisch Szene für Szene im Zuge eines schwingenden Grundgefühls für den Gesamtton durchmeistert. Jede Rolle hatte ihre Eigenheit, jede Situation war Ergebnis des Vorher und strahlender Übergang zum nächsten. Einfälle waren Zuwachs, der im Tempo mitlief. Der alte Goldoni, bei dem man sich unter Umständen tüchtig langweilen kann, verjüngte sich zu einer blitzenden, witzhaft dichten Stilhumoreske.
Es ist denkbar, daß Reinhardt mit dieser sprudelnden Aufführung auch ohne Erweiterung des Spiels in die der Goldoni-Zeit eng benachbarte Zone der opera buffa ausgekommen wäre. Prinzipiell ist gegen den Zuschuß von Rezitativen und Coupletgesängen nichts einzuwenden. Die Inanspruchnahme von Mozart und seiner Vorläufer grenzte nicht an Mißbrauch, sie verdrängte nicht die Schauspielkunst. Man hätte über die komische Besessenheit, mit der Hermann Thimig sich auf ein Nudelgericht stürzte, gewiß auch ohne Mozartklänge gelacht. Als er aber Spaghetti im Takte der Melodie hochzog, war es ein Gipfel der Spaßhaftigkeit.
Der Stegreifcharakter Goldonis legitimierte auch alle Nebenscherze, die mit der Kulisse spielten und die Szene vor dem Zuschauer primitiv aufbauten, das Kommen und Gehen hinter dem Schauplatz den Blicken preisgaben und beim Umbau die Darsteller mit ihren Rollen herumspazieren ließen. Diese Demaskierung des Apparates war kein Neuprodukt. Man hat sie bei Reinhardt schon öfter und bei unpassenderen Gelegenheiten erlebt. Diesmal war es Beigabe, die dazu gehörte und doch entbehrlicher Nebenreiz. So lebhaft und der Verstärkung unbedürftig waren die Hauptakzente der Aufführung.
Stärker als alle Möglichkeiten der Regie war die Humorfülle, der unbändig aktive Spielfanatismus des Hauptdarstellers Hermann Thimig. Mit sämtlichen Pantalones und Pickelheringen in der Westentasche gab er der Dienerrolle einen bravourösen Zug temposchneller Schmissigkeit. Er rannte Kilometergeschwindigkeit, er sprach Wortgaloppe, er spielte erstarrte Bildsäulen, er konnte dreißigmal dieselbe Wendung neu bringen, ein unerschöpflich geladener Menschmotor, der aus Überschuß an Kraft und Elastizität lieber tausend Kurven beschrieb, als ein Momentchen leer laufen zu lassen. Selbst in gelegentlichen Ruhemomenten war dieses Phänomen eines quecksilbernen Dicklings wie ein überlaufendes Fäßchen anzusehen. Ein mimisches Meisterstückchen dieses sich selbst weit überholenden Humortalentes die Liebeserklärung an Smeraldina, die von Helene Thimig mit artiger Partnerschaft zu einem possierlichen Duett ausgenützt wurde. Und auch Vater Hugo Thimig suchte, ohne immer den Burgtheaterton umstellen zu können, sich den Ansprüchen der jüngeren Generation zu nähern.
Im Zusammenspiel mit Paul Hartmann und Dagny Servaes, die bloß im Ver-

hältnis zu sich selber parodierten, aber für den Stil Goldonis Erfüllung waren, wurde auch Sybille Binder wesentlich freier als sonst, und Reinhardt wirkte durch die nicht gerade lustspielhafte Natur Walter Janssens, zielfest hindurch. Auch Daneggers Miniaturrolle blieb nicht unbemerkt.
Eine Neuerscheinung mit überraschend aufgeblühten Merkmalen des Eigenwuchses ist der Bühne in Gustav Waldau aufgewachsen. Er gab den schwatzhaften Dottore und sprach Wasserfälle. Der mystisch umschleierte Kehlkopfton Viktor Arnolds ist dem Theater zurückgekehrt. Charakterkomik im Sinne eines unwiderstehlich naturhaften Sonderlingtums. Man sah im Umriß bereits den künftigen Polonius.

Norbert Falk, BZ am Mittag, Berlin, 3. 11. 1924

Geglückter Anfang.
Ensemble im umfassendsten Begriff: Saal, Publikum, Spieler. Alle drei gleichbeteiligt, sofort im Kontakt, spürbar in steigender Wirkung aufeinander, füreinander. Das strahlende Licht fließt reich und bindet das Weiß der Smokinghemdbrüste und gepuderten Rücken, der Perlenschnüre und gläsernen und wahrhaftigen Brillanten. Und alles getragen vom Rot und Gelb dieses seidenweich komponierten Raums. Dieser neuen Kunstamüsementsstätte jenes Berlin, das fest entschlossen ist, jeden Abend Weltstadt zu repräsentieren.
Aus einer Loge des ersten und einzigen Ranges klingt sanftes Geigenorchester, der Sammet des erdbeerfarbenen Vorhangs teilt sich, ein Barocksaal weitet sich auf dem Theater. Rechts und links in den roten Sammet hineingeschnitten je zwei Logen auf der Bühne. Eine Besonderheit dieses Theaters, heute raffiniert besetzt mit erlesener Eleganz. Snob, wenn er Geld hat, kann sich fortan freuen: hier ist Kaviar.
Und das Spiel hebt an. Bühnenarbeiter, Canaletto-venezianisch gekleidet, tragen parodistisch gepinselte Dekorationen Krehans; kostümierte Schauspieler markieren Unruhe, schwarz bemäntelte Spielleiter und Inspizienten mit Regiebüchern in der Hand machen sich wichtig, – Theater im Theater.
Vorspiel, Umrahmung, Einleitung. Dann gleitet es aus langweiligen Versen hinein in Goldonis lustige Komödie. Pantalone (Pandolfo), Dottore, Arlecchino (Truffaldino), Brighella, die vier Hauptmasken der Commedia dell'arte, sind herausgeschält aus dem Lustspiel Goldonis, gekennzeichnet in Oskar Laskes farbigen, wie aus alten kolorierten Kupfern herausgeschneiderten Kostümen.
So gelöst, so in Laune getaucht, daß vom ersten Augenblick die ganze verjährte Lustigkeit des Genres neubelebt aufsprüht und bis zum Ende das ganze Theater froh macht.
Und Rosaura und Beatrice und Smeraldina und Silvio und Florindo werden im Brand der Leidenschaft bis zur Karikatur der Typen köstlich komisch vorgetrieben. Bunte flirrende Teile eines farbigen Wirbels, in karnevalistischem Tempo bewegt von der unsichtbaren Hand des Spielleiters.
Der Hand Max Reinhardts. Hemmungslos kann sich heute sein katzenhafter Spieltrieb austoben, frei ist der Boden hier für die fruchtbare Phantasie seines Humors. Rollen und Gefüge des Stücks, das zwar schon gereinigtes Lustspiel des italienischen Komödienreformers ist und doch noch die lockere Konstruk-

tion der Stegreiffarce hat, schaffen ihm einen freien Tanzplatz für entbundenste Laune. Und er nützt ihn.
Das alte Stück ist durchklungen von Maskenleben und Gelächter. Situationswitz schnellt die dürftigste Figur über ihr Maß hinaus, jede Szene wird bis auf den Grund durchgespielt, bis auf den Bodensatz ausgeschöpft.
Etwa: wenn der schwatzhafte Dottore – Gustav Waldau – den behäbig wehrlosen Pantalone – es ist Hugo Thimig, Urvater der Dynastie – schwachredet, in unhemmbarer Rederitis ihn zum Umsinken bringt, sich noch auf die in die Höhe gereckten Beine des Alten wie auf ein Rednerpult stützt und weiter quatscht. Monumentalkarikatur der Redewut und ihrer Opfer. Und Hugo Thimig ist als dieses Opfer rührend komisch.
Oder: Janssen als Silvio. Schwarze Haare, herausgerollte Augen, flatternde, grüne Feder am schwarzen Hut, wallender, roter Mantel, lockerer Degen – der Raufbold, das Mantel- und Degenstück. Paul Hartmann ist schon lächelnd kraftbewußte Gelassenheit. Das reizende, komische Talent, das in Dagny Servaes steckt, lockert Reinhardt mit ein paar Griffen. Sie ist Rosaura. Verliebt, sentimental, romantisch. Entzückend, wenn sie einen Seufzer so lang hinzieht, bis er burlesk wird. Neben ihr macht Sybille Binder im Hosenröllchen der Beatrice zierliche Figur.
Und was hat Wilhelm Voelcker für einen komischen Schwabbelbauch. Aus der Figur eines Aufwärters läßt Reinhardt Theodor Danegger einen schlecht rasierten, klebrigen Gastwirtsgehilfen von drastischer Mißvergnügtheit machen. Wer hat nicht schon einmal so ein schmieriges übelgelauntes Wirtshausfaktotum erlebt!

Aber der hüpfende, springende treibende Motor der Aufführung ist der Truffaldino Hermann Thimig. Die Lebendigkeit, Quirligkeit, der glückhaft helle, herzhafte Humor dieses lustigsten Temperaments der deutschen Bühne, überschlägt sich in hundert Purzelbäumen unbändiger Ausgelassenheit. Alles Kreiseldrehen und Rennen, das diese Rolle fordert, erfährt hier eine unerhörte Steigerung. Entzückend die ›geistige‹ Arbeit dieses Burschen, der den Satz, daß niemand zweien Herren dienen kann, auf den Kopf stellt; jede Spitzbüberei des hungerleidenden Lügenbengels, blitzhaft im Hirn aufgetaucht, wird im Entstehen auf dem Gesicht, in den springenden Augen gesehen. Wieviel Nuancen des Hungergefühls, des Speisenbeschnupperns, Naschens, Tellerschleckens. Wie fügt sich's in die Idee der parodistischen Inszenierung, wenn sich Hermann Thimig auf einen gemalten Stuhl setzt. Und dann diese phantastische Zubereitung der Makkaroni, auf die er Zucker und Zimmt, Salz und Pfeffer, Butter- und Tomatensauce gießt. Und schließlich der virtuose Schwung, mit dem eine dicke Nudelsträhne in den Mund geschoben wird. [...]
Alles gelingt. Ein heller, lachender Abend.

Monty Jacobs, Vossische Zeitung, Berlin, 3. 11. 1924

[...] In diesem neuen Theater scheint die Luft zu moussieren. Es will nicht nur dem Leichten dienen [...] Es macht auch uns beschwerte Menschen leicht, wenn wir es besuchen.
Denn Oscar Kaufmanns Saal in Gelb und Rot trägt eine niedrige Decke, als

wollte er von vornherein auf allen Ehrgeiz einer Kunstkathedrale verzichten. Hier soll der Mensch nicht in seiner Sehnsucht aufwärts gereckt werden. Vielmehr soll er hübsch in seiner Welt bleiben, damit diese Welt so eng wie möglich an ihn heranrücke. Von Loge zu Loge müßte in dem hellen und warmen Saal der Geist der Gesellschaft seine Fäden spinnen, wenn es nun wirklich eine Gesellschaft in Berlin gibt. Mitten im Rang fiedelt die Kapelle aus ihrer Loge heraus, und zwei Flötisten schleichen links und rechts bis dicht an die Bühne heran, um blasend den Beginn eines neuen Aktes anzukündigen...
Er wagte einen Rückfall ins achtzehnte Säculum... recht im Sinne eines Bühnenhauses, zum Dienst aller galanten Künste bestimmt.
Ich habe genau die gleiche Vorstellung, bis zur Aufwärterrolle mit den gleichen Künstlern besetzt, bei der Eröffnung des Wiener Theaters gesehen, und die Sprache dieser Goldoni-Späße ist auch für mich erstummt. Und doch, zum zweiten Male habe ich, ohne zu ermüden, die Wirkung eines moussierenden Abends verspürt. Das Spielerische als Selbstzweck ist diesmal Ehrgeiz eines Regisseurs von unverblaßter Frische der Phantasie. Seine Darsteller beziehen die Insassen der Bühnenlogen in ihre Schnurren ein, und schon der Kulissenwechsel bedeutet eine Art Gesellschaftsspiel. Man trägt in einen Saal mit blitzenden Kronleuchtern Krehans zierliche Dekorationen hinein, die Darsteller helfen schlendernd mit, und Vater Pantalone bringt dienstfertig immer wieder den falschen Stuhl an den falschen Platz.
Man darf auch mit den eigenen Rollen spielen.
Von jedem Besucher dieser Vorstellung muß der Geist der Schwere weichen. Für das Leichte und Heitere hat Max Reinhardt ein auserlesenes Quartier geschaffen. Spielt Mozart in eurer ›Komödie‹!

Arnolt Bronnen   Anarchie in Sillian

Uraufführung: Deutsches Theater Berlin ›Die Junge Bühne‹, 6. April 1924
Regie Heinz Hilpert

Nicht in Brecht, in Bronnen sahen die meisten Kritiker noch den kommenden Autor. Bronnen erhitzte noch und riß mit. Er führte das erotisch-brutale Theater weiter. Seine Regiearbeit an Jahnns ›Pastor Ephraim Magnus‹ hatte ihn wieder zum Theater zurückgeführt. Er lebte zeitweise mit der Schauspielerin Gerda Müller zusammen und entwarf für sie ein Drama ›Verrat‹. Er war aber auch eng mit Brecht verbunden, und beide diskutierten hitzig über neue Formen des Dramas. »Es erhitzt mein Blut, daß Bronnens Theorie anders ist als die meinige«, notierte Brecht. Bronnen arbeitete den ›Verrat‹ um zu ›Anarchie in Sillian‹. »Ich wurde aus dem Arbeiter Arre, der das Chaos heraufführt, plötzlich der Ingenieur Carrel, der das Chaos beherrscht«, schrieb Bronnen. Unter der Kritik und dem Einfluß Brechts wurde das Stück im Oktober 1923 vollendet. Bronnen klagte sich später an, er habe darin »aus Sehnsucht nach Brecht« in Brechts »Formen und Worte zu schlüpfen« versucht. So sei das Stück »verstiegener Expressionismus« geworden. Die »Produktionskrise«, in die er nach ›Vatermord‹ geraten war, war damit überwunden. Der Erfolg der Uraufführung war ungewöhnlich. Die Berliner Zustimmung wurde bestätigt in der gleichzeitigen Aufführung in Breslau (Regie: Leo Mittler). – Dem Herausruf in Berlin entzog sich Bronnen, der inzwischen sein neues Stück ›Katalaunische Schlacht‹ vollendet hatte, weil er mit diesem »nichts mehr zu tun haben wollte«. Theodor Tagger übernahm Hilperts Matinee-Inszenierung anschließend in sein Renaissance-Theater. Die gute Aufnahme des Stücks in Berlin brachte es sofort auf viele Bühnen im Reich. In Dresden, Frankfurt und Magdeburg gab es Skandale, an den Münchner Kammerspielen spielte Walter Franck noch einmal die Rolle des Maschinisten. Hanns Braun argumentierte gegen das Stück: »Es treten auf zwei Brunfthirsche.« Als Karl-Heinz Martin ›Anarchie in Sillian‹ im Wiener Raimund-Theater inszenierte (Mai 1924), schrieb Anton Kuh, Bronnens Weg vorausahnend: »Der Expressionist als Konterrevolutionär«. – Walter Franck war im Herbst 1923, von Nürnberg kommend, ins Ensemble des Staatstheaters eingetreten. Nach Wedekinds Hetman (›Hidalla‹), dem Dr. Blumenschön (in Hamsuns ›Vom Teufel geholt‹), nach dem Mollfels in Erich Engels Grabbe-Inszenierung war Bronnens Maschinist der erste große Erfolg für ihn in einem zeitgenössischen Stück. Ihering schrieb über ihn nach dieser Premiere: »Die Aufführung stand unter dem Bann der phänomenalen Leistung von Walter Franck als Grand ... Selten hat man, seitdem Krauß nach Amerika gegangen ist, eine Leistung gesehen, in der die Fülle gesammelt ist und die Natur sich so durch Gestaltung legitimiert. Franck gehört schon heute zu den ersten Berliner Schauspielern« (Berliner Börsen-Courier 7. 4. 1924).

Fritz Engel, Berliner Tageblatt 7. 4. 1924

Grausame Wollust lag über diesem ersten himmelblauen Frühlingsmittag, soweit er im Deutschen Theater bei der Jungen Bühne verlebt wurde. Der Verfasser, der Regisseur und die Darsteller peitschten den Zuhörer, bis er vor Schmerz jubelte.
Es war also ein ›großer Erfolg‹. Als Arnolt Bronnen den ›Vatermord‹ hatte aufführen lassen, begrüßte man ihn. Aus seinem Innersten schlug eine Flamme nach außen. Man durfte denken: wir haben einen Dichter! Noch wollen wir nicht sagen: er ging uns wieder verloren. Wir wollen in Hoffnung nicht erlahmen. Ein dramatischer Schriftsteller ist uns in jedem Fall beschert, Bronnen erzeugt die unmittelbare Wirkung, er besitzt die Technik, die neue, die im Eiltempo läuft, und dazu die alte, die auf festem Grundriß baut, und sogar die ganz alte, die wieder ganze neue, die vom Kino angesteckt ist und mit realen und irrealen Requisiten arbeitet. Er besitzt das Instrument des Wortes, er beherrscht es ausgezeichnet – aber er hat verlernt, ihm zu vertrauen. Darum ist er in der Anwendung stummer oder halbstummer Hilfsmittel so hungrig und unersättlich. Immerhin aber, er hat auch das innere Gesetz des Dramas. Er weiß, daß es auf dem Gegensatz verschieden fühlender und darum verschieden handelnder Personen beruht. Bewußt und im Gegensatz zu den dichtenden Symbolschwärmern seiner Epoche kehrt er auch zum weltlichen Drama zurück, zur Wirklichkeit und zum Leben. Er nimmt Strindbergisches an und ist dennoch Naturalist. Er war es im ›Vatermord‹, er ist es hier. Nur daß er anders als die Väter in knappen Umrissen zeichnet, mit Zusammendrängung, in schleuderndem Ausbruch, im Rasseltakt der Gegenwart. Er hat

ihren anormalen Herzschlag, ihre Wut, ihre sexuelle Hochspannung, er hat ihre Gier, nicht nur mit dem Gehirn zu dozieren, sondern auch mit der Faust. In ein paar Jahren wird Arnolt Bronnen ruhigere und vielleicht sehr gute Theaterstücke schreiben. Er ist nicht Revolutionär, im Gegenteil. Schon im ›Vatermord‹ strebte er objektiv; auch darin dem nie erreichten Ziel der alten Naturalisten getreu. Hier zeigt er, mit schäumendem Munde, bereits Beruhigungstendenz. Der chaotischen Wüstheit der Zeit setzt er den Pflichtbegriff zustimmend entgegen. Er wettert einen Orkan über uns hin, um zu sagen: »Kinder macht Überstunden!« Dieser rasende Roland ist ein guter Bürger. ›Anarchie in Sillian‹ heißt das Stück, und seine letzten Worte lauten: »Die Zeit des Nebels und der Verwirrung sind aus. Jetzt fangen wir an.!« So spricht kein bedächtiger Greis; so spricht Bronnen, fast noch ein Jüngling. Er schreibt aber kein ausgesprochen zeitpolitisches Drama. Der katastrophale Zustand ist mehr als nur Hintergrund, aber doch nicht Vordergrund und Hauptsache. Es ist, als ob menschliche Einzelschicksale in einem brennenden Haus sich abrollen. Sie könnten sich auch anderwärts vollziehen, wenn auch nicht so jäh wie unter zuckenden Flammen. Das »Jetzt fangen wir an!« bleibt jedoch bestehen, es tönt am Anfang und am Schluß.
Seitab der Stadt liegt das Kraftwerk Sillian. In der Stadt streiken die Arbeiter, es kommt darauf an, der Bevölkerung das Licht zu erhalten. Der Chefingenieur Carrel will dafür sorgen, der Techniker Grand neigt zur Sabotage. Weibergeschichte mischt sich ein. Carrels Sekretärin Vergan steht zwischen den beiden Männern. Auch noch eine Stenotypistin Cel ist da; sie ist fast nur Hilfsfigur; im Grunde spielt das Drama nach Schönherrschem Muster zwischen drei Menschen. Grand liebt Vergan. Sie verschmäht den Proletarier. Ihr Herz gehört Carrel, auch ihre Jungfrauenschaft, er versucht nur zu wollen. Er will nicht. Er möchte »keusch und klar seine Arbeit tun«. Aber die Versuchung ist stark, in ihrem Auf und Ab liegt das innere Werden des Stückes; in der viehischen Brünstigkeit Grands, in Vergans Flucht von ihm, in dem furchtbaren Kampf der beiden Männer das äußere. Schließlich siegt, von Leichen umgeben, Carrel. Die Dynamos drehen sich wieder, das Licht ist neugeboren, die Anarchie besiegt: »Jetzt fangen wir an!«
Bronnen schreibt das tobsüchtig hin. Kaum, daß seine Menschen noch sprechen; sie schnaufen, wimmern, kreischen, wälzen sich. Es ist ein Boxkampf. Er schenkt uns nichts, und wie ein böser Zauberer läßt er die Requisiten und alle erregenden Mittel einer sehr bequemen Mystik spielen. Schicksaldeutend klatscht der Regen an die Fenster; eine Glastür läßt Schatten auftauchen; man versteckt sich voreinander, man belauscht sich. Bissige Hunde knurren und heulen; die Maschinen schmettern, die Mundharmonika quäkt. Ein Klubsessel bewegt sich gespensterhaft. Die Schnapsflasche erzeugt einen besoffenen Schuhplattler. Schlüssel und Handtaschen werden versteckt. Revolver und wieder Revolver, und dann Lysol. Es ist zuviel, es ist zuviel. Und noch ein bitterer Fehler: Bronnen dichtet dem braven Carrel ein unbraves Vorleben an, damit Grand ihn daran erinnern und ihn einschüchtern könne. Carrel, der Pflichtfanatiker, soll mit falschen Papieren und mit Zuhältervergangenheit seine angenehme Stellung ergaunert haben. Davon müßte etwas in sein Wesen übergegangen sein. So ist's nur ein Kniff, ein überflüssiger. Echte, schlechte Kinophantasie.

Von den Gründungen dieser Zeit, die neben das ständige Theater treten, um es zu bessern, ist die ›Junge Bühne‹ die einzige, die sich gehalten hat. Alle anderen waren Mißgeburt, im Kaffeehaus erzeugt, im Kaffeehaus begraben. Ob sie nach dem ›Vatermord‹ auch noch diesen Bronnen zeigen, ob sie ihn mit einem dichterisch schwächeren Stück noch einmal entdecken mußte? Sie soll den neuen Mann suchen. Leicht gesagt, nicht wahr? Wir suchen ihn alle, wir finden ihn nicht. Anständige junge Talente gibt es in Deutschland einige; auch sie werden nicht aufgeführt. Irgendeiner von großem Wurf, dem die Zukunft gehört, ist unter den ganz Jungen nicht aufzuspüren. Und doch heißt es: suchen, suchen!

Die Darstellung, unter Heinz Hilpert, kraterhaft. Maria Eis aus Wien ist ein zeitgeschmäcklerisch loderndes Talent; sie hatte aber auch stille Schönheiten. Auch Franziska Kinz ist eine scharfe Spielerin mit dreistem Humor, dem tragisch Erregten indessen nicht fremd. Walter Franck, der Techniker, ging mit brutaler Lebenskraft und Wahrheit vor. So gehört es sich hier. Aber Hans Heinrich v. Twardowski ist im typisierenden Stil der Gegenwart erzogen. Er versteht nicht zu kolorieren. Er gibt ein Prinzip. Zu zeigen war in Weißglut ein lebendiger Mensch.

Franz Servaes, Berliner Lokal-Anzeiger 7. 4. 1924

Ein Kampf um ein Weib – ein Kampf um die Arbeit. Mann gegen Mann mit äußerster Erbitterung ausgefochten. Ein Kampf ... um die Herrschaft. Physische Brutalität gegen geistige Kraft. Rohe Begierde gegen verhaltene Selbstzucht. Um und um gewühlt alles; Unterstes nach oben gespien. Jegliches Sein fast in sein Gegenteil verkehrt. Und schließlich, in wahnsinnigem Wirbel, aus hundert Wunden blutend, eine Welt fast gänzlich in Trümmer geschlagen.

Ein grausiges Abbild heutiger Tage. Von Dichterhand – nein, von Dichterfaust! – in erschütterndes Einzelschicksal zusammengedrängt. Mit einer Kraft der Bühnenbeherrschung, die wir seit langem nicht erlebten. Und die uns, bei pausenlosem Spiel, in erregendsten Bann zwang; kaum noch zu Atem kommen ließ. Wie betäubt, wie gerädert, in Schweiß gebadet, saßen wir da, nach beendetem Spiel.

Erst nach einer Erschöpfungspause tosender Beifall. Sich orkanartig steigernd, als, gleichfalls wie aufgelöst, mit wirren Haaren und zerfetzten Kleidern, dankend die Schauspieler erschienen. Die dann den Regisseur herbeiholten, den wackeren Heinz Hilpert, der sich um das Ganze so verdient gemacht hat. Doch dem Begehren des Publikums, das unausgesetzt: »Bronnen! Bronnen!!« rief, konnte nicht entsprochen werden. Der Dichter blieb unsichtbar. Zu scheu, zu stolz, zu erschüttert, um zu erscheinen – wer will das wissen? –, war er geflohen. Der eiserne Vorhang sank nieder; wurde jedoch von ein paar ungeduldigen Jünglingen beinahe gestürmt. Vergebliche Mühe. Erregt tuschelnd, zerstreute sich die Menge.

Ein herrlicher sonniger Frühlingssonntag, der Zehntausende ins Freie hinausrief, hatte um die Mittagsstunde, unter gewaltigem Kreißen, im Mittelpunkte unserer Weltstadt ein neues deutsches Drama geboren ... [...]

Fort mit dem Weibe! »Unzucht, Anarchie, Hölle, ich hab euch den Kragen ge-

brochen. Die Zeit des Nebels und der Verwirrung ist aus. Jetzt fangen wir an!« Mit diesen fanatisch herausgestoßenen Worten Carrels schließt, nach all den seelischen Zertrümmerungen, das wunderliche Drama.
Gewiß, ein grausam forcierter Schluß. Gewiß, ein Faustschlag ins Antlitz jeder feineren Empfindung. Zugleich aber ein harter und unerbittlicher Entschluß, die Arbeit, die Leistung über jegliche Art von verweichlichendem Gefühl, von seelischer Verzärtelung zu setzen. Hier hört man die Stimme unserer Zeit. Sie klingt rauh und unwirsch. Sie klingt rücksichts- und erbarmungslos. Aber sie klingt vor allem – männlich! Und das ist, wessen wir bedürfen. Diese Stimme tönt uns hier zum ersten Male aus unserer jüngsten Dichtung entgegen. Sie heißt uns aufhorchen.
Um so mehr, als hier ein in manchem Zug genialer Dramatiker und Dichter zu uns redet. Bronnen hat eine szenische Führung, hat einen aufs engste ineinander verbissenen Dialog, hat eine Phrasenlosigkeit der Diktion und eine Absolutheit der vorwärtstreibenden Leidenschaft wie heute kein zweiter unter den deutschen Bühnenschriftstellern. Dabei arbeitet er mit höchster Sachlichkeit und Präzision. Ganz ohne alle jene Kniffe und Mätzchen, die man von pariserischen Routiniers erlernt. Er ist ein grober, aber ehrlicher Deutscher. Noch mit sehr vielen Ecken und Kanten – aber ein ganzer Kerl! Und unsere stärkste Hoffnung.
Eine Lust zu sehen, wie unsere Bühnenkünstler dies erkannten und sich mit feuriger Lust in den Dienst der Sache stellten. Alle vier Rollen waren stark und rund herausgeschliffen. Ich habe Twardowski noch nie so knapp und bestimmt gesehen, wie hier als Carrel. Ihm stand in Walter Franck ein in jeder Hinsicht ebenbürtiger Gegner gegenüber: höhnisch, proletisch, berserkerisch zum Erschrecken. Von scheuer seelischer Feinheit, doch ebenso auch von restlos ausgegossener Hingebung die aus Wien geholte Maria Eis als Vergan. Und auch zu ihr in Franziska Kinz ein vorzüglicher Kontrast: das ordinäre Mädel aus dem Volk, das dennoch, selbst im Schnapsrausch, die angeborene österreichische Grazie niemals opferte.
Der Spielleiter Hilpert aber verdient geradezu als zweiter Dichter genannt zu werden. Er hat durch stellenweise sehr radikale, aber motivierte Striche das literarische Drama zum Bühnendrama gemacht. Und er gab dem Ganzen ein Tempo, das atemlos dahinjagte und ungestüm alles in sein Furioso riß.

Arthur Eloesser, Das blaue Heft 1. 5. 1924

Arnolt Bronnens ›Vatermord‹ ist für ein großes Versprechen, von einigen sogar für eine große Erfüllung gehalten worden. Die Originalität der Leistung bestand eigentlich darin, daß sie fast dreißig Jahre zu spät und besonders hinter dem ›Friedensfest‹ kam. Bronnen soll das moderne Kunstwissen um die Erkenntnisse der Psychoanalyse bereichert haben. Aber Herr Dichter! es ist doch so, daß die Wissenschaftler die Intuitionen der Dichter von Aeschylus bis Dostojewski, Strindberg, Wedekind in Systemen und Zeitschriften sortiert haben. Diese neue ›Anarchie in Sillian‹ könnte wiederum aus der Zeit stammen, in der Georg Kaiser als Verfasser von ›Koralle‹ und ›Gas‹ sehr viel Theater und uneingestandenen Kitsch machte. Mit Claudel scheint Bronnen inzwischen auch verkehrt zu haben, aber dieselbe Welle will ihn nicht tragen, weil seine Diktion von keinem unterirdischen lyrischen Strom gespeist wird. Bronnen peitscht das Wasser, aber nicht aus Wut wie weiland König Xerxes, sondern um in Wut zu kommen. [...] Ich bin sonst gar nicht modern um jeden Preis, aber Bronnen macht mich dazu, weil er es nicht genug ist. Bei Georg Kaiser gab es in solchen Stücken wenigstens eine dialektische Energie, die sich durcharbeitet, ein Problem, das in der Frage eine Antwort, in der Antwort eine Frage enthält. Wenn nun einer meinen sollte, daß Arnolt Bronnen aus größerer Ursprünglichkeit etwas Besseres oder wenigstens etwas anderes als so ein Brillantfeuerwerker ist, daß bei ihm Erde bebt, Krater sich öffnen, so kann ich nur meinen Mangel an Erschütterung bekennen. Die Stärke zeigt sich nicht dadurch, daß dauernd geladen und gefeuert, daß dieselbe Situation immer noch einen Puff zu einem neuen Superlativ bekommt. Es gibt ein sehr schönes Spielzeug, das ist das Trapez mit den beiden »Aujusts«; mal ist der eine, mal ist der andere oben. Man kann das stundenlang drehen. Künstlerisch oben war hier übrigens Walter Franck, der den proletarischen Techniker gab, ein vollblütiger Künstler, der auch Brutalität, Instinktwesen, Calibanisches auf seine Weise halten kann. Franck hat Kraft, Selbstbeherrschung, Form.

Monty Jacobs, Vossische Zeitung, Berlin, 7. 4. 1924

Bis auf weiteres wird der junge Arnolt Bronnen nun schon der Dichter des ›Vatermordes‹ bleiben müssen. War sein Erstling ein Erlebnis des Herzens, bis zum Bersten und Krachen in eine innere Spannung gepreßt, so ist für sein neues Schauspiel nur das Krachen übrig geblieben. Zuweilen nur der Krach. [...]

Arnolt Bronnens Kraft, aus dem Wort das Tempo, die Gewalt, das Brausen seines Erlebnisses hervorjagen zu lassen, hat sich nicht abgeschwächt. Nach wenigen Minuten ist jeder Zuhörer mitten drin im Tumult der Sinne da oben auf der Bühne.
Je williger der Empfängliche sich dieser Gewalt hingibt, desto lebhafter fühlt er sich freilich enttäuscht, wenn der Tumult Selbstzweck bleibt.
Im ›Vatermord‹ steht ein Schicksal hinter den Menschen, die aufeinander zutaumeln, vom Krampf des Hasses, vom Krampf des Begehrens geschüttelt. Hier aber steht nichts hinter den Menschen. Nur vom Maschinisten geht eine Gewalt aus, die über sein Ich hinaus den Ansturm einer Klasse zeigt. Aber gerade er ist ja ins Gegenspiel gedrängt, und mit dem Ingenieur steht, mit dem Ingenieur fällt das Drama. Seit seinem Berufsgenossen Loth in Hauptmanns ›Sonnenaufgang‹ ist kein Geselle so ledern wie er in die Prinzipienwüste hineingeschritten. Er behauptet von sich, daß er die Liebe seines Mädchens verraten habe. Der Maschinist behauptet von ihm, daß er ein Fälscher, ein vorbestrafter Zuhälter sei. Aber der Zuschauer sieht im Grunde nur etwas, was viel schlimmer ist als ein Verräter und Fälscher, er sieht einen Menschen, der ihn nicht im geringsten interessiert. Dieser Herr des Kraftwerkes bleibt nur stets der enge Mensch, der sich rühmt: »Ich kann nichts abgeben von mir, ich habe nichts übrig.« Er beschwört einen Tumult herauf, nur um seine Reinheit zu verteidigen.

Aber im Grunde ist Reinheit hier nur Kleinheit, und man denkt am Schlusse enttäuscht: Der ganze Kampf um Sillian wäre ja so einfach zu schlichten, wenn die Direktion nämlich einen männlichen Stenotypisten hinaufschicken wollte.

Dieser Ingenieur kämpft, leidet, triumphiert. Aber wie soll man einem Menschen die Bewegung seines Gemüts vom Gesicht ablesen, wenn er gar kein Gesicht hat? Wie soll Interesse für die Vergangenheit eines Sünders aufkommen, dem die Gegenwart fehlt? Die Liebende, die versichert, wie gleichgültig ihr seine Vorstrafen seien, gewinnt sofort die Teilnahme, von der ein Mensch ausgeschlossen bleibt, der nichts von sich abgeben will. Der Kämpfer gegen das Chaos hat kein Chaos in sich, kein Schicksal hinter sich.

Bronnen versteht, den Boden unter dem Stampfen der Dynamos dröhnen, Hunde bellen zu lassen, Atmosphäre zu schaffen. Nur schade, daß seine Welt leer bleibt.

Heinz Hilpert, der Regisseur, konnte sie nicht füllen. Auf seiner Szene aber wurde Bronnens Wort lebendig, mit all seinem jähen Tempo, mit der Vehemenz des äußeren Erlebens. Ein Spielleiter von seiner Einsicht hätte freilich die Aufgabe des Herrenmenschen, des Ingenieurs, nicht Twardowskis Zartheit aufbürden dürfen, wenn es auch rühmlich blieb, wieviel starre Energie dieser Künstler seiner Natur abringen konnte. Desto sicherer ruhte in sich der Maschinist, ein Mannskerl ohne Krafthuberei, eine Bestie mit Humor, kurzum ein Künstler voll Kraft und Zucht. Alle Hoffnungen, die Walter Franck bei Hamsun, bei Grabbe erweckt hat, erfüllte seine Leistung als Maschinist, und in seiner Person hat nun auch für das große Publikum Berlins Reichtum an Darstellern willkommenen Zuwachs gewonnen. Von den beiden Frauen des Stücks ließ Franziska Kinz eine überflüssige Rolle für den Zuschauer zu einer kleinen Oase heiterer Frische werden.

Die Umworbene des Kraftwerks war eine neue Erscheinung, Maria Eis aus Wien, eine Schlanke und Geschmeidige mit großen Zügen, im Typus Agnes Straub verwandt. Hoffentlich wird die Künstlerin sich bald an einer Aufgabe erproben dürfen, die gewachsen und nicht konstruiert ist. Dann muß sich der Umfang eines Talents zeigen, das gestern mit der Beredsamkeit eines bebenden Körpers in Bronnens Tumult hineintrug, was seinem Drama fehlt: Herz und Stille.

Hugo von Hofmannsthal   Der Schwierige

Theater in der Josefstadt, Wien, 16. April 1924, Regie Max Reinhardt
Komödie Berlin, 18. September 1930, Regie Max Reinhardt

Für die Eröffnung seines Theaters in der Wiener Josefstadt hatte Max Reinhardt drei Schauspiele inszeniert, um die neue Bühne als ein Repertoiretheater führen zu können. Auf Goldonis ›Diener zweier Herren‹ folgte Schillers ›Kabale und Liebe‹ (9. 4. 1924). Helene Thimig spielte die Luise, Paul Hartmann Ferdinand, Rudolf Forster den Präsidenten, Fritz Kortner (der nun an die Reinhardtschen Bühnen in Berlin ging) den Wurm. Reinhardt selber betrat noch einmal als der Diener die Bühne, der Lady Milford den Schmuck bringt und ihr das Stichwort für ihren großen Monolog gibt. – Knapp eine Woche später folgte ›Der Schwierige‹, den Reinhardt schon 1921 bei den geplanten Gastspielen im Burgtheater hatte uraufführen wollen. Die Berliner Kritik (s. 1922) hatte diese zarte österreichische Komödie schroff abgelehnt. Reinhardts Inszenierung brachte nun eine glänzende Rehabilitierung. Gustav Waldau, der den Schwierigen bei der Münchner Uraufführung gespielt hatte, war in Reinhardts Ensemble eingetreten. Er wurde *der* Darsteller für diese diffizile Rolle. – Trotz des Wiener Erfolgs brachte Reinhardt die Inszenierung noch nicht nach Berlin, obwohl die im Herbst 1924 neu eröffnete ›Komödie‹ in Berlin oft wie eine Dependance des Josefstädter Theaters in Berlin geführt wurde. – Erst 1930, als Reinhardt die Leitung seiner Berliner Theater wieder in eigene Hand nahm, um sie durch die schwere Wirtschaftskrise zu führen, bot er die Wiener Inszenierung in der ›Komödie‹, diesmal mit mehr Erfolg, aber ohne alle Vorbehalte überwinden zu können (s. Rezension Ihering 1930).

Theater in der Josefstadt
Felix Salten, Neue Freie Presse, Wien, 18. 4. 1924

Der Mann, der in dem Lustspiel von Hofmannsthal die Hauptfigur vorstellt, gibt auch mit der Grundeigenschaft seines Charakters für das Stück den Titel her: ›Der Schwierige‹. Ließe sich seine Person aus der Komödie lösen und von der Szene weg in einen Kreis bringen, in dem man das Lustspiel diskutiert, er wäre entsetzt, wenn ihn irgend jemand den Helden dieser drei Akte nennen wollte. So sehr es ihn sicherlich befriedigt und freut, der Held all dieser unwichtigen wichtigen Ereignisse zu sein, ebenso gewiß würde ihn schon das leise Pathos solch einer Bezeichnung, ja die Bezeichnung überhaupt aus seiner schönen, aber doch etwas mühseligen und anstrengenden Harmonie werfen. Denn er hat eine Würde ohne Abzeichen, eine Hoheit ohne Embleme. Eine Seele ohne Epidermis. Er ist durch ein Wort schwerer zu verletzen als andere durch Schläge. Ein Blick kann ihn tiefer verwunden, als robustere Naturen durch Degenstiche zu treffen wären. Seine Ehrlichkeit ist so verfeinert, daß er schon die Lüge fühlt, wenn man das Kind beim Namen nennt. Genug, das Kind ist da, wozu noch sagen, daß es da ist? Er gehört zu den ganz wenigen Männern, die Scham besitzen. Jene Scham, die ganz stark, ganz edel, ganz Natur ist und die man bei Frauen fast niemals findet. Goethe war einer der schamhaftesten Männer, die es jemals gegeben hat. Alle Anklagen, Vorwürfe und Beschwerden gegen seine Gefühlskälte, gegen seine Zurückhaltung sind von Leuten erhoben, welche die große Scham dieser großen Seele nicht verstanden. [...]
Auch der kleine Graf Bühl, den Hofmannsthal mit der äußersten, für den Signalapparat der Schauspielkunst nur schwer zu vermittelnden Feinheit gezeichnet hat, auch dieser kleine Graf Kari Bühl besitzt etwas von der echten Männerscham, deren man sich so selten erinnert, wenn man über Männer urteilt. Er kann sich nicht mitteilen, denn er fühlt das Falsche, das jede Wahrheit durch die bloße Mitteilung erhält. Er hat jeder Unbedenklichkeit gegenüber die Hemmung zahlloser Bedenken. Er spürt die mikroskopische Kompli-

ziertheit des Einfachen, und sein gerader Wille empfängt dadurch in vielen winzigen Schlaganfällen beständige Lähmungen. Wenn er sich nichts merken lassen, wenn er nichts zu sagen braucht, ist er voll Liebe. Und er wird fremd, sowie ihm vorschnelle Vertraulichkeit ein Wort abnötigen möchte. Da niemand soviel Takt besitzt wie er selber, fühlt er sich, zwar nicht am wohlsten, aber doch am meisten beruhigt, wenn er mit sich allein ist. Er löst die Beziehung zu einer Frau, deren Mann er im Kriege kennengelernt hat und den er schätzt, aber es gelingt ihm nicht, sich von dieser Frau zu befreien, weil ihm die Rücksichtslosigkeit fehlt, sie abzuschütteln. Er liebt ein Mädchen, doch mit so viel Heimlichkeit, daß seine nächste Umgebung es nicht ahnt und seine Geliebte es selbst kaum weiß. Seine Schwester beredet ihn, für ihren Sohn um die Hand dieses Mädchens anzuhalten, und er stellt seine eigenen, erst nach Gestaltung ringenden Wünsche zurück, erfüllt den Auftrag und geht aus diesem Gespräch nur deshalb als Verlobter hervor, weil das junge Mädchen ihm gesteht, daß sie ihn liebt. Er ist der Meister mimosenhafter Empfindlichkeit, der anspruchsvollste Virtuose anspruchslosen, adeligen Selbstgefühls. Er ist der Schwierige. Und er ist ein Österreicher.

Er hat Vorgänger in der österreichischen Geschichte, Männer, die weit mehr bedeutet und unendlich mehr geleistet haben, als er in diesem schmalschultrigen, übervornehmen Lustspiel bedeuten oder gar leisten könnte. Rudolf II., der auf dem Hradschin saß, ist ein Schwieriger gewesen, der in seinem Empfinden und in seinen Gedanken so sehr Kaiser war, daß beinahe jeder, der ihm nahte, nach Rudolfs Meinung schon die Majestät verletzte. Er war in solcher Hoheit Kaiser, so einsam, so geheimisvoll und unzugänglich, daß sein Bruder ihn absetzen und mit derb zugreifenden Händen die Zügel der Herrschaft ergreifen konnte. Rudolf ließ sich sieben Jahre Zeit, über eine Todesstrafe für Bobel Lobkowitz nachzudenken, und als der Lobkowitz dann aus natürlichen Ursachen starb, ergrimmte Rudolf über diesen Mangel an Geduld wie an Gehorsam und befahl, daß der Tote im Sarge geköpft und, das Haupt zu den Füßen gelegt, begraben werde. Mehr als zwanzig Jahre war Kaiser Rudolf mit einer spanischen Prinzessin verlobt, schob die Hochzeit immer wieder von einem Termin zum nächsten, weil aber die nach und nach alternde Prinzessin endlich einen anderen heiratete, geriet der Kaiser in den Zustand wilden Schmerzes wegen solch arger Treulosigkeit. Nur noch an Grillparzer braucht erinnert zu werden in der Reihe schwieriger österreichischer Männer. Er war mit seinem Ehrgeiz nach dem Ruhm und mit seinem Widerwillen vor allen Abzeichen des Ruhms, mit seiner edlen Begierde nach Verständnis und mit seinem Schrecken vor anerkennenden Worten, mit seiner Sehnsucht nach Erfüllung und mit seinem vorgefaßten, enttäuschten Zurückbeben aller Erfüllung gegenüber, war mit seiner lebenslangen Beziehung zu Kathi Fröhlich wohl der Schwierige, wie ihn nur eine alte Kultur, eine alte Gesellschaft hervorzubringen vermag.

Diesen merkwürdigen, kostbaren, komplizierten Typus eines versunkenen Österreich stellt Hofmannsthal eben jetzt an die Grenze zweier Epochen, stellt ihn in das ungewisse Dämmerlicht von heute, darin sich die Schatten einer untergegangenen Welt mit den Gestalten einer neuen Zeit verwirrend mengen.

Nichts in dem Bezirk dieses Lustspiels deutet den Umsturz an. Dieses Stück weiß noch vom Krieg, aber es weiß noch nichts von der Revolution,

nichts vom Umschwung aller Dinge und von der Neuordnung der menschlichen Gesellschaft. Ja, dieses Stück scheint auch nicht zu wissen oder nicht wissen zu wollen, daß es unterdessen ein historisches Stück geworden ist.
Wunderbar fein und, trotz seiner Blaßheit, haarscharf wird der Graf Kari Bühl sichtbar, wird kenntlich bis in die letzte Falte seiner Seele. Tiefer noch: bis in die Perspektive seiner Herkunft, seiner näheren und weiteren Zusammenhänge. Nichtige, wertlose Figuren, Puppen, Atrappen von Menschen umgeben und umhuschen ihn und das Mädchen, das rein ist wie er. Beide sind wahrscheinlich geistig nicht bedeutend, aber sie sind alle beide menschlich liebenswert, sind alle beide als gute Exemplare einer Gesellschaft, die heute keine Macht mehr und kaum noch Ansehen besitzt, überaus interessant. – Diese Gesellschaft ist in dem Lustspiel abgebildet von einer leichten, treffsicheren Meisterhand. Aus all dem Gerede und Getue, das hier mit künstlerischem Raffinement als Untermalung dient, ergibt sich die Atmosphäre des alten österreichischen Adels, diese Luft, die erfüllt ist von einem starken sublimen Hochmut, von Oberflächlichkeit und Ignoranz, von Geschmack und Kultur, von der Fähigkeit, sein ganzes Leben einzusetzen, auch sein Leben zu opfern, vom leichtsinnigen Hang, sich fallen zu lassen und zu verkommen, von mechanischer, ungeistig gedankenarmer und wieder von herzenstiefer, wahrer Frömmigkeit, erfüllt von Achtung vor Traditionen, von Unkenntnis des wirklichen Lebens, von vollkommenem Fremdsein dem Volke gegenüber, erfüllt von der Einbildung irgendeiner Erdenmission, von Abneigung, selbst von Haß gegen die Bildung, von Schwärmerei für das, was man gute Manieren nennt, von virtuoser Kunst, Distanz zu wahren und von totaler Distanzlosigkeit. Daß es in allen Schichten Menschen gibt, die höchsten Wert besitzen, und Menschen, die nichts taugen, braucht nicht erst erörtert zu werden. Aber gegen die aristokratischen Taugenichtse richtet sich die Empörung schroffer, weil sie ohne Verdienst und Leistung Wohlleben und Ehrenbezeigung genießen und fordern. Etwas von diesem Widerstande gegen den Zuchtstand der Menschheit empfindet man auch beim Anhören dieses Lustspiels, das so viel vibrierenden Spott enthält, solch eine ausgesprochene, beredsame Absage an den Snobismus und eine so starke, von Humor durchleuchtete Liebe zur wahren Vornehmheit.
Denn wahrhaft vornehm sind in diesem Stück nur der Graf Bühl und Helene, die dann seine Braut wird, höchstens noch Lukas, der alte Diener des Grafen Bühl. Man erkennt das erst recht im zweiten Akt, wenn die beiden endlich einmal eine Unterredung miteinander haben, Bühl und Helene. Bis dahin wird Helene nur vom Klatsch alberner Frauenzimmer beleuchtet, und Bühl ist nur umgeben von seiner verklatschten instinktlosen Schwester, von seinem affig dummen Neffen und von dem hysterischen Jammer einer im Dasein verlaufenen Frau. Aber in den beiden Szenen zwischen Bühl und Helene glänzen die beiden Menschen wunderbar auf, und es ist, als sei das Stück in seines Wesens Inhalt nur da, um die Vornehmheit zu verherrlichen. Es ist das erste moderne Lustspiel, das Hofmannsthal geschrieben hat, und ist zugleich doch der Schlußstein, das letzte Werk einer vergangenen Zeit. Die Dramatiker des vorigen Jahrhunderts, die Bauernfeld, Augier, Pailleron haben die Aristokratenwelt, die sie zum Schauplatz ihrer Komödien wählten, Konflikte und handlungsreiche Fabeln ersonnen. Hier ist eine Winzigkeit von Konflikt, ein Nichts an Handlung, aber der Schauplatz ist geschildert, die Welt der Aristokraten,

mit durchdringender psychologischer Klarheit, mit einem Erkennen, das gar nicht anders kann, als humoristisch zu werden.
Sonderbar hat sich das Verhältnis des österreichischen Hochadels seit dem Jahre 1848 zu den Vertretern der Dichtkunst verändert. Noch im Vormärz war eine engere Gemeinschaft da. Nicht bloß den Komponisten, auch den Dichtern wurden die Häuser der Adeligen erschlossen. Kaiser Franz, der so tyrannisch regierte, machte noch aus dem Zensurverbot von Grillparzers Tragödie ›Ottokars Glück und Ende‹ eine Affaire und ließ sich das Manuskript vorlegen, um es selbst zu lesen. Bei dem Kanzler Metternich verkehrte alles, was auf dem Gebiet der Kunst, der Musik und der Wissenschaft hervorragte. Und Beethovens Widmungen zeigen den Umgang, den er hatte, ohne ihn zu suchen. Unter Franz Josef aber, der niemals ein Buch las, der die Buchschreiber nicht leiden konnte, begann die Bagatellisierung des Geistes. Der Adel ahmte sein Beispiel nach, vergnügte sich an Coupletgesang und bei Heurigenmusik. Er verschwand bis auf wenige erlesene Individualitäten aus den Konzertsälen, aus den guten Theatern, aus dem Leserkreis, den gute Bücher haben. Das Lustspiel von Hofmannsthal ist ein Ergebnis, eine Bilanz, ein Spiegelbild von unterhaltender Leere, aber nichts weniger als eine leere Unterhaltung.
In dem wunderschönen Theater, das Max Reinhardt mit Hilfe der neuen Gesellschaft, dieser neuen österreichischen Gesellschaft, errichtet hat, führte er das Lustspiel von Hofmannsthal glanzvoll auf. Er balanciert es meisterhaft auf der schmalen Kante zwischen Langeweile und intensiver Anregung, auf der es schwankend errichtet ist. Und er hält die Zuschauer von Anfang bis zum Schlusse zwischen Behagen und atemloser Spannung fest. Das geschieht durch die Dekoration, die Professor Strnad mit großem, geschmackvollem Pomp an den echten feudalen Stil heranrückt, durch das Tempo, das in künstlerischer Klugheit bald schleppt, bald wieder so eilt, daß streckenweise gleichzeitiges Reden erreicht wird. Und es geschieht durch eine Reihe vorzüglicher Schauspieler, die uns vergessen lassen, daß sie Theater spielen, indem sie es selbst vergessen. Ein wenig Komödie merkt man hie und da an kleineren Rollen. So an Frau Servaes, die vieles zu sehr schminkt; an Herrn Romberg, der sich das Abfeuern von Pointen nicht versagen kann, auch da, wo es keine Pointen gibt; an dem jungen Herrn Stanchina und am jüngeren Danegger, der sich wie in einer Posse benimmt, aber schon der alte Diener Lukas des Herrn Daghofer hatte die volle Echtheit. Von den Damen der Gesellschaft hat Fräulein Fischer den wirklichen Ton und die wirkliche Haltung, und Fräulein Geßner spielte die Zofe im ersten Akt mit frischer Anmut, indessen Herr Hilbert als Sekretär Neugebauer so übertrieb, als habe er den Sekretär Wurm zu agieren. Die großen Leistungen beginnen mit Hermann Thimig, der den Stani, und Frau Hagen, die seine Mutter gab. Eine Köstlichkeit für sich war Frau Eckersberg, maßvoll gehalten und doch vor Charakteristik sprühend, hatte sie in der Rolle der verschmähten Antoinette keinen leeren Moment, keinen Augenblick der Theaterei. Herr Waldau aber, als der Schwierige und Helene Thimig als Helene boten ein Wunder an höchster, kaum noch merkbarer Schauspielkunst. Waldau, dieser Künstler, dessen Charme in den ersten Minuten zwingt, ihn zu lieben, hat etwas von der unbeholfenen, dennoch vollendeten Anmut Girardis. Er hat wie Girardi die einleuchtende Beredsamkeit ohne Worte, die Gebärdentechnik der knappsten Mittel, dieses Mienenspiel der

äußersten Einfachheit und ist dabei von einem Reichtum des Ausdrucks, der geradezu beglückt. Helene Thimig scheint gar nichts zu ›machen‹; sie fühlt alles, fühlt es so sehr, daß ihre Nasenspitze rot wird vor Erregung. Und wie hinreißend wirkt dieses stille intensive Leben auf der Bühne! Ihr mag die eine oder andere Rolle zwischendurch einmal mißlingen; das ist ihr Recht! Denn sie erkauft es sich durch die unvergleichliche Schönheit, mit der ihr dann wieder eine Gestalt aus der Fülle poetischer Wahrheit glückt. Die beiden Szenen, die sie und Waldau in dem Lustspiel von Hofmannsthal lebten, gehören zu jenen seltenen Gaben des Theaters, die unvergeßlich sind.

Komödie Berlin
Herbert Ihering, Berliner Börsen-Courier 19. 9. 1930

Max Reinhardt, vorläufig und hoffentlich für immer frei von Filmverpflichtungen, will seine Theater wieder herauspauken. Er will wirkliche Reinhardt-Bühnen führen. Damit wäre endlich ein klarer Zustand geschaffen. Wer dem Theater seinen Namen gibt, muß auch verantwortlich sein. Nichts hat Reinhardt mehr geschadet, als daß er in der wankenden Zeit kurz nach der Revolution seine Theater abgab. Jetzt kommen – mit anderen Vorzeichen – wieder gefährliche Jahre für das Theater, materiell gefährliche, geistig gefährliche. Diesmal will Reinhardt den alten Fehler nicht wiederholen. Es muß bei dem Beschluß bleiben.
Reinhardt beginnt in der ›Komödie‹ mit der fabelhaft ausgearbeiteten Aufführung des ›Schwierigen‹. Von dem böhmisch derben, robusten, glänzend gespielten Diener Theodor Daneggers bis zu Helene Thimigs zart überlegener Komtesse Helene Altenwyl ein Ensemble von Stimmen, ein Ensemble der Tonfälle. Wie delikat werden die Gespräche geführt, wie musterhaft gehen sie ineinander über, wie gut werden sie abgebrochen, wieder aufgefangen, in einer anderen Ecke fortgesetzt. Wie wirkungsvoll werden derbere Töne eingefügt (Ferdinand Bonn als ›Berühmtheit‹) – artistische Regiemeisterschaft höchsten Ranges. Theater für Genießer. Max Reinhardt als künstlerischer Gastgeber. Man schlürft Schauspielkunst.
Da gibt Gustav Waldau aus München den Grafen Hans Karl Bühl, den ›Schwierigen‹, den Beschlußunfähigen aus Distanz, den Verlegenen aus behüteter Konvention. Ich habe Waldau seit Jahren nicht gesehen. Inzwischen sind seine Mittel noch feiner, noch zarter geworden. Diese unverbindlichen Bewegungen, dieses Spiel der Hände, der Gang, die Konversation. Meisterhaft. Vielleicht scheint Waldau im Spiel mit Helene Thimig nur deshalb etwas nachzulassen, weil er schon im ersten Auftritt ein vollkommenes Abbild der Rolle gezeichnet hat.
Helene Thimig als Helene Altenwyl. Ihr Spiel ist eine zauberhafte Verbindung von Hemmung und Sicherheit, von Herbheit und Freiheit; von Zartheit und Kraft eingegangen. Hermann Thimig: neben Waldau fast zu sehr Schauspieler, zu sehr dicker Theaterton, aber mit welcher technischen Meisterschaft spielt er auf der Klaviatur seiner Mittel. Else Eckersberg: ausgezeichnet nach der virtuosen Seite hin, vortrefflich durch den Kontrast.
Reinhardt spielt durch alle hindurch. Durch Paul Hörbigers ungeschickte Bewegungen als Graf Hechingen, durch Hertha von Hagens Konversation (wel-

cher Unterschied zu ihren früheren Münchener Rollen), durch Elma von Bullas Zofe (hier bleibt der Ton outriert, das Spiel krampfig). Max Reinhardt empfing seine entscheidenden Theatereindrücke von der Galerie des Wiener Burgtheaters. Auch wer, wie ich, nur das absinkende Burgtheater gekannt hat, spürt, daß Reinhardt jetzt, auf der Höhe seines Könnens, seine Jugendeindrücke verwirklicht. Burgtheater in einer Vollendung, die das Original wahrscheinlich niemals gekannt hat, war diese Aufführung. Burgtheater ist das Lustspiel von Hofmannsthal, das, indem es die verlöschende Welt des österreichischen Hochadels darstellt, in ihrer distanzierten Sprache, in ihren distanzierten Konflikten gleichzeitig die alte Form des Burgtheater-Lustspiels wieder aufleben läßt: in seiner Diagonalführung, in seiner Szenengruppierung. Ein historischer Abend, was die Thematik betrifft. Ein historischer Abend der Lustspielform. Ein historischer Abend der Schauspielkunst. Ein Museum des Charmes. Aber aus den Vitrinen treten noch einmal die Figuren und bewegen sich und sprechen. Ein Gespensterreigen. Aber ein reizvoller, meisterhaft komponierter, meisterhaft geführter Reigen.

Friedrich Hebbel   Die Nibelungen
Staatliches Schauspielhaus Berlin, 8. April 1924, Regie Jürgen Fehling

Fehlings zweiter Versuch, sich die große nachantike Tragödie zu gewinnen, wurde ein ähnlicher Gewaltakt wie der erste. Im November 1921 hatte er an der Volksbühne den ›König Lear‹ mit Friedrich Kayßler inszeniert, fünfeinhalb Stunden auf einer mit Vorhängen abgegrenzten, mit weißen Wänden und Treppen bestellten Bühne, die am Ende von einer riesigen Weltesche überwölbt wurde. Ein Versuch, den Mythos Lear zu spielen, der schließlich nur durch einige große Szenen Kayßlers gerettet worden war. – Daß Fehling sich jetzt die ›Nibelungen‹ wählte, läßt vermuten, daß der Komödienregisseur Fehling von der Übergröße der Stoffe, der Figuren, von der nordischen Schwere, von der Übergröße des dramatischen Raums an die Tragödie herangeführt wurde. Er strich Hebbels auf zwei Spielabende berechnete Trilogie auf knapp sechs Stunden Spieldauer zusammen, ließ sich eine dunkle, kahle, nur mit rechteckigen Kästen bestellte Bühne bauen, in die er vor allem mit Rot-Kontrasten die Figuren setzte. Die Realisierung war möglich geworden, seit Agnes Straub vom Deutschen Theater ans Staatstheater übergewechselt war. Sie hatte im Oktober 1923 Lessings ›Minna‹ unter Fehlings Regie gespielt, jetzt gewann er ihr die Tragödin ab, die zum erstenmal jenes Pathos entfachte, in dem die Wahrheit eines Menschen zutage kommt: das Fehling-Pathos, das seine späteren großen Inszenierungen kennzeichnet. Es war zugleich die erste Auseinandersetzung Fehlings mit Hebbel. Er hatte zu ihm einen Zugang wie kein zweiter Regisseur seit 1920. Fehling behauptete mit dieser Inszenierung das Theater gegen die zunehmende, auf das Theater zurückwirkende Suggestion des Films. Der zweite Teil des Films ›Die Nibelungen‹ wurde damals als ein »deutsches Ereignis« im Berliner Ufa-Palast am Zoo uraufgeführt.

Alfred Klaar, Vossische Zeitung, Berlin, 9. 4. 1924

Also: das große Unternehmen wurde gestern [...] überstanden. [...] Das ist gewiß für Schauspieler und Publikum ein ›Erlebnis‹. Es fragt sich nur, ob dabei die poetisch künstlerische Anregung allein den Ausschlag gab, ob bei dieser gewaltigen Anstrengung nicht auch die Überspannung des Sensationsreizes, dem sich seit einigen Jahren das Staatstheater mit starker Neigung hingibt, mit im Spiel war. Daß die elf Akte mit ihren 5435 Versen – trotz des verblüffend raschen Szenenwechsels und der bewundernswerten Frische und Tapferkeit der Schauspieler – nicht ohne kühne Kürzungen zu bewältigen waren, versteht sich von selbst [...] ganze Zustandbilder und Episoden waren ausgeschaltet: so die Szenen, die in Kriemhilds einsame Trauer hineinleuchten und ihre allmähliche Vorbereitung auf die Werbung Etzels, so die Idylle des zweiten Teils, die Werbung Giselhers um Rüdigers Tochter Gudrun, so ein gut Stück des Weges, auf dem Kriemhild, um mit Hebbels eigenen Worten zu reden, »Stufe nach Stufe auf den schwindeligen Gipfel« emporgeführt wird. [...]
Es ergeben sich dabei einige ungewöhnliche Wirkungen: Entwicklung und Schicksal der Kriemhild treten eindringlicher und anschaulicher als sonst an uns heran. Auch Hagens Charakter wuchs noch ungeheuerlicher empor; dennoch fühlte man die gewaltsame Zusammendrängung, die der breit ausladenden dichterischen Vorbereitung aller Ereignisse und der gewollten Verschiebung des tragischen Schwerpunktes widersprach. Und man empfand auch das im Grunde hoffnungslose Unterfangen der Bühne, der Kraft der Schauspieler zu viel und der Empfänglichkeit des Publikums mehr zuzumuten, als der wagemutige Dichter geplant und gewollt hat. Als der furchtbare Kampf der letzten Szenen ausgetobt hatte, waren die Zuschauer so erschöpft, daß sich nur ein Teil des Publikums zum wohlverdienten Dank für die riesige Leistung sammeln konnte.
Das Verdienst des Spielleiters Fehling um das Experiment soll nicht verkleinert werden. Er suchte durch Vereinfachung der Szene die Raschheit des Bilderwechsels auf die Spitze zu treiben, durch das Tempo die Masse der Handlung zusammenzuballen und das Ensemble – offenbar durch langwierige Vorbereitung – derart zu festigen, daß sich keine Lücke und kein toter Punkt ergab. Dieses Bemühen war gewiß nicht wertlos, und wenn auch der Bau, der dabei zustande kam, keine Hoffnung auf Dauer hat – weil er der Natur der Dichtung und der des Publikums Gewalt antut –, so wird doch mancher Baustein dieser Inszenierung für eine ›Nibelungen‹-Aufführung in anderer Form erhalten bleiben.
Um einen möglichst einheitlichen Schauplatz zu gewinnen, bediente man sich eines Aufbaues aus Mauern, Quadern, Stufen, der bei leichter Verschiebung und wechselnder Beleuchtung die Umgebung und das Innere des Burgunder- und Hunnenpalastes versinnbildlichen sollte. Von der Üppigkeit der Meininger ist man so zur Verarmung des szenischen Apparates gelangt. Manchmal, wenn uns diese aufgehäuften Steine in die intimsten Vorgänge am Hofe Gunthers versetzen sollten, hatte man das Gefühl, als wäre die Arbeit der Phantasie zu einseitig den Schauspielern aufgebürdet, als trügen die Darsteller nur den Text des Stückes auf einem gleichgültigen Podium vor. Um dem gleichmäßigen Horizont, der sich über allen Szenen wölbte, eine mystische Deut-

samkeit zu geben, griff man zu dem Mittel, die Szene von vornherein in ein geheimnisvolles Dunkel zu tauchen, aus dem nur die Gestalten geisterhaft hervorwuchsen. Dadurch wurde der Stimmungswechsel beeinträchtigt. Der Ostermorgen mit seiner Jagdlust und dem Empfange Siegfrieds verlangt mutige Helle, und Burgund soll nicht das Dunkel und das irrende Licht der Heimat Brunhilds vorweg nehmen. Auf dem düsteren Boden, auf dem Kriemhild die Augen der Gattin Gunthers für die Farben öffnen will, wachsen keine Blumen und gibt es keinen Sonnenstrahl. Die Eintönigkeit des Trümmerfeldes war im wesentlichen nur zweimal unterbrochen: einmal durch die Domszene, in der die Aufstellung der Sippen Burgunds einen so archaistisch feierlichen Eindruck machte, daß man sich wirklich an den heiligen Ort versetzt glaubte, dann in der Bankettszene an Etzels Hof, wo die Tafel der Gäste in ihrer primitiven Einfachheit und ihrer erwartungsvollen Ruhe der Stimmung des Moments auch szenisch gerecht wurde. Dagegen war die Architektur des Hunnenschlosses nur dürftig und verworren angedeutet. Die im Gemäuer kauernden Hunnen waren charakteristisch in ihrer feigen Behendigkeit, aber die verschmachtenden Helden, die aus dem Feuer herausstürzten, gingen zu verworrene Wege über Stock und Stein. Die Unmittelbarkeit ihrer Verzweiflung wurde auf Umwegen gedämpft.

Die Darstellung hatte lebendigen Puls, und die Ausdauer einiger Schauspieler verdient das höchste Lob. Aber nur wenigen Kräften war es gegeben, die Charaktere, in deren herausgemeißelter Fülle Hebbel sein Genie betätigt, plastisch vor uns hinzustellen.

Agnes Straub leistet im Schlußstück das Stärkste darin. Freilich ließ sie die Kriemhild der früheren Szenen mit Bewußtsein fallen. Der Liebenden, der Braut war die holdselige Innigkeit vorenthalten. Kein Schimmer von Glück fiel auf diese Kriemhild, die auf den Trümmern ihres Glücks zur Rachegöttin emporwächst. Erst an der Bahre Siegfrieds fand die Straub sich selbst und ihre Kraft, und von da an stieg sie wirklich durch Schmerz und Jammer zu einem »steilen Gipfel« empor. Die Zweischneidigkeit der Rache, die Wut, mit der Kriemhild sich selbst zerfleischt, das ungeheure Leiden, das sie durchwühlt, war nicht nur in ihrem unheimlichen Toben, sondern auch in ihrem ergreifenden Duldertum elementar ausgedrückt. In der Miene dieser Kriemhild, in ihren umflorten Augen, in ihrer Haltung und ihren Bewegungen, die die Ergebenheit in ihr furchtbares Geschick nachfühlen ließen, lag echte und große Tragik.

Neben ihr war Granachs Etzel eine Gestalt aus ganzem Guß. Schon die Maske des Hunnenkönigs war ethnologisch überzeugend; aber es war kein bloßes Maskenspiel; der plumpe Adel der gebändigten Roheit, die Ritterlichkeit der gefährlichen Kraftnatur, die erworbene Milde des Bekehrten, die Entschlossenheit im Opfer und in der gereizten Vernichtungswut waren so echt, wie der Dichter sie in entscheidenden Zügen gezeichnet hat. Carl Ebert war ein sympathischer, in Bewegung und Sprache edler Siegfried, dem doch das letzte für das Wesen des ›reinen Toren‹ fehlte: der echte kindliche Zug im Heldentum. Man glaubt ihm alles, nur nicht die Jugend. Heinrich George war der Hagen, ein dreintappender, blutreicher, leicht explodierender Naturbursche, der sich in der raschen Entladung seines Innern nicht genugtun kann. Kein Zug von dem verschlossenen, unheimlichen Helden, der List und Treue, Überlegenheit und Wagemut in sich vereinigt. Erst ganz zum Schluß kam dieser die Worte hervorsprudelnde Hagen mit dem Dichter zusammen; die letzte herausfordernde Temperamentoffenbarung des Verblutenden war echt und stark.

Paul Wiegler, BZ am Mittag, Berlin, 9. 4. 1924

Der Abend hat Wagner-Dimensionen. Von sechs bis halb zwölf. Er drängt, unter Streichung ganzer Akte (so der Bechelarn bei Rüdiger) den ›Gehörnten Siegfried‹, ›Siegfrieds Tod‹ und ›Kriemhilds Rache‹ in eins zusammen. Er ist die schwerste Strapaze für die Schauspieler, mit vorangehenden siebzig Proben. Und die schwerste Erschütterung eines Rufs.
 Der Oberregisseur Fehling, dessen Talent man mit Zärtlichkeit durchsetzt und sich durchsetzen sah, der phantasievolle Gestalter heiterer Bühnenillusion, wird nach diesen ›Nibelungen‹ von neuem zu erweisen haben, daß er auch ein Regisseur der großen Tragödie ist.

Er arbeitet diesmal mit dem schwarzen Hintergrund. [...] Nun hat das Auge nichts vor sich als diese schwarzen Wände, den Behelf der phantasielosen, asketischen Regisseure von 1920, die Schirmwände des Unvermögens, die Grabkammer, die das Leben erstickt. Kilometerweit keine Dekoration. [...] Die Burgunden sitzen auf grauen Klötzen, die zu einer Treppe geschichtet sind. (Zweites, hassenswertes Klischee: die Treppe, die Herr Jeßner damals machen durfte, die nun aber ein langweiliges Ärgernis ist. Man konstatiere, wie der König Gunther oder seine Schwester strauchelnd, in Gefahr des Sturzes, darauf herumklettern, und wie diese Holzpodeste vom Laufschritt krachen und dröhnen.) Der Palast zu Worms: eine finstere Treppengruft. Isenland, Brundhilds Valkyrienburg, eine nächtliche Angelegenheit mit hohem, grauem Gerüst. Nur in spitzen Kegeln lassen die Scheinwerfer von oben, und manchmal von der Seite, trauriges Dämmerlicht über die Personen wandeln. Und doch weiß niemand besser als Fehling, daß für Hebbel in ›Siegfrieds Tod‹ entscheidet der Kontrast zwischen der düsteren Mythuswelt droben im Norden und der warmen Lichtflut bei den Menschen am Rhein. »Ist der Himmel immer so blau?« fragt im Staatstheater, im Schloßhof zu Worms, das Eskimomädchen Brunhild; und der Zuschauer grinst verzweifelt. »Ich kann mich nicht an so viel Licht gewöhnen«, klagt Brunhild; und es ist eine Farce für den Zuschauer, der mit Siegfried empfindet: »Nichts ist mir so widerwärtig als solch ein Schwarz, das an den Teufel mahnt.«
Die vernichtende Primitivität der Architektur hält die elf Akte durch. König Gunther spricht von Etzels »dunklem Heunenthron« und hat selbst eine graue Holzkiste. »Doch das ist was ganz andres«, meint Hagen an Etzels Hof, und es ist das nämliche wie zu Hause. Nur wo die Treppen fortgeräumt werden, kommt es zu einem Szenenbild. Im Wald sogar, bei Siegfrieds (unsichtbarer) Ermordung. Im Dom, mit den starren stummen Reihen der Schildträger. Bei Etzels Bankett, mit der langen, beleuchteten Reihe der Gäste. Denn in ›Kriemhilds Rache‹ ist die Beleuchtung vermehrt. Bisweilen werden die Scheinwerfer des Proszeniums angezündet. Und auch die Kostüme erhalten eine Zutat. Erst stampfen die Recken in Hosen herum, Franken-Hosen der Karolingerzeit, und sehen wie Ruhrbergleute aus (der König Gunther), Maschinisten, Hafenarbeiter. (Epigonentum von Reinhardts kostümlosem ›Hamlet‹ im Großen Schau-

spielhaus.) Nachher kriegen sie Sturmhauben und Schilde. Ein scheuer Versuch zu etwas wie Glanz.
Zuerst hofft man nichts für die schauspielerischen Leistungen mehr. Zwar der Siegfried Eberts hat, ohne den Zauber der Jugend, die gewinnende Kraft herzensreiner Männlichkeit und wirkt heroisch trotz seinem dicken, gelben Schlafanzug. Aber er wird genötigt, sich zu überschreien. Die Ute huscht, klein und gebeugt, vorüber und redet mit der scharfen, klugen Redekunst von Frau Bertens. Herr Reuß: ein Volker mit vibrierendem Organ. Aber Herr Taube ist ein Gunther mit faltigem Gramgesicht. Und alle leiden sie durch die Ungunst des Vergleichs mit Wagner. Ist Hebbels grandioses Beginnen, die ›Nibelungen‹ (mit eingesprengten urtümlichen Edda-Blöcken) zu historisieren, nicht überholt, ist ein ›Ring‹ noch denkbar, zu dem nicht das Orchester rauscht? Ein Hagen, eine Brunhild, die nicht singen? So oder so: der Hagen des Herrn George, bartlos, blicklos, mit rauh bellender Heiserkeit, ist verfehlt, weil er nichts als den Mörder gibt. Und nach der Tat, in ›Kriemhilds Rache‹, statt schicksalshafter Unbezwinglichkeit Angstgekeuch, Angstgebrüll und die Raufboldgrimassen eines subalternen Macbeth. Die Brunhild, eine gastierende Dame, eher einem zornigen Siouxweib ähnelnd, ist eine Katastrophe.
Die Rettung ist der zweite Teil. Bis dahin hat die Kriemhild der Straub, blondzöpfige Jungfrau und minnige Ehegattin Siegfrieds, ihre Hemmungen. Nun, und schon in der Domszene, wächst sie empor. Sie ist der elementare Schauspieltrieb. Die furchtbare Drohung, die von Grauen umwitterte Vollstreckerin. In diesem Rasen ist ein Moment, der das Drama hell überflammt: wenn sie in die Werbung des Hunnenkönigs einwilligt, dem Bruder die Arme um den Hals legt, ihn mit verzerrten Mienen anstiert und, wild die Augen öffnend, ihn losläßt. Das ist in der Stummheit so stark wie die stärkste dramatische Entladung. Neben ihr schleicht in diesen letzten Akten der Etzel Granachs, ein bartbedeckter, asiatisch wüster, in seinem Tierschmerz schriller Zwergenkönig.
Der Abend jedoch ist der Abend der Straub.

Herbert Ihering, Berliner Börsen-Courier 9. 4. 1924

Hebbels ›Nibelungen‹ aus einer Grundvision zu inszenieren, ist eine fast unmögliche Aufgabe. Es haben sich vor die Siegfried-Sage so viele primitive, feststehende, von Schule und Überlieferung gespeiste, Bildvorstellungen geschoben, daß es schon als Wagnis erscheint, Recken ohne Felle, Bettvorleger und wallende Bärte zu spielen. Hinzu kommt, daß die beiden ersten Teile: ›Der gehörnte Siegfried‹ und ›Siegfrieds Tod‹ dichterisch nicht aufgeblüht sind (Glanz, Naivität liegen Hebbel nicht: die Liebesszenen zwischen Kriemhild und Siegfried hätte nur Kleist schreiben können), daß er in ›Kriemhilds Rache‹ die wahrhaft große, die wahrhaft deutsche Tragödie beginnt. Das Theater hat es vor diesem dritten Teil leichter: er kann aus der dichterischen Vision gespielt werden, und dieser Vision stehen keine Hemmungen der Konvention und erstarrten Schulvorstellung im Wege.
Trotzdem muß auch für den Beginn eine Möglichkeit jenseits der Wagnerei gefunden werden. Jürgen Fehlings Verdienst ist es, diesen Weg erkannt und begonnen zu haben. Wenn er alles lastend, schwer, barlachhaft nimmt – so

fehlen innerhalb dieser Anlage die Variationen und Kontraste. Fehling spielt ohne Dekorationen auf Würfeln und Blöcken, in einer neutralen Urlandschaft. Das hätte sofort bezwungen, wenn die Abstufung im Licht gelungen wäre. Hier liegt ein entscheidender Fehler. Man kann nicht elf Akte in Schwärze tauchen – um so weniger als die Gegensätze der Beleuchtung schon durch die Szenen selbst bedingt werden. Wenn man die Siegfriedszenen vor freigelegtem Rundhorizont, unter grellem Licht und klarem Himmel und schwarz nur Brunhilds ersten Akt, den Dom und ›Kriemhilds Rache‹ gespielt hätte, dann wäre nicht nur für das Auge des Publikums die Abwechslung, sondern auch für den inneren Weg der Tragödie die äußere Andeutung dagewesen.
Zweitens die Kostüme. So richtig es war, von Fellen und Methörnern wegzukommen, so gefährlich war es, die Monotonie noch einmal durch die Kostüme zu betonen. Es müssen Unterschiede gefunden werden, Unterschiede nach dem Charakter der Rolle, nach den Körpern und Bewegungen der Darsteller. Emil Pirchan aber hat für diese Unterschiede keine Phantasie. So kann man nicht den Gunther von Robert Taube so armselig anziehen, daß seine Langweiligkeit noch betont wird. So kann man nicht den breiten George in weite Bluse und Pumphosen stecken, daß sein Hagen noch bürgerlicher und behäbiger wird. Daß Hagen bartlos war: gut. Aber dann hätte George eine streng anliegende Perücke tragen müssen, die seinem Gesicht, dem für diese Rolle die Suggestionskraft fehlt, wenigstens Form gegeben hätte.
Drittens die Besetzung. Es ist unbegreiflich, daß in diesem männerreichen Stück nicht Walter Franck, der jetzt noch zum Ensemble des Staatstheaters gehört, eine Hauptrolle spielte. Er wäre Hagen gewesen, weil er Bannkraft hat. George wäre dann für den Gunther in Betracht gekommen, den er lastend, dumpf, brütend hätte spielen können. Einen Siegfried gibt es heute kaum, also muß man sich mit Ebert begnügen, der gestern wieder an das Hoftheater Waldemar Staegemanns erinnerte, (nur straffer sprach). Als Brunhild ließ Ida Maria Sachs alle Töne in eine hohle Tiefe fallen, statt zielend, drängend, emportreibend zu sprechen. Eine schwere Belastung der Vorstellung.
Was vielleicht den Grund in diesen Besetzungsmängeln hatte: die inneren Beziehungen der Personen zueinander waren nicht klargelegt. Erst in balladenhaft gebundenen Szenen: Dom, Volkers Nachtgesang, Etzels Gastmahl, Untergang der Nibelungen kam Fehling auf seine eigene Höhe. Diese Szenen waren außerordentlich. Vorher wechselte zu oft feierliches Psalmodieren (die Ute von Rosa Bertens) gegen wildes Tempo. Die dynamischen Beziehungen der Personen, die Kraftverhältnisse der Tragödie wurden hierdurch oft irritiert. Aber Elsa Wagner gab eine ebenso dumpfe wie ausbrechende Frigga. Kraußneck einen ergreifenden Rüdiger. Alexander Granach einen peitschenden Etzel. Und Leo Reuß war als Volker für seine Verhältnisse diszipliniert.
Die ganze Vorstellung aber wurde reich und groß durch die Kriemhild von Agnes Straub. Wenn das Wort: meisterhaft noch einen Sinn hat – auf diese Gestaltung trifft es in seiner tiefsten, deutschesten Bedeutung zu. Diese Kriemhild war meisterhaft in jenem adligen Werksinne, der dem Theater fast verloren war. Aus ihrem Spiel erhellte sich die innere Gliederung der Tragödie. Sie war eine andere den Brüdern, eine andere Ute, eine andere Brunhild, eine andere Siegfried, eine andere Hagen gegenüber. Wie sie sich von ihrer Sippe löste, wie langsam der Schmerz vereiste und innen der Weg der Rache begann, das gehört zu den größten Erschütterungen, die das Theater der letz-

ten Jahre zu verleihen hatte. Dabei war alles mit einer seelischen Erfahrung ausgewogen und gegliedert, jede Spannung gehalten, jede Stummheit reich, dabei stieg der Schluß in eine dem Irdischen entgleitende Transparenz, die Agnes Straub selbst bisher noch nicht hatte. Eine begnadete Schöpfung. Genial in der Intuition, durch innerliche Werktreue bestätigt. [...]

Alfons Paquet Fahnen

Uraufführung: Volksbühne am Bülowplatz, Berlin, 26. Mai 1924
Regie Erwin Piscator

Während Jürgen Fehling mit den ›Nibelungen‹ zum erstenmal kundtat, wo er die große Wirkung des Theaters suchte: im Aufreißen der großen Tragödien, in der Darstellung der Verhältnisse von Mensch und Raum, begannen an der Volksbühne, die Fehling zwei Jahre zuvor verlassen hatte, die Proben zu einer Aufführung, deren Ergebnis dem Fehlingschen Theater entgegengesetzt war und die für die Volksbühne einen neuen Abschnitt ihrer Entwicklung einleitete. Die Volksbühne war von der sozialen Umwälzung der Revolution unberührt geblieben. Von Max Reinhardt hatte Friedrich Kayßler, von Kayßler 1923 Fritz Holl die Direktion übernommen. In der Dramaturgie saß der von vielen Theaterleuten als ›Oberlehrer‹ verachtete Julius Bab. Die Begegnung der Bühne mit der Gegenwart in Tollers ›Masse Mensch‹ war zufällig geblieben. In einer zufälligen Entscheidung war Alfons Paquets Stück angenommen worden. Ebenso zufällig wurde dafür jener Erwin Piscator engagiert, der ehedem das Proletarische Theater geführt, sich im Central-Theater aber anscheinend ›beruhigt‹ hatte. Piscator fand nun, an der modernsten Bühne Berlins, zum erstenmal die Möglichkeit, ›groß‹ zu inszenieren. Er weitete Paquets ›dramatischen Roman‹ vom Chikagoer Arbeiteraufstand über seinen Rahmen hin aus, hellte die Hintergründe des Stoffs auf, indem er die Handlung durch Dokumentation aus der Zeit des Aufstands ergänzte und auf seitlich angebrachte Leinwände projizierte (Fotos der historischen Personen, Zeitungsüberschriften, die die Handlung zugleich kommentierten). »Aus dem Schauspiel entstand das Lehrstück.« Aus der Weiterführung der am Proletarischen Theater entwickelten Ansätze ergab sich damit die erste Form der Piscatorszene, die den epischen Charakter der Szene verstärkte, aber das Publikum doch emotionell erregte. Das damit in das Stück eingebrachte soziale, besser sozialistische Engagement war zugleich eines gegen das Desinteresse des Publikums an »revolutionärer Kunst«. Mit dieser Aufführung begann Piscators »politische Dramaturgie« und Piscators »technische Revolutionierung des Theaters«. – Die bürgerliche Kritik reagierte noch mit großem Befremden. Selbst Ihering vermißte die »Dramatisierung« und sprach vom »Irrtum der Projektionen« (›Börsen-Courier‹, 27. 5.). Vom ›Berliner Tageblatt‹ waren weder Kerr noch Fritz Engel in dieser Premiere. Für Piscator bedeutete sie den Durchbruch als Regisseur.

Max Osborn, Berliner Morgenpost 28. 5. 1924

Dem Sturm auf der Bühne antwortete stürmischer Beifall. Und mit gutem Recht. Denn wenn auch Alfons Paquet, als ausgezeichneter Novellist, Reiseschilderer und Essayist längst hochgeachtet, in diesem ersten Versuch für die Bühne noch nicht dazu kam, den großen und bedeutungsvollen Stoff, den er sich wählte: die frühe Arbeiterrevolte in Chikago vom Jahre 1886, dichterisch durchzuformen, so wirkte er dennoch unbedingt durch die geschickt erdachte Aufreihung der erregenden Szenen, durch den Wechsel und die Kontraste der blitzartig, wie aus einer Vision, aufsteigenden Bilder, durch die scharfe Erfassung der entscheidenden Momente.

Paquet war in Rußland und hat dort die mitreißende Technik kennengelernt, in der der Regisseur Meyerhold im Moskauer Neuen Theater revolutionäre Vorgänge spielen läßt. Paquet war auch in Amerika, wo er die Anfänge eines merkwürdigen modernen Kunststils erlebte, der aus dem technischen Geist der dortigen Überzivilisation erwächst. Aus solchen Eindrücken setzte er die originelle äußere Form seines Stückes zusammen. Kinoeffekte werden zu Hilfe genommen. Wenn der Vorhang aufgeht, erscheint hoch oben, im hellen Ausschnitt einer zweiten Gardine, wie im Film, der Titel des Stückes und hinterher eine kurzgefaßte, historische Einführung. Ein Prologsprecher tritt auf und erklärt die handelnden Personen, deren Bilder in dem belichteten Rechteck auftauchen. Rechts und links vom Bühnenrahmen sind zwei weitere Leinwandvierecke aufgespannt, die, von einem Skioptikon getroffen, die Handlung mit allerlei Arabesken begleiten, mit aufleuchtenden Plakaten, Zeitungsausschnitten und symbolischem Bildwerk aller Art. Einmal kann man sich so etwas schlimmstenfalls gefallen lassen. Geknatter tönt in die erste Szene. Wir sind mitten in die Erhebung der amerikanischen Arbeiter gerissen, die – damals schon – leidenschaftlich um den Achtstundentag kämpften. Und nun rollt sich das Schicksal dieses Aufstandes ab. Die Arbeiter berauschen sich an den Ideen, an der vermeintlichen Macht ihrer geschlossenen Masse. Die einen glauben, durch Demonstrationen, durch Begeisterung und Einmütigkeit brüderlichen Vorgehens ihr Ziel erreichen zu können. Die anderen fabrizieren in geheimer Werkstatt Anarchistenbomben. Wir sehen auch die Gegner am Werke, das harte, unbeugsame Unternehmertum, verkörpert in der Person des Industrieherrschers Cyrus McShure, der den ganzen Apparat von »Gesetz« und »Ordnung« in seinen eisernen Händen hält und die käufliche Polizei mit seinem Gelde zu rücksichtslosem Vorgehen treibt. Es kommt zur Katastrophe. Blutvergießen, Gefangennahme der Führer, Gerichtsverhandlung, ohnmächtige Gegenwehr der Arbeiterschaft – bis schließlich die Märtyrer unterm Galgen stehen.

Alfons Paquet hat nichts von der im Erdboden wurzelnden Menschengestaltung Gerhart Hauptmanns, der in seinen ›Webern‹ das immer wieder fortwirkende Urbeispiel zu allen modernen Revolutionsdramen gegeben hat. Er hat auch nicht das von innen glühende Pathos Ernst Tollers. Aber er weiß die Ereignisse knapp und sinnlich greifbar hinzustellen, und wenn sie oft als reine Tatsächlichkeiten wirken, so darf man doch nicht vergessen, daß es auch dazu einer ordnenden Hand bedarf. Dies ist russisch: diese einfache Manier, durch wahrheitstreue Gegenständlichkeit, im Grunde eigentlich kunstlos, einen riesigen Kreis von Zuschauern zu packen. Die Einzelschicksale und die Individuen kümmern den Verfasser wenig. Er gibt dafür bloß skizzenhafte und nicht sehr tief charakterisierende Umrisse. Ein paar Frauenangelegenheiten, die hineingemischt werden, bleiben vollends fragmentarisch und ganz ungekonnt. [...] Es ist nur eine matte Entschuldigung, wenn Paquet sein Werk einen »dramatischen Roman« nennt. Es wird auch reichlich geleitartikelt und in schematischen Wendungen gesprochen. Aber alles tritt doch zurück gegen den beherzten Griff des Ganzen.

Die Aufführung unter der Leitung von Erwin Piscator bot dem Verfasser eine wahrhaftig großartige Unterstützung. Sinn und Wesen der Tragödie waren mit einem Verständnis herausgefühlt, das jedem Gedanken seine plastische Bewegtheit gab. Die Drehbühne hatte Raum für anscheinend zahllose Segmente; querdurch über ihre ganze Tiefe konnte sich die Straße von Chikago ziehen mit ihren von Edward Suhr in andeutender Malerei hingeworfenen Häusern. Außerordentlich die Szene, wo nach der Verkündung des Bluturteils die Richter sich ihrer Talare entledigen, im Frack dastehen und ohne weiteres in den eleganten Klubraum schreiten, den im Hintergrunde der hochgezogene Mittelvorhang enthüllt hat. Ein Bild von aufreizender Symbolik. Nicht sobald zu vergessen der Anblick der Richtstätte mit den vier Verurteilten im weißen Totenhemd. Oder der: wie vor dem großen Sarge der Gehängten der neue Führer, Spieß' Nachfolger in der Leitung der Arbeiterzeitung, ein aufrechtes Wort vom Zukunftskampfe spricht, daß man erkennt, der verlorene Kampf geht weiter – und wie mächtige rote Fahnen in spitzen Winkeln sich quer über die Bühne schieben, wie auf dem Revolutionsbild des italienischen Futuristen Boccioni.

Die Darsteller wurden von dem Regisseur befeuert. Sie alle waren mit Leib und Seele bei der starken Sache des Abends. In erster Reihe Paul Henckels als Spieß und Leonard Steckel als der bestochene, tückische Kapitän der Chikagoer Polizei, ein bösartiger, geleckter Bursche. Aber auch Werner Hollmann in der Rolle des Shure, die Herren Wäscher, Harlan, Schweizer und Julius Sachs als kämpfende und unterliegende Arbeitergestalten. Ilse Baerwald gab dem amerikanischen Klärchen eine liebe blonde Innigkeit; Hermine Sterler der romanhaften Dame aus der großen Welt eine edle und vornehme Erscheinung, hinter der sich das Proletariermilieu nur um so grauer abhob. Eine hübsche Figur ist ein Geheimrat aus Berlin, der nach Chicago kommt, um die Beteiligung Deutschlands an der kommenden Weltausstellung zu erklären. Er erzählt vom alten Kaiser und von Bismarck und bringt damit historisches Kolorit, das auch für uns erkennbar ist, in die Szenen. Oskar Fuchs spielt in seiner gemessenen preußischen Steifheit sehr nett. Wie schön, daß der Berliner Geheimrat von den Segnungen des Sozialistengesetzes berichten und zugleich mitansehen kann, wie auch in der neuen Welt »die Ruhe wiederhergestellt wird«. Das große Aufbäumen der Unterdrückten, die zum Lichte wollen, endet in tragischer, furchtbarer Enttäuschung.

Monty Jacobs, Vossische Zeitung, Berlin, 27. 5. 1924

Der Dichter und der Spielleiter dieses Abends erleichtern dem Rezensenten sein Amt. Denn sie haben beide Selbstkritik geübt.
Oder gibt es ein grausameres Kennwort für ein Theaterstück ohne dramati-

schen Knochenbau als die Bezeichnung »dramatischer Roman«? Alfons Paquet, der rheinische Wandersmann, hat es stolz auf den Zettel seines Bühnenerstlings ›Fahnen‹ gesetzt. Als ob der Name dramatischer Roman, wenn Worte einen Sinn haben sollen, etwas anderes bedeuten könnte als ein undramatisches Drama.
Erwin Piscator aber, der Regisseur, vom Central-Theater her gut ins Gedächtnis geschrieben, brachte seine Selbstkritik in Gestalt von zwei weißen Leinwandflächen, rechts und links vom Vorhang, in Ranghöhe an. Sie dienten als Kino im Theater, nach dem Spruch: wenn schöne »Titel« sie begleiten, dann fließt die Handlung munter fort. Etwa: die armen Sünder auf der Bühne treten vor ihre Richter. Auf den weißen Tafeln aber erscheinen die Worte: »Zum Tode verurteilt«. Man lasse einmal an diesem Zeitensegen das Werk der Klassiker teilnehmen und es werden Titel neben den Schauspielern erscheinen: »Inzwischen hungert der Greis im Turm« oder »Der Tritt in Glosters Auge« oder »Luises Limonade ist matt«. Ein Regisseur, der solche Krücken für nötig hält, verbirgt nicht eben diskret die Lahmheit seines Dramas.

Paquets dramatischer Roman ist ein historischer Roman. Denn der Anarchistenprozeß in Chicago, vor vierzig Jahren, ist bereits Geschichte geworden, Geschichte der Kämpfe um das Arbeiterrecht, um den Achtstundentag. Noch heute werden die vier Aufgehängten am Galgen dieses Prozesses von den Erben ihrer Gesinnung als Opfer einer blinden Klassenjustiz betrauert.
Alfons Paquet denkt keinen Moment daran, den Objektiven zu spielen. Ohne Scheu nimmt er Partei, Partei für die Angeklagten, und da sein gepreßtes Dichterherz sich auf einer weißen Leinwand entladen darf, so steht links und rechts vom Vorhang zu lesen: »Die Polizei warf selbst die Bomben.« (Immerhin wird auf der Bühne gezeigt, wie die Anarchisten sie drehen und füllen.)
Diese Parteinahme ist die Stärke und Schwäche des Werks zugleich. Über Hebbels Forderung, daß alle Personen im Drama recht haben müssen, lächelt Paquet, der Parteimann. Auch Hauptmanns weiche Hand, die dem Fabrikanten Dreißiger ein Menschenherz schenkt, ist ihm fremd. Sein Kapitalist ist ein Mann ohne Herz, ein kaltblütiger Dschingiskhan des Unternehmertums. Seine Richter legen – ein Bühnenwitz des Regisseurs Piscator, mild wie Schwefelsäure – die Roben ab, in denen sie eben die Anarchisten verdammt haben, und stehen im Frack bereit, an einem Schlemmerfest ihres Freundes, des Nabobs, teilzunehmen.
Es bedarf keiner Versicherung, daß die Methode Hebbel eine stärkere dramatische Genugtuung nachschwingen läßt als die Methode Paquet. Wenn die Unternehmer Despoten, die Polizeigewaltigen käufliche Seelen im Solde dieser Unternehmer, wenn die Anarchisten lauter liebe, freundliche, zutrauliche Bombendreher sind, so läßt sich leicht der Beifall eines großstädtischen Volkspublikums erwerben. Von Rechts wegen wäre Paquet zu einer doppelten Mitgift an seine Delinquenten verpflichtet: Atem und Sympathie. Aber sein dramatisches Vermögen ist viel zu armselig, um ihnen Atem zu bescheren, und seine Naivität macht sich das Werben um Mitgefühl leicht. Er stellt nämlich die Gewalt des Mitleids mit den Wehrlosen, mit den Ausgeplünderten billig und bequem in seine Rechnung ein. Bis zu welcher Armut der Kolportage sein Stück sinkt, zeigt eine Lady aus der Schicht der Ausbeuter, die unter den Eidgenossen mit der Dynamitbombe die Berta von Bruneck spielt. Wenn Paquet

zufällig ein Drama geschrieben hätte, so hätte er zeigen müssen, wie diese Dame dazu kommt, sich dem Rädelsführer in der Armensünderzelle antrauen zu lassen. In einem dramatischen Roman geschieht so etwas im Zwischenakt, und der Zuschauer muß noch dankbar sein, daß er es nicht bloß auf der Filmleinwand erfährt. Ein Dramatiker könnte sein Recht zum Überspringen ausnutzen. In einem dramatischen Roman aber darf nichts ausgelassen werden, und so stehen unter den schwarzen und roten Fahnen der Anarchie die Delinquenten noch mit dem Hanfstrick um den Hals vor dem Zuschauer.

Paquets Drama verdankt sicherlich nur seiner Tendenz sein Recht auf die Volksbühne. Allmählich wird's System, und wer es mit dem schönen Hause am Bülowplatz gut meint, muß nachdrücklich vor dieser Kunstpflege des Hohenzollern-Dramas mit umgekehrten Vorzeichen warnen. Aber irgend etwas in Alfons Paquets Werk reißt das Stück immer wieder aus dem großen Papierkorb der Phrase heraus. Auch Sozialismus ist wie die Romantik letzten Endes nichts als Sehnsucht. Ein Tropfen dieser Sehnsucht fließt Paquets Verschwörern durchs Blut, ein Windstoß dieser Sehnsucht beflügelt die Prosa ihrer Sprache. Irgendein schwerer Druck preßt diesen armen Schächern das Herz, am schwersten denen, die zu Verrätern an der gemeinsamen Sache werden. Ein Parteidrama, sogar ohne Tollers Ansätze zur Selbstkritik der Partei, ist schwer zu ertragen. Für den sozialen Kampf müssen den Kriegsgängern offenbar erst neue Kehlen wachsen. Im Schweiße ihrer rhetorischen Mühe, mit allen pompösen Volks- und Gerichtsreden bringen sie nichts auf, was sich mit dem simplen Kehrreim des modernsten aller sozialen Dramen messen könnte, mit dem Seufzer: wir armen Leut' in Georg Büchners ›Woyzek‹. Aber bei aller Naivität, bei aller Armut der ›Fahnen‹, – es rauscht in ihnen eine leise Erinnerung an diesen Seufzer.

Paquets Hand zittert unsicher, aber Piscators Finger packen fest zu. Eine glückliche Einsicht der Volksbühne berief in diesem jungen Spielleiter die Kraft, die der Aufgabe gewachsen war. Er preßte die lockere Folge von 19 Bildern zusammen, er schuf, von Edward Suhrs Malkunst unterstützt, die Atmosphäre Chicago, eine Atmosphäre der Beklemmung, der Freudlosigkeit, er ließ hinter der Szene die Großstadt brausen, und er befreite nach Menschenkraft die Sprecher aus dem Netz der Phrase. Nur die überflüssigen Kinomätzchen zeigten, daß Piscator sich noch stark machen muß, wenn er der Schwäche seines Autors helfen will.
Den Darstellern aber weiß er schon jetzt zu helfen. Freilich aus Paul Henckels Trockenheit, in der Rolle des Rädelsführers, kann der Theatergott selbst den Funken der Rebellion nicht schlagen. Aber wie ehrlich war die Hingabe all dieser Kräfte an ihr Werk, wie sicher Hollmanns Kapitalist, wie tapfer das Verräterpaar Julius Sachs–Johanna Koch-Bauer. Fränze Roloff mußte diesmal eine Mulattin ans Kreuz ihrer Passion schlagen. Auf dem schlimmsten Posten überraschte Hermine Sterler, in diesem Winter hübsch frei und stark geworden. Denn die Opfertat ihrer Lady ließ keinen Moment an den Spleen einer müßigen Salondame denken. Sehnsucht, nichts als Sehnsucht auch in ihrem Blut!
Mehr als alle Opfer der Justiz aber interessierte das Werkzeug dieser Justiz, der Polizeikapitän. Denn in ihm spannte sich der Wille, in ihm straffte sich

die Kraft des Darstellers, der an der Volksbühne die stärkste Zukunft spüren läßt: Leonard Steckel. Ein Scherge war im Gewimmel der Darsteller der Gewaltigste. So rächte sich für diesmal die Gesellschaftsordnung an ihren Verächtern.

Fh..., Der Vorwärts, Berlin, 27. 5. 1924

Der vorsichtige Autor, Alfons Paquet, ein Beherrscher kultivierter Prosa, ein Meister der nuancierten Sprache, ein behutsamer Gestalter und Deuter behutsamer und bedeutender Dinge, nennt sein Stück: einen »dramatischen Roman«. [...]
Er beginnt mit einer Demonstrationsversammlung, mit knüppelnden Polizisten und der Vorbereitung des Proletariats zu einem scheinbar aussichtsreichen Kampf gegen den Fabrikanten Cyrus, von dem der Autor im Prolog des ›Drahtziehers‹, der das Stück als ›Puppenspiel‹ deklariert, folgendes sagt: »Seht Cyrus hier, den Mann mit starken Knochen, als seine Mutter noch lag in den Wochen, las er schon Zeitung, buchstabiert' das Einmalein und lernte keck verwechseln Mein und Dein.« Ein Kapitalist also von Geburt. Wir kennen ihn und seinesgleichen und wissen, wie Kämpfe, die man gegen ihn unternimmt, vorläufig ausgehen müssen. Auch in Paquets ›Fahnen‹ bleibt die auf dem Grundgesetz der Verwechslung von Mein und Dein aufgebaute Gesellschaftsordnung siegreich. Das Stück schließt mit dem Begräbnis der gehenkten Kämpfer. Also mit der Niederlage.
Und dennoch nicht mit der Niederlage! Ein alter Arbeiterführer, für den Kampf zu friedlich und für Begräbnisse noch gerade genug Empörer, sagt über die Leichen: »Ihr Erstlinge in dem geöffneten Boden dieses Landes. Diese Erde ist unser von nun an.« Dann befiehlt er: »Senkt die Fahnen. Gedenkt der Freiheit.« Und eine Stimme ruft: »Freiheit«. Es ist das Echo der Welt auf die proletarische Leichenrede. Es ist eine von jenen Niederlagen, die im Grunde Siege sind. Es ist die Eroberung eines Landes durch Einpflanzung von Leichen. Uns wird ein Boden zur Heimat, in dem wir unsere Toten begraben. Die bürgerliche Gesellschaft erobert durch *Mord*. Wir erobern durch *Opfer*. *Ihr* Leben ist Tod. *Unser* Tod ist Leben. Das ist eine alte Wahrheit. Wir wollen es dennoch dem Dichter Alfons Paquet nicht vergessen, daß er die Notwendigkeit fühlt, diese Wahrheit zu wiederholen.
Dieser »dramatische Roman« hat zwei ›Helden‹: Proletariat und Kapitalismus. Er ist also die dramatische Behandlung des einzigen ›sozialen Problems‹, des Grundproblems der Gegenwart und der nächsten Zukunft. Er schildert den Kampf zwischen Macht und Ohnmacht. Oder auch: zwischen Macht und Kraft; zwischen Bestialität und Humanität; zwischen Unterdrückern und Unterdrückten. Nennen wir sie ruhig bei ihren aktuellen Namen: zwischen Arbeitgebern und Arbeitnehmern.
Wir haben nicht viele deutsche Dichter, die für die wichtigste Frage der Gegenwart, für unsern historischen Kampf, für unsere Not und unsern Sieg ein leidenschaftliches Interesse bekunden. Was bedeuten uns also die dramatischen Mängel dieses ›dramatischen Romans‹? Gewiß hätte der prinzipielle Kritiker, der Partout-Regierer, manches auszusetzen: daß hier die Typen verschwimmen in dem Konturen fressenden Grau der Atmosphäre; daß die Not der Masse noch nicht stark genug ist, um zu erschüttern, weil der Einzelnen

Not etwas flüchtig erscheint, mehr skizziert als gestaltet. Es fehlt die dramatische Steigerung des Elends, der Höhepunkt der Bestialität, wie der des Unheils. Aber die Hand, die aus dem Übel unseres armen Lebens die Gestalten an den Vordergrund hob und sie dichterisch belichtete, ist dort, wo sie unsicher wird, aus Mitgefühl unsicher, durch herzliche Erschütterung zitternd. Fehlt hier die ›dichterische Objektivität‹? Jawohl, es fehlt, Gott sei Dank! Unsere Dichter sind sonst so grausam objektiv! Der Verfasser der ›Fahnen‹ ist ja nicht nur ein Dichter, sondern mehr: ein Mensch! Die bürgerliche Kritik wird es ihm übel vermerken.

Dem Menschen Paquet wurde die Regie Erwin Piscators mehr gerecht als dem Dramatiker. Diese Regie löste den »dramatischen Roman« in 19 Bilder auf. Sie folgten einander schnell und gleichsam bemüht, die Einheit des Geschehens um jeden Preis zu wahren. Über diesen mehr interessanten als völlig geglückten Regieversuch wäre viel zu sagen. Hier sei nur der originelle Einfall vermerkt: Die Handlung der Bühne in Laterna-Magica-Bildern auf zwei Leinwandflächen durch Texte zu erläutern. [...] Die Verwendung der dokumentarisch belegten Tatsache bedeutet in der neuen Literatur eine Kühnheit. Die Regie begriff es. Und sie bemühte sich (freilich mehr tastend, als erfüllend) den Mangel der eigentlichen dramatischen ›Spannung‹ durch Licht- und Schalleffekte und durch die dramatisch bewegte Architektur der Szenerie zu ersetzen.

Es war ein rauschender Erfolg. Der Dichter wurde hervorgerufen. Besonders zeigte sich die Jugend begeistert. Es war brennende Aktualität in dieser Aufführung. Einzelne Schauspieler ragten aus den Massenszenen hervor. [...] Aber es kommt wohl in Aufführungen solcher Stücke weniger auf die Einzelleistung an als auf den Zusammenklang *aller* ›Einzelnen‹. Hier war die Harmonie nur durch einige Mißtöne gestört.

Der Dichter leistete sich einen kleinen Ausfall gegen die Sozialdemokratie Deutschlands. Es heißt an einer Stelle: »Die große Partei der Waschlappen.« [...] Von einem Autor, der *diese* Gesinnung manifestiert, kann die Partei des Sozialismus selbst dann eine Kritik vertragen, wenn sie ungerecht ist.

Friedrich Schiller   Wallenstein

Staatliches Schauspielhaus Berlin, 10. und 11. Oktober 1924,
Regie Leopold Jeßner

Was Jeßner seit dem ›Othello‹ an Entwicklung vollzogen hatte, alle Erfahrungen und neuen Absichten kamen in dieser Inszenierung zusammen. Sie umfaßte zwei Abende und wurde Jeßners größter Erfolg als Regisseur und Dramaturg. »Die Höhe seiner Laufbahn«, bestätigt Eckart von Naso. Wieder war Schiller der Sammelpunkt seiner Intentionen, wieder begann Jeßner mit Schiller einen neuen Abschnitt (sein Vertrag als Intendant war im Frühjahr verlängert worden). Nach dem ›Überteufel‹ war Jeßner wieder zu den Stücken des Realismus zurückgekehrt. Auf den ›Volksfeind‹ (19. 10. 23) war Hebbels ›Maria Magdalena‹ im Schillertheater gefolgt (3. 1. 1924). Als er am Staatstheater am 2. Februar 1924 die Uraufführung von Bluths ›Die Empörung des Lucius‹

inszenierte, hatte er zum erstenmal auf die Stufenbühne verzichtet, die er im
›Tell‹ von 1923 durch die Schräge ersetzt hatte. Ein Verzicht, der ihm mehr
von der Ermüdung des Publikums an der ›Treppe‹ als von der Ausschöpfung
ihrer Möglichkeiten aufgezwungen worden war. Auch bei der Inszenierung
von Wedekinds ›König Nicolo‹ (25. 4. 1924) hatte er nicht mehr auf sie zurückgegriffen. Der Verzicht war nicht leicht. Halb resigniert schrieb Jeßner:
»Aber jede Zeit fordert eine Kunst, die ihr durchaus gerecht wird. Die mehr
epischen Bestandteile des Dramas verlangten wieder nach der Kulisse.« Das
Requisit kam wieder auf seine Bühne zurück (in der ›Maria Magdalene‹ sogar
eine echte Hobelbank); sie blieb aber doch immer Zeichen und wurde auch
Symbol. Die menschlichen Figuren wurden kräftiger ausgearbeitet, die in der
Stufenbühne entwickelte Raum- und Stellungssymbolik wich nun einer Bewe-
gungsregie, die die dramatischen Vorgänge zeigend übersetzte. »Die klare Stufung der Bühne wurde auf das Wort übertragen. Die Rede wurde nun aufs
äußerste diszipliniert, gerafft und geschliffen« (Jeßner). – Die Eigenwilligkeit
trat hinter dem Bemühen zu größerer Sachlichkeit zurück, Arthur Eloesser
schrieb zu diesen Veränderungen: »Jeßner eröffnet seine Restaurationsperio-
de.« Für Jeßner war es eine Weiterführung, eine Anreicherung des bisher Erreichten: In seinem Vortrag ›Das Theater‹ sagte er 1924: »Zukünftige Aufgabe wird es sein: die jeweils dominierende Idee immer vielfältiger zu gestalten,
die Vision immer farbiger zu bannen, das Grundthema des Stücks immer viel-
tönender zu variieren, ohne dennoch die Gesetzmäßigkeit des Aufbaues nur
um eine einzige überflüssige Bewegung zu verletzen.« Im ›Wallenstein‹ war
das vorzüglich gelungen. – Jeßner inszenierte zum erstenmal mit Werner
Krauß. – Damit setzte der direkte Dialog mit Max Reinhardt wieder ein, der
als Regisseur nach Berlin zurückkehrte und drei Tage später mit der Shaw-Pre-
miere die schnelle Regenerationsfähigkeit des Berliner Theaters bestätigte.

Herbert Ihering, Berliner Börsen-Courier
Vorberichte, 11. und 12. 10. 1924

›Wallensteins Lager‹ und ›Die Piccolomini‹ wurden gestern in der Neueinstudierung Leopold Jeßners bejubelt. Eine aus vielen Elementen zusammengesetzte, aber fabelhaft gebundene und gestraffte Aufführung. Auch wo meiningeri-
sche Bestandteile wie in manchen Repräsentationsszenen sich einzuschleichen
schienen, waren diese mit sicherem Griff eingegliedert. [...]
Eine stürmische, schillersche Aufführung, deren konventioneller Teil in manchen Dekorationen und Kostümen, deren Glanz in dem Wallenstein von
Werner Krauß liegt. Seit Jahren hat Krauß eine Rolle in der Intuition nicht so
sicher, in der Durcharbeitung nicht so sorgfältig gefaßt. Einfach und groß,
menschlich und abseitig, still und eindringlich. Herrlich. Ein Riesenerfolg, der
durch die Besetzung einiger anderer Rollen gestützt wurde. Ein Triumph des
Staatstheaters.

(Wallensteins Tod)

Ein unvergeßlicher Abend, der die Eindrücke der ›Piccolomini‹ noch überbot.
Ein Abend, der gar nicht zu überschätzen ist, weil er über das Gelingen der Inszenierung hinaus dem Theater als solchem seinen Platz zurückeroberte, weil

er das Theater wieder zu einer notwendigen, zu einer wesentlichen Form der Äußerung machte. Der größte Sieg Jeßners. Der Sieg seiner Schauspieler. [...] Der Beifall kannte keine Grenzen.

Rezensionen, 13. und 14. 10. 1924
1.
Der angebliche Bruch in Schillers ›Wallenstein‹-Drama: daß eine heroische und eine bürgerliche Tragödie sich widersprechen, daß eine Familienkatastrophe in eine Weltkatastrophe nicht hineinwächst (wie im ›Macbeth‹, im ›Lear‹), sondern, umgekehrt, die Katastrophe ›Wallenstein‹ durch die Katastrophe ›Max-Thekla‹ eingeengt wird – dieser Bruch scheint durch frühere Aufführungen in Schillers Dichtung erst hineinoperiert worden zu sein. Max und Thekla wurden aus der Schicksalsverknüpfung gelöst, es bildete sich ein Idyll innerhalb der Tragödie, das erst im dritten Akt von ›Wallensteins Tod‹ in die Aktion hineingerissen wurde. Max und Thekla waren keine Tonkontraste (wie idyllische Szenen in Shakespeares Dramen), sondern Niveaukontraste: sie befriedigten die bürgerlichen Gefühle der Zuschauer und lenkten von der tragischen Erschütterung auf Sympathie und angenehme Traurigkeit ab.
Leopold Jeßner hat Max und Thekla in die Unerbittlichkeit der Tragödie gestellt. Durch Striche und – intuitiv – durch Stellungen. Durch Striche, indem er in den ›Piccolomini‹ der Thekla vor allem die Verse gibt, die sich auf Wallensteins Sternenturm beziehen (und nur im Monolog der Thekla den Ton verfehlt: das Gedicht: »Der Eichwald brauset« wird mit Bruchstücken des Monologs »Dank dir für deinen Wink« zusammengeflickt). Durch Striche, indem er die Szene des schwedischen Hauptmanns auf Thekla und den Hauptmann konzentriert und den Familienauftritt wegläßt. Aus dem Niveaukontrast wird der Tonkontrast. Die Tragödie wird verstärkt, nicht aufgehalten. Die Schicksalsverknüpfung von Max und Thekla erreicht Jeßner noch suggestiver durch Stellungen: durch die Stellungen der Gräfin Terzky. Wie diese zu Wallenstein steht, um Max und Thekla mit Blicken und Mienen den Kreis des Schicksals ziehend, wie sie immer mehr in die Wallenstein-Tragödie hineinwächst – das ist die shakespearische Verknüpfung eines Hausuntergangs mit einem Weltuntergange.
Jeßners ungewöhnlicher dramaturgischer Instinkt hat sich niemals so restlos in Raum, Bewegung und Schauspielkunst umgesetzt. Schon wie er ›Wallensteins Lager‹ an die ›Piccolomini‹ anschließt: als Auftakt, nicht als selbständiges Vorspiel, ist eine dramaturgische Tat, wenn auch keine schauspielerische. Herr Florath bleibt als Wachtmeister merkwürdig unsicher, Leonard Steckel überhitzt den Kapuziner, und Max Schreck ist als Erster Kürassier nur physiognomisch gut: auf seinem Gesicht malt sich der Schrecken des Krieges, in seinen Reden nicht.
Mißglückt ist Cesar Klein das überladene astrologische Zimmer und der Bankettsaal in den ›Piccolomini‹. Man kann gewiß das Bankett selbst hinter die Szene verlegen. Dann muß der Raum klar auf die Spielmöglichkeiten der Hauptakteure gegliedert sein. Diese Bogenhalle blieb unbelebt und ließ die lauschenden Diener als Detektive heranschleichen. Daß dieser Akt am schwächsten wirkte, lag auch am Illo des Herrn Witte. Herr Witte kann gewiß eine kurze Dialektrolle, wie im ›Armen Vetter‹ spielen. Als Illo gibt er noch nicht

einmal einen Wachtmeister. [...] Aber Granach als Isolani ist ausgezeichnet: phantastisch und witzig, in der Intuition lebendig, in der Zeichnung scharf. Hier liegen seine Rollen. Und Carl Ebert war selten so gut wie als Oktavio. Vom Schauspieler aus gesehen ein großer Fortschritt. Ebert kam von der Sonorität weg und spielte sachlich, ruhig, in der Haltung überlegen, in den Stellungen vom Regisseur vortrefflich geleitet.

Jeßners Starte waren immer die fünften Akte. Wie er aber den letzten Aufzug von ›Wallensteins Tod‹ noch über den groß angelegten dritten Akt hinaussteigert, das ist eine produktive Tat. Der dritte Akt spielt nicht im Zimmer, sondern in zwei Hallen, die Schauspieler zu unerhörten Leistungen befeuernd, den Auftritt der Pappenheimer Kürassiere zu gewaltiger Wirkung steigernd. Wallenstein in Eger – die Zugbrücke ist heraufgezogen. Deveroux und Macdonald – vor der Windfahne auf der Bastion (eine etwas billige, aber fabelhaft wirkende Symbolik). Der Schlußakt in einer Vorhalle. Jetzt erst wird klar, warum Jeßner Wallensteins ersten Auftritt in den ›Piccolomini‹ mit ungeheurem Prunk gestaltet. Hier ist die Vereinsamung erschütternd. Wallenstein und Gräfin Terzky nahe beieinander und voneinander abgekehrt, Wallenstein und Gordon, der Diener, die Gräfin Terzky, der Auftritt Oktavios. Dieser Akt ist von Wallenstein und der Gräfin so heroisch groß und menschlich so reich angelegt, daß der Abschluß fast klein wirken müßte. Aber Jeßner hat den Mut, ihn breit ausspielen zu lassen. Wallensteins Leichnam zwischen den Truppen, der Abgang der Gräfin Terzky – die Gefahr ist die Überreichung des Briefes an Oktavio. Aber dieser Brief bringt eine neue Steigerung. Er wird aus der Mitte von einem zum andern weitergereicht, bis er links zu Gordon kommt. Jeder liest ihn. Jeder zuckt zusammen. Und Gordon überreicht ihn langsam: »Dem *Fürsten* Piccolomini.« Eine Kleinigkeit. Aber ein wesentlicher Bestandteil des szenisch-dramaturgischen Aufbaues. Das Gegenspiel schwingt aus. Der Akt kann sich ausatmen.

Ein Abend, der mehr war als eine ausgezeichnete Aufführung. Ein schöpferischer Abend, der eine heroische Theaterkunst wiedererstehen ließ. Der das Drama durch die produktive Vermittlung der Regie, der Schauspielkunst von neuem zu einem elementaren Erlebnis des Publikums machte. Ein Abend, von dem eine neue Zeitrechnung des Theaters beginnen kann. Der, wie er sich in den Gipfelleistungen manifestierte, wie Dramaturgie und Struktur: Fülle, Phantasie und Überschuß wurde, noch besonders gepriesen werden muß.

2.

Der dramaturgischen Einfügung der Thekla-Max-Szenen kam die Besetzung nach zwei Richtungen hin zugute. Thekla spielte Sonik Reiner, eine junge neue Schauspielerin, deren warme Begabung sich nicht ausströmt, sondern verschlossen hält. Sonik Reiner ist körperlich noch gebunden, aber ihr echter, menschlich gründeter Ton, ihre persönliche Sprechmelodie lassen sofort an sie glauben. [...] Leo Reuß gab den Max. Diese Besetzung nützte nicht dem Max als Rolle, aber dem Max in der Gliederung der Aktion. Leo Reuß fehlt aller Glanz, alles fortreißend Persönliche. Aber dafür belastet er den Max auch nicht mit Sondersympathien. Er lenkt nicht ab. Er ist hier der präzise, klar sprechende, sachlich exakte, zuletzt aus der Bahn geworfene Offizier. Von seinen früheren Leistungen her gesehen ein Gewinn, weil Reuß sich nicht mehr überspannt, überhitzt. Vom Stück aus gesehen, eine darstellerisch klare Erledigung einer dramaturgisch eingeordneten Rolle. Auch Paul Günthers Questenberg ist vorläufig mehr eine dramaturgische Funktion als eine überschießende Gestalt. Dabei ist Günther intensiver, bedeutender und auch dramatisch durchschlagender als jemals. Er muß sich nur noch von der Stilisierung, die dem Questenberg als Hilfsmittel zu gute kommt, freispielen. Eine starke Begabung scheint der junge Veit Harlan zu sein, der allerdings noch durch einen Sprechfehler behindert wird. Aber wie er zuerst den zweiten Jäger, nachher den Rittmeister Neumann mit persönlichem Ausdruck lud, ließ darüber hinweghören. Man hat oft behauptet, daß die Gestalt von Schillers Wallenstein widerspruchsvoll sei: für sich die Treue der anderen in Anspruch nehmend und selbst falsch, weltentrückt und hinterlistig, Heros und Hausvater, Soldat und Bürger. Wenn Werner Krauß nichts anderes getan hätte, als scheinbare, logische Widersprüche in seelische Zusammenhänge hinaufzuführen – sein Wallenstein wäre eine theatergeschichtliche Tat geworden. Sein Wallenstein war mehr. Krauß hob ihn in eine Welt, wo Taten in der Einbildung schon vorausgenommen und deshalb in der Wirklichkeit nicht auszuführen (oder nur mit kleinlichen Mitteln) auszuführen sind. So bleibt er adlig, auch wo er sich menschlich verstrickt. So bleibt er rein, auch wo er falsch ist. Ja, dieser Wallenstein wird leuchtender, seelisch schlackenloser, innerlich gehobener, je tiefer er äußerlich sinkt: ein Weg, der dichterisch nur in Shakespeares ›Richard II.‹ gestaltet ist. Wenn Krauß dem Questenberg gegenüber nicht glauben will, daß der Oberst Suys von ihm abgefallen sei (die Worte: »Was tat der Suys?« kommen arglos aus der Ferne), so ist schon das ein Ton, eine Abgekehrtheit, die immer tiefer, immer innerlicher wird. Welche Kurven, welche Höhen hat dazwischen die Gestalt! Krauß bäumt sich auf: »Die Sterne lügen nicht!« Er kommt wankend mit großem Gang von hinten bis ganz vorn an die Rampe nach dem »Vivat Ferdinandus!« und spricht tonlos: »Laß unsere Regimenter sich fertig halten.« Erschütternd, wenn er um Max kämpft. Erschütternd, wenn ihm hier die Gräfin Terzky entgegenwächst. Wenn Krauß: »Max bleibe bei mir!« mit einem seelischen Ausdruck spricht, den er früher nie hatte, wenn Agnes Straub die Worte mit differenziertestem Mienenspiel begleitet, so ist eine seelische Korrespondenz, ein Gipfel der Theaterkunst erreicht. Aber Krauß kommt im letzten Akt noch darüber hinaus. Er nimmt, wie er alles geistig und seelisch vorwegnahm, auch den Tod vorweg und ist nirgends lebenstrunkener, als wo er vom Tode berauscht ist. Wenn aus der Ferne die Bankettmusik Illos herübertönt, Krauß im Takt zu schreiten, zu tanzen beginnt und Gordon (von Kraußneck wundervoll gegeben) in die Arme sinkt: »Wie doch die alte Zeit mir näher kommt« – das ist die Erschütterung der großen Tragödie. Wie er den Tod als ein neues Leben empfindet – wundervoll. Und wie die Straub und Krauß voneinander Abschied nehmen, leise stammelnd, wie die Straub gegen das Ende hin immer entrückter wird und der Realität ebenso entwächst wie Wallenstein, wie die letzten Worte zur Zwiesprache mit dem toten Wallenstein werden – erschütternd.

Das Staatstheater wurde oft ein Regietheater gescholten. Der ›Wallenstein‹ zeigt, daß es ein Dichtertheater ist, denn die Wirkungen der Aufführung waren aus dem Dichter genommen. Daß es ein Intendantentheater ist, denn es hat schon in den wenigen Wochen der neuen Saison einen Spielplan aufgebaut. Daß es ein Regietheater im weiteren Sinne ist, denn Jeßner hat eine Kraft der Gliederung und eine Fülle der Phantasie entfaltet wie niemals. Daß es ein Schauspielertheater wird, denn die Hauptrollen wurden schöpferisch weitergedichtet. Daß es ein Publikumstheater ist, denn die Zuschauer wurden verwandelt, zum Publikum umgeschmolzen, erhöht, gesteigert, von dem Wunder ›Theater‹ ergriffen, trunken gemacht.

Fritz Engel, Berliner Tageblatt 13. 10. 1924

Die Entwicklung des Staatstheaters unter Jeßner ist auch die Entwicklung Jeßners selbst. Der Drang nach Neuem, nur weil es neu, ist nicht mehr so heiß. Der Revolutionär ist ein Reformer geworden, der Zerbrecher ein Fortentwickler. [...] Jeßners Wallensteinspiel fußt auf altem Grunde, ist aber jung und frisch und hohen Ruhmes wert. Man spürt Gutes von früher, denn die Meininger, denen auch in der Zweiteilung gefolgt wird, waren in ihrer Originalform ja keine Esel; man spürt Gutes von heute: eine erfreuliche Synthese.
Das gilt auch vom äußeren Bild. Cesar Klein gibt eine schöne Schwere. »Der finst're Zeitgrund« ist erfaßt und gewahrt. Das ganze auf Dämmergrau und Kriegsrot wie vom Widerschein brennender Dörfer; Säle von düsterer Buntheit; drängende Gewölbe; gealterte Hallen; Basteien; Ausblicke auf sturmschwangeren Himmel. Die Behausungen des Friedländers sind nur dürftig möbliert –. Dieses Minus ist ein gewollter und annehmbarer Ausdruck der Dekorationsidee: gesteigerte Realität.
Das Lager ist nur zerfetztes Marketenderzelt. Daneben keine »Kram- und Trödelbude«, wie Schiller anordnet. Hier ist der erste Strich, nicht der letzte, den Jeßner getan. Er nimmt soviel wie möglich von der Haupt- und Staatsaktion ... hier glückt, ein Drama ganz stark zu machen, indem er das Ornament, köstlich zwar, aber immerhin rhetorisch, unters Messer nimmt.
Ein Schicksal soll sich erfüllen – es erfüllt sich. Unaufhaltsam – beinahe. Daß zum klassischen Drama auch die retardierenden Elemente gehören, daß der reißende Strom auch da und da einen stillen See bildet, daß seine Gewalt erst dadurch recht fühlbar und damit die große Spannung erzeugt wird, dies wird von Jeßner, von dem ruhiger gewordenen Jeßner, nicht mehr mißachtet. Sehr kühn und, so wie er die Sache meistert, auch höchst wirksam ist, daß er das lärmende Bankett hinter die Szene legt. Man hört das Brausen, man sieht nur die Hauptakteure, trunkene, wilde Gesellen, und das Interesse bleibt auf den Kernvorgang gesammelt, auf den Vollzug des gefälschten Dokuments. Ein anderes Mal geht er über Schiller hinaus. Schiller, der Theatraliker, hatte doch auch die fein abgewogene Idee, Wallensteins Leichnam nur »hinten über die Szene« tragen zu lassen. Jeßner, wie schon vor ihm mancher Regisseur, läßt ihn vorn auf die Bühne stellen. Überfluß – ja, eine Störung. Liegt da nur ein Wollsack? [...]
Leopold Jeßner begreift ihn (Schiller) in seinem dramatischen Willen, er hilft seiner Zündkraft nach, er gibt ihm auch in den Kostümen, in szenischen Einzelheiten, besonders mit den Pappenheimern, den Glanz und den Schimmer. [...]
Der Protagonist, der dunkelhelle Albrecht Wallenstein ist ein großer Rätselvoller, eine gigantische Abnormität ohne eigentlichen Schwerpunkt.
Dabei entsteht insgesamt etwas Prachtvolles, ein Reichtum in Gedanken, Gefühl und Wortschürzung, wie er sich in der deutschen Dramatik nur aus des einzigen Schillers Füllhorn »im commercio mit Goethe« ergießen konnte – –

ein Überreichtum. Der Schauspieler hat die leichte Aufgabe, sich von diesem Wellenspiel tragen zu lassen; er hat die schwere, die unlösbare, den Blickpunkt für ein Ganzes zu geben. Sein persönliches Wesen, seine Zeitgebundenheit, selbst sein Körper werden ihn bestimmen. Matkowsky war der Menschenfänger und wohlwollende Held, auch Kayßler kam nicht über seine Edelnatur hinaus, und Bassermann war der ziselierende Grübler. Nun ist Werner Krauß vom Oberst Wrangel bei Reinhardt zu Jeßners Wallenstein gediehen. Er kommt etwas zu jung, zu goldblond, zu weich im Aussehen, trotz Panzer und Sporen, und ohne die Statur, mit der sich auf der Bühne Charaktergröße so leicht symbolisieren läßt. Aber er gibt das Mosaik in reichster Abwandlung, in fließendem Auf und Ab, senkend und steigend mit Dämpfung und Ausbruch, gewaltig im Spiel des Auges, formschön beherrscht die Geste. Alles bedacht, gereift, geschliffen. Und am stärksten, bei letztem Aufgebot in allem anderen, der an Jenseitiges verhaftete Mystiker, aufspähend zum Nachthimmel, der innerste, heimliche, einsame, in sich verworrene Wallenstein, der melancholische, der Erzähler von Lützen, der Monologist. [...]

Norbert Falk, BZ am Mittag, Berlin, 12. und 13. 10. 1924
1.
›Lager‹ und ›Piccolomini‹

Jeßner und das Staatstheater haben den großen Erfolg. Hemmungslos über kritische Bedenken hinweg rauscht der Beifall. Werner Krauß ist kaiserlicher Generalissimus. Er hat nur einen Akt unter fünf, das Lager mitgerechnet unter sechs, aber der ist entscheidend für den schnellen Sieg. Daran kann der matte Ausklang mit Piccolomini Vater und Sohn nichts ändern.
Jeßners Regietat, stark in der Zusammenpressung, die nicht in allen Teilen die Kraftgespanntheit konzentrierender Verdichtung hat, brüskiert mit Lust das abgewelkte Herkommen. Er befremdet den, der das Vertraute nicht findet mehr durch das, was er nicht gibt, als durch das, was er in scharfem Herausarbeiten des Wesentlichen formt. So, wenn er dem ›Lager‹ das niederländisch breite, farbendurchsetzte Kleinleben nimmt, die ganze Einleitung wegstreicht und den melodramatischen Abschluß mit dem Reiterlied auf ein Minimum kürzt. Oder den Bankettsaal mit den pokulierenden Offizieren einfach wegstreicht und die Unterhaltung in einen Nebenraum, in eine große Vorhalle legt. Auch hier der Glanz einer breit bewegten Szene weggewischt, der dunkel harte Ernst der Dinge betont, die Schwere des heraufrückenden Ereignisses lastend vorbereitet. Cesar Klein gibt dazu die düstere Lagerszenerie, Wucht und Kälte kahler Säle und beklemmender Gemächer. Nichts ziert sie als zerfetzte Ruhmesfahnen oder der übergroß hingemalte Doppeladler Habsburgs.

Jeßner würde genauso gestrichen haben, auch wenn er nicht sechs Akte in drei Stunden einer Normalvorstellung hätte zwängen wollen. Die Straffung des Ganzen zur Einheit, ohne Rücksicht, ist ihm die Aufgabe. Zum erstenmal wird die Abgetrenntheit des ›Lagers‹ nicht fühlbar; es ist nichts anderes mehr als szenische Einleitung des ersten Aktes. Ganz in Düster getaucht, betont es unter Ausscheidung fast alles Helleren, landsknechthaft Ausgelassenen, das Abstoßende der Kriegsverwilderung, das Kulturfeindliche. Man kann eine pazifistische Tendenz heraushören. Wobei nichts in die Dichtung hineininterpretiert ist, was nicht latent in ihr wäre. Dabei passiert es Jeßner, daß er Dinge wegläßt, die seine Absicht erst recht unterstützen würden. So die Eingangsszene zwischen dem Bauer und Knaben, aus der Qual und Drangsal kriegerischer Besetzung des Landes herausschreien. Die Anklage des Kapuziners, von Leonard Steckel scharf, ohne komische Sonderwirkung, aber auch ohne innere Beteiligung heruntergepredigt, bleibt als Abbild und Kritik der Zeitzustände fast unverkürzt. Die Rhythmen des Reiterliedes, hinter der Bühne gesungen, dröhnen nach Abschluß bei geschlossenem Vorhang weiter, klingen fast hinein in die erste Szene der ›Piccolomini‹, die nach rascher Verwandlung zwischen Illo, Buttler und Isolani beginnt.

Der spät, aber immerhin doch kommende Isolani ist Alexander Granach; rotbehost, mit blauer Attila, putzig klein, mit gebogenen Reiterbeinen, fast operettenhaft beweglich, sich überschlagend in kroatisch tuendem Temperament. Später, im Banketakt, wenn er betrunken ist, tanzt er. Neben ihm wirkt der schwarze, stimmschwere stiernackige Butler Fritz Valks doppelt ruhig und fest. Illo, der sich später beim Bankett so besäuft, hat schon in der ersten, noch so nüchternen Szene die heisere Stimme des Herrn Witte. Im Ganzen: die Generalität des Friedländers wirkt vorerst nicht sehr imposant. Vielleicht soll gemerkt werden, daß man's unterm Wallenstein vom gewöhnlichen Reiterknecht und Musketiergemeinen bis zum General bringen kann.
Die Obersten und Marschälle erhalten bald Zuwachs durch den eleganten, zurückhaltenden Oktavio Piccolomini Carl Eberts. Er treibt nur im Verlaufe der Begebenheit die Zurückhaltung so weit, daß der Vorgang in der Brust des Fuchses nicht recht sichtbar wird. Jeßner ist der Rechte, die Schillerschen Gestalten zu skelettieren, das ursprüngliche Gerüst freizulegen, das mit so viel üppigem Fleisch einer hemmungslosen Rhetorik umkleidet ist, daß alle zuweilen die gleiche bilderreiche Sprache in des Dichters unvergleichlichem Schwunge reden. Es gelingt Jeßner sogar, das Liebespaar Max und Thekla von der Deklamation fast frei zu machen. Er gibt den Max keinem heldischen Liebhaberspieler, sondern dem fast spröden Leo Reuß. Aber es kommt trotzdem noch zu oft zu einem Widerspruch zwischen Wort und Gestalt. Überraschend der innerliche Ton der jugendlich warmblütigen Sonik Reiner als Thekla. Albrecht Wallensteins selbstbewußte Tochter, blutsverwandt der durchflammten Gräfin Terzky der Straub.

Dies der Sterne Chor, der sich um die Sonne Wallenstein stellt. Werner Krauß. Vorerst Skizze für der Trilogie dritten Teil. Aber wie fest und sicher ist dieser Umriß gezogen, wie ist da Wesentlichstes schon gestaltet. Nichts von feldherrlicher Machtpose, wenn er in schwarzem Seidengewand, dem glatt gestrichenen blonden Kopf, dem blonden Kinnbärtchen, über dem breiten weißen Spitzenkragen, zum ersten Male auftritt. Ein gepflegter Herr, fünfzigjährig, gesammelt, nach innen gerichtet. Leichthin die Frage an die Frau, den Kopf mit andren Dingen trächtig. Erst wenn aus dem Bericht der Frau seine geminderte Geltung am Wiener Hof erkennbar wird, erwacht der Gewalthaber. Am frischen zielsicheren Mann ist vom Fatalisten vorerst nichts zu spüren. Erst wenn er im Stuhl sitzend, versonnenen Blicks an das Schicksal denkt, das im Planetarium vorgezeichnet ist, wird die Hemmung eines verwegenen

Geistes durch astrologischen Mystizismus sichtbar. Er redet nicht davon, er ist darin verfangen. Die Abfertigung Questenbergs – in Paul Günthers interessanter Charakteristik ein eingetrockneter, fahler Höfling, glatt, messerscharf und giftig – geschieht kühl, überlegen, kaum ironisch, durchbrochen von zwei heftigen Wallungen.
Heute abend folgt der Skizze das ausgemalte Bild.

2.
›Wallensteins Tod‹

Der Erfolg des ersten Teils der Historie stieg im zweiten zum Triumph. Jeßner hat sich von neuem bestätigt. Und darüber hinaus mit einer Tat, die sein ganzes Schaffen hoch übersteigernd, das gesunkene Ansehn des Berliner Theaters mit einem Ruck in die Höhe gerissen. Es wird wieder gearbeitet in Berlin, es geht um die ganz großen Dinge.
Diese zwei Wallenstein-Abende des Staats-Theaters, machtvoll und festlich, müssen beispielgebend wirken, und ehrgeizlockernd mithelfen, aus dem Schlendrian der Routine hinauszuführen. Das *große* Theater, das verloren geglaubte, wir haben es wieder.
Die Trockenheit, die Jeßner noch im verengten ›Lager‹ hat, auch noch in Teilen der sonst wohl gegliederten und energisch gesteigerten ›Piccolomini‹, ist im Hauptstück blühender Fülle gewichen. Es ist ein freier, schwingenstarker Geist über Jeßner gekommen, nichts Klüglerisches zerstückt den breit und wuchtig ansteigenden Gang des Werkes. Weit ist es aufgeschlossen in seiner ganzen Tiefe. Und wenn es auch Schiller ist, der uns vor allem anpackt, er hat uns noch nie so in den Bann dieser Dichtung gezogen wie diesmal.

Mit Schiller begann Jeßner in Berlin (›Tell‹), mit Schiller sank er (›Carlos‹), mit Schiller erneuert er sich jetzt, fliegt zu vorher nie erklommener Höhe. Sonderbar: der dithyrambische Dichter und der grüblerische Regisseur, – stärkere Gegensätze scheinen nicht denkbar. Scheinen. Schiller schreibt einmal über seine Arbeit am ›Wallenstein‹, er habe noch nie eine solche Kälte für seinen Gegenstand mit einer solchen Wärme für die Arbeit in sich vereinigt. Das trifft merkwürdig auf Jeßner zu, dessen Wesen gedankliche Kälte für das Objekt und fanatische Hitze für die künstlerische Bewältigung ist.
Wohl: Kühle der Überlegung vermochte die Architektur des Werkes so kristallklar bloßzulegen, die Teile so wundersam abzuwägen. Aber sie zusammenzureißen zur Gewalt der Einheit, dazu ist schon starker Impuls notwendig und wahre Dynamik. Es gehört schon Intuition dazu, wenn letzte Absicht der Dichtung so voll herausblüht, es ist schöpferische Kraft, wenn durch Herkommen zu ›Rollen‹ erstarrte Gestalten so ins Lebendige umgebildet erscheinen. Welche Vitalität, wenn Gräfin Terzky den wieder wankend werdenden Wallenstein anfeuert und der Zaudernde in jäh aufflammender Entschlossenheit befiehlt: Ruft mir den Wrangel!
Diese hinreißend aus dem Schluß des ersten Aktes herauswachsende Szene hat einen Blutdruck, der den Pulsschlag alles folgenden bestimmt. Dieser Werner Kraußsche Wallensteinruf nach dem schwedischen Oberst ist einer der stärksten Momente, vielleicht der stärkste der ganzen Aufführung. Niemals noch ist das Herausgerissenwerden aus machtbewußter Ruhe, aus wägendem Zwei-

fel eines versonnen mit dem Tatgedanken nur spielenden Phantasiemenschen, so zwingend erlebt worden. Hier, wo Werner Krauß das geheimnisvoll im Übersinnlichen Verfangene des sterntraumwandelnden, über den Realitäten des Tages und der Stunde schwebenden Mannes magisch ausstrahlt, ist ihm und Jeßner im schöpferischen Talent Agnes Straubs eine Helferin erwachsen. Die sonst so blasse, oder heroinenhaft konventionelle Terzky ist zur suggestivsten Gestalt geworden.
Herrlich, wie aus der Flamme dieser Terzky die Funken in das zage Herz Wallensteins überspringen und wie in das bleiche Gesicht, dieses blonden Kraußschen Wallenstein die Blutwelle steigt. Neugeboren ist der ganze erste Akt durch diese Brandstiftung der Straub, durch diesen fühlbar nur von außer her angefeuerten Wallenstein, in dem die Energien wieder ermatten werden. Welch ein Spiel und Widerspiel!

Es ist nicht immer die *Rede*, die Krauß' Wallenstein groß macht. Es ist das, was zwischen den Sätzen weiterlebt, was während der Reden der andern in ihm sich bildet. Dieses immer Werdende ist es, diese sparsame Sprache der Gestikulation, die Pause, die Zeit der Umsetzung von Gedanken in Wort. Der in mystischen Weltraumfernen herumfliegende Geist muß sich immer wieder auf Kleinheit und Kleinlichkeit der Umwelt besinnen, ehe er die angeborene Herrschgewalt auf sie wirken läßt. Und dann – wenn er sie verliert, wenn dem für die Tatsachen ringsum blind gewesenen Seherauge sich der Verrat enthüllt, wenn Stein um Stein des Riesenfundaments unter seinen Füßen sich lockert, wenn er dasteht, ein kahler, aller Zweige beraubter Baum – welch ein Verfahlen und Verfallen, zu welchem Wortabbild von Gedanke und Empfindung wird da der bebende Satz. In der Egerer Nacht, wenn der längst beschlossene Mord in den Winkeln der Mauern lauert, schauert um den noch von Hoffnung und Zuversicht Redenden, innerlich Gebrochenen, schon der Hauch des Verfalls. Was ist das für ein totentänzerischer Schritt, mit dem Krauß abgeht, um den langen Schlaf zu tun. Das ist Vision, blitzartig aus der Stimmung herausschlagend.
Der Wallenstein zeigt Krauß in vollster Herrschaft über seine geistigen und physischen Mittel, nervenwach, über alle künstlerisch-selbstkritische Zucht hinaus genial in der Eingebung des Moments.

Wallensteins wahrer Gegenspieler sitzt in Wien. Er bleibt unsichtbar, doch sein Arm reicht weit und schattet hinein in das astrologische Zimmer, in das Cesar Klein phantastische Puppen stellt, in den von düsterer Wolkenwand abgegrenzten, freien Platz, auf den die schwarzen Pappenheimer Kürassiere stürmen, und tief faßt er in die finstere Enge der Egerer Mauern. Ferdinands Sendlinge fällen den einsamen Riesen. Octavio Piccolomini, ihr Aktivster, bleibt in Carl Eberts stattlich geruhsamer Erscheinung verschlossen, zielsicher und – glatt. Die Gewinnung Butlers, ein Taschenspielerstückchen, zeichnet sich im breitnackigen, triebhaften Butler Fritz Valks scharf ab. In diesem Gesicht spiegeln sich Zuckungen einer wahren Fleischerhundseele. Granachs tänzerischer Isolani bleibt lustige Karikatur käuflichsten Condottieritums.
Leo Reuß setzt den Versuch, den Max aus dem schillerisch Liebhaberhaften ins mannhaft Herbe umzuzeichnen, fort. Er hat ein paar frische Momente, aber im Ganzen bleibt der Widerspruch zwischen Figur und Gestaltung. Die

blonde Sonik Reiner, dem Ensemble ein neuer Wertzuwachs, hält auch am zweiten Abend die Thekla von Süßlichkeit frei, wirkt aber blasser, unkonturierter als in den ›Piccolomini‹. Wie Jeßner in seine neue Schauspielerschaft die alten Kräfte des Staatstheaters einzufügen versteht, zeigt er mit Albert Patrys gemessen kurzem, militärisch knappem Wrangel.

Am Gendarmenmarkt ist in diesem Oktobermai ein neuer Theaterfrühling ergrünt.

George Bernard Shaw   Die heilige Johanna

Deutsches Theater Berlin, 14. Oktober 1924, Regie Max Reinhardt

Von Wien aus bereitete Reinhardt auch seine neue Tätigkeit in Berlin vor. Seit langem war er davon überzeugt, daß man in beiden Städten zusammen Theater spielen müsse: das ermögliche freiere Dispositionen, wechselseitige Gastspiele und binde die Schauspieler. Als in seinen Berliner Theatern der Besuch nachließ, entschloß er sich zur Rückkehr. Der Zufall, daß G. B. Shaw 1923 das zweite große Stück aus seiner neuen Schaffensphase beendet hatte, gab ihm mit der ›Heiligen Johanna‹ einen Text in die Hände, der in die Spielpläne einen ganz neuen Ton brachte. Eine episch geordnete Historie; sie war ironisch gebrochen und dadurch vom Zuschauer distanziert; der Epilog hob bewußt jede illusionistische Wirkung auf, aber die Zeichnung der Figuren war so realistisch, daß sich lebendige Bilder ergaben. Shaws Stück war damit ein szenisches Beispiel für die eben in Deutschland begonnene Diskussion, wie historische Vorgänge, wie historische Größe auf der Bühne noch abbildbar seien. Distanz, Desillusionierung der historischen Figur, Entspannung des Szenengefüges: damit war Shaws Stück formal von solcher Aktualität, daß es sofort zum Muster wurde für die Historien, die in der zweiten Hälfte der zwanziger Jahre immer zahlreicher auf die Bühne kamen (Beispiele: Bruckners ›Elisabeth von England‹, Zuckmayers ›Hauptmann von Köpenick‹). – Wahrscheinlich war die ›Heilige Johanna‹ das wirkungsreichste Stück dieser Jahre überhaupt. – Reinhardt hatte es durch den Übersetzer Siegfried Trebitsch erhalten, der auch Elisabeth Bergner in Wien über die große Rolle informierte. Andere Besetzungsvorschläge: Helene Thimig und Käthe Dorsch wurden schnell fallengelassen, obwohl die Bergner den Vorstellungen Shaws von der Rolle nicht entsprach und auch die erfolgreiche Darstellerin der Rolle in London, Sybil Thorndike, rustikaler war. Die Premiere brachte einen Triumph für die Bergner, die nun – vom Lessing-Theater kommend – fest in das Ensemble des Deutschen Theaters eintrat. Ein Triumph auch für den Rückkehrer Reinhardt, der am 1. November mit Goldonis ›Diener zweier Herren‹ (s. d.) in Berlin die neue ›Komödie‹ eröffnete. – Shaws Stück ging danach über die meisten deutschen Bühnen. Kerr rief in der Vorkritik: »Es zählt zu den denkwürdigsten seines Verfassers.«

Alfred Kerr, Berliner Tageblatt 15. 10. 1924

I

Was Shaw hier gibt, ist (selbstverständlich!) weit mehr als die Geschichte des Mädchens von Orleans.
Zwar nennt er das Werk ›dramatische Chronik‹. Doch es ist eine ganz andere Chronik. »Wohin ich forschend blick'... in Staats- und Weltchronik... warum gar bis aufs Blut die Leut' sich quälen und schinden in unnütz toller Wut!« In b erklingt es. »Wahn, Wahn! Überall Wahn!« Dur oder Moll? – Durcheinander. Meistens Dur, trotz alledem...
Schließlich Dur. Einstens Dur.

II

Es sind keine nürnbergisch halb heiteren Beschwerden, wie um den Hans Sachs bei Wagner. Sondern allerfurchtbarster Ernst.
Schreckliche, schreiende Bedräunis durch die Hirnbestie. Durch grause Ichsucht der denkenden, nicht enttierten Kreatur. Durch die in ein System gebrachte, mit Regeln begründete Viecherei.
Das alles ist unweinerlich dargestellt. In sechs drollig-bitteren Szenen. Und in einem bittersten, hoffnungsarmen, dennoch irgendwie anfeuernden Nachspiel.
Aufwärts!
Des unfeierlichen Bernard Shaw im Innern feierlichstes Werk (neben dem Methusalemgedicht). Ein Archiv der Menschlichkeiten.

III

Technisch gesehen, ist alles wie der erste Akt der ›Hugenotten‹: lauter Mannsen um eine Frauenstimme.
Die Frau: hier die leuchtende Minderheit. Die Frau: grade zustoßend; hemmungsärmer; unschwieriger; vernünftiger; auch törichter... (Johanna kommt zu Gefangenschaft und Tod, weil Fraueneitelkeit sie ihr ›Gutes‹ in der Schlacht anziehen hieß; dadurch fällt sie dem Fänger auf; – ein himmlischer Zug).

IV

Johanna wird mit vielen Begründungen verbrannt. Mit allen Vorbehalten; allen Berechtigungen.
Es ist etwas Ungeheures: das Mädel, das Kind gegenüber den vielen Mönchen, Bischöfen, Aldermännern, Prinzipreitern, Brüllern, Tüftlern, Fanatikern, wohlwollenden Vätern... und Wölfen – die letzten Endes nicht Wölfe sein wollen, sondern halt wölfisch handeln.
Ein sachlicher Blick sah sie.

V

Ist ein Kerl wie Shaw heut unzeitgemäß? Leider nicht. Allenfalls für uns. (Keineswegs für euch!)

VI

Technisch ist von den sieben Auftritten fast jeder ein Drama.
Der Bau: Johannas Anstieg; hernach Abflauen; Abhalfterung – nach getaner Arbeit; dann ihre Menscheneitelkeit; dann ihr Untergang (erst Nachgeben, darauf Starkbleiben); dann ihr Hochflug.
Über allem... ein Schmerz. Im Schmerz ein Spaß. Im Spaß ein Schmerz.
(Des unfeierlichen Bernard Shaw im Innern feierlichstes Werk.)

VII

Shaw ist auch hier Skeptiker... doch aufhellend; werkfrisch; bejahend; mit dem Satz: aude sapere – habe den Mut, dich deines Verstandes zu bedienen.

In der Machart, im Ton ist es eine Überlieferung Englands, nicht erst seit Oscar Wilde: leichte, sehr sachliche Plauderfärbung zu bieten auch für schreckliche Dinge.

VIII

Von Schiller bei diesem Anlaß kein Wort... Shaws Johanna verliebt sich niemals. In ihrem Mannesgewand wiese Magnus Hirschfeld die Person zur Transvestitenschar. Bei Voltaire ist höchste Heldentat der Jungfrau von Orleans, ihre Jungfernschaft nicht zu verlieren... Bei dem Nordländer Shaw bleibt sie Soldat, Vernunft, Opfer – fast ohne Leib.

Nur handelndes Prinzip. Und ringsum Haß gegen die Könnerin.

Johanna mogelt etwas (mit den ›Stimmen‹, die sie hört) – auch sie! Zwischendurch ist sie halb feig; wie der Homburger. Auf der Höhe leicht in der Eitelkeit verstimmt. Fast hochfahrend – obgleich im Grunde Dunois ihren Erfolg strategisch durchgesetzt hat.

Es ist aber nicht Wildenbruchsche Geschichtsprophezeiung, wenn sie voraussagt, sie werde, für den Fall der Verbrennung, in das Herz eines ganzes Volkes eingeh'n.

Sondern es ist... ihr Stolz. Ihr Trost mitten im Neid. Ihre Entschädigung. Ihr Glück. Und ihr, zutreffendes, Bewußtsein.

Der Mensch im Übermenschen. Der Übermensch im Menschen.

IX

Das schrieb einer, der seine Mitwelt zur Aufrichtigkeit erzieht. Zur Einkehr. Zum Ablassen vom Schwindel. Er ist, was man einen Dichter nennt. Oder Schriftsteller?

Mit wachsender Heiterkeit las ich, wie die Grenze zwischen Dichter und Schriftsteller erörtert wird. Mühsam und fleißig. Der Fall ist ja längst erledigt. Im Jahre 1910 schrieb ich, was man für Shaw wiederholen muß: »Der Unterschied zwischen Schriftsteller und Dichter wird umschmust... Die Wahrheit ist: daß mit vorrückender Zeit, mit dieser Gegenwart, ja eben die Grenze zwischen ›Dichter‹ und ›Schriftsteller‹ zu versinken begonnen hat. Daß eben heut gewisse Dinge nicht mehr durch sogenannte dichterische Symbole ausgedrückt werden können, sondern daß sie erörtert werden müssen...

Daß sie eben allein durch ein dichterisches Gefühl nicht mehr auszudrücken sind: weil wir zu vielfältig geworden sind; zu verfeint; zu besonderlich; zu zwischenstufig; zu abgeschattet; zu erwägungshaltig. Dafür gibt es keine Symbole: sondern Erörterung.

So daß ein reiner Dichter, will sagen: ein rein gefühlsmäßiger Symbolerich, heute zugleich ein Banalissimus wäre. So daß also manches Drama künftig nur Vorspiegelung eines Dramas (im alten Sinn) wird sein können; de facto jedoch: Zeitung... mit verteilten Rollen – (zusammenpackend ausgedrückt). Dennoch eines Dichters Werk.

Der ›Schriftsteller‹ ist heute längst ein ›Dichter‹, ohne gestempelt als ein solcher zu sein. Der ›Dichter‹ jedoch wird künftig ein ›Schriftsteller‹ sein müssen – oder ein Esel sein.« So 1910. So 1924 für Bernard Shaw.

X

Im Vorwort erwähnt Shaw die Winifred Lenihan, von der in New York Saint Joan gespielt wurde. Er sah sie nicht; ich sah sie.

Der Bergner kommt sie schwerlich gleich. (Sybil Thorndike in London muß furchtbar gewesen sein – nach ihrer Tosca.)

Die Bergner geht mehr auf Rührung als die Amerikanerin. Das Opferhühnchen unterstreicht sie. Doch köstlichster Besitz für die Gestalt ist ihre Unbefangenheit. (In dem Geisterauftritt nur etwas damenhaft.)
XI
Die Aufführung in New York war glatter und in größeren Räumen. Bei Reinhardt gähnt keine Hallentiefe des Mittelalters. Strnad macht alles beengt und kostbar. Perspektivischer nur den schönen Dom. Eine Gestalt wie der Marschall (Ledebur), wird bei uns fast Märchenerscheinung.
In New York war mehr... Konversation. Bei Reinhardt ist alles dramatischer, effektreicher. Der Kern wird bewußt herausgepolkt.
Es mißlingt bei Vallentin – sein Wort ist nur wie heutige Straße. Besser geht's bei Paul Otto ... wo man den Spielmeister gelegentlich durchhört. Glänzend bei Kühne – Erzbischof in jedem Zoll. Halb im Überdramatischen, im zu Absichtlichen des begabten Walter Franck, welcher den englischen Kaplan macht. Halb auch, weil zu schmetternd (statt einer zurückhaltenden Menschlichkeit) bei Müthel, der für Johanna unter den Priestern eintritt. Prachtvoll bei Hartmann: weil er Ekstase mit heutiger Überlegung diesmal im Ton mischt. Halb und halb bei Forster, wenn er den Dauphin versucht. Er soll nicht Offenbach sein. Er ist es auch nicht. Nur im Gespräch mit Johanna holen die New Yorker mehr ganz leisen Ulk aus ihm. Der Schluß (Apotheose, vom Spielwart eingelegt) klappte noch nicht. Das Ganze wird seinen Weg machen.
XII
Gegen Shaw bleibt ein Einwand. Seine Johanna verlangt nichts für sich – inmitten von Machtschiebern, weltlichen und geistlichen. (Ein Gespräch zwischen denen bildet das Kernstück.) Johanna verlangt nichts für sich ... aber Genugtuung, Ehre. Erfüllung inneren Sehnens – ist es nicht auch Ichsucht? Nur versteckter. Nur minder greifbar ... als Landbesitz, als Kirchengewalt. Sind die zwei nicht im Grunde harmloser, durchschaubarer?
Ist Johanna nicht am Ende wölfischer?
... Der Nächste schreibt dieses Drama.

Norbert Falk, BZ am Mittag, Berlin, 15. 10. 1924

Shaw, Reinhardt, Bergner.
Das mußte durchgreifen. Die um die Mitte starken, sonst nur beharrlichen, nach dem Ende erst sturmvoll anwachsenden Hervorrufe konnten nur Reinhardt, seine Jungfrau, und schließlich seine ganze, in Strnads herrlichen Kostümen steckende Spielerschaft vor die Rampe bringen. Shaw selbst hält sich in Deutschland durch seinen Statthalter Siegfried Trebitsch, dessen kraftloses und plattes Deutsch er so rührend verteidigt, gut genug vertreten. Und kommt nicht. Das darf ihm leid tun, er würde sonst an dieser im ganzen vorzüglichen, nur im Tempo verschleppten, gar zu wortgetreuen Aufführung seine Freude gehabt haben.
Den großen, den ausschlaggebenden Erfolg erwirkte das vierte der sechs Bilder, das Gericht über das Mädchen von Orleans. Eine der großartigsten dramatischen Kompositionen, die je einem Dichterkopf entsprungen ist. Wundervoll legt sie Sinn und Zielrichtung des ganzen, geschichtskritisch tiefen, soziologisch geistvollen Werkes bloß. Wie immer Anfang und Ende dieses halb

gegenwartrempelnd geplauderten, halb hitzig, halb witzig diskutierenden, gestalterisch so originalen und sicher geführten Stückes sein mögen, dieses Inquisitionsgericht hebt es für alle Zeit in die Region des Unverwelklichen.
Shaw geht es nicht um das ›Wunder‹ des Bauernmädchens Jeanne d'Arc, das kraft geheimnisvoller Willensstrahlung ein Heer aus Erschlaffung zum Sieg führt. Mit den handgreiflichen Wundertaten treibt er zu Anfang Spaß, als das resolute Mädchen sich kraft göttlicher Eingebung zum Heeresdienst meldet und gleich den Oberbefehl in Anspruch nimmt. Die Hühner wollen grade um diese Elendszeit keine Eier legen; Hühner haben manchmal solche Mucken. Kaum ist die Jungfrau da, schon gackern die Hennen und legen ganze Körbe voll.
[...]
Also: Dunois wartet vergebens auf Westwind. Kaum ist Johanna da, schon bläst er.
[...]
Shaw billigt ihr wohl keine metaphysischen Kräfte zu, aber doch die hinreißende Gewalt starker, vom reinen Glauben an seine Sendung hingerisserner Persönlichkeit.
[...]
Paßt es den Weltlichen nicht, daß sie, aus dem Volk heraufkommend, mit Übergehung der feudalen Thronpaladine geradaus zum König dringt, so nimmt es ihr die Kirche erst recht übel, daß sie unmittelbar mit Gott verhandelt haben will. Das kann sich die Kirche nicht gefallen lassen, daß sich da jeder Erstbeste eine direkte Verbindung zum lieben Gott schafft und die berufsmäßige Zwischenstelle, die Kirche, ausschalten will. Das ist Rebellion, das ist Ketzerei, und es darf darum gar nicht der liebe Gott gewesen sein, der sie erleuchtete, sondern es kann nur der Teufel sein Spiel mit ihr getrieben haben. Gibt sie's zu und bereut sie's, dann kann sie vor Gericht noch Gnade finden.
Dies die originelle, die mittelalterliche Mentalität in ihrer ganzen Finsternis blitzhaft durchleuchtende Problemstellung Shaws. Hier ist in einer einzigen dramatisch tief bewegten Szene mehr Weltgeschichtskritik als in dicken Historikerwälzern ausgesprochen. Johanna könnte sich durch Widerrufung ihres göttlichen Paktes vor dem Scheiterhaufen retten, sie zerreißt den schon unterschriebenen Widerruf und stirbt. Als frühe Verfechterin geistiger Bevormundung durch berufsmäßiges Seel-Sorgertum, das sich zwischen Gottheit und Kreatur schiebt.
In einem Nachspiel, fünfundzwanzig Jahre nach der Verbrennung der Jungfrau erscheinen dem auf dem Lotterbett sich in Alpdruckträumen wälzenden König die Jungfrau, ihre Freunde und ihre einstigen Ankläger und Richter. Sie disputieren in schlußmüden Sentenzen, die alle vorbeigeredet werden, über das einst Geschehene. In diesen Kreis tritt, lange nicht so effektstark wie beabsichtigt, ein in schwarzen Gehrock und Zylinder gekleideter geistlicher Herr, der die 1920 erfolgte Heiligsprechung der Jungfrau verkündet. Shaw unterstreicht so in einer romantisch-ironischen Zuspitzung das, was schon vorher aus seiner Stellung zu den Dingen hervorging. Der Groteskspaß verpufft. Und der letzte Scherz, daß die Jungfrau die ehrenwerte Gesellschaft, die jetzt an ihre Heiligkeit glaubt, damit schreckt, daß sie vom Tode auferstehen und zurückkehren will, glänzt nicht genug, um nach dem Leuchten des Vor-

hergegangenen, nach den Spannungen und Erschütterungen der Gerichtsszene zu wirken.

In jenem Gericht gibt es einen wunderbaren Moment: Wenn das freimütige Mädchen einen physischen Schauder vor dem bevorstehenden Flammentod hat. Ein menschlich feiner, Kleists ›Homburg‹ verwandter Zug, den banausischer Begriff von Heldentum ebenso ›unheroisch‹ finden wird. Hier hatte Elisabeth Bergner ihren stärksten und zugleich zartesten Augenblick. Das kleine, schwächliche Körperchen zittert, und die dunklen Augen sehen in ein unsagbar Gräßliches. Die wahre innere Gläubigkeit, die tiefe Gottseligkeit ist nicht ihres Wesens, und von magischer Kraft ging von ihr kein Hauch aus. Aber lieb und süß ist sie, und im Mutterwitz des kecken Scherzwortes lacht ihr kecker Humor.

Max Reinhardt, der seine Wiederkehr gut vorbereitet und mit Shaw gesichert hat, rückt ihre Wesenheit und die aller Spieler voll heraus. Was ist Rudolf Forsters weichlich feiger, vor Waffen sich fürchtender König für schwammig klebrige klägliche, ihrer Kläglichkeit bewußte und über sie witzelnde Existenz. Wie ist die lächerlich eitle Geckenperson Blaubarts in Ferdinand von Altens gezierter Erscheinung persifliert. Paul Hartmann als Dunois ist prächtig frisch, strahlt nur nicht wie sonst als herziger Held junger Mädchen. Friedrich Kühnes Erzbischof kommt nicht recht zur harten Physiognomie, aber Gronaus Inquisitor ist ein putzig dalbernder alter Berufstrottel. Trefflich spricht Lothar Müthel den von der Jungfrau herzgebannten Bruder Martin [...].

Sie alle stehen, bewegen sich vor Oskar Strnads wundervoll farbigen Stoffhintergründen in farbenleuchtenden Kostümen französischen Spätmittelalters und werden von Reinhardt im prachtvoll gesteigerten Gerichtsakt lebendig bewegt und in einen Wirbel hineingerissen, für den nur Reinhardt den Atem und die durchhaltende Kraft hat.

Emil Faktor, Berliner Börsen-Courier 15. 10. 1924 (Vornotiz und Rezension)

Um diesen Abend wehte Sensationsluft. Ein neuer Shaw, der aus den Bahnen des Weltspötters mit breitem Schritt der Historie hinauszutreten sucht, ohne daß es eine Entfernung vom bisherigen Schaffen wäre. [...]

Was sich der Dichter vornahm, wozu es ihn aus innerstem Bedürfnis seines Erkennungstriebes drängte, war die Befreiung des Jungfraumythos vom Dunst des Aberglaubens, vom Nebel der Übertreibung, die im Mittelalter vorurteilsvoll eine Epoche hoffnungsloser Seelenfinsternis sieht. [...]

Seine dramatische Chronik ist die Wiederholung des Aufklärungsprozesses in anderer Form. Man muß bewundernd feststellen, wie haarscharf Geist und Gesinnungen der historisch fundierten Sentenzen auf die dramatische Schöpfung übergingen. Das Vorrecht der poetischen Lizenz ist gründlich abgeschafft. Kein Charakterzug, keine Episode, keine Dialogeinzelheit verschiebt das Programm der Durchleuchtung. Dieser Grad der Übereinstimmung zwischen geistig fest umrissenem Projekt und produktiver Ausführung wird man bei literarischen Werken kaum wiederfinden. [...]

Die historische Studie Bernard Shaws ist keine Titelheldin-Ausbeutung. Das innere Hauptmotiv Shaws ist sein Gerechtigkeitsgefühl. Wunsch und Gedan-

ke umfassen den ganzen Bezirk, in welchem das Wunder des Enthusiasmus aufblühte, wo es nach halber Erfüllung, von zwangsläufiger Wirrnis mißverstanden, vom brutalen Willen der Abwehr in den Abgrund gestampft wurde. Der Verteidiger Johannas, dem menschliches Mitgefühl zur Kennzeichnung des Falles nicht genügt, erweitert sein Gesichtsfeld durch den Hinweis, daß die eifernde, von heimlichen Stimmen fanatisierte Jungfrau eine von vielen war. Die anderen verbrannten ruhmlos. Der Objektivitätsapostel Shaw schließt in die Advokatenfunktion auch die Feinde Johannas ein und weist mit bezwingender Dialektik nach, daß die Engländer nicht grausame Teufel, sondern bloß pflichtbewußte Werkzeuge der Politik, die abtrünnigen Anhänger der Jungfrau getrübte Schwächlinge einer ungeschulten, vom Staatsgedanken nicht erfüllten Zeit, die Inquisitoren und Richter Johannas aber Menschen wie wir waren, die sie vor dem Feuertode lieber bewahrt, als den Flammen überantwortet hätten. Auch wir leben nach dem Buchstaben des Gesetzes, auch in unserem Blute fiebern Vorurteile, auch wir halten für recht und billig nur das, was wir mit unseren Sinnen begreifen, was den Interessen einer national oder sozial abgegrenzten Gesamtheit nicht widerstrebt.
Das Verteidigungsdrama Bernard Shaws spannt die Geschichte der Johanna zum Weltgericht auf. Es verfällt nicht in die banalere Mission des Anklägers von Jedermann, aber es wird vielseitiger Appell an das menschliche Gewissen. In dieser Vielheit von Tendenzen und Sentenzen großartig, bietet es einen völlig neuen Typus von Geschichtsdrama dar. Es räumt, soweit dies stofflich überhaupt denkbar ist, die Entfernung der Jahrhunderte ab. Es flicht [...] das Gegenwartserlebnis des Weltkrieges ein, es setzt dieses relative Verhältnis in völlig direkte Beziehung durch die Gestaltung eines Epilogs um, in welchem ein Sendbote des Papstes auftritt und in den Gleichnissen von heute und ehemals die Rechte der Kirche wahrnimmt. Der Geist Johannas aber seufzt dem Augenblick entgegen, wo es der Menschheit beschieden sein wird, des Empfanges der Heiligen wert zu sein.
Das Aufklärungswerk Shaws, sein Kampfdrama um die Rechte der Vernunft, der klaren Einstellung, der vorurteilslosen Betrachtung, der Gleichstellung von Hoch und Nieder ist eine geistig scharf instrumentierte Auseinandersetzung mit der Weltordnung. Der Körper der Historie hat den Witz nicht gehemmt, die Redefreude nicht abgeschwächt. Aber die Ansprüche des Stoffes und Shaws Redelust bereiten sich gegenseitig Schwierigkeiten der Entfaltung. Ihr Ausgleich verbreitert die Formen, schwächt die Impulse ab. Bloß der Gerichtsakt hat die Wucht und Größe einer tragischen Komposition. Die Gesamtwirkung des Werkes wird aber nicht als Erschütterung fühlbar. Sie gleicht einer durch Ablenkungen immer wieder durchgreifenden Spannung, sie hat den Charakter vielfältiger Interessantheit. Stärker als das Gefühl ist der Intellekt des Zuschauers beteiligt. [...]
Max Reinhardt [...] stand vor einer sehr schwierigen, im Hinblick auf Darstellung und szenische Probleme anspruchsvollen Aufgabe. Dem Bühnenbilde gegenüber fühlte er die Verpflichtung, sich an die Vorschriften des Autors zu halten, der mit Anweisung und Wünschen nicht sparsam ist. Völlige Emanzipation davon wäre kein Verbrechen gewesen. Es hätte Rückgriffe auf lebende Bäume, auf naturalistische Raumverengungen, auf Disproportionen zwischen schmaler Handlung und dickem Gebälke und körperlichen Strapazen der Spieler erspart. Vielleicht beherrschte den Reformator früherer Jahrzehnte das

Trotzgefühl gegen alle Versuche, die etwas allgemein mit dem Begriff der Raumbühne zusammenhängen. Aber man darf Reinhardt wieder einmal daran erinnern, daß er selber es war, der diese Art Fortschritt anregte. Welche unschätzbaren Vorteile hätte ihm die Gliederung des Gerichtsaktes im Geiste seiner eigenen ›Danton‹-Inszenierung geboten, wo die Hauptformen von Lichtreflektoren gebaut wurden und dramatische Spannungen im Bannkreis scharfer Umrisse hochkamen. Diesmal umständlichstes Arrangement mit seitlich hochgerückten Richtstuhlgebäuden, die den Kontakt mit der Zuhörerschaft erschwerten, mit Vordergrundfiguren halbe Stunden lang untätig stummes, körperlich viel zu deutliches Spiel agierten, mit Massengewühl, das nach der Gewöhnung die Stimmung abstumpfte.

Immerhin hatte man dem auf Entfaltung gerichteten Sinne die Aufstellung eines wunderschönen, an und für sich sehenswerten Domes zu danken, und auch die Kostüme des künstlerischen Beirates Strnad sind eine Geschmacksleistung, für jede Art von Inszenierung eine Bereicherung.

Der Respekt vor dem Shawschen Worte schien auch von dramaturgischen Eingriffen abzumahnen. Sie hätte eine Aufführung entlastet, die allem Geistigen durch Bedächtigkeiten beizukommen suchte, die aus Besorgnis um die Verständlichkeit auf das Tempo drückte. Andererseits wurden die Gelegenheiten zu Temperamentsausbrüchen und Protesten zu scharf, zu hitzig, zu lärmend wahrgenommen. Dadurch wurde der Gegensatz zwischen vorwärtstreibenden und beschaulichen Momenten des Werkes als Stildissonanz fühlbar.

Unter den Darstellern Reinhardts dreierlei Schichtung. Die einen empfängliche und lenkbare Mitarbeiter, denen der Schauspielerzieher Reinhardt viel zu geben hatte; unter seinem Einfluß gelang einer unsicheren Kraft wie Rudolf Forster, der den weichlichen Dauphin reizvoll nonchalant gibt, eine seiner besten Leistungen. Auch Herr Kühne als Bischof war wieder einmal erträglich. Dagegen Paul Hartmann als Bastard auffallend äußerlich. Hier müßte einmal ein Starker in dem blinden Vertrauen zu glanzvollen Mitteln etwas erschüttert werden.

Zur anderen Gruppe gehören Schauspieler anderer Zonen, die zum ersten Male unter dem Regiestabe Reinhardts in Erscheinung traten, ohne im Widerstreit zwischen sich und dem Regisseur den plausibelsten Ausdruck zu finden. An solchen Differenzen litten Walter Brandt (viel zu laut), Ernst Gronau (unpräzises Geschleppe) und leider auch der so begabte Walter Franck, der im Erregungsspiel kein Maß fand.

Ein selbständiges, unverschobenes Verhältnis zu Shaw brachte Paul Otto mit. Hier hörte man den vertrauten, aus der Diktion eines Rationalisten ermittelten Tonfall.

Trotz ursprünglicher Hemmungen der Unfreiheit und zu privater Ansätze arbeitete sich die Johanna der Elisabeth Bergner zu einem zwingenden, in die Melodie naturhaften Wesens einspinnenden Spiel herauf. Man vergaß ihr puerilisches Aussehen, sie verlor die neckischen Anwandlungen bewußter Lieblingsschaft, sie beglaubigte in Klängen von Seelengröße Shaws Dichtertum. Sie eroberte ihm die Hauptwirkung seines Werkes.

Bertolt Brecht   Im Dickicht
Deutsches Theater Berlin, 29. Oktober 1924, Regie Erich Engel

1924 endlich, zwei Jahre nach der ersten Aufführung eines seiner Stücke (›Trommeln in der Nacht‹, München und Berlin), setzte Brecht sich auch in Berlin durch, was seit Jahren sein Ziel war. Erich Engel brachte ›Im Dickicht‹ aus München mit. Er hatte die Uraufführung am 9. Mai 1923 inszeniert, hatte im Herbst 1923 mit Grabbes ›Scherz, Satire, Ironie‹ in Berlin debütiert und am 19. Februar 1924 am Deutschen Theater mit ›Dantons Tod‹. Er wurde neben Reinhardt jetzt der erste Regisseur am Deutschen Theater. ›Dickicht‹ wurde auch in Berlin in den Bühnenbildern von Caspar Neher gespielt. Kortner wies eine Rolle in Reinhardts Inszenierung von Shaws ›Heiliger Johanna‹ zurück, um nun Brechts Shlink spielen zu können. Hier begann Kortners lange Freundschaft und künstlerische Verbindung mit Brecht. – Brecht hatte seit der Münchner Aufführung an dem Stück noch einmal gearbeitet, die Aufnahme war kaum besser als in München. Die Rezensionen durchzieht noch immer die Klage, nur wenig verstanden zu haben. Dieses Echo veranlaßte Brecht, das Stück noch einmal umzuarbeiten. Er veränderte vor allem den Schluß (Garga will Shlink an die Lyncher verraten, Shlink entzieht sich durch Gift, Garga geht nach New York), der Titel wurde erweitert zu ›Im Dickicht der Städte‹, und diese neue Fassung dann am 10. Dezember 1927 im Landestheater in Darmstadt erstaufgeführt (die Regie führte der neue Intendant Carl Ebert, der 1924, also zur Zeit von Engels Inszenierung, noch Schauspieler in Berlin war). Ebert setzte in Darmstadt Filmprojektionen ein, die wogenden Großstadtverkehr, laufende Räder des Holzwerks zeigten. Aber auch dort war die kritische Reaktion kaum anders. Erich Engel, der in ›Danton‹ schon allen mitreißenden Schwung gegen ein zergliederndes Darlegen ausgetauscht hatte, ist mit dieser Inszenierung der wichtigste Regisseur für die Stücke Brechts geworden. Ihering leitete seine zweiteilige Besprechung mit den Worten ein: »Wenn man später auf dieses Stück von Bert Brecht zurücksehen wird, so wird man erkennen, wie sehr gerade in diesem Werk das Anfangsgefühl ausgedrückt ist.« – Der ›Ensembledarstellung‹ sprach er »seltenen Rang« zu. (›Berliner Börsen-Courier‹ 31. 10. und 1. 11. 1929.) Mit der Berliner Aufführung verband sich der erste Angriff auf Brecht, der ihn des Plagiats bezichtigte. Herwarth Walden deckte im ›Republikaner‹ auf, daß Brecht ungenannt Verse Rimbauds verwendet hatte. Das war ein Vorspiel zu Kerrs Angriff bei der Inszenierung der ›Dreigroschenoper‹ (s. d.) – Der Inszenierung Engels am Deutschen Theater setzte das Staatstheater im Dezember die von Brechts ›Leben Eduards II.‹ entgegen. Regie: Jürgen Fehling. Das war noch keinem neuen deutschen Autor widerfahren: daß sich die beiden wichtigsten Bühnen Berlins mit ihren fähigsten jüngeren Regisseuren für seine Stücke verwandten.

Monty Jacobs, Vossische Zeitung, Berlin, 30. 10. 1924

»Ich verstehe kein Wort, aber es packt mich«, meinte eine kluge Bühnenkünstlerin im Zwischenakt.

Dieser immer noch blutjunge Bertolt Brecht legt bestimmt mehr Wert darauf, zu packen, als verständlich zu sein. Denn in ihm ist Chaos. So sieht die Welt in seinem ›Dickicht‹ chaotisch aus, wie in der Wildheit seines Erstlings ›Baal‹, wie im Drama von den ›Trommeln der Nacht‹.

Vom Volkslied kommt dieser Augsburger her, aber niemand darf ihn in die Grenzen der Ballade einsperren. Dazu klopft sein Puls viel zu jäh im Takte des Dramas. Ein Drama freilich, vom Zwang der Bühnenlogik entfesselt, getränkt an allen Quellen, aus denen die Mürben, Verbitterten und Verwilderten schöpfen.

Am Anfang dieser hinreißenden Aufführung läßt ihr Lenker Erich Engel, hier wie bei der Münchener Aufführung Brechts Helfer, die Drehbühne kreisen und alle leeren Schauplätze zeigen. Lauter Schlupfwinkel des Gesindels in Chicago, Whisky-Kneipen, Mansarden, Chinesenhotels. Dazu gibt die Stimme eines unsichtbaren Marktschreiers dem Publikum eine Gebrauchsanweisung: Achtet nicht auf Motive, sondern auf menschliche Einsätze, und vor allem auf das Finish!

Den Verzicht auf Motivierung habe ich bei einem Dramatiker des neuen Wuchses als selbstverständlich vorausgesetzt, die menschlichen Einsätze habe ich nicht entdecken können, aber das ›Finish‹ hat mich in der Tat gepackt. In den letzten Szenen sitzt wieder jeder Ton wie in den ersten Akten des Trommeldramas. Naturnah, ungebändigt bricht sich hier ein dramatischer Wille seinen Weg, und dieser Weg aus dem Chaos führt mitten ins Herz des Zuschauers hinein.

Das ›Dickicht‹ freilich ist ein Symbol aus jener Ibsen-Welt, ohne die gerade ihre hitzigsten Verächter scheinbar nicht auskommen. Gebrauchsanweisung bleibt aus. Also kann man die Großstadt oder das Menschengewimmel überhaupt darunter verstehen. ›Untergang einer Familie‹ heißt der Untertitel, und der Familie Garga wird freilich oft genug bestätigt, daß sie aus dem flachen Lande in das Dickicht Chicagos gekommen sei.

Auf alle Fälle scheint in diesem Dickicht die Luft still zu stehen. Aus der Erde quillt es wie Verwesungsduft, und eine schwere Wolke drückt alle Zuversicht nieder. Kein Mensch taucht auf, den das Leben nicht zum Invaliden geschlagen hätte. Jeder hat seinen Knacks.

Aber geht hier wirklich eine Familie unter? Der Vater ein Saufbold, die Mutter eine Märtyrerin, die von der Brücke springt, nicht ohne vorher ihrem lieben Väterchen ein Glas Grog zu schicken – sind sie nicht schon lange untergegangen? Die Tochter sinkt freilich zum Straßenmädchen, aus unglücklicher Liebe zu einem alten Malaien, und dieser alte Malaie schneidet aus Eifersucht der Schwiegertochter den Hals ab, in den sie zeitlebens so viel Whisky geschüttet hat. Warum erwidert der gelbe Mann Marias Liebe nicht, und warum ist er auf Jane eifersüchtig? Weil er George, den Familiensohn, liebt.

Er sagt es erst in der letzten Minute vor dem Selbstmord, und sein George dankt ihm so wenig dafür wie für die andern Geschenke seines Wohltäters. Man ist hart in Brechts Welt, und deshalb wollen in ihr keine Frauen wachsen, deshalb bleibt die Mutter ein Schrei und die Tochter ein Seufzer. Man belauert einander, und das Wort dient zum Verstecken der Absicht, darum wirkt dieses Spiel redender Menschen oft wie eine Pantomime. Aber »achtet auf das Finish«! Denn hier schreien Herzen in ihrer Not. In der Likörstube grölt eine unwirkliche Fröhlichkeit katzenjämmerlich genug. Im Gehölz draußen aber sitzt der Malaie, todbereit, hat seinem George das Pferd zur Flucht gesattelt und ruft ihm nach: ich liebe Sie.

Männerliebe darf in einem Brechtschen Drama offenbar so wenig wie der Branntwein fehlen. Hier aber wird das Problem zur Gestalt, und damit gewinnt es Bürgerrecht auf der Szene. Denn der Malaie ist der einzige von all diesen Brüchigen und Bresthaften, der ein Menschentum einsetzt. Vielleicht ließe er sich als eine Figur aus der Schreckenskammer des Unheimlichen spielen. Fritz Kortner aber wirkte stärker, die verkörperte Unterwürfigkeit, in der Demut des Körpers, in der Schmiegsamkeit eines schwebend hellen Tons, asiatisch undurchsichtig, schier unbeteiligt und deshalb am Schluß so eindringlich, wenn ein Gefühl in der Todesstunde aufseufzt, nicht etwa aufschreit. Dies ist die glücklichste Leistung eines Könners, auf dessen Ton Erich Engel mit feinem Ohr seine Aufführung abgestimmt hat.
In der Harmonie ihrer Stimmung, die alle Winkel durchdringt, darf sie neben Jeßners ›Wallenstein‹, neben Reinhardts Shaw stolz vom Leben einer Bühnenkunst zeugen, die alle Revue-Spekulanten so voreilig totsagen.
Wenn diese Menschengespenster in der Likörstube lachen, so wird ein Chorgesang irdischer Gemeinheit daraus. Wenn die Großstadt draußen vor dem Fenster erwacht, so glaubt man Stimmen aus dem Inferno zu hören. Beredter läßt sich Brechts Grundton nicht ins Szenische übertragen. Er heißt Hoffnungslosigkeit, wie sie so unerbittlich nur in der Jugend den Menschen überfallen und um jeden Glauben plündern kann. (Eine Frage nur: wie kann das Ohr eines Regisseurs von Engels Rang das Englisch seiner Schauspieler ertragen, diese Zwiesprache zwischen Tschortsch und Tschehn!)
Kortners leiser Demut antwortet brutal sein George in Walter Francks Härte, jedes Wort ein Pistolenschuß, der einzige, der aus dem Massengrab dieser Lebenden herausfinden wird. Den Brechtschen Frauen versucht Getrud Eysoldt die Anklage einer Mutter, Franziska Kinz die Fröhlichkeit einer Verkommenen, Gerda Müller – gegen ihre Natur – die Schwermut einer Abgewiesenen zu geben. Im Chor der moralisch Unterernährten fällt ein prächtiger Gentleman der Nachtkneipe auf: Paul Bildt, wattierte Schultern, gelber Paletot, der leibhaftige Zynismus, unter Alkohol gesetzt.
Man dreht C. Nehers gute Bühnenbilder wieder in der Drehbühne herum, die auch schon einmal verpönt war. So wird am Ende auch das Motivieren wiederkommen, wenn die Melancholie der Jugend überwunden ist. Dann wird hoffentlich Brechts dramatische Kraft, aus dem Chaos geboren, an packender Gewalt nichts eingebüßt haben, auf die Gefahr hin, daß jedermann ihren Absichten von vornherein zu folgen vermag.

Alfred Kerr, Berliner Tageblatt 30. 10. 1924
I
Ich halte mich nicht für verpflichtet, über Derartiges eine ›Kritik‹ zu verfassen. Der Versuch des Mißbrauchs wird freundlich abgelehnt.
Ein Regisseur mag zeigen, was er kann, wo nichts ist. Herr Erich Engel, mit Falckenberg in München der ›Entdecker‹ Brechts, tat sein Bestes. Aber es ist Kraftentziehung an der ebbenden Dramatik einer Übergangszeit, wenn man

ernste Sorgfalt und erste Nummern für so Gestaltungsunfähiges bemüht. Schluß der Höflichkeit: es handelt sich hier um völlig wertlosen Kram. Um völlig wertlosen Kram.

II

Bums ohne Inhalt. Sinnleer. Weil Grabbe Schnaps trank ... Ein Auftritt hier in der Wirkung fast wie der andere. Bald sehr langweilig: weil fast gleich im Bums. Steigerungslos. (Also »dynamisch« hat hier der Schmock zu sagen.) Der ›Untergang einer Familie‹, heißt es abgebraucht-naturalistisch. Auch das abgebrauchteste Mittel eines »unheimlichen Chinesen« oder Malaien ist üble Dagewesenheit.

So ein Rudolf-Stratz-Chinese. Er »kämpft« mit George Garga in Chicago – hier immer gesprochen: Tschortsch – einen »Kampf«. Frei von Inhalt. Nur Schicksal ... und so. Ältestes Klischee. Der Chinamann heiratet Tschortschs Schwester Jane (Tschähn); liebt zugleich den Bruder. Er nimmt am Schluß Gift. Alle verkommen selbstverständlich. Das bekannte »Bild eines Untergangs« soll halt erreicht werden. Es ist ein Wust aus Tertia.

III

Die Stimmung der Hörer zeugte von der Bereitschaft, sich mißlungenen Bluff nicht länger bieten zu lassen.

Um Schonung bat zu Beginn ein Prolog. Man solle sich nicht über die einzelnen Szenen den Kopf zerbrechen – sondern auf das finish achten. Der Schluß war jedoch wieder nichtig und schwächlich! Ein Postlog hätte daher sagen sollen: achtet nicht auf das finish, sondern auf die vorangegangene Unfähigkeit ...

Chaos durch Chaos nachzumachen – das trifft jedes einlaufende Dramenmanuskript; es wird aber nicht gespielt.

IV

Der Epigone Brecht (ein Epigonster; ein Grabboid, Büchneroid, Stratzoid mit aktueller Firma) zeigt hier nicht einmal die Lyrismen oder Delirismen (Schnaps) der vorausgegangenen Bruchstücke; wofür er als Hoffnung bei uns eingetragen ist. Nur Geladenheiten ohne sichtbaren Grund, die nicht mehr ziehn. Man brauchte den Grund ja nicht zu wissen – aber sie müßten ziehn. Item. Ihr sollt in die Zukunft sehn, nicht in schlaffste Vergangenheiten. Schwaches ohne falsche Scham abweisen. Und wenn keiner da ist, warten, bis einer kommt.

Das lesende Publikum denkt: das ist vielleicht modern; da steckt vielleicht was dahinter; »Bekundungen unserer Zeit«, oder so; man versäumt vielleicht was ... Es ist aber nur Sammlungsmangel, Nichtskönnen. Auch wenn eine Handvoll Komisch-Willige darüber schmust. Hört ihr die Zeit nicht lachen?

V

Walter Franck, dessen blutvolle Begabung in einer Mönchsgestalt neben der ›Heiligen Johanna‹ vortrat, hat zusammendrängende Wirkungen hier gesteigert. Das ist einer. Nicht nur Wucht ... sondern im Stoß etwas von leidender Kreatur.

Er gab den Tschortsch – in der von Engel alltagswirklich und glänzend gedrillten Buntwelt.

Gerda Müller, in ihrer Pracht überseelter Sinnlichkeit oder angeseelter Sinnlichkeit mit aufrecht fragendem Schmerz, widmet sich der Schwester, Tschähn. Kortner wählt ein piano der Stimme, ein glissando der Füße, wenn er den Malaien als Chinamann darstellt. Fuß, Blick, Stimme haften. Den Kitsch dämpft er.

VI

An dem Elternpaar des Tschortsch üben sich die Eysoldt und Walter Fried. Die Frau: verhärmte Mutter mehr im Blick ... als in der Sprache, worin ein bloß geringes Maß von Lehrhaftigkeit selten hindurchschwingt. Der Mann: genrederb; mit Schnurrbart und Augenbrauen wie ein Theatersoldat; halb in der Maske von Lloyd George-Tschortsch.

VII

Engel wirkt mit Flinkheit, Farbe, Sicherheit; nicht mit Steigerung und Stufung. (Wo soll er hier sie hernehmen?) Doch er bringt, in augenfälligem Geheg, nicht nur Paul Bildt zur goyesken Verleiblichung eines Galgenvogels – sondern den sonst getragen-edlen Lothar Müthel bis zum Scharf-Skurrilen. Für diesen Darsteller eine neue Möglichkeit.

Engels Talent steht heute Reinhardts Art näher als Jeßners. Er zaudere nicht, es an Dinge zu wenden, mit denen sich zu beschäftigen lohnt.

Franz Servaes, Berliner Lokal-Anzeiger 30. 10. 1924

Zunächst sehnt man sich eine Axt herbei, um in dieses Dickicht sich eine Bahn zu hauen. Da aber der Dichter, in sein eigenes Urwaldgestrüpp verstrickt, uns diese Axt nicht zu leihen vermag, so machen wir bald ermattet halt. Baumriesen, lianenbeschwert, strecken ihre Arme nach uns aus. Um unsere Füße schlingt sich dunkles und zähes Geflecht. Papageien und Affen schaukeln über uns. Und fernher, aus undurchdringlicher Finsternis, tönen drohende, schreckende, flehende Stimmen zu uns her, unklar, ob von wilden Tieren oder aus Geistermund ...

Nur in Bildern dieser Art kann man über dieses Stück sprechen. Es zu zergliedern und nach Anatomikerart fein-säuberlich in seine Bestandteile zu zerlegen, wäre zwecklos; wäre Torheit. Hier steht man einem Ganzen gegenüber, das neu gewachsen ist. Ja, das ist das Erlösende in all unserer Wirrnis: daß dieses hier gewachsen und nicht gemacht ist. Und wenn dieses Gewachsene auch einstweilen noch ein Dickicht ist – die Art, um hineinzudringen, wird sich schon finden. Wir müssen nur Geduld haben. Eines Tages, wohl in manchen Jahren erst, wird der Dichter selbst sie uns, lächelnd, reichen. Dann hat er seinen Weg gefunden. Dann macht er halt auf seiner – Lichtung!

›Untergang einer Familie‹ heißt dieses ›Schaustück in zehn Bildern‹ mit seinem Untertitel. Man könnte vielleicht auch sagen: Untergang eines Volkes, Untergang einer Zivilisation, einer Weltanschauung, eines Jugendglaubens. Jedenfalls geht etwas zugrunde – einstweilen noch ohne daß ein starker neuer Hoffnungsschimmer sich zeigt. Spürt man hier die Stimmung unseres heutigen jungen Deutschland? Diese verbissene, verzweifelte, manchmal blindwütende Stimmung? Berts Stück spielt, seiner pragmatischen Lokalisierung nach, in Amerika, in und um Chicago, und fremdartige Menschen treten darin auf. Aber nie hat ein Stück mehr in unserem heutigen Deutschland gespielt und hat sich unter uns selbst begeben.

[...]

Hier ist ein neuer ›Sturm und Drang‹. Denken wir daran, daß neben Bertolt Brecht Arnolt Bronnen steht, [...] Max Mohr, F. A. Angermeyer und F. Th. Csokor [...], aus Norddeutschland Hanns Henny Jahn. Lauter Dichter, mit trotzig wühlender Phantasie, die bald ins Verbrecherisch-Ungeheuerliche, bald ins Zynische sich versteigen, die, wie unter Geißelhieben bluten, höhnisch Fratzen schneiden und doch vor glühender Sehnsucht sich verzehren. Die Begabungen all dieser sind gewiß verschiedenartig; die Entwicklungsstufen, die sie erreicht haben, wohl noch mehr; einige mögen bereits ›fertig‹ sein; während in anderen, wie namentlich in Brecht, noch dumpfes Chaos wühlt.
[...]
Der Malaie Kortners wird unvergeßlich bleiben, neben seinem Geßler, seinem Caliban, seinem Franz Moor. Er steht sogar wohl noch eine Stufe höher, wegen der eigenartig gebändigten Kraft, mit der dieses seltsame Zwitterwesen erfüllt wurde. Dem strauchelnden Sohn, der im Abgrund versinkt und der doch ein so herzensbraver Mensch ist (ein grundehrlicher Tölpel möchte man sagen), verlieh Walter Franck die zwingende Gestalt. [...]

Julius Bab, Berliner Volks-Zeitung 31. 10. 1924

Das Dickicht dieses ›Schaustücks in zehn Bildern‹ ist die steinerne Wildnis der Großstadt, Chinesenviertel in Chicago ungefähr. Der Maler Neher und der Regisseur Engel haben mit außerordentlicher Phantasie diese unheimlichen, schmutziggrauen Steindschungel aufgebaut. Räume, von denen man nie so recht weiß, ob sie eigentlich Innenräume oder Straßen sind. Himmel und Luft sind mit Steinen zugebaut, und diese bröckeligen Wände sind doch nicht stark genug, um den Menschen wie eine Heimat von der Außenwelt abzuschneiden – es ist alles nur Straße! Und in diesem Dschungel ist große Treibjagd. Zwei Menschen jagen einander. Dabei geht die Familie des einen Kopf für Kopf zugrunde. Aber der Nebentitel ›Untergang einer Familie‹ ist trotzdem falsch, gerade im Sinne des Dichters irreführend. Weder der Vater, den Walter Fried phantastisch stark in seiner alkoholischen Verwüstung zeichnete, noch die Mutter, von der durch Gertrud Eysoldt ein paar Bilder stumm leidender Haltung besonders haftenblieben, nicht einmal die unglückliche Schwester, für die Gerda Müller ihre ganze, große, sinnlich zitternde Kraft einsetzte – nicht diese alle stehen im Mittelpunkt des Interesses. Sie wurden nur umgerannt, weil sie bei der Jagd im Wege stehen. Es ist durchaus kein Familiendrama, auch kein Milieustück; die Steindschungel von Chicago bilden nur den düsteren Hintergrund, die Wildnis, wo der Mensch der Wolf des Menschen ist.
Darum wohl hält es Brecht auch gar nicht für nötig, zu sagen, weshalb sein Zweikampf eigentlich anhebt. Ein Malaie – Brecht sagt, er ist aus Yokohama, Kortner spielt ihn mit unheimlicher Gedämpftheit, mit grausig großartiger Stille als Chinesen –, also irgendein Ostasiat mit der Fähigkeit grenzenloser Besessenheit, beschließt, die Seele eines jungen Menschen, der an einer Leihbibliothek angestellt ist, zu haben. Er bietet ihm zunächst etliche Dollar für den Verkauf seiner Meinung über irgendein Buch. Der andere empfindet das sehr richtig als den Anfang der Sklaverei, und darüber entbrennt die Verzweiflungsschlacht, in der beide nach und nach ihre ganze Existenz einsetzen und zusetzen. Schließlich siegt der Asiat, denn er gibt sein Leben her, den

anderen sich unentrinnbar zu verpflichten, und dieser junge Mensch (den Walter Franck mit seiner ganzen verbissenen Energie hinschleudert) nimmt das Geschenk, wählt das Leben statt des Sieges. (Diese jäh triumphierende Lebensliebe steht bei Brecht ja schon in seinen ›Trommeln‹ am Ende.) Der Entwurf ist von großzügiger Energie. Das Tempo der Jagd kommt in unser Blut. Fast jede Szene ist mit einer Stimmung des Grauens beladen. Die Schakale und Hyänen der Steindschungel leben. (Besonders Paul Bildt, Lothar Müthel und die immer freier und stärker werdende Franziska Kinz konnten unheimlich eindrucksvolle Typen schaffen.) – Aber das Ganze ist nicht wie ein straff gezogenes Gewebe, das uns ein tiefsinniges Bild zeigt; es hängt und flattert in der Luft wie gleißende Sommerfäden, die im Augenblick das Auge blenden, die man aber nicht zusammenblicken und innerlich als Einheit empfinden kann. Schon daß der Beginn des Kampfes, der Anlaß der Verfolgung so absichtsvoll unerklärt bleibt, hat sein Bedenkliches. Schlimmer ist, daß auch der Fortgang, die einzelnen Schachzüge der Gegner, selten dem unmittelbaren Gefühl, zuweilen nicht einmal dem lange nachdenkenden Verstande zugänglich sind. Zweifellos ist vieles durchaus lyrische Abschweifung vom dramatischen Plan, und zwar Abschweifung eines unentwegt knabenhaften Geschmacks, der alkoholische und sexuelle Exzesse für Kraftäußerungen hält, während es doch neunundneunzigmal in hundert Fällen Schwächezeichen sind. Qualm und Rauch verdecken das Feuer.
Aber das Feuer der dichterischen Kraft ist da, es schlägt nicht selten mit freier Flamme durch. Dieser Brecht kann wirkliche Menschen, seelenhaft leidende Geschöpfe darstellen. Körper, die mit dem göttlichen Geist der Natur zusammenhängen. (Nicht sexualpsychologisch aufgedrehte Automaten wie sein Kollege Bronnen.) In den Worten dieser Figuren bewegt sich Lebendiges. Der alte Trunkenbold sagt: »Ich hatte einen Bruder, der schoß auf die Bäume, so viel Raum brauchte er um sich« – eine Mutter ruft dem Sohn zu: »Wie du dastehst mit den Händen in den Hosentaschen; wie leid wird es dir tun, wenn du nachher dran denkst.« Das vergeblich liebende Mädchen sagt: »Ich bin wie auseinandergesägt« – die Natur bewegt sich um diese Menschen, aus diesen Worten. Ein Shakespearescher Hauch weht von Büchner her in diese Welt. Es ist keine bloße Schlacht der Muskeln, es kämpfen ja Seelen um ihre Freiheitswürde. Es könnte ein großes Drama sein.
Es ist keins, weil der Autor noch unter dem falschen Dogma steht, das die Psychologie und die Logik aus der dramatischen Kunst verbannt. Man hat die alte Entdeckung wieder gemacht, daß die eigentlich künstlerischen Wirkungen nicht von den psychologischen Elementen herkommen, sondern von der rhythmischen Gewalt, die diese Elemente formt. Aber weil das farbige Bild natürlich von den Wollsträhnen und nicht vom Kanevas kommt, hat man sich eingeredet, man könnte ohne Kanevas sticken. Es gibt ein heilloses Farbengewirr. Es kommt allerdings nicht auf die Psychologie an, nicht sie bewegt uns, aber wir leben nun einmal im psychologischen Raum. Der ›absolute‹ Künstler gleicht überall der Kantischen Taube, die sich einredet: Wie herrlich würde ich ohne den dummen Luftwiderstand fliegen. Ihr Fliegen ist aber überhaupt nur Überwinden des Luftwiderstandes! Dramatische Wirkung ist immer wieder rhythmische Gefühlsüberwältigung einer psychologischen Gegebenheit. Aber es muß etwas da sein, was man überwältigt. Die Psychologie ausschalten, heißt nicht, sie fruchtbar überwinden. Im absoluten Seelenraum kann man

höchstens lyrische Musik machen. Wer mit körperlichen Schauspielern Welt darstellen will, muß sie erst einmal nach den Gesetzen, die unserer Auffassungsgabe überhaupt zugrunde liegen, aufbauen. Dann soll er schöpferisch mit ihr schalten. – Dieser Brecht hat das echte Chaos in sich. Aber so lange ihm gefährliche Freunde einreden, daß das Chaos an sich ein Wert und ein Endziel sei, wird er keinen tanzenden Stern gebären.

Siegfried Jacobsohn, Die Weltbühne, Berlin, 1924

[...] Achten Sie auf das Finish! ruft Brecht. Und wirklich hat er sich angekurbelt und eingerast, um es in bester, allerbester Form zu nehmen. Also warum vor einem echtbürtigen Sohn der Gegenwart mit verblichenen Begriffen hantieren? Weg mit allen Erinnerungen! ›Dickicht‹ verschafft mir die Emotionen nicht der Tragödie, sondern der Rennbahn, des Sportplatzes, des Varietés und des Films. Die traurigen Geschicke dieser Leute rühren mich nicht, weil hier nur zum Schein geköpft wird. Schwindel? Ja, wenn ich für möglich halte, daß Brecht sich dieser Scheinhaftigkeit nicht bewußt ist. Aber Wahrheit, wenn ich ihm die Bescheidenheit seiner Zusicherung, nichts als ein ›Schaustück‹ zu geben, glaube. Dann macht er die Heuchelei vieler Generationen von phrasengeschwollenen Dramatikern offenbar. Dann ist er, der kalten Herzens die Regungen seiner Puppen erhitzt, genauso amüsant wie Baggesen, der mit Tellern jongliert. Dann soll man ihn mit diesem Dänen und noch nicht einmal mit einem Artisten der Exotik wie Johannes V. Jensen vergleichen. Dann ist sein Mangel an Langweiligkeit um so erstaunlicher, je weniger faßlich die Begebenheiten für den Verstand eines Publikums von Verstandesmenschen sind. Keine Kleinigkeit, uns zweieinhalb Stunden mit nichts als der penetranten Farbigkeit einer Unterwelt zu fesseln; mit Marionetten, die zum Takt von Orchestrionmusik bewegt werden; mit Trinkerdunst, Spielerbrodem, Hurenmief, Boxerschweiß und anderen Parfums, deren Stelle in gebildeteren Dramen feingeistige Erörterungen einnehmen. Kriterium: würde ich dieses nervenerregende Schaustück zum zweiten Male sehen wollen? Sofort!
Allerdings ist die Leistung des Regisseurs Erich Engel im Deutschen Theater an und für sich eine Sehenswürdigkeit. Zunächst werden auf der Drehbühne die zehn Schauplätze hintereinander vorgeführt. Weshalb aber dreht man dann nicht nach jedem Bilde gleich weiter, sondern läßt fortwährend den schweren Vorhang fallen – hier, wo ja doch Tempo alles ist? Graugrün breitet Chicago sich aus, dschungelhaft, atembeklemmend, immer ein unsichtbares Reich hinter dem sichtbaren: von der schmutzigen Leihbibliothek bis zum Schlupfwinkel im Dickicht – wo die Lemuren sterben, ohne etwa gelebt zu haben. Diesen allgemeinen Lemurencharakter völlig verschieden gescheckter Menagerie- oder Dickichtbewohner hat Engel ebenso meisterhaft dem Ensemble- wie dem Solospiel nutzbar gemacht. Aus einem Spezialisten für Adelsmenschen wie Paul Bildt wird ein Wurm, aus einem sogenannten Jugendlichen Liebhaber wie Lothar Müthel ein Pavian, daß man erschrickt. Die schwarze Dirne Gerda Müller und die blonde Dirne Franziska Kinz liefern prima Seele und prima Seelenlosigkeit. Kinz wird von Walter Franck geliebt, dem weißen George, und Müller liebt Kortner, den gelben Shlink, der wieder von Franck nicht loskann. Und in Francks Adern hat Blut zu rollen, und Kort-

ner hat die undurchdringliche Maske des Chinesen zu tragen. Und beide dienen gleichermaßen Brecht und unserm Vergnügen.

Arnolt Bronnen   Katalaunische Schlacht
Uraufführung: Schauspielhaus Frankfurt, 28. November 1924
Regie Richard Weichert

Die Berliner Sensations-Premiere von Bronnens ›Anarchie in Sillian‹ wirkte nach. Im Februar 1924 hatte Bronnen ein neues Stück beendet, das von Weichert (Frankfurt), Jeßner (Berlin) und Erbprinz Reuß in Gera schnell angenommen wurde. Die Uraufführung in Frankfurt war ein bis nach Berlin beachtetes Ereignis, Berliner Kritiker saßen im Frankfurter Haus. (Die Berliner Kritiker waren sparsam mit Reisen ins Reich.) An die Uraufführung schlossen sich lange Auseinandersetzungen in der Presse an (Dez. 1924, besonders Kerr und Ihering). – Heftige Proteste gegen Bronnens Stück kamen von nationaler Seite und, wie es hieß, »aus Handel, Industrie und Wissenschaft«. Das Stück verletzte »die unverdorbenen Ansichten weiter Kreise«. Die Plünderung des Toten durch einen deutschen Soldaten wurde als eine »den vaterländischen Empfindungen hohnsprechende Kränkung« angesehen. In Frankfurt wurden die Proteste so stark, daß das Stück schließlich abgesetzt werden mußte. Acht von zehn Bühnen zogen daraufhin ihre Option auf das Stück zurück, auch Jeßner (der mit den Jahren politisch immer nachgiebiger wurde) schob die Aufführung immer weiter hinaus, schließlich bis April 1928 (als es zu spät war für dieses Stück). Bronnen hielt die Geraer Aufführung, der Drohungen vorausgingen, die Schauspieler »abzuknallen«, für die beste. In Frankfurt habe Weichert dem Stück durch die Verwischung der Plünderungsszene und die Isolation des ersten Aktes das Genick gebrochen. Das Stück stelle »den Krieg als Eintritt in die Hölle dar«. – Die Inszenierung am Berliner Staatstheater fand am 25. April 1928 unter Heinz Hilperts Regie statt (nachdem Bronnen die Regie niedergelegt hatte). Servaes schrieb über Hilpert: »Der Zug ins Übersinnliche geht ihm völlig ab.« Es spielten in dieser Inszenierung Lothar Müthel, Walter Franck und Maria Bard. Sie wurde eine Niederlage für Stück und Regisseur. Bronnen notierte später im ›Protokoll‹: Sie »läutete dem Dramatiker die Totenglocke. Das Stück wirkte schal, leer, längst überholt. [...] Ein bitterer Schluß nach sieben rauschenden Siegen.« – Damals (1928) war Bronnen mit dem Oberschlesienroman ›O. S.‹ längst ins nationale Lager übergeschwenkt. 1930 versuchte er noch einmal auf der Bühne ›aktuell‹ zu werden. Er schrieb ›Reparationen‹. – Die ›Katalaunische Schlacht‹ wurde ein Testfall für die politische Situation, aber auch für die hektische Schnellebigkeit Bronnens, dessen Stücke die Stationen seiner Lebensjagd andeuteten. Die Kriegsvisionen über den Tod seines Bruders, seine erotischen Manien waren die Grundlage dieses Stücks.

Herbert Ihering, Berliner Börsen-Courier 2. 12. 1924

Wie fast immer für die Dichtung die Weltstadt oder das Land fruchtbar geworden sind, so bauen heute am Drama die Extreme: das amerikanisierte Berlin, die ruhende Kleinstadt, das ruhende Dorf. [...]
Die Großstadt wurde – vor dem Kriege – als äußerste Schöpfung der Zivilisation empfunden. Ihr Ausdruck war in der Kleinkunst: das Feuilleton, die psychologische Skizze, im Drama: das sondierende Gesellschaftsstück, das mondäne Schauspiel. Die Großstadt wird jetzt nicht als verfeinertes Ende, sondern als brutaler Beginn empfunden. [...] Im Drama tritt an die Stelle des zerlegenden oder empfindsamen Problemstücks das entfesselte Kampfstück. Die Großstadt als Gefechtsfeld: Brechts ›Dickicht‹. Die Zeit als ›Katalaunische Schlacht‹: Bronnens neues Drama. Daneben aus dem zeitlosen Lande kommend: Barlachs episch erhabene ›Sündflut‹.
Das neue Grunderlebnis der Großstadt, der Zeit, setzt sich stofflich, ausdrucksmäßig und technisch um. Stofflich, indem Anfangsstoffe, Urstoffe wieder heraufkommen. [...] Sie wollen wieder gestaltet werden. Es ist ein – chaotischer, roher – Beginn. Aber es ist ein Glück, ihn zu erleben. Ausdrucksmäßig ist alles stärker, jäher, aufreißender geworden. Sachlich farbig wie bei Brecht. Sachlich architektonisch wie bei Bronnen. Technisch wird mit Mitteln gearbeitet, die als außerkünstlerisch nur empfindet, wer auf dem Standpunkt steht, daß die Erfindungen der Ingenieure und Elektrotechniker, der Gelehrten und Experimentatoren Luxus- und Bequemlichkeitserfindungen sind.
Bronnens Drama hat die Substanz der Zeit, den Ausdruck der Zeit, die Technik der Zeit. Es beginnt im Unterstand: ›Tanks nach Château-Thierry‹. Der zweite Akt spielt in einer Pariser Kinologe: ›Die Überlebenden‹. Der dritte auf einem Südamerikadampfer: ›Das Grammophon‹. Karl und Kenned, zwei Brüder, treffen sich vor dem Zusammenbruch der deutschen Front im Schützengraben. Sie erkennen sich kaum. Karls Begleiter ist eine Frau: Hiddie. Die letzten Insassen des Grabens: Mellermann, Wung und der Franzose Margin kreisen um diese Frau. Kenned, der Hauptmann, schickt Karl ins Trommelfeuer zurück. Hiddie gleitet zu Kenned hinüber. Sie fliehen. Karl, von beiden geopfert, fällt. Seine Leiche wird geplündert. Die Überlebenden treffen sich in Paris. Ein Gespenstertanz um die Frau. Je mehr sie hinüberwill zu Kenned, desto mehr verfällt sie Karl. Je mehr die Vampyre des Schlachtfeldes sie einkreisen, desto rasender entflieht sie zu dem Toten. Sie erschießt Kenned, denn er will sie töten. Und sie wagt nicht zu sterben, um dem Gefallenen nicht zu begegnen. Auf dem Ozeandampfer verfällt sie den Vampyren. Karl jagt sie. Karl wird in jedem Manne ihr lebendiger. Sie tanzt, und aus dem Grammophon ertönt die Stimme des Toten. Die Stimme, die Worte des Verröchelnden auf dem Schlachtfelde. Jetzt hat sie den Mut zu sterben. Auf den katalaunischen Gefilden kämpften sie miteinander. Auf den katalaunischen Gefilden begegnen sie sich.
Dieser Stoff ist in manischer Besessenheit heruntergeschrieben. Schmucklos, ›poesielos‹. Mit jedem Wort rast die Handlung weiter. Durch jeden Satz stoßen sich die Vorgänge vorwärts. Mellermann, Wung, Margin, der Deutsche, der Elsässer, der Franzose kämpfen untereinander um Hiddie und jagen gemeinsam – bis zum Schluß des zweiten Aktes – die äußeren Geschehnisse auf die Bahn, die Hiddie innerlich hinabtreibt. Der Sexualfall ist nicht Ablenkung

vom Motiv der ›Katalaunischen Schlacht‹: er bringt es zum Ausdruck, er setzt es um. Er ist nicht Verengung: die Hintergründe der Zeit wachsen um die Personen. Es ist zum mindesten ein handwerkliches Meisterstück, mit sechs Personen ein Drama durchzuführen, das immer in Bewegung bleibt, und fast ohne sprachliche Sinnbilder, mit zielendem, treibendem Dialog Raum und Atmosphäre zu geben. Aber das war Bronnens Begabung schon im ›Vatermord‹: die Gestaltung der dramatischen Atmosphäre durch Bewegung. Durch Zeitablauf Raumvorstellungen zu schaffen.

Wenn sich das Verhältnis zum dramatischen Stoff, zum dramatischen Ausdruck geändert hat, so hat sich auch das Verhältnis zur dramatischen Technik geändert. Diese Erkenntnis setzt sich schwerer durch. [...]

Bronnens Bühnenbeherrschung ist stupend. Erst im dritten Akt lockert sich das Gefüge, Mellermann, Wung, Margin breiten sich zu sehr aus. Ihre Worte überwuchern die Technik der Bewegung. Diese Technik ist die Schwanktechnik der Seiten- und Hintertüren, aus denen die Personen heraustreten, wenn der andere hereinwill. Die Unruhe dieser Türtechnik kann dramaturgisch durch Striche und Arrangement leicht mit den Worten und der szenischen Spannung in Einklang gebracht werden, mit der szenischen Spannung auf den Höhepunkt: des toten Karl Stimme ertönt aus dem Grammophon. Diesen Versuch, eine technische Erfindung dramatisch aktiv in die Handlung einzusetzen, wird man reißerhaft finden, wenn man Radio, Grammophon als zivilisatorische Fortschritte, als mechanische Endentwicklung erlebt. Sobald man sie in der Umwertung nach einem neuen Anfangsgefühl hin sieht, sobald man spürt, welche Rolle Grammophon und Radio (für den amerikanischen Farmer eine Selbstverständlichkeit) bei den Generationen spielen werden, die die Welt ohne sie nicht kennen, weiß man, daß sie ins Drama als Hilfsmittel eingehen werden, nicht als Stimmungsfaktor, wie schon oft, sondern als Einschnitt, als Akzent, als Handlungsfaktor, wie die Gespenstertechnik Shakespeares. Man vergißt bei der Beurteilung des gegenwärtigen Dramas, seiner Technik und seines Tempos, daß Jahrtausende hindurch das Tempo der Welt sich nicht geändert hatte, daß man sich zur Zeit Goethes noch im selben Verhältnis fortbewegte wie bei den Griechen, daß das Zeitgefühl des Dramas sich kaum änderte. Seit hundert Jahren erst ist durch Dampf und Elektrizität die Wandlung eingetreten. Und erst seit kurzem tritt sie ins dramatische Bewußtsein. Erst seit Georg Kaiser setzt sie sich in dramatischen Raum um.

Die ›Katalaunische Schlacht‹ ist ein Ereignis des großen Theaters. Ein Gewinn für einen dramaturgischen Regisseur wie Jeßner. In Frankfurt hatte sie in Richard Weichert den Regisseur gefunden. Räumlich war alles trotz Caspar Nehers Szenenentwürfen verniedlicht. (Vielleicht wären die Szenengliederungen besser geglückt, wenn Neher die Ausführung selbst hätte überwachen können.) Regiemäßig war alles auf einen gedämpften Plauderton abgestimmt. Die Einschnitte waren verwischt. Die Personen dramaturgisch nicht hervorgehoben. Karl muß im ersten Akt groß sterben. Er ist neben Hiddie die Hauptperson, weil die Wirkung des Abwesenden über zwei Akte gehen muß. Hier war er szenisch nicht herausgestellt, darstellerisch nicht akzentuiert. Herr Odemar spielte ihn nebenbei. Die Handlung muß sich in Spiralen hinaufdrehen. Jeder Szenenabklang, jeder neue Szenenansatz führt Hiddies Angst weiter. Jeder Ausbruch, jedes Verstummen, entwickelt sie mehr gegen das Ende. Hier begann Hiddie jedesmal von vorn. Mühsame Steigerung und Nachlassen, wie-

der Steigerung, wieder Nachlassen. Ellen Daub ist einer solchen Rolle in keiner Weise gewachsen. Sie ist sympathisch, gewiß eine menschlich angenehme Salondame, die nicht outriert. Aber sie kann nicht treiben. Sie wiederholt sich, wird monoton und gefährdet den dritten Akt durch bald lyrisches, bald ekstatisches Deklamieren. Von den Männern reichte niemand aus. Nicht Franz Schneider als Kenned, der einen überverschärften Salonton pflegte. Nicht Herr Spanier als Mellermann, der sich auf seinen geklebten Vollbart verließ. Nicht die wahrscheinlich begabten Josef Keim als Wung und Carl Heinz Jaffé als Margin, die sich zersplitterten und nicht drohend, sondern niedlich blieben.
Man soll moderne Dramen nicht in Städten zur Uraufführung bringen lassen, die von dem jagenden Rhythmus, der jene treibt, nicht erfüllt werden. Die Zeit für Berlin als führende Theaterstadt kommt mit Notwendigkeit auch für die Uraufführung wieder. Die Weltstadt, das Land sind auch für das Theater fruchtbar. Berlin und die Wanderbühnen. Die großen Städte dazwischen werden ihre guten und wichtigen Aufgaben in der Weiterleitung, in der Schaffung einer Tradition sehen. Frankfurt und Richard Weichert waren da glücklicher, wo sie Bronnens ›Anarchie in Sillian‹ nachspielen konnten. Die dramaturgische, die räumliche, die darstellerische Gliederung war übersichtlicher. Und wenn Herr Odemar auch wiederum nur den Text aufsagt (entlarvend, wie ausdruckslos, unkörperlich er nach der Armbanduhr sieht), so hatten Ferdinand Hart und Renée Stobrawa doch die Durchschlagskraft von Schauspielern. Ferdinand Hart ist kein Heldendarsteller. Als Tell übernimmt er sich. Wahrscheinlich hat er komisches Talent. Die drastischen Stellen seines Grand waren die besten. Fritta Brod als Vergan stilisiert. Sie gibt Linie, oft sehr fein, sehr vornehm. Aber sie bleibt dünn im Ausdruck, die Spannung läßt nach.
Das einzige Verdienst der Aufführung der ›Katalaunischen Schlacht‹ ist, daß man die großartigen Theatermöglichkeiten des Dramas durch die falsche Regiezeichnung hindurchschimmern sah. Bronnen beginnt hier schon den Weg aus der Sexualpathologie herauszufinden. [...] In der ›Katalaunischen Schlacht‹ geht äußerer und innerer Vorgang bis auf die Abweichungen des dritten Aktes zusammen. In dem letzten noch ungedruckten Stück Bronnens, den ›Rheinischen Rebellen‹, liegen seine beiden Wege offen: der Weg von der Pathologie zur menschlichen Dichtung und der Weg zum großflächigen, technischen Theater. Die Akte heißen: Köln, Mainz, Trier, Koblenz, Aachen.

Bernhard Diebold, Frankfurter Zeitung 29. 11. 1924

Warum ›Katalaunische Schlacht‹? Weil im ersten Akt geschossen wird und weil es auch sonst wild hergeht. Mit demselben schnöden Recht könnte das Schaustück ›Schlacht bei Sempach‹ heißen. Bei Bronnen kein Attila – hier kein Winkelried. Mit besserem Recht dagegen ließe sich der Titel hören: ›Erdgeists Reue‹ oder ›Die umgekehrte Lulu‹. Wedekind wendet sich im Grabe: daß es dazu kommen mußte!
Bronnen mischt alle Effekte; Schützengraben mit Weiberjagd; Naturalismus mit Zeichendeuterei; Stil von rechts mit Stil von links. Er treibt zur Wirkung alles in den Vordergrund und verdirbt sie konstant mit Hintergründlichem. Das Vordere gelingt ihm szenenweise mit Aufwand von Schrei-Dynamik und sogenannten krassen Tatsachen (etwa wenn der vermeintlichen Leiche die

Fingerringe abgedreht werden). Das hintergründlich Ahnungsreiche jedoch wirkt nur aus der *Verwischung* des Tatsächlichen. Die wohlbekannten *Stimmungsgase* des Expressionismus sind immer noch nicht ausgedünstet. Hygiene, dichterische Hygiene täte not.

Im Trommelfeuer bei Château-Thierry flieht die feldgrau verkleidete Hiddie ihrem Karl nach, obschon sie ihn nicht liebt. »Wenn ich anfange zu lieben, sterbe ich.« Denn des Weibes Liebe ist Hingabe, Selbstentäußerung – Tod. Natürlich liebte sie ihn doch – trotz ihrer gegenteiligen Versicherung. Also muß sie schließlich einmal sterben. Das ist Konsequenz. Ob es die Konsequenz Bronnens ist, weiß ich nicht. Denn er gibt nur ›Ahnung‹ statt Gewißheit. Ich höre Bronnen: gerade Ahnung sei eben das Dichterische. Ich aber denke: Ahnung ist nicht *Verwischung*.
Symbolik ist auch kein Vexierspiel. Da aber Bronnen mehr will als Vordergrund, macht er künstliche Tiefen, vierte Dimension, Hinterübergrund. Nun darf man rätseln.
Zu welch dramatisch aussichtslosen Zwecken braucht er die überlangen Zwiesprachen: ob die Leute im Betonunterstand wirkliche Lebendige oder wirkliche Tote seien? Antwort: Stimmung. – Zu welch dramatischen Zwecken bedarf er des lächerlichen Zweifels, ob zwei der im Unterstand zusammentreffenden Offiziere wirklich Brüder seien oder nicht? Sollen sie sich nicht gleich erkennen? Zur Sache bitte! Aber nein: Stimmung. – Warum verhüllt der Dichter selbst dem Leser des Buches die als Feldsoldat verkleidete Hiddie als »der Begleiter« – bis die Hülle fällt? Spannung um jeden Preis. – Warum heißt ein Deutscher Kenned wie die alte schottische Amme? Warum heißt ein Franzose Wung wie ein Herr aus China? Weil etwa alle, alle, alle Menschen Brüder sind? Antwort: Symbolik. – Warum ein Trommelfeuer, als Ouvertüre von Hiddies späterem Liebeslauf? – warum denn Weltkriegsbeschwörung zum Arrangement einer pikanten Weiberjagd? Antwort: Sensation.

Inhalt – Stoff – Fabel? Was ist Symbolik? – was Psychologie?
Der Bruder Kenned hat als Hauptmann die Befehlsgewalt, seinen Bruder Karl zur Artilleriebeobachtung hinaus – in den Tod – zu schicken. Dann vergnügt Kenned sich mit Hiddie, und Hiddie vergnügt sich mit Kenned. Der Dichter behauptet aber keineswegs, daß sie ein Luder sei.
Vielmehr gibt sie im zweiten Akt, der in einem Pariser Kino alle Überlebenden von dazumal versammelt, vollkräftige Beweise ihrer stabilen Liebe zu Kenned – schießt ihn aber getrost über den Haufen, als er ihr selber mit der Waffe zu nahe tritt, um sie der Gier der andern zu entziehen. Denn es geht wie im Hunderudel um die Hündin.
Da fühlt sich Hiddie so gepeinigt und verfolgt von ihren zwei toten und drei lebenden Männern, die ihr aus Vorhang, Wand und Tür begegnen – daß sich die Szenik des dritten ›Erdgeist‹-Akts hier mit einiger unfreiwilliger Komik wiederholen läßt. Nur ist der Schauplatz diesmal kein Salon, sondern ein Amerikadampfer... und diese neue Lulu *flieht* die pirschenden Männer anstatt sie aufzustacheln. Mit diesem negativen Vorzeichen erwirbt sie die Märtyrerglorie.
Bevor sie aber das längst erwünschte Gift endlich schluckt, stellt Bronnen ein aus dem ›katalaunischen‹ Unterstand gestohlenes Grammophon auf den Tisch

des Hauses und läßt daraus die Gespensterstimme Karls erschallen – des ersten Mohikaners ihrer Liebe. Diese Platte ist ihr nun doch zu kalt nach einem allzu warmen Leben. Also Gift.

Aber gerade das Publikum, das den ersten Akt mit Pfiff und Bravo, den zweiten mit dem Schweigen der Verlegenheit gelobtadelt hatte, erwärmte sich an Karls Grammophon-Effekt und spendete den üblichen Premieren-Schlußbeifall. Worauf die Schauspieler, der Regisseur Weichert und schließlich gar der Autor vor ihr Volk hintraten – obschon es auch für die Aufführung wenig zu rühmen gibt. Wenn schon Ekstase verlangt wird – dann bitte Ekstase! Das ganze blieb aber lau und floß nicht ineinander. Karl und Kenned (Odemar und Schneider) strengten sich an und erzielten ein glaubhaftes Ungefähr. Aber die Mühe war größer als die Wirkung: die liebhaberische des einen und die hochstaplerische des anderen. Ein Austausch der Rollen zwischen diesen Herren machte manches besser. Am besten plaziert war Keim in der Schnoddrigkeit des Franzosen Wung im ersten Akt. Daß aber eine junge Schauspielerin wie Ellen Daub, bei aller inneren Spannung, die wirre Hiddie nicht bezwingen konnte, hätte man beim Rollenausteilen bereits wissen dürfen. Sie hat erst *einen* Ton – nämlich den ihrigen. Und da sie noch zu jung ist, ist dieser höchsteigene Ton noch nicht variabel. Sie gestaltet noch nicht die Rolle, sondern sucht sie aus eigener Erlebniskraft zu ›leben‹. Wer aber soll in Hiddies Formen leben können? – selbst in den angenehmen Lögechen, die R. C. Neher, ein neuer Bühnenbildner, lauschig in das Pariser Kino eingebaut hatte. Die ›Katalaunische Schlacht‹ führte zu einer Niederlage für ihre Veranstalter. Es rächt sich, um einer ›umgekehrten Lulu‹ willen, die mordenden Männerkriege zu beschwören. Und es entlarvt. Schon der gewaltige Titel ist ein Selbstverrat. Er zielt auf Wirkung ohne Ursache; auf Tiefe ohne Sinn; auf bombastischen Ausdruck ohne die nötige Substanz, die ›ausgedrückt‹ zu werden hätte. Auch die Sprache Bronnens zeigt den Widerspruch von Sache und Rhythmus. Die ka-ta-lau-nische Schlacht – es ist ein Titel um des Tönens willen.

Werner Deubel, Frankfurter Nachrichten 29. 11. 1924

Was da gestern abend das Licht der Rampe erblickte, war die Blamage all derer, die in Bronnen mit aller Gewalt einen ›Dichter‹ sehen wollen. Daß dies Stück aufgeführt werden konnte, zeigt, welch gefährliche Irrtümer sich in unseren Theaterbetrieb eingeschlichen haben, eine falsch verstandene Kulturaufgabe und ein unkünstlerischer, von dem Sport- und Reklamewesen übernommener Sportehrgeiz. Wenn es auch ein noch so abscheuliches Gekrächze ist – man hat den Rekord, es zum ersten Male ›zur Diskussion‹ gestellt zu haben.
Immerhin *ein* kulturelles Verdienst hat die Aufführung gehabt: selbst den bekannten ›weiten Kreisen‹, die heute in jedem literarisch gefärbten Mißgewächs einen dichterischen Messias erwarten, dürfte es bei allem gewaltsamen Klatschen innerlich klargeworden sein, daß mindestens für einige Zeit die Akten des Dramatikers Bronnen als geschlossen zu gelten haben. [...]

Die Aufnahme O'Neills

›Anna Christie‹, Deutsches Theater, Berlin, 9. Oktober 1923,
Regie Fritz Wendhausen
›Kaiser Jones‹, ›Die Truppe‹, Berlin, 8. Januar 1924, Regie Berthold Viertel
›Der haarige Affe‹ (Schauspielhaus Köln), ›Tribüne‹, Berlin, 31. Oktober 1924,
Regie Eugen Robert
›Unterm karibischen Mond‹, Volksbühne Berlin, 21. Dezember 1924,
Regie Erwin Piscator
›Gier unter Ulmen‹, Lessing-Theater Berlin, 13. Oktober 1925,
Regie Berthold Viertel

Seit 1923 begannen sich die deutschen Bühnen plötzlich mit den dramatischen Arbeiten des Amerikaners Eugene O'Neill zu beschäftigen. O'Neill, der 1916 von den Provincetown-Players zum erstenmal in Amerika aufgeführt worden war, hatte inzwischen siebzehn Stücke vollendet. Hinweise Hofmannsthals, Kerrs u. anderer Schriftsteller auf O'Neill hatten diesen ›Schub‹ eingeleitet. Er blieb ohne Glück. Obwohl zum Beispiel das russische Revolutionstheater den ›Haarigen Affen‹ und ›Gier unter Ulmen‹ von O'Neill in einer antirealistischen Aufführung herausstellte (Tairow), wurde O'Neill in Deutschland als ein ›alter‹ Autor angesehen, mit dem ein Ibsen-Realismus zurückkam, der vom fortgeschrittenen deutschen Theater überholt war. Als bestes Stück O'Neills galt einigen ›Unterm karibischen Mond‹, anderen ›Der haarige Affe‹. Zu ›Gier unter Ulmen‹, das damals seit einem Jahr in New York gespielt wurde, schrieb Alfred Kerr in seiner Vorkritik: »Ein Courths-Mahler-Schauspiel auf der Farm ... Ach sie haben, ach sie haben einen Schmarren ausgegraben« (›Berliner Tageblatt‹, 14. 10. 1925) und Herbert Ihering: »O'Neill und die deutschen Bühnen – es ist nicht ohne Humor« (›Börsen-Courier‹, 14. 10. 1925). – ›Der haarige Affe‹ wurde eine Glanzrolle für Eugen Klöpfer, 1926 auf einer Tournee unter der Regie Hartungs auch eine für Heinrich George. – ›Unterm karibischen Mond‹ wurde mit dem ›Südsee-Spiel‹ von Alfred Brust, der ein damals von vielen sehr geschätzter Dramatiker war, gespielt. – Mit ›Kaiser Jones‹ fand 1930 das erste Gastspiel einer amerikanischen Theatergruppe in Berlin statt (mit Paul Robeson als Emperor Jones). – Nach dem Durchfall von ›Gier unter Ulmen‹ führte das Essener Schauspielhaus im November 1927 die Einakter ›S. S. Glencairn‹, ›Im Nebel von Cardiff‹ und ›Die weite Heimreise‹ zum erstenmal auf (Bühnenbild Caspar Neher, Regie Martin Krebs). Aber erst Elisabeth Bergner brachte für O'Neill einen unerwarteten Erfolg: fünf Jahre später im ›Seltsamen Zwischenspiel‹ (s. d.). – Die Aufnahme O'Neills deutete an (wie z. B. 1923 auch die Uraufführung von Claudels ›Der Tausch‹ im Frankfurter Schauspielhaus), daß sich das deutsche Theater endlich auch dem ausländischen Drama öffnete.

Anna Christie (Deutsches Theater Berlin)

Alfred Kerr, Berliner Tageblatt 10. 10. 1923

I

Ich komme mir vor wie O'Neills Pate – denn ich sprach in diesen Blättern, ha, vielleicht in Europa zuerst von ihm.
Doch er hätte mir das danken müssen ... und hindern, daß man ›Anna Christie‹ als erstes Werk in unserem abgelebten (immerhin dramatisch recht verschmitzten) Erdteil gab.
Der Mammut-Erfolg, den Anna jetzt in London hat, ändert nichts an der Undankbarkeit des Firmlings.

II

Wenn du etwa denkst, Gevatterboy, daß ich die Bürgschaft für dich in jeder Hinsicht übernehme, bist du auf dem Teak-Mahagoni-Weg.
Es steht schon in ›New York und London‹, daß du auch Talmihaftes bringst – aber doch eine Kraft bist.
Die Negerphantasie ›Emperor Jones‹ erscheint im Oktoberheft der ›Neuen Rundschau‹ – (das ich noch aus einem anderen Grund empfehle; aus welchem sag' ich durchaus nicht; ich sag's halt nicht).

III

Aber der ›Hairy ape‹ ist bisher dein Gipfeldrama – nachdem du Strindberg und etwa lose Technik des ›Traumspiels‹ kennengelernt. In dem Waldaffenstück war ein billiger Gegensatz zwischen Heizraum und Erster Kajüte. Oder zwischen Heizraum und Fünfter Avenue.
Doch im Hagenbeck-Park jener Gorilla, zu dem schließlich der Heizer flüchtet, macht einen ganz grandiosen Schluß ... wenn er dem ›Bruder‹ ahnungslos (und wie zerstreut) den Brustkorb eindrückt.
Hier war ein tapfer-sinnliches Symbol – für Fühllosigkeit der Natur.

IV

O'Neill findet einen Teil seiner Wirkung in der Sprache. Sehr Örtlich-Amerikanisches und mobhaften Argot gibt er. Geht das bei uns verloren?
Man hat die verdammte Pflicht, in jeder Sprache zu wirken, wenn man eine Macht ist. Was von ›Anna Christie‹, die Sprache weggedacht, bleibt, ist Überlebtes; eingemottete Dramenmode; mit viel unwesentlichem Hin- und Hersprechen; mit mehr Genauigkeit als Schlagendem und nicht mal mit der letzten Genauigkeit; etwas Rühr-Ei zwischendurch ... Gewesen; gewesen.

V

Anna, mutterlos, wenn Vater auf dem Kohlenkahn herumfährt; Verwandten überlassen; früh entblättert; erst Kinder-, dann Freudenmädchen; – Anna liebt zum erstenmal ... einen Heizer, der ihr sowohl ein reines Glück wie ein neues Leben usw.
Sie bekennt ihm alles. Er käme drüber weg. Aber sie? Nein! Anna fühlt jene Selbstsucht aller Männer. Ein Schuß. Fare well sweet Annie – eoh! eoh!

VI

Amerikas Anteil an der Förderung des irischen Theaters bleibt – Anna hin, Anna her – trotzdem gewiß. New York ist halt dramatisch viel weiter als London. Die Theatre Guild und Province town players gewinnen eines Tages Neuland. Herauf kommen wird nicht ein Prrrogrrramm – sondern ein Leuchten. Etwas dort ist auf dem Wege.

Die Bildkraft O'Neills, vom Busen amerikanischer Regisseure gesäugt, schuf nicht nur dies Bootsdeck in der Nacht (um dessentwillen das Stück im Deutschen Theater sehenswert ist; Krehan!); aber das kann schließlich Charpentier in der ›Louise‹ auch; ... sondern vormals ersann er die sechs schaufelnden Heizer – und das Zoologische des ›Hairy ape‹.

Neuer sinnlicher Wirkungen (mit ›Tiefe‹) darf man gewärtig sein.

O'Neill vielleicht, New York bestimmt, ist für das Drama der Welt heut eine große Hoffnung. Wenn die mal anfangen, – [...]

VII

... Der Irrtum des Einübers, Wendhausen, war: daß er eine Handlung nicht bodenschlicht, nicht flausenlos, nicht mit einer anständigen Trockenheit spielen ließ – sondern beinah mit verlogenem Gemütszimt. Gewissermaßen: Vauthier. Menschenliebelei unter der Hülle.

Selbst Gülstorff kam dadurch in Verlegenheit – so gut er ost- und westpreußelt. Oder die saftige Kupfer ... sobald sie den Herzenston anschrob. Mit dem zerdrückten Mitmensch-Biederschmerz. Der alte Gott lebt noch. Mir ist was ins Auge gekommen.

Der Gegenspieler Walter Brandt, ein riesiges Gemisch von George plus Raoul Lange, bekam noch als Heizer hiervon sein Fett mitten im Bärentum. Spielwart, unterlassen Sie die Vertraulichkeiten!

VIII

Ja selbst meine Dorsch ...

Es geht nicht, dies naive Gewächs in ein sentimentalisches umzukrempeln. Mit der stillen Zähre.

Man zwingt sie, fast abwesend zu spielen? als lautloses Bild; ein edles Seifenplakat? Neinnnn!!!

(Manches an dem Stück lohnt des Sehens – weil man eines Tages die Vorgeschichte O'Neills vielleicht kennen muß. Er ist Mitte Dreißig.)

Kaiser Jones (›Die Truppe‹, Lustspielhaus Berlin)

Arthur Eloesser, Das blaue Heft 1. 2. 1924

Zu Anfang der Saison sandte uns Eugene O'Neill das naturalistische Melodram ›Anna Christie‹, das für Europa ungefähr dreißig Jahre alt ist. Aber der richtige, der echte Eugene O'Neill, so flüsterten die Eingeweihten, würde erst mit einem der nächsten Steamer nachkommen. Die Amerikaner gönnen sich jetzt das Vergnügen, auf Schiffen zu fahren, die wir gebaut haben, es ist mit ihrer Dramatik nicht viel anders, wenn ihre Autoren, besonders die deutscher, irischer, jüdischer Abkunft, nicht die europäischen Typen versuchten. ›Kaiser Jones‹ zeigt sehr deutlich den Übergang vom Naturalismus zum Expressionismus oder wenigstens zu einem zusammenraffenden Verfahren, das ohne Umständlichkeit ins Schwarze trifft. Da wären wir schon im Stück; sein Held ist schwarz, ein amerikanisch zivilisierter Neger. Hinter ihm einige Jahre Pullmancar, einige kleine Morde und einige Jahre Zuchthaus. Mit dieser kulturellen Überlegenheit und mit Hilfe eines Impresario, dessen Seele auch nicht sehr weiß ist, brachte es Brutus Jones zu einem Kaisertum auf irgendeiner exotischen Insel, die von noch ziemlich naiven Buschnegern bewohnt wird. Der an

Bernard Shaw genährte Dialog zwischen den beiden Kumpanen wird mit guter Laune in einem von Gustav Kauder herzhaft übersetzten Nigger-Englisch geführt; und wer sieht nicht gern einen schwarzen Monarchen mit krausem Wollkopf und roten Wulstlippen, der in einer operettenhaften Generalsuniform schon an sich als Parodie wirkt! Ein mir noch unbekannter Darsteller, Oskar Homolka, der mit breitbrüstigem Temperament an Wegener und Jannings erinnert, setzt den Kerl in Saft, den früheren Zuchthäusler und abgebrühten Schelmen, den Kenner der modernen Zivilisation vom sechsläufigen Browning bis zu dem Bankdepot, das für den Fall von Revolution und würdigem Exil schon bereit liegt.

Die von Kaiser Jones ausgeplünderten schwarzen Brüder machen ihre Revolution, hauptsächlich mit der Negertrommel, die durch den ganzen zweiten Akt dröhnen wird. Der Flüchtling, der seine Sache etwas schnell aufgibt, erliegt weniger ihren primitiven militärischen Operationen als dem innerlichen Aufruhr des verschütteten schwarzen Gemüts. Dieser Akt, der wohl, wenigstens für Amerika, der expressionistische sein sollte, wird von dem Autor ganz in die Hand des Regisseurs gegeben. Berthold Viertel setzt den nächtlichen Wald gegen den Ausreißer in Bewegung, die Geister der von ihm Ermordeten, die Drohungen des Zuchthauses und auch alle die Ängste und Wahnvorstellungen eines armen Negergemüts, aus dem die Vergangenheit der Rasse wieder herausbricht: Galeere und Sklavenmarkt und die Peitsche des Aufsehers und wilde Medizinmänner und Waldgespenster aus der schwarzen Mythologie. Diese tropische Wildnis aus Brettern und Lappen ist allerdings mit einem merkwürdigen Mangel an sinnenkräftiger Phantasie gemacht worden: die Dekoration müßte exotischer, mächtiger, mythischer und – ich nehme Eugene O'Neill immer noch nicht sehr feierlich – auch an sich unterhaltender sein. Der Regisseur verläßt sich ziemlich einseitig auf die Trommel, die den einzelnen Erscheinungen präludiert und die ganze, bis auf einige Monologreste schon sehr filmreife Bilderjagd zu immer heftigerem Rhythmus treibt. Der Trommelschlag wird innerlich, wird zu dem Pulsschlag des armen schwarzen Teufels. Weiß Mr. O'Neill schon, daß unsere expressionistischen Regisseure den Shakespeare und Schiller mit Trommel- oder vielmehr mit Paukenschlag instrumentieren? Immerhin, man stelle sich vor, daß der Macbeth nur aus den Hexenszenen und dem Andringen des Dunsinam-Waldes bestände. Die Sache lief aber glimpflich und sogar nicht ohne Beifall ab, die ohne die – sagen wir – überzeugte Regie und ohne den überzeugenden Hauptdarsteller bei uns in Europa leicht ein schlechtes Ende hätte nehmen können. Es bleibt Herrn Homolka nachzurühmen, daß er dem gehetzten Nigger auf seiner Flucht nicht nur die Generalsuniform, die weißen Paradehosen und die Lackschuhe auszog; als der arme Kaiser Jones außer dem Lendenschurz und dem Revolvergurt nur noch die blanke schwarze Haut anhatte, war er auch innerlich in das Naturkind, in den kindlich primitiven Wilden zurückverwandelt. Sein Erdichter Eugene O'Neill ist aber nicht kindlich und primitiv, sondern vielmehr ein Interessent für zugleich wirksame und wehleidige Stoffe, die er uns doch mehr mit einem neugierigen Auge als vom Innersten her besehen läßt. Der Dichter ist bona fide und weiß es nicht; aber wir wissen es. Oder sollte der ganz echte Eugene O'Neill, der, für den sich die Kenner verbürgen, auch diesmal noch nicht angekommen sein?

Der haarige Affe (Tribüne Berlin)

Alfred Kerr, Berliner Tageblatt 1. 11. 1924

I

Der Heizer Yank (Smith) ist ein Tiefenmensch; ein frühstufig gebliebener; fast vorweltlich-machtvoll; mit weitem, breitem, schlichtem, arglosem Gefühl – solang' er in gewohnter Tiefenwelt haust.
Hell wie ein Hieb; stark wie ein Stahl: solang' er nur in gewohnter Tiefenwelt haust.

II

Doch gezeichnet, und bestimmt zum Untergang: sobald ihn die leuchtende Oberschicht berührt; die unvertraute, listige vielgliedrige, tatschwache, hysterische, geordnete, bedingte, bedenkenvolle, fallenstellende, hinderliche, knechtende, entwaffnende.
Allein in der Welt. Ja, wie Kaspar Hauser bei Verlaine – je suis venu, pauvre orphelin ... heißt es nicht so? Ist er nicht ein Waisenkind der Welt?

III

Zum Scheitern an der höheren Schicht verurteilt, seit zum erstenmal (wirklich, O'Neill? zu erstenmal?) ein Zaubermädel des Milliardenhimmels, mit strahlender Rohseide beklüftet, voll zehn zerbrechlicher Finger, angelockt und abgestoßen, suchend und entsetzt, hinunterkommt in den Heizraum, ihn anstiert (o alter Widerspruch, daß eine Kuh jemand anstiert) – seit sie für einen Lebensmoment was in ihm aufreißt; ihn den Unterschied kennen lehrt; alle Sinne zugleich mit seines »Nichts durchbohrendem Gefühl« entlockert, andreht, peitscht ... und ihn durch die beglotzte, kaum erfaßte Welt der Prunkschaufenster einer Fünften Avenue bis nach Sing-Sing ins Zuchthaus treibt. Dann in eine hoffnungslos bürokratische Sitzung der amerikanischen S. P. D. – bis endlich, endlich der Bruder, der Vormensch, der Gorilla im Käfig des Bronx-Parks von New York, dieser unsterblichsten aller je gewesenen Städte, den Bruder knackend, krachend, tötend, lindernd umarmt. Peractum est.

IV

Hinter den Stahlstäben liegt er nun am Schluß, den selbstgeschmiedeten. Sein mächtiger, armer Doppelgänger trottet von hinnen, in den Tag, ins Gewimmel großer Städte, in Heutiges, – um hingeknallt zu werden ... mit Recht.
Denn die heutigen Stufungen, diese Zwischenregungen, diese Bedingungen, diese Hemmungen, diese Einteilungen, kurz: diese Zivilisierungen, auch wo sie kerkerhaft sind für ein Urgefühl (und ein Viechsgefühl) bleiben höher, höher, höher; aussichtsvoller; unsriger; berechtigter.
Und es ist ein Erdpech dieses im Keller Geborenen: daß er nur Großgefühle hat, statt gestufter und zerlegter und bedingter – (die größer sind ... wenn schon zugleich kleiner); und daß ein schreckliches Schicksal ihn den Unterschied eines ... Übergangs nach oben, just ihn, der ohne Schuld ist, empfinden läßt am Sitz der Seele selber.
Mit grausigem, mit erlösendem Abschluß.
(Vielleicht ist nur die unverdiente Tragik heut' eine Tragik. Wenn es anders überhaupt eine solche gibt außer körperlichem Schmerz.)

V

Bildkraft ... neben Talmiartigem. Das Werk dieses Ameriko-Iren umschließt Billiges und Naheliegendes.

Mit Rabatt im Ausverkauf zu haben sind Gegensätze wie: Heizraum ... Verdeck. Proletarier ... Milliardärin. Sutteräng ... Bellettaasche. Schwarzalben ... und (allerdings: posierende) Lichtalben. Staunend herabgesetzter Preis. Ultimo-Angebot. Wohlfeile Woche.

Zudem ist der Mann von Strindberg beeinflußt. Vom ›Traumspiel‹. Mit so vorüberwandelnden Menschen. Dunstgestalten. Wirklich-unwirklich.

VI

Aaaaber ... der Yankee lugt hindurch. Im Zugreifen. In der furchtlosesten Bildcourage.

Wenn man schon greifbar sein soll, sei man greifbar. Vor den beglutetn Heizlöchern. Vor den Schaufenstern. Vor Sing-Sings Gitterstäben. Vor dem unerhörten, in Sensation wieder einfachen Schlußbild voll arglosen Riesenmaßes: Die zwei Halbentafften; der Mensch ... und der ältere, mordende Vetter. Als das Dräuende, Unterbodige, kaum Halbüberwundne dieser verhältnismäßig neuen Erdgesittung. Das ist ein Griff.

VII

Was O'Neill Europäern zu bieten hat, scheint nachgemacht zu drei Vierteln. Aber ein Viertel neue Bildwucht ... und Manhattanhauch. Dies eine Viertel ist ein Anfang.

Mit einer Spur von Dämmerung. Sie könnte schneller von der Regie gebracht werden. Wie zu New York – vor zwei Jahren.

Robert gibt aber das notwendige Wort ... und kennenswerte Bilder. Der unsagbar schwierige Schlußauftritt (er kann so leicht ins Lächerliche schlagen) ist voll Tragödiengewalt.

Ein zoologisches Getier auf den Brettern, das bedeutet keine Sinecure ... Todesstimmung dämmert herauf.

VIII

Das Schiffsdeck war in New-York breit, licht, im Blau. Mit einem gewissen müßigen Gähnen der Langweile. Hier ... beengter. Wegen des Tribünenraums. (Es ist ein Flußdampfer, lieber Baluschek, nicht ein Meerdampfer.) Doch sonst – meine Hochachtung.

Das Milliardengeschöpf brauchte nicht so sehr Vision zu sein, wie leibhafter Zusammenstoß. Fast Ruchnähe – wißt ihr? Zwei, drei fünf Sekunden länger ... Das ist es.

Vorzüglich in der S.P.D.-Versammlung (Else von Hollander, Übersetzerin, hat vorher sich mit zwanzig Dialekten tapfer herumgebalgt) – vorzüglich Stahl-Nachbaur mit einem Schimmer vom sportlich-schlagenden, sachlichen Ton der Yankeeleute.

Die Schauspielerin Charlotte Schultz darf minder bewußt sein, obschon ›Poseuse‹, und sich lässig-holder, minder betont geben.

Die Grüning dacht' ich mir als Begleiterin etwas traniger. Sie muß nicht unterstreichen; auch wenn sie bloß für zehn Worte gemietet ist. Aber ... sie wirkt halt so.

Für Eugen Robert, Spielwalter: »Tempo! Tempo!« Es war jedoch kein schlechter Wurf zwischen Alltag und Unwahrscheinlichem.

IX

Dabei hat Winterstein den wirklich ernsthaften Ruhm: als ein Gorillatier das ›Incipit tragoedia‹ nicht gehemmt, sondern mit menschlichen Schauern aus der Tiefe gepackt zu haben.

Töne von Gottowt, auch vom Begleiter des Menschen in der Mitte sind stufbar – bis alles ohne Bewußtsein vom Parkett wird. (Kein Rest von Aufsageton, Auftrageton!)
x
Der Mensch in der Mitte: das ist Klöpfer. Zwischen Urwelt und Hybriswelt. Zwischen Vorschicht und Vorgipfelschicht.
Eine wunderbare Kraft – in rätselhafter Verlassenheit. Im Ungewissen. Im Verlorensein.
Zu Beginn aufdrahend, selbstfroh, überschüssig.
Zuletzt gibt er mehr noch was Fragendes ... als das Raunzende seines hinreißend rostigen Stimmtons. (Wenige Spuren von Rührsamkeit.)
Menschlich-Machtvolles. Suchendes. Rüttelndes ... Unterliegendes.
Ein armer, verblüffter Nachbar. Ein Nichtzurechtfinder.
Ein irdisch-ewiges Gleichnis.

Unterm karibischen Mond (Volksbühne am Bülowplatz, Berlin)

Herbert Ihering, Berliner Börsen-Courier 22. 12. 1924

Deutsche Dramatiker werden heute oft an der inneren Vorstellung: Amerika produktiv. Der amerikanische Dramatiker Eugene G. O'Neill – verallgemeinern kann man nicht, weil das amerikanische Drama nur in diesem einen Repräsentanten in Deutschland bekannt ist – O'Neill wird an der Kenntnis europäischer Theaterstücke schwach. Das spricht weder gegen Europa, noch für Amerika, sondern einzig gegen O'Neill. O'Neill hat amerikanische Stoffe: die Jagd des Negerkaisers Jones durch den Urwald, der Heizer Yank auf dem Ozeandampfer, in der fünften Avenue, Anna Christie auf dem Kohlenschiff. aber jedesmal ist die Ausdrucksform und die Gefühlseinstellung europäisiert. Der amerikanische Durchschnittskitsch ist süßlich, ist sentimental, aber er hat etwas vom naiven, selbst in der Gefühlsseligkeit brutalen Anfangsschund. O'Neill ist unnaiv. Er hat Sentimentalität aus zweiter Hand. Soziale Entrüstung in mißverstandener Europa-Fassung. Der ›Haarige Affe‹ ist eine Mischung aus Hauptmann, Toller und Georg Kaiser. Aber die Teile liegen fremd nebeneinander. Sie binden sich nicht. Für O'Neill ist das europäische Drama nicht zum fortzeugenden Erlebnis geworden. Es hat nicht schöpferische Kräfte entbunden, nur die Dramen modisch beeinflußt. Er schreibt, als ob Georg Hirschfeld in naturalistische Studien ›expressionistische‹ Regievorschriften eingezeichnet, als ob L'Arronge Georg Kaiser erlebt hätte.
Wenn Eugene G. O'Neill sogar die Szene mit einem eingesperrten und befreiten Gorilla sentimentalisiert, so scheint von amerikanischer Unmittelbarkeit nichts mehr in ihm zu sein. Es verblüfft, daß der Amerikaner O'Neill als Dramatiker spät, unjung wirkt, während für Deutschland das innere Erlebnis Amerika eine ähnliche Bedeutung zu erhalten scheint wie vor anderthalb Jahrhunderten das Erlebnis: Shakespeare. Nicht die persönliche Kenntnis, aber die Fernwirkung Amerikas. Wie damals zuerst die scheinbare Ungezügeltheit Shakespeares im Sturm und Drang als Kraftmeierei sich entlud, so ist es nur natürlich, daß zuerst die Brutalität Amerikas sich überträgt. Aber schon in Brechts ›Dickicht‹ ist die Vision Chicagos faszinierendes Ereignis ge-

worden. Nicht die Zivilisation kann fruchtbar für die Dichtung werden, sondern die Barbarei: nur durch das künstlerische Erlebnis Amerika kann Amerika überwunden, kann das europäische Drama wieder – in verjüngtem Sinne – europäisch, seelisch werden.

›Unterm karibischen Mond‹ ist O'Neills bestes Stück, weil er hier nur die Stimmung, die Studie, also die amerikanischen Elemente: den Schauplatz, die Ortsatmosphäre gibt – fast ohne europäisierende Handlung. Hier reichte die melodramatische Untermalung aus: Negergesang treibt die weiße Mannschaft auf dem Dampfer ›unterm Karibischen Mond‹ fast zur Raserei, Negermädchen kommen mit Schnaps, Exzesse der Trunkenheit, der Gier, dann tritt Ruhe ein, das Stück läuft in den melancholischen Anfang zurück. Hier bleibt die Sentimentalität mehr Ton unterhalb der Dialoge und tritt nicht als Handlung bestimmendes Element hervor (obwohl die Gefahr sofort wieder nahekommt, wenn ›Vorgänge‹ einsetzen). O'Neill ist ein Skizzenschreiber, kein Dramatiker.

Die Aufführung leitete Erwin Piscator.

Er ist nach den ›Fahnen‹ als Regisseur eine Hoffnung. Hier wurde er nicht ganz frei. Es fehlte gerade die anschwellende und abklingende Melodie. Vieles geriet ungegliedert wüst und laut. Allerdings war das schauspielerische Material denkbar schlecht. Herr Gerhard Ritter, in den Mittelpunkt plaziert, führte sich als Star auf. Er hielt sich deshalb für verpflichtet, abwechselnd Krauß, Klöpfer, George zu kopieren. Im übrigen sind die Organe dieser mittelmäßigen Schauspieler kaum voneinander zu unterscheiden. Nur Fränze Roloff mit ihrem scharf, hysterisch und manchmal witzig gezeichneten Negermädchen fiel angenehm durch bestimmtes, eingeteiltes Spiel heraus. Nur Herr Gustav Fröhlich als blonder Matrose fand zuweilen einen persönlich motivierten, menschlichen Ton. Wann wird sich die Volksbühne auf die wahren Aufgaben besinnen? Wann wird sie ihren Abendspielplan verjüngen? Wann wird sie, die geschäftlich von jeder Kritik unabhängig ist, sich dem jungen Drama zur Verfügung stellen?

Gier unter Ulmen (Lessing-Theater, Berlin)

Monty Jacobs, Vossische Zeitung, Berlin, 14. 10. 1925

Die Bühne zeigt ein Farmhaus mit zwei unbeweglichen Ulmen und einer beweglichen Vorderwand. Rollt sie hoch, so zeigt sie in zwei Stockwerken vier Puppenstuben. Man kann sie abwechselnd oder gemeinsam erleuchten und bewohnen. Nimmt man Weg und Bank vor dem Hause hinzu, so kann das Drama sogar auf fünf Schauplätzen zugleich spielen. Steht etwa der Hausherr draußen an der Bank und seine Frau drinnen in der Parterrestube, so könnten sie einander die Hand reichen. Sie tun es indessen nicht, aus zwei Gründen. Denn dazu müßte er ja erst um das Haus herumgehen, weil er die unsichtbare Wand respektieren muß. Außerdem kommen solche Ausdrücke familiärer Zärtlichkeit im Hause unter den Ulmen nicht vor. Hier herrscht vielmehr die Familiensitte, einander ins Gesicht zu schlagen.

Drüben in New York bedingte offenbar das Haus mit den vier Kleinbühnen den Erfolg des Stückes. In Berlin freut man sich höchstens, wie hübsch der Re-

gisseur Berthold Viertel das technische Problem gelöst hat, wenn er sogar eine ganze Taufgesellschaft in einem seiner Kämmerchen unterbringt.
Der kleine Junge, der hier getauft wird, ist ganz einfach der Enkel seines Vaters und der Sohn seines Bruders. Das ist gar nicht so kompliziert, wie es klingt. Denn der Farmer, 75 Jahre alt, hat eine junge Frau genommen, und sie, eine amerikanische Phaedra, verführt ihren Stiefsohn. Sein Kind ist der neue Erbe der Farm.
Aber er selbst möchte Erbe sein, wenn endlich der 75jährige stirbt, auf dessen Tod ringsum alles lauert. Der Greis versichert jedoch jedermann seine feste Absicht, 100 Jahre alt zu werden. Niemand zweifelt daran, wenn Paul Wegener auf der Bühne die Jüngsten an Kraft beschämt. Er boxt seinen Sohn nieder, er tanzt so lange, bis der Spielmann umfällt, er reißt alles um, auch den Glauben seines Sohnes an die Liebe der Stiefmutter. Nur ihr Kind als künftiger Erbe sei ihr wichtig. Aber die junge Frau findet ein probates Mittel, ihren Liebsten von der Fortdauer ihrer Zuneigung zu überzeugen. Sie erwürgt ganz einfach ihr neugeborenes Kind.

> Zum Zeichen, daß ich dein gedacht,
> Hab' ich den Säugling umgebracht.

Im ersten Schreck läuft der Liebhaber zwar fort, den Sheriff zu holen. Aber bevor die Obrigkeit kommt, versöhnt sich das Paar, und die Liebende verläßt das Haus unter den Ulmen als eine glückstrahlende Arrestantin.

In diesem Hause herrscht ein rauher Umgangston. »Alter Hund« oder »Stinktier«, so nennt der Sohn seinen Vater. Das ist menschlich nicht hübsch. Aber dramatisch viel gefährlicher ist es, daß diese Worte genau so matt zu Boden fallen wie die Liebesworte der neuen Phaedra. Sie dringen nicht zu uns. Denn diese Farmersleute sollen Einfalt sein und sind nur Kolportage.
Primitive Instinkte, in der Urzelle menschlicher Gemeinschaft, im Familienhause zusammengedrängt – das ist O'Neills Ehrgeiz. Aber es zeigt sich, daß gerade dazu die letzte Beschwörung der Kunst gehört. In der ›Macht der Finsternis‹ verübt das Bauernvolk Greuel wie hier. Aber Tolstois Blicke leuchten über seine Sünder hin, Tolstois Herz zuckt in ihren Anfechtungen.
Hier unter den Ulmen leuchtet und zuckt nichts. Denn O'Neill verspricht das Schlichte und bringt das Dürftige. Er ahnt nicht einmal, welche Überredungskraft ein Dichter aufbieten müßte, um die tollste Sünde wider die Natur glauben zu lassen: eine Mutter, die ihr Neugeborenes tötet, einem Manne zuliebe.
Als Kolportage wirkt das Stück vollends, wenn es poetisch wird. »Es ist was da – man spürt's von den Ulmen runtertropfen«, so seufzt der alte Bauer über das Schicksal seines Hauses. In den Ulmen rauscht überhaupt die Symbolik des Stücks. Der Alte hört das Geräusch mit Vorliebe. In solchen Momenten packt es ihn, und er versichert, wie einsam er sei. Er muß es beteuern, weil sein Dichter leider kein anderes Mittel findet, den Zuschauer von diesem Gefühl der Einsamkeit zu überzeugen.

Der Amerikaner O'Neill ist auf der deutschen Bühne willkommen, wenn er über das Exotische eine frische Brise fegen läßt (›Unter dem karibischen Mond‹), oder wenn er mit Bravour einen Sketsch wagt (›Kaiser Jones‹). Seit seiner ›Anna Christie‹ aber wissen wir, daß seine Tragödien den Transport über den Ozean nicht vertragen. Man soll sie also dem Enthusiasmus ihrer Landsleute überlassen.

Wenn der Spielleiter nicht bloß sein eigener Dramaturg, sondern im Grunde auch sein eigener Übersetzer sein muß, so stand Berthold Viertel vor der Aufgabe, dieses Drama zu verdeutschen. Sie konnte nicht gelingen. Das Kräftige, Primitive kann man in die Sprache der anspruchsvollsten Hörer übersetzen, das Grobe und Laute kaum mehr in die Sprache unserer anspruchslosesten. Das Grobe und Laute aber konnte ein Regisseur nicht abwenden, der seine Kraft offenbar als Innenarchitekt der vier Puppenstuben erschöpft hatte. Er ließ zu, daß die Farmersfrau, die nur Instinkt sein darf, fesselloser Instinkt, in Gerda Müllers Röcken ein Weibsteufel wurde. Sie war Lady Macbeth auf dem Dorf und soll doch nur Gier unter Ulmen sein. Ihr Liebster, Lothar Müthel, war, schlaff und weich, zum Gegenspieler Paul Wegeners berufen.
Wie dieser Starke zuerst auf die Bühne kam, ein Bräutigam, ein Greis, ein Lippenfrommer, den Blick schon halb erloschen, aber hoch und starr, in den schwarzen Rock gezwängt, den Brautstrauß in der Hand, da stand ein ganzes Leben hinter ihm. Später schien sich das Leben freilich in Nuancen aufzulösen, in Blinzeln und Mümmeln, und je weiter das Spiel vorschritt, desto mehr schwand die innere Beteiligung des Künstlers an seiner Rolle. Auch Paul Wegener wurde, wie O'Neill, laut, wenn es darauf ankam, überzeugend zu werden.

Bertolt Brecht   Leben Eduards des Zweiten von England
Staatliches Schauspielhaus Berlin, 4. Dezember 1924, Regie Jürgen Fehling

Die Aufführung im Staatstheater hatte Brecht Jeßners jungem Dramaturgen Heinz Lipmann zu verdanken, der sich für Brechts Stücke begeisterte. Fehling reizte für die Regie wohl der rohe, in die dunkle Historie vordringende Stoff. Dieser war nicht neu für Berlin. Karl-Heinz Martin hatte im Herbst 1923 (2. 11.) Brechts Vorlage, Marlowes ›Eduard II.‹ an Heinrich Georges Schauspielertheater in einer eigenen Bearbeitung inszeniert (mit George als Mortimer, Ernst Deutsch als Eduard, Elisabeth Bergner als dem jungen Königssohn). Es war ein Versuch, der statt zu schockieren, Langeweile verbreitet hatte. Kerr hatte geschrieben: »Knapp auszuhalten«, Köppen: ». . . die Historie hat uns in seiner Fassung wenig zu sagen«, aber Ihering: in Marlowes »monotonem Stück« sei doch das Urklima der Tragödie. Ihering gab schon den Hinweis auf Brechts Bearbeitung, die damals abgeschlossen wurde. Unter der Erinnerung an jene Marlowesche Aufführung stand die Inszenierung Fehlings. Sie stand aber auch unter den Auswirkungen von Polemiken, die kurz zuvor in verschiedenen Berliner Zeitungen gegen die »jungen Autoren«, und das waren Bronnen und Brecht, vorgetragen worden waren. – Fehling interessierte damals der junge Brecht. Aber Fehling führte in dieser Inszenierung mehr seinen eigenen ›Tragödienstil‹ weiter, als daß er die Ansätze Brechts zu einer neuen, darlegenden Regie weiterentwickelte. Wieder das Fehlingsche Halbdunkel; Ernst Heilborn berichtete in der ›Frankfurter Zeitung‹ auch vom statuarisch erstarrten Expressionismus. Brecht selbst sprach von der ›Monumentalisierung meines schönen Stücks‹. Julius Bab, der früh einen Sinn für epische Qualitäten im Drama entwickelte, sagte aber schon, der Jahrmarktsbudenausrufer Brecht habe mit seinem Zeigestock hinter dem Vorhang gestanden. – Für die Rolle des Königs war Erwin Faber verpflichtet worden, der sich in München zum ersten Brecht-Spieler entwickelt hatte: Er war der Kragler in der Uraufführung der ›Trommeln in der Nacht‹ und der König in der Uraufführung von ›Leben Eduards des Zweiten‹ gewesen. Die Berliner Aufführung brachte den ersten Höhepunkt der Diskussion um Brecht. Sie wirkte in die Provinz zurück. Noch 1928 bezog sich der Rezensent im ›Badischen Beobachter‹ nach der Karlsruher Aufführung darauf: »Sind wir in der ›Provinz‹ dazu da, um lächerliche Berliner ›Sensationen‹ sklavisch nachzuahmen?« (29. 10. 28). – Für Fehling blieb diese Inszenierung die einzig intensive Berührung mit Brecht. Der Brecht- und der Fehling-Stil wurden in den nächsten Jahren zu strikten Gegensätzen: zu den Polen des deutschen Theaters.

Emil Faktor, Berliner Börsen-Courier 5. 12. 1924

Unabgeschreckt durch merkwürdige Vorklänge der Einschüchterung hat das Staatstheater dem sechsundzwanzigjährigen Bert Brecht zu einer Ermunterung seines durch Phantasie und Ausdruckskraft beglaubigten Schaffens verholfen. So lange es nicht als sympathischer Vorgang aufgefaßt werden kann, der jungen Begabung bloß darum die seidene Schnur zu schicken, weil sie in der Entwicklung begriffen ist und noch nicht mit zehnbändigen Gesamtausgaben ihrer Werke vor Mißtrauen geschützt ist, bleibt es für eine ernsthafte Bühne Pflicht und Ehre, sich für eine so interessante Arbeit wie der Brechtschen Umdichtung der Marloweschen Tragödie ›Eduard II.‹ mit aller Sorgfalt einzusetzen. Diese verdienstvolle Leistung begegnet einer fast vierstündigen Aufmerksamkeit der empfänglichen, an Fäden der Spannung festgehaltenen Zuhörerschaft. [...]

Die kritische Situation rings um den jungen Augsburger Bert Brecht ist beruhigend klar. Während das Kriterium über den Jungdramatiker Arnolt Bronnen noch von den Fragen bedingt ist, ob sein unleugbar durchstoßendes Bühnentemperament [...] auch seelisch reifen und sein Blickfeld von sexual pathologischen Zusammenhängen erlösen wird, weht um die Erscheinung Bert Brechts von Anbeginn eine frischere, geistig schärfere Gebirgsluft. Daß sein bisheriges Schaffen auch heute noch in die Problematik zwischen Stoff und Geist, zwischen blutmäßig unüberwundenen Vorbildern und kühnem Neuformungswillen verstrickt ist, wird durch seine Jahre gerechtfertigt. Sein Plus über bloßes Anfängertum hinaus entspringt unzweifelhaft einer dichterischen, aus Sphären der Unbewußtheit schöpfenden Naturanlage. Diese Imponderabilien der Begabung, Eingebungen der Phantasie und Melodik eines gewinnend persönlichen Ausdrucks sind es, die auf Bert Brecht Hoffnungen gründen, und für seine Arbeit, mag sie noch so unausgeglichen sein, Zuneigung wecken.
Als er mit seinem Erstlingsdrama ›Trommeln in der Nacht‹ zwingend durchgriff, war es nicht allein die mutige Konfrontation einer Jünglingsseele mit den Schreckenstrümmern einer geborstenen Welt, die den Erfolg entschied. Wenn man damals über Abhängigkeiten von Vorbildern, über unaufgesogene Differenzen zwischen krasser Gegenständlichkeit und geistigem Protest, hin-

wegsah, so lag es nicht an der handgreiflichen Aktualität des Stofflichen. In das Rohe und Unbezwungene flatterte die Phantastik höherer Menschenart. Über der Wüstheit der Situationen strich nicht immer, aber oft, die Luftschicht seelischer Feinheit. Gewiß hat Bert Brecht in seinem ›Dickicht‹ an den Bedürfnissen der Bühne, die ohne unverwischbare Plastik der Gestaltung nicht auskommt, vielfach vorbeigeredet. Allerdings in einem innerlich reichen, kosmisch ausholenden Dialog. [...] Gewiß hat Bert Brecht in seiner Eduard-Dichtung dem großen inneren Erlebnis Shakespeare Tribut gezollt. Einzig allein aus dieser Tatsache ist zu den Werten seiner spannenden, Gefühls- und Gesinnungskonflikte emporsteigernden, einen Zeitaspekt durchleuchtenden Arbeit Distanz zu gewinnen. Keineswegs ist aber Bert Brecht durch den Vergleich mit Marlowe um die Ecke zu bringen. [...] Bert Brecht hat den Moralbrei Marlowes entbanalisiert. Er hat die szenische Abwicklung seiner Tragödie von den häufigen Merkmalen der vorshakespearischen Kasperletechnik (ich bin der und der, ich will das und jenes, hier geschah, dort geschieht) durch triebhafte Impulse gereinigt. Er tat noch weit mehr. Während man ihm fälschlich vorhält, daß er sich intensiver als Marlowe dem Problem der Homosexualität hingab, hat er aus der Figur des pathologisch befangenen, das Interesse abstumpfenden, szenisch unwirksamen Schwächlings Eduard eine tragische Gestalt herausgeholt. Er gab ihm die Kraft des Leidens, an Stelle der Schwäche unfreiwilligen Martyriums. Er machte ihn zum Gegenspieler des gleichfalls zur Wesentlichkeit herausgehobenen Mortimers, indem er der Übermacht des Herrschenden, den seelischen Trotz des Entthronten entgegenstellt.
Der Schwache wird stark durch innere Größe, sich dem Abdankungsverlangen bis zum letzten Atemzug zu widersetzen. Der unsympathisch Hörige seines Günstlings Gaveston wächst zur Teilnahme des Zuschauers empor. Sie berührt sich durch Heroismus eines, der selbst unter unmenschlichen Qualen nicht abdanken will, mit Zeitproblemen. Die extrem unbehagliche Geschichte vom Leben des Königs Eduard erhält ihre leidenschaftlich akzentuierte Bedeutung.
Nach dieser Klarstellung des Verhältnisses zwischen Marlowe und Bert Brecht muß man keineswegs bestreiten, daß die erste Hälfte der Umdichtung an einer Überknappheit der Situationen, am zu unruhigen Wechsel der Schauplätze, an einem zu übertriebenen Vertrauen zum epigrammatisch strengen Worte, zur grotesk oder ironisch verkürzten Linie, zu tragischen Gebärde leidet. Im zweiten Teil wachsen die Schwungflächen und Linien des Dramatischen nach. Satanismus und heroische Abwehr erwerben den unentbehrlichen Bühnenumfang.
Es war ein bedauerlicher Grundirrtum der vielfach erfreulichen, mit magischen Kräften des Bildes und der Gruppierung arbeitenden Regie Fehlings, das Werk Bert Brechts aus dem Einsatz und der Akzentuierung erster Szenen heraus als eine Stimmungstragödie zu empfinden und ihr Geruhsamkeiten der Ausstrahlung, Stockungen des sich ausbreitenden Gefühls, Zäsuren der Gliederung hinzu zu erwerben. Gerade die gegenteilige Einstellung war nötig, um Knappheiten zusammenzurücken und Auseinanderliegendes zu überwölben. Es fehlte an Tempo, an überschwingender Leidenschaft. Am fühlbarsten dieser Mangel in der Gestaltung König Eduards. Erwin Faber trieb nicht den Eigensinn des Krankhaften, nicht den Widerstand des Gesunden auf. Das Heroische verrieselte.
Dünnheiten des Tones bei Rudolf Fernau, der für die Rolle des Kent zuviel

Zartsinn hatte, bei Fritz Valk, der wesentliche Partien bis zur Unhörbarkeit herabminderte. Dagegen überraschte der Gaveston des Herrn Stahl-Nachbaur Die Figur hatte Farbe und Physiognomie. Auch bei Leo Reuß, Arthur Kraußneck, Alexander Köckert, Witte und Paul Günther, Leopold und Klitsch waren die Absichten Brechts lebendig.

Stärkste Stützungen des Werkes bei Agnes Straub und Werner Krauß. Die Gestalterin der Königin Isabella, in den ersten Szenen wahrscheinlich auch durch das Kostüm zu bürgerlich abgestimmt, schuf in der Entwicklung ihrer Rolle eine zwingend fanatische Erscheinung. Phantastisch kühn, doch in Grenzen des Geschmackes brachte Frau Straub die Exaltationen der Trunkenheit. Unängstlich vor der Komik setzt sie das Übergewicht des Tragischen durch. Ungewöhnlich interessant der Mortimer des Werner Krauß. In der überraschenden Maske eines Grafen Isolani setzte seine gestalterische Phantasie Humore, Leidenschaften, Zynismus und heldische Überlegenheitsdisziplin durch. Es entstand eine interessante Abart shakespearischer Bastarde.

Aber auch diese Beziehung zu einem Vorbilde spricht nirgends gegen Brecht, sondern durch persönlichen Überschuß für ihn.

Alfred Klaar, Vossische Zeitung, Berlin, 5. 12. 1924

Bertolt Brecht hat als Übersetzer, Bearbeiter und Nachdichter der fast überwältigend reichen Marloweschen Historie auf die Klärung der Wirren, auf die Milderung der Brutalitäten kein Gewicht gelegt. Im Gegenteil: was ihn anzog, war offenbar gerade die Maßlosigkeit des Originals in der Form und in den rücksichtslosen Effekten. Er hat die Minutenbilder des grandiosen Stücks in Stücken eher vermehrt als vermindert und uns keinen Zug der Martyrologie geschenkt, in die Marlowe den König, der die Kronentsagung verweigert, hineinversetzt; nicht einmal die Kloake, in der der Gequälte schmachtet, und die das Gräßliche für Auge und Ohr auch schauerlich für den Geruchsinn macht, hat er uns geschenkt. Aber *eines* muß dem jungen Talent, das dem entfesselten Marlowe nachstürmt, zugestanden werden: Sinn für die Gewalt der Sprache, die freilich mitunter an Gewaltsamkeit grenzt. Und nicht nur Anempfindung für die genialen Züge der Marloweschen Tobsucht, die durch die Historie hindurchstürmt, sondern auch fortbildendes Verständnis für die psychologischen Kühnheiten, zu denen sich die Phantasie des englischen Dichters emporwagt. Das ist die Lichtseite dieser Nachdichtung, darin liegt die Berechtigung, ihre verwegensten Kühnheiten dem Theater von heute zuzumuten.

In den Anfangsszenen ziemlich originalgetreu, wird Brecht immer selbständiger, je mehr der Charakter und das Schicksal der Königin, der Gattin Eduards, die Bühne beherrscht. Der geniale Versuch, in dem Charakter einer Frau alle sinnlichen Elemente von der vorbehaltlosen Hingebung bis zur frechen Entartung der Natur zusammenzuballen, aus der anhänglichen räudigen Hündin zuletzt eine halbtierische Bestie zu machen, die, überreizt und erschlafft, allen Begierden erliegt, hat Brecht offenbar am stärksten angeregt, ja gereizt. Auch der Charakteristik des Mortimer, des gelehrten Anhängers der Antike, in dem immer unheimlicher die Mord- und Raubtriebe des brutalen Usurpators erwachen, hat er fortgebildet und gesteigert. Die letzten Szenen dieses Kronräuberpaares sind die stärksten seiner Nachdichtung und haben gestern in der überaus sehenswerten Aufführung des Staatstheaters über die Beklemmung der Sinne durch einen erschütternden Eindruck auf die Gemüter den Sieg davongetragen.

Spielleiter Fehling hat, wetteifernd mit Brecht, alle seine Einbildungskraft angespannt, um in mehr als dreißig Bildern den Reiz der extremen Wirkungen festzuhalten. Man kennt die Neigung dieses Spielleiters für das balladenhafte Dunkel und Halbdunkel, in dem er sich nicht genug tun kann, für rätselhafte Prospekte, die durch den Nebel hindurch den Schauplatz nur ahnen lassen, für das blitzartige Lichterspiel, das den Sprechern die letzte Wirkung aus dem Munde nimmt. Vielleicht ist Fehling im Anfang darin zu weit gegangen. Vielleicht ist er darin der Neigung moderner Regie und Darsteller verfallen, durch das Spiel des rasch wechselnden Stimmungszaubers die Deutlichkeit der Exposition zu beeinträchtigen. Ein wenig mehr Licht im Raume und eingliedernde Worte hätten in den Eingangsszenen wohlgetan. Später aber gewannen die unheimlichen kurzen Szenen immer mehr an Bestimmtheit des Eindrucks und Überzeugungskraft. Die Schlachtenbilder, die sonst an der Unzulänglichkeit des Bühnenapparates zu scheitern pflegen, wirkten durch hinreißendes Temperament der glücklich verteilten Waffenträger und durch die Kraft der entscheidenden Vordergrundszene. Das Parlament mit dem Gewühle der herandrängenden Menge und der intensiven Entschlossenheit der Sprecher, die Sterbeszene Eduards mit dem Schattenkönig, den nur noch ein letzter Schimmer von Willenskraft am Leben erhält, mit den lachenden Quälern und dem felsig nackten Mörder. Und vollends die letzten Szenen mit dem von einer Art gemeiner Herrschertrunkenheit umnebelten Kronräuberpaar hatten jene Wucht des Unheimlichen, das alle Bande der Menschlichkeit sprengt...

Brecht und Fehling arbeiteten mit einem Heer von Kräften, das für das außerordentliche Unternehmen herangezogen war. Darsteller von Rang, wie Kraußneck, Pohl, der sich neuerdings immer mehr bewährende Valk gaben zurücktretenden Rollen Würde und Kraft. Die kleinen Rollen der Königsquäler waren in ihrem brutalen Humor durch Klitsch und Leopold charakteristisch vertreten, und in den drei entscheidenden Gestalten standen Künstler von Beruf im Vordergrund. Erwin Faber, neu für das Schauspielhaus gewonnen, scheint mit Jugend und Temperament das Vermögen interessanten Charakterstrichs zu verbinden. Er hielt in allen Affekten den naiven Ton des verweichlichten Triebmenschen, des Temperamentssklaven fest und ließ selbst in den Szenen der Erniedrigung einen gewissen Adel des zähen Selbstvertrauens nicht vermissen. Ernst Stahl-Nachbaur traf in der Erscheinung und im zappeligen Affekt die plebejische Art des Gaveston, des Schlächtersohnes und Königsbuhlen, der sich, zitternd von Freude, Furcht und Ehrgeiz, plump an das Leben klammert. Werner Krauß zeigte an nicht allzu günstiger Stelle seine Meisterschaft in der Erfassung des Wesentlichen; aus der Klugheit und schleichenden Nachdenklichkeit des Mortimer ließ er immer wieder die befriedigten Instinkte der Raub- und Herrschgier hervorblitzen. Das Stärkste aber brachte Agnes Straub in der Rolle der Königin Anna. Sie war von der Rolle besessen und entfaltete eine packende Energie in der Charakteristik des begierdestarken Weibes, das der Laune und der Liebe des Königs besinnungslos nachläuft, bis die Reaktion der zurückgedrängten Sinnlichkeit sich des ganzen Wesens bemächtigt und die hoffnungslose Dulderin in eine Sklavin des gemeinsten Genußdranges verwandelt. Das Bild der Königin, die, in Trunksucht und Völlerei verfallen, ein Zerrbild entarteter Weiblichkeit, unersättlich in Speise und Trank, zerfahren und erniedrigt im ganzen Wesen, die letzte Entartung des Temperaments versinnlicht, prägt sich verblüffend den Sinnen ein. Es war das tragische Volkslied einer zerstörten Natur, in der nur die Maßlosigkeit der körperlichen Kräfte waltet. Die letzten Szenen machten denn auch den stärksten Eindruck, wenn auch Rolf Müller, das talentvolle Kind, das den Königssohn spielte, zuletzt den Ton der rasch gewachsenen Reife nicht finden konnte und es sich vielleicht empfehlen würde, die zum Schlusse so wichtige Rolle mit einer weiblichen Kraft zu besetzen.

Der Eindruck dieses Marlowe-Brecht-Abends war schließlich der eines starken Reizes auf die Sinne und Gemüter, wenn auch nach der Natur der Dichtung eine harmonisch-poetische Stimmung aus allen Stürmen der Szenen nicht hervorwachsen konnte. Das Publikum, immer wieder neu gepackt und durch die vierstündige Aufführung gefesselt, aber auch überreizt und ermüdet, sammelte sich zuletzt zu lautem Beifall, der dem Verdienst des außerordentlichen Unternehmens gerecht wurde.

Alfred Kerr, Berliner Tageblatt 5. 12. 1924

Nur wer die Gähnsucht kennt,
Weiß, was ich leide.

I

Die Kritik ist kurz.
Noch ein Auftritt. Noch ein Auftritt. Steigerungslos. Angeklebt. Vier Stunden fast. Wer nicht schläft, wächst aus.
Jemand kann Zitherspieler werden. Jemand kann Möbeltischler werden. Jemand kann Lithograph sein oder im Baugeschäft.
Aber warum Dramatiker – wenn ihm just diese Fähigkeit mangelt?

II

Diesmal sagt Brecht wenigstens, von wo er's hat. (Marlowes ›Eduard II.‹ wurde vor einem Jahr bei uns gespielt.) Modernheit liegt darin, Schriftsteller aus dem sechzehnten Jahrhundert zu verarbeiten.
Zwei Fragen melden sich: warum ist Lion Feuchtwanger, der an dem ›Werk‹ beteiligt sein soll, auf dem Zettel verschwiegen? Zweitens: sind Stellen aus älteren Autoren sonst ent... verwendet?
O laßt solche Fragen, alles in allem, zu.

III

Marlowe ist technisch unbeholfen. Ihn zu modeln hat nur Sinn, wenn man ihn dämmt; ihn steigert.
Brecht macht ihn noch viel ungeschickter... Durch dicke, gedehnte belastende Beitat. Ohne Schimmer von Gliederung. Ohne Schein von Akzent. Das Urbild bleibt ja konzis gegen diese Vierstunden-Wurst.
In der Chausseestraße war Marlowe knapp auszuhalten. Im Staatshaus hat man Brecht bei etlichem Beifall bepfiffen und bezischt. Wie griff er ein? Was tat er zu?

IV

Worte. Sodann etwa: der ›trotzige‹ Rebell Mortimer muß den Plutarch lesen; über den Trojanischen Krieg eine Rede halten. Er ändert sich. Die Königin muß zur Säuferin werden. Eduards Lustjunge Gaveston muß vor der Hinrichtung sich das Grab graben – und wird gefragt, ob er sein Wasser abschlagen will. Mortimer flieht nicht aus der Haft, sondern der König läßt ihn selber frei. (Der König wird jedoch in anderen Zügen gemeiner, als bei Marlowe gemalt.) Alles willkürlich, sinnschwach, zufällig.

V

Fehling, der Spielmeister, zerrt. Ein Crescendo vermag er nicht. Die Fleißarbeit ist schätzbar. Sinn für stufendes Tempo fehlt ihm. Überdies verwechselt er Historie mit Ballade; (Mullvorhang). Dauernd neblige Finsternis. Gleichförmig.

VI

Faber versieht in zureichender Fülle den König mit Entartung und Tonlosigkeit. Manchmal mit Sprechkunst.
Die Straub hext sehr freigebig sein gutes, spät verkommenes Weib.
Indessen Krauß ihren Mortimer mit manchem Pandurenzug belehnt – auch mit einem gewissen Humor (welcher dem Drama zu gelten scheint).
... Über Jeßners Ziel und Haus ist nächstens Musterung zu halten.

Luigi Pirandello   Sechs Personen suchen einen Autor

Komödie Berlin, 30. Dezember 1924, Regie Max Reinhardt

Staatliches Schauspielhaus Berlin, 12. Oktober 1925
(Gastspiel der Pirandello-Truppe)

Die neue Aufgeschlossenheit der deutschen Bühne für die ausländischen Stücke ermöglichte endlich auch die Aufnahme Pirandellos. 1924 war der italienische Autor schon weltbekannt. ›Sechs Personen suchen einen Autor‹, sein bestes und charakteristischstes Stück, war 1921 in Rom uraufgeführt, in New York, Paris und Rom war es inzwischen zum Welterfolg geworden. In Deutschland hatte bis dahin nur ›Cosi è se vi pare‹, ›So ist es – ist es so?‹ Eingang gefunden, obwohl z. B. Pirandellos ›Heinrich IV.‹ schon seit zwei Jahren vorlag. Im Frühjahr 1924 fand die erste Aufführung der ›Sechs Personen‹ in deutscher Sprache im Wiener Raimund-Theater statt. Die Bearbeitung hob das Rahmenspiel sehr heraus und hatte so starke Striche, daß, wie Monty Jacobs über Wien berichtete, »vom originalen Anfang wie am Schluß nicht viel übrig blieb«. Hier wie andernorts erzielte man Wirkung durch den Publikums-Jux, daß der Direktor des Theaters auch den Theaterdirektor im Stück, oder der Inspizient den Inspizienten spielte. Pirandello protestierte gegen die Aufführung. In Deutschland brachte Richard Weichert in Frankfurt die (offizielle) erste Aufführung (Oktober 1924), das Stadttheater Frankfurt an der Oder kam ihm aber einen Tag zuvor. Die wichtigste Aufführung war die Max Reinhardts in Berlin. Mit ihr begann nicht nur die ›Pirandello-Mode‹ in Deutschland, zum erstenmal griff Reinhardt auch dramaturgisch entscheidend in ein Stück ein. Er arbeitete die Rahmenhandlung um, veränderte entscheidende Auftritte, verschärfte den Schluß durch »eine im Geist der Dichtung richtigere Lösung«. »Jetzt ist an allen Punkten der Handlung jenes merkwürdige Hell-dunkel erreicht, das Übergreifen der Wirklichkeit in den Schein, die Vermengung von Leben und Theater, von Traum und Realität.« Das wurde auf der Bühne festgehalten »in der realistischen Unwirklichkeit der Dekoration, in der Überzeichnung der Schauspieler, in der geistigen Gespanntheit des Direktors, im plötzlichen und fast gespenstischen Auftauchen der sechs Personen« (Heinz Herald). Reinhardt führte das Stück noch mehr an ›seine‹ Grenze: die von Phantasie und Wirklichkeit. Zusammen mit seinen Inszenierungen von Goldonis ›Diener zweier Herren‹ und Shaws ›Heilige Johanna‹ bezeugte auch Reinhardt die endgültige Verabschiedung des illusionistischen Theaters durch die neuen Entwicklungen: Auflösung des ›Handlungsstücks‹, Episierung des Dramas, Desillusionierung des Theaters als Theater, Rückgriff auf Spielformen der Comedia dell'arte. – Als Pirandello ein Jahr später mit seiner italienischen Truppe das Stück in Berlin spielte, zog Kerr den intensivsten Vergleich mit Reinhardts in ihrer symptomatischen Bedeutung damals kaum verstandenen Inszenierung (s. Rezension Kerr).

Komödie Berlin
Paul Wiegler, BZ am Mittag, Berlin, 31. 12. 1924

Der Theatersaal liegt im Halbdunkel. Die Bühne, offen, zeigt ihre grauen Eingeweide. Und es fängt an. Rufe. Die Beleuchtung funktioniert nicht. Umschalten von Rot und Grün. Helligkeit des Scheinwerfers. Die Schauspieler, wie sie von der Straße kommen, der Liebhaber, der zehn Bogen lernen muß (Herr Bildt), der dicke Väterdarsteller, dem nur vier Worte zugefallen sind (Diegelmann), die pathetische Salonmutter (unsere jungfräuliche Johanna von einst, Amanda Lindner), noch ein Bonvivant (Herr Delius), eine Liebhaberin (Fräulein Kanitz), eine blonde Dame für eine Zofenrolle. Und aufgeregt, schußlig, sanft-hysterisch, boshaft-bekümmert der Theaterdirektor: Pallenberg. Mit Strubbelhaar, kleinen Augen, hochgeschobener Brille und lispelndem Mund, über dessen Rand die Zunge tastet. Es wird probiert: irgendein Stück von Pirandello. Gestreite, mit allen Lächerlichkeiten des Métiers. Bis der Theaterdiener berichtet, es seien Fremde da. Und sechs Personen zusammen auf der Bühne stehen, starr, totenhaft; und, unter Geschimpf der Mitglieder, pausiert wird. Das ist die brillante Exposition dieses gesteigerten Schall-und-Rauch-Stücks. Die Theaterparodie eines 1867 geborenen, im Alter zu internationalem Erfolg gelangten Italieners, der als ein minderer, transalpinischer Maupassant gelten konnte oder als etwas wie Roberto Bracco. Doch siehe da: nun erst beginnt der Aufbau. Es wird (möchten gewisse Franzosen sagen) hoffmannesk.

Die sechs Personen sind: ein Bürger in provinziellem schwarzem Gehrock, mit dem Bart des dritten Napoleon, fahlem Gesicht und krankhaft weiten Augen. Eine verheulte Bürgerin mit Trauerhut und Trauerschleier. Ein junger Mann in schlechtem Anzug, voll bösem Haß. Ein junges Mädchen, schwarz, mit seidenen Dessous, frech blickend. Ein Knabe in den Pubertätsjahren, irgendeinen Gegenstand in der Tasche scheu umklammernd (es ist ein Revolver). Ein Mädchen kindlich, bewegungslos wie im Panoptikum. Der Bürger fordert, mit seiner Familie von dem Theaterdirektor erlöst zu werden. Sie sind von ihrem Verfasser nicht fertig gedichtet. Sie wollen fertig gemacht sein. Der Bürger spricht vom »Dämon des Experiments«. Der wirre, bleiche Stotterer erzwingt

es. Zwei Akte sind, mit romantischer Laune die Szenen ineinanderfügend, das Drama der sechs. Drama von gespenstischer Wirklichkeit, das die Illusion des Schauspiels unterkriegt. Das Phantasiewitz ist, moderne Beseelung der commedia dell'arte, Handhabung psychologischer Marionetten (ohne Drähte), und in den Esprit das Grauen mengt.
Der Theaterdirektor läßt den Stotterer und die Person mit den Seidendessous, die höchst schamlos ist, agieren. Es ist ein Stoff in der Art des italienischen Realismus. Der Stotterer und die Bürgerin im Trauerhut waren verheiratet; der finstere junge Mann ist ihr legitimer Sohn. Dann hat der Bürger seine Gattin weggeschickt, in die illegitime Ehe mit einem andern, nun verstorbenen. Die Frau hat genäht für Madame Pace, Modemagazin. Die Person mit der seidenen Wäsche, Stieftochter des Bürgers, trifft bei ebendieser Madame Pace, die Kupplerin ist, den korrekten, weinerlichen, von seinen Trieben beunruhigten Stiefvater. Furchtbarer Eklat, neu durchgeprobt, indes die Mitglieder, zur Verzweiflung des Bürgers, zum grellen Hohn der Stieftochter, als Rivalen der ›wirklichen‹ Personen dabeisitzen. Anmaßender Kitsch des Theaters, wütende Eigenmacht der Schatten, die ihr Gesetz zu Ende leben wollen. Und deren Bann so stark ist, daß auch die Madame Pace als siebente Person leibhaftig wird, leibhaftig hinzutritt (mit brandroter Perücke, girrend, radebrechend, und mit der Taille von Frau Kupfer).
Die Schatten, die wirklich sind, lehnen sich, uneins in sich, gegen den Wunsch des Theaterdirektors auf, zu Rührzwecken sie zu versöhnen. Der Bürger, dem der Vorhang die Erklärung abgeschnitten hat, warum er im Hause des Lasters war. Seine Gattin, die ihm flucht, und die ihn wegstößt, als er einen Moment dem Direktor nachgibt. Das zweite Mädchen stürzt in einen Brunnen. Der Knabe in den Pubertätsjahren erschießt sich mit Knall, die Personen knien um die Leiche, verschwinden. Dem Direktor ist es, als habe er geträumt. Er wischt sich die Augen. Die Schauspieler umdrängen ihn. Die unterbrochene Pirandello-Probe geht weiter.

Aus Spuk, Humor und Gedanklichkeit wird in Reinhardts Regie ein Werk, so suggestiv wie irgendeines, um das er Theaterluft zauberte. Mit ihm verbündet ist die Kunst Pallenbergs und ihre äußerste geistige Schärfe. Auch sie umfangen vom Schauer der Irrealität, den sie mit leisen, pallenbergisch burlesken Zwischentönen abwehrt. Die ungeheure Eindringlichkeit Gülstorffs, der das Antlitz eines Phantoms hat. Die behende Kraft und sinnliche Gaukelei der blonden Franziska Kinz. Und die primitive Natur der Höflich, wenn sie im Schluchzen und Schreien der Schmerzenskrisen sich entlädt.
Die Komödie wird eine lange Reihe von interessanten Abenden haben.

Emil Faktor, Berliner Börsen-Courier 31. 12. 1924

Der in seinem Heimatlande angesehene Italiener Luigi Pirandello mag tiefsinnig sein – sein erfolgreichstes Bühnenwerk ist es nicht. Es ist spielerisch, paradox, was kein Vorwurf wäre, aber dies ohne die innere Konsequenz, geistige Gefechte in der einmal erwählten Waffengattung auszutragen. Es wird blinkenden Florettspitzen schweres Kaliber entgegengestellt... Neben dieser Disharmonie der Mittel gerät der szenische Prozeß in Stockungen durch die so

verführerische, letzten Endes unfruchtbare Idee, den Schein der Bühne an der Wirklichkeit zu messen, die Wirklichkeit selber aber hinsichtlich ihrer unmittelbaren Verwendbarkeit für die Kunst abzutasten. Der Autor Pirandello sucht zu beweisen, daß der Schauspieler, mit tragischen Wirklichkeitsmenschen verglichen, ein Illusionsstümper ist. Er gibt das viel einleuchtendere Exempel, wie unproduktiv die Realität selber ist, wie wenig dramatische Personen, die von der Straße kommen, mit sich anzufangen wissen. Sie bleiben mitten in ihrem Zerwürfnis stecken. Sie finden, um einen dramaturgischen Begriff anzuwenden, aus der Peripetie nicht heraus ... Pirandellos theatralische Spekulation zeugt zwei Negationen, die sich gegenseitig abstumpfen.
Sechs Personen suchen einen Autor. Sie stehen plötzlich in Reih und Glied auf der Bühne, während ein anderes Stück probiert wird. Sie drücken die Erfindung des nur in Worten und im Ausdruck der Schauspieler lebendigen Stückes durch die Behauptung an die Wand, daß sie ihre Konflikte persönlich erleben und diese Tragödie, in der alle Qualen, Schreie und Verwirrungen echt sind, zu Ende spielen wollen. Sie präsentieren sich als Schicksal, dessen unverfälschte Auswirkung ihnen auch für die Zwecke der Kunst durch die Fortsetzung ihres Erlebnisses garantiert erscheint. Aber sie suchen einen Autor ... Ein unlösbarer Widerspruch, mit dem so lange spannend herumgeboxt wird, bis man die Ergebnislosigkeit des Kampfes erkennt. Man muß nicht allzu kritisch veranlagt sein, um die Sterilität dieser Bühnenidee vorauszuahnen. Nur ein gewandter, geistig mannigfach ausgerüsteter, dem Handwerk überlegener Schriftsteller bringt den Atem auf, um diese Kontraste zwischen Schein und der Wirklichkeit, die auch nur Schein ist, szenisch wirksam auszumünzen. Dies zugestanden, produziert er doch nur Tricktheater.
Sehr hübsch der Einfall, wie durch die Erzählungen der sechs Personen der Theaterdirektor, ein mit allen Salben geriebener Bühnenmensch, gepackt wird. Wie er die krassen Situationen zwischen den an Peinlichkeit nicht armen Bühnenmitgliedern weiterzuschüren trachtet. Wie er das größere Problem, ob sich Wirklichkeit so mir nichts, dir nichts, durch die bloße Imagination der Bühne weiterrollen läßt, mit drolligen Bühnenerfahrungen abzuhandeln sucht und die Wirklichkeitsmenschen als Modelle für seine Schauspieler auffaßt. Köstliche Humore, wenn er dem Leben falsche Einstellungen vorwirft, an der Wirklichkeit herumkorrigiert. Da aber die angebliche Wirklichkeit der sechs Personen sehr erfunden, mit ihrer unbehaglichen Hintertreppenhandlung von vielseitiger Familienprostitution sehr banal erfunden ist, bleibt von dieser Reibung zwischen Illusion und realem Schicksal nur die Virtuosität der Schauspieler übrig, die auf der einen Seite Rollen eines Stückes spielen, auf der anderen Seite Wirklichkeitsmenschen, die auch nur Rollen sind.
Man dachte zuweilen beim Anhören des Stückes, daß Pirandello eine Satire auf den Naturalismus vorschwebte. Sie wäre für das bald humoristische, bald seriöse Getändel mit der Problematik der Bühne der einzige Ausweg. Aber darum war es dem Autor nicht zu tun. Er bleibt beladen mit Zweifeln, ohne sie los zu werden. Der Kampf zwischen Illusion und dem Abklatsch der Natur wird nicht ausgetragen. Bloß das Instrument, dessen sich beide Kunstauffassungen bedienen, nämlich die Bühne, wird auseinandergetrampelt. In ihrer Dauerbarkeit wird sie ihre ungefährlichen Verletzungen überwinden, so oft für sechs und mehr Personen ein Autor kommt, der ein stärkerer Dramatiker ist als der Außenseiter Pirandello.

Für das Theater selber entsteht bei der Aufführung des Stückes die Frage, wie weit bei der Unaustragbarkeit einer Idee die Bühne selber durch die Auswertung von artistisch interessanten Anregungen tragfähig ist. Man versteht es, daß diese Aufgabe besonders einen Regisseur wie Max Reinhardt reizte, der schon immer dem Gedanken des Theaters an sich ergeben war und an der Verwischung der Grenzen zwischen Literatur und Bühnenkunst, zwischen dem Bretterboden und dem Zuschauerraum, seine besondere Freude hat. Bei aller Mannigfaltigkeit, mit welcher er (bisweilen zu bedachtsam) die Gelegenheiten zu den angedeuteten Fusionen wahrnahm, bleibt es für ihn lehrreich, daß sich würzige und oft allerbeste Einfälle im Verlaufe eines längeren Theaterabends abnützen, wenn sie nicht innerhalb eines restlos durchkomponierten und ausgegliederten Organismus aufsprießen. Die Bühne kann in allen Wandlungen von Stil- und Geschmacksrichtungen niemals etwas anderes als ein Instrument sein. Ihre unabschaffbare Voraussetzung bleibt die dramatische Schöpfung. Wer an das Theater als souveräne Instanz appelliert, zahlt als Einsatz einen Mangel ein.

Was die Regiekunst Reinhardts für ein interessantes, auf Laune und prickelnden Anreiz abgestelltes Gesellschaftstheater bedeutet, spürte man wohltuend in einer Reihe famoser Leistungen der Darsteller. Es ist eine Freude zu beobachten, wie der Improvisationskünstler Max Pallenberg, in einer Rolle, deren Hauptreiz scheinbar das improvisatorische Element bildet, unter Reinhardt zu einer völlig durchdisziplinierten Muster- und Meistercharakteristik zurückfindet. Er gibt einen fabelhaft zerstreuten Bühnenprinzipal, der fabelhaft konzentriert ist. Ein großartiger Moment, wie er bei der Probe aus der Maske der Gleichgültigkeit plötzlich hervorbricht und vier Darsteller einer Situation unter komischsten Nebenwirkungen dampfender Energie zu einer Gipfelszene aufpulvert. Außerordentlich Pallenbergs wortloser Ausdruck, wenn er sich von der Geschichte der sechs Personen fasziniert fühlt.

Der Abend bot überhaupt Triumphe des stummen Spiels. Alleräußerste Möglichkeiten darin bei Lucie Höflich, die wie eine Inkarnation sämtlicher Tragödien Ibsens und Hauptmanns dasaß, ohne dem Zuschauer, so oft sie sprach, hinreißende Temperamentsausbrüche zu verweigern. Auch Max Gülstorffs stumme Momente waren wie eine Auslese seiner bisherigen Bühnenschöpfungen mystisch umwobener Zartheit. Aber zu starken theatralischen Ausbrüchen verpflichtet, kam er auch diesem Anspruch mit erstaunlichem Aufwand nach. Man möchte ihn nur davor lieber bewahrt wissen.

Eine Talentprobe ersten Ranges gab Franziska Kinz in der Rolle einer mit Schicksal behangenen Dirne. Ihr elastisches, die Situationen entbanalisierendes Körperspiel war so wirkungsvoll, daß der sprachliche Ausdruck kaum mitkam. Aber auch er verspricht Entwicklung, wenn die junge sprühende Schauspielerin ihre Begabung nicht frühzeitig spezialisiert und an den Aufgaben der Literatur, nicht bloß an den dankbaren Gelegenheiten der Bühne, abwandelt.

Weniger originell, aber ersprießlich wirken Paul Bildt, Gertrud Kanitz und Amanda Lindner mit. Sehr drollig Diegelmann und ganz nett auch der Souffleur des Herrn Richard.

Der Beifall des Publikums galt sehr bewußt den Hauptdarstellern und Reinhardt. Also in der Hauptsache ein Darstellungserfolg, den es, weil er im Grunde etwas Unwahrscheinliches ist, eigentlich nicht gibt.

Staatliches Schauspielhaus Berlin (Gastspiel der Pirandello-Truppe)
Alfred Kerr, Berliner Tageblatt 13. 10. 1925

I

Man kennt nun zwei gute Darstellungen des immerhin denkwürdigen Stücks. Der Unterschied liegt meist in der Rasse. Doch nicht nur.
Ein paar Tatsachen. Rote Beleuchtung im Anfang, wenn die Familie der sechs Personen auftritt. Am Schluß: ein Schattenspiel (das halb gelingt). Die Kupplerin Madame Pace wird Märchengestalt. Der Souffleur ist für uns zu deutlich in der Komik.

II

Die Italiener geben ... mehr unterstrichenen Traum; mehr betonten Traum.
Bei Reinhardt ist alles in einer bürgermenschlichen Luftschicht. Bei Reinhardt ist hier (statt der Betontheit) die Tönung.
Bei Reinhardt gibt es ... eine Beinahe-Vision von den sechs. (Wie eine zwar schon entwickelte Photoplatte, die jedoch halb erst im Licht entsteht.) Bei Pirandello fast einen amtlichen Märchenspuk.

III

Bei Reinhardt kommen die sechs von der Bühne her, aus dem Hintergrund. Bei Pirandello vom Parkett auf die Bühne. (Das würde nicht schaden – es kommt auf die Art an.)
Bei Pirandello steigen sie hinauf; bei Reinhardt sind sie da.
Bei Pirandello spenstern sie also umständlich mit Zauberbelichtung naiv die Treppe hinan.
Kurz: das Phantastische wird bei Pirandello mehr aufs Butterbrot gestrichen. Die italienische Regie greift stärker ins Unwirklich-Schaurige ... doch nicht geschickt genug; nicht verschwimmend genug.

IV

Bei Pirandello wird an den sechs Personen ihr Theatralisches verstärkt.
So ergeben sich an der Tochter drei Stufen. Erstens: die Theatralik der Halbdirne. Zweitens: die Theatralik dieses sonderbaren Familienkonzerns. Drittens: das Eingeboren-Theatralische des Italieners ... im Verhältnis zu norddeutscher Sparsamkeit.
Die Theatralik ist also hier berechtigt.

V

Bleiben zwei wichtige Mannsrollen: der Familienvater, der's erlebt: der Direktor, der's dramatisieren will. Da waren bei den zwei Aufführungen die Gewichte vertauscht.
Im Deutschen überwog der Direktor (über den Vater). Im Italienischen überwog der Vater über den Direktor. – Warum?
Weil Pallenberg stärker war als Olivieri. Doch weil L. Picasso stärker war als Gülstorff.

VI

Der Direktor des Italieners ist nur ein Direktor. Bei Pallenberg lebt in ihm, kaum feststellbar, der Widerschein aller furchtbaren Geschehnisse. Ganz verhalten; ganz verborgen; doch zitternd. Das ist es.
Der italienische Schauspieler bedeutet hier ein Mitglied der Handlung. Der deutsche Schauspieler einen Spiegel der Handlung.
Pallenberg war Chor, allein. Bei den Italienern ist Chor nur der Chor auf der Bühne.

VII
Aber Gülstorff? Bei Gülstorffs Nachfolger liegt alles umgekehrt. Italien hat hier das Übergewicht.
Da ist nicht eine... fast beleibte Gelassenheit als Untergrund. Sondern der Schauspieler Lambert Picasso gibt mehr Angefressen-Subalternes, etwas Hageres, mit – uäh! – muffigem Brodem eines Kleinbürgertums... von schmierig-theatralischer Veranlagung. Prachtvoll.
VIII
Dieselbe Theatralik lebt in der Schauspielerin Abba: der Tochter.
Fräulein Kinz und Fräulein Abba – sie haben etwa das gleiche Maß von Wurmstich, von exhibitionistischer Preisgebe- und Darzeigelust im Reklameschmerz... nur gibt es die eine mit den Ausdrucksmitteln eines ziemlich blonden Alltags; die andere sozusagen mit brünettem Blut (ob sie schon gleichfalls blond ist). Zwei Rassen.
Die Kinz hat als Familiendirne noch eine deutsche Restschicht von (ungeschlechtlicher) Scham. Die Abba... legt los.
IX
Das Werk wird nicht von ersten Schauspielern Italiens gestaltet – aber durchlebt von einer Regie. Von der maßgeblichen: des Dichters.
Gewahrt man Pirandellos Regie? Oder Pirandellos Absichten? Deutlich wird, nochmals, der Wunsch, aus der Tagwelt in die Dämmerwelt hinüberzuwechseln. Aber wenn, technisch, zwischen beiden Welten ein Abschnitt entsteht; wenn gewissermaßen das Glockenzeichen von der einen zur anderen fühlbar wird: ist es dann Pirandellos Schuld? Oder des Maschinisten?
(Da er Poet ist: Schuld des Maschinisten.)
X
Der veränderte Schluß, noch das Schicksal der, ach, entzückenden kleinsten Tochter, die Form am Selbstmord des jungen Sohnes (der hier ein ausgewachsener Bursche von mangelnder Täuschungskraft ist): alles erschwert einen Vergleich.
Sowie der Vergleich zwischen Lucie Höflich (der herrlich schmerzgeladenen strammen Witwe) fast aussichtslos wird mit einer hier schamerfüllten, romantischen Mutter, die noch erotisch verwendbar ist (Fräulein Frigerio).
Aber die Klangstimmung, das Ebben und Fluten, das Heben und Senken, das Aufhören und Wiederanfangen im Sprechlaut, das Abgewogen-Wechselnde der Stellung: alles ungemein gut. Hier berühren sich zwei Völker; zwei Geblüte.
XI
Fest steht, auch nach diesem Abend: daß jemand mit Geniegriff ein Thema für das Schauspiel gefunden hat (ein Thema vervollkommnet, erneut, ja sublimiert) – in einem Werk, das längere Frist bleiben wird: weil es, zusammendrängend, Bretter-Aufgaben menschlichen Inhalts birgt.
Weil es erschüttert... und vom Stümperbums fern ist. Weil es eine Geistigkeit hat, die nichts Trocknes kennt, sondern seelisch wird.
Kurz: weil hier ein werthaltiger Fall dramatischer Essenz vorliegt.

1925

Tod des ersten Reichspräsidenten Friedrich Ebert (28. 2.), Wahl des Generalfeldmarschalls von Hindenburg zum neuen Präsidenten der Republik (26. 4.). Die französischen Truppen räumen im Juli und August das Ruhrgebiet, die englischen im Dezember die Kölner Zone. – Zunehmende Bedeutung der Deutschnationalen, die unter den Einfluß Hugenbergs (Scherl-Konzern) kommen. – Versuche zur Einschnürung der Kunst in enge bürgerliche Moralvorstellungen führen zu Protestversammlungen »für die Freiheit der Kunst« (Theater am Nollendorfplatz) – unter Beteiligung Gerhart Hauptmanns. Erste kurze Krise um Jeßner (dann Vertragsverlängerung). In Berlin: Meinhard und Bernauer geben die Direktion ihrer Bühnen auf (Theater in der Königgrätzer Straße, Komödienhaus, Berliner Theater, Theater am Nollendorfplatz). – Viktor Barnowsky (bis 1924 Lessing-Theater) übernimmt das Theater in der Königgrätzer Straße, das Komödienhaus und die ›Tribüne‹, Arthur Hellmer aus Frankfurt für die Spielzeit 1924/25 von den Rotters das Lessing-Theater. Das Theater am Schiffbauerdamm wird unter Saltenburg von einer Operetten- zur Schauspielbühne zurückverwandelt. Ludwig Berger kehrt als Regisseur aufs Theater zurück und inszeniert am Staatstheater, Piscator tritt in die Gruppe der in Berlin führenden Regisseure ein und gibt mit seinen politischen Revuen (Großes Schauspielhaus) dem Theater die politische Ausrichtung. – Heinz Hilpert geht im Herbst für ein Jahr als Regisseur an das Frankfurter Schauspielhaus, Hermine Körner wechselt als Direktorin vom Münchner Schauspielhaus nach Dresden und übernimmt das Albert-Theater und die Komödie. Das letzte große Erfolgsjahr für Bronnen (›Rheinische Rebellen‹, ›Exzesse‹, ›Die Geburt der Jugend‹). – Durchbruch Zuckmayers (›Der fröhliche Weinberg‹) und Caspar Nehers als Bühnenbildner. – Schauspielerisch: starke Entfaltung Eugen Klöpfers (›Lear‹ unter Reinhardt in der Josefstadt, ›Dr. Knock‹, ›Exzesse‹, ›Gesellschaft‹ und ›Kreidekreis‹) in Wien und Berlin. Max Reinhardt inszeniert im August für die Salzburger Festspiele eine neue Version des

›Sommernachtstraums‹. Brecht beginnt die Arbeit an ›Mann ist Mann‹ und veröffentlicht seine ersten theoretischen Arbeiten zur Dramaturgie eines künftigen Theaters. Erste Kontakte Brechts mit Piscator.

Klabund   Der Kreidekreis

Uraufführung

Schauspielhaus Frankfurt, 3. Januar 1925, Regie Richard Weichert

Schauspielhaus Hannover, 3. Januar 1925, Regie Rolf Roennecke

Deutsches Theater Berlin, 20. Oktober 1925, Regie Max Reinhardt

Inmitten der Veränderungen auf dem Theater fand plötzlich ein Stück die jubelnde Zustimmung des Publikums, das mit den sich regenden Versuchen zu einer neuen Spielform in Zusammenhang zu stehen schien. Es hatte chinesisches Kolorit, zarte, in Lyrik sich auflösende Dialoge, Lieder zwischen den Szenen. Auf der Frankfurter Bühne fehlte der Vorhang, die Mitspieler traten aus dem Zuschauerraum auf, die Requisiten wurden erst im Augenblick des Gebrauchs hereingebracht: damit war die Illusionsbühne abermals durchbrochen und Merkmale des sich herausbildenden epischen Theaters auch in der lyrischen Fassung Klabunds bestimmend geworden. Der 1891 geborene Autor, Alfred Henschke (der sich Klabund: Wandlung) nannte, war ein großes Verwertungs- und Anpassungstalent. Nachdichtungen vor allem fernöstlicher Lyrik hatten ihn bekannt gemacht. Er dichtete aber auch zynisch und frech in der Art François Villons. »Schwarz und weiß, Tag und Nacht«, so bezeichnete er selbst die konträren Seiten seines Wesens. Den jungen Menschen des Expressionismus hatte er, ironisch distanziert, in seinem Drama ›Die Nachtwandler‹ vorgeführt. Als 1922 Elisabeth Bergner in Julius Berstls Komödie ›Der lasterhafte Herr Tschu‹ im Berliner Lessing-Theater ihr Publikum entzückte, begann Klabund die freie Bearbeitung des alten chinesischen Spiels vom Kreidekreis, auf das ihn Johannes von Guenther hingewiesen hatte. Die Rolle der Haitang wurde für Elisabeth Bergner geschrieben, das Stück ihr gewidmet. Die Uraufführung am Lessing-Theater kam aber nicht zustande. So begann der ungestüme Erfolg des Stücks in Frankfurt und Hannover (dessen Schauspieldirektor Roennecke 1920 schon Klabunds ›Nachtwandler‹ uraufgeführt hatte) und wirkte von dort nach Berlin zurück. Elisabeth Bergner spielte ›ihre‹ Rolle dann im Herbst unter der Regie Max Reinhardts. Die Haitang wurde eine ihrer populärsten Darstellungen, die Aufführung aber ein großer Erfolg für Eugen Klöpfer. Der Erfolg dieses Stücks stand nicht allein. Der Expressionismus war seit langem von einem exotischen Zug unterlaufen, der so mystische Stücke, wie Tagores ›Das Postamt‹, ›König der dunklen Kammer‹ und Bearbeitungen des indischen Vasantasena-Stoffs, zu umjubelten Erfolgen auf der Bühne gemacht hatte. Die Zartheit des Klabundschen Stückes war der lang erwartete Kontrast zu den extremen Texten der neuen Autoren.

Schauspielhaus Frankfurt
Bernhard Diebold, Frankfurter Zeitung 5. 1. 1925

Zu den mancherlei Verpflichtungen des Theaterkritikers gehört es glücklicherweise *nicht*: chinesisch zu können. Aus diesem Grunde kann er auch nicht chinesisch. Und ist daher auch nicht imstande, die allfälligen lyrischen Sprachwerte des altchinesischen Originals vom ›Kalkzirkel‹ gegenüber der Klabundschen Neuschöpfung nachzuprüfen. Wohl aber vermag er die brave, aber von der Sonne orientalischer Sprachtreue völlig ausgedörrte Übersetzung des alten Reclamheftchens mit dem Klabundschen Büchelchen in Vergleich zu setzen; und zu sagen: Dort schlimmste Prosa – hier Poesie. Dort Fabel mit stereotypen Masken und ohne Phantasie der Übergänge – hier eine Atmosphäre, ein Märchen mit Menschen; Guten und Bösen.

Doch wir wollen auch dem alten Chinesen Li-Hing-Tao aus dem dreizehnten oder vierzehnten Jahrhundert seine Gerechtigkeit geben. Denn schließlich bleibt der Ehrwürdige doch der Erfinder (oder treue Überlieferer) des Romans von der schönen Tschang-Haitang und von der weisen Anekdote vom Heilanki: dem Kreidekreis.
Zunächst die schöne Tschang-Haitang. Sie opfert sich ihrer in Armut verwitweten Mutter, indem sie sich mit Leib und Seele an ein Vergnügungsetablissement verkaufen läßt; wobei nach den Statuten dieses Instituts der Leib besondere Schätzung findet.
Der reiche Herr Ma verliebt sich in das traurige Freudenmädchen; nimmt sie zu seiner zweiten Frau; erhält ein Kind von ihr: und entrechtet um dieser Muttergabe willen seine kinderlose Gattin ersten Ranges: die neidische Yü-Pei.
Die Polygamie des guten Herrn Ma führt aber zu den schlimmsten Folgen. Yü-Pei vergiftet den abtrünnigen Gemahl; beschuldigt aber die Tschang-Haitang des Mordes und streitet ihr (des Erbes wegen) sogar das Kind ab. Das böse Weib besticht Zeugen und Richter, die ihr das Baby dann auch wirklich zusprechen und die unschuldige Tschang-Haitang wegen Mordes und Kindesraubes zum Tod verdammen. Aber auch in China kann unter Umständen ein Revisionsverfahren angestrengt werden. Und auch in China kommt einmal ein braver und gerechter Kadi vor. Dieser zweite Richter ist nun der salomonische Erfinder des ›Kreidekreises‹.
Es wird mit Kalk ein weißer Kreis auf das Parkett des Tribunals gezogen. Dann wird das Kind hineingelegt. Die Mütter sollen es gleichzeitig fassen. Und welche von beiden – so sagt der neue Salomon zur listigen Prüfung – mit ihrer Kraft das Kind aus dem Banne des Zirkels reißen kann – die sei die echte Mutter. So sagt die richterliche Schlauheit.
Im Nu hat Yü-Pei den Säugling brutal an sich gezerrt. Die gute Tschang-Haitang aber läßt es fahren und schreit auf: Wie kann ich meines zarten Kindes Gliederchen zerbrechen, um zu beweisen, daß ich seine Mutter sei! Da weiß der Richter, wo die Zartheit und die Liebe wohnen; belohnt die echte Mutter mit der Freiheit und bestraft die Bösen.

Was tut Klabund? Er schafft der Bilderfolge lyrische und seelische Farbe. Er rafft das epische Nacheinander zusammen: er erfindet den jungen Prinzen Pao, der die Tschang-Haitang bereits in ihrer öffentlichen Vergangenheit geliebt hat; doch dem es damals an dem nötigen Taschengeld gebrach, um die Geliebte bei der Versteigerung gegen den reichen Ma für sich zu behaupten. Doch als Prinz Pao später Kaiser wird, darf er durch Klabunds Gnade die Rolle des früheren gerechten Richters spielen; und mehr noch; darf die schöne Tschang-Haitang zu seiner Frau erwählen und behalten. So wird Klabunds Liebhaber Pao zur inneren Verbindung von traurigem Anfang und heiterem Ausgang.

Klabund macht aus dem guten Ma einen bösen Ma, weil er einst die Familie Tschang-Haitangs ins Elend gebracht hat; wodurch der Mordverdacht Wahrscheinlichkeit erhält. Klabund erfindet ferner den putzigen Eunuchen und Mädchenhändler Tong. Klabund vereinfacht die Intrigenhandlung zweier Nebenmänner, deren einen, den Bruder Tschang-Haitangs, er allerdings mit proletarischen Überzeugungspredigten allzusehr beschwert: denn dieses soziale Pathos wiegt plump in dem feingesponnenen Netz des Stückes.

Leicht aber und duftig in die Luft gedichtet ist Klabunds erweiterte Symbolik vom Kreidekreis, des' Zeichen wie ein Thema in wechselnden Bedeutungs-Variationen durch die Handlung spukt. Bald ist der Kreidekreis das Rad des Schicksals, in dessen Drehung sich alles erfüllt; bald ist er der Spiegel alles Seins und alles Scheins; bald bedeutet er die Umklammerung des Todes, dem Herr Ma verfällt; bald ist er nur der feine Kreis der Mondesscheibe, welche die Schneenacht bedämmert. Und dann zum Schluß: der Kreis der Gerechtigkeit: Symbol der Wahrheit und der Liebe.

Die Aufführung der graziösen Angelegenheit erbrachte verdienten Beifall. Das erste Kompliment gebührt Ludwig Sievert, dem Inszenator, der seit ›Turandot‹ und ›Vasantasena‹ für östlich Märchenhaftes besonderes Vertrauen genießt. Vor schwarzem Hintergrund oder kargem Horizont ward die Szene bald mit Paravents begrenzt, bald offen auf der Bühnenscheibe umgedreht. Zum Schluß prangt in Gold und Gelb der Kaisersaal. Papierlaternen geben ein zärtliches Licht; dünnes Gesträuch, zerbrechliche Möbel, ein zierliches Häuschen, gestickte Drachen auf den Vorhängen beweisen das chinesische Milieu. – Weichert, der Regisseur, war sich bewußt, daß es Grazie und Zartheit galt; und er tat mit Glück viel zur Entschwerung der Realität und zum Erweis, daß ein Märchen ein Spiel sei. Er hätte aber an manchen Stellen durch Striche, an anderen durch Tempo noch einige Grade Leichtigkeit erzielt. Auch muß die Aktion der Mutter bei der Entreißung des Kindes aus dem Kreis mit größter Plastik nach dem symbolischen Sinn des Vorgangs ausgedeutet werden – plastischer, als es der Dichter in seiner hier zu lyrischen Ausdrucksweise tat. Die Besetzung war nach den Mitteln des Ensembles zu billigen. Fritta Brod als Tschang-Haitang: weniger huschend als schwebend, weniger naiv als sentimental. Es ist dasselbe Rühmende zu sagen wie von ihrer ›Turandot‹, ihrer ›Vasantasena‹: Schönheit und Elegie. Prinz Pao: Norbert Schiller mit seinem Ernst in den Augen; die Sprache etwas entschleierter als sonst. Herr Ma: Ben Spanier als böser und gezähmter Liebhaber in zwei Charakteren schwelgend; in eine echteste Götzenmaske vortrefflich eingelebt. Neben ihm der glaubhafte Chinese: Herr Keim als Bruder Tschang-Ling; klug und eindringlich; in seiner sonst leicht artistischen Art gebändigt: eine erfreuliche Wandlung. Hildegard Grethe keifte mit Überzeugung und stets beweglicher Mimik die eifernde Frau Ma; Mathilde Einzig verkaufte unter Tränen ihr Kind, und verstand es trotzdem, an solche Tränen glauben zu machen. Die Herren, Schneider, Odemar, Nerking und Bauer, und Helene Obermeyer trugen zur Fülle bei. Während das Komische nicht immer selbstverständlich vor sich ging, erweckte der Oberrichter Tschu-Tschu in Impekovens stattlicher Gestalt die fröhlichste Erhebung. Er zeigte: man kann ein Bösewicht sein und dennoch auf die Sympathie der Brävsten rechnen, wenn man die Kunst im Spiel entwirklicht. So wie Klabund in seinem Märchen die Schwere eines Schicksals in schönen Schein verwandelt hat.

Deutsches Theater Berlin
Alfred Kerr, Berliner Tageblatt 21. 10. 1925

I
Schneewittchen-Aschenbrödel, schlitzäugig und grausam-zart, im fernen Osten. Oder: Gärtnerskind und Königssohn.
Aber den Königssohn hat Klabund zugefügt. Den gab es nicht bei Ho-ei-lanki (oder Li-hing-tao?), welcher den ›Kreidekreis‹ in alter Chinazeit verfaßte.
So ist es viel weicher geworden.

II
Ja, das oft liebliche Klabundstück – mit Möglichkeiten für Gesang, angenehme Rollen und Ausstattung – will mitnichten die Schererei um das Drama der Gegenwart mitmachen: sondern sie freundlich unterbrechen.
Hübße Trauer, tindlicher Smerz und ein Fremdreiz um die süße-süße-süße Destalt der armen tleinen Haitang, die zuletzt belohnt, aber vorher kardätscht wird. (Es geht über die Kraft, zu sehn, wie die Bergner Keile kriegt.)
Alles arglos: so umsungen-umklungen; umtönt-umsehnt... und am Sluß verßönt.

III
Nimmt man hierzu die gar prächtigen Gewänder der Chinesin Lot-te Prit-zel, die Bilder und Gestelle des Malers Ne-her, die waltende Hand des Ober-Hausleiters Mak-se Rei-nar-tschu: so enthüllt sich die tupfende Ahnung ›Weihnachtsstück für den Kurfürstendamm‹ als ein viel zu höflichkeitsbarer, unchinesischer Ausdruck.

IV
Beim Ho-ei-lanki muß Haitang aus Not in ein Freudenhaus gehn. Von dort heiratet sie der reiche Herr Ma. Dessen Hauptfrau, kinderlos, vergiftet mit einem Liebhaber ihren Ma; – und behauptet, Mutter von Haitangs Kind zu sein.
Zeugen bestochen; Richter bestochen; Haitang verurteilt. Jedoch der gerechte Oberrichter des gerechten Kaisers (»nous vivons sous un prince«... sagt Molière) tilgt alles Unrecht. So:

V
Man lege das Kind in einen mit Kreide gezogenen Kreis! Jede der zwei Frauen packt einen Arm; wer es herausreißen kann, der gehört es.
Doch die wahre Mutter scheut sich, ihm weh zu tun...
»Sprach Salomo-Schelohmoh: ›Teilet das lebendige Kind in zwei Teile; und gebet dieser die Hälfte, und jener die Hälfte...‹ Da sprach das Weib: ›Ach, mein Herr, gebt ihr das Kind lebendig, und tötet es nicht...‹ Da antwortete der König und sprach: ›... Die ist seine Mutter.‹«
Tausend Jahre hiernach kam der Chinese drauf.

VI
Bei Klabund wird alles märchensüßer. Der König richtet selbst – und es ist jener Prinz! der Haitang einst im Freudenhaus besucht, ihr den ersten, nicht ohne Folgen gebliebenen, Schmatz geraubt hat: das Kindchen war von – ihm. Sie kommt auf den Thron als seine Tönisin.
VII
Mancherlei bei dem Dichter Klabund ist lockend und anmutvoll. Zumal, wenn Hans Thimig – der jüngste, nicht der letzte seines Geschlechts – einen fast mädchenhaften Liebreiz absendet.
Wenn der prachtvolle Franck (mit Vornamen Walder ... er würde den so aussprechen) zwecks willkommner Bitterkeit einiges Aufruhr-Sozialistische hinspricht: um sich mit der Erkenntnis »nous vivons sous un prince ...« begeistert niederzulassen.
VIII
Oder: Wenn Hans Herrmann-Schaufuß zuweilen Schnalzrhapsodien, Verbeugungssprünge macht – hach nee. Wenn Gronau zwinkeräugt. Wenn Brausewetter und Berber ein Kuli-Duo revue-zelebrieren. Wenn Frau Koppenhöfer die schlechte Gattin gut schlangenhaft zischt und bösblickt, neben ihrem betörten Herrn Bildt, dem Assessor Tschao. Und wenn ...
IX
Wenn die Bergner, den schwarzen Block um ihren Hals, madonnig, ahnungslos (höchstens heut mit einer Ahnung ihrer Ahnungslosigkeit) still in die Welt blickt. Kniend. Vor Gericht. Ohne zu sprechen. Doch sonder Wort so beredsam.
Und wenn sie dann zum Schluß das Schnullerjöhr nimmt. Es herzt. Es nicht hergeben möchte. Fast es wurstelt und verborgen knautscht in unbändigwehem Glück. Das ist etwas Herrliches.
Hier scheint sie wieder ganz ohne Kümmernisse um das Parkett. Darin aber lag ihre Stärke ... und wird sie liegen. (Vorstufe zu aller Kunst: Versunkenheit.)
X
Klöpfer ist hier auf seiner ... auf einer Höhe der Schauspielkunst.
Er führt jenen Herrn Ma zu einem unvergeßlichen Wandlungsbild: vom gemalten oder modellierten Schreck-Chinesen, voll grotesk-furchtbarer Pracht – zu einem gesänftigt-gütigen Erdensohn, Geliebten. Vater. Ja, unvergeßlich.
Bildmacht; Blutmacht; dazu Sprechmacht. Die Dreiheit: Anblick; Seele; Klang. Zumal eine Seele.
Der herrlichste Menschengestalter jetzt in Deutschland.
XI
Reinhardt lenkte: sachlich und witzig.
Bald gab man eine Ballade, bald ... das Theaterspielen einer Ballade. Also: man spielte bald einen menschlichen Vorgang, bald spielte man »chinesisches Theater«.
Das chinesische Theater, soweit ich es von Chinesen gespielt sah, ist natürlich ganz anders. Aber es kommt manches entzückend heraus.
So bleibt alles eine fesselnde Stil-Mandschurei.

Monty Jacobs, Vossische Zeitung, Berlin, 21. Oktober 1925

Wenn der Theatererfolg von gestern auf einen Namen getauft werden soll, so hieß der Abend weder Elisabeth Bergner noch Max Reinhardt, sondern Eugen Klöpfer. Aber die Hauptsache ist, daß es ein Erfolg war, wie ihn die Zeit fordert, ein Erfolg, wie ihn der Ehrgeiz und die künstlerische Arbeit des Deutschen Theaters verdient haben.
Bis gestern war Berlin die einzige deutsche Theaterstadt geblieben, auf deren Bühnen Klabunds Bearbeitung des alten chinesischen Spiels vom Kreidekreis noch nicht erschienen war. Vielleicht waren deshalb die Erwartungen so überhitzt, daß vom dramatischen Geschehen eine leise Enttäuschung ausgehen mußte. Max Reinhardt als Regisseur trägt einen Teil der Schuld daran. Denn er hat das leichte Spiel tragisch beschwert, das Tempo überlastet (und durchaus nicht etwa überhastet, wie ein Satzfehler in der Vornotiz lesen ließ). Aber es gab gestern Szenen, in denen das Herz des Märchens zitterte. Kein Zufall, daß dieser Reiz vom bunten Spiel ausging, so lange Eugen Klöpfer auf der Bühne stand. [...]

Märchen – man muß sich für die rechte Schneewittchenstimmung entscheiden, wenn ein Stück wie der ›Kreidekreis‹ einem Publikum schmackhaft gemacht werden soll, einem Publikum, das nun einmal seine Theaterunschuld verloren hat.
Niemand ist gestern aus dieser Stimmung herausgekommen, so lange Eugen Klöpfer auf der Szene stand.
Es scheint, als ob dieser Mandarin im rotgoldenen Kleide, hoch von Wuchs, breit in den Schultern, wuchtig im Schritt, von einer Wolke getragen wird. Etwas Unwirkliches umwittert seine massive Wirklichkeit, und wenn er sich einer seiner Frauen nähert, so fühlt man, wie sie erschauern muß. Er spricht, und eine Seele singt ihr geheimstes Lied, er schürzt verächtlich die Lippen, und ein Abgrund scheint sich vor der verschmähten Hauptfrau zu öffnen. Wirkungen, die erreicht werden ohne irgendein Hausmittel aus der Theaterapotheke des Unheimlichen. Es gibt einen ganz einfachen Weg für strebsame Schauspieler, diese Wirkung zu kopieren. Sie brauchen nur eine Persönlichkeit von Eugen Klöpfers Rang zu werden, auf der höchsten Stufe ihrer Leistung, von Max Reinhardts Rat betreut.
Der Mandarin Ma verhört Haitang, die von seiner Hauptfrau beschuldigt wird. Elisabeth Bergner steht in der Ecke, das krause Haar unter einer glatten Perücke versteckt, einen hohen Kamm als Kopfputz, scheu und zerbrechlich, eine Unschuld, die sich bewußt zum Passionsweg rüstet.
Zu Mas Ohr aber hebt sich auf den Zehenspitzen die Hauptfrau Maria Koppenhöfer, im Frauentyp Tilla Durieux ähnlich, schwarz und schlank, federnd in der Sprungkraft geschmeidiger Glieder. Eine für Berlin neue Erscheinung, die gleich im ersten Ansprunge interessiert und auf Rollen aus der Strindbergwelt neugierig gemacht hat. Wenn Ma aus der Teeschale das Gift trinkt, so ist die Märchenluft mit dem stärksten Zauber geladen. Popanz Klöpfer fällt um, Unschuld Bergner zirpt ihren holdseligsten Ton, Mörderin Koppenhöfer strafft und spannt ihren Körper in der Lust des Bösen, öffnet den Mund im Triumph, und es scheint, als wolle sie den Schrei der Märchenstiefmutter ausstoßen, vor dem alle Kinderstuben zittern.

Mit der Seele des Mandarinen fliegt die Märchenwolke freilich fort. Aber es bleiben Eindrücke, voll Saft und Farbe, wie sie nur unter Max Reinhardts Obhut gedeihen können. Noch für kleine Rollen setzen sich Künstler wie Hedwig Wangel, Ernst Gronau, Hans Brausewetter ein. Ein komischer Richter prustet in der Gnomenfigur Hans Herrman-Schaufuß', Paul Bildt ist der Spießgesell der Bösen und Walter Francks eindringlicher Spannkraft ist die gefährliche Rolle des Bolschewisten anvertraut. Als Prinz aber läßt Helene Thimig im Weh der Jugend ihre Lippen zucken, nein, wirklich, sie ist es nicht, es ist ihr Bruder Hans Thimig, Thimig der Jüngste, vollwertig im edlen Blut dieses Bühnengeschlechts.

Und Elisabeth Bergner? Man mache sich von allem Premierentratsch frei und betrachte diese Aufführung einmal nicht als ein Unternehmen, das mit dem persönlichen Erfolge der ›Heiligen Johanna‹ wetteifern soll. Dann genießt man Haitangs schmale Anmut und den Blick, mit dem sie den sterbenden Ma umfängt. Ist es Reinhardts Forderung oder ist es Selbstbeschränkung, daß Haitangs Wort nur auf einen einzigen Ton gestimmt wird, auf einen Ton des heimlichen Schluchzens? Auch in chinesischen Frauenhosen enttäuscht Elisabeth Bergner niemand, der in die Anmut ihres Herzens verliebt ist. Aber sie wird keine neuen Freunde gewinnen, solange sie ihre Kunst in diesem einen überhohen Ton ermüdet.

Am Schluß durfte sie zwischen Klabund und Reinhardt die großen Huldigungen des Erfolgs entgegennehmen. Klöpfers Bild war noch in allen Herzen lebendig. Doch um diese Stunde war der Mandarin Ma längst nach dem Kurfürstendamm gefahren, um sich in Galsworthys Advokaten der ›Gesellschaft‹ zu verwandeln.

Hans José Rehfisch   Wer weint um Juckenack?
Volksbühne am Bülowplatz, 31. Januar 1925, Regie Erwin Piscator

1924 begann auch für Hans José Rehfisch endlich der Erfolg, um den er sich seit 1920 auf sehr verschiedene Weise bemüht hatte. Er war wendig, vielseitig. Er betrachtete aufmerksam seine Zeit und entnahm ihr und ihrer Literatur seine Stoffe. Bis in die dreißiger Jahre (›Wasser für Canitoga‹, 1936) brachte er der Bühne zugkräftige Stücke. 1920 war er zum erstenmal als Tragiker erschienen. ›Chauffeur Martin‹ (am 12. 11. 1920 im Mannheimer Nationaltheater uraufgeführt) führte einen Grübler vor, dem ein Passant in sein Auto gelaufen war und der nun an der göttlichen Ordnung zu zweifeln begann. In ›Erziehung durch Kolibri‹ (am 13. 11. 1921 am Düsseldorfer Schauspielhaus uraufgeführt) zeigte Rehfisch schon sein Talent zur Zeit-Komödie. Ein Regierungsrat, der aus seiner Armut eine moralische Weltanschauung macht, wird durch die Erbschaft eines Modesalons zum Genuß des Geldes bekehrt: Im Ansatz und in der Variabilität erschien der dreißigjährige Rehfisch (geb. 1891) als ein zweiter, späterer Georg Kaiser. – Aber beide Stücke brachten nur Achtungserfolge. Rehfisch versuchte sich als Theaterleiter und führte 1923 zusammen mit Erwin Piscator das Berliner Central-Theater. Er übte sich als Regisseur (1924 z. B. inszenierte er am Residenztheater Berlin ›Die junge

Welt‹ von Wedekind). – Mit seiner neuen, wieder an Georg Kaiser erinnernden Komödie ›Wer weint um Juckenack‹, die das Leipziger Schauspielhaus am 23. Februar 1924 uraufgeführt hatte, gewann er sich schnell die Bühnen im Reich und 1925 mit diesem Stück auch Berlin, obwohl Eugen Klöpfer schon 1920 im Deutschen Theater (unter der Regie von Karl-Heinz Martin) ein ausgezeichneter ›Chauffeur Martin‹ gewesen war und Monty Jacobs geschrieben hatte: »Wenn er (Klöpfer) in der Lederjacke des Chauffeurs gewaltig über sein bisheriges Maß hinauswuchs, so gebührt ihm, aber auch seinem jungen Dichter ein Kranz.« – Rehfisch brauchte die volkstümlichen Schauspieler. Im ›Juckenack‹ war es Heinrich George, der (im September 1924) am Schiller-Theater unter Fehlings Regie einen vorzüglichen ›Fuhrmann Henschel‹ gespielt hatte. Von hier ab intensivierte sich Georges Zusammenarbeit auch mit Piscator. – Für Piscator war diese Inszenierung eine ›Nebenarbeit‹. »Hier waren die Probleme nicht ›politisch‹, sondern ›menschlich‹« (s. a. Piscator, ›Trotz alledem‹, 12. 7. 25). – Für Rehfisch begann jetzt seine große Zeit als Autor. Seine Komödie tendierte zum Volksstück (auch die folgende, ›Nickel und die 36 Gerechten‹, 1926), und das Volksstück erhielt jetzt seine neue, große Stunde (s. Zuckmayer, 1925).

Alfred Kerr, Berliner Tageblatt 2. 2. 1925
I
Ein Gerichtssekretär, Rechnungsrat, vormals Feldwebel, Junggesell, herzkrank, alternd, rappelt sich noch einmal vom Totenbett.
Er merkt: niemand, wenn er eines Tages wirklich verröchelt, weint ihm nach.
Der Gerichtssekretär predigt nun die Erkenntnis: nicht auf Strenge des Gesetzes kommt es an – sondern auf Güte.
II
Der Gegensatz zwischen ›mildem Gemüt‹ und ›starrem Gesetz‹ ist etwas abgetrabt.
Daß jemand verkündet: »Mitleid üben steht höher als Gesetze durchführen« – das kam schon oft im Drama vor.
Je öfter so ein (ganz richtiger) Satz dramatisiert ist: je fader wird er.
Nicht fad einstens beim Sophokles – und bei der Bolschewistin Antigone-Odipussowa. Das ist vierundzwanzig Jahrhunderte her.
Item: Wertvoll ist sowas beim ersten Male. Dann, zur Eingewöhnung, die paar folgenden Male. Doch zuletzt wird es ein Ärgernis: wenn der Gedanke, statt zwischendurch wie selbstverständlich geäußert zu werden, abermals den Hauptpunkt eines Stückes abgibt. Alles ist relativ. Der Körperteil, woraus einem dann dieser (durchaus richtige) Gedanke wächst, ist fraglos der Hals.
Das ahnt aber auch Rehfisch ... und kündet zugleich einen anderen Inhalt. Nämlich:
III
Die Menschen vertragen besonders viel Güte durchaus nicht (sagt er).
Juckenack verschenkt sein Geld an arme Strolche – doch was hat er davon? Einen Raubüberfall.
Juckenack hilft einem strauchelnden Dienstmädel, einem strauchelnden Jüngling auf den Rettungsweg – doch was hat er davon? Rohen Undank. Sie verdächtigen, ja leugnen die Wohltat; halftern ihn ab.

Schlußwitz (vom Vater Wedekind her): der Versicherungsagent schafft gegen Bezahlung eine dürftige Person, die bei Juckenacks Tod garantiert echte Tränen läßt... Moderner Geschäftsorganismus macht alles. Weißt du? Postkarte genügt.
(Nun bekommt Juckenack den Herzschlag.)

IV

Solcherlei klingt wie der bekannte ›bittere‹ Spaß des bekannten enttäuschten Idealismus... und ist provinziell: weil bereits abgetrabt. Weil es ein Witz beim erstenmal gewesen ist... und ein Ärgernis beim fünfundsiebzigsten. Weil es ein Glück ist, wenn man davon überrascht wird... und ein Greuel, wenn man es voraussieht.

V

[...]

VI

Jenseits davon aber zeugt manches bei dem (sich entwickelnden) Rehfisch von dramatischer Belebtheit.
Wenn der totgeglaubte Sekretär aus der Kabuse wandelt, fast schaurig wie ein verstorbener Konsul von Strindberg. Oder: wenn das Dienstmädel, Gerda Müller, nach erfolgter Schenkung einfach sich ausziehen will. Oder: wenn der Asphaltjüngling rücksichtslos wird.
Die Zuschauer der Volksbühne lachen über jeden saftigen Zug des Lebens, ja, des Alltags. Und solche Züge, nicht gestellte, stil-starre, geposte, preziös-ridiküle bleiben in aller Zukunft jung. (Wie beim Andreas Gryphius, heute noch, die schlesisch-mundartlichen.)

VII

Rehfisch müßte Takt, Einschnitt, Längenmöglichkeit lernen. Vom Expressionismus – im Halbnaturalismus. Seine Sach' könnte weit ausschnitthafter, durchkürzter, extraktiger sein. An dieser Auster hängt zuviel Bart.
Der Spielwart soll das Hauptstück somit säubern. Piscator müßte streichen... statt zu schleppen. Drängen... statt auszumalen. Stupsen... statt zu weilen.
George läßt sich aber schwer drängen. Spielt gern in die Breite.
Der Unterschied zwischen dem artverwandten Jannings und George liegt in der, sozusagen, Selbstbeschnittenheit bei Jannings... und dem Überhängenden bei George.
Hernach darin: daß George mehr pectus hat.
Er ist übrigens in der Erscheinung oft stärker als im Wort. Alles in allem bringt er eine starke Prägung: den irrgewordenen, wachsenden, stürzenden Subalternmenschen.

VIII

Lehrreich, wie eigner Dialekt von Darstellern in dieser Vorstellung die Glaublichkeit fördert oder hemmt.
(Das Schwäbeln des Staatsanwalts ist freilich nicht letzter Grund für seine Mißwirklichkeit; der liegt wo anders.)
Doch die Müllerin, Gerda, wirkte freier, wenn sie glatt ihren Ostpreußenmund losließe... statt Getöntes, halb Verpflanztes zu bieten. (Blutvoll ist sie trotzdem.)
Oder: die Frau Koch-Bauer, möblierte Wirtin, überzeugend in der Gliederhaltung, wird verdächtig durch Entgleiten im Dialekt: zwischendurch der Klang einer Phantasiesprache.

Während der junge Schauspieler Gustav Fröhlich hier das halbe Vertrauen zur Echtheit erlangt: weil er vielleicht im Leben Asphalt spricht ... ich wette.

Herbert Ihering, Berliner Börsen-Courier 2. 2. 1925

Die Tragikomödie von Hans J. Rehfisch mußte bis in die kleinste Provinzstadt dringen, bevor sie die Lethargie der Berliner Direktoren überwand. Dabei sind die drei Akte keineswegs revolutionär. Aber der Autor ist noch nicht abgestempelt, hat noch keinen Berliner ›Kassenerfolg‹ gehabt. Man wagt das Neue selbst dann nicht, wenn es aus einer vertrauten Theateranschauung heraus geschrieben ist.

›Wer weint um Juckenack?‹ ist die dramatische Arbeit eines Schriftstellers, dessen große Bühnenbegabung mit seiner persönlichen Sehnsucht nicht in Einklang steht. Das Menschliche sucht sich einen Ausweg neben dem Talent. Die Gebärde der Menschen ist eine andere als ihre Sprache. Die Szenen laufen in anderen Kurven als die Gestalten. ›Wer weint um Juckenack?‹ ist eine Komödie auf Nebengleisen.

Es ist, als ob eine Gestalt von Gerhart Hauptmann ein Erlebnis Georg Kaisers gehabt hätte. Ein dumpfer, gläubiger Mensch wird aus der Bahn geschleudert, über sich hinausgerissen. Jemand, der naturalistisch breit spricht, wird in eine verkürzende Handlung gestellt. Aber weder die Anforderungen, die die Gestalten an detaillierende Ausmalung, noch jene, die die Szene an das Tempo stellen, erfüllt Rehfisch aus sich selbst. Er läßt schleppend mit volkstümlichen Alltagsfüllseln sprechen, als ob er 1890 lebte – und diese Sprachwendungen sind gekünstelt. (»Da tun Sie doch bitte das Mädel bloß mal angucken!«) Er steigert pathetisch und verlangt Gebärden des großen Dramas (stürzt ins Knie: »Ich beuge mich vor Ihnen«).

In dieser Tragikomödie läuft die Mitleidsdichtung aus und nimmt noch einmal alles mit, was an ihrem Wege gelegen hat: von Gerhart Hauptmann bis Ernst Toller. Sie versucht in einem zu geben, was in der Entwicklung Jahrzehnte auseinanderlag: die Gestalt und die Erlösungsgebärde, Menschlichkeit und Tendenz. So werden die Szenen gebrochen und die Gestalten aufgetrieben. So werden Alltagsdinge, wie berufliche Beförderungen, als charakterisierende Nebenzüge verwandt (aber nicht szenisch ausgenutzt). So werden, wie in einer engen Familientragödie, Erinnerungsdaten in einen Stock geschnitzt, wenn der Ausdruck bedeutend werden müßte.

Der seelische Raum, der um die Personen ist, weitet und verengt sich beständig. Daß das Werk trotzdem seiner Wirkung sicher ist, kommt von der unleugbaren Theaterbegabung, die sich in Rehfisch gegen die eigenen Hemmungen immer wieder durchsetzt. Diese Begabung würde ganz frei werden, wenn Rehfisch eine moderne Komödie schriebe. Eine Komödie zwischen Berlinern, zwischen neuen Reichen, zwischen Angehörigen einer rechten und einer Talmigesellschaftsklasse. Rehfisch hätte die Begabung zu dem allgemeinen Theaterstück in der Richtung Dumas, Sardou. Wohin seine Sehnsucht geht, das Volksstück, wird er kraft seines Talents aber nicht kraft seiner Persönlichkeit schreiben können.

Trotzdem war die Aufführung der Volksbühne ein großes Verdienst. Das größte seit der Aufführung der ›Fahnen‹. ›Wer weint um Juckenack‹ war ur-

sprünglich von der ›Tribüne‹ geplant. Das Publikum der westlichen Bühnen ist kaum noch aufnahmefähig, wenn es sich nicht um Sensationen handelt. Die Wirkung in der Volksbühne war ein neuer Beweis dafür, wie sehr dieses unbeschriebene Publikum für das Theater fruchtbar zu machen (und wie wenig diese große Gelegenheit bis heute ausgenutzt ist). Wenn die andern Theater schon längst kein Publikum mehr haben, weil es durch die Wiederholung immer derselben Stücke abgenutzt ist, wird die Volksbühne immer noch entwicklungs-, immer noch wandlungsfähig sein. Deshalb muß hier auf lange Sicht mit jungen Leitern und Schauspielern gearbeitet werden, nicht mit abgenutzten. Nun hat die Volksbühne zwar junge Schauspieler, aber diese sind oft innerlich so alt wie Gerhard Ritter, der den Versicherungsbeamten mit allen Klischees gab, oder wie Adolf Manz, der den Staatsanwalt mit allen tiefen und hohlen Tönen versah, die die Konvention überhaupt aufzuweisen hat.
Unter der Regie von Erwin Piscator war unter den alten Mitgliedern der Volksbühne Johanna Koch-Bauer als Zimmervermieterin auf eine einheitliche Ausdrucksform gebracht, auf eine gespenstische, lautlose, huschende Schärfe. Und Gustav Fröhlich hielt wenigstens den Typus des Schiebers fest.
Für Gerda Müller war eine handfeste Rolle ein großer Gewinn. Manchmal stieß sich noch der Ausdruck der Rolle mit ihrem Stil. Aber allmählich löste sich beides ineinander auf. Gerda Müller wurde leicht, frei, selbstverständlich. Heinrich George war als Juckenack herrlich. Er ist kein Phantast auf Anhieb. Deshalb geriet der Anfang in seiner phantastisch-jenseitigen Voraussetzung noch etwas gezwungen. Sobald George aber wieder Bürger sein und aus diesem dumpfen Kleinbürgerlichen ins Unwirkliche wachsen konnte, war er wundervoll. Seine heisere Stimme, sein schweres Gesicht bekamen inneren Glanz. Herrlich der Humor. Herrlich die Sachlichkeit. (Keine Mitleidsschauspielkunst.)
Wenn die Volksbühne diesen Abend nicht als eine isolierte Ehrentat betrachtet, sondern im Hinblick auf neue Leistungen sieht, steht sie mit Piscator als Regisseur an einem neuen wertvollen Beginn.

Franz Servaes, Berliner Lokal-Anzeiger 2. 2. 1925

Man sitzt da als Zuschauer und erlebt – ein Stück Literatur. Man hört von Menschengüte reden, die wider das mechanische Gesetz sich aufbäumt, und bleibt kühl dabei. Es klingt sehr schön; aber es dringt nicht ins Herz. Unter Vergießung unzähliger Schweißtropfen begeistert sich da ein wohlmeinender Autor für allerhöchste, allerreinste, allermenschlichste Ethik – aber man wird das Gefühl der Angelegenheit nicht los.
Hans J. Rehfisch ist ein Autor, der überall aus zweiter Hand schöpft. Vielleicht wird er originaler werden, wenn er, statt Tragikomödien, nur Komödien schreibt. Er reduziere seinen Ehrgeiz – und er wird echter werden.
Diese Geschichte ist herzbrechend traurig, und der arme Juckenack kann einem leid tun. Aber was beweist sein Fall? Daß Menschengüte stets in die Irre geht und alleweil verlacht werden wird? Aber der gute Juckenack ist ein arges Rhinozeros und schließlich geradezu übergeschnappt. Wenn er die Gerichtsakten verbrennt (ein effektvoll inszenierter Aktschluß!), hat der Zuschauer nur die

Wahl, entweder diese ganze Geschichte nicht zu glauben oder den Irrenhauswärter herbeizuwinken. Es gibt indes, dünkt mich, andere Manieren des Wohltuns und der ausgeübten Menschengüte, bei welchen man weder mit dem Gesetz noch mit dem gesunden Menschenverstande in Konflikt zu geraten braucht. Freilich geben diese kein so schönes Deklamationsthema ab und haben für einen modernen Dramatiker daher minderen Reiz. Herr Rehfisch aber schwelgt gern in bitter-schönen Worten voll gekränkten Anklagegeistes. Ein sehr modernes Mischding von Kommunist und Reaktionär, belastet er seinen Dialog gern mit triefenden Phrasen und zerdehnt dadurch seine Szenen zu schwerfälliger Breite.

Die schauspielerische Hochleistung blieb freilich Georges Juckenack: so rührend-stark und innerlich vermenschlicht, wie diesem geübten Darsteller derbschlächtiger Rohlinge bisher niemals eine Figur gelang. Selbst das Hinübergleiten in den Irrsinn wußte dieser Darsteller des Peinlichen zu entkleiden und mit einer lachenden und naiv-kindlichen Gutherzigkeit anzufüllen, die ihm alle Sympathie gewann. Der Dichter ist ihm zu höchstem Dank verpflichtet.

Heinrich von Kleist Der Prinz von Homburg

Staatliches Schauspielhaus Berlin, 13. Februar 1925, Regie Ludwig Berger

Anfang 1925 kehrte der Regisseur Ludwig Berger wieder zur Bühne zurück. Kaum hatte er 1919 in Berlin mit seinen ersten Inszenierungen Aufsehen erregt, als schon Angebote für Filmregie an ihn herangetragen wurden. Er begann mit Eric Pommer Scribes ›Ein Glas Wasser‹ zu verfilmen, setzte diese Arbeit mit ›Aschenputtel‹ fort. Andere Filme bis zum berühmten ›Walzertraum‹ folgten. Seine Inszenierungen auf dem Theater, schon der ›Sturm‹ von 1921, die ›Miß Sarah Sampson‹ zur Eröffnung des Renaissance-Theaters am 18. Oktober 1922 waren Inszenierungen ›zwischendurch‹ gewesen. Anfang 1925 (13. 1.) inszenierte Berger am Schillertheater Shakespeares ›Der Widerspenstigen Zähmung‹, »um wieder mit Agnes Straub arbeiten zu können, die soviel Kraft abgab an die wenigen, die sie gern hatte«. Berger erwies sich damit noch immer als der erste Regisseur für Shakespeares Komödien. Die Inszenierung war von einer karnevalhaften Beweglichkeit. »Die musische Leichtigkeit Shakespeares auch in diesem Werke gezeigt zu haben, ist das bleibende Verdienst der Aufführung, Berger gibt eine gesprochene Bewegungsoper«, schrieb Ihering (›Börsen-Courier‹, 14. 1. 1925). Erfahrungen aus seiner Filmregie waren dort verwendet. – Mit Kleists ›Prinz von Homburg‹ liefert Berger dem Staatstheater das Gegenstück zu Jeßners Inszenierung des ›Wallenstein‹. Bergers Sinn war nur auf die Dichtung gerichtet. Seine Inszenierung war frei von allen Nebeninteressen, die heißen: Preußenstück, Soldatenzucht usf. – Paul Hartmann, der seit 1914 in Berlin spielte und mit der Darstellung der Schillerhelden Max Piccolomini, Karl Moor, Ferdinand, Posa zwischen 1916 und 1917 viel Beachtung gefunden hatte, wiederholte hier die Rolle, mit der er 1914 bei Max Reinhardt angetreten war. – Mit Berger ergänzte sich die Regisseur-Gruppe am Staatstheater. Ihering schrieb: »Welche Möglichkeiten hätte das Staatstheater wenn es Jeßner, Fehling und Berger zu organischer Arbeit verbände...« (›Börsen-Courier‹, 14. 1. 1925). – Aber Berger nahm schon 1925 Kontakte mit der amerikanischen Filmindustrie in Hollywood auf. Sie entzog diesen Regisseur dann bis 1932 dem deutschen Theater.

Herbert Ihering, Berliner Börsen-Courier 14. 2. 1925

In Reinhardts vortrefflich angelegter Aufführung des ›Prinzen von Homburg‹ wurde das Soldatisch-Knappe herausgearbeitet, zum Beispiel in der Befehlsausgabeszene des ersten Akts. Dieselbe Aufführung wurde dann in den ersten Tagen des Krieges auf Schwung und Tirade umgestellt. Zwischen Sachlichkeit und Arie schwankten noch mehr die früheren Darstellungen. Niemals wurde die Komposition des Schauspiels gespielt.
›Der Prinz von Homburg‹ ist ein absolutes Kunstwerk, ohne Vergleich in der deutschen dramatischen Literatur. Es gibt nur eine Parallele: in der Oper ›Figaros Hochzeit‹. Wie von dieser längst alle Aktualität des Stofflichen abgefallen ist, wird auch der ›Prinz von Homburg‹ erst dann in den letzten Geheimnissen seiner Form geahnt werden, wenn er im politischen Tagesstreit nicht einmal zu Mißverständnissen mehr Anlaß geben kann. Das Wunder des ›Prinzen von Homburg‹ ist die restlose Übereinstimmung von dramatischer Technik und Form, von Charakteristik und Szenenführung, von Spannung und Entspannung. Wenn es zuerst nur die Technik der dramatischen Steigerung zu sein scheint, daß der Kurfürstin der Tod des Kurfürsten, dann seine Rettung durch Froben gemeldet wird, so fühlt man bald, wie diese berechtigte, von Schiller oft verwandte, Technik hier viel mehr ist: die Melodieführung der Szene. Inhalt ist so sehr Form geworden, daß die Worte jenseits ihrer Sinnbedeutung einen absoluten Tonwert haben. Das ist unbewußtes Ziel aller Dichtkunst. Aber nirgends im deutschen Drama ist das Schöpferische so souverän, ist Sprache so sehr vom mitteilenden Inhalt abgezogener Ausdruck geworden.
In diesem Sprachbereich ist dramaturgische Weisheit (dramaturgische Weisheit eines Dichters, der kaum eins seiner Dramen auf der Bühne sah), künstlerische Vollkommenheit. Stoffliche Spannung wird musikalische Thematik. Dramatische Kontraste sind Gegensätze der Tonart. ›Der Prinz von Homburg‹, der scheinbar durch alle Gattungen des Dramas hindurchspielt: durch romantisches Märchen, und vaterländisches Schauspiel, durch Tragödie und Lustspiel, der ›Prinz von Homburg‹ ist in Wahrheit das reinste, einheitlichste Kunstwerk des deutschen Theaters. Er hat das geheime Gesetz der Auflösung der Tonarten begriffen: in der tiefsten Trauer der Kurfürstin die Liebesszene Homburgs und der Natalie, neben der Erregung die Ruhe, neben dem Ausbruch das Schweigen (das oft Lyrik ist). Wenn man die klassische Dramatik bis Kleist (stark verallgemeinert und summarisch) auf die Typengegensätze: jugendlicher Held, Charakterspieler, Freundesdarsteller, Sentimentale, Heroine, derber Vater festlegen wollte, so hat der ›Prinz von Homburg‹ diese Rollentypen zur letzten individuellen Vollendung gebracht – wie Mozart in ›Figaros Hochzeit‹ die feststehenden Typen der Buffooper individualisierte und variierend abschattierte, auf vorgezeichnetem Grunde ein neues Haus errichtete. Der Gegensatz des Gesetzes, vertreten durch den Kurfürsten, und des Gefühls, ver-

treten durch den Prinzen, ist gleichzeitig im ›Homburg‹ der Kompositionskontrast von Ruhe und Bewegung.
Daß Ludwig Berger die Komposition des Werkes gespielt hat, ist eine Tat, die nicht überschätzt werden kann. Zum erstenmal gab es auch von der Bühne her nicht eine patriotische Handlung im Märchengewande oder ein Soldatenschauspiel mit Lustspielszenen, oder eine sentimentale Tragödie mit gutem Ausgange. Zum erstenmal schwang die Dichtung im Gleichgewicht ihrer Kräfte. Bergers Regie hatte beschwingte Ruhe, lebendige Stille, selbstverständliche Stärke. Sie hatte Gefühl für Tempoabwandlungen, für lyrische Einschnitte, für das Ausspielen, für das Anziehen, für die inhaltliche, für die musikalische Thematik der Szenen. Die Harmonie des Werkes übertrug sich, obwohl Paul Hartmann gegen den Fall, gegen den Bau der Sätze spielte. Es gibt heute keinen Prinzen von Homburg. Wahrscheinlich ist Hartmann der einzige, der ihn darstellen kann. Aber er spielt menschlich und künstlerisch Schiller. Hartmanns physische Natur, seine natürliche Atemführung schon widerspricht den Kleistischen Perioden. Hartmann kann z. B. nicht einmal die einfachen, in der Struktur Schiller angeähnelten Verse sprechen:
»Und wie ein Schiff, vom Hauch des Winds entführt, die muntere Hafenstadt versinken sieht, so geht mir dämmernd alles Leben unter.«
Hartmann reißt Bild und Folgerung auseinander. Dabei wirkt er fabelhaft. Er »trägt« für das Publikum. Aber die seelische Führung, die musikalische Linie wird irritiert. Hartmann spielt Schiller im Zickzack, nicht Kleist in geordneter Vielfalt.
Kleist stellt Anforderungen, die nur durch stetige Pflege erfüllt werden können. Darum befremdet oft selbst die beste Besetzung. Werner Krauß schien sich zuerst nicht wohl zu fühlen. Er spielte ›Denkmal‹: starr und mit festgefahrenen Tönen. In der Szene mit den Generalen war er prachtvoll in der Knappheit. Aber es fehlte ein Rest Überlegenheit, Freiheit. Krauß spielte ausgezeichnet die dankbare Szene. Aber die Gestalt entfaltete sich nicht. [...]
Am besten Sonik Reiner als Thekla und Arthur Kraußneck als Kottwitz, Sonik Reiner, mit ihrem ursprünglichen Talent, überträgt ihre Persönlichkeit sofort ins Schauspielerisch-Technische. Sie gliedert und führt die Sprache, sie verschiebt das Tempo, sie bringt die Akzentuierung der Szene. (Man lasse sie bald das Klärchen spielen.) Arthur Kraußneck, bis auf zwei allzu treuherzige Momente (ungerufen!) – ein wundervoller Kottwitz. Nicht in der runden, allseitigen Charakteristik, sondern in der Linienführung der Rede. Herrlich, mit wahrhafter Meisterschaft abgetönt die Rede an den Kurfürsten. [...]
Ausgezeichnet in ihrer musikalischen Tönung und Raumgliederung die Dekorationen von Rudolf Bamberger. Nach der grauenhaften Darstellung von Kaisers ›Von Morgens bis Mitternachts‹ wieder ein großer Abend des Staatstheaters.

Norbert Falk, BZ am Mittag, Berlin, 14. 2. 1925

In dem Hause, wo vor dem Kriege Kleists dichterisch reifstes und menschlich reichstes Werk meist nur für Festgelegenheiten zweckhaft genug war (man hörte zuletzt nicht nur Kanonendonner, man sah auch Feuerschlünde blitzen), ist gestern das Herz der Dichtung ganz erschlossen worden. Kaum Reinhardt ist es gelungen, den menschlichen Kern so freizulegen, wie es Ludwig Berger in einer wundersam abgewogenen, musikalisch erfühlten, malerisch erschauten Aufführung restlos geglückt ist.

Das Schauspielhaus spielte früher das *preußische* Soldatenstück, andere versuchten das *deutsche* Träumerdrama, Berger gelingt die synthetische Durchdringung wie keinem zuvor. Und er hat dafür die einfachste Methode, nämlich das Werk zu geben und keine persönliche Auffassung des ›Regisseurs‹, dem das Drama Objekt andersmacherischer Experimentation ist. Es kommt ihm nicht darauf an, daß es Bergers Prinz von Homburg wird, sondern Kleists.

Darum die tiefe Wirkung dieser wahren Neugeburt der Dichtung, darum die innerlichst bewegende Gewalt dieser Aufführung eines Dramas, das die Probleme des unbedingten Gehorsams am Genialischen der persönlichen Initiative zu erschließen sucht. Die plastisch und farbig gesehenen Gestalten der Historie, hineingerückt in mystischen Schimmer, leben das höhere Leben dichterischer Offenbarung und stehen doch auf dem Boden einer einzigartigen Realität, der Kleistschen. In den somnambulen Zaubern der deutschen Mondnacht, im Dunkel der Todesbangnis, im lichten Wunder der höchsten Gerechtigkeit: dem Freispruch des Herzens.

Berger hält sich und seinen Hauptspieler Krauß, den Kurfürsten, vor allem frei von klüglerischer, nach dem ›Lustspiel‹ im Drama abzielender Auslegung, ob es dem Kurfürsten von vornherein nicht rauher Ernst ist um den Tod des Homburgers, ob er nur spielt, den Disziplinbrecher nur mit Ängsten strafen will, und was der Kommentierung mehr ist. Das im Kurfürsten bis in die letzte Konsequenz verfolgte Prinzip der militärischen Disziplin, der widerspruchslosen Pflichterfüllung, des Kadavergehorsams mag in der Unbeugsamkeit, in der es sich darstellt, abstoßen – es wird, so lange es Heere und Schlachtpläne gibt, zu Recht bestehen. Und mit dem Konflikte wie dieser. Jeder Versuch einer Umdeutung ins komödienhaft Spielerische wird Verbiegung sein.

Werner Krauß, äußerlich dem geschichtlichen Bild des Großen Kurfürsten mit Hakennase, spitz nach oben gedrehtem Schnurrbärtchen nahe gebracht, im Ton hart, scharf, bestimmt, überbewußt, mit Anklängen an einen späteren Hohenzollerntyp, an Wilhelm II., hält auch in den Momenten der hohen Erregung, des aufbegehrenden Cäsarismus eine Wohlgelauntheit fest, die aus tyrannischer Starre ins Menschliche, Gemüthafte hinüberweist. Doch diese glückliche Humorhaftigkeit, die am schönsten in der Stellungnahme zu Kottwitz' ›Rebellion‹ durchschlägt, läßt nicht einen Augenblick den Schluß auf einen Vorsatz zu abgemilderter Behandlung des Prinzen zu. Diesem Kurfürsten ist bei all seiner heiteren Ruhe ein allerletzter Befehl zur Füsilierung zuzutrauen. Prächtig dann aber doch der Umschlag, wenn er Gnade für Recht ergehen läßt, ohne vom Rechtbehalten auch nur einen Strich aufzugeben. Kleists Jamben in deren Wunderklang zu sprechen, ist Krauß' Sache nicht, aber ihren Geist geben, das ist sein.

Auch der Homburg Paul Hartmanns, blondgelockt, jünglingshaften Gesichts, brennend, mag in der temperamentvollen Übersteigerung der Rede manch schönes Bild verwischen, doch die Gestalt ist da, lebt, träumt, nachtwandelt, jauchzt, zittert. Den besten Augenblick hat Hartmann, wenn die Todesbangnis überwunden wird durch die Fragestellung des Kurfürsten und aus dem gefühlunterworfenen Jüngling ein denkender Mann wird.

Natalie ist die blonde kleine Sonik Reiner; gelegentlich bürgerlich. Reizend dann, wie sie, gehoben und gewachsen durch den Kampf, aus einem herzbangen Mädchen sich zum Tatweib aufreckt. Chef eines Kavallerieregiments! Und nun die wahre Kostbarkeit: der wundervoll herzliche, in aller Untertänigkeit sich auflehnende Kottwitz Arthur Kraußnecks. Aus ihm und der herrlich gebrachten Rede des letzten Aktes spricht die Seele der Dichtung.
Berger läßt den Schluß breit und voll ausschwingen, ohne ihn im letzten Ende leer apotheosenhaft werden zu lassen. Das Bild voll Farbe und Bewegung, herausblühend aus dem szenischen Grund, den Rudolf Bamberger zeitecht und unvordringlich baut.

Siegfried Jacobsohn, Die Weltbühne, Berlin, 1925

Das Hoftheater Wilhelms II. entfaltete das Soldatenstück, schlug eine ›richtige‹ Schlacht bei Fehrbellin mit Kanonendonner und Pulvergeruch und spendete dem armen Froben ein prunkendes Leichenbegräbnis von zwanzig Minuten Länge und unübersehbarem Volksgewimmel. Kleists Entdecker war unter den Schauspielern Josef Kainz, unter den Regisseuren Max Reinhardt. Daß neben dem der Regisseur Ludwig Berger nicht schmerzhaft abfiel, schon das allein war nach mancher Enttäuschung eine Wohltat. Rudolf Bamberger hatte für die Ausstattung jedem Naturalismus abgeschworen und die Front eines Bauernhauses genauso pompös gereckt wie Schloß und Kirche; aber die schön gedämpften Farben dieser Propekte verminderten ihre Feierwürde. Berger selbst tastete hie und da noch. Während Dörflings Befehlsausgabe war ihm für den Kurfürsten und die Damen nichts eingefallen als eine herkömmlich unhörbare Unterhaltung, bei der ein Theaterfrühstück gar nicht munter fortfloß. Aber wenn nicht immer des rechten Weges, so war er sich mindestens immer seines Zieles bewußt: Furcht und Mitleid der Tragödie nicht erst aufkommen zu lassen, wo es ja doch auf Harmonie der Komödie sogar mit einer Verlobung am Ende hinausläuft. Es gab unbedenklich heitere Töne, die man ehedem niemals riskiert hätte. Dafür wurde nicht derselbe Wert wie etwa von den Sprechern Maximilian Ludwig und Albert Heine auf die Botenberichte der Sparren und Mörner gelegt. Kleists Vers ist zu eigenwillig und eigenwüchsig, als daß er dermaßen geglättet werden dürfte, wie es im Staatstheater fast durchweg geschah. Man spürt überall, daß Berger diese Dichtung versteht und bewundert wie wenige, und daß er weder einzelne ihrer Teile noch einzelne ihrer Eigenschaften auf Kosten ihrer einzigartigen Einheitlichkeit herausheben will. Was schließlich dastand, war auch je länger, je mehr untadelig. Nur der Überschuß fehlte, der beglückende; das unterscheidende Merkmal; das spezifisch Kleistische Element in Sprache, Gesicht und Luftschicht.
Kein Vergnügen, den Schauspielern ihre Mühewaltung nicht lauter danken zu können. Paul Hartmann ist der edle deutsche Jüngling, eine Lady Milford, die man dauernd als seine Folie sieht, zu verwerfen. Er schmettert die Verse, schüttelt die blonde Lockenmähne, stürmt wider den Befehl in die Schlacht als ein Held – und erreicht nicht, was erreicht werden muß, wenn die Aufführung einen Sinn haben soll; daß man ihm seine Todesangst glaubt. Dies Herz hat fürchten nie gelernt. Wo die Angst dem Todesmut weicht, fühlt Hartmann sich gleich wieder wohl. Seine Natalie kommt Kleists Gestalt näher. Das

bräutliche Mädchen aus den Niederlanden ist Chef eines brandenburgischen Reiterregiments – für die Hochberg und Hülsen einstmals ein Wink, es den Heroinen zu überantworten. Sonik Reiner ist blond nicht ohne Saftigkeit, lieblich nicht ohne Kernigkeit und dicht daran, sich von den letzten Resten der Konvention frei zu spielen. Werner Krauß ist eine leise Enttäuschung. Er trägt einen ungünstigen flachen Hut, der ihn drückt, hat sich ein Bäuchlein gepolstert und zahlt für seine historische Maske den Preis, daß man kein Mienenspiel sieht, also nicht erfährt, ob es dem Großen Kurfürsten mit dem Hinrichtungsbefehl jemals erst ist oder nicht. Überhaupt nicht Großer Kurfürst, sondern gedrungener General. Kraußens Wrangel war besser als sein Wallenstein; und besser als dieser Große Kurfürst, der nicht die vorgedichtete Existenz empfängt, war einstmals sein Obrist Kottwitz, dessen silberhaarige, herzensschlichte, asthmatische und doch redemächtige Existenz über seine Szenen hinausreichte. Wie damals Krauß seinem obersten Kriegsherrn, so ist jetzt Kraußneck dem seinen überlegen. Das verschiebt das Schwergewicht bedenklich; aber die Freude, die man an Kraußneck hat, entschädigt. Ein zuversichtlicher, fröhlich beglänzter alter Haudegen, dessen Darsteller die Figur nicht einmal besonders charakteristisch auszumalen braucht, weil er alles mit seiner Stimme, mit seiner meisterlichen, seiner majestätischen, seiner stets empfindungsgesättigten Sprechkunst vermag.

Shakespeare   Coriolan

Deutsches Theater – als Gastspiel im Lessing-Theater Berlin, 27. Februar 1925, Regie Erich Engel

In der Inszenierung von Brechts ›Dickicht‹ im Deutschen Theater hatte sich mit Brecht, Engel, Neher, Kortner eine Arbeitsgruppe gefunden, die auch diese Aufführung des ›Coriolan‹ inspirierte und trug. Brecht nannte sie »entscheidend wichtig«. Sie wurde die einzige Klassiker-Inszenierung, die von der Bühne selber her den Versuch unternahm, jene Prinzipien zur Ausbildung eines ›epischen Theaters‹ weiterzuführen, die Brecht in seiner Münchner Inszenierung des ›Leben Eduards‹ zum erstenmal verwirklicht hatte (eine zweite, mit Piscator und Fritz Sternberg unternommene Inszenierung des ›Julius Caesar‹ wurde abgebrochen). Alle anderen ähnlichen Versuche zur Ausprägung des epischen Theaters wurden durch das neue Drama (nicht nur das Drama Brechts) unternommen. – Engel brach mit der Hoftheater-Tradition des ›Coriolan‹, die Größe durch Pathetik, durch Vergrößerung der Figur dargestellt und den großen Menschen zum Popanz der Gefühle der Zuschauer gemacht hatte. Mit der Revolution war dieser ›Postament‹-Begriff des Großen unglaubwürdig geworden. Die Reflektion über die Darstellung der Größe auf der Bühne wurde ein Ausgangspunkt der neuen (Brechtschen) Dramaturgie. Für Größe hatte Brecht im ›Leben Eduards‹ ›Distanz‹ gesetzt. Er hatte den Helden vom Zuschauer entfernt und verlangte von ihm eine Geste, die ihn als Menschen in seinen Entscheidungen erklärte und zugleich »Rechenschaft ablegte« über die Vorgänge. Engels ›Coriolan‹ war ein Ergebnis dieser Überlegungen. Schon die Besetzung der Rolle mit Fritz Kortner veränderte das soziale Bezugsfeld der Figuren. Dem proletarisierten Volk stand nun ein im Typ proletarischer Verächter des Volks gegenüber. Diese experimentelle Fehlbesetzung (im alten Sinn) beleuchtete zusammen mit Nehers Bühnenbildern das Stück neu. Sie hatte starke Nachwirkungen. Jeßner nahm zum Beispiel im ›Florian Geyer‹ und im ›Ödipus‹ (s. d.) Anregungen dieser Inszenierung auf. 1929 schrieb Ihering, Engels Inszenierung erscheine im Rückblick wertvoller als damals. Sie war der Ausgangspunkt einer Entwicklung. Auf sie wurde in der bald ausbrechenden Debatte über den zeitgemäßen Klassikerstil immer wieder zurückgegriffen. – Agnes Straub spielte in dieser Inszenierung eine ihrer vier großen Shakespeare-Rollen: Volumnia, die Mutter Coriolans. (Unmittelbar vorher hatte sie unter der Regie Ludwig Bergers im Schiller-Theater eine kraftvoll-zänkische Katharina in Shakespeares ›Der Widerspenstigen Zähmung‹ gespielt, 13. 1. 1925.) – Der Coriolan war die dritte große ›klassische Rolle‹ Kortners am Deutschen Theater nach dem ›Danton‹ (Regie Erich Engel, 29. 2. 1924) und dem alle Grenzen von Paul Bildts Regie überstürmenden ›Othello‹ (14. 11. 1924). Die Kritiken wurden geschrieben, als die Nachricht vom Tod des ersten Reichspräsidenten Friedrich Ebert bekannt wurde.

Paul Wiegler, BZ am Mittag, Berlin, 28. 2. 1925

Die Reinhardt-Bühnen sind zu Gast bei den Rotters. Erich Engel, dessen bisher stärkste Legitimation seine Brecht-Inszenierung war, zeigt den ›Coriolan‹. Und den »herrlichsten Mann in der Welt«, das »Abbild Alexanders«, spielt Kortner.
Was ist mit diesem Shakespeare nach dem Plutarch? Dieser Römerhistorie, die in den Straßenszenen doch hinter der Gewalt des ›Julius Caesar‹ zurückbleibt, und in der sich erst gegen den Schluß aus Geschrei und dumpfem Waffengepolter und gellenden Signalen das Drama eines Menschen löst. Ist sie Bekenntnis des aristokratischen Hasses gegen das Volk? Dann würde sie nicht mit der Hungerrevolte der Armen beginnen. Ist sie Triumph des Stahlhelms über die Friedenspartei? (Wie gestern wohl der trübe Spaßvogel meinte, der im vierten Akt, nach der Verbannung des politischen Generals und seinem Bund mit dem die Vaterstadt bedrohenden Feind, zu den Worten des Menenius Agrippa oder vielmehr Tiedtkes, frei nach dem Shakespeare-Text: »Da habt ihr ja was Schönes angerichtet, ihr Knoblauchfresser!« klatschte und Bravo! rief.) Nein es handelt sich nicht um den hochmütigen und hirnrissigen Tyrannen des ersten Akts, nicht um das »bellende Hundepack« und den »stinkenden Atem« der Plebs, nicht um die Frage, ob Shakespeare die Institution der Tribunen, den Parlamentarismus, verstanden hat. Sondern um die Besiegung des Coriolan durch Volumnia, seine Mutter, und daß er daran zugrunde geht.
Der ›Coriolan‹ ist ein Stück in Harnischen. Engel, der Regisseur, entharnischt, verhäßlicht, verjeßnert ihn. Nur wenig von der Glorie der Rüstungen ist erhalten. Wenig von der Römertracht. Die Stahlhelme treiben graue Proletarier mit dem Mehlstaub der Not auf den (zum Teil sehr theaterschulhaften) Gesichtern vor sich her oder werden von den Proletariern, die die Oberhand haben, fortgerissen. Rom ist aus brandigen, rußgeschwärzten Häusermauern mit Lattenwerk gebaut. Aber diese Gassen haben Perspektive. Die Gruppierung der Menge hat sie, in der Forumszene, wo die Köpfe im Dämmer verschwimmen wie

bei Reinhardt in Büchners ›Danton‹. Diese Zusammenrottungen: stets ist der Bildeffekt da. Und ein wilder Elan ist in den Auftritten, wo gekämpft wird. Nicht bloß jener Kunstgriff, der aus ein paar durch ein Tor hinter die Bühne und wieder durch dasselbe Tor marschierenden Soldaten ein ganzes stampfendes Heer macht. Am bezwingendsten die zerschlagenen, vor Ohnmacht hintaumelnde Truppe auf der Brücke, mit dem tot daliegenden Trommler, dem dann Kortner-Coriolan die große Pauke wegnimmt; und die Müden erheben sich zum Sturm.

Einmal werden der Regisseur und sein Maler Neher zu Dichtern. Im Haus des Aufidius, dessen Flur und Treppe ein nächtlich roter Schein erleuchtet. Unten sitzt, im Schatten, mit dem Bettlerhut Coriolan. Hiob oder Simson. Oben steht Aufidius: Walter Franck. Und der Feldherr der Volsker späht in den Schatten hinab. In roten Kitteln laufen und drängen sich die Diener mit ihren goldenen Schüsseln und Bechern.

Hier sagt Aufidius zu Coriolan: »Deine Miene ist gebieterisch.« Er sagt's indes es Kortner bis dahin an Nimbus aufs äußerste gefehlt hat. Wie denn sein Alexandertum sich auf einen schmalen Metallgürtel beschränkt und er meist in der braunroten Uniform irgendeines Troßknechtes herumgeht. Nicht soll man denken an die sinnliche Entzückung, an das Flammengewitter, das Matkowsky war. Aber dieser Konsul von Rom hat einen unjungen Schildkrautkopf; lebendig nur im hellen, flachen Tubaton der Stimme und im Spiel der stechenden dunklen Augen. Er enttäuscht, solange er zu glänzen hat. Er bewegt, sobald er anfängt zu sinken. Schon in der fatalistischen Grübelei, ehe er noch einmal sich dem Volk zum Gericht stellt. Dann in jener Szene bei Aufidius. Und er wächst hoch im finstern Schmerz der Begegnung mit der Mutter. In der starren Verzweiflung vor dem Mord. (Der nicht eine Apotheose ist, ein Wegtragen der Leiche mit Trauermarsch, sondern der Fall eines gemeuchelten Tieres.)

Die Volumnia, diese Sandrock, gibt Frau Straub. Mit ungeheurer Herbheit und Kraft. Mit einer rauhen Einfachheit, die erschüttert.

Tiedtke: ein Agrippa von rundlicher Bonhomie, ein feister Schalk mit einer pessimistischen Nasenspitze. In dem Aufidius schwält etwas von Francks brutaler Glut. Noch die beiden Tribunen von Nunberg und Wlach, karikierte Brunnenvergifter.

Emil Faktor, Berliner Börsen-Courier 28. 2. 1925

Mißgunst und Agitation haben Coriolan, den heldischen Beschützer Roms, in den Tod gehetzt. Zwischen Aufführung und Betrachtung drängt sich das erschütternde Erlebnis des Tages. Es hat nicht Not, den schlichten Volksmann Ebert, dessen Blut von Haßpfeilen vergiftet wurde, mit der leidenschaftlich undisziplinierbaren Aristokratenfigur des laubumkränzten Römers zu vergleichen, der den allerschwersten Kampf mit sich selber, mit den Hitzwellen seines anspruchsvollen, auf Vorrechte des Standes pochenden Charakters auszutragen hatte. Die Tragik des Nahen, dessen Heroismus der Pflichterfüllung ein verfrühtes Sterbelager besiegelt, läßt die Gedanken nur widerstrebend auf Eindrücke sammeln, wie sie in der ›Coriolan‹-Dichtung, diesem herrischen Sinnbild des die Massen mißachtenden Erfolggenies entgegentreten. Es wird noch schwieriger, wenn die Bühne nur eine gedämpfte Form eines Werkes herausbrachte, das sich zum Normalgefühl in bewußtem Gegensatz stellt und nur durch triebhaft heiße, Gefahren des Widerspruches übersteigernde Impulse lebendig wird. Das Absolute der Kunst hätte Ablenkungen nicht zu fürchten. Dieser von der Tagesstimmung unabhängige Ausdruck wurde in der Inszenierung Erich Engels nicht erreicht.

Jede wahrhaftige Dichtung setzt in ihren realsten Beziehungen zur Historie oder zur Gegenwart nur ein Gleichnis. Auch das Römertum der ›Coriolan‹-Tragödie hat nur eine symbolische Beziehung zur Siebenhügelstadt, und es war nicht minder aus der parteiisch zerwühlten Umwelt des Dichters als aus seiner Plutarch-Quelle hervorgelauscht. Gegen die höhere Form einer symbolischen Auffassung wird gesündigt, so oft die Bühne das Rom Coriolans naturalistisch nachzubilden sucht und sich an kunstgewerblichen Realien nicht genug tun kann. Die Entfernung von diesem falschen Wege suchten Erich Engel und sein künstlerischer Helfer C. R. Neher (beide im ›Dickicht‹ kostbar aufeinander abgestimmt) dadurch zu erreichen, daß sie sich allerlei Symbole der Zeitlosigkeit aussannen. Diese Ängstlichkeit, mit der das moderne Drama den Bindungen durch Gegenständlichkeit auszuweichen trachtet, schuf bei der Gestaltung der shakespearischen Dichtung nur Verlegenheiten und eine Atmosphäre auffälliger Kompromisse. Es entstanden Mischungen von etwas Rom mit sehr viel Berlin N. Während man jede Angleichung an klassische Formen des Kapitals vermied und die Senatoren bei feierlichen Beratungen auf einer länglichen Bank wie Araber vor einer Mokkastätte sitzen ließ, wuchsen durch das irreguläre Quadernwerk anderer Szenen Straßenplätze als winklige Hinterhöfe auf, wie sie der Blick bei Fahrten mit der Stadtbahn häufig beobachten kann. In diesem Rom voller Schlupfwinkel und Hintergrundtreppen liefen immerhin die Togen der Senatoren herum, während alle Volksgestalten in Kleidung und Gehaben ihre Zugehörigkeit zur K. P. D. dokumentierten. Auch in Lager- und Kriegsszenen mengte sich die oft scharfe und einprägsame Gliederung mit allerhand Aktualitätsgeist von Stahlhelm und Brückenkopfengländern.

Als Cajus Marcius auf einem Schwebegerüst zur Schürung der Kampffreudigen seine Rede mit Paukenschlag begleitete, nahm er das Instrument vom Leibe eines Gefallenen. Er lag malerisch in der Luft. Die Überbetonung des Details scheint mir ebenso wenig dem Geiste einer den Hauptakzenten gehörenden Versinnlichung zu entsprechen wie etwa die von Hand zu Hand wandernde Waffenausgabe der ersten Szene.

Dramaturgisch war die Inszenierung Erich Engels auf eine Ablösung des Werkes von den Brutalitäten der Stofflichkeit, auf seine Erhöhung gerichtet durch die Kontraste des typisch Heroischen mit dem typischen Masseninstinkt. Dem widersetzen sich Natur des Helden sowie des Werkes. Coriolan ist kein typischer Held, sondern eine individuelle Abart des Übermäßigen, differenziert durch Einschlag ins hochmütig Politische. Auch die Präsentanten der Masse sind selbstsüchtige Eigenbrödler. Für sie bot die Inszenierung ausdrucksarme Zufallserscheinungen auf, während die Gestalt Coriolans in der Darstellung Fritz Kortners zu einem erregbaren Ehrgeizling mittlerer Physiognomie zusammenschrumpfte und wenig Glauben an persönliche Übermacht erzeugte. Im Äußern einer Art Alterserscheinung, welche die achilleische Maske des Helden empfindlich herunterschraubte, trieb Herr Kortner sorgfältige Ökonomie seiner Kräfte, was ja bei der geringen Identität des Schauspielers mit seiner Rolle naturgemäß war, ohne die Fehlbesetzung zu rechtfertigen. Außerdem erforderte es auch Striche, die in der Beseitigung wesentlicher Szenen (z. B. die erste Begegnung Coriolans mit Aufidius) dramaturgisch einer Auswahl gleichkamen. Der Gegenspieler Coriolans (Walter Franck) war zu einer fast embryonalen Rückbildung seiner ohnedies zurückgedrängten Partie verurteilt. Er konnte sich hauptsächlich nur in Blicken und Gebärden und in untergründigen Spannungen reservierter Worte ausleben. Die persönliche Politik des Hauptspielers, die wenig Ebenbürtiges in seiner Umgebung verträgt, schien bis auf einen hervorstechenden Ausnahmefall die Atmosphäre des Abends zu beherrschen. Indes kann zugestanden werden, daß einzelne Temperamentsszenen von Kortner herausgearbeitet wurden. Andere Partien wurden durch Umschreibungen des Heroischen und künstliche Senkung des Tones unklar. Bei der Forumsszene war die Regie, die Coriolan auf einen Boxerring stellte und den erregten Massen Sportspalast-Pfiffe einheitlich zubilligte, ein Hindernis für die Vollwirkung. Viel erfreulicher Coriolans Werbegang bei den Einzelgruppen. Hier berührte sich feinste Eingebung in der Anordnung mit der süffisant scharfen Eigenart des Darstellers. Seltsam die Schlußszene des Werkes, die den Mord als Nadelstich einer steif-stummen Widersachergruppe entpathetisierte – eine äußerste Form der Diskretion, die an Komik grenzte.

Die bereits erwähnte hervorstechende Ausnahme war für den Verlauf des Abends sehr trostreich. Man konnte der Volumnia der Frau Agnes Straub schon vor ein paar Jahren lebhaft zustimmen. In dem heutigen Mehrgewinn an heißen, naturhaft bannenden, aus dem Geist der Sprache geschöpften Ausdrucksformen ist die Entwicklung dieser Künstlerin eingeschlossen. Selbst die Mitwirkung auffallend mäßiger Partnerinnen schwächte den Starkstrom rings um diese Gestalt nicht ab.

In aller Freundlichkeit will auch der Menenius Agrippa des wackeren Jacob Tiedtke erwähnt sein. Die durch Greisenalter und Kostüme erschwerten Humore dieser Gestalt hielt er mit bemerkenswerter Anhänglichkeit an die jeweilige Situation durch. Auch in Volksszenen, die seine behäbige Gestalt umringten, sank sein Ausdruck nicht unter. Sein Erfolg bekräftigte Erich Engels Regiebegabung in der Arbeit am Schauspieler.

Monty Jacobs, Vossische Zeitung, Berlin, 28. 2. 1925

Im zerrissenen Deutschland, dessen Hader kaum vor der Majestät des Todes schweigt, könnte eine Aufführung des ›Coriolan‹ leicht zu einer neuen Fridericus-Sensation gemacht werden. In Shakespeares Tragödie verachtet der Aristokrat das Volk, das Volk ist feige, seine Tribunen sind Demagogen, sie hetzen nur um der Rettung ihrer Futterkrippe willen, stündlich wechselt der Pöbel seine Meinung, ein Feldherr, vom Ruhm gekrönt, kehrt heim und wird aus der Stadt gejagt, für die er geblutet hat.

Wir saßen gestern nicht im Münchener, sondern im Berliner Bühnenhause, und doch demonstrierte ein Premierenbesucher mit freudigem Beifall, als der Patrizier Menenius einmal die Volkstribunen anschrie: »Ihr Knoblauchfresser!« Man sieht, wie geschwind aus dem Theaterpublikum eine Parteiversammlung gemacht werden kann.

Nun darf freilich auch kein eitler Geist Shakespeare examinieren, ob seine po-

litischen Ansichten unserer vorgeschrittenen Zeit noch würdig seien. Es läßt sich nicht vertuschen, daß eine erbitterte Seele sich im ›Coriolan‹ befreit hat. Shakespeares wetterwendisches von Strebern am Narrenseil geführtes Römervolk ist nur Pöbel, nur Masse, wie im ›Julius Caesar‹ auch. Seine Volkstribunen sorgen nicht für das Volk, sondern nur für sich (»Coriolan muß stürzen, sonst fallen wir.«) Coriolan aber verachtet sie alle, weil sie seiner schnuppernden Nase nicht gut genug riechen, weil sie in der Schlacht die Gefahr scheuen, weil ihre bloße Forderung, das Leben zu fristen, ihm schon eine Anmaßung bedeutet.
›Coriolan‹ als Drama des Stolzes zu spielen, das heißt die Materie, die politischen Voraussetzungen des Stolzes betonen, das heißt in Wahrheit einen römischen Fridericus aufführen. Rechts ein heroisches Schwerterklirren der Front, links der Dolchstoß der Heimat.
Reinhardts Regisseur, Erich Engel, im Lessing-Theater mit einem ganzen Ensemble zu Gast, wählt den anderen Weg. Er hat offenbar erkannt, daß ›Coriolan‹ gar nicht die Tragödie des Stolzes ist, so wenig ›Othello‹ die Tragödie des Argwohns, ›Macbeth‹ die Tragödie der Ehrsucht. Denn all diese Shakespearischen Trauerspiele sind ja mehr als bloß Dramen einer Leidenschaft. Sie sind vielmehr die Tragödie des leidenschaftlichen Menschen selbst, der sich, aus der Masse gehoben, vom Fluche der Vereinzelung geschlagen, in seiner Passion verbrennt. Stolz, Argwohn, Ehrsucht – das ist nur Brennholz, das die Flamme nährt. Auf die Flamme allein aber kommt es an.
So hat Engel bewußt alles Heroisieren des Krieges vermieden. Im ›Coriolan‹ wird der Krieg zwar verherrlicht, aber diese Worte sind einem windigen Dienergesindel in den Mund gelegt. Sie zu streichen, wie es gestern geschah, ist leicht. Aber Engel tat mehr, er widerlegte die Worte durch die Tat. Dem Kriege nahm er nämlich alles Glitzern, er machte ihn feldgrau und leichenfahl. Vor C. R. Nehers mutig gewagten Bühnenbildern standen die Römerkrieger, alles soldatischen Glanzes entblößt, unwillige Insassen des Schützengrabens, dem Schlachtvieh ähnlicher als dem Schlachtengott.
Und doch wurde keine Überlieferung entgöttert, als ein Mensch unserer Zeit, selbst vom Erlebnis des Krieges erschüttert, diese Römerwelt mit neuen Augen ansah. Auch Coriolan ist nicht auf den flatternden Helmbusch angewiesen. Fritz Kortner hatte nichts von Adalbert Matkowskys Zürnen eines Ungesalbten, der alle Menschen ringsum beherrscht. Er war einfach ein Mensch, von Leidenschaft besessen, von einer Leidenschaft, die ihn vorwärts jagt, bis er die Mauern von Corioli zerbrochen hat. Auf das Königtum, vor dem Plebejer und Patrizier sich ducken, verzichtet er. Aber die Flamme schlägt aus ihm, aus seinem bürgerlich gewordenen Aristokraten heraus. Denn wie Matkowsky in jeder Gestalt den heimlichen Purpur trug, so ist Kortner auch im Purpur stets ein aufwärts drängender Bürger. Im Gewand freilich und in der Art, das Gewand zu tragen, hätte Kortner der Illusion des Aristokraten getrost mehr Zugeständnisse machen können.
Die Krone des heimlichen Königtums trug an Coriolans Statt seine Mutter. Agnes Straub hat selten so deutlich wie gestern zeigen dürfen, daß die Natur sie segnet, wenn sie das Heroische mit beiden Händen packt. Daß Kortner sich neben dieser Volumnia behaupten konnte, ist allein schon ein schauspielerisches Verdienst. Denn im Flusse weiter Gewänder reckte sich die Römerin aufwärts, beschwingt von einer Leidenschaft, die nicht einmal auf den Faltenwurf

zu verzichten braucht. Sie strömt nämlich so stark aus einem aufgewühlten Herzen, daß niemand sich ihrer Wärme entziehen kann. Wie die ganze Vorstellung, so war auch Agnes Straubs fortreißende Leistung am mächtigsten in den Anfangsszenen. Als diese Mutter ihres Sohnes in der fernen Feldschlacht gedachte, da leuchtete das ganze Gemach von ihrem mütterlichen Stolz, von ihrer Siegesgewißheit, von ihrer Hoffnung, der sich alle Widerstände beugen müssen. Nur den Mut, alt zu erscheinen, brachte das tapfere Herz bloß mit Hemmungen auf. Deshalb wirkte sie jedesmal, wenn sie erschien, auf anderer Lebensstufe. Eine Frau, man muß schon sagen, entre trois âges.

Wenn Volks- und Kriegsszenen niemals schleppten, wenn ein straffer Wille sie vorwärts drängte, ohne dem Dichter Gewalt anzutun, so darf Erich Engel stolz auf sein Regiewerk sein. Beim löblichen Willen, die Bühne auch in ihrer Höhe auszunützen, verfiel er freilich im Umgehen der fatalen Treppe auf seltsame Gerüste, die selbst Kortner die Freiheit der Bewegung raubten. Zum Glück brauchte Jacob Tiedtkes jovialer Menenius sich diesen seltsamen Leitern mit seinem Schmerbauch nicht anzuvertrauen. Als Coriolans Gegenspieler Aufidius konnte Walter Franck seinem Talent kein neues Feld erobern. Für das Ganze wäre es besser gewesen, wenn er sich für einen der beiden Volkstribunen eingesetzt hätte, die in der Gestalt der Herren Nunberg und Wlach nicht über den Theaterdemagogen hinauskamen.

Engel liebt zuweilen indirekte Wirkungen, wie der Beleuchtungstechniker, der seine Lampen versteckt. Er verlegt eine Volksrede hinter die Kulissen und zeigt nur die Zuhörer, er läßt gern den Redner hinter seinem Publikum verschwinden. Es ist rühmlich, daß seine Wirkungen diese freiwilligen Hemmungen bestehen können. Aber sie führen ins Spielerische, also fort damit.

Jede Vorstellung von Wert bleibt in einzelnen Momenten im Gedächtnis. Aus dem ›Coriolan‹ des Deutschen Theaters wird uns Agnes Straubs Volumnia bleiben, von Stolz durchleuchtet, und Kortners Coriolan, wie er dem Gefallenen die Pauke entreißt, um, mit dem Schlegel in der Hand, der Kriegsfurie gleich, müden und wunden Soldaten das Blut zu erhitzen.

Ernst Barlach   Die Sündflut

Staatliches Schauspielhaus Berlin, 4. April 1925, Regie Jürgen Fehling

Ernst Barlach hatte sich nach dem Besuch der Jeßnerschen Aufführung der ›Echten Sedemunds‹ enttäuscht vom Theater zurückgezogen. Er besuchte die Vorstellungen seiner Stücke nicht, obwohl sich eine Reihe neuer Kräfte fand, um diese Stücke durchzusetzen. Im September 1924 hatte sich das Württembergische Landestheater zu den Barlach-Bühnen (Kammerspiele Hamburg, Schauspielhaus Leipzig) gesellt. Barlachs ›Sündflut‹ war dort von Dr. Hoffmann-Harnisch für die Uraufführung inszeniert worden. Nach Barlachs Skizzen waren die Bühnenbilder gemacht. Fritz Wisten spielte die beiden Rollen Gottes, August Momber den Noah, Maximilian Wesolowski den Calan: das Publikum reagierte mit Zischen und lauem Beifall. Harnisch war in Stuttgart einer der Barlach-Begeisterten, in Frankfurt hielt Ludwig Marcuse, Theaterkritiker am ›General-Anzeiger‹, Weichert vor, daß zu einem modernen Spielplan Barlach gehöre. Aber als Fritz Peter Buch in Frankfurt die ›Sündflut‹ inszenierte, schrieb Bernhard Diebold: »Die primitive Grübelei berührt wohl Allertiefstes; aber sie gestaltet rein gar nichts« (›Frankfurter Zeitung‹, 12. 10. 1927). Es gab in Frankfurt, in Köln, in Berlin die konträrsten Urteile. Barlach war ein Autor für eine kleine Gruppe geworden, für ein persönliches Interesse. Vielleicht war Fehling der einzige, der die mit dem Kleistpreis ausgezeichnete ›Sündflut‹ wirklich inszenieren konnte. Er setzte am Staatstheater fort, was Jeßner begonnen und er mit dem ›Armen Vetter‹ (1923) vorangetrieben hatte: Barlach der Bühne zu gewinnen. Aber ›Die Sündflut‹ wurde auch unter Fehling nur ein halber Erfolg, trotz der hervorragenden Besetzung. An dieser Inszenierung spaltete sich auch die Meinung der Kritiker. Sie wurde Anlaß zu heftigen Attacken gegen Jeßner. Ihering und Monty Jacobs traten für Barlach ein, Franz Köppen schrieb in der ›Berliner Börsen-Zeitung‹ am 6. April 1925 einen ›Offenen Brief‹ an Herrn Intendant Leopold Jeßner: »Im Namen dieser (jungen) Generation muß ich Verwahrung einlegen dagegen, daß Sie, Herr Intendant, durch die getroffene Wahl diese Generation in noch stärkeren Verruf bringen, als sie bei den gewohnheitsmäßigen Bekämpfern alles Neuen und Jungen sowieso schon steht. Muß Verwahrung einlegen, daß Sie, von allen irgendwie in Frage kommenden Dramen dieser Zeit just das in Form und Bau dilettantischste, im ethischen oder sozialen Gehalt gleichgültigste wählen.« – Es dauerte bis 1930: dann gab es für Barlach eine großartige Rehabilitation (s. ›Der Blaue Boll‹).

Herbert Ihering, Berliner Börsen-Courier 6. und 7. 4. 1925
1.
Ernst Barlachs Drama ›Die Sündflut‹ und die Aufführung des Staatstheaters sind nicht mit dramaturgischen, nicht mit Maßstäben der Bühnentradition, des Bühnenfortschritts zu messen. ›Die Sündflut‹ ist ein Ereignis jenseits des Gewohnheitstheaters. Ein Zeitereignis. Ein Ereignis gegen die Zeit. Ich habe die Uraufführung in Stuttgart, die Vorstellung des Staatstheaters gesehen. Beide Male geschah dieselbe Verwandlung. Das Publikum, zuerst im äußersten Widerspruch zur Dichtung, im Widerspruch durch sein Dasein, durch seine Zusammensetzung, durch seine gesellschaftliche Einstellung, das Publikum wurde allmählich berührt, verwandelt, umgeschichtet. Vielleicht ist das Wagnis, ›Die Sündflut‹ aufzuführen, in Berlin noch größer als im Reich. In Berlin, wo alle Kräfte am Werk sind, das Theater wieder dem Geist des Kurfürstendamms, der Operette, dem spritzigen Feuilleton auszuliefern. In Berlin, wo jeder Spekulation, jedem Kitzel Zutreiberdienste geleistet werden. Es wäre unaufrichtig, die Theater wegen ihrer Spielpläne anzugreifen, wenn man nicht gleichzeitig sagte: wie schwer es ihnen oft von der Kritik gemacht wird, vom Operettentrott, vom dramatischen Geplausch, von der Routine abzuweichen.
Es ist ein Ereignis, daß ein Werk wie Barlachs ›Sündflut‹ nicht nur ergriffen angehört, sondern auch beklatscht wird, obwohl die keusche, ringende Gläubigkeit der Dichtung äußere Zeichen des Beifalls nicht herausfordert. Es ist ein Ereignis, daß Worte von der Bühne gesprochen werden, die weder literarisch im snobistischen Sinne, noch anreißerisch im Parvenüsinne sind. Ein wesentlicher Abend. Unterschieden von den meisten Ereignissen, die in seiner Nachbarschaft auf Bühnen und in öffentlichen Veranstaltungen angesiedelt werden. Das Theater, das starke, grelle Gegenwartstheater, und das große, gebun-

kenntnis zu dieser Aufführung. Die Rache des Feuilletons blieb denn auch nicht aus. Die Verfallserscheinungen des Theaters sind die Verfallserscheinungen der Kritik.

Alfred Kerr, Berliner Tageblatt 6. 4. 1925
I
Daß dieses Werk einen Preis bekam, weil andre Werke noch weniger einen verdienten, erhellt die Sachlage.
Seine Wirkungsohnmacht bei der (guten) Aufführung blieb sichtbar. Reihenweis floh die Hörerschaft. Selbst die Verzweiflung der Mitläufer war so groß, daß sie einen Fortschritt des Dramas feststellten.
II
Wenn einer öffentlich »mit Gott ringt«, darf man im Theater auf was gefaßt sein – wofern an Beherrschung der Szene kein Zellchen lebt.
Buchdrama. Oder die gefürchtete Klasse ›dramatische Dichtung‹. Oder ist es vorwiegend eine Bildfolge?
Aber nein. Wenn's nicht bekannt wäre, daß Barlach Bildhauer ist, kein Mensch würde das hiernach vermuten; seid's ehrlich. So zerfahren, so umrißarm bleiben die mehrsten der einschnittschwachen, monotonen, fortrinnenden Bildgruppen.
(War es nicht Jean Paul, der gesagt hat: Die Langweile muß wohl elastisch sein, weil sich soviel davon in einen einzigen Abend pressen läßt?)
III
Barlach, der in einer gewissen Schwere mit ›Gott‹ arbeitet, findet Achtung als gediegen, auch wegen des Wohnsitzes an der Waterkant (Mecklenburg) – nicht bloß weil Paul Cassirer ihn verlegt.

»Mancher Mensch genießt die vollste
Achtung nur als Schleswig-Holste«
sagt ein Dichter.

Weil Barlach die Dinge ›ernst nimmt‹ – muß man ihn darum ernst nehmen? Auf die Leistung, liebe Brüder in Apoll, kommt es an ... allein, in der Kunst.
IV
Barlach ist ein Sucher, wenn auch kein Seliger. Aussprüche, Wendungen, sehnsüchtig und ernst, hat er. Doch soll das eine Betätigung im Drama sein? Er kann keine Dramen schreiben. Just diese Form fehlt ihm.
Episodensammelsur, Zerschwommenheit, Szenencholera, Konzentrationsmangel, Themenflucht machen kein dramatisches Werk. Aussprüche? Wendungen? Folgendes ist ein Denkfehler. Wenn ein Schriftsteller fünftausend solche, nein: stärkere Wendungen und Aussprüche in seinen Schriften hat, nimmt man es wie selbstverständlich hin. Kein Hahn kräht, es anzuerkennen. Bringt jedoch ein vorgeblicher Dramatikus sechs bis sieben Stücke davon in einem Undrama vor: so bricht Ehrfurcht aus.
Nur weil sie nicht klare, stählern-einsame Kernstücke sind: sondern in einem schwammigen, nichtgekonnten, unverständlichen Wust sogenannte ›Lichtpunkte‹ – wo man ... mal was versteht. Woran man sich endlich halten kann.
Nun schätzt man den Rest.
Putziger Denkfehler.

V
Barlach (der als modern gilt) hat kein Weltgefühl als das billige der Zerrissenheit; als das einer gewissen bellenden Skurrilität mit Grotesk-Getue. Weißt du: wie der Narr vom Lear im Haidegraus.
Also ›Tiefe‹.
Sie geht nicht schwer. Talent zu haben ist schwerer.
Talent zu haben ist schwerer als Genie. Ich lasse Genie nur da gelten, wo es auf der Grundlage von Talent gewachsen ist. Kurz: wo das Talent zum Genie wird.
Dies laß ich gelten. Nicht Genie ohne Talent . . .
Solches geht wirklich zu leicht. Es kommt auf den Entschluß an. Barlach ist in der Lage des Entschlusses, nicht des Könnens.
[. . .]

VI
Kein Groll, Barlach. Man ist in Kritiken nicht auf Geltung erpicht, indem man etwa auf Mord lobte, wo nichts zu loben ist. Oder gar tadelt, weil etwas einer bestimmten Gruppe zugehört.
Ich suche das Drama. Willkommen, wenn es neu und kühn ist. Bedingungslos neu muß es nicht mal sein. Das Neue der künftigen, der wahren Kritik ist: ein Jäger von Werten zu sein; nicht ein Jäger von Entwicklungsfaktoren. Die decken sich nicht unbedingt.
Als Relativist (und als schreibender Mensch, dessen Wert nicht abhängt vom Zusammenhang mit einer Gruppe, sondern vom Schreiben selbst) – als Relativist weiß der Kritiker, daß im Drama alles mehr hinauskommt auf Veränderung als auf ›Fortschritt‹. Daß Wichtigtun hier komisch ist. Daß aber ewig das Gesetz der Abwechslung lebt.
Und daß in kritischen Künstlernerven Raum ist für Fisch und Fleisch; für Weiß und Schwarz; meinethalben für Papst und Luther: nur nicht für das Ungekonnte.
(Und daß es doppelt blöd ist, gar Ungekonntes für Gekonntes auszugeben.)

VII
Was nützt es mir, daß Noah hier offenbar die Seele vertritt, Calan den Leib: wenn sie die Seele so schwach, so breiig, so wäßrig vertreten?
Was nützt es mir, daß man herausmerkt: Noah ist der Gottesfreund, Calan der Gottesfeind; oder: Noah demütig, Calan kämpferisch: wenn Demut und Kampf so wirr dargestellt sind, so matt, so unhervorragend, so übersandet, so todlangweilig –?
Auf den bloßen ›Inhalt‹ kommt es doch nicht an. Das ist in zwei Sätzen besser zu äußern von einem Herrn der Sprache . . ., ohne das, was der Ahndl Gotthold Ephraim die »saure Arbeit der dramatischen Form« nennt.
»Wozu«, fragt er, – »wozu ein Theater erbaut, Männer und Weiber verkleidet, Gedächtnisse gemartert« . . ., wenn man mit einer Aufführung »weiter nichts hervorbringen will als einige von den Regungen, die eine gute Erzählung, von jedem zu Hause in seinem Winkel gelesen, ungefähr auch hervorbringen würde?«
Eine gute Erzählung? Zwei gute Sätze!
(Aber noch in den eingeflochtenen Sätzen, ›Aussprüchen‹, Wendungen findet diese Sippe nicht die letzte schlagende Form. Letztens wird ein großer Dramatiker der sein, der auch ein großer Sprachkünstler ist.)

heraus. Barlach selbst liefert den überreizten Nerven die Stichworte für offenen Hohn. Zu spät enden seine Schemen ihr Geschwätz. Zu spät rast die Flut, die es erstickt. Auf dem nachtschwarzen Ararat hockt eine Stunde lang grotesk das Gespenst der Langeweile: tierhaft verzerrt die Arche Noah, eine Mißgeburt Kubinscher Phantasie.

Warum dies Stück, das als Lektüre ohne Zweifel diesem oder jenem, der sich der Gedankenwelt Barlachs verwandt fühlt, manches geben kann, aufgeführt wird? Das mag Jeßner beantworten: er wird ja nicht müde, ›seinen‹ Barlach zu propagieren. Gemeinem Verstand bleibt's ein Rätsel. Gemeinen Verstand will auch dünken, daß der Aufwand der Aufführung, alles in allem, nutzlos vertan ist. Denn es ist Aufwand, den Jürgen Fehling, der Regisseur, treibt. Nicht im Szenischen. Aber in der Darstellung, die allererste Kräfte bemüht. Sie hat für den Noah den behäbig-treuherzigen Heinrich George, dessen gebrochene Stimme den Worten Barlachs eigenen Klang gibt. Auch die Erscheinung ist, trotz allzu betonter Einfalt in der Mimik, einprägsam, hat Bibelstil. Sein Gegenspieler ist stiernackig und massiv Albert Steinrück: Verkörperung des Bösen in blutrotem Schlächtergewand mit breitem Messer im Gürtel. Ein harter Herr, mit hartem Hohn und Groll im spröden Organ, das erst zuletzt Weichheit gewinnt, da ihm im Knecht ein Kind stirbt, im Aussätzigen als letztem Freund der Sinn des Lebens offenbar wird. Dieser Aussätzige ist in grotesker Scheußlichkeit mit Buckel und dreckigen Lumpen Alexander Granach: ein Virtuose der Grimasse, die allerdings mählich schon monoton wirkt. [...] Der Protest [...] verurteilt ein Stück, das nicht auf die Bühne gehört.

Arnolt Bronnen   Rheinische Rebellen

Uraufführung: Staatliches Schauspielhaus Berlin, 16. Mai 1925
Regie Leopold Jeßner

Arnolt Bronnen erreichte nun den Höhepunkt seines Ruhms. Gleichzeitig auch den Höhepunkt des Streits, der nach der ›Katalaunischen Schlacht‹ so heftig ausgebrochen war, daß Jeßner das schon angenommene Stück nicht mehr zu spielen wagte. Vier Uraufführungen in einem Jahr: das gab es für keinen anderen Autor. Hatte Bronnen sich politisch gewandelt? Der Autor der ›Rheinischen Rebellen‹ hatte plötzlich ein neues Hauptwort, das ›Deutschland‹ hieß. Sein neues Stück nahm seinen Stoff aus der Gegenwart. Aus der Besetzung des Rheinlandes durch französische Truppen, aus der Separatistenzeit. Bronnen traf damit die politischen Erregungen dieser Wochen: vielerorts fanden im Reich Feiern zur tausendjährigen Zugehörigkeit der Rheinlande zu Deutschland statt. Sie waren als Demonstration gegen die französische Besetzung gemeint. Die Interalliierte Kommission reagierte sofort auf Bronnens Stück. Sie verbot für ihren Zuständigkeitsbereich Buch und Aufführung des als »vaterländisch« ausgegebenen Stücks. Bronnen nannte es »Die Verherrlichung einer rheinischen Industriellenfamilie«, Alfred Kerr nannte es später (er schrieb nicht die Rezension im Berliner Tageblatt) »ein wackeres Trickspiel [...] das er im geeigneten Augenblick für die anderen Kräfte der Nation zu Papier gab« (›Berliner Tageblatt‹, 14. 12. 1925). – Faktisch war es die Wiederholung der

›Anarchie in Sillian‹ im anderen Milieu, zeitgeschichtliche Thematik wurde in erotischen Kämpfen erstickt. »Eine erotische Kinotragödie«, sagte Fechter. Immerhin war Bronnens neues Stück ein Symptom für die Veränderungen im Drama: das erotische Triebstück wurde abgelöst durch das politische Zeitstück. Was sich im Text andeutete, bestätigte Jeßner in seiner Inszenierung auf der Bühne. Er übernahm Anregungen aus Piscators erster politischer Inszenierung: ›Fahnen‹ (s. d.). Er projizierte die Städtenamen auf den Vorhang; am Ende des Stücks, in dem er die politische Linie heraushob, ließ er schwarz-rot-goldene Fahnen sich auf die Szene herabsenken. Jeßner sicherte sich mit dieser Uraufführung nicht nur gegen Vorwürfe, er vernachlässige die junge Dramatik, er war auch bestrebt, sich wieder mit dem Ministerium und den nationalen Kräften zu verbinden. »Diese Fahne macht uns den Erfolg«, sagte (laut Bronnen) Jeßner zum Autor. Er wurde der größte, den Bronnen hatte. Über zwanzig Bühnen spielten die ›Rheinischen Rebellen‹. Jeßner bezeichnete damals in einem Interview das Staatstheater als ein »Kampftheater«.

Emil Faktor, Berliner Börsen-Courier 18. 5. 1925

Zunächst ein herzliches Wort dem Intendanten Jeßner, weil er sich nicht ins Bockshorn jagen ließ und seine künstlerische Energie (wenn auch zögernd) für die ungestüme, irregulär ausgreifende Begabung Arnolt Bronnens einsetzte.
Man versteht die Spannung, die einen solchen Theaterabend fiebrig umkreist. Man begreift nur nicht das Übermaß von Aufregung. Die Nerven der tapferen, mit äußerster Hingabe sich exponierenden Künstler waren so aufgepeitscht, als ob jeden Augenblick ein Riesenfelsblock mit zwanzig Zündschnüren in die Luft gesprengt werden sollte. Man fühlte diesen Überschuß der Erregung fast schmerzhaft mit.
Man darf hoffen, daß die Inszenierung eines neuen Schauspieles von Arnolt Bronnen künftig den Verantwortlichen selbstverständlicher als bisher erscheinen wird. Er ist mit den ›Rheinischen Rebellen‹ geistig vorwärtsgekommen. Er schrieb ein Zeitstück, dessen Grundakkord ergriffenes Gefühl für die mißhandelte, gegen Blendwerk und Selbstbesudelung widerstandsfähige Nation ist. Ein dichterisch geformter, redlich empfundener Appell, dem Echo gebührt. »Sonne über Aachen! Sonne über Deutschland!« sind die Schlußworte seines Separatistendramas. Sie konnten wohl nur jenen Besuchern der Vorstellung billige Wortapotheose dünken, die nicht aufmerksam auf dichterische Klänge hingeforscht hatten. In einer Szene des dritten Aktes füllt die Fabrikantentochter Gyn, die im Hauptquartiere der Separatisten tagwandelt, den Dialog mit schwärmender Musik: »Ich fuhr durch Deutschland, habe Deutschland gesehen. Ich trank das Land, Dörfer betäubten mich, Städte kamen über mich wie rote Stiere, Berge drangen in meinen Leib, ich schwamm auf Feldern und Wäldern zu fernsten Lichtern, und alles war eins, alles war Deutschland, Deutschland, Sehnsucht, Größe und Süßigkeit, Deutschland –.« Es ist kleistisch inspirierter Rausch nationalen Empfindens. Dürre Berechnung pflegt im Ausdruck ärmer zu sein. Die bewußt primitive Schlußformulierung seines Glaubens an Deutschland könnte Bronnen immerhin als tönende Anbiederungsphrase mißdeutet werden. Er ist weder links noch rechts davor sicher. Es muß ihn nicht irre machen. Wer die Gesinnung mit innerer Gehobenheit vor-

Deutschland, brach im Publikum ein großer Beifall los, der die Schauspieler und – von den Schwarz-weiß-roten heftig angepfiffen – den Dichter und den Intendanten Jeßner oftmals vor den Vorhang rief.
Nicht nur dieser Schluß, auch andere Stellen des Stückes ließen Freunde der jungen zeitgenössischen Dramatik, Freunde des jungen Dichters fragen: ist der Rebell Bronnen gezähmt, ist er Nationalist geworden? »Ich trank das Land, Dörfer betäubten mich...« So ist Bronnens Patriotismus. Und wer fühlt in diesen Tagen, da ein Blütenfrühling und ein lichter Himmel ohnegleichen über unser Land der Leiden gebreitet ist, diese Liebe nicht?
Fraglos hat Bronnen weit stärker als seine dramatischen Altersgenossen den angeborenen Bühnenblick, die Hand szenischer Straffung, die Gabe schlagender Bühnensprache. Mit fast geometrischer Präzision werden die Personen durcheinander, gegeneinander, zueinander geführt; am schärfsten nach einem exakten Schema in dem Lustspiel ›Die Exzesse‹. Auch hier, in den ›Rheinischen Rebellen‹ steigt die eine Frau genau in der Linie aus Demütigung zum Sieg empor wie die andere aus Herrschaft zur Erniedrigung sinkt. Wie die Rheinländerin, zuerst ganz weicher Mensch, als starre patriotische Flamme endet, wird umgekehrt die Russin aus klar zielbewußter Politikerin schließlich zur dostojewskihaft sich demütigenden Herzensbekennerin. Genau im Schnittpunkt dieser kreuzenden Linien steht der Rebell, der zwischen ihnen zerrieben wird.
Aber gerade die Präzision des Aufbaues erzeugt in diesem Drama die Schwäche. Denn der große historisch-politische Hintergrund, das zusammenstürzende Rheinland, die lodernde Bewegtheit, als deren Symbol der Rebell aufragt, wird verdrängt, verschüttet, kleingemacht durch die immer mehr sich vordrängende Weiberintrige.
Um den Kontakt zwischen der politischen Bewegung und den Privatschicksalen herzustellen, werden allzu viel Requisiten benötigt, wie Mappe, Telephon, Zigarette, Auto, Flugzeug, Fenstervorhang, verdeckende Wände, Flammenschriften, Fahnenmast. Manchmal scheint es, als ob der Grundriß des Stückes aus einem Filmszenar entstanden sei, mit kriminellem Einschlag, dauernden Fluchten und Verfolgungen, Verhaftungen, Befreiungen...
Manche Szenen, wie der fulminante Akt im Theater zu Mainz, die Dialoge zwischen dem Rebellen und den beiden Frauen, erweisen dennoch den eminenten Dramatiker, andere, wie das Zwiegespräch der Schwestern, der letzte bekennende Liebesausbruch der Russin, bezeugen den Dichter, der innerlichste, unaussprechlichste Vorgänge zum Wort zu formen vermag.
Die Atmosphäre des Rheinlands wird im Stück nicht sehr spürbar, wird auch nicht spürbar in Jeßners Inszenierung zwischen düsteren graugrünen Wänden. Vielleicht aber lag weder Dichter noch Regisseur daran, Beweglichkeit, Landschaft, Farbe, Reichtum, Menschenmannigfaltigkeit dieses prachtvollen Erdstücks zu zeigen. Sonst jedoch half Jeßner dem Stück sehr viel, insonderheit durch Kürzungen, Konzentrierungen, Milderungen, sicherlich ein Drittel des Stücks war entfernt, leider auch mancher schöne dichterische Satz. Die letzten beiden Akte hätten im Tempo noch rapider beschleunigt werden müssen. Hier lag die Schuld wohl mehr an den Hauptschauspielern, die sich in den ersten Akten zu sehr verpulvert hatten und zu oft in monotones Schreien verfielen.
In den ersten Akten und in manchen Einzelheiten der letzten hatte Jeßner die Schauspieler wundervoll gezügelt, getönt, entfesselt, innerste Klänge und

Zwischenklänge herausgelockt, das Ineinanderspiel schlagend-wirkungsvoll gelenkt. Albert Steinrück entfaltete sich als Männerspieler ersten Ranges: Verbissenheit, Leichtsinn, strahlende Kraft, zwanghaft sprießende Liebe in dem blonden Koloß, Aufbäumen, Aufschäumen, Zusammensinken – das alles gab er mit geschlossener Gedrungenheit, mit einem Minimum an Geste und Grimasse. Künftig wird er sich für die Schlußakte frischer halten. Ein Meisterwerk war die Volksrede im Mainzer Theater: wie lockte er mit Lächeln und Pausen den Beifall, wie umschmeichelte er das Volk mit Versprechungen, Drohungen, ja gemütlicher Nachahmung des rheinischen Dialekts, wie präzisierte er mitreißend politische Forderungen.

Agnes Straub und Gerda Müller, zwei Schauspielerinnen, die zu hysterischer Hemmungslosigkeit neigen, waren durch Jeßner, den Erzieher zu Sachlichkeit und Konzentration, zuerst vorbildlich an ihre Worte und Gefühle gebunden. Zu Brunhild und Kriemhild, schwarz und blond, die anderthalb Jahrtausend früher in selbiger Gegend miteinander kämpften, steigern sie sich im Kampf ums politische Ziel, im Kampf um den Mann. Später, wie gesagt, wurden sie dann streckenweise strindbergsche Keiferinnen, aber immer wieder mit mancherlei aufgerissener Menschlichkeit, besonders Gerda Müller in der letzten Liebesszene. Den Schlußhymnus hätte Frau Straub viel ruhiger und strahlender sprechen müssen.

Eine jüngere Begabung, Maria Paudler, hielt sich, und das ist viel, gegen die zwei starken Spielerinnen. Eine vielfach erprobte Begabung, Elsa Wagner, zeigte im Schmerz jene klare Reife, die ich den starken Spielerinnen Straub und Müller herzlich wünsche.

Die ›Rheinischen Rebellen‹ sind das anfechtbare Zeitstück eines erwiesenen Dramatikers, das künftig nicht als Kunstwerk, sondern als Zeitsymptom zu gelten hat.

Max Osborn, Berliner Morgenpost 19. 5. 1925

Das außerordentliche dichterische und dramatische Talent Arnolt Bronnens – denn beides trifft sich bei ihm, was so selten der Fall ist – hat mit diesem Schauspiel vom rheinischen Separatistenwirrwarr, mit dieser Historie vom unmittelbaren Gestern einen Aufstieg genommen, der alle Zweifel an seiner Kraft und Eigenwüchsigkeit verstummen läßt. Einen Aufstieg – auf freiem Gipfel ist er noch nicht angelangt. Aber sollen wir in dieser mageren Zeit nicht Durchbruch und Entfaltung eines originalen poetischen Temperaments freudig grüßen, auch wenn es noch nicht zur gerundeten Ausformung seiner Schöpfung gelangte?

Mit glänzendem Griff hat Bronnen das große Problem der deutschen Landschaft angepackt, die heute mehr denn je unsere Liebe ist, weil sie zugleich unsere bedrückende Sorge ist. Er weiß in Wahrheit die sonderbare, von Explosivstoffen aller Art gefüllte Atmosphäre der letzten Jahre dort zu beschwören, diesen Knäuel von unerträglicher Beengung, von Verschwörung, Belauerung, Paßfälscherei, Unterschleif, abenteuerlichen Plänen, Sehnsucht und Leidenschaft. Aus dieser Stimmung ist die Figur des ›Occe‹ – mit so preziöser Orthographie schreibt sich der Held des Stückes, der zugleich seine einzige männliche Rolle ist –, ist der seltsame Reigen der Frauen, der sich um ihn schlingt,

gend‹ (13. 12. 1925). – Die wahre Situation des Autors Bronnen beschrieb Manfred Georg in seiner Rezension am genauesten: »Gelingt es ihm, zur Gestaltung oder wenigstens bis zum Bewußtsein der Welt durchzudringen, [...] so ist er gerettet, und wir haben etwas von ihm zu erhoffen. Dreht er sich weiter so im Kreise, wird er binnen kurzem in jeder Beziehung den Bankrott eines Lebensgefühls anzumelden haben, das am Chaos steril statt fruchtbar wurde. Die Dinge stehen bei Bronnen in diesen Jahren auf des Messers Schneide. Er ist weit gefährdeter als etwa Brecht, der viel breiter und stärker in dem Felsgestein der vulkanischen Zeit verwurzelt ist« (›8-Uhr-Abendblatt‹, Berlin, 8. 6. 1925).

Monty Jacobs, Vossische Zeitung, Berlin, 8. 6. 1925

[...] was sich gestern, am wildesten Kriegstage dieser Kampfbühne, im Zuschauerraum abspielte, war mehr als der abstoßende Berliner Theaterspektakel. Vielleicht hat dieser Tag sogar zur künftigen Säuberung des literarischen Kampfes beigetragen. Deshalb darf sich der Kritiker der Pflicht nicht entziehen, als Kriegsberichterstatter zu wirken. Es wurde nämlich ein Exempel statuiert.
Gleich nach den ersten Szenen machte sich, mit schrillen Tönen, ein Flötenbläser bemerkbar. Er hemmte die Darsteller, er belästigte die Zuschauer, er terrorisierte die Menge der Beifallspender, er rief Entrüstung im ganzen Hause wach. Aber er blies weiter, auch nach dem Schluß der Vorstellung. Da sprang der Schauspieler Morgan auf die Bank und schrie den Namen des Lärmmachers ins Haus, indem er in seiner gemeinverständlichen Ausdrucksweise andeutete, daß er den Herrn nicht für einen Kavalier hielte. Aber der Kunstfreund mit der Radauflöte blies weiter. Bis sich plötzlich, vor Erregung totenblaß, der Wortführer der ›Jungen Bühne‹, Dr. Seeler, zu dem Skandalmacher durchkämpfte und ihn ohrfeigte. Im allgemeinen Tumult öffnete sich aufs neue der Vorhang, und Seeler teilte in einer Ansprache mit, daß der Gezüchtigte bei ihm Freikarten erbeten habe, bevor er sich seine Flöte anschaffte.
Dieser kleine Dr. Seeler beschämt alle Theaterdirektoren an Wagemut, alle Literaten an Bescheidenheit, die, namenlos, hinter einem Werke zurücktritt. Es ist nötig, ihm in seinem Kampf zu helfen und den abgestraften Skandalmacher öffentlich zu nennen. Im Bühnenhause randalierte nämlich ein Bühnenmann, im Lessing-Theater flötete ein Angestellter des Lessing-Theaters, den Dichter Bronnen suchte ein Dichtender zu schädigen: Dr. Oskar Kanehl, ein Regisseur der Direktion Rotter, der ›Jou-Jou‹ und ›Galante Nacht‹, dem Bourgeois zum Labsal, inszeniert und gleichzeitig kommunistische Haßgesänge drucken läßt.
Niemand wird daran denken, spontane Äußerungen der Abwehrung zu verwehren. Aber das Berliner Theaterleben wäre von einer bösen Pestilenz kuriert, wenn man jenen Premierenbesuchern das Handwerk legen könnte, die sich kalten Blutes vor der Vorstellung Radauflöten kaufen. Diese Anschaffung verursacht Kosten. Aber praktische Leute gleichen sie aus, indem sie Freibilletts von jenem Unternehmen erbetteln, gegen das sie ihr Attentat so sorgfältig vorbereiten.

Arnold Bronnens [...] Komödie ›Exzesse‹ ist freilich wert, daß um sie gerauft wird. Denn er betritt in ihr Neuland, und es schadet nichts, daß sein Fuß noch zuweilen strauchelt.

Dieses Lustspiel ist ein Liebesdrama zwischen einem Paar, das erst beim letzten Fallen des Vorhangs das erste Wort miteinander wechselt. Zwei Gruppen von Bankbeamten werden verschickt, nach Stralsund die einen, die andern nach Bozen. Am Bahnhof schlägt zwischen beiden Gruppen der Coup de foudre ein, Liebe auf den ersten Blick, der Zug pfeift, Hildegard muß nach Stralsund, Lois nach Bozen. Nun stöhnt in Pommern Hildegard, Lois in Tirol vor Sehnsucht. Beide müssen fremde Liebe abwehren, um beide taumelt die menschliche Narrenwelt, bis sie endlich telepathisch zueinander gezogen, von Nord und Süd her, wieder auf dem Bahnhof, einander in die Arme sinken.

Die Szenen, die sich seltsam im Parallelismus verschränken, gehen in ihren Wagnissen bis an die äußerste Grenze. Jener Erosdienst, der in den ›Rheinischen Rebellen‹ so naßkalt wirkte, wird hier warm und frei gefeiert, auch wenn er bis in die Nähe der Sodomie gerät. Da gibt es eine Szene, da sich die junge Hildegard im Aufruhr ihres Blutes nach Entlastung von ihrer sexuellen Not durch einen Bock sehnt. Aber gerade in dieser Szene spricht ein Dichter, und kein Wort jagt das Heikle von der Bühne fort.

Vor allem aber durch diese Szenen weht, fast schon unerhört in der Kunst der Jungen, Humor. Ein derber, süddeutscher Humor. Aber nur selten zum Krampf erstarrt. Wilhelm Busch, ins Österreichische übersetzt, regiert die Stunde. Er könnte, in Stralsund, den verliebten Kommis zeichnen, der hinterm Strauch zwei badende Fräulein mit dem Fernglas beobachtet, und den Bauern, der ihn aus seinem Versteck prügelt. Er könnte, in Bozen, den Rausch verewigen, in dem der Berliner Max einen Zweikampf mit seinem Stiefel ausficht, aber auch den Katzenjammer, der ihn gleich darauf aus dem Leben fegt.

Das Dasein ein Wirbel, die Menschheit ein Narrenhaus – dies ist die fröhliche Einsicht, die einen Dichter überkommt. Hier befreit sich einmal die Not des Sexus, so oft von unfreier Jugend bestöhnt, in einem jungen, herzhaften Lachen.

Ein kühner Versuch führt die beiden Liebenden in einer Szene, im Spiegelbild verdoppelt, ›überkreuz im Raum‹ zusammen. Was der Dichter hier vergebens versucht hat, könnte vielleicht eine Regiephantasie ausgleichen, wie sie Heinz Hilpert fehlt. Aber ihm und Dr. Seelers Eifer war ein Ensemble zu danken, das sich hoffentlich nicht nur für einen Sonntagmittag zusammengefunden hat. Eine alte Tiroler Tante, hinter deren Brille Eugen Klöpfers Augen funkeln, eine Tante im röchelnden Falsette – wer könnte da widerstehen?

Die Liebende in Stralsund ist, auf der Höhe ihrer Kunst, Gerda Müller, strotzend vor überschüssiger Kraft, überlegen im spitzen Witz und doch niemals kaltherzig. Ihr Partner in Bozen ist Walter Franck, wie stets bis zum Bersten angefüllt mit der Spannung des Gefühls. Aribert Wäscher geht auf der endlich gefundenen Bahn des Komikers tapfer weiter, ihm zur Seite Otto Brehm, Roma Bahn, Maria Paudler, Leonard Steckel, Til Klokow. Über zwei derbe Typen Lotte Steins und Albert Floraths lacht das Haus. Der junge Veit Harlan, der am Staatstheater mehrfach auffiel, bewährt gleich in zwei Rollen die Gottesgabe eines werdenden Humoristen, und als ein Gewordener, der längst in die erste Reihe der Schaubühne gehört, kämpft auf Chaplins Beinen Curt Bois den Männerkampf mit seinem eigenen Stiefel.

Die Aufführung muß im abendlichen Spielplan wiederkehren, allen Empfänglichen zur Freude, die Lust am jungen Werden (und keine Trillerflöten) ins Theater mitbringen. »Neue Form, meine Herren, neue Form, man muß immer von neuem leben«, so heißt es in Bronnens ›Exzessen‹.

Herbert Ihering, Berliner Börsen-Courier 8. 6. 1925

Ein Riesenerfolg. Ein Riesenkrach. Was die Leute an diesem Sonntagmittag im Lessing-Theater aufregte, was zu Exzessen des Applauses, des Pfeifens, der Bravo-, der Pfuirufe führte, es war nicht nur ein von Herrn Oskar Kanehl, dem Dramaturgen des Lessing-Theaters, im eigenen Hause inszenierter Skandal, von Herrn Oskar Kanehl, der bei Bronnen den pikfeinen Salonton vermißte, ohne den er als kommunistischer Hofzeremonienmeister der Rotters nun einmal nicht leben kann, der zeigen wollte, daß er nicht nur die Claque zu kommandieren versteht – es war der Gegensatz, der diese ganze Spielzeit durchzog, den aufgezeigt, kämpferisch fruchtbar gemacht zu haben, ihre wahre Leistung bleibt. Ob ›Chokolate Kiddies‹, ob Strawinsky, ob ›Dickicht‹, ob ›Exzesse‹ – das Theater des gesicherten Wissens, der Erfahrung, der Bildung ist eingestürzt, und alle Versuche, es lebendig zu machen, scheitern. Was heute Erfahrung ist, ist nicht ein allgemein zugänglicher Besitz, der sich auf Gruppen, auf Schichten, auf Individuen verteilt, der sich spaltet und neue Bindungen eingeht, was heute Erfahrung ist, bleibt auf Parteien, Programme, beschränkt, greift nicht durch, wird nicht allgemein. Zwischen den Gegnern bleibt ein leerer Raum.
In diesen leeren Raum stürzt sich das Theater. Es will die neue Verbindung mit dem Publikum. Es hat sie, scheinbar, in Amerika. Es sucht sie in Europa. In Amerika geht es kampflos, weil die Zuschauermassen traditionslos sind. In Deutschland gibt es Kämpfe, nicht so sehr, weil Tradition und Nichttradition sich befehden, sondern weil auch junge Menschen, junge Parteien so mit politischen Ersatzmeinungen, Ersatzanschauungen belastet sind, daß sie alles im Widerstreit oder in Übereinstimmung mit ihren Dogmen empfinden. Das Theater wird im luftleeren Raum zwischen den sich befehdenden Klassen nur sichtbar, wenn es deren Ansichten zurückzuwerfen scheint, oder wenn die zersplitterten Gruppen ihre Teilmeinungen ihm aufdrängen, in das Spiel hineinsehen.
Bronnens ›Exzesse‹ sind unmittelbares Theater. Aus Anschauung entsprungen, nicht aus Anschauungen. Aus einer einheitlichen Anschauung, die noch die geringste Nebengestalt bereichert und einordnet. Dieses Lustspiel wird bleiben. Es bringt mit der Fülle im einzelnen zugleich eine neue Form. Es beginnt auf einem Berliner Bahnhof und endet auf ihm. Hier sehen sich Lois und Hildegard und werden vom Chef ihres Bankhauses, er nach Bozen, sie nach Stralsund, geschickt. Am Schluß stürzen sie sich wieder auf dem Bahnhof in die Arme. Und dazwischen liegt ein Spiel der Spannungen, des An- und Abstoßens, durch jede Einzelheit – man ist versucht zu sagen: mit souveräner Meisterschaft – hindurchgeführt. Die Spannung zwischen Liebenden, ihre Entfernung, ihre Annäherung ist hier zum erstenmal ins Räumliche transponiert. Spannung in Bozen, Spannung in Stralsund. Dazwischen Berlin. Aber das Zueinanderdrängen und Voneinanderzurückweichen, das Auf und Ab der Hauptpersonen überträgt sich auf die erotischen, politischen und sozialen Exzesse

aller Gestalten. Etwas Außerordentliches geschieht: Menschen, Schichten, Städte, Landschaften werden lebendig, allein durch den Liebeskampf zwischen den Hauptgestalten. Selten ist ein Thema so voll, so stark abgewandelt, so durch alle Tonarten hindurchgespielt worden. Ein großartiges, nie aussetzendes, auf viele Figuren gesetztes Bewegungsspiel. Es ist drei Jahre alt und ist mit diesen Jahren gewachsen. Wenn es ein Problem war, die einzelne Figur rund auszuzeichnen und doch ins Auf und Ab der Aktion zu stellen, sie für sich und als dramaturgische Funktion zu geben – hier ist es fast spielend leicht gelöst.

Die Aufführung der ›Jungen Bühne‹ ist ein bleibendes Verdienst Moriz Seelers, obwohl sie regiemäßig mißlungen war. Heinz Hilpert hatte mit einigen hervorragenden Schauspielern auf Kosten der Gesamtwirkung umwerfende Augenblickswirkungen herausgeholt. Aber sie warfen auch das Stück um. Vielleicht mußte erst eine falsche Aufführung kommen, um die Möglichkeiten der richtigen zu zeigen. Diese Möglichkeiten müssen herausgearbeitet werden. Hilpert gab einen köstlichen Bierulk, eine Jubiläumsnachtvorstellung in oft großartiger Besetzung. Hilpert umging gerade das Bewegungsspiel, gerade das Übergreifen der Spannungen, gerade die Korrespondenz der Szenen, gerade das Hinüber und Herüber zwischen Hildegard und Lois. Diese wurden von Walter Franck und Gerda Müller statt drängend, treibend, platzend, exzedierend: sentimental und verschwommen gespielt. Ohne Humor, ohne elementaren Ausdruckswillen, rezitatorisch, einmal sogar expressionistisch stilisiert! Gerade diese Szene ist bezeichnend für den Irrtum Hilperts. Eine Szene über Kreuz. Selbstbegegnung: vier Menschen im Raum, Lois 1 und 2, Hildegard 1 und 2. Daraus wird ein lyrischer Schmachtgesang, rechts und links im farbigen Licht – und die Selbstverdoppelung fehlt gänzlich. Es liegt nur auf diesem Wege, wenn der politische Krach in Bozen fast ganz gestrichen wird, wenn man den Abtanz und Aufbruch wegläßt, obwohl gerade hier die Auflösung der Spannungen, der Zusammenschluß des Ganzen sich auch formal andeutet. Eine Szene, wie der ›Aufstand in Bozen‹ wird später einen ähnlichen Theatererfolg haben, wie jetzt in ›Scherz Satire‹: der Auftritt zwischen Mordax und den Schneidergesellen.

Es bleiben Einzelleistungen: Klöpfer, reizend und diskret als Tante in Tirol, alle Gebirgsweiber und ihre Darstellerinnen gleichzeitig treffend. Maria Paudler als Bauernschlampe, sofort besser, wenn sie nicht süße Mädel zu spielen hat. Lotte Stein als zelotisches Fräulein Schnicke. Veit Harlan, vortrefflich als Bauernjunge, Aribert Wäscher, an dem ein künstlerischer Verjüngungsprozeß vor sich gegangen ist, seitdem er nicht mehr in Ekstase macht, sondern figural charakterisiert, Hans Heinrich v. Twardowski als Konsul, dem ebenfalls die Entwöhnung von schwärmerischen Jünglingen gut bekommt.

Maßgebend für die ganze Aufführung aber hätte Curt Bois als Berliner werden müssen. Er brachte wirklich Charakteristik durch Bewegung. Und wie fein abgetönt, wie wandlungsreich. Herrlich. Hier war die Berührung mit den internationalen Theaterbestrebungen. Hier war ein Durchblick in das moderne Theater. Daß es sich durchsetzen wird, ist nach dieser kampfreichen Spielzeit, an deren Beginn Brechts ›Dickicht‹ die beste Aufführung eines modernen Stücks, in deren Mitte der ›Wallenstein‹ und Barlachs Werke, an deren Ende die ›Rheinischen Rebellen‹ und die ›Exzesse‹ standen, sicher. Die Fronten sind aufgerissen. Das Privattheater hat abgewirtschaftet. Neue Formen kommen auf. *Die* Theater gehen zu Grunde. *Das* Theater steigt auf. Skandale, wie dieser, die in Herrn Kanehl die Rotters und eine ganze Theatergesinnung treffen, sind nützlich. Und wenn man durch das entfesselte Theater hindurchgegangen ist, wird auch wieder ein Glaube da sein, der bindet und zusammenschließt.

Alfred Kerr, Berliner Tageblatt 3. 2. 1926

I
Also: die ältesten, abgetakeltesten Mittel einer sogenannten Komik, die Kotzebue bereits überwunden hatte. Dies alles zusammenhanglos und mit Schweinerei versetzt. Es gibt keinen anderen Ausdruck.
Gewiß wundert sich der Schriftsteller Bronnen selber: daß jede Willkür, die einer hinkliert (subalterner als die mehrsten Bierzeitungen mittlerer Abiturienten), nicht nur einmal am Vormittag, sondern später auch noch abends mit hoffnungslosen Unkosten aufgeführt wird.

II
Hinter wieviel Berliner Ladentischen stehn witzigere Leute, Namenlose, welche derlei weniger plump machen. Wem fällt es ein, das etwa zu spielen? Wer fände sich, sie zu deuten.
Lächelnd sieht man die spaßig-spießige Verschüchterung einer kompaßlosen Übergangszeit.

III
Desselben Schriftstellers ›Ostpolzug‹ ist ja ganz flaches, dünnes Zeug; Musterbeispiel der aufgeplusterten Leerheit; so daß ein Werk wie ›Der Mensch‹ von Emmerich Madach oder ›Der Meister von Palmyra‹ des verblichenen Wilbrandt als unsterbliche Meisterwerke zu bewerten sind.
Was veranlaßt Leute, irgendeine läppische Unreinschrift zu beschönigen, nur weil sie heut' erscheint?
Bei manchem ist es eine Existenzfrage: weil er davon lebt, Schuldiener einer bestimmten Gruppe zu sein ... und sonst nicht einmal das wäre.
Bei Besseren ist es die Furcht, nicht für heutig zu gelten.
Ein fesselnder kulturhistorischer Ulk.

IV
In dem ... Werk ›Die Exzesse‹ findet sich zwar kein so komischer Satz wie der ernstgemeinte des ›Ostpol‹-Alexander war: »Die Größe meiner Zeit ist ungeheuer« (leider ohne den Zusatz: »... und ich ziehe jetzt in den Dreißigjährigen Krieg«).
Dafür gibt es hier moderne Einfälle, wie: daß jemand unters Bett kriecht; daß ein anderer dessen Schuhe bemerkt; daß der Scherz des Betrunkenseins erfunden wird; daß ein Angestellter seinen Chef unter Jubel ohrfeigt; daß eine alte Jungfer im Bureau (o August v. Kotzebue, du Dichter des ›Schneider Fips‹!) in Ohnmacht fällt.
Abiturienten aller Länder, vereinigt euch.

V
Ihr braucht allerdings nicht, um den Mangel an Wesentlichem zu vertuschen, folgende grundeinfache Ziege ... Züge, wie daß ein prächtiges, ach, gar zum Platzen sinnliches Mädchen erst im Bett, hernach neben einem Bock in freier Luft knallbanale Regungen veröffentlicht.
Bluff zur Ablenkung von dem, was ein Autor alles nicht kann.

Vorwärts. Es werden frischausgezogene Unterhosen von Weibern in verschiedenen Akten, zweimal im Lauf des Abends, nach vorn geworfen und von Männern, mit ausdrücklich erläuterndem Text, an ihre Nase geführt – Abiturienten aller Länder!
Jede dieser Hosen deckt eine Blöße des Autors.
Schmock wird es deuten. Wie man Zuckmayer begrüßt hat, nachdem immer phrasenhaft erklärt worden ist, man wolle das Theater von solchen Erscheinungen befreien.

VI

Vorwärts. Wie schlecht eine dicke, alte Frau riecht, dieser ausführliche Zug hilft gleichfalls über einige Mängel weg. Hernach, wenn an ihrer (alten) Begleiterin auf der Bühne festgestellt wird, welche Form deren Bauch hat; daß man sich im erotischen Fall bei ihr die Nase zuhalten müsse: so wird wiederum ein kleiner dichterischer Mangel des Verfassers spielend übermalt.
Ich rede hier davon – denn was dargestellt wurde, darf mitgeteilt werden.
Ladentische, Bureauschemel Berlins, wie schlecht behandelt man euch.

VII

Hilpert und Krehan müssen dafür heran. Fräulein Servaes, Fräulein Klokow, Fräulein Kersten, Fräulein Brant, Fräulein Neumann, Fräulein Wyda – warum seien sie nicht wenigstens genannt? Warum scheute man die Feststellung, daß gelegentlich eine davon im Stadium der Enthüllung befremdend wirkt. Wenn schon, denn schon. Auch das gehört zum kritischen Beruf.
An Männern: Neben drei jüdelnden Bankdirektoren (Elzer, Bressart und Leopold) gibt es den Konsul Twardowski. Den herzfrischen Tiroler des modernen Dichters: Herrn Dieterle. Den Abgeblitzten: Herrn Aribert Wäscher (o hoffnungsvollerer Benedix!). Den Georg-Engel-Plattdeutschen: Herrn Jul. E. Herrmann. Den Theater-Wälschen: Herrn Hasse. Den Hirten aus der Komischen Oper: Veit Harlan.

VIII

Ein Berliner (mit dem modern-originellen Beinamen Puffke) wird von Curt Bois ... auf eine sehr liebliche, sehr still-spaßige, manchmal bezaubernd schweigsame Art hingeäugt, hingeglitten, hingeschnoddert.
Das ist ein jüngerer Graetz; mit leiserer Anmut.
Dieser Schauspieler war der Gewinn des Abends ... außer dem kulturhistorischen Reiz der eingeschüchterten Übergangsepoche.

Gasbarra/Piscator Trotz alledem

Großes Schauspielhaus Berlin, 12. Juli 1925, Regie Erwin Piscator

Die Entwicklung des politischen Regisseurs Piscator vollzog sich zunächst fast noch abseits des regulären Theaters. In seiner Inszenierung von Paquets ›Fahnen‹ hatte er einen Weg begonnen, den er in O'Neills ›Unterm karibischen Mond‹, in Rehfischs ›Juckenack‹, in Leonhards ›Segel am Horizont‹ (15. 3. 25, Volksbühne), in Schmidtbonns ›Hilfe, ein Kind ist vom Himmel gefallen‹ (2. 5. 1925, Central-Theater) nicht weiterführen konnte. Im November 1924 hatte er aber für den Reichstagswahlkampf im Auftrag der KPD die Revue

›Roter Rummel‹ zusammengestellt und inszeniert, mit der er die direkte politische Aktion ins Theater tragen konnte. »Wie mit Eisenhämmern sollte sie mit jeder ihrer Nummern einschlagen«, um das Leitmotiv »societatem civilem esse delendam« (Piscator) einzuprägen. Piscator griff für diese Revue auf die Erfahrungen aus den Bunten Abenden in den Arbeiterhilfsvereinen und seines Proletarischen Theaters (s. d.) zurück. Der mit Gasbarra in kurzer Zeit montierte Text wurde zum ersten ›dokumentarischen Drama‹ des nun von Piscator entwickelten politischen Agitationstheaters. Bürgerliches und proletarisches Milieu (Ackermannstraße-Kurfürstendamm, Mietskaserne-Sektdiele) waren schroff agitatorisch gegenübergestellt. Damit zog er durch die Großen Säle Berlins. (Diese Revue brachte dann zahlreiche proletarische Spieltrupps hervor [Rote Raketen, Blaue Blusen usf.]). — Am ›Roten Rummel‹ hatte auch der KPD-Reichstagsabgeordnete Ernst Torgler mitgearbeitet, der Piscator nun den Auftrag zu einer neuen Revue für den KPD-Parteitag in Berlin gab. ›Trotz alledem‹ benutzte wieder die Revue-Technik. Aus historisch-dokumentarischem Material wurde die Geschichte der sozialistischen Bewegung von 1914 bis zur Ermordung Liebknechts dargestellt. Zum erstenmal diente hier der Film (den Piscator schon in den ›Fahnen‹ verwenden wollte) als Dokument, das die Bühnenhandlung mit der sozialen Wirklichkeit verband. Jede Dekoration wurde aufgegeben. Man spielte auf einem terrassenförmigen Gerüst mit Treppen und Schrägen, montierte Fotos, Reden, Aufsätze, Zeitungsnotizen, Flugblätter und Filme aus der Revolution und versuchte so, in Reinhardts Großem Schauspielhaus (!), das echte Massentheater zu begründen, das Reinhardt und K.-H. Martin dort nicht verwirklichen konnten. Piscator sprach von diesem ›Theater‹ als einem »einzigen großen Versammlungssaal, einem einzigen großen Schlachtfeld, einer einzigen großen Demonstration«, die den Beweis für die Agitationskraft des politischen Theaters erbracht habe. — Was er hier erprobte, übernahm Piscator in seine späteren Inszenierungen auf dem regulären Theater.

Otto Steinicke, Die Rote Fahne, Berlin, 13. und 14. 7. 1925
1.
Die Aufführung des revolutionären Stückes ›Trotz alledem‹ am Sonntagabend im Großen Schauspielhaus, anläßlich der Eröffnung des 10. Parteitages der KPD, gestaltete sich zu einer wuchtigen Demonstration für den Kampfwillen und die Kampfbegeisterung der Berliner Arbeiterschaft. Tausende und aber Tausende füllten die Riesenhallen des Theaters. Tausende und aber Tausende von einem Polizeikordon Bedrängte mußten wieder umkehren. Während und nach der Aufführung, auf die wir noch besonders zurückkommen, herrschte eine herrliche Kampfstimmung. Rauschender, nicht endenwollender Beifall unterbrach oft die Vorstellung, so, wenn sich Lenin auf dem zwischen den Szenen eingeschobenen Film der großen bolschewistischen russischen Revolution zeigte, Lenin, dessen leuchtendes Transparent als Symbol über dem Präsidium des 10. Parteitages der KPD im Landtag hängt.
2.
Es lag etwas Bestechendes in dem Versuch, mit den Mitteln einer großen Bühne als *proletarisches Kampftheater* in Erscheinung zu treten, *politische Agitationen* in einer Kampfaufführung lebendig und wirksam zu machen.

Ist er gelungen? Wir sind optimistisch und sagen: Ja, es ist gelungen, was bisher nicht gelingen wollte; die Arbeiter haben die Idee ihres eigenen Theaters in einem solchen Versuch verwirklicht, der berechtigt und hoffen läßt, bald Größeres und Wirkungsvolleres in Deutschland, von und für Proletarier gestaltet, auf der Bühne zu erleben.

Was haben die Berliner Arbeiter anläßlich der Begrüßung der Delegierten des 10. Parteitages der KPD auf der Bühne des Großen Schauspielhauses unternommen? Sie unternahmen es, sozusagen ihre eigene jüngste Vergangenheit lebendig zu machen. Fürwahr, ein großer Vorwurf, voll dramatischer Effekte. Die Geschichte in Brillantfeuer gefaßt, sollte mit den modernsten technischen Theatermitteln in höchster dramatischer Steigerung rekapituliert werden. In nicht weniger als 23 Bildern, die die Drehmechanik des Großen Schauspielhauses ermöglichte, sollten die Leiden und Kämpfe der Berliner Arbeiter seit 1914 plastisch vor den Augen der Zuschauer, warnend und schreckend, mahnend und anfeuernd erstehen.

Die ersten Bilder: ›Berlin in Erwartung des Krieges. Potsdamer Platz.‹ – ›Sitzung der sozialdemokratischen Reichstagsfraktion vom 25. Juli 1914.‹ – ›Im Kaiserlichen Schloß zu Berlin am 1. August 1914.‹ Und weiter und weiter. Die entscheidende Kreditbewilligung der sozialdemokratischen Reichstagsfraktion vom 2. Dezember: Landsberg und Liebknecht, Scheidemann und Ebert auf offener Szene. Dann: ›In einer Berliner Granatendreherei.‹ Danach: ›Der 1. Mai auf dem Potsdamer Platz‹: Liebknecht spricht und wird verhaftet. – ›Liebknecht vor dem Kriegsgericht am 23. August 1916.‹ Elftes Bild: ›Der Munitionsarbeiterstreik von 1918. Im Treptower Park.‹ ...

Wir müssen einen Augenblick haltmachen und die Szene besprechen. Sie wurde oft zum Tribunal. Die Masse, das Tribunal, Kopf an Kopf, Tausende und aber Tausende bis unter das Dach des Großen Schauspielhauses fieberte zu Augenblicken. Sie war aber noch zu ›diszipliniert‹, um offen einzugreifen. So wenn Scheidemann resümierte, Landsberg diktierte und Ebert die ›fertige‹ Disposition, die Entscheidung des Parteivorstandes, ›verkörperte‹, wenn er Geschichte machte vor dem Tribunal auf der Bühne und im Zuhörerraum. Es waren dramatische Augenblicke, die unerhörte Steigerungsmöglichkeiten bargen, die die Masse zum Platzen, zum Bersten hätten bringen müssen, die einen Wutschrei, eine Erbitterung hätten auslösen können. Es kam noch nicht dazu. Lag das an den Schauspielern, an der noch von keinem proletarischen Dichter gestalteten Geschichte? Lag es an dem Tribunal? Es kam noch nicht dazu, daß die Masse eingriff, als Liebknecht verhaftet wurde, nach seinen befeuernden Worten, es kam noch nicht dazu auf der Bühne, im Zuschauerraum. Die Masse blieb stumm ...

Aber das wäre ja auch falsch gewesen. Denn damals war die Masse ja wirklich ›stumm‹. Aber heute?

Und dann ging es weiter. ›Berlin in Erwartung der Revolution‹ ... Aha! Da wurde man schon munterer. Nicht wahr? Es war auch die höchste Zeit! Dann der ›9. November im Reichskanzlerpalais‹. Wieder die ›Verkörperten‹, die ›Völkerbefreienden‹. Dieser dreckige Noske – aber er war sehr manierlich (Genosse Piscator, geben Sie Noske einen Tritt, er muß mehr in den Vordergrund, bitte nicht ›allzu geschichtlich‹). Landsberg müssen Sie ins Ohr flüstern: »Du machst deine Sache gut, aber auch in der Maske noch lange nicht so gut wie dein Vorbild damals und heute!« Und Scheidemann, Genosse Piscator, ist

um Nuancen zu melancholisch, zu unbeweglich. Er ist wirklich geschmeidiger, geriebener, der Fuchs.
Sechzehntes Bild: Liebknecht in der Redaktion der ›Roten Fahne‹. Freunde, ein paar Worte über Liebknecht und Luxemburg. Liebknecht, wie ist er dargestellt? Sicherlich am besten: innerlich, mit Wärme. Aber Karl war mehr! Zum Teufel, Genosse Schauspieler, kennst du den Karl nicht? Du gibst dir große Mühe. Aber du hast doch Karl reden gehört? Vielleicht gehörtest du zu dem Schwarm, der immer hinter ihm her war? Du mußt noch mehr hineinlegen in deinen Karl. Am Dienstag, der zweiten Aufführung, Genosse, du hast eine große Verantwortung: Karl kam nicht nur von innen heraus, er war Orkan, Feuer, Geist, Witz, Grimasse, Faust. Karl, du erinnerst dich, sie zitterten vor ihm, ihre Kehlen wurden trocken, ihre Zungen belegt, sie wurden allesamt heiser, mit einemmal, wenn er auf der Bildfläche erschien. Vor deinem Karl zittern sie noch nicht, Genosse... Eine kleine Richtigstellung, auch für die Darstellerin der Rosa. Rosa war niemals so ›laut‹, Genossin. Sie war laut durch ihre ›Stille‹, durch die Schlagkraft ihrer Argumente in den Konferenzen der Redaktion und überall, in ihrer Ruhe, ihrer Überlegenheit war sie laut. Sie schrie niemals. Rosa schrie nie. Es war auch umgekehrt, Karl ›bekehrte‹ nicht die Rosa. Nebenbei sage ich das, Freunde, ihr erlaubt mir diese Kritik. Ihr spielt gut, aber ihr solltet noch besser spielen, noch mehr geben. Ihr könnt es bestimmt! Denn es handelt sich ja um *unsere* Sache.
Großartig waren diese Bilder: Immer, wenn aus den Massen heraus geredet wurde, wenn die Arbeiterschauspieler Zwischenrufe machten! So was sollen sie uns nachmachen, die bürgerlichen Theaterdirektoren mit ihren unterbezahlten, abgestumpften, gequälten Kräften. Ausgezeichnet dargestellt wurde der Sturm auf das Polizeipräsidium. Ebenso ›gelang‹, noch nicht dramatisch genug, zu ›dunkel‹, zu hastend, nicht eisig, nicht zynisch genug, die Erschießung Karls im Tiergarten. Echt war der Offizier in der Vorhalle des Eden-Hotels, das war einmal ein Weißgardist. Kinder, diese Burschen. Das war wirklich ein echter.
Im Ganzen: Großartig war die *Kombination* von Film und Theater. John Heartfield hatte seine Hand im Spiele. Hier ist er unübertrefflich. Auch aus den Verwandlungen auf der Bühne holte er das Möglichste heraus. Aber der Film war die ›Hauptsache‹. Er war die ›Stimmung‹, dieser Kriegsfilm, die Illustration, das Unmittelbare, eben jenes, was man darstellerisch nicht auf der Drehbühne herausholen kann, der Film war das Aufpeitschende mit, er hat uns aufgewühlt bis ins Innerste, er war die absolut notwendige Ergänzung, und nur so wirkte er. Hoffentlich sehen wir ihn recht bald ›für sich‹, auch allein als Propagandamittel, nicht nur in diesen Bruchstücken von unerhörter Kraft.
Und die Musik war gut. Edmund Meisel war auf der Höhe. Er verstand sich ausgezeichnet mit dem Regisseur, in der Karikierung, im Zusammenspiel. Daß er so viel ›vaterländische Weisen‹ dirigieren mußte, daran war ›die Geschichte‹ schuld. Hier liegt vielleicht der *Fehler*, Genosse Regisseur. Ihr gebt allzu treulich die Geschichte. Es muß mehr grollen und murren *gleich am Anfang* aus den Massen. Wilhelm z. B. würde ich glatt auspfeifen lassen. Ungeniert. Die Monarchie. Und Eberten und Scheidemann natürlich, denen würde ich noch dickere Speckbrocken an den Kopf werfen. Und dann zum Schluß wäre noch etwas mehr Begeisterung aus der *Masse auf der Bühne* zu holen. Ihr wart bei

der Sache, aber ihr müßt euch noch mehr steigern in den Schlußbildern, Arbeiterschauspieler, noch etwas mehr Kraft, mehr Wucht. Und nicht so viel ›tragische‹ Abschlüsse. Aus der Tragik muß zugleich das ›Trotz alledem‹ viel stärker, unterstrichenener, herausgestaltet werden, klingen! Haltet euch nicht so krampfhaft an das, ›wie es war‹.
Herrlich aber war der Aufmarsch des Proletariats als Schlußapotheose, des Jung-Spartakus, des ›Rot Front‹ auf der Bühne. Das war *Kampfsymbol* der allernächsten Zukunft.
Die Aufführung im Großen Schauspielhaus hat uns allem Gerede über ›proletarisches Theater‹, Kunst usw. in der Theorie *praktisch* auf einmal um viele Meilen näher gebracht. Wir beglückwünschen die Berliner Organisation und ihre Initiatoren in dieser Sache, die Genossen Ernst Torgler und Erwin Piscator.

Fritz Engel, Berliner Tageblatt 13. 7. 1925

Roter Abend.
Überaus höfliche Einladung: »Wir würden uns freuen« usw. Sie wollen uns dabeihaben, uns Bourgeois, wenn sie ein revolutionäres Stück zum ersten Male aufführen. So wird man hoffähig bei Golke und Torgler, man darf dabeisein, man ist dabei, wenn unter Sichel und Hammer die rote Cour sich hochoffiziell und zeremoniös abwickelt.
Zu spaßen ist da übrigens nichts, diese Masse, viel tausend Köpfe vor dem Großen Schauspielhaus und drinnen, ist großartig. Sie bewahrt freiwillige Kasernenzucht, Drängeln gibt es nicht, und wenn einer, der nun gar einen Stehkragen umgebunden hat, vorwärtsstoßen will, dann soll er es nur versuchen, auf du und du wird er eingekapselt, daß er das Maul und die Ellenbogen schon halten wird. Es wird viel gekauft, Broschüren und saure und süße Bonbons. Kinder schütteln erfolgreich und mit der Gewandtheit vereidigter Klingelbeutelküster Sammelbüchsen »Für China«. Zu spaßen ist da nichts, diese Masse ist eine Einheit.
Die Hofansage ging an den Theaterreferenten. Also wäre nur über das Stück zu reden. Von wem ist es? Das wird nicht gesagt. Das bleibt unter dem Parteisiegel. Ist es ein Stück? Ein Drama? Eine Verkündigung? Es ist keins. Es ist eine Revue aus den Archiven der Rot-Roten, aus den Leitartikeln der ›Roten Fahne‹, aus den Leihgaben Moskaus. Einige zwanzig Szenen, abwechselnd lebendes Bild, Filmbild, Demonstration. Die Jahre 1914 bis 1919 werden vorübergerollt; im Scheinwerfer der Partei, tendenzrealistisch, ohne Aufschwung der Phantasie. Nur die Musik, wenn sie die verhaßten patriotischen Weisen karikaturistisch zerfetzt, hat Humor, also Phantasie. Sonst ist alles von nüchterner Tatsächlichkeit, gesehen durch das Medium der Partei. Die Hauptszene, Ermordung Liebknechts am Neuen See, bleibt sogar sicherlich hinter der Wirklichkeit zurück. Vorsicht der Unternehmer, Zartsinn des in der Massenregie wieder sehr tüchtigen Regisseurs Piscator: gleichviel, der Schauer bleibt aus, der hier auch den Nichtkommunisten, wenn er diesen reinen Karl Liebknecht gekannt hat, erfüllen könnte und müßte.
Das also ist der Auslauf der Vorführung. Nachher kommt noch ein nicht unmalerischer Aufmarsch der proletarischen Jugend auf der Bühne, Apotheose in

Rot, es kommt eine Rede von Ruth Jakobine Fischer, die mit der Sicherheit einer erzürnten Grammophonplatte das oft Gesagte noch einmal sagt. Vorher aber gibt es in dem Sammelbecken gesprochener, gefilmter, in Gruppen gestellter, stummer und redender Polemiken nicht nur Spucke ins Gesicht dem kapitalistischen Kriege, nicht nur Huldigung für Lenin, für Liebknecht und Rosa Luxemburg, es gibt Stockschläge vor allem gegen die Mehrheitssozialisten, Wilhelm II. in schlechter Maske, kommt noch gar nicht so übel weg. Aber Ebert, Landsberg, Noske, Scheidemann, sie sind die Feinde, die Verräter, die Knechte der Bourgeoisie, die Feiglinge. Auch hier sind die Masken nicht gut, es bleibt bei ganz schwachem Versuch, ihr äußeres Wesen nachzuahmen. In Rußland, in der roten Heimat, hat man die Courage, die Gegner des Sowjetsterns, und sei es selbst der liebe Gott, auf dem Theater wütendwitzig zu persiflieren. Hier ›photographiert‹ man sie und macht es nicht sehr geschickt. Mehr gibt man der Masse nicht, die trotzdem klatscht und jubelt, zum Dank für die Ihren stets ebenso bereit wie zum Haß gegen die andern. Selbst die Revolutionspartei hat an einem solch erhabenen Tage, dem Vorabend des Parteikongresses, keinen Dichter vorzuführen, keinen, der aus den ›historischen Tatsachen‹ das Symbolische herausholt und gestaltet.
Der eingeladene Theaterreferent hat auszusagen: die Festspiele Wilhelms II. waren nicht schlechter.

Gerhart Hauptmann   Veland

Uraufführung: Deutsches Schauspielhaus Hamburg, 19. September 1925
Regie Gerhart Hauptmann

Zu den Feiern zum fünfundzwanzigjährigen Bestehen des Deutschen Schauspielhauses in Hamburg kam endlich das Drama Gerhart Hauptmanns auf die Bühne, das ihn am längsten und intensivsten beschäftigt hatte. Mit der Aufnahme des Wieland-Stoffs in seine Dramenpläne hatte sich Hauptmann (nach dem liegengebliebenen ›Helios‹-Drama) den mythischen Entwürfen zugewandt. Im September 1898, unmittelbar nach der Vollendung des ›Fuhrmann Henschel‹, hatte er auf Hiddensee daran zu schreiben begonnen – fast gleichzeitig mit den Skizzen zu einem Drama, aus dem sich unter dem Eindruck des Kriegsausbruchs 1914/15 der ›Magnus Garbe‹ entwickelte. (Der Hexenwahn des Mittelalters war darin so grausam dargestellt, daß Hauptmann dieses Stück erst 1942, mitten im Zweiten Weltkrieg, zum Druck freigab.) – Auch in ›Veland‹ erschreckte die Grausamkeit der Vorgänge, die sich auch in den großen, während des Krieges vollendeten Dramen ›Winterballade‹, ›Der weiße Heiland‹ und ›Indipohdi‹ (s. d.), niederschlug. Der ›Veland‹ blieb ein Torso bis nach dem Ende des Krieges. In der ersten Gesamtausgabe von 1922 wurde er zum erstenmal veröffentlicht, nach der Uraufführung von ›Indipohdi‹; nach der Ermordung seines Freundes Walther Rathenau erneut von der Grausamkeit der Zeit erregt, vollendete Hauptmann den Text im Herbst 1923. – Er inszenierte das schwere Schauspiel, mit dem er sich auf die Suche nach dem mythischen ›Urdrama‹ gemacht hatte, selbst. Hauptmann war der Mittelpunkt der Festlichkeiten im Deutschen Schauspielhaus. Am 15. September hatte er dort seinen ›Dank an die deutschen Schauspieler‹ gesprochen und gesagt: »Der deutsche Schauspieler ist der Nation verpflichtet, aber die deutsche Nation ist auch dem Schauspieler verpflichtet. Er ist es, der ihr, mit dem Dichter gemeinsam, ihr Wesen, das heißt ihr inneres Schicksal, zu festlicher Steigerung befreit, ins Bewußtsein bringt.« Der ›Veland‹ sollte das folgende szenische Beispiel dafür sein. – Wieder erwies sich ein mythisches Stück als zu schwer für die Bühne. Wieder fand sich der Dichter (der nach ›Indipohdi‹ noch ›Kaiser Maxens Brautfahrt‹ am 14. Januar 1924 am Leipziger Schauspielhaus uraufgeführt sehen konnte) mehr für sein Gesamtwerk als für dies neue Drama begrüßt. – Im Dezember 1942 brachte Heinrich George den ›Veland‹ dem achtzigjährigen Hauptmann noch einmal als ›Geschenk‹ im Berliner Schillertheater. George spielte den Veland – aber auch er konnte das Stück nicht durchsetzen. Trotz des ausbleibenden Erfolgs war auch diese Hauptmann-Uraufführung ein ›deutsches Ereignis‹.

Fritz Engel, Berliner Tageblatt 21. 9. 1925

Gerhart Hauptmann, fernab von Mexiko, steigt in nordische Sagenschächte. Er schreibt mit Unterbrechungen an diesem ›Veland‹, und schließlich wird es sein Revolutionsdrama. Man muß scharf hinhören; dieser Haupt- oder doch Endklang übertönt nicht die Nebenklänge.
Aus dem fernen Sagenspiel wirft er das Bild des Menschen zurück, der sich aus der Knechtschaft erlöst und in den Raum der Freiheit schwebt, des Einzelmenschen, der dennoch das Volk vertritt. Es ist anders als in den ›Webern‹. Nicht mehr die Masse ist sichtbar, der Held. Nicht mehr wird ihre Not handgreiflich gezeigt; ihre Sprache, mit feinstem Ohr erlauscht, wird nicht vernommen. Auch das Wutwortgerassel unserer Jüngsten wird, stumm geworden, nicht noch einmal wiederholt. Eher schon einige ihrer Ideen. Der Dichter steht auf dem Kothurn, er schreibt nicht einmal mehr fünffüßige Jamben, das festliche Maß der deutschen Klassik. Er geht bis zu Aischylos und Sophokles zurück, er schreibt Trimeter, wie sie Schiller, als er der Antike sich näherte, in der ›Braut von Messina‹ angewandt, aber vorsichtig nur an einigen Stellen. Hier, im ›Veland‹ hören wir sie immer. Für Wuchtstellen geeignet, haben sie, wenn sie in Fülle und pausenlos auftreten, etwas schabend Eintöniges, und ihr Rhythmus stumpft sich ab. Wie sehr auch der Glanz der Hauptmannschen Sprache oft bezaubert.
Die Überlieferung aus der ältesten Schicht der Sagengeologie erzählt: Veland, der kunstreiche Schmied, wird von seinem König durch Zerschneiden der Fußsehnen gelähmt und entflieht dann auf selbstgemachten Fittichen. Man spürt die nahe Berührung mit dem griechischen Mythos. Der lahme Hephaistos bringt sich in Erinnerung. Die Dädalossage meldet sich und die uralte Sehnsucht der Menschheit, der Schwerkraft zu entrinnen. Hauptmann, der Dichter von Glashüttenmärchen, der Freund aller bildenden Künste, findet in der Velandsgestalt gern den Zug des schöpferischen Künstlers. Veland ist zwar ein fauchender, knurrender, wütiger Kaliban, ein »mächtiges, menschliches Untier«, ein ungeschlachter Riese, aber mit den Zwergen der Sage, die in Erdtiefen die Metalle finden und zum Labsal der putzsüchtigen Götter und Göttinnen in Geschmeide wandeln, hat er die hohe Kunst gemein. Daneben ist er

ein hitziger Jäger: hier taucht das Volkssymbolische auf, zwei Wesenszüge, auf die eine Gestalt gesammelt, der rohe und der sanfte Trieb. Veland hatte seinem Landesherrn, dem König Harald Schönhaar, den Wald verwüstet, er wurde eingefangen, grauenvoll gestraft und zur Sklavenarbeit verurteilt, die Sehnen wurden ihm durchschnitten. Auf Velandsholm haust er in mitternächtiger Gluthöhle, aus der Erde wühlt er Gold, er schmilzt es, er hämmert und formt es, zwangsweise Hofjuwelier des Königs. Rache! schreit er, und Sehnsucht nach der schönen Hervare Allweiß, die ihm entflogen, es ist keine andere Sehnsucht als die nach dem verlorenen Paradiese, steigert seine Wildheit. Die Kinder des Königs, zwei Knaben, schön wie Phaon von der Großen Insel, und die Prinzessin Bödwild, die dem Königsfreunde Gunnar zugesprochen, kommen, von seinen goldenen Schätzen gelockt, zu dem rußgeschwärzten, kunstreichen Ungeheuer; er behält sie als Pfand der Vergeltung. Die Knaben tötet er grauenhaft. Wie Tantal den Göttern das Schulterfleisch seines Sohnes Pelops auftischte, so gibt Veland dem König das Blut der Kinder aus ihren Schädeldecken zu trinken. Die Tochter entweiht er. Der Schäfer Ketill mahnt zur Milde, dieser »gute Hirte«. Aber Veland hat sich längst die Flügel zur Flucht geschmiedet. In Bödwilds Sohn, von Veland in wüster Stunde gezeugt, aus Königs- und Volksblut vereint, wird dem Lande der wahre König erwachsen. »Der neue Mensch«, so wurde es ähnlich in Dramen, Romanen und Gedichten der letzten Jahre gesagt. Das Königtum, wie es ihn selbst in Fesseln gelegt, dieses goldgierige, tyrannische, nur in eigener Not menschlich fühlende, soll ausgespielt haben. Auch gegen Gott, den »lallenden Allvater«, der diese Weltordnung zugelassen, hebt Veland die Faust des Prometheus. »Und was bleibt dir selbst zu tun?« fragt der Schäfer Ketill. Veland antwortet:

> Zu tun? Dem Volk der Fröner Gutes, Böses ihm
> Und jedem, der vom blut'gen Schweiß des Knechts lebt,
> Allvater und den Seinen! –

Hier entschält sich aus vielen Hüllen der Grundgedanke. Spät, nicht genug vorbereitet, spät und schwer, steigt er aus der Fülle anderer Motive auf. Dieses Drama des ›Volkes‹ ist auch ein Künstlerdrama, es erglüht für Freiheit und verwertet zugleich die antike Vorstellung von der Unfreiheit vor dem Schicksal, auch Nachheidnisch-Christliches klingt hinein. Das bekennerische Ethos vom Recht auf Selbstbestimmung und Befreiung ist willkommen in jeder, auch in dieser symbolischen Gestaltung. Dann freilich suchen wir hinter den Schleiern des Symbols das Menschliche. Das ist unser Recht. Und auch das ist erlaubt: wir suchen die tragische Entwicklung der Gestalten. Wir werden nicht ganz befriedigt. Zwar in König Haralds Schmerz um die verschwundenen Söhne ist Herzenston, und Velands innere Konstitution wird erschlossen. Wir fühlen den Menschen schlechthin im Kampf zwischen Gutseinwollen und Schlechtseinmüssen, wenn wir den Rauhen weich werden sehen, den Weichen rauh. Er steht im Sturm und Gegensturm der Empfindungen, das ist dichterisch gesehen und gestaltet. Aber Dame Bödwild ist nur ersonnen. Sie kommt in Velands düstere Zauberwerkstatt, aber sie haßt ihn. Grimmigste Scheltworte, giftigster Hohn aus ihrem schönen Munde. Dann liebt sie ihn, in der Pause zwischen dem zweiten und dritten Akt hat sie ihn lieben gelernt. Warum? Wieso? Keine Antwort. Das Stück gibt sie nicht; unsere Einbil-

dungskraft, aufs höchste angestrengt, vermag sie nicht zu geben. Leise nur, weil wir den Dichter lieben, ruft es in uns: Theater!
Erstaunlich bleibt, wie Hauptmann das Theater anspannt. Seine malerische Phantasie steht in Blüte. Er verlangt Äußerstes von der Bühne, Traum und Spuk, Getöse der Natur, Gesang unsichtbarer Stimmen. In der Luft erscheinen Kleinodien, Schemen der gemordeten Knaben enttauchen dem Dunkel, die Herzen der Knaben werden aufgetischt. Der dritte Akt ist voll und übervoll von solchen Reizen für den staunenden Blick. Noch nie hat der Dichter seine Lust am Magischen so stark gesättigt. Noch nie ist er dem Bühnenwundermann Shakespeare im Äußeren so nahe gekommen.
Shakespeares Phantasie konnte sich zu seiner Lebzeit nicht in Kulisse umsetzen, sie blieb im Geheimfach des Dichterhirnes und seiner Zuschauer. Auch Hauptmanns Visionen lassen sich restlos nicht vergegenwärtigen. Es gibt Grenzen der szenischen Kunst, es gibt auch Rücksichten. Bödwild soll im Schlußakt in der Nacktheit der knidischen Aphrodite erscheinen. Sie soll vor den Augen des Vaters, vor den Zuschauern, von Veland erobert werden. Das geht nicht, das ginge nicht einmal in Berlin. Aber was die Szene leisten kann an heroischer Düsternis, an Kräften der technischen Apparatur, an allen Künsten des gaukelnden Scheins, wurde im Rahmen der Bühnenbilder von Ivo Hauptmann gezeigt. Die Darsteller des Deutschen Schauspielhauses nutzten die Stunde voll Freudigkeit, hinter ihnen stand begeisternd, mit seinem Sinn für das Malerische in Ton und Gebärde, der Regisseur Gerhart Hauptmann. Man hörte von schwächeren Kräften manches nur Gelernte und in der Wildheit manches Steif' und Starre. Aber neben Robert Nhils schöner Sprachmusik (der Hirt Ketill) hörte man noch andere, die der kühlen Leidenschaft der Dichtung guten Vortrag geben: Erika Beilke als Bödwild. Reinhold Lütjohann und Friedrich Siems. Otto Werther als Veland konnte mehr geben. Er war von großartig wilder Urnatürlichkeit schon im Aussehen. Aus tieferen Schächten holte er die Wucht des Organs und den Komplex an Haß, Liebe, Reue und Sehnsucht.
Der Zuhörerkreis, zuerst stumm, ließ am Schluß den Dichter wissen, wie er verehrt wird.

Otto Reiner, Frankfurter Zeitung 22. 9. 1925

[...] der sehnsüchtig jambische Rhythmus, die betonte Sachlichkeit des Dialogs und das Auftreten einer Art Gott aus der Maschine in der Schlußwendung lassen vermuten, daß Hauptmann uns diesmal griechisch kommen wollte.
Was auf die einleitende Szene folgt, ist eine einzige, immer von neuem angeheizte Orgie der Rachebrunst Velands. Mit teuflischer Kunst verzögerter Lust weidet sich der Unhold an der Qual des Königs, der, würdelos flehend, um das Schicksal der verschollenen Kinder zittert. Nichts bleibt dem Zuschauer an physischen Schauern erspart, weder die Abschlachtung der sonnig-arglosen Königssöhne, noch die Schändung der Tochter Bödwild, noch die letzte Erfüllung des Velandschen Vergeltungsrausches, jenes Gastmahl, bei dem der König das Blut seiner Kinder aus ihren Hirnschalen trinkt. Was bei all diesem Aufwand fehlt, ist freilich die dramatische Reibfläche. Gegenspieler sind nicht

da, und das ist wohl der Haupteinwand, den man gegen diese Hauptmannsche Form erheben muß. Die Partner Velands sind passive Existenzen, seinem elementaren Willen stellt keiner ein gleichwertig gesammeltes Wesensprinzip gegenüber. Was dieses Tier mit dem Funken der Gnade in den Augen bedrängt, kommt aus ihm selber. Bödwild, die zwischen Traum und Wachsein in einer echt Hauptmannschen, leider nur skizzenhaft geratenen Szene Veland verfällt, ist in der verwandelten Wesensform Geschöpf seiner Magie. Und auch die Gestalt jener, eigentlich den Rahmen sprengenden Heilandsfigur, des Hirten Ketill, ist wohl am sichersten als Projektion einer seelischen Proteststimme in der Brust Velands zu deuten. Zu einem dramatischen Kräftespiel zwischen heidnischer Dumpfheit und christlicher Geistlichkeit kommt es übrigens nicht, auch der fromme, in der Bergpredigt belesene Schafhirt hat keine notorische Bedeutung für die Entwicklung der dramatischen Situation. Auch er ist nur ein Gesprächspartner und Stichwortbringer der, in Wahrheit monodramatisch gestalteten Hauptfigur.

Wenn trotz des Mangels an innerer Bewegung, dem Hauptmann vom Theater her, durch stilistisch bedenkliche opernhafte Gewürzzutaten beizukommen sucht, gelegentlich auch durch eine kraftmeierisch grobianisch aufgereckte Rhetorik; wenn trotz der reichlich verkarsteten, mit Füllsilben, Füllwörtern, Füllsätzen überlasteten Sprache ein lebendiges Interesse wachbleibt, so ist das auf die Atmosphäre und das unleugbar monumentale Format der Velandfigur zurückzuführen. Solche Zwischenwesen, panische Gestalten, die noch im Element beheimatet sind, und in denen das Seelische erst knospt, sind ja seit jeher die Stärke Hauptmanns gewesen. Großartiger, weil seiner Natur bewußter als Nickelmann oder Huhn, hat Hauptmann das zum Licht ringende Gott-Tier im Veland gestaltet. Der Hintersinn dieser vollwüchsigen Figur, die spezifisch Hauptmannsche Deutung der Wielandsage kann freilich nur erraten werden. So groß dieser Dichter gelegentlich im Intuitiven und Gefühlsseherischen ist, das Zerebrale, Philosophische und geistig Spekulative war niemals seine Sache, ein Ideenformer ist Hauptmann nicht. Der tönereiche, etwas unorganisch aufgesetzte sozialrevolutionäre Schlußmonolog bietet ebenso wenig die eindeutige Lösung, wie manche, geheimniskrämerisch betonte Dialogwendung. Was Hauptmann vorschwebte, war vielleicht ein germanischer Prometheusmythos, und sein Veland will ausdrücken, daß die schöpferische Tat durch Qual, Brunst und Einsamkeit der Kreatur führt und nur in ewiger Rebellion gegen das, was ist, gedeiht.

Sein Werk hat Gerhart Hauptmann im Hamburger Deutschen Schauspielhaus selbst inszeniert. Man weiß, daß Hauptmann, besonders im Zusammenhang mit dem Wort, ein ungewöhnlich formsicherer Regisseur ist. Das Schauspielhaus hat dem Dichter seine besten Kräfte zur Verfügung gestellt, und man kann wohl sagen, daß es Hauptmann gelungen ist, seine Vision ohne wesentlichen Rest in bühnenmäßigen Ausdruck umzusetzen. Den Veland gab Otto Werther, der nicht nur ein intelligenter und eigenwilliger Künstler, sondern geradezu eine Spezialität für die Darstellung dämonisch geladener, irgendwie schöpferischer Menschen ist. Die Bödwild spielte Erika Beilke sprecherisch wie immer virtuos und mit feiner Einfühlung in die wechselvollen, leider übergangslosen Stationen der Rolle. Die übrigen Darsteller können im Hinblick auf die ihnen vom Dichter zugewiesenen, mehr oder weniger subalternen Aufgaben unter dem Generalnenner rhetorischer Tüchtigkeit summarisch erwähnt werden. – Das Werk wurde nach den ersten Aktschlüssen zurückhaltend aufgenommen, nach dem Schlußakt aber wurde Gerhart Hauptmann vom Publikum laut gefeiert.

Stefan Großmann, Das Tagebuch 6. 10. 1925

[...] Eine Hauptmann-Uraufführung, das bedeutet herbeieilende Gäste aus allen Teilen des Reichs. Allein der D-Zug aus Berlin spie in Hamburg ein Dutzend Kritiker aus.
Eine Arbeit, die dreißig Jahre mit ihrem Schöpfer herumging, steht unzweifelhaft mit den Wurzeln seines geistigen Wesens in Zusammenhang. Diese lange getragenen Schöpfungen sind ihrem Vater besonders teuer, aber die schwer geborenen Werke sind nicht die schnell erobernden und nicht die schnell beglückenden. Auch der ›Veland‹ Hauptmanns, ein unheiteres, geheimnisreiches, mit blutigen Grausamkeiten angefülltes Werk, wird keinen im ersten Schwunge erobern. Man muß um diese Dichtung beharrlich werben; ergibt sie sich dann wenigstens?
Wer Hauptmann liebt, wird in dies Werk zu dringen versuchen. Sicher hat die alte Wielandsage Hauptmann im empfindlichsten Punkte seiner Phantasie angerührt. [...] Nicht nur das Befreiungsmotiv des ›Wieland‹ lockte Hauptmann, auch die Grausamkeit der Sage. Merkwürdig, daß dieser mildeste Dichter immer wieder von sadistischen Vorgängen angelockt wird, man denke an die Mißhandlungen des Hannele, an die schrecklichen Leiden, die Ottegebe auf sich nimmt, an die Qualen, die der gebärenden Griseldis zugefügt werden, an die zarte, leichte Pippa, die in guter Laune mit einem kleinen Lederriemchen losschlägt, man denke an die höllischen Martern, die dem weißen Heiland zugefügt werden. Und es gibt Werke Hauptmanns, die nur deshalb in der Schublade liegen, weil sie von Grausamkeiten strotzen. Hier nun kann Hauptmann, auf die Edda gestützt, seinen Grausamkeitsrausch austoben. Der Wieland der Sage tötet die Söhne Nidungs, des Fürsten, und schwängert seine Tochter. Es gibt schon in der Sage eine gewisse Wollust der Grausamkeit:
[...] Diese Grausamkeiten malt Hauptmann mit Lust, und deshalb sind diese Szenen der feurigste, farbigste Teil des Werkes. Der Typus der dienend liebenden Frau, den hier Bödwild, die zu Wieland verirrte Königstochter, repräsentiert, ist aus der Hauptmannschen Frauen-Galerie. Käthe Vockerath diente dumpf, Ottegebe nahm den Aussatz freudig auf sich, Griseldis wusch die Treppen im Schloß des Geliebten. Hier schmiegt sich Bödwild, anfangs königlicher Verachtung voll, gelähmt, geduckt, bezaubert, zu Füßen Wielands, des verletzten Proletariers. Ja, die Renegatin will an Wielands Rachefest gegen Vater und Vaterland jauchzend teilnehmen, aber Wieland entschwingt sich auch ihr auf feurigen Flügeln, prometheischer Mission zu, nicht in ein Paradies, sondern in ein erhöhtes Arbeitsland. Er muß auch als Erlöser tätig sein.

»Dem Volk der Fröner Gutes, Böses ihm
Und jedem, der vom blut'gen Schweiß des Knechts lebt,
Allvater und den Seinen.«

Er ist der germanische Rebell, der so, den Hammer in der Faust, nicht philosophiert, sondern agitiert.

Dennoch wäre es ganz falsch, wollte man meinen, die Wielandtragödie Hauptmanns wirke rebellisch-agitatorisch. Dazu ist sie viel zu abhängig von der alten Sage, zuviel Geistererscheinungen und Sagen-Unwirklichkeit dämpfen den Stoff. Der ›Wieland‹ ist kein frisch ins Volk geworfenes Werk, er ist ein jahrzehntelang gestickter Gobelin, auf welchem Motive aus einer ewigen Freiheitssage eingewirkt sind. Die Hamburger Patrizier, die am Sonnabend alle Logen des Schauspielhauses füllten, spürten keine Abneigung gegen den rebellierenden Schmied, die Sage distanzierte, und so saßen sie den ganzen Abend ziemlich steif und hochachtungsvoll da. Sie fühlten: Das muß die hohe Kunst sein, denn uns geht die Sache eigentlich gar nichts an. Es spricht gegen Hauptmanns Werk, daß kein Zuschauer diesen Sagen-Wieland in die Gegenwart übersetzte. Wären Wielande von heute im Theater gewesen, sie hätten den Trimeter sprechenden, im Blute watenden Schmied auf der Bühne nicht als Genossen gefühlt. Das ist der Vor- und Nachteil der sinngebenden Bearbeitungen aller Mythen. Historische Luft, historisches Kostüm entfernen alle Gegenwartsbeziehung, die Figuren werden durch die Sage entblutet, das verkleidete Problem wirkt unproblemhaft. Es bleibt nur das artistische Behagen des Gobelin-Beschauers, alle Unmittelbarkeit des Gefühls verflüchtigt sich, die Dichtung geht nicht ins Blut des Hörers, es entstehen vornehme, aber kühle artistische Wirkungen.

Ist es ein Zufall, daß diese Dichtung von sehr viel Harfen- und Flötenspiel unterbrochen wird? Ein Akt schließt mit Chorgesang hinter der Bühne. Der gebildete Zuschauer erinnert sich (mitten in tragischen Szenen), daß Richard Wagner einen Entwurf zu einer deutschen Oper ›Wieland‹ hinterlassen hat. Es gibt Augenblicke, wo man auch diesen ›Veland‹ für den ausgeführten Entwurf zu einer deutschen Volksoper hält. Vielleicht könnte dem Werke durch einen großen Musiker geholfen werden? Dann müßte die Figur, die Hauptmann in den alten Gobelin neu eingewirkt, die Gestalt eines jungen Hirten, der die milde Weise eines naiven Christentums singt, in den Vordergrund gerückt werden. Die Flöte dieses Hirten ruft nach dem Komponisten.

Am Ende der Vorstellung, die als Theateraufführung so schlecht war, daß ich mich gar nicht ins Detail einer Besprechung einlassen will, erschien Gerhart Hauptmann, weißhaarig, glücklich, den Kopf zu den Sternen. Dieses Schauspiel im Schauspiel war der schönste Augenblick des Abends. Alle Leute, die den ›Veland‹ angehört, haben sich, seien wir ehrlich, achtungsvoll gelangweilt. Wahrscheinlich hätte ein der Figur des ›Veland‹ halbwegs gewachsener Darsteller, wenigstens in den höchsten Szenen, Leben in die Herzen gebracht. Aber wie groß ist der Sieg Hauptmanns über die Deutschen, daß sie drei Stunden angestrengt lauschend dasaßen, sich nicht zu regen wagten und am Schluß doch, von der edlen Erscheinung Hauptmanns hingerissen, in eine Huldigung von höchster Freudigkeit einstimmten! Ja, das ist der höchste Gipfel des Ruhmes, den eine Nation zu vergeben hat: Begeisterung für einen Dichter, auch wenn man sein Werk nicht begriffen, auch wenn sein Werk uns nicht ergriffen hat. Die Jubelnden hatten recht. Hauptmann ist mehr als sein ›Veland‹, der Schöpfer reicher als sein Geschöpf.

George Bernard Shaw Zurück zu Methusalem

Die Tribüne Berlin (Teil 1 und 2), 21. September 1925, Regie Martin Kerb

Theater in der Königgrätzer Straße (Teil 3 bis 5) – 26. November 1925, Regie Viktor Barnowsky

Das erste (und zugkräftigste) Stück des ›neuen‹ Shaw hatte Max Reinhardt im Oktober 1924 nach Deutschland gebracht. ›Die heilige Johanna‹ wurde ein Serienerfolg. – Zwei Jahre vor der ›Johanna‹, 1921, hatte Shaw das umfangreichste Theaterstück beendet, das für das moderne Theater geschrieben wurde. Er zeichnete darin in fünf Bildern, alle Grenzen des Illusionstheaters durchstoßend, den Menschheitsweg vom Paradies bis ins Jahr 31290. Er hatte erfahren, daß nach der Katastrophe des Weltkriegs noch immer mit unzureichender Klugheit Politik gemacht wurde; er führt im zweiten Bild Politiker wie Lloyd George vor und klagte, daß der Mensch schon sterben müsse, wenn er gerade klug zu werden beginne. »Die Menschen leben nicht lange genug, sie sind für alle Zwecke hoher Zivilisation reine Kinder, wenn sie sterben.« Der Mensch solle sein Alter auf dreihundert oder dreitausend Jahre festsetzen. Er nannte das ›deduktive Biologie‹, die sich von den Erfordernissen der Kultur ableite. Er bezeichnete diesen »metabiologischen Pentateuch« als sein »Lebenswerk« und als seinen »Beitrag zur modernen Bibel«. – Es war ein Monstre-Stück, das die Theaterdirektoren schreckte und als unaufführbar galt. 1922 fand sich in New York eine Truppe für die Uraufführung. Es gab sogar eine anhaltende Wirkung, wie Siegfried Trebitsch, der Übersetzer, berichtet. Dann richtete in der englischen Stadt Birmingham Barry Jackson in seinem Repertoire-Theater Shaw-Festspiele ein und brachte dort an drei Abenden den ›Methusalem‹, hob die Hauptlinien kräftig heraus und hatte damit einen unerwarteten Erfolg. – In Deutschland wurde die Aufführung im Strom des ›Johanna‹-Erfolges gewagt. Gleichzeitig im Münchner Schauspielhaus, wo Richard Revy am 20. September 1925 den ersten und zweiten Teil inszenierte (Therese Giehse als Schlange, Charlotte Schultz als Eva, Leibelt als Minister Joice Binge), und in Berlin. In Berlin meldete mit der kurz aufeinander folgenden Darstellung aller fünf Teile Viktor Barnowsky, der einstige Direktor des Lessing-Theaters, seine Rückkehr in das Theaterleben der Stadt. Zu den drei Bühnen, die er jetzt leitete, gehörte die ›Tribüne‹, das ›Komödienhaus‹ und, als wichtigstes, das ›Theater in der Königgrätzer Straße‹. Er hatte sich dort eingeführt mit der Wiederaufnahme von Shakespeares ›Wie es euch gefällt‹, mit der Bergner als Rosalinde und dem bitter-melancholischen Kortner als Jacques (1. 9. 1925); am 2. Oktober folgte Grabbes ›Don Juan und Faust‹ mit Rudolf Forster, Friedrich Kayßler und Fritz Kortner. – Mit der Inszenierung des Shaw und mit dem Ensemble, das er darin vorstellte, war er sofort wieder die ›dritte Kraft‹ im Theater der Reichshauptstadt. Shaw, von seinen Erfolgen in Deutschland verwöhnt, hatte auf diese Aufführung schon lange gewartet.

Tribüne Berlin
Herbert Ihering, Berliner Börsen-Courier 22. 9. 1925

[...]
Die Sätze, die Shaw in der 120 Seiten langen Vorrede ›Die fünf Dezennien des Unglaubens‹ seinem metabiologischen Pentateuch ›Zurück zu Methusalem‹ voransetzt, zeigen genau an, wie weit Shaw von Drama und Theater entfernt ist. Shaw vermißt bei Shakespeare die Verkündung einer Religion und hat recht. Shakespeare aber braucht keine Religion zu verkünden, weil sie seinen Gestalten einverleibt ist. Der Verkünder Shaw vermißt also bei dem Gestalter Shakespeare gerade die Eigenschaft, deren Nichtbesitz dieser vor ihm voraushat. »Sie haben keine Philosophie zu verkünden: sie sind nur Pessimisten und Spötter« – schlagender könnte der Unterschied zwischen szenischem Diskussionsredner und dramatischer Gestalt nicht formuliert werden. Bei Shaw: Die Personen sind da, um Meinungen zu äußern. Bei Shakespeare: Die Meinungen sind da, um Charakterfarbe zu werden. Aber in der letzten Konsequenz erleben wir die Umkehrung: Shakespeare wird Verkünder auf einer Höhe, auf der Shaw längst seine Meinungen durch Ironie gebrochen hat. Die ›Verkündung‹ des Dramas ist die letzte Auswirkung der Gestaltung. Die Verkündung Shaws ist die Vorstufe der Gestaltung (die in seinen besten Stücken überschritten wird). Shakespeares Verkündung bedarf keiner bestimmten Religionsphilosophie, weil sie nicht Meinung, sondern Anschauung, Phantasieerlebnis ist. Shaws Verkündung braucht bestimmte Glaubenssätze und Meinungskomplexe, weil sie nicht schöpferische Anschauung, sondern höchstes, geistigstes Bildungsresultat ist. Shaw versteht unter Theater die Weiterentwicklung des zivilisatorischen Dramas und stellt deshalb den Dramatiker Goethe über den Dramatiker Shakespeare. Shaw gibt in seinem fünfteiligen Werk ›Zurück zu Methusalem‹ kein Drama, sondern den letzten Auslauf des zivilisatorischen Theaters: die Rede-Revue.

›Zurück zu Methusalem‹ – Shaw beginnt ›Am Anfang‹ mit Adam und Eva im Garten Eden. Er läßt den zweiten Teil, ›Das Evangelium der Brüder Barnabas‹, zwei Jahre nach dem Kriege spielen, und geht in den letzten Teilen (die gestern nicht aufgeführt wurden) bis in das Jahr 31920 nach Christi Geburt. Ein tragisches Werk: Ein großer Schriftsteller schreibt über schöpferische Entwicklung, über die Lebenssteigerung des Menschen bis ins Alter des Methusalem – ohne schöpferische Intention. Shaw führt im zweiten Stück Lloyd George und Asquith ab, weil sie glauben, die Verkündung des Biologen Barnabas sei die Verkündung eines Elixiers, eines Mittelchens, das Leben auf mindestens dreihundert Jahre zu verlängern. Aber Shaw ist selbst Lloyd George, ist selbst Asquith. Die vernünftigen Mittel, die diese Parteipolitiker geben wollen, gibt er selbst. Es sind die Meinungspillen, die Ansichtselixiere, die Ironieextrakte, die er verteilt. Shaw verhöhnt mit reizendem Witz die Führer der liberalen englischen Partei. Was er aber spricht, ist selbst eine Liberalität, die nach keiner Seite verpflichtet; die aufkratzt, aber nicht einschmilzt; die anreizt, aber ohne Folgen bleibt. Der geistigen Bequemlichkeit, die Shaw aufrütteln will, verfällt er zuletzt selbst. Er kämpft gegen den Unglauben, der Zaubertränke anstatt des schöpferischen Erlebnisses will, und gibt selbst nur: den Zaubertrank.

Aber es gibt auch für Diskussionsstücke Möglichkeiten des Theaters. Die Tribüne war als ein Theater der aktivistischen, der verkündenden, der Meinun-

gen äußernden Literatur gegründet. Diesem Zweck, dem seine Podiumbühne entsprach, wurde es durch Barnowsky zum erstenmal wieder zugeführt. Die Berliner Bühnen müssen sich voneinander unterscheiden. Die Tribüne hatte gestern ihre Sonderbedeutung und damit ihren Erfolg. Es war ein Abend, der an die besten Aufführungen des Kleinen Theaters erinnerte. Die Regie führte Martin Kerb. Und es war besonders erfreulich, daß man nicht die Leistung eines Theaters spürte. ›Am Anfang‹ mit dem Garten Eden ist nicht leicht zu geben. Gerade für ein redendes Stück wäre besser eine einfache Dekoration gewesen (wie sie dem außerordentlich begabten Maler Neher liegen müßte). Aber schon hier spielten Johanna Hofer und Ernst Stahl-Nachbaur unauffällig und einfach. Johanna Hofer, von ihren eigenen Leistungen her gesehen: sicher, klar, warm, menschlich im Ton, ohne Tremolieren. Von den Möglichkeiten der alten Eva gesehen: zu nüchtern, zu schwach. Wilhelm Dieterle gab nicht die Rederevue von Shaw, sondern die Bildrevue von Haller. Anna Kersten sprach die Schlange mit auffallend gut und sicher gesetzten Tönen, mit Gehör und persönlichem Ausdruck.
Ernst Stahl-Nachbaur gab auch den Lloyd George, der im Stück Joice-Burge heißt. Aber er blieb im Spiel nicht auf der Höhe seiner ausgezeichneten Maske, seines ausgezeichneten Auftretens. Ihm fehlte die sprachliche Plastik und Klarheit, die Curt Goetz trotz seines unergiebigen Organs in der Vollkommenheit hatte. Curt Goetz gab den Ausdruck seiner Rolle, des Asquith (im Stück Lubin). Köstlich die Leichtigkeit seiner Dialogführung, die Zartheit seines Witzes. Außerordentlich die absolute Einheit von Ton und Gebärde. Goetz ist heute immer noch der beste deutsche Shaw-Darsteller: Er charakterisiert aus der Sprache. (Erna Reigbert, die ein Stubenmädchen gab, ist in solchen Rollen freier als in klassischen.)

Theater in der Königgrätzer Straße
Monty Jacobs, Vossische Zeitung, Berlin, 27. 11. 1925

Dreifache Ursache hat die Theaterstadt Berlin, auf den gestrigen Abend stolz zu sein. Zum ersten hat sich ein Bühnenleiter an ein reines Spiel des Geistes gewagt. Zum zweiten half ihm erlesene Schauspielkunst. Zum dritten wurde das Ganze einem Publikum dargeboten, das ermüdende Strecken respektvoll durchschritt, um mit Bernard Shaw ›Bis an des Gedankens Grenzen‹ vorzudringen.
So heißt das letzte der fünf Dramen, aus denen der Zyklus ›Zurück zu Methusalem‹ besteht. Schon als Viktor Barnowsky die ersten beiden Teile auf der Tribüne vorführte, ist hier versucht worden, die Wölbung des gewaltigen Baus nachzuzeichnen. Damals sahen wir Vergangenheit und Gegenwart, den Garten Eden und das Studierzimmer der Brüder Barnabas, in dem ein übermütiger Geist den Politikern Lloyd George und Asquith das Wort zu ihrem Quacksalbern erteilt.
Diesmal geht der Weg in die Zukunft. ›Das Ereignis tritt ein‹, nämlich im Jahre 2170: die ersten Menschen finden sich, die nach dem Rezept der Brüder Barnabas ihre Lebensdauer auf dreihundert Jahre verlängert haben. Der junge

Geistliche und das Stubenmädchen, zwei Nebenfiguren aus jener Studierstube mit den politischen Gästen, erkennen einander als die Mutigen, die zuerst mit der Losung ›Zurück zu Methusalem‹ ernst machen. Sie leben in einem England, das sich von Chinesen und Negerinnen regieren läßt, um seine geistigen Kräfte ungestört den Freuden des Weekend widmen zu können.
Tausend Jahre später, um das Jahr 3000, spielt sich die ›Tragödie eines ältlichen Herrn‹ ab. Er kommt aus Bagdad, der Hauptstadt des britischen Reiches, als pietätvoller Besucher Irlands, und wird dort unter den Praktikern der Methusalems-Lehre, seinem weißen Barte zum Trotz, als Säugling, als ›Kurzleber‹ schnöde behandelt. Der Staatsmann, der mit ihm reist, mißbraucht das Orakel der Insel für den politischen Kuhhandel seiner Heimat. Sein zweiter Fahrtgenosse, Schlachtenkaiser und Napoleonkopist, wird von den Vorgeschrittenen einer Friedensinsel ausgelacht. Dem ältlichen Herrn, der hilflos im Zusammenprall zweier Geisteswelten schlottert, kann das Orakel nur durch eine Tat des Mitleids helfen. Deshalb tötet es den Gast.
Das Jahr 30 000 endlich führt ›Bis an des Gedankens Grenze‹. Die Menschen, nun Tausendjährige geworden, sind von Evas Verfluchung erlöst. Denn ihr Nachwuchs kommt in höchst komfortablen Rieseneiern zur Welt, aus denen sich munter schwatzende Mitbürger herausschälen. Liebe – das ist bloß noch ein Spiel für Kinder, Kunst enthüllt sich als ein Wahn, als wertloses Scheinleben, da niemand etwas anderes als sich selbst schaffen kann.
Die Alten sind Wortführer des Spiels, das nun feierlich als Mysterium ausklingt. Von den Phantomen der Liebe, der Kunst, sogar der Natur seelisch befreit, erkennen sie, daß sie sich zu Sklaven eines Sklaven, nämlich ihres Körpers gemacht haben. Solange sie an ihn gefesselt sind, kann sich ihr Menschenschicksal: Unsterblichkeit, nicht erfüllen. So wollen sie den Leib abtun, der Vergeistigung auf der Spur.
Mit der Wiederkehr Adams, Evas und der Schlange rundet sich der Kreis. Eva sieht mit Freuden, daß ihre Erwählten, die Träumer, die Erben der Erde geworden sind, nicht die Fachmenschen mit Schwert und Spaten. Urmutter Lilith aber spricht schweren Muts den Epilog: in einer vergeistigten, vom Fleische erlösten Welt wird Kraft nicht mehr Materie, sondern Leben sein. Und nur das Leben ist ohne Ende.

Aus Bitterkeit ist das ganze Spiel geboren. Denn was bedeutet die Methusalem-Sehnsucht anderes als die verhüllte Erkenntnis, daß der Mensch, in den Grenzen seines Lebens ein Wesen von fragwürdigem Wert bleibt. Der Humor, aus Bernard Shaws unerschlaffter Fröhlichkeit des Herzens gespendet, täuscht über die Melancholie des Grundgedankens nicht fort. Aber dieses Herz ist stark und frei genug, um Bitterkeit nicht in Verbitterung erstarren zu lassen. So tönt sein Mysterium, sein Spiel des Geistes nicht in zürnenden, sondern in beschwörenden Worten aus. Keine Abrechnung, sondern ein Vermächtnis.

Je weiter in Shaws Dichtung, wie in seiner Welt, die Vergeistigung fortschreitet, desto schattenhafter wird das Spiel, desto höher schrauben sich die Ansprüche an den Kopf der Zuschauer. So kann der zweite, von Barnowskys Mut gewagte Abend an szenischer Dankbarkeit nicht mit jenen Akten im Paradies und in Lloyd Georges Gegenwart wetteifern. Wie wenig die Lektüre Gewißheit über Theateraussichten schafft, lehrte wieder der gestrige Abend. Denn

der letzte Teil, mit all seiner Verklärung des Geistigen, schlug stärker ein als der Anfang jenes Spiels vom ältlichen Herrn, dessen Witz im Buche so hell funkelt.
Im Buche allein wird Shaw, der Dichter dieses Werks, zu seinem Rechte kommen. Hier gehen nicht, wie auf der Bühne, Worte verloren, wie jene Erkenntnis des ältlichen Herrn: über Anständigkeit kann man nicht ohne Unanständigkeit sprechen. Oder die Debatte des Jahres 30 000 über den Weltschöpfer: »Sein Name ist uns in mehreren Formen überliefert worden, einer davon ist Jupiter, ein anderer Voltaire.«
Kein Zuschauer, der Shaws Ehrlichkeit nacheifert, wird leugnen, daß seine Aufmerksamkeit gestern dort ermüdet ist, wo der Buchautor Shaw Herr über den Bühnendichter Shaw wird. Im Buche gehört es zu den Reizen des Werks, daß sich im Jahre 3000 gewisse Wirkungen aus dem Paradiese wiederholen. Aber der Sendbote aus Bagdad, dessen Fremdworte wie Ehe und Grundbesitz den Einwohnern der vorgeschrittenen irischen Insel rätselhaft bleiben, war auf der Bühne mit diesem Dialog nicht so glücklich wie Evas Schlange beim Erfinden der Menschensprache.

Shaws neue Form des dichtenden Debatters ist natürlich mit den Mitteln unserer Bühne schwer zu erobern. Desto höher muß Barnowskys Regieleistung bewertet werden. Er traf, mit Cesar Kleins Malkunst im Bunde, Ton und Tempo der Akte, er ließ Shaws Geist, soweit es im Bühnenlicht irgend möglich ist, produktiv werden. Kürzungen werden unvermeidlich sein, auch ohne daß mit den neuen Apparaten der Psychometrie die Ermattung des Publikums gemessen wird.
Wenn Bernard Shaw seinen angekündigten Besuch in Berlin ausführt, muß ihm diese Vorstellung vorgeführt werden. Sein fröhliches Herz wird sich an Curt Goetz laben, der aufs neue zwei Staatsmännern mit der Unschuld der Ignoranz und mit der Würde ohne Sicherheit die Narrenschelle umhängt. Er wird Rudolf Forster bewundern, einen Künstler im Aufstieg seines Schaffens, von der Manier seiner Anfänge befreit, einen ältlichen Herrn, der sich verlachen läßt, ohne lächerlich zu werden, einen Gestalter, reif für die hohen Ansprüche der Tragikomödie. Am stärksten wird auf den Dichter Fritz Kortner wirken. Denn sein chinesischer Staatslenker dringt noch über die Vorstudie, über den Malaien in Brechts ›Dickicht‹ hinaus, ein Unergründlicher, Undurchsichtiger, mit einer leisen, schwebenden Stimme, mit einem verschlagenen asiatischen Lächeln, mit einem Blick, der aus dem Wirklichen ins Unwirkliche gleitet.
Theodor Loos spielte sich selten so frei wie gestern als Erzbischof von dreihundert Jahren. Tilla Durieux als seine Altersgenossin, später als Orakel und Lilith, trat mit ihrer ganzen starken Persönlichkeit für ein Dichterwerk ein, das dieser Persönlichkeit besonders liegen muß. Fritta Brod hatte Gelegenheit, über ihre gräßliche Antrittsrolle als Grabbesche Donna Anna hinaus, zu zeigen, wie ihr Intellekt zu interessieren weiß, und Anna Kersten versuchte sich wieder in Methusalems Welt, wenn auch nicht so wirksam wie als Evas Schlange. Aus dem Ei schlüpfte Roma Bahns Neugeborene, ein echtes Mitglied der Shawschen Jugendopposition in einen Kreis, in dem Twardowski, von Alten, Margit Barnay zur Wirkung des Ganzen ehrlich halfen.

661

Wolfgang Goetz   Gneisenau

Uraufführung: Württembergisches Landestheater Stuttgart
28. September 1925, Regie Wolfgang Hoffmann-Harnisch

Deutsches Theater Berlin, 26. Oktober 1926, Regie Heinz Hilpert

Das Jahr 1925 hatte, von der dramatischen Produktion her gesehen, viele Gesichter. Neue Tendenzen machten sich geltend. Sie gingen nach vielen, nach allen Seiten. Was bisher im Zug der Literarisierung des Theaters (was anderes war der szenische Expressionismus?) zurückgedrängt war, schob sich nun wieder vor. Der preußische Unterstrom, der nicht identisch war mit dem nationalen, sich aber doch mit ihm verband, durchzog noch immer das Leben in der Republik. Im Film hatte er sich gezeigt in der ersten Welle der Fridericus-Filme. 1925 begann die zweite Welle mit Otto Gebühr, die 1928 mit seinem Film ›Der alte Fritz‹ ihren Höhepunkt erreichte. Auch auf dem Theater gab es während der zurückliegenden Jahre erfolgreiche ›preußische‹ Stücke wie ›Der Vater‹ von Joachim von der Goltz. – Mit der Entdeckung des Autors Wolfgang Goetz (geb. 1885 in Leipzig) und seines ›Gneisenau‹ kam dieser Neben- und Unterstrom an die Oberfläche. ›Gneisenau‹ wurde ein Überraschungserfolg, der sich in einen Dauererfolg verwandelte. Er wurde verstärkt durch das neuerwachte Interesse an historischen Stücken. Die historische Bilderfolge war seit Shaws ›Heiliger Johanna‹ ein neues Interessenfeld des sich versachlichenden Theaters. Werfels ›Juarez und Maximilian‹ (im April 1925 in Magdeburg uraufgeführt und von Reinhardt am 26. 5 1925 in der Josefstadt inszeniert) gehörte in dieselbe Entwicklung. – Schon die Stuttgarter Uraufführung setzte ›Gneisenau‹ durch. Im Oktober 1926 übergab Max Reinhardt das Stück Hilpert zur Inszenierung am Deutschen Theater. Der preußische General wurde eine Glanzrolle für Werner Krauß. Krauß berichtet in seinen Memoiren, wie wenig man am Deutschen Theater an das Stück glaubte. Deswegen habe Reinhardt die Regie nicht gewollt, deswegen habe man die Investitionen für die Ausstattung beschränkt. »Ich wußte schon nach dem dritten Bild, daß alles stimmte«, schrieb Krauß. – Hilperts Inszenierung war der erste Erfolg unter der neuen Leitung der Reinhardtbühnen: Dr. Robert Klein amtierte seit Anfang 1926 als Reinhardts Statthalter und erneuerte durch energische Arbeit den Ruf des Deutschen Theaters. 119 Aufführungen gab es von ›Gneisenau‹. – Zwei Jahre nach der Berliner Premiere setzte Krauß seine ›Gneisenau‹-Serie am Wiener Burgtheater fort.

Württembergisches Landestheater Stuttgart
H. M., Württembergische Zeitung, Stuttgart, 30. 9. 1925

Ein starker, ein geradezu stürmischer Erfolg! Schon nach dem zweiten Akt wird nach dem Dichter verlangt. Ein lang aufgeschossener Herr, kein Jüngling mehr, das schmale, sehr kluge und liebenswürdige Gesicht von unpreußisch langem Haar umflattert, verneigt sich mit eleganter Würde eines Regierungsrats und gibt sich hauptberuflich mit der Filmzensur ab. Ein Neuling in der Literatur und auf der Bühne.
Ein preußisches Stück aus der Zeit, da es kein Deutschland gab. Vor zwölf Jah-

ren, zur Jahrhundertfeier der Befreiungskriege, haben alle Theater verzweifelt nach einem solchen Bühnenwerk gesucht. Es war kein Zufall, daß wir damals keinen ›Gneisenau‹ von Goetzschem Zuschnitt fanden. Er hätte auch gar nicht gespielt werden dürfen, wenigstens nicht auf den preußischen Hofbühnen. Denn die Rolle, die Friedrich Wilhelm III. während der Erhebung gegen die Franzosenherrschaft spielt, ist hier mit historischer Treue gezeichnet, und das bedeutet, daß »ein heiliger Krieg, von dem die Kronen nichts wissen«, von revolutionären Führern einem ängstlichen Jämmerling von König aufgezwungen wird. Das ist nicht nur für das Gedächtnis dieses Hohenzollernfürsten peinlich, sondern der monarchistischen Staatsform überhaupt wenig zuträglich. Es lag nahe, das Problem Gneisenau nach dieser politischen Tendenz hin zuzuspitzen. Wolfgang Goetz hat das nicht getan. Sein Friedrich Wilhelm steht zwar in großer Zeit als ein sehr kleiner Herrscher da, aber er wirkt nicht unsympathisch.

In einundzwanzig kurzen Szenen, von denen eine kluge, und doch vielleicht zu milde Regie nur drei gestrichen hatte, wird der entscheidende Abschnitt von Gneisenaus Laufbahn entwickelt. Von der Ankunft in Breslau, wohin der auf dem Londoner Gesandtenposten kaltgestellte Retter von Kolberg nach Napoleons russischem Fiasko zurückkehrt, bis zum Einzug der verbündeten Heere in Paris wird jede wichtigere Episode mit fast pedantischer Gründlichkeit dargestellt. Wir sind also Zeugen, wenn der von heftigem Ehrgeiz gestachelte Oberst mit dem Posten eines zweiten Generalquartiermeisters im Blücherschen Generalstab sich begnügen muß, wir erleben Scharnhorsts Tod, an dessen Platz nun Gneisenau rückt, wir sehen ihn die preußische Landwehr in Schlesien mobilisieren, wir sind in Blüchers Quartier an der Katzbach, beim Elbübergang bei Wartenburg und blicken gleich dreimal hinter die Kulissen der Leipziger Schlacht.

Und welches ist nun der innere Weg des Menschen und Führers Gneisenau, dem diese gar zu zahlreichen äußeren Stationen zum Sinnbild dienen? In den Gesprächen mit Clausewitz, Scharnhorst, der eigenen Frau, erhellt sich die Problematik einer wahrhaft dämonischen Natur: eitel, ruhmsüchtig, selbstquälerisch, vom wollüstigen Wahn und immer giftigen Stachel des geborenen Pechvogels gehetzt. Einer, der vom Schicksal geduckt werden muß, damit er sich um so gewaltiger emporrecke. Im Drang nach Führerschaft, im Willen zur Macht, verrät er den Freund und das gemeinsame Ziel. Zuerst mehr sich selbst und dem eigenen Ruhme dienend, wächst er, sobald er die geliebte Last der Verantwortung auf den Schultern fühlt, zur Größe seiner historischen Mission heran: Europa von diesem Dämon Napoleon zu befreien. War, nach einem Wort Clausewitz', die preußische Armee die stählerne Spitze des eisernen Keils, mit dem der Koloß gespalten wurde, so hat Gneisenau diesen Keil mit den Hammerschlägen seines Willens eingetrieben.

Diesen Gneisenau sieht man in dem Goetzschen Stück zu seiner Bestimmung heranreifen. Die Gestalt entwickelt sich. Gewiß. Aber es geht dabei etwas kurzatmig und pedantisch zu. Schaut man genau hin, so wiederholt sich die für Gneisenau typische Situation immer wieder: zuerst Hemmungen und Demütigungen, dann der Rausch der Gehorsamsverweigerung in Erkenntnis einer höheren Pflicht, Sieg und zuletzt königlicher Undank und neue Demütigung. In solchen immer gleichen Kreisen rundet sich freilich der Lebenslauf der Großen wie der Kleinen. Vom dritten Akt an kennen wir den Goetzschen

Gneisenau in- und auswendig ganz genau. Wir verehren ihn, denn wir haben in ihm einen der besten Bühnenhelden der neueren Dichtung vor uns; aber wir zittern von nun an nicht mehr um seiner Schicksale willen. Was auch in den letzten Teilen noch an Spannung übriggeblieben ist, verdankt das Werk nur den großen Stichworten der Geschichte, die hier fallen; es geht dann um Preußen und Deutschland, nicht mehr um Gneisenau.

Die von Goetz überaus geschickt gemeisterte Technik der kurzen Szenen ist natürlich von Georg Büchner übernommen; sie ist dem Nachfahren, wie man sieht, gefährlich geworden. Es liegt eben im Wesen der Episode, der dramatischen Skizze, daß man sich auf die Wirkung der großen Zahl verläßt. Einen ganzen Akt einheitlich zusammenzufassen und organisch zu gliedern, zwingt dagegen zur Konzentration, der Ballung. Wenn man nicht wüßte, daß dieser ›Gneisenau‹ schon ein Jahr vor dem Sensationserfolg der Shawschen ›Johanna‹ im Druck vorgelegen hat, würde man wohl auch von einer Jüngerschaft dem Iren gegenüber reden, vor der in übrigen nicht genug gewarnt werden könnte. Jetzt genügt es, an Unruhs ›Louis Ferdinand‹ zu erinnern, von dem man aber im übrigen nur wünschen kann, daß er bei den jungen deutschen Dramatikern Schule mache.

Unser Landestheater hat sich um den Dichter durch eine ausgezeichnete Aufführung hoch verdient gemacht. Der bedeutendste und reichste Abend seit langem. Dr. Hoffmann-Harnisch hat auch diesmal wieder bewiesen, daß der eigentliche künstlerische Impuls an unseren Bühnen einzig und allein von ihm ausgeht. Cziossek hat für die achtzehn Verwandlungen einen stehenden Rokokorahmen geschaffen; drei durch Halbkreis nach oben abgeschlossene Hintergrundprospekte wechseln mit den Schauplätzen; mit ganz einfachen Mitteln wird die nicht zu realistische Illusion erreicht. Pils ist für die gute Wahl der Kostüme verantwortlich; nur dem armen Blücher in Zivil hätte er einen weniger komödienhaften Zylinder aufsetzen dürfen.

Es war kühn, dem jungen Christian Friedrich Kayßler die Rolle des Fünfzigers Gneisenau zu übertragen. Das Experiment ist erstaunlich gut gelungen. Dieser hagere Mensch mit den gar nicht kasernenhofmäßig gedrillten Schritten hatte schon das Zeichen des Außergewöhnlichen auf der Stirn. Wenn es sich freilich um die großen Entscheidungen handelte, in der die Gestalt stählern erstarren müßte, wie unter der Windmühle bei Brye, da spürte man, wie eine sehr sanfte, für diese Rolle eben doch zu weiche Natur, stets verraten durch die Stimme, sich selbst zu vergewaltigen versuchte. Da hätte man etwas vom Erz des Vaters Kayßler sich gewünscht. Aber der Junge ist mit seinem eigenartigen Talent des Alten schon würdig.

Aus seiner Umgebung sind die beiden Scharnhorste, Vater und Sohn, beide von Ludwig Donath recht gut gegeben, Arndts klug und vornehm redender Clausewitz, und der Blücher Egmont Richters zu nennen; es ist nicht des Schauspielers Schuld, wenn der lustige alte Herr eine gar zu billige Popularität erlangte.

Sehr interessant und geistreich Junkers Porträt des Preußenkönigs. Die saftigste Gestalt im höfischen Kreis der Knesebeck des Herrn Wesolowsky; dem noch etwas zaghaften Humor des Dichters half der Schauspieler gottlob kräftig nach. Daß die drei Monarchen von Preußen, Rußland und Österreich während ihres sonntäglichen Kriegsrats ihre nationaleigentümlichen Stengel rauchen, der Alexander (Franke) eine Zigarette, der Franz (Köstlin) eine Virginia

und der Friedrich Wilhelm eine Zigarre, ist zwar ein sehr Shawscher Anachronismus des Regisseurs, aber immerhin ein lustiger. Es hoben sich dann noch aus der langen Reihe durch besonders lebendige Charakteristiken heraus: der Oberst Müffling des Herrn Anwander, der uralte Feldmarschall Möllendorf des Herrn Wisten, der hintersinnige Schäfer und Landsturmmann Winter des Herrn Marx und der mit sicherer Komik gegebene Gefreite des Herrn Dittrich. Um die beiden nicht sehr wichtigen Frauenrollen bemühten sich Frau Pfeiffer (Karoline Gneisenau) und Frl. Mila Kopp (Marketenderin).
Die Aufführung dauerte von 7 bis ¹/₂ 12 Uhr. Das ist natürlich zu lang, auch wenn es sich um eine so wertvolle Dichtung handelt.

Deutsches Theater Berlin
Herbert Ihering, Berliner Börsen-Courier 27. 10. 1926

Dieses Schauspiel von Wolfgang Goetz unterscheidet sich von ›patriotischen‹ Schauspielen durch die männliche Gesinnung. Es schönfärbt nicht die Militärs. Es zeigt, wie jeder auf jeden eifersüchtig ist, wie jeder gegen jeden intrigiert. Und es versucht, in diesem Durcheinander von Sonderinteressen, Mittelmäßigkeit und Kriecherei die Tragödie Gneisenaus zu zeichnen, der immer an zweiter Stelle steht und in Wahrheit immer der Erste ist. Gneisenau wird auch von Eitelkeit gequält, von Ruhmgier zernagt, aber er geht den Weg einer Sendung. Er opfert sich, unwillig, herrisch, jähzornig, aber gespannt von leidenschaftlicher Sachliebe, mit Mut zum Verrat, zur Revolte, wenn die Idee es vorzeichnet. Ihn belohnen der Geist und die Tat. Das Volk und der Hof belohnen Blücher.
So anständig und nobel die Haltung von Wolfgang Goetz ist, so bleibt das Grundgefühl seines Stücks doch sentimental. Es entsteht nicht die harte Tragödie des Genies, sondern das empfindsame Trauerspiel des Verkannten. Des Verkannten in jedem Lebensschicksal. Des Menschen, der nicht gelebt, nicht geliebt hat. Die Zurückführung auf die banale Entsagungslinie. So kommt es zu einer vielleicht schneidend-ironisch gedachten, aber wehleidig gestalteten Liebesszene zwischen Gneisenau und einer Marketenderin. So ist der Tod Scharnhorsts im üblichen Historienstil angelegt. So rutschen durch die Einführung der Feldmarschälle Möllendorf und Kalckreuth Fridericus-Erinnerungen in das Gneisenau-Drama hinein. Selbstverständlich gehört das zum Zeitbild. Selbstverständlich ist das keine Publikumskonzession. Aber es ist – sprachlich – Rückerinnerung. Rückerinnerung an das preußische Gymnasium, wie der Moment, in dem der König von seinem Sohne Wilhelm spricht.
Wolfgang Goetz hat zum alten Preußentum schon so viel Distanz, daß er die schaffenden von den hemmenden Kräften unterscheiden, daß er die Enge und die Größe der preußischen Idee erkennen kann. Aber er drückt sich im Jargon der Vergangenheit aus. Seine Sprache ist traditionell. Die Zeitelemente bleiben in ihr stoffliche Reminiszenzen. (So, wenn von den Dichtern gesprochen wird.) Wolfgang Goetz schreitet mit dem Rücken vorwärts; das Gesicht ist der hinter ihm liegenden Zeit zugewendet. Er spricht Gedanken der Zukunft im Sprachschatz der Vergangenheit. Er reiht oft vortrefflich gesehene Genrebilder an einen ebenso starken dramatischen Gedanken. Aber es fehlt die Umschmelzung.

Die Aufführung war handfest und vortrefflich. Militärstücke haben, wenn sie nicht wie der ›Prinz von Homburg‹, wie ›Die Soldaten‹ von Lenz vielfältig getönt und abschattiert sind, festliegende Tongrundierungen. Dran hielt sich der Regisseur Hilpert. Darum wurde es seine beste Aufführung. Erstaunlich die Fülle der kleinen Rollen. Oskar Homolka liegt gewiß nicht ein intrigierender preußischer Generaladjutant, trotzdem hatte er glänzende Momente. Paul Hörbiger bleibt für den Kaiser Franz etwas zu ›volkstümlich‹, dennoch war er köstlich. Paul Otto ist ein nüchtern lustiger Rittmeister von Zastrow. Lotte Stein eine durchschlagend spaßige Breslauer Querulantin. Einen kassierten Leutnant und Haarkünstler gibt ein mir unbekannter Schauspieler Egon von Lama gut in der servilen und doch menschlich berührten Vordringlichkeit. Zufall oder Gestaltung? Als Marketenderin sieht man Sonik Reiner wieder. Leutnant von Scharnhorst ist Mathias Wiemann.

Friedrich Wilhelm III. ist Curt Junker vom Landestheater in Stuttgart. Sehr fein in der unsicheren Beschränktheit. Ahnungen, Gedanken, Menschlichkeiten kamen für Momente hoch, trauten sich nicht hervor und tauchten ins Unterbewußtsein wieder hinab. Um Junker entscheidend beurteilen zu können, müßte man ihn einmal vollständige Sätze sprechen hören. Der König spricht nur angedeutete. Gronau und Gülstorff diesmal als alte Feldmarschälle etwas billig, Wallburg als Blücher zu sehr Posse von Arnold und Bach.

Werner Krauß sind in der langen Pause seit dem Hannibal neue Kräfte hinzugewachsen. Eine Episode der Verhärtung ist vorüber. Im vorigen Jahr seine faszinierendste Filmgestaltung in den ›Geheimnissen einer Seele‹. In diesem Jahr seine reichste Bühnenrolle: der Gneisenau. Nichts von verschleppter Feierlichkeit. Fülle des Details, strömende Größe. Grazie und Humor, Jähzorn und Fanatismus, Galligkeit und hellsichtige Erkenntnis – eine Vielfarbigkeit des Charakters, wie sie Krauß noch in keiner Rolle hatte. Nie zusammengestellt, alles aus der ersten Vision geboren; aber diese Vision abgewandelt, immer im feurigen Fluß gehalten. Krauß durchspielt die ganze Skala. Er vermag eine banale Lebensnuance zu geben und wirkt doch bedeutend. Er ist der einzige Schauspieler, der auf der Bühne den führenden Menschen gestalten kann, das Genie, dem man die Taten glaubt. Wie verbrennt er den König mit seinem Blick. Welche Wirkung, wenn er, nach Leipzig, die Mütze über die Augen zieht, aus Scham über die Undankbarkeit der anderen, wie er aus derselben Bewegung beim Klang des Fahnenmarsches, aus Scham über sich selbst, gerufen vom Geist, von der Idee, die Mütze hochschiebt und blickt: Sterne, Ewigkeiten. Hier wäre das Publikum vor Raserei fast auf die Bühne gesprungen.

Schade, daß Krauß nicht auch zeitwichtigere Rollen spielt. Aber neulich Kortners dunkler Jack, jetzt der geniehafte Gneisenau von Krauß – es gibt noch große Schauspielkunst in Berlin.

Carl Zuckmayer   Der fröhliche Weinberg

Uraufführung: Theater am Schiffbauerdamm Berlin, 22. Dezember 1925
Regie Reinhard Bruck

Schauspielhaus Frankfurt, 23. Dezember 1925, Regie Heinz Hilpert

Die Stunde des Volksstücks! Es gab keinen deutlicheren Hinweis, daß der Expressionismus endgültig zu Ende war, als diese fast sensationelle Premiere, als dieses das Haus durchhallende Lachen. Die Umkehr hatte sich an einem Autor vollzogen, der 1920 mit ›Kreuzweg‹ selber am szenischen Expressionismus teilgenommen hatte. Nun kam er als Spaßmacher, als Komödiant zurück. Nicht so überraschend, wie es scheinen konnte. Der Theaterfremdling Zuckmayer hatte seit 1921 das Theater studiert. Er saß in Berlin in den Proben Jeßners, Fehlings, Bergers und Reinhardts, er war in die Dramaturgie des Deutschen Theaters eingetreten (wie auch Brecht). Im Februar 1925 war er mit ›Pankraz erwacht oder Die Hinterwäldler‹ in der Jungen Bühne unter Hilperts Regie wieder auf die Bühne gekommen und hatte die Hoffnung auf sein Talent wiedergeweckt. Ihering hatte geschrieben: »Zuckmayers Zukunft: die Komödie.« – Hier war sie. Daß sie kam, war nicht selbstverständlich. Fast alle Berliner Bühnen hatten die Uraufführung zuvor abgelehnt. Auch Paul Fechter hatte kein uneingeschränktes Lob gefunden, als er diesem rheinischen Volksstück im November den Kleistpreis für 1925 verlieh. Fechter war nie ein starker Parteigänger des Expressionismus gewesen. Er war für handfeste, reale Kontur und Gestalt. Er begründete seinen Entscheid: »weil Zuckmayer in dieser Komödie der Durchbruch ins Wirkliche gelungen ist, der mir heute für das Theater eine der entscheidendsten Forderungen zu sein scheint«. Ihering schrieb nach dieser Premiere im Berliner Börsen-Courier »Luft und Sprache des ›Datterich‹, aber voller, jungenhafter, ländlicher. Eine dichterisch gesehene Welt durch Possenmittel zur Wirkung gebracht.« – Der Berliner Sensations-Erfolg bestätigte sich in Frankfurt, wo Hilpert nun für ein Jahr Regisseur war (Berlin war mit der gemeinsam geplanten Uraufführung einen Tag zuvorgekommen). Aber ebenso heftig regte sich der Widerspruch. Es gab Lärmskandale wie im Alten Theater in Leipzig. In München intervenierte die nationalsozialistische Fraktion im Landtag, weil es sich »bei dem Stück um eine ganz unglaubliche Schweinerei handelt, die die christliche Weltanschauung, die deutschen Sitten, die deutsche Frau, die deutschen Kriegsverletzten, das deutsche Beamtentum in der gemeinsten Weise verhöhnt«. – Erst nach einer ›Zensuraufführung‹ gab die Polizei das Stück mit großen Streichungen frei. – In Halle unterbrach eine Opposition nationaler Hallenser und Leipziger Studenten die Vorstellung um über eine Stunde durch Absingen studentischer Lieder und des Deutschlandlieds. In Mainz gab es aus lokalpatriotischen Gründen einen Protestmarsch. – Fechter entgegnete: »Sie nehmen die schmierigsten Witze der dümmsten Libretti mit Behagen hin und schreien Zeter und Mordio, wenn ein junger Autor sich erlaubt, ihnen Natürliches ... mit aller Freude am Natürlichen vorzusetzen.« ›Der fröhliche Weinberg‹ erlebte über fünfhundert Inszenierungen. Allein zweieinhalb Jahre hielt sich das Stück in Berlin – Zuckmayer, »über Nacht zum Mann des Tages geworden«, konnte nun als freier Schriftsteller leben.

Monty Jacobs, Vossische Zeitung, Berlin, 23. 12. 1925

Gestern hat sich im Theater etwas Wichtiges ereignet: der erste starke Publikumserfolg eines Bühnendichters der jungen Generation. [...] Als der junge Rheinländer Zuckmayer vor fünf Jahren zuerst auf Jeßners Bühne erschien, taumelte er noch in unsicherem Schritt. Sein Drama ›Kreuzweg‹, [...] ein unmögliches, ein verworrenes Stück, aus dem indessen leise die Stimme eines Talents ans Ohr der Empfänglichen drang. Die Richtung dieses Talents wurde klarer, als Seelers ›Junge Bühne‹ vor kurzem ›Pankraz erwacht‹ aufführte. Damals fielen aus einem Dickicht krauser tragischer Motive ein paar prächtige Komödienszenen heraus, von Forster und Granach unwiderstehlich gespielt. »Schreibe ein Lustspiel!« haben wir unter dem Eindruck dieser Szenen den Dichter des Hinterwäldlerdramas beschworen.
Nun hat er es geschrieben, und man muß schon schwer an greisenhafter Verhärtung des Herzens leiden, wenn man sich diesem Ansturm der Fröhlichkeit entziehen kann. Es passiert nichts anderes darin, als daß ein rüstiger Vater noch einmal ein Mädchen fürs Herz findet, und daß seine Tochter einen Laffen mit Stehkragen stehenläßt, um einem Rheinschiffer an den kragenlosen Hals zu fliegen. Aber diese Fahrten und Irrfahrten geschehen auf einem Boden, der förmlich von Übermut dampft, geschehen unter Menschen von mitreißender Fröhlichkeit der Herzens.
Warum steckt ihre Heiterkeit an? Weil sie aus einer seelischen Unbefangenheit dringt. Gleich die Voraussetzung des Stücks ermöglicht die Probe. Auf Zuckmayers Szene steht nämlich ein Komödienvater, der seinem künftigen Schwiegersohn eine Bedingung stellt:»Wenn Sie zu mir komme und sage mir: Ihr Clärche kriegt e Kind, un ich bin de Vater, dann hawwe Sie mein Sege un mein halbe Weinberg.« Seitdem das erste Liebespaar einander auf einem Theater geküßt hat, ist solch ein Vater noch niemals zu Worte gekommen. Dies ist der Prüfstein. Trumpft der Vater, trumpft der Dichter im Bewußtsein seiner Originalität auf? Nein, das Gewinnende, das Erwärmende an diesem Lustspiel ist es ja eben, daß die Menschen niemals den Zeigefinger erheben, niemals vor den Spiegel treten. Wenn der Vater seine Bedingung stellt, so ist es, als spräche er die geläufigste, die alltäglichste Meinung der Welt. Mit unbefangenem Munde redet er zu Menschen, die mit unbefangenen Ohren zuhören.
In dieser Luft verliert das Gewagte seine Haken und Widerhaken. Das Clärchen, dessen Vater Ibsens Generation gewiß nicht als der Mann mit der sittlichen Forderung erschienen wäre, das Clärchen darf sich getrost durch ihre Bedingung durchschwindeln. Ihre Freundin zeigt ihr den Weg. Sie flüstert einfach ihrem städtischen Bräutigam ein süßes Geheimnis ins Ohr, ohne von der Natur dazu ermächtigt zu sein. So bekommt sie Ruhe und Zeit, um ihrem Rheinschiffer zuzufliegen, der so aussieht, als ob er ohne Bedenken ins väterliche Examen steigen wird. Inzwischen findet der Vater in der Freundin seinen Schatz, und der Bräutigam mit dem städtischen Kragen muß zwar auf einem Misthaufen seinen Rausch ausschlafen, wird aber auch noch mit einem Verlobungsring entschädigt. So rundet sich die Komödie scheinbar von der unerhörten Voraussetzung zu einem anspruchslosen, herkömmlichen Schluß ab. In Wahrheit ist nur die Unbefangenheit stark genug, um die Ethik einer neuen Generation auch dem Zuhörer als selbstverständlich aufzudrängen. [...]

In unserm problematischen, befangenen Berlin geht dem Hörer das Herz auf, wenn er diesen Männern und Frauen mit ihrer ungehemmten Menschlichkeit zuhört. Die Luft des Volksstücks weht um sie. Trinken, essen, Schweine schlachten, raufen und sein Mädel ins Heu werfen – das ist ihre Atmosphäre. Wer am Ende der Wirtshausprügelei an die Raufszene der ›Kreuzelschreiber‹ denkt, ehrt einen jungen Dichter nur, der berechtigte Ansprüche auf Anzengrubers Erbschaft anmeldet.
In rheinischer Luft gedeiht Zuckmayers Spiel. Rebstöcke und Männergesang – das kann die gefährlichste Theatertreuherzigkeit, das kann jene ›Heimatkunst‹ bedeuten, die philiströsen Instinkten schmeichelt. An Zuckmayers Stück erfreut nichts mehr die Seele, als daß es aller Ganghoferei meilenfern steht. Gesang klingt durch seine Szenen, aber aus Volksreimen und Soldatenliedern wird nur die Freude am Dasein vernehmlich, keine Prahlerei. Vom »trauten Heimatlande« darf auf dieser Szene allein ein bezechter Veteran sprechen. Weil die gute Laune der Komödie aus einem liebenswürdigen Herzen quillt, so bricht sie den Gegensätzen der Zeit die Spitze ab. Der Spießer mit der Dolchstoßfabel sitzt neben dem jüdischen Weinhändler, und niemals sind beide Bühnentypen taktvoller und fröhlicher gestriegelt worden als hier. Das Rezept für Komödiendichter und solche, die es werden wollen, um solche Wirkungen zu finden, läßt sich auf einen kleinen Zettel schreiben. Es heißt: Humor.
›Der fröhliche Weinberg‹ wird auf allen deutschen Bühnen zu sehen sein, und jedes Theater im Reich darf den Ehrgeiz hegen, die Uraufführung zu übertreffen. Im Theater am Schiffbauerdamm hat sich das Stück nicht nur durchgesetzt, es hat einen beispiellosen Publikumserfolg gefunden, der Autor und Darsteller noch aus dem Eisenvorhang herausholte. Nichts kann die innere Stärke des Stücks deutlicher beweisen als dieser Erfolg. Denn die Direktion Saltenburg hat den deutschen Dichter entschieden liebloser behandelt als seine Rivalen, von überall her, die sonst auf ihren Bühnen zu Worte kommen.
Denn der Spielleiter Reinhard Bruck ist ein Mann, der seine Aufgaben wacker zu lösen weiß, ohne jenen Überschuß an schöpferischer Phantasie, der gerade einer Komödie zu wünschen ist. Für eine wichtige Nebenrolle, für den völkischen Wirtshausgast, war zum Vorteil des ganzen Hauses Hans Waßmann, vortrefflich bei Laune, eingesetzt worden, und der städtische Bräutigam, ganz Stehkragen, ganz Studentenkomment, kann nicht wirksamer gespielt werden als von Julius Falckenstein. Das Mädchen, das ihm entläuft, ist so anmutig und so herzensfrisch, wie Käthe Haack nur sein kann. Winterstein liegen Aufgaben wie der rüstige Vater gut, wenn er auch seiner Natur das Überquellen nicht abringen kann. Die Chargen der Weinreisenden wurden in Ebelsbachers und Lobes Gestalt wirksam. Die wichtigste Rolle des Stückes aber, die treibende Kraft der kleinen Intrige, das Mädchen, das dem Vater in die Ginsterlaube folgt, wäre eine Aufgabe, Else Lehmanns oder Lucie Höflichs Kunst würdig. Gestern stand auf diesem wichtigen Posten leider eine Dilettantin. [...]

Alfred Kerr, Berliner Tageblatt 23. 12. 1925
I
Oder: der bekehrte Zuckmayer. Die Inflationsdramatik, vorher von allen Göttern, wird nun auch von den Autoren verlassen.

Nicht bloß Zuckmayer-Carl wendet einer unrhythmischen, undynamischen, völlig impotenten Episode den Nordpol zu.
Das ›Stück‹ wird geschrieben.
Ausweg aus der Sackgasse? Gewiß. Führt aber der Weg aus der Sackgasse gleich in den ersten Stock zur Theateragentur? (Es gibt irgend etwas dazwischen) ...
Ein oft sehr hübscher Spaß bleibt's trotzdem.
II
Der bekehrte Zuckmayer. Der gar zu bekehrte Zuckmayer.
Wirklich gleich vier Verlobungen. Dieser junge Mensch ist katholischer als der Papst.
(Extrem-Berührung. Auch Bronnen lebt ja von abgetakelten Mitteln – bloß anspruchsvoll.)
Sollte dieser hier von bewußter ›Parodie‹ sprechen (wie G. Kaiser mit ›Kolportage‹) – das gilt nicht!
Zuckmayer spricht jedoch ehrlicherweise nirgends von Parodie... Das können die Deuter tun.
III
Zuckmayer ist vielmehr in diesem Stück ein denkwürdiges Abbild der ganzen dramatischen Zeit. Guckt hin. Die heutige Übergangsära kennt nur zwei Sorten Stücke: entweder das hoffnungslos gellte Stück... oder gleich das gefingerte Stück.
Es gibt aber etwas dazwischen!
Exempli causa: Brecht ist noch kein Dramatiker – Bronnen gleich ein Theatraliker. (Der Ulk lag darin: daß der Undramatiker wie der Theatraliker von einem und demselben Pleitestandpunkt angeschmeichelt, von einer und derselben Verdauung hinabgeschluckt wurde.)
IV
Zuckmayer, in solchem Dilemma des komischen Zwischenzustandes; Zuckmayer, am Kreuzweg zwischen leerer Kohldramatik (die er selbst im ›Kreuzweg‹ einst beging) und sicheren Abendfüllern – Zuckmayer entschied sich ...
für Ludwig Thoma (wo der bereits anfängt, Ganghofer zu werden).
Auch für Presber, für Oskar Blumenthal – und zuletzt, wenn in der Ligusterlaube mehrfach goldige Hingebung erfolgt, für einen ins Pfälzische übersetzten Schliersee-Kitsch, der zwar nicht sagt: »Wann i am Murgen in Gottes freie Natur tret', da blinken die Tautröpferln gleich Diamanten in die Blüamerln« – sondern (S. 77 des Buches, der Weinbergbesitzer äußert vor der Paarung zu der Seinen, einer Rheinschiffersschwester): »Hast du mich lieb?« (Man hört innen die Prägung: haddumilieb?) – und, im Hinblick auf jene Ligusterlaube, wo es stattfinden soll: »Da is es warm un grün un dunkel, dahinte, in der Ligusterlaub', da hab ich als Bub die dicke grüne Raupe geholt«... So er. Er fügt hinzu: »Annemarie! Annemarie! Der Weinberg guckt uns zu... und der Weinberg is fröhlich drum, der lacht und juchzt«...
(Mundartliches verdeckt mancherlei – aber das denn doch nicht.)
V
Ein Spaß bleibt's. Im ersten Akt, wenn das Lied vom ›Rehlein‹ gesungen wird; wenn die Rheinländer sich sehr streiten, was man eigentlich singen soll; wenn dann die große Holzerei ausbricht – wie beim Ganghofer, wie beim Kotzebue-Original der ›Meistersinger‹, und wenn dazu g'soffe wird, was im deut-

schen Herzen einen Widerhall findet: da brüllt das Haus, noch mehr als die Mimen.
VI
Ich verderbe den Spaß nicht. Warum? Weil er das Theater heute vielleicht vor dem hemmungslosen Literatenmist rettet: vor der anspruchsvollen Unmacht; vor dem sabbernden Chaos ... und einen letzten Damm baut gegen das bereits überlegene Kino.
Ja, Zuckmayer vollzog an seinem Privatmenschen, was die Unterernährungsdramatik allgemein vollzieht: die Flucht vor sich selbst.
Die Flucht vor der Richtung. Vor dem spärlichen Rummel. Vor der Auflösung. Vor dem Ballungsdefekt. Vor dem Nullpunkt.
(Für wie lange das noch schützt, steht dahin.)
VII
[...]
Vier Paare. Sic transit gloria expressionismi.
VIII
Da Reinhard Bruck die Regie hat, bleibt alle Goldigkeit ungestrichen.
Eine Schauspielerin Scherk (die sich auf dem Programm selbst Gretl nennt, obschon eine sprödere Kraft), spricht von allen am besten das Pfälzische. Welches Eduard v. Winterstein mehr gelegentlich unterkriegt. Zwischen beiden Herr Schlettow. Das Köl'sche kommt bei Gondi gut heraus.
Waßmann sprudelt hoch; thaddädelt wild – in einer sehr unterhaltenden, nicht völlig unbekannten Art.
IX
Jedoch den Schauspieler Lobe sollte man hindern, Juden allemal in der widerlichsten Form darzustellen. Er war schon bei Pottasch peinlich. (Sein Glaubensgenoss' hier im Stück, Herr Ebelsbacher, ist ihm ein Beispiel für diskretere Stufung.)
X
Also der bewährte Heimatsspaß. Alles in Wonne. Zuckmayer wird volkstümlich. Ein deutscher Besitz.
Ja, so endet jener Expressionismus – den, in der Sprache (man macht sich verhaßt, wenn man es feststellt ... doch ein andrer stellt es nicht fest), ich einst schuf.
Nein. Auch im Drama endet er nicht! Was keimstark ist, wird hier fortleben.

Felix Hollaender, 8-Uhr-Abendblatt, Berlin, 29. 12. 1925

Es war ein stürmischer Erfolg. Die Leute quietschten vor Lachen – und es bleibt das Verdienst des Herrn Saltenburg, der nicht auf dem geradesten Wege aus der Literatur kommt, einem der Jüngsten zu so eklatantem Theatersiege verholfen zu haben.
Demnach war es also ein Triumph der jungen Richtung, der an diesem Abend gehuldigt wurde?
O nein, meine Herrschaften – das älteste Theater hat die Schlacht gewonnen – und der Expressionismus pfiff dazu aus dem vorletzten Loch, während wir der letzten Flötentöne noch harren. Das Finale steht dicht bevor.
Das Publikum – und hier liegt die wichtigste Feststellung des denkwürdigen

Erfolges – war beseligt. Nach all den Aufgeblasenheiten, die man ihm als Kunstoffenbarungen hatte servieren wollen, durfte es wieder an Blutwurst und Sauerkraut sich erfreuen – einem Bier-, nicht einem Weinrausch sich hingeben. [...] Die Benedixe, sie leben hoch!
In der Tat – er hat mit großartigem Gelächter den ganzen expressionistischen Schwindel an den Nagel gehängt. Nichts mehr von literarischer Hochstapelei, von Krampf und Verstiegenheiten, von unkontrollierbaren Menschen und Welten, auf die sich der sehr unterschätzte Karl May doch noch etwas besser verstanden hat.
Noch einmal: Es ist ein richtiggehendes, strammes Theaterstück, dessen Autor herzige Gartenlaube und getreue Zustandsschilderung des totgesagten Naturalismus naiv und raffiniert zugleich durcheinanderquirlt.
Nicht gerade originell in der Erfindung oder den Figuren, etwas zu breit in der Technik und Ökonomie, darf man dies Lustspiel doch willkommen heißen. So abhängig es von allen möglichen Mustern sein mag... es besitzt die Frische, das Lachen und die Unverfrorenheit der Jugend, die nicht davor zurückschreckt, heikelste Dinge beim rechten Namen zu nennen, Fragen der Rasse und der Politik gerade so leise anzutippen, wie es den Nerven und dem Kompromißbedürfnis eines bunt zusammengewürfelten Publikums behagt.
Zuckmayers Linie führt von dem kostbaren »Datterich« und »tollen Hund« des Elias Niebergall«, welch letztere Komödie ich als Intermezzo angelegentlich den Berliner Theaterherren empfehle, über Kotzebue, Benedix, Anzengruber bis zu Ganghofer, Thoma und Hauptmann.
Kleinbürgerliche Umwelt, heimatlicher Ruch, volkstümliche Mundart geben auch seiner Komödie Saft und Kraft. Und daneben schöpft er frisch und fröhlich, unbeschwert aus den Niederungen der Posse und des Familienstückes. [...]
Zuckmayer dagegen ist eindeutig, primitiv – dann wieder ausführlich, wo seine Meister mit ein paar genialen Strichen Situationen und Menschen durchleuchten.
Wo also steckt des Poeten Eigenes? In der naiven Keckheit und satirischen Kraft, mit der er seinen Philistern ins Innerste schaut – in der strotzenden Laune, mit der er Sexuelles traktiert – in dem ausgesprochenen Sinn für Komik.
Seine Menschen lieben nicht nur von Herzens-, sondern auch von Körpersgrund. Sie nehmen ihre geschlechtlichen Beziehungen zueinander nicht tragisch, solange peinliche Konsequenzen ausbleiben. Sie sprechen von der Liebe mit entzückender Ungeniertheit – und handeln mit einer Selbstverständlichkeit, die aller Konvention ins Gesicht schlägt.
Diese mittlere Schicht macht von den natürlichen Dingen nicht so viel Wesens. Sie ist ebenso gegen falsche Prüderie, wie gegen gefühlseliges Pathos. [...]
Im übrigen hat die Komödie einen natürlich gewachsenen Dialog, der vor keinem noch so gewagten Kraftausdruck zurückschreckt, dazu einen Aufbau, der sich humorig steigert. Ihr Autor, der sich ohne jede Prätention gibt, beherrscht alle Kniffe und Tricks des alten Theaters. [...]
Die Aufführung unter Leitung von Dr. Reinhard Bruck hatte Schmiß und Tempo. Nur war sie stellenweise zu geräuschvoll und der Umbau zwischen dem ersten und zweiten Akt viel zu lang.

Und wenn der Regisseur weder für Gliederung und Differenzierung den rechten Sinn hat, noch musikalischen Lärm abzutönen versteht, so gelingt es ihm doch glänzend, eine Prügelszene in ihrem Suff und ihrer Wüstheit höchst naturalistisch auf die Bühne zu bringen.
Dazu stellt Benno v. Arent altmodische Bilder mit Verzicht auf futuristische Bäume und schiefe Häuser. Recht so! [...]
Aus den Darstellern ragt heraus die blonde Käthe Haack. Sie gibt dem verliebten, rheinischen Mädel die ganze Inbrunst ihrer Erotik und das Zugreifende eines blutvollen Temperaments.
Ihrem Liebhaber Falkenstein fehlt es an dem preußischen Schneid. Aber er ist saftig und drollig und bringt alle Pointen mit schlagendem Witz. Waßmann sekundiert ihm mit seiner vis comica, die das Haus immer wieder zu lautem Gelächter hinreißt. Sein deutschnationaler Studienassessor ist ein Kabinettstück für sich. [...]
Das Publikum raste und rief immer wieder den Poeten und seine Helfershelfer vor die Rampe.

Frankfurter Schauspielhaus
Bernhard Diebold, Frankfurter Zeitung 26. 12. 1925

Mirakel! Mirakel! Ein Autor, der nicht mehr Anspruch stellt, als er Talent hat. Ein Autor, der von vornherein verzichtet, den Messias zu bedeuten. Er scheint also ein sachlicher Mann zu sein. Willkommen Autor.
Zuckmayers Lustspiel ist ein ungemein heiteres und ungeniertes ›Volksstück mit Gesang‹ und könnte an Behaglichkeit von anno sechzig datieren. Es ist im literarischen Ton so wunderschön *unzeitgemäß*, als hätte man die Gründerjahre nie erlebt, geschweige Weltkrieg, Papiermark und Ruhrbesetzung. Und diese Unschuld vom Lande stellt nun die letzte Auslese der jungliterarischen Produktion von 1925 dar!
Man denke: kein Schreidrama, kein Bilderkino, keine Menschheitspassion, keine Bourgeois-Mörderei, kein Kriegs- und Revolutionsspiel ... nichts, aber auch wirklich gar nichts vom expressionistischen Fieber, von Georg Kaisers Mechanismus oder Unruhschem Prophetentum. Sondern völlige Ausschaltung der ›Moderne‹; kecker Abbruch alles literarischen Savoir vivre. Ein Eulenspiegelstreich gegen all und jede Clique. Ein gemütliches Zurückfinden zum lustigen Theaterspiel. Ein unbefangenes Übernehmen traditioneller Form und ein sympathischer Verzicht auf stilistische Originalität. Denn man spricht hessisch und kölsch. Das ehrt den Dichter Zuckmayer; das ehrt den Kritiker Fechter; das ehrt die Theater, die das Lustspiel aufführen. Denn es braucht Mut dazu, ohne als Possenfabrikant gelten zu wollen, heutzutage den Naturburschen zu spielen.
Nun, man muß es auch *können!* Man muß als Dichter außer der so beliebten Gehirntätigkeit und einiger orthographischer Schreibgewandtheit ein bißchen *direkt* aufs Leben gehen, den Leuten des Alltags aufs Maul sehen und statt sich über alles zu ärgern und J'accuse zu schreien, sich einmal einen tüchtigen Ast lachen. Zuckmayer hat es vermocht. Sein Ast ist trefflich gelacht. Wer sich darüber aus ästhetischen Gründen grämen will, mag sich daran aufhängen. Referent gönnt es manchem. Möge diesem Stamm noch mancher Ast entsprießen.

Literatur? Ach Gott bewahre – es ist keine Literatur, sondern nur *Theater*. Doch nicht Theater, das erst vom Bühnenmaler besorgt wird, sondern vom Dichter selber durch Wort und Buch. Er schreibt nicht für Beleuchter und Kostümier, sondern für die Schnäbel der Schauspieler. Er kritzelt kein Lesespiel, sondern ein Redespiel. Und namentlich: Spiel, Spiel, Spiel. Daß die Technik der bescheidenen Spannungen und Steigerungen in diesem idyllischen Stückchen gut ist, soll heute als Nebensache gelten. Hauptsache ist: daß diese rheinischen Weinhändler, Wirte, Rebenbesitzer, diese Klärchen und Babettchen, Juden und völkische Gentlemen, daß alle genauso reden, wie man eben am Rhein zu reden pflegt, wenn einem vom Dichter nicht ein Blatt vor den Mund gelegt wird. Und daß trotz dieser Naturalismen doch eine Gestaltung von *Typen* zustande kam, die in solcher Spielfähigkeit im Leben nicht vorkommen, weil sie eben *Volkstheater* sind. [...]
Das gibt es also wieder. Jochen liebt Klärchen Gunderloch. Aber der alte Gunderloch möchte den studierten Herrn Knuzius zum Schwiegersohn, obwohl er ihm selber nicht recht gefällt. Man weiß nun gleich, wie in jedem Volksstück, daß die Jugend siegen wird und daß sich am Schluß die Richtigen kriegen werden. [...] Und manche Freuden der andern verzögern das Glück der Liebenden: Geschäfte, Bacchanale, und mancherlei Liebesleben in der Natur. Und im Hintergrund des weinfrohen Daseins aller Beteiligten steht die Erwartung auf das frühmorgendliche Schweineschlachten. Von den Menschen wird die Zeugung neuen Lebens gefordert. Aber das Schwein muß unerbittlich sterben. Die Menschheit will es so für die Menschheit. Das hindert die Gesellschaft im Höhepunkt ihres Saufgelages nicht an dem betrunkenen Rufe: »Die Sau soll leben!« ... Ein fröhliches ›Stirb und werde‹ – zu dem der alte Frankfurter Goethe gelacht hätte. Leben und sterben – sterben und leben soll die Sau. Hier spräche Thomas Mann von Humanität.
Und wahrlich: Zuckmayer hat Humanität. Er liebt sie alle, seine Kinder und Sünder. Ohne Satire trifft er im Guten und im Schlimmen die Juden und die Korpsstudenten, die Nüchternen und die Besoffenen. Sie alle sind gut und böse. Er hat poetische Gerechtigkeit im Busen.
Ich kann mir jene penetranten ›Kritiker der Zeit‹ sehr wohl denken, die über der *literarischen* Unzeitgemäßheit dieses Stückes (nach Sprache und Milieu) seine lustige Natur verleugnen möchten. Sie fragen: Ja, gibt es noch solche fröhlichen Weinberge im Jahrgang 1925? Darf es noch Spießbürger geben außerhalb der satirischen Atmosphäre? Kann man diese Heiterkeit im blutigen Ernst der Epoche überhaupt gestatten? Fechter wählte den nahrhaftesten Braten. Die Sau – und noch einmal! – die Sau soll leben!

Unbestreitbar und völlig echt war der bacchantische Beifall des Auditoriums. Er war auch verdient. Man konnte über kleine Schleppungen und einige Fehlbesetzungen klagen: der treffliche Engels als Papa Gunderloch gab wohl eine realistische Männlichkeit zum besten, und auch Fräulein Daub als seine geliebte Haushälterin und spätere Gattin stellte mit spröden Gesten ihren Mann. Aber eben da lag's: sie waren nicht komisch. Und warum fehlte in diesem Lachspiel der Komiker? Wo blieb Impekoven? Und warum spielte der lange Ben Spanier den schon durch das Diminutiv seines Namens zum kleinen Mann gemachten Löbche Bär? Und seit wann muß ein komischer Jude ausgerechnet semmelblond maskiert werden? Doch wir wollen nicht weiter mäkeln, denn das Ganze war hocherfreulich; und dem Spielleiter Hilpert sei es gedankt. Der Matador der Aufführung war Odemar als Knuzius: Corpsstudent mit Schmissen und Gesinnung; Renommisterei und Feigheit: Ohrfeigenvisage und strammer Verblödung. Nicht nur durch Chargenwirkung lächerlich, sondern als Charakter ur-urkomisch. Odemar, wir danken dir! Das Paar Klärchen und Jochen waren mit Constanze Menz und Franz Schneider ideal vertreten. Es gibt also noch Naive, und ein unbefangenes Temperament wie das des kleinen Fräuleins erwirbt sich immer noch Sympathien! Und Schneider entpuppte sich diesen Abend als veritabler Liebhaber ohne die üblich gewordene Interessantheit. Er hatte Liebe und keine Probleme! Er philosophierte vor dem Misthaufen ohne Gehirn! Es gibt noch Gefühle ohne Weltanschauung, wenn man Jochen heißen darf. Bravo euch beiden: Menz und Schneider. Eine Fülle von guten Chargen festigte die idyllische Breite des Stückes (allerdings nicht mehr den schwächeren dritten Akt). Sie sprachen nicht alle ein einheitliches Idiom, aber gerade die Varietät delektierte. Mathilde Einzig zeichnete eine ihrer besten Miniaturen. Nerking und Ettel leisteten sich ein ausschweifendes Philisterium. Arthur Bauer übte sich in Gesängen. [...] Dieser feucht-fröhliche Weinberg soll uns noch oft erstehen.

GÜNTHER RÜHLE   THEATER FÜR DIE REPUBLIK

GÜNTHER RÜHLE

THEATER FÜR DIE REPUBLIK

IM SPIEGEL DER KRITIK

2. BAND

1926–1933

HENSCHELVERLAG

KUNST UND GESELLSCHAFT

BERLIN 1988

ISBN 3-362-00240-4
ISBN 3-362-00242-0 (Band 2)
ISBN 3-362-00241-2 (Band 1)

Lizenzausgabe des Henschelverlages Kunst und Gesellschaft, DDR-Berlin
für die Deutsche Demokratische Republik und die anderen
sozialistischen Länder
© S. Fischer Verlag GmbH, Frankfurt am Main 1967
überarbeitete Nachauflage:
© S. Fischer Verlag GmbH, Frankfurt am Main 1988
Lizenz-Nr. 414.235/4/88
LSV-Nr. 8403
Schutzumschlag und Einband: Hans-Jürgen Willuhn
Fotomechanischer Nachdruck durch
Offizin Andersen Nexö Leipzig
625 843 7
04950 (Bände 1 und 2)

1926

Ständiger Ratssitz im Völkerbund, Ausdehnung der Freundschaftspolitik zu Sowjetrußland (Freundschafts- und Neutralitätsvertrag). Auseinandersetzungen um die Reichswehr, Rücktritt des Generaloberstens von Seeckt. Zweimaliger Regierungswechsel (Reichskanzler Luther und Marx). – Versteckte Versuche zur Erneuerung der Zensur durch ein Schund-und-Schmutz-Gesetz, das von Gerhart Hauptmann als »die allergrößte Bedrohung verantwortlicher Geistesfreiheit... während meines langen Lebens...« bezeichnet wird. Heftige Debatten um die Freigabe des sowjetischen Films ›Panzerkreuzer Potemkin‹ von Eisenstein, der in Deutschland mit stürmischem Erfolg anläuft. Weitere Politisierung des Theaters, Beginn der Versuche, die Klassiker für die Gegenwart zu aktualisieren: geführt vom Berliner Staatstheater und der Volksbühne mit Brecht, Engel, Piscator und Jeßner. – Erich Engel wechselt vom Deutschen Theater ans Staatstheater (auch Kortner und Gerda Müller kehren zurück). Bestätigung Piscators als ›führender‹ Regisseur. Heinz Hilpert kehrt aus Frankfurt als Regisseur ans Deutsche Theater zurück. Max Reinhardt beruft (nach Rosen und Licho) den dreißigjährigen Dr. Robert Klein zum Leiter der Berliner Reinhardt-Bühnen. Werner Krauß wechselt im Herbst vom Staatstheater ans Deutsche Theater zurück. Große Feiern zum fünfundzwanzigjährigen Regiejubiläum Reinhardts in Berlin (30. 10.). Ehrungen aus ganz Deutschland und der Welt. Reinhardt wird Ehrenmitglied von Stanislawskis Moskauer Künstlertheater. – Hartung richtet die Heidelberger Festspiele ein, in Salzburg Eröffnung des neuen Festspielhauses. – Tod des Kritikers Siegfried Jacobsohn (3. 12.) und Rainer Maria Rilkes (29. 12.). – Publikation: Hans Grimm, ›Volk ohne Raum‹.

Arnolt Bronnen   Ostpolzug
Uraufführung: Staatliches Schauspielhaus Berlin, 29. Januar 1926
Regie Leopold Jeßner

Bronnen sorgte in Berlin weiter für Sensationen. Kaum hatte er mit den ›Exzessen‹ seinen stärksten Skandal erregt, da setzte die Uraufführung seines Jugenddramas ›Die Geburt der Jugend‹ in der ›Jungen Bühne‹ (am 13. 12. 1925) im Lessing-Theater die Kritik in »wohlwollende Verlegenheit«. Fünf Wochen später führte Jeßner mit dem ›Ostpolzug‹ Bronnens monomanisches Sensationsstück auf. Wieder gab es eine »stürmische Premiere«. Vier Tage nach dieser Uraufführung übernahm Barnowsky die ›Exzesse‹ in den Abendspielplan seines Theaters in der Königgrätzer Straße. »Bronnen ist momentan so etwas wie die Richtnadel an der Waage der Modernität geworden. Wehe, wer seiner Dramatik nicht Genüge tut – er gilt unfehlbar als Mummelgreis«, schrieb Bernhard Diebold in der ›Frankfurter Zeitung‹ am 6. Februar 1926. – In den letzten acht Monaten fünf Premieren in Berlin, »ein Rekord, wie ihn noch kein Autor erzielt hatte« (Bronnen). In ›Ostpolzug‹ hatte Bronnen seine alte Traumgestalt: Alexander den Großen, neu dichten wollen. Über der Arbeit verschob sich das Thema, eine Forscher-Gestalt und damit das tragische Schicksal der britischen Himalaja-Expedition 1924 drängte sich in das historische Stück. Mit der Verbindung der beiden Figuren übersprang Bronnen den herkömmlichen Zeitbegriff im Drama. Er laborierte damals am ›epischen Drama‹. Er wußte, daß dieses ›epische‹ Theater von der Charakteristik weg zum erzählten Geschehen wollte. Vom epischen Drama erhoffte er auch seine eigene Erlösung aus der Verkrampfung. Er folgert: »Wahre Epik kennt nur einen Berichter. Also müßte das wahre epische Drama nur eine dramatische Person kennen. Wer aber war der Erzähler, [...] wer war das ›Ich‹ des Dramas? Ich sah mich selber in meiner Zerspaltenheit...« (Protokoll, S. 144). – ›Ostpolzug‹ wurde ein Stück des Übergangs. Er hatte das jagende Tempo des Expressionismus, aber es suchte Anschluß an den Zeitstoff. »Delirium expressionis« schrieb die Vossische Zeitung, aber Brecht nannte ›Ostpolzug‹ »das bisher exponierteste Drama«, das das epische Theater aufzubauen versuchte. Jeßner (er hatte nach Bronnens ›Rheinischen Rebellen‹ Grabbes ›Hannibal‹ mit Krauß inszeniert) projizierte wieder erklärende Titel vor jeder Szene auf eine Leinwand, zeichnete mit Lichtlinien auf einer Karte den Weg vom Hellespont zum Mount Everest. – Der Primat der Regie blieb trotz ›epischer‹ Ansätze. – Jeßner besetzte die einzige Rolle des Stücks mit Kortner, obwohl Bronnen sich für Rudolf Forster entschieden hatte, »der damals jung, elastisch, voll kalter Sachlichkeit über einem erhitzten Intellekt war«. – Kortner ging mit ›Ostpolzug‹ auf eine Gastspielreise durchs Reich.

Franz Leppmann, BZ am Mittag, Berlin, 30. 1. 1926

Der Abend war ein Triumph des Regie führenden Intendanten Leopold Jeßner, dessen sachliche Leidenschaft, dessen hingebungsvolle Gläubigkeit, dessen Arbeitsquantum und dessen Können zu bewundern bleibt. Er schuf, mit seinen Architekten Robert Herlth und Walter Röhrig, eine Phantasmagorie aus pau-

senlos wechselnden Bildern, die, meilenfern allem Banalen und Bürgerlichen, einem Dichtertraum bis in seine ausschweifendsten Traumhaftigkeiten Gestalt gab. So stark war der Eindruck dieser von allen technischen Mitteln, Tricks und Teufeleien gespeisten Bühnenkunst, daß man sich fragt: Was hätte Bronnen getan ohne Jeßner? Und wo soll das Stück gespielt werden, wenn nicht bei Jeßner? Und vor welchem Publikum, wenn nicht vor dem literarisch bemühten eines Premierenabends? Dieser Idealismus ist schon mehr Tollkühnheit. [...]
Die einzig-doppelte Alexanderrolle hatte Fritz Kortner. Ein Schauspieler den ganzen Abend. Seiner nervösen Beweglichkeit lagen die modernen Inkarnationen besser als die alten. Im Wirtshausbilde war er von jener grotesken Freiheit der Laune, von jener Leichtigkeit und Überlegenheit, die in einigen Szenen von Strindbergs ›Rausch‹ so an ihm entzückten. Den Kronprinzen Alexander am Hellespontos während der Mordnacht des Vaters könnt' ich mir schreckhafter, gedrängter, reizsamer vorstellen. Aber nehmt alles nur in allem: Er bewältigte die Vielfalt der Rolle oder der Rollen und ihre ungeheuren Anforderungen auf eine Weise, daß wir nicht so bald seinesgleichen sehen werden!
[...]

Alfred Klaar, Vossische Zeitung, Berlin, 30. 1. 1926

Vor 40 Jahren wurde der dramatische Monolog durch den herrschenden Naturalismus verpönt. Er hat längst den Sieg über diese pedantische Einseitigkeit davongetragen, er lebt nicht nur in den klassischen Meisterwerken fort, er flackert durch jedes Aparte des modernen Stücks. Jetzt – in den Tagen des Expressionismus, der, ein vieldeutiges Schlagwort, für die Anfechtung jeder Tradition geworden – will er sich ausschließlich der Szene bemächtigen. Arnolt Bronnens Schauspiel ›Der Ostpolzug‹, das gestern die Bühne unseres Schauspielhauses füllen sollte, aber tatsächlich etwa eineinhalb Stunden lang leer ließ, will aus einem einzigen Monolog ein Drama machen. Alexander – angeblich Alexander der Große – führt allein das Wort und erhebt den Anspruch, uns in das Um und Auf eines großen Lebens, einer genialen Entwicklung einzuführen.
Aber so wenig wie ehedem der Monolog auszulöschen war, war der Dialog bei dieser Absicht auszurotten. Schatten, unsichtbare Versammlungen, Ansprachen an Führer und Kämpfer greifen ein. Der leiseste Versuch eines Lebensbildes kann so wenig wie den Einsamen, der mit sich zu Rate geht, die Mitmenschen, die auf ihn einwirken, entbehren.
In neun Bildern, die mehr durch das Aufgreifen der Schlagwörter von Szene zu Szene als durch Fäden der Handlung miteinander verknüpft sind, soll sich ein großes Leben dramatisch vor uns abspielen. Also eigentlich kein Monolog, sondern ein Monodrama. Es ist wirklich der Welteroberer Alexander gemeint, und wir sollen ihn von der Zeit, da er durch die Ermordung des Vaters König wird, bis an seinen Tod in der Wildnis des Mount Everest begleiten. Aber uns fehlen alle Haltepunkte für diesen gemeinsamen Weg. Die Zeit ist ausgelöscht, die Anachronismen sind gewollt, sie haben nichts von den berühmten einzelnen Zeitverstößen Shakespeares, die wie Blöcke der lebendigen Vorstel-

lungswelt sich aus dem Meer des Zeitgeistes erheben, noch jene satirisch-parodistische Ironie, mit der unser Shaw der Vergangenheit spottet – sie sind einfach bewußt und willkürlich aneinander gestemmt, um uns ein Gefühl der Zeitlosigkeit zu geben. Alexander raucht Zigarren, trinkt Bier, erklärt den Süd- und Nordpol für »vergossen« und will den Mount Everest (den höchsten Berg, der erst im vorigen Jahrhundert nach einem englischen Ingenieur so genannt wird) zu einem ›Ostpol‹ machen; er dringt mit Lastautos durch das Gebiet von Nepal, er bedient sich des Fernsprechers und Diktaphons – es wäre müßig, all diese modernen Wunderlichkeiten, die gewollt sind, aufzuzählen. Daneben aber erscheinen die Gestalten, die uns aus Geschichte oder Sage vertraut sind, in Alexanders Fieberträumen. Hephaestion, den Alexander seinen Patroklos nannte, Clitus, den er im Weinrausch oder Zorn erschlug, usw., regen sich in der Einbildungskraft des Helden. Ihr Schicksal bleibt dunkel, die Mahnung an ihre Gestalten taucht auf. Was soll uns das? Dieses unwirksame Phantasiespiel ist »gleich geheimnisvoll für Kluge wie für Toren«. Schatten, die den Helden bedrängen, ohne einen Schimmer von Lebendigkeit zu gewinnen. Dagegen wird die Besteigung des Mount Everest mit aller Ausführlichkeit einer verwegenen Alpen- oder Himalajatour dargestellt. Felsspalt, Seil und Gefahr des Absturzes.

Auch die Panne eines Lastautos, von dem der Held eine Kiste nach der anderen in den Abgrund schleudert – all das soll uns das ungeheure Naturell des Genies versinnlichen, bis im Todeskampfe eine Fackel nach der anderen erlischt und im letzten Verhauchen des Geistes der »Gewinn der Unsterblichkeit nahe« ist. Nichts ist faßbar an diesem Bilderwechsel, keine Handlung ist mehr verständlich, kein Charakterzug arbeitet sich scharf heraus, nur das Fieber, in dem Alexander sich verzehrt, hat das Wort – es ist ein wildes Delirium expressionis, in dem die Selbstschau in steten Schwankungen zwischen Kraftgefühl und Anwandlungen der Schwäche, zwischen zuversichtlichem Genieglauben und Weltverachtung ihre Orgien hält. »Die letzte Chance ist Bewußtsein« lautet der Schluß und der Anfang einer Szene. Bronnen hat uns diese Chance nicht gegeben. Ohne Bewußtsein einer Handlung, eines Charakters, eines Konflikts nehmen wir Abschied von diesem Szenenwirbel – nur ein Chaos von Überspannungen, die in fessellosen Reden an uns herandrängen, klingt und verklingt in uns.

»Sollte ich mich dereinst geirrt haben werden« – dieser wunderliche Satz taucht (in der Buchausgabe) in Alexanders Expektorationen auf, dieses grammatikalische Ungetüm berührt wie eine Ahnung des Helden. Aber man braucht kein solches hypothetisches Futurum Exactum, um das Schicksal dieses Monodramas vorherzusehen. Man »wird sich nicht geirrt haben«, wenn man die schier endlosen Redensarten dieses Alexander als den Irrtum eines verwöhnten, unreifen Talentes ansieht, das man durch zärtliche Pflege ermutigt, anstatt es vom Abgrund der Selbstverhimmelung abzuhalten. Leopold Jeßner hat alle Hilfsmittel der Bühne verwendet und sogar um die des Kinos zu bereichern versucht, um den darbenden Sinnen etwas zu bieten. Die Aufschriften der Bilder, die rasch einander folgen, suchten deren Titel ins Gedächtnis zu prägen. Die Szenerie war phantastisch angedeutet, Diktaphon und Fernsprecher taten ihre Schuldigkeit, desgleichen der ungeheure Felsspalt mit dem Riesenseil, an dem sich Alexander hinaufzieht. Der Monolog war also szenisch belebt, und Fritz Kortner tat im Kostümwechsel, in den Schwankungen des Tones zwischen Ekstasen und Ironie, in der Mimik und den drastischen Bewegungen alles, um die Aufmerksamkeit nicht erlahmen zu lassen. Der Liebe Müh war fast umsonst. Nach dem dritten Bilde, nach einer stärkeren Entladung des Affekts, regte sich ein Beifall, der durch die Opposition bald niedergehalten wurde, und zum Schlusse, da die Korybanten des Hauses den Beifall der Jugend erstürmen wollten, fanden sich ebenso erregte Pfeifer und Zischer, die diesen Ausbruch befehdeten. Das dauerte länger, als der ruhige Zuschauer ausharren mochte. Den Kämpfenden zeigten sich Kortner, der den Dank für seine opferwillige Mühe fast widerspruchslos erhielt, dann Bronnen und Jeßner, deren Hervorruf mit zäher Opposition zu kämpfen hatte. Die Leitung des Schauspielhauses, die unser klassisches Drama nicht ohne Willkür inszeniert und durch manche Notbesetzung verarmen läßt, hat auch diesmal mit ihrem Mute, eine Art Pseudoklassizität zu schaffen, die ihre wirklichen oder vermeintlichen Inszenierungskünste reizt, keinen Sieg zu verzeichnen.

Herbert Ihering, Berliner Börsen-Courier 30. und 31. 1. 1926
1.
Eine großartige Eingebung Arnolt Bronnens läßt über Jahrtausende hinweg König Alexander und einen modernen Alexander nach Osten ziehen. König Alexander, der in Alexandria Eschata vom Heere zur Umkehr gezwungen wird. Den modernen Alexander, der den Gipfel des Mount Everest erreicht. »Unerklärliches stand vor uns, und wir erschraken«, sagt der große Alexander der Vergangenheit. »So geschehen die Taten, die Ereignisse langsam, manche Wünsche werden jahrtausendealt, aber unaufhaltsam wachsen die Organe ins Unsichtbare hinein, und der Gewinn der Unsterblichkeit ist nahe«, sagt der kleine Alexander der Gegenwart.
Wenn im ›Ostpolzug‹ nur diese Sätze stünden, er wäre wertvoller als das meiste, was in den letzten Jahren geschrieben und geduldet wurde. Eine Generation, durch den Weltkrieg losgerissen aus allen Bindungen der Überlieferung und Entwicklung, jäh einem Schicksal gegenübergestellt, das sie über sich selbst hinausriß, ohne Erfahrung, es sei denn die des Lebenseinsatzes, bevor die Verantwortung für das Leben sich bilden konnte, eine Generation ohne Nachbarschaft, weil die ihr voranschreitende fast vernichtet wurde, ohne Übergang, weil sie im Frieden gleich auf die übernächste Generation stieß, die noch im Bildungszusammenhang mit den Vorkriegsjahren stand, diese Generation muß sich nicht nur mit ihren Vorgängern auseinandersetzen, wie es jede mußte, sie muß überhaupt erst den Boden finden, auf dem sie selbst steht. [...] Kalt, klar und oft zynisch stößt sie vor. Eine arme Zeit? Wenn man sie als Ziel – eine reiche, wenn man sie als Anfang sieht.
Diesen herrlichen Anfangswillen, dieses Erobererbewußtsein macht Bronnens ›Ostpolzug‹ zu einem Ereignis des Theaters. Ja, es geht über Geschmacklosigkeiten, über Albernheiten hinweg, wie beim »Sieg von Kabul«, ja, das Groteske und Heroische reißt oft Widersprüche des Niveaus auf, herrlich ist trotzdem der Zug dieses Schauspiels. Der große Mensch unterliegt. »Die Größe meiner Zeit ist ungeheuer«, sagt Alexander. Aber er bewältigt sie nicht. Der neue Alexander jedoch, der Betrüger, der Zyniker, wird gepackt, emporgerissen von seiner Aufgabe. Er sieht kein Ziel und wird doch hingezogen.

»Auf einem Weg, den ich hasse, in einem Leben, das ich immer wieder fürchte, da es nicht mein eigenes ist, und das immer wieder mitten in meinem Herzen vergeht.« So steigt Alexander. So erlebt Alexander den »Triumph der Möglichkeit«. Er jagt mit Autos durch Hochwasser hindurch. Er stürzt ab. Aber kalt, unromantisch kommt er zum Ziele und erreicht den Gipfel des Mount Everest. Die Mechanik der Zeit wird nicht beklagt, nicht bewundert. Aber sie ist Antrieb. Sie wird in den Willen aufgenommen. Ein neuer Heroismus wird geboren. Ob künftige Geschlechter Werke wie den ›Ostpolzug‹ noch kennen werden, ist gleichgültig. Er ist dennoch ein Anfang. Die Gegenwart wird gestellt. Und schon das ist ein Triumph.

2.

Bronnens Schauspiel geht den erregenden Weg der Sprache. Die Sprache ist die Bewegung, der Zug, der Anstieg, oft im wörtlichen Sinne. »Autokolonne durch Nepal« – die Szene spielt auf einem durch Hochwasser jagenden Auto. Nicht wie schon oft Szenen im fahrenden Zug spielten; die Sätze rollen, rasen, stocken, sausen. Ein Bild spielt während des Absturzes vom Gletscher. Die Sprache ist die Wegrichtung des Stückes.

Leider wurde diese Wegrichtung im Staatlichen Schauspielhaus nicht gespielt. Jeßner muß gedankt werden, daß er den ›Ostpolzug‹ gab. Ihm müßte noch mehr gedankt werden, wenn er die ausgezeichneten Grundlagen der vorigen Saison ausgebaut, statt abgebaut; ihm wäre am meisten zu danken, wenn er nicht nur eine wundervolle, sondern auch eine treffende Inszenierung des ›Ostpolzuges‹ geschaffen hätte. Herrliche Bilder von Robert Herlth und Walter Röhrig, die alle Erfahrungen ihrer Filmtätigkeit auf die Bühne übertragen haben; aber Bilder, die vervollständigten, die nicht die Landschaft, nicht den Weg der Sprache gaben. Bilder, die (prachtvoller) Selbstzweck waren; falsch und technisch umständlich. Das Technische aber ist eine Vorbedingung für die Aufführung des ›Ostpolzugs‹. Er verträgt nicht Zwischenvorhänge, die Lärm machen und aufhalten. Er verträgt nicht minutenlanges Sichumziehen des Darstellers. Wozu die Titelvignetten vor jedem neuen Bild, wie das früher bei schlechten Filmtiteln üblich war? Wozu die sorgfältige Kostümierung, die Zeit stahl? Das Stück ist scharf und fest umrissen. Die Aufführung löste die Umrisse auf und romantisierte. Gewiß, eine großartige Leistung Jeßners und seiner Architekten, aber eine falsche, irritierende, vom Charakter des Stückes ablenkende Inszenierung.

Schwerer treffen manche Striche. Gleich im ersten Alexanderbild fehlte die wichtigste Stelle: »Die Größe meiner Zeit ist ungeheuer ...« [...]

Kortner hat Außerordentliches geleistet, wenn man ihn rein vom physischen und psychischen Durchhalten, von der Spannkraft des Gedächtnisses beurteilen, wenn man den Einsatz für das Werk in Rechnung stellen will. Aber Kortner hat gerade in der letzten Zeit sich künstlerisch so entwickelt, daß man ihn schädigt, wenn man ihn nicht höher einschätzt. Und der ›Ostpolzug‹ ist so schwierig, daß man seine Darstellungsart aufzeigen muß. Als Kortner die Rolle übernahm, dachte ich, er würde treiben, er würde den Weg gerade dieser Sätze gehen. Statt dessen zerstörte Kortner die Zielrichtung der Satzgruppen, sprach ständig gegen ihren Rhythmus, gegen ihren Bau. Er zog, wie Werner Krauß. Wenn aber Werner Krauß schleppt und Pausen macht, so kann er sie halten, füllen. Von Kortner ging keine Bannkraft aus. Seine Stärke ist die Sprache. Statt dessen wollte er durch ›Sein‹ wirken. Dieses aber übertrug sich nicht. Ihm fehlt die physiognomische Eignung für den Alexander. Alexander muß in beiderlei Gestalt einen anderen Eroberertyp vertreten. Hell, nervös, zynisch, stählern und elastisch zugleich. Kortner hätte diese Wirkung auf dem Weg über die Sprache erreichen können. Als er sie schleifen und auseinanderfallen ließ, zerstörte er auch den Typus. Es bleibt schade, daß Krauß für moderne Rollen nicht zu haben ist. Er wäre doch die richtige Besetzung gewesen. Kortner und Jeßner haben Bedeutendes gewollt, während rings die Reaktion tobt. Aber wir müssen weitergehen. Wir müssen die Werke der Gegenwart im Stil der Gegenwart sehen. Und so gewiß der ›Ostpolzug‹ nicht der Anfang von Dramen mit nur einer Person sein darf, so gewiß muß dieses Zeitwerk zeitlich dargestellt werden. Sachlich, scharf und lebendig, vielleicht ohne Aufwand, aber körperlich suggestiv. Gerade weil nur eine Person die Dramatik bestreitet, darf die szenische Umwelt weder im Optischen noch im Akustischen stimmungsvoll, verschwimmend sein, sie muß die Aktion der Sprache herausfordern, wie die Aktion der Sprache sie erst schafft. Hier gab es Rede und Spuk. Es darf aber weder isoliertes Wort noch isolierte Gespensterei geben, sondern Dialog mit Widerständen, die überwunden werden. Nicht Ruhe, sondern Weg. Nicht Bild, sondern Bewegung.

Bertolt Brecht   Baal

Deutsches Theater, Berlin, ›Die Junge Bühne‹, 14. Februar 1926
Regie Bertolt Brecht

Mit drei Stücken hatte Brecht inzwischen in Berlin Beachtung gefunden: mit ›Trommeln in der Nacht‹, ›Das Leben Eduards‹ und ›Im Dickicht‹. Sein ›Baal‹, 1918 geschrieben und 1923 in Leipzig uraufgeführt, stand immer noch aus. Als Moriz Seeler, der Initiator der ›Jungen Bühne‹, jetzt endlich sein Versprechen, den ›Baal‹ in Berlin zu zeigen, erfüllte, wirkten Stück und Aufführung verwirrend. – Brecht war über den ›Baal‹ damals weit hinaus. ›Mann ist Mann‹ lag fertig vor, aber noch keine Bühne war für dieses neue Stück bereit, in dem sich die im ›Leben Eduards‹ schon deutlich gewordene Veränderung der Brechtschen Dramaturgie noch klarer abhob. Als Seeler nun Brecht selber den ›Baal‹ inszenieren ließ, setzte dieser seine in München bei der Uraufführung des ›Leben Eduards‹ begonnenen Versuche fort, das epische Element der Szenenfolge zu verstärken. – Er hatte in der Neubearbeitung des Textes die parodistische Bindung des ›Baal‹ an Hanns Johsts ›Der Einsame‹ (s. d.) gelöst. (Brecht an Johst: »Ich habe alle Szenen mit der Mutter herausgeschmissen, dadurch verscheuche ich das Gespenst des ›Einsamen‹ ziemlich an die Peripherie.«) Er setzte vor die Szenen einen Sprecher, der kalt und sachlich Szene, Ort und Zeit ansagte. Er verstärkte die realistische Kontur von Fabel und Figuren. – Homolka spielte die ursprünglich von Brecht für Klöpfer vorgesehene Rolle des Baal in Berlin und im März 1926 auch in Wien, als sich das Theater in der Josefstadt als Novitäten-Bühne ›Das Theater des Neuen‹ angliederte und dessen Vorstellungen mit Brechts ›Baal‹ eröffnete. Die Diskussionen um die Eröffnungspremiere faßte Hugo von Hofmannsthal in einem Vorspiel ›Das Theater des Neuen‹ (gedruckt in Lustspiele IV, S. Fischer-Verlag) zusammen, das das schönste Dokument der Achtung Hofmannsthals für den jungen Brecht wurde. – Für Berlin kam die Aufführung des ›Baal‹ damals zu spät. Die mit der Uraufführung von Bronnens Jugendstück ›Die Geburt der Jugend‹ fast zusammenfallende Premiere erweckte den Eindruck der Rückschrittlichkeit. Das anarchische Element, die Herausstellung der wilden erotischen Kraft, war damals historisch (für die Zerstörung des Expressionismus) schon unwichtig geworden. Die Politisierung des Dramas, aber auch die der Kritik hatte begonnen. Man erlebte viel mehr den Stoff als die neue Form. Die Reaktion auf die Berliner Aufführung zeigte schon, wie die Fronten verliefen (siehe Rezension Harnisch). Mit der ›Baal‹-Premiere erreichte Seelers ›Junge Bühne‹ ihren Wendepunkt. – Es folgten noch Marie Luise Fleißers Komödie ›Fegefeuer in Ingolstadt‹ (25. 4. 1926) im Deutschen Theater und Hanns Henny Jahnns ›Krönung Richards III.‹ (12. 12. 1926) im Theater am Schiffbauerdamm. – 1927 stellte Seeler die Matinee-Aufführungen ein. – Als ›Baal‹ in einer abermals veränderten Fassung im November 1927 in Kassel aufgeführt wurde (»Eisiges Schweigen des Publikums«, »Eine Totgeburt«: ›Kölnische Zeitung‹, 18. 11. 1927), leitete der völkische Rechtsanwalt Roland Freisler ein Ermittlungsverfahren gegen diese Aufführung ein. (Freisler wurde später Präsident des Hitlerschen ›Volksgerichtshofs‹ in Berlin.) –

Paul Fechter, Deutsche Allgemeine Zeitung, Berlin, 15. 2. 1926

Es ging ganz munter zu bei dieser dramatischen Biographie, wie Brecht diese Szenenfolge nennt. Die ersten vier, fünf Bilder nahm das Publikum ohne Aufregung hin: dann setzte leise, gemütvoll flötend der Protest ein. Und nach der sechsten Szene, in der »Baal zum letztenmal Geld verdient«, ging das Flöten in Sturm über! In Geheul, Gebrüll und Trillerpfeifen, also daß es beinahe zweifelhaft schien, ob die Sache würde zu Ende gespielt werden können. Aber man beruhigte sich wieder, pfiff, klatschte, schrie weiter und ermattete langsam. Am Schluß mußte der Beifall erst durch die Pfeifer neu angefacht werden. Dann allerdings wurde er demonstrativ.
Das Thema der Komödie rechtfertigte beides und rechtfertigte beides nicht. ›Baal‹ gibt in vierzehn Bildern die dramatische Biographie eines Dichters – mit Zügen des Autors, und zwar mit geliebten und gehaßten zugleich. Sie beginnt mit Baals erstem Auftreten als Lyriker, schwerer Erfolg, Verlegeranträge, Liebe der Gattin des Verlegers – und endet mit seinem verlassenen Sterben im Schwarzwald, in einer Holzfällerbude. Dazwischen liegt Abstieg, nach der Meinung des Autors durch alle Abgründe des Lebens: Baal, der seinen Götzennamen nicht ohne Absicht trägt, singt vor Chauffeuren in einer Kneipe seine Lieder, mißbraucht seine Macht über Frauen – was sich darin offenbart, daß er die Verlegersgattin zwingt, Schnaps zu trinken und einen fremden Chauffeur zu küssen. Er verführt ein Minderjähriges, nimmt mit Lustmordgelüsten eine Dirne zu sich, die er, als sie ein Kind von ihm trägt, wieder verläßt; er erscheint mit seinen Balladen in einem wilden Kabarett und brennt in seiner Sehnsucht nach der Erfindung einer bösen Tat auch hier durch. Er wandert durch die Welt und kommt schließlich zu dem tief gewünschten Ziel seiner Tat; er ermordet seinen Freund, Musiker, Mischung aus homosexuellem Genossen und realisiertem besserem Ich Baals, flieht und stirbt schließ-

lich allein und verlassen, mit dem letzten Blick zu den Sternen hinauf an der Tür der Hütte, im nächtlichen Walde. Ein Ansager verkündet vor jedem Bild die Überschrift und ironisch den ernsthaften Sinn des Kapitels.
Der Held dieser vierzehn Bilder ist ein Gemisch – halb Selbstporträt des Autors, halb Objekt, an dem er seinen Haß gegen die eigene arme Seele und gegen das eigene Tun auswirkt. Er ist von zwei Seiten gesehen – und man begreift den Zwiespalt der Zuschauer vor diesem Gebilde und seinem Autor. Der Mensch, der diese Gestalt hinstellte, hat den dichterischen Blick auf die Welt mitbekommen – aber zugleich eine traurige, banale und leere Seele. Die da klatschen, sehen (vielleicht) den Dichter, das Stückchen menschlicher Sehnsucht, die in ihm lebt, vielleicht auch die Restbestände bürgerlicher Literatur, die in diesen Wedekind-Balladen von Baals Taten, in diesem Melodrama von der Nichtigkeit des Daseins da und dort Gestalt werden. Die da pfeifen, sehen (vielleicht) den Menschen hinter dem Ganzen – seine magere Armut und die Tatsache, daß er selber nur zu sehr um sie weiß. [...] Der Zwiespalt in Brecht wird Zwiespalt in den Hörern. Das frierende Kind in der gealterten Landschaft, das da fühlt, daß es zu den letzten gehört, die noch die Ebene draußen sehen, das um die Verlassenheit weiß und weint, und seine Worte wenigstens da und dort aus den Schichten der Seele holt, wo das Leben selbst sie formt – läßt mehr als einmal aufhorchen: der Mensch aber, der über diesem Kind geworden ist, läßt diese Teilnahme nicht Wurzel schlagen. Denn er ist halb und unentschieden, einer, der zu der Welt wohl nein, zu sich selber aber nein und ja sagt, weil er zwischen Selbsterkenntnis und Selbstdekoration, Selbstverneinung und Selbstentschuldigung heillos pendelnd hin- und herschwankt. Über einem Weltgefühlchen, das bei aller Kleinheit echt ist, sitzt ein Kopf und ein Wille, die beide den vom Leben gestellten Aufgaben in keiner Weise gewachsen sind und sich im letzten Grund der eigenen Arbeit (nicht ihres Wertes) schämen. – Wäre Brecht wesentlich, so würde er nämlich aus seinem Leben und seinen Erkenntnissen die Konsequenz Rimbauds ziehen – und aufhören zu dichten. [...] Er ist, wie er selber sagt, im Kopf nicht eben stark: so formuliert er Weisheiten wie diese, daß der Planet eine Niete und die Welt gar nichts sei, sie alle aber Tiere, verkommene Tiere – statt daß er den Strich unter alles zieht und das Dichten endgültig aufgibt. [...]
Man sagt das nicht gerne, weil in diesem Menschen trotz allem etwas Dichterisches lebt, ein dunkles Gefühl für das Verlorensein in einer Welt, deren er nicht Herr werden kann, die einen Ernst verlangt, den er nicht mehr aufzubringen vermag – und dem er mit der Pose des Schnapses und der normalen wie der verdrehten Erotik auszuweichen versucht. Ein armer trübseliger Kerl, mit dem man Mitleid hat, weil man seine innere Angst spürt, markiert Sachlichkeit und redet von einer neuen Glücksepoche, die die Menschheit sich anschickt anzutreten. Ein Opfer der verworrenen Tage um die Kriegswende berauscht sich an der alten Conradiphrase vom Zugrundegehen – und spürt nicht, wie sehr ihn das Theater des Lebens im Genick hat, obwohl in ihm ein Quentchen Substanz sitzt, das wohl hinreichen könnte, das Theater vom Sein, den Schwindel vom wenn auch kümmerlich Echten zu sondern. Gemessen an seinem Genossen Bronnen ist Brecht ein Riese an Seelenbesitz; gemessen an irgendeinem armen Schächer, der sich nicht selbst um sein bißchen Besitz gebracht hat, ist er ein armer Gesell, den man eigentlich bemitleidet, wenn er wesenlos im Durcheinander von Beifall und Protest auf der Bühne erscheint.

Es bleibt einem nicht viel anderes übrig, wenn man sich selbst nicht gar zu komisch vorkommen soll, daß man hier eine ernsthafte Diskussion aufnimmt. Denn man darf das nicht vergessen, daß Frank Wedekind schon vor Jahren gewesen ist – und daß Schnaps, Huren und das lustige Theater der kühlen Phrase als Begabungsbeweise nicht recht überzeugen. Die Angst im Leben und vor dem Leben ist echt; aber so leicht, wie sich die Herren von Dix bis Brecht und Bronnen vorstellen, ist die Sachlichkeit, die wir alle wollen und bejahen, denn doch noch nicht.

Die Aufführung unter Brechts eigener Regie war zum Teil ausgezeichnet, begann nur zu spät und wurde zum Schluß immer zäher und schleppender. Sie hatte zuweilen das Halbwirklich-Melancholische, das Brechts eigenster Ton ist, und war in einzelnen Szenen, wie der des Mordes, sehr stark gegliedert und gestrafft. Baal war Herr Homolka. Unheimlich in einzelnen stummen Momenten, wie anfangs am Büfett, beim dauernden Essen, dann im Schweigen vor dem Mord, in der zwecklosen Roheit gegenüber der Frau: zum Schluß notwendig im Theater verblassend. Es entstand kein Mensch, aber es entstand ein Sprachrohr Brechts, und die feiste Vitalität des Schauspielers lieh freigebig der mageren des Autors. Würde Herr Homolka noch verständlicher sprechen lernen, er hätte das Zeug zu einem Konkurrenten Kortners.

Neben ihm eine Reihe von Schemen, die Schauspieler von Rang zu Menschenskizzen zu machen suchten. Am feinsten die Frau des Verlegers, die noch am meisten Rundung hat – von Fräulein Binder sehr schön und echt hingestellt. Ein Menschengespenst sehr eigener Art der Bildt, leer und ausgebrannt und von der Schemenhaftigkeit, die Brechts eigentliche Welt ist. Neben beiden Frau Gerda Müller, sehr verhalten und dumpf, von einer starken Geschlossenheit aus den sparsamen Wortgaben des Verfassers einen Menschen machend. Sehr gut und echt Herr v. Twardowski als Johannes Schmidt, in Ton und Beteiligtsein von feinem Stilgefühl; blaß und nett Frau Ebinger als Minderjährige. – Die Bühnenbilder von Herrn Neher halb Rückwendung zur partiellen Dekoration (in den Schwarzwaldlandschaften nicht ohne Geschick), halb Kombination von Naturalismus mit Raumkasten. Ein direkt Brechtisches Gemisch.

Herbert Ihering, Berliner Börsen-Courier 15. 2. 1926

Um Brechts Frühwerk ›Baal‹ wurde gestern mittag im Deutschen Theater nicht etwa gekämpft, sondern vorbereiteter Skandal gemacht. Indirekt ermutigt durch die Kritiken des Herrn Kerr, der in ähnlichen Fällen den Beifall für Dichter und Werk zu verschweigen pflegt, um schadenfroh auf Pfiffe und Zwischenrufe hinzuweisen, glaubten skandalsüchtige Theaterbesucher die Pflicht zu haben, sich zu entfesseln. Es gab einst eine Kritik, die das Publikum zu führen suchte. Heute stellt sie sich unter das Publikum. Herr Kerr schnüffelt sogar neuerdings nach ›Schweinereien‹, nicht etwa in Boulevardstücken, nicht etwa in seinen eigenen hanebüchenen, dumm-dreisten ›Caprichos‹, sondern bei Bronnen, und fördert so die Wiedereinführung der Zensur. Beim ›Baal‹ machte Herr Kerr sogar einige geglückte Versuche, höchst persönlich durch provozierendes Lachen und Reden die Vorstellung zu stören.

Es ist von fast gespenstischer Komik, sich mit solchen Kindereien überhaupt auseinandersetzen zu müssen – wo es um andere Dinge geht. Aber heute werden die Werke verstellt durch Eitelkeiten, Nebengezänke, privaten Egoismus. Der wegzuräumende Schutt ist ungeheuer. Daß Brecht ein Dichter ist – im Grunde zweifelt niemand daran. Aber Prestigefragen stehen höher als die Interessen des deutschen Theaters. Welcher Wurf ist ›Baal‹! Baal, der Vergeuder, der Fresser, der Säufer; Baal, der die Frauen nimmt und wegwirft; Baal, der sich aufbläht und verfault; Baal, der alles benutzt, alles einschlingt, alles mitnimmt, was seinen Weg kreuzt; Baal, der das Leben aufsaugt, der seine Wurzel in alles senkt: in Aas, in Gemeinheit, in Empfindsamkeit, und doch unfruchtbar bleibt; die verschlingende Kraft, die nicht schöpferisch wird, üppig und doch nicht zeugend, Baal, entgeistert und angeekelt von der schwangeren Frau. Baal, der doch Himmel und Sterne, Luft und Licht über sich und Wald und die ewige Fruchtbarkeit der Natur um sich hat.

Brecht selbst ist über dieses Stück längst hinaus. Aber die dichterische Kraft, mit der Häßlichkeit und Verwesung in den Ablauf der Natur gestellt sind, wirkt auch heute noch. ›Baal‹ ist ein Stück der losen Szenen. Im Fragmentarischen liegt sein Reiz. Es ist kaum faßlich, daß ein Dichter, der so begann, der den ›Baal‹ vor den ›Trommeln‹, vor dem ›Dickicht‹, vor dem ›Eduard‹, vor ›Mann ist Mann‹ schreibt, nicht gefördert wird. Daß das ›Dickicht‹ heute noch nicht gedruckt ist, die Balladen heute noch nicht herausgegeben sind, daß ›Mann ist Mann‹ nicht längst aufgeführt wurde. Man verlangt fertige Dramen – aber wie soll ein Dichter sich entwickeln, wenn man von ihm am Beginn schon das Ende verlangt? Man verlangt einen eigenen Ton – aber wo ist er, trotz Anregungen, die jeder fruchtbare Mensch aufnimmt (nur der sterile schließt sich ab), wo ist er faszinierender als im Choral vom großen Baal, als in der Sprache dieser dramatischen Szenen.

Wenn ein Werk, über das ein Dichter durch neue Stücke hinweggekommen ist, um Jahre zu spät und vom Dichter selbst aufgeführt wird, so drängen sich zwischen den Dichter und das frühe Stück seine neuen Werke. Das war auch an der Überarbeitung des ›Baal‹ zu erkennen. Er ist jetzt eine dramatische Biographie geworden, durch Szenenansagen auf Tatsachengehalt gestellt. Personen sind durchgeführt, die früher nur Nebenbedeutung hatten, wie Emilie Mäch. Kontraste sind hineingebracht, die sonst kaum angedeutet waren, wie das Auftauchen der Riesenstädte, das Nahen einer eisernen, steinernen, mathematischen Zeit hinter der versinkenden Naturwelt des ›Baal‹. Das Werk ist so vielfach überzeichnet. Brecht hat es von seinem gegenwärtigen Standpunkt inszeniert, für ein Theater, das es noch nicht gibt. Brecht hatte schon seit Jahren die Idee eines Rauchtheaters. Eines einfachen Theaters, wo die Zuschauer rauchen und trinken wie im Varieté. Für dieses Theater paßt die Technik der Szenenansage. Man ist anders eingestellt. Man läßt sich nicht seelische Komplikationen, sondern dramatische Tatbestände vorführen, einfach, naiv und primitiv. Es kann ein Weg sein, unter vielen anderen, die das Publikum, die ein anderes Publikum ins Theater führen.

Die Vorstellung war in der Anlage großartig. Zwischen den einfachen Wanddekorationen von Caspar Neher wurde sachlich gespielt. Zuletzt fehlte die Zusammenfassung, die Straffung durch Striche und Tempo. Weil bei den Schwierigkeiten, die einer solchen Sonderaufführung begegnen, nicht zusammenhängend probiert werden konnte? Aber Paul Bildt als Baals Freund Ekart gab in Maske, Haltung, Blick und Sprache den Ton, die Atmosphäre des Stückes vollendet wieder. Wer Bildt oft in konventionellen Stücken konventionell ge-

sehen hat, weiß, daß sich hier Dichter und Darsteller gefunden haben. Ausgezeichnet und von einer ungewohnten Eindringlichkeit bei aller Einfachheit Hans Heinrich von Twardowski als Johannes und Ansager. Überraschend gut, wenigstens zum Schluß, Sybille Binder als verwüstete Emilie. Sollten ihre Aufgaben auf anderen Gebieten als der Salonrolle liegen? In der stummen Bewegung (nicht beim Sprechen) sehr fein Blandine Ebinger; gehalten Gerda Müller als Sophie; eindringlich Helene Weigel. Zeichnerisch gut Margo Lion als Soubrette; witzig im Anfang Kurt Gerron als Mäch.
Den Baal spielte Oskar Homolka bewunderswert in allen vitalen, humoristischen und zynischen Möglichkeiten. Was ihm fehlt, was aber für den Baal nötig bleibt, ist Magie. Gerade was über Baal ist: Luft, Sterne, Himmel, gibt Homolka nicht. Er bleibt im Privattypus befangen. Technisch drückt sich das in mangelnder Sprachbehandlung aus. Brechts Wirkung kommt vom Wort her. Homolka wird leicht nicht nur akustisch undeutlich, sondern auch ausdrucksmäßig unklar. Man versteht das Ziel einer Szene nicht mehr.
Es war trotz allem ein Ereignis. Dieser Mittag der ›Jungen Bühne‹ wird ihrem Leiter Seeler nicht vergessen werden.

Monty Jacobs, Vossische Zeitung, Berlin, 15. 2. 1926

[...] Weshalb war eine kleine, aber geräuschvolle Minorität der Zuschauer gestern entrüstet? Weil Bertolt Brechts Erstlingswerk eine Ballade mit dem Refrain eines Gassenhauers ist, und weil ihre Ohren nur ausreichen, um den Gassenhauer zu vernehmen.
[...] Ein Chaos von ausgebrannten Wünschen, von junger Verzweiflung, von enttäuschter Hoffnung – das ist nach dem Vorrecht des Zwanzigjährigen Brechts Welt. Eine Welt, aus der alle Melancholie der frühen Jahre strömt, aber auch Saft und Fülle einer überströmenden Lyrik. Baal, der Balladendichter, wird selbst zur Ballade, der Märtyrer einer chaotischen Welt wird selbst zum Chaos.
Diese Jugend wäre unerträglich, wenn sie sich beweinen wollte. Aber wie der Soldat in den ›Trommeln der Nacht‹ geht auch Baal, ein Harter, ein Unbekümmerter, ohne Wehleidigkeit seinen Weg. Sein Schritt setzt der Ballade dramatische Akzente. Das Gefühl mag sich auflehnen, wenn er Frauen brutalisiert, wenn Schnapsdünste die Bühne umwölken. Aber die Aufmerksamkeit bleibt Baal, dem Menschenchaos, treu. Ihm und den Stimmen der Nacht, des Waldes, der Einsamkeit, die der Lyriker Brecht klingen läßt.

[...] Es ist die Ballade von der Schwermut des Schicksals, das Menschen vor die Hunde gehen läßt. Dieses Schicksal tönt deutlich genug aus der Melodie des Ganzen. Aber Brecht hat sein Drama, in der Naivität des Anfängers, auch noch obendrein von seiner besten Kunst, vom Bänkelsang segnen lassen. [...]
Der Schöpfer dieser Lieder hätte von einem Tumult verschont bleiben müssen. [...]

Selbst für den böswilligen Zuschauer muß es schwer sein, sich dem schwermütigen Reize zu entziehen, den, durch alle Brutalität hindurch, das Chaos dieses Werkes ausströmt. Aber es wird nun, da unsere neuen Dramatiker nicht mehr zwanzig Jahre alt sind, Zeit, daß das Chaos sich lichtet. Dürfen wir darauf hoffen? Der unverzagte Leiter der ›Jungen Bühne‹, Dr. Seeler, scheint im Augenblick keinen Fiduz zu einer bejahenden Antwort aufzubringen. Sonst würde er uns nicht, rückwärts gewandt, in diesem Winter Bronnens und Brechts Erstlingswerk spielen lassen.

In der Zeitschrift ›Die Szene‹ hat Brecht eben erst vom Urbilde seines Baal, von einem heruntergekommenen Augsburger Monteur, erzählt. Als Regisseur seines Werkes hatte er die Marotte, diese Wirklichkeitselemente zu betonen. So hieß das Drama auf dem Zettel eine »dramatische Biographie«. So mußte der Schauspieler Twardowski als Ansager vor jeder Szene die einzelnen Stationen des Passionsweges nach Ort und Jahreszahl bestimmen. Seine Miene eines von Pfeilen gespickten Sankt Sebastian schien in ihrer stillen Noblesse den Publikumsaufruhr zu richten, in den er sich immer wieder hineinstellen mußte.
Sonst aber half der Regisseur Brecht dem Dichter Brecht mit Erfolg. Nehers Bühnenbilder, sparsame und doch nicht ablenkende Andeutungen von einem Stadtprospekt mit Münchens Frauentürmen, förderten die Schnelligkeit der Verwandlung. Für Baal hatte Brecht den Darsteller Oskar Homolka ausgewählt. [...] Dieser rechteckige Mensch mit rechteckigem Kopf, feist, herrisch, verschlagen, mit Schlitzaugen, die im Jähzorn tückisch funkeln, ist der Interpret des Gassenhauers in ›Baal‹. Wie Peitschenknall jagt er Worte und Verse aus dem Munde. Aber nur für den Gassenhauer reicht sein Gehör aus. Die Ballade, der Choral von Baal bleibt in Homolkas Mund ungesungen. Sein versoffener Musikclown, der die Weiber kuranzt, ist nur eine kleine Welt aus dem Chaos der enttäuschten Wünsche, der Jugend.
Diesem Baal fehlte nun einmal jener Schuß Phantastik, der Paul Bildts Wanderkameraden so gespenstig schimmern ließ. [...]
Ihr Wagemut sichert dem jungen Drama die Hilfe, die ihm die Theater in ihrer Not versagen müssen. Das Instrument ist da. Nun heißt es die würdigen Spieler finden.

Johannes W. Harnisch, Der Montag, Berlin, 15. 2. 1926

[...] Was ist denn die ganze Kunst dieser Burschen, die heute die deutsche Literatur und Theaterkunst besudeln? *Widerlich zu sein.* Brechts Held, der wie das Stück mit kitschigem Symbolismus Baal heißt, ist der Prototyp dessen, was man im menschlichen Leben ein Schwein zu nennen pflegt. [...]
›Dramatische Biographie‹ – da es selbstverständlich zu einem wirklichen Bühnenstück mit dem Können nicht langt. [...]
Wie wenig dieser Brecht kann! In der ersten Szene waren einige possenhafte Elemente (siehe ›Robert und Bertram‹ oder so) leidlich lustig. Damit war's aus. Alles andere ungekonnt.[...]
Das ist ein Dreck, das Ganze? Nein, meine Lieben, das ist neudeutsche Kunst. Wird als solche gefeiert. Wird von Schauspielern erster Garnitur (Homolka, Bildt, der Müller, der Binder, Twardowski, der Ebinger u. s. f.) gemimt. Und *muß*, nach allem, dem In- und Auslande als Pegel deutscher Kultur gelten.

[...] Diese Anarchie auf der deutschen Bühne ist allgemach volks- und staatspolitisch untragbar geworden. Jeder Ernsthafte, ganz gleich, welcher Parteirichtung, muß das erkennen, der diese neudeutsche Kunst kennenlernt. Um das Publikum, das ihr frenetisch huldigt, ist es gewiß nicht schade. All diese Snobs männlichen und weiblichen Geschlechts, diese akribistischen Literaten und hysterischen Möchtegern-Dirnen von sechzehn bis zu sechzig Jahren, die der Fäkalienduft dieser Literatur aphrodisisch kitzelt – habeant sibi! Mögen sie doch Vereine zur Förderung des Pornographischen und der Abortkunst bilden und sich bei derartigen Vorführungen kannibalisch wohlfühlen, als wie fünfhundert Säue beiderlei Geschlechts. Ich fühle mich wahrhaftig nicht gestimmt, den Büttel gegen noch so widerliche Abnormitäten anzurufen, solange die Herrschaften dabei freundlichst unter sich bleiben. *Unerträglich aber ist es, daß das Schweinische in voller Öffentlichkeit triumphiert.* Wir haben einen Kultusminister in Preußen. Einen Innenminister und, als besonders Interessierten, einen Außenminister im Reich. Haben rund 400 Volksboten in Preußen und rund 500 im Reiche. Lauter überaus weise, überaus pflichttreue, überaus einsichtsreiche Teil-Souveräne. Zum Teufel noch einmal, dann tut eure Pflicht! Steckt eure verehrte volkssouveräne Nase einmal in diesen Dreck und riecht, wie er duftet! *Kümmert euch darum!* Daß das nicht so weitergehen kann, darf, wird auch der Bornierteste unter euer Erleuchtetheiten sofort loshaben, sowie er dies kennengelernt hat. Die öffentliche Bühne als Volksverschmutzungsanstalt – könnt ihr das mit eurem Gewissen vereinbaren?
Ihr könnt es? Nun, dann ist euer Gewissen beneidenswert weit.

Alfons Paquet   Sturmflut

Uraufführung: Volksbühne am Bülowplatz, 21. Februar 1926
Regie Erwin Piscator

›Sturmflut‹ wurde die zweite Inszenierung, mit der Piscator seine Vorstellungen eines politisch wirkenden, über die Ereignisse der Zeit aufklärenden Theaters auf der etablierten Bühne durchzusetzen versuchte. Wieder geschah es an einem Stück von Alfons Paquet (s. ›Fahnen‹, 1924), der auf weiten Reisen die Welt kennengelernt hatte und zur Redaktion der ›Frankfurter Zeitung‹ gehörte. Paquet versuchte damals als einer der ersten, »die treibenden Kräfte unserer Zeit in ein paar Gestalten einzufangen, die bildhaft... Empfindungen wecken, wie sie die Wirklichkeit erweckt«. Soweit kam er dem Verlangen Piscators nach dem zeitbezogenen Stück entgegen. Aber Paquet hatte trotz aller ›neuen‹ Themen und Techniken noch immer die Absicht, »mit den neuen Mitteln unserer Zeit Wirkungen, die allein die ›zeitlose Kunst‹ zu erzeugen vermag«, zu erzielen. ›Zeitlose Kunst‹ – gerade das war für Piscator das zu überwindende Prinzip. Piscator verlangte das aktuelle Stück, das die Stimmung des Augenblicks traf, das die soziale Situation, wie er sie sah, klarmachte. »Ich war erfüllt von den Ereignissen der russischen Revolution, war mir bewußt aller politischen und sozialen Zusammenhänge und Überschneidungen... und mußte... ein Stück inszenieren, in dem alles das verworren, unklar, blaß und halbfertig durcheinanderlief.« Piscator arbeitete das Stück um, fügte neue Szenen hinzu, um es gesellschaftlich konkreter zu machen, er setzte zum erstenmal in dramaturgisch wichtigen Punkten Filmaufnahmen ein, die zum Teil eigens für diese Inszenierungen hergestellt wurden. Sie waren teils dokumentarisch, teils symbolisch. Damit wurde auch konsequent der Bühnenraum als einziger Ort des Geschehens überschritten und ein Stück in die Weltgeschichte hineinprojiziert. Paquet verwahrte sich später gegen diese Veränderung seines Stücks (»Es ist nicht die Geschichte einer Revolution, keine Lebensbeschreibung Lenins. Keine Darstellung Sowjetrußlands... Ich schreibe nicht Tendenz, nicht Ideendichtung...«). Die Veränderung der Texte wurde aber ein Charakteristikum des Piscator-Theaters. Die Vision Piscators vom episch-politischen Theater ging über die vorliegende Stückproduktion hinaus. Das heißt, er mußte experimentell auch mit den verfügbaren Texten arbeiten.»Der Darsteller konnte bis in die letzten Probetage hinein den Gesamtkomplex seiner Rolle nicht überschauen... Die Arbeit verlangte von uns allen Neues.« – Stück und das neue Inszenarium wurden erst auf den (immer zu kurzen) Proben erarbeitet.»Bewußt schaffen wir Unfertiges... Wir nehmen die Mittel, wie wir sie finden, und schaffen damit die Übergangsleistung.«

Herbert Ihering, Berliner Börsen-Courier 22. und 23. 2. 1926
1.
Das politische Stück in Deutschland – mit Recht war es unbeliebt geworden [...], während Hauptmann in den ›Webern‹ Privatschicksal und allgemeine Not gestaltete, versackte das politische Stück später mehr und mehr. Es wurde dogmatisch eng oder menschenbeglückend unbestimmt, beschränkt oder uferlos. Es wurde vom Parteisekretär oder vom Literaten geschrieben. Politik wurde aus den geistigen und seelischen Zusammenhängen gelöst. ›Politik für die Politik‹ hätte ein Schlagwort lauten können wie ›Die Kunst für die Kunst‹. Die Politik wurde vereinzelt, wie in Deutschland alles vereinzelt wurde: Technik, Wissenschaft, Theater, Bildung.
Alfons Paquet ist von dieser Vereinzelung der Politik auf der Bühne ebensoweit entfernt wie von der dichterischen Einordnung der Politik in ein höheres Ganzes. Paquet gibt die Politik direkt, aber mit ihren Hintergründen, mit ihren epochalen Ideen, mit ihren Zusammenhängen. Er gibt die russische Revolution. Das ist das Dokumentarische seines Stückes. Er gibt eine Fabel: das ist das Sinnbildliche der ›Sturmflut‹. Die russische Revolution – mit Erwähnung paralleler Ereignisse aus der deutschen Revolutionsgeschichte: Flotte, Scapa Flow, Erschießung der Matrosen. Die Fabel: Das zerstörte, von der Sturmflut bedrohte, im Schlamm der Überschwemmung fast versinkende Petersburg wird von Granka Umnitsch, dem Helden seines Dramas, an den Juden Gad verkauft, hinter dem ein anderer russischer Revolutionär, Sawin, hinter dem England steht. Granka verkauft, um Geld für die Weltrevolution zu bekommen. – Zwischen der Auswirkung dieser Fabel und der dokumentarischen Tatsachendarstellung besteht ein Bruch. Er zieht sich durch die Personen, die erstens ihre Privatexistenz haben, zweitens politische Exponenten, drittens Symbole sind, ohne daß jedesmal klar wird, was sie als Privatpersonen, was sie als Politiker, was sie als Symbol sagen. In den ›Fahnen‹ blieb

Paquet bei dem undichterischen, aber starken, wirkenden Dokument. In der ›Sturmflut‹ (schon dieser Titel ist teils wirklich, teils symbolisch gemeint) verwischt er die Grenzen.
Aber diese Grenzübertretung ist wieder das Erregende des Werkes. Paquet wagt noch nicht, auch die großen treibenden Kräfte dokumentarisch zu geben. Er gibt, als einziger seit langer Zeit, auf der deutschen Bühne eine große politische Typologie. Eine personelle und eine ideelle Typologie. Er gibt den Taktiker: Sawin; den elementaren Triebpolitiker: Granka Umnitsch. Er gibt die zivilisatorische Kolonisation: England. Er gibt den Aufstieg des Barbarisch-Triebhaften zu einer schöpferischen Kultur. Er gibt Stadt. Er gibt Wald und Land. Aber Paquet individualisiert seine Typologie und streckt sie nachträglich. Das ist ein ähnlicher Vorgang wie in Döblins kühn und großartig angelegtem Roman ›Berge und Meere, Giganten‹. Auch dort werden Typen als Privatexistenzen genommen und müssen, um ihre sinnbildliche Bedeutung zu erreichen, künstlich aufgetrieben werden. Dem Prunkenden, Makarthaften, in das die außerordentlichen Intentionen Döblins hineingeraten, entspricht bei Paquet Wagnerisches: die Frauengestalt Rune Lewenelau.
›Sturmflut‹ als eine sachliche Darstellung gegenwärtiger politischer Typen, als ein im Wurf grandioses, revolutionäres Weltbild bewegt das Interesse in jedem Moment. Weil Paquet keine Dichtung, sondern eine Bühnenwirkung schreiben wollte, hätte er weder Individualisierung noch die Verallgemeinerung nötig gehabt, weder die sprachliche Charakteristik noch die sprachliche Symbolisierung. Die Verdeutlichung, die ›Verwirklichung‹ liegt hier in der Dimension. Aber nicht in der sprachlichen, die eine ganz andere Anlage der Vorgänge, der Personen voraussetzen würde, sondern in der räumlichen Dimension. Die sprachliche Dimension würde Menschen und Handlung zur Bedingung haben, die von Anfang an außerhalb des Dokumentarischen stehen. Wenn Paquet die Menschen auch in der Sprachgebärde zu vergrößern sucht, weist er ihnen einen anderen Raum zu, als sie mit ihrer realen Existenz füllen können. Er vergrößert diese Distanz, wenn er gleichzeitig durch Verwertung anderer technischer Mittel die räumliche Dimension zu vergrößern sucht. Er zieht die Außenwelt durch den Film hinein. Hier liegt eines der fesselndsten Probleme des Werkes. Paquets ›Sturmflut‹ ist eins der bewegendsten Bühnenereignisse des Winters.

2.
Vor dem Kriege wurde im Neuen Schauspielhaus, dem heutigen Theater am Nollendorfplatz, der französische Schwank ›Eine Million‹ aufgeführt, in dem der Film die Handlung (eine Detektivgeschichte) unterbrach und fortsetzte. Ein Glas Wasser, auf der Bühne an den Mund gesetzt, wurde im Film zu Ende getrunken. Hier war der Film spaßiger Trick. Damals ein großer Erfolg, heute schon von fast allen vergessen.
Erwin Piscator gab vor Monaten im Großen Schauspielhaus die Arbeiterrevue: ›Trotz alledem!‹ Ungeheure Wirkung, wenn die Ereignisse auf den Film übersprangen, wenn Lenin sprach; ungeheure Wirkung, wenn Einzelpersonen auf der Bühne durch Massenversammlungen auf der Leinwand abgelöst wurden. Jetzt geben Paquet und Piscator dem Film in der ›Sturmflut‹ entscheidende Aufgaben. Das Problem der Dimension dringt auch auf die Bühne. Der Film ist nicht mehr, wie bei dem französischen Detektivschwank, Trick oder stilistische Nuance. Der Film ist dramaturgische Funktion.

Funkmeldungen: Revolution in China – auf der Leinwand im Hintergrund chinesische Massenversammlung; Rede Lloyd Georges – Lloyd George spricht im Film. Das ist nicht billige Ergänzung, nicht Abschwächung der Phantasie. Die Phantasie wird in andere Richtung gerissen. Die Umschaltung vom Akustischen zum Optischen ist von ungeahnter Wirkung. Oder im Anfang: die Bühne ist der Strand, der Hafen, der Platz von Petersburg. Der Film: Schiffe, Meer, Überschwemmung. Oder am Schluß: Kampf. Oder zwischendurch: unbewegter Hintergrund, der plötzlich lebendig wird, Kontraste oder Parallelfälle aus anderen Revolutionen, oder Flugzeug, steinerne Stadtschluchten, Wald.

Das Mittel des mitspielenden Films ist für das Theater so neu, daß selbstverständlich noch nicht alles geglückt ist. Manchmal setzt der Film die Handlung fort. Ergänzung, Vervollständigung statt dramaturgischer Funktion. Wenn George als Granka Umnitsch zuerst auf dem Turm auftaucht – faszinierend. Seine Gegenwart wird für die andern eingeschaltet: hier hat der Film eine dramaturgische Bedeutung. Wenn George aber im Wald reitet, wenn er davongeht, weit, endlos, so ist das eine Fortsetzung, eine Dehnung. Das neue Mittel ist schon so wesentlich, daß die Verwischung des dramaturgischen Zweckes sofort auch eine falsche seelische Lagerung herbeiführt. Granka auf dem Turm, China, Meer – die unbürgerliche Großartigkeit des Werkes wird aufgerissen. Granka entfernt sich traurig: die sentimentale Verbürgerlichung beginnt. Der Film darf im Schauspiel nicht Empfindungen geben, nur Dokumente; nicht das allmähliche Abschreiten von Entfernungen, sondern das unvermittelte Aufreißen der Dimension. Wenn Granka geht, spürt man nicht mehr eine neue Dimension in der Beziehung zur Bühne, man denkt an einen selbständigen Film.

Von allen Seiten muß heute das Theater berannt werden. Paquets und Piscators Weg ist nicht der einzige, aber ein wichtiger. Nicht Kunst, sondern dokumentarische Aussage; während alles, was sonst als Revolutionsdrama oder als Tendenz über die Bühnen ging, eben von der Literatur, eben von umfrisierter Kunst seine Wirkung nahm. Wo Paquet schwach bleibt, ist er es nicht, weil er kein Dichter wird, sondern weil er noch zu sehr Dichter ist: in der Romantisierung der Rune und des Gad. Sie ist fast Walküre, er fast ewiger Jude. Das ist wieder Verbürgerlichung, weil Bürgerflucht. Die Personen müssen beziehungslos zum Bürgerlichen sein.

Piscators Regie hat diese Unbekümmertheit. Er vertreibt jedes Sentiment von der Bühne. Ausgezeichnet, wie jetzt an der Volksbühne gesprochen wird, klar, sachlich, bestimmt. Selbst geringere Schauspieler fügten sich ein. (Karl Hannemann als schwankender, plündernder Matrose besonders gut.) Außerordentlich Heinrich George. Wenn man bedenkt, was sonst an falscher Diskretion, an falschen Tränen in Berlin geleistet wird – eine durch ihre nüchterne Klarheit, männliche Sicherheit, durch ihren sachlichen Humor faszinierende Gestaltung. Georges Granka Umnitsch zerfließt nur einmal, im Walde. George spielt einen Volksmenschen, keinen posierenden Heros.

So gelingt es ihm mühelos, über den Bruch zwischen der Privatexistenz und der Bedeutung der Rolle hinwegzukommen. Er spielte dokumentarisch. Das war für Alexander Granach besonders schwierig, weil der Gad die persönliche und symbolische Existenz zu oft wechselt. Granach spielte diszipliniert, gebändigt und fein eine Charge. Das Problem umging er. Noch größer waren die

Gefahren für Ellen Widmann, die Darstellerin der Rune. Sie fand, ohne sich mit der Rolle auseinanderzusetzen, wenigstens eine klare, besonders am Schluß wirksame Diktion. (Maria Leiko war durch Heiserkeit behindert.) Leo Reuß gab den Engländer: kühl, knapp, zusammengefaßt, eine seiner stärksten Leistungen.

Dieser Abend der Volksbühne war mehr als ein Theaterabend, obwohl scheinbar die technischen Möglichkeiten dominierten. Aber das war das Wunder: das Theater entfaltete sich mit allen mechanischen Mitteln, mit einer aktualisierenden Regie, mit außerordentlich gesteigerten Ensembleszenen, und die Wirkung war tiefer, innerlicher als die manchen Kammerspiels. Das ist der Beweis für Piscator, der Beweis für Paquet. Paquet ist als Persönlichkeit größer als sein Werk. Man spürte Welt und Weite, Völkerschicksal, Erdschicksal. Noch nicht geformt. Aber als Material. Neue Stoffkomplexe kommen herauf, die eine andere Art der Verdeutlichung verlangen. Die Bereicherung der Bühnenmittel dient einer Bereicherung der Anschauung, die mechanische Vervollkommnung einer Erweiterung des Erlebnisbezirks. ›Sturmflut‹ war ein Durchbruch.

Arthur Eloesser, Das blaue Heft 15. 3. 1926

Mit den Figuren der ›Sturmflut‹, bedauere ich zu gar keinem inneren Verkehr gelangt zu sein, obgleich ich Alfons Paquet sehr schätze als Romanschriftsteller, als Reisebeschreiber, als einen der klügsten, sichersten, taktvollsten Emissäre, die Deutschland schon vor dem Krieg in die Welt senden konnte. Während ich für die Zurückberufung anderer Reisender gern plädierte, wenn sie auch den eleganteren, international lebemännischen Dreß anhatten. Ich kam in gar keinen Verkehr mit dem Matrosen Granka Umnitsch, der ganz Petersburg an Milliardär Gad verkauft, der sich in die Wälder Rußlands zurückzieht, um dann die Stadt mit seinen roten Genossen wieder zu erobern. Gewiß, Heinrich George gab ihm die Treue seiner Augen, die Zuverlässigkeit seiner Stämmigkeit, die Überzeugungskraft eines schlichten blonden Vollbarts. Aber was für modern revolutionäre Reden er auch hielt, heimlich mußte ich immer »Lederstrumpf« zu ihm sagen. Zu dem Milliardär Gad sagte ich gar nichts, allenfalls, daß er sich nicht von Alexander Granach spielen lassen sollte, der trotz Kaftan und Käppchen und trotz allen Berechtigungen seiner Abstammung merkwürdigerweise keine Juden spielen kann. Da war noch eine mehr aufgeregte als aufregende hellblonde Schwedin, nach Kleidung und Gebaren eine Art Sportwalküre, die den Matrosen mal liebt und mal nicht liebt. Hinter der Haupt-, Staats- und Liebesaktion stand im Hinterhalt noch so eine Art von weißem Obersten, dem Erwin Kalser mit bedeutendem und entschlossenem Ausdruck teils die Rede, teils den Revolver spannte, den er schließlich gegen sich selbst abdrückt. Entweder so eine Art Spieler, der auf die falsche Karte gesetzt hat, oder ein arglistiger Ränkemacher und Überläufer, der, wie in manchen alten Dramen, den Anblick der vollwertigen Tugend am Ende nicht mehr aushalten kann. Es ist mir hinterher gesagt worden, daß diese Figuren alle etwas bedeuten, daß sie zusammen ein grundsätzliches, welthistorisches Schauspiel aufführen. Da ich aber, wie gesagt, faul und oberflächlich, leichtsinnig und kindisch bin, so verlange ich von den dramatischen Figuren zunächst, daß sie etwas sind, bevor sie etwas bedeuten. Mögen sich andere,

mehr denkerische und im Umgang mit der Tendenz geübte Naturen mit ihnen auseinandergesetzt haben, die ganze ›Sturmflut‹ hat mich so trocken wie nüchtern gelassen.
Obgleich sie einmal in Worten vorkam und einmal im Film, der über den die Dekoration abschließenden Prospekt lief. Erwin Piscator hat die feindlichen Brüder Film und Bühne sehr ingeniös zusammengebracht. Seine Szene, etwas, aber nicht allzu russisch, ist sehr suggestiv; irgendein Fragment gibt die Vision der Stadt, ein anderes trotz nackter Meyerholdscher Konstruktion gibt den Wald. So resolut wie angenehm die Ungeniertheit, mit der die wenigen Dekorationsstücke karrenmäßig hereingerollt werden. Diese Art konstruktiver und fast stereometrisch lehrhafter Dekoration verträgt den Film, weil sie sich so sehr als Rahmen hält; es ist, als ob der Hintergrund, der sonst in der Farbe und in seinem Kontur ruht, plötzlich lebendig würde. Man zeigt die Sturmflut, man zeigt eine Seeschlacht, man setzt die Bewegung der Volksmenge in hundertfacher Multiplikation auf der Leinwand fort. Manchmal macht das lächeln. Wenn der rote Matrose die hellblonde Schwedin zu einem Spazierritt einlädt, so sieht man die beiden durch die bekannte Lichtung traben. Oder es wird Symbol gemacht, indem man den roten Matrosen, der die Menge wieder in der Hand hat, mit starker Ruhe ein Schiff steuern sieht. Großaufnahme vor dem letzten Vorhang.
Es war ein Versuch, wir wollen nicht gleich richten und hinrichten, besonders bei so wenig passender Gelegenheit; denn der Film hat in diesem Fall zu viel Vorteile. Erfrischung und Genuß waren schon da, wenn die Leute einmal nicht mehr redeten oder die mindestens sehr naive Handlung abstoppten. Grundsätzlich meine ich immer noch, daß das Theater dem Film auch nicht einen Zollbreit seiner Bretter abtreten soll, weil beide sich ausschließen, weil das eine auf einem symbolischen, das andere auf einem wirklichen Schauplatz spielt, weil das eine das innere, das andere das äußere Auge beschäftigt, weil das eine die Phantasie erregt, das andere sie füttert, so daß man auf die eine Weise aktiv, auf die andere passiv gemacht werden kann. Lassen wir Herrn Piscator etwa den ›Tasso‹ inszenieren und als Beweisstück das Häuschen der Kindheit auf die Leinwand zaubern, in das sich Tasso vor Eleonore zurückdichtet, ich glaube, wir würden den Regisseur erschlagen. Die Bühne dankt ab, wenn sie auf die Magie des Wortes verzichtet, das unser Ohr auch zu einem geistigen Auge macht. Wie süß das Mondlicht auf dem Hügel schläft! – Wenn Herr Piscator... aber wir haben ihn wohl schon erschlagen. Sollten andere Regisseure sich von diesem Versuch weiter ermutigen lassen, so werden sie von der ersten Erfahrung ausgehen müssen, daß es besonders schlechte, gedachte, unsinnige Stücke sind, die sich mit dem Film kopulieren lassen.

Friedrich Hebbel   Herodes und Mariamne

Staatliches Schauspielhaus Berlin, 26. März 1926, Regie Leopold Jeßner

Jeßner war mit dem Beginn des Jahres 1926 in eine neue produktive Phase gekommen. Das Jahr zuvor hatte er nur zweimal am Staatstheater inszeniert (Bronnens ›Rheinische Rebellen‹ [s. d.] und Grabbes ›Hannibal‹ mit Werner

Krauß, 17. 10. 1925). Bronnens ›Ostpolzug‹ (s. d.) hatte ihn im Januar 1926 noch einmal als den absoluten Regisseur ausgewiesen, drei Wochen später inszenierte er, abermals mit Kortner in der Hauptrolle, die Uraufführung von Hans José Rehfischs ›Duell am Lido‹, in der neben Lucie Mannheim und Rudolf Forster die junge Marlene Dietrich spielte und zum erstenmal Beachtung fand (20. 2.). – Mit Hebbels ›Herodes und Mariamne‹ leitete Jeßner die kommenden heiß debattierten Klassiker-Inszenierungen ein. Die Inszenierungen dieses Jahres lassen erkennen, wie sehr sich Jeßner den neuen Einflüssen offenhielt; »Hebbel inszenieren heißt: sowohl die herrschende Idee in all ihrer zwingenden Gewalt sichtbar machen, wie auch den seelischen Vorgang bis in die leiseste Schattierung hinein zeigen«, schrieb Jeßner. Das Herausstellen der Idee: das war noch immer das alte Jeßnerprinzip, die neue szenische Verwirklichung führte zur darstellerischen Differenzierung (Schattierung). Aber das war nicht alles. Jeßner zerstörte den Kriegshelden in Herodes, Kortner zeigte einen sich quälenden, bis zur Selbstfolterung fortschreitenden Mann, dem die privaten Probleme den Blick auf das politische Amt verstellten. Die private Tragödie wurde eingeordnet in einen historischen Prozeß. Ein Zeitalter ging zu Ende. Der Schluß mit dem Stern von Bethlehem als dem Zeichen der neuen Zeit war deutlich abgesetzt. Kortner frierend auf dem Thronhocker. Ein Bild der Einsamkeit. – Kerr kündigte seine Kritik in der Vornotiz an mit: »Das war ein Abend, an den ohne tiefe Bewegtheit keiner zurückdenken wird... Die Menschen erlebten hier etwas wie in ganz großen Zeiten der Bühne... Das Theater ist nicht tot« (›Berliner Tageblatt‹, 27. 3. 1926). – Jeßner übertrug diese Inszenierung am 28. August 1926 auf die Bühne in Hamburg-Altona, wo er von Januar 1926 ab ständig Regiegast war.

Siegfried Jacobsohn, Die Weltbühne, Berlin, 1926

[...] Es gibt in der deutschen Dramatik kein erschütternderes Gleichnis für das Los der Menschen, aneinander vorbei zu leben, für ihr Verhängnis, das erlösende Wort zu spät zu finden. Kein abgründigeres Symbol unbedingter, Kompromisse verschmähender, seelenbesitzeswütiger Liebe. Keine wuchtigere Zusammenfassung der dämonischen Kräfte, die durch das Labyrinth der leidensfähigen Brust wandeln.
Dieser ringende Hyperboräer, der seine grüblerischen Leidenschaften zu kristallener Form gebändigt hat und uns heute erregt, als hätte er heute gedichtet – dieser ziemlich gewaltige Friedrich Hebbel muß ein einziger furchtbarer Vorwurf für unsre kleinen Stammler billiger Erregungen sein. Aber für Jeßner war er Stachel und Sporn. Nach einer langen Periode der Schwäche, Unsicherheit und Zerfahrenheit hat er hier sich wiedergefunden. Aus einer marmornen Verspracht ist das verborgene Feuer herauszuschlagen. »So wie bei diesem Stück stürmte es noch nie in meiner Brust; so fest hielt ich dem Sturm aber auch noch nie die Stange!« Hebbels Bekenntnis hat Regisseurs Richtschnur zu sein. Beides muß hörbar und sichtbar werden: der Sturm – der innere Sturm! – und die lenkende Gewalt. Vor Jeßners Regie denkt man an Hofmannsthals Modernisierung der ›Elektra‹ des Sophokles: was unter der ebenen, fleckenlos schönen Oberfläche zittert und zuckt und wütet und wühlt, wird aufgerührt, aber neuartig beruhigt und ausgeglichen. Es bildet sich eine

andre Glasur, aber keine schlechtere als die alte. Es werden Erschütterungen herausgeholt wie niemals zuvor, zum Teil einfach so, daß Striche gewagt sind, die man bei einem Verdichtungsgenie wie diesem bis dahin für barbarisch gehalten hätte (und die nur zwei-, dreimal zu weit gehen). Es wird, was auf der Bühne gewöhnlich heroische Kostümtragödie gewesen, zu einem Kammerspiel der fiebernden Seelen.

Aber eben nicht zu einem naturalistischen, sondern zu einem unsteif stilisierten. Ferdinand Hart prägt den Sameas zu einem schwärzlich geifernden Pharisäer, wie er im Buche steht, aber noch nicht auf der Hebbel-Bühne gestanden hat. So resolut traut Irene Triesch sich als Hetzerin Alexandra doch nicht aus sich heraus, vielleicht weil sie fürchtet, eine Königsschwiegermutter von politischem Ehrgeiz zur bürgerlichen Megäre zu verkleinern. Wie eine Frau da die rechte Mitte trifft, tut Helene Weigel dar: Salome wird ohne Vordringlichkeit aus der zweiten in die erste Reihe gespielt und hält sich dort dank Elektrisiertheit und Farbigkeit. Bei Herodes und Mariamne warte ich immer auf den Einen Moment im fünften Akt, den letzten Moment, den, der die Vorgänge der fünf Akte wortlos zusammenreißt: wenn er zum Abschied an ihr vorbei will – wie sie da beide wanken, sich unmerklich zueinander neigen, hoffen, daß der Partner den Bann brechen wird, und sich in furchtbarster Enttäuschtheit schweigend ihrem Geschick ergeben. Hier kam er leider nicht, der Moment. Kortner für sich malt einen neurasthenischen Bluthund mit flackernden Gesten, mit den Anzeichen von Migräne, ohne daß das kleinzügig wirkt, der in der Erregung tänzelnd von einem Fuß auf den andern tritt, aber auch mächtig ausbrechen kann und im Sturm wie in der Ruhe vor dem Sturm das Versgeflecht unheimlich aufschlußreich bloßlegt. Lina Lossen darf so wenig von Haß und Rache reden wie von Kindern, die sie geboren hat. Ihre Stärke ist die verhaltene Hoheit. Wie sie zaghaften, keuschen, gebundenen Schrittes geht; wie ihr die Worte stocken, die Stimme erstirbt; wie ihre herrlichen Augen umflort auf das Rätsel blicken, daß sie ein Rätsel sein soll: das ist doch wohl ein Gipfel der Menschendarstellungskunst.

Emil Faktor, Berliner Börsen-Courier 27. 3. 1926

Als der Vorhang in die Höhe ging, war man zunächst von der Architektur des von Traugott Müller entworfenen Bühnenbildes überrascht. Weitgezogenes Mauerwerk mit Buchtungen, Ecken und Durchlässen, wobei die morgenländischen Motive eine wesentliche dramaturgische Mission haben, die wohl kaum zufällig ist. Worum man sich bei der Lektüre am meisten sorgt: das häufige Beiseitesprechen der Personen verliert seine technische Unnatur und wird dadurch selbstverständlich, daß sich die Lautdenker in dem mannigfach gegliederten Raum voneinander unauffällig entfernen oder isoliert werden können. Herodes, der zu Beginn ohne majestätischen Prunk auf einem Ruhebette liegt, unternimmt bei rhetorischen Auslassungen, die nicht für sein Ohr bestimmt sind, einen ihn unsichtbar machenden Rundgang, und kommt durch ein anderes Tor, sobald sein Stichwort fällt, wieder zum Vorschein. Das belebt Einsätze, behütet den rhetorischen Apparat vor allzu radikalen Strichen und ist überhaupt eine Lösung.

Auch in anderen Bildern war die Anordnung auf die Korrespondenz räumlicher Illusionen mit Wort und äußerem Vorgang bedacht. Geheimnisvoll schön, magisch bestrickend im helldunklen Kerzenglanz alttestamentarischer Leuchter, hintergründig dräuend das Tanzfest der Königin. Damen der Schule Trümvy (von Max Terpis eingeübt), durch das Halbdunkel umrißhaft, gleiten in eckig zuckenden Bewegungen durch die Nacht. Den Vordergrund beherrscht das Wort, die Zwiesprachen Mariamnes mit Alexandra und Salome, ihre schein-frivole Umarmung des Soemus. Tanz und Trubel werden nicht Selbstzweck und Zugabe für die Schaulust, sondern diszipliniert knappes Rauschbild einer elektrisch geladenen Atmosphäre, die ahnen läßt, daß eine Explosion bevorsteht. Und blitzhaft schlägt auch die Wiederkunft des Herodes ein. Um zu ermessen, was Jeßners Intuition hier bedeutet, erinnere man sich an die frühere Gestaltung dieses Bildes, wenn das Fest mit vielerlei Aufwand und wenig Eindruck im Hintergrund lärmte und der Totgeglaubte brav und bieder von vorn herangeschlichen kam. An Stelle der Kontrolle durch die Zuschauer tritt auftreibend und mitreißend die Phantastik.

Wunderschön die Gerichtsszene mit magisch blauer Pforte, die in Himmelsweiten führt und verdüsternd geschlossen wird. Die sonst verdienstvolle Musik Berthold Goldschmidts, die unaufdringlich und exakt morgenländische Klänge vermittelt, leistet sich hier langgezogene Geräusche, die an Dachkonzerte liebesbanger Pfotenbesitzer erinnern. Dimensional ausschweifend das Schlußbild, in welchem die Heiligen drei Könige aus der Landschaft kommen, unter der Brückenwölbung einherschreiten und wieder über Brücke und Land weiterpilgern. Ein sinnenfälliger Aufzug ohne Banalitätszuschuß der Ausstattung, mit den glühenden Farben des Orients, mit der Unbegrenztheit des Horizonts sich vermischend. In dieser aufgelösten Weite bleibt Herodes schließlich einsam, der verblendete Einzelmensch, in dessen Person der Abschluß einer Epoche symbolisiert ist, der sich gegen das Neue stemmt, das uferlos wie das Luftmeer über ihn hinwegweht. Diese Methaphysik des Hebbelschen Gedichtes, wie auch alle Metaphorik, weltgeschichtliche Reflexe, Makkabäertum und Römlingsgesinnungen hat Jeßner vortrefflich in neuen Aufrissen gespiegelt. Das Werk ist aber keine Volkstragödie, in welcher Einzelschicksale die Zusammenfassung der Gesamtheit bedeuten. Es ist ein äußerst individualistisches Drama, mit sehr gespitzten, mit sehr ersonnenen Konflikten, die sich dauernd mit Gefühlslogik brüsten, aber überall, wo gerade Linien zum Ziele führen würden, den Zickzackweg bevorzugen. Soll der Zuhörer nicht kreuz und quer überlegen müssen, muß es ihm der Darsteller erleichtern. Es ist seine Aufgabe, nicht im Dienste der Logik, sondern weit über sie hinaus im Zuge der Leidenschaft, im Heerbann der Impulse zu spielen. Fritz Kortner erfüllte es noch reicher und eindringlicher, als man es von ihm erwartet hatte. Trotz Dauerspannung wurde es zugleich ein Meisterstück ungeduldiger, sprunghaft gleitender, schlingenlegender und dialektisch verschlungener Rede. Kortners hoher Intellekt setzte alle geistigen Gelenke in Bewegung, wurde nicht spröde am Spröden, nicht kalt am Abstrakten. Man kann sich in der Erscheinung barbarisch wuchtigeren Zuschnitt, im Ausdruck der Leidenschaft brutalere Formen denken. Kortner schliff ab, schloß ineinander und ließ keinen Augenblick die Darstellung eines fanatisierten Gefühlsegoisten locker. Daß er die Blutbefehle im Tone milderte, die Henkergesinnung durch nonchalantes Zwischenspiel deckte, war nur wohltuend und ließ den Zuschauer am Unbegreiflichen vorbeigleiten.

Diese musterhafte Modernisierung Hebbels erforderte vollgültiges Gegenspiel der Mariamne. Lina Lossen bot es nur im vierten und fünften Aufzuge, wo Rachegefühle farbig wurden und in Schwung kamen, und in der Gerichtsszene, als sich durch freiwillige Hingabe an den Tod das Selbstgefühl majestätisch entzündete. Vorher spielte sie einen asketischen Nonnentypus, der fröstelnd und in sittlichen Grenzen Redefehden austrug. Mariamne behauptet, durch die tückischen Aufträge des Herodes an ihre Eventualhenker sei die Menschheit geschändet. Das ist eine Übertreibung, und als Leitsatz durchaus nicht so allgemein gültig wie etwa im ›Gyges und sein Ring‹ das Axiom der beleidigten Frauenehre. Die Übertreibung kann nur durch Individualisierung, durch Heißglut des Temperamentes die für das Einzelwesen gültige Wahrheit werden. Daran fehlte es.

Man vermißte auch dramatische Größe in den Auftritten Mariamnes mit Alexandra, die von Irene Triesch mit wehleidig empfindsamem Muttergefühl, ohne die Attribute einer politisch gefährlichen Persönlichkeit gezeigt wurde. Es war eine Verbürgerlichung ins Schmerzensreiche. Von den Nebengestalten trat diesmal durch eigenes Gesicht Ferdinand Hart am stärksten in die Erscheinung. [...]

Bemerkenswert, und trotz mangelnder Erscheinung glaubhaft, die Salome der Helene Weigel. Da war Blut und Dampf darin. Unter den Heiligen drei Königen bot nur Kraußneck Suggestives. Die beiden anderen sprachen ledern. Die Inszenierung hätte in ihrer eigenartigen Komposition Vollglanz hinterlassen können. Sie unterband es durch Besetzungsschwächen, für die Jeßner durchaus nicht blind ist. Er weiß sicherlich, daß für die Mariamne eine Agnes Straub heranzuholen wäre, auch wenn er sie nicht im Ensemble hätte. Er ist leider auch Politiker, und glaubt allerhand Rücksichten nehmen zu müssen. Das ist schade. Dazu hält er zu weit.

Alfred Kerr, Berliner Tageblatt 27. 3. 1926

I
Dieser Mann aus Wesselburen, nicht der aus Marbach, hat im deutschen Jambus das Größte getan.
Hier ist eine dramatisch nirgendwo sonst gehörte Melodie: Paarung von Wild-Brennendem und Schlagend-Klugem. Von Rasendem und Zerlegendem. Von Gier und Bohrung. Von Flammen und Grüblertum. Von Schmerz und Witz. Alles ohne Nachbarschaft.

II
Diese Sprache bezähmt zu haben: das ist Jeßners Kraft; und Jeßners Gipfel.
Eine Zahl von wunderbaren Sprechern und Bewegern (Sprechern und Bewegern): wie aus der Pistole geschossen. Beispiellose Gesamtheit von Laut und Gebärde. Von Zungen und Seelen. Von Akzenten und Menschen. Von Klang und Anblick ... und Erschütterung.

III
Dabei kann ich alles das mir noch liebesdramatischer denken. Kortner (in der Sprache für dich geboren, Hebbelfriedrich!) packt einmal die Lossen, Mariamne, von hintenher um die Schultern.
Ich sehe jedoch diesen Augenblick: wie er sie von vorn, das Auge bohrend ins Auge, nehmen, halten, fassen, heften, klammern muß, in sie sich senken, stür-

zen, in ihr verloren, das Letzte suchend aller irdischen Beziehung von Mensch und Mensch. Den Pol – in ewiger Flucht und ewigem Fluß.
Also das Ding, das im Grunde doch nur bequeme Sicherheit für eine – wenn ich schon mal gebildet reden soll – physiologische Selbstbehauptung ist. (Da liegt der Hund begraben.)

IV
Nicht, daß Herodes allerhand ausgefressen hat; nicht, daß er einen Bruder der Geliebtesten mordete; nicht, daß ihm eine makkabäische Schwiegermutter auf die Nerven tritt; nicht, daß ein römischer Antonius hinter Weibern durch die Welt jagt: nicht alles das ist letzter Grund für sein Tun. Sondern ...
Sondern, wie mir scheint: Liebe, Liebe, Liebe; gesteigert, namenlos und ohne Schranken mächtig. Gier vor der Schönheit; der Wunsch eines seelischen Jack the ripper: in das Innerste der Begehrten zu dringen.
Was ihre Vernichtung zur Folge hat. Jetzt ist er gestillt; und jetzt ist er zerstört.
(Doch zuvor muß er Aug' in Auge, ganz von vorn, sie gehalten haben, in sie gesehn ... in ihr gesucht. Nicht über die Schulter.)

V
Gegen Kortner läßt sich einwenden: daß er sein Außenbild wieder vernachlässigt ... oder drückt. In einer Art von polnischer Schubitze, mit Leuchtknöpfen, seidenschwarz und zwängend, steht, liegt, geht, kauert, lauert er. Der Kinnbart Pfeffer und Salz.
Somit nicht ein löwenhafter, letzter Herr in Juda ... Der Matkowsky war nur Löwe; nichts ahnend von Hebbel.
Kortner ist vielleicht zu wenig Halbheide – was er sein soll: vielleicht zu wenig Soldat; vielleicht schon Ghetto – das weit später kam; vielleicht zu sehr Mensch der Verbannung, statt Mensch der großen Heimat. Aber ...
Aber das alles versinkt vor diesen Sprachwundern. Vor diesem Treffend-Genialen, mit jedem Unterstrom. Gleichblütige Kräfte, Hebbel und sein Sprecher, finden sich. In dieser Sprache liegt schon alles: der letzte Kern einer Gestalt. Die Sprache verändert noch ihr Außenbild. Ihr Mensch haftet.

VI
Jeßner hat sie alle gestuft. Alle geknetet. Alle vereint. So im Klang; so im Bild. Er gab sein Stärkstes hier.
Ob er gleich gekappt hat! Himmlische Stellen fielen weg. (Wo blieb Mariamnens ewiges Wort: »Das kann man tun; erleiden kann man's nicht«; Zusammenfassung unterschwelliger Regungen in diesem Menschendrama.)
Er hat, mit größerem Rechte, den Schluß genullt: wo der Kindestöter noch einmal wie ein Traum sich zu Abgeschiednen wendet. – Einzelheiten sind es.

VII
Nichtig vor dem Marschgang, oder vor dem Strom des Ganzen – das ein Ganzes war.
Matkowsky und Poppe; Hartau und Triesch; Krauß und Straub; alles verblaßt – beinahe sogar Hartau und Triesch, obschon sie haften ein Leben lang. Hier und gestern war die Premiere dieses Stücks.

VIII
Die genannte Triesch wurde zur Schwiegermutter Alexandra. Herrlich in der Wucht des zerlegenden Wortes. Aus einem Guß gliedernder Haß.
Die Schwestern-Witwe Salome daneben: hysterisch von heut. Helene Weigel:

wie aus Kautschuk oder molluskig voll Gift und Weh. Jeder dieser Menschen wird bei Jeßner ein Drama. (Die Weigel fast zu gesondert.)

IX

Dann scheiden sich die Sprachgeister. Zwei Gruppen. Sameas, bei Ferdinand Hart, ist noch ein Hebbel-Sprecher. Mit Gliederung und scharfem Schiedston. Hernach, Erwin Faber steht etwa in der Mitte, wenn er den Römer macht. Mit Fug. Jedoch Laubinger, der Schwager Joseph, äußert sich nicht mehr kennzeichnend, sondern bühnlich. So ein Teil der Knechte; Florath ausgenommen.

X

Zwei Welten sind es; die einen sprechen europäisch, die anderen hebbelsch... hätt' ich fast gesagt. Wenn dieser ungeheure Kerl nicht waschecht ein Schleswigholsteiner wäre. Was ist Ethnologie? Ein Mist. Was ist Rassenkunde? Ein ziemlicher Bluff.

Kraußneck, ältester von drei Königen aus dem Morgenlande, spricht (und blickt) wie ein grauer Herzog des Mittelalters. Valk spricht hier europäisch; Gad Shelaso spricht... hebbelsch. – Wo ist noch ein Pol?

XI

Die Lossen spricht unhebbelsch.

Immerhin: bloß im Anfang... Wär' es ein Wunder? Sie hat ihre ganze Laufbahn heut einmal noch zurückzulegen. Verschollen und verschüttet: wiedergezeugt.

Befangen ist sie zuerst. Entwöhnt. Fremd. (Wie lange hielt man sie fern vom vordersten Feuer? Das Schiller-Theater ist Etappe.)

Fast akademisch gibt sie Laut. Herkömmlich, im Beginn.

Da blitzt was aus der Naturbetrachtung hoch. Gibt es nicht ein phylogenetisches Grundgesetz? daß im Mutterleib jegliches Wesen den ganzen Kursus noch einmal zu durchlaufen hat [...]

XII

Die Lossen beginnt ihre Laufbahn zum zweitenmal. Konservatoristin im Anfang. (Kiemen.) Hernach kein Karpfenschwanz mehr, sondern ein Menschenleib. Sie wächst und wächst. Einsam geht sie noch an dem Hebbelschen Kortner vorbei; wie an ihm hin, nicht zu ihm. Um neun Uhr hat sie Lungen; ein wirkliches Herz, Augen, Lippen, Hände.

XIII

Nun hebt sie diese Augen, nun lächelt erkenntnisvoll dieser Mund. Nun weicht sie... nicht vor Herodes. Vielmehr vor allem, was niedrig ist – und doch hienieden schön. Was schmerzlich ist... und am besten doch vermeidbar. Nun gibt sie, was heut' keine Andre geben kann – soweit die deutsche Zunge klingt.

(Die Konservatoristin wurde gleich zum Hochmenschen? Sie springt übers Ziel? Dreistigkeit.)

XIV

Jeßner – in Traugott Müllers hellen und kargen Bildern, die nur vor dem Fest fast opernhaft werden, doch sogleich durch eine fahle Pracht sich berichtigen... Jeßner verließ endgültig den Blak reaktionär-modischer Gruppen-Puppen-Kuppen-Truppen-Treppen-Komik.

Er stieg: durch das geballte Wort, durch das gedämmte Bild, durch Wagemut, durch Überzeugung... zu seiner Kuppe.

Ein großes Echo drang hinauf.

Norbert Falk, BZ am Mittag, Berlin, 27. 3. 1926

Jeßner preßt dies Hebbeldrama auf erträglichen Umfang zusammen, hebt durch Führung seiner Spieler Geistiges dieser gefühlsmäßig nie allein zu erfassenden Dinge heraus, ohne einen Kommentar zu spielen. Mit Kortner als Herodes, der selten so ganz das allerinnerste Wesen einer viel auslegbaren Gestalt aufschließt, wie das verwirrte Herz dieses ins Privatleben hineingezwängten Kleindespoten. Mit ihm kann Jeßner erst recht das Hebbelsche Mann-Frau-Problem aus dem zufällig Historischen ins Allgemeine heraufheben. Über Zeit und Ort hinaus.

Zum ganz Zeitlosen hat er sich aber nicht entschlossen. Judäisches bleibt betont, der Römer allein in ›ewig‹ Soldatisches verwischt. Darum wohl auch die kahle Strenge der Architektur; Jeßner läßt seinen Traugott Müller eine Burg Zion hinbauen, als wäre es schon *nach* der definitiven Zerstörung Jerusalems. Es ist der seltsamste Audienzsaal, in dem jemals ein Herodes seine Höflinge empfing. Auf einem Zwitterding von Bahre und Feldbett liegend, nach einer Massage oder sonstwas, seine Hände in einer Waschschüssel säubernd, die ihm ein Ringellöckchenträger hinhält, führt sich der von Rom geduckte Tyrann ein. Ein kränklich bleiches, gelbliches Gesicht, in dem zwei unfreudige Augen mißtrauisch blinkern, am Kinn ein angegrautes Ziegenbärtchen mit zwei kleinen Spitzen. Erhebt er sich und rennt erregt mit weiten Schritten umher, im schwarzen Kittel, mit goldigglänzenden Schuhen, die Schmach seiner politischen Ohnmacht unter prahlerischen Worten verbergend, Untaten bestreitend, nervös gemacht von der Haßatmosphäre, die ihn umgibt, ist dieser Kortnersche König bewußt allen äußeren Königsglanzes entkleidet. Verstricktheit in persönliches Geschick, das ihn für das Staatserlebnis fast unempfindlich macht, ist noch bei keinem Herodesspieler so sichtbar geworden. Ein pathologisch weibverfallener Mann brennt in Selbstqual mißtrauensgepeitschter Eifersucht, verzehrt sich in verlorener Liebe und in Ohnmacht, ein Herz zu bezwingen. Nicht einmal die Pose eines Herrschertums ist mehr da, kein Purpur flammt auf den fallenden Schultern des hysterischen Mannes; Kortner löst diesen Fürsten von allem Kronenträgertum; ein erotisch Höriger, haltungslos, gebraucht ohne Hemmung gewohnte Machtmittel. Beißt sich fanatisch fest im Argwohn, zerstört Geliebtestes in egozentrischer Besitzgier, mißhandelt sich mit und sinkt.

Diesem wild Flackernden, wie eine Kerze am eigenen Brand Herunterschmelzenden, stellt Jeßner Lina Lossen als Mariamne gegenüber. Ihre innere Gesammeltheit und vornehme Passivität blaßt das Heroische der Gestalt ganz zum Damenhaften ab. Das Ersonnene der Seelenkrise wird noch fühlbarer. Statt dramatischen Pulses, den ein starkes Temperament anfeuern könnte, wird das mechanische Ticken von Hebbels dramatischer Präzisionsmaschine hörbar. Alles bleibt gedankenhaft, Umsetzung in Gefühlsmäßiges erfolgt nicht, Mariamnes tragischer Ausgang behält das Konstruierte der nadelspitz errechneten Schlußfolgerung.

Kortner übersteht das dramaturgische Kunststück der Motiv-Wiederholung des Unters-Schwert-Stellens, ist niemals stärker gewesen als im letzten Kampf und Zusammenbruch. Wenn der Vergeltungsdurst Alexandras (Irene Triesch: dumpf gemessen, haßgeladen, schwarzes Symbol rastlosen Rachegeistes) endlich gelabt ist, die geistverwirrte Salome, von Helene Weigel in wilder Leiden-

schaftlichkeit und Schmerzverwühltheit interessant gestaltet, ihr wahnverstörtes: »Auf Schritt und Tritt verfolgt er sie« lallt.
Jeßner läßt den zusammenbrechenden Herodes nicht von den Armen des Titus auffangen, wie es Hebbel gesehen hat; Herodes sinkt an dem Römer hin. Titus (Erwin Faber, mehr Pedant als marmorkalter Römer) streift ihn von sich, entfernt sich, Herodes bleibt zusammengefallen allein. Gemieden und verlassen.
Es ist der eindrucksstärkste Moment zielbewußter Spielführung, die nicht kluge Resultate, sondern Stimmungen schafft. Die Kargheit des Szenischen wird zweimal von Farbigerem durchbrochen: dem lichterflimmernden Festsaal, in dem das Motiv des siebenarmigen Leuchters stilisiert, bewußt dumpf, trüb, unfroh, totenfesthaft verwendet ist, und im naiv-prunkhaften Vorüberzug der Könige aus dem Morgenland, mit Kraußneck an der Spitze.

Georg Kaiser Zweimal Oliver

Uraufführung: Schauspielhaus Dresden, Düsseldorf u. a., 15. April 1926
Theater in der Königgrätzer Straße, Berlin, 5. 9. 1926

Seit ›Kolportage‹ war Georg Kaiser nicht nur interessant, sondern auch populär. Er schien abgerückt von seiner kalten, konstruktiven Dramaturgie. Zwei Jahre lang äußerte er sich nicht. 1925 schrieb er die drei Akte ›Gats‹, die das Theater nicht aufnahm. (Uraufgeführt am 9. 4. 1925 am Deutschen Volkstheater, Wien.) Es griff aber auf frühere Stücke zurück: Wilhelm Dieterle eröffnete mit (dem am Alten Theater in Leipzig am 2. 6. 1923 uraufgeführten Schauspiel) ›Gilles und Jeanne‹ am 28. August 1924 sein (kurzlebiges) ›Dramatisches Theater‹ in Berlin; er konnte dieses Stück um die ›Heilige Johanna‹ aber nicht durchsetzen. Am 7. November 1925 inszenierte Karl-Heinz Martin im Theater am Schiffbauerdamm Kaisers zweites, schon 1908 geschriebenes Drama ›Die jüdische Witwe‹ und versuchte es dadurch zu aktualisieren, daß er dem Darsteller des Holofernes ein Hakenkreuz auf die Brust heftete. Erst mit ›Zweimal Oliver‹ kam ein ›neues‹ Stück von Kaiser. Es war kompliziert wie die ›Koralle‹ und knüpfte auch an diese wieder an, obwohl es in einem ganz anderen Milieu spielte. Wieder ließ Kaiser seinen Helden sich in einem Doppelgänger spiegeln, wieder verwechselte sich der Held mit seiner Wunschfigur. Was in ›Zweimal Oliver‹ also dargestellt wurde, war weniger eine Aufnahme des Theaters Pirandellos, wie in der zeitgenössischen Kritik einigemal vermutet wurde, sondern nur eine weniger allegorische Ausprägung des alten Kaiserschen Themas. »Nichts von Abhängigkeit [...] vielmehr: ein Luftzug, der durch die Länder streicht, den gleichen Samen in sich tragend [...]«, schrieb Ernst Heilborn in der ›Frankfurter Zeitung‹ vom 18. September 1926. – Mit Hilfe der Popularität von ›Kolportage‹ wurde nun die erste ›Massen-Uraufführung‹ veranstaltet, die sich bei späteren Kaiserschen Stücken, etwa ›Mississippi‹, 1930, wiederholte. Innerhalb von drei Tagen kam ›Zweimal Oliver‹ auf die Bühne von Dresden, in Düsseldorf (Regie Gustav Lindemann), Gera, Stuttgart, Mannheim, Barmen-Elberfeld, Krefeld, Oldenburg, Hamburg, Duisburg, Karlsruhe, Bochum, im Herbst folgte die Inszenierung in Berlin durch Barnowsky, der ein ›Statthalter Kaisers‹ in Berlin war, die Inszenierung an dem ›Kaiser‹-Theater in Frankfurt am Main (Neues Theater, Regie Arthur Hellmer) und nach vielen anderen 1928 das Residenztheater, wo Gustav Waldau den Oliver spielte. Die konsequente Ausarbeitung des Themas vom Leben unter der Maske als zweitem Dasein brachte hier auch das Theater wieder auf das Theater. Mit dem ›Oliver‹ schrieb Kaiser für das Theater ein Rollenstück, nach dem die Schauspieler mehr verlangten als das Publikum. Moissi setzte mit seiner Rolle seine ›Renaissance‹ in Berlin fort, die er 1925 mit Pirandellos ›Heinrich IV.‹ begonnen hatte.

Bernhard Diebold, Frankfurter Zeitung 7. 4. 1926 (Vorschau auf das Stück)

Wozu bedurften wir in Deutschland der Verwirrungen des Pirandello, die wir die geistiger fragenden Rätselstücke Georg Kaisers haben? In ›Zweimal Oliver‹ dreht sich ein Karussell von glänzenden Szenen um eine unsichtbare Achse von Idee. Denn fast unauffindbar ist hier der Handlungs-Drehpunkt, weil ungefähr die sämtlichen Probleme Kaisers *zugleich* den Hauptanspruch auf die zentrale Fragestellung erheben. Zu viele Symbole verderben den Brei. Vor lauter Anspielungen verliert sich das Spiel. Und dennoch flimmert uns der bunte Film das Leben vor als Ballett, als Traumspiel, als Varieté und Irrenhaus. Denn der Denkspieler Georg Kaiser ist auch ein Komödienspieler von Gnaden.

Oliver bezieht seinen Lebensunterhalt als *Verwandlungskünstler* am Varieté. Einst mimte er die Serie gekrönter Häupter vom Zaren von Rußland bis zum Kaiser von China. Zeitgemäßer ist heute seine Markierung der sozialen Schichten: »mal Geck ... mal Prolet ... mal Staatsanwalt, mal Verbrecher ... mal Christ, mal Jud'. Oliver immer«. Man spielt in so viel Variationen, bis man selbst unsicher wird, »wer man eigentlich ist«. Verwandelt man sich aus artistischer Spiellust von Rolle zu Rolle?, einfach weil man Verwandlungs-Künstler ist wie Oliver und Georg Kaiser? Oder wird es dem relativierten Menschen unserer Tage zum Schicksal, sich in verschiedene Iche zerspalten zu *müssen* – je nach der Rolle, die uns jeweilig von der Stunde auferlegt wird?
›Zweimal Oliver‹ – heißt der Titel. Dreißigmal Georg Kaiser heißt das Grundproblem des Dichters!

> Wir sind nicht einfach, sondern *vielfach*.
> Wir leben als Körper.
> Wir leben als Seele.
> Wir leben als Geldverdiener.
> Wir leben als Familienmitglied.
> Wir leben als bestimmtes Individuum in Einsamkeit.
> Wir leben als unbestimmtes Ich hinter den Masken der Welt.

Wir sind nicht einfach, wir sind viele. Der Expressionismus hat die schizophrene Bewußtseinsspaltung dramatisiert. Das Doppelgängertum ist die psychische Folge der Relativierung der vielen Wahrheiten, die wir nebeneinander glauben müssen.
Je bedenkenloser das normale Menschenanimal seine Masken tauscht und sich

am Wechsel froh vergnügt, um so wertloser wird sein Rollen-Schicksal für die geistige Szene. Dafür genügte der Verwandlungsakt des Varietés.
Je *bewußter* aber der Rollen-Tausch sich in dem seelisch zerspaltenen Lebenshelden vollzieht, desto bedeutungsvoller wird er für die tragische Bühne. Denn die einzelnen Lebensrollen geraten in Konflikt miteinander, und das arme Ich muß sehen, wie es mit seiner Vielzahl fertig wird.
Georg Kaiser hat für seine tragischen Spannungen schon einige Lösungen gezeigt, die im ›heroischen‹ Sinne nicht gerade die Überwindung der Tragik darstellen. Seine Lösung liegt nicht im Siegen, sondern in der *Flucht*. Sein Kassierer flieht zum Kreuze, sein Milliardär flieht in die vegetative Welt der ›Koralle‹; man flieht ins Nichtsein oder in die Utopie.
Oliver flieht in den – Wahnsinn.
Wahnsinn ist das Vergessen des Bewußtseins der Wirklichkeit. »Ich war beseligt im Tausch der Gestalten, der alles erträglich macht. Ich konnte mich verwandeln – und fliehend vor Oliver mich retten in Oliver... Die Wirklichkeit graut wieder – sie erwürgt mich.« Der Wahnsinn bringt das Vergessen. Im Irrenhausgarten der letzten Szene erscheinen die Schein-Gestalten Napoleons, Caesars, des Präsidenten des »Universalstaats von Amerika auf Aktien«, und des Kaisers von China, bei dem tausend Jahre keine Zeit sind. Oliver wendet sich ab von diesen Inkarnationen seines einstigen Wahnsinns der Welt-Gier. Erinnerung ist die Hölle der Erde. Vergessen ist das Paradies. Im Wahnsinn des Welt-Vergessens hören die Verwandlungen auf. Das Ich ist erlöst von seinen Masken. Der Wahn der Welt mündet in ein Nirwana.

Die Fabel ist kraus. Sie vereinigt die vielfachen Motive aus Kaisers Werk zu einem Potpourri unter dem Namen Oliver. Hier prüft der Kassierer aus ›Von Morgens bis Mitternachts‹ den Wert des Geldes an der Käuflichkeit der Menschenwerte. Hier ermordet der Korallen-Milliardär seinen glücklicheren Doppelgänger – um in ihm zu sterben. Die Tat des Komödianten Oliver geschieht auf dem ›Theater im Theater‹, wie einst Kaisers ›Protagonist‹ auch auf der Bühne einen symbolischen Mord beging. Auch hier leidet der Körper unter dem Wissen, und das vitale Leben stirbt am Geiste wie im ›Alkibiades‹ oder in der ›Flucht nach Venedig‹. An der Vielheit seiner Seelen wird das Ich verrückt. Schein und Sein verschwimmen vor der Frage nach dem wirklichen Ich: ›Täuschung‹ ist erträglich. Wirklichkeit tötet. »Nur der Irrtum ist das Leben und das Wissen ist der Tod...«, würde Kassandra deklamieren.
Dieser Vielheit der Motive ist Olivers Fabel nicht gewachsen. Olivers Erlebnisse sind zu schwach, um den ganzen Kaiser zu tragen. Die Fabel reizt; sie treibt; sie demonstriert das Einzelne – nicht das Ganze. Aber die Stimme des Einzelnen ist bei diesem Geiste wichtiger als das sogenannte Ganze bei den Kleinen.
Das Einzelne repräsentiert sich in den Figuren deutlicher als in der Handlung. Ihre Namen sagen, daß sie alle vom selben Ich gezeugt sind.
Sie heißen im Verzeichnis:
    Oliver –
    Olivers Frau –
    Olivers Tochter –
    Olivia –
    Olivias Freund.

Ohne Oliver wären sie völlig namenlos wie der ›Logiswirt‹, der ›Agent‹, die ›Kokette‹, oder der ›Direktor‹. Diese stellen einfach die ›technischen‹ Notwendigkeiten im Betrieb des Daseins vor – und sind zum Teil von namenloser Wichtigkeit. Denn der Direktor ist nichts Geringeres als das *Geld*.

Das *Geld* regiert. Fürchterlich, wenn man es hat. Noch fürchterlicher, wenn man es nicht hat. Denn das Menschliche wird ihm unterworfen. Man kann das Menschliche für Geld verkaufen. Aber zurückkaufen läßt es sich nimmermehr... Allegorische Spiele werden dies erweisen.
Die reiche Dame Olivia – in tiefer Trauer über die Abwesenheit ihres Geliebten – engagiert den Verwandlungskünstler Oliver täglich für eine Stunde: auf daß er ihr die Gestalt des Freundes vorspiele, Bedingung ist hohes Honorar und keine Liebe. Im Spiel schafft Täuschung den Ersatz. Für Geld wird Erleben käuflich erworben.
Aber während die Seele der Dame platonisch bleibt als vor einem vorgespielten Kunstwerk, fängt der Strohmann plötzlich Feuer. Er erlebt sein Spiel: seine Maske wird Wirklichkeit. Und als der wirkliche Freund Olivias wiederkehrt und freudig empfangen in die alten Rechte und Leidenschaften tritt – da erschießt ihn Oliver.
Von der Bühne aus schickt er die Kugel in die hochherrschaftliche Loge, wo sich das Paar vergnügt. Dann aber wunderbarerweise sinkt *er selber* getroffen zusammen! Er kann nicht mehr leben ohne Olivia. Symbolisch ins Herz getroffen hält er sich für tot.
Denn jener Freund Olivias war das Trugbild seines eigenen Seins. Zweimal Oliver! ein wirkliches Ich und ein Wunsch-Ich vermischten sich. Er wollte das Geld zurückbezahlen, er wollte die ›unbezahlte Leistung‹ von Olivia: die wirkliche Liebe. Das Geld ist illusorisch.
Und dennoch ist es wieder Realität! Man kann ja das Menschliche verkaufen! Oliver hat in der Not seine Tochter mit dem Direktor gegen Geld gewähren lassen. Diese Tochter stellt angeblich »sein zweites reines Leben jenseits vom Dunst des übrigen Lebens –« dar. Nach dem Erlebnis mit Olivia will er die reine Seele *zurückkaufen*. Das gelingt niemals. Man kann das Menschliche nicht mit Geld zurückkaufen. Man kann sich mit Geld erniedern – aber kaum erhöhen! So ist Oliver »im Reichtum ein Bettler – in Armut ein Krösus...« Der Boden verliert sich. Wahnsinn ist die Lösung.

Das Stück leidet an Problemfülle. Sein geistiger Reichtum ist seine vitale Schwäche. Der Held hat zu viel Umgang und Familie. »Natürlich kommt es zu Konflikten. Darum habe ich keine Familie!« meint der Geld-Direktor zynisch. Für Olivers Tragik genügte die Kernhandlung mit Olivia und Olivias Freund. Olivers Frau und Olivers Tochter verdrängen mit ihren viel zu breiten Szenen den Sinn und die Auswirkung der großen scène à faire. Auch der Irrenhausakt ist keine spezielle Konsequenz dieses Stückes und Schicksals. Solche Verwirrung des Doppel-Ichs in einer armen Seele muß immer mit der Kündigung des Bewußtseins schließen: Hinüberdämmern in ein konfliktloses Jenseits – sei's Tod, Wahn oder Nirwana. Von der ›Koralle‹ bis zu ›Oliver‹ ist diese Sehnsucht Kaisers Evangelium.

Herbert Ihering, Berliner Börsen-Courier 16. und 17. 4. 1926

Der Verwandlungskünstler Oliver ist im Wahnsinn schließlich das, was am Beginn seiner Laufbahn ein Massenkunststück ist: der letzte Zar von Rußland. Seine Verwandlungen treten ihm als Irre entgegen; der Zar ist nicht darunter; seine Identität ist gerettet; der Widerstreit zwischen bürgerlichem Alltag und festlicher Verwandlung versinkt; im seligen Vergessen schmilzt ›Zweimal Oliver‹ ein; er ist das, was er schien.
Anfang und Ende des Stückes berühren sich. Olivers Frau packt beim ersten Aufgehen des Vorhangs die Uniform des Zaren ein: eine fast filmisch akzentuierte optische Exposition. Aber Georg Kaiser, der ein Meister der szenischen Stichworte ist, der fast immer genau weiß, wie scharf er Druckmomente einsetzen, wieweit er eine Person dramaturgisch betonen darf, irrt sich hier in der Gewichtsverteilung der Gestalten. Kaiser schlägt zu Beginn besonders stark das Motiv von Olivers hinkender Frau an. Die Frau droht mit Mord, mit Doppelmord, wenn Oliver je in die Einflußsphäre eines anderen Weibes geriete. Die Ausbrüche sind so heftig, das Schicksal der Frau wächst so empor, daß die Spannung in eine falsche Richtung gelenkt wird. Man denkt: das Ende kommt durch diese Frau. [...]
Kaiser braucht die Drohung der hinkenden Frau, um zu motivieren [...].
›Zweimal Oliver‹ ist zweimal Georg Kaiser. Georg Kaiser, der die bürgerliche Tragödie im Hause Oliver als Druckmoment für die Tragödie des verwandelten Oliver ansetzen will und sie zu einer Privattragödie macht (so daß man überrascht ist, wenn die Frau plötzlich verschwindet). Georg Kaiser, der den verwandelten Oliver aus seiner Rolle fallen und wirklich die Frau lieben läßt; Georg Kaiser, dessen Oliver das Spiegelbild erschießt, aber nicht aus Eifersucht, sondern, weil er sich selbst töten will. Georg Kaiser, der wieder Szenen in blendender Verkürzung, von komödienhaftem Schmiß dichtet, wie die Varietébilder. Georg Kaiser, der manchmal fast larmoyant auftreibt.
›Zweimal Oliver‹ ist, im Einfall scharf auf Pointe gestellt, eine artistische Eingebung, ein szenisches Kunststück – wie ›Der Protagonist‹. Aber ›Der Protagonist‹ bekennt sich zur glänzenden artistischen Spielerei. ›Zweimal Oliver‹ stößt an menschliche Grenzen. Er ist als Rechnung gedacht, geht aber nicht als Rechnung auf. ›Der Protagonist‹, der auch zwischen Sein und Schein steht, schließt mit der Pointe, daß der Held nach dem Morde eine Szene zwischen wahrem und gespieltem Wahnsinn geben will, die alle Grenzen verwischen wird. Aber die Szene selbst wird nicht mehr gezeigt; und es ist einer der glänzendsten Operneinfälle, daß Kurt Weill den Akt musikalisch enden läßt, als ob jetzt die Vorstellung erst anfinge, als ob die Schlußfanfaren die Anfangsfanfaren der wahren Vorstellung wären, die wir nicht mehr erleben. ›Zweimal Oliver‹ zeigt den Irrsinn in Ausführlichkeit. So glänzend Kaiser den Sinn des Stückes gedanklich faßt – man hat auf der Bühne zu viel Irrenszenen gesehen, als daß sie noch eine sinnbildliche Bedeutung haben könnten. Sie wirken als grusliger Selbstzweck. Hier hat es eine dramaturgische Bedeutung, daß sich jemand als Kaiser von Rußland ausgibt. Auf der Bühne wirkt es trotzdem als Feld-, Wald- und Wieseninrsinn. Die Worte verlieren ihre einmalige Bedeutung, weil die szenische Situation abgenutzt ist.
›Zweimal Oliver‹ kann zu glänzender Theaterwirkung gebracht, zu einer Art Sprechrevue gemacht werden, wenn man die menschlichen Momente, die nicht

hineinpassen, möglichst fallenläßt und die Kunststücke blendend aufzieht. Dazu gehört auch: die beiden Irrenbilder in eins zusammenzuziehen; vom letzten nur die friedliche Vergessenheitsschwärmerei Olivers, die innerlich-heitere Auflösung zu geben – ohne die abgebrauchten Kontraste der anderen Wahnsinnigen. Dann wird noch einmal das Thema Sein und Schein eine Bühnenbedeutung bekommen, bis es hoffentlich für lange Zeit anderen Themen Platz macht. Auch in der Produktion Georg Kaisers.

Ein Virtuosenstück muß virtuosenhaft gespielt werden. Menschliche Rettungen sind falsch. ›Zweimal Oliver‹ innerlich dargestellt – und die ganze Überflüssigkeit des Themas vom verwandelten Ich wird deutlich. In einer Zeit, die andere Themen als überspitzt individualistische braucht. In einer Zeit, die unter diesen Themen bis zur Verzweiflung bei Pirandello gelitten hat. ›Zweimal Oliver‹ als Sprechrevue gegeben – das abgegriffene Thema tritt zurück, das blanke Kunststück beherrscht den Vordergrund.

Am Staatlichen Schauspielhaus in Dresden wurde das Kunststück nicht gegeben, konnte es nicht gegeben werden. Städte von der Art, Landschaft und Vergangenheit Dresdens haben heute eine traditionell bewahrende Bedeutung. Die künstlerischen Kämpfe werden an anderen Theatern ausgetragen. (Musik ist hier wie fast überall etwas anderes.) Von den Resten einer alten Theaterkultur zeugte auch diese Vorstellung. Es gab ein Zusammenspiel. Es gab kleine Rollen. Es gab richtig verwendete Schauspieler. Willi Kleinoschegg, früher ein mäßiger Liebhaber, ist jetzt als Agent ein knapper, treffender Chargendarsteller. Alfred Meyer gibt den Varietédirektor mit der Durchschlagskraft des echten Bühnenkomikers. Walter Kottenkamp, wohl ein neues Mitglied, fällt als Chefarzt sofort durch Eindringlichkeit und Sachlichkeit des Tones auf. Er füllt den konstatierenden Bericht des Psychiaters mit schauspielerischer Energie, ohne mimische Einlagen nötig zu haben. Von den Frauen ist Alice Verden als Olivia kühl, beherrscht, eine gute Schauspielerin, aber manchmal schon mit erfrorener Spielroutine. Marion Regler, Olivers Frau, treibt sich temperamentsmäßig auf.

Friedrich Lindner gibt den Oliver; schlicht, deutsch, verträumt, wahrhaftig. In klassischen Rollen übernimmt sich Lindner leicht; seine Nerven gehen mit ihm durch; die Führung der Rolle entgleitet ihm. Hier hat er sich in der Gewalt. Er ist ergreifend echt. Vor dieser Leistung empfindet man die leise Tragik der Vorstellung fast schmerzhaft: daß das gepflegte, andächtige Theater nur eine Vergangenheit, keine Zukunft hat, daß die Entwicklung andre Wege geht – fern von der beruhigten Innerlichkeit. Man spürt es nervenmäßig schon an der *Organfarbe*. Die jungen Schauspieler haben heute meistens gespanntere, elastischere Stimmen, unberuhigte, vibrierende, helle Organe, weniger tief, weniger umschattet, weniger stimmungsvoll.

Georg Kiesaus Inszenierung entsprach den Schauspielern. In gut getönten und räumlich aufgeteilten Szenenbildern von Adolf Mahnke ließ der Regisseur nobel, anständig, menschlich sordiniert spielen; beruhigt, traditionell vortrefflich, ohne Glanz, ohne Zukunft. Von der Bassermann-, Krauß- oder Forster-Weise, von der Komödiantenweise wurde ›Zweimal Oliver‹ in die Edelmutsweise hinübergespielt.

›Zweimal Oliver‹ zeigte die gute Tradition des Dresdner Staatstheaters. [...]

Theater in der Königgrätzer Straße, Berlin
Emil Faktor, Berliner Börsen-Courier 7. 9. 1926

[...] Als der Dichter vor zwei Jahren Vollbild ›Kolportage‹ herausbrachte, atmete man tieferfreut auf. [...] Es war eine Leistung eines Gesammelten, der nun endlich zu wissen schien, welche Vorbedeutung seine Präzisionskunststücke, seine Abkürzungsformen, sein oft faszinierendes, zuweilen sprunghaftes Tempo hat. [...]
Idee und technische Komposition von ›Zweimal Oliver‹ stehen unter Georg Kaisers Wert, eins wie das andere. [...]
Von dem i-Punkt des getüftelten Selbstmordes abgesehen, eine Tragödie des Verschweigens, das man versteht, aber nicht einsieht. Nebenher unglückliche Liebe, die für den Zuschauer nicht Erlebnis wird. Zwischendurch szenisches Virtuosentum mit knappen, nicht überwältigenden Eindrücken in einem Varieté-Drama. Das Thema von plötzlichem Gelderwerb eines Darbenden mit dem Unheil verwirrenden Besitzes hat Kaiser in seiner Komödie ›Von Morgens bis Mitternachts‹ viel zwingender erschöpft. Die Situationen im Chambre séparée sind dort symbolhafter und schlagender. Der Einfall, daß sich eine an Sehnsucht leidende Olivia für den abwesenden Liebhaber ein kostümiertes Modell liefert, könnte von Ludwig Fulda sein. Auch die nachfolgende Verliebtheit. Und die Verkürzungstechnik Kaisers ist diesmal ein Zurückgleiten in von ihm selbst überholte Formen. Der Abschluß Wahnsinn, Irrenhaus, ärgerliches Referat mit der Schlußpointe: »Ich bin der letzte Zar von Rußland«, ist seelisch gewichtslos, ob er nun wie anderswo in zwei getrennten Bildern, oder wie in Berlin in einer dem überflüssigen Detail ausweichenden Hauptszene vorgeführt wird.
Die beifällige Stimmung der Zuhörer war aus Achtung vor dem Dichter, aus Zuneigung für Moissi, aus Schaufreude an den Bühnenbildern Cesar Kleins und den revuehaften Varietévorgängen zusammengesetzt. Regisseur Direktor Barnowsky, der um das Gesamtwerk Georg Kaisers viel Verdienste hat, hätte an und für sich die Aufführung der neuen Arbeit nicht zu bereuen. Bis zu einem gewissen Grade war es seine Schuldigkeit. Doch gehört der Barnowsky dieses Jahres zum Reibaro-Konzern, der die Schauspielkräfte untereinander aufteilt und Möglichkeiten bester Besetzung, wenn es nicht gerade der oberste Kriegsherr ist, abgrenzt. Als Gegenargument wird man auf Moissi und Gülstorff hinweisen. Die wichtige Rolle der Olivia spielte Hanna Malph, eine sehr hübsche Erscheinung, die nicht für Kaiser geschaffen und seiner Struktur gewachsen ist. Olivers Gattin gibt Hermine Sterler. [...] Fürs Haftenbleiben ist stärkeres Naturell nötig.
Nun der Fall Moissi. Zwischen ihm und Kaiser liegen Distanzen grundverschiedener Ausdrucksformen. Dieser braucht Zeit, jener hat Eile. Georg Kaiser dichtet eine Maske, Verwandlungsartistik, Virtuosentum der Umstellung. Moissi ist kein Fregolt. Seine auffallenden, nicht sehr verschiebbaren Kunstmittel mit all ihren Reizpunkten beschatteter, melodiöser Ruhe entbrennender Leidenschaft oder verklärter Entrücktheit machen zuweilen die Rollen verschiedener Stücke einander ähnlich. Nun sollte er in derselben Rolle bald der, bald jener sein. In einem Bilde, in welchem beide Olivers auftreten, die Kopie und der echte, hätte die Maske eines Ersatzmannes auftreten können. Sie tat es nur im stummen Spiel. Das Hintereinander der beiden spielte Moissi sel-

ber, aber ohne sprachliches Modulationsvermögen. Das Publikum sog wie Entbehrtes den Moissischen Sprachklang ein und war in Auftriebsszenen fasziniert. Ein Erfolg der Sympathie. Gülstorff, noch nicht recht im Schuß, aber zuweilen sehr drollig. Auch John Gottowt. Barnowsky hatte gute Anläufe und blieb dann doch hinter sich selber zurück.

Hans Henny Jahnn Medea

Uraufführung: Staatliches Schauspielhaus Berlin, 4. Mai 1926
Regie Jürgen Fehling

Mit der schwarzen ›Medea‹ Jahnns kam das extreme Theater in einem Augenblick zu seiner stärksten Darstellung, in dem allenthalben die neuen (anderen) Entwicklungsrichtungen schon deutlich geworden waren. Jahnn hatte die ›Medea‹ 1925 aus einer älteren Prosafassung neu geschrieben. Der klassische Tragödienstoff war kaum noch wiederzuerkennen. Die Greuel waren vervielfacht, die Sprache war ins Orgiastische hinaufgetrieben: ein Text, der alle Konventionen des Theaters durchstoßen sollte. Er war bewußt aggressiv: »Einer der schamlosesten Gebräuche des europäischen Menschen ist die Nichtachtung vor den einzelnen Vertretern nicht weißhäutiger Rassen«, schrieb Jahnn (›Zur Medea‹). Um das Eheproblem Jason – Medea deutlich zu machen, wurde Medea eine Negerin, weil »für uns heutige Europäer« nur noch der Neger als Barbar gelte. Jahnn sah die künstlerische Aktualität des Stoffes in der Verbindung der »sagenhaften Urgeschichte, die die Auseinandersetzung der bewußt gewordenen Menschheit mit ihrem Los gibt« und dem »typisch naturalistischen Ablauf vitalen Lebens, das grausam, unerbittlich und dennoch rätselhaft ist«. Wieder führte er die Schicksalhaftigkeit der Triebwelt vor. Jahnn verlangte von seinem Regisseur wie von seinem Publikum, die Handlung ganz gegenwärtig und allen Zauber und alle religiösen Beschwörungen »als Wirklichkeit einer tief geängsteten und tief erkennenden Seele« zu nehmen. Was er darstellte, waren für ihn urtragische Probleme: »Liebe, die den Gefallenen verbrennt«, und »das Altern«. – Jahnns ›Medea‹ wurde der künstlerisch stärkste Versuch des schwarzen Expressionismus, die Tragödie jenseits bürgerlicher Moralbegriffe »aus den Schichten des Primitiven« (Muschg) neu zu begründen.

Jürgen Fehling machte das von den meisten Kritikern abgelehnte Stück zu einem Ereignis des Theaters. Er hatte kurz vor dieser Inszenierung zwar Ernst Tollers ›Der entfesselte Wotan‹, eine Satire auf die völkischen Parteigänger, inszeniert (Tribüne Berlin, mit Ralph Arthur Roberts als Friseur Wotan, 24. 2. 1926), aber er wurde in jenen Jahren immer mehr ein Tragiker. (Andere Fehling-Inszenierungen dieser Zeit: Max Halbe ›Jugend‹ am 20. 6. 1925 mit Lucie Mannheim, Leonard Steckel und dem Durchbruch des jungen Veit Harlan; und ›Romeo und Julia‹ mit Lucie Mannheim und Erwin Faber am 4. 12. 1925.) Trotz seiner hervorragenden Inszenierung der ›Medea‹ mußte das Stück auf laut gewordene Proteste hin abgesetzt werden.

Am 20. 10. 1927 folgte noch einmal eine Aufführung im Hamburger Schauspielhaus (Regie: Hans Lotz), dann verschwand Jahnns ›Medea‹ vom Spielplan bis 1964. Daß die ›Junge Bühne‹ im Dezember 1926 Jahnns ›Krönung Richards III.‹ nach Berlin brachte, war sicher eine Folge dieser Fehlingschen Inszenierung.

Emil Faktor, Berliner Börsen-Courier 5. 5. 1926

Hans Henny Jahnns Neudichtung der Argonautensage ist kein seelisch erquickendes, künstlerisch diszipliniertes, das Lebensgefühl ermunterndes, sondern bloß ein überzeugend begabtes Werk. Diese paradox klingende Gegensätzlichkeit zwischen innerlich verwilderter Struktur und dramatischem Auftrieb, zwischen Gefühlsexzeß und stürmender Bewegung mag in neunzehn von zwanzig Fällen ein unhaltbares Kriterium sein. Es wurde oft genug zur Kräftigung tastenden Anfängertums, zur Erwärmung des Glaubens an hoffnungsvolle Verschwommenheit künstlich über Wasser gehalten. Diese Selbstüberredungsmagie ist der gestaltenden Kraft Jahnns gegenüber erläßlich. Bei seinem ›Pastor Ephraim Magnus‹ durfte man noch schwanken, und die Grundfragen nach dem innersten Werte eines zerlaufenden, mit Peinlichkeiten übersäten Problems anzweifeln – trotz scharfer Talentspuren. Der Dichter ist in seiner ›Medea‹ nicht maßvoller, nicht behaglicher, in der Hochpeitschung unterbewußter Antriebe nicht zurückhaltender geworden.
Mission eines dramatischen Dichters wird es ewig bleiben, im Namen von Tausenden zu sprechen, und es kann nicht sein Endziel sein, das Gewissen der Menschheit mit Dingen zu erschrecken, die unregulierbar sind. Pathologisch exzentrische Naturen taugen nicht für das Sinnbild menschlicher Tragödie. Will eine Erscheinung wie Jahn sich zum entscheidenden, über die Stunde nachwirkenden Einfluß emporentwickeln, müßte seine Phantasie sich vom schlammigen Bodensatz loslösen. Es ist nicht alles Neugewinn, was erstmalig in Worte gesetzt wird. Dichtung will Destillation sein. [...] Das Herumwühlen in der Leiblichkeit ist trotz aller Freudschen Hypnosen nur eine Perversion der Süßlichkeit. Man kriegt schnell genug davon [...]. Zum besonderen Fall der ›Medea‹ wäre zu wiederholen, daß Hans Henny Jahnn durch szenische Stoßkraft Peinlichkeit ausgleicht und sinnliches Übermaß durch die Gewalt der Untergangsidee niederdrückt, die eine Gespensterwelt völlig auslöscht.
Man hat nicht nötig, die Neudichtung der ›Medea‹ an dem bürgerlichen Edelmaß des Grillparzerschen Werkes zu messen und epigonal temperiertes Mitteleuropäertum des vorigen Jahrhunderts mit der stürmenden Eigenart eines Gegenwärtigen zu vergleichen. Sicher ist, daß ganze Partien des Jahnnschen Werkes so absolut dichterisch, voll neuen Farbstoffs der Empfindung und so klangfest im Ausdruck gesättigt sind, daß man endlich die führende Begabung erkannt zu haben glaubt. Führend durch Klarheit der Diktion, ohne daß Musik verlorenginge, durch Gespanntheit des Ausdrucks, ohne daß Krampf entstünde. Dann gibt es wieder Sätze und Wendungen, bei denen man sich mühsam den Zusammenhang hervorklauben muß; es wirkt wie eine Übertragung aus Fremdsprachigem. Eine Wohltat der Regie, daß sie davon fast nichts stehenließ.
Stofflich gewandelt sind die Zauberformen Medeas, auch ihre barbarischen Regungen. Sie läßt dem Boten Kreons die Augen ausstechen und trägt sie als Zeichen ihrer Schmach in den Händen herum. Eine abstoßende, der Steigerung nicht einmal fördernde Bereicherung. Jason wird durch ihre Zaubermittel ewi-

ge Jugendlichkeit verliehen, und es erwächst durch diese glücklichere Erweiterung der Medea-Tragik eine neue Fläche. Sinnenkampf des jungen unverbrauchten Mannes mit einer ruhelos Gealterten. Klarer und schärfer als vorher wird hier das Rassenproblem zwischen Weiß und Schwarz entrollt.
Die Erschütterung von tragischem Geschehen wäre bei Jahnns szenischen Fähigkeiten unweigerlich, wenn in der Tragödie nicht gezaubert würde, wenn sie den längst verbrauchten Mythos überhaupt nicht benötigt hätte. So die Medea Jason mit ewiger Jugend ausstatten konnte, warum nicht auch sich selber? Das Geschehen wird dadurch untragischer, daß Jason Entlastungsgründe gewinnt. Man mag es Rationalismus schelten, aber Ernüchterungsmomente lassen sich nicht ausreden. Die überholte Dichtung Grillparzers faßt an einer Stelle des Schlußdialogs das tragische Motiv zwingend zusammen. Medea äußert zu Jason: »... tröste dich an meinem größeren Jammer, – die ich getan, wo du nur unterlassen.« Auch die Medea Jahnns hat eine solche, den ganzen Komplex überleuchtende Hauptstelle. In der Zwiesprache mit Jason türmt sie die Klage: »Meineidig bist du. Unterm Bauern stehst du, – der sein Vieh peitscht. Zwei Weibern – für die gleiche Nacht versprachst du dich. – Brich einer das gegebene Wort!« Aber gerade diese außerordentliche Konzentration des treibenden Hauptkonfliktes beweist, wie wenig der Dichter des Zauberspukes und der Götter Griechenlands bedurft hätte.
Die Aufführung des durchaus nicht einaktigen Werkes, das seine Zäsuren hat, ging pausenlos vor sich. Es sprach für ihre Gekonntheit und für den inneren Wuchs schreckhafter Vorgänge, daß die Zuschauer nicht müde wurden und die Anteilnahme mit jeder Szene zunahm. Sprechchöre der schwarzen Dienerschaft Medeas leiteten in klarer Durchströmung des Wortes Spannungen weiter, und Fritz Valk als Stimmführer hielt, von ein paar öligen Stellen abgesehen, straffe Selbstzucht.
Überragend, mit vitaler Kraft die Szene durchflutend, die Medea der Agnes Straub. Aufreizend kühn ihr Äußeres mit wild zerzaustem Haarschopf, die Glut diabolisch entarteter Blicke, der Fanatismus barbarisch zügelloser Bewegungen. Bewunderswert der Mut zu besessenen Ausdrucksformen der Sprache, die nichtsdestoweniger auch in der Ekstase den Sinn des Gebarens zur äußersten Klarheit trieb. Es war ein restloses Durchhalten extremer Formen voll Illusionskraft. Dieser Stärkegrad von Meisterschaft legt den Bühnen Berlins Verpflichtungen auf.
Erwin Faber, der Jason gab, hielt sich an Grenzen, die durch ihre Erfüllung erfreuten. Es bewahrte ihn vor Überspannung, die seiner Konstitution widersprochen hätte. Vorzüglich trat die Jugend Veit Harlans und Heinrich Schnitzlers in Erscheinung. Auch Heinrich Witte und Ferdinand Hart wurden unter der Leitung Jürgen Fehlings veredeltes Material. Bloß die Amme der Mathilde Sussin gedieh nicht.
Der Abend, der ein Fortschritt Jürgen Fehlings war, darf auch als Zeichen von Unternehmungslust der Staatstheaterleitung gebucht werden.

Alfred Kerr, Berliner Tageblatt 5. 5. 1926

I

Dieses Schauerspiel eines jungen Deutschen, der früher auf dem Plan war als lärmende Problematiker der Zeit, stößt Hofmannsthals ›Elektra‹-Linie orgiastisch-dunkel in letzte Tierhaftigkeiten fort.
Hofmannsthal hat den Sophokles nordisch verfinstert. (Aus der ›Nachtigall‹ Elektra das Katzentier gemacht.) Jahnn macht aus der wundschweren Frau beim Euripides ein rasendes Niggerweib.
Eine Heulwilde mit Fettbauch, mit üblem Körperduft, mit ungestillt später Geilheit. Ein Vieh.

II

Wenn die Mythos-Medea von Jason bloß verlassen wird: so muß Jahnns Jason auch noch den eignen Sohn ins Mark treffen – dem er die Braut stiehlt. (Häufungen!)
So muß Blutschande gewissermaßen Alltagskost in der Familie sein; nicht, wie bei der dramatischen Zeitgenossenschaft, etwas feiertäglich Begangenes – sondern die natürliche Voraussetzung.
So muß Medea ein ausgestochenes Augenpaar längere Zeit auf der Bühne handhaben ... das sie nachher einem vom Chor zum Halten gibt.
So müssen der Nebenbuhlerin, jener Kreusa, »Bauch und Brüste« sich »rissig blähen«, hernach jedoch »platzen«, zu »eklem Schleim und Blutgerinnsel«.
So muß der Monarch in gesetzten Jahren, Kreon, in »zwei Hälften« geschnürt werden; nachdem ein verderblicher Ring »auf dem Fett des Nabels wie ein Bauchgurt sitzen blieb«. (Zusammenfassend heißt es: »Den Bauch zersprengt, die Füße abgefallen, dreifachen Tod starb König Kreon« – der Sorgfältigkeit halber.)
Dreifach ... ist hier alles. Fünfundzwanzigfach. Dabei jedoch gewisse Sprechfähigkeiten. Die Sprache spricht für Jahnn.

III

Ein unbeirrtes Hindrängen zum Untergang, Untergang, Untergang. Somit immer noch die Welt der Gasangriffe?
Ja, Elektra längst wild überboten.
Wie der Hofmannsthal sich zum Sophokles verhält: so Jahnn zum harmlosen Hofmannsthal. Dessen Katzentier ist wieder Nachtigall – gegen die Medea Jahnns. Voller Betrieb. Rastloser Fluß. Unermüdliche Fortarbeit. Kein dramatischer Stillstand. Entschlossener Fleiß.

IV

Medea, nachdem sie das Augenpaar weggelegt hat, schleppt zwei blutige Stümpfe, die von ihr durchbohrten Knaben, über die Bretter.
Dieser ihr Schritt war, in der Kammer, nicht einfach. Die zwei Knaben-Brüder feierten miteinander just eine stille Hochzeit – da gibt ihnen Mutter, nicht wegen solchen Einfalls, vielmehr aus Überdruß »spitzes Eisen«, welches »den weichen Bauch durchdrang«.
Mit einem erläuternden Zusatz: »Mein dickes Blut entblödete sich nicht, zu glucksen«; bis zu dem »letzten Zucken ihres Bauches«.
Hernach steigt Medea nicht, wie beim Euripides, in einem Flugzeug wolkenhoch; sondern sie versenkt, treusorgend, den ganzen Niggerchor auf den Meeresgrund. »Gebrochene Augen, gebrochene Münder, zwecklose Leiber ... Wir haben's reichlich.« Untergang, Untergang, Untergang.

V
Auch wir haben's reichlich. Wird es nicht Zeit, von dieser Gewohnheits-Apokalypse fortzukommen? Das Deputat, nach jener Richtung, ist erfüllt! Der Mensch von heute denkt ja, meine Teuren, in ganz anders gegliederten, in recht mehrfältigen Zusammenhängen.
Greuel, Scheuel, Schauernisse. Der Jahnn dieses Stücks zählt letztens zur Enkelschaft des Dichters Lenz, aus der Drangzeit, in dessen Dramen etwa sich einer festlich entmannt (beinahe auf der Bühne).
Die Dränger von damals – (um einen Platen-Vers hier einzusetzen) »wo sind sie nun?« Gar: die Dränger-Enkel – wo werden sie sein? Wo, eines späten Tags?
Habt um Himmelswillen nicht zu viel Achtung. Kritik ist Widerstand, in gewissen Zeitläuften. Die Esel machen alles mit.
VI
Medea zaubert ihrem Jason ewige Jugend an. Für den eigenen dicken Leib ist ihr die verwehrt. (Hallo, dein Gewicht!) Zu diesem Problem (er jung, sie alt) kommt ein anderes: er Griechensohn, sie Fremde. Das Weh der Ausländerin.
Dies alles ist Symbol. Doch fast gleichbleibend wird hier das Gebrüll, worin so ein Symbol dramatisch ›kommt‹.
Ist es Künstlertum, was Abstumpfung zum Ergebnis hat? Ist es wirklich schwer, den Pelion auf den Ossa zu türmen? Ist man dramatisch begabt in diesem Fall ... oder nur, wie Jahnn, sprechbegabt? Genügt es, den Begriff ›Bauch‹ oder den Begriff ›Speichel‹ öfter als vormals wiederkehren zu lassen? Genügt es, daß Kreon in zwei Teile platzt, daß die Braut platzt? (In einem Jugendschauspiel Richard Wagners starben fünfzig Menschen. Schön. Aber wo ist heute der Tristan?)
VII
Zwei Pflichten gibt es bei alledem: man soll euch spielen; sei's zur Widerlegung, sei's zur Erkenntnis.
Zweitens: man soll euch die Leviten lesen ... statt euch im Wahn zu kräftigen. Pflicht ist: unpopulär zu sein – nicht aufdringlich. Ebenfalls, euch zu sagen, wie geistlos ihr im Grunde wirkt. Noch wenn ihr Fähigkeiten habt wie Jahnn.
Die Zukunft heißt nicht: Bumm-bumm-bumm. Trennt euch vom Krieg.
VIII
Die Pflicht hat Fehling eingelöst. Das Was. Nicht ganz das Wie. Freilich, wenn ein Autor von vornherein fast nur Gipfelschreie bringt, wie soll sie der Einüber ... Doch; auch dann soll er sie gliedern, stufen, steigern. Nicht gewissermaßen einen Quartsext-Akkord, der ja erst auf der Höhe zu kommen hat, schon früher fünfmal vorwegnehmen.
IX
Bisweilen hat er trotzdem getönt. Auch in gewissen Bewegungen des Nigger-Affen-Chors. Wie aus einer sinistren Operette mit finsterem Schluß.
Harlan war ihm zur Hand, das Weh des älteren Sohnes wie ein Ringer durchwühlend. (Das andere Kind macht Heinrich Schnitzler, der Sohn Arthurs.)
Auch Erwin Faber, der Gatte, zeigt sich durchgeknetet in antiker Feschheit.
Matter der Bote Kreons nach der Blendung, Heinrich Witte. Mit sicherem Sprecheindruck der Knabenführer, Fritz Valk. War die Amme Frau Sussin? Ich glaub's nicht. Unerkennbar.

x
Die Straub ist für wilde Rollen am ehesten angetan. Als Außenwert. Von einem schmerzerlebenden Niggerweib wird sie das Niggerweib eher können als den Schmerz. So hier.
Tobendes übertobt sie – und läßt kalt. Auch wenn man sie achtet. Sie hat zum ›Häßlichen‹ einen Ehrgeiz; tut sich mit Betonung darin hervor. Ihr Schmerz ist eher süßlich-empfindsam.
Bestimmt ist sie ›tapfer‹ – doch hiermit bleibt nur die Hälfte getan. Tapferkeit heißt Sache des Entschlusses.
Sie bleibt eine prachtvolle Gestalterin. Und wo sie aufhört, fängt es an.

Paul Fechter, Deutsche Allgemeine Zeitung, Berlin, 5. 5. 1926

[...] Das Drama ist, was man ein Sesselstück nennen könnte: ein Einakter von rund zwei Stunden Länge, der auf den harten Stühlen des Staatstheaters nur kraft Hochachtung vor klassischen Themen abzusitzen ist. Es behandelt das alte Medeamotiv, und zwar ohne Vertiefungen in der Deutung und ohne besondere modern sexuelle Wendung, lediglich mit dem Bestreben, die seelischen Vorgänge jeweils bis auf die letzten triebhaft wesentlichen Prozesse in den einzelnen Gestalten zurückzuführen. Es ist ein Versuch zu neuer Sachlichkeit in Versen, aus dem Willen zur letzten Wirklichkeit der inneren Vorgänge geschrieben. Aber eben nur aus einem zuletzt ziemlich kümmerlichen Willen, nicht aus der natürlichen Kraft zu diesem Äußersten der Leidenschaften. Ein Mensch schrieb diese Formulierung des Medeaschicksals, dem die Substanz für die überlebensgroßen Urtriebe, die er hinzustellen sucht, fehlt, der das Nackte durch Entblößung, die Kraft durch Krampf ersetzen muß. Jahnn besitzt eine gewisse Fähigkeit des Hinabsteigens in die Regionen, in denen wenigstens die physiologische Wirklichkeit beginnt; er ist ein Besessener des Körperlichen, der ähnlich wie Alfred Brust am Funktionellen, seinem allzu Irdischen und allzu Vergänglichen und Häßlichen laboriert oder dem es wenigstens peinlich zu sein scheint. Abgesehen davon, daß das Verschleppen infantiler Reste in einen angeblich erwachsenen Zustand Erwachsene wenig angeht: es bleibt daneben in diesem Autor eine dem Zuschauer nicht eben sympathische Lust an Vorgängen, die dem gewöhnlichen Menschen zum wenigsten fatal, gelegentlich sogar höchst eklig sind. Man muß mit den Begriffen krank und gesund bei Dichtern und noch mehr bei Schriftstellern vorsichtig sein: in Jahnn ist aber irgendwo eine Stelle, für die das Wort krank noch sehr milde ist. Er hat sich in dieser Tragödie heftig zusammengerissen: die innere Rebellion im hoffnungslos Normalen aber bleibt. Zumal an den Stellen, an denen durch das klassische Thema hindurch die Sexualpathologie ausbricht.
Und an denen fehlt es nicht. Jahnn hat, um die Sache physiologisch zu verdeutlichen, Kolchis in die Gegend von Afrika verlegt. [...]
Gegenüber den Schemen, die in dem ersten Stück Jahnns endlos redend herumgeistern, sind die Figuren dieses Dramas, zumal man sie kraft humanistischer Bildung, Gott sei Dank, alle schon vorher kennt, beinahe gestaltet: sieht man genauer zu, so ergibt sich aber, daß jede nur ein ganz primitives Aushängeschild ihres Wesens und einen Haufen kraftloser erotischer Phantasien ihres Verfassers mitbekommen hat. Jahnn möchte letzte Triebe geben – und

gibt gleich zu Beginn ihre Formel. Da es letzte Triebe sind, muß diese Formel Gebrüll, zum mindesten Gestöhn oder Gelall sein. Diese Gestalten geben sich somit fast mit dem ersten Worte aus – der Rest ist Wiederholung und nochmals Peinlichkeit, diesmal der Konsistenz. [...]
Was die Aufführung für das Drama tat, war bei Gott nicht wenig. Es war eine heroische Leistung Herrn Fehlings, die Geschichte ganz im Sinne des Autors auf Triebgebrüll und kolchisch barbarisches Niggertum aufzubauen – und doch diesseits der gefährlich nahen Grenze unfreiwilliger Komik zu bleiben. Sie wurde zuweilen von der Heldin energisch gestreift: das Ganze blieb in tragischer Haltung, ging konsequent auf finstere Antike mit Blutgeruch aus. Eine etwas schiefwinklige, in finstere Gänge auslaufend sich vertiefende blaugraue Halle ohne jeden Schmuck als die nackten Wände. Medea und ihre Nigger schwarz, mit dunkelroten Gewändern, die Knaben schwarze Fellschwimmanzüge, Jason ein gelber Rokokogrieche. Das Ganze sehr stark konzentriert, zusammengedrängt; die eingelegten Chöre witzig, halb auf Litanei, halb auf jüdisches Gebetssingen gestimmt. Und doch in allem, wenn es nicht kluge Absicht war, ein Grundfehler: alles von Anbeginn so laut, daß man höchstens fünfzig Prozent verstand. Das war vielleicht ganz mitleidig gedacht: es erhöhte heftig die Anstrengung, neunzig Prozent von Jahnns Versen schon dadurch zu vereinfachen, daß sie nur literarische Abwandlungen und Paraphrasen seiner brüllenden Urlaute sind und sein können.
Medea war Frau Straub, die die Rolle für sich monopolisiert hat. Sie kam mit einem wüsten Niggerbubikopf, schwarz, leicht ergraut, mit dickem Leib, schwerer massiger Figur und mit lauter Urtrieb. Sie fürchtete keine Komik und bekam es auch wirklich fertig, die Gefahren, die sie zum Teil selbst beschwor, zu überrennen. Sie war ganz Wildheit, ganz Temperament und Gebrüll – am Ende ganz Rolle. Sie zeigte, wie die Reduktion des Menschlichen auf einen letzten Unterton am Ende notwendig Theater wird.
Den gelben Jason, bei dem man unwillkürlich immer nach einem Monokel suchte, machte mit Haltung Herr Faber; den älteren Knaben schrie Herr Harlan, vor Anstrengung mit der Zunge anstoßend. Frau Sussin war die Amme, Herr Valk sprach ausgezeichnet den Führer des Niggerchors. Bei ihm verstand man beinahe dreißig Prozent. Den Boten machte Herr Witte.
Der Beifall am Schluß war stark, Fehling und der Autor mußten immer wieder auf die Szene.

Carlo Gozzi   Turandot
Festspielhaus Salzburg, 15. August 1926, Regie Max Reinhardt

Diese Salzburger Festspiele trugen ein anderes Gesicht als die von 1925. Auf den Mysterien-Sommer folgte nun der der Comedia dell'arte. 1925 waren in Salzburg ›Das Salzburger Große Welttheater‹, ›Mirakel‹ und als Uraufführung mit Helene und Hermann Thimig und Oskar Homolka Max Mells ›Apostelspiel‹ zu sehen gewesen. Es war zugleich der erste Sommer im Festspielhaus, zu dem der erzbischöfliche Marstall umgebaut worden war. Der Salzburger Baumeister Hütter hatte für 1925 einen hohen gotischen Spitzbogen vor die

Spielfläche gesetzt, aber die Mysterienbühne war als Spielort zu eng. Wieder wurde, nun nach den Plänen Clemens Holzmeisters, umgebaut, neue Räume wurden angegliedert, die Bühne wurde verbreitert. Dieses neue, schönere Festspielhaus eröffnete Reinhardt im August 1926 mit Gozzis ›Turandot‹. Das Stück gehörte zu den alten Lieben Reinhardts, 1911 hatte er es schon in Berlin am Deutschen Theater inszeniert, mit den Jahren war seine Neigung zur Comedia dell'arte immer größer geworden. Im ›Diener zweier Herren‹ (s. d.) hatte sie sich zum erstenmal rein dargestellt. Diese Goldoni-Inszenierung wurde in diesen Salzburger Sommer übernommen und in der Felsenreitschule gespielt. Vollmoellers Bearbeitung der ›Turandot‹ gab der Gozzischen Komödie mehr von ihrem Stegreifcharakter zurück, als die bekannte Schillersche Bearbeitung ihr gelassen hatte. Um sie mit Humor randvoll zu machen, besetzte Reinhardt die Rollen mit Pallenberg, Hans Moser, Romanowsky und Homolka: vier erstrangigen Komikern. Es wurde ein Versuch, den Reinhardt nicht mehr wiederholte. Mit ›Turandot‹ hielt das damals beliebte ›exotische‹ Stück auch in Salzburg Einzug.

Hanns Braun, Münchener Zeitung 18. 8. 1926

[...]
Das festliche, heitere Salzburg hat jetzt, was es verdient: sein Festspielhaus. Es mußte nicht gebaut werden, es war, wie die Eignung zur Feststadt, schon da: aus der weiland erzbischöflichen Winterreithalle ist es durch Umbauten und Ausschmückung zu seinen jetzigen Zwecken gediehen. Man betritt eine mit Wandgemälden von Anton Faistauer über und über bedeckte, rotbunt wirkende Vorhalle, man schreitet einen langen Korridor hinunter, feierlich schon durch seine Länge, und betritt endlich zur Linken den Saal – einen sehr großen rechteckigen Saal mit dunklen Holzgalerien und kassettierter Decke; von diesen Galerien hängen Gobelins von Anton Kolig und Robert Andersen, starkfarbene, fast grelle Erhöhungen des strengen Raumes. Was ihn zum Festraum macht, mir scheint, ist seine Ähnlichkeit mit einem Kirchenschiff; nichts gemahnt an die Üppigkeit bequemer Schau- und Sitztheater, es gibt keine Pfühle, und Logen nur überm Proszenium; die Bühne ist dort, wo man unwillkürlich den Altar suchen würde, und wenn von der dunklen Galerie der Gegenseite Orgeltöne herabkämen über die in breiter Front nach vorn gerichteten Sitzreihen, würde einen das nicht wundernehmen. Nicht verschwiegen darf werden, daß Clemens Holzmeisters Festbau einige Nachteile des Umbaues nicht hat überwinden können: die Zuschauer der Seitengalerien mußten, wie nur je in alten Hoftheatern, sich erheben und vorneigen, wenn auf ihrer Seite gespielt wurde, auch versicherten mehrere, zeitweise sehr schlecht verstanden zu haben. Selbst im Parkett verstand man schon in den ersten Reihen des letzten Drittels deutlich nur von der Vorder- und Mittelbühne her; die akustischen Teufel der Seitenbühnen haben sich durch die neue Deckenkassettierung und -verdoppelung noch nicht austreiben lassen.
Das Festlichste aber an diesem so unbunten, nur von den Wandteppichen akzentuierten Raume waren – die Menschen. Man stelle sich vor, die Leute würden bei uns heute noch in großer Toilette in die Kirche gehen, in irgendso eine besondere Kirche der Reichen mit einem berühmten Modeprediger – wo-

hin man ging, weil es ›chic‹ war und man sich sehen lassen wollte – so hat man einen ungefähren Begriff von dem Zusammenklang des hohen, ernsten Raumes mit der Pracht, die von schönen Frauen, ihrem Schmuck und ihren Gewändern, ausstrahlte, eine Pracht, noch einmal abgehoben durch Schwärze von Frack und Smoking, die nun doch wieder anfangen, bei solchen Gelegenheiten zu dominieren. Es war das sogenannte internationale Publikum da, das wir von den Münchener Festspielen her kennen, international zwar mit Auswahl, insofern es sich fast ausschließlich aus den deutschen, halbslawischen und angelsächsischen Ländern rekrutiert und das romanische Element kaum enthält, aber doch von jener besonderen Einheitlichkeit in der Mannigfaltigkeit, die solchen Abend der ›großen Welt‹ reizvoll macht.

Diese große Welt also, *compositum mixtum* aus Wien, Berlin, London, Neuyork, München und Prag, die nachher in der großen Pause sich in dem Festsaal gegenüber, dem als Foyer hergerichteten, glanzvoll spiegeln sollte, saß, nach reichlicher Verspätung, im Saal und wartete, daß der Vorhang aufschweben und das Märchen Turandot sich begeben möge: ›Turandot‹ von Gozzi, in der Verdeutschung von Karl Vollmoeller, unter der Regie des großen Bühnenzauberers Max Reinhardt.

Der Vorhang schwebte auf. Nicht ein Vorhang der gewöhnlichen Art freilich – dazu da, beliebige Vorgänge der Bühne erst zu verhüllen, dann zu entschleiern –, sondern ein besonderer Turandot-Vorhang bereits, ein riesiges Stück blaugrünen chinesischen Zeugs, unregelmäßig geschnitten und also nicht dazu angetan, die Bühne zu verdecken, die daneben und darunter hervorkam, sondern ein Vorhang von symbolischen Graden: wenn ich aufschwebe, ich Signal, ich Wimpel dieses Spiels, dann beginnt ›Turandot‹!

Und als er dann aufschwebte unter Musik – einer halb chinesischen, halb rokokohaften Musik, die unter Verwendung alter Stücke Bernhard Paumgartner zusammengestellt hatte – da enthüllte sich auf einer Bühne von rücksichtsloser Höhe das erste Zauberbild von Peking (Oskar Strnad heißt der Bilder- und Kostümbildner), wohin Kalaf, Prinz von Astrachan, soeben kommt, um dort seinem Schicksal zu begegnen, der Kaiserstochter Turandot, die jedem Prinzen-Freier drei Rätsel aufgibt und ihn enthaupten läßt, wenn er auch nur eines nicht rät.

Lange schon habe ich es nicht mehr so deutlich empfunden, daß der große Regisseur ein wahrer Zauberer ist, dem alle Elemente dienen, als in den ersten Bildern der Reinhardtschen ›Turandot‹. Reinhardt hat sich nie an die frugalen Tische setzen mögen; er ist über den Wandel der Zeit hinweg der schweren Pracht, den satten Farben, dem Faltenwurf schöner Teppiche und Gewänder und damit sich selber treu geblieben, und hier, wo er, mit Hilfe der Musik, des Lichtes und des steil ansteigenden Raumes, vor allem aber durch die großen Schauspieler, die seinem Rufe folgen, ein Letztes, Vollendetes – ein Festspiel also – geben kann, entfesselt er eine verschwenderische Fülle, einen erlesenen Reichtum von Klang und Bild und spielerischem Geist.

Doch hier muß ich innehalten. Wie kommt es doch, daß gerade Turandot heute das Thema geworden, das zugleich Opern- und Schauspielbühne befällt, so zwar, daß, wie in Dresden, die – Ausstattung Beifall bei offener Szene erntet? Die Antwort liegt schon darin. Wir sind, beschleunigt wohl durch den Erfolg von ›Kreidekreis‹, auf der Reihum-Suche nach schmackhafter Exotik wieder einmal beim Chinesischen angelangt, nachdem die ungarische, spanische, maurische Exotik zur Zeit nicht aktuell und eine ganz neue noch nicht gefunden ist. Und so hat zwar Max Reinhardt dieses modische Bedürfnis nach Exotik in seinem meisterlichen Bühnenspiel überhöht und geadelt, ist aber der Gefahr nicht entgangen, die alle Prunkentfaltung um ihrer selbst willen mit sich bringt; im Laufe des Abends, nachdem die Augen und Ohren satter und müder geworden, wurde dies Spiel zur – Revue. Ja, es wurde Revue, wenn auch Revue von Max Reinhardt, und somit vermutlich, aus doppeltem Grund, der große Erfolg beim Publikum von heute.

Und wenn es auch nicht schade wäre um eine Revue, zu der Max Reinhardt sich hergäbe, um das Märchen ›Turandot‹ von Gozzi ist es schade! Es ist nicht weiter verwerflich, daß Reinhardt die Parallele zur Revue durch den tief ins Parkett hineinführenden Laufsteg und das Auftreten der Schauspieler von den Zuschauerausgängen her betont, obgleich ja dieses äußerliche Dem-Zuschauer-Nahebringen keinen seelischen Kontakt, eher einen nicht angenehmen körperlichen (die Schauspieler sind ja auf Fernwirkung geschminkt!) hervorruft, aber bedenklicher ist schon, daß die tragischen und menschlich tiefen Szenen, da Turandot mit Gewalt und Erpressung den Namen des fremden Prinzen herausbringen will, in der Aufführung fehlten, obschon sie sogar noch im Programmheft angeführt sind – womit das Märchen, für das Schiller nicht naiv und heiter genug war, nunmehr den Weg ins bloß Heitere ein Stück zu weit hinabglitt. (Die Vollmoellersche Übersetzung war im Buchhandel nicht zu haben; Nachprüfung also unmöglich, was des Übersetzers, was des Regisseurs Part.)

Dieser Weg in die Burleske führte über Max Pallenberg und damit, wenn nicht technisch-darstellerisch, so doch geistig in eine niedrige Region. Wir haben es schon einmal anläßlich eines Münchener Gastspiels gesagt: die tolle und charakterlose Bereitwilligkeit des Publikums, über alles und jedes zu lachen, sobald nur Pallenberg den Mund öffnet, hat diesen absonderlichen Komiker gründlich verdorben; was einmal originell-verrückt war, jedes Wort als ein Gewebe aus Buchstaben zu betrachten, dieses Gewebe aufzudröseln, anders zusammenzusetzen und nachzusehen, ob es nicht irgendeinen Sinn assoziativ hervorrufen würde – diese Kalauerei, mit einer gewissen Dosis Unflätigkeit, ist jetzt nur noch verrückt und so öde, wie das Gelächter, das sie erweckt. Max Pallenberg spielte den Truffaldino (Obereunuch im Serail des Turandot), und er war nicht die lustige Person, nicht die Abwechslung im Stück, sondern die Hauptperson. So wurde die köstliche Mission dieser Rolle: die hohen Dinge des Dramas von unten zu spiegeln und sie mit dem rüstigen, hausbackenen Menschenverstand richtigzustellen, nur in den Augenblicken evident, wo Pallenberg seinen Improvisationen und Anzapfungen einmal die Zügel anlegte, die ihnen meistens fehlen.

Ungleich wärmer und menschlicher wirkten die übrigen Darsteller der Comedia dell'arte: Richard Romanowsky als Pantalone (Sekretär des Kaisers), mit seinem Gegackse und Gestotter ein origineller Nachfolger Hans Waßmanns, und der Tartaglia (Großkanzler) von Hans Moser mit seiner wienerischen Freundlichkeit und Bruderherzlichkeit. Auch Oskar Homolka war in der kleinen Rolle des Brighella (Hauptmann der Leibwache) als fanatischer Kriegs- und finsterer Reitersmann ein starker Eindruck.

Von den vordergründlich gestellten und vordergründlich komischen Personen der Comedia führte eine Brücke zu den Personen des Märchens, das, hier wenigstens, ›entrückter‹ im Mittel- und Hintergrund spielte, und diese Brücke – der etwas vertrottelte, gedächtnisschwache, alte Kaiser Altoum – war unser Gustav Waldau. Seine Komik war, wenn er unter der Pracht und Last seines kaiserlichen Gewandes zu verfallen, einzuschrumpfen schien und mit hilfloser Altersgüte den jungen Toren warnte, um so viel feiner, hintergründiger, rührender, wie die der anderen derb und ausgesprochen war – ein altes Pergament, von dem sich grelle Buchstaben abhoben, eine wunderbare vergilbte Folie zu frechem Spiel und als Rolle und Leistung groß durch Entsagung.

Helene Thimig spielte die Turandot. Ich sah sie zuletzt in Wien in der Rolle einer frigiden, bzw. lesbischen Frau – merkwürdig, auch ihre Turandot hatte den gleichen Akzent. Sie war nicht schön, stolz und gescheit und darum dem Manne unhold, sondern spitz, scharf und widerwillig, das heißt, sie übertrieb ihre Abwehr sowohl in der Haltung wie besonders stimmlich; erst am Schluß, wo Liebe sie geneigt macht, blühte sie auf, wurde warm und klar – so wie man sie sich das ganze Stück über gewünscht hätte.

Lothar Müthel war ein hübscher junger Prinz, heldisch-schön und lebhaft, und Lili Darvas als Adelma eine Augenweide. Daß noch kleinste Rollen mit Darstellern wie Friedrich Kühne, Dagny Servaes und Frieda Richard besetzt waren, gehört mit zum Bild einer Reinhardtschen Aufführung und verschafft ihr jene besonderen Spannungen, die sich am Auftreten jedes einzelnen Schauspielers immer neu entzünden.

Die Aufführung war, musik- und tanzverwoben (unser Münchener Staatsopernballett war auch beteiligt) märchenhaft schön, aber war sie märchenhaft? Ich erinnere mich an eine Frankfurter Aufführung vom ›Kreidekreis‹ (Regie Weichert), die auch prächtig und doch unendlich märchenhaft war. Das Geheimnis des Märchens ist seine Schlichtheit. Das Walten des Schicksals bis zum Wunderbaren, der Glaube ans Schicksal bis ins Wunder – das ist Märchenwelt. Pracht um ihrer selbst willen, Skepsis und Clownerie ohne Disziplin nehmen diese Stimmung fort; die große Achse des Spiels wird verdeckt, verloren.

Der virtuosen Schau, die übrigblieb, galt der endlose Beifall. Max Reinhardt wurde unermüdlich mindestens zehn Minuten lang gerufen: er kam nicht. Es kamen in Abständen Pallenberg, Helene Thimig. Endlich erschien der Schloßherr von Leopoldskron und verneigte sich einmal. Sein rechter Mundwinkel verzog sich in diesem Augenblick kaum merklich nach unten. Hieß das: Ihr Neugierigen, da habt ihr mich denn nun? Oder hieß es: Da habt ihr also richtig gewartet, ihr Statisten meines Erfolgs, bis es mir beliebte, herauszukommen? Oder war es eine andere Art Verachtung oder Bitterkeit; vielleicht die: sich beklatscht zu wissen für das, wofür man nicht beklatscht sein möchte, und verkannt in dem, was man wahrhaft geleistet.

Salzburg ist groß, Reinhardt ist sein Prophet.

Friedrich Schiller   Die Räuber
Staatliches Schauspielhaus Berlin, 12. September 1926, Regie Erwin Piscator

Mit Brechts ›Leben Eduards‹, mit Erich Engels Inszenierung des ›Coriolan‹ (s. d.) hatte ein neuer Angriff auf das klassische Drama begonnen; es sollte dem rein ›kulinarischen Gebrauch‹ durch das Publikum entzogen und mit der Gegenwart in Verbindung gebracht werden. Der ›rote‹ Piscator setzte – ausgerechnet am Staatstheater – diese Versuche mit einer politischen Inszenierung der ›Räuber‹ fort, um dem Publikum zu zeigen, daß »150 Jahre keine Kleinigkeit sind«. Er steckte Franz Moor in Pepitahosen, braune Reitstiefel und einen modernen Sakko, die Räuber trugen zerschlissenes Feldgrau, die »böhmischen Wälder« waren mit stacheldrahtbewehrten alten Schützengräben durchfurcht, Spiegelberg im verschabten Cut trug die Maske Trotzkis und wurde die zentrale Figur. »Spiegelberg war der Mann, der mir in den Räubern den Film ersetzte ... die Sonde, ... ob Karl Moor nicht doch vielleicht ein romantischer Narr und die ihn umgebende Räuberbande keine Kommunisten sind ... Er (Spiegelberg) wurde ein Vertreter unserer harten sozialen Lage, ein Verbindungsmann vom Heute zum Gestern. Er entlarvt das Schillersche Pathos, er entlarvt den schwachen ideologischen Hintergrund« (Piscator). Piscator inszenierte nicht mehr den sittlichen Gegensatz von Gut und Böse, sondern den sozialer Gruppen (etablierte Gesellschaft und Revolution).
Piscator hielt die Verlebendigung der Klassiker nur dadurch für möglich, daß man sie »in dieselbe Beziehung zu unserer Generation« setzt, »die sie einst zur eigenen Generation gehabt« haben. Formale Spielereien solcher Annäherung (Hamlet im Frack usf.) lehnte er ab, er wollte die Klassiker mit den neuen sozialen Kräften verbinden. »Der geistige Visierpunkt ist und bleibt für mich das Proletariat und die soziale Revolution. Eben für dieses Publikum, obwohl es nicht im Parkett des Staatstheaters saß, habe ich die ›Räuber‹ inszeniert« (Piscator, ›Das politische Drama‹, S. 90). – Auch formal erregte die Inszenierung Aufsehen durch einige Simultanszenen. An dieser Inszenierung schieden sich die Geister. Brecht sagte: »Ein hoffnungsvoller Versuch. Man sah plötzlich wieder eine Möglichkeit. Schiller blühte ordentlich wieder auf.« Karl Kraus schrieb vom »Übermut einer Libertinerbande«, vom »Untergang des Theaters« (s. ›Mein Vorurteil gegen Piscator‹). Vor allem die nationalen Kritiker zogen gegen die Inszenierung los, ein Protest im preußischen Landtag gegen den ›bolschewisierten Schiller‹ im Staatstheater zwang zum baldigen Absetzen der Inszenierung. An ihr und der folgenden ›Hamlet‹-Inszenierung Jeßners entbrannte die Diskussion um die Erneuerung der Klassiker. Rückblickend auf diese Inszenierung (die E. von Naso die »markanteste, phantasievollste« nach der Inszenierung Reinhardts nannte) schrieb Ihering in ›Reinhardt, Jeßner, Piscator, oder Klassikertod‹ 1929: »Die Wirkung dieser Aufführung auf das Theater und auf die Dramatik der letzten Jahre kann nicht überschätzt werden. Sie war der Anlaß zu dem Wirklichkeitsbekenntnis der Dramatiker. Sie war der Anlaß zu einer Umschichtung der Spielpläne.«

Herbert Ihering, Berliner Börsen-Courier 13. 9. 1926

Wenn der Vorhang aufgeht, vernimmt man nicht: »Aber ist Euch auch wohl, Vater?«; wenn er niedergeht, nicht: »Dem Mann kann geholfen werden!« Alles Private ist in dieser Aufführung gestrichen. Alles Politisch-Dokumentarische betont.

Erwin Piscator gibt die ›Räuber‹ also nicht, als ob sie eine erfundene, gedichtete Handlung hätten, sondern als ob sie ein tatsächliches Revolutionsereignis darstellten. Er nimmt dem Stück die Fabel und gibt ihm Sachlichkeit. Man hat hier im Grunde nicht die Inszenierung eines Klassikers, kein Regieproblem vor sich, sondern die Aufführung eines neuen Revolutionsschauspiels nach den ›Räubern‹, weil moderne Revolutionsstücke fehlen. Die Aufführung packt unmittelbar. Sie weist nicht Wege der Schiller-Regie, sondern Wege einer möglichen Dramengattung: des dokumentarischen Zeitstücks. Sie erledigt die deutsche nachrevolutionäre Tiradendramatik, die Verbrüderungsdeklamatoren, die pazifistischen Bühnentroubadoure und zeigt mit Schärfe und Klarheit, wie das politische Drama in einer Zeit aussehen müßte, die zur *künstlerischen* Bewältigung gegenwartspolitischer Ideen noch nicht die Distanz hat. Diese ›Räuber‹-Inszenierung, die scheinbar die Selbstherrlichkeit des Regisseurs dem dichterischen Werk gegenüber auf ihrer Höhe zeigt, bedeutet in Wahrheit die Überwindung des Auffassungs-Spielleiters, die Überwindung des formal experimentierenden Regisseurs. Diese Vorstellung, deren zweiter Teil als Schiller-Darstellung einfach schlecht ist, wird wesentlicher als zehn harmonisch gelungene Inszenierungen, weil sie die einzige ist, die seit langer Zeit dem Theater statt ästhetischer Finessen wieder Inhalt zuführt, Substanz.

Als Piscator in den beiden ersten Akten der ›Räuber‹ den Revolutionär aus privatem Sentiment, Karl Moor, zugunsten des systematischen Revolutionärs, des Revolutionärs aus Gesinnung, Spiegelberg, abschwächte, war es unausbleiblich, daß die drei letzten Akte, in denen das Privatschicksal Karl Moors vorherrscht, nachlassen mußten. Im ersten Teil fast allein die herrliche Revolution der Masse – im zweiten Teil mußte die ideologische Romantik Karl Moors nur noch mehr auffallen. Striche, zu denen Piscator vom Standpunkt des Gegenwartsstückes berechtigt war, treiben den Widerspruch bei Schiller erst recht heraus.

Piscator spielt manche Szenen nicht nacheinander, sondern übereinander. Unten in der – von Traugott Müller herrlich gebauten – Zwingburg der Grafen Moor wird Hermann von Franz kostümiert, um unerkannt den falschen Bericht vom Tode Karls überbringen zu können; oben sprechen gleichzeitig Amalia und der alte Moor. Das schlägt ein. Denn beide Auftritte werden von derselben Spannung zusammengehalten. Wenn das Übereinander und Nebeneinander wiederholt wird, verbreitet es Nervosität. Es verlangt Klarheit – aber die Schauspieler blieben undeutlich. Erwin Faber kann den Franz Moor anlegen, nicht ausführen. Er hat vielleicht das Bild der Gestalt, aber nicht die Sprechtechnik, seine Intentionen deutlich zu machen. Faber findet von dem rein phonetischen Sprechen, dem er eine Zeitlang verfallen war, schwer zum Ausdruck zurück. Seine Rolle wäre, in der gewohnten Inszenierung der ›Räuber‹, nach seinem Teufel bei Grabbe, nach seinem Ministranten bei der Fleißer, der Spiegelberg gewesen.

Aber durch diese Aufführung ging der alte Widerspruch von Mitteilung und

Ausdruck. Was Piscator wollte: das sachlich berichtende Stück, das durch die Eindringlichkeit des Tatsachenmaterials überzeugt, ist von Schauspielern, die in einer anderen Schule aufgewachsen sind, schwer zu treffen. Carl Ebert als Karl Moor kam diese Entpathetisierung oft zugute. Mir ist es lieber, er sagt schlicht: »Sei mir gegrüßt, Vaterlandserde«, als daß er jubelt. Maria Koppenhöfer als Amalia – hart, im Schloß verkümmert, hatte ihren stärksten Augenblick in dem revolutionären Aufschrei am Schluß des ersten Aktes: »In den Staub mit dir, du prangendes Geschmeide ...« Diese Worte sind mir noch in keiner ›Räuber‹-Darstellung aufgefallen. Es ist allerdings zu hoffen, daß die Besetzung der Amalia mit dieser vortrefflichen Schauspielerin nicht typisch für ihre Beschäftigung werden wird. Maria Koppenhöfer ist keine Sentimentale.

Die stärkste Bedeutung bekamen in der Anlage dieser Aufführung Spiegelberg und Roller. Spiegelberg, der zielbewußte Revolutionär, der Kommandeur einer roten Armee, angewidert von den romantischen Phrasen des Karl: Paul Bildt ist vortrefflich. Roller, Vertreter der Masse, gehetzt, gewürgt; aufpeitschend seine Befreiung: Veit Harlan ausgezeichnet. Als Gegengewicht wirkungsvoll Albert Patry: die ›Magistratsperson‹, die hier als Vertreter der Wehrmacht auftritt.

Es wäre verhängnisvoll, wenn andere Regisseure den bewundernswerten Vorstoß Piscators in das Zeitdrama als stilistisches Experiment betrachten und nachahmen würden. Wenn sie das moderne Kostüm, das in Wahrheit nur ein angenähertes Kostüm ist, wahllos nachahmen und dadurch zum artistischen Trick erniedrigen würden. Wenn sie sich anmaßten, alte Werke ohne weiteres mit Jazzmusik zu verstehen, weil Edmund Meisel, der Komponist des ›Potemkin‹, hier eine aufpeitschend großartige Musik geschrieben hat, die die Revolution nicht als dankbare Piece, sondern als Erlebnis bringt. Wenn sie den herrlichen Einmarsch der ›Räuber‹, Spiegelbergs Glorifizierung und ergreifenden Tod als Abklatsch wiederholen, wenn sie, was bei Piscator Erlebnis, Weltanschauung ist, zur Nuance umfälschen [...]

Piscator hat, wie in der ›Sturmflut‹, das Theater von neuem zum Zeiterlebnis gemacht. [...]

Alfred Kerr, Berliner Tageblatt 13. 9. 1926

I

»Abwechslung ist die Seele des Lebens« – schreibt Bismarck. Ziegel gab in Hamburg dem Franz Moor Monokel und Zigarette. Das Deutsche Theater gab dem Tartüff Bügelsaum und Zigarette. Dazu einen Füllfederhalter. Holl gab dem ersten Teil ›Faust‹ lange Hosen, gesteppte Paletots, Melonenhut. Wien gab dem Hamletprinzen den Smoking – und meine Frage, weshalb da der Königsmord nicht mit Bertillons Fingerabdrücken geklärt wurde vom Polizeipräsidium in Helsingör, blieb ungestillt. [...]
Abwechslung ist die Seele des Lebens.

II

Bei Piscator trägt alles lange Hosen. Spiegelberg braunen Gehrock, Melone drüber. Der dort ist ein Versicherungsagent mit Zwicker, Scheitel, Samtjackett. Franz Moor: Autojoppe, Hosenträger.

Das in manchen Verkettungen recht veraltete Stück ist heute fast unmöglich.

Die Unmöglichkeiten des Stückes werden, natürlich, viel stärker sichtbar, wenn er auch noch in heutiger Tracht gespielt wird. Was? Ach so: das jetzige Kleid will andeuten: dieses Stück wäre zu jeder Zeit denkbar. Während es eben verdammt zeitgebunden ist. Das nicht mehr Zeitgemäße wird hierdurch schlechthin unterstrichen, vorgekehrt, ausgebrüllt ... Also?

III

Dabei ist Piscator ein ganzer Kerl – welcher die Mode nicht braucht. Er könnte so gut straffen, wie er strafft; er könnte so gut einen herrlich-schlagenden Rhythmus bringen, wie er ihn bringt: ohne die grassierenden Kniffe der Ratlosigkeit zu äffen. (Auf die er von selbst nie gekommen wäre.)

IV

Hier unternimmt er im Kern den willenszähen Versuch: ein russisches Experiment auf Deutschland zu übertragen. Er behandelt Schiller in den ›Räubern‹, wie Nemirowitsch den Bizet in ›Carmencita‹. Das gegebene Werk wird nur Substrat. Nur Stoff zum Anlaß, für den Regisseur.

[...]

V

Bei Nemirowitsch-Dantschenko sproßt aus dem Blutstrom des gemordeten Bizet Wunderbar-Haftendes. Bei Piscator wird Schiller ganz entdichtet und entwest. (Die Verkürzung ist hier nicht Ballung ... sondern Nullung.) Wo bleibt, Piscator, das Wort? Nicht nur das geschwärmte Wort (wenn in verschiedenen Stockwerken eines Armenschlößchens mit niedrigen Zimmerlein zur selben Zeit geredet wird, so daß zur selben Zeit alles verpufft – aber die Simultan-Forderung des Dadaismus erfüllt ist) ... Wo bleibt – nicht nur das geschwärmte Wort: sondern, was wichtiger, wo die Raskolnikoff-Erwägungen des Verbrechers Franz? Ist es um sie nicht schade?

VI

Weiter. Muß ein Regisseur nicht so viel Praktiker sein, um zu wissen: wie bei Nestroy (*Zu ebner Erde und erster Stock*) fast allemal gleichzeitiges Geschehen bei geteilter Bühne zerstreuend und totmachend wirkt? Hat er nicht bei O'Neills ›Gier unter Ulmen‹ die Vierteilung der Bühne, mit Berthold Viertels Versagern, erlebt? Wenn auch sein Szenenarchitekt Traugott Müller auf die kärglichen Stübchen ein Dach setzt, wohin die Kino-Flucht Franzens möglich wird.

VII

Kosinsky fällt weg; das meiste fällt weg; alles rast in wenig über zwei Stunden hin. (Was ein Vorzug sein kann.) Grundgefühl, als würde der ›Erlkönig‹ folgendermaßen gehaspelt: »Reitet, spät, Nacht, Wind, Vater, Kind.« Bis zum raschen Ende: »Kind, tot.«

VIII

Aber was bleibt, ist ... ein Rhythmus. Unabhängig von diesem Werk. Ein Tempo – ›an sich‹. Eine Straffung ... als Straffung. (Die Unterlage dazu hätte, lieber Piscator, auch von Lehmanns Kutscher sein können.)

IX

Trotz allem – diese gar zu selbständigen Werte waren ... Werte. Piscator bleibt, auch nach solchem Irrtum, einer der stärksten Spielmeister in Deutschland.

Die Art, wie er Töne scheidet, wie er stuft, wie er stellt, bewegt, wie er an-

bläst, wie er mit einem Schlag abbricht, wie er den Marschgang im Blut hat, ins Blut bringt: das ist nichts Alltägliches.
Er muß nur einen Gegenstand finden! (Warum also macht er die Turnübung einem edel verwitterten Sessel der Zopfzeit?) Piscator ist Spielwart für kommende Massen. Das bleibt gewiß. Auch für kommende Menschen? Nicht so gewiß [...]

Paul Fechter, Deutsche Allgemeine Zeitung, Berlin, 13. 9. 1926

Gegen Klassikerpremieren Anfang September hat man immer ein leises Mißtrauen: insonderheit in diesen spätsommerlichen Hundstagen. Die Erfahrung bestätigt diesmal die Ahnung in vollem Umfang. Es gab, was man einen schlichten Durchfall nennen könnte. Und gab ihn nicht mit Unrecht.
Regisseur des Abends war Herr Piscator. Er kommt von der Volksbühne, vom linksten Flügel der Partei. Er ist nicht unbegabt: aber sein Temperament entzündet sich lediglich an der politischen Tendenz. Er kann Kommunismus inszenieren, mit Talent und Einfällen. Was nicht Politik ist, interessiert ihn nicht, fällt ab. Und ihm hatte man die ›Räuber‹ übertragen.
Die Folgen waren sehr einfach. Es ergaben sich zwei Teile: ein böhmischer Wald- und ein Schloßteil. Der böhmische Wald- oder Räuberteil interessierte Herrn Piscator, weil er ihn politisch mit Kommunisten- und Revolutionsromantik anfassen konnte; der Schloßteil interessierte ihn gar nicht. Der Räuberteil wurde infolgedessen mit Tempo, finsterer Verve, gellendem Massenhohn aufgezogen, agitatorisch, hetzend, bewegt – in jedem Fall lebendig. Der Schloßteil wurde zusammengestrichen, daß selbst Herrn Jeßner die Haut geschaudert haben muß; der Rest, der schließlich nicht mehr gestrichen werden konnte, wurde auf andere Weise weiter ›aufs Wesentliche hin‹ konzentriert.
Er wurde, wenn man so sagen darf, simultanisiert. Man spielte die einzelnen Szenen nicht nacheinander, sondern nebeneinander. Gleichzeitig. Zunächst, ihrer zwei: oben lag der kranke alte Moor, und Amalia saß bei ihm; unten monologisierte Franz. Dann gab es sogar drei Szenen auf einmal: oben im Hause Karl, der Heimgekehrte, unter ihm Franz, vorn im Garten die Restbestände von Amalia. Die Folge war, daß die Schloßteilrudimente noch unverständlicher wurden; die weitere, daß der zweite Teil, in dem die Räuberromantik nun nicht mehr revolutionär umzudeuten ist, vollkommen abfiel. Nach der ersten Hälfte, in der die Waldszenen vorherrschen, riß der Beifall der politischen Freunde des Regisseurs das Publikum mit – ohne viel Mühe; nach der zweiten war nichts mehr zu retten. Die Anteillosigkeit des Regisseurs ging glatt auf das Publikum über. Das Unternehmen zerflatterte in einem faulen Achtungsmißerfolg für die Schauspieler.
Es kommt etwas Weiteres hinzu. Herr Piscator ist nicht nur negativ mit seinem Schiller sehr souverän umgegangen, sondern auch positiv. Er hat nicht nur von Moser bis Kosinsky, von Amalia bis zu Karln gestrichen und wieder gestrichen – er hat auch hinzugedichtet. Herrliche Sachen sogar. Im ersten Teil fällt das den harmlosen Zuschauern nicht so auf, weil der Spielleiter sich da in der Hauptsache darauf beschränkt, die Räuberszenen à la Potemkin agitatorisch anzulegen zur Erzielung der beliebten revolutionären Stimmung auf der Galerie. Er legt dazu einen Aufmarsch der Scharen Spiegelbergs mit

entsprechender Musikbegleitung ein, er läßt die Räuber Schweizers und Rollers Erzählung der Befreiung mit Beten und Pfeifen und Johlen im Chor illustrieren, läßt Roller ein Plakat vorzeigen, das die Räuber in der Stadt angeschlagen haben – und es steht rot und dick das schöne Wort »Klassenkampf« darauf. Kurzum – er bleibt relativ harmlos, und was er macht, macht er technisch ganz ordentlich.

Dann aber kommt die zweite Hälfte. Da kriegt er dichterischen Ehrgeiz – gegen Schillern. Und das wird direkt kommunistische Dichtung – und was das heißt, haben wir schaudernd oft genug erlebt. Für den erstochenen Spiegelberg macht er aus Bruchstücken seiner gestrichenen Reden an Razmann einen politischen Todeskantus zurecht: er läßt ihn hin- und hertaumeln und dazu bemerken: »Leibeigene eines Slaven, Säuglinge, hört ihr nicht die Glocken der Freiheit klingen? Ich höre die Glocken der Freiheit klingen!« Worauf er endlich stirbt. Als Amalia am Schluß Karln um den Hals fällt, die Räuber beginnen zu murren – da zieht der Räuberhauptmann der Braut die Jacke aus, also daß sie mit nacktem Oberkörper vor den Kerlen dasteht, und sagt warm beschwörend: »Schaut diese Schöne, schaut mich an – da sollten meine Brüder mich zurückschleudern?« Die Brüder schleudern ihn doch, worauf er frei nach Michael Kramer feststellt, daß Sterben das Meisterstück des Lebens sei, Amalien ersticht und sich selbst kurzerhand erschießt. Kein Auge bleibt trocken.

Der Grund für diese ebenso kühnen wie erheiternden Zutaten und Abwandlungen des Schillerschen Rohstoffs liegt auf der Hand: der Schluß mußte fallen. Das antirevolutionäre Stück, das die ›Räuber‹ trotz allem sind, mußte in ein wenigstens möglichst revolutionäres, agitatorisch verwendbares umgedichtet werden. »Zwei Menschen wie ich würden den ganzen Bau der sittlichen Welt zugrunde richten« – diese wesentlichste Erkenntnis Karls mußte fallen und der ganze Schluß mit. Er konnte sich Amalias wegen erschießen – er durfte nie aus Erkenntnis seinen Pakt mit der Garde der Revolution lösen. So etwas aber merken wieder die harmlosen Zuschauer. Und dann rebellieren sie. Sie wollen Schiller hören, nicht Herrn Piscator – und wenn der noch so viel Revolutions- und andere Lyrik auf Lager hat. Das schlucken sie nicht – und sie haben ganz recht. Und dann fällt eben solch eine Aufführung trotz aller Arbeit und allem Kommunismus ohne Gnade durch.

Für das Bühnenbild zeichnete Herr Traugott Müller. Er hatte es völlig aus den Intentionen des Regisseurs entwickelt. In der Mitte unter dem Kuppelhorizont die Moorburg, zweitagig, mit einem ehernen Turm, auf den Franz am Ende zwecks Betens hinaufklimmt (im Hemd) – die Mauern im Sinne des Potemkinfilms wie die eines Panzerkreuzers mit Geschützen gespickt. (Vielleicht war das auch symbolisch gemeint, und ich weiß es nur nicht.) Von vorne sieht man in zwei niedrige Gemächer übereinander hinein; unten haust Franz, oben die Familie. Die Treppe läuft in russischem Stil außen herum. Amalias Garten taucht in Gestalt einer Hecke mit Bank für Minuten vorne auf. Zu Beginn sind geschickt zwei Räume vor dem Garten aufgebaut, ein Schloßzimmer und die Schenke an der sächsischen Grenze. Die böhmischen Wälder senkten sich jeweils mit lautem Krach von oben vorne deckend vor die Burg: damit die Räuber mehr Platz zur Entfaltung hatten, war dicht vor der Reihe der Baumstämme eine Art Graben gezogen. Jeßners Treppe war sozusagen in die Tiefe entwickelt. Immerhin: es blieb beachtenswert, was Herr Piscator auf diesem engen Raum mit seinen geliebten Räubern anfing.

Ob Herr Müller auch die Kostüme entworfen hat, weiß ich nicht. Sie waren zeitlos, wie man das wohl nennt; nicht Rokoko, sondern spätere Moden. Amalia trug ein braunes hochgeschlossenes, langes Kleid mit Stehkragen – Schinkenärmeln und Pioniers: Stil 80er Jahre. Franz war mit langer, kleinkarierter grauer Biedermeierhose mit Stegen über Lackschuhen versehen: sein Haar war blond, dazu Hornbrille. Karl trug den offiziellen Kommunistendreß: schwarze wollige Bluse mit Gürtel, lange Hose, keinen Hut. Der alte Moor war etwa mit Biedermeierjagdkostüm geschmückt; Hermann ging wie ein Gutsinspektor um 1890 umher. Die Räuberführer waren auf geistiges Proletariat abgestimmt. Spiegelberg, wie ein lehmiger Golem im Cut gekleidet, hatte blonden Spitzbart und goldene Brille: er sah aus wie der Lenbach auf Marées berühmtem Bildnis. Schwarz war der gescheitelte, sanfte Theologe an der Grenze der Kunst, ebenfalls mit Vollbart und Klemmer, an langer Schnur – Roller näherte sich dem idealen Kommunistentypus. Die Masse der Räuber war ganz wirkungsvoll auf Gesindel stilisiert.

Karl war Herr Ebert. Viel hatte man ihm nicht gelassen – das wenige, was er zu reden hatte, brachte er mit Anstand und Wärme. Franz war Herr Faber. Viel hatte man ihm nicht gelassen: das wenige, was er zu sagen hatte, brachte er vor allem zu Beginn scharf, temperamentvoll, mit starker Eindringlichkeit heraus. Die große Traumerzählung versank bereits im Wirrwarr der Aufführung. Amalia: Fräulein Koppenhöfer. Ihr hatte man nichts gelassen: der Zuschauer wunderte sich, daß sie überhaupt noch da war. (Man bedenke: nicht mehr als zwei Stunden hat die ganze Aufführung gedauert.) Sie gab eine Skizze; mehr konnte sie nicht geben.

Am meisten hatte der Regisseur Herrn Spiegelberg gelassen, in dem er gegenüber dem verdächtigen Aristokraten Karl den wahren Agitator verehrte. Herr Bildt spielte ihn – knapp und scharf, bis auf die unmögliche Lächerlichkeit der Zusätze am Schluß. Roller war Herr Harlan, begabt und echt – Schweizer Herr Hart. Den alten Moor machte Herr Valk, den Hermann sehr individualisierend Herr Florath. Aus dem Pater hatte man eine sehr elegante ›Magistratsperson‹ gemacht, die Herr Patry darstellte.

Nach dem ersten Teil gab es starken Beifall. Am Schluß rührte sich zuerst niemand, dann kam müdes Klatschen, und schließlich noch langsam mutiger werdende Rufe. Das Ganze war ein Achtungsmißerfolg. So geht es eben nicht mehr. Auch das Theater braucht Neues – und das Neue ist heute das zunächst einmal Sachliche. Herr Piscator aber gehört mehr in den Roten Frontkämpferbund zum Arrangieren von Umzügen, als ins Staatstheater zum Umbringen von Klassikern.

Was sagt eigentlich der Intendant des Staatstheaters zu dieser Art von Propaganda?

Bertolt Brecht   Mann ist Mann
Uraufführung: Hessisches Landestheater Darmstadt, 25. September 1926
Regie Jakob Geis

Gleichzeitige Aufführung: Kleines Haus, Düsseldorf,
Regie Josef Münch

Mit ›Mann ist Mann‹ begann Brecht 1925 einen neuen Abschnitt seiner Entwicklung. Zum erstenmal erfaßte er ein dramatisches Thema soziologisch. Er beschrieb den neuen Menschentyp, der sich in bestimmte Interessen einpassen und beliebig verändern läßt, der sich um so stärker fühlt, je mehr er seine eigene Individualität aufgibt und sich in eine Gruppe einfügt. Brecht lenkte damit den Blick auf die gesellschaftlichen Verhaltensweisen des Menschen, auf seine Handhabbarkeit als Ware, auf die Möglichkeit seiner Barbarisierung. Das Stück stellte die Ummontierbarkeit eines Packers in eine Kriegsmaschine dar. Es hatte zum erstenmal die Form einer Parabel, in der die Mechanik der Ummontage zur Form gemacht war. Damit verbunden war die Auskühlung des szenischen Vorgangs, die endgültige Aufgabe des Stimmungstheaters, das im ›Baal‹ noch kräftige partielle Wirkungen hatte. Brecht fand mit diesem Stück zu seinem ›Theater des Zeigens‹. Wieder war es eine Bühne im Reich, die das Stück uraufführte. Am Landestheater in Darmstadt war damals als Dramaturg Brechts Freund Jakob Geis, der schon an der Münchner Uraufführung von ›Im Dickicht‹ beteiligt gewesen war. Seit dem Herbst 1924 war Ernst Legal in Darmstadt Intendant (als Nachfolger Gustav Hartungs), und Legal (der von 1920 bis 1924 Spielleiter und Schauspieler bei Jeßner gewesen war) gehörte wie Falckenberg und Erich Engel zu den Förderern Brechts. Legals erste Inszenierung in Darmstadt war Brechts ›Leben Eduards‹ (19. 9. 1924). Jetzt in ›Mann ist Mann‹ spielte er selbst den Galy Gay (in Düsseldorf war Ewald Balser Galy Gay). Die Brecht-Bühne bildete sich mit dieser Inszenierung weiter aus. Zwischentitel kündigten die Szenen an, der halbhohe Brecht-Vorhang ließ die Umbauarbeiten verfolgen. Wie sehr Brechts Ansehen gestiegen war, sah man daran, daß die führenden Berliner Kritiker: Ihering, Kerr, Monty Jacobs, nach Darmstadt gekommen waren. – Der größte Teil der Rezensenten der Darmstädter Uraufführung blieb vor dem Stück ratlos. Der Darmstädter Kritiker Wilhelm Michel sah eine symbolische Handlung, die den Abschied von der Jugend und den Übertritt ins Mannesalter darstelle, in dem man »mitmacht« (›Münchner Neueste Nachrichten‹, 12. 10. 1926). Elisabeth Langgässer schrieb in der ›Rhein-Mainischen Volkszeitung‹, ›Mann ist Mann‹ sei »ein Traumspiel« (29. 9. 1926). Erst die Aufführungen von 1928 und 1931 (s. d.) brachten eine intensivere Auseinandersetzung.

Bernhard Diebold, Frankfurter Zeitung 27. 9. 1926

Bert Brecht hat ganz augenscheinlich etwas gegen die »Charakterköpfe« – wie er's schon nennt. »Charakterkopf« ist eine Störung des normalen Menschen-Typus durch das persönlich Individuelle. »Höchstes Glück der Erdenkinder« ist keineswegs mehr die Persönlichkeit – wie Goethe es seinerseits noch anzunehmen wagte. Nun, da die Menschheit eben nicht aus Goethes und dergleichen besteht, so darf man Brecht auch nicht ganz unrecht geben, wenn er die gute Durchschnitts-Menschheit erlösen will im allgemeinen Einheits-Typ. Im Typus heißt es nicht mehr: »Ich bin Ich!«, sondern im Typus heißt es ganz mechanistisch: »Mann ist Mann!«

Der Packer Galy Gay ist Brechts Versuchskaninchen. Er ist der Mann, der nicht Nein! sagen kann. Sein schwaches Ich steht unter unablässiger Verführung durch die Umwelt. Seine »natürliche Anpassung« (um darwinistisch zu reden) geht bis zur vollkommenen Selbstauflösung im Milieu. Er verliert den Kopf – das bißchen »Charakterkopf«. Er konnte nicht Nein sagen!

Milieu ist wieder einmal Schicksal! Solange Galy Gays Milieu noch der häusliche Herd hieß, blieb Galy Gay ein braver Ehemann, der zu Markte zog, um seiner lieben Frau einen Fisch zu kaufen. Als aber Galy Gay unter die britischen Soldaten gerät, da schmilzt sein früheres Individuum dahin, vergißt so Frau wie Fisch und wird Soldat. Nichts als Soldat. Wird winziger Teil der großen britischen Armee in Indien. Wird Nummer ohne Namen. Wird Schraube an der Militärmaschine. Da gibt es also keinen Galy Gay mehr, denn hier gilt einfach: »Mann ist Mann!«

Brechts Lustspiel heißt im Untertitel: ›Die Verwandlung des Packers Galy Gay in den Militärbaracken von Kilkoa.‹ Das tönt ganz stramm und mannestüchtig. In den Militärbaracken von Potsdam bis Paris hat sich gar mancher Mann der Vorkriegszeit aus einem Seelen-Ich in einen Nummer-Mann verwandelt. Diese Verwandlungskur zum Einheitstypus scheint heute nicht das dringendste Bedürfnis! In Moskau uni-formieren sich die Bolschewisten auch nach den ›Einheitsmenschen‹ hin. Selbst Lenin darf nicht Individuum heißen. Brecht will es aber nicht auf bolschewistisch sagen. Er benutzt die gute alte Militärmethode zur Köpfung des »Charakterkopfs«. Mann ist Mann! heißt die Lösung. Fridericus Rex hätte den Brecht zum Hofdichter ernannt.

Brecht grauset's. Nein, das hat er nicht gewollt. Er selber ist ja auch nicht nur ein »Mann«. Auch er ist kein unpersönlich Namenloser: er, der den Namen Bert in den bedeutenderen Zweisilber Bertolt hinaufgesteigert hat. Bertolt ist mehr als Typus des Geschlechts und der Mechanik. Ein jeder hat ja wohl sein unpersönliches Stück ›Baal‹ in sich, und bei den Rechtsern sein Stück Mars und Moloch. Jedoch das Ich ... hier stock' ich. Denn hier stockt auch Brecht. Brecht will das Ich vernichten mit dem Mechanismus-Menschen – und weiß kein passenderes Symbol für ihn als die Uniform. Die Gleichung: Masse Mensch = Militär! ist nunmehr evident. Die Nummer wird unweigerlich militaristisch. Wer will unter die Soldaten ...? Brecht wird sich hüten. »Mann ist Mann!« – das tönt bedenklich. Aber wieviel ist Ernst an dieser Devise? Denn Brechts Stück heißt weder Komödie noch Satire, sondern ganz harmlos ›Lustspiel‹... Man schüttelt den Charakterkopf.

Lustig aber ist es nur in der ersten Hälfte – solange Galy Gay wirklich nicht nein sagen kann. Da hat er wie ein Hans im Glück noch seinen Fisch und seinen Vogel im Kopfe. Vier wüste Soldatenkerle berauben eine tibetanische Pagode und verlieren bei dem Überfall den vierten Mann. Beim Appell wird er fehlen, und sein Fehlen wird sie alle verraten. Da pressen sie den guten Galy Gay in eine Uniform, die seinem alten Ich zunächst nicht passen will, und ma-

chen ihn zum vierten Mann. Der andere wird dafür vergessen. Mann ist Mann.
Nun – es spricht für Brecht, daß die Verwandlung durch die Uniform allein nicht ohne weiteres vollkommen wird. Er braucht immerhin acht Bilder. Galy Gays Seele leistet noch einige begreifliche Widerstände und gerät in Verwicklungen. Dafür soll er erschossen werden. Was gilt ein ›Mann‹, wenn er durch ›Mann‹ sofort ersetzlich ist! Aber die symbolischen Schüsse töten nur den alten individuellen Adam. Es erhebt sich vom Boden der neue Mann-Mensch, der seinen eigenen Sarg nicht ohne Poesie beklopft. Und bis dahin war das Märchenspiel ganz lustig und vergnügt.
Jedoch nun kommt ein denkerisches Geraune, eine dünne Philosophie verdirbt die Atmosphäre. Der Sergeant Bloody Five, der bisher brav die Nummernkontrolle spielte, wird plötzlich zum Problem des Individuums, nachdem er seine Uniform mit einem schlechtsitzenden Smoking vertauscht hat. Ein an sich witziger Elefant wird an den Zähnen herbeigezogen. Die Fabel zerstäubt sich. Denn das Stück war knapp nach dem Begräbnis fix und fertig.
Die Fabel! Warum benutzt denn Brecht nicht seine eigenen dramatischen Voraussetzungen der ersten Hälfte? Georg Kaiser hätte das Doppel-Ich nicht fahren lassen. Warum läßt Brecht den beraubten Pagodenhüter nicht zur ewigen Beängstigung der vier Tommys immer wieder auftauchen? Warum keine Konsequenzen aus dem Diebstahl? Warum bleibt Bloody Five nicht der poetische Kontrolleur des Schicksals? Warum ein Lustspiel derart mit Seriösität zerfabeln! Warum noch katalaunische Ostpol-Schlacht? Warum am Schluß ein Nichts von dem Manne Bronnen – statt ein Etwas von dem besseren Manne Brecht? Ist ›Mann‹ denn wirklich nichts als ›Mann‹? Oh, wenn mancher Mann wüßte, wer mancher Mann wär . . .

Trotz dieses Bruchs in Stil und Spiel, versteht man doch nicht recht, daß sich Berlin diesem neuesten Brecht versagt hat. [. . .] Diese Aufführung war für Frankfurt und seine weitere Umgebung etwas vom Allerbesten, was es seit Pirandellos ›Sechs Personen‹ und dem ›Kreidekreis‹ im Schauspielhaus gegeben hat. [. . .] Vor solchen Provinzial-Maßstäben verdienen der Regisseur Jakob Geis und der gastierende Bühnenbildner Caspar Neher die allerhöchste Auszeichnung. Schrieb Brecht in manchen Szenen wenig mehr als guten ›Text‹ zu einem inneren Bilderbuche, so haben Geis und Neher die Bilder selber sichtbar verwirklicht.
Geis hat physiognomisch besetzt. Er hat sich für das soldatische Quartett die signifikanten ›Charakterköpfe‹ peinlich ausgesucht: den Langen wie den Tod, den Kleinen wie den Narren usw. Er mußte es mit der Individualisierung der Masse machen; denn das Stück hat eigentlich nur zwei, drei Rollen: den Galy Gay, den Bloody Five und die schicke Kantinenwirtin Leokadja, die eigentlich nichts anderes in diesem Drama zu treiben und zu motivieren hat, als daß sie ›da ist‹ – daß sie existiert als das Nummern-Weib unter den Nummer-Männern. Bessie Hoffart hat diese Existenz mit lustiger Frechheit und graziöser Unbekümmertheit um die Individualität von Mann und Mann ermöglicht. Max Nemetz figurierte gut den Bloody Five, ohne gerade dämonisch zu werden. Ernst Legal aber (des Intendanten Legal bester Schauspieler!) machte mit dem Galy Gay ein Meisterstück vom reinen Toren; vom ewig Verführbaren durch die Wandlungen der Angst, des Triebs und der Vergnüglichkeit dieses

gefährlichen Daseins. Hier fiel das symbolische Kostüm ab von dem natürlichen Lebewesen des Schauspielers: die Verwandlung geschah ohne Zauber einfach durch die Person.
Der Beifall tönte ausgezeichnet. Niemanden verwirrte die szenische Auflösung durch Nehers Kunst: die Illusion des Raumes künstlich aufzulösen. In dem konstruktiven Gestänge *à la russe*, den verrückbaren Wänden und Vorhängen wurde einem schließlich ganz wohl zumute; wie in einem chinesischen Papierhaus, bei dem man überall, wo's einem grad beliebt, ein Fenster bohren kann. Die Farben in Kaki und Weiß mit einigen bunteren Flecken brachten Ruhe in das diffuse Bild. Die Szene war hell: Gott Lob und Dank, es gibt auch auf moderner Bühne wieder Licht und Schatten. Man sah die Schauspieler und jede Falte in ihren ›Charakterköpfen‹. Keiner sah aus wie der andere. Jeder hatte sein Ich. Mann ist doch nicht Mann.

Alfred Kerr, Berliner Tageblatt 27. 9. 1926
I
Es wird mir schon fast schenant, über dieses Brechtsche Stück wieder zu sagen, daß es nicht viel wert ist. Ich hätte, wie gern, einen Gewinn für das deutsche Drama festgestellt – wenn man die Reise schon einmal gemacht hat; (allerdings auch eine unserer feinsten Städte gesehen – und einen Guck nach Wiesbaden getan hat) ... Ich hätte, wie gern, ein Plus für das deutsche Drama bei dem Anlaß verbucht.
II
Es geht nicht. Lieber soll der Mensch unpopulär sein als unwahr.
[...]
III
[...]
IV
[...]
V
Es bleibt manches Freundliche, sehr gern anerkannt (wenn man die Reise schon einmal gemacht hat) in Brechts Bilderbogen. Zu harmlos, um Widerspruch heftig anzuregen.
Statt mit dem Ausdruck der Büchner-Zeit arbeitet er nun mit der englischen, gravitätisch-umständlichen Sprechform – die fast wie eine Übersetzung aus Tauchnitz-Bänden klingt.
Zwischendurch wird ... Aber ich will sagen, was vorgeht. (Immer, wenn's stockt, läßt seine Schöpferkraft einen Jazz spielen. Es ist der Rhythmus unserer Zeit.)
VI
Was vorgeht. Der Packer Galy Gay zieht aus, einen Fisch zu kaufen. Doch englisch-indische Soldaten locken ihn an sich. Zu welchem Zweck? Sie sind in einen indochinesischen Tempel eingebrochen; hierbei wurde dem einen Rotkopf ein Hautstreif abgezwickt. Galy Gay, Rotkopf, soll an Stelle des diebischen Rotkopfes beim Appell das Vierblatt ergänzen.
Somit ein Schwankthema. Den Kriegsmann spielen! (Redet keinen Schmuß: ein Schwankthema).
Er nimmt des anderen Namen an, heißt nicht mehr Galy Gay, sondern Jip.

Zu einer Verwechslungsposse reicht nun das Handwerk nicht. Also muß die Vertiefung dran; schwerer kontrollierbar. Der Verfasser muß darum symbolhaft werden ... oder der Betrachter?
Ich behaupte: Vertiefung ist schlechter als ein gelungener Schwank.

VII

Kurz: wie Odysseus beim Gerhart Hauptmann seiner nicht recht bewußt wird, weil er einer ist und einen spielt. Wie beim Pirandello (aber bei dem gekonnt) Leute sich zwieteilen zwischen Schein und Sein: so weiß der Packer Galy Gay schließlich kaum, ob er nicht wirklich der Soldat Jip ist.
Ach, wo hab ich das schon gelesen: Kaisers doppelter Oliver hatte ja auch den Pirandello studiert, oder den Dorian Gray, bevor er den oder sich anschoß. Pirandello, dieser Hund, hat's gekonnt ...
Hier ist etwas, ärmlicher als im Durchschnittsfilm. Literatur der forschen Dürftigkeit. Wo es einfach nicht langt.

VIII

[...]

IX

[...]

Und plötzlich, ohne Spur von Entwicklung, naht wiederum überraschend ein Bilderbogenbild – der Packer, der plötzlich bei seinen quälenden Kameraden zu Ansehen gelangt ist, erobert eine Stadt in Tibet. Schluß.

X

Klar, daß alles dies, aber selbstverständlich ganz prächtig-forsch folgendes bedeutet: ein Mensch, der ursprünglich weich und zag ist, kann trotzdem der Ersatz eines anderen Menschen werden, durch die bloße Vorstellung seinen Charakter ändern, aus dem abseitigen Menschen ein Truppenmensch, Herdenmensch, ganz offenbar, aber wer sieht das nicht, ein Gemeinschaftsmensch plötzlich werden – trotzdem jedoch als einzelner dann in Tibet eine Stadt führend erobern. Individualismus. Tiefe. Nein Gemeinschaft.

XI

Das ist, oder ich will ein schlechter Kerl sein, die Idee. Mann ist Mann. Ein Mann ist wie der andere. Aber er ist eben doch nicht wie der andere. Sondern er ist ein einzelner Eroberer.
Seltsam bleibt folgendes. Alle kritischen Mitläufer sagen vor Stücken solcher Art immer, eine ›Idee‹ dürfe nicht drin sein – sie deuten aber dauernd. Als ob eine Idee, eine Idee drin wäre! Das wird zum Kugeln. (Zerbrechen sich den Nackenwirbel, um aus dem oft ungekonnt Harm- und Sinnlosen die verbotene Idee zu polken – welche dann immer mit dem Rhythmus unserer Zeit zusammenhängt.)

XII

Wenn dieser ungekonnte Verwechslungsschwank, nach den verborgenen Grüßen an Pirandello, nicht Vertiefung und rhythmischen Zeithumor an langweiligen Stellen besitzt: so müßte das mit wem zugehen? Mit dem Teufel.
Einmal macht der Chinesenwächter aus dem Betrunkenen »einen Gott«. Völlig zusammenhanglos und sinnlos. Aber mit dem bunten Rhythmus unserer Zeit. Während ›Pension Schöller‹... seid aufrichtig!

XIII

Es ist staunenswert, daß Herr Jakob Geis, der Spielhüter, welcher auf dem Programmzettel durch ernstgemeinten Unsinn den Leser in Darmstadt viel mehr

erheitert als das Stück – daß er trotzdem in dieser Verfassung eine recht hübsche Regie zustande bringt. Alles, was wahr ist. Er hat ja Brecht gemeinsam mit Engel und Falckenberg entdeckt.
Legal, einstens der Unsre, hat an der preußischen Staatsbühne so starken Wert kaum entwickeln können wie jetzt hier.
Deutschland, kurz gesagt, darf stolz sein, daß in einer mittleren Stadt so gespielt wird. Legal war, mit etlichen Hebungen bestiefelter Füße, mit Armschlenkern, wirklich ein zages und verwegenes Innenabbild. Ausgezeichnet.
Und der redselige Jakob Geis gab hinter einer mittelhohen Leinengardine prachtvolle Farbigkeit, schlagsicher; in den Gesangschören einen schieren Marschgang; in der Bilderbogenparodie einen (bei Brecht notgedrungenen) Selbstulk.
Sonst magerte die Schauspielerin Hoffart reizbeweglich ihre Barwirtin – mit drechselflinken Gliedern und guteingestellten Falten des Blasiergesichts.
An diesem Abend ließ Darmstadt sich nicht lumpen. Man möchte so gern kein Störenfried sein.
XIV
[...]
Den Rhythmus unserer Zeit trifft Lehmanns Kutscher, wenn er an vielen Stellen Jazz einlegt. Ich gehe nicht so weit, zu behaupten, daß (Einschnitt) »man den Abend schlecht verbringt – wenn man einen Brecht verschlingt«, wie ein mir nahestehender Mensch weiblicher Gattung schüttelreimend fand. Nein. Brecht, werde wesentlich, und ich sag's morgen.
XV
Fest steht jedoch: den Grundriß irgendeiner Idee (auch wenn sie verpönt ist) kann jemand ... auch mit einem noch schlechteren Stück ausdrücken. (Es lohnt jedoch nur, ein Stück drum-herum zu schreiben, wenn es zugleich ein wertvolles Stück ist.)
Dies war ein ... harmloses Stück.

Herbert Ihering, Berliner Börsen-Courier 28. 9. 1926

[...] Brechts ›Mann ist Mann‹ steht zu Kriegs- und Pirandellostücken wie Chaplins ›Goldrausch‹ zum amerikanischen Abenteuerfilm. Beide überspringen das Zwischenstadium der Parodie und geben gleich den Humor. Bei beiden ist der Ausdruck kein technisches Experiment mehr, sondern Wesens-Wiedergabe. Und wenn ›Mann ist Mann‹ sich heute noch nicht ebenso unmittelbar überträgt, so erklärt sich das leicht: die Wortszene ist, im Gegensatz zur Filmszene, gleichzeitig Bild und Bedeutung; solange also die Welt noch das Problem des militärischen Menschen, das Problem des Kollektiv- und Individualmenschen tragisch und philosophisch betrachtet, kann sie sich nicht auf Humor umstellen. Die Zeit steht zum Thema ›Mann ist Mann‹ allenfalls satirisch. Bei Brecht sind, wie bei Chaplins ›Goldrausch‹, alle satirischen Nebenbeziehungen abgefallen.
[...] Was ist gegen den Menschen als Maschine in Stücken und Gedichten deklamiert worden. Hier ist es Komödienmotiv.
Es gibt außerordentliche Momente. Die Soldaten, die böse, systematisch beginnen, werden zuletzt angerührt von dem Ungeheuerlichen, das sie getan ha-

ben, und geben dem verwandelten Galy Gay eine Pause der Besinnung. Die Atempause kann nur ein Dichter schreiben: »Der Mann, den wir brauchen, eine kleine Zeit muß er haben, weil es für die Ewigkeit ist, daß er sich verwandelt.« Sie halten ein. Sie sitzen und warten.

Es war unnötig, daß Brecht der Aufführung einen (von der Kantinenwirtin gesprochenen) Prolog vorangehen ließ. Denn gerade die Exposition ist meisterhaft. Die erste Szene schlägt alle Motive des Stückes an. Sie hat eine Ruhe und Anmut, die unvergleichlich in der Bühnenliteratur der letzten Jahre bleibt. Wie köstlich, wenn Galy Gay der Kantinenwirtin den Gurkenkorb nachträgt – der Mann, der nicht nein sagen kann. Es gibt nur wenige Stellen, die sprachlich noch nicht aufgesogen sind, einige Banalitäten, wie des Sergeanten: »Ei, wer kommt denn da!« Der Einbruch in die Pagode: hier stimmt Wort und Bewegung nicht immer zusammen. In der Pagode: der Ulk des Priesters, der den echten Jip zum Gott macht, bleibt billig. Einige Sätze im Monolog Galy Gays: »... bin ich der beide«, »... und ich der eine und der andere ich« sind überflüssig und die einzigen, die das Thema ins Pirandelleske abgleiten lassen.

Brecht ist der erste deutsche Bühnendichter, der die Mechanik des Maschinenzeitalters weder feiert noch angreift, sondern selbstverständlich nimmt und dadurch überwindet. Er baut mechanische Montageszenen und findet eine Heiterkeit der Anschauung, eine Grazie des Tons, die um so mehr für seine Zukunft sprechen, als er die innere Freiheit in einer Zeit fortgesetzter Angriffe und äußerer Mißerfolge fand, in der andere gallig geworden wären.

Die Aufführung am Hessischen Landestheater in Darmstadt war ungewöhnlich anständig. Jakob Geis leitete sie, der erste Dramaturg, der ein Stück von Brecht annahm, in München den ›Baal‹; der für das ›Dickicht‹ seine Stellung am Münchener Staatstheater verlassen mußte und durch alle Anfeindungen seinen Weg ging. Diese Werktreue prägte sich auch in der Vorstellung aus. Es tat wohl, produktiver Kunstgesinnung zu begegnen. Sie ist selten geworden. Diese Brecht-Aufführung war die ›richtigste‹, die stilistisch deckendste Aufführung, die ich überhaupt in der Provinz sah. Geis, einer der besten Dramaturgen Deutschlands, und deshalb natürlich nicht in Berlin, muß also auch ein Regisseur sein.

Ernst Legal als Galy Gay war im Anfang entzückend. Er hatte eine darstellerische Anmut, die er in den scharfen Berliner Rollen kaum zeigen konnte. Nachher übernahm er sich etwas; es fehlten die Hintergründe. Aber der menschlich zarte Beginn, der Jubelausbruch, als er sich zum ersten Male in seinem Leben gefühlt hat – reizend, ja hinreißend.

Im übrigen spielte Robert Klupp deutlich und genau den Soldaten, der den Umbau Galy Gays leitet. Auch sonst waren fast alle gut ins Ensemble gefügt. Nur die Kantinenwirtin versagte: Bessie Hoffart, die an entscheidenden Stellen unklar blieb, in ihren Worten nicht den Vorgang exponieren konnte und den Auftritt des betrunkenen Sergeanten Bloody Five in der Luft hängen ließ. Als dieser Sergeant spielte sich Max Nemetz im Anfang frei, um nachher wieder einem Wegener-Gebrummel zu verfallen. Aber wer wollte selbst gegen die regiemäßig (vielleicht auch dramatisch) noch nicht restlos gelöste Schlußszene etwas sagen? Was Darmstadt leistete, ist jeder Bewunderung wert. Vorwürfe treffen nur Berlin. In Darmstadt machte Caspar Neher die vortrefflichen Bühnenbilder. In Berlin findet er kein Engagement. Hier ist ein heiteres Stück. Berlin sucht heitere Stücke und führt dieses nicht auf. Hier ist ein wirksames

Stück. Es hat Erfolg in Darmstadt. Inzwischen rennen die Berliner Dramaturgen, die Berliner Direktoren ratlos umher, schimpfen auf die schlechten Zeiten oder nehmen übel oder lassen sich überraschen.

Ferdinand Bruckner Krankheit der Jugend

Uraufführung: Kammerspiele Hamburg, 17. Oktober 1926
Regie Mirjam Horwitz

Renaissance-Theater, Berlin, 26. April 1928, Regie Gustav Hartung

Den Namen Ferdinand Bruckner hatte man bis jetzt nicht gehört. Nach der Hamburger Aufführung verbreitete er sich schnell. Bruckners Stück erregte Aufsehen durch seinen Stoff: unverhüllt, fast bis an die Grenze des Pathologischen gehend, war dort die seelische und sexuelle Not der Jugend dargestellt. Es wirkte weiter als das genialisch schreckliche Jugendstück von Klaus Mann ›Anja und Esther‹, das vor einem Jahr (19. 10. 1925) mit Klaus und Erika Mann und Pamela Wedekind an den Hamburger Kammerspielen uraufgeführt worden war. Der überscharfe Realismus hob alle Illusionen über diese Jugend auf. Wer war Bruckner? Keiner kannte ihn, es gab aber eine ausgestreute und in Programmheften gedruckte Biographie, die ihn als einen Wiener Arzt vorstellte, der viel im Ausland bei einem Patienten lebte. – Und doch kannte man ihn längst. Er war der Autor der ›Komödie vom Untergang der Welt‹, der nach Balzac gedichteten ›Esther Gobseck‹ (auch Hasenclever hat diesen Stoff bearbeitet) und jener dem Dumas nachgedichteten ›Kameliendame‹, die im März 1925 am Deutschen Theater der Elisabeth Bergner wieder eine vorzüglich auszunutzende Rolle gegeben, aber auch zu heftigen Auseinandersetzungen geführt hatte, weil Bert Brecht, der damals Dramaturg am Deutschen Theater war, den letzten Akt fast ganz neu gefaßt hatte. Bruckner: das war der Autor Theodor Tagger, der seit dem Herbst 1922 Direktor des Renaissance-Theaters in Berlin war, der sein Theater mit Ludwig Bergers Inszenierung der ›Miß Sarah Sampson‹ (18. 10.) eröffnet, eine Zeitlang sich um diskutable Stücke bemüht hatte, und dem Julius Bab schließlich bescheinigte, er habe »einen Bühnenbetrieb von erstaunlicher Skrupellosigkeit« aufgemacht. – Er begann nun unter dem Pseudonym Bruckner (das er sich als Autor wegen der schlechten wirtschaftlichen Lage seines Theaters zulegte) seine zweite schriftstellerische Karriere. ›Krankheit der Jugend‹ ging über viele deutsche Bühnen. – 1928 ließ Tagger das Stück von Gustav Hartung an seinem Berliner Renaissance-Theater inszenieren und krönte damit seinen Erfolg; die Inszenierung brachte eine Entdeckung: die Schauspielerin Hilde Körber.

Kammerspiele Hamburg
Otto Schabbel, Hamburger Nachrichten 19. 10. 1926

Es ist zum Verzweifeln! Wieder ist hier ein Mensch, ein junger wahrscheinlich, in dessen Werk unzweifelhafte Talentspuren eingegraben sind, dessen

geistiges Antlitz aber schon müde, verdrossen, verbittert ist, daß sein Auge nirgends mehr einen Aufweg sieht aus aller Qual und Verachtung, einen Aufweg ins Helle, Lichte, Freie.
Auch dieser Ferdinand Bruckner, einer, dessen Namen man noch nicht hörte – und wird man ihn je hören? –, ist ähnlich dem jungen Klaus Mann von der ›Krankheit der Jugend‹ befallen. Diese Jugend, Teil einer morbide gewordenen Generation, sieht das A und O des Lebens einzig und allein in seinen Geschlechtswirren, diese von keinerlei Hemmungen angekränkelte Jugend lebt nur den Schwankungen ihrer sexuellen Psyche, die sie, dank eingehender Freudlektüre mit dem Pseudogefühl wahrer Überlegenheit über alle Geheimnisse der menschlichen Natur hinreichend versehen, mit mehr oder minder zynischen und skeptischen Kommentaren zu begleiten weiß.
Es ist zum Verzweifeln: denn dieser Ferdinand Bruckner hat nicht nur das traurige Wissen um diese Dinge, er hat nicht nur den traurigen Mut, sie vor aller Welt zu enthüllen und die geistigen Summen dieser Lebensexistenzen in scharfen Formulierungen zu ziehen, dieser Enkel aus Wedekinds Geschlecht, der Sternheims Schule der neuen Sachlichkeit erfolgreich absolviert hat: er hat Talent! Er gibt den Gestalten seines Milieus, den Medizinerinnen und den akademischen Jünglingen, die dieses erotische Pensionat bevölkern, viel Atmosphärisches mit, man sieht in ihre Lebenslinien. Indem er den Querschnitt zieht durch einen gewissen Teil unserer geistigen Jugend, zeigt er sich in manchen Wendungen, in der Kühlheit erotischer Definitionen als ein klarer Kopf, dem es in erster Linie um Erkenntnis zu tun ist. Der das Nebulose, das Pathetische solcher Jugend erfreulich abgestreift hat. Der aber sich und uns gestehen muß: »Zufall, wenn diese Jugend am Leben bleibt!« Er hat recht, Ferdinand Bruckner: Wer dieser Krankheit verfallen ist, bleibt ewig unheilbar, seine Grundfesten sind morsch und angefault. Diese Jugend geht nicht in einen Tag, sie geht in lauter Nacht hinein. Sie geht zugrunde in Prostitution, am Veronal, am Kokain oder, wie nach Wedekindscher Manier hier drastisch vorgeführt wird, am Biß irgendeines begabten Haarmannschülers. So endet hier eine aus dem Kreis dieser jungen Menschen, die voll Bitternis an sich selbst leiden, weil sie nicht die Kräfte besitzen, ihrer sexuellen Wirrnisse Herr zu werden. So endet hier die kleine gesunde Studentin aus Passau, der man mit zynischen Reden ihre Liebesgemeinschaft mit einem Bubi von Dichter vergiftet hat, daß sie Beruhigung für Seele und Trieb in den nur allzu bereitgehaltenen Armen ihrer Freundin sucht, bis sie, auch hier durch krassen Sexualegoismus verstoßen, das Opfer des zynischen Lustmörders wird.
Hinter all dem Krassen und Zynischen, hinter dem plump Einseitigen, hinter unerquicklichen Hilflosigkeiten von Tat und Rede, was uns hier zugemutet wird, klingt, tragisch genug, der Notschrei einer Jugend, die sich selbst durch ihre ›Weisheit‹ vergewaltigt hat, die sich nun hoffnungslos am Ende sieht. Hätte die Darstellung nicht in so hohem Maße das Menschliche, das innerlich Trostlose dieser Realistik, die sich vor unsern Augen abspielt, zum Ausdruck gebracht, gewiß wäre nicht Entrüstung und Ablehnung im Publikum immer wieder beschwichtigt worden, gewiß wäre dem Drama ein einmaliges Ende bereitet worden.
Die einzelnen Leistungen, fast alle getragen von einem starken Persönlichkeitsimpuls, der sich auf fast unheimliche Art zu verdichten schien mit den Intentionen des Autors, schlossen sich zu einer stimmungsmäßig stark geball-

ten Einheit zusammen. Hertha Windschild, die liebesnotleidende Studentin aus Passau, gab ein ausgeglichenes Bild voll herber Kraft und auch noch im Explosiven von menschlich überzeugender Intensität. Ruth Helberg mit ihrer kühl verbissenen Lebensgier, Sascha Nares mit dem wuchernden Triebleben, Martha Ziegler, das Dienstmädchen in dieser medizinischen Pension, das unter suggestivem Einfluß eines kleinen Satans ihre aus Passau mitgebrachte Moral vergißt und mit lächelnder Unbekümmertheit nachtwandlerisch auf die Straße geht, dazu die Männer: Werner Pledath, der Zyniker, Victor Kowarzik, der unausgegorene Dichterknabe, Lothar Rewalt, der menschheitsfreundliche Arzt, der dem Sterbenden hilft, aller Gefängnisstrafe zum Hohn – sie alle schließen sich zu einem überraschend einheitlich abgestimmten Abbild fehlgeschlagener, leergelaufener Jugend zusammen. Gut profiliert, tonlich gut abschattiert, wurde das Realistische hier nach Möglichkeit mit Menschlichem durchblutet. Mit Recht durfte sich am Schluß der Regisseur des Abends dankend zeigen: er erschien im Samtkleid, die Direktorin Mirjam Horwitz. Von ihrer Legitimierung als einfühlsame, dramatisch straffspannende Regisseuse nahm man mit Freuden Kenntnis.

Das Publikum verhielt sich, mit Ausnahme einiger, die berechtigten Gefühlen der Ablehnung lauten Ausdruck gaben, ruhig und passiv.

Renaissance-Theater, Berlin
Paul Fechter, Deutsche Allgemeine Zeitung, Berlin, 27. 4. 1928

Schwierige Sache. Ein neues Stück, ein neuer Autor – ein immer noch sehr aktuelles Thema: im Theater ein starker Erfolg und doch als letztes Ergebnis ein Eindruck, der keineswegs eindeutig zu formulieren und unfreiwilliger Komik zum mindesten hart benachbart ist. Man horcht mit allen Instinkten – und faßt das Wesen doch nicht ganz: findet nicht einmal völlige Klarheit über die Stellung des Autors zu seiner Arbeit. Erst ganz am Ende neigt die Waage schwer nach der Seite der Heiterkeit, und die Literatur bricht hemmungslos aus.

Über den Verfasser ist nichts Näheres festzustellen. Er nennt sich nach dem Zettel Ferdinand Bruckner; ob er so heißt, ist fraglich. Des öfteren denkt man, daß er wahrscheinlich eine Ferdinande ist. Das Programmheft behauptet, er sei ein junger Mediziner, der teilweise in Wien, teilweise in Reims bei einem Patienten lebt. Wien stimmt sicher, Mediziner auch, wenigstens insofern, als der Verfasser dem Freudkreis zum mindesten als Amateur nahe steht und einige Collegkenntnisse hat. Mehr ist schwer festzustellen: selbst in Sachen des Alters schwankt man. [...]

Thema der drei Akte ist die Krankheit der Jugend, womit etwa die Jugend als Krankheit gemeint ist. Als der »unmögliche Zustand« wie ein kluger Mann sie vor einem Menschenalter definierte. Und zwar als der unmögliche Zustand vor allem der weiblichen Hälfte der Menschheit. Der Verfasser hat es im wesentlichen auf die Schwierigkeiten der jungen Mädchen abgesehen – und zwar der Medizin studierenden. Drei Mädchen, drei Jünglinge, ein Dienstmädchen sind seine handelnden Menschen. Die eine ist eine junge Gräfin, 17jährig durchgebrannt, freiheitsdurstig, isolierte egoistische Existenz – bereits durch alles hindurch. Die zweite, tüchtig, ordentlich, lebendig, menschlich wertvoll. Die dritte, Portierstochter, kleinbürgerlich, beengt, mehr Theater als Wirklichkeit (sie heißt Irma und nennt sich Irene). Die Jünglinge sind ähnlich differenziert. Der eine, Freder, nichts als Mann, Trieb, Vitalität, brutal, Leben; der zweite, Dichter, schwach, halb, Wortmensch, entgleister Bürger; der dritte wissend, vom Leben schon gereift, Chorus (heißt Alt). Daneben das Dienstmädchen aus Passau, dumpf, einfach, Leben ohne Störungen der Begrifflichkeit, dem männlichen Willen ohne Widerstand unterworfen.

Inhalt der drei Akte ist das Suchen dieser Jugend nach einem Sinn, Ziel und Halt im Dasein – und ihr sexuelles Taumeln. Die Maid Nr. 2 macht ihr Examen, und tüchtig wie sie ist, reinigt sie zu diesem Zweck eigenhändig ihr Zimmer in der Pension, die *in puncto* wechselseitiger Beziehungen hart an Institute mit weniger indirekter Bezeichnung grenzt. Ausgerechnet am Prüfungstag wechselt ihr Freund, der dichtende Jüngling Nr. 2, zu der Portierstochter hinüber. Konsequenz: erstens großer Krach mit dieser Maid, der so weit geht, daß Irma (Nr. 3) von Nr. 2 mit ihrem langen roten Haar an einem Schrank festgebunden wird; zweitens Hinübergleiten des tüchtigen Mädchens in die lesbisch liebend geöffneten Arme der durchgebrannten Gräfin, während Irma dem vitalen Freder zu verfallen scheint, der zugleich (neben der Gräfin) das Dienstmädchen verführt, zum Diebstahl anleitet und schließlich der Prostitution in die milde geöffneten Arme legt. Endgültige Folge im dritten Akt: die Gräfin, satt auch des lesbischen Liebchens, vergiftet sich mit Veronal – die Jünglinge Nr. 2 und Nr. 3 verschwinden, während Freder der Tüchtigen erst einen Heiratsantrag macht, sie dann aber im Verfolg beiderseits ausbrechender Raserei bei ausgedrehtem Licht und der Leiche im Nebenzimmer geräuschvoll umbringt.

In diesem Umriß werden die schwer zu bändigende Komik aller entfesselten Erotik *à tout prix* und daneben die langsam gramdurchfurchten Züge Frank Wedekinds, des Urvaters all dieser Sexualpathetik, sichtbar. Was man nicht sieht, ist die Form, in der der Autor dies Geschehen gestaltet, und was an Positivem da und dort bemerkbar wird. Die Form ist genau so zwiespältig wie die Gesamtwirkung: Typen, die sicher sogar lebendige Urbilder in der Wirklichkeit haben (oder gehabt haben), Mädchengestalten, wie sie vor 10, 20 Jahren und länger des öfteren herumliefen, Stückchen lebendiger Wirklichkeit sind fest angepackt und hingestellt – mit einem Dialog, der wahrhaft infernalisch nach Literatur und Caféhaus riecht. Selbstanalyse bis zum Moment der letzten Ekstase, Gerede und Papier – aber mit geschicktem Schreibtischtempo ineinander gefügt. Zuweilen zuckt man geradezu zusammen – wenn die Tüchtige, Nr. 2, im Ausbruch tiefsten Seelenschmerzes plötzlich von Gefühlsquanten schreit. Das gebildete Wiener Seelenfeuilleton feiert Orgien: Alfred Neumannsche Dialoge sind dagegen geradezu aus unbewußt unmittelbar gelebtem Material geformt. Es ist scheußlich, aber es wird (bis auf den Schluß) nicht ganz klar, ob die Scheußlichkeit Absicht oder Pech ist, ob der Autor sie bloßstellen will oder sich bloßstellt. Der Schluß spricht für das zweite. Da rast der Verfasser mit seinen Gestalten – und rast in der gleichen finsteren Literatur wie sie. Bis dahin schwankt man; denn zwischen dem Seelen- und Bildungsgerede stehen Bruchstücke von etwas anderer Art. Sie sind größtenteils um das Dienstmädchen Lucy gruppiert, das nicht mehr mit Mitteln ungehemmter Sexualanalyse, sondern da und dort mit leichten Komödienstrichen gezeichnet ist. Zuweilen scheint der Autor auf ihren blonden Schopf sogar die Blüten seines Dichtertums breiten zu wollen, das glückt aber nur halb. Es ist ganz nett, wenn das Mädel sich freut, daß die andere auch aus Passau ist; gleich darauf gleitet der Dialog, zu dick aufgetragen, sofort wieder in die sentimentale Literatur zurück. Die leichten Komödienstriche aber, die da und dort aufgesetzt sind, sprechen für Talent – mehr als die ganze Sexualliteratur, die sonst verzapft wird. Denn die bleibt Literatur – trotz aller Lebenszüge, die verwendet sind, weil sie eben trotz aller Kenntnis analytisch, von außen, trotz des Urbilds nicht gestaltet, sondern beschrieben ist. Weil sie am Ende kein menschliches, sondern bestenfalls ein Zeitgesicht hat, das schon im Moment des Entstehens die leisen Züge des Vergangenseins aufweisen muß.

Man hätte die Schwäche sicher noch viel stärker empfunden, wenn Herr Hartung als Regisseur des Abends nicht eine handfest konzentrierte theatermutige Aufführung hingestellt hätte, ohne Angst vorm Lautwerden mit Geschrei und Seelenkrach, daß es nur so hinhaute. Der Autor hat sich das Ganze wahrscheinlich viel weicher und leiser und vornehmer gedacht: Herr Hartung hatte recht, als er resolut auf die Wirkung ausging – denn nur so konnte er trotz des Geredes durchstoßen. Er setzte für die Mädels Frau Mewes als Gräfin, Fräulein Lennartz als Tüchtigkeit und Fräulein Meingast als Portierstochter ein – und errang den stärksten Erfolg mit dem Dienstmädchen des jungen Fräulein Hilde Körber. Sie fand Beifall bei offener Szene und wurde laut und vernehmlich gerufen, mit Recht, sie hatte so viel Natur und Stille in der lauten Unnatur (des Autors), das sie wie eine Erholung wirkte. – Sehr hübsch auch Fräulein Lennartz: sie gab der Tüchtigen alles an Wärme und Feinheit und Leben, was der Verfasser sich gewünscht, aber zugleich zerredet hat. Nachwuchs von ihrer Art und der des Fräulein Körber ist schon erheblich mehr als Hoffnung. – Die lesbische Gräfin machte Frau Mewes, diskret und nobel wie immer; Fräulein Erika Meingast gab der spinösen Irma so viel zarte Lebendigkeit, daß man fast für sie Partei ergriff.

Schwerer hatten's die Jünglinge: am schwersten Herr von Schlettow als Freder. Literarische Vitalität zu machen ist immer eine peinliche Aufgabe, er löste sie mit so viel Anstand, daß der papierene Wüstling seine Komik fast verlor – und das sagt sehr viel. Die anderen, Herr van Rappard als Dichter, Herr Dießl als Alt blieben blaß, wie der Autor sie geschaffen hat.

Der Beifall war nach den ersten beiden Akten sehr stark. Der Schlußakt mit der Komik der blutlosen Worte über angeblich rasender Leidenschaft fiel ab, das konnte kein Schauspiel retten. Aber es war ein Erfolg.

Max Hochdorf, Der Abend, Berlin, 27. 4. 1928

[...] Es ist die Liebe zwischen den Studenten und Studentinnen, über die der Wiener Arzt und Dramatiker seine Erfahrungen und seine Begabungen ausbreitet. Man wollte am Schluß der Vorstellung den Verfasser dieses merkwürdigen Stückes sehen. Er zeigte sich nicht. Erzählt wird, daß er sich überhaupt nie zeigt, sondern nur aus irgendwelcher Ferne mit seinem Namen die Theaterdichtungen deckt, die man nun auf die Bühne bringt.

Diese Spiegelfechterei der Bescheidenheit, die aus den gleichen geistigen Quellen strömt wie das Komödiantentum der Abenteurerei oder Eitelkeit charakterisiert auch das ganze Drama Ferdinand Bruckners. Man wandert nicht durch grobe Perversitäten, man persifliert oder propagiert nicht, sondern geht mit einer großen Selbstverständlichkeit durch die Seelen- und Sinnenschliche der Studentenjugend. Da wird nichts süß und melancholisch verschleiert wie etwa bei Arthur Schnitzler, wenn Wiener Mädels auf die Bühne kommen. Da wird nichts fanatisch abgehandelt wie etwa bei Wedekind, wenn die zum Frühling erwachende Mannheit und Weibheit wahnsinnig nach ihren Rechten schreit. Da werden auch nicht die verrückten und parodistischen Exzesse begangen, in denen sich die Jünglinge und Mädel bei dem Advokaten der jüngsten Jugend, bei Arnolt Bronnen, gefallen. Dieser Dichter Ferdinand Bruckner ist ein hellsichtiger, vorsichtiger, übersichtiger Psychologe. Er übertreibt nicht, wenn er die weiblichen Heroinen der Geschlechtsbegehrlichkeit bald lesbisch zusammenbindet, bald als Traumwandlerinnen auf den Strich hinausschickt, bald als Spießerinnen in die Schlaf- und Arbeitskammer einsperrt. Er übertreibt nicht, wenn er als Mannstypen dieser geschlechtlichen Erregung und des versoffenen Casanovatums einen verfluchten Menschenquäler oder einen verweichlichten Weiberknecht zeigt. All diese Typen reden bei Bruckner eine eigentümliche urwüchsige Sprache, die nicht dem Gehirn, sondern dem Bezirk des Unterleiblichen entstammt. Wir hören den Jargon der Liebesnächte und der Selbstmordnächte und der Verführung und sogar der Mordnächte, ohne daß irgendwelche Literatur geredet wird. Der berufsmäßige Verführer erledigt nacheinander die jungen Studentinnen, die ›das‹ brauchen, solange sie frisch und natürlich sind. Diese Frische, diese Natur ist spürbar aus all dem unnatürlichen, krampfhaften Spiele. Denn selbst, wenn das eine von den Mädels im Leben nicht weiter kann und die Überdosis Veronal nimmt, geschieht etwas Logisches. Dann selbst, wenn der höllische Draufgänger und Säufer des Stückes in einer vollkommenen Desperadominute der zweiten Holden dieses Stückes den Hals zudrückt, geschieht etwas ebenso Natürliches. Man kommt einen Augenblick auf den Gedanken, daß Bruckner sich durch Wedekindsche Phantasie befruchten und in seiner Phantasie beeinträchtigen ließ. Doch bald sieht man: er ist ein originaler Kerl.

Das Stück ist scheußlich, wenn man nur die Ereignisse in ihrer abstrusen Abwicklung ansieht. Aber es wurde von einem Kenner der Dinge geschrieben. Bruckner ist ein Spezialist dieses Genitalischen. Er betrachtet alles, was da an Beischlaf, Gemeinheit, Verbrechen, Niedrigkeit, Schwäche, Verrücktheit, Faulheit, Feinheit und Anständigkeit geschieht, ohne Partei zu nehmen. Er steht wirklich schon wie ein Mediziner über den Dingen. Der dokumentarische Wert ist in seinem Drama ebenso stark wie der dichterische Wert. In der ziemlich großen Familie der letzten Sexualpathetiker, die auf die Bühne stürmten, ist Ferdinand Bruckner unbedingt der reifste an Talent und Gestaltungskraft.

Daher lohnte das Experiment dieser Aufführung im Renaissancetheater. Es wird vielleicht geschehen, daß man den Dichter und seinen Berliner Regisseur Gustav Hartung Schweine nennt. Die Leute, die das tun, werden böswillig oder dumm sein. In diesem Ferdinand Bruckner paart sich, um es auf eine kurze Formel zu bringen, das Theatralische mit dem Moralischen sehr harmonisch. Das Stück ist vollendet, ohne daß man etwa von Sturm und Drang, von der Ungeschicklichkeit und täppischen Überschwenglichkeit eines Anfängers belästigt würde. Unter den drei Mädchen, die von Elisabeth Lennartz, Annie

Mewes und Erika Meingast wirklich verständnisvoll, nervös, sogar hysterisch gespielt werden, lebt auch ein kleiner Stubentrampel. Es ist das Hausmädchen Lucie aus Passau, das zwar nur eine schmale Kammer in dieser Studentenbudenwohnung inne hat, das sich aber plötzlich als eine ganz hervorragende Liebeskünstlerin entpuppt. Mit einer entzückenden Sicherheit hat Bruckner diese Mädchengestalt erschaffen. Der kleine Stubentrampel ist ein blindlings dem Mann verfallenes Wesen. Der Richtige braucht nur fest zuzugreifen, und das Kleine ergibt sich ihm auf Tod und Gedeihen. Die großen Heldinnen der Aufopferung und auch die großen Huren sind aus solchem Stoff gemacht. Diese Rolle wird von einen Fräulein Hilde Körber gespielt, die wir noch nicht auf der Bühne sahen. Sie überraschte, ja sie stellte, obgleich sie nur wenige Rollenworte spricht, das ganze, gewiß sehr begabte Künstlerensemble in den Schatten. Da ist wieder ein Talent, das keine lauten Mittel braucht, um zu wirken. Da ist wieder so eine stille Komikerin aufgetaucht, die zum Verlieben ist, obwohl sie sich ganz tölpisch gibt. Man mußte ihr zuklatschen, weil das ihr angeborene Talent neben all den prächtig gezüchteten Talenten alles überstrahlte. Herr Schlettow, Herr Rappard und Herr Dieß spielten die männlichen Partner des erotischen Trios, das uns beschäftigt und zugleich erschreckt und doch zu der Überzeugung gebracht hat, daß wir von Ferdinand Bruckner sehr viel noch erwarten dürfen.

Frank Wedekind Lulu

(›Erdgeist‹ und ›Die Büchse der Pandora‹)

Staatliches Schaupielhaus, Berlin, 22. Oktober 1926, Regie Erich Engel

Wedekind und seine Dramen waren der Grund, auf dem das neue deutsche Theater sich entwickelte. Jeßner, Ziegel, Weichert, Hartung haben ihren Regiestil an seinen Stücken gewonnen, Schauspieler wie Werner Krauß sind ohne Wedekinds magische Verkörperungen auf der Bühne nicht zu denken. Auch für das Theater Brechts bedeutet Wedekind durch den Zeige-Charakter vieler seiner Stücke (s. Prolog zum ›Erdgeist‹) den konkreten Ausgangspunkt. Darum ist Wedekind während der ganzen hier behandelten Epoche auf der Bühne gegenwärtig, genauer gesagt: bis 1930. An seinen Stücken werden nach dem Ende der expressiven Inszenierungen (s. Jeßner und Karl-Heinz Martin) sogar die Prinzipien der neuen Sachlichkeit erarbeitet. – Für die Republik gehörte Wedekind zu den von der wilhelminischen Zensur verfolgten Autoren. Der zweite Teil des ›Erdgeistes‹, ›Die Büchse der Pandora‹, wurde (wie auch ›Schloß Wetterstein‹) von dieser Zensur beobachtet. Die ersten geschlossenen Inszenierungen der ›Büchse der Pandora‹ fanden 1904 in Nürnberg und Wien statt, also zwei Jahre, nachdem ›Erdgeist‹ durch die Berliner Aufführung durchgesetzt war. 1905 hatte Karl Kraus eine berühmt gewordene (ebenfalls geschlossene) Aufführung in Wien zustande gebracht. Von 1911 an gab es einige wenige öffentliche Vorstellungen: die Befreiung von der Zensur verband sich mit der ersten Berliner Aufführung am 20. Dezember 1918 im Kleinen Schauspielhaus unter der Regie von Karl Heine. Sie war vorzüglich besetzt: Gertrud Eysoldt spielte, wie einst im ›Erdgeist‹, die Lulu, Werner Krauß den Schigolch, Emil Jannings den Rodrigo, Raoul Lange den Alwa Schön und Hermine Körner die Gräfin Gschwitz. Heines Inszenierung erreichte zwar 360 Vorstellungen, die Aufführung selbst wurde von der Kritik als zu naturalistisch abgelehnt (»So schlecht und falsch ist Wedekind in Berlin noch nicht gespielt worden«, schrieb Siegfried Jacobsohn). – Versuche, beide Stücke trotz ihrer verschiedenen Stile zu einem zusammenzuziehen, haben früh begonnen. Eigene Bearbeitungen (Nürnberg 1905, München 1915) stammen von Wedekind, der damit die Zensur umzustimmen oder zu umgehen hoffte. Jeßner hatte 1913 in Hamburg eine solche Zusammenziehung gespielt, 1922 Erich Ziegel in den Hamburger Kammerspielen. Der Versuch Erich Engels 1926 in Berlin, beide Stücke, von ihm selbst bearbeitet zu inszenieren, ist nicht nur als Fortsetzung der Bemühungen zu sehen, das Formproblem solcher Zusammenziehung endlich zu lösen. (Am weitesten kommt darin Otto Falckenberg in seiner Inszenierung an den Münchner Kammerspielen 1928, die von Brechts inzwischen ausgebildetem Theater beeinflußt ist.) – Für Engel gehört auch die ›Lulu‹-Inszenierung in die Folge seiner Bemühungen um sachlich gliedernde und zeigende Regie. So identifizierte er die im Prolog erwähnten Tiere mit den Darstellern; in einem Käfig zeigt sich Dr. Schön als Tiger, Alwa als Affe, Schwarz als Kamel usf. Mit Engels Inszenierung beginnt die dritte, die ›sachliche‹ Phase der Wedekind-Inszenierungen.

Emil Faktor, Berliner Börsen-Courier 23. 10. 1926

Es war eine verdienstvolle Großinszenierung zweier abendfüllender, stofflich verflochtener Werke, suggestiv in der Idee der Zusammenfassung, schwankend im Gesamteindruck. Das Schicksal des von Erich Engel dramaturgisch sinnvoll überdachten Unternehmens, das Wedekindsche Pauschalstriche über ganze Akte zugunsten innerer Vollständigkeit durchredigierte, gestaltete sich wechselvoll. Es entwickelte sich im Laufe des Abends zunächst eine Atmosphäre tragischer Verschärfung, die der menschlichen Empfindung in bestem Sinne zu schaffen gab. Die Züge des ›Erdgeistes‹, sonst eine Mischung von Diabolik und verkrochener Naturwildheit, wandelten sich ins Elementare. Zwiespaltbestimmungen und Hohngelächter wurden in den scheuen Abstand zurückgedrängt, wie ihn die Konturen einer Verzweiflungtragödie erfordern. Dieser Wiedergabe folgte man etwas verwundert, aber nicht unwillig. Phosphoreszierende Reflexe wurden reale Luft. Stoffliche Exzesse, durch welche die Lebensgeschichte eines Blumenmädchens, aus der sich die Weltdame und der geschlechtliche Vampyr entwickelt, zugleich von falscher Romantik befreit und vor Banalität bewahrt werden soll, drohten durch sorgsame Gegenständlichkeit ins Kolportagehafte zurückgestoßen zu werden. Aber der heiße Atem des Tragischen sog Versimpelungsgefahr fast restlos auf, leider auch ein paar unentbehrliche Zwischentöne des Sarkasmus, durch welche Aktschlüsse ohne Preisgabe des Aufregenden an Schlagkraft gewonnen hätten. Doch im wesentlichen gab man sich zwanglos neuen Physiognomien des ›Erdgeistes‹ hin. Der fatale Zyniker Dr. Schön, den man bisher in den Hauptzügen verächtlich sah als egoistischen Vielfraß des Sinnenlebens, rückte der Teilnahme des Zuschauers auffallend nahe. Fritz Kortner gestaltete ihn als einen Märtyrer versklavter Sinne, der menschlich hoch über seinem Sündenfall steht. Er gibt ihm eine Eiseskälte der Energie, die aus Schauern vor letzten Abgründen zusammengesetzt ist. Er pflanzt in die Abenteuerwildnis dieser Existenz ein Stück Ethos ein. Die Dämonie eines Außenseiters der Gesellschaft wird durch treibende Hauptmotive entpathologisiert und in unzerschlissen zentrale Gefühle zurückgeleitet. Diesen Prozeß hat der Künstler in wundervoll einfachen Ausdrucksformen ineinandergebunden. Man hat Kortner selten so schlicht, so einheitlich zusammengefaßt, so unmittelbar ausstrahlend gesehen – mit äußerster Einpassung in die Inszenierungsform, ohne jegliches Prominentenspiel. Damit korrespondierend glücklich getroffene Auftritte der Lulu. Gerda Müller beherrscht ihren Habitus: Das weibliche Raffinement als Naturerscheinung, die Triebhaftigkeit unbeherrschter Sinne. Man glaubt ihr die Maske der Zivilisation, die Verbindungen zur Tiefe, die Herrschsucht des Leibes. Schauspielerisch außerordentlich die Szene, in welcher sie Dr. Schön erschießt. Das war ein Wirbel von Geschehen, eine Explosion des Dramatischen. Der starke Eindruck, den das gesammelte Spiel der Hauptdarsteller erzeugte, ließ Schwächlichkeiten der andern zurücktreten. Man vergaß den spießig unbedeutenden Kunstmaler Franz Webers, den ernüchternd korrekten Prologsprecher Josef Karma, und ließ Lulus heimliche Gefolgschaft wenigstens physiognomisch gelten: den Vater Schigolk von Aribert Wäscher, der in einer sehr gelungenen Maske gespielt wurde, und den Athleten Quast Josef Danneggers, der gelegentlich mit Werner-Krauß-Tönen sich seiner Routine zu enteignen schien. Diese Dunkelheitsfiguren haben gespenstischen Umriß. Die Darsteller hielten es mit kontrollierbarer Sichtbarkeit. Dieses Mehr ergab einen Verlust. Aber man tröstete sich mit der ›Büchse der Pandora‹, wo die Nebengestalten des ›Erdgeistes‹ infernalisch aufblühen. Man fand sich auch mit dem umständlichen Arrangement des Schlußaktes beim ›Erdgeist‹ ab, da C. Neher in anderen Bühnenbildern illusionistische Anregungen bietet und Zimmerwände mit der großstädtischen Wirrnis einer uferlosen Giebelwelt symbolisch in Kontakt bringt.

Auf den ›Erdgeist‹ sollte das durch Lasterstationen bis in letzte Fäulnis gehetzte Luludrama folgen. Es wurde statt einer Steigerung eine Fortsetzung, statt der Umstellung des Neuauftriebs, der Umsetzung ins symbolhaft Dämmrige eine Verlängerung des Tragischen zu einem Vielstundendrama grauen Elends. Erich Engel wurde mit der Erkenntnis nicht fertig, daß die ›Büchse der Pandora‹ ein selbständiges, durch ihre eigene Konstitution ausbalanciertes Werk ist. Es fußt wohl im ›Erdgeist‹, ohne seiner unmittelbar vorher zu bedürfen. Für die Darsteller fordert es neuen Einsatz, Erweiterung und Überwindung bereits erworbener Formen durch Zuwachs neuer Impulse. Aber sie spielten weiter. Gerda Müller ihre Lulu, die durch Wiederholung nicht interessanter wurde, und in dem Pariser Salon sogar an mondäner Überlegenheit einbüßte, Aribert Wäscher den Schigolch, der satanische Eigenschaften mit gutartigen Komikerallüren zu bestreiten suchte, Josef Dannegger den Artisten Quast, der von der Beschaffenheit dieses Exemplares wenig Ahnung hatte und im Salonrock sogar den Zusammenhang mit sich selber verlor. Leider versagte die Regie auch in der szenischen Anordnung der Spielhölle. Es war ein unkonzentriertes, sich auflösendes Nacheinander. Bloß um die Figur des Marquis Casti-Piani, die von Paul Bildt doppelbodig, mit durchschlagendem Zynismus gespielt wurde, strich Wedekindluft.

Mangelnder Zusammenschluß auch im Schlußakte, dessen langgezogener Dachkammerapparat die Darsteller zum umständlichen Naturalismus verleitete. Hauptsinn der ›Büchse der Pandora‹ und ihrer infernalischen Umrisse ist Weltentblößung. Man spielte eine ins Grausen hinabsinkende Dirnentragödie. Mit photographischem Detail und mit Bravheitselementen, die ein Widerspruch waren. Hier erst wäre die Gräfin Gschwitz der Lucie Höflich zu erwähnen, die mit klangreichem Gefühl ein Edelmutswesen gab, das nicht von Wedekind stammt. Das eigentlich benötigte Geschöpf, das auch bedauernswert ist, aber der Perversionen nicht entbehren kann, liegt außerhalb ihrem Bereich.

Rühmlich unterscheidbar im verflauenden Abschluß der Jack Fritz Kortners. Seine Gestaltung des fanatischen Blutdämons war ein Griff. Man dachte an Haarmann.

Alfred Kerr, Berliner Tageblatt 23. 10. 1926

I

»›Erdgeist‹ und ›Büchse der Pandora‹ zusammengezogen; in sieben Bilder. Wedekind hat's einmal selber gemacht. Mit Recht.

Wird ›Erdgeist‹ allein und ausführlich dargestellt: so sieht man mehr von inneren Beziehungen der Leute. Gewiß. Hier jedoch mehr vom Grundriß des Ganzen.

In dieser, dieser Form wird Frank Wedekinds Doppeldrama künftig zu spielen sein. Nebeneinander gehören die zwei Teile. Für denselben Abend. Sonst ist es wie ein Vordersatz – ohne den Abschluß.

II

Im ersten Teil bringt Lulu die Opfer zur Strecke. Sie wird im zweiten zur Strecke gebracht: als ein Opfer. Das gehört zusammen.

Schuld und Sühne? Wäre das nicht ein banales Volksstück? Hier heißt es vielmehr: Unschuld (denn Lulu weiß von ihrer Verderblichkeit nichts)... und Sühne für Unverschuldetes. (Dies tappend wuchtende Schicksal straft: für das von ihm selbst Angeordnete. Büßen muß die Jägerin – die selber Wild ist. Büßen muß die Henkerin – die geköpft wird.)

III

So, zusammengefaßt, wirkt heute das Doppelwerk.

Und auf der Staatsrampe vollzieht sich – wenn es sein muß, o Schmutz- und Schundköpfe – durchaus ein moralisches Geschehen. Im Kern als Warnruf und Nachmittagsvorstellung für Jungfrauen; von welchen die möglich-schlimme Wirkung ihres anatomischen Reizes zu bedenken ist... oder die innere Schwäche der Mannsbilder (was zu ihrer eignen Vernichtung führen kann!)

Die Staatsschaubühne wird also zur moralischen Anstalt. Meckert keinen Ton dagegen –!

IV

Lulus Obermedizinalrat, Lulus Porträtmaler, Lulus Entdecker-Mäcen, Lulus Gymnasiast, Lulus Freundin, Lulus zweiter Gemahl, Sohn des von ihr Gemordeten – alle gehn mit Tod ab. Verderben!

Lulu selbst erliegt jedoch dem Bauchaufschlitzerich, dem Jack the ripper, im Dachverschlag, zu London. Und wenn sie geschlachtet wird, ahnt ihre zerrinnende Seele nicht: warum.

V
Hierüber, insgesamt, verstreut Wedekind Schrecken wie Gelächter in solcher Dosis: daß ein waltender Künstler sichtbar wird. Ein Anordner. Nicht irgendein Drauflosbrüllerchen. Nicht ein bumsendes Hohlköpfchen. Nicht einer, der Ungestuftes hinpatzt, alles im gleichen Klamauk. Nicht ein kümmerlicher Diadoche.
Der, oft schludernde, Wedekind ist heut: ein gewissenhafter Klassiker.

VI
Es gibt für die Darstellung zwei Möglichkeiten. Sie kann real sein; oder flimmernd-schwirrend-witternd. Nur eines darf sie nicht sein bei Wedekind: berufs-expressionistisch. (Weil man Wedekinds humorende Seitensprünge vom wirklichen Leben sonst nullt von vornherein. Der Witz wäre vorweggenommen.)
Erich Engel bringt also Wirklichkeit; getönt; leichtgemacht. In einer prachtvollen, beschleunten, klappenden, sich steigernden Darstellung des ersten Stücks. Herrlich. Mit einer die Grundlinien heraushebenden Ballung des Mittelakts vom zweiten Stück: im Spielklub.
Nur im dritten Aufzug des zweiten Werkes bringt er zuviel Alltag. Hier, wenn der letzte grause Liebhaber, schlagdunkle Gewalt, erscheint, müßte schon etwas Phantasma-Kunst heran.
Der Zielsetzer; der Stummacher; der letzte Liebhaber. Er darf nicht (was Kortners allzukluger Irrtum war) die Wesenheit nur irgendeines verlumpten Arbeiters, verdreckten Stromers haben.
Sondern beim ersten Schritt an der Schwelle muß, unbetont, Nichtnennbares, Abschließendes von ihm ausgehn; ausschwirren; ausgreifen; auskälten. Gewiß keine Theaterunheimlichkeit.
Sondern ein stumpfer Hauch der Finsternis. Nur geahnt. Nicht Whitechapel-Realismus. Denn das ist kein Galgenvogel von den Docks: sondern die Ananke; sondern das Schicksal; sondern der schwarze Schluß, wandelnd.

VII
Der Schöpfer des Bühnenbildes, Caspar Neher (dessen Mitarbeit längst bestimmt war, darum in der Presse »gefordert« wurde – wie der Dramatiker Lernet-Holenia »gefordert« wurde, nachdem er für den Kleist-Preis ausersehen war) –, Neher gibt wertvolle Simultanbilder, mit durchscheinenden Kulissen: man sieht von einer ganzen Wohnung auch den Treppenflur; hinter einem Pariser Klub auch den Eiffelturm und Häuser. Bis er zuletzt...
Bis er zuletzt in dem Bilde des dunkelsten Ernstes, mit Recht, kein erläuterndes Kunststück mehr anbringt: sondern die Ödnis einer wirklichen Mansarde. Beweis für den Künstler – der hier nicht mehr abzulenken wagt... und, wo es am wuchtigsten wird, nur Sachverhalte reden läßt. Alles das vorzüglich.

VIII
Das Leitmotiv dieser Symphonie des Verderbens: Lulu (einst von »Tilly Newes«, heut Wedekinds Witwe, gespielt, die von keiner Bühne beschäftigt wird) – Lulu war bei der Gerda Müller in den Händen und in dem Leib einer auf deutschem Grund gewachsenen Person.
Bei der Orska, damals, in den Händen eines... Wesens; ortlos; umfassend; allgemeingültig. Die Orska, mit ihrem Genie, war nirgends anzusiedeln.
Die Müllersche war aus München; wenn sie nicht ostpreußisch geredet hätte... Mit alledem herrlich – im Stärksten am Schluß: wenn aus der Dirne

was Bettelnd-Liebes, Unverschuldetes, als ob sie noch einmal in ihre Jugend hineingeboren wäre, mit einer unterirdischen Macht des Rührens, hoffend-hoffnungslos redet, ruft, schweigt. Das war ihr Gipfel.

Die Orska, eine Geige mit fünfzig Saiten, oder ein Kaleidoskop vieler Schönheit in tausend Spiegelungen, hatte bei alledem, wie damals festzustellen blieb, dennoch jenes »Ich weiß es nicht«, das sie ein paarmal befremdet zu sagen hat. Die Gerda hat dies noch mehr ... ohne die tausend Spiegelungen.

Ja, sie war aus Masurisch-München – und am Schluß herrlich von irgendwoher aus der Welt.

IX

Im Silbergewand als Modellsteherin außen unzureichend. Glaublich verlockend als Malersgattin im Schlafgewand. Wippend und federnd im Ballettrock als Tänzerin. (Seltsame Assoziation; zwischendurch bei dem Tanzauftritt Lulus dacht' ich: wenn hier ein liebenswürdig-nachahmender Feuilletonjournalist etwa Fandango tanzte, das müßte sogar sehr unterhaltend sein; seltsame Assoziation.) Lulu wippt, sie flitzt hinter eine Vorsetzwand, springt fast tanzend ihrem Herrn und Opfer auf die Brust. Hernach, als Schloßfrau, ahnungsvoll-ahnungslos verführend, im langen Kleid, mit verständnisschwachem Blick und schließlich, weil es das Schicksal verlangt, mit ein paar Mordschüssen aus dem Revolver. Wie kommt sie zu alledem?

»Ich weiß es nicht ...«

X

Ihr Herr und Opfer, der Tätigkeitsmensch, der alternde Freund.

Der Puppenzieher, der mit Schicksalen spielt ... und dem sein Schicksal bereitet wird. Also den Dr. Schön macht Kortner.

Es darf jedoch keine Ähnlichkeit im Stimmklang zwischen ihm und dem letzten Jack sein. (Sonst streicht man die Schicksalstragödie zu sehr aufs Brot.)

Kortner ist als mystikfreier Kraftmann, in München, auf seiner Höhe. Bewundernswert so in der Energie, so im Nachlassen dieser. So im Henken, so im Gehenktwerden.

Hartau konnte hier ausführlicher sein – denn man gab nur den ersten Teil. Hartau gab denkwürdig den Versinkenden; Kortner denkwürdig den Versunkenen.

XI

Der Abend birgt Herrliches. Wovon einfach zu berichten bleibt. Der Schauspieler Josef Karma macht schließlich den Negerfürsten und zuvor, mit einer aussichtsreichen Gespanntheit, den Einleiter in Versen. Harlan den verfallenen Sohn des verfallenen Vaters: ein unaufheblicher, ein unwissentlich geschlagener Mensch.

Aribert Wäscher wird von allen Schigolchs der beste Schigolch bleiben: in flimmernd realer Abgebrühtheit. Dannegger, Wedekinds himmlischer Athlet und Springfritze, findet seinesgleichen eher: weil er nicht alle Möglichkeiten des Ulks herauslockt. Der Mädchenhändler bei Paul Bildt wird haften: durch überzeugendes Vermeiden des Übermaßes.

XII

Und haften wird: Höflich, Lucie. Das Zwittergeschöpf; die Freundin; außerhalb des Geschlechtsüblichen.

Die Höflich; mit blondem Kurzhaar und dunklem Kleid, geht hier durch das Werk ... wie ein Vorwurf an das Schicksal. Am Schluß, wie ein armseliges, mißhandeltes Fragezeichen sinkt sie, wenn der Nachtgast sich an ihrem Rock die Finger abgewischt hat, zum letztenmal aufbegehrend, verständnislos und sehnsüchtig, vom Lumpendivan – in das Nichts.

XIII

Alles zusammen zählt, in Erich Engels Form, bei gebändigter Kühnheit eines dichtenden Suchers, eines vorstoßenden Genies, zu den guten Entschädigungen.

Paul Wiegler, BZ am Mittag, Berlin, 23. 10. 1926

Der ›Erdgeist‹ kehrt wieder und die ›Büchse der Pandora‹ mit ihm. Der ›Erdgeist‹, den wir uns nur vorstellen konnten mit Frank Wedekind selbst in der roten Zirkusgala des Prologs, wie er geduckt hereinschlich, pedantisch scharf jede Silbe seiner Kampfansage ins Theater schleuderte, wie er mit der Peitsche knallte und mit der Pistole schoß, und wie er Tilly Wedekind auf dem Arm hielt, schon im weißseidenen Pierrettekostüm, sie, die atmende Jugend war und lächelnde Zartheit. Sein ›Erdgeist‹ hatte, noch in dem Zyklus, den ihn Reinhardt bei sich machen ließ, die primitiven Dekorationen der Schmiere; denn diesem mönchischen Dichter-Regisseur kam es einzig auf das Wort an. Dann lebte der ›Erdgeist‹ sein Leben ohne ihn. Hier in Berlin mit Hartau und der Orska. Und dann die ›Büchse der Pandora‹, die Wedekinds genialste Vision ist. Das Drama, das er bearbeitete, verstümmelte, um es dem Staatsanwalt und der Zensur zu entreißen, das in der ersten Fassung so unerhört groß war und niemals in ihr sich geben ließ. Sollte es immerdar vom ›Erdgeist‹ getrennt sein? Die Inszenierung Erich Engels ist der entscheidende Versuch, die Form einer geschlossenen Tragödie zu finden. Sie kürzt und streicht. Sie streicht sogar noch den Prinzen Escerny, der unter den Personen des Zettels genannt wird. Aber das Resultat ist: eine ›Lulu‹ in sieben Bildern, vom Atelier des Malers Schwarz bis zur Londoner Dirnenhöhle. Und eine Dauer von etwa drei Stunden.

Diese ›Lulu‹ beginnt mit einem Prolog voll szenischer Phantastik, phantastisch auch durch die vibrierende Sprechkunst des Herrn Karma. Sie hat die Traumkraft der Bühnenbilder von Caspar Neher (die Halle, der Festsaal, die elende Dachkammer), und ihr Geist ist die Finsternis des Bösen. Voran steht Kortner mit den versteinerten Zügen seines Dr. Schön, als Alternder (und suggestiv wie immer, wenn er graues Haar trägt). Mit dem Spiel der brennenden Augen, mit der Brutalität des Willensmenschen und dennoch mit dem flackernden Ton der Leidenschaft. Er hat mimische Momente, die ganz stark sind, den letzten, wenn die Maske des Sterbenden sich verwandelt im schaurigen Zusammenbruch. Und er tritt ein zweitesmal auf mit dem wahnsinnigen Mördergesicht von Jack the Ripper. Lulu ist Gerda Müller. Also eine Teufelin, die nicht, wie Wedekind es wollte, noch in der äußersten Verworfenheit den Kindesblick hat, die Unschuld der morallosen Natur. Diese Lulu ist nicht jung und sehr robust. Doch sie hat Raffinement, sie ist zügellos, ist kalt; und sie ist erschütternd in der verwahrlosten Gemeinheit des Schlußakts, wenn auf ihrem Antlitz schon der Stempel der Not liegt. Durch sie, Kortner und Engel hat dieser Schlußakt eine ungeheure Kraft.

Der Aufführung fehlt der dämonische Schigolch von Krauß. Herr Wäscher

legt den väterlichen Halunken mit der chargierenden Drastik an, die ihm jetzt ein Fach geschaffen hat, in dem gequetschten Berlinisch von Waßmann, und auch so bleibt die Figur wirkungsvoll. Es fehlt der Rodrigo Quast von Jannings; aber auch Herr Dannegger hat für den bramarbasierenden Athleten die leibliche Wucht. Frau Höflich ist die Gschwitz. Eine Gschwitz, die nicht mit dem Verstand gesehen ist, nicht als die Anormale, die Lächerliche, sondern durchfühlt in der Wirrnis des Bluts. Eine Märtyrerin, ein jammerwürdiges Menschenwrack.
Ledeburs Dr. Goll: die massive Dummheit hinter Brillengläsern. Ein Typ von sicheren Konturen einer schoflen Noblesse der Casti-Piani des Herrn Bildt. Die Söhne: der Alwa von Veit Harlan, mit geschultem, breitem Temperament, und Heinrich Schnitzler als der Gymnasiast Hugenberg, mit echter Knabenhitze.
In der Loge vorn rechts saß Frau Wedekind.

Paul Kornfeld   Kilian oder die gelbe Rose

Uraufführung: Schauspielhaus Frankfurt, 6. November 1926
Regie Richard Weichert

Staatliches Schauspielhaus, Berlin, 2. Februar 1927, Regie Erich Engel

Paul Kornfeld, einst einer der reinsten expressionistischen Dichter und Theoretiker, hatte sich als erster von schauspielerischen Ekstasen abgewandt. Während der Expressionismus noch neue Stücke auf die Bühne brachte, schrieb er schon Komödien: Szenen der Entspannung. Als erstes hatte er 1921 das expressionistische Thema der Liebe, des Lebens aus den Kräften der Seele, zum Gegenstand der Ironie gemacht. ›Der ewige Traum‹ hatte ein Parlament der Weltverbesserer vorgeführt, die durch Gesetz die Polygamie verordnen. Er hatte darin einen polygamen Traumstaat gezeigt, in dem die Monogamie wieder erfunden wird (Uraufführung Schauspielhaus Frankfurt, 20. 1. 1922). In ›Palme oder der Gekränkte‹ hatte er eine Charakterkomödie von einem Gekränkten versucht, der mit seiner Gekränktheit andere wieder kränkt. Es war der Abgesang auf den empfindsamen expressionistischen Jüngling, auf den Bitterlich-Typus. (Kerr: »Übertünchte Rückkehr zum Ältesten. In die Zeit Harpagons«, ›Berliner Tageblatt‹, 12. 3. 1924). – Kornfeld hatte sich mit der Bearbeitung von ›Sakuntala‹ der Zeitmode zum exotischen Stück angeschlossen (Uraufführung Schauspielhaus Köln, 21. 1. 1925). – Mit ›Kilian oder die gelbe Rose‹ brachte er eine Satire auf die philosophisch-geistreichelnden Salons, auf eine literarisierte Gesellschaft, die den geschickten Nachschwätzer für ebensoviel wie den schöpferischen Denker nimmt. Kornfeld, der in Darmstadt unter Gustav Hartung Dramaturg gewesen war, hatte im Kreis um den Darmstädter Philosophen Keyserling eine lebendige Anschauung solcher Gruppen gehabt. Seine satirische Komödie wurde sein größter Erfolg: Sie war ein komödiantisches Zeitstück, das den Weg der Expressionisten in die Komödie deutlich kennzeichnete. – Neben Kornfeld gingen diesen Weg Hasenclever, Zuckmayer, Fritz von Unruh und auch Mitläufer wie Otto Zoff. – Erich

Engel inszenierte den ›Kilian‹ am 2. Februar 1927 am Staatstheater in Berlin mit Jacob Tiedtke in der Titelrolle. Ihering beendete seine Rezension: »Ein ausgezeichneter Schriftsteller hat sein Publikum gefunden. Das ist ein Ereignis. [...] ›Kilian‹ ist Paul Kornfelds ›Mann ist Mann‹« (Berliner Börsen-Courier 3. 2. 1927).

Frankfurter Schauspielhaus
Bernhard Diebold, Frankfurter Zeitung 8. 11. 1926

Es will uns nicht in den Kopf hinein, daß man einen Buchbinder mit einem Philosophen verwechseln kann. Da aber der Geist in Bücher gepreßt wird und die gebildete Gesellschaft oft mehr die Bucheinbände als die Texte kauft – wenn das bedacht wird, so rückt die Chance der Verwechslung schon bedrohlich näher. Denn wir kennen unsere Snobs mit den Buchtiteln im Maule und den ungelesenen bibliophilen Bücherschränken. Einbanddeckel oder Geist! ist hier die Frage. Man kennt seine Pappendeckelheimer!
Andererseits aber gibt es auch Philosophen-Bücher, deren Solidestes im Pappendeckel steckt.
Beide Wahrheiten rührt Kornfelds Komödie an. Mit flüggem Witz in den ersten beiden Akten. Mit etwas doktrinärer Weisheit im letzten Bild, wo's mächtig schleppt. Aber es war ein Bombenerfolg. Die Lektüre ließ es aus den temperierten Dialogen nicht vermuten. Weicherts ausgezeichnete Aufführung bewies die Spielbarkeit.

Was geht nun vor?
Kilian ist der Buchbindermeister. Natterer ist der Meister der Philosophie. Die beiden Meister werden von der schöngeistigen Gesellschaft verwechselt. Statt des als Gast aus weiter Ferne erwarteten Natterer erscheint zur richtigen Stunde Kilian im Salon, legt die zum Binden übersandten Werke Natterers auf den Tisch des Hauses – und gilt nun gegen alles Stammeln und Sich-Sträuben selber als der große Meister-Philosoph. Er muß die Rolle weiter spielen, die ihm der Dichter Kornfeld vorgeschrieben – nach dem Gesetz, nach dem er angetreten. Bald glaubt er selber magischen Geistes voll zu sein. Den Schwindler wider Willen packt der höhere Schwindel.
Eine verrückte Schar von ridikülen Preziösen beiderlei Geschlechts bestürmt den mißgeleiteten Biedermann mit Fragen nach den nächsten und den letzten Dingen: Religion, Astralleib, Wiederkunft und Spiritismus. Aber was Kilian auch antwortet: ob klug, ob dumm, ob bildungsmäßig angelesen – es wird verzückt gehört, geglaubt und angebetet. Denn – Natterer ist groß. Der Geist des Buchbinders spricht im Firmenzeichen Natterers. Und Natterers Name schon gilt mehr als Natterers Geist. Das nennt man Kultus der Persönlichkeit.

Nach diesem ersten Streich des Dichters gegen die Snobisten der Gesellschaft erfolgt der zweite Streich gegen die Schriftgelehrten überhaupt, soweit sie aus Natterers Kaffeehaus stammen. Es folgt im zweiten Akt die eigentliche scène à faire und dialektischer Gipfelpunkt des ganzen Stückes: die einsame Konfrontierung von Kilian, dem Binder der Bücher, mit Natterer, dem Schreiber der Bücher. Hier platzt nun Kornfelds bester Witz. Denn Natterer, der Philosoph, der in Jahrzehnten schweren Grübel-Denkens sich seine Weisheit dachte, baute, destillierte, schrieb – er muß erfahren: daß Kilians improvisierter Humbug sich ganz genau mit seiner eigenen Welten-Weisheit deckt! Die Identität von Geist und Ungeist scheint erwiesen. Nur die Methode scheidet noch den Buchbinder vom Philosophen. Das Resultat bleibt sich bei beiden gleich. Da dämmert Kilian ein weises Ahnen, und er schreit mit Recht dem Philosophen zu: »Hinaus! Sie sind ein Buchbinder!«

Das war die Hauptszene. Hier Schluß! Was nachher kommt, wird breit und trifft nicht mehr ins Schwarze. Natterer entflieht durchs Fenster. Keiner außer Kilian hat ihn gesehen. Wie dumme Puppen, jede mit ihrem Tick, agieren die Begeisterten um Pseudo-Natterer herum. Aber es gibt auch Skeptiker – von Kornfeld wohl ersonnen zur Reibung und Massage der Gedanken. Der psychiatrische Professor Kummer stört die gläubige Gemeinde am Spiritistentisch mit seinen zweiflerischen Apparaten der Kontrolle. Der Ahnungslose negiert die Geister aus dem Geist der Empirie. Ein prächtiger Greis, Herr Vierfuß, zweifelt aus seinem panischen »Willen zum Leben« heraus. Endlich ist auch Herr Samson da, der alles Übermenschliche bekrittelt infolge an- und eingeborener Prosa.
Zweie aber gibt es, ein Männchen und ein Weibchen, die weder den Geist bezweifeln noch bekennen: das ist Herr Mantl, der nur in die Gesellschaft drang, um Erika zu sehen; und das ist Erika, die Tochter ihrer bildungsfrohen Mutter Samson. Herr Mantl warf am Abend vor Beginn des Festes eine gelbsamtene *Rose* in das Fenster Erikas. Und Erika nahm die Rose liebend auf. Keine spiritistische Sitzung vermochte diese Rose zu entmaterialisieren. Immer fand sie sich in die schützenden Hände der Liebenden. Diese Rose ist ihrer Liebe sentimentales Symbol. Sie kann nicht blühen in der Unnatur der falschen Geister. Sie ist nur Sammet und wird am Schluß ersetzt durch lebende Flora. Die Liebe siegt. Der Geist ist diskreditiert: der Geist, mit dem Herr Kilian seinen Spaß, mit dem Herr Natterer seinen Ernst getrieben. »Wenn wir wählen müßten«, sagt der panische Philosoph Herr Vierfuß für die Liebenden, »wir wählten eher Natur ohne Geist als Geist ohne Natur.«

Aber warum denn *wählen*? Denn damit spricht sich Kornfelds wüst durchdachtes Gehirn entschieden für ein naives Vegetieren aus. Die Geistigkeit des Herrn Natterer und seiner Gemeinde mag ihn dazu berechtigen. Aber es gibt schließlich auch noch andere Geister als die falschen Kilianiden und die Natterialisten. Wir wollen uns nicht auf die bekannte Formel vom Primat des Körpers festlegen, oder auf die vom ›Schaden der Persönlichkeit‹. Herr Boxweltmeister Tunney ist zweifellos eine starke Persönlichkeit, was er mit Schlagkraft erwiesen hat. Aber Kleist, oder Stendhal (um Goethe einmal auszulassen) – das ist auch gute Ware. Und Vierfuß müßte es am besten wissen. Natur oder Geist? Ach, Kornfeld, wir sind nolens volens *beides*. Ach es bleibt uns, Kornfeld, keine Wahl... Darum bitte nicht zu ernst und programmatisch am Schlusse dieser Komödie um Kilian. Der dritte Akt hat sich an Ernst erkältet und verschleppt. Das ist die Folge von der Philosophie.

Kilian, die Hauptperson, steht nicht eindeutig in der Welt des Wahns. Seine verlogene Situation, die er drei Akte lang zu halten weiß, entspricht durchaus

nicht seinem buchbinderlichem Biedertum. Sein Wahn entschuldigt manches. Aber die Psychologie ist dennoch aus der *Posse*. Und was soll man von seinen Reden denken? Bald spricht er ganz Solides, und bald schwafelt er Gebildetes, das er sich zwischen den Buchdeckeln herausgenascht hat. Gilt nun sein Humbug? oder gilt sein Restchen biederer Vernunft? Je nach der Wertung würde auch des Natterers Philosophie mehr oder weniger akzeptabel. Denn dieser Natterer ist in seiner Szene gar nicht so verrückt, wie man nach seiner Vorbereitung denken dürfte. So werden Kilian und Natterer zu etwas schwankenden Gestalten. Nur Vierfuß steht und geht im Geist auf allen vieren: Fest und treu!
Aber bei aller Karikatur der Menschheit ist doch der *Dichter* Kornfeld gegenwärtig. Denn seine klare, reine Sprache ist Poesie. Worte ohne Dekoration. Worte mit Eigensinn und Eigenklang. Die Liebenden und ihr Mentor Vierfuß reden mit höherer Schwingung. Romantische Biedermeierlust ist ihr Atem. In Liebe und in Elegie ist Kornfeld schwelgender als im Sarkasmus. Dort schwebt er; hier preßt er. Aber zwei Akte lang hat er gut gepreßt.

Die Aufführung verdient ein hohes Lob. Die Breiten des Buches sind weise gestrichen worden. Die bei Kornfeld oft zu redemäßigen Figuren wurden zum Spielen aufgepeitscht. Weichert schwang die Peitsche mit Elan. Zwei Akte lang war prächtiges Tempo. Die Philosophie des dritten widerstrebt der Dressur des Meisters. Bis auf die liebende Erika (für die das junge Frl. Schanzer doch zu vernünftig und zu wenig lyrisch spricht) war gut besetzt. Die Bühnenbilder Fritz Pollaks, des liebenswürdigen Malers, gaben zwar nicht den romantischen Ton an, der in Kornfelds Sprache singt. Die Nüchternheit wich erst im vierten Bilde, wo ein Stück Natur sich durch die Türe schob. Ein Maler ist kein Szeniker! Aber das Beherrschende der Aufführung blieb, was Weichert mit seinem Personal zustande brachte. Und das war gut.
Impekoven war Kilian. Mit großem Seelenspürsinn erfaßte er den Buchbinder an jener labilen Stelle, wo Biederkeit und Wahn sich nicht mehr über Wahrheit streiten. So brachte er die schwindelhafte Existenz zur Evidenz. Aus realistischen Details mischte er den Totalcharakter zu festerer Einheit, als der Text sie gab. Dagegen Danneggers Natterer wohl die Rolle sehr vortrefflich wiedergab, doch sie nicht mimisch über das Wort des Autors steigerte, so daß die Lächerlichkeit nicht den gebührenden lachhaften Grad erreichte. Hierin erzielte Lola Mebius als Frau Samson das Menschenmögliche: Begeisterung und Hysterie. Odemar machte den diabolischen Herrn Schiroga zu einem delirierenden Clown, den Dostojewski hätte lieben müssen. Norbert Schillern geriet der sentimentale Jüngling Julius zu einer seiner allerbesten Rollen. Taube spielt alte weise Herren immer gut: so lief auch sein Herr Vierfuß auf zwei geraden Beinen, und oben sprach der Kopf die Sprüche des Lebens. Immer sympathisch wirkt Biberti: diesmal der herzhafte Liebhaber Mantl. Herr Schneider impfte dem Psychiater Kummer die Brutalität des Seelenforschers ein... Ja der Abend war gut. Der Beifall stürmisch. Der Dichter ließ manchen Schlußvorhang vorbei, bevor er sich dem tobenden Volke zeigte. Aber dann kam er und erntete die Saat, die er gesät. Und quittierte mit dem Knixe des Dichters.

Ludwig Marcuse, Frankfurter General-Anzeiger 8. 11. 1926

[...] Kornfelds neue Komödie ›Kilian‹ entstammt auch der Atmosphäre des ›ewigen Traums‹: doch ist sie tiefer und theaterwirksamer zugleich. [...]
Paul Kornfelds Komödie ist die das Tragische streifende Geschichte des Buchbinders Kilian, der fast den Boden unter den Füßen verliert. Kornfelds Komödie ist dann noch eine Zeit-Satire: Anhänger und Widersacher des Meisters werden parodistisch porträtiert.
Eine Zeitsatire ist überholt, wenn sie selbstverständlich geworden ist. Ebenso wie die romantisierenden Wagnerianer, die revolutionären Ibsenisten, die dionysischen Nietzscheaner, die dämonischen Strindbergianer [...] für ein Theaterstück nicht mehr verwendbar sind: so auch heute schon nicht mehr die Steinerianer, Schrenck-Notzinge, Tagoristen und Keyserlinge. Kornfeld hat sie nicht durch Karikatur erstmalig sichtbar gemacht und erledigt; sondern nur ihre längst fertigen Karikaturen verwendet. Die erotisch-metaphysischen Weiber, der fetischistisch-exakte Universitätsprofessor: sind trotz mancher witzigen Wendung doch recht billig: Prägung ohne Originalität; und zum größten Teil überhaupt nicht individuell gesehen. [...]
[...] Der Wert dieses Stückes liegt nicht in der Zeit-Satire, sondern in der Zeit-Tragödie: wie die aus dem Nebel des Gehirns und der Disziplinlosigkeit der Nerven wiedergeborenen wissenschaftlichen Theorien und metaphysischen Spekulationen das natürliche Leben vergiften. Kornfeld zeigt – und das ist das Weiterführende dieses Werkes – nicht nur die bekannten Karikaturen, die man schon längst totgelacht hat; er zeigt in seinem Kilian einen der erschütterndsten Vergiftungsprozesse, die zu solchen Karikaturen erst hinführen. Der Schwindler Kilian wird fast ein Opfer dieses verheerendsten Schwindels der Zeit, mit dem er ursprünglich nur nichtsahnend spielt. Wie aus Spiel Ernst und wieder Spiel wird: muß die Leitlinie dieses vielseitigen Werkes werden.
Die Aufführung unter Weicherts Leitung war sorgfältig. Man hatte offenbar alle Kräfte angespannt, um diesem Werk zu genügen. Und der Publikumserfolg war sehr beträchtlich. Trotzdem gelang die Darstellung nur zum Teil. Weichert (oder der Autor?) hat nicht genug gestrichen: so trat trotz der leichten, gut vorwärtsgetriebenen Folge der Szenen zum Schluß eine leise Ermüdung ein. Die Regie gab die Satire zu outriert; die Komödie – und das war Schuld des Kilian-Darstellers – zu untragisch und undifferenziert. Die ›Jünger‹ des ›Meisters‹ (Lola Mebius, Ellen Daub, Ben Spanier, Franz Schneider) übertrieben sich selbst. Statt den lebenden Karikaturen ihre Wirklichkeit, ihren Ernst zu geben: versuchten sie noch, die Karikatur zu karikieren. Doch muß besonders erwähnt werden, daß – abgesehen von dieser falschen Anlage – Ellen Daub einige Momente hatte, die von einer köstlichen Komik waren; daß Fritz Odemar in einer prachtvollen Maske eine lebenswahre ›Jünger‹-Gestalt schuf; daß Norbert Schiller dem ekstatischen Jüngling überzeugenden, bisweilen überwältigenden Ausdruck gab; daß Robert Taube als weiser Greis, der den ganzen Schwindel durchschaut, Gebärde und Ton fast restlos traf. Theodor Dannegger gab dem ›echten‹ Propheten vielleicht nicht genug Verlogenheit: nicht genug falsche Demut. Aber in seiner geduckten, zurückhaltenden (vielleicht hier zu diskreten) Gestaltung lag etwas Rührendes. Er ließ leise – vielleicht der Absicht des Autors entgegen – auch die Tragik des ›echten‹ Propheten, des ehrlich Verirrten, anklingen. Toni Impekoven – das braucht hier

wohl kaum betont zu werden – ist ein prachtvoller Komiker. Und mehr: wenn man sich an seinen kernigen Oberst Kottwitz im ›Prinzen von Homburg‹ erinnert. Aber er ist kein ›Kilian‹. Den großen Prozeß vom bildenden Handwerker zum exzentrischen Propheten und dann wieder zum Zurechtgerückten, zur gewitzten Natur: versuchte er durch eine uniforme Haltung zu bewältigen. Ohne Entwicklung, ohne tragische Atmosphäre: ermüdete und verwirrte er. Er spielte immer nur den lustigen Handwerker, dem er allerdings seine saftigsten Farben. gab. Doch er spielte sie am Kern des Werkes absolut vorbei. Er war der entscheidende Mangel dieser Aufführung.

Die Zuschauer gingen von der ersten Szene an interessiert mit. Es gab Beifallsstürme bei offener Szene. Man wird danach sich kaum täuschen, wenn man annimmt: daß dieses Werk – nach Ausmerzung einiger Längen – sich lange im Repertoire halten wird.

Staatliches Schauspielhaus Berlin
Alfred Kerr, Berliner Tageblatt 3. 2. 1927

I

Vielleicht waren es die älteren Stammgäste des weiland Kgl. Schauspielhauses, noch von anno Hülsen übrig, welchen das gedehnte Stückchen dieses modernen Schriftstellers gar herzich gefiel. Indem es Auswüchse der heutigen Kulturstrebungen, also: geißelt. [...]

II

Vielleicht erinnerten sich die Fortgeschrittenen und Modernern, daß in den ›Précieuses ridicules‹ nicht ein Buchbinder, sondern ein Lakai die Gesellschaftsgänse narrt...

Man sagt sich dabei: Molière in der Gegenwart nachgemacht, statt in die Gegenwart übersetzt.

Das ergibt: Fulda, wo ist dein Stachel!

III

Immerhin: wenn einer die ersten Undramen dieses Autors bedenkt: so ist sein Wille zur Einkehr fühlbar. Zur Konzentration. Zum Stück. Zum Zuckmayer. Ein deutlicher Zug zur Verzuckmayerung.

Kornfelds erste furchtbare Werke, Zerflossenheiten mit reinem Quatsch, waren von Buchbinder-Enthusiasten umgedeutet. Seine größte Komik hat er nicht geschaffen, sondern ... erlebt. Sondern ahnungslos bewirkt. Jetzt schrieb er, wie reuevoll, sich selbst. Und seine Anerkenner. Seine Ernstnehmer.

Doch sogleich mit beginnendem Heimweh nach dem Fulda. Mit vernünftigem Entschluß zum Zuckmayer. »Es ging zu rasch«, sagt (glaub' ich) Mariamne.

IV

Wie eine Taube, der man Großgehirn und Kleingehirn entfernt hat, immer noch pickt; immer noch Reflexbewegung macht; mit Rückfällen in den ehemaligen Zustand: so pickt mein verzuckmayerter Kornfeld (mein darum etwas erhöhter Kornfeld) noch immer nach jenen Vertiefungen, auf die man eine Sache deichselt, wenn man sie, dramaturgisch, nicht kann.

Folgendermaßen.

V

Es entspinnt sich zwischen dem Buchbinder und dem berühmten Philosophen eine Zwiesprach': worin (o, Pirandello) der Buchbinder zum Philosophen

wird, der Philosoph zum Buchbinder. Schein und Wahrheit. Das Leben ist eine Kettenbrück'.
Der Buchbinder zum Philosophen: weil er angeblich genau dasselbe sagt, schlicht aus dem Volk, was jener in berühmten Schriften geäußert.
Wenn aber, Kornfeld, nun der Philosoph kein Scharlatan wäre? Sondern ein wirklicher Kerl, wie ja heut' auch welche vorkommen: was, Kornfeld, dann? Muß er ein Scharlatan sein, um die Gegenwart zu kennzeichnen? Kornfeld wird sagen: um die Gänse zu kennzeichnen.
Aber die älteren Stammgäste des Schauspielhauses, noch von anno Hülsen übrig... (cf. oben).
VI
Man ist kein Unmensch. Alles das ließe sich trotzdem in einen Schwank bringen, um den keiner pedantenhaft rechten wollte: wär's ein gutgebauter Schwank.
Aber Kornfelds Erlustigung ist: was immer noch Angestückeltes. Was Schleichendes. Was Naheliegendes. Und was Blitzloses... Alles darf ein Ding sein: nur nicht blitzlos.
Redlicher Kornfeld.
VII
Waren die älteren Stammgäste des älteren Schauspielhauses nicht auch von der Technik dieses Stückes wohltuend angeheimelt? Kornfeld arbeitet mit jenem Monolog – der nicht etwa Stimmungen durchblicken läßt, sondern Mitteilungen an das Parkett macht. Gutegute alte Zeit. [...]
VIII
Sonst fiel mir folgendes auf:
Dramatiker machen oft »spaßige«, »witzige« Äußerungen, die nicht spaßig, nicht witzig sind – jedoch auf der Bühne belacht werden.
Ein Nichtdramatiker schenierte sich, sowas hinzuschreiben. Allzu anspruchslos...
Der Dramatiker wird einwenden: »Ja, meine Leute sind keine Schriftsteller, sie machen also nicht Späße wie Menschen im Alltag«... Hm. Das, das, das ist offenbar der Grund, weshalb ihr nicht witziger seid.
(... schenieren!)
IX
Denn sie sind halt produktiv. ›Kilian oder: die gelbe Rose‹: das ist ein Typus der produktiven, der literarischen Verwechslungsposse. (Nämlich, was arg unter einem Durchschnittsfranzosen bleibt.)
Guckt jeglichem Dramatiker vorurteilslos in die Seele. Vertiefung ist ein Entschuldigungszettel für Nichtkönnen.
X
Die Darstellung. Ein Spielhüter, der stark ist (Herr Engel war es öfter sonst), hätte zugleich ein Kürzer, ein Kapper, ein Streicher sein müssen – grausamentschlossen gegen den Dichterich.
Bei dieser übertünchten Rückkehr zum Ältesten war etwa der billigen Übertreibung des Schauspielers Florath abzuwinken. Engel hat ihn geduldet oder bestärkt.
Frau Sussin: geschmackvoll, doch wie unüberzeugt. Ihre Tochter, das vielleicht feine Fräulein Ellen Herz, im Gehab glücklich, im breiten Gewand unglücklich... Der junge Schnitzler, Sohn Arthurs, takt- und reizvoll als Achtzehn-

jähriger. Herr Paul Apel, bürgermenschlich. Frigga Braut mehr Panoptikum als Bühne... Soll ich weiter aufzählen? es ist für die Entwicklung des Menschengeschlechts ziemlich wurst.
Also: Franz Weber, Wolf Trutz, Erwin Faber; dann, wie von der Straße gewinkt, Aribert Wäscher, exakter Dozent. So. Und Tiedtke?

XI
Tiedtke, Leser, bleibt für sich betrachtet was kostbar Behäbiges aus Deutschlands Nordbezirk. Von Damen jedoch mit allem rechtschaffenen Bierton als erwünschter Salonphilosoph genommen: das ist schwer schluckbar. (Der Grad der Komik wüchse mit dem Grad der Verwechslungsmöglichkeit.)

XII
Der Komik? Ein Wille zu ihr bestand. Wie der Wille zum Stück. Ja, nach Kornfelds wusthaftem Anfang der Entschluß zur Dämmerung.
Die wahre Kraft zum Zuckmayer birgt erst sein künftiges Werk.

Gerhart Hauptmann Dorothea Angermann

Uraufführung: Theater in der Josefstadt, Wien, 20. November 1926
Regie Max Reinhardt

gleichzeitig:
Kammerspiele München, Schauspielhaus Leipzig, Thalia-Theater Hamburg, Stadttheater Barmen-Elberfeld, Landestheater Braunschweig u. a.
Deutsches Theater, Berlin, 18. 10. 1927, Regie Max Reinhardt

Die Geltung Gerhart Hauptmanns wuchs unabhängig von den halben- und Miß-Erfolgen seiner großen Tragödien auf dem Theater. Hauptmann repräsentierte das geistige Deutschland, er erhob seine Stimme in politischen Fragen. Dem neuen Stück, von dem es hieß, es setze den Stil der naturalistischen Tragödien fort, brachte man nach so vielen Enttäuschungen neue Erwartungen entgegen. Viele Theater buchten das Stück, um sich der Uraufführung in Wien anzuschließen, ohne daß sie es kannten. Auch Reinhardt kannte es nicht, als er es annahm (s. Briefwechsel Barnay–Bloch-Erben im ›Berliner Tageblatt‹ vom 29. 5. 1926). Eine Massenuraufführung und durchweg: eine Enttäuschung, in Wien wie in München, wo der Fortgang des Spiels immer wieder unterbrochen wurde: eine junge Generation erwartete vom Theater anderes als das ›alte‹ Drama. »Ich sehe noch den weißhaarigen Gerhart Hauptmann, wie er nach der Premiere [...] von Pfiffen begrüßt wurde. Er lächelte nachsichtig [...]. Wir waren einfach dagegen [...], weil es ein naturalistisches Stück war. Wir sahen Rückschritt, Reaktion darin. Wir waren für die Neuen und Jungen und hielten das Alte für erledigt [...],« schrieb später Siegfried Melchinger, der unter den Pfeifern bei der Münchner Premiere war. Was mit der Uraufführung an sechzehn Bühnen eine Huldigung des deutschen Theaters an Hauptmann sein sollte, provozierte vor allem die neuen Erwartungen an das Theater. – In Wien wurde die Aufführung der ›Dorothea Angermann‹ bald durch Reinhardts Inszenierung von Maughams ›Victoria‹ abgelöst. – Erst als Max Reinhardt ein Jahr später ›Dorothea Angermann‹ in einer zum großen Teil neuen und erstrangigen Besetzung mit Helene Thimig, Werner Krauß, Friedrich Kayßler, Kurt Homolka am Deutschen Theater in Berlin inszenierte (18. 10. 1927) gab es auf Grund der schauspielerischen Leistung – einen Serienerfolg. ›Pastor Angermann‹ sagte man bald wegen der stupenden Darstellung des Pastors durch Krauß. Fechter schrieb nach der Berliner Premiere: »Es gab einen äußeren Erfolg: es gab eine schlimme innere Niederlage« (›Deutsche Allgemeine Zeitung‹, 19. 10. 1927). Ihering war noch härter: »Die ganze Menschenschicht, aus der das Schauspiel gewachsen ist, scheint dramatisch verbraucht, die Konflikte abgenutzt, die Handlung kahl gefressen. [...] Ein Museumsabend trotz einer meisterhaften Aufführung!« (Berliner Börsen-Courier 19. 10. 1927).

Theater in der Josefstadt
Oskar Maurus Fontana, Der Tag, Wien, 21. November 1926

Einmal sagt Dorothea Angermann: »Dabei ist mein Schicksal eine ordinäre Alltäglichkeit.« Aber sie setzt hinzu: »Wer sie erlebt freilich diese Alltäglichkeit, trägt nicht leicht.« Diese beiden Sätze bestimmen das Gesicht des Schauspiels und sein Inneres.
Es ist eine Alltäglichkeit, dieses Fallen eines Menschen, dieses Aneinander-Vorbeischwatzen der anderen und Flüchten in ihre Geschäfte, Ehen, Sicherheiten. Aber alle Höllen, alle Verdammnisse, alle Martern können in dieser Alltäglichkeit sein. Das wollte Hauptmann geben (heute wie immer): Den Menschentag, drunter das Fegefeuer seiner Schmerzen und drüber den Himmel der Erbarmung. Doch sind die Voraussetzungen dieses Falles (Verdammung Dorotheas wegen eines unehelichen Kindes) fast nur noch historisch zu erfühlen, wie die wunderlichen Verwicklungen und Ineinanderknotungen der verschiedenen Leben als Romantizismen überraschen und nicht als Notwendigkeit zwingen. Aber vielleicht ist auch dieses Absicht (wenn auch nicht aus der Absicht befreit), zu zeigen, daß wir von Zufällen hin- und hergeworfen werden, daß wir zu unserem Leben nichts dazutun können, nicht einmal die Sinngebung eines höheren Schicksals. Die Frage ist: »Sind wir für das, was mit uns geschieht, verantwortlich? Der Zufall, andere nennen ihn Vorsehung, ist verantwortlich.« Der es sagt, zu Dorothea sagt, ist ein Schiffbrüchiger des Lebens, einer derer, die in diesem Schauspiel den sicheren, klugen, oberflächlichen, schwatzenden Hinaufgelangten gegenüberstehen. Dorothea Angermann, ein junges, strahlendes Geschöpf, Tochter eines Gefängnispastors, sank und strandete wie Gottfried Bürgers Pfarrerstochter von Taubenhain: weil ein Kind plötzlich anzukommen drohte ohne den Segen der Kirche. Das ist ein Verbrechen, das glücklicherweise immer weniger ein Verbrechen wird, weshalb Hauptmann das Geschehen klugerweise in die neunziger Jahre zurückverlegt. Der Pastor zwingt seine Tochter, den Verführer, einen Koch (denn das Unglück geschah in einem Gasthof, wo Honoratiorentöchter in der Kochkunst unterwiesen wurden) zu heiraten und mit ihm nach Amerika zu gehen. Aber da ist noch der jüngere Sohn des Gasthofes, Doktor, Bibliothekar. Er möchte Dorothea zur Gattin haben, auch sie liebt ihn. Aber sie hat nicht den Mut, ihm das Geschehene zu sagen, und er nicht die Überwindung des Selbstischen, danach zu fragen. In Amerika ist auch sein älterer Bruder, der sich in

der Heimat nicht vertrug und den die Fremde zerbrach. Es geht gegen Weihnachten, ein Schneesturm tobt, der Hunger ist nahe, da erscheint Dorothea als fremde Dame, möchte den Geruch der Heimat spüren, bricht auf im Schmerz dieses einen Jahres, das sie durch die Gossen geschleift, ihr allen Schmutz, alle Schande unserer Gesellschaft aufgeladen hat, und verschwindet plötzlich: eine Fledermaus des Unglücks. Ebenso plötzlich ist auch der Doktor und Bibliothekar, inzwischen Professor geworden, da, in diesem Jahr ist die Mutter gestorben. Er bringt dem Bruder dessen jüngsten in Schlesien zurückgelassenen Sohn wieder und sucht Dorothea. Mit Recht beschließt der amerikanische Bruder diesen Akt mit den Worten: »Was sagst du zu einem solchen Vormittag? In Nacht und Sturm, in Sturm und Schnee etwas ganz dicht, ganz nah zu fühlen, etwas wie das greifbare Walten einer Vorsehung.« Auch der Zuschauer, dem »ein deutliches und fast wunderbares Walten der Vorsehung aufgedrängt« wird, fragt sich erstaunt: »Was sagst du zu einem solchen Vormittag?« Die seltsamen und überraschenden Begegnungen, die sich vom dritten Akt an häufen, werden mit der wiederholten Versicherung, die Welt sei unendlich klein, begründet. Es geht einem damit wie mit der Vorsehung. Das erste Mal glaubt man's, beim zweiten Male stutzt man, beim dritten Male merkt man die raschen Nähte, die ein undichtes Gewebe schließen sollen.

Dorothea scheint ›gerettet‹ zu sein. Schon ist es so weit. Aber als die Brüder den Koch, ihren Mann, Zuhälter und doch Teil ihres Lebens prügeln, bekennt sie sich wieder zu dem Leben, das sie gelebt, und geht wieder zurück in Schmutz und Verbrechen, bis sie im fünften Akt, nur noch ein Wrack an den Strand der Heimat geworfen, stirbt. Noch einmal hat sie die Bürgerlichen gesehen, noch einmal hat sie ein wenig Liebe der verlorenen Existenzen gewärmt, noch einmal bricht ihr der Vater das Herz. Die Heimkehr vom verlorenen Sohn steht nur auf dem Papier, fühlt sie, »das Leben hat keine Zeit dazu..., das Leben selbst ist die Brutalität. Leiden – ein Schicksal macht anspruchsvoll!« Und so stirbt sie, und ihre letzten Worte sind: »So allein – so allein – so allein!«

Mitleidsdichtung. Man kennt ihre Grenzen und ihre Höhen aus dem gesamten Werk Hauptmanns. Man kann auch an diesem Werk das Bröcklige der dramatischen Gestaltung, die Willkürlichkeit der Psychologie, das im letzten Sinn Resultatlose, das Nachgiebige seiner unkämpferischen Natur, das Wiederholende in der Technik, das Neblige seiner höheren Welt feststellen. Dennoch immer wieder überwältigt ein Wort, ein Satz, schwer vom Leid des Lebens, überwältigt das Streicheln seiner Augen und Hände, erkennend die Vergeblichkeit allen Tuns, überwältigt sein erbarmendes Wissen um die Hilflosigkeit der Kreatur, um das ihr nicht helfen können, überwältigt die Kraft, Einzelleben bis zur Plastik sichtbar werden zu lassen. Gewiß, das Klavier der Mitleidsdichtung ist verstimmt, es steht schon unter dem Bodengerümpel der Zeit, aber auf diesem verstimmten Klavier spielt Gerhart Hauptmann trotz gerissener Saiten und unreiner Töne noch immer eine (im ganzen) hinreißenden Sonate von der Armut der Armen und der Armut der Reichen, von der Armut der Menschen.

Das Stimmungshafte in Hauptmanns Werk: Das Katz- und Maußspielen zwischen Dorothea und dem Koch, das Geständnis Dorotheas vor ihrem Vater, das Auftauchen und Verschwinden in Amerika wie ein Unglücksschatten, Schneesturm, Flüstern, Kommen, Überraschungen – all dies Stimmungshafte

bringt Max Reinhardts Inszenierung von außen her nahe. Die innere Melodie des Dramas: das Verlorengehen einer Kreatur klingt nur dünn auf. ›Dorothea Angermann‹ müßte entweder als Volksstück oder als Ballade gespielt werden. Da sich Reinhardt weder für das eine noch das andere entschieden hat, fehlt den in manchen Einzelheiten labilen fünf Akten die starke Stütze einer eigenen Vision des Spielleiters. Reinhardt ist diesmal mehr Illustrator als Schöpfer. Woran auch einige Notbesetzungen nicht ganz schuldlos sein dürften. Wozu auch die überhetzte Einstudierung beitragen dürfte. Reinhardt braucht Zeit. Eine Inszenierung wie die seiner ›Victoria‹ lebt davon, daß jede Charge, jeder Winkel des Spiels in vollem Licht daliegt. In der Aufführung der ›Dorothea Angermann‹ dunkelt noch mancher Schatten.
Wohl ist auch hier Max Reinhardts Kraft, den Schauspieler vorzutreiben, ihm seine letzten Möglichkeiten zu geben, zu spüren. Was er aus Dagny Servaes herausholt, ist erstaunlich viel. Das dünne, zerflatternde Lachen, das er ihr am Schlusse ihres Lebens gibt, das allein verrät schon die Kraft eines außerordentlichen, mit den schauspielerischen Möglichkeiten arbeitenden Regisseurs. Nur kann er der Servaes den Überschuß an Vitalität oder Herzinnigkeit (von beiden Seiten wäre der ›Dorothea Angermann‹ beizukommen) nicht geben. Dagny Servaes spielt daher schon von allem Anfang die Nervosität der Gesunkenen. Die Fallhöhe fehlt. Das, was geschieht, ist Zerstörung eines Menschen. Bei der Servaes sieht man nur die Zerstörung, nicht den Menschen.
Homolka gibt dem Koch und Verführer saftige Farben der Gemeinheit, des Plebejertums. Aber die Gestalt bleibt im Komischen, im Liebenswürdigen stecken. Das Gefährliche, Drohende, Urdunkle, das dieser Gestalt bei Hauptmann im Sexuellen und im Lebenskämpferischen flackernde Größe gibt, teilt sich durch Homolkas Darstellung nicht mit. Er ist Vorstadt, nicht Unterwelt.
Pastor Angermann ist Stahl-Natur. Theatersicher. Routiniert. Aber wo sind die vielen kleinen Lichterchen, die diese Figur überhuschen, wo ihre Zwischentöne? Stahl-Nachbaur gibt das Gesprochene, aber nicht das Ungesprochene.
Das hat in vollem Maße Friedrich Kayßler. Sein Auswanderer, sein vom Lebenszufall zerbrochener, seine Deutschheit, seine Herzhaftigkeit hat jenes Mehr, das nicht zu spielen ist, das man einfach haben muß. Ein Kerl steht auf der Bühne, ein Landsknecht des Lebens.
Reinhardts aneifernden Willen, seine Prägung merkt man auch Herrn Dirmoser und Herrn Henckels an. Doch bleibt bei Dirmoser alles Schule, Anweisung des Spielleiters. Wo er seine Mittel einsetzen muß, kommt die übliche Type des Büchermenschen heraus, wie sie auf dem Theater üblich ist. Herr Henckels dagegen gibt seinem Sträfling und Kunsthistoriker Nähe des Erlebnisses, Gestalt eines Menschen.
Im Dunkel einer Loge saß Hauptmann, vornübergeneigt den großen weißen Kopf, und sah, die Augen weit aufgerissen, den Mund ein wenig offen, dem Spiel zu. Ein Kind blickte in eine Wunderwelt, die dem, der erkennt, um zwölf Uhr nachts erkennen muß, leider nicht immer eine Wunderwelt sein kann.

Deutsches Theater Berlin
Monty Jacobs, Vossische Zeitung, Berlin, 19. 10. 1927

Am Dienstag: ›Dorothea Angermann.‹ Das ist ein Gerhart Hauptmann, der diese Treue auf die Probe stellt. Wer ›Florian Geyer‹ in Wahrheit liebt, ist dem Schöpfer des neuen Dramas Ehrlichkeit schuldig. Als Reinhardt uns vor Jahresfrist nach Wien zur Uraufführung lud, habe ich hier seinem, unserem Dichter die peinliche Pflicht dieser Ehrerbietung erweisen müssen. Inzwischen hat die Aufführung, aber leider nicht das Drama, an Vollendung gewonnen. »Das Stück spielt in den neunziger Jahren des vorigen Jahrhunderts.« Es ist also ein historisches Schauspiel aus jener Zeit, da die Frauen lange Röcke trugen und die Familienväter noch ihre Töchter wie Leibeigene in ihr Lebensschicksal zwingen durften. Von diesem Zwang lebt der stärkste, der unbedenklichste Akt, ein Sudermannscher Reißer. [...]
Dieser Akt hat hier wie in Wien am stärksten gewirkt. Kein Wunder. Aber daß die Ovationen Dorothea Angermann auch nach der Pause bis Amerika begleiteten, in ein völlig neues Drama hinein, das ehrt die Fähigkeit eines treuen Hauptmann-Publikums, im Schöpfer dieser Dorothea immer noch den Dichter des ›Florian Geyer‹ zu erblicken. [...]
Hauptmann selbst hat sein neues Werk im voraus unbarmherzig kritisiert, als er ›Rose Bernd‹ schuf. Denn dieser Prachtkerl von einem Bauernweibe lebt sein Mädchenschicksal, ohne in das Tränenbecken der Sentimentalität zu fallen. Gestern aber kritisierten die Schauspielerinnen Dorothea Angermann noch unbarmherziger, indem sie die kurzen Röcke unserer Tage anlegten. Gibt es bei Frauen dieser Tracht noch Väter, die ein Menschenleben mit einem Befehl zerstören, Ehemänner, die ihre Frauen in die Hölle jagen dürfen? Was geht uns Pastor Angermann, was geht uns der Koch Mario an? [...]
Wenn das Drama gestern, seiner papierenen Sprache zum Trotz, lebendig wurde, so hat Max Reinhardt ein Belebungswunder vollbracht. Seine Wiener Inszenierung war nur ein Entwurf, in abgehetzter Eile hingeworfen. Gestern aber war die Vollendung erreicht. Ein Winterabend im Pastorenzimmer, Dämmerung, ein Mensch vor der Lebensentscheidung, der nervös ans beschneite Fenster klopft – das ist der Vorklang einer schlimmen Stunde. Ein einsamer Schläfer im amerikanischen Blockhaus, ein Klopfen an der Tür, ohne Erfolg, die Tür öffnet sich, Stimmen wispern und raunen, Frauen kichern, unterdrücktes Kinderlärmen, ein Bruder nähert sich dem Schlafenden, die Kerze in der Hand, wandert behutsam zur Tür zurück, kommt mit einem Kinde wieder, das beim Lichtschein seinen unbekannten Vater betrachtet. Der Schläfer schlägt die Augen auf, Erkennen, Wiedersehen unter Schluchzen und Lachen – das ist der Höhepunkt eines der vielen Romane, die hier zusammengefädelt scheinen.
Bis in die kleinste Rolle hinein Vollendung. Eine alte Amme wird Frieda Richards mütterlicher Seele anvertraut, Pastor Angermanns zweite kindliche Frau bietet Toni van Eycks Talent Gelegenheit, in einer undankbaren, fast stummen Rolle ehrenvoll einen Schicksalsmoment zu bestehen. Aus der Wiener Aufführung sind Kayßler und Homolka geblieben. Kayßler als der amerikanische Bruder, ein Mann, ein Deutscher, ein Schmerzensträger von wundersamer Macht über die Herzen. Homolka, der Koch Mario, eine wahre Explosion aller schäbigen, feigen, tückischen Instinkte, ein eruptiver Mensch, dem

man nicht im Dunkeln begegnen möchte, gedrungen, tänzelnd, zynisch, im Galgenhumor eines Herzens, das mit sich zufrieden ist, in der Deckung von seelischer und körperlicher Gemeinheit jetzt viel ausgeglichener als in Wien.
Dazu stoßen als neue Erscheinungen Werner Krauß als Pastor, Mathias Wiemann als Philologe. Wiemann, Naturbursch mit melancholischem Vorzeichen, spielt diesen Pedanten mit den unsicheren Schritten und mit dem sicheren Gefühl, echter als irgendein Rivale. Krauß aber füllt, als Seelsorger mit masurischer Lebensfreude, die Stube mit ungeheurem Geräusch, ein robuster Familienvater, der einen Bratenrock, einen blonden Vollbart, eine goldene Brille tragen muß, der beim Anstoßen mit dem Weinglas aus Überzeugung »Prösterchen« sagt. Er würde den Koch zur Unterschrift unter das Eheversprechen auch ohne verschlossene Tür zwingen, einfach durch Ströme der Brutalität, die aus Kraußschen Tiefen brechen, und er hat am Schluß eine Hand, die den eigenen Mund verschließt, eine stumme Geste des Zusammenbruchs einer Welt.
Neben diesem Wunder eines Vaters, steht das Wunder einer Tochter. Helene Thimig hat ihre Verehrer nicht überrascht, als sie in einer stillen Passion, wie ans Kreuz genagelt, ihr Schicksal im väterlichen Zimmer hinnahm. Aber sie schien in eine neue Herrlichkeit hineinverzaubert, als sie sich gegen dieses Schicksal auflehnte, in einer Bitterkeit ohne Schärfe, in einem tränenlosen Schmerz, in einer wahren Raserei des Leidens. Ihre Abrechnung mit dem Vater am Schluße, die Abstrafung eines aufreizend Gesunden durch einen Schatten, ist nur die letzte Steigerung eines Menschentums, dessen Folgerichtigkeit, dessen geschlossene Wucht man Hauptmanns Figur wünschen möchte.
Im Lessing-Theater Käthe Dorschs Räuber-Julchen, im Deutschen Theater Helene Thimigs Dorothea – wie reich sind wir!

Alfred Kerr, Berliner Tageblatt 19. 10. 1927
I
Wer in diesem lässig, oft staunenswert lässig und breit zusammengeschriebenen Trauerspiel das Genie nicht wittert, der wird mich kaum versteh'n in allem, was nun darüber zu sagen ist.
II
Es wird sehr leicht, Angriffspunkte zu finden. Minder leicht: zu gewahren, worin dieser stärkste Gestaltenkneter über seine mächtige Vergangenheit empordringt.
Wer diesen Koch, dieses Mädel, die Verstrickungen beider, das Hinüberspielen in eine Bürgerschicht, dies Gleiten und Verweben von Menschenschicksalen in einer Gruppe (mit allen Bequemheiten, Längen, wahllosen Zufällen, ja Schlampereien) schuf – dieser Dichter hat seinesgleichen in der Gegenwart bestimmt nicht.
III
Das schuf ein Genie.
[...] Da gingen die Wiener, vor einem Jahr, nicht mit. Wohl aber nun die an der Spree jahrzehntelang in der Erkenntnis Gehärteten, Geschulten.
Das wäre der Unterschied zweier Aufführungen.
(Dorothea ... sie hält zu dem, der ... zuhält. An dieser Wendung birst ihr Glück – zum letztenmal.

Schließlich, in einem Gärtchen bei Hamburg, haust sie eine kurze Weile noch
... und erlischt.)

IV

Notwendig schien mir damals in Wien,»von den fünf Fünfteln des geschriebenen Buchs unbeirrt zweieinhalb wegzusäbeln«. Denn es ist in den Worten keineswegs erste Wahl.
Jetzt wurde viel gestrichen; sehr zum Besten des Eindrucks. Für mein Gefühl noch lange nicht genug.
Wie kann man etwa folgendes heute stehn lassen? Es geht, geht, geht nicht, daß jemand in Amerika, längst ohne Zusammenhang mit der Familie, scherzend-ahnungslos auf den Brettern äußert: der Bruder werde wohl aus Europa kommen, ihm den jungen Sohn bringen, – und daß kurz hernach dieser Bruder mit diesem Sohn aus Europa wirklich eintritt. Selbstverständlich, derlei zu kappen.
Derlei war noch nicht gekappt. Aber die Gesamtwirkung schwoll hoch darüber hinaus. Warum? Weil, in allem Schleppenden, in aller ›just‹-Technik, in aller Willkür und Schlamperei des Baues ein Schöpfer sichtbar wird. Mit allem Verzweigten, Verteufelten, Heimlichen, Unterflächigen, Vielfältig-Starrenden, Seherischen des Menschenmeisters, – der über seine Jugendkraft und sein Allerbestes hier zwischendurch emporwächst.
Die Ordnung: matt. Das zu Ordnende: ganz hochstehend; ganz vereinzelt.

V

Schon in Wien hat Reinhardt zwei Dinge vermocht: das Tempo geschärft; die Striche getätigt. Heut zwar Striche noch immer nicht genug – aber alles wundervoll gesteigert.
Es sitzen nicht sämtliche Tüpfel auf sämtlichen i's; es läßt sich eine dritte Regiefassung denken, die er vielleicht machen wird: aber die Art Reinhardts, noch Halb-Episches zu dramatisieren, noch Stockendes zu befeuern, noch Rastendes zu peitschen, ist bewundernswert.
Er hat im Grunde getan, was die Vorgeschrittenen tun, die Avantgarde der Regie: das Manuskript als Unterlage betrachtet. Sogar das Manuskript dieses Menschen.

VI

Die Darsteller ... wo soll man anfangen? Kayßler, welcher den älteren der zwei Brüder macht, wirkt zwar auf das Parkett hier wie in Wien stärker durch die sentimentale Falte vom Mundwinkel zum Nasenwinkel – doch auf die Stärkeren stärker durch die Haltung am Schluß: wo er barsch, floskelfrei, schicksalsgefaßt wird.
Seine Frau: Charlotte Schultz; die wenig zu spielen hat, – sie wird als Mitspielerin ergreifend bemerkenswert. Die kleine Toni van Eyk heute prralljugendliche Pastorsgattin, ist um einen Hauch zu drrramatisch. Die Eysoldt und Frieda Richard prachtvoll in Beigestalten, von unauffälliger Wahrheit.

VII

Wiemann hat den jungen Gelehrten von der Stadtbibliothek in Breslau nicht nur verleiblicht, sondern ... ihn auch manchmal gehißt: in etlichen Bewegungen. Er ist nicht unbeobachtet. Sondern macht Beobachtern etwas klar.
Hier war in Wien Dirmoser vielleicht eher zurückhaltend. Wiemann (beinah mit Gesichtszügen des verstorbenen, uns wertvollen Georg Reicke) hält im Erinnerungsbild am nächsten Morgen trotzdem stand.

VIII

Homolka: skeptisch-ordinäre Selbstgefälligkeit, bei frecher Parodierlust; anziehend-abstoßendes Stücke Pöbel; zwinkernd, funkelnd; halbbewußt – und in vollem Saft. Der Koch. Er ist hier so hinreißend wie vor einem Jahr in Wien. Ein Spielgipfel des (reichen) Abends.

IX

Kommt Krauß. Damals blieb der erkrankte Stahl-Nachbaur dem Pastor Angermann vieles schuldig. Krauß wächst... zwar nicht aus der ostpreußischen, sondern (für ein zweifelndes Ohr) wohl aus der pommerschen Erde. Rustikaler Sohn mit leiblich-festem Triebsystem. Blond bis auf Kragen und Augenglas. Stattlich. Provinziell-kernhaft. Treuer Blick.
Zuerst spielt Krauß vielleicht ein bißchen Sudermann, mit leicht erzielbaren Wirkungen, – aber am Schluß, wenn das Unglück da ist (für ihn zunächst kein großes Unglück): da schwillt sein Antlitz kostbar zu einer verdutzten, überwältigten, fassungslosen Röte ... wie das eines vom Schicksal überraschten, wild getroffenen Menschen. Das alles muß man sehn.

X

Dagny Servaes in hohen Ehren; anno Wien. Jetzt steckt in der Dorothea die Thimig. Das ist ein besonderes Kapitel.
Entzückend im Beginn als wahre, deutsche, leckere Pastorstochter. Das Weiblichste, Blondeste, Mädelhafteste. Wunderbar dies verkniffene Lachen der sauberen Schlesierin auf der Kochschule – wenn sie schon vom Gram angefressen ist... aber nicht widersteht und lachen muß; sie kann sich's nicht verbeißen, wenn der gehaßte Halunke spaßig gurrt und guckurruut. Sie lacht, in einem sehnsuchtsvollen Augenblick, wo sie ihr Leben verloren sieht; ein Schicksalsdrama.

XI

Die Thimig steht, schlechthin genial, dann als ein gereifteres Wesen von guter Herkunft (zweiter Akt) mit einem werdenden Kind im Leib da. Nicht nur der Zuchthäusler Dr. Weiß (Paul Henckels, der wieder prachtvoll deckend ist), sondern der Zuschauer gewahrt hier fast mit physischem Nachempfinden das körperliche Geheimnis dieses Mädels. Alles das ersten Ranges. Von einer Menschlichkeit und Feinheit – für die man bloß zu danken hat.

XII

Die Thimig hat im folgenden einen Schritt hinausgetan über ihr bisher Bekanntes. Eine »Gesunkene« ... Bei ihr wandelt sich die Tochter aus Schlesien – nicht in ein schlechtweg zerrüttetes Straßentier. Sondern man fühlt, um ein paar Grade stärker, Überbleibsel – in aller flackernden Berufshysterie, bei aller beruflichen Lockenfülle. Das ist ohne Spur von Sentimentalität erschütternd.

XIII

Dann (am größten, sonderbarsten Punkt des Werkes, im vierten Akt), ist sie etwas zu sehr ›Schrei‹, wenn sie – an diesem verteufelten Kreuzweg der Dichtung – sich für den mißhandelten Zuhälter entscheidet; schon siriusfern vom Bürgertum, das ihr ein verblichenes Paradies ist... Hier wird mir die Thimig zu sehr ›Schrei‹ (nur über meine Leiche), statt pathosleeren Dirneninstinkt zu weisen, der unfreiwillig in ihr so gewachsen ist – wie vordem das Kind von dem Kerl.
Aber zuletzt ...

XIV
Zuletzt, im Ruhestadium vor dem Hinübergehn, kehrt etwas von dem ehemaligen Tochterantlitz wieder – zerbleicht und entwest. Ein gewesener Mensch.
Das alles ist hervorragend.
So erlischt sie. Was? Betontes? Sprunghaft manchmal? und »einsetzend«? Ja: dies Schillernd-Zuckende, nämlich etwas zwischen Bürgermädel und prostituierter Morphinistin, gehört ja zum Handwerk, nicht der Darstellerin, sondern der Dargestellten.
Zu der neurasthenischen Verwirrung einer geschändeten Harmlosigkeit...
vormals aus Liegnitz.
Sie ist ja bloß eine kleine Hure. Nur eine mitteldeutsche Anfängerin – mit Merkmalen der Gewöhnung... Und zuletzt ein gewachsener, gestiegener, schmerzüberlegener Mensch, der endlich die Welt von oben sieht – und sich davonmacht.

XV
Nicht in allen leicht erkennbaren Wirkungsspielern lag das Wesentlichste des schwer vergeßbaren Abends – sondern, letztens, in dieser Frau.

Shakespeare   Hamlet

Staatliches Schauspielhaus Berlin, 3. Dezember 1926, Regie Leopold Jeßner

Politisierung der Klassiker: Unter den Versuchen, die klassischen Stücke zu aktualisieren, hatte Piscator am Staatstheater mit den ›Räubern‹ (s. d.) ein heftig umstrittenes Muster gegeben. Jeßner brachte (nach seiner Inszenierung von Kleists ›Amphitryon‹ 4. 9.) mit dem ›Hamlet‹ das zweite. Auch Jeßner sprach nun vom politischen Theater, politisch, »insofern es auf Probleme der Gegenwart antwortet«. Er entrückte seine Definition zwar jeder parteipolitischen Bindung, aber er zielte doch gegen politische Kräfte. Es wurde ein Hamlet gegen die Monarchie und (indirekt) gegen die deutschnationalen, monarchistisch gesinnten Gruppen. Jeßner war der Meinung, daß der Hamlet in diesen Jahren nicht mehr psychologisch gedeutet werden könne. Sein Regiekonzept hieß: »Es ist was faul im Staate Dänemark.« Er zeigte das Individuum in einem Macht- und Hofstaat. »Hamlet soll ausgehorcht werden. Und deswegen muß bei Jeßner verdeutlicht werden, wie aus allen Ecken und Winkeln das Ohr der Gegenpartei lauert« (Bluth). In Ophelia »wittert Hamlet das Werkzeug seiner Feinde«. Jeßner betonte ausdrücklich, daß alles, was er herausgehoben habe, in Shakespeares Text vorhanden sei. Die Inszenierung wurde auf langen Strecken eine aggressive Parodie der Militär- und Hofwelt. Die Rückkehr des Laertes »wurde zu einer Militärrevolte gegen Claudius aufgeputscht« (Fritz Engel). – Die politischen Anspielungen gingen so weit, daß der König Claudius nach der Schauspielerszene mit einem durch Schlaganfall gelähmten Arm auf der Bühne erschien. Das wurde als Hinweis auf den ehemaligen Kaiser Wilhelm II. verstanden. Englische Kritiker der Vorstellungen zogen (wie Hans Knudsen in den ›Preußischen Jahrbüchern‹ 1927, S. 124, berichtet) direkte Parallelen: Claudius = Kaiser Wilhelm II., Polonius = Bethmann-Hollweg. Daß vor allem die deutschnationalen Gruppen auf die Aufführung scharf reagierten und eine Interpellation gegen den Staatsintendanten Jeßner im Preußischen Landtag einbrachten, war das politische Nachspiel. Noch am 7. Mai 1927 sprach der Kritiker der ›Deutschen Zeitung‹, Richard Biedrzynski, von der »Perfidie« des ›Hamlet‹. Wie konträr die Urteile waren, zeigen die beiden Rezensenten des Berliner Tageblattes. Fritz Engel schrieb nach der Premiere: »ein unglücklicher Abend... Zwei Minuten findet man das komisch, für zweihundert ist es entsetzlich« (›Berliner Tageblatt‹, 4. 12. 1926). Kerr schrieb (am 7. 12. 1927 in der Rezension über Gerhart Hauptmanns ›Hamlet‹ [s. d.]): Der Kerngehalt des Hamlet sei ihm »lebenslang nie so lichtvoll erschienen« wie bei Jeßner. – Kortner, der Jeßner nicht für seine Stilvorstellungen gewinnen konnte, datiert von dieser Inszenierung ab seine Entfremdung mit Jeßner, dessen ›Hamlet‹ noch einmal ein aggressiver Ausbruch war.

Felix Hollaender, 8-Uhr-Abendblatt, Berlin, 4. 12. 1926

Dieser Leopold Jeßner – man mag gegen ihn sagen, was man will – ihn bejahen oder bekämpfen, wenn es nottut – ist doch ein Kerl. Seine gestrige ›Hamlet‹-Inszenierung, die gegen vier Stunden währte und das Publikum bis zum Schluß in Spannung hielt, hat es zur Evidenz erwiesen.
So eine saftige, von Witz und Einfall durchblutete Parodie habe ich seit Jahren auf der Bühne nicht erlebt. Diese Aufführung muß man gesehen haben.
Zu einer Zeit, in der das Schmutz-und-Schund-Gesetz zur Wahrheit und wir in einen Polizeistaat münden, wie er kaum unter dem Wilhelminischen Regime jemals bestanden hat, hält dieser Spielleiter der verflossenen Monarchie noch einmal einen unbarmherzigen Spiegel vor.
Den zufälligen Text der ›Hamlet‹-Dichtung nimmt er zum willkommenen Anlaß, ein strammes, unzweideutiges Bekenntnis für die Republik abzulegen. Unwillkürlich denkt man an jene atonalen Komponisten jüngsten Datums, die durch die Musik an sich wirken wollen und den Teufel um ihre textlichen Unterlagen sich scheren.
Also: Mit den ollen Kamellen früherer ›Hamlet‹-Aufführungen wird gründlich und ein für allemal aufgeräumt.
Vielleicht hat Jeßner persönlich niemals eine so feingeschliffene Klinge geführt wie an diesem denkwürdigen Abend. Kann man gründlichere Arbeit tun, als ›Hamlet‹ ohne einen Hamlet und ohne eine Ophelia spielen und lediglich von der eigenen Inspiration den Erfolg abhängig machen?
Und da das Resultat Jeßner rechtgibt – ist sein Verdienst doppelt zu bewerten, bedenkt man, daß noch ein Irrtum im Spiele ist, der Jeßner hinderte, alle Konsequenzen zu ziehen.
Für die Bühnenbilder war offenbar Th. Th. Heine vorgesehen. Versehentlich kam der diesbezügliche Brief in die Hände des Herrn Caspar Neher. Aber auch er hat's geschafft.
Er wählt ein Kostüm mehr modern als zeitlos und verlegt den großen Clou der dekorativen Ausstattung in jene Szene, die das enthüllende Schauspiel dem königlichen Paare vorführt. Hatte er vorher ein verfallenes, zugiges Fürstenschloß mit einem Thronsaal von spartanischer Einfachheit gezeigt, in dem Gespenster und Geister rumoren, so zaubert er in dem genannten Auftritt

plötzlich ein entzückendes Barocktheater des 18. Jahrhunderts vor unsere Augen.
Das Publikum ist erschlagen. Der erste große, spontane Beifall am Abend gilt dieser Dekoration – diesem Witz – diesem Anachronismus. Was kümmert es Jeßner, daß vagabundierende Komödianten das Schauspiel improvisieren. Seine Satire braucht den Einfall einer an sich unmöglichen Szenerie, um über das Gepränge einer Galavorstellung, wie wir sie etwa noch unter dem verewigten Herrn v. Hülsen erlebt haben, alle Laugen seines Hohns zu gießen.
Wie stellt das Bild sich dar? Oben in der isolierten Hofloge der Monarch und seine Gattin – unten im Parkett und in den Seitenlogen der ganze Hofstaat prächtig angetan. Die einen Moment hell beleuchtete Szene wird bei Beginn des Spiels plötzlich verdunkelt – nur das verbrecherische Königspaar und die agierenden Komödianten werden durch grelle Scheinwerfer herausgehoben – alles andere ist in gespensterhaftes Rembrandt-Dunkel getaucht.
Aber im entscheidenden Moment sitzt mit einem Male Hamlet in der Hofloge und übernimmt die Führung der grauenhaften Vorgänge. Aufrüttelnd und höchst einprägsam, wie dann der König und die Königin verstört in die Höhe fahren – und davonjagen – wie unten eine heillose Panik ausbricht, und mit unheimlichen Stakkatorufen alles durcheinander flüchtet.
Dies ist ein Höhepunkt des Spiels und einer Konzeption, die den Widersinn der Szenerie vergessen machte.
Es gibt aber noch andere Auftritte voll spukhafter Phantastik. Wenn beispielsweise Laertes und seine mitverschworenen Offiziere in schattenhaftem Aufzug bis zum König dringen, so wähnt man einen Moment Entthronung, Revolution und Umsturz zu erleben. Von diesen verschlagenen Gesichtern, von diesen kargen, drohenden Gesten geht Atmosphäre aus.
Und ein fast ebenso glücklicher Fund ist die zweigeteilte Bühne, auf der die Schlafgemächer des Königs und der Königin aneinanderstoßen. Hamlet hat nun Gelegenheit, die Mutter aus ihrem Bett zum Lager des buhlerischen Gatten zu schleifen. Freiheiten, die der Regisseur sich hier leisten muß, sind um des Einfalls willen ihm verziehen.
Gegen Ende des Dramas ein letztes erschütterndes Bild: Der verlöschende Prinz birgt seinen Kopf in dem Schoß der toten Königin – und der geheimnisvolle Zusammenhang zwischen Mutter und Kind wird im Sterben noch einmal versinnbildlicht. Ein Moment, groß gedacht – und groß gestaltet!
Diese Proben mögen Zeugnis ablegen für die schöpferische Kraft der Inszenierung.
Welches war nun der leitende Grundgedanke des Spielleiters? Offenbar, nicht nur die Tradition auf den Kopf zu stellen, sondern auch die kolportagehaften Vorgänge, in denen Mord, Gift und Totschlag Grundelemente sind – durch eine Dialogführung von letzter Simplizität zu dämpfen –, die übergrellen Ereignisse an sich sprechen zu lassen.
Sein Hamlet ist indessen Tartuffe und Talmudschüler in einer Person, wirkt mit dem semmelblonden, schütteren Scheitel, der schwarzen Joppe und dem greisenhaften Gesicht mehr wie ein hebräischer Schriftgelehrter denn wie ein dänischer Prinz. Ihm fehlt die Noblesse. Und Fortinbras wiederum, der das neue Evangelium verkündet, den großen Ausklang bringen soll, liest seine Thronrede im schnarrenden Ton eines preußischen Leutnants vor.
In dem Bestreben, alles auf einen natürlichen Grundton abzustimmen – in der

Tendenz modern und zeitgemäß zu sein –, kann sich Jeßner nicht genug tun. Selbst einem Geist gestattet er nicht, Geist zu sein, obwohl die Transparenz dadurch nur gesteigert würde. Er macht aus ihm einen verelendeten Spießer, zu dessen Wohlbehagen nur noch das Bierseidel und die Zigarre fehlt. Bis zu den Totengräbern, die im Mecklenburger Platt reden, von denen der Hauptakteur aus einem Pechstein-Bilde entsprungen sein könnte, wird das Prinzip konsequent durchgeführt.
Man kann gegen solche Methode unendlich viel einwenden – und doch nicht leugnen, daß der Zusammenbruch eines degenerierten Königshauses von einem politischen Regisseur großen Kalibers ebenso unheimlich verdeutlicht wird, wie die Schadhaftigkeit des monarchistischen Prinzips.
Oder anders ausgedrückt: Der Stil der ganzen Aufführung fordert in jeder Einzelheit zu leidenschaftlichem Widerspruch heraus – und demungeachtet steht man unter dem Totaleindruck, daß eine wirklich schöpferische Phantasie am Werke ist, die allzu beflissen freilich die szenische Wiedergeburt der Tragödie über das Hamlet-Drama anstrebt.
Der Hamlet darf fett und kurz von Atem sein. Und vielleicht ist es nur verbrauchter Theaterschlendrian, wenn man den Typus des durchgeistigten und interessanten Menschen durchaus schlank, blaß, ätherisch sehen will.
Aber ob der Schauspieler des melancholischen Prinzen Abbild rein und ungetrübt widerspiegelt – ob er die Fähigkeit besitzt, eine neue Form zu prägen –, das ist die Frage.
Kortner hat, um seinem Regisseur zu dienen, die Figur jeden Pathos' entkleidet. Dabei zeigt er bald die Bonhomie eines weisen Juden, der die Kunst der Dialektik beherrscht, bald die Bösewichtmiene Richard III.
Er trägt Stein auf Stein, ohne daß eine Gestalt entsteht. Sein ungewöhnlicher schauspielerischer Intellekt findet einzelne außerordentlich geistreiche Züge, ohne sie zu einer Einheit zusammenraffen zu können. Er spart sich in seiner Zurückhaltung so lange auf, bis die Teile der Figur derartig weit auseinanderliegen, daß ihre Verbindung unmöglich wird. Alles ist klug und geistreich gedacht – und wirkt auf die Dauer trocken und ermüdend, bis auf die großartige Szene, in der er über die Mutter Gericht hält. Hat er vorher die großen Monologe zerpflückt und geköpft, so entlädt sich hier endlich die Stärke seines schauspielerischen Temperaments.
Ophelia wird von Blandine Ebinger in der ersten Hälfte als das tumbe Töchterlein des einfältigen Polonius dargestellt, ebenfalls übernaturalistisch zwischen Wilhelm Busch und Zille schwankt ihre Erscheinung. Sie wirkt zunächst wie eine Karikatur, aber dann spielt sie eine Irrsinnsszene mit so einfachen Mitteln – aufwühlend und erschütternd, daß man die Sünden des Abends ihr verzeiht.
Der König des Herrn Wäscher, feist, mit rundem Vollmondgesicht, nicht sehr differenziert, aber doch plastisch in den Ausdrucksmitteln.
Während Fräulein Koppenhöfer die beste Königin ist, die ich bisher gesehen habe. Ihr Körper strahlt Wollust und Geilheit aus, und zugleich gibt ihr Gesicht alle Ängste eines verlorenen und verirrten Herzens wieder.
Kraußnecks vorbildliche Schlichtheit und Echtheit, verbunden mit dieser meisterlichen Behandlung der Sprache, erregt immer wieder Staunen. Hier ist das Wunder eines Aufstiegs zu buchen – die Vitalität eines Siebzigjährigen, der den Gipfel seiner Kunst erklommen hat.

Aber die stärkste Leistung dieser Vorstellung bringt unbedingt Paul Bildt, dessen Polonius sich neben dem von Arnold und Krauß sehen lassen durfte. Eine Gestalt mit sicheren Konturen, urkomisch in ihrer grotesken Einfalt und durchaus glaubhaft in ihren Hofmannsallüren und ihrem sachlichen Ernst. Bravo!
Caspar Nehers Bühnenbilder ausgezeichnet – Meisels Bühnenmusik von infernalischem Rhythmus.
Jeßners Dramaturgie angreifbar, aber geschickt in den Strichen – rühmenswert in den geöffneten, seit langer Zeit nicht mehr gespielten Szenen.
Das Publikum quittierte mit starkem Beifall. Ob es geahnt hat – was Gesinnungstüchtigkeit, Zivilcourage und Phantasie an diesem Abend ihm in Scherben schlug?

Paul Fechter, Deutsche Allgemeine Zeitung, Berlin, 4. 12. 1926

Es ist nicht ganz leicht, über diese Aufführung zu berichten. Zwischen den Voraussetzungen, von denen diese ›Hamlet‹-Inszenierung Herrn Jeßners ausgeht, und denen, die man mitbringt, gähnt eine Kluft, die kaum zu überbrücken ist. Die Negation, die sich ergibt, wächst nicht aus betrachtender Wertung des Geleisteten, sondern aus einer nicht auszuschaltenden inneren Auflehnung gegen den Geist, aus dem das Ganze erwachsen ist. So sehr man sich an das Sachliche zu halten sucht, so wenig ist dies Persönliche stumm zu machen. Es bleibt nichts übrig, als sich dazu zu bekennen, und zu erklären, daß man die Sache schrecklich finde.
Herr Jeßner hat eine ungeheuer fleißige Arbeit geleistet. Er bringt textlich eine Aufführung, die sich im wesentlichen an das Gegebene hält. Gewiß,; er streicht wie immer alles, was blüht, mit sicherer Hand fort; Ophelia muß ihre Lieder bis auf die leicht angedorbenen alle hergeben, Hamlet verliert ein gut Teil seiner schönsten und für die Dichtung wesentlichsten Reden: Horatio und die Königin werden zu Schatten degradiert. Aber das magere Gerüst des Ganzen bleibt immerhin bestehen: umgedichtet wird nur die Geschichte mit den Rapieren, die mit sicherem psychologischem Takt gleich an die Rückkehr des Laertes gesetzt wird (als ob ein junger wütender Rebell in diesem Augenblick ersten rasenden Zorns bereit sein würde, mit dem Gegner sich erst prompt zu vertragen und dann sofort eine gemeinsame Schurkerei zu beschließen). Der Schluß ist ebenfalls leicht abgeändert. Fortinbras erscheint nicht wie bei Shakespeare auf dem Kampfplatz zwischen Hamlet und Laertes, sondern er muß als Nachfolger des Königs im Thronsaal seine Rede verlesen, damit die Anfangsszene am Schluß bildhaft noch einmal wiederkehre und das Ganze rahme. Und die Rede des englischen Gesandten ist zu einer eigenen kleinen, völlig aus dem Stil des Originals fallenden Simplicissimusszene ausgemünzt.
Das ist alles, und damit könnte man sich abfinden. Womit man sich nicht abfinden kann – das ist die Art und Weise, wie die Restbestände des Dramas behandelt sind und was aus ihnen gemacht worden ist. Denn das hat mit Shakespeare und mit Dichtung wirklich nicht mehr viel zu tun.
Herr Jeßner scheint den Ehrgeiz gehabt zu haben, in diesem Schauspiel nach Hamlets eigener Forderung der Zeit den Spiegel vorzuhalten. Zu diesem Zweck übertrug er zunächst einmal den Kostümstil aus dem Historischen ins

beinahe Heutige. Ganz bis zur Gegenwart heran traute er sich nicht. Er machte ungefähr bei den 80er oder 90er Jahren halt, zog seinen Hofleuten schwarze Gehröcke mit breiten Ordensbändern an und riesig ausladende Militärmusikerepauletten. Der Wohnungsstil mit roten Plüschgarnituren war etwa Stil der Zeit unserer Väter – mit ganz vorsichtig aufgesetzten moderneren Nuancen. Ophelia packte z. B. für Laertes lange weiße Militärunterhosen ein – dem ein großer Reisekoffer von heute vorangetragen wurde; die Königin benutzte während des Schauspiels ausgiebig ein Opernglas, Horatio war dem Typus der heutigen Wehrverbände angenähert. Zigarette und Monokel dagegen waren vermieden; dafür hatte man leise Reminiszenen an das Schweden Gustav Adolfs in den Kostümen – und ein paarmal ein wildes Barock in den Dekorationen zugelassen.

Denn dieses scheint der zweite Ehrgeiz Herrn Jeßners gewesen zu sein: aus dem Drama herauszuholen, was an wildem Theater und an dekorativen Möglichkeiten in ihm steckt. Er begann sehr zurückhaltend, mit merkwürdig ruhigen andeutenden Dekorationen Nehers, die bis auf eine in Innenräumen mehrfach verwertete fensterlose Neubauwand altem Stil nicht allzu ferne standen. In der Schauspielszene aber brach er aus: er stellte den Zuschauerraum eines veritablen Barocktheaters auf die Szene. Mit Rängen und Logen und Parkett. Keine Revue kann das schöner machen. Er machte aus dem Auftritt mit dem Aufbruch eine Szene wie bei einem Theaterbrand: alles schrie, brüllte, heulte wie besessen, rannte wie irrsinnig durcheinander. Die Psychologie der Situation ertrank im Wunsch nach Theaterwirkung um jeden Preis. Die denn auch erreicht wurde. Nur daß man vergaß, im ›Hamlet‹ zu sitzen.

Von da an blieb der szenische Ehrgeiz im Vordergrund. Aus der Ebene in Dänemark, durch die Fortinbras' Truppen marschieren, wurde ein finsteres Hafenbassin mit einem großen finsteren Segelkriegsschiff im Hintergrund, aus dem die Soldaten herausmarschierten, während Hamlet links in der Ecke mit einer ›England‹ betitelten Jolle nach London abdampft. Die Zimmer des Königs und der Königin waren mit der Treppe zur Galerie und noch einer Treppe zu einem finsteren Kellergewirre zusammengefaßt, das sich, abgesehen von den szenischen Schwierigkeiten, ganz wirksam, wenn auch sinnwidrig präsentierte. Der Saal des Rapierkampfes hatte ebenfalls seine Wendeltreppe bekommen, damit man hinter ihr den Zweikampf, die eine Hauptaktion dieser Szene, völlig unsichtbar machen konnte.

Dieses führt aber bereits in ein anderes Kapitel hinüber, nämlich in das der Nuancen. Herr Jeßner ist ein Mann, der sehr gut Stücke liest und mit Leidenschaft bisher ungenutzte, übersehene Möglichkeiten herausfindet. Hier im Hamlet beginnt das, wenn man von dem Leuchtturm mit rotierendem Blinkfeuer absieht, gleich mit dem Gespenst. Das erscheint nämlich in voller Uniform, sehr preußisch, weißer Helmenbusch, und marschiert ganz schnell, laut trappsend über die Szene. Nichts von Grauen, nichts von Metaphysik: es ist ein sehr nahes Gespenst aus Regionen der neuen Sachlichkeit. Polonius, der zu Hause eine Kombination von modernem Haus- und Schlafanzug trägt, muß Ophelien in ihrem Verhalten zu Hamlet nicht nur dirigieren: er muß sie direkt stoßen, schieben, sicht- und hörbar noch in den diskretesten Szenen mit Klatschen, Rufen, Winken kommandieren. Hamlet besitzt ihm gegenüber eine Geduld, die ans Verbotene grenzt. Sein Gebet muß der König im Bett sprechen, teils knieend, teils sich wälzend: Hamlet steht indessen auf einen

Meter Entfernung nicht hinter, sondern neben ihm und wird trotzdem nicht bemerkt. Im Kirchhofsakt trägt Hamlet einen modernen dunklen Autoledermantel, weil er gerade von England kommt; er springt nicht ins Grab, schreit nicht noch einmal seine Liebe hinaus – und am Schluß, als das große Sterben angeht, die Königin in der einen, der König in der anderen Sophaecke hängt, setzt Hamlet sich sterbend freundlich mitten zwischen sie, damit die Familie nun wenigstens im Tode vereint ist, ehe er sein Haupt in Mutters Schoße bettet.

Dieses alles aber: Übersetzung ins Heutige, Vermagerung, falsche und grobe Nuancierungen würde man trotzdem schlucken, wenn im Zentrum ein Hamlet stände, der die Tragödie der vornehmen Seelen zwischen den gewöhnlichen nun mit aller hinreißenden Größe aufbaute, der all den Kleinigkeiten ein geistig seelisches Zentrum gäbe, das sie unwesentlich macht. Dieses aber ist auch nicht der Fall. Herr Jeßner läßt den Hamlet von Herrn Kortner spielen. Wir wollen nicht davon reden, daß sein äußeres Bild, in seiner schwarzen Ungepflegtheit und der wirren, blonden Perücke sehr anders wirkt als unsere Vorstellung von Hamlet, dem Dänen, ist. Viel schlimmer ist, daß Herr Kortner mit seinem Wesen nicht in die Rolle paßt. Hier steht ein trotz aller Schwäche, durch Wissen wesentlicher königlicher Mensch, zwischen Lemuren, eine am Ende ungeheure, aus tiefstem Lebensgefühl steigende verlorene Weltüberlegenheit spricht hier. In Herrn Kortner, der ein sehr kluger Schauspieler ist, spricht aber lediglich eine intellektuelle und keinerlei menschliche Überlegenheit mehr. Die Szene mit Ophelia nach dem Monolog war der bitterste Beweis: sie erwuchs vollkommen aus der Perspektive der toten Erotik von heute, nicht aus dem Lebendigen. Herr Kortner spricht alles sehr klug, sehr sinnvoll und wirksam; aber der Kontakt zwischen Stimme und Seele ist bei ihm unterbrochen. Er geht im Innersten unberührt durch das Ganze; der Geist seines Vaters wie seine Mutter, Ophelia wie Horatio sind diesem Hamlet am Ende gleich belanglos. Der einzige, zu dem sich für Momente Beziehungen ergeben, ist der König. Den Haß glaubt man Herrn Kortner: das übrige fällt aus, und es bleiben nur die Worte.

Vielleicht wäre das weniger sichtbar geworden, wenn man neben ihn eine andere Ophelia gestellt hätte. Aber die mußte auch eine Nuance werden, und so gab man die Rolle an Frau Blandine Ebinger. Das Ergebnis wußte man im voraus; es war eine Katastrophe. Frau Ebinger hat Qualitäten sehr wertvoller Art: kein Gott gab ihr Beziehungen zu Rollen dieser Art. Sie kann den Wedding, sie kann nicht Helsingoer – und sie kann vor allem das halbe, dumme Kindergefühl nicht, das hier redet. Man hatte die Rolle für sie zu einer Art leicht angedorbenen Flittchens von heute zusammengestrichen. Soweit das ging, sprach Frau Ebinger ihren Part erträgbar: aber wenn dann plötzlich ein Satz stehen geblieben war wie der: Als wollt' er seinen ganzen Bau zertrümmern –, dann suchte man nach einer Wand. Besetzungsexperimente sind sehr schön, aber sie stumpfen sich zu schnell ab. Und man soll nicht bloß vor toten Dichtern, sondern auch vor lebenden Schauspielern ein bißchen Respekt haben.

Die beste Leistung des Abends war Herr Bildt als Polonius. Ganz als komische Figur, aber mit Haltung, eine runde saubere ausgezeichnete Leistung. Sehr echt auch der König des Herrn Wäscher. Aber hier sei eine kleine Anfrage erlaubt: Hat er sich vor der Aufführung den rechten Arm verletzt? Der hing nämlich steif und unbrauchbar herab, so daß der Schauspieler unter Umständen doppelte Anerkennung verdienen würde. Die Annahme, daß das am Ende auch eine Nuance, eine Anspielung auf jüngste Geschichte sein könnte, weist man vorläufig als gar zu ungeheuerlich, vor allem in diesem Hause am Gendarmenmarkt, weit von sich.

Die Königin des Fräulein Koppenhöfer sah vorzüglich aus, kam aber wegen Strichen nicht zur Entfaltung. Den Leutnant Laertes machte ganz frisch Herr Harlan, der fast stumm gemachte Horatio war Herr Hadank. Mehr Schiffer als Totengräber Herr Florath, sehr irdisch Herr Valk als Geist. Herrlich und vornehm der einzige königliche Mensch in dieser ganzen Welt Herr Kraußneck als Schauspieler.

Der Erfolg der Revuezutaten war stark. Am Schluß auch der Erfolg des Ganzen.

Emil Faktor, Berliner Börsen-Courier 4. 12. 1926

[...] Jeßner spielt nun das »Opfer der Verhältnisse«. Es geht ihm um ein Abbild der Atmosphäre, in welcher ein Stück Welt durch tückischen Meuchelmord restlos verbrannte. Menschenlos ist nicht heiterer geworden. Übermut einzelner reißt zahllose ins Unglück, auch heute noch. Drum schafft er das Prunkstück von ehemals nicht ab, sondern erhitzt es durch sinnliche Bilder, die unsern Vorstellungskreisen näher liegen. Er spielt Gewaltmonarchie und Militarismus. Der Hofstaat des Königs steht in soldatisch straffen Gruppen, der Monarch liest Ansprachen mit der Umgebung vom geschriebenen Papier, die Szene gliedert sich in feierliche Momente der Aufstellung, der Gruppenlösungen folgen. Rücksprachen mit einzelnen sind ins Vertrauliche gerückt, die Mahnungen an Hamlet sind ein moderner Vordergrundvorgang zwischen Eltern und Sohn. Jeßner gibt somit den Naturalismus des Hoflebens, soweit man den Ausdruck auf Zeremoniell anwenden kann, das in sich selber schon Stil ist. In diesen Naturalismus ist auch die Erscheinung von Hamlets Geist einbezogen. Sie eilt im ersten Bild mit Federbusch und militärischer Geschäftigkeit über den Vordergrund der Bühne, die als Helsingoerer Schauplatz Treppe und Terrasse und rückwärts einen Leuchtturm hat. Wachen in Schafspelzen reiben sich vor Kälte die Hände und turnen mit den Armen. Also Geistererscheinung ohne alle Gespensterei – ist es nicht Widersinn? Der erste Eindruck läßt nüchtern, bis man bei der Wiederkunft des Geistes in der Aussprache mit Hamlet wahrnimmt, daß der Trancezustand doch da ist. Im spärlich müden, jenseitig farblosen Ton, der die Grabesstimme von ehemals durch Fahlheit variiert (der Sprecher Fritz Valk, sonst eher zu nachdrücklich, verrichtet dieses Blaßheitsgeschäft mit bemerkenswerter Disziplin).

Der Zug ins Milieuhafte macht den Abend nicht unproduktiv. Ganz im Gegenteil, es wird eine Vorstellung voll farbiger Einfälle: sehr witzig die Gesprächsszenen. Caspar Neher schuf einen mauerschiefen Schloßraum mit vielen Türen. Diese Türen spielen mit, knarren verdächtig, klappen intrigenhaft zu und springen nach Abgängen überraschend schnell auf und beschleunigen den Fortgang, erzeugen ein Ineinander, wo früher ein Nacheinander war. Das Gelauer rings um Hamlet wird beinahe ein Lustspiel. Ophelia ist eine pikante Hofgöre, kokettiert mit zarter Jungfräulichkeit und hat's hinter den Ohren. Sie wird von Blandine Ebinger gespielt und gibt ihren Szenen mit lispelnder Zunge die

Richtung eines Volksstückes, zu welchem manches andere auch hindrängt. Die ehemalige Blumenpoesie wird verdrängt durch groteske Bewegungen, das Hoffräulein macht abenteuerliche Kabarettschritte. In aller Eigenart zeugt es zu wenig Eindruck. Man denkt an ein Sanatorium und nicht an Selbstmord.
Lustspielhaft, aber nie unshakespearisch die Welt und Umwelt des Polonius. Eine affektiert glatte Hofschranze mit Spitzbärtchen läuft häuslich in farbigen Pyjamas mit einem Käppchen herum, streift diese Intimität vor den Augen des Publikums ab, um in den Staatsrock zu schlüpfen, ein Muster gewisser Spießigkeit mit Allüren. Paul Bildt gestaltete diesen Typus köstlich.
Große Wirkung bekommt das Theater im Schauspiel. Den Vortragsreißer spricht Herr Kraußneck, ohne jede Sucht zu reißen, mit meisterhafter Diskretion, die erst recht ihre Wirkung übt. Nach einem hübschen Vorspiel vor geschlossenem Vorhang tut sich ein blendendes Bild auf: goldene Logenbrüstungen, große Hofgesellschaft, illustriert flimmerndes Parkett. Dies Strahlenbild hat einen Widerhaken. Hamlet sitzt neben Ophelia ganz vorn, und seine Zwiesprache mit dem Königspaar läuft über Entfernungen. Auch sein unpassendes Verhalten zur Nachbarin Ophelia hat in diesem Rahmen seine Schwierigkeit. Es wird umschrieben, indem die andern schockiert ein paar Plätze weiterrükken. Sehr schön aber das Vordergrundspiel der Komödiantentruppe und der nachfolgende Tumult. Ein Farbentaumel der Verwirrnis. Hernach feierten Regie und Darstellung ihren großen Triumph. Er stellte sich nach den Abschlußakten nicht mehr ganz so spontan ein. Die Laertes-Revolution, so interessant es war, sie als bildhaft reichen Vorgang aufzuspüren, hegt zuviel Naturalismus und bringt den von Harlan jung und frisch gespielten Laertes um Temperamentsstöße, paßte jedoch weit besser zu den Darstellungsformen des Königs und der Königin, die von Aribert Wäscher und Maria Koppenhöfer als unheroisch verängstigte Durchschnittsnaturen mit etlichem Raffinement und viel bösem Gewissen veranschaulicht wurden. Schleicher der Macht.
Volksstückhaft die Szenen an Ophelias Grab, der behäbig plattdütsche Totengräber des Herrn Florath, die gelassenen Gespräche Hamlets und auch der Zusammenstoß mit Laertes. Hier fühlte man bei Fritz Kortner, wenn auch kein Nachlassen, so doch ein Nachgeben an eine geruhsam unpathetische Auffassung. Sie mochte konsequent sein. Sie machte aber ärmer an Wirkungen. Fritz Kortner spielte in der Hauptsache die Begabung des Hamlet, seine große menschliche Überlegenheit, sein intellektuelles Leuchten. Es hinderte ihn nicht, in den großen Erregungsszenen nach der Entlarvung des Königspaares impulsiv starke, von Leidenschaft durchlebte Schauspielkunst zu zeigen. Einprägsam scharf die Situation, wie er über dem Lager des Königs Mordgedanken wälzte und zurückzog. Furios der Kampf mit der Mutter, in reiche Bewegungsformen gegliedert, unvergeßlich, wie er sie an der Hand zur Leiche des vermeintlichen Königs schleift. Es war ein sehr geistiger Hamlet mit viel Temperamentsrasse, die es nicht nötig hatte, sich da und dort, besonders in den Schlußakten, abzustellen.
In der Gesamtheit war die ›Hamlet‹-Inszenierung ein mitnehmender Erfolg der Angeregtheit. Wir besitzen in Leopold Jeßner einen Regisseur, bei welchem starke Intelligenzbeziehungen zur Außenwelt espritvoll mitspielen.

Norbert Falk, BZ am Mittag, Berlin, 4. 12. 1926

Zwei Ideen der Interpretation tragen Jeßners Inszenierung: Satire auf das Höfische (Machthaber und Schranzen), und ein Hieb gegen monarchistisch-kriegerisches Eroberertum. Fortinbras, der sonst als strahlender Held mit klingendem Pathos die letzte Szene der Tragödie abschließt, schnarrt in feudalst-pyramidalstem Offizierston sein ›verbrieftes‹ Anrecht auf Dänemark herunter.
Jeßners dritte Idee ist rein regiemäßig, zugleich sein szenischer Haupteinfall: das bildhaft außerordentlich interessante, farbige, leuchtende Theater im Theater, der szenisch-regieliche Großeffekt der Aufführung. Der halbe Anteil gehört dem Maler Caspar Neher.
Ein Barocktheater, höfisch und üppig, mit Logenrang, Parkett, Hofloge in der Rang-Mitte, mit Damen, Kavalieren, Uniformen, Ordensbändern, Orchestertusch, Huldigung des Parketts. Gala-Vorstellung. Mittelpunkt die breite, tiefe Hofloge.
Ganz vorn, wo vor geschlossenem Zwischenvorhang letzte Zurüstung der Hamletschen Schauspieler erfolgt – reizendes Detail –, vollzieht sich nachher, bei aufgezogenem Vorhang das kleine Spiel im Spiel. Zwischen diesem Vorderbühnchen, dem Parkett (wo Hamlet zuerst neben Ophelia erscheint) und der Hofloge oben, in der dann Hamlet auftaucht, um die Wirkung des Spiels auf König und Königin ganz nahe zu studieren, tobt dann der Tumult des Hofskandals.
Dieser szenische ›Schlager‹ bringt auf der Höhe des Dramas den starken Erfolg. Mit Hervorrufen der Hauptspieler und Jeßners. Nachher schwächt sich die Wirkung rapid ab.
Die Aufführung zehrt vom vierten Akt ab von der Nachwirkung der originell ausgesonnenen, szenisch und regiemäßig durchaus gekonnten Schloßtheaterszene. Sie ist sehr stark; nicht stark genug, um die erschreckende Nüchternheit der Helsingoerer Schloßterrasse, deren nordische Nachtstimmung den Grundakkord jeder ›Hamlet‹-Aufführung zu geben hat, vergessen zu machen. Auf Jeßners stimmungsloser Terrasse ist die ›Zeitlosigkeit‹ des ganzen Inszenierungsplanes schon markiert. Die Wachen in Schafspelzen, dänische Mützen, Gewehre, ein moderner Leuchtturm mit kreisendem elektrischem Licht. Darum sagt wohl auch später Hamlet zu Rosenkranz nicht, er könne, wenn der Wind südlich sei, eine Kirche von einem *Laternenpfahl* unterscheiden (Schlegel), sondern: von einem *Leuchtturm*.
Die angestrebte Zeitlosigkeit der Vorgänge erhält ihre kostümliche Einheit durch romantisch-phantastische Variation vorkriegsmäßiger Hofkleider und Uniformen, die gelegentlich bis zum neuzeitlichen Stahlhelm und zu Panzerkreuzer-Blaujacken abgewandelt werden. Lange, enganliegende Hosen, grüne Fräcke, rote Revolutionsröcke (wenn der heimkehrende Laertes einen ganzen ›Umsturz‹ organisiert), parodistisch übertriebene Epauletten, Halskrausen, fast gleichmäßig geklebte Kinnbärtchen.
Hamlet (Kortner) trägt das traditionelle Schwarz mit langen, unvorteilhaft faltigen, um die Unterschenkel gamaschenhaft beknopften Hosen. Und keinen Degen. Der Befehl: »Schwört auf mein Schwert!« muß schon darum entfallen. Und Polonius wird nicht mit dem berühmten Stich durch die Tapete umgebracht, sondern mit einem Dolchstoß hinter der Tür abgetan.
Originell? [...]

Man tiftelt ein bißchen. Man tiftelt viel. So kommt auch der kanonengespickte Panzerkreuzer zustande, der als zweiter Schlager gedacht, aber mit allem geschäftigen Hin und Her, mit Brückenaufziehen, Trompetensignalen doch nur eine Niete wird. Die Rückkehr des Laerters bringt eine Revolutions-Episode, die als Auslegung einer kleinen wichtigen Stelle die produktive Gedanklichkeit Jeßners wieder bestätigt. Das Detail beschwert nur leider hier den raschen Ablauf des Werkes. Hier ist Konzentration nötig, sollen die Teile nicht auseinanderklaffen. Mit dem Schluß der Kirchhofsszene, in der Jeßner Hamlet mit Recht nicht ins Grab Ophelias dem Laertes nachspringen läßt, sondern den Ringkampf der beiden aus dem Grab auf die Szene verlegt, hebt sich die Aufführung wieder aus der Senkung. Das Duell Hamlet-Laertes findet in keinem großen Saal, sondern in einem langgestreckten zimmerartigen Raum statt, unsichtbar, in einem Hintergrund, dem die Zuschauer mit den Gesichtern zugekehrt, gespannt folgen. Auf einer, in leichter Kurve niederführenden Treppe folgt der letzte Gang als leidenschaftlich bewegtes Schaustück.
Jeßner muß aber dann für den Einzug des Fortinbras unnötigerweise die Szene wechseln, die Shakespeare selbst technisch einfach und selbstverständlich in den gleichen Raum setzt.

Der Regisseur ist in der ganzen Aufführung so fühlbar, mit aller Willkür, Gedanklichkeit, Sucher-Leidenschaft, Führerkonsequenz, daß er die Aufmerksamkeit selbst von seinem prominentesten Spieler ablenkt und auf sich hinführt.
Fritz Kortner, durch Temperament und Geistigkeit für den Hamlet gut prädisponiert, ist jeder Phase dieser Tragödie der Hemmungen, gewachsen. Er ist um so tragischer der Held der Reflexion, als seiner Leidenschaftlichkeit die *Tat* wohl zuzutrauen wäre, die dem Gedanken entkeimt, aber nicht ausreift. Kortners blonde Perücke fügt sich zum schwarzen Funkelauge nicht sehr gut; sie kontrastieren fast unvereinbar wie die Träumerei mit dem Tatdurst. Ironie und Leidenschaft dieses Hamlet werden glaubhafter als innere Gemütsbewegtheit. Dem virtuosen Sprecher und disziplinierten Kopf Kortner wird originelle Gliederung der Monologe und ihre Auflösung im Spiel leicht. Die wahre seelische Beteiligtheit ist schwach, der letzte Abschluß eigentlich leer.
Ophelia: Blandine Ebinger. Jeßner hat das Experiment mit der berlinisch betonten Kabarettistin bewußt unternommen. Irgendwie sollte da eine innere leichte Angefaultheit zum Ausdruck kommen. Die Ebinger, deren leichtes Lispeln ihren Kabarettvortrag so amüsant färbt, ist willigstes Objekt der Regie; in den Wahnsinnsauftritten aber zwischen Konvention und eigenen Tönen und Vorstellungen; in der körperlichen Zerbrechlichkeit rührend hilflos.
[...]

1927

Bildung einer neuen deutschen Regierung (Marx) – zum erstenmal unter Beteiligung der Deutschnationalen. – Wachsende Konjunktur. Die Arbeitslosenzahl sinkt von 1,8 Millionen auf etwa 300 000, Steigerung der Produktion durch Zufluß ausländischen Kapitals.
Das Theater gerät mehr und mehr in die politischen Auseinandersetzungen. Jeßner wird politisch so bedrängt, daß er sich nur zu einer Inszenierung, ›Florian Geyer‹, entschließt. An der Berliner Volksbühne, die vorübergehend auch das Theater am Schiffbauerdamm übernimmt – vereinen sich die extremen Gruppen zu ›Sonderabteilungen‹. Die Auseinandersetzungen um seine Inszenierung von ›Gewitter über Gottland‹ führen zum Ausscheiden Piscators aus der Volksbühne. Im September eröffnet er die erste Piscatorbühne im Theater am Nollendorfplatz in Berlin. – Als Gegenmaßnahme der Nationalsozialisten gegen die wichtige Rolle der Volksbühne gründen sie in Berlin die ›Großdeutsche Theatergemeinschaft‹ (Wallner-Theater). Gustav Hartung übernimmt das Berliner Renaissancetheater, Saltenburg (bisher am Schiffbauerdamm) nach dem Scheitern Hellmers das Lessing-Theater. Letzte Premiere in Moriz Seelers ›Junger Bühne‹ (Emil Burris ›Tim O'Mara‹, Regie Lothar Müthel, 15. 5. 1927). – Reinhardt inszeniert in Salzburg ›Sommernachtstraum‹ und ›Kabale und Liebe‹ und beginnt im November sein viermonatiges höchst erfolgreiches Gastspiel in USA mit ›Sommernachtstraum‹, ›Jedermann‹, ›Dantons Tod‹, ›Kabale und Liebe‹, ›Peripherie‹, ›Der lebende Leichnam‹, ›Diener zweier Herren‹, ›Gespenster‹ und ›Dorothea Angermann‹. Es war das erste Gastspiel eines deutschsprechenden Ensembles nach dem Krieg. An der Columbia University hält Reinhardt seine ›Rede über den Schauspieler‹. – Carl Ebert wird als Nachfolger Ernst Legals Intendant in Darmstadt (bis 1931). – Tod des Kritikers der ›Vossischen Zeitung‹, Professor Alfred Klaar.

Fritz von Unruh   Bonaparte

Deutsches Theater Berlin, 15. Februar 1927, Regie Gustav Hartung

Auch Fritz von Unruh brachte nun ein Stück aktualisierter Historie. Seine expressionistischen Schauspiele ›Ein Geschlecht‹ und ›Platz‹ hatten sich nicht auf der Bühne gehalten. Sein Schwager, Gustav Hartung, hatte an seinem Darmstädter Theater zwar noch ›Stürme‹ (am 2. 6. 1922) und ›Rosengarten‹ (am 24. 11. 1923), als Intendant in Köln Unruhs ›Heinrich aus Andernach‹ uraufgeführt. Aber nur Unruhs schon vor dem Ersten Weltkrieg geschriebener ›Prinz Louis Ferdinand‹ (s. d.), den Hartung ebenfalls auf der Darmstädter Bühne zum erstenmal inszeniert hatte, fand Zustimmung und Echo. Mit dem ›Napoleon‹ schien Unruh sich auf seine besten Kräfte, auf ›sein Feld‹ zu besinnen. Das historische Drama hatte um 1925 neuen Auftrieb erhalten. Die Uraufführung, von geschickter Vorpropaganda unterstützt, wurde gesellschaftlich ein großes Ereignis. Seit Emil Ludwigs Napoleon-Biographie das Modebuch geworden war, gab es eine Napoleon-Mode, die mit den Napoleon-Stücken von Hermann Bahr (›Josephine‹), von Blume und Speyer auch schon die Bühne erreicht hatte. Die Erwartungen an die Uraufführung waren vielfältig: bekehrte sich der Pazifist Unruh zum Monarchentum? Führte er Stil und Form des ›Louis Ferdinand‹ weiter? Es gab sogar einen Wettkampf um die für das Frankfurter Schauspielhaus abgeschlossene Uraufführung. Das Lobe-Theater in Breslau kam den Frankfurtern mit der im gedämpften Meiningerstil gehaltenen Inszenierung Ernst Reschkes zuvor (Bonaparte: Intendant Barnay). Dann kam Weicherts Inszenierung in Frankfurt mit Heinrich George als Bonaparte (5. 2.): eine pathetisch gefärbte Historie. Gleichzeitig gab es Aufführungen in Mannheim (Regie H. D. Kenter), in Dresden, in Weimar, am 15. Februar folgte das Deutsche Theater in Berlin mit Werner Krauß als Bonaparte. Das Echo zeigte in Zustimmungen und Enttäuschung extrem gegensätzliche Reaktionen. Die Positionen, die Diebold und Ihering einnahmen (s. d.), wiederholten sich fast überall. Fritz Engel schrieb im ›Berliner Tageblatt‹ (16. 2.) ». . . ein Geschenk an die Bühne und an die dramatische Literatur«, Paul Fechter sagte in der ›Deutschen Allgemeinen Zeitung‹, Unruh lande »zwischen Komik und Leere«, Friedrich Kummer in Dresden: »Pseudoleben, Literatur . . . ein Abend rauschender Theatralik« (›Dresdener Anzeiger‹, 12. 6. 1927), Ludwig Marcuse sprach von der »Verworrenheit des Zeitstücks hinter historischen Kostümen« (›Münchner Neueste Nachrichten‹, 19. 2. 1927). – Die Schriftstellerin Gertrud Bäumer, damals Mitglied des Reichstages, hob dagegen die politische Bedeutung von Unruhs ›Napoleon‹ hervor. Unruhs Rang und Ruf stützte sich aber nicht nur auf seine Dramen. Er galt als Redner für republikanische Freiheit, zeitweise neben Gerhart Hauptmann als ein offizieller Dichter der Republik. Er war ausgezeichnet mit dem Grillparzer- und dem Kleistpreis. Er war auch der erste, der 1927 den vom Preußischen Staatsministerium neu gestifteten Schillerpreis erhielt.

Bernhard Diebold, Frankfurter Zeitung 17. 2. 1927

Es ist eine Phantasmagorie. Die Bühne glüht im farbigen Abglanz der Dichtung. Erhabenes und Banales bilden Berge, Täler und Flachland auf dem dramatischen Schauplatz. Groß gedachte Visionen und kritzlige Miniaturen erscheinen im magischen Rahmen. Die weiße Idee umhuscht der vage Schatten der Romantik. Höhepunkte: die Stimme einer Mutter tönt aus dem Hintergrund in das Hofgeplärr der Tuilerien wie die *vox humana*. Ein königliches Phantom – und doch ein Mensch wird vor der nächtlichen Festung erschossen, und jene Stimme seufzt noch einmal durch die Finsternis. Ein Tyrann und Götzendiener seiner selbst läßt töten, um sich selber tausendfaches Leben zu verschaffen. Er spielt mit einer Krone und macht schrecklich Ernst mit diesem Spiel.

Fritz v. Unruh, der Pazifist, schreibt einen ›Bonaparte‹. Es kann nur *gegen* ihn geschrieben sein. Im Zeitalter Lenins und Mussolinis muß die Psyche des Diktators auf die Bühne. Die Bühne hat noch Aufgaben! Der Erfolg von Jules Romains von aktueller Problematik angefülltem Stück liegt schon im Titel. Aber Romains ›Dictateur‹ blieb namenlos. (Denis – das ist kein Name.) Bonaparte ist mehr als Name. Ist eine Himmelsrichtung; ein Kapitel Welt. [...] Unruh präzisiert peinlich genau den ›fruchtbaren Moment‹. Schreibt das Drama ›Bonaparte‹ in vier Akten (oder sechs Aufzügen). Nichts Biographisches mehr im Ablauf. Das historische Porträt wird nebensächlich. Er konzentriert und symbolisiert die Stoffmasse. In zwölf Stunden muß sich ein Mythus vom Napoleon ergeben: zwischen drei Uhr nachmittags und drei Uhr früh des 21. März 1804.

Der Titel ist bereits signifikant. Nicht Napoleon, der Empereur; sondern Bonaparte, der Konsul! Das heißt: der monarchische Konsul einer sterbenden Republik; der Diktator; der heute oder morgen Kaiser wird. An der Wahl des historischen Zeitpunkts erkennen wir Unruh, den *Politischen*.
Die Wahl der Fabel aus dem unerschöpflichen Dramenstoff Napoleons bezeichnet Unruh, den *Idealisten*. Wo könnte die pazifistische Idee in dieser Kanonen-Biographie einsetzen? Wer sprach damals gegen Krieg? Wer vertrat als weithin sichtbarer Gegenspieler (mächtiger als ein Carnot) die Revolution, die Freiheit, die Menschlichkeit? Der Würdige und ganz Große wäre historisch nicht leicht zu eruieren. Da erspürt Unruh statt des persönlichen Gegenhelden und Anklägers die schreiende Anklage einer napoleonischen Missetat: die Erschießung Enghiens. Genial ist das für Unruh brauchbare Motiv gewittert, gewählt, getroffen. Auch das in Bonaparte seelisch greifbarste Thema seiner Politik: denn auf dem Sterbebett noch rechtfertigt er den Mord an Enghien mit ängstlichem Eifer.
Aber hinter Enghien – dem Monarchisten, der durch den Monarchisten Bonaparte fällt – erhebt sich geisterhaft ein Höheres. Es trägt die Züge der Louise von Orléans: der Mutter Enghiens. Unruh, der im ›Geschlecht‹ den Kriegs-Mythus der klagenden Niobidenmutter geschaffen, erfindet auch für diese seelenlose napoleonische Materie das unentbehrliche Symbol. Er hält Linie. Aber er kompliziert das Muttertum. Ihr Blut und ihre Mutterliebe erstarren vor der Idee der ›Bürgerin Wahrheit‹, wie sie sich nennt. Sie wächst, die große Mut-

ter, über die Adelsromantik ihres Sohnes weit hinaus. Sie schwärmte und hoffte einst für den Menschheitserlöser Bonaparte. Sie wird sich enttäuschen und entsetzen vor dem Tyrannen Napoleon. Das Herz mag ihr brechen über den Tod des Sohnes. Ihr Haupt jedoch wird nicht vom Mutterblut durchströmt. Keine volle Ader läuft zwischen Herz und Idee. Das Haupt ist weißer Marmor: ideelle Statue der Freiheit. Allegorie.

Jedoch: die Allegorie der ›tieferen Bedeutung‹ ist ein heimlicher Stilfaktor des Stückes. ›Historisches Drama‹ ist es nicht. Historisch sind Milieu und Zeit und Ort. Historisch sind die Schatten Josephinens, Carnots, Talleyrands, Napoleons. Bloß die Schatten. Was innerhalb der Umrisse der Silhouetten gelebt, gefühlt, geredet wird, ist nur Andeutung der Geschichte. Gar Enghien und die Mutter Orléans verlassen bisweilen geisterhaft den Bereich der realistischen Erscheinung. Über der Stil-Sphäre der politischen Aktionen, der Generale und eines sich *coram publico* rasierenden Napoleons – darüber erhebt sich ein Reich der Phantasmagorie, wo die Ideen über den Köpfen spielen. Shakespeare (und die Expressionisten) ließen je nach der Ideenhöhe des Niveaus bald Prosa und bald Verse sprechen. Schiller wollte in einem zweiten Teil der ›Räuber‹ veritable Gespenster auftreten lassen. So auch Unruh, der die Sphären mischt. Das Historische sinkt bald ins real Banale; die überwundene Romantik Enghiens wird zur pathetischen Karikatur; die steinerne Mutter steigt in die Idee empor. Ein Auf und Ab der Stilschwankungen; ein Schwirren und Dichten zwischen Oben und Unten. Ein wogendes Panorama: nicht immer sicher zu erfassen. Poesie der Verflüchtigung. Zerstäubung des historisch Konkreten. Dafür um so erregtere Mobilmachung der ideellen Geister. ›Dramatisches Gedicht.‹

Die dramatische Linie läuft in punktierten Kurven durch Szenen, Abenteuer und Figuren. Haupthandlung: Bonaparte befiehlt die schleunige Erschießung Enghiens. Sein Vorwand: daß der prinzliche Monarchist dem Staat und seiner Person Gefahr drohe. Hulin, Oberst der Konsulargarde und einstiger Bastillestürmer, zweifelt mit Recht an Bonapartes Republikanertum; macht Generale und Staatsmänner rebellisch gegen den werdenden Kaiser. Hulin ist tragisch: »Ich liebe dich!«, ruft er dem Konsul und einstigen Revolutionskollegen zu. Aber dem künftigen Kaiser Napoleon droht er: »Du erbaust der Menschheit keine zweite Bastille.« Hulin übertreibt sich ins Groteske, wenn er den Monarchisten Enghien sich zum Verbündeten gegen den Monarchisten Napoleon zu werben sucht: der Republikaner mit der Bourbonenfahne. Seine Politik: »Bonaparte darf nur durch einen Bourbonen fallen.«
Beim nächtlichen Kriegsgericht in Vincennes beschließt man, Bonaparte zu erledigen – im Namen der *Liberté*! Aber der Diktator, zuerst gedemütigt und zum Popanz seiner künftigen Monarchie erniedrigt, redet siegreich auf sie ein – im Namen der *Gloire*! Sein Sophismus sagt: Nicht die Verfassung der Republik – sondern *Ich* bin die Freiheit. Und durch Mich, ihr Generale und Minister, den klingenden Ruhm! Es ist Komödie mit pathetischen Tönen. Die Rhetorik redet komödiantisch. (Auch der historische Napoleon hat viel gemimt.) Sie wäre unwahr, wenn sie in Jamben geschrieben wäre. In Prosa ist sie leider möglich. Denn die französische Republik besoff sich an der bonapartischen Gloire und erwachte aus dem Rausch als Kaiserreich. Die Szene wird zur Sa-

tire der demagogischen Redekunst... War das der ganze Napoleon? Gleichviel – das Stück ist *gegen* ihn geschrieben. Gegen *alle* Napoleons. Hulin erreicht nichts. Enghien ist in seiner Adelssteifheit für keine Praxis brauchbar. Auch nicht für die Erledigung des Bonaparte. Josephine, geil auf jeden hübschen Mann (ob Rechtser oder Linkser), bittet vergeblich um des Prinzen Leben. Die bestellten Richter fällen mit Vergnügen das Todesurteil. Am grauenvollen Morgen 3 Uhr früh wird Enghien erschossen. Der Monarchist ist tot. – Es lebe die Monarchie! Die Mutter Orléans verflucht Bonaparte für die betrogene Freiheit. Bonaparte wird Napoleon. Der fuchsschlaue Talleyrand stellt zynisch fest: am 21. März, 3 Uhr früh, hat Bonaparte aufgehört zu regieren.

Die Größe und Vielfalt des Stoffes – mit dämonischem Ernst durcharbeitet und durchdichtet – widerstrebt an sich der einheitlichen Führung. Unruh ist ungleich in der Konzentration, ungleich in der Konzeption der Gesichte. Neben groß entworfenen Dichter-Szenen huschen naiv-phantastische Abenteuerlichkeiten. Vorzügliche Expositionsakte; zu viele Breiten vor dem Schluß. Enormes Talent, das sich dem Kunstverstand rebellisch widersetzt. Und wiederum: gelegentlich ein Einfall des Kunstverstands, dem das Talent im Augenblick nicht dienen will. Die intellektuelle Durchdringung mangelt dem Gehirn der Hauptgestalt. Gefährliche Stellen: bei Enghien, dessen Mischung zwischen realem Bourbon und Schemen der Monarchie unsicher macht, weil vom Erhabenen zum Lächerlichen nur ein böser kleiner Schritt genügt. Bei Mutter Enghien: nicht Wirklichkeit genug, um die Idee mit ganzem Leibe zu vertreten. Doch sie beide, Enghien und die Mutter Orléans, sie reden jene klingende Sprache Unruhs, die wir aus ›Louis Ferdinand‹ kennen; nur oft beschatteter, oft vergrübelter und plötzlich aus dem Dunkel der Töne wahnwitzig aufklirrend. Sie sprechen diese Balladensprache, und aus den Häuptern strahlt der poetische Nimbus.

Nicht aber so bei Josephine, die zum Pendant der ›himmlischen Liebe‹ der Mutter als die kinderlose unfruchtbare ›irdische Liebe‹ ihr Dirnenwesen allzu theatralisch durch die Szene treibt. Zwar weiß auch die Geschichte von ihr nicht viel Solides zu berichten. Aber in diesem Drama des großen Willens ist ihre Koketterie doch ein zu kleines Spiel. Vor dem in dynastischer Sehnsucht einen Dauphin fordernden Bonaparte hätte ihre Kinderlosigkeit zum durchgeführten Hauptmotiv und Schicksal werden müssen. Statt dessen wird sie in überflüssigen Episoden zur bloßen Fleischverführung des großen Bonaparte, bringt ihn in mikroskopisch kleine Situationen und entstellt seinen Mythus. (Auch im ›unhistorischen‹ Drama muß der Mythus geachtet werden.) Denn Napoleon war kein Frauenmensch und hat die Beauharnais (bei aller Liebe) im entscheidenden Geschichtsmoment der Dynastie geopfert. Hier aber ist sie Maitresse in des Wortes Bedeutung. Sie will Enghien befreien. Warum? Aus symbolischer Geilheit? Aber daß sie einst in königlichen Zeiten zu Trianon als schönste Nymphe in Enghiens Boot saß, reicht als dramatisches Motiv doch wohl nicht aus für das groteske Abenteuer, mit dem sie den Prinzen zu befreien sucht. Sie besticht durch ihre Reize Harel, den Festungskommandanten, dem unter Haftung des Kopfs der gefangene Enghien anvertraut ist. Im Augenblick, wo ihr die Kinderlosigkeit zur Gefahr der eigenen Stellung wird, in diesem Augenblick riskiert sie alles für den vagen Prinzen; wagt sie sich nach Vincennes zu Harel und hält mit ihm ihr Stelldichein – in der Kapelle neben dem Raum des Kriegsgerichts. Diese Romantik feiert böse Orgien; sie treibt die Spannung in falscher Richtung; sie gefährdet auch die symbolische Realität. Diese phantastische Unternehmung Josephines für Enghien schweift von der großen Linie ab ins Spielerische. Diese Josephine und ihr stets bereites Bett bedeuten Napoleons persönlichste Entheldung. Eine Entheldung an der falschen Stelle. Denn im Mythus Napoleons gibt es keine Weiber.

Für die politische Entheldung gab es auch für Unruh bedeutendere Mittel. Mit einem großartigen Sarkasmus zeigt er seinen Bonaparte mit dem Futteral der Kaiserkrone auf dem Kopf. Die Generale haben ihn so zur Karikatur des künftigen Kaisertums verkleidet – bis er sie mit *Glorie* wiederum verführt und mitgerissen hat. Aber eben durch diesen rhetorischen Triumph vermag sich der posenreiche Komödiant auch wieder auf den Sockel des Heroismus zu stellen. Der Typus bleibt trotz allem ›großer Mann‹. Unruh kennt dennoch das Format. Aber er setzt ein negatives Vorzeichen vor diese Größe. Er schreibt gegen Napoleon. Mit fahlen Strichen malt ihm der Dichter den Cäsarenwahnsinn ins Gesicht. Aus dem Diktator der Vernunft wird ein Dämon des Imperialismus. Der Übergang vom Konsul zum Empereur wird zur katastrophalen Groteske. Die Historie vom Napoleon hört hier endgültig auf. Er tritt selber in die Gespenstersphäre ein, in der Prinz Enghien spukte. Die kichernde Josephine wird vergessen. Bruder Luciens Raisonnement verhallt. Die Generale schlagen im Taumel den neuen Kurs ein. Die Monarchie ist plötzlich gerechtfertigt; denn: »Einer aus dem Nichts ... trägt die Krone«. Die ›Helden‹ bleiben realistisch in ihrem Wankelmut und militärischen Gerassel. Auch die Figur des besonnenen Carnot läuft bescheiden und lebenswirklich mit. Nur Hulin geht mit republikanischen Flüchen groß ab. Doch über diesen Klugen, Plumpen, Überlegenden und Ruhmbedürftigen erhebt sich wie ein Baal auf tönernen Füßen das Götzenbild des Tyrannen. Das ist das Zielbild von Unruhs Phantasmagorie gegen Napoleon.

Die von Gustav Hartung geleitete Aufführung hat diese Intention nicht gefördert. Sie hat den Charakter des Stückes überhaupt nicht erfaßt. In den ersten drei Bildern allerdings hämmerte Krauß ein hartes Standbild des ersten Konsuls: willenswütige Gemeinheit in dem nackten Gesicht, nüchtern im Ton bis zu der Stelle, wo ihm von Bruder Lucien zum Nachtisch die nickelnagelneue Kaiserkrone serviert wird. Da ist er verzaubert und faßt sie gierig an, liebkost sie; setzt sie sich auf das wahnvolle Haupt. Das ist ganz herrlich! Aus dieser genial gedeuteten Szene mußte der Irrsinn des Cäsaren weiter treiben bis zur pathetischen Tollheit des Schlusses. Aber Krauß ging eintönig auf der nüchternen Linie weiter; und Hartung, der Regisseur, ließ ihn ruhig dahinwallen. Die Groteske der Rasier-Szene oder die fatale Symbolik des mit dem Kronen-Futteral gekrönten Diktators wurde von Hartung in ihrer Gespenstigkeit nicht erfaßt. Er begriff auch nicht (oder er konnte es nicht angeben), daß Sohn und Mutter Enghien auf einer höheren Ebene spielen müssen; von einer Geisterwolke fein umleuchtet. Er kleidete die Mutter in bürgerliches Braun, statt daß sie wie die weiße Dame unnahbar auftrat; er gab dem somnambulen Prinzen ein schulterbreites schweres Renaissance-Kostüm, statt daß er schlank wie eine Kerze als Träger des heiligen Condé-Degens wie ein Phantom erschien.

Aber dem ausgezeichneten Rudolf Forster gelang das schwere Experiment, den männlichen Ton in einer geheimnisvollen Dämpfung zu halten, so daß das transparente Wesen der Rolle doch einigermaßen erhalten blieb. Wer aber riet Hartung zu den Besetzungen der Mutter Enghien und Josephinens? Jene Mutter war mit der unmütterlichsten Gestalt der deutschen Bühne, der Eysoldt, besetzt. Diese unfruchtbare Dirne Josephine mit der gesunden, unkoketten und muttertüchtig aussehenden Dagny Servaes, wo eine Orska für diese Sirene gerade ausgereicht – und sich den keuschen wasserdichten Ölmantel ganz zweifellos aus tiefem weiblichen Instinkt verbeten hätte. Die Eysoldt, sonst mit Recht ob ihrer gläsern klaren Kunst bewundert, verdarb mit einer prosaischen Schwunglosigkeit den Sinn ihrer Idee – und damit u. a. die ganze dichterisch durchnervte Abschiedsszene im Graben von Vincennes. Aber das konnte jeder vorher wissen. Warum wußte es Hartung nicht? Auch Talleyrand und der Kommandant Harel waren vollkommen fehlgetroffen: witz- und leblos. Rustan, der schwarze Diener, falsch in der Figur gewählt. Auch Homolka besitzt nicht von Natur die Schwere für die baritonale Verrina-Figur des Republikaners Hulin. Aber hier wurde die Fehlbesetzung durch die enorme Vitalität des Künstlers korrigiert: er machte aus dem brüllenden Löwen einen fauchenden Tiger; verwandelte Ungestüm in Fanatismus; und schuf so mit Krauß und Forster die dritte wirklich lebende Gestalt des Abends. (Von kleineren Partien abgesehen, für die etwa Feldhammer als der elegante Lucien und Biensfeldt als ein reaktionärer General Vortreffliches leisteten.) Was aber nach den unglücklichen Fehlbesetzungen den meisten Schaden an der Dichtung tat, das war die unselige Tempo-Lahmheit in der Gerichtssitzung, wo Bonaparte seine demagogische Rhetorik nur durch beschleunigten Elan zur Wirkung bringen kann. Und endlich: die unangebrachte Diskretion im Ton der Schulszene, wo die imperatorischen Phrasen des im Größenwahn sich aufschwellenden Cäsaren nur durch ein bombastisches Pathos erklärt und gerechtfertigt werden müßten. Zwei wirklich gute Einfälle der Regie sollen erwähnt sein: die Erstarrung der Hofgesellschaft im ersten Akt, als die Stimme der Mutter draußen aufklingt und eine Gasse sich bildet, um sie zu empfangen. Dann: das Gelächter am Schluß, mit dem das Volk von Paris wie eine ironische Nemesis die Krönung des Götzen verspottet. Sonst war wenig spielleiterische Phantasie am Werke. Es ging recht und schlecht. Und Reinhardt war in Amerika! Keine Schwäche der Dichtung wurde überspielt; das Genialische des ganzen Dramas mißverstanden: einer bei allen Mängeln in unserer Zeit dramatischer Armut doch einzigartigen und starker Theaterwirkungen fähigen Dichtung des politischen Willens.

Der Beifall war groß und rief den Dichter.

Herbert Ihering, Berliner Börsen-Courier 16. 2. 1927

Wenn Fritz von Unruh nur die beiden Aufsätze in den Programmheften des Deutschen Theaters geschrieben hätte, müßte man ihn kennen. Ein Dichter, der, wenn er Napoleons Grab im Invalidendom besucht, am stärksten darüber verwundert ist, daß sogar *er* hinblicken muß. Ein Dichter, der sich nicht schämt, von sich selbst zu sagen: »Muß ich nicht sein im Haus, das meines Vaters ist?« Ein Dichter, der sich herablassend mit seinen Gestalten duzt. »Bonaparte, weißt du noch?« Ein Dichter, der sich selbst jeden Moment vorm Spiegel seine Sendung bestätigt.

Als Fritz von Unruh mit den ›Offizieren‹ vor vielen Jahren begann, blieb er bescheiden in seiner Sphäre. Für viele Literaten aber war es ein ungeheures Ereignis, daß ein adliger Offizier dichtete. Sie sagten: Heinrich von Kleist. Sie trieben Unruh über seine enge Bedeutung hinaus. Sie machten ihn zu einer repräsentativen Erscheinung. Als nun während Krieg und Revolution bekannt wurde, daß Unruh, der Offizier, Soldatenruhm und Kaiserreich abgeschworen sei, gab es kein Halten mehr. Unruh wurde zum offiziellen Festspieldichter der Republik ernannt. Wenn er nicht Offizier gewesen wäre, niemand wäre auf den Gedanken gekommen. Seine Bekennerstücke waren aufgedunsen, maßlos, gewaltsam, sie blieben unklar, phrasenhaft – nicht in der Gesinnung, aber im Wesen imperialistisch, mit Wortgeklirr wie mit klappernden Orden behängt. Es kommt nicht auf die Meinung an, wenn der *Ausdruck* der Meinung kraß zuwiderläuft. In Unruh wurde Kaiser Wilhelm noch einmal als Dichter gekrönt. Pathetischer Bombast, größenwahnwitzige Phraseologie, gipserne Starre – die Siegesallee in der Sprache, die Republik in der Gesinnung. Der ›Bonaparte‹ zeigt die Wesenselemente Unruhs ohne Verhüllung. Ein von der mathematischen Phantastik der Tatsachen fasziniertes Genie wird zu einem säbelklirrenden Popanz, zu einem deklamierenden Schwadroneur. Der Konsul Bonaparte redet genauso albern wie der Bourbonenenkel Enghien, wie der Republikaner Hulin. Zwischen diesen drei Parteien soll aber das Drama vor sich gehen, sie sind die bewegenden Gegensätze. Die Grenzen verwischen sich. Die Kontraste verschwimmen. Die Wortuniform ist die gleiche. Unruh ist der letzte Ausdruck des Hohenzollernreiches. Ein tönender Imperialismus der Diktion gebärdet sich pazifistisch. Klarheit ist die erste Forderung an den politischen Dichter. Unruh ist wieder gefühlsselig, träumerisch. Er dichtet Knackfuß. »Völker Europas, wahret eure heiligsten Rechte« – in anderem Sinne, aber mit derselben Gebärde.

Den ›Bonaparte‹ dramaturgisch zu zerlegen, ist sinnlos. Wenn das Stück hundertmal besser wäre, es bedeutete nichts. Denn das Wesen ist abzulehnen. Diese Mischung von Demut und Selbstbespiegelung, von Sendung und Eitelkeit, von geistiger Subalternität, und materiellem Prunk. Dieses Wesen von 1900. Das Gipswesen, die Stuckfassade.

Mit dem ›Bonaparte‹ wird kein Regisseur etwas anfangen können, weil die Rhetorik nicht in Bühnenbewegung zu übertragen ist. Gustav Hartung aber unterlag der neuesten Berliner Mode: dem Ziehen, Schleppen, der tonlosen, falschen Diskretion, dem feierlichen Textaufsagen. So wurde Rudolf Forster um seine Möglichkeiten als Enghien gebracht. Kein Wunder, daß daneben alles durcheinanderging. Die Stichworte wurden nicht beachtet. Der Text wurde schlampig gebracht. Die Schlußworte Talleyrands, die das Stück zusammenfassen: »Am 21. März hat Bonaparte aufgehört, über Frankreich zu regieren«, gingen im Lärm unter, obwohl Paul Otto sonst den Talleyrand mit feinster Charakteristik andeutete. Oskar Homolka, der im Ausdruck ein ausgezeichneter Hulin war, vernachlässigte die Sprachformen so, daß er unverständlich blieb. Hatte er zum Schluß einige Humpen auf das Wohl der Republik getrunken? Dagny Servaes ist zu nervenlos für die Josephine. Gertrud Eysoldt eine Fehlbesetzung.

Am feinsten in Nebenrollen: Paul Biensfeldt im Kriegsgericht. Gronau als

Fouché. Werner Krauß als Bonaparte: herrlich, wenn der Plebejer durchbrach, herrlich beim Anblick der Krone, herrlich, wenn er sich vor der Krönung rasiert, herrlich, wenn er die Rhetorik dämpft. Aber selbst ihn vermochte Unruh streckenweise mattzusetzen.
Gustav Hartung versucht als Regisseur von der Starre seiner früheren Inszenierungen wegzukommen. Es ist gut, daß er nicht mehr mit Pilartz zusammenarbeitet. Aber so wie diesmal, so matt, so unentschieden, so unpräzise, so undramatisch geht es auch nicht.

Gertrud Bäumer, Vossische Zeitung, Berlin, 2. 3. 1927

Fritz von Unruh hat ein vom Leben und Ringen der Gegenwart in allen Poren geschwelltes Schauspiel gedichtet. Einer von denen, die den ungeheuren Erlebnisertrag des Krieges weder vergessen, noch feige zuschütten, noch bewußt über ihn wegleben, sondern ihn mit äußerster Wahrhaftigkeit verarbeiten, stellt mit tiefstem pathetischen Ernst die große Schicksalsfrage unserer Tage: das Problem des Staatsaufbaues nach der Revolution, die Frage nach den Wurzeln und dem Wesen der Macht und nach der Möglichkeit, Macht und Freiheit zu verbinden. [...] Vom ersten Dialog an fühlt man die Gegenwart in diesem Schauspiel um Bonaparte. [...] Der Übergang von der vernichteten legitimen Autorität zur Festigung des neuen Bodens – haben wir ihn nicht alle in den Nerven? Die Frage: wie entsteht neue Macht; auf der Dämonie des einzelnen oder aus dem in Freiheit sich ordnenden Machtwillen – ist sie nicht unsere Frage? Die große politische Lebensfrage unserer Jugend?
Und ist nicht auch sonst dieses Schauspiel mit allen Essenzen der politischen Seelenkämpfe unserer Gegenwart geladen? Der Militarismus in seiner zweideutigen Verbindung mit der revolutionären Leidenschaft des Volkes und der Dämonie des Diktators ... Bonaparte selbst eine [...] Verkörperung der rein subjektiven, rein subjektiv fundierten Macht. Der titanische Mensch ... unberechenbar. Staaten können nicht auf die maßlose Dämonie eines einzelnen gebaut werden. [...] Die Tragödie der Republik – der Mensch will bezaubert sein, wenn nicht von der Mystik der Legitimität, dann von der Mystik des Genies.
Das verschlungene Gewebe der Triebkräfte und Impulse, die im Bonaparte miteinander ringen, lebt unter uns. [...]
Bei aller großen Kunst, die das Deutsche Theater zeigte, diese so leidenschaftlich lebensnahen Kämpfe, die im Bonaparte ausgetragen werden, stehen hier doch wie in einer fremden, ein wenig unbeteiligten Welt.
Die Bühne ist heute für ihre Zuschauer nur in sehr begrenztem Maße Repräsentanz der großen gemeinsamen Geschehnisse. Wo versucht wird, sie zu berühren, glückt es um so weniger, je tiefer der Dichter sich engagiert hat ...
Die Kritik hat den ›Bonaparte‹ nur von der ästhetischen Seite her genommen. Auch das ist charakteristisch. War nicht eigentlich das andere, das Ringen mit den Dämonen der Gegenwart, wesentlicher? Und sollte nicht auch die Kritik – wenn sie Führer des ästhetisch dramatischen Verständnisses ist – Vermittler dieser immer noch ersehnten Begegnung zwischen dem trübe und heftig wogenden Volksleben und seinem Symbol im Schauspiel sein?

Ehm Welk   Gewitter über Gottland
Uraufführung: Volksbühne am Bülowplatz Berlin, 23. März 1927
Regie Erwin Piscator

Nun kam die erste Entscheidung: Piscator hatte mit der Entwicklung seines politischen Theaters, vor allem mit seinen beiden Inszenierungen von ›Fahnen‹ und ›Sturmflut‹, aber auch mit der Ausbildung seiner Vorstellung vom neuen, dokumentarischen Szenarium in Nebenarbeiten wie ›Segel am Horizont‹ (15. 3. 1925) in Paul Zechs ›Das trunkene Schiff‹ (21. 5. 1926), in Gorkis ›Nachtasyl‹ (10. 11. 1926 mit Heinrich George, Agnes Straub, Erwin Kalser) die Volksbühne vor die Frage gestellt, was sie sein wollte: Weiterhin ein Institut, das seinen Mitgliedern Theater als Bildungsstoff vermitteln möchte? (Dafür waren die Inszenierungen des Strindbergschen ›Traumspiels‹ und Heibergs ›Tragödie der Liebe‹ durch den Direktor der Volksbühne, Fritz Holl, soeben [5. 2. und 19. 3. 1927] ein Hinweis gewesen.) Oder sollte sie ein politisches, zeitnahes Theater werden? Weitermachen oder einen »Neuen Beginn setzen« (wie Ihering schrieb), das war die Frage. Die Volksbühnenmitglieder hatten sich selbst schon gespalten. Der Vorstand beharrte auf politischer Neutralität und lehnte die Identifizierung der Begriffe ›Volk‹ und ›Proletariat‹ ab. Er erklärte: »Wir halten uns [...] an einen Kulturbegriff, der einer künstlerischen Bewegung gemäß ist und die Möglichkeit gibt [...] oberhalb der fraktionellen Spaltungen eine Gemeinschaft des Erlebens zu finden.« – Die radikale Jugendgruppe protestierte gegen diese konservative, »bürgerliche« Haltung in einer Versammlung am 14. März: »Da das Theater ein wichtiges Instrument im Befreiungskampf der Arbeiterklasse ist, muß die Bühne den Willen und das Leben des um die Neuordnung der Welt kämpfenden Proletariats widerspiegeln.« – In diesen Spannungen entstand die Inszenierung von ›Gewitter über Gottland‹. Sie sollte als Kompromiß die radikaleren Elemente versöhnen, verschärfte aber die Krise in der Volksbühne. Piscator hatte Welks politisch gemeintes, aber mittelalterlich kostümiertes Stück vom Kampf der Hansa gegen die (kommunistischen) Vitalienbrüder durch wirkungsvolle Filmeinlagen bis in die unmittelbare Gegenwart verlängert. Er versuchte, die beiden Helden in ihrer sozialen Funktion darzustellen. Dem »Gefühlsrevolutionär Störtebeker, der heute Nationalsozialist sein dürfte«, stellte er den Verstandesrevolutionär Asmus gegenüber, der in der Maske Lenins auftrat, der für Piscator diesen Typus am reinsten verkörperte. In den harten Auseinandersetzungen nach der Premiere wurde gefragt, wie der Vorstand eine solche Vorstellung zulassen könne. Der Vorstand strich daraufhin wichtige Teile des Films. Das löste einen heftigen Protest von Dichtern, Regisseuren, Schauspielern (u. a. Thomas und Heinrich Mann, J. R. Becher, Polgar, Tucholsky, Jeßner, Fehling) und der Kritiker Engel, Ihering, Kerr, Pinthus, Osborn, Wiegler und Georg aus. – Wenige Tage nach der Premiere, am 30. März, versammelten sich fast zweitausend Menschen im Herrenhaus zur Diskussion um den ›Fall Piscator‹. Die Schauspieler der Volksbühne erklärten sich für Piscator, deutschnationale Gruppen wollten auch Jeßner in den Fall einbeziehen. Das Resultat war: Piscator schied aus der Volksbühne aus und gründete ein eigenes Theater.

Herbert Ihering, Berliner Börsen-Courier 24. 3. 1927

Was Erfolg hatte, lag zwischen den Szenen. Ehm Welks Schauspiel spielt im Mittelalter. Erwin Piscators Regie trug den Stoff durch alle Zeiten. Ehm Welk bringt den Kampf zwischen der kapitalistischen Hansa und dem kommunistischen Bund der Vitalianer. Piscator zeigt diesen Kampf unter anderem Namen in allen Jahrhunderten. Ehm Welks Drama spielt in Hamburg und auf der Insel Gottland. Piscators Aufführung spielt in der ganzen Welt.
Es beginnt mit der filmischen Erläuterung der politischen, religiösen Machtverhältnisse und der sozialen Struktur des Mittelalters. Historischer Aufriß. Text in der Mitte. Figuren- und Städtebilder des Mittelalters auf Leinwandflächen links und rechts von der Bühne. Der Aufriß ist für eine Inszenierung, die historische Parallelen und Zusammenhänge aufzeigen will, notwendig. Aber auch nüchterne Sachverhalte müssen fürs Theater komponiert werden. Hier blieb es bei einem umständlichen Nebeneinander. Schon hier mußte gestrichen werden. Dabei gab Piscator selbst das zündendste Beispiel, wie ein Zusammenhang erklärend und zugleich wirksam dargestellt werden kann. Die Personen des Schauspiels, darunter Störtebeker und Asmus, gehen im Film auf den Zuschauer los und im Schreiten wechseln sie die Kleider; die Revolution in der Geschichte der Jahrhunderte, bis aus Asmus Lenin geworden ist. Hier ist der Film großartig verwandt: eine Perspektive wird aufgerissen, nicht durch lehrhafte Illustration, sondern durch Bewegung.
Schließlich beginnt das Drama. Der Verfasser Ehm Welk ist viel herumgekommen. Er hat die Welt gesehen und Geschichte erlebt. Er ist kein Jüngling mehr, sondern ein Mann. Von dieser menschlichen Erfahrung und politischen Erkenntnis hat sich im Drama ›Gewitter über Gottland‹ wenig niedergeschlagen. Geschichtliches und Persönliches hat sich in flachen Historienstil verflüchtigt. Störtebeker, eine Art Baltikumoffizier der Seefahrt, verarmter Ritter, wird von Michelsen und Asmus Ahlrichs, den Führern der Vitalianer, in Dienst genommen. Aber durch die Erfolge des Meerkrieges wird Störtebeker selbständig. Ihm ist die Idee der Vitalianer »Gottes Freund, aller Welt Feind«, gleicher Besitz, gleiches Recht für alle, ihm ist die Gemeinschaft nichts. Er will die Macht. Er will die Krone – und wird von Asmus, dem Fanatiker der kommunistischen Idee, den Hamburgern ausgeliefert.
Das ist in treuherzig veraltetem Ritter- und Zunftdeutsch geschrieben. Mit Sentiment und falscher szenischer Lyrik (der Schluß). Und mit unendlichem Radau. Kaum kommen zwei Menschen zusammen, schon gibt es Krach. Es ist das monotonste Stück, das ich kenne. Den Stil kann man ändern, Wiederholungen und Bombast streichen. Aber über den monotonen Lärm kommt kein Regisseur hinweg.
Die Monotonie wurde das Verhängnis der Aufführung. Im Prinzipiellen hat Piscator Fabelhaftes geleistet. Die Durchdringung des Stoffes, die Herausarbeitung der Zusammenhänge, die Spannung über Jahrhunderte. Prinzipiell hat er diesmal auch den Film sicherer verwandt als in der ›Sturmflut‹. Nicht mehr Fortsetzung der Handlung, sondern dokumentarische Erweiterung: Moskau, Shanghai. Wenn Fehler unterlaufen, so können sie leicht verbessert werden. Es ist z. B. falsch, die Erzählung von Störtebekers Hinrichtung filmisch vorwegzunehmen. Man versteht den Film nicht und merkt erst eine Viertelstunde später bei den Worten, wie es gemeint war. Dann muß der Film besser

gemacht, schlagender gestellt sein. (Technische Mängel der Aufführung sind vielleicht darauf zurückzuführen, daß zwei Stunden vor Beginn durch die Prüfungskommission noch ein Viertel des Films entfernt wurde. Manches schien auch noch nicht zu Ende geprobt zu sein. Solche Werke verlangen mehr Probenzeit, als der Berliner Betrieb übrigläßt.)
Eine großartige Aufführung in den Intentionen des Regisseurs. Aber am ungeeigneten Objekt. Es wäre besser gewesen, man hätte Ehm Welks ›Kreuzabnahme‹, eine Auseinandersetzung zwischen Tolstoianismus und Leninismus, angenommen. Ein der Bearbeitung bedürftiges, aber auch bearbeitungswürdiges Stück. Es ist in der weltpolitischen Kampfstellung klarer, technisch einfacher und leiser. ›Gewitter über Gottland‹ – hier müssen die Schauspieler schreien. Granach als Asmus in einer Leninmaske ist im Anfang gesammelt und nach innen gekehrt wie seit Jahren nicht. Aber die Ausbrüche sind grell wie immer. George als Störtebeker hat Humor (Humor darf in einem Stück wie diesem nicht fehlen). Im Affekt jedoch schreit er, daß man die Besinnung verliert. Außerdem kann er den Text nicht. Helene Ritscher in der einzigen Frauenrolle ist eine schwere Fehlbesetzung. Sie hat ihre Ausdruckskraft verloren. Nur Erwin Kalser wandelt den Ton ab. Ihm kann man zuhören.
Großartig ist das Arrangement, schwach die akustische Gliederung der Vorstellung. Hierfür muß Piscator mehr Zeit bekommen. Es bleiben die Bilder, die mit Traugott Müller geschaffen wurden. Es bleibt nicht das Stück. Andere Dramen und akustische Abwandlung – das ist für Piscators Entwicklung notwendig.

Paul Fechter, Deutsche Allgemeine Zeitung, Berlin, 24. 3. 1927

Wäre ich der Verfasser dieses Dramas, ich hätte mir nach der Vorstellung ein paar Pistolen gekauft und den Regisseur – er hieß Piscator – auf Kugelwechsel bis zur Kampfunfähigkeit gefordert. Anders ist eine Vergewaltigung dieser Art nicht mehr gutzumachen.
Wäre ich finanziell verantwortlicher Direktor der Volksbühne, ich hätte mir nach der Vorstellung den Regisseur – er hieß Piscator – gegriffen und hätte ihm gesagt: »Lieber Herr, man mag Sie meinetwegen für noch so begabt halten: dieses aber war das letzte Stück, das Sie bei mir inszeniert haben. So viel Langeweile hält selbst bei glänzend organisierter Claque nicht einmal unser Publikum aus. Einen Abonnentenschwund wie *Sie* ihn erzeugen, erträgt die Volksbühne wirklich nicht mehr.«
Wäre ich aber verantwortlicher Leiter der russisch-kommunistischen Propagandazentrale für Groß-Berlin – ich ließe mir Autor und Regisseur dieser Vorstellung kommen und brüllte sie beide an: »Sagen Sie mal, meine Herrn, was denken Sie sich eigentlich? Bilden Sie sich ein, die sowieso nicht mehr sehr aktuelle Sache des Kommunismus in Deutschland sei noch so stark, daß Sie mit derartiger Antipropaganda dagegen losgehen können? Es ist gar nicht auszusagen, wieviel lebenslängliche Gegner der Partei Sie mit Ihrer angeblichen Agitation für unser schon so arg bedrohtes Unternehmen an diesem einen Abend geschaffen haben.«
[...] Ich bin ein harmloser Zuschauer, verpflichtet zu Berichten über meine Eindrücke. Als solcher muß ich gestehen: es war erschütternd. Von einer Lan-

geweile, wie sie selbst in der geduldigen Halle der Volksbühne nur selten erhört worden ist. Es war so, daß man von Mitleid mit allen ergriffen wurde. Mit dem Autor, mit dem Regisseur, mit dem Publikum. Sogar mit sich selber. Es war zum kommunistisch werden.
Der Verfasser dieses Dramas, Ehm Welk, ist weder ein Jüngling mit wildrevolutionären Ideen noch sonst ein sogenannter Moderner. Er ist laut Mitteilung des Volksbühnenblattes ein ausgewachsener Mann von 42 Lenzen, hat sich das Leben als Arbeiter, Matrose und in allen möglichen anderen vernünftigen Berufen um die Nase wehen lassen und hat auch sicherlich im Manuskript ein ganz ordentliches braves Drama über ein leicht kommunistisch angehauchtes historisches Thema geliefert. Die Anfangsszenen und mehr noch die ersten Bilder des zweiten Teils (nach der Pause) sind noch in dieser Aufführung Geschichtsdrama guten alten Stils, wie es jeder Oberlehrer früher herstellte, mit Ratsherren, Seeräubern, frommen Fischern mit Visionen, Mädchen in Hosenrollen mit der großen Liebe, mit einem Helden, der teils Götz, teils Wallenstein, teils wilder Don Quijote ist. Man könnte sich vorstellen, daß das frühere Königliche Schauspielhaus die Sache mit einigen Milderungen ohne viel Mühe im Urtext hätte zur Aufführung bringen können.
Freilich: im Urtext nur! Denn über dieses Drama ist ein Regisseur gekommen, der hier eine willkommene Gelegenheit sah, von diesem Opus aus kommunistische Propaganda, wie er sie versteht, zu treiben. Er nahm die Komödie, hackte sie zusammen, versah sie mit Ergänzungen, dichtete ganz neue Szenen hinzu (sicher hat er das getan: zwei so verschiedene Stilarten wohnen unmöglich in eines Menschen Brust nebeneinander), schüttelte das Ganze mit den beliebten Filmzwischenspielen durcheinander, die vor einem halben Menschenalter Herr Retzbach-Erasimy mit damals ausgezeichnetem Erfolg erfand – und brachte so ein Gebilde zustande, das selbst den Geduldigsten zum Rasen bringt. Er entriß dem Autor alle Verantwortung, indem er dessen historischen Bilderbogen ideell, d. h. kommunistisch transparent, und so aus einem harmlosen dramatischen Gebilde eine normale Leute nichts mehr angehende Vereinsangelegenheit machte. [...]

Thema dieses ›Gewitters über Gottland‹ ist die Geschichte vom Klaus Störtebeker und den Vitalienbrüdern, die auf Gotland das Gottland, das Reich der kommunistischen Likedeelers, der Gleichteiler zu gründen versuchten. Störtebeker ist ein Ritter, der ebenso wie das Volk von den Pfeffersäcken der Hanse ausgeplündert und proletarisiert ist: er geht unter die Seeräuber, wird Führer im Kampf gegen Hamburg. Er wird es aber nicht aus der Idee der Besitzlosigkeit und der Gemeinsamkeit heraus, sondern aus Haß und Rachsucht, die eigentlich sogar versteckte Herrschsucht ist. So kommt er schließlich dazu, sich zum Herzog von Gotland erheben zu wollen, durch Verträge mit der Hansa, mit den umliegenden Fürsten. Er wird zum Verräter – den die Vitalienbrüder nun ihrerseits den Feinden verraten und ausliefern, also daß er gefangen und hingerichtet wird. Wobei dann im Film sogar die alte Sage mitspielt, daß er noch im Sterben eine Anzahl seiner Brüder rettet: er hat sich als letzte Gnade ausbedungen, daß alle die frei sein sollen, an denen er enthauptet noch ohne zu fallen vorüberlaufen kann.
Man sieht hier schon den Umriß des historischen Dramas alten Stils, das der Sache zugrunde liegt. Der Verfasser hat, seinerseits wohl auch sozialistischen

Ideen nahe, allerhand hinzugedichtet, was nur sehr mittelbar mit der Geschichte zu tun hat, z. B. eine sehr verworrene Szene zwischen den Rednern der Vitalienbrüder und einem alten Abt, in der er Dostojewskijs Großinquisitorepisode aus den Karamasows zu einer Antichristvision umgebildet hat, vielleicht auch einige Auftritte auf Gotland, in denen die innere Organisation des ›Bundes‹ der Seeräuber diskutiert wird. An diesen Szenen hat die Arbeit des Regisseurs offenbar am heftigsten eingesetzt. Hier hat er die ganze kommunistische Ideologie in endlosen Brandreden hineingebracht – indem er gleichzeitig die historische Handlung der Urdichtung bis zur Unkenntlichkeit zusammenstrich und dafür die beliebten Filmzwischenspiele einfügte. Das Ergebnis ist scheußlich. Der Autor hat seinen Gestalten schon nichts mitgegeben: sie sind blaß, schemenhaft, reden Papier statt Leben, und noch wenn sie naturalistisch werden, ist es höchstens Antipapier. Aber sie haben wenigstens ein bißchen von einer Art von Linie: sie leben von ihren vielen Theatervorbildern ein bescheidenes, aber ehrliches Leben. Herr Piscator hat ihnen diesen Rest auch noch ausgetrieben: Er hat ihnen lediglich die Namen gelassen und sie im übrigen zur Masse Mensch kommunisiert. Mit dem Ergebnis einer wahrhaft monströsen Langeweile – die zugleich vernichtend zeigt, wie wenig von wirklich lebendiger Theaterphantasie in ihm steckt. Wenn man das bißchen Kinderglauben an den Kommunismus abzieht, bleibt lediglich Selbstkopie. Die ganze Inszenierung ist Wiederholung früherer Arbeiten. Von den ›Segeln am Horizont‹, deren Schiffsdekoration bis in Einzelheiten repetiert ist, von ›Nachtasyl‹ bis zu den ›Räubern‹. Dieser militärische Propagandakommunismus aber macht schon beim ersten Mal nicht glücklich. Beim zweiten flieht man. Und die anderen fliehen mit. Dauernd Geschrei, und sei es noch so diszipliniertes, dauernd Revolutionstrommeln und -gesänge: das hält nicht einmal dieses geduldigste Publikum aus. Es waren ihrer nicht wenige, die es vorzogen, die letzten Bilder draußen bei den netten Leuten zu absolvieren, die da geduldig die Türen und die Mäntel hüteten. Die Leitung der Volksbühne sollte einmal die Flüchtlinge zählen lassen und ihren Reden lauschen; sie könnte dort vieles lernen und erfahren, wo ihre Mitglieder bleiben. Sie setzt mit diesen törichten Spielereien ihre eigene Existenz aufs Spiel.
Eine Erholung nur gab es in dieser lauten Einöde: das waren ein paar der Bühnenbilder von Traugott Müller. Die alte Stadt Hamburg farbig auf den Kuppelhorizont projiziert, in Art alter Stiche – der Sitzungssaal vorne als partielle Dekoration im Sinne der einstigen Tribünenanfänge wirkte ausgezeichnet. Noch stärker der verdämmernde Kirchendamm auf Gotland, erzeugt lediglich durch die Projektion eines Kirchenfensters auf den Horizont und zwei Pfeilerstümpfe – das war hervorragend gut. Aber für geschlagene vier Stunden zwei Bilder ist ein bißchen wenig, zumal wenn die übrige Szenenmaschinerie dauernd knarrt und sich sperrt und nicht klappen will und man dazwischen auf den großen Leinwänden rechts und links von der Bühne materialistischen Geschichtsunterricht in alten (und neuen) Stichen erhält, bis die Genickmuskeln und die Kinnbacken knacken.
Die Schauspieler gaben sich redliche Mühe. Allerdings größtenteils durch Dastehen und Schreien. Mehr wurde kaum verlangt. Störtebeker war Herr George. Er war da und brüllte und zeigte überdies ein wohlgenährtes Decolleté bis auf die Hosen. Mehr ist nicht zu sagen. Den klugen Asmus machte in der Maske Lenins Herr Granach. Er war da und brüllte; überdies kam er als über-

legener Unterhändler mit den Hamburgern in einer sehr lustig naiven Szene. Gödeke Michelsen war Herr Steckel. Er hatte einen wüsten Vollbart und brüllte. Den Dostojewskijabt und Antichrist machte Herr Steinrück – der viel zu schade für so etwas ist. Ein Bürgermädchen, das als Beute auf dem Vitalienschiff mitfährt und Störtebeker liebt, spielte Frau Helene Ritscher. Da ihr keinerlei Gestaltungsmöglichkeit vom Autor geboten war, mußte sie sich auch damit begnügen, da zu sein und gelegentlich zu schreien. Was sie beides mit Anstand tat.

Der Beifall, der ebenfalls gut inszeniert schien, war laut. Aber er konnte nicht hindern, daß dahinter das Gähnen und die leere Langeweile deutlich spürbar wurde. Es war sozusagen ein als Erfolg aufgemachter Durchfall. Piscator und die Seinen wurden immer wieder gerufen.

Aber dieses gestehe ich: in noch solch eine Aufführung kriegen mich keine zehn Pferde mehr hinein.

Ein Komiker wird entdeckt
Heinz Rühmann als Mustergatte
Kammerspiele München, 23. Juli 1927

Fünfundzwanzig Jahre war Heinz Rühmann alt, als er mit der Rolle des Mustergatten in Hopwoods Schwank in die Reihe der ersten Komiker der Zeit eintrat. Pallenberg, Waßmann, Adalbert: das waren die großen Alten, schon Stars. Hans Moser, der bei Max Reinhardt in Wien spielte, war ein Zwischenglied. Als Rühmann nun seinen Durchbruch erzielte, begann der andre, fast gleichaltrige Komiker, der bald neben Rühmann trat, Theo Lingen, gerade sein Engagement am Neuen Theater in Frankfurt. Rühmann hatte als Jugendlicher Liebhaber und Naturbursche am Lobe-Theater und am Thalia-Theater in Breslau gespielt, 1921/22 war er am Residenztheater in Hannover ins komische Fach gewechselt, 1922 war er der junge Komiker des Bremer Stadttheaters gewesen, 1923 war er nach München an die Kammerspiele gekommen. Seit 1925 hatte er gelegentlich bei Reinhardt in Berlin und in Wien gespielt. Mit der Rolle des ›Mustergatten‹ kam er nach München zurück. Seine Komik hatte nichts von äußeren Effekten, nichts von den Techniken des Possenspielers. Sie war beseelt, ein Leuchten aus einem ernsten Grund. Im ›Mustergatten‹ hat Rühmann zugleich sein Stückgenre getroffen: das leichte, geistreiche Unterhaltungsstück.

Hanns Braun, Münchener Zeitung 25. 7. 1927

Heinz Rühmann, unser jugendlicher Komiker, hat am Sonntag, wo er zum erstenmal den ›Mustergatten‹ im gleichnamigen amerikanischen Schwank (nach Fair and Warmer) von A. Hopwood im Schauspielhaus darstellte, eine bedeutsame Linie überschritten und eine neue Position bezogen.

Schon immer, selbst in kleinsten Rollen, hatte er all die Jahre gezeigt, daß er eine Eigenart, ein jedenfalls überdurchschnittliches Talent auf die Bretter zu stellen hatte, und zwar von so offensichtlichen Qualitäten, daß es eigentlich nicht fehlen konnte: er mußte beim Publikum beliebt, ja Liebling werden, ohne daß dieses Wort bisher den fatalen Geschmack bekam, den es so leicht, besonders im Rampenlicht, annimmt.

Es war eine Etappe auf dem Weg Rühmanns, als er an die Kammerspiele überging und in einem von Kaiser inszenierten altflämischen Spiel zum erstenmal seine putzige Gelassenheit, die er vorher nur so, zur Erheiterung der Zuschauer, aus dem Ärmel hatte schütteln dürfen, in eine strenge Form einzufügen gehalten war. Und es ist abermals eine Etappe, jetzt, wo er nach erfolgreichen Gastspielen in Berlin und Wien an die Kammerspiele im Schauspielhaus zurückkehrte – nicht nach der formalen Seite diesmal, sondern als Probe auf seine Fähigkeit der Charakterdarstellung.

Daß diese Probe in einem Schwank abgelegt wurde, dessen Qualität einzig nach den Graden des Gelächters, die er erklimmen kann, zu messen ist, schwächt nicht, sondern verstärkt den Wert des Exempels, das Rühmann bot: denn hier, wo von seelischer Mitgift des Verfassers, der gewöhnlich vier Mann hoch anrückt, kaum etwas zu spüren ist, muß der Schauspieler alles hergeben, anders noch als sonst alles auf *sich* allein beruhen lassen.

Dank seiner, daß wir sagen können: wir haben furchtbar gelacht, aber ohne Heinz Rühmann wäre das Stück nichts Besonderes gewesen. Das Besondere nämlich, das erst durch den Darsteller in die Schwankrolle des allzu artigen Mustergatten, der, er weiß selbst nicht recht wie, zu einem Rausch und in eine verfängliche Situation kommt, hineingebracht werden kann, ist die immanente Komik dieses (ernsten) *Menschen*, welche die Situationskomik, von den Verfassern reichlich beigesteuert, sinnvoll überhöhen, rechtfertigen muß.

Rühmann ist jetzt da angelangt, wo der große Komiker beginnt. Ich sage nicht, daß er ein großer Komiker schon ist, aber an diesem Abend, wo er seine Originalität nicht einfach geradezu ausbieten und ans Gelächter versteigern, sondern sie in einen Charakter erst einsenken und daraus wieder hervortreiben mußte, an diesem Abend zeigte er zum erstenmal deutlich jene Fähigkeit, durch Komik zu erschüttern, im Lachen den Ernst, im Ernst das Gelächter aufzurühren und so im Paradox des Tragikomischen die Welt zu spiegeln – jene Fähigkeit, um derentwillen wir Komik groß nennen.

Ich bin mir bewußt, daß meine Worte schon mehr sagen, als dieser Abend hergeben konnte, und daß ich sie einschränken müßte, wäre es nicht wichtiger, eine Richtung anzuzeigen, die ein Talent hier nimmt und früher oder später voll bewähren wird, wenn die Gelassenheit, die es auszeichnet, sich auch auf persönlicher Route nicht beirren läßt.

Rühmann wurde bisher mehr als Spaßmacher gezeigt; es ist wichtig, daß wir ihn in den zwei Wintern, die wir ihn noch haben, auch als Komiker kennenlernen. Es ist nicht nur an dem, daß wir lachen, wenn er auf die Bühne kommt, lachen müssen, wenn er einen x-beliebigen, an sich gar nicht komischen Satz ausspricht, unwiderstehlich lachen, wenn er eine Bewegung macht, die der Situation sachlich angemessen gleichwohl jenes Plus enthält, das bei uns das Schaltwerk des Zwerchfells in lustvolle Vibration versetzt; es ist nicht nur an dem.

Komik ist etwas ungeheuer Ernstes: vielleicht die ernsteste Sache der Welt, wenn man darein willigt, die Welt von unten, vom Menschen aus anzuschauen, wodurch sie für die Idee, die sie von oben belichtet, etwas Kopfsteherisches bekommt: aber in diesem wissenden Gefühl liegt Weltüberwindung. Wenn Gelächter wirklich befreit – so von der Last der Welt-Verkehrheit. Heinz Rühmann gehört – glücklicherweise für ihn – nicht zu jenen Darstellern, die das Körpergefühl dieser Welt-Verkehrtheit, die uns Tränen der Heiterkeit entlockt, mit Tränen der Melancholie und des Lebensüberdrusses zu büßen haben; seine Natur ist zu heiter und geradlinig für solche Komplexe; Bonhommie, eine leichte innere Rundlichkeit, eine pfiffige Reservatio schützen ihn vor Abgründen.

Aber was man in diesem Augenblick sagen darf, ist, daß es mit Heinz Rühmann Ernst wird. Bei einem Komiker bedeutet das mehr als bei jedem andern Darsteller.

Das Publikum war von Rühmann – Karl Günther als Gast und Marianne Berger hatten daneben Gelegenheit, hervorzutreten – lachend begeistert, auch in Augenblicken, wo Gelächter hätte zu schweigen gehabt. Aber das passiert allen Komikern – sie sind vom Gelächter belauert, und es wird, wenn Chaplin wirklich einen Napoleon vorbereitet, interessant werden, zu sehen, wer stärker ist: Das Lachvorurteil oder des Komikers Ernst.

Ernst Toller   Hoppla, wir leben

Eröffnung der Piscator-Bühne am Nollendorfplatz Berlin, 3. September 1927, Regie Erwin Piscator

Mit der Inszenierung von ›Gewitter über Gottland‹ war Piscator zu einem ›Fall‹ geworden. Er schied aus der Volksbühne aus und gründete die erste Piscator-Bühne am Nollendorfplatz. »Die Eröffnung der Piscator-Bühne ist ein Kapitel aus dem öffentlichen Theaterkampf im heutigen Deutschland«, schrieb die ›Prawda‹ in Moskau. Piscator wollte eine vom bürgerlichen Repertoirestück freie Bühne, politisch engagiert, aktiv und war doch selber nur Ausdruck dafür, daß die Politisierung der gesellschaftlichen Auseinandersetzungen auch auf das Theater übergriff. Das Programm der Piscator-Bühne stand »weltanschaulich der KPD am nächsten«. – Die Bühne geriet damit fast automatisch in den Gegensatz zu den nationalen und völkischen Zeitungen und deren Theaterkritik (Berliner Lokal-Anzeiger, Tägliche Rundschau, Deutsche Zeitung, Kreuz-Zeitung usf.), ihr Publikum war das reiche Bürgertum, das Piscator auch mitfinanzierte. (»Alles, was zwischen Bayrischem Platz und Kurfürstendamm zu Hause ist und mindestens ein Auto hat«, schrieb die ›Vossische Zeitung‹ am 7. 11. 1927). Piscator veränderte das Tollersche Stück wieder im Sinn seiner ›soziologischen Dramaturgie‹. In Tollers Held, der nach acht Jahren Haft auf die Welt von 1927 traf, sah er einen anarchisch-sentimentalen Typus, der am Widerspruch von Wollen und Welt zerbrach. Er besetzte die Hauptrolle mit Alexander Granach, um mit ihm als einem proletarischen Typus darzustellen, daß es auch unter Proletariern kleinbürgerliche Geisteshaltung gab. Die Aufführung wurde bühnengeschichtlich wichtig durch die Etagenbühne, auf deren lichtdurchlässigen Wänden Filmaufnahmen in die Inszenierung eingefügt und in sieben Minuten acht Jahre politische Geschichte rekapituliert wurden. Sie überraschte mit den direkten Übergängen der Szene in den Film. – Wieder gab es nach dieser Premiere heftige Auseinandersetzungen. Die bürgerliche Kritik stimmte gerade den Regiemitteln Piscators zu. Felix Hollaender, z. B. sprach von einer »hinreißenden« Inszenierung (›8-Uhr-Abendblatt‹, Berlin, 5. 9. 1927). Kerr schrieb: »Ich will Propagandawerke heute... Die Welt ist für tendenzlose Kunst unreif« (›Berliner Tageblatt‹, 5. 9.). Piscator notierte: »Das politische Theater hatte sich durchgesetzt.« Piscator hatte den Premierentermin jedoch so weit verschieben müssen, daß die Uraufführung des Tollerschen Stücks an die Hamburger Kammerspiele fiel. Dort und in anderen Aufführungen wie in der Inszenierung Kronachers in Leipzig (7. 10. 1927) hatte Tollers Stück eine andere Gestalt. Auf Filmprojektion war verzichtet, nur projizierte Titel kennzeichneten Vor- und Zwischenereignisse. Peter Stanchina spielte in Leipzig Tollers Helden als einen »idealistischen Schwärmer, der in der Welt der Tatsachen herumirrt« (Fritz Mack in ›Leipziger Neueste Nachrichten‹, 9. 10. 1927). Der Held erhängte sich nicht wie bei Piscator, sondern fand Anlässe genug, weiterzukämpfen. – Die Erinnerung an Tollers Stück aber verband sich mit Piscators Inszenierung.

Monty Jacobs, Vossische Zeitung, Berlin, 5. 9. 1927

Nach dem alten Maßstab würde man messen: ein dürres Stück, eine hinreißende Regieleistung.
Aber Piscators neue Bühne beansprucht neue Maßstäbe. Wir sind bereit. Nur lassen wir es uns nicht nehmen, auch das Anrecht auf die Ansprüche zu untersuchen. Es wird sich dabei zeigen, daß Erwin Piscator nicht zu unbescheiden, sondern zu bescheiden ist.
Denn nun, in seinem neuen Bühnenhause, tritt er in aller Offenheit als Agitator für eine politische Partei auf, der in der Bühne nichts sieht als ein Mittel der Propaganda. Im Programmheft behauptet zwar ein diplomatisch witzelndes Vorwort, daß sein Theater die Kunst von der Politik befreien wolle. Aber dieser ehrliche und undiplomatische Piscator hat eben erst, in einer Zeitung, seine Absichten offenherziger bekannt. »Wir sehen im Theater«, heißt es da, »nichts als ein Mittel, um eine bestimmte Idee zu vertreten oder zu propagieren... *Die Idee, die wir vertreten, ist eine politische*. Wir kennen den Begriff der Kunst, so weit ihn die bürgerliche Epoche der letzten fünfzig Jahre formuliert hat,... aber wir distancieren uns bewußt von ihm, wenn er uns hindert, unmittelbar in unserer Wirkung zu sein.«
Respekt vor der Redlichkeit, die aus diesen Worten spricht! Piscator will nicht »die Reihe der guten Unterhaltungstheater in Berlin um ein neues vermehren«. Er will politisch wirken.
Damit antwortet er im voraus auf den Einwand: nur keine Leitartikel auf der Bühne! Aber gerade weil er politisch wirken will, müßte er auf das Wirken ebensoviel Wert legen wie auf die Politik.

Wirkt Ernst Tollers ›Hoppla, wir leben!‹? Dieser starke Woller und schwache Könner Toller hat einen herrlichen Stoff gefunden. Ein Revolutionär verliert, anno 1919 kurz vor der Hinrichtung begnadigt, den Verstand. Er bleibt acht Jahre im Irrenhause und kehrt, anno 1927, in eine veränderte Welt zurück. Ein Könner hätte daraus ein Spiel chaotischer Kräfte gemacht, den Hexensab-

bat einer Welt, die von Sehnsucht in Enttäuschung taumelt. Toller, dem Woller, gelingt nur, wenn er auch beweglicher als früher geworden ist, ein dürres Spiel. [...] Sein Revolutionär findet einen alten Kameraden aus der Delinquentenzelle als Minister des neuen Staats wieder, sein Mädchen als eine von der Liebe emanzipierte Agitatorin. Arbeitslos schmarotzt er bei ihr, bis sie ihn hinauswirft. Dann beschließt er, als Kellner, den Renegaten-Minister zu erschießen. Ein Fememörder kommt ihm zwar zuvor. Aber der Revolutionär wird verhaftet, kommt in sein Irrenhaus zurück, von dort ins Gefängnis, und erhängt sich gerade im Augenblick, da seine Unschuld aufgedeckt wird.
Welch ein gespenstischer Mangel an Temperament und Humor! Tollers vornehmer Sinn bleibt gerecht auch gegen den Gegner. Sein Renegat läßt sich zwar von den Feudalen und Kapitalisten einwickeln, weist aber Bestechungen zurück. Sein Fememörder erzählt, wie ein verehrter Onkel General vom Renegaten brutalisiert worden sei. So wird alles motiviert und alles bleibt flau. Dieses agitierende Mädchen! Wenn Sybille Binder aus einem Bette steigt, wundert man sich, daß ein wandelnder Paragraph des Parteiprogramms wie ein richtiger Mensch schlafen kann. Der Revolutionär aber, der Mann aus dem Irrenhause, was für ein unfruchtbares Keifen stimmt er an! Er jammert um eine verratene Idee, doch seine Idee wird in keinem Wort lebendig. Es wird Toller zustoßen, daß gerade naive Zuschauer den Renegaten, der genau weiß, was er will, einem lamentierenden Doktrinär vorziehen werden.
Die Welt ist verrückt, nicht der Insasse des Irrenhauses. Welch ein Shakespearescher Humor gehört dazu, diesem alten Einfall die Bühne zu erobern! Tollers Humor aber gibt sich in der Figur eines Provinzonkels aus, der sein Lebenstempo in die Großstadt trägt, eine Gelegenheit für Paul Graetz, dessen Talent nie enttäuscht, so lange es im stillen seine Wirkung sucht.
Nein, verehrte Herren, für die Langeweile gibt es keine neuen Maßstäbe!

Aber, so erwidert der Direktor der neuen Bühne, was geht euch das Stück an, das ich spiele? Ein Dichter, von der Bürgerwelt überschätzt, ist für mich nur ein ›Manuskriptverfertiger‹. Ich gebe euch ein Kunstwerk, das aus kollektiver Arbeit entsteht.
So ungefähr hat es Tairow, der Russe, auch gesagt, als er den Schauspieler ›entfesselte‹. Ich weiß nicht, wie sich seine Landsleute mit dieser Praxis abfinden. Aber mir scheint es gefährlich, moskowitische Theaterideale einem Berliner Publikum aufzudrängen, das vorläufig noch einen so altmodischen Wert auf die Manuskriptverfertiger legt.
Kollektive Arbeit – das heißt: fesselloses Schalten der Piscatorschen Phantasie. Seine erste Leistung auf eigenem Boden beweist, daß diese Phantasie die Hemmungen des letzten Jahres abgestreift hat, daß sie souveräner Meisterschaft fähig ist.
Piscators Schwäche bleibt freilich die Führung des einzelnen Darstellers. Alexander Granach, immer nur als Episodist wirksam, muß ohne Führung in der Hauptrolle eines Revolutionärs versagen, den der Dichtungsverfertiger so sparsam ausgesteuert hat.
Aber wie vollendet ist jetzt der Zusammenklang von Film und Szene geworden, um den Piscator sich frühe Verdienste erworben hat! Wenn die acht Jahre der Irrenhauszeit auf der Kinowand vorüberbrausen, so spricht freilich der Propagandist, und ein vorsichtig zusammengesetztes Premierenpublikum ap-

plaudiert, sobald Lenin eine Ansprache hält, sobald Sacco und Vanzetti erscheinen, sobald der Wiener Justizpalast erstürmt wird. Schade, daß so erschütternde Ereignisse wie die Repressalie für den Warschauer Gesandtenmord, die Erschießung der zwanzig Gefangenen in Moskau, vergessen worden sind.

Über den Agitator aber wird der Künstler immer wieder Herr. Am Schluß, in der Gefängnisszene, verständigen sich die Insassen der Zellen durch Klopfsignale, und auf dem Filmschleier huschen ihre Fragen, ihre Antworten als flimmernde Worte von Mensch zu Mensch – das Meisterstück einer vorwärts dringenden, neue Werte schaffenden Bühnenkunst!

Von Meinhardt und Bernauer übernimmt Piscator die Erfindung der Kreislerbühne, wenn er sieben und mehr Schauplätze auf den beiden Turmgerüsten seiner Szene unterbringt und im Wechsel von Helligkeit und Finsternis verwendet. Oben, in der Radiostation, erklärt der Telegraphist dem Revolutionär seine neue Erfindung, und im Schacht zwischen beiden Türmen läßt der Film seine Worte lebendig werden. Das ist Neuland, fruchtbares Neuland.

Traugott Müller mit seinen Bühnenbildern, Curt Oertel mit seinen Filmen sind hier wie früher Piscators sichere Helfer. Dazu läßt Edmund Meisel in der Orchesterloge Geräusche hämmern, die nach der Versicherung des Theaterzettels Musik sind, auf jeden Fall die Aufregung aller Sinne im Zuschauer steigern. Auch die Mittel der Revue werden nicht verschmäht, und am Schluß hüpft sogar eine Kette von Ballettmädchen über die Bretter. Wir wollen sie, zum Unterschiede von ihren Vorbildern, Toller-Girls nennen.

Ob Aufführungen dieser Art dem Zuschauer nicht eine zu starke körperliche Anspannung zumuten, muß die Zukunft lehren. Es wird sich zeigen, ob die Zuschauer dem neuen Direktor ebenso willig folgen wie seine Darsteller, wie der begabte Oscar Sima als Renegat, Renée Stobrawa als proletarische Mutter, Leonard Steckel als Irrenarzt.

Piscator aber wird seine Meinung über die Manuskriptverfertiger ändern müssen, bevor sein Anspruch geprüft werden kann, ob er stark genug ist, den Begriff der Kunst zu revidieren. Auf alle Fälle muß sein Wille ernst genommen werden, ernster als Herr und Frau Snob aus Berlin W., die diese neue Mode bestimmt nicht versäumen werden.

Aber gerade, weil er auf der Höhe seiner Kraft steht, gerade, weil er unbescheiden genug ist, die Kunst aus ihrem Geleise zu werfen, wird er gewiß nicht lange so bescheiden sein, der Propagandist einer Partei zu bleiben.

Ernst Heilborn, Frankfurter Zeitung 6. 9. 1927

Der Film hat gleichsam die Atmosphäre geschaffen, im hastenden Bilderwechsel die Innenschau errungen, ein Film von ungewöhnlicher Eindruckskraft (Curt Oertel): man sah die nicht endenden Militärtransporte, den Sprung von Erdloch zu Erdloch, das Einschlagen der Granaten, das Zucken des Menschenleibs – Waffenstillstand! – der Berg der fortgeworfenen Ausrüstungsstücke wuchs an, Hand griff in Hand, es rollten und mahlten die Räder der Heimkehrzüge, ein General rüstete die Flucht nach Schweden, Soldatenräte saßen da und verfügten, auf den Kriegsschiffen Meuterei, die befreite Masse zieht durch die Straßen, der Arbeiter findet im Arbeiter den Bruder ...

Ernst Toller hat mit seinem neuen Drama ins Wesentliche gegriffen: ›Hoppla – wir leben!‹, das heißt: Schande über uns, die wir den Krieg und das Blut und die Tat der Befreiung vergessen!
Der Film rast weiter. Er zeigt die Jahresuhr. Und nun wechseln im höhnenden Nebeneinander die Bilder: Grubenkatastrophen – Tänzerinnenbeine; Straßenrevolten – Börsenspekulationen; Gefängnismauern – Sportvergnüglichkeiten. Der Film ist aufreizend geworden, aber es steht dir frei, sein stummes Wort auch deinem seelischen Gehör zu deuten: Aufruhr oder Selbstbesinnung.
Der Vorhang tut sich auf und zeigt höchst eigenartiges Bühnenbild. In einen Gerüstbau sieht man hinein in vielfacher Gliederung und mehreren Etagen (die Drehbühne wandelt ihn nach Bedarf), die einzelnen Wände schließen ab und sind auch wieder transparent, so daß der Film ins Spiel hineinflimmern kann, so daß der Scheinwerfer sich seinen Schauplatz wählen, ihn auch zu verdoppeln, zu verdrei- und vervierfachen vermag, – die Erfahrungen der Kreislerbühne und auch der Russen sind nutzbar gemacht, und doch ist etwas ganz Neues entstanden. Es dient der dramatischen Handlung, die nun expressionistisch fremde Handlungen hart nebeneinander zu rücken, disharmonierende Stimmungen durcheinander zu wirren vermag, es dient in hohem Maße dem Film, der nun visionär in die Handlung geistert.
In der Inszenierung von ›Hoppla – wir leben!‹ hat Piscator ganz aus seiner offen zutage liegenden Entwicklung und aus seiner Eigenart ein bühnentechnisch Fertiges geleistet. Diese Inszenierung bedeutet einen Merkstein für ihn, und wohl nicht nur für ihn. In dieser Inszenierung ist das dichterische Werk nur Teil neben Teilen; der Film, die Musik (sie ist seltsam aufreizend: Edmund Meisel) stehen in gleicher Funktion, gleichberechtigte Teile, daneben. Diese Inszenierung erstrebt ein neues Gesamtkunstwerk. Sie erzielt jedenfalls eine ungeheure Aufpeitschung.
Schande über uns, die wir den Krieg und die Errungenschaft der Revolution vergaßen! [...]
Tollers Drama ist eine literarisch äußerst saubere Arbeit. Das kommt vor allem darin zum Ausdruck, daß jede Rede und Widerrede objektiviert ist; daß nirgends billige Karikatur zutage tritt; daß jedem *das* Wort gegeben ist, das seinem Wesen entspricht. Dieser objektivierte Dialog ist geschliffen und dramatisch bewegt.
Es fehlt nicht an starken dichterischen Momenten. Vielfach ist einem Expressionismus Kraft gegeben, der den Schrei aus Seelentiefen hat. In der Irrenhausszene des letzten Akts etwa wird aus der Vielheit solcher Schreie etwas wie disharmonierender Menschheitschoral.
Aber Tollers Drama ist in sich nicht Dichtung, sondern dramatisierte Chronik der Zeit. [...] Karl Thomas selbst – ich wüßte wirklich nichts über ihn zu sagen: er ist immer nur Gefäß, das die Umwelt anfüllt; ein von der Außenwelt Gepeinigter; selbst in dem Augenblick, da er mit dem Revolver dem Minister gegenübertritt, der Niemand, der Namenlose.
Aber wenn man diesen Niemand, diesen Namenlosen, *den* Proletarier nannte? Das Stück ist ohnedies in dieser Piscatorschen Inszenierung, die jetzt zum Schluß die Wirklichkeitsvorgänge geistern läßt, aufreizend genug; für die Dichtung als solche verschlägt es nichts. Der seelische Widerhall, dies sein Ich im Du finden, fehlt ihr.

Hinter den Film, hinter den Bühnenaufbau, hinter die Musik tritt hier die darstellerische Leistung. Es gibt nur Episodenfiguren, und das Unglück will es, daß Granach, dem die Hauptrolle anvertraut ist, der geborene Episodendarsteller ist, der Mann der starken Augenblicke und ohne Stunde; der Mann des Aufschreis und ohne sprachliche Technik. Ihm stehen mit guten Leistungen die Herren Sima und Busch, die Damen Binder und Stobrawa zur Seite. Über alle hinaus gewinnt Paul Graetz (Pickel) individuelles, liebenswertes Leben.

Paul Fechter, Deutsche Allgemeine Zeitung, Berlin, 6. 9. 1927

Ein vollbesetztes Haus, im Publikum alle Parteien vom Smoking über den Straßenanzug bis zum Dalleshemd – in den oberen Rängen im wesentlichen die politischen Freunde des neuen Direktors, im Parkett ebenfalls überwiegend Gäste, die dem Propagandaunternehmen, das dies Theater ausgesprochen darstellen will, zum wenigsten in der Theorie sympathisch gegenüberstanden. Ergebnis: der von vornherein zu erwartende stürmische Erfolg – ein dumpf entschlossener Beifall, der alle Versuche des dramatischen Autors, ihn von Anbeginn durch sein Stück heimtückisch zu sabotieren, illusorisch machte.
Es ist nicht ganz leicht, diesem Theater und seinen Leistungen beizukommen. Hält man sich an die literarischen Qualitäten des Werkes, die künstlerischen der Aufführung, so sagt der Leiter des Unternehmens: »Darauf kommt es uns gar nicht an – wir wollen Politik machen.« Hält man sich wiederum an die Politik, so sagt er: »Ihr seid Partei, von der Gegenseite – ihr könnt das natürlich nicht verstehen!« Der einzige Weg, der Sache beizukommen, ist der, von seinen Zwecken auszugehen, die Frage zu diskutieren, wie weit er sein politisches Programm erfüllt hat – und ob die nebensächlichen künstlerischen Mittel, die er dazu aufgewendet hat, geeignet zur Lösung dieser Aufgabe waren.
Von hier aus ist zu sagen, daß diese Mittel durchaus unzulänglich waren. Das Drama Tollers hat sicherlich die hier richtige politische Gesinnung, und diese Gesinnung ist sogar sicher auch echt in dem Autor: sie hilft aber nicht über die traurige Tatsache hinweg, daß das Stück eine hilflos dünn und talentlos mit ganz kurzem und schwachem Atem hergestellte Sache ist. Es ist ein Werk, das die Revolution in seinen Worten hat, aber nicht im Blut, weil es überhaupt kein Blut hat. Ein Mensch, dessen Wesen zum Stillen, Bescheidenen, Idyllischen neigt, pumpt sich künstlich zum Politischen auf; ein liebenswürdiges lyrisches Talent, etwa im Ausmaß von Rittershaus, das Literatur und Pech in politische Affären verstrickt haben, möchte Zeittragödien machen, obwohl seine Kraft nicht einmal zu Episoden, höchstens zu kleinen Stimmungsmomenten reicht. Die Wahl dieses Dramas war, politisch betrachtet, schlechte Politik, nicht einmal mehr bürgerliche, sondern kleinbürgerliche – künstlich gewertet ein Mißgriff ins Dilettantische.
Tollers Absicht war, eine Art Zeitspiegel der Gegenwart zu schaffen – den einstigen Revolutionären von 1918, die satt und kompromißlerisch geworden sind, die Leviten zu lesen.
Piscators Aufgabe war es nun, an diesem mangelhaften Anlaß politisch zu werden. Zu solchem Zweck bedient man sich bekanntlich des Films. Es ging genau wie vor fünfzehn Jahren, als in eben diesem Theater zuerst der Film

für Szenenwirkungen von Herrn Retzbach entdeckt wurde. Karl stülpt sich seinen Hut auf und geht ab; die Leinwand vorne sinkt rasch nieder: er erscheint im Film und zieht nun durch die gekurbelten Straßen.
Ich habe nichts gegen Film, vor allem nicht als Ersatz für Tollerschen Text. Ich habe viel gegen ihn, wenn er fast ebenso langweilig ist wie der Text, den er ersetzt – wenn er Metropolis ohne die Vorzüge von Metropolis kopiert. Es ist sehr merkwürdig: Piscator predigt Kommunismus: sein dicker Filmstil ist aber durchaus das, was man in seinen Kreisen entrüstet Wilhelminisches Barock nennt. Wenn er z. B. ein riesiges konisches Zahnstangengetriebe bemüht, um die – Zeiger seiner Zeitenuhr anzutreiben, so ist das genauso leeres Pathos und Bluff, wie wenn es nichtkommunistische Leute gemacht hätten.
Es ist überhaupt erstaunlich, wie schnell sich Piscators Talent in Leerlauf und Routine ausgegeben hat. Man sieht's an seinen Filmzutaten und erlebt es schaudernd an seiner Gestaltung des Dramatischen: Die Schauspieler, Herr Granach als Karl, Herr Sima als Minister, Herr Steckel als Irrenarzt, haben keine Gelegenheit zur Entfaltung. Aber der Akt im Ministerium z. B. war als Gefüge eine Katastrophe. Nichts paßte ineinander, dauernd entstanden die schrecklichen Pausen im Dialog, in denen man immer Angst bekommt, es könnte nicht weitergehen – ... Es wird immer deutlicher, daß Piscator mit Kunst, wie er selbst ja auch zugibt, nicht viel zu tun hat: nur die Anfangsschärfe seiner politischen Agitationen wirkte einst als ästhetischer Reiz. Heute tut sie das nicht mehr; man spürt den Leerlauf.
Auf der positiven Seite blieben zuletzt ein paar bildhafte Eindrücke. Traugott Müller hat ein Bühnengerüst gebaut nach dem Muster der Kreislerbühne, nur mit sichtbarer Konstruktion ... Die Idee ist gut, nur die Anwendung zu kompliziert: die Lichtbilder wackeln erst heftig, suchen mühsam ihren Platz, passen nicht in die Rahmen. Gerade daraus aber ergeben sich die wesentlichen, freilich durchaus unpolitischen Reize des Abends. Denn vorne am Vorhang ist ebenfalls eine durchsichtige leichte Filmschleierfläche, auf die zuweilen große schattenhafte Filmbruchstücke projiziert werden. Mit denen mischen sich die unfreiwilligen Lichtflecken und -streifen von hinten, und es entsteht im Verein mit Müllers Bühnenkonstruktion zuweilen ein merkwürdig flirrender Raummoment, der Spaß macht. Aber für vier Stunden schlechtes Theater ist das ein bißchen wenig.
Damit aber sind wir bei dem Hauptproblem: bei wem sollen mit diesem Theater eigentlich politische Aufgaben gelöst werden? Wenn das neue Theater so bleibt wie in dieser Eröffnungsvorstellung, dann kann vor allem die Volksbühne ruhig weiterschlafen: dies tut ihr nichts.

Herbert Ihering, Berliner Börsen-Courier 5. 9. 1927

Ernst Toller, der ähnliches durchgemacht hat wie Karl Thomas, der in Festungsjahren so auf sich zurückgeworfen wurde, daß er die Welt außen, auch später noch in der Freiheit, nicht verarbeiten konnte, Ernst Toller beginnt zu sehen und, was er sieht, darzustellen. [...] Der Blick für Gestalten hat sich verschärft. Toller versucht den Aufriß der Zeit. Er geht durch die Schichten. Er will die politische Struktur des gegenwärtigen Deutschland geben: von links nach rechts, vom Kommunismus bis zu den Völkischen. Zum ersten Male

möchte er ideologische Phrasen hinter sich lassen und die Bedingungen darstellen, unter denen diese Menschen leben und so geworden sind. Er möchte den Fluch der Macht zeigen, der Macht, die ein selbständiges Wesen wird, wenn jemand zu ihr emporsteigt, die etwas Überpersönliches ist: Nicht der Mensch hat die Macht, sondern die Macht hat den Menschen. Toller versucht auch, die Atmosphäre zu geben, in der jemand zum politischen Mörder wird. Aber nur, um von neuem seine Schwäche als Dramatiker zu zeigen.
[...]
Den Blick auf die Welt hat Toller diesmal gehabt. Aber auf dem Wege zum Theater wird diese Welt wieder unscharf. Die Konturen verschwimmen. Die Sprache wird blaß. Toller kann nicht formulieren. Er verzerrt die Dimensionen. Er will in einem gut gedachten Hotelakt die entnervende, entseelende Phantastik des technischen Zeitalters geben und läßt auf der Radiostation den – Herzschlag eines Ozeanfliegers hören! Toller romantisiert das Mechanische. Ihm genügt nicht die Phantastik der Präzision, er muß auch hier noch den »Herzschlag belauschen«.
Erwin Piscator ist frei von dieser Romantik. Er weicht nicht aus. Er gibt dem ›gemütlichen‹ Stil Tollers das stählerne Gerüst seines Szenenaufbaues. Zwei Etagen links, ein Spielraum in der Mitte, zwei Etagen rechts – das ist alles, was Traugott Müller und Piscator an Apparat brauchen. Aber dieser Apparat mit verschiebbaren durchsichtigen Wänden, mit Projektionsflächen und Filmschleiern vorn und hinten, dieser Apparat gibt alles her. Es ist Reichspräsidentenwahl – Lichtfluten von Wahlzetteln rieseln herab, sekundenlang tauchen rückwärts die Massen auf der Straße auf. Später: Gesichter verzerren sich, Worte flirren vorbei. Eine phänomenale technische Phantasie hat Wunder geschaffen.
Wie ordnet sie sich dramaturgisch ein? Der Film (von Curt Oertel und Piscator) ist für sich fabelhaft. Aber er leidet im Verhältnis zum Stück an Vollständigkeit. Es wäre wirksamer, wenn aus den Jahren 1919-1927 nur *Schlagbilder* genommen würden, *hindeutend* auf das Stück, das den Film aufnehmen und steigern müßte. Das Stück fällt aber ab. Die *Auswahl* wäre also nötig gewesen, weil Toller den Film in der *Konstruktion* seines Dramas nicht zu verankern vermag. Film und Bühne können sich im Prinzip ausgezeichnet ergänzen, wenn der Film die Dokumente für die Handlung heranschafft, wenn er Erweiterung, Perspektiven gibt. Hier wird man manchmal verwirrt, weil der Film als Dokument und als Symbol nicht auseinandergehalten wird. Manchmal *bedeutet* der Film etwas, manchmal stellt er chronologisch dar, ohne daß der Einsatz zwingend wäre. So mißglückt die großgedachte Schlußszene: Die Revolutionäre, wieder im Gefängnis, verständigen sich durch Klopfen. Karl Thomas antwortet nicht mehr. Er hat sich erhängt. Die Worte, die sie klopfen, gleiten als geisterhafte Lichtbuchstaben vorbei. Wundervoll, aber unklar. Weiter wird der Irrenarzt in übermenschlicher Verzerrung verfilmt. Außerordentlich, aber verwirrend. Er ist nicht wichtig genug, um vergrößernde Symbolisierung zu vertragen. Diese Vergrößerung hätte Karl Thomas und Kilman zukommen müssen, weil sie die Gegenwelten vertreten.
Allerdings war Leonard Steckel, der diesen Irrenarzt mit schauspielerischer Intuition und ökonomischer Beherrschung seiner Mittel in den Film hinaufspielte, außerordentlich. Dieser Eindruck stellt sich sonst nur noch einmal an:

als Kate Kühl ein formuliertes und deshalb zündendes Chanson von Walter Mehring sang.

Alexander Granach in einer Hauptrolle ist immer eine Gefahr. Als er unter Jeßner den Nicolo, als er unter Holl den Puck, als er jetzt unter Piscator den Karl Thomas spielte – jedesmal dieselbe handwerkliche Unzuverlässigkeit. Er schrie nicht. Dafür zerdrückte und zerquetschte er alle Sätze. Dafür spielte er über alle Einschnitte hinweg. Die Maske der Figur wurde deutlich. Die Vorgänge nicht. Was wollte Granach? Einen Vorgang inhaltlich wiedergeben? Dafür sprach er zu undeutlich. Einen Menschen charakterisieren? Dafür war er schauspielerisch zu oberflächlich. Wo er spielte, war leerer Raum. Hier ist Entwicklung nur bei äußerster Zucht möglich. Aber darauf wartet man seit Jahren.

Die Schauspieler hatten sich noch nicht alle an das Szenengerüst gewöhnt. Es wäre eine Gefahr, wenn es auch für andere Stücke beibehalten würde (Kreisler-Bühne). Paul Graetz als Pickel spielte Solorolle. Sybille Binder blieb, als Proletarierin, viel zu mondän im Ton, Oscar Sima als Kilman saftig für eine Episode, aber ermüdend für den ganzen Abend. Ernst Busch ein Gesicht; es bleibt fraglich, ob auch ein Ton.

Die Piscator-Bühne ist heute die einzige Bühne, die Aufgaben gibt, die zur Stellungnahme zwingt. Noch die Revuedirektoren ziehen ihre beste Wirkung aus der Parodie Piscators. Eine Persönlichkeit ist da. Über die Struktur des Theaters ist noch zu schreiben.

Carl Zuckmayer   Schinderhannes

Uraufführung: Lessing-Theater Berlin, 14. Oktober 1927
Regie Reinhard Bruck
Gleichzeitige Aufführung: Schauspielhaus Erfurt

Schauspielhaus Frankfurt/Main, 30. Dezember 1927, Regie Richard Weichert

Noch stand ›Der fröhliche Weinberg‹ auf den Spielplänen vieler Theater, als Zuckmayers zweites Volksstück angekündigt wurde. Bestätigte Zuckmayer sein Talent zum volkstümlichen Theater, um das sich neben anderen auch H. J. Rehfisch bemühte? Im Frühjahr 1926 hatte Gerhart Hauptmann dem jungen Autor in Hiddensee Anerkennung und Ansporn gegeben. Im Herbst war das Stück schon zum größten Teil vollendet, im Frühjahr 1927 beendet und von Zuckmayer seinem literarischen Förderer im Propyläen-Verlag, Julius Elias, gewidmet. Aus Dankbarkeit für die mutige Uraufführung des ›Fröhlichen Weinbergs‹ gab Zuckmayer den ›Schinderhannes‹ abermals an Direktor Saltenburg und wieder in die Regie von Reinhard Bruck; doch blieb auch jetzt der Autor selbst sehr wesentlich an der Regie beteiligt. Max Liebermann entwarf die Bühnenbilder. Der Erfolg des ›Fröhlichen Weinbergs‹ wiederholte sich. Enthusiastische Stimmen – aber auch Vorbehalte gegen die Verharmlosung der Hauptfigur und Simplifizierung des Stoffs (F. Hollaender). Das Julchen wurde eine Meisterleistung von Käthe Dorsch, der Schinderhannes eine von Eugen Klöpfer. – Als Richard Weichert den Schinderhannes am 30. Dezember 1927 am

Frankfurter Schauspielhaus aufführte, lebte diese Aufführung aus der heimischen Atmosphäre und dem Klang des Dialekts. Constanze Menz bestätigte sich in ihrer zweiten Zuckmayer-Rolle. Auch der ›Schinderhannes‹ ging über viele Bühnen im Reich: Ein Rebell, ein Stück mit politischen Nebentönen, mit Kasernenhof-Parodie: aber alle Schärfen in den humorigen und elegischen Tönen aufgehoben – das machte den Erfolg. Er hielt sich bis 1933. Acht Tage vor Hitlers ›Machtübernahme‹ inszenierte Hilpert den ›Schinderhannes‹ noch einmal in Berlin: an der Volksbühne. Mit Attila Hörbiger als Schinderhannes. Wieder wurde Zuckmayers Rolle zum Durchbruch für einen Schauspieler: Hörbiger war »bis gestern nur der Bruder des gütigen Humoristen Paul. Ein mächtiger Matkowskykopf... ein Künstler, von dem die Macht eines Führers ausgehen kann«, schrieb 1933 Monty Jacobs, der nach der Uraufführung notiert hatte: »Gerhart Hauptmanns Luft, aufgestiegen aus dem Hungerdorf der Weber, umfließt Zuckmayers Hunsrück...« (›Vossische Zeitung‹, 15. 10. 27).

Emil Faktor zog nach der Uraufführung das Resumee: Als Drama unentschieden, bringt es Vollwerte und Verheißungen. Zuckmayers nächste Aufgabe wäre die durchschärfte, umrandete, geistig freie Komödie (›Berliner Börsen-Courier‹, 15. 10. 1927). – Es war erst die übernächste. Sie hieß: ›Der Hauptmann von Köpenick.‹

Lessing-Theater
Paul Fechter, Deutsche Allgemeine Zeitung, Berlin, 16. 10. 1927

Als vor bald zwei Jahren der ›Fröhliche Weinberg‹ Zuckmayers zuerst in Szene ging, mußte der Autor froh sein, daß man ihn überhaupt spielte, und seine schüchternen Besetzungswünsche sanken sanft ignoriert kraftlos hintenüber. Heute, da er nach jener populär gewordenen Komödie sein zweites Drama herausbringt, wieder bei Herrn Saltenburg, bewilligt der ihm ohne Murren für den Helden Herrn Klöpfer, für die Heldin Frau Dorsch und zu den Dekorationen wird Max Liebermann engagiert. Erfolg hat manchmal seine sanften Seiten.

Im Falle Zuckmayer hat Herr Saltenburg diesmal recht. Erfolg kann verpflichten – muß es aber nicht. Zuckmayer hat die vernünftigsten Konsequenzen aus ihm gezogen. Er hat den Erfolg genutzt, nicht ausgenutzt. Seine wesentlichen Kräfte wuchsen schon in der Komödie aus dem rheinischen Heimatboden – und mit gutem Grund ist er wieder dorthin zurückgekehrt. Sein ›Schinderhannes‹, die Geschichte vom Räuber Johann Bückler, von dem die Leute noch heute in der herrlichen Ecke zwischen Kreuznach und Bacharach, Mainz und dem Hunsrück erzählen und singen, spielt nur wenig nördlicher als der ›Weinberg‹ – und hat die Atmosphäre und die Luft jener gesegneten Gegend um den Soonwald noch viel echter eingefangen als die Komödie der Landschaft um Oppenheim. Denn dies Schauspiel ist, ohne alles Ausbiegen ganz rein in die Welt des Volkes gegangen: kein Kruzius redet mehr hinein, keine Oberschicht spielt mehr oder weniger parodiert hier mit. ›Schinderhannes‹ ist eine Räubergeschichte, spielend unter Banditen und armen Bauern, Spielleuten und Soldaten: eine Zeit wird aus der Perspektive des Volks gestaltet – mit all der Freude am heimatlichen Wort und Wesen, an heimatlichen Menschen, die der ›Weinberg‹ verhieß. Was sich dort andeutete, ist hier geleistet: ein

Stück Volksleben ist mit fester Hand, mit starker vitaler Kraft, mit Lachen und Tränen sehr einfach und kräftig hingestellt — an lebendig umrissenen Menschen, lebendig aufgebauten Szenen, die so konzentriert und verdichtet sind, daß man nach einer Viertelstunde sieht, wieviel Zuckmayer selbst aus den Aufführungen des ›Weinbergs‹ gelernt hat.
Die Aufgabe, die er sich gestellt hatte, war dabei erheblich schwieriger als die erste. Zuckmayer wollte Leben und Ende des tapferen Räuberhauptmanns Johann Bückler, genannt Schinderhannes, gestalten, seinen Kampf gegen Gesetz und Obrigkeit für die Kleinen gegen die Großen — seinen Aufstieg zum Herrn des Hunsrücks, schließlich seine Gefangennahme und öffentliche Hinrichtung in Mainz. Konsequenz: dramatische Steigerung ergab sich nur während der ersten Hälfte — da Schinderhannes siegreich durchs Land zieht, ein Erlöser der Armen, ein Feind der Reichen, da er Julchen Blasius, die Musikantentochter gewinnt, und schließlich sogar den Kampf gegen die bewaffnete Macht der Franzosen aufnimmt. Mit dem Augenblick, da dieser Kampf mißglückt, versinkt die Möglichkeit weiterer aktiver Dramatik; die Lyrik setzt ein und drängt sich vor: Thema wird der Niedergang, die Flucht, Verhaftung und Hinrichtung des Hannes. Von der Mitte ab senkt sich die Kurve, und die Aufgabe, trotzdem das Ding in Bewegung und den Anteil wach zu erhalten, wird nicht leicht. Zuckmayer hat sie in zäher Arbeit fast gelöst — nur daß er über dieser Arbeit ebenso wie im ersten Teil manchmal zu lang geworden ist. Fast vier Stunden Darstellung eines Lebens sind zu viel, und schon das vierte Bild — Hannes auf der Höhe der Macht im Kampf mit den Franzosen, schreit nach Konzentration. Das Stück ist vortrefflich gemacht, im Bau und spielender Gliederung des Geschehens, in der Festigkeit der Menschenumrisse — bester Beweis des Weiterdrängens: es bekommt aber in Momenten etwas von der an sich sehr schönen Länge der Moritaten und des Bänkelsangs. Man empfindet sie um so stärker, als sie gefolgt wird von Bildern der Lyrik ohne dramatisch gespannte Bewegtheit. Man bleibt bis zum Ende gefangen, weil Zuckmayer den Gestalten viel mehr lebendige Vitalität, viel mehr Rundheit und Daseinskraft mitgegeben hat als den Typen des ›Weinbergs‹, weil er Dichterisches gibt und lebendige Wirklichkeitsluft. Man ginge stärker mit, schlösse das Balladenmäßige, das Lebensbild, nicht jede Steigerung aus. Der Anlauf der ersten vier Bilder ist prachtvoll: in weiteren siegt die Moritat. Das Durchbrechen der Lyrik durch Kasernenhofhumor ist nur Hilfsmittel, nicht mehr.
Trotzdem: das Stück zeigt, was Zuckmayer in diesen zwei Jahren hinzuerworben hat — und es ist eine Bestätigung der Erwartungen, die man nach der Komödie in diesen jungen Dichter setzte. Es war nur recht und billig, daß dieses Volksstück einen starken Erfolg errang, vor allem in seiner ersten Hälfte — alle Anklänge an Johann Bücklers Vorbild Florian Geyer, an die Räuber, an den Woyzeck (im Bau einzelner Szenen) besagen nichts dagegen. Hier steht ein Mensch, der aus sich andere hinstellt und leben läßt — das heißt ihren Trieben, nicht Problemen nachläuft: man kann jetzt mit ziemlicher Sicherheit sagen, daß er nicht nur dem Theater, sondern auch dem Drama noch so manches bringen wird.
Ein Teil des Erfolgs, vor allem des zweiten Teils, beruhte freilich mit auf der Darstellung oder wenigstens auf ein paar Darstellern, die nicht nur teuer, sondern auch gut waren. Schinderhannes war Herr Klöpfer. Die Rolle liegt ihm hervorragend, und so war er streckenweise ausgezeichnet. Ein runder, ganzer

Kerl, naiv, heiter, gut, hemmungslos, wild, laut – ein Mensch aus jener Gegend um den Rhein. Im vierten Bild schien er wieder den eigenen Kräften zu unterliegen, Gestaltung und Geschrei untergehen zu lassen: es blieben Momente, und er faßte sehr bald wieder sich und die Gestalt und wuchs am Ende unsentimental zu starken Augenblicken. – Neben ihm Frau Käthe Dorsch als Julchen – merkwürdig blaß und farblos: westdeutsche Vitalität scheint ihr fremd zu sein. Ihr Schönstes gab sie in fast stummen Momenten gegen das Ende hin – sonst trat sie gegen Klöpfer stark in den Hintergrund. Zumal sie in ihrer städtisch feinen Aufmachung auch äußerlich als Fremdkörper in dieser Volkswelt stand.

Nachdem man Zuckmayer nun die richtigen Schauspieler bewilligt hat, sollte man ihm auch einen Regisseur bewilligen. Den Ruf des Derblaut- und Sentimentalseins verdankt der Autor zum großen Teil seinem bisherigen ›Spielwart‹ Herrn Dr. Bruck. Der hatte zwar das vierte Bild äußerlich ganz geschickt aufgebaut: er brachte aber alles Feine um, ließ das Werk teils in Lärm, teils in Langsamkeit ertrinken.

Die Bühnenbilder Liebermanns ganz hübsch – zumal man offenbar zu den Skizzen viel hinzugebaut hatte. Der Erfolg stark und aufrichtig – Zuckmayer mußte immer wieder auf die Bühne.

Alfred Kerr, Berliner Tageblatt 15. 10. 1927
I
Schinderhannes ist (wie auch das neue Buch von Elvenspoek merken läßt) unleugbar in Mainz 1803 hingerichtet worden. Vierundzwanzigjährig.
Mit Karl Moor, mit Rinaldo Rinaldini (welchen »seine Rosa weckt«) als Räuber ein Liebling und ein Abscheu der Bevölkerung.
Indes unser Schlesien seinen eigenen unvergeßlichen Pistulka hervorgebracht hat – von einem verräterisch befreundeten Förster durch Opium im Schnapsglasel eingeschläfert; ausgeliefert gegen Belohnung; hingerichtet. (So Pistulka)

II
Seit Schiller ist der Räubersmann ethisch. (Nicht bloß romantisch.) Er fühlt mit dem armen Manne, dem geholfen werden kann.
Ja, wenn er mal nicht ethisch ist, wie der Störtebeker neulich bei Ehm Welk, sondern selbstisch und junkerlich statt allgemein-hilfsam: dann endet er als Ungetüm, verabscheut. In der Schlucht.
So werden die Räuberstücke von Jahr zu Jahr nützlicher, moralischer und vorteilhaft im Gebrauch.

III
Bei Zuckmayer wird Schinderhannes wieder verehrt von jener Schicht, der geholfen werden kann. Die Hunsrückbauern – na!
Seine Rosa weckt ihn nicht ... sondern das Julche zieht mit ihm. Halb gern, halb ungern. Aber doch letztens nicht ungern.
Am liebste' tät das auch ihr kloi' Schwesterche, Ruth Albu mit 'em hübsche Profil.

IV
Die Dorsch ... Julche! Julche! – Sie hat nicht viel zu reden (Weibsbilder geraten Dichtern allemal am innigsten, wo nicht viel reden; dies ist nämlich der

Anfang von der Überlegenheit des Kinos über das gesprochene Drama; denn sobald sie weniger sprechen, reißt es einen seltener aus der Stimmung).
V
Auch der Betrachterich kann hier nicht viel sprechen. Er empfindet etwas, wie man kurzweg einen sehr geliebten Menschen empfindet – und das namenlose Glück seiner Nähe. Wo noch Einfallsreichen kaum andres einfallen wird als etwa der blöde Ruf »Süße!« oder so ähnlich.
VI
Wenn die Dorschin, Käthe, hier im Ährenfeld (Liebermanns Bilder geben prachtvoll allerhand Ortschaften und Wirtschaften und.Gewese – nur das Ährenfeld ist in der Ausführung durch R. Schön bloß gewissermaßen eine Reihe plastischer Ähren, dahinter sichtbar Gemaltes beginnt) ...
Wenn die Dorsch in Ähren ein Kind gezeigt hat; und hält es im Tuch; und man sieht's nicht; und sieht nur ihr Antlitz ... Was? wie schaut sie aus? Nein! Umgekehrt: die Madonnen könnten froh sein.
VII
Oder wenn sie ein Glas hochhebt, vor dem *moribundus*, dem zur Hinrichtung Verurteilten, und (wie es in einem Gedicht an den bereits toten Schriftsteller Poppenberg hieß: »Sollst leben! ... hätt' ich gern geschrien«) ... wenn sie dazu ihm gleichfalls versehentlich sagt: »Sollst leben« und aufblickt –.
VIII
Süße!
IX
Und Klöpfers ›heilige Kraft‹, homerisch gesprochen, leuchtet neben ihr, über ihr, um sie, durch sie. Zwar, die Dorsch verläßt ihn einmal, ist halt ein Weib, aber wie könnte sie nicht zurückkehren? Aus der Erde gewachsen steht hier ein Kerl, eine Volksgestalt wie sie; nichts mehr vom Theater. Mit seinem breiten Edelrost in seiner Riesenstimme. Zueinandergehörig die zwei, wie der Baum zum Wald. Boden dampft rings, nicht daß ein Rampenbrett quietsche, wenn sie reden oder stocken.
Kein Theater mehr.
X
Und mein Zuckmayer kann tun, was er will, sogar den äußersten Kitsch bringen (wenn er statt des Liedes vom Florian Geyer jemand ein Lied vom Schinderhannes mit Musikbegleitung von sich geben läßt – hinter dem Verfasser des ›Gneisenau‹, der schon Ähnliches beging; es ist ein Kreuz und eine Seuche ... nur das Original bleibt in seiner Pracht).
Also der Zuckmayer kann tun, was er will: er kommt gegen die zwei nicht auf.
XI
Zuvor hat er oft Reizvolles gegeben für unverkünstelte Zuschauer: wenn die ›Streiche‹ des Schinderhannes ein Parkett belustigen, das nicht wie er dem Bestohlenen seine eignen Felle wieder verkauft. Sondern ein Parkett, das ja viel intelligentere Transaktionen in Fell zu tätigen heut in der Übung ist – aber trotzdem über solche Harmlosigkeiten lacht. Seltsam. (Leben wir in der Gegenwart?)
XII
Manchmal hat Zuckmayer Erinnerungen an sein Indianerstück, wie einst im May. Nicht oft genug an Schiller, als welcher auch die Nebengestalten umriß

(Ton auf der zweiten Silbe). Zuckmayer gibt ein Mitwirkenden-Verzeichnis, das nur in einer Doppelnummer des ›Berliner Tageblatts‹ wiederzugeben wäre. Die Wesentlichen sind jedoch wirklich schon genannt.
(Reinhard Bruck, Spielvogt, bändigt die Pfälzersprach', nicht schlecht; etwas durchwachsen. Die Anblicke sind lecker.)
XIII
Hübsche Lustspielzüge zwischendurch. Manchmal etwas rhein-mainische Lieblichkeit ... So schreitet ein Revolutionär, vom ›Kreuzweg‹ über das fröhliche ›Weiße Rößl‹ zum Heimatstück – das jedoch erwünschter ist als Heimatstücke sonst und bisher. Und kräftiger.
Zuckmayers Kraft liegt in bodenwüchsiger Frische. (Doch auch die Frische, lieber Sohn der Gegenwart, hat ihre Grenzen.)
Zuckmayers *pro*: das Volkstum. Zuckmayers *contra*: das Volkstümliche.

Schauspielhaus Frankfurt/Main
Bernhard Diebold, Frankfurter Zeitung 31. 12. 1927

Ein Bombenstück; eine Bombenaufführung; ein Bombenbeifall. Die Gemeinde des ›Fröhlichen Weinbergs‹ erwartete von ihrem Zuckmayer einen trinkfesten Räuberhauptmann und freute sich auf ihr eigenes Gelächter. Aber bei allem Humor kam doch die Hauptsensation des Abends nicht fürs Zwerchfell, sondern für die Gemüts- und Tränendrüse. War's nicht ein bißchen Kitsch? Meinetwegen. Das Sinnige und Sonnige, das Innige und Wonnige der alten Räuberballade überschlich unsere Leber. Die fatale Trennungslinie Literatur-Theater wurde wesenlos.
Vor lauter Theater vergaß man, daß man im Theater saß. Das ist kein kleines, meine Herren. Man machte unter dem Drang des Spiels gar manche Sentimentalität mit, die man sich kühlen Kopfes nicht erlaubt hätte. Aber wozu der kühle Kopf vor den tanzenden Brettern mit richtigen Menschen und so flötenden Liebestönen und so paukendem Radau.
Zuckmayer *will* ja Theater. Er macht im Rahmen der Tradition das naivste Theater, das sich heute denken läßt. Daß dieses Heute alles andere als naiv ist, bleibt ein soziologischer Vorwurf für den Autor. Daß diese Naivität vom Publikum akzeptiert wird, macht die Soziologie wieder gut. Man darf das sagen, weil der Zuckmayer keinen sog. ›höheren‹ Anspruch stellt. Und weil er innerhalb seiner ›niederen‹ Ansprüche die beste Qualität liefert. Seine im Programmheft abgedruckte Ballade gibt in nuce den dichterischen Keim des Stückes. Das ist ausgezeichnet empfunden und erzählt; dieser Bänkelsang gehört zur allgemeinen Kenntnis. Die dramatische Bearbeitung ist schwächer. Des Stückes bessere Hälfte ist die erste. Bis dahin führt der rote Faden schön sichtbar durch Männertum und Liebeslyrik. Dann wird's zu episodisch und oft ein wenig gar zu stark nach alten Biedermeier-Mustern nach-klischiert. Aber gut klischiert.
Am Schluß kommt dann die Szene von der Henkersmahlzeit: wo der Schinderhannes weiß, daß er bald dran muß, und wo sein Julchen genau so sicher vom nahen Abschluß weiß [...]. Das ist über allem Theater sogar ein bißchen *gedichtet*. Die Sprache kommt direkt aus dem Maul. Das Theater darf sich für solche Stücke gratulieren.

[...] Weichert hatte Großkampftag, [...] er erfocht einen Sieg und war Triumphator. Es ist doch eigentümlich, wie man mit den jungen Leuten der nach-expressionistischen Zeit so gut naturalistisches Theater spielen kann! Diese schlechte ›Dorothea Angermann‹ und dieser derbe ›Schinderhannes‹ wurden zu den besten Aufführungen der Saison. Die Leute spielen nach so viel Symbolismus gern das ›Wirkliche‹ und fühlen sich kannibalisch wohl dabei. Auch Weichert wurde Kannibal; feuerte namentlich die ersten Szenen prachtvoll in einer Richtung; kommandierte die vielen Männer, Bürger, Räuber und Soldaten in ein buntes Durcheinander; dirigierte mit feinstem Takt das Piano der Liebesszenen, die ohne das geringste Seelenpathos seelisch wurden. Die Gnade über ihm hieß: Besetzung. Gute Besetzung ist vier Fünftel Regie!
Der Schauspieler muß in Leib und Seele vorbestimmt sein für die Rolle. Bei ›Dorothea Angermann‹ traf sich die Rolle ausgezeichnet mit Ellen Daub. Diesmal mit Biberti und Constanze Menz für Schinderhannes und sein Julchen. In dieser Zeit der literaturlosen Richtungen ist das Repertoire weder nach klassischer noch nach moderner Dramatik einzurichten, sondern nach den Spielern, die man hat. Und an diesem Abend spürte man eine Fülle von Möglichkeiten. Das Frankfurter Theater hatte die Leute für das sprachliche Milieu von Mainz und Umgebung. Auch die kleinsten Episodisten traten aus dem Klima ihrer Alltagsumgebung direkt in die Bühnenluft. Es liegt durchaus nicht in der mehr oder weniger gelungenen Kopie des hiesigen Dialekts. Es schwingt ein Rhythmus des täglichen Erlebens. Impekoven z. B. spielte den Korporal schadlos auf ostpreußisch. Diese kleinen Krämer, Handwerker, Soldaten, Wirte, Arbeiter wurden wirklich: der witzige Danegger; Engels, Waldis, Schiller, Nerking, Andresen. Die Räuber waren wohl assortiert: der sehr männlich forsche Schneider; Rewalt; Spanier als greiser Schinderhannesvater; Odemar mit einem Galgenvogel-Ausdruck; schlechtes Gewissen bis in die Fingerspitzen. Von den spärlich gesäten Damen mit Ruhm zu nennen: Hertha Schwarz als Julchens Schwester, mit klarem Wesen und sicherem Wort; Mathilde Einzig als das alte Gottverdippelche, von einer schimpfenden Explosivkraft, daß die Luft im Raume bebte. Dies ganze Ensemble wimmelte lebendig im Bilde, d. h. in neun Bildern von Walter Dinse, namentlich im Landschaftlichen saftig und farbig.
Im Gewimmel bleiben stabil die Figuren des Liebespaares, das Ballade spielt und doch in Prosa redet. Biberti, am richtigen Platz, ist ein Schauspieler erster Ordnung. Sein Wesen erlaubt ihm den schlichtesten Ausdruck, weil hinter jedem Wort das Temperament gewittert. Auch wenn er brüllen muß, ist's nicht gebrüllt; denn das Temperament beweist, daß es nicht anders sein darf. Aber er kann auch leise und rührt damit; man spürt den starken Mann hinter den weichen Worten; und aus dem Muskel wird Seele. In wundervoller Ergänzung zu soviel Männlichem stand die so völlig weibliche Erscheinung der Constanze Menz, die vor drei Jahren mit Zuckmayers ›Fröhlichem Weinberg‹ hier begann und nun wieder von Zuckmayer die erste breiter tragende Rolle erhielt und sie bezwang. Die sonstigen Überspannungen im Ausdruck eines jungen Temperaments konnten sich in der weiteren Rolle verteilen und auslösen. So kamen Momente der Ruhe wie die stille Elegie im Kornfeld, wo alles Derbe der Figur wich vor dem Glück einer fast jungfräulich erscheinenden Mutter. Doch diese Poesie wurde nicht ›mit Ton‹ gemacht, sondern lebte völlig aus der Empfindung; einer Empfindung, die nicht sentimental wurde, weil sie den Wort-

klang sparte... Im Zusammenspiel der letzten Kerkerbilder kargten beide Spieler mit jedem Ausdruck; fühlten nach innen; und füllten so auch die Pausen mit Spannung und Ahnung. Es war einer der besten Abende des Schauspielhauses.

Else Lasker-Schüler   Die Wupper
Staatliches Schauspielhaus Berlin, 15. Oktober 1927, Regie Jürgen Fehling

»Gerhart Hauptmanns Luft«: auf Zuckmayers ›Schinderhannes‹ im Lessing-Theater folgte den Abend darauf Fehlings Inszenierung der ›Wupper‹ und drei Tage später im Deutschen Theater Hauptmanns ›Dorothea Angermann‹ (s. d., 18. 10.). Diese drei Inszenierungen waren eine Selbstdarstellung der künstlerischen Kraft des Berliner Theaters, die noch immer vom alten ›Berliner Realismus‹ zehrte. Sie wirkten zugleich wie eine konservative Konzentration gegen das progressiv-politische Theater. – Mit der Inszenierung der ›Wupper‹ wagte sich Fehling an das Stück, das nach der Uraufführung durch Heinz Herald im ›Jungen Deutschland‹ einen großen Skandal ausgelöst hatte (27. 4. 1919). Damals war dieses einzige 1909 schon mit dem Kleistpreis ausgezeichnete Drama der Else Lasker-Schüler ein Adaptionsversuch des Expressionismus geworden. Das Stück war scheinbar naturalistisch, aber Hintergrund und Atmosphäre waren noch wichtiger als die Individuen. »Eine Folge von gespenstischen Bildern, die sich zu einer beklemmenden Einheit zusammenschließen«, hatte Jacobsohn 1919 ›Die Wupper‹ genannt, und die Lasker-Schüler hatte ihr Drama als »schreitende Lyrik« definiert. Als Herald ›Die Wupper‹ uraufführte, sprach er mit Recht von »unbetretenem Gebiet«. »›Die Wupper‹«, schrieb er in ›Das junge Deutschland‹ (1919, S. 85), »... ist ein Beweis für die Naturgewachsenheit der Strömungen, die man mit dem Wort Expressionismus zu umschreiben sich gewöhnt hat und die von vielen für ein Bewußtes [...] und darum Unnotwendiges, für etwas rein Konstruiertes und Errechnetes gehalten werden... Die Mischung der Elemente ist der stärkste Reiz des Werkes.« Herald hatte das phantastische Element stark betont: durch Bühnenbild, Musik und die Kostüme der Herumtreiber. Die Musik war eingesetzt »als Sehnsucht der leidenden Wupperwelt, sich von Musik beruhigen und erlösen zu lassen«, die Jahrmarktsszene war zum Symbol für die Verworrenheit des Lebens geworden. – Fehling dagegen inszenierte eine große Untergangsballade. Sein Sinn für magischen Realismus hatte hier einen vorzüglichen Text. Neben Barlach war die Lasker-Schüler für ihn »das zweite dramatische Genie nach dem Tod Wedekinds«. Nach der Premiere identifizierte sich die Lasker-Schüler mit Fehlings Inszenierung: »Ich weiß nicht, wie ich dazu gekommen bin, das zu schreiben, aber ich sage Ihnen, Fehling, ich habe es genau so gemeint, wie Sie es gemacht haben.« – Fehlings Aufführung wurde als künstlerische Leistung so exemplarisch, wie die Inszenierung Heralds symptomatisch geworden war für die Stilschwierigkeiten im Übergang von 1919, als der Blick vom Milieu auf die Hintergründe ausgedehnt wurde. Fehling war zum Tragiker herangereift. Er war zweiundvierzig Jahre alt. Die Inszenierungen des letzten Jahres bestätigten seinen Weg: ›Die Soldaten‹ von Lenz (15. 10. 1926), die deutsche

Erstaufführung von Tschechows ›Die drei Schwestern‹ mit Lina Lossen, Lucie Höflich, Lucie Mannheim und Gerda Müller als Natascha (21. 12. 1926), ›Maß für Maß‹ von Shakespeare (11. 6. 1927) und Tiecks ›Der gestiefelte Kater‹ (3. 7. 1927 in München) waren die letzten wichtigen Arbeiten gewesen.

Herbert Ihering, Berliner Börsen-Courier 17. 10. 1927

Als vor achtzehn Jahren Rudolf Blümner Else Lasker-Schülers ›Wupper‹ dem Deutschen Theater empfahl, wurde ihm geantwortet: »Ein ausgezeichnetes Stück, schade, daß es zehn Jahre zu spät kommt.« Es war die Zeit, als man Hofmannsthal für einen Dramatiker hielt. Dann wurde das Schauspiel, zehn Jahre darauf (als es demnach schon zwanzig Jahre »zu spät kam«) in demselben Deutschen Theater vom ›Jungen Deutschland‹ gegeben. Es war die Zeit des mißverstandenen Expressionismus. Sie konnte den großen Erfolg nicht verhindern.
Else Lasker-Schülers ›Wupper‹ kam in Wahrheit zwanzig Jahre zu früh. Jetzt erst wird sie von der Zeit erfüllt. Was früher vom einen als »phantastische Ballade«, vom anderen als detaillierender, nachzeichnender Naturalismus angesehen wurde, erscheint heute als visionäres Dokument der Wilhelminischen Epoche. Aus dem Märchen ist Wirklichkeit geworden. Der Mythos ging voraus, und die Historie wuchs ihm nach. Das Drama einer Frau, zerfahren und wirr? In einer Zeit, als die neuromantischen Männer eine l'art pour l'art-Bewegung schufen, als sie weltfremd träumten und kunstgewerbliche Ornamente schnitzten, hielt der Blick einer Frau der Zeit stand. Sie sah die zerfallenden alten, die aufsteigenden neuen Schichten und formte ihre Gesichte. Else Lasker-Schüler, die einzige schöpferische Dichterin im Deutschland der letzten Jahrzehnte, rettete auch die Ehre des deutschen Dramas.
Else Lasker-Schüler (aus Barmen-Elberfeld) nahm für das Theater eine Landschaft voraus. Sie entdeckte die Dramatik des Industriebezirks, der wir uns heute erst auf dem Umweg über ehrwürdige Festspiel- und traditionelle Kunststädte wieder zuwenden. Der Wurf der Entdeckung war zugleich der Wurf der Gestaltung. Das oft mißleitete und abgelenkte Drama muß heute langsam im Stofflichen nachholen, was hier schon im Dichterischen erreicht war.
Im ›Wupper‹-Drama wird eine ganze Schicht von innen zerfressen. Damals sah man den Spuk der Herumtreiber. Heute sieht man die gigantische Realität des Industriehintergrundes. Damals ging man über die Szenen im Fabrikantenhause hinweg. Heute sind sie die Schicksalstragödie des Bürgertums. Das Haus der Frau Sonntag zerfällt in sich selbst. Keine Revolution dringt dagegen an. Aber seine Bewohner wissen nicht, wohin mit sich selbst. Sie haben kein Ziel mehr und keinen Sinn. Trägheit und Standesdünkel zerfrißt die Tradition. Kräfte und Gier, Hochmut und starrer Kastengeist – eine Familie stürzt. Ein Höllensturz.
Dieser Teil des Stückes kam in der Aufführung von Jürgen Fehling zum erstenmal heraus. Wie diese Familie im verschnörkelten Gartenhaus beim Frühstück sitzt, der Proletariersohn abseits, in gebührender Entfernung – meisterhaft. Wie später in das verödete Zimmer der Verfall dringt – aufwühlend. Welche schauspielerischen Leistungen! Lucie Höflich als Frau Sonntag: gemessen, mit leicht betonter Kühle und Steifheit, und doch empfindet sie noch

echt die Tradition und wird erschüttert durch den Verfall – wundervoll. Ihre Tochter Marta, schon haltlos, schon weggeworfen, eine bisher unbekannte Schauspielerin gab sie, frivol, sinnlich, zynisch, mit einer Fülle starker Züge – außerordentlich: Viktoria Strauß. Dann die Dienstmädchen: Elsa Wagner, die alte – knapp und fabelhaft: Margarethe Schön, die junge, hier in einer Charakterrolle nach ihren blassen Liebhaberinnen nicht wiederzuerkennen.
Auf der Gegenseite mußte man sich erst zurechtfinden. Im Arbeiterviertel trieb Florath als Großvater Wallbrecker zuviel Charakteristik, er wurde undeutlich. Die Exposition verlor an Klarheit; die Vorgänge wurden nicht herausgehoben. Auch die Herumtreiber: Pendel-Frederich, Lange Anna, der gläserne Amadeus waren nicht gefaßt und stilistisch nicht eingeordnet. Aber dann die Mutter Pius: Alexandra Schmitt. Sie behauptete im Schauspiel den Eindruck des Films (Pique Dame). Wie sie die alte Kupplerin und Kurpfuscherin mit bösem Blick, fahlem Antlitz ohne Unterstreichung gab, wie sie sich an ihre Opfer heranschob, heranäugte, herankitzelte – ein unheimlicher Realismus. Lucie Mannheim als Lieschen Puderbach – seit sie nicht mehr lyrisch zu sein braucht, ist sie eine erste Schauspielerin geworden.
Eine wachsende, eine steigende, eine sachlich-phantastische Aufführung. Fehling entzündete sich an der Aufgabe. Wie war Günther Hadank (der beste der Männer) gegen Lothar Müthel gesetzt. Hadank sachlich, zurückgestemmt, Müthel schmerzlich-schwärmend, zerbrochen. Eine dramaturgische Aufführung schon in der Besetzung. Sie machte in den Seitenfiguren zuviel chargierende Stimmung. Sie machte in den handelnden Hauptfiguren das Werk klar. Ein Ereignis, eine Tat.

Alfred Kerr, Berliner Tageblatt 17. 10. 1927
I
Ein Schilderungsdrama. Mit Phantasto-Naturalismus.
Was bedeutet hier Schilderungsdrama? – Zustände will es formen, die an der Wupper bestehen.
Nicht also Schicksale, die irgendein Einzelner hat – und er wohnt zufällig an der Wupper ... Sondern gewissermaßen Schicksale, die kennzeichnend sind für Leute, wenn sie an der Wupper wohnen.
Des genaueren: das Werk heißt nicht: ›Herr Schmidt, der an der Wupper lebt‹. Sondern vielmehr: ›Diese Wupper, wo Leute leben wie Schmidts‹...
Das der Kern. (Phantasto-naturalistisch.)
II
An der Wupper gibt es: Vorderhaus und Hinterhaus ... Hier das Kommerzienrathaus, dorten das Arbeiterhaus.
Die Dichterin (sie hat ein stets verkündungsbereites Glüh-Herz) schlägt sich auf die Seite der wirtschaftlich Schwächeren. Trotzdem fern von einseitigem Haß wider die wirtschaftlich starke Partei. (Die zuletzt nicht mal wirtschaftlich stark bleibt.)
Ringsherum, da wie hier, findet ihr Herz Trostloses; Niedriges; Mangel an Aussicht.
Sie malt Untergangsstimmungen.
III
Nämlich der Sohn des Kommerzienrats bringt ein armes Arbeitertöchterchen

zur Strecke. Und die Tochter des Kommerzienrats? Sie bringt zugleich den Arbeitersohn ins Unglück.
Die Schuldigen sind also wohl doch Kommerzienrats? Freilich; indes die Opfer werden von der Dichterin durchaus nicht verklärt.

IV
Die Knospe, halbes Kind, das ein reicher beherrschungsloser Wüstling schändet, ist keine Paradiesgestalt; (nur poetenhaft bißl mondsüchtig).
Und ihr armer Bruder, den die geile Kommerzienratstochter verrückt macht, um ihn wegzuwerfen, ist gleichfalls kein Seraph – sondern bloß ein aufsteigender Prolet, frei von Härte.
Das Herz der Else Lasker ist zu gütig, um ungerecht zu sein.

V
Zwischen den zwei Paaren geistert ein edleres Geschöpf, Priester in spe: doch Edelsinn stammt hier vielleicht vom Kranksein: er ist todgezeichnet.
Kaum fühlbar tasten reine Regungen von ihm zu dem Mädelchen. Von dem Mädelchen zu ihm . . .
Vergebens.

VI
Nirgends an der Wupper scheint somit ein Liebesgefühl zu herrschen, das den Menschen ins Gewölk trägt, auch wenn es ihn erschüttert: das noch in halber Unerfülltheit sonderbar den Kern des Lebens bedeutet. Das zwar schneidend und beglückend spürt: »Ich habe keine andre Sehnsucht als dich« – aber in dem Bewußtsein, aus jedem Seelenverhängnis gerafft hervorzugehen; jedem bezaubernden Innenzwist stark zu entkommen . . . für das eigne Dasein.
Sondern hier ist rings: Verzweiflung; Niedergang; Stumpfsinn; Unentrinnbarkeit. Weh von Geschlagenen. Schließlich im Vorderhaus wie im Hinterhaus. Bei Schlotbesitzern wie bei Schlotheizern. Aussichtslos. Beklemmend. Jammerdumpf.
Sie malt Untergangsstimmungen . . . statt Kräfte zu malen.
Alles das ist Sache des zufälligen Geblüts. Hier eines edlen Geblüts.

VII
Balladengestalten (worin der Naturalismus phantastisch wird) spenstern durch die Mitte des Schilderungsschauspiels und seiner Düsternis.
Leute, wie bei dem frühen Gerhart etwa der Hopslabär, zu dem die Umwohner sagen: »Hopslabär, hops amal!« – oder wie bei uns im schlesischen Gebirgsdorf der »Eierkarle«.
So an der Wupper: der Pendelfrederich, die lange Anna, der gläserne Amandus . . . neben nüchtern-realeren Arbeitern.

VIII
Nicht ungenannt sollen die Darsteller sein, wie sie alle heißen mögen, bei so deckendem Ineinanderspiel.
Also jetzt kommt das Verzeichnis: Dunskus, Weber, Menzel, dann Keppler, Witte; Marta Seemann, ein kostbar zu schauendes Riesenweib; die Dienstboten Elsa Wagner vollends und Margarethe Schön; Frau Pategg auch; ein Karussellmensch, Herr Toni Zimmerer – nebst Beteiligteren.
Doch hier gilt auch die herrliche Höflich nur im Schwarm als eine der Beteiligten; Fritz Valk, wertvoll als der Verfallsbrutaliker (die Aufzählung ist bald zu Ende); Müthel, der geistliche Sohn, mit Recht allzu Empfindsames meidend (katholisch); Florath, ein Großvater-Prolet mit seinem spröden Günther-

Hadank-Enkel (evangelisch); oder Viktoria Strauß, die sinnenhysterische Tochter; Frau Sussin, ein Arbeiterweib; vor allem Alexandra Schmitt, mulmige Matrone, die von der Fabrikstraße gekommen scheint... und nie ›Zauberin‹ wird.
Letztens (nicht letztens) Lucie Mannheim: der kleine, dahingenommene Fürsorgezögling, weißblond... mit vorguckenden Hosen – und schmal vorgukkender, armer, verhinderter Seele.

IX

Fehling, der Spielwalter, hat am Phantasto-Naturalismus entschlossen den Naturalismus betont. Ohne daß die seltsamer schillernden Gebiete zu kurz kämen.
Er gibt ein bewundernswertes Zusammen: von Brodem und Brutalität; von schmierigem Mangel und Aufschreien; von Geladensein und Verfall und zerfleischten Gierern mit Menschenantlitz.
Gut im Bund mit Cesar Kleins Rampenbildern: wo noch ein kahles Herrschaftsgärtlein von den Essen zweckhaft bedrückt wird... oder ein Rummelplatz in fettem Geleucht abendlich glänzelt.

X

Es ist alles durchgearbeitet. Keine Längen. Keine Lücken. Der Alltag so zwingend gemeistert wie das Imponderabile: das Schwerfaßbare, welches um den Alltag schwebt. Eine von Fehlings besten Leistungen im Staatshaus.
Was ist aus dieser Bude geworden!

Paul Fechter, Deutsche Allgemeine Zeitung, Berlin, 17. 10. 1927

Man muß vor dieser Aufführung schon von Fehlings ›Wupper‹ sprechen, statt von Else Lasker-Schüler. Es war, als wollte der Regisseur dieses Abends einmal zeigen, was Regie ist, einer Zeit, in der selbst gescheite Leute Kabarettbluffs für Leistung nehmen, wieder einmal zum Bewußtsein bringen, wozu der Kapellmeister der Szene eigentlich da ist. Herr Fehling hat an dem Wupperschauspiel der Frau Lasker-Schüler kaum ein Wort geändert – und hat es doch rein vom Akustisch-Musikalischen aus beinahe neu gedichtet: hat den dichterischen Gehalt des Werkes rein herausgeschält, zum Teil gegen die Worte des Textes. Also daß man schon aus Billigkeitsgründen von *seiner* ›Wupper‹ sprechen muß.
Die fünf Akte, die vor acht Jahren schon Reinhardt in einer Matinee herausbrachte, sind ein wunderliches Gemisch von Naturalismus, Literatur und kleinen Szenengestaltungen eines weiblichen Welteindrucks. Aus Jugenderinnerungen, Realität und Lyrik, aus Typen und Individualresten hat die Verfasserin eine Reihe von Schicksalsbruchstücken zusammengefügt, lose, undramatisch, bildhaft, dann wieder laut und heftig bewegt, immer ein bißchen dünn, durchsichtig, zuweilen trocken, zuweilen behängt mit Poesie – zum Ganzen einer bei allen Schwächen sehr weiblich wirkenden Komödie. Man kann das naturalistisch, symbolisch, expressionistisch, kommunistisch nehmen – die Partitur bietet viele Möglichkeiten. Man kann die Arbeiterwelt in den Vordergrund drängen, mit dem kleinen verdorbenen Lieschen, das die alte Mutter Pius dem jungen Fabrikherrn verkuppelt – man kann dessen Familienschicksale herausheben, die Komödie der Schwester, die mit dem Kandidaten Pius,

dem Enkel der Alten, spielt und doch den Fabrikdirektor nimmt, als der Bruder sich, um dem Skandal zu entgehen, erschossen hat. Man kann Vorderhaus und Hinterhaus konfrontieren, Proletariat und Kapitalismus, Erde und Himmel – es gibt tausend Möglichkeiten.
Herr Fehling verzichtet auf alle und stellt sich nur die Aufgabe, durch Ausgleich der Farben und Töne die verschiedenen Wirklichkeiten auf einen gemeinsamen Generalnenner zu bringen, ihre Realität aufs halb Unwirkliche zu reduzieren, das angstvoll unheimliche, ein wenig schwankende, dünne weibliche Weltbild – mit einem Wort die Substanz des Werkes – zu realisieren. Reinhardt ging auf ähnliches aus – auf dem Umweg über das Bildhafte, indem er zum ersten Male expressionistisch verschiefte Szenenbilder baute. Herr Fehling hält sich rein an das Akustische. Aus Tönung, Dämpfung und Tempo schafft er seine Welt, stellt sie vor die noch fast realen Hintergrundsbilder Cesar Kleins – und macht das Werk so noch durchsichtiger. All die Stellen, an denen Frau Lasker-Schüler ins lyrische Formulieren fällt, dämpft er ganz ins Leichte ab – alles allzu Wirkliche ebenfalls: die Kostüme nimmt er aus der Zeit der 90er Jahre, deren nahe Ferne von selbst das gewünschte gespenstisch Wirkliche gibt – dem Licht nimmt er die Helle – und dann baut er das Ganze mit leichten Händen wie ein Musikstück auf, die Totalität und jeden Satz in sich musikalisch abstimmend, bis alles wie ein halber Traum vorüberspukt, ohne traumhaft sein zu sollen.
Wieviel Fehling vermag, bewies die Einheit, zu der er die Masse der Spieler zusammengezwungen hatte. Obwohl sich die verschiedenartigsten Menschenskizzen da oben begegneten. Da stand prachtvoll in der bürgerlichen Gebundenheit schon der Gestalt Frau Höflich als Madame Sonntag; neben ihr Frau Wagner als buckliges Dienstmädchen, unheimlich echt in ihrer Bewegungslosigkeit – und auf der Gegenseite Frau Mannheim als Zwölfjährige. Ihre berlinische Einbödigkeit, die nie durchsichtig wird, widerstrebt dem Wesen des Werks: der Regisseur hatte sie trotzdem in diese Welt hineingezwungen. Dann die Männer: der wunderlich torkelnd vitale Fabrikherr des Herrn Valk – der fromme kranke Bruder des Herrn Müthel, am Schluß prachtvoll in der überraschenden Echtheit des Schmerzes, der dicke Großvater des Herrn Florath, der verschiefte Kandidat des Herrn Hadank. Zwischen alledem neue Erscheinungen: Fräulein Viktoria Strauß, als spielerische Schwester; halbe Befangenheit schien geschickt als Wirkungsfaktor genutzt – Fräulein Alexandra Schmitt als Großmutter Pius, fest [...] in das Gefüge der anderen gestellt. Vielleicht der stärkste Beweis für Fehling die Vorsicht, mit der er die gefährliche direkte Poesie der drei Herumtreiber in die Ebene des Ganzen gezogen, sie fast unbemerkbar gemacht hatte. Man hörte die halbrichtigen Töne so wenig mehr wie die direkte Lyrik des Dialogs. Das Ganze klang, nicht das einzelne.
Für die Kraft der Massenordnung zum einheitlich flächigen Bild bewies am meisten der Jahrmarktsakt, der mit Recht gleich bei Beginn Beifall bei offener Szene fand. Es zog mit völliger Selbstverständlichkeit vorüber – man empfand die Regie nicht mehr, sondern nur noch ihr Ergebnis. Und das ist ja wohl immer noch das Ziel.
Der Erfolg war sehr stark.

Erwin Piscator/Alexej N. Tolstoi / Schtschegolew Rasputin
Uraufführung: Piscator-Bühne am Nollendorfplatz, Berlin, 10. November 1927
Regie Erwin Piscator

Achteinhalb Wochen hatte die Eröffnungspremiere Piscators, hatte Tollers ›Hoppla, wir leben‹ (s. d.) volle Kassen gebracht. Es war die Aufführung mit dem »stärksten Echo und der eindeutigsten Wirkung«. Die Inszenierungen des ›politischen Theaters‹ waren »von da ab nicht mehr auf die Ebene der ›reinen Kunst‹ abzuschieben, sondern mußten politisch gewertet werden«, schrieb Piscator. »Das Theater war zur politischen Tribüne geworden.« Er hatte recht. Schon der größte Teil der Rezensionen zu seiner zweiten Inszenierung am Nollendorfplatz, zu ›Rasputin‹, bestätigt das. ›Rasputin‹ wurde ein Musterfall für die Piscatorsche Dramaturgie. Tolstoi/Schtschegolews Stück war ein auf das Individuum Rasputin und seine Ermordung hin geschriebener Reißer. In Piscators Dramaturgie wurden von Leo Lania, Gasbarra und Brecht neunzehn zu den ursprünglichen Szenen hinzugeschrieben, so daß das Stück nun auch das Schicksal Europas zwischen 1914 und 1917 zeigte. Filmarchive wurden nach historischen Aufnahmen durchstöbert. Das Entstehen der Revolution von oben gesehen: das war das Ziel der Darstellung. Man wollte den Zerfall der herrschenden Klasse, die Herrscher in den Händen der Industriellen, zeigen. Umfangreiche historische Studien waren für die Umarbeitung nötig. Sie und die Szenerie wurden maßgeblich beeinflußt von den Erinnerungen des französischen Botschafters Paléologue: »Dieses Buch«, schrieb Piscator, »vermittelte mir eindringlich die Vision des Unentrinnbaren, der geschlossenen Einheit aller Geschehnisse jener Jahre. [...] Zwingend wurde in mir die Vorstellung des Erdballs, auf dem sich alle Geschehnisse in engster Verflechtung und gegenseitiger Abhängigkeit entwickelten. Zweierlei ergab sich also aus dieser Lektüre: Als Spielgerüst des Dramas der Erdball oder wenigstens eine Hälfte des Globus und die Erweiterung des Rasputin-Schicksals zur Schicksalsrevue ganz Europas.« – So wurde eine Variation des Spielgerüsts aus der Toller-Inszenierung gegeben: eine große Globus-Segmentbühne, deren Einzelsegmente aufklappbar waren und auf deren Oberfläche Filme projiziert werden konnten. Abermals wurde der Film ausgiebig verwendet als Bericht, Kommentar und Vorausgriff. Der ›Techniker‹ Piscator fand mehr Bewunderung als der Dramaturg. Das Dilemma der Piscator-Bühne wurde offensichtlich: es fehlten die ihm gemäßen und dichterisch bestimmten Stücke. Die Kritik teilte sich. – Der ehemalige Kaiser Wilhelm II. erwirkte von Holland aus ein Darstellungsverbot seiner Person in der Dreikaiserszene. An Stelle der verbotenen Texte wurde nun der Gerichtsbescheid verlesen. Kerr begann seine Vorkritik mit den Worten: »Piscator hat seinen zweiten Sieg erfochten.« Paul Fechter betitelte seine Rezension »Kommunistisches Stiftungsfest«; im Berliner Lokal-Anzeiger übernahm der Politiker Friedrich Hussong die Rezension dieses ›politischen‹ Theaters. Wieder betrug die Spieldauer über acht Wochen.

Herbert Ihering, Berliner Börsen-Courier 11. 11. 1927

Ein stärkerer Abend als die Eröffnungsvorstellung. Ein konsequenter Abend. Solange es *Dichtungen* für das politische Theater noch nicht gibt, ist es ehrlicher, diese Dichtungen auch nicht vorzutäuschen. Solange *Dramen* für die aktuelle Bühne noch nicht existieren (und wahrscheinlich *kann* es sie wegen der zeitlichen Nähe nicht geben), ist es klarer und offener, sich auf die *reportagehafte* Zubereitung der Stoffe zu verlassen. Toller hatte auch einen Zeitstoff gefunden. Aber er färbte ihn empfindsam um. Er durchrankte die Sprache mit Poesie, statt den dramatischen Kern umzuschmelzen. Eine Halbgattung zwischen Dichtung und Reportage. Eine Mischform und deshalb mürbe und schwach.

›Rasputin‹ ist Rohstoff, ungeformt, aber auch unverziert. Ein Reißer, aber ein offener Reißer. Offen allen dramaturgischen Eingriffen. A. Tolstoi und P. Schtschegolew haben ein rohes Szenarium gegeben. Ein Szenarium, in das soviel Tatsachengehalt paßt, wie das Theater hineintun will. Keine Form wird zersprengt. Keine ästhetische Kontrolle wird verletzt. Der Verfall des Zarenhofes.

Die Assoziationen ergeben sich von selbst.

Welch eine Zeit! Welch ein Untergang! Weltkrieg, 1917. Lockerung und Auflösung der russischen Front. Korruption und Desorganisation im Innern. Adel und Bürgertum sind angefressen. Das Volk hungert. Am Zarenhofe betet man. Am Zarenhofe herrscht Rasputin, der bäurische Mönch. Gesundbeter und Dieb, Wundertäter und Schürzenjäger. Rasputin, der mit seiner rohen Kraft den schwachen Zaren und die hysterische Zarin niederhält, Rasputin, der sie mit seinem mystischen Gefasel wiederaufrichtet. Rasputin, der, vom Fürsten Jussupow vergiftet, immer noch nicht stirbt, der mit zwei Kugeln im Leibe immer noch nicht stirbt, immer noch sich erhebt und erst tot ist, als der Vergiftete, Erschossene unters Eis der Newa geworfen wird. Rasputin – dieser Mystizismus zerfrißt in anderen Gestalten fast alle Höfe der Weltkriegsmächte. Flucht ins Übersinnliche, weil die impotente Phantasie längst nicht mehr das Grauen der Wirklichkeit faßte. Der Krieg entstand durch den Mangel an Vorstellungskraft.

Dem Mangel an Vorstellungskraft möchte Piscator für eine ganze Generation abhelfen. Er zeigt den Krieg, seine Wirkungen, seine Ursachen. Er »fängt immer von vorne an« – er sagt es selbst. Er gibt die Romanows. Er gibt die Leibeigenschaft, den Hunger, die Tyrannei. Film, der über die herabgelassene Gazefläche läuft, Film, der über die geschlossene Kugel rinnt, die die Bühne umschließt, die sich öffnet, oben, unten, mitten, seitwärts, um das Stück, um die Zwischenszenen freizugeben. Die Zwischenszenen: von der Waffenindustrie bis Lenin, von russischen Bauern bis zum Dreikaiserauftritt (Nikolaus, Wilhelm, Franz Josef), von desertierenden Soldaten bis zu General Foch.

Das ist oft vortrefflich eingeschnitten, auf den Punkt genau eingesetzt (nur klappt oft die Verbindung zwischen Wort und Film nicht), aufrüttelnd, alarmierend, lähmend, peinigend, vorwärtsstoßend. Das läßt nicht los. Das zwingt standzuhalten, Stellung zu nehmen. Das macht das Ausweichen unmöglich.

Die Fragestellung ist also eine andere als sonst bei Theaterabenden. Es ist müßig zu sagen: Es gibt rundere, vollkommenere Vorstellungen. Das ist wahr. Es gibt reichere, tönendere Abende. Richtig. Aber wer wird ein Ereignis mit einem anderen vergleichen, mit dem es weder in einer positiven noch negativen Vergleichsbeziehung steht. Dieser Abend trägt den Maßstab in sich selbst. Wo erreicht er den Zweck, den er sich selbst gesetzt hat: den Zweck der politischen Aufhellung? Wo erreicht er ihn nicht? Er erreicht ihn nicht, wo er die Mittel des Films und der Bühne durcheinanderwirft. Die Massendarstellung der russischen Revolution ist im *Film* eindringlicher als auf dem Theater. In den letzten Bildern wäre es ökonomischer in der Zeit und zweckdienlicher in der Deutlichkeit gewesen, wenn man zwischen die Szenen Rasputins und der Zarin nicht mehr *Wortauftritte* von Massen, sondern nur die Filmbilder der Massen gesetzt hätte. Purischkjewitsch in der Duma kann bleiben. Mit allem anderen am Schluß fort. Fort mit den Matrosen (soweit sie bei Tolstoi nicht vorkommen). Fort auch mit der letzten Szene. Der Sieg der Bolschewisten und Lenins wäre faszinierender und, dramaturgisch gemeint, kürzer und schneller im *Film* erfolgt. Das *Wort* ist hier abgebraucht, Schlagwort ohne Inhalt. Der Film hätte eine grandiose Apotheose ermöglicht. Danton fand schon kurz nach seinem Tode einen Dichter. Büchner verarbeitete tatsächlich gehaltene Reden, geschichtliches Rohmaterial und schuf doch ein Kunstwerk. Heute ist die Geschichte so ungeheuer, daß ähnliches fast unmöglich wird. Aber wir haben ein Mittel, das keine Zeit sonst hatte: den Film. Piscator, ein Meister des Films, hat sich hier im Mittel vergriffen.

Sonst wurde der Zweck von Piscator aus erreicht. Die Regie setzte sich auch schauspielerisch um: Anton Edthofer einfach und persönlich als Fürst Jussupow. Er hatte wieder Geheimnis um sich, das er in seinen Kammerspielrollen vor Jahren verloren hatte. Ausgezeichnet in seiner zarten Eindringlichkeit Oscar Sima als Spitzel, als Deserteur, als Soldat. Hervorragend Erwin Kalser in der schweren Rolle des Zaren. Schwäche wurde körperhaft. Jeder Ton, jede Bewegung (das Greifen zum Bart) charakteristisch und einprägsam. Kalsers beste Rolle. Sybille Binder zu mondän als Wyrubowa. Tilla Durieux als Zarin zuerst überraschend diszipliniert und gut, später nachlassend.

Wegener gibt den Rasputin. Älteste Schule. Mit tiefen Theatertönen. Hoftheater auf der revolutionären Bühne. Man muß die beziehungsreiche Pause vor dem Wort »Judaskuß« gehört haben, um zu spüren, welch ein veralteter Schauspieler Wegener ist.

Piscator hat einen großen Erfolg gehabt. Seine Aufgaben: nicht zu erstarren, sich mit jungen Schauspielern zusammenzutun. Er ist durch eigene Kraft hochgekommen. Welche technische Phantasie hat er (mit Traugott Müller) Wirklichkeit werden lassen. Jetzt ist seine Aufgabe, sich an das richtige Publikum mit den richtigen Mitarbeitern zu wenden. Ein Aufrüttler. Mehr als nur ein Theatermann.

Otto Steinicke, Die Rote Fahne, Berlin, 12. 11. 1927

Eine Weltkugel beginnt sich zu drehen, der Bühnenraum rotiert als Kugel, grauweiß, spukhaft fern für Sekunden. Dann schwingt das Geschehen ganz nah, immer näher an uns heran: Elementar, immer wirklicher schwingt die Erde in das Halbdunkel des Zuschauerraums. Der Globus teilt sich auf, in Licht und Schatten. Ein helles Flackern und Branden zerreißt das Grau seiner Oberfläche, ein Flimmern und Zucken, ein Flammen.

Auf der Erde machen die Menschen ihre Geschichte, auf der Erde bezwingt der Mensch die Natur, auf der Erde kämpft die menschliche Gesellschaft in Klassen gegeneinander.
Rot, blutig rot in heißem Wirbel, weiß, glühend weiß, zuckt es über den Erdball. Es bricht und dröhnt. Auf der Erde hallt es wider vom Kampf des Menschen mit der Natur von den Schlägen der Klassen gegeneinander.
Jetzt stehen wir schon mit beiden Füßen auf dieser Erde, scheinbar hält sie und bricht auf. Ein Stück Geschichte bricht über uns herein.
Jetzt stehen wir schon mit beiden Füßen auf dieser Erde, mitten in der Geschichte, der blutigsten und grausamsten der letzten Epoche, die über den Globus ging, und die hier heißt: »Rasputin, die Romanows, der Krieg und das Volk, das gegen sie aufstand!« Die Geschichte der russischen Revolution. Sie versinkt und beginnt mit dem sechzehnten Jahrhundert.
Der Bühnenraum Piscators bricht auf. Oben am Pol die Zaren aus vier Jahrhunderten! Sie kommen und gehen, eine erschreckende Zahl.
Sie sterben und verderben. Und unten, in der Mitte, über ein Sechstel des Erdballs projiziert: das Volk, das leidet und kämpft in fürchterlicher Ohnmacht gegen sie.
Hier ist etwas Großartiges gelungen in der Untermalung durch den Film. Tatsächlich. Wie die Menschen (das Vieh) im Dunkel gehalten werden, mit der Peitsche, mit dem Strick durch den Popen für den Zaren! Hier brennt und frißt sich etwas hinein in unser Hirn und will nicht wieder fort. Aus vier Jahrhunderten die Leiden des russischen Volkes. Auf diesem Vulkan von Wut und Ohnmacht, von Brodeln und Aufkochen und Zischen steht zuletzt Nikolaus, Niki der Letzte, nicht mehr im Bild; als Fleisch und Blut steht er, lebend. Das Spiel kann beginnen.
Der vorletzte Abschnitt aus der russischen Geschichte.
Und Piscator, der Regisseur, springt mitten hinein. Er nimmt das Stück Alexej Tolstois, ›Rasputin‹, und macht aus etwas Mystischem etwas ganz Reales in 21 Bildern.
Der Krieg hat begonnen, er geht schon dem Ende zu. Wie verzweifelt und lustig das alles ist, wie hysterisch und komisch! Eine Maitresse des Zaren leitet das Große Hauptquartier, nein, es ist die Zarin selber. Oder ist es Niki, der disponiert? Die Großfürsten unter Führung von Jussupow sind empört: Rasputin, der Säufer, der »Wundermönch«, ist es, das Schwein, dieses Bauerntier, setzt Minister ab, ernennt neue, schickt Protopopoff von der Duma nach Stockholm, um mit den Deutschen über den Frieden zu verhandeln, befiehlt den Schieber Ohrenstein aus der Zelle, bricht allen Widerstand, hurt und frißt, intrigiert, macht unflätige Witze über diese »Deutsche«, die Zarin, seine unterwürfigste Sklavin, wird am Ende zur Strecke gebracht von der Großfürstenclique. Mit Gift und Revolver und Knüppel. Am Ende? Der Tod Rasputins ist der Anfang. Der letzte Abschnitt aus der russischen Geschichte beginnt.
Die Bühnenkugel Piscators tut sich auf von oben, in der Mitte, von allen Seiten. In sieben Bildern tritt Rasputin auf. Gewalttätig und roh, dieser Gottesknecht, der auf Gott und das Kreuz pfeift für dreihundert oder vierzigtausend Rubel. Der die Korruption der Hofgesellschaft ans Licht zerrt, im Brennspiegel verkörpert, die »junge russische Bourgeoisie« von der herrlichsten Seite zeigt: wie sie die Soldaten ohne Gewehre und ohne Winterkleidung an die Front schickt.

815

Niki sehen wir ein paarmal im Hauptquartier. Hin- und hergeworfen zwischen der Zuversicht und der Panik seiner Minister, seines Generalstabes. Aufgestört von dem Schrecken, von der beginnenden Auflösung des Heeres.
Aber da eilt schon die Zarin zu ihm, mit neuen Tips und Befehlen Rasputins. Zwei Frauen herzen und küssen den gegen die Erhebung des Volkes »wieder stark« gemachten Mann.
In Petrograd beginnt der Aufstand, die Revolution. –
Und vorher zeigt uns Piscator wieder und wieder die Schrecken des Krieges. Filmisch grandios hineinkomponiert in den geschichtlichen Ablauf der Bühnenhandlung, den unaufhaltsamen Untergang der Romanows. Wilhelm tritt auf und der gute Kaiser Franz, zynisch und aufreizend wirken ihre Phrasen. Das letzte Mal spricht Niki.
Und während die Vertreter des internationalen Kapitals vor rauchenden Schloten den endgültigen Sieg des Vaterlandes beweisen, dröhnt auf den Straßen von Petrograd der Massenschritt der Gemarterten und Hungernden, der siegesbewußten Arbeiterbataillone.
Lenin sprach in Zimmerwald, Lenin ist jetzt dabei, sein Programm durchzusetzen.
Das sind die letzten Bilder: nach der Ermordung Rasputins, nach der Gefangennahme der Zarin, die proletarische Revolution, die über die demokratischen Phrasen Kerenskis hinwegschreitet. Wir erleben eine dramatische Sitzung der Petrograder Arbeiter- und Soldatensowjets, jene historische Sitzung am Ende der zehn Tage, die die Welt erschütterten. Kamenew spricht, Martow und Trotzki. Draußen auf der Straße vollzieht sich der letzte Akt gegen die Romanows, der Sturm auf das Winterpalais, der endgültige Sieg der Massen, der bolschewistischen Politik über alle Martows und Dans!
Das Schlußbild: Lenin mit dem Zuruf an die jubelnden Massen für den Aufbau des Sozialismus!
Unter *dem stärksten Eindruck* verläßt der proletarische Zuschauer das Piscator-Theater. Das Ganze etwas Ungewöhnliches, Aufrüttelndes, Unvergeßliches. Piscator, der geniale Regisseur, hat einen großen Schritt vorwärts getan, seit ›Hoppla, wir leben!‹. Hier ist etwas, was alle angeht und interessiert, eine wirkliche lebendige Geschichte der russischen Revolution auf der Bühne, das erste Mal in Deutschland. Und hier ist es dem Regisseur auch gelungen, *die Schauspieler in seinen Rahmen einzufügen*.
Tilla Durieux als Zarin wirkt glaubwürdig in der Hysterie vor Rasputin, nicht als Schemen oder schattenhafte bloße Kopie einer geschichtlichen Person. Großartig und echt, besonders in der Szene seiner Ermordung: Rasputin – Paul Wegener. Die Sybille Binder als Wyrubowa, auch ihr glaubt man jedes Zucken der Hände und des Mundes im Auftrage und für den Heiligen des Fleisches, Rasputin! Edthofer als Jussupow von nachhaltiger Wirkung. Kalsers Nikolaus wirkt am stärksten in der letzten Audienz mit seinem Ministerpräsidenten Stürmer, und der Lenin Granachs, da wo er die Phrasen Kerenskis grausam zerpflückt, angesichts der unaufhaltsam vorwärts stürmenden Massen: »Bürgerkrieg, nicht Burgfrieden ist unsere Losung!«

Friedrich Hussong, Berliner Lokal-Anzeiger 11. 11. 1927

Eine kleine Statistik:
Von zwei Dutzend Bildern, die uns vorgeführt werden, sind elf von den angeblichen Verfassern des Stückes ›Rasputin, die Romanows, der Krieg und das Volk, das gegen sie aufstand‹. Die übrigen sind von der ›Bearbeitung der Piscatorbühne‹.
Von 67 (in Worten: siebenundsechzig) Personen, die der Theaterzettel verzeichnet, sind achtundzwanzig von den Autoren A. Tolstoi und P. Schtschegolew. Die übrigen neununddreißig sind von den Theatersowjets am Nollendorfplatz.
Das Buch der Verfasser weiß, sagt und deutet von ferne nichts an von Wilhelm II. und Franz Joseph I., nichts von dem »Direktor bei Krupp«, dem bei Creuzot, dem bei Armstrong, nichts von General Haig noch General Foch; nichts, nicht eine Silbe sagen die Verfasser, die man bei Gott nicht Dichter nennen darf, von Lenin, der doch am Nollendorf der von den bolschewistischen Rollkommandos auf der Galerie bejubelte Held des Abends ist; nichts von Trotzki, von Kamenew, Martow, Peterson, Krylenko, Kerenski – nichts, nichts. Nichts von all den Szenen und Bildern, die aus der verhältnismäßig harmlosen dramatischen Reportage des Stückes von Tolstoi und Schtschegolew erst den bolschewistischen Hetzfilm machen, mit dem man nach so vielem Mißlingen an der Ruhr, in China und anderswo nun am Nollendorfplatz die Weltrevolution weitertreiben zu wollen sich die Pose gibt.
Summa – um den einzig möglichen Standpunkt zur Sache zu fixieren: Es handelt sich nicht um ein künstlerisches Ereignis, sondern um ein mit artistischen Mitteln nach den Agitationsvorschriften Meyerholds, des Oberkommandierenden der sowjetistischen Theaterarmee, in Szene gesetztes Stück der mit Recht selbstmörderischen Politik des Berliner Kurfürstendamms, möglich überhaupt nur in dieser Atmosphäre von Patschuli und Moschus.
Über das Stück der Tolstoi und Schtschegolew braucht man nicht weiter zu reden. Mehr zwar als Toller, immer doch noch platte Reportage auf Grund vertrauensvoll hingenommenen Hörensagens. Eine Reihe von starken schauspielerischen Leistungen bringt die Reportage zu einer ihr selbst nicht innewohnenden Wirkung. Ganz überragend der Rasputin Paul Wegeners, der wahrhaftig die vom abstoßend Viehischen bis ins fast versöhnlich Menschliche spielenden grotesken Widersprüche der Figur beinahe völlig zu einer Einheit zusammenzwingt. Fast tut er einem leid, als die Zaristen ihn so unzart abschlachten, als wäre er ein Stück und sie die Regisseure. Ihm am nächsten kommen in dem Stück von Tolstoi und Schtschegolew Leonard Steckel als Minister Protopopow und Anton Edthofer als Fürst Felix Jussupow; dieser stark in der bis zum grellen Überschlagen sturen Haltung des aristokratischen Fanatikers, jener vorzüglich in der Mischung von Schwindel und Ekstase, von Streberei und Mystik. Die weiblichen Hauptrollen: Tilla Durieux als Zarin eine Enttäuschung (denn das können zehn vom Dutzend), ihr über Sybille Binder als Anna Wyrubowa.
Die arme, aber ehrliche Arbeit der Autoren wird von dem Stück der Theatersowjets am Nollendorfplatz völlig überwuchert mit Film und Jazzband, mit farbigen Lichtkunststückchen und irritierenden Verdunkelungen, mit den vom Oberkommandierenden Meyerhold statt der bürgerlichen Dekorationen vorge-

schriebenen Konstruktionen, mit revolutionären Massenszenen und politischem Kabarett, mit Kriegs- und Antikriegsbumbum. Die Bühne erfüllt von einem großen grauen sackleinwandenen, kreisenden Globus, dessen Sackleinwand sich unaufhörlich oben und unten, links und rechts auftut, um den Gründlingen im Parkett und den Souveränen auf der Galerie augenfällig zu machen, dieser Planet Erde sei ein höchst problematischer Weltkörper voller Löcher, Höhlen und Verschläge, in denen Monarchisten, Militaristen, Kapitalisten, Nationalisten, Pietisten, Spiritisten und andere schlechte Christen Unheil brauen, bis die Bolschewisten kommen und das Heil der Menschheit und dieses löcherigen Planeten anrichten.

Abgeschmackt ist in diesem vom Zar-Regisseur verhängten Agitationsdrama der tertianerhafte Eselsfußtrittkabarettismus, der seit dem Novemberputsch die billige Gelegenheit zu gefahrlosen Heldentaten gegen abgesetzte, gestorbene und viehisch ermordete Gegner effektuiert und sich auch hier aufs widerlichste spreizt. Die von dem Poesiegremium am Nollendorfplatz zusammengeschwitzte Dreikaiserszene ist – von der Eselsfußtrittheldenschaft abgesehen – Kitsch für ein Tingeltangel dritten Ranges. Dagegen geben in dem Piscatorschen Agitationsfilm Alexander Granach als Lenin und Oscar Sima nacheinander als Soldat, Trotzki, Derserteur, Ochranaspitzel ganz Vorzügliches in Maske, Stimme, Haltung und Geste. Die Galerie jubelt hier verständnisvoll; das Parkett ist denn doch im wesentlichen etwas bekniffen.

Aber begriffen hat dieses Publikum immer noch nicht, worum es hier unter anderem geht, nämlich um *seinen* Kopf und Kragen, um die Brillantknöpfe dieser Herren und um die Perlen dieser Damen, um ihre silbernen Theatermäntel und goldenen Schuhe und um alles, was sie brauchen, um solche Abende miteinander zu feiern. Sie haben's noch nicht begriffen, trotzdem ja jetzt der Nollendorfsowjet ihnen die Nummer Eins seines Staatsanzeigers in die Hand gedrückt hat, der unzweideutig genug nunmehr ›Das politische Theater‹ heißt und dessen sämtliche Beiträge Kampfansage gegen die Existenz all dessen sind, was für Geld sich zum Nollendorfplatz drängt, weil's dabeigewesen sein muß. Sie freuen sich, wenn da die bekannte Schuldfrage gelöst wird mit dem Gesang: »Nach dem Willen Wilhelms, nach den Befehlen des Antichrist – ist der Krieg um die Erde losgelassen worden...« Sie kitzelt's. Sie haben's immer noch nicht begriffen, daß hier streng nach dem Kommando Moskaus und Meyerholds Sturm gelaufen wird »gegen alle unpolitischen oder gar gegenrevolutionären, bürgerlichen Tendenzen«, daß hier das Theater, welches nach Moskaus Gesetz »keinerlei selbständige Daseinsberechtigung« hat, streng nach bolschewistischem Dogma »zu einem Hauptquartier bolschewistischer Agitation« gemacht wird, der Schauspieler zu einem »Instrument für bolschewistische Proklamation« durch das Mittel der bolschewistischen »Staatskunst«, nach deren Gesetzen »das revolutionäre Agitationsstück das einzig wahre Kunstwerk« ist, ja das einzig erlaubte.

Sie haben's noch nicht begriffen, trotzdem sie mit Augen sehen, wie das Theater hier endlich zur bolschewistischen Festwiese wird und trotzdem der Sowjet vom Nollendorfplatz ihnen durch seinen Lenin sein Leitmotiv deutlich genug in die Ohren schreien läßt: »Bürgerkrieg, nicht Burgfriede!«

Alfred Kerr, Berliner Tageblatt 11.11.1927

I

Das ursprüngliche Stück ist von A. Tolstoi und T. Schtschegolew. Jetzt auch von Piscator. Und heißt nicht nur ›Rasputin‹, sondern ›Rasputin, die Romanows, der Krieg und das Volk, das gegen sie aufstand‹. Wie vor drei Jahrhunderten: wo der Buchtitel noch Einzelheiten des Inhalts ausführlich beredt angab.

Jetzt wie zur Lockung der Massen auf dem Jahrmarkt... Es ist jedoch ein erzieherischer Jahrmarkt: erzieherisch zum Wachsein und zum Handeln.

(Das ursprüngliche Stück, in Moskau von einem Privattheater gespielt, soll ein ziemlich straffer Schmarren in drei oder vier Akten gewesen sein, der nur übles Treiben und schauerliche Beseitigung Rasputins malt.)

II

Bei Piscator bekommt alles, mit Lichtspielen und Inschriften und mit historischem Rückblick (durch manchen zweckvoll geborgten Ausschnitt aus alten Beständen des Russenfilms)... bei Piscator bekommt es »Verlängerungen«, wie eine Russin treffend im Zwischenakt fand.

›Zutaten‹, wie der milde *criticus* findet – die es aus dem Durchschnitt eines Sensationsreißers emporziehen... in Höhen der Gerechtigkeit; der Weltbesserung.

Als straffes ›Stück‹ verliert es. Als Erziehungswert und Ethos gewinnt es.

III

Ja: Wachsein, Entschlossenheit lehrt es in Piscators Fassung stärker. Nicht für Premierengäste; die sind bereits wach und (nach der andren Seite hin) entschlossen. Doch für die nachkommenden Arbeiterströme... mitten in einer von Rückwärtserei tief durchsetzten Republik.

Zutat ist hier: Zuwachs. Das Manuskript wird nur als Unterlage behandelt.

IV

Und warum soll der Regisseur das Manuskript nicht als Unterlage behandeln? [...]

Kein Vorwurf gegen Piscator. Er schmückt zwei Russen mit eignen Federn... statt sich mit fremden.

Dies ganz nebenher.

V

Zutat ist: Zuwachs... Eher läßt sich über die szenischen Mittel streiten für diesen Zuwachs.

[...]

Der Architekt, Müller-Traugott, welcher erklärt hat, an der Abschaffung des Bühnenbildes zu wirken, knausere nicht mit der Abschaffung des seinen.

VI

Gleichviel... Alles das hat einen menschlichen Wert.

Seltsamer Sachverhalt. Der Autor gibt Unterlagen für den Regisseur; der Regisseur gibt Unterlagen für den Film... Bitte. Von mir aus.

Alle jedoch befassen sich – darauf kommt es an! – mit der Glücksverteilung auf diesem torkelnden, unvollkommenen Stern. Wunderbar ist es. Mehr wert als irgendein schimmernder Dreck der sogenannten Kunst.

Wenn ihr Abschied nehmt von der Erde: dann sollt ihr wissen, wie ihr sie zurückließt.

Ob ihr sie vorwärtsgebracht habt um einen Millimeter. (Nur millimeterweis

geht es vorwärts.) Rettet eure Seelen! – selbst wenn ihr Kraft habt, Schönheit zu schaffen. Denkt an die Dunkleren! – selbst wenn ihr Künstler seid bis in die Fingerspitzen; und Leuchtkönner; und Vollender; und Dichter bis ins Letzte.
Lebt eine Weile für sie.

VII
Das alles geschieht hier von einem tapferen Kerl. Werfet keinen Stein auf ihn, auch wenn er sich wiederholt. Werfet keinen Stein auf ihn: auch wenn ihr seine Mittel durchschaut.
Sie dienen einem Zweck.

VIII
Im einzelnen: ... man beobachtet Rasputin. Pope. Schwindelpriester, Bauernviech. Welcher in Scheinheiligkeit alles ist am Hofe der Zarenfrau; einer fürstlich-deutschen Renegatin.
Solcherlei mag ... tiefer von Shakespeare gestaltet sein. Um anno 1600. Hier in gröberen Zügen – als bei dem damaligen William.
Doch wie Wegener (ein ›Ramper‹ beinahe nochmals, mit bärtig behaartem Antlitz) ihn hinlegt, nein: hinstellt; mit Backenknochen; mit einem tierischen Bauerngeblüt: das ist etwas. (So gewiß es kaum zu verfehlen bleibt.)

IX
Sie morden ihn. Spannung, Spannung, Spannung. Wird er die mit Blausäure getränkten Küchel essen? Wird er vergifteten Wein schlürfen?... Es tut ihm vorläufig nichts... Schüsse... (Herr Edthofer, Fürst Felix Jussupow, ist hier in seiner Qual eindrucksvoll)... Noch mehr Schüsse... Mausetot... Versenkt.
Wenn das ein Drama wäre, wie Dramen meistens Dramen sind: – nur Sensation! Hier jedoch ist es ...

X
Hier ist es auch Sensation.
Aber der Spielvogt geht halt, allem zum Trotz, hinter höheren Zwecken her... Und wenn Rasputin tot ist, kommt Rußlands Aufruhr. Volksrat. Trotzki.
Lenin (Lenin auf der obersten Planke – wundervoll von Granach in den Erdenraum gegellt). Die Kämpfe des Inneren kurz zusammengefaßt im Wort.
Alles nur eine Geschichtsrevue der letzten Zeit. Nur ein Jahrmarkt.
Aber ein Jahrmarkt mit einem Ziel ... inmitten einer von Rückwärtserei tief durchsetzten Republik.
Wacker! wacker! wacker!

XI
Die Durieux verstellt sich als alternde Frau. Zarin mit haftenden Augenbrauen. So dialektisch klar in der Satzbildung, wie es die wirkliche nie gewesen sein kann. Und, einmal, gegen den Schluß, mit vorgebeugtem Spannungsleib ... suggestiv.

XII
Kalser, kühlfetter Stimmklang, ihr Trauermann; der Zar; Niki. Wilhelm den Zweiten gibt ein Herr Adalbert Kriwat ...
Sybille Binder, reizvoll, als Hofdame Wyrubowa ... von der ein russischer Vetter mir versichert, daß sie nicht nur in Wahrheit gehinkt hat, sondern – o schlanke Sybille – den Umfang eines Fasses besaß.

XIII
Steckel macht ein Zaristenreptil; gut scharschenhaft.
Ich verzeichne: Der Marschall Foch bei dem Schauspieler Ernst Busch. Kerenski: Stahl-Nachbaur. Liebknecht: Leopold Lindtberg. (Doch ich lese vom Zettel; wußte gar nicht, daß Liebknecht wirklich auftrat.)
Trotzki: Oscar Sima ...
XIV
Tausend Einwände lassen sich machen. Bloß ein menschlicher Einwand nicht.

Aggressionen von rechts: Zwei Beispiele

Die Politisierung des Theaters wurde auch von der äußersten Rechten versucht. Der Haß der völkischen Presse auf die »jüdischen« Intendanten und Direktoren, vor allem die Berlins, wurde von Jahr zu Jahr deutlicher vernehmbar. Max Reinhardt wurde nur als der Jude Goldmann bezeichnet, Jeßner bei jeder Gelegenheit attackiert. Die antisemitische Agitation hatte zur Folge, daß in das Gefüge des Theaters eingegriffen wurde, bevor überhaupt über eine Aufführung zu urteilen war. Welchem Druck das Theater ausgesetzt wurde, wie unkontrolliert er war, dafür ist die Attacke der Berliner ›Deutschen Zeitung‹ während der Proben zu Jeßners Inszenierung des ›Florian Geyer‹ im April 1927 ein Beispiel. Am 19. April erschien dort ein Angriff von Alfred Mühr auf Leopold Jeßner, weil er die Rolle des Florian Geyer mit Walter Franck besetzte, der zugleich als jüdischer Schauspieler diffamiert wurde (s. d.). Der Haß der Nationalen auf den »jüdischen Schauspieler« Fritz Kortner wurde auf Franck übertragen. (Franck, der aus einer alten bayrischen Offiziersfamilie stammte, antwortete ironisch in der ›Vossischen Zeitung‹ vom 21. 4. 1927.) –
Im Oktober 1927 fanden in vielen Theatern zum 150. Geburtstag Heinrich von Kleists Kleistfeiern und Gedenkaufführungen statt. Das Prinzregententheater in München brachte zu diesem Tag eine Festaufführung der ›Hermannsschlacht‹. Dazu verfaßte Alfred Rosenberg, der seit 1921 Chefredakteur des nationalsozialistischen ›Völkischen Beobachters‹ in München war, die hier abgedruckte ›Kunstbetrachtung‹. Rosenberg schrieb nur in besonderen Fällen zu Theateraufführungen. Sein Kommentar ist charakteristisch für die Art, mit der der nationalsozialistische Ideologe dem Theater begegnete und zu welchen ideologischen Zwecken er es verwendete. – Die Theaterkritik des ›Völkischen Beobachters‹ spielte in München von Jahr zu Jahr eine größere Rolle (s. die Rezension des ›Völkischen Beobachters‹ zu Brechts ›Im Dickicht‹). – 1932 sah sich der Intendant des Münchner Staatstheaters veranlaßt, ein Stück des Kritikers des ›Völkischen Beobachters‹, Josef Stolzing, anzunehmen und zu spielen: den ›Friedrich Friesen‹. – Der Druck, der in diesen beiden Dokumenten spürbar wird, wurde auch in den mittleren Städten und der stetig sich ausbauenden NS-Presse angewandt.

Alfred Mühr, Deutsche Zeitung, Berlin, 19. 4. 1927
Walter Franck spielt Florian Geyer

Die deutsche Dichtung wird vom Intendanten des preußischen Staatstheaters unnachsichtlich verwüstet. Zur Besänftigung der Gemüter soll eine Neueinstudierung von Hauptmanns Bauernkriegs-Tragödie ›Florian Geyer‹ dienen. Das Drama ist deutsch im Motiv, deutsch in seiner Gestalt, deutsch in der Melodie, – mag man auch diese und jene empfindlichen Mängel bemerken. Als Hauptdarsteller wurde Walter Franck, eine ausgesprochen jüdische Erscheinung, verpflichtet. In Berliner Theaterkreisen nennt man Franck den Judenspieler. Das sagt nichts gegen seine Begabung, umgrenzt aber entscheidend die Rollenauswahl. Unmöglich ist es, daß ein Jude eine so markante Heldengestalt wie Florian Geyer dem Wesen nach erfaßt und darstellt. *Wir* versuchen auch nicht, den Spielplan des Herrnfeld-Theaters nachzuahmen! Nicht nur Grenzen der Begabung, sondern auch Grenzen des Blutes, des Wesens müssen beachtet, *geachtet* werden.
Walter Franck ist ein eigenartiger Schauspieler. Mit Fritz Kortner verbindet ihn die Gleichheit des Charakters und die Ähnlichkeit im seltsamen Gesichtsschnitt. Dafür ist ein Rollenkreis vorhanden, den Walter Franck erschöpfen möge, ehe er sich solchen typischen Vertretern unserer Geschichte als Darsteller zuwendet. Bei dem Schauspieler liegt die Schuld, den Rollenauftrag angenommen, bei Leopold Jeßner die Taktlosigkeit, Walter Franck als Florian Geyer ausersehen zu haben.
Wir erlebten schon einmal eine derartige Stilverwüstung. Es war in Hebbels ›Nibelungen‹. Fehling bekam als Brunhilde eine jüdische Darstellerin zur Verfügung. Sie zerstörte den Gesamtcharakter der Vorstellung und wurde von der Berliner Presse einmütig abgelehnt.
Nun erleben wir wieder solch einen Fall. Er fordert zur Abwehr heraus, zum Widerstand. Herr Jeßner erlaubt sich alles. Es steht in seiner Macht – und wir, wir brechen nicht diese Macht, halten sie schon acht Jahre aus!
Aber wir werden sie stürzen! Die Mobilmachung unserer Kreise hat begonnen. *An jeden einzelnen richtet sich unser Appell.* Jeder einzelne hat die Pflicht, sich bereit zu halten für die Bürgerwehr der deutschen Kultur.
Oder wir erleben in rücksichtsloser Schärfe die Verwüstung unserer Werte. Dazu gehört als Giftwaffe des Gegners: die Besetzung des Dramas auf *seine* Weise vorzunehmen und damit den Charakter der Dichtung umzubiegen, ›neu‹ auszulegen und willkürlich zu verändern. Aus dem demütigen Helden und Opfermenschen Florian Geyer wird eine verfehlte Studie des jüdischen Schauspielers Walter Franck.

Alfred Rosenberg, Völkischer Beobachter, München, 1927
Die Hermannsschlacht

Es ist wohl, einmal wieder nach all den vielen faden Theaterstücken von heute, ein Hauch Kleistscher Leidenschaft zu spüren. Zu spüren aber auch, wie Demokraten, ›harmonische‹ Spießbürger dies lodernde Stück deutscher Freiheit ablehnen mußten, weil es so klug gedacht und so mächtig hingesetzt ist, daß ein *ganzes* Volk aufgerüttelt werden könnte, ginge es über *alle* deutschen

Bühnen. So genau wir zu wissen glauben, daß einst nach dem Sieg wieder Klassik und Harmonie tiefe Wirkungen für Persönlichkeitskultur erzeugen werden, so genau wissen wir, daß *heute* nicht Wilhelm Meister, sondern Hermann unser Weggefährte ist. Der Sturm und Drang und die Romantik sind Rhythmus vom Rhythmus des heutigen Lebens, sind Kampf um gleiche Werte, sind Ausbruch gleichen Willens.
Wir wissen, daß heute Juden, Polen und Franzosen die »ganze Brut ist, die in den Leib Germaniens sich eingefilzt wie ein Insektenschwarm«. Wir *wissen*, daß ein Ende sein muß mit der Liebespredigt für unsere Feinde, daß heute noch viel mehr als vor 1000 Jahren Haß unser Amt ist und unsere Tugend Rache. Wir wissen auch, was wir zu sagen haben, wenn Angstmänner ihre Feigheit mit der Bemerkung bemänteln wollen, »es gäbe doch auch gute Juden«: dasselbe, was Kleist den Hermann sagen ließ, als seine Gattin ihn um das Leben der »besten Römer« bat: »Die Besten, das sind die Schlechtesten.« Denn diese machen uns mürbe im Kampfe gegen die andern.
So ist Kleist *unser.*
Die gestrige Aufführung im Residenztheater hatte starke Augenblicke, aber es fehlte ihr der glühende Zug, und auch Hermann (Ulmer), so abgerundet er ihn auch gab, erreichte nicht die erforderliche magische Eindringlichkeit, die namentlich zum Schluß von seiner Gestalt ausgehen muß. Eine gute Leistung war der Varus des Armand Zaepfel, auch der Marbod Max Nadlers. Im übrigen: Muß man die Sueven denn wirklich wie die Eskimos vermummt herumlaufen lassen? Von solcher possenhaften ›geschichtlichen Wahrheit‹ sollte man sich doch frei machen.

Daß die Kleist-Gedenkfeiern alle Lieblinge der Unterwelt empören, versteht sich. In der neuesten ›Weltbühne‹, einer Zeitschrift für ›Deutsche‹, die ohne Ablecken der französischen Stiefel sich ihr Leben nicht vorzustellen vermögen, bekennt sich ein Etwas, das schwarz auf weiß erklärt, auf den Anruf Hans v. Zwehl zu hören, als ›Anti-Kleist‹. Und schreibt: »Wieder eine ehrwürdige Leiche!« »Er (Kleist) war eine Blutlache skythischer Grausamkeit in der Literatur.« »In der ›Hermannsschlacht‹, dem verruchtesten Haßgesang aller Zeiten, tobt sich die Blutgier eines Tobenden in ihrer ganzen Breite aus«, aus dem sich »das ewige Yorktum der preußischen Rachegeister nährt«.
Daß der Untermensch einen Varus ruhig mordbrennen ließe und die Idee der Freiheit auch von ferne nicht zu ahnen vermag, zeigt also dieses Etwas v. Zwehl wieder einmal zur Genüge.
Deshalb ist auch heute noch Haß unser aller Amt, und Rachegefühl die Tugend von heute, morgen und übermorgen.

Shakespeare   Der Kaufmann von Venedig
Staatliches Schauspielhaus Berlin, 17. November 1927, Regie Jürgen Fehling

Im Sommer des Jahres 1927 hatte sich Fehling den Shakespearschen Komödien wieder zugewandt, von denen er früher (Januar 1924) ›Viel Lärm um nichts‹ inszeniert hatte. ›Maß für Maß‹ hatte am 11. Juni 1927 im Staatstheater unter seiner Regie eine überaus harmonische Gestalt gefunden. Monty Jacobs hatte die »Wohltat« dieser Aufführung so beschrieben: »Es ist Fehlings Verdienst, Shakespeares Wort [...] hinaus zu den Fragen der Zukunft schwingen zu lassen. [...] Den Ausgleich zwischen Tragik und Übermut (gewinnt) Fehlings Regie ohne Mühe, in einer absichtslosen Leichtigkeit. Es musiziert in diesem Regisseur, und in seiner Musik schwebt das Gefühl, das alle Gegensätze auflöst« (›Vossische Zeitung‹, 13. 6. 1927). Märchenhaftigkeit und Wirrnis war auf einem niedrigen Podium vor einem halbkreisförmigen Vorhang, also auf einer sehr kargen Bühne, dargestellt worden. – Jetzt entfachte Fehling im ›Kaufmann von Venedig‹ eine üppige Renaissancekomödie. Als Regieleistung war sie nicht so geschlossen wie ›Maß für Maß‹, doch fand Fritz Kortner in dieser einzigen Begegnung mit Fehling die klarste und am meisten ausgereifte Fassung seiner Shylockfigur. Kortner war neben Krauß noch immer der erste Schauspieler Berlins. Anfang des Jahres hatte er die freundschaftliche Rivalität wieder demonstriert, als er dem Kraußschen Napoleon (in Unruhs ›Bonaparte‹) am Lessing-Theater Alfred Neumanns ›Patriot‹ entgegensetzte und sich damit einen großen persönlichen Erfolg erspielte (Regie Karl-Heinz Martin, 22. 2. 1927). Jetzt konkurrierte er als Shylock mit Krauß, der am Deutschen Theater den Pastor in ›Dorothea Angermann‹ spielte, mit Wegeners Rasputin bei Piscator und Heinrich Georges Hinkemann an der ›Volksbühne‹. Kortner hatte den Shylock in verschiedenen Inszenierungen zu der Gestalt entwickelt, die er jetzt zeigte: in Berthold Viertels vom Bauhaus bestimmter Inszenierung in der ›Truppe‹ von 1923 und in Max Reinhardts Inszenierung im Josefstädter Theater (26. 5. 1924). Kortner berichtet, er habe seine Auffassung des Shylock gegen Fehlings Absicht durchgesetzt, den »Shylock menschenfreundlicher zu machen, um dem uns umbrandenden Antisemitismus keine Nahrung zu geben«. Kortner wollte sich in dieser Rolle stellen, wie er z. B. sich in der ›Wandlung‹ bewußt gestellt hatte. »Ich wollte die Abrechnung, die Enthüllung des unchristlichen Hasses, die Aufzeigung einer morschen Moral hinter berauschender Farbfreudigkeit und Sorglosigkeit [..] schonungslos, konzessionslos. [...] Seine Bezogenheit zum rassisch betonten, nun zur Macht drängenden Faschismus elektrisierte Freund und Feind« (›Aller Tage Abend‹, S. 377 ff.). Was er damit meinte, wird aus Rosenbergs und Mührs Angriffen (s. Aggressionen von rechts) verständlich. Zur Arbeit mit Fehling sagte Kortner: »Wir steigerten einander durch Opposition. Die Bergner, die mit dieser Rolle ans Staatstheater kam, zog dabei den kürzeren.«

Alfred Kerr, Berliner Tageblatt 18. 11. 1927
I
Mit diesem Stück ist nichts mehr anzufangen, als daß man sein Gegenteil spielt.
Fehling hat es getan – doch in zu flüchtiger Arbeit. An etlichen Punkten trotzdem über Vormaliges hinauskommend.
II
Ich bin immer noch auf seiten Shylocks; nicht auf seiten der zwei Zuhälterlümmel – an denen dieser Charaktervolle zugrunde geht. Was für Lumpen und Luden, die gegnerischen Venezianer. Der eine sucht (immer noch) aus Geldbedürfnis in eine völlig ihm unbekannte Dame, die als vermögend gilt,

einzuheiraten. Der edle Venezianer kennt sie nicht; will sich nur von ihr lebenslänglich aushalten lassen.
Der andere läßt sich sogar von einer Diebin mosaischen Bekenntnisses aushalten. Er schlägt sich von dem ihrem Vater schmierig gestohlenen Mammon schmierig den Bauch voll. Zwei Zuhälter. Mit Edelmannsbewußtsein.
Ich glaube, der Gegensatz heißt nicht: hier Jude, hier Christ. Sondern: hier Jude, hier Lude.
III
Da soll es zweifelhaft sein, für wen man sich entscheidet? Immer noch wissen die verhüllten Strichjungen in ihrer sonnigen Gemeinheit keinen Ausweg: als daß ein Frauenzimmer sie rettet. Übrigens durch ›talmudische‹ Mittel. Durch Auslegung. (Als wäre Bluterguß nicht untrennbar verknüpft mit dem Ausschneiden von Fleisch.)
Item: Einheirat, Geldgier, rabbulistischer Schwindel – wo sind hier die Shylocks? –... Andrerseits: wessen Ja ist hier Ja? wessen Nein ist hier Nein? Des Vereinzelten – der von Mehrheitsfeiglingen umheult und umheppt ist.
Kurz: die Erbärmlichkeit der Shakespeareschen Konzession an das dumme Publikum seiner (seiner?) Tage wird stets haarsträubender bewußt.
IV
Fehling entschied sich auch in diesem Sinn. Er nahm gegen die triumphierenden Venezianer Partei – indem er sie durch Besetzung strafte...
Zu sehr strafte. Den Bassanio, bei diesem Aussehn eines Struwwelpeters mit zu knapper Perücke, bei diesem unlateinischen Schmetterton, ihn der leisen Bergner nahen zu lassen: das ist vom Übel. Schon die Nerissa der Frau Schön mit ihrem widerstandsfesten Farbgrund so dicht einer bergnerischen Zartheit gesellen: das ist für ein musikalisches Auge beunruhigend. Mehr Abschmeckung! Abtönung! Abstimmung!
Ach, und fast alle Freunderln des Antonio, Paul Bildt eingeschlossen: soviel Nerven gibt es nicht, wie sie einem draufgehn. (Ungestuft und lieblos und irgendwie.)
V
Heinrich Schnitzler, Sohn Arthurs, in heutiger Tracht gut und ernsthaft, kommt hier im Farbengewand mit einem blauen Auge davon – als Nutznießer der verkommenen Jessica. Diese von Sybil Nares, einer begabten Halbexotin, gut geraunt.
Indes Müthel und Florath sich als Gobbo-Sohn, Gobbo-Vater um Heiterkeit anstrengen, die akademisch und, wenn man ehrlich sein soll, für unser Bedürfnis entsetzlich zurückgeblieben ist; ich kann dabei nicht lachen.
VI
Was liegt für eine Übertragung vor? Hermann Kroepelins neue kaum. Und Schlegel schrieb kaum das von der Venezianerpartei hier gesprochene, bißchen auffallende Wort »Orakeles«.
Die Ausstattung? Es ist meine Schwäche – doch ich liebe halt mehr Opernbilder, vom Aravantinos vor allem, als hier das von Cesar Klein bestellte Venedig, welches nicht ganz als Seestadt erfühlt; als dieses Belmont, welches nach Museumskenntnis gemacht scheint... Beides nicht aus einer – Stimmung.
VII
Worin kommt Fehling über Bekanntes hinaus? Nicht im Aufbau. Diesmal alles etwas lasch.

Das Tribunal: ohne Steigerung. Ja, noch mehr: das Tribunal ist hier keine Steigerung. Die Stellungen unwirksam. Ein gemütliches Durcheinander.
Dann aber, wenn Shylock abgeht, erwartet ihn ein Judenschwarm. Das ist neu – für Berlin. [...]

VIII

Am Schlusse läßt Fehling, nicht eindruckslos, den Kaufmann, Herrn Hadank, melancholisch als letzten auf der Bühne. Gewissermaßen: der Unparteiische, so über den Dingen steht: über der seelenstarken Rachsucht des Einzelmanns ... und über dem schäbigen Frohsinn der siegreichen Lumpen.
Nämlich Antonio gilt allen Literarhistorikern als der Edel-Vornehme. Weil er, seine Mittel erlauben ihm das, von Bekannten keinen Zins nimmt. Weil er von ganz anderen Geschäften Einkünfte bezieht – die Gesetzesmittel erlauben ihm, ihm, ihm das.
In Wahrheit ist er gleichfalls ein schofler Schubiak – Dulder wie Täter von Erbärmlichkeiten. Ein Mitmacher der feigsten Ordinärheit. Ein schlimmster Wucherer, der in Ausbeutung einer Notlage die Erpressung an dem zu Boden Geschlagenen übt: sterben oder Christ werden. Zwangsweise bekennen, was jemand nicht glaubt ... Alles, nachdem ihn das Frauenzimmer gerettet.
Er hat gut melancholisch und edel gucken, am Schluß.
(Mit diesem Stück ist nichts mehr anzufangen, als daß man sein Gegenteil spielt.)

IX

Kortner spielt das Gegenteil. Auch die Bergner spielt einiges davon.
Die Bergner, nachdem sie zu Beginn, entzückend, Unbefangenes ohne Kümmernis um das Parkett mit hohem Reiz getätigt: nachdem wird sie vor Gericht sozusagen eine ethische Macht. Herrlich.
Als ob sie ahnte, wie es um Shylock steht; als ob sie das Unrecht seines Vergeltungswillens dennoch ahndete. Sie tritt zu ihm ... fast wie bei Hauptmann der Himmelsbote zu dem Maurer Mattern. Sie redet ihm (warnend, nicht lieblos) ins Gewissen. Eine Gesandtin.
Er scheint Gefallen an ihr zu finden, der Alte, Gehetzte, Tapfere. Wie auf eine Enkeltochter guckt Fritz Kortner wunderbar einen Augenblick auf sie. Gesegnetes Kleinchen. Wer weiß – wenn sie früher gekommen wäre ... Nein: auch wenn sie früher gekommen wäre. (Wenn man sich schlägt, kuscht man sich nicht.)

X

Kortner ist Held eines unauslöschlichen Trauerspiels. Alter Mann. Mit mehr Sorgen als Haß, im Beginn. Bloß im Keller des Bewußtseins das Gefühl ewig erlittnen rohen Unrechts ... durch bald frohe, bald zurückhaltende Schurken.
Es gibt in Deutschland keinen Sprecher, der das Wort von dem blutenden Menschen, wenn man ihn sticht, so hinreißend, so einfach, so dringlich, so tief erlebensvoll herausbrächte wie dieser Kerl. Etwas einziges –; über Schildkraut, über Krauß, über Bassermann, über ... Ich sah keinen, der ihm gleicht.

XI

Wenn er am Schlusse sein Haupt bedeckt. Wenn er ... nicht schreitet; sondern geschlagen ist. (Aber von wem?) Gebrüll rings. Er bedeckt sein Haupt.
Er war der Mittelpunkt eines ungeheuren Trauerspiels: Endbewußtsein für Zuschauer. Es war ein Trauerspiel um Shylock. Eine Menschenleistung hat man erblickt. Fürs Leben.

Monty Jacobs, Vossische Zeitung, Berlin, 18. 11. 1927

Von der Gerichtsszene aus hat Jürgen Fehling seine Aufführung angelegt, von ihr aus muß sie beurteilt werden.
Hier wird Justiz im Freien gesprochen, wie der Reisende es heute noch im Orient erlebt. Die Halle öffnet sich nach der Straße hin, und über eine Kanalbrücke hinweg verfolgt der Blick den Kläger Shylock beim Anmarsch wie beim Abmarsch. So sind die Zuschauer auf der Bühne keine Kriminalstudenten, sondern wirklich Volk, wie es aus der Werkstatt fortgelaufen ist. Volk aber hat das Recht zur Parteinahme, und Fehlings Venezianer wissen Gebrauch davon zu machen. Sie pfeifen und heulen, sobald der Jude die Halle betritt, sie lassen den hohen Raum von ihrem Jauchzen bersten, wenn Antonio durch Porzias Trick von seinem Verfolger erlöst wird.
Niemals ist dieser Bedränger seinem Opfer so nahe auf den Leib gerückt wie hier. Denn Shylock wetzt sein Messer nicht wie alle Shylocks an der Schuhsohle, er bereitet sich auch umständlich zum Schächten vor. Sein Kaftan wird an den Nagel gehängt, eine zerschlissene Weste kommt zum Vorschein, und Shylock nähert sich, das Messer in der Hand, mit funkelnden Augen dem Kaufmann Antonio.
Schreitet Porzia im letzten Moment ein, so fegt auch sie die Wolke nicht mit einer leichten Frauenhand fort. Denn auch sie wird vom Ernst der Stunde gepackt, sie beschwört Shylocks milde Instinkte, und wenn sie kein Echo findet, so ist ihre Strenge noch von einer Trauer des Herzens beschattet.
Graziano aber, der Spötter, Antonios Freund, er verhöhnt doch als Chorführer des Volks den Unterlegenen, er ahmt doch Shylocks Schrei nach: ein Daniel, ein weiser, ein gerechter Richter? Es ist kein Zufall, daß Fehling einen Schauspieler von Paul Bildts hohem Range auf diesen Posten gestellt hat. Denn sein Graziano findet noch nicht den freien Sinn zum Höhnen. Noch würgt es ihn in der Kehle, noch versagt ihm die Stimme. Zu dunkel hängt noch die Wolke über dem Streit, zu nahe hat Shylocks Messer Antonios Brust bedroht.

Dieser Akt zeigt Fehlings Wegrichtung. Er spielt Reinhardt nicht die Komödie des Übermuts, nicht den Karneval von Venedig nach. Aber auch die Tragödie vom Märtyrer Shylock sucht er nicht. Ein ernstes Drama, von Tragik umwölbt, mit dem Ausklang des Märchens, das ist seine Komödie.
Mir scheint, daß Shakespeare zu diesem Beginnen Beifall nickt [...]. Es ist heute Mode, [...] den ehrsamen Arbeiter Shylock gegen die Tagediebe um Antonio auszuspielen. Nun haben Shakespeares Engländer gewiß den Juden von Venedig mit Grazianos Augen angesehen. Er ist recht der Typus des Mannes, vor dem Lorenzo warnt, der Mann, der nicht Musik hat in ihm selbst. Und so gehört er nicht zur Welt dieser Kavaliere, nicht in den Lichtkreis von Belmont, in dem sich zum Klange der Geigen die Ideale ritterlicher Zeiten erfüllen. Ein schwarzer, stinkender Teufel mitten unter den Hellen, Duftenden, so sehen Shakespeares Zeitgenossen den Juden Shylock.
Aber Shakespeare selbst sieht nun einmal über seine Engländer hinaus, er ist nicht so brutal, Shylock zu zerstampfen, und nicht so sentimental, ihn zu beweinen. Er ist vielmehr so genial, ihn zu verstehen. Seine Sympathie gehört, ohne Zweifel, den Kavalieren von Belmont. Aber sein Auge fällt auf den Mann außerhalb des Lichtkreises, auf den Mann der Finsternis, und sofort öff-

net sich Shylocks Herz, das Herz eines Leidenden. Es wäre banal, Shakespeare durch eine moderne Brille sehen zu lassen, Shakespeare in den Rechtsstreit Shylock kontra Antonio hineinzuziehen. Denn der Schöpfer steht über den Parteien, der Ewige über dem Aufruhr der Zeit.

Wenn Porzia in einer Oberwelt schwebt, wenn Shylock sich aus der Unterwelt herauswühlt, so hat das Theater die Aufgabe, eine Plattform zu schaffen, auf der beide einander begegnen.
Auf Fehlings Bühne werden die Gegensätze verschärft, nicht verwischt. Fritz Valks Tubal, der wohlbegüterte Hebräer, ist ein Ghettojude aus Warschau, nicht aus Venedig. In Belmont aber ist lichtes Märchenland, und wenn Bassanio den richtigen Schrein gewählt hat, so läuft Porzias alter Diener (Reinhold Köstlin) in der Verwirrung des Glücks mit einer Rosengirlande um den Hals herum.
Aus der Oberwelt der Rosen und aus der Unterwelt der Dornen aber müssen Shylock und Porzia einander mit sicherer Hand entgegengeführt werden. Es ist der Segen dieser beglückenden Aufführung, daß eine Porzia von höchstem Rang und ein unvergeßlicher Shylock sich Fehlings sicherer Hand anvertrauen.
Damit wird erreicht, daß Elisabeth Bergner endlich einmal wieder in einer Vorstellung mitspielt, die sich nicht um einen Star dreht. Indem sie dient, *weil* sie dient, herrscht sie sicherer als je. Sie kann, als Doktor verkleidet, den Knabenreiz ihrer Erscheinung spielen lassen, und sie kann ihrem Bassanio eine niedliche kleine Hölle einheizen, wenn sie ihn mit dem erbeuteten Ring plagt. Aber Elisabeth Bergner hat gestern mehr zeigen dürfen als den Charme einer Hosenrolle. Sie hat vor dem Gericht das Wort ihrer Rede mit jener Eindringlichkeit gegliedert, die nur der Souveränität des Geistes zugänglich ist. In Belmont aber durfte sie Porzias dramatisches Schicksal entdecken, die Qual des Lebendigen, der dem Gebot eines Toten gehorchen muß, und die Angst der Liebenden, bevor Bassanio sich den Gefahren der Wahl aussetzt.
In Porzias Saal stehen zwei Verkehrstürme, für die Cesar Klein diesmal eine Vorliebe hat, denn auch im Gerichtssaal muß der junge Doktor hoch hinauf zu seiner Kanzel klettern. Auf der Höhe einer schwarzroten Treppe sitzt die Herrin von Belmont unter einem blauen Baldachin und sieht zu, wie die Freier einen anderen Turm mit den drei Schreinen erklimmen. Wenn Bassanio aber seine Wahl trifft, so gelangt Porzia nicht auf ihren Thron hinauf, ihre Füße versagen, sie sinkt auf den Stufen zusammen, ein kleines, banges Mädchen. Ein Regieeinfall, gewiß. Aber, von Elisabeth Bergner verhext, glauben wir, diesen Moment der Schwäche als Überraschung zu erleben, wie uns die wohlvertraute Fabel des Gerichts zu einem neuen Erlebnis wird. Denn die ernste Porzia, in ihrer Strenge aus enttäuschter Liebe, formt scheinbar eine Dichtung, die wir noch nicht kennen, auch wenn wir ihre Worte auswendig wissen. Der Triumph schauspielerischer Kunst.
Mit Porzias Ernst kann Shylocks Würde reden. Denn Fritz Kortner, unendlich hoch über den Shylock seines Versuchs in Berthold Viertels Experiment hinausgewachsen, läßt den Juden in Würde leiden. Ein Gedrückter, der wieder drückt, wenn er die Macht dazu bekommt. Es ist wundervoll zu sehen, wie der Künstler die Gefahr der Sentimentalität gar nicht zu vermeiden braucht. Sie existiert nicht für ihn, denn seine Welt ist Weh und Leid, aber keine Wehlei-

digkeit. Er ist nicht weich wie Schildkraut, nicht hart wie Krauß, aber er findet den Weg zu einer Majestät des Schmerzes, zu einer Würde des Hasses, wie kaum ein Shylock vor ihm. Wenn er spricht, so lauschen ihm die Zuschauer in einer Gespanntheit, wie sie nur der Eindruck der Meisterschaft mit sich bringt. Am Schluß, im Zusammenbruch, heult in diesem Shylock noch einmal alle Wildheit auf. Er schleudert seine Gebetsriemen auf die Erde: der Haß bäumt sich auf. Aber er schreitet über die Kanalbrücke, das Haupt im Gebetsmantel verhüllt, in der Majestät des Schmerzes.

Weil Fehlings Aufführung keine Starvorstellung ist, so darf der Nachwuchs sich regen. Wie ernst steht Günther Hadanks Antonio ohne Starrheit da, wie prächtig wird Erich Riewes Bassanio von seinem Temperament vorwärtsgeschleudert. Lothar Müthel, zum erstenmal in einer komischen Rolle, ist Lanzelot, Gobbo, ein Lanzelot, den der Humor nicht gesegnet hat, der aber mit der Flinkheit des Geistes Ersatz zu schaffen weiß.

Um die Frauen ist es schwächer bestellt. Margarethe Schön ist eine farblose Nerissa und Sybil Nares eine matte Jessica. [...]

Cesar Klein, der Maler, hat diesmal eine schwere Hand gezeigt. Fehling versucht mit der Balustrade eines Kanalufers fast das ganze Stück zu bestreiten. Das Venedig der Prospekte aber ist kein Märchen.

Wie glücklich trifft es sich, daß Porzia und Shylock, daß die Helle und der Dunkle für eine Märchenluft sorgen, deren Zauber über den Theaterabend weit hinausreicht.

Ludwig Sternaux, Berliner Lokal-Anzeiger 18. 11. 1927

Venedig und Belmont, von César Klein aufgebaut, sehen etwas anders aus als sonst. Vor allen Bildern liegt eine Marmorterrasse aus Holz, schön in Grau und Weiß getäfelt, einmal Straße, über die bunt der Mummenschanz des Karnevals tollt, ein andermal Kanalbrüstung, hinter der stilisiert Venedigs Stadtbild aufsteigt, dann wieder der Garten von Belmont, mit Porzias bizarr getürmtem Lustschloß dahinter, oder Halle in demselben Schloß. Diese Halle sieht, mit ihren Aufbauten und der Throntreppe und den Rosenbuketts auf den Geländern, ein bißchen nach Jahrmarkt aus. Es ist alles furchtbar billig. Das stört. Paßt auch nicht zu Porzia, die stilrein ein Porträt der Renaissance ist. Andere Bilder versöhnen wieder. So vor allem die beiden letzten, die große Halle im Dogenpalast, in der sich Antonios und Shylocks Geschick entscheidet, und der ganz von lyrisch-romantischem Zauber durchwebte nächtliche Garten, in dem sich alles entwirrt.

So sehr Jürgen Fehlings Regie das Ganze auch zusammengedrängt hat, und dies nicht ohne Verzicht auf wichtige und kostbare Szenen – wiederholt fragt man sich: wozu die vielen Worte? Man muß sich immer wieder sagen, es ist ein Märchen, das Shakespeare da erzählt, kaum mehr gemäß unserer Zeit, die andere Probleme wälzt.

Dieser Jude Shylock ist mehr denn je überhaupt ein Kapitel für sich. Ein Kapitel, das man gar nicht gern aufblättert. Wie fremd steht die Gestalt in unserem heutigen Leben! Barbarisch absurd, wie Shylock aus Rache für alte und ewige Schmach, die man ihm und seiner Rasse angetan, auf besagtem Schein gegen den verhaßten Christen besteht, barbarisch absurd auch die Lösung, die dem frommen Juden unter anderem dann als Strafe auferlegt, den Glauben seiner Väter abzuschwören, Christ zu werden. Er tut's. Aber wenn Shylock sich da in sein Gebettuch hüllt und innerlich gebrochen davonwankt, so ist das wortlos bitterste Anklage gegen ein Recht und Richter, die einem Menschen das zumuten. Das Hohngebrüll der Volksmenge schmerzt, das Herz, wahrhaftig doch diesem Menschen nicht zugetan, der haßgeifernd und blind das Leben eines anderen forderte, empört sich dawider.

Unter vielen großen und überzeugenden Momenten Fritz Kortners, der dem Shylock seine wilde Häßlichkeit gibt, ist dies der größte. Mitleid wird wach und geht dem stumm Davonschleichenden nach, tragischer Glanz umwittert die Gestalt. Das ist, zumindest bei Shakespeare, keineswegs aber der Zweck der Übung. Ohne Zweifel spekulierte er viel stärker, wenn nicht ausschließlich mit dieser Lösung auf Spott und Hohn und böses Lachen. Kortner, von genialer Eindringlichkeit in der Prägung seines Shylock, aber auch von großer Eigenwilligkeit, empfindet viel zu modern, als daß er shakespearisch wirkte. Gewiß ist auch sein Shylock ein Fanatiker, der Fanatiker, den die Rolle verlangt. Aber er ist weicher als alle Shylocks, die man bisher gesehen, und so schwankt das Zünglein der Waage bedenklich, die zwischen Sympathie und Antipathie im Sinne des Stücks klar entscheiden müßte.

Neben Kortners Shylock im Mittelpunkt des Interesses die Porzia der Elisabeth Bergner. Sehr zart, sehr lieblich, aber von einer fast unirdischen Anmut. Das Stimmlein bis zu Flüsterlauten gedämpft, besonders rührend, wenn sich diese Stimme, in der Gerichtsszene, in männlicher Rauheit versucht. Von holdem Liebreiz umflossen, der nur ihr eignet, ist die Bergner so oder so stets ihres Erfolges sicher. Aber schon meldet sich auch innerer Widerspruch, zu sehr ist sie jetzt immer wieder die gleiche, zu sehr sie selbst. Da liegt eine große Gefahr.

Bunte Komödie die übrigen. Bunteste Lothar Müthel in närrischer Schalkheit und sicherem Witz als Lanzelot Gobbo, eine der stärksten und ausgeglichensten Gestalten der Aufführung. Nobel und verhalten der Antonio Günther Hadanks, jugendlich stürmisch der Bassanio Erich Riewes. Sehr würdevoll der Doge Albert Patrys. Etwas blaß und unsicher noch die junge Sybil Nares als Jessica, Shylocks abtrünnige Tochter, merkwürdig farblos auch die Nerissa der Frau Schön.

Das Ereignis des Abends ist Kortner. Die Galerie streitet um ihn, aber das begeisterte Haus erstickt allen Widerspruch gegen seine Auffassung der Rolle in tosendem Beifall, der orkanartig anschwillt. Neben ihm feiert man vor allem den Regisseur Fehling, der mit dieser Aufführung Jeßner aus seiner Hamlet-Schuld herauspaukt.

Shakespeare
Hauptmann Hamlet

Uraufführung: Staatstheater Dresden, 8. Dezember 1927
Regie Gerhart Hauptmann

In die Diskussion um die Neufassung der klassischen Stücke fügte Gerhart Hauptmann seine Bearbeitung von Shakespeares ›Hamlet‹. Seit Jahren hatte er sich mit ›Hamlet‹ beschäftigt und sein Leben in dem des Shakespeareschen Helden gespiegelt. »Hamlet, lange vor Beethoven, ist sozusagen ein gefallener Erzengel«: das war sein Aspekt auf Hamlet. Er kehrte das Goethesche Hamlet-Bild um: aus dem überforderten Tatscheuen wurde in Hauptmanns Bearbeitung ein aktiver, zielbewußter Held. Für Hauptmann begann sich die Gestalt Hamlets damit von der Shakespeareschen Figur zu lösen. Sie gewann ein Eigenleben, das Hauptmann schließlich zu einem eigenen Hamlet-Drama führte, nämlich zu jenem ›Hamlet in Wittenberg‹, vor dessen Uraufführung in Leipzig er 1935 schrieb: »Ich habe Hamlet ein langes Leben hindurch zum unsterblichen Freunde gehabt. Überall ist er um mich gewesen und hat sich dabei allmählich von den schönen Fesseln der Shakespearschen Dichtung befreit.« – Der ›Hamlet‹ von 1927 wurde in der Bearbeitung Hauptmanns schon ein ganz anderes Stück. Die Umstrukturierung der Hauptfigur brachte Hauptmann in Konflikt mit den Grundlagen des Werkes. Die Kritiker formulierten denn auch vom alten Stück her ihre Einwände gegen Hauptmanns Bearbeitung. Manfred Georg schrieb: »Der Schmelz der Trauer und des Traumes [...] ist vor der vernünftigen Deutung Hauptmanns [...] zerstoben. [...] Vieles wirkt nun wie praktische Tagesphilosophie. [...]« – Die Inszenierung Hauptmanns, der sich nun schon seit Jahren auch praktisch an der Bühne versuchte, war wieder ein literarisch wie gesellschaftlich großes Ereignis. Die führenden Kritiker und das Berliner Premierenpublikum trafen sich im Dresdener Staatstheater wieder. Mit dieser Premiere endete ein Jahr, das Hauptmanns vielfältige Wirkungen auf andere Künste dargestellt hatte. Zwei seiner Stücke, ›Hanneles Himmelfahrt‹ und ›Die versunkene Glocke‹, waren, zu Opern vertont, im Dresdener Opernhaus (17. 2. 27) und im Hamburger Opernhaus (18. 11. 1927) uraufgeführt worden. Im Mai war der ›Weber‹-Film in die deutschen Lichtspieltheater gekommen. Als einen Trabanten Shakespeares hatte er sich zur Bochumer Shakespeare-Woche im Juni dieses Jahres bezeichnet: »belebt und erquickt von seinen Strahlen, ihm aber auf andere, wenn auch verwandte Weise verhaftet«. Hauptmann und Shakespeare, Hauptmann und Hamlet: wiederholte sich hier jene historische Begegnung Goethes mit Shakespeare? Wurde sie nicht versucht?

Monty Jacobs, Vossische Zeitung, Berlin, 9. 12. 1927

Seitdem die Eisenbahn zu dem Zweck erfunden wurde, die Berliner rechtzeitig in die Dresdener Premieren zu befördern, haben wir noch niemals eine Theaterfahrt wie diese unternommen. Um eines neuen Dramas, um eines Schauspielers willen sind wir schon durch Deutschland gereist. Aber diesmal hieß das Schauspiel ›Hamlet‹ und, um es höflich auszudrücken, hätten wir

auch ohne den Anblick der Dresdener Darsteller die Fortführung dieses Daseins ertragen können. Wir sind ganz einfach um eines *Dramaturgen* willen in die Eisenbahn gestiegen.
Dieser Dramaturg heißt freilich Gerhart Hauptmann. [...] Der vierte Akt ist das Trümmerfeld einer verstümmelten Überlieferung, und die ersten Darsteller des Laertes haben den Hamlet-Spielern aus Rollenneid wichtige Szenen entrissen. Indem er den Raub zurückgibt, stellt Hauptmann nicht Laertes, sondern Hamlet an die Spitze der Rebellion gegen König Claudius, läßt er in Ophelias offenes Grab nicht den Bruder, sondern den Liebhaber springen. Dieser Einfall ist zweifellos interessant, und der Ehrendoktor Gerhart Hauptmann hat mutiger in das Gefüge des Werks eingegriffen als viele Doktoren und Professoren der Shakespeare-Philologie.
[...] Wer seinen neuen Text mit dem Original vergleicht, entdeckt [...] sechs größere und kleinere Szenen und eine Reihe von Einzelversen, Eigentum des Bearbeiters, made in Germany.
Diese Einschübe werden fast alle von der Tendenz diktiert, die politische Stimmung des Dänenreiches, die Atmosphäre des Krieges mit Norwegen, die Persönlichkeit des Fortinbras stärker zu betonen. Der Vorhang öffnet sich, und drei Personen, die den ältesten Hamlet-Kennern völlig unbekannt sind, sitzen vor uns, ein Greis mit weißem Zottelbart, König Norweg, sein Höfling und ein gemessener, rothaariger Kavalier, der sich durch den Hosenbandorden am Knie sofort als englischer Gesandter ausweist. Sie plaudern miteinander, und der alte Norweg empfängt sodann die Gesandten seines liebwerten Vetters von Dänemark, Cornelius und Voltimand, um sie in aller diplomatischen Freundschaft übers Ohr zu hauen.
Aber der Gesandte mit dem Knieband ist offenbar bei sämtlichen Nordstaaten akkreditiert. Denn er taucht auch in Helsingör auf, im Gespräch mit König Claudius, und rät ihm, Hamlet nach England zu deportieren.
Ein anderer Engländer debattiert mit Fortinbras über die dänische Königsfamilie, wobei Claudius schlecht, Hamlet gut abschneidet. Merkwürdig, wie viele Briten, mit Hauptmanns Visum, in diesem Spiel Nordlandreisen unternehmen!
Eine vierte Szene bereitet auf den Aufstand vor, den ja nun Hamlet führt: Horatio leistet den Treueschwur.
Wenn aber wieder Hauptmannsche Blankverse klingen, so schütteln zwei Männer einander die Hand, die Shakespeare, gewiß nicht ohne Absicht, einander ferngehalten hat: Hamlet und Fortinbras.
»Er wünschte sehnlichst die Zusammenkunft«, läßt der schlesische Hamletdichter von Fortinbras sagen. Hätte Shakespeare diesen Wunsch geteilt, so ist ihm zuzutrauen, daß er Mittel und Wege gefunden hätte, die Prinzen miteinander bekannt zu machen. Am Ende hat er Hamlets Kontrastfigur Fortinbras nicht zufällig für das Schlußwort aufgespart? Wenn er bei Hauptmann mit Hamlet spricht, so schelten sie hastig auf König Claudius und verbünden sich gegen ihn.

Welche Lücken füllen diese Szenen aus? Seltsam! Sie verstärken ein Element, das neuere Bearbeiter sonst aus Shakespeares Dramen zu tilgen suchen: die Haupt- und Staatsaktion. Shakespeare zeigt, wie Cornelius und Voltimand aus Dänemark fortgesandt werden. Müssen wir dabei sein, wenn sie in Norwegen ankommen? Shakespeare läßt König Claudius auf den Einfall kommen, den unbequemen Neffen nach England zu verschicken. Bedarf ein Tyrann dazu eines britischen Souffleurs? Daß Claudius ein schlechter Kerl ist, war Shakespeares Lesern bekannt. Muß Fortinbras diesen Eindruck mit groben Worten bestätigen? Und wie paßt es zu Hamlet, daß er im Gespräch mit dem wildfremden Landesfeind seinen Takt sofort mit dem Bekenntnis legitimiert, Claudius habe seine Mutter zur Hure gemacht?

Wenn Gerhart Hauptmann neuerdings Verse schreibt, so passiert ihm nicht das Malheur, ins Saloppe zu gleiten. Auch diesmal läßt der Bearbeiter, bescheiden bemüht, den Ton des Originals zu treffen, den Prinzen Fortinbras von seinem »gerissenen Ohm« sprechen, und Ohm Norweg selbst nennt Hamlet einen »Gentleman-Scholar«.

Wichtiger ist der Einwand, daß alle diese Sznen völlig überflüssig wirken. Niemand wird Tempelwächter genug sein, um Shakespeares verstümmelten Text für sakrosankt zu halten. Aber wenn der Bearbeiter in zögernder Ehrfurcht einen Auftritt einfügt, darf er keinesfalls wie der Autor eines schwachen Filmbuchs verfahren und die Phantasie des Zuschauers ausschalten, indem er auf die Abreise zweier Gesandten ihre Ankunft folgen läßt.

Schlimmer steht es um die letzte zugedichtete Szene, die nicht bloß überflüssig ist. Hamlet hat den Aufstand unternommen und ist gescheitert. Er hat Ophelias Begräbnis belauscht und ruft nun seine Freunde zusammen, um ihnen sein Herz auszuschütten. Resignation drückt ihn nieder. Er will nichts mehr gegen den König unternehmen, sondern aus der Welt verschwinden. Der Blick ins offene Grab hat ihn, als ob er der Prinz von Homburg und nicht von Dänemark sei, verwandelt.

> Die Stöße, die ich führte, gingen fehl
> und trafen die, auf die ich nicht gezielt.
> Wo aber meines Degens Spitze schon
> ganz nah dem Knoten war, ihn zu durchschneiden,
> der, ungelöst, noch heut uns alle lähmt,
> fiel mir die Waffe aus der schlaffen Hand.
> Wischt alles fort aus der Erinnerung,
> als wäre nichts geschehn! Nichts zu verrichten
> mit vielem Aufwand ist ja Hamlets Los.

Die übrigen zugedichteten Szenen braucht Shakespeare nicht, da sie keine Lücke ausfüllen. Dieses Bekenntnis von Hamlets Schicksal und Wandlung aber darf sich sein Geist verbitten, wenn er das nächstemal auf die Terrasse von Agnetendorf kommt, um dort zu spuken.

Die Verse, die außer den sechs neuen Szenen überall eingesprengt sind, lassen in alles Geschehen hinein die Kriegstrompete blasen. Fortinbras' Name wird freigebig eingestreut, und selbst der Geist hetzt seinen Sohn auf, als trüge er den Stahlhelm nicht bloß auf dem Kopf:

> Laßt Dän'marks Erbe nicht zum Tummelplatz
> Für Norweg gier'ges Raubgesindel werden!

Warum scheint Krieg und Kriegsgeschrei Hauptmann so wichtig? Wird durch diese Dinge Hamlets wahre Tragödie, Hamlets Erlebnis, Hamlets Enttäuschung eines Illusionisten durch die Welt auch nur von fern berührt?

Bleibt der Aufstand, den nun nicht mehr Laertes, sondern Hamlet gegen Claudius losbrennen läßt. Erstaunlich, wie einfach sich diese Umschaltung durch ein bloßes Auswechseln der Namen durchführen läßt! Nicht mehr der Sohn Laertes rächt Vater Polonius, sondern der Sohn Hamlet rächt Vater Hamlet. Ohne Zweifel werden kleine Widersprüche des Textes durch diesen Einfall beseitigt. Freilich, je beweglicher Hauptmann die Verstümmelung des Shakespeare-Textes beklagt, desto seltsamer berührt es, wenn er seine ganze Vermutung im Grunde auf eine einzige, nun plötzlich beweisgültige Verszeile aufbaut. Ein Beweis, der nur im Anfang besticht. Denn ein Hamlet, der sich zum Entschluß der Revolution aufrafft, ist nun einmal kein Hamlet mehr. Laertes' Verse sind auch in Hamlets Mund möglich. Der Schein spricht für Hauptmanns Hypothese. Aber für Hamlet gilt nun einmal kein Schein, und der Prinz darf, seinem Sein gehorsam, Taten nicht unternehmen, die Laertes, ein Weltmann ohne Skrupel und Hemmung, geplant hat. Es war interessant, Hauptmanns Experiment zu sehen, aber es wird nötig sein, zum alten Text zurückzukehren. Für die neue Fassung wird nur eine Klasse von Shakespeare-Freunden stimmen: die Hamlet-Darsteller.

Spielleitung: Gerhart Hauptmann. Dieser Regisseur hat den Geist des Vaters besser als viele Vorgänger, nämlich wirksam und unwirklich zugleich, über den Festungswall blicken lassen. Er hat die Schauspielszene mit den Damenlogen hinter den Darstellern klar und warm abgerundet. Ein neues Motiv: Wenn der König jäh fortstürzen will, so besinnt er sich noch einmal auf seine Monarchenpflicht und gibt, lemurisch starr, das Zeichen zum Beifall der Höflinge. In eine Bearbeitung, die Shakespeares Menschen zuerst Könige, Staatsmänner, Kriegsherren sein läßt, paßt diese Nuance hinein.
Ob der Spielleiter Hauptmann den Hamlet des Dresdener Moissi-Kopisten Felix Steinböck zur Erlösung seines Talents von der Manier hätte verhelfen können, entzieht sich der Kenntnis eines Fremdlings. Aber seine Regie ist auch für das laute Jammern und Flennen dieses Prinzen gleich bei seinem ersten Erscheinen ebenso verantwortlich wie für die Konvulsionen der Ophelia (Antonia Dietrich), die erst nach dem Verlust ihres Verstandes zur Natur zurückfinden durfte. Ein trockner Polonius Erich Pontos war die angenehmste Bekanntschaft [...]
»Auf einem deutschen Theater probiert ein jeder, was er mag.« Gerade weil Gerhart Hauptmann nicht ein jeder ist, hat er das Recht, zu probieren, so freimütig, wie er es diesmal gewagt hat. Die Dresdener sind ihm willig gefolgt und haben nur gezischt, als Hamlet mit dem Degen des Laertes den Aufstand anführte. In einem Lande mit konservativeren Kunstbegriffen wäre auch am Schlusse der Beifall schärfer bestritten worden. Schade, daß sich diesmal die Tempelwächter und die Neuerer zusammenfinden müssen, um Hauptmanns Experiment mit Hauptmanns eigenen Versen das Urteil zu sprechen:
> Nichts zu verrichten
> Mit vielem Aufwand ist ja Hamlets Los.

Alfred Kerr, Berliner Tageblatt 10. 12. 1927

I

[...]

II

[...]

III

[...] ob Hauptmanns Fassung, ob die bisherige gelten soll: bestehen bleibt ja (mindestens im Anfang) die uns ans Herz gewachsenen Neurasthenie des Dänenjünglings.
Bestehn bleibt (jene Zeit hindurch) dies Schwanken. Dies Zögern...
Mag dies Zögern Entschlußmangel und Willensschwäche sein; mag es Gewissensbedenken sein; oder (drittens, was mir möglich scheint) Willensschwäche, die er Gewissensregung nennt: – – an seiner Untätigkeit haben wir halt einen Narren gefressen.

IV

Hauptmann macht in Dresden ein Ende damit. Zwar sieht man Hamlet anfangs zögern. Doch (wie sich herausstellt) nur aus Wohlerwogenheit. Er entwickelt sich vom Zauderer zum Täter.
Ja?
Zum Täter? Da macht er also, verbündet mit Fortinbras, einen rächenden Aufstand gegen Claudius? Es scheint. [...]
Aber... vor dem Zaunkönig Claudius steht nun Hamlet siegreich – warum schlägt er nicht zu? Hier zögert er also doch? Ophelia tritt ein... Also doch keine Entwicklung vom Zauderer zum Täter? Er tut nichts Entscheidendes.
Erst im letzten Schlußteil gibt Hauptmann eine sehr schöne Deutung oder Fassung des Hamlet-Charakters. (Das ist aber keine Ergänzung eines Torsos mehr – das ist selbständiges Hinzudichten.) Nämlich:
Wie Hauptmanns Eulenspiegel, am Schluß, der Welt gewissermaßen mit Hugo Wolf zusingt: »Laß, o Welt, o laß mich sein...« und nach Untergang dürstet: so widerstrebt nun die Welt samt und sonders dem Dresdner Hamlet; da er zwar nicht Herr über Knechte sein will, aber auch selber nicht Knecht. »Ich sterbe für die Welt.«
Die Welt der allgemeinen Zwietracht ist gemeint. (Statt für sie zu leben; bißl Besserung hineinzutun... Ja, dieselbe Zagnis wie beim Eulenspiegel.)
Er stirbt für die Welt. Also war sein Zaudern doch wieder nicht Wohlerwogenheit? Nicht vorsichtige Berechnung, was ihn anfangs zögern ließ?
Man weiß nicht klar. (Ist in Unklarheit Klarheit gekommen?)

V

[...]

VI

Hauptmann ist in eigenen Dramen ein Genie. Aber die Welt wird Hauptmanns Dresdner Hamlet nicht liebgewinnen [...].

VII

[...] Ich sah – heraus damit –, ich sah niemals eine ›Hamlet‹-Veranstaltung, bei der man so gleichgültig blieb.

VIII

Die stärkste der mir bekannten ›Hamlet‹-Aufführungen war (alle Kostümfaxen in Kauf genommen) die Jeßnerische; mit Kortner. Niemals war die Schwere der Schwermut so erschütternd.

(Ich sah das in einer späten Aufführung, leider zusammen mit dem Bühnenvolksbund, dessen reaktionäre Mannschaft erstaunlicherweise geschlossen mitging; mitgerissen war.)

IX

Gestern in Dresden gab es nur viel Geschmackvolles. Durchaus Würdiges. Oder: Gut-Mittleres. Etwa der alte Norweg: Rudolf Schröder. Jawohl: mit Sprachkraft. Oder Herr Kleinoschegg: als falscher König; zumindest störungslos. Oder Decarli: als Erster Schauspieler. Oder (der war am besten) Walter Kottenkamp, als Geist. (Ich habe selten so einen gut verdämmernden Geist gesehn.) Mittlerweile war die Damenschaft...

X

Ophelia: – –. Genug. Hamlets Mutter: —. (Eine stattliche Beamtin.) Vergaß ich etwa den Totengräber Alfred Meyers? Den munteren Polonius, bei Erich Ponto? Die Gesamtaufführung zeigte trotz allem: wertvolle Kultur; wie man sie jetzt auf Bühnen am sichersten in Deutschland findet. [...]

XI

Der Hamlet selber. Richtig. Felix Steinböck. Der hat ihn hingelegt. Der hat ihn hingebittert. Der hat ihn hingeschnellt. Der hat ihn hinskurrilt. Der hat ihn hingemäntelt. Der hat ihn hinironelt. Der hat ihn hingenervelt. Der hat ihn hinsarkastelt, der hat ihn hingeschmettert, wie aus einer Theaterpistole. Nun, er ist noch jung. [...]
(Hauptmann als Spielvogt ist, wie alle Genies, von einer echten Treuherzigkeit.)

XII

Dresden bleibt eine reizende Stadt, mit Veduten [...].

Herbert Ihering, Berliner Börsen-Courier 9. 12. 1927

Einmal in dieser endlosen Aufführung wird man gepackt: Das Schauspiel hat den König überführt; Claudius taumelt hoch, reißt sich wieder zusammen und applaudiert mechanisch. Dieser gespensterhafte Realismus erinnert an den Regisseur Gerhart Hauptmann, der 1913 einen stockend leidenschaftlichen ›Wilhelm Tell‹ und einen saftigen ›Zerbrochenen Krug‹ inszenierte. Es war die einzige, dramatisch fundierte Wirkung des Abends. Alles andere – zurück zum Hoftheater! Vollbärte und Perücken, höfische Kostüme; Ophelia, Antonia Dietrich, als Anstandsdame im hochgeschlossenen, langen Kleid. Hamlet, Felix Steinböck, ein weinender Walter Janssen. Selbst Erich Ponto ein Polonius von erprobter Routine.
Für die darstellerische Öde brauchte man nicht den Regisseur, am wenigsten den Bearbeiter Hauptmann verantwortlich zu machen. Aber diese knarrenden Organe und knisternden Bärte bezeichnen genau den Geist der Ergänzungen und Umstellungen, die Hauptmann vornahm. Er fügt zu Beginn des zweiten Akts den alten Norweg, Oheim des Fortinbras ein, um die Staatsaktion aus der Vorgeschichte in die Handlung zu übernehmen. Dieser wiederholt das Wort »Etwas ist faul im Staate Dänemark« und bekennt sich zu der Weisheit

»Selbst ist der Mann!« Im dritten Akt unterhält sich Fortinbras mit einem Engländer über die Zersetzung des Dänenreichs. Hamlet wiederum verbündet sich mit Fortinbras, führt an Stelle von Laertes die Revolte gegen den König, wird von diesem willenslahm geredet und von Ophelias Wahnsinn, dem er zusieht, gebrochen. Das Grab, in das er springt, berührt ihn gleich ganz wunderbar, und er hat nur noch einen Wunsch: freiwillige Verbannung, am liebsten nach Wittenberg.

Dramen, und gerade die reichsten, kehren jeder Zeit ein neues Gesicht zu. Sie geben viele Deutungen frei. Als Piscator ›Die Räuber‹ aufführte, konnte man dies Ereignis als Klassikerinszenierung ablehnen. Die Vorstellung war dennoch eine der fruchtbarsten, die das Theater in den letzten Jahren angeregt haben. Fruchtbar, weil sie über die Regie hinaus Wege zu einem neuen Drama zeigte. Was den meisten als Regieterror erschien, war in Wirklichkeit die Überwindung der Regie, beispielgebend nicht für die Darstellung Schillers, sondern für die Dramatiker unserer Zeit. Die Bedeutung Piscators für das junge Drama war längst in der ›Sturmflut‹ und in den ›Räubern‹ vorgebildet und beginnt sich heute auch bei früheren Gegnern durchzusetzen.

Aber mit Jeßners und nun mit Hauptmanns ›Hamlet‹ begann eine rückläufige Bewegung. Was *prinzipiell* gedacht war, wurde artistisch oder philologisch umgebogen. Es ist leicht möglich, daß in der überlieferten ›Hamlet‹-Fassung vieles nicht stimmt. Aber unter der Ergänzung der *politischen* Vorgänge die Auffüllung einer hohlen, historisch eingefärbten Haupt- und Staatsaktion mißzuverstehen, ist komisch. Die Handlung außen heftiger zu machen, um sie innen abzutöten, ist Unsinn. Hauptmann glaubt, Hamlet aktiver zu gestalten, wenn er ihm den Aufstand des Laertes überträgt, und seine dramatische Kurve stärker zu zeichnen, wenn er ihn durch die Reden des Königs und Ophelias Wahnsinn bricht. Er schafft den Schulfall des Oberlehrerdramas, indem er den ›Charakter‹ auf einen Höhepunkt führt und dann den ›Umschwung‹ bringt. Hauptmann verwechselt Shakespeare mit Grillparzer. Er hält Hamlet für den König in der ›Jüdin von Toledo‹. Grillparzer: das schwächliche Ausweichen vor tragischen Erschütterungen. Grillparzer: die geflickte, matte, mit Notworten wie ›etwa‹ aufgefüllte Sprache.

Hamlets Schicksale spielen sich auf einer geistigen Ebene ab. Hamlet findet von der Erkenntnis, vom Wissen nicht rechtzeitig den Weg zur Tat. Man kann es vielfach deuten. Nur eins ist sicher: Hamlet *zweifelt nicht* daran, daß Claudius der Mörder seines Vaters ist. Bei Hauptmann zweifelt er zuletzt und läßt »das Schwert aus der Hand fallen« (wörtlich). Daß Laertes und Fortinbras geistige Kontrastfiguren sind – auf diesen Gedanken verfällt Hauptmann nicht und schreibt in einem ahnungslosen Kommentar: »Den letzten Hauptmann seiner Truppe fragt Hamlet die allertörichtesten Dinge, die er längst wissen müßte. *Es handelt sich um eine höchst gleichgültige und im Stücke gänzlich belanglose Polenfrage.*« Diesen Unsinn gibt ein deutscher Dramatiker über die Szene von sich, in der Hamlet sagt: »Wahrhaft groß sein, heißt nicht ohne großen Gegenstand sich regen...« Diesen Monolog streicht Gerhart Hauptmann, um die »gänzlich belanglose Polenfrage« durch besonders eingefügte Szenen belangvoll zu machen.

Es ist schwer, in Ruhe von den monströsen Irrtümern dieses ›Hamlet‹ zu sprechen. Jeder Mensch hat das Recht auf Fehler. Auch Goethe hat bedenkliche Bühneneinrichtungen gemacht. Wenn man aber sieht, mit welchem Reklame-

und Freundschaftsaufwand diese schlechte Sache in Gang gebracht worden ist, wenn man die Chapiros aller Länder im Parkett vereinigt sieht, dann muß man deutlich werden. Dem deutschen Theater wird durch solche Unternehmungen Kraft abgezogen. Die Reaktion verstellt Dramatikern und Schauspielern die Zukunft. Von allen Seiten dringen sie wieder herein, die Urfeinde des Theaters, seine ältesten, unausrottbaren Stars: Sentimentalität, Gefühlsverlogenheit, Gedankenträgheit, Ideenschwäche. Wo man hinblickt, auf den Film, auf die Bühne – überall werden Keime der Zukunft von der trüben Flut überschwemmt. Eine mißglückte ›Hamlet‹-Bearbeitung mehr oder weniger – darauf kommt es nicht an. Aber in dem Geist, aus dem dieses neue Werk Gerhart Hauptmanns kommt, den Urgegner jeder Klarheit, jeder Entwicklung, jeder Wahrhaftigkeit zu erkennen – darauf kommt es an. Ihn namhaft zu machen, ist notwendig.

1928

Reichstagswahl, starke Stimmengewinne der SPD und KPD (42 Prozent der Mandate). – Hugenberg wird im Oktober Vorsitzender der Deutschnationalen Volkspartei. – Anzeichen einer neuen Wirtschaftskrise. Die Zahl der Erwerbslosen steigt im Herbst auf über zwei Millionen. – Neue Vorstöße der Abgeordneten der konservativen Parteien zur Kontrolle des Kulturlebens. – Zunehmende Radikalisierung auf dem Theater. Starke Entfaltung des Zeittheaters. Die Autoren Bruckner, Lampel, Menzel, Marieluise Fleißer und Weisenborn erobern sich die Bühne. Hans Henny Jahnn sagt bei der Verleihung des Kleistpreises an Anna Seghers auf Grund der ihm vorgelegten neuen schriftstellerischen Arbeiten: »Die junge deutsche Literatur steht überwiegend links. Ist radikal (und sei es völkisch...) ...ist mißtrauischer, darum roher, offener, unberechenbar.« Arthur Eloesser, der als Nachfolger von Alfred Klaar die zweite Theaterkritik an der ›Vossischen Zeitung‹ übernimmt, spricht von der zunehmenden Lust an Militarismus auf der Bühne. Die deutschnationalen Versuche, Jeßner zu stürzen, halten an. – Piscator eröffnet am 8. Januar sein ›Studio‹ mit ›Heimweh‹ von Franz Jung, ab 1. März übernimmt er (zum Theater am Nollendorfplatz) das Lessing-Theater. Die damit verbundene große finanzielle Belastung führt zum Zusammenbruch der ersten Piscator-Bühne. – Berthold Viertel, seit 1926 am Düsseldorfer Schauspielhaus als Regisseur tätig, inszeniert am Deutschen Theater zu Ibsens 100. Geburtstag ›Peer Gynt‹ mit Werner Krauß und verläßt dann Deutschland bis 1931 (Filmarbeit in Hollywood); Max Reinhardt, Ende Februar aus Amerika zurück, inszeniert wieder in Berlin (›Artisten‹, ›Der lebende Leichnam‹, ›Romeo und Julia‹) und gewinnt Gustaf Gründgens für sein Ensemble, der sich an den Hamburger Kammerspielen mit Inszenierung und Hauptrolle des ›Snob‹ von Sternheim verabschiedet (19. 4. 1928). –
Jeßner öffnet, auf heftige Kritik hin, das Staatstheater wieder zeitgenössischen Autoren. In Berlin bilden sich, abseits und gegen das arrivierte Theater, zwei

wichtige avantgardistische Bühnen. Ernst Josef Aufricht übernimmt das Theater am Schiffbauerdamm und eröffnet mit der Uraufführung der ›Dreigroschenoper‹, seine Versuchsbühne mit ›Orphee‹ von Cocteau (Regie Gründgens); aus Kräften des Piscator-Ensembles bildet sich die ›Gruppe junger Schauspieler‹. Die ›Volksbühne‹ wird nach dem Ausscheiden Holls von Heinrich Neft übernommen. – Tod Sudermanns.

Jaroslav Hašek   Die Abenteuer des braven Soldaten Schwejk

Uraufführung: Piscator-Bühne am Nollendorfplatz, Berlin, 23. Januar 1928
Regie Erwin Piscator

Nach der Mitte des Jahrzehnts wuchs die Literatur über den Ersten Weltkrieg von Monat zu Monat. Die Erinnerung an das große Erlebnis ›Weltkrieg‹ kehrte zurück. Inmitten dieser Literatur wurde der 1926 erschienene Schwejk-Roman des Tschechen Jaroslav Hašek ein befreiendes Ereignis. Hašek setzte gegen das Pathos die Lächerlichkeit. Max Brod, der Entdecker Hašeks, und Hans Reimann hatten den Roman alsbald dramatisiert. Piscator, Leo Lania, Gasbarra und vor allem Brecht, der sich inzwischen eng an Piscator angeschlossen hatte, änderten diese Fassung für die Inszenierung. Ihre Absicht war, »den ganzen Komplex des Krieges im Scheinwerfer der Satire zu zeigen und die revolutionäre Kraft des Humors zu veranschaulichen«. – Die große epische Stoffmasse verlangte nach neuen szenischen Lösungen. Der Bühnenboden wurde durch zwei laufende Bänder beweglich gemacht, George Grosz entwarf etwa dreihundert satirische Zeichnungen, die auf die Leinwandrahmen projiziert wurden. Mit Film wurden Aufnahmen von Prag, von wandernden Baumkronen u. a. eingefügt, zum erstenmal wurde auch der Trickfilm verwendet, auf dem die menschliche Umwelt (Militär, Kirche, Polizei) als grausig dargestellt wurde. Grosz' Bilder verbanden die Weltkriegsfabel mit der Gegenwart. (Seine Zeichnungen zu dieser Inszenierung wurden später Gegenstand des Gotteslästerungsprozesses gegen Grosz.) Die Marionettenwelt des Films wurde auf der Bühne weitergeführt. Erstarrte Figuren stellten das unlebendige, festgefahrene Leben im alten Österreich dar. Kostüme und Masken waren zum Teil übersteigert (der Profos des Gefängnisses erhielt z. B. eine Riesenfaust). Schwejk erschien so als der einzige Mensch auf der Bühne; er war nicht als Spaßmacher aufgefaßt, sondern als »ein zutiefst asoziales Element [...] ein großer Skeptiker, der durch seine starre unermüdliche Bejahung in Wirklichkeit alles verneint« (Piscator).

In der geschlossenen Vorstellung für die Sonderabteilungen der Volksbühne wurde eine Schlußszene ›Krüppel vor Gott‹ mitgespielt, die für die öffentliche Aufführung wegfiel. Sie wirkte zu schwer. »Alles, was technisch auf dieser Bühne geschah, reizte unwillkürlich zum Lachen. Eine vollendete Übereinstimmung zwischen Stoff und Apparat schien geschaffen. Mir schwebte ... für das

Ganze so etwas wie ein Knock-about-Stil vor, etwas, das an Varieté und Chaplin erinnerte«, schrieb Piscator.
Es war nicht das erste Mal, daß der Einfluß Chaplins auf der deutschen Bühne spürbar wurde. Auch in Erich Engels vorzüglicher Inszenierung von Brechts ›Mann ist Mann‹, die am 4. Januar, drei Wochen vor dem ›Schwejk‹, in der ›Volksbühne‹ Premiere hatte, entdeckte man chaplineske Elemente. Der ›Schwejk‹ wurde eine klassische Rolle für Max Pallenberg, die Aufführung der zweite Serienerfolg der neuen Piscator-Bühne, obwohl die nationale Kritik (Servaes, Fechter) auch sie als langweilig und als versteckte Propaganda ablehnte. Das Publikum war längst politisch gespalten. – Als vier Tage später im Frankfurter Neuen Theater Reinhard Goerings ›Scapa Flow‹ uraufgeführt wurde, konnte sich Bernhard Diebold den »geradezu schlachtendonnernden Beifall« für das mißverständliche Stück nur aus dem Wohlgefallen am Heroischen erklären (›Frankfurter Zeitung‹, 28. 1. 1928). – Piscators Schwejk-Inszenierung, die bald legendär wurde, gab das Gegenteil, sie hob allen Heroismus aus den Angeln.

Emil Faktor, Berliner Börsen-Courier 24. 1. 1928

Sensationsluft schon auf der Straße. Eine Riesenauffahrt von Automobilen. Das Publikum gespickt voll Erwartung.
Man wußte im voraus, daß die Hauptfigur des gnadenlos grotesken Denkmals, das der Tscheche Hašek dem Weltkrieg gesetzt hat, dem Humormeister Pallenberg große Chancen bietet. Er nahm sie wahr, und es wurde großartige Übereinstimmung. Man lachte aus vollem Halse. Zur Laune des Stofflichen kam der technische Witz der Inszenierung. Sie füllte auf fließenden Bändern die Augen mit Überraschungen. Piscator war wieder bewundernswert produktiv und George Grosz ein vorzüglicher, an Einfällen reicher Bundesgenosse.
Der erste Teil des Abends setzte sich mit voller Intensität durch. Nach der Pause wurde der Zusammenhalt lockerer. Man vermißte die Steigerung. Man empfand das Ende nicht als vollgültigen Abschluß. Starke Szenen blieben trotzdem stark. Man war schrecklich verwöhnt.
Alles in allem blieb es bei einem großen, durch ein paar Pfiffe nicht geschmälerten Erfolge. Er jubelte alle Beteiligten oft hervor.
Bei den so zahlreichen Hervorrufen aller Beteiligten der originellen Schwejk-Inszenierung blieben bloß die im Hause anwesenden Bearbeiter des Romanes Max Brod und Hans Reimann unsichtbar. Hatte es eine Demonstration gegen geistige Entmündigung durch das Piscator-Kollektiv zu bedeuten? Ob sie begründet wäre, entzieht sich meiner Beurteilung. Max Brod, der Romandichter und Essayist, hat sich um die Popularisierung seines tschechischen Landsmannes Jaroslav Hašek Verdienste erworben. Man versteht, daß er sich zu einem für die Bühne berechneten Exzerpt des Schwejk-Romanes angeregt fühlt. Aber was hätte ein bissig vergnügtes Kötzschenbroda mit der Völkerwirrnis der schwarz-gelben Monarchie zu tun?
Ich äußere nur Skepsis, kein Urteil über Unbekanntes. Ich bin nötigenfalls bereit, sie zu widerrufen. Der Schwejk-Roman würde die Möglichkeit zu einem Dutzend Exzerpten bieten. Nur Bühnenblut kann Entscheidungen treffen, Elemente aneinander schirren, Kräfte in andere Richtung treiben. Wie ich

höre, soll die Bearbeitung des Schwejk-Epos, wie sie Brod und Reimann vorlegten, ein dreiaktiges Lustspiel geworden sein. Die stofflichen und geistigen Dimensionen des Originals scheinen sich mir jeder Konvention, jedem formalistischen Bestreben zu widersetzen. In diesem Schwejk steckt das vielstimmige Tollhaus einer Untergangsepoche. Man darf ihn nicht bloß als Figur mit wiederkehrenden Gesten sehen wollen. Der Krösus an Primitivität ist mit einem halben Dutzend von Eigenschaften nicht zu erschöpfen. Sein Schwatz sprudelt Hunderte von Geschichten. Sie spiegeln mannigfaltigsten Typus slawischer Rasse, borniertes Wohlbehagen, soziale Zurückgebliebenheit, nationalen Fanatismus im Vor- und Zwischenstadium der Rebellion. Im Schwejk steckt hinter den lustigen Fratzen seiner Albernheit ein glühender Haß gegen die ehemalige k. u. k. Monarchie, demagogisch verbissene Opposition gegen die deutsche Oberschicht, die er für alle Exzesse des Bürokratismus, für den Riesenwirrwarr österreichischer Zustände verantwortlich macht. Der so harmlose Trottel Schwejk hat ein gefährliches Plappermaul, es strotzt von Bezichtigungen.

Schwejk ist ein Sammelsurium von Stichworten. Sie provozieren die Umwelt und entzünden ihre Leidenschaften. Um den, ach, so heiteren Einfaltspinsel, taumelt entwurzelte Menschheit, trubelt die Dummheit des Herdengeistes, stampft und flucht die Soldateska, keucht und brüllt der Schrecken der Desorganisation. Der Hundehändler und Rassenfälscher Schwejk durchlebt seine Abenteuer im Gefolge von Simulanten, Hurrapatrioten, Deserteuren und Gesinnungsparalytikern. Er wankt durch eine Welt der Säufer und Vielfraße. Sein Humor hat den Biedersinn, keine Kloake des Menschlichen zu übersehen.

Die parteiischen Akzente des Schwejk-Epos soll der deutsche Leser nicht überhören, er darf sie aber auch nicht tragisch nehmen. Auch der Tscheche müßte an zahllosen Stellen in einen ähnlichen Zustand der Betroffenheit geraten. Er wird nirgendwo ein glorreiches Idealbild seines Stammes entdecken. Hašek buhlt nicht um die Gunst seiner Partei. Er gehört ihr bloß an und überschüttet sie mit seinem Hohn. Sie ließ ihn auch in Suff und Sumpf verkommen. Das Chaos, dem er teuflisch zusetzte, fraß ihn schließlich selber auf.

Wer Altösterreich genauer kannte, mußte über seinen wahnwitzigen Entschluß zum Weltkriege entsetzt sein. Im ersten Jahre begegnete ich anläßlich eines Prager Besuches einer Prozession, welche vereinigte Kaiserbilder an Fahnenstangen vorantrug. Dahinter schritt keine Bevölkerung, bloß ein Trupp von Spitzeln. Es war ein gespenstischer Anblick. Ich erinnerte mich während der Schwejk-Lektüre oft daran. Es deutete mir die Mentalität ihres Ursprungs. Ein scharfer, unerbittlicher Beobachter fühlte den atmosphärischen Druck des gewitterschweren Horizontes. Er wehrte sich gegen die Dauerspannung und begann zu lächeln und zu lachen. Ein immer tolleres, ein unerschöpfliches Lachen.

Es wurde das unheimliche Lachen eines Genies, der Zeitausdruck einer Epoche, die zynisch wurde und ihr Pathos verlor. Schwejk ist das Meisterwerk eines Unausgereiften, nicht vergleichbar mit der Großkomposition des Simplizissimusromans. Auch die Kombination von Satire, Intellektualität und Dichtung, die der monumentale Eifer des Wieners Karl Kraus in seinem ›Letzte Tage der Menschheit‹ aufbietet, hat mit dem Epos des Tschechen Hašek nur äußerliche Berührungspunkte. Der Schwejk-Roman ist Wildwuchs, formlose Häufung im

Leerraum eines verwüsteten Zeitalters. Es mag hundertmal das Werk eines Tschechen sein. Es konnte nur an einem Schnittpunkt gegensätzlicher Kultur Wurzeln schlagen. Es erstarkte im Geknatter von Wind und Gegenwind. Es entging der Gefahr, sich einseitig zu verkrümmen, es wurde Weltliteratur.
Man muß schon den Epiker Hašek schärfer ins Auge fassen, um alle Schwierigkeiten zu erkennen, die er der Zusammenfassung für einen Theaterabend bereitet. Nicht in selbstherrlicher Laune dürfte sich Piscator von einer vorliegenden Bearbeitung emanzipiert haben. So gern er sonst wegräumt und mit Eingebungen seiner technischen Phantasie auffüllt – er hätte sich nach dem Kräfteverbrauch der letzten Inszenierungen sicherlich lieber vorbestimmter Form hingegeben. Sein dramaturgisches Gefühl erlaubte es ihm nicht. Es widerstrebte der Verengung des Projektes, der glatten Abgrenzung. In der Auswahl der stofflichen Momente dürfte ihm die Vorarbeit Brods und Reimanns Dienste geleistet haben. Er entdeckte für die so zahlreichen Möglichkeiten szenischer Entfaltung ein neues Prinzip. Er stellte sich die Frage, wie sich Epik ohne Wertverlust für die Bühne auffangen läßt. Er beantwortete sie mit der Ermittlung fließender Bänder, mit der Dauerbewegung im Raume. Schwejk wird auf seinen Kreuz- und Quergängen von seinem Hundefängerheim bis ins Kriegslabyrinth gerollt. Es erwies sich als eine technisch fruchtbare Idee, die sich in köstlichen Einzelheiten, im vorbeifließenden Vielerlei von Wänden, Pfählen, Pforten, Meilensteinen und Bäumen spiegelt, ohne spielerisch zu werden. Zu diesem Reiz des Gegenständlichen kam die Ironie und Satire von Trickbildern und Filmentwürfen des schlagkräftigen Bildpolemikers George Grosz hinzu. Und Meisels Begleitmusik hielt erfreulich Distanz in sinngemäßer Mitarbeit.
Der fließenden Bewegung der Form hätte man eine ebenso glänzende Lösung des dramaturgischen Problems gewünscht. Die Leistung des Kollektivs mag ja zu Piscator besser passen als die Bearbeitung der anderen. Restlos Gelungenes stellt sie nicht dar. Als Leser des Buches ist man nicht unbefangen. Manche Szene hat Halbstrom, anderes vermißt man. Der Feldkurat Katz wurde kümmerliches Fragment, Oberleutnant Lukasch lebt sich nur sporadisch als sehr gestutzter Pechvogel aus, während man seiner famosen Wiedergabe durch Anton Edthofer breiteren Spielraum gewünscht hätte. Immerhin wuchs im ersten Teil Entwicklung und spannender Zusammenhang auf. Nach der Pause Verebbung, bei starkem Wiederbeginn. Oscar Sima schmettert voll Bravour einen Kreisbüttel hin. Ein herrlicher Ochse, der sich um den Verstand säuft. Nachher Billigeres. Der Schluß ist auf Pointen gestellt. Es bleibt Esprit ohne Körper herum – wie ein Abschnappen.
Piscator-Inszenierungen pflegen die endgültige Form erst nach der Premiere zu erhalten. Es würde kein Opfer kosten, zum zweiten Male zu kommen. Man behält den Wunsch, sich an Pallenberg satt zu lachen. Es ist seit Jahren wieder einmal Vollkontakt mit einer künstlerischen Aufgabe. Er beherrscht sie vom ersten Augenblick, täuschend ähnlich der Buchkarikatur und doch Realexistenz, Putzfleck in jeder Bewegung, ein disziplinierter Mordsesel, wenn die Augen sich mit den Schritten des Vorgesetzten nach links und rechts drehen, ein verlorener Gaffer, wenn ihn etwas interessiert. In aller Mißratenheit ein Geschöpf Gottes, wenn er auf dem Drehband wie auf der Landstraße mit verwackeltem Gebein kreuzfidel Soldatenlieder krächzt. Unvergeßlich sein Aufspringen vom Lazarettlager auf Kommando, die Fixigkeit im Anziehen der

komischen Militärkluft. Nach all den Strapazen bringt er im vorletzten Bild eine erschütternde, männermordende Zahlenhumoreske. Der Fünfzigjährige gedeiht. Nirgendwo ein Kleben am Effekte. Nur ein Schwelgen in naturhafter Fülle.

Dieser grandiose Schwejk hätte durch stärkere Mitspieler nicht eingebüßt. Neben rühmlichen Ausnahmen zuviel Folie. In der Sprache dominierte Wien über Prag. Bei einem Regiekünstler wie Piscator haben Routiniers nichts zu suchen.

Monty Jacobs, Vossische Zeitung, Berlin, 24. 1. 1928

Gestern ist nicht, wie am Schluß früherer Premierenabende dieser Bühne, von den Zuschauern die Internationale angestimmt worden. Nicht, weil der Erfolg sich in der zweiten Hälfte des Spiels zweifellos abdämpfte, und auch nicht wegen der immer deutlicheren Umschichtung des Publikums, auf das am Nollendorfplatz Wert gelegt wird. Nein, diesmal hätte das Kampflied einer Partei, zum Glück, nicht mit den Tönen des Abends harmoniert.

Denn weder die Diktatur des Proletariats noch der Bürgerkrieg war proklamiert worden. Es geht also auch ohne diese Plakate, und es stellte sich sogar heraus, daß nicht einmal der Bürgerkrieg des ›Kollektivs‹ gegen einen Dichter, nicht einmal die Diktatur des Regisseurs zum Erfolge nötig waren.

Diesmal dient der Spielleiter Erwin Piscator [...], er macht überhaupt erst aus einem Buche ein Drama. Keine Erzählung der Welt kann nämlich von Natur aus widerspenstiger gegen die Bühne sein als die ›Abenteuer des braven Soldaten Schwejk während des Weltkriegs‹, erzählt von Jaroslav Hašek. [...]

Schwejk, Hundehändler von Profession, lehnt sich in Uniform niemals auf. Er ist nicht bloß der Soldat, sondern der *brave* Soldat Schwejk. Deshalb macht er seine Vorgesetzten nervös, indem er ihre Argumente und ihren Wortschatz in Einfalt wiederholt. Er fliegt von Arrest in Arrest, er verliert seinen Truppenteil und streicht im Lande umher, er stürzt als Offiziersbursche seinen Oberleutnant immer aufs neue in Kalamitäten – aber er beteuert unentwegt seinen Patriotismus, seine Kaisertreue, seinen kriegerischen Tatendrang. Wenn er etwas angerichtet hat, wenn er den Hund seines eigenen Obersten gestohlen oder zum Zeitvertreib die Notbremse gezogen hat, so setzt er allen militärischen Ungewittern sein Lächeln entgegen. Ein Lächeln, an dem selbst der Tyrannenzorn abprallen muß.

[...] Es ist ein Buch des Hasses und ein Buch des Humors zugleich. Weil aber der Humor schöpferischer ist als der Haß, so vollzieht sich im Leser allmählich ein seltsamer Prozeß. Der Autor spaltet sich nämlich gleichsam von seinem Geschöpf ab, der sterbliche Hašek vom unsterblichen Schwejk. Hašek haßt Habsburg, haßt die schwarzgelbe Monarchie, haßt den Krieg. Aber Schwejk überwindet Habsburg, Österreich, Krieg. Überwindet sie alle durch sein Lächeln.

In seinem neuen Versuche hat Erwin Piscator viel revolutionäre Pedanterei abgetan, wie er ja diesmal auch darauf verzichtet, im Film die böhmische Geschichte von der Gründung Prags an vorzuführen. Aber er ist noch nicht so weit, Gesinnung allein von innen wirken zu lassen. So läßt er beide Stimmen hören, Hašek und Schwejk, den Haß und den Humor. Für den Haß ist als der sicherste Helfer George Grosz berufen worden. In seine Trickfilme flüchtet sich die Gesinnung der Piscatorbühne. Oft sind sie virtuos, wenn sie etwa die Menschen in Paragraphen ersticken lassen. Am besten passen sie zu jener Lazarettszene, in der ein Stabsarzt als Despot gegen Kranke und Simulanten wütet. Aber was an Schwejk stark ist, das ist ja gerade über Hašeks Haß hinausgewachsen. Es ist noch ein Zeichen der Schwäche, daß Piscator, als Komödienregisseur, diese scharfe Zutat für unentbehrlich hält. Er sollte sich lieber darauf verlassen, daß sein Lachen das Scheusal Krieg tödlicher trifft als die Wut, die George Grosz' Gespenstern die Miene verzerrt.

Daß Schwejk aber überhaupt aus dem Buche aufsteht und wandelt, das ist ganz allein Piscators Verdienst. Denn die Bearbeiter Max Brod und Hans Reimann haben ihm nur die Stichworte geben können. Ihr Text bleibt immer noch ein Roman, und ein bühnenmögliches Werk konnte erst daraus werden, als ein Beherrscher der Bühne wieder einmal einen schöpferischen Einfall hatte.
Piscator hat nämlich den Stillstand der Erzählung sinnfällig bekämpft, indem er alles Stillstehen von seiner Szene verbannte. Deshalb ersetzt er den Boden durch zwei laufende Bänder, die nur durch einen schmalen Streifen Festland voneinander getrennt werden. Sobald der Spielleiter auf den Knopf drückt, setzt sich die Erde in Marsch. Dekorationen, Menschen, Wolken wandern herbei, schnell oder langsam, huschen vorüber oder bleiben am Ort ihrer Bestimmung stehen. Alles ist noch im Fluß, vieles hapert noch, etwa die Verwendung der Attrappen mitten unter den Lebenden. Aber es tun sich aufs neue, unter Piscators schöpferischer Hand, Möglichkeiten auf. Gerade das Epische wird auf diesen Wegen einzufangen sein. Denn nichts hat gestern stärker gewirkt als das fast stumme Umherirren Schwejks im Lande, auf der Suche nach seinem Bataillon. So schnell das laufende Band einen Körper in der Fahrtrichtung befördert, so langsam läßt es den Marsch gegen die Fahrtrichtung werden. Der Schauspieler wandert und wandert, und eine Strecke, die in zehn Schritten zu durchmessen ist, wird zur Bahn für ein ganzes Leben. Auf dem zweiten Laufbande aber rollt ihm die Welt mit ihren Erscheinungen entgegen, der Schnee fällt vom Himmel, und es scheint, als ob die Bühne Zeit und Raum überwunden habe. Ein Experiment, noch nicht vollendet, aber eine Verheißung, ein kühnes Vorstoßen ins Neuland. Denn in diesem Bühnenhause ist der Mensch Herr, nicht Knecht der Maschine.

Auf der wandernden Erde marschierte freilich gestern der ideale Schwejk, marschierte Max Pallenberg. Er jubelt im Quetschton »Auf nach Belgrad!«, schon wenn er noch als Zivilist die rheumatischen Beine auf Krücken stützen muß. Später stecken sie in unbeschreiblichen Militärhosen, der Soldat ist fertig, aber die Bravheit auch. Sie schmunzelt mit pfiffigen Blicken, sie bejaht das Leben, sie verklärt den ganzen Kerl. Wenn er sich hastig seinen Mantel abwürgt, so quellen ihm die Augen vor Eifer aus dem Kopf. Wieder einmal darf ein großer Künstler, ohne Anleihe beim ›Blödeln‹, einen Menschen schaffen, und das Schöpferglück leuchtet aus ihm. Es macht Szenen erträglich, die viel

zu breit ausgesponnen sind wie das Strafexerzieren, und es triumphiert, wenn Schwejk einen strammen Feldwebel durch seine Suada buchstäblich auf die Tragbahre niederstreckt. Pallenbergs Schwejk ist in Wahrheit der Überwinder, ohne Haß, durch ein Lächeln allein.
Österreichische Stimmen ringsum. Oscar Simas behexendes Organ. Anton Edthofer als Schwejks Oberleutnant, schlank und nobel, Pröckl, Szakall, Elisabeth Neumann, Danegger, Jaro Fürth.

Nun mögen die Propheten, die zum Wahrsagen nur die Gabe der Blindheit mitbringen, getrost weiter den Untergang des Theaters verkünden. Das Theater wird weiterleben, solange seine Ausdrucksmittel sich bereichern, solange sie der Zeit dienen, ohne der Technik untertan zu werden. Erwin Piscator, gestern durch einen neuen Erfolg bestätigt, wird um so schneller als Führer auf diesem Wege anerkannt werden, je freier er die Gesinnung seiner Bühne verinnerlicht.
[...]

Franz Servaes, Berliner Lokal-Anzeiger 24. 1. 1928

Das also ist nun endlich Piscators großer Schlager, das Mittelpunktstück seiner Spielzeit, der Triumph seiner Regiekunst und sein Einzug in die ›Weltliteratur‹! Eine Riesenpleite – und nichts anderes! Der völlige und sichere Zusammenbruch seines Rufes als großer und eigenartiger Bühnendirigent unserer Zeit! Ich lasse auch hier die Politik völlig beiseite, sie erledigt sich von selber für die, die sie nicht teilen. Aber daß über sein künstlerisches Versagen, dank unbarmherziger Helligkeit des Rampenlichtes, nun kein Zweifel mehr bestehen kann, das versetzt seiner Herrlichkeit den Todesstoß.
Man hat schon manchmal Romane stümperhaft dramatisiert. Die stümperhafteste Leistung ist die, die Max Brod und Hans Reimann hier nach dem bekannten fünfbändigen Werk des verstorbenen tschechischen »Dichters und Säufers« Jaroslav Hašek vollbracht haben [...]. Das Buch zeigt die Hand eines begabten Bohémiens, der aus seiner Unerzogenheit eine Tugend machte und seine national-tschechische und antiösterreichische Gesinnung in volkstümliche Satire umsetzte. [...]
Der Schwejk aber ist eine Rolle für Pallenberg! Das ist das Beste, was man von diesem Theaterabend sagen kann. Pallenberg kann seine heimatlichen Urlaute mit allem Furor des Behagens ausstoßen; steht vor allen Dingen fast ununterbrochen im Vordergrunde; erhält Gelegenheit, seine sämtlichen komischen und volksmäßigen Register zu ziehen und gleitet so von einer Varieténummer zur anderen – bis er zuletzt mit seiner gewiß urdrolligen Klarheit und Konfusion virtuos durcheinanderwirbelnden Zahlen-Geschichte seine völlig verblüfften Zuhörer in Lachkrämpfe hineinkitzelt. Dies war die absolute Höhepunkt des ganzen Abends: eine raffiniert herausgestellte Varieténummer – eine unter vielen! Was hat dies noch mit Drama und Theater zu tun? Das ungeheure Erlebnis des Weltkrieges wird auf das erbärmliche Niveau eines ungezogenen Kabarettschwankes herabgezogen und dadurch entwürdigt. Zum Gaudium eines johlenden Pöbels.
Wenn man Piscator richtig nehmen wollte, so könnte man ihn den Totengrä-

ber der modernen Bühne nennen. Aber dies heißt, ihm doch wohl zuviel Ehre antun. In Wirklichkeit ist er wohl nur ein Symptom der beklagenswerten künstlerischen Verwirrung, die sich unserer derzeitigen Bühne bemächtigt hat – und deren sie hoffentlich doch noch einmal Herr werden wird! Piscator hat nur das ›Verdienst‹, diese Verwirrung sozusagen urkundlich bescheinigt zu haben, indem er sie in ein System brachte. Dies nannte er dann Erneuerung und Neubelebung der modernen Bühne. Seine vermeintliche Glanzleistung – in Wahrheit seine eigentlich destruktive Tat – ist die Einspannung des Films in die Vorführungsmöglichkeiten der Bühne. Dies kann nur insoweit Anerkennung verdienen, als der Ersatz der schwerfälligen Kulisse durch das leicht hingespiegelte Bildband in gewissen Fällen sich angenehm bemerkbar macht. Wo aber der Film irgendwie selbständig wird – und das wird er bei Piscator oft genug bis zur Überwucherung –, da sprengt er ganz einfach das Gefüge des Dramas, durchsetzt es mit unorganischen Fremdkörpern und zieht es auf ein entwürdigendes Niveau plumper Sensationen herunter.
Im ›Schwejk‹ hat Piscator im allgemeinen dem Film eine etwas vernünftigere Rolle angewiesen. Wenigstens vermeidet er diesmal störende und unsachliche Exkurse. Aber durch die kecken und manchmal frechen Karikaturen, die George Grosz auf das Filmband zaubert, gibt es gleichsam eine fortlaufende satirische Glossierung der szenischen Vorgänge: also etwas zwar Ergänzendes, doch immerhin Ablenkendes. Übel indes wird die Filmverwertung, wenn das rollende Band auf der Hinterfläche einen ununterbrochenen Szenenwechsel vortäuschen soll. Dann müssen die agierenden Schauspieler Schritt bei Fuß üben (was immer ein wenig lächerlich wirkt); die kurzen Versatzstücke rollen auf Schienen herbei und wieder weg; und schließlich wird gar von uns verlangt, daß wir uns in die Illusion eines fahrenden Eisenbahnzuges krampfhaft hineinsteigern sollen – wobei nur eine Zeitlang das kleine Malheur passiert, daß das Filmband in entgegengesetzter Richtung, als es eigentlich sollte, dahinrollt.
So gab es also einen völlig zerrissenen, zwischen Scherz und Ernst haltlos hin und her taumelnden, oft quälend-langweiligen und geistig völlig unergiebigen Theaterabend. Als das Stück plötzlich aufhörte – nicht weil eine innere oder auch nur äußere Reihe abgelaufen war, sondern weil eben nicht mehr weitergespielt wurde –, verließ das Publikum in höchster Verwirrung das Theater. Selbst Piscators Partisanen, die bisher bei jedem kleinsten Ansatz von Komik oder Satire demonstrativ geklatscht hatten, waren nun völlig ratlos geworden. Ich fürchte, ihr großer Matador hat sie aufs grimmigste enttäuscht. Und sie werden sich recht bald nach einem anderen Götzen umsehen müssen, dem sie ihre Anbetung zollen können.

Alfred Polgar

Der Schwejk ist, trotz dem scharfen Erdgeruch, der ihm anhaftet, eine Märchenfigur. Seine durch nichts zu erschütternde Seelenruhe kommt, so scheint es, aus dem Bewußtsein (oder Unterbewußtsein), in der Hut guter Geister zu stehen, die ihrem Schützling Sicherheit gewährleisten. Er überwindet durch Unterwindung, rebelliert durch Dulden. Weil er gar keine Anstrengungen macht, sich zu retten, bleibt er in der See der Plagen obenauf. Sein Gehorsam ist tödlich für die Befehle, seine bedingungslose Anerkennung der Autorität hat es in sich, diese zu untergraben, und mehr Beweiskraft gegen den fürchterlichen Aberwitz des Krieges als in den revolutionärsten Gedanken, die einer aussprechen könnte, liegt in den Gedanken, die sich der Schwejk über den Krieg nicht macht. Wider die trockne Sabotage, die seine Fügsamkeit ins militärische Schicksal übt, kommt dieses nicht auf. Er ist der Geist, der stets bejaht: ein wahrhaft übermephistophelischer Trick, um zu zeigen, daß, was besteht, wert ist des Zugrundegehens.

An der unsterblichen Gestalt, wie Jaroslav Hašek sie geschaffen hat, ist Pallenberg nicht spurlos vorübergegangen. Aber was sie, seit Piscator, an politischer Bitterkeit verlor, wird mehr als reichlich ersetzt durch die Fülle und Leuchtkraft, welche die ihr eingeborene Komik in der Verschmelzung mit der schöpferischen Komik Pallenbergs gewann. Die Wesenszüge der Figur sind unangetastet geblieben. Pallenbergs Schwejk hat die kostbare Mischung von Einfalt und Pfiffigkeit, wie sie in Hašeks Buch steht, er ist leibhaftig die gute Miene zum bösen Spiel, die dieses erbarmungsloser entlarvt, als die heftigste Empörung es imstande wäre. An der Widerstandslosigkeit des braven Soldaten läuft sich der kriegerische Mechanismus, in den er geraten ist, zu Tode.

Mit den ersten Schritten, Blicken, Gebärden, mit dem Tonfall der ersten Sätze Pallenbergs schon, ist das Besondere der Figur eindeutig bestimmt, sind ihre Grundbeziehungen zu Welt und Umwelt festgelegt. Dieser Hundefänger geht einher als der verkörperte Mutterwitz seines Volkes, ein Repetiermaul, das immerzu Histörchen abgibt, Geschichten aus Tausendundeiner Nacht proletarischen, kleinbürgerlichen Wandels, besinnliche Erzählungen, saftigst gefüllt von einem Stoff, der, sozusagen, eine Mischung ist aus Powidl und Ekrasit. In hunderterlei Reflexen spiegelt Pallenbergs sanfter Redefluß, von nichts aufgehalten als vom Gelächter der Zuhörer, den burlesken, den gutmütigen, den scharfen, den kindisch-verdröselten Humor des unvergleichlichen Schauspielers wider. Erschütternd komisch seine treuherzige Amoralität; die strahlendfreudige Überraschung, mit der er alles empfängt, was ihm zuteil wird, auch das Widrige; die kindliche Arglosigkeit, mit der er, zum wehrlosen Objekt gemacht, den Gewalten, die ihn hierzu gemacht haben, die Tücke des Objekts zu spüren gibt; das Liebliche seiner Unverschämtheit, die Grazie seiner Tölpelei. Zu nett etwa die elegante Handbewegung, mit welcher Pallenberg, wenn der Leutnant schimpfend sich hinter der Szene entfernt, das Leiserwerden und Verklingen der Schimpferei gleichsam graphisch darstellt, oder wie seine Finger die ›Forellje‹ machen, die sich schlängelt, weshalb sie leichter zu photographieren ist als ein Bahnhof, der stillhält.

Unangegriffen von all dem Spaß blieb die menschliche Substanz der Figur, ohne Schaden behauptet sie sich in den Strapazen des Komischen, die Pallenberg ihr zumutet. Er ist durchaus bezaubernd als Soldat und brav, fügsam dem Gott, der die Flinten wachsen ließ und das Korn, in das man sie wirft.

Gerhart Hauptmann Die Weber

Staatliches Schauspielhaus Berlin, 4. Februar 1928, Regie Leopold Jeßner

Um den Intendanten des Staatstheaters gab es Anfang des Jahres einen heftigen Streit. Eine der kurzlebigen ›Jeßner-Krisen‹. Jürgen Fehling hatte sie ausgelöst, als seine Silversterinszenierung von Holbergs ›Ulysses von Ithaka‹ Skandal machte. Am 10. Januar fiel Lothar Müthels Inszenierung der ›Penthesilea‹ (mit Maria Koppenhöfer) so eindeutig durch, daß die Aufführung abgesetzt werden mußte. Die Deutschnationalen fragten im Landtag an, wie lange das »unerträglich gewordene skandalöse Treiben« auf der subventionierten Staatsbühne noch andauern sollte; kritische Freunde wie Ihering sprachen nun hart vom »System der Systemlosigkeit«, vom »Trümmerhaufen der Begabungen und des Spielplans« (›Berliner Börsen-Courier‹, 11. 1. 1928). Jeßner verteidigte sich mit dem Hinweis auf die letzten großen Inszenierungen Erich Engels und vor allem Fehlings: ›Die Wupper‹, ›Kaufmann von Venedig‹, Kleists ›Guiskard‹ und Büchners ›Woyzeck‹ (14. 12. 27). Man warf Jeßner seinen auffallenden Rückzug aus der modernen Dichtung vor (»Wo bleiben die Darstellungen der zeitgenössischen Produktion?« – Ihering). Fehling, der im vergangenen Jahr seine stärksten Leistungen gebracht hatte, hatte sich ganz ins klassische Repertoire zurückgezogen. Brechts ›Mann ist Mann‹ war zurückgewiesen und dann von Engel (am 4.1.) an der ›Volksbühne‹ inszeniert worden. Jeßner selbst schien sich als Regisseur zu verschweigen. Als letztes hatte er am 6. Mai 1927 Hauptmanns ›Florian Geyer‹ inszeniert. Jetzt mußte er selbst als Regisseur wieder auf die Bühne. Mit den ›Webern‹ knüpfte er an seine Inszenierung des ›Florian Geyer‹ an, den Walter Franck gespielt hatte. Kerr hatte über Franck geschrieben: »Ein inniger Genosse, ein bäuerischer Bruder [...] ein Mensch mit einem Gewissen: mit der Bereitschaft zu führen, sich zu opfern; ein Kerl nicht mit einem Brustkorb, sondern mit einem Auge. – Von allen Geyern der zivilste, der schmuckloseste.« Auch in der Inszenierung der ›Weber‹ gab Jeßner nicht das historische, realistische Stück, sondern das stillere, innere Drama. Statt einer naturalistisch vollgestopften war eine mit wenigen bezeichnenden Ausstattungsstücken bestellte sachlich-reale Szene aufgeschlagen, der Ausdruck des Weberelends gemildert und Steigerungen aus der Stille heraus entwickelt. An die Stelle des früheren (Jeßner-)Tempos trat Verzögerung, Symbolik wurde nun gestisch differenziert gezeigt. Bester Ausdruck dieser Wandlung im Jeßnerschen Stil war die Frau, die in der gespenstisch stillen Plünderung im vierten Akt »weinend eine Tischdecke langsam in Fetzen riß«. Die Regie Jeßners drängte das Stück nicht mehr auf eine Idee hin zusammen, er sah die Stücke jetzt umfassender. Diese neue Phase Jeßners war nach seinem letzten aggressiven Ausbruch im ›Hamlet‹ 1926 durch Überlegungen eingeleitet worden, die er zu seiner Inszenierung von Kleists ›Amphitryon‹ (4. 9. 1926) so formuliert hatte: »Wir wollen heute keine Kunststücke mehr auf der Bühne, die Zeit der großen theatralischen Umwälzungen liegt uns noch zu nahe, als daß wir heute wieder mit jeder Inszenierung eine Revolution provozieren dürften. Nicht das Experiment gilt heute, sondern die neue Sachlichkeit.«

Diese »Sachlichkeit« half ihm jetzt in den politischen Auseinandersetzungen. Seine ›Weber‹-Inszenierung, die Emil Faktor »aufrüttelnd« nannte, war ein

Demonstrationserfolg. Das Publikum plädierte für den angegriffenen Staatsintendanten.

Walter Steinthal, 12-Uhr-Blatt, Berlin, 6. 2. 1928

Man verlangt, schon in der Pause, frenetisch das Haupt des Intendanten..., aber um es zu kränzen. Ein stürmischer Sieg der Anhänger Jeßners. Nach einem monatelangen Kampf, der in den Kanzleien, Ministerien, Redaktionen und hinter den Kulissen tobte. Jeßner, vielfach angefeindet, ist gerettet – hat durch die einfachste Geste des Arbeiters, die Arbeit, sein Existenzrecht noch einmal bewiesen. Der sehr gewaltige Beifall war ein bißchen Demonstration, und sogar ein bißchen zu deutlich, und es roch, mit dem Parkettaufgebot von Verständigungsministern und demokratischer Zeitungschefs, die das Klatschen ermunterten und streng beaufsichtigten, ein bißchen ominös nach Politik..., aber sei's darum! Der Übereifer gilt einer Sache, die mindestens Eifer verdient.
Von dieser ›Weber‹-Aufführung haftet am stärksten:
Die stumme, verhaltene, verdrückte Demolierungs-Szene. Zusammengepreßte Dramenkraft darin, ein unheimlich vorwärtsdrängends Schweigen, eine beklemmende, schleichende Geräuschlosigkeit – ein Sieg ohne Hoffnung, schon Vorwegnahme des Zusammenbruchs. Auf die Spitze getrieben, vielleicht ein bißchen ›originell‹, Karl-Heinz Martin einmal und dann der ›Weber‹-Film – dieser natürlich auf Umwegen – hatten es krachen lassen, das war nicht mehr zu überbieten, ein neuer Grundton dieser Zentralszene mußte gefunden werden, so wurde der Grundton der Tonlosigkeit dafür erfunden. Es wirkt sehr stark.
Ein letzter Akt besten schauspielerischen Aufmarsches. Wundervolles Ineinandergreifen, und keine Stars diesmal. Noch auf den Situationsretter Kraußneck hatte man verzichtet. Zusammenspiel mittlerer Hausdarsteller, dazwischen ein genial feuriges Aufblitzen Müthels, der aufrührend rauhe Mänadenton des Revolutionsweibes Koppenhöfer, gereinigte Naturalistenkunst des alten Carl Götz, den man nur deutlicher verstehen müßte. Dies alles, etwa gegen die besten Vorkriegsaufführungen der ›Weber‹ gehalten, weniger versponnen, weniger zwielichtern, weniger nuanciert. Die Abstufungen weniger innerhalb der Einzelleistungen als im Gegeneinanderspiel der Typen; diese selbst aber primitiver, einheitlicher, psychologischer. Das ist die Nachkriegsklarheit, der Wille zum Hellen, zum Konstruktiven. Kein Maler, sondern ein Architekt, Robert Neppach, liefert das Bühnenbild, meist hohe, in die Winkel durchleuchtete Räume, nichts Schummriges, nichts Muffiges... keine Liebe für Übergänge.
Aus dem gleichen Prinzip auch die Schwächen der Aufführung. Hauptmanns Dramatik braucht Übergänge. Der Weberaufmarsch ist, statt zu kommen, immer gleich da, die Rebellion, statt anzuschwellen, erscheint und explodiert. Das ist sehr jeßnerisch, aber dem Aufbau dieses Dramas etwas ungemäß. Im Film, besonders in der Musik Schmidt-Guenthers dazu, sah man den Weberaufstand wachsen und zerfallen, hier erlebt man nur seine Gegenwart. Diese freilich um so greifbarer: mit Heinrich Witte, rothaarig lodernd, Veit Harlan, schlau, voll eines gutgewachsenen ironischen Trotzes, Walter Werner, Marga-

rethe Schön, Mathilde Sussin, Steffa Bernhard – und dem herrlich hartschädligen Fritz Valk.
Am mattesten das kapitalistische Gegenspiel im roten Plüsch, um Hans Leibelts ganz formatlosen, konventionellen Fabrikanten herum. Elsa Wagner, eine Fliegende-Blätter-Karikatur.
Alles in allem: ein sehr starker Abend.

A. Z., *Vossische Zeitung, Berlin, 6. 2. 1928*

›Die Weber‹ sind zuletzt vor sieben Jahren im Großen Schauspielhaus gegeben worden. Der damalige Regisseur hatte ihnen den proletarischen Klassenstandpunkt beigebracht und aus dem kindlichen Weberlied eine Arbeitermarseillaise gemacht. Das feine seelische Gespinst war zu Stricken gedreht, und die armen Teufel, die einmal um sich schlagen, um sich selbst zu treffen, schienen weniger aus ihrem schlesischen Winter des Jahres 1844 als aus der Umgegend unseres Schlesischen Bahnhofs zu kommen.
Leopold Jeßner hat die Weber wieder in die Heimat ihrer Seele zurückgeführt. Das Zutrauliche, Lauschige, Plauschige ihrer Schlesierart hat er allerdings in seine Atmosphäre nicht hineingesponnen. Otto Brahm muß da ein anderer Weber gewesen sein. Man sagt allerdings, daß damals alle Schauspieler im Schlesischen geprüft waren, aber daran allein liegt es nicht. Die Familie Baumert der ersten Elendsidylle ist nicht zusammengewachsen, die Leute hokken nicht seit Jahren da, es sei denn die Mutter von Mathilde Sussin oder die herzhafte Tochter von Steffa Bernhard. Herzhaftigkeit ist schon beinahe so gut wie schlesisch. Fritz Valk bringt daran nicht genug heraus aus dem alten Ansorge, und Walter Werner bringt sie mit seinem Vater Baumert nicht auf ein Miniaturwesen zutraulicher Kindhaftigkeit herunter. A jedes hat halt a Sehnsucht. A jedes hat vor allem ein Seelchen, und alle zusammen haben die Weberseele. Jeßner wird sich gesagt haben: hier muß ich zart anfassen und sehr still sein. Aber die Stille ist nicht sein natürliches Element; er muß sich da hineinzwingen.
Wie Jeßner im Wirtshaustumult das Weberlied anschwellen läßt, wie die einzelnen in den Takt der Masse kommen, wie eben aus allen Seelen eine Seele wird, das ist meisterhaft gesteigert und zugleich gebändigt. Von der Faust des starken Mannes, der den ›Fiesco‹ einmal auf einen Trauermarsch, den ›Richard III.‹ auf einen Paukenschlag gebracht hat. Hier wirken alle gegeneinander und miteinander; die drollige Forschheit von Harlans Moritz Jäger, die neurasthenische Wut von Wittes rotem Bäcker, die schärfere Männlichkeit des Schmiedemeisters, den Wolfgang Heinz mit überraschender Kraft herausgebracht hat. Das ist der einzige bewußte Demokrat im Stück, er lebt zur Zeit des kommunistischen Manifestes.
Jedes Individuum zugleich eine Klasse, ein großes Stück Welt inszeniert sich im Salon Dreißiger, den aber kein Komiker geben sollte, selbst wenn er ein so guter wie Leibelt ist. Und wenn Elsa Wagner ihr Schlesisch auch ostpreußisch spricht, sie fängt bei der Natur an, bevor sie Groteske wird. Die Plünderung bei Dreißig vollzog sich auf fast gespenstisch lautlose Weise. Die Weber demolieren, nicht nur im ersten Augenblick der Befangenheit, in einem automatischen Zustand des Außersichseins. Das ist zu interessant.

Der letzte Akt bei Hilses geht da gut hinein. Der Regisseur setzt ihn auf den Kontrapunkt zwischen dem Weberbild und den Trommeln und Pfeifen der avancierenden Soldaten. Die betuliche Zartheit von Carl Götz spielt den alten Pietisten Hilse etwas ins österreichische Volksstück hinüber; er nimmt das Soldatische des preußischen Veteranen nicht mit. Den Schrei, der kalt und heiß macht, bringt der junge Hilse von Lothar Müthel, wenn er hinter der Frau in den Kampf stürzt. Ihre scharfe Aktivität mag Maria Koppenhöfers Knochenstärke schon aufrecken, aber den großen Hauptmannschen Satz »Ich bin 'ne Mutter« bringt sie nicht zum Stehen. Ältere Zeitgenossen schwärmen noch von Else Lehmanns Erdenschwere und Erdenwärme, die sie allein der Höflich hinterlassen hat. Es war ihr Schrei, der hier fehlte.

Trotz einigen Fehlbesetzungen, Ungleichheiten, Unsicherheiten – man muß Jeßner rühmen, daß er ›die Weber‹ gespielt hat, und ohne sie auf einen heutigen Standpunkt zu drücken. Je gewaltloser sie auftreten, um so mehr Gewalt haben sie über die Herzen. Das Stück ist nicht von heute, es ist von immer.

Alfred Kerr, Berliner Tageblatt 6. 2. 1928

I
Warum ist Hauptmanns Drama noch fortreißend – obschon es recht vergangene Zustände schildert?
Darum: weil es nicht nur ein ›Zeitstück‹ ist, sondern ein ... Kunstwerk. Darum: weil es nicht nur vorübergehend-soziale Tatsachen birgt, sondern Menschen. (Von zeitloser Gültigkeit.)

II
Mir ist, wie bei Piscator, ein Propagandawerk ohne Kunst schlimmstenfalls recht – weil Propaganda heute wichtiger ist als Kunst.
Aber ein Propagandawerk mit, mit, mit Kunst bleibt letztes Ziel.

III
Wo sind Zeitstücke, die man vor acht Jahren, vor fünf Jahren gesehen hat? weg!
Dies aber sah man vor vierzig Jahren – und es lebt: weil es ein Kunstwerk ist.

IV
Ja, die ›Weber‹ sind heute kein überholtes Zeitstück: indem sie schon damals nicht ein Zeitstück waren.
Es ließe sich auch so ausdrücken: sie sind noch modern, weil sie schon damals nicht modern gewesen sind.

V
Heute wird mit viel gefährlicheren Mitteln Revolution gemacht als mit armen schlesischen Äxten und Stangen: mit dem Tarif.
Trotzdem bleiben die ›Weber‹ gewissermaßen der ›Wilhelm Tell‹ einer empordringenden Menschheitsgruppe. Der Ruf zum Aufbruch.
Ein Gleichnis – trotz winzigen Verhältnissen, die es malt.
Was aber jetzo mangelt, ist: ein heut geschriebenes Zeitstück, das ein Kunstwerk wäre. So liegt der Fall.

VI
Jeßner, gehetzt und bedroht (nicht nur vom Haß der andren politischen Welt – sondern von Leberwürsten im eignen Lager), hat bei triefend feindlichem Regen immerhin drei Akte dieses Werks gebändigt ... und zwei vertan.

Vertan: das Baumert-Häusel. Vertan: das Wirtshaus. Bei Baumerts ist im Gespräch alles ohne Zug. Beinahe dösend; schlummersam. Gleichgiltigkeit bricht aus. Man sieht alle reden ... und fliegt hinauf in die Ferne. (Wohin?...)
VII
Die Baumerts (Frau Sussin, Walter Werner, Steffa Bernhard, Margarethe Schön): kaum was einzuwenden; auch schwerlich gegen den Ansorge bei Fritz Valk. Nur zu vermissen bleibt etwas: die stachelnde Führung durch den Leiter – welcher den Strom anknipst; (abgesehen vom Schluß).
Moritz Jäger: Harlan; auch nicht schlecht. Nein, gar nicht. Mangelt nur die letzte federnde Wucht; – falls du an Rittner denkst.
VIII
Alles dies hat nichts zu tun mit Jeßners Gehen und Bleiben. Das wäre ja noch schöner.
Sonst müßten Bühnenlenker in Deutschland nach jeder Unvollkommenheit im Wintergetrieb gleich ›Verwechselt, verwechselt das Bäumchen!‹ spielen. Spaßiger Unsinn. (Bester Weg zur ... Zersetzung.)
IX
Im Wirtshaus, wenn der Gendarm Eckhoff, der Schmied Wolfgang Heinz gewisse Drohsprungbewegungen der älteren Dramatik vollführen: so wird man wachgetäuscht; aus der Versunkenheit. Sogar der rote Bäcker zeitigt Erinnerungen an Theatralisches. (Nur der Schluß ist fortreißend.)
Dies wären die Nachteile.
X
Gegenüber stehen drei Aufzüge voll starker Kraft. Der Beginn. Eine Reihe von Kurzdramen. Die wartenden Weber, geduldig aufgereiht hinter Fensterscheiben, wartend, gebeugt, etwas verschwimmend – wie ein Symbol.
Der Fabrikant Leibelt mehr behäbig-fest als hart. Ganz echt sein Expedient Pfeifer: Ludwig Stössel. (Der kann auch schlesisch.) Ja, Durchbrechen der Mundart kann Durchbrechen der Täuschung sein.
In jedem Fall ist im ersten Akt, ob die Armen auf einer Jeßnerschen Flurtreppe dem Dreißiger nachklimmen oder nicht, ein Stachel; man wird mitgezerrt. Eine Reihe von Kurzdramen.
XI
Naheliegend bleibt es, im vierten Akt, bei der Plünderung, den Lärm und Sturm zu vermissen. Etwas naheliegend bleibt auch, das Gegenteil von Lärm und Sturm zu inszenieren.
Doch verteidigen läßt sich's: daß die Webersleute, nach eingeschlagenem Tor, hier fast stumm alles herunterholen; fast lautlos alles vernichten.
Der künstlerische Zweck ist: den ganzen Hergang nur als Auftakt zu nehmen für den letzten überraschenden Brüllruf des ruhigen Ansorge – wenn er mit einem ethischen Donnerwort den Spiegel zertöpfert.
Die Wirkung ist gewaltig ... (Es geht auch so.)
XII
Wunderbar für mein Gefühl der Schlußakt. Eine Hilfe wie Carl Götz, klein, gütevoll, redlich (und schlesisch sprechen kann er auch) – wie der ihn leiblebendig schafft, das war in Jahrzehnten für dieses Werk nicht da. (Werner Krauß gab große Zeichenkraft ... ohne doch ans Herz zu packen.)
Daneben Alexandra Schmitt, wiederum herrlich als abgestorbenes Altweiblein. Müthel, der Sohn, dem seine Weichheit hier zustatten kommt; jetzo nicht

gymnasial. Und die Koppenhöfer – ein Wucht, ein Schrei. (Nicht eine Artikulation ... die hier leichter zu missen bleibt.)
XIII
Das Ganze ... Nicht unter den Darstellungen der ›Weber‹, noch unter den Leistungen Jeßners die stärkste ... (Morgen ist auch noch ein Tag.)
Kein Anlaß für Stürzer, ans Werk zu gehen. Nach parlamentarischer Abstimmung, wenn sie für die Kunst gelten soll, darf Leopold noch bleiben.
Kinder, Kinder!

Hugo von Hofmannsthal   Der Turm

Uraufführung: Prinzregententheater München, 4. Februar 1928
Regie Kurt Stieler

Deutsches Schauspielhaus Hamburg, 4. Februar 1928, Regie Otto Werther
Gleichzeitig: Stadttheater Würzburg, Regie Th. Boegel

Daß Hofmannsthals letztes großes Schauspiel nicht in Berlin uraufgeführt wurde, war bezeichnend sowohl für die Situation des Berliner Theaters wie für die Hofmannsthals. Er war mit seinen Komödien von Berlin abgewiesen worden, die 1921 geäußerte Befürchtung, daß in Berlin »alles höhere Theaterwesen«, wie er es als Teil des großen, seit 1770 begonnenen Kulturaufbaus verstand, unmöglich werde, diese Befürchtung bestand sicher weiter. Der ihm geistig verwandte Max Reinhardt war für Hofmannsthal ein Barometer der Situation, und Reinhardt kam ja nach einzelnen Vorstößen nach Berlin immer wieder nach Wien zurück. In Berlin wurde das Theater in den Tageskampf hineingezogen, statt ihn mit seinen Darstellungen zu überwinden; so war es nur folgerichtig, daß sich abermals das Theater im Reich, wo der Bildungsbesitz weniger angefochten war, seines neuen ›alten‹ Stücks annahm. In ihm hatte sich Hofmannsthal Calderóns barockes Schauspiel ›Das Leben ein Traum‹ anverwandelt und mit der Gegenwart verknüpft. Sein Glaube an die Macht der Seele und des Reinen war eine Antwort auf die haßerfüllten Auseinandersetzungen der Nachkriegsjahre. Er notierte zu diesem Stück: »›Der Turm‹ Darzustellen das eigentlich Erbarmungslose unserer Wirklichkeit, in welche die Seele, aus einem dunklen mythischen Bereich, hineingerät.« »Es handelt sich in diesem Stück immer darum, daß ein Vorderes, Greifbares da sei, eine Action, faßlicher, konkreter Act – und zugleich, daß hinter dieser sich ein Höheres, Geistiges, Allgemeines, schwer Sagbares, gleichermaßen von Schritt zu Schritt enthülle und beglaubige – auch dieses *gestaltet*, nicht rational wahrnehmbar, aber mit der Phantasie.« Das war zugleich ein äußerster Widerspruch zu dem einschichtigen Zeitstück, das von Jahr zu Jahr stärker die Bühnen beherrschte. – 1923 war die erste Fassung des Schauspiels beendet, 1927 wurde es zur zweiten, zur ›Bühnenfassung‹ umgearbeitet. Am 8. Januar 1928 schrieb Hofmannsthal dazu an Anton Wildgans: »Ich habe dem Turm eine neue Fassung gegeben, die erste war teilweise allzusehr nur Gedicht, mit einem zu weiten Horizont fürs Theater.« In einem Aufsatz in der ›Literarischen Welt‹ (Nr. 9, 1928) unterschied Walter Benjamin beide Fassungen so: »Es ist unverkennbar, wie in der neuen Fassung die reinen Züge einer Duldergestalt im Sinne des christlichen Trauerspiels immer deutlicher nach Gestaltung verlangten, das ursprüngliche Traummotiv damit zurücktrat, und die Aura um Sigismund lichter wurde. [...] Mit ganz anderem Nachdruck als vorher gruppiert sich nunmehr das Geschehen um die politische Aktion [...] sehr viel strafferer Aufbau. [...] Die Macht jedoch, die von Gewalttätigen und Schwarmgeistern getragen wird, behielt mit ihrem schwärmerischen Führer, dem Kinderkönig, in der ersten Fassung das letzte Wort, während in der zweiten die Landsknechtfigur, Olivier, am Ende als Befehlender dasteht. Das macht: Sigismund hat selber die Figur des Kinderkönigs in sich aufgenommen.« (Die erste Fassung des Stücks wurde erst am 10. Juni 1948 von Leopold Lindtberg in der Dependence des Burgtheaters, im Ronacher, uraufgeführt.)

Prinzregententheater München
Hanns Braun, Münchener Zeitung 6. 2. 1928

[...] Indem Hugo von Hofmannsthal immer wieder, ohne Rücksicht darauf, ob eine Patent-Zeit ihm das als Schwäche auslegt oder nicht, die Welt Calderóns ergreift und sich von ihr gleich Grillparzer befruchten und führen läßt, hilft er das Schwerste tun, was unter deutschen Menschen zu leisten wäre, hilft er: Tradition bilden. Für solch beispielhaften Versuch darf man ihm Dank sagen, noch bevor man zu seiner Stoff-Sichtung und Verwandlung in eine andere Weltschau Stellung nimmt.
Bei Calderón steht über dem Polenprinzen Sigismund die Weissagung, er werde, wie seine Mutter (bei der Geburt), so auch seinen Vater Basilius töten, sein Reich in Aufruhr bringen. Deshalb hat Basilius das Ungeheuer in einem fernen Turm, in Ketten, aufwachsen lassen, bis auf den Tag, da das Vaterherz heroisch durchbricht: der Prinz, eingeschläfert, wird an den Hof gebracht in die Fülle der Freiheit und Macht, um, da er sich sogleich als der Rasende erweist, dessen man sich aus den Sternen versah, wieder überwältigt und betäubt in den Turm zurückbefördert zu werden, wo er, erwachend, glauben muß, er habe geträumt. Indessen, die Wirklichkeit stößt über umschriebene Absichten hinaus: das Volk, empört, befreit den Prinzen, sein Sieg macht den Weg frei zu all dem geweissagten Greuel; doch in Sigismund ist die große Wandlung eingetreten: in Furcht, seinen Traum von Größe und Freiheit abermals zu verlieren, bezwingt er sich und gewinnt das volle hohe Leben in dem Gleichnis des Träumers, siegreich über alle bloße Fatalität.
Während also hier die christliche Lehre von der Willensfreiheit triumphiert in einem unerhört dichterischen Gleichnis, das die volle Wirksamkeit des Schicksals und die volle Wirksamkeit des Menschenwillens gegeneinanderstellt, miteinander verschränkt, auseinander löst, so, daß beide polaren Wahrheiten sich versöhnen in dem Augenblick, da Menschtum seinen besonderen, überfatalen Rang enthüllt, läßt Hofmannsthal das Traum-Welterleben aus dem Spiel; seine Lust, den Calderónschen Vorgang psychologisch zu interpretieren, führt ihn, von der Menschen- und Zeitenschau her, zu neuen Lösungen.
Bei Hofmannsthal ist der Prinz kein Ungeheuer; in dem einzigen Augenblick, da sein Vater Böses von ihm fordert, macht ihn dieser Augenblick dazu, dann ist er wieder, was er vorher zweiundzwanzig Jahre im Turm gewesen: ein Dul-

der – seit Calderón hat ja die Welt einen Dulder dieser Art erlebt: den Kaspar Hauser, und Hofmannsthal gibt seinem Sigismund entscheidende Züge des »Kindes von Europa«. Indem er so den Charakter des Prinzen entlastet und bis in die Nähe des messianischen Blutzeugen entrückt, muß er notwendig den des Vaters stärker belasten: Basilius ist bei ihm kein weise sorglicher, sondern ein weichlicher und mißtrauischer Fürst, ein Üppig-Ratloser, und an dieser Figur gewinnt das Geschehen des ›Turm‹ die entscheidende Wendung, die es als eine Untergangsvision zu Ende flammen läßt: die Zeit ist reif geworden, der unschuldige Sohn ist nicht nur Hebel des Schicksals, sondern zugleich auch Opfer, eine Revolution überstürzt die andere, Herrschaft wechselt in Tod und Knechtschaft, und erst auf der niedrigsten Stufe, in der Revolution des Namenlosen, endet der Sensenhieb der Vernichtung.

In diesen Untergang hinein stellt Hofmannsthal seinen Sigismund als Zeugen einer hohen und fernen Art: daß die Zeit über ihn hinwegbrandet, ist nicht wunderbar, aber »er war da«, und andre können von ihm künden; da er stirbt, ist er nicht nur Opfer eines Anschlags, er entzieht sich damit endgültig jener anderen Welt, der er sich schon lebend entzogen.

Es ist klar, daß das Drama, was es hier an menschlichen Wesens-Einsichten und bedeutungsvoller Überschau über Zeitläufte-Gesetzmäßigkeiten, was es weiterhin an freskenhafter Breite und sprachlicher Farbigkeit gewinnt, durch ein Minus an dramatischer Stoßkraft zu büßen hat; bei Calderón ist Sigismund selbst in der Gefangenschaft ein verhinderter Täter, bei Hofmannsthal selbst in der Tat ein sich entziehender Dulder. Während Calderón seine christliche Idee durchaus in Aktion wandelt, wendet sich Hofmannsthal, der im Kolorit der Umwelt und der Attitüde der Personen das Christliche viel stärker ausarbeitet, der Passion zu – das gibt seinem Werk die Schwere und Vielbedeutsamkeit, nimmt ihm, was bei Calderón nirgends fehlt: die Leichtigkeit des Spiels.

Mit den Schwierigkeiten des Bedeutens ist die Uraufführung im Prinzregententheater leider nicht auf eine erhebende Art fertig geworden. Man kann es verstehen, daß der Wunsch nach einem neuen staatlichen Schauspielhaus gerade in den nächstbeteiligten Kreisen immer heftiger wird, wenn man sieht, wie der nie günstige, selten gutwillige Genius loci des Prinzregenten(behelfs)-Schauspielhauses selbst einen Regisseur von der »Empfindlichkeit und Feinsinnigkeit Kurt Stielers zu Wirkungen im Stile Altes Hoftheater« gelangen läßt, die ihm selber anderswo horribel wären.

Dieser unglückselige, nicht aufnehmende, sondern wegströmende Raum (der ja freilich für Musik gebaut ward, die eine stete und starke Verbindung erzwang) nötigt den Regisseur, alle Bedeutung, auf daß sie begriffen werde, in Pause zu setzen, und alle Handlung in Zeremoniell. Solche Weitläufigkeit wirkt tödlich, wenn dabei Aufzüge und Massenszenen von der Art herauskommen, wie wir sie am Samstag erlebten: kein Schwung, keine Gewitterspannung, kein wirkliches Menschen-Bewegen-und-Gestaltwerdenlassen bis ins Requisit hinein; als Beispiel hierfür diene die Kasserolle, die Herr Martens als revolutionären Sturmhelm aufgestülpt trug.

Ohne die Mühe und die Sorgfalt der Inszenierung, die in einigen monumentalen Bühnenbildern von Pasetti gipfelte und mit Hilfe der Tautsschen Musik manchen Stimmungsrückhalt fand, zu verkennen, muß man doch feststellen, daß ein wirklicher atmosphärischer Zusammenklang zwischen Bühne und Par-

kett sich höchstens augenblicksweise, in der Kreuzgang-, in der Vater-Sohn-Szene, herstellen wollte. Begeisterung ist aller Kunst Heimat, und begeisternd muß sie sichtbar werden.
Bis auf die Abdankungsszene, die ihm allzu komödiantisch geriet, war Ulmers König Basilus zunächst eine starke Leistung: das Weichlich-Lasterhafte, aus Brünstigkeit Grausame dieses ›letzten‹ Herrschers, seine schicksalsblinde, schicksalsgezeichnete Lust am Zeremoniell wie seine nackte Erbärmlichkeit wurden Gestalt. Auch Fischel war als Sigismund trefflich in seiner schwerlosen Zartheit, die ihn zu einem Wesen höherer, selig leidender Art stempelte wider die grobe politische Zeit. Weniger glücklich war die Rolle des Turmhüters Julian mit Herrn Zaepfel besetzt: Julian ist ein sich verzehrender Ehrgeiziger, Zaepfel, der häufig groß war im Darstellen des Duldens, dämpfte ihn allzusehr ins Nachdenklich-Stille, ja Herb-Ungeschickte. Auch Wernicke war als Kardinal-Minister nicht jenes Bild beinah eisiger Hoheit, das dem Dichter vorgeschwebt haben dürfte; da er (noch über seinen Tod hinaus) keuchte und zubiß, wurde die ganze Szene, die dem König eine Gelegenheit und Schule der Demut werden konnte, erfüllt mit Mönchshochmut und -bosheit, was sie um ihren wirklichen Rang in der Ökonomie des Stückes brachte. In den kleineren Rollen – der ›Turm‹ ist ein Männerstück – bot Henrich als Arzt die eindrucksvollste Leistung. Martens als Bolschewik, den Masse-Menschen in Trägheit und ungerührter Schwere symbolisierend, Stettner als gutmütiger Nur-Diener (mit österreichischen Akzenten) hoben sich ab.
Die Aufführung fand besonders am Schluß starken Beifall; zu den Darstellern wurde der Regisseur wie auch der Dichter Hugo von Hofmannsthal immer wieder an die Rampe gezogen. In jenen Beifall voll miteinzustimmen, hieße: den Mut nicht haben, München mutigeres Theater zu wünschen.

Deutsches Schauspielhaus Hamburg
Max Alexander Meumann, Hamburger Fremdenblatt 6. 2. 1928

[...] Das Problem der Herrschaft, der Führerschaft liegt in der Luft unserer Zeit und beschäftigt auch diesen Dichter. Also verquickt er den übernommenen Stoff mit diesen wieder sehr aktuellen Problemen und macht so etwas wie ein Ideendrama daraus, indem er das Thema ›Herrschaft und Führerschaft‹, wie er selbst in einem Wort zu seinem Trauerspiel sagt, »in fünf Gestalten abwandelt, dem Monarchen, dem zur Nachfolge berufenen Sohn, dem Kardinal-Minister, dem weltlichen Politiker, dem Revolutionsführer«, wobei er daran erinnert, »daß Schillers Dramen vom ›Wallenstein‹ bis zum ›Demetrius‹ sämtlich das Problem des legitimen Königtums zum Zentrum haben«.
Die Gefahr liegt nahe, daß durch so vorgeplante Abwandlung etwas stark Konstruktives in das dichterische Werk kommt und daß dieses, weil es eben nicht aus dem ursprünglichen inneren Erlebnis herauswächst, sondern mehr aus der verdichteten Atmosphäre gedanklicher Erwägungen, die sozusagen mit gebundener Marschrichtung erst ins Dichterische vorstoßen, den Eindruck des vorwiegend gehirnlich Gewollten macht. Es zeigt sich, daß Hofmannsthal dieser Gefahr keineswegs entgangen ist. Nicht nur daß er sein Werk zweifellos mit Ideen überbürdet hat, nein, er bringt auch diese Ideen oft sehr unklar zum Ausdruck und ist in Charakterzeichnung und Diktion manchmal so

kraus, daß man von dem Werk und seiner Aufführung mehr verwirrt als geklärt scheidet. Dazu kommt, daß sich in Hofmannsthal ein gewisses Romantikertum, das uns heute etwas schal anmutet, nicht verleugnen kann, und seine Rede ist vielfach so dunkel, daß man kaum etwas damit anfangen kann, oder daß man erst stundenlang darüber debattieren muß, ehe man weiterliest oder zuhört. So etwa, wenn Olivier einmal sagt: »Der wird kommandieren, dem die politische Fatalität sich anvertraut.«

Im Gegensatz zu seinen Vorgängern hat Hofmannsthal alle Frauengestalten aus dem übernommenen Stoff gestrichen und sein Werk nur auf die Auseinandersetzung und Abrechnung zwischen Mann und Mann gestellt. Bei ihm handelt es sich darum: König Basilius hat seinen Sohn Sigismund, von dem prophezeit wurde, daß er vor allem Volk seinem Vater den Fuß auf den Nacken setzen würde, wie ein Vieh in ein abscheuliches Turmverlies sperren lassen. Julian, als Gouverneur vom Turm zum Wächter bestellt, übernimmt heimlich die Erziehung des jungen Gefangenen und setzt, da Sigismund herangewachsen ist, es durch, daß der König nach einem Gespräch mit dem früheren Kardinal-Minister seinen Sohn zu sich kommen läßt. Sigismund, im unklaren über seine Herkunft gelassen, unternimmt, als er die Wahrheit erfährt, einen Angriff auf den König, schlägt ihn nieder und reißt mit Julians Hilfe die Macht an sich, wird jedoch bald darauf überwunden und zum Richtblock geführt. Inzwischen hat jedoch Julian, der selbst Herrschgelüste verspürt, durch Olivier im niederen Volk eine Revolution anzetteln lassen. Im letzten Augenblick wird Sigismund befreit und von den zu ihm übergehenden machtgierigen Würdenträgern zum König gemacht, der regieren darf, wenn er so regiert, wie sie es wünschen. Sigismund jedoch will weder eine Strohpuppe noch ein Herrscher der Gewalt sein. Die Geistigkeit, zu der ihn Julian erzogen hat, bricht in ihm durch. Julian wendet sich von ihm, um selbst die Zügel in die Hand zu bekommen, und wird erschlagen. Das Volk der Mühseligen und Beladenen will Sigismund zum König haben, zu ihrem Armeleute-König. Aber nun tritt Olivier, der unbekannte Revolutionsführer, auf den Plan, reißt die Macht an sich und läßt Sigismund meuchlings erschießen. Er stirbt. Seine letzten Worte sind: »Gebet Zeugnis, ich war da, wenngleich mich niemand erkannt hat.« Mit diesem Spruch und dem Sieg der rohen Gewalt schließt dieses Trauerspiel.

Zwiespältig und im Grunde erbärmlich der Vertreter der legitimen Königsmacht, zwiespältig auch der Sohn, dessen innere Wandlung psychologisch viel zu abrupt dargetan wird, ein wenig dunkel der weltliche Politiker Julian, der Kardinal-Minister in einer Episode abgetan und mystisch nebulos der Revolutionsführer Olivier. Das Werk selbst eine harte Nuß, die geknackt sein will und die, wenn man sie mühselig geöffnet hat, doch nicht den schönen, frischen Kern enthält, den man sich erhoffte. Wie es bei Hofmannsthal selbstverständlich ist, enthält sein Trauerspiel herrliche Stellen und Partien von großer dichterischer Feinheit. So hält man sich an einzelne Szenen, an dichterisch geformte Worte, an vereinzelte dramatische Spannungen. Aber man bezweifelt, ja man verneint, offen oder geheim, daß es dem Dichter gelungen ist, das Problem der Herrschaft und Führerschaft klar abzuwandeln oder es auch nur restlos ins Dichterische überführt zu haben. Man hält sich auch an die recht guten schauspielerischen Leistungen, die unter Otto Werthers ernsthafter Spielleitung geboten wurden. Aus der schwierigen Rolle des Königs schuf Arnold

Marlé in Maske und Spiel eine psychologisch außerordentlich interessante und feindurchdachte Charakterzeichnung von einprägsamer Wirkung. Hans Otto als Sigismund zuerst wild überschäumend und später christushaft mild und abgeklärt – im Feuer geglühter Geist. Der Julian Karl Wüstenhagens in Gestalt und Rede wuchtig. Ganz vorzüglich Robert Nhils zum Mönch gewordener Kardinal-Minister.

So konnte es nicht fehlen, daß es trotz allem zum Schluß zu einem starken Achtungserfolg für Hugo von Hofmannsthal kam. Über Spielleiter, Bühnenbildner und den Schauspielern mußte der Vorhang anderthalb dutzendmal in die Höhe gehen.

Carl Anton Piper, Hamburger Nachrichten 6. 2. 1928

Es führen viele Wege nach Golgatha, und wer es sucht, findet sein Kreuz überall, ein Stück vom Heiland steckt in jedem tragischen Helden des neueren Dramas, mag es sich um Hamlet oder die heilige Johanna, um den Marquis Posa oder den Pfarrer Rosmer handeln. Daher tut der Dichter des Guten zuviel, wenn er die Königskrone sichtbarlich mit der Dornenkrone vertauscht, und den ungenähten Mantel unter dem Purpur hervorlugen läßt: er sucht lebendig zu machen, was im Lebendigen zu ahnen, an sich schon höchste Erfüllung im Kunstwerk wäre. Das Gedichtete tritt in Wettbewerb mit dem Gedachten, und das Leibhaftige des Kunstwerks zerfließt in den Luftraum der Idee.

Rein gegenständlich betrachtet, ist sein ›Trauerspiel‹ eine Haupt- und Staatsaktion alten, ältesten Musters. Der Dichter gibt ihr zwar am Schlusse eine modernistische Wendung, aber gerade, daß er versucht, Heutiges mit den Kunstmitteln von gestern auszudrücken, ist vielleicht der erste ästhetische Sündenfall. Sein Stück hat einen Januskopf: es gibt sich historisch und symbolisch zu gleicher Zeit, er mischt sinnbildliche Gestalten in eine ganz reale Handlung, und wir wissen niemals, sind wir in dieser, sind wir in jener Welt. Der Titel ist symbolisch aufzufassen: der ›Turm‹ ist – wenn ich recht deute – nichts anderes als das Sinnbild der vertikal geschichteten Staats- und Gesellschaftsordnung: unten schmachten in Höhlen und Verliesen, hinter Schlössern und Gittern die Enterbten und Entrechteten: darunter das edelste Blut, eine »quinta essentia aus den höchsten irdischen Kräften«. Dann geht es aufwärts, Stockwerk für Stockwerk bis zu den Prunkgemächern der Herrschaft und zu den Zinnen der Macht, aber unablässig arbeitet es wie ein Förderwerk im Innern, und die Unteren drängen ans Licht, und die Oberen sinken in die Tiefe.

Obwohl gerade die osteuropäische Geschichte manche düstere Kronprinzentragödie aufzuweisen hat, ist dieser polnische Königssohn anscheinend reines Phantasieprodukt. Er hat nur einen *literarischen Stammbaum*, die Familie. Ohne Schillers Carlos wäre Hofmannsthals Sigismund kaum denkbar. Aber diese Gestalt wird von dem jüngeren Dichter wenigstens selbständig weiter entwickelt. Sein Basilius wirkt jedoch neben Schillers Philipp wie eine Karikatur.

Polen ist wohl nur als Musterbeispiel politischer Zerrissenheit vom Dichter zum Schauplatz gewählt worden. Aber dieses Polen erleben wir nun mit einer Realität, die an die Orgien der königlichen Republik in der bekannten Reichstagsszene in Schillers ›Demetrius‹ erinnert und die in schroffsten Gegensatz tritt zu der symbolischen Unwirklichkeit der Gestalten des Vordergrundes. Ja, die Ereignisse überstürzen sich geradezu; wir erleben Revolution und Gegenrevolution. Umsturz von oben und Umsturz von unten im Laufe einer einzigen Szene, und die *äußere Handlung* ist so überreich, daß uns die *innere Wandlung* ganz verlorengeht. Während der geistige Umkreis des Dramas in gleicher Weise das Mittelalter und die Gegenwart, das Papsttum und die Sowjets, Macchiavell und Lenin umspannt, und wir in Wahrheit eine geistige Entwicklung von Jahrhunderten durchlaufen, eine Klimax von Absolutismus über die Adelswillkür bis zur Pöbelherrschaft und dem Volkscaesarismus, bleibt alles zusammengeballt in die Nußschale eines einzigen historischen Vorgangs. Ja, dieser Vorgang wird uns mit einer gewissen Freude an historischer Kleinmalerei vorgeführt. Die Politiker bedienen sich der altmodischen Kanzleisprache, der Arzt redet das Kauderwelsch des Humanismus, und die Formalitäten der großen Abdankungsszene sind aus den geschichtlichen Adelsurkunden entlehnt und entbehren, namentlich was die ›Abfindung‹ anbetrifft, nicht einer gewissen, wohl gewollten Pedanterie. Fehlt nur die *künstlerische Atmosphäre*, und mit ihr das eigentliche dramatische Leben. Alle diese Gestalten haben nur eine papierne Existenz; ihre Sprache hat keine Resonanz, als agierten sie im luftleeren Raum. – Wo ist in diesem Stücke das übergeordnete Prinzip, das das Ganze erst zu einer höheren Einheit zusammenstimmt? Aus welchem Urquell strömt das eigentliche Fluidum des künstlerischen Lebens? Offen gestanden: ich finde keine Antwort, die Geschichte ist es nicht. Der einzelne Mensch ist es auch nicht. Wir wissen kaum, handelt es sich hier um Politik oder Pazifismus, und der Mann, in dessen Händen alle Fäden zusammenlaufen, Julian, bleibt uns ebenso ein Rätsel. Ist er ein Marquis Posa, für dessen Ideal das Jahrhundert noch nicht reif ist, ein Mirabeau, der als Realpolitiker noch in letzter Stunde dem Rad des Verhängnisses in die Speichen zu fallen sucht, oder ein Vorläuläufer, eine Johannesnatur, der keine andere Aufgabe hat, als einem Größeren den Weg zu bereiten? Ignoramus! Ein nebelhaftes, verworrenes Geschehen umfängt uns: plötzlich fällt ein heller Strahl in das Dunkel, wir sehen eine lichte Leidensgestalt, die unverkennbar Heilandszüge trägt. Aber ehe wir sie noch seelisch ergreifen und umfassen können, ist sie ins Nichts dahingeflossen: das Dunkel kriecht wieder heran, und nach wie vor arbeitet mit dumpfem Stöhnen die Maschine im Innern des Turms: das ewige Auf und Ab der Geschichte.

Das Stück stellt mit seinen fünf Akten und seinen bewegten Massenszenen den Spielleiter vor keine ganz leichte Aufgabe. Otto Werther meistert sie mit unverkennbarem Geschick. Der Bühnenaufbau, wo Inneres und Äußeres des Turms im Kreislauf der Drehbühne einander entsprechend wiederkehren, ist in hohem Maße eindrucksvoll, und das seltsame Zwitterwesen des Werkes findet im Bühnenbilde (Heinz Daniel) noch am ehesten einen adäquaten Eindruck. Die Darsteller haben einen ungleich schwereren Stand. Es handelt sich in diesem Männerstück teilweise um Riesenrollen, aber dem äußeren Energieanspruch entspricht nicht ihr inneres Leben; sie bleiben Rollen, werden keine Gestalten. Am besten schneidet noch der Königssohn ab, der gestern im Kerker, heute auf dem Thron, morgen auf dem Schafott steht, weil sein Antlitz, wie gesagt, eine übermenschliche Prägung trägt. Das Deutsche Schauspielhaus hat in Hans Otto einen Darsteller, der sich für solche Ekstatiker des Leidens besonders gut eignet. Sein Sigismund stellt sich ebenbürtig neben seinen Edward II., mit dem ihn auch sonst verwandtschaftliche Züge verbinden. Der

Erfolg der Aufführung kommt im wesentlichen auf seine Rechnung. Nicht so günstig liegen die Dinge bei dem König. Ich glaube, man tut Arnold Marlé keinen Gefallen, wenn man ihn Könige und Helden spielen läßt. Seine Kunst hat nun einmal nichts Königliches und Heldisches. Darin liegt kein Vorwurf. Kein Künstler braucht alles zu können, und wer den Mohr in Schillers ›Fiesco‹, den Pfandleiher in Kaisers ›Nebeneinander‹ so zu spielen vermag, wie Herr Marlé es getan, der kann sich mit seinem Kunstgebiet bescheiden; es ist weit und tief genug, um ein Schauspielerleben mit Ehren auszufüllen. Sein König Basilius gleitet ins Groteske ab. Karl Wüstenhagen macht als Julian eine sehr gute Figur: den Rest bleibt ihm allerdings der Dichter schuldig. In kleineren Rollen sind noch Robert Nhil, Emil von Dollen und Theo Götz mit gutem Gelingen tätig ...

Man wurde den ganzen Abend das seltsame Gefühl nicht los, als fehle etwas, als wäre das Ganze noch nicht fertig. Namentlich wenn der Chor hinter der Szene erschallte, wenn die Orgel klang, und die vox humana der Vorschrift des Dichters entsprechend mächtig anschwoll, wuchs die Empfindung, als könnte sich das Ganze am Ende noch in der Musik vollenden. Strauss, wo ist dein Meyerbeer?

Gerhard Menzel   Toboggan

Uraufführung: Staatstheater Dresden, 14. Februar 1928
Regie Josef Gielen

Theater in der Königgrätzer Straße, Berlin, 16. Dezember 1928
Regie Viktor Barnowsky

Die Auseinandersetzungen mit dem Geschehen des Ersten Weltkrieges waren seit 1927 vom Roman wie vom Sprechtheater aufgenommen worden. Georg von der Vring hatte 1927 ›Soldat Suhren‹, Arnold Zweig den ›Streit um den Sergeanten Grischa‹ veröffentlicht, 1928 erschien Ludwig Renns ›Krieg‹, Remarque schrieb zu dieser Zeit noch an ›Im Westen nichts Neues‹, Beumelburg an ›Sperrfeuer um Deutschland‹, Dwinger an ›Die Armee hinter Stacheldraht‹. – Auf der Bühne hatte Paul Raynals ›Das Grabmal des unbekannten Soldaten‹ die Aufnahme des Kriegsstücks eingeleitet (»*Das Kriegsstück*« nannte es Kerr am 20. 3. 1926). Unter den ersten deutschen Stücken, die den Krieg und ein Kriegerschicksal auf die Szene brachten, war ›Toboggan‹ das erfolgreichste. Ein 33 Jahre alter Filmtheaterbesitzer aus Waldenburg in Schlesien machte in einem Preisausschreiben der ›Literarischen Welt‹ mit diesem Stück auf sich aufmerksam. Monty Jacobs zeichnet es 1927 mit dem halben ›Kleist-Preis‹ aus. Damit war es ›reif‹ zur Aufführung. Menzel hatte eine auffallende Begabung für militärische Sujets (sein größter Theatererfolg wurde nach dem vielgespielten ›Fern-Ost‹ 1929 und ›Borck‹ 1930 das Schauspiel ›Scharnhorst‹ 1935). – Noch spürte man an der Szenerie von ›Toboggan‹ Einflüsse des überwundenen Expressionismus. Es war ein Stück aus dem Krieg gegen den Krieg. Nach der Dresdener Uraufführung ging es schnell über viele Bühnen im Reich und wurde dort auch politisch verstanden. Nach der Darmstädter Aufführung im

Oktober 1928 (Regie: Günther Haenel, Toboggan: Fritz Valk) schrieb ein Rezensent: »Diese Dinge [...] müssen der Jugend und den Vergeßlichen unbarmherzig eingehämmert werden, die sich schon wieder von einem falschen frivolen Heldenpathos berauschen (lassen) möchten.« – Die Dresdener Uraufführung (und z. B. die kurz vorausgegangene von Reinhard Goerings ›Scapa Flow‹ in Frankfurt) bestätigte abermals die anhaltende Entdeckungs- und Erprobungslust von Autoren und Stücken im Reich. (Im März 1928 brachte z. B. die Dresdener Komödie die Uraufführung von Marie Luise Fleißers ›Pioniere in Ingolstadt‹.) – Eine zweite Gründungswelle von kleinen Neben- und Studio-Bühnen für die neuen Zeitstücke begann (analog zu den Matineebühnen des Expressionismus). Beispielsweise hatte Piscator im Januar sein ›Studio‹ am Berliner Nollendorfplatz eröffnet. ›Toboggan‹ eröffnete die ›Aktuelle Bühne‹ im Dresdener Staatstheater. Erich Ponto erzwang sich als Toboggan in Dresden so viel Aufmerksamkeit, daß er wenige Monate später schon nach Berlin geholt wurde.

Staatstheater Dresden
Fritz Engel, Berliner Tageblatt 16. 2. 1928

Der Verfasser, durch einen Preis der Kleist-Stiftung hervorgehoben, ist ein junger, nicht mehr ganz junger Mann und war bis vor kurzem, was manche gewiß komisch finden, Kinobesitzer. Er ist im einzelnen knapp und zündend, für die besondere Form der Bühne noch zu monologisch. Aber durch das Wort erhellt er das Dunkel seiner inneren Gesichte. Er webt ein Traumgespinst in düsteren, aber in klaren Farben. Er gibt Verworrenheit einer tief erschrockenen Menschenseele, aber selbst unverwirrt.
Die Form ist nicht neu. Man denkt, wenn diese Bilder vorübergleiten, an Reinhard Johannes Sorge, an einige wenige andere, die dem Expressionismus ein Daseinsrecht hätten schaffen können, wären sie nicht von den vielen breiten Talentlosigkeiten erdrückt worden. Auch der Stoff: wir werden immer nur so lange sagen, daß wir des Kriegsthemas bis zur Unerträglichkeit überdrüssig sind, bis wir wieder einen Künstler finden, der es aus eigenem Gefühl und aus eigener Kraft gestaltet. Wenn Arnold Zweig das Kriegsungeheuer in seinem ›Sergeanten Grischa‹ anfaßt, empfängt es von neuem Lebensglut. Auch hier, bei Gerhard Menzels ›Toboggan‹, wird es selbstkräftig und macht erschütternd gegenwärtig, was wir sonst am liebsten vergessen möchten.
Wer ist Toboggan? Wo erlebt er sein Schicksal? Andeutungen der Ostfront. Aber es kann überall geschehen sein, an irgendeiner der kämpfenden Stellungen, in diesem oder in jenem Heer. Es geht um einen Menschen, der dem Tod ins Gesicht starrt mit der Frage: Warum muß ich sterben? Toboggan, Hauptmann in vorgeschobener Artilleriestellung, wird schwer verwundet. Der Stabsarzt sagt: »Nur noch Minuten«, und in der elenden Kate, drin der Verlechzende schmachtet, geht das Kommando eilig und rauh weiter. In Toboggan regt sich stürmisch der Lebenswille. Er will nicht sterben, er will nicht, daß ein anderer befiehlt. Er will sich dem irrsinnig-lächerlich-grimmigen und aufgezwungenen Tode entgegenstemmen.
Toboggan will leben. Er will in die Heimat, will zärtlich unterkriechen bei seiner Anna Kamarra; der Name könnte nun doch einer Filmgöttin anstehen.

So deliriert der Sterbende vom Leben, und er macht sich wankend-träumend auf, an die Kampffront, in die Etappe, in die Heimat, zu Anna. Aber es lohnt nicht! Überall Enttäuschungen. Für das Soldatengeschäft ist einer mit Lungenschuß bereits tot, auch wenn er noch atmet. Er stört und muß fortgeräumt werden. Auch Anna betrügt und flieht ihn. In der Urschrift, nicht in der Dresdner Bühnenform, gibt es eine Szene, die auf den Sinn des Ganzen energisch hinweist. Toboggan trifft eine Dame, Liebesstunden winken. Aber die Dame, sein unheimliches Gegenspiel, ist selber vor dem Tode geflüchtet. In ihrem Hause liegt ihr toter Mann. In der Nacht, die ihm höchste Lebensmöglichkeit verspricht, stößt Toboggan auf die Vernichtung, der er entgehen will. Diese Szene fehlt nun. Der Abstieg des dramatischen Geschehens erfolgt etwas rasch. Toboggan hat das Leben, dem er sich erst aufgetrotzt hat, reichlich satt. Er bettet sich in Schnee und stirbt. Jetzt gibt Menzel das Wort an die Musik ab. Sphärengesang.

Die kluge Staël hat gesagt: »Das Leben ist nur dadurch möglich, daß wir den Tod vergessen.« Toboggan hat es versucht: umsonst. Angst vor dem Untergang, Liebe zum Leben – leben, um zu lieben. Das hat Menzel aufgezeichnet, aus einem sicheren und geschlossenen Gefühl für menschliche Urgrundstimmungen. Darin ist er stark. Schwächer wird er, wenn sich das große Prinzip der Selbsterhaltung am Schluß ins Gegenteil auflösen soll. Da wird er lyrisch bis zur Melodramatik. Wir wollen auch hoffen, daß er ein Lebensbejaher bleibt und kein Verneiner wird. Diese Inaktivität ist billig, wird leicht phrasenhaft und hilft uns nicht weiter. Daß er die Wucht hat, die der tragische Held braucht, also der Mensch, der sich gegen Umwelt und Schicksal auflehnt, zeigt Menzel auch in einer neuen Szene, die in Dresden gespielt wird. An einer kleinen Station bringt Toboggan inmitten von Urlaubern und Verwundeten den vornehmen Expreßzug, der dort gar nicht halten soll, zum Stehen. Die Soldaten stürmen heimatsgierig die Plüschcoupés. Toboggan, auch hier durch einen sterbenden Kameraden an den Bedränger Tod gemahnt, richtet sich an der Freundlichkeit einer hübschen Mitreisenden wieder auf. Eine vehemente Szene. Trotzdem: die Szene der Urschrift packte mit größerer Einfachheit.

Insgesamt ein Abend ungewöhnlicher Art, für Empfindsame schreckhaft durch den bitteren Blutgeschmack, der dem Stoffe entströmt, erfreulich durch die junge Kraft eines Mannes, den der große Erfolg ebenso beglücken wie verpflichten muß. Erfreulich auch durch die Arbeit des Dresdener Theaters, das mit dieser Veranstaltung seiner freieren Nebengründung, der ›Aktuellen Bühne‹, beste Lotsendienste leistet.

Josef Gielen hat die Regie. Im ganzen und einzelnen wird das verschleierte Zwischenreich zwischen Tatsächlichkeit und bildgewordenem Traum erregend spürbar. Die Massenszene auf der kleinen Station hat imposante Form und Gliederung. Auch das Technische ist bezwungen, ohne laufendes Band. Kriegsgestöber aller Art und aller Töne; Lastwagenkolonnenpanne; herankeuchender Eisenbahnzug. Es geht technisch hoch her.

Ein Solistenstück, Stück für nur einen einzigen Solisten. Aus der Masse der Darsteller tritt höchstens noch ein Oberst hervor, von Alfred Meyer scharf umrissen, und jene Anna Kamarra. Alice Verden hat prachtvolle Töne fiebernder Erschrecktheit. Die Gestalt aber, auf die alles ankommt, der Herzmuskel des Stückes, ist Toboggan. Dresden hat seinen Erich Ponto, wie Berlin für solche Aufgaben und noch phantastischer Krauß und Forster hat. Auch Ponto gibt eine ungebrochene und bis zum Schluß ansteigende Fülle. Äußerste seelische Aufgerührtheit und letzte körperliche Hingabe flechten sich zu einer großen Gestaltung ineinander.

Herbert Ihering, Berliner Börsen-Courier 16. 2. 1928

Gerhard Menzel sitzt im schlesischen Waldenburg in einem Kintopp und begleitet Filme. Einmal sieht er in einer Wochenschau einen kanadischen Schlitten, der ›Toboggan‹ heißt. ›Toboggan‹, ein Mann, mit dem es bergab geht. Das ist, in Amerika, die abgeleitete Bedeutung des Wortes. Das ist hier der Inhalt des Schauspiels.
Ein Kriegsstück. [...] Als vor einem Jahre die ›Literarische Welt‹ unbekannten, ungedruckten Schriftstellern eine ›Chance‹ gewährte, fiel mir unter den Einsendungen der ›Toboggan‹ als eine Möglichkeit auf. Ich schrieb damals: »Manche Szenen, wie die der Befehlsausgabe im Bauernhaus, die technisch wie der bekannte Auftritt im ›Prinzen von Homburg‹ gearbeitet ist, sind dramatisch gefaßt. Gerhard Menzel hat hier etwas wie szenische Anschauung und Atmosphäre. Dies Drama aber ist kein Beweis, vielleicht eine Möglichkeit.« Inzwischen hat Menzel den zweiten Teil umgearbeitet. Die Zugszenen sind neu. Der Apparat ist größer, die innere Wirkung nicht. Auch jetzt wird es noch »darauf ankommen, ob im ›Toboggan‹ der Militärton für ihn gedichtet hat oder ob ein eigener Ton durchschlägt und sich behauptet«.
Das Stück ist nach der zweiten Szene, dem Bauernhause, zu Ende. Hier gibt der knappe Offiziersjargon der Sprache Gefüge und die Befehlsausgabe der Szene Gerüst. Hier stimmt Apparat und Inhalt, Aufwand und Sinn zusammen. Dieser Auftritt ist stark und entschied den Dresdner Erfolg.
Jetzt beginnen die Verlegenheiten. Wollte das Stück allein den fiebernden Lebenswillen eines zu Tode Verwundeten geben, würde das Thema nur für einen Akt reichen. Menzel will aber oder wollte zum mindesten mehr. In der ursprünglichen Absicht lag es: die Rebellion des Hauptmanns gegen den Tod zu einer Rebellion gegen alle militärischen Instanzen zu führen, den Lebensdrang des Getroffenen hinaufzusteigern zu einer Empörung gegen den militärischen Mechanismus, immer höher hinauf durch alle Kommandostellen, bis zum Generalissimus und zur Regierung. Damit hätten sich Schema, Gruppierung, Steigerung des Dramas ergeben. Das Motiv hätte die Gliederung in sich getragen, das szenische Gerüst hätte dem Sinn gedient.
Was aber sehen wir jetzt? Schon in der damals mir vorliegenden Fassung war der Weg des Stückes zufällig. Er ist in der Neubearbeitung noch willkürlicher geworden. Der Riesenaufwand mit Soldatenmassen, erstürmtem und fahrendem Zug, damit – enttäuschte Liebe am Ende steht? [...] Menzel ist, nachdem er den Kleistpreis bekommen hat, in die Einflußsphäre der Berliner Direktoren geraten, die ihn zwar nicht aufführten, dafür aber mit guten verwirrenden Ratschlägen bedachten. Es heißt das ganze Stück aufheben, wenn man an den Schluß die Szene mit der ungetreuen Geliebten setzt. Eine bagatellisierende, banale Lösung, die alles im Privat-Abgebrauchten verschwimmen läßt, ohne den in der neuen Fassung denkbaren Sinn zu betonen, daß Toboggan zugrunde geht, als er sich aus der Masse löst.

Die Publikumswirkung war in Dresden auch so enorm. Es wäre die Aufgabe Berlins gewesen, Gerhard Menzel, der aus der Provinzatmosphäre der kleinen Stadt herausmuß, wenn er sich entwickeln soll, zur Diskussion zu stellen, unabhängig von Erfolg und Mißerfolg, unabhängig von Stärken und Schwächen des Stückes. Der Aufgabe der Klärung entzieht sich Berlin konsequent. Jetzt wird ›Toboggan‹ bei uns aufgeführt, wenn Menzel längst ein anderes Stück geschrieben haben wird, das für seinen Weg hoffentlich bezeichnender sein und sich alles melodramatischen Brimboriums enthalten wird.

Die Aufführung am Dresdner Staatstheater war vortrefflich. Josef Gielen bewies hier, wie stark seine Fähigkeit ist, ein Schauspieler- und ein Statistenensemble zusammenzuhalten und einzuteilen, aus der Vielfältigkeit die Oberstimme zu lösen und wieder einklingen zu lassen. Der maschinelle (vom Dramatiker sinnlos eingesetzte) Aufwand wurde von ihm, dem Maler Mahnke und dem Techniker Brandt ausgezeichnet beherrscht. Es tat wohl, einer so ruhigen Arbeitsatmosphäre, einem so sicher funktionierenden Bühnenapparat, einer so gut abrollenden, ›klappenden‹ Vorstellung zu begegnen. Nur sitzt man in Dresden im toten Winkel.

Erich Ponto, der ausgezeichnete Charakterkomiker und meisterhafte Episodist des Dresdner Staatstheaters, spielte den Hauptmann. Erstaunlich, wie er die fremde Aufgabe allein mit der Präzision seines schauspielerischen Handwerks, mit den Mitteln spielte, die ihm seine Theatererfahrung an die Hand gab. Welch kluge Ökonomie, welch einsichtsvolles Haushalten mit seinen Kräften! Ponto mußte immer in Bewegung sein, um den Eindruck der Gestalt durchzuhalten. Wenn er allein stand, mit dem Rücken zum Zuschauerraum, stand ein kluger Privatmann oben. Auch das nach vorn gewandte unbewegte Gesicht gab wenig her. Ponto mußte sich auf Mienenspiel, auf mimische Einlagen, auf zeichnerische Ornamente verlassen. Aber wie er das machte, reguliert von einem wachen künstlerischen Gewissen, das war ungewöhnlich. Hervorragendes schauspielerisches Handwerk. Es ist selten geworden.

Neben Ponto auffallend in einer winzigen Rolle von wenigen Worten: Walter Kottenkamp als Soldat. Breit, sicher und theaterwirksam Alfred Meyer als Oberst (auf den Spuren von Jannings). Theatralisch Alice Verden als Anna Kamarra.

Theater in der Königgrätzer Straße
Monty Jacobs, Vossische Zeitung, Berlin, 17. 12. 1928

Nach der Dresdener Uraufführung habe ich hier jene höchst angenehme Befangenheit des Rezensenten bekannt, der als Verleiher eines Preises zugleich die Schuld an der Aufführung trägt. Gerhard Menzel, damals Kinobesitzer in einem schlesischen Nest, war bis zur Krönung mit dem Kleist-Preise ein Schriftsteller, von dem noch nie eine Zeile gedruckt worden war. Jetzt hat sein ›Toboggan‹ nach zwanzig Theaterstädten auch die Station Berlin erreicht, und ich trage nach dem gestrigen Abend mit verdoppelter Freude die Verantwortung dafür, daß es in Deutschland einen (erfolglosen) Lichtspielmann weniger und einen Bühnenautor mehr gibt.

Denn Viktor Barnowsky hat zum Glück nicht jene von den Ratschlägen der Theaterleute verpfuschte Fassung des Dramas gespielt, die in Dresden aufge-

führt (und leider auch in der Buchausgabe gedruckt) wurde. Gestern kam Toboggans Urgestalt zum Vorschein, mutig und erbarmungslos zugleich.
Es ist jener Hauptmann, dessen Darsteller sich von Rechts wegen gleich nach der ersten Szene abschminken könnte. Denn er fällt, ein Opfer des Weltkriegs, in der Feuerstellung einer seiner Batterien. Er muß sterben, aber er will nicht sterben. »Ich setze der Willkür des Todes die Willkür meines Willens entgegen. Ich unterwerfe mich nicht.« Das ist sein Leitmotiv.
Dieser Wille hat etwas Aufwärtsreißendes, das auch zarten Zuschauernerven das Ertragen erleichtern sollte. Toboggan schlägt den Stabsarzt zur Tür hinaus, Toboggan taucht als sein eigenes Gespenst auf dem Befehlsstand seiner Truppe auf, Toboggan fährt (in einer hier gestrichenen Szene) auf dem Lastauto davon, Toboggan erscheint daheim im Boudoir der geliebten Frau. In Dresden war das Drama aus, sobald sie, in Selbstsucht, ungetreu, das lästige Frontgespenst verleugnet hatte. Hier wird noch jene letzte Episode gewagt: Hauptmann Toboggan lernt im Café die Dame kennen, die aus ihrem Hause zu den Menschen flieht. Denn es ist ein Totenhaus, in dem ihr eben erkalteter Gatte liegt. Erst wenn Toboggan bei ihr einen letzten Triumph über das Opfer der Vernichtung gefeiert hat, ist er reif dazu, im Stadtpark, beim Schneetreiben, wenn der Morgen dämmert, seinem Verfolger zu erliegen. »Die Welt ist voll Angst, hier ist Frieden.«

Früher, bei Wilbrandt, hieß der Verfolger Tod Pausanias und trat als schön frisierter Griechenjüngling persönlich auf. Gerhard Menzel, Kind einer neuen Zeit, muß sich die Aufgabe erschweren. Denn hinter seinem Hauptmann weht es nur eisig her. Er dreht sich nach einem Unsichtbaren um, der ihm im Nakken sitzt. Weil Toboggan sich ihm nicht unterwirft, deshalb kann er den Unheimlichen abschütteln. Das ist der Griff des Dramas, das packt und hält fest. Das ist wichtiger als eine dichte, vernietete Form, die niemand von einem Erstlingsdrama verlangen wird. Denn ein Kleistpreisträger ist ein Suchender. Wenn er nicht mehr tastet, kann er ja den Schillerpreis bekommen.
Es wird jetzt mit vollem Recht gefordert, daß Stücke aufgeführt werden, die uns angehen. Was aber kann uns sterbliche Menschen näher angehen, als das Schicksal, das auf uns alle, hinter jeder Straßenecke, lauert, als der Tod? Was kann den Schrecken tröstlicher ausgleichen, als der Anblick eines Willens, der selbst die Vernichtung überwindet? Wer die Verkörperung dieses Willens wagt, hat die Faust des Dramatikers, den unsere Bühne braucht. Auch wenn seine Hand noch nicht mit der letzten Sicherheit zugreift. So deutet sie nur schwach Toboggans zweiten Kampf an, den Kampf des Frontmenschen gegen den fauligen Lufthauch der Heimat. Einem starken Schauspieler blieb es gestern vorbehalten, aus der feldgrauen Abgerissenheit auf den Smokingmenschen zu blicken, wie aus dem Grab in den Tanzsaal.

»Nicht der Krieg, sondern wie der furchtbare Traum eines Krieges«, so heißt Menzels Vorschrift für die Kampfszenen. Es hätte des Gazeschleiers nicht bedurft, den der Spielleiter Viktor Barnowsky vor alles Geschehen spannte. Denn es leuchtet schon phosphorn genug aus dieser Dichtung heraus, um den Scheitel des Moribundus, der seinem Urteil trotzt. Aber was die Bühne ihm an Atmosphäre, an Tempo und Stimmung schenken kann, das hat sie gestern hergegeben. Man hatte weder den Ehrgeiz, mit der Wirklichkeit der Front zu wetteifern, noch die Kateridee, das Spukhafte durch billige Gespensterei wirken zu lassen. Nur in der Szene, da Toboggan im Hause der Witwe sein letztes Abenteuer besteht, ging die Uhr des Spielleiters zu langsam.

Dieses personenreiche Werk ist im Grunde ein Monolog. Denn Toboggans eigentlicher Partner ist ja der Unsichtbare, der Unentrinnbare. Nur drei Gestalten treten einen Schritt aus dem Menschennebel heraus. Zuerst der Divisionskommandeur, in Ernst Stahl-Nachbaurs gespannter Energie, herrisch und nervös zugleich, ein Symbol jener irdischen Macht, der sich die Toboggans sicherlich nicht beugen. Sodann die Ungetreue, von Roma Bahns Sicherheit geschickt aus der primitiven Primanervision ihres Dichters herausgeholt. Endlich die Dame, die vor dem Tode, ohne Toboggans Trotz, flieht: eine rechte Aufgabe für die seelische Zartheit und für das transparente Menschenleid in Eleonora Mendelssohns Kunst. In der winzigen Figur eines Kaffeehausspießers wieder das haftende Profil Felix Bressarts.

In Dresden trug der ausgezeichnete Erich Ponto Toboggans Uniform. Er gab alle Illusion des Willens und der Spannkraft. Aber damals vermißte ich den Schauspieler, von dem etwas ausgeht und um den die Luft mit Magie geladen ist. Gestern, in Rudolf Forsters Hauptmann, wurden alle diese Wünsche erfüllt. Das war schlechthin herrlich, eine Kunst, die in der brausenden Dankbarkeit der Zuschauer ihren Lohn gefunden hat. Sein Toboggan unter den Heimatsmenschen, das ist der lebende Leichnam, fahl, ausgelöscht in allem Persönlichen, ein gebieterischer Mensch im offen umherschleppenden Feldmantel, ein blonder, struppiger Kopf, ein Blick aus dem Jenseits und eine Stimme aus irdischem Stahl. Verfall und Haltung zugleich, das ist das Magische an dieser Verkörperung einer dichterischen Vision, an diesem Triumph des Menschenwillens über Menschenschwäche.

Schon um dieser Gipfelleistung einer noblen Schauspielkunst ist das Drama sehenswert [...].

Georg Kaiser   Oktobertag

Uraufführung: Kammerspiele Hamburg, 13. März 1928
Inszenierung Gustaf Gründgens

Kammerspiele Berlin, 30. August 1928, Regie Robert Forster-Larrinaga

Neues Theater Frankfurt, 13. Oktober 1928, Regie Arthur Hellmer

Vor gut zehn Jahren hatte Georg Kaiser begonnen, sich die deutschen Bühnen zu erobern. 1928 war er der am meisten gespielte zeitgenössische Autor. 1928 wurde Kaiser fünfzig Jahre alt. Er wurde mit vielen Aufführungen auch der ›alten‹ Stücke geehrt. Leopold Jeßner z. B. inszenierte am Berliner Staatstheater noch einmal ›Gas‹ (7. 9. 1928), Gustav Lindemann am Düsseldorfer Schauspielhaus ›Die Bürger von Calais‹ (15. 12. 1928). Kaiser selbst leitete sein ›Festjahr‹ mit einem neuen Stück ein, in dem er wieder als ein ›Neuer‹, nun als ein verinnerlichter Autor erschien, der seinen Stoff poetisch erlebte. Stilistisch ist ›Oktobertag‹ der konsequenteste Versuch Kaisers mit seinem alten Thema: die Wirklichkeit durch Illusion, durch Imagination zu überformen.

›Oktobertag‹ kam bald auf viele Bühnen und erhielt zum Teil ausgezeichnete Besetzungen. Bei der Hamburger Uraufführung spielte Gustaf Gründgens (der auch die Regie führte) den Leutnant, Hans Stiebner den Schlächter Leguerche, Ellen Schwannecke die Catherine. – In der Inszenierung der Berliner Kammerspiele war Mathias Wiemann der Leutnant, Homolka der Schlächtergeselle, Margarethe Köppke die Catherine und Albert Steinrück Coste. In den Kammerspielen München spielte (unter Schweikarts Regie, 24. 9. 1928) Ruth Helberg die Catherine (»ein rührendes Bild ahnungsloser Kindlichkeit«) und Will Dohm Leguerche. In Dresden (August 1928) unter Gielens Regie war Adolf Wohlbrück Leguerche und Antonia Dietrich die Catherine; in Düsseldorf unter Gustav Lindemanns Regie Peter Esser der Leutnant und Fita Benkhoff die Catherine. ›Oktobertag‹ wurde ein Erfolgsstück nach den Enttäuschungen, die Kaiser nach ›Zweimal Oliver‹ (s. d.) seinem Publikum bereitet hatte. Inzwischen waren von ihm nämlich auf der Bühne erschienen: ›Der mutige Seefahrer‹ (uraufgeführt am 12. 11. 1925 im Dresdener Schauspielhaus), ›Die Papiermühle‹ (uraufgeführt am 26. 1. 1927 ebendort und ›Der Präsident‹ (uraufgeführt am 28. 1. 1928 am Schauspielhaus Frankfurt/Main). Aber ›Oktobertag‹ war nicht das einzige neue Stück, das Kaiser den Bühnen zu seinem 50. Geburtstag gab. Am 24. November 1928 brachte Arthur Hellmer (kurz nach seiner Inszenierung des ›Oktobertag‹) Kaisers ›Lederköpfe‹, in denen Kaiser sich gegen die heraufkommende absolute Diktatur wandte. Auch mit diesem Stück bestätigte Kaiser wieder, was Herbert Ihering anläßlich von Jeßners ›Gas‹-Inszenierung resümierend über ihn geschrieben hatte: »In einer Epoche, als das deutsche Theater stofflich verarmte und formal verwilderte, hat Georg Kaiser die Bühne an neue geistige Auseinandersetzungen und neue stilistische Probleme gewöhnt. Georg Kaiser hat Themen und Stilarten so schnell vorausgenommen, daß sie ... schon veraltet erscheinen, bevor sie sich in der langsamen Entwicklung des Lebens, in der zäheren Gewohnheit der Literatur auswirken und durchsetzen konnten. Georg Kaiser überholte die Wirklichkeit durch den Stil. [...] Er machte keine Stellungen sturmreif. Er machte Minutenrevolten, Sekundenoffensiven, Augenblicksangriffe« (›Berliner Börsen-Courier‹, 8. 9. 1928)

Kammerspiele Hamburg
Otto Schabbel, Kölnische Zeitung 16. 3. 1928

Der verstandeskühlste Logiker, der technischste Konstrukteur des jüngstdeutschen Dramas – wir sehen ihn hier auf der Flucht in die Romantik. Flieht er vor sich selbst, vor seiner eigenen Mentalität, steht der ›Oktobertag‹ auf der Linie seines inneren Entwicklungsprozesses, ist er nur eine Art Spielbluff – das bleibe dahingestellt. – Zum ersten Male begibt sich Georg Kaiser auf das Gebiet einer abseitigen Psychologie, komponiert ein Liebesstück von fast unwahrscheinlicher Irrealität. [...] Die helle Geistigkeit des Stücks, das jeglichen Gefühlsballastes entbehrt, der komprimierte Dialog, das Offenbaren hintersinnlicher Mächte bedingen eine ungewöhnlich interessierte Spannung. Das Publikum bejahte trotz des verblüffend harmlosen Schlusses. In der Aufführung bewährte sich Gustaf Gründgens als einfühlsamer Offizier, gab Ellen Schwannecke die traumwandlerische Hysterika mit feinen Tönen ...

A. Frankenfeld, Berliner Tageblatt 16. 3. 1928

Mystische Mathematik mit einem Einschlag von Kolportage. [...] Kaiser [...] täuscht den Hörer durch eine zielbewußte Dialogführung über die psychologischen Unwahrscheinlichkeiten der Handlung hinweg. Der Eindruck auf das Publikum war nach dem 2. Akt noch ungewiß, aber am Schluß von durchschlagender Wucht.

Kammerspiele Berlin
Arthur Eloesser, Vossische Zeitung, Berlin, 31. 8. 1928

Es soll irgendwo im Talmud stehen, daß zehntausend Engel auf einer Nadelspitze Platz haben. Warum nicht auch ein Stück. Warum nicht das Stück eines Dichters, der die Seele eines Tänzers hat oder wenigstens eines Jongleurs, dem nach einer kaum noch absehbaren Reihe von Erfolgen und Mißerfolgen die Spielfreudigkeit mit den Sinnbildern des Lebens nicht verlorenging. Diesmal hat er alle Bälle in seine Hand wieder zurückbekommen. Man kann Georg Kaiser einen Taschenspieler nennen, man kann seine geschwinde Vorführung gläubig annehmen oder ungläubig ablehnen; man kann nicht leugnen, daß sein Stück oder sein Kunststück glänzend ausbalanciert ist, und ich wünschte, daß wir mehr von solchen Taschenspielern hätten, die blenden, überraschen und schließlich noch nachdenklich machen.

Catherine Coste, die wohlbehütete Nichte eines angesehenen Mannes in der Provinz, hat ein Kind bekommen, während der letzten Geburtswehen hat sie den Namen des Vaters geschrien: Leutnant Jean-Marc Marrien. Der junge Leutnant, von großer, alter Familie, wird aus Paris zitiert. Ein peinliches Verhör bringt ihm die Erinnerung, daß er während einer Dienstreise einen kurzen Aufenthalt zwischen zwei Zügen in der Stadt Catherines verbracht hat. Er hat als frommer Jüngling eine Kirche besucht; Catherine kniete neben ihm am Altar, seinen Namen las sie in der offenliegenden Mütze. Er hat gedankenlos vor einem Juwelierladen gestanden; Catherine stand neben ihm und sah sich dieselben Eheringe an. Er hat ein paar Akte von einer Oper angesehen, Catherine saß in derselben Loge, und im Fortgehen streifte er ihren Arm.

Wenn ich Dramaturg der Kammerspiele wäre, hätte ich Georg Kaiser, der sehr zugänglich ist, eine kleine Änderung vorgeschlagen, daß der Leutnant der wohlbehüteten Catherine, die gewiß nicht allein ausgeht, in einer anderen Stadt begegnet wäre. Sie hätte ihre Großmutter besuchen können. Es wäre ein merkwürdiger und sehr unbrauchbarer junger Offizier, der sich nicht entsinnen kann, wo er einmal ausgestiegen ist. Jedenfalls reiste er denselben Abend noch ab, nachdem ein unschuldiges junges Mädchen mit ihm, sehr ohne sein Wissen, eine mystische Hochzeit gefeiert hatte. Demnach muß er die Vaterschaft an dem Kinde leugnen, erst mit der Schroffheit eines reinen jungen Menschen von strengen Grundsätzen, dann nicht ohne Ergriffenheit durch ein Wunderbares oder Unentwirrbares, nachdem er Catherine gesehen hat.

Noch während seines peinlichen Verhörs durch den Onkel läßt sich der Schlächtergeselle Leguerche melden, ein draller Plebejer, so trotzig und verlegen, wie ein Mann kommt, den eine Frau geschickt hat. An demselben Oktobertag ist Leguerche gegen seine Braut, das Kammermädchen Juliette, auch recht unversehens, schuldig geworden. Da er sie nachts, wie das zwischen Brautleuten üblich, besuchen wollte, tat sich im dunklen Gange eine Tür auf, ein weißer Arm erschien, zog ihn in ein dunkles Zimmer, und warum sich Catherine ein halbes Jahr später zu einer Verwandten begab, das hatte die tüchtige Juliette bald ausgekundschaftet. Sie schickt ihn, Geld zu holen; sein Fehltritt wird ihnen den erträumten Schlächterladen einbringen. Leutnant Marrien zerreißt den Scheck des Onkels mit den Worten: Ich bin der Vater. Das Publikum lacht nicht, es glaubt, begreift das ekstatische Verhältnis des mystischen Brautpaares.

Georg Kaiser ist ein noch größeres Kunststück gelungen, er steigert sich im dritten Akt noch einmal. Ein paar tüchtige Ohrfeigen von Juliette schicken den Schlächtergesellen noch einmal zurück, und zwar mit ausgezeichneten Argumenten. Er ist der Vater des Kindes und soll, für sein Schweigen, nicht einmal zu einem Schlächterladen kommen, während der Leutnant, nur gegen seinen Namen, eine Million eintauscht? Das ist ungerecht, man betrügt ihn, und die feinen Leute betrügen auch die Natur. Die Szene zwischen dem natürlichen und dem geistigen Vater des Kindes ist außerordentlich gut geführt, ist wohl das beste Theater, das sich unser geringes Können mit großem Wollen entschuldigende Bühne seit langem geleistet hat. Kaiser geht geradewegs auf die Katastrophe. Wenn die mystische Hochzeit bestehen soll, darf es keinen Schlächtergesellen Leguerche geben. Der Leutnant ersticht ihn.

Der Regisseur Forster-Larrinaga hat sich gewiß gesagt: Das ist eine unwahrscheinliche Sache. Also muß ich stilisieren. Der Salon der Villa Corte ist ein ebenso leerer wie vornehmer Raum und bietet an Bequemlichkeiten nichts als zwei feierliche Lehnstühle. Wenn mehr als zwei Personen auf der Bühne sind, haben sie nichts zu sitzen; sie werden auseinander gezogen und sprechen über feierliche Distanzen, als ob sie Corneille oder Racine vorzutragen hätten. Die Inszenierung war klar und energisch, aber ich habe eine Provinzaufführung in einem weniger absichtsvollen Raum gesehen und kann versichern, daß es auch ohne dieses Zeremoniell ging. Es kommt darauf an, daß man dem mystischen Liebespaar glaubt, und dann kann ruhig ein Tisch oder gar ein Sofa dastehen. Gerade in dem leeren Raum wurden einige Schnürchen der Regie sichtbar. Die talentvolle Margarethe Köppke wurde zu sehr als Somnambule bewegt; man hätte ihr möglich machen sollen, sich auch im Übersinnlichen natürlich zu bewegen. Man hätte daran denken sollen, daß man ins Übersinnliche am besten durch das Sinnliche gelangt. Daß Catherine die Nacht mit dem Schlächtergesellen ausgezeichnet überstanden hat. Margarethe Köppke war sehr seraphisch in präraffaelitischer Schlankheit, aber die richtigste Catherine wird diejenige sein, die auch das Käthchen von Heilbronn spielen müßte. Das, was uns überzeugt, was das Stück oder Kunststück sinnvoll macht, weht von Mathias Wiemanns Leutnant aus; er braucht eine vornehme Seele, braucht die Gehaltenheit eines aus strenger Erziehung entlassenen jungen Menschen. Ein unschuldiger Junge steigt irgendwo aus, steigt ebenso unschuldig in seinen Zug und wird zum Mörder. Wird von etwas Unerforschlichem ergriffen, das er als Schicksal auf sich nehmen muß. Wir sind verantwortlich für das, was wir wirken. Das ist der Sinn des Stückes, der uns über eine höchst ingeniöse Veranstaltung hinaus noch nachdenklich macht. Der Dichter ist da, wenn er uns Schicksalsnähe fühlen läßt, er war in Wiemann, in seinem schweren Ernst, in seiner ergebenen Männlichkeit. Der Dichter war auch in Oskar Homolka, der überdies an dem Koch aus ›Dorothea Angermann‹ sehr glücklich vorbeikam; ein Plebejer in der Hand einer Frau, der sich als Erpresser ungemütlich fühlt, der dann als Gegner wächst, weil er das Naturrecht hat gegen die feinen Leute mit ihren seelischen Schwindeleien. Es sind zwei gleichberechtigte Gegner, die sich schließlich gegenüberstehen; auch der Plebejer hat sein Pathos, und Homolka ein um so besseres, als er es keinen Augenblick aus dem Drastischen und Drolligen entläßt. Es bleibt noch der hervorragende Onkel Catherines von Albert Steinrück, der mir allerdings allzu hervorragend schien. Die Ausdrücklichkeit seiner Gemütsbewegungen hätte für einen Vater ausgereicht. Steinrück macht das natürlich glänzend, Enttäuschung, Erschütterung, Benommensein bis zum Taumeln. Aber Georg Kaiser weiß wohl genau, warum er sich mit einem Onkel statt eines Vaters begnügte. Der feine alte Herr, der mit einem Scheck gegen das Schicksal auftreten will, sollte zwischen ekstatischer Verzückung und brutaler Natürlichkeit gewiß nur die Mitte des bürgerlichen Herkommens und der Konvention behaupten.

Neues Theater Frankfurt
Bernhard Diebold, Frankfurter Zeitung 14. 10. 1928

[...] Ein genialer Schwindel! denn letzte Konsequenz ist genial. Eine Fabelei und Tiefsinnforschung wie sie nur Georg Kaiser fertigbringt – der Denkspieler. Man schleudert mir entgegen: Pirandello! Ach Gott, Pirandello trübt nur die klaren Wässerchen mit seinem Stecken, so daß man nicht mehr auf den Grund der Handlung sieht; und Tiefsinn ahnt, wo Flachsinn spielt. Kaiser aber macht mit schärfster Diktion die Situation so sonnenklar, daß jeder Angehörige des intellektuellen Mittelstandes den Finger seines Geistes genau auf den Brennpunkt der Unmöglichkeit zu legen weiß und Au! schreit, weil's ihn brennt. Denn eben wie er den Georg Kaiser auf dem Unmöglichen ertappen will, ertappt ihn Georg Kaiser mit dem ironischen Geständnis des Unmöglichen. Seine Lebensweisheit lautet für die Dauer dieser drei Akte: alle Zufälle des Außen dienen nur einer Notwendigkeit des Innen. Aus Zufällen formt die Seele ihre Notwendigkeit.
Das Unmögliche meiner Fabel – so könnte Kaiser sagen – beweist die Zufälligkeit des Notwendigen – oder die Notwendigkeit der Zufälle. Jedes Schicksal ist Mischung aus beidem. Machen wir's mal kraß mit den Zufällen in diesem Spiel, als wären wir der liebe Gott. Ihr werdet sehen, daß ich euch eine göttliche Notwendigkeit ableite. Denn meine *Logik* siegt über die unbegrenzten Unmöglichkeiten; geschweige über das bißchen wirkliche Wirklichkeit.
Kaiser erzählt uns ziemlich Unmögliches. Aber wie er's aufbaut; wie er's uns einbrockt; wie er's steigert; wie er's spannt! Durch künstliche *Verhinderung* der dringlichsten Begegnungen; durch raffinierte *Verstummungen* der Hauptpersonen im wichtigsten Moment – so erzeugt er eine ungestüme Lust zur Rätsellösung. Sie darf vor dieser (aller Psychologie des Wahrscheinlichen widersprechenden) Handlung sich nur *symbolisch* äußern.
Liebe macht körperblind. Auch der Leutnant unterliegt dem Mysterium der überkörperlichen Liebe. Catherinens Liebe zieht ihn in ihre Magie. Genau wie sie *realisiert* auch er die Stationen von Juwelier, Kirche und Oper in seiner

Seele; glaubt schließlich selber an die Notwendigkeit der Zufälle. Übertreibt die psychische Konsequenz bis zu dem überraschenden Bekenntnis: er, Leutnant Marrien, sei der Vater des von Leguerche gezeugten Kindes. In seiner Seele ward's gezeugt. Durch diese Zeugung ward's ihm sogar ähnlich. Dies Kind ist Zeugung überirdischer Liebe. Sein einziger Seelenfeind ist sein natürlicher Vater: der Schlächter, der nur ans Fleisch glaubt im Lieben und im Schlachten. Man ist bei Kaiser ein symbolischer Schlächter. Man ist als Leutnant ein symbolischer Vater. Was kann das Fleisch bewirken, wenn der Geist das Fleisch symbolisiert? Das Konkrete ist ins Abstrakte umgewertet. Ein zauberhafter Schwindel, den wir Dichtung oder Mystik nennen mögen. Kaiser zitiert zur Erklärung der gewissermaßen unbefleckten Empfängnis die unio mystica. Vater *werden* ist nicht schwer, Vater *sein* dagegen... ein Mysterium.

Weil aber eine ganze psychisch eingebildete Welt in ihrer ›seelischen Realität‹ nur dann bestehen kann, wenn sämtliche Beteiligte mit bestem Willen ihre Idealität beglaubigen, so wirkt ein ganz gemeiner Kerl wie etwa dieser Schlächter Leguerche sehr stimmungsmordend und katastrophal. Dieser Sancho Pansa fühlt sich als *wirklicher* Liebhaber und Vater; ist aber herzlich gern bereit, seine im Seelenreiche störende Realität gegen ein Schweigegeld verschwinden zu lassen. Wenn die Liebenden aus Seelenkraft den Irrtum des Körpers verleugnen, so vermag der Schlächter gegen *Geld* dieselbe Irrealisierung herzustellen. Jenem unbewußten Schwindel begegnet er mit dem bewußten. Was jenen Idee heißt – ist ihm eine lachende Lüge. Beinahe spielt er den Mephisto. Die Seele mag lange ihre Reinheit schauspielern – der Körper meldet dauernd seine anonymen Ansprüche: Die ewige kleine Tragödie: daß man den Leutnantsengel seiner Seele wünscht, und doch den Schlächter seiner Seele mit dem Leib begrüßt.

Wir haben seit Hebbels spitzfindiger Psychologie über Keuschheit und Treue nie wieder so subtile Angelegenheiten durchgedacht. Während Hebbel im Anblick Rhodopens und Mariamnens blutete, macht Kaiser lachende Experimentchen. Lachend vermeidet er die einzig mögliche Lösung des Konflikts: daß Catherine an der Welt stirbt – wie Rhodope sterben mußte. Wohl, es ist moderner gedacht und gelacht, daß der empörte Leutnant schließlich den Schlächter umbringt. Wozu denn hat man einen Säbel? Das ist doch etwas unbedacht, mein Georg Kaiser. Du bringst nicht nur den Schlächter Leguerche um, sondern deine Symbolik vom ewigen Seelenstörer Corpus. Wer auf solche Höhen moralischer Idealität gestellt wird wie Jean-Marc, so daß er des Oheims Coste guten Vorschlag, den irdischen Teil der Angelegenheit mit einem Scheck an Schlächter Leguerche friedlich aus der Welt zu schaffen, ablehnt – der muß auch über die leibliche Existenz des Körpers Leguerche ohne Säbel siegen können. Oder bedeutet diese Tötung gar die symbolische Abtötung der eigenen Leiblichkeit? Dann wäre das Spiel für Datum 1928 doch zu weit getrieben. Es würde gar zu ernsthaft und wäre dann kein Spiel mehr. Nur als Spiel ist diese Seelen-Artistik für die Seele akzeptabel. Kaiser weiß es genau, daß selbst bei Catherine die linke Hand nicht wissen darf, was die rechte tut – um des Spieles willen. Aber das Spiel ist es ein Meisterstück des Denkens, ein Feuerwerk von Einfällen, ein Bacchanal der Intellektualität.

Allerdings gehört zu diesen Freuden die Disposition des Publikums. Es muß klug, ironisch, humorig und dennoch tief empfindsam sein. Nur wer die Seele jemals mit dem Geist gewogen; nur wer den Körper jemals mit der Seele prüfte; nur wer vom Geiste jemals sich den Zwiespalt zwischen Leib und Seele grausam öffnen ließ – nur der gelangt zum andächtigen Gelächter über diese Komödie der Irrungen. So ein Publikum war vielleicht möglich in der Ibsen-Hebbel-Zeit von 1900 bis 1910. Heute wirkt ein ›Oktobertag‹ im Auditorium als Scharlatanerie. Und faktisch steckt in jedem genialen Schwindel die Wollust der Schauspielerei. Was darüber ist – verschwebt sich leicht ins Luftige. Daher läßt die *Lektüre* dieses Stückes viel tiefere Hintergründe aufdämmern als die Konkretheit einer Aufführung, die das Unmögliche der Zufälle zu körperlich realisiert. Die Komik lauert hinter den Kulissen.

Diese Marquisen-Sprache des Herrn Coste ist in ihrer preziösen Logik mehr eine Übersetzung aus dem Dixhuitième als redende Gegenwart. Und der Schlächter Leguerche spricht manchmal wie junger Schiller im ›Fiesco‹: »Leguerche – man will dich wieder betölpeln ...«

Herr Jensen hielt sich in vornehmer Konversation und regte sich gerade so viel auf, als einem Oheim und Père noble zu gestatten ist. Gute Haltung. Ein ruhender Pol in der Verwirrungen Flucht. Elsa Tiedemann eignet sich immer zur Verleiblichung der ›gläsernen Frau‹. Hier wirkt das Künstliche ihrer Existenz beinahe schon un-existent. Doch der Stil war getroffen. Weniger sicher traten die Liebhaber auf. Nürnberger und Massarek teilten sich in die ungleichen Väter. Hellmer als Regisseur war nicht ganz sicher; und die kurze Tongebung entsprach auch nicht der leeren Weite des mit einfachsten Mitteln aufgestellten Raumes von Kurt Baer: ein Salon nicht für Menschen, ein Salon für Ideen.

Gloryl Watters
Arthur Hopkins Artisten

Deutsches Theater Berlin, 9. Juni 1928, Regie Max Reinhardt

Mitten in die Sommerspielzeit, die in Berlin immer mit anspruchslosestem Unterhaltungstheater ausgefüllt wurde, brachte Max Reinhardt eine Attraktion. Ein Mitbringsel aus Amerika. – Kurz nach der Premiere von ›Dorothea Angermann‹ war er, im November 1927, zum zweitenmal nach Amerika gefahren, diesmal mit seinem Ensemble, um in New York das erste deutsche Theatergastspiel nach dem Krieg zu versuchen. Der Versuch endete mit einem überwältigenden Triumph für Reinhardt und seine Schauspieler. Sie zeigten die ganze Weite des Reinhardt-Theaters, beginnend mit dem ›Sommernachtstraum‹ am 17. November 1927. Es folgten (im Century Theatre) ›Jedermann‹ und ›Dantons Tod‹ und (im Cosmopolitan Theatre) ›Peripherie‹, ›Ein Diener zweier Herren‹, ›Gespenster‹, ›Kabale und Liebe‹, ›Der lebende Leichnam‹ und ›Dorothea Angermann‹. 98 Vorstellungen hatte die Truppe gegeben. Ende Februar 1928 fuhr sie zurück. In Amerika hatte Reinhardt das Erfolgsstück von Watters und Hopkins gesehen, dessen Milieu seine Phantasie erregte. Artisten, Varieté, Theater von hinten, Bühne auf der Bühne, Illusionierung und Desillusionierung: Reinhardt, der sich Anfang des Jahrhunderts in Berlin selbständig machte, indem er das Kabarett ›Schall und Rauch‹ gründete, hatte die Kunststück-Welt des Varietés und Kabaretts nie vergessen. Er hatte Revue inszeniert, er hatte das herkömmliche Konversationsstück so mit Musik durchsetzt, daß er mit der Inszenierung von Maughams ›Victoria‹ den Prototyp einer neuen Gattung, das musikalische Lustspiel (Singspiel) geschaffen hatte (5. 3. 1926, Komödie Berlin). Alle diese Mittel führte er in dieser Inszenierung zusammen, deren nichtige Handlung die ›artistische‹ Grundlage der szenischen Kunst um so deutlicher herausstellte. »Aus Nichts etwas machen.« – Reinhardt hatte für diese Inszenierung erste amerikanische Artisten verpflichtet: z. B. den Stepptänzer Douglas und die mit ihren Spirituals und Songs bekannten ›Admirals‹. Sie blieben im Ensemble, als Reinhardt diese Inszenierung nach dem großen Berliner Erfolg nach Wien ins Theater an der Wien übernahm. Die Clown-Rolle spielten russische Schauspieler: in Berlin Sokolow, der nach dem Tairow-Gastspiel in Berlin geblieben war, in Wien der Neffe des russischen Dichters Anton Tschechow, Michael Tschechow, der Mitglied des Moskauer Künstlertheaters war. Hans Moser eroberte sich in der Rolle des Inspizienten Berlin, das den Wiener Komiker bis dahin nur aus Berichten kannte. Die Chansons der Mosheim aus den ›Artisten‹ wurden Tagesschlager. in der ›BZ am Mittag‹ schrieb Norbert Falk: »Reinhardt gibt eine Schau, desgleichen das Deutsche Theater noch nie gesehen hat.« Reinhardt kam mit dieser Inszenierung wieder in enge Berührung mit dem Berliner Publikum. Er zeigte hier ›Theater‹, das den Stoff nur als Vehikel der Selbstdarstellung benutzte. Als er 1930 ›Phaea‹ inszenierte (auch das lebte noch aus dem ›amerikanischen‹ Impuls), suchte er wieder die Verbindung der absoluten Mittel mit dem Gegenwarts-Stoff.

Emil Faktor, Berliner Börsen-Courier 11. 6. 1928

Reinhardts Sinne sind vom New Yorker Rassen- und Tempotrubel noch alarmiert. Flutmassen des Lichtes und der Bewegung, der Originallärm ungezählter Jazzkapellen und Präzisionskünste, die Unsumme von Eindrücken, die den Rausch der Quantitäten mit dem Spuk der Dimensionen multiplizieren, ziehen bei ihm Spuren. Der Nachhall hätte für einen ganzen Zyklus ›New York in Berlin‹ ausgereicht. Bei so kurzem Verweilen auf dem angestammten Boden war sich Reinhardt seiner Repräsentationspflichten bewußt, und er gab an einem einzigen Abend fast alles her, was der Umkreis des Broadway in ihm aufgespeichert hatte.
Es wurde ein Schaufest der Üppigkeit, eine Glanzpremiere der Szenerie, der Schauspielkunst, des humoristischen, sentimentalen, orgiastischen Theaters, die sich kreuzende, gegeneinander wogende Doppelströmung von Spielbühne und Varieté, von Tanzrevue und Schauspiel, von Akrobatenkunst und Ensembleherrlichkeit.
Dazu Erneuerungszauber der Drehbühne, die nach Entwürfen von Schütte optisch triumphiert. Im Dienste eines Zirkusmilieus teilt sie sich hinter, vor und zwischen den Kulissen auf und spendet mittendrin, zur Ausfüllung einer kurzen Umschaltungspause, den Vollblick auf einen amerikanischen Show mit Pu-

blikum in vergoldeten Logen, mit tanzenden Paaren auf dem Parkettboden, während das Stück weiterrollt, hinter dessen Rücken sich das Theater im Theater abspielt. Ist das New Yorker Regieverfahren? Kein Gedanke. Das ist Reinhardt, wie er schon immer war, zu einem äußersten Aufgebot aller technischen und künstlerischen Kräfte aufgereizt. Einkreisung des Zuschauers durch Magie, Realismus und Fülle.

Fast überflüssig, jedenfalls unwichtig scheint es, auch von dem Stücke zu sprechen. Es kommt in elf Bildern (die als Verfasser Gloryl Watters und Arthur Hopkins nennen) zum Vorschein, ohne auf seine Existenz Wert zu legen, sobald es nur die Stichworte für den wundervollen, schwarzhäutigen Typentänzer Douglas brachte oder das Artistenpaar Presco und Rampo zu seinen herrlichen Ohrfeigenduetten aufforderte. Die Szene, wie einer der beiden aus hundert Umdrehungen und Luftsprüngen immer wieder als Zeitungsleser sich herausschält, hätte man sich endlos lang angesehen, ohne zu bedenken, daß inzwischen der alkoholische Clown Skid (Sokolow) durch die Abtrünnigkeit seiner Bonny (Grete Mosheim) immer tiefer ins Laster hineingerissen wird. Tatsächlich muß sehr viel vor sich gehen, eine lange Folge von Tänzen, Gesängen eines amerikanischen Kletterbrüderquartetts, von Tobsuchtsanfällen des Theaterredakteurs und seines Inspizienten, mit Einmischung von Akrobaten, absolviert werden, bevor der arme, verzweifelte, auf einen Viehzüchter eifersüchtige Skid seine Bonny zurückerobert. Diese Trennungs- und Wiedervereinigungsgeschichte eines Zirkuspaares mag einmal ein Theaterstück gewesen sein, sicherlich ein sehr banales, von Schmalz und Tränen, nebst schwächlichem Humor, triefendes.

Die Rolle der Bonny wird von Grete Mosheim liebreizend bürgerlich, für eine Varietéfigur viel zu zartnervig, veilchenhaft duftig gespielt. Von ihrer Delikatesse ist auch ihr Partner Gülstorff angesteckt, der ein weiches, um Liebesgunst werbendes Gemüt, aber immerhin einen Viehzüchter darstellt und mit der Schüchternheit eines Zoologieprofessors ausstattet. Trotzdem möchte ich nicht um alles in der Welt von Fehlbesetzungen reden, wenn mißverständliche Reize so gewinnend gut, so strahlend liebenswürdig herauskommen. Es ist Sprechmusik, von Reinhardt komponiert, während er für andere Wirkungen den Musiker Werner R. Heymann heranholt.

Für die robustere Zirkusnote kommt voll aktiven Temperamentes Sokolow auf. Der fremdländische Akzent und die rassige Kleinfigur stützen die Clownrolle, widersprechen nicht dem äußerlich phlegmatischen, innerlich dämonisierten Startum. Es wäre auch eine glänzende Janningsrolle. Wo soll man ihn hernehmen? Scharf, von Schmierenromantik umwittert, den Raum grotesk füllend gibt Jacob Tiedtke den Direktor. Die Komik des Gegensatzes wird von Hans Moser, in Wien bereits Liebling, für Berlin neu, virtuos eingesetzt. Schon die durch Watschelbeine und ein verkrümmtes Profil gekennzeichnete Erscheinung ist belachenswert. Dazu Fixigkeit der Bewegung, ein merkwürdiges Organ, das in der Verkratztheit der Töne an den seligen Arnold, im wehleidigen Beiklang auch an Forest, in der Forschheit, mit der Pointen laut werden, zuweilen an Pallenberg erinnert. Nein, der köstliche Arnold, dem Erben sicher unbekannt, dominiert... Moser macht die Antrittsvisite als gehetzter, jedem Besucher der Vorstellung nachlaufender, vor Aufregung Blut schwitzender Inspizient. Ich bin überzeugt, daß seine Komik hundertprozentig ist, obschon die erste Begegnung nicht in jedem Moment Vollkontakt hatte.

Dagny Servaes plagt sich mit einer wilden, unergiebigen Soubrettenrolle, während Hansi Jarno, Tochter der Niese, mit drastischer Energie aufmuckt – als korpulente Gattin eines Tanz- und Schnorrkünstlers, der von einem hierorts ebenfalls unbekannten Darsteller namens Tibor v. Halmay gehüpft wird. Er erinnert in seiner artistischen Beschwingtheit an Paulsen, ohne wie er (vielleicht durch ungarischen Dialekt behindert) auch schon Sprechkomik zu haben.

Es ist erstaunlich, wieviel Talente wir zur Zeit besitzen, wieviel Theaterblut nachwächst. Es kommt unter der Meisterführung Reinhardts erst recht zum Bewußtsein. aber was ist mit dem Theater selber los? Es verzehrt sich in Wirbelglanz, es verzettelt sich an Pseudodramatik. Diesmal sogar mit einem Aufwand, wie man ihn bisher kaum erlebt hat. Es werden nicht weniger Nerven verbraucht als in der historisch gewordenen Blütezeit Reinhardtschen Schaffens, das sich für Meisterdichtung und szenisches Vollwerk exponierte. Mit demselben Eifer, mit dem er früher für Einheit und Zusammenwuchs künstlerischer Eindrücke kämpfte, sprengt er den bindenden Geist, die tragende Form auseinander. Aus den herumfliegenden Lappen stellt er das Narrenkleid der Zeit zusammen, das sich Revue nennt. Zur Unterscheidung von allen ähnlichen, von ihm weit überholten Unternehmungen kann er sich unter anderem auch auf stofflichen Zusammenhang zwischen Stück und Varieté berufen. So undurchlässig dicht, mit soviel Schutzwänden gegen Mißerfolg wurde selten gearbeitet. Man kann sich kaum jemals eine Überbietung des so kostspieligen Verfahrens vorstellen. Reinhardt ist in Gefahr, sich ein nächstes Mal zur Neuinszenierung eines wirklichen Theaterstückes bemüßigt zu sehen. Wir kommen ja bald wieder, nach Salzburg, Wien und Hollywood, an die Reihe. Mehr kann ein Millionenstädtle, ein so winziges Theaterdorf wie Berlin von dem Meister, den es emporhob, nicht verlangen.

Fritz Engel, Berliner Tageblatt 11. 6. 1928

Bescheidene Vorbemerkung
Gott verdamm mich, warum kann ich nicht mitjubeln mit euch? Warum ist mein Gedächtnis so zäh, daß ich nicht vergessen kann, ich sitze im Deutschen Theater, L'Arronge, Otto Brahm, Reinhardt selbst und er erst recht? Warum ist es mehr als ein Traum, daß dieser Reinhardt, zuerst mißverstanden und kritisch verhöhnt und nur von einigen wenigen meiner Zunft durchgehalten, daß er in diesem Hause einer nun elterlichen Generation Jugendsehnsucht gegeben und erfüllt, blindgewordene Werte aufgehellt und die Liebe zu großen Dichtungen für ein ganzes Leben befestigt hat? Warum kann ich nicht mitjubeln, wenn er den ›Sommernachtstraum‹ amerikanisiert? Auch nicht, wenn er uns jetzt, der Parität wegen, die amerikanische Komödie zweier Handlanger namens Gloryl Watters und Arthur Hopkins bringt, mit der ehrfurchtsvollen Versicherung, daß dieses Stück fünfhundertmal, tausendmal, zehntausendmal in den Staaten gespielt worden ist und darum unbedingt auch in Berlin gespielt werden müsse? Warum kommt mir nicht aus dem Sinn, daß dies mehr eine Geschäftsangelegenheit und keine Sache der dramatischen Kunst sei?
Ich sage, daß Reinhardt auch hier ein großer Regisseur ist, denn das ist die Wahrheit. Aber als er am Sonnabend, hitzig gerufen, hervortrat, erfreut durch

den Beifall, aber durch endlose Proben auch erschöpft bis dahinaus, wollte ich dazwischenrufen: »Warum verschwendest du dich?« Warum zeigt dieser Mann sein Bestes nicht am Besten? Weil, falls er wieder Shakespeare spielte, falls er wieder ein großes Repertoire aufmachte, weil dann die Leute nicht kommen würden? Doch, sie kämen. Welch ein Mangel an Selbstvertrauen! Auf den Namen Reinhardt, auf seine Kunst hin, kämen sie. Reinhardt wäre nebst den höchst wenigen anderen, die nicht nur mit revolverbewaffneten Hände-hoch-Stücken der Abendunterhaltung dienen, Stütze des eigenen Nachruhms und ein Helfer gegenüber dem unausbleiblichen Vorwurf der kommenden Geschlechter, daß unsere höchst zeitgemäße Zeit, trotz allen ihren Stars und technischen Kniffen, vor allem in Berlin die dramatische Kunst zerquetscht und entweiht hat. Denn daran glaube ich, wenn ich daran nicht mehr glauben könnte!: daß sich Deutschland auf diesem Gebiete nicht dauernd amerikanisieren läßt.

Stück, Regie und Aufführung
Und nun den Sprung zurückgetan zu dem Springerstück und mitgejubelt über die Aufführung.
Das Stück selbst, auch in der Bearbeitung von Ossip Dymow, ist eine Bagatelle und Herkömmlichkeit; die Sprache vollkommen banal; auch die Schilderung des Artistenmilieus haben wir seit ›Zaza‹ und ihren jetzt so häufigen Nachfolgern oft erlebt. Träger der Handlung: der Bajazzo und sein Weib, die Tänzerin. Sie ganz bürgerlich in ihrer Liebe, er abschweifend. Sie, um ihn eifersüchtig zu machen, verbandelt mit einem Viehzüchter, der, nebenbei bemerkt, die Ehrbarkeit eines Pfarramtskandidaten hat! Aber sie finden sich wieder, der Bajazzo Skid und seine Bonny. Skid wird weiter mit ihr tanzen, leben und lieben. Eigentlich müßte er sterben, so elend kehrt er zu ihr zurück. Herzkrampf oder Säuferwahnsinn auf der Bühne: wie, wenn das tragisch ausginge! Nur Ruhe, wir sind in einem amerikanischen Stück.
Was einen gewissen Reiz gibt, der Gegensatz zwischen dem privaten und dem Berufsleben der Artisten, zwischen ihrem Juchhegesicht vor dem Publikum und ihren privaten Leidenschaften, wird von Reinhardt und seinen Leuten prachtvoll herausgearbeitet. Darüber hinaus enthüllt sich der ganze Kreis des ›Völkchens‹ in der Gesteigertheit aller Empfindungen, im Aufgewirbeltsein der Triebe, in Lust, Unlust und Wollust, in Neid, Ehrgeiz und Leichtsinn. Daß sie so sind, wissen wir, wir von der Schreiberzunft sind ihnen ja nicht ganz unähnlich, diese erhöhte Temperatur kennen wir auch. Reinhardt bewahrt seine alte Kunst, das Ganze und im Ganzen den einzelnen Typus zu zeigen. Er läßt jeden für sich bestehen und schleudert sie doch durcheinander, mit Wonne an der Motion, am Trubel, am Auf- und Abtönen, am Fluten und Verebben, an der Schönheit der Körper oder an ihrer grotesken Verzerrung, an der Stimmkraft der Farben durch alle Register.
Also auch Ausstattungsstück und wie und zu allererst. Ernst Schüttes Bühnenbilder: Varieté in einer Mittelstadt der Vereinigten Staaten, dafür in den Kostümen zu weltstadtprächtig, aber wer wird pedantisch sein? Vorn Kasse oder Garderobenraum und was sonst ›hinter den Kulissen‹. Über der Rückwand sichtbar der Zuschauerraum mit Logen und Insassen. Die Drehbühne schiebt dieses Hinten einige Male nach vorn, im halben Licht, das ist großartig und packt immer wieder. Theater im Theater, Enthüllen seiner mysti-

schen Lockung. Dann auch ein Bild im New Yorker Artistenklub, malerisches Halbdunkel, Gedränge, Songs, Musikantenmarsch auf schmalem Wandsims, Halsbrecherisches, aber keiner bricht den Hals.
Ja, der Regisseur greift, um ein Artistenstück fremdenstadtgemäß aufzuziehen, tief in den Bezirk der Scala und des Wintergartens. Es geht fabelhaft international her. Step-Tänzer Douglas, Liebling, du tust doch mit? Eine chinesische Tänzerin; und, so blond wie diese schwarz ist, die Spitzentänzerin Lillian Ellis, und ebenso schön wie staunenswerte Herrscherin über ihre Glieder die Akrobatin Glenn Ellyn und die Springteufel Presco und Campo. Und schon in einer Sprechrolle Tibor v. Halmay als der Clown, dem seine Frau keinen Dollar zum Jeu gönnt.
Es muß nun wohl betont werden, daß es sich überhaupt um ein Sprechstück handelt und nicht um eine Pantomime. Der dicke Jacob Tiedtke hat nun freilich kaum mehr zu tun als dazusein. Aber Dagny Servaes darf schon etwas mehr als ihre Anmut bieten. Und Hansi Jarno, wenn ich den Zettel recht lese und falls sie die Tochter der Hansi Niese-Jarno ist, zeigt mit ihrer mütterlich ererbten Rundung auch Witz.
Die Hauptspieler sind Skid und Frau, Wladimir Sokolow und Grete Mosheim. Dort die bizarre Tragik eines geist- und körperscharfen Spielers, in dem die Grenze zwischen Artist und Schauspieler sich auslöscht. Hier, mit unentrinnbar berlinischem Anklang, eine in schönster Einfachheit hingesänftigte Frauengestalt, über das Stück hinaus, aber auch Zeugnis wieder für die Kunst Reinhardts, der in das Grelle so gern und so klug das Stille bringt.
Daß Gülstorff dem Viehzüchter, der so keusch und scheu wohl für ihn zurechtgemacht ist, seinen gütigen Humor gibt, versteht sich von selbst. Aber da ist der neue Mann, ich höre ihn noch in Salzburg als Weber Zettel-Pyramus quäken und grunzen, Hans Moser. Was hat er nun zu leiden, als hin und her gejagter Inspizient dieses Varietés, als Mädchen für alles, was schiefgeht! Wie hetzt der Gehetzte! Wie durchfurcht ihm die Pflicht und die Angst die sorgenvolle Stirn bis ins Haar, und selbst seine Nase leidet mit. Er hatte den stärksten Erfolg des Abends.
... Habe ich nun genug gejubelt?

Monty Jacobs, Vossische Zeitung, Berlin, 11. 6. 1928

Eins war hübsch und erfreulich an diesem Abend der zwiespältigen Gefühle: die herzliche Verbundenheit des Publikums mit Max Reinhardt. Diese Treue kam gewiß nicht bloß zum Ausdruck, wenn der Spielleiter des Abends von hundert Stimmen gerufen wurde. Man spürte sie von Anfang an, und hoffentlich hat sie auch Reinhardt bekehrt, der zuweilen so bitter an seinen Berlinern zweifelt.
Zuerst ging diese Welle durchs Publikum, als die Drehbühne ihren Rundtanz begann. Wir hatten bis dahin ein Varieté hinter den Kulissen gesehen, von Ernst Schütte so geschickt aufgebaut, daß über den Hochsitz des Beleuchters noch die oberen Ranglogen des Zuschauerraums hervorguckten. Nun zeigte sich plötzlich dieses Auditorium, in Logen und an Saaltischen, das warme Rot der Wandbespannung und der helle Schein der Lampen. Immer nur für einen Augenblick. Aber er genügte, um die unvergessene Handschrift des Regisseurs

Max Reinhardt in Erinnerung zu bringen. Jenes Max Reinhardt, den wir nicht an Amerika verlieren wollen. Freilich, als er nach so langer Abwesenheit wieder vor uns trat, sprach er noch nicht wieder seine alte Sprache. Er mischte fremde Brocken in seine Sätze und zweifellos betonte er sein Deutsch mit amerikanischem Akzent ... Gerade weil ich glaube, daß die deutsche Bühne nicht amerikanisiert werden kann, rate ich dringend von solchen Versuchen ab. Broadway ringsum, und ihr verscheucht euer Publikum, ohne ein neues zu gewinnen. Amerika den Amerikanern!

Freilich, es war ein Genuß zu sehen, wie Max Reinhardts Spielfreude sich an der ungehemmten Körperbeherrschung seiner neuen Helfer weidete. Wenn im Artistenklub ein Mitglied von seinen Kameraden gehänselt wird, so geht er einfach die Wand in die Höhe. Oben findet er einen Paneelsims, der ihm das Weiterlaufen und seinen Kollegen die Verfolgung ermöglicht.

Aber seltsam, wie sich das innere Gesetz des Hauses, des Deutschen Theaters, doch gegen diese Invasion behauptet! Einmal, als die akrobatische Tänzerin gerade die Knochenlosigkeit ihres Körpers demonstriert hatte, genügte der Schluckauf eines Komikers, um ihr die Wirkung zu rauben. Freilich war es der Wiener Komiker Hans Moser, den Berlinern noch fremd, der mit einem Räuspern ein ganzes Varieté mattsetzte. Seitdem ich in Wien seinen Dienstmann, der einen Koffer bringt, gesehen habe, bin ich diesem Wohltäter verfallen. In den ›Artisten‹ ist er der Inspizient, das Faktotum, hic et ubique, ein untersetzter kurzbeiniger Mann mit herzzerreißenden Hosenfalten, hin- und hersausend, immer dicht vor dem Schreikrampf, stets auf der Suche nach einem Verlorenen, mit geborstener Stimme sein Los beklagend und doch fanatisch diesem irrsinnigen Berufe des Menschenbelustigens hingegeben. Hans Mosers starker Erfolg wird ihn hoffentlich der Theaterstadt Berlin schenken, deren Gesetzen er gewiß bald den wienerischen Blick ins Publikum opfern wird.

Die treue Ehefrau des Melodramas ist für Grete Mosheim eine neue Probe ihrer Gabe, das Wehleidige zu entzücken. Dieser Künstlerin darf Reinhardt jetzt getrost einen Aktschluß anvertrauen, der nur aus einem Blick enttäuschter Hingabe besteht. Wundervoll diese innere Sauberkeit des Gefühls, diese unbetonte Ehrlichkeit eines Frauenherzens! Ihr Partner, der Bajazzo des Stücks, ist Wladimir Sokolow, der Russe. Er beweist, daß ein prächtiger Episodist auch durch Max Reinhardts Kabinettsorder nicht zum Träger einer Hauptrolle befördert werden kann. Wie zart ist wieder Max Gülstorffs Humor in der Rolle eines schüchtern liebenden Bürgers, wie sicher Dagny Servaes, wie saftig Jacob Tiedtkes Manager. [...]

Bertolt Brecht
Kurt Weill   Die Dreigroschenoper

Uraufführung: Theater am Schiffbauerdamm, Berlin, 31. August 1928
Regie Erich Engel

Brecht, Engel, Caspar Neher: in Berlin sprach man von ihnen schon als von einer ›Trias‹. Sie hatten am 4. Januar 1928 das Jahr mit einer vorzüglichen Inszenierung von ›Mann ist Mann‹ an der Volksbühne eingeleitet, am 12. Juni hatte Engel am Staatstheater in Nehers Bühnenbildern Feuchtwangers ›Kalkutta 4. Mai‹ inszeniert, an dessen neuer Fassung Brecht nicht unbeteiligt war. Die ›Dreigroschenoper‹ wurde ihre berühmteste Aufführung. Hier endeten Brechts bisherige tastende Versuche nach einer neuen Dramaturgie, nach einem neuen Darstellungsstil; der Abschluß war zugleich ein Anfang künftiger Entwicklung. Brecht, der 1927 von Elisabeth Hauptmann auf John Gays in London wiederaufgeführte Bettleroper hingewiesen worden war, formulierte an diesem Text zum erstenmal zusammenfassend seine Vorstellung vom ›Epischen‹ Theater. Brecht hatte bei Betrachtung Reinhardts und der frühen Inszenierungen Jeßners den absoluten Primat des Theaters über die dramatische Literatur konstatiert: »Es theatert alles ein.« Er verlangte eine neue Literarisierung des Theaters, eine neue Vergeistigung, die das ›Gestaltete‹ mit ›Formuliertem‹ durchsetzte, das hieß: die absolut gewordenen szenischen Mittel (s. Reinhardts ›Artisten‹) an geistigen Inhalt (Formuliertes) binden. Szenische Ausdrucksform dieser ›Literarisierung‹ wurde die Projektion der Szenentitel (Vorankündigung der Szeneninhalte), damit der Zuschauer aus der bisher üblichen Suggestion des Handlungsvorgangs befreit und ihm eine Übersicht über die Handlung ermöglicht wurde. Diese Ankündigung auf Tafeln sollte zugleich dem Schauspieler einen neuen, den ›epischen‹ Stil aufzwingen, der bestimmte Vorgänge als zu zeigende ›zeigte‹. Dieses ›Zeigen des Zeigens‹ wurde z. B. durch Einschübe von Songs direkt, durch Milieuverfremdung indirekt ermöglicht. Eine Beobachtung an der bürgerlichen Gesellschaft wurde in eine anscheinend unbürgerliche übertragen (Räubermilieu). So ergab sich die Gleichung »Räuber sind Bürger – sind Bürger Räuber« (Brecht, ›Gespräch mit G. Strehler‹). Damit wurde das Drama auch dialektisch und trotz des ›alten‹ Stoffs sozial aggressiv. – Gleichzeitig wurde die Oper, was Sprache, Stoff und Publikum anging, aus ihrer überlieferten ›splendid isolation‹ (Weill) herauszuführen versucht. Der Komponist Kurt Weill, der 1927 in Baden-Baden mit ›Das kleine Mahagonny‹ zum erstenmal als Mitarbeiter Brechts aufgetreten war, hatte gesehen, daß die bisherige Oper die Annäherung an die Gegenwart nicht vertrug. Er folgerte, daß also ihr traditioneller Rahmen gesprengt werden müsse. »Was wir machen wollten, war die Urform der Oper, in der der Gesang in der Oper auf primitivste Art möglich wird.« Voraussetzung dafür war eine für Schauspieler leicht singbare Musik. »Erst die Schaffung einer faßbaren, sinnfälligen Melodik ermöglichte das, was der ›Dreigroschenoper‹ gelungen ist, die Schaffung eines neuen Genres des musikalischen Theaters.« – Text und Musik wurden in Gewaltarbeit hergestellt. Der junge Schauspieler Ernst Josef Aufricht – der ehedem mit Berthold Viertel ›Die Truppe‹ gegründet und geleitet hatte – hatte für die neue Spielzeit das Theater am Schiffbauerdamm gemietet und wollte mit Brechts Stück eröffnen. Er und Engel sahen in Brechts Text »eine lustige literarische Operette mit einigen sozialkritischen Blinklichtern« (Aufricht). Bei der Besetzung der Rollen wurden Kabarett- und Revueschauspieler bevorzugt. Sie erschienen Brecht »artistisch interessierter und sozial aggressiver«, aber die Proben waren von Ungunst geschlagen. Helene Weigel, die in Engels Inszenierung von ›Mann ist Mann‹ als Marketenderin ihre erste große Brechtrolle gehabt hatte, fiel aus; ebenso Carola Neher, die im Frühjahr als Eliza mit Werner Krauß in Shaws ›Pygmalion‹ gespielt hatte; schließlich auch Peter Lorre. Die Schauspieler rebellierten gegen die Texte. Vor der Premiere herrschte ein verzweifelter Pessimismus. Lotte Lenya, die in dieser Aufführung entdeckt wurde, berichtet über die Uraufführung: »Bis zur zweiten Szene ... machten die Leute den Eindruck, als wären sie von vornherein überzeugt, daß die Aufführung eine Pleite würde. Dann kam der Kanonensong. Ein unglaublicher Sturm erhob sich. Das Publikum raste. Von diesem Moment an konnte nichts mehr schiefgehen. Die Zuschauer gingen begeistert mit.«

Auch Erich Ponto, der im März 1927 in Kaisers ›Mutigem Seefahrer‹ zum erstenmal mit großem Erfolg in Berlin gespielt hatte, und der von der Operette kommende Harald Paulsen (Mackeath) wurden mit dieser Inszenierung berühmt. Die ›Dreigroschenoper‹ ging anschließend fast über alle größeren Bühnen (im Neuen Theater in Frankfurt spielte z. B. Theo Lingen den Mackeath). In vielem wirkte die ›Dreigroschenoper‹ wie ein Pendant zu Reinhardts ›Artisten‹. Ähnlich in manchen Mitteln, in der Tendenz zur Vereinigung aller szenischen Ausdrucksmöglichkeiten; blieb Reinhardt doch spielerisch, artistisch – Brecht begründete seine darstellenden Mittel aus der neuen Dramaturgie, deren gesellschaftliches Engagement hier – nach ›Mann ist Mann‹ – deutlicher hervortrat. Die ›Dreigroschenoper‹ wurde der größte Theatererfolg der Epoche. Er bestätigte die Unterhaltsamkeit der Mittel des epischen Theaters.

Herbert Ihering, Berliner Börsen-Courier 1. 9. 1928

Die alte Bettleroper von John Gay, ein Londoner Sensationserfolg um 1730, gedacht und erfunden als eine Parodie auf die pathetische Händeloper, kommt umgeformt und bearbeitet nach Berlin, als die Händeloper auch in Deutschland wieder eine Renaissance erlebt hat. Aber heute ist Händel keine Welt mehr, gegen die man kämpft. Heute ist Händel ein Stilexperiment. Ein Engpaß, durch den die Oper wieder ins Freie gelangt ist.

Die Bettleroper, die *heute* Erfolg haben wollte, mußte eine ganz andere Angriffsrichtung haben; zu ganz anderen Werken den Gegentypus schaffen. ›Die Dreigroschenoper‹ von Brecht und Weill bringt den Gegentypus zu Schiffer-Spolianskys ›Es liegt in der Luft‹ und zu Reinhardts ›Artisten‹.

Die Riesenerfolge der Kammerrevue in der Komödie und des Varietéstücks im Deutschen Theater waren deshalb organisch, weil sie aus den Bedürfnissen des Publikums abgeleitet waren. Aber sie waren, im Falle Reinhardt, mit unorganischen, wenn auch stupende beherrschten, genial abgewandelten Mitteln hergestellt. Im Falle Schiffer-Spoliansky waren auch die Mittel organisch. ›Es liegt in der Luft‹ bleibt die geschlossenste künstlerische Leistung, die der Kurfürstendamm hervorgebracht hat.

In der ›Dreigroschenoper‹ tritt zum ersten Male die Gegenwelt mit einem handlichen, unterhaltenden Gebrauchsstück an. Amüsement, das hatten die mondänen Konversationsbühnen gepachtet. Mitreißende, durchdringende Musik, die nahmen die Operettenbühnen für sich in Anspruch. Wir anderen galten als Literaten oder Theoretiker, als ›Neuerer‹ oder bühnenfremde Dogmatiker – obwohl wir nichts anderes wollten als eine Durchdringung des *ganzen* Theaterkomplexes, als eine Belebung *aller* seiner Elemente: des Schauspiels und der Oper, der Posse und der Operette. Wir wollten nichts als eine Operationsbasis schaffen, von der aus wir den ganzen Bezirk ›Bühne‹ aufrollen könnten. Wir wollten das Theater aus seiner Isolierung herausreißen, in die

es geriet, wenn es auf der einen Seite die alten erotischen Dialoge immer wieder abwitzelte; wenn es auf der anderen die ›Literatur‹ als Sondererscheinung, als Sache für Eingeweihte gegen die Unterhaltung auffahren ließ. Die moderne Musik als interessantes Experiment für Fachleute. Die moderne Literatur als artistisches Vergnügen weniger. Die alte Operette, das alte Gesellschaftsstück als die Angelegenheit vieler.
In diesem Zusammenhang kann der Erfolg der ›Dreigroschenoper‹ nicht überschätzt werden. Es ist der Durchbruch eines nicht mondän, nicht gesellschaftlich orientierten Theaters in die Publikumszone. Nicht weil Bettler und Einbrecher darin vorkommen, ohne daß ein Kriminalreißer entsteht, nicht nur weil hier eine bedrohliche Unterwelt auftaucht, die alle sozialen Bindungen mißachtet, sondern weil hier der Ton gefunden ist, der Moral weder bekämpft noch negiert, der Normen nicht angreift, sondern aufhebt, der, mit Ausnahme des eindeutig travestierenden, das Opernschema travestierenden Schlusses, weder parodistisch noch ernst ist, sondern eine andere Welt verkündigt, in der die Grenzen zwischen Tragik und Humor gefallen sind.
Es ist der Triumph der offenen Form. Was Brecht als Bearbeiter, was Weill als Komponist in diesem leichten Nebenwerk geleistet haben, das ist zugleich die Überwindung der Revue zu einer neuen Gattung und die Verschmelzung von Elementen des Varietés (die bei Reinhardt, der immer noch mit seinem Instinkt Kommendes ahnt, unverbunden und unverankert bleiben), zu einem lebendigen, theatralischen Ausdruck. Sentimentaler Kitsch und Räuberromantik, der Kampf einer Bettlerbande gegen eine Einbrecherbande – alles dient nur einer neuen, allen Möglichkeiten, allen Inhalten offenen Form.
Dieser Inhalt aber muß kommen. Seit Nestroy sind hier wieder Ansätze zu einer tragisch grundierten, in großen Typen abgewandelten Posse; auch bei Nestroy waren die Grenzen zwischen ›Humor‹ und ›Tragik‹ aufgehoben. Aber Nestroy gab *seine* Zeit, *seine* Menschen, *seine* Stadt Wien. Brecht und Weill hatten vor, für die Stadt Essen eine Ruhrrevue zu schreiben. Die Form liegt hier bereitet. Diese Revue für die Ruhr, eine andere für Berlin muß kommen. Eine Revue der Arbeitenden, nicht der Nichtstuer. Brecht hat die Sprache, Weill hat die Musik aus der Isolierung gerissen. Auf der Bühne wirken wieder Worte, die nicht abgegriffenes Papierdeutsch sind. Auf der Bühne schlägt wieder eine Musik durch, die nicht mit abgegriffenen Harmonien und Rhythmen arbeitet.
Die Aufführung unter der Regie von Erich Engel war im einzelnen nicht ganz fertig. Aber sie stellt wundervolle Schauspieler: Erich Ponto, der unter dieser Leitung alle chargierenden Drückerchen beiseite ließ, und als Chef der Bettlerplatte eine Gestalt hinsetzte von einer Diskretion der Unheimlichkeit. Harald Paulsen, im Sprechen etwas nervös, im Musikalischen entzückend frei; Rosa Valetti von prachtvoller Drastik; Roma Bahn da durchschlagend, wo sie ordinär sein konnte. Kurt Gerron köstlich als Polizeichef im Verbrecherbündnis; Kate Kühl eindringlich in einer Ballade und Lotte Lenya als Verräterjenny ausgezeichnet und, vor allem, im Stil am klarsten.

Paul Wiegler, BZ am Mittag, Berlin, 1.9.1928

[...]
[...] »Nach einem Jahrhundert noch«, hat der Professor Taine von der ›Bettleroper‹ geschrieben, »entehrt sie die Gesellschaft, die mit ihrem Schlamm sich besudelt und in ihr sich gespiegelt hat«. Das heißt: sie hat noch Leben.
Reinhardt hätte sie wohl in barockes Kostüm gesteckt. Engel und Neher machen daraus eine ›Büchse der Pandora‹ mit einer Vielzahl von Schigolchs. Nur daß keine Lulu, sondern ein Ehepaar Schigolch überragt, Peachum in der unheimlichen, düsteren Kraft des Herrn Ponto, der seit gestern in der ersten Reihe der Berliner Schauspieler steht, die wackere Mistreß Peachum mit der zwingenden grotesken Kunst von Frau Valetti. Und Peachum hat, wenn er zu Anfang vor dem Leierkasten des Moritatensängers sichtbar wird, schwarzen Melonenhut und schwarzen Kirchgängerrock. Alle Kleider in seinem Trödelladen und die Kleider, die das Gesindel trägt, sind anachronistisch.
Piscator war da und wird zurückkehren. Daher legt auch Engel die Eingeweide bloß, das szenische Gerüst, und arbeitet mit weißen Projektionsrahmen, auf die flimmernd der Hintergrund geworfen wird oder der Zwischentitel, der in Jahrmarktsmanier die Handlung verkündet. Von der ›Beggars opera‹ behält er nur den niedrig gespannten Vorhang und die Lampen. Die Musiker sitzen verdeckt oder neben einer imitierten Orgel mit bunten Lichtern. Vom Schnürboden schwebt herunter, was an Dekorationen gebraucht wird. Der Geist der Maschinerie ist aufgeboten; und nicht nur er.
Denn die Stärke dieser Inszenierung ist: das schauspielerische Fluidum. Schon die Gruppe um den Moritatensänger hat es in ihrer Gespenstischkeit. Ponto in seiner Hehlerbude, faszinierend (mit Zügen von Wedekind). Die Valetti, panoptikumhaft im Gin-Rausch. Das starre, süßlich lächelnde Antlitz der Polly von Roma Bahn. Sodann die Gauner, phantastisch und komisch in ihrer zerlumpten Gemeinheit und Kriecherei armer Teufel. Die Hochzeit Pollys und des Räubers Mackeath im Pferdestall, zwischen den Wracks von gestohlenen Möbeln, die Ankunft des Sheriff Brown, in der massiven und bekümmerten Erscheinung Gerrons, die Wildheit des Chorus im ›Kanonensong‹. Das Dirnenhaus mit seinen Insassen; die kranke, hektische Jenny mit den Haarsträhnen in der Stirn von Lotte Lenya. Und wieder: Ponto und die Valetti.
Am Rande des Schauspielerischen die prachtvolle Tiernatur der Lucy von Kate Kühl, wenn sie singt und wenn sie mit den Augen flammt. Der feine, blonde Harald Paulsen gibt den Räuber Mackeath. Gibt ihn galant, in beschleunigtem Sprechton, gelassen noch auf dem Galgenklotz, bis als reitender Bote zu Fuß Herr Gerron anstampft. Aber er ist der Tenor der kleinen Oper, die Kurt Weill zu dem Drama von Gay und Brecht komponiert hat, mit parodistischen Arien und Finales und mit der instrumentalen Unruhe des Jazz, in der die klagende Schwermut des Saxophons die Führung hat.
Von Brecht, dem Dichter, stammt nicht nur der Slang, das Rotwelsch des Prosadialogs, die Modernisierung des Textes bis zu Scotland Yard und Cocktail. Er hat [...] mit der Seele der Ballade und des Bänkelsangs die Akte erfüllt.
Das Wagnis dieser neuen Direktion: es wird zum stürmisch beklatschten Ereignis.

Alfred Kerr, Berliner Tageblatt 1. 9. 1928

I
Nach dem Englischen des John Gay ... Eingelegte Balladen von François Villon und Rudyard Kipling ... Übersetzung: Elisabeth Hauptmann ... Bearbeitung: Brecht ... Musik: Kurt Weill ... Regie: Erich Engel ... Bühnenbild: Caspar Neher ... Das wär' aber auch alles.

II
Kaum heimgekehrt, bewundert man als Provinzler das Theater von Berlin; mit Recht.
Wie das klappt. Wie Erich Engel, Einrichter des Abends, das etwas lange Stück (bis halber zwölf) zu kirren weiß, wie, fast andauernd, Unterhaltendes vorfällt. (Er trieb schon mit Grabbe seinen Spaß.)

III
Nun, Brecht hat eine Moriballade, vom tiefgesunkenen (aber netten) Verbrecher mit mehreren Bräuten, reizvoll durch Gesänge belebt. Sein glücklicheres Element.
Weill hat es lieblich vertont, ja, sehr fein in der Grobheit, mit Jazz und Kitsch und Orgelharmonium und Leierkasten. [...]

IV
Brecht, mit jener Moriballade, die jemand 1728 schrieb, fährt in seinen modernen Bestrebungen (so im ›Baal‹, gleichfalls einer Moriballade der älteren Zeit) fort auf der Gegenwartslinie.
Brecht hat schon Marlowe, der vor Mister Shakespeare starb, für die neue Gegenwart bereitgestellt; hernach ein älteres Lieblingswerk, die ›Kameliendame‹, betreut; und jetzt ein Erfolgsstück von 1728. Wenn es nicht dynamisch ist, müßt' ich irren.

V
In diesem Gegenwartsdrama kommen aber seine lyrisch-gesanglichen Eignungen mit Vorteil hinzu. Von den zwei Linien (erstens Büchner-Linie, zweitens Tauchnitz-Linie, Rimbaud fortgelassen) schafft es neuerdings bei ihm der Angelsachs. Und man hat, ohne viel zu rechten, einen prachtvollen Abend.

VI
Wer war dieser moderne Vorkämpfer (1728) John Bertolt Gay? – Wenn frisch erworbene Kenntnis nach der Heimkehr nicht Lapsusse zuläßt, sei folgendes mit blasierter Bildung hingestreut.

VII
Gay wurde bekanntlich in Devonshire 1685 früh verwaist nach seiner Geburt. Er schrieb unter anderem. Und noch Fabeln. Diese, wie man weiß, erschienen sogar 1727 und 1738. Kurz bevor ihn bekanntlich die Herzogin von Queensberry herbergte. Dann starb er ja mit siebenundvierzig Jahren.

VIII
Sein Freund war aber ... Jonathan Swift. [...]
Sollte verborgener Einfluß des bigamigen Swift hier ...?

IX
Swift hat ihn politisch beeinflußt. Die Oper für Bettler war, wenn ich seit kurzem recht unterrichtet bin, voll von politischer Anspielung.
Hat nicht Brecht ihr diesen Zahn ausgebrochen? Hat er nicht Seitenhiebe auf die brennendste Gegenwart entsagt? Hat er nicht bloß ein bißchen Allgemeinheit vag-ethischen Inhalts getätigt? ... Ich glaube fast.

X
Statt dessen ändert er den Schluß mit den vielen Gattinnen – so: Er gibt ihm, dem netten Verbrecher, nur zwei ... und eine Begnadigung durch den König. In hübscher, parodistischer Form.
Wenn der Kölner Männergesangverein, beim Wettstreit, von Gastsängern vierstimmig gegrüßt wird (Mel.: »Wer hat dich, du schöner Wald«) mit dem Chor »Kölner Mä ... Kölner Mä ...«, am Schluß: »Kölner Männergesangverein«: so singt man hier: »Ein reitender Bote ... Bote-Bote-Bote.« In dieser Art. Es ist aber sehr hübsch. (Weill auf mir, du dunkles Auge – sagt Lenau.)
Brecht weist somit in die Zukunft. Wollen Sie jetzt, so haben wir ein neues Drama. Oder einen angenehmen Zwischenfall, nach Marlowe, nach Dumas Fieß.
XI
Das Tempo der Gegenw ... des Singspiels. Oder man müßte wieder irren. Der älteren Diebsstücke mit Gesangseinlagen. Der kesse Räuber. Verschärft vom Abenteuerbuch.
Fast Revue mit archaisierendem Englisch. Sehr unterhaltend. Nicht ganz so gegenwartsvoll wie ›Es liegt in der Luft‹ von Mischa Spoliansky.
XII
Das Drama der Zeit kommt noch. Vorläufig ...: eine Darstellung, daß der Provinzler sich alle zehn Finger ableckt.
Berlin ist wirklich bühnenstark. Hier lagert Kunst in Kleinigkeiten. Zusammengehalten sind sie; gestuft; ausgespart. Wenn auch bis halb zwölf. In der Mitte steht ...
Ein jüngerer Mann mit fast weiblich bezauberndem Grundzug: Harald Paulsen; doch singend zugleich mit herrlicher Manneskraft. Hierüber hinaus mit einem Echtheitsgefühl, welches die Operette hoch überschreitet. Ich glaube: hier ist ein Besitz.
XIII
Gleichfalls in der Mitte rührt sich ein Schauspieler aus Dresden. Ponto. Haupt einer Bettlergilde. Diese Kraft hat in Berlin zu bleiben. Ein Zuwachs. Wie er kaltschnäuzig spricht. Ganz ausgekocht. Einer, dem man nichts vormachen kann. Manchmal mit röchelnden Äuglein. Voll der letzten Sicherheit ...
(Ein Zuwachs.)
XIV
Sonst (neben Mutter Valetti, auf die ein Verlaß ist) zwischendurch die Vortragerin Kate Kühl. Eine von den Bräuten. Sie singt nicht ins Blaue; sondern gestrafft, gerafft. Wieder ein Besitz ... Kaum bloß für Provinzler.
[...]
Dann steht auf dem Zettel: ›Huren.‹ Vier Künstlerinnen wirken hier mit – und eine davon scheint aus München zu kommen. Die war sehr, aber sehr gut. Im Stimmklang erinnert sie an Carola Neher. Ja, die war im Artikulieren besonders gut. Mit ehernem Griffel hier verzeichnet.
XV
Und alles zusammen, Brecht, Jazz, Volkstexte von Weill durchtrieben gesetzt, Inhalte von 1728, Kleidung von vielleicht 1880 – das alles ist kein verschollenes Chinesentum. Sondern heutige Mandschurei.
Die Kulissenschiebung (Caspar Neher) vollzog sich senkrecht. Vorwärts im Weltengang. Kopf hoch!

Monty Jacobs, Vossische Zeitung, Berlin, 1. 9. 1928

Wenn die neue Direktion der Herrn Ernst Aufricht die Versprechungen dieses glückhaften Anfangsabends hält, so können wir am Schiffbauerdamm im guten Sinn einen Piscator-Ersatz erhoffen. Gestern blitzte alles von Wagemut, Temperament, Angriffslaune, ohne daß die Seiten des Parteibuchs knisternd umgeblättert wurden.
Zu den Gewinnern des großen Erfolgsloses gehört auch Bert Brecht, [...] das Glück fiel in bedürftige Hände. Denn dieser problematische, von Kunst trächtige Geist, eins der wenigen genialisch umzuckten Talente unserer Jugend brauchte unbedingt wieder einen Theatererfolg. Brecht hat ihn mit der Bearbeitung einer fremden Vorlage gefunden, mit einem Werk also, an das er gewiß nicht den vollen Einsatz seines Ehrgeizes gewandt hat. Aber gerade in dieser Arbeit ist Bert Brechts bestes Teil zu spüren: der Lyriker, der Bänkelsänger, der Balladenschöpfer. Wer sein Liederbuch ›Hauspostille‹ liebt, wird den Geist dieser eruptiven Kunst in der ›Dreigroschenoper‹ reiner wiederfinden als in der frostigen Komödie ›Mann ist Mann‹.
[...]
In diesem Spiel, das an das Schwerste rührt, ist alles leicht, und gerade weil alles so bitter durchtränkt scheint, ist alles lustig. Aus einer Welt, in der ein Mordbandit noch der anständigste Kerl ist, grinst es katzenjämmerlich heraus. Aber diese Stimmung ist glücklich im Galgenhumor produktiv geworden. Das Menschenleid des Bettelns, das Menschenunrecht des Verbrechens – alles ist Geschäft, wohlorganisierte Gesellschaft mit sehr beschränkter Haftung. Weil sich die Tragik aber selbst ausschaltet, so wird die Laune dieses Spiels mit Tragik durchtränkt, bis sie zum Humor wird. Ein Humor, der aufrüttelt, eine Laune, die wie ein Stoß ins Herz fährt, wenn die Moritat ihre Moral ins Publikum schmettert: seid nicht streng mit dem Unrecht! Oder wenn im stärksten Finale des Abends die Hungernden das Gewissen der Satten schärfen: erst kommt das Fressen, dann kommt die Moral!
[...] und die Balladen, die so zwanglos in die Groschenoper eingestreut sind, entscheiden den Triumph des Abends.
Ihre Einfügung in das Spiel ist eins der Verdienste der ausgezeichneten Inszenierung Erich Engels. Er arbeitet im Bunde mit dem Bühnenmaler Caspar Neher, setzt das Orchester, hinter einer Orgelattrappe halb verdeckt, auf die offene Bühne und zieht vor das Ganze einen armselig niedrigen Leinwandvorhang. Ohne Maschinerie, ohne Ansprüche, ein idealer Rahmen für Brechts Bild. Nur die beiden aus Piscators Erbschaft übernommenen Filmflächen bedeuten einen Versager. Denn ihre Texte und Bilder sind überflüssig und schwer zugänglich zugleich. Fort damit!
Erich Engel braucht keine Filmtitel, solange er seine Schauspieler zu so wirksamen Dolmetschern aller Absichten zu machen weiß. Von überallher hat er sie geholt: aus Dresden diesen Bettelorganisator Erich Ponto, der so aussieht wie ein ins Tragische übersetzter und im Längenmaß verkürzter Curt Goetz, einen sicheren Galgenhumoristen. Vom Kabarett stammt der Sheriff Kurt Gerron und seine Tochter Kate Kühl, beide erprobt im Bringen eines Kehrreims, im Dramatisieren einer Ballade. Die Operette muß Harald Paulsen hergeben, anzusehen wie ein Domela-Prinz und nicht wie ein Bandenchef, aber in seiner Liebenswürdigkeit auch Herr dieser Situation. Eine des alkoholischen Trostes

bedürftige Bettlerfürstin – nur Rosa Valetti kann sie spielen. Eine Räuberbraut ohne Vorurteile, eine Aufgabe für Roma Bahns Temperament. An den Banditen und Bettlern Hannemann, Fürst, Lehrmann und an der Wortführerin des Freudenhauses zeigt sich Erich Engels Kunst im Anblasen des Talents.
Ein günstiges Vorzeichen für die Spielzeit: neuer Wagemut an einer Stätte der Stagnation.

Franz Servaes, Berliner Lokal-Anzeiger 1. 9. 1928

So entstand denn ein höchst barockes Gemenge aus Historie und Aktualität, ein antiquarisch-moderner, satirisch-sentimentaler, romantisch-kaltschnäuziger Kuddelmuddel, an dem mancherlei Talent und bunter Einfall übereifrig verschwendet wurde, der aber naturgemäß kein erquickliches Ganzes werden konnte. Im großen und ganzen gab man sich alle Mühe, die Erinnerung an 1728 tunlichst zu verwischen und dafür die Beziehungen auf 1928 um so kräftiger hervortreten zu lassen. Auch in Kostüm und Dekoration (von dem begabten Caspar Neher) drückte sich das aus: man konnte beinahe an Piscators ›Räuber‹-Inszenierung denken.
Für diesen geschniegelten und maulfertigen Gesellen sich als ›Helden‹ zu erwärmen, ist wohl nur jener ganz besonderen Abart von Berlin-W-Eleganz gegeben, die sich, halb-pariserisch, halb-moskauisch infiziert, für Weltstadtgauner und Galgenvögel begeistert, indes sofort sich schlotternd entsetzen würde, wenn sie eines Nachts deren fachmännischen Besuch erhielte.
Wenn zu wiederholten Malen die Bibel hergenommen wird, um als eine Art Grundbuch für Heuchler behandelt zu werden; und wenn die ganze Banditenkomödie – mit einem frech parodierten Kirchenchoral schließt, so werden damit Gefühle verletzt, die unter allen Umständen Respekt für sich beanspruchen dürfen. Auch ist der Witz ebenso schal als abgeschmackt, wenn mit widerlicher Umständlichkeit alle Vorbereitungen für eine Hinrichtung getroffen werden, um dann mit einem ironischen Saltomortale plötzlich gehandikapt zu werden.
Wenn trotzdem das Publikum zeitweilig Beifallsstürme raste, so ist das aus dessen besonderer Psychologie zu erklären. Einzelne Szenen, wie die Banditenhochzeit unter Assistenz des befreundeten Polizeichefs, waren ja mit frischem Humor arrangiert. Auch wirkten die meisten Couplets – glänzend vorgetragen, als richtige Schlager. Wie denn überhaupt die Darstellung als solche, sowie Erich Engels schmissige Inszenierung lobend zu erwähnen bleiben.
[...]

Gl., Neue Preußische Kreuz-Zeitung, Berlin, 1. 9. 1928

Das Ganze ließe sich am besten als eine literarische Leichenschändung bezeichnen, an der das einzig Bemerkenswerte wäre, die Nichtigkeit des Objektes, an welcher sie vollzogen wurde, und die, schon kaum noch mit dem gelinden Worte Naivität zu umschreibende Ahnungslosigkeit, mit welcher die Direktion Ernst Josef Aufricht sich einbildet, mit solchem absoluten Nichts ein Theaterprogramm auffüllen zu können.

Leuten, die an chronischer Schlaflosigkeit leiden, empfehle ich zur Zeit dringend einen Besuch des Theaters am Schiffbauerdamm.

Zur Musik der ›Dreigroschenoper‹
Theodor W. Adorno, Die Musik 1928

Weit stärkerer Impuls kam diesmal von der Sprechbühne; im Neuen Theater gab es Brechts ›Dreigroschenoper‹ mit der Musik von Weill. Von den Verdiensten der Dichtung ist hier nicht zu reden; wohl aber von den grauen, verräucherten Songs, die hinter ein paar Tönen vermauert bleiben; von den überschrienen Balladen, wie sie die amorphe, drängende, aufrührerische Masse des Lumpenproletariats rufen. Wie fern mir zunächst eine Musik liegt, die nicht aus dem aktuellen Stande des musikalischen Materials die Konsequenzen zieht, sondern durch die Verwandlung des alten geschrumpften Materials zu wirken sucht: bei Weill ist solche Wirkung so schlagend und originell gewonnen, daß vor der Tatsache der Einwand verstummt. Gewiß, auch bei Weill eine Wiederkehr; aber keine um der Stabilisierung willen, sondern eine, die die dämonischen Züge der abgestorbenen Klänge aufdeckt und nutzt. So falsch sind die Dreiklänge geworden, daß wir, wenn wir welche schreiben, sie gleich selber falsch setzen müssen, damit sie sich enthüllen. Das alles ist mit einer Kultur, einer technischen Sicherheit und Ökonomie und – neue Errungenschaft Weills – mit einem instrumentalen Vermögen gebracht, daß mit der Gemütlichkeit auch der letzte Zweifel an das aufrührerische Recht solcher Gebrauchsmusik schwindet: Gebrauchsmusik, die sich auch wirklich gebrauchen läßt. Weill hat eine Region, die Strawinsky erschloß, um sie scheu alsogleich wieder zu verlassen, mit Mut und Sicherheit betreten: die, darin Musik aus der Nachbarschaft des Wahnsinns ihre sprengende, erhellende Macht gewinnt. Die völlige Destruktion der Opernform in Nummernbrocken ist dem höchst angemessen. Seit Bergs ›Wozzeck‹ scheint mir die ›Dreigroschenoper‹, nach einmaligem Hören, das wichtigste Ereignis des musikalischen Theaters: tatsächlich beginnt so vielleicht die Restitution der Oper durch Wahrheit.

Walter Hasenclever   Ehen werden im Himmel geschlossen

Uraufführung: Kammerspiele Berlin, 12. Oktober 1928
Regie Robert Forster-Larrinaga

Auch Hasenclever war nun wie Kornfeld, wie Zuckmayer zur Komödie übergewechselt. Der ›Expressionist‹ Hasenclever hatte sich mit ›Jenseits‹ zum letztenmal dargestellt, drei Jahre lang hatte er nichts geschrieben, sich der Übersetzung Swedenborgs zugewandt. Als er erkannte, daß das zeitgenössische Drama, daß auch sein Drama durch theoretische Experimente sich dem Leben entfremde, war er nach Paris gegangen. Der Entschluß war gefördert durch den Mißerfolg seiner ›Gobseck‹-Dramatisierung nach dem Balzacschen Text. In Paris lernte er die Dinge anders sehen, »vor allem lernte ich eines: Menschengestaltung«, schrieb er später in ›Mein Weg zur Komödie‹. »Die heitere Grazie des Lustspiels ergriff mich.« Er beschloß, von vorn anzufangen. ›Mord‹

war der erste Versuch, »den tragischen Kern durch die Komödie zu umkleiden«. Halb reichte das Stück, das Bab in seiner Chronik des Deutschen Dramas »eine annehmbare Gelegenheit für ein ausgehungertes Theater« bezeichnete, noch in die Zeit von ›Jenseits‹ zurück. Noch immer das Schuld-Motiv, die Gedankensünde. Erich Engel hatte ›Mord‹ für die Uraufführung am Deutschen Theater Berlin (23. 3. 1926) inszeniert. – Frei zu Witz und Humor wurde Hasenclever erst mit der Komödie ›Ein besserer Herr‹. Die Heiratsschwindlersatire, uraufgeführt am 12. Januar 1927 am Frankfurter Schauspielhaus unter Weicherts Regie, war bei der Kritik ein mäßiger Erfolg. Kerr schrieb nach der Berliner Aufführung am 18. März, Hasenclever setze immerhin, wenn auch lebloser, hier »Wedekind und Kaiser-Sternheim fort. Mit einem Spaß, welcher den Sperrsitz unterhält; und ihm Wurst bleibt. (Auch uns)«. – Aber der ›Bessere Herr‹ ging doch über viele Bühnen. Das neue Stück ›Ehen werden im Himmel geschlossen‹ erzielte ganze Vorstellungsserien. Es wurde auch das Skandalstück des Jahres. Die Szene spielte zum Teil im Himmel. Der liebe Gott in Knickerbockern, die heilige Magdalena in den neuesten Abendkleidern. – Im Preußischen Landtag gab es wieder die bekannten Anfragen, christliche Verbände protestierten, im Frankfurter Schauspielhaus predigte ein Pfarrer in den Pausen gegen das Stück, die Aufführung in dem Wiener Josefstädter Theater wurde nach einem »Proteststurm katholischer Kreise« nach der Generalprobe abgesagt. Die dann folgende Wiener Aufführung im Arbeiterhaus in Favoriten setzte den Staatsanwalt und den Wiener Landtag in Aktion: »Wegen Gotteslästerung und Beleidigung einer anerkannten Religion.« – In Berlin spielte Werner Krauß den lieben Gott: in der Maske Gerhart Hauptmanns. Krauß: »Wie kann der liebe Gott aussehen? Und da kam ich auf Gerhart Hauptmann – so mußte er ausssehen.« – Ihren Titel erhielt die erst ›Doppelspiel‹ genannte Komödie von Dr. Robert Klein, der damals die Reinhardt-Bühne leitete. »Der Sinn meiner Komödie ist, man kann an das Schicksal nicht rühren. Sogar Gott kann nichts dagegen machen, daß ihn die Menschen nach ihrem Bilde erschaffen haben. Deshalb läßt er es lächelnd geschehen«, schrieb Hasenclever.

Arthur Eloesser, Vossische Zeitung, Berlin, 13. 10. 1928

Wir haben gestern einige Male gelacht, und was noch schöner ist, gelächelt, als Hasenclever uns wieder in ein Jenseits führte. Es sieht sehr diesseitig aus, es ist das Boudoir der St. Magdalena, sie empfängt als sehr gesuchte Heilige Petrus und den lieben Gott. Dieser kommt vom Golf, von dem Altenherrenspiel auf der Himmelswiese, er raucht eine Zigarre und findet ihren Kaffee viel besser als bei der heiligen Catharina. Werner Krauß, soweit er das kann, sieht aus wie der Dichter des Hannele, der letzte, der noch im Himmel Bescheid wußte. Ein lieber alter Herr in weißen Haaren, sehr resigniert in bezug auf Allmacht und Allweisheit, die ihm die Menschen in ihrer boshaften Schwäche zugeschoben haben. Der alte Herr trägt sich mit Rücktrittsgedanken von einer Regierung, die er nie ausgeübt hat; er weiß nämlich, daß nicht er, sondern *es* regiert. Um etwaigen Protesten seitens der Theologen, der wirklichen Theologen zuvorzukommen, sei gleich bemerkt, daß dieser Five o'clock im Salon der Heiligen Magdalena nichts Verletzendes hat. Sie ist eine sehr rangierte Person geworden, der Carola Neher einen praktischen und nicht zu koketten Frauenverstand verleiht. Den St. Petrus spricht Romanosky besser und österreichisch wie einen behaglichen alten Sektionschef im Kabinett Sr. weiland Apostolischen Majestät. Das paßt für eine so alte, etwas müde, mit Kompromissen und Dementis fortwurstelnde Regierung.

Die, um weiter österreichisch zu sprechen, nur noch von einer Frau aufgemischt werden kann, von einer so hübschen und so erfahrenen wie der hl. Magdalena. Die himmlische Allgemeine Zeitung berichtet über drei Selbstmorde, von einem reifen Ehemann, von einer jung verheirateten Frau, von einem noch jüngeren Studenten. Für alle drei, die durch Liebeskummer umkamen, erwirkt sie eine Begnadigung, sogar eine restitutio in integrum. Sie dürfen, ohne Erinnerung an ihr Vorleben, noch einmal anfangen, mit besser verteilten Rollen. Und enden an demselben Ende. Der Student schießt sich wieder tot, und die junge Frau, die ihn und ihren Mann liebte, fährt sich mit diesem in ihrem sehr schönen Auto zu Tode. Die Ehen werden noch einmal im Himmel geschlossen, jetzt ist der Jüngling der Ehemann, der reife Mann der Verführer, und beide sind Proletarier, weil Leute, die als Kohlenarbeiter acht Stunden unter Tage schuften und hauptsächlich Kartoffeln essen, für Mord und Selbstmord aus Leidenschaft und andern Extravaganzen der Müßigen weniger geeignet sein sollen. Bei aller Erfahrung in erotischen Dingen wird die hl. Magdalena durch eine letzte Katastrophe widerlegt.

Hasenclever hat einen Einfall gehabt, von dem aber der Himmel mehr als die Erde profitiert. Über die Regierenden da oben müssen wir lachen, mit ihrer Resignation müssen wir lächeln; über die Regierten da unten sollten wir weinen, was wir wieder nicht können. Es lag nicht an den Darstellern; Theodor Loos und Hermann Thimig mit der Mosheim waren gut als elegante Leute, als Autofahrer auf einer Corniche der Riviera, waren noch besser als Proletarier vor ihrer Kartoffelschüssel, und der Regisseur Forster-Larrinaga hat ihre Umwelt mit der Mordstimmung beide Male gleich sicher herausgebracht. Aber ihre Schicksale konnten nicht mehr als Unterlagen sein, als etwas schematische Exempla für die Unterhaltungen der Himmlischen im Boudoir der Magdalena, die mit ihren feinen Nachdenklichkeiten, mit ihren leicht betonten Paradoxen über eine Travestie oder bloßen Ulk doch weit hinausgingen. Und so wurde die Komödie erst wieder komisch, als die drei Himmlischen, um die letzte Katastrophe zu hindern, sich in die proletarische Wohnküche herabließen, als Herr Kommerzienrat, Herr Direktor und Fräulein Kommerzienrat. Der Herr Kommerzienrat, Besitzer des Werks, erfährt von den beiden Arbeitern, daß er in den Betrieb nicht hineinzureden hat. Das kann nur die Betriebsleitung. Und wer die ist, das mag der Teufel wissen! Das letzte Wort vom lieben Gott, der als Werner Krauß sehr betrübt dasteht, sehr gütig, sehr ratlos, ein lieber Gott, den man sehr lieb haben muß...

Die Komödie ist nicht durchweg komisch, aber bis Stärkeres kommt, wollen wir mit einer Veranstaltung zufrieden sein, die uns den halben Weg lachen und am Ende gar etwas nachdenklich werden ließ.

Alfred Kerr, Berliner Tageblatt 13. 10. 1928

I
Ehen werden im Himmel geschlossen ... Doch hienieden werden sie gelebt – nicht? Und in zwei Fällen geht es (bei Hasenclever) schief.
Das der Kern seiner Komödie.

II
Sind Hasenclevers zwei Fälle schlechtweg Ehen? Oder besondere Ehen? Doch – besondere Ehen: jede mit einem Hausfreund.
Ehe mit Hausfreund scheint für Hasenclever die Grundform der Ehe zu sein. Das (nach Ibsen) dreieckige Verhältnis.

III
Da ist er doch zu sehr Feminist. Warum soll dann, zum Donnerwetter, nicht ebensogut die Ehe des Mannes mit Frau und Freundin heute die Grundform der Ehe sein? hä? Das ist auch dreieckig.

IV
Warum? ... Allein in Deutschland gibt es, nach dem Kriege, sechs Millionen Frauen mehr als Männer. Sechs Millionen überschüssig; nicht untergebracht. Der Mann hat zahlenmäßig die Auswahl.
Weshalb da bloß die Welt vom Standpunkte der Frau mit zwei Männern betrachten? Nicht ein kleinstes bißchen vom Standpunkte des Mannes mit zwei Frauen? Man fühlt sich zurückgesetzt. (Überdies von einem Geschlechtsgenossen. O pfui, Herr Hasenclever.)

V
Wie sind seine zwei Fälle? Nummer eins: der Gatte bejahrt, der Hausfreund jung. Wohlstand. »Felix hat seine Fabrik.«
Nummer zwei (umgekehrt): der Gatte jung, der Hausfreund bejahrt. Armut. Man arbeitet in der Fabrik. Sogar im Bergwerk. (Konstruiertes wird geahnt.)
Weiter. Der bejahrte Gatte des wohlhabenden Falls liebt seine Frau – und hat nichts gegen ihre Untreue. Der junge Gatte des armen Falls schlägt seine Frau – und hat was gegen ihre Untreue.
Beidemal ist jedoch der Liebhaber glücklos. Wirf die Katze, wie du willst ...

VI
Nun die Folgen. Der junge Liebhaber des wohlhabenden Falls erschießt sich: die Frau begeht Selbstmord und Mord. Der ältere Liebhaber des proletarischen Falls quält sich; die Frau ihrerseits ...
Ja: wie der zweite Fall auf den Brettern ausgeht, ist nicht klar.
Im Buch bleibt, versumpft, alles beim alten. In der Aufführung hört man jedoch einen Schrei. Was ist los? Weiß nicht genau. (Schönheitsfehler im Parallelismus?)

VII
Zusammengefaßt: der Reiz des Stückes liegt in dem, was gesprochen wird. Nicht in dem, was bewiesen wird. (Im Rahmen für die zwei Bilder. Nicht in den Bildern.)
Hübsche Wendungen im Gespräch machen das Glück dieser Komödie. Nicht Hübsches in den zwei Exempeln. Denn in dieser doppelten Dreiecksehe gibt es dichterisch kaum Bemerkenswertes.
Jedoch: Gott, Petrus und die heilige Magdalena betrachten vom Himmel die zwei Ehen – und in ihrem Gespräch ist Bemerkenswertes. (Reizvolles.)
Kern: ein lustiger Rahmen umspannt zwei ... mittlere Bildchen.

Gewichtsverschiebung (mit anderem Gleichnis): Die einleitende Skizze wird Hauptpunkt: der Hauptpunkt bleibt skizzig.

VIII

In diesem Stück ist keine Spur mehr von Expressionismus. O, wie weit, wie weit. Spaßdialog. Beinah These. Hasenclever ist gelandet: abendfüllend. (Vielleicht serienträchtig.) Fern vom zuckenden Mondlicht seiner zerseelenden Duodramen. (Auch fern von ihrer Verschwommenheit.) Gelandet: zum trocknen Umriß. Zur Konstruktion vielleicht. Immerhin bretternah. (Wenn man schon fürs Theater schreibt, schreibe man fürs Theater.) Auch geistnah – wengleich auf halbem Weg. Er steigt auf alle Fälle von Swedenborgs Mystik zur Himmelsparodie. Wakker!

IX

Darstellung... So lockend mit rotem Haar die Klabundwitwe Neher (furchtbare Vorstellung, daß dieser Knabe, der gestern antrat, schon etwas bürgerlich Verwitwetes hinterläßt – rast denn die Zeit?) – so lockend im roten Haar die Neher, so bemeistert Gottvater Krauß im Golfanzug und Gerhart Hauptmanns Maske; so unerfahren ernst Hermann Thimig; so erfahren ernst Loos erscheint; so verschieden die Mosheim wirkt (als Kapitalistin unkleidsam, halbecht; als Proletin außen wie innen deckend): –

X

Alles das verbleicht vor belanglosen Sätzen des Schauspielers Romanowsky, der immer, wenn er nichts zu sagen hat, es mit hinreißendem Humor einer stockend-bedächtigen, verkalkten Umständlichkeit herrlich erfüllt; bis ein ganzes Haus ihn streicheln möchte...

Günther Weisenborn U-Boot S 4

Uraufführung: Volksbühne am Bülowplatz Berlin, 16. Oktober 1928
Regie Leo Reuß

›Aktualisierung des Theaters‹ durch Stoff: das war eine andere Form des Versuchs, das Theater wieder in Zusammenhang mit seiner Zeit zu bringen. Das ›Zeitstück‹ war sein unmittelbares Ergebnis. Aktualität auf dem Theater – das hieß: Anpassung des Theaters an die Zeitung. Piscator, der in seinen wenigen, aber entwicklungsgeschichtlich wichtigen Inszenierungen die Aktualisierung der Szene mit Foto, Film und Dokumentation eingeleitet hatte, hatte schon von der Funktion der Bühne als Zeitung gesprochen. Mit ›U-Boot S 4‹ wurde zum erstenmal die Darstellung eines aktuellen Ereignisses auf die Bühne gebracht. ›U-Boot S 4‹ war eine Weiterführung der Zeitungsreportagen über den Untergang eines amerikanischen U-Boots im Dezember 1927 nach einem Rammstoß mit einem amerikanischen Alkoholjäger. Der sechsundzwanzigjährige Günther Weisenborn, der mit diesem Stück als Dramatiker debütierte, zielte freilich über den aktuellen Stoff, über die Schilderung der Katastrophe hinaus. Er verband die Darstellung mit Angriffen auf die Sensationspresse und gegen die Aufrüstung. Es waren die Wochen, in denen in Deutschland gegen den Bau eines Panzerkreuzers gestimmt wurde. Der Stoff wurde Anlaß zu einem politischen Engagement, das den Dramatiker mehr als Kämpfer denn als Menschengestalter definierte. Weisenborns Thesen lauteten: »Wir kämpfen gegen eine Phalanx von Amt, Geld und Geschäft« und »Dichter sein heißt, die Menschen zwingen, ihr Leben zu ändern.« Der letzte Matrose im U-Boot S 4 sang sterbend noch die Internationale. Damit war die Entwicklung des ›Zeitstücks‹ von seinen Ansätzen im Expressionismus bis in die sich täglich verschärfende politische Kampfsituation von 1928 ziemlich exakt beschrieben. ›U-Boot S 4‹ erinnerte in seiner Situation (Sterben auf einem Kriegsschiff) an Goerings ›Seeschlacht‹. Auch in ›Seeschlacht‹ (s. d.) war der Stoff der Gegenwart auf der Bühne, aber er war antikisch gefaßt, als Klagegesang. Weisenborn benutzte einen ähnlichen Stoff zur Anklage. Der Regisseur verstärkte sie durch Anspielungen auf die Panzerkreuzer-Debatte. Das Stück war die erste selbständig von einem Autor entworfene Arbeit eines Autors für die Piscator-Bühne. (Die Aufführung war für das Studio der Piscator-Bühne geplant, konnte aber dort nicht mehr realisiert werden, da die Piscator-Bühne zusammenbrach.) Die Aufführung des Stücks in der Volksbühne, die sich von Piscator getrennt hatte, bedeutete die Anerkennung seiner Arbeit unter Ausschließung seiner Person. Sie war eine Konzession an die Sonderabteilungen der ›Volksbühne‹, die auch den Kern der Piscator-Bühne bildeten und nach dem politisch gebundenen, kämpferischen Zeittheater verlangten. – Über der Szene selbst war eine Filmszenerie montiert, auf der Ereignisse der Zeitgeschichte dokumentarisch rekapituliert und über den Schiffsleib das Meer dargestellt wurde. So konnte Kerr schreiben: »Bei der Volksbühne wird Piscator jetzt im Hause gearbeitet« (›Berliner Tageblatt‹, 17. 10. 1928). – George hatte wieder eine große Rolle, Ernst Ginsberg und Victor de Kowa machten in dieser Inszenierung zum erstenmal auf sich aufmerksam. – (Gleichzeitig fanden Aufführungen in Stuttgart, Würzburg und Bonn statt.)

Paul Wiegler, BZ am Mittag, Berlin, 17. 10. 1928

Am 17. Dezember 1927 wird ›S 4‹ von dem ›Paulding‹ gerammt. Es versinkt sofort wie ein Stein. Die stürmische See hindert die Bergung. Von drei mit Stahltrossen zusammengebundenen Kriegsschiffen werden Taucher in die schwarze Tiefe abgelassen. Ein einziger Taucher erreicht das U-Boot, aus dessen Boden Schmieröl und Benzin sickern. Er klopft an die Bordwand; keine Antwort. Tags darauf sind mehrere Taucher unten; ›S 8‹ wird neben das Wrack gelegt. Jetzt werden die Hammerschläge erwidert. Die Schallwellen übertragen sich durch den Taucheranzug von Thomas Edie auf das Telephon in seinem Helm. Sechs Mann leben im vorderen Torpedoraum, halb erstickt durch giftige Gase. Taucher führen Luft zu. Die Klopfgeräusche von drinnen verstummen. Sie setzen wieder ein und melden: die letzte Sauerstoffflasche ist aufgebraucht.
In der zweiten Nacht werden die Klopfzeichen wirr, unentzifferbar. ›S 8‹ sendet dem Leutnant Fitch die Botschaft: »Mutter und Frau beten für dich.« Der Sturm macht die Arbeiten der Rettungsflotte unmöglich, sie rettet sich selbst nach Princetown. Ein Taucher stirbt an Erschöpfung. Gebete für die Eingeschlossenen von allen Rundfunkstationen Amerikas. Endlich wird durch ein Hörrohr Luft eingepumpt. Kein Klopfsignal, unwiderrufliches Schweigen. Nach

drei Wochen werden drei Leichen geborgen, Menschen, die die Wasserflut in wildem Kampf überrascht hat. Im März wird ›S 4‹ mit sechs Hebepontos zur Meeresoberfläche gebracht, ein stählernes Haus des Todes. Die Sechs liegen, mit gelbem Schlamm bedeckt, Fitch einen Hammer in der Hand. Vierzig Mann in wasserdichten Abteilungen. In der Tasche eines Matrosen ist ein Pappdeckel, auf dem mit roter Kreide geschrieben steht: »Überführt meine Leiche nach Oklahoma, Nebraska.« Angebissene rohe Kartoffeln in der Pantry, Kohlstrünke, aufgebrochene Konservendosen, ein Messer, eine goldene Uhr, ein großer Fisch, der sich im Maschinenraum gefangen hat.
Das ist die Tragödie der Wirklichkeit, die keiner Literatur bedarf.

Der sechsundzwanzigjährige Günther Weisenborn, der sie nachzudichten versucht, ehemaliger Wandervogel, auch Arbeiter, ist Dramaturg in Bonn. Sein Stück hat drei große Szenen, drei Akte. Zwei davon spielen bei mondhellem Himmel, vor der dunklen See auf der Mole. Der Matrose Pep, der Wache hat, seine Kameraden, der Taucher Ted, ein Weib Thit, dessen Schrei, als die sechs wieder hinuntermüssen in den schwimmenden Kerker des U-Boots, durch die Nacht hallt. Die sechs sind in Angst und Empörung. Ted agitiert für Verweigerung des Dienstes. Fast folgen sie ihm, trotz der gellenden Signalpfiffe. Aber einer nach dem andern unterwirft sich ihrem grauenhaften Gebot.
Das ist bemerkenswert dünn, macht noch nicht aufhorchen, denn der persönliche Timbre fehlt, die Kraft des dichterischen Gleichnisses. Der dritte Akt ist dann das Sterben der sechs. Gekonnter und seelisch nuancierter. Nichts Überwältigendes; die ›Seeschlacht‹ von Goering, noch im Krieg gespielt, im Ablauf sehr ähnlich, drückt mit ihrer dramatischen Wucht auf dieses späte Werk der Nachkriegsgeneration. Doch es ist ein Ansatz da, eine zu hegende Hoffnung. Einer der sechs hat in der Raserei sich die Hände an den Eisenplatten wundgekratzt; der Leutnant gibt ihm den erlösenden Schuß. Einer wird von einem Kameraden niedergehauen. Die übrigen sterben den Erstickungstod. Bis auf Pep, den letzten, der verröchelnd die Internationale lallt.
Denn mit dieser Aufführung sucht die ›Volksbühne‹ an das, so sagt sie selbst, proletarische Zeittheater sich wieder anzuschließen. Sie ist ein wenig die offizielle Sozialdemokratie in der Frage des Panzerkreuzers. Einstweilen sitzt Piscator, dem die Leitung die neuen, bewegenden Ideen dankt, im Zuschauerraum, und auf der Bühne wird er kopiert. Man hat sich seines Mitarbeiters Leo Lania versichert und ihn einen Piscatorschen Nachkriegsfilm zusammenstellen lassen. Die Politiker Europas beim Kellog-Pakt, von Geschützen starrende Kriegsflotten, jagende Kolonnen der Landheere. Der Film ergänzt wie bei Piscator die Handlung. An Bord eines echten Schiffes wird Ted, der Taucher (Herr Ginsberg) photographiert und in seine Rüstung gekleidet. Der Schatten der Thit läuft an der Leinwand umher, und wenn diese sich hebt, so spielt die stumme Weibergruppe, die auf ihr gespensterte, als Komparserie im Hintergrund der Bühne weiter und wird von den Marinesoldaten fortgedrängt. Ein Song wird gesungen, der Song der Sensationsgier, der »nackten Reportage«. Herr Reuß, der Regisseur, benutzt auch eine Loge, von der mit den Tauchern telephoniert wird, an den Türen des Parketts wird gebrüllt. All das ist aus zweiter Hand und Eigentum der Volksbühne nur der wunderbare Rundprospekt und die Kunst, ihn zu beleuchten.
Es treten hervor: Frau Straub als Thit, schrill und hager, als der Offizier ein

neuer Mann, Herr de Kowa, Herr Karchow als der Rasende. Und dann als Pep Herr George. Wie der breite Riese aus dem ›Potemkin‹ sieht er aus; und er erschüttert durch die Tragik der Wehrlosigkeit.

Herbert Ihering, Berliner Börsen-Courier 17. 10. 1928

[...]
An diesem Abend begriff man nicht den erbitterten Kampf, der in den Zeitungen und Organen der Volksbühne gegen Piscator geführt wird, begriff man nicht die Beschimpfungen seiner Ideen und Leistungen, denn fast alles, vom Programmheft bis zum Stück, zum Film und zur Inszenierung war ohne seinen Vorgang nicht denkbar. Und noch während man vor wenigen Wochen gereizt gegen ihn polemisierte, benutzte man auf Zetteln, die man in Versammlungen verteilte, seine Vokabeln und Schlagworte als Werbemittel – für die Volksbühne.
Wenn Ideen sich langsam, und mit Rückschlägen, durchsetzen, so soll man nicht pedantisch sein und die Nachfolger mit dem Vorbild erledigen. Ein starker Gedanke findet von selbst wieder zu den richtigen Trägern zurück. Hier haben wir es mit der Leistung der Volksbühne zu tun. Mit einer Leistung, die den Beweis für die technische, handwerkliche Durchführbarkeit des filmtheatralischen Inszenierungsapparats führte. Ein energischer Regisseur, ein ehrgeiziger Arbeiter, der hemmungslos sein konnte, weil er die Ideen nicht selbst durchdacht hatte, sondern nur auf ihre Verwendbarkeit zu prüfen brauchte, leistete eine gute, solide, problemlose Handwerksarbeit. Zum Ausbau, zur Festigung, zur Beweisführung für Ideen sind Talente wie diese nötig. Gebrauchsbegabungen wie Leo Reuß müssen ein Theater haben; und es spricht weder gegen ihn, daß er mit den Mitteln anderer arbeitet, noch gegen diese Mittel, daß sie handwerklich verwertet werden können.
Günther Weisenborns ›Amerikanische Tragödie der sechs Matrosen von S 4‹ ist von einem Theatermenschen geschrieben, unter dem unmittelbaren Eindruck des Vorganges. Weniger dichterisch als dramaturgisch. Dramaturgisch in der Einordnung in die Zusammenhänge. Die Welt wird aufgerissen im Film. Dieser Film ist von vornherein in das Stück hineinkomponiert. Er zeigt die Hintergründe auf: Rüstungsindustrie, unverbindliche Friedenspakte und Pressesensationen. Die sechs Matrosen ersticken. Sie übernehmen die Verantwortung mit ihrem Leben. Die Teilnahme der Welt ist unverbindlich. Eine brüchige Ordnung wird am Einzelfall aufgezeigt.
Ob Günther Weisenborn ein Gestalter ist, bleibt unentschieden. Er ist sprachlich oft schwach und blaß. Aber er ist ein Theatermensch, der mit szenischen Mitteln seinen Stoff arrangieren kann. Ein Gebrauchstalent, deshalb notwendig. Hier treibt er das Thema noch zu sehr auf. Die Einleitung ist viel zu lang und umständlich.
In der Aufführung wurde dieser Dispositionsfehler durch die falsche Pause noch deutlicher gemacht. Das Stück muß als *Einakter* gespielt werden. Ebenso verfehlt waren die Anordnung einer Telefonszene in einer Zuschauerloge und das Übergreifen der Reporterauftritte ins Parkett. Das Stück verträgt diese Dimensionen nicht.
Schauspielerisch geriet vieles zu scharf und akzentuiert, anderes wieder zu

beiläufig. So mußte der rebellierende Taucher wichtige Worte mit dem Rücken zum Parkett in den tonverschlingenden Rundhorizont hinein sprechen. Wobei die Begabung des jungen Ernst Ginsberg auffiel, der ohne den in solchen Rollen üblichen Krampf spielte. Auch sonst bemerkte man neue Talente: Victor de Kowa, sofort dann packend, wenn er den Leutnantston verließ, Erich Thormann und Hans Baumann (noch etwas theatralisch). Friedrich Gnass gab gegenständlich, wenn auch etwas breit einen ›ollen Mariner‹, Ernst Karchow einen wahnsinnig werdenden Matrosen.
Bleibt Heinrich George. Er hatte einen seiner besten Abende. Er erhöhte das Militärische zum Ausdruck (Gänge auf der Mole). Er starb ergreifend ohne Sentimentalität, sachlich, fast berichtend. Wundervoll. Nur schmerzlich sieht man Agnes Straub wieder in einer Rolle, die ihr nicht liegt. Will die Volksbühne, wollen die anderen Berliner Direktoren diese große, ungewöhnliche Begabung durch ungenügende, falsche Beschäftigung lahmlegen? Es wäre verantwortungslos.
Für den Film hatte sich Leo Lania als Manuskriptverfasser eingesetzt und verwertete (mit Oertel und Suhr) glücklich die Piscator-Erfahrungen. Höhepunkt: erschütternde Hinrichtungsbilder aus der chinesischen Revolution, dem ergreifenden Tatsachenfilm ›Shanghai‹ entnommen. Die Musik von Wolfgang Zeller lockerte mit Gelingen das Schema Meisels auf.
Die Volksbühne hat mit den *Ideen* Piscators Erfolg gehabt. Sie kann ihn nur ausbauen, wenn sie künstlerisch wieder zentral geführt wird. Sonst erstarrt sie auf *diesem* Niveau, wie sie auf dem Niveau Holl erstarrte.

Arthur Eloesser, Vossische Zeitung, Berlin, 17. 10. 1928

[...] Alle Opfer der Kriegs- und Friedensindustrie verlangen unser Bedauern, auf alle können Stücke gemacht werden, wenn ein erschütterter Mensch dem Moloch, der sie verschlang, in den Rachen gesehen hat.
Der Verfasser Günther Weisenborn hat aus seiner Erschütterung nichts weiter gegeben, als über die Tragweite einer Zeitungsnotiz hinausginge. Um auf Menschen zu wirken, muß man Menschen schaffen können, was ihm bisher in einem geradezu hervorragenden Maße versagt scheint. Am Ende seines Stükkes, wenn die sechs Matrosen im Torpedoraum des U-Boots nach Tobsuchtsanfällen und Sterbedelirien erstickt sind, fordert ein ›Herr in Schwarz‹ außerhalb des Vorhangs und des Vorgangs, das Publikum auf, die im vorigen Jahre untergegangenen Matrosen durch eine Minute Stillschweigen zu ehren. Das Publikum kann sich dieser Aufforderung nicht entziehen, ich erkläre sie als eine Ungehörigkeit. Es gibt auf der Bühne keine im vorigen Jahre untergegangenen Matrosen, es gibt nur eine von einem Dichter zu erschaffende Welt, die vor unseren Augen entsteht und gegenwärtig wird. Der Verfasser darf hinter einer tatsächlichen Begebenheit keine Deckung suchen. Wenn er es darf, werden wir uns vor den im Jahre 1844 bei einer Hungerrevolte umgekommenen Webern mindestens eine Stunde von unseren Plätzen erheben müssen. [...]
Das Stück ist für Piscator geschrieben worden. Das heißt, daß Herr Weisenborn sich auf Prospekte und Maschinen verließ, wo mit Menschen- und Engelszungen geredet werden mußte. Vor allem aber verließ er sich auf den

Film. So jung und so anspruchsvoll, so jung und so bescheiden! Der Film zeigte uns empörtes oder trauerndes Volk, verwitwete Frauen mit Säuglingen auf dem Arm, ausfahrende Kriegsschiffe, exerzierende Kanonen, das Meer im Zorn und die Taucher bei ihrer vergeblichen Arbeit in der Tiefe. Ich bitte mir aus, daß der Dichter das alles zu dichten hat. Wenn es ihm zu schwer fällt, soll er es bleiben lassen, jedenfalls seine ehrwürdige Zunft nicht einer berechtigten Überhebung von Photographen und Operateuren aussetzen. Die ganze von Piscator der Volksbühne hinterlassene Kiste war wieder aufgemacht, um die bekannten Kriegsbilder herauszugeben. Ist der Krieg einmal abgeschafft, wird das Publikum sie zurückverlangen, das sich schon allzusehr an photographisch so dankbare Vorwürfe gewöhnt hat. Gewiß, das Filmarchiv hat sich auch vermehrt; man sah nicht ohne Beifall, Kellog, Briand, Stresemann ihren Pakt unterschreiben, an dem uns doch die Lust seit der Veröffentlichung des englisch-französischen Flottenabkommens einigermaßen vergangen ist. Darf man Stücke schreiben und so inszenieren, daß ihre Beweisstücke mit der augenblicklichen Politik veralten? Es ist nicht lange her, daß die Künstler auf eine geringe Untermalung Straßenbahnbillette, Streichhölzer und Hosenknöpfe klebten. Man hat das einmal auch sehr schön gefunden. Ich hielt es für eine Ungehörigkeit und halte diese Bühnenkunst des Hosenknopfes für eine andere. Man kann Stücke schreiben oder inszenieren, man kann aus illustrierten Zeitschriften sich Bilder ausschneiden und in ein Album kleben. Man soll aber diese beiden Tätigkeiten nicht verwechseln. Es zeigte sich auch gestern wieder, daß das Publikum nach anfänglicher kalter Zurückhaltung sich verwirren ließ. Der Applaus am Schluß ging wohl weniger zugunsten des Verfassers, als zugunsten des Panzerkreuzers.

Wo Filme reden, müssen Schauspieler schweigen. Agnes Straub bemühte sich an einem Phantom von Matrosenbraut. Heinrich George gab ihren naiv gemütvollen Matrosen, der eine Art Schuld auf sich lädt, weil er die um ihn raunende Meuterei nicht mitmachen will. Er ist eine Art Spökenkieker und der letzte Überlebende auf dem U-Boot, zum Schluß nur in Hosen ohne Hemd. Die nackte Brust von Heinrich George ist mir längst kein Geheimnis mehr; ich sehe sogar die Walze darin und kann die Stifte zählen, auf denen sein Gemüt klimpert. Ich wünsche seinem Gemüt, seiner zugleich starken und weichen Männerkraft den Anschlag eines Dichters.

Ferdinand Bruckner Die Verbrecher

Uraufführung: Deutsches Theater Berlin, 23. Oktober 1928
Regie Heinz Hilpert

Der Name ›Ferdinand Bruckner‹ war seit der Uraufführung von ›Krankheit der Jugend‹ (s. d.) ein Begriff. Noch war das Pseudonym nicht gelüftet, noch hatte keiner der Berliner Kritiker Bruckner als Theodor Tagger identifizieren können, als ›Krankheit der Jugend‹ im April 1928 an Taggers Berliner Renaissance-Theater inszeniert wurde. Die Uraufführung der ›Verbrecher‹ wurde Bruckners zweiter Sensationserfolg. Sein Hintergrund waren die Mordprozesse (z. B. Jakubowski) und die lebhaften Diskussionen um die Strafe und ein neues Strafrecht. »Dies Werk tobte gegen Justiz und Staat«, schrieb Kerr. Parallel mit der Diskussion um das Strafrecht hatte auf der Bühne das Prozeßstück einen wachsenden ›modischen‹ Erfolg. In den ›Verbrechern‹ verband sich das Prozeßstück mit dem anderen Zeitstück-Typus: dem Jugendstück. Probleme der Jugend, ihrer seelischen und sexuellen Not wurden seit Klaus Manns ›Anja und Esther‹, seit Bruckners ›Krankheit der Jugend‹ auf der Bühne behandelt. Heinrich Mann schrieb die Komödie ›Bibi, Jugend 1928‹, die im Herbst 1928 in dem neuen Berliner Theater im Palmenhaus mit Curt Bois in der Rolle des jungen, aufsteigenden Schwindlers und Eintänzers Bibi herauskam. Peter Martin Lampel variierte das Thema abermals (s. d.). Es waren Darstellungen der nach dem Krieg herangewachsenen Jugend, die auch Ernst Glaeser in seinem Roman ›Jahrgang 1902‹ beschrieb, der in diesem Jahr, viel Aufsehen erregend, erschien. Ihering charakterisiert das Stück so: »Bruckner schreibt hier Krankheit der Jugend plus Piscator-Stück. Aber Krankheit der Jugend ist im Stoff und Thema schon ein Nachzügler, und das Piscator-Stück ist nicht weitergebildet. Bruckner schreibt noch einmal Wedekind, noch einmal Bronnen, unkämpferischer, selbstverständlicher, aber auch banaler« (›Berliner Börsen-Courier‹, 24. 10. 1928). – Für Heinz Hilpert, den Ihering nach der Inszenierung von Bronnens ›Katalaunischer Schlacht‹ am Staatstheater einen »amusischen Unteroffizier der Regie« genannt hatte (›Berliner Börsen-Courier‹, 26. 4. 1928), wurde diese Inszenierung sein bisher größter Erfolg. Lucie Höflich, die nach langer Spielpause im September schon in Barries ›Was jede Frau weiß‹ im Berliner Theater brilliert hatte, wuchs hier wieder zu einer ersten Darstellerin. Norbert Falk schrieb in der ›BZ am Mittag‹ (24. 10): »Es ist eine gesamtdarstellerische Leistung höchster Art. Nicht das Ensemble des Deutschen Theaters bewirkt das, es ist das Ensemble Berlins.« In diesem Ensemble wurde Hans Albers für das seriöse Theater zurückgewonnen. Gustaf Gründgens, der seit August als Schauspieler und Regisseur dem Deutschen Theater angehörte, fiel durch die scharfe Zeichnung seiner Rolle auf. Das auf der Szene aufgebaute Etagengerüst mit seinen sechs Simultan-Spielorten führte die Entwicklung der Kreisler-Bühne und der Piscatorschen Spielanordnung aus ›Hoppla, wir leben‹ weiter. – Bruckners Stück (Paul Fechter nannte es »belanglos« – ›Deutsche Allgemeine Zeitung‹, 24. 10. 1928) machte Furore. In München wurde die Aufführung der Kammerspiele (Regie Revy, in Hauptrollen Will Dohm und Therese Giehse) mit der Begründung, das Stück erschüttere das Vertrauen in die Rechtspflege, nur als geschlossene Vorstellung gestattet. Hans Henny Jahnn, der 1928 den ›Kleist-Preis‹ zu vergeben hatte, zog Bruckner in die engere Wahl.

Kurt Pinthus, 8-Uhr-Abendblatt, Berlin, 24. 10. 1928

Ein ähnlich starker Premierenerfolg ist kaum erinnerbar. Aber auch die durch einige Pfeifer noch geförderte Einmütigkeit des beifallrasenden Publikums, die den Regisseur und etwa dreißig Darsteller vielmals dem Ruf an die Rampe folgen ließ, vermochte nicht, den geheimnisumsponnenen Autor aus seiner Anonymität zu locken, so daß man immer noch nicht weiß, ob er der Berliner Theaterdirektor Tagger oder ein psychoanalytischer Wiener Arzt, der in Frankreich lebt, oder eine literarische Betriebsaktiengesellschaft ist.
Das neue Stück ist in Technik und Problematik eine Fortsetzung, eine Erwei-

terung des Erstlings ›Krankheit der Jugend‹. Auch ein Fortschritt? In der Geschicklichkeit, blitzschnell viele Menschen hinzustellen, ihr Inneres, ihre Problematik aufzuzeigen, und aus dem Zusammenleben einer Gruppe von Individuen Dutzende von pathologischen Komplikationen zu entwickeln, ist es ein Fortschritt. Im Streben zur Einheitlichkeit, zur konzentrierenden und konzentrierten Wirkungskraft ist es keiner.
Das Stück ist ein Lehrstück, ein Aufklärungsstück, ein Tendenzstück – jawohl! Und weil es für eine gute Sache von allgemeinster Wichtigkeit eintritt und diesen Zweck erfüllt, dabei äußerst wirksam ist, immer spannend, immer erregend, ohne unter das für solche Zeitstücke zu fordernde Niveau zu sinken – deshalb ist es ein gutes Theaterstück. Womit noch lange nicht gesagt sein soll, daß es ein gutes Drama, ein großes Kunstwerk sei.
Es darf nicht verschwiegen werden, daß der unbekannte Autor, Bruckner, den riesigen Erfolg weniger seiner dichterischen Begabung dankt als der beispiellosen Mißachtung des Richterstandes und der heutigen Justizpraktik in allen Schichten des Volks.
Ein Querschnitt durch ein Haus wird gezeigt: ein Querschnitt durch die Menschheit. Alle Menschen in diesem Haus, also in der Menschheit, vom edelsten bis zum ordinärsten, sind Verbrecher. Wie Strindbergs ›Traumspiel‹ durchhallt ist von dem Ruf »Es ist schade um die Menschen«, so Bruckners Stück von dem Leitmotiv »Wir sind alle Verbrecher«. Und von dem weiteren Motiv: Alles, alles geht weiter, ... wenn wir nicht einsehen, daß unsere Verbrechen nicht durch die Justiz, sondern nur durch die Erkenntnis und Änderung unseres Ichs verhindert werden können. Denn im tiefsten Grunde sind wir alle: Verbrecher aus Liebe!
Verbrecherin aus Liebe ist der doofe Dienstbolzen, in dem plötzlich in einer Nacht der fesche Kellner eine so blöde, blinde Liebe wachpeitscht, daß dies nun hemmungslos hörige Mädchen, weil zur Liebe ein Kind gehört, das sie nicht bekommt, vor aller Welt sich ein Kind in den Leib redet, das sie bei der armen Nachbarin kauft, ... daß sie dann aus Eifersucht eine Rivalin erwürgt und, trotz ihrer Liebe, aus Liebe, weil das Verbrechen der Untreue gegen ihr heiliges Gefühl göttlicher Sühne bedarf, zuläßt oder gar zuwege bringt, daß der Treulose fälschlich, statt ihrer, zum Tode verurteilt und hingerichtet wird. – Dies ist nicht als Inhaltsangabe erzählt, sondern als Übergang zu der Feststellung, daß Lucie Höflich in der Gestalt des blonden, verbockten, ganz in sich lebenden und doch aufgerissenen alternden Mädchens die großartigste, innerlichste und dabei einfachste Leistung gab, die von einem Schauspieler weiblichen Geschlechts während der letzten Jahre zu sehen war. Wie sie aus beseligter Liebe in Dunkel und Wirrnis des Verbrechens und der Opferung des Liebsten und schließlich in den Tod getrieben wird; wie still und selbstverständlich dies in ihr und aus ihr geschieht, wie sie an Stellen, wo jede andere Darstellerin schreien würde, ihre Erregung zu unheimlicher Dämpfung sammelt, insonderheit ihr unvergeßlicher, gräßlich stummer Schrei, als der Geliebte verurteilt ist – vor solchem Grad schauspielerischer Größe sinkt das lobende Wort, denn über dieser Frau schwebt der Heiligenschein schauspielerischen Genies.
Verbrecher aus Liebe ist der Jüngling, der stiehlt, um mit einer älteren, geliebten Frau, Mutter seines Freundes, fliehen zu können; Verbrecher aus Liebe ist dieser Freund, der, in Liebe zu einem anderen Jüngling verfallen, unter-

schlägt, gemeinschaftliche Sache mit Erpressern macht und aus Scham sich zum Meineid treiben läßt; Verbrecherin aus Liebe ist die Mutter des Erpressers, die den Schmuck des Verwandten verkauft, um ihre Kinder verwöhnen zu können; Verbrecherin aus Liebe ist die arme Tippmamsell, die mit dem armen Studenten haust und ihr Kind erst verkauft, dann umbringt; Verbrecherin aus Liebe ist das arme Mädchen, das sich einen Boxer aushält und zur Hure wird, um sich sein Kind abtreiben zu lassen. Diese Liste ist keineswegs vollständig; sie zu vervollständigen hieße: das ganze Strafgesetzbuch exzerpieren.
[...]
All diese Verbrechen aus Liebe kommen vor Gericht. Und wie der erste Akt ein Querschnitt durch ein Haus als Menschheit war, so zeigt der zweite einen Querschnitt durch unsere Justiz: verständnislose Richter treiben Angeklagte zu falschen Geständnissen; wirkliche, gemeine Schuldige werden freigesprochen; unschuldig Schuldige zu furchtbaren Strafen verdammt; gänzlich Unschuldige aufs Schafott gebracht. Der Schatten Jakubowskis, die Gestalten aus Schülerprozessen und Meineidsverfahren, Millionen Gepeinigte einer Gesellschaft, in der jeder Schuldlose jedes Verbrechens beschuldigt werden kann, schreien auf der Bühne gellend und anklagend gegen die Ankläger.
[...] daß diese Unzahl der Motive und Menschen, ohne zentralen Einzelhelden, erstaunlich geschickt gruppiert, ausbalanciert und komponiert ist – das erweist eine Theaterbegabtheit, die selten ist. [...]

Monty Jacobs, Vossische Zeitung, Berlin, 24. 10. 1928

Das zweite Drama dieses immer noch vom Geheimnis umwobenen Autors Ferdinand Bruckner stammt in seiner Technik von Nestroy, in seiner Tendenz von Tolstoi. Denn Nestroys Volksstück ›Zu ebener Erde und im ersten Stock‹ hat zum ersten Male den Querschnitt eines Hauses aufs Theater gestellt. [...] Aus allen Zimmern und Sälen aber stöhnt Tolstois Erkenntnis: Menschen dürfen nicht über Menschen richten! Dem Publikum hat es gestern Spaß gemacht, die wechselnden Schauplätze nacheinander aufleuchten zu sehen. [...] Bedeutet Brucknners Querschnitt durch ein Menschenhaus einen Querschnitt durch das Menschenleben? In seinem Pessimismus erhebt der Autor diesen Anspruch. Denn er zeigt in allen Zimmern leidende Menschen, schuldlose Männer und Frauen, die zu Verbrechern gestempelt werden, Schuldige, die niemand anklagt. [...] Aber die Beschränkung auf den kleinen Kreis akademischer Jugend war Brucknners Kunst bekömmlicher als der Ehrgeiz, das ganze Leben zu umspannen. Seinem Pessimismus begegnet es nämlich, daß er zuviel, daß er zu spät anklagt. Dieses arme Mädchen, das um ihrer Mutterschaft willen von ihrem Ankläger im Talar so roh verhöhnt wird, dieser junge Knabenfreund im Taumeln zwischen Selbstmord und Zuchthaus, leben sie wirklich im Zeitalter des gütigen Richters Lindsey?
Es scheint, als ob Bruckner, wie er alle Zimmer eines Hauses öffnet, auch in alle Behausungen der Tendenzkunst auf einmal einkehren will. Ihm steht zum Glück die gute, indirekte Methode zu Gebote. Etwa in dem Gespräch

zweier Leute vor dem Erpresserprozeß, in der Rechtsbelehrung eines Anfängers durch einen ausgekochten Jungen. [...]
Das ist Tendenzluft von der nachdenklichen, von der siegreichen Art. Aber in Bruckners Hause gibt es viele Wohnungen. So haust in einer Kammer ein junger Gelehrter, der Freund der Kindesmörderin. Aus seinem Buch über die Justiz liest er – man muß ihn mit dem verschollenen Namen Raisonneur beschimpfen – unaufhaltsam Kapitel vor. Kapitel gegen die erstarrte, eingekapselte Rechtspflege unserer Zeit. Das ist Tendenzkunst von der überholten, von der unwirksamen Sorte.
Viel tiefer als diese, in der Akustik des Theaters verhallenden Tiraden, wirkt ein einfaches Wort der Köchin, ein Wort, das den Sinn des Dramas am gerechtesten klingen läßt: »Wir sind alle Verbrecher!« Den Bühnenerfolg mag die Buntheit, der Reichtum an Abwechslung, entscheiden. Aber die künstlerischen Werte dieses geschickten Theaterstücks sammeln sich in der Figur der Liebenden, der Rächenden, in der Köchin Ernestine. Ein Instinktmensch ohne die falschen Töne des Ressentiments, so ist sie ohne die Vorbilder aus Hauptmanns Welt undenkbar. Aber wenn Ernestine auch von Hauptmanns Güte nicht gesegnet ist, könnte sie getrost in der Mietskaserne der ›Ratten‹ wohnen, nachbarlich jener Frau John verschwistert, die gleich ihr ein fremdes Kind an ihr Herz reißen will. Es geht etwas aus von diesem einfältigen Wesen, das in einer Welt des zynischen Zwinkerns geradeaus den Weg der biblischen Rache geht. Ihre Gestalt hat den großen Schwung, aber zugleich die kleinen Reize der Alltagswahrheit. Wenn sie, dumpf, aus Volkestiefen aufgestiegen, vor ihren Richtern steht, dann sprechen zwei Nationen in zwei Sprachen miteinander.
Auf der Bühne des Deutschen Theaters spricht die Köchin Ernestine in Lucie Höflichs Sprache, und niemals hat sie hinreißender geklungen als gestern. Blond der Scheitel, stämmig die Gestalt, argwöhnisch der Blick, aber das Zukken der Hingabe in allen Gliedern – so sieht sie ihrem Gustav in die Augen. Mitleid mit der Kindesmörderin, Aufruhr des Instinkts vor Gericht, Tumult aller Sinne im Schicksalsgespräch mit der Rivalin – wer schöpft das seit Else Lehmanns Abschied so tief aus den Abgründen, so rein aus den Quellen der Natur? Ein kleines, boshaftes Lächeln der Schadenfreude mitten in der versteinerten Qual der Gerichtsszene, gehört zu jenen Wundern der Inspiration, die einen verhüllten Menschen plötzlich durchsichtig werden lassen. Ein Denkmal für Lucie Höflich in diesem Moment!
[...] Prachtvoll in der Verstörung des Ausgestoßenen Matthias Wiemann und eine Erfrischung das ungewöhnliche, hier schon früh gerühmte Lustspieltalent der jungen, dreisten Käthe Lenz. Für den schönen Kellner Gustav, den Abgott aller Küchen, ist Hans Albers geholt worden. Der Regisseur Heinz Hilpert, allen Schwierigkeiten des Abends im Bunde mit Rochus Gliese, dem Bühnenmaler, gewachsen, hat in der Zähmung dieses Darstellers sein Meisterwerk geliefert. Gewiß, er spielt noch immer kräftiger ins Publikum hinein, als es des Landes Brauch in der Schumannstraße ist. Aber es muß zugestanden werden, daß seine forsche, vom Erfolg belebte Laune diesmal von den schlimmsten Symptomen der Selbstgefälligkeit kuriert worden ist. [...]

Fritz Engel, Berliner Tageblatt 24. 10. 1928

Der bitterste Naturalismus jener Epoche, den man vielfach begraben, aber niemals getötet hat, war noch süß, gemessen an der Grausamkeit dieses Dramas. Gigantisch lebt er wieder auf, vor einem Publikum, das dem damaligen nicht gleicht, das inzwischen die letzte Abhärtung erfahren hat und sich zum Gerassel der Nervenpauke drängt. Dieser neue Naturalismus hat auch die knappere Ausdrucksform unserer Zeit. Zur Anklage steht der maskuline Mann, der mit der Frau Schindluder treibt. Zur Anklage erst recht steht das Justizwesen. Mit schärfstem Stich und Hieb, mit Bloßstellung der Unzulänglichkeit des Verfahrens und derer, die es betreiben. Aber es ist mehr als jene Satire, die nach soviel Dutzend Gerichtsdramen schon wohlfeil geworden ist. Man spürt, daß sich ein nachdenklicher Rechtsphilosoph mit dem Begriff der Justiz allgemein auseinandersetzen will; über den einzelnen Fall hinaus, in der höheren Region der Idee. Dann sagt er, ein Gerichtsurteil habe keinen Anspruch auf öffentliche, moralische Wertung. Das bedeutet nichts anderes, als finis justitiae. Aber wie soll der Mensch denn gewertet werden? Bruckner sagt: nicht durch diese »in sich gekapselte, seit Jahrhunderten erstarrte« Justiz. Durch wen sonst, durch Nichtjustizmenschen? Aber, so wirft Bruckners tiefer Pessimismus wiederum zweifelregend ein: der Mensch ist nicht gut, kein Mensch ist gut, der Mensch ist böse von Jugend an, »Mord und Verbrechen sind der unerläßliche Dung, aus dem wir sprießen«. Wir alle sind Viecher, wer hilft uns da heraus? Von neuem und wider Willen zum zweitenmal wendet sich Bruckner gegen sich selbst, und wir beklagen es nicht. Zeigt er sich als Betrachter mehr geistvoll als geiststark, mehr intellektuell als fühlend, so bohrt sein dichterisches Weltempfinden doch in die schwarze Wand der Negierung ein Loch. Er wird positiv, er zeigt, wie die Frauen voll Muttersehnsucht sind.

Um zu sagen, was er leidet, kurbelt Bruckner jegliche Maschinerie der Bühne an. Mit raffinierter Geschicklichkeit nutzt er Zeit und Raum aus. An einem einzigen Theaterabend erledigt er vier Dramen, jedes selbständig, alle in Kontakt miteinander, alle mit dem Leitmotiv: Krankheit der Gesellschaft. Er hat schon von Vorgängern gelernt, wie man ohne Vorhang die Szene in Szenen zerlegt und bei wechselnder Beleuchtung und Verdunkelung zugleich oder beinahe zugleich oben, unten, rechts, links spielen kann. Im ersten und dritten Akt wird der Querschnitt eines bürgerlichen Parteienhauses sichtbar, im Unterstock ein übles Lokal, der zweite Akt zeigt das Gerichtsgebäude mit vier Verhandlungsräumen. Es geht etwas knapp zu, Wohnungsnot auch auf der Bühne, aber rasch, kein Augenblick bleibt ungenutzt. Man wünscht sich einen Drehsessel, um nach links und rechts, oben und unten folgen zu können.
Vier Dramen also, und vorher ihre Vorbereitung. Lebenszüge, schärfste Photographie des Alltags in seiner grauesten Farbe. Das Strafgesetzbuch illustriert: Unterschlagung, Verführung, Totschlag. Es ergibt sich und wird im zweiten Akt verhandelt: eine Erpresseraffäre, in der ein Familiensohn aus Angst vor dem § 175 einen Meineid schwört. Diebstahl, verübt von einem jungen Zimmerherrn, der seine ältliche Vermieterin begehrt; sie selbst, die verarmte Herrenhäuslerwitwe, hat auch unterschlagen. Kindesmord, in höchster Not begangen von der Schreiberin Olga. Viertens, aber eigentlich erstens,

denn hier summiert sich alles: Totschlag oder gar Mord, begangen an der dicken Gastwirtin Kudelka, mit Todesurteil zu Unrecht gesühnt an dem Kellner Tunichtgut, während die Mörderin nur Zeugin ist, die verliebte, eifersuchtskranke Köchin Ernestine Puschek. Sie nimmt dann Veronal. Es bleibt uns nichts erspart.

Das alles, bis auf jene wenigen Überspitzungen des Ausdrucks, ein Stenogramm der Wirklichkeit. Haarscharf die Zeichnung der kontradiktorischen Verhandlungen, glänzende Reportage. Die oft gesehenen Typen, Vorsitzende, Staatsanwälte, Verteidiger, von neuem mit äußerster Prägnanz vorgeführt. Der Kellner Tunichtgut eine brillante Figur und mehr als das: man muß dem Frechbold, Opfer eines Justizirrtums, gut sein. Ernestine Puschek, die den Liebsten sterben läßt, weil er dann nie mehr untreu sein wird, eine rührende Gestalt, leidende und tätige Heldin in der Küchenschürze. Hier liegt der dichterische Wert und die Hoffnung. Der wutspeiende Gesellschaftskritiker wird zum Tragiker, ohne daß die komödische Perspektive fehlt.

Der dritte Akt ist zu breit, und der letzte Schluß fällt dann ab. Olgas Freund und Kindesvater, der Student Kummerer, erzählt, daß er ein Buch schreibt und liest daraus vor. Er verkündet die Thesen Brucknerns. Aus dem Drama wird eine Moralfabel.

Hilpert weiß um das Ganze und Einzelne, im Sinne Brucknerns stimmt er auf einen scharf realen Ton. Die Bühnenbilder oder -bildchen von Gliese und Ulmer trotzen der Enge und mischen auch von ihrer Seite gut die Elemente des Dramas. Warum wird der Beleuchtungsdirektor nicht genannt? Eine Hauptrolle, dieses Anknipsen und Abknipsen, dieser Einsatz des Lichtes in der rechten Sekunde. Auch auf der Bühne gibt es Verdunkelungsgefahr, aber sie wird bestanden.

Und die Pfeiler des großen und vielfarbigen Zusammenspiels. Hans Albers, der Kellner, in der Luft niedriger Kunst nicht verdorben, sondern gewachsen, gestaltbildend, wahrheitsspiegelnd, mit unverzerrtem Witz.

Krönung des Abends: Lucie Höflich als Köchin. Das eigentlich Dichterische des Stückes in der feinsten und stärksten Hand. Ihre Rose Bernd noch einmal und wieder anders. Schmerzvoll herrliches Flackern einer gequälten Weiberseele.

Peter Martin Lampel   Revolte im Erziehungshaus

Uraufführung:
›Gruppe junger Schauspieler‹, Thalia-Theater Berlin, 2. Dezember 1928
Regie Hans Deppe

Theater in der Königgrätzer Straße, Berlin, 8. Dezember 1928

Die Bühne als Tribunal, Eingreifen der Szene in die Tageswirklichkeit: was die Anhänger des ›Zeittheaters‹ propagierten, ereignete sich mit dieser Aufführung. Der Autor Peter Martin Lampel wurde über Nacht als Dramatiker berühmt: ein vierunddreißigjähriger schlesischer Schriftsteller, mit der Jugendbewegung verbunden, an der Jugend interessiert. Sieben Wochen hatte er sich als Hospitant in einer als musterhaft ausgegebenen preußischen Erziehungsanstalt aufgehalten und dort den Stoff zu seinem Reportagebuch »Jungen in Not« gesammelt. Schon dieses Buch hatte Aufsehen erregt. Lampel machte aus diesem Stoff in vierzehn Tagen für die ›Gruppe junger Schauspieler‹ ein Schauspiel über die Mißstände der Fürsorgeerziehung. Es löste Debatten aus und bewirkte nach heftigen Diskussionen eine Reform der Fürsorgeerziehung in Deutschland. Ein zwei Jahre später geführter Prozeß bestätigte die zunächst abgestrittenen Vorwürfe Lampels. – Der Erfolg des Stücks war so ungewöhnlich wie seine Darbietung. Die ›Gruppe junger Schauspieler‹ war von Fritz Genschow und Hans Deppe aus jenen Kräften gebildet worden, die nach dem Zusammenbruch der ersten Piscator-Bühne arbeitslos waren. Von der Piscator-Bühne her gab es Beziehungen zu Lampel. Piscator hatte sich für Lampels früheres Stück ›Putsch‹ interessiert, das nach der Uraufführung in Koblenz 1927 »auf Druck des ›Stahlhelms‹« (Lampel) vom Spielplan abgesetzt werden mußte. Genschow wollte den bei Piscator schon durchdiskutierten ›Putsch‹ für seine Premiere übernehmen, entschied sich dann aber für die ›Revolte im Erziehungshaus‹. Sie kam als Sonntagsmatinee mit damals meist unbekannten jungen Schauspielern im Thalia-Theater auf die Bühne. Die Aufführung war so mitreißend, daß Ernst Toller und Carl Zuckmayer spontan das Stück der Volksbühne empfahlen, die damals ›Schneider Wibbels Auferstehung‹ spielte. »Ich möchte behaupten«, schrieb Zuckmayer, »daß dieses Stück und diese Aufführung das ernst zu nehmendste Theaterereignis darstellte, das wir seit Jahren in Berlin erlebten.« Die Sache dürfe nicht einmalig bleiben. Barnowsky übernahm dann Stück und Ensemble ab 8. Dezember in den Abendspielplan des Theaters in der Königgrätzer Straße, Ernst Josef Aufricht später diese Inszenierung ins Theater am Schiffbauerdamm. Dann machte die Truppe mit dem Stück eine Tournee durch Deutschland und die Schweiz. ›Revolte im Erziehungshaus‹ wurde in Paris, London und Warschau nachgespielt. – Lampel wurde damit einer der bekanntesten Zeitstück-Autoren. Sein gegen die heimliche Wiederaufrüstung geschriebenes ›Giftgas über Berlin‹, das den General von Seeckt auf die Bühne brachte, wurde von Genschows ›Gruppe‹ am Schiffbauerdamm-Theater in geschlossener Vorstellung uraufgeführt (5. 3. 1929) und sofort verboten. ›Pennäler‹, am 30. Oktober 1929 am Schiffbauerdamm uraufgeführt, setzte die ›Revolte‹ fort. Aber kein Stück, auch nicht ›Wir sind Kameraden‹ und ›Vaterland‹, von 1930–1932, übertraf mehr deren Wirkung.

Thalia-Theater Berlin
Herbert Ihering, Berliner Börsen-Courier 4. 12. 1928

Sonntag mittag spielte sich im Thaliatheater ein Ereignis ab, das von der größeren Öffentlichkeit unbeachtet blieb und doch zu den bewegendsten Vorfällen des Winters gehörte. Eine ›Gruppe junger Schauspieler‹ gab die ›Revolte im Erziehungshaus‹ [. . .] Und diese Gruppe junger Schauspieler, die ohne Reklame, ohne Tamtam an die Arbeit gegangen war, machte mit ihrem ersten Hervortreten alle Forderungen einer Kollektivarbeit wahr, die bisher in Berlin nur eine theoretische oder programmatische oder bluffende Existenz geführt hatte.

Lampels ›Revolte im Eziehungshaus‹ ist keine Dichtung im höheren, künstlerischen Sinne. Aber sie stellt szenische Vorgänge aus den Erziehungsanstalten mit solcher Geschlossenheit und Wucht, mit solcher Überzeugungskraft und Ehrlichkeit dar, daß die Wirkung aufrührender und tiefer war als die der »glanzvollsten« Theaterabende. Lampel gehört zu den wertvollsten Begabungen, die ein Theater, das wirklich im Zusammenhang mit der Zeit arbeiten will, finden kann. Lampel hat den Stoff der Fememorde zuerst in seiner Bedeutung für die Bühne erkannt. Er hat das Thema ›Schill‹ in eine neue Beziehung zu Putschvorgängen nachrevolutionärer Jahre gebracht. Er hat die Not und den Schrecken der Fürsorgeerziehung in ihrer sozialpolitischen Akzentuierung gesehen. Er stellt dar, was man nicht weiß. Er deckt auf – ohne Wichtigtuerei, mit Gerechtigkeit. Bei Lampel sind nicht etwa der Anstaltsdirektor oder der Hausvater sadistische Schurken, sie sind Beamte, die an ihre Erziehungsmethoden glauben. Der eine beschränkt, der andere scheinbar liberal. Aber beide ohne Beziehung zu den Menschen, die sie erziehen. Beide mit festgefahrenen Moralbegriffen, ›bessernd‹ durch Strenge und Grundsätze, ohne Instinkt für das, was in den Jungen erst einmal *befreit* werden muß, damit die Besserungsversuche ansetzen können. Eine Erziehung durch Unterdrückung. Keine Ventile werden geöffnet. Keine Triebe dürfen sich entfalten, damit sie geheilt werden können. Sie sollen *vorher* ertötet, erstickt werden. Die Methode des schärfsten Druckes, des schärfsten Widerstandes, statt des geringsten Druckes, des geringsten Widerstandes. Eine Methode des Augenblicks, statt der langen Sicht.
Gewiß ist eine Erziehung, die diesen psychologischen Umweg nimmt, schwer. Gewiß ist das menschliche Material oft schon verdorben und rettungslos ausgeliefert. Aber Lampel schönfärbt in keinem Moment. Er stellt sachlich dar, auch wo er vielleicht durch Zusammenrückung übertreibt. Er macht aus den Zöglingen keine Edelmenschen, aus den Erziehern nicht individuelle Schurken. Er zeigt ein System auf, das Erzieher und Zöglinge verdirbt. Deshalb springt sein Stück über die Rampe. Deshalb warf es gestern die Zuschauer um. Ein Tendenzstück ohne Phrasen. Ein Angriffsstück mit männlichem Verantwortungsbewußtsein.
Der Mittag im Thaliatheater gab auf viele Fragen Antwort. Gerade sind Berliner Bühnen durch Riesenerfolge verwöhnt worden. Gerade beginnt Zufriedenheit und Bequemlichkeit sich festzusetzen. Gerade glaubt man, das Wort ›Studio‹ als Ausrede und taktisches Manöver benutzen zu können. Man kündigt wie im Staatstheater eine Mittagsvorstellung an und glaubt damit ein Studio geschaffen zu haben. Studio ist Kollektivarbeit. Langsam, zielsicher angesetzt, um den bequemen Theaterbetrieb aufzurütteln. Keine Verlegenheit. Die Gruppe junger Schauspieler hat anonym gearbeitet. Einige Mitglieder kommen von der Piscator-Bühne und stellen den Begriff des Studios reiner dar, als es Piscator selbst im vorigen Winter konnte. Der Einfluß der Piscator-Bühne ist in vielen Plänen dieses Winters zu erkennen. Die Piscator-Bühne ist durch ihre *Folgen* produktiver geworden als durch direkte Leistungen. Das ist ein großes Verdienst.
[...] Gestern dröhnte das Haus, nachdem eine Frauenstimme protestiert hatte, von einem Beifall, der die Ränge erschütterte. Hans Deppe, ein Schauspieler des Deutschen Theaters, führte Regie mit Sauberkeit und Klarheit, mit Bühnentemperament und menschlichem Takt. Jeder Darsteller an seinem

Platz. Hans Deppe selbst mit diskretem Humor; Fritz Genschow, der Leiter der Gruppe, ausgezeichnet in der Verwendung seiner schauspielerischen Mittel und mit physiognomischer und menschlicher Eindringlichkeit. Reinhold Bernt wirksam, Werner Pledath als Pfarrer plastisch, Ludwig Roth als Hausvater mit fester Bühnensicherheit; Renée Stobrawa kräftiger, sicherer, überzeugender als bei Jeßner; Werner Kepich als Journalist. Alle müssen genannt werden: Gerhard Bienert, Walter Gynt, Otto Matthies, Peter Wolff, Adolf Fischer, Ernst Hoffmann, Erich Koberling, Alfred Schäfer, Hans Anklam. Hoffentlich bleiben sie zusammen und arbeiten weiter. Hoffentlich weiß Piscator, was er zu tun hat. Hoffentlich weiß auch die Volksbühne Bescheid.

Theater in der Königgrätzer Straße
Bernhard Diebold, Frankfurter Zeitung 14. 12. 1928

Eine ›Gruppe junger Schauspieler‹ spielt und tobt im Theater in der Königgrätzer-Straße die ›Revolte im Erziehungshaus‹ eines gewissen Peter Martin Lampel. Dieser Lampel war früher einmal Offizier und später Lehrer im Erziehungshaus für ungeratene Jugendliche. Lampel kommt also direkt aus der Höhle des Löwen, in der er selber einmal Löwe war, und stellt mit leidenschaftlichem Pathos der Empfindung fest: daß die Erzieher der ungeratenen Jugendlichen noch weit weniger geraten seien.
Er übertreibt dabei genauso, wie Wedekind die Pädagogen in ›Frühlings Erwachen‹ übertrieben hatte. Er übertreibt vielleicht noch mehr als Wedekind, weil er nicht richtig karikiert, sondern barsten Naturalismus bietet: ›Schauspiel der Gegenwart in drei Akten‹. Was an Anekdoten der Gemeinheit, Dummheit und Brutalität von albernen Pfarrern und barbarischen Anstaltswärtern gesammelt werden konnte – hier im Lampels ›Revolte‹ ist es zum Potpourri komponiert. Die Kunst ist klein. Die Tatsachen sprechen groß.

Diese ›Tatsachen‹ werden zwar von den preußischen Fürsorgestellen bestritten – wenigstens so, wie sie in dem Erlebnisbuche Lampels ›Jungen in Not‹ beschrieben und durch Selbstzeugnisse der Jungen belegt wurden. [...] Aber das Drama ›Revolte im Erziehungshaus‹ ist doch etwas anderes als ein Tatsachenbericht. Es hat wie jedes Kunstwerk das Recht der Stilisierung oder Übertreibung, der geschickten Auswahl und der programmatischen Absicht. Hier gilt zuerst die Frage: was will dieser Lampel mit seinem himmeltraurigen Material? Wem will er helfen? Den Besseren oder den Schlechteren? Den Schwächeren oder den Stärkeren? Und wir stellen fest: er ist für die Schwächeren! Darum sage ich ja zu Lampels Tendenz und seinen wilden Aktionen.

Atemlos folgt man den Aktionen. Erschüttert sinnt man, wie Abhilfe zu schaffen sei. Wünscht, daß sämtliche Ministerien und der ganze Reichstag sich dieses schauerliche Denkmal für Erziehung und Unterricht mal ansehe. Für Bronnensche Tragödien braucht es keinen Reichstag; für Hasenclevers Ehen, die ›im Himmel geschlossen werden‹, braucht es keine Minister, die hier was lernen könnten. Das wissen sie alles von selber. Aber ›Revolte im Erziehungshaus‹ macht neue Augen auf. Sieh' Mensch: was Menschliches. Denn Lampel ist ein Mensch.

Ein Mensch ist dieser Lampel. Wenn man die Bezeichnung nicht zoologisch nimmt, so hat sie als eine Ehrenerklärung zu gelten. Dieser Mensch Lampel ist durch seine prosaische Reportage hindurch immer spürbar. Nie denkt man: jetzt macht der Lampel Sensation – jetzt spielt er Dichter mit Regieverstand. O nein – man merkt einfach einen gewissen Lampel, der sein Tagebuch in Dialog gesetzt hat. Nacktes Erlebnis, brutale Tatsachenberichte, in drei Akte gesetzt. Wie zufällig fallen die Vorhänge – und dennoch immer an der Stelle, wo die größte Spannung auf den Folgeakt hinzielt. Spannung des: »Fortsetzung folgt.«

Die Kunst ist klein. Das Pathos der Anklage ist riesengroß. (Pathos und Verse – warum immer die Verwechslung!) Ein Dilettant bringt »Sachlichkeit« zustande, die der in Literatur Geübte vor lauter Wortkram nicht mehr kann. Pathos der Tatsachen! Zuerst geheime Revolte gegen die schauderhafte Prügelei, gegen Schmutz und erbärmliche Kleidung und gegen den Schlangenfraß, den des ›Hausvaters‹ Tochter Viktoria ihnen zur Atzung kocht. Hunger und Prügel sind die Erziehungsfaktoren des Hausvaters und seiner Gehilfen. Der Pfarrer als Aufsichtsrat der Anstalt – ach, er ist nicht böse, aber er ist dumm und sucht den Lieben Gott immer nur *über* den Menschen statt *in* den Menschen: in den Seelen der von erzieherischer Lieblosigkeit Zerschlagenen; und in den Körpern, die vor Hunger und Geschlechtsnot zum Himmel heulen wie arme Hunde ... »Es gibt keine Geschlechtsnot! – wir haben Scherereien genug!« so spricht der Pfarrer und Seelenhirte. (Ich glaube nicht, daß es viele solcher Pfarrer gibt – aber wenn es nur dreie davon gibt im deutschen Reich, so ist die Lampelsche Anklage berechtigt.)
Die Aktionen zwingen mehr als das Wörtliche. Wenn die Hausvaterstochter und Sudelköchin Viktoria spricht, wird's etwas wesenlos und literarisch. Dieses junge Mädchen hat die Brutalität ihres Papas geerbt; nur zeigt sie für die sexuelle Frage gewisser Favoriten unter den Zöglingen ein bedeutenderes Verständnis. Am Schluß liebt sie sogar den Revolutionär Fritz. Denn die Kraft imponiert ihr. Und schließlich ist ihr eigenes Dasein zum Ekel und der Revolutionierung bedürftig. Wie übrigens auch die anderen Erzieher nicht gerade vom Glücke ihres Metiers schwärmen. Es ist ein Hundeleben, derart erziehen zu müssen. Aber wehe, wenn ein junger Hospitant den Ton der Menschlichkeit anschlägt, so daß er von den Jugendlichen ›Onkel‹ genannt wird! Hier gibt es keine Onkels. In der Strafanstalt gibt es nur ›Hausväter‹.

Nennt es Reportage! Aber es ist die Reportage eines Mannes mit gutem Willen und mit Auge und Ohr. Wie viele Dichter haben diese Organe wirklich zum organischen Gebrauch statt einfach zur Verzierung ihrer Lederköpfe? Lampel hat Augen zu sehen und Ohren zu hören. In einer Alltags-Prosa läßt er neun Zöglinge reden; aber immerhin *so* reden, daß vier oder fünf von ihnen persönliche Figur gewinnen: der Diebische; der Gewalttätige; der kleine Vierzehnjährige, dem die Größeren nachts den Schlaf nicht lassen; dann der eigentliche Revolutionär, der schließlich aus ungeheurer Wut und Energie die Revolte aufführt. Das vergißt man nicht, wenn sie mit keiner anderen Waffe als mit den Tellern, von denen sie sonst essen, den eindringenden Landjägern ein tödliches Bombardement androhen. Etwas von den ›Räubern‹, von den ›Webern‹ wird gespürt; und von Hasenclevers revoltierendem ›Sohn‹ (– es ist

907

lange her, als dieses Dichters Dramen noch nicht im Himmel beschlossen wurden).
Schließlich im dritten Akt kommt Schupo an und siegt natürlich. Die Rädelsführer werden mit anderen Erziehungsanstalten bestraft werden. Immerhin zittern die braven Erzieher vor dem Ministerium in Berlin. Es könnte doch schließlich ... Nein, es muß!!! Man sollte das Stück im Reichstag selber spielen. Zur Debatte. (Armer Löbe!)

Dem Sturm und Drang des Stückes entsprach die Aufführung der ›Gruppe junger Schauspieler‹, von denen offenbar nicht alle in festem Brot stehen, von denen es aber einige zweifellos verdienten. Man vergißt nicht leicht den jungen Revolutionär Fritz Genschows, im Gesicht die Entschlossenheit der Kraft, nicht der Hysterie. Renée Stobrawa (ehemals in Frankfurt sehr beliebt) machte die etwas anekdotisch konstruierte Viktoria zu Mensch und Mädchen. Gerhard Bienert stellte mit dem Erzieher in der Soldatenjacke die ausgeformteste Figur; fatale Mischung aus Brutalität, Feigheit und seelischer Erbärmlichkeit. Ludwig Roths Hausvater: die starre Strenge des Subalternen. Lampel kann mit seinen jungen Helfern zufrieden sein. Auch mit dem Publikum. Es spürte das ›Schauspiel der *Gegenwart*‹. Denn es schied sich in Parteien mit Spruch und Widerspruch. Kein blöder Applaus der Clique. Kein dummes Gezische der ›literarisch‹ Andersdenkenden. Sondern (wie bei Bruckners ›Verbrechern‹) *Beteiligtsein* an der *Sache*!

Fritz Engel, Berliner Tageblatt 9. 12. 1928

Der Abend war stark, sehr stark. Am Sonntag vorher hatte eine Gruppe junger, nicht durchweg mehr jüngster Schauspieler das Drama eines jungen, aber auch nicht mehr jüngsten Schriftstellers in einer Matinée aufgeführt. Es hatte Jubel und Widerspruch erweckt, Klagen wurden laut, daß dieses Stück in der Heimlichkeit eines Vormittags bleiben sollte, und Barnowsky wagte den Abend, wagte aber nicht, die Kritik einzuladen. Man mußte sich schon selber zu Gaste bitten.
Und dann gab es auch am Abend ein großes Rauschen, das Ja viel deutlicher als das Nein. Nachher wurde der Zuschauerraum zum Redeklub. Nicht, wie auf der Bühne, flogen Stuhlbeine, es flogen nur erregte Worte. Nicht etwa um die Aufführung, ob sie gut oder schlecht wäre; nicht, ob Peter Martin Lampel ein Dichter sei oder keiner; nicht, ob der Stoff seines ›Schauspiels der Gegenwart‹ für die Bühne möglich oder erwünscht sei. Nur darum ging es, ob er richtig oder übertrieben, sachlich oder gehässig geschildert habe. Es war alles andere als Gespräch und Gezänk um Kunst. Es war Anklage gegen einen Ankläger und war Verteidigung für ihn. Wie viele Kenner der Materie waren im Hause? Wer wußte genau, wie es in Fürsorgeanstalten zugeht, wie insbesondere in der von Lampel hospitierenderweise besuchten und beobachteten Anstalt ›Struves Hof‹? Wer kann entscheiden, ob dieses Institut im Recht, ob es im Unrecht ist, wenn es durch einen Sprecher vor dem eisernen Vorhang mitteilen ließ, daß Lampel falsch gezeichnet habe und überhaupt der moralischen Qualifikation ermangele? Ich weiß es nicht, das Parkett wußte es nicht, die Logen wußten es nicht. Es ist mir unmöglich, mich in diesen Streit um die Sache

selbst parteinehmend zu mischen. Ich erinnere mich nur der Unterhaltung auf einem Mittelmeerschiff mit einem Geistlichen, der im Rheinlande ein katholisches Fürsorgeheim leitet. Er klagte darüber, daß die Öffentlichkeit immer nur von Übergriffen der Verwaltung und Lehrerschaft höre, auch immer nur von Flucht und neuer Missetat der Zöglinge, niemals aber von der stillen und oft erfolgreichen Arbeit an verloren geglaubten Seelen.

Dem Stoff möchte ich ganz neutral gegenübertreten. Aber wenn ich mir vorhalte, wie wir erregt waren, Parkett, Logen, wir alle, dann bin ich nicht so sehr beim Stoff des Schauspiels als beim Stoff der Kritik. Dann ist zu sagen, wie groß die Macht der Bühne sein kann, hypnotisierend, das logische Denkvermögen einschläfernd, wahrer als die Wahrheit, die sich aktenmäßig vielleicht feststellen läßt. Von der Bühne her, aus dem Munde Lampels, aus seinem Gefühl, auch aus Mund und Gefühl der Darsteller kam Kraft, kam Wucht, kam Glut. Man war angepackt, geschüttelt, aufgerissen. Bis zu dem Grade, daß sich eine Front zu bilden schien gegen die Milde des einen Erziehers, daß man ihn ein wenig anlachte, weil er nicht genug mithaßte, und zu lieb und zu weich war. Und dabei hat Lampel sich hier selbst gezeichnet, als Träger der weißen Fahne der Liebe.

Hat er nun, indem er die Zuchtlosigkeit dieser Zucht darstellt, in Einzelheiten ›übertrieben‹? Vielleicht. Aber sich dagegen auflehnen, heißt die Natur des Dramas verkennen und es einem Protokoll gleichsetzen. ›Dichten‹ und nun gar dramatisch dichten, heißt zusammenfassen, häufen, zuspitzen. Auch Schillers ›Räuber‹, in ihrem Zeitkostüm gespielt, erregten Ärgernis, wahrscheinlich, weil sie ›übertrieben‹ waren, und die ›Weber‹ und dann Upton Sinclairs ›Singende Galgenvögel‹, an die Lampels Stück zuerst erinnert, werden in ihrer Konzentriertheit den ›Tatsachen‹ nicht entsprechen. Der Dichter hat immer recht, wenn er sagen kann, was er sagen will. Auch kommunistisch eingehürdet, ist er Selbstherrscher über alle Ideen und Formen, wenn er sie beherrschen kann. Lampels Stück ist kein Parteistück; vielleicht will es dafür gelten oder läßt es sich dazu machen, aber dann kennt es sich selber nicht. Seine Tendenz ist: durch Aufdeckung von Inhumanität Humanität erzeugen. Sein Grundakkord ist: Mitleid. Das ist nicht Parteisache, das ist menschliche Verpflichtung, erst recht dichterische. Ich möchte den Dichter sehen, der Inhumanität und Mitleidslosigkeit predigt. Wäre Lampel nur Tendenzler, nur ein Brüllaffe des ›Nieder! Nieder! Nieder!‹, er hätte anders geschrieben, und durchaus unerträglich. Aber wenn er auch ›übertreibt‹, wenn er den Führer der Revolte, der schließlich kein reiner Jüngling sein kann, zu einem Edelmenschen krönt, gesandt vom Gotte der Freiheit, wenn er die Tochter des Hausvaters zur Allerjungsdirne macht, dann steht über seinem Drange, einen Zustand zu schildern, wie er ihn sieht, doch der höhere Instinkt der Gerechtigkeit. Die Jungens, bis auf den Führer, sind nicht nur Geplagte, sie sind auch Plagegeister. Es ist da einer, der stiehlt, was er stehlen kann. Es gibt einen Burschen, der die anderen verpfeift und dem milden Erzieher aus purer Bosheit die Stiefel aufschneidet. Selbst für den Hausvater, den brutalen Hund, hat Lampel Verständnis: zwanzig Jahre lang im Kampf mit den Rüdels und dazu schlechte Besoldung, wie soll einer sich Geduld, Nachsicht und Würde bewahren! Und der Herr Direktor, ist der ein Schurke? Ein ganz guter Kerl, der sich aber gegen die unangenehme Wirklichkeit hinter angenehmen Grundsätzen verkriecht und nichts sehen will, was er nicht zu sehen wünscht. Die ›absolute‹ Kritik‹, die nicht nur auf das Thema, die auch auf seine Behandlung achtet, kann dieses Stück bejahen. Sie kann die Hoffnung daran knüpfen, daß das Gestaltungsvermögen Lampels noch reifen und sich auch an Stoffen, die ihn nicht so verbrennen, bewähren wird. Fertig ist er noch nicht. Es gibt noch viel zu hobeln, zu glätten, fortzulassen.

Die Darstellung war, von einem spitzenlosen, aber guten Niveau aus, des Gottes voll und des Teufels.

Carl Zuckmayer Katharina Knie

Uraufführung: Lessing-Theater Berlin, 21. Dezember 1928
Regie Karl-Heinz Martin

Schauspielhaus Frankfurt, 16. März 1929, Regie Richard Weichert

Zuckmayers drittes Volksstück wurde ein neuer, rauschender Erfolg. Beim Publikum. Aber die Kritik ging nicht mehr mit. »Zuckmayer empfindet hier ländlich-sittlich; und das Berliner Premierenpublikum bewies durch seinen Riesenbeifall die ländliche Sittlichkeit seines eigenen Busens. [...] Spürte man Heimweh nach der Großmutter, weil's damals noch Gemüt gab?...«, schrieb Bernhard Diebold in der ›Frankfurter Zeitung‹. Das war der Tenor der meisten Kritiken. »Zuckmayer ist auf den falschen Weg geraten«, konstatierte Monty Jacobs in der ›Vossischen Zeitung‹ (22. 12.). Nur in den beiden ersten Akten spürte man Zuckmayers szenische Kraft, die im ›Fröhlichen Weinberg‹ und noch im ›Schinderhannes‹ so überrascht hatte. Paul Fechter, der den volkstümlichen Zuckmayer ausgezeichnet hatte, nannte ›Katharina Knie‹ das Beste, »was Zuckmayer bis jetzt geschrieben hat« (›Deutsche Allgemeine Zeitung‹, 23. 12. 1928). In ›Katharina Knie‹ versuchte Zuckmayer das Volksstück mit dem Zeitstück zu verbinden. Er führte eine Seiltänzertruppe vor, die den Schwierigkeiten des Inflationsjahres 1923 ausgesetzt ist. Über diesen Hintergrund legte er ein Handlungsschema des alten Rührstückes: Abkehr und Wiederfinden. Dadurch verließ er nicht nur das Zeitstück, das ›Katharina Knie‹ auch sein sollte, nämlich Abgesang auf eine Kunst, die vor den neuen Künsten des Kinos keinen Bestand mehr hat, sondern auch die Distanz zum Stoff. Er wirkte gerade in Berlin antiquiert, wo Zeitbewußtsein auf dem Theater in diesen Wochen fast ein selbständiger Wert wurde. Ihering schrieb im Börsen-Courier den härtesten Verriß. Er sprach von ›Gemütsschlamm‹. Aber das Stück hatte wieder einige Rollen, die von großen Schauspielern grandios verwirklicht wurden. Bassermann – während des Expressionismus wie eine Erinnerung an eine überwundene Kunst – seit seinem Erfolg als ›Herr Lamberthier‹ im Lessing-Theater unter Fehlings Regie (29. 9. 28) wieder eine große Berliner Kraft – feierte hier einen neuen Triumph als der alte Knie. Für Elisabeth Lennartz wurde die Katharina die Rolle ihres Lebens. Der Berliner Erfolg war ein Schauspielererfolg, nicht einer der Regie. – Als Regisseur bekam erst Richard Weichert ›Katharina Knie‹ richtig auf die Bühne. Er straffte den Text (man spielte in Frankfurt drei Viertelstunden weniger) und verstärkte den Milieureiz. Die Zustimmung eines Kritikers wie Ludwig Marcuse (s. d.) bedeutet um so mehr, als Marcuse der schärfste Kritiker Weicherts in Frankfurt war und viel zu dessen Abschied (1929) beitrug. Constanze Menz, die in Zuckmayers ›Fröhlichem Weinberg‹ in Frankfurt zum erstenmal von einer Zuckmayer-Rolle emportragen worden war, wiederholte und steigerte diesen Erfolg. – Auch ›Katharina Knie‹ ging über sehr viele Bühnen. – Zuckmayer erhielt den Büchnerpreis und den Dramatiker-Preis der Heidelberger Festspiele.

Lessing-Theater Berlin
Alfred Kerr, Berliner Tageblatt 22. 12. 1928
I
Ein Seiltänzerstück. Aber nicht (wie das Bühnenwerk ›Artisten‹) voll Tricks, mit unromantischer Sachlichkeit: sondern bei Zuckmayer dörflich, mit mehr deutscher Sentimentalität.
Zuckmayers Fall ist so:
Die Milieuschilderung biegt ab in die Dorfgeschichte. Die Sonderwelt biegt ab in das Genrebild. (Das ist es.)
... Und das Zeitstück?
II
Ist es ein Zeitstück? An dem Elend einer Seiltänzertruppe sieht man, was die Zeit, der heutige Tag, frißt und zermalmt. Hier beinah die alte Seiltänzerfamilie. Also was an der jetzig-neuen Zeit untergeht. (Ohne daß die jetzig-neue Zeit gestaltet wäre ...)
Es ist somit ein sehr indirektes Zeitstück.
(Wo das Zeitstück wieder in das Heimatstück abbiegt.)
Kurz: ein hübsches, etwas gemütvolles Genrebild aus der Heimat. Das auch vor fünfzig Jahren spielen könnte.
III
Wiederum Abwendung von allem, was die Phrase bis vor kurzem in einer nietenreichen Laufbahn als notwendig hingestellt und, in dem glücklichen Instinkt, allemal den Nagel neben den Kopf zu treffen, mitgemacht hat. So den Rhythmus ohne Inhalt.
Zuckmayer gibt leider den Inhalt fast ohne Rhythmus ... Es bleibt ein Kreuz.
IV
Zwei Akte sind sehr hübsch. Der dritte (Zuckmayers tragisch-poetischer) wirkt flau. Der vierte dünn, aber mit frischem Schlußakkord.
Sehr hübsch. (Und etwas wursch. Aber wenigstens mit Erdberührung.)
V
An welchen Vorgängen zeigt sich das? Die Truppe des alten Seiltänzergeschlechts Knie rastet mit ihrem Umherziehwagen in einem süddeutschen Kaff. Inflation. (Die Begebenheit könnte vor einem Halbjahrhundert spielen – es hieße nur: Mißernte.)
Katharina, mutterlose Tochter des Direktors Knie sen., stiehlt einem bäuerlichen Junggesellen drei Sack Hafer; für ihr Eselchen. Sie traf ihn früher schon – und hat sich, wer weiß, damals in den schmucken Landwirt, er ist in den besten Jahren, verschaut. Wer weiß!

VI
Der Diebstahl bringt sie zusammen. Er nimmt sie als Elevin aufs Gütchen. Dort haust er mit einer achtzigjährigen Mutter.
Wie Bassermann hier, unvergeßbar, sein Töchterle versorgen, aus dem Jammer der Seiltänzerei bergen ... und sie doch nicht lassen will (gibt's nicht einen Kirchenvers: »Ich lasse dich mit Tränen, aber gern«?): – diese Kraft menschlichen Ergreifens und menschlicher Ergriffenheit in bürgerlich-verhaltenem Ton gab ihm sein jetziger Lebensabschnitt.
Etwas in dem Könner Bassermann scheint aufgerissen. Aufgegangen – im doppelten Sinn. Mehr als Könnertum! Er war nie größer. Er war nie so groß.
VII
Die Truppe zieht weg. Nach Jahresfrist kommt sie zurück in das Dorf. Die Kleine hat schon das Aufgebot mit ihrem Jungbauern (Janssen) in Sicht.
Der Alte, gealtert in Sehnsucht nach dem Kind, steigt wieder auf das geliebte Seil. Zum letzten Mal. (Abstürzen tut er nicht; Dank, lieber Zuckmayer; das denn doch nicht!) Hinterher nur ein Herzschlag.
Hier, in den Worten, ist Zuckmayers zeitweilige Kitschnähe betriebsstark. Wie dann im Schlußaufzug justament ein Clown (Etlinger, farbhaltiger Umriß) philosophieren, Betrachtungen anstellen muß ... Just der Bajazzo. Das durfte nicht kommen.
Weil es bereits öfters kommen durfte. (Relativität. Nur dies der Grund.)
VIII
Als Vater tot ist, kündigt Katharina Knie doch ihrem, sonst geliebten, Bauern –: sie kann's nicht lassen, kehrt zur verwaisten Truppe zurück. Ähnlich hätte das Joachimson oder Schmidtbonn gedichtet.
Und ähnlich wie jemand anders, redet Elisabeth Lennartz. Jüngst genau im Stimmklang der Schauspielerin Toelle; nur manchmal der Mosheim. Jetzt redet sie schon fast wie Elisabeth Lennartz – welche sie nur teilweise kopiert.
IX
Hiervon abzusehn: so gibt sie was aus einem Guß; aus einem Stück. Am wertvollsten in dem dichterisch wertvollsten Auftritt vom ganzen Abend: wenn im Alleinsein mit ihrem Bauern das Hirn des Frauenzimmerchens fast rachitisch zu kreisen, zu drehen, zu springen anfängt.
Nur selten (Profilhaltung) bricht in der Lennartz ein Schimmer von Intellektualismus durch. Wahrnehmbar nur in Sekundenbelichtung. Doch sonst ...
Eine rückt hier (kraft Versenktheit und Nichtachtung des Parketts) in die vordere Reihe.

Kurt Pinthus, 8-Uhr-Abendblatt, Berlin, 22. 12. 1928

Undank ist nicht nur der Welt, sondern auch der Dramatiker Lohn gegen ihre Förderer. Ich gestehe, daß ich es gewesen bin, der einst Zuckmayers Erstlingsstück ›Kreuzweg‹ in einen Verlag zum Druck beförderte. Und nun, da ich glaubte, nach ›Fröhlichem Weinberg‹ und ›Schinderhannes‹ über eine endliche Erfüllung gewaltig ins Horn und unseren Zuckmayer vorwärtsstoßen zu können, verursacht mir der Freund eine völlig schlaflose Nacht (nachdem das Stück selbst bisweilen das Gegenteil androhte). Die Gründe dieser völlig

schlaflosen Nacht sind eben die (oder ebendie) Gründe, welche dies Stück aus bestrickend-hübschem Beginn ins Mißlingen führten.
Wieder ist's ein Weihnachtsmärchen für Erwachsene mit nicht allzu ausgewachsenem Intellekt. Ein Stück, zu schön, um wahr zu sein, und wiederum, stellenweise, zu lang, um gut zu sein. Wiewohl sämtliche Auftretende, aber auch sämtliche, so gut, so herzensgut sind und es so herzensgut meinen. [...] Aber, und das ist der schlimme Knick in diesem ›Knie‹-Stück: ab drittem Akt wird die Kalendergeschichte so rührselig und redselig, wie man selbst, als dereinst das Publikum über derartiges schluchzte, kaum zu reden und zu dehnen und zu sehnen gewagt hätte. Da ist Zuckmayers Seiltänzerstück gar nicht so seiltänzerisch, sondern schwerfüßig. Und der große Bassermann muß seiltänzerisch reden und reden, bis er selbst daran stirbt, gerade bevor auch wir darüber sterben, und nach Vorhangfall noch so schwach sind, daß der demgemäß matte Beifall nach dem dritten Akt den Schauspieler Bassermann und den Dichter Zuckmayer nicht ein einziges Mal vor den Vorhang rief.
Aber nach dem vierten Akt, [...] da erbrauste der Beifall so stark wie nach den beiden ersten Akten, und mit Zuckmayer konnte sich Bassermann immer wieder zeigen, strack und herrlich anzusehen als Seiltänzer wie, abgeschminkt, im Smoking. [...]
Ein schwebendes Stück, wirklich ein Seiltänzerstück hätte es werden müssen. [...] wie eine Gänseleber erstarrt dieser Stoff in dickem Schmalz [...].
Das dankbare Seiltänzertruppenmilieu wird von Zuckmayer zunächst bunt und bewegt hingebreitet, wechselnd in stiller Poesie und lärmender Heiterkeit, wie es seine Spezialität ist. Da sind südwestdeutsche »mondbeglänzte Zaubernacht« und Maienzauber und verliebt umrissene skurrile Menschentypen. Und da strahlt ein aussterbender Beruf, im Bewußtsein seines Verfalls, der letzte Vagantenberuf, noch einmal in der Glorie seiner Freiheit und in der selbstgewollten Gebundenheit seiner Freiheit. Da hätte die Szene ›Des alten Seiltänzers Himmelfahrt‹ ein Gegenstück zu ›Aases Tod‹ werden können. Und mit dieser Szene und dem kurz gezeigten Umschwung Katharinas hätte das Stück zu Ende sein müssen.
Zusammengefaßt: im Idyllischen ist Zuckmayer (meist) bestrickend hübsch – im Dramatischen ist er diesmal (meist) unzulänglich.
Wenn je, konnten hier Milieu und Darstellung Zuckmayer stützen. Denn, was er zeigt, ist Zuckmayers Heimat, und fast alle, die sprachen, sprachen den Dialekt seiner Heimat. Das ist Bassermanns Heimat und die Heimat der Elisabeth Lennartz, die das Katherinchen gab, so gelockert, so innig im bockig und hingebend Kindlichen, so einfach-natürlich, wie sie unter ihres Hartungs Regie noch nie zu sehen war. Merkwürdig, daß gerade Karl-Heinz Martin, der diesmal mit viel mehr Liebe und Eindringlichkeit (auch seine Heimat ist's) als sonst in letzter Zeit arbeitete, wenn er auch das Stück leider längst nicht genug zusammenstrich, konzentrierte und vorwärtstrieb – daß Martin, der sonst die Schauspieler leicht ins Starre führt, das Talent der Lennartz löste, so daß sie ein Menschenkind war, welches fast in die Reihe der Dorschschen oder Bergnerschen Menschenkinder vorrückte.
Wie die Wangel, als alte, ausgediente Artistin saß, ging, sprach und sich bewegte, das war erstaunlich und erquicklich und eine Leistung ganz in Zuckmayers Sinn. Naturhaft in der Anlage auch Etlinger als alter Intermezz-Clown, wie stets: rührend im Komischen, doch nicht rührend, wenn er rüh-

rend sein will oder muß. Vortrefflich die Typen der Truppe: Odemars geschniegelter Luftakrobat, windig, großmäulig und dennoch treu, die Jungens aus bestem schauspielerischem Nachwuchs Genschow und Busch.
Und nun: Bassermann! Während er in seinen letzten Rollen, noch von Provinztourneen belastet, zerdehnte, überbetonte, zu sehr sehen ließ, wie er arbeitete, so daß jüngere Betrachter an der Gegenwarts- und Zukunftsbedeutung seiner Größe zweifelten – er war diesmal gerafft und straff, unbelastet und einfach, so daß sichtlich ein Leuchten von ihm ausging. Er konnte zum erstenmal in seinem Leben den Dialekt sprechen, von dem er nie losgekommen ist: er sprach ihn, wie der Schnabel gewachsen ist und war ganz und gar ein Mensch, ein Herz, seine Heimat. Ja, es muß gesagt sein: Bassermann, der fast das Alter des dargestellten Seiltänzers hat, er war diesmal jünger und elastischer als der junge Dichter. Er war, man muß es mit dem leidenschaftlichen Pathos sagen, mit dem Victor Hugo dies Wort, in der herrlichsten Rede des 19. Jahrhunderts, auf Voltaire sprach: Er war groß! Nicht: er *war* groß ... sondern: er war *groß!*
Schlußbemerkung: der Theaterkritiker, welcher Zeitkritiker ist, muß die Möglichkeit zugeben, daß, auf Grund des Gesetzes der Wellenbewegung, nach der Neuen Sachlichkeit wieder (gottbehüte!) eine Strömung der Sentimentalität einsetzt. Aber sie darf nicht gleich so wasserfallartig strömen. Und Zuckmayer, ein strammer und erfahrener Zecher, muß wissen, daß ein allzu öliger Wein schon kein Wein mehr ist.

Schauspielhaus Frankfurt
Ludwig Marcuse, Frankfurter General-Anzeiger 17. 3. 1929

Zum Schluß erschien Zuckmayer zwischen Weichert und der Menz. Ein treffendes Symbol: die beiden haben den vom Trapez des Volksstücks abgestürzten Dichter kräftig in die Mitte genommen. Einer der besten Abende des Schauspielhauses und seines Chefs: dichter, bunter, kurzweiliger als die Berliner Aufführung. Das Publikum war selten so beifallsfreudig. Sogar Zuckmayer klatschte befriedigt.

Der Weinberg war eine fröhliche Angelegenheit: weil einer abgegriffenste Lustspiel-Situationen und Lustspiel-Typen von der Wirklichkeit, vor allem von der sprachlichen Wirklichkeit her erneuert hatte. Die Geschichten des Galgenstrick Schinderhannes zeigten dann: daß Zuckmayer durch den Weinberg-Erfolg auf den Weg des romantisierenden Naturalismus geraten war; so: Scholle mit Zuckerwasser. Das Seiltänzer-Stück ›Katharina Knie‹ geht diesen Weg weiter: weniger Zug als Zucker; sehr viel Herziges. Doch muß man anerkennen: Zuckmayer ist verhältnismäßig zurückhaltend; er zieht als anständiger Mensch die Langeweile der Verlogenheit vor. Die sentimentale Geschichte vom Kathrinchen, die Zirkus-Papa und Zirkus-Kollegen verläßt, um einen Gutsbesitzer zu heiraten, und die dann doch in zwölfter Stunde wieder (nach dem Tod des Papas) zu ihren Leuten zurückgeht – Papa Knies Herze-Freud und Herze-Leid benutzt Zuckmayer nur als Rahmen: für Schollen; Schollen; Schollen.
[...] Zugegeben: Zuckmayer weiß in der Verwandtschaft Knie und Umge-

bung wirklich Bescheid und hat wirklich im Ohr, wie diese Leute sich auszuquetschen pflegen – hat es einen Sinn, wahllos solche Gespräche in Spiritus (der hier nicht Spiritus, sondern nur Dialekt ist) zu setzen und rumzuzeigen? Man hat Zuckmayer mit dem jungen Gerhart Hauptmann verglichen: man vergleiche des alten Hauptmann letzten Zirkus-Roman ›Wanda‹ mit dieser Seiltänzelei. Hauptmann wuchs aus einer Erde. Zuckmayer hat höchstens – Begabung für Schollen. Er gibt einen Baugrund, aber baut nicht (während andere bauen ohne Baugrund – in die Luft hinein). Zuckmayer fehlt die Dialektik zum Dialekt.

II

Der Abend war in erster Linie ein Abend Weicherts. Er strich, daß die Zweige an den Stammbäumen nur so knackten (Schade, zu wenig!). Und im richtigen Gefühl dafür, daß: wenn schon Milieu, denn schon Milieu – ließ er die wackeren Artisten sich auf der Bühne waschen, gurgeln, einander hintendrauf klopfen: so hätte er in jedem Bauern-Theater Furore gemacht; so vergaß das Publikum in seligen Minuten, daß es im Schauspielhaus sitzt. Auf diese (einzig richtige) Weise schleifte er den Zuckmayer heil durch den Abend; kein großer Schade, daß er auch einmal eine Szene um ihren Stimmungs-Gehalt brachte (wie die erste Liebes-Szene Menz – Luley, nach dem Lied der Menz). Die größere Gefahr bannte er durch Courage zur Undifferenziertheit: die Gefahr der Langweile; des Ertrinkens in Schollen. Die Aufführung war um $^1/_4 11$ aus; die Berliner um $^1/_2 12$. Soviel besser war es in Frankfurt. Weichert gewann dem Zuckmayer einen unwahrscheinlichen Erfolg.

Der Abend war in zweiter Linie ein Abend der Menz. Seit sie vor drei Jahren in Zuckmayers ›Fröhlichem Weinberg‹ debütierte (frisch von der Schauspielschule), war sie für den, der auch unabgestempelte, werdende Begabungen erkennen kann, die stärkste Hoffnung des Frankfurter Schauspielhauses. Sie fiel zunächst weniger auf durch einen überragenden Rollen-Erfolg als durch eine ungewöhnliche darstellerische Intensität: die sie jedesmal, selbst in kleinsten Rollen, in den Vordergrund rückte. Als Natalie im ›Homburg‹, in ›Kolonne Hund‹, in Barlachs ›Sündflut‹, als Evchen im ›Zerbrochenen Krug‹, in der kleinen Rolle des Knaben im ›Guiskard‹: immer war hier eine Kraft-Quelle von besonderer Stärke zu spüren. Der Produktionsstrom war oft so stark, daß er auf Kosten der Gestaltung ging; daß er es gar nicht erst zu einer richtigen Gestaltung kommen ließ: aber allmählich umriß sich schon das Bild ihrer Art – vor allem in ihrer großartigen, somnambul-naiven Prägung der Lagerdirne Marei (›Florian Geyer‹); und in ihrem Julchen (›Schinderhannes‹). Vielleicht hat sie in beiden Darstellungen Szenen gehabt, die ihre Katharina nicht erreicht: als Ganzes ist diese Katharina das Beste, was sie bisher fertig brachte. Die enorme Anspannung der ersten Jahre hat nachgelassen; es kommen schon ab und zu Sekunden des stromlosen Beiseitestehens – aber sie entfaltet immer mehr ihre originale Art: eine Mischung aus kindlich-unbekümmerter Helle und stummen Verdüsterungen, die sie plötzlich völlig isolieren. Brachte die Lennartz (in Berlin) den ersten Katharina-Akt besser: jungenhafter, kecker, unbeschwerter (eine gute Folie für die Liebes-Geschichte) – so brachte die Menz die folgenden Akte unvergleichlich reicher und untergründiger; vor allem den inneren Kampf zwischen Vater und Geliebten. Es war der unerhörte Reiz ihres Beginns: daß sie den Zuschauer überrannte. Jetzt zeigt sie, daß sie noch mehr kann: durch ihre ursprüngliche Art zu bannen.

Und der Abend war in dritter Linie ein Abend einiger ausgezeichneter Nebenfiguren: die Einzig setzte die saftigsten Pointen mit einer überraschend raffinierten Akkuratheit; Impekoven gab höchst originell einen heiser-trübseligen Clown, ganz abseits von aller Schablone – meisterhaft-diskret in der Trauerrede des letzten Aktes. Taube als Karl Knie: nicht recht der königliche Zirkus-Direktor; nicht recht der stolze Souverän des grünen Wagens; nicht recht die Spannung zwischen Leid und Seil-Tanz. (Die Besetzung des Rothacker war eine Fehlbesetzung: Luley war als Liebes-Partner der Katharina Knie unwahrscheinlich.)
Zum Schluß ziehen wirkliche Pferde die Zirkus-Wagen um die Bühne herum; und die ganzen Knie-Leute tanzen die Rampe entlang wie nach einer Revue; und das Haus rast vor Vergnügen; und der Intendant denkt resigniert lächelnd: . . . et circenses. –

1929

Anhaltende Arbeitslosigkeit, Verschärfung der Lohnkämpfe, Streiks und Aussperrungen, defizitäre Finanzentwicklung. Blutige Auseinandersetzungen am 1. Mai in Berlin. Neuer Aufschwung der Nationalsozialisten. Tod Stresemanns. Die Schauspieler protestieren im Februar gegen ihre wirtschaftliche Lage. Polizeiliche Eingriffe in die Spielpläne einiger Berliner Theater realisieren praktisch die immer wieder verlangte Zensur. Jeßner verlängert trotz heftiger Angriffe nationaler Gruppen seinen Intendantenvertrag am Staatstheater. – Reinhardt, aus Amerika zurück, übernimmt wieder die Direktion seiner Berliner Bühnen und beginnt die letzte Phase seiner Berliner Theaterarbeit. Dr. Robert Klein (bisher Direktor der Reinhardt-Bühnen) wird Leiter des Deutschen Künstlertheaters und des Berliner Theaters. An der Volksbühne wird Heinrich Neft von Karl-Heinz Martin als Direktor abgelöst. Eröffnung und Zusammenbruch der zweiten Piscator-Bühne am Nollendorfplatz. – Im Reich: Ende der Ära Weichert am Frankfurter Schauspielhaus. Nachfolger Alwin Kronacher (Weichert geht als Regisseur nach Berlin). – Hermine Körner gibt die Dresdener Intendanz auf. – Publikationen: Remarque ›Im Westen nichts Neues‹, Renn ›Krieg‹.
Eine Welle von Kriegsstücken auf den deutschen Bühnen. Die Radikalisierung der Zeitstücke bringt die Studios hervor: Beispiele: Piscators Studio, Volksbühnenstudio, November-Studio (unter der Leitung Granachs), Studio Dresdener Schauspieler, Brecht veröffentlicht seine frühen theoretischen Aufsätze und beginnt die Phase der Lehrstücke (Baden Badener Musikfest: ›Flug der Lindberghs‹ und ›Das Baden Badener Lehrstück vom Einverständnis‹) arbeitet an ›Mahagonny‹ und ›Heilige Johanna der Schlachthöfe‹. – Gerhart Hauptmann erhält den Burgtheaterring, Thomas Mann den Nobelpreis. – Tod Hugo von Hofmannsthals (11. 7.), Edmund Reinhardts (des geschäftsführenden Direktors der Reinhardtbühnen) und des Schauspielers Albert Steinrück.

Sophokles Ödipus
(Ödipus der Herrscher/Ödipus auf Kolonos)

Staatliches Schauspielhaus Berlin, 4. Januar 1929, Regie Leopold Jeßner

Mit der Inszenierung der beiden ›Ödipus‹-Dramen des Sophokles bekam Jeßner wieder Anschluß an die Entwicklung des modernen Inszenierungsstils. – Er hatte inzwischen Unruhs ›Louis Ferdinand‹, Georg Kaisers ›Gas‹ (13. 3. und 7. 9. 1928) und – mit Eugen Klöpfer – Goethes ›Egmont‹ inszeniert. Gerade mit ›Egmont‹ (12. 10. 1928), den er als ›Volksstück‹ mit starker Milieuzeichnung auf die Bühne brachte (Monty Jacobs: »Ein Schwerblütiger will die Tragödie des leichten Bluts aufführen«), erfuhr er die Krise des klassischen Inszenierungsstils, erfuhr er, wie direkt die unreflektierte Inszenierung ins alte Hoftheater zurückführt. In der Inszenierung des ›Florian Geyer‹, vor allem der ›Weber‹ war er schon zur entspannten darlegenden Darstellung gekommen. Davon ging er jetzt wieder aus. Jeßners Dramaturg Heinz Lipmann hatte die ›Ödipus‹-Dramen für die Aufführung in einem Abend bearbeitet, zum Teil Texte zugefügt, den Hintergrund verstärkt (2. Teil, Schlachtszene). Die Aufführung wurde nicht nur bedeutend durch die große darstellerische Leistung Kortners, sondern durch ihre formalen Prinzipien. Es wirkte hier der Stil nach, mit dem das Staatstheater zum erstenmal in der Inszenierung von Brechts ›Leben Eduards des Zweiten‹ im Dezember 1924 in Berührung gekommen war. – Brecht, der sich nach Erich Engels Inszenierung des Shakespeareschen ›Coriolan‹ (s. d.) vom klassischen Drama abgewandt hatte, um selbst das neue Drama zu schreiben, beobachtete trotzdem die Entwicklung der Regie für die ›große Form‹, das heißt das klassische Stück, sehr genau. Jeßners ›Ödipus‹ war für ihn »die letzte Etappe der Entwicklung«. Er stellte diese Inszenierung neben die der ›Dreigroschenoper‹. »Hier wurde zweimal die Formfrage angeschnitten.« Die große Form müsse episch sein: »Sie muß berichten.« Am 1. Februar 1929 notierte Brecht: »Betreffend die letzte Etappe: ›Ödipus‹. Wichtig 1. die große Form. Wichtig 2. die Technik des zweiten Teils (›Ödipus auf Kolonos‹), wo mit großer theatralischer Wirkung erzählt wird. Hier hat bisher als lyrisch Verschrieenes Theaterwirkung. Hier kommt das ›Erlebnis‹, wenn, dann aus dem philosophischen Bezirk.« Daß Brecht gerade den zweiten Teil des Abends hervorhob, den die Kritiken durchweg als den weniger gelungenen, weniger wirkungsvollen bezeichnen, zeigt, wie anders er zur szenischen Darbietung eingestellt war als die (mit Ausnahme Iherings) gar nicht entwicklungsgeschichtlich denkende und beobachtende Kritik. – Reinhardts ›Ödipus‹-Inszenierung, in der Kortner vor eineinhalb Jahrzehnten zeitweise den Chorführer gespielt hatte, stand noch fast allen Kritikern vor Augen. »Große, durch Form gebändigte Schicksale wurden in den Wirkungsdienst einer theatralisch aufgeblasenen Stimmungskunst gestellt, auf private Schauwerte, auf individuelle Glanzleistungen umgedichtet«, so beschrieb Ihering 1929 die alte ›große‹ Reinhardtsche Inszenierung. Zu Jeßners Inszenierung erschien sie jetzt als der strikte Gegensatz.

Herbert Ihering, Berliner Börsen-Courier 5. 1. 1929

›König Ödipus‹ und ›Ödipus auf Kolonos‹ an einem Abend. Im ›König Ödipus‹ wird die Bearbeitung von Heinz Lipmann Anlaß zu einem Chor »Groß ist die Gottheit und altert nicht«, der musikalisch von George Antheil fast wie ein hebräischer Tempelgesang gesetzt ist. ›Ödipus auf Kolonos‹ schließt in der Bühnenfassung des Staatstheaters mit einem Gebet der Ismene, das christlich ausklingt (auch dann, wenn das ›Amen‹, das ich zu vernehmen glaubte, eine Gehörstäuschung gewesen sein sollte).

Diese Pole der Aufführung zeigen die Unsicherheit auf, mit der man heute einer dichterischen Welt gegenübersteht, die gerade im Kultischen, in der Einheit der religiösen, staatlichen und menschlichen Vorstellungen wurzelt. Strawinsky hatte mit seinem Textdichter Jean Cocteau den Mut, die Tragödie ›Oedipus rex‹ lateinisch, wie eine antike Liturgie, wie eine geschlossene tragische Opferhandlung darzustellen, die ein Sprecher unterbricht und erläutert. Die Vorgänge wenden sich nur durch diesen Sprecher an das Publikum; er demonstriert einen episch-dramatischen Ablauf. Es ist der paradoxe und doch erschütternd großartige Versuch, eine ferne Welt nicht durch Vermenschlichung, nicht durch Verringerung der Entfernung, sondern durch »Einfrostung« (ein Wort Strawinskys), durch Vergrößerung der Entfernung näherzurücken.

Diesen Weg kann das Sprechdrama, besonders bei einem alten Stück, nicht gehen. Reinhardt versuchte mit seinem Textdichter Hofmannsthal durch äußerliches Theater, durch die Reize einer buntbewegten Handlung mit Aufzügen und Massenwirkungen die Distanz zu überbrücken. Jeßner geht mit seinem Bearbeiter Lipmann einen anderen Weg. Er drängt das Menschliche hervor, beinah könnte man sagen: das Private, und schafft sich dadurch neue Gefahren. Was im ›Ödipus‹ auf festen kultischen Gebräuchen und politischen Anschauungen (die in der Antike nicht voneinander zu trennen sind) beruht, wird gestrichen, geändert oder auf neue Grundlagen gestellt. Weil also das Werk des Sophokles, dessen Größe in der geschlossenen religiösen und staatlichen Anschauung seiner Zeit wurzelt, heute auf eine Epoche trifft, deren Bedeutung und Gefährlichkeit in der Zerrissenheit und in den Gegensätzen von kritischem Bewußtsein, religiösen und staatlichen Formen liegt, gerät Jeßner in einen neuen Gefahrenstrudel. Er mußte die ›Menschlichkeit‹, die er betont, wieder unter höhere Gesetze stellen; sonst wäre er banal geworden. Aber welche höheren, feststehenden, allgemein geglaubten Gesetze gibt es heute? Er mußte für diese Mischung aus menschlicher Nähe und geistiger Distanz eine Ausdrucksform finden. Aber welche darstellerischen und szenischen Formen sind heute unantastbar?

So entstand eine Aufführung, die aus alten und neuen Bestandteilen zusammengesetzt war. Alt ist das Gewisper und geheimnisvolle Geflüster des Chors (Stimmungsdramatik). Alt die menschliche Beteiligung des Chors, statt der kühlen Betrachtung. Alt ist das gänzlich überflüssige und pompöse Schlachtengemälde im ›Ödipus auf Kolonos‹. Alt ist (wenn auch im Sinne des Jeßner-Theaters ungewöhnlich wirksam) die dramatische Zuspitzung von Rollen (Teiresias, Kreon), Mitleidstheater (wenn auch von Granach wundervoll gespielt) die stumm gewordene Episode des Hirten. Schrecklich sind die »begründenden« Verse der Magd (warum es gerade die *Augen* sein müssen, die Ödipus durchsticht). Gerade diese Magd jedoch spielt Helene Weigel (abgesehen von einigen österreichischen Stellen) hervorragend.

Aber es gibt Momente in dieser Aufführung, die weiter zu entwickeln sind, wundervolle Momente, um derentwillen jeder sich den ›Ödipus‹ ansehen sollte, wundervolle Momente, stärkstes, einfachstes Gegenwartstheater. Das sind die Augenblicke, in denen sich Jeßner zu einer unaufgeregten Ruhe, zu einer Größe, die nicht Stil, nicht Starre ist, gefunden hat. Eine fast darlegende Darstellung und Entfaltung von Vorgängen, wenn Ödipus und Jokaste sich gegenüberstehen (obwohl die technisch außerordentliche, die vortreffliche Schauspielerin Ida Roland zu nervös spielt, zu sehr Sardou gibt). Eine Erregung durch Einfachheit, eine Dramatik durch Nebeneinandersetzen von Vorgängen, eine Erschütterung durch Stille. Hier haben Jeßner und Kortner zum erstenmal einen Weg über die Anfänge ihrer gemeinsamen Arbeit hinausgefunden. Hier ist Diskretion nicht Untertreibung, Ausbruch nicht Aufstellung. Hier ist ein Beginn. Kortner gelingt es diesmal, erschütternd aus einer ahnenden Stille in die Erregung hinüberzufinden. Er hat das Maß im stärksten Ausbruch, die Form im gewaltigsten Niederbruch. Kortner findet auf Kolonos eine breite, mächtig strömende Harmonie. Eine Erschütterung durch sprachliche Darlegung.

Ein großer Erfolg, an dem Kraußneck (Teiresias), Lothar Müthel (Theseus), Veit Harlan (Polyneikes), Walter Franck (Kreon), Eleonore von Mendelssohn (Antigone) – aber sie muß sich hüten, allzu edel, die jüngere Lossen zu werden –, Lotte Lenya (Ismene) teilhaben, aber sie muß den Ton variieren und Einteilungen machen lernen.

Hans Poelzig hatte die gedrängte Architektur gebaut. Ein Abend, der viel Altes, viel Unsicheres, aber viel Entwicklungsfähiges bringt. Jeßner stellt, endlich einmal wieder, Probleme zur Diskussion. Deshalb muß er gepriesen werden.

Felix Hollaender, 8-Uhr-Abendblatt, Berlin, 5. 1. 1929

[...] Kann man den Ödipus heute noch sehen?! [...] Mythische Verwobenheit – menschliche Gebundenheit – religiöser Kult ans Schicksalhafte gekettet, sind die unsterblichen Keimzellen dieses tragischen Spiels, das abgründigen Pessimismus mit einer fast christlichen Caritas auf das seltsamste und merkwürdigste vereint.

»Nicht geboren zu sein, überwiegt alle Weisheit. Was bleibt außer der Mühe dir, was bleibt außer der Not zurück? Morde. Parteiung. Feindschaft und Krieg. Neid und Haß«, klagt der Chor der Koloner – oder richtiger gesagt, klagt in der gestrigen Aufführung Ödipus, dem man um Kortners willen diese Seufzer in den Mund gelegt hat. Sind sie wort- und sinngetreu, oder von Lipmann hinzugedichtet, wie wahrscheinlich Antigones letzter Satz: »Vater, wo immer du ruhst, unserer Liebe Glut brennt ewig dir nach.«

Sophokleisch aber ist, daß auf tiefstes Leid und furchtbarsten Zusammenbruch göttliche Gnade folgt. Ein Zertrümmerter steigt durch übersinnliches Wunder zu den seligen Gefilden. Was mit unerbittlicher Pein begann, endet in liebreicher Erlösung.

Es war ein glücklicher Gedanke Jeßners, beide Teile des ›Ödipus‹ an einem

Abend auf die Szene zu bringen. Irre ich nicht, so ist er der erste, der dies Wagnis unternimmt.
Die Übersetzung und Bearbeitung der griechischen Tragödie anvertraute er seinem Dramaturgen Heinz Lipmann. Der Übersetzung gebricht es nach meinem Dafürhalten ebenso an sprachschöpferischer, dichterischer Kraft, wie an sicherem Instinkt. [...] Mir erscheint die Art, wie er den Chor behandelt und in Solostimmen auflöst – wie er vor eigenen Zutaten nicht zurückschreckt – wie er einen Botenbericht beinahe in ein Zwiegespräch umwandelt, als eine Versündigung am Sophokleischen, am Geiste der Antike überhaupt.
Diese aus neuzeitlichen Motiven geborene Modernisierung verbessert nicht, sondern zerbricht die Einheitlichkeit eines klassischen Stils, sprengt den Rahmen eines ewigen Gemäldes.
Der Darstellungsart des Staatlichen Schauspielhauses wollte Lipmann gefällig sein. Mir und vielen anderen wäre ein größerer Gefallen geschehen, wenn sich das Staatstheater strenger an Sophokles, und weniger an Lipmann gehalten hätte. Denn es gibt eine Größe, die unantastbar bleiben darf und muß, weil ihre Geschlossenheit unter den ehernen Gesetzen des Genies steht.
Jeßners Regieleistung, im ersten Teil besonders, ist interessant und folgerichtig – vielleicht öfter mehr interessant als zwingend.
Sie mutet zuweilen an wie ein sachlicher Zeitungsbericht über einen sensationellen Prozeß. Sie gibt die einzelnen Vorgänge und Tatsachen so nüchtern wieder, wie es dem heutigen Zeitgeschmack entsprechen mag – sie ist in einem stärkeren Maße zerebral als celebral – das heißt, sie ist gehirnlich unter Ausschaltung aller feierlichen Wucht.
Aber das kulthaft Feierliche, auch wenn es von befreiender Dialektik abgelöst wird, ist Bestandteil der griechischen Tragödie, darf also nicht zu kurz kommen.
Das Pathos des Chores darf nicht in trockenes Referat ausarten, das wider den inneren Sinn verstößt. Der Chor ist die große, machtvolle Orgel, die durch das Ganze brausen muß.
Jeßner zieht die oberen und unteren Register auf und läßt die mittleren, sehr zum Schaden der Totalität fort. Mit dieser Konsequenz fesselt er, ohne zu erschüttern. Er fesselt so stark, daß man zunächst die Schäden seiner Inszenierung kaum bemerkt.
Erst im zweiten Teil, der ganz auf Staffage, Statisterie, Bild und Geräusch gestellt ist, spürt man die Leere. So gibt es zuletzt nicht ein befreites, seelisches Aufatmen, sondern einen äußeren, durch die Sinne übermittelten Eindruck. Aber dieser ist außerordentlich stark, zumal Jeßner in Poelzig einen genialen, dekorativen Mitarbeiter gefunden hatte.
Der Schauplatz vor dem Palast des Ödipus in Theben hat in seinen monumentalen, kahlen Flächen, die scharf und kantig zum Horizont stehen, etwas Unheildrohendes. Aus finsteren Löchern, in denen das Volk kaum erkennbar hockt, scheint das Unglück zu kriechen. Treppen schließen die Szenerie ab, die nur durch einen großen Spalt mit der Außenwelt verbunden ist.
Die Kunst des Beleuchters und des Regisseurs feiert Triumphe. Sie ist nicht nur geistreich, sondern in jedem Verlauf der Handlung sinngemäß. Mag sie düstere Farben auftragen, oder in gesteigerten Momenten, an großen Wendepunkten das dämmernde oder helle Himmelslicht zeigen.
Die Volksszenen sind in Dunkel gehüllt, nur die Auftritte des Ödipus und

der Jokaste in grelle Beleuchtung gerückt. Das gibt ungeheure Kontraste. Von den tristen Kostümen der jammernden Thebaner hebt sich dann das scharlachrote, golddurchwirkte Gewand des Königs eindringlich ab.
Diesem König gibt Kortner die ganze Kraft und Schärfe seines ungewöhnlichen, schauspielerischen Intellekts. Er hält seinem Regisseur die Treue, indem auch er seine Leistung auf eine referierende Sachlichkeit stellt, sich äußerst beherrscht, Affekte zunächst unterdrückt, um erst in den ganz großen Momenten der Katastrophe seine Leidenschaft furios auszuschütten.
An beide Extreme klammert er sich und verzichtet wie der Spielleiter auf die Mittellage. Vielleicht rechnet er ein wenig zu viel – vielleicht will er schauspielerisch zu interessant sein, wenn er ganz wichtige Partien allzu gedämpft, oder flüsternd bringt.
Aber mag man auch mitunter die Nähte seiner Arbeit sehen – in keiner Sekunde erlahmt das Interesse des Zuschauers. Er wirkt ebenso stark in seiner selbstbewußten, königlichen Herrlichkeit, wie in den Ausbrüchen des Jammers und der Verzweiflung. In der eigenartigen, oft verblüffenden Mischung von zersetzendem Verstand und überströmendem Gefühl liegt der Reiz und die Stärke dieses Schauspielers, der zugleich ein Verwandlungskünstler großen Formats ist.
Den Ödipus in der Blüte der Manneskraft und den Übergang zu dem Ödipus als verlumpten, zerstörten Greis weiß er mit schauspielerischer Überlegenheit glaubhaft zu machen.
Ida Roland als Jokaste nicht immer gleichmäßig – auf dem Höhepunkt ihrer Aufgabe jedoch, wo sie die Unabwendbarkeit des Schicksals erkennt, großartig und überzeugend. Da erscheinen ihre Züge medusenhaft, verzerrt, zerrissen und von einer Schmerzhaftigkeit, die aufwühlt. Da spielt der ganze Körper mit, von den roten, sich scheinbar sträubenden Haaren bis zu den schlotternden Knien.
Und neben diesen beiden stehen Eleonore Mendelssohn und Helene Weigel – Eleonore ganz Gefühl, ganz Träne – Helene ganz geballte Kraft und äußerste Beherrschtheit.
In einer fast stummen Szene leuchtet Granachs Talent – überzeugt seine faszinierende Maske. [...] Am Schlusse beider Teile große Ovationen für Jeßner, Kortner und alle anderen Spieler.

Paul Wiegler, BZ am Mittag, Berlin, 5. 1. 1929

[...]
Nach ungefähr zwanzig Jahren hat nun Jeßner im Staatstheater einen ›Ödipus‹ aufgebaut. Mit Bühnenbildern des Mannes, der für Reinhardt einmal das Theater der Fünftausend schaffen half, Poelzigs. Es ist die Königsburg mykenischer Form, die wir von Roller her kennen, der schwarze, gespenstische Steinkoloß, die bewohnte Grabkammer. Die Poelzigs ist sehr verwinkelt, mit einem Gewirr von Eingängen und Treppen. Jeßner nutzt sie alle; doch unklar ist dabei seine Raumdisposition. Es ist vom Symbol dieser Tyrannentragödie nicht zu trennen, daß Ödipus und Jokaste hoch über der Volksmenge stehen und von unten der Chor sich zu ihrer drohenden Majestät heranwälzt. Bei Jeßner schließt ein Tor mit dicken Stäben die Palastarchitektur nach vorn ab. Inner-

halb des Gitters, des Palasthofs stöhnen die Thebaner ihre Furcht vor der Pest aus, wird wie ein Eingesperrter Kreon sichtbar (dessen Zug von Delphi ganz entfällt). Vor dem Tor, also auf der Straße, tauschen König und Königin ihre Geheimnisse. Die Dienerin, die (statt des Dieners) den Selbstmord der Jokaste meldet, kommt aus einer anderen Wandöffnung, als die schräg rechts gelegene ist, hinter der Ödipus an Jokastes Bett jammert. Aber trotz dieser falschen Ökonomie: starke Momente der Gruppierung im einzelnen.

Der ›Ödipus‹ ist für uns Heutige nichts als ein Anbruch. Gegen die Macht des prähistorischen Komplexes nicht nur, den in unserer klugen Epoche Freuds Wissenschaft bezeichnet hat, gegen den tödlichen Druck asiatischer Mythologie, gegen die Orakel und die Sphinx, die ›Hündin‹, empört sich hier zum erstenmal in der Geschichte des europäischen Dramas ein Menschenbewußtsein. Was uns, im Theater, noch packt, ist das grausame dialektische Suchen nach der Aufhellung eines Schicksalsrätsels, ist das Zurück und Vorwärts der ›tragischen Analysis‹. Noch ist für diesen Athener Sophokles, diesen religiösen Dramaturgen, Ödipus derjenige, der für die Schuld der Vermessenheit, der Hamartia bestraft wird. Aber einmal kündigt eine erlöste Ethik, der Frevel sich an: wenn Ödipus den Tod des Polybos von Korinth, seines vermeintlichen Vaters, erfährt und Jokaste der ›Göttersprüche‹ spottet. Das ist das Herz von Jeßners Inszenierung. Musik aus dem Palast, ein Lachen, Ödipus tanzt mit Jokaste, Herodes mit Herodias. Durch die Quadern der Grabwand dringt für eine Minute die Welt der ›Salome‹ ein.

Das Spiel ruht auf den breiten Schultern Kortners, eines jungen Ödipus in Scharlachrot und Gold, bartlos und schwarzlockig, vom negroiden Typ eines weißen Senegalkriegers. Dieser Tyrann hat Kraft, Stolz, die Gabe der Erschütterung, bis zur letzten Szene, in der Blut das Gesicht des Geblendeten und, sehr naturalistisch, auch seine Hände färbt. Die Jokaste der Frau Roland ist nicht griechisch-maskenhaft, sie ist in der müden Gequältheit des Antlitzes und im Ton des Organs auf Hysterie gestimmt. Seltsam, wie sehr diese Schauspielerin jetzt, bis in die Nasenflügel, der Bernhardt ähnelt. Der Teiresias Krausnecks von gebieterischer Prophetenwürde. Scharf gestrafft der Kreon von Walter Franck. Der Bote Floraths ist voll Einfalt. Der Hirte Granachs das Gegenteil, ein auf die Wirkung der Stummheit präparierter Daniel (wie in Hebbels ›Judith‹). Trefflich Frau Weigel als Dienerin. Und der gesamte Chor.

Die freie und mitunter schöne Bearbeitung rührt von Heinz Lipmann, dem Dramaturgen des Schauspielhauses, her. Mit ihr hängt zusammen, daß auf den ›König Ödipus‹ oder (›Ödipus der Herrscher‹) der ›Ödipus auf Kolonos‹ nachfolgt. Gewiß, Nietzsche hat mit dem Vertriebenen, dem alten Dulder gefühlt, »der bis zum Ende durch sein ungeheures Leben eine magische, segensreiche Kraft ausübt«. Doch der ›Ödipus auf Kolonos‹ ist nur ein lokales, athenisches Festspiel. Und ist, so wie man ihn jetzt sieht, mit der Verstümmelung der Episode der Töchter (sie sind bei Sophokles ja die Begleiterinnen ihres schutzbettelnden Vaters) und der Minderung der Polyneikes-Szene, noch undramatischer, oratorischer.

Jeßner begnügt sich mit einem grauen Praktikabel vor schwarzem Prospekt und für den Chor mit acht Athenern, die ihren König Theseus umlagern. Kortners Ödipus, weißhaarig, verzehrt, erhebt sich zur Größe noch einmal im Fluch. Müthel ein Theseus von edlem Ernst. Harlan ein etwas täppischer Po-

Iyneikes. Antigone ist die elegische Eleonore Mendelssohn, Ismene, unklassisch, ein spitzbübisches Zigeunertum hehlend, Frau Lenya. Die Regie-Idee Jeßners ist ein kurzer Zwischenakt, eine Schlacht. Vor einem projizierten Nachthimmel mit jagenden Gewitterwolken marschiert bei dem stampfenden Rhythmus der Musik von Antheil ein Heer, Soldaten mit den kleinen Rundschilden und den Lanzen der griechischen Vasenbilder.
[...]

Wilhelm Westecker, Berliner Börsen-Zeitung 5. 1. 1929

[...] Jeßner vermochte zum Glück den etwas breiten ›Ödipus auf Kolonos‹ durch eine bildlich ganz großartige Kampfszene zu spannen. So wenig man diese bildlich eindrucksvollste Szene des Abends missen möchte, so wenig darf man sich darüber hinwegtäuschen, daß sie für die dramatische Struktur des Werkes überflüssig ist. Krieger ziehen in endloser Reihe am dunklen Horizont vorbei. Die Wolken jagen. Aber Jeßner wußte auch den ersten Teil sehr gut zu steigern, den inneren dramatischen Kern der Tragödie herauszuschälen. Die Aufführung war überhaupt von einer bemerkenswerten Leidenschaft zur Dichtung getragen. Sie war ganz auf das Wesentliche gerichtet, so daß sprachliche Unebenheiten der Übersetzung, die von Lipmann stammt, nicht sonderlich störten, außer wenn sie in einer Rolle, wie der des Mannes aus Korinth, durch eine naive Sprechweise (Albert Florath) noch verstärkt wurden. Florath fiel mit seinem Krippenspielton aus dem tragischen Pathos ganz heraus, das die anderen alle vorzüglich hielten.
Allen voran Fritz Kortner. Er war ein Ödipus von ergreifender Größe, am stärksten in den Szenen, da er sich wider Apoll wendet, und da er bei der Nachricht aus Korinth in Freude ausbricht. Die Schreie hinter der Szene bei der Blendung gerieten ihm zu spitz. Sie waren zu nervös grell und nahmen dadurch dieser Szene das Unheimliche. Aber im zweiten Teil spielte er den leidenden alten Ödipus mit einem stillen Pathos edler Menschlichkeit. Ganz sparsame Gesten – überhaupt zeichnete sich diese Aufführung durch ihre feierliche Gemessenheit im Tempo und Knappheit in der Geste aus – und ein klarer voller Ton! Kortner, Kortner, scholl es durch den Beifall. Aber auch die übrigen Darsteller wurden gerufen. Sie waren in der Tat vortrefflich, vor allem die angstgejagte Jokaste der Ida Roland, der harte Kreon Walter Francks, der männlich-milde Theseus Lothar Müthels und der hilflose alte Hirte Alexander Granachs. Die Antigone der Eleonore Mendelssohn war ergreifend schlicht, nur leider im Ton etwas spröde.
Jeßner erschien auch. Man gab keine Ruhe. Einmal erscholl Beifall auf offener Szene. Beim Kampfbild im zweiten Teil. Aber dieses Bild war nur ein Bruchteil seiner Leistung des Abends. [...] Jeßner wird immer mehr ein Meister der Nuancen, der aber keineswegs mit diesen Nuancen die Linie überdeckt. Wie er den Chor, das Volk, zu Individualitäten auflöst und dann bewegt, wie er eine Meldung ihre Reihen entlanglaufen läßt, wie die Gewißheit über die einzelnen allmählich die Gesamtheit ergreift! Die Gliederung der Szene gelingt ihm mit Hilfe von Hans Poelzigs Bühnenbild, das im ersten Teil eine große Burg, im zweiten eine wellige Hügellandschaft bringt. Die Burg hat etwas zu viel Treppen. Kortner steigt einmal links herauf und rechts gleich

wieder hinunter. Aber im übrigen ist sie mit ihren markanten Konturen recht eindrucksvoll. Auch die Hügellandschaft, die sich in den Horizont allmählich verliert, ist recht schön. Kortner-Ödipus wandert in ihr in die Tiefe zu seinem Grab wie in eine unendliche Ferne. Die Bühnenmusik George Antheils untermalte ganz unaufdringlich vor allem die Zwischenspiele. [...]

Marieluise Fleißer Pioniere in Ingolstadt

Theater am Schiffbauerdamm Berlin, 30. März 1929, Regie Jakob Geis

Der März wurde ein aufregender Monat für Berlin. Innerhalb von drei Wochen gab es den zweiten Skandal. Zwischendurch den Ruf nach neuer Zensur und öffentliche Debatten über sie. Anlaß war Peter Martin Lampels ›Giftgas über Berlin‹, dessen weitere öffentliche Aufführung am Schiffbauerdamm-Theater (5. 3. 1929) der Polizeipräsident alsbald verbot. Die Auseinandersetzungen darüber waren noch nicht beendet, als das Schiffbauerdamm-Theater ein neues skandal-machendes Stück herausbrachte: ›Pioniere in Ingolstadt‹. Es war das zweite Schauspiel der Erzählerin Marieluise Fleißer. Schon mit dem ersten: mit ›Fegefeuer über Ingolstadt‹ hatte sie bei der Uraufführung an der ›Jungen Bühne‹ Aufsehen erregt (Deutsches Theater, 25. 4. 1926). Damals hatte Kerr geschrieben: »Zwei der vier Akte sind stärker, als von den Jüngeren einer bisher imstand war.« Und Herbert Ihering: »Seit Else Lasker-Schüler ... wieder die erste Gestalterin in der deutschen Dichtung.« Die Fleißer war eine Ingolstädter Schriftstellerin, die ihre Stoffe aus ihrem heimischen Beobachtungsfeld nahm. Brecht und Feuchtwanger hatten sie als Dramatikerin entdeckt, ihrem Schauspiel ›Fußwaschung‹ den Titel ›Fegefeuer über Ingolstadt‹ gegeben und Moriz Seeler für die Uraufführung gewonnen. Kerr witterte in seiner Rezension schon die Beziehung der Fleißer zu Brecht. »Begabt-naturalistisch ist die Fleißer, – wenn's die gibt ... und so sie nicht ein Pseudonym für den Brecht ist ... Im dritten Akt ist sie aber wirklich mit Brecht zu vertauschen, haben sie's zusammen gemacht?« (›Berliner Tageblatt‹, 26. 4. 1926). – ›Pioniere in Ingolstadt‹ waren bald nach der ›Fegefeuer‹-Premiere, im August 1926, auf eine Anregung Brechts hin entstanden. Die ›Komödie‹ in Dresden hatte die ›Pioniere‹ – nach dem Rücktritt Essens von der Uraufführung – schon am 25. März 1928 uraufgeführt (Regie Renato Mordo). Für die Berliner Aufführung wurden sie noch einmal umgearbeitet. »Das Stück war zu leise« (M. L. Fleißer). Brecht und Heinrich Fischer setzten die Aufführung am Theater am Schiffbauerdamm durch, das seit der Uraufführung der ›Dreigroschenoper‹ unter der Direktion Ernst Josef Aufrichts immer mehr in den Vordergrund trat. Am 5. Januar 1929 hatte er z. B. in seinem ›Studio‹ die erste deutsche Aufführung von Cocteaus ›Orpheus‹ gebracht (Regie Gustaf Gründgens). Aufricht setzte nun die Arbeit der ›Jungen Bühne‹, die Moriz Seeler 1928 liquidiert hatte, fort. Zu der neuen aktiven Gruppe Aufricht, Brecht, Ihering kam der Dramaturg Heinrich Fischer (der die ›Pioniere‹ schon für die Münchner Kammerspiele hatte annehmen wollen, als er dort Dramaturg war) und auch Jakob Geis, Brechts Freund, der Brecht zu den Darmstädter Aufführungen verholfen hatte. Brecht beeinflußte die Proben und die sie begleitenden Umarbeitungen des Textes. Peter Lorre setzte sich in dieser Premiere durch, die einen Skandal auslöste, in dem sich moralische und politische Motive mischten. Das Echo der Kritik war nach den politischen Gruppierungen verschieden. Gegen das Einschreiten der Polizei schrieb Ihering: »Dahin ist es also gekommen, daß nach einer Premiere die Polizei sofort Anstoß nimmt. Was 1928 in Dresden unbeanstandet aufgeführt werden konnte, darf 1929 in Berlin nicht durchgehen. Das ist die Entwicklung eines Jahres« (›Berliner Börsen-Courier‹, 2. 4. 1929). Franz Servaes sagte: »Petrolösen-Dramatik«, und fragte: »Wie kommt unsereins dazu, derlei hysterische Unverfrorenheiten und Entgleisungen einer aus der Art geschlagenen Frauenphantasie über sich ergehen zu lassen?« (›Berliner Lokal-Anzeiger‹, 2. 4. 1929). Ingolstadt fühlte sich beleidigt. Vom Ostermontag ab gab die Polizei eine ›amputierte‹ Fassung frei. Sie erlebte 43 Aufführungen.

Paul Wiegler, BZ am Mittag, Berlin, 2. 4. 1929

Die ›Pioniere in Ingolstadt‹ sind das Schauspiel, mit dem Marieluise Fleißer aus Ingolstadt an der Donau, bis heute oder bis gestern in dieser oberbayrischen Stadt wohnhaft, ihr ›Fegefeuer über Ingolstadt‹ variierte. Ein einfaches Mädel, das auch novellistische Prosa schrieb, voll erstaunlichen, wildgewachsenen und höchst verfeinerten Talents.
Da unentschieden ist, ob es Dramatiker gibt, ist eine Dramatikerin noch zweifelhafter. Die hier imponierte, weil sie nicht Zusammengelesenes wiederholte, sondern ihre wahre, enge Umwelt abschilderte [...] Es ist das Ingolstadt vor dem Krieg; so kam die Fleißer auf das Pionierbataillon. Dem 1. Pionierbataillon schlagen bei der Fleißer, der Stimme der Natur folgend, die Herzen der weiblichen Bevölkerung. Und so wird in Bierdunst und Nebel von Frühlingsabenden und beim schmetternden Tschingdaratata der kgl. bayrischen Blechmusik das Idyll eines braven Stammes und seiner erotischen Sitten daraus.
Der Regisseur Jakob Geis projiziert zu Anfang ein paar farbige Lichtbilder von Ingolstadt, Frauenkirche, Schloß, Gassen und nach alten, komisch gewordenen Moden aufgeputzte Ingolstädterinnen. Das tut er zum Spaß, und die Berliner am Schiffbauerdamm lachen. Aber wie viel suggestiver dichtet dann Caspar Neher, dieser schöpferische Theatermaler, mit Geis und der Dichterin mit! Neher bringt das Lyrische des Dramas heraus, die Melancholie: wenn die Dienstmädchen auf der Anhöhe über der Stadt sitzen und falsch singen, und grüner Laternenschein in die zerfließende Dämmerung leuchtet, und wenn Soldaten und Mädchen in dem kahlen Biergarten sich tanzend zwischen den Holztischen hindurchschieben. Traurig-klagende Seele des Volksliedes. Die Fleißer hat Glück; denn Hilde Körber spielt ihre Berta. Das ist die törichte Dienstmagd, die sich in ihrer Einfalt und Einsamkeit in den Pionier Karl verliebt, einen rauhen Lackl, und von ihm gedemütigt wird, Gretchen oder Kätchen von Ingolstadt, aber zitternd dem Ungetreuen nachläuft und noch vor dem Abmarsch der Pioniere sich in Hast von ihm nehmen läßt. Hilde Körber ist als diese Berta so schamhaft und weich, hat eine solche Verklärung auf ihrer von blondem Haar umrahmten Stirn, ist so rührend verstockt in Schicksalsbangigkeit, daß ihr Bild sich über ihre Szenen hinaushebt.
In diesen lose aneinandergereihten Auftritten fehlt es der Fleißer nicht an

Handlung. Sie hat sich das so gedacht: Karl, der Soldat, der Kurzschädel, primitiver Egoist auch im Liebesleben, Typ der zornigen Gemeinheit, und ihm gegenüber Fabian Benke, der Bürgersohn, der Schwachmatikus. Der alte Benke, der Bourgeois von Ingolstadt, sieht das sexuelle Recht seines Erzeugten auf Berta, die Dienstmagd in seinem Haus, als selbstverständlich an. Aber Berta will von Fabian nichts wissen. Dieser gute Jüngling, von seinem Rivalen verhöhnt, sucht seine armselige Neurasthenie zur Rache an Karl aufzustacheln, durchschneidet beim Brückenbau einen Strick, worauf aber nicht Karl, sondern der Feldwebel ins Wasser plumpst, hat sogar ein ganz blödes Sprengungsattentat auf die Brücke vor. Er macht den Eindruck eines leise Verrückten. Und so echt Herr Hörrmann als der Pionier wirkt, mit der Bosheit dessen, der einen »Fluch« auf sich hat, im schielenden Blick, und dem langsamen Hochdeutsch eines Schwalanscher von Thoma, so plastisch charakterisiert Herr Peter Lorre den Fabian, von den schläfrigen Augendeckeln an bis zum harmlos-tückischen Lächeln (beim Fliegenfang).
Aber die Fleißer zerdehnt das. Sie wird undramatisch, schleppend, episodisch. [...] Zwischen Generalprobe und Premiere hat man noch eine dieser Füllszenen, die mit dem Fremden, und leider dadurch Herrn Gerron beseitigt. Die Verzögerung, die Zersplitterung ist für das Drama eine Gefahr, deren der Regisseur noch nicht Herr geworden ist. Die Fleißer hat sich vorgesetzt, Naturalistin zu sein, diese Soldaten, diese Alma, diese Gymnasiasten von Ingolstadt so reden zu lassen, wie sie reden. Sie ist Naturalistin auch in den Situationen. Die Biertrinker hinter dem Holzzaun (notabene ohne das Geräusch des ›Fröhlichen Weinbergs‹), das Flaggenlied brüllend, haben etwas Finster-Fatalistisches. Gemurrt wird von denen, die dumpf zum Skandal entschlossen sind, erst bei einer militärischen Gelegenheit: wenn der Feldwebel die Gruppe 5 durch Drill kujoniert, um sie für den Rutsch ins Wasser zu strafen. Je mehr der Fleißer das Drama ausgeht, desto unbekümmerter wird sie dann. So kam ihr Schauspiel am ersten Abend unter Pfeifen, Zischen und Beifall zu Ende.
Neben der Berta der Körber die freche, doch für Ingolstadt zu raffinierte Alma der Frau Lenya. Herr Reuß ist statiös mit Laune als der Feldwebel, Herr Stoessel hat für den alten Benke den drastischsten Spießerhumor.

Alfred Kerr, Berliner Tageblatt 2. 4. 1929
I
Für den ersten Eindruck nach der Vorstellung ergab sich folgender Wortlaut: »Eine der stärksten Begabungen des jüngeren Geschlechts malt hier, unerschrocken, Heimatzustände. Sicher im Sprachlichen. (Billiger im Satirischen.) Ihr Werk, in einer schieren Darstellung, wurde mit starkem Klatschen begrüßt, auch bepfiffen: doch von beiden Gruppen geschmeckt und belacht.«
So die imaginäre Vornotiz.
II
Meisterlich kommt von einem Städtle, von einer Tiefschicht und einer Mittelschicht, ... meisterlich kommt hier die Atmosphäre heraus.
Die Verfasserin ist ein unverzärteltes, begabtes Frauenbild um Dreißig. Wohnte zuletzt in Ingolstadt, bei den Eltern. Trat, um zu leben, in ein Delikatessengeschäft.

Mit Spirituosen.
Sie wehrt sich gegen den Heimatort: so für sie das Fegefeuer ist. Ehrenbürgerin von Ingolstadt wird sie nicht. [...]

III

[...]

IV

[...] Die Fleißer und (auf anderem Feld) Walter Mehring sind von den Jüngeren die stärksten Könner.
Die Frau zeigte schon damals Rohlinge des von alten Glocken überläuteten Bayernstädtles, mit dem schweren Turm. Ja: das Wittern einer Haßluft um kämpfende Parias im theokratischen, halb ulkigen Rückstandsnest.
Jetzt hat sie Ähnliches wieder gezeugt. Naturhaft. Im sommerlich blühenden Alltag. In aller hiesigen Dummheit lebensherrlich – wenn am Fluß die Pioniere bauen ... und im Dunkel hinter Mädeln schleichen.
Aus diesem Gegensatz fließt Humor: aus dem Nein vor dem Viechstum – aus dem Ja vor dem Dasein. (Das ist es.)
Das untilgbar wiederkommende Gretchengeschick wird an einem blutjungen Bolzen gezeigt. Flaubert hieße die Berta (gleich seiner älteren Magd): »Un cœur simple«.

V

[...]

VI

[...]

Die Fleißersche Welt; Welt einer Beobachterin für die Reste der übertünchten Raubtierschaft im hiesig-heutigen Mittelalter; der Zurückgebliebenheit; Welt einer kostbaren Festhalterin ... Also die Welt dieses Stückes lehrt ... nicht: »So leben wir«! sondern: »Mit sowas leben wir«! (Es erklärt noch manchen dunklen politischen Vorgang.)

VII

[...]

VIII

Marieluise Fleißer hat eine Sprachkraft. Gespräche, so gleich im Anfang zwischen den Dienstmädchen Alma und Berta: wunderbar. Man trinkt das.
Ich trank vor Jahr und Tag das (hier veröffentlichte) Gered' von einer Sach' mit allerhand jungen Wollungen und Verlegenheiten – was auch im Freien g'spielt hat. Ganz aufrichtig war es. Fortreißend.
Diese Frau ist ein Besitz. Sie macht hier auch kostbar jedes Leersprechen in mancher Tiefenschicht, voll inhaltsarmer Wiederholung und Nichtweiterkönnen. Alles von ihr wie am Zipfel gepackt.
Himmlisch das erste Liebesgespräch auf der Bank zwischen dem Pionier und der verdutzten Berta. Wenn sie zwischendurch in der Liebe, mit Anzeige bei der Polizei droht ... Nur ein Dichtergeblüt kann das. (Zuletzt sagt sie doch zu ihm: »Geh nicht weg.« Entzückend.)

IX

Ist Fleißer jetzt auch eine Dramatikerin, was den Bau betrifft? Und im Dramatischen vielleicht eine Satirenkraft?
Die Handlung führt sie eben so hin. Wie (sagen wir:) bei Tschechow. Nun, es geht alles; auch ohne den festhaltenswürdigen Salm vom ›epischen Drama‹, das die Chinesen, Tschechow und noch Verstorbene sonst öfter gepflegt.

Satirisch? Ihre Schadenfreude gegen den halb aufdrahenden Feigling, den Krüppel, war im ersten Stück nicht so deutlich wie jetzt ... wider den Feigling aus dem Spießerhaus. Nicht so bissig. (Schon daß er Fabian heißt ... Manches ist Simplizissimus.) Prachtvoll bleibt es. Wertvoll bleibt sie.

X
Sollen Werte dieser Art von einer Kryptozensur bedrängt werden? Bitte nicht! Bei wirklichen Exzessen griff sie niemals ein. (Tat auch nicht not: weil die Kritik das Gemäße besorgt hat.) Hier ... Wenn einer malen will, wie's zwischen Dienstmädeln und Soldaten in Bayern zugeht: so muß er halt malen dürfen, wie's zwischen Dienstmädeln und Soldaten in Bayern (oder außerhalb Bayerns) zugeht.
Ein saftiger Auftritt spielt auf dem Friedhof. Nahm Bismarck an Schweningers Friedhofserlebnissen Anstoß? Nun also. Auch die republikanische Zensur, bitte nicht.
Nicht! Nicht! Nicht!

XI
Eine ganze Zahl Schauspieler ist an diesem Abend nach vorn in stärkeres Licht gerückt.
(Rezension.) Der jugendliche Peter Lorre, welcher den Fabian macht, wird nicht nur für diese Rollen verwendbar sein. Malerisch bemerkenswert bei vorgestrecktem Nacken, mit Hysterie, wenn er sich prahlend als ›Würger der Frauen‹ aufspielt. Sehr verwendbar.
Stoessel, sein Bürgervater, ohne Kenntnis vom Text, aber wie von Thöny. Hörrmann, der Pionier, nicht wie aus Ingolstadt, sondern schon mehr aus einem Schliersee. (Sowie Reuß, ein Feldwebel, nicht aus Ingolstadt, sondern aus Linz kommt.)

XII
Und die zwei Mädels ... Kennenswert im unteren Schmerz, in leidender Aufdringlichkeit: Hilde Körber; das Opfertierl, halb sträubend und halb gewillt; in einer schlichten, unlyrischen, waschechten Lebenslage. Jawohl; Hilde Körber.
Gegenüber Lotte Lenya; die Erfahrene. Diese Schauspielerin, mit ihren Beinbewegungen, worin ein Charakter sich ausdrückt; mit ihrem Gehab, woraus ein ganzer Landbezirk äugt: die wird bald in der szenischen Front sein.

XIII
Der Bildmann, Herr Neher, bringt kleinörtliche Veduten; sehr hübsch. Den Friedhof zu karg. Ohne Gebüsch (bei Ingolstadt!).
Jakob Geis, Entdecker Brechts mit Falckenberg und Engel, nimmt als Spielhüter gern die Leinengardine mittelhoch. Nun, schön. Hat schon vormals einen guten Marschgang (deutsch: Rhythmus) gekonnt. Jetzt spielt er im Tempo beinahe ... Tschechow: die ›Drei Schwestern‹. Langsam; ja, wie man bei Ingolstadt spricht. In der zweiten Hälfte langsamer, als man im Theater spricht. Vielleicht hat er ein accelerando in der zweiten Fassung ...

XIV
Die zweite Fassung, mildere Fassung, vermutlich gekürzte Fassung, trat infolge der (nichtbestehenden) Zensur ein.
Wolfgang Bardach, Förderer und Hervorholer des Stücks für sein Versuchstheater, hat es abtreten müssen. Er kennt eine Zwischenfassung.
In der ganz zuletzt vorliegenden Fassung (für den freien Gebrauch aller deut-

schen jetzt zugelassenen Republikaner) gab es, nach verläßlicher Mitteilung, sechzehn ›Vorhänge‹.
Will sagen: sechzehn Mal danken wollten die Leute. Somit scheint es ein großer Erfolg zu sein.
Er träfe die Richtige.

Kurt Pinthus, 8-Uhr-Abendblatt, Berlin, 2. 4. 1929

Während sich im lärmenden Kampf der rasend Applaudierenden und fanatisch Pfeifenden die blonde stramme Ingolstädterin Fleißer nebst Regisseur und sämtlichen Darstellern wiederholt verneigten, eilte der Polizeivizepräsident hinter die Bühne und warnte: das Stück müsse – in dieser Form – verboten werden.
Immer wieder muß der heutige paradoxe gesetzliche Zustand aufgezeigt werden: Es gibt zwar keine Zensur mehr. Aber jedes Stück kann, wenn die Polizei will, auf Grund eines alten Landrechtsparagraphen verboten werden. Weil es sich also darum handelt, im selben Theater, in dem ›Giftgas‹ verboten wurde, ein abermaliges Verbot zu verhindern, – weil eine mißverständliche Inszenierung manchen veranlaßte, das Stück mißzuverstehen, – und vor allem, weil es hier um eine wirkliche Dichterin geht, soll diesmal weniger Kritisches, als Aufklärendes, [...] gesagt sein.
[...] aus fast jeder Szene ihrer beiden Stücke aus Ingolstadt, aus jeder ihrer Novellen weht mich die überzeugende Stimme einer Dichterin an, die sich, unter Qualen, aus sich selbst emporringt. Noch kreist diese Stimme allzu beharrlich immer um das gleiche Thema: sie will in Worte und Geschehen fassen, was in Menschen unterer Schichten dumpf und dunkel an Unheimlichem und Triebhaftem nach Licht, Liebe, Ausdruck, Klarheit strebt.
Stets sprechen da einfache, wirre, gehemmte Kleinstadtmenschen: Kleinbürger und Proletarier. Sie sprechen einfach, wirr, gehemmt, aber in so natürlicher, so ihre tiefste Menschlichkeit enthüllender Art ... daß eben diese Art, Menschen zu offenbaren, zugleich die Ursprünglichkeit und Stärke dieser Dichterin offenbart. Der Marieluise Fleißer gab ein Gott zu sagen, was armselige, weltferne, junge Menschen leiden, die nicht selber ihr Leid und ihre Lust ausdrücken können.
»Ich weiß immer nicht, wie die Ausdrücke sind«, sagt hier ein Mädchen zum Geliebten, dem sie sich nicht verständlich machen kann. Man darf der Dichterin nicht vorwerfen, sie finde nicht die richtigen Ausdrücke, sondern sie läßt absichtlich ihre Gestalten sich nicht richtig ausdrücken, weil sie sich nicht richtig ausdrücken können. Und gerade in dieser Hilflosigkeit des Ausdrucks drücken sie sich für uns erschütternd verständlich aus. [...] Und gerade aus dem Sichnichtausdrückenkönnen, aus dem Aneinandervorbeisprechen, Aneinandervorbeihandeln der hilflosen Kreaturen erwächst ihr Unglück, ihre Tragik, erwächst ihr Humor in allen Stufungen vom Grotesken bis zum Kindlich-Albernen.
Die Fleißer schreibt Volksstücke. Sie gibt die volkstümlichste Sprache und dennoch die kompliziertesten Gefühle. So war es in ihrem düster-qualreichen Erstling ›Fegefeuer über Ingolstadt‹. So ist es in diesen ›Pionieren‹.
[...]

Dies Stück ist vor zwei Jahren entstanden und damals in Dresden anstandslos, das heißt anstandsvoll aufgeführt. Es spielte in der Gegenwart. Jetzt spielt's in der Kaiserzeit, als Puffärmel Mode waren und ist vielfach ergänzt durch Geschnörkel. Denn um diese Menschen, aus diesen Menschen muß viel Geschnörkel quellen, weil sie ja nicht gradlinig sprechen und handeln können. Da es sich immer um die Liebe handelt, wird dies Schnörkelgerank zu üppigsaftigem, allzu saftigem, manchmal scheußlichem Gestrüpp, das leider in der Erstaufführung am Sonnabend nicht gestutzt wurde, sondern gehegt und gepflegt.
Und hier sind wir bei der Ursache, weshalb die Aufführung mißverständlich wirkte. Diese hinterwäldlerische Atmosphäre, schwankhaft durchsetzt, wirkt auf uns bereits grotesk, in trauriger Lächerlichkeit, noch dazu wenn die schwerfälligen Menschen so vermottete Kostüme tragen. Die Regie machte nun den Fehler, diese Atmosphäre, diese Menschen noch überdies zu karikieren. Die Karikatur in sich wurde noch strotzend herausgetrieben. So ward das Stück von Anfang an auf einen falschen Grundton gebracht, der nicht durchgehalten werden konnte, so daß das Publikum schließlich enttäuscht war, als es zu ahnen begann, daß es hier eigentlich eine tragische Angelegenheit sähe.
Die Regie von Jakob Geis tat in der Betonung des Grotesken allzuviel des Schlechten: unter der karikaturistischen Kruste kam das Volkstümliche und Tragische nicht recht, auf jeden Fall nicht richtig heraus. Das Publikum lachte zu viel, weil der Regisseur es zu viel lachen machte; es lachte auch an falschen Stellen und nahm Anstoß an einer Erotik, die natürlich komisch und grausig wirken muß, aber nicht anstößig wirken darf.
Zugegeben: das ist sehr schwer darzustellen. Zugegeben: unsere Fleißer hat nachträglich allzuviel sexuelles Gerede aufgepackt. Zugegeben: unsere Fleißer ist stärker im Schildern von Menschen und Zuständen als im eigentlich Dramatischen. Zugegeben: diese ›Pioniere‹ treten, wie alles, was die Fleißer schreibt, oftmals zu lange auf der Stelle, statt vorwärtszumarschieren. Und die Aufführung verschleppte den Schluß, der sich bereits schwer mit Anekdotischem zu schleppen hat.
Ich trage absichtlich alle Einwände gegen die Fleißer und gegen die Aufführung zusammen, damit ich dann um so überzeugter sagen kann: es gibt da Gespräche zwischen Dienstmädchen und Soldaten, die in ihrer tastenden Sehnsucht, in ihrer schlagenden, urwüchsigen Kraft einzigartig sind in unserer Dramatik. Und wie grade aus der Banalität Mensch und Atmosphäre auf- und zusammenwachsen, das hat kaum einer unter den Jüngeren in dieser einfachen Art fertiggebracht.
Und deshalb darf dies Stück nicht verboten werden, selbst wenn ein Paragraph die Handhabe gäbe.
Junge Menschen stellen das Stück dar. Hilde Körber war das leidende Weib, das gerade reife Dienstmädel, das nichts will als Liebe und nichts empfängt als Leid: mit einem rührend wehen, verwehenden Sprechklang, der allerdings in Gefahr ist, wehleidig zu werden. Das Mädchen auf dem Abrutsch ist Lotte Lenya, mit einer sehr sinnlich-süßen musikalischen Stimme (Frau des Musikers Weill), manchmal mit Gesten, die aufreizend unentschieden in der Luft hängen bleiben (Absicht oder Ungeschick?). Hörrmann als Karl war stramm und derb, die dunklen Untergründe dieser Gestalt nicht hinreichend aufhel-

lend. Leo Reuß: ein scharfer Feldwebel, gutmütig, aber sadistisch verderbt durch das System, wie wir ihn alle in der Kaserne erlebten. Stoessel: scharfe Charge des gefühllos verkafferten Spießers.
Und ein neues Gesicht war da, ein fürchterliches Gesicht: der hysterische Kleinbürgerssohn, dessen glotzäugiger, schwammiger Kopf gelblich aus dem Anzug quillt; wie dieser Bursche zwischen Phlegma und hysterischem Ausbruch taumelt, wie er zage geht und greift und manchmal gierig zutapst, das werden auch Ältere als ich kaum so unheimlich auf dem Theater erblickt haben. Dieser Mensch heißt Peter Lorre. Wenn er auch andere Gestalten so dekkend darstellen kann, ist hier ein Schauspieler ersten Ranges.

Ich habe das Stück gelesen, ich habe es am Sonnabend vor Ostern gesehen und habe es mir am Ostermontag noch einmal angesehen, damit niemand, und ich mir selbst nicht vorwerfen kann, ich sei überrumpelt worden. Man hat jetzt vieles Schnörkelwerk beseitigt, vor allem ›Unanständiges‹ weggelassen, – aus Angst vor dem Verbot – gar zuviel. Jetzt gibt es auch den Einwand des Anstößigen nicht mehr. Das Stück kann nicht verboten werden.

Richard Biedrzynski, Deutsche Zeitung, Berlin, 2. 4. 1929

Für diese Mitbürgerin wird sich Ingolstadt kräftig bedanken. Berlin aber hat seinen runden und netten Theaterskandal am Ostersonnabend, ein Pfeifen-Konzert mit Reklame für ein Dreckdrama.
Bisher war das Berliner Theater Sache männlicher Zweideutigkeiten, aber die volle Eindeutigkeit hat nun das Weib auf seiner Seite.
Der Witz mit Soldaten und Dienstmädchen, Untertitel dieses Stückes – ist uralt. Die Pubertätsscherze stammen von Wedekind, die Karikatur auf die bayrische Bierprovinz stammt von Thoma, der fröhliche Sexualbetrieb stammt von Zuckmayer, und Piscator hat schon im ›Schwejk‹ die Karikatur auf militärischen Schliff und Drill gebracht. Aus diesen Quellen borgte sich Marieluise Fleißer ihren literarischen Fetzen zusammen. Was aber dort noch zuweilen Schärfe, Geißel, Tendenz und Politik war, was dort noch Würze und Saft hatte, das wird hier zur Schmierenkomödie aus nackter Gemeinheit. Was Marieluise Fleißer zu ihrem Stück hinzutut, sind nur niedrige und peinliche und dreckige Offenheiten.
Man muß das deutlich betrachten, so sehr man sich auch sträubt: In Ingolstadt gibt es einen Brückenbau. Pioniere ziehen ein und machen sexuelles Trara. Eine Soldatenkirmiß in Ingolstadt und eine Sittenschilderung aus dem ›Innersten Bayern‹ wird hingekitscht. Die Verfasserin will an Ingolstadt »gewisse atavistische und prähistorische Gefühlswelten« studieren, steckt aber selbst – eine *schlimmere Josephine Baker der weißen Rasse* – in dem dicksten sexuellen Ur- und Affenwald. Die Soldaten singen: »Dir wollen wir treu ergeben sein, der Flagge Schwarzweißrot« und verschwinden dann paarweise hinter der Bretterwand ›Für Männer‹. Auf dem Friedhof spielen sich handgreifliche Stelldicheins ab. Bei der Sonntagsparade mit Blechmusik und Tannhäusergeschmetter unterhalten sich drei Obertertianer über den Querschnitt des Weibes und über gewisse Gefährlichkeiten bei der Entjungferung. Zwei Liebesakte im Koben werden mit Scheinwerfern obszön beleuchtet. Die Tragödie eines ge-

fallenen Soldatenliebchens wird mit viel Tränen und Gram geschildert. Kurzum, die Pioniere sind uniformierte Viecher und die blauweißen Grenzpfähle sind das Entrée für den sexuellen Dünger des Militarismus. Leider muß das alles gesagt sein, denn es ist eine Frau, die uns das beschert.
Die Spielleitung sorgte für breite und deutliche Öffentlichkeit aller Vorgänge. Bunter Postkartenkitsch zeigt anfangs im Film das Panorama von Ingolstadt. Das Asphaltparkett von Berlin wiehert über die Provinz. Wahrscheinlich, weil es den Potsdamer Platz schöner findet als den Domplatz von Ingolstadt, der immerhin Charakter hat.
Gegen diese dramatische Abscheulichkeit drohte ein Verbot. Das Polizeipräsidium hat weitere Aufführungen nur unter der Bedingung gestattet, daß die *anstößigen Stellen gestrichen* werden. Damit ist die Sache formell abgetan. Die ††† Zensurgefahr ist vermieden, aber was bleibt von diesem sogenannten Drama übrig, wenn alle Anstößigkeiten entfernt sind? In der Uraufführung rief man lebhaft und deutlich: »Schluß, Schluß. - - - Hört doch endlich mit dem Quatsch auf... Ist ja langweilig!« In der Tat, dieses Stück ist ohne seine Abtrittswitze überhaupt kein Stück. Es ist alt und tot.
Wieder einmal – wenn man das Wesentliche nehmen will – werden die Gespenster der alten Zeit, obwohl sie durch die große und schneidige Schärfe des Weltkrieges wirklich ausgelöscht sind, mit feigen Eselstritten verfolgt. Wie schrecklich geängstigt müssen sich doch diese Literaten fühlen, wenn sie noch heute den Feldwebelschreck der alten Armee ans Spottkreuz nageln. Das tun aber die Literaten der Pubertät, die am Alten nichs geschaffen haben und am Neuen mangels eigener Ideen auch nichts leisten. Literaten, die ihre Beschäftigung damit finden, daß sie den Menschen beleidigen, daß sie den Menschen durch seinen perversen Verstand unter das Tier stellen.
Wann kommt einmal die Zeit, wo wir statt der Feldwebel die republikanischen Abgeordneten aufs Korn nehmen! Statt der militaristischen Scherenschleifer, die immerhin aus Spießern eine Rasse schufen, die im Weltkrieg ihre Schuldigkeit getan, die modernen Minister! Zeigen wir die doch einmal nach Herkunft und Gesicht, zeigen wir doch die Vielliebchenphotographien der großen Männer von heute am Strand der Adria und unter dem Himmel von Locarno. Wo ist der Ludwig Thoma der heutigen Karikatur, wo ist der Spötter und Geißler der heutigen Generation? Herrliche Erfolge des Witzes könnten eine neue politische Sehnsucht in den Massen verbreiten!
Das alte Militär! Welch Bühnenwitz für abgedankte Demokraten! Wer sieht nicht das neue Militär, das Militär der Hundertschaften, das Militär mit Sowjetstern und Hakenkreuz? Dieses Militär wird euch eure literarischen Nacktspäße schon vertreiben und nicht mit sich spaßen lassen. Dieses Militär wird Politik machen, gleich welche. Anstelle der schmierigen Sexualmanöver werden andere Manöver treten.
Die Dinge sind am Explodieren. Gegen diese Zensur der Gemeinheit, unter der die Nation leidet, wird sich eine andere rechtschaffene Zensur durchsetzen, die aus ihrer Gesinnung keinen Hehl machen wird und auch gemein werden kann, wenn es nicht mehr anders geht und die Schändung des Berliner Theaters zum Himmel schreit. Dann wird sich eine Literatin wie Marieluise Fleißer nicht mehr vor einem Pfeifenkonzert lächelnd verbeugen können, dann werden andere Mittel Zensur sein.
Aus der Zensur der Gemeinheit erwächst unser Widerwillen, unsere Notwehr,

unsere Erhebung, je zügelloser die Frechheit wird. Bosheit züchtet Zorn, Niedertracht züchtet Wut. *Nur weiter so.* Im Theater geht es jetzt los. Das Konzert hat angefangen. Auf der Straße wird es weitergehen. Bald kann die Treibjagd beginnen und die besten Schauspieler werden nichts nützen, um den Kulturbankerott des Theaters und seine politische Ausrottung zu verhindern.

Robert Musil Die Schwärmer
Uraufführung: Theater in der Stadt Berlin, 3. April 1929
Regie Jo Lhermann

Jetzt endlich, sechs Jahre, nachdem Alfred Döblin Robert Musils Schauspiel ›Die Schwärmer‹ mit dem Kleistpreis ausgezeichnet hatte, wagte sich eine Bühne an die Uraufführung. Das Theater hatte seiner Zeit das Stück nicht zur Kenntnis genommen. Auch die Aufführung von Musils ›Vinzenz oder die Freundin bedeutender Männer‹ im Dezember 1923 (s. d.) hatte nichts für ›Die Schwärmer‹ bewirkt, obwohl viele Kritiker auf sie als das wichtigere Stück hingewiesen hatten. – Musil war freilich in seiner ganzen Haltung distanziert sowohl vom expressionistischen wie vom aktuellen Zeittheater. Er schien als Dramatiker ein Realist zu sein. Aber er betrieb mit den Mitteln des realistischen Illusionstheaters zugleich dessen Auflösung. »Was die Phantasie ergreift sind Erlebnisse. Nicht das Wie, die Nuance, sondern das grobe Was. Also Erlebnisse, die jeder haben kann, aber nicht hat. Auch nicht der Held, die suggestive Figur, wie ich bisher glaubte, sondern die Summe seiner Erlebnisse, die diesen Glückspilz ausmacht, z. B. die Idee der ›Schwärmer‹, eine ganz gewöhnliche Handlung, aber unter bedeutenden Menschen spielen zu lassen, ist völlig illusionswidrig«, notierte er in seinen Tagebüchern. Robert Musil lebte damals in Berlin; statt in dieser Stadt nun als Bühnenautor anerkannt zu werden, mußte er sich gegen diese einzige Aufführung seiner ›Schwärmer‹ wenden, die zu seinen Lebzeiten stattfand. ›Theater in der Stadt‹ hatte sich jetzt das ehemalige Theater in der Kommandantenstraße genannt. Zur Regie wurde jener fanatisch das Theater umwerbende, von der Kritik oft und lange verfolgte, eine Zeitlang selbst Kritiken schreibende Jo Lhermann verpflichtet, der im August 1924 schon Hanns Henny Jahnns ›Pastor Ephraim Magnus‹ an seiner kurzlebigen Bühne ›Das Theater‹ hatte uraufführen lassen. Damals suchte Jahnn wegen der starken Kürzungen ein Verbot dieser Aufführung zu erreichen. Zum selben (vergeblichen) Mittel griff nun vor der Premiere Musil. Der Text war rigoros gekürzt. Ob das Stück überhaupt ›sichtbar‹ wurde, darüber stritten sich die Kritiker.

Alfred Kerr, Berliner Tageblatt 4. 4. 1929
I
Das ist (im Rotwelsch des Handwerks zu reden) wieder ein ›individualistisches‹ Drama.
Individualistisch; kollektivistisch. (Man müßte zweckmäßig äußern: ›hie‹ individualistisch, ›hie‹ kollektivistisch; der Schmock heiligt die Mittel.)

Drama für den Einzelnen; Drama für die Masse ... Die Forderung nach dem nurkollektivistischen Schauspiel ist ein ungewöhnlich flacher Kitsch.

Das Drama für den Einzelnen wird (natürlich) immer bestehen: weil die Kenntnis der menschlichen Seele mit ihren halb unerforschten Gängen ja nicht belanglos für die Entwicklung auf dieser tanzenden Kugel ist.

Morgen wird so was abermals belangvoller sein als die gröberen Umrisse der Vereinspsychologie. (Alles ist relativ.)

Die Modeforderung nach dem nurkollektivistischen Drama bleibt Massenergebnis einer Denkschwäche.

(Fabelhafte Flachheit.)

II

Musil gibt aber sozusagen ein Gipfelbeispiel des ›individualistischen‹ Dramas. Dieser bedeutende Schriftsteller, in Erzählungen dramatisch, bringt im Dramatischen Überspitzung.

Ein Klimakterium: worin die Leute sich pausenlos zerfasern, sich beklopfen, sich belauschen, sich zergrübeln, sich belauern, sich zerspalten, sich zerlegen, sich zerlähmen. Hamletteratur.

III

Überfülle! Die Gallier sagen: »Qui trop embrasse, mal étreinte.« Auf deutsch: doch allzu straff gespannt, zerspringt der Bogen. Hier der Zuschauer.

Überfülle ... Sie herrscht an zwischenstufigen Ergründungen, an Erhaschungen geheimer Vorgänge. Musils Auge ... : das ist ein umgekehrtes Periskop. (Durch das Periskop sieht man aus der Tiefe, was oben vorgeht. Indes Musil anastigmatisch von oben sieht, was in der Tiefe vorgeht.)

Sein Lebenswerk starrt von Ertappungen, von Entlarvungen. Er durchleuchtet das Unterbewußtsein – bis es Bewußtsein wird. Jedweder seiner Menschen ist ein geschulter Seelendetektiv. Er selber dringt wie Gas in alle Ritzen. Diese ›Schwärmer‹, heutige Liebeshamlets in Leid und Sigmund Freud, zeitigen ein ganz minutiöses, ganz langsam vorrückendes Innendrama – wogegen der ›Tasso‹ von Goethe mehr ein wildbewegtes Volksstück ist.

(Oft benehmen sich Musils Menschen wie Luftgebilde statt wie Steuerzahler. Dabei hat man immer das Bewußtsein: ein Kerl ersten Ranges. Ein Pionier ... fern von Ingolstadt.)

IV

Doch auf dem Theater? (Nur vom heutigen ist hier die Rede.) Dies alles scheint ja zu verbleichen; entwest zu sein. Manchmal ist es wie eine Versammlung von mißtrauischen, wachsamen, staniolempfindlichen Gespenstern – von keiner andren Sorge bedrängt, als: ihre Innenzustände wechselseitig zu beargwöhnen.

Immer zwischen Beobachtungen und Ahnung. Zwischen Exaktheit und Versonnenheit. Zwischen Bohrgeräusch ... und Klängen. (Ja, auch Klängen.)

Dies auf der Bühne? Heut? Nur denkbar mit Strichen ... in der Größe von Himmelsstrichen.

V

Die Menschen bei Musil sind:

Einer, der in die Welt paßt (ein Diener). Dann ein bürgerlicher Repräsentationsmensch (Professor). Dann ein ... Rattenfängermensch, nicht hochstehend, aber lockend. Dann eine schöne, gütige Frau, welche dem Rattenfänger mit seinem Unwert, mit Bewußtsein von seinem Unwert folgt. Dann eine Träume-

frau; Flattermensch: im Innersten unbetastet, unbelastet – die ein Verhältnis mit ihrem Diener gehabt. Dann ein scheinbar fühlloser Mensch, Thomas, der (gleich ihr) doch nur ein Träumer ist.
Das sind sie: Träumer; Schwärmer. Menschen, in der Welt nicht zuhause. Gucken auf andre, die zuhause sind in der Welt. Voll Wissens, daß sie selber etwas haben, was in denen dort nicht lebt. Ist es ein Mehrbestand ... oder ist es ein Tödliches, Nihilisierendes, alle Begriffe Nullendes?
So verhallt dieses Werk – das technisch unmöglich, innerlich wesensvoll ist. Ein Schwärmer schrieb es. Ein Dichter schrieb es.
Pionier ... fern von Ingolstadt.

VI

Robert Musils Erzählungen, von fester, von entfernungskühler Art und starkem Schnitt, stehn bereits mehr auf der Kruste des Erdballs ... als in Luftschichten.
Aber das halb Bewußtlose spielt auch hier, wie von selber zu begreifen ist, eine große Rolle. So in dem Band ›Vereinigungen‹. So in dem Novellenbuch ›Drei Frauen‹. Manches ist hier seelisch ein merkwürdiges ›Remis‹. Unentschieden ... Musil bleibt ein unkitschiger Mensch. Ein Poet, bei grüblerischer Kälte. Fühlsam: bei abgerückter Sachlichkeit.

VII

Unvergeßbar stark in seinem Hauptwerk: ›Die Verwirrungen des Zöglings Törleß‹.
Schauderhaft lange her, daß ich das Manuskript dieser großen Erzählung sah. Etwas, das einen völlig packte. Dazumal schien mir: dieses Werk wird bleiben. Es ist geblieben.
Meisterstrecken. Voll Abseitigkeit. Voll Ungewöhnlichkeiten des physiologischen Empfindens. (Es ließe sich auch äußern: Nachtseiten. Na also.) Tatsachendarstellung. Visionär ... und real. Absonderlich wirken furchtbare Geschehnisse zur Nachtzeit im Bodenraum eines Konvikts. In Helldunkel gemalt: so daß neben wirklichen Vorgängen Unwägbares hindurchschwingt; darüber wegtönt; man fühlt über allen Scheueln und Barbareien, die sich dort vollziehn, Verströmendes wie den Gang der Zeit.
Ingolstadt –?

VIII

Der wahre criticus verträgt Pole; wünscht Pole. Lacht über Zeitliches; klopft runzelkomischem, düsterpathetischem Affengetier der Mode freundlich auf den Popo. Weil er ahnt: Zukunft ist ... die andre Vergänglichkeit.

IX

Ein Direktorich in der Kommandantenstraße, Paul Gordon, gelobte bei seinen Vätern, wenn man ihm eine Gnadenfrist lasse, den Spruch zu erfüllen: »Mensch, werde wesentlich.«
Wesentlich ward gestern sein Haus; wirtschaftlichen Unbilden zum Trotz. (»Was kann er schon damit verdienen? Zahlt sich ein Seelenstück aus? Es zahlt sich nicht aus.«)

X

Lhermann wirkt künstlerisch. Den Aufstieg dieses Rampensüchtlings zu bestreiten, wäre für mein Gefühl jetzt unanständig.
Sehr wohlfeil, über eine Fehlbesetzung zu ulken. (Über den Exzellenzprofessor: über den Diener-Detektiv. Von der Schmiere.)

Doch es gibt keine Stadt in der Welt, wo in einer schmucklosen Nebenbühne so Innerstes mit solcher Hingabe, mit solchem Ernst, mit solcher dem Ulk wehrenden Wirkung zweieinhalb Stunden lang (es ist ein immerhin irdischer Vorgang) so tragiert würde.
Das gibt es in keiner Kommandantenstraße des Planeten.
XI
Die Namen sollen genannt sein.
Paul Günther; um der Artikulation willen; und weil er die Kaffern zum Ernst scheucht.
Sonja Bogs: weil sie morgen eine ›Frau vom Meere‹ sein kann. Martha Maria Newes: weil sie nicht nur lecker, sondern verstehend ist. Rappard: weil er gar nicht ein kitschiger Verführer, sondern ein hirnlicher Verführer... und selbst ein armes Luder ist.
XII
Riesenarbeit: Musils Werk auf den fünfzehnten Teil zusammenzuhauen. Lherman hat es vermocht. Ist hier ein Spekulant? Oder ein Werdender? Nach drei Proben war der Spott gegen ihn spottbillig... Gebt ihm ein leidliches Theater: und er wird etwas. Die Bühne braucht solche Menschen. Fanatiker – ohne Sicht auf Erfolg.

Paul Wiegler, BZ am Mittag, Berlin, 4. 4. 1929

[...] Dieser Dichter zählt zu denen, die der Zeit gegenüber entsagen.
Der Dramatiker Musil schreibt dieselbe Handschrift wie der Novellist. »Die alten Tragödien«, läßt er seinen Detektiv Stader zitieren, Inhaber des Detektivbüros Newton, Galilei u. Stader, der aus Wedekinds Sphäre in der Schwärmerwelt zu Besuch ist, »sterben ab, und wir wissen nicht, ob es neue geben wird.« Integralrechnung, zitiert Stader, Experimentaltechnik. Und in der Tat auch er ist das Geschöpf eines Autors, der seine Erkenntnisse über Menschen dem Algebraischen zu nähern liebt. Dieser Thomas, dieser Privatdozent Anselm, in dem dieser sehr bürgerlich-normale Universitätsprofessor Josef, Exzellenz, »hoher Beamter der Unterrichtsverwaltung«, nur einen pathologischen Verbrecher sieht, diese Regine, Josefs Frau, die mit Anselm durchgegangen ist, eine hysterische Frigide oder ein »Traumgaukelding«, ein »tückischer Zaubervogel«, sie reden in chemisch-präparierter, intellektueller Luft.
Es ist eine Handlung da, und man würde auch fern der Kommandantenstraße beobachten, wie sie, sobald sie auf das Theater kommt, in seine gröbere Optik übertragen wird. Anselm, so nennt ihn Thomas: »ein liebeunfähiger Schwindler, ein Vampyr, ein Abenteurer«. Er sei nach Bedarf adlig gewesen, reich oder arm, Naturheilapostel oder Morphinist, äußert der Professor Josef von ihm. Er hat eine Frau und hehlt es Maria, der Gattin seines Freundes Thomas, die jetzt an der Reihe ist, von ihm betört zu werden. Er lügt: als ich Mönch war im Kloster Akusios. Er macht den Fühllosigkeitstrick mit der brennenden Zigarette, die er sich in den Handteller preßt, er sticht sich vor unseren Publikumsaugen das Messer ins Herz und lebt sofort wieder, als Regine ihn in die Adern beißt. »Wir weglose Schwindler«, sagt auch diese Regine über sich und ihn. Er ist zudem (was im gespielten Drama nur angedeutet wird) sexuell höchst verdächtig. Dennoch, im Buchdrama entgleitet er, wie

alles entgleitet, wie alles von dem Anatomen Musil zergliedert wird, bis es auseinanderfällt. Und nichts so sehr wie das Geheimnis der Erotik, das hier etwas sehr Unkörperliches und etwas sehr Sinnloses ist. Niemand unter diesen ›Schwärmern‹ schwärmt im übrigen so wie der passive Thomas, der schon in seinem Haß erklärt hat: »Einer ist ein Narr, zwei eine neue Menschheit«, und der dann aus der Abhängigkeit von Anselm sich nicht mehr retten kann: »Man findet einen Gefährten, und es ist ein Betrüger! Man entlarvt einen Betrüger, und es ist ein Gefährte!«

Der Dramatiker Musil gehört zu denen, die, wie einst Rilke, die Bühne transparent zu machen versuchen. Er denkt sich eine Szene, die »ebensosehr Einbildung wie Wirklichkeit« ist, und Möbel, die »an Abstraktionen gemahnen wie die Drahtmodelle von Kristallen«, jedoch benutzbar sind. In der Kommandantenstraße werden daraus Stahlmöbel vom Berliner Metallgewerbe. An jeder Bühne wäre es schwer, ein Sextett oder Septett von Musil-Sprechern zusammenzustellen. Wie es auch nicht leicht für eine Schauspielerin ist, »ein vom Horchen in den Sälen der Weisheit breit gewordenes Gesäß« zu haben. Es ist erstaunlich, wieviel trotzdem der Regie des Herrn Lhermann gelungen ist: Paul Günther als der verletzliche Hirnmensch Thomas, Martha Maria Newes, mit viel Anmut und mit individueller Wärme des Tons, Sonja Bogs als die undinenhafte Hysterikerin und Gillis van Rappard, der durch nervöse Kraft interessiert, sind fast ein Ensemble, in das dann Herr Halden als der Professor Josef mit realistischem Berliner Klang hineinplatzt. Zwei Chargen: Hans Carl Müller als der Detektiv, Sidonie Lorm als ein weiblicher Akademiker, der wie jener ein bißchen aus Hetmans oder Lindekuhs Umgebung kommt.

Herbert Ihering, Berliner Börsen-Courier 4. 4. 1929

Wenn die Aufführung eines Dramas besondere Anforderungen stellt, wenn der Ton kompliziert ist, die Rollen gefährlich sind, dann kann man sicher sein, daß Herrn Lhermann dieses Stück gerade recht ist, um seinen Regiedilettantismus daran zu erproben. Der Autor protestiert, das Theater in der Stadt ist für differenzierte Dramen ungeeignet, das Publikum will nicht – aber Herr Lhermann inszeniert.

Robert Musils Schauspiel ›Die Schwärmer‹ ist eine transparente, eine durchlässige Dichtung. »Thomas, Thomas, du bist ein fühlloser Verstandesmensch.« »Nein, nein, Regine, wenn irgendwer, so bin gerade ich ein Träumer. Und du ein Träumer. Das sind scheinbar die gefühllosen Menschen. Sie wandern, sehn zu, was die Leute machen, die sich in der Welt zu Hause fühlen. Und tragen etwas in sich, das sie nicht spüren. Ein Sinken in jedem Augenblick durch alles hindurch ins Bodenlose. Ohne unterzugehen. Den Schöpfungszustand.« Grenzen gibt es nicht. Umrisse verschwimmen. Die Menschen tauchen ineinander, wechseln die Rollen, vertauschen sich. Sie beschäftigen sich nur mit sich selbst. Seelischer Exhibitionismus. Ein gleitendes, finsteres und lichtes Stück, das man ebensogut von Ibsen und in Teilen von Wedekind herleiten wie die einzige wahrhaft ›expressionistische‹ Bühnendichtung nennen könnte.

In Musils ›Schwärmer‹ verästelt und verfeinert sich die Privatkunst, bis sie

sich selbst aufhebt. Ein spätes Werk. Ein Abschied vom neunzehnten Jahrhundert. »Wir stehen an der Schwelle einer neuen Zeit, die von der Wissenschaft geführt oder zerstört, jedenfalls beherrscht werden wird. Die alten Tragödien sterben ab, und wir wissen nicht, ob es neue noch geben wird...« Das zitiert ein Detektiv. Die anderen zerlegen sich aus geistiger Wollust, aus seelischem Leidensdrang. Der Detektiv zieht aus dieser Analyse schon die praktische Konsequenz. Er will die Psychologie verwerten, geschäftlich ausnutzen.
Dieses schwebend lastende, tönereiche, müde Werk, zu dem wir heute nur noch schwer den Weg finden, das alles leugnet, was wir heute vom Theater verlangen, das ebenso dichterisch wie literarenhaft ist, dieses Werk auf der Grenze, das, wenn man es aufführt, vom Schauspieler und Regisseur Gehör und Einfühlung verlangt, wurde von Herrn Lhermann durch alle mißverstandenen Stile hindurchgespielt. Der Detektiv (Herr Hans Carl Müller) legte eine provinzielle Twardowskykopie hin. Herr Hans Halden stolperte über den Text und sich. Gillis van Rappard (Anselm) spielte statt eines schillernden Menschen einen deklamierenden Liebhaber. Martha Maria Newes blieb unzulänglich; Sonja Bogs wehleidig statt seelisch gleitend und tückisch unbestimmbar. Sidonie Lorm (als Fräulein Mertens) lieferte eine handfeste Charge. Nur Paul Günther als Thomas brachte (in Kraußtönen) etwas von der geheimnisvoll mehrdeutigen Welt Musils auf die Bühne.
Aber schlimmer als die Besetzung waren die Striche. Kürzungen, umfangreiche Kürzungen, sind notwendig. Herr Lhermann aber setzte ohne Sinnen aus den Szenen heraus, was er nicht verstand. Das Publikum konnte nicht zuhören. Kein Wunder, denn die seelischen Vorgänge blieben ihm ebenso unklar wie die äußeren Geschehnisse. Kein Mensch übersah die verwickelten Familienbeziehungen. Was real sein mußte, wie der Detektiv, wurde stilisiert. Was transparent sein mußte, war patzig greifbar. Die entsetzlich farbige Dekoration sollte von Emil Pirchan sein. Ein Wunder wäre es nicht.
Das Theater in der Stadt wäre als Volksbühne mit nahrhafter Kost zu führen. Esoterisch literarische Experimente sind hier falsch plaziert. Empörend aber wird die Angelegenheit erst, wenn die Aufführung einen Schriftsteller so schädigt wie diese. Wann hört der Unfug endlich auf?

Shakespeare König Johann
Staatliches Schauspielhaus Berlin, 3. Mai 1929, Regie Leopold Jeßner

Jeßner hatte mit dem Erfolg der ›Ödipus‹-Inszenierung wieder Boden unter die Füße bekommen. Nicht nur auf Piscator, auch auf Jeßner als Intendant der ersten Bühne des Reiches hatte sich der politische Kampf konzentriert. ›Hamlet‹, ›Florian Geyer‹, ›Die Weber‹: immer war Jeßner auch auf Widerstände gestoßen; er lavierte, ging Auseinandersetzungen aus dem Wege. Seit dem ›Ödipus‹ war die Diskussion neu entbrannt, ob ihm der Vertrag verlängert werden sollte. Man hielt ihm den schlechten Besuch der Staatstheater vor, den Spielplan, die Weigerung einiger Schauspieler, Wellenkamps ›Ogarow‹ zu spielen, sein Bestehen auf einem langfristigen Vertrag samt Ruhegehalt: die

Diskussion wurde so heftig geführt, daß Kerr am 5. April im Berliner Tageblatt zur Verteidigung Jeßners und zur Klärung antrat: »Das Opfer liegt nicht – aber die Raben steigen indes nieder. [...] Jeßner, der einen Stall zu einem Tempel schuf. [...] Was hat er in diesen zehn Jahren aus der Spottbühne gemacht. Hob er nicht die Kulturgeltung eines ganzen Staates? [...] Er bot (obgleich aller Tadel berechtigt war) – einen zuvor nie gekannten Reichtum ... an großen Kapellmeistern wie Schauspielvögten. Solche Fülle, solche Blüte ... das gab es nicht in Europa noch in Amerika. Berlin: Weltzentrum. Ja, was wird, alles in allem, dieser Abschnitt einstens gewesen sein? Es gibt keinen Zweifel: das (im Ernst gesprochen) perikleische Zeitalter der Republik.« Kerr wurde Jeßners kräftigster Verteidiger, Ihering war es schon nicht mehr. Jede neue Inszenierung Jeßners wurde nun also auch für die Führung des Staatstheaters entscheidend. Mit dem ›König Johann‹ setzte Jeßner die Versachlichung der Szene fort, die im ›Ödipus‹ ihre bisher stärkste Ausprägung gefunden hatte. Er setzte einen Sprecher in die Szenerie, der das Geschehen an Landkarten erklärte. Shakespeare: auf dem Wege zum Lehrstück. Das war nicht neu: Jeßner hatte schon Bronnens ›Rheinische Rebellen‹ mit projizierten Titeln und Landkarten ausgestattet. Aber jetzt wurde der frühere, zusammenfassende, expressive Jeßner-Stil endgültig durch den darlegend-kommentierenden ersetzt. Auch Kerr begriff diese Inszenierung in ihren neuen Voraussetzungen: »Nicht auf Gefühle kommt es an, sondern auf Tatsachen«, sagte er 1930 in seiner ›Spanischen Rede vom Deutschen Drama‹. Er sprach von ›Neuer Sachlichkeit‹, wo andere vom neuen ›epischen Drama‹ sprachen. Die ›konservative‹ Kritik bestand diesen Versuchen gegenüber noch immer auf der emotionalen Akzentuierung der klassischen Stücke. Ihre Ablehnung Brechts warf Schatten bis auf Inszenierungen wie diese.

Herbert Ihering, Berliner Börsen-Courier 4. 5. 1929

[...] In einer Zeit gesicherten klassischen Besitzes, gehüteter Geistesschätze können auch Nebenwerke fesseln. In einer Epoche aber, in der jede Aufführung eines alten Stückes sofort als Beweis gilt, in der das klassische Drama selbst fraglich geworden ist, wird es gefährlich, Werke darzustellen, deren Inhalt auch Klassikergläubige befremdet, deren Form zerbricht: im Herbst ›Der Londoner verlorene Sohn‹, im Frühjahr ›König Johann‹.
Das ist die theaterpolitische Seite. Das künstlerische Problem liegt hier: Leopold Jeßner hat einen radikalen Schritt zur Vereinfachung getan, zur Entprunkung seines Stils, zur Entsteifung der Sprechform. Leopold Jeßner ist den Weg, den Erich Engel mit dem ›Coriolan‹, Brecht mit dem ›Eduard II.‹ in München begonnen haben, weitergegangen. Er duldet keine pathetische Mogelei, keine Gefühlslist mehr. Er verlagert das Werk vom Empfindungschaos nach geordneter Erkenntnis, von turbulenten Abenteurerschlachten nach politischen Zweckkämpfen hin. Jeßner wendet sich also nicht an das Miterleben der Zuschauer, sondern an ihren Erkenntniswillen. Er stellt das Werk, und das ist sein Mut, mitten in die Problematik der Gegenwart hinein.
Aber welches Werk? ›König Johann‹ lebt gerade von Empfindungsresten, von Gefühlsrudimenten. ›König Johann‹ wendet sich fast ausschließlich an Zuschauer, denen jeder Personenname Erinnerungen weckt. ›König Johann‹ ist

ein nationalistisches Stück; es ist adressiert an den britischen Patriotismus. Sein Inhalt ist nur gefühlsmäßig zu fassen, nur von der Empfindung für die Vergangenheit. Er vermittelt keine Erkenntnisse. Denn selbst der politische Streit, der sich abzeichnet, die Weltanschauungsschlacht, die geführt wird: der brutale ewige Machtkampf zwischen Staat und Kirche, selbst diese Auseinandersetzung verrinnt und verrieselt wieder in dem Zank der Dynastien, in dem heroisch aufgeputzten Familienkrach, in Privatquengeleien, die selbst als Beispiel, als abschreckendes Beispiel, als geschichtliches Gleichnis für uns stumm bleiben, weil sie lokal begrenzt erscheinen.

Jeßner versuchte den Schritt zum inhaltlichen Theater, zum substantiellen Stück mit einem Werk, dessen Inhaltssubstanz tot ist. Er wollte zum geschichtlichen Material vorstoßen mit einer Dichtung, deren Materialwert heute gleich Null ist. Das ist sein Irrtum. Daher kommen die Widersprüche. Jeßner läßt einen Sprecher (Heinrich Schnitzler) die Familienchronik des Königshauses erzählen, er läßt ihn später an der Landkarte die im Stück flüchtig skizzierten Endkämpfe erzählen – aber was er erzählt, das wollen wir im Grunde nicht wissen. Jeßner wählt eine richtige Form für einen falschen Inhalt. Im ›Coriolan‹ ist ein objektiv feststellbarer Inhalt. Im ›Eduard II.‹ sind objektiv darzustellende Vorgänge. Im ›König Johann‹ sind nur Temperamentsentladungen und Intrigen, unkontrollierbare Exzesse, wüste Schlägereien und dazwischen lyrische Gefühlsinseln (das Schicksal des Knaben Arthur).

Trotzdem ist der Wert dieser Aufführung zu betonen. Jeßner experimentiert wieder. Er fängt von vorne an. Er will sich erneuern. Er stellt sich den Problemen. Das ist festzuhalten. Das ist, nach dem Versagen des Spielplans, zu unterstreichen, zu betonen. Darüber freut man sich. Es ist schwer, und durchaus nicht dankbar für die Schauspieler, in dieser zurückhaltenden Vorstellung zu spielen. Daß die Schauspieler diese Undankbarkeit auf sich nehmen, ist ein Gewinn. Man denke an den klaren Salisbury von Erich Riewe, an den Hubert von Florath, an den Bürgermeister von Leibelt, an Wolfgang Heinz. Man denke an Helene Weigel, die als Konstanze maskenhaft wunderbar, physiognomisch erschreckend einen bösen Troll, ein irrsinniges Gespenst spielte (und sprachlich noch nicht die letzte Form erreicht hatte). Man denke an Müthels Kardinal, an Walter Francks König. (Ein Versager war im Stil und in der Besetzung der Arthur von Waldemar Pottier.)

Forster spielte den König. Im Aufstieg, in der Macht etwas rhetorisch, etwas ungesammelt. Forster gerät dann in das Deklamieren seiner Berliner Anfänge am Staatstheater. Er vergißt dann sein Stärkstes: seine Gestensprache, seine spielerische Lockerheit. Im Abstieg, im Unglück war alles wieder da: seine mimische Suggestionskraft, seine sprachliche Spannung, die Eindringlichkeit seiner Gebärde. Wundervoll.

Die dankbarste Rolle im Schauspielersinne ist der Bastard. Ein ordinärer Bursche, eine Erholung in all der Hofwelt. Formal ist die Rolle gerade für eine Aufführung wie diese geeignet. Denn der Bastard ist der Räsoneur. Alexander Granach hatte es schwer, sein komödiantisch-exzessives Temperament zu ordnen und zu zügeln. Er zügelte es. Gerade er aber blieb dann karg und ausdruckslos. Er fühlte es wohl selbst. Denn in Momenten brach er wild wieder aus.

Caspar Neher, der Vielbeschäftigte, ordnete das Bühnenbild. Er riß die Bühne weit auf. Nur Hintergrund, eine Art riesiges Pergament, nur Gerüste, nur Spielfläche. Einprägsam und großartig.

Alfred Kerr, Berliner Tageblatt 4. 5. 1929

I

Ist für unsere Tage dieses Stück ein Zeitstück? Es war nicht mal in seinen Tagen eins.
Damals war es allenfalls ein Aktualitätsstück: auf elisabethanische Stimmungen rechnend ... Ein Stück, worin Shakespeare die dargestellte (frühere) Zeit keineswegs durchschaut – oder mit Rücksicht auf die Königin gehorsam übertuscht hat. Somit: ein Zeitstück für uns?

II

Ein Zeitstück nicht. Jedoch ein Stück mit allerhand zeitloser Geltung. Denn mitten im Wust zusammengewürfelter, verschollener, wurstiger, nichtssagender, durchstaubter Einzelvorgänge blinkt Menschliches von unerloschenem Wert.

III

Shakespeare hat hier zu einem älteren Stück nur den Unterhaltungsteil gemacht: Witze – zugleich manche Seelenerkenntnis. Nachdenkliches über den dummen Gang der Weltgeschichte; Heiter-Galliges; Munter-Schmerzliches; Feuilletonismen eines doppelbodigen Betrachters.
Kurz: Äußerungen dieses abseitigen, aber eingespannten Kerls, der siriusfern von allen Kloben und Stahlhelmen seiner grausen Läufte, doch den bodenständigen Rummel mitmachen muß; einem p. t. publico, als Theatermensch, ihn willfährig zu liefern hat – und in aller fremden Genialität ein Gefangener der Zeit ist. Genau so liegt Shakespeares Fall.

IV

Dazu hat er, jenseits hiervon, den frühen, fruchtlos fragenden Lebensschmerz eines Kindes inmitten der Bestienwelt wunderbar durchdacht; heilig durchfühlt; ja, trotz rhetorischem Sprachsud (den Jeßner strich) ihn zum Greifen und zum Sinnen ernst verleiblicht.

V

Jeßner zeigt (an diesem wertvollen Abend) einen sehr fesselnden Mangel an grundsätzlicher Beharrung: er arbeitet mit zwei völlig entgegengesetzten Mitteln.
Denn er läßt alle Vorgänge zwar tonlos durch sich selbst wirken (indirekte Wirkung); zugleich aber (sehr direkte Wirkung) bringt er, durch einen beigefügten Sprecher, durch Landkarten, durch genealogische Tafeln sehr grell Deutlichmachungen, Glossen, Kommentare, Senf.
Es geht aber auch so ... (Nur Stumpfhirne sehen Alleinmöglichkeiten.)

VI

Tonlos die Handlung. Diese indirekten Wirkungen sind möglich: vorbildlich nicht.
[...]
Auf alle Fälle: die von mir geforderte ›Zivilisierung‹ ist hier durchgesetzt.
[...]
Schon Reinhardt unternahm einen Versuch: wenn er Hamlet als Konversationsstück spielte. Jeßner dämpft noch mehr: Jeßner betont gewissermaßen die Tonlosigkeit. [...]

VII

King John ist uns nicht zeitverbunden. Jeßner schmuggelt in dies etwas papstfeindliche Drama nirgends einen Hinweis auf die deutsche Zentrumspolitik ...

(Doch »sag' ich nicht, daß dies ein Fehler sei«). Die Meyerholde taten das – in einem bestimmten Augenblick mit Recht.
Belustigend, immer hinterher, kommt heute der verworrene Rat: bei uns in Klassikerstücke, nachdem man sie ihres Sinns entkleidet, jetzige Zeitprobleme zu bugsieren. Wieder ein heut schon zu spätes Hinterdreinlaufen... nach der Klassiker-Umkrempelung in Rußland. Immer so ein beachtungshungerndes Nachtrotten mit Sachlichkeitsmimik. In Moskau ist ja die Mode halb vorbei.

VIII

Jeßner hat nicht Bugsierungen, sondern Übersichten getätigt (durch Weglassen); – und Sprechkraft erhöht.
Sprechkraft... nicht am stärksten diesmal in Granach; der zwar gestalterisch den Bastard wundervoll strotzend hinstellte... aber im Sprachlichen über den Klang sicherer herrscht als über Wortgeltung. (Unterschied zwischen Ton und Artikulation.)

IX

Am stärksten ist hier Helene Weigel. Durch Sprechkraft und Bildkraft wie auf ein besonderes Eiland gehoben.
Ihre Zunge hat sich bei Hebbel in einer Schmerzensfrau bewährt. Im Zusammenguß von Redenkönnen und Gefühl. Von Technik und Innenmacht. Jetzt ist alles gesteigert: in einer die Welt schwärzlich-schmerzlich sehenden Mutter. Erliegendes Wild vor abwendbarem Grauen.
Im Gang, im erschlaffenden Blick, im Absterben der Wesenheit, im vorschattenden Wahnsinn...: große Kunst.

X

Forster verstärkt in dem waschlappigen Verbrecher Johann die Tonlosigkeit. Es ist ein gewisser Gleichfluß; wertlos nirgends – und bewegend nirgends. (Bewegend ohne Rührsamkeit: der Mörder, Florath; bewegend ohne Rührsamkeit mit ihm das Mordopferle: das Bühnenkind Waldemar Pottier.

XI

Leibelt: bürgerbehäbig, bürgerschlau. Franck, Müthel, die Sussin, Riewe: nirgends eine Störung des Ernstes. Auch Heinrich Schnitzler, welcher den eingelegten Sprecher zu machen hat, vollführt seine Sendung aus einem Guß.
Der Austrommler jedoch stört – bis der Ernst Löcher kriegt.

XII

Ein bißchen auch Nehers Bühnengebild. Links eine vergrößerte Telephonzelle. Hinten: Gleisüberbrückung auf einem Güterbahnhof, mit Telegraphendrähten. (Oder eine gedeckte Kegelbahn?)
Aber wie sein Bau hier die Gleise: so überbrückt Jeßners zusammenhaltende Kraft Kleinmängel – in einem gefugten und bemeisterten Rettungswerk. Wofür ihm zu danken ist.

XIII

Das Johann-Stück belichtet erstaunlich scharf die zwei Linien im Weltengang des Dramas.
Shakespeares Dramen sind ja nach Episoden gearbeitet. Nach Chroniken, Erzählungen, Geschichtsbüchern. Er nahm also die bequemere Form.
Abseits davon leuchtet im Rampenlicht die gestraffte Form. (Griechenland, Frankreich, Ibsen, Pirandello.)

XIV

Das waren von je die zwei Linien. Gereihtes Drama – und gebautes Drama.

Raum ist für beide. Der griechische Zweig blüht künstlerisch seltener. Vorteil des gebauten Dramas: es ist gedrungener; schlagender; einheitlicher. Nachteil: es lockt zum Zwängen.
Das gereihte Drama, das epische (China, Shakespeare, Strindberg, Inflation, O'Neill) hat einen Vorteil: es kann vieles zwanglos anbringen ... was der architektonische Bau des Griechendramas erschwert.
Nachteil: es läuft Gefahr, nicht ein Gebäude zu sein, sondern eine Siedlung.
xv
Shakespeares Dramen stehn an Maß und Überschaubarkeit in ihrer epischlosen Form hinter dem dramatischen Drama des hellenischen Zweigs zurück. So sicher sie durch Mannigfalt, Unbeschränkung, beliebigen Ortswechsel ihm überlegen sind.
xvi
Ortswechsel ist zwar technisch heut ein Nachteil; doch nicht mehr in kurzem: wenn das Theater des Sprechfilms im kleinsten Kaff jede blitzhafte Verwandlung sichert.
Bald wird – als Letztes – die Farbigkeit, Kinemakolor, dazukommen; die beiläufig in Marseille Herr Pathé schon vor dem Krieg in den ›Bürgern von Calais‹ zu meinem Staunen erreicht hatte.
... Das Theater steht (wie seit dem Auftauchen des Sprechfilms, 1926, hier zum heiseren Klang der Bardenharfe prophezeit) vor sehr neuen Dingen.

Arthur Eloesser, Vossische Zeitung, Berlin, 4. 5. 1929

Shakespeare selbst hat den Unwürdigen des Thrones zweimal übertroffen und damit fast ausgelöscht. Richard III. ist stärker durch seine Genialität, durch seinen Humor; Richard II. ist stärker durch schmeichelnde Schwäche, durch den Schimmer des Martyriums.
Shakespeares Liebe ging zu dem tapferen, frischen, kecken Bastard, von dem man nur nicht begreift, warum er diesem ekelhaften Könige dient. Auch wenn wir Matkowsky vergessen könnten, der den Ritter von seinen edelsten Säften blühen ließ, das ist keine Aufgabe für Alexander Granach.
Der feurige Bursche, der ein Königssohn, noch dazu von Richard Löwenherz sein soll, sah aus wie ein Muschik und ließ schon die Arme plebejisch hängen, wenn er die Hände nicht in die Hosentaschen steckte. Dagegen saß er mit seinem hohen Quetschton ganz oben auf der Tonleiter. Damit kann er aufwiegeln, hetzen, Empörer spielen, aber nicht Thronerhalter und Vaterlandsretter. Warum bekommen übrigens die Kämpfenden bei Jeßner kein Schwert mit, wenn sie in die Schlacht ziehen? Abrüstung ist gut. Aber man muß nicht gerade Shakespeare damit anfangen lassen, der das Schlachtfeld liebte.
Die ganze Inszenierung und die Dekoration waren von einem Puritaner gemacht. Shakespeare konnte diese Menschensorte nicht leiden, auch bevor sie mit dem Theater zu tun hatte. Die Bühne war durch eine graue Wand begrenzt; quer über die Mitte ging eine Brücke, die verschiedenen Zwecken diente; mit einer Kanone davor war sie belagerte Stadt, mit einem Zelt davor Stabsquartier oder Diplomatenkonferenz, mit einem Paar Sessel wiederum königliche Residenz. Die Großen des Hofes wurden aus einer Art Garderoben-

schrank hervorgeholt. Shakespeares Figuren ist der Raum immer angewachsen und niemals leer.
Aber die menschliche Figur selbst, die müßt ihr achten, weil sonst der Schauspieler geschädigt wird. Ich verlange keinen Reichtum an Stoffen, keine klirrenden Rüstungen, keinen Spiegelglanz auf den Ritterstiefeln. Ich verlange nur einen Grund, warum Fürsten und Große in Futterale gesteckt werden, die meisten noch mit dumpfen unreinen Farben überzogen sind.
Wirklich als Lichtblick tröstete das rote Kardinalsornat des päpstlichen Legaten von Lothar Müthel, der allerdings sonst mit seiner Brille, mit mädchenhaft frischen Wangen bei grauen Haarsträhnen, wie die in ihre Richterwürde vermummte Porzia aussah. Wenn kein ganz richtiger da war, hätte nicht Müthel statt Granach den Bastard spielen müssen? Könnt ihr euch Forster und Granach als Onkel und Neffe aus demselben Plantagenetblut vorstellen? Nein, das könnt ihr nicht.
Wir sprechen vom Kostüm. Rudolf Forster, auch völlig entwaffnet, ohne irgendwelche Zeichen von Königswürde, trug ein grünes, eng anliegendes, sportliches, dazu ein kleines Plaid über der Schulter, etwa ein Fra Diavolo, der das wilde Leben satt hat und eine Anstellung beim Zirkus sucht. Gut, ihm steht alles, und bei wachsendem Unglück in seinen Königsgeschäften konnte er auch einen Mantel darüber werfen. Es lebe der Faltenwurf! Es lebe Forster! Er war herrlich in einer ungemein schwierigen Rolle. Johann ist ein schlechter und schwacher König, ein Schurke, und wie gesagt, weniger interessant als Richard III., weniger leidvoll mitleidswürdig als Richard II. Der eine ist aus Stahl, der andere aus Wachs. Dieser war wie aus Gips.
Es gelang Forster, die Niedrigkeit und Flachheit einer kleinen Verbrechernatur, die Kürze seines Gedankens, die geringe Beweglichkeit seiner Seele interessant zu machen. Goethe sagt, daß der Schauspieler seine Rolle durchkomponieren muß. Bei Forster geschieht das wie von selbst, weil seine Bewegtheit an sich schon Musik ist.
Mag die Figur an sich wenig interessant und schon von Shakespeare kühl angefaßt sein, der Kerl wehrt sich, wie sich auch eine Hyäne wehren darf, kämpft mit seinen Waffen, erleidet Schrecken, Angst, Tod. Daß er stirbt, betrauern wir nicht; aber wie dieser Mensch verglast, vereist und auseinanderbricht, das wird Melodie und Harmonie. Gebt ihm Richard II. und den Hamlet!

Karl Kraus   Die Unüberwindlichen

Uraufführung:
Studio Dresdner Schauspieler (Im Residenztheater Dresden), 5. Mai 1929
Regie Paul Verhoeven

Volksbühnenstudio Berlin, 20. Oktober 1929, Regie Heinz Dietrich Kenter

Das Theater als Tribüne der Zeit: auch Karl Kraus, der Herausgeber der ›Fackel‹, nahm daran teil. Er war ein scharfer Beobachter des Theaters. In Wien hatte er Wedekind durchgesetzt, mit dem großen Szenarium ›Die letzten Tage der Menschheit‹ hatte er die Beschreibung der österreichischen und deutschen Vorkriegsgesellschaft so detailliert gegeben, daß die Genauigkeit dieses Realismus umschlug in ein großes Stück Zeitkritik (mit dessen Darstellung die Bühne freilich überfordert war). ›Die Unüberwindlichen‹ waren eine Satire auf jüngste Ereignisse in Wien. Kraus griff hier den Fall des Korruptionsjournalisten Imre Bekessy und die Rolle des Polizeipräsidenten Schober bei den Julidemonstrationen in Wien auf. Es war ein leicht zu identifizierendes Schlüsselstück. Kraus war in die Vorgänge, die er darstellte, selbst verwickelt. Er war gegen Bekessy vorgegangen. Er attackierte damit einen Teil der Wiener Gesellschaft. Die Uraufführung der 1928 geschriebenen Satire in Wien wurde verboten. So kam sie nach Dresden, wo Kraus sich selber an den Proben beteiligte. Kurz vor der Uraufführung erwirkte der österreichische Kriegsgewinnler, der Millionär Castiglioni (der 1923 Max Reinhardt das Geld zum Umbau des Josefstädter Theaters gegeben hatte), ein Verbot des dritten Aktes, weil er sich darin abgebildet sah. In der Premiere wurde eine von Kraus und Verhoeven verfaßte Inhaltsangabe vom Hauptdarsteller dieses Aktes, Johannes Steiner, vorgelesen. Die Aufführung wurde eine Kampf-Premiere: »Protest gegen die Verstümmelung. Zischen und Pfeifen wird im Orkan des Beifalls erstickt. Zwischenreden fallen. Das Publikum spielt mit. Stinkbomben machen den Aufenthalt unerträglich. Terror auf beiden Seiten«, berichtete das ›Hamburger Fremdenblatt‹ am 7. Mai 1929. – Das Stück war ein Idealfall des Zeittheaters: eine unmittelbare Auseinandersetzung mit aktuellen Ereignissen. Als nach dem Dresdener Erfolg das Studio der ›Volksbühne‹ ›Die Unüberwindlichen‹ in Berlin aufführte, schrieb Ihering: »Die Unüberwindlichen sind ein Zeitereignis. [...] Das Theater ist eine öffentliche, aktive Angelegenheit wie die Politik, wie die Justiz...« (›Berliner Börsen-Courier‹, 21. 10. 1929). Die um das Berliner Schiffbauerdamm-Theater versammelte Arbeitsgruppe Ernst Josef Aufricht, Bert Brecht, Heinrich Fischer nahm an der Dresdner Uraufführungs-Matinee teil. (Sie brachte am 15. 1. 1930 in der von Heinrich Fischer geleiteten ›Versuchsbühne‹ des Schiffbauerdamm-Theaters den Epilog zu Karl Kraus ›Die letzten Tage der Menschheit‹, ›Die letzte Nacht‹; Regie Leo Reuß, Musik Hanns Eisler.) Auch Reinhard Goering, Karl-Heinz Martin u. a. saßen im Publikum. Das Studio Dresdner Schauspieler war 1929 von Paul Verhoeven als Uraufführungsbühne experimenteller Werke gegründet worden. Die zweite geplante Uraufführung, Horvaths ›Hotel zur schönen Aussicht‹, konnte wegen Geldmangels schon nicht mehr verwirklicht werden.

Studio Dresdner Schauspieler (Im Residenztheater Dresden)
L. F., Zeitung?

Die Einwände gegen dies satirische Talent, das ein satirischer Charakter ist, gegen diesen Karl, der schon früh anfing, fürchterlich zu werden, sind mannigfaltig. Man braucht nur den einen anzuerkennen: Sein Stoff ist zum großen Teil Wiener Presse, Literatentum, Innungen und Zünfte der Feder. Auch in den ›Unüberwindlichen‹ steckt viel Wiener Heimatkunst, Paprika auf Apfelstrudel, womit der wutgeschwollene, boshafte Autor in zornigem Spott und giftigem Hohn seine Figuren in Karikaturen verwandelt, was an der Donau eine noch verständnisvollere Wirkung auslösen dürfte, als sie gestern mittag bei der Uraufführung im vollen Residenztheater vor einem fast ausschließlich aus Literaturfreunden zusammengesetzten Publikum erreicht wurde. Es ist bekannt, wie dieser vielbewunderte, vielgescholtene Fackelträger gleich seinem Freunde Frank Wedekind stets gegen die Verhärtung und Verknöcherung der gesellschaftlichen Moral zu Felde zog. Manche werden sich wohl noch erinnern, wie vor einigen Jahren aus der als schönste Frucht der neue Blüten an die Oberfläche treibenden Inflation in Österreich Imre Bekessy dem Stahlbad entstieg und in Wien ein groß aufgezogenes Erpressergeschäft errichtete. Gegen diesen geschäftstüchtigen Journalisten, der sich auch Artikel bezahlen ließ, die nie gedruckt wurden, und die chronique scandaleuse zu einem fruchtbringenden Inseratengeschäft ausnutzte, zieht Kraus vom Leder. Als der steckbrieflich verfolgte Lump ins Ausland geflüchtet war, wollten selbst die Dümmsten an seiner Austreibung mitgewirkt haben. Bevor jedoch die Spuren des ungarischen Einwanderers verwischt waren, kam es zu der Julidemonstration, die neunzig Menschen das Leben kostete. Kraus, der erkannte, in welchem Mißverhältnis die Zahl der Opfer zu der Niederbrennung des Justizpalastes stand, nahm mit dem österreichischen Staat die Person des Wiener Polizeipräsidenten Schober aufs Korn, ohne freilich die Verabschiedung eines der verantwortlichen Männer erreichen zu können. Die alte Ordnung erwies sich weiter als Unordnung, und neunzig Tote konnten die Sicherheit nicht aufwiegen, die das stramme Regiment begründete. Mochten die Anklagen von Kraus noch so tief schürfen, Vergessenes oder noch nie Erkanntes aufzeigen, mochte er Menschlichkeit predigen und üben, das Vorurteil konnte er nicht ausrotten, das den Menschen so leicht seines Urteils enthob. Angeekelt versuchte er nun in beißender Satire ein Bekenntnis abzulegen, indem er der bürgerlichen Welt des Zerfalls und Zufalls als Zuchtrute den Erpresser zeigte, in einem Stadium der Entartung, »wo die revolutionäre Drohung ihre Schrecken verloren hat«. Wieder, wie in den ›Letzten Tagen der Menschheit‹, dieser groß angelegten politischen Revue, gibt er ein erschütterndes Gemälde menschlicher und staatlicher Unzulänglichkeit, wieder ist das Dokument Figur geworden, erstanden Berichte als Gestalten, steht die Phrase auf zwei Beinen: »Sätze, deren Wahnwitz unverlierbar dem Ohr eingeschrieben ist, wachsen zur Lebensmusik.« Barkassy, den Herausgeber der ›Pfeife‹ und anderer Tageszeitungen, eine unberechenbare Natur mit dem Wahlspruch: »Nütze dem, der dir kann nützen, nütze den, der dich will nützen«, hat kein Weg zu den soliden Schatzkammern des alten Reichtums geführt. Auf diesen schmerzlichen Verzicht ist seine Weltanschauung aufgebaut, womit er den sterbenden Wirtschaftskörpern lachend den letzten Blutstropfen entnimmt. Die Korruption ist ihm kein banales Handwerk. Er weiß, daß man ohne Moral keine Geschäfte machen kann, aber er weiß auch, daß man nur verdient, wenn man betrügt. Warum sollte er, wo alles betrügt, eine Ausnahme sein? Nur eine Leumundsnote macht ihm Pein. Darum versucht er beim Hofrat Veilchen alles in Ordnung zu bringen, während im Nebenzimmer sein Konkurrent Artus mit dem Polizeipräsidenten Wacker den Vampyr unschädlich machen will. Und mit einem Male verliert Barkassy die Nerven, flieht nach Paris und preßt dem einen Ölgötzen gleichenden Camillioni eine Milliarde ab, mit der er à la Revisor zu aller Überraschung im Festsaal des Wiener Polizeipräsidiums in eine Weihnachtsfeier hineinplatzt, ohne vorher formell die Bewilligung freien Geleites eingeholt zu haben. Dem sprachlosen, aus den Wolken gefallenen Wacker wirft er bei dem

Juliunglück Mangel an Energie und Unzuverlässigkeit vor, erklärt sich aber bereit, zu vergeben und zu vergessen. Jetzt würde *er* die Zügel wieder in die Hand nehmen, wo ihn niemand mehr zur Rechenschaft zieht und die Polizei seinen Fall gnädig zu seinen Gunsten frisiert hat. Er hält sich für unentbehrlich in Wien und wird künftig als mephistophelischer Geist, der die Gemüter einlullt und die Aufmerksamkeit von grausigeren Dingen abzieht, von neuem sein unseliges Treiben beginnen. Mit seiner Schande wird er die andere Schande verdecken und sich dafür zahlen lassen wie eine Dirne, die sich für andere preisgibt. Wenn er zum Schluß in das Weihnachtslied einstimmt, will er bekunden, daß er im kommenden Jahr unter dem allerchristlichsten Gott recht unchristlich sein doppelzüngiges Wesen fortsetzen wird. So stellt Kraus erbarmungslos die Erbärmlichkeit an den Pranger, indem er über die europäische Gottähnlichkeit die Geißel seines bittersten Spottes schwingt.

Die Uraufführung, bei der, auf Einspruch des in der Figur des Multimillionärs sich getroffen fühlenden Castiglioni, der dritte Akt ausfallen mußte – Steiner verkündete aus einem mit scharfen Pfeilen gespickten Manuskript, das in einen Hymnus auf Kraus mündete, den Sachverhalt –, fand einen stürmischen Beifall, der johlende und pfeifende Ruhestörer, die sogar Stinkbomben warfen, machtvoll übertönte. Vogel war wohl nicht ganz der Barkassy, an dessen Tisch die Würdenträger des Staates gespeist haben und dessen Wort ganz Wien berauschte. Eher konnte man wirklich vor ihm, der früher in Pest Kettenhandel mit Seife trieb, den Respekt verlieren. Aber den jähen Schwankungen ausgesetzten Nebbich von einem Moralisten, dessen Mißtrauen schon an Verfolgungswahn grenzt, durfte man ihm mit dem blond gekräuselten Haar, den weichen manikürten Pranken und dem nasalen Ton glauben. Als sein Gegenspieler schoß Posse in der Rolle des als Hort der Republik und europäische Figur gefeierten Wacker den Vogel ab, auch wenn der rückertfeste Präsident nicht immer textsicher war. Glathe hielt sich als negroider, ewig zitierender Hofrat Veilchen, wenn er kuriales Schmonzes quasselte und immer dasselbe mit anderen Worten sagte, von Übertreibungen nicht immer frei. Äußerst amüsant die beiden Konzeptbeamten Hinsichtl und Rücksichtl, zwei musterhafte Subalternbeamte, von Rocholl und Hellberg mit überaus komischen automatischen Parallelbewegungen gespielt. Sehr echt Kochs zynischer Redaktionssekretär Follottai, der, treu der Fahne, Grundsätze für prinzipielles Fallottentum erklärt und seinem Chef gehörig die Wahrheit geigt. Köstlich der Dirigent Fadenhecht Winterhelds und Melanie Horeschovskys kleine Strohal. Ausgezeichnet gab Gühne den Herausgeber des Pfeil, wenn er die Moral nicht nur im Munde führte, sondern sie bis zu Ende dachte und den feilen Rivalen um jeden Preis maultot machen wollte. Die Musik der Bristolsynkopaters belebte das von Verhoeven gewandt geleitete, durch lustige Einfälle (Chor der Redakteure und des Gesangvereins der Sicherheitswache) gewürzte Zusammenspiel, für das Mitschke mit einfachen Mitteln ein ansprechendes Milieu geschaffen und Otto Fischer die technische Einrichtung besorgt hatten. Mit den Hauptdarstellern wurde der anwesende Verfasser immer wieder vor die Rampe gerufen, der am späten Abend in der Neuen Kunst Fides den dritten Akt seiner verstümmelten Geschichten aus dem Wiener Wald vortrug, in dem völlig überfüllten Saale der Kunsthandlung mit starkem Sonderapplaus geehrt wurde.

Herbert Ihering, Berliner Börsen-Courier 6. 5. 1929

In Dresden haben sich Schauspieler, die des eingefahrenen Theatertrotts müde sind, zu einem Studio zusammengeschlossen. Schauspieler des Staatstheaters, der Komödie, des Albert-Theaters. Sie wollen aufmucken, die Kunstschläfrigkeit stören, Bewegung erzeugen.
Dieses Studio führte gestern mittag im Dresdener Residenztheater ›Die Unüberwindlichen‹ von Karl Kraus auf. Dresdens Bühnen haben den Anschluß verloren. Theater der Lieblinge, also lokales Startheater. Gepflegtes Unterhaltungsspiel. Alte Stücke. Uninteressiertes Publikum. Zuschauer neben der Zeit. In diese geistige Windstille fuhr das Stück von Karl Kraus wie ein Schreckschuß. Bestürzung, vereinzelte Pfiffe, Stinkbomben und rasender Applaus. Der geringe Widerstand wurde leicht gebrochen. Ein großer Erfolg. Das Stück gehört nach Berlin.
Karl Kraus ist als Dramatiker hier früher sehr ungeschickt mit dem ›Traumstück‹, mit dem ›Traumtheater‹ eingeführt worden. Jetzt kommt er mit einem wesentlichen Werk heraus, mit dem doppelbodigen, hintergründigen Nachkriegsdrama der Bekessy-Jahre. Man hat Kraus oft vorgeworfen, daß seine Polemiken sich nur am privaten Anlaß entzündeten. ›Die Unüberwindlichen‹ sind ein schlagendes Gegenbeispiel. Der Fall des Revolverjournalisten, der von Karl Kraus wegen erpresserischer Handlungen aus Wien verjagt wurde, wird zu einem schaurigen Drama der Wiener Nachkriegsjahre. Hier ist der Typ des Erpressers nicht nur als individuelle Erscheinung genommen, hier wird er in die Zeit, in den sozialen Zusammenhang gesetzt. Hier wird eine Walpurgisnacht der Korruption dargestellt, gegen die alle Erfindungen und Symbole verblassen. Die Wirklichkeit bedrängt den Zuschauer und wird dichterische Gestalt. Karl Kraus hat die unheimliche Gabe, Worte, die von den Urbildern seiner Figuren gesprochen wurden, Worte von Bekessy, von dem Wiener Polizeipräsidenten Schober, von Castiglioni zu verwenden und ihnen dadurch, daß er sie verwendet, gleichnishafte, richtende, künstlerische Bedeutung zu geben. Die Personen richten sich durch ihren eigenen Mund. Karl Kraus vollstreckt ein Urteil, das sie sich selbst sprechen.
Die Ereignisse rücken unheimlich nahe. Zeitungen sprechen, Notizen stehen auf und werden Menschen, die Toten des Wiener 15. Juli klagen an durch den Mund der ergebensten Polizeibeamten. Diese, gewohnt, nur den Kanzleistil ihres Chefs zu sprechen, beginnen plötzlich in Zungen zu reden. Ein anderer Text rutscht ihnen ein, der Text des Anklägers, der Text von Karl Kraus. Der unterirdische Kampf zwischen der Sprache als gegenstandsloser Phrase und der Sprache als Lüge und Wahrheit, zeichnet sich sinnfällig und schauerlich ab.
Ein Werk, das aus der Sprache Szene wird. Unglaublich, aber dringend nach einer *prinzipiellen Lösung* verlangend, daß durch einstweilige Verfügung auf Veranlassung Castiglionis der dritte Akt verboten wurde. Das Rechtsmittel der einstweiligen Verfügung ist längst das gefährliche Mittel einer neuen Zensur geworden. Hiergegen muß grundsätzlich angegangen werden.
Die Dresdener Schauspieler spielten das Stück unter Regie von Paul Verhoeven dicht und intensiv. Die Sprache kam in ihrem Bau, in ihrer Gliederung, in ihrer Doppeldeutigkeit nicht heraus, sondern nur als Kraft, als Energie. Diese bescheidene, aber grundehrliche, hingegebene Aufführung trug das

Stück zum Erfolg, ohne Mätzchen mit Alexis Posse als Polizeipräsident Wakker, Lothar Glathe als Hofrat Veilchen, mit Johannes Steiner, der eine schlagende Rede von Kraus über das Verbot vorlas, mit Hans Vogel als Barkassy (für den der Dialekt allerdings nur Hilfsmittel war), mit Martin Hellberg und Theodor Rocholl, mit Karl Koch, Paul Verhoeven und Melanie Horeschovsky.
Dresden hatte ein Theaterereignis. Viele Berliner Bühnenleute wohnten ihm bei.

Volksbühnenstudio Berlin
Fritz Engel, Berliner Tageblatt 21. 10. 1929

Karl Kraus, Mann von starkem Talent und nicht geringem Dünkel (»Mönch von der Bruderschaft der Selbstanbetung« habe ich ihn hier einmal genannt), lebt in Fehde mit einigen Männern, die mir nahestehen (Kerr, B. Henning). Ich fühle mich etwas behemmt, aber, indem ich es feststelle, merke ich, daß diese Hemmung bereits schwindet. Was an Drang nach Objektivität in mir ist, sammle ich und will festhalten, ›was ist‹.
Das Studio der ›Volksbühne‹ gibt ›Die Unüberwindlichen‹. Damit dient es mehr dem Verlangen nach Zeitsatire als seiner wesentlichen Aufgabe, für junge unbekannte Autoren zu sorgen und der dramatischen Kunst neue Kräfte zuzuführen. Als Drama betrachtet, sind ›Die Unüberwindlichen‹ sicherlich kein Wert. Vier Szenen, lose und sprunghaft. Doch ohne Pedanterie: als Zeitsatire voll spitzer und bohrender Wucht. Sie hängen am Stoff, sind Journalistenarbeit mit kabarettistisch-lyrischem Einschlag. Sie haben nicht den visionären Fernblick des ›Traumstücks‹, das wir vor fünf Jahren zu sehen bekamen. Aber bei aller Resignation, die sich im Titel ausspricht, brüllt gegen jene, die sich im Sumpf des Nachkrieges unausrottbar festsaugen, eine Wut, die wir alle empfinden. Wir hassen mit, in verschiedenen Temperaturgraden, wenn ein Pressemensch wie jener Bekessy statt der Feder den Revolver ansetzt. Kraus verzichtet natürlich, das heißt seiner Natur gemäß, darauf, mitzuteilen, daß es neben den Bekessys die vielen gibt, die ihr Gewissen und ihre Weste hüten. Das könnte seinem selbstverliehenen Monopol schaden. Er ist der einzige Adler unter nichts als Geiern. Den Bekessy mag er jagen und zerfetzen, da soll ihm niemand dawider sein. Aber wer noch sonst einen Mund hat zum Sprechen, darf doch sagen, daß diese Einseitigkeit ebenso ungerecht wie gefährlich ist.
Kraus bringt dann den Fall Bekessy zusammen mit dem, was er den Fall Schober nennt, auch mit der Sache Castiglioni. Das sind vielgenannte Namen; sind schlüsselstückartig nur gerade so weit verhüllt, daß man sie sofort erkennt. Ein Einspruch wäre möglich gewesen. Schober steht jetzt an der Spitze Deutsch-Österreichs, aber er hat nicht auf den Knopf gedrückt, er hat kein Verbot erlassen oder angeregt. Das nimmt für den Mann ein, der von Kraus als ein Opportunist, als ein Heuchler, als ein Wischiwaschi und Schlampeter hingestellt wird. Der Julitag freilich, an dem Schobers Polizei in die Menge hineinschoß, dieser trübste aller Sommertage, ist nicht vergeßbar. Und wenn in der vierten Szene Ehren-Bekessy nach Wien zurückkehrt, vorerst nur eine Imagination, wenn unterm Christbaum, dessen Lichter Schmalz tropfen, zwei

kleine Polizeimenschen allen Respekt vergessen und Tatsachen jenes Julitages ausplaudern oder ausbrüllen, dann wird von der Bühne her eine furchtbare Anklage erhoben.
Um zu sagen, ›was ist‹: der Beifall war groß. Karl Kraus erscheint, linkisch, vielleicht mit Absicht, um sich von den Schauspielern mit ihren vor jeglichem Applaus sichernden Gebärden zu unterscheiden; linkisch, aber nicht verlegen; das Auge des Einsiedlers kontrolliert mit großer Kühle ins Publikum hinein. Die Darstellung unter Kenter mit kleinen Schwankungen wirksam zusammengefaßt. Grotesk skizzenhafte Bühnenbilder von L. F. Dolbin im Piscator-Stil. Peter Lorre sehr gut als Bekessy, nur zu schreiwütig. Er hat es nicht leicht. Er muß zwiefach kennzeichnen: Kraus' Bekessy spricht manchmal wie Bekessy und manchmal wie Kraus. Hans Peppler als Schober, ganz Wiener Amtsstubenluft. Gerron als verängsteter Castiglioni, Paul Nikolaus ein schmieriger Redaktionssekretär. Steckel ein Polizeihofrat, auch nicht sauber.
Ernst Ginsberg spricht den einzigen Anständigen des ganzen Stückes. Auf dem Zettel heißt er ›Arkus‹. Anagramm. Wer wird das wohl sein, der einzige Ehrenmann des Stückes, der Publizistik, der Stadt Wien, Deutsch-Österreichs, Europas, des orbis terrarum?

Robert Cedric Sheriff Die andere Seite
Deutsches Künstlertheater Berlin, 29. August 1929, Regie Heinz Hilpert

Die literarische Auseinandersetzung mit dem Krieg war seit Menzels ›Toboggan‹ (s. d.) durch das Erscheinen von Renns ›Krieg‹ und Remarques ›Im Westen nichts Neues‹ noch einmal belebt worden. Leonhard Frank hatte am 15. Januar im Residenztheater in München und im Schauspielhaus Frankfurt (Regie Weichert) ›Karl und Anna‹ auf die Bühne gebracht. Es war das Muster eines Heimkehrerstücks, das unter Erich Engels Regie am Staatstheater Mitte Februar mit George und Käthe Dorsch einen durchschlagenden Erfolg hatte. Am 16. Februar 1929 wurde Eberhard Wolfgang Möllers ›Douaumont‹ an der Dresdener Komödie und im Essener Stadttheater uraufgeführt; das war das Heimkehrerstück eines ganz jungen Autors, der sich schon an anderen Heimkehrerstücken orientiert hatte. Am 20. März 1929 inszenierte Piscator im Theater in der Königgrätzer Straße mit Kortner und Hans Albers Anderson/Stallings ›Rivalen‹, das Zuckmayer bearbeitet hatte (›What price glory?‹): es war das große amerikanische Erfolgsstück von der französischen Front. Das französische Pendant, das bald auf die deutsche Bühne kam, hieß ›Marneschlacht‹. Aus England kam jetzt, nach Hunderten von Aufführungen in London, New York und Paris ›Journey's end‹ (›Die andere Seite‹) – das objektivste und unpathetischste von allen. Seine Entdeckung bezeichnete Sheriff, ein englischer Versicherungsangestellter, selbst als »ein Märchen«. ›Journey's end‹ war geschrieben für die privaten Laiendarstellungen von Sheriffs Ruderklub. Bei der Aufführung dort hatte der Direktor des Londoner Savoy-Theaters Autor und Stück entdeckt. Zwei Monate später war die Premiere im Savoy-Theater: der Beginn eines Welterfolges, der sich später im Film fortsetzte. – Kerr hatte nach der Berliner Aufführung von ›Douaumont‹ in der

Volksbühne schon geschrieben: »Es fängt an, mir im Drama fürchterlich zu werden; weil es anfängt, eine Mode zu werden. Der Kriegshaß wird ja den Leuten verleidet durch die verdammten Dramatiker« (›Berliner Tageblatt‹, 7. 5. 1929). Daran war Wahres. Noch wirkte das meiste als Darstellung gegen den Krieg. Das Staatstheater in Berlin beteiligte sich an dieser ›Mode‹ durch eine Neuinszenierung von Schickeles ›Hans im Schnakenloch‹ (4. 9. 1929). Es folgten u. a.: ›Reims‹ von Friedrich Bethge, das am 26. Februar 1930 am Stadttheater Osnabrück uraufgeführt wurde, ›Die endlose Straße‹ von Sigmund Graff (s. d.). – Mit Sheriffs Drama eröffnete Dr. Robert Klein, der seit Anfang 1926 die Reinhardtschen Bühnen in Berlin geleitet hatte, sein eigenes Theater. ›Die andere Seite‹ wurde auch in Deutschland ein Erfolgsstück. – Hilpert, seit ›Troilus und Cressida‹ (13. 9. 1927) avancierend, erwies sich als ein vielseitiger Regisseur. Anfang des Jahres hatte er mit Krauß als Falstaff im Deutschen Theater ›Die lustigen Weiber von Windsor‹ inszeniert. Von Elmer Rice folgte ›Die Straße‹ (Berliner Theater, 20. 1. 1930).

Fritz Engel, Berliner Tageblatt 30. 8. 1929

Mit traurig-schwerem, aber auch mit wahrem Gesicht blickt dieses erste Stück der Direktion Robert Klein in den scheidenden Sommer hinein, Erinnerung an vier Jahre, in denen es nur Sturm gegeben hat. In seiner Sachklarheit sind ihm nur die besten deutschen Kriegsromane ebenbürtig; in seiner Stimmungskunst aus der deutschen Dramatik nur Goerings beinah' verschollene ›Seeschlacht‹. Sonst nichts. An dichterischer Kraft, die das Tatsächliche durchdringt, an sittlichem Ernst, der überall spürbar wird, ohne sich irgendwie in tendenziösen Worten zu dechiffrieren, steht es hoch über der Film- und Bühnenform der ›Rivalen‹, die ihm wegen gewisser Ähnlichkeiten der Situation nahe sind.
[...] Die eine Seite oder die andere: gleichviel. Hier hocken sie in den Gräben, und dort hocken sie in den Gräben, März 1918, die Engländer und die Deutschen vor St. Quentin, nur mit dem einen Unterschied, daß die Englischen gekleidet und genährt waren und nicht ausgefranst und ausgehungert wie die Deutschen. Alles andere deckt sich, ist nicht unterscheidbar, ist vollkommen kongruent: ein bißchen Ehrgeiz der höheren Kommandostellen, aber noch mehr kalte Energie, den Krieg wie ein notwendiges Geschäft endlich und möglichst gut zu liquidieren; angedrilltes und freiwilliges Pflichtgefühl, aber noch mehr geheimes Grauen vor der Endlosigkeit; Lebensdrang, aber keine Spur vom Heldentum der Schulbücher; Vernichtungswillen aus Selbsterhaltungstrieb, aber nicht aus Haß. Das gibt es nicht. Man haßt die Sinnlosigkeit des Wartens und des Schlachtens. Man haßt die Ratten in den Gräben. Man haßt aber nicht den Deutschen, wie man auf der anderen Seite damals auch den Engländer nicht mehr haßte. Auf der anderen Seite erzählt man sich lieber, wie ein deutscher Offizier den Transport eines englischen Schwerverwundeten gefördert hat.
Eine tiefe Friedseligkeit, so sehr auch die Granaten heulen und die Minen aufflattern, liegt über diesem Stück nach dem Kriege, aus dem Kriege. Auf Grund gemeinsamen Erlebens ein Schimmer von Brüderlichkeit, die uns mit diesen Männern der anderen Seite und der anderen Uniform verbindet, mit den Er-

fahrenen und mit den Neueren, mit den Schwankenden und mit den Festen; mit den Heiteren und mit den Leidenden; mit den Sterbenden und mit den noch einmal Entronnenen. Wir verstehen sie alle, diesen Kompagnieführer Stanhope, Mustersoldat, der seinem inneren Grauen mit Whisky begegnet, der dem angstpsychotischen Leutnant Hibbert mit der Pistole droht und dabei gesteht, daß er selbst von der gleichen Angst geschüttelt ist. Den Leutnant Osborne, schon mit grauen Haaren, Schullehrer in Zivil, der einfach in Pflicht lebt und einfach in Pflicht stirbt. Den lustig gefräßigen Trotter, der die Dinge mit stoischem Dickbauch nimmt, nur leise von Sentimentalitäten angestäubt. Und dann den kleinen Raleigh, eben erst an die Front gekommen, ahnungslos, dann ahnend, zuletzt einen Granatensplitter tödlich im Rückgrat.
Wir verstehen sie alle, in den zwei Tagen vor dem deutschen Generalangriff, wie sie nicht zögern werden, wie ihre Nerven gespannt sind, wie sie sich betäuben, in allerlei Romantik, in Gesprächen über eine bessere Zukunft, als wären sie sicher, daß sie ihnen erblühen wird. Der brave Osborne liest in einem Kinderbuch ›Alices Abenteuer im Wunderland‹, Hibbert holt Nacktbilder aus der Tasche. Sie sind außer sich selbst, auch wenn sie sich fassen. Als am Vortage bei einem Erkundungsvorstoß ein junger Deutscher eingebracht wird, von dem man hofft, Mitteilung über die Stellungen des Feindes zu erhalten, wird das zwar wie ein Sieg gefeiert, aber auch das ist nichts als wieder Selbstbetäubung. Nur der junge Raleigh begreift das nicht: wie kann man Sekt saufen, wenn Kameraden gefallen sind? Diese junge Seele ist noch ganz weich. Sind die anderen hart? Sie tun nur so. Überall, bei jedem, enthüllt sich der innerste menschliche Kern, so oder so. Das ist, über das bloße ›Zeitstück‹ hinaus der dichterische Wert dieses aufrichtigen, unverzierten, in hohem Sinne männlichen Stückes.
Zwischen den feuchtdüsteren Grabenwänden Rochus Glieses entwickelt Hilpert aus Episode an Episode, die manchen Strich hätten vertragen können, ein Gebilde von langsam, aber zuletzt stark ansteigendem, dramatischem Leben. Die Champagnerorgie ist schon etwas knallig. Auch Wieman, Stanhope, die führende Gestalt, hat hier und da einen Überton. Im ganzen ist er ein großes, durch menschliche Züge ergreifendes, durch Kunst beglückendes Bild letzter Zerwühltheit. Friedrich Kayßler, der alte Osborne, der ›Onkel‹ dieser unterirdischen Offiziersmesse, mit den still wirkenden Kräften eines ruhigen Verstandes, eines leise lächelnden Humors und einer großen Güte: prachtvoll. Und wie hat sich Hans Brausewetter aus dem Bezirk netter Lustspieljünglinge herausgearbeitet. Er greift nach der Tragik dieses kriegskranken Hibbert und hält sie fest. Noch eine Überraschung: ein junger Hans Joachim Möbis darf Jugend spielen, den kleinen Raleigh, Kiekindiewelt des Krieges und rasch zerfetzt, und er spielt sie ganz theaterfern und wirklichkeitsnah. Ludwig Stössel, Paul Otto, Heinrich Marlow: das ist das ganze Aufgebot, Mann bei Mann, keine Frau, nur angstvolle Sehnsucht nach ihr, nur Gier nach ihnen.
Der Regisseur folgte dem großen Beifall am Schluß, die Schauspielerschaft und auch der Dichter, schlank, scharfäugig. Wir sind mit ihm zufrieden; er darf und wird es auch mit uns sein.

Herbert Ihering, Berliner Börsen-Courier 30. 8. 1929

[...]
Dieses Kriegsdrama von R. C. Sheriff hat in London und New York Hunderte von Aufführungen gehabt. Der Premierenerfolg in Berlin war gewaltig. Der Erfolg eines neuen Dichters? Der Erfolg eines neuen Bretterbeherrschers? Der Erfolg eines persönlichen Erlebnisses, dargestellt an einem allgemeinen Erlebnis. Sheriff, aus Sport und Schule plötzlich an die Front gerissen, wird verwundet, gibt seinen Beruf auf, wird Versicherungsagent und schreibt für sich seine Fronterlebnisse auf. Er denkt nicht daran, Schriftsteller zu werden oder sich als Dramatiker zu etablieren. Er muß einen persönlichen Eindruck loswerden. Er verbindet keinen Zweck damit. Er ist nicht Künstler. Er ist nicht Agitator. Er will keine Form schaffen. Er will nicht wirken.
Aber dieses persönliche Erlebnis, diese privateste Erfahrung ist gleichzeitig das Erlebnis von Millionen. [...]
Ludwig Renn geht heute schon erkennend und bewußt über das persönliche Erlebnis hinaus. Sheriff bleibt ganz im Persönlichen. Das ist die – einmalige – Stärke seines Schauspiels. Weil er kein Dichter und kein Forderer ist, bleibt die menschliche Erregung, die männliche Ergriffenheit der Gradmesser seines Werkes. Wohin viele Routiniers auf dem Umwege über literarische Nachempfindung oder Berechnung kommen: zum Gefühl und zur Sentimentalität – das ist hier unmittelbar und echt. Was viele umfälschen und frisieren, weil es das Publikum liebt, das wird hier direkt, von einem erschütterten Menschen gegeben. Die menschliche Wärme, der männliche Takt – das ist das persönliche Erkennungszeichen dieses Schauspiels. Nun packt es. Nun wirkt die bleierne Ruhe im englischen Schützengraben vor der deutschen Offensive wie ein dramatisches Mittel. Nun erschüttert der Nervenzusammenbruch. Nun ergreifen die Betäubungsszenen und Heimaterinnerungen. So geht das anständige, männliche, noble Stück uns an – bis auf den Schluß, wo das Persönliche aufhört und ein Fazit stehen müßte. Wenn das deutsche Trommelfeuer einsetzt, wenn der Kampf sich selbst frißt, wenn der Schützengraben zusammenstürzt und der Weltkrieg über das Schicksal dramatischer Personen hinwegrast – da fehlen die Anschauung und Erkenntnis, die über den Einzelfall hinausgehen.
Mit diesem reinen, starken Theaterabend begann Robert Klein seine Direktion im Deutschen Künstlertheater. Ein Erfolg für seinen Autor. Ein Erfolg für ihn. Ein Erfolg für seinen Regisseur Hilpert und das Ensemble. Hier in einem männlichen, festen, eindeutigen, problemlosen Stück leistet Hilpert in der Führung der Handlung und der Schauspieler Vortreffliches. Friedrich Kayßler als Osborne: Man begreift kaum seine pathetischen Irrwege, wenn man diesen leisen Humor, diese einfache, unbetonte, menschliche Kraft sieht. Es ist ein Stück für private Schauspieler. Der Stanhope ist eine Rolle für Mathias Wiemann. Der aufgerissene Blick, die hysterische Gereiztheit, der gequälte Ton – Wiemann ist wundervoll. Die Rolle verleitet zur Monotonie, da sich ihre Situationen wiederholen. Wiemann packt aber auch da noch, wo ein farbiger, nuancierender Schauspieler wechselndere Effekte erzielen würde.
Vortreffliche Schauspieler. Wie stark hat sich Erhard Siedel vom jugendlichen Komiker der Volksbühne über den Stadttheaterstar zum festen und ursprünglichen Darsteller eines englischen Durchschnittsoffiziers, des banal gesunden, ehrlichen, essenden, widerwilligen Kriegers Trotter entwickelt. Köstlich Lud-

wig Stössel als Offizierskoch. Wie fein sind in kleineren Rollen Paul Otto (als Oberst) und Werner Schott (als Leutnant Hardy), Heinrich Marlow (als Feldwebel) eingesetzt. Hans Brausewetter, seine Grenzen sprengend, in einer Suffszene (hier gefällt er mir besser als beim Nervenzusammenbruch). Den jungen Raleigh spielt ein neuer, junger, kaum der Schauspielerschule entsprungener Darsteller: Hans Joachim Möbis. Noch ungelenk, fahrig – aber mit sichtbarer Begabung. Bezeichnenderweise stärker da, wo die Angst aufdämmert, als da, wo er jugendlich schwärmt.

Ludwig Sternaux, Berliner Lokal-Anzeiger 30. 8. 1929

[...] Nicht nur widerspruchslos, nein, geradezu begeistert, ließ sich das Publikum diese ollen Kamellen aus dem Schützengraben erzählen, deren einziger und recht dürftiger Reiz darin besteht, daß sie den Krieg von der anderen Seite, auf der englischen Front schildern. [...]
Nichts, was diese Vorgänge über das Alltägliche hinaushöbe. So mußten damals Tausende leben, so Tausende sterben. Helden, gewiß. Aber das Heldische daran erscheint hier in tendenziöser Verzerrung. Dieser Stanhope ist Held nur im Suff, wofür er, wofür die anderen sterben, weiß er nicht. Wenn er, nach jenem geglückten Vorstoß, der ihn seinen besten Offizier und sechs der besten Leute kostet, dem triumphierenden Oberst ins Gesicht schreit: »So, der Brigadeführer wird also zufrieden sein, na, Hauptsache, der Brigadeführer ist zufrieden!«, so flackert hier bereits die Revolution, so klingt schon die Parole auf: »Nie wieder Krieg!«
Diese unausgesprochene Tendenz atmet auch die Aufführung. Wie das Stück nüchterne und seelenlose Reportage ist ohne auch einen Hauch nur von dichterischer Beschwingtheit, so rekonstruiert die Inszenierung Heinz Hilperts einfach die Wirklichkeit jenes Gestern. Dieser Realismus ist kalte Photographie. Und so viel Mühe die einzelnen Darsteller auch aufwenden, Menschen von Fleisch und Blut zu sein, von Bild zu Bild wird das alles öder, trister und langweiliger, selbst das Trommelfeuer ist keine Sensation mehr, höchstens ein böser Spuk. Die schönste Maschinerie bleibt dabei ja außerdem im Effekt nur fast komisch.
Man sieht Darsteller von Rang. Am sympathischsten die schöne Menschlichkeit Friedrich Kayßlers, peinlich auf die Dauer das hysterische Getue Mathias Wiemanns, der die undankbare Rolle jenes Hauptmanns Stanhope hat. Daß auch Lachen laut wird, dafür sorgen Erhard Siedel und Ludwig Stössel, dieser als Offizierskoch von befreiendem Humor. Der kleine Raleigh ist Hans Joachim Möbis, junger Debütant, unfertiges Talent, das aber Zukunft verspricht. Brausewetter ist der Drückeberger und holt sich mit der Revolverszene einen völlig unmotivierten Sonderapplaus.

Friedrich Wolf   Cyankali

Uraufführung:
Gruppe junger Schauspieler (Lessing-Theater Berlin), 6. September 1929
Regie Hans Hinrich

Mit Friedrich Wolfs ›Cyankali‹ kam das ›Zeittheater‹ zu seiner äußersten Möglichkeit. Aus der Tagesdiskussion hervorgegangen, griff es wieder in diese ein und verstärkte sie. Seit Jahren debattierte man in Deutschland über eine Sexualreform. Der Abtreibungsparagraph 218 sollte bei der Erneuerung des Strafgesetzbuches zu Fall gebracht werden. (Er wurde schließlich doch in das neue Strafgesetzbuch übernommen.) Ein Roman von Victor Margueritte gab dem sich verstärkenden Kampf das Schlagwort: »Dein Körper gehört dir.« Unter diesem Titel wurden Kundgebungen gegen den Paragraphen 218 veranstaltet, an denen führende Mediziner und Schriftsteller teilnahmen. Hinter der Diskussion stand ein großes soziales Problem. Der Ärztetag 1928 schätzte die Zahl der Abteibungen auf 500 000 bis 800 000 jährlich. Auf einer im Berliner Herrenhaus veranstalteten Diskussion im Februar 1928 sagte Alfred Döblin (der Nervenarzt war), daß der Paragraph vor allem die Arbeiterschaft treffe. Er hob den Klassencharakter des Paragraphen 218 hervor. – Diese Diskussionen brachten drei Stücke auf die Bühne, die die Abtreibung zum Thema hatten. Von Rehfisch ›Der Frauenarzt‹, von Wolf ›Cyankali‹ und von einem Dr. Credé ›Paragraph 218‹ (ein Stück, das Erwin Piscator am 3. 4. 1930 im Wallner-Theater uraufführte). ›Cyankali‹ wurde das wichtigste und erfolgreichste. Wolf war als dramatischer Autor damals längst bekannt. Seine erste Uraufführung hatte er am 9. Oktober 1919 schon am Dresdener Schauspielhaus erlebt (›Das bist du‹). – Am erfolgreichsten war er mit seinem letzten Stück, mit ›Kolonne Hund‹ am Deutschen Schauspielhaus in Hamburg gewesen (Uraufführung 28. 4. 1927). Mit ›Cyankali‹ drang er schnell weit über Deutschland hinaus. In Moskau, Amsterdam, Zürich, Stockholm, Kopenhagen, Paris, Madrid, Warschau, New York, Tokio und Schanghai wurde das Stück gespielt. Es wurde wohl das erfolgreichste Drama der Spielzeit. Wolf war Arzt in Stuttgart. Er stand der USPD nahe, hatte sich lange für das Agitprop-Theater interessiert, seit 1928 war er Mitglied der KPD. In diesen Jahren der zunehmenden Arbeitslosigkeit, der harten Arbeitskämpfe hatte er die Not der Arbeiterfrauen bei ungewollter Schwangerschaft kennengelernt. Er hatte Aufsätze zu diesem Problem veröffentlicht. 1929 dramatisierte er den Stoff (»Dieses Stück ist eine ungeheure Verantwortung und Probe«, Wolf). Es erhielt einen proletarisch-klassenkämpferischen Ton. Die Rolle der Hete war für Constanze Menz entworfen (sie spielte sie in der Frankfurter Aufführung). Fertig wurde das Stück erst auf den Berliner Proben. Zum drittenmal trat damit die ›Gruppe junger Schauspieler‹ in den Vordergrund. Nach über hundert Aufführungen in Berlin reiste sie mit ›Cyankali‹ durch Deutschland. Das Stück löste neue Diskussionen, neue Protestversammlungen gegen den Paragraphen 218 aus. – Wolf wurde als extrem ›linker‹ Dramatiker angegriffen und 1931 wegen angeblichen Vergehens gegen § 218 sogar vorübergehend verhaftet.

Herbert Ihering, Berliner Börsen-Courier 7. 9. 1929

Der Theatererfolg von Lampels ›Revolte im Erziehungshaus‹ hatte die Wirkung, daß Probleme der Fürsorgeerziehung die breiteste Öffentlichkeit beschäftigen, daß aufklärende Reportagen von Erziehungsanstalten gemacht wurden, daß das Wohlfahrtsministerium neue Verfügungen erließ. Wenn der Beifallssturm, der gestern Friedrich Wolfs Schauspiel ›Cyankali‹ und der ›Gruppe junger Schauspieler‹ galt, ähnlich ins Praktische hinübergreift, wenn er zur Änderung des Paragraphen 218 beiträgt und gesetzliche Maßnahmen herbeiführt, so hat das Theater seinen Zweck erfüllt.
Nicht den einzigen. Es gibt eine Kunst, die jenseits des praktischen Wertes liegt. Es gibt ein Theater jenseits des ›Nutzens‹. Das muß festgestellt werden, weil jeder neue Erfolg des Zeittheaters die Front der Widerwilligen und Bequemen, der Lauen und Rückwärtser enger zusammenschließt. Wer Symptome zu lesen vermag, der kann voraussagen, daß für das Theater der Avantgarde – wie man es in Frankreich nennt – eine schwere Zeit beginnt. Die Vorposten des Theaters sind so weit vorgetrieben, daß die dahinter liegende erste, wohlausgebaute Stellungslinie – ich meine damit das Staatstheater, die Reinhardt-Bühnen, das Deutsche Künstlertheater – nachrücken müssen, damit die Verbindung nicht reißt. Sonst kommt eine bittere Zeit, nicht nur für die Vorpostentheater, sondern ebenso für die Bühnen der exponierten ersten Linie. Dann werden, nach den Experimentierbühnen – bald auch die ruhigen, gesicherten Qualitätstheater angegriffen.
Also: Es soll ein künstlerisches Theater geben. Aber es muß durch die Gleichgültigkeit abgebrauchter Konflikte und leeren Amüsierbombasts hindurch. Es soll ein Unterhaltungstheater geben. Aber es muß durch den Plunder der alten Operette, des alten Lustspiels hindurch. Es soll ein ›Zeittheater‹ geben. Dies gibt es in Ansätzen. Es hat Erfolg, weil es seine Themen, seine Gattung, seine Schauspieler gefunden hat. Das geänderte, auf neuer Grundlage geschaffene Kunsttheater kommt. Das Zeittheater existiert.
Dies ist die Situation, in der Friedrich Wolf sein Schauspiel ›Cyankali‹ schrieb. Dies ist die Situation, in der es gespielt werden konnte und Erfolg hatte. Friedrich Wolf ist Arzt, war Kassenarzt im Ruhrgebiet, lebt jetzt in Stuttgart. Aus seiner Berufserfahrung schrieb er dies Stück gegen den Abtreibungsparagraphen. Aus dieser Kenntnis heraus klagte er an. Aus dieser Kenntnis heraus stellte er die Not der Frauen in einem Proletarierhause dar. Aus dieser Kenntnis heraus rüttelte er auf. ›Cyankali‹, nur als graues Milieustück, als naturalistische Elendsschilderung würde niemanden interessieren. ›Cyankali‹ als Stück mit einem Ziel, mit einem Änderungswillen, der alle Szenen spannt und richtet, packt jeden, welchem Beruf, welcher Schicht er angehören mag.
›Cyankali‹ ist keine Dichtung. Aber seine primitiven Mittel sind hier am Platz. Es gibt sogar Szenen, die eine dichtungnahe Einprägsamkeit haben. Die Familie hungert. Der Zeitungsverkäufer Kuckuck gibt ihnen statt Brot Fetzen aus populären Bildungszeitschriften. Er zitiert über die roten Blutkörperchen (aus der ›Koralle‹). Er wirft mit Zeitungszitaten um sich. Später spielt es im ›Zeitungskiosk‹. Kuckuck verkauft im Straßenlärm seine Blätter. Drinnen verblutet beinahe die Frau. In solchen Szenen sind Ansätze zu einer kontrastierenden Tragikomödie, Ansätze zu einer bitteren Satire, Ansätze zu einem wirklichen, unverlogenen Humor.

Gerade hier wurde von der ›Gruppe junger Schauspieler‹ besonders gut gespielt. Reinhold Bernt gab den Kuckuck mit solcher unbekümmerten, unverbildeten Frische, mit solcher unverstellten, unkomödiantischen Spielfreude, daß der Erfolg gegeben war.
Die ›Gruppe junger Schauspieler‹ gehört zusammen: Ludwig Roth, der mit bedrängender Echtheit einen Hausverwalter spielte, Gerhard Bienert, der einen Heizer gab, Renée Stobrawa, die fast ohne Theatralik war, Maria Krahn, die sich nach gleichgültigem Anfang prachtvoll einfügte, die frische Kraft von Adolf Fischer (der sich nur nicht überstürzen darf), Ilse Fürstenberg, Walburga Gmür, Werner Pledath und sogar Rose Grawz. Solche Stücke kann man nur primitiv spielen. Hier wurde primitiv gespielt, eindeutig, ohne kitzelnde Nuancen. Der straffende, zusammenreißende Regisseur hieß: Hans Hinrich.

Kurt Pinthus, 8-Uhr-Abendblatt, Berlin, 7. 9. 1929

Ohne Umschweife: Friedrich Wolf, Arzt, kein Anfänger, sondern jahrelang Kassenarzt und Stadtarzt, fordert in diesem ungewöhnlich klaren, grade und kräftig gebauten, ganz unpathetischen, phrasenlosen und doch durchrüttelnden Stück aus dem Proletarierleben, überzeugt und überzeugend, eindeutig und eindringlich, Abschaffung oder Änderung des § 218 unseres Strafgesetzbuches. [...]
Friedrich Wolf ist aber nicht nur Arzt, sondern er schreibt seit zehn Jahren Dramen. Er hat sich niemals in der Gesinnung seiner Stücke, wohl aber in ihrer Form gewandelt, von den expressionistischen Erstlingen bis zu der Historie vom ›Armen Konrad‹ und zu ›Kolonne Hund‹. Deshalb wird jeder fühlen: hier ist nicht ein rohes Tendenzstück, sondern das wirkliche Drama eines Dramatikers entstanden, der nach langem Tasten seine Form für eine Sache fand, weil sie Sache seines Herzens ist.
Ganz rasch stellt er hin, reißt er auf: Menschen, Probleme, Situationen, Atmosphäre, Milieu ... während eines Streiks in Berlin, der verzweifelte Männer, Frauen und Mädchen zu Verbrechern macht. Keine Schwarz-Weiß-Übersteigerung: alle: jenseits von Gut und Böse, oder besser: gemischt aus Gut und Böse, oder am besten: weder gut noch böse – wie eben Menschen unserer Tage leben und leiden, leiden und lieben. Hier kann also einer Menschen darstellen, zugleich ein wirksames, gutgearbeitetes, taugliches Stück schreiben und dazu noch eine Gesinnung und Tendenz verfechten. Das ist viel.
Es soll um so deutlicher gesagt sein, daß dies Stück von jener zielbewußten, kämpferischen Gruppe junger Schauspieler, die schon ›Revolte im Erziehungshaus‹ zum Triumph brachte, ohne viele Vornotizen, Verschiebungen, technische Künste, in einer Aufführung herausgebracht wurde, die ebenso sachlich und leidenschaftlich sauber und begabt ist wie das Stück.
[...]
Renée Stobrawa aber – hier ist der Fall: daß eine Darstellerin plötzlich mit einer einwandfrei großartigen Leistung ebenso einheitlich und diszipliniert in der schauspielerischen Gestaltung wie erschütternd in der Wirkung hervorbricht. Wie sie, blond und straff, ohne Sentimentalität und Weinerlichkeit, ihre Leidensrolle spricht, blickt, klagt, schreit, das ist kein Theater ... und doch großes Theater. Sie stellt sich hiermit zu den besten Darstellerinnen in

die lange Reihe der Kindsmörderinnen von Goethe und Wagner bis zu Hebbel und Hauptmann.
Ein Beifall, wie man ihn so spontan, leidenschaftlich und langanhaltend von allen Plätzen nur selten im Theater hört, lohnte und lobte Stück, Dichter, Darsteller, Regisseur. Wenn hier Volksstimme Gottesstimme ist, so fordert Gottesstimme ebenso deutlich wie die seiner Wesen Abschaffung oder Änderung des § 218. Fordert zumindest, daß die Entscheidung über diese Sache, die alle und jeden angeht, aus den Händen der Juristen, welche aus Respekt vor der Staatsmaschine Gebärmaschinen wünschen müssen, genommen und, wie das Stück anregt, nach hinreichender Aufklärung über Für und Wider, in die Hände des Volks selbst, als Volksbegehren, gelegt wird.

Franz Servaes, Berliner Lokal-Anzeiger 7. 9. 1929

Die ›Gruppe junger Schauspieler‹, der wir die Entdeckung des Dramatikers Peter Martin Lampel ›verdanken‹, setzt ihre politische Wühlarbeit fort, indem sie diesmal einen Dr. Friedrich Wolf, Kassenarzt aus dem Ruhrgebiet, auf ihren kurulischen Stuhl erhebt. Dr. Wolf führt einen Kampf für die Abschaffung jenes Strafgesetzbuchparagraphen 218, der das Verbrechen wider das keimende Leben unter Strafandrohung stellt. Was er als Arzt aus seinem Erfahrungskreise dagegen zu sagen hat, wird stets anhörenswert sein und mag der Regierung und dem Parlament zur Erwägung anheimgestellt werden. Wenn er aber sich auch als Dramatiker fühlt und die Bühne in tendenziöshetzerischem Sinne mißbraucht, so verdient er, auf die Finger geklopft zu werden.
Wolf konstruiert einen krassen Ausnahmefall, auf den er sämtliche nur denkbaren Mißstände zusammenhäuft, dem er aber gleichwohl typische Bedeutung zu verleihen sucht. Hierin besteht das Unehrliche und Unduldsame seiner Kampfesweise. Vor allem die These: daß die berühmten ›reichen Leute‹ tun können, was sie wollen; daß aber die ›Armen‹ festgenommen werden, ins Zuchthaus wandern müssen und verbluten dürfen, ist dermaßen parteimäßig verbohrt, daß sie außerhalb der Debatte stehen sollte. Sie erregt aber nicht bloß den johlenden Beifall versammelter Proletariervertreter, sondern auch das besondere Entzücken monokelgeschmückter Kommunistinnen im Parkett, die wild in die gepflegten Patschhändchen schlagen.
Daß an das Bett eines sterbenden jungen Weibes eine gerichtliche Untersuchungskommission aufrückt; ein lautes und unappetitliches Verhör unter einer Masse von Leuten beginnt; die der ›Beihilfe‹ verdächtige Mutter der Unglücklichen bis aufs Blut peinigt und wegen ›Verdunkelungsgefahr‹ abführen läßt, so die unselige Sterbende erbarmungslos ihrem grausamen Schicksal überlassend: dies auf einer öffentlichen Bühne zu zeigen und damit in verantwortungsloser Weise die Volksleidenschaften aufzupeitschen, sollte in keinem Staate der Welt geduldet werden.
Der Schutz besonderen Kunstwertes steht jedenfalls der Arbeit des Herrn Dr. Wolf nicht zur Seite. Er operiert mit den ausgeleierten Methoden des Armeleute-Naturalismus der neunziger Jahre; hat nicht einen Schimmer von dichterischer Einstellung; sondern bringt in trockenster Weise gefärbtes Tatsachenmaterial bei und knüpft daran aufwiegelnde Hetzreden.

Die Darsteller der ›Gruppe junger Schauspieler‹ haben gegen früher an Talenten verloren. Aus Unzulänglichkeiten und Mittelleistungen ragte jedoch die Gestaltung der uns längst vorteilhaft bekannten Renée Stobrawa hervor, die die Tiefe menschlichen Leidens zu erfassen und eindrucksvoll hervorzuheben wußte.

Durus, Die Rote Fahne, Berlin, 8. 9. 1929

Ein großer und verdienter Erfolg der hervorragenden ›Gruppe junger Schauspieler‹. Nicht nur ein Erfolg des Schauspiels ›Cyankali‹ von Friedrich Wolf, der Regieleistung von Hans Hinrich und des hervorragenden schauspielerischen Kollektivs, sondern – vor allem – ein großer Erfolg der Propaganda gegen den § 218.
Der Autor, Friedrich Wolf, als Kassenarzt und früherer Stadtarzt im Ruhrgebiet, kennt die Schmach des § 218 aus der Praxis. Es ist ihm mit ›Cyankali‹ ein bedeutender dramatischer Wurf gelungen. Sein Stück gehört zum Besten, was die junge proletarisch-revolutionäre Dramatik in Deutschland bis jetzt hervorgebracht hat. ›Kolonne Hund‹ von Wolf, aufgeführt von den Berliner Genossen des Arbeiter-Theater-Bundes, war noch formal wacklig, ideologisch unklar und nicht genügend aktuell in der politischen Problemstellung. In ›Cyankali‹ paart sich bereits ideologische Klarheit (die geringen sentimentalen Überreste sind nicht so schlimm) und lebendigste Aktualität mit einer stellenweise überraschenden Gekonntheit in der Gestaltung der proletarischen Sprache und der dramatischen Steigerungen. [...]
Großartig im Stück die Szene, wo Proletarier von der Mutter Fent bis zum Heizer Paul und dem Zeitungsverkäufer Kuckuck sich mit Heißhunger auf das Essen stürzen und essen, essen, essen, als ob sie zum erstenmal in ihrem Leben Nahrung zu sich nehmen würden (auch von der Regie hart und absolut lebenswahr gepackt).
Die Lebenswahrheit und die Lebensnähe der Geschehnisse zeichnet dieses proletarische Drama besonders aus; hier spielen Menschen und keine Schemen; hier regiert das Leben und nicht der technische Apparat; hier ist das Leben so nah, so echt, so ungestüm, daß man zuweilen meint: man ist in der Küche der Mutter Fent, im Zeitungskiosk von Kuckuck, im Sprechzimmer des Arztes Dr. Schwerdtfeger, und die da sprechen, leben und an den sozialen Unzulänglichkeiten des Kapitalismus verrecken, haben nichts mit den Schauspielern Stobrawa, Bienert, Krahn und den anderen zu tun, sie *sind* die Arbeiterwitwe Fent, ihre Tochter Hete, der Heizer Paul, der Hausverwalter Prosnik usw. Dem kollektiven Zusammenwirken von Autor, Regie und Schauspielern gelang es beinahe hundertprozentig, das Leben, das ... Leben deutscher Arbeiter zu geben. Das ist sehr viel.
Die Sprache von Friedrich Wolf ist stark, von einer echten proletarischen Härte und Urwüchsigkeit. [...] Das Stück wirkt durch die verdichtete Tendenz der Wirklichkeit. Also weder ungestaltete Reportage, noch ›dichterisch‹ verunstaltete Wirklichkeit, sondern dramatisch gesteigertes Leben.
Großartig eine Szene im Zeitungskiosk von Kuckuck: das Leben der Großstadt rast, der Verkehr pulst, bürgerliches ›großes‹ und äußerliches Zeitungstempo, und inzwischen werden Menschen, Proleten ›verschüttet‹. Echt bis aufs

Tüpfelchen der ›Besuch‹ bei der ›weisen Frau‹, scharf und wahr gezeichnet das Eintreffen und das schinderische Vorgehen der Untersuchungskommission an ›Ort und Stelle‹, wo eine »Frucht im Mutterleib vorsätzlich getötet und abgetrieben wurde«. Die Satire der Szene im Ordinationszimmer eines Arztes der ›Republik‹ könnte noch schärfer sein und Leben, Abtreibung und Verenden der zwanzigjährigen Hete etwas weniger weinerlich dargestellt werden. Sonst, Renée Stobrawa ist vorzüglich.
Statistische Angaben [...] ›Zeitungsausschnitte‹ im Programmheft unterstreichen, daß hier ein Schauspiel der Wirklichkeit und nicht ein Stück ›literarischen Dichtertums‹ gewollt und ... gekonnt ist. [...]

Walter Mehring   Der Kaufmann von Berlin

Uraufführung:
Piscator-Bühne am Nollendorfplatz Berlin, 6. September 1929
Regie Erwin Piscator

Piscator kehrte wieder in seine Bühne zurück. Im Juni 1928 hatte er seine Konzession zurückgegeben. Die Schulden waren gewachsen, die Gläubiger meldeten sich, man hatte sich übernommen. ›Hoppla, wir leben‹ und ›Schwejk‹ waren 1928 Serienerfolge geworden, die Geld brachten. Um die Abonnementansprüche zu erfüllen, hatte man das Lessing-Theater als zweite Bühne gemietet: aber damit setzten die Fehlschläge ein. ›Konjunktur‹ von Leo Lania, im Lessing-Theater am 10. April 1928 von Piscator inszeniert, enttäuschte. Andere Inszenierungen wie ›Der letzte Kaiser‹ von Jean Richard Bloch (Regie: K.-H. Martin, 14. 4. 1928) mußten eingeschoben werden, auch Achards ›Marlborough zieht in den Krieg‹ (am 5. 5. 1928 am Nollendorfplatz von Erwin Kalser inszeniert) rettete die Piscator-Bühne nicht mehr. Emil Lind führte das Theater am Nollendorfplatz mit Kassenstücken wie ›Der Feldherrnhügel‹ weiter. Eine Notgemeinschaft der Schauspieler der Piscator-Bühne bildete sich, die Erich Mühsams ›Judas‹ spielte. Auch das half nicht.
Es dauerte über ein Jahr, bis Piscator (der inzwischen Anderson–Zuckmayers ›Rivalen‹ mit stürmischem Erfolg im Theater in der Königgrätzer Straße inszeniert hatte, 20. 3. 1929) mit neuen Geldmitteln die zweite Spielzeit der Piscator-Bühne eröffnen konnte. Mehrings Stück war der Versuch, »das grandioseste Täuschungsmanöver, das die Weltgeschichte kennt«: die Inflation auf die Bühne zu bringen. Alfons Goldschmidt, Fritz Sternberg, Morus-Lewinsohn wurden die wirtschaftlichen Berater. Piscator baute ein durch Fahrstuhlbrücken verbundenes Bühnengerüst, dessen drei Etagen die Spielebenen für die sozialen Schichten Proletariat (tragisch), Mittelstand (tragi-grotesk), Oberschicht und Militär (grotesk) abgaben. »Die Klassen sollten sich dann kreuzen, wenn die dramaturgischen Schnittpunkte es verlangten.« Piscator suchte in dieser Inszenierung »alle Probleme, alle Momente des politischen Theaters« zusammenzufassen.
Die komplizierte technische Apparatur wurde das Handikap der Premiere, aber, was folgenreicher war, sie selbst wurde Gegenstand der heftigsten politischen Auseinandersetzungen. Für die liberale Presse erschien Piscator als Antisemit

(weil der Ostjude Kaftan eine Hauptfigur war), die nationale bezeichnete ihn als Judenknecht, weil die Aufstiegsfigur im Stück, der Rechtsanwalt Müller, ein nationaler Phrasendrescher war. »Piscator bedeutet soviel wie Hetze zum Bürgerkrieg«, schrieb ›Der Tag‹ am 8. September. Der ›Lokal-Anzeiger‹ setzte die Kritik als Hauptartikel auf die erste Seite unter der Überschrift ›Dreck, weg damit‹. Die ›Deutsche Zeitung‹ schrieb: »Werft alle Piscatoren auf den Kehrichthaufen. [...] Seht Grosz und lest Kerr. Und euch wird nichts entgehen, was getan werden muß und wann es getan werden muß. [...] Macht ganze Arbeit. [...] Es lebe die Reaktion! Die Reaktion gegen eine Pest, die uns zur Gesundung, zur wahren Kunst zurückführt.« – Piscator mußte ausscheiden. Der geschäftsführende Direktor Ludwig Klopfer führte das Theater am Nollendorfplatz ohne Piscators Aggressionen weiter. Aber Piscator gab noch nicht auf.

Bernhard Diebold, Frankfurter Zeitung 11. 9. 1929

Der Jude Simon Chaim Kaftan kommt im Jahre des Heils 1923 aus dem fernen Osten nach Berlin. Läuft mit seinem schmutzigen Handkoffer und hundert Dollars tagelang herum; ißt kaum, trinkt kaum; sieht kein Weib an. Wartet, lauert auf den Tiefstand der Mark; springt dann das gute Geschäft an, das ihm der schiebende Rechtsanwalt Herr Müller bietet. Jude und Blondling reichen sich die Hände und waschen sie gegenseitig. Man unternimmt Waffenschiebung nach Litauen; man finanziert Potsdamer Organisationen. Man verdient jedes Geld, wo es zu haben ist. Was früher Wucher war, wird nun durch Inflation moralisiert. Der Kaftan wird zum Frack. Aus dem Handkoffer wird ein Auto. Aus Dollars entstehen Billionen – bis sich die *Rentenmark* zur Nemesis der babylonischen Zahlen macht. Zur Nemesis mit verbundenen Augen. Denn den Kaftan vernichtet sie; aber dem Müller verhilft sie zur Gründung einer vaterländisch gesinnten Bank.

Symmetrie der Rassen
Mehring sucht offenbar die strengste Objektivität. Ein seltener Vogel. Er erspart keiner Rasse die Satire: Semiten und Antisemiten dürfen sich gleicherweise bedanken. Mehring hat Mut – mehr Mut als die üblichen Bourgeoisie-Töter unserer Dichtung. Immerhin ist der brutale Müller der größere Schieber, und der weichere Kaftan mehr der Geschobene. Er wollte die an sich nicht ganz reelle Situation so »reell wie möglich« ausnutzen. Während Herr Müller viel unbekümmerter die Mittel und die Pläne arrangiert. Aber im ganzen hält Mehring auf poetischen Ausgleich von größter *Symmetrie*: hier Spekulantenbörse, dort die Putsch-Spekulanten; hier die Weisen von Zion in phantasmagorischer Hexenküche, dort die strammen Herren vom Fememörderklub; hier die Synagoge und dort der kaiserliche Dom. Überall herrscht die Borniertheit des menschlichen Horizonts. Die gewissen Potsdamer sitzen in ihren Klubs »wie die Juden im Ghetto« (sagt Müller). Symmetrie der Gerechtigkeit.
In diesem Drama teilen sich als Spieler und Gegenspieler nicht Juden und Antisemiten, sondern nur noch fressende Inflationsbrecher und das arme deutsche Hungervolk, das vor den Bäckerläden die unvergeßlichen Polonaisen steht. In dieser fast tendenzlosen Souveränität über den Rassen liegt die große

Bedeutung von Mehrings Drama. Hier kann der Rechtser und der Linkser einigen Unterricht genießen über die rassische Neutralität – der Habsucht.

Das Libretto
Aber ist dieses Stück ein sogenanntes ›gutes Stück‹? Es läßt sich bei Piscator-Behandlung nicht mehr feststellen, zumal Mehring sich beim Dichten schon auf die Piscator-Technik eingerichtet hat wie der Librettist auf seinen Komponisten. Die dramatischen Spannungsfaktoren sind literarisch andere als szenisch. Bei längerer Gewöhnung wird schließlich eine neue ›Technik des Dramas‹ – geboren aus dem Geist Piscators – entstehen. Noch aber ist die genaue Parallele von Technik und Poetik nicht geschaffen. Mehrings Libretto ist um ein Drittel zu dick: ein Buch, kein Text. Es wird noch viel zu viel geredet, statt daß es von Schlagwort zu Schlagwort knallt. Denn Mehring hätte schon die richtige Ladung zum richtigen Knallen. Das aus dem Epilog des Buches zum Prolog der Aufführung umgesetzte ›Oratorium von Krieg, Frieden und Inflation‹ besorgt mit Chor und Rezitativ eine aus biblischem Pathos hochgetriebene, in ihrer Schlagkraft niederschmetternde Chronik von 1914 bis 1923. Aus einer Versammlung von Menschenköpfen tönt der Chorus Fanfaren. Es fallen Prägungen, die man sich merken darf:
Die Inflation hat der liebe Gott nicht vorausgesehen in seiner Güte.
Oder: Der Mensch muß essen; und weil er essen *muß*, das macht das Essen so teuer.
Oder: Trockenbrot macht Wangen rot! – auf die Melodie vom Morgenrot, das uns zum frühen Tod leuchtet. (Zitiert nur nach Notizen.)
Aber das sind nicht Linien, sondern Pointen. Das macht nicht Handlung, sondern Episoden. Das wird nicht eigentlich Drama, sondern dichtende *Journalistik*. Durch Piscators Kunst nun allerdings: dramatische Journalistik – journalistisches Monumentaltheater. Und Momentan-Theater.

Die Zeitung
Das *Momentane* empfindet unsere Epoche als das einzig Lebendige. Die *Zeitung* ist die Historie des Moments. Auf die berühmten Gazewände wirft der Film in ganzen Serien die aktuellen Zeitungstitel und Zeitungsschnitzel der geschichtlichen Augenblicke. Die Dollarzeichen und die sagenhaften Billionenzahlen der Mark flimmern wie Schneesturm über die ›vierte Wand‹. Diese vierte Wand vor dem Publikum, die bisher keine Wand war, wird bei Piscator plötzlich sichtbar: mit unheimlicher Transparenz vom Film mit lebender Dekoration, mit lebender Masse, mit lebenden Symbolen überzaubert. Fridericus in Karikatur erscheint; Rathenau, Erzberger geistern aus der Luft. Eine Wand der Schatten (die in Platons Ideen-Höhle hinten lag) rückt aus den Hintergründen in den Vordergrund. Das Allgemein-Erlebnis, das antik Chorische der ›Masse Mensch‹ lebt photographisch, wissenschaftlich, objektiv auf diesem Geister-Film aus Luft und Zeitung. Die Luft der Weltstadt.

Der Straßen-Apparat
Nie kam ›die Straße‹ jemals derart aufs Theater. Modernes Massendrama muß bei Gott doch auf der Straße spielen. Wir fahren mit der Stadtbahn durch die gefilmten Häuserschluchten; laufen minutenlang mit dem hungrigen Juden die Häuserwände entlang und lesen auf den Schildern der Geschäfte: Eier, Brot

und Fleisch. Dann hebt sich die Gazewand, und auf dem Hintergrund erscheint die Photographie der jeweils nötigen Gegend unscharf und verschwommen. Hier ist sie nur Kulisse. Denn es treten die wirklichen Menschenspieler auf die wirklichen Bretter, welche das Straßenpflaster bedeuten.
Welch ein Apparat! Zwei Brücken gehen hoch und nieder. Zwei laufende Bänder drehen sich auf der in zweiter Bewegung um sich selber drehenden Mittelscheibe. Darauf läuft der Tempo-Marsch der Straße mit Tausenden von Schritten vor- und rückwärts, rechts und links. Soldatentrupps, arme Huren, Polonaisensteher, Schutzmänner, Dienstmänner, Börsenmänner, Kaftanmänner, Hakenkreuzler. Verkehrszentrum auf der Bühne. Wirklichkeit des Augenblicks. Die Stadtbahn fährt über die Brücke zum Bahnhof Alexanderplatz. Die Untergrund-Bahn läßt ihr U leuchten. Die Trams läuten. Die Autos hupen. Musik (sehr eindringlich von Hans Eisler) gibt den Takt an. Die Straße trampelt, die Straße schreit. Im Mechanismus steht plötzlich ein festes Requisit: ein Bankbüro; ein Schalterhäuschen; ein Rennwagen... Der Raum ist ›draußen‹. Der Dessauer Architekt Moholy-Nagy hat ihn mit Piscator so erfunden. Er muß für jedes neue Stück aufs neue erfunden werden. Denn er spielt mit; der *Raum* hat seine *Rolle*: Die Straße gehört dem Verkehr.

Die Schauspieler
Das alles lebt aber schließlich doch für die Menschen. Die Schauspieler kommen noch nicht in den Brennpunkt. Piscator hat sich von Mehrings Breite verführen lassen; und ließ ihren Rollen den Lauf, statt sie durch Striche zu festigen. Eine Stunde Kürzung täte not von den vier langen Stunden. Manche Pause, manches stumme Spiel müßte ins Tempo kommen. Das Gebet des Kaftan wird schon zur Idylle. Die Figur der morbiden Judentochter Jessie mit dem Gesang vom Pogrom (der suggestiven kleinen Schilskaja) wird zur Lyrik einer verlorenen, verdorbenen Weltstadt-Mignon. Man spricht nur oft zu leise. Man redet oft zu lange im Dialog. Man mauschelt auch zu viel das kaum verständliche Jiddisch. Piscator verweilt und läßt sein Band laufen. Auch ist die Maschinerie noch nicht ganz eingespielt. Eine Stunde lang ist diese traumhafte Schwebung mächtig eindrucksvoll. Die Wanderung des riesigen Rotbartes im langen Kaftan durch die östlichen Straßen von Berlin ist unvergeßlich. Der Schauspieler Baratoff als Kaftan ist ein Meister der Diskretion; verliert den Ton weder im Rechnen, im Beten noch im seelischen Ausbruch, der nie zum lauten Ausbruch wird. Man bemitleidet ihn eher, als daß man ihn haßt. Er gibt den Ton des Ganzen an. Nach anderthalb Stunden war aber dieser Ton verbraucht. Trotz der brillant chargierten Type Schünzels als Müller kommt kein Bewegungszug in die zweite Hälfte. Sonstige Einzelleistungen fallen kaum mehr auf in diesem Riesenpersonal. Man merkt sich den Schieber Cohn im Lachen Leonard Steckels, die Generalin der Emilie Unda. Der General Carl Simons, der Monologe der ›Verantwortung‹ ins Unsichtbare hält, ist allerdings zu dümmlich, um dem schauspielerischen Realismus seiner Umgebung noch glaubhaft zu entsprechen. Auch die wenig verständliche Szene der ›Weisen von Zion‹ bricht den Stil der Wirklichkeit, der sonst in Synagoge, Schneiderwerkstatt, Kommissionsbüro, Börse und Kaschemme herrscht. Wahrhaftig: Piscator macht das Theater der Zeit. Was heute noch nicht klappt, müssen ihm morgen die Dichter vollenden.

Theaterskandal?
Man erwartete natürlich wie immer den großen Piscator-Skandal. Es gab nur einen kleinen. Proteste pfiffen gelegentlich in den Raum; von Klatschern gleich beantwortet. Nur als die Lumpensammler der Inflation – nach Haufen wertloser Papier-Billionen und einem zwecklos gewordenen Stahlhelm – auch noch die Leiche des Weltkriegssoldaten auf ihren Karren luden, gab es spontanen, lauten Widerspruch. Das war zu kraß. (Ach Gott, nach Brechts ›Happy end‹ gibt es nichts Krasses mehr.) Aber die arme krasse Leiche war ernstgemeint. Der tote Soldat des Weltkriegs ist vielleicht auch für die Inflationsgewinner den Heldentod gestorben. Peinlich, grausig, kraß – aber nicht gegen den Toten, sondern *für* den Toten.
Sonst stand man unter Mehrings und Piscators Objektivität zwischen Juden und Christen; und die Rechte wußte nicht mehr, was die Linke tat. Der ›Kaufmann von Berlin‹ – er könnte ebensogut wie Kaftan Müller heißen. Hüten wir uns vor beiden. Die Kaftans werden nicht alle so gut im Kern und die Müllers nicht alle so schlecht im Kern sein. Beide aber gefährlich. Georg Kaiser würde dies Schauspiel ›Zweimal Shylock‹ nennen.

Felix Hollaender, 8-Uhr-Abendblatt, Berlin, 7. 9. 1929

Es war der Zusammenbruch eines ehedem ernsthaft gemeinten Unternehmens, bei dem ein sehr begabter Spielleiter und ein vielleicht noch begabterer Dichter verbluteten. Das Maschinenhaus von Erwin Piscator ist gestern auf eine unheimlich geräuschlose Art in einer trübseligen Aufführung kurz und klein geschlagen worden. Unter den Trümmern von Eisenbeton und Scheinwerfern, unter den Fetzen der Filmleinwand, die wie ein Leichentuch die Bühne bedeckten, liegen die Helfer und Helfershelfer.
Der Theaterskandal, der an einer Stelle auszubrechen drohte, verstummte wie auf ein höheres Signal. Es verlohnte sich nicht mehr, Radau zu machen.
›Das historische Schauspiel aus der deutschen Inflation‹ wollte der liebenswerte Walter Mehring auf die Bühne bringen. Ich mache vor seiner Begabung die tiefste Reverenz, wenn ich mit aller Unzweideutigkeit ausspreche, daß der Handel unselig anfing und unselig endete.
Von welch jämmerlicher Beschaffenheit der Begriff Zeit- und Tendenzstück ist, wenn dahinter keine dichterische Gestaltungskraft steht, konnten wir in diesen Tagen wieder erleben.
Es ist ebenso belanglos, ob aus Kirchenfenstern die Rockefeller, Morgan und Ford treten – oder ob auf der Bühne arme Jidden und Hakenkreuzler, Stahlhelmer und Schieber abwechselnd sich breitmachen. Ob Potsdam durch einen verkalkten General und dessen sexuell erregte Gattin verkörpert wird, oder ob der Dichter das ganze Elend vom Brothunger bis zum Milliardenstand des Dollars aufrollt.
Dies alles verpufft, sobald Können durch Gesinnung ersetzt werden soll. Ich pfeife auf das neue, mir hundertmal annoncierte Zeitdrama, wenn ich nicht den Atem der Dichtung spüre. Mit Gesinnung allein lasse ich mich in der Kunst nicht abspeisen.
Den Kaufmann von Berlin, der mit seiner Jessika – der Dichter nennt sie etwas verschämt ›Jessi‹ – aus Galizien kommt, hier die Riesenkarriere macht –,

durch seine Schiebungen phantastische Gewinne schluckt, wollte Mehring in einer großaufgezogenen politischen Revue schildern.

Welch ein grotesker Spaß, Shakespeares Schatten heraufzubeschwören! Vielleicht ist auch Shylock – denn im Grunde genommen heißt Shakespeares Kaufmann Shylock, und nicht Antonio – von Amsterdam oder irgendeinem Flecken der griechischen Küste nach Venedig verschlagen worden, hat nach damaligem Gelde ebenfalls mit hundert Dollars begonnen, bis er seinen Gipfel erklommen und seinen Absturz erlebte, bis ihm die Gojims seine Jessika raubten und ihm dann das Fell über die Ohren zogen.

Bei Shakespeare eine handgreifliche, eindeutige Angelegenheit mit allen Tragiken, allen Humoren und Brutalitäten – aufreizend, aufwühlend, erschütternd.

Ich will den armen Walter mit dem großen William bestimmt nicht in einem Atem nennen – und ich will den Lebenden nicht mit dem Toten erschlagen. Aber warum läßt uns das berlinische Zeitdrama, empfangen von einem reinen Herzen, innerlich so furchtbar kalt?

Erstens, weil es in der Konzeption durchaus romanhaft ist, zweitens, weil es wie in einer Fibel nur die Tatsachen aneinanderreiht, und drittens, weil es längst erstarrte Typen, bei denen der Dichter nichts Menschliches mehr aufzuspüren vermag, auf die Bretter schleift.

Der Pulsschlag der Dichtung wird einem außerordentlichen Sprachgefühl geopfert. Der jiddische Jargon wird eingefangen, und das lebendige Gefühl unterschlagen. Es ist alles leeres, tönendes Wort. Eine einzige Szene aus den ›Webern‹ oder dem ›Florian Geyer‹ ist revolutionärer als dies armselige Spektakel, in dem der Verfasser beständig Revolte macht.

Mehring hat mit seinem Stück, das in der epischen Breite – in der schwatzhaften Ausführlichkeit von Szene zu Szene verdrießlicher wird, der freiheitlichen Sache einen üblen Dienst erwiesen. Aber vielleicht ist durch die Katastrophe des gestrigen Abends endlich dem Piscator-Wahnsinn ein Ende bereitet. Es bedeutet für mich wahrhaftig keine Genugtuung, daß meine Voraussagungen bis auf den I-Punkt eingetroffen sind. Die Warnungssignale sind umsonst gewesen – eine heftig gepriesene neue Bühnenkunst ist kläglich eingestürzt. Denn mit allen Filmtricks und Maschinenkünsten wird freiheitliche Gesinnung zum Schemen, sobald Puppen statt Menschen die Bühne füllen.

Piscators Sache steht viel ernster, als er und seine Freunde glauben, sie wird die nächsten Monate kaum überstehen, sofern nicht schleunigst zum Rückzug geblasen wird.

Mich jammert der Mann, den ich trotz allen seinen Besessenheiten nach wie vor für einen starken Könner halten möchte.

Herr Mehring wird sein Unglück verwinden – ein einziges seiner sprühenden Chansons wiegt den ganzen Bettel des ›Kaufmanns von Berlin‹ auf.

Die Darstellung ist ebenso künstlich aufgepumpt wie die Dichtung. Bankrott Piscators! Der Schauspieler Paul Baratoff, den man vom jiddischen Theater in New York hergeholt hat, ist eine große Begabung – aber für mein Gefühl zu trocken, nicht explosiv genug. Ihn mit Rudolf Schildkraut auf eine Stufe zu stellen, erscheint mir widersinnig.

Die Musik Hans Eislers ist eine Musik aus zweiter Hand. Sie hat die Kakophonien Meisels ohne dessen Einfälle.

Zuletzt waren die Zuhörer so angeödet, so ermüdet, daß sie im Eiltempo das

Theater verließen. Die Unentwegten, nur mit Gesinnung Gespeisten durften sich widerspruchslos austoben. Darin lag die bitterste Kritik des Abends.

Paul Fechter, Deutsche Allgemeine Zeitung, Berlin, 7. 9. 1929

Zum letzten August war die Sache angekündigt. Sie wurde verschoben, wurde wieder verschoben – acht Tage lang, Schaudergeschichten wanderten, von zusammengebrochenen Maschinen, irrsinnig gewordenen Maschinenmeistern und geknickten Schauspielern – bis schließlich die Premiere endlich doch geboren ward. Da versanken alle Schaudermären und es blieb die trostlose Wirklichkeit eines Unternehmens, das bei dem ersten Anlauf schon am eigenen Widersinn zusammenbrach.
Die Sache ist nicht ohne Tragik. Es ist hier immer die Meinung vertreten worden, daß Herr Piscator ein Talent der politischen Demonstration und Propaganda, des Arrangements von Umzügen, Tableaus, Versammlungen sei. Er selbst hält sich immer wieder für eine Theaterbegabung, sogar im Sinn des Technisch-Modernen – und bemerkt dabei über diesem Irrtum nicht einmal, wenn er, wie in diesem Fall, eine Komödie in die Hand bekommt, die weder Theater noch politische Demonstration, sondern lediglich triste blöde Langeweile von unüberwindlicher Zähigkeit enthält. Was ein kleiner Mann nach zehn Minuten gemerkt hätte, sieht der Direktor am Nollendorfplatz erst nach dem Durchfall seiner Premiere. Und man nennt ihn einen großen Theatermann.
Der Eindruck, den die Geschichte hinterließ, war schrecklich. ›Der Kaufmann von Berlin‹ des Herrn Walter Mehring ist offenbar schon vor Jahren entstanden, ein Zeitstück von vorgestern. Es ist episches Drama in Reinkultur: es berichtet, ohne zu gestalten. Zäh und dünn zugleich, blaß, langsam und ohne Bewegung schleicht die endlose Szenenfolge dahin, ein Gebilde von so stupider Wirkungslosigkeit, daß ein Regisseur mit einem Schimmer von Instinkt nach drei Seiten hätte merken müssen, was man ihm da vorgelegt hat. Nur ein Mensch ohne wirklichen Bühneninstinkt vermag befangen von der Hypnose des Politischen und primitiv Technischen einen derartigen szenischen Aufbau an solch eine wirkungslose Masse von dünnster Literatur zu vergeuden und damit die finanzielle Substanz seines Unternehmens selbst zu untergraben. Das Doktrinäre triumphiert auf der ganzen Linie über das Lebende, im Politischen wie im Theatralischen: Man verläßt gebrochen das Haus, Opfer einer Langeweile, die kaum einmal durch Entrüstung für Sekunden unterbrochen wird.
›Der Kaufmann von Berlin‹ ist die Geschichte eines der großen Schieber und Inflationsgewinner, die, nach der Meinung des Autors, aber eigentlich betrogene Opfer anderer waren. Auf dem Bahnhof Alexanderplatz kommt Chajim Kaftan an – mit Dollars: wenige Wochen später ist er der große Mann, der Weltbankier, der Herr Berlins. Er ist das aber nicht aus eigener Kraft und Gerissenheit: er ist nur Werkzeug gewesen – wessen? Ausgerechnet der ›Potsdamer‹. Ehemalige Offiziere, geführt von einem alten vertrottelten General und einem gerissenen Rechtsanwalt namens Müller benutzen Kaftan als Strohmann: sie machen ihn, hängen ihm für Millionen ein Schrottlager an, verleiten ihn zu Waffenschiebungen und lassen ihn schließlich fallen, verhaften und

wieder in der Versenkung verschwinden. Staunend sah das leicht betroffene Parkett, wieviel es von den verabscheuenswerten Militaristen an Geschäftstüchtigkeit noch lernen kann; staunend erkannte es gegen das Ende hin, daß Barmat und Kutisker und wie sie sonst noch hießen, arme ausgebeutete Opfer der viel gerisseneren Soldateska aus dem alten Heer gewesen sind.

Die Potsdamer werden die Anerkennung des Verfassers mit stillem Vergnügen hinnehmen: das Parkett aber fühlte sich namentlich in der ersten Hälfte des Abends durch das Thema offensichtlich beunruhigt. Die Sache sah immerhin zunächst ein bißchen nach Antisemitismus aus – so kam von vornherein jene Unbehaglichkeit der Stimmung zustande, die die sicherste Grundlage für einen Mißerfolg abgibt. Das Thema erwies sich als Mißgriff: die Leute fühlten sich mit Recht chokiert – und ließen schweigend die peinliche Sache vorüberziehen. So weit sie zog.

Denn das war nun der zweite schwere Fehler, daß Herr Piscator dies Unding von Stück (im Buch hat es 165 Seiten) auf ein Unding von Bühnenkonstruktion setzte. Zwei Schiebebrücken hoben sich, senkten sich, wenn sie es taten, zwei laufende Bänder liefen, wenn sie es taten: alles knarrte, knackte, brummte, surrte – feierlich langsam; es klappte nichts – unter Vorhängen sah man wartende oder laufende Beine, Gruppen blieben halb in der Versenkung stecken – schwerfällig und ruckweise schlich Szene um Szene vorbei. Von $^1/_2 8$ bis $^3/_4 12$. Was der Autor von seinem Stoff noch nicht gemordet hatte, brachte der Apparat um. Gelegentlich gab's ein hübsches Bild (Moholy-Nagy hat da die Verantwortung), gelegentlich gab's eine Raumwirkung mit Reizen – das Ganze war Technik, die sich selber auffraß.

Für schauspielerische Leistungen fehlte es an der textlichen Grundlage. Den Chajim Kaftan machte ein Mann aus dem Osten, Herr Baratoff (Ben-Zwi heißt er auf der ersten Fassung des Zettels). Er scheint ein sehr begabter Mann zu sein, sprach die ganze Rolle jiddisch mit starker Musikalität: was er sonst kann, muß man abwarten. Den gerissenen Anwalt machte Herr Schünzel geschickt und wie man so etwas nur machen kann. Des weiteren hörte man die Stimme der Herren Steckel und Kalser aus dem Wirrwarr der Statisten heraus – und eine neue junge Dame, Tatjana Schilskaja, die diskret und hübsch die Umrisse von Shylocks Tochter Jessie nachzog.

Kurz vor dem Schluß rafften sich die müden Lebensgeister für ein paar Momente auf – als eine Szene kam, in der Straßenkehrer nicht nur die Papiermark-Milliarden und einen Stahlhelm, sondern auch einen gefallenen Soldaten des Krieges als Kehricht mit entsprechend taktvollen Versen und einem Reißen an den Haaren auf ihren Dreckwagen warfen. Diese rüde Infamie weckte immerhin die eingeschlafenen Lebensgeister von einigen Dutzend Besuchern – einige verließen mit knallendem Türzuschlagen das Haus, andere begnügten sich mit Pfuirufen – wohl in der Erkenntnis, daß der richtige Protest gegen derartige Schweinereien an wesentlicheren Stellen als gegenüber den zufälligen Schauspielern oben auf der Szene gelandet werden muß. Zum Leben erwecken konnte auch dies den toten Abend nicht mehr – er versandete in müdem Schlußbeifall der Freunde und schleuniger Flucht.

George Bernard Shaw   Der Kaiser von Amerika
Deutsche Erstaufführung
Deutsches Theater Berlin, 19. Oktober 1929, Regie Max Reinhardt

Reinhardt wieder in Berlin: Ende 1928 war er nach Amerika gefahren, um dort den lange geplanten Film über Therese von Konnersreuth zu drehen. Enttäuscht, daß der Plan sich nicht verwirklichen ließ, war er im Frühjahr 1929 zurückgekehrt und hatte die Leitung seiner Berliner Theater wieder selber übernommen. Es begann das 25. Jahr, in dem Reinhardt Direktor des Deutschen Theaters war: ein Festjahr. Nach der Rückkehr hatte er am Deutschen Theater 1929 schon ›Die Gefangene‹ inszeniert, im Juni ›Die Fledermaus‹. In Wien richtete er ›Dantons Tod‹ im Rathhaushof ein; er inszenierte in Salzburg und brachte bei den Münchner Festspielen seine alten Inszenierungen von ›Kabale und Liebe‹, ›Der lebende Leichnam‹, ›Dantons Tod‹ und ›Victoria‹. – Jetzt leitete er sein neues (und letztes) Direktorium in Deutschland mit dem neuen Stück Shaws ein, mit dessen ›Heiliger Johanna‹ er die (kurzfristige) Rückkehr von 1924 nach Berlin begonnen hatte. – Reinhardts Gönner, der Millionär Castiglioni, hatte sich für dieses Stück interessiert und, nach der Vorlesung in seinem Haus in Wien, Reinhardt die Besetzung mit Krauß in Berlin und Waldau in Wien vorgeschlagen. Krauß berichtete, Reinhardt habe für die Rolle in Berlin erst an Curt Goetz gedacht, der in Berlin seit Jahren der Star für durchtriebene Ironien war. Für Krauß wurde die Rolle ein neuer Triumph in Berlin. Aber, so berichtet Shaws Übersetzer Siegfried Trebitsch, Waldau »war vielleicht in seiner Art noch überzeugender als Krauß ... vor allen Dingen war er königlicher« (›Memoiren‹, S. 351). Reinhardt entfaltete – nach kräftiger Überarbeitung des Textes – eine musterhafte Dialogregie. Er demonstrierte damit in jenem Berlin, in dem die Bühnen mit den ›Zeitstücken‹ zum großen Teil einen Ruck nach links getan hatten, die hohe Kunst des Sprechens, der gespannten Unterhaltung ohne zusätzliche szenische Mittel. »In diesem 25. Jahr hat Reinhardt den Kult des rein Theatermäßigen aufgerichtet. Die Inszenierung des ›Kaisers von Amerika‹ hat diese Entwicklung sinnfällig gemacht: eine Verhandlung, die fünfviertel Stunden dauert, und in der alle Beteiligten an einem Tisch sitzen und allgemeines über Politik reden, ist in Reinhardts Regie einer der stärksten Theatererfolge Berlins geworden«, schrieb Hans Rothe. Es wurden fast zweihundert Aufführungen, obwohl das Stück aus der Situation, aus der wachsenden Gefährdung der Republik, mißverstanden und von den meisten politisch abgelehnt wurde.

Franz Köppen, Berliner Börsen-Zeitung 21. 10. 1929

[...] Eine politische Komödie oder, nach Shaws präziserer Fassung, eine politische Extravaganz. Es eine politische Utopie zu nennen, obgleich als Zeit der Handlung das Ende des zwanzigsten Jahrhunderts angegeben ist, hat Shaw klüglich vermieden« denn diese Verlegung in die Zukunft ist nichts anderes als eine echt Shawsche Spiegelfechterei, und der Zuhörer wird sehr bald inne, daß er zum Zeugen eines der aktuellsten Gegenwartsprobleme gemacht wird.

des aktuellsten politischen Gegenwartsproblems. Im letzten Grund geht es um die Frage: Monarchie oder Republik? Das von Shaw gezeichnete englische Königstum der Zukunft, überall gehemmt durch Kabinett und Parlament, gibt wohl ein Spiegelbild heutiger Zustände. Und es ist nun ungemein reizvoll, daß Shaw, der Sozialist, die Frage keineswegs im eindeutigen Parteisinne beantwortet, sondern sich auf eine höhere Warte als die der Partei stellt, überall Menschliches-Allzumenschliches sieht und mit Entschiedenheit gegenüber der Partei und dem Prinzip den Wert und das Recht der Persönlichkeit vertritt und verteidigt. Und es ist weiter von einer sehr reizvollen Pikanterie, daß es ihm beliebt hat, den König als die überlegene Persönlichkeit zu zeichnen und ihm in allem recht zu geben gegen die teils unfähigen, teils korrupten Kabinettsmitglieder. Man wird daraus nicht den Schluß ziehen dürfen, daß sich Shaw von seiner sozialistischen Anschauung abgewandt hat. Er selbst hat es für nötig gehalten, in kommentarischen Bemerkungen zu betonen, daß der König zufällig die stärkste Persönlichkeit sei und daß er sich den Ministern überlegen zeige, nicht weil er der Monarch, sondern weil er eben die stärkere Persönlichkeit ist. Shaws Absicht war ganz gewiß nicht die, das Königtum zu verherrlichen und als die beste Regierungsform zu empfehlen; vielmehr kam es ihm in erster Linie gewiß darauf an, eine Satire auf das parlamentarische System mit seinen Auswüchsen enger parteilicher Begrenztheit und parteilicher Korruption zu geben. [...]
Der Dichter hat, sich damit als echter Dichter erweisend, seine Liebe beiden Parteien in gleichem Maße zugewandt. Die detaillierte Sorgfalt, mit der er den Charakter des Königs dargestellt hat, hat er auch keinem der verschiedenen Minister vorenthalten, und so sind ihm hier Typen von einer Allgemeingültigkeit gelungen, die weit über die Grenzen des britischen Imperiums hinaus Geltung hat. Wie er z. B. den Premier- und vor allem den aus Gewerkschaftskreisen hervorgegangenen Handelsminister charakterisiert, das ergibt Porträts, nach deren Urbildern man in einem uns sehr nahestehenden Lande nicht lange vergeblich zu suchen brauchte. Und wenn es bei der Zusammensetzung dieses Ministeriums etwa alle zwei Monate eine Krise gibt, so sind damit Zustände gegeißelt, wie sie, Gott sei's geklagt, dieses uns sehr nahe stehende Land mit einer geradezu unheimlichen, aber im System begründeten Regelmäßigkeit erschüttern. Hier liegt die für uns fast peinvolle Aktualität der Shawschen Satire, die, wenn wir von der satirischen Einkleidung oder Zuspitzung absehen, schon mehr den Charakter des Tragischen annimmt. Es ist lange kein Stück auf die Bühne gekommen, das mit solcher Wahrheit, Rücksichtslosigkeit und Treffsicherheit die Forderung erfüllt, daß das Theater dazu da sei, der Gegenwart den Spiegel vorzuhalten.
Diese Bedeutung kann es nur wenig schmälern, daß es in seiner Struktur keineswegs fehlerlos ist. Im letzten Grunde hat Shaw die gestaltende Kraft gefehlt, das Stück mit dem Problem voll auf- und auszufüllen. Es – das Problem – bildet gleichsam nur Auftakt und Abgesang. Dazwischen sind Intermezzi eingeschoben, die zwar den Theaterabend buntfarbiger gestalten, aber den eigentlichen Gegenstand in den Hintergrund drängen. Ein ganzer Akt, ausdrücklich als Zwischenspiel herausgehoben, dient einem erotischen Privatamüsement des Königs und damit offenbar dem Zwecke, auch bei ihm das Menschlich-Allzumenschliche gebührend zu unterstreichen und damit den Verdacht zu zerstören, als habe hier eine idealisierende Tendenz obgewaltet. Die-

ser Akt, obwohl in sich von zündender lustspielhafter Wirkung, aber ohne jede organische Verbundenheit, könnte, ohne den Sinn des Ganzen zu beeinträchtigen, glatt gestrichen werden. Nicht anders steht es um die die erste Hälfte des Schlußaktes füllende Episode, die das außenpolitische Problem einer amerikanisch-englischen Fusion aufrollt. Sie ist zu retten lediglich unter dem Gesichtspunkte, daß auch sie dazu dient, den König als einen Mann von klarem, staatsmännischem Blick zu erweisen. Doch tut das kaum noch not, nachdem er sich in den Debatten mit den Ministern schon ausreichend als solcher legitimiert hat. Es kommt hinzu, daß die dann folgende Aussprache zwischen dem Könige und seinem Kabinett kein neues Moment mehr erbringt und nur als matter Aufguß der großen Auseinandersetzung des ersten Aktes wirkt. Aber diese, wie gesagt, ist von so zwingender, erschütternder Aktualität, daß man allein um ihretwillen das Werk als einen großen Gewinn für die deutsche Bühne begrüßen darf.

Es in diesem Sinne eindringlich zu machen, ist die Aufführung unter Reinhardts Regie aufs glücklichste und erfolgreichste bestrebt. Köstlich die Blütenlese von Politikern, die sich da zusammenfinden, und es mag für jeden politisch bewanderten Zuschauer ein Vergnügen von ergötzlicher Pikanterie sein, auf die Originale der einzelnen Typen zu fahnden: sei es nun der hysterische, stets mit Abdankung drohende Premier (Gülstorff), der proletarische, aber sich schnell akklimatisierende Handelsminister (Gerron), der gegen Schiebervorwürfe besonders empfindliche Kolonialminister (Meyerinck), der sich in maskenhafte Undurchdringlichkeit hüllende Außenminister (Kühne), der witzig aufgelegte Schatzkanzler (Friedell), der stets gelangweilte, über Zeitverlust wetternde Innenminister (Winterstein). Ein Gremium, das durch eine von starker Ressortliebe erfüllte Wirtschaftsministerin (Helene Thimig) und eine kabarettistisch frisierte Ministerin für Verkehrswesen (Margo Lion) in seiner Totalität noch weiter ironisiert wird.

Gegenüber diesen Interessenpolitikern die starke Persönlichkeit des Königs. Die Gefahr läge nahe, ihn zu einem posierenden Schönredner zu veräußerlichen oder ihn lediglich als einen geschickten Debattier erscheinen zu lassen. Bei Werner Krauß wird er, und zwar auf der Grundlage des meisterlich behandelten Wortes, mehr. Wird zu einem Manne, der von dem inneren Berufensein für sein Amt überzeugt ist, weil er jedes Wort mit innerlicher Überzeugung durchdringt, weil er sich nie im Spiel der Worte verliert, sondern immer auf den geistigen Kern der Sache dringt, weil er sich nicht rechthaberisch festlegt, sondern immer im Flusse der Geschehnisse bleibt, sich nicht ressortmäßig bindet, sondern das Ganze überblickt und den Effekt auf die Zukunft berechnet. Ein Sieger auch dann, wenn er nachzugeben oder zu unterliegen scheint. Von einer reifen, geklärten Menschlichkeit, die des Menschendarstellers Kunst auf dem Gipfel zeigt.

Bleiben noch die Träger der beiden Episoden: Maria Bard von schillernder Lustigkeit als Geliebte. Otto Wallburg als amerikanischer Botschafter von seiner Mission so hingenommen, daß er sich ihrer konfuse, sich verhaspelnd, mit forciertem Pathos entledigt: ganz undiplomatisch, vor allem ganz unamerikanisch, aber von stärkster komischer Wirkung.

Hatten diese Episoden ihre Sondererfolge, so triumphierte im Gesamteindruck über sie doch das politische Hauptproblem, das jedem einzelnen das Bewußtsein nahe brachte: tua res agitur. Darum schlug der Beifall oft spontan zur

Szene auf und dankte am Schluß mit einer Intensität, die erkennen ließ, daß er die Quittung für einen Theaterabend von nicht alltäglichen Anregungen war.

Bernhard Diebold, Frankfurter Zeitung 23. 10. 1929

In diesem Stück kommt ein König vor, der Magnus heißt und seine sämtlichen Minister an der Nase zieht. Er ist der einzige Kopf. Alle übrigen sind Esel. Vive le roi!
Shaws Ironie ist zweideutig. Zweideutig wie immer. Bei jedem anderen als Shaw wäre das republikanische Publikum in kochende Wut geraten über so viel royalistische Propaganda. Aber da Shaw außerhalb dieses Stückes behauptet, ein *Sozialist* zu sein, so vertraut der durchschnittliche Intelligenzler zunächst gutgläubig seiner Doppeldeutigkeit – und weiß nicht, was soll es bedeuten.
War's denn nicht immer so ein bißchen zweideutig beim lustigen Sozialisten Bernard Shaw? In ›Major Barbara‹ fühlen die Kapitalisten auch ihr Herzchen höher schlagen und die Sozialisten lächeln mit gretchenhafter Verschämtheit... »Ach, wir Armen«... Shaw gibt kein Brot. Shaw gibt Bonbons.
Der Waschzettel des Verlags S. Fischer sagt gar ahnungsvoll vor künftiger Verwirrung: »Es kommt Shaw darauf an, zu zeigen, daß jedes, auch das scheinbar beste politische System unterliegen muß, wenn es von unbedeutenden Menschen vertreten wird, denen ein überlegener Geist auf dem anderen politischen Ufer gegenübersteht. Es erhöht nur die satirische Spannung dieses Stückes, bedeutet aber keine politische Stellungnahme, daß dieses System durch eine Arbeiterregierung und jener überlegene Geist durch einen König dargestellt wird.«
So??? Ich behaupte, daß die exemplarische Bevorzugung des Königs und die systematische Veräppelung der Demokratie einer politischen Stellungnahme völlig gleichkommt. Denn:
Warum muß der von Shaw gesalbte Held gerade ein König sein?
Warum schafft ihm Shaw nicht einen einzigen Gegenspieler von Witz, Vernunft und Kritik?
Warum dient denn jeder Spaß von Shaw ganz konsequent dem Lob der Monarchie und dem Spott der Demokratie?
Warum, warum, warum? Strafende Satire, politische Satire ist gut – aber bitte, nach *beiden* Seiten, wenn schon auf ›Stellungnahme‹ angeblich *verzichtet* wird. Die politische Weisheit dieses Sozialisten dient nur der Monarchie – dem politischen Individualismus. Die Karikatur trifft nur die andern. Der König genießt die komplette *Heldenverehrung* – wie kein Caesar, kein Napoleon bei Shaw. Die sophistischen Hintertürchen und Dalbereien des ›Sozialisten‹ Shaw verändern nicht den tristen Eindruck der Gesinnungslosigkeit. Der ›Lokal-Anzeiger‹ und die ›Deutsche Tageszeitung‹ – sie werden sich vor Freude nicht zu fassen wissen. Man huldigt dem König zur Erhaltung des alten demokratischen Kabinetts – und vergißt darüber den Untergang des alten Europa. Nur der König hat Pathos. Nur dem Helden dient die Ironie. Wann fordert Shaw die Diktatur des Übermenschen?
Werner Krauß gab den Magnus als überlegenen zivilen Herrn von Welt mit

fulminanter Redekraft. Klug, kaustisch; und ohne königlichen Anspruch. Neben ihm die urkomische Gestalt Gülstorffs als Premierminister: nervöser Dümmling, ewig beleidigter Prinzipienredner. Dann massig, tierisch, schmierig, wuchtig der Handelsminister Kurt Gerrons: die monumentale Blamage des hier waltenden demokratischen Geistes. Von den Damen in der Bombenrolle: Maria Bard als Geliebte Orinthia. Beweglich wie ein Affenweibchen, turnend vom Klavier zum Himmelbett. Ein Puck an Mobilität. Helene Thimig machte ernsthaft die ernsthafte Wirtschaftsministerin Lysistrata; Margo Lion die Karikatur der Verkehrsministerin Amanda. Den amerikanischen Botschafter stotterte der herrliche Wallburg.
Also: erste Besetzung. Und daher lauter Beifall. Dazu Regie: Max Reinhardt. Was muß diese Regie gearbeitet haben, um durch zwei überlange Akte und einen versehentlichen ›Zwischenakt‹ immerhin eine Linie zu ziehen. Lange Linie – aber Linie. Dirigierarbeit zur Richtung des Richtungslosen. Drei Stunden Konversation ohne Maß. Drei Stunden Satire ohne Charakter. Drei Stunden Narren-Klugheit ohne Weisheit... Man lachte allerseits. Die Rechtser hatten am meisten zu lachen. Die Linkser hatten nichts zu lachen.

Alfred Kerr, Berliner Tageblatt 21. 10. 1929
I
Ist George Bernard Shaw sich im vierundsiebzigsten Lebensjahr untreu geworden? Nein: er ist sich treu geblieben.
Nur lag zwischen seinem früheren Schaffen und seinem jetzigen Schaffen die Weltrevolution: die Republikanisierung Europas.
Der Einschnitt...
Der Einschnitt – auch für ihn.
II
Was?... Dschi-Bi-Es (so nennt ihn England vertraulich nach den Anfangsbuchstaben) – Dschi-Bi-Es oder G. B. Shaw war ein Ausdruck der Zeit, vor dem Krieg.
Seitdem erschien in seinem Werk manches zu selbstverständlich: weil die Revolution der Welt im Grund seine tapferen Forderungen erfüllt hatte. [...]
Aber der Hang zur alten Tätigkeit des Widersprechens rumorte fort. So widersprach er eben sich selbst.
Shaw wurde sich im 74. Lebensjahr untreu: indem er sich treu blieb.
III
Wer herrscht, ist anzugreifen... denkt er wohl dunkel. Wer aber wird gegen Ende des 20. Jahrhunderts (da spielt sein Stück) herrschend sein? Demokratie. Das Königtum wird bedrückt sein in der Minderheit.
Shaw setzt somit sein altes Geschäft fort: die Herrschenden anzugreifen, die Minderheit zu schützen... Nur vergaß er, daß die Minderheit hier ein entzahntes Schädlingstum ist; daß sie ein beseitigter, vordem vom Geburtszufall blöd abhängiger Mißstand war.
Shaws Denkfehler hieß: Minderheit ist Minderheit. Seinem vierundsiebzigjährigen Hirn entging, daß es, mit Unterschied, Minderheiten... und Minderheiten gibt. Wie der Mensch an der Spree sagt: so'ne und so'ne.
Shaw, stellungslos geworden, fuhr blindlings auf den Begriff ›Minderheit‹ los. Das Ende war ein schiefes Stück.

IV
Mussolini hat auf Shaws Bewußtsein (oder auf sein Unbewußtes) gewirkt. Aber Shaw lebt in England, wo es zufällig einen König gibt. So verwirrte sich Bewunderung für den (aus dem Volk emporgestiegenen!) Diktator ... und allerhand Mitgefühl für ein in England erblich vorhandenes Institut. Tohuwabohu im emeritierten Kopf.

V
[...]
Ein ganzes Dasein hindurch hat Shaw Dinge von allgemeiner Geltung verfochten; hier plötzlich wird er zufallsenglisch. (Vielleicht in Erinnerung an Edward VII.) Der Insulaner Shaw hört letztens auf, universell zu sein? ...
Furchtbares Beispiel des Erliegens vor der Umwelt.
Nehmt euch in acht. Und wenn ihr statt dreiundsiebzig gar hundertfünfzehn werdet – paßt auf.
Betet nicht, und wachet. Sonst verschlingt euch die Umwelt eines Tages. Ihr glaubt zu kämpfen, während ihr euch anpaßt. Der Ire Shaw ist zum erstenmal ein Stockengländer.

VI
Jeder *criticus* hat Schwellen des Bewußtseins aufzumeißeln. Was da sich bei Shaw findet, ist neben andrem ... ein Gefühl der Abnutzung. Jemand hat ein Dasein hindurch Einblick bekommen in die linke Strömung: so Shaw; niemals Einblick in die verborgenen Zustände königlicher Welten.
Er wird also nicht nur seinen Überdruß an dem Zufällig-Persönlichen der linken Seite spucken: sondern zugleich sich an dem Gegenteil, das er gar nicht kennt, erfrischen.
Gesetz der Abwechslung: Gesetz der Abnutzung.

VII
Shaw macht einen Gewerkschaftsführer lächerlich, weil der von S. M. so rasch beeinflußt wird ... Nein, Shaw selbst ist ja der Gewerkschaftsführer, der sich zu früh von der gegnerischen Welt bezaubern läßt. Shaw ist die ›Wurzen‹ des Königs. Nicht Mr. Boanerges, der Volkserwählte – sondern Bernard Shaw geht hier auf den Leim.
Punktsieg Englands.

VIII
[...]

IX
Nur konditional wäre das Stück zu retten. (Ich würde so gern ein Retter sein für Shaw. Es geht nicht.)
Konditional? Die Fragestellung müßte so lauten:
Falls, falls, falls ein vom Volk erwähltes Kabinett derart schlapp, zanksüchtig, selbstsüchtig, uneinig, unfähig wäre: dann ist ...
Nein: auch dann ist ja kein erblicher Zufallskönig, sondern ein tüchtiger Mussolini, der Selbstgemachte, das scheußliche Korrektiv.
Bei Shaw-London ist es halt und ist es halt ein König. Weil England einen hat.
Dem Manne kann nicht geholfen werden.
(Nur gedankt für Vormaliges.)

Emil Faktor, Berliner Börsen-Courier 21. 10. 1929

[...] Die Komödie ist nicht witzloser, nicht viel ärmer, nicht steifer als frühere Bühnenwerke Shaws. Alle Spielarten seines Geistes treten in Erscheinung: Ironie, grotesker Ulk, Utopistisches, und nicht zuletzt ungenierte Wahrheit. Seine satyrische Fähigkeit jedoch verwässert sich. Er führt einen Feldzug gegen Parteibonzentum, gegen Schlagworte der Demokratie, gegen politische Korruption. Aus den in der Regierung sitzenden Häuptlingen der Parteien entstehen Zerrbilder. Die Vertreter des Parlamentarismus sind geblähte Schreihälse ohne eine Spur von Existenzberechtigung, manierlose Gesellen. Ihre erheiternden Pointen verdecken nicht geistige Leere. Die Vorgänge sind voll lustiger Bewegung. Aber die Figuren zappeln bloß statt zu spielen. Das Wesen der politischen Korruption wird mit einem riesenhaften Trust der Bruchschadengesellschaft A.-G. gekennzeichnet. Die Merkmale der Versumpfung laufen auf wohllebige Einladungen zu Mittagstischen hinaus (ein einziger Lokalbericht über die Berliner Stadtaffäre ist aufschlußreicher.) Die Abrechnung Shaws ist von dem Vorwurf großer Flüchtigkeit nicht freizusprechen. Aus ihr könnte man Verdacht schöpfen, daß Shaw über den Fortschritt in der Welt den Stab bricht. Man muß schon interpretieren.

Die Charakteristik der Königsfigur hingegen ist weit liebevoller. Ein Lebemann, ein Charmeur, ein großer Diplomat läßt sich scheinbar von der Volksregierung schwer mißhandeln. Grobheiten überhört er, Anbiederungen schneidet er mit Liebenswürdigkeiten ab, Wünsche beantwortet er mit Versprechungen, an deren Erfüllung er nicht glaubt. Der ultimativen Aufforderung, auf sein Vetorecht zu verzichten, begegnet er mit dem Scheinentschlusse, abzudanken, das Parlament aufzulösen und für die aktive Politik einzutreten. Die Streber und Kleber am Mandate knicken ein. Er hat, wie oft vorher, das Spiel gewonnen. Ist diese Art von Abrechnung eine Huldigung an den Gekrönten? In einem sehr drolligen Zwischenspiel wälzt sich die Majestät im Bann einer rabiaten Geliebten auf dem Boden herum; aber die Glorie wird bei den großen Debatten wiederhergestellt, wo der König seine Macht durch gelassene Ruhe und listenreiche Überlegenheit zusammenflickt. Amerikas utopischer Antrag auf Fusion mit dem Mutterlande wird mit nationalstolzer Würde abgelehnt. Auch dieser Effekt ist dem König vorbehalten. Ist es ein Bekenntnis? Interpretationskunst behauptet, der Dichter wollte sich vor der Persönlichkeit verneigen. Dem geistigen Übergewichte, gleichgültig ob Partei oder überparteilich, gebührt die Führung. Das wäre ein Standpunkt. Doch dem König ist kein halbwegs diskutabler Gegenspieler gegenübergestellt. Alle vorgeführten Regierungsmänner zusammen kommen dafür nicht auf. Das ist der Hauptdefekt der Komödie: sie ist ein Alterswerk, dem die Balance fehlt.

Für die Inszenierung setzt sich Max Reinhardt persönlich ein. Das Werk wird unter seiner Hand, mit seinen Spielern bedeutender. Keine Möglichkeit, die Szene um erheiterndes Material zu bereichern, wird außer acht gelassen. Reinhardts alte Liebe für Shaw wird schöpferisch. Jede Figur leitet ihre Physiognomie von Herkunft und Ressort ab. Zwar überschreit und überhastet sich der vorzügliche Kurt Gerron bei der Darstellung eines Regierungsproleten. Aber man hat, von dieser Überchargierung abgesehen, den Eindruck eines Kerls. Zwar ist für die Mittelpunktfigur des cholerischen Premierministers Max Gülstorff nicht ganz der richtige Mann. Er poltert verwischend. Aber Reinhardt

bringt die Figur trotzdem auf eine amüsante Formel. Meyerinck, v. Winterstein, Egon Friedell, obwohl er kein Schauspieler ist, erfüllen drollig Debattenansprüche; Helene Thimig veranschaulicht den Reiz der Sprödigkeit. Auch das Experiment mit der Kabarettistin Margo Lion schlägt nicht fehl. Otto Wallburg deckt die Mission eines Botschafters mit Spaßigkeit. Alles, was mit Hofluft (auch die Königin der Lina Woiwode) zusammenhängt, hat eine mitnehmende, gewürzte Atmosphäre. Die Bühnenbilder Ernst Schüttes tragen zur Wirkung bei. Vor allem ein sehenswertes Riesenexemplar von Konferenzschreibtisch, dessen eine Ecke Heinrich von Twardowski sehr nett belebt.
Noch gewürzter das Zwischenspiel, in welchem Maria Bard sich als mondänes Teufelsweib gebärdet. Man kennt ihr charmantes Wesen, ihre Hurtigkeit. So schlagend witzig, so temperamentvoll hat man sie noch nicht gesehen.
Das große Ereignis des Abends ist der Königspieler Werner Krauß. Ihm gehört vom ersten Augenblick das Interesse, wenn er lässig beflissen auf den manierlosen Besucher zueilt und ihn nach wenigen Minuten zum Respekte zwingt. Ein Privatmann läßt mit entwaffnender Laune zwischen ignorierten Taktlosigkeiten die königliche Würde durchblitzen. Aus Wortabschneidungen, Freundlichkeiten, gelassener Ruhe setzt sich die an die Wand gedrückte Majestät wieder unverdrängbar zusammen. Ungewöhnlich drollig im Zwischenspiel streift der Künstler die Komik des Doppelwesens völlig ab, sobald er die Intelligenz hervorkehrt. Er hat auch ein paar Reden zu halten, und diese Appelle an den Verstand werden von Werner Krauß fabelhaft gesprochen. Der Reiz seiner Stimme ist nebensächlich geworden. Seine Sprache ist zu einer alles überbietenden Organisation des Wortes vorgedrungen.
Reinhardt ist sein bester Regisseur; es begegnen sich zwei Phantasiemenschen.

Schiller   Don Carlos

Staatliches Schauspielhaus Berlin, 2. 11. 1929, Regie Leopold Jeßner

Jeßners Vertrag als Intendant des Staatstheaters war nun nach vielen Kämpfen erneuert; seine erste Inszenierung der neuen Spielzeit war der dritte Versuch mit ›Don Carlos‹. Er entstand, wie Jeßner im Programmheft schrieb, »nicht aus Willkür, sondern aus der Erkenntnis und der Resonanz zweimaliger Aufführungen heraus. Mancher Schnitt, der sich aus dem Spieltempo des Jahres 1922 ergeben hatte, erschien heute zu abrupt, um aufrechterhalten zu werden.« Dramaturgisch griff er zum Teil auf Einsichten aus der Inszenierung von 1922 zurück, auch in der neuen Inszenierung war nicht Posa, sondern Philipp das Zentrum. »In der Architektur des Schillerschen Dramas bleibt Philipp die dominierende Rolle. [...] Denn die nun einmal feststehende Existenz Philipps, dessen einsame Großmacht diesem ganzen Hof die Kälte und Starrheit eines Leichenschauhauses einhaucht, erweitert sich von Szene zu Szene zur eigentlich tragischen Gestalt« (Jeßner im Programmheft zur Aufführung). Für diesen Philipp hatte er jetzt den Schauspieler, den er kurz vor der Premiere in der Inszenierung von 1922 hatte ersetzen müssen: Fritz Kortner. (»Kortner ließ ihn zu Shylocks Bruder werden«, Monty Jacobs, 2. 11.

1929.) Lothar Müthel, damals der Carlos, spielte nun den Posa, dessen Gestalt Jeßner durch Rückgriffe auf die erste Prosafassung, die Varianten und die Hamburger Bearbeitung konsequenter zu machen versuchte. In der großen Szene, in der der eifersüchtige König sich Klarheit über das Verhältnis von Königin und Carlos verschaffen will, wurde die Preisgabe des Carlos durch Posa nun als eine Ablenkung des Königs mit politischen Mitteln begründet. Der Hinweis Posas auf die politische Gefährlichkeit des Prinzen sollte ihn vor der für Carlos gefährlicheren privaten Eifersucht des Königs retten. Jeßner verfolgte auch in dieser Inszenierung das neue Prinzip sachlicher Darlegung. Ernst Heilborn nannte sie in der ›Frankfurter Zeitung‹ eine »Röntgenaufnahme«, Servaes schrieb im ›Berliner Lokal-Anzeiger‹ »Frostschauer über Schiller«. Den zahlreichen rühmenden Kritiken (Kerr, Faktor) standen schroffablehnende gegenüber. Ihering hatte sich von Jeßner abgewandt, schrieb in seinen Zeitungen im Reich ein hartes Nein und stand damit auch gegen die Kritik Emil Faktors, der die Inszenierung (statt Ihering) im ›Börsen-Courier‹ besprach. Arnolt Bronnen, dessen ›Michael Kohlhaas‹ Anfang Oktober bei der Uraufführung in Frankfurt an der Oder durchgefallen war, trat als Kritiker auf und führte schon das neue völkische Vokabular gegen Jeßner. »Die Front erwartet [...] die Erfüllung einer nationalen Pflicht [...] einer deutschen Pflicht. Wir werden demgemäß Herrn Jeßner nicht nur an seinen Früchten erkennen, welche artistisch sind; wir werden ihn auch an seinen Wurzeln erkennen, – welche politisch sind. Die Inszenierung ist mißglückt [...] politisch, weil sie die Gesinnungen, welche dieses Stück beleben [...] verwischt, verunklart« (s. d.). – Schon über seiner nächsten Inszenierung, F. Reyhers ›Harte Bandagen‹ (31. 12. 1929), ›stürzte‹ Jeßner als Intendant. Er demissionierte als Chef des Staatstheaters. ›Don Carlos‹ wurde sein Abgesang.

Alfred Kerr, Berliner Tageblatt 4. 11. 1929
I
Im Begleitwort zu dieser ganz hervorragenden Aufführung weist Jeßner auf drei Möglichkeiten, das Werk zu sehen:
Als Liebes-Tragödie? Als Posa-Tragödie? Als Philipp-Tragödie? Die Philipp-Tragödie scheint ihm jetzt wohl Trumpf. Philipp scheint ihm nun der beste Mittelpunkt zu sein.
II
Er ist es. Aber nicht, weil diese dramatische Auffassung zu Recht bestünde: sondern weil Philipp-Kortner sein bester Schauspieler bleibt.
So liegt der Fall.
III
Aus ähnlichem Grund kommt es zu keiner Carlos-Tragödie: weil der Darsteller des Carlos (unbeschadet seiner sonst vielleicht vorhandenen Werte) hier kein zulänglicher Darsteller ist. Damit fällt aber auch die Liebes-Tragödie: wenngleich diese Königin der Eleonore Mendelssohn in ihrer hochstehenden Anmut (in ihrer hochstehenden Anmut) sehr für die Möglichkeit einer solchen spricht.
IV
Auffassungen; dramaturgische Zurechtrenkungen: ein Spielordner tut sein Möglichstes. Jeßner hat es wundervoll hier getan.

Ein Kritiker jedoch wird vor mancher Zurechtrenkung zweifeln ... und nicht mittun.
Warum?
Weil er die Dichternatur argwöhnischer durchschaut. Weil er vom Bau ist. Weil er die wallungsflinke Triebheit dieser Sippe merkt. Weil er den Augenblicksmenschen mit springenden Einfällen wittert. Weil er von dessen Umfällen im Lauf seiner Arbeit Ahnungen hat. Weil er aus Flickwerk nicht mit Gewalt eine Einheit machen will. Weil er nicht jeden begangenen Wirrwarr mit seinen Federn zu schmücken braucht. Weil er keine Pflicht fühlt, den Zusammenhang zu deuten, welchen der *dramaticus* nicht gehabt hat.
Kurz: weil er den Betrieb kennt.

V

Schiller, mit jedem Irrtum unsrem Herzen teuer, hat – nach allerhand Versuchen – den ›Carlos‹ irgendwie zuletzt unter Dach gebracht. (Mit etlichen Wirren des ›Wallensteins‹ ging es ihm ähnlich.) Aber nicht das kann ausschlaggebend sein für die Schätzung.
Ausschlaggebend ist ... ein Klang; ein Strahl; ein Stern; ein Ruf; ein Wille: durch sein ganzes Werk ewig fühlbar.
Ausschlaggebend ist (ja: trotz beliebiger Unlogik im Bau) die menschennahe Sehnsucht eines Beflügelten. An dem kein Untätchen hängt. In dem das Rebellentum feurige Liebe wird.

> Nichts an dir war scheel und niedrig,
> Teurer Schiller, edler Friedrich.

Diese Klänge; diese Ströme: sie hallen, sie fließen – in eine halt nicht mehr wegzudenkende Wortschönheit. Noch aus diesem warmen und so anfechtbaren Werk; ob Liebes-Tragödie, ob Posa-Tragödie, ob Philipp-Tragödie. Das ist mir Wurscht.

VI

Kortner schafft eine Philipp-Tragödie. Doch Müthel und Kortner gemeinsam die Posa-Tragödie.
Alles zusammen steigt ... in eine menschliche Hochstimmung. Lang haftend.

VII

Jeßner stellt Schillers Überschwang auf Gesprächston. Das Pathos trollt sich mit ausgebrochenen Zähnen.
So wird manches rettbar: in einer, zu genauerem Zergliedern willigen Gegenwart. Es huscht vorbei. (Mildernder Umstand.) Nur manchmal wird Jeßners ziviler Alltagston ... ein Widerspruch zum Wort. Beispiel?
Fällt zwischen Carlos und Posa der Schwur: »Auf ewig!«, so klingt es im Schauspielhaus wie:
»Jemacht!« (Allenfalls wie sportlich: »*For ever*«.)

VIII

Das große Gespräch aber zwischen Kortner und Müthel, zwischen dem Monarchen und dem Malteser, auf einen so heutig-zivilen Ton gestellt: das wird etwas Herrliches. Hier ist die Achse.
(Jenseits von Auffassungen des Grundrisses ... und so.)

IX

Kortner war bis dahin ein vereister Mißtrauling. (Nicht ein schreckender Popanz; nicht ein Theater; sondern eine ganz innen erhartete, ganz in den Tie-

fen verkniffene Natur ... bewußt aus dem Alltag; im Gegensatz zum Pathos; kostbar.)
Jetzt – weil Müthel sich so seelenhoch entwickelt; weil dieser Marquis nicht nur in Schillers Worten, sondern beinahe trotz F. Schillers schwellendem Wort, nur Gefühltes, Einfach-Heutiges mit letztem, fast ungewolltem Anteil herausbringt, ein überzeugter Mensch, nicht mehr und nicht weniger ...
Da ruft in diesem Kortner etwas! Da kommt es heraus: was dieser Gezeichnete, Geschlagene hätte werden können ... Das ist die Philipp-Tragödie. Die Schickungstragödie.
Alles kaum zu vergessen. (Und alles civiliter.)
x
Müthel hat sein Ethos (wie oft war er spießerhaft, gymnasial) durchgesetzt; entfaltet; gehöht ... Man fühlt nur den fühlenden Anwalt einer gefühlten Sache.
Das ist ein Tag.
Alles vorher von ihm Geleistete versinkt. (Das Nichtgeleistete zumal.) Ausgelöscht. Neuer Anfang: weil er glaubhaft machen konnte, daß er ein überzeugter Mensch ist; weil er solches Überzeugtsein auf ein Haus übertrug; und weil diese Überzeugung zukünftig ist.
Jeder Widerspruch wäre ... gymnasial.
Müthels Tag.
XI–XIV
[...]
XV
Das Ganze ...
Seht es. Ein Zeitstück fast. Ohne Sonderstufung freilich mit Löhnen und Zöllen: weil es nur von Schiller ist. Aber mit seinem Hauch – der uns, noch uns, dienen kann. [...]
XVI
Schiller, wir leben in einer neuen Republik. Hilf ihren Anfängen. Nichts an dir war scheel und niedrig. Teurer Schiller, edler Friedrich.

Herbert Ihering (Zeitung?)

Als großes Ereignis angekündigt, lief im Staatstheater am Gendarmenmarkt die neue Jeßner-Inszenierung ab: Schillers ›Don Carlos‹. Zugegeben: Schiller ist heute schwer zu spielen. Zugegeben: Don Carlos ist ein besonders kompliziertes dramaturgisches Problem. Zugegeben: es gibt wenig Schauspieler, die heute Nerven und Ausdruck für die Klassiker haben. Zugegeben: man versuchte, sich mit dem idealistischen Pathos Schillers auseinanderzusetzen und es auf den Grund eines gegenwärtigen politischen Kampfes zu verankern. Alle diese Schwierigkeiten, all dieser Probewille berechtigen aber nicht *diesen* Grad des Irrtums, der Stillosigkeit, der Wirkungslosigkeit.
Der Aufführung fehlte der kontrollierende Geist. Es fehlte das überlegene Gehirn, das Wagnisse wie diese Textänderungen, diese Umstellungen legitimierte. Die Striche waren oft sinnlos. Wenn es heute notwendig ist, die Infantin Clara Eugenia nicht mehr sagen zu lassen: »... und meine schöne Mutter weint«, wenn es gut war, daß dieser Auftritt gestrichen wurde, und der König

in der Ahnengalerie die Bilder des Carlos und der Infantin miteinander vergleicht, so ist es töricht, die Verse zu zerrupfen, ihnen willkürlich das Ende und den Anfang abzukappen, nur damit Zeit gewonnen wird. Aber es wird nicht einmal Zeit gewonnen. Diese Verstümmelungen dienen keinem Sinn und müssen deshalb durch pantomimische Pausen wieder erklärt werden. Das nimmt mehr Zeit weg als das Aussprechen des Verses.
Weiter: wenn man, was nötig gewesen wäre, den ›Carlos‹ wieder in seine Rechte als großes politisches Drama einsetzen wollte, als die ungeheure Auseinandersetzung zwischen Freiheit und Macht, Forschergeist und Kirche, dann dient diese Aufführung dem angekündigten Zweck am wenigsten. Denn in diesem Flüstertone, der auf der Bühne vorherrscht, in diesem Gesäusel wirkt der Geist wie eine Verlegenheit. Die Zeiten der Verbürgerlichung des Theaters kehren wieder. Wenn man, was gefordert werden muß, die Klassiker vereinfacht und enthitzt, so muß man an Stelle des Pathos gehirnliche Beherrschung, an Stelle des Gefühlsüberschwangs Leidenschaft des Geistes setzen. Das Feuer muß brennen, aber es bleibt unterirdisch. Eine neue Spannung muß da sein: die Spannung eines objektiven geschichtlichen Ablaufs.
Bei Jeßner ist diesmal alles unklar, alles verschwommen. Alles zerfließt, und die Schauspieler werden falsch behandelt. Ohne Zweifel: für einen jungen Schauspieler gibt es heute kaum eine schwierigere Rolle als den Carlos. Norbert Schiller spielte zum ersten Male in Berlin eine klassische Rolle. Er beschränkte, oder mußte sich beschränken, auf einige Seufzer, einige beiseite gesprochene Bemerkungen, einige Stichworte. Er quälte sich ab und drückte an der Rolle herum. Aber heraus kam nichts als eine akustische Unverständlichkeit.
Verwirrung der Schauspieler! Alle Stile spielten nebeneinander. Paul Bildt gab im Domingo fünf Provinzintriganten. Die Eboli-Auftritte waren bis zur Karikatur entstellt. Nur eine Szene hatte Struktur. Nur eine Szene war aufgebaut. Nur eine Szene wurde auf einen Sinn hin gespielt: die Auseinandersetzung zwischen Philipp und Posa. Hier entstand etwas wie eine neue Spannung. Die Spannung der geistigen Auseinandersetzung, von zwei Persönlichkeiten schlagend durchgeführt. Hier fand sich Müthel, der geeignet gewesen wäre, den Posa als einen politischen Verschwörer, als einen geheimen Abgesandten und diplomatischen Taktiker zu spielen, aber diese Auffassung nicht durchhalten konnte. Hier fand sich Müthel und spielte die Szene in kluger Anlage und Steigerung.
Fritz Kortner als König Philipp. Wer noch vor wenigen Tagen im ›Atlantic-Film‹ an Kortner den klaren Aufbau einer Rolle, die Deutlichkeit und meisterhafte Einteilung der Sprache bewundert hat, ist enttäuscht, wie wenig Kortner mit dem König Philipp anzufangen wußte. Er hatte nur zwei Farben. Kortner sprach entweder, und das wandte er auf Dreiviertel der Rollen an, in einem leisen, getragenen Singsang, oder er sprach stark, ehern den Versbau betonend, laut und zusammengefaßt. Dazwischen gab es keine Übergänge. Dieser König Philipp war weder ein Politiker noch ein Gläubiger, noch ein Eifersüchtiger. Dieser König Philipp war nichts. Vielleicht ist Kortner noch zu jung für die Rolle. Vielleicht liegt sie ihm nicht. Vielleicht ist die Arbeitsatmosphäre am Staatstheater unschöpferisch. Auf jeden Fall ist nach dieser Rolle von der Zusammenarbeit zwischen Kortner und Jeßner nichts mehr zu erwarten.
Ein müder Abend. Schmerzlich bleibt, daß auch dieser Versuch am großen

Drama, an der Form zu arbeiten, mißglückt ist. Man sollte annehmen, daß wenigstens die Szene mit dem Großinquisitor herausgekommen wäre, eine der großartigsten Szenen, die es in der deutschen Literatur gibt. Dieser Auftritt war an den Schluß gesetzt. Der Abschied zwischen der Königin und Carlos fiel weg. Das kann wirksam sein. Das kann sinngemäß sein. Aber was geschah hier? Man machte einen großen Opernabschluß, Glocken läuten, Kirchenfenster leuchten, der König aber und der Inquisitor reden miteinander, wie in einem Privatgespräch. Und weil die Schauspieler die Größe der Szene nicht bringen können, wird ein äußerlicher Opernabschluß draufgesetzt. Das ist bezeichnend für den Geist der Aufführung. Kleine Privatauseinandersetzungen und große Dekorationen. Internes Geflüster und im Arrangement Haupt- und Staatsaktion. An diesen Widersprüchen mußte die Aufführung scheitern. Jeßner hat sich nicht gefunden. Der Kurs am Staatstheater ist unklar wie bisher. Eine müde, verdrossene, unproduktive Stimmung lag über der ganzen Vorstellung.

Emil Faktor, Berliner Börsen-Courier 4. 11. 1929

Von allen ›Don Carlos‹-Aufführungen, an die ich zurückdenke, sah ich am Sonnabend die durchsichtigste. Die Mysterien der Dichtung wurden klar bis an die Grenzen der Nüchternheit. Von dem längst nicht mehr seltsamen Schwärmer Marquis von Posa fiel jeder Rest von Zweideutigkeit ab. König Philipp führte eine sehr irdische, von fast bürgerlichen Konflikten heimgesuchte Existenz, die den traditionellen Majestätsbegriffen auswich. Der Despotismus war merkwürdig stark von der Unruhe eines bekümmerten Vaters, vom ehelichen Mißtrauen umschattet. Die Königin setzte dem altspanischen Zeremoniell die Macht des Weibes entgegen und hob aus ihrem Gefühlszentrum schärfer als sonst die Ausländerin hervor. Die große Aussprache zwischen König und Kardinal war nicht mehr bloß Ratlosigkeit eines Gekrönten, der zu einem finstern Entschlusse gegen das eigene Blut sich überreden läßt, sondern strikteste Unterwerfung des Staatsgedankens unter die Oberhoheit der Kirche. Das Blutgericht der Inquisition wird von Jeßner außerdem mit musikalischen Akkorden angekündigt. Auf die zufällige Überraschung bei der Abschiedsszene zwischen Königin und Don Carlos wird verzichtet. Der Infant war schon vorher verloren. Der Freiheitsgedanke ist ein versinkender Meteor. Über einen Mangel an Deutlichkeit kann sich niemand beklagen. Die hypertrophische Dichtung wurde in einen ungemein konsequenten Klarstellungsprozeß umgegliedert: Viele Worte mußten fallen, Distanzen wurden verschoben. Impulse kühlerer Dialektik geopfert, um das stürmische Werk durch logischen Zusammenhang zu regulieren. Der Versuch war lehrreich und interessant, ohne die Erinnerung an lebhafte Eindrücke früherer Inszenierungen auszulöschen. Das Experiment war nicht so verwegen, um vertraute Beziehungen zu den Gestalten der Dichtung zu zerstören. Das Schaltwerk des Verstandes gab nicht Kernpunkte preis. Die idealistischen Grundzüge der Tragödie drangen auch durch die gelassenere Wiedergabe hindurch. Ein starkes Echo bezeugte es. Scharfe Durchblicke, wie sie Jeßners Dramaturgie bot, hatten Vorteile schnellerer Orientierung. War man dessen gar so bedürftig? Imponderabilien, die man bei einem Geniewerk nicht missen möchte, waren kaum mehr fühlbar.

Über den szenischen Vorgängen waltete ein Kontrollapparat. Er drängte verwirrenden Überfluß zurück, nicht ohne gelegentlich das Gesichtsfeld zu verengen. Der Erlösung des Werkes aus dem pathetischen Übermaß stimmt man im Prinzipe zu. Die praktische Nutzanwendung hatte ihre Sprödigkeiten. Das hat vor Jahrzehnten bereits Otto Brahm erfahren, als er ›Kabale und Liebe‹ dem naturalistischen Stil überantwortete. Der Schillersche Vers hat erst recht seine Elastizitätsgrenze; ihn umzudehnen, kostet Fluidum.
Gewinne und Verluste ergeben noch immer ein Plus für den Erneuerungswillen Jeßners. Er hat es sich nicht leicht gemacht. Die schwerste Differenz bei der Figur des Don Carlos. Sie wird eines Überschusses entkleidet, der zu ihr gehört. Der neue Darsteller Norbert Schiller befleißigt sich eines Natürlichkeitstones, den er nicht beherrscht, den vielleicht auch Schiller verweigert. Der Temperamentsausbruch in der Kerkerszene ließ Kräfte vermuten, die sich einen Abend lang verborgen hielten. Vorher war es ein seltsam scheuer Prinz, vom Aussehen ein sanfter Wandervogeltypus. Es war jederzeit richtig, dem Don Carlos ein Übermaß abzugewöhnen. Sein brennendes Naturell hat keine Initiative. Aber er bleibt ein Geschöpf des Schillerschen Pathos. Er kann es nicht durch Resignation ersetzen. Aus Bekenntnissen wurden Referate, die Audienz beim König war maßvoll, als ob ihm der väterliche Despot nicht Flandern, sondern die Erhöhung des Taschengeldes verweigert hätte. Der mißverstandene Besuch bei der Fürstin Eboli, für die auch Sybille Binder nur ein Kleinformat hatte (statt Tragödie, Nervenzusammenbruch), gab sich als schlichte Verwechslung der Zimmertür, als bedauerlicher Zeitverlust.
Viel echtere Noblesse in der Zurückhaltung des Marquis von Posa, wie ihn Lothar Müthel sieht. Es wird sinnvolle Abkehr vom rhetorischen Gehaben. Der Darsteller, ohnedies kein ungehemmter Sprechmeister, verbindet feinnervig geistige Akzente. Sein Ton, so sachlich er sich gab, zeugt magnetische Kontakte. Das Pathos des Freiheitsfanatikers stilisiert er auf Dialektik um. Sein Verkehr mit dem Prinzen und der Königin war zielbewußter Lakonismus, andeutende Geheimdiplomatie. Die Aussprache beim König wandelte sich aus dem gewohnten Appell an die Menschlichkeit in scharfe Polemik um. Dieser Malteserritter gab sich ungeniert wie ein Gewerkschaftsführer. Er stellte Forderungen, er umzingelte die Majestät mit respektlosen Schritten.
Der König hatte schon dem Sohne Bewegungen und Rundläufe gestattet, wie sie nicht gerade dem spanischen Hofe gemäß waren. In der Auseinandersetzung mit Posa hätte er ohne Purpur und herkömmliche Barttracht vielleicht wie ein Generaldirektor gewirkt. Auf die freimütigen Bemerkungen seines Besuches reagiert er nicht etwa mit einer Gunstbezeugung, sondern mit einem Engagement, mit einer Nützlichkeitsregung. Diese nicht parodistisch gemeinte Beobachtung will durchaus kein Spott sein. Dazu hat der Königsspieler Fritz Kortner viel zuviel Persönlichkeit einzusetzen. Seine Beherrschtheit, seine Sprachkultur, seine psychische Intensität drängten in eine, dem Gewohnten entgegengesetzte Richtung. Dieser König trug ein schweres Familienkreuz. Er hatte eine überlastete Psyche, er litt an seiner Distanz zu der Umwelt, die den anderen Darstellern des Philipp unverrückbar erscheint. Um es bildlich auszudrücken: König Philipp ist eine Baßpartie, metaphysisch umfinstert. Der private Mensch ist hundertfach verschanzt, in keinem scheinbar noch so offenen Worte zu fassen. Kortners hellstimmige Intellektualität hält sich an die Klarheit des Wortes, verzichtet auf dämonischen Zuschuß, der ihm keineswegs

unerreichbar wäre. Da in den aufgeregten Szenen der Rebellion auch Majestät hinzukam, bleibt Kortners Philipp-Spiel ein sehr interessanter Versuch, die Gestalt zu vermenschlichen, das Starre aufzulösen. Die Wirkung sprach nicht gegen ihn.
Philipps Hof atmet Nüchternheit. Dies gilt besonders für den Alba des Fritz Reiff, der sich mit hoher Figur begnügt. Das Domingospiel Paul Bildts ist zu ungedeckt. Der Kardinal des Herrn Pohl leidet an einem Überandrang gebieterischer Akzente, die das hohe Alter des Darstellers nicht mehr bewilligt.
Ungewöhnlich stark, auch vom Standpunkt der Rolle, die Königin der Eleonore von Mendelssohn. Ihre Darstellung war Entschlossenheit und Lebenswärme. Die Klarstellungstendenzen dieses Abends setzten sich gerade bei ihr in künstlerische Energie um.
Das Publikum nahm freudigen Anteil. Die Architektur des von César Klein entworfenen Thronsaales hatte bewunderte Dimensionen. Die übrigen Kulissen waren Kompromisse mit verklungenen Zeiten.

Eugene O'Neill   Seltsames Zwischenspiel

Deutsche Erstaufführung
Deutsches Künstlertheater Berlin, 4. November 1929, Regie Heinz Hilpert

Rang und Ruf O'Neills als des wichtigsten amerikanischen Dramatikers waren auf der deutschen Bühne noch immer nicht bestätigt worden. Zwischen dem Herbst 1923 und dem Frühjahr 1925 hatten viele seiner frühen Stücke in dichter Folge ihre deutschen Erstaufführungen (s. 1924). Es gab partielle Zustimmung, die Ablehnung überwog. O'Neills Produktivität war so groß, daß inzwischen eine Reihe neuer Stücke entstanden waren. ›Alle Kinder Gottes haben Flügel‹ (1923/24), ›Der große Gott Brown‹ (1925), ›Marcos Millionen‹ (1928) waren die wichtigsten. Das schwerste und ausladendste wurde nun inszeniert, ein Stück, das wegen seiner Überlänge – die Theatre Guild in New York spielte daran sieben Stunden – fast jedes Theater überfordert und mit dem vielen ›apart‹-Sprechen, dem Dialog in zwei Bewußtseinsebenen, sich selbst gefährdet. Wieder wirkte O'Neill als ein Nachzügler des alten europäischen Dramas, bereichert durch die inneren Monologe, deren Technik James Joyce im ›Ulysses‹ vermittelt hatte. O'Neill versuchte hier das szenische Epos, das dadurch die naturalistische Dramaturgie überwand, daß nicht das individuelle Schicksal von Menschen in einer Lebensphase ausgestellt wurde, sondern das Schicksal einer Menschengruppe im Verlauf der Zeit: Die Zeit bildete die Hauptkonstituante des Dramas, als übergreifende Macht. – Der große Erfolg dieser Inszenierung Hilperts war aber ein Erfolg der Elisabeth Bergner (nicht O'Neills). Zuletzt hatte Max Reinhardt diese durch viele Stargastspiele und Filme abgelenkte Schauspielerin im Berliner Theater herausgestellt. In seiner Inszenierung von ›Romeo und Julia‹ (25. 10. 1928) hatte sie die Julia gespielt. Es war ein Mißerfolg, so nachhaltig, daß sie sich ein Jahr von der Bühne zurückzog. Jetzt erneuerte sie ihren Ruhm. Die Nina O'Neills wurde das Pendant zu ihrer ›Heiligen Johanna‹. Die Kritiker – mit Ausnahme Diebolds, der die Bergner nicht kräftig, nicht blutvoll genug fand – begeisterten das Publikum. Es wurde ein Serienerfolg. Er enthüllte aber auch den Unsegen des Starsystems, das von den Berliner Theaterdirektoren gefördert war. Als die Bergner unter dem Eindruck des großen, unerwarteten Erfolgs auf Änderung ihres Vertrages (Monatsgage nach Angabe des Direktors des Künstlertheaters Dr. Robert Klein mindestens 24 000 Mark) drängte und sich schließlich mit Krankheit entschuldigte, gab es eine heftige öffentliche Diskussion. »Der Machtwahn der Prominenten ist die letzte Erscheinung der Inflation«, schrieb Ihering (›Berliner Börsen-Courier‹, 20. 12. 1929). Die Rolle der Nina wurde vorübergehend mit Harriet Adams besetzt. (Kerr: »Sie verdirbt nichts. Etwas fehlt ihr: daß die andere nicht an ihrer Stelle steht«, ›Berliner Tageblatt‹, 23. 12. 1929).

Felix Hollaender, 8-Uhr-Abendblatt, Berlin, 5. 11. 1929

Die äußere Signatur des Abends war: Das Publikum sträubte sich am Anfang – ließ sich in der Mitte von der gestaltenden Kraft eines wirklichen Dichters bändigen und wurde am Schluß einer beinahe fünfstündigen Vorstellung, in der die Grenzen zwischen Tragik und ungewollter Komik fielen, rebellisch.
Ein Teil verließ fluchtartig das Haus, während die übrigen wie angewurzelt verweilen, um vor einer unerhörten, schauspielerischen Leistung, fast möchte ich sagen, in die Knie zu sinken.
Der Sinn dieser Dichtung – denn es geht um eine Dichtung – wird erst am Ende greifbar. Das ganze Dasein empfindet die arme Nina Leeds als eine Episode – als ›seltsames Zwischenspiel‹, das einem todmüden Herzen nur noch die Sehnsucht nach der letzten Heimat übrig läßt.
Dies Stück ist die Tragödie einer Frau, die von einer Schuld in die andere sinkt. Zuerst findet sie nicht den Mut, sich dem Manne hinzugeben, den sie liebt – dann läßt sie sich verkuppeln an einen, den sie betrügen muß, und zuletzt taumelt sie zwischen dem Gatten und dem Liebhaber, der der Vater ihres Kindes ist.
Ein Krankheitsfall steht zur Diskussion, den der Amerikaner O'Neill unter Heranziehung dreier europäischer Autoritäten behandeln möchte. Er beschwört die Schatten von Strindberg und Ibsen. Denn ohne die ›Gespenster‹ und den ›Totentanz‹ sind seine elenden Menschen nicht denkbar – und er zitiert das Genie Freuds, um die Zwangsvorstellungen und Depressionen der gepeinigten Kreatur auf ihre Ursprünge und Wurzeln zurückzuführen.
Freud, Ibsen und Strindberg, bei uns bekämpft, oder scheinbar gar überwunden, befruchten den größten Dramatiker, den die USA besitzen.
Lebte er nur von solcher Abhängigkeit, wir brauchten nicht unsere Nachtruhe seinetwillen zu vergeuden. Aber dieser O'Neill ist aus eigenem Können und innerem Erleben unter den Heutigen einer der stärksten Zeichner des Lebens. Die weibliche Hauptfigur seines Stückes bedeutet, rein psychologisch betrachtet, einen Fund, wie ihn kein Drama der letzten Jahre aufzuweisen hat. Nina Leeds Schicksal wäre geeignet, ein Theaterpublikum aufzurühren, ihm den Atem zu benehmen.
Ein anderes Ziel reizt den Ehrgeiz unseres Dramatikers. Der Begriff Theater macht ihn schaudern. Er will die Tragödie aus dem Geiste der Zeit heraus

revolutionieren – ihr eine neue Technik geben. Die Menschen sollen nicht nur ihre Dialoge führen, sondern gleichzeitig im Monolog enthüllen, was sie im gegebenen Moment gerade denken.
Diese Methode, von Joyce und Döblin jüngst im Epos angewandt, hält er für etwas total Neues. In Wahrheit gehört sie zu den ältesten Hilfsmitteln der modernen Bühne, von Schiller angefangen bis zu dem gerissenen Dumas. Was früher in der verkürzten Theatersprache à part hieß – macht sich heute in den begleitenden und beständig wiederkehrenden Monologen breit, die alles Geheimnis auflösen und die Phantasie des Zuschauers außer Tätigkeit setzen.
[...] Die Spannung hört auf – eine bleierne, lähmende Müdigkeit bemächtigt sich des Hörers, der sich plötzlich ausgeschaltet sieht.
[...] Ein großer Dichter voller Eigenart, Tiefsinn und erkennerischer Weisheit richtet durch eine Kateridee seine eigene Schöpfung zugrunde.
Durch Verquickung von Roman und Drama entsteht ein artistisches Experiment, das schon seiner Länge wegen keine Wiederholung verträgt. Über welche Kraft jedoch verfügt dies amerikanische Genie, wenn wir ihm eine ganze Strecke atemlos zu folgen vermögen, unbekümmert um die Katastrophe, die aus seiner Technik sich ergeben muß.
Mit welcher Sicherheit zeichnet er Menschen – mit welcher Eigenart formuliert er Dialoge, und mit welch ergreifenden Mitteln gestaltet er ein tragisches Schicksal.
Könnte man sich dazu entschließen, alle monologischen Reflexionen glatt zu streichen, so wäre der Abend noch zu retten. Im Deutschen Künstlertheater hat man ohnehin gewaltige Kürzungen vorgenommen – und dennoch ist die Aufführung noch um ein Drittel zu lang. Vielleicht wäre die halbe Zuhörerschaft, die das Werk kaum begriffen hat, schon in der großen Pause davongelaufen, wenn die einzigartige Schöpfung der Elisabeth Bergner sie nicht gebannt hätte. Ich habe die Bergner noch nie in solcher Vollendung, in solcher Wahrhaftigkeit, Schlichtheit und Größe gesehen. Von ihrer Julia bis zur Nina ist ein weiter – weiter Weg.
Wo gibt es noch eine zweite Schauspielerin, die so unsentimental und hart dasteht und zugleich von Gefühl und Jammer überströmt? Jede ihrer Bewegungen wächst aus dem Erlebnis – mag sie den gesegneten Leib schaudernd oder beglückt berühren, die Hände zum Gebete ringen, mit den Ellbogen schwer sich stützen – mit den Fäusten aufschlagen, den Mund halb öffnen oder mit erstarrter Miene zuhören.
O'Neills Tragödie hat alles in ihr gelockert und gelöst – befreit, was zu erstarren drohte. Hier müssen zwischen dem Dichter und der großen Schauspielerin geheimnisvolle, innere Zusammenhänge vorhanden sein, an die wir nicht rühren wollen. Uns genügt es, festzustellen, daß sie alle Dämonien des Herzens ausschöpft – daß ihre Kunst gleich stark ist in den Äußerungen der Tragik wie des Humors – daß ihre Wandlungsfähigkeit und schauspielerische Phantasie die Übergänge vom kindhaften Wesen bis zur gealterten Frau überzeugend glaubhaft macht.
Wenn sie zuletzt im schwarzen Gewand und mit weißem Haar zerbrochen und erloschen neben dem letzten Freunde kauert, so bleibt eine der stärksten Erschütterungen, die das Theater überhaupt zu geben vermag.
Ausgezeichnete Schauspieler stützen sie. Kein Lob scheint mir für die Selbstentäußerung von Forster, Wiemann, Loos und Faber – für die künstlerische

Bescheidenheit von Helene Fehdmer groß genug. In die Geschlossenheit des Ensembles fügen sich Edith Edwards und Hans Joachim Möbis.
Auch die saubere, freilich allzu retardierende Regieleistung Heinz Hilperts soll rühmend hervorgehoben werden.
Endbilanz: Man muß ... muß diese Vorstellung um Elisabeth Bergners willen sehen, die hier auf einem Gipfel der Menschendarstellung angelangt ist.

Herbert Ihering, Berliner Börsen-Courier 5. 11. 1929

Alles kehrt wieder. Ibsen und Strindberg, die das europäische Theater jahrzehntelang bestimmt haben, sind nach Amerika hinübergewandert. Was bei uns Endprozeß einer langen Entwicklung war, geistesgeschichtlich bedingt, seelenhistorisch begründet: der europäische Mensch in seiner psychologischen Isolierung, die Vorkriegszivilisation in ihrer individualistischen Betonung, das wird in Amerika übernommene Literatur, eingeführter Kunstgegenstand wie Schloßinventare und Gobelins. Ibsen und Strindberg als europäische Reliquien. Ibsen und Strindberg als Alt-Heidelberg. Aufkauf des Geistes, Aufkauf der Geschichte. Aufkauf der Tradition.

So erregt in Amerika Bewunderung, was in Deutschland überwunden ist. So hat in New York einen Serienerfolg, was bei uns staunende Ablehnung erfährt. Amerika schickte uns seine Gebrauchsware und fütterte damit das deutsche Theater auf, bis es übersättigt war. Europa schickt nach Amerika die dramatische ›Literatur‹ der Vergangenheit und setzt das amerikanische Theater auf schmale Kost.

Dieses Mißverständnis der europäischen Literatur ist Eugene O'Neill. Dieses notwendige Mißverständnis. O'Neill übernimmt Gewordenes als voraussetzungsloses Resultat. Nirgends ist auf dem Theater die ›Literatur‹ literarischer, das heißt wurzelloser als in Amerika. O'Neill holt den Kursus nach. Zuerst kam Georg Kaiser nach Amerika. O'Neill schrieb wie Georg Kaiser. Die Schiffsszenen im ›Haarigen Affen‹ erinnern an die ›Koralle‹. Jetzt rollt er die europäische Geistesgeschichte rückwärts auf. Er hält im ›Seltsamen Zwischenspiel‹ bei Ibsen, Strindberg und Freud. Wann wird O'Neill bei Schiller halten?

Dieser Abend war für die Berliner Bühnen eine schwere Niederlage. Alles war aufgeboten, um mit künstlerischen Mitteln einen ideellen und materiellen Erfolg zu erreichen. In einer gefährlichen Zeit des Rücklaufs und der Reaktion ein heroisches Bemühen. Aber es war ein donquichottischer Kampf. Die Position der Kunst sollte verteidigt werden, aber das Stück ermüdet die Literaten ebensosehr wie das große Publikum. Ein europäisches Kammerspiel als amerikanische ›Götterdämmerung‹. Eine Seelentragödie im Umfang von zwei Königsdramen. Wer hält diesen Mißklang von Thema und Form, von Idee und Bühnenzeit aus?

Die Annahme dieses Stückes ist nur denkbar in einer Zeit, die zu den alten Problemen zurückkehren, zur alten Weisheit zurückfinden, zu abgestandenen Idealen zurücktaumeln zu müssen glaubt. In diesen desorientierten Jahren führt man zwar nicht den toten Ibsen, aber den lebendigen O'Neill auf. Man mogelt eine versunkene Welt auf amerikanisch um. Das seltsame Zwischenspiel: Frau Alving erzählt ihrer Schwiegertochter, daß ihr Sohn erblich durch vielfachen Wahnsinn in der Familie belastet sei. Sie will die ›Gespenster‹ verhindern und schafft dadurch Strindberg-Konflikte. Sie zwingt die Schwiegertochter, das keimende Kind töten zu lassen und von einem gesunden Liebhaber ein neues zu empfangen. Dies gilt als das Kind des Ehemannes. Sie will gestehen. Aber das Geständnis scheitert immer wieder am Vertrauen und an der Banalität des Ehemanns. Der Sohn kehrt sich gegen seinen Blutvater. Elternliebe und Kindesliebe zersetzen sich. Der banale Ehemann schreitet von Erfolg zu Erfolg. Er mästet sich und wird gesund am ›Wahnsinn‹ der anderen. Zuletzt ist die Frau allein: ohne Mann, ohne Liebhaber, ohne Sohn, nur mit dem Jugendfreund. Alles war nur ein seltsames Zwischenspiel.

Ein Handlungsdrama und ein Gedankendrama durchkreuzen sich. Nach Freud werden stumme Gedanken redend gemacht. Eine Form des modernen Romans wird auf die Bühne gesetzt. Das ›Bei-Seite-Sprechen‹ modernisiert und wissenschaftlich begründet.

Es ist wie beim Tonfilm: Die modernste Wissenschaft wird aufgewandt, um den ältesten Inhalt wieder einzuführen. Freud soll Ibsen legitimieren, wie beim Tonfilm eine technische Erfindung das alte Theater wieder einführt. Ein Riesenaufwand mit nichtigem Resultat. Eine strategisch verfehlte Theateroperation. Ein Irrtum gerade eines Theaterpraktikers wie Robert Klein.

Aber der Einfluß des künstlerischen Organisators Klein auf Elisabeth Bergner war heilsam. Die Wiedergeburt einer großen Künstlerin. Elisabeth Bergner spielte. Elisabeth Bergner setzte sich mit der Rolle auseinander. Sie formte die Sätze. Sie gliederte die Perioden. Zufall und Improvisation waren verschwunden. Eine Gestalt, ein geformter Mensch, eine begnadete Künstlerin. Es gibt eine Szene, in der Elisabeth Bergner zwischen drei Männern steht, schwebend zwischen der Sicherheit und der Unruhe des Glücks. Sie gehört zu dem Bezauberndsten, was man auf der Bühne gesehen hat. Elisabeth Bergner wie in ihren besten Anfängen.

Vielleicht ist an dieser Wandlung auch der auf Schauspieler beruhigend wirkende Einfluß von Hilpert beteiligt. Sonst aber wurde vieles zu feierlich gedehnt und gezogen. Hilpert, der Militärmusiker, spielt Wagner. Er dirigiert den ›Parsifal‹. Theodor Loos singt den Gurnemanz. Erwin Faber den Amfortas. Helene Fehdmer singt die Frau Alving mit großem Orchester.

Für sich stehen Rudolf Forster und Mathias Wiemann« als Liebhaber und Gatte. Forster nervös, straff, zusammengefaßt. Wiemann ausbrechend, sich wandelnd im Laufe des Abends von einem Tolpatsch zu einem breiten, brutalen Geschäftsmann. Beide ausgezeichnet.

Fritz Engel, Berliner Tageblatt 5. 11. 1929

Ein Erfolg großer Darstellungskunst.
Aber O'Neill war bisher beträchtlich genug, man muß auch von ihm sprechen. Er ist diesmal nicht ganz so, wie wir ihn kennen. Wir blickten zu ihm hin, mit verwundertem Auge in die Fremdheit seines Kontinents; jetzt schaut er zu uns her mit einem Dramengebilde, das in Amerika spielt, aber in der geistigen Struktur von Europa geschaffen ist. Wieder einmal merken wir, wie die Wellen literarischer Entwicklung sich ausbreiten. Ein Stein wird ins Wasser geworfen, zieht Kreise, immer weiter, und wenn an dem Einfallspunkt schon

wieder Ruhe ist, spürt die Ferne noch und erst davon. So hat Ibsen, für viele in unserer nordeuropäischen wild hinstolpernden Gegenwart ein erledigtes Blatt, im Süden einen feinen Kopf wie Pirandello mobilgemacht. Und jetzt steht Ibsen in O'Neill von neuem auf, nur nicht so geschlossen. O'Neill erneuert ihn motivisch, aber auch in dieser zersägenden, zerstäubenden, mikroskopischen Art der Psychologie. Man nennt das heute anders, man nennt es noch vornehmer, noch fremdsprachlicher. Aber es kommt hier auf dasselbe hinaus.

O'Neill also, der mit Einaktern begonnen und später, nicht ganz ohne Selbstüberschätzung, in dem ›Großen Gott Brown‹ so etwas wie einen Faust versucht hat, schreibt nun ein Drama – erschrick nicht, o Herz! – ein Drama von neun Akten, das bei der deutschen Aufführung lange noch nicht genug gekürzt wird. Eine Art Romandrama; von der Technik dabei soll noch die Rede sein. Es umfaßt mehrere ganze Menschenleben, ein ganzes Familiendasein und Schicksal, wie die Romane Galsworthys. Aber O'Neill nennt das alles, in einer ziemlich seichten Deutung des Erdenwallens, ein ›Seltsames Zwischenspiel‹, ›Strange Interlude‹. Dramatischer Lyrismus von ehedem hat vom Leben als Traum gesprochen. Ausdruck jener ewigen Frage, wieso und wozu man eigentlich atmet und wiederum aufhört, es zu tun.

O'Neills sogenanntes Zwischenspiel hebt nach dem Kriege an und währt dann Jahrzehnte, die er und wir selber noch nicht durchlaufen haben. Nina Leeds kann ihren Frontflieger Gordon, bei Sedan abgestürzt, nicht vergessen. Männer um sie herum: der Vater, der dann rasch stirbt; Marsden, der Romanschriftsteller, mit stillem Verlangen ihr zugetan; Sam Evans, der sie liebt; der Doktor Darrell, der ihr Schicksal wird. Nina, aufgestört durch den Tod Gordons, mit dem sie sich nicht hat vereinigen können, fühlt sich zur Rolle der Märtyrerin verpflichtet. Sie pflegt Kriegskrüppel und gönnt den wunden Helden ihren allmählich nicht mehr jungfräulichen Körper. Dann nimmt sie den guten Jungen Sam zum Manne. Sie will rein werden, sie will die Bestimmung der Frau erfüllen, sie will ein Kind haben.

Jetzt der amerikanisierte Ibsen: Sam stammt aus einer erblich belasteten Familie. Das Geschlecht darf nicht fortgesetzt werden, sagt seine Mutter. Auch Sam selber würde wahnsinnig werden, wenn er ein Kind bekäme. Aus Angst vor Weiterverbreitung in infinitum. Aber Nina dürfe ihn auch gewiß nicht verlassen; auch das könnte ihn krank machen. Sie müsse sich einen Gesunden suchen und dem liebenden Gatten einen Nachkommen unterschieben. Nina, nach einigem Zögern, trennt sich von dem schon empfangenen Kind und nimmt sich den Doktor Darrell zur Aushilfe. Aus dem Nützlichkeitsakt wird Liebe, wenigstens bei Nina. Denn Darrell, so schön auch die Stunden mit ihr sind, so sehr es ihn immer wieder zu ihr zurücklockt, ist und bleibt beklommen und kühl.

Die Jahre vergehen. Das Kind, nach dem ersten Geliebten Gordon genannt, wächst heran und wird auf dem Wege unbegründeter Wahlverwandtschaft vollkommen der Sohn des Scheinvaters. Dies alles wäre in Ordnung, ein Familienbild zur silbernen Hochzeit, wenn in Nina nicht immer noch Leidenschaften wühlten, Reue, Zorn über ein verpfuschtes Leben, Widerwillen gegen Sam, immer noch Liebe zu Darrell und schon Eifersucht auf Madeleine, die Jung-Gordons Herz der Mutter entfremdet. Doch auch dies löst sich in Abend-

sonne auf. Nina und Onkel Marsden werden ein spätes Paar. Das Leben ist oder war nur ein seltsames Zwischenspiel, und nur der Entsagungsfähige wird zuletzt froh. Glücklich ist, wer vergißt...
Auszugsweise dies die Handlung. Deutet auf einen Reißer, es ist aber mehr ein Langweiler; auch Spaßmacher wider Willen. Das Gespenstermotiv kommt uns in dieser Anwendung ganz veraltet. Wir sehen in Ibsens Werk längst nicht mehr die Prävalenz des Pathologischen. Es ist die Tragödie der leidenden Frau, der leidenden Mutter. Immerhin erschließt O'Neill im Auf und Ab der Erörterung sehr feine und mannigfaltige Züge. Man spürt, daß er Probleme zur Debatte stellen will.

O'Neill geht auch an das Problem Gedanke und Sprache heran. Er weiß, daß die Worte nur die Maske der Gedanken sind, er läßt seine kluge Nina sagen: »Was wir armen Affen uns verstecken hinter den Lauten, die man Worte nennt.« Der Europäer Mauthner hat auch für Amerika gelebt. Wir denken nur in Worten, wir können nicht anders denken, als sprechend. O'Neill verpflanzt das unmittelbar auf die Bühne. Die Schauspieler sollen hintereinander in zwei Sätzen ihr wahres Denken äußern – und sofort auch das, was sie davon preiszugeben oder zu vertuschen wünschen. Ein Experiment, nicht mehr, einmalig und überflüssig. Eine akustische, auch eine optische Gefahr. Bevormundung des Schauspielers, der ohnehin durch Geste, Blick, Pausieren, kurzum durch Pantomimik zeigen soll und kann: den Unterschied oder die Berührung zwischen dem, was er zu denken und zu äußern hat. Es ergibt sich etwas wie ein Stück, in dem auch die Regiebemerkungen gesprochen werden. Oder wie ein Roman in Dialogform. Hier und da eine Wirkung. Im ganzen: Technische Spielerei. Wir im Parkett sind, bei gutgespieltem Stück, immer schon Gedankenleser. Gedankenhörer brauchen wir nicht zu sein.

Nina ist Elisabeth Bergner. Darrell ist Rudolf Forster.
Darrell, ganz epische Figur, wird durch Forster der Bühne gegeben und der Echtheit eines ganzen Menschen, mit dem Stempel seiner eigenen Persönlichkeit, die so viel schimmernde Romantik und dazu und darüber so viel männliche Kraft hat.
Elisabeth Bergner: achtzehnjährig bis fünfzigjährig oder noch älter. O'Neill endet ungefähr um 1950; einen so langen Atem hat er; dann wird man Flugmatchs haben und nicht nur Ruderwettfahrten. Braunlockig, ein verstörtes, krankes Mädel – dann eine junge Mutter, die es nicht sein soll – dann ein liebendes Weib – dann wiederum Mutter – dann abblühende Reize unter roter Perücke – dann eine alte Dame, der es grob gesagt wird – dann eine sanfte Greisin – und dazwischen noch mehr – neun Akte – neun Rollen – neunmal Frauenliebe, Leiden und Haß – getrieben und treibend durch Enttäuschungen und Entzückungen – neunmal der nämliche Mensch und doch ein anderer: und immer sie selber mit diesen Augen, die, um zu sagen, was nicht gesprochen werden müßte, der Trickspielerei O'Neills nicht erst bedürfen, immer mit diesem Kindergesicht, das plötzlich tragisch wirken kann, immer mit dieser Stimme, die hauchen, flüstern, sich rauh hochbäumen kann, immer mit diesem liebenswürdigen Reiz, der eine gütige Heiterkeit verbreitet, immer mit dieser Hingabe in jedem Moment an die wechselnde Seelenlage. Es gibt neunmal neun Höhepunkte. Nur zwei davon: wenn sie sich dem Doktor Darrell an-

bietet; wenn sie von »ihren Männern« spricht und auch noch von dem werdenden Mann, dem Kinde nebenan. Eva triumphans. Wir wollen O'Neill vieles nachsehen. Er gibt Anlaß zu großer Schauspielkunst. Wiemann hat es nicht so gut, er muß sich mit einer schlechten Figur herumschlagen. Auch Theodor Loos kann Volles nicht geben. Hier mag die Regie, der sonst so sichere, diesmal vielfach zögernde Heinz Hilpert, mitschuldig sein, Dieser Marsden, er wird eine »alte Jungfer« genannt, muß von Anfang an Spießertum belustigend durchleuchten lassen. Das geschieht nicht. Erwin Faber, mit Energie geladen, der rasch todwärts eilende Vater. Und seit langem nicht mehr und von neuem gern gesehen Helene Fehdmer als Mutter des Sam, als Mutter Alving in Wiederkehr. Hohe schauspielerische Kultur, Durchdringung eines Scheinwesens mit Leben.

Monty Jacobs, Vossische Zeitung, Berlin, 5. 11. 1929

[...] O'Neills Schauspiel, als Experiment interessant, ist als Drama anfechtbar. Aber ich beschwöre jeden Leser dieses Zeitungsblatts, das anfechtbare Stück anzusehen. Bis er meinem Rat folgt, hat das Künstlertheater gewiß die Spieldauer kräftig reduziert, hat der sonst so umsichtige Regisseur Heinz Hilpert gewiß das Spieltempo beschleunigt. Daß er gestern seine Darsteller in die Zeitlupe preßte, war der eine seiner Irrtümer. Der andere war, daß das Publikum über Sam, über Wiemanns Maske lachen durfte. Sam ist ein Mann des Erfolges, der im Alter nicht bäurisch zu werden braucht und als der eigentliche Sieger des Dramas muß er vor der Lächerlichkeit beschützt werden.
Aber ich beschwöre den Leser ja auch nicht, eine Regieleistung zu bewundern. Er soll vielmehr beim Wiedersehen mit Elisabeth Bergner Stunden des Glücks, Stunden der Freude über ein Wunder der Schauspielkunst genießen. Nina besucht, in Schwesterntracht, das Trauerhaus ihres verstorbenen Vaters. Sie sagt nichts, aber sie schluckt ein paarmal stumm, ein Bild des Schmerzes. Nina muß beim Frühstück Mutterfreuden eingestehen. Sie setzt die Teetasse in lächelnder Verwirrung ab, ein Bild der Scham. Nina steht auf einem Treppenabsatz über den drei Männern, die sie regiert, und ihr herrschsüchtiges Herz jauchzt, ein Bild des Stolzes. Nina blickt, an Bord der Jacht, dem Mädchen nach, das ihren Sohn eingefangen hat, ein Bild der Eifersucht. Das alles ist schlechthin Vollendung, das ist Frauentakt, der Hysterie spielen kann, ohne selbst hysterisch zu werden, das ist ein seliges Schweben der Stimme, ein Triumph des Liebreizes über eine gefährliche Rolle, das ist ein Zauber, der alle Schmeichelkünste der Sinne vergeistigt – kurz, das ist, nach langer Entbehrung, Elisabeth Bergners Wiederkehr.
Nun wollen wir, einer Heimgekehrten froh, Elisabeth Bergners Sieg feiern und eisern dafür sorgen, daß O'Neills Experiment keine Nachahmer findet.

Sergej Michailovic Tretjakov   Brülle China

Deutsche Erstaufführung
Schauspielhaus Frankfurt, 9. November 1929, Regie Fritz Peter Buch

Die Aktualisierung des Theaters brachte Stoffe auf die Bühne, die zugleich ein Zeichen für die Internationalisierung des Theaters wurden. Die Revolution in China, Mitte der zwanziger Jahre von Tschiangkai-Schek als Führer der Armeen der chinesischen Volkspartei strategisch vollzogen, um den Einfluß der ausländischen Mächtegruppen und damit zusammenhängend die Wirren im Inneren zu beseitigen, hatte ihre entscheidenden Siege: 1927 mit der Einnahme von Schanghai, 1928 mit der Einnahme von Peking. Damals war die Volkspartei noch eine Einheit der Konservativen und der starken kommunistischen Kräfte (mit sowjetischen Beratern). Die chinesischen Ereignisse wurden auch in Deutschland aufmerksam verfolgt. Der revolutionäre Impuls dieser Bewegung in China hatte schon in Piscators Inszenierungen in Fotomontagen ihren Niederschlag gefunden. Das Schauspiel des Sowjet-Schriftstellers Tretjakov griff einen Fall aus dem Beginn dieser Revolution auf. Tretjakov gehörte in Rußland zu der Gruppe von Schriftstellern, die das Ende der fabulierenden Dichtkunst proklamierten und die ›Tatsachenliteratur‹ als die neue engagierte Dichtung ausgaben (»Wir brauchen nicht auf Tolstois zu warten ... Unsere Epen sind die Zeitungen«). Der große russische Regisseur Meyerhold hatte sowohl Tretjakovs Revolutionsstück ›Die Erde bäumt sich‹ wie ›Brülle China‹ aufgeführt: Es war Revolutionstheater, in dem die Chinesen realistisch, die Weißen mit Masken vor den Gesichtern wie Marionetten geführt worden waren. Leo Lania, der in der Zusammenarbeit mit Piscator zum revolutionären politischen Theater gekommen war (Piscator hatte am 10. 4. 1928 sein Öl-Stück ›Konjunktur‹ uraufgeführt), hatte Tretjakovs Stück übertragen. Die Aufführung im Frankfurter Schauspielhaus wurde die erste aufsehenerregende Inszenierung unter der Intendanz des ehemals Leipziger Intendanten Alwin Kronacher (Weichert hatte sich im Juni mit einer hinreißenden Inszenierung von Offenbachs ›Pariser Leben‹ in Frankfurt verabschiedet). – Die Aufnahme des Stücks durch das deutsche Theater wurde nicht wichtig für dessen Entwicklung, aber symptomatisch für dessen Politisierung, für die ›theatralischen‹ Gebärden des Publikums. Benno Reifenberg, damals Leiter des Feuilletons der Frankfurter Zeitung und nach dem Weggang Diebolds nach Berlin auch vorübergehend als Theaterkritiker tätig, sah den soziologischen Hintergrund dieser Veranstaltung, die Ambivalenz von Geste und Gesinnung so deutlich, daß seine Kritik als ein Muster komplexer Theaterbetrachtung gelten darf. Wo die Ästhetik sich in Politik aufgelöst hatte, war auch ein Theaterabend nicht mehr isoliert zu bewerten. (1930 kam Meyerhold mit der Moskauer Inszenierung von ›Brülle China‹ nach Deutschland.)

Benno Reifenberg, Frankfurter Zeitung 11. 11. 1929

Dieses Datum schreibt sich nicht von ungefähr. Das Stück des Russen sucht sich seinen Tag. Es ist aber sehr fraglich, wie wir unseren Alltag zu verbringen gedenken.
Ein weißer, ein brutaler Flegel von Kolonialkaufmann, ist durch einen Chi-

nesen ins Wasser geworfen und umgekommen, weil er mit dem Fährmann um die paar Groschen Überfahrt feilschte. Daraufhin schießt ein englisches Kanonenboot die Stadt des Fährmanns zusammen. Die Männer, die Frauen, die Kinder. Eine Stadt mit Tausenden Chinesen gegen einen Weißen.
Deutlich, überscharf zeichnet das Drama die Situation: Da ist ein blitzblank gestrichenes englisches Kanonenboot und da ist ein armseliges chinesisches Fischerstädtchen. Kommen die Offiziere in ihren weißen goldglänzenden Uniformen in das Nest, holen sie sich für ein paar Kupfermünzen die Mädchen und schlagen dem Gesindel, wenn es zu aufdringlich wird, mit der Reitpeitsche ins Gesicht. Kommt die Deputation der Chinesen an Bord, so geschieht das, um niederzuknien und kniend, von der Not und Sorge um die Stadt gepreßt, vor dem weißen Mann zu stammeln: »Du hast recht, wir sind schuldig.« Die Weißen haben den Scheck, den Flirt, den Missionar und das Imperium. Die Chinesen haben das eintönige Lied beim Netzeflicken und die demütige Not. Die Weißen sind Ausbeuter, deren Roheit nicht erträglicher wird, daß sie sich im Namen des Königs von England vollzieht. Die Chinesen sind ohne jeden Schutz. Sie haben nur die gute Sache.
Im Drama wird der Kommandant des Kanonenbootes zum Schluß erschlagen. In Wirklichkeit aber erschlug der Kommandant die Chinesenstadt. Die Geschichte der Stadt Wanhsien und ihrer Zerstörung durch die auf eigene Faust unternommene Strafexpedition eines englischen Kanonenbootes ist authentisch. Sie hat wesentlich zu der revolutionären Volksbewegung in China beigetragen, sie ist eins von den vielen empörenden Ereignissen jeder imperialistischen Exekutive und sie wird einmal für das kommende China eine Legende werden wie Geßlers Hut in Europa.
Der Russe Tretjakov hat für die kommende Legende den Anfang gemacht. Nicht, weil er den Kommandanten von der bis aufs Blut gepeinigten Menge erschlagen läßt, sondern weil er die Geschichte so einprägsam zu berichten versteht. Sein Drama wächst zu einer brillanten Unterrichtsstunde für die Kenntnis entstehender Revolutionen auf. Ein Weißer schlägt, ein Chinese erschlägt ihn. Ein Kanonenboot schießt und ein Volk steht auf. Etwas von jenem festen unbezweifelbaren Glanz, der aus dem Film ›Potemkin‹ jäh über Europa niedergefahren ist, durchzuckt auch dieses Stück. Wie im ›Potemkin‹ stehen weiße Seesoldaten gleichmütig, die Maschinerie einer Gewalt, auf der Treppe vor dem lebendigen, wogenden, leidenden Heer der Unbewaffneten. Wie im ›Potemkin‹, hört man den Klageschrei einer Mutter, stampft über die zarteste menschliche Empfindung die Roheit eines Staatsprestiges. Es scheint uns zwar, es sei bei Tretjakov das Maß der Glaubwürdigkeit überschritten: Ein Boy über Bord? »Die Rettungsringe des Schiffes Seiner Majestät des Königs sind nicht für Chinesen da« usw. Der Pfeffer wirkt, und die Galerie klatscht mit einer erstaunlichen Präzision. Aber die Galerie reißt die ganze Zuhörerschaft mit sich fort, und in den demonstrativen, politischen Beifall mischt sich das Gefühl unmittelbarer Erschütterung, das große Mitleiden mit der gequälten Kreatur. Zuweilen hebt sich aus dem nächtlichen Fischerdorf, das sich wie ein Vogel zusammenduckt unter der gellenden Sirene des Kanonenbootes, zuweilen hebt sich wie eine Botschaft aus einer besseren Welt die anonyme Stimme eines Kulis: Es gib ein Land, wo dem Armen sein Recht wird. Und dann sind viele im Zuschauerraum, die nicht zur Galerie gehören, die glauben können, es wiederhole sich hier urchristliches Katakombengeflüster.

Der aufmerksame Beobachter wird erschüttert sein von dem guten Willen der deutschen Zuhörerschaft angesichts eines revolutionären Dokuments. Er wird über die Wirkung erschütterter sein als über das Drama selber. Er wird sich ernsthaft fragen, an welcher Stelle der Elan, der an solch einem Theaterabend von der Galerie prasselnd bis hinunter ins Parkett fährt, in unserem eigenen Lande zur Wirklichkeit von Taten sich wandeln könnte. Oder werden die politischen Überzeugungen bei uns deshalb so selten zu Taten, weil sie in einem Theaterapplaus sich erschöpfen?
Dieses Fragezeichen wird hier erhoben, nicht weil die Fremdheit der chinesischen Rasse es uns unmöglich machte, das Beispielhafte ihres Schicksals zu verstehen (denn was wissen wir eigentlich von einem Volk, in dem etwa der Beleidigte sich zur Strafe für den Beleidiger vor dessen Türe aufhängt, um mit dem Tod des Gegners Gewissen zu belasten?).
Dieses Fragezeichen wird auch nicht hier erhoben, weil die Geschichte nicht nach der Logik dieses Theaterstücks gelaufen ist. (Wenn nämlich zu Beginn die Lichtbilder einen Leitartikel der ›Frankfurter Zeitung‹ publizieren, in dem auf die gefährlichen Konsequenzen der Affäre von Wanhsien hingewiesen ist, so darf nicht vergessen werden, daß eben in dieser ›Frankfurter Zeitung‹ die Berichte einer Agnes Smedley unmißverständlich die heutige Nankinger Regierung belasten, die doch nichts anderes ist als die Krönung jener revolutionären Bewegung von Wanhsien. Die Befreiungsfahne von Wanhsien ist die Fahne der Unterdrücker von Nanking geworden.)
Dieses Fragezeichen wird vielmehr erhoben, weil es uns nicht behagt, daß in Deutschland die Radikalität auf dem Theater so gute Tage hat. Wir glauben nicht an den Zündstoff, der hier in das Publikum geschleudert wird. Wir glauben vielmehr, daß nach einem aufgeregten Theaterabend mit rasenden Beifallstürmen man nach Hause geht, um, so gut es möglich ist, zu speisen und sich schlafen zu legen. In einer Zeit, die darüber im klaren sein müßte, daß es nicht mehr damit getan ist, wenn eine heiser brüllende Masse den Gewaltherrn erschlägt, in einer Zeit, die darüber im klaren sein müßte, daß die Nüchternheit des Lendemain einer Revolution sich nicht vertreiben läßt, indem man Umschau hält, ob nicht noch irgendwo ein Gewaltherrscher sei, den man erschlagen könnte, in einer solchen Zeit macht nach unserer Überzeugung die Prosperität des radikalen Theaters keine gute Figur.
Es soll hier nicht untersucht werden, ob Demagogie ein echtes Mittel politischer Überzeugung jemals werden kann. Aber es muß gefordert werden, daß man wenigstens die Demagogie als solche erkenne. Man muß wissen, daß diese Europäer auf dem Kanonenboot karikiert sind, daß die Affäre sich nicht so einfach abgespielt hat, daß es nicht darauf ankommt, für die armen Chinesen Partei zu nehmen (welcher anständige Mensch könnte es wagen, diesen brutalen Schurken zu verteidigen?), daß man in dieser Angelegenheit vielleicht einmal eine Äußerung des englischen Kolonialministeriums hätte hören sollen. Wahrscheinlich hätte sich daraus kein so effektvolles Theaterstück machen lassen. Aber vielleicht wären die Zuschauer nachdenklicher nach Hause gegangen. »Nieder mit England«, schrie einer von der Galerie. Man kann fragen, was gehen diesen Mann die Chinesen an, wenn er dieser russischen Darstellung vom Engländer so ohne weiteres glaubt; ja man kann fragen, ob dieser Herr, der da kurzerhand Weltpolitik treibt, auch nur eine Ahnung von

Deutschland hat, in dem er zunächst einmal ausgezeichnet Gelegenheit hätte, sich politisch zu betätigen.

Das Theater mag sich über diesen politischen Exkurs beschweren und ungeduldig den Bericht über die Aufführung verlangen. Aber es scheint uns, bei so eindeutig politischer Absicht und so eindeutig politischem Effekt seien die Gewichte für den Chronikeur nicht anders zu verteilen gewesen. Es bleibt daher nur zu sagen, daß unter der Regie von Fritz Peter Buch diese Aufführung jedem möglichen Vergleich standhält; und daß am Samstagabend Ensemble und Regie weit über alles sich erhoben hat, was auch nur von ferne Provinz genannt werden könnte. Die Aufführung zeigte eine außerordentliche Sorgfalt und trotzdem einen großen Atem, der nicht ein einziges Mal aussetzte. Es spricht für die leidenschaftliche Überzeugung des Ensembles wie für die Kunst der Regie, daß die Einzelleistung getragen und aufgenommen wurde vom Ganzen, daß diese Hauptspieler aus der grauen Masse des chinesischen Volks nur auftauchten, um eben dieser Masse die echte Dynamik eines Kollektivs zu geben. Ganz abgesehen von der technischen Apparatur, die mit Lichtbild und Film richtig arbeitete, weil sie beides in den Dienst der dramatischen Abfolge stellte und die Technik nicht zur Hauptsache machte, brachte die Regie etwa in manchen stummen Szenen, wie dem Niederknien des chinesischen Gouverneurs auf dem Deck des Kanonenbootes, einen gewaltigen Ausdruck zustande. Herr Heilinger machte den Kommandanten zu einem einzigen Block sturer Befehlsgewalt und Herr Verhoeven sprach den Dolmetscher in weißglühendem, verhaltenem Haß. Herr Koninski gab dem kommunistischen Kuli eine pathetische Gewalt, die fast an eine Figur Schillerscher Größe heranführt; eindringlich, von der Seltsamkeit des Exotischen umhüllt der Boy von Cläre Winter, wahrhaft eine Erscheinung die Figur des Gouverneurs durch Herrn Taube. Schauerlich hat Herr Arie die Todesangst eines armen Schiffers herausgeschrien, überzeugend die Derbheit Herrn Bibertis als Händler. Die übrigen Europäer (die Damen Glau, Sievert, die Herren Rewalt, Impekoven, Engels) vermieden mit Glück die naheliegende Karikatur. Die Frau des Delinquenten war Constanze Menz. Man wird nicht so bald vergessen, wie sie gesenkten Hauptes durch die stumpfe Menge hindurchgeht, ein chinesisches Lied murmelnd, Klagegesang von Generationen.

Dieses Lied ist aus dem Chinesischen übertragen und seine Trauer schien sich um eine Nuance zu unterscheiden von jener Empörung, aus der heraus der russische Autor sein Drama geschrieben hat. Eine Nuance, aber es schien uns, als übertönte die stille Gewalt des Liedes das brüllende China des Russen.

Knut Hamsun Vom Teufel geholt
Komödie Berlin, 11. November 1929, Regie Max Reinhardt

Der Anfang der Spielzeit in Berlin hatte Glanz und Elend des ›Zeittheaters‹ demonstriert. Eine Serie von ›aktuellen‹ Stücken: das Kriegsstück ›Die andere Seite‹, Brecht-Weills ›Happy End‹ (2. 9. 29, Schiffbauerdamm, ein Mißerfolg), Wolfs ›Cyankali‹, Mehrings ›Kaufmann von Berlin‹, Duschinskys

›Stempelbrüder‹ (1. 10. 29, Renaissance-Theater mit Heinrich George), Horvaths ›Sladek, der schwarze Reichswehrmann‹ (13. 10. 29, Aktuelle Bühne im Lessing-Theater), Karl Kraus' ›Die Unüberwindlichen‹ (20. 10. 29, Studio der Volksbühne), P. M. Lampels ›Pennäler‹ (30. 10. 29, Schiffbauerdamm), Hanns Minnichs ›Schlafstelle‹ (Schiffbauerdamm): das dichterische Stück schien ausgeschaltet. Da kamen Anfang November drei große Inszenierungen. Jeßner inszenierte am Staatstheater den ›Don Carlos‹ (2. 11. 1929) mit Kortner als Philipp und machte daraus die Tragödie des alternden Herrschers. Die Bergner triumphierte in O'Neills ›Seltsames Zwischenspiel‹ (s. d.), Reinhardt fügte an den Erfolg mit Shaws ›Kaiser von Amerika‹ Hamsuns Stück. Hamsun war im Sommer siebzig Jahre alt geworden. Das Theater hatte seine Stücke kaum beachtet. Reinhardts Inszenierung wurde eine verspätete Huldigung. Er hatte ›Vom Teufel geholt‹ 1914 schon einmal inszeniert, mit Gertrud Eysoldt, Schildkraut und Moissi. Seither war das Stück den Regisseuren mehrfach mißlungen, Berthold Viertel zum Beispiel, der es am 8. Oktober 1923 bei der ›Truppe‹ inszeniert hatte. Von Reinhardt wurde es rehabilitiert, und Lucie Höflich trat abermals mit einer großen schwierigen Rolle hervor.

Herbert Ihering, Berliner Börsen-Courier 12. 11. 1929

Ein Orkan der Schauspielkunst fegte im dritten Akt alle Hemmungen hinweg, die dieser für Unterhaltung und Konversationsstücke bestimmte Raum dem Publikum auferlegte. Bis dahin wurde Knut Hamsuns Schauspiel von ausgezeichneten Darstellern in Rollen auseinandergespielt, fabelhaft auseinandergespielt. Mit farbigen Nuancen umhängt, mit fesselnden Pointen verziert, mit reizvollen Deutungen ausgelegt. Vortreffliche Schauspieler. Begeisterte Künstler. [...]
Knut Hamsuns ›Vom Teufel geholt‹ oder ›Vom Leben gefaßt‹ oder ›In den Fängen des Daseins‹, diese Tragödie der alternden, von Liebhaber zu Liebhaber sinkenden Frau [...] Ein breit hinrollendes Lebensschicksal, gewittrig umzuckt, mit einem schneidenden Ernst der Komik und einem tragischen Schatten des Humors. Da ist der skrupelfreie Egoist Alexander Blumenschön, den jetzt Oskar Homolka mit kalt lächelnder Liebenswürdigkeit gibt, da ist der Nabob Peter Bast aus Argentinien, den früher Schildkraut zusammengedrängt, heute Eugen Klöpfer ausladend darstellt, viel Platz um sich schaffend, unruhig und lärmvoll, aber frischer und stärker als sonst. Da ist der alte Gihle, der abgestandene Gatte der alternden Varietésängerin, von Richard Romanowsky mit dem Zauber einer eleganten Senilität, einer peniblen Greisenhaftigkeit, einer zarten Vertrottelung gespielt. Da ist Fräulein Fanny Norman, die junge Braut des Egoisten, die mit starr aufgerissenen Augen in diese Welt des Untergangs blickt: Grete Mosheim. Da ist –
Jetzt beginnt das Wunder. Lucie Höflich spielt die Königsjuliane. Sie gibt dreißig Jahre rauchiges Tingeltangel, dreißig Jahre Männerverbrauch, dreißig Jahre Glanz und Elend. Sie trippelt in einem geziert jugendlichen Gang, der zu ihrem Alter und zu ihrem Leibesumfang nicht mehr paßt. Sie mault und plärrt. Der Mund hängt schief, die Augen plieren. Dann zuckt ein flüchtiger Glanz auf, dann leuchtet das Antlitz, dann wird der Ton helle. Dann wird derselbe Ausdruck schon im nächsten Moment zur schaurigen Karikatur. Was

eben noch echt war, wird absichtlich, ängstlich festgehalten, affektiert. Eine Figur, durch alle Höllenstationen der Angst und der Hoffnung, der Verzweiflung und der Komik, des Ernstes und der Parodie hindurchgejagt. Immer auf der Grenze zwischen Wahrheit und Maske, oft nicht wissend, was Antlitz, was Larve ist – eine geniale *Gestaltung* des Unbewußten, eine geniale Fixierung des Chaos. Eine Schöpfung ebenso des Instinkts wie des Bewußtseins. Alles ist visionär erfaßt und mit technischer Genauigkeit festgelegt.

Mit der Höflich zusammen erreicht Max Reinhardt eine Durchdringung und Steigerung des dritten und vierten Aktes, die überwältigt. Hier ist nichts mehr überspielt, nichts fällt heraus. Alles dient mit Nehers unheimlichen Bühnenbildern dem Dichter, alles durchfiebert Knut Hamsuns Welt: eine Wirklichkeit, die durch ihre eigene Intensität wieder unwirklich, wieder überwirklich wird. Und die Höflich... Fritzi Massary hat nach den Irrfahrten durch eine absterbende Operettenwelt den Boden ihrer eigenen Kunst, ihrer Melodie gefunden. Elisabeth Bergner hat nach einer Inflations-Odyssee ohnegleichen sich selbst und ihre Möglichkeiten wieder erreicht. Lucie Höflich ist zu neuen Zielen aufgebrochen. In ihnen und in Werner Krauß lebte die große Einzelschauspielkunst, und wird leben bleiben, wenn alle sich immer der Grenze zwischen der Isolierung durch Leistung und der Isolierung durch Karriere bewußt bleiben.

Wilhelm Westecker, Berliner Börsen-Zeitung 12. 11. 1929

Endlich ein Dichter. Die Dichter kommen nicht allzu oft in Berlin auf die Bühne. [...] Was uns an diesem Stück packt, ist nicht die Tragik der alternden Frau, [...] sondern die Tragik der Menschen, die hier im Zeichen des Lebens und in der Freude eines Festes beisammen sind und noch nichts von ihrer seelischen Auflösung wissen. Nach außen ist noch alles Glanz, aber innen ist eine trostlose Hilflosigkeit und Starre. Hamsun hat hier (in einem Nebenwerk) zehnmal tiefer ins Leben und vor allem in die Seelen der Menschen gegriffen als Lampel, Bruckner, Duschinsky, Unger und noch ein Dutzend andere zusammen. Keiner von ihnen hat noch eine nur halb so volle, runde Figur geschaffen wie den Nabob Peter Bast [...]. Das sind Menschen, um die alle guten Geister des Lebens sind, und die doch zuerst in den Tod oder in den Untergang stürzen. [...] Die Aufführung war herrlich. Funkelnd von Leben. Tragödie und satirische Komödie in einem. Ohne Bruch. Und immer mit den Charakteren im Mittelpunkt. [...] Reinhardt hatte das Stück ein wenig gestrafft, aber es gelang auch ihm nicht, dem Schluß die Dehnungen zu nehmen. Außerdem vergröberte er hier etwas. Frau Gihle, die sich so leidenschaftlich an das Leben und an ihre Liebhaber klammert, ist hier nun ganz allein. Da erscheint der Neger, früher ein Diener Basts. Sie ahnte und fürchtete, daß sie ihm einst verfallen würde. Aber bei Hamsun wird der Neger als Kutscher engagiert. Der alte Gihle sucht einen. Mit dieser schwersten Sorge ist der zeitlebens Sorgenlose kurz vorher zu Bett gegangen. Bei Reinhardt kommt der Neger einfach als Neger, der ein tragisches Schicksal zu erfüllen hat. Hamsun verschleiert die Symbolik des Lebens sehr fein. Man darf das in solchen entscheidenden Situationen nicht vergessen, und nicht mit den plumpen Methoden eines Bruckn900ers arbeiten.

Die Aufführung baute sich auf den beiden Leistungen Lucie Höflichs und Eugen Klöpfers auf. Lucie Höflich gab die alternde Frau mit einer einzigartigen flackernden aber schon gebrochenen Dämonie. Sie hatte alle Zeichen des Übergangs, war hart und weich, leidenschaftlich und verzagt und irrte hilflos zwischen ihren Enttäuschungen umher, ohne ihren Bankrott zu erkennen. Dabei war sie äußerlich immer gestrafft. Ihren Höhepunkt hatte sie in der Szene, in der sie mit dem alten Musiker ihre früheren Erfolge zu rekonstruieren versucht, weil sie erkennt, daß sich ihre Liebhaber dem jungen frischen Mädchen mit den hellen Augen zuwenden. Sie singt mit schon geengter Stimme, wirft mit letzter Anstrengung die Beine bei einem zweideutigen Couplet und merkt nicht, wie sie sich damit immer weiter von allen entfernt. Aber wie die Höflich singt, und diese ganze Szene spielt! Knapp und ohne Pose. Wie sie diese Leidenschaft ohne Resonanz auslebt! Das greift bis ins Mark. Klöpfer ist – nicht nur durch die Rolle – der Gegensatz. Er ist prall von Lebenslust, spart mit Gesten und weitausholenden Bewegungen nicht. Klöpfer ist malerisch, die Höflich plastisch. Klöpfer hängt sich den Charakter malerisch um. Er füllt ihn mit einer rauschenden Vitalität, ist bunt und voller Nuancen, die Höflich hämmert den Charakter hart und verdichtet ihn zu seiner größten Prägnanz. Sie feilt noch an den kleinsten Lichtern. Klöpfer gibt einen entfesselten, die Höflich einen gefesselten Dämon. Klöpfer strömt sich aus, die Höflich preßt sich zusammen. Das Ergebnis ist bei beiden ein von innerem Leben herrlich und unheimlich voller Mensch.

Eine ganz ausgezeichnete Figur war auch der alte Gihle von Richard Romanowsky. Mit kleinen feinen Nuancen, die ins Groteske spielten, malte er diesen alten Mann aus. Ein kindischer Trottel, aber noch voll vornehmer Haltung. Oskar Homolka hatte es mit dem Antiquitätenhändler Blumenschön schwerer. Dieser Mensch ist kühl und teilnahmslos. Bast stirbt, Lynum erschießt sich, seine Braut verläßt ihn, er denkt nur an seine Pfeife. Man glaubt nicht recht, daß die Frauen ihm so zugetan sind. Es gelang Homolka auch nicht, die Schwäche dieses Charakters zu überdecken, so sachlich und eindringlich er spielte. Dagegen hatte Grete Mosheims Fanny Normann die herbe natürliche Frische, die die Männer so schnell herüberzieht. Sie war prachtvoll in ihrer anmutigen Elastizität, eine Frau nach dem Herzen Hamsuns, klar und hart und voll innerer Teilnahme. [...]

Alfred Kerr, Berliner Tageblatt 12. 11. 1929
I
Man trägt sie wieder lang. Die Röcke? Die Stücke. (Kommt auf dasselbe hinaus. Bitte, kein Pathos.)
Gestern lang das Bergner-Stück; heute lang das Höflich-Stück... Die Breite des Lebens (nur zuweilen durch die dramatische Gegenwart verdrängt) rückt zwischendurch wieder vor...
Trotz aller Ausdehnung mit sehr starken Eindrücken. (Wobei der Hamsun hoch über dem O'Neill steht.)
Verkürzung im Theater hat ihr Gutes; Ausführlichkeit jedoch ebenfalls...
Das Stück mit der Daseinsbreite zeugt gesonderte Wirkungen; gesonderte Stimmungen; gesonderte Betrachtungszustände; gesonderte Wirklichkeiten. Es geht also beides. (Genauer: es geht fast alles. Nur ein Programm nicht.)

Man trägt sie wieder lang.

II

Hamsun zeichnet in diesem nachdenklichen Schauspiel: Untermenschen. Unterkittige Menschen. Kleinmenschen. Popelmenschen. Brodemsmenschen.
Mit ihrem schmierigen Gestreit, ihrem schmierigen Leid, ihrer schmierigen Häßlichkeit.
Noch der Lebstärkste davon hat eine Seele recht engen Umfangs. Noch die Schuldloseste bleibt eine dürftige Gans.
Dazwischen ein Blödelgreis. Ein Provinzkrieger. Eine zergangenen Brettlschönheit. Ein gewesener Geiger.
Und ein ausgehaltener Schäbian.

III

Alles poplig, schoflig, kleinlich, peinlich, mulmig, widrig, miekrig. (Hamsun spricht am Mikrophon.) Als bestünde die Welt nur aus Leuten fünften Kalibers.
Alles rutscht in Dünsten langsam oder plötzlich treppunter. Ödnis. Das dicke Ende. Mieser Muff. Schwund. Hühnerleiter.

IV

Der Kern in diesem Schauspiel ist nicht: Vergänglichkeit. Sondern: Abnutzung. Der Inhalt ist nicht: Entgötterung. Sondern: Verbiesterung.
Ein Schmerzbeklommener, dennoch Trockner schrieb es – voll Haß.
Ein Strindhügel.

V

Dieses Werk soll Zickel vor einem Jahrtausend gespielt haben. (Ich sah es erst 1914 bei Reinhardt mit Schildkraut und Abel.)
Heut erscheint es umdüstert ... und voller. Reinhardt gibt ihm die russische Lebensbreite, die es fordert; ohne Längenscheu.
Hamsuns Werk ist mit russischen Augen zu sehen. Dieser Normann fuhr ja ins Moskowiterland. (Nur Technisches nimmt er vom Ibsen.)
Reinhardt, außerhalb des neuen Regisseurschwarms (am nächsten wird ihm einst Erich Engel kommen), setzt furchtlos hier ein Wirklichkeitsgemälde durch; frei von Rücksicht auf das Parkett.
Es trägt sich ganz stark etwas zu, das erlebt wird. Ein Stück Dasein zieht hin.
Die Abkürzung oder Beschleunigung in der jüngeren Regie hat mehr vom eilenden Marschgang unserer Tage: doch Haftendes, Einbohrendes, Wirkliches kommt von der andren Art. Reinhardt, in seinem Beginn der heutigen Kürzungsregie verwandt, nähert sich hier den Brahmschen Wirkungen.

VI

Aus dem wüsten Tobsal gierender Unterseelen ragt (abgehalftertes Tingelmensch, ungestillt, nur in bequemeren Bürgerstand gekommen) die Höflich.
Immer mit bewußtem Abfärben aus der Brettlzeit; aus der Schmiere; aus dem Bordell im Umherziehen; letztens aus der ... Kunst. (Aus der miekrigen Kunst.)
Sie zergeht – vor den Augen. Mit den Augen. Der Schmerz in ihr verschmalzt sich. Ihre Sehnsucht hält Schminke; die Nettheit Verzierung. Und sie war doch eine liebenswerte Person, einstens, das fühlt man; – nur in die Wechseljahre geglitscht.
Mit alledem in einer verweinten Schlußtrauer wundervoll.

VII
Schildkraut haust in mir als Erscheinung.
Klöpfer, jetzt, als Lebkraft mit breitem Lachen – unvergeßbar herrlich. (Nur im Tod um einen Strich zu weich. Man trauert eh um den Hoffnungskerl ... den justament eine Kobra beißen muß.)
VIII
Hieß nicht Homolka damals Abel? In meinem Gedächtnis wirkt Abel mehr ... schoflig. Homolka jetzt mehr ... gewaltroh.
Homolka betont Eifersucht; als welche nur ein Nebenzug ist. Er sieht im Frack um einen Grad zu weltlich aus. (Bei Abel rutschen die Krawatten.)
IX
Falckenstein, Mittelstandsleutnant, unterstreicht in ersten Teil; dann menschenecht. Graetz, Antiquar, deckend in Schlichtheit.
Sokolow, Exkünstler, zum Glück unlyrisch.
X
Romanowsky – »ich kann den Blick nicht von dir wenden«. Das ist etwas Kostbares: dieser thadelthädelnde Siebziger, wie ein junggewordner alter Papagei.
(Und sein greiser Freund, Paulmüller, rotbäckig, doof, der kein Wort spricht ... ich kann den Blick nicht von euch wenden.)
Mittendrin die Mosheim ersten Rangs. Verzicht auf Holdes. Kleinbürgerpute – doch mit fern hindurchschimmerndem Hauch eines ... ja: eines jungen Mädels. Ohne mehr.
Ersten Rangs.
XI
Und wer hat nun das Bühnenbild gemacht? Auf dem Zettel steht: Caspar Neher.
Bei Schumann singt jemand: »Ich kann's nicht fassen, nicht glauben, es hat ein Traum mich berückt.« Unstilisierte Bilder? Glatt aus der Wirklichkeit? Ohne Kommentar? Ohne halbhohen Vorhang? Ohne Gestäng? Ohne Sehschmuß? Fern von glossierender Aufdringlichkeit?
XII
Man trägt sie wieder lang.

Hans José Rehfisch
Wilhelm Herzog Die Affäre Dreyfus

Uraufführung: Volksbühne Berlin, 24. November 1929
Regie Heinz Kenter

Lessing-Theater, Berlin, Januar 1930

Mit ›Affäre Dreyfus‹ hatte das politische Theater einen seiner Höhepunkte. Das war kein historisches Stück über eine politische Affäre, die einmal Europa in Atem gehalten hatte, es war ein Fall, der auch für die politischen Auseinandersetzungen in Deutschland ein Menetekel war. Antisemitismus, Kastenmoral, öffentliches Recht, das wurde hier verhandelt. Das Stück kam »im

Augenblick der Seekrankheit in Deutschland«, wie Kerr verharmlosend schrieb, der im Glauben an die menschliche Vernunft die politische Gefahr von rechts fast bis 1933 unterschätzte. – Abermals ein Stück, das den Gerichtssaal auf die Bühne brachte (wie: Bruckners ›Verbrecher‹, wie der ›Prozeß Mary Dugan‹, wie Erich Mühsams ›Sacco und Vanzetti‹). – Als Autor der ›Affäre Dreyfus‹ war ein René Kestner angekündigt worden, aber schon vor der Premiere wurde das Pseudonym gelüftet, weil die beiden Autoren Wilhelm Herzog und Hans José Rehfisch über den Anteil an diesem Stück in Streit gerieten. Rehfisch gehörte, seit Piscator 1925 ›Wer weint um Juckenack‹ an der Volksbühne inszeniert hatte, zu den in Berlin bevorzugten Autoren. Jeßner hatte ›Duell am Lido‹ am 20. Februar 1926 in eigener Regie am Staatstheater uraufgeführt (mit Kortner und der hier zuerst bemerkten Marlene Dietrich), dann hatte Albert Florath am Schiller-Theater mit Forster, der Straub und Lucie Mannheim Rehfischs ›Nickel und die 36 Gerechten‹ inszeniert (28. 5. 1926). Am 4. Februar 1927 hatte das Schiller-Theater unter Karl-Heinz Martins Regie (mit Friedrich Kayßler und Gerda Müller) ›Razzia‹ gebracht, am 16. April 1927 inszenierte wieder Karl-Heinz Martin Rehfischs ›Skandal in Amerika‹ am Deutschen Künstlertheater (mit Rudolf Forster). Es war ein Mißerfolg. ›Der Frauenarzt‹ (Hauptrolle Rudolf Forster) war am 2. November 1928 als Rehfischs szenischer Beitrag zur Diskussion um den Abtreibungs-Paragraphen 218 im Theater in der Königgrätzer Straße erschienen. ›Affäre Dreyfus‹ wurde Rehfischs erfolgreichstes Stück. »Bestes journalistisches Theater«, schrieb Ihering am 11. Januar 1930 im ›Berliner Börsen-Courier‹. Es war auch der erste große Erfolg unter dem neuen Direktorium der Volksbühne, deren Intendant Karl-Heinz Martin geworden war. Martin, der seine Intendanz an der oft von inneren Auseinandersetzungen erschütterten Volksbühne mit der Inszenierung von ›Dantons Tod‹ (mit Lorre, Franck und Lotte Lenya) begonnen hatte, hatte sich Kenter als Spielleiter verpflichtet. Nach sechs Wochen Spieldauer wurde die Inszenierung ins Lessing-Theater übernommen, wo der Erfolg sich fortsetzte. Wichtige Rollen wurden umbesetzt. Heinrich George spielte dann den Zola, Friedrich Kayßler den Oberst Picquard (George spielte den Zola, eine seiner besten Darstellungen, später auch im Dreyfus-Film). Nach über hundert weiteren Aufführungen übernahm schließlich Homolka die Rolle des Zola.

Volksbühne Berlin
Herbert Ihering, Berliner Börsen-Courier 26. 11. 1929

Was in unserer frühen Knabenzeit eine Jahrmarktsensation war, steht jetzt auf der Bühne fast als ein politisches Gleichnis der Gegenwart.
Der Kampf um Dreyfus erregte damals die Welt so sehr, daß er in abgelegenen deutschen Kleinstädten für die Kinder eine Karl-May-Sensation war. Frankreich war aufgewühlt. Ein Spionageprozeß war nur sichtbares Zeichen für das Mißtrauen und die Unsicherheit im ganzen Lande. Die unrechte, infame Verurteilung des jüdischen Generalstabshauptmanns Dreyfus, seine Degradation, seine Verbannung auf die Teufelsinsel konnte nur deshalb ein Volk umstülpen, Parteien und Familien zerreißen, weil Rassenfragen hier gleichzeitig Rechtsfragen und Rechtsfragen gleichzeitig politische Fragen waren. Selten hat sich in einer Affäre so deutlich, so warnend, so erschreckend

der politische Niedergang als Niedergang des Rechts und damit als Niedergang des Staates und der Nation offenbart. Die Säuberung der Dreyfus-Affäre, die Inthronisierung der unabhängigen Justiz war gleichzeitig die Festigung der französischen Nation (obwohl die Affäre zuletzt mehr durch eine Amnestie als durch den notwendigen klaren Rechtsspruch abgeschlossen wurde).
Es ging nicht um die Person des Hauptmanns Dreyfus, nicht um seine Heroisierung oder Märtyrergloriole, sondern allein um das *Unrecht*, das ihm die Militärkamarilla zufügte. Darum ist es der entscheidende Vorzug dieses Theaterstückes, daß Dreyfus selbst nicht auftritt (was eine Zufuhr an Rührseligkeit bedeutet hätte), daß das Schauspiel lange nach seiner Verbannung beginnt. Die Sache wird aufgerollt. Die Folgen sprechen. Die Ankläger treten auf. Der Prozeß um die Idee des Rechts beginnt.
Wo die Dokumente sprechen, wo die historischen Personen ihre historischen Worte reden, da kann sich niemand der Wirkung entziehen. Wo der Zola-Prozeß sich aufrollt, da ist das Stück mit Gegensätzen und Spannungen bis zum Bersten geladen. Die undurchdringliche Mauer der militärischen Zeugen, die Unmöglichkeit, eine Bresche zu schlagen – die naheste Gegenwart befällt uns. Der Zwang zur Wahrheit, der Zwang zur Tatsächlichkeit war für Rehfisch eine strenge Schule. Sein Verdienst, diese Szenen arrangiert und aufgezogen zu haben, bleibt auch dann noch bestehen, wenn er vorher, bei der Vorstellung der berühmten Namen von Zola bis Clemenceau, für den Rundfunk zu schreiben scheint, als ob man die Personen nicht sähe, sondern nur hörte. Ein Ansager stellt vor. Bis sich das eingefahren und ausgeglichen hat, bis die romanhafte Sprache und das etwas phrasenhafte Theaterdeutsch auf den Grund der Tatsachen gerät, ärgert man sich oft, um von dem szenischen Geschick und von der Wucht des dokumentarischen Themas um so kräftiger gepackt zu werden.
Die Volksbühne kommt endlich wieder an ihre Aufgaben. Wie man auch zu einzelnen Aufführungen stehen mag, sie zählt wieder mit. Sie hat Stücke, Regisseure und Schauspieler. Sie hat Walter Franck für den Oberstleutnant Picquard, der als einziger den Mut hat, die Militärkamarilla zu durchstoßen. Sie hat Ernst Ginsberg für den Bruder von Dreyfus. Sie hat Sigurd Lohde für den Generalstabschef Boisdeffre, Ferdinand von Alten für den General de Pellieux. Auch Ferdinand Hart ist diesmal vortrefflich als Oberst Henry.
Hans Peppler, unvergessen von der Karl-Kraus-Matinee her, spielt den Zola. Eine rhetorische Rolle auf dem Theater glaubhaft zu machen, ist schwieriger als eine charakteristische. Peppler hilft sich mit Unterbrechungen, Retardierungen. Er ist gut, aber ich glaube, sein Hauptgebiet ist das komische Fach. Neu für Berlin ist Kurt Horwitz als Verräter und Betrüger Esterhazy. Nicht neu für mich. Ich habe von München her wiederholt auf Horwitz hingewiesen. Jetzt hat er mit der leichten und sicheren Linienführung, mit einfacher und selbstverständlicher Beherrschung des schauspielerischen Handwerks *den* Erfolg. Jetzt wird man auf ihn hören. (Schwach sind, wie in fast allen Aufführungen der neuen Volksbühne, die Damen, schwach auch Pamela Wedekind.)
Der Erfolg einer guten Sache. Der des politischen Theaters. Der Erfolg eines Regisseurs (Heinz Kenter), der sich als Künstler noch beweisen muß, aber als Arrangeur und Szenenleiter schon bewährt hat.

Monty Jacobs, Vossische Zeitung, Berlin, 26. 11. 1929

[...] die Werte dieses erfolgreichen Schauspiels hat weder René noch Kestner, weder Herzog noch Rehfisch geschaffen. Was gestern durchschlug, war ein Kapitel Weltgeschichte. Herzog war so findig, die Theaterleute auf die Fährte zu lenken, und Rehfisch hat zum mindesten über einer Szene, Esterhazys Abschied von seinen Vorgesetzten, seinen Bühnenwitz leuchten lassen. Aber wenn das ideale Publikum der Volksbühne gestern lautlos lauschte, wenn die Gewalt der Szene über die Rampe schlug, dann sprach immer die historische Wahrheit ohne jedes Medium.

Geschickte Hände haben freilich aus dem zehn Jahre laufenden Dreyfus-Roman ein leidlich abgeschlossenes Kapitel ausgeschält, geschickte Hände haben ein Dreyfus-Drama ohne Dreyfus spielen lassen. Denn der Kapitän sitzt noch auf seiner Teufelsinsel, während die Verteidiger seiner Unschuld sich in Paris mit den Fälschern im Offiziersrock und mit der brüllenden Horde der Maulpatrioten herumschlagen.

Wenn das Stück anhebt, feiert der Gauner Esterhazy eben den Triumph seiner Freisprechung. Wenn es ausklingt, schneidet sich der Oberst Henry den Hals ab. Dazwischen rafft sich Picquard zum Widerstand auf, Emile Zola greift ein, Jaurès und Clemenceau erheben ihre Stimme gegen den Generalstab, die Fälscher brechen zusammen, und in Picquards Arrestzelle fällt das große Wort der Hoffnung: Revision des Dreyfus-Prozesses.

Tilgt man breite und flaue Stellen des Anfangs, so bleibt ein Drama, das der älteren Generation Erinnerungen ihrer Jugend aufrührt, und das ein neues Geschlecht in den gleichen Tumult des Gefühls stürzt. Im Gerichtssaal gipfelt das Stück, wenn Zola, der Ankläger zum Angeklagten wird, wenn dreiste Offiziere das Vorrecht ihrer Uniform und die Servilität der Richter mißbrauchen. Es ist kein Zufall, daß dieser Akt das Schicksal des Abends entscheidet, daß nach dem Zola-Prozeß die Temperatur des Stückes sinkt. Denn im Gerichtssaal spricht allein das Protokoll der historischen Wahrheit, nur leicht von den Autoren redigiert. Sie haben aus dem Mediziner Clemenceau einen Anwalt gemacht, um Zolas unverzagten Kameraden auch persönlich in das Schicksal seines Prozesses eingreifen zu lassen, eine Huldigung, die gerade gestern, am Todestage des Tapferen, wie eine Auferstehung wirkte. Sonst aber souffliert die Chronik Frankreichs jedes Wort, das auf der Bühne zündet.

Also ein Reportage-Drama? Wir wollen einander nichts einreden: Reportage kann in der Hand eines Künstlers zur Kunst werden. Aber als Modeparole, die Inspiration durch Dokumente ersetzen will, bedeutet Reportage nur ein Fremdwort für Mangel an Einfall.

Hier wird indessen ein Stück Wirklichkeit auf die Bühne übertragen, das in seinem Element mit dem Theater blutsverwandt ist, eine Gerichtsverhandlung. Wie jüngst im Hörspiel der Prozeß Sokrates verhandelt werden konnte, so wird der Prozeß Zola ohne weiteres zum Drama. Was damals dem Zeitungsleser das Blut erhitzte, das fällt jetzt mit gleicher Gewalt über den Zuschauer her. Ein Mann des Schreibtisches verläßt sein stilles Haus, um vom nobelsten Vorrecht des Wortbeherrschers Gebrauch zu machen, um nämlich sein Volk gegen das Unrecht aufzurütteln, ein Mutiger, Brust an Brust mit der wütenden Masse – das ist zwar nicht die Affäre Dreyfus, aber die Affäre Zola, ein-

getragen ins Buch der Geschichte, ebenso lebendig auf der Bühne wie in der Erinnerung.
Dieser Akt, in dem das Wort eines Toten lebendig wird, hält für viele tote Worte der lebendigen Verfasser schadlos. Denn um das Papierdeutsch der meisten Dialoge, um den Kolportage-Ehrgeiz ihrer Erfindung brauchten die Autoren gewiß keinen Rechtsstreit zu führen. Es ist ein Jammer, wie die Sprache unserer Bühne jetzt in den Schlendrian vor dem Gewitter des Naturalismus zurücksinkt! Salopp und zuchtlos macht sich auf dem Theater das Überwundene wieder breit, das Geschwätz, das nach der Leihbibliothek duftet. Papierkorb, tu dich auf! Bald wird ein neuer Arno Holz als Reformator nötig werden.

Eine Freude, das Aufblühen der Volksbühne unter der Leitung ihres neuen Herrn Karl-Heinz Martin zu beobachten! Der Spielleiter, den er sich geholt hat, Heinz Kenter, weiß zu gliedern, zu färben, zu wärmen. Er regiert die Masse der Spieler in einer wohltätigen Mühelosigkeit, und sein Eifer wird im Schwunge des Großen, wie in der Fürsorge für das Kleine gleichermaßen sichtbar. Es gibt keine Notbesetzung mehr auf der Volksbühne. Wie in Picquards gepreßtem Herzen die Subordination regiert und wie sie abgeschüttelt wird, das ist eine Aufgabe für Walter Franck. Als Zola wird Hans Peppler von einer warmen Wolke der Sympathie getragen, ein Bürger mit gewaltig ausbrechendem Grimm, freilich ohne den Schuß Geistigkeit, der diesen Angeklagten überlegen werden läßt. Drei hohe Herren des Kriegsministeriums von Alten, Thormann, Lohde, ein geschmeidiger Minister Paul Günthers, Ferdinand Harts brutaler Oberst Henry, in seinem Zusammenbruch nur noch ein armer Teufel, dessen Blick Hilfe von seinem Chef herbeizerrt, als neue Erscheinung Kurt Horwitz als Esterhazy, sicher, gewandt und von Galgenhumor gesegnet – das ist das Militär. Im Zivil: Karchows Jaurès, ein eindringlicher Clemenceau Paul Henckels, Leonard Steckels scharf zubeißender Anwalt Labory. Endlich die Frauen: Margarethe Melzer und ein Soubrettentalent Eddi Kollwitz, als eine Egeria des Oberstleutnants Picquard Pamela Wedekind, erfreulich in der Beherrschung ihrer Gaben gewachsen.
Daß die ›Affäre Dreyfus‹ einen Erfolg über alles Erwarten gefunden hat, wird sich bald am Treiben der Nachahmer zeigen. [...]

Alfred Kerr, Berliner Tageblatt 26. 11. 1929
I
Rechtet nicht, Kritiker; man ist bewegt und geschüttelt. Zankt nicht, Herzog und Rehfisch. Fehl am Ort... vor einer menschlichen Angelegenheit.
II
In jedem Augenblick weiß der Zuschauer: das ist verbrettert. Genauso war es nicht... Aber das bleibt letztens Wurst.
Ein Widerglanz vom wirklichen Geschehen greift, blitzt, zuckt über die Rampe; zu den Sitzen; zu den Rängen; in die Hirne. Geschüttelt wird man.
III
So war es doch, doch, doch. Nur mit größerer Mühsal für die Beteiligten. Mit allem schweren Kampf und Krampf und Krach und Seelenjammer etlicher Tapferen... gegen halb bewußtlose Schurkerei; gegen den Fahnenfetisch.

Gegen das, was unsereins hernach mitten im Krieg den »elendesten Rückfall, den Vortrab der Spät-Entafften« schwarz auf weiß gerufen hat.
Ja, ähnliche Welten standen im Erdkrieg gegeneinander: als nicht ein elsässischer Jud', Hauptmann im Heer; sondern eine Menschheit Opfer wurde politisierender Kasten.
(Zivile gehörten reichlich dazu.) •

IV

Dies Werk ist eine Klitterung. Oder ein Dokumentenstück. Wertvoller gemeinhin, als wenn die dramatici selber dichten. Wertvoller: wenn das Geschehnis allein spricht. Es gibt eine mindere Komik.
Rehfisch hat nicht viel zugetan. Man merkt seine Kulissenhand immer durch. Was diesmal kein Einspruch ist.
Sondern ein Mittelding von Einspruch und Lob: denn in solcher Form kann das Stück zu den Armen im Geiste, zu den Unmündigen gehen. Sie erleuchten.
Rechtet nicht!

V

Rechtet nicht: auch wenn ihr nicht, wie der zufällige »Schreiber dieses«, aus eigenem Erlebnis erschüttert wart. Wenn ihr Männer auf der Bühne seht, die zum Teil heut noch atmen. Die bis zum letzten Tag des Hierseins gegenwärtige sind, als Tote, wenn man sie gekannt hat.
Emile Zola. Emile Zola. Emile Zola.

VI

Jaurès ... der Edle, Hohe, man ist ihm nah gewesen – in der Wunderstadt. Und es mag dem Spielvogt Kenter, dem wackren Zusammenhalter des Abends, nicht angekreidet sein, daß er, statt Jaurès die Arme senkrecht in den Himmel stoßen zu lassen, ... daß er ihn durch Karchow zum halbheiseren Durchschnittlauch gemacht hat. Das blieb einer von vielen.
Jaurès war: einer.

VII

Alle Masken sind falsch. Rochefort ... Kennt ihr das Bild von Manet nicht?
Hier: Vorstadt; Theaterdirektor Johann Lumpe aus Dobern bei Bensen.

VIII

Zola ... wieder falsch. Die Maske halb richtig. Der ausgezeichnete Hans Peppler, sonst prachtvoll unpathetisch, ist jemand Bürgerliches aus der zisleithnischen Beamtenschaft.
Nicht jener wirkliche Zola ... der ein Stubenhundchen gewesen ist. Gar nicht robust: sondern melancholisch in aller Zähheit.

IX

Ich ließ zu Zolas Lebzeit, 1901, drucken, was ich mit ihm sprach; wie er gewesen ist (»So gib auch mir die Zeiten wieder, da ich noch selbst im Werden war« ... sagt im Faustvorspiel jemand.)

X

[...]
Er sprach (in seinem Haus, es lag in Dreiviertelhöhe des Märtyrergebirgs): »Eine Krisis wie die jetzige hat Frankreichs Geschichte nie gesehn. Der Bürgerkrieg ist in den Geistern, wenn nicht in den Straßen ... Von fünf Offizieren sind drei priesterlich.«
Dann (und es wurde verzeichnet): »Il faut commencer par savoir pour être

juste. Weil die Leute unwissend waren, deshalb waren sie ungerecht in der Dreyfusgeschichte, cette terrible affaire Dreyfus, cette épouvantable affaire Dreyfus. Der Vorgang hat mir klargemacht, daß unsre größte Zukunftsarbeit auf Umbildung der Volksschule gehn muß. Das ist das Ziel.«
Auch unser Ziel. Zugleich stand dort, was er am Schlusse sprach:
»Ich habe das Leben einen Augenblick lang... ganz von oben gesehn, verstehen Sie, was ich meine? Einen Augenblick lang – ganz von oben.«
Am Ende des Berichts hieß es: »– Freudlos, voll ernster Klarheit... Ich hatte die Tür schon geöffnet. Da lief ich noch einmal zurück und packte seine Hände.«

XI
Im Augenblick der Seekrankheit in Deutschland. Hardens edler Versuch aus Gegenteilsport eiskalt die gerechte Sache zu sabotieren: es bleibt über das Grab hinaus... ein Brandmal des Literatentums.

XII
Man müßte die Überlebenden heute vor dieses Stück führen, meinethalb jenseits von Rehfisch, – nur vor dieses Parkett, vor diese Rangreihen, vor diesen Olymp. Es ist, ist, ist etwas gebessert.
Zola ruht im Pantheon; Picquard ist General; Dreyfus im Weltkrieg schwer verwundet.
Etwas ist gebessert. (Überzahlt freilich.)

XIII
Walter Franck: Oberst Picquard. Der andre Mittelpunkt. Der zögernde Mensch ... der schließlich doch nichts Besseres kann als recht handeln.
Dieser Schauspieler, dieser Mensch, leuchtet hindurch.

XIV
Ginsberg... braucht nicht zu dulden, daß man ihn dauernd als israelitisch aussehenden Herrn verwendet. (Matthieu Dreyfus könnte durchaus neutral sein im Äußeren. Wie sein Bruder.)

XV
Pamela Wedekind, hier Beigestalt namens Blanche Monnier... bleibt zu besprechen eine harte Nuß.
Frank Wedekind, Vater, sei nicht böse. Wundervoll spricht sie, deine Tochter: doch irgendeine... Gegebenheit macht sie für sogenannte Charakterrollen geeigneter als für halblyrische.
Das muß man sagen, Teuerster. Sie hat ja Vorzüge genug. Lautenspiel, Geistigkeit, Charakteristik... nur, heimgegangener Engel Frank, nichts für still Novelliges oder Lyrisches.

Lessing-Theater, Berlin
Herbert Ihering, Berliner Börsen-Courier 11. 1. 1930

Jetzt wird George neu ›aufgebaut‹. Schon im ›Roten Adler von Tirol‹, und besonders in der ›Affäre Dreyfus‹.
George Zola: ein Arbeitskerl und ein Forderer des Rechts, ein Schreibtischmensch und ein forensischer Redner. Diese Züge sind mit einer verblüffenden schauspielerischen Sicherheit gesetzt und gemischt. Kurzsichtige Augen, zwinkernde Lider, mißtrauischer Blick – wundervoll, wie George im Gerichtssaal

der Aussage von Anatole France zuhört, argwöhnisch, verkrochen, wie er sich langsam ihm zuwendet und sich schwerfällig verneigt. Bewundernswert die kleinen Züge, das Handhaben des Kneifers, die linkischen Bewegungen, niemals ein Zuviel, niemals ein Detail für sich. Alles genau gesetzt, genau eingeteilt, genau ausgespart. Zola von George: ein Zyklop der Schreibtischarbeit, ein Literat, von Stubenluft umwittert, und ein Kämpfer, ein Streiter, eine öffentliche Persönlichkeit, starre Ordnungen einreißend, fordernd, leidenschaftlich für jeden Satz die Verantwortung übernehmend, Entscheidungen herbeizwingend.
Ich glaube nicht, daß dieser Zola von George improvisiert werden konnte. Ich glaube, er muß gearbeitet, gebaut sein. Ein Zufall oder Selbstbesinnung? Setzt es sich durch, daß das Theater und der Schauspieler mit glücklichen Improvisationen auf die Dauer nicht weiterkommt? Den Obersten Picquard spielt jetzt Friedrich Kayßler, nicht so geschlossen wie Walter Franck, breiter, langsamer, mit mehr Gefühl, sehr anständig, sehr wirksam, aber er kniet sich in die Schlußszene so hinein, daß ihre Phraseologie deutlicher wird als bei Franck. Etwas Ähnliches ist von Franziska Kinz als Blanche zu sagen.

1930

Endgültige Räumung der letzten Besatzungszonen im Rheinland und Regelung der Kriegsreparationen. Briands Memorandum an die Völkerbundstaaten über die Organisation eines europäischen Staatenbundes wird verworfen. Beginn der Weltwirtschaftskrise. Direkte Rückwirkungen aus Amerika auf Deutschland. Erste Notverordnung des neuen (Zentrums-)Reichskanzlers Brüning zur ›Sicherung von Wirtschaft und Finanzen‹. Auflösung des Reichstages. Überraschendes Anwachsen der Hitlerschen NSDAP bei den Reichstagswahlen im September (von 12 auf 107 Mandate). Starke Agitation Hitlers zur Gewinnung des Bürgertums und der Arbeitslosen, deren Zahl am Jahresende 4,4 Millionen ausmacht. Die wirtschaftliche Krise überträgt sich auf die Theater. Besucherrückgang, neues Vordringen der erotischen Stücke und Revuen. – Im Januar tritt Jeßner vom Amt des Staatsintendanten zurück. Max Reinhardt lehnt die Übernahme der Staats-Theater ab. Sie werden dem Chef der Berliner Staatsoper, Heinz Tietjen, als Generalintendanten unterstellt. Dieser gewinnt Ernst Legal als neuen Intendanten des Staatlichen Schauspielhauses und Schiller-Theaters. Die Reinhardt-, Barnowsky- und Robert-Bühnen in Berlin schließen sich infolge der sich verschlechternden wirtschaftlichen Situation zu einer Arbeits(Abonnements)gruppe (Reibaro) zusammen; Max Reinhardt inszeniert zum 25. Jubiläum seines Direktoriums am Deutschen Theater die ›Fledermaus‹ im Großen Schauspielhaus (30. 5.). Große Festlichkeiten und Ehrungen. – An der ›Volksbühne‹ (die ihr vierzigjähriges Bestehen mit der ›Weber‹-Inszenierung ihres neuen Intendanten Karl-Heinz Martin feiert) führen die Auseinandersetzungen mit den radikalen Sonderabteilungen fast zur Spaltung. – Piscator eröffnet am 3. April im Wallner-Theater seine neue Bühne (mit Credés ›§ 218‹), nachdem die NS-Volksbühne vom Wallner-Theater in die Klosterstraße übergewechselt war. Erste Erfolge von Gründgens in Berlin. Gastspiel des Japanischen Theaters (›Kabuki‹) und Meyerholds in Berlin (›Brülle China‹, ›Der Revisor‹, ›Der Wald‹, ›Der Hahnrei‹ von Crommelynk). –

Kerr hält seine Spanische Rede vom Deutschen Drama, Brecht beginnt die Publikation der ›Versuche‹, Robert Musil schreibt ›Das neue Drama und das neue Theater‹.

Reinhard Goering Die Südpolexpedition des Kapitäns Scott

Uraufführung: Staatliches Schauspielhaus Berlin, 16. Februar 1930
Regie Leopold Jeßner

Reinhard Goering, der Dichter der ›Seeschlacht‹, schien sich nun dem Theater wieder zuzukehren. Fast zehn Jahre hatte er geschwiegen. Kurz nach der ›Seeschlacht‹ hatte Reinhardt noch Goerings ›Der Erste‹ aufgeführt, danach war der scheue Goering fast verschollen. Eine fast psychopathische Selbstkritik trieb ihn im Land umher, Versuche, eine ärztliche Praxis zu begründen, scheiterten. Er hielt sich für das Produkt einer falschen Erziehung und stellte das Schreiben ein, um so »alles auszulöschen«, »Verlieren der geistigen Orientierung und doch weiterleben – ein Zustand, bei dem man nicht einmal atmen kann«, schrieb er später. Erst als er begriff, daß sein individuelles Schicksal ein allgemeines war, begann er wieder zu dichten. Im Januar 1928 erschien er wieder auf der Bühne, als er sein neues Stück ›Scapa Flow‹ am Neuen Theater in Frankfurt für die Uraufführung (27. 1. 1928) inszenierte. Das Stück erregte und bewegte durch seinen Stoff: die Darstellung der Selbstversenkung der deutschen Kriegsflotte. Sein Stück wirkte – als Heroisierung der deutschen Marine, als nationales Stück verstanden – politisch, obwohl Goering nicht als politischer oder Zeitstück-Dichter betrachtet werden wollte und durfte. Was Goering dichtete, waren Situationsbeschreibungen (Zwangssituationen, Untergangsbilder), mit denen er an antike Vorbilder anknüpfte. Auch die ›Südpolexpedition‹ war nicht als Zeit-, sondern als antikes Schicksalsstück zu verstehen. Ernst Heilborn, der Kritiker der ›Frankfurter Zeitung‹, begründete die Verleihung des Kleistpreises für 1930 an Goering so: »Goerings ›Südpolexpedition des Kapitäns Scott‹ ist aus der zeitgeforderten, der religiösen Idee heraus geboren. Er vermittelt Gottes Nähe. – Er begreift das Schicksal auch da, wo es schlägt, als Gnade. Es schafft aus der Eiswüste der Polarregion seelische Landschaft.« – In der ›Südpolexpedition‹ führte Leopold Jeßner zum erstenmal nach der Lösung des Intendantenvertrages am Staatstheater Regie. Im Januar 1930 hatte er, der vielen Angriffe müde, doch demissioniert, obwohl sein Vertrag verlängert worden war. Zu Silvester hatte er Ferdinand Reyhers Boxerstück ›Harte Bandagen‹ aufgeführt. Die Rezensionen waren zum Teil vernichtend. Auch Ihering begann seine Kritik mit: »Nein, die Geduld ist zu Ende.« Er ließ den Intendanten Jeßner jetzt allein. (»Er hat sich als Intendant abgenutzt« – ›Berliner Börsen-Courier‹, 2. 1. 1930). – Mit dieser Amtsniederlegung war die experimentelle Bühnenarbeit Jeßners praktisch beendet. Die noch folgenden dreizehn Inszenierungen bis zum März 1933 am Staatstheater zeigen die schon erworbenen Praktiken: Die Intensität der Arbeit bleibt, die eigene dramaturgische Zurichtung des Textes sucht den Satzton le-

bendig zu machen, er vervollständigt seine ›epischen‹ Mittel. – Als Goering die Darmstädter Inszenierung der ›Südpolexpedition‹ sah (Regie Carl Ebert), sagte er: »Euere Inszenierung ist das Beste, was ich gesehen habe, und eine ganze Stufe über Berlin.«
Das Stück wurde der letzte Erfolg für Goering auf der Bühne.

Herbert Ihering, Berliner Börsen-Courier 17. 2. 1930

[...] Auf seinen donquichottischen Streifzügen durch die Zeit ist Reinhard Goering jetzt wieder im Theater angekommen. Der ungebundene, schweifende Goering, der immer eine dichterische Sehnsucht zur Form und künstlerischen Strenge hatte, schrieb ein Spiel in drei Teilen ›Die Südpolexpedition des Kapitäns Scott‹ mit dem Willen zur Klarheit, zum Maß, zur klassischen Einfachheit, deutlich angeregt durch die Ödipus-Inszenierung Jeßners. Eine Tragödie, die Anforderungen an das Publikum stellt und deshalb gefördert werden muß. Eine Tragödie, hinter der die Einsamkeit eines großen Gefühls steht und die deshalb wertvoll ist.
›Das weiße Schweigen‹ hieß der erschütternde Film von Scotts Ende. ›Das weiße Schweigen‹ könnte auch dieses Theaterwerk heißen, in dem Scott am Südpol die Flagge Amundsens entdeckt, der ihm zuvorgekommen ist; in dem Amundsen glücklich landet und Scott mit seinen Begleitern im weißen Schweigen versinkt. Ein Chor stellt die Personen vor. Ein Chor berichtet. Ein Chor spricht den Schluß: »O Glut der Freundschaft, heilige Treue, ewiger Bestand der Pflicht und Tugend, erfüllt bis in den Tod...«
Was ist von dieser Form zu verwerten? Wo steht das Drama? Wohin will es? Goerings Schauspiel arbeitet an einer Entscheidung mit, weil es auf die Grenzen hinzeigt, wo Gefühl und Form sich widersprechen. Goering kommt im ›Kapitän Scott‹ von einer Inszenierung her, von Jeßners ›Ödipus‹. Er nimmt also eine Regielösung und überträgt sie als dichterische Form auf ein Thema der nächsten Vergangenheit. Er hebt die ganze Formenwelt des klassischen Theaters als Ausdrucksformeln in die Südpoltragödie hinüber. Was von antiken Anrufen und Beschwörungen, was von Sophokles bis Shakespeare an Gefühlsbezifferungen, an ideologischen Prägungen auf der Bühne von 1930 noch vorhanden ist, das wird von ihm, man kann sagen, in den dichterischen Anfang zurückverwandelt und modernen Menschen in den Mund gelegt. Goering sucht also nicht für einen neuen Inhalt eine neue klassische Form; sondern verwandelt einen neuen Inhalt in eine alte Gefühlswelt und die alte Gefühlswelt in eine alte Formensprache zurück.
Darum ist dieses strenge, reine Werk im Kern weich und verschwommen. Das große, einsame Gefühl, das hinter der Dichtung steht, verändert sich auf der Szene in mitteilende Empfindsamkeit, Distanz der Form und romantische Heldenbegriffe. Die Ideologie dieses Spiels ist nicht zu verwenden für den Aufbau des Dramas. Scott erkennt nur, daß er der Zweite ist, daß England nicht siegt, sondern – mit Amundsen – Norwegen. Daran zerbricht auch der Forscher.
Vielleicht ist dieser Gegensatz groß gedacht. Vielleicht sollte der leichte Triumph Amundsens, der alle Erleichterungen und Hilfsmittel klüger bedacht hat, der mit Hunden fährt, während Scott mit seinen Begleitern selbst die Schlitten

zieht, vielleicht sollte der Triumph des technischen Geistes über den heldischen in dichterischen Sinnbildern dargestellt werden. Aber dazu fehlt der Sprache die Entschlossenheit und straffende Klarheit.
›Die Südpolexpedition des Kapitäns Scott‹ ist ein Drama im Übergang vom Theater zur Dichtung. Sie geht nicht von einer Weltanschauung aus, wie die Chöre in den neuen Stücken von Brecht ›Der Brotladen oder Die Macht der Religion‹ und ›Der Untergang des Egoisten Johann Fatzer‹, sie will nicht das Bild eines entheldeten Helden, des klaren Bewußtseinsmenschen aufstellen, wie es im Lindberghflug wenigstens versucht worden ist, sie kommt noch von Eindrücken (des Theaters), von Impressionen (der Bühne), von Begeisterungen (eines allgemeinen Gefühls) her. Diese Bezirke zu erkennen, ist notwendig. Diese Grenzen zu sehen, ist wichtig. Die Aufführung von Goerings Werk war eine wesentliche Erkenntnisbereicherung des Spieljahrs.
Dem Regisseur Jeßner lag diese Arbeit ausgezeichnet. In einem aufbauenden Theater wäre sie das Kernstück eines Studios gewesen – Wege weisend, Trennungen zeigend. Wege, wie die Form nicht ohne geistigen Inhalt und Ideologie zu lösen ist. Trennungen, was in die Vergangenheit, was in die Zukunft zeigt. Schule des Geistes, Schule der Sprache, die Jeßner gehärtet und gestählt hat. In den Chören, die sachlich und gefühlt, knapp und voll sprachen. Bei den Einzelsprechern, von denen Müthel und besonders Paul Bildt (als Amundsen) Form und Ausdruck vortrefflich vereinten. In der dramaturgischen Regie, die den dritten Teil, die Landung Amundsens, in die Mitte nahm und das chorische Sterben der Scott-Leute ans Ende stellte. Nur so blieb die Form geschlossen und der Eindruck streng.
Ein Erfolg? Bei der Premiere ja. Eine Erkenntnisbereicherung? Bestimmt. Man erkannte, was not tut. Man erkannte, was fehlte (wenn man etwa die Hilflosigkeit Lina Lossens einem gebundenen Stil gegenüber sah). Man sah die wundervollen Bilder Caspar Nehers. Es wurden Forderungen gestellt. Es kündigte sich der Wille zur Kunst an. Es war ein Beginn. Ein Staatstheater ist notwendig (trotz aller Anrempeleien der Hussongs). Ein beispielgebendes, formbildendes, von unten aufbauendes Staatstheater. Um diesen Gedanken nicht zu entwerten, trenne man deutlich die Versuche für die Zukunft und die nährenden Tagesaufführungen für die Gegenwart.

Norbert Falk, BZ am Mittag, Berlin, 17. 2. 1930

Eine vom Gewöhnlichen ganz abweichende Premiere. Die erste Inszenierung Jeßners, des Regisseurs, nicht mehr Jeßners, des Intendanten, mußte schon ein besonderes Merkmal tragen.
[...]
Diese dramatisch nicht bewegte Dichtung, die mit epischen Elementen die Wirkungen des Dramas sucht, dem Sprechchor die Rolle des Erklärers zuweist, des Handlungs-Vermittlers, zugleich des lyrischen Sängers der Klage über den Untergang der Südpolhelden, dieses auf Pathos (des Chors), auf Sachlichkeit (der Personen der Tragödie) gestellte Werk mußte Jeßners Neigung und Fähigkeit zur Stilisierung, zur Abstraktion, zur Monumentalisierung entsprechen.
Das Werk hat darum, von einigen Schwächen und einem dramaturgischen

Fehlgriff abgesehen, einen künstlerischen Erfolg zu verzeichnen, Goering einen Erfolg des dichterischen Willens, des Dranges zur Durchbrechung überalteter Formen, einen Erfolg hoher und reiner Absicht, deren Kraft nicht in allem, nicht im Entscheidenden die Materie meistert, ungleich in ihren Auswirkungen ist, aber Aufmerksamkeit und Achtung verdient.
[...]

Wie des Dichters Erstling, die ›Seeschlacht‹, ist auch diese strenge, antikisierend chorische Dichtung ein Lied vom Sterben einer zu Tod und Verderben verdammten kleinen Menschengemeinschaft. Anstelle des dramatischen Aufeinanderwirkens gegensätzlicher Willen steht das Walten einer dumpf und furchtbar niederzwingenden Gewalt.
Gegenstand ist die tragisch verlaufene Südpolexpedition des Engländers Robert Falcon Scott, der auf seiner zweiten Unternehmung zutiefst vorstieß, mit vier Gefährten den Südpol erreichte, um hier sehen zu müssen, daß kurz vor ihm schon ein anderer dagewesen war, der starke Norweger Roald Amundsen. Um Ruhm und Preis der Entdeckerschaft gebracht, trat er traurigen Herzens den Rückweg an und erlag mit seinen Getreuen den Furchtbarkeiten des Todes in ewigem Eis und Schnee.
Die Berichte, die Scott aufgezeichnet hat, bis fast zum letzten Atemzug, sind Goering Anlaß und Unterlage für sein Werk.
Er nennt es ein Spiel in drei Teilen. Wie Scott und die Seinen zur höchsten Höhe sich gestiegen wähnen, wie sie sinken, und Amundsen strahlend zu Ruhm und Ehren vordringt, das ist Thema dieses Spiels, das zwei Helden hat, den Helden schicksalhaften Untergangs: Scott, und den Helden des Ruhmeszugs: Amundsen.

Auf der Bühne stehen in einer dichten Gruppe Scott und seine Gefährten: der Zoologe Wilson, der zusammen mit Scott einst Shakelton rettete, neben ihm der Deckoffizier Evans, der stärkste von allen, der aber zuerst unterliegen wird, hinter ihm Oates, der Dragonerrittmeister, neben diesem Leutnant Birdy, der ohne Schneeschuhe mittrabt.
Diese vier, von Scott aus 65 Kühnen ausgesucht, sind mit ihrem Führer dem Ziel nah.
Der Chor, von Jeßner nicht auf die Bühne gestellt, sondern ins Orchester gesenkt, gibt in einer Mischung von gehobener Rede und Berichtsprosa, die in einer freien Rhythmisierung der ›Reportage‹ zuweilen ins Banale fällt, eine Geschichte des ganzen Zuges. Er wendet sich apostrophierend an die Helden oben, dann an die Zuhörer.
Und wenn sie von Amundsen reden, den man unterwegs weiß, da zeigt eine Verwandlung den Norweger schon auf frohem Rückmarsch vom entdeckten Südpol (16. Januar 1912).
Scott, der Führer der Engländer, hat vorhin das Glück des Mannes gepriesen, der zu Hause bleibt. Aber auch dem Sieger Amundsen »brennt schon der Fuß, das liebe Norwegen zu betreten«. Auch seine Sehnsucht ist gesättigt.
Hier der Sieger, dort der Besiegte, der seinen Sturz noch nicht kennt.
Nach unsäglichen Mühen ist er dem erträumten Ziel nahe: »England, mein England, wild auf Ehre wie kein anderes in der Welt, darfst du durch mich triumphieren!«

Hier klingt's nach Shakespeare, dessen Anreden jeweils übernommen werden: »O bitterer Amundsen!« – »O heldenmütiger Titus!«
Und dann wieder die Mittel und Phrasen des antiken Tragödienchors. »Gewaltiges Schicksal! Wilder Menschenwille!« - - -
- - - Noch hüllt Nebel den Pol ein, dann zerteilt er sich, die Sonne bricht durch. Scott und die Seinen jubeln, – da erblicken sie plötzlich einen dunklen Lappen, eine Fahne. Amundsen! Der Norweger ist ihnen zuvorgekommen, Amundsen hat gesiegt.
Aus! – Alles zu Ende!
Scott erholt sich zuerst vom furchtbaren Schlag. Der Anblick seiner Kameraden schmerzt ihn mehr als das eigene Leid.
Hier ist die Betonung der Tragik, daß Scott ›Zweiter‹ geworden ist, doch wohl etwas zu sportlich, zu rein sportlich unterstrichen. Scotts Wille galt ja noch anderem, als Erster zu werden. Erster! Wohl, das erhöht den Ruhm, aber es ist nicht allein Sinn und Zweck der Forschungsfahrt.
Der zweite Teil des Werkes gilt dem Rückmarsch. Bei dreißig Grad unter Null 1500 Kilometer lang marschieren! Evans wird irrsinnig und stirbt, Oates sind beide Beine erfroren, auf blutigen Füßen hinkt er mit, Wilson erblindet; Qualen, Hunger, Schneesturm, der Tod ...

Das unsäglich Traurige dieses Ausgangs wird aufgehellt durch den Schlußteil, der Amundsens Rückkehr in den Hafen von Hobart auf Tasmanien zeigt, die tragische Enttäuschung Lady Scotts, die dem für Scott gehaltenen Heimfahrer zujubelt, und der Freude der Menge.
Daß ein Wahrsager Amundsen noch seinen dereinstigen Absturz prophezeit, ist ein gar zu aktueller Schnörkel.
Jeßner erreicht im ersten Teil, dem besten, auch stärkste Wirkung. Wenn das schwere Geschehen vorbereitet wird, die Träger der Handlung eingeführt werden, der Sprechchor (weniger Sprecher würden deutlicher sein!) als Ansager, Berichter eingreift, hat er die Höhe seiner besten Regieleistungen.

Mit dem dramaturgischen Fehler, den zweiten Teil (der Untergang der Scott-Expedition) zum dritten zu machen, das hellere Abschlußbild der Amundsen-Rückkehr in die Mitte zu nehmen, schwächt er die Aufnahmebereitschaft der Zuhörer für den Schluß, dem so die wieder erhebende, optimistische Wendung verlorengeht.
Goering will Filmvorbilder nutzen, durch ›Überblendungen‹ zu Erinnerungsbildern, oder Bildspringen aufs Stichwort hin. Jeßner läßt die Gruppen der Hauptpersonen nicht als Zuschauer der Zwischenbilder auf der Bühne, er gibt große Projektions-Prospekte: London, die große Eiswand im Amundsen-Bild (Caspar Neher), an sich bildhaft stark.
Für die entscheidenden letzten Leidensstationen, Schneesturm, Orkan, das Zelt, ist dem Regisseur und dem Theatermeister die Phantasie ausgegangen. Wozu die große Bühne, der riesige technische Apparat, wenn der Schneesturm, die Polarnacht nur ›gesprochene‹ Dinge sind, mit einem bißchen Windsausen angedeutet, indessen die weite Landschaft ruhig in friedlicher Helle daliegt?
Der letzte Schluß ist mit rein darstellerischen Mitteln schwer zur Faszination zu steigern, weil er einfach nicht spielbar ist. Selbst wenn stärkere Schauspieler auf der Bühne stünden. Hier ist der szenische Effekt am Platz.

Die Darsteller tüchtig, ganz bei der Sache. Nicht mehr.
Walter Franck als Scott: straff, bestimmt, nicht so überragend, um an die Führernatur Scotts glauben zu machen, Müthel: Oates, eindringlich, aber nicht nuanciert genug für die physisch-seelische Schmerzensskala des mit dem Tode Ringenden. Rehmann als Wilson zu sachlich, innerlich nicht beteiligt, Harlan lebhaft, doch nüchtern. Ein paar schmerzlich resignierende Worte der Lady Scott spricht Lina Lossen klar, aber matt.
Erfreulich in Erscheinung, im bestimmten Ton, in der knappen Entschiedenheit der Gebärde: Paul Bildts Amundsen.

Arthur Eloesser, Vossische Zeitung, Berlin, 17. 2. 1930

Das ist wahrlich kein gutes Stück, wenn es eine Technik des Dramas und ein besonderes Bedürfnis der Bühne noch geben sollte. Dennoch, als das ›Spiel‹ zu Ende ging, als Kapitän Scott mit seinen Leuten zu erfrieren anfing, als der ins Orchester versenkte Männerchor seine Tat zum letzten Male besang oder vielmehr bemurmelte, konnten die Leute sich nicht gleich trennen, blieben noch eine Weile stehen, riefen nach dem Dichter Reinhard Goering und seinem Regisseur Leopold Jeßner.
Goering hat uns vor zwölf Jahren die ›Seeschlacht‹ gegeben; er schrieb das beste Kriegsstück, das einzig klingende, ein poetisches und prophetisches zugleich, noch während des Krieges. War es dankbare Erinnerung, die die Leute festhielt? Ganz gewiß nicht. Im Theater zählt nur der letzte, gegenwärtige Eindruck und kein vergangenes Verdienst. Ich wüßte wenigstens nicht, wann unser Publikum allein aus literarischem Respekt gehandelt hätte.
Es muß also wohl daran liegen, daß die Menschen, worauf es immer ankommt, sich von einer Menschenstimme angerufen fühlten, trotz einer kindhaften Primitivität des Werkes, trotz den offenbarsten Mängeln des dramatischen Bauwerks. Die ›Seeschlacht‹ war ein Kunstwerk und ein Kunststück schon als chorisches Drama; aus den gleichbedeutenden Stimmen von sechs Matrosen an ihren Kanonen wuchs eine Gesamtpersönlichkeit zusammen. Die Schlacht ist eine Handlung.
Hier besprach ein Chor, was oben auf der Bühne in der Form höherer Reportage vor sich ging. Sprechchor ist an sich ein künstlerisches Unglück, so gut es Jeßner mit dem Wechsel der Tempi, mit einer klaren Artikulation zu mäßigen verstand. Was taten die vom Chor gepriesenen und erläuterten Südpolkämpfer da oben? Sie zogen Schlitten, schlugen ihr Zelt auf, krochen in ihre Schlafsäcke, ließen sich Hände und Füße erfrieren. Erfrieren ist keine Handlung. Von Kapitän Scott erfahre ich nicht mehr, als daß er ein mutiger Mann war, und mehr konnte ihm auch Walter Franck nicht geben. Stärker kam Lothar Müthel heraus; sein Oates hat einen Entschluß zu fassen, er opfert sich, um die erschöpften Kameraden nicht noch mit seinem lebenden Leichnam zu beschweren. Ihm besonders, dann Harlan und Rehmann ist nachzurühmen, daß sie ihren Ausdruck nach dem Willen des Dichters, unter dem Gebet des Regisseurs, um einige Grade nach dem Heroischen hinauftrieben, ohne sich aus dem Wirklichen heraus zu deklamieren.
Indessen, was half das? Wir haben nicht mit gehungert, gedürstet und gefroren. An keinem Gliede ist mir kalt geworden. Der ersehnte Südpol erschien

recht fatamorganisch als blutroter Kreis auf dem Hintergrundsvorhang, der das ewige Grauen und den weißen Tod bedeutete. Der Südpol ist kein Geheimnis, vor allem keine Aktualität mehr, seitdem Amundsen ihn entdeckt hat. Kapitän Scott findet hier die Spuren des Glücklicheren, der ihm um einige Tagemärsche zuvorgekommen ist. Schon die Entmutigung muß ihn umbringen, wenn es der feindselige Orkan nicht tut.
Das kurze Stück hat eine Szene, die unmittelbar als Handlung anspricht. In irgendeinem Hafen der Südsee wartet Frau Scott auf ihren Mann. Lina Lossen gibt der Sorgenden, der Fürchtenden, der Vorwurfsvollen ihr Schmerzwesen mit dem Adel der Erscheinung. Man erinnert sich an den Stolz ihrer gedemütigten Andromache in Werfels ›Troerinnen‹. Das Schiff, das gemeldet wird, hißt nicht die englische, sondern die norwegische Flagge, es ist die Fram, die Roald Amundsen vom eroberten Südpol zurückbringt. Paul Bildt trägt seine Maske, trägt sie mit großer Wahrscheinlichkeit, ein von vielen salzigen Winden gegerbter Seebär, vielmehr Eisbär, und er sagt zu seinen begeisterten Landsleuten, zu den sich fair verhaltenen Engländern auch, was er bei jenem Empfang wirklich gesagt haben könnte. Eine gute Reportage, die auch von Jeßner mit knappem Aufwand vorzüglich gehalten wird.
Also, Amundsen hat gewonnen, Scott hat verloren. Warum? Ich verstehe nicht mehr, als daß der eine mit dem Wetter Glück, der andere damit Pech hatte. Goering redet hier von Kilometer und Thermometer, von Benzin und Konserven, um sich dann etwa ins Schillersche zu erheben und um, nicht nur mit dem Chor, der steilen Einfachheit der antiken Tragödie nachzustreben. Der antike Dichter hätte den Wettkampf der beiden Helden wahrscheinlich damit entschieden, daß der eine vor seinem Unternehmen nicht richtig geopfert oder die Götter sonst erzürnt hat. In dem Verhältnis der beiden ist hier keine Idee wirksam. Es entschied für Amundsen, daß er mehr Hunde mit hatte und den Wind im Rücken. Das ergibt sportlich technische, aber keine ideellen Bezüge. Wo ist das Drama?
Ich finde es nicht. Aber ich höre, trotz einem Stoff, der ihn im Stich ließ, trotz seiner dramatischen Unform, die Stimme eines Dichters, die echte Klage eines Bekenners. Die hat wohl seelischen Widerhall gefunden. Goering war ein Dichter und kann es wieder werden. Wir müssen ihn ermutigen zwischen so vielen Unechten, die uns Gesinnungskunststücke vormachen.
Der Dichter der so männlichen ›Seeschlacht‹ war ein Opfer unserer Zeit geworden; er begann unterzugehen und willigte in seinen Untergang. Das war das einzige, was er an Willen noch aufzubringen hatte. Nachdem er versucht hatte, schicksalslos zu werden, nachdem er in den Sumpf einer kaum noch leidfähigen Indifferenz tüchtig hineingeraten war, heißt es hier, daß der Mensch ein Schicksal haben muß. Dieses Spiel, wie es sich nennt, manchmal nicht viel mehr als Reportage, manchmal nicht so viel wie ein Sprechfilm, bedeutet einen Aufruf an sich selbst und zugleich an das Abendland, das nicht untergehen soll, solange es nicht will, solange es noch wollen kann.

Luigi Pirandello   Heute abend wird aus dem Stegreif gespielt

Uraufführung: Neues Schauspielhaus, Königsberg, Januar 1930
Regie Hans Carl Müller

Lessing-Theater, Berlin, 31. Mai 1930, Regie Gustav Hartung

Vor sechs Jahren hatte Max Reinhardt mit seiner Inszenierung von ›Sechs Personen suchen einen Autor‹ Pirandello auf dem deutschen Theater durchgesetzt. Eine Pirandello-Mode begann, und Pirandello hatte selber mit seiner 1925 gegründeten Truppe, dem Teatro d'Arte di Roma, eine Tournee durch Deutschland gemacht. Er zeigte die ›Sechs Personen‹, aber auch schon ›Heinrich IV.‹, den Max Reinhardt im November 1925 dann mit Alexander Moissi in der ›Tribüne‹ in Berlin inszenierte. »Außenwerk mit Seelenwerk«, nannte Kerr damals dieses Stück. »Er (Pirandello) geht hart an dem rein Dichterischen vorbei und gibt die Sensationen eines virtuosen Talents. Die Tastatur des Paradoxen beherrscht er jedoch so vollkommen, daß er auf dem Umweg der Technik beinahe wieder auf das Menschliche stößt«, kommentierte Felix Hollaender ›Heinrich IV.‹. Pirandello ist von der maßgebenden Kritik in Deutschland mit großen Vorbehalten aufgenommen worden, aber seine Stücke wurden viel gespielt. Pirandello, »ein Lateiner, der in Deutschland gelebt hat« (Kerr), zog sich schließlich für längere Zeit nach Berlin zurück und schrieb dort ›Heute abend wird aus dem Stegreif gespielt‹. Er widmete das Stück Max Reinhardt. Es wurde in Königsberg uraufgeführt und hatte dort einen guten Erfolg (s. d.). Als Gustav Hartung es aber in Berlin inszenierte, brachte die Aufführung den größten Skandal dieser Jahre. Die Kritiker von links und rechts waren sich einig: »Ein Höllenkonzert, ein Hexensabbath, so etwas hat Berlin noch nicht erlebt«, schrieb Ludwig Sternaux. »Wirrer Unsinn, der sich als Tiefsinn ausgibt. Die Pirandello-Mode ist endgültig vorüber«, schrieb in der Vornotiz Herbert Ihering, der zu Pirandello von Anfang an die kritischste Einstellung hatte. Mit diesem Skandal begann die Abwendung von Pirandello. – Zugleich brachte die Inszenierung das Scheitern Gustav Hartungs in Berlin. Hartung hatte nach seiner Darmstädter und Kölner Intendanz 1927 das Renaissance-Theater in Berlin übernommen, das Theodor Tagger (Ferdinand Bruckner) gegründet und bis 1927 selbst geleitet hatte. In der Publikumskrise von 1929/30 hatte Hartung die Bühne aufgeben müssen. (Am 18. 1. 1930 hatte er noch Zuckmayers Kinderstück ›Kakadu Kakada‹ als Uraufführung inszeniert.) Von daher besaß er aber noch das Recht auf die Erstaufführung des Pirandelloschen Stücks. Hartungs Frau, Elisabeth Lennartz, erzwang sich an diesem Abend einen starken moralischen Erfolg in der Hauptrolle. Daß der Skandal an der alten Bühne Otto Brahms gerade da ausbrach, als ein Schauspieler rufen mußte: »Und das im Hause Otto Brahms« (ein Einfall Hartungs), war ein Symptom für die weiterwirkende Kraft des ›Berliner Realismus‹, die sich nun in einer neuen Regeneration der Hauptmannschen Stücke in Berlin wieder bemerkbar machte.

Neues Schauspielhaus, Königsberg
H. W. (Zeitung?)

Diese Komödie Luigi Pirandellos, die im Königsberger Neuen Schauspielhause aus der Taufe gehoben wurde, ist aus demselben Geiste geboren wie die bekannte Tragödie von den sechs Personen, die einen Autor suchen, ja, sie bildet gleichsam eine heitere Ergänzung, wenn man will: das Satyrspiel zu ihr. In dem Stegreifspiel sucht eine Handvoll Schauspieler ein Stück – freilich, ohne es zu finden, und das ist eben der springende Punkt. Pirandello will den Begriff des künstlerischen Extemporierens ad absurdum führen, er will beweisen, daß eine Theatervorstellung nach allgemeinen Richtlinien, ohne festgelegten Text, unmöglich ist. Das gelingt ihm auch auf sehr amüsante Weise. Tatsächlich kommt aus dem, was die Schauspieler da auf Grund der ungefähren Angaben des Regisseurs Dr. Hinkefuß zusammenimprovisieren, der größte ›Kohl‹ heraus. Immer wieder fallen sie aus der Rolle, vermengen Spiel und Wirklichkeit, übertragen ihre privaten Sympathien und Abneigungen auf die Darstellung, bleiben stecken, suchen sich gegenseitig zu verdrängen, einmal werfen sie in der Hitze des Gefechts sogar den Regisseur hinaus, und wenn auch hier und da eine leidlich gute Szene zustande kommt, so laufen schon im nächsten Moment wieder die Fäden so wirr durcheinander, daß schließlich kein Mensch mehr unterscheiden kann, was Kunst und was Leben ist. Gerade das aber ist wohl Pirandellos höheres, dichterisches Ziel, das er auch in den ›Sechs Personen‹ verfolgt. Indem er Schein und Wirklichkeit miteinander vermengt, zeigt er zugleich ihre unverletzlichen Grenzen auf. Gewiß gleicht das Leben oft dem Theater, das Theater dem Leben. Aber nur künstlerische Schöpferkraft vermag den Sinn des Lebens im Spiegel des ›schönen Scheins‹ aufzufangen. Und wenn am Schluß der Leiter des Spiels dem Dichter nur die untergeordnete Rolle eines Textverfassers zuweist, so ist das, von Pirandello aus, vermutlich eine Geste romantischer Selbstironie, die genau das Gegenteil besagen soll: Der Dichter ist die Hauptsache, ohne ihn kein Theater, keine holde Illusion, keine höhere Wahrheit. Im übrigen gibt Pirandello mit dieser dramatischen Spiegelfechterei – und das ist vielleicht der beste Witz an der ganzen Sache – wirklich handfestes, effektvolles Theater. Seine Komödie wimmelt von Überraschungen und Sensationen (die größte: daß selbst das Foyer ins Spiel einbezogen wird), und für den Mangel einer richtig durchgeführten Handlung entschädigen eingestreute Parodien auf Oper, Kabarett und Tonfilm, allerhand sarkastische Ein- und Ausfälle, geistreiche Paradoxe und amüsante Bosheiten des Dialogs – man kennt ja Pirandello, den gern mit ›Apparat und doppeltem Boden‹ arbeitenden Zauberkünstler.
Der Gedanke des ›Theaters im Theater‹, des Spiels, das in Spielen ausartet, ist allerdings nicht neu. (Als sein Urvater darf wohl Tieck, der Dichter des ›Gestiefelten Katers‹, gelten.) Pirandello hat hier neuen Wein in alte Schläuche gefüllt.
Die zum Schein von Dr. Hinkefuß (Paul Lewitt), in Wahrheit von Hans Carl Müller geleitete Aufführung wurde allen Forderungen des Dichters gerecht. Es war wirklich ein »unterhaltsamer Spektakel« (so will es Pirandello aufgefaßt wissen), voller Farbenreiz und dramatischer Schlagkraft und mit jenen mystischen Hintergründen, die bei Pirandello niemals fehlen. Im einzelnen taten sich die Damen Hertha Wolff und Kitty Stengel, die Herren Hans Jungbauer

und Kurt Hoffmann besonders hervor. So erzielte das seltsame Stück [...] einen durchschlagenden Erfolg.

Lessing-Theater, Berlin
Ludwig Sternaux, Berliner Lokal-Anzeiger 2. 6. 1930

›Heute abend wird aus dem Stegreif gespielt!‹ So verhieß der Titel des Stükkes, der schon fatal an ›Sechs Personen suchen einen Autor‹ erinnerte. Und gespielt werden sollte, wie das Programm weiter kund und zu wissen tat, »unter freundlicher Mitwirkung der Zuschauer«.
Nun, diese »freundliche Mitwirkung« ist etwas anders ausgefallen, als beabsichtigt war. Gustav Hartung, der Regisseur, hatte zwecks besagter Mitwirkung wie Piscator im ›§ 218‹ Schauspieler unter das Publikum gemischt, und anfangs klappte die Geschichte auch zur Not, so wenig Effekt allerdings diese konstruierten und nicht gerade geistsprühenden Zwischenrufe machten. Aber nur zu bald spielte das richtige Publikum mit, das sich von den Vorgängen auf der Bühne mehr und mehr brüskiert fühlte.
Noch fand ein Bild, ein Flugplatz bei Nacht, völlig unmotiviert zwar an sich, doch mit den bunten Lampen, den Scheinwerfern und einem kreisenden Flieger sehr hübsch anzuschauen, spontanen Beifall bei offener Szene. Aber dann setzte Protest ein. Erst leise mit vereinzeltem Zischen, dann lauter und lauter mit hellem Gelächter, schrillem Pfeifen. Das halbe Parkett pfiff, die Galerie johlte. Von dem, was auf der Bühne gesprochen wurde, war schließlich überhaupt nichts mehr zu verstehen. Tobender Lärm forderte den Vorhang. »Schluß«-Rufe gellten, höhnische Witze quittierten unfreiwillige Stichworte von der Bühne, die Freunde des Dichters, die Anhänger Hartungs blieben nicht faul, beide Parteien nicht fein, man bot sich Ohrfeigen an, belegte sich mit Schmeichelnamen – ein erbaulicher Spektakel! Und daß Herr Hartung höchstselbst in diesen Kampf eingriff, aus sicherem Dunkel heraus »Respektlose Bande!« in das kochende Parkett hineinbrüllte, machte die Sache nur noch schlimmer.
O nein, auf eine solche Mitwirkung der Zuschauer hatte man nicht gerechnet. Aber wenn Hartung und andere Respekt fordern zu dürfen glaubten, einer der im Publikum verteilten Schauspieler gar den »Herren Pfeifern« mit Monokelarroganz Mangel an Intelligenz vorwarf, so ist dazu zu sagen: dieser Vorwurf fällt nur auf die Veranstalter des Abends zurück, die einer Theaterstadt wie Berlin in sogenannten Kunstwochen derlei abstruses Zeug, derlei geistloses Geschwafel, derlei verworrenstes Theater wie eine Offenbarung zu servieren wagen, und den Respekt ließ Herr Hartung zuerst vermissen, als er seinen Schauspielern zumutete, diesen Blödsinn zu mimen, uns, ihn anzuhören. Und es ist zumindest naiv, sich zu wundern, daß darüber ein ganzes Haus aus dem Häuschen gerät.
Um was ging es?
Um eine ›Novelle‹ von Pirandello, die – so ergibt sich – Pirandello selbst benutzt, daraus ein Spiel zu formen, das, wie in ›Sechs Personen suchen einen Autor‹, wieder einmal Schein und Sein vermengt, Wirklichkeit und Kulisse durcheinandergeheimnißt. »Aus dem Stegreif«, sagt der fingierte Regisseur Dr. Hinkefuß, sollen sich, werden sich die Figuren jener Novelle ihre Rollen

gestalten. Der Vater, der in Tingeltangeln 'rumhockt, die Mutter, die ihre vier Töchter an Fliegerleutnants verkuppelt, diese Töchter, diese Leutnants. Vater stirbt, im Streit erstochen, Mommina, die älteste, heiratet, kriegt Kinder, verbürgert, singt eben diesen Kindern Opernarien vor, der Himmel allein weiß, warum, weshalb, wieso, dabei rührt sie der Schlag. Und als sie wieder aufsteht, sagt sie, Elisabeth Lennartz, sie würde nie mehr aus dem Stegreif spielen, das kostete ja die Seele...
Die dürre, die dürftige Fabel. Doppelt gebläht dafür das Drum und Dran. Das hysterische Gezappel des Regisseurs, das Geprobe der Schauspieler, das Hin und Her zwischen den Kulissen, dies ganze drei- und vierfache Theater im Theater, das so sinn- wie wirkungslos Parkett und Logen, auch des richtigen, in das konfuse Spiel hineinbezieht. Daran scheitert der Autor, der nie weniger zu geben gehabt, daran Hartung, dem diese Stegreifszenen unter der schwachen Hand zerflattern. Beide lediglich virtuos in tödlichster Langeweile, ungewollter Komik, dickster Schmiere.
Ein Jammer um die Darsteller. Um Lupu Pick, der dafür zum erstenmal seit langen Jahren wieder die Bühne betritt und nur sich und uns quält. Um Hedwig Wangel, deren heitere Momente die einzigen Lichtpunkte dieses traurigen Abends waren. Um Ludwig Andersen, der sich so ergebnislos mit Herman Vallentin, den Dr. Hinkefuß, 'rumzankt, wie dieser mit ihm und den anderen. Ein Jammer vor allem um die Lennartz, die den halben Abend lächerlich ungenutzt herumsteht und, als sie endlich, in der Verzweiflungsszene mit den Kindern, loslegen kann, damit in den größten Tumult hineingerät...
Und siehe! da schlägt jäh die Stimmung um, niemand mag sich der Peinlichkeit der Situation verschließen, gegen die sie so bravourös ankämpft, Mitleid erwacht, jeder sieht, hier kämpft eine Künstlerin, gibt eine Künstlerin ihr Letztes auf verlorenem Posten, und ein Applaus sondergleichen bricht los. Die Niederlage Pirandellos, die Niederlage Hartungs werden ein Sieg der Lennartz. Der skandalöse Abend endet in Ovationen, auf die die völlig Erschöpfte nur mit Tränen antworten konnte.

Herbert Ihering, Berliner Börsen-Courier 2. 6. 1930

Der Skandal, der am Sonnabend im Lessing-Theater bei der Premiere von Pirandellos ›Heute abend wird aus dem Stegreif gespielt‹ losbrach, war der größte, den Berlin in den letzten Jahren erlebte. Der Kampf um ein Werk? Die Auseinandersetzung zwischen geistigen Richtungen? Kein Kampf, keine Auseinandersetzung, nur Selbstschutz gegen einen Sandsturm von Langeweile.
Die Pirandellomode in Deutschland war niemals echt. ›So ist es – ist es so?‹ – eine halbe Wirkung in der Königgrätzer Straße. Selbst ›Sechs Personen suchen einen Autor‹ waren, trotz der hervorragenden Regie Reinhardts und einer ausgezeichneten Besetzung, anfangs kein Publikumserfolg, der erst nachträglich hochgetrieben wurde. Pirandellos Stücke: der Grenzstreit zwischen Schein und Sein, zwischen gespielter und erlebter Wirklichkeit. Für wen haben sie heute Bedeutung? Als Erkenntnis sind sie mittelmäßig. Als Theaterstücke sind sie verschwommen. Das letzte: ›Heute abend wird aus dem Stegreif gespielt‹, wiederum Theaterproblem, Schauspielproblem, was ist Stück, was ist Improvisation, was ist Rolle, was ist Privateigenschaft des Darstellers? Dies letzte

Stück wäre selbst dann sensationell uninteressant, wenn es gut wäre. Es ist aber unbeschwingt, geistlos, endlos, Sand rinnt, Sand, Sand. Wurde es deshalb in den Spielplan der Berliner Kunstwochen aufgenommen? Wer ist für diese Wahl verantwortlich? Kein neues deutsches Stück, das, auch wenn es durchfällt, dem Autor wenigstens Lernmöglichkeiten gibt, sondern ein Pirandello, dessen Entwicklung literarisch abgeschlossen ist. Und dieses Stück nun wieder in einer Aufführung, die nicht einmal Rettungsversuche unternimmt. Wo Leichtigkeit, Witz und Regieimprovisation am Platze wäre, zähe Schwerfälligkeit, düsterer Ernst. Und dieser Ernst wieder unzulänglich gespielt. Niemàls kann sich das Ohr des Zuschauers richtig einstellen. Einmal wird genuschelt, ein anderes Mal deklamiert. Immer stehen die Personen falsch. Falsch nach dem Sinn der Szene (wenn man einen solchen annehmen soll). Falsch vom Parkett, falsch von der Bühne aus, falsch für die Akustik. Herr Andersen spielt einen Othello aus Gerdauen, Elisabeth Lennartz ist wegen ihrer Tapferkeit zu loben, daß sie durchhält. Vorher verbarg sie, daß sie eine Schauspielerin ist. Bleiben übrig: Hedwig Wangel und Lupu Pick. Lupu Pick war der einzige, der zwischen Schein und Wirklichkeit mit leisem Ernst, mit leisem Humor spielte.

Herr Hartung war es, der in den Sturm des Publikums hineinrief: »Respektlose Bande.« Respektlos war seine Regie. Respektlos vor Berlin, das immerhin Anspruch auf Leistung hat. Respektlos vor den Zuschauern, die auch den ödesten Text wenigstens akustisch vernehmen wollen. Herr Hartung, als Regisseur maßlos überschätzt, hat in Berlin Glück gehabt mit Aufführungen, die sich von selbst spielen, wenn man die Schauspieler dafür hat: ›Das große ABC‹, ›Ton in des Töpfers Hand‹ oder, aus stofflichen Gründen, mit der ›Krankheit der Jugend‹. Herr Hartung, ein Epigone des Expressionismus, hat niemals den Übergang gefunden vom starren, forcierten Prestissimo zu einer gelösten, motivierten, selbstverständlichen Sprechweise. Er mogelte künstlerisch mit dem Schrei und mogelt jetzt mit der Diskretion. Die Katastrophe war unausbleiblich. Sie ist eingetreten.

Fritz von Unruh Phaea

Uraufführung: Deutsches Theater, Berlin, 13. Mai 1930
Regie Max Reinhardt

Im Mai 1930 war Max Reinhardt 25 Jahre Direktor des Deutschen Theaters. Es wurde ein festlicher Monat. Zum Jubiläumstag am 30. Mai gab Reinhardt sich und seinem Festpublikum eine besonders ausgestattete Vorstellung der ›Fledermaus‹, die er im Juni 1929 auf dieser Bühne mit ansteckender Laune inszeniert hatte. ›Die Fledermaus‹ war eine der ihm liebsten Inszenierungen. Am Ende der Vorstellung erlebte Max Reinhardt die wohl stärkste Huldigung, die einem Theaterdirektor in dieser Zeit dargebracht worden ist. – Er wurde Ehrendoktor der Universität Kiel, der Verein Berliner Presse gab ein Festessen, Monty Jacobs sprach für die Berliner Kritiker. Max Reinhardt dankte mit einer Rede, an deren Schluß es hieß: »Das deutsche Theater von heute kann stolz seine Züge zur Schau tragen. Nirgends in der Welt wurden neben den deutschen Dichtern auch Ibsen und Tolstoi, Maeterlinck und Strindberg, Shaw und Pirandello so viel gespielt wie auf der deutschen Bühne. Und das ist eine tiefe Beruhigung für die weitere Entwicklung des künstlerischen Theaters in Deutschland.« In der Nacht darauf fand die große Festversammlung der Theaterdirektoren und Schauspieler für Max Reinhardt statt. Fast zweitausend Menschen waren im Festsaal bei Kroll versammelt. Der Max-Reinhardt-Ring wurde gestiftet, das Theater selber huldigte ihm. – Der Auftakt zu diesem Jubiläum wurde Reinhardts Inszenierung der Komödie Fritz von Unruhs. Unruh war der Dichter, den Max Reinhardt mit der Inszenierung der ›Offiziere‹ 1911 entdeckt hatte. »Eine Freudenbotschaft vom Theater. Einen neuen jungen Dichter gab uns der Abend«: so hatte Julius Hart im ›Tag‹ damals geschrieben. Unruh war (neben Hauptmann) der Dichter der Republik geworden. Er hatte expressionistisch von der Erneuerung des Menschen geträumt und später politische Warnbilder erdichtet. Die wichtigsten dieser Stücke: ›Ein Geschlecht‹ und ›Bonaparte‹, waren im Deutschen Theater aufgeführt worden. Jeßner hatte 1928 mit dem ›Louis Ferdinand‹ die Geltung Unruhs abermals herausgestellt.

Für Reinhardt war die Uraufführung von ›Phaea‹ also Erinnerung an die Anfänge und Hinweis auf die Veränderungen der abgelaufenen Zeit. ›Phaea‹ brachte zum erstenmal die Filmindustrie auf die Bühne, deren machtvolle Entwicklung seit 1920 das deutsche Theater stark gespürt hatte: im Abwandern der Stars (Jannings, Krauß, die Bergner, Klöpfer, Wegener usf.) und des Publikums. Reinhardt hatte sich für den Film erst um 1928 zu interessieren begonnen, als er das Leben der stigmatisierten Therese von Konnersreuth verfilmen wollte. 1929 war er bei United Artists in Hollywood dabei, diesen Plan mit Lillian Gish zu verwirklichen, als die Erfindung des Tonfilms fast über Nacht alle Dispositionen umstürzte. In dieser Erfindung sah Reinhardt das Ende einer selbständigen filmischen Ausdruckskunst und die ungute Annäherung des Films an das Theater. Reinhardt kehrte enttäuscht nach Deutschland zurück; aber die Erfahrungen in Hollywood flossen in das neue Stück Unruhs. Auf Schloß Leopoldskron arbeitete Reinhardt mit Unruh hart an diesem Text. Obwohl Unruh auch hier gegen die Entindividualisierung auftrat, begann er mit ›Phaea‹, als der letzte der Expressionisten, seinen Weg in die Komödie. (1932 folgte noch ›Zero‹, uraufgeführt im Frankfurter Schauspielhaus.) Reinhardt wurde Unruhs Text zum Libretto für die Entfaltung seiner Regiekunst; für Grethe Mosheim und Curt Bois Anlaß zum großen darstellerischen Erfolg.

Bernhard Diebold, Frankfurter Zeitung

›Phaea A.-G.‹ ist das mythische Wort für eine höchst moderne Institution: nämlich Filmgesellschaft.
[...]
Also wir leben heute unter Phäaken – nahe bei den Kyklopen, deren Hämmer die moderne Technik schmieden [...] ein Fabelland ›im Westen‹; wie das phäakische Wohlbefinden auch ehestens im Berliner Westen zu erlangen ist – vielleicht sogar Elysium. Unruh mißtraut der freundlichen Deutung dieser Sage. Daher: ›Phaea A.-G.‹.

›Phaea A.-G.‹ ist also eine Filmgesellschaft, deren aufregende Proben wir in drei Akten mitdrehen. Fritz von Unruh steigt unter dem Druck der heutigen Atmosphäre aus der historisch-idealistischen Höhenwelt hinunter ins Chaos des Betriebs wie Odysseus in den Hades – und er begegnet den *Schatten*. [...] ›Phaea A.-G.‹ ist das entgeistete Leben der Gegenwart. Phaea ist der photographierte ›Schein‹ des Daseins gegenüber dem wirklichen ›Sein‹ der unveränderlichen Idee ... So griechisch lebt der Dichter immer noch in der Philosophie von Elea und in der Höhle des Plato. So christlich-dualistisch trennt er wie Calderón das Leben vom Traum. Phaea – das heißt: der Film ein Leben. Das ist Unruhs Allegorie vom ›Großen Welttheater‹.
Vorwegzunehmen: ein Pyrrhussieg Max Reinhardts – eine Niederlage des Dichters Unruh.

[...] Für seinen Kino-Kosmos wählt der omnipotente Filmpräsident Samuel Morris [...] die Menschen nach ihrer *natürlichen* Eignung aus für die im Film ihnen zugewiesene *künstliche* Rolle. Die Besetzung ist also ideal: sie geht weniger auf die Technik des Schauspielers als auf seinen Lebenskern und Lebensstoff. [...] Du sollst nur *Körper*, nichts als Körper sein! Was sich nicht photographieren läßt, ist schlechthin für die ›Phaea‹ nicht vorhanden. Geist und Seele sind nicht geeignet für das Objektiv, für Zeitlupe, Großaufnahme und Jupiterbestrahlung. Jedes artistische System tötet das Leben als Totalität von Körper, Geist *und* Seele. Offiziere und Fememörder alten Systems treten auf (z. T. aus Unruhs ›Rosengarten‹); sie sind unecht im Spiel ihres früheren soldatischen Systems. Geschäftsleute, Conferenciers, Dramaturgen, Photographen, Friseure und Schriftsteller treten auf; sie sind unecht im Spiel ihres modernen merkantilistischen Systems.

Vor Samuel Morris – genannt S. M. – bestehen diese Gruppentiere in ihrer seelenlosen und entgeisteten Mittelmäßigkeit; er regt sich hier nicht auf über den Unterschied der Doppelrolle. [...] Als die ehemalige Chansonette Lotte als neue Filmdiva Mia Morella den ›Schrei der Seele‹ für ihre Tonfilmgipfelszene ausstößt – da stutzt Samuel Morris. Denn Samuel Morris, der nur das ›echte Leben‹ anerkennt, spürt in dem Schrei der Morella nur die Anspannung der Stimmbänder, nur die Emotion des Körpers; hört spitzohrig die filmische Verkümmerung des Seelenmenschen.
Er schreit halt! [...] Zum sachlich überzeugenden Schrei gehört der seelische Affekt. Nichts mit der Morella. Eine andere wird ihm von Krah alias Katzenstein empfohlen: das Hürchen Toni aus dem ›Eldorado‹. Sie ist schlechthin ›das Leben‹, das nichts weiß von der Künstlichkeit des künstlich entseelten Körpers, das unbefangen seinen Körper spielen läßt in Tanz und Liebe: das da, wo in der Kunst des Tonfilms der Schrei geradezu gefordert wird, zum Schrekken aller Regisseure vor Schreck *verstummt*. Das gefällt dem Samuel Morris, der selber eine vage Doppelrolle spielt als schwindelhafter Phaea-Unternehmer und sehr reeller Philosoph der nackten Wahrheit. Ein Bruch in ihm – wie einst in König Philipp, der nebeneinander unvereint ein König und ein Mensch war. Auch Samuel Morris erwartet seinen Posa.

Es tritt auf: Fritz von Unruh in der Maske des früheren Offiziers Curt Borke, der am Douaumont sein Portemonnaie und einige alte Idealismen verloren hat; nunmehr in zweiter Maske seiner Doppelrolle: als Filmschriftsteller Adam Uhle, der mit den Schlagworten der alten Dichterethik Unruhs manische Monologe von Geist, Wort und Substanz des wahren Lebens gegen S. M. und die Byzantiner des Filmgeschäftes schleudert. Aber er schleudert nur mit Begriffen. Hier erwartete man umsonst die Reden Posas und Savonarolas, hier erhoffte man von Unruh den Impuls von ›Platz‹ und ›Geschlecht‹. Aber gerade »das Wort«, das man »nicht photographieren kann«, gerade das substanzerfüllte, von tiefster Zeitkritik begeisterte Wort – es kam nicht. Es blieb trotz Prosa ein pathetisches Getön, auf das S. M. beinahe mit Erfolg die zehn Gebote des banalen Filmeffekts erwidern konnte; mit dem ersten Hauptparagraphen: du sollst nicht langweilen! – was den ironischen Beifall des Hauses erregte. Ein *körperlicher* Ringkampf des Dichters der ›Idee‹ mit dem Unternehmer der ›Phaea‹ wurde im dritten Akt zum stärkeren Symbol als diese wortarme Diskussion von Posa und Phaea.

Ja, dem Körperlichen hat sich Fritz von Unruh verschrieben. Sein Teufel hieß hier wohlmeinend Max Reinhardt, dem er seine Seele gab. Dieser Unruh, entsprungen der platonischen Idee, versucht mit den Ausdrucksmitteln neuester Szenik die alten Formulierungen der Geistigkeit ›in Szene zu setzen‹. Wohl sind die *Kategorien* von Seele, Geist und Körper ewig und die Kritik an der Entgeistung unseres Lebens ist gut und angebracht. Jedoch die neue Welt von Unruhs Spiel erfordert eine neue *Formulierung*. Es müssen aus den ethischen Kategorien die neuen Inhalte zur plastischen Figur werden, die eine Sprache hat mit tausend Zungen, damit das Große Welttheater der Allegorie ersichtlich wird aus dem Geschehen des Kleinen Welttheaters der optischen Ereignisse. Aber was geschieht? [...]
Unruh, der Ankläger der Phaea, erliegt nun selber der Phaea. Sein Schriftsteller Uhle ist ein schwacher Held, der keiner Gegengewalt in diesem Spiel die Stange hält; der als ein kläglicher Märtyrer des Films ins Wasser fällt (richtiges Wasser auf Reinhardts Bühne). Seine Forderung nach Vergeistigung der Technik ist gut! Aber Unruh technisierte gerade das Wort; und eben die Vergeistigung durch das Wort blieb aus. Selten ein Satz mit Prägung. Den Songs fehlt die Ironie. Die Witze schmecken nach dem Kabarett. Dem Komödiendichter fehlt die Weisheit der Komik. [...]. Das Wort ist Unruh ausgegangen. Es wirft in keinem Sinne einen Schatten. Der Logos streikt. Und die Phäaken siegen.

Auf der Drehbühne verschieben sich Zimmer, Proberäume, Kabarett, Birkenwäldchen im Schnee und Büro des Gewaltigen in phantasmagorischem Wechsel. S. M. sitzt als Pagode im gestreiften Anzug in einer chinesischen Lack-Schatulle mit geheimen mechanischen Augen und Ohren, die ›das Leben‹ in Wirklichkeit und Film genau erhaschen. Unheimliche Allmacht der Technik waltet hier. Aber das optische Phänomen des Abends liegt weniger im Bild als in seiner Bewegtheit. Des Malers Schütte Phantasie paktiert mit dem auf dem Programm zu Unrecht nicht genannten Maschinenmeister. Auf dem tobenden Karussell schwirrt optisch all das Leben, das Unruh nicht ins Wort bezwingen konnte. Richtiges Wasser fließt. Gewaltige Erregung spielt in Körper und Seele der richtigen Schauspieler – getrieben, gemäßigt, zum Wort dressiert, zur Gestik kommandiert – nicht von Unruh, sondern von Reinhardt.

Was ist vor solchen Spielern noch als Dichterschöpfung zu erkennen? Ein Russe namens Michael Tschechow spielt unter den Offizieren den emigrierten Russenprinzen Orloff. Dieser ewig vom Sekt begeisterte Prinz kommt weniger vom Zarenhof als von Dostojewskij und Tolstoj. Als lebender Leichnam in Husaren-Uniform ist es der menschlichste von allen Phäaken; denn er hat *Religion* mit Gott und Güte. Er ist gegen Mord; liebt und haßt nie aus System, nur aus Gemüt; hat immer die ›offene Hand‹ des Verschwenders seiner selbst. Nach Unruhs Absicht will der weise S. M. ›die Religion‹ mit dem ›Leben‹ – d. h. mit der Toni verheiraten. Aber es scheitert genau so wie die Liebschaft des ›Lebens‹ mit der ›Idee‹ – d. h. mit Adam Uhle. Der Prinz Orloff ist also aus anderem Gesichtspunkt genau so deprimiert vom Dasein wie der Dichter Uhle. Aber Uhle besteht nur aus Worten, und da die Worte leer laufen, steht der Schauspieler Harald Paulsen in wortloser Beredsamkeit im Chaos: hetzt sich mit inniger Erregung am Idealismus ab und muß trotz aller Körperhaftigkeit gedachtes Schemen bleiben. Bei Orloff aber ist die Rolle nicht mit Idee verkleistert. Hier spricht es aus der Seele eines vom Dichter immerhin ›geschauten‹ und nicht gedachten Bildes. Hier springt ein Schauspieler wie dieser Tschechow mit seiner ganzen Existenz in die Rolle und füllt sie aus wie ein Wunder. Ein Harlekin in Pallenbergischer Maske; aber mit unpallenbergischer Seele. Es weint, es zappelt, es klagt an, es tobt, es liebt. Geniale Menschengestaltung. Lebende Figur.
Die Mosheim spielt Toni, ›das Leben‹. Sie trat aus der kühlen Reserve ihrer Salonrollen heraus; wurde verblüffend echt Berliner Range. Kein Tropfen Sentimentalität. Dann plötzlich Leidenschaft, wenn sie sich durch ›die Idee‹ des jungen Adam wieder einmal in den Körper verliebt. Viel Kunst aus verhaltenem Temperament. Mit Reinhardt rief das Publikum nach der Mosheim ... Samuel Morris ist George in gewaltsamer Mache; undeutbar in seiner Doppelrolle von Geschäft und Weisheit; krampfig bedacht, das Unvereinbare in einem Götzen zu verwirklichen. Gerron mit Bauch und Kegelkopf gab ohne einen Hauch von Charge den Regisseur des kleinen Welttheaters. Curt Bois als Schriftsteller Krah tanzte wie ein Akrobat über das Leben; vertieft sich in Eifersucht; erlebt sie schließlich nicht nur in den Beinen. Dagny Servaes spielt als Morella das gespielte Leben nach dem vollendeten Ideal der ›Diva‹. Ganz unvergeßlich der von Sam Morris engagierte Graf Trott, Generalintendant a. D., der nun statt seinem Kaiser dem neuen S. M. die gleichen schematischen Dienste leistet: Hans Waßmann.

Der Sieg der Aufführung wird kaum die Niederlage des Dichters ausgleichen. Bei Piscator-Methode wäre das Stück des Dichters von ›der Idee‹ aus umgestaltet worden. Aber Unruh läßt sich nicht russifizieren. Er kam mit seiner fertigen ›Idee‹, die noch dazu an schlechter Formulierung krankte. Er brachte Reinhardt keine Fabel, keine Menschen, kein Stück – nur eine arme, vom Schicksal abgespulte Idee. Was Unruh, was Reinhardt auf den Proben um diesen Dichter Uhle an ›Drama‹ hinzugefilmt haben, wird man nie erfahren. Eine Theater-›Phaea‹ hat hier als Methode gesiegt; wo eine wirkliche ›Phaea A.-G.‹ Bankrott machen müßte. Langeweile verzeihen die Phäaken nie. Dieser Sieg der Premiere, die schließlich Reinhardt und den Dichter vor der Rampe zeigte, bleibt platonisch. Kein Sieg über das Publikum. Sondern des Theaters über das Theater.

Herbert Ihering, Berliner Börsen-Courier 14. 5. 1930

Wenn ›Haus Danieli‹ der geschmackloseste, ›Kreatur‹ der peinigendste Abend der Spielzeit war, dann ist ›Phaea‹ der deprimierendste. Ein schlechtes Stück mehr – wer regt sich darüber auf? Noch ein schwacher Unruh – wer erwartet etwas anderes? Aber daß länger als zwei Monate das erste Theater Berlins mit Proben besetzt, daß das Repertoire lahmgelegt, ein riesenhafter Apparat in Anspruch genommen wurde, um ein aufgeblasenes Nichts mühsam auf die Bühne zu stellen, das begreift man nicht. Daß hier ein großer Regisseur, vortreffliche Schauspieler, Dekorationsmaler, Komponisten, Dramaturgen, Photographen, Notizenverfasser wochenlang von nützlicher Tätigkeit abgelenkt wurden, daß gerade auf diese Premiere jedes Licht fiel, daß gerade auf diesen Abend sich Spannung und Erwartung konzentrierten, das deprimiert. Große Reinhardt-Premiere. Uraufführung eines deutschen Dramatikers. Eine Position war zu gewinnen oder zu verlieren. Sie wurde verloren.
Eine Kunstanschauung, eine Kunstpolitik steht zur Debatte. Fritz von Unruh galt manchem als der repräsentative Dramatiker des neuen Deutschland. Er wurde offiziell propagiert. Er mußte von der Staatsbühne, er mußte vom Deutschen Theater gespielt werden. Unruh zu geben, hieß Ehrenpflicht. Genügte allein die Wandlung vom Soldaten zum Pazifisten, um Unruh zu einer weithin sichtbaren, im Ausland bekannten, im Inland begrüßten Persönlichkeit zu machen? Ich fürchte: Gerade Unruhs Schwäche war seine Beliebtheit. Seine Thesen waren unfaßbar, allgemein, vieldeutig. Er erging sich in Deklamationen der Menschenliebe, des verschwommenen Gefühls, die von keinem Geist, keiner Anschauung kontrolliert wurden. Unruh schien der letzte Vertreter des deutschen Idealismus zu sein. Schien. Man war zufrieden geworden. Pathos – also ein neuer Schiller. Unruh war Offizier – also ein neuer Kleist. Edelphrasen – also ein Idealist. In Unruh drückt sich die ideologische Unklarheit einer ganzen Epoche aus. Sein Fall geht tiefer. Der neue Staat griff nach Unruh, um einen festlichen, ihn darstellenden, ihn feiernden Dramatiker zu haben. Als Unruh versagte und versagen mußte, warf niemand die Frage auf, ob der Staat überhaupt schon soweit ist, so fest auf gedanklicher und weltanschaulicher Basis steht, daß er im Drama ausgedrückt werden kann. Das offizielle Deutschland übertrieb Unruh, und Unruh übertrieb sich. ›Phaea‹. Hier kehrt noch einmal die deklamatorische ›Oh-Mensch‹-Dramatik wieder, kontrastiert mit dem – Tonfilm. ›Lache Bajazzo‹ auf expressionistisch. Durcheinandermischung von Spiel und Leben, also Motive Schnitzlers, Hofmannsthals im Filmatelier. Weltbeglückerphrasen und harte Filmwirklichkeit. Politisches Allerweltstheater, durchsetzt mit Max Reinhardts Schauspielerpsychologie. ›Phaea‹: eine Filmgesellschaft. ›Phaea‹: ein Menschenmoloch. Kauderwelsch des Geistes. Kauderwelsch des Theaterjargons. Scheinweites Menschentum und Inzucht der Bühne.
Tonfilm ist Mode auf dem Theater. Aber immerhin – es wäre denkbar, die fürchterliche Gier dieser Jahre nach Öffentlichkeit darzustellen. Es wäre möglich, zu zeigen, wie jede Regung, jeder Plan, jeder Ansatz zur Entwicklung sofort ins Licht gestellt, gewertet oder abgelehnt, wie alles fixiert, alles photographiert, alles verarbeitet wird, um den Materialhunger der Welt, den Materialhunger der Presse, des Films, des Theaters, des Radios zufriedenzustellen. Nichts hiervon bei Unruh. Wehleidiges Geschwätz eines Filmautors, rück-

wärts gewandte Sentimentalität. Raritätenkabinett ehemaliger Offiziere, die glücklich sind, ihr Leben jetzt im Film darstellen zu können. Ein heruntergekommener russischer Großfürst. Nichts ist durch den Sinn verbunden. »Mensch!« sagt jemand zu einer abgetakelten Exzellenz. »Nennen Sie mich nicht Mensch«, erwidert diese, »geben Sie mir meinen Titel Exzellenz!« Phraseologie von 1919 im Tonfilmatelier von 1930. Der Filmdirektor wimmert immer nach dem ›Leben‹ und hält eine große Verteidigungsrede auf den Kitsch. Wer kennt sich aus? Realität und Symbol, geschwollenes Deutsch und Reinhardts Regie – nichts paßt zusammen, alles stößt sich, stört sich, bis der Zuschauer gelähmt wird.
Harald Paulsen mußte den Autor spielen, einen Fritz von Unruh an Geschwollenheit – armer Paulsen! Heinrich George den Filmdirektor im Stil der allegorischen Stücke von Unruh – armer George! Curt Bois einen zappelnden Allerweltskerl – lebendiger, phrasenloser, beweglicher Bois! Gerron einen Regisseur und Dagny Servaes eine Diva mit falschen Tönen. Diese Rollen paßten. Reinhardt kommt immer zu seiner Moissi-Liebe zurück. Einmal heißt Moissi Sokolow, dieses Mal Michael Tschechow. Er gibt weich, zerfließend, im Privaten echt, aber dramaturgisch überbetont den Großfürsten. Im Mittelpunkt stand Grethe Mosheim. Sie spielt ein Mädel aus der Ackerstraße, berlinisch, naiv-verdorben. Eine neue Entwicklung kündigt sich an, eine Entwicklung zur scharfen, bestimmten Charakterzeichnung. Aber Grethe Mosheim muß vorsichtig sein. Sie hatte Reinhardts Regie nicht immer verarbeitet. Manches sprang heraus, manches wirkte noch mit Drückerchen. Grethe Mosheim muß sich einspielen, bis die Natur wieder selbstverständlich wird.
›Phaea‹ – monatelange Erwartung, Reinhardts großer Sommercoup. Tausend Nachrichten zwischendurch. Reinhardt und Staatsoper, Reinhardt und Tonfilm. Dieser Abend war eine grelle Warnung. Reinhardt muß sich beschränken. Seine Unternehmungen sind überorganisiert. Schon zeigen sich Gefahren. Ohne systematische Arbeit geht es nicht. Auch nicht ohne systematische Erziehung des dramatischen Nachwuchses. Bruckner und Unruh waren Niederlagen. Aber keine Niederlagen der deutschen Produktion. Denn auf ›Kreatur‹ und ›Phaea‹ haben die Verständigen niemals gesetzt.

Felix Hollaender, 8-Uhr-Abendblatt, Berlin, 14. 5. 1930

[...] Die ganze Klaviatur seiner verinnerlichten und von Einfällen immer wieder strotzenden Kunst hat Max Reinhardt auf diese Komödie übertragen und es am Schlusse zuwege gebracht, daß trotz einem Haufen wirklich Widerstrebender das Publikum wie eine Mauer dastand und, von zwiespältigen Eindrücken bewegt, sich nicht von der Stelle rührte. Es wollte die unvergleichlichen Darsteller sehen, dem großen Regisseur zujubeln und zu dem Dichter Unruh sich bekennen.
Dieser Dichter hat es seinen Hörern nicht leicht gemacht. Er wäre ohne die mächtige Hilfe seiner Verbündeten um ein Haar gescheitert. Nicht etwa an der Armut, sondern an der Überfülle und Verworrenheit seiner Motive, an der Tragik zu vieler Schicksale, an der Verschlungenheit der Handlung, der eine durchdachte Gliederung fehlt.
Der Betrieb einer Filmgesellschaft – das Thema mußte ja Reinhardt schon aus

persönlichen Gründen besonders reizen – ist gewiß mit so grauenhafter Lebenswahrheit noch niemals auf die Bühne gebracht worden. Alle bisherigen Versuche nach dieser Richtung hin erscheinen im Vergleich zu Unruhs Komödie brüchig und leer. Nichts Geringeres schwebte dem Dichter vor, als den Parallelismus zwischen dem technischen Apparat und den seelischen Komplikationen aufzudecken.

Geschäft ist alles. – Und um des Geschäftes willen kommt der Leiter des Konzerns, den sein Schreibtisch wie ein unheimlicher, festgepanzerter Turm umgibt, auf den gerissenen Einfall, Schluß zu machen mit den verbrauchten Methoden des Films und den lebendigen Atem, das persönliche Leben seiner gemieteten Geschöpfe einzufangen. Die Energien jedes einzelnen, vom Star bis zum letzten Statisten, möchte dieser smarte Geschäftsmann wie Zitronen auspressen, um seinen Abnehmern neue Sensationen zu verkaufen.

Leben – Leben – Leben ist das Evangelium, das er seinen Kulis predigt. Und wo der Handel anfängt, hört für ihn das persönliche Sentiment auf. Denn während scheinbar nach dem festgelegten Manuskript ein Film gedreht wird, hetzt man in Wahrheit die Figuren in Situationen, in denen sie ihr Herzblut verspritzen. Das sind dann die Momente, die die Kamera mit Blitzesgeschwindigkeit einfängt, damit der Markt durch ein noch nicht dagewesenes Verkaufsobjekt bereichert wird.

Zeitliche Zustände werden also grell belichtet. Aber der Ehrgeiz des Autors wird durch solche Satire allein noch nicht befriedigt. Ihm lag vielleicht noch mehr daran, die politische Komödie im Zusammenhange mit den wirtschaftlichen Nöten vor uns erstehen zu lassen. Und zu alledem sollte sich obendrein noch das alltägliche Schicksal eines kleinen Dirnchens abrollen. Zu solchem Unterfangen könnte man »ja und amen« sagen, wenn sich nicht allzu hart im Raume Schwulstphrase und Kolportage stoßen würden.

Dabei zeigt dies Stück die Kehrseite des Tragischen, weil es alle Bestandteile der Komödie in sich trägt. Wir hätten ebensogut eine waschechte Tragödie erleben können, wie wir Zeugen einer halb gelungenen Komödie sein durften. Ich sage halb gelungen, weil ihr Schöpfer in die Breite, statt in die Tiefe geht. Weil er zwischen Pathos und Ironie nicht den Einklang findet. Sein Marquis Posa, gegen dessen sozialrevolutionäre Kühnheiten das bürgerliche Parkett sich instinktiv auflehnte, schwankt zwischen freiheitlichen Tiraden, Tränengüssen und ironischer Selbsterkenntnis.

Und mag auch eine Portion Mut dazu gehören, wie unser Autor hier eine ihm sehr nahestehende Persönlichkeit abzuzeichnen suchte, die Figur zerflattert ihm, weil das Experiment, Spiel und Leben, Schein und Wirklichkeit zu einer Einheit zu gestalten, nicht restlos geglückt ist.

Der kontrapunktistischen Arbeit, die zu viele Motive zusammenfassen möchte, fehlt es an Geschlossenheit. [...]

Über Reinhardts Regieleistung müßte ich Seiten schreiben. Dabei lege ich auf den dekorativen Teil das geringste Gewicht. Wie er eine Wendeltreppe mit Menschen in Bewegung setzt, wie er wuchtige Türen öffnen und schließen läßt, wie er ein Filmatelier in seiner ganzen technischen Kompliziertheit auf die Bretter bringt, wie er das unheimliche Bureau eines Filmkolosses hinzaubert, den Raum verteilt und beherrscht, Filmregisseure und Operateure durcheinanderwirbelt und das Licht der Jupiterlampen und Scheinwerfer über die Bühne gießt – ist von bezwingender Phantastik.

Was jedoch bedeutet dies alles im Vergleich zu der Arbeit, die am Schauspieler geleistet wurde! Diesen Rhythmus, dieses Tempo, diese Beschwingtheit soll ihm einer nachmachen! Wenn Paulsen und George im letzten Akt sich in rasendem Zwiegespräch gleichsam zerfleischen, so ist dies nur einer der Höhepunkte, die diese Aufführung bietet.
Ein Jammer nur, daß man nicht den Mut zu erbarmungslosen Strichen hatte und den Abend, besonders innerhalb des zweiten Aktes, durch tote Strecken geradezu gefährdete. Hier wird die Dichtung stellenweise zur salbadernden Predigt, zu platter, ausschweifender Gedankenflucht. Man hole es schleunigst nach, um eine großartige Ensembleleistung für die Freunde des Theaters zu retten.
Die schauspielerischen Darbietungen sind unvergleichlich. Die Mosheim rückt mit ihrer volkstümlichen Kraft ganz in die Nähe jener Höhe, auf der einst die junge Höflich und die junge Dorsch standen. Sie ist echt in jeder Bewegung, in jedem schmerzhaften Laut. Der unglückseligsten und schwierigsten Rolle der Komödie ringt Paulsens Wahrhaftigkeit noch an gefährlichen Punkten einen Schein von Glaubhaftigkeit ab, während das Genie von Curt Bois in der ganzen Skala, in dem Reichtum seiner Nuancen sich wiederum entfaltet. Hinter der Realität seiner Humore und Tragiken steht immer noch das Geheimnis, ein undefinierbarer Rest, ein abgründiger Tiefsinn, der sich nicht in seine Bestandteile auflösen läßt. Glänzend ist George. Glattrasierter, massiger Schädel, plumper, ungefügiger Körper, der aus einer anderen Welt zu kommen scheint, Dämonie (in den stummen Szenen stärker als in den lauten), virtuos gespielt, aber nicht, dies muß gesagt werden, aus dem Innersten geschöpft.
Neben diesen großen Könnern steht der junge russische Schauspieler Tschechow, der einem veralkoholisierten Fürsten mit seinen schwimmenden Augen und seiner erschütternden Einfältigkeit ein vollendetes, naturalistisches Gepräge gibt. Er gehört von heute an zu den großen Hoffnungen der Bühne.
[...]

Goethe Geschichte Gottfriedens von Berlichingen mit der eisernen Hand

Staatliches Schauspielhaus Berlin, 18. Oktober 1930, Regie Ernst Legal

Jeßner war Anfang des Jahres aus dem Amt des Staatstheaterintendanten geschieden. Ernst Legal, der von 1924–1927 das Landestheater Darmstadt geleitet hatte, hatte es provisorisch übernommen. Kerr hatte im Frühjahr dazu geschrieben: »Sein Übergangsamt könnte zum Amt werden:... wenn er selbständig ist [...] Wenn er dümmere Modeschäden stoppt. Wenn er [...] so ruhevoll wie gestrafft allein das Werk beginnt. Dann mag er [...] eine dramatische Inflation... zuvörderst stabilisieren. Und für das Kommende die allein denkbare Währung vorbereiten – mit dem Stigma: leuchtende Vielfalt. Leuchtende Vielfalt« (›Berliner Tageblatt‹, 19. 3. 1930). Legal hat eben das am Staatstheater versucht. Fehling, dessen kunstverständiger Intendant er nun war, nannte ihn »das maskuline Exempel echten deutschen Humanismus«. – Traditionsverstand und kämpferischer Sinn verbanden sich in ihm. Er wählte die erste Fassung des Goetheschen Götz für seine erste Inszenierung als Intendant und verhalf Heinrich George zu seiner populärsten Rolle. George war auf dem Höhepunkt seiner Darstellungskraft. Seit sieben Jahren war er in Berlin, erst am Deutschen Theater, dann am Schauspielertheater, dann an der Volksbühne, wo er früh mit Jürgen Fehling zusammengekommen war. Fehling wurde für George die entscheidende künstlerische Begegnung. Fehling hatte George nicht nur zum ersten Darsteller für die Dramen Barlachs (1923: ›Der arme Vetter‹, 1930: ›Der blaue Boll‹), sondern auch zu einem vorzüglichen Darsteller für Hauptmanns Dramen (›Fuhrmann Henschel‹, 24. 9. 1924) gemacht. Der ›Expressionist‹ George nahm den Realismus auf und durchleuchtete ihn. Als er am 8. März 1930 im Berliner Schiller-Theater den alten Scholz in Hauptmanns ›Friedensfest‹ spielte (Regie Richard Weichert), schrieb Emil Faktor: »Großartig der Vater Scholz Heinrich Georges. Das war Zusammenfassung aller tragischen Voraussetzungen. Abbild einer Lebenskomödie, die Schiffbruch erlitten hat. Das war großes Theater, in den Mitteln einfach, in der Wirkung dicht. Alles zusammen dämonischer Ausdruck einer völlig zerrütteten Existenz« (›Berliner Börsen-Courier‹, 10. 3. 1930). – George war auch ein erster Darsteller des politischen Theaters geworden, seit Piscator ihn in ›Sturmflut‹ und Erich Engel ihn 1928 als Galy Gay in seiner Inszenierung von Brechts ›Mann ist Mann‹ herausgestellt hat. In Tollers ›Hinkemann‹ und als Zola in ›Affäre Dreyfus‹ hatte er an der Volksbühne sich Sondererfolge erspielt. Er war jetzt einer der Spitzenspieler Berlins, mit einer Monatsgage von achttausend Mark. Den Urgötz hat er seit dieser Premiere Hunderte Male gespielt, durch das ganze kommende Jahrzehnt, auch auf dem Frankfurter Römerberg und bei den von Gustav Hartung inaugurierten Heidelberger Festspielen. – Für Bertha Drews war die Rolle der Adelheid ihr Debut in Berlin.

Monty Jacobs, Vossische Zeitung, Berlin, 19. 10. 1930

[...]
In dieser ›Geschichte Gottfriedens von Berlichingen mit der eisernen Hand‹ hat der Trinkspruch auf Jaxthausen den reinsten Klang: es lebe die Freiheit! Ritter Gottfried beugt sich vor seinem Kaiser, aber die Fürsten sind ihm verhaßt. Er trennt sich von den rebellischen Bauern. Aber wenn sie gegen ihre Junker wüten, so werden auch die Schandtaten ihrer Bedrücker nicht verschwiegen.
Der Intendant des Staatstheaters mußte sich als Spielleiter entscheiden, ob er die Dichtung von hier aus anpacken wollte oder ob er, im Stile des 18. Jahrhunderts zu reden, ein ›Familiengemälde‹ auspinseln wollte. In Wahrheit hat er sich gar nicht entschieden. Den Überschwang und die trächtige Fülle dieses Schauspiels kann die Bühne nur bewältigen, wenn sie jene Arbeit leistet, zu der Goethes stürmische Jugend sich nicht verstehen wollte: das Konzentrieren. Legal aber straffte nichts und tilgte nichts. In seiner Pietät ging er sogar so weit, daß er im Anfang das Motto des Stücks sprechen ließ. Obgleich es zufällig gar nicht von Goethe, sondern von Albrecht von Haller stammt.
Wer sich so demütig in den Strom wirft, kann seinen Lauf nicht lenken. Deshalb begnügte sich der Spielleiter mit der Überwindung der Schwierigkeiten, die der schnelle Szenenwechsel bedingt. Eine Gobelinwand – das war der Hof

zu Bamberg, ein Vorhang: Adelheids Gemach, eine Fensterdekoration: Burg Jaxthausen. So oft wie möglich aber öffnete sich die imposante Weite der Bühne, mit Theo Ottos Landschaften, für alle Szenen, die unter Schwabens Himmel spielen. Aus ihnen strömte die Lebenslust des Dramas. Freiheit!
Hier bot sich auch der Raum für die beiden stark wirkenden Bilder des Bauernkriegs: die Siegestrunkenheit nach der Überwindung des Grafen Helfenstein und der Katzenjammer nach der Verbrennung Miltenbergs. Ferdinand Harts Metzler beherrschte diese Szenen, ein Schlagetot von Format. Wie die besiegten Rebellen sich langsam vom Hintergrunde lösen, unheimlich drohend in ihrer Schweigsamkeit auf Berlichingen zuschreiten, wie sie ihn einkreisen, ohne ihn einzuschüchtern, das war einer jener Bühneneindrücke, die bleiben.
Die Reichstruppen und ihr Hauptmann, dem Götz jenes am häufigsten zitierte Goethe-Wort zuschleudert, werden schon lange von der Bühnentradition dem Spott ausgeliefert. Legal geht einen Schritt weiter und läßt sie schnarren, als ob sie bei der Potsdamer Garde gedient hätten. Ein Spaß, der neue Unruhe in die Stilformen trägt. In jeder Szene beginnt gleichsam die Aufführung von vorn. Aber der Trinkspruch des Burgherrn, der auf dem Schlosse Staatstheater gebietet, muß nun einmal heißen: es lebe die Konzentration!
Wenn ein Schauspieler zusammenhalten könnte, was zerflattert, so würde sich Heinrich Georges Gottfried in die Bresche werfen. Ein Landsknecht, kein Ritter, ein massiver Volksmann, dessen Leibesfülle kaum vom Harnisch gebändigt wird – aber auf alle Fälle ein Kerl, eine Persönlichkeit. George verzichtet auf die billigen Wirkungen der Kraft, etwa wenn Götz im Heilbronner Rathause die Spießbürger verjagt. Er ist lieber der Biedermann am häuslichen Herd, der lachende Zecher, der Familienvater, der Freund – lauter Reflexe einer Männlichkeit, die nicht prahlt, einer nicht ritterlichen, aber bürgerlichen Männlichkeit. Es leuchtet etwas aus dieser Figur, etwas von dem Glanze, der Goethes Dichtung umschimmert, heute wie einst. Nur vor dem Tremolieren müßte sich der Sprecher George hüten.
Eine Freude: sein hurtiger Knappe Georg (Clemens Hasse), ein Wirbelwind und ein treues Herz zugleich. Eine Pracht: seine Ehefrau, herb und kantig, wahrhaft »mit Kartoffeln und Rüben erzogen«: Maria Koppenhöfer. Dann wieder eine Figur aus dem Töchteralbum, Schwester Maria, ein neues Fräulein, auf keusche Maid dressiert. Ein flinkes Theaterkind: Horst Teetzmann, ein Lerse, so stämmig wie Alexander Granach, ein farbloser Sickingen Fritz Genschows – das ist Burg Jaxthausen.
Am Bischofshofe sieht es schon bunter aus. Niemand trägt die Majestät des Kaisers würdiger als Arthur Kraußneck, der die Bühne noch lange nicht verlassen darf. [...]
Aber was ist in Bernhard Minetti gefahren, der schon auf Jeßners Theaterschule auffiel und dem jetzt, zu früh, Weislingen anvertraut wurde? Mit seinem Spitzbart und mit seiner schlaffen Haltung wirkt er wie der Hofschneider des Bamberger Bischofs, ein müder, verbitterter Lebensinvalide in der Rolle des Glänzenden, des Lieblings aller Fürsten und Frauen? Vielleicht hätte ihm der Franz besser gepaßt [...].
Adelheid: Bertha Drews, von den Münchener Kammerspielen. Eine schmale, zarte, gebrechliche Figur, ein Orska-Profil und vorläufig noch viel Manier im Schlängeln des Körpers, im Hochrecken des Arms, im Grimm der Sprache.

Das Theatertemperament, das hinter dieser Kruste zu spüren ist, interessiert indessen schon heute für die nächste Aufgabe des neuen Mitglieds.
[...]

Paul Fechter, Deutsche Allgemeine Zeitung, Berlin, 19. 10. 1930

[...]
Es ist ein sehr merkwürdiges Erlebnis, das Herr Legal uns mit dieser Aufführung beschert. Er greift auf den jungen Dichter zurück, läßt den reden – und gibt damit dem Zuschauer die Möglichkeit, seine Reaktion auf eben diesen jungen Goethe festzustellen. Das Ergebnis ist, daß der junge Goethe im Grunde nicht anders wirkt als der späte, daß das Entscheidende hier wie dort von gleicher Art ist. Wenn die Geschichte anhebt, bei Herrn Legal mit einer Lichtbildprojektion des Titels und einem etwas komischen Vorspruch aus der Dunkelheit, denkt man, es ist hübsch, einmal diesen Urgötz zu hören. Er ist unmittelbarer, süddeutscher, rücksichtsloser als die Bearbeitungen: er wird sicher das Band zwischen Werk und Hörer enger, straffer knüpfen als die andern. In den ersten Auftritten scheint es so; aber nur zu bald verweht das –
[...] Man stellt fest, daß der Urgötz zuletzt ebenso ferne und nah, ebenso reliefartig, ebenso zugleich lebendig und abgerückt wirkt wie die späteren Fassungen. Es liegt nicht an der Bearbeitung: das Faktum ist irgendwo in den tiefsten inneren Beziehungen des Dichters zur Welt und zu seiner Zeit begründet.
[...]
Er hat wenig gestrichen, das man vermißt; einzig die Femeszene hätte man zurückgewünscht, da der Mord an Adelheid ohne sie zu sehr in der Luft hängt. Er hatte in der Inszenierung zwischen Andeutung und Wirklichkeit einen fast durchweg geschickten Ausgleich gefunden: in eine weite Projektionslandschaft auf dem Kuppelhorizont stellte er Götzens Burg, die zwar zuweilen ein bißchen an Ruine erinnerte, aber allen Spielanforderungen Platz gab; ein Gobelin, auf dem nur überflüssigerweise gerade Jean d'Arc verbrannt wird, war der Bamberger Hof – und lediglich Adelheidens vielbenutztes Schlafgemach, das wie ein einsames Gartenhäuschen in der weiten Landschaft steht, wirkte ein bißchen belustigend. Der Szenenwechsel ging bei offenem Vorhang überraschend schnell; die einzelnen Auftritte waren ebenfalls, vor allem zu Beginn, klar und mit Tempo aufgebaut, so daß das Ganze klar und sauber vorüberzog – ein wenig zu nüchtern vielleicht, aber gute intensive Theaterarbeit, wie sie gerade das Haus am Gendarmenmarkt braucht. Wir warten gern auf weitere Klassiker dieser Art.
Gottfried von Berlichingen war Herr George. Die Rolle liegt ihm ausgezeichnet. Das Ritterliche tritt stärker in den Hintergrund, dafür steht der einfache, nicht sehr kluge, aber starke männliche gradlinige Mann, mit seiner Wärme und Weichheit sehr schön und lebendig da. Trotz einiger Kämpfe mit dem Dialekt kommt das Süddeutsche in dieser breiten massigen Gestalt mit dem blonden Vollbart zu schöner Entfaltung (bloß das Schnurrbartzwirbeln empfindet man als ›Nuance‹). Ein bißchen viel Umarmungen der Mannen wie überhaupt ein bißchen zu viel Zärtlichkeit im rauhen 16. Jahrhundert nimmt man mit in Kauf.

Den Weislingen spielte der junge Herr Minetti. Das letzte der Gestalt schien ihm fremd geblieben zu sein, er gab den Umriß mehr als das Wesen. Das gilt auch von der Adelheid des neuen Fräuleins Bertha Drews. Schlank, schmal, mehr reizvoll als schön, mehr kleine Bestie als zupackende Frau, interessierte sie da und dort trotz gelegentlichen Abgleitens ins Leicht-Lustige doch so weit, daß man weiteres abzuwarten beschloß. Ausgezeichnet Fräulein Koppenhöfer als herbe Elisabeth, blaß und sympathisch ein neues Fräulein Büren als Maria. Mit Freuden begrüßte man Herrn Kraußneck als noblen Kaiser wieder auf der Szene; Herr Patry war ein vornehmer Bischof, Herr Granach ein ordentlicher Franz Lerse. Den Metzler machte Herr Hart, den Hauptmann der leicht karikierten Reichstruppen Herr Florath. Nett der junge, nur gar zu hastige Georg des Herrn Clemens Hasse. Der Beifall war sehr freundlich: es gab namentlich nach dem ersten Teil einen sehr starken Erfolg, vor allem für Herrn George. Der letzte Teil ermüdete; aber am Schluß wurden alle lange immer wieder auf die Bühne herausgeklatscht.

Rolf Nürnberg, 12-Uhr-Blatt, Berlin, 19. 10. 1930

[...] Der Abend wurde legitimiert durch den Götz Heinrich Georges. Er schuf aus dem Frankfurter Dialekt heraus, der in seinem Munde neu klang und klar. Eine großartige Leistung. So einfach, so lebendig, so ergreifend. Ein gezeichneter Götz, aber ein erhabener Götz. Durch seine Stimme klingt die Hoffnung nach Freiheit hell und scharf, dunkel und verdämmernd. – Wie er das Wort ›glücklich‹ spricht, ungläubig und doch sehnsuchtsvoll. Wie er das Wort ›Tod‹ spricht, gläubig und doch gefaßt, das haftet. Ein kraftvoller Götz, ein bescheidener Götz, ein herrlicher Götz. Hier wurde der letzte Ritter, hier wurde der ewige Mensch dargestellt, der zwischen zwei Generationen steht. [...]

Fritz Engel, Berliner Tageblatt 19. 10. 1930

[...] Wie Goethes Götz im Stück, hält auch sein Sachwalter auf der Bühne alles zusammen. Wir sind sofort belebt, wenn er oben steht. Nachbar von Hauptmanns Geyer, ein Bauernritter, ein süddeutsch mundartlicher Mann und deshalb auch noch ein schwärmendes Kind, eine Faust und ein Herz, eine Energie und Güte: ein Mensch.

Felix Hollaender, 8-Uhr-Abendblatt, Berlin, 19. 10. 1930

[...] Der Erfolg des Abends gehört Heinrich George. Den redlichen Götz, den schlichten, wahrhaftigen Charakter gestaltete er mit außerordentlichem Können und eindringlichem Darstellungsvermögen. In der Maske Albrecht Dürers ist er der kindhafte, deutsche Mensch, der nur zuweilen das Antlitz ändert und dann plötzlich als apoplektischer Bacchus vor uns steht. [...]

Ferdinand Bruckner   Elisabeth von England

Uraufführung: Deutsches Theater Berlin, 1. November 1930
Regie Heinz Hilpert

Es war unverkennbar, daß sich neben dem noch immer unverminderten Zustrom an Zeitstücken nun ein neuer Zug zum historischen Drama bemerkbar machte. Seit der ›Heiligen Johanna‹ hatte es neue Impulse erhalten. Werfels ›Juarez und Maximilian‹, Goetz' ›Gneisenau‹, selbst Unruhs ›Bonaparte‹ hatten diese Entwicklung auch und gerade an den Reinhardtschen Bühnen sichtbar gemacht. Im Februar 1930 notierte Kerr, der lange das Zeitstück verlangt und es auch gestützt hatte, »eine ständige, grundsätzliche Nur-Gesinnungsdramatik. Das ist vermutlich ein Irrtum. Es war eine Notwendigkeit und beginnt ein Irrtum zu werden... Es war ein Weckruf – und wird, kraft Wiederholung, ein Schlaftrunk« (›Berliner Tageblatt‹, 11. 2. 1930). (Jeßner hatte sogar Strindbergs ›Gustav Adolf‹ am 3. 6. 1930 am Staatstheater inszeniert.) Selbst Bruckner, der mit ›Krankheit der Jugend‹ und ›Verbrecher‹ wichtige Zeitstücke geschrieben hatte, kam nun historisch. Alfred Polgar lobte ihn dafür, daß er »nach historischem Schauspiel lüstern [...] nicht als dramatischer Marodeur die nahe Vergangenheit« plünderte. Das Zeitstück definierte er in einer Rezension zu Bruckners ›Elisabeth von England‹ als »Gebackenes von der vorgestrigen Tafel der Ereignisse«, es gäbe eine »gute kalte Tantiemen-Schüssel«. Es war das zweite Elisabeth-Drama, das innerhalb von zwei Wochen auf eine Berliner Bühne kam. Im Lessing-Theater lief noch die ›Elisabeth‹ des Franzosen Lenormand. Er wie Bruckner gingen auf die damals vielbesprochene Darstellung ›Elisabeth und Essex‹ von Lytton Strachey zurück. Bruckner versuchte sich hier in der großen Dimension der Welthistorie. Sein Thema: Untergang und Aufgang zweier Weltmächte. Er benutzte – wie in den ›Verbrechern‹ – wieder die Simultanbühne. Seit den ›Verbrechern‹ war er Hausautor an den Reinhardt-Bühnen. Reinhardt hatte den mysteriösen Autor Bruckner, dessen Pseudonym auch vom Verlag streng gewahrt wurde, in Leopoldskron kennengelernt. Bruckners neues Stück ›Kreatur‹ hatte Reinhardt selbst am 10. März 1930 in der Berliner Komödie als Uraufführung mit Lucie Höflich, Helene Thimig und Rudolf Forster so glanzvoll inszeniert, daß Kerr schrieb: »Denkwürdiger Abend. Großes Spiel und bestreitbares Stück ... Seelenschmarren.« – Die Inszenierung der ›Elisabeth von England‹ überließ Reinhardt, der sich am zeitgenössischen Drama kaum mehr versuchte, Heinz Hilpert, der schon für die ›Verbrecher‹ Regie geführt hatte. Hilpert wurde in diesen Monaten der wichtigste Regisseur der Reinhardt-Bühnen und – Bruckners. – Bruckners Pseudonym war inzwischen gelüftet, aber der fingierte Name hatte sich so eingeprägt, daß Theodor Tagger auch weiterhin als Bruckner signierte. Als er 1932 ›Timon‹ zur Aufführung freigab, inszenierte wieder Hilpert sein Stück. – ›Elisabeth von England‹ aber blieb das Schauspiel Bruckners mit der nachhaltigsten Wirkung. Werner Krauß fand in Philipp II. eine seiner großen Rollen. (130 Aufführungen allein im Deutschen Theater.)

Bernhard Diebold, Frankfurter Zeitung 3. 11. 1930

[...]
Vor vierzehn Tagen zeigte uns des Franzosen Lenormand ›Elisabeth‹ im Lessing-Theater, daß eine ›jungfräuliche‹ Königin zur Furie wird im Augenblick, wo der geliebte Essex sie ohne Perücke und Schminke als greise Vettel überrascht – was ihm den Kopf kostet. In dem schwachen neuromantischen Gebilde (Gobineausche Geschichtsbildchen!) wird der Zug der in der Weiblichkeit gekränkten Königin zum bestimmenden Charakter, der in der großartigen Stabilität der Lucie Höflich eine eintönige, aber auch einheitliche und daher konsequent erschütternde Wirkung hervorrief. Durch die Darstellerin! nicht durch den Dichter.
Anders bei Bruckner. Er bringt von allen Elisabethen der deutschen Bühne die historisch möglichste heraus: nämlich nicht das bekannte zielbewußte Herrscherweib, sondern eine unentschiedene, launenhafte, dabei vorsichtige und grüblerische Person, die weder als Geschlechtswesen noch als Regentin eindeutig durch die Szenen läuft; und nur die von der Angst diktierte Klugheit wahrt dem alles überblickenden Schatzkanzler Lord Cecil Burleigh durch ihr wirres Leben hindurch instinkthaft das Vertrauen, das sie bei allen andern täuschte. Aber Bruckner findet nicht die Entschiedenheit zu einer Demaskierung großen Stils. Das schwache Weib auf dem Thron wird weniger kritisiert als sympathisch gerechtfertigt. Von der heiligen Johanna Shaws erhält sie gelegentliche Züge des naiven Backfischs und des klug redenden Blaustrumpfs, was der verkostümierten Greisin ein lächerlich, neckisches Ansehen gibt. Bruckner läßt sie mit vorgetäuschter Überlegenheit über die an ihrer Laune verzweifelnden Kronräte triumphieren.
Aber die Grazie ihres Geistes ist tatsächlich nur ein Vorwand für die Impotenz ihres Regentenwillens. Bruckner zeigt sie als flatterhaftes Weibchen und in der Eifersucht als schlechthin böses Weib, ohne die psychologische Konsequenz zu ziehen: daß diese Frau zu jeder *prinzipiellen* Überlegung ganz unfähig ist. O nein: er billigt diesem alten Backfisch die tiefste Selbstkritik zu und mit dieser ungerechtfertigten Vertiefung auch die Gegenüberstellung mit dem größten politischen Gegenspieler: Philipp dem Zweiten. Was als Weibspsychologie mit Schwäche begann, endet auf einmal als starre Philosophie auf dem Throne. Das ist unglaublich und schlechthin unspielbar. Nur die Gedanken des Dichters halten ihre Konstruktion zusammen.

Im ersten Drittel des Stückes glaubt man an ein Drama der Liebe zwischen Königin und Essex. Aber dieses Abenteuer bleibt nur Episode, und nach des Essex Verrat und versuchter Entthronung der Königin fällt dieses ganze erste Drittel in Vergessenheit. Dieser Essex wurde nur gebraucht als Antreiber der Handlung, um den komplizierten Wagen überhaupt ins Rollen zu bringen. Daß Essex ein paar Szenen später auch noch hingerichtet wird, wirkt nur noch als episodische Einlage; denn längst schon ist er aus der Spannungskurve herausgeschleudert. Die Spannung heißt im zweiten Teil des Dramas nur mehr Elisabeth und *Philipp*.

An diesen Gegenspielern entzündet sich ein Dialog der Weltanschauungen, der namentlich durch die Wortprägung des Philosophen Bacon deutbar wird, der eine merkwürdig undurchsichtige Rolle als Raisoneur und Conférencier hier auszuüben hat. Wir erfahren die Kontraste von Philipps Katholizismus und Elisabeths Protestantismus. Dort Jesuiten des Glaubens; hier Puritaner der Vernunft. Dort ›Übermaß‹ an Leidenschaft; hier ›Untermaß‹ an Leidenschaft. Dort Sicherheit; hier Skepsis. Dort spanische Romantik und katholische Idee; hier utilitaristisches, auf Vorteil bedachtes kaufmännisches Engländertum. Das sind die großartigen Kontraposte, zwischen denen der gekrönte Backfisch Bruckners sich keineswegs entscheiden kann; und ohne eigene Initiative und ohne eigene Gestalt zwischen zwei Stühlen sitzt. Ihr Mund ist Bacon, der Philosoph. Ihr Arm ist Cecil, der Staatsmann. Sie trotzt ihnen, und gehorcht ihnen ja doch. Sie selber ist fast gar nichts; nur daß Bruckner dieses Nichts einfach nicht zugibt. Aus der Schwäche macht er Interessantheit. Denn er ist klug.

So klug ist Bruckner, daß er das Unzusammenhängende im Personalbetrieb durch geistige Fäden immer wieder bindet. Auch die sexuelle Essex-Episode wird in die ›geistige‹ Konstruktion hineingezwängt. Bacon will Elisabeth aus der mittelalterlichen Romantik heraustreiben in die Helle der aufklärerischen Vernunft und Tatsachen-Schau. Da gilt ihm der dumme eitle banale Essex als der romantische ›Held‹, als ein feudales Ornament, das ohne Schaden vom Giebel des Staatspalastes abgebrochen werden darf. Elisabeth begreift's, fürs Heldentum macht sie keine Kriege mehr. So ein Held ist nur noch ›Subjekt‹ für das Privatkabinett der weiblichen Gefühle. Aber das Weib in Elisabeth braucht irgendeine Romantik – und findet sie nun statt im Helden in Philipps romantischem Gefühl vom *›Heiligen‹*. Vom Gott begeistet führt man größere Kriege als vom Helden begeistert. So schwärmt die Protestantin vom katholischen Philipp. Da wird Bruckner zum feinsten Psychologen, den man von ›Krankheit der Jugend‹ und von ›Kreatur‹ her kennt. Aber die Psychologie bleibt ein Lehrbuch in der Hand des Blaustrumpfs. Ihre politische ›Haßliebe‹ zu Philipp kommt nicht zur Aktion. Drama, Handlung, Figur entsteht hier nur durch die fixierten Bilder; nicht durch ein bißchen Fabel oder gar durch das zwar kluge, aber sprunghaft verwirrende Wort des schwärmenden Autors.

Die Gegenspieler begegnen sich nicht im Stück. Ihr Gegensatz ist in der *Idee* gegeben. Der Dramatiker benützt die Georg Kaisersche Idee des ›Nebeneinander‹. Auf zweiteiliger Bühne wird links in Spanien, rechts in England die Kriegserklärung ›nebeneinander‹ unterschrieben. Links und rechts wird gleichzeitig in den feindlichen Kirchen für den Sieg gebetet. Links macht Philipp auf dem von Mönchen hündisch umstellten Sterbebett seine letzte Abrechnung mit dem Himmel; rechts rechnet Elisabeth mit der Erde ab. Diese dramaturgische Idee ist fruchtbar. Von Kaiser begonnen; von Piscator ins Extrem geführt. Vom Romanschreiber aufgenommen in der Gleichzeitigkeit verschiedener Handlungen: bei Dos Passos, bei Döblin u. a. Aber bei Bruckner ist die Kontrastwirkung mehr szenisch gegeben als in der gegensätzlichen Kraft der Rede. Hier tönen keine großen Sätze der Erkenntnis von links nach rechts hinüber. Elisabeth ist nur zum Schein eine Gegenspielerin. Bacon wird, je länger er redet, zum unbeteiligten Langeweiler, und der große Lord Cecil wird (zumal in der unangebrachten Besetzung durch Gülstorff) zum Anhängsel des

königlichen Phantoms, das weder ein volles Weib noch eine ganze Regentin noch eine selbständige Philosophin ist.
Im Resultat wäre die historische Elisabeth ›entlarvt‹. In der Bewertung durch den Dichter bleibt sie die Scheingröße, die immer nur so groß schien durch ihr politisches Glück, durch die von Gott versenkte spanische Armada, durch die Regierung eines Cecil Burleigh, durch die Zeitgenossenschaft eines Shakespeare, Ben Jonson, Raleigh und Bacon. Bruckner wollte zugleich Entlarvung und Glorifikation. Beides zusammen geht nicht. Wir erhielten durch dieses Stück keine für unser mythisch-historisches Bedürfnis brauchbare Elisabeth.

Die Schauspielerin Agnes Straub hatte es am eigenen Leibe zu spüren. An dieser Rolle, an die kein Pathos, kein Verstand und keine eigentliche Energie, geschweige Dämonie zu verschwenden war, konnte diese Schau-Spielerin und Tragödin nicht selig werden. Denn sie tat alles, um nicht Tragödin zu scheinen. Sie konnte das Alter nicht spielen, weil diese angeblich Alte ja vom Dichter gar nicht alt gezeichnet war – trotz der satanischen Anrede ›Mütterchen‹. Sie mußte zwischen dem Jungmädchenton der Shaw-Johanna und der Energie der Gräfin Terzky Zwischenstufen finden; und sie vertrat sich von Stufe zu Stufe der unsolid gebauten Treppe. Immer wieder ein Aufschwung zu – nichts. Und daher in der Wirkung schließlich nicht mehr gestalterisch, sondern schau-spielerisch. Eine eigenständige Persönlichkeit müßte die Rolle vergewaltigen: einer Höflich geläng's am ehesten, wenn irgendeiner. Aber dann wäre es Höflich und nicht mehr Bruckner. Oder es wäre Bergner; oder es wäre Dorsch – und nie Elisabeth, die von Bruckner keinen Leib erhalten hat, auf dem man eine Rolle schreiben könnte.

Auch Essex hatte geringe Möglichkeiten zum strahlenden Helden Englands. Adolf Wohlbrück war mehr intelligent als impulsiv, mehr bedacht als leichtfertig. Den undeutbaren Bacon spielte Gründgens mit unheimlichem Kopf, aber ziellos und nebulos, wie's ihm die Rolle vorgab. Je eindeutiger die Rolle, desto faßbarer wird sie dem Spieler. Ein naiver Jüngling wird durch Franz Nicklisch zur erfreulichen Figur. Ein fanatisch brennender Jesuit wird in Gronau unvergeßlich am Sterbebett des Philipp. Die katholische Majestät aber ist Werner Krauß. Hier gipfelt die Darstellung. Auch er hat nur Aphorismen zu reden; aber schwärmerisch verklärt und sinnlos besessen vom Kreuz in seiner Hand rafft er die minutiösen Details und Fragmente eines wahren Philipp zusammen in seiner Menschenmacher-Kunst. Da fügen sich die Elemente psychochemisch zu einer neuen Wirkung. Und das ungläubigste, härteste Schauspielergesicht der deutschen Bühne wird zum redenden Bilde eines Greco. Barockes Monument.

Der Spielleiter Hilpert war mehr auf Szene als auf Wort bedacht. Wer wäre dieser Ideologie von Schemen sonst gewachsen? Er glaubte dem Wort durch Langsamkeit zu dienen; ließ am Schluß Elisabeth fast ebenso verträumt dahinreden wie den schwärmerisch dahinsiechenden Philipp, so daß der Fluß des Geschehens immer mehr im Sand versiegte. Aber die Bilder Schüttes nahmen die zweifellos vorhandenen Intuitionen des Dichters auf. Die ›Poesie‹ der Brucknerschen Historie wurde in Farbe und Stimmung malerisch hochwertig umgesetzt. Thronsäle wie von Velasquez. Kirchen wie von Rubens.

Von Stimmung eingelullt versetzte sich das Publikum ganz in die Seelenschaukel der Elisabeth und dachte bald protestantisch; und fühlte bald katholisch; und glaubte sich namenlos klug, wenn Bacon seine Philosophie vortrug. Und nach dem Irrgang durch alle Bekenntnisse vergaß die Gemeinde die ganze Predigt über den Schauspielern, die sie enorm beklatschte. *Deus afflavit et dissipatae sunt* – hieß es von den verwehten Schiffen der Armada.

Fritz Engel, Berliner Tageblatt 3. 11. 1930

Ferdinand Bruckner [...] befriedigt eine Sehnsucht derer, denen es in der Enge des Zeitstückes zu dumpf geworden ist. Es darf und muß ausgesprochen werden, was nach einer langen Zeit des Harrens wir nun von Bruckner empfangen haben:

Großes Drama, das ist Dichtung, die sich über die Zeit erhebt, ohne sie zu vergessen; die sie in Einzelzügen herbeiruft, ohne sie zu photographieren; die von ihr beeinflußt, aber nicht tyrannisiert wird; die auch wieder von ihr ablenkt und unser geistiges Dasein zu den bleibenden Dingen hinwendet. [...]
Das ist, vorerst nur einmalig, Rückkehr dessen, was wir Klassik nennen, rückkehrend aber auch in Formen, deren sie selbst sich noch nicht bedienen wollte und konnte. Der tönende Jambus ist verbannt, an seine Stelle tritt eine entschlossen knappe, sachliche Sprache, Wort hart an Wort, bis zu gewollter Einfachheit, selbst bis zur Vulgarität, weil sie das eigentlich ›Schöne‹ ablehnt. Und was die Vorfahren noch nicht kannten, die Fülle und Vielfalt szenischer Mittel, die der heutigen Bühne zu Gebote stehen, darf nun in Anspruch genommen werden, und sie wird es bis in ihre letzten Möglichkeiten und darüber hinaus. [...]
War sie so, wie sie uns hier geschildert wird? Das wissen wir nicht genau. Aber daß sie so gewesen sein kann, das glauben wir. Und wir sind so gläubig, wir sind so überzeugt, daß wir sagen: sie muß so gewesen sein, sie muß. Dichtung macht Geschichte.
Bruckner hat das Wesen des Dramas ganz erfaßt. [...] Wir sind im Strudel der Widersprüche, wir sind im Kampf des Hasses, der Liebe, der Entflammtheit, der Verzagtheit, wir sehen die Einzelseelen mit sich selber hadern. [...]

Das Drama steigt an mit dem Konflikt Elisabeth – Essex, Königin und Günstling, es endet mit dem grandiosen In- und Gegeneinanderspiel Elisabeth – Philipp. Aber von dem einen Teil zum anderen fliegen die Funken hin und zurück. Philipps gigantischer Schatten legt sich bereits über die ersten Akte. Essex ist schon geköpft, aber in Elisabeths Gemüt gespenstert er noch. Zwischen beiden Teilen eine Brücke: der Jüngling Plantagenet möchte gern ein neuer Essex sein, aber die Königin ist müde, der Weg zum Ende ist aufgetan. Ein schärfster dramatischer Sinn mußte es sein, der auf dieses Zwischenspiel bedacht war. Nur eine ganz kurze Szene, aber notwendige Verbindung zwischen Anfang und Schluß. [...]
Die Königin in ihrer geheimnisvollen Jungfräulichkeit alt wider Willen, mit allen Künsten frisch erhalten, ein gescheites, klassisch gebildetes, erotisch tändelndes, grübelndes, lachendes, derbes Weib, dabei keine Spur des vertrackt

Dämonischen, schlechthin ein Vollweib, ein Vollmensch. Dabei in Wahrheit Königin, bedacht auf gute Wirtschaft im Lande und im eigenen Hause, auch stolze Hüterin ihrer Privilegien, sehr bedächtig bis zur Unentschlossenheit, allen kriegerischen Experimenten höchst abgeneigt. Und Essex ist jung. Er hat im Schlafzimmer überrascht die Großtante, die Greisin, in ihrer noch nicht zurechtgemachten Häßlichkeit; nun huldigt er schlau nur noch dem ›Mütterchen‹. Wie gut ist diese Episode durchgeführt, wie anders als bei Lenormand! Ja, er ist jung, rasch entzündet, rasch abgekühlt, abenteuerlustig, ehrsüchtig, eine Kondottierenatur, kein großer, aber ein wilder Krieger. Gegensätze, wie sie stärker einander nicht anziehen können. Essex, von Elisabeth immer wieder gekränkt, läßt sich in das Komplott gegen sie ein, zugunsten des jungen Schottenkönigs Jakob. Er will die Königin gefangennehmen, es mißlingt seiner Zwiespältigkeit. Er wird verurteilt und hingerichtet. Elisabeth ist Zuschauerin. Alle Falten ihres Wesens erschließen sich. Was ist da noch Historie? Ein Rahmen nur für Menschengestaltung.
Der zweite Teil: Elisabeth und Philipp, England und Spanien, Verstand gegen ekstatische Bigotterie, Klarheit gegen Verdumpfung, Selbstgenügen gegen einen Imperialismus, der dem Heiland zu dienen wähnt, wenn er Länder und Länder schluckt. Also wiederum letzter Kontrast, und wiederum deshalb höchste Anziehung. Diese beiden Feinde können ohne einander nicht leben, Haß übt eine telepathische Kraft, die schon Sehnsucht ist. Durch tausend Meilen getrennt, fühlt einer des anderen leibliche Gegenwart. Sie wollen einander niederringen, sie rüsten, der Engländerin kommt wie einst beim Untergang der großen Armada der Sturm zu Hilfe. Beide, Elisabeth und der todkranke Philipp, beten um Sieg zur gleichen Stunde, zum englischen Gott, zum spanischen Gott; Philipp vernimmt in der Kathedrale die Niederlage seines Heeres. Nun flucht er dem Kreuz, dann stirbt er und löst sich in Reue auf. Auch Elisabeth fühlt, daß die Zeit nahe ist. Jetzt liest sie in der Ursprache nicht mehr Cicero. Sie liest Petrarca: ›Vom Schmerz und von der Vernunft‹. Und wenn sie nicht mehr da sein wird, bald, dann wird auch ihr England zur Weltmacht steuern. Pazifismus, Imperialismus: spürt man über die Zeiten fort nicht willkommene Beziehung zur Gegenwart?

Die innere Bewegtheit drängt auf allen Wegen zum bühnenstarken Ausdruck. Große Maschinerie wird in Aktion gesetzt. Die Konflikte und Kontraste werden einander körperlich angenähert und damit verstärkt. Die Schauplätze vermischen sich, alles konzentriert sich und dadurch auch die Spannung. Das ist Wirkung vom Film her, und hier gewinnt sie künstlerisches Gewicht. Es entsteht dabei nichts, was man in üblem Sinne ›Theater‹ nennen könnte. Man spürt eher Vermeidung und Ausweichen. Das Fleisch der Bühne dient nur dem Geiste.
Aber Bruckners Visionen lassen sich nicht restlos erfüllen. Wer das Buch liest, baut sich für das Drama eine Bühne auf, die noch ganz anderen, kaleidoskopischen Glanz hat. Versagt hier die praktische Ausführbarkeit, versagte die Regie Hilperts? Die Parkszene, Essex hinter Elisabeth her in tobender Jagd, bleibt schwächlich. Die Hinrichtungsszene, drei Viertel des Textes unsichtbar gesprochen, vermittelt denen, die das Buch nicht kennen, kaum Inhalt und Sinn. Großartig aber das Nebeneinander von Spanien und England, Katholizismus und Protestantismus, San Lorenzo in Madrid, Paulskirche in London,

farbigster Schimmer des Jesuitenheiligtums und daneben Entsagung des neuen Glaubens. Auf einem Podium das Unversöhnliche beisammen. Zwischen beiden der Gekreuzigte, den sie in gleicher Stunde anflehen, Philipp und Elisabeth. Das ist größte Bühnenwirkung von heute, größte und beste; bildnerisch ist sie Ernst Schütte zu verdanken.
Im Geistigen greift Hilpert mit Glück nach der Vielfalt, die das Drama bietet. Er versteht, daß dieses Stück Humor hat. Nur müßte sich in jener Parkszene auch der Übergang von der Schwere zum Leichten mehr ausgleichen. Nur müßte als Plantagenet statt des gewiß munteren Franz Niklisch etwas ganz Junges, ganz Blondes sichtbar werden. Ohne Starwesen, freilich auch keine Individualitäten, stehen in den Nebenrollen gut geleitete Schauspieler. Grete Jacobsen als Isabella, Tochter Philipps, tritt hervor. Vom alten sicheren Bestande: Friedrich Kühne, der Kardinal, unsere liebe, noch nicht vergessene Auguste Prasch-Grevenberg als Lady Anna, durch notwendige Striche um manchen guten Satz gebracht, Ernst Gronau, vollendet, das tief sich einwurzelnde Bild eines Fanatikers, als Jesuit Mariana.
Die Hauptdarsteller: Gülstorff, Cecil, hier nur – nein, nicht ›nur‹ – ein stiller Menschendarsteller. Gründgens hat es mit dem Bacon nicht leicht. Es ist die einzige ›Sprechrolle‹ im Stück; er belebt sie mit einer erst klug differenzierten, dann stürmischen Redekunst. Adolf Wohlbrück als Essex, dem Ideal des ›jungen Helden‹, des aus eigenem Wesen hinreißenden, nach dem jedes Theater sucht, wenigstens nahe. Und Agnes Straub. Und Werner Krauß. Zwei Sieger.
Agnes Straub zeigt letztes Temperament im ersten Teil, letzte Intelligenz und Beseeltheit im zweiten. Im ganzen eine komisch-tragische Glanzleistung. Da die Bühne vom Temperament lebt, ist die Wirkung zuerst stärker. Welch eine Fülle von Beweglichkeit, raschem Witz, Hitze, Glut und Abgekühltheit, von vielstrahlig leuchtendem Frauentum! Man fühlt die Herrscherin über ein Land, über die Männer, über uns selbst.
Werner Krauß: ein Gesicht, in dem schon Leichenblut zu stocken scheint; Augen, von durchbeteter Nacht gerötet; Körper, nur noch gehalten von einem Geist, der kniefällig dennoch eine ganze Welt gierig umgreift; Mund, zu Gott schreiend mit Worten, die wir belächeln möchten, und doch Mund eines Mannes, den wir in seinem Stolz und in seiner Qual begreifen. Krauß knüpft an seinen Schillerschen Philipp an, der mehr Mitleid war, als ein Grausen. Die Härte der überlieferten Kontur wird aufgelöst. Ein Mensch in seinem Wahn und seiner Größe krümmt sich, reckt sich und stirbt vor unserem Blick.

Emil Faktor, Berliner Börsen-Courier 3. 11. 1930

Ferdinand Bruckner ist in seinem neuen, diesmal historischen Schauspiel unverkennbar ein Vielerlei von Schrifttum. Der Verfasser der von Mysterien überstopften ›Kreatur‹ begnügt sich hier mit einem dämonischen Zuschuß, durch den die Haltung des Glaubensfanatikers König Philipp bis zur Sinnlosigkeit diabolisiert wird, während seine Gegenspielerin Elisabeth unter der Fernwirkung mystischer Hörigkeit ihre Friedensgesinnungen umstellt. Soweit der eine Bruckner der ›Kreatur‹.
Fühlbar wird auch der andere Bruckner, der mit dem sozial akzentuierten Kleinzellendrama ›Verbrecher‹ ein artistisches Kunststück vollbrachte. Hier ent-

fesselt er (frei nach Piscator) die Theatralik der Gleichzeitigkeit und mischt die Sphären von Madrid und London ineinander. Es ist sozusagen eine Fusionsidee. Sie fesselt die Aufmerksamkeit so lange, bis sie sie auseinanderreißt. Sie entspringt dem Einfall, daß beide Parteien, links König Philipp, rechts Elisabeth, zum Himmel dasselbe Vertrauen haben. Der ironische Gedanke hätte den großen Aufwand eines szenischen Doppelapparates nicht nötig. Er wurde schon bequemer in dem Satze von den stärkeren Bataillonen ausgedrückt, mit denen die Gottheit marschiert. Immerhin entstehen optisch wirkungsvolle Eindrücke, und sie wiederholen sich, wenn in der Londoner Bühnenhälfte der Untergang der Armada Siegestaumel entfacht und dieselbe Nachricht links vom Souffleurkasten Gefühlstumulte des Madrider Welttyrannen aufpeitscht. Bruckner setzt die Dialoge zwischen Madrid und London, zwischen Philipp und Elisabeth sogar satzweise fort. Er läßt links den gebrochenen Fanatiker auf dem Krankenlager verröcheln, rechts die von ihrem Todfeind erlöste Friedensfürstin mit der Lektüre von Erbauungsschriften vom Publikum Abschied nehmen. Die durcheinanderflutende, wunderlich gespeiste Dramatik Bruckners hat das Schlußbedürfnis, idyllisch zu verrieseln.

Es ist eine Vielheit von Bruckners, selbst wenn diese Garnitur szenischer oder technischer Talenthaftigkeit ein Einzelner in sich vereinigen sollte. Man sieht versponnene Einleitungsszenen zwischen der jungfräulich gealterten Königin und ihrem jugendlichen Liebhaber Essex. Ein anderer Bruckner entwirft Staatsaktionen, die in ihrer Vielstimmigkeit den Umriß größeren Theaters haben. Wieder ein anderer zettelt Verschwörungen an, mit dem Vollgeruch von Kolportage.

[...]

Der in dem Vielerlei steckenden Theaterfähigkeit Bruckners wäre zuzutrauen, daß sie den Komplex der Essextragödie bewältigt. Bruckner geht aufs Ganze und dichtet Weltgeschichte. Die Figur Essex versinkt, und Bruckner jongliert politische Vokabeln wie Weltfrieden, Nation, Caesarentum. In allen Momenten, in denen die Geschichte der Königin Elisabeth Großdrama werden will, begnügt er sich mit rhetorischem Feuerzauber. Der Gegenspieler Philipp verbrennt, ohne wirkliche Resonanz, an seinen Haßsprüchen; die Siegerin Elisabeth badet mit ihrem Ratgeber Cecil in Reflexionen schöngeistiger Natur. Man hört verwaschene Sentiments. Halbweisheiten. Das wirkliche historische Drama hat ein Oberflächenspiel mit Begriffen nicht nötig. Die beabsichtigte Konfrontation zwischen Kriegsfanatismus und pazifistischen Gesinnungen kommt in ihrer eigentlichen Dramatik nicht zustande. Die nur mit einem Großformat bestreitbare Tragödie weltanschaulicher Gegensätze schrumpft zu einem Schauspiel der Behelfe zusammen.

Die Aufführung selber zählt zu den interessantesten Theaterabenden. Die Regie Heinz Hilperts übertraf sich in einer ungewöhnlich gekonnten, alle Schwierigkeiten meisternden Inszenierung. Die Szenen Philipps mit dem Glanz und den Stimmungsrequisiten des katholischen Ritus waren blendend instrumentiert und gaben sich als faszinierendes Gruppenspielen.
Es durchbrach sie Heißglut, wenn Werner Krauß Beschwörungsformeln sprach. Jeder Satz hatte Hochspannung. Man schwelgte im Vollzauber einer visionär ausschweifenden Stimme, man erlebte ein Äußerstes an Ausdrucksformen fanatischen Greisentums. (Bei alledem eine undankbare Rolle).
Großartig gelang Hilpert die Gegenüberstellung der protestantischen Welt,

aus deren nüchternen Umrissen der Siegesrausch auflodert. Das waren schon bestrickende, theatralisch reich gefüllte Momente.
Ein weiteres Verdienst Hilperts war die Besetzung der Elisabeth mit Agnes Straub. Damit wurde eine, aus dem Berliner Theaterbetrieb herausmanövrierte starke Könnerin wieder in ihre Rechte eingesetzt. Sie stand vor der Aufgabe, eine interessante, aber nicht organisch mit Handlung verwobene Figur in den Zug einer Entwicklung zu stellen. Es wurde mehr, als man erwarten durfte – ein vollsaftiges Bild einer Volkskönigin; das Spiel hatte Hoheit und Burschikosität, Laune und Leidenschaft. Es bewältigte Heikles mit Temperament, die Melodramatik mit gespanntem Körperspiel, die Kniffigkeit mancher Dialogstelle mit Natürlichkeit. Die vollblütige, illusionsstarke Darstellung der Frau Straub war für die Aufnahme des Werkes entscheidend.
Der Darsteller Bacons, Gustaf Gründgens, ließ sich durch die Umständlichkeit mancher Sätze nicht abschrecken. Man fühlte, wie einheitlich er die Figur sah. Auch Max Gülstorff hatte es nicht leicht, sich den Staatsmann Cecil abzuringen. Er entlastete sich durch wirksame Pointen. Den Liebhaber Essex gab Adolf Wohlbrück mit ausgesprochener Beziehung zu diesem verwaisten Rollengebiet. Als Retter Elisabeths schlug Franz Niklisch einen erfrischenden Ton an. [...]
Regie und Darstellung durften bei zahlreichen Hervorrufen mit Fug und Recht den unsichtbaren Autor vertreten.

Friedrich Wolf   Die Matrosen von Cattaro

Uraufführung: Volksbühne am Bülowplatz, Berlin, 8. November 1930
Regie Günther Stark

Gleichzeitige Aufführung: Lobe-Theater, Breslau, 8. November
Regie Max Ophüls

Auch die neue Spielzeit hatte mit einer Flut von neuen Zeitstücken begonnen. Georg Wilhelm Müllers ›1914‹ (Deutsches Theater, Regie Gustaf Gründgens, 1. 9. 1930), Leo Lanias ›Gott, König, Vaterland‹ (Uraufführung: Neues Theater, Frankfurt, Oktober 1930), Hans José Rehfischs Drama um den Friedensschluß ›Brest-Litowsk‹ (Theater des Westens, Berlin, Regie Richard Weichert, 10. 10. 1930) griffen auf den Weltkrieg zurück. Bei Lania erschien der Mörder des Erzherzogs Ferdinand als Held, bei Rehfisch kamen Trotzki und Stalin vor. Die Revolution der Matrosen in Kiel 1918 ging am Abend des 31. August zweimal über die Bühne: in Pliviers ›Des Kaisers Kulis‹ unter Piscators Regie im Lessing-Theater und in Ernst Tollers ›Feuer aus den Kesseln‹ im Theater am Schiffbauerdamm. Die Matrosenrevolte war wieder aktuell. 1929 hatten die Matrosen auf der ›Emden‹ gemeutert und in Frankreich die Matrosen des Panzerkreuzers ›Waldeck-Rousseau‹. Der sowjetrussische Film ›Panzerkreuzer Potemkin‹ hatte in Deutschland so viel Aufsehen erregt, daß die Stücke über die Matrosenrevolte von 1918 wie dessen unmittelbare Folge erschienen. Bei der zunehmenden politischen Radikalisierung war das mehr als nur eine Erinnerung an die Vorgänge von 1918. Es war ein neuer Aufruf. Die ›Linkskurve‹ schrieb: »... eine szenische außerordentlich wirksame Form der bolschewistischen Selbstkritik. Ein Lehrstück für kommende proletarische Revolutionen.« – Die ›Weltbühne‹ sprach nach der Wolf-Premiere von einer »revolteschwangeren Saison«. Wolfs Schauspiel behandelte die Revolution in der österreichischen Marine Anfang 1918. Die turbulente Wirkung der Inszenierung bestätigte nur, wieweit inzwischen auch ein Teil des Publikums radikalisiert war. Wolfs ›Matrosen von Cattaro‹ waren nicht nur das beste dieser Zeitstücke. Mit Wolf bekam das Zeitstück seinen schlagkräftigsten Dichter, und das hieß auch: einen neuen Schub in die Parteipolitik. Wolf war Mitglied der KPD geworden und mit ›Cyankali‹ auch der am meisten diskutierte Autor. ›Cyankali‹ war wegen der Durchschlagskraft des Stoffes sofort verfilmt worden. Im Mai 1930 lief der Film (mit Grethe Mosheim) in den deutschen Kinos an. – Auch vom Autor her stand die Uraufführung seines neuen Stücks unter starker Spannung. Der Berliner Erfolg stellte sich auch in Breslau ein. Man zählte dort, wo Karl Paryla den Hauptmeuterer Rasch spielte, 43 Vorhänge. Politische Wirkungen hatte aber die Berliner Premiere. Dort lieferten sich Sozialdemokraten und Kommunisten bei offener Szene so wilde Wortgefechte, daß stellenweise das Spiel unterbrochen werden mußte. Die Aufführung fand – ein Zugeständnis der Direktion – vor den radikalen Sonderabteilungen der ›Volksbühne‹ statt, die sich damals Piscator anschließen wollten (der sich im April 1930 im Wallner-Theater eine neue Bühne verschafft hatte). Aber die ›Volksbühne‹ hielt Wolfs Stück nicht lange durch. (Im Berliner Lokal-Anzeiger überschrieb Sternaux seine Kritik mit »Volksbühne – Hetzbühne!«, 10. 11.) Im Reich wurde Wolfs Schauspiel nur noch von Privattheatern (wie dem Neuen Theater in Frankfurt) und Schauspielerkollektiven (wie dem ›Proletarischen Kollektiv junger Schauspieler‹ in Leipzig) nachgespielt. Von öffentlichen Theatern wurde es nicht mehr übernommen. Es war das eine Folge des hohen Wahlsiegs der Nationalsozialisten in den kommunalen Parlamenten. Selbst der Direktor der Hamburger Kammerspiele, Erich Ziegel, lehnte nun das Stück mit dem Hinweis darauf ab, daß die Nationalsozialisten ihre drei Sitze in Hamburg um vierzig vermehrt hätten.

Bernhard Diebold, Frankfurter Zeitung 10. 11. 1930

Die dritte Matrosen-Premiere seit acht Wochen. Jedesmal Marine-Meuterei unter dem mächtigen Schatten von Vater Potemkin – ich meine den Film. Wie es zu rebellieren anfängt bei den Heizern und Matrosen unter Deck – wie es aufhört mit der siegenden Rotflagge oder mit der standrechtlichen Erledigung der Märtyrer. Bei Piscators ›Des Kaisers Kuli‹, bei Tollers ›Feuer aus den Kesseln‹ und nun bei Wolfs ›Matrosen von Cattaro‹ kommt immer wieder fast die gleiche Exposition: Schikanierung der Mannschaft, nutzlose Exerziererei, Seifenmangel, schlechtes Fressen.

Der k. k. österreichische Schauplatz unterscheidet sich von dem reichsdeutschen nur durch das bißchen Uniform. Auch die österreichische Gemütlichkeit bedient sich der gleichen unangenehmen Umgangsformen des internationalen Militarismus. In schlimmster Form erscheint überall nicht der Kommandant des Ganzen, sondern der Leutnant, der in intimste Reibung mit des Kaisers Kuli kommt. Für einen teuflisch bösen Leutnant hat man den dazu außerordentlich geeigneten Schauspieler Erich Thormann von Tollers Panzerkreuzer

›Luitpold‹ direkt auf Wolfs österreichischen ›St. Georg‹ übernommen. Er bringt die Mannschaft im Verlaufe der ersten drei Bilder dann richtig so weit, daß noch vor der Pause rebelliert wird; und die rote Fahne unter dem Jubel der Matrosen und unter dem noch größeren Sympathiegebrüll des Volksbühnen-Publikums hochgezogen wird. Großer Erfolg.
Dieser Erfolg der ersten Stückhälfte ist aber lediglich ein Kino-Bluff der Bild- und Stimmungswirkung. Was da geredet wird und wie die Meuterei nur durch den *einen* Satan von Leutnant aufgereizt wird, ist ganz schematisch und längst banalisiert durch Zeitung, Film und früheres Theater. Neue Nuancen bieten nur ein kleiner Fähnrich, der ob seiner dalmatinischen Herkunft vom deutsch-rassigen Leutnant fast so gemein wie ein Heizer behandelt wird. Neu ist als zunächst halb humoristische Ausschmückung der Kommandant und Kapitän des ›St. Georg‹, der in der österreichischen Gemüts-Tonart die wildeste Mannschaft betört: harmlos und etwas trottelhaft im Klang; aber Schaf im Fuchspelz. Der Schauspieler Peppler übertreibt zwar das Österreichische; aber in diesem Stück für die Masse ist Übertreibung schon ein Stil-Moment. In Haltung tadellos kommandiert Peppler sein Schiff ... Es liegt untätig im Hafen von Cattaro. Die Leute müssen künstlich beschäftigt werden durch Schikane. Kein Feind weit und breit. Und auch von einem Dichter ist im ersten Teil des Dramas weit und breit kein Hauch zu spüren.
Im zweiten Teil regt es sich. Er hält plötzlich Merkmale, die ihn von Plivier und Toller unterscheiden. Die Rebellion ist vollzogen. Der Soldatenrat ist gegründet. Nun soll gehandelt, organisiert und wirklich gesiegt werden. Jetzt, – jetzt fängt die Tragödie an! Der Bootsmannsmat Franz Rasch war die Seele des Aufstandes. Ein prachtvoller Junge, von einem prachtvollen Schauspieler vollkommen waschecht hingestellt: Ernst Busch. Nicht nur soldatisch, zuverlässig, stramm und gerade im Herzen; sondern ein heller Kopf. So Franz Rasch und so sein Doppelgänger Ernst Busch. Mit dem starken Herzen hat er die Rebellion gewagt; mit dem hellen Kopf will er nun regieren. Warum soll das nicht gehen? Hier, wo alle Revolten-Stücke sonst aufhören, fängt die Sache an, interessant zu werden.
Es ist geschichtsnotorisch festgestellt (in dem Buche von Bruno Frei ›Die roten Matrosen von Cattaro‹, Wiener Volksbuchhandlung), daß vom 1. bis zum 3. Februar 1918 über 40 Kriegsschiffen in Cattaro die rote Flagge wehte; daß 6000 Matrosen in diesen Tagen bereit waren, die Revolution vom Schiff aus auszubreiten über das Land; und daß sie mit den Wiener Arbeitern zusammen die große Entscheidung wollten. Aber daraus wurde nichts! Die Matrosen konnten kämpfen und ihr Schiff erobern. Aber der Matrosenrat konnte es nicht regieren. Es fehlte die politische Einheit der Überzeugung. Es fehlte das echte Heldentum der Revolutionäre gegen das falsche Heldentum des Kommiß-Dienstes. Man beriet drei Tage und versäumte die Stunde der Handlung. Statt aus dem engen Hafen auszubrechen und sich den vernichtenden Festungsbatterien zu entziehen – wie es der helle Franz Rasch wollte – ließ man die Kaisertreuen zur Besinnung kommen und mußte vor der Übermacht kapitulieren. Hunderte wurden mit Kerker bestraft. Vier Hauptrebellen wurden erschossen.
Friedrich Wolf gibt diese echte Tragödie in den drei letzten Bildern seines Stückes. Tragödie: weil die ›Begeisterung‹ nicht ausreicht, die Wirklichkeit zu formen. Weil die *Idee* von der Freiheit nicht ausreicht, die wirkliche Freiheit

herzustellen. Weil ein Sieg der Masse wohl im Elan zu gewinnen ist. Weil aber schon *zwei Tage* nach dem Sieg die Masse aus ihrer Einheit in Zersplitterung fällt. Für diese Problematik gelingt Friedrich Wolf eine große dramatische Szene.

Der beste Augenblick des Sieges ist versäumt. Der Parlamentär der Weißen verlangt unter Drohung der Festungsgeschütze die unbedingte Übergabe. Mit großer dramatischer List überzeugt der von den Matrosen gefangene Kommandant im angenehmsten Österreichisch die Mannschaft von der todsicheren Überlegenheit der Landgeschütze und von der völligen Sinnlosigkeit eines Widerstandes von Leuten, die doch die ganze Antikriegs-Rebellion um ihres *Lebens* willen angezettelt haben. Ja, die Logik des *Lebens* verführt die meisten. Die Logik der roten Idee der *Freiheit* bleibt nur bei Franz Rasch und zwei, drei andern, die ihre ›Idee vom Leben‹ höher achten als ›das‹ Leben.

Die Rechnung scheint so einfach! Wer ist nicht ohne weiteres fürs ›Leben‹! Die Parteien aber sind zwiefach. Wer für das Leben ist, der trete rechts zum Kommandanten und zum Parlamentär! Wer für die Idee (Freiheit!) ist, der trete links zum Franz Rasch (und zum Dichter Wolf). Ja die gleichen Leute, die unter Lebensgefahr die Revolte wagten — sie treten scharenweise nach rechts zum ›Leben‹. Das scheint so namenlos selbstverständlich. Aber das *Publikum* der ›Volksbühne‹, das seinen eigenen Kopf in diesem Theaterstück nicht zu riskieren hat, findet es gar nicht selbstverständlich. Es ruft Pfui! über die Lebenswilligen. Es bejubelt die Idealisten des Todes, die für die rote Fahne Märtyrer werden wollen. Nicht bedroht am eigenen Leibe, wahrt sich das Massenpublikum die Freiheit des Gewissens und die Reinheit der Idee. Dies Publikum ist für die Radikalen; es ist für die Don Quijotes; es ist ganz ahnungslos für den Idealismus! Verrückte Welt! Die Lebensforderer stehen beim Kommandanten und Militaristen! Aufwühlendes Theater!

Als die ersten beschämten Kompromißler nach rechts übergehen, schreit einer aus dem Publikum: »Die S.P.D.!« Dies im Hause der ›Volksbühne‹, die unter dem Zeichen der S.P.D. Theater spielt! Den Idealismus bewundern sie in den vier Rädelsführern, die ihren ideellen Sieg mit dem Tode büßen. Piscator-Sieg! im gleichen Hause, das dem Piscator und seinen U.S.P.-Leuten verschlossen bleibt. Tragikomödie der Sondergruppen der Berliner ›Volksbühne‹, die u. a. wegen radikaler Forderungen an den Spielplan ausgeschlossen wurden. Was dachte die Volksbühnenleitung im Augenblick, als die ›Verräter‹ mit S.P.D. begrüßt wurden?

Ohne Piscators Geist wäre dieses Stück nie entstanden; wäre dieses Stück nie so gespielt worden. Die Tonart Piscator liegt in der Luft. Sie befruchtet die deutsche Bühne auf unterliterarischen Wegen. Friedrich Wolf hat die *eine* große Szene besser gemacht (und beinahe schon ›gedichtet‹) als alle Tollers zusammen. Hier war dramatischer Widerstreit auf jenem unvermeidlichen tragischen Hintergrund, wo die letzte Entscheidung sich zwischen Leben und Tod abspielt, statt zwischen gemachter Rechthaberei und ebenso gemachter Unrechthaberei.

Ein ganzer Panzerkreuzer auf der herrlichen Drehbühne des Riesenhauses am Bülowplatz übertraf alles Ähnliche in früheren Kriegsstücken durch die Monumentalität einer kompakten Spiel-Architektur. (Nina Tokumbet zeichnete für das stabile Bühnenbild für alle Akte.) Die Regie Günther Starks war im ersten Teil lässig; verharrte beim Siegesjubel zu dilettantisch auf dem hohen C;

raffte aber im zweiten Teil mit der dramatischen Zuspitzung des immer besser werdenden Stückes die Energien flott zusammen. Noch einmal sei an das Lob des prächtigen Ernst Busch erinnert; an die überlegene Lässigkeit Pepplers als Kommandant. Als dalmatinischer Fähnrich zeigte der junge Herbert Berghof eine leidenschaftliche Seele.
Speelmanns als Heizer Huck spielte jene Sorte Revolutionär, der es in allem nur ums bessere Fressen ankommt; und er ist der erste, der zum Kommandanten übergeht. Er bringt viel Lustiges in die trübe Situation. Er soll auch am Schluß die rote Fahne wieder herunterholen und die gute alte Kriegsflagge setzen: Aber – ein allerfeinster und dichterischer Zug des Autors! – aber er darf es nicht. Franz Rasch hält ihn selbst dieser feindlichen Symbolhandlung nicht mehr würdig. Ein anderer, ein besserer Mann soll es tun. Die Offiziere gestatten schweigend diesen Befehl des Rädelsführers. Die rote Fahne sinkt. Das Publikum ist umgeschmissen von der Tragik der U.S.P.-Gesinnung. Die ›Volksbühne‹ auch.

Ludwig Sternaux, Berliner Lokal-Anzeiger 10. 11. 1930

Ein Abend, mit dem sich die ›Volksbühne‹ endgültig des Rechtes begibt, noch als Kunstinstitut gewertet zu werden!
Bis jetzt konnte man trotz aller Sünden, die ihr Konto belasten, noch immer eine kleine Hoffnung hegen, daß man sich dort an verantwortlicher Stelle doch noch einmal auf die Verpflichtungen besinnen würde, die eine so stolze Devise wie »Kunst dem Volke!« auferlegt.
Damit ist es jetzt aus. Endlich fällt alle umphraste Maske, endlich zeigt dies Theater sein wahres Gesicht. Vollkommener kann keine Selbstdegradation sein! Denn mit Kunst hat die Aufführung dieses Matrosenstücks, mit dem sich Herr Friedrich Wolf, der Cyankali-Wolf, als Dritter im Bunde zu den Herren Plivier und Toller gesellt, höchstens noch insofern zu tun, als es die Kunstmittel dramatischer Form, die Kunstmittel auch der Bühne gröblichst mißbraucht. Und das einzige Plus, das man Autor wie besagter Aufführung buchen kann, ist das, daß die Verhetzung hier Formen angenommen, die alles, was wir bis dato darin erlebt, weit in Schatten stellen. Ein fragwürdiger Ruhm!
Es geht los wie bei Plivier, wie bei Toller. [. . .] Und der Herr Dr. Wolf packt schärfer zu, ist womöglich röter als rot. Aktenmaterial auch hier. Nun, das ist Mode, man kann Akten ja so und so lesen. Herr Wolf jedenfalls liest das hinein, was er drin sucht und finden will, und selbst die Tatsache, daß die roten Meuterer damals nach drei Tagen schon wieder ganz klein und häßlich wurden und zu Kreuze kriechen mußten, klittert er seiner Tendenz raffiniert ein: es ist kein Ende, wie da der Rädelsführer hysterisch kreischt, es ist der Anfang.
Die Resonanz ist so, wie hier, in unmittelbarer Nachbarschaft des roten Hauptquartiers, nicht anders zu erwarten: Masse Mensch rast. Um halb zehn steigt auf der Bühne, die auch im Bilde Äußerstes an Realismus gibt, die rote Flagge hoch – brausender Jubel. Eine Stunde später – und da spielt bereits das ganze Haus kindlich begeistert mit, bietet man sich in den Rängen schon Ohrfeigen an! – macht der rote Fetzen wieder der Kriegsflagge Platz – brau-

sendes Pfui! Mit kurzem Wort: eine wahre Gaudi, man ist ganz in seinem Element, brüllt und johlt. Die Internationale und Rotfrontrufe sind der triste Schluß.
Kritik? Sie ist hier nicht mehr zuständig. Das Stück entwaffnet, halb brüllende Phrase, der jede Entstellung, jedes Mittel zum Zwecke der Hetze genehm ist, halb Gosse... meine Herren, ist das ein Tönchen! Aber auch das Publikum entwaffnet, das seine politische Unreife nicht sinnfälliger dokumentieren kann, als es dies in diesen Zwischenrufen, in seinem »Hoch!«, in seinem »Nieder!« tut. Man weiß nicht, soll man weinen, soll man lachen?
Dies also die Novemberfeier der ›Volksbühne‹!
Und diese Bühne, die so zynisch Tür und Tor einer Propaganda öffnet, die eindeutigst auf Umsturz und Sowjetzustände hinarbeitet, es ist dieselbe, die bei Stadt und Staat händeringend um Subventionen jammert, dieweil sie ohne infolge Mitgliederschwund nicht leben kann. Kann sie wenigstens sterben? Sie ist schon tot!

Durus, Die Linkskurve, Berlin, Dezember 1930

[...] erst im ›Cattaro‹-Drama von Friedrich Wolf erhielt eine Matrosenrevolte, der Aufstand der Matrosen der österreichischen Marine 1918, eine wuchtige, ideologisch einwandfreie und szenisch gelungene dramatische Form. ›Feuer aus den Kesseln‹ war eine humanitär-sentimentale Fälschung (à la Toller); in der Piscator-Aufführung von ›Des Kaisers Kulis‹ hingegen scheiterte die volle Auswirkung der in revolutionärem Sinne klaren Ideologie an einem dramatisch nicht gemeisterten, allzu romanmäßigen Stück. Die Aufführung von ›Feuer aus den Kesseln‹ erfolgte ohne einen überwältigenden revolutionären Elan; die Aufführung von ›Des Kaisers Kulis‹ wiederum ließ die dramatische Wucht und die Strafftheit der bühnenmäßigen Komposition vermissen.
Das dritte revolutionäre Matrosenstück dieses Winters: ›Die Matrosen von Cattaro‹ übertrifft die Stücke von Toller und Plivier so ideologisch wie dramatisch. Die geschichtlichen Ereignisse werden ohne jede Retusche gezeichnet; es wird rücksichtslos gesagt: so war es und nicht anders. Dieses Drama ist eine szenisch außerordentlich wirksame Form der bolschewistischen Selbstkritik. Ein Lehrstück für kommende proletarische Revolutionen. [...]
Der Autor, Friedrich Wolf, hauptberuflich Arzt, ist erst seit kurzem Genosse. Er mußte anarchistische Schwankungen überwinden, um politisch klar zu sehen. In seiner Broschüre »Kunst ist Waffe«, die vor einigen Jahren im Verlage des Deutschen Arbeitertheaterbundes erschien, ist die Rolle der Kunst als Waffe im Klassenkampf noch unscharf formuliert. ›Cyankali‹, ein Stück gegen den § 218, das im vorigen Jahre von der ›Gruppe junger Schauspieler‹ herausgebracht wurde, war, trotz der Reste einer sentimentalen Elendsmalerei, ein großer revolutionärer Erfolg. Eine scharfe Waffe im kommunistischen Sinne wurde die dramatische Kunst dieses Schriftstellers erst im Schauspiel ›Die Matrosen von Cattaro‹. Mit diesem Stück rückt der Autor in die Reihe der wichtigsten Dramatiker des deutschen revolutionären Proletariats. Durch einige Streichungen der Regie (Günther Stark) hätte das Stück an Strafftheit noch gewonnen.

Besonders zündete die Aufführung durch ihre Zeitnähe. [...]
Die verbürgerlichte ›Volksbühne‹ versuchte ihrem linken proletarischen Flügel, der sich als ›Junge Volksbühne‹ eben um Piscator sammelt, mit der Aufführung von Wolfs Matrosendrama einen revolutionären Schein vorzugaukeln. Doch das Stück wirkte sich gegen den sozialdemokratisch-verräterischen Geist der Volksbühne aus – also wurde es schleunigst vom Spielplan abgesetzt.

Ernst Degner, Der Abend, Berlin (Abendausgabe des ›Vorwärts‹), 10. 11. 1930

[...] Was Friedrich Wolf in den ›Matrosen von Cattaro‹ schildert, ist Historie, deren Bedeutung vielleicht erst späteren Generationen aufgehen wird. Den mitleidig geringschätzigen Blick, mit dem unentwegte Literaten auf solche ›Zeitstücke‹ herabsehen, kann ich mir nicht aneignen. Wir sind über das Vorurteil hinaus oder sollten es wenigstens sein, daß die Größe eines Schicksals mit dem äußeren Glanz seines Trägers wächst. Ein dichterisches Werk wird nicht dadurch edler, daß es gekrönte Häupter gestaltet. Die Matrosen Köbis und Reichpietsch aus Kiel und der Bootsmannsmaat Franz Rasch aus Cattaro sind als geschichtliche Personen für uns wichtiger als etwa Maria Stuart oder Elisabeth von England.

Diese Ausführungen sind nötig, weil es nach dem beispiellosen Erfolg der ›Volksbühne‹, den Friedrich Wolfs Schauspiel am Sonnabend davongetragen hat, nicht an kritischen Stimmen fehlen wird, die ihm tendenziöse Mache, Effekthascherei oder andere unkünstlerische Motive unterschieben werden. Das Spiel packt und reißt mit. Revolutionäre Stimmung flammt auf, aber nicht von irgendwelchen Parteischlagworten hervorgekitzelt, sondern aus Begeisterung, für wahre Menschlichkeit und aus Abscheu gegen ein abgewirtschaftetes System von Unterdrückungswillen und brutalem Machthunger. Das ist ja das Wunderbare und Unvergeßliche an dieser Aufführung, daß keine hohlen Phrasen gedroschen werden, daß Tatsachen zu sprechen scheinen, daß wir von der ersten Szene an zitternden Herzens in ein Geschehen verwickelt werden, das so und nicht anders kommen kann. Wir fühlen uns mit erniedrigt, wenn wir die sinnlose Matrosenschinderei durch die Offiziere sehen, auch in uns verdichtet sich allmählich die Empörung zur Rebellion, und wir warten bangend und gebannt auf den Ausbruch der offenen Revolte. Der Jubel im Zuschauerraum kennt keine Grenzen, als auf der Bühne das Losungswort zum Aufstand ertönt. Wie sich aus kleinen Anfängen die Aufruhrstimmung entwickelt, wie es endlich zur Explosion kommt und die befreiende Tat die Matrosen in einen Freudentaumel wirft, das ist vom Dichter meisterhaft gesehen und vom Regisseur Günther Stark herrlich gestaltet. Bei diesem Bild geht durch das Theater ein Aufatmen, ein unvergeßliches Gefühl der Erlösung, eine Wirkung wie sie bisher nur von dem Film ›Panzerkreuzer Potemkin‹ her erinnerlich ist. Käme es Friedrich Wolf auf Effekthascherei an, so würde er sein Schauspiel mit dieser grandiosen Szene schließen. Die folgenden Bilder, die den Zusammenbruch der Revolte zeichnen, müssen abfallen ...
[...]
Aus den Schauspielern, die sämtlich hohes darstellerisches Können verraten, spricht echte lodernde Begeisterung. Man müßte sämtliche Namen des Programmes nennen, um diesem großartigen Ensemble gerecht zu werden. [...]

Schon physisch ist Ernst Buschs Darstellung des Bootsmannsmaats Franz Rasch eine fast übermenschliche Leisung. Er wurde von der tief aufgewühlten Zuchauerschaft mit seinem Gegenpol Hans Peppler immer wieder vor die Rampe gerufen. – Die ›Volksbühne‹ hat sich mit der Aufführung einen Sieg erspielt, von dem man noch nach Jahren reden wird.

Sigmund Graff
Carl Ernst Hintze   Die endlose Straße

Uraufführung: Stadttheater Aachen, 19. November 1930
Regie Hermann Albert Schroeder

Schiller-Theater, Berlin, 23. Februar 1932, Regie Leopold Lindtberg

Die politisch gemeinten Revolutionsdramen und die Stücke, die die Szenerie des Krieges wieder auf die Bühne brachten, waren aus dem gleichen Grund entstanden: Man rief in die Gedächtnisse zurück, was in der schnellen politischen Entwicklung, unter dem Druck der Ereignisse, vergessen worden war. Auch die Kriegsstücke hatten viele Schattierungen. Sie waren zum Teil pazifistisch, andere zeigten die ›Frontkameradschaft‹ und Heimkehrerschicksale. Friedrich Bethge dramatisierte in ›Reims‹ (Uraufführung Stadttheater Osnabrück, 26. 2. 1930) die Episode eines an der Treue seiner Frau zweifelnden Soldaten und führte ihn in die Kameradschaft der Front zurück. Arnold Zweig dramatisierte den ›Streit um den Sergeanten Grischa‹ (Uraufführung Deutsches Theater als Gastspiel am Nollendorfplatz, 31. 3. 1930) und Plivier seinen Matrosenroman ›Des Kaisers Kulis‹ (Lessing-Theater, 31. 8. 1930, Regie Piscator). Mit Sigmund Graffs und Carl Ernst Hintzes ›Die endlose Straße‹ erhielt die deutsche Bühne das Stück, das Sheriffs ›Die andere Seite‹ entsprach und wie dieses ein Welterfolg wurde. Im Herbst 1926, als die Politisierung der Bühne begann und die ersten Zeitstücke aufgeführt wurden, war ›Die endlose Straße‹ entstanden, aber alle Theater, z. B. die Staatstheater in Dresden, München, Stuttgart, Berlin, das Nationaltheater Mannheim, das Deutsche Schauspielhaus Hamburg lehnten das personenreiche Werk ab. Erst 1930 entschloß sich das Stadttheater Aachen zur ersten deutschen Inszenierung, ein Jahr, nachdem das 1929 ins Englische übersetzte Stück (›The endless road‹) in England zum erstenmal aufgeführt und dort von einigen Kritikern sogar über ›Journey's end‹ (›Die andere Seite‹) gestellt worden war. Auf dem Umweg über England kam es nach Deutschland zurück und wurde nun bis 1936 (als es verboten wurde) mit über fünftausend Aufführungen das am meisten gespielte Kriegsstück. Auch in mittleren Städten erreichte es erstaunliche Aufführungszahlen, z. B. 125 Aufführungen in Magdeburg. In Rio de Janeiro, Buenos Aires, Sao Paulo, Santiago de Chile, in Valparaíso, in Riga, in Basel wurde es unter anderem inszeniert. Seine stärkste künstlerische Darstellung fand es in Leopold Lindtbergs Inszenierung im Schiller-Theater in Berlin (23. 2. 1932) (s. d.). – Es war ein Stück, das den Krieg nicht verherrlichte und nicht verdammte. Was die Autoren erregt hatte und zum Schreiben brachte, das war der heroische Gleichmut, mit dem sich selbst eine ›wissende‹ Kompanie wieder in den Tod schicken ließ. Als ›Die endlose Straße‹ 1932 nach Berlin kam, war es, wie Ihering richtig schrieb, für neutrale Stücke wie dieses schon zu spät.

Stadttheater Aachen
(Autor?, Zeitung?)

Die endlose Straße ist der Anmarschweg der Soldaten aus der verkrampften Qual seelischer Verlassenheiten in die Todesstellung der Front. »Irgendwie ist man immer auf dem Weg nach vorne«, sagt einer von den Soldaten. Und der Weg dorthin ist schrecklicher als der Tod. Weil man hier schon im voraus alle Tode stirbt, die irgendwo nur gestorben werden können. Und weil dieses Sterben, so ungeheuer – *einsam* ist und so *endlos* ist.
Aus solcher Kriegserfahrung ist das Stück entstanden. Ein Stück in vier Bildern. Kein Drama. Und keine Gestaltung. Der Krieg ist schon zu Beginn der Bilder in den Menschen innerlich überwunden. Es gibt also keine seelischen Konflikte und keine geistigen Auseinandersetzungen mehr. Der Krieg ist tot. Was noch in der Front steht – Offizier und Soldat –, steht da aus Pflicht, aus Zwang, aus Verzweiflung, oder aus endlosem Stumpfsinn. So kann in diesem Stück nichts mehr *gestaltet* werden. Es kann nur noch – *geschildert* werden. Einmal wird der leise Versuch gemacht, sich an die innerliche Tragik dieser Menschen heranzutasten. In dem Gespräch zwischen dem Fähnrich und dem Hauptmann. Aber auch in diesen beiden Soldaten ist schon der Krieg erledigt. Es handelt sich nur noch darum: ein anständiger Kerl zu bleiben. Und ein anderes Mal huscht etwas von der inneren Größe dieser verdreckten Frontschweine vorüber: ein junger Rekrut, der eben mit dem neuen Ersatz angekommen ist, verzichtet zugunsten eines anderen auf die gefahrlosen Schanzarbeiten hinter der Front. Da sagt ihm einer von den alten Leuten: »Bravo, kannst bei uns bleiben...« Solche ragenden Momente sind schnell vorbei. Und die Fläche ist wieder da. Aber sie ist in sich doch so wahrhaftig, so ohne alles Erbarmen und ohne alle Verschnörkelung, daß sie erschütternd wirkt. Was würde erst die Wirkung eines Kriegs*dramas* sein! Also eines dramatischen Kunstwerks, in der die Front aus innerstem Erlebnis *gestaltet* und nicht *geschildert* wird!
Die vier Frontbilder sind aus einem zusammengeschossenen Unterstand in der vordersten Stellung und aus einem Barackenlager kurz hinter der Kampfzone genommen. Die Trümmer der Kompanie sollen abgelöst werden. Der Feind trommelt. Wo bleibt die Ablösung? Alarm! Angriff der Franzosen. Und die Ablösung?... Die Kompanie ist in Ruhe. Wenn es doch Ruhe wäre! Wenn man doch schlafen könnte! Wenn man doch einmal nach – Lille könnte. Alarm! Die Kompanie wird vorne eingesetzt. Die endlose Straße nimmt kein Ende...
Die beiden jungen Autoren Sigmund Graff und Carl Ernst Hintze haben in diesen mitleidlosen Bildern *eine* Seite aus dem unendlichen Leidensbuche ihres persönlichen Kriegserlebnisses aufgeschlagen. *Eine Seite* ist noch kein Buch. Und vier Bilder sind noch kein Drama. Aber ein Stück Krieg ist es doch. Wahrhaftig und echt. So ergreifend, daß es zum Todesurteil jedes Krieges werden müßte!

Hermann Albert Schroeder hat den Bildern äußerliche Gestalt gegeben. Auch ohne Mitleid und ohne Tünche. Keine ›lebenden Bilder‹, sondern Bilder voll innerer Spannung und äußerer Beweglichkeit. Nicht stilisiert und nicht verniedlicht. Brutal und ohne Abstriche. Und doch nur – Schattenbilder der Wirklichkeit ... (auch in ihrem von Gerd Richter gezeichneten bühnenmäßigen Rahmen).
Das Spiel – wenn man hier von einem Spiel sprechen darf – wird von der ganzen Kompanie fast gleichwertig getragen. Die paar Einzelfiguren sind keine charakteristischen Repräsentanten eigener Ideen, sondern nur Menschen mit besonderen Funktionen. So der Hauptmann, den Otto Goetze nach dem Leben gestaltet. Ohne alles Pathos, ohne jede Phrase in Gebärde und Wort. Einfach ein Soldat wie jeder andere. Nur daß er Hauptmann ist. Und einen Bataillonskommandeur über sich hat. Solcher Hauptleute hat es viele gegeben. Sie lebten dasselbe Leid wie ihre Kompanie. Und wurden von der Kompanie verehrt. Mehr war nicht nötig. Dann der Leutnant (Fritz Wendel): moussierend, immer im Dienst, auch anständiger Kerl. Das Leben hat erst angefangen. Man soll es nicht tragisch nehmen. Der Zahlmeister hat noch Zigaretten und eine gute Flasche. Kopf hoch! Aber manchmal steht es einem doch bis zum Hals ...
Der Zahlmeister (Joseph Kron) ist auch an der Front. Man schaue sich nur dieses ölige Gesicht und die ›entzückende‹ Uniform an! Und dann die Soldaten. Einer wie der andere. Der eine redet etwas mehr, der andere schimpft oder spielt Karten. Aber im Grunde sind sie alle gleich: graue Masse! Ein Fähnrich (Herbert Köchling) ist nicht Mann und nicht Offizier. Hier lebt noch etwas von der Problematik des Krieges. Und es kommt ganz darauf an: in welche Hände so ein Junge gerät.
›Die endlose Straße‹ ist gestern nur allein in Aachen uraufgeführt worden. Die beiden Verfasser – sie waren selber anwesend – können mit diesem Abend sehr zufrieden sein. So stark war er, so diszipliniert und künstlerisch groß. Das ausverkaufte Haus stand ganz unter dem Eindruck des Spiels und brachte schon nach dem ersten Bild und besonders am Schluß den Autoren und den Darstellern herzliche Ovationen.

Schiller-Theater, Berlin
Herbert Ihering, Berliner Börsen-Courier 24. 2. 1932

Dieses Frontstück von Sigmund Graff und Carl Ernst Hintze hat nichts mit der Konjunktur der Kriegsstücke zu tun. [...]
Man muß versuchen, sich damit auseinanderzusetzen. Denn das Stück stellt die Kritik vor andere Aufgaben. ›Die endlose Straße‹ kann weder als Theaterwerk noch als ideologische Kundgebung gewertet werden. Aus keinem Bühnenwerk spricht das Kriegserlebnis so direkt – ohne Übersetzung ins Dramatische auf der einen oder ins Politische auf der anderen Seite. Es schildert den Leidensweg einer Kompanie, die aus dem vordersten Graben nach Lille abgelöst wird, aber schon aus dem Übergangslager wieder an die Front zurück muß. Gemeinschaftsschicksal. Resignation. Kein Ausweg. Die endlose Straße.
Das alles ist mit Sicherheit der Beobachtung und Anständigkeit der menschlichen Haltung und Gerechtigkeit in der Charakteristik der Typen dargestellt.

Aber das Stück kommt in eine Situation, in der jedes Wort, das gesprochen wird, für eine bestimmte Richtung mit Beschlag belegt wird, nach links oder nach rechts. Kann man an einer solchen Situation vorbeigehen? Nein.
Welche Folgerung ist also daraus zu ziehen? Das Stück hätte früher aufgeführt werden müssen. Damals, als es entstand. Es hätte die Diskussion über die Kriegsliteratur auf eine klarere Grundlage gestellt. Heute aber, in der gereizten Atmosphäre von 1932, muß eine geistige Klärung versucht werden. Das Stück endet fatalistisch. Sicherlich, es war 1917 so. Wenn es aber heute gespielt wird, nimmt man diesen Fatalismus als endgültig hin, als unabwendbar. Darin liegt die Gefahr des Stückes, das im letzten Grunde die Nerven attackiert, aber nicht an den Willen, nicht an die Erkenntnis appelliert. Es lähmt. Aber es rüttelt nicht auf.
Die Aufführung war in einer wunderbaren Weise schmucklos. Ein gedämpftes Ensemblespiel. Leopold Lindtberg hat mit Traugott Müller szenisch ausgezeichnet zusammengearbeitet. Er hat außerdem die einzelnen Schauspieler vortrefflich geführt, die alle am rechten Platz standen. Walter Franck als Hauptmann, wie immer in gedeckten, in passiven, in dumpfen Rollen, prachtvoll. Fritz Genschow als Leutnant Schröder schauspielerisch lockerer als sonst. Bernhard Minetti, Hansjoachim Büttner, Alexander Granach, Albert Florath, Hans Otto, Veit Harlan, Paul Bildt, Heinz Greif, wundervoll. Dann Clemens Hasse, Gerhard Orth. Eine sehr gute Vorstellung.
[...]

Alfred Kerr, Berliner Tageblatt 24. 2. 1932
I
Es war kein Theater mehr. Der tiefste Eindruck ließ die Menschen eine Weile stumm sein. Auch der Dank, der dann losbrach, stand unter dem furchtbaren Gefühl des Erlebten. Nicht des Gesehenen: des Geschehenen.
Und wenn man das Schiller-Theater, so lang es ist, von oben bis unten durchschüttelt: so fällt nichts heraus, was diesem Abend gleichkommt. Es war sein größter. Niemand wird ihn vergessen.
II
Gemeint ist nicht etwa die Tendenz des Stücks: die Erbärmlichkeit des Krieges. Mit dieser Tendenz könnte das Stück spottschlecht, die Darstellung hundeschlecht sein.
Das Stück ist jedoch ernsthaft gut in einer großartigen Sachlichkeit; in einer schweigenden Sachlichkeit; in seiner Nichtsalssachlichkeit. Und die Darstellung ersten Ranges. Gar nichts andres als: allerersten Ranges.
(An den dramatischen Dingen braucht niemand zu verzweifeln: solange derlei noch in stärksten, daseinsehrlichen Schöpfungen voll Kraft wunderbar lebt.)
Lindtberg, Leopold, bis heut zuweilen anfechtbar, trägt einen Ehrennamen.
III
Was geht vor?
Kein Film, keine ›Journey's end‹, keine ›Vier von der Infanterie‹ (nicht mal diese) kommen der hart greifenden, lastenden, umwerfenden Wirkung dieses Schauspiels zweier Autoren (der eine soll tot sein) entfernt nahe.
Hier ist ... nur impassible Wucht in der Darstellung des Schimpflichen und Schinderischen; des menschlich bösen Irrsinns. Alles ohne Haß. Ohne Schrei.

Ohne Imperativ. Nur durch Wiedergabe. Nur durch Abbild. Nur durch Feststellung.

Mit dem Ergebnis: das ist kein Theater mehr.

IV

Schicksal einer Kompanie. So wie es tausend Kompanien gab. Ihre schwere, zähe Schreckenslast. Im Augenblick der scheinbaren Unterbrechung das Fortfoltern. Im Augenblick der Hoffnung das Abschlachten.
Die endlose Straße hat hier das Ende, hier erst. Am Schluß erblickt man, wie der zermürbte, zerlumpte Rest ... nicht wie bei Piscator im Parademarsch, sondern zerlumpt, zermürbt, bis zum Bewußtseinsmangel gedrückt, mühsam, wie ein Trupp stumpfer Tiere, durch Fahlnis zum Verrecken zieht.
So wie es tausend Kompanien gab.
Ein Schauspiel ohnegleichen.

V

Leopold Lindtberg; Ehrenname.
Was ein Grüppchen junger Schauspieler glatt kann, was mancher zusammengeholte Schwarm ebensogut gekonnt hat, was den geeichten Linksregisseur Katzenellenbogen oft hinter sich ließ (von der DADA-Nachahmung abgelebter Kindlichkeit mild zu schweigen): das hat Lindtberg aus dem bloßen Massenschauspiel zur menschlichen Einzelgeltung durchgegliedert; also gehöht.
Mit Wesenserscheinungen wie Walter Franck; wenn der den Hauptmann der Kompanie stellt: ohne beherrschendes Virtuosum. Wenn da nur jemand ist, der das Wertvollste des Möglichen, das Einfachste, das Echteste, der alles dies, als ein leuchtender Seelenschauspieler ... nicht hinstellt, sondern hat.
Es trennen sich hier zwei Reiche: das große Können und das große Sein.
Am letzten Ende die Gattung Oskar Sauer. (Wenn es eine Gattung ist.)

VI

Schreibt den Zettel ab. Genschow, von den Jungen, macht einen Leutnant, Hannemann einen Feldwebel, Minetti (in fabelhaft deckender Art, ländlich stockend) einen Gefreiten, der nicht in der Kompanie, aber auch nicht in der Heimat leben kann ... wie Raynal solche Wesen vorschuf.
Granach und Harlan – der erste kostbar das Urbildnis des machtvoll durchgehärteten Frontschweins; der andere lebt den viveren, zwischendurch kritischen Mitgegangen-Mitgehangenen.
Einmal fällt hier, von dem Leichteren her, das vernünftige Wort: »Und wenn wir jetzt alle nicht mitmachen ...?«

VII

Florath, Stammgast im Graben, mit niederdeutschem Einschlag; der junge Schauspieler Gerhard Orth als irgendein Musketier Müller, frisch von der Schule; desgleichen jugendlich Clemens Hasse; Ledebur mit ein paar gedrückten Worten jemanden, der die Ergebnislosigkeit wahrgenommen hat; Bildt in der leicht spielbaren, doch ganz frei von Auftragung gespielten Erscheinung des windigen Zahlmeisters ... Schreibt den Zettel ab. Lindtberg liefert wirklich ein Verkettungsspiel, aber mit Einzelgestalten, die nicht minder verkettet und verkittet sind.
Einzige Ausnahme: der Fähnrich. Sein Name soll, obwohl es kein starkes Fehlgreifen war, unerwähnt sein; damit bei der Erinnerung an einen gewissen Abend ihm etwas wie ein bißchen Stigma still erspart werde.

VIII

Treibt die Wähler in dieses Stück. Treibt die Schüler in dieses Stück. Das ist nicht ein Kriegsstück: das ist der Krieg. Wir alle wußten das Mehrste von ihm, als er aus war. Hier ist er noch einmal. Damit er nicht noch einmal sei.
Das Schiller-Theater hätte nicht ruhmvoller untergehn können als mit diesem Abend. Wer hiernach kein sogenannter Pazifist wird, der ist ein...
(Beliebig oder unbeliebig zu ergänzen)
Das ist er.

Ernst Barlach   Der blaue Boll

Staatliches Schauspielhaus Berlin, 6. Dezember 1930, Regie Jürgen Fehling

Barlach feierte im Januar 1930 seinen 60. Geburtstag, aber die Theater nahmen nur wenig Notiz davon. Er galt als zu schwer. Mehr als einmal hatte sich erwiesen, daß es selbst den Kritikern nicht leicht fiel, seine Stücke zu deuten. In Berlin fand sich keine Bühne, Barlachs letztes, noch nicht aufgeführtes Stück ›Die gute Zeit‹ zu inszenieren. Am 28. November 1929 hatte dann das Reußische Theater in Gera ›Die gute Zeit‹, Barlachs dunkelstes Stück, uraufgeführt. Die Regie führte Martin Gien, und Paul Fechter hatte in der ›Deutschen Allgemeinen Zeitung‹ vom 30. November 1929 diese Inszenierung sehr gelobt, aber auch für seine Interpretation angemerkt: »Die Seele dieses Dichters ist so schwer und tief, daß ihre Gebilde sich den dünnen Linien unserer nur begrifflichen Nachzeichnung nie ohne Rest einfügen können.« ›Die gute Zeit‹ wurde (und ist bis heute) kein Gewinn für die Bühne. Die Inszenierung Giens war aber die letzte Uraufführung eines Barlachschen Stücks, die zu Lebzeiten ihres Autors stattfand. – Den einzigen großen Erfolg für Barlach brachte damals Fehling. Er hatte den unmittelbaren Zugang zu Barlachs Welt von seiner Herkunft her. »Ich habe Barlach aus meinem Lübeck heraus gemacht«, sagte er einmal, und Eckart von Naso schrieb: »Der Lübecker verstand den Mann aus Güstrow nicht vom Kopf her, nicht einmal nur vom Gefühl her, sondern aus der Gesamtheit seiner Existenz« (›Memoiren‹, S. 416). – ›Der blaue Boll‹ hatte bei der Uraufführung am 12. Oktober 1926 im Württembergischen Landestheater in Stuttgart nur einen Achtungserfolg errungen, obwohl die Inszenierung Friedrich Brandenburgs mit Walter Reymer als Boll und Mila Kopp als Grete von den Kritikern als »hochwertige Regieleistung« gerühmt worden war (›Staatsanzeiger‹, Stuttgart, 14. 10. 1926). Zwei Stücke Barlachs hatte Fehling am Staatstheater schon inszeniert, den ›Armen Vetter‹ (s. d.) und ›Sündflut‹ (s. d.). Aber diese letzte Inszenierung hatte mit den heftigen Angriffen gegen den Intendanten des Staatstheaters, Leopold Jeßner, auch ein vorläufiges Ende der Barlach-Bemühungen am Staatstheater gebracht. Nun, unter dem neuen Intendanten Ernst Legal konnte Fehling den ›Blauen Boll‹ in Szene setzen. Legal hatte schon in Fehlings Inszenierung des ›Armen Vetter‹ mitgespielt, er ›verstand‹ die Barlachschen Figuren. (Er hatte 1924 seine Intendanz in Darmstadt auch mit Barlachs ›Die echten Sedemunds‹ eingeleitet.) Noch im Nachruf zu Legals Tod 1955 sagte Fehling: »Ich habe die Barlach-

Heinrich-George-Zeit am Gendarmenmarkt inauguriert [...] das alles segneten und schützten Legals kluge und getreue Hände.« Die Inszenierung des ›Blauen Boll‹ wurde (sechs Wochen nach Fehlings großer ›Nora‹-Inszenierung mit Lucie Mannheim, 15. 10. 1930) eine seiner berühmtesten Arbeiten. Fehling selbst stellte seine Inszenierung des ›Armen Vetters‹ höher, sagte aber zum ›Blauen Boll‹, daß dieser »viel mehr Ruhm gebracht hat, mir, nicht Barlach, also gewissermaßen meine Konjunktur am Theatermarkt verstärkt hat«. – Fehling stand in dieser Inszenierung noch einmal als Schauspieler auf der Bühne: als der liebe Gott. Heinrich George erreichte in der Rolle des blauen Boll einen Höhepunkt seiner Darstellungskunst. – Barlach wich auch dieser Aufführung aus. Der Schock von Jeßners Inszenierung der ›Sedemunds‹ wirkte noch immer.

Paul Fechter, Deutsche Allgemeine Zeitung, Berlin, 8. 12. 1930

Es gibt doch eine ewige Gerechtigkeit. Wenn man wieder einmal geneigt ist, den ganzen Beruf als eine Beschäftigung an den Nagel zu hängen, die für einen ausgewachsenen Mann langsam blamabel geworden ist, erlebt man einen Abend wie diesen mit der Aufführung des ›Blauen Boll‹ von Barlach. Bekommt man dieses Stück Dichtung vorgesetzt, das so stark, so konzentriert, so rein aus dem Wesentlichen gewachsen ist, daß schon Erwachsene nötig sind, um darzulegen, daß es sich hier nicht um ostisches Untermenschentum, sondern um einen Dichter handelt, der zusammen mit Hermann Stehr und mit Stefan George diesem unseren merkwürdigen Beruf nicht nur, sondern der ganzen Gegenwart Rechtfertigung und Würde gibt.
Das Drama Barlachs stammt aus dem Jahre 1926, ist also vor der ›Guten Zeit‹, nach der ›Sündflut‹ entstanden. Es gehört seinem Wesen nach zu ihnen, insofern als auch hier das Religiöse, die Auseinandersetzung mit der Ewigkeit, das Grundproblem ist; es gehört der Atmosphäre und der Form nach am meisten mit dem ›Armen Vetter‹ zusammen. Wenn die Erinnerung an die schon lange zurückliegenden Aufführungen der anderen Werke nicht täuscht, ist es neben dem ›Armen Vetter‹ das stärkste und zugleich das bühnenwirksamste der Barlachschen Dramen. Diesseits und Jenseits, Lebensabbild und Transzendentes durchdringen sich hier so ausgeglichen, daß das Ganze, bis auf eine Szene, klar, eindeutig, auffaßbar vorübergleitet. Ein Stück Realität wird durchscheinend, spukhaft von den Mächten des Lebens durchleuchtet; Menschen des Tages werden zu Trägern von Taten, die Auseinandersetzungen mit dem Ewigen sind. Durch die spießige geheimnislose Welt einer kleinen Landstadt glühen Himmel und Hölle: der Kampf zwischen Gott und dem Teufel wird zwischen Gutsbesitzern und Schustersnichten ausgefochten, während die Frommen lediglich die Begleitmusik dazu liefern.
Ein Gotiker von heute schrieb dieses Drama, das eine der stärksten Dichtungen des bisherigen zwanzigsten Jahrhunderts ist. Ein Mann, dem das Leben und die Schicksale der Seelen die eigentliche Realität sind, wie den alten Baumeistern, die die großen Backsteindome bauten, während die Wirklichkeit Schemen und Spuk vor dem großen Drama des Lebens wird. Ein Mensch baute diese sieben Bilder auf, der in seiner Güstrower Einsamkeit für sich allein das Hauptproblem des neuen Dramas, das Sprachliche, mit einer fast spielenden Sicherheit aufgegriffen und der Lösung zugeschoben hat – und der solch ein

Drama von heute aus den Schichten lediglich des Wesentlichen und zugleich des Wirklichen nährt. Man bekommt ordentlich wieder Spaß an seiner Arbeit, wenn man endlich wieder einmal ein Objekt vor sich hat, das diese Arbeit lohnt, mit dem sich auseinanderzusetzen auch für den Partner dieser Diskussion Werden und Veränderung bedeutet.
Denn das innere Grundthema dieser Geschichte vom blauen Boll ist das hohe Lied des Werdens – der Notwendigkeit des Wandels. Gutsbesitzer Boll, der blaue Boll genannt, weil das gute Leben mit Speck und Schinken und Rotspon seine Wangen nicht nur rot, sondern blau gefärbt und seinen Bauch lästerlich gerundet hat – Boll, der zwischen lauter Menschen lebt, die für Sein, für Beharren, für das Unveränderliche sind, gerät auf einmal durch einen belanglosen Zufall in den Strom des Werdens, der Veränderung, herein. Er ist zur Stadt gefahren, um einzukaufen – und stößt auf einmal auf Grete, die spintisierende Frau des Schweinehirten von Parum, die ihrem Mann davongelaufen ist, weil sie es mit der Seele hat, weil sie gegen das Fleisch ist. Sie hat drei Kinder und läßt sie hungern, damit ihre Seelen nicht im Fleisch ersticken. Ihr Mann trifft die Entlaufene auf der Straße, packt sie, will sie zurückholen – da greift Boll ein, den die junge Frau mit einem Blick verlockt hat. Er befreit sie; ihn reizt ihr Fleisch, reizt die Frau; sie aber will von ihm Gift – um ihre Kinder endgültig von dieser Welt des Fleisches zu erlösen. Er verspricht es zu besorgen – und hält sein Versprechen nicht: sie stößt ihn daraufhin zurück und entläuft ihm in eine wunderliche Kneipe zur Teufelsküche, während Boll in sein Hotel zu seiner Frau und seinem wartenden und bereits schwer betrunkenen Vetter heimkehrt. Jetzt aber wirkt sich in beiden der Zusammenstoß zur Veränderung, zum Werden aus. Grete sieht in einer ihrer spintisierenden Seelenvisionen die Hölle, und darin auch ihre drei Kinder, die sie ihrem Haß gegen das Fleisch opfern wollte: Boll aber sieht, daß er mit seiner Begierde nach ihr eine Verantwortung, eine seelische Verpflichtung auf sich genommen hat – macht sich auf und reißt Grete, die sich inzwischen schwer betrunken hat, von dem ›Gift‹ des Kneipwirts, das sie, zum Leiblichen verwandelt, sich einverleibt hat, um ihre Kinder davor zu schützen, mit sich fort, trägt sie in die Kirche, wacht bei ihr – und steht ihr am Morgen nun als Verwandelter einer Verwandelten gegenüber. Sie ist aus ihrer Seelen-Verstiegenheit zum Fleisch, zur Natur verwandelt; er aus seiner Hölle des leiblichen Beharrens ins lebendig werdende Leben des seelischen Gebundenseins an andere aufgestiegen. Grete muß seiner Frau, die ihn nachts, die Notwendigkeit ahnend, zu ihr schickte, die Hand küssen; die Frau aber muß, damit auch sie ins Werden komme, demütig auch die Hand der Armen küssen, die alles ins Rollen brachte.
Mit diesem Dostojewskij-Zug schließt die Geschichte. Aber sie hat außer diesem einen Moment nicht viel Russisches. Im Gegenteil: sie ist rund und lebendig und zugleich transparent und geheimnisvoll wie jede echte Dichtung aus dem Heimatboden Barlachs gewachsen. Eine mecklenburgische oder holsteinische Kleinstadt steht da, und die Menschen stammen alle auch aus Mecklenburg oder Holstein, Boll und seine Frau und der Bürgermeister und der Schuster Holtfreder, Gretens Onkel, und Bolls Vetter Otto, der sich zu Tode säuft, und die Kneipbrüder, die bei Elias, dem Wirt der Teufelsküche, zechen. Sie sind alle rund und wirklich da, aber sie sind zugleich mehr! Sie werden zugleich Träger von Kräften und Rollen des inneren Dramas; ein fremder Herr muß die Rolle des Herrgotts spielen und Elias den Teufel, drei Tote gespen-

stern durch Gretes Träume und durch ihre elende Bude, und des Teufels Großmutter ist auch mit dabei. Die gewöhnliche irdische Welt wird ohne alle Literatur geistliche Welt: ein Mysterienspiel rollt sich im Hotel zur goldenen Kugel, auf dem Markt, im Domturm von Güstrow ab – Diesseits und Jenseits haben gleichen Anteil am Schicksal. Wie ein altes Kirchenfenster und wie ein alter Holzschnitt zu einer Moritat, wie ein Stück Heiligenlegende und zugleich wie ein Döneken, eine Kleinstadtschnurre, zieht die Geschichte vorüber – ein großes Drama und zugleich ein wunderliches Selbstbildnis des Dichters, mit seltsam humorigen Lichtern über dem Ernst des Geschehens –, Lichtern, die vor allem im Sprachlichen aufgesetzt sind.

Die Sprache dieses Dramas ist vielleicht das Bedeutsamste an der Komödie. Die Menschen reden real, weltlich – aber zugleich nur wesentlich. Sie sprechen alle aus ihrem Sein, undramatisch, ohne Bezug auf irgendeine Handlung, reden nur von sich – und das ganze Gebilde des Werks wächst aus den Verflechtungen dieser unbewegten Worte, schwingt sich auf zum Turm eines dramatischen Gebildes. Barlach ist der einzige, der nach Wedekind die Auseinandersetzung des Dramas mit dem Wortmaterial das Problem der Erneuerung des inneren dramatischen Baustoffs weiter vorangetrieben hat. In der Behandlung des Sprachlichen wird dieser Gotiker mit heimlichem Humor barock – er formt Gebilde des Ausdrucks, die von Shakespeare her angestoßen, auf Barlachschem Grund mit Wedekindschen Beiträgen weiterentwickelt heute die stärksten Mittel eines neuen, wirklichen Dramas, das weder im Naturalismus noch im Neuklassizismus steckenbleiben will, darstellen.

Für die Bühne ist der erste Teil bis zum sechsten Bild so klar und wirksam wie kaum ein zweites Werk Barlachs. Der Haken ist die sechste Szene, die Höllenvision Gretens. Die wird verwirrt durch die Nebenfiguren, auch durch ihre nicht ganz klare Bedeutsamkeit; die einzelnen Visionen und danach der innere Wandel Gretens geht unter in der allzu lauten Angst, die der Autor hier fordert. Das sachliche Thema der Dichtung droht hier unter Gestrüpp zu entschwinden, das halb privat wirkt – der Kontakt, der bis dahin überraschend stark ist, setzt aus. Er bekommt den ersten Stoß durch die nicht recht motivierte Geschichte mit dem Spucknapf (im fünften Bild) – und wird noch einmal dadurch gestört, daß man in der Aufführung im Staatstheater den Apostel des letzten Akts von der Wand genommen und zu einer liegenden Grabfigur gemacht hatte. Das gibt Gretens Unterhaltung mit ihm eine ganz leise peinliche Nüance, die in der gleichen Richtung wirkt.

Davon aber abgesehen hat Jürgen Fehling mit dieser Inszenierung eine seiner stärksten Leistungen gegeben. Barlach ist selten so aus seinem innersten dichterischen Wesen gestaltet worden wie in dieser Aufführung. Sein Rhythmus und sein Tempo, sein Metaphysisches wie sein Humor, seine Härte wie seine Weichheit und das Kompromißlose seiner Art kamen prachtvoll heraus. Rochus Gliese hatte ausgezeichnete Bühnenbilder geliefert – und Fehling ein ineinander verflochtenes Ensemble der Spieler, das einen bis zum letzten Moment festhielt. Es gibt heute keinen zweiten, der so aus dem Dichterischen heraus, aus den Worten gestaltet, die Worte Raum und Gestalt werden läßt wie er.

Der blaue Boll war Herr George – rund, lebendig, irdisch und wenn das Wort bei seiner Leiblichkeit gestattet ist, transparent bis da hinaus. Ausgezeichnet auch sein Gegenspieler Florath als Vetter Otto: unheimlich der Moment, da sie sich gegenüberstehen, der Tote und der Lebendige und kaum zu unter-

scheiden. Sehr fein auch Frau Fehdmer als Frau Boll – man kann sich kaum eine andere an ihrer Stelle denken. Die schwere Rolle der Frau Grete hatte Fräulein Margarethe Melzer übernommen. Sie gab, was sie nur konnte: die Rolle ist so doppelbödig, daß sie ganz wohl nur ein Glücksfall herausbringen kann. Ausgezeichnet Herr Harlan als ihr Mann, sehr gut ein neuer Herr Carell als Kneipwirt Elias. Den Bürgermeister machte Herr Leibelt.
Der Erfolg war sehr stark, schon nach der Pause mußte Herr Fehling mit seinen Leuten immer wieder vor den Vorhang.

Herbert Ihering, Berliner Börsen-Courier 8. 12. 1930

Dieser große Abend des Staatstheaters bestätigte, was ich (anläßlich der Stuttgarter Uraufführung) vor vier Jahren über das Buch geschrieben habe: eine starke Dichtung in allen phantastisch realistischen, komödienhaften Teilen; eine zerfließende Dichtung in den symbolischen Szenen.
»Die Luft hat's in sich, die Luft holt's her, die Luft gibt's heraus«, sagt Gutsbesitzer Boll, der im Gesicht blau anschwillt, der trinkt und spielt, der »unermüdlich sitzt und gewaltig thront auf der Majestät seiner vier Buchstaben«. Die Luft hat's in sich: daß die Menschen einer norddeutschen Kleinstadt träge, feist und unbeweglich in ihren Lüften hocken. Nebel um sie. Nebel in ihnen. Gutsbesitzer Boll, Otto Prunkhorst, der Bürgermeister. Die Luft holt's her: es gespenstert, im Nebel fangen die Leute an zu spintisieren; die fleischlich Zufriedenen, die satt Behaglichen werden beunruhigt. Uhrmacher Virgin, Herr Grüntal, Schuster Holtfreter. Die Luft gibt's heraus: den Herrn, der als Herrgott angeredet wird; Elias, den Wirt, der als Teufel umgeht; der Nebel läßt Prunkhorst los und Boll; sie geraten ins ›Werden‹ in die ›Veränderung‹. Boll erkennt, daß er muß. »Muß? Also will ich!«
»Will sie ewig Bertha Prunkhorst bleiben – lohnt sich das?« Dieses Wort des blauen Boll ist das Leitmotiv für alle Personen. Es ist das Leitmotiv fast aller Dramen von Barlach. Stier und stur stehen die Menschen in diesiger Luft; mit verglasten Augen, fett und voll. Dämonen des Philistertums. Aber neben dem Zynismus sitzt die Verzückung; neben der geilen Tücke die närrische Versponnenheit; neben dem erdsaftigen Humor die entrückte Gottessehnsucht. Boll verdoppelt sich, wie sich Siebenmark verdoppelte. Boll kämpft mit Boll, wie Siebenmark sich mit Siebenmark schlug. Die Konturen der Spießer schwellen an im Nebel. Kleinbürger und Gutsbesitzer erscheinen wie mythische Heroen und schlagen in verschwimmender, treibender Luft Vernichtungskämpfe mit sich selbst.
›Der blaue Boll‹ ist eine Legende aus Rostock oder Stralsund oder Güstrow. In schwerer, bildhafter, trächtiger Sprache. Auf spukhaften Wirklichkeitsschauplätzen, auf Straßen, im Turmgebälk, im Wirtshaus, in der Kirche. Herrlich, wo die Realität phantastisch wird. Schwach, wo die Symbolik überdeutlich ist. Elias – der Teufel; der Herr – der Herrgott, das sollte nicht sein. Wo die Sätze im halben Dämmer liegen, Atmosphäre ausstrahlend, ungewisses Glimmerlicht verbreitend, öffnet sich das Werk der Gefühlserkenntnis. Wo es sich selbst erklärt, wo es disputiert, ist es dünn und zerbrechlich. Barlach ist immer dort stark, wo er, wie eine von sich selbst gedichtete dramatische Gestalt, mit Barlach kämpft, wo die Sätze die Buckel und Kerben der Schlacht

tragen. Nicht, wo er kampflos formuliert; nicht, wo das Gespenstern Stilnuance wird (es klingt wie von Eulenberg, wenn Boll Zigarren präsentiert und hinzufügt: »Marke Sargnagel«).
›Der blaue Boll‹ ist wieder ein Ernst Barlach außer der Zeit, gegen die Zeit. Inbrünstig und schwierig; streng und verschlossen; einsam und prophetisch. Manchmal schleppt er nüchterne Bestandteile mit. Manchmal verschwimmt er. Manchmal bleibt er stehen. Manchmal holt er gewaltsam das Überirdische herab. Aber der Anblick des menschlichen Kampfplatzes ergreift. Das Schlachtfeld ist der Dichter selbst. Ernst Barlach ist der Schauplatz des Dramas.

Ohne Frage: Gerade das Bekenntnishafte muß in der Aufführung unwirksam bleiben. Ohne Frage: Gerade die realistischen Partien verdichten sich zu außerordentlichen Komödienansätzen. Wer Niederdeutschland, wer die Küste kennt, fühlt auf der Bühne die unheimliche, bedrängende Komödiennähe dieser Figuren. Barlach wäre der größte niederdeutsche Lustspieldichter. Aber schon beginnt man auch ihn für ›ostisch‹, für undeutsch zu erklären, schon beginnt auch hier die Hetze wie früher gegen sein Magdeburger Gefallenendenkmal. Es wird bald an der Zeit sein, einmal zu untersuchen, was die Nationalsozialisten für deutsche Kunst halten! Eine steife, lederne, posierende Anton-von-Werner-Welt, sentimental und verlogen kleinbürgerlich und verschwommen idealistisch, unwahr, also undeutsch.
Schwierige Stücke wie den ›Blauen Boll‹ aufzuführen, ist eine Ehrenaufgabe des Staatstheaters. Auch dann, wenn eine solche Vorstellung nicht ›gehen‹ wird. Es ist eine Ehrenaufgabe des Staatstheaters, ein Drama so aufzuführen, wie Jürgen Fehling es tat. Fehling hat, Barlach landschaftlich verbunden, für diese Welt das Gehör und das Gesicht. Eine Kleinstadt wird lebendig, Klatsch frißt um sich, Menschen hocken aufeinander. Spökenkieker und Säufer, Straße und Domplatz werden greifbar. Die enge und die aufgerissene Bühne werden von Rochus Gliese, dem Maler, und Fehling, dem Regisseur, bewältigt. In einer Szene, in der ›Hölle‹, wird geradezu etwas wie die Kate der Brüder Nogens lebendig. (Eine Szene, die allerdings bei Barlach zerfließt und dichterisch nicht gestaltet ist.)
Heinrich George, ein bedrängend lebendiger Boll. Er hat beides, den Humor und die Zwischenwelt. Er steht auf der Erde, hütet sich mit Recht, dämonisch zu werden, ist in seinen Mitteln unauffällig und erreicht eine Dichtigkeit der Realität, die wieder phantastisch wird.
Dann prachtvoll: Helene Fehdmer als Frau Boll. Als erdhaft realistische Gestalterin sah man sie nie. Dann Florath, Leibelt, Harlan, Carlheinz Carell und, in der schwierigsten Rolle, die allerdings weniger Schauspielkunst als private Hingabe verlangt, sehr stark Margarethe Melzer.
Ein Werk, dessen Problematik uns fernsteht, dessen Gesichte uns nahekommen. Ein Werk auf dem Wege zur realistisch phantastischen Tragikomödie, auf dem Umweg über die Symbolik. Aber eine Seltenheit: ein dichterischer Abend.

Ernst Heilborn, Frankfurter Zeitung 12. 12. 1930

Das ist das Beglückende an dieser Aufführung des ›Blauen Boll‹ im Staatlichen Schauspielhaus: zum ersten Mal gewinnt sich Barlach das Berliner Publikum, mit schüchternem Pathos gesagt: er findet seine Gemeinde. Und das mit einem sehr schwer verständlichen Mysterienspiel. Im immer erneuten, vielfach leidenschaftlichen Beifall ist Bekenntnis zu ihm. Und wenn es gegen Schluß der Aufführung nicht ganz an Widerspruch fehlt (Regieversehen! Die Höllenszene durfte nicht ganz dunkel gehalten werden!), so scheint es ein vereinzelter Widerspruchs-Hahn gewesen zu sein, der da auf seinem Mist krähte. Das große Verdienst des Regisseurs Jürgen Fehling. Er bringt die Voraussetzungen mit, die hier unentbehrlich scheinen: er ist selber Niederdeutscher und gehört auch zu denen, die sich ihre Hinterweltsarabesken um das Alltagsgerät spinnen. So schafft er sich ein Bühnenbild (Rochus Gliese) mit dem anheimelnden Reiz des Backsteinbaus, eine Stadt der Winkel, in der die Luft von weißlichem Nebel schwer ist. Die leichte Dialektfärbung Barlachs steigert er zu Plattdütsch. Seinen Darstellern gibt er Lehm an die Sohlen. Was aber das Wesentliche und ganz Einziggeartete dieser Regieleistung ist: Jürgen Fehling bringt das seelische *Barock* dieser Barlachschen Gestalten bühnengemäß zum Ausdruck. Er entfesselt die barocke Geste dieser mecklenburgischen Spießbürger, er gibt ihnen den Gefühlsausbruch des Barock. So ist im lehmigen Siedlertum auf der Bühne andauernd Überschwang, Himmel und Hölle im rotsponmüden Alltag. Fehlings Tat: er erlöst aus der Mysteriendichtung das *Drama*.
Gemeinschaftsarbeit, denn nun durchdringt Jürgen Fehling alle Darsteller bis auf den letzten mit seinem Stilgebot. So erstehen auf der Bühne des Staatlichen Schauspielhauses darstellerische Leistungen – ich vermiede gern den Superlativ – höchsten Ranges. Heinrich George als Gutsbesitzer Boll: ein Embonpoint mit jüngferlichen Anwandlungen. Helene Fehdmer, seine verweinte Frau; tagsüber mutet er ihr zuviel zu und nachts zuwenig. Margarethe Melzer, die Irre mit dem Jenseitsruf im Ohr. Hans Leibelt, der nur diesseitige Beamte. Veit Harlan, der alles Wollende und nichts Begreifende. Albert Florath, oder Rotspon und Schlagfluß. Walter Werner, der Schuster aus dem Märchen. Franz Weber, auch niederdeutsche Märchenfigur. So also sehen diese alle in der Ruhe aus, sie haben aber auch alle ihren Barock-Explosivstoff in sich. Einzig und allein die Rolle des Jürgen Fehling – er selbst gibt recht eindrucksvoll den Herrgott, der zugleich Teufel ist – bedarf der barocken Zutat nicht.
[...]
Woraus entsteht der ungemein starke dichterische Eindruck? Jede dieser Gestalten ist von einer in moderner Kunst geradezu unerhörten Plastik. Jeden dieser Menschen, typische niederdeutsche Kleinstadtbewohner, kennt man bis ins Letzte. Derart; ich könnte diesem Gutsbesitzer Boll Berlin (wo er noch niemals war) zeigen und wüßte nunmehr im voraus, wie er auf jede Sehenswürdigkeit, auf jede Straßenbegegnung reagieren würde. Ich kenne Bolls Beziehungen zu seiner Frau von der Hochzeitsnacht bis auf die Erbssuppe, die er gestern mittag mit ihr aß und von der er sich zufriedengestellt bekannte. Und nun das Eigenartigste: über all diese Barlachschen Gestalten sagt die ›Handlung‹ des Mysterienspiels gar nichts aus. Sie könnten ebenso gut in ganz anders geartete Handlung gestellt sein und lebten darum nicht minder. Bei Bar-

lach sind die Gestalten das absolut Primäre. Die Handlung ist auch nicht erdacht, sie ist nicht zweckdienstbar. Sie webt sich aus freiem Spiel der Fäden, sie verdichtet sich aus Atmosphäre.
In keiner Weise steht Barlach in der zeitgenössischen Literatur. Ein Findling der Dichtung.

Barlach deuten wollen, heißt ihn mißverstehen. Er hat das doppelte Gesicht und sieht das Abgründige im Bestvertrauten. Während der Gutsbesitzer Boll, Embonpoint voran, zur ›Goldenen Kugel‹ schreitet, weiß Barlach, daß dieser Gang durch die enge Kleinstadtgasse zugleich ein Weg ist, den ein Geist – er heißt in diesem Augenblick Boll –, von Ewigkeit zu Ewigkeit berufen, zurückzulegen hat. Und was ist das für ein Weg?
In dieser kleinen Stadt hat der Graf Ravenklau eine apostolische Gemeinde gegründet, die sich auf das Bekenntnis aufbaut: es gibt kein Sein; es gibt nur ein Werden. Dieser Graf Ravenklau hat den guten Boll gelegentlich brüskiert, indem er ihm schroff den Rücken wandte. Boll will auch wirklich vom Werden nichts wissen. Fühlt sich sauwohl in seiner Haut, Embonpoint voran – und doch auch nicht. Boll leidet nämlich einigermaßen an Bewußtseinsspaltung. Es gibt Augenblicke, in denen er durchaus nicht Boll sein will. Boll zu sein abstreitet. Mit Boll nichts zu schaffen zu haben vorgibt. Aus dieser Bewußtseinsspaltung erwächst Boll die Rettung.
Was ist Werden? Barlach antwortet, nein, das tut er nicht, er deutet an: Werden ist zunächst Scham über eignes Sein. Nun ist Boll aber gemästet mit Selbstachtung. Da begegnet ihm die Hexe, die unter der fixen Idee steht, alles Fleisch abtöten zu müssen, ihn, den Boll, aber fleischlich anzieht. Ohne jedes Verantwortlichkeitsgefühl möchte Boll zugreifen. Und dies ist nun der Gang des Mysterienspiels: es dämmert Boll, daß er Verantwortung hat. Und damit – ›wird er‹. Sollte ihm je Graf Ravenklau wieder begegnen, er hätte keine Veranlassung mehr, ihm den Rücken zuzukehren.
Auf das Werden kommt es an. Das wird nun aber durchaus nicht im Katechismus-Sinn begriffen, und nicht nach der Tafel der Zehn Gebote bewertet. Vielmehr –: in Barlachs Mysterienspiel tritt einer auf, den sie den Teufel, ein anderer, den sie den Herrgott nennen. Nun fügt es sich, daß der Herrgott lahmt, er hat einen Teufels-Pferdefuß, und daß der Teufel ausgesprochene (an der Hexe praktizierte) Erlösermission erfüllt. Ein Werden jenseits von Gut und Böse. Eine Kleinstadt, in der die Schöpfungskräfte durcheinander spielen, immer aber ins Jenseitige hinüber. Und damit ziehe ich den Vorhang über diesem viel zu deutlichen Deutungsversuch.

1931

Der deutsch-österreichische Zollunionsplan wird vom Haager Gerichtshof für unzulässig erklärt. – Ausweitung der Wirtschafts- und Finanzkrise. Mitte Juli: Schließung der Banken. Reichskommissariat für Preisüberwachung, Kürzung der Löhne und Gehälter, Ansteigen der Konkurse, Krise der Landwirtschaft, 5,7 Millionen Arbeitslose. – Zunehmende Radikalisierung der innenpolitischen Auseinandersetzung. Deutschnationale und NSDAP verlassen den Reichstag. Im Oktober Bildung der ›Harzburger Front‹ aus Deutschnationalen, Stahlhelm und NSDAP. – Im Dezember Sammlung der sozialistischen Kräfte in der ›Eisernen Front‹. – Zunahme der Straßenkämpfe. – In Berlin wird die Kroll-Oper geschlossen, die Schließung des Schiller-Theaters droht. Heftige Angriffe gegen den Generalintendanten Tietjen. – Die arbeitslosen Schauspieler bilden eigene Spieltrupps (›Truppe 1931‹, ›Arbeitsgemeinschaft Berlin‹ u. a.) und spielen in Nachtvorstellungen in gemieteten Theatern und Sälen. – Auszehrung des Zeitstücks (Kerr: »Es krepiert«). – Max Reinhardt eröffnet im Januar das umgebaute Theater am Kurfürstendamm mit Bourdets ›Das schwache Geschlecht‹ und beginnt im April seine Italientournee (Rom, Florenz, Mailand, Genua, Turin). – Gründgens erzielt seinen Durchbruch in Berlin als Opernregisseur (›Figaros Hochzeit‹, Januar, Kroll-Oper), bestätigt ihn im Dezember an der Staatsoper mit ›Cosi fan tutte‹ und löst sich von Reinhardt. – Ernst Josef Aufricht gibt das Schiffbauerdammtheater auf und wird freier Produzent. – Gustav Hartung wird zum zweitenmal Intendant des Landestheaters in Darmstadt (bis 1933). – Piscator scheitert im Wallner-Theater und verläßt Deutschland wegen Filmarbeiten in der Sowjetunion. Die proletarischen Agitprop-Truppen (›Blaue Blusen‹, ›Rote Raketen‹, ›Truppe 1931‹, ›Spieltrupp Süd-West‹, ›Kolonne Links‹) verstärken ihre Spieltätigkeit bis 1933 mit Agitationsstücken und Revuen wie Wangenheims ›Mausefalle‹ und ›Wie stehn die Fronten‹ und ›Von New York bis Schanghai‹.
Tod Felix Hollaenders (21. 5.), Arthur Schnitzlers (21. 10.).

Friedrich Wolf   Tai Yang erwacht

Uraufführung:
Piscator-Bühne im Wallner-Theater (Junge Volksbühne) Berlin, 15. Januar 1931
Regie Erwin Piscator

Während an der Volksbühne noch an Wolfs ›Matrosen von Cattaro‹ probiert wurde, begann Erwin Piscator schon mit den Proben zu einem neuen Stück von Friedrich Wolf. Es war 1930, in Wolfs bestem Arbeitsjahr, auf Anregung der Schauspielerin Constanze Menz entstanden. Es wurde ein Stück, das die vielfachen Einflüsse des gegenwärtigen Theaters auf einen Autor widerspiegelt. Der große Stoff der chinesischen Revolution war schon wiederholt auf die deutsche Bühne gekommen, im April 1930 hatte der Russe Meyerhold mit seiner Truppe ›Brülle China‹ in einem Gastspiel in Berlin gezeigt. Als Wolf zu schreiben begann, nannte er das Stück nach Klabunds Mädchengestalt aus dem ›Kreidekreis‹ ›Hai Tang erwacht‹. Er versuchte, ein individuelles Schicksal als ein allgemeines darzustellen. »Das alte China«, schrieb Wolf damals in einem Brief (zitiert bei Pollatschek ›Das Bühnenwerk Friedrich Wolfs‹, S. 147),»hat das ›Glück‹, die Ruhe gesucht, die Ruhe des einzelnen. Hier zeige ich das junge China, das über das Glück des einzelnen das Glück *aller* stellt und sucht. Ob es gelingt, in ›Hai Tang erwacht‹ das *China* erwacht zu zeigen, das muß über die ›Rolle‹ hinweg gelingen. Denn die ›Rolle‹ dieser Hai Tang, das ist das zwischen Opportunismus und revolutionärer Tat hin- und hergezerrte 400-Millionen-Volk China.« – Wolf richtete diesen Stoff für Piscators Theater ein, von dem er seit dem Besuch von ›Gewitter über Gottland‹ fasziniert war. Inzwischen waren aber auch die neuen Ansätze, die Brecht vom ›Badener Lehrstück vom Einverständnis‹ an entwickelt hatte, fruchtbar geworden. ›Die Maßnahme‹ wurde in Berlin mit Arbeiterchören vor Arbeiterpublikum gespielt. Auch Wolf versuchte in langen Umarbeitungen seines Textes nun die Form des politischen Lehrstückes zu gewinnen. Die Bühne war offen, man sah Schauspieler, die erst aus ihren Tagesgesprächen allmählich in ihre Rolle einstiegen, Maske anlegten und dann den ›Fall‹ darstellten. Der politische Charakter der Aufführung wurde durch Dekoration des Zuschauerraumes mit Plakaten betont (man sah u. a. ein Ford-Plakat für China). – Piscator begann mit dieser Aufführung seine Regie-Arbeit an der ›Jungen Volksbühne‹ im Wallner-Theater. Dort – mitten im Proletarierviertel Berlins – strebte er jetzt nach einer volksbühnenähnlichen Organisation, die das Theater trug. Organisationen wie die ›Internationale Arbeiterhilfe‹, die ›Rote Hilfe‹, die ›Arbeiterkultur‹ und kommunistische Sportverbände wurden Mitglied, auch mit den Sonderabteilungen der ›Volksbühne‹ am Bülowplatz wurde gerechnet, deren Anspruch auf radikales, kämpferisches Theater auch unter der neuen Direktion Karl-Heinz Martins so wenig befriedigt wurde, daß Kerr wie Ihering sich noch Mitte 1930 für diesen Anspruch einsetzten. Das kommunistische Parteiorgan ›Die Rote Fahne‹ mobilisierte seine Leserschaft: »Trommeln wir, daß alle Arbeiter und Arbeiterfrauen dieses Stück sehen« (23. 1. 1931). – Piscator ging mit ›Tai Yang erwacht‹ auf eine Tournee durch Deutschland, das Stück wurde aber auf keiner anderen Bühne mehr nachgespielt. Zum Teil wegen seiner Einrichtung für den plakativen Piscator-Stil, zum Teil wegen der drohenden politischen Auseinandersetzungen. Für Wolfs nächstes Stück, ›Die Jungens von Mons‹, wurde es schon fast unmöglich, ein Theater zu finden. »Alle Bühnen zuckten zurück aus Furcht, daß ihnen der Laden zusammengeschlagen würde«, schrieb Wolf. Volksbühnenschauspieler bildeten ein Kollektiv; mit ihm inszenierte Richard Weichert ›Die Jungens von Mons‹ dann im Dezember 1931 im Berliner Theater (Hauptrolle: Agnes Straub). – Wolf wandte sich, da er keine Bühne mehr fand, immer ausschließlicher den proletarischen Spielgruppen (Agitprop-Truppen) zu, engagierte sich direkt für die KP im politischen Tages- und Wahlkampf und vom März 1932 bis März 1933 an den ›Spieltrupp Süd-West‹, für den er abendfüllende Agitprop-Stücke schrieb wie ›Wie stehn die Fronten?‹. – Piscators Versuch, im Berliner Wallner-Theater eine neue stehende Bühne zu erhalten, war der letzte, das proletarische Theater innerhalb des bestehenden festen Theatersystems einzurichten. Er scheiterte abermals; infolge der großen Not durch die Arbeitslosigkeit blieb auch das proletarische Publikum aus. – Das Nebeneinander von ›Tai Yang erwacht‹ im Wallner-Theater und Brechts Regie von ›Mann ist Mann‹ im Staatstheater (s. d.) zeigte nun, wie weit Brecht über Piscator, ohne den er doch nicht zu denken ist, hinausgekommen war. Brecht hatte noch die Staatsbühne, also ein offenes bürgerliches Publikum, Piscator nur noch die äußerste Linke und ihre Presse. – ›Tai Yang erwacht‹ wurde Piscators letzte Inszenierung in Deutschland. Bald darauf folgte er einem Ruf nach Moskau, um einen Film nach der Novelle der Anna Seghers ›Den Aufstand der Fischer von St. Barbara‹ zu machen. Von Moskau aus ging er direkt ins Exil nach Österreich (nachdem er ein durch Gordon Craig vermitteltes Angebot von Goebbels, ein NS-Propaganda-Theater zu entwickeln, abgelehnt hatte), dann nach Amerika. – Die ›Junge Volksbühne‹ bestand ohne Piscator noch einige Zeit und brachte noch Anatol Glebows ›Frau in Front‹ und Meingasts ›Pariser Kommune 1871‹. –

Alfred Kerr, Berliner Tageblatt 16. 1. 1931
I
Was an diesem Abend bewegt, ist nicht das Stück noch die Darstellung: sondern die Weltlage.
II
Das Stück hätte noch matter sein können, noch gleichgültiger, noch schabloniger, noch leerer, noch abgegraster, dagewesener, rückständiger, überholter; die Darstellung noch unentschiedener; die Regie noch provinzieller: so wäre doch der Gedanke nicht gehindert worden, sich an die Furchtbarkeit einer heut auf der Kippe stehenden Welt zu erinnern.
Auch nicht an das Bewußtsein einer neuen irdischen Schwergeburt: die sicher eine frische Gestaltung des Planeten zeitigen wird, aber nach der langwierigsten, qualvollsten, schwer abzuwartenden Entbindung – falls nicht ein Gott, das ist: ein smarter Mensch, eingreift.
III
Wächst er drüben, im Lande des Höchstkapitalismus, Nordamerika? Dann geht es vielleicht mit geringerem Blutfließen ab. Denn der ganze ... ich hätte fast gesagt: nebensächliche Fall im höheren Sinn ist, wie mir scheint, unpathetisch zu betrachten.
Er bleibt ja eine lumpige, subalterne Frage der Verteilung. Der etwas mehr

ebenmäßigen Verteilung von Erdgütern. Und des Transports ... Es ist ja alles da, in drei Teufels Namen. Doch wegen eines Versandsystems bedarf es, im Grunde betrachtet, keiner rollenden ›r‹s, keiner Tragik, keiner Leichen, keiner Dramen. Alles hapert an einem winzigen Hirndefekt ... Die Dramatiker gleichen ihn bestimmt nicht aus. Blinde rasen indes. Wann wird der Retter kommen dieser Bande?

IV
Der achtungswerte Friedrich Wolf bringt noch einmal, in ausgelaugter Gestalt, das pathetisch Übliche. Der Jammer, sagt er, ist in China so groß wie bei uns, und derselbe Jammer.
Fremder Kapitalismus zwingt, bei ihm, einen chinesischen Fabrikherrn unchinesisch zu werden. Einen Ausschwitzer. Und schon zuvor ist er ein Bettsultan. Ein Jungfernbüttel. Sogar Kinder unter zwölf Jahren. Sein Kapitalistenterror peitscht Bruder gegen Schwester; Schwester gegen Schwester.
Die Harmloseste, Ma, wird erschossen, ein Mädelchen; sozusagen Ma Hilse. Der Edelste, der Sauberste, der Friedmensch Hungming merkt, daß es allein mit der Redlichkeit nicht getan ist (allerdings!); er tötet sich; und just sein Friedsarg wird Anlaß zu Metzeleien.
Fernerhin: die anfangs kapitalistisch verlockte ältere Schwester geht schließlich doch zu den Revolutionären. Und zu einem Hafenarbeiter, den sie heimlich ... liebt. (In dieser Art.)
Aber daneben sieht man, und hier ist Verdienstliches, Abbilder von Gewerkschaftern, Bauern, Soldaten, Kommunisten Europas. Schwache Abbilder zwar; flüchtig-dünne, mit nicht einem Sonderzug. Und eben etwas scheint mir zu fehlen: der erleuchtete Versandtechniker.

V
Piscator nähert sich diesen Überholtheiten (unbestimmt, wie weit sie von ihm, wie weit sie von Fr. Wolf stammen) mit dem statistisch-politischen Plakat; das erstens von der Rangbrüstung niederhängt, zweitens im Stück herumgetragen wird.
Die Wirkung – wenn man als Kritiker ehrlich sein soll – bleibt aus. Eine gewisse Unfähigkeit, etwas durch ein Drama auszudrücken, wird hier offensichtlich. Jedes mittlere Zeitungsblatt macht es besser. Kurz: das Leerstück.
Der Ausweg für dichterische Kleinpotenzen ist es, sich auf das Leerstück zurückzuziehen; die Verhüllung des Mankos ist es, sich auf politische Regie zurückzuziehen.

VI
Drama soll doch aber Kunst sein. Höchst kennzeichnend für das Mißlingen des Abends: daß zwei Menschen, die mit dem Stück nichts zu tun haben, sozusagen zwei Zivilisten-Redner, den tiefsten Eindruck machten. Ganz jenseits von dem dürftigen Rampenwerk.
Der eine, Alfons Goldschmidt, hielt eine Ansprache; kein Theater wäre ringsum nötig gewesen, und man hätte doch einen ganz durchdrungenen, reinen Kerl voll Helferwillens ergriffen gespürt; ja, bezwingender als etwas in dem Stück.
Der zweite war am Schluß ein Schauspieler (Ginsberg; als Gestalter vorher tonlos), der ziviler ein paar Worte sprach, etwa: »So liegen die Dinge, ihr habt euch zu entscheiden!« – und wiederum war das Stück entbehrlich; das Theater entbehrlich.

VII

Tun solche Stücke noch überhaupt not? Ich habe sie gepredigt, als sie nicht bestanden – und bin enttäuscht, seit sie bestehn. Also nicht von der Gattung: sondern von dieser Gattung.

Vor vier Monaten schrieb ich hier: »Ein neuer Abschnitt hat loszugehn. Selbst jemand wie Piscator wird zeigen müssen, ob er auch ohne Polito-Zuwag ein Vorderer bleibt. Das Gedichtele der Mittleren mit marktgängerischer Gutgesinnung hat uns am 14. September einen Quark genutzt.« Dies die Wahrheit, falls man phrasenlos sein will.

Piscator wird entschuldigt, wenn er deshalb gereizt ist. Nachteil und Vorzug der Zeit fassen heut ineinander. Ein Nachteil der Zeit ist es, daß Kräfte wie dieser Erwin so früh verbraucht sind; ein Vorzug jedoch, daß der Umfang der Kräfte früh klargestellt wird. Darum keine Feindschaft.

Nicht ohne Humor, wie Piscator im Programmheft die kritische Einordnung seines Könnens als ungenügendes Mitgehn mit der Bewegung zu drapieren sucht. Es läßt sich doch nicht vertuschen, daß die jüngeren, fast namenlosen Regisseure es heut schon besser machen. Piscator bot oft Prachtvolles (ich meine nicht den unproletischen Parademarsch in den ›Rivalen‹ – es hieß damals hier: »Stahlhelmpazifist, zugunsten einer Kulissenwirkung«) – sondern er hat in seiner Zeit wahrhaft Herrliches gegeben: bloß, diese Zeit war nicht lang.

Kein Bäumen hilft ihm drüberweg, daß bei ihm die Leistung immer verwechselt worden ist mit der Richtung; daß er an reinem Können unter den deutschen Spielmeistern wirklich einen zweiten Platz hat; in der dramatischen Kunst mehr abheblich als erheblich. Ja, es läßt sich heute jemand denken, der dieselben Gesinnungsziele mit stärkerer Kunst erreicht. Denken? Die sind ja da...

Darum kein Geraunz und Übelnehmen. Was er geschaffen hat, bleibt ihm. Wundervoll. Es ist jedoch im Dramatischen heute so, wie es für Amerika jener deutsche Yankee mir versichert hat: »Eine Generation dauert drei Jahre.« Erwin, Friede sei mit uns.

VIII

Die Aufführung war, im Vergleich zu anderen Einübern von heute, Provinz. Nicht schlecht; doch ohne Vorzug.

Ich zweifle noch immer, ob ein politisches Theater fähig ist, die politischen Zustände zu bessern. Arbeitet bitte, statt Dramen zu schreiben und Dramen zu spielen, in Organisation. Eine Partei, die hundertsieben Landboten abschickt und über sechs Millionen Dümmere verfügt, hat kein Theater: jedoch den üppigsten Spielplan für systematische Vorträge... der nachzumachen bleibt, Himmel, Arm und Wolken! Geht an dieses Werk. Verwechselt nicht länger Applaus mit Taten.

IX

[...] Gleichviel: es bleibt eine Genugtuung für diese Junge Volksbühne, Herrin geworden zu sein im eignen Haus. Eignen Zielen nachzugehen – und vielleicht den Stoß zu empfangen für kräftigeres Handeln. Sie soll in jedem Fall gegrüßt sein.

X

Die Chinesenwelt (sie blieb in einer rührenden Form hinter jenen Strecken Meyerholds zurück, wo dieser beim Stanislawski geborgt hatte) fand in Con-

stanze Menz, wenn an die verwandte Spielreihe Neher, Lenya, Körber gedacht wird, eine Art zweiter Garnitur; doch nicht wertlos, nicht hoffnungslos.
Hadank fährt neuerdings glücklicher aus sich heraus – dennoch bleibt er straff genug, um nicht nachzugeben. Hier ist Entwicklung, wie bei der noch gestern weltfeinen Emilie Unda, die seit etlicher Frist so tapfer zum Armenweib oder zum grauen Drachen mit Selbstverleugnung aufstieg.
Ilse Trautschold, Ellen Widmann, Werther, Jung; dann erst Roth und Kepich ...
Es läßt sich mit solchen Kräften (und Heartfields bewußt einfachen Leinwänden, spanischen Wänden) eine platonisch-politische veredelte Vorstadtbühne denken; fast ein Kuriosum: wenn sie freier, däftiger, sinnfälliger, ja sogar attraktiver gelenkt wird.

Arthur Eloesser, Vossische Zeitung, Berlin, 16. 1. 1931

Die erste und einzige Überraschung: kein Vorhang. Das Publikum darf in eine Theatergarderobe hineinsehen. Die Schauspieler verkleiden sich chinesisch, schminken sich, kleben sich Bärte, wobei sie anfangen, sich eine chinesische Seele anzuziehen. Das Schicksal des großen, alten, vielgeprüften Landes liegt ihnen am Herzen, und seine Geschichte haben sie im Kopf. Was selbst diesen Kennern an historischen, geographischen, wirtschaftlichen Daten und Statistiken nicht einfällt, kann das Publikum von Bannern und Plakaten ablesen. Ich habe Herrn Piscator schon, als er sehr neu war, einen unerbittlichen Schulmeister genannt. Also darüber kein Wort mehr. [...]
Herr Friedrich Wolf weiß von China nicht mehr als ich; und das ist leider sehr wenig. Wenn man heute in sieben Bildern 77 Zeitungsartikel zusammenklebt, so nennt man das ein Stück oder wenigstens ein Zeitstück. Diese Arbeiter, Bauern, Soldaten des fernen Ostens sind mir schon verdächtig, weil sie mir zu vertraut werden, weil sie schon mehr zu Berlin O zu gehören scheinen.
Der junge Arbeiter, der mit dem Bauern und mit dem Soldaten den Rütli-Bund schließt, hat gewiß die ›Rote Fahne‹, aber nicht den Roten Drachen abonniert. Seine Freundin Tai Yang erwacht zum Klassenbewußtsein, nicht ohne zuvor mit ihrem Textilfabrikanten geschlafen zu haben. Vorderhaus und Hinterhaus in China. Aber auf Ehre, das ist doch Sudermanns Alma, die sich fernöstlich geschminkt hat.
Und die Webstühle? Die standen doch früher bei Gerhart Hauptmann und zuletzt in der Volksbühne. Und der Tschu-Fu, der Unternehmer und blutige Ausbeuter?
Schönen guten Abend, Herr Dreißiger! Nu, ju ju, nu, nee nee! Sogar der Strick, mit dem der Fabrikant den revolutionären Arbeiter fesseln läßt, schien mir heimlich oder offenbar mitgenommen. Die Volksbühne soll auf ihren Fundus besser aufpassen! Hätten die Leute plötzlich schlä'sch statt chine'sch gesprochen, ich würde mich nicht gewundert haben.
Kinder, Kinder, habt ihr Fortschritte gemacht! Ihr seid ja schon so weit, daß ihr wieder von vorn anfangt. Und dazu vehemente Sezession, permanente Revolution? Mit fürchterlichem Hohn gegen den kleinbürgerlichen Gewerkschaftler in China?

Ich will nicht hetzen, aber wenn ich mir eine kleinbürgerliche Geistesverfassung vorstellen soll, so nicht die belehrsame Pedanterie auf der Bühne und den Schuljungengehorsam auf der Galerie, der die Einfälle des Herrn Lehrers parteipflichtmäßig bejubelte.

Mein Herz ist immer bei den Schauspielern; sie taten mir leid, weil sie ihre Rolle gegen dieses Stück und gegen diesen Regisseur trotz der Anstrengung nicht durchhalten konnten. Da waren Constanze Menz, Emilie Unda, Ernst Ginsberg, Günther Hadank, Walter Jung, Ludwig Roth. Die chinesische Schminke ging immer mehr ab, die sie sich in der Theatergarderobe aufgelegt hatten. Wenn ihr das Theater als unmittelbarstes, bildkräftigstes, menschlich ansprechendes Propagandamittel schätzt, so folgt daraus, daß schlechtes Theater auch schlechte Politik sein muß. Was sagt die Partei dazu?

Herbert Ihering, Berliner Börsen-Courier 16. 1. 1931

An diesem Abend zeigte sich an einem demonstrativen Beispiel, wie wenig das Theaterstück alten Stils geeignet ist, neue Inhalte zu vermitteln. Friedrich Wolfs ›Tai Yang erwacht‹ ist als Drama schwächer, rückständiger als die ›Matrosen von Cattaro‹. Es scheint in der Anlage viel weniger ein politisches Drama als ein Rollenstück gewesen zu sein, Unterlage für Schauspielkunst, ein modernerer ›Kreidekreis‹, in dem die politischen Vorzüge Hilfsmittel waren, um eine private Handlung in Bewegung zu setzen. Rückfall von Friedrich Wolf in die Zeit, als er den ›Armen Konrad‹ und ›Kolonne Hund‹ schrieb. ›Die Matrosen von Catarro‹: Die politischen Konflikte sitzen im Zentrum und enthüllen von hier aus den privaten und den politischen Menschen. ›Tai Yang erwacht‹: Das erfundene Privatschicksal wird politisch angefärbt (wie im alten Historienstück).

Nun ist es erregend, zu sehen, daß sich zwangsläufig auf einer politischen Bühne auch die Methoden umschichten, mit denen weltanschauliche Themen behandelt werden; daß sich ein Theater, das vom Inhalt ausgeht, auch eine Form schaffen muß. Mit der menschlichen Handlung von Friedrich Wolf läßt sich nichts demonstrieren. Daß Ma von Tschu Fu, dem Fabrikdirektor, ›verführt‹ wird, daß Tai Yang, ihre Schwester, wieder Tschu Fu liebt, daß sie ›umschlägt‹, als sie sieht, wie der Hafenarbeiter Wan gefoltert wird – dies ganze Kreuz-und-Quer von alten Theatereffekten und Theaterverwicklungen ist uninteressant und in nichts beispielgebend. Also wird die fortlaufende Handlung unterbrochen, in mimische Nummern aufgelöst, in einzelne Beweisstücke zerlegt, zu Demonstrationen zusammengefaßt.

Dabei geben Piscator und Wolf eine Auseinandersetzung mit allen radikalen und vermittelnden politischen Bewegungen. Die linken und rechten Fronten werden mit einer Eindringlichkeit ohnegleichen aufgezeigt. Ein politisches Lehrstück. Die Entscheidung wird in den Zuschauer gelegt. Zum erstenmal setzt Piscator sich wirklich mit weltanschaulichen Thesen auseinander. (Keine rückwärtsgewandte Polemik mehr gegen den Krieg.) Es wird, allerdings nicht immer klar, eine Linie gezogen von Konfutse bis zu Sun Yat-sen. Manches setzt sich kritisch mit Theorien Otto Strassers auseinander. (Vom alten China, der gleichmäßigen Verteilung des Grund und Bodens, des Tsien-Tsin-Systems bis zu Otto Strasser.)

Eine solche weltanschauliche Aufteilung verlangt eine starke mimische Beweiskraft. Piscator sieht ein, daß lange Reden und lange Filme langweilen. Die Stärke der Aufführung sind die pantomimischen Ansätze. Ich meine nicht das Getänzel der Spinnerinnen vor den Maschinen, aber ich meine die starke Eindringlichkeit einer Szene, die nur von den Plakaten einer Litfaßsäule beherrscht wird. Ich meine den Zug der Leiche des weisen Hung Ming (der vermitteln wollte) zwischen den Fronten hindurch und das plötzliche Aufflammen des Aufstandes, die plötzlich ›lehrhafte‹ Deutlichkeit der Gegensätze. Ich meine das allmähliche Hineinwachsen der Handlung von der Schminkgarderobe der Schauspieler in das Stück. Keine Dekorationen, nur Plakate, nur Fahnen. Piscator hat gelernt: von ›Mahagonny‹ bis zu den ›Lehrstücken‹.

Es ist klar, daß für den demonstrierenden Charakter des Stücks auch ein neuer Schauspielstil gefunden werden muß. Es ist selbstverständlich, daß alle Darsteller in den privaten Partien des Stücks, dort, wo die Tai Yang–Tschu Fu- und Ma-Affären sich abspielen, schwach waren. Hier drohte die Vorstellung zu zerfallen. Alle Schauspieler aber wurden sofort stark, eindringlicher und lebendiger, wo dargelegt wurde: Constanze Menz (aus Frankfurt), als sie zur Entscheidung aufrief, Günther Hadank, als er didaktisch, fordernd sprach. Ernst Ginsberg in der Rolle des Gelehrten. Ginsberg hatte eine besondere Schwierigkeit zu überwinden: Er spielte eine räsonierende Rolle neben der Handlung und mußte doch in die Vorgänge als private Person, mit einem privaten Schicksal eingreifen (ein Bruch). Dann Emilie Unda, Ellen Widmann, Albert Venohr, Kurt Werther, Werner Kepich.

Es war die Eröffnungsvorstellung der Jungen Volksbühne. Ein Anfang, ein Auftakt. Es war Piscators einfachste und kürzeste Vorstellung (auf dem Wege zwischen ›§ 218‹ und ›Mahagonny‹). Dekoration: John Heartfield. Eine Aufführung ohne Krampf, aber mit Unklarheiten und Verzögerungen im ersten Teil.

Bertolt Brecht   Mann ist Mann

Volksbühne Berlin, 4. Januar 1928, Regie Erich Engel

Staatliches Schauspielhaus Berlin, 6. Februar 1931, Regie Bertolt Brecht

Unter der Intendanz von Ernst Legal kam nun auch Brecht wieder zu einer Inszenierung am Staatstheater. ›Mann ist Mann‹ wurde das Stück, mit dem Brecht am meisten experimentierte. Brechts eigene Inszenierung war die zweite von ›Mann ist Mann‹ in Berlin. Schon drei Jahre früher, am 4. Januar 1928, hatte Erich Engel ›Mann ist Mann‹ an der Volksbühne Berlin inszeniert, mit Zwischenvorhang, projizierten Lichtbildern und sichtbar werdender Bühnenapparatur (s. Rez. Ihering). »Eine Aufführung von hohen Graden«, hatte sie Monty Jacobs genannt. Heinrich George war in der Inszenierung von 1928 der voluminöse, humorvolle Galy Gay, dessen »Güte und Unschuld und Arglosigkeit zu einer Einheit zusammenfließen, wie sie in den Legenden der Heiligen die Ränke der Weltleute beschämt« (›Vossische Zeitung‹, 5. 1. 1928). Helene Weigel hatte (nach dem Berliner ›Baal‹) als Witwe Begbick hier ihre erste scharf geprägte Brechtrolle. Kerr schrieb: »Frau Weigel tut sich hervor: durch einen festen Dauerschrei; straffes Gegell; Peitschenton; Schenkelprofil; Prallsprung. Wacker« (›Berliner Tageblatt‹, 5. 1. 1928). – Beim größten Teil der Kritik war das Stück trotzdem durchgefallen. Kerr hatte wieder von »reaktionär lallendem Stumpfsinn«, Sternaux im ›Berliner Lokal-Anzeiger‹ (5. 1. 28) von einem »Machwerk« gesprochen, das »literarische Wertung unmöglich« mache. Fechter hatte das Interessante darin gesehen, daß sich Brecht hinter Aggression und Groteske verstecke und dahinter weich sei, ein Flüchtling vor der Persönlichkeit. Felix Hollaender sprach damals von einem Stück »von vorgestern« – trotzdem war Engels Aufführung (die Darmstädter Fassung war für sie umgearbeitet worden) der erste populäre Erfolg für Brecht. – Inzwischen hatte Brecht einen weiten Weg ausgeschritten. Dessen Anfang war die ›Dreigroschenoper‹. In ›Happy end‹ (Uraufführung am 2. 9. 1929 am Schiffbauerdamm) hatte er mit Weill die ›Dreigroschenoper‹ vergeblich zu wiederholen versucht. ›Mahagonny‹ hatte am 9. März 1930 am Leipziger Opernhaus einen großen Skandal gebracht. Die Intention ging auf das Lehrstück, das 1929 beim Baden-Badener Musikfest mit dem ›Lindberghflug‹ und dem ›Badener Lehrstück vom Einverständnis‹ zum erstenmal vorgeführt wurde; ›Der Ja-Sager‹ und ›Der Nein-Sager‹ und ›Die Maßnahme‹ (10. 12. 1930, Großes Schauspielhaus) wurden seine deutlichste Ausprägung. Für das Theater blieb dabei nur noch das Gerüst einer Handlung. – Als Brecht Anfang 1931 die Proben zu ›Mann ist Mann‹ begann, wollte er eine »dramaturgische Regie«. Das hieß: Sichtbarmachung der Rhythmen, in denen das Stück lebte, scharfe Gliederung der Verwandlung, Distanz und ›zeigendes‹ Spielen. Brecht verwandte »ungewöhnliche Mittel«. Für die Schauspieler: Teilmasken, Riesenhände. Ein Sprecher gab Kommentare. Zwei Porträtfotos Galy Gays wurden auf die Bühne projiziert. Der kleine Galy Gay stand zwischen den auf Stelzen stehenden Soldaten. Diese Arbeit hatte experimentellen Charakter. – Die Stellung der Kritiker zu dem Stück konnte Brecht kaum verändern. Wieder war ihre Reaktion überwiegend negativ, sie veranlaßte Brecht zu seinem Aufsatz: ›Zur Frage der Maßstäbe bei der Beurteilung der Schauspielkunst‹.

Volksbühne Berlin
Herbert Ihering, Berliner Börsen-Courier 5. 1. 1928

In derselben Zeit, als im Staatstheater der alte Holberg unter Pfeifen und Pfui-Rufen durchfiel, kam in der Volksbühne der junge Bert Brecht zu seinem ersten durchschlagenden Massenerfolg. Lieber kriecht man in Berlin in die modrigsten Manuskriptkisten, lieber läuft man den seichtesten Boulevardschlagern nach, als daß man an den Erfolg eines deutschen Dramatikers glaubt. Der Zusammenbruch einer lavierenden Spielplanpolitik, hier immer vorhergesagt, ist offenbar. Die Erfolgschancen von ›Mann ist Mann‹ waren von Menschen mit Bühneninstinkt immer zu spüren.
Brechts Lustspiel ist vor das richtige Publikum gekommen. Vor das unverbildete, offene, naiv reagierende Publikum der Volksbühne. Auch hier unkten die ›Kenner‹ und Vorstandsmitglieder. Auch sie wurden von dem Erfolg überrannt. Die ›Volksbühne‹ ist flott zu machen, wenn sie in die richtigen Hände kommt. Die ›Volksbühne‹ kann – mehr – zu einem Zentrum des aktiven

Theaters werden, wenn sie politisch und künstlerisch lebendiger geführt wird. Es ist noch viel zu tun. Brechts ›Mann ist Mann‹ wird – nicht bei den primitiven Zuschauern, aber bei den verbildeten – immer noch Mißverständnissen ausgesetzt sein. Solange die Welt noch das Problem der Kollektiv- und Individualmenschen tragisch und philosophisch betrachtet, kann sie sich nicht auf Humor umstellen. Die Zeit steht zum Thema ›Mann ist Mann‹ allenfalls satirisch. Bei Brecht sind alle satirischen Nebenbeziehungen abgefallen.
[...] Wer am Morgen als beschauliches Individuum auszog, marschiert am Abend als Nummer unter Tausenden, als Kollektivbegriff, als Soldat nach Tibet. Mann ist Mann.
Damit es soweit kommt, wird er wie eine Maschine, wie ein Auto abmontiert und neu aufmontiert. Eine Montage in sechs Nummern. Draußen bricht die Armee auf. Die Zeit drängt. Drinnen in der Kantine bauen die Soldaten einen lebendigen Mann um. Was ist gegen den Menschen als Maschine in Stücken und Gedichten deklamiert worden. Hier ist es Komödienmotiv.
Brecht ist der erste deutsche Bühnendichter, der die Mechanik des Maschinenzeitalters weder feiert noch angreift, sondern selbstverständlich nimmt und dadurch überwindet. Brechts Entwicklung geht immer mehr auf Schmucklosigkeit und Sachlichkeit. Immer mehr hat er aromatische und atmosphärische Wirkungen von sich getan. Immer mehr sich vom Exotischen und ›Farbigen‹ befreit. Immer mehr strebt er einer Dichtung zu, die ohne Metaphern zu haben, Metapher *ist*. Man kann sogar, zur Beruhigung, bei Goethe in den Maximen und Reflexionen einen Satz finden, der ähnliches andeutet: »Es gibt eine Poesie ohne Tropen, die ein einziges Tropus ist.«
Brecht gehört zu der Theaterbewegung, die auf der einen Seite von Piscator, auf der anderen von Erich Engel geführt wird. Auch er zapft Gefühl ab. Auch er geht an gegen die individualistische Empfindsamkeit. Auch er wird immer mehr zu einer *direkten* Gestaltung der Zeit kommen. Erich Engel hat hier eine Inszenierung geschaffen, die man das komödienhafte Gegenstück zu Piscators Revolutionsaufführungen nennen könnte. Wie er das Individuum Galy Gay in der Masse Mensch untergehen läßt – das ist eine Regiedichtung, die den Weg Brechts zu Ende schreitet.
Engel widerlegt – und das ist das Wichtigste – die Legende von der Unklarheit Brechts. Er entdeckt die *mimische* Deutlichkeit der Sprache. Noch ist dieser außerordentliche Versuch – gewagt an einem nicht immer ausreichenden schauspielerischen Material – manchmal im verschleppten Tempo, in einer banalen Improvisation stecken geblieben. Für die *Entwicklung* eines darstellerischen Stils ist diese Aufführung eine ungewöhnliche Tat. Denn der Stil entwickelte sich aus der Sache, aus dem Inhalt, nicht, wie manchmal noch in Darmstadt, aus einer *Stilidee*.
Den gedanklichen Inhalt bringt Engel in der Deutlichkeit der *Vorgänge* zum Ausdruck. Er spielt eine mimische Parabel. Und wagt dabei sogar die saftige Ausspielung des Elefantengeschäftes (das sonst schüchtern in den Hintergrund versteckt wird). Manches rutscht noch aus. Der Schluß des Stückes ist, auch dramatisch von Brecht her, nicht ganz in den sinnfälligen Vorgang aufgegangen. Er bleibt Bild oder Epilog. Daß der umgebaute Galy Gay jetzt auch in der *Funktion* des Geraia Jip gezeigt wird, das wird zwar angedeutet, geht aber in der musikalisch-balladenhaften Umkleidung der Szene (Rückfall ins Atmosphärische) unter.

Heinrich George als Galy Gay: wundervoll. Er spielt Schwere mit einer himmlischen Leichtigkeit. Er ist der Elefant, der ins Laufen kommt. Welche Liebenswürdigkeit, welche Zartheit! Lange hat man George nicht so ohne Sentiment gesehen, so befreit und hingegeben komödiantischer Beweglichkeit. Welche Wohltat für ihn ein Regisseur! Welche Wohltat für ihn Disziplin!
Hans Leibelt als Sergeant füllte die vortreffliche Anlage der Figur nicht immer aus. Er *belebte* die Regieanweisung nicht selbständig durch. Helene Weigel sprachlich ausgezeichnet als Marketenderin, klar und gefährlich (bis auf einige zu laute und outrierte Stellen).
Es kann nicht schlecht stehen um eine Sache, die mühelos mit den Bewegungen auf verschiedensten geistigen Gebieten zusammenkommt. Brecht berührt sich auf der einen Seite mit dem Ausdruck des Films (Chaplin, Buster Keaton), auf der anderen mit den versachlichenden Bestrebungen der Musik (Klemperer, Hindemith, Weill), auf der anderen mit Piscator. Was bisher getrennt nebeneinander- und auseinanderlief, das verbindet sich. Piscator, Engel, Brecht mit den Schriftstellern und Schauspielern einer Gemeinschaft. Und dazu Caspar Neher. Seine Dekorationen gehören zu dem Fabelhaftesten, was ich gesehen habe. Diese sachliche, spielgemäße Aufteilung des Raumes, und diese malerische Versinnbildlichung! Es gibt eine Zeitbewegung. Es gibt Künstler, die zusammengehören. Die Zeit der Vereinzelung ist vorbei.

Staatliches Schauspielhaus Berlin
B. W. (Zeitung?) 7. 2. 1931

Diese Neueinstudierung von Brechts Drama, das man schon an der ›Volksbühne‹ gesehen hat, ist verzögert worden. Die Komplikationen, die entstanden, sind noch zu erkennen. Denn Legal wird nicht mehr als Regisseur angeführt. Er hat gemeinsam mit Brecht die Inszenierung fertiggemacht. Mit Brecht und anderen? Im Programmheft meldet sich Herr Emil Burri und erklärt, diesmal sei bei den Proben »eine neue Art vorwiegend dramaturgischer Regie« gehandhabt worden.
›Mann ist Mann‹ oder ›Die Verwandlung des Packers Galy Gay in den Militärbaracken von Kilkoa im Jahre 1925‹ hieß zuerst ein Lustspiel. Jetzt, wo im Text die Jahreszahl 1931 genannt wird, sagt Brecht, das Stück sei eine Parabel. Also ist es dem Lehrtheater, wie er es heute schreibt, angeähnelt. Zwischen den Szenen erschallt in der Originalfassung an einer einzigen Stelle eine ›große Stimme‹; die ist geblieben, mit dem Klang des Megaphons. Aber jetzt tritt aus dem kleinen Vorhang der Dreigroschen-Oper-Bühne, der an einem Wäschestrick bis zur halben Höhe gespannt ist, ein Herr mit Dramaturgenbrille und liest sehr nüchtern aus einem Heft in blauem Karton die Regieanweisungen ab. Der Prolog aus der Mitte, mit der Philosophie von ›Mann ist Mann‹, ist an den Anfang des Spiels gerückt und wird von Helene Weigel, die als Kantinenwirtin Leokadja Beckbick geschminkt ist, gesprochen. Sicher und mit bizarrem Ton; das ist sogar fast der stärkste Moment des Abends. Jedoch dieselbe Leokadja wird nachher, mit einer Ausdehnung ihrer Rolle, die grabesernste Kommentatorin des Stücks. Sie singt einen Song, nein, ein parabolisches Lied vom fließenden Fluß, der nicht zum zweiten Mal sich »an deinem Fuße bricht«. Und wiederholt es mehrfach. Was an Songs da war, ist ge-

strichen, der von Witwe Beckbicks Tank und der von der »roten Sonne von Kilkoa« (die vor dem Bilbao-Mond schien). Dafür sind nur zwei Sachen von Weill, ›Nachtmusik‹ und ›Marschmusik‹, verwandt.
Die ›Dreigroschen-Oper‹ war suggestiv durch den Wirbel, die Dichtigkeit der Einfälle, die Pausenlosigkeit. Man muß zusammenrechnen, wie viele stumme, tote Minuten die neue Regiemethode übrig läßt. In Brechts Lustspiel war der Übermut das Groteske, seine Parabel jagt ihn hinaus. Nicht mehr Whisky ist das Getränk dieser Tommies, sondern Flaschenbier. Kahl geworden ist die szenische Apparatur mit ihren Maschinerien, Gewinden und Gestängen; und nur durch die phantastischen Flächenbilder von Caspar Neher wird sie belebt. Wie strotzte von Freude an Regiespäßen der Diebstahl in der Gelbherrnpagode; wie kümmerlich ist jetzt das Attentat auf die Papierbude (und wie verarmt der Dialog)! Die Episode von Jerajah Jips Haft bei Wang, dem Chinesen, ist auf ein Minimum gekürzt. Verschwunden sind die drei Töchter der Leokadja, Hiobja, Bessie und Ann. Und auch Bloody Five, der blutige Fünfer, der Tiger von Kilkao, hat schwer gelitten. Nur ein Ulk ist neu: die Soldaten laufen auf Stelzen und haben Riesenpratzen, und unter diesen burlesken Viechern steht Galy Gay wie ein hilfloser Menschenzwerg da.
Das Stück endet jetzt mit der Einwaggonierung. Beseitigt sind die Nacht in der Bahn und der tibetanische Bergkrieg. Das letzte ist der Vormarsch der Maschinengewehrkolonne Abschaum mit dem wütenden Helden Galy Gay an der Spitze. Der wütende Held Galy Gay und der Packer, der einen Fisch kaufen will, bedarf der naiven Komik. Er ist dumm im Quadrat, oder er ist die Figur nicht. Der außerordentlich begabte Peter Lorre ist, auch mit seiner untersetzten Rundlichkeit und mit der Feschheit eines geklebten Schnurrbartes, kein Komiker, wie es die sind, über die man lacht, bevor sie den Mund auftun, Tiedtke oder Moser. Er ist im Grunde ein neurasthenischer Kaspar Hauser, und das Lachen vergeht ihm und uns.
Die stelzenden Soldaten, Lingen, Granach, Heinz und auch Reuß, der verirrte und gefräßige Jerajah, retten, was an Heiterkeit irgend zu retten ist; und Bildt, der blutige Fünfer, hält durch seine Schauspielererfahrung, wie immer, die zu verteidigende Position. Elfriede Borodin hat ein paar Augenblicke als Galy Gays Frau, Günther als Wang, der Pagodenbonze. Aber von der Erschießung Galy Gays an über das Begräbnis hinweg dauern Störungen, Gepfeife, Gequatsche von Redseligen, höhnendes Gelächter. Heftige Störungen, die offenbar nicht vorbereitet sind, indes den Schluß des Abends gefährden.
Dennoch behauptet Brecht mit den Darstellern das Kampffeld.

Herbert Ihering, Berliner Börsen-Courier 7. 2. 1931

Im Staatstheater war seit Jahren Brechts ›Dickicht‹ in der Darmstädter Neufassung angenommen. Brecht tauschte es für ›Mann ist Mann‹ um, weil er an dem alten Stück ein regieliches, ein schauspielerisches Experiment machen wollte. Brecht hat immer wieder seine alten Werke verworfen und revidiert. Den Weg, den er von der alten Fassung des ›Baal‹, von der lyrischen Naturromantik des Buches und der Leipziger Uraufführung bis zur Großstadtparabel und der Vorstellung der ›Jungen Bühne‹ gegangen ist, wollte er noch einmal, konsequenter und radikaler, bei ›Mann ist Mann‹ gehen.

Brecht ist ein ewiger Veränderer. Er kann nie von einer Dichtung Abschied nehmen und wirft das runde Werk immer wieder ins Experiment zurück. Was wollte er diesmal? Er wollte, indem er den Umbau des Packers Galy Gay von einem harmlosen Individuum in einen Soldaten, in eine Nummer, in einen Kollektivmenschen darstellte, gleichzeitig den Weg der Schauspielkunst von einer charakterisierenden zu einer typisierenden zeigen. Er ging von der Persönlichkeit zur Maske, von der identifizierenden zur berichtenden, von der dynamischen zur statischen Schauspielkunst. Also werden die Soldaten maskiert bis zur völligen Veränderung des Gesichts (geklebte Nase, vergrößerte Ohren), bis zur Verzerrung der Körpermaße (riesige Hände; Lingen und Heinz gehen auf Stelzen, Granach wirkt noch breiter und kleiner). Das Publikum widerstrebte. Es pfiff in der Mitte, um zum Schluß den Willen mit Beifall zu bejahen.

Es heißt nun gewiß, den Gedanken von ›Mann ist Mann‹ zu Ende denken, wenn man Galy Gay nicht nur den Weg von der Persönlichkeit zum Kollektivmenschen gehen läßt, sondern auch vom Individuum zur Maske. Galy Gays freies behagliches Gesicht wird gelöscht, es wird zur kalkigen, verzerrten Maske. Eine böse, eine unheimliche, eine radikale Aufführung. Mit dem besonderen Weg dieses einen Stücks geht aber die Theorie der epischen Schauspielkunst parallel. Sie soll bewiesen oder zum mindesten zur Diskussion gestellt werden. Sie wird nicht bewiesen, sie zeigt, gerade in diesem Stück, einen Denkfehler auf.

Brecht überträgt die Typisierung, die er anstrebt, am deutlichsten auf die Soldaten. Diese Soldaten sind aber die Personen, die er kritisiert, die er mit einem grausigen Humor ablehnt. Wir haben also den Widerspruch, daß Brecht eine Theorie, die er bejaht, an Personen demonstriert, die er verneint. Er probiert ein darstellerisches Prinzip, das er propagiert, an einer Welt aus, die er bekämpft. So hebt Brecht seine eigene Gedankenwelt auf. So zerstört er sein eigenes System. Der epische Stil, die Typenkunst, ist hier Mittel der Kritik, der Zersetzung. Brecht begründet doch aber diese Form damit, daß er eine neue Grundlage der Schauspielkunst, eine neue, geschlossene, anwendbare, weiterwirkende mimische Lehre aufstellen will.

Machen wir die Probe. Denken wir uns ›Mann ist Mann‹ optimistisch (statt pessimistisch). Stellen wir uns die Verwandlung eines ziellos für sich dahinlebenden Einzelmenschen in ein Gemeinschaftswesen vor. Nehmen wir an: Galy Gay wird in eine Welt, in eine Gemeinschaft, in eine Gruppe, in ein Staatswesen eingebaut, das bejaht wird. Dann stimmt diese Maskenkunst nicht. Dann hebt sie sich auf. Denn in diesem Falle müßte Galy Gay eher von einer Maske (diesmal des Genießers, des Gedankenlosen oder des Romantikers) in einen Menschen mit freiem Gesicht umgebaut werden. Die Persönlichkeitswelt wäre die starre, die Gruppenwelt die gelöste. Man kann an das Beispiel russischer Filme denken, in denen die zaristische Obrigkeit durch Übersteigerung typisiert, maskenhaft verhärtet wurde, die neue Welt aber die freie, die gelöste, die ›persönliche‹ ist.

Also: Es war gefährlich, am inhaltlichen Weg von ›Mann ist Mann‹ den Weg eines Stils zu zeigen. Es war ein Denkfehler, ein episches Prinzip an einer dramatischen Gruppe zu beweisen, deren Weltanschauung abgelehnt wird. Man muß Programm und Möglichkeit hier deutlich auseinanderhalten. Im Einzelfall: Ein unter anderen Bedingungen geschaffenes Werk wie ›Mann ist

Mann‹ verträgt nicht seine nachträgliche Ummontierung. Im Prinzipiellen: Daß die Schauspielkunst durch Übernuancierung verdorben und an den einzelnen Schauspieler und Regisseur ausgeliefert, daß die Grundlage zerstört worden war, ist ebenso sicher, wie daß eine Fixierung und Typisierung helfen kann. Aber indem Brecht diesen Versuch an einer Menschengruppe macht, die er gleichzeitig bekämpft, die er also durch die schauspielerische Form einer weltanschaulichen Kritik ausliefert, macht er den typischen Fall wieder zum Einzelfall, wieder zur – Regienuance. Zu einer schematischen, verrannten Regienuance.

Eine Probe, die mißglückte, die aber ein ungewöhnlich reiches Diskussionsmaterial enthält. So geht es noch nicht. Es geht auch nicht, daß dieses Experiment mit dem Schauspieler Peter Lorre als Galy Gay vorgenommen wird, der wohl die Liebenswürdigkeit für den Anfang, aber für die Verhärtung der späteren Szenen oder mimischen Nummern gerade die entscheidende Voraussetzung nicht hat: Deutlichkeit, Klarheit und die Fähigkeit, anschaulich und darlegend zu sprechen. Diese Fähigkeit hat Helene Weigel: Sie sprach ebenso mimisch gelöst, liebenswürdig, schauspielerisch, wie sinngemäß, klar. Die Soldaten: Lingen, Heinz, Granach, Reuß standen willig und mit dem rücksichtslosen Mut zum Experiment in der fremden Welt. Auf schwierigstem Posten: Paul Bildt als Sergeant.

Alfred Kerr, Berliner Tageblatt 7. 2. 1931
I
Jetzt ist es genug, sagten sich diesmal die Hörer. Es geht hier nicht um die Person Brechts. Sondern um den Unfug, der mit einem Kleintalent getrieben wird. Der angefügte ›politische‹ Schluß konnte nichts mehr retten.

»Übt man«, schrieb ich hier bei ähnlichem Anlaß, »so völlig Sinnloses, Wertloses, Gestaltungsunfähiges mit großer Sorgfalt ein, so wird der dramatischen Kunst eine Kraft entzogen, die sie heute brauchen kann.« Das Staatstheater kann seine Kraft für den Versuch mit immerhin Aussichtsvollerem brauchen ... statt erlittene Reinfälle sehr umständlich zu bekräftigen.

Wo steckt hier der Sinn?
II
Der Fall ist aber nicht ohne Humor. Erstens: vom Standpunkte des Verfassers. Zweitens: vom Standpunkte der Mitläufer

Auf die Frage: »Wie wagt man so zurückgebliebenes Zeug mündigen Menschen der Gegenwart vorzusetzen?« ist, vom Standpunkte des Verfassers, die Antwort so:

Brecht allein hatte zwar dramatisch nie einen lebendigen Erfolg, außer mit einem altübernommenen, zweihundertjährigen Diebsstück mit Gesangseinlagen, wo das Ganze (Handlung und Schlager) von Fremden stammt.

Er hat jedoch zur Verbrämung des Mankos – und zur Rechtfertigung des falschen Eingeschätztseins! – immer dunkel theoretelnd einhergeredet: was bei uns Achtung erzwingt; noch wenn es, wie jetzt im Programmheft, völlig wirr ist (ungefähr wie Herr Tausend, ohne sonst Vergleiche zu ziehen, sich gebildet ausgedrückt haben wird). Man lese das nach! Etwa (weil das Stück Inschriften zeigt ..., die man mühevoll im Film abgeschafft hat, also Zeitdichtung).

Die Tafeln, auf welche Titel der Szenen projiziert werden, sind ein primitiver Anlauf zur Literarisierung des Theaters. Diese Literarisierung des Theaters muß, wie überhaupt die Literarisierung aller (?) öffentlichen Angelegenheiten, in größtem Ausmaß weiterentwickelt werden.
Die Literarisierung bedeutet das Durchsetzen des ›Gestalteten‹ mit ›Formuliertem‹, gibt dem Theater die Möglichkeit, den Anschluß an andere Institute für geistige Tätigkeit (!) herzustellen, bleibt aber einseitig, solange sich nicht auch das Publikum an ihr beteiligt und durch sie ›oben‹ eindringt.
Das wird als Kommentar zu einer dramatischen Unfähigkeit gedruckt.

III
Soweit vom Standpunkt des Autors. Jetzt vom Standpunkte des Anhangs: das ist viel komischer.
Nämlich: Weil es einst lohnte, beispielhalber: Ibsen und Hauptmann damals dem Publikum aufzudrängen: darum wird nun die Gebärde des Aufdringens nachgemacht (kopiert, nicht kapiert), ohne daß etwas zum Aufdrängen da ist. Nur mit der geäfften Haltung vor dem unzureichenden Objekt.
Der Nachmacher, von Nachmachern gestützt, bloß nicht von der Wirkung: das ist, für sich, ein Zeit-Stück.

IV
Brecht wiederholt jetzt, was er mit dem ›Baal‹ auch erfolglos versucht hat: er betont, um sich zu entschuldigen, etwas Bilderbogenhaftes in der Aufführung.
Aber selbst wenn der Autor ein Werk von sich abrückt: dadurch kommt noch nichts hinein. Daß er sein Werk in halb spaßiges Licht zu setzen versucht, ist eine Ausflucht. Noch keine Leistung.
Mit dem Wort ›Bilderbogen‹, ›Ballade‹, ist noch nichts wettgemacht. Es muß halt ein guter Bilderbogen, es muß halt eine gute Ballade sein ...

V
Dies hier – nicht nur im Verkauf eines Elefanten, der kein Elefant ist, sondern von Soldaten fälschlich als Elefant in Verkleidung vorgestellt –, dies hier ist einfach geistig zurückgeblieben und kindisch-armselig. Der Schmus wird es für einen Zug von kostbarer Launigkeit erklären.
Oder die falsche Hinrichtung des Mannes. Beides ist infantil zum Auswachsen. Über den unterbrechenden Eingriff der Hörerschaft kann ich nicht jubeln; ihr unrecht geben auch nicht. Der Skandal steckt nicht in dem, was sie tat; sondern was Erwachsenen getan wird.

VI
Der Schluß ist jetzt geändert. Der Zeitpolitik entsprechend in sein Gegenteil. Früher war das Thema des Stücks: Einordnung. Jetzt plötzlich: Antimilitarismus. Früher war der Ausklang schlechtweg: Eroberung einer Stadt; hei! der Gemeinschaftsmensch wurde damals ziemlich sinnlos zum Einzelmenschen; über die andren gesetzt; und erobert jene Stadt in Tibet, hei!
Nun aber (nachdem das ganze Stück ›Einordnung‹ hieß) heißt der Schluß, indem der Held plötzlich grausam wird: Verwerfenswert sind die Greuel des Kriegs.
Der Sache nach ist es gut. Aber: diese politische captatio kam zu spät. Nach dem Elefanten; nach der Hinrichtung; nach dem sinnlosen Gelall. Es war nichts zu retten.

VII

Frau Weigel, die Gattin des Dichters, versuchte das trotzdem. Sprach, mit ihrer glänzenden Artikulierungskraft, möglichst gewinnend zum Sperrsitz, den sie scharf im Auge behielt.
Gleichviel...
Die Schauspieler Lingen und Heinz schritten künstlich erhöht auf Stelzen; Granach muß sich kleiner machen, als er ist, in jedem Sinn, und wirkt noch hier eindrucksvoller als die unkomische Komik oder als Paul Bildts Kaschperlmaske.
Reuß versucht einen Solo-Auftritt. Peter Lorre, der Mann im Mittelpunkt, bewahrt seine Möglichkeiten zum Humor für andere Aufgaben.

VIII

Daß im Szenischen alles frühstufig zurückgeschraubt ist, hinter Nehers Halbgardine, versteht sich von selbst. Ein Ansager in Zivil leitet manche, nicht alle Szenen ein. Die Inschriften sind eh bereits erwähnt... Das alles hat einen sehr tiefen Sinn.

IX

Es geht nicht um Brechts Person. Sondern um den komischen Mißbrauch eines zusammenhanglosen Kleintalents.
Ich wünsche die Hinabentwicklung nicht für unser vor kurzem im Kunstsinn wesentliches Drama.
Der nächste Herr, bitte.

Carl Zuckmayer   Der Hauptmann von Köpenick

Uraufführung: Deutsches Theater Berlin, 5. März 1931
Regie Heinz Hilpert

Anfang 1931 war das Gegensätzlichste, was über das Theater geschrieben wurde, richtig. Ihering schrieb von dem »leeren Raum, in den das Theater heute hineinstürzt«, wenig später aber ging er gegen die stereotypen Klagen an, es gebe keine deutschen Stücke, und wies auf Piscator und Brechts neue Versuche hin: »Eine zusammenhängende Produktion wird vorbereitet« (›Berliner Börsen-Courier‹, 8. 5. 1931). Der Überdruß am Zeitstück wuchs und damit das Verlangen nach dem dichterischen Schauspiel. Zuckmayers ›Hauptmann von Köpenick‹ erfüllte diese Erwartungen. Der ironisch kritische Ton, der im ›Fröhlichen Weinberg‹ zuerst aufklang und in den späteren Stücken fast wieder verdeckt wurde, war nun beherrschend – ein Stück deutscher Lebensart hier an einem historisch belegten Vorfall scharf umrissen. Zuckmayer hatte an dem gelernt, was er nach dem halben Erfolg von ›Katharina Knie‹ (die sich doch gegen die Kritik durchsetzte) geschrieben hatte. 1928 war Maxwell Andersons Kriegsstück ›What Price Glory‹ bearbeitet worden (Piscator hatte es am 20. 3. 1929 unter dem Titel ›Rivalen‹ im Theater an der Königgrätzer Straße mit Kortner und Hans Albers uraufgeführt. Es wurde ein großer Publikumserfolg). Dann hatte Zuckmayer in Paris und London (im Auftrag der UFA) den neuen Tonfilm studiert und noch 1929 das harte, zeitkritische Drehbuch zum ›Blauen Engel‹ nach Heinrich Manns Roman ›Professor Unrat‹ geschrieben. (Das Kinderstück ›Kakadu Kakada‹, im Winter 1929 geschrieben, am 18. 1. 1930 am Deutschen Künstlertheater unter Gustav Hartungs Regie uraufgeführt, war eine Nebenarbeit.) Als er 1930 den Streich des Berliner Schusters Wilhelm Voigt, den Wilhelm Schäfer eben in einem Roman dargestellt hatte, dramatisierte (Fritz Kortner gab dazu die Anregung), verband er das Volksstück mit der Zeitkomödie. Er wandelte ein lange geplantes Eulenspiegeldrama in ein aktuelles um. Das neue Stück – neben Hauptmanns ›Vor Sonnenuntergang‹ das letzte bedeutende deutsche Schauspiel vor Hitlers Machtübernahme – wurde ein unerwartet großer, als Politikum begriffener Erfolg. Bis zum Verbot des Stücks 1933 wurde es von weit über hundert Theatern übernommen. Max Reinhardt hatte Krauß nur zögernd mit der Titelrolle betraut. Aber nach der Premiere sagte der Autor zu Krauß über sein Spiel: »Das größte Glück, seit ich Stücke schreibe.« – Nach der hundertsten Aufführung übernahm Max Adalbert, dessen komisches Talent in vielen Possen auf Gastspieltourneen im »Garderobenhumor« (Ihering) verschlissen zu werden drohte, die Titelrolle (s. Rez. Kerr). Er prägte sie wiederum neu und spielte sie auch im Film, dessen Manager schon bei der Uraufführung im Theater saßen. Die Inszenierung wurde eine Bestätigung für Hilpert und eine Grundlage für seine kommende Intendanz an der Volksbühne. Kerr schrieb noch später: »Seines Glanzes Gipfel glaubt man / war der Köpenicker Hauptmann.« – Die folgende Uraufführung von Zuckmayers Bearbeitung des Hemingway-Romans ›In einem anderen Land‹ (Titel ›Kat‹) unter Hilperts Regie stand noch unter den Nachwirkungen dieser Premiere (Deutsches Theater, 1. 9. 1931; mit Gustav Fröhlich und Käthe Dorsch).

Herbert Ihering, Berliner Börsen-Courier 6. 3. 1931

Im Parkett dieser Premiere eine Unzahl Filmleute, von Erich Pommer bis Dupont, Zelnik und Zickel. Alle auf der Jagd nach Tonfilmthemen. Alle beobachtend, wie das Publikum und worauf es reagiert. Wahrhaftig, der ungewöhnliche Erfolg dieses Abends ist schon als Tatsache interessant genug. [...] Dieser Streich, der das Gelächter der ganzen Welt erregte, war ein politisches Ereignis erster Ordnung. Der Possenstreich schied die Geister. Die einen fanden den Militarismus blamiert und wiesen auf die Unmöglichkeit einer Militärstrafprozeßordnung hin, in der es hieß: »Bei einem im Offiziersrange stehenden und in entsprechender Uniform befindlichen Angehörigen der bewaffneten Macht ist die Annahme ausgeschlossen, daß er der Flucht verdächtig sei und nicht sofort festgestellt werden könnte, es sei denn, daß er bei Begehung eines Verbrechens auf frischer Tat betroffen und verfolgt wird.« Die andern wollten darin nur eine gewöhnliche Gaunerei ohne die Kraft der politischen Satire sehen. Deutschland lachte links. Deutschland lachte rechts. Aber es zerfiel in zwei Lager.
Wenn dieser Stoff – und er ist ein ausgezeichneter Komödienstoff – heute dargestellt wird, so liegt die Wirkung auf zwei Seiten. Einmal wirkt der wilhelminische Militarismus, dessen Wiedergabe zur Erklärung des Falles nicht umgangen werden kann, durch sich selbst, durch die Uniformen, durch die Musik, durch die Buntheit, durch den Jargon. Er wirkt als Wunsch oder Erinnerungsbild. Zweitens wirkt er als Witz, als Satire. Aber die Bejahung

(durch die sinnliche Attraktion des ›bunten Rocks‹) und die Verneinung (durch die Situationskomik), beides geht so ineinander, daß das Publikum sich nicht einmal klar wird, wann es auf das eine oder auf das andere reagiert. Das sind die primitivsten Erfolgschancen, die schon das Thema bietet, die es besonders dann bietet, wenn es nur farbig und menschlich dargestellt wird.

Zuckmayer wählt diesen Weg. ›Der Hauptmann von Köpenick‹ ist vom Standpunkt der Bühnenwirkung und der Rollen sein bestes Stück geworden. Er gibt in einer Unzahl von kleinen saftigen und knappen Szenen ein Bild des bürgerlichen, militärischen kaiserlichen Deutschland, mit einem Witz, der fast immer aus der Anschauung kommt. Der Humor wurzelt im Dialekt. Zuckmayer hört, sieht, gestaltet. Eine Fülle von Menschen, eine Fülle von Rollen. Diese Rollenwelt zerfällt dramaturgisch in die Geschichte des Schusters Wilhelm Voigt, der auf der Suche nach Aufenthaltsbewilligung und Paß von Zuchthaus zu Zuchthaus wandert, und in die Geschichte einer Uniform, die bis zum Trödelladen in der Grenadierstraße herunterkommt.

Ein ›deutsches Märchen‹ sollte entstehen, weil alles nicht mehr wahr ist. Wirklich? Es stimmt mit dem Märchen weder bei Zuckmayer noch in der Wirklichkeit.

Zuckmayer erzählt eine saftige Geschichte, eine amüsante Anekdotensammlung um den Hauptmann von Köpenick. Sehen wir uns die Bestandteile seiner Geschichte und seines Witzes an. Da sind die köstlichen Szenen des Bürgermeisters von Köpenick, dem die Reserveoffiziersuniform zu eng geworden ist. Man lacht. Worüber? Über den streberhaften Ehrgeiz einer Schicht oder über den Abstand zwischen Zivil und Militär? Diesen Humor gab es früher in jedem Militärschwank. Aber man lachte nicht über eine Satire, sondern über die Unzulänglichkeit des Zivils. Auf dieser bedenklichen Grenze balanciert das Stück. Im Grunde ist der Offizier, der hier wegen eines Skandals im Café National seinen Abschied nehmen muß, viel sympathischer als seine ganze Umgebung. Jede Figur hat ihren Humor für sich. Aber es fehlt die geistige Ordnung, in der sich alles abspielt.

Das ist entscheidend. Keine Mißverständnisse: Es ist gut, daß der ›Hauptmann von Köpenick‹ kein starres Tendenzstück geworden ist, daß er ›Kunst‹ sein wollte. Aber Kunst kann nur auf dem Boden einer Weltanschauung, einer Welteinstellung bestehen. Die Ordnung vermisse ich. Gut: Zuckmayer betrachtet die Welt, er zeichnet sie. Aber ich sehe nicht den festen Punkt, von dem aus er betrachtet. Er wechselt, er ist verliebt in seine Personen. Er lenkt nicht den Geist des Zuschauers dahin, von wo aus er betrachten soll. So kann der eine den Militärschwank, der andere eine leichte soziale Anklage, der dritte die Satire sehen. Zuckmayer zieht seine Wirkung sowohl aus ›Drei Tage Mittelarrest‹ wie aus dem ›Biberpelz‹. Zwischen diesen Polen schwankt das Stück. Es gab vor dem Kriege einen Schwank ›Husarenfieber‹. Dieser heißt: Uniformfieber.

Die Vorstellung war bester Hilpert. Knapp, schnell, saftig, gesund, gegenständlich. Hier ist der unproblematische Hilpert zu Hause. Hier führt er die Schauspieler ausgezeichnet, von Paul Wagner als Hauptmann bis Paul Kemp als Uniformschneider, von Hermann Vallentin bis Hans Deppe, von Käthe Haack bis Lotte Stein, von Franz Nicklisch bis Arthur Mainzer (köstlich!), von Friedrich Ettel bis Wolfgang Frées, von Hans Halden bis Eduard von

Winterstein, von Friedrich Kalnberg bis Annemarie Seidel, von Martin Wolfgang bis Jakob Sinn.
Himmlisch Gülstorff als Bürgermeister von Köpenick, ein liebenswert rührender Kleinbürger in Uniform. Ungewöhnlich Werner Krauß als Wilhelm Voigt. Es stellte sich schon bei dem ersten Erscheinen von Werner Krauß heraus, daß die ursprünglich geplante Besetzung mit Adalbert oder Carow grundfalsch gewesen wäre. Bei dieser Vielheit kleiner Szenenbilder mußte die Hauptrolle von einem zusammenfassenden Darsteller gespielt werden. Aber Werner Krauß tat mehr. Er dichtete die Gestalt weiter. Er spielte ein Volksgenie. Unglaublich, wie er wieder aussah. Eine unheimliche Ähnlichkeit mit dem Voigt der Geschichte. Ein kleiner Mann, ein unbedeutender Mann, aber ein Spintisierer, einer, dem die Zuchthausjahre nach innen geschlagen waren. Der Hauptmann von Köpenick ist kein Märchenstoff. Krauß spielte das Märchen und die Satire und das Volksstück. Er steht vor einer neuen Entwicklung. Er hat seine Starre überwunden.
Die Bühnenbilder von Ernst Schütte geben eine Mustersammlung wilhelminischer Zimmereinrichtungen und Büros. Sehr gut.

Bernhard Diebold, Frankfurter Zeitung 8. 3. 1931

Wir glauben, unsere Zeit hat weder Märchen noch Mythos mehr, weil die genaue Berichterstattung der modernen Presse das Fabelhafte entfabelt, das Poetische zur Prosa macht, das Außerordentliche allzu vernünftig ordnet und die Persönlichkeit als Typus zur bloßen Person reduziert. Die historische Existenz des Hauptmanns von Köpenick macht diese Skepsis zu schanden durch eine außerordentliche, fabel-hafte und hochsymbolische Tat, deren Mythos im Augenblick des allzunahen Geschehens durchaus nicht allgemein erkannt wurde. Denn am 17. Oktober 1906, vierundzwanzig Stunden nach der Aktion von Köpenick, meldete etwa die ›Tägliche Rundschau‹:
»Ein als Hauptmann verkleideter Mensch führte gestern eine von Tegel kommende Abteilung Soldaten nach dem Köpenicker Ratshaus, ließ den Bürgermeister verhaften, beraubte die Gemeindekasse und fuhr in einer Droschke davon.«
Dieser »verkleidete Mensch« war der damals siebenundfünfzigjährige Schuster Wilhelm Voigt, der wegen kleiner Betrügereien und Einbrüche so nach und nach nicht weniger als dreißig Jahre seines Lebens im Zuchthaus verbracht hatte; der aus Not immer wieder ›rückfällig‹ und der durch behördliches Mißtrauen immer wieder ausgewiesen wurde; nirgends auf die Dauer redliche Arbeit fand; und ohne Paßpapiere zwangsweise zur Landstreicherei verurteilt war. Wie (in Travens herrlichem Buch ›Das Totenschiff‹) der Matrose, der seine Papiere verloren hat, von keinem Konsul und von keinem Vaterland mehr als ›ein Mensch‹ zu registrieren ist, und daher, zur behördlichen Nicht-Existenz verdammt, auf einem Totenschiff enden muß –, so wird der Schuster Voigt von der formalen Gesetzlichkeit des staatlichen Daseins ganz automatisch in die Ungesetzlichkeiten getrieben. Und mit der Ungesetzlichkeit erzwingt er sich für ein paar Stunden sein formales Recht zum Dasein.
Der Schuster Voigt ist kein Revolutionär. Er anerkennt das militärische Sy-

stem und zieht daraus die letzten Konsequenzen. Er weiß: die Hierarchie will nicht den Menschen; sie zielt nur auf sein außermenschliches Amt, das ihm als Uniform zur *zweiten Haut* wird. Der Schuster Voigt zieht die hierarchische Konsequenz und schafft sich die Haut eines Hauptmanns an.
In dieser Haut ist man kein Schuster mehr, auch wenn man wie ein Schuster aussieht. In dieser Haut mit rotem Halskragen ist man kein Zuchthäusler mehr, auch wenn man keine Papiere hat. In dieser Haut ist die gesamte Hierarchie – vom Hauptmann *abwärts* selbstverständlich! – zu besiegen, sofern sie konsequent ist. Mit elf zusammenbefohlenen Soldaten erobert Voigts halbzerschlissene Hauptmanns-Uniform das Rathaus von Köpenick und erbeutet 4000 Mark. Keine Majors-Uniform erschien zur Rettung des Systems. Der gute Bürgermeister war nur Leutnant d. R. und ohne Uniform stand er rechtlos vor der bunten Haut des Schusters. Die Logik des Systems triumphierte bis zur Märchenhaftigkeit. Voigt führte sie ad absurdum durch die Tat.
Und Zuckmayer schrieb nun das Märchen – den Mythos.

Die Exposition ist bewundernswert. Denn vor der berühmten Fabel vom falschen Hauptmann in der Uniform erfindet und erzählt der Dichter Zuckmayer den Gegen-Mythos: nämlich die Tragödie vom echten Hauptmann in Zivil. Dieser Hauptmann von Schlettow sitzt in Zivil im Nachtlokal und maßregelt einen besoffenen Sergeanten, der einen Zivilisten brutalisiert. Aber dieser Kerl glaubt keinem Vorgesetzten ohne Uniform und haut dem Hauptmann eine Ohrfeige herunter. Der Hauptmann Schlettow muß daher den Dienst kassieren. Er muß die eben fertiggestellte neue Uniform dem Schneider zurückgeben. Lebenslänglich Zivil – heißt sein Schicksal. Göttliches Prinzip: die Uniform.
So leitet Zuckmayer gleich von einer billigen Szenen-Biographie des Schusters Voigt ab auf die Hauptsache. Er schreibt die Biographie einer *Uniform*. Diese aber beginnt nicht an der Wiege des Voigt, sondern beim Militärschneider in Potsdam. Schneider machen Leute! Dort bestellt der unglückliche Hauptmann von Schlettow die neue Paradeuniform, die er nie tragen wird. Dort wird sie mit einigen Abänderungen dem Bürgermeister Obermüller aus Köpenick verkauft, der eben glücklich Leutnant d. Res. geworden ist. Die alte Uniform des Bürgermeisters wird dem Schneidermeister Wormser zur Anrechnung zurückgegeben. Der schenkt sie seiner Tochter Auguste Viktoria, die darin am Maskenball einen Hauptmann spielt. Dann wird sie an den Kleiderjuden in der Grenadierstraße verkauft. Und in der Grenadierstraße ersteht sie endlich der Schuster Voigt mit allem Zubehör zur Hauptmannswürde für 18 Reichsmark. Sie ist zwar fleckig, speckig und zerschlissen. Aber sie ist bunt und stolz und wird die Hierarchie besiegen – vom Hauptmann abwärts.

Der Fabel von der Uniform dienen alle Schicksale dieses Stückes, die nicht persönlich sind, sondern typisch. Personengruppen scharen sich um die Hauptspieler. Um den Hauptmann von Schlettow ein ganzes Kaffeehaus mit seinen Herren und unfeinen Damen. Um den Kommerzienrat und Schneider Wormser seine Gehilfen und die Familie, worunter der militäruntüchtige Sohn mit der schlechten Haltung. Um den Bürgermeister Obermüller seine klassenbewußte Gattin, Kinder und Dienstmädchen und die Beamtenschaft. Um den

Helden Voigt die Schlafburschen der Herberge zur Heimat, die Sträflingsbrüder im Zuchthaus Sonnenberg, die Schwester, der Schwager, die kranke Untermieterin; und dann das Heer der Uniformen: Wachtmeister, Aufseher, Soldaten, Polizeiräte und der ganze Alexanderplatz...
Es sind dreiundsiebzig Personen, die in drei Akten von je sieben Szenen von Zuckmayer zum Märchen kommandiert wurden. Alle haben ihren zentralen Umkreis. Kaum eine, noch so flüchtig und witzblattmäßig hingesetzt, wäre leicht entbehrlich. Jeder hat ein kleines Menschengesicht. Denn alle reden Zuckmayers Sprache: dieses treffsichere Idiom eines Mannes, der mit dem Volke innerlich verwachsen ist und daher (fern von aller Intellektualität als Selbstzweck) nur das direkte Wort findet. Dreiundsiebzig Menschen bilden hier ein Volk, dessen Seele unter dem Idol der staatserhaltenden Uniform steht.
Zuckmayer vergißt nichts zur universellen Geltung seiner militärischen Satire. Im Schlafsaal unter den Vagabunden wird der Deserteur erwischt. In der Schuhfabrik werden die Arbeitsuchenden nach der militärischen Haltung ausgelesen. Im Park zu Sanssouci (gestrichene Szene) spielen die Kinder Soldaten; und Soldaten reden kindlich von künftigen Kriegen. In der Zuchthauskirche wird der Sedanstag mit einem Kriegsspiel gefeiert, indem der gute Direktor im Schmucke seiner Orden und des Vollbarts die Eroberung der Höhe 101 von seinen Häftlingen siegreich nachkonstruieren läßt. Voigt, als bester Kenner der Formationen, zeichnet sich dabei als Führer der Sturmtrupps aus. Am nächsten Tag wird er entlassen mit allen militärischen Kenntnissen. Sie werden ihm nicht ohne Nutzen sein fürs Leben.

Die hohe Menschlichkeit des Dichters Zuckmayer schafft nur satirische *Situationen* – nicht aber durch Satire entwürdigte *Menschen*. Heinrich Mann hätte Scheusale soldatischer Bosheit erfunden; Sternheim hätte mit Kleinbürgern Tyrannen gesät; Toller hätte die Menschheit verklagt; noch Tollere hätten alles, aber auch alles auf Wilhelm geschoben. Zuckmayer sieht nur Opfer des *Systems*. Er sieht durchaus passable Polizeiwachtmeister, dummblöde Diener der Obrigkeit; fanatisch-ehrliche Bekenner des Soldatentums wie den menschlichen Hauptmann Schlettow; wie den Schwager Voigts, den guten Kerl, der trotz seines Beamtentums den alten Zuchthäusler beherbergt und sich erst bei der Diskussion über die Gültigkeit der ›Disziplin‹ mit ihm verwirft. Semitische Kommerzienräte tafeln mit Offizieren. (Gestrichene Szene.) Der Zuchthausdirektor sagt: »*Herr* Voigt.« Offiziersburschen weinen über ihres Hauptmanns Abschied. Bürgermeister wahren ihren menschlichen Stolz bis zur äußersten Komik... Es sind nicht schändliche Menschen unter dem Zeichen der Uniform. Es sind pflichttreue Untertanen unter der bunten Idee, die sie in die kunterbuntesten Verwirrungen wirft. Nicht gegen Menschen geht das Märchen. Kein Rechtser braucht sich zu schämen. *Positive Methode!* Die Tendenz sammelt Menschen und entzweit sie nicht. Es geht nur gegen das System, dem selbst der Hauptheld nicht entgeht. Nur die Zustände sind vom Spott überschüttet. Brav, Zuckmayer. Braver kämpfender Menschenfreund.

Und nun die Hauptfigur in diesem Volke von lebenden Marionetten. Sie wandert von Szene zu Szene, als der Ausgestoßene aus dem System; der wider Willen fast zum Raisoneur wird gegen Staat und Gott und – Uniform. Sind

alle übrigen 72 mehr oder weniger erfundene Mitspieler – er, Voigt, trägt Züge eines wirklichen Erdendaseins: ein guter Mann; ein kluger Mann; ein unsteter Mann; ein von der Not gerichteter Mann; und ohne Paß ein Deplacierter. Für einen Schuster etwas zu weise, obschon die deutschen Schuster von Hans Sachs bis Jakob Böhme ihre geniale Note haben. Auch Voigt hat sie. Sein Gaunerstreich war genial als Willenstat und als Erfindung. Man muß das Außerordentliche Zuckmayer schon glauben, weil er es in die Welt der Uniformen vollkommen glaubhaft eingefügt hat. Und wenn Voigt einem kranken Mädchen aus Grimmschen Märchen vorliest, so ist es für die Wirklichkeit ein wenig zu poetisch; aber für den Mythus vom Schuster Voigt ist's durchaus wahre Prosa: »Kommt mit«, sagte der Hahn, »etwas Besseres als den Tod werden wir überall finden.« Er sucht es in Köpenick – und findet den Sieg über das System mit den Mitteln des Systems.
Selbst Majestät hat gelacht! sagen die Polizeiräte am Alexanderplatz und bieten dem eben eingelieferten Herrn Hauptmann Voigt Portwein und Schinkenbrote an. Doch einmal nur vor Abgang in das wohlvertraute Gefängnis will der Schuster sich als Hauptmann im Spiegel sehen, wozu er beim Umkleiden in jenem Bahnhofsabort keine Möglichkeit hatte. Der Spiegel wird gebracht. Der Schuster sieht sich von Kopf zu Fuß auf falschen Hauptmann eingestellt. Falsch ist alles, zerschlissen, karikiert... »Unmöglich!« staunt Voigt über seine Erscheinung, mit der er die Welt düpierte. »Unmöglich!« lacht er. Und die von ihm verlachte Welt der Uniform lacht mit... Selbst Majestät hat gelacht...

Die Aufführung des Deutschen Theaters unter Hilperts Regie erbrachte nicht den lautesten, aber den echtesten und ehrlichsten Erfolg der ganzen Saison. Die Besetzung der 73 Figuren: ein Meisterwerk. Die Striche gut und in der zweiten Hälfte noch vermehrbar. Werner Krauß als Voigt packend vom ersten Blick in den Schneiderladen. Nicht ganz im Temperament dem Vorbild adäquat. In Gang und Wesen etwas zu weich; im Ausdruck etwas zu hart. Das Gesicht mit bleicher Gespensterschminke beinah dämonisch. Aber es entstand die Ahnung des historischen Köpenickers und die Wirklichkeit eines Menschen. Gülstorff: vollendeter Bürgermeister mit und ohne Uniform; ein armes Opfer seiner Situation. Sein Frau: Käthe Haack, im Potsdamer Seelenstil von 1900. Paul Wagner ohne jede Charge im Ton als Hauptmann Schlettow. Vallentin als Schneider-Kommerzienrat. Kemp, Deppe, Mainzer, Lotte Stein außerordentlich nach Maß des Spiels und Maske... Zuckmayer, der menschliche Satiriker, erschien. Er darf den Spielern des Deutschen Theaters danken. Aber die Spieler von ganz Deutschland dürfen dem Zuckmayer auf den Knien danken für ein dauerhaftes Repertoire-Stück – mit dreiundsiebzig Rollen.

Ludwig Marcuse, Frankfurter General-Anzeiger 7. 3. 1931

[...] Zuckmayers wirksamstes (nicht sein dichterischstes) Stück. Es wird wohl in diesem Jahr alle deutschen Bühnen beherrschen. Auch ohne Werner Krauß – der in der Berliner Premiere das Ausmaß des Erfolges entscheidend bestimmte.

I
Weshalb haftet von den vielen Histörchen des Vorkriegs-Deutschland besonders in der Erinnerung jene Geschichte des Schusters Wilhelm Voigt? [...]
Weil dieser Domela von 1906 mit seinem Gaunerstreich blitzartig eine ganze Welt beleuchtete: den Fetisch Uniform. Der Despotismus der Uniform ist vom Leben klassisch gedichtet worden in jener Szene: in welcher der siebenundfünfzigjährige, heruntergekommene, obdachlose Zuchthäusler, eingehüllt in die vom Trödler erstandene Uniform, ein paar Stunden auf dem Militär-Apparat klimperte: eine kurze Melodie – aber sie wurde eine Parodie. [...]
II
In einundzwanzig Szenen gestaltet Zuckmayer einige Etappen dieses Lebens. In einundzwanzig Szenen skizziert Zuckmayer eine Fülle von Figuren des Deutschland zu Beginn des Jahrhunderts. [...]
Zuckmayer hat aus dieser Welt wirklich ein ›Märchen‹ gemacht. Er stellt ohne Haß, ohne Angriffswillen dar. Er legt nicht die Struktur dieser Gesellschaft frei. Er zeichnet nur nach – und nimmt beim Nachzeichnen sein Objekt nicht sehr ernst. Er demonstriert eine Kuriosität im Raritätenladen Weltgeschichte. Er schreibt ein historisches Stück, das er nicht auf die Kämpfe unserer Zeit bezieht, sondern unter den Blickpunkt des zeitlosen Humors stellt. Keine Silbe davon, daß wir acht Jahre nach dem ›Hauptmann von Köpenick‹ den Weltkrieg hatten.
[...].
Was wollte er? Er wollte an einem historischen Beispiel gleichnishaft darlegen: den Kampf ursprünglichen Lebens mit den Götzen. [...].
Ist ihm das gelungen? Bisweilen, zum Beispiel vor allem in jener vorzüglichen Szene, in der sich der Schuster mit seinem Schwager ausspricht: in der er den nackten Menschen konfrontiert mit dem Ideal der Polizei-Konfektion. Hier liegt das Zentrum des Stücks. Aber das Zentrum hält nicht die Szenen-Fülle zusammen. Das Stück ist doch mehr bunt als dicht, mehr witzig als tief, mehr gekonnt als geschaffen, mehr kurzweilig als gehaltvoll, mehr – künstlich... als – natürlich – hochgewachsen. Das ist die Grenze! Innerhalb dieser Grenze und im Rahmen der heutigen Dramen-Produktion ist dieses Stück zu begrüßen; es ist amüsant, bleibt immer auf einem anständigen Niveau und hat hier und da den Schimmer, der von einem echten Poeten stammt; von dem Dichter des ›Schinderhannes‹.
III
›Der Hauptmann von Köpenick‹ inszeniert sich von selber. Er ist von Zuckmayer bereits so theatralisch konzipiert, daß der Regisseur Hilpert (nach Streichung weniger Szenen) nur seinen Intentionen zu folgen brauchte. Er spielte die Szenen-Folge (vielleicht mit Ausnahme der Szene im Asyl für Obdachlose) glatt, ohne Aufenthalte, herunter; niemand merkte die drei Stunden Spieldauer.
Der Mittelpunkt der Aufführung war Werner Krauß als ›Hauptmann‹: Hageres, graues, knochiges Gesicht eines alternden Proletariers, auf dem man die Spuren des Gehetztseins findet; auf dem man aber auch die Spuren eines Märchen erzählenden Großpapas findet, der verhindert wurde, Enkel auf den Knien reiten zu lassen. Ein zu enger, steifer Hut auf dem Kopf, ein abgetragener, dunkler Anzug entblößen die Armseligkeit der Figur. Dieser eingeschüchterte alte Schwindler wird vom Leben so lange durchgewalkt, bis er

aufwacht. Krauß reißt hin: wenn er (im Gespräch mit seinem Schwager) aus einem in alle Ewigkeit Angeklagten plötzlich ein Ankläger wird; er erschüttert, wenn er im Offiziersmantel die mit Macht drapierte Hilflosigkeit (unfreiwillig) darstellt: am unvergeßlichsten ist er aber, wenn der schnauzende und brüllende und befehleschmetternde Hauptmann in der nächsten Szene ins Polizeipräsidium Alexanderplatz eingeliefert wird: ein schmächtiger, verkalkter, hilfloser, gutmütig-geschwätziger Greis. Diese schnelle Kontrastierung wirft um. Und dann kommt der tragikomische Schlußpunkt: man zieht ihm noch einmal den Mantel an, der ihn für Stunden zu einem der Herren der Welt gemacht hatte: er bittet um einen Spiegel, weil er sich auch einmal als Offizier sehen will. Und Krauß sieht in den Spiegel: ein Anflug von Freude leuchtet schon auf. Zuckmayer wollte zum Schluß das befreiende Lachen. Krauß kommt nicht dahin. Er ekelt sich vor seinem Spiegelbild – oder vor irgendeiner Vision, die er im Spiegel sieht. Er zieht sich zusammen. Er schwankt zwischen Gelächter und Mitleid mit sich selbst. Dann setzt er an das Ende dieses Märchens: das Grauen vor diesem Märchen.

Umbesetzung: Adalbert in Köpenick
Alfred Kerr, Berliner Tageblatt 2. 6. 1931
I
Als Zuckmayers Hauptmann ist Werner Krauß in zwei Punkten sehr stark: er bringt in scharf-maßvoller Zeichnung eine Gestalt so, daß man sie fortträgt im Gedächtnis – wie ein Bild mit festem Umriß; mit bleibendem Ausdruck.
Beinah schon wie eine Bildsäule; das Gesicht, bei allem volksmäßig Äußeren, fast unverrückbar. Krauß gibt etwas wie ... den Extrakt von dem Schuster-Offizier.
Sein zweiter Vorzug: die Sprachbehandlung; die steigernde Gliederung in so einer Tiradenwendung, wie der von der ›Fußmatte‹. (Adalbert nuschelt mehr.)
II
Adalbert hinterläßt nichts von Festumrissenem. Nichts von einer volkstümlich denkwürdigen Bildsäule.
Sondern aus ihm schießen (trotz ebenfalls bewahrtem Gleichmut) ... aus ihm schießen, schwirren, flitzen, fast hätt' ich gesagt: leuchten viel näher zu einem betrachtenden Menschenauge, viel wärmer zu einer aufgerissenen Empfindung, fern immerhin von Rührsamkeit ...
III
Wollte sagen: schießen und schwirren gewisse wärmere Strömungen zu dem (entschuldigen!) Seelensitz ... von einem die Justizpflege zum Letzten gezwungenen Zaungast des Daseins.
Das ist es.
Dem Krußschen Voigt will man beistimmen und etwas zurufen; dem Adalbertschen will man helfen ... Von Herzen helfen –, weil man ihm beistimmt.
So liegt der Fall.
Ansonst: »Freut euch, daß wir zwei solche Kerle haben.«
IV
Nun Zuckmayer. Im ersten Teil stirbt man vor Lachen. Im zweiten merkt mancher, daß er noch lebt.
Technisch gesprochen (sogar ethisch gesprochen): im ersten Teil ist jedes Akt'l

so schlagend-prall durchgearbeitet; jedes ein so für sich ausgefüllt' Spaßspielchen: daß der Anblickende froh ist, einen theaterhaften Handwerker vor sich zu sehn.
Das ist ein süddeutscher Kerl, unbekümmert um Theoreme von Nichtfachleuten ... Fern von allem, was ich vor Jahrzehnten ›Psychoschmonzes‹ getauft habe. (Was dennoch, siehe, Hebbel, wegeweisend sein kann.) Kurz: ein Sorglos-Blühender mit allen Anforderungen des Betriebs vertraut.
Zuckzuckmayer.

V

Ich wünsche mir ... mehr von seiner Art. Er verwechselt leider ›dichterisch‹ mit ›sentimental‹. Das kranke Mädchen wird furchtbar. (Auch darstellerisch das einzig Üble.»Man zermalme dieses Weib.«)

VI

Aber wie soll man's ihm recht machen? Allen Zuckmayern gilt es ... die heute selten sind.
Knüpft er nicht an Vergangenes an, so sagt jeder: er hat keine Tradition.
Knüpft er jedoch an, sagt man: er übernimmt!
(In des ›Knaben Wunderhorn‹ heißt es noch immer: »Wo soll ich mich hinkehren, ich armes Brüderlein?«)
Belichtet ein Dramatiker beide Seiten, so heißt es: er schmeichelt dem Parkett; er will Tantieme von rechts wie von links.
(Zuckzuckmayer! Zuckzuckmayer!)
Belichtet er jedoch nur eine Seite (o schwaches Zeitstück!): so wird es ein vollkommener Stumpfsinn.
Wo soll er sich hinkehren, der arme Brüderlein!

VII

In jedem Fall bleibt Kätchen Haack die holdeste von allen Bürgermeisterinnen, so je dagewesen sind.
Etwas, wovon der Mensch weiß, ja, genau überzeugt ist, daß er sich bis zum Schluß (nicht nur dieses Stücks), daran erinnern wird.
Kätchen. O Kätchen ...
Vielmehr: die Schauspielerin Haack wirkte zum erstenmal als Mutter eines halb erwachsenen Kinderpaars nicht übel. (Man traut ihr die zwo verdammten Jöhren gar nicht zu. Kätchen, mein Kätchen ...)
Haack ... Von allen Bürgermeisterinnen dieses Planeten ... Gipfel ihrer Laufbahn ... Gipfel unsrer Wonne ...

VIII

Ha, der Zettel ist so lang. Doch man müßte rechtens alle darauf abschreiben. Darstellungen von solcher Lebenskraft kommen selbst bei uns nicht oft vor. Hilpert! Probenschulze!
Diesen an die Wand zu quetschen, war der erfolglose Versuch rezensierender Klickenbolde. Eine so strotzende Kraft zu verkennen, blieb das Dauerpech der vereinsamtlichen Kritik. Auch hier wurde der Nagel zu einem Sarg, gewohnheitsmäßig, neben den Kopf getroffen.

IX

Was mir auffällt: man weint so oft über den Zerfluß des Zusammenspiels an einem und demselben Theater. Man will somit ein Theater mit festen Schauspielern.
Ich glaube: das ist eine Verkennung der Zeit. Was wäre denn, ehrlich gespro-

chen, einwendbar wider Folgendes: daß man Schauspieler, die geeignet sind für bestimmte Rollen ... daß man sie halt holt.
Von wo sie dafür verwendbar sind. Keine Flausen! Keine Phrasen. Das ist ja tausendmal besser, als wenn man ungeeignete Mitglieder, nur weil sie im Zusammenspiel gemietet sind, auch verwenden müßte. Coûte qu'il coûte. Verzeihung, Hitler. (Anmerkung: es ist französisch.) Joseph, stieke! pscht!
X
Ein Ruhm deutscher Schauspielkunst ist hier. Eine wunderbare Vorstellung. Nichts weiter.
Soll ich den Zettel abschreiben? Diesmal eine Lust. O Vallentin. O du mein Gülstorff.
Den Zettel abschreiben. Bis auf die Allerletzten. (Dinorah Preß heißt die Störerin.) Paul Kemp; Hans Deppe köstlich; Paul Wagner; die Pleureusenmieze Lotte Stein; Arthur Mainzer mehrmals. Alle Polizisten; der Zuchthausdirektor Hans Halden ...
Den Zettel abschreiben.
XI
Saftig heiteres Lebensstück. Mehr Zeitstück als die Zeitstücke.
»Wer deutet mir die bunt-verworrene Welt?« raunte raunzend F. Grillparzer. (Ich habe sonst keine Beziehungen zu ihm.)
XII
Aber wer schreibt mir ein Stück der deutschen Geschichte; der übel erprobten tausendjährigen Vergangenheit ..., das vielleicht ihr abzuhelfen vermag? Heute das Schauspiel einer Republik ..., die mit sehenden Augen alles zuläßt, was auf ihren Sturz gerichtet ist?
Und die nicht eingreift.
Wer schreibt es, ... wenn auch zu spät???

Richard Billinger   Rauhnacht

Uraufführung: Schauspielhaus München, 10. Oktober 1931
Regie Otto Falckenberg

Staatliches Schauspielhaus Berlin, 17. Dezember 1931, Regie Jürgen Fehling

Über Nacht schien in dem 38jährigen Richard Billinger der Autor gekommen zu sein, der eine kräftige, bäuerlich gebliebene Welt mit ihren mythischen Vorstellungen dramatisch darstellen konnte. Billinger, ein Germanistik- und Theologie-Student aus Oberösterreich, der als Athlet aufgetreten, dann in Wien als Lyriker entdeckt worden war, schien eine unter den Dramatikern lang entbehrte urwüchsige Natur. Reinhardt hatte in Salzburg schon 1928 sein erstes szenisches Spiel, ›Das Perchtenspiel‹ (später ›Die Reise nach Ursprung‹), uraufgeführt; als aber Falckenberg ›Rauhnacht‹ inszenierte, bahnte sich eine große Karriere an. Werner Krauß, der die Münchner Aufführung sah, empfahl das Stück Fehling, und Fehling sah in Billinger einen Autor, wie Barlach einer für ihn ›gewesen‹ war. Seine Inszenierung wurde der zweite große Regieentwurf Fehlings nach dem ›Blauen Boll‹ (s. d.) und eine der letzten großen Bühnenleistungen des Theaters in der Republik. Eckart von

Naso nannte Fehlings Inszenierung »einen der größten Erfolge des Theaters am Gendarmenmarkt«. Es war ein Erfolg, den auch das Theater nötig hatte. Der Intendant der Staatlichen Schauspielhäuser, Ernst Legal, kämpfte um das immer mehr ausbleibende Publikum – aber mit wenig Glück. Als Fehling im Mai 1931 Georg Kaisers Erstling, ›König Hahnrei‹ (mit George und Hilde Körber), im Staatstheater uraufführte, hatte Paul Fechter die Situation der Bühne so beschrieben: »Die endgültige Pleite naht. Draußen wachsen neue Menschen, neue Stücke, hier weht Grabesluft. Es ist hohe Zeit, alle Fenster aufzureißen; das alte Hoftheater in seinen schlimmsten Zeiten war nicht halb so muffig, wie das heutige es immer noch ist.« (›Deutsche Allgemeine Zeitung‹, 6. 5. 1931). Auf diese Situation spielten viele Kritiker in ihren Rezensionen an. Fehlings Inszenierung war wie eine Erlösung. Sie zeigte, daß seine Kraft trotz der letzten Fehlschläge (›König Hahnrei‹ und Neumeyers ›Die Herde sucht‹, 10. 11. 1931) noch immer die stärkste Garantie für die Staatsbühne war. »Eine großartige Aufführung. Jürgen Fehling ist Meister darin, Nebel zu gestalten und zu bewegen ... in solchem Zwischenreich zwischen wirklich und unwirklich ... ist er souveräner Herr«, schrieb Polgar nach dieser Premiere. Für Billinger war dieser große Anfang zugleich seine ruhmreichste Stunde. – Mit der Aufführung von Billingers ›Rosse‹ am Staatstheater endete am 1. 3. 1933 Leopold Jeßners Theaterarbeit in Deutschland. Fehling blieb auch zwischen 1933 und 1945 die wichtigste Kraft am Staatstheater.

Schauspielhaus München
Hanns Braun, Münchener Zeitung 12. 10. 1931

Die Uraufführung von Richard Billingers ›Rauhnacht‹ verschaffte fürs erste dem Kenner des Textes eine nicht alltägliche Sensation: während gemeinhin eine Aufführung den Text gibt, aber mit Strichen, hatte hier das Gegenteil stattgehabt: das Drama war auffallend erweitert, war sichtlich auf den Proben erst zu Ende gedichtet worden.
Daß dies nötig bzw. möglich war, ist zu charakteristisch für den Dichter Billinger wie für seinen Regisseur Falckenberg, als daß man dran vorübergehen dürfte. Denn Billinger hatte, da er den vorweihnachtlich-karnevalistisch-heidnischen Spektakel der ›Rauhnacht‹ (im österreichischen Innviertel) zu einem Schauspiel ballte, seinem Wesen getreu ein Gedicht geschrieben. Ein Gebilde also, das dem Erahnen mehr als dem Aussprechen der Zusammenhänge sich überläßt, das zur Lakonie drängt von Natur, das kündet und ›sagt‹, aber nicht kämpft und wandelt.
Es ist nun nicht so, daß sich das Ahnungsvolle, Unsagbar-Schwebende der Verwirklichung auf der Bühne überhaupt entzöge. [...]
Die Bühne selbst sorgt dafür, daß sich der natürlich-dramatische Zustand nach Möglichkeit durchsetzt: sie vergröbert, d. h. sie verlangt und erzwingt die Entscheidung: so oder so.
Sie hat diese Entscheidung auch in der Figur des Halbbauern und entlaufenen Missionars Simon Kreuzhalter erzwungen, welcher der ursprüngliche Held in Billingers Rauhnacht-Spiel ist. Die Bauern, bei denen der aus Afrika Heimgekehrte sich angesiedelt, halten ihn für einen Teufelsanbeter, wo nicht gar für den Gottseibeiuns selbst. Mögen sie! Vor ihnen, dieweil sie zur

Geschichte gehören, darf sein Bild schwanken. Aber vor den Göttern im Parkett müßte *klar* sein, daß er ein dem Teufel verfallener Mensch ist, der sich zu retten sucht und schuldhaft zugrunde geht. So meint es der Stoff. Da Billinger ihn auf dramatische Weise nicht völlig zu erlösen vermochte, entschied die Bühne statt seiner wider die schwanke Figur und vergröberte sie, strafend zum ›pathologischen Fall‹, der uns nicht mehr gleichnishaft berührt, nur noch klinisch anmutet: Fall eines Lustmörders.

In anderen Punkten war die Bearbeitung, die Billinger seinem Gedicht zuteil werden ließ, als Falckenberg es dramatisch zu realisieren unternahm, entschieden glücklicher. Ja, indem sie dem kriegsverstümmelten Dorfkrämer-Sohn Alexander Waldhör ein ihn *verwandelndes* Schicksal der Liebe zuerkannte, machte sie ihn an Kreuzhalters Stelle zum wahren Helden des Stücks. Die Szenen in dem Kramladen sind so dicht, wie man sich das Ganze wünschte: das Nebeneinander schicksalsbeladener Menschen in einem dörflichen Alltag gewinnt hier die Gewalt eines mittelalterlichen Mysterienspiels, so wahr und reif ist es. Es gibt noch zwei Szenen, die an Rang gleich sind: das Auftreten der Rauhnachtmasken beim Kreuzhalter und ihr Gegenbild am Schluß: das der Weihnachtssänger. Hier hat sich beide Male der Dichter Billinger, der immer wieder aus dem Dramatiker hervorbricht, am reinsten ausge-sagt.

Nicht von allen Partien des merkwürdigen Werkes kann man das gleiche rühmen. Wenn in manchen Augenblicken Billinger an den ihm wesensverwandten Höllenbreughel als Schilderer des Bauernlebens gemahnt und in der völlig irrationalen, panischen Erfassung der Substanz ›Leben‹ von weitem an Hamsun denken läßt, so entgleist er doch gelegentlich recht sehr ins ›Literarische‹, wirkt dann gewollt und sich selber fremd. Das ganze Vorspiel gehört hierher, besonders der falsche Mystizismus des Gendarmen bleibt nicht im (realistischen, ja naturalistischen) Wesen des Ganzen. Sodann wirkt die Szene, wo Kaplan und General im Kramladen um ein Kriegerdenkmal werben und abblitzen, wie ein vom Zaun gebrochener Streit, unnötig und unecht als eine Konzession an Zeitströmungen. Und schließlich ist und bleibt Billingers Sprache ein Gegenstand sorgenvollen Nachdenkens; so prachtvoll sie oft prägt, es geht ihr schon zu leicht damit, sie ist nicht mehr naiv, sie kennt ihre Effekte und übt sie mehr schlau denn fromm.

Dennoch ist diese ›Rauhnacht‹, wenn schon kein regelrechtes Drama, so doch ein bedeutsames und dank vieler Einzelzüge erschütterndes Bildwerk des unergründlichen menschlichen Seins – eine realistische Allegorie, wenn man so sagen darf, nicht des Kampfes, sondern des Neben- und Miteinanderbestehens von Geordnetem und Ungeordnetem im Menschen, von Kosmos und Chaos, von Oben und Unten, von Gott und Teufel. Das Schlachtfeld ›Mensch‹ ist in Typen ausgebreitet, die man nicht so leicht wieder vergißt: der Verstümmelte, der die Manie hat, ständig in den Spiegel zu schauen. Der schwachsinnige, immerzu fressende Großvater im Kramladen. Der verzwergte Malersmann. Die irre Fischers-Brigitte. Die wortgewaltige Bäuerin – um nur einige zu nennen.

Freilich wird man einen Großteil der bannenden Wirkung der Inszenierung Falckenbergs zuschreiben müssen, die über alles Lob erhaben war. Von einem weniger tief fugenden Regisseur und mit geringen Schauspielern herausgebracht, dürfte das Stück weder dem Unverständlichbleiben noch dem Vor-

wurf des Naturalismus noch der unfreiwilligen Lächerlichkeit ganz entgehen; es schwebt geradezu, bei Falckenberg, über dem Abgrund, und das macht die Aufführung so einmalig und zauberhaft.
Falckenberg hatte nicht nur seine eigenen erprobten Darsteller, sondern auch eine Anzahl von ›Neuen‹ und obendrein eine Gruppe von Dialektschauspielern zu so großer und einheitlicher Wirkung gebracht, daß man den Sieg der Persönlichkeit im Ganzen wie in allen Abschattungen zu bewundern wie selten Gelegenheit fand.
Es ist bei der Fülle der Rollen nicht möglich, die einzelnen nach Gebühr zu würdigen; wir müssen uns begnügen, zu sagen, daß Balser die schwierige, ja fragwürdige Rolle des Kreuzhalter mit Bedeutung wundervoll befrachtete, daß Dohm als kriegsverstümmelter Dorfkrämer Alexander eine in ihrer Herzenswärme und Echtheit unvergeßliche Leistung bot, so wie Therese Giehse wiederum ein Mutterschicksal groß Erscheinung werden ließ. Käthe Gold spielte den kleinen Weibsteufel Kreszenz so intensiv und rührend, daß man sich zunächst einmal zu dieser Neuerwerbung beglückwünscht; nicht minder stand Elsa Moltzer (als irre Fischer-Brigitte) mit unheimlicher, Renée Gugik mit heimlicher, wärmender Wirkung (als Kreuzhalters wienerische Wirtschafterin) auf ihrem Posten. Maria Byk, eine schöne, rührende Magd, Antonie Lang-Münz, ihr rauhes Gegenbild, Rudolf Raab als fresserischer Großvater, Liebeneiner als verzwergter Mann, Eichheim als Stromer – sie alle brachten ihre oft kleinen Rollen zu bedeutender Wirkung. Etwas heraus fielen nur Fischer-Marich als Dorfgendarm, der diesmal zu sehr chargierte, und Rudolf Hoch, der als Pater Anton in der Kutte eines leicht karnevalistischen Anhauchs nicht entbehrte.
Von dem starken Eindruck der Rauhnacht- und Weihnachtssprecher ist schon die Rede gewesen; hier haben die Kostüme und Masken, die, ebenso wie die Szene, von Reigbert und Kündiger nach Entwürfen von Alfred Kubin gestaltet worden waren, ihren stärksten Sieg errungen. Von den Szenen selbst war die des Kramladens die beste, auch die am meisten kubinische. Die Musik von Arnim Knab belebte, ohne sich vorzudrängen, den Mummenschanz.
Der Beifall war ungeheuer. Es war, wie es Falckenberg-Premieren in München seit langem sind, ein gesellschaftliches und künstlerisches Ereignis ersten Ranges. Billinger, groß wie ein Baum, mußte sich mit den Darstellern und Falckenberg immer wieder zeigen.

Staatliches Schauspielhaus, Berlin
Herbert Ihering, Berliner Börsen-Courier 18. 12. 1931

Das Staatstheater konnte auf die diktatorischen Sparmaßnahmen keine bessere Antwort geben als diese Vorstellung. Es hat endlich einmal wieder seine Notwendigkeit bewiesen. Es hat seine Aufgabe erkannt, repräsentative Aufführungen zu vermitteln, repräsentativ für die dichterische und schauspielerische Situation. Nur so kann es sich von den Privatbühnen unterscheiden. Nur so hat es seine Existenzberechtigung als Theater des Staates.
Nun ist Richard Billinger gewiß ein einmaliger, ein isolierter Fall. Mit kräftigem Talent belebt er Bauernspiele und Bauernlyrik. Er wurzelt im öster-

reichischen Volkstum. Auch seine ›Rauhnacht‹ spielt im Inntal. ›Rauhnacht‹ – die Nacht vor Heiligabend.
Man braucht den Inhalt nur zu erzählen, um das Wesen dieses Dramas und dieses Dramatikers zu erkennen. Er sitzt fest in seinem Volkstum, in seiner Stammesdichtung. Die Bauernwelt, die er schildert, ist unnachgiebig gesehen und unnachgiebig dargestellt. Das Dorf, der Kramladen, die Typen leben. Aber Billinger, der Volksdichter, kann ohne ›literarische‹ Zeichen nicht auskommen. Nun werden afrikanische Mythen mit den Tiroler Gebräuchen verbunden. Nun reicht keine Kraßheit mehr aus. Nun gibt es krampfige Übersteigerungen, theatralische Verdickungen, ein undurchdringliches symbolisch-mystisches Nebelgebräu. Ohne Lustmord und Brandstiftung geht es nicht. Das Seltsamste aber kommt erst jetzt: Bei der Aufnahme, bei der Beurteilung Billingers. Was jedem anderen Dichter von den Literaturzensoren als Perversität, als Asphaltphantasie, als krankhafte Exaltation abgelehnt worden wäre, heißt bei ihm: Urkraft, Gesundheit, Volkstümlichkeit.
So geraten Billinger und sein Stück ohne weiteres in die Auseinandersetzungen hinein, in die erbitterten Kämpfe, die nicht nur auf dem Theater, nicht nur in der Literatur, sondern in allen geistigen und politischen Fragen durchgefochten werden: in die Kämpfe zwischen Instinkt und Geist, zwischen Trieb und Bewußtsein, zwischen Rausch und Bändigung, zwischen Phrase und Klarheit. Man kann dieses Stück als einen einmaligen Phantasieausbruch nehmen, als eine dunkelfarbige Bauernballade. Man kann es aber auch als eine Verherrlichung des Triebs und Rausches, als einen Hymnus auf die brutalen Instinkte und Sinneskräfte betrachten. Als Talentprobe ist es stark. Als Drama ist es wirkungsvoll. Aber wenn es als Beispiel aufgestellt werden sollte, als Beispiel, das Folgen haben müßte, als Beispiel für eine volkshafte, erdgebundene Kunst, als Beispiel gegen Großstadtdichtung – dann könnte die Ablehnung nicht scharf genug sein. In Kleists ›Penthesilea‹ gibt es eine höhere Ordnung. Bei Barlach gibt es eine höhere Ordnung. Hier gibt es sie nicht. Hier gibt es nur den schwachen Abschluß mit den Weihnachtsbettlern. Das Heidentum hat sich ausgerast, die Christnacht beginnt. Hier bleiben nur verschwommenes Gefühl, wogende Empfindung, aber auch kernige Sprüche übrig.
Die Aufführung war außerordentlich. Jürgen Fehling hat der Meistervorstellung des ›Blauen Boll‹ eine gleichwertige Inszenierung zur Seite gestellt. Wenn man alle Zufälle und Ermattungen abzieht – warum liegt Fehling die ›Rauhnacht‹, warum scheiterte er an ›Die Herde sucht‹? In dem Berliner Sektierstück mußte ein Zustand erklärt, ein Vorgang entwickelt, eine Situation zerlegt werden. Die Auseinanderhaltung und allmähliche Darlegung von Vorgängen aber ist Fehlings schwächste Seite. Hier, bei Billinger und auf höherer Ebene auch bei Barlach, ist die Absonderlichkeit von vornherein gegeben. Die Atmosphäre, das Milieu ist entscheidend. Darum ist Fehling hier außerordentlich. Ein Kramladen, eine Scheune – die Wiedergabe ist (in der Zusammenarbeit mit dem ausgezeichneten Bühnenmaler Rochus Gliese) ebenso wirklich wie gespenstisch. Diesmal werden auch die Schauspieler richtig eingesetzt und richtig geführt. Da ist Mathilde Sussin, eine Dorflehrerin: köstlich, wie sie auf dem Ladentisch sitzt, wie sie die Füße stellt. Da ist Maria Schanda, ein Wiener Flittchen in der bäuerischen Umgebung, nach ihrer Thekla nicht wiederzuerkennen. Da ist Gerda Schäfer, eine Ladnerin,

Maria Koppenhöfer in großartiger Häßlichkeit eine Magd, Elsa Wagner eine Mutter und Rosa Pategg hinreißend komisch eine aufgeblasene hochmütige Bäuerin. Da ist Maria Mayer vom Burgtheater zurückgekehrt, um die Ladeninhaberin zu spielen, und die beste Zeit des alten Hebbel-Theaters lebt auf – so wenig scheint ihr das Burgtheater geschadet zu haben.
Hinreißend ist Luise Ullrich als Kreszenz. Ihre Kunst lebt nicht nur vom Dialekt. Sie spricht mit einer Genauigkeit und Frische und Treffsicherheit, wie sie nur das große Talent hat, das erotisch beunruhigte, lüstern erregte Mädchen, das durch die Rauhnacht und den Reiz des Fremden dem Simon Kreuzhalter in die Arme getrieben wird. Neben ihr außerordentlich: Lothar Müthel. Ihm fehlt, selbstverständlich, das Österreichische. Aber er ist von einer Geschlossenheit der Darstellung, von einer männlichen Verhaltenheit, von einer Eindringlichkeit in jedem Zuge, daß meine alte Meinung bestätigt wird: Müthel ist ein Charakterdarsteller, kein Liebhaber, kein Held, kein Versesprecher.
Den Simon Kreuzhalter spielt Werner Krauß mit einer wundervollen andeutenden Kunst, mit einer Bescheidenheit und Disziplin ohnegleichen. Ein Staatstheaterabend. Ein repräsentativer Abend. Diese Bühne muß erhalten bleiben. Sie ist notwendig.

Rolf Nürnberg, 12-Uhr-Blatt, Berlin, 18. 12. 1931

[...]
›Rauhnacht‹, das sind jene schwarzen Dezemberstunden, in denen auf den steilen Dörfern des Südens die Urtriebe der Menschen lebendig werden, in denen aus Nacht und Grauen Sehnsüchte und Begierden sich aufrecken und Macht ergreifen. [...]
Das schildert Billinger mit der Kraft eines Naturtalents, mit dem hellsichtigen Blick für die Atmosphäre des Dorfes, aus dem er stammen könnte, mit der Schärfe eines vorbildlichen Beobachters. Diese Menschen sind uns fremd, aber plötzlich sprechen sie einige Sätze, die uns eben das Menschliche dieser Menschen nahebringen. Hier deckt sich manchmal Gestaltungskraft mit Milieutreue. Hier greift der Autor in Gebiete, die aus einem einmaligen Anlaß heraus bühnenreif geworden. Er hat jedenfalls mit diesem Stück seine Talentprobe bestanden. Ob er aus den Schwächen des Werkes lernen kann, wird die Zukunft erweisen.
[...]
Es spricht für ihn, daß bei der Abgebrauchtheit fast all der Themen, die er anschlägt, oft noch der Kontakt zu den Zuschauern vorhanden ist. Manches bleibt ganz unplastisch, ungebunden. Und in diesen Momenten kommt man auf den ketzerischen Gedanken, daß ja oft die armen Lebewesen, die heute ihr Dasein fristen müssen, nicht mehr das wirklich Dämonische in sich lebendig werden lassen können, denn die Zeit, in die sie gestellt sind, ist dämonisch genug. Über diese Zeit schweigt sich Billinger noch aus.
Die Aufführung zeigte des Regisseurs Fehling beste und schlechteste Seiten. Sie zeigte seine Fähigkeit, aus den ausgezeichneten Bühnenbildern des Rochus Gliese heraus eine Welt zu entwickeln, etwas von dem Rausch darzustellen, der diese Welt überfällt und sie vorwärtspeitscht. Sie zeigt aber auch

seine stets übertriebene Detailmalerei, die auf das Tempo drückt, seine verstiegene Besessenheit, die aus den Statisten eine Schar heulender Derwische machte. Den Aufmarsch der Chargen im Krämerladen des Dorfes hätte man dämpfen müssen. Der Abend interessierte durch einige schauspielerische Leistungen. Lothar Müthel in der umfassendsten Rolle, sehr klar, sehr deutlich, von einer beinahe über das Stück hinausgehenden sprachlichen Geschlossenheit. Neben ihm Luise Ullrich, die hier auf wundervolle Weise die Kindlichkeit eines unwissenden Mädchens, die Sehnsucht der erwachenden Frau darstellte und aus deren Gesicht die Flammen einer faszinierenden Leidenschaft schlugen. [...] Werner Krauß [...] spielt eine verhältnismäßig kleine, vor allem eine passive Rolle, und es spricht für den Künstler Krauß, daß er sich eine solche Rolle ausgewählt, die mancher Berliner Star mit einem verächtlichen Lächeln beiseite gelegt hätte. Krauß spielt den Mann, der plötzlich von den Dämonen gepackt wird, der plötzlich nichts anderes ist als der schrecklichste Teufel der Welt. Es schlägt von Anfang an etwas Unheimliches aus ihm heraus, vielleicht etwas zuviel Unheimliches, so daß die Doppelbodigkeit der Gestalt zu kurz kommt. Aber dann hat Krauß zum Schluß einen genialen Moment. Er erzählt dem Mädchen, das er wenige Minuten später abschlachtet, von Afrika, er zieht sich eine Teufelsfratze ins Gesicht, nimmt eine Negertrommel in die Hand, deren Geräusch das Geschrei der Gemarterten übertönen soll, und plötzlich wächst dieser Mensch ins Unheimliche, Gespenstische, er trommelt, er tanzt, er schreit, und durch seine Schreie tönt das ewige Lied vom ewigen Leid, und das Stampfen seines Körpers im phantastischen Rhythmus läßt den Atem stocken und schaudernd die Verwandlung eines Menschen miterleben. Dieser Moment des Schauspielers Werner Krauß bleibt eine Entschädigung für viele Enttäuschungen der Saison.

Ödön von Horvath   Geschichten aus dem Wiener Wald

Uraufführung: Deutsches Theater Berlin, 2. November 1931
Regie Heinz Hilpert

Innerhalb von zwei Jahren hatte sich ein Autor in Berlin durchgesetzt, den Alfred Kerr in seinem Rückblick auf das Theaterjahr 1931 so charakterisierte: »Horvath: unter den Jungen das sonderlich leuchtende, reiche Geblüt. Köstliches quillt und strömt. Nicht im Bau steckt sein Vorzug, sondern in der Füllung« (›Berliner Tageblatt‹, 1. 1. 1932). Auch in Horvath regenerierte sich das Volksstück, auch bei ihm wurde es gemischt mit Ironie und Satire wie bei Zuckmayer. Auf Zuckmayers Vorschlag bekam Horvath im Herbst 1931 auch den halben Kleistpreis, und Zuckmayer schrieb über den damals Dreißigjährigen: »Unter den jüngeren Dramatikern die stärkste Begabung, der hellste Kopf und die prägnanteste Persönlichkeit [...] seine Stärke die Dichtigkeit der Atmosphäre, die Sicherheit knapper Formulierung, die lyrische Eigenart des Dialogs. [...]« Horvath war Österreicher und in den österreichischen Balkanländern groß geworden. Nach einer Pantomime für den Komponisten Siegfried Kallenberg hatte er 1926 den ersten Stoff für ein Drama gefunden: die Auseinandersetzung zwischen Arbeitern und Betriebs-

leitung beim Bau der Zugspitzbahn: ›Revolte auf Côte 3018‹ hieß die in den Hamburger Kammerspielen am 4. November 1927 uraufgeführte erste Fassung; die zweite, ›Die Bergbahn‹, war am 4. Januar 1929 an der Volksbühne in Berlin unter Schwannekes Regie erstaufgeführt worden. Das war die erste Horvath-Premiere in der Stadt, in der Horvath seit 1925 wohnte. Am 13. Oktober 1929 brachte die Aktuelle Bühne schon Horvaths Satire über die schwarze Reichswehr, ›Sladek, der schwarze Reichswehrmann‹, heraus (Regie Erich Fisch). »Ein törichtes Stück. [...] Ein Zeitrichter ist Herr Horvath nicht«, schrieb Ihering nach der Premiere. Als Ernst Josef Aufricht am 20. März 1931 am Schiffbauerdamm aber Horvaths Volksstück ›Die italienische Nacht‹ uraufführte (Regie F. v. Mendelssohn), änderte sich auch Iherings Einstellung zu Horvath. Als Ihering am 6. Mai 1931 die verunglückte Uraufführung von Georg Kaisers ›König Hahnrei‹ am Staatstheater (Regie Fehling) rezensierte, fragte er: »Warum wird nicht irgendwo die Italienische Nacht von Horvath fortgesetzt?« Hilperts Inszenierung der ›Geschichten aus dem Wiener Wald‹ wurde der durchschlagende Erfolg für Horvath. Mit Paul Hörbiger und Hans Moser waren wichtige Rollen wienerisch besetzt. Hans Moser zeigte seine beste Leistung in Berlin in diesem Stück. Max Reinhardt versuchte nach diesem Erfolg Horvath und Stemmle (der vier Wochen vorher mit ›Kampf um Kitsch‹ in der ›Volksbühne‹ Aufsehen erregt hatte) als Autoren für eine im Großen Schauspielhaus geplante Revue ›Magazin des Glücks‹ zu gewinnen. – Mit Bruckner, Zuckmayer, Horvath hatte das Deutsche Theater eine Autorengruppe, die ihm mit breiten, realistisch-poetischen, volkstümlichen Stücken wieder ein eigenes Gesicht gab.
Was Horvath von Zuckmayer am meisten schied, war der wienerische Sinn für das Unheimliche. »Alle meine Stücke sind Tragödien – sie werden nur komisch, weil sie unheimlich sind.« – Hilpert war an diesen Stücken ein Meister des volkstümlichen ›Poetischen Realismus‹ geworden. – Er umgriff sie mit zwei ebenso meisterlichen Pagnol-Inszenierungen: ›Zum goldenen Anker‹ (Deutsches Künstlertheater Berlin, 2. 10. 1930) und ›Fanny‹ (Volksbühne Berlin, 4. 11. 1932; beide Male mit Käthe Dorsch, Jacob Tiedke und Matthias Wiemann).

Alfred Polgar, Die Weltbühne, Berlin, 17. 11. 1931

Ein Volksstück und die Parodie dazu. Aber es kann bei der Herstellung auch umgekehrt zugegangen sein, nämlich so, daß zuerst der Ulk war, und daß der Dichter, Ödön Horvath, ihn erst später, im Zug der Arbeit, verernstete. Weiß man denn, wohin die Feder rennt, wenn sie einmal im Laufen ist? Und in was für geistige Abenteuer man beim Dichten, das eine hazardeuse Beschäftigung ist und bleibt, verstrickt werden kann? Horvath (denke ich) ging im Wienerwald so für sich hin. Auf diesem Spaziergang, nichts Tragisches zu suchen war sein Sinn, fand er allerlei Lustiges; dann aber auch, daß es gut oder erforderlich oder aus literarischen Prestigegründen angezeigt wäre, sich über das Lustige ernst zu machen.
Wie dem auch gewesen sei: es entstand eine bedeutsam umdunkelte Groteske, deren Schatten über das Österreichische hinaus in das sogenannte allgemein Menschliche fallen.

Wienerisch an den ›Geschichten aus dem Wienerwald‹ ist außer dem Dialekt, den die Figuren sprechen, die viele Zeit, welche sie haben, und daß sie bei ihrem Tun und Lassen mehr lassen als tun. Deshalb kann häufiger Schauplatz der Vorgänge die Straße sein, wo die dort angesiedelten Geschäftsleute, zum Zweck des Dialogs, öfter draußen vor, als drinnen hinter ihrem Laden stehen. Viennophobe mögen auch die Vermanschung von Roheit und Gutmütigkeit im Inwendigen des vom Dichter beschäftigten komödischen Personals als echt lokalfarben ansehen. Zweifellos wienerisch an den Menschen des Spiels ist ihr, so böse wie gut gesehenes, Gegeneinander-Miteinander, ihre Eintracht auf Basis boshafter Geringschätzung, ihre enge, liebevolle Verbundenheit durch den Kitt wechselseitiger Mißachtung. Was sich sonst im Stück begibt, könnte auch anderswo als im österreichischen Seelen-Klima vorkommen, Geschlechts- und Geldgier sprechen in jeder Mundart ziemlich denselben Text, daß der Mensch aus Gemeinem gemacht ist, ist keine Besonderheit der wienerischen Küche, und im skurrilen Affentanz dreht sich das Leben nicht nur nach der Musik von Johann Strauß.

Horvaths mit satirischem Speck dick durchwachsenes Volksstück zerfällt in eine lange Reihe von Bildern. Er hätte sie nach Belieben vermehren können. Es sind Querschnitte durch die Wechselbeziehungen der von ihm auf die Beine gestellten Menschengruppe, und solche Schnitte lassen sich in jeder Zahl und Richtung nach Gutdünken legen. Es geht, wie im Kabarett, ernst und heiter gemischt zu, manche Szene hat reinen Sketch-Charakter, manche tut (zu tragen peinlich) dichterisch, manche ist es; wie etwa die Szene zwischen der bösen Großmutter und dem Strolch von Enkel, dem sie ans Leben möchte wie er ihr, und dem sie zwischen aller Haß-Eruption doch, es ist stärker als sie, den abgerissenen Knopf an den Rock näht. Die Alte, von Frieda Richard großartig, im saftigsten Märchenhexen-Stil, verkörpert, ist dämonisch. Erstaunlich für Kenner der Landschaft, daß in der Wachau, an Burgen und Besoffenen reich, so gruselige Großmütterchen wachsen. Der Strolch von Enkel (Peter Lorre) hat eine faule, weichliche Brutalität, mit der man, wie das Stück zeigt, in Wien arglose Vorstadtmädchen und reifere Tabakfabrikantinnen fesselt.

Das ganze, bizarre Spiel ist von einer eiskalten Witzigkeit, in der auch das bißchen warmer Atem, das gelegentlich eine oder die andre Figur von sich gibt, sofort als frostiger Dampf niederschlägt. Die dramatische Begabung Ödön Horvaths erweisen seine ›Geschichten aus dem Wienerwald‹ zwingend. Er sieht scharf und gestaltet mit knappster Ökonomie der Mittel. Seine Figuren lösen sich deutlich ab von ihrem menschlichen, sozialen Hintergrund, ohne daß dieser jemals aus dem Spiel verschwände. Jeder ist Spiegel für die Art des andern, Wechsel der Belichtung erzeugt drollige und spukhafte Schattenspiele. Daß in solcher, aus Bildern locker gefügten, hinter vielerlei Ironien verschanzten Theaterarbeit großes künstlerisches Bemühen stecke, ist kaum anzunehmen. Vieles hat die Leichtigkeit der Improvisation, und manchmal ist es so, als wäre erst von den Einfällen das dramatische Ziel bestimmt worden, das noch nicht gesetzt war, als der Dichter jene hatte.

Eine bezaubernd bunte, von Heinz Hilpert mit sicherstem Dreiviertel-Taktgefühl geformte, in vielen Angeln höchst bewegliche Aufführung. Hans Moser, Paul Hörbiger, Lucie Höflich in erster Reihe. Und Carola Neher, die Leidtragende des Spiels, die von Niedrigen Erniedrigte, über die das lächerliche Getümmel hinweggeht, und mit der ihr Dichter, soweit er das über sich bringt, rührende Geschichten aus dem Wienerwald macht. Wunderschön das feine Pathos der Einfachheit, die strenge, stille Selbstverständlichkeit, mit der die Neher, ohne jeden theatralischen Aufwand, Gefühl bekennt. Ein Heiligenschein aus zartestem Messing – anderes Material kam bei solchem, nie das Parodistische verleugnenden Spiel nicht in Frage – schimmert um das Haupt dieser Madonna aus dem achten Wiener Bezirk.

Herbert Ihering, Berliner Börsen-Courier 3. 11. 1931

[...]
Ödön Horvaths Volksstück ›Geschichten aus dem Wiener Wald‹ sind nur zu verstehen, wenn man das kennt, was über Wien geschrieben und gesungen und gefilmt wird. Sie sind die literarische Reaktion auf die Legende Wien. Goldenes Wiener Herz? Also sind seine Menschen böse. Heurigenfidelität? Also enthüllt sich gerade beim Wein die schamloseste Verlogenheit. Fünfzehn Szenen; fünfzehn Variationen über Friedrich Hollaenders Wien-Refrain »Rattengift her!«
[...]
Horvath ist begabt. Jede Episode ist, man möchte sagen, mit schauspielerischer Fähigkeit durchgezeichnet, jede Figur ist mit sprachlicher Einfühlung nuanciert. Aber es fehlt die direkte Anschauung. Darum ist es nicht verwunderlich, daß Horvaths Komödie ›Italienische Nacht‹ so viel sicherer, so viel spaßiger, so viel treffender geraten ist. In der ›Italienischen Nacht‹ wird das deutsche Parteiengetriebe an Typen verulkt. Schlagworte aber sind schon Literatur. Parteiphrasen sind schon geprägt. Politische Typen sind schon durch die Satire gegangen. In der ›Italienischen Nacht‹ hatte die Rolle, die hier die Wiener Operette vertritt, die politische Karikatur der Zeitungen und Witzblätter übernommen. Eine Satire kann man als literarische Reaktion schreiben, aber nicht ein Volksstück, nicht das Bild einer Stadt. So gerät Horvath in das Kalenderdeutsch hinein, das er ablehnt. So muß er die Mittel benutzen, gegen die er vom Leder zieht. So drängen sich auch hier die Figuren heran, deren Existenz er leugnet. So schwanken gerade die Kraßheiten, die er zeigt, die Wahrheiten, die er darstellt, die Enthüllungen, die er wagt, über die Grenzen des Taktes. Man kann alles riskieren, wenn man eine direkte Anschauung von Menschen und Dingen hat. Aber man gerät zwischen zwei Kitschfronten, wenn man ein Stück schreibt, nur um die eine zu vermeiden. Eine Operettenwelt verträgt keinen Kindesmord, und wenn es die Welt gegen die Operette ist. Eine Kitschwelt verträgt nicht eine Auflehnung gegen Gott und Kirche, und wenn es eine Welt gegen den Kitsch ist. Es gibt ein Beispiel. Marieluise Fleißer zeichnete auch in Typen das Bild einer Stadt – ›Fegefeuer über Ingolstadt‹, ›Pioniere in Ingolstadt‹. Aber die Anschauung war direkt. Ödön Horvath hat von Carl Zuckmayer den Kleist-Preis für seine Bühnenwerke erhalten. Diese Wahl ist gut. Denn Horvath ist sehr begabt. Aber ich hätte gewünscht, daß dann auch Marieluise Fleißer ihn erhalten hätte [...].
Die Aufführung unter der Regie von Heinz Hilpert ging ganz auf das ein, was bei Horvath schauspielerische Zeichnung ist (also auf das Beste, was Horvath dem Theater zu geben hat). Wer Wien kennt, kann nur immer wieder

Paul Hörbiger bewundern, der mit denselben leisen Mitteln eine Figur aus dem Sympathischen ins Unsympathische und wieder ins Sympathische gleiten läßt, wie hier den Rittmeister. Das ist Wien. Das ist Girardi. Wundervoll.
Hans Moser spielte seine beste Rolle: den Zauberkönig, den Volksstückvater. Eine gefährliche Aufgabe. Bei ihm steht sie sicher auf der Grenze zwischen Ernst und Humor. Moser verließ sich nicht nur auf seine bewährten Mittel. Er war zu verstehen. Er gestaltete. Dann Frieda Richard, eine böse Großmutter in der Wachau (eine polemische Rolle gegen Anzengrubers Großmutter), eine Engelmacherin: außerordentlich in der Mischung von Dämonie und Philistrosität, ebenso einfach wie stark.
Lucie Höflich spielte eine Trafikantin, die vom »Teufel geholt« wird, hinreißend wie bei Hamsun. Ein Wiener Schlieferl: meisterhaft von Willy Trenk-Trebitsch gezeichnet. Dann Elisabeth Neumann, Heinrich Heilinger, Josef Danegger. Dagegen als Reichsdeutscher: Paul Dahlke.
Für sich standen, stilistisch in einer fremden Welt: Carola Neher, Peter Lorre. Ein kargerer, strengerer Schauspielerstil. Nicht immer passend, aber auf andere Rollen hinweisend.

Alfred Kerr, Berliner Tageblatt 3. 11. 1931
I
Eine stärkste Kraft unter den Jungen, Horvath, umspannt hier größere Teile des Lebens als zuvor.
In den Stücken von einer Bergbahn, dann von einer schwarzen Reichswehr gab er Wirtschaftliches und Kämpferisches. In der himmlischen ›Italienischen Nacht‹ den besten Zeitspaß dieser Läufte. Jetzt malt er ... ein ganzes Volk.
So umspannt er weit mehr als zuvor.
II
Umspannt er es? ... In prachtvollen Einzelheiten sicher. Es wimmelt von kostbaren Stellen. Immerhin: das Wie der Teile bleibt wesentlicher als das Was des Umrisses. (Wie alles zustande kommt, ist köstlich. Was zustande kommt, nicht so.)
Das zeigte sich schon in seiner Epik. Er schrieb ein höchst fortreißendes Erzählungsbuch: es zerfällt in Teile, jeder Teil wertvoll: unter den Teilen kaum ein Zusammenhang.
Ihm liegt somit Episodiges mehr als Geschlossenes.
III
Aber nicht mäkeln und meckern. Er lüpft als Ironiker eine Legende: Kitschlügen um Österreich.
Horvath ist ein ehrlicher Kopf mit einem Blick von heut. Einer, der zu uns gehört. Ihn ergötzt jener Unterschied zwischen dem freundlich übertünchten Außen und dem verdammt hintergründigen Inneren.
IV
Und da er kein Spielverderber ist, so malt er auch die lockend-lieben Seiten und die höchst gewinnende Dummheit dieser angenehm Zurückgebliebenen mit ihren schwätzigen, nichtigen, molleten Alltagssorgen. Und (neben der Schlamperei) die Grausamkeit alles menschlichen Geschicks, die noch auf so triebhaftiges Behagen einer wabbligen Sippe niederfährt.
Es bleibt halt ein Unglück für den, der es fühlt: wenn es schon uns, den Be-

trachtern, Wurst ist. Die Betroffenen bilden eben doch einen Teil der Menschheitsfamilie. Das sind Nachbarn... Nicht den wertvollsten Teil, sondern den trägsten, überaus netten, anziehenden, ulkigen, beschmeichelnden. Also spricht... Horvath. (Indes ein zurückhaltender Mensch in Berlin selbst nach mißglücktem Zollanschluß geziemend seine Zunge wahrt.)

V

In der Mitte steht ein Mädel. Triebhaft wie alle. Von der Umwelt beeinflußt im Widerstandsschwund.
So fliegt sie, statt einen liebenden Schlächtermeister von Verlaß zu nehmen, dem ersten Nischtegutts an den Hals. Das hier gebrauchte Wort ist schlesisch, nicht österreichisch. Somit: einem Schlankl; einem gesinnungsmorschen Hallodri (den Peter Lorre, kalt und fett, mit kugligen Augendeckeln eines Kommerzialsohnes, nicht eines Früchtels aus der Wachau dennoch überzeugend müd verleiblicht.)

VI

In der Mitte steht ein Mädel: halb schuldlos, halb arglos in der Welt. Wenn sie dem Ihrigen seinen Ring vor die Füß' geworfen hat, und hernach mit dem Rennplatzlump lebt, einem ausgehaltenen Schmarotzerich ohne Widerstand; er selbst ohne Widerstand gegen sie – was sehr fein ist; und wenn sie ein Kind von ihm kriegt; und wenn sie hernach an ein Nachtlokal mit Nacktstudio vom Freunderl des vordem Ausgehaltenen verschoben wird, via einer Wiener Baronin (der Freund in dieser bemerkenswerten Darstellung wird bei dem Schauspieler Trenck-Trebitsch ganz zwischendurch verblüffend glaubhaft) und wenn der Vater, Herr eines Ladens mit Scherzartikeln, der ›Zauberkönig‹, sein Kind in dem Nacktbums auf den Brettern unvermutet sieht, und alle besoffen sind, jedoch ernüchtert werden (hier ist eine Wirkung mehr gewollt als erreicht; es erschreckt uns nicht; was ist schon ein Nacktkult... für Berlin); und wenn ein zentnerschwerer, sinnlich gereizter Athletenkaffer ihr eine runterhaut, weil sie – leider »für das Kind« – klauen wollte; und wenn das Kind stirbt, von der alten Großmutter so in die Zugluft gesetzt wie beim D'Annunzio der ›unschuldige‹ Säugling; und wenn dann in der allgemeinen Mollustigkeit ihr Lump zu einer ältlichen Tabakfabrikantin zurückwechselt, und ihr liebender Schlächtermeister zu ihr hin – und sie noch nimmt: so ist, neben...

VII

So ist, neben solchem Einzelschicksal, wirklich eine ganze Völkerschaft gemalt.
Von diesem hochbegabten Menschen, der zwar vielerlei mixt: der Anzengruber heutig fortsetzt und Strindberg österreichisch nachholt; (jenen Strindberg auch dann, wenn etwa der pensionierte Rittmeister jedesmal nach der Ziehungsliste fragt – wie der schwedische Herr mit dem Rosenstrauß jedesmal »Viktoria« ruft)...
Kurz: eine junge Kraft mit starken Aussichten schrieb das alles. Stärker zwar im Einzelnen als im Umriß. Doch ein Könner.
Unter den Jungen ein Wert; ein Geblüt; ein Bestand. Er lerne nur dramatischer denken als episch. Ansonst ist hier – kein Zurückschrauben in die Fibeldummheit; sondern ein Saft. Und ein Reichtum.

VIII

[...] Auf alle Fälle gibt Horvath Anlaß zu der stärksten Aufführung, die man seit langem gesehn. (Obschon es jetzt wieder viele starke gibt.) Hilpert (den eine Seminarklicke nicht zu erkennen imstande war) bringt abermals Durcharbeitung aufs Letzte. Lebkraft aus wahrer Wirklichkeit. Aus dieser wimmelnden Erdwelt.

Er hat vielleicht nur einen Fehler gemacht. Diesen: Daß er den Ironiker Horvath am Schluß, wenn da halb gottselig geredet wird, nicht als Ironiker um ein Körnchen durchgucken läßt. Daß er hier den Standpunkt der Gestalten in Szene setzt: statt auch den Überstandpunkt ihres Dichters. Dies war es. (Ein paar Pfiffe von Mißverstehern hat es auf dem Gewissen.) Belanglos gegen den wundervollen Rest.

IX

Alles wirkt zusammen. Hinreißende Bilder von Schütte. So ein Häuserwinkel in Wien; nebeneinander drei Geschäfte: der ›Zauberkönig‹; die Trafik; die Schlächterei. Und oben die Fenster... im Bürgerhaus. Ja; hinreißend. Das gibt es.

Alles schon wieder weitab von der verschollenen Kulissenmathematik, vom erklügelten Mumpitz, der gestern provinziell angehimmelt wurde.

Heimgang zur ehrlichen Illusion; doch nicht zur Phantasielosigkeit. In die Menschenwelt.

X

Kurt Heuser macht zu alledem gute Musik – aus dem Wiener Wald. Es ist wie ein letzter (nicht der letzte) Versuch zur Beschmeichelung. Auch sie, sie, sie gehört zum Werk eines vollblütigen Enthüllers.

XI

An diesen Abend wird man öfters denken. Wer soll zuerst genannt sein? Früher gab es mal den Ausdruck ›Meisterspiele‹ (Angelo Neumann). Das war oft komisch. Heut: Wirklichkeit. Carola Neher bringt nicht ein Meisterbeispiel, sondern eine Natur. Das wird unter Umständen mehr. Sicherlich ist sie nicht nur ein grades Kerlchen in diesem Sumpf: sondern sie spielt es auch. Aber sie kann es nur so spielen, weil sie es auch ist. Weil etwas, in ihrer Wesenheit, etwas davon ist.

Mit Bewußtsein macht sie nur dies unverdrossene, wüchsige Toneinsetzen – zum kleinen Unterschied von der glitschigen Umgebung. Einmal fragt sie Gott (ihren Gott): was hast du mit mir vor? Ich bin aus dem achten Bezirk, besuchte die Volksschule...

XII

Frieda Richard, achtzigjährige Großmutter, halb auf dem Land, in der Wachau, hat... nicht Blicke, sondern einen Blick: dabei auch Blicke. Wie ein verwitwetes Mauerstück mit Augen. Und einen Klang schon aus der heiseren Sterbewelt mit noch nicht verzichtender Kraft. Und ein in der letzten Spätzeit aufmuckendes Erdgefühl. Bellendes, Rebellendes gegen die Nichtsnutzigkeit. Gegen die Enkelwelt.

Man erinnert sich hieran.

XIII

Hörbiger: kaum übertreffbar in großer Episode; zumal in zisleithanischer. Der Rittmeister, der sich ›Niernd'ln‹ reservieren läßt ... und einen norddeutsch eingestellten Jüngling von Bildung, Schneid, Schäbigkeit abhaucht. (Ich erlebte genau diesen Rittmeister mal auf einer Fahrt nach Triest mit seiner Gattin, die kaltes Fleisch zerschnitt; er gestand mir freundschaftlich

»I frei' mi schon auf das zweite Poulet!« Ich wollte, wie Altenberg sagt, ihn ausrotten.)

XIV
Die Höflich setzt seelenerschütternde Meisterschaft in der Gestaltung zergangener Frauen, von Hamsun her, fort. Wunderbar. Ist es nicht ein Schmerz, daß sie noch gestern (es war doch gestern?) als Luise Millerin, sechzehn gewesen, dastand?
Weiter. Grete Jacobsen, in einer Kleinigkeit, blinde Schwester am Flügel, nicht zwanzig Worte, viel tiefer packend, als wenn sie ein Schneck sein will. Dahlke, Puffy, Heilinger, Wlach. Und . . . Moser.

XV
Das ist der Zauberkönig. Auch in diesem Stück. Ein weichlicher, doch verbohrter Vater – aus jener Stadt, wo man ein ›Kaffeetscherl‹ beim Jausen trinkt.
Der ganze Mann mit seinem Spaß und seiner dicken Überlieferung: ein Kaffeetscherl auf zwei Beinen. Unvergeßlich.

XVI
Der Abend bringt eine fast beängstigende Gipfelung im Spiel. Alle. Alle. Alle.

1932

Scheitern der Abrüstungskonferenz in Genf, Ende der Reparationsleistungen. Die anhaltende Wirtschaftskrise erhöht die Zahl der Arbeitslosen auf sechs Millionen. – Verschärfung der innenpolitischen Spannungen. Hitler kandidiert zur Reichspräsidentenwahl und unterliegt Hindenburg. Verbot der SA und SS. Großer Stimmenzuwachs der NSDAP in Preußen, Bayern, Württemberg, Hamburg (Landtagswahlen). Rücktritt Brünings, von Papen Reichskanzler, Aufhebung des SA- und SS-Verbotes (Juni). – Die Nationalsozialisten erreichen bei den Reichstagswahlen im Juli 37,8 Prozent der Stimmen und verlieren bei den neuen Reichstagswahlen im November. Rücktritt von Papens (18. 11.), Regierung General von Schleicher.

In Berlin: Zusammenbruch des Rotter-Konzerns mit seinen neun Theatern. – Max Reinhardt, seit dem Tod seines Bruders Edmund mehr mit der Geschäftsführung belastet, gibt die Direktion seiner Berliner Theater »aus unüberwindlicher Abneigung gegen das Unternehmertum« an Karl-Heinz Martin und Dr. Rudolf Beer, den jüngsten und begabtesten Theaterleiter Wiens (Raimund- und Deutsches Volkstheater), ab. Gastspiel Reinhardts in England. – Heinz Hilpert, bis dahin Regisseur am Deutschen Theater, übernimmt von Martin die ›Volksbühne‹. – Demission Ernst Legals aus dem Amt des Staatsintendanten. Neue Vakanz. Tietjen bringt Gründgens ins Staatstheater (schauspielerischer Durchbruch ins klassische Fach mit ›Mephisto‹). –
Zahlreiche Aufführungen und Feiern zu Goethes 100. Todestag (›Faust‹-Jahr.) – Gerhart Hauptmann macht (Februar – März) seine zweite Amerikareise. Nach der Rückkehr (Empfang durch Kerr) Beginn der Veranstaltungen und Festlichkeiten zur Feier seines 70. Geburtstags: in Wien, Prag, Leipzig, Dresden, Berlin, Düsseldorf, Köln, Bochum, München – Versammlung des »geistigen Deutschland« beim Festbankett in Berlin (15. 11.). – Brecht schreibt (mit Ottwalt) das Drehbuch zu seinem zweiten Film: ›Kuhle Wampe‹. –
Tod Louise Dumonts (16. 5.).

Maxim Gorki
Bertolt Brecht Die Mutter

Uraufführung:
Gruppe Junger Schauspieler, Komödienhaus Berlin, 16. Januar 1932
Regie Bertolt Brecht und Emil Burri

Ein Jahr nach seiner Inszenierung von ›Mann ist Mann‹ machte Brecht einen neuen Versuch, die inzwischen erarbeiteten Mittel des ›epischen Theaters‹ auf der Bühne darzustellen. Wieder half ihm Ernst Josef Aufricht, der drei Wochen zuvor Brechts/Weills Oper ›Mahagonny‹ mit Harald Paulsen, Trude Hesterberg und Lotte Lenya für das Reinhardtsche Kurfürstendammtheater produziert hatte (21.12.1931). Der Skandal von Leipzig hatte sich dabei nicht wiederholt, das Echo der Kritik war freundlich oder zurückhaltend. – ›Die Mutter‹ setzte die ›Versuche‹ fort, die Brecht mit den Lehrstücken begonnen hatte. Diese waren für Laiendarsteller geschrieben. Für ›Die Mutter‹, die Brecht »ein Stück antimetaphysischer, materialistischer, nichtaristotelischer Dramatik« nannte, brauchte er Schauspieler. Zum erstenmal exemplifizierte er seine neue Kategorie der Veränderbarkeit. Walter Benjamin nannte Brechts Gegenstand »ein soziologisches Experiment über die Revolutionierung der Mutter... Die Frage ist: Kann diese soziale Funktion (der Frau als Kindergebärerin) zu einer revolutionären werden und wie...« Die den Menschen determinierenden Faktoren wie soziales Milieu, spezielle Ereignisse wurden als veränderlich dargestellt und der Mensch selbst in diese (veränderlichen) Faktoren eingereiht. Die Bühne zeigte einfache Leinenwände mit Texten und Zitaten darauf, die Möbel waren spärlich, andeutend, die Beleuchtungsbrücken wieder sichtbar, die Szene nicht lokalisierbar. Der Schauspieler hatte, laut Brecht, zwischen dem Zuschauer und dem Vorgang zu stehen und sich dort in der Position des Zeigenden bemerkbar zu machen: Um die Wandlung der Gorkischen ›Mutter‹ deutlich hervorzuheben, verlängerte Brecht die übernommene Handlung bis ins Revolutionsjahr 1917. Seine Verbindung zum Kommunismus war noch enger geworden. In den Anmerkungen zur ›Mutter‹ schrieb er: »Der Kommunismus ist keine Spielart unter Spielarten«; die Kommunistische Partei proklamiert Brecht nun (Rezension ›Rote Fahne‹) als ihren Autor. Mitglieder proletarischer Agitprop-Truppen spielten in der Aufführung mit. Die negative Aufnahme durch einen Teil der politisch wie ästhetisch reagierenden Kritik und des Publikums suchte Brecht später damit zu erklären: daß die bürgerlichen Zuschauer »um das gewohnte Erlebnis gebracht« wurden. »Während die Arbeiter auf die feinsten Wendungen der Dialoge sofort reagierten [...] begriff das bürgerliche Publikum nur mühsam den Gang der Handlung und überhaupt nicht das Wesentliche.« – Die Premiere fand am Todestag von Rosa Luxemburg statt. Sie stand unter der Erinnerung an Pudowkins wuchtigen ›Mutter‹-Film. Helene Weigel (die Brecht 1928 geheiratet hatte) fand hier ihre bis dahin wichtigste Rolle. Für Brecht, dessen ›Heilige Johanna der Schlachthöfe‹ nur noch in einer Hörspielfassung im Berliner Rundfunk gesendet wurde, war diese Inszenierung die letzte vor seiner Emigration.

Herbert Ihering, Berliner Börsen-Courier 18. 1. 1932

Gorkis Roman ist ein Menschengemälde und eine fast sentimentale Erzählung. Man darf nicht vergessen, daß der Schluß lautet: »Der Gendarm packte sie am Halse und würgte sie. Sie röchelte: ›Ihr Unglücklichen!‹ Jemand antwortete ihr mit lautem Schluchzen.« Bei Brecht wird noch weniger geschluchzt als bei Pudowkin. Als Pudowkin seinen Film machte, war es die militante Epoche der russischen Revolution. Es war die Zeit des ›Kriegskommunismus‹. Alles wurde heroisiert. Für diese historisch abgeschlossene Epoche ist Pudowkins ›Mutter‹ eins der großartigsten filmischen Denkmäler, hinreißend in der formenden Komposition des Menschenmaterials und in der Zusammenfassung und Steigerung des Gefühls. Aber darüber hinaus gibt es keine Entwicklung. Die Einstellung hat sich, nicht zuletzt auch in Rußland, geändert. Man hielt aber im Theater und im Film viel zu lange an der pathetischen Heroisierung fest. Ohne Zweifel hängt damit auch die Filmkrise in Rußland zusammen, die sogar ein Werk wie ›Der Weg ins Leben‹ deutlich aufzeigte, der Bruch zwischen pathetischem Aufruf und schlichter Darlegung, zwischen kräftigem Realismus und denkmalhafter Stilisierung. ›Potemkin‹, ›Die Mutter‹, ›Sturm über Asien‹ – diese Filme konnten nicht überboten werden. Der russische Film mußte sich umstellen, wenn er nicht erstarren wollte. Das russische Theater hatte sich ebenfalls festgerannt.
In diese geistige Situation kommen die epischen Bühnenbearbeitungen von Brecht. In den ›Versuchen‹ ist die Absicht und die Theorie entwickelt. Die dramatische Form, sagt Brecht, »verwickelt den Zuschauer in eine Bühnenaktion, verbraucht seine Aktivität, ermöglicht ihm Gefühle«. Die epische Form ist »erzählend, macht den Zuschauer zum Betrachter, aber weckt seine Aktivität«.
Wie stellt sich diese theoretische Absicht auf der Bühne dar? In den Anfangsszenen, und dazu gehört auch der schon erwähnte Auftritt der Freunde bei der Mutter, zweifellos noch starr und eng. Es wird noch zu sehr aufgesagt; und dieses mechanische Aufsagen, diese mechanischen Gänge und Stellungen würden am Ende, wenn man sie konsequent weiterdächte, nicht so sehr von dem dramatischen Pathos und der heroisierenden Gruppenbildung entfernt sein. Bald aber kommen einige Versuche, die zu dem geistig Überzeugendsten gehören, was man seit langem auf der Bühne gesehen hat. Zweimal werden Demonstrationen geschildert, also Vorgänge, deren direkte Darstellung zu den Glanzstücken des russischen Films gehörte. Bei Brecht werden diese Demonstrationen gleichzeitig geschildert und dargestellt. Sprecher erzählen den Vorgang, währenddessen tritt die Mutter aus der Gruppe und stellt mit wenigen Gesten den Vorgang dar. Das scheint mir wirklich ein Weg zu sein. Gerade wenn man diesen Versuch weiterdenkt, kann man zu unwiderleglichen Resultaten kommen. Man hat die epische Erzählung, hört schon Geschehenes, und dieses Vergangene wird gegenwärtig und gegenständlich. Es wirkt also schon als Resultat, nicht mehr als heißer Effekt, sondern auf die kühle Erkenntnis. Das wäre auch eine außerordentliche Schule und Disziplinierung des schauspielerischen Stils. Nur müßte der Ton noch gelockert werden. Daß beim erstenmal nicht alles restlos aufging, ist selbstverständlich.
Ferner gibt es einige mimische Stellen von ungewöhnlicher Eindringlichkeit, z. B. das Wiedersehen zwischen Mutter und Sohn. Daß hier jede Sentimenta-

lität vermieden wurde, ja, beinahe jedes Gefühl, und doch die Wirkung durch die Demonstrierung knappster Gesten erreicht wurde – das erschien mir schon jetzt außerordentlich.
Oder die Szene im Gefängnis, oder die Szene beim Verkauf der Kupferkessel, die dialektisch glänzend geführt wurde. Je weiter die Aufführung fortschritt, desto leichter und freier wurde sie. Sie erbrachte den Beweis, daß die epische Form des Theaters, wenn man sie richtig weiterdenkt und für die richtigen Inhalte anwendet, entwicklungsfähig ist.
Nach Überwindung einiger nervöser Hemmungen hatte Helene Weigel den Stil schon in der Vollkommenheit. Sie war dialektisch gewandt, geistig überlegen und niemals doktrinär. Im Gegenteil: sie war spielerisch gelöster als jemals. Empfindung ging in eine geistige Melodie ein, Dialektik wurde gestisch gelöst. Das war nicht nur meisterhaft, es zeigt auch, daß gewisse schauspielerische Begabungen in diesem Stil erst frei werden.
Auch Ernst Busch habe ich lange nicht so eindringlich und so frei gesehen. Daneben Theo Lingen, Hoerrmann. Interessant Gerhard Bienert. In ihm kämpften beide Stile: der dramatisch chargierende und der episch darlegende, gegeneinander. Der ausgezeichnete Schauspieler bewies, wie sehr diese neue Problematik den Schauspieler gefährden, aber auch anregen kann.

Alfred Kerr, Berliner Tageblatt 18. 1. 1932
I
Mildernde Freundlichkeit bleibt es, zu sagen: es sei ein Stück für primitive Hörer. Sondern es ist das Stück eines primitiven Autors.
Das ›epische Drama‹ ist ein Fremdwort für: das ›ungekonnte Drama‹. Für (entschuldigen!) das Idiotenstück.
II
Was Gustav von Wangenheim einleuchtend in einer Revue macht (die also nicht mehr nach Drama aussieht), nämlich Unpathetisches, rein Sachdenkliches, Volkswirtschaftliches, nur die Kenntnis Förderndes: das wird hier vermanscht mit einer Affekthandlung.
Kinder! Kinder!
III
Tatsächlich wirken bloß die Szenen, wo die Affekthandlung durchscheint. Der Rest ist namenlos unfähig. Flach; leer; arm; zurückgeschraubt; kurz: nichtgekonnt. (Aber mit Theoriephrasen.)
Die Mutter sagt gleich zu Beginn dem Parkett (nach Urväter Art, als noch kein entwickeltes Drama bestand): Ich bin nämlich die Mutter, das dort ist mein Sohn, er hat an Gewicht in der letzten Zeit abgenommen ... In solcher zurückgeschraubten falschen Kindlichkeit aus Impotenz.
Im Aufsageton aus Mangel an jeder Vertiefungskraft.
IV
Wie jemand bei dem vergangenen Tieck an den Souffleurkasten trat –: »Ich bin der heilige Bonifazius.«
Was heute so im Theater zugelassen wird –. Dies noch in Verbindung von ›Aufricht-Produktion‹, jottedoch, mit ›Gruppe junger Schauspieler‹.
Und für alles das ... eins, zwei, drei, vier Autoren. Fest haltet's mich.
Nämlich Gorki schrieb den Roman. Weisenborn machte daraus ein Stück.

Günther Stark half dabei. Und Brecht hat es für das ›ungekonnte Theater‹ zugerichtet.
Dann erst kam das heraus – was oben geschildert ist.

V

Maxim Gorki zeigt im Roman den Aufstieg eines Jungen: aus versoffener, vertierter Umwelt zum Lebensziel; zum Freiheitskampf.
Pädagogisch prachtvoll. Und das Schlußbild bleibt im Gehirn: die Mutter, die Witwe, stolz auf ihren Sohn, auf seinen Gerechtigkeitsaufstand, überzeugt von der neuen Lehre, verteilt Flugblätter, unbekümmert um die zaristischen Büttel – die hauen ihr in das alte Gesicht, aber sie hört nicht auf, die neue Wahrheit herauszuschrein, sie am Schluß herauszuröcheln...
Alles das bleibt im Gehirn.

VI

Der unfähigste Bearbeiter hätte dieses Bild als das erkannt, was es ist. Im Stück aber tritt es nicht in Kraft, wird nur zwischendurch verwendet. Natürlich aus besonderer Absicht, aber gewiß, interessantes Experiment, Bezeichnung für Nichtkönnen.
Etwas Verantwortungslos-Bequemes.
Gorkis Roman ist noch hier untötbar. Wo er durchguckt, wacht man auf. Der Rest: platteste Dürftigkeit; infantilste Leere; vollkommener Schwund.
Bitte, nichts vormachen. Der deutsche Arbeiter (mögen schon Mitglieder der an sich berechtigten Jungen Volksbühne pflichtgemäß Beifall klatschen)... der deutsche Arbeiter ist lange nicht so zurückgeblieben wie der Autor.
Da liegt der Hund begraben.

VII

Helene Weigel macht beinah die schlappen Inhaltslosigkeiten wett. Sie ist einfach herrlich: in Mildheit, Zähheit, dazwischen Freundlichkeit; rechtens entfernt von allem Heldentum, eine Arbeiterfrau, irgendeine Hoffnung aus der Masse, bloß eine Nummer... und doch, im hervorragenden Sinn, eine Nummer. Es gibt kaum Schöneres.
Dazu Busch, als ihr Sohn – mit jenen stachelnden Klängen von Eisler (wie auf der unvergessenen Grammophonplatte mit dem Stempellied).
Diese ganze Welt, Umwelt, Armenwelt ist ja unsagbar wesentlich – es fehlt bloß ein Autor dazu.

VIII

Auf dem Programm steht was über das ›epische Drama‹ – von dem nichtvorhandenen Autor. Das muß man sehn, in allem Mumpitz. Es gibt kein andres Wort: in allem zugemuteten Mumpitz.
In aller schlampigen, doch anspruchsvollen Schwachgeistigkeit. Glatter Kohl.
Das epische Drama; das dramatische Epos; dunkel war's, der Mond schien helle...

IX

Da steht etwa: »Dramatische Form des Theaters: der Mensch als bekannt vorausgesetzt. Epische Form des Theaters: der Mensch ist Gegenstand der Untersuchung.« So dreister Unsinn wird gewagt. Seit wann ist im Drama der Mensch als bekannt vorausgesetzt? wenn man ihm doch mit der verpönten Psychologie beikommt? Auf der andren Seite: »Der Mensch ist Gegenstand der Untersuchung.« Wenn er bloß ganz flaches Zeug aufsagt? für Quartaner?

Ja, mag es unhöflich klingen: schlampigste, doch anspruchsvolle Schwachgeistigkeit. So tun als ob.
Das ganze schieche Programm ist ähnlich. »Im Drama: Spannung auf den Ausgang. Im epischen Drama: Spannung auf den Gang.« Namenlos dumm. Bei Ibsen nur Spannung auf den Ausgang...
Wie lange wird man sich solche Impotenz gefallen lassen? Analphabetischer Bluff. Ein Verein reicht nicht aus. Schluß, bitte.

Ludwig Sternaux, Berliner Lokal-Anzeiger 17. 2. 1932, Vorkritik

Rotestes, allerrotestes Parteitheater im Zeichen von Hammer und Sichel – Gorkis uralter Roman, verstümpert für Analphabeten, papriziert mit ›Songs‹. Und wer nicht vorher an Langeweile eingegangen, hat vielleicht noch das Ende erlebt...

Alfred Polgar (Zeitung?)

Für die Unabweislichkeit und Notwendigkeit des Kommunismus wird der Beweis auf das Exempel erbracht. Programmatische Absicht: vom Zuschauer ›Entscheidungen zu erzwingen‹. Doch ist es mehr so, daß die Entscheidungen auf der Szene gefällt werden, und dem Zuschauer überlassen bleibt, sie zu akzeptieren oder nicht.
Unbedingt stellt sich die Wirkung ein, daß jene Hörer, welche ganz der Meinung sind, die von der Bühne herab propagiert wird, zu dieser eisenfest in ihnen verankerten Meinung herumgekriegt werden. Sie werden von der Überzeugung, die sie haben, überzeugt, und zum Bekenntnis, auf das sie eingeschworen sind, hingerissen.
[...] Entscheidende Schlußfolgerungen werden musikalisch gezogen, Nutzanwendungen ebenfalls meist gesungen. Hier bewährt sich Brechts Kunst einfacher, starker Formulierungen; sie nehmen, Durchmesser von Gedankenkreisen, einen kürzesten sprachlichen Weg, der in seiner Gradheit schöner ist als der schönste dichterische Umweg, die Peripherie herum. Zur Geschichte, die ihm erzählt wird, bekommt der Zuschauer gebrauchsfertig auch die Moral der Geschichte. Diese ist nur der möglichst einfach, breitflächig zugeschnittene Sockel für jene. Fraglich bleibt, ob nicht das indirekte Verfahren: – Geschehnisse, Tatbestände, Erlebnisinhalte zu geben, so eindringlich zu geben, daß der Hörer gar nicht anders kann, als selbst die richtigen Schlüsse aus dem Geschauten zu ziehen –, ob dieses Verfahren nicht das wirksamere ist. Brechts Theorie verwirft das Theater, das sich an das Gefühl im Zuschauer wendet, aber er verschmäht nicht die Hilfe der Musik, die gar nichts anderes tut, gar nichts anderes tun kann, als Gefühl wecken. Was hat ihr obstinates Trommeln, ihr Drohen, Klagen, Aufpulvern und Verheißen mit der Ratio zu tun, auf die allein es dem epischen Theater, theorie-gemäß, ankommt? Es vermittelt dem Zuschauer Kenntnis und Erkenntnis auf kaltem Wege, nicht ohne ihm durch Klavier, Trompete, Posaune und Schlagwerk einzuheizen.
Helene Weigel ist die Mutter. Anfangs nur Stimme, ganz sachliche, nüchterne,

aufsagende Stimme, an der ein Mindestmaß von Individuum hängt. Nicht Pelagea Wlassowa redet, es redet durch sie, aus ihr. Später nimmt sie die phonetische Maske ab, Sprache und Spiel werden lockerer, der Mensch fällt aus der Rolle des Automaten in seine natürliche Gangart, produziert Geist, Schlauheit, auch eine Art trockener Leidenschaft. In der ausgezeichneten Szene mit den Weibern, die Kupfernes zur Erzeugung von Munition abliefern, zeigt sich Frau Weigel als überlegene Dialektikerin; da hat ihre Kunst Luft bekommen, bessere als die Preßluft des epischen Theaters, und atmet frei, vom Stil erlöst. Merkwürdig, daß Mutter Weigel, je weiter das Spiel fortschreitet, also je mehr sie altert, desto jünger wird (Verjüngung durch Idee?). Bis fast an die Grenze des Neckischen kommt sie da.

Ernst Busch, hell, scharf, selbstverständlich wie immer, glänzend bei Blick und Stimme, ganz in C-Dur, von jener unbeirrbaren innern Heiterkeit, die ein Wille, der frei von Furcht und Zweifel ist, als Nebengewinn abwirft. Jung-Siegfried in der KPD.

Der Schauspieler Gerhard Bienert spielt ungeniertes, saftiges Theater. Den Zuschauern zur Erquickung. Wenn er auf der Bühne ist, entfernt sich das Epische mit eingeklemmter Theorie.

K. Kn., Welt am Abend, Berlin, 18. 2. 1932

›Die Gruppe junger Schauspieler‹ spielte bereits seit einigen Tagen eine Kollektivarbeit unter Brechts Führung vor den Mitgliedern und Freunden der ›Jungen Volksbühne‹, und man war, offen gestanden, etwas befremdet, daß sich die verdiente Gruppe nicht gleich zu Beginn der Kritik stellte. Es kann gar keinem Zweifel unterliegen, daß eine Aufführung vor einem Publikum, wie es die Mitglieder der ›Jungen Volksbühne‹ sind, einen ganz anderen Eindruck hervorruft als vor einem gemischten Publikum in einem andern Theater. Man soll sich stellen. Bevor in Moskau ein Stück endgültig zur Aufführung gelangt, passiert es ganze Feuerwalzen mannigfacher Kritiken. Allerdings handelt es sich hier um ein ganz anderes System der Kritik, sie wird produktiv, sie läuft nicht hinterdrein, sie wirkt mit, sie erhält wieder eine entscheidende Aufgabe, sie wird wieder zur Dramaturgie aus Hamburg.

Man war um so erstaunter, als man am Sonnabend im Komödienhaus feststellen mußte, daß diese Bearbeitung des Romans von Gorki, ›Die Mutter‹, und diese Aufführung in ihrer Geschlossenheit, ihrem Ernst, ihrer Gestuftheit und ihrer Treffsicherheit, ihrer politischen Klarheit und Richtigkeit mit zum Packendsten gehört, was das ganze proletarische Jahrzehnt in Berlin geschaffen hat.

Wir sind wieder einen gewaltigen Schritt weitergekommen. Vieles in dieser ganz unromantischen, sachlichen, belehrenden und doch anfeuernden Dramatisierung hat auf den Beschauer einen tiefen Eindruck gemacht. Hier wird der Weg einer Frau aus dem Proletariat geschildert, die ganz allmählich zum Bewußtsein der Klassenkämpferin kommt, das geht mit der Kleinarbeit des Flugblatttragens los und das führt, trotz Verfolgung, Mißhandlung, Terror, dank allerletzten physischen und geistigen Anstrengung endlich zum Sieg.

In diesem Stück wird viel debattiert, auch moralisiert, aber es wird in einer ganz klaren, anschaulichen und immer fesselnden Form gezeigt, wie du dich zu verhalten hast. Primitiv ist diese Art wahrhaftig nicht, es gab sehr viele Szenen, die gewiß Anlaß zu Aussprachen in ganzen Kursen gegeben hätten. Auch unter einigen tausend Theaterbesuchen erinnere ich mich nicht eines, wo einem so klargemacht wäre, was etwa eine Frau zu tun hat, wenn sie mit anderen Kupfer abliefert, damit jene Kriegsmaterial haben. Oder da wird ein Lehrer den einfachen Arbeitern gegenübergestellt und gezwungen, richtig zu lehren, dabei merkt er es zuerst gar nicht so recht, oder da erscheint ein Kommissar und hält in einer – möchte man sagen – schlichten, unauffälligen Weise Haussuchung ab, und das Blut steigt einem in den Schädel. (Der Schauspieler Lingen zeichnet hier meisterhaft eine Type.) Da beginnt unser Kamerad Busch am Schluß des zweiten Teils einen Song zu singen – dieser Busch ist ein mutiger, tapferer Junge –, und wie er das machte, beschämte er tausend Journalisten.

Ach ja, man könnte sich ja über Form und Stil unterhalten – daß der lehrhafte Stil nicht durchgehalten wird, daß es sprachlich schreckliche Sachen gibt, daß einige Schauspieler diesen Worten kein Leben geben, daß es auch Wiederholungen gibt. Wissen wir. Geschenkt. In diesem Schauspiel, das sehr tapfer, offen und nirgends umständlich, aber immer verständlich ist, spielt die Hauptrolle Helene Weigel, der einmal zu danken ist für alles, was sie in der letzten Zeit für das proletarische Theater leistet. Sie ist nun wohl unter allen proletarischen Spielerinnen Deutschlands an erster Stelle, dazu gehört allerlei. Sie macht an diesem unvergeßlichen Abend eine alternde Frau, die noch dann, wenn sie schon in die Erde versinkt, ihre Fahne festhält, ihre Idee nicht preisgibt. Sie wirkt so wie ein Vorbild, und es ist zuletzt nicht mehr die Frage, ob dies alles nur ein Spiel war.

Man soll sich diese Aufführung ansehen.

Hans Eislers Musik ist nicht Begleitung, sondern organischer Teil des Werkes. Sie bestimmt Rhythmus und Höhepunkte. Von den mitreißenden Songs ist besonders derjenige, den Ernst Busch singt, als Meisterstück zu bezeichnen. Kein Song, vielmehr ein proletarisches Kampflied, das bald in aller Arbeiter Mund sein wird.

Shakespeare Othello

Staatliches Schauspielhaus Berlin, 19. Januar 1932, Regie Leopold Jeßner

Nach seinem Ausscheiden als Intendant des Staatstheaters schien bei Jeßner die Energie der ersten Berliner Jahre zurückzukehren. Goerings ›Südpolexpedition‹ (s. d.) war seine erste Inszenierung als freier Regisseur. Danach hatte er am Staatstheater inszeniert: ›Wird Hill amnestiert?‹ von Lion Feuchtwanger (14. 4. 1930); ›Gustav Adolf‹ von Strindberg (3. 6.); die Uraufführung von Paul Kornfelds ›Jud Süß‹ mit Ernst Deutsch in der Titelrolle (7. 10., Schiffbauerdamm); Schillers ›Jungfrau von Orleans‹ mit der jungen Tony van Eyck (23. 12.); Lessings ›Emilia Galotti‹ (17. 4. 1931); Shaws ›Haus Herzenstod‹ (7. 6.); Harlans ›Das nürnbergisch Ei‹ (26. 6.) und Schillers ›Wallenstein‹, wieder an zwei Abenden (27. und 29. 10. 1931). Dieser ›Wallenstein‹ griff auf Pläne und Entwürfe der Inszenierung von 1924 zurück. Wallenstein war wieder Werner Krauß, Octavio Walter Franck. Es war nach dem ›Don Carlos‹ vom 3. November 1929 der zweite Versuch, die alten, großen Inszenierungen noch einmal zu beleben. ›Othello‹ war der dritte, aber er war in der Konzeption ganz anders, das extreme Gegenstück zu der zuchtvollen, sparsamen Inszenierung vom November 1921. Diese Inszenierung uferte aus, suchte das komödiantische Theater zu verwirklichen, humorig bis ins Lustspielhafte. »Die heutige Zeit«, schrieb Jeßner, »will auf der Bühne vor allen Dingen wieder lebendige Vorgänge sehen. Sie will eine Handlung verfolgen und verlangt von den Schauspielern eine Darstellung von leibhaften, bluthaften Menschen.« Jeßner wollte nun »nicht am Theater ›Othello‹, sondern am ›Othello‹ Theater zeigen«. Er suchte »Komik, auftragende Spielfreudigkeit vom Schauspieler aus«. Es war natürlich, daß sich damit der Akzent von Othello auf Jago verschob und daß Othello in dem Maße ein anderer wurde, in dem Jago ein infernalischer Spaßvogel war. – Paßte Jeßner sich der extremen Vertheaterung an, die Reinhardt mit seinem Weg in die Operette eingeschlagen hatte? Gab auch er den Inhalt auf zugunsten der Theaterwirkung? Der ›Othello‹ war nicht seine letzte, aber seine interessanteste Inszenierung in dem einen Jahr, das ihm noch für seine Tätigkeit an einer deutschen Bühne verblieb. (Er inszenierte noch von Schiller ›Die Räuber‹, 29. 4. 1932, mit Walter Franck als Karl und Bernhard Minetti als Franz; von Hauptmann ›Gabriel Schillings Flucht‹ mit Werner Krauß und Elisabeth Bergner, 28. 10. 1932, und von Billinger ›Rosse‹, 1. 3. 1933.) Für Werner Krauß war der Jago eine Bravourrolle.

Paul Wiegler, BZ am Mittag, Berlin, 20. 1. 1932

In diesem ›Othello‹ Jeßners [...] trägt Rodrigo, der Venezianer, eine Brille. Die kulturgeschichtlich verfrühte Brille eines Stubenmenschen. Nicht etwa, weil ihn grade Minetti spielt, der immer etwas Mönchisches haben wird. Sondern aus einem Regie-Einfall heraus, der zwar nachher, in der Szene des Straßenkampfes zwischen abenteuernden jungen Offizieren der Löwenrepublik, unmöglich ist, aber mit Jeßners Grundabsicht zusammenhängt. Er hat versucht, zu der Komödie in der Othello-Tragödie zu gelangen. Mit dem geprellten Rodrigo, der seine Zechinen opfert und nichts davon hat als den Stich des kalten Eisens, beginnt er. Bei Othello und Jago geht er aufs Große, aufs Ganze. Und da das Naturell zweier starker Künstler ihm vorwärtshilft und ihm die Führung abnimmt, wird aus dem Experiment ein Theaterabend von höchstem Leben. Diese zwei starken Künstler sind Krauß, Jago, und George, Othello.
Krauß hat den Jago auf einer Berliner Bühne noch nicht gegeben. Er hatte die Rolle einmal in einem Film von Buchowetzki (mit Jannings als Mohr von Venedig), und man erinnert sich an einen schnurrbärtigen, derben Korporal von einem Fähnrich und Intriganten. Jetzt sieht er schwarzgelockt, bartlos, in der roten Kappe, mit den roten Hosen und Schuhen des venezianischen Fanfarons, wie ein reifer Lanzelot Gobbo aus. Er ist von höllischem Schlag, aber ein Lustigmacher vorn an der Rampe. Seine Beredsamkeit ist entfesselt; und schon die Variationen um »Tu Geld in deinen Beutel« sind eine glänzende Leistung des Witzes und der Zunge.
Der Bosheit dieses Jago ist Rachsucht des dummen Teufels beigemischt, des

wegen der wackeren Emilia argwöhnischen Hahnreis in der Einbildung. Er ist ein losgelassener Parodist der Geilheit (obwohl man ihm gleich bei dem nächtlichen Alarm über die Buhlerei des Mohren den geheiligten Shakespeare-Text verstümmelt hat). Ein auftrumpfender Kumpan, wenn er bei dem Zechgelage singt und herummarschiert. Den Othello umschwirrt er wie ein Insekt. Er äfft seine barbarischen Schreie nach, sein Negergestammel. Und als er ihn mit dem Wahn vergiftet hat, als Othello ohnmächtig niederstürzt, tritt er in der Positur eines Preisringers neben ihn, hebt ihm die Beine hoch und übergießt ihm mit Wasser aus einer Kanne den zottigen Schädel. Ein Schuft ist er nicht ohne Aberglauben, nicht ohne böse Angst bei Emilias Fluch gegen den unbekannten Verleumder; doch dann küßt und tätschelt er, heuchlerisch oder lüstern, Desdemonas Hand. Bei der Metzelei ist er ein richtiger Strauchdieb und Mörder. »Ich blute, doch ich lebe«, ruft er, von Othello getroffen, gebückt hält er sich den Fuß. Aber ein infernalisch unheimlicher Spaßvogel ist er noch im Abgang.

Othello, der blöde Mohr, der Narr, dem Emilia die Leviten liest, hat beim Wiedersehen auf Cypern nichts von Bassermanns jauchzender, wundervoller Ritterlichkeit. Auf den Gruß »Du meine holde Kriegerin« folgt bei George ein »Uaha, Uaha«, und er umkreist die geliebte Frau wie ein Häuptling im Kral. Das Chaos in diesem Othello bricht aus, als er mit einem Ruck den Arm nach hinten wirft. Es fehlt von den berühmten Othello-Gesten das Verstreuen der goldenen Dukaten, die grandiose Geste der Zerrüttung. Aber das Pusten in die Winde ist wirklich das Keuchen eines riesigen Blasebalgs, und in dem Schwur des Knienden ist Kraft. Georges Othello versteckt sich, um Cassio zu belauschen, in seinem mit Ruß beschmierten Burnus einigermaßen wie im Kindermärchen und kommt, den Dolch zwischen den Zähnen, hervor. Mitleidswert ist er als seelisch Zerstörter, und die letzte Entschlossenheit hat sogar rhetorische Feierlichkeit. Dunkel steht dieser Mohr im Gemach, nicht weißgewandet wie der Kortners. Das dunkle Ungetüm am lichtumflossenen Fenster ist erschreckend wie das Schicksal.

Dekorationen und Kostüme sind neu. Sie stammen von Otto Fenneker. Ein Saal im Dogenpalast, das Schlafzimmer Desdemonas haben Farbenqualitäten. Sonst ist alles, die Mole, das Kastell, der Hof unter dem gelbroten Sonnensegel, auf weißliches Grau abgestimmt. Der Hof mit der Gruppe der arabischen Musikanten, in der flutenden Helligkeit, die venezianischen Jünglinge in Weiß und Rot an den Durchgängen: das ist malerische Impression. Die Desdemona der Lennartz hat den Mund und die Augen einer Wissenden, sie ist die schuldlose Taube nicht, die der Sperber erwürgt. Der Cassio von Otto, geschmeidig und angenehm. Würde, innere, ohne das leere Väterpathos hat der Brabantio von Walter Franck. Denkbar repräsentativ der Doge von Patry. Die Koppenhöfer als Emilia, italienisch hergerichtet. Sie hätte den Humor für die Fähnrichsfrau gehabt, den die Komödien-Auffassung forderte, und gelacht wie damals die Wangel. Sie menagiert sich; aber schon ihre Festigkeit und Ruhe ist ein Gewinn.

Triumph für George und Krauß. Brahm, der den Othello nie wagte, hat Bassermann und Rittner als Othello und Jago alternieren lassen wollen. Wann wird Krauß Othello sein?

Herbert Ihering, Berliner Börsen-Courier 20. 1. 1932

Werner Krauß spielt den Jago als komischen Schwätzer, als einen Kerl, der das Wort nicht halten kann. Er phantasiert drauflos, ist ständig mit seinen Einfällen beschäftigt, arrangiert um jeden Menschen, kaum daß er ihn erblickt, Klatsch und Geschichten. Er redet, und jeder Satz ist eine Erfindung, und jede Erfindung zieht die zweite heran. Wenn Jago, am Schluß überführt, verspricht, daß er von dieser Stunde an kein Wort mehr sagen würde, so ist dieser Satz nicht nur der Schluß des Stückes, sondern auch der Schlüssel zur Rolle. Dieser Jago würde heute Redakteur eines Skandalblattes sein.
Werner Krauß zieht die Rolle mit einer schauspielerischen Agilität ohnegleichen auf. Er ist gleichzeitig Arrangeur und Conférencier der Handlung. Er tritt heraus und wendet sich zum Publikum. Othello ist für ihn nur Demonstrationsobjekt. Als Othello ohnmächtig wird, wendet sich Krauß wie ein Varietéartist, der seine Nummer erledigt hat, mit ausgebreiteten Armen zum Publikum, dann geht er noch einmal zum liegenden Othello, hebt seine Beine in die Höhe, läßt sie wieder herunterfallen, holt eine Kanne und gießt ihm Wasser ins Gesicht.
Es ist die frechste und treffendste Interpretation des Jago, die man sich denken kann, die shakespearenächste und – die modernste. Ich will nicht einmal davon sprechen, wie gut es für Werner Krauß selbst ist, daß er vom Kothurn des York heruntergestiegen ist und nicht mehr nur bedeutender Blick und Antlitz zu sein hat. Aber man braucht nur an Aufführungen wie etwa der ›Mausefalle‹ und besonders der ›Mutter‹ zu denken, um zu erkennen, wie sehr, unwissentlich und aus der schauspielerischen Intuition heraus, Werner Krauß jenen kühlen, mimisch demonstrierenden Stil blutmäßig bestätigt. Der Jago von Werner Krauß ist der bedeutendste Beitrag zur Klassikerdarstellung, der in den letzten Jahren geliefert wurde.
Leider wurde das, was in dieser Wiedergabe Dramaturgie war, sonst nicht immer richtig verstanden. Gerade gegen diesen aus der ›Handlung‹ heraustretenden, episch konferierenden Jago hätte der Othello sich absetzen müssen. Heinrich George aber ließ sich von der Beweglichkeit des Werner Krauß, die neben der Handlung herging, zu einer Überbeweglichkeit in der Handlung hinreißen. Er spielte nicht, wie der Regisseur Leopold Jeßner im Programmheft schreibt, ›Vorgänge‹, sondern überdeckte die Vorgänge durch chargierendes Gehabe, durch Läufe, flatternde Armbewegungen, durch Ächzen, Stöhnen und Schnaufen. George spielte eine ›Überdramatik‹, die die herrliche Sprache stellenweise völlig vernichtete (auch die Striche waren oft unverständlich); und als er sich in den Schlußszenen zu einer elegischen Trauer sammelte, blieb nur Sentimentalität zurück. George, der im ›Blauen Boll‹ herrlich im Kommen war, fiel mit dem Othello wieder in die Zeit zurück, als er in der ›Volksbühne‹ den König Philipp spielte. Er braucht einen energischen Regisseur. Jeßner, den man mit Freuden wieder am Werk sah, scheint dieser Regisseur nicht zu sein. Er läßt George zu sehr laufen.
Auch die übrige Aufführung war ein Mißverständnis. Vom Jago profitierten nur Bernhard Minetti als trockener Rodrigo mit Brille (was keineswegs ein Anachronismus ist: Auf Bildern der Holbein-Zeit findet man Apostel mit Brille) und Hans Otto als Cassio, der diesmal ohne jeden Krampf war. Aber sogar die ausgezeichnete Maria Koppenhöfer wurde als Emilia nicht frei; und

Elisabeth Lennartz spielte die Desdemona mondän: Sie kam vom ›Juwelenraub am Kurfürstendamm‹ und betrachtete Othello als Gentlemaneinbrecher oder als Negertänzer Louis Douglas. Innerhalb dieser glatten ›Auffassung‹ war sie schauspielerisch, besonders am entscheidenden Schluß, außerdem noch unzulänglich. Einen energischen Ton hatte Hansjoachim Büttner als Lodovico.

Wenn man vom Jago ausgeht, war das ganze Regiearrangement falsch. Die (an sich sehr schönen) südlichen Dekorationen von Otto Fenneker waren viel zu umständlich. Sie erforderten langwierigen Umbau. Es ist ein grotesker Widerspruch, daß sich über den frechen Sätzen des Jago der Vorhang feierlich schließt wie über einer Hoftheaterdeklamation von Otto Sommerstorff. Die umwerfende Leistung von Krauß wurde in ihrer dramaturgischen Konsequenz nicht erkannt. Jeßner merkte anscheinend gar nicht, daß gerade der ›Othello‹, wie alle Gefühlsdramatik aus der klassischen Zeit, sehr schwer heute zu spielen ist. Ich glaube, daß der ›Othello‹ jetzt überhaupt nicht gegeben werden kann, weil wir zu dieser Gefühlswelt erst ein neues Verhältnis gewinnen müssen. Wenn man ihn aber spielt – und an modernen Theaterversuchen und an Werner Krauß das Beispiel hat –, dann muß man wenigstens versuchen, ihm eine Form zu geben. Reinhardt plus Jeßner plus Krauß minus Hoftheater – das geht nicht.

Alfred Kerr, Berliner Tageblatt 20. 1. 1932
I
Jeßner stellt in diesem (heute kaum noch möglichen) Stück alles auf einen Gegensatz – der vorhanden ist; den er jedoch betont; den er unterstreicht; den er mehrt; den er doppelt. Nämlich:
Hier die unbeholfen-große, treuherzig-arglose Naturmacht. Dort das behende, gerissene, wendig-tückische, argvolle Städtertum.
Rechts Urkraft, links Zivilisation.
II
Deshalb muß der Zivilisationsbursche Jago, der Stadtmensch, auf eine so übertriebene Tat wie das Erdolchen seiner Frau Emilia Verzicht tun. Jeßner schenkt ihr (der Koppenhöfer; die herrlich ist, in Farbe getaucht, Italienerin durch und durch) . . . Jeßner schenkt Emilien städtisch das Leben.
Jago macht auch keinen Fluchtversuch; sondern wenn er entlarvt ist, sackt er – als Zivilisationsruine – gleich schlapp zusammen, bloß mit seiner Wunde beschäftigt.
Und deshalb muß auch die holde Desdemona . . .
III
Sie ist nicht hold. Sondern kommt von Kurfür-, ähh, Dogendamm; mindestens von der Piazetta-Jause. Mit echt venezianischem, rotschimmerndem Gesellschaftshaar. Desdemonalisa?
Vielleicht hat sie ihn doch beschuppst.
IV
Dies ist Frau Lennartz. (Wenn ihr die Ulrichen habt, warum nicht sie!)
Deshalb muß die Schauspielerin Lennartz das Liedchen von der Weide, Weide vernünftig hinsagen wie ein beiläufiges Erinnern an die Selekta.
Arbeiten läßt sie ihre Teekleider in der Merceria Nummer 5 bei der . . .

V
Nun: das Stück ist sowieso unmöglich. Wird es durch den Alltagston möglicher?
Es wird unmöglicher.
Wenn da so plumpe Mißverständnisse (wie: der lauschende Mohr denkt, wo von der Hure Bianca gesprochen wird, von Desdemona sei die Rede; oder: das schlemihlhafte Taschentuch) ... wenn solche nicht ernst zu nehmenden Züge wenigstens durch Jambik von vornherein in den Bezirk des Unwahrscheinlichen gerückt sind: dann geht es zwar auch nicht, jedoch eher könnte man sagen.
Wenn das aber gar unter heutig-alltäglich redenden Menschen stattfindet: so weitet sich die Kluft.
Ja: die genäherte Sprache rückt es ferner.
So liegt der Fall.
VI
... Gutes Bildwerk; von Fenneker. Das Haus des Brabantio zwar poplig; doch prachtvoll auf Cypern der Halborient. Eine gezähmte Übersetzung. Das Paar in der Mitte »spielt Mann und Frau«, zu Beginn. Bei Shakespeare heißt es anders: Zivilisation.
VII
George, Othello: wie König Prusias von Bithynien (zu dem seinerzeit Hannibal floh – oder nicht?). Dann aber zwischendurch mitten aus Togo. Es ist eine Sitte, daß die neueren Othellos fast auf die Palmen klettern ... und sich von Ast zu Ast wiegen. Mit kehligem Gejaul; ooouaauuaua; Miau-Großaufnahme.
Und er wackelt, echt Eingeborener, lange mit den Händen, bevor er was sagt (Urwald).
Nein; – der Othello (zu dieser Einfachheit wird man auf einem Umweg vielleicht zurückkehren) muß ein fast schöner europäisierter Mensch sein, nicht mehr jung, edel, sehr innig geliebt. Ohne Nasenring; ohne Monstrumskomik.
VIII
George gibt, jenseits vom Negertum, einen starken Augenblick; wenn er Desdemonas Missetaten (au Bianca!) behorcht hat; und wie vor den Kopf gehauen ist; und nun alles zu wissen glaubt; und in voller Wucht jetzo die Enttäuschungen des Lebens erfuhr; und eine Rast macht; und stiller wird. – Das ist groß. Das ist Schmerz. Und es geht über bisher an diesem Darsteller gekannte Züge hinaus.
IX
Franck, Senator, – dieser sprach, wie das Stück hätte gesprochen werden müssen.
Bejahenswert: Minetti; Patry; Hans Otto; diesmal Florath.
X
Der Jago wird bei Krauß zu einem gefirren, hurtigen, tänzerischen Schandmaul. Ein mephistophelischer, frohsinniger Verbrecherling – aus Lust an der Sache. Canalazzo-Pflanze, Asphal..., ähh, Brückengewächs.
XI
Krauß hält leider seine Monologe nicht zu sich. Sondern zum Parkett. Er vertraut sich den ersten sechs Reihen an. Mit Jeßners Willen? Dadurch wird ja die Modernheit unterbrochen. Stilriß; nicht?

Wie aber Krauß Sätze zerlegt, Worte bringt, Schatten hebt, Schnitte teilt, Wendungen zehrt, Strecken meistert, kurz, Charakterverse zu Arien macht: das ist allerersten Ranges.

XII

Und wenn nach dem »Tu Geld in deinen Beutel!« mittendrin der Beifall ausbrach: so war es, in diesem Fall, ein glückliches Zeichen von Kultur.

Benito Mussolini
Giovacchino Forzano Hundert Tage

Deutsches Nationaltheater Weimar, 30. Januar 1932, Regie Franz Ulbrich

Auf den Tag genau: ein Jahr vor der ›Machtübernahme‹ gab es in Weimar den ersten Theaterabend, der durch das Erscheinen Hitlers Ansehen erhielt. Ein ›großer‹ Abend. Das Theaterstück des italienischen Staatschefs Mussolini, der eben sein Buch über den ›Geist des Faschismus‹ beendet hatte, zog ein ungewöhnliches Publikum in das ›klassische‹ Weimarer Haus: Diplomaten, Berichterstatter der großen Zeitungen aus Berlin, Rom, Theaterdirektoren aus London, Parteiprominenz. Eine Premiere von politischem Interesse. Der Bericht darüber in der ›Weimarischen Zeitung‹ vom 1. Februar begann: »Das Weimarer Theater hatte am Sonnabend einen großen Tag. Zwei Sensationen zugleich: Mussolini und – Hitler. Schwer zu sagen, welche die größere war. Vor Beginn und während der Pause tasteten die Operngläser die Ranglogen ab. Bis sie an der schlanken Figur des nationalsozialistischen Führers haften blieben. Im Foyer spähte man vergebens nach ihm aus. [...] Aber Hitler hielt sich im Halbdunkel seiner Loge. Heilrufe ertönten, als er das Theater betrat und verließ... Die Begegnung der beiden Faschistenführer im Geiste [...] hatte ihre Anziehungskraft nicht verfehlt. [...]« Hitler wurde damals von der Parteipresse als der Erneuerer des deutschen Theaters ausgegeben. Im ›Völkischen Beobachter‹, in dem seit langem gegen die »Vormachtstellung der Juden« auf dem Theater und die »Schund- und Schmutzstücke«, von Georg Kaisers ›Zwei Krawatten‹ bis zu Brecht/Weills ›Happy End‹, zu Felde gezogen wurde (›Völkischer Beobachter‹, 9. 1. 1932), schrieb Hans Severus Ziegler, der Weimarer Theaterreferent der Reichsleitung: »Im gesamten deutschen Leben der Gegenwart [gibt es] keinen Menschen von so fanatischem Willen zur Kunst und speziell zur Theaterkunst wie Adolf Hitler« (›Völkischer Beobachter‹, 4. 4. 1932). – Das Stück brachte die Verachtung der parlamentarischen Demokratie durch den Faschismus am Ort ihrer Konstituierung in Deutschland zum Ausdruck. – Napoleon war seit einigen Jahren eine Lieblingsfigur der Dramatiker. Unruhs ›Bonaparte‹ und Hasenclevers Komödie ›Napoleon greift ein‹ (Uraufführung im Neuen Theater Frankfurt am 8. 2. 1930) waren ein Anfang. Wenige Wochen vor der Mussolini-Premiere war das Napoleon-Stück des Schauspielers Alexander Moissi ›Der Gefangene‹ auf etliche Bühnen gekommen – aber durchgefallen. In Mussolinis Napoleon sah man ein Spiegelbild der Person des Diktators. Gut ein Jahr später wurde der Weimarer Intendant und Regisseur dieser deutschen Erstaufführung der neue Intendant des Berliner Staatstheaters. Dort inszenierte er Mussolinis Stück am 15. Februar 1934 noch einmal. Die beste Aufführung fand Mussolini/Forzanos Drama am Burgtheater. Nachdem man sich in Wien über die Bedenken wegen des Angriffs auf die parlamentarische Demokratie hinweggesetzt hatte, wurde Werner Krauß für die Hauptrolle verpflichtet. Er hatte schon im April 1930 bei Barnowsky in Berlin den Napoleon in Hasenclevers Stück gegeben – Krauß, der 1931 am Deutschen Theater und am Staatstheater spielte, war am 31. Januar 1933 aus dem Staatstheater ausgeschieden. Er gab die Rolle in Wien so vorzüglich, daß noch Reinhardt im April 1933 an eine Inszenierung im Großen Schauspielhaus in Berlin dachte. Heinrich Eduard Jacob schrieb aus Wien: »Dieser Napoleon von Werner Krauß ist Epoche« (›Berliner Tageblatt‹, 26. 4. 1933).

Ludwig Sternaux, Berliner Lokal-Anzeiger 1. 2. 1932

Mussolinis Napoleon-Drama? Wo doch als Autor eigentlich der italienische Dramatiker Forzano zeichnet? Ja und nein! Buch wie Programm betonen ausdrücklich: »Nach einem Szenarium von Benito Mussolini.« Und so ist es auch. Und wenn auch die ausführende Hand eben Forzano gehört, eine Hand, nebenbei und vorweg, deren Geschicklichkeit man den alten Theaterroutinier anmerkt –, Idee, Anlage und Wurf stammen von dem Duce, sind Geist von seinem Geist, verraten auch den Politiker, der Geschichte nicht nur seelisch-einfühlsam sieht, sondern mit politisch geschultem Auge hinter die Kulissen der Historie blickt. Und es ist, das Werk, in seinen Grundzügen – was auch Forzano selbst immer wieder bekannt hat – ein Werk Mussolinis, sein Napoleon-Drama.

Der Napoleon der ›hundert Tage‹. Im italienischen Original, das Géza Herczeg für die deutsche Bühne übertragen und bearbeitet hat, heißt der Titel ›Campo di Maggio‹. Das ›Mai-Feld‹ also. Und mit dem ›Mai-Feld‹ vom Juni 1815 auf dem Pariser Champ de Mars, dieser ersten großen Demonstration des aus Elba nach Frankreich zurückgekehrten Kaisers, beginnt das Stück. Napoleon, ohne es zu wissen, daß er im Ränkespiel der Politik und dank der perfiden Machenschaften Fouchés, des Polizeiministers, bereits ein Gerichteter und Verlorener – Napoleon wartet auf seinen Sohn aus Wien, den kleinen König von Rom, den er dem Volk als Erben zeigen will. Aber das Kind bleibt aus, man hält es in Wien fest, bei der Mutter, die dort am Kaiserhof ihren Vergnügungen nachgeht ... die »Dirne«, wie der Kaiser sagt.

Der erste Schlag. Und in dem ohnmächtigen Schmerz des Vaters zeichnet sich bereits der Zusammenbruch ab, spukt schon Waterloo, spukt das triste Ende. Noch spielt der Kaiser aufbegehrend den Cäsar. Nicht in der historischen Uniform von Austerlitz, nicht mit dem Säbel reitet er zum Marsfeld, wie es Volk und Soldaten wollen und erwarten. Nein, ein Talma in prunkendem Ornat, die Krone auf dem Haupt, das Zepter in der Hand, in Purpur und Hermelin fährt er hinaus. Denn schon ist er nicht mehr der Kaiser, den das »*Vive l'Empereur*« tausendstimmig umdonnert, er spielt ihn nur noch ...

Waterloo. Der Geschlagene im Elysee vor den Ministern, in zerfetzter Uniform, ein müder Mann. Man legt ihm die Abdankung nahe. Noch einmal bäumt er sich auf. Vergeblich kämpft Lucien, der Bruder, im Parlament für ihn. Man gibt ihn preis, Fouchés Unheilsaat geht üppig auf. Die Abdankung in Malmaison. Die Flucht. Das Ende. (Und es ist von pikantem Reiz, daß hier, wo Mussolini abbricht, Moissi mit seinem Drama von dem ›Gefangenen‹ einsetzt – so wenig man allerdings jetzt zumal, wo man die ›Hundert Tage‹ in ihrer geistig beschwingten Kraft, ihrer großen Theatralik kennt, die Bilderfetzen des Dilettanten Moissi als ebenbürtige Fortsetzung ansprechen mag.) Ja, das Ende. Nicht St. Helena – der Napoleon Mussolinis nennt nur einmal, erschauernd, den Namen. Das Ende ist für Mussolini bereits Waterloo. Mit dem Mann, den er – hier wirklich ein Dichter, der die wahre geschichtliche und menschliche Tragik der Gestalt intuitiv erfährt! – als Schatten seiner selbst in Lumpen vom Schlachtfeld heimtaumeln läßt, nimmt er Abschied von seinem Napoleon. Noch hört man in packender, hochdramatisch geformter Szene, der besten des Stücks, die Friedensbedingungen Blüchers. Eine Szene, die in ihrer knappen Wucht so zündet, daß spontan donnernder Beifall losbricht. Tausend Menschen entzünden ihrerseits sich einmütig an der Größe dieses historischen Moments, der stolze Erinnerung ist, zwingend an toten Ruhm gemahnt. Noch auch erlebt man, daß der Abgedankte, als die Preußen Malmaison nahen, auf Paris ziehen, sich als General der neuen Regierung zur Verfügung stellt und sich damit, das Maß übervoll zu machen, noch einen Refüs holt. Zuviel des Guten! Das Stück ist aus, bevor es aus ist. Der Vorhang könnte getrost vor dieser letzten Szene fallen ...

Napoleon, gesehen von einem typisch romantischen Auge. Das Drama, im Dialog oft zu weit ausgesponnen, oft handlungsarm, atmet all das tönende Pathos des Romanen, wird oft zu Theater, arbeitet mit theatralischen Gesten. Musterbeispiele: der Kaiser, wie er zum Marsfeld hinauszieht, und die Kammer in ihrem Aufruhr nach Waterloo. Es hat aber auch die Sentimentalität des Romanen. Und streift hier zuweilen an Kitsch. Man sieht Öldruckbilder, hört leere Worte.

Großer Tag für Weimar, viel Betrieb. Aber hat das Nationaltheater, da es sich nach Rom, Budapest, Paris die deutsche Uraufführung sicherte, sich nicht etwas zu viel zugemutet? Daß Dr. Franz Ulbrich, der Intendant, auch der Regisseur, die drei Akte in acht Bildern so gut wie ungekürzt gegeben, ist nur ein Fehler. Das Werk schreit nach dem Rotstift, weil es oft romantisch-wortreich ist. Vier volle Stunden. Das ist um mindestens eine zu viel. Aber so klug Ulbrich auch mit seinen kargen Mitteln wirtschaftet – diese Mittel reichen nicht aus. Nicht szenisch, obschon Alf Björn im Bühnenbild sein möglichstes getan, das Stil und Farbe der Zeit hat. Hat doch die Großherzogin Mobiliar aus dem Schloß beigesteuert! Peinlichst auch ist alles vermieden, was nur Kostümtheater wäre oder gar Panoptikum. Aber darstellerisch bleibt die Aufführung, wie sie überhaupt etwas trocken und doktrinär anmutet, im guten Willen stecken.

Kann man ein Napoleon-Drama spielen ohne einen Napoleon? Man kann. Aber man bleibt zwangsläufig dem Werke dann das Beste schuldig: den Helden. Und damit viel. Richard Salzmann, dem Weimarer Napoleon, fehlt so ziemlich alles für die heikle Rolle. Nicht nur die Erscheinung. Guter Sprecher, mangelt es doch an Mimik, und wo diese erzwungen wird, ist sie Krampf, zuweilen sogar an Komik grenzend. Der Napoleon von Waterloo sieht aus wie ein Pallenberg auf der Walze. Und so kommt es auch im Affekt zu peinlichen Übertreibungen. Es gibt – und das mag Weimar trösten – im Moment auch keinen anderen als Werner Krauß für diese Rolle!

Im übrigen eine Überfülle von Personen, natürlich. Minister, Generäle, Deputierte, Emissäre, die Familie Bonaparte, allerlei Soldateska. Gut besetzt die Forster-Rolle des Polizeiministers Fouché, des großen Gegenspielers von Napoleon: Max Brock, der Mephisto Weimars, gibt diesem Intriganten und Verräter nicht nur überzeugende Maske, sondern auch geistiges Profil und Leben. Unter den Generälen fällt angenehmst Karl Haubenreißer auf, der General, der Waterloo schildert. Fällt auf durch die Sicherheit, den eigenen Ton, die Kraft der Schilderung. Eine große, frische Begabung, die man leider nicht für den Napoleon erprobt hat. Und auch Richard Crodel beherrscht durch sicheren Ton souverän jene Szene, wo der Schatten Blüchers so stark zwischen den Worten geistert, daß die unsichtbare Gestalt fast sichtbar wird. Diesem Fürst von Schönburg, der die Franzosen so knapp, so überlegen abfertigt (man glaubt, Paul Otto zu hören), ist es zu danken, daß der Abend auch über alle geistige Anteilnahme hinaus ein nationales Erlebnis wurde. In Paris war diese Szene unterschlagen.

Otto Bauer, Berliner Tageblatt, 2.(?) 2. 1932

Auf dem Theaterzettel ist zu lesen: »nach einem Szenarium von Benito Mussolini von Giovacchino Forzano«. Und in einem Vorwort zu dem dreiaktigen Drama berichtet Forzano Näheres über dieses ›Szenarium‹, wie ihm Mussolini nach der Lektüre neuer napoleonischer Veröffentlichungen die Grundgedanken für ein neues Charakterbild des Korsen unterbreitete. Die bisher von Napoleon entworfenen Bilder genügten Mussolini angeblich nicht, er wollte ihn nicht als Feldherrn, sondern als Diktator und überragenden Staatsmann dargestellt wissen, und dabei gleichzeitig zeigen, was ein Diktator nie tun sollte: das liberale Volk Anteil nehmen lassen an der Macht im Staate. Deshalb sieht Mussolini, wenn er wirklich Anteil an diesem Stück hat, den tragischsten Moment im Leben Napoleon I. darin, daß dieser nach seiner Rückkehr aus Elba am 20. März 1815 eine freie Verfassung sanktionierte, der konstitutionellen und republikanischen Partei immer stärkeren parlamentarischen Einfluß gewährte und sich von Männern wie Fouché und Lafayette beraten ließ. Diese, nach der von Forzano behaupteten Ansicht Mussolinis, für Napoleon verhängnisvollen Zugeständnisse und Schwächen werden in teils äußerst sentimentalen Bildern veranschaulicht, aber noch mehr in einer zügellosen Verhöhnung des parlamentarischen Systems und seiner Repräsentanten, deren edelste Charakterzüge sich in Feigheit, Hinterhältigkeit, Dummheit und Verrat offenbaren!
Die Person Napoleons selbst erscheint nirgends als heroische Figur, weder als Feldherr noch als Staatsmann, wozu ihm die für das Drama gewählte Zeitspanne, die hundert Tage seines zweiten Kaiserreiches – von der Rückkehr von Elba bis zum Abschied nach St. Helena – auch kaum Gelegenheit bieten. Es sollten wohl aus der napoleonischen Zeit einige bedeutsame Parallelen zur Gegenwart geschaffen werden. Besondere Beachtung und vorsichtige Beurteilung verdient der Empfang der Friedensabordnung des französischen Volkes im preußischen Hauptquartier, die Antwort auf das Verlangen zur sofortigen Einstellung der Feindseligkeiten, daß Blücher keine diplomatischen Erwägungen und Bindungen kenne, sondern nur die Sicherheit Preußens und seiner Wehrmacht, und daß Preußen diktieren werde, weil es die Macht habe. (Der

frenetische Beifall gerade an dieser Stelle läßt nicht darauf schließen, daß das, was mit dieser Szene doch wohl gesagt werden soll, auch tatsächlich von dem mit Hakenkreuz geschmückten Publikum verstanden wurde.)
Die geschickte Feder Forzanos hat dem Drama eine wirkungsvolle theatralische Gestalt gegeben, dem sich das gesamte Ensemble des Deutschen National-Theaters gewachsen zeigte. Die Spielleitung Franz Ulbrichs war durch das viel zu breit angelegte Werk vor schwere Aufgaben gestellt. Das überfüllte Haus zeigte sich erst am Schluß sehr begeistert und dankbar, während der vorausgegangene Beifall mehr den politisch gefärbten Pointen galt. Richard Salzmanns Napoleon war künstlerisch groß, aber zu sensibel, dagegen Max Brocks Fouché eine prächtige Wiedergabe des doppelzüngigen Staatsmannes.

Hans Severus Ziegler, Völkischer Beobachter, Berliner Ausgabe, 9. 2. 1932

Ein bis auf den letzten Notplatz ausverkauftes Haus, in dem außer Vertretern der italienischen Botschaft und Presse auch Adolf Hitler mit einer Anzahl von Begleitern weilte, sah am vergangenen Sonnabendabend mit größter Spannung und einer Teilnahme, die mehr als bloße Neugier war, der reichsdeutschen Uraufführung des Napoleondramas von Mussolini und Forzano entgegen. Die Ankündigung eines dramatischen Werkes aus der geistigen Werkstatt des Staatsmannes Mussolini, dessen Idee, vollkommener Szenenentwurf (Szenarium) und Dialoganlage vom Duce selbst und dessen Formung zum fertigen Theaterstück von seinem Getreuen, dem Schriftsteller Forzano, stammt, ließ unter allen Umständen eine Arbeit nicht nur von literarischer, sondern auch weltanschaulicher Bedeutung erwarten. Diese Erwartung wurde erfüllt. Das Besondere des Werkes war sofort herauszuspüren: Der Atem einer starken Weltanschauung, die Seele eines großen Menschen sowie eine konsequente Persönlichkeit von edlem Blut und scharfer Denkkraft.
Diese so gekennzeichneten Momente sind das wesentliche Erlebnis des Abends, und eine rein literarisch-ästhetische Kritik an der spezifisch-dramatischen Arbeit erscheint von sekundärer Bedeutung. Dennoch kann auch sie eine ganze Menge Positives mitteilen und im ganzen anerkennen, daß es hier, wenn nicht mit einem vollausgestatteten historischen Problemdrama im Sinne einer nordisch-deutschen Dramatik, so doch mit einem theaterwirksamen historischen Stück von gesunder menschlicher und nationaler Kraft zu tun haben, dessen Typus, ins Deutsche umgedacht und in deutschen Stil umgeformt, unserer Bühne sehr nützlich sein könnte. Des trockenen und kalten Tones sind wir längst satt, mit dem uns im letzten Jahrzehnt blasse Literaten oder jüdische Intellektuelle neurasthenische Geschichtsklitterungen vorgetragen haben.
Das Stück packt den Stoff folgendermaßen an: *Das staatsmännische Genie siegt, wenn es fest auf seinem Sinne beharrt* und ohne Konzession an die Menge folgerichtig und unbeirrbar seinen geraden Weg geht. Solange beherrscht es souverän das Schicksal. Weicht es aber einmal, von einer Not oder einer schwachen Erwägung gepackt, von dieser Linie ab und gibt es auch nur einen Augenblick seine Entscheidung in die Hand des Durchschnitts (z. B. der parlamentarischen Dummheit), so unterliegt es dem Schicksal. Mussolini-Forzano motivieren diese Schwäche des von Elba zurückgekehrten Napoleon durch den Umstand, daß das Genie von den Freunden und früher zuverlässigen

Menschen der Umgebung verraten und verlassen wird. Die Tragik der Vereinsamung zermürbt den Geniewillen des Tatmenschen, dessen soldatische und diktatorische Kraft allein nicht mehr ausreicht, nachdem er ein einziges Mal die Initiative im geistig-politischen Sinne an andere Instanzen abgegeben hat (hier an die Volksvertretung). Hinzu kommen die planmäßigen Intrigen der Gegenspieler, repräsentiert durch den Polizeiminister Fouché, dessen Gestalt stark profiliert, dessen Sprache scharf gemeißelt ist und in dessen Szenen die Autoren mit feinster politischer Satire und ätzendem Spott arbeiten. Die Gestalt Napoleons verrät einen hohen Grad von wirklicher Menschengestaltung, die wir leider in den zahlreichen Episodenrollen in diesem Maße vermissen. Mussolini verleiht dem Korsen eine Anzahl seiner eigenen Geniezüge und steigert die uns menschlich nicht so nahe und so hochstehende Erscheinung zur Größe einer cäsarischen Römernatur. Der Gedanke, daß der unterliegende Napoleon zur Rettung des Vaterlandes bereit ist, auch nach der Abdankung nur noch als Soldat, als General seine Pflicht tun zu wollen, ist mussolinisch gedacht und entspricht, soviel uns bekannt ist, nicht der Geschichte. Aber solche und ähnliche Szenen offenbaren eben das Wesentliche der faschistischen Denkweise, die alle nordisch-nationalen Völker, und nun wieder von neuem das Deutschland des Nationalsozialismus, besitzen: die heroische.

Die Dialogführung des Stückes ist knapp, und aus der Sprache weht ein frischer Wind, in dem man nach all dem parlamentarischen Salbader des letzten Menschenalters frei atmen kann. Auch die Szenen sind entsprechend der sich in wenigen Tagen abspielenden Handlung zusammengerafft. Trotzdem wäre noch manch mutiger Regiestrich nötig und vor allem eines, was bei künftigen Aufführungen zu beobachten wäre: mehr Tempo. Das tragische Ende des Ganzen zerfließt zu sehr in Sentimentalität, ließe sich aber regiemäßig zwingender gestalten. Die Aktschlüsse sind zum Teil geschickt gemacht, ob uns auch hie und da die romanische Theatralik etwas stört. Aber das Stück ist schließlich zunächst für das italienische Volk geschrieben, und wohl ihm, daß es in seinem großen staatsmännischen Lehrmeister gleichzeitig auch einen Lehrmeister gefunden hat, der sich bemüht, seine Weltanschauung und die nationalen Lebensgesetze in eine so hohe pädagogische Form zu kleiden, wie sie die Bühne einem Volk zu bieten vermag.

Die Inszenierung des Intendanten Dr. Franz Ulbrich verriet eine Menge Aufwand an Arbeit und zeigte neben zum Teil wirksamen Bühnenbildern (von Alf Björn) eine Reihe lebendiger Ensembleszenen.

Richard Salzmanns Napoleon konnte im ganzen interessieren. Sein Gegenspieler Fouché fand in Max Brock einen ausgezeichneten Verkörperer.

Wir sind neugierig, ob sich andere verehrliche Staats- und Landestheater, die ja heute alle von der Gnade der Parlamente und Antifaschisten abhängen, den Mut fassen werden, das italienische Drama aufzuführen. Es könnte weder den Theatern noch ihrem lieben Publikum schaden.

Die Anteilnahme eines beträchtlichen Teiles der Zuschauer (das ›Berliner Tageblatt‹ spricht von den »mit Hakenkreuz Geschmückten«) war von der ersten Szene an zu spüren, ob man auch mit dem Beifallsklatschen bis nach dem Ende zu etwas zurückhielt. Es mochte auch daran liegen, daß die Szenen- oder Aktschlüsse wenig geeignet waren, zum Beifall hinzureißen. Mehr als achtungsvoll aber und eine Kundgebung für den starken Geist, der hier vom geschichtlichen Theater zu uns spricht, war das langanhaltende Klatschen am Schluß, für das sich die führenden Darsteller und der Regisseur mehrfach bedanken konnten.

Gerhart Hauptmann Vor Sonnenuntergang

Uraufführung: Deutsches Theater, Berlin, 16. Februar 1932
Regie Max Reinhardt

Der Auftakt zu den Feiern und Festvorstellungen zu Gerhart Hauptmanns 70. Geburtstag (November) war die Uraufführung seines neuen Schauspiels durch Reinhardt. Seit ›Dorothea Angermann‹ 1926 hatte er nur noch zwei Einakter zur Uraufführung freigegeben: ›Die schwarze Maske‹ und ›Hexenritt‹. Das Burgtheater hatte sie am 3. Dezember 1929 uraufgeführt, doch sie hatten keinerlei Nachhall. Um so größer war die Erwartung und Wirkung des neuen Stückes. Mit dem Titel spielte es auf Hauptmanns Erstling an; die Goethe-Attitüde, die Hauptmann immer hatte, war darin neu gefestigt. Fünf Akte hatte das Stück ursprünglich gehabt. Nach wiederholter Umarbeitung hatte Hauptmann dann am Premierentag den vierten Akt gestrichen und den neuen Schluß angehängt, in dem der Geheimrat Clausen nicht mehr durch Selbstmord endet. Werner Krauß fand als Clausen eine seiner eindringlichsten Rollen. (1952 spielte er den 5. Akt doch einmal in Wien, um ein Versprechen an Hauptmann einzulösen.) – Es wurde eine große Abschiedsinszenierung: die letzte Hauptmann-Regie Max Reinhardts. Kerrs zweiteilige Kritik über die Premiere war zugleich seine letzte große huldigende Rezension an Hauptmann, dessen Verkünder und Freund er war. In der Besetzung der Hauptrollen mit Werner Krauß und Helene Thimig wiederholte sich noch einmal die Konstellation aus der ›Winterballade‹ von 1917 (s. d.), mit der Helene Thimig ans Deutsche Theater gekommen war. Reinhardts Inszenierung war eine herrliche Bestätigung des großen Reinhardt-Stils, der nun – als Kunstleistung – über das politische, aktuelle Theater, über Jeßners entfesselten ›Othello‹ und Brechts neue Stilversuche mit der ›Mutter‹ zu triumphieren schien. Hauptmanns Schauspiel wurde mit ähnlicher Wirkung wie in Berlin auf den Bühnen im Reich nachgespielt. Als Friedrich Kayßler im Münchner Schauspielhaus (unter der Regie von Richard Revy) den Clausen spielte, schrieb Hanns Braun: »Was Kunst ist an seinem Spiel, ist gar nicht mehr zu definieren; so sehr ist es Natur geworden. [. . .] Man erlebte wieder einmal, was Theater sein kann« (›Münchener Zeitung‹, 19. 4. 1932). – Unmittelbar nach der Berliner Premiere begann Hauptmann seine zweite Amerikareise. Als er Ende März zurückkam, empfing ihn Kerr im Bremer Schauspielhaus mit einer Grußrede. Dann begann die Reihe der Jubiläumsinszenierungen. Hilpert inszenierte an der Berliner ›Volksbühne‹ (deren Intendant er geworden war) ›Die Ratten‹ mit der Dorsch als Frau John (8. 10.), und Jeßner inszenierte ›Gabriel Schillings Flucht‹ im Staatstheater (28. 10. 1932): Aufführungen, die Kerr meisterhaft nannte. Krauß war Schilling, und über Elisabeth Bergner notierte Kerr, sie sei hier »über all ihr voriges Schaffen siegreich. Sie schrieb fast das Stück um« (›Berliner Tageblatt‹, 29. 10. 1932). – Beide Inszenierungen waren bei den Geburtstagsfeiern im

November die repräsentativsten Festaufführungen in Berlin. So trat am Ende der republikanischen Epoche Hauptmann noch einmal ins Zentrum des Theaters.

Kurt Pinthus, 8-Uhr-Abendblatt, Berlin, 17. 2. 1932

Ein großes Schauspiel: als Deutschlands erster Dichter, Deutschlands erster Regisseur, Deutschlands erster Schauspieler Hand in Hand auf Deutschlands erster Bühne standen, lange und laut bejubelt von Staatsmännern, Dichtern, Bürgern und vieler Jugend.
Ein Schauspiel im Schauspiel, das ein Siebzigjähriger über einen Siebzigjährigen schrieb, mit dem Titel des Alterswerks anknüpfend an sein Erstlingswerk. [...]
›Vor Sonnenaufgang‹ war der symbolische Morgenruf eines neuen Zeitalters, das sich selbst in realistischer Kunstform darstellte. ›Vor Sonnenuntergang‹ könnte der Abendgesang, der Abgesang dieser sinkenden Epoche sein. Das Stück ist dies nicht. Es ist nicht des Dichters Abschied von seiner Zeit. Es malt nicht das blutige Untergangsrot dieser Tage, sondern nur den Untergang des Geheimrats Clausen, des siebzigjährigen, erfolgsgesegneten Chefs eines großen Verlagshauses.
Das Drama selber, Geburtstagsgeschenk des Siebzigjährigen an uns [...], ist kein Drama, wie wir es von Hauptmann fordern müßten. Es ist mehr eine große Exposition, die sorglich geschilderte Atmosphäre einer bürgerlichen Familie, die Vorbereitung auf das wirkliche Drama. [...]
Ein fünfter Akt, trotz mehrfacher Umgestaltung, fiel fort; das Stück bleibt als Stück ein wirkungsreicher Torso.
[...] Die Verbundenheit mit der Gegenwart wird kaum noch fühlbar; aus dem aufgewühlten Meer unserer stürmischen Zeit schlägt keine soziale Welle, keine Ideenwelle in das Heim des Geheimrats; [...]
Wir wollen Hauptmann und uns wünschen, daß er die Jugend unserer Zeit nicht so sieht, wie er sie hier zeichnet.
Aber wie zeichnet er diese Menschen, alle Menschen des Stücks, insonderheit den Siebzigjährigen! Hier ist Hauptmanns Können jung und groß wie je. Wenn ein grimmer Kritikus sagen würde: das Stück lebt nicht durch sich selbst, so müßte er sagen: diese Menschen leben, und das Stück lebt durch sie. Es wirkt durch sie, und wird auch in schwächerer Darstellung durch die Menschendarstellungskunst Hauptmanns so heftig wirken wie gestern. Hauptmann ist und bleibt für alle Zeit (wie der Dichter Werfel im Programmheft sagt): »Der größte dichterische Menschenkörper der Gegenwart.«
Jede der vielen Gestalten ist so mit Leben erfüllt, daß sie durch die Schauspieler leicht mit Leben zu erfüllen sind. Hier wurden die Gestalten zur Erfüllung gebracht durchweg von herrlichen Schauspielern, die Max Reinhardt in seiner Art, genau in der genauen Art des Dichters, führte, indem er die Rolle jedes einzelnen und das Zusammenspiel aller in schärfster, deutlichster Spielweise durchführte. Es gibt da einen straff und prall geformten dritten Akt, da die Familienmitglieder in der (von Schütte prachtvoll im Geheimratsstil gebauten) Bibliothek durcheinandersausen, revoltieren, vom Alten zur Ruhe gedonnert werden, um dann nach unheimlicher Stille an der Mittagstafel aufs neue alle gegeneinander zu prallen. Das ist mit staunend erregender Natürlichkeit

gearbeitet, mit einer Natürlichkeit, die in ihrer Übernatürlichkeit jüngeren Menschen schon wieder fast unnatürlich erscheinen wird. [...]
Das Stück und alle Darsteller werden überspielt von dem Schauspieler, der seit zehn Jahren nicht seinesgleichen hat auf der deutschen Bühne und für lange Zeit nicht haben wird: Werner Krauß ist der in Geist und Herz frisch gebliebene Greis, der doch bereits Spuren des Verfalls zeigt. Wie fast alle Hauptpersonen Hauptmanns horcht auch dieser Diesseitsmensch in die jenseitige Welt; Visionen umkreisen ihn; Todessehnsucht und Lebensfreudigkeit jagen abwechselnd sichtbar durch sein Gemüt und seinen Körper. Krauß wandelt sich von Szene zu Szene, in jeder Szene: Er ist patriarchalischer Familienvater; herzlicher Freund; ein Liebhaber, der auch die sprachlich ziemlich gewaltsame Liebesszene mit dem Mädchen hinreißend spielt; er schwillt zum verfluchenden, rasenden Lear; er stirbt in aller Schrecklichkeit, rot und steif.
[...] Krauß steht über aller Kritik. Nicht denkbar, daß diese Gestalt großartiger, menschenhafter dargestellt werden kann.
Nach dem dritten Akt und nach dem Schluß rief das Publikum unermüdlich den Regisseur, der zwanzig Jahre deutscher Theatergeschichte beherrscht hat, den Schauspieler, der seinesgleichen nicht hat, und den Dramatiker, der in anderthalb Menschenaltern Hunderte von Menschen und ganze Menschenbewegungen lebendig machte, dessen Gestalt und dessen Gestalten bereits als Legende in unsere Zeit, in unserer Zeit ragen, und der noch als Siebzigjähriger Menschen, die er lebenskräftig wandeln läßt, zu kräftigen Szenen zusammenrafft.

Alfred Kerr, Berliner Tageblatt 17. 2. 1932
I
In der Mitte dieses kühnen und erschütternden Dramas steht ... nicht die Liebe eines Siebzigers zu einer Neunzehnjährigen. Sondern mehr: die Liebe zwischen einer Neunzehnjährigen und einem Siebziger.
II
Auf dem andren Ufer: Maßnahmen der Familie gegen ihn; gegen den Witwer – der ihren Reichtum geschaffen: der alles für sie getan hat.
Widerstand zweier Töchter, des Sohns, des Schwiegersohns, der Schwiegertochter, des juristischen Hausfreunds. Entmündigung wird versucht. Sie bringen ihn zur Strecke.
Den neunzehnjährigen Eindringling auch? Beinahe. Tochter einer Frau Peters, die auf dem Landgute des Witwers wohnt.
III
Somit enthält dieses Drama zwei Dramen. Ein Familiendrama ... und ein Liebesdrama. Sie greifen ineinander.
Das Liebesdrama ... Man sieht nicht, wie ein Siebzigjähriger und eine Neunzehnjährige miteinander erotisch zurechtkommen. Sichtbar wird jedoch der Umriß dieser Beziehungen. Die Tatsache leidenschaftlicher Näherung. Man sieht den sonderbar-schönen, von seelischem Sturm getragenen Anfang ... einer Einmaligkeit.
Der Mann stirbt (und das ist vielleicht gut), bevor irgend Genaueres, Einzelnes für dieses Verhältnis in Betracht kam. Alles ist aus, bevor irgendeine Trübung dämmern kann. Nach kurzem Glück.

Es bleibt nur der seltene Glanz einer von aller Weltüblichkeit losgelösten, späten Begegnung zweier durch Anziehung einander bestimmten, durch Zeitunterschied noch nicht entfernten, durch Menschen gestörten, durch sie selbst nie beirrten, durch den Tod getrennten Erdgeschöpfe... vereinzelter Art.
Herrlich.

IV
Der alternde Mann – und die junge Beglückerin. Sie ist nicht in banaler Weise knackfrisch. Sondern ein nachdenkliches Mädel: aus dem deutschen Nordland; wo die feinsten, stillsten und anmutsvollsten Menschen dieser Sprachgruppe, zu schweigender Lust Mitlebender, wandeln, lachen, grübeln, dahinblühn.
Von dort stammt Inken.

V
Kein romantisches Geschöpf. In sich geschlossen; willensbewußt; voll junger Tatkraft. »Wenn ich ihn nicht kriege«, sagte sie ungefähr, »schieß' ich mich tot.« Dazu muß man neunzehn Jahre sein. Später...

VI
Eine Spur bleichsüchtig ist sie. (Der ›Naturalist‹ Hauptmann – um dies blödsinnige Wort zu brauchen; als wäre nicht Naturalismus oder Naturismus selbstverständlicher Untergrund für alles den Menschen betreffende dichterische Schaffen, – also der Naturist Hauptmann erwähnt ihre Blutprobe: Chlorosis; Bleichsucht.)
Keine Romantik! Nur Erdhaftes. Eine seltsame Herrlichkeit.

VII
Einmal sagt die Mutter zu Inken: »Du bist noch nicht zwanzig, du bist ein Kind. Der Mann hat die Siebzig überschritten.« – Inken: »Ich sehe ja jedesmal, es macht ihm nichts aus, daß ich erst neunzehn bin.« Entzückend. Alle Jugend und Arglosigkeit und alles schmiegige Mädeltum liegt darin.
Ihre Hinneigung ist ausschlaggebend. Man denkt sich: Wenn ein Mann, unter besonderen Umständen, eine liebt (und sie fühlt es gewiß): dann wird nicht er es sein, der nach ihr greift – so gern er möchte. Sondern sie muß den ersten Schritt tun; ihn nehmen. Er wartet ja nur – und bezwingt sich.
Etwas von alledem wittert, ungesagt und ungesehen, in den Anfangsbeziehungen dieses »selbständigen« Geschöpfs (so nennt die Mutter sie) zu dem »lebenstüchtigen« bejahrten Mann.
Alles bliebe zwischen beiden ungeschehn: nähme nicht sie die Führung. »Inken fliegt ihm an den Hals und läßt ihn nicht los.« Sooo ist's schön! Nachher sagt sie: »Ich hatte immer einen so schauderhaften Respekt vor dir.«
Das ist der ganze Fall.
Ein Dichter schrieb es.

VIII
Hier das Liebesdrama. Bleibt: das Familiendrama.
Der Mann, Geheimrat, Herr eines Verlagshauses, wird nach dem Tod seiner ersten Frau fast gemütskrank. Er hat einen Menschen verloren... einen andren gefunden. Die tote Frau (denkt er) hat nichts dagegen.
Die Familie hat allerhand dagegen. Die Kinder, die sie ihm gebar, haben was dagegen – obschon er von ihnen sehr geliebt wird.
So wie bei Jens Peter Jacobsen, in jener unsterblichen Erzählung von der Frau Fönss, zwar die Kinder ihre Mutter liebhaben – doch sobald sie sich einem

Mann zuwendet, alles Gewesene vergessen, die Liebe vergessen, die Kindheit vergessen, die Mutter vergessen ... (nur die Selbstsucht nicht vergessen).
Ähnlich ist es hier – in einer dramatischeren, kennzeichnenderen Gestalt. Der ›Lebenstüchtige‹ wird nach dem Todesfall ein neugeschaffener Mensch. Einer, der von vorn anfängt ... und, nach allem, das Recht auf ein wiederbeginnendes Sein zu haben glaubt. (Glaubt? Hat!)
Da trifft er dies Mädel.

IX

Seine Kinder waren einst ... Kinder. Jetzt, bei aller Liebe zu ihm, sind sie – Junge (möcht' man sprechen). Er nennt sie Katzen und Wölfe.
Der Sohn, dessen zarten Schädel er nach der Zangengeburt mit seinen Händen gehegt, fast geformt hat: der verdächtigt, mit Gerichtshilfe, nun das Hirn im Schädel des Zeugers; des Wohltäters; des Behüters. Ein großer Dichter schrieb das.
Es ist, bei dem siebzigjährigen Gerhart Hauptmann, nicht mehr der Alltag einer neurasthenischen Familie wie damals im ›Friedensfest‹. Doch es ist abermals ein Kampf zwischen Himmel und Hölle.
»Die furchtbaren Auftritte zwischen bürgerlichen Familienmitgliedern ...«, schrieb ich damals. Hauptmann zeigt wiederum, was in hunderttausend Durchschnittshäusern anonym und unbemerkt vorgeht. Es wird abermals ein Kampf zwischen den hellen und den dunklen Engeln – nur tragischer; heulender; abgründiger ... Und schöner.
Im ›Friedensfest‹ war ein Hoffnungsschein; hier fällt ein seltener Schein zurück: auf etwas, das verging.
Hinter der jungen Erlöserin steht hier die stärkere Erlösungsgestalt: der Tod. Er hütet ... die Schönheit. Darum bleibt alles unzerstört bis zum Schluß.

X

Es tönt aus diesem tragisch-seligen Gesang eines siebzigjährigen Dichters, der seinem Land aus großem Reichtum viel gegeben hat; (anderthalb Dutzend Schauspiele, von denen manches die Urständ erfahren wird auf Grund allerhand verborgenen Werts) ... es tönt aus diesem Werk des Vor-Abschieds, des Vor-Sonnenuntergangs nicht nur der lebenslängliche Werkton eines großen Künstlers, der in der Dramenwelt meißelt und hämmert: sondern ein besonderer, privater Klang.
»Au déclin de sa vie, ce désir passioné de jeunesse ...«, sagt Zola. »Im Daseinsabstieg der leidenschaftliche Wunsch nach Jugend ...«
Nicht der Dramatiker: der Mensch redet. Er in dem andren. Ein herrlicher Mensch; wer ihm begegnet ist, hat es gefühlt. Aus diesem Dramatiker spricht der Beruf; aus diesem Menschen der Ruf.

XI

Das Trauerspiel um den ›Docteur Pascal‹ bei Zola endet bejahend. Der alternde Pascal stirbt zwar – aber das Schlußbild ist: die hinterlassene Jugend mit dem Kind am Busen, im Fortgang des leuchtenden Lebens.
Das Weltempfinden Hauptmanns ist ... nicht verneinend; immerhin düsterer; mit schmerzlich zweifelndem Grundton.
Er fühlt stärker das ewige Voneinandergerissensein; den steten Abschied aller zweiteilig durch die Welt Wimmelnden. Der dauernd Wegberufenen.
(Der Fortgang des Lebens sagt ihm nicht so viel wie der Wechsel.)
Was der österreichische Raimund treuherzig in die Worte goß: »Brüderlein

fein, Brüderlein fein – 's muß geschieden sein«, das hat der Schlesier Hauptmann, über alles Gewohnte kühn hinweg, ganz unabhängig zu einem kosmischen Liebesstück und Trennungsstück und Schönheitsstück (hinter der bürgerlichen Wand) mit etlicher Menschendurchleuchtung erhöht.
Schönheitsstück? Ja – »'s muß geschieden sein«. Aber es war doch einmal.

XII

... Reinhardt vermied sehr gut das Romantische. (Manchmal vielleicht auch eine Spur des Lyrischen. Oder war es Krauß, welcher dem auswich?) Gleichviel; so ein Gespensterbrio, wie, vor dem Erlösungstod des Vaters, die Sippe mit Vorwürfen und Selbstanklagen und Abwälzungen, in aller Furcht, Reue, Gelähmtheit, Sterbensahnung: das macht ihm keiner heute nach. Zerstoben sind Weltlichkeiten, Äußerlichkeiten: vor einer großen tragischen Gewalt. Hier steht, gegen das Experiment von tastenden Szenentreibern, gedrängtes Können.

XIII

Er sollte jedoch nicht nur die Mimenschar betreuen: sondern den Dichter. Ich hätte den Selbstmord des unschuldig verurteilten Vaters – es handelt sich um den Vater des Mädchens – etwas mehr vertuscht. Die adelsstolze Schwiegertochter gedämpft. (Sonst könnte das Drama leicht in die Gattung des Dramas der Standesunterschiede schliddern – es ist aber das Drama der Bewegungsfreiheit des einzelnen.)
Ich hätte Wendungen wie (mit einem Blick auf das Bildnis der verstorbenen Frau): »Gut, daß die da es nicht mehr erleben muß« gestrichen. Ich hätte vielleicht Inken verhindert als Werthers Lotte Brot zu schneiden. Ich hätte drei, vier verstaubte Stellen der Familie genullt – und hier fast ein Lustspiel vermieden. Ich hätte gelegentlich bei Repliken den Unterschied zwischen Hauptmann und Sudermann stärker betont.
Aber ich hätte ... nie ein Wort sagen können gegen ein so bezauberndes Ineinanderspiel; gegen diese Belebung toter Strecken. Nichts gegen die hinreißende Gestaltung dreier Punkte des Dramas: gegen die Anmut des Sichfindens im zweiten Akt; gegen den Losbruch beim Frühstück des dritten; und gegen den tragischen Ausgang.

XIV

Werner Krauß. Die Thimig. Eleonore Mendelssohn ... Das Ganze bleibt so wesentlich – daß es eine besondere Betrachtung verlangt.
Auf morgen.

Berliner Tageblatt 18. 2. 1932, Die Schauspieler in ›Vor Sonnenuntergang‹

I

[...]

II

Da Hauptmanns Aktreihe wirklichkeitsdicht ansteigend gebaut ist, ein modernes Drama, kein DADA-Schwachsinn: so liegt auf dem Ineinandergreifen der Menschen, auf dem Einsatz in der Fuge, mit anderem Gleichnis: auf der Verzahnung das Schwergewicht. Für diesen Punkt hat Reinhardt glänzend gesorgt.
Was bleibt, hängt mit der zufälligen Beschaffenheit einzelner Darsteller zusammen.

Drei Gruppen werden sichtbar. Die erste: der Mann; das Mädchen; die älteste Tochter.

III

Werner Krauß prägt allemal dem Besucher ein Bild fest ein. (Wie einen Stempel aufs Gehirn.)
Hier heißt das Bild: guterhaltener Weltmann; ritterlich, aber schon bequem; das Haar weiß, aber voll; Gemäßigt-Künstlerisches im Habitus.
Ein Siebziger, der es nicht ganz ist. Zweifelhaft, ob der Stock in seiner Hand zum jugendlichen Getändel oder zur Stütze dient. Bewegung und Haltung eines mit etwas Beschäftigten – der froh sein wird, wenn die andren weg sind. Sein halber Anteil. Häufige Stockung im Sprechen, mit einem Abbiegen, einem zu ahnenden Geheimnis, das ihn froh quält.
(Sein Partner, Gülstorff, Professor aus Cambridge, ist zwar deutscher Abkunft; könnte jedoch bißchen englischer wirken, mit etwas Reservehaltung – nicht mit so viel gegenseitigem Gepuff zwischen zwei Weißköpfen: weil man zwischendurch an Lustgreise denkt; weil es dem Auftritt beinah was Unappetitliches gibt; weil es zum Schaden des Liebesstücks ist.)

IV

Der Maskenmacher Krauß, der Gestenmacher Krauß ... ist vor allem der Sprecher Krauß. Hier sein stärkster Zug. Sein stärkster Vorzug: die Sprache.
Sie hat mehr eine technische Beschwingheit als – ich sage nicht: als eine seelische Beschwingtheit. Aber: als eine lyrische Beschwingtheit.
Daher fallen die dichterischen Schlußworte zu Inken (»... so fühle ich, fühle ich klar und rein, wie ewige Güte am Werk ist«) unter den Tisch. Die Fittiche fehlen.

V

Krauß ist vorwiegend ein geistiger Sprecher, der manchmal das Empfinden weckt, er sei von einem zauberkundigen Ingenieurgenie künstlich erbaut als Reproduzent für fabelhaft gebrachte geistige Sätze. Man hat immer die Empfindung, daß er wunderbar spielt. (Als klaffte zwischen dem Spieler und dem Gespielten ein strichdünner Spalt ... Oder: als seien die Worte mehr ein Behang für den Spieler; nicht die Haut des Spielers.)
Man hat eher die Vorstellung eines geistigen Sprechers als eines geistigen Menschen. Sonderbar.

VI

Er spielt (oder projiziert) kostbar die Zögerung des Verliebten: im Bekenntnis an den Freund; hernach, im zweiten Akt, vor dem jungen Mädel im Garten. (Man denkt: »Liebt er sie?« Oder man denkt: »Zögert er?« ... Man bewundert den Ausdruck dieser Dinge.)

VII

Aber dann kommen zweimal Augenblicke, die – zwar auch auf unbewußter oder bewußter Technik fußen; doch in jedem Fall kraft hervorragender Artikulierung fortreißen. Er ist aktelang verhältnismäßig ruhevoll ... und bricht (das ist ein stehender Zug) ein- oder zweimal, bei schwellender Röte des Antlitzes und bei ebenso schwellendem Ton, in eine herrliche Tiradenwendung aus. Höchste Bewunderung. (Am stärksten hier nach dem Entmündigtsein.)

VIII

Er stirbt, wieder mit einer bewundernswerten Geste, quer über den Tisch fallend.

Und man bliebe trotzdem bei seinem Tod ungerührt; berührt wird man durch die Erinnerung an zerstörtes Glück zweier Menschen. Durch eine Sache. Sache hin, Technik her, gepackt wird alles von einem beherrschenden Könner.

IX

... Die Thimig soll neunzehn sein: sie war es. Sie soll aus Husum sein; sie kam vielleicht von dort. (Sprachlich, kaum. Wesenhaft, schon.)
Ihr Gipfel: im zweiten Akt, – im Lachen eines fest gewollten, jetzt nahen Glücks. Durch Überschimmertsein der Gesichtsmuskeln (samt diesem Lachen) offenbart sie einen ganzen seelischen Zustand ... Offenbart sich ein ganz seelischer Zustand. Es haftet.
Darüber hinaus glaubt man ihr den Kern des Geschöpfs: nichts Trauliches, dennoch Frauliches.
(Eine wirkliche von Neunzehn hätte das, was sie gab, gesteigert. Aber ... sie gab Wertvolles.)

X

Durch Schüttes gute Wirklichkeitswände (Glashaus, Bibliothek) humpelt Bettina, die Tochter ... (Goethes himmlische Bettina, Schwester des schwarzen Fra Clemente Brentano, war anders).
Eleonore Mendelssohn gibt mit Selbstverleugnung eine Menschenstudie – wundervoll. Im armen Gang, in stoßender Sprechart, im entzündeten Blick ein ganz tapferes Wahrheitsbild. Ein Wahrheitsvorbild.
(Obschon dies verwachsen-schwärmerische Wesen mit verdrängtem Geschlechtstrieb auch mehr adagio zu denken wäre. Mir fällt Jean Paul ein, der sagt: ein altes Mädchen hat oft im Auge was von einem eingepökelten Hering ... Einmal war er, der Gütige, hier grausam.)

XI

Mit den widerstrebenden Angehörigen des Hauses, bewußt voll Kleinsinns und Provinz gemalt, hat es eine sonderliche Bewandtnis. Nur ein versetzter Seminarist mit der ungewollten Losung »Von Kunst keinen Dunst« mag sie als Menschen einer bestimmten Epoche gottverlassen einkasteln. Es soll jedoch Leute, die um Einfluß und Geld und moralische Stellung besorgt sind, in verschiedenen Epochen gegeben haben. Ich hörte das. Unter diesen Angehörigen sind zwei getrennte Gruppen in der Darstellung sichtbar.

XII

Wiemann, der schwere Sohn; Brausewetter, der leichte Sohn; beide deckend. Winterstein, Sanitätsrat, von den Hausvorgängen penibel angemutet, zeigt gut den unterbewußten Zwist in der Haltung ... Wer ist da noch? Biensfeldt und Stoessel, Diener und Privatsekretär: selbst hier durchgearbeitete Rollen.
Oscar Sima, auf den immer ein Verlaß ist –: siehstewoll, da kommt er schon, der brutale Schwiegersohn. Sima (nebenbei bemerkenswert als ein Sprecher) bringt volles Leben in die Bude.
Käthchen Haack Schönheit. Wenn sie, blau angezogen, gegen den Schluß hin mit verweinten Augen dasteht. Laßt sie öfters weinen. (Übergroße Rundung des Kopfes, durch Haartracht, ließe sich eindämmen.) Ja, warum gibt man ihr stets als Rolle, wie hier, ein ›Marzipanprinzeßchen‹? Statt einer Chance.
Den Höhepunkt dieser zweiten Gruppe bildet Paul Otto, Justizrat, Entmündiger: in dem längeren Schlußgespräch. Eine Beigestalt – jedoch schlechtweg ersten Ranges.

XIII

In der Darstellung läßt sich eine dritte Stufe betrachten. Den Übergang zu ihr macht Frau Fehdmer. Unvergessen aus dem ›Blauen Boll‹. Maaartha, Maaartha, du entschwandest nicht.)
Jetzt, halb plattdeutsche Mutter, im Gewächshaus mit schwabbelnden Kindern, wirkt sie abermals mit einem Schuß von jenem ruhigen Lebensernst, den dieser Frauenschlag hat. Vorzüglich.
Und nur zwischendurch (in irgendeiner Wendung, da vom Selbstmord ihres Mannes gesprochen wird) drückert sie eine Spur. Sie macht ein kleines Schrittchen von Hauptmann zu Sudermann. Es sind nur ... Ahnungen, Hauche. Doch bei der Echtheit sonst wird es ein Stupps.

XIV

Diesen Stupps verstärkt die Koppenhöfer; adlige Schnur des Geheimrats. Sie spielt frischweg Sudermann. Und Henckels, der Pastor, will ihr nicht nachstehn. (Drückerts gesammelte Werke, dacht' ich. Gnade!)

XV

Kleinigkeiten in einem schauspielerisch großartigen Gesamtbild.
In einer Vorstellung, die alles Geweimer vom Untergang des deutschen Dramas, der deutschen Bühne für längere Frist nullt.

Herbert Ihering, Berliner Börsen-Courier 17. 2. 1932

Zwischen der kämpferischen Uraufführung des ersten Hauptmanndramas, das ›Vor Sonnenaufgang‹ hieß, bis zur feiernden, einen fast Siebzigjährigen ehrenden Uraufführung des letzten Schauspiels, das ›Vor Sonnenuntergang‹ heißt, liegen über vierzig Jahre. Vierzig Jahre, in denen Gerhart Hauptmann vom oppositionellen Dramatiker zum offiziellen Dichter Deutschlands wurde. Vierzig Jahre, in denen die Welt sich im Sinne des jungen Hauptmann änderte, und der alte Hauptmann auf die Welt zurückging, die er damals ablehnend vorfand (und die heute nicht mehr existiert).
Mag man diesen Umstand nun philologisch und psychologisch eine ›Entwicklung‹ nennen oder mag man sie als den Umschlag erklären, der wie in allen geistigen und politischen Bewegungen auch im Leben der einzelnen Persönlichkeit beobachtet wird, wir haben sie auf jeden Fall heute als eine literarhistorische, unabänderliche Tatsache zu nehmen. So wurde eine Premiere wie ›Vor Sonnenuntergang‹ zu einer großen, feierlichen Demonstration des bürgerlichen Theaters, zu einer Festvorstellung und zu einem gesellschaftlichen Ereignis (fast könnte man sagen: zu einer Nachfeier des Presseballs). So wurde das Drama selbst zu einer ehrwürdigen Kundgebung für eine Welt, die vor – Gerhart Hauptmann liegt, etwa für die Welt der achtziger Jahre.
Ich will versuchen, es zu begründen. Gerhart Hauptmann wendet die ganze Liebe seiner Menschenbezeichnung an den siebzigjährigen Geheimen Kommerzienrat Matthias Clausen, einen großen Zeitungsverleger, der von seiner Familie entmündigt werden soll, als er sich in ein junges Mädchen, in die Kindergärtnerin Inken Peters verliebt und sie heiraten will. Die Tragödie des alternden Mannes inmitten seiner Kinder, die er im Sinne Goethes erzogen, denen er die Namen Ottilie, Wolfgang, Bettina, Egmont gegeben hat, und die das geistige Erbgut seiner Zeitungen dem brutalen, subalternen Schwieger-

sohn Erich Klamroth ausliefern. Diese Tragödie aber spielt sich nicht in der geistigen und seelischen, sondern in der moralischen Sphäre ab. Es kommt weniger zum Machtkampf um den Besitz und um den Einfluß des Vaters, als zur sittlichen Entrüstung. Zur sittlichen Entrüstung darüber, daß der Geheimrat ein Mädchen liebt, dessen Vater in der Untersuchungshaft (wenn auch unschuldig) Selbstmord begangen hat, zur Entrüstung darüber, daß er mit diesem Mädchen zusammenwohnt, und zur Standesentrüstung, daß Inken Peters aus kleinen Verhältnissen kommt. Voribsenwelt. Vorhauptmannwelt. Die ›Stützen der Gesellschaft‹ und ›Gespenster‹, ›Vor Sonnenaufgang‹ und ›Friedensfest‹ und ›Einsame Menschen‹ scheinen umsonst geschrieben zu sein. Das glaubt man auch dann noch, wenn man sich sagt, daß die moralischen Entrüstungen vielleicht nur Mittel sein sollen, um den Geheimrat in den Augen der Philister zu diskreditieren. Es sind nicht nur Mittel. Die Welt selbst, die dargestellt wird, ist die Welt der Enge und Spießigkeit. Philister wird es immer geben. Böse Familien wird es immer geben. Aber *diese* Philister Hauptmanns sind die Philister von 1890. *Diese* Familie ist von 1890. Man photographiere das Personenverzeichnis, und man wird die Physiognomie einer vergangenen Zeit, die Gruppenbilder verschollener Jahrzehnte sehen.
Die Vorgänge vollziehen sich zwangsläufig. Bei dieser Grundanlage der Personen muß der Geheimrat in moralischen Gegensatz zu seiner Umgebung geraten. Er kämpft für die Freiheit des Individuums, für die Freiheit der persönlichen Lebensbestimmung. ›Die Stützen der Gesellschaft‹. Das Stück ist, als ob es von Hauptmanns Vater geschrieben wäre.
In dieser verengten und altfränkischen Welt aber zeigt sich Hauptmann noch einmal als Meister. Wenn man von dem schwachen zweiten Akt absieht, der in der Gärtnerei spielt, sind die Aufzüge im alten Theatersinn stark zusammengehalten. Es wird viel Literatur gesprochen. Der Geheimrat erinnert sich gerade im äußersten Glück und im äußersten Unglück seiner Belesenheit. Aber ›Vor Sonnenuntergang‹ zeigt auch Hauptmanns Stärke: die Beobachtung im einzelnen, die Gestaltung der Figuren. Er gibt dem Schauspieler Rollen, Rollen und den Theatern Szenen, Szenen. Letzte Zusammenfassung des bürgerlichen Theaters.
Max Reinhardt ist, wie immer wenn er Menschen ausstricheln, Milieu zeichnen, Atmosphäre geben kann, auf der Höhe seiner Fähigkeiten. Er rundet die Figuren, er gibt ihnen Humor, er hellt auf und führt die großen Familienszenen des dritten Akts mit einer ebenso nuancierenden wie zusammenfassenden Kraft. Wie er den unpraktischen, unselbständigen Wolfgang in der Darstellung von Matthias Wiemann gegen seine scharfe und böse Frau, die geborene von Rübsamen, in der ebenso treffenden wie humoristischen Wiedergabe durch Maria Koppenhöfer stellt, wie er den prallen und penetranten Schwiegersohn von Oscar Sima gegen die sanfte Käthe Haack ausspielt, wie er Eleonore Mendelssohn als schauspielerisches Material für die hysterische Tochter Bettina, wie er Hans Brausewetter als frischen Sohn Egmont verwendet, das ist im Rang keineswegs unterschieden von der Vollendung, mit der er vor fünfundzwanzig Jahren die Familie im ›Friedensfest‹ durchgestaltete. Dann gibt es noch Paul Otto und Eduard v. Winterstein, den köstlichen Gülstorff als alten Freund Geiger, Helene Fehdmer und Ludwig Stoessel und – Helene Thimig als Inken. Vor dieser Besetzung hatte ich Furcht. Reinhardt aber erhielt Recht. Es war gut und nahm der Rolle manche Peinlichkeit, daß sie von

einem bedeutenden Menschen, von einer resoluten und klugen Frau gespielt wurde. Besonders der Schluß des vierten Aktes, der erst nachträglich an die Stelle des gestrichenen fünften Aktes trat, wurde durch Helene Thimig gerettet.
Kein Wort der Bewunderung aber ist stark genug für Werner Krauß. Die Bezeichnung: meisterhaft ist oft abgenutzt und als bloßes Klischee verwendet worden. Werner Krauß führt sie auf den ursprünglichen Sinn zurück. Es ist meisterhaft im höchsten Sinne des Handwerks und der Kunst, wie Werner Krauß den Geheimrat anlegt, ohne daß man hinter die Mittel seiner Charakteristik kommt. Meisterhaft, wie er einmalig und doch endgültig spielt. Wie er zugleich gestaltet, ausrundet und sprachlich formuliert; wie er einfach und stark, diskret und wirksam ist. Erschreckend der Moment, wenn in ihm das Ende dämmert, bevor er das Bild seiner Frau verschneidet. Mit einem Male wird Werner Krauß kalkbleich, ein anderes Antlitz, ein ausgewechselter Mensch. Werner Krauß hat die Meisterschaft des Theaters. Diese Rolle steht über allem, was jemals die größten Schauspieler in unserer Zeit gespielt haben. Über Bassermann, über Sauer, über Girardi, über Matkowsky, über Kainz. Eine historische Leistung.

Goethe Faust I. Teil

Staatliches Schauspielhaus Berlin, 2. Dezember 1932, Regie Lothar Müthel

Goethes hundertster Todestag hatte überall im Land Gedenkfeiern und Aufführungen veranlaßt. Hartung, der im Herbst 1931 wieder als Intendant nach Darmstadt zurückgekehrt war, hatte schon im Januar mit Wegener als Mephisto einen vielbeachteten ›Faust‹ inszeniert, in Düsseldorf brachte Gustav Lindemann beide Teile. In Berlin kam die repräsentative Aufführung im Staatstheater erst am Ende des Jahres und nach vielen Schwierigkeiten zustande. Ernst Legal, der Intendant des Staatstheaters, hatte mitten in den Vorbereitungen demissioniert, weil die Besetzung (mit Werner Krauß) nicht gelang. Die Inszenierung wurde Lothar Müthel übertragen, der seit 1928 im Staatstheater als Schauspieler stark vorgerückt und seit kurzem auch mit Erfolg ins Regiefach übergewechselt war. Mit einer Inszenierung von ›Was ihr wollt‹ hatte er sich als Regisseur endgültig bestätigt, ja, er rückte unter die Kandidaten für das Intendantenamt am Staatstheater auf. Ihm gelang es, Krauß (der im Oktober am Staatstheater unter Fehlings Regie den ›Tell‹ gespielt hatte) als Faust zu verpflichten; der Mephisto wurde ihm vom Generalintendanten der preußischen Staatstheater, Tietjen, zugewiesen. Es war Gustaf Gründgens, der bei Tietjen um die Rolle gebeten hatte. Die Besetzung erregte Erstaunen. Gründgens war, seit er 1928 endgültig von den Hamburger Kammerspielen nach Berlin (ans Deutsche Theater) gekommen war, dort als ›Tausendsassa‹ bekannt. In Bruckners ›Verbrecher‹ (s. d.) war er 1928 zum erstenmal stärker beachtet worden. Als Bacon hatte er 1931 in Bruckners ›Elisabeth‹ außerordentlichen Erfolg. An klassischen Rollen hatte er bisher in Berlin nur den Orest in Beer–Hofmanns Inszenierung der Goetheschen ›Iphigenie‹ (Deutsches Theater, 10. 6. 1930) und in Reinhardts Inszenierung von

Schillers ›Kabale und Liebe‹ den Hofmarschall von Kalb gespielt (Deutsches Theater, 9. 1931). Sonst spielte er in zweitrangigen Unterhaltungsstücken und führte in diesem Genre (z. B. für Vicki Baums ›Menschen im Hotel‹) auch Regie. Seine Filmrollen, z. B. als Robespierre in ›Danton‹ (1931), hatten ihn zu einem Hauptgesprächsthema in Berlin gemacht, das sich durch den Sensationserfolg seiner ›Figaro‹-Inszenierung in der Kroll-Oper (25. 1. 1931) verstärkte. Diese hatte eine Reihe weiterer Operninszenierungen, die meisten bei Tietjen an der Oper Unter den Linden, eingeleitet. — Mit dem Mephisto, den er 1919 und 1922 in seinen Anfängerjahren in Thale und Kiel schon gespielt hatte, bekam Gründgens seine Traumrolle. Um Klassiker spielen zu können, hatte er sich 1931 von Reinhardt getrennt. Jetzt wurde er der große Charakterschauspieler, der Rollen für Jahrzehnte prägen konnte. Als Gretchen spielte in dieser nicht unumstrittenen Inszenierung zum erstenmal Käthe Gold in Berlin.

Paul Wiegler, BZ am Mittag, Berlin, 3. 12. 1932

Der ›Faust‹ war, vor mehr als neun Jahren, eine der charakteristischen Fehlleistungen der Ära Jeßner. Daß der neue ›Faust‹ nicht zustande kam, hat Legal gestürzt. Nun hat Müthel die Arbeit beendet; und noch immer, so ausweglos die Dauerkrise des Staatlichen Schauspiels geworden ist, bedeutet der ›Faust‹ eine Intendantenprobe.
Jeßner hatte in einem Himmel begonnen, in dem die Engel unsichtbar waren. Mephisto allein kauerte vorn, ein schwarzgeflügelter Satan. Bei Müthel stehen die Seraphim vor einem Hintergrund, der mit seinen durcheinanderschwebenden Engeln in Verkleinerung primitive religiöse Malerei nachahmt. Und sichtbar ist auch der Herr, die traditionelle Stimme von oben, ein gravitätisch sitzender Gottvater, als der sogar Kraußneck in seiner Feierlichkeit desillusionieren muß. Hier erscheint schon Gründgens, Mephisto. Mit dem Lockenhaar eines lasterhaften Johannes. Er spricht den vierzeiligen Epilog, als die dunkle Gardine sich geschlossen hat.
Fausts Studierzimmer ist nicht mehr der leere Raum mit der Riesenkanzel. Der Professor klettert auch diesmal zu seinem Sessel hoch, über ein Treppchen und vieles Gestänge. Aber der Raum ist nun, was er von jeher war, vollgestopftes Magierkabinett. Der Faust, der sich darin bewegt: nicht wirrbärtig, sondern ein feiner, soignierter, schamhafter alter Herr, fast mit dem Antlitz, das Krauß als Hauptmanns Geheimrat hatte. Er seufzt, dieser Faust, zwischen seinen Versen, die er willkürlich bald klingen läßt, bald zu Parlando beschleunigt, ein Gestaltenschöpfer noch auf der Suche. Er hat dramatische Wallungen, dieser Faust, schleudert Folianten hin, haut den Knochenmann seiner Werkstatt zusammen, boxt ihn nieder, stöhnt, bevor er aus dem Becher trinkt, wirft den Pokal im Bogen fort. Wie er später, bei der Rückkehr vom Osterspaziergang, kopfschüttelnd die Schwarten wieder aufhebt und das Skelett säuberlich an seinen Platz schiebt.
Die Osternacht mit der flackernden Vision des Erdgeistes (den Granach vertritt) ist nicht mißlungen. Der Osternachmittag vor dem Tor (mit Minetti als dem »trocknen Schleicher« Wagner) hat figürliches Leben und durch eine Projektion von Berg, Luft und Tal Weite. Dann wandelt der Pudel sich in Me-

phisto, und von jetzt ab wird Gründgens der Motor des Ganzen. Er hockt unter dem passiven Faust und mit ihm auf dem Brettergerüst, kahlgeschoren, mit feistem Hals, fistelnd wie ein Eunuch aus der Burleske der ›Turandot‹. Er übermannt Faust mit seiner Frechheit und setzt ihn wie eine Puppe an dem Pfosten ab, an dem der Umgaukelte stehend einschläft. Er kostümiert sich scharlachrot, auf dem Kahlkopf das rote Käppchen mit der Feder, und ist ein dreister Lustigmacher, ein höllischer Roué. Der Pakt erfolgt unter Gelächter, Gelächter auch Fausts, und mit vergnügter Umarmung. Aber dieser Halunke, der den verlegen an seiner bordeauxroten Plüschgala herunterstarrenden Faust in die Welt führt, kennt auch die Teufelspose. Wie er aufblickt, wie er sich reckt, das hat Format.

Auerbachs Keller: ein Spaß, in dem Mephisto die Begleitung zum Lied vom Floh wie Theremin sich aus der Luft hascht. Faust sieht mit offenem Munde dem zaubernden Scharlatan zu. Die Hexenküche, gruppiert um einen fetten Transvestiten, die Oberhexe von Wäscher. Dann, nach schleppendem Vorspiel, fängt die Gretchen-Tragödie an. Auch sie mit Aufmischungen der Regie: Faust stolpert über die Stufen zu Gretchens Dachkammer. Mephisto und die Marthe von Elsa Wagner, das derbe Duo, drängen sich vor. Aber das Liebespaar wird freier und freier. Krauß ist verjüngt zu einem spitzbärtigen Egmont, mit dem Zögern eines ›großen Hans‹, eines ›Bruders Liederlich‹, der ungeschickt abenteuert. Sein Gretchen trägt ihn mit sich durch ihr Gefühl, gewinnt ihm die Weichheit des Schwärmers ab, beseelt ihn zum hingerissenen Träumer in dem leidenschaftlichen Gestammel der Zwiesprache auf der Gartenbank.

Käthe Gold, die Wienerin, die als Gast München mit Berlin vertauscht hat, von der Klasse der Wessely, ist eines jener Talente, die schon im ersten Anlauf bezwingen. Denn man spürt ihre Hingegebenheit, ihre vom Körperlichen, vom Schlag des Herzens herrührende Innigkeit. Wohl ist ihre Kindesmörderin nicht so volkhaft wie die naturalistische der Wessely. Aber sich sehnend, staunend, abwehrend, sich eröffnend ist sie ein Gretchen von süßer Traurigkeit. Und traurig-schwach, mädchenhaft bleibt sie am Brunnen, im inbrünstigen Gebet zur Gottesmutter, und noch in dem erschütternden Schrei des Wahnsinns.

Diese letzte Szene, die Kerkerszene, naht gegen Mitternacht, als die Kurve der Inszenierung sich gesenkt hat. Nach Bildern aus der deutschen Stadt, ohne den Milieureiz der Architektur, die doch Zweigenthal, dem Ausstatter, hätte liegen müssen. Valentin, mit der stets bereiten Kraft von Walter Franck, wird vor grauen Planken getötet. Die Domszene wirkt am stärksten mit musikalischem Ausbau, in drohender Finsternis. Auch die Walpurgisnacht hat Effekte eines Spuks, der vor Lächerlichkeit bewahrt wird. Die Gold als weißer, stumm klagender Schemen in der Mitte des gellenden Chors.

Sie, Krauß, Gründgens und Müthel haben die Ehren des Abends, der eine ›Faust‹-Serie einleitet. [...]

Herbert Pfeiffer, Berliner Fremden-Zeitung 3. Dezember 1932

Am Anfang steht der Bruch einer Tradition: Gott-Vater sitzt sichtbar und leibhaftig auf seinem Thron, die Erzengel umstehen ihn dienstbereit mit ihren Emblemen. Gott spricht mit dem wundervollsten Organ; man muß etwas von seinem Alter haben, um darüber zu verfügen. Die sakrale Ornamentik und die feierliche Sicherheit Arthur Kraußnecks ist voll von Majestät. Dafür ist seine Maske die eines schütteren Weihnachtsmannes. Hier hätte der klassische Kopf des Alten in Michelangelos Darstellung studiert werden müssen. Alle übrigen Bühnenbilder und Masken Zweigenthals haben Maß und Profil, Atmosphäre und Atem. Die Osterlandschaft hat Dürers, der Brocken Pieter Breughels, der Kerker Rembrandts Gesicht, die niederländische und deutsche Welt lebt in jedem Bühnenaufbau.

Im Studierzimmer des Doktor Faust tritt Werner Krauß mit dem Umriß einer Weltfigur ins Mondlicht. Er verdichtet seinen Monolog zu einer massiven Selbstbefreiung; klangvoll, ohne pompöse Wortgewitter, fast leise schwingen sich seine Sätze durch den Raum. Ein Mann, der gelebt hat, und seine Erkenntnisse revidiert, weiter leben will und sich zu anderen Wegen wendet. So groß ist hier Krauß, daß die Konzentration auf diese Monologe ihn für den weiteren Verlauf des Dramas matt setzt. Denn jetzt betritt ein urkräftiger, auch körperlich riesenhafter Kerl den Raum und reißt sofort die Führung an sich: der Mephisto des Gustaf Gründgens. Kein Satan mit Hörnern, eher einer, der dem anderen welche aufsetzt. Ein Zuhälter mit kahlem, kaltem Schädel. Ein Bursche, als käme er aus Dostojewskijs Totenhaus und als hätte er die Gerissenheit an allen Börsen der Welt studiert. Der Furor der Hölle fegt zum Schornstein hinein. Zuerst scheint es, als gäbe es ein großes schauspielerisches Duell. Aber Mephisto schläfert durch seine Geister Faust ein und stellt ihn leblos in die Ecke. Von hier an gerät Krauß immer mehr ins Hintertreffen. Man fragt sich: was ist mit Krauß? Er unterliegt ganz einfach der Gründgensschen Suggestion. Er wird lustlos, mürrisch. Nach der ersten Pause wäre er bereits durch hundert andere zu ersetzen. Inzwischen ist der rote Schieber zum Protagonisten geworden. Sein Reich ist größer als das des Dschingis-Khan. Hinreißend, wie Gründgens gegen die Kirche lästert und tobt, dabei selbst ein Jesuit, nur klüger und mächtiger als alle Kardinäle zusammen. Ein Genuß ohnegleichen, wenn er Frau Martha Schwertlein (derbkokett von Elsa Wagner hingeschäkert) aufgeilt und sich dann drückt. Das Paar wird in dieser Darstellung zu der Fleisch und Geist gewordenen Ironie aller Liebe. Noch einmal hat Krauß die Chance, den Abend für sich zu retten; wenn Faust zur Verteidigung und zur Offensive gegen Mephisto vorgeht. Gründgens läßt kein Wort ungenutzt; er spielt durch Krauß hindurch, spielt ihn an die Wand. Der erste Schauspieler Deutschlands verlor an diesem Abend eine Position; Gründgens spielte sich in die vorderste Front. Ein solcher Mephisto kehrt höchstens alle fünfzig Jahre einmal wieder.

Für das Gretchendrama, die Tragödie – um sie einmal beim rechten Namen zu nennen – der sozialen und kirchlichen Barbarei war Käthe Gold aus Wien eingesetzt. Sie stand zum erstenmal auf einer Berliner Bühne. Mit gradezu heroischer Bravour kämpfte sie ihre anfängliche Befangenheit nieder. Als sie zum zweitenmal erschien, war sie sicher und frei, und nun entwickelt sie einen Tragödienstil, wie ihn nur das unverdorbene Wesen frischen Blutes erzwingen kann. Am Brunnen, im Dom, in der Wahnsinnsszene im Kerker – ein ergreifender Mensch, ein Weib von Hingabe und Opferfähigkeit. Käthe Gold gewann an diesem Abend ihren Start.

Der Regisseur Lothar Müthel, mehr zu kontrollieren außerhalb der drei Hauptfiguren, beherrschte mit sicherem Blick die Proportionen der Bühne. Die

Walpurgisnacht: ein herrlich bewegter Sabbat. Hier und in der Kirche erscheint Aribert Wäscher als oberste der Hexen im tollen Spuk von Maske und Stimme. Der Valentin Walter Francks, der Schüler Veit Harlans, der Wagner Bernhard Minettis, Bildts und Floraths Gesellen in Auerbachs Keller: alles überzeugende Studien.
Der Beifall nimmt zum Schluß frenetische Ausmaße an. [...]

Herbert Ihering, Berliner Börsen-Courier 3. 12. 1932

Eins kann man nicht leugnen: Spannung erzeugt ein Schauspieler wie Gustaf Gründgens, wo immer er auftritt. Es ist nicht leicht, die reservierte Haltung eines Staatstheaterparketts zu durchschlagen. Dieses Publikum hat schon manchen müde gemacht. Gründgens wirbelt durcheinander. Er setzt sich durch. Er reizt auf. Aber er zwingt die Leute zuzuhören, ja oder nein zu sagen.
Die Durchbrechung der Langeweile ist im Staatstheater ein Ereignis. Womit aber erreicht Gründgens diese Wirkung? Was spielt er? Den Mephisto? Gründgens spielt den Agenten Fausts, einen Manager Schmelings, einen Stellenvermittler der Hölle. Er agitiert und treibt an, ein Demagoge, ein Unterhändler. Er engagiert Faust für eine Weltreise und versucht seinen Champion in Form zu bringen. Er macht ihm gute Laune durch Zauberkunststücke. Er ist der Theremin, der in Auerbachs Keller Töne aus der Luft greift. Gründgens inszeniert mit dem Schüler eine komische Oper nebst Tanz- und Springeinlagen. Er ist Regisseur, der den Mitspielenden und dem Publikum vormacht, wie Giampietro und Kainz einige Mephisto-Szenen gespielt hätten. Er ist Festarrangeur auf einem Wohltätigkeitsbasar. Er ist Rundfunkansager, der über die neueste Station von Fausts Wanderung berichtet. Er ist Reporter und Ballettmeister. Er ist Feuilletonredakteur, der den Text des Mitarbeiters Goethe ›einrichtet‹, (fast alle Stellen fette Borgis, ein Achtel durchschossen). Er ist Kabarettsänger und Charleys Tante, Kavalier und zierige Dame. Er blitzt und funkelt. Er spielt ein naives Zaubermädchen mit lächelndem Snobismus. Er spielt hundert Variationen über das Thema Mephisto, aber niemals das Thema selbst. Er spielt Bemerkungen zum Mephisto, witzige Fußnoten gegen die Goethe-Philologen, aber niemals den neuen, modernen Mephisto selbst.
Im äußersten Gegensatz zu ihm steht Werner Krauß als Faust. Er scheint augenblicklich eine Entziehungskur durchzumachen, eine Entziehungskur an ›Bedeutung‹, an ›Tremolo‹, an betonter Wirkung. Krauß entzieht der Rolle die deklamatorischen Wirkungen. Er ist still und einfach. Er gliedert und nuanciert wundervoll. Aber er findet noch keine neue Zusammenfassung. Was er unterläßt, ist oft stärker als das, was er tut. Er ist noch unsicher. Ihn lähmt die Atmosphäre im Staatstheater. Ein großer und reifer Schauspieler nimmt sich wieder in Schule, um zu neuen Wirkungen zu kommen (die er noch nicht erreicht). Er geht ins andere Extrem. Er spielt einen ungeschickten Träumer, fast einen Taugenichts von Eichendorff, wenn er mit Mephisto und mit Gretchen zusammentrifft. Krauß schien sich verstiegen zu haben und will den Rückweg finden. Dabei soll man ihm helfen.
Faust ist immer die undankbare Rolle gegenüber dem Mephisto. Faust ist eine unmimische Rolle, eine Rolle ohne Gesten; und kann deswegen, die Konsequenz auf die Spitze getrieben, von einem geistigen Dilettanten mit Sprech-

begabung beinahe eher als von einem großen Schauspieler gegeben werden. Seit Jahrzehnten hat kein Faust-Darsteller einen durchschlagenden Erfolg gehabt. Mephisto ist dagegen die mimische, die gestische Rolle an sich. Das setzt den Mephisto-Darsteller von vornherein gegen den Faust-Spieler in Vorteil. Und das Gretchen? Auch in dieser Rolle wird es einer modernen Schauspielerin immer schwerer werden, den Einklang zwischen Geste, Sprachform und Gefühl zu finden. Käthe Gold, die schon in Breslau und München das Gretchen spielte, schien in den ersten Worten sich mit mimischen Übernuancierungen helfen zu wollen. Sie zerlegte die Worte mit Mimik. Die Schauspielerin schien mit der Sprecherin zu kämpfen, Empfindung mit Ausdruck, Schulung mit Persönlichkeit. Käthe Gold ist ein großes Talent. Ihre Ausdruckskraft war im Gebet stark, im Religionsgespräch vielfältig und nuanciert. Käthe Gold hat Nerven, Instinkt und eine Intelligenz, die scheinbar anders will. So erschien mir die Kerkerszene etwas absichtlich, bis Käthe Gold in Schreien und Ausbrüchen eine Leidenschaft offenbarte, die die Form durchbrach und ›Sturm und Drang‹ war.

Fast in allen Goethe-Aufführungen wird man beim Schauspieler einen Widerstreit zwischen Wort und Geste finden. Nicht bei den grotesken Figuren, die von vornherein auf Mimik abgestellt sind, wie bei der Hexe, die Aribert Wäscher kühn und großartig spielte, wie bei Marthe Schwertlein, die Elsa Wagner, wie bei dem Frosch, den Walter Bluhm gab. Aber schon der Wagner (Bernhard Minetti) kommt um diese Schwierigkeit kaum herum.

Goethe-Dramen zerfallen in Sprechpartien und mimische Partien. Darum ist die Inszenierung Goethes kein gültiger Beweis für oder gegen einen Regisseur. ›Faust‹ ist ein Spezialfall. Lothar Müthel hatte an dieser Vorstellung sehr gearbeitet. Man spürte seine Einwirkung in dem Versuch des sprachlichen Ausgleichs, im geglückten Versuch, naives, musikalisches Theater zu geben. Er hatte eine Unterstützung in dem Bühnenbildner Hermann Zweigenthal und dem Komponisten Hermann Simon. Man hat selten einen so theatermäßigen, sinnlich unterhaltenden ›Faust‹ gesehen. Aber es fehlte die Zusammenfassung, der Versuch, eine einheitliche Form, einen einheitlichen Stil zu finden.

Alfred Kerr, Berliner Tageblatt 3. 12. 1932
I
Als noch alles im Gange war, wurden die ersten Eindrücke des Abends mitgeteilt. [...]
II
[...] »Es scheint eine gutgegliederte Zaubervorstellung zu werden. Krauß ist ein verhältnismäßig gemütsruhiger Faust; ein Herr Professor; fast in der Maske eines evangelischen Geistlichen. Er artikuliert herrlich. Die Grundzüge sind: Artikulation und Kraft... Gründgens sieht als Mephisto aus wie eine Leiche mit dämonischem Blick. Auch er höchst fesselnd... Es wird spät werden. Gretchen ist noch nicht mal verführt.«
III
Nun ist es ihr doch geschehn. Nun hat sie den Ausruf, ihr graue vor Heinrich, so gewandt unterlassen, so durch Silbverschluckung unterdrückt, wie gar manches zuvor. »Trank nie einen Tropfen mehr«? Sie kam hörbar nur bis zur Feststellung des Trinkens; den Tropfen ließ sie fallen. »Ach neige, du Schmer-

zenreiche« wehvoll genuschelt, trug viel zur gelungenen Verheimlichung des Wortlauts bei.
Ein Standpunkt ist jedoch vertretbar: für unbestimmtes Leidgeächz könnten auch schlechtere Versworte zum Ausgang, zur Unterlage dienen; ja oder nein?

IV

Die Darstellerin, Käthe Gold, weckt bei alledem das Gefühl: sie ist eine Begabung, – todsicher kein Gretchen. Vielleicht für scharfe Sachen bestimmt. Ihr Antlitz (etwas längliche Nase, vorstehende Backenknochen ... denn der Zufall einer Gesichtsbildung spricht selbstverständlich in der Schauspielkunst mit) weist auf Rollen von entschloßner Kraßheit. Wie etwa die Koppenhöfer sie übernimmt. Oder auf Humor. Was für eine Marthe kann sie künftig sein. (Aber warum hat man sie dann für das Grundbild des unbewußten süßen Mädels geholt? hä?)

V

Am Beginn des Abends wurde Gottvater nicht nur, wie sonst gehört, sondern gesehn: im hellstrahlenden Himmel; ein wenn auch nicht gebührend semitischer, so doch etwas orientalischer Herr. Zu seinen Füßen die massiveren fleischernen Engel; in der Höh' die bloß angemalten (die man zuerst für Edelweiß hielt, aber dann wegen ihrer gleichbleibenden Schwimmübungen erfreut als Angestellte des Jenseits wahrnahm).
Gottvater, da Kraußneck ihn wunderbar sprach, wurde beinah ehrenvoll gerufen.

VI

Wenn man jetzt, vorgreifend, rasch den Eindruck zusammenfassen soll: – es gab herrliche Bilder (von H. Zweigenthal), kein Gretchentrauerspiel (denn wer trauerte?; einen kühlen, herrlich wortgliedernden Faust im Beginn; keinen Feurig-Verjüngten, keinen Liebhaber-Faust: aber einen Mephisto.
Der Abend hieß, geistpoetisch gesehn, Gustaf (dieser Vorname läßt sich nicht verheimlichen) Gründgens.

VII

Krauß bleibt als technischer Zerleger von Versen und als ihr Töner fabelhaft. Kaum übertroffnen Ranges. Ein Nachklingen gibt es nicht: aber ein Bemeistern.
Er ist im Studierzimmer (dessen Unordnung man der Reinigungswut in Haushalten als Argument entgegenhalten soll!) zwar von keinem tiefen Schmerz durchsehrt. Jedoch von einem Zorn gepackt. Und er kargt sogar nicht, wenn die Himmelslieder schallen, mit der hier verlangten Erschütterungsgebärde.
Den Denkgehalt des Monologs hat noch keiner so klar gesprochen. Das ist etwas. Das bleibt etwas. Was er da will, scheint: Kraft und Unempfindlichkeit. Man muß ihm jedenfalls danken.

VIII

Hernach, als Gretchens Trautgesell, Abgott, Lebenswecker ... pensioniert er sich. Sowas von Phlegma, von Halbstimmung, von schwerfälliger Schlafsucht, von erzwungenem Unbeteiligtsein: das ist noch nie dagewesen. (Der Monolog hat ihn ausgeschöpft, verschluckt. Wie die Gold den Goethe.)

IX

Sein Erdgeist, Granach, bietet in einer Singsprache mit Exotik freilich Starkes, was nicht spurlos auf ihn bleiben kann. Sein Famulus, Minetti, hält sich aus

Literatenangst vor Übertreibung diesmal farblos. (Wie sogar Walter Franck; der einen Valentin mehr hinsagt als zeichnet.) Harlan jedoch, Schüler, hat den Mut zur Zeichnung ... von was Ulkig-Tumbem.

X

Vorwärts, mit den Einzelheiten. Marthe, jetzt Elsa Wagner, spielt sich von selbst; hat nie versagt. Doch eine Hexe wie den Aribert Wäscher, mit fett schwellenden Protuberanzen, hachnein, – suchen sollt ihr das.

XI

Der Spaziergang ist, mit fürchterlicher Buntgewandung, nicht mal dem Zweigenthal (einen Urnengruß an Aravantinos!) geglückt. Daran fehlt's immer. Späterhin, im Dom, läßt Müthel den bösen Geist fast antikirchlich (Wotanskult?) aus einen Pfaffenchor summen, fauchen, litaneien. Aber es ist ein virtuoses Hörbild.
Herrlich dann wiederum der Zweigenthal mit einer hochgemauerten Außenumgebung der Domwände. (Diese Bilder machen jene genannte Zaubervorstellung.)

XII

Auch sonst hieße hier mittelmäßig nicht müthelmäßig: weil eine Walpurgisnacht voll Tapferkeit, wenngleich mit gebotener Kürze, beigefügt wird. (Nur Gretchen zu weit im Hintergrund, wenn sie mit geschlossenen Füßen gehn soll – in der tiefsten Gretchenszene.)
Ja, weil alles groß und kleine Himmelslicht, wie der heimgegangene hochbegabte Verfasser gewollt hat, in Betrieb tritt. Weil durch das Sinnliche die geistige Spannung am Nachlassen verhindert wird. Und weil...

XIII

Gründgens den Mephisto spielt.
Las er, wie Kainz ihn gespielt hat? (Gesehn hat er ihn kaum.) Ein Zeuge des Damaligen (er wird hier nicht genannt) sah staunend an Kainz was Mephistophelisch-Neues. Vielleicht eine Gestalt nicht von Goethe, sondern von Byron.
»Ein Engel. Ein Verdammter noch im Lächeln. Ein in Spott und Bewegsamkeit von Melancholie Umleuchteter, Umflatterter. Schwermut ist zu lyrisch: – Mißmut. Hinter allen Teufeleien lag etwas wie die Erinnerung an... einmal Geschehenes; und an Verstoßensein. Ich kann es nicht vergessen. Ein Bedauern, daß ihm diese lieblichere Welt verloren blieb. Und als er Gretchen erblickte, brach es, für mein Gefühl, unauslöschbar durch – er sah sie an, es regte sich etwas... ›als ich noch Prinz war von Arkadien‹... Als ob man jenseits, von einem Gestade, zurücksähe, plötzlich, auf etwas Nichtmehrzuerreichendes. Aus...! Einst...!« (– ›Die Welt im Drama‹).

XIV

Gründgens besaß nicht alles das. Doch er ist, ist, ist einer von den Unsren. Mit ironischem Geist... und mit einem Schimmer von – beinah Sehnsucht, die nicht vortritt. Ein »Gegenschöpfer« (hat nicht Lenau so den Mephistopheles genannt?) Ein, im Grunde, Rechtsuchender; ein das Weltethos Überblickender; ein witziges Nachprüfender. Mehr als Faust. [...]

XV

Gründgens, in seinem Beginn mißkannt, dann keß im Aufstieg, ist in diesem malerischen und verständlich gegliederten Faustversuch (ohne Gretchen, ohne Liebhaber, ohne Schmerz), nochmals, das sicherste Plus. Neben Zweigenthal.

1933

Hitler wird von Hindenburg zum Reichskanzler berufen (30. 1.). Reichstagsbrand (27. 2.). – Verbot der sozialdemokratischen und kommunistischen Presse. Die Reichstagswahlen im März bringen den Nationalsozialisten 44 Prozent der Stimmen. Ermächtigungsgesetz. Einsetzen der NS-Propaganda. Erster Boykott jüdischer Geschäfte. – Ende der Weltwirtschaftskrise. Beginn der nationalsozialistischen Theaterpolitik. – Göring beruft als Preußischer Ministerpräsident den Weimarer Intendanten Ulbrich zum Intendanten des Berliner Staatstheaters. – Reinhardt, der im Januar noch durch den zunehmenden antisemitischen Druck die Direktion Martin-Beer durch die ›arische‹ Duisberg-Neft abgelöst hatte, werden die Berliner Theater entzogen. Am 16. Juni schreibt er aus Oxford an die nationalsozialistische Regierung: »Ich verliere mit diesem Besitz nicht nur die Frucht einer siebenunddreißigjährigen Tätigkeit, ich verliere vielmehr den Boden, den ich ein Leben lang bebaut habe und in dem ich selbst gewachsen bin. Ich verliere meine Heimat. Was das bedeutet, brauche ich denen nicht zu sagen, die diesen Begriff über alles stellen. – Das Deutsche Theater ist nunmehr ein halbes Jahrhundert lang nicht nur für Berlin, sondern für ganz Deutschland die Stätte gewesen, an der die künstlerischen Entwicklungskämpfe der deutschen Bühne ausgetragen und zum Sieg geführt wurden. [...] [Es] gehört zum Nationalvermögen Deutschlands. [...] Wenn ich nun aus den gegebenen Umständen die einzig mögliche Folgerung ziehe und dem Staat meinen Besitz überlasse, so nehme ich mit gutem Gewissen die Überzeugung mit mir, daß ich damit eine Dankesschuld abtrage für meine langen und glücklichen Jahre in Deutschland.« – Zu diesem Zeitpunkt haben führende Kräfte des deutschen Theaters Deutschland schon verlassen. Z. B. Fritz Kortner am 31. Januar zu einer Auslandstournee, von der er nicht nach Deutschland zurückkehrt. Kerr geht im Februar, Brecht Ende März über die Grenze. Ganze Gruppen von Schauspielern emigrieren wie die ›Truppe 1931‹ unter der Leitung von Gustav von Wangenheim. Das erste im Exil entstandene deutsche Stück ›Professor Mamlock‹, von Friedrich Wolf, wird – mit Alexander Granach in der Hauptrolle – am Kaminski-Theater in Warschau uraufgeführt: auf jiddisch, in Deutsch am 8. November 1934 am Zürcher Schauspielhaus (unter dem Titel ›Dr. Mannheim‹). – Regie führte Leopold Lindtberg. Es spielten: Kurt Horwitz (Mamlock), Leonard Steckel, Wolfgang Langhoff. Das Zürcher Schauspielhaus wurde (bis 1945) der Sammelort für Schauspieler, Regisseure und Autoren, die das Theater der Republik mit geprägt hatten. – Es hielt die Tradition des republikanischen Theaters – vorerst noch mit Österreich zusammen. – Reinhardt inszenierte seinen Faust nicht mehr in Deutschland, sondern im August 1934 in der Salzburger Felsenreitschule (mit der berühmten Fauststadt). – Zuckmayers neues Stück ›Der Schelm von Bergen‹ wurde im November 1934 im Burgtheater uraufgeführt. – Brecht kam nur noch in Zürich auf das Theater.

Goethe   Faust II. Teil
Staatliches Schauspielhaus Berlin, 22. Januar 1933, Regie Gustav Lindemann

Auf Müthels Inszenierung des ›Faust I‹ folgte sechs Wochen später der zweite Teil. Schon im Herbst war für die Regie der Düsseldorfer Theaterleiter Gustav Lindemann gewonnen worden, der zusammen mit seiner Frau, Louise Dumont, und unter der Mitregie von Franz Everth im April 1932 die große Faustaufführung im Reich geschaffen und damit zugleich seine eigenen Klassikerinszenierungen gekrönt hatte. In etwa hundert Proben war sie sorgfältig vorbereitet. Eduard Sturms Bühnenbilder zeigten stilisierte Vereinfachungen und viele Projektionen. Peter Esser hatte den Faust, Fritz Valk den Mephisto, Louise Dumont Frau Sorge (»wie das Symbol der Zeit, in der wir lebendig sind«, K. v. Felner) und Erichto gespielt. Es war ihre letzte gemeinsame Arbeit mit Lindemann, am 16. Mai 1932 starb sie. Die Düsseldorfer Aufführung, in der der große Verzweiflungstanz Mephistos gerühmt wurde, hatte eine begeisterte Presse. »Hier vollzieht sich ein szenisches Blühen von zauberhafter Kraft und Wahrhaftigkeit. [...] Die gewagtesten Dinge sind nicht bloß gewagt, sondern auch gewonnen«, hatte Karl von Felner am 21. April 1932 resümiert. Daß Lindemann, ein Regisseur ›aus der Provinz‹ für die Berliner Inszenierung verpflichtet werden mußte, wurde als Symptom für die allgemeine Krise verstanden, in die das Berliner Theater geraten war. – Die Verpflichtung Lindemanns war eine Sicherung in künstlerischer Hinsicht. Der Erfolg seiner Inszenierung war schon bestätigt, als er in Berlin mit den Proben begann. Er wiederholte die Düsseldorfer Konzeption, die er »eine Revue des Geistes« nannte, in Berlin. Sie wurde der letzte große Theatererfolg in der Republik, ihr ›Schwanengesang‹. Seit Reinhardt 1911 Faust II mit Kayßler

als Faust und Bassermann als Mephisto inszeniert hatte, war dies die erste Neuinszenierung in Berlin, und das von den politischen Tageskämpfen, der Trivialisierung des Zeit-Theaters ermüdete Publikum war unerwartet aufnahmebereit. »Die innerlich müdeste, zerrissenste, vom Tag gequälteste Zuschauerschaft, die seit langem in einem Parkett saß, wird verjüngt vom Glanz dieses Werks«, schrieb Manfred Georg.
In der Zustimmung zu Lindemanns Inszenierung trafen sich noch einmal sozialistische, bürgerliche, liberale, nationale und nationalistische Kritiker. Wie in der Inszenierung des ersten Teils spielten Krauß den Faust und Gründgens den Mephisto, aber schon im Februar übernahm Walter Franck den Faust und Alexander Granach den Mephisto und Hildegard Büren die Helena (s. Rez. Pfeiffer), später Lothar Müthel den Faust und Bernhard Minetti den Mephisto. Die späteren Faustinszenierungen von Gründgens sind von diesen Inszenierungen abgeleitet. Kerr schrieb nach dieser Aufführung seine letzte große Rezension, bevor er ins Exil ging.

Karl Heinrich Ruppel, Kölnische Zeitung 31. 1. 1933

Dreierlei macht das Ereignis dieser Aufführung aus. Zum ersten: daß sie das herrlichste, tiefste und weiteste deutsche Gedicht, die gewaltigste deutsche Tragödie und die überlegenste deutsche Komödie zugleich als das sinnlich packendste deutsche Theaterstück auswies. Zum zweiten: daß sie Würde und Ehre des Berliner Theaters und seines Publikums im Augenblick der äußersten Gefährdung und Bedrohung rettete. Zum dritten: daß sie dem von den amtlichen Stellen seiner Wahlheimat Düsseldorf so schnöde behandelten Künstler Gustav Lindemann die Genugtuung gab, die letzte, edelste Frucht seines gemeinsamen Lebenswerkes mit Louise Dumont zum wichtigsten Erfolg einer in ihren Zusammenbrüchen und Umwälzungen beispiellosen Berliner Spielzeit werden zu sehen. Gegen die Widerstände des fremden Bodens, gegen die überhebliche Zweifelsucht einflußreicher hauptstädtischer Cliquen gegenüber dem Mann aus der ›Provinz‹, gegen den von Herrn Tietjen zugrunde gerichteten Betrieb des Staatstheaters ist dieser Erfolg erkämpft – der Sieg einer geistigen Leidenschaft für ein geistiges Werk. Dem Staatstheater nicht nur, dem Berliner Theater überhaupt ist damit der Weg für die Zukunft gewiesen. Hätte Berlin die Gesinnung, die Louise Dumont und Gustav Lindemann siebenundzwanzig Jahre hindurch in Düsseldorf bekundet haben, für sich gezeigt: es wäre weder zum System Rotter noch zum System Tietjen gekommen.
Die Frage nach der Aufführbarkeit des ›Faust II‹ erledigt sich für eine Generation, die das unheimlich Aktuelle des Problems und seiner Form spürt, von selbst. Es gibt für uns kein wichtigeres, kein zeitgemäßeres dramatisches Werk. Es gibt keine Dichtung, in der das Bekenntnis zur Aufgabe des deutschen Menschen inbrünstiger, das Gelächter über seine Fehler und Narreteien gewaltiger wäre als in diesem höchsten, reichsten, schönsten Denkmal unsrer Sprache. Fausts Werk ist für unsre Stunde getan, Mephistos Spott ist zu unsrer Stunde gesprochen. Als der ironische Kommentar, mit der er die Schlacht des vierten Aktes begleitet, bei der Stelle »Zuletzt, bei allen Teufelsfesten, wirkt der Parteihaß doch zum besten« angekommen war, ging eine

Welle der Bewegung durch das Publikum. Der Stumpfeste ahnte, wer die Schlacht schlug, die hier im Bühnenlärm sinnbildlich an sein Ohr drang. Es gibt keinen Augenblick, in dem die Wirkung dieses die theatralische Entwicklung eines ganzen Jahrhunderts vorausnehmenden Dramas auf den Zuschauer aussetzte. In der Papiergeldszene, im Gespräch Mephistos mit dem Baccalaureus, in der Schlacht ist es die unmittelbare Beziehung zur Gegenwart, die ihn mitreißt. Im Mummenschanz und in der Klassischen Walpurgisnacht bildet die sinnliche Fülle des Verses, die Bewegung der ständig wechselnden Bilder ein Fest für Ohr und Auge, im Helena-Akt bezwingt das Gedanken-, im fünften Akt das Seelendrama. Das ›komplexe‹ Drama verlangt als Ideal freilich den ›komplexen‹ Zuschauer; ein Publikum, das ebenso gebildet wie erlebnisfähig, ebenso ernst wie witzig, ebenso geistig überlegen wie sinnlich empfänglich ist. Es ist die Magie dieses einzigartigen Stückes, daß es ein Publikum, das von Haus aus diese Forderung nicht erfüllen kann und nie wird erfüllen können, wenn nicht zu einem Ring, so doch zu einer Kette zusammenschließt, deren jedes einzelne Glied die Wirkung, die es empfängt, ans nächste weitergeben kann. Wem die Kaiserhofszenen zu lockeres Opernspiel sind, der wird sich an die antike Strenge des dritten Aktes halten. Wer des Homunculus Bemühen, Leib und Dasein zu gewinnen, mit minderer Anteilnahme verfolgt, den wird Fausts Landgewinnung um so stärker fesseln. Von allen Seiten dringt Goethe auf den Zuschauer ein; er reizt ihn als alter Hexenmeister, er bezaubert ihn als geheimnisreichster Naturpoet, er unterhält ihn als witziger Festarrangeur, er belehrt ihn als weiser Philosoph, er erzieht ihn als skeptischer Politiker, er ergreift ihn als tragischer Seher, und er erschüttert ihn als kosmisch Liebender. Große Oper und lyrische Tragödie, Revue und Mysterienspiel sind die Formen, unter denen sich dieses Eindringen vollzieht. ›Faust II‹ greift vor zu den Mitteln des neuesten Theaters und zurück zu denen der Jesuitenbühne. Nicht nur literatur-, sondern auch theatergeschichtlich ist er ein Gipfelwerk.

Es gab eine Zeit, in der ›Faust II‹ wesentlich unter dem Gesichtspunkt dessen, was in ihn ›hineingeheimnist‹ war, betrachtet wurde. Es war die Zeit des übersteigerten Bildungsdünkels, der ängstlich darauf hielt, daß nicht ›alle‹ alles von diesem Werk wußten. [. . .] Er galt als das Kommentarstück schlechthin und die Bühne, statt sich theatralisch anregen zu lassen, ließ sich philologisch entmutigen. Es war einer der bezeichnenden Irrtümer des ausgehenden 19. Jahrhunderts, hervorgerufen durch die blinde Ehrfurcht vor der Autorität der Wissenschaft. Sie, nicht das Theater, hat ›Faust II‹ für unaufführbar erklärt. (Goethe selbst zu diesem Punkt: »Wenn sie den Stein der Weisen hätten, der Weise mangelte dem Stein.«)
Gewiß ist das Drama nicht naiv zu spielen, nicht mit naiven Sinnen zu genießen. Es muß geistig begriffen sein, im Wort ausgehorcht, um seinen Sinn befragt werden. Aber dazu bedarf es nicht des Umwegs über Kommentare. Das Stück steht, wie die Theatersprache sagt, von selbst – freilich, sofern dieses »selbst« erkannt ist. Diesen ersten und obersten Nachweis zu liefern, ist in Gustav Lindemanns Inszenierung, mag sich auch Schwächeres deutlich vom Vollendeten abheben, restlos gelungen. Der große Unterschied dieser Inszenierung gegenüber dem ersten Teil war der, daß der Regisseur Lindemann Bild und Plan seiner Arbeit völlig beherrschte, während der Regisseur Müthel

den ersten Teil von Szene zu Szene ertastete. Und dies wiederum, weil Lindemann das Gesetz der Goetheschen Sprache erkannt hat, während Müthel es vergeblich zu erraten suchte. Denn aus dem Wort, dem tiefsten, feierlichsten, süßesten und witzigsten Wort der deutschen Sprache muß das Sinngedicht gestaltet werden, so sehr es auch den Apparat des Theaters verlockt und beansprucht. Dem Wort läßt darum die Düsseldorfer Bearbeitung, die Lindemann auch seiner Berliner Inszenierung zugrunde legt, den weitesten Raum; es gibt keine Bühneneinrichtung des zweiten Teils, die mit Strichen vorsichtiger, behutsamer wäre. Wer wie ich, die mörderische Barbarei, die die ›Einrichtung‹ der gesamten Tragödie für einen Spielabend am Wiener Burgtheater darstellt, mit angesehen hat, der wird der vorbildlichen dramaturgischen Arbeit des Düsseldorfer Schauspielhauses mit besonderer Dankbarkeit gedenken.

Die Berliner Aufführung trägt großartigen Zug in die Kaiserhofszenen und in die beiden Schlußakte. Ist es zu Anfang das reiche, belebte, in musterhafter Klarheit durchgeführte Wechselspiel der Milieu- und Episodenfiguren – unter ihnen die ausgezeichneten Sprecher Otto (Kaiser), Bildt (Kanzler), Heinz (Schatzmeister) – so wird der vierte und fünfte Akt von dem immer grandioser sich entfaltenden Faust von Werner Krauß getragen.
Wenn irgendein Einzelzug etwas über Lindemanns Leistung auszusagen vermag, so ist es seine Arbeit mit diesem Schauspieler. Nicht nur, daß jede Erinnerung an die fragwürdige, unsichere, unergriffene Darstellung des ersten Faust getilgt war, nicht nur, daß Krauß von dem gefährlichen Irrweg, den er in dieser Spielzeit schon mit seinem Tell betreten hatte, zurück- und wieder zu sich selbst gebracht worden ist; er knüpft unter Lindemanns Leitung wieder unmittelbar an seine allerbeste Zeit, an jene Leistungen an, die ihm den Ruf des größten deutschen Schauspielers eintrugen. Er ist bedeutend im Goetheschen Sinn, ohne falsche Monumentalität. Er spricht die Verse, die im ersten Teil nichts als rhythmische Figuren waren, jetzt herrlich; er offenbart den Sinn, ohne die Form zu zerstören, er braucht keine naturalistischen Hilfsmittel mehr (auf die der Veteran des Staatstheaters, Dr. Max Pohl, als Philemon mit Krächzen und Drücken nicht verzichten will), er ist schwungvoll, ohne leer zu werden. Die Szene der Erblindung mit der suggestiv sprechenden Sorge Maria Koppenhöfers gehört zum Großartigsten, was heute auf dem deutschen Theater zu sehen ist. Hätte die Aufführung nichts andres fertiggebracht, als Krauß wieder zum Bewußtsein seiner künstlerischen Kraft zu bringen, sie wäre notwendig gewesen. Die wunderbare Beseeltheit, mit der er als *Doctor Marianus* die Anrufung der Madonna spricht, bedeutet noch einen neuen Ton, *noch* eine neue Steigerung.
Auch der Mephisto von Gustaf Gründgens ist gesteigert, erhöht, tiefer hineingewachsen in das geistige Prinzip, das er zu verkörpern hat. Man merkt es eigentümlicherweise am meisten in den Kaiserszenen, in denen der Teufel doch noch ziemlich im Sinne des ersten Teils als Arrangeur, Conferencier und Kabarettist erscheint, man merkt es dann wieder in der akzentuierten Schärfe der Phorkyasgestalt. In den letzten Akten überzeugt die gewaltige Wandlung des um seine Wette kämpfenden Satans zum schmählich betrogenen armen Teufel weniger. Aber hier ist jeder Darsteller dieser ungeheuerlichen Rolle der Weltliteratur an der Grenze des Erreichbaren angelangt, und die Art, wie Gründgens mit letztem, äußerstem Einsatz der Persönlichkeit an das Uner-

reichbare herangeht, beweist sein Künstlertum mehr, als wenn er gleichzeitig Opern, Operetten und Filme inszeniert, noch die Hauptrolle spielt und Offenbach-Verse dichtet. Gründgens begann einst bei Lindemann in Düsseldorf. Jetzt, nach Jahren, spielt er unter ihm so zuchtvoll und formsicher, als ob er nie unter andrer Regie gestanden hätte: Auch ein ›unbequemer‹ Schauspieler läßt sich von echter Autorität leiten.

Die Autorität des goethekundigen Spielleiters bewältigt auch die außerordentlichen Schwierigkeiten der Chorregie. Man muß die Leyhausenschen Sprachverkrampfungen gehört haben, um die melodische Gelöstheit dieser Faustchöre völlig zu spüren. Weniger gelungen ist die körperliche Chorgebärde; hier bleibt manches redliches, aber unzulängliches Bemühen, manches mehr Arrangement als Organismus. Die klassische Walpurgisnacht entbehrt überhaupt, vor allem wegen der unzureichenden technischen Einrichtung des Staatstheaters, durch die der Zwischenvorhang über Gebühr beansprucht wird, des großen Zuges. Sie ist um einige Grade zu akademisch feierlich, zu sehr Kostümstück, aber fast immer packend durch die hervorragenden Bühnenbilder Theo Ottos, die besonders den Erichtho-Prolog zu einer bedeutenden Vision der Pharsalischen Felder erweitern. (Allerdings versagt Ottos Phantasie im fünften Akt und in der mit allzu stofflichen Dekorationsteilen vollgestellten Anachoretenszene späterhin auffallend.) Das Homunculusproblem ist szenisch wohl kaum endgültig zu lösen; die Verse sprach Paul Bildt mit einem hermaphroditisch gequetschten Ton meisterhaft. Unzulänglich dagegen der exaltiert hüpfende Euphorion eines jungen Tänzers, unzulänglich auch und damit die Aufführung auf entscheidende Strecken gefährdend die Helena Eleonore von Mendelssohns. Sie ist so wenig eine Schauspielerin wie ihr Bruder Francesco ein Spielleiter. Sie spricht zwar die ewigen Strophen überlegt und achtsam, aber kein Strahl, kein Zauber geht von dieser zaghaften, kühlen Gestalt aus. Der unbegreifliche, an keiner andern Bühne mögliche Mangel an überragenden Darstellerinnen, der in der Ära Tietjen am Staatstheater chronisch geworden ist, rächt sich hier bitter: im ersten Teil kein Gretchen, für das Käthe Gold aus Wien aushelfen muß – im zweiten keine Helena. Unter solchen Voraussetzungen müssen die Spielleiter des Berliner Staatstheaters ›Faust‹ inszenieren!

Vieles an vortrefflichen Einzelleistungen wäre noch zu nennen: Der sehr unkonventionelle besessene Wagner Minettis, der den Dünkel eines gewissen Teils der heutigen Studentenschaft zu letzter, überheblicher Frechheit steigernde Baccalaureus Harlans, der wutrülpsende Raufebold Genschows, der herrlich sprechende Lynkeus und *Pater ecstaticus* Müthels, der schon in meinem Vorbericht als *Vers*-, nicht als Vorsprecher gerühmt war. An ihnen allen bewährt sich die ausgezeichnete Arbeit Lindemanns, die sichere Führung, die ruhige Zielbewußtheit. Mögen die beiden klassischen Akte die Phantasie des Lesers mehr ergreifen als die des Besuchers dieser Aufführung: als Ganzes bleibt sie die wichtigste Tat dieses Winters, der entscheidende Durchbruch des Berliner Theaters zur Kunst.

Eine Schlußbemerkung: Die Aufführung des ›Faust II‹ ist in der gesamten Berliner Presse, unbeschadet ihrer Einzelausstellungen, als das bedeutendste Theaterereignis der Spielzeit anerkannt worden. Sie ist Abend für Abend ausverkauft. Das angeblich abends abgespannte Publikum sitzt fünf Stunden gebannt im Theater und hat dann noch den Auftrieb, in ungeheure Beifallskundgebung auszubrechen. Dasselbe Publikum, das nach der Meinung verkrachter Theaterpaschas nur noch mit gehirnerweichendem Operettenschund ins Theater zu locken war, dasselbe Publikum, dem angeblich nur noch das Dekolleté der Alpar oder die ungarischen Zweideutigkeiten des Herrn Denes wichtig erschienen. Was hier immer gesagt wurde: das Publikum ist nicht verdorben, die Kritik ist nicht verdorben, aber ein bestimmter, in Berlin nun ein für allemal erledigter Typ von Direktoren ist es – ist durch den Erfolg dieser Aufführung schlagend bewiesen worden. Die Lemuren vom Schlage Rotter sind dahin. Gustav Lindemann, das Erbe seiner großen verstorbenen Lebensgefährtin wahrend, hat dem Berliner Theater wieder den reinen Stern der Kunst gezeigt. Es weiß nun, was ihm nottut.

Paul Fechter, Deutsche Allgemeine Zeitung, Berlin, 23. 1. 1933

Fast ein Jahr nach Goethes hundertstem Geburtstag bringt das immer noch führerlose Berliner Staatstheater seine Festvorstellung zum Goethejubiläum zu Ende – mit einer Aufführung des zweiten Faustteils, für die es sich den Regisseur aus Düsseldorf ausleihen muß. Grotesker kann die Situation der offiziellen preußischen Staatsbühne, in die die ehemalige preußische Regierung das Haus hat geraten lassen, nicht mehr offenbart werden.
[...]
Das Staatstheater und sein Düsseldorfer Gastregisseur Gustav Lindemann [...] bringen sämtliche Szenen der Tragödie, lassen keine aus und nehmen die Striche nur innerhalb der einzelnen Auftritte, wie man gestehen muß, mit vielem Takt und viel Geschick vor. Die Bearbeiter, Lindemann und seine Gattin Luise Dumont, hatten Respekt vor dem Text und vor der Tradition – und von dieser Tradition ist denn auch, bei aller Ausnutzung moderner Wirkungsmittel, die Aufführung im wesentlichen getragen. Es ist, als ob ihr unsichtbar Goethes Wort zugrunde liegt: »Aber doch ist alles sinnlich und wird, auf dem Theater gedacht, jedem gut in die Augen fallen, und mehr habe ich nicht gewollt. Wenn es nur so ist, daß die Menge der Zuschauer Freude an der Erscheinung hat, den Eingeweihten wird sogleich der höhere Sinn nicht entgehen.«
Der Regisseur Lindemann ist offenbar von diesem Wort ausgegangen – sogar ein bißchen zu sehr. Er hat sich damit begnügt alles sinnlich zu machen und im übrigen den höheren Sinn den Eingeweihten überlassen. Das aber ist gerade heute beim Faust ein bißchen zweischneidig; denn gerade die Eingeweihten sind in erhebliche Meinungsverschiedenheiten über den höheren Sinn geraten, und der Regisseur hat zum mindesten die Verpflichtung, anzudeuten, in welcher Richtung er ihn denn sieht. Er muß neben der sinnlichen Erscheinung des ganzen auch eine bestimmte geistige Spannung herausarbeiten – muß entweder resolut die alte Faustdeutung nehmen [...] oder aber er muß die langsame Verdunkelung gestalten, die Faust, Repräsentant des ganzen Deutschland, für seine Nation auf sich nimmt, indem er von den vier alten Fakultäten des ersten Teils über die Volkswirtschaft (Papiergeld als Bodenmark) zur Technischen Hochschule und zum Unternehmer großen und harten Stils fortschreitet, der Magie von seinem Pfad entfernt, das Philemon-Idyll

ausrottet und nur noch die Bahn des ›Tüchtigen‹ wandeln will. Er konnte auch den zweiten Teil als die Tragödie Mephistos hinstellen, der ja hier die eigentliche Auseinandersetzung mit den Problemen auf sich nehmen muß [...]. In jedem Fall: der zweite Teil fordert gerade heute einen bekennenden Regisseur – und eben dieser fehlt der Aufführung des Staatstheaters. Herr Lindemann glaubt an die alte Faustdeutung – aber er stellt zugleich die Industrie mit Schiffen und Kränen betont in den Vordergrund und nimmt die harte Vernichtung des Idylls der Alten nicht heraus, obwohl sie mit einem sich immer strebend bemühenden Faust eigentlich unvereinbar ist. Er arbeitet mit der Vervollkommnung, die im katholischen Gnadenhimmel endet – und läßt doch Mephisto den angeblich steigenden Faust immer weiter in den Hintergrund spielen, die ganze Aktivität für den ferne dekorativ Schreitenden und kaum noch Befehlenden übernehmen. Er verzichtet auf die Spannung – und kommt infolgedessen noch erheblich mehr beim Operhaften an als seinerzeit Max Reinhardt in seiner Aufführung. Er holt die Revue des Einzel-Symbolischen heraus, die, stellenweise, ins Allegorische abgleitend, in der Tragödie steckt – und läßt zum wenigsten Faust hinter bunten Flitter zeitweilig völlig verschwinden. Selbst Mephisto hat bei ihm gelegentlich Mühe, sich auf der Oberfläche der Fülle des Sinnlichen sichtbar zu erhalten.
Im einzelnen war diese sinnliche Buntheit der Szenen sehr wirksam herausgearbeitet. Manches war wie gehäufte Erinnerung an selbst schon historisches Theater der Historie, vor allem das Maskenfest am Kaiserhof, mit dem überlebensgroßen Elefanten und dem Goldzauber des Plutus: als ob sich alle Wirkungsmittel des alten Theaters des 19. Jahrhunderts noch einmal ein leicht übergrautes Stelldichein gaben. Gerade das aber hatte durchaus einen Reiz, der zu dem Stil der Tragödie paßt – mehr als die böcklinisierenden Szenen der klassischen Walpurgisnacht. Sie waren bildhaft zum Teil ausgezeichnet gemacht, mit den malerisch groß hingesetzten braunen Landschaftsvisionen mit Tempeln, die Theo Otto für den Projektionsapparat geschaffen hatte, der sie wechselnd und wandelnd auf den Rundhorizont warf. Aber vor diesen großen Bildern saßen klein und puppenhaft zierlich die Nippesfigürchen der klassischen Nymphen und Sirenen und brachten wieder das alte Theater in die neue Traumwelt. Hier klaffte Lindemanns Welt in einen berlinischen und einen Düsseldorfer Teil auseinander – die Farbigkeit wich kleiner Buntheit. Es gab ausgezeichnet wirkende große Bilder, wie die unwirkliche braune Nacht am Peneios, mit dem flimmernden Licht über den Gestalten, wie den schwarzen Saal im Schloß oder die Szenerie der Helenabeschwörung, bei der die Saalwände lautlos seitlich auseinanderweichen und einer griechischen Tempelfront zwischen sich Raum geben. Die Möglichkeiten des Projektionsapparats sind selten so geschickt ausgenutzt worden. Aber schon das Meer glitt in den Film, und der Himmel am Schluß war bei allem farbigen Reiz ebenfalls irdisch theaterhaft, statt aus Raum und Licht und Schleiern und Treppen erbaut, auf denen Fausts Unsterbliches allzu irdisch lange eingewickelt herumliegen mußte. Auch im Bildhaften war eben die geistige Entscheidung nicht getroffen, die der Regie fehlte. Man erlebte infolgedessen die einzelnen Szenen und Bilder, Dramatisches aber nur in der Helenentragödie – die wieder durch einen sehr irdisch hopsenden Euphorion an die Grenzen leiser Komik geschoben wurde. Starke Bildwirkung ergab sich bei der Grablegung mit dem weißen, wie Eisengerippe wirkenden angedeuteten Grabgewölbe – von der

sich nur der Kampf zwischen Engeln und Teufeln wieder wirkungslos löste, weil die Engel fern im Hintergrund blieben und Mephisto überhaupt nicht ›gedrängt‹ wurde, sondern freiwillig ins Proszenium entwich, Fausts Leichnam aber unberührt in hehrer Einsamkeit vorn für sich blieb. Man sagte oft ja, auch zu der sprachlichen Tönung – und entglitt noch häufiger gerade darum dem Bann der Dichtung, weil sich die Leitung allzu sehr auf dessen Wirkungskraft verließ. Das Eingeweihtsein allein hilft aber im Theater noch lange nichts: hier ›irrte‹ sogar Goethe einmal wirklich.

Faust war wieder Herr Krauß. Er war erheblich beteiligter als im ersten Teil, hielt die Gestalt über ihre Hintergrundsexistenz in der ersten Hälfte kräftig durch und steigerte den Greis zu starker Wirkung. Viel ist darstellerisch aus dem Faust des zweiten Teils nicht zu machen: er kann sich nur an das Sprachliche halten, das Herr Krauß denn auch streckenweise sehr schön heraushob – um im übrigen gefaßt hinter dem eigentlichen aktiven Helden der Tragödie, hinter Mephisto, zurückzutreten.
Den spielte wiederum rot, elegant, mit glatt rasiertem Schädel, Herr Gründgens. Anfangs in einem fast Herrn Krauß angenäherten dynamischen Gleichmaß des lauten Tons, das in der Szene mit dem Abstieg zu den Müttern das Geheimnis fast völlig verbarg. Aus dieser seltsamen Ökonomie löste er sich erst in den Phorkyasszenen, in denen er den Höhepunkt seiner ganzen bisherigen Leistung bot. Da griff er über das Geschickte und Begabte hinaus in die Bezirke großer Gestaltung und gab das schauspielerisch Eindrucksvollste des ganzen Abends. Den Schluß konnte er leider nicht auf der gleichen Höhe halten – woran zum Teil der Fehler in der Regiebehandlung der Szene schuld war. Spaßig die Bassermann-Erinnerung in der Baccalaureusszene; den Vers: Es gibt zuletzt doch noch 'e Wein, brachte er ebenso gut Mannheimerisch als e Woi wie vor 20 Jahren Reinhardts Mephisto [...]

Alfred Kerr, Berliner Tageblatt 23. 1. 1933
I
Wer den zweiten Faust einübt, muß erkennen: das Nebeneinander zweier, nein, dreier Stile.
Erster Stil: antiker Form sich verdammt nähernd; also kothurnig. Zweiter Stil: heutnäher; zwangsloser. Dritter Stil: weder auf Stelzen noch in Hausschuhen – sondern auf hold schwebender, ja, singender Sohle.
Der Dichter heißt mir im ersten Fall: Goethos. Im zweiten: von Goethe. Im dritten: Wolfgang.
Dem entsprechen die zu denkenden Orte der Luftschicht. Im ersten Fall: Hellas. Im zweiten: Sachsen-Weimar-Eisenach. Im dritten: Morgenäther.
So die drei Stile für den zweiten Faust. Beschlossen und verkündet.
II
Ausführungsbestimmungen.
Vielleicht soll die Antike hier etwas gefärbt sein – doch nicht ganz verheutigt: weil man sonst Gegensätze kappt, die zur Abwechslung da sind.
Vorsicht! Zerbrechlich! Achtung! Fingerspitzen.
III
Der Einüber Lindemann (Düsseldorf) hat mit Recht die oft furchtbaren Knall-

bonbonverse, bei Prunkaufzügen und so, mittels Musik überdeckt; er läßt manches in Melorhythmik sprechen – das ist gut. Die Griechenworte kommen leicht ins Heutige getönt heraus; das ist auch gut.
Aber es läßt sich bei aller leichten Tönung eine stärkere Abheblichkeit, eine grundsätzlichere, denken. Besonders im dritten Akt, wo Antikes und Romantisches sprachlich aufeinanderprallen – jedoch dann erst ineinander übergehn (nicht zu früh!)
Es läßt sich das Griechentum dieses Werks in einer durchgehenden Umschleierung der Stimmen oder in einer getrennten Klanghöhe vorstellen. Stufungen sind bei Lindemann erreicht: die letzte nicht.
Der dritte Stil, der wolfgangische, hängt kaum noch vom Einüber ab: sondern von Blut und Feuer des Darstellers. Darüber bleibt zu sprechen.
Das wären die Stile.

IV

Im übrigen: macht euch nichts vor. Soll man für dieses Werk mit Gewalt eine Einheit suchen – aus dem allemal zufälligen Bestande? Dichter sind, besonders dramatische, viel zusammenhangloser, als man glaubt. Ein Beispiel: Molières ›Don Juan‹; vgl. ›Die Welt im Drama‹ III, 329. Genau so hier Goethe.
Hinter den Hirnwanderungen, hinter dem seherischen Gemeng eines überschauenden Phantastogreises stehen selbstverständlich nicht genaue szenische Grundsätze; nicht eben der exakte Wunsch nach einer abgewogenen Dramaturgie. Sondern er hat... vor sich hingedichtet.
Der Scheidende, fast schon Gegangene, hat sein Sinnen zwar in sichtbaren Gestalten verleiblicht; er hat zwar sein Für und Wider auf getrennte Menschengebilde verteilt: – doch er hat im Grunde nur vor sich hingedichtet.
An den Druckstock des Dramas zu denken, war längst für ihn ein Nebenpunkt. Das lag irgendwo; war kaum je seine Stärke gewesen – und gar jetzt! Der alte Mann war kein Dramatiker, nur stets ein dramatischer Mensch. Er ist... vielleicht sieben Jahre lang in Weimar gestorben; oder mit gefaßten, menschenmutigen Augen herrlich dem Schluß entgegengeglüht – und hat fast überirdisch vor sich hingedichtet.

V

Folglich: der Einüber dieses Testaments, dieses Abschiedsrufs und Spätgesangs, hat im besten Falle das Ziel: Dramen herauszusondern aus dem Undrama. Dabei jedoch ein Kerndrama, Grunddrama, Hauptdrama sehen zu lassen.
Dies die Voraussetzung für das Einüben. Schwer genug.

VI

Was ist hier das Kerndrama? Es sind zwei Kerndramen. Erstens (aufs einfachste gebracht): in der verwirrenden Welt, voll von Roheit, Mühsal, Schönheit – arbeiten und nicht verzweifeln. Der andere Kern: die Liebe ist das Größeste.
Somit erstens: der Antrieb. Zweitens: der Trost. Der Antrieb (bewußtes Handeln) wird klar. Der Trost...

VII

Nur unter dem Gesichtspunkt: daß man dem katholischen Olymp am Schluß eine recht allgemeine Deutung bewilligt (unterschiebt): nur so läßt sich dieser Trostschluß halten. Der Parsifal des (ebenfalls deutschen Revolutionärs) Richard Wagner wird zum Seitenstück.

Jedoch der letzte Henrik Ibsen – dessen Format heute von rührigen Zwergpinschern kaum erfaßt werden kann –, allein dieser endende Henrik Ibsen im Trauerspiel erwachender Toten ist als Gegenspieler von Betracht anzusehen. Ein Gegenspieler freilich im Nordland. In der Fahlnis, als wäre die Welt schon vereist. Doch in seiner Beschränkung minder beschränkt (und mutiger) als der nach vielfältiger Buntheit ermattende, beschwichtigende, nachgiebige (sonst größere) Faust-Schöpfer. Es muß gesagt sein. Es muß auch heut zu sagen sein.

VIII

Geistiges Werk... und geistlicher Himmel. Dieser Ausgang bei Goethe wird ein positiver Akt der Begnadung. Der Ausgang im schweigenden Schnee des letzten Ibsen ist eine sozusagen positive Verneinungstat. Henrik Ibsen, der Kleinere, Dünnere, sagt nicht mehr, als was wahrheitsstark zu sagen ist. Sein Sagen bleibt somit: ein Fragen. (Nicht: ein Vertuschen. Mag das Vertuschen ein allerholdestes Vertuschen sein.) Im Diesseits liegt für den herrlich-starren Norweger der Hauptpunkt. Und für den Frankfurter?
Auch. Das ist ja der Beweis für sein bloß äußerliches Anheften des herkömmlichen Paradieses: daß Goethe zuvor dem Diesseits ausdrücklich den Kranz gibt. In zaubervollen Worten. Er sagt es – und bringt am Schluß dennoch eine Weihrauchoper.

IX

Es kommt also für den Einüber darauf an: den Schluß erstens nicht zuckrig, zweitens nicht rein kirchlich zu machen; sondern ihn ... schön zu machen. Zuckrig ist er bei Lindemann kaum. Schön gar nicht. Kirchlich eher. »Eurer Priester summende Gesänge« – die ablehnenden Worte desselben Dichters gehn hier im Kirchenklang unter. Müthel und Wolfgang Heinz sprechen sie gut, unter Litaneigeraun.
Nein, an diesem Ausgang des Denkerwerks, da muß (wenn schon Paradies, dann kindlich-neutrales Paradies) – da muß gemalt sein und geklungen werden, daß es inniger als ein Märchen: wie eine gestaltete Sehnsucht wirkt. Bei Lindemann marschiert jedoch kurz darauf ein Mädchenpensionat am Souffleur vorüber; dann: Fräuleins in Reformhosen, nein: Reformröcken; ein Gesangverein; in der Engelheimat steht eine holprig hölzerne Kellertreppe; zuvor der Kampf Satans mit den Engeln zeichnet sich durch wohltuende Schlichtheit aus.
So das Schlußdrama ...

X

Von den Restdramen zeigt sich am geschlossensten das Trauerspiel der Helena. Der pharsalische Walpurgisspuk ist ein bißchen zerhackter als nötig. Aber wie soll man dies, und manches, was der mit Wissen beladene Phantastogreis träumte, jetzt einer ferngeborenen Hörerschaft nahebringen? Etwa mit Kinotiteln? »Aber am nächsten Tag ...« Oder: »Der frühere Famulus hatte sich einen künstlichen Menschen gebaut...« Oder, wenn Faust ein leeres Kleid in der Hand hält: »Helena war indes ihrem Sohne gefolgt...« Kaum ... Oder doch so ähnlich? dereinstens?

XI

Im ersten Akt (wenn unter dem hohlköpfigen Monarchen die Notenpresse vom Teufel eingeführt wird) bringt kein Lindemann jemand über Faustens hier seltsamen Hang zur Helena weg. Seltsam in der Ökonomie des Werks.

1149

Helena bestand halt in der Sage. Also nach Gretchen jetzt nur die Schönheit, leidlos und gewissensfrei? Adliger Körper, kein Ethos. Heißt das ein Aufstieg, hä? (Daran ist aber nicht Lindemann schuld. Er arbeitet achtbar geistig. Die Helena kam halt in der Sage vor.)

XII

Im zweiten Akt gar die falsche Vorstellung von den Griechen: als seien sie ›einheitliche Naturen‹ gewesen. In Wirklichkeit ist natürlich der spätere Mensch reicher als der antike Mensch. Dies alles ist nicht Lindemanns Schuld. Faust bereut es mit Recht.

XIII

Im dritten Akt gelingt szenisch der Begriff ›Sparta im Mittelalter‹ recht gut. (Bilder von Theo Otto. Die Begleitmusik des Abends ist nicht immer unpassend.) Hier wird Euphorions Trauerspiel, fern von allen Rätseleien, an die Seele packend. Sein letztes Wort an die Mutter:

> Laß mich im düstern Reich,
> Mutter, mich nicht allein

macht manches wett. Eleonore von Mendelssohn, sicher »gescholten viel«, dennoch fein in der Stufung des Stärkegrads, bringt willentlich die Süße des Hellenentums, nicht sein Statuarisches. Neben ihr ein in der Stimme herrlicher Euphorion, bloß in der Schopfmaske verfehlt: der junge Siegfried Jobst. In seinen Hüpfbewegungen ist etwas Süchtiges, Gejagtes, Erschütterndes – der Todlauf eines Früh-Verurteilten. Die Erinnerung bleibt.
(Daß Aribert Wäscher den Euphorion gäbe, ist unwahrscheinlich.)

XIV

Die drei brutalen Gesellen des vierten Akts (es ist wohl ein Zeitstück?) sind bei Genschow, Mannstädt, Ledebur maßvoll. (Aber wennschon, dennschon!) Philemon handlich und rührend: Max Pohl. Seine Baucis, Elsa Wagner, will noch nicht alt sein. Lynkeus-Müthel psalmodiert klar und rein zum Horizont. Die Koppenhöfer: aus dem Dämmer gewachsen – graue Sorge. Beides Nötige hat sie: die Wirkung wie den Eindruck. Hernach in der unsterblichen Lemurenszene gibt der Regisseur die beste Kraft: fast ein makabres Operettchen ... oder zwei Meter aus dem Prado mit Gebilden eines sicheren Francisco Goya y Lucientes.

XV

Durch alle Schicksale des Abends wandert Krauß – und sie haben ihm nicht viel an. Erst zuletzt. (Sehr zuletzt.)
Er wirkt schon im Beginn kaum als Erwachender: sondern als Redender. Überhaupt spricht er Begleitworte zu einer Gestalt; er ist sie nicht.
Gegen den Schluß aber läßt er einmal, wundervoll, die Register schwellen ... und zeichnet, wundervoll, beim Erblinden mit halbkreisförmiger Handbewegung einen ganzen inneren Zustand. Hier ist sein Gipfel. (Ein unvermittelt ragender.)
Das Wesen der Gestalt trägt Krauß wie einen Pelz, nicht wie eine Haut. Das ist es.
(Als ob er das, was zu ihr gehört, glänzend aufsagte. Gründgens denkt es; lebt es.)

XVI

Die stärkste Seelenkraft, die Geisteskraft ist bei diesem Mephistopheles. Im-

mer mehr kommt es bei Gründgens auf den gefallenen Engel hinaus. (Dermalen Josef Kainz.) Zwar ein saftig-tierisches Denkergeschöpf – doch mit Schwermutschatten.
Diese Schwermut hißt er im Engelkampf leider am falschen Ort. Hier nicht, bitte! Die Racker sind von hinten appetitlich anzusehen? Also unweinerlich; höllenhumorig.
Zuletzt macht er einen verzweifelten Gestus... nach oben. Auch diese Gebärde haftet.

XVII

Ich sah den zweiten Faust: von Devrient, von L'Arronge, von Reinhardt. Jetzt zum vierten Mal – in der volkstümlichsten, achtbaren Fassung.
Zum vierten Mal fragt man sich: wo ist hier ein fair play? Die Engel retten zwar Faust, weil er a good looser ist – doch wer nimmt sich des überaus gewinnenden Mephistopheles an? Sind Engel Diener des Allgütigen, so müßten sie allgütig sein. Wenn Engel: dann Engel. Mindestforderung.
Und wenn ihr himmlischer Herr Wetten abschließt, obschon er allwissend ist (das hat man ihm so oft vorgeworfen), – dann ist hier, höflich gesagt, ein Widerspruch.

XVIII

Aber von Widersprüchen leben ja diese Dichter. So wie der Kollege durch seinen Hamlet von jenem Land spricht, »aus des Bezirk kein Wandrer wiederkehrt«, nachdem sein sel. Vater soeben wiedergekehrt ist.
Geht mir weg mit die Poeten.

XIX

Die Welt wird von ihnen ergötzt. Auch gefördert? Nun ja, durch Schönheit gefördert.
Lies nochmals, was über Molières ›Don Juan‹ gesagt ist. Es umfaßt den ganzen Fall.

Herbert Ihering (Zeitung?)

›Faust II‹ ist Goethes feierlichstes und witzigstes Drama. Die ganze Jahrhundertentwicklung des Theaters ist ihm vorausgenommen. Die Entwicklung zur Revue in den Szenen des Mummenschanzes und der klassischen Walpurgisnacht. Die Entwicklung zur antiken Form in den Auftritten der Helena, zur leichten, aufgelösten Komödie im Spiel am Kaiserhof, zur schweren, lyrisch philosophischen Tragödie im fünften Akt, zum kirchlichen Mysterienspiel am Ende. Alle Arten des Theaters aus den vorgoethischen Jahrhunderten kehren im ›Faust II‹ wieder, verjüngen sich und arbeiten dem Theater des nachgoethischen Jahrhunderts vor.
›Faust II‹ ist die große Zeitrevue der Deutschen, in die Goethe nicht nur, wie der philologische Ausdruck jahrzehntelang hieß, alles »hineingeheimnist« hat, was ihn bewegte, in der er auch alles geklärt, formuliert und durchsichtig gemacht hat, was er an einer Jahrhundert- und Geisteswende, vom Absolutismus, über die Französische Revolution, Napoleon, die Freiheitskriege bis zu einem neuen deutschen Absolutismus, erlebt und gesehen hat. Gestehen wir es offen: manche dramatischen Werke Goethes sind uns heute fremder geworden. Selbst ›Faust I‹ läßt in seiner unmittelbaren Bühnenwirkung und in

seiner mittelbaren geistigen Wirkung nach. Gerade die Entwicklung, die unser Verständnis für ›Faust I‹ begonnen hat, stellt sich hemmend zwischen ›Faust I‹ und uns. Denn in ›Faust II‹ faßt Goethe alle privaten Erlebnisse und zeitkritischen Erkenntnisse zusammen, um ein ungeheueres, aber nicht schwerfälliges, ein großes, aber leichtes und lockeres *Lehrstück* zu schreiben.
›Faust II‹ ist so reich, so mannigfaltig, daß in ihm nicht nur der große Zug der künstlerischen und geistigen Entwicklung, sondern auch die Nebenzüge der Entartung vorgedeutet sind. Es geht von ›Faust II‹ nicht nur zur klassischen Formgesinnung, sondern auch zur klassizistischen Leere, nicht nur zur geistigen Kultur, sondern auch zum ungeistigen Bildungsdünkel, nicht nur zum echten Naturmythos, sondern auch zu Böcklins Naturallegorie.
Auf der anderen Seite aber kann man aus ›Faust II‹ geradezu eine politische Typologie ablesen: man höre die Worte des Baccalaureus und man höre die Verse von Habebald, Haltefest und Raufebold, und es wirkt wie eine aktuelle Satire. Hier sind typische Formulierungen gefunden, die ihre Gültigkeit nicht verloren haben. ›Faust II‹ – die größte deutsche Tragödie, die witzigste deutsche Komödie und das verwegenste deutsche Kabarett. Die Vereinigung von deutschem Weltgefühl und lateinischem Geist ist schlackenlos vollzogen.

Es war die Überraschung im Staatstheater, daß gerade dieser Zug vortrefflich glückte. Die Szenen am Hof, das Widerspiel zwischen Kaiser und Mephisto, die schlagende Aktualität der Papiergeldszene waren hervorragend einstudiert. Nirgends eine billige Anbiederung an das ›Zeitgemäße‹. Überall war die Form, der Vers gewahrt. Aber Hans Otto als Kaiser (besonders gut), Paul Bildt als Kanzler, Wolfgang Heinz als Schatzmeister sprachen so witzig und beflügelt, als ob ein neues Komödienensemble sich gebildet hätte. Den Schwung erhielten diese Szenen durch Gustaf Gründgens. Sein Mephisto hat dieselbe Elastizität wie im ersten Teil, aber er bricht niemals aus. Unter der Regie von Gustav Lindemann hält Gründgens sich im Rahmen und wahrt die Form. Die geistige Verarbeitung des Verses ist musterhaft, die dramatische Schlagkraft außerordentlich, die Leichtigkeit bezaubernd. Gründgens schillert und funkelt und bleibt in jedem Satz diszipliniert. Erst am Schluß sind Ermüdungen spürbar.
Werner Krauß, der im ersten Teil noch tastete und suchte, der in einem unsicheren Übergangsstadium sich zu befinden schien, hat sich unter der Regie von Lindemann wiedergefunden. Er ist nicht mehr ›bedeutend‹ auf jeden Fall, aber er hat es auch nicht mehr nötig, salopp zu sein, um die Bedeutung in Anführungsstrichen zu vermeiden. Krauß hat die motivierte Größe des Ausdrucks erreicht. Er beherrscht die Form, aber er hat an Schwung nichts eingebüßt. Das Ende ist herrlich. Die Erblindung mit den raumgreifenden Gebärden. Der Tod – kein Sterben, sondern ein Gipfelsteigen, kein Ermatten, sondern eine Vollendung. Herrlich.
Wenn man bedenkt, daß diese Aufführung zustande kam in Wochen, in denen der Tiefpunkt der Berliner Theaterkrise erreicht wurde, von einem Regisseur der gegen den ihm fremden Apparat des Staatstheaters, gegen Widerstände im Ensemble und in der Öffentlichkeit ankämpfen mußte, so ist diese Arbeitsleistung erstaunlich. Sie war nur möglich durch die jahrzehntelange Zusammenarbeit, die Louise Dumont und Gustav Lindemann am Düsseldor-

fer Schauspielhaus geleistet haben. Ein Beispiel, was dem Theater und besonders dem Berliner not tut.
Wenn man das gesagt hat, kann man die Schwächen der Vorstellung aufzeigen. Sie liegen in der ›Klassischen Walpurgisnacht‹, die durch den Bühnenvorhang immer wieder zerrissen wurde und schleppte. Sie liegen in der unzulänglichen Besetzung des Euphorion, der fast unerträglich war. Sie liegen in einer etwas zu willigen Hingabe an süßliche Kostümwunder. Sie liegen in der ungelösten Problematik der Homunculus-Wiedergabe (obwohl Paul Bildt die Verse akzentuiert durch Mikrophon sprach). Sie scheinen weniger in der Behandlung des Chors zu liegen, der nach dem Leyhausen-Singsang fast gelöst und natürlich erschien. Aber von der Helena selbst: Eleonore von Mendelssohn ging nichts aus, obwohl sie sehr fein und gegliedert sprach.
Andere Rollen, Veit Harlan: ein ausgezeichneter Baccalaurens, Bernhard Minetti: ein guter Wagner und Wanderer, Maria Koppenhöfer: eine starke Sorge (obwohl sie etwas zu hell sprach), Fritz Genschow: ein hervorragender Raufebold. Besonders gut ist Lothar Müthel als Lynkeus und als *Pater ecstaticus*, ein vollendeter Goethesprecher (was man von Max Pohls naturalistisch krächzendem Philemon nicht sagen kann).
Im ganzen: manches bleibt Skizze, manches bleibt Arrangement, manches bleibt Oper. Aber es ist eine große Arbeit. Die Bühnenbilder von Theo Otto sind hervorragend. Noch nie hat Otto diese Einfachheit erreicht.

Der Beifall war groß. Wenn man bedenkt, daß *fast alle Aufführungen dieser Woche ausverkauft* sind, so weiß man: nicht das Berliner Publikum ist vor seinem Theater durchgefallen, sondern die Berliner Direktoren. Zusammengebrochen ist der Schund. Es beginnt die Kunst.

2. Besetzung
Herbert Pfeiffer, Berliner Fremden-Zeitung 13. 2. 1933

[...] Auf der Klarheit der Sprache liegt der Akzent der Aufführung. Unvernebelt werden selbst die Symbolismen und Mythologien auf ihren Sinn gestellt. Diese Inszenierung wird zunächst einmal gesprochen, dann erst gespielt. Die Dynamik der Aufführung liegt begründet in der Dichtung, nicht in einem Regiebuch. Für das Bild, das sich dem Auge bietet, ist die gesamte Technik und Apparatur eingesetzt. Theo Ottos Bühnenbilder wirken noch einheitlicher als die des ersten Teils. Die Landschaften in schweren, satten Farben: die deutsche Welt in niederländischer, die griechische in böcklinscher Pinselführung. Die Interieurs in großen geschlossenen Andeutungen. Bewegungen durch Farbe und Licht, der Wellenschlag des Meeres bekommt realistische Schärfe.
Die großen bühnentechnischen Probleme sind der Verwirklichung nahegebracht. Homunkulus ist ein kaum sichtbares Wesen in einem rotglühenden Ballon; die Luftfahrt vollzieht sich mit dem Eindruck eines romantisch-mittelalterlichen Schauderns; ohne große Explosion erfolgt die Geburt an der Muschel Galathees. Großartig der Gedanke, Homunkulus durch den Lautsprecher sprechen zu lassen und damit eine Illusion zu schaffen. Die beiden Massenszenen, der Mummenschanz und die klassische Walpurgisnacht, wirken durch

die Wucht ihrer Auf- und Abgänge. Eine kühn konstruierte Fabelfauna erweckt den hellenischen Mythos. Chiron: ein Zentaur von riesenhaften Ausmaßen (Hans Leibelt), Erichtho, eine Zauberin mit phantastischen Hintergründen (Maria Koppenhöfer). Das ›große und schwierige Unternehmen‹ im Mummenschanz ist ein Elefant, der Bühnendasein hat.
Faust ist nun Walter Franck. Er besticht schon durch die Echtheit seiner beiden Masken, durch diesen Kopf mit dem freien, großen Blick und das Greisenhaupt mit dem weißen vollen Haar. Ein Sucher und ein Seliger, um den das große Leuchten des Menschenseins schimmert.
Franck schien (wie Werner Krauß) am großartigsten und ausgeglichensten in den Schlußszenen. Ein Mensch, der gelebt hat, und dem nun weder die Sorge noch das Blindsein noch etwas anhaben kann. Franck spricht mit großem, kühnem kosmischen Schwung. Seine Sicherheit ist enorm.
Den Mephisto gibt Alexander Granach. Ein Kobold mit schneller Zunge und oft singender Sprache. Granach hat die Ausmaße der Bühne genau im Kopf und ordnet sie seinen Profilierungen unter. Er steht, sitzt, hockt, springt im Laufe des Abends überall einmal herum, und er ist immer da. Granach wächst in seiner Rolle in eben dem Maße, in dem Mephisto seinen Kampf verliert. Das Phorkyas-Drama gestaltet er kühn und freskenhaft. Eine grandiose Leistung von künstlerischer und physischer Einheit, die erstaunen läßt.
[...]

Hanns Johst Schlageter

Uraufführung: Staatliches Schauspielhaus Berlin, 20. April 1933
Regie Franz Ulbrich

Die Nationalsozialisten, die am 30. Januar 1933 die Regierung übernommen hatten, nahmen die deutschen Theater überaus schnell in Besitz. Fast ein Jahr lang war um die Besetzung der Intendanz am Staatstheater verhandelt worden. Fünf Tage nach der Machtübernahme, am 4. Februar 1933, schon meldete die ›Deutsche Zeitung‹ in ihrer Morgenausgabe, daß die Ernennung Hanns Johsts zum Intendanten des Staatstheaters unmittelbar bevorstehe. Die Meldung war zur Hälfte richtig. Johst übernahm die Dramaturgie des Hauses und wurde gleichberechtigt mit dem vom Weimarer Nationaltheater nun ans Staatstheater geholten Intendanten Franz Ulbrich, der vom 1. März 1933 an als Intendant am Gendarmenmarkt fungierte. Der Theaterherr wurde Hermann Göring, als neuer preußischer Ministerpräsident hatte er sich das Berliner Staatstheater (zusammen mit dem Kasseler Staatstheater) unterstellt und damit dem Goebbelsschen Einflußbereich entzogen. Ulbrich inszenierte als erstes nationales Stück das patriotische Drama seines Dramaturgen, Hanns Johsts ›Schlageter‹, das nach der Uraufführung über alle Bühnen im Reich ging. Bassermann hatte hier eine große Rolle, und zum erstenmal trat in ›Schlageter‹ Emmy Sonnemann auf eine Berliner Bühne, die ihren Weimarer Intendanten Ulbrich an Göring, der sie später heiratete, empfohlen hatte. Die Aufführung an Hitlers erstem Geburtstag als Reichskanzler hatte offiziellen Charakter. Johst, der als Expressionist auf dem Theater begonnen hatte (s. ›Der Einsame‹), hatte seit seinem Drama ›Thomas Paine‹ (1927) immer engeren Anschluß an die völkische Bewegung gefunden und versuchte, sie auf das Theater zu übertragen. 1928 hatte er in ›Wissen und Gewissen‹ geschrieben: »Das Grauen, mit dem sich nicht der schlechteste Teil des Publikums vom Theater abwendete, als er im Theater nur noch Unterröcke, Geschlechtsvorgänge, Versoffenheit und geistige Erkrankungen sah, dieses Grauen wurde von der zeitgeistigen Propaganda als bürgerliche Vertrottelung verlacht... Das Drama war am augenscheinlichsten die Stätte der Zersetzung, der Materialismen, der Parteilichkeit. Das kommende Theater wird Kult werden müssen, oder das Theater hat seine Sendung, seinen lebendigen Ideengehalt abgeschlossen [...].« Der nach der Schließung der Kroll-Oper wieder ins Staatstheater zurückgekehrte Dramaturg Jeßners, Eckart von Naso, schrieb zur ›Schlageter‹-Premiere: »Es war das erste getrommelte Stück, das wir spielten.« – Johst schied schon im Dezember 1933 nach internen Auseinandersetzungen um die Aufführung seines Luther-Dramas ›Propheten‹ (Regie Jürgen Fehling) aus dem Staatstheater aus und wurde Präsident der Reichsschrifttumskammer. Ulbrich wurde im Oktober 1934 durch Gustaf Gründgens ersetzt, der mit 35 Jahren die Intendanz übernahm und das Staatstheater geschickt durch die Jahre der Diktatur lenkte. – Alfred Kerr war mit vielen andren am Tag der Schlageter-Premiere schon seit acht Wochen im Exil. Die Rezensionen hatten nun einen neuen Ton. Auch im Staatstheater saß ein ganz neues Publikum.

Paul Fechter, Deutsche Allgemeine Zeitung, Berlin, 22. 4. 1933

Am Geburtstag des Kanzlers erlebte im alten Schinkel-Haus am Gendarmenmarkt Hanns Johsts Schauspiel ›Schlageter‹, als erste Inszenierung des neuen Intendanten Franz Ulbrich, seine Uraufführung. Im Parkett und auf den Rängen ein völlig neues Publikum; die alte Premierengesellschaft des bisherigen Staatstheaters ist bis auf wenige Reste verschwunden. Von der Reichsregierung sieht man den Minister Dr. Goebbels, den Staatskommissar Hinkel, eine Reihe höherer Ministerialbeamten. Und dann sieht man und freut sich dieses Sehens, eine stattliche Reihe deutscher Dichter, die zu der Vorstellung nach Berlin geladen wurden. Emil Strauß ist da und Peter Dörfler, Will Vesper und Hans Friedrich Blunck, Wilhelm Schaefer und Jakob Schaffner und Joseph Magnus Wehner; dann Max v. Schillings, Paul Graener und viele andere, die zu dieser ersten offiziellen Veranstaltung des neuen Staatstheaters gekommen waren.
Johsts neues Drama, das in vier Akten die Tragödie Leo Schlageters vom Beginn des Ruhreinbruchs bis zu der französischen Salve in der Golzheimer Heide zeigt, ist sein bisher stärkstes Stück, weil er hier mit seiner ganzen Seele und seinem ganzen Leben beteiligt sein, alle Erwägungen des Metiers im Strom des Gefühls für Land und Volk aufgehen lassen konnte. Er mußte höchstens dämpfen, nicht steigern, heiß Empfundenes der dialogisierten Diskussion des Rechts auf die Tat, die unmittelbare Handlung für das Land unterordnen.
Denn das ist das innere Thema der vier Akte: die Auseinandersetzung Leo Schlageters mit dieser Frage. Der Student der Nationalökonomie und ehema-

lige Kriegsleutnant Schlageter ist zu Beginn durchaus gewillt, sein persönliches Friedensdasein zu führen, zu studieren und die ›direkte Aktion‹ als Wahnsinn zu bezeichnen. In der Unterhaltung des ersten Bildes, da er auf seiner Bude mit seinem Freunde Thiemann Kontentheorie paukt, ist er durchaus gegen dessen Drang nach Kampf gegen die Franzosen, die ins Ruhrgebiet einrücken, stellt sich offen an die Seite von Thiemanns blonder Schwester Alexandra, und das nicht nur, weil ihn sein Gefühl zu ihr zieht. Er sieht den Sinn nicht, und der Inhalt der Tragödie ist, wie er diesen Sinn erobert und dann die Konsequenzen bis zum letzten zieht. Der junge suchende Soldat des Krieges wendet sich an einen großen General, der, obwohl abseits von allen politischen und militärischen Gewalten stehend, doch aus privater Initiative diese Unterredung auf sich nimmt – und nun dem Jungen klarwerden läßt, daß das scheinbar Sinnlose der Aktionen einzelner gegen einen schwer bewaffneten Staat einen sehr tiefen Sinn hat: das Opfer, aus dem das neue Reich, das neue Volk entstehen kann. Der Alte ist im Grunde gläubiger als der Junge – daran entzündet sich Schlageters Tat- und Opferwille. Er geht zu den Freunden, er geht ins besetzte Ruhrgebiet – fällt den Franzosen in die Hände und wird erschossen. Der Aufbruch des Landes bei der Nachricht von dem Urteil, den der alte General erwartet, bleibt aus: aber die Saat ist nicht umsonst gewesen: in dem neuen Deutschland von heute ist sie aufgegangen.

Ein Drama dieser Grundlage muß mit Notwendigkeit viel mehr auf den Dialog als auf die Gestaltung der handelnden Menschen gestellt sein. Es geht um Gründe und Gegengründe, hinter denen ein großes Gefühl wetterleuchtend dann und wann ausbrechen darf: ein Stück von solchen Voraussetzungen aus muß Drama der Beweisführung werden. Johst will am Schicksal und an der Erkenntnis Schlageters das Recht der neuen Jugend auf ihren absoluten Willen zu Land und Volk zeigen – und zugleich seine Quellen und Untergründe im Gefühl sichtbar machen. So wird sein Drama ganz von selbst Diskussion dieses Rechts, die sich unvermutet immer wieder der eigenen Unwichtigkeit (als einer Diskussion, eines bloßen Dialogs) gegenüber diesem tragenden Gefühl und dem Willen zum letzten Einsatz für Land und Volk bewußt wird und dann sich in einem elementaren Kraftausbruch oder in einem Bekennen zu einem unmittelbaren Gefühl fast selbst auflöst. Verschiedenheit der Gestalten? Sie wird fast unwesentlich neben dem einenden Glauben an Deutschland, der für Alte wie für Junge das Entscheidende ist und gegenüber einer Dialektik, die von diesem Glauben zuweilen hinreißende Impulse bekommt.

Daß den Dramatiker Johst die Freude am Gestalten trotzdem immer wieder fortträgt, versteht sich von selbst! Wenn er der Jugend um Schlageter Vertreter der damaligen preußischen Regierungsgewalten gegenüberstellt, reizt ihn zunächst die Lust am Spott, verführt ihn sogar zu gefährlich langen Monologen eines marxistischen Regierungspräsidenten über seine Proletenhände. Dann aber packt ihn die Freude an den menschlichen Möglichkeiten: er läßt auch aus diesem primitiven Erfolgsmann am Ende Lebendiges ausbrechen, wenn ihm der einzige Sohn mit Schlageter zusammen verurteilt wird. Diese Freude an der Buntheit, aus der Johsts Talent zum Humor zuweilen überraschend stark aufbricht, bleibt aber auf die Nebenfiguren beschränkt; die Hauptgestalten sind Träger der Idee und des Gefühls und haben nur auf diesen Kräften zu stehen und aus ihnen zu leben.

Für die Regie des Intendanten Ulbrich ergab sich von hier aus die Aufgabe, einmal aus der Gespanntheit des Dialogs Spannung des Vorgangs zu machen und zugleich diese Diskussion mit dem Gefühl, das unter ihr liegt und mit den sparsamen Momenten der offenen Gefühlsvorgänge, vor allem während der ersten drei Bilder zu verbinden. Zu Beginn, während der Unterhaltung zwischen Schlageter und seinem Freunde Thiemann, war das nicht eben leicht, weil Ulbrich auf schärfere Akzente verzichtete und einen gestrafften Ausgleich des Ganzen suchte. Mit dem zweiten Bild, der Unterhaltung Schlageters mit der Exzellenz, war dieser Ausgleich erreicht, und nun steigerte sich die Wirkung, unterstützt von der inneren Tragik des Vorgangs, von Szene zu Szene. Das vierte Bild, das Warten der Familie Thiemann auf das Urteil des Düsseldorfer Kriegsgerichts, die Qual des Mädchens, das Schlageter liebt, der unbeirrte Glaube des alten Führers, das war in seiner energischen Zusammenfassung der Stimmung der Höhepunkt: hier kam auch Johsts schöne Wärme, sein Sinn für fast volkliedhafte Wirkungen am stärksten zur Geltung.
Von den Einzelgestalten hoben sich der Schlageter Herrn Müthels und der alte General des Herrn Bassermann am stärksten heraus. Herr Müthel gab im Bild des Persönlichen den Typus, den Umriß mehr als die Einzelfarbe betonend. Herr Bassermann, sehr elegant und überlegen, war noch im Glauben mehr der große Gentleman als der Mensch. Sehr fein und nobel Fräulein Emmy Sonnemann, die von Weimar gekommen ist, als Alexandra Thiemann, die Schlageter liebt. Aus den Gestalten der einstigen Soldaten und Offiziere hob sich Herr Harlan als Thiemann, Herr Dunskus als Schlageters Bursche heraus. Vortrefflich Herr Leibelt als Regierungspräsident.
Am Schluß, nach der Erschießungsszene, kein Applaus – nach kurzem Schweigen singt das Publikum stehend den ersten Vers des Deutschlandliedes, dann den ersten des Horst-Wessel-Liedes. Danach erst bricht der Beifall los, ehrlich begeistert, und holt Johst und die Schauspieler immer wieder vor den Vorhang: es wurde ein ganz starker Erfolg. Das neue deutsche Drama ist auf dem Wege: mit Zieses ›Siebenstein‹, Kluges ›Ewigem Volk‹, Johsts ›Schlageter‹ hat es in den ersten Wochen der neuen Regierung siegreich seinen Platz erobert. Es ist schön, daß das Staatstheater die beiden Werke von Johst und Ziese jetzt nebeneinander zeigen kann: der dichterische Kampf um die Bewältigung der geistigen Veränderungen des letzten Jahrzehnts wird in diesen beiden Dramen bereits mit überraschendem Erfolg und erstaunlicher Klarheit ausgefochten.

Bernhard Diebold, Frankfurter Zeitung 25. 4. 1933

[...] Das Drama Johsts ist durch das passive Verhalten des Generals nach dem zweiten Akt innerlich zu Ende – bis auf das epilogische Schlußbild der ergreifenden Erschießung. Der erste Akt als Fragesteller ist der weiseste an Dialektik; die Figuren der Kameraden haben Leben, nicht nur im Umriß, sondern sie sind im sprachlichen Detail voll Schlagkraft und Humor. Der zweite Akt wiederholt in der Unterredung mit dem General in geistig verfeinerter Terminologie nur den Konflikt von Pflicht, Verstand und Neigung. Die Gegenpartei der Regierenden des demokratischen Systems wird allzusehr in die Karikatur getrieben, als daß man sie symbolisch als echte Gegner nehmen könnte. Dieser ehemals proletarische Regierungspräsident – der über seine eigenen rohen und roten Arbeitshände einen mit Ironie geladenen Monolog hält – und seinen eigenen Sohn im Corps feudal erziehen läßt – ist er so typisch, um ein ganzes ›System‹ zu charakterisieren? – zumal seine praktische Weisheit im vorliegenden Fall durchaus ja keine andere ist als die der national empfindenden Exzellenz? Nein – als Gegenspieler kann er nicht ernst genommen werden – (als Politiker jedenfalls nicht; wohl aber als erschütterter Vater eines rebellischen Sohnes, der als Genosse Schlageters zu lebenslänglicher Zwangsarbeit verurteilt wurde). Nach diesem zweiten Akt ist das Willensdrama Schlageters so gut wie entschieden. Der dritte bringt uns noch Episodisches von den Vorbereitungen zu den verhängnisvollen Taten. Der vierte Akt zeigt das erschütternde Familienbild im Hause des Kameraden Thiemann: die Braut Schlageters, die die telephonischen Schreckensnachrichten abhört, die Mutter und der Vater Thiemann, der nicht mehr weiß: ob er als Lehrer den in den Krieg ziehenden Jungen seinerzeit den richtigen Sinn des Heldentodes geraten hat. Diese Stimmung des Drucks und der Erwartung ist mit naturalistischen Mitteln ausgezeichnet gestaltet. Aber als Teil des ›Schlageter‹-Dramas wirkt die Szene als Einschaltung und bloßer Übergang zum tragischen Schlußbild.

Johst ist vieles gelungen. Trotz Mischung der Stile – Monolog und Naturalismus, Konversation im zweiten Akt und Symbolik im Schlußbild – ist der Einheitszug des Gefühls in der Figur des Schlageter verwirklicht. Dichterisches, Gedachtes und Gefühltes kommen ungleichmäßig zur Deckung. Aber oft gelingt sie. Die Technik der langen Akte (gegenüber dem Bilderdrama, das auch Johst früher pflegte) wurde am Anfang voll gemeistert: die Zeit wurde kurz in der Dichte der ›langen Gedanken‹. Die letzten Aufzüge wurden weniger Akte als Bilder. Die Fabel trieb nicht mehr.
Aber die Aufführung Ulbrichs und einer außerordentlichen Schauspielergruppe interpretierte den Geist und das Gefühl der Menschen und der Situationen in vollkommener Weise. Lothar Müthel ist schon von ›Siebenstein‹ her geübt in der Rolle des problematischen Soldaten. Er spielte den Schlageter mit einer bewußten Männlichkeit und mit einer offenen Auges erkannten Tragik, die tief erschütterte. Das war herrlichste Einheit von Spiel und Mensch. Kein hohles Wort. Jeder Laut und jede Geste kam aus dem Doppelleben des Verstandes und des Herzens. Mit ihm auf reifer Höhe: Albert Bassermann als General. Brillante Repräsentation des Diplomaten; an kühler Würde des Aussehens fast mehr Engländer als Deutscher. Er prägt jedes Wort wie eine Münze; alles scheint klar und bestimmt in diesem überlegenen Munde. Er erhält seinen Sonderbeifall für sein Auftreten, das die innere Unsicherheit der Rolle so tadellos kaschierte.
Und unter den vielen Männern dieses Männerstücks (das den zwei Frauen als Mutter und Braut nur wenig Handlung läßt) ragt Erich Dunskus hervor als Schlageters in Treue nicht zu erschütternder Bursche Peter. Veit Harlan führt im ersten Akt die Gegenrede des Aktivisten mit der burschikosen Leidenschaft, die man aus der ersten Szene der ›Räuber‹ kennt. Walter Franck gibt den Gymnasialprofessor mit erstaunlichem naturalistischem Können. Paul Bildt macht den ›wirtschaftlichen‹ Herrn Klemm, M. d. Reichstags, zu einem widerlichen Burschen mit Brille und Aktenmappe. Und Leibelt spielte den

Proleten von Regierungspräsidenten am Anfang mehr als ›Komiker‹, am Schluß mehr als ›sentimentaler Vater‹. Daß ihm trotz seiner komischen Einführung das Leid gelingt – ist wieder ein Beweis für diesen glänzenden Komödienspieler.
[...]
[...] das Drama Johsts wurde durchaus nicht nur als ›Kunst‹, sondern als ein nationaler Akt empfunden. In diesem Sinne ist es auch über allen seinen Vorzügen und Mängeln zu bewerten. [...]

Keienburg, Tägliche Rundschau, Berlin, 22. 4. 1933

Literarisch abzirkelnde Kritik hat hier nichts zu bestellen. Dieses Stück und seine Aufführung sind Ansprache, Schlag auf die Schulter, Niederriß und Hinanriß. Kamerad, deine Hand!
Dieser Schlageter steht am Eingang einer neuen Kunst, die des Volkes sein wird oder nicht sein wird. Dieser Schlageter hat von dem Feuer, das deutsche Gewissen weiß zu brennen. Das Kleistische Feuer. Das Fegefeuer der Nation.
Schlageter ist der neue, der junge deutsche Mensch. Sein Tod ist Auferstehung, sein Besitztum die Kameradschaft, die Treue, die Brüderlichkeit, die des Nächsten so gewiß und teilhaftig ist, daß sie nicht einmal das Wort vom Sozialen zu kennen braucht.
Die Schlageter-Gestalt ist gültig. Sie steht und warnt, bis *alles* erfüllt ist. In ihr ruht der Gral des Neuen in gläserner Reinheit. Ihr Licht ist nicht von der Sonne empfangen und himmlisches Gnadengeschenk, sondern aus sich selber erwirkt und erglüht und aus dem Feuerschein der Brände emporgeläutert. So ist also dieser Schlageter auch hierin ganz deutsch. Unser Weg führt nur durch unsere eigenen Schatten, und nichts ist dem deutschen Schicksal Licht, es sei denn, der weiße Engel besiege den schwarzen.
Keine Auferstehung ist ohne Passion. Johst hat sich auf dieses unser Gesetz wunderbar verstanden und es im Schlageter sichtbar gemacht. Wir blicken in dieses schwärmerische, doch männliche Gesicht (Müthel!) und finden uns selbst, wie wir waren oder hätten sein müssen. Wir kommen wieder aus dem Kriege, in schlechten feldgrauen Röcken, und wohnen in billigen Dachquartieren und quälen uns in ein Studium hinein, das uns sinnlos scheint und krank vor Altersschwäche. In den Adern geht das wilde Blut, und nachts stürzen Frontsoldatenträume in den trockenen Mahlgang des Universitätsbetriebes. Draußen aber klappert der Totentanz der Nation, und der Tod sitzt vielfach, gedunsen in lächerlichen Cutaways, auf den Regierungssesseln und trägt das Gesicht der neuen Bonzen. Indessen hocken die letzten Stürmer aus dem großen Kriege vor den Bastionen der Examensnöte und betäuben sich mit widrigem Gehirnfraß. Wie lange ist das her ... es könnte gestern gewesen sein. Es gibt Dinge, die nicht altern, und Selbstvorwürfe, die nicht aufhören zu schmerzen. Da kommt nun der Dichter, das wache Gewissen des Volkes, und führt dich auf diesem winzigen Spielfeld vor dein eigenes Ich. Es entrollt und entbrennt, was du einmal geträumt und ersehnt hast und wozu du vielleicht nicht den Mut und den Weg fandest. Du und Millionen von Volksgenossen. Nun siehst du den Weg und spürst dich wiedervereint und folgst dem Schlageter in seinen bitteren, doch fröhlichen Tod. Und du spürst, daß erlösende

Kraft von dieser Dichtung ausgeht. Hunderte spüren es mit Erschütterung und Gelöbnis.

Kann man Schöneres von einer Dichtung sagen, als daß sie verzeiht und versöhnt und die Hand reicht zum Guten! Johst steht da mit reinen Händen und schenkt Reines. Nicht Chauvinismus ist seine Sache. Auch der Bonze (Leibelt!) ist nicht schlecht an sich, sondern Opfer des Systems, das aus dem tüchtigen Arbeiter einen unglückseligen Präsidenten macht, der im Schmerz um seinen verlorenen Sohn schließlich ein armer gequälter, niedergebrochener Mensch ist.

Kann man von einer Aufführung (die darstellerische Werte wie Müthel, Leibelt, Bassermann, Franck usw. vereinigte) – kann man von einem Spiel auf wenigen armseligen Quadratmetern Theaterfläche mehr sagen, als daß es ergriff, daß es auslöschte, zerriß, zerstampfte und wieder sammelnd zu einer heroischen schöpferischen Gemeinschaft des Empfindens hinaufführte.

Zu einer überpersönlichen Einheit, von der wir alles erwarten.

Biographische Anmerkungen

RAOUL AUERNHEIMER, am 15. April 1876 in Wien geboren, wurde nach dem Jurastudium Feuilletonist und Theaterkritiker an der liberal-großbürgerlichen ›Neuen Freien Presse‹ in Wien, der führenden österreichischen Zeitung vor und noch nach dem Ersten Weltkrieg. Seine ausholenden, vom erzählerischen Impuls bestimmten Kritiken galten vor allem dem Burgtheater. Er schrieb viele Romane und Lustspiele (z. B. ›Casanova in Wien‹, 1924). – Auernheimer emigrierte 1939 nach Amerika und starb am 7. Januar 1948 in Oakland in Kalifornien.

JULIUS BAB, geboren 1881, hat das deutsche Theater zwischen 1900 und 1935 mit einer solchen Fülle von Publikationen begleitet, daß man ihn als den Chronisten dieses Theaters ansprechen kann. Er hatte eine natürliche Beziehung zur Bühne und eine starke Einfühlungskraft in die Psyche des Schauspielers. Bab, der selbst nicht Schauspieler werden konnte, wurde nicht nur ein umfassender Theaterschriftsteller, seine literarische Publizistik behandelt weit mehr als nur das Theater. Er begann 1902 mit einem Essay über Richard Dehmel, seine letzten Arbeiten von 1953 waren eine Sammlung von Schauspielerporträts ›Kränze dem Mimen‹ und ein Aufsatz über Ernst Barlach. Dazwischen liegen seine Dramaturgie für Schauspieler (›Der Mensch auf der Bühne‹), seine von 1900 bis 1926 reichende fünfbändige ›Chronik des deutschen Dramas‹, eine Shakespeare-, eine Shaw- und eine Dehmel-Biographie, die Darstellung von Agnes Sorma, Albert Bassermann, der Devrients und Adalbert Matkowskys und viele kleinere Arbeiten. Bab war praktisch im Theater tätig als Dramaturg Jeßners in Königsberg, später an der Volksbühne in Berlin. Er schrieb viele Aufsätze für Jacobsohns ›Schaubühne‹ und auch Kritiken für ›Die Welt am Montag‹ und die ›Berliner Volkszeitung‹. Manche sahen in dem ernsten, bärtigen, mit starker Redekraft begabten Mann einen Oberlehrer des vergangenen Theaters, doch seine sicheren Hinweise auf Georg Kaiser und das sich entfaltende Talent Brechts widerlegen jeden Anwurf. Von 1933 ab war Julius Bab für den ›Kulturbund deutscher Juden‹ tätig, dann wanderte er nach Amerika aus und fand dort in der ›New Yorker Staatszeitung‹ ein neues Publikationsorgan. Zweimal kam er nach 1945 nach Deutschland zurück. Er starb am 12. Februar 1955 in Roslyn Heights auf Long Island.

OSCAR BIE gehörte zur Kritikergruppe des ›Berliner Börsen-Courier‹ (mit Emil Faktor, Herbert Ihering). Er war der Opernkritiker dieses Industrie- und Wirtschaftsblatts, das ein vorzügliches Feuilleton hatte. Seit 1890 war er Privatdozent, später Professor für Kunstgeschichte an der Technischen Hochschule in Berlin; seit 1894 Redakteur der ›Neuen (Deutschen) Rundschau‹, ab 1922 gemeinsam mit S. Fischer und Samuel Saenger ihr Herausgeber. Sein Buch ›Die Oper‹ gilt als Standardwerk. Neben ihm stehen zahlreiche Bücher über Themen der Kunst- und Musikgeschichte und der Ästhetik. Geboren am 9. Februar 1864 in Breslau, gestorben am 21. April 1938 in Berlin.

HANNS BRAUN, am 17. September 1893 in Nürnberg geboren, begann 1917 als Volontär bei der ›Münchener Zeitung‹, einem nationalen mittelständischen Blatt, das die zweitgrößte Zeitung Münchens war. 1919 rückte er als Kritiker in die Position von Georg Jacob Wolf, der sich aus Krankheitsgründen allmählich zurückzog. Er schrieb eine Zeitlang Kritiken neben Richard Braungart und übernahm schließlich auch dessen erste Position. Braun, von Anfang an ein distanzierter, auch ironischer Schreiber, entwickelte seine kritischen Referate im Laufe der Zeit zum Essay. Mißtrauisch gegen den Expressionismus, sah er Dicht- und Szenenkunst vornehmlich unter dem Aspekt wahrer Menschendarstellung. Bis zur Einstellung 1944 blieb er erster Theaterkritiker der ›Münchener Zeitung‹; er wurde Nachfolger von Karl d'Ester auf dem Münchener Lehrstuhl für Publizistik, nach 1945 Theater-Kritiker der ›Süddeutschen Zeitung‹ in München, gestorben am 25. September 1966.

RICHARD BRAUNGART, ein vielseitiger Journalist, war von 1902 bis 1932 der erste Theaterkritiker der ›Münchener Zeitung‹, zu deren Theaterreferat um 1920 auch Georg Jacob Wolf und der junge Hanns Braun gehörten. – Braungart schrieb auch über bildende Kunst und war Kulturkorrespondent für die ›Neue Zürcher Zeitung‹ (ab 1946 Kunstkritiker des ›Münchner Merkur‹). Als Schriftsteller wurde er durch eine lange Reihe von Künstlermonographien und seine Ex-Libris-Forschungen bekannt. Er war am 19. Februar 1872 in Freising geboren und starb am 20. Februar 1963 in München.

BERNHARD DIEBOLD galt als der wichtigste Kritiker außerhalb Berlins. Sein Blatt war die bürgerlich-demokratische ›Frankfurter Zeitung‹, für die er von 1917 bis 1933 die erste Theaterkritik schrieb. Am 6. Januar 1886 in Zürich geboren, hatte er auf Anregung des Theaterwissenschaftlers Max Herrmann in Berlin mit einer Arbeit über ›Das Rollenfach im deutschen Theaterbetrieb des 18. Jahrhunderts‹ promoviert. Er versuchte sich als Schauspieler und war dann Dramaturg am Burgtheater und am Münchner Schauspielhaus. Er begleitete und unterstützte den Frankfurter Expressionismus, vor allem die Autoren Fritz von Unruh und Georg Kaiser, über den er 1923 eine Studie ›Der Denkspieler‹ schrieb. Diebold war ein starkes, in der Kritik zur Entladung drängendes Temperament, höchst vorsichtig jedoch im Urteil über Schauspieler, mit sehr offenem Sinn für alles Zeitgenössische. Dieser Sinn vor allem sicherte ihm die führende Rolle vor seinen mehr dem klassischen Drama und Unterhaltungsstück zugewandten Kollegen Rudolf Geck (Leiter des Feuilletons der ›FZ‹) und vor Ernst Heilborn (Berliner Kulturkorrespondent der ›FZ‹). Im Dezember 1928 ging Diebold für die ›FZ‹ als Rezensent nach Berlin, interessierte sich dort mehr für die Arbeit Piscators als für Brecht. Schon 1920 gab er die erste umfassende Darstellung des neuen Dramas in seinem wichtigen Buch ›Anarchie im Drama‹. 1934 ging er in die Schweiz zurück und versuchte, in einem umfangreichen Roman ›Das Reich ohne Mitte‹ seine Erfahrungen »aus dem deutschen Chaos von 1923 bis 1932« zur Beantwortung der Frage zu verwenden: »warum die Diktatur ohne den leisesten Widerstand im freien Deutschland einmarschieren durfte«. – Diebold starb am 9. August 1945 in Zürich.

DURUS war das Pseudonym des aus Ungarn stammenden marxistischen Kunst-, Theater- und Literaturkritikers *Alfred Kemény* (1895–1945). Er lebte von 1920 bis 1933 in Berlin, war Mitglied der KPD und des Bundes proletarisch-revolutionärer Schriftsteller und schrieb vor allem für ›Die Linkskurve‹ und die sechsmal in der Woche erscheinende kommunistische Tageszeitung ›Die Rote Fahne‹, die (1927) eine Auflage von 65- bis 70 000 Exemplaren hatte.

KASIMIR EDSCHMID, am 5. Oktober 1890 in Darmstadt geboren, war schon mit seinen frühen Novellenbänden ›Timur‹ (1913), ›Die sechs Mündungen‹ (1915) und ›Das rasende Leben‹ (1916) zum Wortführer des literarischen Expressionismus geworden. 1918 schrieb er »über den Expressionismus in der Literatur« und suchte zusammen mit Benn, Barbusse, Hausenstein »die neue Bewegung, die auf ein neues Weltgefühl aus ist«, in der Schriftenreihe ›Tribüne der Kunst und Zeit‹ durchzusetzen. Aus diesem Engagement und seinem sich in seinen späteren Reisebüchern deutlich ausbildenden journalistischen Talent kam er zur Theaterkritik, unterstützte mit ihr (oft im Fanfarenton) die neuen Stücke des Expressionismus. Edschmid schrieb über die Frankfurter und Darmstädter Theater für die ›Neue Zürcher Zeitung‹ und die ›Vossische Zeitung‹ in Berlin. 1921 versuchte er sich auf der Bühne mit einer eigenen Bearbeitung von A. Dumas' Schauspiel ›Kean‹, das Hartung unter Skandal in Darmstadt inszenierte und auch in Berlin zeigte. – Er war dann literarischer Mitarbeiter der ›Frankfurter Zeitung‹, wandte sich dem Roman und den großen Reisebeschreibung zu, emigrierte und erhielt nach der Rückkehr von 1941–1945 Schreibverbot. Seit 1960 war er Ehrenpräsident der Darmstädter Akademie für Sprache und Dichtung. Gestorben am 31. August 1966.

RICHARD ELCHINGER, am 2. Mai 1879 in München geboren, war Feuilletonredakteur und Theaterkritiker an dem einflußreichsten Münchner Blatt, den ›Münchner Neuesten Nachrichten‹, wurde Anfang der zwanziger Jahre aber abgelöst durch Hermann Sinsheimer und Timm Klein. Elchinger starb am 21. Oktober 1955 in München.

ARTHUR ELOESSER hat das Berliner Theater mit einer Unterbrechung zwischen 1913 und 1920 von 1899 bis 1937 als Kritiker betrachtet. Als Paul Schlenther 1898 Direktor des Burgtheaters wurde, übernahm der 28jährige Eloesser sein Amt als Theaterkritiker an der ›Vossischen Zeitung‹. Sie war das hochangesehene Blatt für das gebildete Bürgertum Berlins; das konservative Verhältnis der ›Voss‹ zur neuen (naturalistischen) Kunst war durch die kritische Arbeit von Theodor Fontane und Paul Schlenther verändert worden. Eloesser, dem wegen seines jüdischen Glaubens die Universitätslaufbahn versagt blieb, war ein sehr gebildeter Mann. Für ihn wie für Kerr bedeutete Gerhart Hauptmann das große dichterische Erlebnis. Er war von der sozialen Aufgabe der Kunst überzeugt, betonte ihre Verbindung zum täglichen Leben, blieb als Kritiker drauf bedacht, daß die Bühne ihre Stücke wahr und richtig veranschauliche. Er wollte eher Emotion und Lebenswahrheit als die Abstraktionen Wedekinds und des Expressionismus. – Von seinem Lehrer Erich Schmidt hatte er gelernt, daß die Eleganz des Stils die philologische Akribie der Auseinandersetzung wieder verdecken müsse. Darum wirken seine Rezensionen oft feuilletonistisch leicht, elegant und kokett. Von 1913 bis 1920 ging Eloesser als Dramaturg und Regisseur ans Lessing-Theater (wo Elisabeth Bergner ihn so entzückte, daß er später ein Buch über sie herausbrachte), von 1920 bis 1926 schrieb er die Theaterkritik für ›Das blaue Heft‹ (früher ›Freie Deutsche Bühne‹), nach dem Tode Siegfried Jacobsohns die Berliner Theaterkritik in der ›Weltbühne‹ (1926–1928), dann rief Monty Jacobs, der Feuilletonleiter der ›Vossischen Zeitung‹, ihn in die alte Redaktion zurück. In der ›Voss‹ schrieb er bis 1933, von da an bis 1937 für die ›Jüdische Rundschau‹, ein den Juden zugestandenes Wochenblatt im ›Dritten Reich‹. Er ist Autor des ersten Buches über Thomas Mann (1925), der Monographie »Vom Ghetto nach Europa« und einer zweibändigen deutschen Literaturgeschichte. Am 14. Februar 1938 starb Arthur Eloesser in Berlin.

FRITZ ENGEL, am 16. Februar 1867 geboren, ein stiller, abgeklärter, fast scheuer und sehr gebildeter Mann, war die Hauptstütze im Feuilleton des ›Berliner Tageblatts‹. Unter Paul Block, dann unter Fred Hildenbrandt versah er die tägliche Arbeit der Redaktion; seine Passion war die Theaterkritik. Engel war unter den Theaterleuten wegen seiner gütigen Betrachtungsweise geschätzt, kam im Tageblatt nur nach dem Tod Paul Schlenthers, der von 1910 bis zum April 1916 dort die erste Theaterkritik geschrieben hatte, in die erste Position. Nach dem Engagement Alfred Kerrs (die Bewerbung Maximilian Hardens um die Nachfolge Paul Schlenthers war von dem Chefredakteur Theodor Wolff nicht akzeptiert worden) übernahm er wieder die »zweite« Theaterkritik, die aber doch bei der Fülle der Berliner Premieren den Zugang zu den wichtigsten Ereignissen sicherte. Engels geistige Heimat war die goethische Welt, deren Begriffe und Maßstäbe (wie das ausgehende Jahrhundert sie verstand) in vielen seiner Kritiken wiederkehrten. Er hatte und verkündete keine selbständige Vorstellung vom modernen Theater, sondern erwarb sich das Verständnis für die neuen Geschehnisse durch Einfühlung und seinen Willen zur Kunst. Dieser gibt seinen Kritiken ihren Nachdruck; sein Satz: »Kritik ist keine Guillotine, Kritik ist eine Waage«, kennzeichnet seine Haltung. Engel starb am 3. September 1935 in Berlin.

EMIL FAKTOR war der Chefredakteur des ›Berliner Börsen-Couriers‹, ein Prager (geboren am 31. August 1876), der Jura studiert und sich der Literatur und dem Theater zugewandt hatte. Als Neunzehnjähriger veröffentlichte er seinen ersten Lyrikband: ›Was ich suche‹. Aus der Redaktion der ›Bohemia‹ in Prag war er nach Berlin gekommen, hatte am ›Tag‹ die dritte Theaterkritik geschrieben, übernahm dann als

Nachfolger von Isidor Landau das Feuilleton des ›Börsen-Couriers‹, später die Chefredaktion dieses Wirtschaftsblattes, das unter seiner Leitung sehr lebendig wurde, sprachlich gut durchredigiert war und ein der Moderne sehr aufgeschlossenes, im kunstpolitischen Sinn sogar ›progressives‹ Feuilleton entwickelte. Faktor, selber ein sehr aktiver Schreiber, sammelte erste Kritiker wie Herbert Ihering, Gustav Landauer, Oscar Bie und Autoren wie Brecht, Loerke, Moritz Heimann um sich. Der ›Börsen-Courier‹ wurde so das Blatt mit der potentesten Kritik in Berlin, galt in Fachkreisen jedoch mehr als beim großen Publikum. Am ›Börsen-Courier‹ wurde die neue dramaturgische Kritik zu schreiben versucht. Zwischen Faktors und Iherings Rezensionen gibt es bis in die Grundbegriffe und die Wortwahl so viele Verbindungen, daß sie als Ausdruck des gemeinsamen Gesprächs innerhalb der Redaktion zu werten sind. Faktor liebte die Nachtkritik. Viele Rezensionen entstanden unmittelbar nach der Aufführung, manche wurden abgebrochen und in der Abendausgabe fortgesetzt. Die unter diesem Zeitdruck entstandenen Kritiken bohren sich in die Probleme von Stück und Aufführung. Überlange Sätze, manchmal flüchtige Ausdrücke sind der Preis dieses unmittelbaren Reagierens, aber nie mangelnde Substanz. Nach Kerr und Ihering scheint uns (der immer übersehene) Faktor der wichtigste Kritiker in Berlin, den späten Jacobsohn eingeschlossen. – Faktor veröffentlichte zwei Schauspiele: ›Die Temperierten‹ und ›Die Tochter‹, (1914 und 1917) und eine Monographie über Alexander Moissi. Er emigrierte 1933 nach Prag, wurde 1941 nach Lodz deportiert und starb dort.

NORBERT FALK leitete das große Feuilletonkollegium der ›BZ am Mittag‹. Sie war das größte Boulevard-Blatt Berlins und hatte in den kritischen Kunstsparten neue Formen kritischen Schreibens entwickelt: Weg von Bildung, von Essay und Betrachtung. Das Tempo, mit dem die Zeitung gemacht wurde, das Berliner Tempo (die ›BZ‹ hatte es mit hervorgerufen), war in der Kritik wiederzufinden. Aphoristisch knappe Sätze, entlastete Sprache, kurze Absätze, klares Urteil, Anschaulichkeit, leichte Eingängigkeit: so hat Falk (zusammen mit Paul Wiegler) stilbildend für die Berliner Boulevardkritik gewirkt. – Die Rezensionen der ›BZ‹ übten die stärkste Wirkung auf das breite Publikum. 1929 hatte das Blatt, für das nur die Aktualität der einen Stunde galt, eine Auflage von über 200 000 Exemplaren.

PAUL FECHTER war Chef des Feuilletons der national-liberalen ›Deutschen Allgemeinen Zeitung‹ und ein wichtiger Journalist, weil er früh die politische Rolle des Feuilletons erkannte und seine Erkenntnisse über die Entfremdung der Zeitung sowohl von der Wirklichkeit wie von ihrem Publikum zum Korrektiv für seine eigenen Arbeiten machte. Er besaß einen ausgeprägten Sinn für volkstümliche Wirkung. Auch als Theaterkritiker untertrieb er lieber seinen eigenen Intellekt, als daß er ihn herausstellte. Da er Journalismus ganz konsequent als »Dienst am Tage« übersetzte, sah er die wichtigste Aufgabe des Kritikers zunächst darin, als ein ins Theater entsandter Reporter zu funktionieren. Der Kritiker Fechter beschreibt, bevor er urteilt; Anschaulichkeit geht ihm vor Analyse. Daß er Zuckmayers ›Fröhlichen Weinberg‹ mit dem Kleist-Preis auszeichnete, ist aus diesem Zug seines Wesens und Arbeitens verständlich. Er war am 14. September 1880 in Elbing geboren, hatte nach dem Studium, bei Erich Schmidt in Berlin, von 1905 bis 1911 im Feuilleton der ›Dresdener Neuesten Nachrichten‹ gearbeitet, kam 1911 nach Berlin zur ›Vossischen Zeitung‹ und trat nach der Rückkehr aus dem Krieg in die ›Deutsche Allgemeine Zeitung‹ ein, aus der Reimar Hobbing damals eine deutsche ›Times‹ machen wollte. Das mißlang, die Zeitung ging erst in den Besitz von Stinnes, für kurze Frist auch in Reichsbesitz über – die höchste Auflage betrug 60- bis 70 000 Exemplare. 1933 schied er aus der ›DAZ‹ aus und gründete mit deren bisherigem Chefredakteur Fritz Klein die ›Deutsche Zukunft‹. Nach Kleins Tod übernahm er die Leitung des Feuilletons des ›Berliner Tageblatts‹, das unter dem Zwang des nationalsozialistischen Regimes bald in der ›Deutschen Allgemeinen Zeitung‹ aufging. Er war 1933-1942 Mitherausgeber der

›Deutschen Rundschau‹ und gründete 1954 die ›Neuen Deutschen Hefte‹. Fechter, der 1914 als Schriftsteller mit einer Interpretation des Expressionismus begonnen hatte, vollzog in literarwissenschaftlichen Darstellungen und Romanen den Weg in die angestammten Bindungen von Landschaft und Gemeinschaft, hatte mit seinem Schauspiel ›Der Zauberer Gottes‹ von 1948 ab große Erfolge und schloß nach 1950 seine umfangreiche publizistische Arbeit mit der dreibändigen Darstellung ›Das europäische Drama‹ ab. Er starb am 9. Januar 1958 in Berlin.

MANFRED GEORG (später George) war einer der ›berlinischsten‹ Journalisten, vielseitig, fleißig, schnell und gewandt. Er hatte viele Berliner Redaktionen, von der ›Berliner Abendpost‹ über die ›Berliner Volkszeitung‹, die ›Berliner Morgenpost‹, das ›8-Uhr-Abendblatt‹ und die ›Vossische Zeitung‹ kennengelernt, bis er bei der 1928 von Ullstein ins Leben gerufenen Nachmittags- und Abendzeitung ›Tempo‹ Chef des Feuilletons wurde und die Theaterkritik übernahm. Das Blatt (Höchstauflage 145 000) war für die jüngere Generation gedacht. Georg trat energisch für das neue politische Zeittheater ein, schrieb einen flotten, auf ›Tempo‹ bedachten Stil. Er suchte den Kontakt der Kritik mit dem Publikum, die Leser wurden zu eigenen Kommentaren zur »Fachkritik« von ›Tempo‹ aufgefordert. – Georg, am 22. Oktober 1893 in Berlin geboren, Dr. jur., Autor einer Biographie von Theodor Herzl, emigrierte 1933 in die Tschechoslowakei, 1938 in die USA. In New York gründete er den deutschsprachigen ›Aufbau‹, das Publikationsorgan der deutschen Emigration, übernahm nach dem Zweiten Weltkrieg die Kulturkorrespondenz für westdeutsche Blätter aus Amerika und starb dort am 31. Dezember 1965.

STEFAN GROSSMANNs Leben erfüllte sich zwischen Politik, Literatur, Theater und Publizistik. Ein unruhiger Geist. In Wien (wo er am 18. Mai 1875 geboren war) betätigte er sich in der Sozialdemokratischen Partei, war Feuilleton-Redakteur in der ›Arbeiter-Zeitung‹, leitete eine Zeitlang die Wiener Volksbühne, ging aber 1912 nach Berlin, wo er bis 1933 blieb, immer Neues beginnend. Zwischen 1915 und 1919 führte er das Feuilleton der ›Vossischen Zeitung‹, machte Theaterreisen ins Reich, mit Rowohlt zusammen gründete er das ›Tagebuch‹, eine Wochenschrift, ähnlich der ›Weltbühne‹, jedoch ohne deren intellektuelle Schärfe – und 1923 die wöchentlich einmal in Berlin erscheinende links-demokratische Zeitung ›Montag-Morgen‹, »eine große Zeitung der jungen Leute«, deren erster Chefredakteur Carl von Ossietzky war. Seine Novellen und Romane sind alle vergessen. Im Januar 1930 inszenierte Jürgen Fehling an der Berliner Volksbühne sein Volksstück ›Apollo Brunnenstraße‹. Als Theaterkritiker versuchte er mehr Akzente auf das zu setzen, was ihm wichtig schien (z. B. die Theaterarbeit in Frankfurt), als daß er sich wirklich mit dem Theater einließ. Er war ein Anreger. Nach der Machtübernahme Hitlers kehrte er nach Wien zurück. Dort starb er am 3. Januar 1935.

WILLI HANDL gehörte zu den geschätzten Berliner Kritikern. Er war, wie so viele seiner Kollegen, Wiener (geboren 1872); als Korrespondent der ›Neuen Freien Presse‹ und Redakteur der ›Bohemia‹ hatte er eine Zeitlang in Prag journalistischen Dienst getan. Gemeinsam mit Julius Bab gab er 1908 ein Buch ›Deutsche Schauspieler‹ heraus; 1911 verlegte S. Fischer seine Monographie über Hermann Bahr. Er schrieb am ›Berliner Lokal-Anzeiger‹ temperamentvolle, aber immer sachbezogene Kritiken, zuletzt neben dem 1919 in die Redaktion eingetretenen Franz Servaes, der von Handl dann die erste Rezension im Blatt übernahm. Handl repräsentierte noch die gute unabhängig-kritische Tradition des ›Berliner Lokal-Anzeigers‹. (Gestorben 1920)

JULIUS HART, der jüngere der Brüder Hart, die nach 1880 eine wichtige Rolle im ›Jüngsten Deutschland‹ zu spielen begannen, war am 9. April 1859 in Münster geboren und hatte sich bald seinem Bruder angeschlossen. Er gab mit ihm in Bremen die

›Deutschen Monatsblätter‹ heraus. Beide waren für die idealistische Dichtung eingetreten, wie sie Wildenbruch noch verkörperte, gingen dann aber auf die Seite der jungen Dichter über. Ihre ›Kritischen Waffengänge‹, in denen sie für die naturalistische Kunst Partei ergriffen, wurden viel diskutiert. Im Grunde blieb Julius Hart jedoch immer idealistisch gesinnt, laborierte an einer Weltanschauung, in der philosophische und religiöse Gedanken sich in der Idee einer neuen Gemeinschaft realisierten. Klage, visionäre Hoffnung und heftige Ströme vom Gefühl durchziehen seine Dichtungen. Für das Theater schrieb er einige Schauspiele (›Der Sumpf‹, ›Die Richterin‹). Als Kritiker interessierten ihn am Theater weniger Darstellung und Regie als die Literatur. Hart hat die Entwicklung des neuen Theaters von den Anfängen Hauptmanns bis zum Durchbruch Brechts miterlebt. Von 1887 bis 1900 war er Kritiker an der ›Täglichen Rundschau‹, von 1901 bis 1930 am Berliner ›Tag‹ (der als ein nationales Blatt im Scherl-Verlag erschien – Auflage 100000 Exemplare – und dessen selbständige, nur Artikel, keine Nachrichten, bringende Beilage – genannt der ›rote Tag‹ – zeitweise auch als Plattform für Kerr und Ihering diente). Julius Hart war nach Alfred Klaar der zweitälteste der Berliner Kritiker zur Zeit der Literaturrevolution von 1917. Seine langen Rezensionen bezeugen zwar seine Aufmerksamkeit auf die neue Dichtung, aber auch seine Distanz zu ihr. Hart starb am 7. Juli 1930 in Berlin.

ERNST HEILBORN galt vielen als der Nachfolger Fontanes. Seine Verehrung für diesen schlug sich in der Sorgfalt des Schreibens, der Genauigkeit der Beobachtung und einer Passion für das Theater nieder, die sich im künstlerischen Eindruck des einen Abends genügen wollte. Er bemühte sich um die Schauspieler, sah auf die Ensembles und galt vielen als ein kluger, wägender Berater. Er war 1867 in Berlin geboren, stammte aus einer alteingesessenen, protestantischen Familie und besaß eine starke Zuneigung zu dem klaren, straffen Geist Schinkels und dem nachromantischen Berlin. Seine Monographie über den Geist der Schinkelzeit ›Zwischen zwei Revolutionen‹ (1927) ist die Darstellung dieser Neigung. Seit 1901 schrieb Heilborn für die ›Frankfurter Zeitung‹ (das wichtigste Blatt im Reich) die Berliner Theaterkritik. So hatte er auch in Berlin eine angesehene Position, die freilich eingeschränkt wurde, als Bernhard Diebold 1928 von der Frankfurter Redaktion nach Berlin kam und über die wichtigsten aktuellen Premieren des modernen Theaters schrieb. Heilborn hat darunter wohl gelitten. – Wie viele der damaligen Kritiker hatte er sich als poetischer Schriftsteller versucht, zwischen 1899 und 1910 eine Reihe von Romanen und Erzählungen veröffentlicht, 1901 auch eine Biographie von Novalis. Er hatte als Redakteur am ›Magazin für Literatur‹, an der ›Nation‹ und an ›Cosmopolis‹ gewirkt, 1911 die Schriftleitung des ›Literarischen Echos‹ übernommen. Damit war seine dichterische Produktion beendet zugunsten der Kritik. 1922 gab er die Gesammelten Erzählungen des Grafen Eduard von Keyserling heraus. Er starb um 1940 in Berlin, nachdem er sich einige Jahre zuvor ganz aus der Berliner Öffentlichkeit zurückgezogen hatte.

FELIX HOLLAENDER wurde Kritiker in Berlin, als seine größte Chance, der Statthalter Max Reinhardts zu werden, verloren war. Er ist ohne Reinhardt nicht zu denken. Beide waren zum erstenmal in Verbindung gekommen, als Reinhardt 1903 im gerade neu eröffneten ›Kleinen Theater‹ in Berlin Hollaenders Tragikomödie ›Ackermann‹ uraufführte. Damals war der am 1. November 1867 in Leobschütz (Oberschlesien) Geborene schon in jungen Jahren als Mitarbeiter der ›Freien Bühne‹ (Neue Deutsche Rundschau) Beschäftigte, ein bekannter Romanautor. Als Reinhardt das Deutsche Theater übernahm, zog er Hollaender in seine Nähe: dieser war bald Dramaturg, Pressechef, Stellvertreter Reinhardts, auch sein Apostel. Er reüssierte als Regisseur. Die angebotene Intendanz in Frankfurt am Main (1916) verließ er nach wenigen Wochen. Als Reinhardt 1920 von Berlin nach Wien ging, gab er seine Theater in die Hände Hollaenders, der – in Verehrung seines ›Meisters‹ – eine Zeitlang die Erfolge Reinhardts zu wiederholen versuchte, aber den Bühnen in der veränderten Situation ihren

Rang nicht erhalten konnte. Als er 1923 ausschied und zum ›8-Uhr-Abendblatt‹ als Kritiker überwechselte, kannte er das praktische Theater so genau wie kein anderer Kritiker in Berlin. Seinen Rezensionen kam nur wenig davon zugute. Hollaender teilte sich die Kritik mit Kurt Pinthus so, daß dieser über die Premieren der Reinhardt-Bühnen referierte, Hollaender meist über Staatstheater, Lessing-Theater, das Theater am Schiffbauerdamm, die Tribüne. An seinen Rezensionen ist ablesbar, wie sehr er auch als Kritiker an die Person und das Theater Max Reinhardts fixiert blieb. Das aktuelle Zeittheater war ihm so fremd wie Brechts Versuche. Gerhart Hauptmann, mit dem er befreundet war, blieb ihm der wichtigste Dramatiker. – Hollaender schrieb gefällig und verständlich, die Härte seines Urteils wird nur selten durch Stil und Argument gedeckt. Manche Theaterdirektoren (z. B. Eugen Robert) ziehen ihn der Befangenheit. Doch die Geltung seiner Person gab auch seinen Kritiken Geltung im Publikum. Die wichtigsten erschienen nach seinem Tod (29. Mai 1931 in Berlin) gesammelt in einem Band ›Lebendiges Theater‹. Die Familie Hollaender spielte zwischen 1910 und 1930 eine »große Rolle«. Felix Bruder Victor war als Operettenkomponist in jenen Jahren sehr bekannt; sein Bruder Gustav leitete das bedeutende Stern'sche Konservatorium; Friedrich Hollaender, ein Neffe, war prominent auf dem Markt der leichten Musik.

HERBERT IHERING war der wichtigste Kritiker unserer Epoche in Berlin und für das Theater im Reich. Instinktiv erkannte er die Probleme des neuen Theaters, das sich nach 1910 auszuprägen begann. Aus einer ostfriesischen Familie stammend, am 29. Februar 1888 in Springe bei Hannover geboren, war er 1907 als Student nach Berlin gekommen. Der schnelle Kontakt mit Siegfried Jacobsohn führte 1909 zu ersten Veröffentlichungen in der ›Schaubühne‹; die Grundsätzlichkeit und Neuartigkeit der Betrachtungen erregten so viel Aufmerksamkeit, daß Arthur Eloesser ihn an die ›Vossische Zeitung‹ empfahl (Iherings Zeichen: –ng). In den Reibereien mit Alfred Klaar spürte Ihering die Antiquiertheit der damaligen von Bildung und Impression beherrschten Kritik. Er übernahm deshalb 1914 als Dramaturg die Position Berthold Viertels (der nach Dresden ging) an der Wiener Volksbühne, traf dort auf die »kommenden« Schauspieler und Regisseure wie Jürgen Fehling, Ernst Deutsch, Rudolf Forster, Fritz Kortner, Agnes Straub, Elisabeth Bergner, führte selber Regie und lernte den Zusammenhang von Drama, Inszenierung und Darstellung erkennen, den er, nach Berlin zurückgekehrt, (März 1918) unter dem Erlebnis der sich verändernden Gesellschaft einfügte in den neuen Zusammenhang von Theater und Zeit. Die Kritik, die Ihering von 1918 bis 1933 im ›Berliner Börsen-Courier‹ neben dem (weicheren) Emil Faktor pflegte, war eine Kampf-Kritik. Hart, unerbittlich im Urteil (besonders gegen die in diesen Jahren beginnende Betriebsamkeit Max Reinhardts wie gegen das grassierende Boulevardstück), zupackend und sicher in der Argumentation, das Grundsätzliche betonend, die oben erwähnten Zusammenhänge als Maßstab nehmend. Seine Kritiken sind abrupt, massiv, autoritativ im Stil, die Wortpointe Kerrs ist ersetzt durch die Durchschlagskraft der Argumente. Ihering definierte Kritik als Auseinandersetzung mit künstlerischer Energie, er beurteilte eine Aufführung meist nicht mehr nur aus sich selbst, sondern auch von den Forderungen an das künftige Theater her, das er wie eine greifbare Möglichkeit verkündete. Sie hieß: künstlerisches, wesentliches, der Zeit entsprechendes geistiges Theater. Er verlangte organischen Aufbau von Spielplan und Ensemble, geistigen Zusammenhang zwischen den inszenierten klassischen und modernen Stücken, Regie und schauspielerischem Ausdruck gemäß den Faktoren des neuen Theaters: Raum, Rhythmus, Gliederung, Identität von Sprach- und Körperausdruck, Steigerung, Konzentration. Als Grundlage der neuen Theaterarbeit erklärte er die innere Beziehung zum Werk. – Ihering entwickelte für diese, den ›Kampf ums Theater‹ führende Kritik, die oft zur Theaterpolitik wurde, eine bis heute nachwirkende Terminologie. Das Theater war ihm ein politischer Faktor, der Bewußtsein bildete. Iherings Kritik wurde nicht zuerst geschrieben für den

Zeitungsleser (er konnte nur teilhaben am Ziel dieser Kritik), sondern für die Wirkung in das Theater. »Die Fähigkeit eines Kritikers beweist sich darin, mit seinen kritischen Argumenten den Regisseur zu überzeugen, ihn zu befruchten, damit er für seine nächste Arbeit daraus Nutzen ziehen kann.« Überschätzte er damit auch die Vollendungschance des Theaters durch Systematik, so ist die Wirkung dieser Kritik in das Theater wiederholt bezeugt (Kortner: »Ein regelfanatischer Deutscher. Man las ihn wie eine Grammatik und lernte daraus«). – Ihering hatte einen erstaunlichen Sinn für Entwicklung und Entwicklungsmöglichkeiten. Er setzte nicht nur Brecht durch, er spürte früher als andere die frei zu machenden Kräfte in Erich Engel, in Fritz Kortner, in Helene Weigel, in Carl Zuckmayer, in Walter Franck u. a. Die Auseinandersetzung Iherings mit Alfred Kerr in den zwanziger Jahren wurde nicht nur ein Kampf um die Führung in der Kritik. Sie hatte ihren Ursprung in einer elementaren Aversion des jungen Ihering gegen die Kerrschen Maßstäbe und die von der Sache ablenkende Verführungskraft des Kerrschen Stils, eine Aversion, die in einem von Siegfried Jacobsohn in der Berliner ›Montags-Zeitung‹ veröffentlichten Aufsatz Iherings schon 1911 zum Ausdruck kam. Solche unter Rivalitätsgesichtspunkten um 1920 verschärfte prinzipielle Auseinandersetzung führte zur Trennung der alten (impressionistisch-egozentrischen) und der neuen (sachlich, theatergemäß argumentierenden) Kritik. – Ihering, der 1919–1921 als Nachfolger Kerrs auch am (roten) ›Tag‹ geschrieben hatte, wurde 1933, nach Kerrs Emigration, sein Nachfolger am ›Berliner Tageblatt‹, erhielt 1935 selber Schreibverbot, ging dann in das Besetzungsbüro der Tobis-Filmgesellschaft, dann in die Dramaturgie des Burgtheaters und des Deutschen Theaters in Berlin. – Eine dreibändige Sammlung seiner Kritiken erschien unter dem Titel ›Von Reinhardt bis Brecht‹ im Aufbau-Verlag, eine Auswahl unter demselben Titel 1966 als Rowohlt-Paperback, eine weitere Auswahl ›Theater in Aktion‹, 1986 im Henschelverlag, Berlin (DDR) und bei Argon, West-Berlin.

MONTY JACOBS gehörte zu den maßgebenden Kritikern in Deutschland. Er war am 5. Januar 1875 in Stettin geboren. In der Schule des Berliner Literarhistorikers Erich Schmidt hatte er seine literarischen Neigungen ausgebildet, die sich in vielen Editionen (z. B. der Schriften Arnims, Kleists, der Gespräche Eckermanns), wie in selbständigen Abhandlungen (z. B. über Maeterlinck [1901], Ibsen oder Jonathan Swift [1948]) niederschlugen. – Erich Schmidts Maxime für Philologen und Kritiker »Du sollst nicht töten, Du sollst lebendig machen« hatte sich auch Jacobs angeeignet. Er urteilte und schrieb maßvoll, unsentimental, aber sensibel, auf Ausgleich und Förderung (besonders junger Kräfte) bedacht; er färbte seinen Stil durch Temperament, nicht durch Eitelkeit. Als Kritiker suchte er nach dem »Geist« einer Dichtung und nahm ihn gegen hypertrophe Regisseure in Schutz. Wo er diesem Geist der Dichtung in der Inszenierung begegnete, begnügte er sich mit impressionistischer Beschreibung, so sehr er sonst auch nach stichhaltender Begründung seines Urteils suchte. Das Produkt seiner Annäherung an das Theater war die Sammlung von Beschreibungen klassischer Rollen in seinem Buch ›Deutsche Schauspielkunst‹ (1913). 1905 wurde er Theaterkritiker am ›Berliner Tageblatt‹ als Nachfolger von Fritz Mauthner, dessen Nachlaß er verwaltete und edierte. 1910 mußte er Paul Schlenther sein Referat einräumen, der, als Burgtheaterdirektor abgelöst, die Kritik am ›Berliner Tageblatt‹ übernahm. Von Januar 1914 bis kurz nach Kriegsausbruch schrieb Jacobs als Nachfolger Arthur Eloessers die erste Theaterkritik an der ›Vossischen Zeitung‹ und kehrte (als Engländer inzwischen naturalisiert) in Redaktion und Amt 1920 wieder zurück. 1921 wurde er an der ›Vossischen Zeitung‹ Chef des Feuilletons. Damit begann seine wirksamste und fruchtbarste Zeit. Trotz aller distanzierten Betrachtung hatte er eine starke Leidenschaft für das Theater, die sich noch 1931 in der Verteidigung der Nachtkritik niederschlug. Kritik bedeutete ihm Hilfe für das Theater und Vermittlung des Erlebnisses an den Zuschauer. Der feuilletonistische Zug in seiner Kritik kam aus seiner Liebe zum Journalismus und seinem Affekt gegen die akademische Kritik (wie Karl Frenzel sie geschrieben hatte). Er war ein kritischer Bewunderer Max Reinhardts und verteidigte das Theater gegen alle Versuche, es zu politisieren. Der national gesonnene Monty Jacobs erfuhr bald die Gewalt der Politik. 1933 wurde er seines Amtes als Feuilletonchef enthoben; er schrieb bis zum Ende der ›Vossischen Zeitung‹ im März 1934 in diesem Blatt, von 1937 ab hatte er Schreibverbot. Er emigrierte am 26. Dezember 1938 nach London und blieb dort publizistisch und in den Emigrantenorganisationen tätig. In London starb er am 29. Dezember 1945.

SIEGFRIED JACOBSOHN gehörte zur mittleren Generation der Berliner Kritiker. Er war in Berlin geboren (28. Januar 1881) und groß geworden. Als er 1901, mit zwanzig Jahren, Kritiken für die ›Welt am Montag‹ zu schreiben begann, erlebte er die letzte, wenig glückliche Phase Otto Brahms am Deutschen Theater, dafür aber den Aufstieg Max Reinhardts. Begeistert verband er sich mit dessen Theater. Im Jahre 1905, als Reinhardt das Deutsche Theater übernahm, gründete auch Jacobsohn seine wöchentlich erscheinende ›Schaubühne‹, die einzige unabhängige und qualifizierte Theaterzeitschrift, deren Rang durch vorzügliche Mitarbeiter wie Alfred Polgar, Herbert Ihering, Kurt Tucholsky, vor allem aber Jacobsohns eigene Rezensionen bestimmt wurde. Reinhardt war für Jacobsohn identisch mit seiner Vorstellung von hauptstädtischem Theater. Er war für ihn die erforderliche Synthese aus dem Klassiker- und Unterhaltungstheater L'Arronges und dem modern-realistischen Otto Brahms. So hat er Reinhardt in seinem Buch ›Das Theater der Reichshauptstadt‹ beschrieben und später in einer Monographie ›Max Reinhardt‹, Berichte über die dreißig glanzvollsten Reinhardt-Premieren bis 1920 gesammelt, gerühmt. – Aus diesem Beginn, der fast spontanen Zuneigung zu Reinhardt, erklärt sich die Distanz zu Brahm und seine Unabhängigkeit und Freiheit dem Werk Hauptmanns gegenüber. So trat Jacobsohn mindestens in dieser frühen Zeit als Antipode zu Kerr auf. Trotzdem war er vom Geist Otto Brahms nicht so weit entfernt, wie er glaubte. Reinhardt hat die sachliche Verwandtschaft beider einmal bestätigt. Wie Brahm verband Jacobsohn selbstkritisches literarisches Urteilsvermögen mit plastischem Sinn für szenische Vorgänge und glänzender sprachlicher Ausdruckskraft. Seine Kritiken haben darüber hinaus einen musikalischen Klang. Sie sind reif, ruhig, das reiche Wissen wird in unmittelbarer Reflexion mit der Betrachtung der Aufführung verknüpft. Sie scheinen frei von dem Zeitdruck der Tageskritiken und der Sensationsluft der großen Premieren, die er immer bewußter mied. So wurden sie zu kurzen Essays. Dabei war Jacobsohn streitbar, voller Leidenschaft und hartem Witz. Auf einen Einspruch Polgars antwortete er einmal: »Mein Polgar, in seiner zarten Noblesse, vergißt, daß Kritiken der bewegten Stunde entspringen, daß sie auf frisch empfangene Eindrücke die spontane Antwort geben und daß untrügliche Gerechtigkeit sub specie aeterni eine Sache Gottes, nicht seiner irrenden Kinder ist.« Jacobsohn blieb von neuen Erscheinungen jederzeit berührbar, wie seine spontane Aufmerksamkeit auf Jeßner, Piscator, Fehling und Erich Engel bezeugt. Die Meinung Ludwig Bergers, Jacobsohn sei der schärfste, zugleich aber auch bedeutendste aller Berliner Fachkritiker, haben viele geteilt. Man spürte an ihm den gebildeten und fachkundigen Schriftsteller, der seine Anschaulichkeit immer direkt von Fontane ableitete (»Ich unterliege dem Zauber dieses anschaulichsten aller deutschen Kritiker immer wieder«). Die Betrachtung schauspielerischer Leistungen rundete sich oft zum kleinen leuchtenden Porträt. Er verstand sich als der Schützer des Autors, als Vermittler des künstlerischen Erlebnisses; das starke Selbstbewußtsein, das man in seinen Kritiken ausgeprägt zu finden meint, war nur eine Form der selbstkritischen Relativierung seines Urteils auf seine eigene Person. »Kritik ist Selbstkritik.« So hat er seine früheren Urteile z. B. zu Hauptmanns ›Pippa‹, zu den ›Ratten‹, zum ›College Crampton‹ oder zu Shakespeares ›Wintermärchen‹ bewußt »revociert«. So hatte er sich unter Plagiatsanschuldigungen 1911 in seiner Schrift ›Der Fall Jacobsohn‹ selber analysiert und zu richten versucht. Wie mit sich ging er mit der übrigen Berliner Kritik ins Gericht, z. B. mit den Schonstufen, die sie den mittleren (schlechteren) Theatern eingeräumt hatte. – Jacobsohn reiste kaum in Theater außerhalb Berlins. Er fühlte sich als Berliner Editor und als solcher im Laufe der Zeit – vor allem mitten im Weltkrieg – immer mehr in politische Auseinandersetzungen verstrickt, die ihm die heftigsten Diffamierungen eintrugen. Das Theater wurde eines unter den vermehrten Objekten seiner Aufmerksamkeit. Aus der Erkenntnis von 1915 »Es hatte seinen Reiz, für das Theater zu sorgen. Aber es war falsch, für das Theater allein zu sorgen«, zog er die Konsequenz. Er druckte seine Rezensionen fortan in einem kleineren Schriftgrad, 1918 veränderte er den Titel der ›Schaubühne‹ in ›Die Weltbühne‹. Seine Theaterkritiken sammelte er im ›Jahr der Bühne‹ (Zehn Bände, 1911–1921). – Er starb am 3. Dezember 1926, 45 Jahre alt, mitten in den heftigsten kritischen Auseinandersetzungen. Walter Karsch gab eine Auswahl der Kritiken unter dem Titel ›Jahre der Bühne‹ 1965 im Rowohlt-Verlag heraus.

ALFRED KERR war die meistbewunderte und meistgehaßte Erscheinung unter den deutschen Kritikern. Eigenwillig, temperamentvoll, energisch, eitel (Eitelkeit aber auch bewußt als Antrieb zur Produktivität benutzend), voll Ironie und Sarkasmus (auch gegen sich selbst): so war und spielte er dreißig Jahre lang den ›Star‹ unter den Kritikern. Das Bühnenwerk erklärte er zum Vorwand, »Wesentliches« zu sagen. Es war auch Vorwand seiner Selbstdarstellung. Aber sein scharfer Intellekt hielt der Rolle stand, die er sich zumaß.
Zeit seines Lebens hat Kerr sich bemüht, Kritik als eigene Kunstgattung wiederzubegründen, ihr den literarisch-geistigen Rang zurückzugewinnen, den sie durch Lessing und in der Romantik durch die Brüder Schlegel erhalten hatte. Am romantischen Geist hatte sich der am 25. Dezember 1867 in Breslau geborene Alfred Kerr im Seminar von Erich Schmidt gebildet, seine Dissertation über Brentanos Roman ›Godwi‹ war ein Stück Kerrscher Selbstentdeckung. Die romantische Polarität: scharfer literarischer Intellekt (Welterfahrung durch Literatur und Kritik), höchste Sensibilität und panische, naturschwärmerische Daseinslust fand sich in ihm mit viel Nüchternheit zusammen. Seine Auslandsreisen nach Spanien, England und Amerika verwandelten sich in umfangreiche, zum Teil enthusiastische Berichte, deren Gliederung in numerierte Abschnitte andeutet, daß sie als die andere Seite seiner Theaterkritiken zu verstehen sind, beide als »Quittungen für Erlebtes«. Als Kerr 1917 zum erstenmal seine Schriften veröffentlichte, nannte er gegensätzlich die Bände der Kritiken ›Die Welt im Drama‹ und die Bände der Weltbeschreibungen ›Die Welt im Licht‹. Auch das Theater (als der intensivste Bezirk lebendiger Kunst) war ihm eine Stelle der Daseinssteigerung. Er begriff darunter auch das dargestellte Erlebnis von Leid und Schmerz. – Mit Kerr wurde ein romantisch disponierter Geist in die sozialen Auseinandersetzungen der neuen Epoche einbezogen. Der alte Theodor Fontane hatte den Aufstieg des jungen Kerr in Berlin noch eingeleitet, Otto Brahm, der Direktor des Deutschen Theaters, hatte den Studenten Kerr für den Weg des freien Schriftstellers und Kritikers gewonnen. Bald waren seine Aufsätze in der ›Neuen Rundschau‹ und im ›Magazin für Literatur‹ zu finden. Von Berlin aus schrieb Kerr für die ›Breslauer Zeitung‹, die ›Königsberger Allgemeine Zeitung‹, und die ›Frankfurter Zeitung‹, 1909 wurde er (neben Julius Hart) Kritiker am Berliner ›Tag‹, 1919 wechselte er zum ›Berliner Tageblatt‹. Seine erste Rezension dort war die über Tollers ›Wandlung‹, seine letzte erschien am 30. Januar 1933. – Von seinen Anfängen bei Otto Brahm her bestand seine intensivste Bindung an Ibsen wie an Gerhart Hauptmann (die erst im Exil in den Haß des Enttäuschten umschlug). Er kämpfte gegen die Überbewertung Sudermanns, war skeptisch gegen das scheinhafte Reinhardtsche Theater wie gegen den Expressionismus. Ein sozialistisch bestimmtes Ethos ließ ihn wie für Hauptmann später für Toller und Piscator eintreten, ohne sich damit einer Tendenz auszuliefern. Dafür war Kerr zu vielfältig in die Entwicklungen verschlungen. Er konnte mit Recht darauf hinweisen, daß das kalte Feuer seines Stils das neue Ausdrucksverlangen der Expressionisten vorweggenommen hatte, er konnte beim Aufkommen des epischen

Theaters sagen, daß er schon um 1910 notiert hatte, die neuen Sachverhalte könnten nicht mehr durch dichterische Symbole ausgedrückt werden, sondern müßten auf der Bühne »erörtert« werden. So war er offen für alles, was schöpferische Originalität verhieß (blieb aber verschlossen gegen den frühen Brecht). Er war sogar zeitweise bereit, ästhetische Maßstäbe hinter die Stoff- und Sachwerte der neuen Stücke zurückzustellen. Zum Widerspruch gegen Iherings Verlangen nach systematischem Aufbau des »neuen Theaters« (Kerr: »Das Theater ist kein Fleißprodukt der Planwirtschaft«) setzte er das Vertrauen in die kommenden, unbekannten Stilfinder. So wenig man aus seinen Rezensionen eine Vorstellung von den besprochenen Aufführungen erhält, so gründlich war die literarisch-dramaturgische Analyse der Stücke, so sicher waren im ganzen seine Wertungen, auch der szenischen Leistung. Er beschrieb nie, er stellte fest und »beklopfte«. Seine Schrift von 1932 ›Was wird aus Deutschlands Theater?‹ wirkt heute wie ein Menetekel des kommenden Zusammenbruchs. Mit Kerr ist die Kritik (vorübergehend) wirklich wieder ein Teil der Literatur geworden: durch die faszinierende Scheide- und Benennungskraft seiner Worte wie durch ihren direkten Zusammenhang mit der von Wedekind, Sternheim, Kaiser und Karl Kraus versuchten Entschlackung und Auffrischung, Verkürzung und neuen Präzisierung der deutschen Sprache. (»War bloß Kritik mein Gebiet? Die Sprache war es.«) – Kerr, der von Goebbels auf die erste Ausbürgerungsliste gesetzt war, verließ schon am 15. Februar 1933 Deutschland. Von London aus nahm er führend durch Publikationen (›Die Diktatur des Hausknechts‹, 1934) und über den Rundfunk (BBC) am Kampf der deutschen Emigranten gegen Hitler teil. – Er starb während seines ersten Besuchs im Nachkriegsdeutschland am 12. Oktober 1948 in Hamburg. Eine Sammlung der wichtigsten Kritiken erschien 1982 im Henschelverlag, Berlin (DDR) und bei Siedler, West-Berlin.

HERMANN KIENZL zählte zu der älteren Gruppe der Berliner Kritiker. 1865 war er, ein Bruder des Komponisten Wilhelm Kienzl, in Graz geboren, in Berlin und Wien als Journalist ausgebildet, 1889 saß er schon in der Premierenschlacht von ›Vor Sonnenaufgang‹. Bis 1906 war er Chefredakteur und Theaterkritiker am ›Grazer Tagblatt‹. 1906 übersiedelte er nach Berlin, wurde Mitherausgeber der Zeitschrift ›Das Blaubuch‹ und Theaterkritiker des ›Steglitzer Anzeigers‹. Dort schrieb er ausführlich und mit großer Sachkenntnis seine Rezensionen, die zu den besten in Berlin gehörten. Mit seinem Buch ›Die Bühne, ein Echo der Zeit (1905–1907)‹ sicherte er sich Achtung und Aufmerksamkeit. Er arbeitete außerdem von Berlin aus für die ›Leipziger Neuesten Nachrichten‹, den ›Dresdener Anzeiger‹, die ›Bremer Nachrichten‹, den ›Mittag‹ (Düsseldorf), das ›Stuttgarter Neue Tagblatt‹ und den ›Hannoverschen Anzeiger‹. Zwei Gedichtbände und zwei Schauspiele bekundeten seine poetischen Neigungen. Er starb 1928 in Berlin. – Für die meisten seiner Zeitungen übernahm dann sein Sohn Florian Kienzl die Theaterkritik.

ALFRED KLAAR, der Senior der damaligen Theaterkritiker, war 1843 in Prag geboren, hatte Literaturgeschichte und Philosophie studiert, war als Journalist beim ›Tagesboten‹ und bei der ›Bohemia‹, schrieb damals schon Theater- und Literaturkritik, lehrte dann (als a. o. Professor) an der Prager Technischen Hochschule Literaturgeschichte. 1899 ging er nach Berlin, übernahm zuerst das Feuilleton der ›Berliner Neuesten Nachrichten‹, ab 1901 war er bei der ›Vossischen Zeitung‹ verantwortlich für die wissenschaftliche Beilage und die Theaterkritik. Die ›Voss‹ hatte von Fontane und Schlenther her eine gute Tradition in der Kritik. Klaar führte sie mit großer Umsicht, Sachlichkeit und Energie weiter. Auch er gehörte zu den Poeten unter den Kritikern. Zwischen 1875 und 1893 schrieb er einige Lustspiele, wichtiger wurden seine umfangreichen Darstellungen des modernen Dramas (1882 und 1911), seine Monographien über Leben und Werk Grillparzers (1903) und Ludwig Fuldas (1922). Für viele war Klaar die ehrwürdigste Erscheinung in der über hundertköpfigen Gruppe der Berliner Kritiker. Seine Beobachtungen reichen von den Meiningern bis zu Jeßner. Gegen Max

Reinhardt erhob er den Einwand der Äußerlichkeit. Jeßners Radikalität gegenüber bestand er auf dem Recht des Dichters. Klaar machte in vielen Kritiken die Szene sichtbar, belastete sie aber zunehmend mit Bildungsstoff; seine Vorrechte zur Rezension des Königlichen Schauspielhauses und der Reinhardt-Bühnen wahrte er so pedantisch, daß der junge Ihering 1914 seinetwegen (»eine verwitterte Berufseiche«) die ›Vossische Zeitung‹ verließ. Als Klaar 1927 starb, sah man an seinem Grabe Hermann Sudermann, Leopold Jeßner, Viktor Barnowski, Franz Ullstein. Ludwig Fulda hielt die Grabrede. Er nannte Klaar einen »lauteren, vorbildlichen Kunstrichter, der unbeirrt von den hurtig wechselnden Parolen des Marktes mehreren Generationen des deutschen Schrifttums die Wege gewiesen und geebnet hat«.

FRANZ KÖPPEN schrieb die erste Theaterkritik an der 1855 gegründeten Berliner ›Börsen-Zeitung‹ (Auflage 40 000), die sehr viel weiter rechts stand als der 1868 aus ihr hervorgegangene und 1934 wieder mit ihr vereinigte kleinere ›Berliner Börsen-Courier‹ (Auflage 20 000). Franz Köppen, 1920 etwa vierzig Jahre alt, war auch verantwortlich für das Feuilleton und den lokalen Teil. Er war eigenwillig als Schreiber, gelegentlich streitbar; – in späteren Jahren übertrug er Wilhelm Westecker das zweite Theaterreferat.

ARTUR KUTSCHER, seit 1908 Privatdozent, seit 1915 außerordentlicher Professor für Theatergeschichte an der Universität München, als solcher von großem Einfluß auf die zwischen 1915 und 1950 auf das Theater kommenden Schauspieler, Dramaturgen und Regisseure, war von Hermann Löns in Hannover für den Journalismus gewonnen worden (1904). – Journalistische Vielfältigkeit und Wendigkeit bestimmten sein Wesen und ließen ihn immer wieder in Zeitungen schreiben. Seinen großen literarischen Freundeskreis (Wedekind, Dauthendey, Klabund u. a.) erweiterte er durch den Kreis seiner Schüler, zu denen u. a. Bert Brecht, Hanns Johst, Ernst Toller, Berthold Viertel und Erwin Piscator gehörten. Er begleitete auch publizistisch ihre Wege und weckte in ihnen den Sinn für den mimischen Charakter der Szene. (Geboren am 17. Juli 1878 in Hannover, gestorben am 29. August 1960 in München.)

LUDWIG MARCUSE (am 8. Februar 1894 in Berlin geboren), ein streitbares, immer auf Unabhängigkeit und Eigenwilligkeit bestehendes Temperament, philosophisch von Stirners Individualismus und den »unterdrückten« philosophischen Strömungen von Skepsis und Epikureismus bestimmt, war zwischen 1925 und 1929 Feuilletonchef und Theaterkritiker am ›Frankfurter General-Anzeiger‹. Der junge Marcuse hatte sich durch seine Bücher über Strindberg, über ›Die Welt der Tragödie‹ und eine zweibändige Literaturgeschichte bekannt gemacht. Schon in Königsberg hatte er während des Ersten Weltkrieges Berührung mit Jeßner, war durch Freund- und Feindschaften dem literarischen Leben Berlins so eng verbunden wie dem in Frankfurt. In Frankfurt wurde er – wegen seiner draufgängerischen, direkten Kritik bald ›Der Alba der Kritik‹ genannt – der Antipode zu Diebold, vor allem durch seinen Widerspruch zu dessen Unruh-Verehrung und seine härtere Betrachtung der zweiten Phase der Weichertschen Intendanz (über seine Frankfurter Jahre siehe seine Erinnerungen ›Mein zwanzigstes Jahrhundert‹). 1929 ging er nach Berlin zurück, veröffentlichte bis zur Emigration nach Amerika 1933 noch Biographien von Ludwig Börne und Heinrich Heine. In Amerika wurde er 1945 an der Universität von Los Angeles Professor für Germanistik und Philosophie. Als einziger der 1933 emigrierten Kritiker hatte er nach dem Ende des Zweiten Weltkrieges ein Comeback in Deutschland.

ALFRED MÜHR, am 16. Januar 1903 in Berlin geboren, wurde der einflußreichste der extrem »rechten« Kritiker in Berlin. Er war von 1924 bis 1934 unter Richard Biedrzynski Feuilletonredakteur und Kritiker an der nationalen ›Deutschen Zeitung‹, kämpfte mit »gegen die Verjudung des Berliner Theaters« und wurde von Gründgens 1934 in die Leitung des Staatstheaters berufen. Schrieb Monographien über Krauß und Gründgens und (nach einer Reihe von Sachbüchern) 1966 eine erzählende Geschichte des Staatstheaters: ›Rund um den Gendarmenmarkt‹.

MAX OSBORN war der Kritiker mit dem größten Publikum in Berlin. Der erste Theaterreferent der ›Berliner Morgenpost‹, die um 1929 mit über 600 000 Exemplaren die höchste Auflage der etwa 140 Zeitungen in Berlin hatte. Osborn (am 10. Februar 1870 in Köln geboren) hatte bei Erich Schmidt und Herman Grimm studiert, hatte mit Julius Elias seit 1894 die ›Jahresberichte für neuere deutsche Literargeschichte‹ herausgegeben, für das ›Magazin für Literatur‹ und die ›Nation‹ gearbeitet, war neben Karl Frenzel von 1900 bis 1909 an der ›National-Zeitung‹ und ging 1910 als Kunstkritiker zur ›BZ am Mittag‹, 1914 zur ›Vossischen Zeitung‹, war dann als Ullstein-Kriegskorrespondent auf dem Balkan. Eine Reihe vielgelesener kunstwissenschaftlicher Publikationen veröffentlichte er vor dem 1. Weltkrieg, 1922 eine Monographie über Max Pechstein, seine Erinnerungen an die Berliner Zeit 1945 unter dem Titel ›Der bunte Spiegel‹. In der Kritik fühlte er sich vor allem als Berichterstatter. Er popularisierte dem heterogenen Publikum seines Blattes sein Theatererlebnis, ließ seine deutlichen Wertungen mit einfließen, ohne daß er eine markante Kritik erreichte. Die Kritiken der ›Morgenpost‹ erschienen später als alle anderen, am übernächsten Morgen nach der Premiere. Osborn ging in der Hitlerzeit nach Frankreich, dann nach den USA ins Exil und starb am 24. September 1946 in New York.

HERBERT PFEIFFER, am 17. Januar 1903 in Berlin geboren, begann 1925 als Journalist, wurde Theaterkritiker an der ›Berliner Fremden-Zeitung‹ und ›Die Weltstadt‹, ging später zum ›12-Uhr-Blatt‹, war nach dem Zweiten Weltkrieg Kritiker am ›Tagesspiegel‹, der ›Neuen Zeitung‹ und seit 1959 an der ›Berliner Morgenpost‹. Pfeiffer starb am 13. April 1967 in Berlin.

KURT PINTHUS hatte eine angeborene Neigung zur Kritik. Als er 1911, gleich nach seiner Promotion bei Albert Köster in Leipzig für das ›Tageblatt‹ und von Leipzig aus für das ›Berliner Tageblatt‹, die ›Frankfurter Zeitung‹, die ›Saale-Zeitung‹ und auch für ›Die Schaubühne‹ Rezensionen zu schreiben begann, erfüllte sich ein alter Wunsch. Er war erster Lektor bei Ernst Rowohlt und Kurt Wolff. 1920 kam er nach Berlin, 34 Jahre alt (geboren am 29. April 1886 in Erfurt), war ein Jahr Dramaturg an den Reinhardt-Bühnen und ging dann als Chef-Kritiker zum ›8-Uhr-Abendblatt‹, das neben seinen auf Sensation und optische Wirkung ausgerichteten Teilen auch Beiträge literarisch anerkannter Autoren brachte. Dort schrieb Pinthus, der sich 1920 durch seine expressionistische Anthologie ›Menschheitsdämmerung‹ bekannt gemacht hatte, bis 1933 die erste Theaterkritik (von 1924 bis 1931 mit Felix Hollaender), aber auch Film- und Varieté-Kritik. Auch in ›Das Tagebuch‹, in der ›Neuen Schaubühne‹ und in ›Vogue‹ behandelte er Fragen des gegenwärtigen Theaters. Das ›8-Uhr-Abendblatt‹, das eine hohe Auflage hatte, erschien als erstes Blatt am frühen Nachmittag. Dieser Umstand und die Namen der beiden Kritiker gaben ihm eine starke Bedeutung für das Berliner Theater. Kurt Pinthus, der auch als Essayist hervortrat, galt (wie Hollaender) als »scharfer Schreiber«. – 1933 erhielt er Schreibverbot, doch konnte er in den jüdischen Blättern Berlins weiter über die Aufführungen des ›Kulturbunds deutscher Juden‹ berichten. Er floh 1937 nach New York, hielt theatergeschichtliche Vorlesungen an der New School for Social Research, betreute die Theatersammlung der Library of Congress in Washington, lehrte von 1947 bis 1960 an der Columbia-Universität in New York. Nebenbei schrieb er die New Yorker Theaterkritik für den ›Aufbau‹ und nach dem Krieg für Sendungen der ›Stimme Amerikas‹. Seine Losung: »Theaterkritik ist Zeitkritik«. 1967 kehrte er nach Deutschland zurück. Er starb am 11. Juli 1975 in Marbach a. N.

CARL ANTON PIPER war der Grandseigneur unter den Kritikern in Hamburg (Hanns W. Fischer, Max Alexander Meumann, Feuilletonchef am ›Hamburger Fremdenblatt‹, Carl Müller-Rastatt, Otto Reiner und Paul Th. Hofmann). Ein höchst gebildeter, welterfahrener Mann, der Scherl-Korrespondent in Paris und London, dann Chefredakteur von ›Über Land und Meer‹ gewesen war und nach dem Ersten Weltkrieg auch Hamburgischer Gesandter in Berlin wurde. Seit 1911 schrieb er – fast zwanzig Jahre lang – an dem Bismarck-Blatt, den deutsch-nationalen ›Hamburger Nachrichten‹, die erste Theaterkritik (vor allem über Schauspielhaus und Thalia-Theater, die ›Kammerspiele‹ überließ er dem jüngeren Kollegen Otto Schabbel). Er verstand, die Kunstereignisse in große Zusammenhänge einzuordnen, manchmal war er didaktisch, oft auch pointiert und bissig. Mit sicherem Urteil begleitete er den frühen Weg Jeßners und K.-H. Martins. Immer bestand er auf dem Vorrang der Kunst und ihrer Verbindung zur Seelenkraft des Menschen.

ALFRED POLGAR hat die Anmut der Sprache in die Kritik eingebracht. Das Vergnügen am Zuschauen hat er in den Spaß am Lesen übersetzt. Seine Kritiken sind oft tänzerische, mitunter sich verselbständigende Wortgebilde, aber sie sind von denen Kerrs (dem auch das Erlebnis des Theaters die Sprache beflügelte) so unterschieden wie Wien von Berlin. Wo Kerr apodiktisch ist, ist Polgar auf ebenso geistreiche Weise charmant. Er war noch heiter im Aufdecken des Mißlichen, ja dieses wird durch die Heiterkeit seines Schreibens wieder aufgelöst, als sei diese Rezension Polgars Art der Gegenregie, um eine immerwährende Lust am Theater zu erhalten. Seine Kritiken haben Farbe, sie fangen die Schauspieler in schönen Porträts ein und entbehren aller Theaterideologie. Polgar, am 17. Oktober 1873 in Wien geboren, ist ohne den Hintergrund des Wiener Feuilletons nicht zu denken. Feuilleton und Rezension, das sind auch ihm zwei Seiten derselben Sache: der Betrachtung der Welt. – Polgar schrieb ungern für Tageszeitungen, referierte aber von Wien aus zeitweise für das ›Prager Tagblatt‹ und die ›Vossische Zeitung‹ in Berlin. Jacobsohn hatte seit etwa 1910 in ihm seinen besten Mitarbeiter neben Tucholsky. 1924 ging er nach Berlin. Nach Jacobsohns Tod und dem Ausscheiden von Arthur Eloesser schrieb er neben Harry Kahn Berliner Kritik in der ›Weltbühne‹. 1933 kehrte er nach Wien zurück, 1938 emigrierte er nach Paris, 1940 nach den USA, 1947 übersiedelte er nach Zürich und starb dort am 24. April 1955. Seine in vier Bänden unter literarischen Gesichtspunkten gesammelten Kritiken überdauern als literarische Form ihren Anlaß. (Eine einbändige Auswahl erschien unter dem Titel ›Ja und Nein‹ 1956 bei Rowohlt, 1982-86 ebenfalls dort eine sechsbändige Ausgabe seiner Schriften.

BENNO REIFENBERG, am 16. Juli 1892 in Oberkassel geboren, war 1919 über Kunstkritiken zur ›Frankfurter Zeitung‹ gekommen. Auf Anraten Wilhelm Hausensteins übertrug ihm Heinrich Simon bald das Kunstreferat des Hauptblattes, 1924 übernahm er neben Rudolf Geck die Leitung des Feuilletons, in dem Bernhard Diebold und Geck die Theater-Rezensionen schrieben. Als Diebold 1928 nach Berlin ging, begann Reifenberg zur Entlastung Gecks auch mit Theaterkritik. Sie zeichnet sich aus durch ihren literarischen Stil, den Ernst und die Unabhängigkeit der Überlegung. (Die hier wieder gedruckte Rezension über ›Brülle China‹ hatte z. B. heftige Auseinandersetzungen mit der politischen Redaktion des Blattes zur Folge.) Als Reifenberg 1930 als politischer Korrespondent der ›Frankfurter Zeitung‹ nach Paris ging, brach seine Verbindung mit dem Theater wieder ab. Reifenberg war nach dem Krieg Mitbegründer der ›Gegenwart‹, dann Mitherausgeber der FAZ. Er starb am 9. Februar 1970 in Kronberg/Ts.

KARL HEINRICH RUPPEL (geboren am 5. September 1900 in Darmstadt) begann nach seiner kritischen Tätigkeit in Darmstadt (1922–1926) mit 26 Jahren in Berlin am ›Tagebuch‹ mit Theaterkritik. 1928 trat er schon in die ›Kölnische Zeitung‹ ein, in der eines der besten Feuilletons im Reich gemacht wurde. Für die ›Kölnische‹ kam er 1932 als erster Theater- und Musikkritiker nach Berlin zurück und begleitete mit seinen ausführlichen, gebildeten und eindringlichen Kritiken, die sich bald zu Betrachtungen ausdehnten, das Berliner Theater bis 1944, der zuverlässigste Zeuge jener Jahre. Ruppel war seit 1950 Kritiker an der ›Süddeutschen Zeitung‹ in München, wo er am 9. September 1980 starb.

FELIX SALTEN war das Pseudonym des Schriftstellers und einflußreichen Wiener Kritikers Siegmund Salzmann. Er war am 6. September 1869 in Budapest geboren, kannte durch große Reisen Vorderasien und Amerika, hatte schon bis 1910 Erfolge als Novellist, Romancier, auch als Autor von geschickten, aber sentimentalen Theaterstücken (›Das stärkere Band‹). International wurde er bekannt durch seine Tiererzählung ›Bambi‹ (1923). Salten pendelte zwischen Literatur und Zeitung. Vor 1900 war er an der ›Wiener Allgemeinen Zeitung‹ Kritiker für das Burgtheater, dann schrieb er als Feuilletonredakteur die erste Theaterkritik in der Tageszeitung ›Die Zeit‹. 1906 war er kurze Zeit bei der ›Morgenpost‹ in Berlin, dann wurde er in Wien der erste Kritiker des wichtigsten Wiener Blattes, der ›Neuen Freien Presse‹, die der Theaterrezension viel Platz einräumte. Dort zog er – wie Kerr in Berlin – die Streitlust von Karl Kraus auf sich. Als Kritiker ließ er sich vom Theater stimmen. Hugo von Hofmannsthal hat ihn richtig so charakterisiert: »Kritiker? Ein unermüdlicher, einer der berühmtesten und einflußreichsten. Aber vergeblich wird man in seinen Kritiken nach festen Maßstäben suchen, nach Grundsätzen, den festen Überzeugungen, den abstrahierten Erfahrungen, welche die Stärke der Kritik im engeren Sinne ausmachen. Das wenigst abstrakte Gehirn, das man sich vorstellen kann: die unmittelbarste Sensibilität.« – Er emigrierte nach der deutschen Besetzung Österreichs 1938 nach Zürich und starb dort am 8. Oktober 1945.

FRANZ SERVAES war 53 Jahre alt, als er in Berlin in die Gruppe der Theaterkritiker eintrat und darin schnell eine wichtige, aber nicht immer gute Rolle spielte. Servaes, am 17. Juni 1862 in Köln geboren, hatte Literaturwissenschaft studiert, sich um 1895 den literarischen Gruppen in Berlin genähert, war mit Dramen und Romanen (›Gärungen‹, ›Im Knospendrang‹, ›Der neue Tag‹«), mit Biographien von Kleist und Segantini selber zum Schriftsteller geworden und blieb es bis in die Mitte der zwanziger Jahre. 1899 war er als Kunstkritiker an die ›Neue Freie Presse‹ in Wien gegangen, 1915 kehrte er nach Berlin zurück, wurde Theaterkritiker im Hause Ullstein, 1919 wechselte er zum ›Lokal-Anzeiger‹, der – nach dem Übergang an den Hugenberg-Konzern – seine geistige Heimat wurde. Servaes, konservativ im Äußeren, war in der Gesinnung deutsch-national, als Kritiker nicht sehr differenziert, oft anschaulich beschreibend, im Urteil immer summarisch und entschieden bis zur schroffen Parteilichkeit. Er schrieb populär, gab sich als Hüter ethischer Werte, unterstützte Arnolt Bronnen, kämpfte gegen Jeßner und noch mehr gegen Piscator (»Totengräber der modernen Bühne«) und vollzog mit der Politisierung des Theaters die Politisierung (Nationalisierung) der Kritik im ›Lokal-Anzeiger‹ mit, die in der Übernahme gelegentlicher Kritiken durch den Außenpolitiker Friedrich Hussong gipfelte. Servaes hatte eine Gruppe von Lesern und Parteigängern um sich, als deren (höchst fleißiger) Wortführer er sich fühlte. Die besondere »weltanschauliche« Stellung von Servaes und seinem Kollegen Ludwig Sternaux zeigt sich in der immer wieder feststellbaren Abweichung der ›Lokal-Anzeiger‹-Rezensionen von den Wertungen der liberalen, bürgerlichen Kollegen. – Servaes war der Vater der bei Reinhardt verpflichteten Schauspielerin Dagny Servaes. – Er starb am 14. Juli 1947 in Wien.

HEINRICH SIMON, am 31. 7. 1880 in Berlin geboren, gehörte zur leitenden Gruppe der Frankfurter Zeitung, die sein Großvater Leopold Sonnemann gegründet hatte. Bis 1934 war er Vorsitzender der Geschäftsführung und der Redaktionskonferenz, dann wanderte er nach Paris, London und 1938 nach Amerika aus, wo er am 6. Mai 1941 an den Folgen eines Überfalls starb. Simons Neigung gehörte dem Feuilleton. Er hatte Nationalökonomie und Kunstgeschichte studiert, seine Dissertation über Novalis zu dem Buch ›Der magische Idealismus‹ erweitert. Bis etwa 1920 schrieb er Theaterkritiken. Mehr und mehr widmete er sich der Musik; er beteiligte sich an der Gründung des Israel Philharmonic Orchestra. Zuletzt arbeitete er an einem Buch ›Das deutsche Lied‹. Heinrich Simon war der eigentliche Apologet Fritz von Unruhs in der Frankfurter Zeitung.

HERMANN SINSHEIMER figurierte unter den wichtigeren Kritikern in Süddeutschland, dessen Theater er durch viele Reisen gut kannte. Er war am 3. März 1883 in Freinsheim in der Pfalz geboren, schrieb seine frühen Kritiken in und aus Mannheim für die ›Neue Badische Landeszeitung‹, von 1905 ab auch schon für Jacobsohns ›Schaubühne‹ (bis 1914), 1913/14 gehörte er als Theaterkritiker zum Feuilleton der ›Frankfurter Zeitung‹. Die anschließend begonnene Karriere als Regisseur endete mit dem Scheitern als Intendant am Münchner Schauspielhaus. Von 1920 bis Dezember 1923 war er Theaterkritiker der ›Münchner Neuesten Nachrichten‹, dann wurde er leitender Redakteur am ›Simplizissimus‹ und trat 1931 in das Feuilleton des ›Berliner Tageblatts‹ ein, wo er bis zum Herbst 1933 Filmkritiken (und gelegentlich Theaterrezensionen) schrieb. Ein Journalist, dem schöne leichte Feuilletons gelangen, der einige Romane vorlegte und im Exil in London sein wichtigstes Buch ›Shylock, die Geschichte einer Figur‹, schrieb. Er starb in London am 29. August 1950.

ERNST LEOPOLD STAHL (am 19. April 1882 in Mannheim geboren), war von 1914 bis 1923 Theaterkritiker der ›Neuen Badischen Landeszeitung‹ in Mannheim und der wichtigste Kommentator der Ära Hagemann und des jungen Weichert am Mannheimer Nationaltheater. Er hatte 1913 die erste deutsche Bühnenkunstausstellung (in Mannheim) angeregt. In Mannheim, wie später in München (als Dramaturg am Bayerischen Staatstheater), war er an der Gründung von Wander- und kleinen aktuellen Bühnen beteiligt. Von 1921–1923 gab er die ›Rheinische Thalia‹, von 1924–1932 ›Das Prisma‹, beides Theaterzeitschriften, heraus. Unter seinen theaterwissenschaftlichen Publikationen wurden ›Das englische Theater im 19. Jahrhundert‹ (1914) und ›Shakespeare und die deutsche Bühne‹ (1942) und seine Monographie über das Mannheimer Nationaltheater (1929) wichtig und anerkannt. Stahl starb am 19. Juni 1949 in Mannheim.

WALTHER STEINTHAL, 1887 in Dessau geboren, ist von Maximilian Harden für den Journalismus gewonnen worden. Mit Siegfried Jacobsohn gründete er die ›Deutsche Montagszeitung‹ in Berlin, an der viele junge Schriftsteller (Toller, Hasenclever, Goll, Pinthus, Walter Mehring) mitarbeiteten. Er spürte die kommenden Talente. 1922 übernahm er die ›Neue Berliner Zeitung‹ und ließ sie als ›12-Uhr-Blatt‹ in Konkurrenz zur ›BZ am Mittag‹ erscheinen. Er schrieb die erste Theaterkritik an seinem Blatt, temperamentvoll, knapp und populär. 1933 mußte er emigrieren, zuerst nach Paris, dann in die USA, wirkte von 1940 bis 1947 als Dozent für frühasiatische Kultur an der Universität Stanford; ein Journalist, der Wissenschaftler, Kritiker und Reporter zugleich war.

LUDWIG STERNAUX war (neben Franz Servaes) der zweite Theaterkritiker am Berliner ›Lokal-Anzeiger‹, selbst ein Berliner (geboren am 17. Juli 1885), feinsinniger als Servaes, dem künstlerischen Vorgang mehr zugewandt, oft ein treffender, plastischer Beschreiber von Szene und schauspielerischen Leistungen. Er exponierte sich weniger als Servaes, blieb aber auch entsprechend in die nationale und moralische Vorstellungswelt des ›Lokal-Anzeigers‹. Auch er war z. B. gegen Brecht. In seinen Buchpublikationen hatte er zwei ihn selbst charakterisierende Themen: Potsdam und Goethes Weimar. Sternaux schrieb zeitweise auch Theaterkritik für den Berliner ›Tag‹. Er starb am 9. September 1938 in Berlin.

KARL STRECKER war seit 1901 Theaterkritiker der nationalen ›Täglichen Rundschau‹ in Berlin (Auflage ca. 30000). Er war Sohn eines Rittergutsbesitzers, (geboren 8. April 1862 in Dumadel in Pommern), zeitweilig Offizier, 1893 Schriftleiter am ›Mecklenburgischen Tageblatt‹ in Wismar, seit 1894 in Berlin an der ›Volksrundschau‹. Seine durch seine Herkunft erklärte nationale Gesinnung färbt seine Kritiken, durch die er mehr der Reflektor der Meinung einer bestimmten Gruppe zu einem künstlerischen Ereignis wurde als dessen kritischer Untersucher. Strecker, an Nietzsche gebildet, Hebbel verehrend, (1925 schrieb er eine Monographie über ihn), hatte eine eigene (heute vergessene) große literarische Produktion an Dramen und Romanen, die ihn (für seinen Roman ›Der Brandstifter‹) selbst zum Brandstifter werden ließ. – Er starb Mitte Februar 1933 in Garmisch.

KARL VIËTOR, geboren am 29. November 1892 in Wattenscheid in Westfalen (gestorben am 7. Juni 1951 in Boston) schrieb, bevor er sich endgültig der Universitätslaufbahn zuwandte, während seiner Assistenten- und Privatdozenten-Zeit in Frankfurt Theaterrezensionen für verschiedene Blätter, u. a. für die ›Deutsche Allgemeine Zeitung‹ in Berlin, (1925 Professor für Deutsche Philologie in Gießen, 1937 Harvard University – USA).

PAUL WIEGLER war unter den Kritikern an der ›BZ‹ der literarischste. Seine Kritiken haben nicht die Hast der Falkschen, bringen mehr Stoff, auch einen längeren Satzduktus, und erlauben sich auch literarische Einflechtungen. Aber immer bleibt Wiegler unmittelbar am Erlebnis. Er war ein frischer Schreiber, der seine literarischen Ambitionen in vielen eigenen Publikationen, auch in Übersetzungen, verwirklichte: 1906 ›Französisches Theater der Vergangenheit‹, 1913 ›Weltliteratur und andere Essays‹; während der zwanziger Jahre arbeitete er an Romanen, vor allem an seiner zweibändigen Literaturgeschichte (1930). – 1941 veröffentlichte er eine Monographie über Josef Kainz. Wiegler, am 25. September 1878 in Frankfurt am Main geboren, war nach dem 2. Weltkrieg neben Johannes R. Becher Mitherausgeber der in Berlin erscheinenden literarischen Zeitschrift ›Sinn und Form‹. Er starb am 23. August 1949 in Berlin.

JULIUS FERDINAND WOLFF, am 22. Mai 1871 in Koblenz geboren, wirkte von 1900 an in Dresden. Er war zugleich Verlagsdirektor, Chefredakteur, Feuilletonleiter und erster Kritiker der ›Dresdener Neuesten Nachrichten‹. Sein Haus, in dem Gerhart Hauptmann, Felix Salten, Franz Werfel, S. Fischer, Fritz Busch und viele andere verkehrten, und sein Blatt waren kulturelle Institutionen Dresdens. In seiner Doppeleigenschaft als Verleger und Redakteur erwarb sich Professor Wolff besondere Verdienste um die Hebung des journalistischen Standes. Er veröffentlichte, nach der Jugendlyrik, Bücher über die soziale Bewegung wie auch über Schillers Werke. Zu Beginn der Naziherrschaft weigerte er sich auszuwandern. Anfang der vierziger Jahre entzog er sich und seine Frau dem Zugriff der Gestapo durch Gift.

Register

Die kursiv gesetzten Seitenzahlen verweisen auf den Einleitungs-Essay

I. DIE DRAMATIKER UND IHRE STÜCKE

Aischylos
  Orestie 170–178

Barlach, Ernst
  (Der) arme Vetter 453–459
  (Der) blaue Boll 1052–1059
  (Die) echten Sedemunds 289–297
  (Die) Sündflut 624–632
  (Der) tote Tag 460–465
Billinger, Richard
  Rauhnacht 1086–1092
Brecht, Bertolt
  Baal 486–493, 683–690
  Im Dickicht 446–453, 564–572
  Leben Eduards des Zweiten von England 506–512, 587–593
  Mann ist Mann 728–735, 1068–1076
  Trommeln in der Nacht 400–410
Brecht, Bertolt – Weill, Kurt
  (Die) Dreigroschenoper 879–888
Bronnen, Arnolt
  Anarchie in Sillian 522–528
  Exzesse 639–645
  Katalaunische Schlacht 572–578
  Ostpolzug 678–683
  Rheinische Rebellen 632–639
  Vatermord 375–382
Bruckner, Ferdinand
  Elisabeth von England 1032–1040
  Krankheit der Jugend 735–741
  (Die) Verbrecher 897–903

Cranz, Herbert
  Freiheit 198 ff.

Essig, Hermann
  Überteufel 474–479

Fleißer, Marieluise
  Pioniere in Ingolstadt 925–934

Gasbarra – Piscator, Erwin
  Trotz alledem 645–650
Goering, Reinhard
  Seeschlacht 112–118

  (Die) Südpolexpedition des Kapitäns Scott 1008–1014
Goethe, Johann Wolfgang von
  Faust I. Teil 1130–1137
  Faust II. Teil 1140–1154
  Geschichte Götz von Berlichingen mit der eisernen Hand (Urgötz) 1027–1031
Goetz, Wolfgang
  Gneisenau 662–666
Goldoni, Carlo
  (Der) Diener zweier Herren 516–522
Gorki, Maxim – Brecht, Bertolt
  (Die) Mutter 1102–1108
Gozzi, Carlo
  Turandot 716–720
Grabbe, Christian Dietrich
  Napoleon oder Die hundert Tage 369–375
Graff, Sigmund – Hintze, Carl Ernst
  (Die) endlose Straße 1047–1052

Hamsun, Knut
  Vom Teufel geholt 994–999
Hašek, Jaroslav
  (Die) Abenteuer des braven Soldaten Schwejk 840–848
Hasenclever, Walter
  Antigone 145–151
  Ehen werden im Himmel geschlossen 888–892
  Jenseits 266–272
  (Der) Sohn 106–112
Hauptmann, Gerhart
  Dorothea Angermann 755–763
  Florian Geyer 822
  Indipohdi (Das Opfer) 360–365
  Michael Kramer 502
  Peter Brauer 326–331
  (Die) Ratten 365–369
  Veland 650–656
  Vor Sonnenuntergang 1120–1130
  (Die) Weber 849–854
  (Der) weiße Heiland 216–221
  Winterballade 72–78

1179

Hebbel, Friedrich
  Herodes und Mariamne 695–703
  (Die) Nibelungen 534–540
Hofmannsthal, Hugo von
  Jedermann 221–227
  (Das) Salzburger Große Welttheater 389–395
  (Der) Schwierige 331–337, 528–534
  (Der) Turm 854–861
  (Der) Unbestechliche 436–441
Hopwood, Avery
  (Der) Mustergatte 789 ff.
Horvath, Ödön von
  Geschichten aus dem Wiener Wald 1092–1099

Ibsen, Henrik
  John Gabriel Borkmann 498 f.
  Nora 498, 501 f.
  (Ein) Volksfeind 498, 500

Jahnn, Hanns Henny
  (Die) Krönung Richards III. 350–353
  Medea 710–716
  Pastor Ephraim Magnus 469–474
Johst, Hanns
  (Der) Einsame, ein Menschenuntergang 86–91
  (Der) König 233–237
  Schlageter 1154–1160
Jung, Franz
  (Die) Kanaker 201

Kaiser, Georg
  (Die) Bürger von Calais 53–57
  Gas 124–131
  Hölle Weg Erde 183–189
  Kolportage 512–516
  (Die) Koralle 79–86
  Nebeneinander 480–485
  Oktobertag 867–873
  Von Morgens bis Mitternachts 57–63
  Zweimal Oliver 703–710
Klabund
  (Der) Kreidekreis 602–608
Kleist, Heinrich von
  (Die) Hermannsschlacht 821 ff.
  (Das) Käthchen von Heilbronn 426–431
  (Der) Prinz von Homburg 613–618
Kokoschka, Oskar
  (Der) brennende Dornbusch 63–72
  Hiob 63–72
  Mörder, Hoffnung der Frauen 63–72

Kornfeld, Paul
  Himmel und Hölle 227–232
  Kilian oder die gelbe Rose 748–755
  (Die) Verführung 91–97
Kraus, Karl
  (Die) Unüberwindlichen 945–951

Lampel, Peter Martin
  Revolte im Erziehungshaus 903–910
Lasker-Schüler, Else
  (Die) Wupper 806–811

Mehring, Walter
  (Der) Kaufmann von Berlin 961–968
Menzel, Gerhard
  Toboggan 861–867
Molière, Jean-Baptiste
  (Der) eingebildete Kranke 465–469
Müller-Einingen, Hans
  (Die) Flamme 255 f.
Musil, Robert
  (Die) Schwärmer 934–939
  Vinzenz oder Die Freundin bedeutender Männer 493–498
Mussolini, Benito – Forzano, Giovacchino
  Hundert Tage 1114–1120

O'Neill, Eugene
  Anna Christie 578 ff.
  Gier unter Ulmen 578, 585 ff.
  (Der) haarige Affe 578, 582 ff.
  Kaiser Jones 578, 580 f.
  Seltsames Zwischenspiel 983–990
  Unterm karibischen Mond 578, 584 f.

Paquet, Alfons
  Fahnen 540–546
  Sturmflut 690–695
Pirandello, Luigi
  Heute abend wird aus dem Stegreif gespielt 1015–1019
  Sechs Personen suchen einen Autor 593–599
Piscator, Erwin – Tolstoi, Alexej N. – Schtschegolew
  Rasputin 812–821

Rehfisch, Hans José
  Wer weint um Juckenack? 608–613
Rehfisch, Hans José – Herzog, Wilhelm
  (Die) Affäre Dreyfus 999–1006
Rolland, Romain
  Danton 204–209

Schickele, René
  Hans im Schnakenloch 48–53
Schiller, Friedrich
  Don Carlos 353–360, 976–983
  (Die) Räuber 313–320, 721–727
  (Die) Verschwörung des Fiesco zu
    Genua 307–313
  Wallenstein 546–556
  Wilhelm Tell 190–198
Schnitzler, Arthur
  (Der) Reigen 278–282
Shakespeare, William
  Coriolan 618–624
  Cymbeline 165–170
  Hamlet 763–773
  Julius Caesar 237–243
  (Der) Kaufmann von Venedig 823–830
  König Johann 939–945
  Macbeth 410–418
  Othello 337–343, 1108–1114
  Richard III. 256–266
  Was ihr wollt 498, 503
  Wie es euch gefällt 152–156, 498–503
Shakespeare, William – Hauptmann,
  Gerhart
  Hamlet (Skakespeares tragische Ge-
    schichte von Hamlet Prinzen von
    Dänemark) 831–838
Shaw, George Bernard
  (Die) heilige Johanna 556–563
  (Der) Kaiser von Amerika 969–976
  Pygmalion 498 ff.
  Zurück zu Methusalem 657–661
Sheriff, Robert Cedric
  (Die) andere Seite 951–955
Sophokles
  Antigone 297–301
  König Ödipus (Ödipus auf Kolonos –
    Ödipus der Herrscher) 918–925
Sorge, Reinhard Johannes
  (Der) Bettler 97–103
Sternheim, Carl
  1913 134–141
  Tabula rasa 141–145
Stramm, August
  Kräfte 301–307
Strindberg, August
  Advent 178–183

Fräulein Julie 431–436
Königin Christine 418–423
Rausch 501
Traumspiel 343–348

Toller, Ernst
  Hinkemann 486–493
  Hoppla, wir leben 791–799
  (Die) Maschinenstürmer 383–389
  Masse Mensch 320–326
  (Die) Wandlung 156–164
Tretjakov, Sergej Michailovič
  Brülle China 991–994

Unruh, Fritz von
  Bonaparte 776–784
  (Ein) Geschlecht 118–124
  Phaea 1019–1027
  Platz 243–254
  Prinz Louis Ferdinand 284–289

Watters, Gloryl – Hopkins, Arthur
  Artisten 873–879
Wedekind, Frank
  Hidalla 398 ff.
  Lulu (Erdgeist und Die Büchse der
    Pandora) 741–748
  (Der) Marquis von Keith 210–215
  Simson 396 ff.
Weisenborn, Günther
  U-Boot S 4 892–897
Weiß, Ernst
  Olympia 441–446
Welk, Ehm
  Gewitter über Gottland 784–789
Wolf, Friedrich
  Cyankali 956–961
  (Die) Matrosen von Cattaro
    1040–1047
  Tai Yang erwacht 1062–1068

Zuckmayer, Carl
  (Der) fröhliche Weinberg 667–675
  (Der) Hauptmann von Köpenick
    1076–1086
  Katharina Knie 910–916
  Kreuzweg 272–278
  Schinderhannes 799–806

II. DIE THEATER

Aachen
 Stadttheater 1047 ff.
Bad Pyrmont
 Fürstliches Schauspielhaus 113
Barmen-Elberfeld
 Stadttheater 755
Berlin
 Agitprop-Truppen s. Blaue Blusen,
 Kolonne Links, Rote Raketen,
 Truppe 1931
 Aktuelle Bühne im Lessing-Theater
 995, 1093
 Arbeitsgemeinschaft Berlin 1061
 Blaue Blusen (Agitprop-Truppe) 646,
 1061
 Central-Theater 349, 425, 505, 540,
 543, 608, 645
 Deutsches Künstler-Theater 72, 917,
 951–955, 957, 983–990, 1000, 1077
 Deutsches Theater 18, 21, 23, 25, 35,
 40, 47, 57 f., 72–78, 91, 97–103, 133,
 152–156, 165–170, 203 f., 207, 216 f.,
 272, 284, 287 ff., 302, 308, 314, 334,
 338, 343–349, 375 f., 395–398, 400 f.,
 403–410, 418, 432, 434, 441, 498 ff.,
 505 f., 516, 534, 556–572, 578 ff., 602,
 605–609, 618–624, 662, 665 ff., 677,
 683–690, 717, 723, 735, 755 f., 759–763,
 776–784, 806 f., 824, 839, 873–879,
 889, 897–903, 905, 925, 952, 969–976,
 1007, 1019–1027, 1032–1040, 1047,
 1076–1086, 1092–1099, 1101, 1115,
 1120–1131, 1139, 1166, 1168 ff.
 Dramatisches Theater 703
 Freie Volksbühne 203
 Großdeutsche Theatergemeinschaft
 (Wallner-Theater) 33, 775
 Großes Schauspielhaus 17, 22, 27, 29,
 37, 133, 146, 150 f., 170–178, 203–209,
 216–221, 237–243, 257, 283, 302, 307,
 313–320, 343, 383–390, 418, 425,
 537 f., 601, 645–650, 692, 851, 1007,
 1069, 1093
 Gruppe junger Schauspieler 34, 41, 43,
 840, 903–910, 956–961, 1045,
 1102–1108
 Jüdisches Künstlertheater 283
 (Die) Junge Bühne 24 f., 34, 41, 349,
 377–382, 441–446, 474–480, 522–528,
 639–645, 667 f., 678, 683–690, 710 f.,
 775, 925
 (Das) junge Deutschland 20, 44, 47,
 63, 69–72, 79, 97, 110–119, 122 ff.,
 133, 157, 165, 227–232, 302, 376, 493,
 806
 Kammerspiele des Deutschen Theaters
 47, 79, 83–86, 113, 134, 140 f., 170,
 178–183, 269 f., 301–307, 331, 334–337,
 431–436, 867–871, 888–892
 Kleines Schauspielhaus 105, 124,
 137–141, 278–282, 659, 741
 Kleines Theater 48, 50–53, 86 f., 89 f.,
 141–145, 1166
 Königliches Schauspielhaus (ab 1918
 Staatliches Schauspielhaus) 18 f., 72,
 105, 358, 787, 1172
 Kolonne Links (Agitprop-Truppe) 1061
 Komödie 35, 505, 512, 516, 519–522,
 528 f., 533 f., 556, 593–597, 601, 657,
 874, 994–999, 1102–1108
 Kroll-Oper 35, 1061, 1131, 1155
 Lessing-Theater 23, 40, 58, 72, 79, 152,
 178, 183, 187 ff., 255 f., 349, 363 ff.,
 382, 418–423, 438–441, 498, 501 ff.
 505, 512–516, 556, 578, 585 ff., 601 f.,
 618–624, 639–645, 657, 677, 775,
 799–804, 806, 824, 839, 910–914,
 956–961, 999 f., 1005 f., 1017 ff.,
 1032 f., 1040, 1047, 1163, 1167
 Lustspielhaus 283, 326–331, 480
 Neue freie Volksbühne 203
 Neues Operettentheater 255
 Neues Schauspielhaus (später: Theater
 am Nollendorfplatz) 297, 692
 Neues Volkstheater 460–465
 November-Studio 917
 (Erste) Piscator-Bühne am Nollendorf-
 platz 201, 775, 784, 791–799, 812–821,
 839–848, 893, 904 f.
 (Zweite) Piscator-Bühne am Nollen-
 dorfplatz 34, 201, 917, 961–968
 Piscator-Bühne im Wallner-Theater
 (Junge Volksbühne) 201, 1007, 1041,
 1062–1068, 1072
 (Erstes) Proletarisches Theater (Arthur
 Holitscher) 29, 133, 198, 216
 (Zweites) Proletarisches Theater (Erwin
 Piscator) 200 f., 203, 283, 540, 546
 ›Reibaro‹-Bühnen 1007
 Reinhardt-Bühnen 44, 133, 425 f., 432,
 480, 505, 528 f., 677, 917, 952, 957,
 1007, 1032, 1172 f. (s. a. Deutsches
 Theater, Großes Schauspielhaus, Das

1182

junge Deutschland, Kammerspiele des Deutschen Theaters, Kleines Schauspielhaus, Die Volksbühne)
Renaissancetheater 349, 432, 442, 523, 613, 735, 737–741, 775, 897, 995, 1015
Rote Raketen (Agitprop-Truppe) 1061
»Schall und Rauch« 594, 874
Schauspielertheater 25, 480, 587, 1028
Schiller-Theater 425, 498, 500, 546, 609, 613, 619, 651, 701, 1000, 1007, 1028, 1047, 1049–1052, 1061
Schloßparktheater 283
Staatliches Schauspielhaus (früher: Königliches Schauspielhaus) 21, 23, 25, 31, 34, 36, 48, 125, 133, 156, 170, 190–198, 210–215, 256–266, 272–278, 284, 289 f., 293–297, 307–313, 337–343, 349, 353–360, 365, 369–375, 395 f., 398 ff., 402, 410–418, 426–432, 442, 448, 451, 453–461, 477, 499 f., 523, 534–540, 546–556, 564, 572, 587–593, 598 f., 601, 613–618, 624–639, 641, 677–683, 695–703, 710–716, 721–727, 733, 741–749, 753 ff., 763–773, 806–811, 823–830, 839, 849–854, 867, 880, 898, 905, 917–925, 939–945, 951 f., 957, 976–983, 1000, 1007–1014, 1027–1032, 1047, 1052–1059, 1063, 1068 f., 1071–1076, 1086 f., 1089–1093, 1101, 1108–1115, 1120, 1130–1137, 1139–1160, 1167, 1172 f.
Staatsoper (Unter den Linden) 1007, 1025, 1131
Studio der Piscator-Bühne 839, 862, 893, 917
Studio der Volksbühne 917, 945 f., 950 f., 995
Thalia-Theater 903–906
(Das) Theater (Schwechtensaal) Lützowstraße 24, 425, 469–474, 480, 934
Theater am Kurfürstendamm 1061, 1102
Theater am Nollendorfplatz 601, 839
Theater am Schiffbauerdamm 34, 41, 256, 667–673, 684, 703, 775, 840, 879–888, 904, 925–934, 946, 994 f., 1040, 1047, 1069, 1093, 1108, 1167
Theater des Westens 1040
Theater im Palmenhaus 898
Theater in der Königgrätzer Straße 28 f., 178, 283, 343, 345, 601, 639, 657, 659 ff., 678, 703, 709 f., 861, 865 ff., 903 f., 906–910, 951, 961, 1000, 1018, 1076
Theater in der Kommandantenstraße 283
Theater in der Stadt (früher: Theater in der Kommandantenstraße) 934–939
(Die) Tribüne 17, 20, 133, 150, 156–165, 198, 214, 216, 233, 283, 314, 578, 582 ff., 601, 612, 657 ff., 710, 1167
(Die) Truppe 25, 425, 480–485, 493–498, 578, 580 f., 824, 880, 995
Truppe 1931 (Agitprop-Truppe) 1061, 1139
Volksbühne am Bülowplatz 23, 28, 33, 47, 53, 105, 124, 128–131, 133, 155, 190, 198, 201, 203, 297–302, 320, 323–326, 349, 354, 365–369, 460, 481, 486, 505, 534, 540–546, 578, 584 f., 608–613, 645, 677, 690–695, 725, 775, 784–789, 791, 800, 824, 840 f., 849, 880, 892–897, 904, 906, 917, 952, 954, 999–1005, 1007, 1028, 1040–1047, 1062, 1066, 1068–1071, 1093, 1101, 1111, 1120, 1161, 1165
(NS-) Volksbühne in der Klosterstraße 1007
Wallner-Theater 956, 1007, 1061
Zirkus Busch 170
Zirkus Schumann 170 f., 197, 222, 236, 268, 390, 466
Braunschweig
  Landestheater 755
Bremen
  Schauspielhaus 1120
  Stadttheater 789
Breslau
  Lobe-Theater 776, 789, 1040
  Thalia-Theater 789
Brünn
  Vereinigte Deutsche Theater 125, 183

Darmstadt
  Hessisches Landestheater (früher: Hoftheater) 19, 203, 244, 284–287, 505, 564, 728–735, 1027, 1061
Dresden
  Albert-Theater (Hoftheater) 11, 19, 63 ff., 87, 106, 601, 949
  Königliches Schauspielhaus (später: Sächsisches Landestheater) 19, 63, 112 ff., 703, 707 f., 868, 956
  Komödie 601, 862, 925, 949, 951
  Residenztheater 486

1183

Sächsisches Landestheater (später:
Staatstheater) 233–236, 266, 360–363,
486, 831–838, 861–865, 949, 1047
Staatsoper 831
Studio Dresdener Schauspieler (im
Residenztheater) 917, 945–950
Düsseldorf
Kleines Haus 728
Schauspielhaus (Dumont-Lindemann-
sches Theater) 19, 54, 58, 86–89,
124, 127 f., 350, 505, 608, 703, 839,
867

Erfurt
Schauspielhaus 799
Essen
Schauspielhaus 578, 951

Frankfurt am Main
Neues Theater 19, 36, 48 ff., 53–58, 63,
66 ff., 79–83, 87, 124–127, 183–187,
512, 704, 789, 841, 867, 871 ff., 1008,
1040 f., 1114
Schauspielhaus 19, 63, 79, 91–95, 106,
118–122, 134–137, 145–150, 203, 227,
243–254, 270 ff., 287, 350, 375–382,
572–578, 601–605, 667, 673 ff.,
748–753, 799 f., 804 ff., 868, 881,
889, 910 f., 914–917, 951, 991–994,
1020
Frankfurt an der Oder
Stadttheater 593

Gera
Reußisches Theater 1052

Hamburg
Deutsches Schauspielhaus 650–656,
854, 857–861, 956, 1047, 1174
Kammerspiele 20, 47, 87, 91, 105, 124,
156, 289–293, 376, 446, 454, 624, 710,
735 ff., 742, 792, 839, 867 ff., 1041,
1093, 1130, 1174
Thalia-Theater 21, 119, 210, 755,
1174
Hannover
Residenztheater 789
Schauspielhaus 602

Kassel
Staatstheater 1154
Königsberg
Neues Schauspielhaus 1015 ff.
Das Tribunal 133, 201

Leipzig
Altes Theater 20, 244, 350, 486–493,
601, 667, 703
Opernhaus 1069
Proletarisches Kollektiv junger Schau-
spieler 1041
Schauspielhaus 20, 87, 350 ff., 609,
624, 651, 755
Stadttheater 146
London
Savoy-Theater 951

Mainz
Stadttheater 255
Mannheim
Hof- und Nationaltheater 19, 106–110,
112, 149, 608, 1047, 1176
Meiningen
Hoftheater 192, 239, 535, 551, 1171
Moskau
Künstlertheater 283, 677, 874
Neues Theater 541
München
Bayerisches Staatstheater 203, 332,
349, 418, 446, 507, 509, 523, 734, 821,
1047, 1176
Kammerspiele (des Schauspielhauses)
19 f., 24, 47 f., 57–62, 79, 86 f., 89, 91,
236 f., 267 ff., 284, 376, 400–404, 418,
460, 506–512, 742, 755, 789 ff., 868,
925, 1029
Prinzregententheater 821 ff., 854–857
Residenztheater 34, 184, 255, 281,
331–334, 446–453, 951
Schauspielhaus 24, 124, 133, 141, 426,
601, 657, 1086–1089, 1120, 1176

New York
Century Theatre 873
Cosmopolitan Theatre 873
Jiddisches Theater 966
Theatre Guild 579, 983
Nürnberg
Stadttheater 255, 320–323

Osnabrück
Stadttheater 952, 1047

Prag
Deutsches Landestheater 19, 106
Kammerspiele 266

Rom
Teatro d'Arte di Roma 1015

Salzburg
  Felsenreitschule 1140
  Festspiele auf dem Domplatz 203,
    221–227, 390, 465 f., 601
  Festspielhaus 677, 716–720
  Kollegienkirche 389–395, 466
  Schloß Leopoldskron 465–469, 516
  Stadttheater 466, 469
Stuttgart
  Spieltrupp Südwest 1061, 1063
  Württembergisches Landestheater 20,
    624, 662–666, 1047, 1052

Warschau
  Kaminski-Theater 1140
Weimar
  Deutsches Nationaltheater 34,
    1114–1120, 1154
Wien
  Burgtheater 21 f., 119, 223, 225, 279,
    283, 327, 331, 334, 393, 465, 517,
    519, 529, 534, 662, 855, 1091, 1115,
    1120, 1140, 1143, 1162, 1168, 1175
  Deutsches Volkstheater 22, 72, 210,
    279, 438, 703, 1101
  Komödienhaus 383
  Neue Wiener Bühne 53, 56 f., 91, 95 ff.,
    418
  Raimund-Theater 22, 257, 436 ff.,
    486, 523, 593, 1101
  (Das) Theater des Neuen (im Theater
    in der Josefsstadt) 683
  Theater in der Josefsstadt 23, 332, 505,
    516–519, 528–533, 601, 662, 755–758,
    889, 946
  Volksbühne 57, 62 f., 465, 1165, 1167
Wiesbaden
  Nassauisches Landestheater 127
Würzburg
  Stadttheater 854

Zürich
  Schauspielhaus 1140
  Stadttheater 152

III. DIE REGISSEURE

Altmann, Georg 48, 52,
  134, 141
Aufricht, Ernst Josef 34,
  41, 840, 880, 886 f., 904,
  925, 946

Barnowsky, Viktor 23, 58,
  152, 162, 178, 183, 188 f.,
  255 f., 418, 498, 503, 505,
  601, 639, 657, 659 ff.,
  678, 703 f., 709 f., 861,
  865 f., 904, 908, 1007,
  1172
Beer, Rudolf 22, 436–440,
  1101, 1139
Beer-Hofmann, Richard
  1130
Berger, Ludwig 17, 26,
  133, 165, 167 ff., 178 ff.,
  182, 193, 216, 227,
  229–232, 272–276, 278,
  349, 396, 426, 601,
  613–617, 619, 667, 735,
  1169
Brandenburg, Friedrich
  1052
Brecht, Bertolt 506, 511,
  683, 686, 689, 1063,
  1068, 1102
Bronnen, Arnolt 469 f., 473
Bruck, Reinhard 190, 425,
  480, 667, 669, 671 ff.,
  799, 802, 804
Buch, Fritz Peter 625, 991,
  994
Burri, Emil 1102

Deppe, Hans 903–906
Devrient, Max 1151, 1161
Dumont-Lindemann, Louis
  19, 44, 87, 128, 505,
  1101, 1140 f., 1145, 1152

Engel, Erich 20, 24 ff., 35,
  91, 124, 349, 425,
  446–449, 451, 453, 505,
  512, 523, 564–569, 571,
  618 f., 621–624, 677,
  721, 728, 733, 741 ff.,
  745, 747 ff., 754, 879 f.,
  882 ff., 886 f., 889, 918,
  929, 951, 998, 1028,
  1068 ff., 1168 f.
Everth, Franz 1140

Falckenberg, Otto 17, 20,
  24, 26, 47, 57, 59, 62,
  79, 86, 89, 152, 233,
  236, 284, 314, 400–405,
  408, 460, 566, 728, 733,
  742, 929, 1086–1089
Fehling, Jürgen 17, 23 ff.,
  35, 41, 129, 272, 290,
  297–301, 320 f., 324 ff.,
  349 f., 354, 365–368,
  426–431, 453 f., 456 f.,
  459 f., 498, 505, 534 f.,
  537 ff., 540, 564, 587 ff.,
  591, 593, 609, 614, 624 f.,
  627, 630, 632, 667,
  710 ff., 714, 716, 784,
  806 ff., 810 f., 823–830,
  849, 910, 1027 f., 1052 f.,
  1055–1058, 1086 f., 1090,
  1093, 1130, 1155, 1165,
  1167, 1169
Fisch, Erich 1093
Forster-Larringa, Robert
  867, 870, 888, 890

Geis, Jakob 446, 728, 730,
  732 ff., 925 f., 929 ff.

1185

Gielen, Josef 861, 863, 865, 868
Gien, Martin 1052
Gottowt, John 56 f., 91, 96
Gründgens, Gustaf 839 f., 867 f., 898, 1007, 1040, 1061, 1155
Günther, Paul 460, 462–465
Gynt, Walter 48

Haenel, Günther 862
Harnisch, Wolfgang s. Hoffmann-Harnisch, Wolfgang
Hartung, Gustav 17, 19, 24, 79, 91, 93, 95, 118 f., 121, 134, 137, 146, 203, 243 f., 248, 251, 253 f., 270, 284, 286–289, 505, 578, 677, 728, 735, 739 ff., 748, 775 f., 780–783, 1015, 1017 ff., 1028, 1061, 1077, 1130, 1162
Hauptmann, Gerhart 349, 360, 650, 654, 831, 834, 836
Heine, Karl 741
Hellmer, Arthur 19, 24, 48 f., 53, 55, 79, 82, 124, 127, 183, 601, 704, 775, 867 f., 873
Herald, Heinz 20, 44, 63, 97, 118, 123, 133, 227, 493, 594, 806
Hilpert, Heinz 21, 35, 522 f., 524 ff., 528, 572, 601, 639, 641, 643, 645, 662, 666 f., 675, 677, 800, 897 f., 901, 903, 951–955, 983, 986 f., 990, 1032, 1035, 1037–1040, 1076 ff., 1082 f., 1085, 1092–1095, 1098, 1101
Hinrich, Hans 956, 958
Hoffmann-Harnisch, Wolfgang 375 ff., 624, 662, 664
Holl, Fritz 128, 425, 540, 723, 784, 799, 840, 896
Hollaender, Felix 22, 27, 38, 40, 57, 79, 106, 112,
203, 302, 332, 365, 375, 395 f., 400, 405, 410, 432, 448, 465, 1061, 1166 f.
Horwitz, Mirjam 735, 737

Jeßner, Leopold 12 f., 16 f., 21–27, 31–34, 37, 47, 125, 133, 156, 170, 179, 190–197, 204, 210–215, 256 ff., 260–264, 272, 275 f., 278, 283 f., 289 f., 294 ff., 298, 304, 307–310, 312 f., 337–343, 349 f., 353–359, 365, 369–375, 395, 400, 410–417, 425 f., 428, 446, 448, 453, 474, 476–480, 498, 500, 505 f., 537, 546–555, 566, 568, 572, 587, 593, 613 f., 619, 625, 632 f., 635 ff., 667 f., 677–683, 695 f., 698–703, 725 f., 741 f., 763–773, 775, 784, 799, 821 f., 830, 836 f., 839, 849–854, 867 f., 880, 906, 917–924, 939–944, 976 f., 980 ff., 995, 1000, 1007–1014, 1020, 1027, 1029, 1032, 1052 f., 1108 f., 1111 ff., 1120, 1155, 1161, 1169, 1171 f., 1174 f.

Kanehl, Oskar 360, 364, 639 f., 642, 644
Kalser, Erwin 961
Kenter, Heinz Dietrich 776, 945, 951, 999–1001, 1003 f.
Kerb, Martin 350, 353, 657, 659
Kiesau, Georg 708
Kokoschka, Oskar 19
Kronacher, Alwin 20, 350, 486, 490, 792, 917, 991

L'Arronge, Adolph 430, 584, 876, 1151, 1169
Legal, Ernst 34, 505, 728, 1007, 1027, 1029 ff., 1052 f., 1068, 1071, 1101, 1130 f.

Legband, Paul 53, 131
Lewinger, Ernst 112
Lhermann, Jo 24, 425, 470, 473, 934, 936–939
Licho, Adolf Edgar 106, 108, 677
Lind, Emil 486, 498, 512, 514 f., 961
Lindemann, Gustav 54, 86 ff., 124, 127 f., 703, 867 f., 1130, 1140–1150, 1152
Lindtberg, Leopold 855, 1047, 1050 f., 1140
Linnebach, Adolf 112

Märker, Friedrich 460
Martin, Karl Heinz 17, 20 f., 23, 25, 35, 119, 133, 145 f., 150 f., 156, 158 ff., 162, 164, 193, 198 f., 201, 203, 210, 216, 218–221, 237, 313 f., 316–319, 383–389, 395, 399 f., 432, 441–445, 480 f., 523, 587, 609, 646, 703, 741, 824, 850, 910, 913, 917, 946, 961, 1000, 1003, 1007, 1062, 1101, 1139, 1174
Mendelssohn, Francesco von 1093, 1144
Metzl, Richard 225
Mordo, Renato 925
Müller, Hans Carl 1015 f.
Münch, Josef 728
Müthel, Lothar 1130–1133, 1135, 1137, 1140

Neubauer, Friedrich 320, 323

Ophüls, Max 1040

Piscator, Erwin 14, 18, 28–34, 36, 42 f., 133, 152, 200 f., 203, 283, 349, 425, 505, 540, 542 ff., 546, 578, 585, 601 f., 608 ff., 612, 618, 633, 645 ff., 649, 677, 690–695, 721–727, 763,

775, 784–789, 791–799,
812–816, 818 f., 837,
839 ff., 843 f., 846 f.,
852, 862, 883, 886,
892 ff., 896 ff., 904, 906,
932, 939, 951, 956,
961–968, 991, 1007,
1028, 1034, 1039 ff.,
1043, 1045, 1047, 1051,
1061–1068, 1070 f.,
1076, 1162, 1169 f.,
1172, 1175

Reich, Bernhard 331 f.,
431 f., 434 f.
Reinhardt (eigtl. Goldmann), Max 18–27,
34 f., 37, 47, 63, 72, 75,
77 f., 96–102, 105, 112 f.,
116, 118, 123, 133 f.,
137, 146, 151–156,
158 f., 165–168,
170–174, 176 ff., 180,
182, 195, 197, 201,
203 ff., 207 ff., 212, 216,
220–226, 236–242, 257,
268, 272, 283 f., 289,
297 f., 300 ff., 304 f.,
307 f., 311, 315, 317,
319, 331 f., 334, 339 f.,
343–349, 365, 369,
371 f., 389 f., 392–395,
398, 413 f., 417, 430,
432, 436, 465 ff., 469,
498, 505, 516 f.,
519–522, 528 f., 532 ff.,
537, 540, 547, 552, 556,
559, 561–564, 566, 568,
593 ff., 597 f., 601 f.,
605–608, 613 f., 617,
620, 623, 646, 657, 662,
667, 677, 716–721, 747,

755, 758 f., 775, 781,
789, 810 f., 821, 824,
827, 839, 854, 873–881,
917 ff., 922, 942, 946,
969, 971, 973, 975 f.,
983, 994 ff., 998, 1007 f.,
1015, 1018–1026, 1032,
1061, 1077, 1093, 1101,
1112, 1115, 1120 f.,
1125, 1129 ff., 1139 f.,
1146 f., 1151, 1166 f.,
1169 ff., 1175
Reschke, Ernst 776
Reucker, Alfred 152
Reusch, Hubert 278, 280,
282
Reuß, Leo 892, 894, 946
Revy, Richard 91, 395 f.,
434, 657, 898, 1120
Robert, Eugen 283, 578,
583, 1107, 1167
Roennecke, Rolf 602
Rothe, Hans 350, 353

Saltenburg, Heinz 283,
326 ff., 330 f., 601, 669,
671, 677, 775, 799 f.
Schmitt, Saladin 105
Schroeder, Hermann Albert
1047, 1049
Schwannecke, Victor 1093
Seeler, Moriz 24 f., 34, 41,
349, 375, 400, 441, 443,
474, 476, 480, 486,
639 ff., 643, 668, 684,
688 f., 775, 925
Stark, Günther 1040,
1043–1046
Sternheim, Carl 140
Stieler, Kurt 20, 331 ff.,
854, 856 f.
Ström, Knut 127

Teweles, Heinrich 108

Ulbrich, Franz 34, 1114,
1116, 1118 ff., 1139,
1154 f., 1157 f.

Verhoeven, Paul 945 f.,
948 f.
Viertel, Berthold 17, 25,
125, 266–269, 349, 375,
379 f., 382, 396, 418,
425, 432, 480–485, 493,
495–498, 506, 578, 581,
586 f., 724, 824, 828,
839, 880, 995, 1167,
1172

Weichert, Richard 17,
19 f., 24, 34, 44, 91,
106–110, 133, 145 ff.,
149, 156, 203, 227, 244,
266, 270 f., 284, 572,
574, 577, 593, 602, 604,
624, 720, 741, 748 f.,
751 f., 776, 799, 805,
889, 910 f., 914 f., 917,
951, 991, 1028, 1040,
1063, 1172, 1176
Wendhausen, Fritz 418,
420, 422, 578, 580
Werther, Otto 854, 858 f.
Wiecke, Paul 233 ff.,
360 ff., 486 f.

Zeiß, Carl 19 f., 24, 47, 53,
63, 91, 121, 134, 146,
149, 203, 244, 446, 448,
505
Ziegel, Erich 17, 19 f., 26,
34, 47, 105, 124, 156,
289 f., 292, 453 f., 723,
741 f., 1041

IV. DIE SCHAUSPIELER

Abba, Marta 599
Abel, Alfred 53, 143,
998 f.
Achaz (eigtl. Duisberg),
Carl Ludwig 462, 464 f.
Adalbert, Max 789, 1077,
1079, 1084

Adams, Harriet 984
Albers, Hans 898, 901,
903, 951, 1076
Alberti, Fritz 109
Albrecht, Nicol 292
Albu, Ruth 802
Alexander, Georg 138, 140

Alpar, Gitta 1145
Alten, Ferdinand von
288 f., 561, 661, 1001,
1003
Alva, Hans 508
Andersen, Ludwig 1018 f.
Andresen, Hugo 805

Anklam, Hans 906
Anton, Margarete 356, 358, 360, 493
Anwander, Artur 665
Apel, Paul 755
Arie, Ulrich 994
Arndt, Roderich 664
Arnold, Viktor 520, 767, 875
Aschenbach, Kitty 439, 441
Aslan, Raoul 393

Baer, Kurt 873
Baerwald, Ilse 542
Bahn, Roma 138, 140, 353, 641, 661, 867, 882 f., 887
Bahr-Mildenburg, Anna 393, 395
Baldermann, Erik 128
Balser, Ewald 728, 1089
Baratoff, Paul 964, 966, 968
Bard, Maria 572, 971, 973, 976
Barnay, Margit 661
Barnay, Paul 776
Barthels, Ernst 450
Bassermann, Albert 16, 134 f., 138, 140, 188, 193–197, 313, 552, 708, 826, 910, 912 ff., 1110, 1130, 1141, 1147, 1154, 1157 f., 1160 f.
Bassermann, Else 138, 140
Bauer, Arthur 94, 605, 675
Baumann, Hans 377, 896
Becker, Theodor 114, 194, 196, 198, 263
Becker-Noller, Alfred 508 f.
Beierle, Alfred 199
Beilke, Erika 653 f.
Benekendorff, Wolf 292
Benkhoff, Fita 868
Berber, Harry 606
Bergen, Arthur 330 f.
Berger, Marianne 791
Berghof, Herbert 1044
Bergner, Elisabeth 20, 24, 152, 255, 332, 334, 349, 376, 379, 418–422, 425, 431–435, 481, 498 f., 503, 505, 556, 559, 561,

563, 578, 587, 602, 605–608, 657, 735, 825 f., 828, 830, 913, 983–987, 989 f., 995 ff., 1020, 1035, 1109, 1120, 1163, 1167
Bernhard, Steffa 851, 853
Bernhardt, Sarah 923
Bernt, Reinhold 906, 958
Bertens, Rosa 121, 123, 151, 180 f., 183, 206, 260, 263, 538 f.
Bettac, Ulrich 186
Biberti, Leo 751, 805, 994
Bienert, Gerhard 906, 908, 958, 960, 1104, 1107
Biensfeldt, Paul 329 ff., 781 f.
Bildt, Paul Hermann 52 f., 87, 90, 338, 566, 568, 570 f., 594, 597, 606, 608, 619, 686 f., 689, 723, 727, 743, 746, 748, 767, 769, 771, 825, 827, 1010, 1013 f., 1050 f., 1074, 1076, 1134, 1143 f., 1152 f., 1158
Binder, Sybille 237, 269, 353, 393, 495 ff., 518, 520 f., 686, 688 f., 793, 796, 799, 814, 816 f., 820, 982
Birch-Pfeiffer, Charlotte 307
Bischoff, Johannes 287
Bleibtreu, Hedwig 223, 225 f.
Bluhm, Walter 1135
Blum, Hans 379
Bogs, Sonja 472, 937 ff.
Bois, Curt 639, 641, 643, 645, 898, 1020, 1023, 1025, 1027
Bonn, Ferdinand 365, 533
Borodin, Elfriede 1072
Brandt, Julius 294
Brandt, Walter 563, 580
Brausewetter, Hans 466, 606, 608, 953, 955, 1127, 1129
Braut, Frigga 485, 645, 755
Brehm, Otto 641
Bresin, Otto 365

Bressart, Felix 645, 867
Bringolf, Ernst 365
Brock, Max 1117 ff.
Brockmann, Hans 123 f., 153
Brod, Fritta 63, 68, 93, 95, 135, 137, 227, 248, 252, 575, 604, 661
Brückner, Max 82
Brügmann, Walter 135, 149
Büren, Hildegard 1031, 1141
Büttner, Hansjoachim 1050, 1112
Bulla, Elma von 534
Bummerstedt, Christian 472
Burger, Helene 162
Busch, Ernst 796, 799, 821, 914, 1042, 1044, 1047, 1104 f., 1107 f.
Busch, Lore 438
Buschhoff, Wilhelm (Will) 89
Byk, Maria 1089

Carell, Carlheinz 1056 f.
Carow 1079
Christians, Margarethe 316, 318, 320, 335 f.
Crodel, Richard 1117
Czimeg, Gustav 123

Daghofer, Fritz 532
Dahlke, Paul 1096, 1099
Dannegger, Josef 743, 746, 748, 846, 1096
Dannegger, Theodor 518, 520 f., 532 f., 751 ff., 805
Darvas, Lili 720
Daub, Ellen 575, 577, 674, 752, 805
Decarli, Bruno 76, 78, 99, 124, 169, 274, 276, 278, 353, 356, 358 f., 422, 487
Dechen-Eggers, Carl 50
Delcroix, Konstantin Christian 450
Delius, Fritz 594
Denera, Liselotte 335, 439, 441, 477
Denes, Oskar 1145

Deppe, Hans 1078, 1082, 1086
Dergan, Blanche 280, 282
Deutsch, Ernst 11, 17, 21, 63, 79, 84, 86, 98 f., 101, 103, 106, 112, 151, 153, 206 f., 209, 302, 308 f., 311, 313, 356 f., 360, 381, 587, 1108, 1167
Diegelmann, Wilhelm 75, 77, 153, 226, 288 f., 316, 594, 597
Dießl, Gustav 739, 741
Dieterle, Wilhelm 124, 226, 239, 241, 243, 270, 288 f., 315, 318, 320, 376, 383, 387, 476 f., 505, 639, 645, 659, 703
Dietrich, Antonia 362, 834, 836
Dietrich, Marlene 696, 1000
Dietrich, Mary 298, 300, 326, 365, 367, 369
Dirmoser, Herbert 362, 758, 761
Dittrich, Ferry 665
Dohm, Will 868, 898, 1089
Dollen, Emil von 861
Domin, Friedrich 495
Donath, Ludwig 508, 664
Dornseiff, Richard 128
Dorsch, Käthe 24, 203, 255 f., 498–502, 556, 580, 760, 799 f., 802 f., 913, 951, 1027, 1035, 1077, 1093, 1120
Drews, Berta 1028 f., 1031
Dumont, Eugen 89
Dumont-Lindemann, Louise 19, 128
Dunskus, Erich 809, 1157 f.
Durieux, Tilla 133, 188 f., 212 ff., 307, 312, 607, 661, 814, 816 f., 820

Ebelsbacher, Oskar 94, 137, 149, 669, 671
Ebert, Carl 24, 63, 121, 136, 149 f., 227, 248 f., 252, 271, 349, 354, 416, 427 ff., 431, 536, 538 f., 549, 553, 555, 564, 627, 631, 723, 727, 775

Eberty, Paula 477
Ebinger, Blandine 408, 410, 686, 688 f., 766, 769 ff., 773
Eckersberg, Else 84, 532 f.
Eckhoff, Claire 61
Eckhoff 853
Edthofer, Anton 335 f., 814, 816 f., 820, 843, 846
Edwards, Edith 986
Ehn, Leonore 52 f., 90
Ehrle, Kurt 56
Eichheim, Josef 508, 511, 1089
Einzig, Mathilde 94 f., 135, 149, 253, 605, 675, 805
Eis, Maria 525 f., 528
Elzer, Karl 645
Engels, Alexander 122, 248, 253, 674, 805, 994
Engst, Wilhelm 492
Ernst, Carl 88
Esser, Peter 88, 128, 868, 1140
Etlinger, Karl 280 ff., 343, 912 ff.
Ettel, Friedrich 675, 1078
Eyck, Toni van 759, 761, 1108
Eysoldt, Gertrud 99, 101, 103, 113, 151, 183, 279 ff., 307, 566, 568 f., 742, 761, 781 f., 995
Eysoldt, Peter 183

Faber, Erwin 20, 402, 449, 451 f., 507, 509, 511, 588 f., 591, 593, 701, 703, 710, 712, 714, 716, 722, 727, 755, 985, 987, 990
Falckenstein, Julius 669, 673, 999
Fehdmer, Helene 365 ff., 369, 986 f., 990, 1056 ff., 1128 f.
Fehling, Jürgen 129, 297, 320 f., 324, 1053, 1155
Fein, Maria 72, 174, 177 f.
Feldhammer, Jakob 93, 122, 136, 149, 248, 253, 781

Fernau, Rudolf 589 f.
Fischel, Abert 857
Fischer, Adolf 906, 958
Fischer, Betty 532
Fischer-Streitmann, Arthur 323
Florath, Albert 294, 459, 548, 641, 701, 727, 754, 770 f., 808 f., 811, 825, 923 f., 941, 943, 1000, 1031, 1050 f., 1055, 1057 f., 1113, 1134
Förster, Emmy 438 f., 441
Förster, Harry 343
Forch, Robert 143
Forest, Karl 875
Forster, Rudolf 263, 284, 294, 310 f., 338, 356, 358, 372 f., 414, 418, 477, 479, 482, 484 f., 495 ff., 528, 559, 561, 563, 657, 661, 668, 678, 696, 708, 781 f., 864, 867, 943, 945, 985, 987, 989, 1000, 1032, 1117, 1167
Forster-Larringa, Robert 281 f.
Franck, Walter 17, 24, 125, 338, 353, 481, 523, 525–528, 539, 559, 563, 566 f., 569–572, 606, 608, 620, 622, 624, 639, 641, 643, 821 f., 849, 920, 923 f., 941, 943, 1000 f., 1003, 1005 f., 1013, 1050 f., 1109 f., 1113, 1132, 1134, 1137, 1141, 1154, 1158, 1160, 1168
Franke, Waldemar 664
Frées, Wolfgang 1078
Fried, Walter 472, 568 f.
Friedell, Egon 466, 971, 976
Frigerio 599
Fröhlich, Gustav 585, 611 f., 1077
Fuchs, Olga 50
Fuchs, Oskar 542
Fürst, Manfred 887
Fürstenberg, Ilse 958
Fürth, Jaro 846

Garrison, Robert 108 f.
Gebühr, Cornelia 128
Gebühr, Otto 662
Genschow, Fritz 904, 906, 908, 914, 1029, 1050 f., 1144, 1150, 1153
George, Heinrich 17, 19, 24 f., 37, 63, 68, 134, 137, 150, 223, 225 f., 243, 248, 252, 284, 287, 375 f., 395–398, 404, 410, 418, 425, 432–435, 441, 443, 445 f., 454, 456 f., 459, 480 f., 486, 536, 538 f., 580, 585, 587, 609 f., 612 f., 627, 631 f., 651, 693 f., 776, 784, 786, 788, 824, 893, 895 ff., 951, 995, 1000, 1005 f., 1023, 1025, 1027–1031, 1053, 1055, 1058, 1068, 1071, 1087, 1109 ff., 1113
Gerron, Kurt 688, 882 f., 886, 927, 951, 971, 973, 975, 1023, 1025
Geßner, Adrienne (später Lothar, Adrienne) 532
Giampietro, Joseph 1134
Giehse, Therese 20, 657, 898, 1089
Ginsberg, Ernst 893 f., 896, 951, 1001, 1005, 1064, 1067 f.
Girardi, Alexander 105, 532, 1096, 1130
Gish, Lillian 1020
Glathe, Lothar 948, 950
Glau, Luise 994
Gmür, Walburga 958
Gnass, Friedrich 896
Godeck, Hans 109
Götz, Carl 850, 852 f.
Goetz, Curt 188 f., 256, 280 ff., 659, 661, 886, 969
Götz, Theo 861
Goetze, Otto 123, 1049
Goetzke, Bernhard 84
Gold, Käthe 1089, 1131 ff., 1135 f., 1144
Gondi, Harry 671
Gottowt, John 158, 162, 584, 710

Graetz, Paul 50, 56, 82, 404, 408, 410, 793, 796, 799, 999
Granach, Alexander 17, 58, 91, 124 f., 376, 379 f., 382, 387, 389, 404 f., 408, 410, 480, 536, 538 f., 549, 553, 555, 627, 631 f., 668, 693 f., 786, 788 f., 791, 793, 796 f., 799, 816, 818, 820, 917, 919, 922 ff., 941, 943 ff., 1029, 1031, 1050 f., 1072 ff., 1076, 1131, 1136, 1140 f., 1154
Graumann, Karl 334, 448, 450
Grawz, Rose 958
Gregor, Nora 438 f.
Gregori, Ferdinand 177
Greid, Hermann 428 f.
Greif, Heinz 1050
Grethe, Hildegard 604
Grodtczinski, Thea 88
Gronau, Ernst 412, 429, 457, 459, 476 f., 479, 561, 563, 608, 666, 782, 1035, 1038
Groß, Jenny 421
Großmann, Alois 56, 82, 127
Gründgens, Gustaf 20, 24, 35, 203, 839, 868, 898, 1035, 1038, 1040, 1101, 1130–1137, 1141, 1143 f., 1147, 1150 f., 1172 f.
Grüning, Ilka 256, 439, 485, 514 f., 583
Grüning, Robert 56, 82
Gühne, Erich 948
Gülstorff, Max 335, 580, 595, 597 ff., 666, 709 f, 875, 878 f., 971, 973, 975, 1034, 1038, 1040, 1079, 1082, 1086, 1126, 1129
Günther, Karl 791
Günther, Paul 387, 549 f., 554, 590, 937 ff., 1003, 1072
Gura, Eugen (der Jüngere) 450

Gynt, Walter 91, 906

Haack, Käthe 669, 673, 1078, 1082, 1085, 1127, 1129
Haase, Alfred 331
Hadank, Günther 299 f., 770, 808–811, 826, 829 f., 1066 ff.
Hagan, Esther 387
Hagen, Hertha von 334, 532 f.
Halden, Hans 366 f., 938 f., 1078, 1086
Halmay, Tibor von 876, 878
Hannemann, Karl 482, 495, 693, 887, 1051
Hannen, Marg. 323
Harlan, Veit 542, 550, 627, 641, 643, 645, 710, 712, 714, 716, 723, 727, 746, 748, 770 f., 850 f., 853, 920, 923 f., 1013, 1050 f., 1056 ff., 1134, 1137, 1144, 1153, 1157 f.
Hart, Ferdinand 575, 697, 699, 701, 712, 1001, 1003, 1029, 1031
Hartau, Ludwig 345 f., 348, 369 f., 372 f., 375, 502, 700, 746 f.
Hartmann, Ernst 312
Hartmann, Martha 514, 516
Hartmann, Paul 123 f., 168 f., 176, 178, 284, 288 f., 302, 316, 318, 320, 334, 518–521, 528, 559, 561, 563, 613, 615 ff.
Hartung, Gustav 149
Hasse, Clemens 1029, 1031, 1050 f.
Haubenreißer, Karl 1117
Heilinger, Heinrich 994, 1096, 1099
Heims, Else 112, 129, 174, 176, 178, 514 f.
Heine, Albert 22, 241, 617
Heinz, Wolfgang 294, 372 f., 853, 941, 1072 ff., 1076, 1143, 1149, 1152
Helberg, Ruth 737, 868

1190

Hellberg, Martin 948, 950
Henckels, Paul 88, 283, 542, 544, 758, 762, 1003, 1128
Henrich, Georg 857
Herrmann, Hans 292
Herrmann, Julius Emil 645
Herrmann-Schaufuß, Hans 606, 608
Herterich, Hilde 334
Herz, Ellen 754
Hesterberg, Trude 1102
Hilbert, Georg 532
Hilpert, Heinz 366–369
Hirsch, Fritz 294, 372, 500
Hoch, Rudolf 1089
Höflich, Lucie 103, 129, 190, 255 f., 365, 595, 597, 599, 669, 744, 746, 748, 807, 809, 811, 852, 898 f., 901, 903, 995–998, 1027, 1032 f., 1035, 1094, 1096, 1099
Hörbiger, Attila 800
Hörbiger, Paul 533, 666, 800, 1093 f., 1096 ff.
Hoerrmann, Albert 927, 929, 931, 1104
Hofer, Johanna 94 f., 129, 260, 263, 274, 278, 340, 343, 356 ff., 360, 398, 400, 414, 456 f., 459, 659
Hoffart, Bessie 730, 733 f.
Hoffmann, Ernst 906
Hoffmann, Kurt 508 f., 1017
Hoffmann, Wenzel 111
Hohorst, Luise 449 f.
Holl, Fritz 128
Hollmann, Werner 404, 408, 542, 544
Homolka, Oskar 507 ff., 511 f., 581, 666, 683, 686, 688 f., 716 f., 719, 756, 758 f., 762, 781 f., 868, 871, 995, 997, 999 f.
Horeschovsky, Melanie 948, 950
Horn, Elisabeth 287
Horwitz, Kurt 20, 402, 508, 511, 1001, 1003, 1140

Horwitz, Mirjam 124, 292
Hoschek, Gertrud von 183
Hummel, Thila 108 f.

Iltz, Bruno Walter 114, 233, 235
Impekoven, Toni 79, 94, 248, 253, 605, 674, 753, 805, 916, 994

Jacobsen, Grete 1038, 1099
Jaffé, Carl Heinz 575
Jannings 218
Jannings, Emil 76, 78, 99, 101, 103, 116, 151, 218 f., 221, 241, 581, 610, 742, 748, 865, 875, 1020, 1109
Janssen, Walter 241, 518, 521, 836, 912
Jarno, Hansi 876, 878
Jensen, Eugen 873
Jeßner, Fritz 151, 221
Jobst, Siegfried 1150
Jung, Walter 1066 f.
Jungbauer, Hans 1016
Junker, Curt 666
Junkermann, Hans 514 f.

Kainz, Josef 259, 313 f., 617, 1130, 1134, 1137, 1151, 1177
Kaiser, Grete 149
Kaiser, Wilhelm 138, 140
Kalnberg, Friedrich 1079
Kalser, Erwin 20, 59 f., 62, 87, 89, 98, 141, 237, 269, 456 f., 459, 694, 784, 786, 814, 816, 820, 968
Kanitz, Gertrud 597
Karchow, Ernst 420, 422, 438, 441, 895 f., 1003 f.
Karlweis, Oscar 334
Karma, Josef 743, 746 f.
Karsten 94
Katsch, Kurt 274, 276
Kayßler, Christian Friedrich 552
Kayßler, Friedrich 155, 190, 297, 321, 345, 365 ff., 369, 508, 657, 756, 758 f., 761, 953 ff., 1000, 1006, 1120, 1140

Keim, Josef 575, 577, 604
Keller, Gert 137
Kemp, Paul 1078, 1082, 1086
Kepich, Werner 68, 149, 906, 1066, 1068
Keppler, Ernst 809
Kersten, Anna 645, 659, 661
Kinz, Franziska 338, 443, 525 f., 528, 566, 570 f., 595, 597, 599, 1006
Klein, Josef 151, 174, 177
Klein-Rogge, Rudolf 514 f.
Klein-Rohden, Rudolf 143 f.
Kleinoschegg, Willi 362, 708, 836
Klinkhammer, Thessa 94
Klitsch, Edgar 300, 367, 428 f., 590 f.
Klöpfer, Eugen 17, 49, 55 f., 58, 82 f., 134, 188 f., 302, 304, 306, 313 f., 345 f., 348, 376, 474, 476 f., 479, 492, 498, 500, 502, 578, 584 f., 601 f., 606–609, 641, 643, 683, 799–803, 918, 995, 997, 999, 1020
Klokow, Til 641, 645
Klupp, Robert 734
Kner, Hermann 68, 82, 127, 186
Koberling, Erich 906
Koch, Georg August 365 ff., 369
Koch, Karl 948, 950
Koch-Bauer, Johanna 544, 610, 612
Köchling, Herbert 1049
Köckert, Alexander 590
König, Hans 122
König, Sophie 149
Köppke, Margarethe 868, 870
Körber, Hilde 735, 739, 741, 926 f., 929, 931, 1066, 1087
Körner, Hermine 37, 133, 365, 413, 601, 742, 917
Körner, Lothar 487, 492
Köstlin, Reinhold 664, 828
Kollmann, Cläre 367

1191

Kollwitz, Eddi 1003
Koninski, Max 994
Kopp, Mila 665, 1052
Koppenhöfer, Maria 20, 449 ff., 460, 507, 509, 511, 606 f., 723, 727, 766, 770 f., 849 f., 852, 854, 1029, 1031, 1091, 1110 ff., 1129, 1137, 1143, 1150, 1153 f.
Kortner, Fritz 17, 20 f., 23 f., 26 f., 33, 40, 47, 79, 87, 105, 124, 133, 156, 159, 162, 164, 179, 190, 192 f., 196, 198, 211, 213 ff., 255, 257, 259, 263 f., 294 f., 297, 308 f., 311, 313, 338 ff., 342, 353 f., 356, 358, 369 f., 398 f., 410 f., 413–417, 425 f., 480, 498 f., 501, 528, 564, 566–569, 571 f., 618–624, 657, 661, 666, 677–683, 686, 696–702, 742–747, 764, 766, 769, 771 ff., 821, 824, 826, 828, 830, 836, 918, 920, 922–925, 951, 976–980, 982 f., 995, 1000, 1076 f., 1110, 1139, 1167 f.
Korwazik, Victor 737
Kosel, Walter 128
Kottenkamp, Walter 708, 836, 865
Kowa, Victor de 893, 895 f.
Kowarzik, Victor 737
Krahn, Maria 958, 960
Krause, Charlotte 89
Krauß, Werner 17 f., 21, 25, 76, 78 f., 84, 112, 116, 174, 176, 178–181, 183, 192, 204–207, 209, 212, 223, 225 f., 229, 231 f., 237, 239–243, 288 f., 302, 313–316, 318 ff., 338, 345 f., 348, 366 f., 370, 376, 381, 425, 432, 448, 498 ff., 505, 547, 550, 552–555, 585, 590 f., 593, 615 f., 618, 662, 666, 677 f., 682 f., 695 f., 700, 708,

741 ff., 747, 756, 760, 762, 767, 776, 780 f., 783, 824, 826, 829, 839, 853, 864, 880, 889, 892, 939, 952, 969, 971 ff., 976, 996, 1020, 1032, 1035, 1038 f., 1077, 1079, 1082 ff., 1086, 1091 f., 1109–1116, 1120, 1122, 1125 ff., 1130–1134, 1136, 1141, 1143, 1147, 1150, 1152, 1154, 1172
Kraußneck, Arthur 192 f., 196, 198, 262, 274, 313, 343, 372 f., 416, 428 f., 431, 539, 550, 590 f., 615, 617 f., 699, 701, 703, 766, 770 f., 850, 920, 923, 1029, 1031, 1131, 1133, 1136
Kriwat, Adalbert 820
Kron, Joseph 1049
Kronburger, Otto 508
Krüger, Charlotte 449 ff.
Krüger, Hellmuth 231
Kühl, Kate 799, 882 f., 885 f.
Kühne, Friedrich 71, 174, 316, 318, 320, 336, 559, 561, 563, 971, 1038
Kulisch, Walter 287
Kupfer, Hermann 110
Kupfer, Margarete 404, 410, 595

Lach, Alice 96
Lalsky, Gertrud de 49
Lama, Egon von 666
Lang-Münz, Antonie 1089
Lange, Raoul 151, 168 f., 177, 221, 346, 365, 580, 742
Langhoff, Wolfgang 1140
Laubinger, Otto 278, 701
Ledebur, Leopold Freiherr von 371, 400, 428, 431, 559, 748, 1051, 1150
Leffler, Hermann 428
Legal, Ernst 34, 274, 276, 294 f., 297, 311, 371, 399 f., 418, 429, 456, 459, 730, 733 f., 775

Lehmann, Else 16, 18, 103, 255, 669, 852, 901
Lehrmann 887
Leibelt, Hans 851, 853, 941, 943, 1056 ff., 1071, 1154, 1157–1160
Leiko, Maria 49, 77 f., 123 f., 694
Leithner, Melitta 362
Lennartz, Elisabeth 739 f., 910, 912 f., 915, 1015, 1018 f., 1110, 1112
Lenya, Lotte 881 ff., 920, 924, 927, 929, 931, 1000, 1066, 1102
Lenz, Käthe 901
Leopold, Richard 590 f., 645
Lewitt, Paul 1016
Liebeneiner, Wolfgang 1089
Liebscher, Otto 184
Liechtenstein, Rose 365
Limburg, Olga 281
Lind, Emil 189
Lindner, Amanda 594, 597
Lindner, Friedrich 267, 708
Lindtberg, Leopold 821
Lingen, Theo 24, 789, 881, 1072 ff., 1076, 1104, 1108
Lion, Margo 971, 973, 976
Lobe, Friedrich 82, 669, 671
Loeffle 371
Lohde, Sigurd 1001, 1003
Loos, Theodor 17, 188 f., 365, 420, 422, 502, 661, 890, 892, 985, 987, 990
Lorm, Sidonie 938 f.
Lorre, Peter 481, 880, 926 f., 929, 932, 951, 1000, 1072, 1074, 1076, 1094, 1096 f.
Lossen, Lina 129, 229, 231 f., 255, 288 f., 357, 375, 381, 697, 699, 701 f., 807, 920, 1010, 1013 f.
Lubitsch, Ernst 314, 318, 355
Ludwig, Maximilian 617
Lütjohann, Reinhold 653
Luley, Karl 915 f.

Mainzer, Arthur 1078, 1082, 1086
Mannheim, Lucie 297, 299 f., 349, 365 ff., 369, 426, 428 f., 431, 477, 479, 631, 696, 710, 807 f., 810 f., 1000, 1053
Mannstädt, Otto 294, 1150
Manz, Adolf 612
Marlé, Arnold 237, 858 f.
Marlow, Heinrich 953, 955
Martens, Ernst 114
Martens, Kurt 482, 495, 856 f.
Martin, Josef 221
Marx, Max 665
Massarek, Franz 873
Massary, Fritzi 996
Matkowsky, Adalbert 196, 239, 312 f., 552, 620, 623, 700, 800, 944, 1130, 1161
Matthies, Otto 906
Mattoni, André 514, 516
Mayer, Maria 1091
Mebius, Lola 751 f.
Mederow, Paul 365
Meingast, Erika 739, 741
Melzer, Margarethe 1003, 1056 ff.
Mendelssohn, Eleonore von 867, 920, 922, 924, 977, 983, 1125, 1127, 1129, 1144, 1150, 1153
Mendes, Lothar 97
Menz, Constanze 675, 800, 805, 911, 914 f., 956, 994, 1062, 1065–1068
Menzel, Arthur 809
Merbreier, Else 110
Meth, Anton 389, 393
Mewes, Annie 141, 292, 739, 741
Meyer, Alfred 114, 236, 708, 836, 863, 865
Meyerinck, Hubert von 140 f., 971, 976
Michaelis, Edith 127
Michels, Herbert 287
Mildenburg, Anna s. Bahr-Mildenburg, Anna
Minetti, Bernhard 1029,
1031, 1050 f., 1109, 1111, 1113, 1131, 1134–1137, 1141, 1144, 1153
Moebis, Hans Joachim 953, 955, 986
Mohr, Magda (früher Magda Madeleine) 280, 282
Moissi, Alexander 18, 153, 155, 174, 176, 178, 204, 212, 218–223, 225 f., 239–243, 264, 318, 356, 392, 394, 405, 418, 432, 465, 704, 709 f., 834, 995, 1015, 1025, 1164
Moltzer, Elsa 1089
Momber, August 624
Morgan, Paul 640
Moser, Hans 717, 719, 789, 874 f., 878 f., 1072, 1093 f., 1096, 1099
Mosheim, Grethe 874 f., 878 f., 890, 892, 912, 995, 997, 999, 1020, 1023, 1025, 1027, 1041
Müller, Adolf 114, 362
Müller, Gerda 17, 21, 24, 63, 68, 94, 121, 149 f., 227, 248, 252, 271 f., 284, 349, 354, 377, 395, 399 f., 411 f., 414, 416 ff., 425, 428 f., 431, 476 f., 479, 522, 566 f., 569, 571, 587, 610, 612, 637 ff., 641, 643, 677, 686, 688 f., 743, 745 ff., 807, 1000
Müller, Hans Carl 938 f.
Müller, Paul 999
Müller, Poldi 280 f.
Müller, Rolf 414, 592
Müthel, Lothar 48, 124 f., 211–215, 260, 263, 274, 276, 278, 294, 354 f., 357, 360, 372 f., 414, 416, 559, 561, 568, 570 ff., 587, 720, 775, 808 f., 811, 825, 829 f., 849 f., 852 f., 920, 923 f., 941, 943, 945, 977–980, 982, 1013, 1091 f., 1141,
1143 f., 1149 f., 1153, 1157–1160
Nadler, Max 450, 826
Nares, Sascha 737
Nares, Sybil 825, 829 f.
Neher, Carola 880, 885, 890, 892, 1066, 1094 ff., 1098
Nemetz, Max 730, 734
Nérac, Elly 402
Nerking, Hans 605, 675, 805
Neugebauer, Alfred 438
Neumann, Elisabeth 645, 846, 1096
Neustädter, Ellen 96
Newes, Martha Maria 937 ff.
Nhil, Robert 653, 859, 861
Nicklisch, Franz 1035, 1038, 1040, 1078
Niese, Hansi 876, 878
Nikolaus, Paul 951
Nürnberger, Siegfried 873
Nunberg, Sigmund 620, 624

Obermeyer, Helene 605
Odemar, Fritz 17, 107 f., 110, 227, 574 f., 577, 605, 675, 752, 805, 914
Ohe, Ruth von der 88
Olivieri, Egisto 598
Orska, Daisy (später Maria) 419, 496, 745 ff., 781
Orth, Gerhard 1050 f.
Otto, Hans 859 f., 1050, 1110 f., 1113, 1143, 1152
Otto, Paul 559, 563, 666, 782, 953, 955, 1117, 1127, 1129

Pallenberg, Max 57, 62 f., 343, 381, 433, 436–441, 466–469, 595, 597 f., 717, 719 f., 789, 841, 843, 845 f., 848, 875, 1023, 1116
Paryla, Karl 1041
Pategg, Rosa 809, 1091
Patry, Albert 192, 313, 556, 723, 727, 830, 1031, 1110, 1113

1193

Paudler, Maria 477, 479, 635, 637, 639, 641, 643
Paulsen, Harald 876, 881 ff., 885 f., 1023, 1025, 1027, 1102
Peppler, Hans 951, 1001, 1003 f., 1042, 1047
Pfeiffer, Elsa 665
Pflanzl 389
Picasso, Lambert 598 f.
Pick, Lupu 52 f., 90, 143 f., 1018 f.
Pledath, Werner 737, 906, 958
Plessow, Ellen 514, 516
Pohl, Max 313, 343, 372, 591, 983, 1143, 1150, 1153
Ponto, Erich 24, 233 f., 834, 836, 862–865, 867, 881 ff., 885 f.
Poppe, Rosa 700
Posse, Alexis 948, 950
Pottier, Waldemar 941, 943
Prasch-Grevenberg, Auguste 1038
Pröckl, Ernst Johann 256, 846
Pünkösdy, Auguste 153, 155 f., 231 f., 365 f.
Puffy 1099

Raab, Rudolph 1089
Rainer, Luis 318, 393 ff.
Rappard, Gillis Willem van 739, 741, 937 ff.
Regler, Marion 438
Rehmann, Hans 1013
Reichenbach, Bernhard 199
Reicke, Georg 761
Reiff, Fritz 352, 983
Reigbert, Erna 659
Reiner, Sonik 549, 553, 556, 615, 617 f., 666
Reisenhofer, Maria 335 f.
Reuß, Leo 372, 538 f., 549, 553, 555, 590, 694, 927, 929, 932, 1072, 1074, 1076
Rewalt, Lothar 737, 805, 994
Reymer, Walter 1052
Richard, Frieda 223, 226, 720, 759, 761, 1094, 1096, 1098
Richard, Fritz 221, 226, 597
Richter, Egmont 664
Richter, Käte 63
Riegler, Marion 708
Riewe, Erich 507, 509, 511, 829 f., 941, 943
Ritscher, Helene 786, 789
Ritter, Gerhard 387, 585, 612
Rittner, Rudolf 408, 853, 1110
Roberts, Ralph Arthur 710
Robeson, Paul 578
Rocholl, Theodor 948, 950
Rodegg, Gustav 51, 53, 140, 145
Rodenberg, Hans 387
Röttgen, Änne 514
Roland, Ida 920, 922 ff.
Roloff, Fränze 199, 462, 464 f., 544, 585
Romanowsky, Richard Franz Georg 717, 719, 890, 892, 995, 997, 999
Romberg, Hermann 532
Roth, Ludwig 906, 908, 958, 1066 f.
Rothauser, Eduard 299
Rühmann, Heinz 20, 24, 789 ff.
Ruß, Hertha 82
Rustan 781

Sachs, Ida Maria 339, 822
Sachs, Julius 542, 544
Sagan, Leontine 82, 127, 141, 186
Salmonova, Lyda 483 ff.
Salzmann, Richard 1116, 1118 f.
Sandrock, Adele 280, 620
Sauer, Oskar 105, 502, 627, 1051, 1130
Schäfer, Alfred 108, 906
Schäfer, Gerda 1090
Schanda, Maria 1090
Schanzer, Martha 751
Scherk, Gretl 671
Scheuermann, Mea s. Viertel-Scheuermann, Mea

Schildkraut, Rudolf 162, 264, 311 f., 620, 826, 829, 966, 995, 998 f.
Schiller, Norbert 354, 604, 751 f., 805, 980, 982
Schilskaja, Tatjana 964, 968
Schlegel, Margarete 365
Schleinitz, Emmi 438
Schlettow, Adalbert 110, 671, 739, 741
Schlichter, H. 495
Schlüter, Hilma 63
Schmitt, Alexandra 808, 810 f., 853
Schneider, Franz 287, 575, 577, 605, 675, 751 f., 805
Schnitzler, Heinrich 712, 714, 748, 754, 825, 941, 943
Schön, Margarethe 808 f., 825, 829 f., 850 f., 853
Schott, Ottilie 149
Schott, Werner 955
Schreck, Max 135, 149, 237, 402, 428 f., 548
Schreiber, Else 215
Schröder, Greta 484
Schröder, Rudolf 114, 836
Schröder, Willy 127, 186
Schünzel, Reinhard 964, 968
Schultz, Charlotte 583, 657, 761
Schwannecke, Ellen 868
Schwanneke, Victor 336
Schwartze, Hans 82, 127
Schwarz, Hertha 805
Schweikart, Hans 169, 221, 460, 507, 509, 511, 868
Schweizer, Armin 542
Seemann, Marta 809
Seidel, Annemarie 274, 276, 278, 295, 1079
Senders, Tini 223
Servaes, Dagny 276, 301, 309, 311, 313, 371, 373, 465, 518–521, 532, 639, 645, 720, 758, 762, 781 f., 876, 879, 1025, 1175
Servos, Hertha 149

Siedel, Erhard 484 f., 495, 954 f.
Siems, Friedrich 653
Sievert, Kundry 994
Sima, Oscar 794, 796 f., 799, 814, 816, 821, 843, 1127, 1129
Simon, Carl 964
Sinn, Jakob 1079
Sokolow, Wladimir 874 f., 878 f., 999
Sommerstorff, Otto 192, 313, 1112
Sonnemann, Emmy 1154, 1157
Sonnenthal, Adolf von 313, 334 f.
Sorma, Agnes 156, 255, 337, 501, 1161
Spanier, Ben 575, 604, 674, 752, 805
Speelmanns, Hermann 1044
Speidel, Hany 61
Stahl-Nachbaur, Ernst 53, 57, 129, 131, 299 f., 358, 583, 590 f., 659, 758, 762, 821, 867
Stanchina, Peter 532, 792
Stanislawski, Konstantin 109, 349, 677, 1065
Staub, Gitta 169
Steckel, Leonard 20, 462, 464 f., 482, 484, 495–498, 542, 545, 553, 641, 710, 789, 794, 797 f., 817, 821, 951, 964, 968, 1003
Stein, Lotte 641, 643, 666, 1078, 1082, 1086
Steinbeck, Walter 141
Steinböck, Felix 834, 836
Steindorff, Ulrich 275, 407
Steiner, Hans 460
Steiner, Johannes 946, 948, 950
Steinrück, Albert 87, 135, 141, 338 ff., 342, 627, 631 f., 635, 637 f., 789, 868, 871, 917
Stengel, Kitty 1016
Sterler, Hermine 287, 542, 544, 709
Stettner, Julius 450, 857
Stiebner, Hans 868

Stieler, Kurt 184
Stobrawa, Renée 24, 434, 575, 794, 796, 906, 908, 958, 960 f.
Stoeckel, Otto 402
Stoessel, Ludwig 853, 927, 929, 932, 953 ff., 1127, 1129
Straub, Agnes 17 f., 21, 174, 176, 178, 190, 204, 227, 229, 231 f., 242 f., 270, 302, 304–307, 314, 353, 375 f., 378, 381 f., 395–398, 441, 443–446, 459, 462–465, 476 f., 528, 534, 536, 538 ff., 550, 553, 555, 590 f., 593, 619 f., 622 ff., 635, 637 f., 699 f., 712, 715 f., 784, 894, 896 f., 1000, 1035, 1038, 1040, 1167
Strauß, Viktoria 808, 810 f.
Sussin, Mathilde 192, 196 f., 263, 431, 714, 716, 754, 810, 851, 853, 1090
Swoboda, Margarete 68
Szakáll, Szöke 846

Tairow, Alexander 426, 480, 578, 793, 874
Taube, Robert 94, 122, 149, 248, 253, 349, 377, 400, 471, 500, 538 f., 751 f., 916, 994, 1110
Teetzmann, Horst 1029
Terwin, Johanna 124, 153, 225 f., 289
Thimig, Hans 466, 606, 608
Thimig, Helene 72, 75 f., 78, 99, 101, 103, 129, 153 f., 156, 169, 204, 223, 225 f., 288 f., 302, 304, 306 f., 335 ff., 344 ff., 348, 393, 395, 465, 518 f., 528, 532 f., 556, 716, 720, 756, 760, 762 f., 971, 973, 976, 1032, 1120, 1125, 1127, 1129 f.
Thimig, Hermann 116, 153, 168, 241, 304, 306,

335 f., 345 f., 348, 518 f., 521, 532 f., 716, 890, 892
Thimig, Hugo 517 ff., 521
Thormann, Erich 1003, 1041
Tiedemann, Elsa 873
Tiedtke, Jacob 192, 212, 327, 329 ff., 619 f., 622, 624, 749, 755, 875, 879, 1072, 1093
Toelle, Carola 912
Torning, Alice 90, 143, 145
Trautschold, Ilse 1066
Trenk-Trebitsch, Willy 1096 f.
Triesch, Irene 260, 344 f., 419 ff., 697, 699 f., 702
Trutz, Wolf 755
Tschechow, Michael 874, 1023, 1025, 1027
Twardowski, Hans Heinrich von 375, 378 f., 381 f., 441, 443 f., 446, 476 f., 479, 525 f., 528, 643, 645, 661, 686, 688 f., 939, 976

Ullrich, Luise 481, 1091 f.
Ulmer, Friedrich 823, 857
Umminger, Wilhelm 127
Unda, Emilie 237, 260, 274, 276, 964, 1066 ff.
Unruh, Erika 330 f.

Valetti, Rosa 882 f., 885, 887
Valk, Fritz 553, 555, 590 f., 627, 630, 701, 712, 714, 716, 727, 770, 809, 811, 828, 851, 853, 862, 1140
Vallentin, Hermann 143 ff., 329 ff., 420, 559, 1018, 1078, 1082, 1086
Veidt, Konrad 115
Veldtkirch, Rose 330 f.
Verden, Alice 233, 235 f., 267, 708, 863, 865
Verhoeven, Paul 508, 950, 994
Vespermann, Curt 212
Viertel-Scheuermann, Mea 460, 482, 484

1195

Voelcker, Wilhelm 518, 521
Vogel, Hans 948, 950
Vogt, Carl de 274

Wäscher, Aribert 207, 462, 464, 485, 495 f., 498, 542, 641, 643, 645, 743, 746 ff., 755, 766, 769 ff., 1132, 1134 f., 1137, 1150
Wagner, Elsa 76, 231, 343, 372, 457, 459, 539, 635, 637, 639, 808 f., 811, 851, 1091, 1132 f., 1135, 1137, 1150
Wagner, Paul 1078, 1086
Waldau, Gustav 20, 332 f., 518, 520 f., 529, 532 f., 704, 720, 969
Waldis, Otto 805
Wall, Hildegard 186
Wallauer, Carl 387
Wallburg, Otto 49, 56, 82, 127, 666, 971, 973, 976
Wangel, Hedwig 608, 913, 1018 f., 1110
Waßmann, Hans 153, 155, 168 f., 428, 669, 671, 673, 719, 789, 1025
Wassermann, Klara 127
Weber, Franz 186, 743, 755, 1058
Weber, Otto 365, 809
Wedekind, Franz 16 f., 747
Wedekind, Pamela 1001, 1003, 1005

Wedekind, Tilly 397
Wegener, Paul 76, 78 f., 84, 86, 99, 101, 103, 112 f., 115, 151, 168 f., 178–182, 204 f., 207 ff., 259, 312, 400, 487, 581, 586 f., 734, 814, 816 f., 820, 824, 1020, 1130
Weigel, Helene 349, 376, 481, 688, 697, 699–703, 880, 920, 922 f., 941, 943, 1068 f., 1071, 1074, 1076, 1102, 1104–1108, 1168
Wendel, Fritz 1049
Wendt, Ernst 55 f.
Wenglor, Alice 88
Werner, Walter 457, 850 f., 853, 1058
Wernicke, Otto 334, 448, 450 ff.
Werther, Kurt 1066, 1068
Werther, Otto 653 f., 854, 858 f.
Wesolowsky, Maximilian 624, 664
Wessely, Paula 1132
Widmann, Ellen 694, 1066, 1068
Wiemann, Mathias 666, 760 f., 868, 870 f., 901, 953 ff., 985, 987, 990, 1093, 1127, 1129
Wierth, Alexander 114, 236
Windschild, Hertha 737

Winter, Cläre 994
Winterheld, Adolf 948
Winterstein, Eduard von 77 f., 168, 192, 196 ff., 260, 263, 313, 365, 583, 669, 671, 971, 976, 1078 f., 1127, 1129
Wisten, Fritz 624, 665
Witte, Heinrich 274, 278, 548, 553, 590, 627, 712, 714, 716, 809, 850
Wlach, Hermann 620, 624, 1099
Wohlbrück, Adolf 20, 868, 1035, 1038, 1040
Wohlgemuth, Else 127, 393
Woiwode, Lina 976
Wojan, Olga 162
Wolff, Hertha 1016
Wolff, Peter 906
Wolfgang, Martin 294, 495, 1079
Wüllner, Ludwig 177 f.
Wüstenhagen, Karl 859, 861
Wyda, Emmy 645

Zaepfel, Armand 823, 857
Zeise-Gött, Hans 492
Ziegel, Erich 48
Ziegler, Martha 737
Zimmerer, Toni 809
Zimmermann, Johanna 143
Zistig, Carl 68, 186

V. DIE BÜHNENBILDNER

Arent, Benno von 673

Babberger, August 121, 248, 253
Baluschek, Hans 583
Bamberger, Rudolf 230, 273 f., 278, 615, 617
Beerbohm, Max 275
Björn, Alf 1116, 1119

Craig, George Gordon 410
Cziossek, Felix 664

Dahl, Leo 464
Daniel, Heinz 859 f.
Delavilla, F. K. 93, 186
Dinse, Walter 805
Dolbin, L. F. 951
Dworsky, Franz 346, 385

Fenneker, Otto 1110, 1112 f.

Gade, Svend 344, 417
Gliese, Rochus 456, 459,

631, 901, 903, 953, 1055, 1057 f., 1090 ff.
Grosz, George 201, 483 ff., 840 f., 843, 845, 847, 962

Haas-Heye 307
Hahlo, Jan Julius 270
Hauptmann, Ivo 360, 363, 365, 653
Heartfield, John 385 f., 648, 1066, 1068
Herlth, Robert 678, 682

Klein, César 17, 183,
  187 ff., 370–373, 417,
  548, 551 f., 555, 661, 709,
  810 f., 825, 828 f., 983
Knina, Gustav 84
Kokoschka, Oskar 69
Krehan, Hermann 514,
  520, 522, 645
Kündinger, Else 1089

Laske, Oskar 518, 520
Liebermann, Max 799 f.,
  802 f.
Linnebach, Georg 234 f.,
  365

Mahnke, Adolf 708, 865
Mitschke(-Collando),
  Konstantin von 948
Moholy-Nagy, Ladislaw
  964, 968
Müller, Traugott 18, 697,
  701 f., 722, 724, 726,
  786, 788, 794, 797 f.,
  814, 819, 1050

Neher, Caspar 18, 427,
  429 f., 446, 448, 450 f.,
  508 f., 564, 566, 569,
  574, 577 f., 601, 605,
  618–621, 623, 686 f.,
  689, 730 f., 734, 743,
  745, 764, 767 f., 770,
  772, 879 f., 883–887,
  926, 929, 941, 943, 996,
  999, 1010, 1012, 1071 f.
Neppach, Robert 127,
  158 ff., 164, 850

Otto, Teo 1029, 1144,
  1146, 1150, 1153

Pasetti, Leo 59, 61, 856
Pilartz, Th. C. 287 f., 408
Pirchan, Emil 17, 192, 197,
  211, 341, 417, 539, 635,
  638, 939
Poelzig, Hans 234 f.,
  920 ff., 924
Pollak, Fritz 751

Reigbert, Otto 402, 1089
Reimann, Walter 414, 417
Richter, Gerd 1049
Richter, Kurt 314, 317
Röhrig, Robert 678, 682
Roller, Alfred 178, 221,
  393, 922

Rosenthal, Mathilde 472

Schön, R. 803
Schütte, Ernst 874, 877 f.,
  976, 1022, 1035, 1038,
  1079, 1098, 1121, 1127
Sievert, Ludwig 17, 19,
  107, 109, 149, 270 f.,
  604
Stern, Ernst 76, 115, 123,
  150, 153, 182, 192,
  218 f., 221, 230, 280 ff.
Sternheim, Thea 140
Strnad, Oskar 355, 357,
  532, 559, 561, 563, 718
Strohbach, Hans 300 f.
Sturm, Eduard 1140
Suhr, Edward 542, 544

Taut, Bruno 270
Thiersch, Friedrich 492
Tokumbet, Nina 1043

Ulmer, Friedrich 903

Witzmann 518

Zweigenthal, Hermann
  1133, 1135 ff.

VI. DIE KRITIKER

Adorno, Theodor W. 888
Auernheimer, Raoul 331,
  390–393, 466–469,
  1161

Bab, Julius 48, 53, 403 f.,
  444, 464, 469 f., 540,
  569 ff., 588, 735, 889,
  1161
Bäumer, Gertrud 776,
  783
Bauer, Otto 1117 f.
Behrend, Walter 508 f.
Bie, Oscar 225 ff., 1161,
  1164
Biedrzynski, Richard
  932 ff., 1172
Brandt, Rolf 397 f.
Braun, Hanns 45, 91,
  267 ff., 506 ff., 512, 523,
  717–720, 789 ff., 855 ff.,
  1087 ff., 1120, 1161 f.
Braungart, Richard 45,
  60 f., 1161 f.
Breuer, Robert 64 f.
Bröger, Karl 45, 321 ff.

Degner, Ernst 1046 f.
Deubel, Werner 45, 577
Diebold, Bernhard 15,
  39 f., 42–45, 66 ff., 79,
  91–94, 119–122, 125 ff.,
  135 ff., 147–150,
  184–187, 227, 244–249,
  270 ff., 284–287, 575 ff.,
  603 ff., 625, 673 ff., 678,
  704 ff., 728–731, 749 ff.,
  776–781, 804 ff., 841,
  871 ff., 906 ff., 910,
  962–965, 972 f., 983,
  991–994, 1020–1023,
  1033–1036, 1041–1044,
  1079–1082, 1157 ff.,
  1162, 1166, 1172,
  1174
Droop, Fritz 107 f.
Durus (eigtl. Alfred
  Kemény) 960 f., 1045 f.,
  1162

Edschmid, Kasimir 19,
  54 f., 82 f., 94 f., 152
Elchinger, Richard 58 ff.,
  1163
Eloesser, Arthur 35, 39 ff.,
  91, 216, 360, 420, 435 f.,
  526 f., 547, 580 f., 694 f.,
  839, 869 ff., 889 f., 896 f.,
  944 f., 1066 f., 1163,
  1167 f.

1197

Engel, Fritz 39, 41, 44,
  89 f., 100 f., 123 f.,
  141 ff., 174–177, 180 f.,
  232, 294 f., 340 f., 364 f.,
  426, 437, 480, 517,
  523 ff., 540, 551 f.,
  649–653, 763 f., 776,
  784, 862 ff., 876 ff.,
  902 f., 908 ff., 950–953,
  987–990, 1031, 1036 ff.,
  1163
Eßwein, Hermann
  124

Faktor, Emil 39, 58, 77 f.,
  83 f., 98 f., 114 ff., 122 f.,
  134, 137 f., 150–153,
  159–162, 168 ff., 210 ff.,
  228 f., 241 ff., 273 f.,
  288 f., 305 f., 308 ff.,
  314 ff., 329 f., 338 ff.,
  343, 354 ff., 370 ff.,
  377 ff., 396 f., 399 f.,
  405 f., 428 ff., 438 f.,
  462 ff., 470 ff., 481 ff.,
  499, 519 f., 561 ff., 588 ff.,
  595 ff., 620 ff., 633 ff.,
  697 ff., 709–712, 742 ff.,
  770 f., 800, 841–844,
  849 f., 874 ff., 975 f., 977,
  981 ff., 1028, 1038 ff.,
  1161, 1163 f., 1167
Falk, Norbert 38, 140 f.,
  152 f., 181 ff., 196 ff.,
  213 f., 218 f., 231 f.,
  239 ff., 256, 330 f., 344 f.,
  372 ff., 415 f., 419 f.,
  440 f., 499 f., 520 f.,
  552–556, 559 ff., 615 ff.,
  702 f., 772 f., 874, 898,
  1010–1013, 1164, 1177
Fechter, Paul 40 f., 43, 157,
  171–174, 194 ff., 207 ff.,
  273, 299 f., 318 ff.,
  341 ff., 347 f., 358 ff.,
  396, 410, 454 ff., 667,
  673, 684 ff., 715 f.,
  725 ff., 737 ff., 756,
  767–770, 786–789,
  796 f., 800 ff., 810 ff.,
  841, 898, 910, 967 f.,
  1030 f., 1052–1056,
  1069, 1087, 1145 ff.,
  1155 ff., 1164 f.

Feuchtwanger, Lion 233,
  236 f., 400 f.
Fischer, Hans W. 45, 454,
  1173
Fleischer, Max 253 f.
Flemming, Hans 238 f.,
  374 f.
Fontana, Oskar Maurus
  756 ff.
Frankenfeld, A. 869

Geisenheyner, Max 244,
  249–253
Geißler, Horst Wolfram
  450 ff.
Georg, Manfred 198 f.,
  640, 784, 831, 1141,
  1165, 1173
Greiner, Leo 204, 368 f.
Großmann, Stafan 97,
  106, 119, 177 f., 270,
  655 f., 1165

Handl, Willi 116, 153 f.,
  188 f.
Harnisch, Johannes W.
  684, 689 f.
Hart, Julius 38, 53 f.,
  75 ff., 1020, 1165 f., 1170
Heilborn, Ernst 38, 232,
  587, 703, 794 ff., 977,
  1008, 1058 f., 1162, 1166
Hildenbrandt, Fred 473 f.,
  1163
Hochdorf, Max 739 ff.
Hollaender, Felix 38, 97,
  671 ff., 764–767, 792,
  799, 920 ff., 965 ff.,
  984 ff., 1015, 1025 ff.,
  1031, 1069, 1166 f., 1173
Hussong, Friedrich 43,
  812, 817 f., 1010, 1175
Ihering, Herbert 17, 20,
  23 f., 27, 34, 37, 39–42,
  44, 47, 58, 128 f., 157 ff.,
  179, 187 f., 190 f., 204,
  206 f., 214 f., 219 ff.,
  229 ff., 233, 256, 269 f.,
  276 ff., 280 f., 293 f.,
  297 ff., 307 f., 334 f., 349,
  352 f., 376, 381 f., 400 f.,
  406, 408 ff., 416 ff., 425,
  434, 441–444, 446–449,

454, 458 f., 475 f., 480,
  486–489, 497 f., 501,
  503, 506, 509–512,
  514 ff., 523, 529, 533 f.,
  538 ff., 540, 547–551,
  564, 572–575, 578,
  584 f., 587, 611–615,
  619, 625–628, 642 ff.,
  658 f., 667, 681 ff.,
  686 ff., 691–694,
  707–710, 721 ff., 728,
  733 ff., 749, 756, 776,
  781–786, 797 ff., 807 f.,
  813 f., 836 ff., 849, 864 f.,
  868, 881 f., 895 f., 898,
  904 ff., 910, 918 ff.,
  925 f., 938–941, 946,
  949 f., 954 f., 957 f.,
  977, 979 ff., 984, 986 f.,
  995 f., 1000 f., 1005 f.,
  1008 ff., 1015, 1018 ff.,
  1024 f., 1048 ff., 1056 f.,
  1062, 1067–1074,
  1076–1079, 1089 ff.,
  1093, 1095 f., 1103 f.,
  1111 f., 1128 ff., 1134 f.,
  1151 ff., 1161, 1164,
  1166–1169

Jacob, Heinrich Eduard
  1115
Jacobs, Monty 34, 39–43,
  45, 58, 379 ff., 432,
  460 ff., 476 ff., 521 f.,
  527 f., 542–545, 564 ff.,
  585 ff., 593, 607 ff.,
  622–625, 640 ff., 659 ff.,
  668 f., 688 f., 728, 759 f.,
  792 ff., 800, 824, 827 ff.,
  831–834, 844 ff., 861,
  865 ff., 878 f., 886 f.,
  900 f., 910, 918, 976, 990,
  1002 f., 1019, 1028 ff.,
  1068, 1163, 1168 f.
Jacobsohn, Siegfried 16,
  37, 39, 41, 44, 52 f.,
  72–75, 101 ff., 110 ff.,
  117 f., 124, 134,
  154–157, 165–168,
  179 f., 191 ff., 260–264,
  295–298, 306 f., 311 ff.,
  325 f., 336 f., 365, 369,
  401, 404, 430 f., 454,
  484 f., 571 f., 617 f., 677,

696 f., 742, 806, 1161, 1163 f., 1167–1170, 1174, 1176

Keienburg 1159 f.
Kerr, Alfred *15, 18, 31–35, 38–45*, 50 ff., 54, 69–72, 84 ff., 112, 129 ff., 134, 139 f., 143 ff., 157, 162 ff.,193 f., 199 f., 212 f., 216 ff., 255–260, 275 f., 279 f., 302 ff., 310 f., 323 f., 327 ff., 335 f., 354, 356 ff., 400 f., 406–409, 411 ff., 418, 420–423, 432 f., 441, 444 f., 478 f., 486, 490–495, 499, 502, 512, 540, 556–559, 564, 566 ff., 572, 578 ff., 582 ff., 592 ff., 598 f., 605 f., 609 ff., 628–632, 639, 644 f., 669 ff., 686, 696, 699 ff., 713 ff., 723 ff., 728, 731 ff., 744–748, 753 ff., 760–764, 784, 792, 802 ff., 808 ff., 812, 819 ff., 824 ff., 835 f., 861, 884 f., 889, 891 ff., 898, 911 f., 925, 927–930, 934–937, 940, 942 ff., 950 ff., 977 ff., 984, 997–1000, 1003 ff., 1008, 1015, 1027, 1032, 1050 ff., 1061–1066, 1069, 1074–1077, 1084 ff., 1092, 1096–1099, 1101, 1104 ff., 1112 ff., 1120, 1122–1128, 1135 ff., 1139, 1141, 1147–1151, 1155, 1163 f., 1166–1171, 1175
Kienzl, Hermann 326, 383 ff., 1171
Klaar, Alfred *38*, 58, 456 ff., 535 ff., 590 ff., 679 f., 775, 839, 1166 f., 1171 f.
Köppen, Franz 587, 625, 969–972
Kummer, Friedrich 125, 776

Kutscher, Artur 87 f., 1172

Landauer, Gustav 53, 1164
Leppmann, Franz 678 f.
Lux, Joseph August 222 ff.

Mack, Fritz 792
Marcuse, Ludwig *45*, 624, 752 f., 776, 911, 914 ff., 1082 ff., 1172
Meumann, Max Alexander 857 ff., 1173
Michel, Artur 264 ff., 387 ff.
Mühr, Alfred *43*, 821 f., 824, 1172 f.

Natonek, Hans 351 f.
Nürnberg, Rolf 1031, 1091 f.

Osborn, Max *40*, 386 f., 503, 541 f., 637 ff., 784, 1173

Pfeiffer, Herbert 1132 ff., 1153 f., 1173
Pinthus, Kurt *38 f., 45*, 106, 124, 480, 635 ff., 784, 898 ff., 912 ff., 930 ff., 958 f., 1121 f., 1167, 1173, 1176
Piper, Carl Anton *45*, 290 ff., 859 ff., 1173 f.
Polgar, Alfred *41*, 53, 56 f., 79, 89, 91, 95 ff., 267, 393, 418, 436, 784, 847 f., 1032, 1087, 1093 ff., 1106 f., 1169 1174

Quindt, Oscar 146 f.

Reifenberg, Benno 991–994, 1174
Reiner, Otto 653 ff., 1174
Rosenberg, Alfred 821–824
Ruppel, Karl Heinrich 1141–1145, 1174

Salten, Felix 255, 529–533, 1175
Schabbel, Otto 735 ff., 868, 1174

Scheyer, Moritz 517 ff.
Schmidt, Conrad 145
Servaes, Franz *39, 43*, 190, 204, 287 ff., 301, 365 f., 376, 432, 445 f., 472 f., 500, 525 f., 568 f., 572, 612 f., 639, 841, 846 f., 887, 926, 959 f., 977, 1165, 1175 f.
Simon, Heinrich 55 f., 1175
Sinsheimer, Hermann *45*, 401 f., 1163, 1176
Specht, Richard 62 f.
Stahl, Ernst Leopold *19*, 108 ff., 1176
Steinicke, Otto 646–649, 814 ff.
Steinthal, Walther *38*, 850 f., 1176
Sternaux, Ludwig *39, 43*, 282, 290, 317 f., 345 f., 413 f., 440, 464, 483 f., 495 f., 513 f., 631 f., 829 f., 955, 1015, 1017 f., 1041, 1044 f., 1069, 1106, 1115 ff., 1176
Stolzing, Josef *34*, 452 f., 821
Strecker, Karl 157, 164, 1176 f.

Viëtor, Karl 122, 1177

Walzel, Oskar 233 f.
Werner, Emil F. 243
Westecker, Wilhelm 924 f., 996 f., 1172
Wiegler, Paul *38*, 151, 204 ff., 300, 395, 426 ff., 465, 501 f., 537 f., 594 f., 619 f., 747 f., 784, 883, 893 ff., 922 ff., 926 f., 937 f., 1109 f., 1131 f., 1164, 1177
Wolf, Georg Jacob 332 ff., 449, 1161 f.
Wollff, Julius Ferdinand 235 f., 1177

Ziegler, Hans Severus 1114, 1118 ff.
Zimmermann, Fritz 113 f.
Zuckmayer, Carl 106, 376 f.

VII. DIE ZEITUNGEN UND ZEITSCHRIFTEN

(Der) Abend, Berlin 739 ff., 1046 f.
8-Uhr-Abendblatt, Berlin 38, 480, 635 ff., 640, 671 ff., 764–767, 792, 898 ff., 912 ff., 920 ff., 930 ff., 958 f., 965 ff., 984 ff., 1025 ff., 1031, 1121 f., 1165, 1167, 1173
Arbeiter-Zeitung, Wien 1165
Aufbau, New York 1165, 1173

Badischer Beobachter, Karlsruhe 588
Bayerische Nationalzeitung 321
Berliner Abendpost 1165
Berliner Börsen-Courier 39, 62 f., 77 f., 83 f., 98 f., 114 ff., 122 f., 128 f., 134, 137 f., 150–153, 159–162, 168 ff., 190 f., 204, 210 f., 219 ff., 228 f., 241 ff., 269, 273 f., 280 f., 288 f., 298 f., 305 f., 308 ff., 314 ff., 329 f., 334 f., 338 ff., 343, 351–356, 368–372, 377 ff., 396 f., 399 f., 405 f., 408 ff., 416 ff., 428 ff., 434, 438 f., 442 f., 447 ff., 458 f., 462 ff., 470 ff., 475 f., 481 ff., 487 ff., 497 ff., 501, 503, 509–512, 514 ff., 519 f., 523, 533 f., 538 ff., 540, 547–551, 561 f., 564, 573 ff., 578, 584 f., 588 ff., 595 ff., 611–615, 620 ff., 625–628, 633 ff., 642 ff., 658 f., 667, 681 ff., 686 ff., 691–694, 697 ff., 707–712, 722 f., 733 ff., 742 ff., 749, 756, 770 f., 781 ff., 785 ff., 797–800, 807 f., 813 f., 836 ff., 841–844, 849, 864 f., 868, 874 ff., 881 ff., 895 f., 898, 904 ff., 910, 919 f., 926, 938–941, 946, 949 f., 954 f., 957 f., 975 ff., 981–984, 986 f., 995 f., 1000 f., 1005 f., 1008 ff., 1018 f., 1024 f., 1027 f., 1038 ff., 1049 f., 1056 f., 1067–1074, 1076–1079, 1089 ff., 1095 f., 1103 f., 1111 f., 1128 ff., 1134 f., 1161, 1163 f., 1167, 1172
Berliner Börsen-Zeitung 625, 924 f., 969–972, 996 f., 1172
Berliner Fremden-Zeitung 1132 ff., 1153 f., 1173
Berliner Lokal-Anzeiger 32, 43, 87, 116, 153 f., 188 f., 204, 282, 287 ff., 290, 301, 317 f., 345 f., 365 f., 376, 397 f., 413 f., 432, 440, 445 f., 464, 472 f., 483 f., 495 f., 500, 513 f., 525 f., 568 f., 612 f., 631 f., 639, 791, 812, 817 f., 829 f., 846 f., 887, 926, 955, 959 f., 962, 972, 977, 1017 f., 1041, 1044 f., 1069, 1106, 1115 ff., 1165, 1175 f.

Berliner Morgenpost 386 f., 503, 541 f., 637 ff., 1165, 1173, 1175
Berliner Neueste Nachrichten 1171
Berliner Tageblatt 39, 54, 87–91, 100 f., 123 f., 134, 139–143, 157, 162 ff., 174–177, 180 f., 190, 193 f., 199 f., 210, 212 f., 216 ff., 232, 238 f., 255–260, 275 f., 279 f., 294 f., 302 ff., 310 f., 323 f., 327 ff., 335 f., 340 f., 356 ff., 364 f., 374 f., 406 ff., 411 ff., 420–423, 426, 437, 444, 473 f., 478 f., 480, 490–495, 499, 502, 517, 523 ff., 540, 551 f., 557 ff., 566 ff., 578 ff., 582 ff., 592 f., 598 f., 605 f., 609 ff., 628–632, 644 f., 649 f., 669 ff., 696, 699 ff., 713 ff., 723 ff., 731 ff., 744–748, 753 ff., 760–764, 776, 792, 802 ff., 808 ff., 819 ff., 824 ff., 835 f., 852 f., 862 ff., 869 f., 876 ff., 884 f., 891 f., 902 f., 908–912, 925, 927–930, 934–937, 942 ff., 950–953, 973 f., 984, 987–990, 997 ff., 1003 ff., 1031 f., 1036 ff., 1050 ff., 1063–1069, 1074 ff., 1084 ff., 1092, 1096–1099, 1104 f., 1112 ff., 1115 ff., 1117 ff., 1120, 1122–1128, 1135 ff., 1147–1151, 1163 f., 1168, 1170, 1173, 1176
Berliner Volks-Zeitung 569 ff., 1161, 1165
(Das) Blaubuch 1171
(Das) blaue Heft (früher: Freie Deutsche Bühne) 420, 435 f., 526 f., 580 f., 694 f., 1163
Bohemia, Prag 1163, 1165, 1171
Bremer Nachrichten 1171
BZ am Mittag (Berliner Zeitung) 38, 140, 151, 181 ff., 196–199, 204 ff., 213 f., 218 f., 231 f., 239 ff., 256, 300, 330 f., 344 f., 366 f., 372 ff., 415 f., 419, 426 ff., 440 f., 465, 499–502, 520 f., 537 f., 552–556, 559 ff., 594 f., 615 ff., 619 f., 678 f., 702, 747 f., 772 f., 874, 883, 893 ff., 898, 922 ff., 926 f., 937 f., 1010–1013, 1109 f., 1131 f., 1164, 1173, 1176 f.

Cosmopolis 1166

Deutsche Allgemeine Zeitung, Berlin 157, 171–174, 194 ff., 207 ff., 233 f., 264 ff., 273, 299 f., 318 ff., 341 ff., 347 f., 358 ff., 396, 410, 454, 684 ff.,

715 f., 725 ff., 737 ff., 756, 767–770,
  776, 786–789, 796 f., 800 ff., 810 f.,
  898, 910, 967 f., 1030 f., 1052–1056,
  1087, 1145 ff., 1155 ff., 1164, 1177
Deutsche Monatsblätter, Bremen 1166
Deutsche Montagszeitung 1168, 1176
Deutsche Rundschau 1165
Deutsche Tageszeitung, Berlin 257, 972
Deutsche Zeitung, Berlin 43, 764, 791,
  821 f., 932 ff., 962, 1154, 1172
Deutsche Zukunft 1164
Dresdener Anzeiger 125, 776, 1171
Dresdner Nachrichten 113 f.
Dresdner Neueste Nachrichten 235 f.,
  1164, 1177
Düsseldorfer Generalanzeiger 88 f., 127 f.

Frankfurter General-Anzeiger 624, 752 f.,
  914 ff., 1082 ff., 1172
Frankfurter Nachrichten 577
Frankfurter Theaterzeitung 243
Frankfurter Volksstimme 146 f.
Frankfurter Zeitung 38, 42, 48 ff., 53,
  55 f., 61 f., 66 ff., 79–82, 91–94,
  119–122, 125 ff., 135 ff., 147–150,
  184–187, 232, 244–249, 270 ff.,
  284–287, 454, 486, 575 ff., 587, 603,
  625, 653 ff., 673 ff., 678, 690, 703–706,
  728–731, 749 ff., 777–781, 794 ff.,
  804 ff., 841, 871, 906 ff., 910, 962,
  972 f., 977, 991–994, 1008, 1020–1023,
  1033–1036, 1041–1044, 1058 f.,
  1079–1082, 1157 ff., 1162, 1166, 1170,
  1173 f., 1176
Frei Deutsche Bühne s. (Das) blaue Heft

Grazer Tageblatt 1171

Hamburger Fremdenblatt 91, 125, 210,
  857 ff., 946, 1173 f.
Hamburger Nachrichten 290 ff., 735 ff.,
  859 ff., 1174
Hannoverscher Anzeiger 1171
Hannoversches Tageblatt 403 f.

Jahresberichte für neuere deutsche
  Literaturgeschichte 1173
Jüdische Rundschau 1163

Kölnische Zeitung 253 f., 684, 868,
  1141–1145, 1174
Königsberger Allgemeine Zeitung 1170

Leipziger Neueste Nachrichten 792, 1171

Leipziger Tageblatt 1173
(Die) Linkskurve, Berlin 1040 f., 1045 f.,
  1162
Literarische Welt 854, 861, 864
Literarisches Echo 1166

Magazin für Literatur 1166, 1170,
  1173
Mannheimer Tageblatt 107 f.
Mecklenburgisches Tageblatt, Wismar
  1176
(Der) Mittag, Düsseldorf 1171
Mittagsblatt der Frankfurter Zeitung
  244, 249–253
(Der) Montag, Berlin 689 f.
Montag-Morgen, Berlin 1165
München-Augsburger Abendzeitung
  222 ff., 332 ff., 450 ff.
Münchener Zeitung 60 f., 91, 122, 225 ff.,
  233, 267 ff., 449, 506 ff., 512, 717–720,
  789 ff., 855 ff., 1087 ff., 1120, 1161 f.
Münchner Merkur 1162
Münchner Montagszeitung 236 f.
Münchner Neueste Nachrichten 58 ff.,
  401 f., 508 f., 728, 776, 1163, 1176
Münchner Post 124, 141, 233
(Die) Musik 888

Nation 1166, 1173
National-Zeitung 1173
Neue Badische Landeszeitung, Mannheim
  108 ff., 1176
Neue Deutsche Hefte 1165
Neue Freie Presse, Wien 79, 331, 390,
  466–469, 529–533, 1161, 1165, 1175
Neue Preußische Kreuz-Zeitung, Berlin
  791, 887
(Die) Neue Rundschau, Berlin 579, 1161,
  1166, 1170
(Die) neue Schaubühne, Dresden 376 f.,
  1173
Neue Zürcher Zeitung 54 f., 82 f., 119,
  1162
Neues Wiener Tagblatt 517 ff.
Neue Berliner Zeitung (später: 12-Uhr-
  Blatt) 1173, 1176
New Yorker Staatszeitung 1161
Norddeutsche Allgemeine Zeitung, Berlin
  122

Prager Tageblatt 95 ff., 1174
Prawda, Moskau 791
Preußische Jahrbücher 763
(Das) Prisma 1176

Rhein-Mainische Volkszeitung 728
Rheinische Thalia 1176
(Die) Rote Fahne, Berlin 43, 201,
  646–649, 814 ff., 960 f., 1062, 1066,
  1102, 1162

Saale-Zeitung 1173
(Die) Schaubühne (seit 1918 Die Weltbühne), Berlin s. (Die) Weltbühne
Simplicissimus, München 1176
Sinn und Form, Berlin 1177
Staatsanzeiger, Stuttgart 1052
Steglitzer Anzeiger 326, 383 ff.,
  1171
Stuttgarter Neues Tageblatt 1171
Süddeutsche Zeitung, München 1161,
  1174

Tägliche Rundschau, Berlin 43, 164, 791,
  1079, 1159 f., 1166, 1176
(Der) Tag, Berlin 39, 50 ff., 54, 69–72,
  75 ff., 84 ff., 129 ff., 134, 143 ff., 157 ff.,
  187 f., 206 f., 214 f., 229 ff., 256, 276 ff.,
  293 f., 381 f., 962, 1020, 1166, 1168,
  1170, 1176
(Der) Tag, Wien 756 ff.
(Das) Tagebuch 655 f., 1165,
  1173 f.
(Der) Tagesbote, Prag 1171
(Der) Tagesspiegel, Berlin 1173
Tempo, Berlin 1165
(The) Times 1164
Tribüne der Kunst und Zeit 1162

Über Land und Meer 1174

Völkischer Beobachter (Berliner Ausgabe)
  33 ff., 446, 1114, 1118 ff.

Völkischer Beobachter (Münchner Ausgabe) 452 f., 821 ff.
Vogue 1173
Volksrundschau, Berlin 1176
(Der) Volkswille, Augsburg 134
Vorwärts, Berlin 141, 145, 545 f.
Vossische Zeitung, Berlin 56 ff., 82 f.,
  94 f., 177 f., 210, 379 ff., 387 ff., 432,
  454, 456 ff., 460 ff., 476 ff., 521 f.,
  527 f., 535 ff., 542–545, 564 ff., 585 ff.,
  590 ff., 607 f., 622 ff., 640 ff., 659 ff.,
  668 f., 678–681, 688 f., 759 f., 775, 783,
  791–794, 800, 821, 823, 827 ff., 831,
  839, 844 ff., 851 f., 865 ff., 869 ff.,
  878 f., 886 f., 889 f., 896 f., 900 f., 910,
  944 f., 990, 1002 f., 1028 ff., 1066 ff.,
  1162–1165, 1167 f., 1171–1174

Weimarische Zeitung 1114
Welt am Abend, Berlin 1107 f.
(Die) Welt am Morgen, Berlin 1161
(Die) Weltbühne, Berlin 17, 39, 52 f., 64,
  73 ff., 79, 89, 95 ff., 101 ff., 106, 110 ff.,
  117 f., 124, 134, 154–157, 165–168,
  179 f., 191 ff., 260–264, 295–298, 306 f.,
  311 ff., 325 f., 336 f., 365, 430 f., 454,
  469, 484 f., 571 f., 617 f., 696 f., 823,
  1041, 1161, 1163, 1165, 1167, 1169 f.,
  1173 f., 1176
(Die) Weltstadt, Berlin 1173
Wiener Allgemeine Zeitung 1175
Wiener Zeitung 437 f.
Württembergische Zeitung, Stuttgart
  662–665

(Die) Zeit 1175
12-Uhr-Blatt, Berlin 38, 850 f., 1031,
  1091 f., 1173, 1176

VIII. ZUSAMMENFASSENDES REGISTER

Abba, Marta 599
Abel, Alfred 53, 143, 998 f.
(Die) Abenteuer des braven Soldaten
  Schwejk s. Hašek, Jaroslav
(Der) abenteuerliche Simplicissimus
  s. Grimmelshausen, Hans Jakob
  Christoffel von
Achard, Marcel
  Marlborough zieht in den Krieg 961
Achaz (eigtl. Duisberg), Carl Ludwig
  462, 464 f., 1139

Ackermann s. Hollaender, Felix
Adalbert, Max 789, 1077, 1079,
  1084
Adams, Harriet 984
Adler, G.
  Max Reinhardt 343
Adolf, Paul
  Vom Hoftheater zum Staatstheater
  113
Adorno, Theodor W. 888
Advent s. Strindberg, August

(Die) Affäre Dreyfus s. Rehfisch, Hans José – Herzog, Wilhelm
(Die) Affäre Dreyfus (Film) 1000
Aischylos 526, 651
   Orestie 170–178, 195, 204
Albers, Hans 898, 901, 903, 951, 1076
Alberti, Fritz 109
Albrecht Nicol 292
Albu, Ruth 802
Alexander der Große 678 f., 681
Alexander, Georg 138, 140
Alice im Wunderland s. Carroll, Lewis
Alkibiades 184
Alle Kinder Gottes haben Flügel
   s. O'Neill, Eugene
Aller Tage Abend s. Kortner, Fritz
Alpar, Gitta 1145
Alten, Ferdinand von 288 f., 561, 661, 1001, 1003
Altenberg, Peter (eigtl. Richard Engländer) 1099
Alt-Heidelberg s. Meyer-Förster, Wilhelm
Altmann, Georg 48, 52, 134, 141
Alva, Hans 508
Amelung, Walter 300
Amphitryon s. Kleist, Heinrich von
Amundsen, Roald 1009, 1011
An des Reiches Pforten s. Hamsun, Knut
Anarchie im Drama s. Diebold, Bernhard
Anarchie in Sillian s. Bronnen, Arnolt
Anatol s. Schnitzler, Arthur
(Die) andere Seite s. Sheriff, Robert Cedric
Andersen, Hans Christian 178 f.
Andersen, Ludwig 1018 f.
Andersen, Robert 717
Anderson, Maxwell – Stallings, Laurence
   Rivalen 951 f., 961, 1065, 1076
Andresen, Hugo 805
Andrejew, Leonid
   (Das) Leben des Menschen 88
Angermeyer, Fred A. 569
Anja und Esther s. Mann, Klaus
Anklam, Hans 906
Anna Christie s. O'Neill, Eugene
Antheil, George 919, 924 f.
Antigone s. Hasenclever, Walter
Antigone s. Sophokles
Anton, Margarete 356, 358, 360, 493
Anwander, Artur 665
Anzengruber, Ludwig 231, 672, 1096 f.
   (Die) Kreuzelschreiber 1096 f.
Apel, Paul 755

Apollo Brunnenstraße s. Großmann, Stefan
(Das) Apostelspiel s. Mell, Max
Aravantinos 825, 1137
Arent, Bruno von 673
Arie, Ulrich 994
(Der) arme Heinrich s. Hauptmann, Gerhart
(Der) arme Konrad s. Wolf, Friedrich
(Der) arme Vetter s. Barlach, Ernst
(Die) Armee hinter Stacheldraht
   s. Dwinger, Edwin Erich
Armstrong 817
Arndt, Roderich 664
Arnim, Achim von 1168
Arnim, Achim von – Brentano, Clemens
   (Des) Knaben Wunderhorn 462, 1085
Arnim, Bettina von 1127
Arnold, Franz 666
Arnold, Viktor 520, 767, 875
Artisten s. Watters, Gloryl – Hopkins, Arthur
Arzt wider Willen s. Molière
Aschenbach, Kitty 439, 441
Aschenputtel (Film) s. Berger, Ludwig
Aslan, Raoul 393
Asquith, Herbert Henry, Earl of Oxford and A. 658 f.
Auber, Daniel François
   Fra Diavolo 945
Auernheimer, Raoul 331, 390–393, 466–469, 1161
   Casanova in Wien 1161
Aufricht, Ernst Josef 34, 41, 425, 480, 840, 880, 886 f., 904, 925, 946, 1093, 1102, 1104, 1162
(Der) Aufstand der Fischer von St. Barbara s. Seghers, Anna
(Der) Aufstand der Fischer von St. Barbara (Film) 1063
Aufstieg und Fall der Stadt Mahagonny
   s. Brecht, Bertolt
Augier, Emile 531
Aus dem Leben eines Taugenichts
   s. Eichendorff, Joseph von
Aus einem Totenhaus s. Dostojewskij, Fedor Michailowitsch
(Der) Ausländer s. Johst, Hanns

Baal s. Brecht, Bertolt
Bab, Julius 48, 53, 403 f., 444, 464, 469 f., 540, 569 ff., 588, 735, 889, 1161
   Chronik des deutschen Dramas 1161
   Kränze dem Mimen 1161
   (Der) Mensch auf der Bühne 1161

Babberger, August 121, 248, 253
Bach, Ernst 666
Bach, Johann Sebastian 247
Bacon, Francis 1033, 1035
(Das) Badener Lehrstück vom Einverständnis s. Brecht, Bertolt
Bäumer, Gertrud 776, 783
Baer, Kurt 873
Baerwald, Ilse 542
Baggesen (Jongleur) 571
Bahn, Roma 138, 140, 353, 641, 661, 867, 882 f., 887
Bahr, Hermann 389, 437
 Josephine 776
Bahr, Hermann – Handl, Julius
 Deutsche Schauspieler 1165
Bahr-Mildenburg, Anna 393, 395
(Der) Bajazzo s. Leoncavallo, Ruggiero
Baker, Josephine 932
Baldermann, Erik 128
Ball, Hugo 16
Balser, Ewald 728, 1089
Baluschek, Hans 583
Balzac, Honoré de
 Gobsec 735, 888
Bamberger, Rudolf 230, 273 f., 278, 615, 617
Bambi s. Salten, Felix
Baratoff, Paul 964, 966, 968
Barbusse, Henri 33, 1162
Bard, Maria 572, 971, 973, 976
Bardach, Wolfgang 929
Barlach, Ernst 20, 40 ff., 289 f., 353, 453, 538, 624 f., 643, 806, 1052, 1086, 1090, 1161
 (Der) arme Vetter 134, 290 f., 293, 453–459, 461, 548, 625, 1028, 1052 f.
 (Der) blaue Boll 290, 453, 625, 1028, 1052–1059, 1086, 1090, 1111, 1128
 (Die) echten Sedemunds 289–297, 304, 307, 338, 456, 624, 627, 1052 f.
 (Die) gute Zeit 1052 f.
 (Die) Sündflut 290, 527, 569, 573, 624–632, 915, 1052 f.
 (Der) tote Tag 134, 290, 460–465
Barnay, Margit 661
Barnay, Paul 755, 776
Barnowsky, Viktor 23, 58, 152, 162, 178, 183, 188 f., 255 f., 418, 498, 503, 505, 601, 639, 657, 659 ff., 678, 703 f., 709 f., 861, 865 f., 904, 908, 1007, 1115, 1172
Barrie, James Matthew
 Was jede Frau weiß 898

Barta, Lajos
 Rußlands Tag 201
Bartel, Adolf 34
Barthels, Ernst 450
Bassermann, Albert 16, 134 f., 138, 140, 188, 193–197, 313, 552, 708, 826, 910, 912 ff., 1110, 1130, 1141, 1147, 1154, 1157 f., 1160 f.
Bassermann, Else 138, 140
Baudisch, Paul 380
Bauer, Arthur 94, 605, 675
Bauer, Gustav 203
Bauer, Otto 1117 f.
(Der) Bauer als Millionär s. Raimund, Ferdinand
Bauernfeld, Eduard von 334, 336, 437 f., 531
Baum, Vicki
 Menschen im Hotel 1131
Baumann, Hans 377, 896
Baumeister Solness s. Ibsen, Henrik
Beaumarchais, Pierre Augustin Caron de
 Figaro in Sevilla 436, 438 ff.
Becher, Johannes R. 130, 408, 784, 1177
Becker, Julius Maria
 (Das) letzte Gericht 284
Becker, Theodor 114, 194, 196, 198
Becker-Noller, Alfred 508 f.
Beckmann, Max 63
Beer, Rudolf 22, 436–440, 1101, 1139
Beer-Hofmann, Richard 1130
Beerbohm, Max 275
Beethoven, Ludwig van 87, 285, 532, 831
(The) Beggars Opera s. Gay, John
Behrend, Walter 508 f.
Bei Durchsicht meiner Bücher s. Brecht, Bertolt
Beierle, Alfred 198
Beilke, Erika 653 f.
Bekessy, Imre 946 f., 949 f.
Benekendorff, Wolf 292
Benjamin, Walter 854 f., 1102
Benkhoff, Fita 868
Benn, Gottfried 1162
Berber, Harry 606
Berg, Alban
 Wozzeck 888
(Die) Bergbahn (Revolte auf Côte 3018) s. Horvath, Ödön von
Bergen, Arthur 330 f.
Berger, Ludwig 17, 26, 133, 165, 167 ff., 178 ff., 182, 193, 216, 227, 229–232, 272–276, 278, 349, 396, 426, 601, 613–617, 619, 667, 735, 1169

1204

Aschenputtel (Film) 613
Walzertraum (Film) 613
Berger, Marianne 791
Berghof, Herbert 1044
Bergner, Elisabeth 20, 24, 152, 255, 332, 334, 349, 376, 379, 418–422, 425, 431–435, 481, 498 f., 503, 505, 556, 559, 561, 563, 578, 587, 602, 605–608, 657, 735, 825 f., 828, 830, 913, 983–987, 989 f., 995 ff., 1020, 1035, 1109, 1120, 1163, 1167
Bernard, Tristan
   (Der) Hühnerhof 209
Bernauer, Rudolf 22 f., 178, 343 f., 601, 794
Bernhard, Steffa 851, 853
Bernhardt, Sarah 923
Bernstein, Eduard 336
Bernt, Reinhold 906, 958
Berstl, Julius
   (Der) lasterhafte Herr Tschu 418, 602
Bertens, Rosa 121, 123, 151, 180 f., 183, 206, 260, 263, 538 f.
Bertillon, Louis-Adolphe 723
Berton, Pierre – Simon, Charles
   Zaza 877
(Der) beseelte und der psychologische Mensch s. Kornfeld, Paul
(Ein) besserer Herr s. Hasenclever, Walter
Bethge, Friedrich
   Reims 33, 952, 1047
Bethmann-Hollweg, Theobald von 763
Bettac, Ulrich 186
(Der) Bettler s. Sorge, Reinhard Johannes
Beumelburg, Werner
   Sperrfeuer um Deutschland 861
(Der) Biberpelz s. Hauptmann, Gerhart
Biberti, Leo 751, 805, 994
Bibi, Jugend 1928 s. Mann, Heinrich
Bie, Oscar 225 ff., 1161, 1164
   (Die) Oper 1161
Biedrzynski, Richard 43, 932 ff., 1172
Bienert, Gerhard 906, 908, 958, 960, 1104, 1107
Biensfeldt, Paul 329 ff., 781 f.
(Das) Bildnis des Dorian Gray s. Wilde, Oscar
Bildt, Paul Hermann 52 f., 87, 90, 338, 566, 568, 570 f., 594, 597, 606, 608, 619, 686 f., 689, 723, 727, 743, 746, 748, 767, 769, 771, 825, 827, 1010, 1013 f., 1050 f., 1074, 1076, 1134, 1143 f., 1152 f., 1158
Billinger, Richard 1086 f.

(Das) Perchtenspiel (später: Die Reise nach Ursprung) 1086
Rauhnacht 1086–1092
Rosse 1087, 1109
Binder, Sybille 237, 269, 353, 393, 495 ff., 518, 520 f., 686, 688 f., 793, 796, 799, 814, 816 f., 820, 982
Birch-Pfeiffer, Charlotte 307
Bischoff, Johannes 287
Bismarck, Otto Fürst von 723, 929, 1174
Bizet, Georges
   Carmen 724
Björn, Alf 1116, 1119
Björnson, Björn 72
Björnson, Björnstjerne 40, 72, 78, 131
(Der) blaue Boll s. Barlach, Ernst
(Der) blaue Engel (Drehbuch)
   s. Zuckmayer, Carl
Blei, Franz 495
Bleibtreu, Hedwig 223, 225 f.
Bloch, Jean Richard
   (Der) letzte Kaiser 961
Block, Paul 1163
Blücher, Gebhard Leberecht, Fürst Blücher von Wahlstatt 369, 371, 663, 1117
Blümmer, Rudolf 807
Bluhm, Walter 1135
Blum, Hans 379
Blumenthal, Oscar 210, 336, 670
Blumenthal, Oscar – Kadelburg, Gustav
   Im weißen Rössl 804
Blunck, Hans Friedrich 1155
Bluth, Karl Theodor 763
   (Die) Empörung des Lucius 546
Boccioni, Umberto 542
Böcklin, Arnold 1146, 1152 f.
Boegel, Th. 854
Böhme, Jacob 1082
Börne, Ludwig 1172
(Der) Bogen des Odysseus s. Hauptmann, Gerhart
Bogs, Sonja 472, 937 ff.
Bois, Curt 639, 641, 643, 645, 898, 1020, 1023, 1025, 1027
Bonaparte s. Unruh, Fritz von
Bonn, Ferdinand 365, 533
Borchardt, Rudolf 436
Borck s. Menzel, Gerhard
Borodin, Elfriede 1072
Bosch, Hieronymus 437
Bourdet, Edouard
   (Die) Gefangene 969
   (Das) schwache Geschlecht 1061

1205

Bouvard und Pecuchet s. Flaubert, Gustave
Bracco, Roberto 594
Brahm, Otto *18, 21, 23, 38, 72, 93, 106, 155, 167, 181, 259* f.*, 360, 430, 498, 851, 876, 982, 998, 1015, 1110, 1169* f.
(Der) Brand im Opernhaus s. Kaiser, Georg
Brandenburg, Friedrich 1052
(Der) Brandstifter s. Strecker, Karl
Brandt (Bühnentechniker) 865
Brandt, Julius 294
Brandt, Rolf 397 f.
Brandt, Walter 563, 580
Braun, Hanns *45, 91, 267* ff.*, 506* ff.*, 512, 523, 717–720, 789* ff.*, 855* ff.*, 1087* ff.*, 1120, 1161* f.
Braungart, Richard *45, 60* f.*, 1161* f.
Brausewetter, Hans 466, 606, 608, 953, 955, 1127, 1129
Braut, Frigga 485, 645, 755
(Die) Braut von Messina s. Schiller, Friedrich
Brecht, Bertolt *14, 16, 18, 20* f.*, 24–30, 32, 35* f.*, 40–43, 87, 134, 203, 283, 349* f.*, 375, 400* f.*, 425, 446, 470, 472, 486, 493, 505* f.*, 512, 522, 564, 573, 587, 602, 618, 667, 670, 677, 683, 728, 742, 812, 840, 879* ff.*, 917* f.*, 925, 929, 940, 946, 1063, 1068, 1076, 1102, 1139* f.*, 1161* f.*, 1164, 1166, 1171* f.*, 1176*
Baal 25, 87, 400, 406 f.*, 481, 486–493, 506, 510, 681–690, 728* f.*, 734, 884, 1068, 1072, 1075*
(Das) Badener Lehrstück vom Einverständnis 35, 917, 1062, 1068 f.
Bei Durchsicht meiner Stücke 446
(Der) Brotladen oder Die Macht der Religion 1010
(Der) Flug der Lindberghs 917, 1010, 1069
Gespräch mit G. Strehler 880
Hauspostille 886
(Die) heilige Johanna der Schlachthöfe 27, 32, 35, 917, 1102
Im Dickicht (später: Im Dickicht der Städte) 24, 27, 33, 40, 400, 446–453, 506, 510, 564–573, 584, 589, 618, 621, 642, 683, 687, 728, 821, 1072
(Der) Ja-Sager 1069
Leben Eduards des Zweiten von England 46, 489, 506–512, 564, 587–593, *618, 661, 683, 687, 721, 728, 734, 918, 940* f.
Lehrstück vom Einverständnis s. *(Das) Badener Lehrstück vom Einverständnis*
Mann ist Mann 27 f.*, 40, 602, 687, 728–735, 749, 841, 849, 880* f.*, 886, 1028, 1063, 1068–1076, 1102*
(Die) Maßnahme 1069
(Der) Nein-Sager 1069
Trommeln in der Nacht 20, 24, 27, 134, 349, 375, 400–410, 418, 441, 449, 453, 491, 510 f.*, 564* f.*, 570, 588, 683, 687* f.
(Der) Untergang des Egoisten Johann Fatzer 1010
Versuche 1008, 1102 f.*, 1167*
Brecht, Bertolt – Gorki, Maxim
(Die) Mutter 1102–1108, 1111, 1120
Brecht, Bertolt – Ottwald, Ernst
Kuhle Wampe (Drehbuch) 1101
Brecht, Bertolt – Weill, Kurt
Aufstieg und Fall der Stadt Mahagonny 917, 1068, 1102
(Die) Dreigroschenoper 23, 27 f.*, 41, 564, 840, 878–888, 925, 1069, 1071*
Happy end 965, 994, 1069, 1114
(Das) kleine Mahagonny 880
Brehm, Otto 641
(Der) brennende Dornbusch s. Kokoschka, Oskar
Brentano, Clemens 1127
Godwi 1170
Brentano, Clemens – Arnim, Achim von
(Des) Knaben Wunderhorn 462, 1085
Bresin, Otto 365
Bressart, Felix 645, 867
Brest-Litowsk s. Rehfisch, Hans José
Breuer, Robert 64 f.
Breughel, Pieter 436, 1088, 1133
Briand, Aristide 897, 1007
Bringolf, Ernst 365
Brock, Max 1117 ff.
Brockmann, Hans 123 f., 153
Brod, Fritta *63, 68, 93, 95, 135, 137, 227, 248, 252, 575, 604, 661*
Brod, Max 840–843, 845 f.
Bröger, Karl *45,* 321 ff.
Bronnen, Arnolt *19, 24* f.*, 35, 41* f.*, 91, 349* f.*, 375* f.*, 400, 406* f.*, 425, 469–473, 481, 493, 522* f.*, 569* f.*, 587* f.*, 601, 632* f.*, 639, 670, 678, 684* ff.*, 689, 730, 740, 906, 1175*
Anarchie in Sillian 522–528, 572, 575, 633

(Die) Exzesse 601, 636, 639–645, 678
(Die) Geburt der Jugend 375, 601, 639 f., 678, 684
Katalaunische Schlacht 33, 523, 572–578, 632, 730, 898
Michael Kohlhaas 977
O. S. 572
Ostpolzug 644, 678–683, 696, 730
Protokoll (Arnolt Bronnen gibt zu Protokoll) 678
Reparationen 572
Rheinische Rebellen 27, 32, 575, 601, 632–639, 641, 643, 678, 695, 940
Tage mit Brecht 376
Vatermord 12, 14, 349, 375–382, 400 f., 418, 441, 443, 470, 474, 506, 522–527, 572, 639
(Der) Brotladen oder Die Macht der Religion s. Brecht, Bertolt
Bruck, Reinhard 190, 667, 669, 671 ff., 799, 802, 804
Bruckner, Ferdinand 349, 523, 735, 839, 996, 1015, 1093
  Elisabeth von England 556, 1032–1040, 1130
  Komödie vom Untergang der Welt 735
  Krankheit der Jugend 735–741, 897 ff., 1019, 1032, 1034
  (Die) Kreatur 23, 1024 f., 1032, 1034, 1038
  Timon 1032
  (Die) Verbrecher 31, 897–903, 908, 1000, 1032, 1038, 1130
Brückner, Max 82
(Die) Brüder Karamasow s. Dostojewskij, Fedor Michailowitsch
Brügmann, Walter 135, 149
Brülle China s. Tretjakov, Sergej Michailovič
Brüning, Heinrich 1007, 1101
Brust, Alfred 380, 715
  Südsee-Spiel 578
Buch, Fritz Peter 625, 991, 994
Buchowetzki
  Othello (Film) 1109
Büchner, Georg 88, 158, 163, 236, 406, 408, 488 f., 567, 570, 664, 731, 884
  Dantons Tod 21, 204–208, 564, 619 f., 775, 814, 873, 969, 1000
  Woyzeck 302, 544, 801, 849
(Die) Büchse der Pandora s. Wedekind, Frank
Bückler, Johann (gen. Schinderhannes) 800 f.

(Die) Bühne, ein Echo der Zeit (1905–1907) s. Kienzl, Hermann
(Das) Bühnenwerk Friedrich Wolfs s. Pollatschek
Büren, Hildegard 1031, 1141
Bürger, Gottfried August 434
  (Des) Pfarrers Tochter von Taubenheim 756
Bürger Schippel s. Sternheim, Carl
(Die) Bürger von Calais s. Kaiser, Georg
Büttner, Hansjoachim 1050, 1112
Bulla, Elma von 534
Bummerstedt, Christian 472
(Der) bunte Spiegel s. Osborn, Max
Burger, Helene 162
Burleigh, Lord Cecil 1035
Burri, Emil 1071, 1102
  Tim O'Mara 775
(Des) Burschen Heimkehr oder der tolle Hund s. Niebergall, Ernst Elias
Burte, Hermann
  Katte 35
Busch, Ernst 796, 799, 821, 914, 1042, 1044, 1047, 1104 f., 1107 f.
Busch, Fritz 1177
Busch, Lore 438
Busch, Wilhelm 641, 766
Buschhoff, Wilhelm (Will) 89
Byk, Maria 1089
Byron, George Noel Gordon Lord 1137

Caesar, Gaius Julius 705, 972
Cagliostro, Alexander Graf von 212
Calderón de la Barca 217, 219
  Dame Kobold 465, 516
  (Das) große Welttheater 389 ff.
  (Das) Leben ein Traum 854 ff., 1021
Canaletto (eigtl. Antonio Canal) 520
Candide s. Voltaire
Carell, Carlheinz 1056 f.
Carmen s. Bizet, George
Carmencita s. Nemirowitsch-Dantschenko, Wladimir Iwanowitsch
Carnot 777 f.
Caroll, Lewis (eigtl. Charles Dogdson)
  Alice im Wunderland 953
Carow, Erich 1079
Casanova in Wien s. Auernheimer, Raoul
Cassirer, Paul 628
Castiglioni 946, 948 ff., 969
Cervantes, Miguel de
  Don Quijote 787, 872, 986, 1009
Cézanne, Paul 155

1207

Chamisso, Adalbert von 84
Peter Schlemihls wundersame Geschichte 85, 1113
Chapiro, Joseph 838
Chaplin, Charles 28, 32, 641, 791, 841, 1071
Goldrausch (Film) 733
Charleys Tante s. Thomas, Brandon
Charpentier, Gustave
Louise 580
Chauffeur Martin s. Rehfisch, Hans José
Chopin, Frédéric 450
Christians, Margarethe 316, 318, 320, 355 f.
Chronik des deutschen Dramas s. Bab, Julius
Cicero, Marcus Tullius 1037
Claudel, Paul 25, 505, 526
(Der) Tausch 578
Clausewitz, Karl von 663
Clavigo s. Goethe, Johann Wolfgang von
Clemenceau, Georges 1001 f.
Cocteau, Jean 919
Orpheus 840, 925
(Un) Cœur simple (Ein einfaches Herz) s. Flaubert, Gustave
Cohn, Dr. 177
College Crampton s. Hauptmann, Gerhart
Coriolan s. Shakespeare, William
Corneille, Pierre 870
Corot, Camille 271
Cortez, Hernando 216–219
Cosí fan tutte s. Mozart, Wolfgang Amadeus
Courths-Mahler, Hedwig 441, 491, 513, 578
Craig, George Gordon 410, 1063
Cranz, Herbert
Freiheit 198 ff.
Credé, Carl
§ 218 31, 956, 1007, 1017, 1068
Creuzot 817
Cristinas Heimreise s. Hofmannsthal, Hugo von
Crodel, Richard 1117
Crommelynck, Fernand
(Der) Hahnrei 1007
Csokor, Franz Theodor 469
Cyankali s. Wolf, Friedrich
Cyankali (Film) 1041
Cymbeline s. Shakespeare, William
Cyrano de Bergerac s. Rostand, Maurice
Czimeg, Gustav 123
Cziossek, Felix 664

Daghofer, Fritz 532
Dahl, Leo 464
Dahlke, Paul 1096, 1099
Dame Kobold s. Calderón de la Barca
Dame Kobold (Bearbeitung) s. Hofmannsthal, Hugo von
Dan, Theodor 816
Daniel, Heinz 859 f.
Dannegger, Josef 743, 746, 748, 846, 1096
Dannegger, Theodor 518, 520 f., 532 f., 751 ff., 805
D'Annunzio, Gabriele 1097
Dante Alighieri
(Die) göttliche Komödie 76
Danton, Georges 90, 814
Danton s. Rolland, Romain
Danton (Film) 1131
Dantons Tod s. Büchner, Georg
Darvas, Lili 720
Darwin, Charles 729
Das bist du s. Wolf, Friedrich
Datterich s. Niebergall, Ernst Elias
Daub, Ellen 575, 577, 674, 752, 805
Daumier, Honoré 320
Dauthendey, Max 1172
Dawes, Charles Gates 505
Debussy, Claude 271
Decarli, Bruno 76, 78, 99, 124, 169, 274, 276, 278, 353, 356, 358 f., 422, 487
Dechen-Eggers, Carl 50
Degner, Ernst 1046 f.
Dehmel, Richard 203, 1161
Delavilla, F. K. 93, 186
Delcroix, Konstantin Christian 450
Delius, Fritz 594
Demetrius s. Schiller, Friedrich
Denera, Liselotte 335, 439, 441, 477
Denes, Oskar 1145
(Der) Denkspieler s. Diebold, Bernhard
Deppe, Hans 903–906, 1078, 1082, 1086
Dergan, Blanche 280, 282
Deubel, Werner 45, 577
Deutsch, Ernst 11, 17, 21, 79, 84, 86, 98 f., 101, 103, 106, 112, 151, 153, 206 f., 209, 302, 308 f., 311, 313, 356 f., 360, 381, 587, 1108, 1167
Deutsche Schauspieler s. Handl, Willi – Bahr, Hermann
Deutsche Schauspielkunst s. Jacobs, Monty
Devrient, Eduard 117, 1161
Devrient, Max 1151, 1161
Dickens, Charles 82, 181
Diebold, Bernhard 15, 39 f., 42–45, 66 ff.,

79, 91–94, 119–122, 125 ff., 135 ff.,
147–150, 184–187, 227, 244–249,
270 ff., 284–287, 575 ff., 603 ff., 625,
673 ff., 678, 704 ff., 728–731, 749 ff.,
776–781, 804 ff., 841, 871 ff., 906 ff.,
910, 962–965, 972 f., 983, 991–994,
1020–1023, 1033–1036, 1041–1044,
1079–1082, 1157 ff., 1162, 1166, 1172,
1174
Anarchie im Drama 1162
(Der) Denkspieler 1162
(Das) Reich ohne Mitte 1162
*(Das) Rollenfach im Theaterbetrieb
des 18. Jahrhunderts* 1162
Diegelmann, Wilhelm 75, 77, 153, 226,
288 f., 316, 594, 597
(Der) Diener zweier Herren s. Goldoni,
Carlo
Dießl, Gustav 739, 741
Dieterle, Wilhelm 124, 226, 239, 241,
243, 270, 288 f., 315, 318, 320, 376,
383, 387, 476 f., 505, 639, 645, 659,
703
Dietrich, Antonia 362, 834, 836, 868
Dietrich, Marlene 696, 1000
Dietrich, Mary 298, 300, 326, 365, 367,
369
Dietrich s. Unruh, Fritz von
(Der) Diktator s. Romains, Jules
(Die) Diktatur des Hausknechts s. Kerr,
Alfred
Dinse, Walter 805
Dirks, Walter 45
Dirmoser, Herbert 362, 758, 761
Dittrich, Ferry 665
Dix, Rudolf 686
(Le) Docteur Pascal s. Zola, Emile
Edouard Charles Antoine
Döblin, Alfred 19, 493, 692, 934, 956,
985, 1034
Meere, Berge und Giganten 692
Dörfler, Peter 1155
Dohm, Will 868, 898, 1089
*Dr. Knock oder Der Triumph der
Medizin* s. Romains, Jules
Dr. Mannheim (Professor Mamlock)
s. Wolf, Friedrich
Dolbin, L. F. 951
Dollen, Emil von 861
Domela 1083
Domin, Friedrich 495
Don Carlos s. Schiller, Friedrich
Don Gil mit den grünen Hosen
s. Tirso de Molina

Don Juan oder Der steinerne Gast
s. Molière
Don Juan s. Mozart, Wolfgang Amadeus
Don Juan und Faust s. Grabbe, Christian
Dietrich
Don Quijote s. Cervantes, Miguel de
Donath, Ludwig 508, 664
Dornseiff, Richard 128
Dorothea Angermann s. Hauptmann,
Gerhart
Dorsch, Käthe 24, 203, 255 f., 498–502,
556, 580, 760, 799 f., 802 f., 913, 951,
1027, 1035, 1077, 1093, 1120
Dos Passos, John 1034
Dostojewskij, Fedor Michailowitsch 188,
230, 245, 295, 413, 442, 526, 636, 751,
1023, 1054
Aus einem Totenhaus 1133
(Die) Brüder Karamasow 788 f.
Schuld und Sühne 413, 724
Douaumont s. Möller, Eberhard Wolfgang
Douglas, Louis 874 f., 878, 1112
(Das) Drama Platons s. Kaiser, Georg
Drei Frauen s. Musil, Robert
(Die) Dreigroschenoper s. Brecht,
Bertolt – Weill, Kurt
Drei Schwestern s. Tschechow, Anton
Dreiser, Theodore
Ton in des Töpfers Hand 1019
Drews, Bertha 1028 f., 1031
Dreyfus, Alfred 1000 ff., 1005
Droop, Fritz 107 f.
Duell am Lido s. Rehfisch, Hans José
Dürer, Albrecht 252, 1133
Duisberg, Carl Ludwig s. Achaz, Carl
Ludwig
Dumas, Alexandre 422, 611, 985
(Die) Kameliendame 735, 884 f.
Kean 1162
Dumont, Eugen 89, 505
Dumont-Lindemann, Louise 19, 44, 87,
128, 505, 1101, 1140 f., 1145, 1152
Dunskus, Erich 809, 1157 f.
Dupont 1077
Durieux, Tilla 133, 188 f., 212 ff., 307,
312, 607, 661, 814, 816 f., 820
Durus (eigtl. Alfred Kemény) 960 f.,
1045 f., 1162
Duschinsky, Richard 996
Stempelbrüder 31, 994 f.
Duse, Eleonore 505
Dwinger, Edwin Erich
(Die) Armee hinter Stacheldraht 861

1209

Dworsky, Franz 346, 385
Dymow, Ossip 877

Ebelsbacher, Oskar 94, 137, 149, 669, 671
Ebermayer, Erich 452
Ebert, Carl 24, 63, 121, 136, 149 f., 227, 248 f., 252, 271, 349, 354, 416, 427 ff., 431, 536, 538 f., 549, 553, 555, 564, 627, 631, 723, 727, 775
Ebert, Friedrich 105, 146, 601, 619 f., 647 f., 650
Eberty, Paula 477
Ebinger, Blandine 408, 410, 686, 688 f., 766, 769 ff., 773
Ebner-Eschenbach, Marie von 335
(Die) echten Sedemunds
s. Barlach, Ernst
Eckermann, Johann Peter 1168
Eckersberg, Else 84, 532 f.
Eckhoff, Claire 61
Eckhoff (Schauspieler) 853
Edda 655
Edie, Thomas 893
Edschmid, Kasimir 19, 54 f., 82 f., 94 f., 152, 1162
Kean (Bearbeitung des gleichnamigen Schauspiels von Alexandre Dumas) 284, 289, 1162
(Das) rasende Leben 1162
(Die) sechs Mündungen 1162
Timur 1162
Edthofer, Anton 335 f., 814, 816 f., 820, 843, 846
Eduard II. s. Marlowe, Christopher
Edward VII., König von England 974
Edwards, Edith 986
Egger-Lienz, Albin 195, 197
Egmont s. Goethe, Johann Wolfgang von
Ehen werden im Himmel geschlossen
s. Hasenclever, Walter
Ehn, Leonore 52 f., 90
Ehre s. Sudermann, Hermann
Ehrenstein, Albert 63, 91
Ehrle, Kurt 56
Eichendorff, Joseph von 330
Aus dem Leben eines Taugenichts 1134
Eichheim, Josef 508, 511, 1089
(Der) Eindringling s. Maeterlinck, Maurice
(Ein) einfaches Herz (Un Cœur simple)
s. Flaubert, Gustave
(Der) eingebildete Kranke s. Molière

(Der) Einsame, ein Menschenuntergang
s. Johst, Hanns
Einsame Menschen s. Hauptmann, Gerhart
Einzig, Mathilde 94 f., 135, 149, 253, 605, 675, 805
Eis, Maria 525 f., 528
Eisenstein, Sergej M.
Panzerkreuzer Potemkin (Film) 32, 677, 723, 725 f., 895, 992, 1040 f., 1046, 1103
Eisler, Hans 946, 964, 966, 1105, 1108
El Greco 1035
Elchinger, Richard 58 ff., 1163
Elektra s. Euripides
Elektra s. Hofmannsthal, Hugo von
Elektra s. Sophokles
Elga s. Hauptmann, Gerhart
Elias, Julius 799, 1173
Elisabeth von England s. Bruckner, Ferdinand
Elisabeth, Königin von England
s. Lenormand, Henri R.
Elizabeth I., Königin von England 1046
Elisabeth und Essex s. Strachey, Lytton
Ellis, Lillian 878
Ellyn, Glenn 878
Eloesser, Arthur 35, 39 ff., 91, 216, 360, 420, 435 f., 526 f., 580 f., 694 f., 839, 869 ff., 889 f., 896 f., 944 f., 1066 f., 1163, 1167 f.
(Das) Theater 547
Elwenspoek, Curt
Schinderhannes, der rheinische Rebell 802
Elzer, Karl 645
Emilia Galotti s. Lessing, Gotthold Ephraim
(Die) Empörung des Lucius s. Bluth, Karl Theodor
(Die) endlose Straße s. Graff, Sigmund – Hintze, Carl Ernst
Engel, Erich 20, 24 ff., 35, 91, 124, 349, 425, 446–449, 451, 453, 505, 512, 523, 564–569, 571, 618 f., 621–624, 677, 721, 728, 733, 741 ff., 745, 747 ff., 754, 879 f., 882 ff., 886 f., 889, 918, 929, 951, 998, 1028, 1068 ff., 1168 f.
Engel, Fritz 39, 41, 44, 89 f., 100 f., 123 f., 141 ff., 174–177, 180 f., 232, 294 f., 340 f., 364 f., 426, 437, 480, 517, 523 ff., 540, 551 f., 649–653, 763 f., 776, 784, 862 ff., 876 ff., 902 f., 908 ff., 950–953, 987–990, 1031, 1036 ff., 1163

Engels, Alexander 122, 248, 253, 674, 805, 994
Enghiens, Louis Antoine Henri de Bourbon, Herzog von 777 f.
(Das) englische Theater im 19. Jahrhundert s. Stahl, Ernst Leopold
Engst, Wilhelm 492
(Der) entfesselte Wotan s. Toller, Ernst
(Der) entfesselte Zeitgenosse s. Sternheim, Carl
(Die) Entscheidung s. Hasenclever, Walter
Epstein, Max 105
(Die) Erde bäumt sich s. Tretjakow, Sergej Michailowitsch
Erdgeist s. Wedekind, Frank
Erinnerungen s. Paléologue, Maurice
Erler, Otto
  Struensee 35
Ernst, Carl 88
Ernst, Otto
  Flachsmann als Erzieher 108
(Der) Erste s. Goering, Reinhard
Erwachen s. Stramm, August
Erzberger, Matthias 283, 324, 963
Erziehung durch Kolibri s. Rehfisch, Hans José
Es liegt in der Luft s. Schiffer-Spoliansky, Mischa
(Des) Esels Schatten s. Fulda, Ludwig
Esser, Peter 88, 128, 868, 1140
Essig, Hermann 20, 24, 307, 425
  Überteufel 474–481, 546
Eßwein, Hermann 124
d'Ester, Karl 1161
Esther Gobseck s. Bruckner, Ferdinand
Etlinger, Karl 280 ff., 343, 912 ff.
Ettel, Friedrich 675, 1078
Eulenberg, Herbert 1057
Eulenspiegel (Des großen Kampffliegers, Landfahrers, Gauklers und Magiers Till Eulenspiegel Abenteuer, Streiche, Gaukeleien, Gesichte und Träume) s. Hauptmann, Gerhart
(Der) Eunuch s. Terenz
(Der) Eunuch (Bearbeitung des Stückes von Terenz) s. Zuckmayer, Carl
Euripides 217, 392
  Elektra 713
Europa s. Kaiser, Georg
Everth, Franz 1140
(Der) ewige Traum s. Kornfeld, Paul
Ewiges Volk s. Kluge, Kurt
(Die) Exzesse s. Bronnen, Arnolt

Eyck, Toni van 759, 761, 1108
Eysoldt, Gertrud 99, 101, 103, 113, 151, 183, 279 ff., 307, 566, 568 f., 742, 761, 781 f., 995
Eysoldt, Peter 183

Faber, Erwin 20, 402, 449, 451 f., 507, 509, 511, 588 f., 591, 593, 701, 703, 710, 712, 714, 716, 722, 727, 755, 985, 987, 990
Fahnen s. Paquet, Alfons
Faistauer, Anton 717
Faktor, Emil 39, 58, 77 f., 83 f., 98 f., 114 ff., 122 f., 134, 137 f., 150–153, 159–162, 168 ff., 210 ff., 228 f., 241 ff., 273 f., 288 f., 305 f., 308 ff., 314 ff., 329 f., 338 ff., 343, 354 ff., 370 ff., 377 ff., 396 f., 399 f., 405 f., 428 ff., 438 f., 462 ff., 470 ff., 481 ff., 499, 519 f., 561 ff., 588 ff., 595 ff., 620 ff., 633 ff., 697 ff., 709–712, 742 ff., 770 f., 800, 841–844, 849 f., 874 ff., 975 f., 977, 981 ff., 1028, 1038 ff., 1161, 1163 f., 1167
(Die) Temperierten 1164
(Die) Tochter 1164
Was ich suche 1163
Falckenberg, Otto 17, 20, 24, 26, 47, 57, 59, 62, 79, 86, 89, 152, 233, 236, 284, 314, 400–405, 408, 460, 566, 728, 733, 742, 929, 1086–1089
Falckenstein, Julius 669, 673, 999
Falk, Norbert 38, 140 f., 152 f., 181 ff., 196 ff., 213 f., 218 f., 231 f., 239 ff., 256, 330 f., 344 f., 372 f., 415 f., 419 f., 440 f., 499 f., 520 f., 552–556, 559 ff., 615 ff., 702 f., 772 f., 874 f., 898, 1010–1013, 1164, 1177
(Der) Fall des Schülers Veghesack s. Kaiser, Georg
(Der) Fall Jacobsohn s. Jacobsohn, Siegfried
Fanny s. Pagnol, Marcel
Faust s. Goethe, Johann Wolfgang von
Fechter, Paul 40 f., 43, 157, 171–174, 194 ff., 207 ff., 273, 299 f., 318 ff., 341 ff., 347 f., 358 ff., 396, 410, 454, 667, 673, 684 ff., 715 f., 725 ff., 737 ff., 756, 767–770, 786–789, 796 f., 800 ff., 810 ff., 841, 898, 910, 967 f., 1030 f., 1052–1056, 1069, 1087, 1145 ff., 1155 ff., 1164 f.
Geschichte des deutschen Dramas 1165
(Der) Zauberer Gottes 1165

1211

Fegefeuer über Ingolstadt s. Fleißer, Marieluise
Fehdmer, Helene 365 ff., 369, 986 f., 990, 1056 ff., 1128 f.
Fehling, Jürgen 17, *23 ff.*, *35*, *41*, 129, 272, 290, 297–301, 320 f., 324 ff., 349 f., 354, 365–368, 426–431, 453 f., 456 f., 459 f., 498, 505, 534 f., 537 ff., 540, 564, 587 ff., 591, 593, 609, 614, 624 f., 627, 630, 632, 667, 710 ff., 714, 716, 784, 806 ff., 810 f., 823–830, 849, 910, 1027 f., 1052 f., 1055–1058, 1086 f., 1090, 1093, 1130, 1155, 1165, 1167, 1169
Fein, Maria 72, 174, 177 f.
(Die) Feinde s. Gorki, Maxim
Feldhammer, Jakob 93, 122, 136, 149, 248, 253, 781
(Der) Feldherrnhügel s. Rössler, Carl – Roda Roda
Felner, Karl von 1140
Fenneker, Otto 1110, 1112 f.
Ferdinand, Erzherzog von Österreich 1040
Fern-Ost s. Menzel, Gerhard
Fernau, Rudolf 589 f.
Festspiel in deutschen Reimen s. Hauptmann, Gerhart
Feuchtwanger, Lion 233, 236 f., 400 f., 506, 508, 592, 925
  Kalkutta 4. Mai 880
  (Die) Petroleuminseln 31
  Wird Hill amnestiert? 1108
Feuer aus den Kesseln s. Toller, Ernst
Fiesco (Die Verschwörung des Fiesco zu Genua) s. Schiller, Friedrich
Figaro in Sevilla s. Beaumarchais, Pierre Augustin Caron de
Figaros Hochzeit s. Mozart, Wolfgang Amadeus
Firmian, Leopold Anton Graf von, Erzbischof 467
Fisch, Erich 1093
Fischel, Albert 857
Fischer, Adolf 906, 958
Fischer, Betty 532
Fischer, Hans W. 45, 454, 1173
  Motor 127
Fischer, Heinrich 925, 946
Fischer, Otto 948
Fischer, Ruth Jakobine (eigtl. Elfriede Golke) 649 f.
Fischer, S. 1161, 1177
Fischer, S., Verlag 57, 126, 496, 972, 1165

Fischer von Erlach, Johannes Bernhard 389
Fischer-Streitmann, Arthur 323
Fitch, Leutnant 893 f.
Flachsmann als Erzieher s. Ernst, Otto
(Die) Flamme s. Müller-Einingen, Hans
Flaubert, Gustave
  Bouvard und Pecuchet 163
  Un Cœur simple (Ein einfaches Herz) 928
(Die) Fledermaus s. Strauß, Johann
Fleischer, Max 253 f.
Fleißer, Marieluise 839, 1095
  Fegefeuer über Ingolstadt 684, 722, 925 f., 930, 1095
  Pioniere in Ingolstadt 862, 925–934, 1095
Flemming, Hans 238 f., 374 f.
Florath, Albert 294, 459, 548, 641, 701, 727, 754, 770 f., 808 f., 811, 825, 923 f., 941, 943, 1000, 1031, 1050 f., 1055, 1057 f., 1113, 1134
Florian Geyer s. Hauptmann, Gerhart
(Die) Flucht nach Venedig s. Kaiser, Georg
(Der) Flug der Lindberghs s. Brecht, Bertolt
Foch, Ferdinand, General 813, 817
Fodor, Ladislaus – Geyer, Siegfried
  Juwelenraub am Kurfürstendamm 1112
Förster, Emmy 438 f., 441
Fontana, Oskar Maurus 756 ff.
Fontane, Theodor *38 f.*, *45*, 390, 1163, 1166, 1169–1171
Forch, Robert 143
Ford, Henry 965
Forest, Karl 875
Forster, Rudolf 263, 284, 294, 310 f., 338, 343, 356, 358, 372 f., 414, 418, 477, 479, 482, 484 f., 495 ff., 528, 559, 561, 563, 657, 661, 668, 678, 696, 708, 781 f., 864, 867, 943, 945, 985, 987, 989, 1000, 1032, 1117, 1167
Forster-Larrinaga, Robert 281 f., 867, 870, 888, 890
Forzano, Giovacchino – Mussolini, Benito
  Hundert Tage 34, 1114–1120
Fouché, Joseph 1115, 1117
Fra Diavolo s. Auber, Daniel François
Fraenger, Wilhelm 63, 66 ff.
Fräulein Julie s. Strindberg, August
Franck, Walter 17, 24, 125, 338, 353, 481,

523, 525–528, 539, 559, 563, 566 f.,
569–572, 606, 608, 620, 622, 624, 639,
641, 643, 821 f., 849, 920, 923 f., 941,
943, 1000 f., 1003, 1005 f., 1013,
1050 f., 1109 f., 1113, 1132, 1134, 1137,
1141, 1154, 1158, 1160, 1168
Frank, Leonhard
  Karl und Anna 951
Franke, Waldemar 664
Frankenfeld, A. 869
Franz Josef I., Kaiser 532, 813, 816 f.
Franziska s. Wedekind, Frank
Französisches Theater der Vergangenheit
  s. Wiegler, Paul
Frau Fönss s. Jacobsen, Jens Peter
Frau in Front s. Glebow, Anatol
(Die) Frau vom Meere s. Ibsen, Henrik
(Der) Frauenarzt s. Rehfisch, Hans José
Frées, Wolfgang 1078
Frei, Bruno
  (Die) roten Matrosen von Cattaro 1042
Freiheit s. Cranz, Herbert
Freisler, Roland 684
Frenzel, Karl 38, 1168, 1173
Frerking, Johannes 45
Freud, Sigmund 380, 923, 935, 984, 986 f.
Fried, Walter 472, 568 f.
Friedell, Egon 466, 971, 976
(Das) Friedensfest s. Hauptmann, Gerhart
Friedrich der Große 90, 729, 963
Friedrich Friesen s. Stolzing, Josef
Friedrich Wilhelm III. 285, 663
Frigerio (italienische Schauspielerin) 599
Fröhlich, Gustav 585, 611 f., 1077
Fröhlich, Kathi 530
(Der) fröhliche Weinberg s. Zuckmayer,
  Carl
Frühlings Erwachen s. Wedekind, Frank
Fuchs, Olga 50
Fuchs, Oskar 542
(Die) fünf Dezennien des Unglaubens
  s. Shaw, George Bernard
Fürst, Manfred 887
Fürstenberg, Ilse 958
Fürth, Jaro 846
Fuhrmann Henschel s. Hauptmann,
  Gerhart
Fulda, Ludwig 497, 514, 709, 753, 1171 f.
(Des) Esels Schatten 418

Gabor, Andor
  Vor dem Tore 201
Gabriel Schillings Flucht s. Hauptmann,
  Gerhart

Gade, Svend 344, 417
Gärungen s. Servaes, Franz
(Die) Galeere s. Weiß, Ernst
Galilei, Galileo 937
Galsworthy, John 23, 988
  Gesellschaft 601, 608
(Der) Gang zum Weiher s. Schnitzler,
  Arthur
Ganghofer, Ludwig 669 f., 672
Garrick, David 479
Garrison, Robert 108 f.
Gas s. Kaiser, Georg
Gasbarra 812, 840
Gasbarra – Piscator, Erwin
  Trotz alledem 29, 609, 645–650, 692
Gay, John
  (The) Beggars Opera 880 f., 883 f.
Gebühr, Cornelia 128
Gebühr, Otto 662
(Die) Geburt der Jugend s. Bronnen,
  Arnolt
Geck, Rudolf 1162, 1174
(Der) Gefangene s. Moissi, Alexander
(Die) Gefangene s. Bourdet, Edouard
Geibel, Emanuel 324
Geis, Jakob 446, 728, 730, 732, 925 f.,
  929 ff.
Geisenheyner, Max 244, 249–253
(Der) Geist des Faschismus s. Mussolini,
  Benito
Geißler, Horst Wolfram 450 ff.
(Der) Geizige s. Molière
Genoveva s. Hebbel, Friedrich
Genschow, Fritz 904, 906, 908, 914,
  1029, 1050 f., 1144, 1150, 1153
Georg, Manfred 198 f., 640, 784, 831,
  1141, 1173
George, Heinrich 17, 19, 24 f., 37, 63, 68,
  134, 137, 150, 223, 225 f., 243, 248,
  252, 284, 287, 375 f., 395–398, 404,
  410, 418, 425, 432–435, 441, 443,
  445 f., 454, 456 f., 459, 480 f., 486, 536,
  538 f., 580, 585, 587, 609 f., 612 f., 627,
  631 f., 651, 693 f., 776, 784, 786, 788,
  824, 893, 895 ff., 951, 995, 1000,
  1005 f., 1023, 1025, 1027–1031, 1053,
  1055, 1058, 1068, 1071, 1087, 1109 ff.,
  1113
George, Stefan 37, 67, 1053
George Bandin s. Molière
(Der) gerettete Alkibiades
  s. Kaiser, Georg
Gerron, Kurt 688, 882 f., 886, 927, 951,
  971, 973, 975, 1023, 1025

Geschehen s. Stramm, August
Geschichte des deutschen Dramas s. Fechter, Paul
Geschichte Götz von Berlichingens mit der eisernen Hand (Urgötz) s. Goethe, Johann Wolfgang von
Geschichten aus dem Wiener Wald s. Horvath, Ödön von
(Ein) Geschlecht s. Unruh, Fritz von
Gesellschaft s. Galsworthy, John
Gespenster s. Ibsen, Henrik
Gespenstersonate s. Strindberg, August
Gespräch mit G. Strehler s. Brecht, Bertolt
Geßner, Adrienne (später Lothar, Adrienne) 532
(Der) gestiefelte Kater s. Tieck, Ludwig
Gewitter über Gottland s. Welk, Ehm
Geyer, Siegfried – Fodor, Lasdislaus
  Juwelenraub am Kurfürstendamm 1112
Giampietro, Joseph 1134
Giehse, Therese 20, 657, 898, 1089
Gielen, Josef 861, 863, 865, 868
Gien, Martin 1052
Gier unter Ulmen s. O'Neill, Eugene
Giftgas über Berlin s. Lampel, Peter Martin
Gilles und Jeanne s. Kaiser, Georg
Ginsberg, Ernst 893 f., 896, 951, 1001, 1005, 1064, 1067 f.
Girardi, Alexander 105, 532, 1096, 1130
Gish, Lillian 1020
Glaeser, Ernst
  Jahrgang 1902 898
(Ein) Glas Wasser s. Scribe, Eugène
(Ein) Glas Wasser (Film) 613
Glass, M. – Klein, C.
  Pottasch und Perlmutter 209, 671
Glathe, Lothar 948, 950
Glau, Luise 994
Glebow, Anatol
  Frau in Front 1063
Gliese, Rochus 456, 459, 631, 901, 903, 953, 1055, 1057 f., 1090 ff.
Gmür, Walburga 958
Gnass, Friedrich 896
Gneisenau s. Goetz, Wolfgang
Gobineau, Joseph-Arthur Comte de 1033
Gobsec s. Balzac, Honoré de
Gobseck s. Hasenclever, Walter
Godeck, Hans 109
Godwi s. Brentano, Clemens
Goebbels, Joseph 1063, 1086, 1139, 1155, 1171
Göring, Hermann 1154

Goering, Reinhard 20, 112 f., 946, 1008 f., 1139
  (Der) Erste 113, 1008
  Scapa Flow 113, 841, 862, 1008
  Seeschlacht 17, 112–118, 199, 893 f., 952, 1008, 1011, 1013 f.
  (Die) Südpolexpedition des Kapitäns Scott 1008–1014, 1108
  (Der) Zweite 113
Goethe, Johann Wolfgang von 11, 36, 51, 60, 111, 191, 406, 429, 513, 529, 551, 574, 658, 674, 728 f., 750, 831, 838, 945, 1101, 1120, 1127 f., 1130, 1163, 1176
  Clavigo 349, 465, 516
  Egmont 918, 1132
  Faust I. Teil 11, 76, 93, 180, 361, 474, 498, 723, 872, 926, 928, 959, 1004, 1101, 1113, 1117, 1130–1137, 1140, 1143, 1151 f.
  Faust II. Teil 36, 232, 307, 1130, 1140–1154
  Urfaust 302, 308
  Geschichte Götz von Berlichingens mit der eisernen Hand (Urgötz) 1027–1031
  Götz von Berlichingen 51, 216, 314, 787
  Iphigenie auf Tauris 1130
  Leiden des jungen Werthers 1125
  Maximen und Reflexionen 1070
  Stella 349, 465, 516
  Torquato Tasso 695, 935
  (Die) Wahlverwandtschaften 135, 988
  Wilhelm Meister 823
(Die) Götterdämmerung s. Wagner, Richard
(Die) göttliche Komödie s. Dante, Alighieri
Götz, Carl 850, 852 f.
Goetz, Curt 188 f., 256, 280 ff., 659, 661, 886, 969
  Ingeborg 283
Götz, Theo 861
Goetz, Wolfgang 662
  Gneisenau 662–666, 803, 1032
Götz von Berlichingen s. Goethe, Johann Wolfgang von
Goetze, Otto 123, 1049
Goetzke, Bernhard 84
Gogol, Nikolai
  (Die) Heirat 297
  (Der) Revisor 947, 1007
Gold, Käthe 1089, 1131 ff., 1135 f., 1144

Goldoni, Carlo
  (Der) Diener zweier Herren 516–522, 528, 556, 594, 717, 775, 873
Goldrausch (Film) s. Chaplin, Charles
Goldschmidt, Alfons 198, 961, 1064
Goldschmidt, Berthold 698
Golke, Elfriede s. Fischer, Ruth Jakobine
Goll, Ivan 15, 1176
  Methusalem oder der ewige Bürger 505
Goltz, Joachim von der
  (Der) Vater 662
Gondi, Harry 671
Gordon, Paul 936
Gorki, Maxim
  (Die) Feinde 201
  (Die) Kleinbürger 425
  (Die) Mutter (Roman) 1103–1107
  (Die) Mutter (Film) 1102 f.
  Nachtasyl 784, 788
Gorki, Maxim – Brecht, Bertolt
  (Die) Mutter 1102–1108, 1111, 1120
Gott, König, Vaterland s. Lania, Leo
Gottowt, John 53, 56 f., 91, 96, 158, 162, 584, 710
Gounod, Charles 450
Goya y Lucientes, Francisco José de 479, 568, 1150
Gozzi, Carlo
  Turandot 604, 716–720, 1132
Grabbe, Christian Dietrich 59, 87 ff., 92, 233, 236, 296, 369 f., 453, 490, 567, 884
  Don Juan und Faust 657, 661
  Hannibal 90, 370, 666, 678, 695
  Napoleon oder Die hundert Tage 90, 369–375, 416
  Scherz, Satire, Ironie und tiefere Bedeutung 62, 89, 349, 425, 446, 449, 496, 523, 528, 564, 643, 722
(Das) Grabmal des unbekannten Soldaten s. Raynaud, Paul
Graener, Paul 1155
  Hanneles Himmelfahrt (Oper nach Gerhart Hauptmann) 831
Graetz, Paul 50, 56, 82, 127, 408, 410, 793, 796, 799, 999
Graff, Sigmund – Hintze, Carl Ernst
  (Die) endlose Straße 33, 35, 952, 1047–1052
Granach, Alexander 17, 58, 91, 124 f., 376, 379 f., 382, 387, 389, 404 f., 408, 410, 480, 536, 538 f., 549, 553, 555, 627, 631 f., 668, 693 f., 786, 788 f., 791, 793, 796 f., 799, 816, 818, 820, 917, 919, 922 ff., 941, 943 ff., 1029, 1031, 1050 f., 1072 ff., 1076, 1131, 1136, 1140 f., 1154
Graumann, Karl 334, 448, 450
Grawz, Rose 958
Gregor, Nora 438 f.
Gregori, Ferdinand 177
Greid, Hermann 428 f.
Greif, Heinz 1050
Greiner, Leo 204, 368 f.
Grethe, Hildegard 604
Grillparzer, Franz 166, 219, 392, 530, 1086, 1171
  (Die) Jüdin von Toledo 837
  (Das) Kloster von Sendomir 73
  König Ottokars Glück und Ende 532
  Medea 711 f.
  (Der) Traum ein Leben 855
Grimm, Gebrüder
  Kinder- und Hausmärchen 462, 1082
Grimm, Hans 677
Grimm, Herman 1173
Grimmelshausen, Hans Jakob Christoffel von
  (Der) abenteuerliche Simplicissimus 842
Griselda s. Hauptmann, Gerhart
Grodtczinski, Thea 88
Gronau, Ernst 412, 429, 457, 459, 476 f., 479, 561, 563, 608, 666, 782, 1035, 1038
Groß, Jenny 421
(Das) große ABC s. Pagnol, Marcel
(Der) große Gott Brown s. O'Neill, Eugene
(Das) große Welttheater s. Calderón de la Barca
Großmann, Alois 56, 82, 127
Großmann, Stefan 97, 119, 177 f., 270, 655 f., 1165
  Apollo Brunnenstraße 1165
Grosz, George 201, 483 ff., 840 f., 843, 845, 847, 962
Grube, August 239
Grünberg, Max 108 f.
Gründgens, Gustaf 20, 24, 35, 203, 839 f., 867 f., 1007, 1035, 1038, 1040, 1061, 1101, 1130–1137, 1141, 1143 f., 1147, 1150 f., 1155, 1172 f.
Grünewald, Matthias 348
Grüning, Ilka 256, 439, 485, 514 f., 583
Grüning, Robert 56, 82

Gryphius, Andreas 610
Gühne, Erich 948
Gülstorff, Max 335, 580, 595, 597 ff., 666, 709 f., 875, 878 f., 971, 973, 975, 1034, 1038, 1040, 1079, 1082, 1086, 1126, 1129
Guenther, Johannes von 602
Günther, Karl 791
Günther, Paul 387, 460, 462–465, 549 f., 554, 590, 937 ff., 1003, 1072
Guiskard (Robert Guiskard) s. Kleist, Heinrich von
Gura, Eugen (der Jüngere) 450
Gustav Adolf von Schweden 768
Gustav Adolf s. Strindberg, August
(Die) gute Zeit s. Barlach, Ernst
Gyges und sein Ring s. Hebbel, Friedrich
Gynt, Walter 48, 91, 906

Haack, Käthe 669, 673, 1078, 1082, 1085, 1127, 1129
(Der) haarige Affe s. O'Neill, Eugene
Haarmann, Fritz 736, 744
Haas, Willy 512
Haas-Heye (Bühnenbildner) 307
Haase, Alfred 331
Hadank, Günther 299 f., 770, 808–811, 826, 829 f., 1066 ff.
Händel, Georg Friedrich 881
Haenel, Günther 862
Haenisch, Konrad 280
Hagan, Esther 387
Hagemann, Carl 19, 106 f., 109, 1176
Hagen, Hertha von 334, 532 f.
Hahlo, Jan Julius 270
(Der) Hahnrei s. Crommelynck, Fernand
Haig, Douglas Earl of, General 817
Halbe, Max
  Jugend 710
Halbzwei s. Schnitzler, Arthur
Halden, Hans 366 f., 938 f., 1078, 1086
Haller, Albrecht von 1028
Halmay, Tibor von 876, 878
Hamlet s. Shakespeare, William
Hamlet s. Shakespeare, William – Hauptmann, Gerhart
Hamlet in Wittenberg s. Hauptmann, Gerhart
Hamsun, Knut 40, 995, 1088, 1096, 1099
  An des Reiches Pforten 283
  Königin Tamara 284
  Vom Teufel geholt 481, 523, 528, 994–999

Handl, Willi 116, 153 f., 188 f., 1165
Handl, Willi – Bahr, Hermann
  Deutsche Schauspieler 1165
Hanneles Himmelfahrt (Oper) s. Graener, Paul
Hanneles Himmelfahrt s. Hauptmann, Gerhart
Hannemann, Karl 482, 495, 693, 887, 1051
Hannen, Marg. 323
Hannibal 1113
Hannibal s. Grabbe, Christian Dietrich
Hans im Schnakenloch s. Schickele, René
Happy End s. Brecht, Bertolt – Weill, Kurt
Harden, Maximilian 1005, 1163, 1176
Harlan, Veit 542, 550, 627, 641, 643, 645, 710, 712, 714, 716, 723, 727, 746, 748, 770 f., 850 f., 853, 920, 923 f., 1013, 1050 f., 1056 ff., 1134, 1137, 1144, 1153, 1157 f.
Harlan, Walter
  (Das) nürnbergisch Ei 1108
Harnisch, Johannes W. 684, 689 f.
Harnisch, Wolfgang s. Hoffmann-Harnisch, Wolfgang
Hart, Ferdinand 575, 697, 699, 701, 712, 1001, 1003, 1029, 1031
Hart, Julius 38, 53 f., 75 ff., 1020, 1165 f., 1170
  (Die) Richterin 1166
  (Der) Sumpf 1166
Hartau, Ludwig 345 f., 348, 369 f., 372 f., 375, 502, 700, 746 f.
Harte Bandagen s. Reyher, Ferdinand
Hartmann, Ernst 312
Hartmann, Martha 514, 516
Hartmann, Paul 123 f., 168 f., 176, 178, 284, 288 f., 302, 316, 318, 320, 334, 518–521, 528, 559, 561, 563, 613, 615 ff.
Hartung, Gustav 17, 19, 24, 79, 91, 93, 95, 118 f., 121, 134, 137, 146, 149, 203, 243 f., 248, 251, 253 f., 270, 284, 286–289, 505, 578, 677, 728, 735, 739 ff., 748, 775 f., 780–783, 1015, 1017 ff., 1028, 1061, 1077, 1130, 1162
Hašek, Jaroslav 840
  (Die) Abenteuer des braven Soldaten Schwejk 28, 840–848, 932, 961
Hasenclever, Walter 12 f., 15, 19 f., 54, 63, 91, 98 f., 106, 145 f., 159, 230, 258, 266 f., 284, 378, 417, 748, 1176
  Antigone 12, 63, 133, 145–151, 170, 216, 237

(Die) Aufgabe des Dramas 267
(Ein) besserer Herr 889
Ehen werden im Himmel geschlossen 888–892, 906
(Die) Entscheidung 156
Gobseck 888
Jenseits 266–272, 888 f.
Mein Weg zur Komödie 106, 888
(Die) Menschen 15, 166, 272, 302
Mord 888 f.
Napoleon greift ein 1114 f.
Nirwana, eine Kritik des Lebens in Dramenform 266
(Die) Pest 266, 272
(Der) Retter 156
(Der) Sohn 11 f., 14 f., 19, 47, 63, 94, 98, 106–112, 145, 149, 156, 269, 378, 380, 907
Hasse, Clemens 1029, 1031, 1050 f.
Haubenreißer, Karl 1117
Hauptmann, Elisabeth 880, 884
Hauptmann, Gerhart 14, 35 f., 40, 42, 72, 105, 111, 177, 203, 216, 349, 360, 385, 425, 498, 541, 584, 597, 601, 611, 650 f., 654, 672, 677, 755, 776, 799 f., 806, 809, 826, 831, 834, 836, 889, 892, 915, 917, 1015, 1075, 1101, 1120 f., 1163, 1166 f., 1169 f., 1177
(Der) arme Heinrich 655
(Der) Biberpelz 213, 363, 437, 1078
(Der) Bogen des Odysseus 72, 732
College Crampton 327, 330, 1169
Dank an die deutschen Schauspieler 651
Dorothea Angermann 755–763, 775, 805 f., 824, 871, 873, 1120
Einsame Menschen 18, 305, 655, 1129
Elga 73, 481
Eulenspiegel (Des großen Kampffliegers, Landfahrers, Gauklers und Magiers Till Eulenspiegel Abenteuer, Streiche, Gaukeleien, Gesichte und Träume) 835
Festspiel in deutschen Reimen 72
Florian Geyer 216, 220, 313 f., 619, 759, 775, 801, 803, 821 f., 849, 915, 918, 939, 966, 1031
(Das) Friedensfest 328, 331, 526, 1028, 1124, 1129
Fuhrmann Henschel 609, 650, 1028
Gabriel Schillings Flucht 1109, 1120
Griselda 655
Hamlet in Wittenberg 831

Hanneles Himmelfahrt 103, 426, 481, 627, 655, 889
Hexenritt 1120
Indipohdi (Das Opfer) 72, 220, 326, 360–365, 650 f.
(Die) Insel der großen Mutter 363
Kaiser Maxens Brautfahrt 651
Magnus Garbe 650
Michael Kramer 327, 330, 498, 502, 727
Peter Brauer 326–331
(Die) Ratten 72, 327, 365–368, 900, 1120, 1169
Rose Bernd 759, 903, 959
Schluck und Jau 363
(Die) schwarze Maske 1120
Und Pippa tanzt 102, 349, 491, 651, 654 f., 1169
Veland 650–656
(Die) versunkene Glocke 654
Vor Sonnenaufgang 36, 527, 1128 f., 1171
Vor Sonnenuntergang 36, 1077, 1120–1131
(Die) Weber 541, 543, 651, 691, 849–854, 906, 909, 918, 939, 966, 1007, 1064, 1066
(Die) Weber (Film) 831, 850
(Der) weiße Heiland 72, 216–221, 326, 360 f., 363, 650, 655
Winterballade 72–78, 216, 360, 650, 1120
Hauptmann, Gerhart – Shakespeare, William
Hamlet (Shakespeares tragische Geschichte von Hamlet Prinzen von Dänemark) 764, 831–838
Hauptmann, Ivo 360, 363, 365, 653
(Der) Hauptmann von Köpenick s. Schäfer, Wilhelm
(Der) Hauptmann von Köpenick s. Zuckmayer, Carl
Haus Danieli s. Neumann, Alfred
Haus Herzenstod s. Shaw, George Bernard
Hausenstein, Wilhelm 1162, 1174
Hauspostille s. Brecht, Bertolt
Heartfield, John 385 f., 1066, 1068
Hebbel, Friedrich 200, 220, 352, 357, 411, 422, 481, 543, 873, 943, 959, 1085, 1177
Genoveva 396
Gyges und sein Ring 166, 168, 219, 699, 872

1217

Herodes und Mariamne 219, 314, 695–703, 753, 872
Judith 63, 244, 376, 396, 923
Maria Magdalene 546 f.
(Die) Nibelungen 220, 534–540, 822
(Die) Nibelungen (Film) 534
Hedda Gabler s. Ibsen, Henrik
Heiberg, Gunnar Edward Rode
  (Die) Tragödie der Liebe 784
Heilborn, Ernst 38, 232, 587, 703, 794 ff., 977, 1008, 1058 f., 1162, 1166
  Zwischen zwei Revolutionen 1166
(Die) heilige Johanna s. Shaw, George Bernard
(Die) heilige Johanna der Schlachthöfe s. Brecht, Bertolt
Heilinger, Heinrich 994, 1096, 1099
Heimann, Moritz 350, 1164
Heims, Else 112, 129, 174, 176, 178, 514 f.
Heimweh s. Jung, Franz
Heine, Albert 22, 241, 331
Heine, Heinrich 461, 1172
  Romanzero 312
Heine, Karl 741
Heine, Th. Th. 210, 764
Heinrich aus Andernach s. Unruh, Fritz von
Heinrich IV. s. Pirandello, Luigi
Heinz, Wolfgang 294, 372 f., 853, 941, 1072 ff., 1076, 1143, 1149, 1152
(Die) Heirat s. Gogol, Nikolai
Helberg, Ruth 737, 868
Hellberg, Martin 948, 950
Hellmer, Arthur 19, 24, 48 f., 53, 55, 79, 82, 124, 127, 183, 704, 775, 867 f., 873
Henckels, Paul 88, 283, 542, 544, 758, 762, 1003, 1128
Henning, B. 950
Henrich, Georg 857
Henschke, Alfred s. Klabund
Hens(e)ler, Karl Friedrich
  Rinaldo Rinaldini, der Räuberhauptmann 802
Herald, Heinz 20, 44, 63, 97, 118, 123, 133, 227, 493, 594, 806
Herbstgeigen s. Surgutschew
Herczeg, Géza 1115
(Die) Herde sucht s. Neumeyer
Herder, Johann Gottfried
  Stimmen der Völker im Liede 73
Herlth, Robert 678, 682
Herrmann, Hans 292
Herrmann, Max 1162

Herrmann-Schaufuß, Hans 606, 608
(Die) Hermannsschlacht s. Kleist, Heinrich von
Herodes und Mariamne s. Hebbel, Friedrich
Herr Lamberthier s. Verneuil, Louis
Herrmann, Julius Emil 645
Herrn Arnes Schatz s. Lagerlöf, Selma
Herterich, Hilde 334
Herz, Ellen 754
Herzfelde, Wieland 201
Herzl, Theodor 1165
Herzog, Wilhelm 1000
Herzog, Wilhelm – Rehfisch, Hans José
  (Die) Affäre Dreyfus 999–1006, 1028
  (Die) Affäre Dreyfus (Film) 1000
Hesterberg, Trude 1102
Hetman (Hidalla) s. Wedekind, Frank
Heuser, Kurt 1098
Heute abend wird aus dem Stegreif gespielt s. Pirandello, Luigi
Hexenritt s. Hauptmann, Gerhart
Heym, Georg 489
Heymann, Werner R. 875
Heyse, Paul 339
Hidalla s. Wedekind, Frank
Hilbert, Georg 532
Hildenbrandt, Fred 473 f., 1163
Hilfe, ein Kind ist vom Himmel gefallen s. Schmidtbonn, Wilhelm
Hiller, Kurt 145
Hilpert, Heinz 21, 35, 366–369, 522 f., 524 ff., 528, 572, 601, 639, 641, 643, 645, 662, 666 f., 675, 677, 800, 897 f., 901, 903, 951–955, 983, 986 f., 990, 1032, 1035, 1037–1040, 1076 ff., 1082 f., 1085, 1092–1095, 1098, 1101
Himmel und Hölle s. Kornfeld, Paul
Hindemith, Paul 63, 1071
Hindenburg, Paul von 601, 1101, 1139
Hinke, Hans 1155
Hinkemann s. Toller, Ernst
Hinrich, Hans 956, 958
Hintertreppe (Film) s. Jeßner, Leopold
Hintze, Carl Ernst – Graff, Sigmund
  (Die) endlose Straße 33, 35, 952, 1047–1052
Hiob s. Kokoschka, Oskar
Hirsch, Fritz 294, 372, 500
Hirschfeld, Georg 584
Hirschfeld, Magnus 558
Hirschfeld, Paul
  Mütter 368
Hitler, Adolf 27, 29, 33 f., 425, 446,

469 f., 491, 505, 684, 800, 1007, 1077, 1086, 1101, 1114, 1118, 1139, 1154, 1165, 1171, 1173
Mein Kampf 505
Hobbing, Reimar 1164
Hoch, Rudolf 1089
Hochberg, Graf Hans Heinrich XIV. Bolko von 263, 430, 618
Hochdorf, Max 739 ff.
Hochhuth, Wolfgang 36
Hodler, Ferdinand 13, 195 ff., 276, 414, 456
Höflich, Lucie 103, 129, 190, 255 f., 365, 595, 597, 599, 669, 744, 746, 748, 807, 809, 811, 852, 898 f., 901, 903, 995–998, 1027, 1032 f., 1035, 1094, 1096, 1099
Hölderlin, Friedrich 136, 300
Hölle Weg Erde s. Kaiser, Georg
Hörbiger, Attila 800
Hörbiger, Paul 533, 666, 800, 1093 f., 1096 ff.
Hoerrmann, Albert 927, 929, 931, 1104
Hofer, Johanna 94 f., 129, 260, 263, 274, 278, 340, 343, 356 ff., 360, 398, 400, 414, 456 f., 459, 659
Hoffart, Bessie 730, 733 f.
Hoffmann, Camill 106
Hoffmann, Ernst 906
Hoffmann, Ernst Theodor Amadeus 69, 71, 594
Hoffmann, Kurt 508 f., 1017
Hoffmann, Wenzel 111
Hoffmann-Harnisch, Wolfgang 375 ff., 624, 662, 664
Hoffmanns Erzählungen s. Offenbach, Jacques
Hofmann, Paul Th. 1174
Hofmannsthal, Hugo von 22, 41, 44, 97, 221 f., 389, 436 f., 468, 510, 517, 578, 683, 807, 854, 917, 919, 1024, 1175
Ad me ipsum 437
Cristinas Heimreise 334, 437
Dame Kobold (von Calderón) (Bearbeitung) 465, 516
Elektra 417, 423, 696, 713
Jedermann 170 f., 203, 221–227, 389 f., 393, 466, 775, 873
(Das) Salzburger Große Welttheater 389–395, 465, 716, 1021 f.
(Der) Schwierige 311–337, 418, 436 f., 440, 528–534
(Das) Theater des Neuen 683 f.
(Der) Tod des Tizian 336
(Der) Turm 332, 436, 854–861
(Der) Unbestechliche 332, 436–441
Hofmannsthal, Hugo von – Strauss, Richard
(Der) Rosenkavalier 221, 437
Hogarth, William 320, 483
Hohorst, Luise 449 f.
Holbein, Franz von 430
Holbein, Hans 393, 1111
Holberg, Ludwig 1069
Ulysses von Ithaka 849
Holitscher, Arthur 133, 198, 201
Hollaender, Felix 22, 27, 38, 40, 57, 79, 97, 106, 112, 203, 302, 332, 365, 375, 395 f., 400, 405, 410, 432, 448, 465, 671 ff., 764–767, 792, 799, 920 ff., 965 ff., 984 ff., 1015, 1025 ff., 1031, 1061, 1069, 1166 f., 1173
Ackermann 1166
Lebendiges Theater 1167
Holl, Fritz 128, 425, 723, 784, 799, 840, 896
Hollaender, Gustav 1167
Hollaender, Victor 1167
Hollaender, Friedrich 1095, 1167
Hollander, Else von 583
Hollmann, Werner 404, 408, 542, 544
Holz, Arno 380
Holzmeister, Clemens 717
Homer 803
Odyssee 1021
Homolka, Oskar 507 ff., 511 f., 581, 666, 683, 686, 688 f., 716 f., 719, 756, 758 f., 762, 781 f., 868, 871, 995, 997, 999 f.
Hopkins, Arthur – Watters, Gloryl
Artisten 23, 839, 873–881, 911
Hoppla, wir leben s. Toller, Ernst
Hopwood, Avery
(Der) Mustergatte 789 ff.
Horeschkovsky, Melanie 948, 950
Horn, Elisabeth 287
Horvath, Ödön von 1092 f.
Geschichten aus dem Wiener Wald 1092–1099
Hotel zur Schönen Aussicht 946
(Die) italienische Nacht 1093, 1095 f.
Revolte auf Côte 3018 (2. Fassung: Die Bergbahn) 1093, 1096
Sladek, der schwarze Reichswehrmann 31, 995, 1093, 1096
Horwitz, Kurt 20, 402, 508, 511, 1001, 1003, 1140
Horwitz, Mirjam 124, 292, 735, 737
Hoschek, Gertrud von 183

(Die) Hose s. Sternheim, Carl
Hotel zur Schönen Aussicht s. Horvath, Ödön von
Hubert, Ali 315
(Der) Hühnerhof s. Bernard, Tristan
Hülsen, Botho von 14, 105, 220, 430, 618, 753 f., 765
Huelsenbeck, Richard 201
Hütter, Baumeister 716
Hugenberg, Alfred 601, 839, 1175
(Die) Hugenotten s. Meyerbeer, Giacomo
Hugo, Victor 914
Hummel, Thila 108 f.
Hundert Tage s. Forzano, Giovacchino – Mussolini, Benito
Hussong, Friedrich 43, 812, 817 f., 1010, 1175

Ibsen, Henrik 40, 83 f., 106, 125, 231, 235, 269, 271, 277, 288, 299, 407, 411, 498, 565, 578, 597, 668, 752, 839, 873, 891, 938, 943, 984, 986 ff., 998, 1020, 1075, 1106, 1129, 1149, 1168, 1170
 Baumeister Solness 102 f.
 (Die) Frau vom Meere 937
 Gespenster 435, 775, 873, 984, 987, 989, 1129
 Hedda Gabler 444
 John Gabriel Borkmann 498 f.
 Nora 498 f., 501 f., 1053
 Peer Gynt 839
 (Die) Stützen der Gesellschaft 1129
 (Ein) Volksfeind 129, 498, 500, 546
 (Die) Wildente 213, 293
Ich liebe das Leben s. Naso, Eckart von
Iffland, August Wilhelm 68
Ihering, Herbert 17, 20, 23 f., 27, 34, 37, 39–42, 44, 47, 58, 128 f., 157 ff., 179, 187 f., 190 f., 204, 206 f., 214 f., 219 ff., 229 ff., 233, 256, 269 f., 276 ff., 280 f., 293 f., 297 ff., 307 f., 334 f., 349, 352 f., 376, 381 f., 400 f., 406, 408 ff., 416 ff., 425 f., 434, 441–444, 446–449, 454, 458 f., 475 f., 480, 486–489, 497 f., 501, 503, 506, 509–512, 514 ff., 523, 529, 533 f., 538 ff., 540, 547–551, 564, 572–575, 578, 584 f., 587, 611–615, 619, 625–628, 642 ff., 658 f., 667, 681 ff., 686 ff., 691–694, 707–710, 722 f., 728, 733 ff., 749, 756, 776, 781–786, 797 ff., 807 f., 813 f., 836 ff., 849, 864 f., 868, 881 f., 895 f., 898,

904 ff., 910, 918 ff., 925 f., 938–941, 946, 949 f., 954 f., 957 f., 977, 979 ff., 984, 986 f., 995 f., 1000 f., 1005 f., 1008 f., 1015, 1018 f., 1024 f., 1048 ff., 1056 f., 1062, 1067–1074, 1076–1079, 1089 ff., 1093, 1095 f., 1103 f., 1111 f., 1128 ff., 1151 ff., 1161, 1164, 1166–1169, 1171
 Reinhardt, Jeßner, Piscator oder der Klassikertod 721
 Von Reinhardt bis Brecht 1168
Iltz, Bruno Walter 114, 233, 235
Im Dickicht (der Städte) s. Brecht, Bertolt
Im Knospendrang s. Servaes, Franz
Im Nebel vor Cardiff s. O'Neill, Eugene
Im Spiel der Sommerlüfte s. Schnitzler, Arthur
Im weißen Rössl s. Blumenthal, Oscar – Kadelburg, Gustav
Im Westen nichts Neues s. Remarque, Erich Maria
Immermann, Karl
 Merlin 165
Impekoven, Toni 79, 94, 248, 253, 674, 753, 805, 916, 994
Indipohdi (Das Opfer) s. Hauptmann, Gerhart
Ingeborg s. Goetz, Curt
(Die) Insel der großen Mutter s. Hauptmann, Gerhart
Iphigenie auf Tauris s. Goethe, Johann Wolfgang von
(Die) italienische Nacht s. Horvath, Ödön von

(Der) Ja-Sager s. Brecht, Bertolt
Ja und Nein s. Polgar, Alfred
Jackson, Barry 657
Jacob, Heinrich Eduard 1115
Jacobs, Monty 34, 39–43, 45, 58, 383 ff., 432, 460 ff., 476 ff., 521 f., 527 f., 542–545, 564 ff., 585 ff., 593, 607 ff., 622–625, 640 ff., 659 ff., 668 f., 688 f., 728, 759 f., 792 ff., 800, 824, 827 ff., 831–834, 844 ff., 861, 865 ff., 878 f., 886 f., 900 f., 910, 918, 976, 990, 1002 f., 1019, 1028 ff., 1068, 1163, 1168 f.
 Deutsche Schauspielkunst 1168
Jacobsen, Grete 1038, 1099
Jacobsen, Jens Peter
 Frau Fönss 1123 f.
Jacobsohn, Siegfried 16, 37, 39, 41, 44, 52 f., 72–75, 101 ff., 110 ff., 117 f., 124,

134, 154–157, 165–168, 179 f., 191 ff.,
260–264, 295–298, 306 f., 311 ff.,
325 f., 336 f., 365, 369, 401, 404, 430 f.,
454, 484 f., 571 f., 617 f., 677, 696 f.,
742, 806, 1161, 1163 f., 1167–1170,
1174, 1176
(Der) Fall Jacobsohn 1169
Jahr der Bühne 1170
Jahre der Bühne 1170
(Das) Theater der Reichshauptstadt
1169
Jacoby, Wilhelm – Laufs, Carl
Pension Schöller 732
Jaffé, Carl Heinz 575
Jahnn, Hans Henny 20, 24, 32, 349 f.,
425, 569, 710, 839, 898
(Die) Krönung Richards III. 350–353,
486, 684, 711
Medea 24, 350, 710–716
Pastor Ephraim Magnus 350,
469–474, 480, 522, 711, 934
Zur Medea 610
Jahr der Bühne s. Jacobsohn, Siegfried
Jahre der Bühne s. Jacobsohn, Siegfried
Jahrgang 1902 s. Glaeser, Ernst
Jakubowski, Josef 897, 900
Jannings (Schauspielerin) 218
Jannings, Emil 76, 78, 99, 101, 103, 116,
151, 218 f., 221, 241, 581, 610, 742,
748, 865, 875, 1020, 1109
Janssen, Walter 241, 518, 521, 836, 912
Jarno, Hansi 876, 878
Jean Paul (eigtl. Jean Paul Friedrich
Richter) 628, 1127
Jedermann s. Hofmannsthal, Hugo von
Jenseits s. Hasenclever, Walter
Jensen, Eugen 873
Jensen, Johannes V. 571
(Das) Rad 446
Jeßner, Fritz 151, 221
Jeßner, Leopold 12 f., 16 f., 21–27, 31–34
37, 47, 125, 133, 156, 170, 179, 190–197,
204, 210–215, 256 ff., 260–264,
272, 275 f., 278, 283 f., 289 f., 294 f.,
298, 304, 307–310, 312 f., 337–343,
349 f., 353–359, 365, 369–375, 395,
400, 410–417, 425 f., 428, 446, 448,
453, 474, 476–480, 498, 500, 505 f.,
537, 546–555, 566, 568, 572, 587, 593,
613 f., 619, 625, 632 f., 635 ff., 667 f.,
677–683, 695 f., 698–703, 725 f., 741 f.,
763–773, 775, 784, 799, 821 f., 830,
836 f., 839, 849–854, 867 f., 880, 906,
917–924, 939–944, 976 f., 980 ff., 995,

1000, 1007–1014, 1020, 1027, 1029,
1032, 1052 f., 1108 f., 1111 ff., 1120,
1155, 1161, 1169, 1171 f., 1174 f.
Hintertreppe (Film) 283
Joachimson, Felix 912
Jobst, Siegfried 1150
John Gabriel Borkmann s. Ibsen, Henrik
Johst, Hanns 35, 47, 86 f., 233, 683, 1172
(Der) Ausländer 86
(Der) Einsame, ein Menschenuntergang
86–91, 233, 236, 486, 683, 1155
*(Der) junge Mensch, ein ekstatisches
Szenarium* 87, 233
(Der) König 87, 233–237
Schlageter 27, 1154–1160
Stroh 86, 233
(Die) Stunde der Sterbenden 86
Thomas Paine 1155
Wissen und Gewissen 1155
Jonson, Ben 1035
Josephine Beauharnais, Gemahlin
Napoleons 778 f.
Josephine s. Bahr, Hermann
Joyce, James
Ulysses 983, 985
Juarez und Maximilian s. Werfel, Franz
Jud Süß s. Kornfeld, Paul
Judas s. Mühsam, Erich
Judith s. Hebbel, Friedrich
(Die) Jüdin von Toledo s. Grillparzer,
Franz
(Die) jüdische Witwe s. Kaiser, Georg
Jugend s. Halbe, Max
Julius Caesar s. Shakespeare, William
Jung, Franz
Heimweh 839
(Die) Kanaker 201
*Wie lange noch, du Hure bürgerliche
Gerechtigkeit* 201
Jung, Walter 1066 f.
Jungbauer, Hans 1016
*(Der) junge Mensch, ein ekstatisches
Szenarium* s. Johst, Hanns
(Die) junge Welt s. Wedekind, Frank
(Die) Jungen von Mons s. Wolf, Friedrich
(Die) Jungfrau von Orleans s. Schiller,
Friedrich von
Junker, Curt 666
Junkermann, Hans 514 f.
Juschkewitsch, Semon
Sonkin und der Haupttreffer 481
Juwelenraub am Kurfürstendamm
s. Fodor, Ladislaus – Geyer, Siegfried

1221

(Einen) Jux will er sich machen
s. Nestroy, Johann

Kabale und Liebe s. Schiller, Friedrich
Kabuki 1007
Kadelburg, Gustav – Blumenthal, Oscar
Im weißen Rößl 804
(Das) Käthchen von Heilbronn s. Kleist, Heinrich von
Kahane, Arthur 237
Kahn, Harry 1174
Kainz, Josef 259, 313 f., 617, 1130, 1134, 1137, 1151, 1177
Kaiser, Georg 12 f., 15, 18 ff., 27, 35, 41, 47, 53 f., 57 f., 79, 94, 124 f., 183 f., 203, 285, 387, 403, 406 ff., 449, 495, 527, 574, 584, 608 f., 611, 673, 730, 790, 867, 889, 986, 1161 f., 1171
(Der) Brand im Opernhaus 124
(Die) Bürger von Calais 12, 53–57, 79, 83, 276, 867, 944
(Das) Drama Platons 184
Europa 53, 216
(Der) Fall des Schülers Veghesack 53
(Die) Flucht nach Venedig 515, 705
Gas, I. Teil 12, 14, 31, 79, 124–131, 183 f., 515, 526, 703, 867 f., 918
Gas, II. Teil 125, 183
(Der) gerettete Alkibiades 184, 705
Gilles und Jeanne 505, 703
Hölle Weg Erde 183–189, 481
(Die) jüdische Witwe 53, 481, 703
König Hahnrei 53, 1087, 1093
Kolportage 512–516, 670, 703, 709
(Die) Koralle 15, 79–86, 124 ff., 183 f., 526, 703, 705 f., 957, 986
(Die) Lederköpfe 36, 907
Mississippi 703
(Der) mutige Seefahrer 868, 881
Nebeneinander 183, 480–485, 496 f., 512, 514 f., 861, 1034
Oktobertag 867–873
(Die) Papiermühle 868
(Der) Präsident 868
(Der) Protagonist 707
Rektor Kleist 53
Sorina (Der Kindsmord) 79
Von Morgens bis Mitternachts 53, 57–63, 79, 124, 129, 481, 615, 705, 709
(Der) Zentaur 53, 79
Zwei Krawatten 1114
Zweimal Oliver 703–710, 732, 868, 965

Kaiser, Grete 149
Kaiser, Wilhelm 138, 140
Kaiser (Kultusminister) 487
Kaiser Jones s. O'Neill, Eugene
Kaiser Maxens Brautfahrt s. Hauptmann, Gerhart
(Der) Kaiser von Amerika s. Shaw, George Bernard
(Des) Kaisers Kuli s. Plivier, Theodor
Kakadu Kakada s. Zuckmayer, Carl
Kalidasa
Sakuntala 748
Kalkutta 4. Mai s. Feuchtwanger, Lion
Kallenberg, Siegfried 1092
Kalnberg, Friedrich 1079
Kalser, Erwin 20, 59 f., 62, 87, 89, 98, 141, 237, 269, 456 f., 459, 694, 784, 786, 814, 816, 820, 961, 968
(Die) Kameliendame s. Dumas, Alexandre
Kamenew (eigtl. Rosenfeld), Leo 816 f.
Kampf um Kitsch s. Stemmle, Robert A.
(Die) Kanaker s. Jung, Franz
(Der) Kandidat s. Sternheim, Carl
Kanehl, Oskar 360, 364, 639 f., 642, 644
Kanitz, Gertrud 597
Kant, Immanuel 570
Kapitän Brassbounds Bekehrung s. Shaw, George Bernard
Kapp, Wolfgang 203, 210, 320
Karchow, Ernst 420, 422, 438, 441, 895 f., 1003 f.
Karl V., Kaiser 218
Karl Hetmann, der Zwergriese (Hidalla) s. Wedekind, Frank
Karl und Anna s. Frank, Leonhard
Karlweis, Oscar 334
Karma, Josef 743, 746 f.
Karsch, Walter 1170
Karsten (Schauspielerin) 94
Kaspar Hauser s. Verlaine, Paul
Kat (Deutsche Bühnenbearbeitung des Romans »In einem anderen Land« von Ernest Hemingway) s. Zuckmayer, Carl
Katalaunische Schlacht s. Bronnen, Arnolt
Katharina Knie s. Zuckmayer, Carl
Katsch, Kurt 274, 276
Katte s. Burte, Hermann
Kauder, Gustav 581
Kaufmann, Oscar 283, 516, 521
(Der) Kaufmann von Berlin s. Mehring, Walter
(Der) Kaufmann von Venedig s. Shakespeare, William

Kayßler, Christian Friedrich 552, 664
Kayßler, Friedrich 155, 165, 167, 190, 297, 321, 345, 365 ff., 369, 425, 486, 508, 534, 540, 657, 664, 756, 758 f., 761, 953 ff., 1000, 1006, 1120, 1140
Kean s. Dumas, Alexandre
Kean (Bearbeitung) s. Edschmid, Kasimir
Keaton, Buster 1071
Kehm (Intendant) 20, 290
Keienburg 1159 f.
Keim, Josef 575, 577, 604
Keller, Gert 137
Kellog, Frank Billings 894, 897
Kemp, Paul 1078, 1082, 1086
Kenter, Heinz Dietrich 776, 945, 951, 999–1001, 1003 f.
Kepich, Werner 68, 149, 906, 1066, 1068
Keppler, Ernst 809
Kerb, Martin 350, 353, 657, 659
Kerenski, Alexander 816 f.
Kerr, Alfred 15, 18, 31–35, 38–45, 50 ff., 54, 69–72, 84 ff., 112, 129 ff., 134, 139 f., 143 ff., 157, 162 ff., 193 f., 199 f., 212 f., 216 ff., 255–260, 275 f., 279 f., 302 ff., 310 f., 323 f., 327 ff., 335 f., 354, 356 ff., 400 f., 406–409, 411 ff., 418, 420–423, 432 f., 441, 444 f., 478 f., 486, 490–495, 499, 502, 512, 540, 556–559, 564, 566 ff., 572, 578 ff., 582 ff., 592 ff., 598 f., 605 f., 609 ff., 628–632, 639, 644 f., 669 ff., 686, 699 ff., 713 ff., 723 ff., 728, 731 ff., 744–748, 753 ff., 760–764, 784, 792, 802 ff., 808 ff., 812, 819 ff., 824 ff., 835 f., 849, 852 ff., 861, 884 f., 889, 891 ff., 898, 911 f., 925, 927–930, 934–937, 940, 942 ff., 950 ff., 962, 973 f., 977 ff., 984, 997–1000, 1003 ff., 1015, 1027, 1032, 1050 ff., 1061–1066, 1069, 1074–1077, 1084 ff., 1092, 1096–1099, 1101, 1104 ff., 1112 ff., 1120, 1122–1128, 1135 ff., 1139, 1141, 1147–1151, 1155, 1163 f., 1166–1171, 1175
(Die) Diktatur des Hausknechts 1171
(Das) Mimenreich 213
New York und London 579
Was wird aus Deutschlands Theater? 35, 1171
(Die) Welt im Drama 1137, 1148, 1170
(Die) Welt im Licht 1170
Spanische Rede vom Deutschen Theater 940, 1008
Kersten, Anna 645, 659, 661

Keyserling, Eduard von 495, 748, 752, 1166
Kienzl, Florian 1171
Kienzl, Hermann 326, 383 ff., 1171
Die Bühne, ein Echo der Zeit (1905–1907) 1171
Kienzl, Wilhelm 1171
Kiesau, Georg 708
Kiktahan oder Die Hinterwäldler (Pankraz erwacht) s. Zuckmayer, Carl
Kilian oder Die gelbe Rose s. Kornfeld, Paul
Kinder- und Hausmärchen s. Grimm, Gebrüder
(Der) Kindsmord (Sorina) s. Kaiser, Georg
(Die) Kindsmörderin s. Wagner, Heinrich Leopold
Kinz, Franziska 338, 443, 525 f., 528, 566, 570 f., 595, 597, 599, 1006
Kipling, Rudyard 884
Kipphardt, Heinar 36
Klaar, Alfred 38, 58, 456 ff., 535 ff., 590 ff., 679 ff., 775, 839, 1166 f., 1171 f.
Klabund (eigtl. Alfred Henschke) 602, 892, 1172
(Der) Kreidekreis 601–608, 718, 720, 730, 1062, 1067
(Die) Nachtwandler 602
Klein, César 17, 183, 187 ff., 370–373, 417, 548, 551 f., 555, 661, 709, 810 f., 825, 828 f., 983
Klein, C. – Glass, M.
Pottasch und Perlmutter 209, 671
Klein, Fritz 1164
Klein, Josef 151, 174, 177
Klein, Robert 662, 677, 889, 917, 952, 954, 984
Klein, Timm 1163
Klein-Rogge, Rudolf 514 f.
Klein-Rohden, Rudolf 143 f.
(Die) Kleinbürger s. Gorki, Maxim
(Das) kleine Mahagonny s. Brecht, Bertolt – Weill, Kurt
Kleinoschegg, Willi 362, 708, 836
Kleist, Heinrich von 74, 90, 111, 158, 244, 284, 426–431, 538, 750, 782, 821, 1024, 1159, 1168, 1175
Amphitryon 763, 849
(Die) Hermannsschlacht 821 ff.
(Das) Käthchen von Heilbronn 426–431, 448, 454, 870, 926
Penthesilea 244, 849, 1090

(Der) Prinz von Homburg 118, 558, 561, 613–618, 666, 753, 864, 915
Robert Guiskard 849, 915
(Der) zerbrochene Krug 72, 836, 915
Klemperer, Otto 1071
Klinger, Max 69
Klinkhammer, Thessa 94
Klitsch, Edgar 300, 367, 428 f., 590 f.
Klöpfer, Eugen 17, 49, 55 f., 58, 82 f., 134, 188 f., 302, 304, 306, 313 f., 345 f., 348, 376, 474, 476 f., 479, 492, 498, 500, 502, 578, 584 f., 601 f., 606–609, 641, 643, 683, 799–803, 918, 995, 997, 999, 1020
Klokow, Til 641, 645
Klopfer, Ludwig 962
(Das) Kloster von Sendomir s. Grillparzer, Franz
Kluge, Kurt
  Ewiges Volk 1157
Klupp, Robert 734
(Des) Knaben Wunderhorn s. Arnim, Achim von – Brentano, Clemens
Knackfuß, Hermann 782
Kner, Hermann 68, 82, 127, 186
Knina, Gustav 84
Knudsen, Hans 763
Koberling, Erich 906
Koch, Georg August 365 ff., 369
Koch, Karl 948, 950
Koch-Bauer, Johanna 544, 610, 612
Köbis (aufständischer Matrose) 1046
Köchling, Herbert 1049
Köckert, Alexander 590
König, Hans 122
König, Sophie 149
(Der) König s. Johst, Hanns
König David s. Sorge, Reinhard Johannes
(Der) König der dunklen Kammer s. Tagore, Rabindranath
König Hahnrei s. Kaiser, Georg
König Johann s. Shakespeare, William
König Lear s. Shakespeare, William
König Nicolo s. Wedekind, Frank
König Ödipus (Ödipus auf Kolonos – Ödipus der Herrscher) s. Sophokles
König Ottokars Glück und Ende s. Grillparzer, Franz
Königin Christine s. Strindberg, August
Königin Tamara s. Hamsun, Knut
Köppen, Franz 587, 625, 969–972, 1172
Köppke, Margarethe 868, 870
Körber, Hilde 735, 739, 741, 926 f., 929, 931, 1066, 1087

Körner, Hermine 37, 133, 365, 413, 601, 742, 917
Körner, Lothar 487, 492
Köster, Albert 1173
Köstlin, Reinhold 664, 828
Kokoschka, Oskar 19, 47, 63 f., 69, 484
(Der) brennende Dornbusch 63–72
Hiob 63–72, 620
Mörder, Hoffnung der Frauen 63–72, 301
Orpheus und Eurydike 63
Kolig, Anton 717
Kollmann, Cläre 367
Kolonne Hund s. Wolf, Friedrich
Kollwitz, Eddi 1003
Kolportage s. Kaiser, Georg
Komödie der Irrungen s. Shakespeare, William
Komödie der Verführung s. Schnitzler, Arthur
Komödie vom Untergang der Welt s. Bruckner, Ferdinand
Konfutse 1067
Koninski, Max 994
Konjunktur s. Lania, Leo
Konnersreuth, Therese von 969, 1020
Kopp, Mila 665, 1052
Koppenhöfer, Maria 20, 449 ff., 460, 507, 509, 511, 606 f., 723, 727, 766, 770 f., 849 f., 852, 854, 1029, 1031, 1091, 1110 ff., 1129, 1137, 1143, 1150, 1153 f
(Die) Koralle s. Kaiser, Georg
Kornfeld, Paul 12, 19 f., 32, 47, 63, 91, 98, 106, 227, 244, 275 f., 407, 748 f., 888
(Der) beseelte und der psychologische Mensch 16, 91, 227
(Der) ewige Traum 349, 748
Himmel und Hölle 179, 227–232, 276
Jud Süß 34, 1108
Kilian oder Die gelbe Rose 748–755
Palme oder Der Gekränkte 493, 748
(Die) Verführung 91–97, 185, 227 f., 267
Kortner, Fritz 17, 20 f., 23 f., 26 f., 33, 40, 47, 79, 87, 105, 124, 133, 156, 159, 162, 164, 179, 190, 192 f., 196, 198, 211, 213 ff., 255, 257, 259, 263 f., 294 f., 297 f., 308 f., 311, 313, 338 ff., 342, 353 f., 356, 358, 369 f., 398 f., 410 f., 413–417, 425 f., 480, 498 f., 501, 528, 564, 566–569, 571 f., 618–624, 657, 661, 666, 677–683, 686, 696–702, 742–747, 764, 766, 769, 771 ff., 821,

824, 826, 828, 830, 836, 918, 920, 922–925, 951, 976–980, 982 f., 995, 1000, 1076 f., 1110, 1139, 1167 f.
Aller Tage Abend 257, 824
Kosel, Walter 128
Kottenkamp, Walter 708, 836, 865
Kotzebue, August von 269, 440, 644, 670, 672
  Schneider Fips 644
Kowa, Victor de 893, 895 f.
Kowarzik, Victor 737
Kräfte s. Stramm, August
Kränze dem Mimen s. Bab, Julius
Krahn, Maria 958, 960
Krankheit der Jugend s. Bruckner, Ferdinand
Kraus, Karl 154, 741, 945 f., 1001 1171, 1175
  (Die) letzten Tage der Menschheit 31, 255, 842, 945 ff.
  Mein Vorurteil gegen Piscator 721
  (Die) Unüberwindlichen 945–951, 995
Krause, Charlotte 89
Krauß, Werner 17 f., 21, 25, 76, 78 f., 84, 112, 116, 174, 176, 178–181, 183, 192, 204–207, 209, 212, 223, 225 f., 229, 231 f., 237, 239–243, 288 f., 302, 313–316, 318 ff., 338, 345 f., 348, 366 f., 370, 376, 381, 425, 432, 448, 498 ff., 505, 547, 550, 552–555, 585, 590 f., 593, 615 f., 618, 662, 666, 677 f., 682 f., 695 f., 700, 708, 741 ff., 747, 756, 760, 762, 767, 776, 780 f., 783, 824, 826, 829, 839, 853, 864, 880, 889, 892, 939, 952, 969, 971 ff., 976, 996, 1020, 1032, 1035, 1038 f., 1077, 1079, 1082 ff., 1086, 1091 f., 1109–1116, 1120, 1122, 1125 ff., 1130–1134, 1136, 1141, 1143, 1147, 1150, 1152, 1154, 1172
Kraußneck, Arthur 192 f., 196, 198, 262, 274, 313, 343, 372 f., 416, 428 f., 431, 539, 550, 590 f., 615, 617 f., 699, 701, 703, 766, 770 f., 850, 920, 923, 1029, 1031, 1131, 1133, 1136
(Die) Kreatur s. Bruckner, Ferdinand
Krebs, Martin 578
Krehan, Hermann 514, 520, 522, 645
(Der) Kreidekreis s. Klabund
(Der) Kreidekreis s. Li-Hing-Tao
(Der) Kreis s. Maugham, Somerset
Krell, Max 284
Kreuzabnahme s. Welk, Ehm

(Die) Kreuzelschreiber s. Ganghofer, Ludwig
Kreuzweg s. Zuckmayer, Carl
Krieg s. Renn, Ludwig
Kriwat, Adalbert 820
(Die) Krönung Richards III. s. Jahnn, Hans Henny
Kroepelin, Hermann 825
Kron, Joseph 1049
Kronacher, Alwin 20, 350, 486, 490, 792, 917, 991
Kronburger, Otto 508
Krüger, Charlotte 449 ff.
Krüger, Helmuth 231
(Der) Krüppel s. Wittfogel, Karl
Krylenko, Nikolai Wassiljewitsch 817
Kubin, Alfred 346, 632, 1089
Kühl, Kate 799, 882 f., 885 f.
Kühne, Friedrich 71, 174, 316, 318, 320, 336, 559, 561, 563, 971, 1038
Kündinger, Else 1089
Kuhle Wampe (Drehbuch) s. Brecht, Bertolt – Ottwald, Ernst
Kulisch, Walter 287
Kummer, Friedrich 125, 776
Kunst ist Waffe s. Wolf, Friedrich
Kupfer, Hermann 110
Kupfer, Margarete 404, 410, 595
Kutscher, Artur 87 f., 1172

Lach, Alice 96
Lafayette, Marie Joseph de Motier, Marquis de 1117
Lagerlöf, Selma
  Herrn Arnes Schatz 72–77, 461
Lalsky, Gertrud de 49
Lama, Egon von 666
Lampel, Peter Martin 839, 898, 903 f., 996
  Giftgas über Berlin 31, 904, 925, 930
  Jungen in Not 904, 906
  Pennäler 31, 904, 995
  Putsch 904
  Revolte im Erziehungshaus 31 f., 903–910, 957 ff.
  Vaterland 904
  Wir sind Kameraden 904
Landau, Isidor 1164
Landauer, Gustav 53, 133, 154, 320, 1164
Landsberg, Otto 647, 650
Lang-Münz, Antonie 1089
Lange, Raoul 151, 168 f., 177, 221, 346, 365, 580, 742

Langer, Frantisek
 Peripherie 775, 873
Langgässer, Elisabeth 728
Langhoff, Wolfgang 1140
Lania, Leo (Herman, Lazar) 812, 840, 896, 991
 Gott, König, Vaterland 1040
 Konjunktur 31, 961, 991
 Lanzelot und Sanderein 432, 790
L'Arronge, Adolph 430, 584, 876, 1151, 1169
Lassalle, Ferdinand 321, 336
Laske, Oskar 518, 520
Lasker-Schüler, Else 453, 806, 925
 (Die) Wupper 133, 296, 806–811, 849
 (Der) lasterhafte Herr Tschu s. Berstl, Julius
Laube, Heinrich 334, 430
Laubinger, Otto 278, 701
Laufs, Carl – Jacoby, Wilhelm
 Pension Schöller 732
Lebede, Hans 283
(Das) Leben des Menschen s. Andrejew, Leonid
Leben Eduards des Zweiten von England s. Brecht, Bertolt
(Das) Leben ein Traum s. Calderón de la Barca
(Der) lebende Leichnam s. Tolstoj, Leo N.
Lebendiges Theater s. Hollaender, Felix
Ledebur, Leopold Freiherr von 371, 400, 428, 431, 559, 748, 1051, 1150
(Die) Lederköpfe s. Kaiser, Georg
Leffler, Hermann 428
Legal, Ernst 34, 274, 276, 294 f., 297, 311, 371, 399 f., 418, 429, 456, 459, 505, 728, 730, 733 f., 775, 1007, 1027, 1029 ff., 1052 f., 1068, 1071, 1101, 1130 f.
Legband, Paul 53, 137
Lehmann, Else 16, 18, 103, 255, 669, 852, 901
Lehrmann 887
Lehrstück vom Einverständnis, Das Badener s. Brecht, Bertolt
Leibelt, Hans 851, 853, 941, 943, 1056 ff., 1071, 1154, 1157–1160
Leiden des jungen Werthers s. Goethe, Johann Wolfgang von
(Das) leidende Weib s. Sternheim, Carl
Leiko, Maria 49, 77 f., 123 f., 694
Leithner, Melitta 362
Lenau, Nikolaus (eigtl. Nikolaus Niembsch, Edler von Strehlenau) 885

Lenihan, Winifred 558
Lenin, Wladimir Iljitsch 29, 47, 646, 650, 691 f., 729, 777, 784 ff., 788, 794, 816 ff., 860
Lennartz, Elisabeth 739 f., 910, 912 f., 915, 1015, 1018 f., 1110, 1112
Lenormand, Henri R.
 Elisabeth, Königin von England 1032 f., 1037
 (Die) Namenlosen 465
Lenya, Lotte 881 ff., 920, 924, 927, 929, 931, 1000, 1066, 1102
Lenz, Jakob Michael Reinhold 87, 92, 714
 (Die) Soldaten 666, 806
Lenz, Käthe 901
Leoncavallo, Ruggiero
 (Der) Bajazzo 912, 1024
Leonhard, Rudolf 198
 Segel am Horizont 645, 788
Leopold, Richard 590 f., 645
Leppmann, Franz 678
Lernet-Holenia, Alexander 745
Lerbs, Karl
 UB 116 35
Lessing, Gotthold Ephraim 12, 14, 38, 195, 629, 1170
 Emilia Galotti 333, 1108
 Minna von Barnhelm 534
 Miß Sarah Sampson 349, 613, 735
(Das) letze Gericht s. Becker, Julius Maria
(Der) letzte Kaiser s. Bloch, Jean Richard
(Die) letzten Tage der Menschheit s. Kraus, Karl
Lewinger, Ernst 112
Lewitt, Paul 1016
Ley, Maria 467
Leyhausen, Wilhelm 1144, 1153
Lhermann, Jo 24, 425, 470, 473, 934, 936–939
Licho, Adolf Edgar 106, 108, 677
Liebeneiner, Wolfgang 1089
Liebermann, Max 799 f., 802 f.
Liebknecht, Karl 27, 29, 320, 646–650
Liebscher, Otto 184
Liechtenstein, Rose 365
Li-Hing-Tao
 (Der) Kreidekreis 603, 605
Limburg, Olga 281
Lind, Emil 189, 486, 498, 512, 514 f., 961
Lindau, Paul 336
Lindemann, Gustav 54, 86 ff., 124, 127 f., 703, 867 f., 1130, 1140–1150, 1152
Lindner, Amanda 594, 597
Lindner, Friedrich 267, 708

Lindtberg, Leopold 821, 855, 1047, 1050 f., 1140
Lingen, Theo 24, 789, 881, 1072 ff., 1076, 1104, 1108
Linnebach, Adolf 112
Linnebach, Georg 234 f., 365
Lion, Margo 971, 973, 976
Lipmann, Heinz 400, 918–921, 923 f.
Lloyd George, David 568, 657–661, 693
Lobe, Friedrich 82, 669, 671
Lobkowitz, Bobel 530
Löbe, Paul 908
Loeffle 371
Löns, Hermann 1172
Loerke, Oskar 469 f., 1164
Lohde, Sigurd 1001, 1003
(Der) Londoner verlorene Sohn
  s. Shakespeare, William
Loos, Theodor 17, 188 f., 365, 420, 422, 502, 661, 890, 892, 985, 987, 990
Lorm, Sidonie 938 f.
Lorre, Peter 481, 880, 926 f., 929, 932, 951, 1000, 1072, 1074, 1076, 1094, 1096 f.
Lossen, Lina 129, 229, 231 f., 255, 288 f., 357, 375, 381, 697, 699, 701 f., 807, 920, 1010, 1013 f.
Lotz, Hans 710
Louis Ferdinand, Prinz von Preußen 90, 123, 284–289
Louis Ferdinand, Prinz von Preußen
  s. Unruh, Fritz von
Louise s. Charpentier, Gustave
Lubitsch, Ernst 314, 318, 355
Lud, Ned 386
Ludendorff, Erich von 48, 154, 221
Ludwig XVI. 466 f.
Ludwig XVIII. 372
Ludwig, Emil
  Napoleon 776
Ludwig, Maximilian 617
Lütjohann, Reinhold 653
Luise von Preußen, Königin 285
Luley, Karl 915 f.
Lulu (Die Büchse der Pandora – Erdgeist)
  s. Wedekind, Frank
(Die) lustigen Weiber von Windsor
  s. Shakespeare, William
Luther, Hans 677
Luther, Martin 626, 629
Lux, Joseph August 222 ff.
Luxemburg, Rosa 27, 648, 650

Macbeth s. Shakespeare, William
Machiavelli, Niccolo 860

(Die) Macht der Finsternis s. Tolstoj, Leo N.
Mack, Fritz 792
Madame Legros s. Mann, Heinrich
Märker, Friedrich 460
Maeterlinck, Maurice 65, 70, 96, 267, 301, 433, 1020, 1168
  (Der) Eindringling 272
Magazin des Glücks (Revue) 1093
Magnus Garbe s. Hauptmann, Gerhart
Mahagonny (Aufstieg und Fall der Stadt Mahagonny – Das kleine Mahagonny)
  s. Brecht, Bertolt – Weill, Kurt
Mahnke, Adolf 708, 865
Mainzer, Arthur 1078, 1082, 1086
Major Barbara s. Shaw, George Bernard
Makart, Hans 692
Manet, Edouard 1004
Mann, Erika 735
Mann, Heinrich 784, 1081
  Bibi, Jugend 1928 898
  Madame Legros 61
  Professor Unrat 1076 f.
Mann, Klaus 20, 735 f.
  Anja und Esther 735, 898
Mann, Thomas 674, 784, 917, 1163
Mann ist Mann s. Brecht, Bertolt
Mannheim, Lucie 297, 299 f., 349, 365 ff., 369, 426, 428 f., 431, 477, 479, 631, 696, 710, 807 f., 810 f., 1000, 1053
Mannstädt, Otto 294, 1150
Manz, Adolf 612
Maran, Gustav 431
Marc, Franz 277
Marcos Millionen s. O'Neill, Eugene
Marcuse, Ludwig 45, 624, 752 f., 776, 911, 914 ff., 1082 ff., 1172
  Mein zwanzigstes Jahrhundert 1172
  (Die) Welt der Tragödie 1172
Margueritte, Victor
  Dein Körper gehört dir 956
Maria Magdalene s. Hebbel, Friedrich
Maria Stuart 1046
Maria Stuart s. Schiller, Friedrich
Marivaux, Pierre Carlet Chamblain de 336, 468
Markus Sittichus, Erzbischof von Salzburg 222
Marlborough zieht in den Krieg
  s. Achard, Marcel
Marlé, Arnold 237, 858 f.
Marlow, Heinrich 953, 955

1227

Marlowe, Christopher 26
  Eduard II. 480 f., 489, 506 ff., 510,
  587–590, 592, 860, 884 f.
(Der) Marquis von Keith s. Wedekind,
  Frank
Marschalk, Max 218
Martens, Ernst 114
Martens, Kurt 482, 495, 856 f.
Martin, Josef 221
Martin, Karl-Heinz 17, 20 f., 23, 25, 35,
  119, 133, 145 f., 150 f., 156, 158 ff.,
  162, 164, 193, 198 f., 201, 203, 210,
  216, 218–221, 237, 313 f., 316–319,
  383–389, 395, 399 f., 432, 441–445,
  480 f., 523, 587, 609, 646, 703, 824,
  850, 910, 913, 917, 946, 961, 1000,
  1003, 1007, 1062, 1101, 1139, 1174
Martow, Jurij Ossipowitsch 816 f.
Marx, Karl 13, 28 f., 125
Marx, Max 665
Marx, Wilhelm 516, 677, 775
(Die) Maschinenstürmer s. Toller,
  Ernst
Maß für Maß s. Shakespeare, William
Massarek, Franz 873
Masse Mensch s. Toller, Ernst
Massary, Fritzi 996
(Die) Maßnahme s. Brecht, Bertolt
Matkowsky, Adalbert 196, 239, 312 f.,
  552, 620, 623, 700, 800, 944, 1130,
  1161
(Die) Matrosen von Cattaro s. Wolf,
  Friedrich
Matthies, Otto 906
Mattoni, André 514, 516
Maugham, Somerset
  (Der) Kreis 418, 432
  Victoria 755, 758, 874, 969
Maupassant, Guy de 594
(Die) Maus in der Falle s. Wangenheim,
  Gustav von
(Die) Mausefalle s. Wangenheim,
  Gustav von
Mauthner, Fritz 989, 1168
Maximen und Reflexionen s. Goethe,
  Johann Wolfgang von
May, Karl 318, 672, 1000
Mayer, Maria 1091
Mebius, Lola 751 f.
Medea s. Grillparzer, Franz
Medea s. Jahnn, Hans Henny
Mederow, Paul 365
Meere, Berge und Giganten s. Döblin,
  Alfred

Mehring, Walter 201, 491, 799, 928,
  1176
  (Der) Kaufmann von Berlin 29 f.,
    961–968, 994
  Mein Vorurteil gegen Piscator s. Kraus,
    Karl
Mein zwanzigstes Jahrhundert
  s. Marcuse, Ludwig
Meingast
  Pariser Kommune 1871 1063
Meingast, Erika 739, 741
Meinhard, Carl 22 f., 345, 601, 794
Meisel, Edmund 648, 723, 767, 794 f.,
  896, 966
(Der) Meister von Palmyra s. Wilbrandt,
  Adolf von
(Die) Meistersinger von Nürnberg
  s. Wagner, Richard
Meisterspiele s. Neumann, Angelo
Melchinger, Siegfried 755
Mell, Max
  (Das) Apostelspiel 716
Melzer, Margarethe 1003, 1056 ff.
Mendelssohn, Eleonore von 867, 920,
  922, 924, 977, 983, 1125, 1127, 1129,
  1144, 1150, 1153
Mendelssohn, Francesco von 1093, 1144
Mendes, Lothar 97
(Der) Mensch auf der Bühne s. Bab, Julius
(Die) Menschen s. Hasenclever, Walter
Menschen im Hotel s. Baum, Vicki
Menschheitsdämmerung s. Pinthus, Kurt
Menz, Constanze 675, 800, 805, 911,
  914 f., 956, 994, 1062, 1065–1068
Menzel, Arthur 809
Menzel, Gerhard 839, 861 f.
  Borck 861
  Fern-Ost 861
  Scharnhorst 861
  Toboggan 861–867, 951
Merbreier, Else 110
Merlin s. Immermann, Karl
Meth, Anton 389, 393
Methusalem oder der ewige Bürger
  s. Goll, Ivan
Metternich, Clemens Fürst 532
Metzl, Richard 225
Meumann, Max Alexander 857 ff., 1173
Mewes, Annie 141, 292, 739, 741
Meyer, Alfred 114, 236, 708, 836, 863, 865
Meyer-Förster, Wilhelm
  Alt-Heidelberg 25, 445, 986
Meyerbeer, Giacomo 220, 861
  (Die) Hugenotten 557

Meyerhold, Wsewolod 133, 541, 695,
   817 f., 943, 991, 1007, 1062
Meyerinck, Hubert von 140 f., 971, 976
Michael Kohlhaas s. Bronnen, Arnolt
Michael Kramer s. Hauptmann, Gerhart
Michaelis, Edith 127
Michel, Artur 264 f., 387 ff.
Michel, Wilhelm 728
Michelangelo Buonarroti 245, 290, 1133
Michels, Herbert 287
Mignon s. Thomas, Ambroise
Mildenburg, Anna s. Bahr-Mildenburg,
   Anna
(Das) Mimenreich s. Kerr, Alfred
Minetti, Bernhard 1029, 1031, 1050 f.,
   1109, 1111, 1113, 1131, 1134–1137,
   1141, 1144, 1153
Minna von Barnhelm s. Lessing, Gotthold
   Ephraim
Minnich, Hanns
   Schlafstelle 32, 995
Mirabeau, Honoré Gabriel de Riqueti,
   Graf 136
Mirakel s. Vollmoeller, Karl
(Der) Misanthrop s. Molière
Miß Sarah Sampson s. Lessing, Gotthold
   Ephraim
Mississippi s. Kaiser, Georg
Mitschke(-Collando), Konstantin von
   948
Mitterwurzer, Friedrich 259, 264
Mittler, Leo 523
Moebis, Hans Joachim 953, 955, 986
Möller, Eberhard Wolfgang
   Douaumont 951 f.
Mörder, Hoffnung der Frauen
   s. Kokoschka, Oskar
Moholy-Nagy, Ladislaw 964, 968
Mohr, Magda (früher: Magda Madeleine)
   280, 282
Mohr, Max 569
Moissi, Alexander 18, 153, 155, 174, 176,
   178, 204, 212, 218–223, 225 f.,
   239–243, 264, 318, 356, 392, 394,
   405, 418, 432, 465, 704, 709 f., 834,
   995, 1015, 1025, 1164
   (Der) Gefangene 1114, 1116
Molière (eigtl. Jean-Baptiste Poquelin)
   142, 483, 605 f.
   Arzt wider Willen 426
   Don Juan oder Der steinerne Gast
   1148, 1151
   (Der) eingebildete Kranke 465–469
   (Der) Geizige 748

Georges Dandin 426, 468
(Der) Misanthrop 468
(Les) Précieuses ridicules 753
Tartuffe 438, 723, 765
Molnar, Franz 255
Moltzer, Elsa 1089
Momber, August 624
Montezuma 216 f., 219
Mord s. Hasenclever, Walter
Mordo, Renato 925
Morgan, John Pierpont 965
Morgan, Paul 640
Morgenstern, Christian 493
Morus-Lewinsohn, Richard 961
Moser, Hans 717, 719, 789, 874 f., 878 f.,
   1072, 1093 f., 1096, 1099
Moser, Josef 336
Mosheim, Grethe 874 f., 878 f., 890, 892,
   912, 995, 997, 999, 1020, 1023, 1025,
   1027, 1041
Motor s. Fischer, Hans W.
Mozart, Wolfgang Amadeus 221, 501,
   517 ff., 522
   Cosí fan tutte 1061
   Don Juan 222
   Figaros Hochzeit 614, 1061, 1131
Mühr, Alfred 43, 821 f., 824, 1172 f.
   Rund um den Gendarmenmarkt
   1173
Mühsam, Erich 133
   Judas 961
   Sacco und Vanzetti 31, 1000
Müller, Adolf 114, 362
Müller, Georg Wilhelm
   1914 1040
Müller, Gerda 17, 21, 24, 63, 68, 94, 121,
   149 f., 227, 248, 252, 271 f., 284, 349,
   354, 377, 395, 399 f., 411 f., 414,
   416 ff., 425, 428 f., 431, 476 f., 479,
   522, 566 f., 569, 571, 587, 610, 637 ff.,
   641, 643, 677, 686, 688 f., 743, 745 ff.,
   807, 1000
Müller, Hans Carl 938 f., 1015 f.
Müller, Paul 999
Müller, Poldi 280 f.
Müller, Rolf 414, 592
Müller, Traugott 18, 697, 701 f., 722,
   724, 726, 786, 788, 794, 797 f., 814,
   819, 1050
Müller-Eininger, Hans 255
   (Die) Flamme 255
Müller-Rastatt, Carl 1174
Müller-Schlösser, Hans
   Schneider Wibbels Auferstehung 904

(Der) Müller und sein Kind s. Raupach, Ernst
Münch, Josef 728
Müthel, Lothar 48, 124 f., 211–215, 260, 263, 274, 276, 278, 294, 354 f., 357, 360, 372 f., 414, 416, 559, 561, 568, 570 ff., 587, 720, 775, 808 f., 811, 825, 829 f., 849 f., 852 f., 920, 923 f., 941, 943, 945, 977–980, 982, 1013, 1091 f., 1130–1133, 1135, 1137, 1141, 1143 f., 1149 f., 1153, 1157–1160
Mütter s. Hirschfeld, Paul
Munch, Edvard 69, 347, 479
Muschg, Walter 710
Musset, Alfred de 468
Musil, Robert 26, 32, 493, 934
 Drei Frauen 936
 (Das) neue Drama und das neue Theater 1008
 (Die) Schwärmer 493, 934–939
 Tagebücher 493, 934
 Vereinigungen 936
 (Die) Verwirrungen des Zöglings Törleß 493, 495, 936
 Vinzenz oder Die Freundin bedeutender Männer 493–498, 512, 934
Mussolini, Benito 777, 974, 1114
 (Der) Geist des Faschismus 1114
Mussolini, Benito – Forzano, Giovacchino
 Hundert Tage 34, 1114–1120
(Der) Mustergatte s. Hopwood, Avery
(Der) mutige Seefahrer s. Kaiser, Georg
(Die) Mutter s. Gorki, Maxim – Brecht, Bertolt
(Die) Mutter (Film) 1102 f.
(Die) Mutter (Roman) s. Gorki, Maxim
(Die) Mutter s. Weisenborn, Günter

Nach Damaskus s. Strindberg, August
Nachtasyl s. Gorki, Maxim
(Die) Nachtwandler s. Klabund
Nadler, Max 450, 823
Nahar s. Weiß, Ernst
(Die) Namenlosen s. Lenormand, Henri R.
Napoleon Bonaparte 285 f., 288, 372 f., 663, 705, 778–781, 972, 1114
Napoleon oder Die hundert Tage s. Grabbe, Christian Dietrich
Napoleon greift ein s. Hasenclever, Walter
Nares, Sascha 737
Nares, Sybil 825, 829 f.
Naso, Eckart von 546, 721, 1052, 1087, 1155
 Ich liebe das Leben 272, 353, 370

Natonek, Hans 351 f.
Nebeneinander s. Kaiser, Georg
Neft, Heinrich 840, 917, 1139
Neher, Carola 880, 885, 890, 892, 1066, 1094 ff., 1098
Neher, Caspar 18, 427, 429 f., 446, 448, 450 f., 508 f., 564, 566, 569, 574, 577 f. 601, 605, 618–621, 623, 686 f., 689, 730 f., 734, 743, 745, 764, 767 f., 770, 772, 879 f., 883–887, 926, 929, 941, 943, 996, 999, 1010, 1012, 1071 f.
(Der) Nein-Sager s. Brecht, Bertolt
Nemetz, Max 730, 734
Nemirowitsch-Dantschenko, Wladimir Iwanowitsch
 Carmencita 724
Neppach, Robert 127, 158 ff., 164, 850
Nérac, Elly 402
Nerking, Hans 605, 675, 805
Nestripke, Siegfried 203, 460
Nestroy, Johann 882, 900
 (Einen) Jux will er sich machen 418
 Zu ebener Erde und im ersten Stock 724, 900
Neubauer, Friedrich 320, 323
(Das) neue Drama und das neue Theater s. Musil, Robert
(Der) neue Tag s. Servaes, Franz
Neugebauer, Alfred 438
Neumann, Alfred 738
 Haus Danieli 1024
 (Der) Patriot 824
Neumann, Angelo
 Meisterspiele 1098
Neumann, Elisabeth 645, 846, 1096
Neumeyer
 (Die) Herde sucht 1087, 1090
1913 s. Sternheim, Carl
1914 s. Müller, Georg Wilhelm
Neustädter, Ellen 96
New York und London s. Kerr, Alfred
Newes, Martha Maria 937 ff.
Newton, Sir Isaac 937
Nhil, Robert 653, 859, 861
(Die) Nibelungen s. Hebbel, Friedrich
(Die) Nibelungen (Film) 534
Nickel und die 36 Gerechten s. Rehfisch, Hans José
Nicklisch, Franz 1035, 1038, 1040, 1078
Niebergall, Ernst Elias
 Datterich 667, 672
 Des Burschen Heimkehr oder der tolle Hund 672
Niese, Hansi 876, 878

Nietzsche, Friedrich Wilhelm 179, 258, 752, 923, 1177
Nijinsky, Waslaw 262
Nikolaus II., Zar 47, 813, 815
Nikolaus, Paul 951
Nilson, Einar 226, 392
Nirwana, eine Kritik des Lebens in Dramenform s. Hasenclever, Walter
Nora s. Ibsen, Henrik
Noske, Gustav 647, 650
Novalis (Friedrich von Hardenberg) 70, 136, 1166, 1175
Nürnberg, Rolf 1031, 1091 f.
Nürnberger, Siegfried 873
(Das) nürnbergisch Ei s. Harlan, Walter
Nunberg, Sigmund 620, 624

Obermeyer, Helene 605
O'Casey, Sean 25
Odemar, Fritz 17, 107 f., 110, 227, 574 f., 577, 605, 675, 752, 805, 914
Odyssee s. Homer
Ödipus (Ödipus auf Kolonos – Ödipus der Herrscher) s. Sophokles
Oedipus rex s. Strawinsky, Igor
Oertel, Curt 794, 798, 896
Offenbach, Jacques 559, 1144
   Hoffmanns Erzählungen 23, 594
   Orpheus in der Unterwelt 283, 343
   Pariser Leben 991
   (Die) schöne Helena 23
Offiziere s. Unruh, Fritz von
Ogarow s. Wellenkamp, Bruno
Ohe, Ruth von der 88
Oktobertag s. Kaiser, Georg
Olivieri, Egisto 598
Olympia s. Weiß, Ernst
O'Neill, Eugene 25, 41, 505, 578, 997
   Alle Kinder Gottes haben Flügel 983
   Anna Christie 578 ff., 584, 586
   Gier unter Ulmen 578, 585 ff., 724
   (Der) große Gott Brown 983, 988
   (Der) haarige Affe 578 ff., 582 ff., 986
   Im Nebel vor Cardiff 578
   Kaiser Jones 511, 578, 580 f., 584, 586
   Marcos Millionen 983
   Seltsames Zwischenspiel 578, 983–990, 995
   S. S. Glencairn 578
   Unterm karibischen Mond 578, 584 ff., 645
   (Die) weite Heimreise 578
(Die) Oper s. Bie, Oscar
Ophüls, Max 1040

Orestie s. Aischylos
Orestie (Bearbeitung des Schauspiels von Aischylos) s. Vollmoeller, Karl
Orléans, Louise Herzogin von 777 f.
Orpheus s. Cocteau, Jean
Orpheus in der Unterwelt s. Offenbach, Jacques
Orpheus und Eurydike s. Kokoschka, Oskar
Orska, Daisy (später: Maria) 419, 496, 745 ff., 781, 1029
Orth, Gerhard 1050 f.
O. S. s. Bronnen, Arnolt
Osborn, Max 40, 386, 503, 541 f., 637 ff., 784, 1173
   (Der) bunte Spiegel 1173
Ossietzky, Carl von 1165
Ostpolzug s. Bronnen, Arnolt
Ostrowsky, Nikolai Alexejewitsch
   (Der) Wald 1007
Othello s. Shakespeare, William
Othello (Film) s. Buchowetzki
Otto, Hans 859 f., 1050, 1110 f., 1113, 1143, 1152
Otto, Paul 559, 563, 666, 782, 953, 955, 1117, 1127, 1129
Otto, Teo 1029, 1144, 1146, 1150, 1153
Ottwald, Ernst – Brecht, Bertolt
   Kuhle Wampe (Drehbuch) 1101

Pagnol, Marcel
   Fanny 1093
   (Das) große ABC 1019
   Zum goldenen Anker 1093
Pailleron, Edouard 307, 337, 531
Paléologue, Maurice
   Erinnerungen 812
Pallenberg, Max 57, 62 f., 343, 381, 433, 436–441, 466–469, 595, 597 f., 717, 719 f., 789, 841, 843, 845 f., 848, 875, 1023, 1116
Palme oder Der Gekränkte s. Kornfeld, Paul
Pankraz erwacht (Kiktahan oder Die Hinterwäldler) s. Zuckmayer, Carl
Panzerkreuz Potemkin (Film) s. Eisenstein, Sergej M.
Papen, Franz von 1101
(Die) Papiermühle s. Kaiser, Georg
Paquet, Alfons 540, 690
   Fahnen 505, 540–546, 585, 611, 633, 645 f., 690 f., 784
   Sturmflut 690–695, 723, 784 f., 837, 1028

§ 218 s. Credé, Carl
Paris Lodron, Erzbischof von Salzburg 222
Pariser Kommune 1871 s. Meingast
Pariser Leben s. Offenbach, Jacques
Parsifal s. Wagner, Richard
Paryla, Karl 1041
Pasetti, Leo 59, 61, 856
Pastor Ephraim Magnus s. Jahnn, Hans Henny
Pategg, Rosa 809, 1091
Pathé, Charles 944
(Der) Patriot s. Neumann, Alfred
Patry, Albert 190, 192, 313, 556, 723, 727, 830, 1031, 1110, 1113
Paudler, Maria 477, 479, 635, 637, 639, 641, 643
Paulsen, Harald 876, 881 ff., 885 f., 1023, 1025, 1027, 1102
Paumgartner, Bernhard 224, 226, 518, 718
Pechstein, Max 766, 1173
Peer Gynt s. Ibsen, Henrik
Pennäler s. Lampel, Peter Martin
Pension Schöller s. Laufs, Carl – Jacoby, Wilhelm
Penthesilea s. Kleist, Heinrich von
Peppler, Hans 951, 1001, 1003 f., 1042, 1047
(Das) Perchtenspiel s. Billinger, Richard
Perikles 940
Peripherie s. Langer, Frantisek
Perleberg s. Sternheim, Carl
(Die) Pest s. Hasenclever, Walter
Peter Brauer s. Hauptmann, Gerhart
Peter Schlemihls wundersame Geschichte s. Chamisso, Adalbert von
Peterson 817
Petrarca, Francesco
Vom Schmerz und von der Vernunft 1037
(Die) Petroleuminseln s. Feuchtwanger, Lion
(Des) Pfarrers Tochter von Taubenheim s. Bürger, Gottfried August
Pfeiffer, Elsa 665
Pfeiffer, Herbert 1132 ff., 1153 f., 1173
Pfempfert, Franz 639
Pflanzl (österreichischer Volksschauspieler) 389
Phaea s. Unruh, Fritz von
Phädra s. Racine, Jean
Picasso, Lambert 598 f.
Pick, Lupu 52 f., 90, 143 f., 1018 f.

Picquard, Oberst 1005
Pilartz, Th. C. 287 f., 408
Pils, Ernst 664
Pinthus, Kurt 38 f., 45, 106, 124, 480, 635 ff., 784, 898 ff., 912 ff., 930 ff., 958 f., 1121 f., 1173, 1176
Menschheitdämmerung 1173
Pioniere in Ingolstadt s. Fleißer, Marieluise
Piper, Carl Anton 45, 290 ff., 859 ff., 1173 f.
Pirandello, Luigi 16, 25, 41, 505, 703 f., 708, 732 ff., 753, 871, 943, 988, 1015, 1020
Heinrich IV. 593, 704, 1015
Heute abend wird aus dem Stegreif gespielt 1015–1019
Sechs Personen suchen einen Autor 283, 593–599, 730, 732, 1015–1018
So ist es – ist es so? 593, 1018
Pirchan, Emil 17, 192, 197, 211, 341, 417, 539, 635, 638, 939
Piscator, Erwin 14, 18, 28–34, 36, 42 f., 133, 152, 200 f., 203, 283, 349, 425, 505, 540, 542 ff., 546, 578, 585, 601 f., 608 ff., 612, 618, 633, 645 ff., 649, 677, 690–695, 721–727, 763, 775, 784–789, 791–799, 812–816, 818 f., 839 ff., 843 f., 846 f., 852, 862, 883, 886, 892 ff., 896 ff., 904, 906, 932, 939, 951, 956, 961–968, 991, 1007, 1028, 1034, 1039 ff., 1043, 1045, 1047, 1051, 1061–1068, 1070 f., 1076, 1162, 1169 f., 1172, 1175
(Das) politische Theater 152, 721
Roter Rummel 646
Piscator, Erwin – Gasbarra
Trotz alledem 29, 609, 645–650, 692
Piscator, Erwin – Tolstoi, Alexej N. – Schtschegolew, P. E.
Rasputin 29, 812–821, 824
Platen, August von 714
Platon 963, 1021 f., 1066
Platz s. Unruh, Fritz von
Plautus 422
Pledath, Werner 737, 906, 958
Plessow, Ellen 514, 516
Plivier, Theodor 1042, 1044
(Des) Kaisers Kulis 1040 f., 1045, 1047
Plutarch 619, 621
Poelzig, Hans 170 ff., 174, 234 f., 920 ff., 924

Pohl, Max 313, 343, 372, 591, 983, 1143, 1150, 1153
Polgar, Alfred 41, 53, 56 f., 79, 89, 91, 95 ff., 267, 393, 418, 436, 784, 847 f., 1093 ff., 1106 f., 1169, 1174
Ja und Nein 1174
(Das) politische Theater s. Piscator, Erwin
Pollak, Fritz 751
Pollatschek
   (Das) Bühnenwerk Friedrich Wolfs 1062
Pommer, Erich 613, 1077
Ponto, Erich 24, 233 f., 834, 836, 862–865, 867, 881 ff., 885 f.
Poppe, Rosa 700
Poppenberg, Felix 803
Posse, Alexis 948, 950
(Das) Postamt s. Tagore, Rabindranath
Pottasch und Perlmutter s. Glass, M. – Klein, C.
Pottier, Waldemar 941, 943
(Der) Präsident s. Kaiser, Georg
Prasch-Grevenberg, Auguste 1038
(Les) Précieuses ridicules s. Molière
Presber, Rudolf 670
Presco und Rampo (Artisten) 875, 878
Pringsheim, Klaus 151, 444
Prinz Hagen s. Sinclair, Upton
(Der) Prinz von Homburg s. Kleist, Heinrich von
Prinz Louis Ferdinand (Louis Ferdinand, Prinz von Preußen) s. Unruh, Fritz von
Pritzel, Lotte 605
Pröckl, Ernst Johann 256, 846
Professor Mamlock s. Wolf, Friedrich
Professor Unrat s. Mann, Heinrich
Propyläen-Verlag 799
(Der) Protagonist s. Kaiser, Georg
Protokoll (Arnolt Bronnen gibt zu Protokoll) s. Bronnen, Arnolt
Proudhon, Pierre Joseph 154
(Der) Prozeß Mary Dugan s. Veiller, Bayard
Prusias von Bithynien 1113
Pudowkin, Wsewolod
   (Die) Mutter (Film) 1102 f.
Pünkösdy, Auguste 153, 155 f., 231 f., 365 f.
Puffy 1099
Purischkjewitsch 814
Putsch s. Lampel, Peter Martin
Pygmalion s. Shaw, George Bernard

Quindt, Oscar 146 f.

(Die) Quitzows s. Wildenbruch, Ernst von

Raab, Rudolf 1089
Raabe, Paul 464
Racine, Jean 870
   Phädra 105, 426
(Das) Rad s. Jensen, Johannes V.
Raeder, Allwill 404
Raeder, Gustav
   Robert und Bertram 689
(Die) Räuber s. Schiller, Friedrich
Raimund, Ferdinand 427, 1124 f.
   (Der) Bauer als Millionär 298
   (Der) Verschwender 365
Rainer, Luis 318, 393 ff.
Raleigh, Sir Walter 1035
Rappard, Gilles Willem van 739, 741, 937 ff.
Rasch, Franz 1046
(Die) Raschoffs s. Sudermann, Hermann
(Das) rasende Leben s. Edschmid, Kasimir
Rasputin, Grigori Jefimowitsch 812 f., 816, 819
Rasputin s. Piscator, Erwin – Tolstoi, Alexej N. – Schtschegolew, P. E.
Rathenau, Walter 27, 349, 369, 383, 385 ff., 650, 963
(Die) Ratten s. Hauptmann, Gerhart
Rauhnacht s. Billinger, Richard
Raupach, Ernst
   (Der) Müller und sein Kind 182
Rausch s. Strindberg, August
Raynal, Paul 1051
   (Das) Grabmal des unbekannten Soldaten 861
Razzia s. Rehfisch, Hans José
Rede über den Schauspieler s. Reinhardt, Max
Regler, Marion 438
Rehfisch, Hans José 349, 425, 505, 608 f., 799, 1000
   Brest-Litowsk 1040
   Chauffeur Martin 608 f.
   Duell am Lido 696, 1000
   Erziehung durch Kolibri 608
   (Der) Frauenarzt 956, 1000
   Nickel und die 36 Gerechten 609, 1000
   Razzia 1000
   Skandal in Amerika 31, 1000
   Wasser für Canitoga 608
   Wer weint um Juckenack? 608–613, 645, 1000

Rehfisch, Hans José – Herzog, Wilhelm
  (Die) Affäre Dreyfus 999–1006, 1028
  (Die) Affäre Dreyfus (Film) 1000
Rehmann, Hans 1013
Reich, Bernhard 331 f., 431 f., 434 f.
(Das) Reich ohne Mitte s. Diebold,
  Bernhard
Reichenbach, Bernhard 199
Reichpietsch (aufständischer Matrose)
  1046
Reicke, Georg 761
Reifenberg, Benno 991–994, 1174
Reiff, Fritz 352, 983
Reigbert, Erna 659
Reigbert, Otto 402, 1089
(Der) Reigen s. Schnitzler, Arthur
Reimann, Hans 840–843, 845 f.
Reimann, Max 19
Reimann, Walter 414, 417
Reims s. Bethge, Friedrich
Reiner, Otto 653 ff., 1174
Reiner, Sonik 549, 553, 556, 615, 617 f.,
  666
Reinhardt (eigtl. Goldmann), Edmund
  917, 1101
Reinhardt (eigtl. Goldmann) Max 18–27,
  34 f., 37, 47, 63, 72, 75, 77 f., 96–102,
  105, 112 f., 116, 118, 123, 133 f., 137,
  146, 151–156, 158 f., 165–168,
  170–174, 176 ff., 180, 182, 195, 197,
  201, 203 ff., 207 ff., 212, 216, 220–226,
  236, 257, 268, 272, 283 f., 289, 297 f.,
  300 ff., 304 f., 307 f., 311, 315, 317,
  319, 331 f., 334, 339 f., 343–349, 365,
  369, 371 f., 389 f., 392–395, 398, 413 f.,
  417, 430, 432, 436, 465 ff., 469, 505,
  516 f., 519–522, 528, 532 ff., 537, 540,
  547, 552, 556, 559, 561–564, 566, 568,
  593 ff., 597 f., 601 f., 605–608, 613 f.,
  617, 620, 623, 646, 657, 662, 677,
  716–721, 747, 755, 758 f., 775, 781,
  789, 810 f., 821, 824, 827, 839, 854,
  873–881, 917 ff., 922, 942, 946, 969, 971,
  973, 975 f., 983, 994 ff., 998, 1007 f.,
  1015, 1018–1026, 1032, 1061, 1077,
  1093, 1101, 1112, 1115, 1120 f., 1125,
  1129 ff., 1139 f., 1146 f., 1151, 1166 f.,
  1169 ff., 1175
  Rede über den Schauspieler 775
Max Reinhardt s. Adler, G.
*Reinhardt, Jeßner, Piscator oder der
  Klassikertod* s. Ihering, Herbert
*(Die) Reise nach Ursprung (Das Perchten-
  spiel)* s. Billinger, Richard

Reisenhofer, Maria 335 f.,
Rektor Kleist s. Kaiser, Georg
Remarque, Erich Maria 33
  Im Westen nichts Neues 861, 917, 951
Rembrandt Harmensz van Rijn 764,
  1133
Renn, Ludwig 33, 954
  Krieg 861, 917, 951
Reparationen s. Bronnen, Arnolt
Reschke, Ernst 776
Respighi, Ottorino
  *(Die) versunkene Glocke (Oper nach
  Gerhart Hauptmann)* 831
(Der) Retter s. Hasenclever, Walter
Retzbach-Erasimy 787, 797
Reucker, Alfred 152
Reusch, Hubert 278, 280, 282
Reuß, Heinrich XLV. Erbprins von 572
Reuß, Leo 372, 538 f., 549, 553, 555,
  590, 694, 892, 894, 927, 929, 932, 946,
  1072, 1074, 1076
(Der) Revisor s. Gogol, Nikolai
Revolte auf Côte 3018 (Die Bergbahn)
  s. Horvath, Ödön von
Revolte im Erziehungshaus s. Lampel,
  Peter Martin
Revy, Richard 91, 395 ff., 434, 657, 898,
  1120
Rewalt, Lothar 737, 805, 994
Rey, Etienne
  Schöne Frauen 465, 516
Reyher, Ferdinand
  Harte Bandagen 977, 1008
Reymer, Walter 1052
Rheinische Rebellen s. Bronnen, Arnolt
Rice, Elmer
  (Die) Straße 952
Richard, Frieda 223, 226, 720, 759, 761,
  1094, 1096, 1098
Richard, Fritz 221, 226, 597
Richard II. s. Shakespeare, William
Richard III. s. Shakespeare, William
Richard III., König von England 351
Richter, Egmont 664
Richter, Gerd 1049
Richter, Käte 63
Richter, Kurt 314, 317
(Die) Richterin s. Hart, Julius
Riegler, Marion 708
Riewe, Erich 507, 509, 511, 829 f., 941, 943
Rigoletto s. Verdi, Giuseppe
Rilke, Rainer Maria 677, 938
Rimbaud, Arthur 564, 685, 884
  Sommer in der Hölle 446

Rinaldo Rinaldini, der Räuberhauptmann
  s. Hens(e)ler, Karl Friedrich
Ringelnatz, Joachim 493
Ritscher, Helene 786, 789
Ritter, Gerhard 387, 585, 612
Rittershausen, Joseph Sebastian 796
Rittner, Rudolf 408, 853, 1110
Rivalen s. Anderson, Maxwell – Stallings, Laurence
Rivalen (Bearbeitung) s. Zuckmayer, Carl
Robert, Eugen 283, 578, 583, 1007, 1167
Robert und Bertram s. Raeder, Gustav
Roberts, Ralph Arthur 710
Robeson, Paul 578
Rocholl, Theodor 948, 950
Rockefeller, John D. 965
Roda Roda – Rössler, Carl
  (Der) Feldherrnhügel 961
Rodegg, Gustav 51, 53, 140, 145
Rodenberg, Hans 387
Rodin, Auguste 54, 276, 466
Roenecke, Rolf 602
Röhrig, Robert 678, 682
Rössler, Carl – Roda Roda
  (Der) Feldherrnhügel 961
Roethe, Geheimrat 177
Röttgen, Änne 514
Roland, Ida 920, 922 ff.
Rolland, Romain
  Danton 204–209, 308, 371, 563
  (Die) Wölfe 375 f.
(Das) Rollenfach im Theaterbetrieb des 18. Jahrhunderts s. Diebold, Bernhard
Roller, Alfred 178, 221, 393, 922
Roloff, Fränze 199, 462, 464 f., 544, 585
Romains, Jules
  (Der) Diktator 777
  Dr. Knock oder Der Triumph der Medizin 601
Romanowsky, Richard Franz Georg 717, 719, 890, 892, 995, 997, 999
Romanzero s. Heine, Heinrich
Romberg, Hermann 532
Romeo und Julia s. Shakespeare, William
Rose Bernd s. Hauptmann, Gerhart
Rosen, Karl 425, 677
Rosenberg, Alfred 821–824
Rosengarten s. Unruh, Fritz von
(Der) Rosenkavalier s. Hofmannsthal, Hugo von – Strauss, Richard
Rosenthal, Mathilde 472
Rosse s. Billinger, Richard
Rostand, Maurice
  Cyrano de Bergerac 499

(Die) roten Matrosen von Cattaro
  s. Frei, Bruno
Roter Rummel s. Piscator, Erwin
Roth, Ludwig 906, 908, 958, 1066 f.
Rothauser, Eduard 299
Rothe, Hans 25 f., 37, 152, 350, 353, **969**
Rotter, Alfred 34, 37, 191, 255, 360, 505, 601, 619, 639 f., 642, 644, 1141, 1145
Rotter, Fritz 34, 37, 191, 255, 360, 505, 601, 619, 639 f., 642, 644, 1141, 1145
Rowohlt, Ernst 1173
Rowohlt-Verlag 1165, 1170, 1174
Rubens, Peter Paul 1035
Rubiner, Ludwig 133, 198
Rudimentär s. Stramm, August
Rudolf II. von Habsburg 530
Rückert, Friedrich 948
Rühmann, Heinz 20, 24, 789 ff.
Rund um den Gendarmenmarkt s. Mühr, Alfred
Ruppel, Karl Heinrich 1141–1145, 1174
Ruß, Hertha 82
Rußlands Tag s. Gorki, Maxim
Rustan (Schauspieler) 781

Sacco, Nicola 794
Sacco und Vanzetti s. Mühsam, Erich
Sachs, Hans 224, 1082
Sachs, Ida Maria 339, 822
Sachs, Julius 542, 544
Sackheim, Arthur 454
Saenger, Samuel 1161
Sagan, Leontine 82, 127, 141, 186
Sakuntala s. Kalidasa
Salmonova, Lyda 483 ff.
Salome s. Wilde, Oscar
Salten, Felix (eigtl. Siegmund Salzmann) 255, 529–533, 1175, 1177
  Bambi 1175
  (Das) stärkere Band 1175
Saltenburg, Heinz 283, 326 ff., 330 f., 601, 669, 671, 775, 799 f.
(Das) Salzburger Große Welttheater s. Hofmannsthal, Hugo von
Salzmann, Richard 1116, 1118 f.
Sancta Susanna s. Stramm, August
Sandrock, Adele 280, 620
Sardou, Victorien 210, 407, 611, 920
Sauer, Oskar 105, 502, 627, 1051, 1130
Savonarola, Girolamo 1022
Scapa Flow s. Goering, Reinhard
Schabbel, Otto 735 ff., 868, 1174
Schäfer, Alfred 108, 906
Schäfer, Gerda 1090

Schäfer, Wilhelm 1155
(Der) Hauptmann von Köpenick 1077
Schaffner, Jakob 1155
Schalk, Franz 221
Schanda, Maria 1090
Schanzer, Martha 751
Scharnhorst, Gerhard Joseph David von 663, 665
Scharnhorst s. Menzel, Gerhard
Scheidemann, Philipp 177, 647 f., 650
(Der) Scheiterhaufen s. Strindberg, August
(Der) Schelm von Bergen s. Zuckmayer, Carl
Scherk, Gretl 671
Scherl-Verlag 1166, 1174
Scherz, Satire, Ironie und tiefere Bedeutung s. Grabbe, Christian Dietrich
Scheuermann, Mea s. Viertel-Scheuermann, Mea
Scheyer, Moritz 517 ff.
Schickele, René 47 f.
Hans im Schnakenloch 48–53, 952
Schiffer-Spoliansky, Mischa
Es liegt in der Luft 881, 885
Schildkraut, Rudolf 162, 264, 311 f., 620, 826, 829, 966, 995, 998 f.
Schiller, Friedrich 11, 32, 56, 92, 124, 244, 247, 273, 284, 388, 462, 513, 558, 581, 614 f., 778, 985 f., 994, 1024
(Die) Braut von Messina 193, 651
Demetrius 857, 859
Don Carlos 21, 110, 149, 257, 353–360, 369 f., 385, 388, 417, 428, 554, 613, 859 f., 976–983, 995, 1021 f., 1026, 1038, 1109, 1111
(Die) Jungfrau von Orleans 270, 430, 1108
Kabale und Liebe 333, 434, 528, 543, 613, 617, 775, 873, 969, 982, 1099, 1131
Maria Stuart 190, 411
(Die) Räuber 31, 153, 194, 196, 216, 309, 313–320, 446, 480, 543, 569, 613, 721–727, 763, 788, 801 ff., 837, 887, 907, 909, 1109, 1158
Turandot 717
(Die) Verschwörung des Fiesco zu Genua 307–313, 338, 358 f., 781, 851, 861, 873
Wallenstein 546–556, 566, 590, 613, 643, 787, 857, 978, 1035, 1090, 1108 f.
Wilhelm Tell 13, 16, 21, 72, 133, 156, 170, 190–198, 204, 256 f., 259, 263, 273, 275, 290, 358, 410, 547, 554, 569, 575, 852, 992, 1066, 1130, 1143
Schiller, Norbert 354, 604, 751 f., 805, 980, 982
Schillings, Max von 1155
Schilskaja, Tatjana 964, 968
Schinderhannes s. Zuckmayer, Carl
Schinderhannes, der rheinische Rebell s. Elwenspoek, Curt
Schinkel, Karl Friedrich 1166
Schlafstelle s. Minnich, Hanns
Schlageter, Albert Leo 425, 1155
Schlageter s. Johst, Hanns
Schlegel, August Wilhelm von 415, 772, 825, 1170
Schlegel, Friedrich von 1170
Schlegel, Margarete 365
Schleicher, Kurt von 1101
Schleinitz, Emmi 438
Schlenther, Paul 38 f., 360, 1163, 1168, 1171
Schlettow, Adalbert 110, 671, 739, 741
Schlichter, H. 495
Schloß Wetterstein s. Wedekind, Frank
Schluck und Jau s. Hauptmann, Gerhart
Schlüter, Hilma 63
Schmeling, Max 1134
Schmidt, Conrad 145
Schmidt, Erich 40, 1163 f., 1168, 1170, 1173
Schmidtbonn, Wilhelm 912
Hilfe, ein Kind ist vom Himmel gefallen 645
Schmidt-Guenther 850
Schmith, Iwan 418, 434
Schmitt, Alexandra 808, 810 f., 853
Schmitt, Saladin 105
Schneider, Franz 287, 575, 577, 605, 675, 751 f., 805
Schneider Fips s. Kotzebue, August von
Schneider Wibbels Auferstehung s. Müller-Schlösser, Hans
Schnitzler, Arthur 278 f., 440, 714, 740, 754, 825, 1024, 1062
Anatol 281 f., 440
(Der) Gang zum Weiher 279
Halbzwei
Im Spiel der Sommerlüfte 279
Komödie der Verführung 279
Reigen 278–282, 292
(Die) Schwestern oder Casanova in Spa 279
(Die) überspannte Person 279

Schnitzler, Heinrich 712, 714, 748, 754, 825, 941, 943
Schober, Heinrich 946 f., 949 f.
Schön, Margarethe 808 f., 825, 829 f., 850 f., 853
Schön, R. (Bühnenbildner) 803
Schöne Frauen s. Rey, Etienne
(Die) schöne Helena s. Offenbach, Jacques
Schönherr, Karl 524
Schopenhauer, Arthur 71, 125
Schott, Ottilie 149
Schott, Werner 955
Schreck, Max 135, 149, 237, 402, 428 f., 548
Schreiber, Else 215
Schrenck-Notzing, Albert Freiherr von 752
Schröder, Greta 484
Schroeder, Hermann Albert 1047, 1049
Schröder, Rudolf 114, 836
Schröder, Willy 127, 186
Schtschegolew, P. E. – Piscator, Erwin – Tolstoj, Alexej N.
  Rasputin 29, 812–821, 824
Schüller, Hermann 200
Schünzel, Reinhard 964, 968
Schütte, Ernst 874, 877 f., 976, 1022, 1035, 1038, 1079, 1098, 1121, 1127
Schuld und Sühne s. Dostojewskij, Fedor Michailowitsch
Schultz, Charlotte 583, 657, 761
Schumann, Robert 999
(Das) schwache Geschlecht s. Bourdet, Edouard
(Die) Schwärmer s. Musil, Robert
Schwannecke, Ellen 868
Schwanneke, Victor 336, 1093
Schwartze, Hans 82, 127
Schwarz, Hertha 805
(Die) schwarze Maske s. Hauptmann, Gerhart
Schweiger s. Werfel, Franz
Schweikart, Hans 169, 221, 460, 507, 509, 511, 868
Schweizer, Armin 542
Schwejk (Die Abenteuer des braven Soldaten Sckwejk) s. Hašek, Jaroslav
Schweninger, Ernst 929
(Die) Schwestern oder Casanova in Spa s. Schnitzler, Arthur
(Der) Schwierige s. Hofmannsthal, Hugo von
Schwind, Moritz von 427
Scott, Robert Falcon 1009, 1011

Scribe, Eugène 421 f.
  (Ein) Glas Wasser (Film) 613
(Die) sechs Mündungen s. Edschmid, Kasimir
Sechs Personen suchen einen Autor s. Pirandello, Luigi
Seebach, Nikolaus Graf von 113
Seeckt, Hans von 677, 904
Seeler, Moriz 24 f., 34, 41, 349, 375, 400, 441, 443, 474, 476, 480, 486, 639 ff., 643, 668, 684, 688 f., 775, 925
Seemann, Marta 809
Seeschlacht s. Goering, Reinhard
Segantini, Giovanni 1175
Segel am Horizont s. Leonhard, Rudolf
Seghers, Anna 839
  (Der) Aufstand der Fischer von St. Barbara (Film) 1063
Seidel, Annemarie 274, 276, 278, 295, 1079
Seltsames Zwischenspiel s. O'Neill, Eugene
Senders, Tini 223
Servaes, Dagny 276, 301, 309, 311, 313, 371, 373, 465, 518–521, 532, 639, 645, 720, 758, 762, 781 f., 876, 879, 1025, 1175
Servaes, Franz 39, 43, 190, 204, 287 ff., 365 f., 376, 432, 472 f., 500, 525 f., 568 f., 572, 612 f., 639, 841, 846 f., 887, 926, 959 f., 977, 1165, 1175 f.
  Gärungen 1175
  Im Knospendrang 1175
  (Der) neue Tag 1175
Servos, Hertha 149
Shackleton, Sir Ernest Henry 1011
Shakespeare, William 19, 25 f., 68, 76, 78, 89, 95, 103, 111, 133, 193 f., 211, 227, 277 f., 313, 350 ff., 361, 387, 408, 427, 429, 479, 548, 570, 574, 581, 584, 589 f., 613, 653, 658, 679, 778, 793, 820, 877, 884, 944, 1009, 1012, 1035, 1055, 1161
  Coriolan 26, 325, 618–624, 721, 918, 940 f.,
  Cymbeline 165–170
  Hamlet 12, 26, 31 f., 93, 126, 155, 204, 236 f., 275, 293, 322, 394, 410, 446, 508, 537, 721, 723, 763–773, 849, 859, 935, 939, 942, 945, 1151
  Julius Caesar 237–242, 257, 325 f., 423, 446, 618 f., 623
  (Der) Kaufmann von Venedig 302, 480, 823–830, 849, 945, 966, 1109

König Johann 939–945
König Lear 74, 166, 297, 425, 468, 475, 487, 499, 508, 534, 548, 601, 629, 1122
Komödie der Irrungen 297
(Der) Londoner verlorene Sohn 940
(Die) lustigen Weiber von Windsor 952
Macbeth 26, 68, 77, 152, 244, 268, 382, 395, 410–418, 428, 446, 475, 487, 538, 548, 581, 587, 623
Maß für Maß 155, 165, 446, 807, 823 f.
Othello 26, 68, 337–343, 358 f., 369, 416, 446, 498, 546, 619, 623, 1019, 1108–1114, 1120
Othello (Film) 1109
Richard II. 396, 418, 421, 506, 550, 944 f.
Richard III. 21 f., 26, 68, 194, 256–266, 275, 351 f., 358, 369, 410 f., 413, 416, 423, 475, 543, 630, 766, 851, 944 f., 1111
Romeo und Julia 710, 839, 983, 985
(Ein) Sommernachtstraum 152, 302, 307, 418, 602, 775, 799, 873, 876, 878, 973
(Der) Sturm 152, 338, 363, 613
Timon von Athen 283
Troilus und Cressida 350, 952
Viel Lärm um nichts 430, 823
Was ihr wollt 420, 427, 498 f., 503, 1130
Wie es euch gefällt 26, 152–156, 165, 350, 418, 420, 498 f., 503, 657
(Der) Widerspenstigen Zähmung 418, 613, 619
Wintermärchen 79, 1169
Shakespeare, William – Hauptmann, Gerhart
Hamlet (Shakespeares tragische Geschichte von Hamlet Prinzen von Dänemark 764, 831–838
Shakespeare und die deutsche Bühne s. Stahl, Ernst Leopold
Shaw, George Bernard 16, 25, 35, 84, 337, 422 f., 491, 581, 657, 665, 680, 1020, 1161
(Die) fünf Dezennien des Unglaubens 658
Haus Herzenstod 1108
(Die) heilige Johanna 25, 556–564, 566, 594, 608, 657, 662, 664, 703, 859, 969, 983, 1032, 1035

(Der) Kaiser von Amerika 23, 969–976, 995
Kapitäns Brassbounds Bekehrung 298
Major Barbara 972
Pygmalion 498 ff., 880
Zurück zu Methusalem 557, 657–661
Sheriff, Robert Cedric 951
(Die) andere Seite 33, 951–955, 994, 1047
Shylock, die Geschichte einer Figur s. Sinsheimer, Hermann
Siebenstein s. Ziese, Maxim
Siedel, Erhard 484 f., 495, 954 f.
Siems, Friedrich 653
Sievert, Kundry 994
Sievert, Ludwig 17, 19, 107, 109, 149, 270 f., 604
Sima, Oscar 794, 796 f., 799, 814, 818, 821, 843, 1127, 1129
Simon, Carl 964
Simon, Charles – Berton, Pierre
Zaza 877
Simon, Heinrich 55 f., 1175
(Das) deutsche Lied 1175
(Der) magische Idealismus 1175
Simon, Hermann 1135
Simplicissimus, Der abenteuerliche s. Grimmelshausen, Hans Jakob Christoffel von
Simson s. Wedekind, Frank
Sinclair, Upton
Prinz Hagen 201
Singende Galgenvögel 909
Singende Galgenvögel s. Sinclair, Upton
Sinn, Jakob 1079
Sinsheimer, Hermann 45, 401, 1163, 1176
Shylock, die Geschichte einer Figur 1176
Skandal in Amerika s. Rehfisch, Hans José
Sladek, Maximilian 279
Sladek, der schwarze Reichswehrmann s. Horvath, Ödön von
Smedley, Agnes 993
(Der) Snob s. Sternheim, Carl
So ist es – ist es so? s. Pirandello, Luigi
(Der) Sohn s. Hasenclever, Walter
Sokolow, Wladimir 874 f., 878 f., 999
Sokrates 184 f., 199
Soldat Suhren s. Vring, Georg von der
(Die) Soldaten s. Lenz, Jakob Michael Reinhold
Sommer in der Hölle s. Rimbaud, Arthur

(Ein) Sommernachtstraum s. Shakespeare, William
Sommerstorff, Otto 192, 313, 1112
Sonkin und der Haupttreffer s. Juschkewitsch, Semon
Sonnemann, Emmy 1154, 1157
Sonnemann, Leopold 1175
Sonnenthal, Adolf von 313, 334 f.
Sophokles 148 f., 392, 651, 1009
 Antigone 147, 297–301, 609
 Elektra 696, 713
 König Ödipus (Ödipus auf Kolonos – Ödipus der Herrscher) 27, 146 f., 150, 170 f., 299, 609, 619, 918–925, 939 f., 1009
Sorge, Reinhard Johannes 20, 47, 110, 862
 (Der) Bettler 12, 15, 97–103, 106, 460
 König David 98
Sorina (Der Kindermord) s. Kaiser, Georg
Sorma, Agnes 156, 255, 337, 501, 1161
Spanier, Ben 575, 604, 674, 752, 805
Spanische Rede vom Deutschen Theater s. Kerr, Alfred
Specht, Richard 62 f.
Speelmanns, Hermann 1044
Speidel, Hany 61
Sperrfeuer um Deutschland s. Beumelburg, Werner
Speyer, Wilhelm 776
Spiegelmensch s. Werfel, Franz
S. S. Glencarin s. O'Neill, Eugene
Stadler, Ernst 136
Staegemann, Waldemar 539
Staël, Anne Louise Germaine de Staël, Baronne de Schleswig-Holstein 863
(Das) stärkere Band s. Salten, Felix
Stahl, Ernst Leopold 19, 108 ff., 1176
 (Das) englische Theater im 19. Jahrhundert 1176
 Shakespeare und die deutsche Bühne 1176
Stahl-Nachbaur, Ernst 53, 57, 129, 131, 299 f., 358, 583, 590 f., 659, 758, 762, 821, 867
Stalin (eigtl. Jossif Wissarionowitsch Dschugaschwili) 1040
Stallings, Laurence – Anderson, Maxwell
 Rivalen 951 f., 961, 1065, 1076
Stanchina, Peter 532, 792
Stanislawski, Konstantin 109, 349, 677, 1065
Stark, Günther 1040, 1043–1046, 1105

Staub, Gitta 169
Steckel, Leonard 20, 462, 464 f., 482, 484, 495–498, 542, 545, 553, 641, 710, 789, 794, 797 f., 821, 951, 964, 968, 1003, 1140
Stehlik, Miroslav
 (Der) Weg ins Leben (Film) 1103
Stehr, Hermann 1053
Stein, Lotte 641, 643, 666, 1078, 1082, 1086
Steinbeck, Walter 141
Steinböck, Felix 834, 836
Steindorff, Ulrich 275, 407
Steiner, Hans 460
Steiner, Johannes 946, 948, 950
Steiner, Rudolf 752
Steinicke, Otto 646–649, 814 ff.
Steinrück, Albert 87, 135, 141, 338 ff., 342, 627, 631 f., 635, 637 f., 789, 868, 871, 917
Steinthal, Walther 38, 850 f., 1176
Stella s. Goethe, Johann Wolfgang von
Stemmle, Robert A. 1093
 Kampf um Kitsch 1093
Stempelbrüder s. Duschinsky, Richard
Stendhal (Henri Beyle) 750
Stengel, Kitty 1016
Sterler, Hermine 287, 542, 544, 709
Stern, Ernst 76, 115, 123, 150, 153, 182, 192, 218 f., 221, 230, 280 ff.
Sternaux, Ludwig 39, 43, 282, 290, 317 f., 345 f., 413 f., 440, 464, 483 f., 495 f., 513 f., 631 f., 829 f., 955, 1015, 1017 f., 1041, 1044 f., 1069, 1106, 1115 ff., 1176
Sternberg, Fritz 618, 961
Sternheim, Carl 11, 15, 19, 35, 59, 62, 83, 134, 140 f., 186, 201, 382, 393, 403, 406, 408, 497, 736, 889, 1081, 1171
 Bürger Schippel 503
 (Der) entfesselte Zeitgenosse 284
 (Die) Hose 134 f.
 (Der) Kandidat 141
 (Das) leidende Weib 141
 1913 14, 63, 134–141
 Perleberg 134, 284
 (Der) Snob 134 f., 446, 839
 Tabula rasa 139, 141–145
 Ulrike 144
Sternheim, Thea 140
Stettner, Julius 450, 857
Stiebner, Hans 868
Stieler, Kurt 20, 184, 331 ff., 854, 856 f.

Stimmen der Völker im Liede s. Herder, Johann Gottfried
Stinnes, Hugo 1164
Stirner, Max (eigtl. Kaspar Schmidt) 1172
Stobrawa, Renée 24, 434, 575, 794, 796, 906, 908, 958, 960 f.
Stoeckel, Otto 402
Stoessel, Ludwig 853, 927, 929, 932, 953 ff., 1127, 1129
Stolzing, Josef 34, 452 f., 821
  Friedrich Friesen 34, 821
Storm, Theodor 71
Strachey, Lytton
  Elisabeth und Essex 1032
Stramm, August 301 f.
  Erwachen 301
  Geschehen 301, 303
  Kräfte 301–307
  Rudimentär 301 f.
  Sancta Susanna 302, 305
  (Die) Unfruchtbaren 301
(Die) Straße s. Rice, Elmer
Strasser, Otto 1067
Stratz, Rudolf 567
Straub, Agnes 17 f., 21, 174, 176, 178, 190, 204, 227, 229, 231 f., 242 f., 270, 302, 304–307, 314, 353, 375 f., 378, 381 f., 395–398, 441, 443–446, 459, 462–465, 476 f., 528, 534, 536, 538 ff., 550, 553, 555, 590 f., 593, 619 f., 622 ff., 635, 637 f., 699 f., 712, 715 f., 784, 894, 896 f., 1000, 1035, 1038, 1040, 1167
Strauß, Emil 1155
Strauß, Johann
  (Die) Fledermaus 969, 1007, 1019, 1094
Strauss, Richard 221, 861
Strauss, Richard – Hofmannsthal, Hugo von
  (Der) Rosenkavalier 221, 437
Strauß, Viktoria 808, 810 f.
Strawinsky, Igor 642, 888
  Oedipus rex 919
Strecker, Karl 157, 164, 1176 f.
  (Der) Brandstifter 1177
(Der) Streit um den Sergeanten Grischa s. Zweig, Arnold
Stresemann, Gustav 425, 516, 897, 917
Strich, Fritz 460
Strindberg, August 15, 23, 65, 67, 95, 178 f., 201, 232, 246, 267, 295 378, 380, 382, 403, 449, 463, 477 f., 498,
523, 526, 607, 610, 630, 637, 752, 944, 984, 986 f., 998, 1020, 1032, 1097, 1172
  Advent 178–183, 227, 272
  Fräulein Julie 431–436
  Gespenstersonate 20
  (Die) große Landstraße 15
  Gustav Adolf 1108
  Königin Christine 401, 431, 434
  Nach Damaskus 178, 183
  Rausch 498, 501, 679
  (Der) Scheiterhaufen 343
  (Der) Totentanz 343, 984
  Traumspiel 128, 178, 283, 343–348, 579, 583, 784, 899
  Wetterleuchten 343
Strnad, Oskar 355, 357, 532, 559, 561, 563, 718
Ström, Knut 127
Stroh s. Johst, Hanns
Strohbach, Hans 300 f.
Struensee s. Erler, Otto
Stucken, Eduard
  (Die) weißen Götter 218
Stürme s. Unruh, Fritz von
(Die) Stützen der Gesellschaft s. Ibsen, Henrik
(Die) Stunde der Sterbenden s. Johst, Hanns
Sturm, Eduard 1140
(Der) Sturm s. Shakespeare, William
Sturm über Asien (Film) 1103
Sturmflut s. Paquet, Alfons
Sudermann, Hermann 37, 165, 209, 404, 514, 759, 762, 840, 1125, 1128, 1170, 1172
  Ehre 108, 1066
  (Die) Raschoffs 281
Sudraka
  Vasantasena 602, 604
(Die) Südpolexpedition des Kapitäns Scott s. Goering, Reinhard
Südsee-Spiel s. Brust, Alfred
(Die) Sündflut s. Barlach, Ernst
Suhr, Edward 542, 544, 896
(Der) Sumpf s. Hart, Julius
Sun Yat-sen 1067
Surgutschew
  Herbstgeigen 283
Sussin, Mathilde 192, 196 f., 263, 431, 714, 716, 754, 810, 851, 853, 1090
Swedenborg, Emanuel (eigtl. Svedberg) 181, 888, 892
Swift, Jonathan 884, 1168
Swoboda, Margarete 68

Synge, John Millington 505
Szakáll, Szöke 846

Tabula rasa s. Sternheim, Carl
Tage mit Brecht s. Bronnen, Arnolt
Tagebücher s. Musil, Robert
Tagger, Theodor s. Bruckner, Ferdinand
Tagore, Rabindranath 362, 752
  (Der) König der dunklen Kammer
  463, 602
  (Das) Postamt 602
Taine, Hippolyte 883
Tairow, Alexander 426, 480, 578, 793, 874
Tai Yang erwacht s. Wolf, Friedrich
Talleyrand-Périgord, Charles Maurice de 335, 778
Tannhäuser s. Wagner, Richard
Tartuffe s. Molière
Taube, Robert 94, 122, 149, 248, 253, 349, 377, 400, 471, 500, 538 f., 751 f., 916, 994, 1110
Tauchnitz (Verlag) 731, 884
(Der) Tausch s. Claudel, Paul
Taut, Bruno 270
Tauts (Musiker) 856
Teetzmann, Horst 1029
(Die) Temperierten s. Faktor, Emil
Terenz 436
  (Der) Eunuch 426
Terpis, Max 698
Terwin, Johanna 124, 153, 225 f., 289
Teschendorff 300
Tessa 321
Teweles, Heinrich 108
(Das) Theater s. Eloesser, Arthur
(Das) Theater s. Großmann, Stefan
(Das) Theater der Reichshauptstadt
  s. Jacobsohn, Siegfried
Thiersch, Friedrich 492
Thimig, Hans 466, 606, 608
Thimig, Helene 72, 75 f., 78, 99, 101, 103, 129, 153 f., 156, 169, 204, 223, 225 f., 288 f., 302, 304, 306 f., 335 ff., 344 ff., 348, 393, 395, 465, 518 f., 528, 532 f., 556, 716, 720, 756, 760, 762 f., 971, 973, 976, 1032, 1120, 1125, 1127, 1129 f.
Thimig, Hermann 116, 153, 168, 241, 304, 306, 335 f., 345 f., 348, 518 f., 521, 532 f., 716, 890, 892
Thimig, Hugo 517 ff., 521
Thöny, Eduard 929
Thoma, Hans 427

Thoma, Ludwig 670, 672, 927, 933
Thomas, Ambroise
  Mignon 964
Thomas, Brandon
  Charleys Tante 1134
Thomas Paine s. Johst, Hanns
Thormann, Erich 1003, 1041
Thorndike, Sybil 556, 558
Tieck, Ludwig 427, 1104
  (Der) gestiefelte Kater 298, 1016
Tiedemann, Elsa 873
Tiedtke, Jacob 192, 212, 327, 329 ff., 619 f., 622, 624, 749, 755, 875, 879, 1072, 1093
Tiere in Ketten s. Weiß, Ernst
Tiessen, Heinz 298, 300 f., 325
Tietjen, Heinz 34, 1007, 1101, 1130 f., 1141, 1144
Tim O'Mara s. Burri, Emil
Timon s. Bruckner, Ferdinand
Timon von Athen s. Shakespeare, William
Timur s. Edschmid, Kasimir
Tirso de Molina
  Don Gil mit den grünen Hosen 436
Toboggan s. Menzel, Gerhard
(Die) Tochter s. Faktor, Emil
(Der) Tod des Tizian s. Hofmannsthal, Hugo von
Toelle, Carola 912
Tokumbet, Nina 1043
(Der) tolle Hund (Des Burschen Heimkehr) s. Niebergall, Ernst Elias
Toller, Ernst 12, 32 f., 40, 42, 133, 156 f., 275 f., 320 f., 383, 407, 409, 422, 486, 505, 541, 584, 611, 817, 904, 1042–1045, 1081, 1170, 1172, 1176
  (Der) entfesselte Wotan 489, 710
  Feuer aus den Kesseln 32, 1040 f., 1045
  Hinkemann 486–493, 516, 824, 1028
  Hoppla, wir leben 32, 791–799, 812 f., 816, 898, 961
  (Die) Maschinenstürmer 216, 383–389
  Masse Mensch 320–326, 540, 963
  (Die) Wandlung 12, 20, 156–165, 198, 255, 258, 320, 322 f., 385, 409, 443, 488, 824, 1170
Tolstoj, Alexej N. – Schtschegolew, P. E.
  Rasputin, die Romanows, der Krieg und das Volk, das gegen sie aufstand 814 f., 817, 819
Tolstoj, Alexej N. – Piscator, Erwin – Schtschegolew, P. E.
  Rasputin 29, 812–821, 824

Tolstoj, Leo 586, 786, 900, 991, 1020, 1023
(Der) lebende Leichnam 775, 839, 873, 969, 1023
(Die) Macht der Finsternis 586
Ton in des Töpfers Hand s. Dreiser, Theodore
Torgler, Ernst 646, 649
Torning, Alice 90, 143, 145
Torquato Tasso s. Goethe, Johann Wolfgang von
(Der) tote Tag s. Barlach, Ernst
(Der) Totentanz s. Strindberg, August
(Die) Tragödie der Liebe s. Heiberg, Gunnar Edward Rode
(Der) Traum ein Leben s. Grillparzer, Franz
Traumspiel s. Strindberg, August
Trautschold, Ilse 1066
Traven, B.
  (Das) Totenschiff 1079
Trebitsch, Siegfried 556, 559, 657, 969
Trenk-Trebitsch, Willy 1096 f.
Tretjakow, Sergej Michailowitsch 991
  Brülle China 991–994, 1007, 1062
  (Die) Erde bäumt sich 991, 1174
Triesch, Irene 260, 344 f., 419 ff., 697, 699 f., 702
Tristan und Isolde s. Wagner, Richard
(Die) Troerinnen s. Werfel, Franz
Troilus und Cressida s. Shakespeare, William
Trommeln in der Nacht s. Brecht, Bertolt
Trotz alledem s. Gasbarra – Piscator, Erwin
Trotzki, Leo 29, 721, 816 f., 1040
Trümvy, Tanzschule 698
(Das) trunkene Schiff s. Zech, Paul
Trutz, Wolf 755
Tschechow, Anton 874, 928
  Drei Schwestern 283, 807, 929
Tschechow, Michael 874, 1023, 1025, 1027
Tschiang Kai-Schek 991
Tucholsky, Kurt 784, 1169, 1174
Tunney (Boxweltmeister) 750
Turandot s. Gozzi, Carlo
Turandot s. Schiller, Friedrich von
Turandot (Bearbeitung des Stückes von Carlo Gozzi) s. Vollmoeller, Karl
(Der) Turm s. Hofmannsthal, Hugo von
Twardowski, Hans Heinrich von 375, 378 f., 381 f., 441, 443 f., 446, 476 f., 479, 525 f., 528, 643, 645, 661, 686, 688 f., 939, 976

UB 116 s. Lerbs, Karl
U-Boot S 4 s. Weisenborn, Günther
(Die) überspannte Person s. Schnitzler, Arthur
Überteufel s. Essig, Hermann
Ulbrich, Franz 34, 1114, 1116, 1118 f., 1139, 1154 f., 1157 f.
Ullrich, Luise 481, 1091 f.
Ullstein, Franz 1172
Ullstein-Verlag 1165, 1173, 1175
Ulmer, Friedrich 823, 857, 903
Ulrike s. Sternheim, Carl
Ulysses s. Joyce, James
Ulysses von Ithaka s. Holberg, Ludwig
Umminger, Wilhelm 127
(Der) Unbestechliche s. Hofmannsthal, Hugo von
Und Pippa tanzt s. Hauptmann, Gerhart
Unda, Emilie 237, 260, 274, 276, 964, 1066 ff.
(Die) Unfruchtbaren s. Stramm, August
Unger, Hermann 996
Unruh, Erika 330 f.
Unruh, Fritz von 12, 14, 19 f., 42, 79, 91, 118 f., 126, 243 f., 284, 417, 673, 748, 776, 1020, 1162, 1172, 1175
  Bonaparte 119, 776–784, 824, 1020, 1032, 1114
  Dietrich 12, 119
  (Ein) Geschlecht 14, 118–124, 243, 245, 251, 254, 270, 284, 286, 422, 776 f., 1020, 1022
  Heinrich aus Andernach 117, 776
  Louis Ferdinand, Prinz von Preußen 118 f., 122 f., 284–289, 664, 776, 779, 918, 1020
  Offiziere 118, 284 f., 782
  Phaea 874, 1019–1027
  Platz 12, 63, 119, 243–254, 284, 286, 776, 1022
  Rosengarten 119, 776, 1021
  Stürme 119, 776
  Vor der Entscheidung 118
  Zero 1020
(Der) Untergang des Egoisten Fatzer s. Brecht, Bertolt
Unterm karibischen Mond s. O'Neill, Eugene
(Die) Unüberwindlichen s. Kraus, Karl

Valetti, Rosa 882 f., 885, 887
Valk, Fritz 553, 555, 590 f., 627, 630,

701, 712, 714, 716, 727, 770, 809, 811,
828, 851, 853, 862, 1140
Vallentin, Hermann 143 ff., 329 ff., 420,
559, 1018, 1078, 1082, 1086
Vanzetti, Bartolomeo 794
Vasantasena s. Sudraka
(Der) Vater s. Goltz, Joachim von der
Vaterland s. Lampel, Peter Martin
Vatermord s. Bronnen, Arnolt
Vauthier, Jean 580
Veidt, Konrad 115
Veiller, Bayard
  (Der) Prozeß Mary Dugan 1000
Veland s. Hauptmann, Gerhart
Velázquez Diego Rodriguez de Silva
  356, 1035
Velde, Henry van de 172
Veldtkirch, Rose 330 f.
(Die) Verbrecher s. Bruckner, Ferdinand
Verden, Alice 233, 235 f., 267, 708, 863,
  865
Verdi, Giuseppe
  Rigoletto 313
Vereinigungen s. Musil, Robert
(Die) Verführung s. Kornfeld, Paul
Verhoeven, Paul 508, 945 f., 948 ff., 994
Verlaine, Paul
  Kaspar Hauser 582
Verneuil, Louis
  Herr Lamberthier 910
(Der) Verschwender s. Raimund, Ferdinand
(Die) Verschwörung des Fiesco zu Genua
  s. Schiller, Friedrich von
Versuche s. Brecht, Bertolt
(Die) versunkene Glocke s. Hauptmann,
  Gerhart
(Die) versunkene Glocke (Oper)
  s. Respighi, Ottorino
(Die) Verwirrungen des Zöglings Törleß
  s. Musil, Robert
Vesper, Will· 1155
Vespermann, Curt 212
Victoria s. Maugham, Somerset
Viel Lärm um nichts s. Shakespeare,
  William
(Die) vier Toten der Fiametta s. Walden,
  Herwarth
Viertel, Berthold 17, 25, 125, 266–269,
  349, 375, 379 f., 382, 396, 418, 425,
  432, 480–485, 493, 495–498, 506, 578,
  581, 586 f:, 724, 824, 828, 839, 995,
  1167, 1172
Viertel-Scheuermann, Mea 460, 482, 484

Viëtor, Karl 122, 1177
Vieweg, Fritz 20
Villon, François 602, 884
Vinzenz oder Die Freundin bedeutender
  Männer s. Musil, Robert
Vischer, Friedrich Theodor 19
Voelcker, Wilhelm 518, 521
Vogel, Hans 948, 950
Vogt, Carl de 274
Voigt, Wilhelm 1077, 1079, 1083
(Ein) Volksfeind s. Ibsen, Henrik
Vollmoeller, Karl
  Mirakel 170, 389 f., 716
  Orestie (Bearbeitung des Schauspiels
  von Aischylos) 170–178
  Turandot (Bearbeitung des Stückes
  von Carlo Gozzi) 716–720, 1132
Voltaire (eigtl. François-Marie Arouet)
  558, 914
  Candide 280
Vom Hoftheater zum Staatstheater
  s. Adolf, Paul
Vom Schmerz und von der Vernunft
  s. Petrarca, Francesco
Vom Teufel geholt s. Hamsun, Knut
Von Morgens bis Mitternachts s. Kaiser,
  Georg
Von New York bis Shanghai (Revue)
  1061
Von Reinhardt bis Brecht s. Ihering,
  Herbert
Vor dem Tore s. Gabor, Andor
Vor der Entscheidung s. Unruh, Fritz von
Vor Sonnenaufgang s. Hauptmann,
  Gerhart
Vor Sonnenuntergang, s. Hauptmann,
  Gerhart
Vring, Georg von der 33
  Soldat Suhren 861

Wäscher, Aribert 207, 462, 464, 485,
  495 f., 498, 542, 641, 643, 645, 743,
  746 ff., 755, 766, 769 ff., 1132, 1134 f.,
  1137, 1150
Wagner, Elsa 76, 231, 343, 372, 457, 459,
  539, 635, 637, 639, 808 f., 811, 851,
  1091, 1132 f., 1135, 1137, 1150
Wagner, Heinrich Leopold 388
  (Die) Kindsmörderin 255, 959
Wagner, Paul 1078, 1086
Wagner, Richard 174, 537 f., 692, 714,
  752, 987
  (Die) Götterdämmerung 986
  (Die) Meistersinger von Nürnberg 557

1243

Parsifal 179, 987, 1148
Tannhäuser 932
Tristan und Isolde 714
Wieland (Opernentwurf) 656
(Die) Wahlverwandtschaften s. Goethe Johann Wolfgang von
(Der) Wald s. Ostrowsky, Nikolai A.
Waldau, Gustav (eigtl. Gustav Freiherr von Rummel) 20, 332 f., 518, 520 f., 529, 532 f., 704, 720, 969
Walden, Herwarth 301, 564
(Die) vier Toten der Fiametta 19
Waldis, Otto 805
Wall, Hildegard 186
Wallauer, Carl 387
Wallburg, Otto 49, 56, 82, 127, 666, 971, 973, 976
Wallenstein s. Schiller, Friedrich
Walzel, Oskar 233 f.
Walzertraum (Film) s. Berger, Ludwig
(Die) Wandlung s. Toller, Ernst
Wangel, Hedwig 608, 913, 1018 f., 1110
Wangenheim, Gustav von 1104, 1139
(Die) Maus in der Falle (Die Mausefalle) 1061, 1111
Was ich suche s. Faktor, Emil
Was ihr wollt s. Shakespeare, William
Was jede Frau weiß s. Barrie, James Matthew
Was wird aus Deutschlands Theater? s. Kerr, Alfred
Wasser für Canitoga s. Rehfisch, Hans José
Wassermann, Klara 127
Waßmann, Hans 153, 155, 168 f., 428, 669, 671, 673, 719, 789, 1025
Watteau, Antoine 155
Watters, Gloryl – Hopkins, Arthur Artisten 23, 839, 873–881, 911
Wauer, William 70
Weber, Max 14
Weber, Franz 186, 743, 755, 1058
Weber, Otto 365, 809
(Die) Weber s. Hauptmann, Gerhart
(Die) Weber (Film) 831, 850
Wedekind, Frank 11, 16 f., 19 ff., 59, 65, 67, 71, 95 f., 106, 108, 110, 151, 180, 201, 210, 247, 293 f., 403, 411, 422, 442, 444, 449, 474, 478 f., 491, 493–498, 526, 575, 610, 685 f., 736, 738, 740 ff., 747, 806, 883, 889, 932, 937 f., 947, 1005, 1055, 1163, 1171 f.
(Die) Büchse der Pandora 279, 419, 421, 496 f., 700, 741, 743, 883

Erdgeist 210, 576 f., 741 ff.
Franziska 210, 214
Frühlings Erwachen 210, 906
Hidalla (auch: Karl Hetmann, der Zwergriese) 21, 105, 110, 210, 395, 398 ff., 442, 523, 938
(Die) junge Welt 609
König Nicolo 21, 210, 547, 799
Lulu (Erdgeist und Die Büchse der Pandora) 741–748
(Der) Marquis von Keith 21, 63, 210–215, 256, 275, 395, 418
Schloß Wetterstein 741
Simson 395–398, 620
Wedekind, Pamela 735, 1001, 1003, 1005
Wedekind, Tilly 397, 745, 747 f.
(Der) Weg ins Leben (Film) s. Strehlik, Miroslav
Wegener, Paul 76, 78 f., 84, 86, 99, 101, 103, 112 f., 115, 151, 168 f., 178–182, 204 f., 207 ff., 259, 312, 400, 487, 581, 586 f., 734, 814, 816 f., 820, 824, 1020, 1130
Wehner, Joseph Magnus 1155
Weichert, Richard 17, 19 f., 24, 34, 44, 91, 106–110, 133, 145 ff., 149, 156, 203, 227, 244, 266, 270 f., 284, 572, 574, 577, 593, 602, 604, 624, 720, 741, 748 f., 751 f., 776, 799, 805, 889, 910 f., 914 f., 917, 951, 991, 1028, 1040, 1063, 1172, 1176
Weigel, Helene 349, 376, 481, 688, 697, 699–703, 880, 920, 922 f., 941, 943, 1068 f., 1071, 1074, 1076, 1102, 1104–1108, 1168
Weill, Kurt 707, 880, 931, 1069, 1071 f.
Weill, Kurt – Brecht, Bertolt
Aufstieg und Fall der Stadt Mahagonny 917, 1068, 1102
(Die) Dreigroschenoper 23, 27 f., 41, 564, 840, 878–888, 925, 1069, 1071
Happy End 965, 994, 1069, 1114
(Das) kleine Mahagonny 880
Weisenborn, Günter 839, 892 f.
(Die) Mutter 1104
U-Boot S 4 31 f., 892–897
Weiß, Ernst 24, 425
(Die) Galeere 442
Nahar 442
Olympia 441–446, 474, 481
Tiere in Ketten 442, 445
Weiß, Peter 36
(Der) weiße Heiland s. Hauptmann, Gerhart

(Das) weiße Schweigen (Film) 1009
(Die) weißen Götter s. Stucken, Eduard
(Die) weite Heimreise s. O'Neill, Eugene
Welk, Ehm
  Gewitter über Gottland 29, 32, 775, 784–789, 791, 802, 1062
  Kreuzabnahme 786
Wellenkamp, Bruno
  Ogarow 939
Wellington, Arthur Wellesley, Herzog von 371 f.
(Die) Welt der Tragödie s. Marcuse, Ludwig
(Die) Welt im Drama s. Kerr, Alfred
(Die) Welt im Licht s. Kerr, Alfred
Weltliteratur und andere Essays s. Wiegler, Paul
Weltmann, Lutz 512
Wendel, Fritz 1049
Wendhausen, Fritz 418, 420, 422, 578, 580
Wendt, Ernst 55 f.
Wenglor, Alice 88
Wer weint um Juckenack? s. Rehfisch, Hans José
Werfel, Franz 274, 387, 488, 1121, 1177
  Juarez und Maximilian 662, 1032
  Schweiger 488 f.
  Spiegelmensch 488
  (Die) Troerinnen 1014
Werner, Anton von 1057
Werner, Emil F. 243
Werner, Walter 457, 850 f., 853, 1058
Wernicke, Otto 334, 448, 450 ff.
Werther, Kurt 1066, 1068
Werther, Otto 653 f., 854, 858 f.
Werthers, Die Leiden des jungen s. Goethe, Johann Wolfgang von
Wesolowski, Maximilian 624, 664
Wessely, Paula 1132
Westecker, Wilhelm 924 f., 996 f., 1172
Wetterleuchten s. Strindberg, August
(Der) Widerspenstigen Zähmung s. Shakespeare, William
Widmann, Ellen 694, 1066, 1068
Wie es euch gefällt s. Shakespeare, William
Wie lange noch, du Hure bürgerliche Gerechtigkeit s. Jung, Franz
Wie stehn die Fronten? s. Wolf, Friedrich
Wiecke, Paul 233 ff., 360 ff., 486 f.
Wied, Gustav 296
Wiegler, Paul 38, 151, 204 ff., 300, 395,
426 ff., 465, 501 f., 537 f., 594 f., 619 f., 747 f., 784, 883, 893 ff., 922 ff., 926 f., 937 f., 1109 f., 1131 f., 1164, 1177
Französisches Theater der Vergangenheit 1177
Weltliteratur und andere Essays 1177
Wieland (Opernentwurf) s. Wagner, Richard
Wiemann, Mathias 666, 760 f., 868, 870 f., 901, 953 ff., 985, 987, 990, 1093, 1127, 1129
Wierth, Alexander 114, 236
Wilbrandt, Adolf von
  (Der) Meister von Palmyra 866
Wilde, Oscar 558
  (Das) Bildnis des Dorian Gray 85, 732
  Salome 426, 923
Wildenbruch, Ernst von 558, 1166
  (Die) Quitzows 26
(Die) Wildente s. Ibsen, Henrik
Wildgans, Anton 99, 283, 331, 854
Wilhelm I., Kaiser 167
Wilhelm II., Kaiser 11 f., 34, 105, 616 f., 648, 650, 763 f., 782, 812 f., 816 f., 1081
Wilhelm Meister s. Goethe, Johann Wolfgang von
Wilhelm Tell s. Schiller, Friedrich von
Wilson, Thomas Woodrow 47, 105, 131, 154, 216
Wilson (Zoologe) 1011
Windschild, Hertha 737
Winter, Cläre 994
Winterballade s. Hauptmann, Gerhart
Winterheld, Adolf 948
Winterstein, Eduard von 77 f., 168, 192, 196 ff., 260, 263, 313, 365, 583, 669, 671, 971, 976, 1078 f., 1127, 1129
Wir sind Kameraden s. Lampel, Peter Martin
Wird Hill amnestiert? s. Feuchtwanger, Lion
Wissen und Gewissen s. Johst, Hanns
Wisten, Fritz 624, 665
Witte, Heinrich 274, 278, 548, 553, 590, 627, 712, 714, 716, 809, 850
Wittfogel, Karl August
  (Der) Krüppel 201
Witzmann (Bühnenbildner) 518
Wlach, Hermann 620, 624, 1099
Wladigeroff, P. 346
(Die) Wölfe s. Rolland, Romain
Wohlbrück, Adolf 20, 868, 1035, 1038, 1040

Wohlgemuth, Else 127, 393
Woiwode, Lina 976
Wojan, Olga 162
Wolf Dietrich, Erzbischof von Salzburg 222
Wolf, Friedrich 20, 34, 956, 1040, 1062 f.
  (Der) arme Konrad 958, 1067
  Cyankali 31 f., 956–961, 994, 1044 f.
  Cyankali (Film) 1041
  Das bist du 956
  (Die) Jungens von Mons 1063
  Kolonne Hund 915, 956, 958, 960, 1067
  Kunst ist Waffe 1045
  (Die) Matrosen von Cattaro 32, 1040–1047, 1062, 1067
  Professor Mamlock (Dr. Mannheim) 1140
  Tai Yang erwacht 29, 1062–1068
  Wie stehen die Fronten? 1061, 1063
  (Das) Bühnenwerk Friedrich Wolfs s. Pollatschek
Wolf, Georg Jacob 332 ff., 449, 1161 f.
Wolf, Hugo 199
Wolfenstein, Alfred 375
Wolff, Hertha 1016
Wolff, Kurt 1173
Wolff, Kurt, Verlag 64, 136
Wolff, Peter 906
Wolff, Theodor 1163
Wolfgang, Martin 294, 495, 1079
Wollf, Julius Ferdinand 235 f., 1177
Woyzeck s. Büchner, Georg
Wozzeck (Oper) s. Berg, Alban
Wüllner, Ludwig 177 f.
Wüstenhagen, Karl 859, 861
(Die) Wupper s. Lasker-Schüler, Else
Wyda, Emmy 645

Xerxes 527

Zaepfel, Armand 823, 857
Zarek, Otto 375
(Der) Zauberer Gottes s. Fechter, Paul
Zaza s. Berton, Pierre – Simon, Charles
Zech, Paul
  (Das) trunkene Schiff 784
Zeise-Gött, Hans 492
Zeiß, Carl 19 f., 24, 47, 53, 63, 91, 121, 134, 146, 149, 203, 446, 448, 505
Zeller, Wolfgang 896

Zelnik, Friedrich 1077
(Der) Zentaur s. Kaiser, Georg
(Der) zerbrochene Krug s. Kleist, Heinrich von
Zero s. Unruh, Fritz von
Zickel 998, 1077
Ziegel, Erich 17, 19 f., 26, 34, 47 f., 105, 124, 156, 289 f., 292, 453 f., 723, 741 f., 1041
Ziegler, Hans Severus 1114, 1118 ff.
Ziegler, Martha 737
Ziese, Maxim
  Siebenstein 1157 f.
Zille, Heinrich 766
Ziller, M. Otto 487
Zimmerer, Toni 809
Zimmermann, Fritz 113 f.
Zimmermann, Johanna 143
Zingler, Galerie 63
Zistig, Carl 68, 186
Zoff, Otto 15, 19 f., 57, 91, 748
Zola, Emile Edouard Charles Antoine 1001 f., 1004 f., 1124
  (Le) Docteur Pascal 1124
Zu ebener Erde und im ersten Stock s. Nestroy, Johann
Zuckmayer, Carl 35, 106, 203, 272 f., 283, 350, 376 f., 407, 426, 505, 601, 609, 644, 667, 748, 753, 755, 888, 904, 910, 932, 1076 f., 1092 f., 1095, 1168
  (Der) blaue Engel (Drehbuch nach Heinrich Manns Roman »Professor Unrat«) 1076
  (Der) Eunuch (Bearbeitung des Stückes von Terenz) 426
  (Der) fröhliche Weinberg 35, 601, 667–675, 799 ff., 805, 910 ff., 927, 1076, 1164
  (Der) Hauptmann von Köpenick 35 f., 556, 800, 1076–1086
  Kakadu Kakada 1015, 1077
  Kat (Deutsche Bühnenbearbeitung des Romans »In einem anderen Land« von Ernest Hemingway) 1077
  Katharina Knie 37, 910–916, 1076
  Kreuzweg 272–278, 667 f., 670, 804, 912
  Pankraz erwacht (Kiktahan oder Die Hinterwäldler) 24, 639, 667
  Rivalen (Bearbeitung des Stückes »What Price Glory« von Maxwell Anderson und Laurence Stallings) 951 f., 961, 1065, 1076

(Der) Schelm von Bergen 1140
Schinderhannes 760, 799–806, 910, 912, 914 f., 1083
Zum goldenen Anker s. Pagnol, Marcel
Zurück zu Methusalem s. Shaw, George Bernard
Zwehl, Hans von 823
Zwei Krawatten s. Kaiser, Georg

Zweig, Arnold 33
(Der) Streit um den Sergeanten Grischa 861 f., 1047
Zweigenthal, Hermann 1133, 1135 ff.
Zweimal Oliver s. Kaiser, Georg
(Der) Zweite s. Goering, Reinhard
Zwischen zwei Revolutionen s. Heilborn, Ernst

Inhaltsverzeichnis

Hinweis ... 9
Das Theater der Republik ... 11
  Weimar und der Expressionismus ... 11
  Die Väter und die Söhne ... 12
  Die Zerstörung des Dramas ... 14
  Die neuen Schauspieler ... 16
  Die Provinz regt sich ... 18
  Los von Berlin – Los von Reinhardt ... 20
  Berlin und Wien ... 22
  Zersetzter Expressionismus ... 24
  Die große Veränderung ... 25
  Brecht und Piscator ... 27
  Wirklichkeit! Wirklichkeit! ... 30
  Hitler an der Rampe ... 33
  Der große Rest ... 35
  Wieviel wert ist die Kritik? ... 37
  Alte und neue Grundsätze ... 38
  Selbstverständnis und Auseinandersetzungen ... 41
  Die Macht und die Güte ... 44

1917 ... 47
René Schickele, Hans im Schnakenloch ... 48
  rb., Frankfurter Zeitung ... 48
  Alfred Kerr, Der Tag, Berlin ... 50
  Siegfried Jacobsohn, Die Schaubühne, Berlin ... 52
Georg Kaiser, Die Bürger von Calais ... 53
  Kasimir Edschmid, Neue Zürcher Zeitung ... 54
  Heinrich Simon, Frankfurter Zeitung ... 55
  Alfred Polgar, Vossische Zeitung, Berlin ... 56
Georg Kaiser, Von Morgens bis Mitternachts ... 57
  Richard Elchinger, Münchner Neueste Nachrichten ... 58
  Richard Braungart, Münchener Zeitung ... 60
  P. S., Frankfurter Zeitung ... 61
  Richard Specht, Berliner Börsen-Courier ... 62
Oskar Kokoschka, Mörder, Hoffnung der Frauen – Hiob – Der brennende Dornbusch ... 63
  Robert Breuer, Die Schaubühne, Berlin ... 64
  Bernhard Diebold, Frankfurter Zeitung ... 66
  Alfred Kerr, Der Tag, Berlin ... 69
Gerhart Hauptmann, Winterballade ... 72
  Siegfried Jacobsohn, Die Schaubühne, Berlin ... 73
  Julius Hart, Der Tag, Berlin ... 75
  Emil Faktor, Berliner Börsen-Courier ... 77

Georg Kaiser, Die Koralle 79
   Bernhard Diebold, Frankfurter Zeitung 79
   Kasimir Edschmid, Vossische Zeitung, Berlin, und Neue Zürcher Zeitung 82
   Emil Faktor, Berliner Börsen-Courier 83
   Alfred Kerr, Der Tag, Berlin 84
Hanns Johst, Der Einsame, ein Menschenuntergang 86
   Artur Kutscher, Berliner Tageblatt 87
   M., Düsseldorfer Generalanzeiger 88
   Alfred Polgar, Die Schaubühne, Berlin 89
   Fritz Engel, Berliner Tageblatt 89
Paul Kornfeld, Die Verführung 91
   Bernhard Diebold, Frankfurter Zeitung 91
   Kasimir Edschmid, Vossische Zeitung, Berlin 94
   Alfred Polgar, Prager Tageblatt und Die Schaubühne, Berlin .. 95
Reinhard Johannes Sorge, Der Bettler 97
   Emil Faktor, Berliner Börsen-Courier 98
   Fritz Engel, Berliner Tageblatt 100
   Siegfried Jacobsohn, Die Schaubühne, Berlin 101

1918 105
Walter Hasenclever, Der Sohn 106
   Fritz Droop, Mannheimer Tageblatt 107
   Ernst Leopold Stahl, Neue Badische Landeszeitung, Mannheim .. 108
   Siegfried Jacobsohn, Die Weltbühne, Berlin 110
Reinhard Goering, Seeschlacht 112
   Fritz Zimmermann, Dresdner Nachrichten 113
   Emil Faktor, Berliner Börsen-Courier 114
   Willi Handl, Berliner Lokal-Anzeiger 116
   Siegfried Jacobsohn, Die Weltbühne, Berlin 117
Fritz von Unruh, Ein Geschlecht 118
   Bernhard Diebold, Frankfurter Zeitung 119
   Karl Viëtor, Norddeutsche Allgemeine Zeitung, Berlin, und Münchener Zeitung 122
   Emil Faktor, Berliner Börsen-Courier 122
   Fritz Engel, Berliner Tageblatt 123
   Siegfried Jacobsohn, Die Weltbühne, Berlin 124
Georg Kaiser, Gas 124
   Bernhard Diebold, Frankfurter Zeitung 125
   M., Düsseldorfer Generalanzeiger 127
   Herbert Ihering, Berliner Börsen-Courier 128
   Alfred Kerr, Der Tag, Berlin 129

1919 133
Carl Sternheim, 1913 134
   Bernhard Diebold, Frankfurter Zeitung 135
   Emil Faktor, Berliner Börsen-Courier 137
   Alfred Kerr, Berliner Tageblatt 139
   Norbert Falk, BZ am Mittag, Berlin 140

Carl Sternheim, Tabula rasa 141
   Fritz Engel, Berliner Tageblatt 141
   Alfred Kerr, Der Tag, Berlin 143
   Conrad Schmidt, Vorwärts, Berlin 145
Walter Hasenclever, Antigone 145
   Oscar Quindt, Frankfurter Volksstimme 146
   Bernhard Diebold, Frankfurter Zeitung 147
   Emil Faktor, Berliner Börsen-Courier 150
   Paul Wiegler, BZ am Mittag, Berlin 151
William Shakespeare, Wie es euch gefällt 152
   Emil Faktor, Berliner Börsen-Courier 152
   Willi Handl, Berliner Lokal-Anzeiger 153
   Siegfried Jacobsohn, Die Weltbühne, Berlin 154
Ernst Toller, Die Wandlung 156
   Herbert Ihering, Der Tag, Berlin 157
   Emil Faktor, Berliner Börsen-Courier 159
   Alfred Kerr, Berliner Tageblatt (Morgenausgabe) 162
   Alfred Kerr, Berliner Tageblatt (Abendausgabe) 163
   Karl Strecker, Tägliche Rundschau, Berlin 164
William Shakespeare, Cymbeline 165
   Siegfried Jacobsohn, Die Weltbühne, Berlin 165
   Emil Faktor, Berliner Börsen-Courier 168
Eröffnung des Großen Schauspielhauses in Berlin – Aischylos, Orestie .. 170
   Paul Fechter, Deutsche Allgemeine Zeitung, Berlin .. 171
   Fritz Engel, Berliner Tageblatt 174
   Fritz Engel, Berliner Tageblatt (Abendausgabe) 175
   Stefan Großmann, Vossische Zeitung, Berlin 177
August Strindberg, Advent 178
   Siegfried Jacobsohn, Die Weltbühne, Berlin 179
   Fritz Engel, Berliner Tageblatt 180
   Norbert Falk, BZ am Mittag, Berlin 181
Georg Kaiser, Hölle Weg Erde 183
   Bernhard Diebold, Frankfurter Zeitung 184
   Herbert Ihering, Der Tag, Berlin 187
   Willi Handl, Berliner Lokal-Anzeiger 188
Friedrich Schiller, Wilhelm Tell 190
   Herbert Ihering, Berliner Börsen-Courier 190
   Siegfried Jacobsohn, Die Weltbühne, Berlin 191
   Alfred Kerr, Berliner Tageblatt 193
   Paul Fechter, Deutsche Allgemeine Zeitung, Berlin .. 194
   Norbert Falk, BZ am Mittag, Berlin 196
Die ersten »Proletarischen Theater«
I. Arthur Holitscher – Karl-Heinz Martin 198
   Herbert Cranz, Freiheit 198
      Manfred Georg, BZ am Mittag, Berlin 198
      Alfred Kerr, Berliner Tageblatt 199
II. Erwin Piscator 200
   Franz Jung, Die Kanaker 201
      Die Rote Fahne, Berlin 201

1920 203
Romain Rolland, Danton 204
   Paul Wiegler, BZ am Mittag, Berlin 204
   Herbert Ihering, Der Tag, Berlin 206
   Paul Fechter, Deutsche Allgemeine Zeitung, Berlin 207
Frank Wedekind, Der Marquis von Keith 210
   Emil Faktor, Berliner Börsen-Courier 210
   Alfred Kerr, Berliner Tageblatt 212
   Norbert Falk, BZ am Mittag, Berlin 213
   Herbert Ihering, Der Tag, Berlin 214
Gerhart Hauptmann, Der weiße Heiland 216
   Alfred Kerr, Berliner Tageblatt 216
   Norbert Falk, BZ am Mittag, Berlin 218
   Herbert Ihering, Berliner Börsen-Courier 219
Eröffnung der Salzburger Festspiele – Hugo von Hofmannsthal,
   Jedermann 221
   Joseph August Lux, München-Augsburger Abendzeitung ... 222
   ld., Neues Wiener Tagblatt 224
   Oscar Bie, Münchener Zeitung 225
Paul Kornfeld, Himmel und Hölle 227
   Emil Faktor, Berliner Börsen-Courier 228
   Herbert Ihering, Der Tag, Berlin 229
   Norbert Falk, BZ am Mittag, Berlin 231
   Fritz Engel, Berliner Tageblatt 232
   Ernst Heilborn, Frankfurter Zeitung 232
Hanns Johst, Der König 233
   Oskar Walzel, Deutsche Allgemeine Zeitung, Berlin 233
   Julius Ferdinand Wollf, Dresdner Neueste Nachrichten . 235
   Lion Feuchtwanger, Münchner Montagszeitung 236
William Shakespeare, Julius Caesar 237
   Hans Flemming, Berliner Tageblatt 238
   Norbert Falk, BZ am Mittag, Berlin 239
   Emil Faktor, Berliner Börsen-Courier 241
Fritz von Unruh, Platz 243
   Bernhard Diebold, Frankfurter Zeitung 244
   Max Geisenheyner, Mittagsblatt der Frankfurter Zeitung 249
   Max Fleischer, Kölnische Zeitung 253
Entdeckung der Käthe Dorsch – Hans Müller-Einingen, Die Flamme .. 255
   Alfred Kerr, Berliner Tageblatt 255
   Herbert Ihering, Der Tag, Berlin 256
   Norbert Falk, BZ am Mittag, Berlin 256
William Shakespeare, Richard III. 256
   Alfred Kerr, Berliner Tageblatt 257
   Siegfried Jacobsohn, Die Weltbühne, Berlin 260
   Artur Michel, Deutsche Allgemeine Zeitung, Berlin 264
Walter Hasenclever, Jenseits 266
   Hanns Braun, Münchener Zeitung 267
   Herbert Ihering, Berliner Börsen-Courier 269
   Bernhard Diebold, Frankfurter Zeitung 270

Carl Zuckmayer, Kreuzweg 272
    Emil Faktor, Berliner Börsen-Courier 273
    Alfred Kerr, Berliner Tageblatt 275
    Herbert Ihering, Der Tag, Berlin 276
Arthur Schnitzler, Der Reigen 278
    Alfred Kerr, Berliner Tageblatt 279
    Herbert Ihering, Berliner Börsen-Courier 280
    Ludwig Sternaux, Berliner Lokal-Anzeiger 282
    Paul Wiegler, BZ am Mittag, Berlin 282

1921 283
Fritz von Unruh, Louis Ferdinand, Prinz von Preußen 284
    Bernhard Diebold, Frankfurter Zeitung 284
    Franz Servaes, Berliner Lokal-Anzeiger 287
    Emil Faktor, Berliner Börsen-Courier 288
Ernst Barlach, Die echten Sedemunds 289
    Carl Anton Piper, Hamburger Nachrichten 290
    Herbert Ihering, Der Tag, Berlin 293
    Fritz Engel, Berliner Tageblatt 294
    Siegfried Jacobsohn, Die Weltbühne, Berlin 295
Sophokles, Antigone 297
    Herbert Ihering, Berliner Börsen-Courier 298
    Paul Fechter, Deutsche Allgemeine Zeitung, Berlin 299
    Paul Wiegler, BZ am Mittag, Berlin 300
    Franz Servaes, Berliner Lokal-Anzeiger 301
August Stramm, Kräfte 301
    Alfred Kerr, Berliner Tageblatt (Abendausgabe) 302
    Emil Faktor, Berliner Börsen-Courier 305
    Siegfried Jacobsohn, Die Weltbühne, Berlin 306
Friedrich Schiller, Die Verschwörung des Fiesco zu Genua 307
    Emil Faktor, Berliner Börsen-Courier 308
    Alfred Kerr, Berliner Tageblatt 310
    Siegfried Jacobsohn, Die Weltbühne, Berlin 311
Friedrich Schiller, Die Räuber 313
    Emil Faktor, Berliner Börsen-Courier 314
    Ludwig Sternaux, Berliner Lokal-Anzeiger 317
    Paul Fechter, Deutsche Allgemeine Zeitung, Berlin 318
Ernst Toller, Masse Mensch 320
    Karl Bröger 321
    Alfred Kerr, Berliner Tageblatt 323
    Siegfried Jacobsohn, Die Weltbühne, Berlin 325
    Hermann Kienzl, Steglitzer Anzeiger 326
Gerhart Hauptmann, Peter Brauer 326
    Alfred Kerr, Berliner Tageblatt 327
    Emil Faktor, Berliner Börsen-Courier 329
    Norbert Falk, BZ am Mittag, Berlin 330
Hugo von Hofmannsthal, Der Schwierige 331
    Georg Jacob Wolf, München-Augsburger Abendzeitung 332
    Herbert Ihering, Berliner Börsen-Courier 334

Alfred Kerr, Berliner Tageblatt ... 335
Siegfried Jacobsohn, Die Weltbühne, Berlin ... 336
William Shakespeare, Othello ... 337
    Emil Faktor, Berliner Börsen-Courier ... 338
    Fritz Engel, Berliner Tageblatt ... 340
    Paul Fechter, Deutsche Allgemeine Zeitung, Berlin ... 341
August Strindberg, Traumspiel ... 343
    Norbert Falk, BZ am Mittag, Berlin ... 344
    Ludwig Sternaux, Berliner Lokal-Anzeiger ... 345
    Paul Fechter, Deutsche Allgemeine Zeitung, Berlin ... 347

1922 ... 349
Hans Henny Jahnn, Die Krönung Richards III. ... 350
    Hans Natonek, Berliner Börsen-Zeitung ... 351
    Herbert Ihering, Der Tag, Berlin ... 352
Friedrich Schiller, Don Carlos ... 353
    Emil Faktor, Berliner Börsen-Courier ... 354
    Alfred Kerr, Berliner Tageblatt ... 356
    Paul Fechter, Deutsche Allgemeine Zeitung, Berlin ... 358
Gerhart Hauptmann, Indipohdi (Das Opfer) ... 360
    R. Elb. ... 361
    reb. ... 362
    Fritz Engel, Berliner Tageblatt ... 363
Gerhart Hauptmann, Die Ratten ... 365
    Franz Servaes, Berliner Lokal-Anzeiger ... 365
    E. M., BZ am Mittag, Berlin ... 366
    Leo Greiner, Berliner Börsen-Courier ... 368
Christian Dietrich Grabbe, Napoleon oder die Hundert Tage ... 369
    Emil Faktor, Berliner Börsen-Courier ... 370
    Norbert Falk, BZ am Mittag, Berlin ... 372
    Hans Flemming, Berliner Tageblatt ... 374
Arnolt Bronnen, Vatermord ... 375
    Carl Zuckmayer, Die neue Schaubühne, Dresden ... 376
    Emil Faktor, Berliner Börsen-Courier ... 377
    Monty Jacobs, Vossische Zeitung, Berlin ... 379
    Herbert Ihering, Der Tag, Berlin ... 381
Ernst Toller, Die Maschinenstürmer ... 383
    Hermann Kienzl, Steglitzer Anzeiger ... 383
    Max Osborn, Berliner Morgenpost ... 386
    Artur Michel, Vossische Zeitung, Berlin ... 387
Hugo von Hofmannsthal, Das Salzburger Große Welttheater ... 389
    Raoul Auernheimer, Neue Freie Presse, Wien ... 390
    Alfred Polgar ... 393
Frank Wedekind, Simson – Frank Wedekind, Hidalla ... 395
    Emil Faktor, Berliner Börsen-Courier ... 396
    Rolf Brandt, Berliner Lokal-Anzeiger ... 397
    Franz Servaes, Berliner Lokal-Anzeiger ... 398
    Emil Faktor, Berliner Börsen-Courier ... 399

    Bertolt Brecht, Trommeln in der Nacht 400
        Hermann Sinsheimer, Münchner Neueste Nachrichten 401
        Julius Bab, Hannoversches Tageblatt 403
        Siegfried Jacobsohn, Die Weltbühne, Berlin 404
        Emil Faktor, Berliner Börsen-Courier 405
        Alfred Kerr, Berliner Tageblatt 406
        Herbert Ihering, Berliner Börsen-Courier 408
    William Shakespeare, Macbeth 410
        Alfred Kerr, Berliner Tageblatt 411
        Ludwig Sternaux, Berliner Lokal-Anzeiger 413
        Norbert Falk, BZ am Mittag, Berlin 415
        Herbert Ihering, Berliner Börsen-Courier 416
    August Strindberg, Königin Christine 418
        Norbert Falk, BZ am Mittag, Berlin 419
        Arthur Eloesser, Das blaue Heft 420
        Alfred Kerr, Berliner Tageblatt 420

1923 425
Heinrich von Kleist, Das Käthchen von Heilbronn 426
    Paul Wiegler, BZ am Mittag, Berlin 426
    Emil Faktor, Berliner Börsen-Courier 428
    Siegfried Jacobsohn, Die Weltbühne, Berlin 430
August Strindberg, Fräulein Julie 431
    Alfred Kerr, Berliner Tageblatt 432
    Herbert Ihering, Berliner Börsen-Courier 434
    Arthur Eloesser, Das blaue Heft 435
Hugo von Hofmannsthal, Der Unbestechliche 436
    R. H. – r., Wiener Zeitung 437
    Emil Faktor, Berliner Börsen-Courier 438
    Ludwig Sternaux, Berliner Lokal-Anzeiger 440
    Norbert Falk, BZ am Mittag, Berlin 440
Ernst Weiß, Olympia 441
    Herbert Ihering, Berliner Börsen-Courier 442
    Alfred Kerr, Berliner Tageblatt 444
    Franz Servaes, Berliner Lokal-Anzeiger 445
Bertolt Brecht, Im Dickicht 446
    Herbert Ihering, Berliner Börsen-Courier 447
    Georg Jacob Wolff, Münchener Zeitung 449
        Horst Wolfram Geißler, München-Augsburger Abendzeitung 450
        Josef Stolzing, Völkischer Beobachter (Münchner Ausgabe) 452
Ernst Barlach, Der arme Vetter 453
    Paul Fechter, Deutsche Allgemeine Zeitung, Berlin 454
    Alfred Klaar, Vossische Zeitung, Berlin 456
    Herbert Ihering, Berliner Börsen-Courier 458
Ernst Barlach, Der tote Tag 460
    Monty Jacobs, Vossische Zeitung, Berlin 460
    Emil Faktor, Berliner Börsen-Courier 462
    Ludwig Sternaux, Berliner Lokal-Anzeiger 464
    Paul Wiegler, BZ am Mittag, Berlin 465

Theater im Schloß Leopoldskron – Molière, Der eingebildete Kranke .. 465
   Raoul Auernheimer, Neue Freie Presse, Wien 466
Hans Henny Jahnn, Pastor Ephraim Magnus 469
   Emil Faktor, Berliner Börsen-Courier 470
   Franz Servaes, Berliner Lokal-Anzeiger 472
   Fred Hildenbrandt, Berliner Tageblatt 473
Hermann Essig, Überteufel 474
   Herbert Ihering, Berliner Börsen-Courier 475
   Monty Jacobs, Vossische Zeitung, Berlin 476
   Alfred Kerr, Berliner Tageblatt 478
Neue Gründungen: Auswege aus der Krise? – Georg Kaiser, Nebeneinander 480
   Emil Faktor, Berliner Börsen-Courier 481
   Ludwig Sternaux, Berliner Lokal-Anzeiger 483
   Siegfried Jacobsohn, Die Weltbühne, Berlin 484
Ernst Toller, Hinkemann – Bertolt Brecht, Baal 486
   Herbert Ihering, Berliner Börsen-Courier 487
   Alfred Kerr, Berliner Tageblatt 490
Robert Musil, Vinzenz oder Die Freundin bedeutender Männer 493
   Alfred Kerr, Berliner Tageblatt 493
   Ludwig Sternaux, Berliner Lokal-Anzeiger 495
   Herbert Ihering, Berliner Börsen-Courier 497
Menschenkunst 498
   Fritz Kortner: Henrik Ibsen, John Gabriel Borkmann
      Emil Faktor, Berliner Börsen-Courier 499
   Werner Krauß – Käthe Dorsch: George Bernard Shaw, Pygmalion
      Norbert Falk, BZ am Mittag, Berlin 499
   Eugen Klöpfer: Henrik Ibsen, Ein Volksfeind
      Franz Servaes, Berliner Lokal-Anzeiger 500
   Fritz Kortner: August Strindberg, Rausch
      Herbert Ihering, Berliner Börsen-Courier 501
   Käthe Dorsch: Henrik Ibsen, Nora
      Paul Wiegler, BZ am Mittag, Berlin 501
   Eugen Klöpfer: Gerhart Hauptmann, Michael Kramer
      Alfred Kerr, Berliner Tageblatt 502
   Elisabeth Bergner: William Shakespeare, Wie es euch gefällt
      Herbert Ihering, Berliner Börsen-Courier 503
   Elisabeth Bergner: William Shakespeare, Was ihr wollt
      Max Osborn, Berliner Morgenpost 503

1924 505
Bertolt Brecht, Leben Eduards des Zweiten von England 506
   Hanns Braun, Münchener Zeitung 506
   Walter Behrend, Münchner Neueste Nachrichten 508
   Herbert Ihering, Berliner Börsen-Courier 509
Georg Kaiser, Kolportage 512
   Ludwig Sternaux, Berliner Lokal-Anzeiger 513
   Herbert Ihering, Berliner Börsen-Courier 514

Die Rückkehr Max Reinhardts – Carlo Goldini, Der Diener zweier Herren 516
  Moritz Scheyer, Neues Wiener Tagblatt 517
  Emil Faktor, Berliner Börsen-Courier 519
  Norbert Falk, BZ am Mittag, Berlin 520
  Monty Jacobs, Vossische Zeitung, Berlin 521
Arnolt Bronnen, Anarchie in Sillian 522
  Fritz Engel, Berliner Tageblatt 523
  Franz Servaes, Berliner Lokal-Anzeiger 525
  Arthur Eloesser, Das blaue Heft 526
  Monty Jacobs, Vossische Zeitung, Berlin 527
Hugo von Hofmannsthal, Der Schwierige 528
  Felix Salten, Neue Freie Presse, Wien 529
  Herbert Ihering, Berliner Börsen-Courier 533
Friedrich Hebbel, Die Nibelungen 534
  Alfred Klaar, Vossische Zeitung, Berlin 535
  Paul Wiegler, BZ am Mittag, Berlin 537
  Herbert Ihering, Berliner Börsen-Courier 538
Alfons Paquet, Fahnen 540
  Max Osborn, Berliner Morgenpost 541
  Monty Jacobs, Vossische Zeitung, Berlin 542
  Fh., Der Vorwärts, Berlin 545
Friedrich Schiller, Wallenstein 546
  Herbert Ihering, Berliner Börsen-Courier 547
  Fritz Engel, Berliner Tageblatt 551
  Norbert Falk, BZ am Mittag, Berlin 552
George Bernard Shaw, Die heilige Johanna 556
  Alfred Kerr, Berliner Tageblatt 557
  Norbert Falk, BZ am Mittag, Berlin 559
  Emil Faktor, Berliner Börsen-Courier 561
Bertolt Brecht, Im Dickicht 564
  Monty Jacobs, Vossische Zeitung, Berlin 564
  Alfred Kerr, Berliner Tageblatt 566
  Franz Servaes, Berliner Lokal-Anzeiger 568
  Julius Bab, Berliner Volks-Zeitung 569
  Siegfried Jacobsohn, Die Weltbühne, Berlin 571
Arnolt Bronnen, Katalaunische Schlacht 572
  Herbert Ihering, Berliner Börsen-Courier 573
  Bernhard Diebold, Frankfurter Zeitung 575
  Werner Deubel, Frankfurter Nachrichten 577
Die Aufnahme O'Neills 578
  Anna Christie: Alfred Kerr, Berliner Tageblatt 579
  Kaiser Jones: Arthur Eloesser, Das blaue Heft 580
  Der haarige Affe: Alfred Kerr, Berliner Tageblatt 582
  Unterm karibischen Mond: Herbert Ihering, Berliner Börsen-Courier 584
  Gier unter Ulmen: Monty Jacobs, Vossische Zeitung, Berlin 585
Bertolt Brecht, Leben Eduards des Zweiten von England 587
  Emil Faktor, Berliner Börsen-Courier 588
  Alfred Klaar, Vossische Zeitung, Berlin 590
  Alfred Kerr, Berliner Tageblatt 592

Luigi Pirandello, Sechs Personen suchen einen Autor 593
    Paul Wiegler, BZ am Mittag, Berlin 594
    Emil Faktor, Berliner Börsen-Courier 595
    Alfred Kerr, Berliner Tageblatt 598

1925 601
Klabund, Der Kreidekreis 602
    Bernhard Diebold, Frankfurter Zeitung 603
    Alfred Kerr, Berliner Tageblatt 605
    Monty Jacobs, Vossische Zeitung, Berlin 607
Hans José Rehfisch, Wer weint um Juckenack? 608
    Alfred Kerr, Berliner Tageblatt 609
    Herbert Ihering, Berliner Börsen-Courier 611
    Franz Servaes, Berliner Lokal-Anzeiger 612
Heinrich von Kleist, Der Prinz von Homburg 613
    Herbert Ihering, Berliner Börsen-Courier 614
    Norbert Falk, BZ am Mittag, Berlin 615
    Siegfried Jacobsohn, Die Weltbühne, Berlin 617
William Shakespeare, Coriolan 618
    Paul Wiegler, BZ am Mittag, Berlin 619
    Emil Faktor, Berliner Börsen-Courier 620
    Monty Jacobs, Vossische Zeitung, Berlin 622
Ernst Barlach, Die Sündflut 624
    Herbert Ihering, Berliner Börsen-Courier 625
    Alfred Kerr, Berliner Tageblatt 628
    Ludwig Sternaux, Berliner Lokal-Anzeiger 631
Arnolt Bronnen, Rheinische Rebellen 632
    Emil Faktor, Berliner Börsen-Courier 633
    Kurt Pinthus, 8-Uhr-Abendblatt, Berlin 635
    Max Osborn, Berliner Morgenpost 637
Arnolt Bronnen, Die Exzesse 639
    Monty Jacobs, Vossische Zeitung, Berlin 640
    Herbert Ihering, Berliner Börsen-Courier 642
    Alfred Kerr, Berliner Tageblatt 644
Gasbarra / Piscator, Trotz alledem 645
    Otto Steinicke, Die Rote Fahne, Berliner 646
    Fritz Engel, Berliner Tageblatt 649
Gerhart Hauptmann, Veland 650
    Fritz Engel, Berliner Tageblatt 651
    Otto Reiner, Frankfurter Zeitung 653
    Stefan Großmann, Das Tagebuch 655
George Bernard Shaw, Zurück zu Methusalem 657
    Herbert Ihering, Berliner Börsen-Courier 658
    Monty Jacobs, Vossische Zeitung, Berlin 659
Wolfgang Goetz, Gneisenau 662
    H. M., Württembergische Zeitung, Stuttgart 662
    Herbert Ihering, Berliner Börsen-Courier 665
Carl Zuckmayer, Der fröhliche Weinberg 667
    Monty Jacobs, Vossische Zeitung, Berlin 668

Alfred Kerr, Berliner Tageblatt ... 669
Felix Hollaender, 8-Uhr-Abendblatt, Berlin ... 671
Bernhard Diebold, Frankfurter Zeitung ... 673

1926 ... 677

Arnolt Bronnen, Ostpolzug ... 678
  Franz Leppmann, BZ am Mittag, Berlin ... 678
  Alfred Klaar, Vossische Zeitung, Berlin ... 679
  Herbert Ihering, Berliner Börsen-Courier ... 681
Bertolt Brecht, Baal ... 683
  Paul Fechter, Deutsche Allgemeine Zeitung, Berlin ... 684
  Herbert Ihering, Berliner Börsen-Courier ... 686
  Monty Jacobs, Vossische Zeitung, Berlin ... 688
  Johannes W. Harnisch, Der Montag, Berlin ... 689
Alfons Paquet, Sturmflut ... 690
  Herbert Ihering, Berliner Börsen-Courier ... 691
  Arthur Eloesser, Das blaue Heft ... 694
Friedrich Hebbel, Herodes und Mariamne ... 695
  Siegfried Jacobsohn, Die Weltbühne, Berlin ... 696
  Emil Faktor, Berliner Börsen-Courier ... 697
  Alfred Kerr, Berliner Tageblatt ... 699
  Norbert Falk, BZ am Mittag, Berlin ... 702
Georg Kaiser, Zweimal Oliver ... 703
  Bernhard Diebold, Frankfurter Zeitung ... 704
  Herbert Ihering, Berliner Börsen-Courier ... 707
  Emil Faktor, Berliner Börsen-Courier ... 709
Hans Henny Jahnn, Medea ... 710
  Emil Faktor, Berliner Börsen-Courier ... 711
  Alfred Kerr, Berliner Tageblatt ... 713
  Paul Fechter, Deutsche Allgemeine Zeitung, Berlin ... 715
Carlo Gozzi, Turandot ... 716
  Hanns Braun, Münchener Zeitung ... 717
Friedrich Schiller, Die Räuber ... 721
  Herbert Ihering, Berliner Börsen-Courier ... 722
  Alfred Kerr, Berliner Tageblatt ... 723
  Paul Fechter, Deutsche Allgemeine Zeitung, Berlin ... 725
Bertolt Brecht, Mann ist Mann ... 728
  Bernhard Diebold, Frankfurter Zeitung ... 728
  Alfred Kerr, Berliner Tageblatt ... 731
  Herbert Ihering, Berliner Börsen-Courier ... 733
Ferdinand Bruckner, Krankheit der Jugend ... 735
  Otto Schabbel, Hamburger Nachrichten ... 735
  Paul Fechter, Deutsche Allgemeine Zeitung, Berlin ... 737
  Max Hochdorf, Der Abend, Berlin ... 739
Frank Wedekind, Lulu (›Erdgeist‹ und ›Die Büchse der Pandora‹) ... 741
  Emil Faktor, Berliner Börsen-Courier ... 742
  Alfred Kerr, Berliner Tageblatt ... 744
  Paul Wiegler, BZ am Mittag, Berlin ... 747

Paul Kornfeld, Kilian oder die gelbe Rose 748
   Bernhard Diebold, Frankfurter Zeitung 749
   Ludwig Marcuse, Frankfurter General-Anzeiger 752
   Alfred Kerr, Berliner Tageblatt 753
Gerhart Hauptmann, Dorothea Angermann 755
   Oskar Maurus Fontana, Der Tag, Wien 756
   Monty Jacobs, Vossische Zeitung, Berlin 759
   Alfred Kerr, Berliner Tageblatt 760
William Shakespeare, Hamlet 763
   Felix Hollaender, 8-Uhr-Abendblatt, Berlin 764
   Paul Fechter, Deutsche Allgemeine Zeitung, Berlin 767
   Emil Faktor, Berliner Börsen-Courier 770
   Norbert Falk, BZ am Mittag, Berlin 772

1927 775
Fritz von Unruh, Bonaparte 776
   Bernhard Diebold, Frankfurter Zeitung 777
   Herbert Ihering, Berliner Börsen-Courier 781
   Gertrud Bäumer, Vossische Zeitung, Berlin 783
Ehm Welk, Gewitter über Gottland 784
   Herbert Ihering, Berliner Börsen-Courier 785
   Paul Fechter, Deutsche Allgemeine Zeitung, Berlin 786
Ein Komiker wird entdeckt: Heinz Rühmann als Mustergatte 789
   Hanns Braun, Münchener Zeitung 789
Ernst Toller, Hoppla, wir leben 791
   Monty Jacobs, Vossische Zeitung, Berlin 792
   Ernst Heilborn, Frankfurter Zeitung 794
   Paul Fechter, Deutsche Allgemeine Zeitung, Berlin 796
   Herbert Ihering, Berliner Börsen-Courier 797
Carl Zuckmayer, Schinderhannes 799
   Paul Fechter, Deutsche Allgemeine Zeitung, Berlin 800
   Alfred Kerr, Berliner Tageblatt 802
   Bernhard Diebold, Frankfurter Zeitung 804
Else Lasker-Schüler, Die Wupper 806
   Herbert Ihering, Berliner Börsen-Courier 807
   Alfred Kerr, Berliner Tageblatt 808
   Paul Fechter, Deutsche Allgemeine Zeitung, Berlin 810
Erwin Piscator / Alexej N. Tolstoi / Schtschegolew, Rasputin 812
   Herbert Ihering, Berliner Börsen-Courier 813
   Otto Steinicke, Die Rote Fahne, Berlin 814
   Friedrich Hussong, Berliner Lokal-Anzeiger 817
   Alfred Kerr, Berliner Tageblatt 819
Aggressionen von rechts: Zwei Beispiele 821
   Alfred Mühr, Deutsche Zeitung, Berlin
      Walter Franck spielt Florian Geyer 822
   Alfred Rosenberg, Völkischer Beobachter, München
      Die Hermannsschlacht 822
William Shakespeare, Der Kaufmann von Venedig 823
   Alfred Kerr, Berliner Tageblatt 824

Monty Jacobs, Vossische Zeitung, Berlin 827
Ludwig Sternaux, Berliner Lokal-Anzeiger 829
William Shakespeare/Gerhart Hauptmann, Hamlet 831
   Monty Jacobs, Vossische Zeitung, Berlin 831
   Alfred Kerr, Berliner Tageblatt 835
   Herbert Ihering, Berliner Börsen-Courier 836

1928 839
Jaroslav Hašek, Die Abenteuer des braven Soldaten Schwejk 840
   Emil Faktor, Berliner Börsen-Courier 841
   Monty Jacobs, Vossische Zeitung, Berlin 844
   Franz Servaes, Berliner Lokal-Anzeiger 846
   Alfred Polgar 847
Gerhart Hauptmann, Die Weber 849
   Walter Steinthal, 12-Uhr-Blatt, Berlin 850
   A. Z., Vossische Zeitung, Berlin 851
   Alfred Kerr, Berliner Tageblatt 852
Hugo von Hofmannsthal, Der Turm 854
   Hanns Braun, Münchener Zeitung 855
   Max Alexander Meumann, Hamburger Fremdenblatt 857
   Carl Anton Piper, Hamburger Nachrichten 859
Gerhard Menzel, Toboggan 861
   Fritz Engel, Berliner Tageblatt 862
   Herbert Ihering, Berliner Börsen-Courier 864
   Monty Jacobs, Vossische Zeitung, Berlin 865
Georg Kaiser, Oktobertag 867
   Otto Schabbel, Kölnische Zeitung 868
   A. Frankenfeld, Berliner Tageblatt 869
   Arthur Eloesser, Vossische Zeitung, Berlin 869
   Bernhard Diebold, Frankfurter Zeitung 871
Gloryl Watters/Arthur Hopkins, Artisten 873
   Emil Faktor, Berliner Börsen-Courier 874
   Fritz Engel, Berliner Tageblatt 876
   Monty Jacobs, Vossische Zeitung, Berlin 878
Bertolt Brecht/Kurt Weill, Die Dreigroschenoper 879
   Herbert Ihering, Berliner Börsen-Courier 881
   Paul Wiegler, BZ am Mittag, Berlin 883
   Alfred Kerr, Berliner Tageblatt 884
   Monty Jacobs, Vossische Zeitung, Berlin 886
   Franz Servaes, Berliner Lokal-Anzeiger 887
   Gl., Neue Preußische Kreuz-Zeitung, Berlin 887
   Theodor W. Adorno, Die Musik 888
Walter Hasenclever, Ehen werden im Himmel geschlossen 888
   Arthur Eloesser, Vossische Zeitung, Berlin 889
   Alfred Kerr, Berliner Tageblatt 891
Günther Weisenborn, U-Boot S 4 892
   Paul Wiegler, BZ am Mittag, Berlin 893
   Herbert Ihering, Berliner Börsen-Courier 895
   Arthur Eloesser, Vossische Zeitung, Berlin 896

Ferdinand Bruckner, Die Verbrecher 897
    Kurt Pinthus, 8-Uhr-Abendblatt, Berlin 898
    Monty Jacobs, Vossische Zeitung, Berlin 900
    Fritz Engel, Berliner Tageblatt 902
Peter Martin Lampel, Revolte im Erziehungshaus 903
    Herbert Ihering, Berliner Börsen-Courier 904
    Bernhard Diebold, Frankfurter Zeitung 906
    Fritz Engel, Berliner Tageblatt 908
Carl Zuckmayer, Katharina Knie 910
    Alfred Kerr, Berliner Tageblatt 911
    Kurt Pinthus, 8-Uhr-Abendblatt, Berlin 912
    Ludwig Marcuse, Frankfurter General-Anzeiger 914

1929 917
Sophokles, Ödipus (Ödipus der Herrscher / Ödipus auf Kolonos) 918
    Herbert Ihering, Berliner Börsen-Courier 919
    Felix Hollaender, 8-Uhr-Abendblatt, Berlin 920
    Paul Wiegler, BZ am Mittag, Berlin 922
    Wilhelm Westecker, Berliner Börsen-Zeitung 924
Marieluise Fleißer, Pioniere in Ingolstadt 925
    Paul Wiegler, BZ am Mittag, Berlin 926
    Alfred Kerr, Berliner Tageblatt 927
    Kurt Pinthus, 8-Uhr-Abendblatt, Berlin 930
    Richard Biedrzynski, Deutsche Zeitung, Berlin 932
Robert Musil, Die Schwärmer 934
    Alfred Kerr, Berliner Tageblatt 934
    Paul Wiegler, BZ am Mittag, Berlin 937
    Herbert Ihering, Berliner Börsen-Courier 938
William Shakespeare, König Johann 939
    Herbert Ihering, Berliner Börsen-Courier 940
    Alfred Kerr, Berliner Tageblatt 942
    Arthur Eloesser, Vossische Zeitung, Berlin 944
Karl Kraus, Die Unüberwindlichen 945
    L. F. 946
    Herbert Ihering, Berliner Börsen-Courier 949
    Fritz Engel, Berliner Tageblatt 950
Robert Cedric Sheriff, Die andere Seite 951
    Fritz Engel, Berliner Tageblatt 952
    Herbert Ihering, Berliner Börsen-Courier 954
    Ludwig Sternaux, Berliner Lokal-Anzeiger 955
Friedrich Wolf, Cyankali 956
    Herbert Ihering, Berliner Börsen-Courier 957
    Kurt Pinthus, 8-Uhr-Abendblatt, Berlin 958
    Franz Servaes, Berliner Lokal-Anzeiger 959
    Durus, Die Rote Fahne, Berlin 960
Walter Mehring, Der Kaufmann von Berlin 961
    Bernhard Diebold, Frankfurter Zeitung 962
    Felix Hollaender, 8-Uhr-Abendblatt, Berlin 965
    Paul Fechter, Deutsche Allgemeine Zeitung, Berlin 967

George Bernard Shaw, Der Kaiser von Amerika 969
   Franz Köppen, Berliner Börsen-Zeitung 969
   Bernhard Diebold, Frankfurter Zeitung 972
   Alfred Kerr, Berliner Tageblatt 973
   Emil Faktor, Berliner Börsen-Courier 975
Friedrich Schiller, Don Carlos 976
   Alfred Kerr, Berliner Tageblatt 977
   Herbert Ihering 979
   Emil Faktor, Berliner Börsen-Courier 981
Eugene O'Neill, Seltsames Zwischenspiel 983
   Felix Hollaender, 8-Uhr-Abendblatt, Berlin 984
   Herbert Ihering, Berliner Börsen-Courier 986
   Fritz Engel, Berliner Tageblatt 987
   Monty Jacobs, Vossische Zeitung, Berlin 990
Sergej Michailovič Tretjakow, Brülle China 991
   Benno Reifenberg, Frankfurter Zeitung 991
Knut Hamsun, Vom Teufel geholt 994
   Herbert Ihering, Berliner Börsen-Courier 995
   Wilhelm Westecker, Berliner Börsen-Zeitung 996
   Alfred Kerr, Berliner Tageblatt 997
Hans José Rehfisch/Wilhelm Herzog, Die Affäre Dreyfus 999
   Herbert Ihering, Berliner Börsen-Courier 1000
   Monty Jacobs, Vossische Zeitung, Berlin 1002
   Alfred Kerr, Berliner Tageblatt 1003
   Herbert Ihering, Berliner Börsen-Courier 1005

1930 1007
Reinhard Goering, Die Südpolexpedition des Kapitäns Scott 1008
   Herbert Ihering, Berliner Börsen-Courier 1009
   Norbert Falk, BZ am Mittag, Berlin 1010
   Arthur Eloesser, Vossische Zeitung, Berlin 1013
Luigi Pirandello, Heute abend wird aus dem Stegreif gespielt . 1015
   H. W. 1016
   Ludwig Sternaux, Berliner Lokal-Anzeiger 1017
   Herbert Ihering, Berliner Börsen-Courier 1018
Fritz von Unruh, Phaea 1019
   Bernhard Diebold, Frankfurter Zeitung 1020
   Herbert Ihering, Berliner Börsen-Courier 1024
   Felix Hollaender, 8-Uhr-Abendblatt, Berlin 1025
Johann Wolfgang von Goethe, Geschichte Gottfriedens von Berlichingen mit der eisernen Hand 1027
   Monty Jacobs, Vossische Zeitung, Berlin 1028
   Paul Fechter, Deutsche Allgemeine Zeitung, Berlin 1030
   Rolf Nürnberg, 12-Uhr-Blatt, Berlin 1031
   Fritz Engel, Berliner Tageblatt 1031
   Felix Hollaender, 8-Uhr-Abendblatt, Berlin 1031
Ferdinand Bruckner, Elisabeth von England 1032
   Bernhard Diebold, Frankfurter Zeitung 1033

Fritz Engel, Berliner Tageblatt 1036
Emil Faktor, Berliner Börsen-Courier 1038
Friedrich Wolf, Die Matrosen von Cattaro................ 1040
   Bernhard Diebold, Frankfurter Zeitung................ 1041
   Ludwig Sternaux, Berliner Lokal-Anzeiger.............. 1044
   Durus, Die Linkskurve, Berlin 1045
   Ernst Degner, Der Abend, Berlin [Abendausgabe des ›Vorwärts‹] .. 1046
Sigmund Graff / Carl Ernst Hintze, Die endlose Straße 1047
   [Unbekannter Rezensent]........................ 1048
   Herbert Ihering, Berliner Börsen-Courier 1049
   Alfred Kerr, Berliner Tageblatt 1050
Ernst Barlach, Der blaue Boll 1052
   Paul Fechter, Deutsche Allgemeine Zeitung, Berlin.......... 1053
   Herbert Ihering, Berliner Börsen-Courier 1056
   Ernst Heilborn, Frankfurter Zeitung.................. 1058

1931 1061
Friedrich Wolf, Tai Yang erwacht 1062
   Alfred Kerr, Berliner Tageblatt 1063
   Arthur Eloesser, Vossische Zeitung, Berlin.............. 1066
   Herbert Ihering, Berliner Börsen-Courier 1067
Bertolt Brecht, Mann ist Mann 1068
   Herbert Ihering, Berliner Börsen-Courier 1069
   B. W. 1071
   Herbert Ihering, Berliner Börsen-Courier 1072
   Alfred Kerr, Berliner Tageblatt 1074
Carl Zuckmayer, Der Hauptmann von Köpenick 1076
   Herbert Ihering, Berliner Börsen-Courier 1077
   Bernhard Diebold, Frankfurter Zeitung................ 1079
   Ludwig Marcuse, Frankfurter General-Anzeiger 1082
   Alfred Kerr, Berliner Tageblatt 1084
Richard Billinger, Rauhnacht 1086
   Hanns Braun, Münchener Zeitung 1087
   Herbert Ihering, Berliner Börsen-Courier 1089
   Rolf Nürnberg, 12-Uhr-Blatt, Berlin.................. 1091
Ödön von Horvath, Geschichten aus dem Wiener Wald 1092
   Alfred Polgar 1093
   Herbert Ihering, Berliner Börsen-Courier 1095
   Alfred Kerr, Berliner Tageblatt 1096

1932 1101
Maxim Gorki / Bertolt Brecht, Die Mutter 1102
   Herbert Ihering, Berliner Börsen-Courier 1103
   Alfred Kerr, Berliner Tageblatt 1104
   Ludwig Sternaux, Berliner Lokal-Anzeiger.............. 1106
   Alfred Polgar 1106
   K. Kn., Welt am Abend, Berlin 1107
William Shakespeare, Othello 1108
   Paul Wiegler, BZ am Mittag, Berlin.................. 1109

Herbert Ihering, Berliner Börsen-Courier 1111
Alfred Kerr, Berliner Tageblatt 1112
Benito Mussolini / Giovacchino Forzano, Hundert Tage 1115
Ludwig Sternaux, Berliner Lokal-Anzeiger 1115
Otto Bauer, Berliner Tageblatt (?) 1117
Hans Severus Ziegler, Völkischer Beobachter, Berlin 1118
Gerhart Hauptmann, Vor Sonnenuntergang 1120
Kurt Pinthus, 8-Uhr-Abendblatt, Berlin 1121
Alfred Kerr, Berliner Tageblatt 1122
Alfred Kerr, Berliner Tageblatt (Die Schauspieler in ›Vor Sonnenuntergang‹) 1125
Herbert Ihering, Berliner Börsen-Courier 1128
Johann Wolfgang von Goethe, Faust I. Teil 1130
Paul Wiegler, BZ am Mittag, Berlin 1131
Herbert Pfeiffer, Berliner Fremden-Zeitung 1132
Herbert Ihering, Berliner Börsen-Courier 1134
Alfred Kerr, Berliner Tageblatt 1135

1933 1139
Johann Wolfgang von Goethe, Faust II. Teil 1140
Karl Heinrich Ruppel, Kölnische Zeitung 1141
Paul Fechter, Deutsche Allgemeine Zeitung, Berlin 1145
Alfred Kerr, Berliner Tageblatt 1147
Herbert Ihering 1151
Herbert Pfeiffer, Berliner Fremden-Zeitung 1153
Hanns Johst, Schlageter 1154
Paul Fechter, Deutsche Allgemeine Zeitung, Berlin 1155
Bernhard Diebold, Frankfurter Zeitung 1157
Keienburg, Tägliche Rundschau, Berlin 1159

Biographische Anmerkungen 1161
Register
   I. Die Dramatiker und ihre Stücke 1179
   II. Die Theater 1182
   III. Die Regisseure 1185
   IV. Die Schauspieler 1187
   V. Die Bühnenbildner 1196
   VI. Die Kritiker 1197
   VII. Die Zeitungen und Zeitschriften 1200
   VIII. Zusammenfassendes Register 1202
Inhaltsverzeichnis 1248